CONTENTS

PREFACE

Inasmuch as the basic function of a bilingual dictionary is to provide semantic equivalences, syntactical constructions are shown in both the source and target languages on both sides of the Dictionary. In performing this function, a bilingual dictionary must fulfill six purposes. For example, a French and English bilingual dictionary must provide (1) French words which an English-speaking person wishes to use in speaking and writing (by means of the English-French part), (2) English meanings of French words which an English-speaking person encounters in listening and reading (by means of the French-English part), (3) the spelling, pronunciation, and inflection of French words and the gender of French nouns which an English-speaking person needs in order to use French words correctly (by means of the French-English part), (4) English words which a French-speaking person wishes to use in speaking and writing (by means of the French-English part), (5) French meanings of English words which a French-speaking person encounters in listening and reading (by means of the English-French part), and (6) the spelling, pronunciation, and inflection of English words which a French-speaking person needs in order to use English words correctly (by means of the English-French part).

PRÉFACE

La mission essentielle d'un dictionnaire bilingue étant de fournir à l'usager des équivalences sémantiques, les constructions syntaxiques sont données à la fois dans la langue source et dans la langue cible dans les deux parties de l'ouvrage. En s'acquittant de cette mission, le dictionnaire bilingue doit viser six buts; c'est ainsi qu'un dictionnaire bilingue français et anglais doit donner: (1) dans la partie anglais-français, les mots français que la personne anglophone désire utiliser pour parler et pour écrire; (2) dans la partie français-anglais, les acceptions anglaises des mots français que cette même personne entend dans la langue parlée et rencontre dans la lecture des textes; (3) dans la partie français-anglais, l'orthographe, la prononciation figurée, l'inflexion des mots français et le genre des noms français indispensables à l'anglophone pour l'utilisation correcte de la langue française; (4) dans la partie français-anglais, les mots anglais que la personne francophone désire utiliser pour parler et pour écrire; (5) dans la partie anglais-français, les acceptions françaises des mots anglais que cette même personne entend dans la langue parlée et rencontre dans la lecture des textes; (6) dans la partie anglais-français, l'orthographe, la prononciation figurée et l'inflexion des mots anglais indispensables au francophone pour l'utilisation correcte de la langue anglaise.

It may seem logical to provide the pronunciation and inflection of English words and the pronunciation and inflection of French words and the gender of French nouns where these words appear as target words inasmuch as target words, according to (1) and (4) above, are sought for the purpose of speaking and writing. Thus the user would find not only the words he seeks but all the information he needs about them at one and the same place. But this technique is impractical because target words are not alphabetized and could, therefore, be found only by the

A première vue, il paraît logique que la prononciation et l'inflexion des mots anglais et la prononciation et l'inflexion des mots français et le genre des noms français soient indiqués à la suite des traductions puisqu'on recherche ces traductions, selon (1) et (4) ci-dessus, pour parler et pour écrire. Ainsi, l'usager trouverait au même endroit, non seulement les mots qu'il cherche, mais également tous les renseignements dont il aurait besoin. Cependant, ce procédé n'est pas pratique parce que les traductions ne sont pas présentées dans l'ordre alphabétique et l'on ne pourrait les

roundabout and uncertain way of seeking them through their translations in the other part of the dictionary. And this would be particularly inconvenient for persons using the dictionary for purposes (2) and (5) above. It is much more convenient to provide immediate alphabetized access to pronunciation and inflection where the words appear as source words. Showing the gender of nouns takes so little space that this information is provided with both source and target words.

trouver qu'avec difficulté. Cela entraînerait surtout des inconvénients pour les personnes qui utilisent le dictionnaire dans les cas (2) et (5) ci-dessus. L'ordre alphabétique permet un accès immédiat et plus commode à la prononciation et à l'inflexion quand les mots se présentent comme mots-souches. Néanmoins, l'indication du genre des noms prend si peu de place qu'elle figure aussi bien après les traductions qu'après les mots-souches.

All words are treated in a fixed order according to the parts of speech and the functions of verbs, as follows: article, adjective, substantive, pronoun, adverb, preposition, conjunction, transitive verb, intransitive verb, impersonal verb, auxiliary verb, reflexive verb, impersonal reflexive verb, interjection.

Tous les mots-souches sont traités suivant un ordre fixe—selon les parties du discours et les fonctions des verbes—qui est le suivant: article, adjectif, substantif, pronom, adverbe, préposition, conjonction, verbe transitif, verbe intransitif, verbe impersonnel, verbe auxiliaire, verbe pronominal (réfléchi ou réciproque), verbe à la fois impersonnel et réfléchi, interjection.

Meanings with subject and usage labels come after more general meanings. Subject and usage labels (printed in roman and in parentheses) refer to the preceding entry or phrase (printed in boldface). However, when labels come immediately, i.e., without any intervening punctuation mark, after a target word, they refer to that target word and the preceding word or words separated from it only by commas, e.g.,

Les sens d'un mot suivis des rubriques qui indiquent le sujet ou l'usage du mot viennent à la suite des sens d'emploi normal. Les rubriques qui indiquent le sujet ou l'usage du mot (imprimées en caractères romains et entre parenthèses) s'appliquent au mot-souche ou à la locution précédente (imprimés en caractères gras). Cependant, lorsque la rubrique suit immédiatement la traduction, c'est-à-dire sans aucun signe de ponctuation, elle s'applique à la traduction elle-même ou aux traductions précédentes qui n'en sont séparées que par une virgule, par ex.,

optometrist [ɑp'tɑmɪtrɪst] *s* opticien *m*; optométriste *mf* (Canad)

English adjectives are always translated by the French masculine form regardless of whether the translation of the exemplary noun modified would be masculine or feminine, e.g.,

Les adjectifs anglais sont toujours traduits en français au masculin, quel que soit le genre des traductions des noms donnés en exemple et auxquelles ils se rapportent, par ex.,

close [klos] *adj* . . . ; (*friendship*) étroit; (*room*) renfermé

In order to facilitate the finding of the meaning and use sought for, changes within a vocabulary entry in part of speech and function of verb, in irregular inflection, in the gender of French nouns, and in the pronunciation of

Afin de faciliter le repérage de l'acception cherchée, les traductions sont groupées selon la partie du discours, la fonction du verbe, l'inflexion irrégulière, le genre du nom français, et la prononciation des mots français et des

French and English words are marked with parallels: ||, instead of the usual semicolons.

mots anglais. Ces groupes sont séparés par deux barres: ||, au lieu du point-virgule habituel.

Since vocabulary entries are not determined on the basis of etymology, homographs are included in a single entry. When the pronunciation of a homograph changes, this is shown in the proper place after parallels.

Etant donné que l'étymologie n'entre pas dans la séparation des articles, tous les homographes sont incorporés dans le même article. Quand la prononciation d'un homographe change, cette prononciation figurée est placée entre crochets à la suite des deux barres ||.

Note, however, that plurals and words spelled with capitals are shown as run-on entries. They must be preceded by parallels only when there is a change in part of speech, in pronunciation, or in inflection.

On remarquera cependant que les pluriels et les mots qui commencent par une majuscule sont présentés parmi les locutions dans l'ordre alphabétique et ne sont séparés de celles-ci que par un point-virgule. Ils ne sont précédés des deux barres || qu'en cas de changement dans la partie du discours, dans la prononciation, ou dans l'inflexion.

Peculiarities in the pronunciation of the plural of nouns and of run-on entries are generally indicated, e.g.,

Les caractéristiques spéciales de la prononciation du pluriel des noms et des locutions sont généralement indiquées, ex.:

mouth [maʊθ] *s* (*pl* **mouths** [maʊðz])
house [haʊs] *s* (*pl* **houses** ['haʊzɪz])
œil [œj] *m* . . . ; **entre quatre yeux** [ɑ̃trəkatzjø]
guet-apens [gɛtapɑ̃] *m* (*pl* **guets-apens** [gɛtapɑ̃])

Periods are omitted after labels and grammatical abbreviations and at the end of vocabulary entries.

Les points sont omis après les rubriques, les abréviations d'ordre grammatical et à la fin des articles.

Proper nouns and abbreviations are listed in their alphabetical position in the main body of the Dictionary. Thus **Algérie** and **algérien** or **Suède** and **suédois** do not have to be looked up in two different parts of the book. And all subentries are listed in strictly alphabetical order.

Les noms propres et les abréviations se présentent toujours dans l'ordre alphabétique de la nomenclature du Dictionnaire. Par exemple, il n'est pas nécessaire de chercher **Algérie** et **algérien** ou **Suède** et **suédois** dans deux parties du livre. Toutes les locutions se présentent rigoureusement dans l'ordre alphabétique.

The feminine form of a French adjective used as a noun (or a French feminine noun having identical spelling with the feminine form of an adjective) which falls alphabetically in a separate position from the adjective is treated in that position and is listed again as a cross reference under the adjective.

Lorsque la forme féminine d'un adjectif français ne suit pas immédiatement la forme masculine alphabétiquement (ou lorsqu'il s'agit d'un nom féminin français qui aurait une orthographe identique à la forme féminine de l'adjectif), et lorsqu'elle est prise substantivement, sa position comme mot-souche substantif est strictement alphabétique; mais un renvoi se trouve alors après le mot-souche adjectif.

cher chère [ʃɛr] *adj* . . . || *f* see **chère** || . . .
chère [ʃɛr] *f* fare, food and drink; . . .

The centered period is used in vocabulary entries of inflected words to mark off, according to standard orthographic principles in the two languages, the final syllable that has to be detached before the syllable showing the inflection is added, e.g.,

Quand les mots-souches sont des vocables à flexions, on emploie le point centré · pour séparer, selon les principes reconnus de l'orthographe des deux langues, la syllabe finale qui doit être détachée avant que la syllabe de la désinence ne soit attachée, ex.:

heu·reux [œrø] **-reuse** [røz]
satis·fy [ˈsætɪs ˌfaɪ] *v* (*pret & pp* **-fied**)

Since the orthographic break coming in French words (a) between the two l's of liquid **l**, (b) between **s** and **c** followed by **e**, **i**, or **y**, and (c) between the two elements of any double consonant pronounced as a single consonant does not correspond to the phonetic break, the centered period is used as usual but the full form of the inflected variant is shown, also with the centered period, and the full phonetic transcription of both forms is shown without a break, e.g.,

Puisque la séparation orthographique qui se trouve dans les mots français (a) entre les deux **l** de l'**l** mouillé, (b) entre **s** et **c** suivi de **e**, **i**, ou **y** et (c) entre les deux éléments de n'importe quelle consonne doublée prononcée comme simple consonne, ne répond pas à la séparation phonétique, on présente la forme entière de toute variante, imprimée également avec le point centré; et la transcription phonétique complète des deux formes se présente sans séparation, ex.:

(a) **merveil·leux** [mɛrvɛjø] **merveil·leuse** [mɛrvɛjøz]
(b) **évanes·cent** [evanesɑ̃] **évanes·cente** [evanesɑ̃t]
(c) **éton·nant** [etɔnɑ̃] **éton·nante** [etɔnɑ̃t]
miel·leux [mjɛlø] **miel·leuse** [mjɛløz]

Where the orthographic break, according to some authorities,* is not permitted, for example, between a **y** and a following vowel, the centered period is not used, e.g.,

Lorsque selon l'avis de certains spécialistes,* la séparation orthographique n'est pas permise, par exemple, entre un **y** et la voyelle suivante, on n'utilisera pas le point centré, ex.:

croyant [krwajɑ̃] **croyante** [krwajɑ̃t]
métayer [metɛje] **métayère** [metɛjɛr]

* V. Maurice Grevisse, *Le Bon Usage*, 8th ed., 1964, §89, p. 52.

If the two components of an English solid compound are not separated by an accent mark, a centered period is used to mark off the division between them, e.g., **la′dy·bird′**.

Dans les cas où les deux éléments d'un mot composé anglais écrit comme mot simple, ne seraient pas séparés par un accent, on utilisera un point centré pour montrer la division entre les deux, par ex., **la′dy·bird′**.

Numbers referring to the model tables of French verbs (p. 7 ff.) are placed before the abbreviation indicating the part of speech. Numbers referring to the model tables of other French parts of speech (p. 21 ff.) are placed

Les numéros qui renvoient aux tableaux des verbes français à partir de la p. 7, précèdent l'abréviation qui indique la partie du discours. Les numéros qui renvoient aux tableaux des indications grammaticales des autres parties

after the French word on both sides of the Dictionary.

du discours, à partir de la p. 21, sont placés à la suite du mot français dans chaque partie du Dictionnaire.

There are some French transitive verbs which, when used reflexively, take the reflexive pronoun in the dative. As reflexive verbs they may still take a direct object and may, accordingly, be translated by English transitive verbs. And they may in turn be used to translate English transitive verbs. This equation is shown on the French-English side after the abbreviation *ref* by the insertion of (with *dat* of *reflex pron*). It is not shown on the English-French side, as the abbreviation *tr* indicates unmistakably the syntactical relationship.

Il y a certains verbes français transitifs qui sous la forme pronominale régissent le pronom réfléchi comme complément d'attribution. Cependant, sous cette forme pronominale ils sont également transitifs et peuvent se traduire par des verbes transitifs anglais. Inversement, ces verbes pronominaux français peuvent traduire des verbes transitifs anglais. Cette équation est indiquée dans la partie français-anglais à la suite de l'abréviation *ref* par l'insertion de (with *dat* of *reflex pron*). Elle n'est pas indiquée dans la partie anglais-français, puisque l'abréviation *tr* indique nettement la relation syntaxique.

The author wishes to express his gratitude to many persons who helped him in the production of this book and particularly to Dr. Edwin B. Williams, whose efforts were unstinting in the attempt to make this a useful dictionary, to his dear wife Kathryn, whose patience carried through the ten years of research and compilation, and to René Coulet du Gard and to Claud J. Pujolle for their constant help, as well as to the following: Jean Béranger, Brigitte Callay, Paul Dumestre, Maurice Jonas, Marc and Philomena Lampe, Daniel Pralus, Wayne and Paule Ready, and André Vincent.

Labels and Grammatical Abbreviations
Rubriques et abréviations grammaticales

abbr abbreviation—abréviation
(acronym) word formed from the initial letters or syllables of a series of words—mot formé de la suite des lettres initiales ou des syllabes initiales d'une série de mots
adj adjective—adjectif
adv adverb—adverbe
(aer) aeronautics—aéronautique
(agr) agriculture—agriculture
(alg) algebra—algèbre
(anat) anatomy—anatomie
(archaic) archaïque
(archeol) archeology—archéologie
(archit) architecture—architecture
(arith) arithmetic—arithmétique
art article—article
(arti) artillery—artillerie
(astr) astronomy—astronomie
(astrol) astrology—astrologie
(aut) automobile—automobile
aux auxiliary verb—verbe auxiliaire
(bact) bacteriology—bactériologie
(baseball) base-ball
(bb) bookbinding—reliure
(Bib) Biblical—biblique
(billiards) billard
(biochem) biochemistry—biochimie
(biol) biology—biologie
(bk) bookkeeping—comptabilité
(bot) botany—botanique
(bowling) jeu de quilles, jeu de boules
(boxing) boxe
(Brit) British—britannique
(Canad) Canadian—canadien
(*cap*) capital—majuscule
(cards) cartes
(carpentry) charpenterie
(checkers) jeu de dames
(chem) chemistry—chimie
(chess) échecs
(coll) colloquial—familier
(com) commercial—commercial
comp comparative—comparatif
(comp) computers—ordinateurs
(complimentary close) formule de politesse
cond conditional—conditionnel
conj conjunction—conjonction; conjunctive—atone
(culin) cooking—cuisine
dat dative—datif
def definite—défini
dem demonstrative—démonstratif
(dentistry) art dentaire
(dial) dialectal—dialectal
(dipl) diplomacy—diplomatie
disj disjunctive—tonique
(eccl) ecclesiastical—ecclésiastique
(econ) economics—économique
(educ) education—éducation, pédagogie
e.g. par ex.
(elec) electricity—électricité
(electron) electronics—électronique
(embryol) embryology—embryologie
(eng) engineering—profession de l'ingénieur, génie
(ent) entomology—entomologie
(equit) horseback riding—équitation
(escr) fencing—escrime
f feminine noun—nom féminin
(fa) fine arts—beaux-arts
fem feminine—féminin
(feudal) feudalism—féodalité
(fig) figurative—figuré
(fishing) pêche
fpl feminine noun plural—nom féminin pluriel
fut future—futur
(game) jeu
(geog) geography—géographie
(geol) geology—géologie
(geom) geometry—géométrie
ger gerund—gérondif
(govt) government—gouvernement
(gram) grammar—grammaire
(gymnastics) gymnastique
(heral) heraldry—héraldique, blason
(hist) history—histoire
(hort) horticulture—horticulture
(hum) humorous—humoristique
(hunting) chasse
(ichth) ichthyology—ichtyologie
i.e. c.-à-d.
imperf imperfect—imparfait
impers impersonal verb—verbe impersonnel
impv imperative—impératif
ind indicative—indicatif
indef indefinite—indéfini
inf infinitive—infinitif
(ins) insurance—assurance
interj interjection—interjection
interr interrogative—interrogatif
intr intransitive—intransitif
invar invariable—invariable
(ironical) ironique
(jewelry) bijouterie
(journ) journalism—journalisme
(Lat) Latin—latin
(law) droit
(*l.c.*) lower case—bas de casse

(letterword) word in the form of an abbreviation which is pronounced by sounding the names of its letters in succession and which functions as a part of speech—mot en forme d'abréviation qu'on prononce en faisant sonner le nom de chaque lettre consécutivement et qui fonctionne comme partie du discours
(lit) literary—littéraire
(logic) logique
m masculine noun—nom masculin
(mach) machinery—machinerie
(mas) masonry—maçonnerie
masc masculine—masculin
(Masonry) franc-maçonnerie
(math) mathematics—mathématiques
(mech) mechanics—mécanique
(med) medicine—médecine
(metallurgy) métallurgie
(meteo) meteorology—météorologie
mf masculine or feminine noun according to sex—nom masculin ou nom féminin selon le sexe
[for *m & f* see abbreviation following (mythol)]
(mil) military—militaire
(min) mining—travail des mines
(mineral) mineralogy—minéralogie
(mountaineering) alpinisme
(mov) moving pictures—cinéma
mpl masculine noun plural—nom masculin pluriel
(mus) music—musique
(mythol) mythology—mythologie
m & f masculine and feminine noun without regard to sex—nom masculin et féminin sans distinction de sexe
(naut) nautical—nautique
(nav) naval—naval
neut neuter—neutre
(nucl) nuclear physics—physique nucléaire
(obs) obsolete—vieilli, vieux
(obstet) obstetrics—obstétrique
(opt) optics—optique
(orn) ornithology—ornithologie
(painting) peinture
(parl) parliamentary procedure—usages parlementaires
(pathol) pathology—pathologie
(pej) pejorative—péjoratif
perf perfect—parfait
pers personal—personnel; person—personne
(pharm) pharmacy—pharmacie
(phila) philately—philatélie
(philos) philosophy—philosophie
(phonet) phonetics—phonétique
(phot) photography—photographie
(phys) physics—physique
(physiol) physiology—physiologie
pl plural—pluriel
(poetic) poetical—poétique
(pol) politics—politique
poss possessive—possessif
pp past participle—participe passé
prep preposition—préposition
pres present—présent
pret preterit—prétérit, passé simple
pron pronoun—pronom
(pros) prosody—métrique, prosodie
(psychoanal) psychoanalytic—psychanalytique
(psychol) psychology—psychologie
(psychopathol) psychopathology—psychopathologie
(public sign) affiche, écriteau
q.ch. or *q.ch.* quelque chose—something
qn or *qn* quelqu'un—someone
(rad) radio—radio
ref reflexive verb—verbe pronominal, réfléchi ou réciproque
reflex reflexive—réfléchi
rel relative—relatif
(rel) religion—religion
(rhet) rhetoric—rhétorique
(rok) rocketry—fusées
(rowing) canotage
(rr) railroad—chemin de fer
s substantive—substantif
(sculp) sculpture—sculpture
(seismol) seismology—sismologie
(sewing) couture
sg singular—singulier
(slang) populaire, argotique
s.o. or *s.o.* someone—quelqu'un
spl substantive plural—substantif pluriel
(sports) sports
s.th. or *s.th.* something—quelque chose
subj subjunctive—subjonctif
super superlative—superlatif
(surg) surgery—chirurgie
(surv) surveying—topographie
(swimming) nage
(taur) bullfighting—tauromachie
(telg) telegraphy—télégraphie
(telp) telephony—téléphonie
(telv) television—télévision
(tennis) tennis
(tex) textile—textile
(theat) theater—théâtre
(theol) theology—théologie
tr transitive verb—verbe transitif
(trademark) marque déposée
(turf) horse racing—courses de chevaux
(typ) printing—imprimerie
(U.S.A.) U.S.A., E.-U.A.
v verb—verbe
var variant—variante
(vet) veterinary medicine—médecine vétérinaire
(vulg) vulgar—grossier
(wrestling) lutte, catch
(zool) zoology—zoologie

PART ONE

French-English

French Pronunciation

The following phonetic symbols represent all the sounds of the French language.

VOWELS

SYMBOL	SOUND	EXAMPLE
[a]	A little more open than the **a** in English **hat.**	**patte** [pat]
[ɑ]	Like **a** in English **father.**	**pâte** [pɑt] **phase** [fɑz]
[ɛ]	Like **e** in English **met.**	**sec** [sɛk] **fer** [fɛr] **fête** [fɛt] **aile** [ɛl] **parallèle** [paralɛl]
[e]	Like **a** in English **fate,** but without the glide the English sound sometimes has.	**été** [ete] **fée** [fe] **et** [e] **créer** [kree]
[ə]	Like **a** in English **comma** or like **o** in English **pardon.**	**le** [lə] **petit** [pəti]
[i]	Like **i** in English **machine** or like **e** in English **she.**	**si** [si]
[ɔ]	A little more open and rounded than **aw** in English **law.**	**donne** [dɔn] **joli** [ʒɔli]
[o]	Like **o** in English **note** but without the glide the English sound sometimes has.	**mot** [mo] **eau** [o] **faute** [fot]
[u]	Like **u** in English **rude.**	**sou** [su] **four** [fur]
[y]	The lips are rounded for [u] and held without moving while the sound [i] is pronounced.	**su** [sy] **sûr** [syr]
[ø]	The lips are rounded for [o] and held without moving while the sound [e] is pronounced.	**peu** [pø] **eux** [ø] **feutre** [føtr]
[œ]	The lips are rounded for [ɔ] and held without moving while the sound [ɛ] is pronounced.	**peur** [pœr] **seul** [sœl]

NASAL VOWELS

To produce the nasal vowels, sound is emitted through both nose and mouth by means of a lowering of the velum. The orthographic **m** or **n** has no consonantal value.

SYMBOL	SOUND	EXAMPLE
[ɑ̃]	Like **a** in English **father** and nasalized.	**en** [ɑ̃] **tant** [tɑ̃] **temps** [tɑ̃] **paon** [pɑ̃]
[ɔ̃]	More close than **aw** in English **law** and nasalized.	**on** [ɔ̃] **pont** [pɔ̃] **comte** [kɔ̃t]
[ɛ̃]	Like **e** in English **met** and nasalized.	**pin** [pɛ̃] **pain** [pɛ̃] **faim** [fɛ̃] **teint** [tɛ̃]
[œ̃]	Like [œ] of French **bœuf** and nasalized. There has been a tendency in this century to assimilate the nasal sound [œ̃] to the nasal sound [ɛ̃], making **brun** [brœ̃] and **brin** [brɛ̃] sound much the same.	**un** [œ̃] **parfum** [parfœ̃]

The sounds [j], [ɥ], and [w] are used to form diphthongs.

SYMBOL	SOUND	EXAMPLE
[j]	Like **y** in English **year** or like **y** in English **toy**.	**hier** [jɛr] **ail** [aj]
[ɥ]	Like the letter **u** [y] pronounced with consonantal value preceding a vowel.	**lui** [lɥi] **situation** [sitɥɑsjɔ̃] **nuage** [nɥaʒ] **écuelle** [ekɥɛl]
[w]	Like **w** in English **water**.	**oie** [wa] **jouer** [ʒwe] **jouir** [ʒwir]

CONSONANTS

The speaker of French characteristically keeps the tip of his tongue down behind his lower teeth and arches the back of the tongue at the same time. Thus, sounds such as [t], [d], [n], [s], [z], [l], and [r] must in French be articulated with the tongue tip and blade in the proximity of the back surface of the teeth.

SYMBOL	SOUND	EXAMPLE
[b]	Like **b** in English **baby**.	**basse** [bɑs]
[d]	Like **d** in English **dead**.	**doux** [du]
[f]	Like **f** in English **face**.	**fou** [fu]
[g]	Like **g** in English **go**.	**gare** [gar]
[k]	Like **k** in English **kill**, but without the aspiration which normally accompanies **k** in English.	**cas** [kɑ] **kiosque** [kjɔsk]
[l]	Like **l** in English **like** or in English **slip**—pronounced toward the front of the mouth. Not like **l** in **old**.	**lit** [li] **houle** [ul]
[m]	Like **m** in English **more**.	**masse** [mas]
[n]	Like **n** in English **nest**.	**nous** [nu]
[ɲ]	Like **ny** in English **canyon** or like **ni** in English **onion**.	**signe** [siɲ] **agneau** [aɲo]
[ŋ]	Like **ng** in English **parking**.	**parking** [parkiŋ]
[p]	Like **p** in English **pen**, but without the aspiration which normally accompanies **p** in English.	**passe** [pɑs]
[r]	Sometimes the uvular **r** but for some decades now usually a friction **r** with the point of articulation between the rounded back of the tongue and the hard palate. It resembles the Spanish aspirate in **jota**, the German aspirate in **ach**, and the **g** in the modern Greek **gamma** more than it resembles the modern American retroflex **r**. The tip of the tongue must point down near the back of the lower teeth and must not move during the utterance of the French [r].	**rire** [rir] **caractère** [karaktɛr] **roi** [rwa] **roue** [ru]
[s]	Like **s** in English **send**.	**sot** [so] **leçon** [ləsɔ̃] **place** [plas] **lassitude** [lɑsityd] **attention** [atɑ̃sjɔ̃]
[ʃ]	Like **sh** in English **shall** or **ch** in English **machine**.	**cheval** [ʃval] **mèche** [mɛʃ]
[t]	Like **t** in English **ten**, but without the aspiration which normally accompanies **t** in English.	**toux** [tu] **thé** [te]

SYMBOL	SOUND	EXAMPLE
[v]	Like **v** in English **vest.**	**verre** [vɛr]
[z]	Like **z** in English **zeal.**	**zèle** [zɛl] **oser** [oze]
[ʒ]	Like **s** in English **pleasure.**	**joue** [ʒu] **rouge** [ruʒ] **mangeur** [mɑ̃ʒœr]

FRENCH STRESS

Stress is not shown on French words in this Dictionary because stress is not a fixed characteristic of the pronunciation of French words. It depends on the position of the word in the sentence and it falls on the last syllable of the word that terminates a rhythmic or sense grouping unless the vowel of that syllable is a mute **e** [ə], in which case it falls on the immediately preceding syllable.

VOWEL LENGTH

Vowel length is not shown in the phonetic transcription of French words in this Dictionary because it, like stress, is not a fixed characteristic of the pronunciation of French words. The following vowel sounds in the positions indicated are long when stressed: 1) all when followed by [r], [z], [v], [ʒ], or [vr]; 2) all spelled with a circumflex accent and followed by a consonant sound; and 3) [ɑ̃], [ɔ̃], [ɛ̃], [œ̃], [ɑ], [o], and [ø] followed by a consonant sound. When these conditions are not fulfilled, all vowel sounds are normal in length (or sometimes they may be short in length, even when stressed, if followed by [k], [p], [t], [kt], [rk], [rp], or [rt]).

ELISION AND LIAISON

Elision and liaison are usually made with words beginning with a vowel or a mute **h**. Elision and liaison are made with some words beginning with **y**, such as: **yèbe, yeuse, yeux, Yonne,** and **York.**

However, there are words which begin with a vowel or an **h** with which elision and liaison are not made. Most of these words begin with **h**, called aspirate **h**, although it has not been pronounced for centuries. In this Dictionary these words are indicated by an asterisk placed before the opening bracket of the phonetic symbols, e.g., **hameau** *[amo], **onze** *[ɔ̃z], **a** *[ɑ], **s** *[ɛs].

TABLE OF FRENCH REGULAR VERBS

The letters standing before the names of the tenses in this table correspond to the designation of the tenses shown on the following page. The forms printed in boldface correspond to the key forms described likewise on the following page.

TENSE	FIRST CONJUGATION	SECOND CONJUGATION	THIRD CONJUGATION
inf	**DONNER**	**FINIR**	**VENDRE**
ger	donnant	finissant	vendant
pp	donné	fini	vendu
a) *impv*	donne donnons donnez	finis finissons finissez	vends vendons vendez
b) *pres ind*	**donne** donnes donne **donnons** donnez **donnent**	**finis** finis finit **finissons** finissez **finissent**	**vends** vends vend **vendons** vendez **vendent**
c) *pres subj*	donne donnes donne donnions donniez donnent	finisse finisses finisse finissions finissiez finissent	vende vendes vende vendions vendiez vendent
d) *imperf ind*	donnais donnais donnait donnions donniez donnaient	finissais finissais finissait finissions finissiez finissaient	vendais vendais vendait vendions vendiez vendaient
e) *fut ind*	**donnerai** donneras donnera donnerons donnerez donneront	**finirai** finiras finira finirons finirez finiront	**vendrai** vendras vendra vendrons vendrez vendront
pres cond	donnerais donnerais donnerait donnerions donneriez donneraient	finirais finirais finirait finirions finiriez finiraient	vendrais vendrais vendrait vendrions vendriez vendraient
f) *pret ind*	**donnai** donnas donna donnâmes donnâtes donnèrent	**finis** finis finit finîmes finîtes finirent	**vendis** vendis vendit vendîmes vendîtes vendirent
imperf subj	donnasse donnasses donnât donnassions donnassiez donnassent	finisse finisses finît finissions finissiez finissent	vendisse vendisses vendît vendissions vendissiez vendissent

MODEL VERBS

ORDER OF TENSES

(a) imperative
(b) present indicative
(c) present subjunctive
(d) imperfect indicative
(e) future indicative
(f) preterit indicative

In addition to the infinitive, gerund, and past participle, all simple tenses are shown in these tables if they contain one irregular form or more, except the conditional (which can always be derived from the stem of the future indicative) and the imperfect subjunctive (which can always be derived from the preterit indicative). Those forms are considered irregular which deviate morphologically and/or orthographically in root, stem, or ending from the paradigms of regular verbs which appear on page 6. The infinitive is printed in boldface capital letters. And the following forms are printed in boldface: (1) key forms (that is, irregular forms from which other irregular forms can be derived, but not the derived forms), e.g., **buvons**, (2) individual irregular forms which occupy the place of key forms but cannot function as key forms because other irregular forms cannot be derived from them, e.g., **sommes**, and (3) individual irregular forms which cannot be derived from key forms, e.g., **dites**. The names of the key forms and the forms derived from each of them are listed below.

KEY FORM	DERIVED FORMS
1st sg pres ind	*2d & 3d sg pres ind & 2d sg impv**
1st pl pres ind	*2d pl pres ind, 1st & 2d pl pres subj,* whole *imperf ind, 1st & 2d pl impv,* & *ger*
3d pl pres ind	whole *sg & 3d pl pres subj*
1st sg fut ind	rest of *fut ind* & whole *conditional*
1st sg pret ind	rest of *pret ind* & whole *imperf subj*

* Some irregular verbs of the third conjugation which end in **s**, not preceded by **d**, in the *1st sg pres ind*, end in **s** also in the *2d sg pres ind* and the *2d sg impv*, and in **t** in the *3d sg pres ind*, e.g., **crains, crains, craint** and **bois, bois, boit**. And three verbs, namely, **pouvoir, valoir**, and **vouloir**, which end in **x** in the *1st sg pres ind*, end in **x** also in the *2d sg pres ind* and the *2d sg impv*, and in **t** in the *3d sg pres ind*, e.g., **veux, veux, veut.**

1st sg pres subj of **faire, pouvoir,** & **savoir** — rest of *pres subj*

1st sg pres subj of **aller, valoir,** & **vouloir** — *2d & 3d sg & 3d pl pres subj*

§1 **ABRÉGER**—abrégeant—abrégé Combination of §10 and §38
(a) abrège, abrégeons, abrégez
(b) **abrège**, abrèges, abrège, **abrégeons**, abrégez, **abrègent**
(c) abrège, abrèges, abrège, abrégions, abrégiez, abrègent
(d) abrégeais, abrégeais, abrégeait, abrégions, abrégiez, abrégeaient
(f) **abrégeai**, abrégeas, abrégea, abrégeâmes, abrégeâtes, abrégèrent

§2 **ACHETER**—achetant—acheté
(a) achète, achetons, achetez
(b) **achète**, achètes, achète, achetons, achetez, **achètent**
(c) achète, achètes, achète, achetions, achetiez, achètent
(e) **achèterai**, achèteras, achètera, achèterons, achèterez, achèteront

§3 **ACQUÉRIR**—acquérant—**acquis**
(a) acquiers, acquérons, acquérez
(b) **acquiers**, acquiers, acquiert, **acquérons**, acquérez, **acquièrent**
(c) acquière, acquières, acquière, acquérions, acquériez, acquièrent
(d) acquérais, acquérais, acquérait, acquérions, acquériez, acquéraient
(e) **acquerrai**, acquerras, acquerra, acquerrons, acquerrez, acquerront
(f) **acquis**, acquis, acquit, acquîmes, acquîtes, acquirent

§4 **ALLER**—allant—allé
(a) **va**, allons, allez
(b) **vais** [ve], **vas**, **va**, allons, allez, **vont**
(c) **aille** [aj], ailles, aille, allions, alliez, aillent
(e) **irai**, iras, ira, irons, irez, iront

§5A **ASSEOIR**—asseyant—**assis**
(a) assieds, asseyons, asseyez
(b) **assieds**, assieds, assied, **asseyons**, asseyez, **asseyent**
(c) asseye, asseyes, asseye, asseyions, asseyiez, asseyent
(d) asseyais, asseyais, asseyait, asseyions, asseyiez, asseyaient
(e) **assiérai**, assiéras, assiéra, assiérons, assiérez, assiéront
(f) **assis**, assis, assit, assîmes, assîtes, assirent

§5B **ASSEOIR**—assoyant—**assis**
(a) assois, assoyons, assoyez
(b) **assois**, assois, assoit, **assoyons**, assoyez, **assoient**
(c) assoie, assoies, assoie, assoyions, assoyiez, assoient
(d) assoyais, assoyais, assoyait, assoyions, assoyiez, assoyaient
(e) **assoirai**, assoiras, assoira, assoirons, assoirez, assoiront
(f) **assis**, assis, assit, assîmes, assîtes, assirent

§6 **AVOIR—ayant—eu** [y]
(a) **aie** [e], **ayons, ayez**
(b) **ai** [e], **as, a, avons**, avez, **ont**
(c) **aie, aies, ait, ayons, ayez, aient**
(d) avais, avais, avait, avions, aviez, avaient
(e) **aurai**, auras, aura, aurons, aurez, auront
(f) **eus** [y], eus, eut, eûmes, eûtes, eurent

§7 **BATTRE**—battant—battu
(a) bats, battons, battez
(b) **bats**, bats, bat, battons, battez, battent

§8 **BOIRE**—buvant—**bu**
(a) bois, buvons, buvez
(b) bois, bois, boit, **buvons**, buvez, **boivent**
(c) boive, boives, boive, buvions, buviez, boivent
(d) buvais, buvais, buvait, buvions, buviez, buvaient
(f) **bus**, bus, but, bûmes, bûtes, burent

§9 **BOUILLIR**—bouillant—bouilli
(a) bous, bouillons, bouillez
(b) **bous**, bous, bout, **bouillons**, bouillez, **bouillent**
(c) bouille, bouilles, bouille, bouillions, bouilliez, bouillent
(d) bouillais, bouillais, bouillait, bouillions, bouilliez, bouillaient

§10 **CÉDER**—cédant—cédé
(a) cède, cédons, cédez
(b) **cède**, cèdes, cède, cédons, cédez, **cèdent**
(c) cède, cèdes, cède, cédions, cédiez, cèdent

§11 **CONCLURE**—concluant—**conclu**
(f) **conclus**, conclus, conclut, conclûmes, conclûtes, conclurent

§12 **CONNAÎTRE**—connaissant—**connu**
(a) connais, connaissons, connaissez
(b) **connais**, connais, connaît, **connaissons**, connaissez, **connaissent**
(c) connaisse, connaisses, connaisse, connaissions, connaissiez, connaissent

(d) connaissais, connaissais, connaissait, connaissions, connaissiez, connaissaient
(f) **connus**, connus, connut, connûmes, connûtes, connurent

§13 **COUDRE**—cousant—**cousu**
(a) couds, cousons, cousez
(b) couds, couds, coud, **cousons**, cousez, **cousent**
(c) couse, couses, couse, cousions, cousiez, cousent
(d) cousais, cousais, cousait, cousions, cousiez, cousaient
(f) **cousis**, cousis, cousit, cousîmes, cousîtes, cousirent

§14 **COURIR**—courant—**couru**
(a) cours, courons, courez
(b) **cours**, cours, court, **courons**, courez, **courent**
(c) coure, coures, coure, courions, couriez, courent
(d) courais, courais, courait, courions, couriez, couraient
(e) **courrai**, courras, courra, courrons, courrez, courront
(f) **courus**, courus, courut, courûmes, courûtes, coururent

§15 **CRAINDRE**—craignant—**craint**
(a) crains, craignons, craignez
(b) **crains**, crains, craint, **craignons**, craignez, **craignent**
(c) craigne, craignes, craigne, craignions, craigniez, craignent
(d) craignais, craignais, craignait, craignions, craigniez, craignaient
(f) **craignis**, craignis, craignit, cragnîmes, craignîtes, craignirent

§16 **CROIRE**—croyant—**cru**
(a) crois, croyons, croyez
(b) crois, crois, croit, **croyons**, croyez, croient
(c) croie, croies, croie, croyions, croyiez, croient
(d) croyais, croyais, croyait, croyions, croyiez, croyaient
(f) **crus**, crus, crut, crûmes, crûtes, crurent

§17 **CROÎTRE**—croissant—**crû, crue**
(a) croîs, croissons, croissez
(b) **croîs**, croîs, croît, **croissons**, croissez, **croissent**
(c) croisse, croisses, croisse, croissions, croissiez, croissent
(d) croissais, croissais, croissait, croissions, croissiez, croissaient
(f) **crûs**, crûs, crût, crûmes, crûtes, crûrent

§18 **CUEILLIR**—cueillant—cueilli
(a) cueille, cueillons, cueillez
(b) **cueille**, cueilles, cueille, **cueillons**, cueillez, **cueillent**
(c) cueille, cueilles, cueille, cueillions, cueilliez, cueillent

(d) cueillais, cueillais, cueillait, cueillions, cueilliez, cueillaient
(e) **cueillerai**, cueilleras, cueillera, cueillerons, cueillerez, cueilleront

§19 **CUIRE**—cuisant—**cuit**
(a) cuis, cuisons, cuisez
(b) cuis, cuis, cuit, **cuisons**, cuisez, **cuisent**
(c) cuise, cuises, cuise, cuisions, cuisiez, cuisent
(d) cuisais, cuisais, cuisait, cuisions, cuisiez, cuisaient
(f) **cuisis**, cuisis, cuisit, cuisîmes, cuisîtes, cuisirent

§20 **DÉPECER**—dépeçant—dépecé   Combination of §2 and §51
(a) dépèce, dépeçons, dépecez
(b) **dépèce**, dépèces, dépèce, **dépeçons**, dépecez, **dépècent**
(c) dépèce, dépèces, dépèce, dépecions, dépeciez, dépècent
(d) dépeçais, dépeçais, dépeçait, dépecions, dépeciez, dépeçaient
(e) **dépècerai**, dépèceras, dépècera, dépècerons, dépècerez, dépèceront
(f) **dépeçai**, dépeças, dépeça, dépeçâmes, dépeçâtes, dépecèrent

§21 **DEVOIR**—devant—**dû, due**
(a) missing
(b) **dois**, dois, doit, **devons**, devez, **doivent**
(c) doive, doives, doive, devions, deviez, doivent
(d) devais, devais, devait, devions, deviez, devaient
(e) **devrai**, devras, devra, devrons, devrez, devront
(f) **dus**, dus, dut, dûmes, dûtes, durent

§22 **DIRE**—disant—**dit**
(a) dis, disons, **dites**
(b) dis, dis, dit, **disons, dites, disent**
(c) dise, dises, dise, disions, disiez, disent
(d) disais, disais, disait, disions, disiez, disaient
(f) **dis**, dis, dit, dîmes, dîtes, dirent

§23 **DORMIR**—dormant—dormi
(a) dors, dormons, dormez
(b) **dors**, dors, dort, **dormons**, dormez, **dorment**
(c) dorme, dormes, dorme, dormions, dormiez, dorment
(d) dormais, dormais, dormait, dormions, dormiez, dormaient

§24 **ÉCLORE**—éclosant—**éclos**
(a) éclos
(b) éclos, éclos, **éclôt, éclosent**
(c) éclose, écloses, éclose, **éclosions, éclosiez**, éclosent
(d) missing
(f) missing

§25 ÉCRIRE—écrivant—**écrit**
(a) écris, écrivons, écrivez
(b) écris, écris, écrit, **écrivons**, écrivez, **écrivent**
(c) écrive, écrives, écrive, écrivions, écriviez, écrivent
(d) écrivais, écrivais, écrivait, écrivions, écriviez, écrivaient
(f) **écrivis**, écrivis, écrivit, écrivîmes, écrivîtes, écrivirent

§26 ENVOYER—envoyant—envoyé
(a) envoie, envoyons, envoyez
(b) **envoie**, envoies, envoie, envoyons, envoyez, **envoient**
(c) envoie, envoies, envoie, envoyions, envoyiez, envoient
(e) **enverrai**, enverras, enverra, enverrons, enverrez, enverront

§27 ESSUYER—essuyant—essuyé
(a) essuie, essuyons, essuyez
(b) **essuie**, essuies, essuie, essuyons, essuyez, **essuient**
(c) essuie, essuies, essuie, essuyions, essuyiez, essuient
(e) **essuierai**, essuieras, essuiera, essuierons, essuierez, essuieront

§28 ÊTRE—**étant**—**été**
(a) **sois, soyons, soyez**
(b) **suis, es, est, sommes, êtes, sont**
(c) **sois, sois, soit, soyons, soyez, soient**
(d) **étais, étais, était, étions, étiez, étaient**
(e) **serai**, seras, sera, serons, serez, seront
(f) **fus**, fus, fut, fûmes, fûtes, furent

§29 FAIRE—faisant—**fait**
(a) fais, faisons, **faites**
(b) fais, fais, fait, **faisons, faites, font**
(c) **fasse**, fasses, fasse, fassions, fassiez, fassent
(d) faisais, faisais, faisait, faisions, faisiez, faisaient
(e) **ferai**, feras, fera, ferons, ferez, feront
(f) **fis**, fis, fit, fîmes, fîtes, firent

§30 FALLOIR—missing—**fallu**
(a) missing
(b) **faut**
(c) **faille**
(d) **fallait**
(e) **faudra**
(f) **fallut**

§31 FUIR—fuyant—fui
(a) fuis, fuyons, fuyez
(b) fuis, fuis, fuit, **fuyons**, fuyez, **fuient**

(c) fuie, fuies, fuie, fuyions, fuyiez, fuient
(d) fuyais, fuyais, fuyait, fuyions, fuyiez, fuyaient

§32 **GRASSEYER**—grasseyant—grasseyé
(regular, unlike other verbs with stem ending in **y**)

§33 **HAÏR**—haïssant—**haï**
(a) hais [ɛ], haïssons, haïssez
(b) **hais** [ɛ], hais, hait, **haïssons**, haïssez, **haïssent**
(c) haïsse, haïsses, haïsse, haïssions, haïssiez, haïssent
(d) haïssais, haïssais, haïssait, haïssions, haïssiez, haïssaient
(f) haïs, haïs, haït, **haïmes, haïtes**, haïrent

§34 **JETER**—jetant—jeté
(a) jette, jetons, jetez
(b) **jette**, jettes, jette, jetons, jetez, **jettent**
(c) jette, jettes, jette, jetions, jetiez, jettent
(e) **jetterai**, jetteras, jettera, jetterons, jetterez, jetteront

§35 **JOINDRE**—joignant—**joint**
(a) joins, joignons, joignez
(b) **joins**, joins, joint, **joignons**, joignez, **joignent**
(c) joigne, joignes, joigne, joignions, joigniez, joignent
(d) joignais, joignais, joignait, joignions, joigniez, joignaient
(f) **joignis**, joignis, joignit, joignîmes, joignîtes, joignirent

§36 **LIRE**—lisant—**lu**
(a) lis, lisons, lisez
(b) lis, lis, lit, **lisons**, lisez, **lisent**
(c) lise, lises, lise, lisions, lisiez, lisent
(d) lisais, lisais, lisait, lisions, lisiez, lisaient
(f) **lus**, lus, lut, lûmes, lûtes, lurent

§37 **LUIRE**—luisant—**lui**
(a) luis, luisons, luisez
(b) luis, luis, luit, **luisons**, luisez, **luisent**
(c) luise, luises, luise, luisions, luisiez, luisent
(d) luisais, luisais, luisait, luisions, luisiez, luisaient
(f) archaic

§38 **MANGER**—mangeant—mangé
(a) mange, mangeons, mangez
(b) mange, manges, mange, **mangeons**, mangez, mangent
(d) mangeais, mangeais, mangeait, mangions, mangiez, mangeaient
(f) **mangeai**, mangeas, mangea, mangeâmes, mangeâtes, mangèrent

§39 **MAUDIRE**—maudissant—**maudit**
(a) maudis, maudissons, maudissez
(b) maudis, maudis, maudit, **maudissons**, maudissez, **maudissent**
(c) maudisse, maudisses, maudisse, maudissions, maudissiez, maudissent
(d) maudissais, maudissais, maudissait, maudissions, maudissiez, maudissaient
(f) **maudis**, maudis, maudit, maudîmes, maudîtes, maudirent

§40 **MÉDIRE**—médisant—**médit**
(a) médis, médisons, médisez
(b) médis, médis, médit, **médisons**, médisez, **médisent**
(c) médise, médises, médise, médisions, médisiez, médisent
(d) médisais, médisais, médisait, médisions, médisiez, médisaient
(f) **médis**, médis, médit, médîmes, médîtes, médirent

§41 **MENTIR**—mentant—menti
(a) mens, mentons, mentez
(b) **mens**, mens, ment, **mentons**, mentez, **mentent**
(c) mente, mentes, mente, mentions, mentiez, mentent
(d) mentais, mentais, mentait, mentions, mentiez, mentaient

§42 **METTRE**—mettant—**mis**
(a) mets, mettons, mettez
(b) **mets**, mets, met, mettons, mettez, mettent
(f) **mis**, mis, mit, mîmes, mîtes, mirent

§43 **MOUDRE**—moulant—**moulu**
(a) mouds, moulons, moulez
(b) mouds, mouds, moud, **moulons**, moulez, **moulent**
(c) moule, moules, moule, moulions, mouliez, moulent
(d) moulais, moulais, moulait, moulions, mouliez, moulaient
(f) **moulus**, moulus, moulut, moulûmes, moulûtes, moulurent

§44 **MOURIR**—mourant—**mort**
(a) meurs, mourons, mourez
(b) **meurs**, meurs, meurt, **mourons**, mourez, **meurent**
(c) meure, meures, meure, mourions, mouriez, meurent
(d) mourais, mourais, mourait, mourions, mouriez, mouraient
(e) **mourrai**, mourras, mourra, mourrons, mourrez, mourront
(f) **mourus**, mourus, mourut, mourûmes, mourûtes, moururent

§45 **MOUVOIR**—mouvant—**mû, mue, mus, mues**
(a) meus, mouvons, mouvez
(b) **meus**, meus, meut, **mouvons**, mouvez, **meuvent**

(c) meuve, meuves, meuve, mouvions, mouviez, meuvent
(d) mouvais, mouvais, mouvait, mouvions, mouviez, mouvaient
(e) **mouvrai**, mouvras, mouvra, mouvrons, mouvrez, mouvront
(f) **mus**, mus, mut, mûmes, mûtes, murent

§46 NAÎTRE—naissant—**né**
(a) nais, naissons, naissez
(b) **nais**, nais, naît, **naissons**, naissez, **naissent**
(c) naisse, naisses, naisse, naissions, naissiez, naissent
(d) naissais, naissais, naissait, naissions, naissiez, naissaient
(f) **naquis**, naquis, naquit, naquîmes, naquîtes, naquirent

§47 NETTOYER—nettoyant—nettoyé
(a) nettoie, nettoyons, nettoyez
(b) **nettoie**, nettoies, nettoie, nettoyons, nettoyez, **nettoient**
(c) nettoie, nettoies, nettoie, nettoyions, nettoyiez, nettoient
(e) **nettoierai**, nettoieras, nettoiera, nettoierons, nettoierez, nettoieront

§48 PAÎTRE—paissant—**pu**
(a) pais, paissez
(b) **pais**, pais, paît, **paissons**, paissez, **paissent**
(c) paisse, paisses, paisse, paissions, paissiez, paissent
(d) paissais, paissais, paissait, paissions, paissiez, paissaient
(f) missing

§49 PAYER—payant—payé
(a) paie or paye, payons, payez
(b) **paie**, paies, paie, payons, payez, **paient** or
paye, payes, paye, payons, payez, payent
(c) paie, paies, paie, payions, payiez, paient or
paye, payes, paye, payions, payiez, payent
(e) **paierai**, paieras, paiera, paierons, paierez, paieront or
payerai, payeras, payera, payerons, payerez, payeront

§50 PEINDRE—peignant—**peint**
(a) peins, peignons, peignez
(b) **peins**, peins, peint, **peignons**, peignez, **peignent**
(c) peigne, peignes, peigne, peignions, peigniez, peignent
(d) peignais, peignais, peignait, paignions, peigniez, peignaient
(f) **peignis**, peignis, peignit, peignîmes, peignîtes, peignirent

§51 PLACER—plaçant—placé
(a) place, plaçons, placez
(b) place, places, place, **plaçons**, placez, placent
(d) plaçais, plaçais, plaçait, placions, placiez, plaçaient
(f) **plaçai**, plaças, plaça, plaçâmes, plaçâtes, placèrent

§52 **PLAIRE**—plaisant—**plu**
(a) plais, plaisons, plaisez
(b) plais, plais, **plaît, plaisons**, plaisez, **plaisent**
(c) plaise, plaises, plaise, plaisions, plaisiez, plaisent
(d) plaisais, plaisais, plaisait, plaisions, plaisiez, plaisaient
(f) **plus**, plus, plut, plûmes, plûtes, plurent

§53 **PLEUVOIR—pleuvant—plu**
(a) **pleus, pleuvons, pleuvez** (fig & rare)
(b) **pleut, pleuvent**
(c) pleuve, pleuvent
(d) **pleuvait, pleuvaient**
(e) **pleuvra, pleuvront**
(f) **plut, plurent**

§54 **POURVOIR**—pourvoyant—**pourvu**
(a) pourvois, pouvoyons, pourvoyez
(b) **pourvois**, pourvois, pourvoit, **pourvoyons**, pourvoyez, **pourvoient**
(c) pourvoie, pourvoies, pourvoie, pourvoyions, pourvoyiez, pourvoient
(d) pourvoyais, pourvoyais, pourvoyait, pourvoyions, pourvoyiez, pourvoyaient
(f) **pourvus**, pourvus, pourvut, pourvûmes, pourvûtes, pourvurent

§55 **POUVOIR**—pouvant—**pu**
(a) missing
(b) **peux** or **puis**, peux, peut, **pouvons**, pouvez, **peuvent**
(c) **puisse**, puisses, puisse, puissions, puissiez, puissent
(d) pouvais, pouvais, pouvait, pouvions, pouviez, pouvaient
(e) **pourrai**, pourras, pourra, pourrons, pourrez, pourront
(f) **pus**, pus, put, pûmes, pûtes, purent

§56 **PRENDRE**—prenant—**pris**
(a) prends, prenons, prenez
(b) prends, prends, prend, **prenons**, prenez, **prennent**
(c) prenne, prennes, prenne, prenions, preniez, prennent
(d) prenais, prenais, prenait, prenions, preniez, prenaient
(f) **pris**, pris, prit, prîmes, prîtes, prirent

§57 **PRÉVOIR**—prévoyant—**prévu**
(a) prévois, prévoyons, prévoyez
(b) **prévois**, prévois, prévoit, **prévoyons**, prévoyez, **prévoient**
(c) prévoie, prévoies, prévoie, prévoyions, prévoyiez, prévoient
(d) prévoyais, prévoyais, prévoyait, prévoyions, prévoyiez, prévoyaient
(f) **prévis**, prévis, prévit, prévîmes, prévîtes, prévirent

§58 RAPIÉCER—rapiéçant—rapiécé Combination of §10 and §51
(a) rapièce, rapiéçons, rapiécez
(b) **rapièce**, rapièces, rapièce, **rapiéçons**, rapiécez, **rapiècent**
(c) rapièce, rapièces, rapièce, rapiécions, rapiéciez, rapiècent
(d) rapiéçais, rapiéçais, rapiéçait, rapiécions, rapiéciez, rapiéçaient
(f) **rapiéçai**, rapiéças, rapiéça, rapiéçâmes, rapiéçâtes, rapiécèrent

§59 RECEVOIR—recevant—**reçu**
(a) reçois, recevons, recevez
(b) **reçois**, reçois, reçoit, **recevons**, recevez, **reçoivent**
(c) reçoive, reçoives, reçoive, recevions, receviez, reçoivent
(d) recevais, recevais, recevait, recevions, receviez, recevaient
(e) **recevrai**, recevras, recevra, recevrons, recevrez, recevront
(f) **reçus**, reçus, reçut, reçûmes, reçûtes, reçurent

§60 RÉSOUDRE—résolvant—**résolu; résout** (invar)
(a) résous, résolvons, résolvez
(b) **résous**, résous, résout, **résolvons**, résolvez, **résolvent**
(c) résolve, résolves, résolve, résolvions, résolviez, résolvent
(d) résolvais, résolvais, résolvait, résolvions, résolviez, résolvaient
(f) **résolus**, résolus, résolut, résolûmes, résolûtes, résolurent

§61 RIRE—riant—**ri**
(f) **ris**, ris, rit, rîmes, rîtes, rirent

§62 SAVOIR—sachant—su
(a) **sache, sachons, sachez**
(b) **sais**, sais, sait, **savons**, savez, **savent**
(c) **sache**, saches, sache, sachions, sachiez, sachent
(d) savais, savais, savait, savions, saviez, savaient
(e) **saurai**, sauras, saura, saurons, saurez, sauront
(f) **sus**, sus, sut, sûmes, sûtes, surent

§63 SERVIR—servant—servi
(a) sers, servons, servez
(b) **sers**, sers, sert, **servons**, servez, **servent**
(c) serve, serves, serve, servions, serviez, servent
(d) servais, servais, servait, servions, serviez, servaient

§64 SORTIR—sortant—sorti
(a) sors, sortons, sortez
(b) **sors**, sors, sort, **sortons**, sortez, **sortent**
(c) sorte, sortes, sorte, sortions, sortiez, sortent
(d) sortais, sortais, sortait, sortions, sortiez, sortaient

§65 **SOUFFRIR**—souffrant—**souffert**
(a) souffre, souffrons, souffrez
(b) **souffre**, souffres, souffre, **souffrons**, souffrez, **souffrent**
(c) souffre, souffres, souffre, souffrions, souffriez, souffrent
(d) souffrais, souffrais, souffrait, souffrions, souffriez, souffraient

§66 **SUFFIRE**—suffisant—**suffi**
(a) suffis, suffisons, suffisez
(b) suffis, suffis, suffit, **suffisons**, suffisez, **suffisent**
(c) suffise, suffises, suffise, suffisions, suffisiez, suffisent
(d) suffisais, suffisais, suffisait, suffisions, suffisiez, suffisaient
(f) **suffis**, suffis, suffit, suffîmes, suffîtes, suffirent

§67 **SUIVRE**—suivant—**suivi**
(a) suis, suivons, suivez
(b) **suis**, suis, suit, suivons, suivez, suivent

§68 **TRAIRE**—trayant—**trait**
(a) trais, trayons, trayez
(b) trais, trais, trait, **trayons**, trayez, traient
(c) traie, traies, traie, trayions, trayiez, traient
(d) trayais, trayais, trayait, trayions, trayiez, trayaient
(f) missing

§69 **TRESSAILLIR**—tressaillant—tressailli
(a) tressaille, tressaillons, tressaillez
(b) **tressaille**, tressailles, tressaille, **tressaillons**, tressaillez, **tressaillent**
(c) tressaille, tressailles, tressaille, tressaillions, tressailliez, tressaillent
(d) tressaillais, tressaillais, tressaillait, tressaillions, tressailliez, tressaillaient
(e) **tressaillirai**, tressailliras, tressaillira, tressaillirons, tressaillirez, tressailliront, or **tressaillerai**, tressailleras, tressaillera, tressaillerons, tressaillerez, tressailleront

§70 **VAINCRE**—vainquant—vaincu
(a) vaincs [vɛ̃], vainquons, vainquez
(b) vaincs, vaincs, vainc, **vainquons**, vainquez, **vainquent**
(c) vainque, vainques, vainque, vainquions, vainquiez, vainquent
(d) vainquais, vainquais, vainquait, vainquions, vainquiez, vainquaient
(f) **vainquis**, vainquis, vainquit, vainquîmes, vainquîtes, vainquirent

§71 **VALOIR**—valant—**valu**
(a) vaux, valons, valez
(b) **vaux**, vaux, vaut, **valons**, valez, **valent**

(c) **vaille** [vaj], vailles, vaille, valions, valiez, vaillent
(d) valais, valais, valait, valions, valiez, valaient
(e) **vaudrai**, vaudras, vaudra, vaudrons, vaudrez, vaudront
(f) **valus**, valus, valut, valûmes, valûtes, valurent

§72 VENIR—venant—**venu**
(a) viens, venons, venez
(b) **viens**, viens, vient, **venons**, venez, **viennent**
(c) vienne, viennes, vienne, venions, veniez, viennent
(e) **viendrai**, viendras, viendra, viendrons, viendrez, viendront
(f) **vins**, vins, vint, vînmes [vɛ̃m], vîntes [vɛ̃t], vinrent [vɛ̃r]

§73 VÊTIR—vêtant—**vêtu**
(a) vêts, vêtons, vêtez
(b) **vêts**, vêts, vêt, **vêtons**, vêtez, **vêtent**
(c) vête, vêtes, vête, vêtions, vêtiez, vêtent
(d) vêtais, vêtais, vêtait, vêtions, vêtiez, vêtaient

§74 VIVRE—vivant—**vécu**
(a) vis, vivons, vivez
(b) **vis**, vis, vit, vivons, vivez, vivent
(f) **vécus**, vécus, vécut, vécûmes, vécûtes, vécurent

§75 VOIR—voyant—**vu**
(a) vois, voyons, voyez
(b) **vois**, vois, voit, **voyons**, voyez, **voient**
(c) voie, voies, voie, voyions, voyiez, voient
(d) voyais, voyais, voyait, voyions, voyiez, voyaient
(e) **verrai**, verras, verra, verrons, verrez, verront
(f) **vis**, vis, vit, vîmes, vîtes, virent

§76 VOULOIR—voulant—**voulu**
(a) veuille, veuillons, veuillez
(b) **veux**, veux, veut, **voulons**, voulez, **veulent**
(c) **veuille**, veuilles, veuille, voulions, vouliez, veuillent
(d) voulais, voulais, voulait, voulions, vouliez, voulaient
(e) **voudrai**, voudras, voudra, voudrons, voudrez, voudront
(f) **voulus**, voulus, voulut, voulûmes, voulûtes, voulurent

GRAMMATICAL TABLES

§77 **le** *art def* the. The following table shows the forms of the definite article, the combination of **le** with **à** and **de**, and the combinations of **les** with **à**, **de**, and **en**.

	masc	*fem*
sg	**le**; **l'** before a vowel or mute **h**	**la**; **l'** before a vowel or mute **h**
pl	**les**	**les**
with **à** *sg*	**au**; **à l'** before a vowel or mute **h**	**à la**; **à l'** before a vowel or mute **h**
with **à** *pl*	**aux**	**aux**
with **de** *sg*	**du**; **de l'** before a vowel or mute **h**	**de la**; **de l'** before a vowel or mute **h**
with **de** *pl*	**des**	**des**
with **en** *pl*	**ès**, e.g., **maître ès arts**	**ès**, e.g., **docteur ès lettres**

§78 **lequel** *pron rel* who, whom; which ‖ *pron interr* which, which one. The following table shows all the forms of the word **lequel** and their combinations with the prepositions **à** and **de**.

	masc	*fem*
sg	**lequel**	**laquelle**
pl	**lesquels**	**lesquelles**
with **à** *sg*	**auquel**	**à laquelle**
with **à** *pl*	**auxquels**	**auxquelles**
with **de** *sg*	**duquel**	**de laquelle**
with **de** *pl*	**desquels**	**desquelles**

The forms combined with **de** and used as relative pronouns sometimes mean: whose, e.g., **l'étudiant avec la sœur duquel j'ai dansé** the student with whose sister I danced

§79 **dont** *rel pron* of whom; of which; from which; with which; on which; at which; which; whose. The relative pronoun **dont** may be: a) the complement of the subject of the dependent verb, e.g., **cette malheureuse dont la jambe droite était brisée** that wretched woman whose right leg was broken; b) the complement of the object of the dependent verb, e.g., **sa grande chambre dont on avait fermé les volets** his large bedroom the shutters of which they had closed;

c) the complement of the verb itself, e.g., **les termes dont il se servait** the expressions which he used.

If the antecedent is one of point of origin, **d'où** is used, e.g., **la porte d'où il est sorti** the door from which he went out, unless the point of origin is one of ancestry or extraction having to do with a person, e.g., **la famille distinguée dont il sortait** the distinguished family from which he came.

The relative pronoun **dont** cannot be the complement of a noun which is the object of a preposition but must be replaced by a form of **lequel** combined with **de** (see §78), or by **de qui**, e.g., **l'étudiante avec le frère de laquelle** (or **de qui**) **j'ai dansé** the student with whose brother I danced.

§80 **quel** *adj* what; what sort of; which; what a, e.g., **quelle belle ville!** what a beautiful city!; **n'importe quel** any ‖ *adj interr* what, e.g., **quel est le but de la vie?** what is the purpose of life?; who, e.g., **quel est cet homme?** who is that man? ‖ *adj indef*—**quel que** whoever, e.g., **quel que soit l'homme** whoever the man may be; whatever, e.g., **quelles que soient les difficultés** whatever difficulties there may be; whichever, e.g., **quel que soit le pied sur lequel il s'appuie** whichever foot he leans on. The following table shows all the forms of the word **quel.**

	masc	*fem*
sg	**quel**	**quelle**
pl	**quels**	**quelles**

§81 **quelqu'un** *pron indef* someone, somebody; anyone, anybody; **quelques-uns** some; any, a few. The following table shows all the forms of the word **quelqu'un.**

	masc	*fem*
sg	**quelqu'un**	**quelqu'une**
pl	**quelques-uns**	**quelques-unes**

§82A **ce** *adj dem* this; that; **ces** these; those. The following table shows all the forms of this word.

	masc	*fem*
sg	**ce; cet** before a vowel or mute **h**	**cette**
pl	**ces**	**ces**

This word has two meanings as exemplified by the following example:

cet homme this man; that man

However, the particles **-ci** and **-là** are attached to the noun modified by the forms of **ce** to distinguish what is near the person speaking (i.e., the first person) from what is near the person spoken to (i.e., the second person) or what is remote from both (i.e., the third person), for example:

cet homme-ci this man (*not that man*)
cet homme-là that man (*not this man*)
cet homme-là that man (*yonder*)

---

§82B ce *pron dem*
it, e.g., **c'est un bon livre** it is a good book;
he, e.g., **c'est un bon professeur** he is a good professor;
she, e.g., **c'est une belle femme** she is a beautiful woman;
they, e.g., **ce sont des élèves** they are students

---

§83 celui *pron dem* this one; that one. The following table shows all the forms of the demonstrative pronoun with their translations into English.

	masc	*fem*
sg	**celui** this one; that one; he	**celle** this one; that one; she
pl	**ceux** these; those	**celles** these; those

This word in all its forms is generally used with a following **de** or the relative pronouns **que** and **qui:**

celui de
celle de
ceux de
celles de
} **'s**, e.g., **celui de Marie** Mary's

celui que	he whom; the one that; the one which	whomever; whichever
celle que	she whom; the one that; the one which	
ceux que	those whom; the ones whom; the ones which	
celles que	those whom; the ones whom; the ones which	
celui qui	he who; the one that; the one which	whoever; whichever
celle qui	she who; the one that; the one which	
ceux qui	those who; the ones who; the ones which	
celles qui	those who; the ones who; the ones which	

§84 celui-ci *pron dem* this one; he; the latter. The particles **-ci** and **-là** are attached to the forms of **celui** to distinguish what is near the person speaking (i.e., the first person) from what is near the person spoken to (i.e., the second person) or remote from both (i.e., the third person). The following table shows all the forms of this word with particles attached and with their translations into English.

	masc	*fem*
sg	**celui-ci** this one **celui-là** that one	**celle-ci** this one **celle-là** that one
pl	**ceux-ci** these **ceux-là** those	**celles-ci** these **celles-là** those

The forms of **celui-ci** also mean the latter; and the forms of **celui-là**, the former, e.g., **Henri était roi et Catherine était reine. Celle-ci était espagnole et celui-là anglais.** Henry was a king and Catherine was a queen. The former was English and the latter Spanish. (The English word order requires the inversion.)

§85 Disjunctive personal and reflexive pronouns.

This table shows all the forms of the disjunctive personal and reflexive pronouns with their translations into English.

moi	me; myself; I	**nous**	we, us; ourselves
toi	you, thee; yourself	**vous**	you; yourselves
lui	he, him, it; himself	**eux**	they, them *masc*; themselves *masc*
elle	she, her, it; herself	**elles**	they, them *fem*; themselves *fem*
soi	oneself; himself, herself, itself	**soi**	themselves

A) The disjunctive personal pronouns are used:

1) as the object of a preposition, e.g., **Jean a été invité chez elle** John was invited to her house; e.g., **il est très content de lui** he is very satisfied with himself
Disjunctive pronouns especially as objects of prepositions rarely stand for things. Prepositional phrases which would include them are generally expressed by **y** (see §87), e.g., **je m'y suis avancé** I walked up to it, as contrasted with **je me suis avancé vers lui** I walked up to him; or are expressed by one of the adverbs **là-dessus, là-dessous, là-dedans,** etc., e.g., **voilà mon nom; écrivez le vôtre là-dessous** there is my name; write yours under it, as contrasted with **il n'a pas d'argent sur lui** he has no money with him.
2) after the preposition **à** in phrases which are used to clarify or to stress the meaning of a conjunctive personal pronoun, e.g., **il lui a parlé, à elle** he spoke to her (or, he spoke to *her*)
3) after the preposition **à** in phrases which are used to clarify the meaning of a preceding possessive adjective, e.g., **son chapeau à elle** her hat
4) as predicate pronouns after the verb **être,** especially after **c'est** and **ce sont:**

c'est moi	it is I	**c'est nous**	it is we
c'est toi	it is you, it is thee	**c'est vous**	it is you
c'est lui	it is he	**ce sont eux**	it is they *masc*
c'est elle	it is she	**ce sont elles**	it is they *fem*

5) after **que** (than, as) in comparisons, e.g., **nous y allons plus souvent qu'eux** we go there more often than they; e.g., **nous y allons aussi souvent que vous** we go there as often as you
6) when the verb is not expressed, e.g., **qui a fait cela? Lui** who did that? He did

7) to stress the subject or object of the sentence, e.g., **lui, il a raison** he is right
8) in compound subjects and objects, e.g., **lui et moi, nous sommes médecins** he and I are doctors
9) when an adverb separates the subject pronoun from the verb, e.g., **lui toujours arrive en retard** he always arrives late
10) after **être** + **à** to contrast ownership, e.g., **ce stylo est à lui mais ce papier est à elle** this pen is his but this paper is hers.

B) The disjunctive indefinite reflexive pronoun **soi** corresponds to **on** and is used mainly as the object of a preposition, that is, according to A, 1 above, e.g., **on doit parler rarement de soi** one should seldom talk about oneself. But it may also be used in the predicate after the verb **être**, according to A, 4 above, e.g., **on a plus confiance quand c'est soi qui conduit** one has more confidence when it is oneself who drives.

§86 The following table shows all the forms of the intensive personal pronouns. They are made by combining the disjunctive personal pronouns with the forms of **même**.

moi-même	myself; I myself	**nous-mêmes**	ourselves; we ourselves
toi-même	yourself, thyself; you yourself	**vous-même**	yourself; you yourself
		vous-mêmes	yourselves; you yourselves
lui-même	himself; he himself; itself		
elle-même	herself; she herself; itself	**eux-mêmes**	themselves; they themselves
soi-même	oneself; itself		
		elles-mêmes	themselves; they themselves

§87 Conjunctive personal and reflexive pronouns.

	1	2	3	4	5
person	*subject*	*negative*	*direct & indirect object*	*direct object*	*indirect object*
1	**je (j')**—I		**me (m')**—me, to me; myself, to myself		
2	**tu**—you, thou		**te (t')**—you, to you; thee, to thee; thyself, to thyself		
3	**il**—he; it **elle**—she; it **on**—one, they		**se (s')**—himself, herself, itself, oneself; to himself, to herself, to itself, to oneself	**le (l')**—him; it **la (l')**—her; it	**lui**—to him; to her
		ne (n')—not §90B			
4	**nous**—we		**nous**—us, to us; ourselves, to ourselves		
5	**vous**—you		**vous**—you, to you; yourself, to yourself; yourselves, to yourselves		
6	**ils**—they **elles**—they		**se**—themselves; to themselves	**les**—them	**leur**—to them

This table shows all the forms of the conjunctive personal and reflexive pronouns with their translations into English and their positions (reading horizontally, not vertically) with respect to each other and with respect to the verb; and in negative declarative sentences, with respect to **ne** and **pas** and **personne**. All of the elements in this table except the verb and **pas** and **personne** (and the other negative words listed in §90) are unstressed.

In affirmative and negative interrogative sentences, the subject pronouns in column 1 are placed after the verb or auxiliary in column 8 and attached to it with a hyphen. A **t**, preceded and followed by hyphens, is intercalated between third-singular forms ending in a vowel and the subject pronoun. The interrogative forms of the first singular present indicative whose final sound is a nasal vowel or a consonant are not used, while those whose final sound is an oral vowel are, e.g., **où vais-je?** where am I going?; e.g., **que dirai-je?** what shall I say?. And the ending **-e** of the first singular

	6	7	8	9	10	11
person				***negative***		***negative***
1						
2						
3						
	y—there; to it; to them	**en**—some; of it; of them	VERB or AUXILIARY	**pas**—not §90B	past participle	**personne**—no one §90B
4						
5						
6						

present indicative of verbs of the first conjugation is changed to **-é**, e.g., **donné-je?** do I give?, but these forms are not in current use in prose. All the forms not used are replaced by the affirmative forms introduced by **est-ce que** in affirmative interrogative sentences and by **n'est-ce pas que** in negative interrogative sentences. And **est-ce que** and **n'est-ce pas que** may be thus used in any person of any tense of the indicative. The ending **-e** of the first singular imperfect subjunctive of some verbs is likewise changed to **-é** in conditional clauses without **si** in literary usage, e.g., **dussé-je** if I should.

In affirmative imperative sentences, the subject pronouns are not expressed and the pronouns in columns 3, 4, 5, 6, and 7 are placed after the verb and attached to it and to each other with hyphens except where elision occurs, and the pronouns in column 4 precede those in column 3. And unless followed by **en** or **y**, **me** is replaced by **moi** and **te** is replaced by **toi**; and **moi** and **toi** are stressed.

In negative imperative sentences, the subject pronouns are not expressed either and columns 2, 3, 4, 5, 6, 7, 8, and 9 have the same order as in negative declarative sentences.

A pronoun of column 5 cannot be used with a pronoun of column 3 but is replaced by a disjunctive pronoun preceded by the preposition **à**.

§88 The following table shows all the forms of possessive adjectives with their translations into English.

masc sg	*fem sg*	*masc & fem pl*	
mon	**ma***	**mes**	my
ton	**ta***	**tes**	your, thy, thine
son	**sa***	**ses**	his, her, its
notre	**notre**	**nos**	our
votre	**votre**	**vos**	your
leur	**leur**	**leurs**	their

* The forms **mon, ton,** and **son** are used instead of **ma, ta,** and **sa** respectively before feminine nouns and adjectives beginning with a vowel or mute **h**, e.g., **Marie a fait un cadeau à son aïeule** Mary gave a present to her grandmother; e.g., **elle y est venue avec son aimable tante** she came with her nice aunt.

The possessive adjectives:

1) agree in gender and number with the thing possessed rather than with the possessor, e.g., **Marie lit son livre** Mary is reading her book
2) must be repeated before each noun in a series, e.g., **Marie apporte son stylo et son crayon** Mary is bringing her pen and pencil

§89 The following table shows all the forms of possessive pronouns with their translations into English.

	sg	*pl*	
masc	**le mien**	**les miens**	mine
fem	**la mienne**	**les miennes**	
masc	**le tien**	**les tiens**	yours, thine
fem	**la tienne**	**les tiennes**	
masc	**le sien**	**les siens**	his, hers, its
fem	**la sienne**	**les siennes**	
masc	**le nôtre**	**les nôtres**	ours
fem	**la nôtre**		
masc	**le vôtre**	**les vôtres**	yours
fem	**la vôtre**		
masc	**le leur**	**les leurs**	theirs
fem	**la leur**		

The possessive pronouns:

1) agree in gender and number with the thing possessed rather than with the possessor, e.g., **donnez votre livre à Marie, elle a perdu le sien** give your book to Mary; she has lost hers
2) are preceded by a definite article, e.g., **tu dois obéir à son ordre et au mien** you must obey his order and mine
3) are sometimes used without antecedent: a) **le mien** mine, my own (*i.e., property*); **le sien** his, his own (*i.e., property*); hers, her own (*i.e., property*); etc.; b) **les miens** my folks, my family;

my friends; my men; **les siens** his folks, his family; his friends; his men; her folks, etc.; c) **faire des siennes** (coll) to be up to one's (his, etc.) old tricks.

§90 The adverb **ne** is a conjunctive particle, that is, it always precedes a verb and, like conjunctive pronouns, is unstressed. Because of its weakness, it is generally accompanied by another word, which follows the verb (or auxiliary) in most cases, is stressed, and gives force or added meaning to the negation, e.g., **il n'est pas ici** he is not here.

A) The following table shows **ne** with the various words with which it is associated. (For more detail, see each expression under the second word in the body of the Dictionary, e.g., s.v. **aucun**; e.g., s.v. **aucunement**; etc.)

ne . . . aucun	no, none; no one, nobody	**ne . . . ni . . . ni**	neither . . . nor
ne . . . aucunement	by no means	**ne . . . nul**	no, none
ne . . . brin (archaic)	not a bit, not a single	**ne . . . nullement**	not at all
ne . . . davantage	no more	**ne . . . pas**	not, no
ne . . . goutte (archaic)	not a drop, nothing	**ne . . . pas un**	not one
ne . . . guère	hardly, scarcely; hardly ever	**ne . . . personne**	no one, nobody
ne . . . jamais	never	**ne . . . plus**	no more, no longer
ne . . . mie (archaic)	not a crumb, not	**ne . . . plus jamais**	never any more
ne . . . mot (archaic)	not a word, nothing	**ne . . . plus que**	now only
		ne . . . point	not, no, not at all
		ne . . . que	only, but
		ne . . . rien	nothing

B) The position of **ne** in the sentence is that of column 2 of §87. The position of **pas** and all the other like words, with the exception of **aucun, ni . . . ni, nul, personne,** and **que** is that of column 9. The position of **aucun, nul, personne,** and **que** is that of column 11. And the position of the first **ni** of **ni . . . ni** is that of column 11 unless the past participle is one of the correlatives, in which case its position is that of column 9.

Aucun, nul, pas un, personne, and **rien** may be used as subjects of the verb; they then precede **ne** and the verb, e.g., **personne n'est ici** no one is here. And **aucun, nul,** and **pas un** may be used as adjectives in the same position, e.g., **nul péril ne l'arrête** no danger stops him.

Usually when an infinitive is in the negative, **pas** immediately follows **ne**, e.g., **il m'a dit de ne pas y aller** he told me not to go there; e.g., **il regrette de ne pas me l'avoir dit** he regrets not having told me it.

C) The adverb **ne** is often used without **pas** or a similar word with the verbs **bouger, cesser, oser, pouvoir,** and **savoir**, e.g., **je ne saurais vous le dire** I can't tell you. And it is not translated (1) with a compound tense after **il y a . . . que, voilà . . . que,** and **depuis que**, e.g., **il y a trois jours que je ne l'ai vu** it is three days since I saw him or

(2) with the verb of a clause introduced by a) **à moins que, avant que, empêcher . . . que,** and **éviter . . . que,** e.g., **à moins que je ne sois retenu** unless I am detained; b) **si** meaning unless, e.g., **si je ne me trompe** unless I am mistaken; c) a comparative + **que,** e.g., **vous étiez plus occupé qu'il ne l'était** you were busier than he was; d) a verb or expression of fear such as **avoir peur que, craindre que, redouter que,** e.g., **je crains qu'il ne soit malade** I am afraid that he is sick; e) a negative verb or expression of doubt, denial, despair such as **ne pas désespérer que, ne pas disconvenir que, ne pas douter que, ne pas nier que,** e.g., **je ne doute pas qu'il ne vienne** I do not doubt that he will come.

§91 *adj & adv comp & super* The comparative of superiority of adjectives and adverbs is formed by placing **plus** before the positive, e.g., **heureux** happy, **plus heureux** happier. The superlative of superiority of adjectives and adverbs is the same as the comparative, e.g., **heureux** happy, **plus heureux** happier and happiest. It is to be observed that the superlative is generally used in both French and English with the definite article or the possessive pronoun, e.g., **le plus heureux** the happiest, **son plus heureux** his happiest.

Some adjectives and adverbs have irregular comparatives and superlatives.

ADJECTIVES		ADVERBS	
positive	*comp and super*	*positive*	*comp and super*
bon good	**meilleur** better; best	**beaucoup** much	**plus** more; most
mauvais bad	**pire** worse; worst	**bien** well	**mieux** better; best
petit small	**moindre** lesser, less; least	**mal** badly	**pis** worse; worst
		peu little	**moins** less; least

FRENCH–ENGLISH

A

A, a [ɑ], *[ɑ] *m invar* first letter of the French alphabet

à [a] *prep* to, into; at; by, e.g., **à l'année** by the year; from, e.g., **arracher à** to snatch from; in, e.g., **à l'italienne** in the Italian manner; on, e.g., **à temps** on time; with, e.g., **la jeune fille aux yeux bleus** the girl with the blue eyes

abaisse-langue [abeslɑ̃g] *m invar* tongue depressor

abaissement [abesmɑ̃] *m* lowering; drop; humbling

abaisser [abese] *tr* to lower; to humble ‖ *ref* to go down; to humble oneself; to condescend

abandon [abɑ̃dɔ̃] *m* abandon; abandonment; desertion; neglect

abandonner [abɑ̃dɔne] *tr* to abandon; to forsake; to give up ‖ *ref* to neglect oneself, become slovenly; **s'abandonner à** to give way to

abasourdir [abazurdir] *tr* to dumfound, flabbergast; to deafen

abasourdis•sant [abazurdisɑ̃] **abasourdis•sante** [abazurdisɑ̃t] *adj* astounding

abâtardir [abɑtardir] *tr* to debase ‖ *ref* to deteriorate, to degenerate

abâtardissement [abɑtardismɑ̃] *m* debasement; deterioration, degeneration

abat-jour [abaʒur] *m invar* lampshade; eyeshade, sun visor; skylight

abats [aba] *mpl* giblets

abattage [abataʒ] *m* slaughtering (*of animals*); felling (*of trees*); demolition (*of a building*); bag, bagging (*of game*)

abattant [abatɑ̃] *m* drop leaf

abattement [abatmɑ̃] *m* dejection, despondency; prostration; tax deduction

abatteur [abatœr] *m* slaughterer; woodcutter; **abatteur de besogne** hard worker

abattis [abati] *m* felling (*of trees*); clearing (*of woods*); (mil) abatis; **abattis** *mpl* giblets; (slang) arms and legs

abattoir [abatwar] *m* slaughterhouse

abattre [abatr] §7 *tr* to pull down, to demolish; to fell; to slaughter; to overthrow; to discourage; to shoot down, to bring down (*a bird, airplane, etc.*); to lay (*dust*); (cards) to lay down (*one's hand*) ‖ *ref* to abate, subside; to be dejected; to swoop down; to pounce; to crash (*said of airplane*)

abat•tu -tue [abaty] *adj* dejected, downcast

abat-vent [abavɑ̃] *m invar* chimney pot

abbaye [abei] *f* abbey

abbé [abe] *m* abbot; abbé, father

abbesse [abɛs] *f* abbess

a b c [abese] *m* (letterword) ABC's; speller

abcès [apsɛ] *m* abscess

abdiquer [abdike] *tr* & *intr* to abdicate

abdomen [abdɔmɛn] *m* abdomen

abécédaire [abesedɛr] *m* speller

abeille [abɛj] *f* bee

abêtir [abetir] *tr* to make stupid ‖ *intr* & *ref* to become stupid

abhorrer [abɔre] *tr* to abhor

abîme [abim] *m* abyss; depth

abîmer [abime] *tr* to spoil; to damage ‖ *ref* to sink; to be sunk; to get spoiled

ab•ject -jecte [abʒɛkt] *adj* abject

abjurer [abʒyre] *tr* to abjure

abla•tif [ablatif] **-tive** [tiv] *adj* & *m* ablative

aboiement [abwamɑ̃] *m* barking; yelp, cry, outcry

abois [abwa] *mpl* desperate straits; **aux abois** at bay; hard pressed

abolir [abɔlir] *tr* to abolish; to annul

abomination [abɔminɑsjɔ̃] *f* abomination

abondamment [abɔ̃damɑ̃] *adv* abundantly

abondance [abɔ̃dɑ̃s] *f* abundance, plenty; wealth; flow (*of words*); **parler d'abondance** to ad-lib

abon•dant [abɔ̃dɑ̃] **-dante** [dɑ̃t] *adj* abundant, plentiful; wordy

abon•né -née [abɔne] *mf* subscriber; season-ticket holder; consumer (*of gas, electricity, etc.*); commuter (*on railroad*)

abonnement [abɔnmɑ̃] *m* subscription

abonner [abɔne] *tr* to take out a subscription for (*s.o.*) ‖ *ref* to subscribe, take out a subscription

abord [abɔr] *m* approach; **abords** outskirts, surroundings; **d'abord** at first; **d'un abord facile** easy to approach; **tout d'abord** first of all

abordable [abɔrdabl] *adj* approachable, accessible; reasonable (*price*)

abordage [abɔrdaʒ] *m* (naut) boarding; (naut) collision

aborder [abɔrde] *tr* to approach, to accost; to board; to collide with, run afoul of ‖ *intr* to land, to go ashore

aborigène [abɔriʒɛn] *adj* & *m* native, aboriginal

abor•tif [abɔrtif] **-tive** [tiv] *adj* abortive

aboucher [abuʃe] *tr* to join; to bring together ‖ *ref* to have an interview

aboutir [abutir] *intr* to end; to come to an end
aboutissement [abutismɑ̃] *m* outcome, result
aboyer [abwaje] §47 *intr* to bark; to bay
abracada·brant [abrakadabrɑ̃] **-brante** [brɑ̃t] *adj* amazing, breath-taking
abra·sif [abrazif] **-sive** [ziv] *adj & m* abrasive
abrégé [abreʒe] *m* abridgment, summary
abrégement [abrɛʒmɑ̃] *m* abridgment
abréger [abreʒe] §1 *tr* to abridge; to shorten, curtail
abreuvage [abrœvaʒ] *m* watering
abreuver [abrœve] *tr* to water; to soak; to overwhelm, to shower || *ref* to drink
abreuvoir [abrœvwar] *m* drinking trough, watering trough, horsepond
abréviation [abrevjɑsjɔ̃] *f* abbreviation; abridgment, curtailment
abri [abri] *m* shelter, refuge, cover; air-raid shelter; **à l'abri de** protected from
abricot [abriko] *m* apricot
abricotier [abrikɔtje] *m* apricot tree
abri-promenade [abriprɔmnad] *m* hurricane deck, shelter deck
abriter [abrite] *tr* to shelter, protect, shield, screen || *ref* to take shelter
abroger [abrɔʒe] §38 *tr* to abrogate, repeal
a·brupt -brupte [abrypt] *adj* abrupt, steep; rough, crude; blunt
abru·ti -tie [abryti] *adj* sottish
abrutir [abrytir] *tr* to brutalize; to besot; to overwhelm
abrutis·sant [abrytisɑ̃] **abrutis·sante** [abrytisɑ̃t] *adj* stupefying; deadening
absence [apsɑ̃s] *f* absence
ab·sent [apsɑ̃] **-sente** [sɑ̃t] *adj* absent; absent-minded || *mf* absentee
absenter [apsɑ̃te] *ref* to absent oneself, be absent, stay away
abside [apsid] *f* apse
absinthe [apsɛ̃t] *f* absinthe, wormwood; absinthe *(liqueur)*
abso·lu -lue [apsɔly] *adj* absolute
absolument [apsɔlymɑ̃] *adv* absolutely
absor·bant [apsɔrbɑ̃] **-bante** [bɑ̃t] *adj* absorbent; absorbing || *m* absorbent
absorber [apsɔrbe] *tr* to absorb, to soak up; to eat up; to drink || *ref* to become absorbed, be deeply interested
absoudre [apsudr] §60 (*pp* **absous, absoute**; no *pret* or *imperf subj*) *tr* to absolve; to forgive; to acquit
abstenir [apstənir] §72 *ref* to abstain, refrain
absti·nent [apstinɑ̃] **-nente** [nɑ̃t] *adj* abstinent; abstemious || *mf* moderate eater or drinker
abstraction [apstraksjɔ̃] *f* abstraction; **faire abstraction de** to leave out, to disregard
abstraire [apstrɛr] §68 (no *pret* or *imperf subj*) *tr* to abstract || *ref* to become engrossed
abs·trait [apstrɛ] **-traite** [trɛt] *adj* abstract
abs·trus [apstry] **-truse** [tryz] *adj* abstruse
absurde [apsyrd] *adj* absurd
absurdité [apsyrdite] *f* absurdity
abus [aby] *m* abuse
abuser [abyze] *tr* to deceive || *intr* to exaggerate; **abuser de** to take advantage of, to impose upon; to indulge unwisely in || *ref* to be mistaken
abu·sif [abyzif] **-sive** [ziv] *adj* abusive, wrong
acacia [akasja] *m* locust tree; **faux acacia** black locust tree
académicien [akademisjɛ̃] *m* academician
académie [akademi] *f* academy
académique [akademik] *adj* academic
acagnarder [akaɲarde] *tr* to make lazy || *ref* to grow lazy; to lounge
acajou [akaʒu] *m* mahogany; mahogany tree; **acajou à pommes** (bot) cashew
acariâtre [akarjɑtr] *adj* grumpy
acca·blant [akɑblɑ̃] **-blante** [blɑ̃t] *adj* overwhelming
accabler [akɑble] *tr* to overwhelm; to weigh down
accalmie [akalmi] *f* lull, standstill
accaparer [akapare] *tr* to corner (*the market*); to monopolize
accéder [aksede] §10 *intr* to accede; to acquiesce; to have access
accéléra·teur [akseleratœr] **-trice** [tris] *adj* accelerating || *m* accelerator
accélérer [akselere] §10 *tr, intr, & ref* to accelerate
accent [aksɑ̃] *m* accent; **accent de hauteur** pitch accent; **accent d'insistance** emphasis; **accent d'intensité** stress accent; **accent tonique** tonic accent
accentuer [aksɑ̃tɥe] *tr* to accent || *ref* to become more marked
acceptable [akseptabl] *adj* acceptable
acceptation [aksɛptɑsjɔ̃] *f* acceptance
accepter [aksɛpte] *tr* to accept || *intr*—**accepter de** to agree to
acception [aksɛpsjɔ̃] *f* sense, meaning; preference, partiality
accès [aksɛ] *m* access; outburst; (pathol) attack, bout; **accès aux quais** (public sign) to the docks
accessible [aksɛsibl] *adj* accessible; susceptible
accession [aksɛsjɔ̃] *f* accession
accessit [aksesit] *m* honorable mention
accessoire [aksɛswar] *adj* accessory || **accessoires** *mpl* accessories; (theat) properties
accident [aksidɑ̃] *m* accident; unevenness (*of ground*); (mus) accidental
acciden·té -tée [aksidɑ̃te] *adj* rough, uneven; bumpy (*road*); eventful (*life*); (coll) wrecked (*car*) || *mf* (coll) casualty, victim
acciden·tel -telle [aksidɑ̃tel] *adj* accidental
accidenter [aksidɑ̃te] *tr* to make uneven; to vary; to injure
accise [aksiz] *f* excise tax
acclamer [aklame] *tr* to acclaim
acclimater [aklimate] *tr* to acclimate || *ref* to become acclimated

accolade [akɔlad] *f* embrace; accolade; (mus, typ) brace
accoler [akɔle] *tr* to hug; to join side by side; to couple (*names*); (typ) to brace
accommo•dant [akɔmɔdɑ̃] **-dante** [dɑ̃t] *adj* accommodating, obliging
accommodation [akɔmɔdɑsjɔ̃] *f* accommodation
accommodement [akɔmɔdmɑ̃] *m* settlement, compromise; arrangement
accommoder [akɔmɔde] *tr* to accommodate; to conciliate; to arrange (*furniture*); to prepare (*food*)
accompagna•teur [akɔ̃paɲatœr] **-trice** [tris] *mf* accompanist
accompagnement [akɔ̃paɲmɑ̃] *m* accompaniment
accompagner [akɔ̃paɲe] *tr* to accompany
accom•pli -plie [akɔ̃pli] *adj* completed; polished; accomplished
accomplir [akɔ̃plir] *tr* to accomplish; to complete; to fulfill (*a promise*) || *ref* to come to pass
accomplissement [akɔ̃plismɑ̃] *m* accomplishment, performance
accord [akɔr] *m* accord, agreement, consent; harmony; settlement, bargain; (mus) chord; (mus) tuning; **d'accord** in accord; **d'accord!** O.K.!, check!; **d'un commun accord** by common consent
accordage [akɔrdaʒ] *m* tuning
accordéon [akɔrdeɔ̃] *m* accordion; **en accordéon** squashed; accordion-pleated
accorder [akɔrde] *tr* to grant; to reconcile; (mus, rad) to tune || *intr*—**accorder à qn de** to allow s.o. to || *ref* to harmonize; to tally; to agree
ac•cort [akɔr] **ac•corte** [akɔrt] *adj* sprightly, engaging (*e.g., young lady*)
accoster [akɔste] *tr* to approach || *intr* to dock, to berth
accotement [akɔtmɑ̃] *m* shoulder (*of a road*)
accoter [akɔte] *tr* to shore up || *ref* to lean
accouchement [akuʃmɑ̃] *m* childbirth
accoucher [akuʃe] *tr* to deliver || *intr* (*aux:* ÊTRE) to be confined, be delivered || *intr* (*aux:* AVOIR)—**accoucher de** to give birth to
accou•cheur [akuʃœr] **-cheuse** [ʃøz] *mf* obstetrician
accouder [akude] *ref* to lean on one's elbows
accoudoir [akudwar] *m* armrest
accouple [akupl] *f* leash
accouplement [akupləmɑ̃] *m* coupling; **accouplement consanguin** inbreeding
accoupler [akuple] *tr* to couple; to yoke; to bring together for breeding; to link; (elec) to hook up || *ref* to mate
accourir [akurir] §14 *intr* (*aux:* AVOIR or ÊTRE) to run up
accoutrement [akutrəmɑ̃] *m* togs, get-up
accoutrer [akutre] *tr* to rig out || *ref* to dress ridiculously
accoutu•mé -mée [akutyme] *adj* accustomed; **à l'accoutumée** as usual || *mf* regular customer; frequent visitor
accoutumer [akutyme] *tr* to accustom || *ref* to become accustomed
accouvage [akuvaʒ) *m* artificial incubation
accouver [akuve] *tr* to set (*a hen*) || *intr* to set (*said of a hen*) || *ref* to begin to set
accréditer [akredite] *tr* to accredit; to win a hearing for; **accrédité auprès de** accredited to || *ref* to gain credence or favor
accréditeur [akreditœr] *m* bondsman
accroc [akro] *m* tear (*in a dress*); (fig) snag, hitch
accrochage [akrɔʃaʒ] *m* hanging; hooking; clinch (*in boxing*); collision; (mil) encounter; (rad) receiving; (coll) squabble
accroche [akrɔʃ] *m* hanger
accrocher [akrɔʃe] *tr* to hang, to hang up; to hook; to catch; (mil) to come to grips with; (rad) to pick up; (coll) to buttonhole || *ref* (coll) to come to blows; to cling; to catch; to get caught
accroire [akrwar] (used only in *inf* after **faire**) *tr*—**faire accroire** (with *dat*) to make (*s.o.*) believe || *ref*—**s'en faire accroire** to get a swelled head
accroissement [akrwasmɑ̃] *m* growth; accumulation (*of capital*); increment
accroître [akrwɑtr] §17 (*pp* **accru**; *pres ind* **accrois**; *pret* **accrus**, etc.) *tr & ref* to increase
accroupir [akrupir] *ref* to squat, to crouch
accu [aky] *m* storage battery
accueil [akœj] *m* reception, welcome
accueil•lant [akœjɑ̃] **accueil•lante** [akœjɑ̃t] *adj* hospitable, gracious
accueillir [akœjir] §18 *tr* to welcome; to honor (*a bill*)
acculer [akyle] *tr* to corner
accumulateur [akymylatœr] *m* storage battery
accumuler [akymyle] *tr, intr, & ref* to accumulate
accusa•teur [akyzatœr] **-trice** [tris] *adj* incriminating || *mf* accuser
accusatif [akyzatif] *m* accusative
accusation [akyzɑsjɔ̃] *f* accusation; charge
accu•sé -sée [akyze] *adj* marked; prominent (*features*) || *mf* defendant || *m* acknowledgment (*of receipt*)
accuser [akyze] *tr* to accuse; to acknowledge (*receipt*)
acerbe [asɛrb] *adj* sour; sharp; caustic (*remark*)
acé•ré -rée [asere] *adj* keen (*edge*); sharp (*tongue*)
acétate [asetat] *m* acetate
acétique [asetik] *adj* acetic
acétone [asetɔn] *f* acetone
achalander [aʃalɑ̃de] *tr* to attract customers to || *ref* to get customers
achar•né -née [aʃarne] *adj* fierce; relentless (*pursuit*); inveterate (*gambler*); bitter (*enemy*); **acharné à** bent on, set on

acharnement [aʃarnəmɑ̃] *m* fierceness, fury; stubbornness; eagerness
acharner [aʃarne] *tr* to set, to sic (*dogs*); to bait (*a trap*) || *ref* to fight bitterly; **s'acharner à** to work away at; to be bent on, to persist in; **s'acharner contre** to attack fiercely; **s'acharner sur** to light into; to swoop down upon; to bear down on; to be dead set against
achat [aʃa] *m* purchase; **achat à terme** installment buying; **aller aux achats** to go shopping
ache [aʃ] *f* wild celery
acheminement [aʃminmɑ̃] *m* forwarding; progress
acheminer [aʃmine] *tr* to direct || *ref* to proceed
acheter [aʃte] §2 *tr* to buy; **acheter à** to buy from; to buy for; **acheter de** to buy from; **acheter pour** to buy for
achèvement [aʃɛvmɑ̃] *m* completion
achever [aʃve] §2 *tr* to complete; to finish off, kill || *intr* to end; to be just finishing || *ref* to come to an end
Achille [aʃil] *m* Achilles
achoppement [aʃɔpmɑ̃] *m* obstacle; impact
achopper [aʃɔpe] *intr & ref* to stumble
achromatique [akrɔmatik] *adj* achromatic
acide [asid] *adj & m* acid; **acide phénique** carbolic acid
acidité [asidite] *f* acidity
acidu•lé -lée [asidyle] *adj* acid; fruit-flavored
aciduler [asidyle] *tr* to acidulate
acier [asje] *m* steel; (fig) sword; **acier inoxydable** stainless steel
aciérie [asjeri] *f* steelworks, steel mill
acmé [akme] *f* acme; (pathol) crisis
acolyte [akɔlit] *m* acolyte; accomplice
acompte [akɔ̃t] *m* installment; deposit, down payment; **acompte provisionnel** payment on estimated income tax
Açores [asɔr] *fpl* Azores
à-côté [akote] *m* (*pl* **-côtés**) sidelight; path (*beside road*); kickback
à-coup [aku] *m* (*pl* **-coups**) jerk; **par à-coups** by fits and starts
acoustique [akustik] *adj* acoustic, acoustical || *f* acoustics
acquéreur [akerœr] *m* buyer
acquérir [akerir] §3 *tr* to acquire, to get
acquiescement [akjɛsmɑ̃] *m* acquiescence
acquiescer [akjɛse] §51 *intr* to acquiesce
ac•quis [aki] **-quise** [kiz] *adj* established || *m* know-how
acquisition [akizisjɔ̃] *f* acquisition
acquit [aki] *m* receipt; **pour acquit** paid in full
acquit-à-caution [akitakosjɔ̃] *m* (*pl* **acquits-à-caution**) permit to transport in bond
acquittement [akitmɑ̃] *m* acquittal
acquitter [akite] *tr* to acquit; to receipt (*a bill*); to pay, discharge || *ref* to pay one's debts; **s'acquitter de** to fulfill, to perform
âcre [ɑkr] *adj* acrid
acrimo•nieux [akrimɔnjø] **-nieuse** [njøz] *adj* acrimonious
acrobate [akrɔbat] *mf* acrobat
acrobatie [akrɔbasi] *f* acrobatics
acropole [akrɔpɔl] *f* acropolis
acrostiche [akrɔstiʃ] *m* acrostic
acte [akt] *m* action; bill; act; certificate, deed; **acte de présence** personal appearance; **acte de vente** bill of sale; **actes minutes**; **faire acte** to make a declaration; **prendre acte** to take minutes
acteur [aktœr] *m* actor
ac•tif [aktif] **-tive** [tiv] *adj* active; full (*citizen*) || *m* credit side (*of an account*); assets; (gram) active voice
action [aksjɔ̃] *f* action; share (*of stock*); **action de grâces** thanksgiving
actionnaire [aksjɔnɛr] *mf* stockholder
actionner [aksjɔne] *tr* to actuate; to drive; to sue
activer [aktive] *tr* to activate; to hasten || *ref* to hasten
activité [aktivite] *f* activity; active service; **en pleine activité** in full swing
actrice [aktris] *f* actress
actuaire [aktɥɛr] *mf* actuary
actualisation [aktɥalizɑsjɔ̃] *f* modernization
actualiser [aktɥalize] *tr* to modernize, to bring up to date
actualité [aktɥalite] *f* present condition; **actualités** current events; newsreel; **d'actualité** newsworthy
ac•tuel -tuelle [aktɥɛl] *adj* present, present-day, current
actuellement [aktɥɛlmɑ̃] *adv* now, at the present time
acuité [akɥite] *f* acuity
adage [adaʒ] *m* adage
Adam [adɑ̃] *m* Adam
adapta•teur [adaptatœr] **-trice** [tris] *mf* adapter || *m* (mov) adapter
adaptation [adaptɑsjɔ̃] *f* adaptation
adapter [adapte] *tr & ref* to adapt
addenda [adɛ̃da] *m invar* addendum
addi•tif [aditif] **-tive** [tiv] *adj & m* additive
addition [adisjɔ̃] *f* addition; check (*for a restaurant meal*)
additionner [adisjɔne] *tr* to add up; to add; to dilute, mix
adénoïde [adenɔid] *adj* adenoid
adent [adɑ̃] *m* dovetail
adepte [adɛpt] *mf* adept
adé•quat [adekwa] **-quate** [kwat] *adj* adequate
adhérence [aderɑ̃s] *f* adherence; traction; (pathol) adhesion
adhé•rent [aderɑ̃] **-rente** [rɑ̃t] *adj & mf* adherent
adhérer [adere] §10 *intr* to adhere; to stick; **adhérer à la route** to hold the road
adhé•sif [adezif] **-sive** [ziv] *adj & m* adhesive
adhésion [adezjɔ̃] *f* adhesion
adieu [adjø] *m* (*pl* **adieux**) farewell || *interj* adieu!, bon voyage!; good riddance!; **sans adieu!** see you later!
adja•cent [adʒasɑ̃] **-cente** [sɑ̃t] *adj* adjacent

adjec•tif [adʒɛktif] **-tive** [tiv] *adj & m* adjective
adjoindre [adʒwɛ̃dr] §35 *tr & ref* to join
ad•joint [adʒwɛ̃] **-jointe** [ʒwɛ̃t] *adj & mf* assistant, stand-by
adjudant [adʒydɑ̃] *m* warrant officer; sergeant major; (pej) martinet
adjudication [adʒydikɑsjɔ̃] *f* auction; awarding (*of a contract*)
adjuger [adʒyʒe] §38 *tr* to adjudge, award; to knock down (*at auction*)
admettre [admɛtr] §42 *tr* to admit
administra•teur [administratœr] **-trice** [tris] *mf* administrator, director
administration [administrɑsjɔ̃] *f* administration; **administration des ponts et chaussées** highway department
administrer [administre] *tr* to administer
admira•teur [admiratœr] **-trice** [tris] *mf* admirer
admira•tif [admiratif] **-tive** [tiv] *adj* admiring; amazed
admiration [admirɑsjɔ̃] *f* admiration; wonder
admirer [admire] *tr* to admire; to wonder at
admissible [admisibl] *adj* admissible; eligible
admission [admisjɔ̃] *f* admission; (aut) intake
admonester [admɔneste] *tr* to admonish
adolescence [adɔlesɑ̃s] *f* adolescence
adoles•cent [adɔlesɑ̃] **adoles•cente** [adɔlesɑ̃t] *adj & mf* adolescent
adonner [adɔne] *ref* to devote oneself; **s'adonner à** to give oneself up to
adopter [adɔpte] *tr* to adopt
adop•tif [adɔptif] **-tive** [tiv] *adj* adopted; adoptive
adoption [adɔpsjɔ̃] *f* adoption
adorable [adɔrabl] *adj* adorable
adora•teur [adɔratœr] **-trice** [tris] *mf* adorer; worshiper
adoration [adɔrɑsjɔ̃] *f* adoration
adorer [adɔre] *tr* to adore, worship
adosser [adɔse] *tr*—**adosser q.ch. à** to turn the back of s.th. against || *ref*—**s'adosser à** to lean back against
adouber [adube] *tr* to dub
adoucir [adusir] *tr* to soften || *ref* to soften; to grow milder
adrénaline [adrenalin] *f* adrenalin
adresse [adrɛs] *f* address; skill, dexterity; neatness; expertness, expertise; **adresse particulière** home address
adresser [adrese] *tr* to address || *ref* to apply
Adriatique [adriatik] *adj & f* Adriatic
a•droit [adrwa] **-droite** [drwat] *adj* adroit, clever; neat
aduler [adyle] *tr* to adulate
adulte [adylt] *adj & mf* adult
adultère [adyltɛr] *adj* adulterous || *m* adultery; adulterer || *f* adulteress
adultérer [adyltere] §10 *tr* to adulterate; to falsify (*a text*)
adulté•rin [adylterɛ̃] **-rine** [rin] *adj* born in adultery
advenir [advənir] §72 (used only in *inf*; *pp*; 3d *pers sg & pl*) *intr* (*aux*: ÊTRE) to come to pass; **advienne que pourra** come what may
adventice [advɑ̃tis] *adj* adventitious
adverbe [adverb] *m* adverb
adversaire [advɛrsɛr] *mf* adversary
adverse [advɛrs] *adj* adverse; opposite (*side*)
adversité [advɛrsite] *f* adversity
aérer [aere] §10 *tr* to aerate; to ventilate; to air
aé•rien [aerjɛ̃] **-rienne** [rjɛn] *adj* aerial || *m* elevated railway
aéro [aero] *m* airplane
aérodynamique [aerɔdinamik] *adj* aerodynamic; streamlined || *f* aerodynamics
aérogare [aerɔgar] *f* air terminal
aéroglisseur [aerɔglisœr] *m* hydrofoil
aérogramme [aerɔgram] *m* air letter
aérolite *or* **aérolithe** [aerɔlit] *m* meteorite, aerolite
aéronef [aerɔnɛf] *m* aircraft
aérophare [aerɔfar] *m* air beacon
aéroport [aerɔpɔr] *m* airport
aéropor•té -tée [aerɔpɔrte] *adj* airborne
aéropos•tal -tale [aerɔpɔstal] *adj* (*pl* **-taux** [to]) air-mail
aérosol [aerɔsɔl] *m* aerosol
aérospa•tial -tiale [aerɔspasjal] *adj* (*pl* **-tiaux** [sjo]) aerospace
A.F. *abbr* (**allocations familiales**) family (social security) allotments
affable [afabl] *adj* affable
affadir [afadir] *tr & ref* to stale
affaiblir [afeblir] *tr & ref* to weaken
affaire [afɛr] *f* affair; job; business; trouble; (law) case; (coll) belongings; **affaire à saisir** bargain; **affaire d'or** (fig) gold mine; **affaire en instance** unfinished business; **affaires** business; **bonne affaire** bargain; **cela fait mon affaire** that is just what I want
affai•ré -rée [afere] *adj* busy, bustling
affairiste [aferist] *m* slicker, operator
affaissement [afɛsmɑ̃] *m* sagging; cave-in, collapse
affaisser [afese] *tr* to weigh down; to depress || *ref* to sag; to cave in, to collapse
affaler [afale] *tr* to haul down || *ref* to drop, sink, flop
affa•mé -mée [afame] *adj* famished, starved
affamer [afame] *tr* to starve
affectable [afɛktabl] *adj* impressionable; mortgageable
affectation [afɛktɑsjɔ̃] *f* affectation; assignment; allotment
affec•té -tée [afɛkte] *adj* affected; assigned
affecter [afɛkte] *tr* to affect; to assign; to assume (*various shapes or manners*) || *ref* to grieve
affec•tif [afɛktif] **-tive** [tiv] *adj* affective, emotional
affection [afɛksjɔ̃] *f* affection; mental state; disease, affection
affection•né -née [afɛksjɔne] *adj* loving, fond, devoted

affectionner [afɛksjɔne] *tr* to be fond of ‖ *ref* to become attached
affectueusement [afɛktɥøzmɑ̃] *adv* affectionately
affec·tueux [afɛktɥø] **-tueuse** [tɥøz] *adj* affectionate
affé·rent [aferɑ̃] **-rente** [rɑ̃t] *adj* due, accruing
affermer [afɛrme] *tr* to lease, to rent
affermir [afɛrmir] *tr* to strengthen, harden ‖ *ref* to become stronger, sounder
affichage [afiʃaʒ] *m* billposting
affiche [afiʃ] *f* poster, bill; (theat) playbill
afficher [afiʃe] *tr* to post, to post up; to display; (theat) to bill ‖ *ref* to seek the limelight; **s'afficher avec** to hang around with
afficheur [afiʃœr] *m* billposter
affi·lé -lée [afile] *adj* sharpened; sharp (*tongue*) ‖ *adv*—**d'affilée** in a row
affiler [afile] *tr* to sharpen, to whet; to hone, to strop; to set (*a saw*)
affi·lié -liée [afilje] *adj & mf* affiliate
affilier [afilje] *tr & ref* to affiliate
affiloir [afilwar] *m* sharpener; whetstone; hone, strop
affiner [afine] *tr* to improve; to refine; to sift ‖ *ref* to improve; to mature, ripen
affinité [afinite] *f* affinity; in-law relationship
affirma·tif [afirmatif] **-tive** [tiv] *adj & f* affirmative
affirmer [afirme] *tr* to affirm ‖ *ref* to assert oneself; **s'affirmer comme** to take one's place as
affixe [afiks] *m* affix
affleurer [aflœre] *tr* to level; to come up to the level of ‖ *intr* to come to the surface
affliction [afliksjɔ̃] *f* affliction
affli·gé -gée [afliʒe] *adj* sorrowful
affli·geant [afliʒɑ̃] **-geante** [ʒɑ̃t] *adj* sorrowful (*news*)
affliger [afliʒe] §38 *tr* to afflict ‖ *ref* to grieve, to sorrow; **s'affliger de** to sorrow for
affluence [aflyɑ̃s] *f* crowd
af·fluent [aflyɑ̃] **af·fluente** [aflyɑ̃t] *adj & m* tributary
affluer [aflye] *intr* to flow; to throng, crowd, flock
afflux [afly] *m* afflux, flow; rush
affo·lé -lée [afɔle] *adj* panic-stricken
affolement [afɔlmɑ̃] *m* distraction, panic; infatuation; unsteadiness (*of a compass*)
affoler [afɔle] *tr* to distract, to panic; to infatuate; to disturb (*compass*) ‖ *ref* to be distracted; to stampede; to become infatuated; to spin (*as a compass*)
affran·chi -chie [afrɑ̃ʃi] *adj* emancipated; postpaid ‖ *mf* freethinker
affranchir [afrɑ̃ʃir] *tr* to emancipate, free; to pay the postage for
affranchissement [afrɑ̃ʃismɑ̃] *m* emancipation; payment of postage; cancellation (*of mail*); **affranchissement insuffisant** postage due
affres [afr] *fpl* pangs
affrètement [afretmɑ̃] *m* chartering (*of a boat*)
affréter [afrete] §10 *tr* to charter (*a boat*)
af·freux [afrø] **af·freuse** [afrøz] *adj* frightful
affront [afrɔ̃] *m* affront
affronter [afrɔ̃te] *tr* to confront; to face
affût [afy] *m* hunting blind; mount (*for cannon*); **être à l'affût de** to lie in wait for
affûter [afyte] *tr* to sharpen
afin [afɛ̃] *adv*—**afin de** in order to; **afin que** in order that, so that
afri·cain [afrikɛ̃] **-caine** [kɛn] *adj* African ‖ (*cap*) *mf* African
Afrique [afrik] *f* Africa; **l'Afrique** Africa
agacement [agasmɑ̃] *m* irritation, annoyance
agacer [agase] §51 *tr* to irritate, annoy; to tease; to set on edge
agape [agap] *f* agape; **agapes** banquet
âge [ɑʒ] *m* age; **d'un certain âge** middle-aged; **quel âge avez-vous?** how old are you?
â·gé -gée [aʒe] *adj* old, aged; old, e.g., **âgé de seize ans** sixteen years old
agence [aʒɑ̃s] *f* agency, office, service, bureau; **agence de location** rental service; real-estate office; **agence de voyages** travel bureau; **agence immobilière** real-estate office
agencement [aʒɑ̃smɑ̃] *m* arrangement; furnishing (*of a house*); construction (*of a sentence*); **agencements** fixtures
agencer [aʒɑ̃se] §51 *tr* to arrange
agenda [aʒɛ̃da] *m* engagement book
agenouiller [aʒnuje] *ref* to kneel
agent [aʒɑ̃] *m* agent; policeman; **agent comptable** accountant; **agent de change** stockbroker; **agent de location** realtor
agglomération [aglɔmerɑsjɔ̃] *f* agglomeration; metropolitan area; built-up area
agglomé·ré -rée [aglɔmere] *adj* compressed ‖ *m* briquette; adobe
agglomérer [aglɔmere] §10 *tr & ref* to agglomerate
aggraver [agrave] *tr* to aggravate ‖ *ref* to become more serious
agile [aʒil] *adj* agile, nimble
agilité [aʒilite] *f* agility
agio·teur [aʒjɔtœr] **-teuse** [tøz] *mf* speculator
agir [aʒir] *intr* to act; to take action ‖ *ref*—**il s'agit de** it is a question of
agis·sant [aʒisɑ̃] **agis·sante** [aʒisɑ̃t] *adj* active
agissements [aʒismɑ̃] *mpl* machinations
agita·teur [aʒitatœr] **-trice** [tris] *mf* agitator (*person*) ‖ *m* stirrer
agi·té -tée [aʒite] *adj* restless; rough (*sea*)
agiter [aʒite] *tr* to agitate; to stir; to wave; to discuss ‖ *ref* to move about
a·gneau [aɲo] *m* (*pl* **-gneaux**) lamb
agnostique [agnɔstik] *adj & mf* agnostic
agonie [agɔni] *f* agony, death throes

agrafe [agraf] *f* clasp, pin; paper clip; staple (*for papers*); belt buckle; snap, hook; (med) clamp

agrafer [agrafe] *tr* to clasp, pin; to buckle; to snap; to hook; to fasten, to clip; to staple; (med) to clamp

agrafeuse [agraføz] *f* stapler

agraire [agrɛr] *adj* agrarian

agrandir [agrɑ̃dir] *tr* to enlarge ‖ *ref* to grow, become larger

agrandissement [agrɑ̃dismɑ̃] *m* enlargement

agréable [agreabl] *adj* agreeable, pleasant; neighborly

agréé agréée [agree] *adj* approved ‖ *m* attorney

agréer [agree] *tr* to accept, approve; **veuillez agréer l'expression de mes sentiments distingués** (complimentary close) sincerely yours ‖ *intr* (with *dat*) to agree with, to please

agrégat [agrega] *m* aggregate

agrégation [agregɑsjɔ̃] *f* aggregation; admittance (*as a member of an organization*); competitive teacher's examination

agré•gé -gée [agreʒe] *adj* aggregate ‖ *mf* one who has passed his *agrégation*

agréger [agreʒe] §1 *tr* to attach, to add ‖ *ref*—**s'agréger (à)** to join

agrément [agremɑ̃] *m* approval; pleasantness; pleasure, pastime; **agréments** adornments

agrès [agrɛ] *mpl* rigging; gym equipment

agresseur [agresœr] *adj & m* aggressor

agres•sif [agresif] **agres•sive** [agresiv] *adj* aggressive

agression [agrɛsjɔ̃] *f* aggression; (law) assault

agreste [agrest] *adj* rustic, rural

agricole [agrikɔl] *adj* agricultural

agriculture [agrikyltyr] *f* agriculture

agrumes [agrym] *mpl* citrus fruit

aguerrir [agerir] *tr* to season, inure ‖ *ref* to become seasoned, inured

aguets [agɛ] *mpl* watch, look-out; **être aux aguets** to be on the look-out

agui•chant [agiʃɑ̃] **-chante** [ʃɑ̃t] *adj* alluring ‖ *adj fem* sexy

ah [a] *interj* ah!; **ah çà!** now then!

ahu•ri -rie [ayri] *adj* dumfounded

ahurir [ayrir] *tr* to dumfound

ahurissement [ayrismɑ̃] *m* stupefaction

aide [ɛd] *mf* aid, assistant, helper ‖ *f* aid, assistance, help; **aide sociale** welfare department

aider [ede] *tr* to aid, help; **aider** + *inf* to help to + *inf* ‖ *intr* to help ‖ *ref* —**s'aider de** to use

aïe [aj] *interj* ouch!

aïeul aïeule [ajœl] *mf* grandparent ‖ *m* grandfather ‖ *m* (*pl* **aïeux** [ajø]) ancestor ‖ *f* grandmother

aigle [ɛgl] *mf* eagle; **aigle de mer** eagle ray; **aigle pêcheur, grand aigle de mer** osprey, fish hawk; **grand aigle** spread eagle

aiglefin [ɛgləfɛ̃] *m* haddock

ai•glon [ɛglɔ̃] **-glonne** [glɔn] *mf* eaglet

aigre [ɛgr] *adj* sour, tart, bitter; harsh (*voice*)

aigre-doux [ɛgrədu] **-douce** [dus] *adj* bittersweet

aigrefin [ɛgrəfɛ̃] *m* crook

aigre•let [ɛgrəlɛ] **-lette** [lɛt] *adj* tart

aigrir [egrir] *tr* to turn (*s.th.*) sour ‖ *intr* & *ref* to turn sour

ai•gu -guë [egy] *adj* sharp; acute; shrill, high-pitched ‖ *m* (mus) treble

aigue-marine [ɛgmarin] *f* (*pl* **aigues-marines**) aquamarine

aiguille [eguij] *f* needle; peak; spire (*of steeple*); hand (*of clock*); (rr) switch

aiguiller [eguije] *tr* to switch, shunt ‖ *ref* to be switched, shunted

aiguilleur [eguijœr] *m* (aer, rr) towerman

aiguillon [eguijɔ̃] *m* goad; sting

aiguiser [eguize] *tr* to sharpen; to whet (*appetite*)

ail [aj] *m* (*pl* **ails** or **aulx** [o]) garlic

aile [ɛl] *f* wing; flank (*of army*); fender (*of auto*); brim (*of hat*); blade (*of propeller*); vane, arm (*of windmill*); **aile en flèche** (aer) backswept wing

aileron [ɛlrɔ̃] *m* aileron

ailleurs [ajœr] *adv* elsewhere; **d'ailleurs** moreover, besides; from somewhere else; **par ailleurs** furthermore

aimable [ɛmabl] *adj* kind, likeable; **voulez-vous être assez aimable de** will you be good enough to

aimant [ɛmɑ̃] *m* magnet

aimanter [ɛmɑ̃te] *tr* to magnetize

aimer [eme], [ɛme] *tr* to love; to like; to like to; **aimer à** to like to; **aimer bien** to like, to be fond of; to like to; **aimer mieux** to prefer; to prefer to

aine [ɛn] *f* groin

aî•né -née [ene] *adj & mf* elder, eldest, oldest; senior

aînesse [enes] *f* seniority

ainsi [ɛ̃si] *adv* thus; **ainsi de suite** and so forth; **ainsi nommé** so-called; **ainsi que** as well as; **ainsi soit-il** amen

air [ɛr] *m* air; look, appearance; **air de famille** family resemblance; **avoir l'air de** to seem to; **en l'air** empty, idle (*threats, talk*)

airain [ɛrɛ̃] *m* brass; bronze

aire [ɛr] *f* area; threshing floor; eyrie; **aire de lancement** launching pad

airelle [ɛrɛl] *f* huckleberry; blueberry

aisance [ɛzɑ̃s] *f* ease, comfort

aise [ɛz] *adj*—**bien aise** glad, content ‖ *f* ease; **aises** comforts; **à son aise** well-to-do

ai•sé -sée [eze] *adj* easy; natural; well-to-do

aisément [ezemɑ̃] *adv* easily

aisselle [ɛsɛl] *f* armpit

ajonc [aʒɔ̃] *m* furze

ajou•ré -rée [aʒure] *adj* openwork, perforated

ajourer [aʒure] *tr* to cut openings in

ajournement [aʒurnəmɑ̃] *m* adjournment, postponement; subpoenaing; rejection (*of a candidate*)

ajourner [aʒurne] *tr* to postpone; to subpoena; to reject (*a candidate in an examination*)

ajouter [aʒute] *tr & intr* to add || *ref* to be added
ajus·té -tée [aʒyste] *adj* tight-fitting
ajuster [aʒyste] *tr* to adjust; to arrange; to fit; to aim at
ajusteur [aʒystœr] *m* fitter
alacrité [alakrite] *f* gaiety, vivacity
alambic [alɑ̃bik] *m* still
alambi·qué -quée [alɑ̃bike] *adj* fine-spun, far-fetched
alanguir [alɑ̃gir] *tr* to weaken || *ref* to languish
alar·mant [alarmɑ̃] **-mante** [mɑ̃t] *adj* alarming
alarme [alarm] *f* alarm
alarmer [alarme] *tr* to alarm || *ref* to be alarmed
alba·nais [albanɛ] **-naise** [nɛz] *adj* Albanian || *m* Albanian (*language*) || (*cap*) *mf* Albanian (*person*)
albâtre [albɑtr] *m* alabaster
albatros [albatros] *m* albatross
albi·geois [albiʒwa] **-geoise** [ʒwaz] *adj* Albigensian || (*cap*) *mf* Albigensian
albinos [albinos] *adj & m* albino
album [albɔm] *m* album; scrapbook
albumen [albymɛn] *m* albumen
alcali [alkali] *m* alkali
alca·lin [alkalɛ̃] **-line** [lin] *adj* alkaline
alchimie [alʃimi] *f* alchemy
alcool [alkɔl] *m* alcohol; **alcool à friction** rubbing alcohol; **alcool dénaturé** denatured alcohol
alcoolique [alkɔɔlik], [alkɔlik] *adj & mf* alcoholic
alcôve [alkov] *f* alcove; **d'alcôve** amatory, gallant
ale [ɛl] *f* ale
aléa [alea] *m* risk
aléatoire [aleatwar] *adj* risky; aleatory
alène [alɛn] *f* awl
alentour [alɑ̃tur] *adv* round about || **alentours** *mpl* neighborhood
alerte [alɛrt] *adj & f* alert; **alerte aérienne** air-raid alarm
alerter [alɛrte] *tr* to alert
alésage [alezaʒ] *m* bore (*of cylinder*)
aléser [aleze] §10 *tr* to ream; to bore
ale·zan [alzɑ̃] **-zane** [zan] *adj* chestnut (*colored*)
algarade [algarad] *f* altercation
algèbre [alʒɛbr] *f* algebra
Alger [alʒe] *m* Algiers
Algérie [alʒeri] *f* Algeria
algé·rien [alʒerjɛ̃] **-rienne** [rjɛn] *adj* Algerian || (*cap*) *mf* Algerian
algé·rois [alʒerwa] **-roise** [rwaz] *adj* of Algiers; Algerian || (*cap*) *mf* native of Algiers; Algerian
algues [alg] *fpl* algae
alias [aljɑs] *adv* alias
alibi [alibi] *m* (law) alibi
alié·né -née [aljene] *adj* alienated; insane || *mf* insane person
aliéner [aljene] §10 *tr* to transfer, alienate || *ref* (with *dat* of *reflex pron*) to alienate (*s.o.*); (with *dat* of *reflex pron*) to lose (*e.g., s.o.'s sympathy*)
alignement [aliɲmɑ̃] *m* alignment
aligner [aliɲe] *tr* to align; **aligner ses phrases** to choose one's words with care || *ref* to line up
aliment [alimɑ̃] *m* aliment, food; **aliments** (law) necessities
alimentaire [alimɑ̃tɛr] *adj* alimentary; subsistence, e.g., **pension alimentaire** subsistence allowance
alimentation [alimɑ̃tɑsjɔ̃] *f* nourishment; supplying; feeding (*a fire, a machine*)
alimenter [alimɑ̃te] *tr* to nourish; to supply; to feed (*a fire, a machine*)
alinéa [alinea] *m* indentation (*of the first line of a paragraph*); paragraph
aliter [alite] *tr* to keep in bed || *ref* to be confined to bed
alizés [alize] *mpl* trade winds
allaiter [alɛte] *tr* to nurse
al·lant [alɑ̃] **al·lante** [alɑ̃t] *adj* active || *m*—**allants et venants** passers-by; **beaucoup d'allant** (coll) a lot of pep
allé·chant [aleʃɑ̃] **-chante** [ʃɑ̃t] *adj* enticing, tempting
allécher [aleʃe] §10 *tr* to allure
allée [ale] *f* walk, path; going; city street, boulevard; aisle (*of theater*)
allégeance [alleʒɑ̃s] *f* allegiance; lightening (*of care*); handicapping (*of a race*)
alléger [alleʒe] §1 *tr* to lighten; to alleviate, mitigate, relieve
allégorie [allegɔri] *f* allegory
allègre [allɛgr] *adj* lively, cheerful
alléguer [allege] §10 *tr* to allege as an excuse; to cite (*an authority*)
Allemagne [almaɲ] *f* Germany; **l'Allemagne** Germany
alle·mand [almɑ̃] **-mande** [mɑ̃d] *adj* German || *m* German (*language*) || (*cap*) *mf* German (*person*)
aller [ale] *m* going; go; **aller (et) retour** round trip; round-trip ticket; **au pis aller** at the worst || §4 *intr* (*aux*: ÊTRE) to go; to work, function; (with *dat*) to suit, fit, become, e.g., **la robe lui va bien** the dress becomes her; **aller** + *inf* to be going to + *inf*, e.g., **je vais au magasin acheter des souliers** I am going to the store to buy some shoes; **allez!, allons!, allons donc!** well!, come on!, all right!; **allez-y doucement!** take it easy!; **ça va?, comment allez-vous?** how are you? || *ref*—**s'en aller** to go away || *aux*—**aller** + *inf* to be going to + *inf* (to express futurity), e.g., **il va se marier** he is going to get married
allergie [allɛrʒi] *f* allergy
aller-retour [alerətur] *m*—**faire l'aller-retour** to go and come back
alliage [aljaʒ] *m* alloy
alliance [aljɑ̃s] *f* alliance; marriage; wedding ring; **ancienne alliance** Old Covenant; **nouvelle alliance** New Covenant
al·lié -liée [alje] *adj* allied (*by treaty*); united (*in marriage*) || *mf* ally; kin, in-law
allier [alje] *tr* to ally; to alloy || *ref* to become allied, to ally oneself
alligator [alligatɔr] *m* alligator
allô [alo] *interj* hello!

allocation [allɔkasjɔ̃] *f* allocation, allotment; **allocations familiales** family (social security) allotments
allocution [allɔkysjɔ̃] *f* short speech
allonger [alɔ̃ʒe] §38 *tr, intr, & ref* to lengthen
allouer [alwe] *tr* to allow, allocate
allumage [alymaʒ] *m* lighting; switching on (*of a light*); kindling (*of a fire*); ignition
allume-feu [alymfø] *m invar* kindling
allumer [alyme] *tr* to ignite; to light (*a cigarette*); to light up (*a room*); to put on, switch on (*a light; a radio; a heater*); to provoke (*anger*) || *ref* to go on (*said of a light*); to light up (*said of eyes*); to catch fire
allumette [alymɛt] *f* match; **allumette de sûreté** safety match
allumette-gaz [alymɛtgaz] *m* pilot light
allumeur [alymœr] *m* ignition system; **allumeur de réverbères** lamplighter
allumeuse [alymøz] *f* (coll) vamp
allure [alyr] *f* speed, pace; gait, bearing, aspect; **à l'allure de l'escargot** at a snail's pace; **à toute allure** at top speed
allusion [allyzjɔ̃] *f* allusion
almanach [almana] *m* almanac; yearbook
aloès [alɔɛs] *m* aloe
aloi [alwa] *m* legal alloy; quality; **de bon aloi** genuine
alors [alɔr] *adv* then; **alors même que** even though; **alors que** whereas
alose [aloz] *f* shad
alouette [alwɛt] *f* lark, skylark; **alouette sans tête** rolled veal
alourdir [alurdir] *tr* to weigh down, to make heavy || *ref* to become heavy
aloyau [alwajo] *m* (*pl* **aloyaux**) sirloin
Alpes [alp] *fpl*—**les Alpes** the Alps
alphabet [alfabɛ] *m* alphabet
alpinisme [alpinism] *m* mountain climbing
alpiniste [alpinist] *mf* mountain climber
alpiste [alpist] *m* birdseed
alsa·cien [alzasjɛ̃] **-cienne** [sjɛn] *adj* Alsatian || *m* Alsatian (*dialect*) || (*cap*) *mf* Alsatian (*person*)
alté·rant [alterɑ̃] **-rante** [rɑ̃t] *adj* thirst-provoking
altération [alterasjɔ̃] *f* alteration, falsification; deterioration; heavy thirst; (mus) accidental
altérer [altere] §10 *tr* to alter, falsify; to ruin (*one's health*); to weaken, impair; to make thirsty || *ref* to undergo a change for the worse; to become thirsty
alternance [altɛrnɑ̃s] *f* alternation; (agr) rotation
alterna·tif [altɛrnatif] **-tive** [tiv] *adj* alternative; alternating; alternate || *f* alternative, dilemma; alternation
alterne [altɛrn] *adj* alternate (*angles*)
alterner [altɛrne] *tr* to rotate (*crops*) || *intr* to alternate
al·tier [altje] **-tière** [tjɛr] *adj* haughty
altitude [altityd] *f* altitude
alto [alto] *m* alto; viola
altruiste [altrɥist] *adj & mf* altruist
aluminium [alyminjɔm] *m* aluminum
alun [alœ̃] *m* alum
alunir [alynir] *intr* to land on the moon
alunissage [alynisaʒ] *m* landing on the moon
alvéole [alveɔl] *m & f* alveolus; cavity; cell (*of honeycomb*); socket (*of tooth*)
amadou [amadu] *m* punk, tinder
amadouer [amadwe] *tr* to wheedle
amaigrir [amɛgrir] *tr* to emaciate; to make thin || *ref* to grow thin
amalgame [amalgam] *m* amalgam
amalgamer [amalgame] *tr & ref* to amalgamate
aman [amɑ̃] *m*—**demander l'aman** to give in
amande [amɑ̃d] *f* almond; kernel; **amande de Malaga** Jordan almond
amandier [amɑ̃dje] *m* almond tree
a·mant [amɑ̃] **-mante** [mɑ̃t] *mf* lover
amareyeur [amarɛjœr] *m* oysterman
amariner [amarine] *tr* to season (*a crew*); to impress (*a ship*)
amarre [amar] *f* hawser
amarrer [amare] *tr & ref* to moor
amas [ama] *m* mass; heap; cluster (*of stars*); **amas de neige** snowdrift
amasser [amase] *tr* to amass; to gather || *intr* to hoard || *ref* to pile up, to crowd
amateur [amatœr] *adj* amateur || *m* amateur; (coll) prospective buyer
amatir [amatir] *tr* to mat, dull (*metal or glass*)
amazone [amazon] *f* amazon; horsewoman; riding habit; **monter en amazone** to ride sidesaddle || (*cap*) *f* Amazon
ambages [ɑ̃baʒ] *fpl* circumlocutions; **sans ambages** without beating around the bush
ambassade [ɑ̃basad] *f* embassy
ambassadeur [ɑ̃basadœr] *m* ambassador
ambassadrice [ɑ̃basadris] *f* ambassadress; wife of ambassador; emissary
ambiance [ɑ̃bjɑ̃s] *f* environment, milieu; atmosphere, tone
ambidextre [ɑ̃bidɛkstrə] *adj* ambidextrous || *mf* ambidextrous person
ambi·gu **-guë** [ɑ̃bigy] *adj* ambiguous || *m* ambiguousness; buffet lunch; odd mixture
ambiguïté [ɑ̃bigɥite] *f* ambiguity
ambi·tieux [ɑ̃bisjø] **-tieuse** [sjøz] *adj* ambitious
ambition [ɑ̃bisjɔ̃] *f* ambition
amble [ɑ̃bl] *m* amble
ambler [ɑ̃ble] *intr* (equit) to amble
ambre [ɑ̃br] *m*—**ambre gris** ambergris; **ambre (jaune or succin)** amber
ambulance [ɑ̃bylɑ̃s] *f* ambulance
ambulan·cier [ɑ̃bylɑ̃sje] **-cière** [sjɛr] *mf* ambulance driver or attendant
ambu·lant [ɑ̃bylɑ̃] **-lante** [lɑ̃t] *adj* ambulant || *m* railway mail clerk
ambulatoire [ɑ̃bylatwar] *adj* ambulatory; itinerant
âme [ɑm] *f* soul; spirit, heart, mind;

core (*of cable*); bore (*of cannon*); web (*of rail*); sound post (*of violin*); **âme damnée** evil genius; **rendre l'âme** to give up the ghost

améliorer [ameljɔre] *tr & ref* to ameliorate, to improve

amen [amɛn] *m invar* Amen

aménagement [amenaʒmɑ̃] *m* arrangement, equipping; preparation, development (*of land*); adjustment (*of taxes*); **aménagements** furnishings

aménager [amenaʒe] §38 *tr* to arrange, equip; to remodel; to parcel out; to grade (*a roadbed*); to feed (*a machine*); to harness (*a waterfall*)

amende [ɑmɑ̃d] *f* fine; forfeit (*in a game*); **faire amende honorable** (coll) to apologize

amendement [amɑ̃dmɑ̃] *m* amendment; fertilizer

amender [amɑ̃de] *tr* to amend; to manure || *ref* to mend one's ways, to amend

amène [amɛn] *adj* pleasant

amener [amne] §2 *tr* to bring; to lead; to bring on; to furnish (*proof*); (naut) to lower; **amener pavillon** to surrender || *ref* (coll) to arrive; **amenez-vous!** (slang) get a move on!

aménité [amenite] *f* amenity; **aménités** cutting remarks

amenuiser [amənɥize] *tr* to whittle || *ref* to be whittled down

a·mer -mère [amɛr] *adj* bitter || *m* bitters; seamark; gall (*of animal*)

améri·cain [amerikɛ̃] **-caine** [kɛn] *adj* American || *m* American English || *f* phaeton; bicycle relay || (*cap*) *mf* American (*person*)

américanisme [amerikanism] *m* Americanism; American studies

Amérique [amerik] *f* America; **l'Amérique** America

amerrir [amerir] *intr* to land, alight on water

amerrissage [amerisaʒ] *m* landing (on water); (rok) splashdown; **amerrissage forcé** ditching; **faire un amerrissage forcé** to ditch

amertume [amɛrtym] *f* bitterness

améthyste [ametist] *f* amethyst

ameublement [amœbləmɑ̃] *m* furnishings; furniture, suite

ameublir [amœblir] *tr* (agr) to soften, to mellow (*soil*)

ameuter [amøte] *tr* to rouse (*the pack*) || *ref* to riot

a·mi -mie [ami] *adj* friendly || *mf* friend || *f* mistress

amiable [amjabl] *adj* amicable; **à l'amiable** privately, out of court

amiante [amjɑ̃t] *m* asbestos

amibe [amib] *f* amoeba

ami·bien [amibjɛ̃] **-bienne** [bjɛn] *adj* amoebic

ami·cal -cale [amikal] *adj* (*pl* **-caux** [ko]) amicable || *f* professional club

amidon [amidɔ̃] *m* starch

amidonner [amidɔne] *tr* to starch

amincir [amɛ̃sir] *tr* to make more slender, to attenuate || *ref* to grow thinner

ami·ral [amiral] *m* (*pl* **-raux** [ro]) admiral

amirale [amiral] *f* admiral's wife

amirauté [amirote] *f* admiralty

amitié [amitje] *f* friendship; **amitiés** (complimentary close) cordially yours; **faites mes amitiés à** give my regards to; **faites-moi l'amitié de** do me the favor of

ammo·niac -niaque [amɔnjak] *adj* ammoniacal || *m* ammonia (*gas*) || *f* ammonia (*gas dissolved in water*)

amnésie [amnezi] *f* amnesia

amnistie [amnisti] *f* amnesty

amnistier [amnistje] *tr* to amnesty

amoindrir [amwɛ̃drir] *tr* to lessen || *ref* to diminish

amollir [amɔlir] *tr & ref* to soften

amollissement [amɔlismɑ̃] *m* softening

amonceler [amɔ̃sle] §34 *tr* to pile up, to gather || *ref* to pile up, to gather; to drift (*said of snow*)

amont [amɔ̃] *m* upper waters; **en amont** upstream; **en amont de** above

amorçage [amɔrsaʒ] *m* baiting; priming

amorce [amɔrs] *f* bait, lure; fuse, percussion cap; beginning; leader (*of strip of film*); (mov) preview

amorcer [amɔrse] §51 *tr* to bait; to prime; to entice; to begin

amorphe [ɑmɔrf] *adj* amorphous

amortir [amɔrtir] *tr* to absorb (*shock*); to subdue (*color; pain; passions*); to damp (*waves*); to amortize

amortissement [amɔrtismɑ̃] *m* absorption (*of shock, sound, etc.*); amortization

amortisseur [amɔrtisœr] *m* shock absorber

amour [amur] *m* love; love affair; **premières amours** puppy love || (*cap*) *m* Cupid

amou·reux [amurø] **-reuse** [røz] *adj* amorous; loving; fond, devoted; **amoureux de** in love with || *m* lover || *f* sweetheart

amour-propre [amurprɔpr] *m* (*pl* **amours-propres**) self-esteem; vanity

amovible [amɔvibl] *adj* removable; detachable; (jur) revocable

ampère [ɑ̃pɛr] *m* ampere

ampèremètre [ɑ̃pɛrmɛtr] *m* ammeter

amphibie [ɑ̃fibi] *adj* amphibious, amphibian || *m* amphibian

amphibien [ɑ̃fibjɛ̃] *m* amphibian

amphithéâtre [ɑ̃fiteɑtr] *m* amphitheater; auditorium (*with raised seats*)

amphitryon [ɑ̃fitrijɔ̃] *m* host at dinner || (*cap*) *m* Amphitryon

ample [ɑ̃pl] *adj* ample; long (*speech*); liberal (*reward*)

amplifica·teur [ɑ̃plifikatœr] **-trice** [tris] *adj* amplifying || *mf* exaggerator || *m* amplifier; (phot) enlarger

amplifier [ɑ̃plifje] *tr* to amplify, to enlarge

amplitude [ɑ̃plityd] *f* amplitude

ampoule [ɑ̃pul] *f* ampule; (elec) bulb; (pathol) blister

ampu·té -tée [ɑ̃pyte] *mf* amputee

amputer [ɑ̃pyte] *tr* to amputate; to cut (*an article, speech*)
amuïr [amɥir] *ref* to become silent
amuïssement [amɥismɑ̃] *m* (phonet) silencing
amulette [amylɛt] *f* amulet
amure [amyr] *f* tack (*of sail*)
amuse-gueule [amyzgœl] *m* (*pl* **-gueule** or **-gueules**) (coll) appetizer, snack
amusement [amyzmɑ̃] *m* amusement
amuser [amyze] *tr* to amuse; to mislead ‖ *ref* to have a good time; to sow one's wild oats; **s'amuser à** to pass the time by; **s'amuser de** to play with; to make fun of
amygdale [amigdal] *f* tonsil
an [ɑ̃] *m* year; **l'an de grâce** the year of Our Lord
anacarde [anakard] *m* cashew nut
anachronisme [anakrɔnism] *m* anachronism
analogie [analɔʒi] *f* analogy
analogue [analɔg] *adj* analogous; similar
analphabète [analfabet] *adj & mf* illiterate
analphabétisme [analfabetism] *m* illiteracy
analyse [analiz] *f* analysis; **analyse des renseignements** data processing
analyser [analize] *tr* to analyze
analyseur [analizœr] *m* analyzer, tester
analyste [analist] *mf* analyst
analytique [analitik] *adj* analytic(al)
ananas [anana] *m* pineapple
anarchie [anarʃi] *f* anarchy
anarchiste [anarʃist] *mf* anarchist
anathème [anatɛm] *m* anathema
anatife [anatif] *m* barnacle
anatomie [anatɔmi] *f* anatomy
anatomique [anatɔmik] *adj* anatomic(al)
ances·tral -trale [ɑ̃sestral] *adj* (*pl* **-traux** [tro]) ancestral
ancêtre [ɑ̃sɛtr] *m* ancestor
anche [ɑ̃ʃ] *f* (mus) reed
anchois [ɑ̃ʃwa] *m* anchovy
an·cien [ɑ̃sjɛ̃] **-cienne** [sjɛn] *adj* ancient, old, long-standing; antiquated; antique ‖ (when standing before noun) *adj* former, previous, old; retired (*businessman*); ancient (*Greece, Rome*) ‖ *mf* senior (*in rank*); oldster; **les Anciens** the Ancients
anciennement [ɑ̃sjɛnmɑ̃] *adv* formerly
ancienneté [ɑ̃sjɛnte] *f* antiquity; seniority (*in rank*)
ancre [ɑ̃kr] *f* anchor; **ancres levées** anchors aweigh
ancrer [ɑ̃kre] *tr & intr* to anchor ‖ *ref* to become established
andain [ɑ̃dɛ̃] *m* swath; row of shocks
andouille [ɑ̃duj] *f* (coll) fool, sap
andouiller [ɑ̃duje] *m* antler
âne [ɑn] *m* ass, donkey
anéantir [aneɑ̃tir] *tr* to annihilate; to prostrate ‖ *ref* to disappear; to humble oneself (*before God*)
anéantissement [aneɑ̃tismɑ̃] *m* annihilation; prostration
anecdote [anɛgdɔt] *f* anecdote
anémie [anemi] *f* anemia
ânesse [ɑnɛs] *f* she-ass
anesthésie [anɛstezi] *f* anesthesia
anesthésier [anɛstezje] *tr* to anesthetize
anesthésique [anɛstezik] *adj & m* anesthetic
anesthésiste [anɛstezist] *mf* anesthetist
anévrisme [anevrism] *m* aneurysm
anfractuosité [ɑ̃fraktɥozite] *f* rough outline (*of coast*); ruggedness, cragginess
ange [ɑ̃ʒ] *m* angel; **ange gardien, ange tutélaire** guardian angel; **être aux anges** to walk on air
angélique [ɑ̃ʒelik] *adj* angelic(al)
angélus [ɑ̃ʒelys] *m* Angelus
angine [ɑ̃ʒin] *f* tonsillitis, quinsy; **angine de poitrine** angina pectoris
an·glais [ɑ̃glɛ] **-glaise** [glɛz] *adj* English; **à l'anglaise** in the English manner; **filer à l'anglaise** to take French leave ‖ *m* English (*language*) ‖ (*cap*) *m* Englishman; **les Anglais** the English ‖ *f* Englishwoman
angle [ɑ̃gl] *m* angle; corner
Angleterre [ɑ̃glətɛr] *f* England; **l'Angleterre** England
angois·sant [ɑ̃gwasɑ̃] **angois·sante** [ɑ̃gwasɑ̃t] *adj* agonizing
angoisse [ɑ̃gwas] *f* anguish
anguille [ɑ̃gij] *f* eel; **anguille de mer** conger eel
angulaire [ɑ̃gylɛr] *adj* angular
angu·leux [ɑ̃gylø] **-leuse** [løz] *adj* angular, sharp
anicroche [anikrɔʃ] *f* (coll) hitch, snag
ani·mal -male [animal] (*pl* **-maux** [mo]) *adj* animal ‖ *m* animal, brute, beast; (coll) blockhead
anima·teur [animatœr] **-trice** [tris] *adj* animating ‖ *mf* animator, moving spirit; master of ceremonies; **animateur de théâtre** theatrical producer
animation [animɑsjɔ̃] *f* animation
animer [anime] *tr* to animate; to encourage ‖ *ref* to become alive, liven up
animosité [animozite] *f* animosity
anion [anjɔ̃] *m* anion
anis [ani] *m* anise
annales [anal] *fpl* annals
an·neau [ano] *m* (*pl* **-neaux**) ring
année [ane] *f* year; **année bissextile** leap year; **année de lumière** light-year; **bonne année** Happy New Year
année-lumière [anelymjɛr] *f* (*pl* **années-lumière**) light-year
annexe [anɛks] *adj* annexed ‖ *f* annex
annexer [anɛkse] *tr* to annex
annexion [anɛksjɔ̃] *f* annexation
annihiler [aniile] *tr* to annihilate
anniversaire [anivɛrsɛr] *adj & m* anniversary; **anniversaire de naissance** birthday
annonce [anɔ̃s] *f* announcement; advertisement; (cards) bid; **petites annonces** classified ads
annoncer [anɔ̃se] §51 *tr* to announce; to advertise ‖ *ref* to augur; to promise to be
annonceur [anɔ̃sœr] *m* advertiser
annoncia·teur [anɔ̃sjatœr] **-trice** [tris] *adj* betokening, foreboding ‖ *m* harbinger

annoter [anɔte] *tr* to annotate
annuaire [anɥɛr] *m* annual, yearbook, directory; catalog, bulletin (*e.g., of a school*)
an•nuel -nuelle [anɥɛl] *adj* annual
annuité [anɥite] *f* annuity
annuler [anyle] *tr* to annul
ano•din -dine [anɔdɛ̃] -**dine** [din] *adj* & *m* anodyne
ânon [ɑnɔ̃] *m* foal of an ass
ânonner [anɔne] *tr* to recite in a stumbling manner
anonymat [anɔnima] *m* anonymity
anonyme [anɔnim] *adj* anonymous; incorporated; (fig) colorless, drab ‖ *mf* unidentified person
anor•mal -male [anɔrmal] (*pl* **-maux** [mo]) *adj* abnormal ‖ *mf* abnormal person
anse [ɑ̃s] *f* handle; **faire danser l'anse du panier** to pad the bill
antagonisme [ɑ̃tagɔnism] *m* antagonism
antan [ɑ̃tɑ̃] *m* yesteryear
Antarctique [ɑ̃tarktik] *adj* & *m* Antarctic ‖ *f* Antarctic (*region*); **l'Antarctique** Antarctica
antécé•dent [ɑ̃tesedɑ̃] **-dente** [dɑ̃t] *adj* & *m* antecedent
antenne [ɑ̃tɛn] *f* antenna (*feeler; aerial*); outpost; (naut) lateen yard; **porter à l'antenne** to put on the air
antépénultième [ɑ̃tepenyltjɛm] *adj* antepenultimate ‖ *f* antepenult
anté•rieur -rieure [ɑ̃terjœr] *adj* anterior; former; previous, preceding; earlier; front
antériorité [ɑ̃terjɔrite] *f* priority
anthologie [ɑ̃tɔlɔʒi] *f* anthology
anthropoïde [ɑ̃trɔpɔid] *adj* & *m* anthropoid
anthropophage [ɑ̃trɔpɔfaʒ] *adj* & *mf* cannibal
antiaé•rien [ɑ̃tiɑerjɛ̃] **-rienne** [rjɛn] *adj* antiaircraft
antialcoolique [ɑ̃tialkɔɔlik] *adj* antialcoholic ‖ *mf* teetotaler; temperance worker
antibiotique [ɑ̃tibjɔtik] *adj* & *m* antibiotic
antichambre [ɑ̃tiʃɑ̃br] *f* antechamber, anteroom
antichar [ɑ̃tiʃar] *adj* antitank
anticipation [ɑ̃tisipɑsjɔ̃] *f* anticipation; **anticipations** prophecies (*of science fiction*); **d'anticipation** science fiction (*stories, films, etc.*); **par anticipation** in advance
antici•pé -pée [ɑ̃tisipe] *adj* anticipated, advanced, ahead of time; premature (*e.g., death*)
anticiper [ɑ̃tisipe] *tr* to anticipate; to advance ‖ *intr* to act ahead of time; **anticiper sur** to encroach on; to pay ahead of time; to spend ahead of time
anticléri•cal -cale [ɑ̃tiklerikal] *adj* (*pl* **-caux** [ko]) anticlerical
anticonception•nel -nelle [ɑ̃tikɔ̃sepsjɔnɛl] *adj* contraceptive
anticorps [ɑ̃tikɔr] *m* antibody
antidéra•pant [ɑ̃tiderapɑ̃] **-pante** [pɑ̃t] *adj* nonskid ‖ *m* nonskid tire
antidéto•nant [ɑ̃tidetɔnɑ̃] **-nante** [nɑ̃t] *adj* & *m* antiknock
antidote [ɑ̃tidɔt] *m* antidote
antienne [ɑ̃tjɛn] *f* antiphon, anthem; **chanter toujours la même antienne** to harp on the same subject
antigel [ɑ̃tiʒɛl] *m* antifreeze
antigi•vrant [ɑ̃tiʒivrɑ̃] **-vrante** [vrɑ̃t] *adj* deicing, defrosting ‖ *m* deicer
antigivre [ɑ̃tiʒivr] *m* deicer, defroster
Antilles [ɑ̃tij] *fpl* West Indies
antilope [ɑ̃tilɔp] *f* antelope
antimite [ɑ̃timit] *adj* mothproof ‖ *m* moth killer
antimoine [ɑ̃timwan] *m* antimony
antiparasite [ɑ̃tiparazit] *adj* (rad) static-eliminating ‖ *m* (rad) static eliminator; insecticide
antipathie [ɑ̃tipati] *f* antipathy
antiquaire [ɑ̃tikɛr] *m* antique dealer
antique [ɑ̃tik] *adj* antique, classic; old-fashioned ‖ *m* antique
antiquité [ɑ̃tikite] *f* antiquity; **antiquités** antiques
antisémite [ɑ̃tisemit] *adj* anti-Semitic ‖ *mf* anti-Semite
antisémitique [ɑ̃tisemitik] *adj* anti-Semitic
antiseptique [ɑ̃tiseptik] *adj* & *m* antiseptic
antiso•cial -ciale [ɑ̃tisɔsjal] *adj* (*pl* **-ciaux** [sjo]) antisocial
antispor•tif [ɑ̃tispɔrtif] **-tive** [tiv] *adj* unsportsmanlike
antithèse [ɑ̃titɛz] *f* antithesis
antitoxine [ɑ̃titɔksin] *f* antitoxin
antitranspirant [ɑ̃titrɑ̃spirɑ̃] *m* antiperspirant
antonyme [ɑ̃tɔnim] *m* antonym
antre [ɑ̃tr] *m* den, lair; cave
anxiété [ɑ̃ksjete] *f* anxiety
anxieux [ɑ̃ksjø] **anxieuse** [ɑ̃ksjøz] *adj* anxious, worried
aorte [aɔrt] *f* aorta
août [u], [ut] *m* August
A.P. *abbr* (**assistance publique**) welfare department
apache [apaʃ] *m* apache, hoodlum
apaisement [apɛzmɑ̃] *m* appeasement
apaiser [apeze] *tr* to appease ‖ *ref* to quiet down
apanage [apanaʒ] *m* attribute
aparté [aparte] *m* stage whisper, aside; **en aparté** privately
apathie [apati] *f* apathy
apathique [apatik] *adj* apathetic
apatride [apatrid] *adj* stateless ‖ *mf* stateless person
apercevoir [apersəvwar] §59 *tr* to perceive ‖ *ref* to notice; to realize; **s'apercevoir de** to notice, realize, be aware of
aperçu [apersy] *m* glimpse; view, look; outline
apéri•tif [aperitif] **-tive** [tiv] *adj* appetizing ‖ *m* appetizer
aperture [apertyr] *f* (phonet) aperture
apesanteur [apəzɑ̃tœr] *f* weightlessness
à-peu-près [apøpre] *m invar* approximation, rough estimate
apeu•ré -rée [apœre] *adj* frightened
aphorisme [afɔrism] *m* aphorism

aphrodisiaque [afrɔdizjak] *adj & m* aphrodisiac
aphte [aft] *m* mouth canker, cold sore
apiculteur [apikyltœr] *m* beekeeper
apiculture [apikyltyr] *f* beekeeping
apitoiement [apitwamɑ̃] *m* compassion
apitoyant [apitwajɑ̃] **apitoyante** [apitwajɑ̃t] *adj* piteous, pitiful
apitoyer [apitwaje] §47 *tr* to move (*s.o.*) to pity ‖ *ref*—**s'apitoyer sur** to feel compassion for
ap. J.-C. *abbr* (**après Jésus-Christ**) A.D.
aplanir [aplanir] *tr* to even off; to iron out (*difficulties*)
aplatir [aplatir] *tr* to flatten ‖ *ref* to go flat; to grovel
aplomb [aplɔ̃] *m* aplomb; hang (*of gown*); (coll) cheek, rudeness; **aplombs** stand (*of horse*); **d'aplomb** plumb; steadily
apocalyptique [apɔkaliptik] *adj* apocalyptic
apocryphe [apɔkrif] *adj* apocryphal ‖ **Apocryphes** *mpl* Apocrypha
apogée [apɔʒe] *m* apogee
Apollon [apɔllɔ̃] *m* Apollo
apologie [apɔlɔʒi] *f* apology
apophonie [apɔfɔni] *f* ablaut
apoplectique [apɔplɛktik] *adj & mf* apoplectic
apoplexie [apɔplɛksi] *f* apoplexy
apostille [apɔstij] *f* endorsement
apostiller [apɔstije] *tr* to endorse
apostolat [apɔstɔla] *m* apostleship
apostrophe [apɔstrɔf] *f* apostrophe; sharp reprimand
apostropher [apɔstrɔfe] *tr* to apostrophize; to reprimand sharply
apothicaire [apɔtikɛr] *m* apothecary
apôtre [apotr] *m* apostle; **faire le bon apôtre** to play the hypocrite
apparaître [aparɛtr] §12 *intr* (*aux*: AVOIR or ÊTRE) to appear, come into view; to become evident
apparat [apara] *m* pomp, ostentation
apparaux [aparo] *mpl* rigging
appareil [aparej] *m* apparatus, machine, appliance; apparel; radio set; airplane; pomp, show, display; camera; telephone; (archit) bond; **à l'appareil!** speaking!; **appareil à sous** slot machine; **appareil plâtré** plaster cast
appareiller [apareje] *tr* to prepare; to bond (*stones*); to pair, match; (naut) to rig ‖ *intr* to set sail
apparemment [aparamɑ̃] *adv* apparently
apparence [aparɑ̃s] *f* appearance
appa·rent [aparɑ̃] **-rente** [rɑ̃t] *adj* apparent
apparenter [aparɑ̃te] *tr* to relate by marriage ‖ *ref* to become related
apparier [aparje] *tr* to pair off, to match
apparition [aparisjɔ̃] *f* apparition; appearance
apparoir [aparwar] (used only in: *inf*; 3d *sg pres ind* **appert**) *impers*—**il appert de** it follows from; **il appert que** it is evident that
appartement [apartəmɑ̃] *m* apartment
appartenance [apartənɑ̃s] *f* appurtenance
appartenir [apartənir] §72 *intr*—**appartenir à** to belong to; to pertain to ‖ *impers*—**il appartient à qn de** it behooves s.o. to ‖ *ref* to be one's own master
appas [apɑ] *mpl* charms; bosom
appât [apɑ] *m* bait
appâter [apɑte] *tr* to lure; to fatten up (*fowl*)
appauvrir [apovrir] *tr* to impoverish ‖ *ref* to become impoverished
ap·peau [apo] *m* (*pl* **-peaux**) decoy; bird call
appel [apɛl] *m* call; appeal; summons; roll call; ring (*on telephone*); (mil) draft; **appel interurbain** long-distance call; **appel nominal** roll call; **faire l'appel** to call the roll
appe·lant [aplɑ̃] **-lante** [lɑ̃t] *adj* appellant ‖ *mf* appellant ‖ *m* decoy
appelé [aple] *m* draftee
appeler [aple] §34 *tr* to call; to name; to summon; to subpoena; to require; to call up, to draft ‖ *intr* to call; to appeal (*in court*); **en appeler à** to appeal to ‖ *ref* to be named, e.g., **elle s'appelle Marie** she is named Mary, her name is Mary
appendice [apɛ̃dis] *m* appendix
appendicectomie [apɛ̃disɛktɔmi] *f* appendectomy
appendicite [apɛ̃disit] *f* appendicitis
appentis [apɑ̃ti] *m* lean-to
appesantir [apzɑ̃tir] *tr* to weigh down; to slow down (*e.g., bodily activity*); to make (*a burden*) heavier ‖ *ref* to be weighed down; **s'appesantir sur** to dwell on, to expatiate on
appétis·sant [apetisɑ̃] **appétis·sante** [apetisɑ̃t] *adj* appetizing, tempting
appétit [apeti] *m* appetite
applaudir [aplodir] *tr* to applaud; **applaudir qn de** to commend, applaud s.o. for ‖ *intr* to applaud; **applaudir à** to approve, commend, applaud ‖ *ref*—**s'applaudir de** to congratulate oneself on, to pat oneself on the back for
applaudissement [aplodismɑ̃] *m* round of applause; **applaudissements** applause
applicable [aplikabl] *adj* applicable
application [aplikɑsjɔ̃] *f* application
applique [aplik] *f* appliqué; sconce
appli·qué **-quée** [aplike] *adj* industrious, studious; applied (*science*)
appliquer [aplike] *tr* to apply ‖ *ref* to apply; to apply oneself
appoint [apwɛ̃] *m* addition; balance; aid, help; **faire l'appoint** to have the right change
appointements [apwɛ̃tmɑ̃] *mpl* salary
appointer [apwɛ̃te] *tr* to point, sharpen; to pay a salary to
appontage [apɔ̃taʒ] *m* deck-landing
appontement [apɔ̃tmɑ̃] *m* jetty (*landing pier*)
apponter [apɔ̃te] *intr* to deck-land
apport [apɔr] *m* contribution
apporter [apɔrte] *tr* to bring

apposer [apoze] *tr* to affix; to insert (*a clause in a contract*)
appréciable [apresjabl] *adj* appreciable
appréciation [apresjɑsjɔ̃] *f* appreciation, appraisal
apprécier [apresje] *tr* to appreciate
appréhender [apreɑ̃de] *tr* to apprehend; to be apprehensive about
appréhension [apreɑ̃sjɔ̃] *f* apprehension
apprendre [aprɑ̃dr] §56 *tr* to learn; **apprendre à vivre à qn** to teach s.o. manners; **apprendre q.ch. à qn** to inform s.o. of s.th.; to teach s.o. s.th. || *intr* to learn
appren·ti -tie [aprɑ̃ti] *mf* apprentice; beginner, learner
apprentissage [aprɑ̃tisaʒ] *m* apprenticeship
apprêt [aprɛ] *m* preparation, finishing touches; **sans apprêt** unaffectedly
apprêter [aprete] *tr & ref* to prepare
apprivoi·sé -sée [aprivwaze] *adj* tame, domesticated
apprivoiser [aprivwaze] *tr* to tame; to contain (*sorrow*) || *ref* to become tame; to become sociable
approba·teur [aprɔbatœr] **-trice** [tris] *adj* approving || *m* (slang) yes man
approbation [aprɔbɑsjɔ̃] *f* approbation, approval, consent
appro·chant [aprɔʃɑ̃] **-chante** [ʃɑ̃t] *adj* similar || **approchant** *adv* thereabouts
approche [aprɔʃ] *f* approach
approcher [aprɔʃe] *tr* to approach; to draw up (*e.g., a chair*) || *intr* to approach; **approcher de** to approach, approximate || *ref* to approach, to come near; **s'approcher de** to approach, to come near to, to go up to
approfon·di -die [aprɔfɔ̃di] *adj* thorough, deep
approfondir [aprɔfɔ̃dir] *tr* to deepen; to go deep into, get to the bottom of
appropriation [aprɔprijɑsjɔ̃] *f* appropriation; adaptation
appro·prié -priée [aprɔprije] *adj* appropriate
approprier [aprɔprije] *tr* to fit, adapt || *ref* to appropriate, preempt
approuver [apruve] *tr* to approve, to approve of
approvisionnement [aprɔvizjɔnmɑ̃] *m* provisioning, stocking; **approvisionnements** supplies
approvisionner [aprɔvizjɔne] *tr* to provision, to stock || *ref* to lay in supplies
approxima·tif [aprɔksimatif] **-tive** [tiv] *adj* approximate
appui [apɥi] *m* support; endorsement
appui-bras [apɥibra] *m* (*pl* **appuis-bras**) armrest
appui-livres [apɥilivr] *m* (*pl* **appuis-livres**) book end
appui-main [apɥimɛ̃] *m* (*pl* **appuis-main**) maulstick
appui-tête [apɥitɛt] *m* (*pl* **appuis-tête**) headrest
appuyer [apɥije] §27 *tr* to support; to prop; to rest, lean; to endorse (*a candidate*); **appuyer le doigt sur** to push (*a button, a lever, a switch*) with the finger || *intr*—**appuyer sur** to lean on; to press (*a button*); to move (*a lever*); to pull (*a trigger*); to bear down on (*a pen or pencil*); to stress (*a syllable*) || *ref*—**s'appuyer sur** to lean on; to be based on; to rely on; (slang) to put up with
âpre [ɑpr] *adj* harsh, rough; bitter; greedy (*for gain*)
après [aprɛ] *adv* after, afterward; behind; **après que** after || *prep* after; behind; **après Jésus-Christ** (**ap. J.-C.**) after Christ (A.D.); **d'après** after, from; by, according to
après-demain [apredəmɛ̃] *adv & m* the day after tomorrow
après-guerre [apregɛr] *m & f* (*pl* **-guerres**) postwar period
après-midi [apremidi] *m & f invar* afternoon
âpreté [ɑprəte] *f* harshness; bitterness
à-propos [aprɔpo] *m* opportuneness, aptness
apte [apt] *adj* apt; **apte à** suitable for
aptitude [aptityd] *f* aptitude; proficiency
apurement [apyrmɑ̃] *m* audit, check
apurer [apyre] *tr* to audit, to check
apyre [apir] *adj* fireproof
aquafortiste [akwafɔrtist] *mf* etcher
aquaplane [akwaplan] *m* aquaplane
aquarelle [akwarɛl] *f* watercolor
aquarium [akwarjɔm] *m* aquarium
aquatique [akwatik] *adj* aquatic
aqueduc [akdyk] *m* aqueduct
aquilin [akilɛ̃] *adj masc* aquiline
aquilon [akilɔ̃] *m* north wind
ara [ara] *m* (orn) macaw
arabe [arab] *adj* Arabian, Arab || *m* Arabic; Arab (*horse*) || (*cap*) *mf* Arabian, Arab
arachide [araʃid] *f* peanut
araignée [areɲe] *f* spider; grapnel; **araignée de mer** spider crab; **avoir une araignée dans le plafond** (coll) to have bats in the belfry
aratoire [aratwar] *adj* agricultural
arbitrage [arbitraʒ] *m* arbitration
arbitraire [arbitrɛr] *adj* arbitrary || *m* arbitrariness, despotism
arbitre [arbitr] *m* arbiter; arbitrator; umpire, judge; **libre arbitre** free will
arbitrer [arbitre] *tr & intr* to arbitrate; to umpire
arborer [arbɔre] *tr* to hoist (*a flag*); to show off (*new clothes*)
arbouse [arbuz] *f* arbutus berry
arbousier [arbuzje] *m* arbutus
arbre [arbr] *m* tree; (mach) arbor, shaft; **arbre de Noël** Christmas tree; **arbre généalogique** family tree
arbrisseau [arbriso] *m* (*pl* **-seaux**) bushy tree
arbuste [arbyst] *m* shrub
arc [ark] *m* bow; arch; (elec, geom) arc
arcade [arkad] *f* arcade, archway
arcanes [arkan] *mpl* mysteries, secrets
arcanson [arkɑ̃sɔ̃] *m* rosin
arc-boutant [arkbutɑ̃] *m* (*pl* **arcs-boutants**) flying buttress
arc-en-ciel [arkɑ̃sjɛl] *m* (*pl* **arcs-en-ciel** [arkɑ̃sjɛl]) rainbow

archaïque [arkaik] *adj* archaic
archaïsme [arkaism] *m* archaism
archange [arkɑ̃ʒ] *m* archangel
arche [arʃ] *f* arch (*of bridge*); Ark
archéologie [arkeɔlɔʒi] *f* archaeology
archéologue [arkeɔlɔg] *mf* archaeologist
archer [arʃe] *m* archer, bowman
archet [arʃɛ] *m* bow
archétype [arketip] *m* archetype
archevêque [arʃəvɛk] *m* archbishop
archiduc [arʃidyk] *m* archduke
archipel [arʃipɛl] *m* archipelago
archiprêtre [arʃiprɛtr] *m* archpriest
architecte [arʃitɛkt] *m* architect
architecture [arʃitɛktyr] *f* architecture
archives [arʃiv] *fpl* archives
arçon [arsɔ̃] *m* saddletree
Arctique [arktik] *adj & m* Arctic || *f* Arctic (*region*)
ardemment [ardamɑ̃] *adv* ardently
ar•dent [ardɑ̃] **-dente** [dɑ̃t] *adj* ardent; burning; bright-red (*hair*)
ardeur [ardœr] *f* ardor; intense heat
ardoise [ardwaz] *f* slate
ardoi•sier [ardwazje] **-sière** [zjɛr] *adj* slate || *m* slate-quarry worker || *f* slate quarry
ar•du -due [ardy] *adj* steep; arduous
arène [arɛn] *f* arena; sand; (fig) arena; **arènes** arena, coliseum, amphitheater
arête [arɛt] *f* fishbone; beard (*of wheat*); angle, ridge
argent [arʒɑ̃] *m* silver; money; **argent comptant** cash
argenter [arʒɑ̃te] *tr* to silver || *ref* to turn silvery (*i.e., gray*)
argenterie [arʒɑ̃tri] *f* silver plate, silverware
argentier [arʒɑ̃tje] *m* silverware cabinet; (hist) Treasurer
argen•tin [arʒɑ̃tɛ̃] **-tine** [tin] *adj* silvery (*voice*); Argentinian || (*cap*) *mf* Argentinian (*person*) || **l'Argentine** *f* Argentina
argile [arʒil] *f* clay
argot [argo] *m* slang; jargon, cant
argotique [argɔtik] *adj* slangy
arguer [argɥe] (many authorities write: **j'arguë, tu arguës,** etc.) *tr* to argue, imply; **arguer de faux** to doubt the authenticity of (*a document*) || *intr* to draw a conclusion; **arguer de** to use as a pretext
argument [argymɑ̃] *m* argument
argumentation [argymɑ̃tɑsjɔ̃] *f* argument
argumenter [argymɑ̃te] *intr* to argue
argus [argys] *m* look-out, spy; price list, book (*e.g., for used cars*); **argus de la presse** clipping service
aria [arja] *m* (coll) fuss, bother || *f* aria
aride [arid] *adj* arid; (*subject, speaker, etc.*) dry
aridité [aridite] *f* aridity; (fig) dryness, dullness
aristocrate [aristɔkrat] *adj* aristocratic || *mf* aristocrat
aristocratie [aristɔkrasi] *f* aristocracy
Aristote [aristɔt] *m* Aristotle
arithméti•cien [aritmetisjɛ̃] **-cienne** [sjɛn] *mf* arithmetician
arithmétique [aritmetik] *f* arithmetic
arlequin [arləkɛ̃] *m* goulash; wrench || (*cap*) *m* Harlequin
armateur [armatœr] *m* ship outfitter; shipowner
armature [armatyr] *f* framework; keeper (*of a horseshoe magnet*); (mus) key signature
arme [arm] *f* arm; weapon; **arme blanche** cold steel; steel blade; **armes portatives** small arms; **faire ses premières armes** to make one's début
armée [arme] *f* army
armement [arməmɑ̃] *m* armament; fire power; (naut) outfitting
armé•nien [armenjɛ̃] **-nienne** [njɛn] *adj* Armenian || *m* Armenian (*language*) || (*cap*) *mf* Armenian (*person*)
armer [arme] *tr* to arm; to cock (*a gun*); to reinforce (*concrete*); **armer chevalier** to knight || *ref* to arm oneself, to arm
armistice [armistis] *m* armistice
armoire [armwar] *f* wardrobe, closet; **armoire à pharmacie** medicine cabinet; **armoire frigorifique** freezer
armoiries [armwari] *fpl* arms, coat of arms
armoise [armwaz] *f* sagebrush
armorier [armɔrje] *tr* to emblazon
armure [armyr] *f* armor; (tex) weave
aromatique [arɔmatik] *adj* aromatic
arôme [arom] *m* aroma
aronde [arɔ̃d] *f* swallow
arpège [arpɛʒ] *m* arpeggio
arpent [arpɑ̃] *m* acre
arpentage [arpɑ̃taʒ] *m* surveying
arpenter [arpɑ̃te] *tr* to survey; (coll) to pace (*the floor*)
arpenteur [arpɑ̃tœr] *m* surveyor
ar•qué -quée [arke] *adj* arched, bowed; cambered (*beam*); hooked (*nose*)
arquer [arke] *tr* to arch, to bow || *ref* to arch, to be bowed
arraché [araʃe] *m* (sports) lift
arrache-clou [araʃklu] *m* (*pl* **-clous**) claw hammer
arrache-pied [araʃpje] *adv*—**d'arrache-pied** at a stretch, without stopping
arracher [araʃe] *tr* to dig up, uproot, tear out, pull out; to wheedle (*money; a confession*); **arracher q.ch. à qn** to take away, snatch, or pry s.th. from s.o.; **arracher q.ch. de q.ch.** to pull s.th. off, from, or out of s.th.; to strip s.th. of s.th.; **arracher qn à** to deliver s.o. from (*evil; temptation; death*); **arracher qn de** to make s.o. get out of (*e.g., bed*) || *ref* to tear oneself away
arra•cheur [araʃœr] **-cheuse** [ʃøz] *mf* puller || *f* (mach) picker
arraisonnement [arɛzɔnmɑ̃] *m* port inspection
arraisonner [arɛzɔne] *tr* to inspect (*a ship*)
arrangement [arɑ̃ʒmɑ̃] *m* arrangement
arranger [arɑ̃ʒe] §38 *tr* to arrange; to settle (*a difficulty*); to fix (*to repair; to punish*) || *ref* to be arranged; to get ready; to agree
arrérages [areraʒ] *mpl* arrears
arrestation [arɛstɑsjɔ̃] *f* arrest

arrêt [are] *m* stop; stopping; arrest; decree; **arrêt complet** standstill; **arrêt facultatif** whistle stop; **mettre aux arrêts** to keep in, to confine to quarters

arrê·té -tée [arete] *adj* stopped, standing; decided, fixed ‖ *m* decree; authorization; (com) closing out (*of an account*); **arrêté de police** police ordinance; **prendre un arrêté** to pass a decree

arrêter [arete] *tr* to stop; to arrest; to fix (*one's gaze*); to settle, decide upon; to hire, engage; to point (*game, as hunting dog does*) ‖ *intr* to stop; to point (*said of hunting dog*) ‖ *ref* to stop; **s'arrêter à** to decide on; **s'arrêter de** + *inf* to stop + *ger*

arrhes [ar] *fpl* deposit, down payment

arriération [arjerasjɔ̃] *f* retardation

arrière [arjer] *adj invar* back, rear; tail (*wind*) ‖ *m* back, rear; stern; **à l'arrière** in back; astern; **en arrière** backward; **en arrière de** behind ‖ *adv* back

arrié·ré -rée [arjere] *adj* backward; delinquent (*in payment*); back (*pay, taxes, etc.*); old-fashioned ‖ *mf* backward child ‖ *m* arrears; back pay; back payment; backlog

arrière-boutique [arjerbutik] *f* (*pl* **-boutiques**) back room (*of a shop*)

arrière-cour [arjerkur] *f* (*pl* **-cours**) backyard

arrière-garde [arjergard] *f* (*pl* **-gardes**) rear guard

arrière-goût [arjergu] *m* (*pl* **-goûts**) aftertaste

arrière-grand-mère [arjergrɑ̃mer] *f* (*pl* **-grand-mères**) great-grandmother

arrière-grand-père [arjergrɑ̃per] *m* (*pl* **-grands-pères**) great-grandfather

arrière-pays [arjerpei] *m invar* back country

arrière-pensée [arjerpɑ̃se] *f* (*pl* **-pensées**) mental reservation, ulterior motive

arrière-plan [arjerplɑ̃] *m* (*pl* **-plans**) background

arriérer [arjere] §10 *tr* to delay ‖ *ref* to fall behind (*in payment*)

arrière-train [arjertrɛ̃] *m* (*pl* **-trains**) rear (*of a vehicle*); hindquarters

arrimage [arimaʒ] *m* stowage; docking (*of space vehicle*)

arrimer [arime] *tr* to stow

arrimeur [arimœr] *m* stevedore

arrivage [arivaʒ] *m* arrival (*of goods or ships*)

arrivée [arive] *f* arrival; intake; (sports) finish, goal; **arrivée en douceur** (rok) soft landing

arriver [arive] *intr* (*aux:* ÊTRE) to arrive; to succeed; to happen; **arriver à** to attain, reach; **en arriver à** + *inf* to be reduced to + *ger*

arriviste [arivist] *mf* upstart, parvenu

arrogance [arɔgɑ̃s] *f* arrogance

arro·gant [arɔgɑ̃] **-gante** [gɑ̃t] *adj* arrogant

arroger [arɔʒe] §38 *ref* to arrogate to oneself

arrondir [arɔ̃dir] *tr* to round, round off, round out ‖ *ref* to become round

arrondissement [arɔ̃dismɑ̃] *m* district

arrosage [arozaʒ] *m* sprinkling; irrigation; (mil) heavy bombing

arroser [aroze] *tr* to sprinkle, to water; to irrigate; to flow through (*e.g., a city*); to wash down (*a meal*); (coll) to bribe; (coll) to drink to (*a success*)

arro·seur [arozœr] **-seuse** [zøz] *mf* sprinkler (*person*) ‖ *f* street sprinkler

arrosoir [arozwar] *m* sprinkling can

arse·nal [arsenal] *m* (*pl* **-naux** [no]) shipyard, navy yard; (fig) storehouse; (archaic) arsenal, armory

arsenic [arsenik] *m* arsenic

art [ar] *m* art; **arts d'agréments** music, drawing, dancing, etc.; **arts ménagers** home economics; **le huitième art** television; **les arts du spectacle** the performing arts; **le septième art** the cinema

artère [arter] *f* artery

arté·riel -rielle [arterjel] *adj* arterial

artérioscl é·reux [arterjosklerø] **-reuse** [røz] *adj & mf* arteriosclerotic

arté·sien [artezjɛ̃] **-sienne** [zjen] *adj* of Artois; artesian (*well*)

arthrite [artrit] *f* arthritis

artichaut [artiʃo] *m* artichoke

article [artikl] *m* article; entry (*in a dictionary*); **à l'article de la mort** on the point of death; **article de fond** leader; editorial; **article de tête** front-page story; **articles divers** sundries

articuler [artikyle] *tr & ref* to articulate

artifice [artifis] *m* artifice; craftsmanship

artifi·ciel -cielle [artifisjel] *adj* artificial

artificier [artifisje] *m* fireworks maker; soldier in charge of ammunition supply

artifi·cieux [artifisjø] **-cieuse** [sjøz] *adj* artful, cunning

artillerie [artijeri] *f* artillery

artilleur [artijœr] *m* artilleryman

arti·san [artizɑ̃] **-sane** [zan] *mf* artisan, artificer ‖ *m* craftsman

artiste [artist] *adj* artistic; artist, of art, e.g., **le monde artiste** the world of art ‖ *mf* artist; actor

artistique [artistik] *adj* artistic

ar·yen [arjɛ̃] **-yenne** [jen] *adj* Aryan ‖ (*cap*) *mf* Aryan (*person*)

as [as] *m* ace; **as du volant** speed king

A.S. *abbr* (**assurances sociales**) social security

a/s *abbr* (**aux bons soins de**) c/o

asbeste [asbest] *m* asbestos

ascendance [asɑ̃dɑ̃s] *f* lineal ancestry; rising (*of air; of star*)

ascenseur [asɑ̃sœr] *m* elevator

ascension [asɑ̃sjɔ̃] *f* ascension; **Ascension** *f* Ascension Day

ascèse [asɛz] *f* asceticism

ascète [asɛt] *mf* ascetic

ascétique [asetik] *adj* ascetic

ascétisme [asetism] *m* asceticism

aseptique [aseptik] *adj* aseptic

Asie [azi] *f* Asia; **Asie Mineure** Asia Minor; **l'Asie** Asia; **l'Asie Mineure** Asia Minor

asile [azil] *m* asylum, shelter, home
aspect [aspɛ], [aspɛk] *m* aspect
asperge [aspɛrʒ] *f* asparagus; **des asperges** asparagus (*stalks and tips used as food*)
asperger [aspɛrʒe] §38 *tr* to sprinkle
aspérité [asperite] *f* roughness; harshness; gruffness
aspersion [aspɛrsjɔ̃] *f* sprinkling
asphalte [asfalt] *m* asphalt
asphyxier [asfiksje] *tr* to asphyxiate ‖ *ref* to be asphyxiated
aspic [aspik] *m* asp
aspi•rant [aspirɑ̃] **-rante** [rɑ̃t] *adj* aspirant, aspiring; suction (*pump*) ‖ *mf* candidate (*for a degree*) ‖ *m* midshipman
aspirateur [aspiratœr] *m* vacuum cleaner; **aspirateur de buée** kitchen fan
aspi•ré -rée [aspire] *adj & m* (phonet) aspirate
aspirer [aspire] *tr* to inhale; to suck in ‖ *intr*—**aspirer à** to aspire to
aspirine [aspirin] *f* aspirin
assagir [asaʒir] *tr* to make wiser ‖ *ref* to become wiser
assail•lant [asajɑ̃] **assail-lante** [asajɑ̃t] *adj* attacking ‖ *mf* assailant
assaillir [asajir] §69 *tr* to assail, to assault
assainir [asenir] *tr* to purify, to clean up; to drain (*a swamp*)
assainissement [asenismɑ̃] *m* purification; draining
assaisonnement [asezɔnmɑ̃] *m* seasoning
assaisonner [asezɔne] *tr* to season, to flavor
assas•sin [asasɛ̃] **assas•sine** [asasin] *adj* murderous ‖ *m* assassin
assassinat [asasina] *m* assassination
assassiner [asasine] *tr* to assassinate; (coll) to bore to death
assaut [aso] *m* assault
assèchement [asɛʃmɑ̃] *m* drainage, drying; dryness
assécher [aseʃe] §10 *tr* to drain, to dry up
assemblage [asɑ̃blaʒ] *m* assemblage; assembling (*e.g., of printed pages*); (woodworking) joint, joining
assemblée [asɑ̃ble] *f* assembly, meeting
assembler [asɑ̃ble] *tr* to assemble ‖ *ref* to assemble, convene, meet
assener [asne] §2 *tr* to land (*a blow*)
assentiment [asɑ̃timɑ̃] *m* assent, consent
asseoir [aswar] §5 *tr* to seat, sit, place; to base (*an opinion*) ‖ *ref* to sit down
assermen•té -tée [asermɑ̃te] *adj* under oath
assertion [asersjɔ̃] *f* assertion
asser•vi -vie [aservi] *adj* subservient
asservir [aservir] *tr* to enslave; to subdue (*e.g., passions*) ‖ *ref* to submit (*to convention; to tyranny*)
asservissement [aservismɑ̃] *m* enslavement; subservience
assesseur [asesœr] *adj & m* assistant; associate (*judge*)
assez [ase] *adv* enough; fairly, rather; **assez de** enough; **en voilà assez!** that's enough!, cut it out! ‖ *interj* enough!, stop!
assi•du -due [asidy] *adj* assiduous; attentive
assidûment [asidymɑ̃] *adv* assiduously
assié•geant [asjeʒɑ̃] **-geante** [ʒɑ̃t] *adj* besieging ‖ *mf* besieger
assiéger [asjeʒe] §1 *tr* to besiege
assiette [asjet] *f* plate, dish; plateful; seat (*of a rider on horseback*); position, condition; **assiette anglaise, assiette de viandes froides** cold cuts; **assiette au beurre** (fig) gravy train; **assiette creuse** soup plate
assignation [asiɲasjɔ̃] *f* assignation; subpoena, summons
assi•gné -gnée [asiɲe] *mf* appointee; **assigné à résidence** permanent appointee; **assigné intérim** temporary appointee
assigner [asiɲe] *tr* to assign, allot; to fix (*a date*); to subpoena, summon
assimilable [asimilabl] *adj* assimilable; comparable
assimilation [asimilasjɔ̃] *f* assimilation
assimiler [asimile] *tr* to assimilate; to compare; to identify with ‖ *ref* to assimilate
as•sis [asi] **as•sise** [asiz] *adj* seated, sitting; firmly established ‖ *f* foundation; stratum; **assises** assizes
assistance [asistɑ̃s] *f* assistance; audience, persons present; presence; **assistance judiciaire** public defender; **assistance publique** welfare department; **assistance sociale** social service
assis•tant [asistɑ̃] **-tante** [tɑ̃t] *adj* assistant ‖ *mf* assistant; bystander, spectator; **assistante sociale** public health nurse
assister [asiste] *tr* to assist, help ‖ *intr* —**assister à** to attend, be present at
association [asɔsjasjɔ̃] *f* association; (sports) soccer; **association des spectateurs** theater club
asso•cié -ciée [asɔsje] *adj & mf* associate
associer [asɔsje] *tr* to associate ‖ *ref* to go into partnership
assoif•fé -fée [aswafe] *adj* thirsty
assolement [asɔlmɑ̃] *m* rotation (*of crops*)
assombrir [asɔ̃brir] *tr & ref* to darken
assom•mant [asɔmɑ̃] **assom•mante** [asɔmɑ̃t] *adj* (coll) boring, fatiguing
assommer [asɔme] *tr* to kill with a heavy blow; to beat up; to stun; (coll) to heckle; (coll) to bore
assommoir [asɔmwar] *m* bludgeon; (coll) gin mill, dive, clip joint
Assomption [asɔ̃psjɔ̃] *f* Assumption
assonance [asɔnɑ̃s] *f* assonance
assor•ti -tie [asɔrti] *adj* assorted (*e.g., cakes*); well-matched (*couple*); stocked, supplied (*store*); to match, e.g., **une cravate assortie** a necktie to match
assortiment [asɔrtimɑ̃] *m* assortment; matching (*of colors*); set (*of dishes*); platter (*of cold cuts*)
assortir [asɔrtir] *tr* to assort, match;

to stock || *ref* to match, harmonize; **s'assortir de** to be accompanied with
assoupir [asupir] *tr* to make drowsy, to lull; to deaden (*pain*) || *ref* to doze off; to lessen (*with time*)
assoupissement [asupismɑ̃] *m* drowsiness; lethargy
assouplir [asuplir] *tr* to make supple, flexible; to break in (*a horse*) || *ref* to become supple, manageable
assouplissement [asuplismɑ̃] *m* suppleness, flexibility; limbering up; relaxation (*of a rule*)
assourdir [asurdir] *tr* to deafen; to tone down, muffle
assouvir [asuvir] *tr* to assuage, appease, satiate; to satisfy (*e.g., a thirst for vengeance*)
assouvissement [asuvismɑ̃] *m* assuagement, appeasement, satisfying
assujet·ti -tie [asyʒeti] *adj* fastened; subject, liable || *mf* taxpayer; contributor (*e.g., to social security*)
assujettir [asyʒetir] *tr* to subjugate; to subject; to fasten, secure || *ref* to submit
assujettis·sant [asyʒetisɑ̃] **assujettissante** [asyʒetisɑ̃t] *adj* demanding
assujettissement [asyʒetismɑ̃] *m* subjugation, subduing; submission (*to a stronger force*); fastening, securing
assumer [asyme] *tr* to assume, take upon oneself
assurance [asyrɑ̃s] *f* assurance; insurance; **assurances sociales** social security
assu·ré -rée [asyre] *adj* assured, satisfied; insured || *mf* insured
assurément [asyremɑ̃] *adv* assuredly
assurer [asyre] *tr* to assure; to secure; to insure || *ref* to be assured; to make sure; to be insured
astate [astat] *m* astatine
aster [astɛr] *m* (bot) aster
astérie [asteri] *f* starfish
astérisque [asterisk] *m* asterisk
asthénie [asteni] *f* debility
asthme [asm] *m* asthma
asticot [astiko] *m* maggot
astiquer [astike] *tr* to polish
as·tral -trale [astral] *adj* (*pl* **-traux** [tro]) astral
astre [astrə] *m* star, heavenly body; leading light; **astre de la nuit** moon; **astre du jour** sun
astreindre [astrɛ̃dr] §50 *tr* to force, compel, subject || *ref* to force oneself; to be subjected
astrologie [astrɔlɔʒi] *f* astrology
astrologue [astrɔlɔg] *m* astrologer
astronaute [astrɔnot] *mf* astronaut
astronautique [astrɔnotik] *f* astronautics
astronef [astrɔnɛf] *m* spaceship
astronome [astrɔnɔm] *mf* astronomer
astronomie [astrɔnɔmi] *f* astronomy
astronomique [astrɔnɔmik] *adj* astronomical
astuce [astys] *f* slyness, guile; tricks (*of a trade*)
astu·cieux [astysjø] **-cieuse** [sjøz] *adj* astute, crafty
atelier [atəlje] *m* studio; workshop
atermoiement [atɛrmwamɑ̃] *m* procrastination; extension of a loan
athée [ate] *adj* atheistic || *mf* atheist
athéisme [ateism] *m* atheism
Athènes [atɛn] *f* Athens
athlète [atlɛt] *mf* athlete
athlétique [atletik] *adj* athletic
athlétisme [atletism] *m* athletics
Atlantique [atlɑ̃tik] *adj & m* Atlantic
atlas [atlɑs] *m* atlas || (*cap*) *m* Atlas
atmosphère [atmɔsfɛr] *f* atmosphere
atome [atom] *m* atom
atomique [atɔmik] *adj* atomic
atomi·sé -sée [atɔmize] *adj* afflicted with radiation sickness
atomiser [atɔmize] *tr* to atomize
atone [atɔn] *adj* dull, expressionless; drab (*life*); (phonet) unaccented
atours [atur] *mpl* finery
atout [atu] *m* trump; **sans atout** no-trump
atrabilaire [atrabilɛr] *adj & mf* hypochondriac
âtre [ɑtr] *m* hearth
atroce [atrɔs] *adj* atrocious
atrocité [atrɔsite] *f* atrocity
atrophie [atrɔfi] *f* atrophy
atrophier [atrɔfje] *tr & ref* to atrophy
atta·chant [ataʃɑ̃] **-chante** [ʃɑ̃t] *adj* appealing, attractive
attache [ataʃ] *f* attachment, tie; paper clip; (anat) joint; **attache parisienne** paper clip
attachement [ataʃmɑ̃] *m* attachment
attacher [ataʃe] *tr* to attach; to tie up || *intr* (culin) to stick || *ref* to be fastened, tied; **s'attacher à** to stick to; to become devoted to
attaque [atak] *f* attack; (pathol) stroke; **attaque brusque** or **attaque brusquée** surprise attack; **attaque de nerfs** case of nerves
attaquer [atake] *tr & intr* to attack || *ref*—**s'attaquer à** to attack
attar·dé -dée [atarde] *adj* retarded; behind the times; belated, delayed || *mf* mentally retarded person; lover of the past
attarder [atarde] *tr* to delay, retard || *ref* to be delayed; to stay, remain
atteindre [atɛ̃dr] §50 *tr* to attain; to reach || *intr*—**atteindre à** to attain; to reach; to attain to
at·teint [atɛ̃] **at·teinte** [atɛ̃t] *adj* stricken || *f* reaching; injury; **hors d'atteinte** out of reach; **porter atteinte à** to endanger; **premières atteintes** first signs (*of illness*)
attelage [atlaʒ] *m* harnessing; coupling
atteler [atle] §34 *tr* to harness; to hitch; to couple (*cars on a railroad*) || *ref*—**s'atteler à** (coll) to buckle down to
attelle [atɛl] *m* splint; **attelles** hames
atte·nant [atənɑ̃] **-nante** [nɑ̃t] *adj* adjoining
attendre [atɑ̃dr] *tr* to wait for, await; to expect || *intr* to wait || *ref*—**s'attendre à** to expect; to rely on; **s'attendre à + *inf*** to expect to + *inf*; **s'attendre à ce que + *subj*** to expect (*s.o.*) to + *inf*, e.g., **il s'attend à ce que je lui raconte toute l'affaire** he

expects me to tell him the whole story; **s'y attendre** to expect it or them
attendrir [atɑ̃drir] *tr* to tenderize; to soften || *ref* to become tender; to be deeply touched or moved
attendrissement [atɑ̃drismɑ̃] *m* softening; compassion
atten·du -due [atɑ̃dy] *adj* expected || **attendus** *mpl* (law) grounds || *adv*—**attendu que** whereas, inasmuch as || **attendu** *prep* in view of
attentat [atɑ̃ta] *m* attempt, assault; outrage (*to decency*); offense (*against the state*)
attente [atɑ̃t] *f* wait; expectation
attenter [atɑ̃te] *intr*—**attenter à** to attempt (*e.g., s.o.'s life*); **attenter à ses jours** to attempt suicide
atten·tif [atɑ̃tif] **-tive** [tiv] *adj* attentive
attention [atɑ̃sjɔ̃] *f* attention; **attentions** attention, care, consideration || *interj* attention!, be careful!
attention·né -née [atɑ̃sjɔne] *adj* considerate
atténuation [atenɥɑsjɔ̃] *f* attenuation
atténuer [atenɥe] *tr* to subdue, soften (*color; pain; passions*); to attenuate (*words; bacteria*); to extenuate (*a fault*) || *ref* to soften; to lessen
atterrer [atere] *tr* to dismay
atterrir [aterir] *intr* (*aux*: AVOIR or ÊTRE) to land
atterrissage [aterisaʒ] *m* landing; **atterrissage forcé** forced landing; **atterrissage sur le ventre** pancake landing
attestation [atestɑsjɔ̃] *f* attestation; **attestation d'études** transcript
attester [ateste] *tr* to attest, to attest to; **attester qn de q.ch.** to call s.o. to witness to s.th.
attiédir [atjedir] *tr & ref* to cool off; to warm up
attifer [atife] *tr & ref* to spruce up
attirail [atiraj] *m* gear, tackle, outfit; (coll) paraphernalia
attirance [atirɑ̃s] *f* attraction, lure, attractiveness
atti·rant [atirɑ̃] **-rante** [rɑ̃t] *adj* appealing, attractive
attirer [atire] *tr* to attract || *ref* to be attracted; to attract each other; to call forth (*criticism*)
attiser [atize] *tr* to stir, stir up, to poke
atti·tré -trée [atitre] *adj* appointed; regular (*dealer*)
attitude [atityd] *f* attitude
attrac·tif [atraktif] **-tive** [tiv] *adj* attractive (*force*)
attraction [atraksjɔ̃] *f* attraction; **les attractions** vaudeville
attrait [atrɛ] *m* attraction, attractiveness, appeal; **attraits** charms
attrape [atrap] *f* trap; (coll) trick, joke
attrape-mouche [atrapmuʃ] *m* (*pl* **-mouche** or **-mouches**) flypaper; Venus's-flytrap
attrape-nigaud [atrapnigo] *m* (*pl* **-nigauds**) booby trap
attraper [atrape] *tr* to catch; to snare, trap; to trick || *ref* to trick each other; to hang on
attrayant [atrɛjɑ̃] **attrayante** [atrɛjɑ̃t] *adj* attractive
attribuer [atribɥe] *tr* to ascribe, attribute; to assign (*a share*) || *ref* to claim, assume
attribut [atriby] *m* attribute; predicate
attribu·tif [atribytif] **-tive** [tiv] *adj* (gram) predicative
attribution [atribysjɔ̃] *f* attribution; assignment, assignation
attris·té -tée [atriste] *adj* sorrowful
attrister [atriste] *tr* to sadden || *ref* to become sad
attrition [atrisjɔ̃] *f* attrition
attroupement [atrupmɑ̃] *m* mob
attrouper [atrupe] *tr* to bring together in a mob || *ref* to flock together in a mob
au [o] §77
aubaine [obɛn] *f* windfall, godsend, bonanza
aube [ob] *f* dawn
aubépine [obepin] *f* hawthorn
auberge [obɛrʒ] *f* inn; **auberge de la jeunesse** youth hostel
aubergine [obɛrʒin] *f* eggplant
auburn [obœrn] *adj invar* auburn
au·cun [okœ̃] **-cune** [kyn] *adj*—**aucun . . . ne** or **ne . . . aucun** §90 no, none, not any || *pron indef*—**aucun ne** §90B no one, nobody; **d'aucuns** some, some people
aucunement [okynmɑ̃] §90 *adv*—**ne . . . aucunement** not at all, by no means
audace [odas] *f* audacity
auda·cieux [odasjø] **-cieuse** [sjøz] *adj* audacious
au-deçà [odəsa] *adv* (obs) on this side; **au-deçà de** (obs) on this side of
au-dedans [odədɑ̃] *adv* inside; **au-dedans de** inside, inside of
au-dehors [odəɔr] *adv* outside; **au-dehors de** outside, outside of
au-delà [odəla] *m*—**l'au-delà** the beyond || *adv* beyond; **au-delà de** beyond
au-dessous [odəsu] *adv* below; **au-dessous de** under
au-dessus [odəsy] *adv* above; **au-dessus de** above
au-devant [odəvɑ̃] *adv*—**aller au-devant de** to go to meet; to anticipate (*s.o.'s wishes*); to court (*defeat*)
audience [odjɑ̃s] *f* audience
audio-fréquence [odjɔfrekɑ̃s] *f* audio frequency
audiomètre [odjɔmetr] *m* audiometer
audi·teur [oditœr] **-trice** [tris] *mf* listener; auditor (*in class*); **auditeur libre** auditor (*in class*)
audi·tif [oditif] **-tive** [tiv] *adj* auditory
audition [odisjɔ̃] *f* audition; public hearing; musical recital
auditionner [odisjɔne] *tr & intr* to audition
auditoire [oditwar] *m* audience; courtroom
auditorium [oditɔrjɔm] *m* auditorium; concert hall; projection room
auge [oʒ] *f* trough

augmentation [ɔgmɑ̃tɑsjɔ̃] *f* augmentation; raise (*in salary*)

augmenter [ɔgmɑ̃te] *tr* to augment; to increase or supplement (*income*); to raise (*prices*); to raise the salary of (*an employee*) || *intr* to augment, increase; **augmenter de** to increase by (*a stated amount*)

augure [ɔgyr] *m* augur; augury

augurer [ɔgyre] *tr & intr* to augur

auguste [ɔgyst] *adj* august

aujourd'hui [oʒurdɥi], [oʒordɥi] *m & adv* today; **d'aujourd'hui en huit** a week from today; **d'aujourd'hui en quinze** two weeks from today

aumône [omon] *f* alms; **faire l'aumône** to give alms; **faire l'aumône de** (fig) to hand out

aumônier [omonje] *m* chaplain

aune [on] *m* alder || *f* ell

auparavant [oparavɑ̃] *adv* before, previously

auprès [oprɛ] *adv* close by, in the neighborhood; **auprès de** near, close to; at the side of; to, at the side of; to (*a king, a government*); with; compared with

auquel [okɛl] (*pl* **auxquels**) §78

auréole [ɔreɔl] *f* aureole, halo

auréomycine [ɔreɔmisin] *f* aureomycin

auriculaire [ɔrikylɛr] *adj* firsthand (*witness*); auricular (*confession*) || *m* little finger

auricule [ɔrikyl] *f* auricle

aurifier [ɔrifje] *tr* to fill (*a tooth*) with gold

aurore [ɔrɔr] *f* aurora, dawn

ausculter [ɔskylte] *tr* to auscultate

auspice [ɔspis] *m* omen; **sous les auspices de** under the auspices of

aussi [osi] *adv* also, too; therefore, and so; so; **aussi . . . que** as . . . as

aussitôt [osito] *adv* right away, immediately; **aussitôt dit, aussitôt fait** no sooner said than done; **aussitôt que** as soon as

austère [ɔstɛr] *adj* austere

Australie [ɔstrali] *f* Australia; **l'Australie** Australia

austra·lien [ɔstraljɛ̃] **-lienne** [ljɛn] *adj* Australian || (*cap*) *mf* Australian

autant [otɑ̃] *adv* as much, as many; as far, as long; **autant de** so many; **autant que** as much as, as far as; **d'autant** by so much; **d'autant plus** all the more; **d'autant plus (or moins) . . . que . . . plus (or moins)** all the more (*or* less) . . . as (*or* in proportion as) . . . more (*or* less); **d'autant que** inasmuch as

autel [ɔtɛl], [otɛl] *m* altar

auteur [otœr] *adj*—**une femme auteur** an authoress || *m* author

authentifier [ɔtɑ̃tifje] *tr* to authenticate

authentique [otɑ̃tik] *adj* authentic; genuine (*antique*); notarized

authentiquer [otɑ̃tike] *tr* to notarize

auto [ɔto], [oto] *f* auto

auto-allumage [ɔtoalymaʒ] *m* preignition

autobiographie [ɔtɔbjɔgrafi] *f* autobiography

auto-buffet [ɔtɔbyfɛ] *m* drive-in; curb service

autobus [ɔtɔbys] *m* bus, city bus

autocar [ɔtɔkar] *m* interurban bus

autochenille [ɔtɔʃənij] *f* caterpillar (*tractor*)

autochtone [ɔtɔktɔn] *adj & mf* native

autoclave [ɔtɔklav] *m* pressure cooker; autoclave, sterilizer

autocopie [ɔtɔkɔpi] *f* duplicating, multicopying; duplicated copy

autocopier [ɔtɔkɔpje] *tr* to run off, to duplicate, to ditto

auto-couchette [ɔtɔkuʃɛt] *f*—**en auto-couchette** piggyback

autocrate [ɔtɔkrat] *mf* autocrat

autocratique [ɔtɔkratik] *adj* autocratic

autocritique [ɔtɔkritik] *f* self-criticism

autocuiseur [ɔtɔkɥizœr] *m* pressure cooker

autodétermination [ɔtɔdeterminɑsjɔ̃] *f* self-determination

autodidacte [ɔtɔdidakt] *adj* self-taught || *mf* self-taught person

autodrome [ɔtɔdrom] *m* race track; test strip

auto-école [ɔtɔekɔl] *f* (*pl* **-écoles**) driving school

autogare [ɔtɔgar] *f* bus station

autographe [ɔtɔgraf] *adj & m* autograph

autographie [ɔtɔgrafi] *f* multicopying

autographier [ɔtɔgrafje] *tr* to duplicate

autogreffe [ɔtɔgrɛf] *f* skin grafting

auto-grue [ɔtɔgry] *f* (*pl* **-grues**) tow truck

autoguidage [ɔtɔgidaʒ] *m* automatic piloting

auto-intoxication [ɔtɔɛ̃tɔksikɑsjɔ̃] *f* autointoxication

automate [ɔtɔmat] *m* automaton

automation [ɔtɔmɑsjɔ̃] *f* automation

automatique [ɔtɔmatik] *adj* automatic || *m* dial telephone

automatisation [ɔtɔmatizɑsjɔ̃] *f* automation

automatiser [ɔtɔmatize] *tr* to automate

automitrailleuse [ɔtɔmitrɑjøz] *f* armored car mounting machine guns

autom·nal -nale [ɔtɔmnal] *adj* (*pl* **-naux** [no]) autumnal

automne [ɔtɔn], [otɔn] *m* fall, autumn; **à l'automne, en automne** in the fall

automobile [ɔtɔmɔbil], [otɔmɔbil] *adj* automotive || *f* automobile

automobilisme [ɔtɔmɔbilism] *m* driving, motoring

automobiliste [ɔtɔmɔbilist] *mf* motorist

automo·teur [ɔtɔmɔtœr] **-trice** [tris] *adj* self-propelling, automatic || *m* self-propelled river barge || *f* rail car

autonome [ɔtɔnɔm] *adj* autonomous, independent

autonomie [ɔtɔnɔmi] *f* autonomy; cruising radius, range (*of ship, plane, or tank*)

autoplastie [ɔtɔplasti] *f* plastic surgery

autoportrait [ɔtɔpɔrtrɛ] *m* self-portrait

auto-propul·sé -sée [ɔtɔprɔpylse] *adj* self-propelled

autopsie [ɔtɔpsi] *f* autopsy

autopsier [ɔtɔpsje] *tr* to perform an autopsy on

autorail [ɔtɔrɑj] *m* rail car
autorisation [ɔtɔrizɑsjɔ̃] *f* authorization
autoriser [ɔtɔrize] *tr* to authorize || *ref* —**s'autoriser de** to take as authority, to base one's opinion on
autoritaire [ɔtɔritɛr] *adj* authoritarian, bossy
autorité [ɔtɔrite] *f* authority
autoroute [ɔtɔrut] *f* superhighway
auto-stop [ɔtɔstɔp] *m* hitchhiking; **faire de l'auto-stop** to hitchhike
auto-stop•peur [ɔtɔstɔpœr] **-stop•peuse** [stɔpøz] *mf* (*pl* **-stop•peurs -stop•peuses**) hitchhiker
autostrade [ɔtɔstrad] *f* superhighway
autour [otur] *m* goshawk || *adv* around; **autour de** around; about
autre [otr] *adj indef* other; **autre chose** (coll) something else; **nous autres** we, e.g., **nous autres Américains** we Americans; **vous autres** you || *pron indef* other; **d'autres** others; **j'en ai vu bien d'autres** I have seen worse than that; **un autre** another
autrefois [otrəfwa] *adv* formerly, of old; **d'autrefois** of yore
autrement [otrəmɑ̃] *adv* otherwise
Autriche [otriʃ] *f* Austria; **l'Autriche** Austria
autri•chien [otriʃjɛ̃] **-chienne** [ʃjɛn] *adj* Austrian || (*cap*) *mf* Austrian
autruche [otryʃ] *f* ostrich
autrui [otrɥi] *pron indef* others
auvent [ovɑ̃] *m* canopy (*over door*); flap (*of tent*)
aux [o] §77
auxiliaire [oksiljɛr] *adj* auxiliary, standby; ancillary || *m* (gram) auxiliary || *f* noncombatant unit
aux•quels -quelles [okɛl] §78
aval [aval] *m* lower waters; **en aval** downstream; **en aval de** below || *m* (*pl* **avals**) endorsement
avalanche [avalɑ̃ʃ] *f* avalanche
avaler [avale] *tr* to swallow || *intr* to go downstream
ava•leur [avalœr] **-leuse** [løz] *mf* swallower; **avaleur de sabres** sword swallower
avaliser [avalize] *tr* to endorse
avance [avɑ̃s] *f* advance; **en avance** fast (*clock*)
avan•cé -cée [avɑ̃se] *adj* advanced; overripe; tainted (*meat*)
avancement [avɑ̃smɑ̃] *m* advancement
avancer [avɑ̃se] §51 *tr, intr, & ref* to advance
avanie [avani] *f* snub, insult; **essuyer une avanie** to swallow an affront
avant [avɑ̃] *adj invar* front || *m* front; (aer) nose; (naut) bow; **d'avant** previous; **en avant** forward; **en avant de** in front of, ahead of || *adv* before; **avant de** (with *inf*) before; **avant que** before; **bien** (or **très**) **avant dans** late into; far into; deep into; **plus avant** farther on || *prep* before; **avant Jésus-Christ (av. J.-C.)** before Christ (B.C.)
avantage [avɑ̃taʒ] *m* advantage; (tennis) add; **avantages en nature** payment in kind
avanta•geux [avɑ̃taʒø] **-geuse** [ʒøz] *adj* advantageous; bargain (*price*); becoming (*e.g., hairdo*); conceited (*manner*)
avant-bras [avɑ̃bra] *m invar* forearm
avant-cour [avɑ̃kur] *f* (*pl* **-cours**) front yard
avant-coureur [avɑ̃kurœr] (*pl* **-coureurs**) *adj masc* presaging (*signs*) || *m* forerunner, precursor, harbinger
avant-goût [avɑ̃gu] *m* (*pl* **-goûts**) foretaste
avant-guerre [avɑ̃gɛr] *m & f* (*pl* **-guerres**) prewar period
avant-hier [avɑ̃tjɛr], [avɑ̃jɛr] *adv & m* the day before yesterday
avant-port [avɑ̃pɔr] *m* (*pl* **-ports**) outer harbor
avant-poste [avɑ̃pɔst] *m* (*pl* **-postes**) outpost; **avant-postes** front lines
avant-première [avɑ̃prəmjɛr] *f* (*pl* **-premières**) review (*of a play*); premiere (*for the drama critics*); preview
avant-projet [avɑ̃prɔʒɛ] *m* (*pl* **-projets**) rough draft; draft (*of a law*)
avant-propos [avɑ̃prɔpo] *m invar* foreword
avant-scène [avɑ̃sɛn] *f* (*pl* **-scènes**) forestage, proscenium
avant-toit [avɑ̃twa] *m* (*pl* **-toits**) eave
avant-train [avɑ̃trɛ̃] *m* (*pl* **-trains**) front end, front assembly (*of vehicle*)
avant-veille [avɑ̃vɛj] *f* (*pl* **-veilles**) two days before
avare [avar] *adj* avaricious, miserly; saving, economical || *mf* miser
avarice [avaris] *f* avarice
avari•cieux [avarisjø] **-cieuse** [sjøz] *adj* avaricious
avarie [avari] *f* damage; breakdown; spoilage; (naut) average
avarier [avarje] *tr* to damage; to spoil || *ref* to spoil
avatar [avatar] *m* avatar; **avatars** vicissitudes
avec [avɛk] *adv* (coll) with it; (coll) along, with me, etc. || *prep* with
aveline [avlin] *f* filbert
ave•nant [avnɑ̃] **-nante** [nɑ̃t] *adj* gracious, charming; **à l'avenant** in keeping, to match; **à l'avenant de** in accord with || *m* (ins) endorsement
avènement [avɛnmɑ̃] *m* Advent; accession (*to the throne*)
avenir [avnir] *m* future; **à l'avenir** in the future
Avent [avɑ̃] *m* Advent
aventure [avɑ̃tyr] *f* adventure; **à l'aventure** at random; aimlessly; **d'aventure** by chance; **la bonne aventure** fortunetelling; **par aventure** by chance
aventurer [avɑ̃tyre] *tr* to venture || *ref* to take a chance; **s'aventurer à** to venture to
aventu•reux [avɑ̃tyrø] **-reuse** [røz] *adj* adventurous
aventurier [avɑ̃tyrje] *m* adventurer
aventurière [avɑ̃tyrjɛr] *f* adventuress
avenue [avny] *f* avenue
avé•ré -rée [avere] *adj* established, authenticated
avérer [avere] §10 *tr* to aver || *ref* to prove to be (*e.g., difficult*)

avers [avɛr] *m* heads (*of coin*), face (*of medal*)
averse [avɛrs] *f* shower
aversion [avɛrsjɔ̃] *f* aversion
avertir [avɛrtir] *tr* to warn; **avertir qn de** + *inf* to warn s.o. to + *inf*
avertissement [avɛrtismɑ̃] *m* warning; notification; foreword
avertisseur [avɛrtisœr] *adj masc* warning || *m* alarm; (aut) horn; (theat) callboy; **avertisseur d'incendie** fire alarm
a•veu [avø] *m* (*pl* **-veux**) avowal, confession; consent; **sans aveu** unscrupulous
aveu•glant [avœglɑ̃] **-glante** [glɑ̃t] *adj* blinding
aveugle [avœgl] *adj* blind || *mf* blind person; **en aveugle** without thinking
aveuglement [avœgləmɑ̃] *m* (fig) blindness
aveuglément [avœglemɑ̃] *adv* blindly
aveugler [avœgle] *tr* to blind; to dazzle; to stop up, to plug; to board up (*a window*) || *ref*—**s'aveugler sur** to shut one's eyes to
aveuglette [avœglɛt] *adv*—**à l'aveuglette** blindly
aveulir [avølir] *tr* to enervate, deaden || *ref* to become limp, enervated
aveulissement [avølismɑ̃] *m* enervation
aviateur [avjatœr] *m* aviator
aviation [avjasjɔ̃] *f* aviation
aviatrice [avjatris] *f* aviatrix
avide [avid] *adj* avid, eager; greedy; voracious; **avide de** avid for
avidité [avidite] *f* avidity, eagerness; greed; voracity
avilir [avilir] *tr* to debase, dishonor; (com) to lower the price of || *ref* to debase oneself; (com) to deteriorate
avilis•sant [avilisɑ̃] **avilis•sante** [avilisɑ̃t] *adj* debasing
avilissement [avilismɑ̃] *m* debasement; (com) depreciation
avi•né -née [avine] *adj* drunk
aviner [avine] *tr* to soak (*a new barrel*) with wine || *ref* (coll) to booze
avion [avjɔ̃] *m* airplane; **avion à réaction** jet; **avion de chasse** fighter plane; **avion long-courrier** long-range plane; **en avion** by plane; **par avion** air mail
avion-cargo [avjɔ̃kargo] *m* (*pl* **avions-cargos**) cargo liner, freighter
avion-taxi [avjɔ̃taksi] *m* (*pl* **avions-taxis**) taxiplane
aviron [avirɔ̃] *m* oar; **aviron de couple** scull
avis [avi] *m* opinion; advice; notice, warning; decision; **à mon avis** in my opinion; **avis au lecteur** note to the reader; **changer d'avis** to change one's mind
avi•sé -sée [avize] *adj* prudent, shrewd; **bien avisé** well-advised
aviser [avize] *tr* to glimpse, descry; to advise, inform, warn || *intr* to decide; **aviser à** to think of, look into; to deal with || *ref*—**s'aviser de** to contrive, to think up; to be on the look-out for; **s'aviser de** + *inf* to take it into one's head to + *inf*
aviso [avizo] *m* dispatch boat, sloop
avivage [avivaʒ] *m* brightening; polishing
aviver [avive] *tr* to revive, to stir up (*fire; passions*); to brighten (*colors*); (med & fig) to open (*a wound*)
av. J.-C. *abbr* (**avant Jésus-Christ**) B.C.
avo•cat [avɔka] **-cate** [kat] *mf* lawyer; advocate; barrister (Brit); **avocat du diable** devil's advocate || *m* avocado
avoine [avwan] *f* oats
avoir [avwar] *m* wealth; credit side (*of ledger*) || §6 *tr* to have; to get; **avoir . . . ans** to be . . . years old, e.g., **mon fils a dix ans** my son is ten years old; **avoir beau** + *inf* to be useless for (*s.o.*) to + *inf*, e.g., **j'ai beau travailler** it is useless for me to work; for expressions like **avoir froid** to be cold, **avoir raison** to be right, see the noun || *intr*—**avoir à** to have to; **en avoir à** or **contre** to be angry with || *impers*—**il y a** there is, there are, e.g., **il n'y a pas d'espoir** there is no hope || *aux* to have, e.g., **j'ai couru trop vite** I have run too fast
avoisiner [avwazine] *tr* to neighbor, to be near
avortement [avɔrtəmɑ̃] *m* abortion; miscarriage
avorter [avɔrte] *intr* to abort; to miscarry
avorton [avɔrtɔ̃] *m* runt; (biol) stunt
avoué [avwe] *m* lawyer (*doing notarial work*); solicitor (Brit)
avouer [avwe] *tr* to avow, to admit; to claim, to acknowledge authorship of || *ref* to be admitted; **s'avouer vaincu** to admit defeat
avril [avril] *m* April
axe [aks] *m* axis
axer [akse] *tr* to set on an axis; to orient
axiomatique [aksjɔmatik] *adj* axiomatic
axiome [aksjom] *m* axiom
axonge [aksɔ̃ʒ] *f* lard
ayant-droit [ɛjɑ̃drwɑ] *m* (*pl* **ayants-droit**) claimant; beneficiary
azalée [azale] *f* azalea
azimut or **azimuth** [azimyt] *m* azimuth
azote [azɔt] *m* nitrogen
azo•té -tée [azɔte] *adj* nitrogenous
Aztèques [aztɛk] *mpl* Aztecs
azur [azyr] *adj* & *m* azure
azyme [azim] *adj* unleavened || *m* unleavened bread

B

B, b [be] *m invar* second letter of the French alphabet
baba [baba] *adj* (coll) flabbergasted, wide-eyed || *m* baba
babeurre [babœr] *m* buttermilk
babil [babil], [babi] *m* babble, chatter; **babil enfantin** baby talk
babillage [babijaʒ] *m* babbling
babil·lard [babijar] **babil·larde** [babijard] *adj* babbling || *mf* babbler || *f* (slang) letter
babiller [babije] *intr* to babble, to chatter
babine [babin] *f* chop (*mouth*); **s'essuyer** or **se lécher les babines** to lick one's chops
babiole [babjɔl] *f* (coll) bauble
bâbord [babɔr] *m* (naut) port, portside; **à bâbord** port; **bâbord armures** port sail
babouche [babuʃ] *f* babouche, slipper
babouin [babwɛ̃] *m* baboon; pimple on the lips; brat
bac [bak] *m* ferryboat; tub, vat; box, bin; tray (*for ice cubes*); drawer (*of refrigerator*); case (*of battery*); (slang) baccalaureate
baccalauréat [bakalɔrea] *m* baccalaureate, bachelor's degree
bacchanale [bakanal] *f* bacchanal
bâche [bɑʃ] *f* tarpaulin; hot-water tank
bache·lier [baʃəlje] **-lière** [ljɛr] *mf* bachelor (*holder of degree*) || *m* (hist) bachelor (*young knight*)
bâcher [bɑʃe] *tr* to cover with a tarpaulin
bachique [baʃik] *adj* bacchanalian, bacchic; drinking (*song*)
bachot [baʃo] *m* dinghy, punt; (coll) baccalaureate
bachotage [baʃɔtaʒ] *m* (coll) cramming (*for an exam*)
bachoter [baʃɔte] *intr* (coll) to cram
bacille [basil] *m* bacillus
bâclage [bɑklaʒ] *m* blocking up (*of harbor*); (slang) botching (*of work*)
bâcle [bɑkl] *f* bolt (*of door*)
bâcler [bɑkle] *tr* to bolt (*a door*); to close up (*a harbor*); (coll) to botch, to hurry through carelessly
bâ·cleur [bɑklœr] **-cleuse** [kløz] *mf* (coll) botcher
bacon [bakɔ̃] *m* bacon
bactéricide [bakterisid] *adj* bactericidal || *m* bactericide
bactérie [bakteri] *f* bacterium; **bactéries** bacteria
bactériologie [bakterjɔlɔʒi] *f* bacteriology
ba·daud [bado] **-daude** [dod] *mf* rubberneck, gawk, idler
badauder [badode] *intr* to stand and stare
badigeon [badiʒɔ̃] *m* whitewash
badigeonner [badiʒɔne] *tr* to whitewash; (med) to paint (*e.g., the throat*)
ba·din [badɛ̃] **-dine** [din] *adj* sprightly, playful, teasing || *mf* tease || *m* (aer) air-speed indicator || *f* cane, switch
badinage [badinaʒ] *m* banter; **badinage amoureux** necking
badiner [badine] *intr* to joke, to tease; to trifle, to be flippant
badinerie [badinri] *f* teasing; childishness
bafouer [bafwe] *tr* to heckle, to humiliate
bafouiller [bafuje] *intr* (coll) to stammer, mumble, babble
bâfrer [bɑfre] *tr & intr* (slang) to guzzle
bagage [bagaʒ] *m* baggage; **bagages** baggage, luggage; **bagages non accompagnés** baggage sent on ahead; **menus bagages** hand luggage; **plier bagage** to pack one's bags; (coll) to scram; (coll) to kick the bucket
bagarre [bagar] *f* brawl, row, riot; **chercher la bagarre** (coll) to be looking for a fight
bagarrer [bagare] *intr & ref* to riot; (coll) to brawl, scrap, scuffle
bagar·reur [bagarœr] **bagar·reuse** [bagarøz] *mf* (coll) rioter, brawler
bagatelle [bagatɛl] *f* trifle, bagatelle; frivolity || *interj* nonsense!
bagnard [baɲar] *m* convict
bagne [baɲ] *m* penitentiary, penal colony; (nav) prison ship; (slang) sweatshop
bagnole [baɲɔl] *f* (slang) jalopy
bagou [bagu] *m* (coll) gift of gab
bague [bag] *f* ring; cigar band; (mach) collar, sleeve; **bague de fiançailles** engagement ring
baguenauder [bagnode] *intr* to waste time, to fool around || *ref* (coll) to wander about
baguer [bage] *tr* to band (*a tree*); to baste (*cloth*)
baguette [bagɛt] *f* stick, switch, rod; baton; long thin loaf of bread; chopstick; **baguette de fée** fairy wand; **baguettes de tambour** drumsticks; **mener qn à la baguette** (coll) to lead s.o. by the nose; **passer par les baguettes** to run the gauntlet
baguier [bagje] *m* jewel box
bahut [bay] *m* trunk, chest; cupboard; (slang) high school
bai baie [bɛ] *adj* bay (*horse*) || *f* bay; berry; bayberry; bay window
baignade [bɛɲad] *f* bathing, swimming; swimming hole, bathing spot
baigner [bɛɲe] *tr* to bathe; to wash (*the coast*) || *intr* to be immersed, to soak || *ref* to bathe; to go bathing
bai·gneur [bɛɲœr] **-gneuse** [ɲøz] *mf* bather; vacationist at a spa or seaside resort; bathhouse attendant || *m* doll
baignoire [bɛɲwar] *f* bathtub; (theat) orchestra box
bail [baj] *m* (*pl* **baux** [bo]) lease; **passer un bail** to sign a lease; **prendre à bail** to lease
bâillement [bɑjmɑ̃] *m* yawn
bailler [baje] *tr*—**vous me la baillez belle** (coll) you're pulling my leg

bâiller [bɑje] *intr* to yawn; to be ajar, to be half open
bail·leur [bajœr] **bail·leresse** [bajərɛs] *mf* lessor; **bailleur de fonds** lender
bailli [baji] *m* bailiff
bailliage [bajaʒ] *m* bailiwick
bâillon [bɑjɔ̃] *m* gag, muzzle
bâillonner [bɑjɔne] *tr* to gag; (fig) to muzzle
bain [bɛ̃] *m* bath; **bain de soleil** sun bath; **bains** watering place, spa; bathing establishment; **être dans le bain** (coll) to be in hot water
baïonnette [bajɔnɛt] *f* bayonet
baiser [beze], [bɛze] *m* kiss ‖ *tr* (vulgar) to have sex with; (archaic) to kiss
baisoter [bɛzɔte] *tr* (coll) to keep on kissing ‖ *ref* (coll) to bill and coo
baisse [bɛs] *f* fall; **jouer à la baisse** (com) to bear the market
baissement [bɛsmɑ̃] *m* lowering
baisser [bɛse] *m* lowering; **baisser du rideau** curtain fall ‖ *tr* to lower; to take in (*sail*) ‖ *intr* to fall, drop, sink ‖ *ref* to bend, stoop
baissier [bɛsje] *m* bear (*on the stock exchange*)
bajoue [baʒu] *f* jowl
bal [bal] *m* (*pl* **bals**) ball, dance; **bal travesti** fancy-dress ball
balade [balad] *f* stroll; **balade en auto** joy ride
balader [balade] *ref* to go for a stroll; **se balader en auto** to go joy-riding
bala·deur [baladœr] **-deuse** [døz] *adj* strolling ‖ *mf* stroller ‖ *m* gear ‖ *f* cart (*of street vendor*); lamp with long cord
baladin [baladɛ̃] *m* mountebank, showman; oaf
balafre [balɑfr] *f* gash, scar
balafrer [balafre] *tr* to gash, to scar
balai [balɛ] *m* broom; **balai à laver** mop; **balai de sorcière** witches'-broom; **balai électrique** vacuum cleaner; **balai mécanique** carpet sweeper; **donner un coup de balai à** to make a clean sweep of (*s.th.*); to kick (*s.o.*) out
balai-éponge [balɛepɔ̃ʒ] *m* (*pl* **balais-éponges**) mop
balance [balɑ̃s] *f* balance; scales; **faire la balance de** (bk) to balance
balancement [balɑ̃smɑ̃] *m* swaying, teetering; (fig) indecision, wavering; (fig) harmony (*of phrase*)
balancer [balɑ̃se] §51 *tr* to balance; to move (*arms or legs*) in order to balance; to balance (*an account*); to weigh (*the pros and cons*); to swing, rock; (coll) to fire (*s.o.*) ‖ *intr* to swing, rock; to hesitate, waver ‖ *ref* to swing or to seesaw; to sway, rock; to ride (*at anchor*)
balancier [balɑ̃sje] *m* pendulum; balance wheel; pole (*of tightrope walker*)
balançoire [balɑ̃swar] *f* swing; seesaw, teeter-totter; (slang) nonsense
balayage [balɛjaʒ] *m* sweeping; (telv) scanning
balayer [balɛje], [baleje] §49 *tr* to sweep, to sweep up; to sweep out; to scour (*the sea*); (telv) to scan
balayeur [balɛjœr] **balayeuse** [balɛjøz] *mf* sweeper, scavenger ‖ *f* street-cleaning truck
balayures [balɛjyr] *fpl* sweepings
balbutiement [balbysimɑ̃] *m* stammering, mumbling; initial effort
balbutier [balbysje] *tr* to stammer out ‖ *intr* to stammer, to mumble
balbuzard [balbyzar] *m* osprey, bald buzzard, sea eagle
balcon [balkɔ̃] *m* balcony; (theat) dress circle
baldaquin [baldakɛ̃] *m* canopy, tester
Baléares [balear] *fpl* Balearic Islands
baleine [balɛn] *f* right whale, whalebone whale; whalebone; rib (*of umbrella*); stay (*of a corset*)
baleinier [balɛnje] *m* whaling vessel
baleinière [balɛnjɛr] *f* whaleboat; lifeboat
balisage [balizaʒ] *m* (aer) ground lights; (naut) buoys
balise [baliz] *f* buoy, marker; ground light, beacon; landing signal
baliser [balize] *tr* to furnish with markers, buoys, landing lights, beacons, or radio signals
balistique [balistik] *adj* ballistic ‖ *f* ballistics
baliverne [balivɛrn] *f* nonsense, humbug
balkanique [balkanik] *adj* Balkan
ballade [balad] *f* ballade
bal·lant [balɑ̃] **bal·lante** [balɑ̃t] *adj* waving, swinging, dangling ‖ *m* oscillation, shaking
balle [bal] *f* ball; bullet; hull, chaff; bale; (tennis) match point; **balle traçante** tracer bullet; **prendre** or **saisir la balle au bond** to seize time by the forelock
ballerine [balrin] *f* ballerina
ballet [balɛ] *m* ballet
ballon [balɔ̃] *m* balloon; ball; football, soccer ball; round-bottom flask; rounded mountaintop; **ballon d'essai** trial balloon
ballonner [balɔne] *tr, intr, & ref* to balloon
ballot [balo] *m* pack; bundle; (slang) blockhead, chump
ballottage [balɔtaʒ] *m* tossing, shaking; second ballot
ballotter [balɔte] *tr & intr* to toss about
balnéaire [balneɛr] *adj* seaside
ba·lourd [balur] **-lourde** [lurd] *adj* awkward, lumpish ‖ *mf* blockhead, bumpkin ‖ *m* wobble
balte [balt] *adj* Baltic ‖ (*cap*) *mf* Balt
Baltique [baltik] *f* Baltic (*sea*)
balustrade [balystrad] *f* balustrade, banisters
balustre [balystr] *m* baluster, banister
bal·zan [balzɑ̃] **-zane** [zan] *adj* white-footed (*horse*) ‖ *f* white spot (*on horse's foot*)
bam·bin [bɑ̃bɛ̃] **-bine** [bin] *mf* (coll) babe
bambo·chard [bɑ̃bɔʃar] **-charde** [ʃard] *adj* (coll) carousing ‖ *mf* (coll) carouser

bamboche [bɑ̃bɔʃ] *f* (slang) jag, bender
bambocher [bɑ̃bɔʃe] *intr* (coll) to carouse, to go on a spree
bambo•cheur [bɑ̃bɔʃœr] **-cheuse** [ʃøz] *adj* (coll) carousing || *mf* (coll) carouser
bambou [bɑ̃bu] *m* bamboo
ban [bɑ̃] *m* ban; cadenced applause; **ban de mariage** banns; **convoquer le ban et l'arrière-ban** to invite everyone and his brother; **mettre au ban** to banish, to ban
ba•nal -nale [banal] *adj* (*pl* **-nals -nales**) banal, trite, commonplace || *adj* (*pl* **-naux** [no] **-nales**) (archaic) common, public, in common
banaliser [banalize] *tr* to vulgarize, to make commonplace
banalité [banalite] *f* banality; triteness
banane [banan] *f* banana
bananier [bananje] *m* banana tree
banc [bɑ̃] *m* bench; shoal; school (*of fish*); pew (*reserved for church officials*); (hist) privy council; **être sur les bancs** to go to high school
bancaire [bɑ̃kɛr] *adj* banking, of banks
ban•cal -cale [bɑ̃kal] *adj* (*pl* **-cals -cales**) bowlegged, bandy-legged
bandage [bɑ̃daʒ] *m* bandage; bandaging; truss; tire (*of metal or rubber*)
bande [bɑ̃d] *f* band; movie film; recording tape; cushion (*in billiards*); wrapper (*of a newspaper*); **bande magnétique** recording tape; tape recording; **bande sonore** or **parlante** sound track; **donner de la bande** to heel, to list; **faire bande à part** to keep to oneself
ban•deau [bɑ̃do] *m* (*pl* **-deaux**) blindfold; headband; bending (*of a bow*); **bandeau royal** diadem; **bandeaux** hair parted in the middle
bander [bɑ̃de] *tr* to band, to put a band on; to bandage; to blindfold; to bend (*a bow*); to put a tire on; to draw taut || *ref* to band together; to put up resistance
banderole [bɑ̃drɔl] *f* pennant, streamer; strap (*of gun*)
bandière [bɑ̃djɛr] *f* battle, e.g., **front de bandière** battle front
bandit [bɑ̃di] *m* bandit
bandoulière [bɑ̃duljɛr] *f* shoulder strap, sling; **en bandoulière** slung over the shoulder
banlieue [bɑ̃ljø] *f* suburbs; **de banlieue** suburban
banlieu•sard [bɑ̃ljøzar] **-sarde** [zard] *mf* suburbanite (*especially of a Parisian suburb*)
banne [ban] *f* awning (*of store*)
ban•ni -nie [bani] *adj* banished, exiled || *mf* exile
bannière [banjɛr] *f* banner, flag
bannir [banir] *tr* to banish
bannissement [banismɑ̃] *m* banishment
banque [bɑ̃k] *f* bank; **banque des yeux** eye bank; **banque du sang** blood bank; **faire sauter la banque** to break the bank
banqueroute [bɑ̃krut] *f* bankruptcy (*with blame for negligence or fraud*)
banquerou•tier [bɑ̃krutje] **-tière** [tjɛr] *adj & mf* bankrupt (*with culpability*)
banquet [bɑ̃kɛ] *m* banquet
banqueter [bɑ̃kte] §34 *intr* to banquet
banquette [bɑ̃kɛt] *f* seat (*in a train, bus, automobile*); bank (*of earth or sand*); bunker (*in a golf course*); **banquette arrière** back seat; **banquette de tir** (mil) emplacement for shooting; **jouer devant les banquettes** to play to an empty house
ban•quier [bɑ̃kje] **-quière** [kjɛr] *mf* banker
banquise [bɑ̃kiz] *f* pack ice
banquiste [bɑ̃kist] *m* charlatan, quack
baptême [batɛm] *m* baptism; christening; **baptême de la ligne, baptême des tropiques** or **du tropique** polliwog initiation
baptiser [batize] *tr* to baptize; to christen; (slang) to dilute (*wine*) with water
baptis•mal -male [batismal] *adj* (*pl* **-maux** [mo]) baptismal
baptistaire [batistɛr] *adj* baptismal (*certificate*)
baptiste [batist] *mf* Baptist
baptistère [batistɛr] *m* baptistery
baquet [bakɛ] *m* wooden tub, bucket; (aut) bucket seat
bar [bar] *m* bar; (ichth) bass, perch
baragouin [baragwɛ̃] *m* (slang) gibberish
baragouiner [baragwine] *tr* (coll) to murder (*a language*); (coll) to stumble through (*a speech*) || *intr* (coll) to jabber
baraque [barak] *f* booth, stall; shanty, hovel
baraterie [baratri] *f* barratry
baratin [baratɛ̃] *m* (slang) blah-blah, hokum
baratte [barat] *f* churn
baratter [barate] *tr* to churn
Barbade [barbad] *f* Barbados; **la Barbade** Barbados
barbare [barbar] *adj* barbarous, barbaric, savage || *mf* barbarian
barbaresque [barbarɛsk] *adj* of Barbary
barbarie [barbari] *f* barbarity, barbarism || (*cap*) *f* Barbary
barbarisme [barbarism] *m* barbarism (*in speech or writing*)
barbe [barb] *f* beard; bristle; whiskers (*of an animal*); barbel; **barbes** vane (*of a feather*); deckle edge; **faire q.ch. à la barbe de qn** to do s.th. right under the nose of s.o.; **rire dans sa barbe** to laugh up one's sleeve; **se faire la barbe** to shave || *interj*—**la barbe!** shut up!
bar•beau [barbo] *m* (*pl* **-beaux**) cornflower; (ichth) barbel; (slang) pimp
barbe•lé -lée [barbəle] *adj* barbed || **barbelés** *mpl* barbed wire
bar•bet [barbɛ] **-bette** [bɛt] *mf* water spaniel
barbiche [barbiʃ] *f* goatee
barbier [barbje] *m* barber
barbillon [barbijɔ̃] *m* barb
barbiturique [barbityrik] *m* barbiturate
barbon [barbɔ̃] *m* (pej) old fogy

barboter [barbɔte] *intr* to paddle (*like ducks*); to wallow (*like pigs*); to bubble (*like carbonated water*); (coll) to splutter; (slang) to steal
barbo•teur [barbɔtœr] **-teuse** [tøz] *mf* (slang) muddler || *m* duck; wash bottle || *f* rompers
barbouiller [barbuje] *tr* to smear, blur; to daub; (coll) to scribble; **barbouiller le cœur à** to nauseate
barbouill•leur [barbujœr] **barbouil•leuse** [barbujøz] *mf* dauber; messy person; scribbler
bar•bu -bue [barby] *adj* bearded
bard [bar] *m* handbarrow
bardane [bardan] *f* burdock
barde [bard] *m* bard || *f* blanket of bacon
bar•deau [bardo] *m* (*pl* **-deaux**) shingle; lath
barder [barde] *tr* to carry with a handbarrow; to armor (*a horse*); to blanket (*a roast*)
bardot [bardo] *m* hinny
barème [barɛm] *m* schedule (*of rates, taxes, etc.*)
baréter [barete] §10 *intr* to trumpet (*like an elephant*)
barge [barʒ] *f* barge; haystack; godwit, black-tailed godwit
barguigner [bargiɲe] *intr* to shilly-shally, to have trouble deciding
bargui•gneur [bargiɲœr] **-gneuse** [ɲøz] *mf* shilly-shallyer, procrastinator
baricaut [bariko] *m* small cask, keg
baril [baril], [bari] *m* small barrel, cask, keg
barillet [barijɛ] *m* small barrel; revolver cylinder; spring case
bariolage [barjɔlaʒ] *m* (coll) motley, mixture of colors
bario•lé -lée [barjɔle] *adj* speckled, multicolored, variegated
barioler [barjɔle] *tr* to variegate
bariolure [barjɔlyr] *f* clashing colors, motley
bar•man [barman] *m* (*pl* **-men** [mɛn] or **-mans**) bartender
baromètre [barɔmɛtr] *m* barometer
barométrique [barɔmetrik] *adj* barometric
baron [barɔ̃] *m* baron
baronne [barɔn] *f* baroness
baroque [barɔk] *adj & m* baroque
barque [bark] *f* boat
barrage [baraʒ] *m* dam; barrage, cordon (*of police*); tollgate; barricade, roadblock, checkpoint; (sports) play-off
barre [bɑr], [bar] *f* bar; crossbar (*of a t*); tiller, helm; bore (*tidal flood*); **barre de justice** rod to hold shackles; **barre du gouvernail** helm; **barres** (typ) parallels; **jouer aux barres** to play prisoner's base
bar•reau [baro] *m* (*pl* **-reaux**) bar, crossbar, rail; rung (*of ladder or chair*); (law) bar
barrer [bɑre] *tr* to cross out, strike out, cancel; to cross (*a t; a check in a British bank*); to bar (*the door; the way*); to block off (*a street*); to dam (*a stream*); to steer (*a boat*)
barrette [barɛt], [bɑrɛt] *f* biretta; bar; slide; pin
barreur [bɑrœr] *m* helmsman
barricade [barikad] *f* barricade
barricader [barikade] *tr* to barricade
barrière [barjɛr] *f* barrier; gate (*of a town; of a grade crossing*); tollgate; neighborhood shopping district
barrique [barik] *f* cask; hogshead, large barrel
barrir [barir] *intr* to trumpet (*like an elephant*)
barrot [baro] *m* beam (*of a ship*)
baryton [baritɔ̃] *m* baritone; alto (*saxhorn*)
baryum [barjɔm] *m* barium
bas [bɑ] **basse** [bɑs] *adj* low; base, vile; cloudy (*weather*) || (when standing before noun) *adj* low; base, vile; early (*age*) || *m* stocking; lower part, bottom; **à bas . . .** ! down with . . . !; **bas de casse** (typ) lower case; **bas de laine** nest egg, savings; **en bas** at the bottom; downstairs || *f* see **basse** || **bas** *adv* softly; down, low
ba•sal -sale [bazal] *adj* (*pl* **-saux** [zo]) basic; basal (*metabolism*)
basalte [bazalt] *m* basalt
basa•né -née [bazane] *adj* tanned, sunburned
basaner [bazane] *tr* to tan, to sunburn
bas-bleu [bɑblø] *m* (*pl* **-bleus**) bluestocking
bas-côté [bɑkote] *m* (*pl* **-côtés**) aisle (*of a church*); footpath (*beside a road*)
bascule [baskyl] *f* scale; rocker; seesaw
basculement [baskylmɑ̃] *m* rocking, seesawing, tipping; dimming
basculer [baskyle] *tr* to tip over || *intr* to tip over; to seesaw, rock, swing; **faire basculer** to dim (*the headlights*)
bas-dessus [bɑdəsy] *m* mezzo-soprano
base [bɑz] *f* base; basis; **à la base** at heart, to the core; **de base** basic
base-ball [bɛzbol] *m* baseball
baser [bɑze] *tr* to base; to ground, found (*an opinion*) || *ref* to be based
bas-fond [bɑfɔ̃] *m* (*pl* **-fonds**) lowland; shallows; **bas-fonds** dregs, underworld; slums
basilic [bazilik] *m* basil
basilique [bazilik] *f* basilica
basin [bazɛ̃] *m* dimity
basique [bazik] *adj* basic, alkaline
basket [baskɛt] *m* basketball
basoche [bazɔʃ] *f* law, legal profession
basque [bask] *adj* Basque || *m* Basque (*language*) || *f* coattail || (*cap*) *mf* Basque (*person*)
basse [bɑs] *f* shoal; tuba; (mus) bass; **basse chiffrée** (mus) figured bass
basse-contre [bɑskɔ̃tr] *f* (*pl* **basses-contre**) basso profundo
basse-cour [bɑskur] *f* (*pl* **basses-cours**) barnyard, farmyard; barnyard animals; poultry yard
bassesse [bɑsɛs] *f* baseness; base act
basset [basɛ] *m* basset hound
bassin [basɛ̃] *m* basin; dock; artificial lake; collection plate; pelvis; **bassin**

de lit bedpan; **bassin de radoub** dry dock; **bassin hygiénique** bedpan
bassine [basin] *f* dishpan
bassinoire [basinwar] *f* bedwarmer
basson [basɔ̃] *m* bassoon
baste [bast] *m* ace of clubs; saddle basket || *interj* enough!
bastille [bastij] *f* small fortress
bastion [bastjɔ̃] *m* bastion
bastonnade [bastɔnad] *f* beating
bas-ventre [bɑvɑ̃tr] *m* abdomen, lower part of the belly
bât [bɑ] *m* packsaddle
bataclan [bataklɑ̃] *m*—**tout le bataclan** (slang) the whole caboodle
bataille [bataj], [bataj] *f* battle, fight
batailler [bataje], [bataje] *intr* to battle, to fight
batail•leur [batajœr] **batail•leuse** [batajøz] *adj* belligerent || *mf* fighter
bataillon [batajɔ̃] *m* battalion
bâ•tard [bɑtar] **-tarde** [tard] *adj & mf* mongrel; bastard || *m* one-pound loaf of short-length type of bread || *f* cursive handwriting
bâtar•deau [bɑtardo] *m* (*pl* **-deaux**) cofferdam, caisson
ba•teau [bato] *m* (*pl* **-teaux**) boat; **bateau automobile** motorboat, motor launch; **bateau à vapeur** steamboat; **bateau à voiles** sailboat; **bateau de guerre** warship; **bateau de pêche** fishing boat; **bateau de sauvetage** lifeboat; **monter un bateau à qn** (slang) to pull s.o.'s leg; **par (le) bateau** by boat
bateau-citerne [batositern] *m* (*pl* **bateaux-citernes**) tanker
bateau-feu [batofø] *m* (*pl* **bateaux-feux**) lightship
bateau-maison [batomezɔ̃] *m* (*pl* **bateaux-maisons**) houseboat
bateau-mouche [batomuʃ] *m* (*pl* **bateaux-mouches**) excursion boat
bateau-pompe [batopɔ̃p] *m* (*pl* **bateaux-pompes**) fireboat
batelage [batlaʒ] *m* lighterage; juggling; tumbling
batelée [batle] *f* boatload
bateler [batle] §34 *tr* to lighter || *intr* to juggle; to tumble
bateleur [batlœr] **-leuse** [løz] *mf* juggler; tumbler
bate•lier [batlje] **-lière** [ljɛr] *mf* skipper || *m* boatman; ferryman
batellerie [batɛlri] *f* lighterage
bâter [bɑte] *tr* to packsaddle
bath [bat] *adj* (slang) A-one, swell
bâ•ti -tie [bɑti] *adj* built; **bien bâti** well-built (*person*) || *m* frame; basting (*thread*); basted garment
batifoler [batifɔle] *intr* (coll) to frolic
bâtiment [bɑtimɑ̃] *m* building; ship
bâtir [bɑtir] *tr* to build; to baste, to tack || *ref* to be built
bâtisse [bɑtis] *f* masonry, construction; building, edifice; ramshackle house
bâtis•seur [bɑtisœr] **bâtis•seuse** [bɑtisøz] *mf* builder
bâton [bɑtɔ̃] *m* stick; baton; staff, cane; rung (*of a chair*); stroke (*of a pen*); stick (*of gum*); **à bâtons rompus** by fits and starts; impromptu; (archit) with zigzag molding; **bâton de reprise** (mus) repeat bar; **bâton de rouge à lèvres** lipstick; **bâton de vieillesse** helper or nurse for the aged; **mettre des bâtons dans les roues** to throw a monkey wrench into the works
bâtonner [bɑtɔne] *tr* to cudgel; to cross out
bâtonnet [bɑtɔnɛ] *m* rod (*in the retina*); chopstick
battage [bataʒ] *m* beating; threshing; churning; (slang) ballyhoo
bat•tant [batɑ̃] **bat•tante** [batɑ̃t] *adj* beating; pelting, driving; swinging (*door*) || *m* flap; clapper (*of bell*); **à deux battants** double (*door*)
batte [bat] *f* mallet, beater; dasher, plunger; bench for beating clothes; wooden sword (*for slapstick comedy*); (sports) bat; **batte de l'or** goldbeating
battement [batmɑ̃] *m* beating, beat; throbbing, pulsing; clapping (*of hands*); dance step; wait (*e.g., between trains*)
batterie [batri] *f* (elec, mil, mus) battery; train service (*in one direction*); ruse, scheming; **batterie de cuisine** kitchen utensils
batteur [batœr] *m* beater; thresher; (sports) batter; **batteur de grève** beachcomber; **batteur de pieux** piledriver; **batteur électrique** electric mixer
batteuse [batøz] *f* threshing machine
battoir [batwar] *m* bat, beetle (*for washing clothes*); tennis racket
battre [batr] §7 *tr* to beat; to clap (*one's hands*); to flap, flutter; to wink; to bang; to pound (*the sidewalk*); to search; to shuffle (*the cards*); **battre la mesure** to beat time; **battre monnaie** to mint money || *intr* to beat || *ref* to fight
bau [bo] *m* (*pl* **baux**) beam (*of a ship*)
baudet [bodɛ] *m* ass, donkey; stallion ass; sawhorse; (slang) jackass, idiot
baudrier [bodrije] *m* shoulder belt
bauge [boʒ] *f* lair, den; clay and straw mortar; (coll) pigsty
baume [bom] *m* balsam; (*consolation*) balm
ba•vard [bavar] **-varde** [vard] *adj* talkative, loquacious; tattletale || *mf* chatterer; tattletale; gossip
bavardage [bavardaʒ] *m* chattering; gossiping
bavarder [bavarde] *intr* to chatter; to gossip
bava•rois [bavarwa] **-roise** [rwaz] *adj* Bavarian || (*cap*) *mf* Bavarian (*person*)
bave [bav] *f* dribble, froth, spittle; (fig) slander
baver [bave] *intr* to dribble, to drool; to run (*like a pen*); **baver sur** to besmirch
bavette [bavɛt] *f* bib
ba•veux [bavø] **-veuse** [vøz] *adj* drooling; tendentious, wordy; undercooked

Bavière [bavjɛr] *f* Bavaria; **la Bavière** Bavaria
bavocher [bavɔʃe] *intr* to smear
bavochure [bavɔʃyr] *f* smear
bavure [bavyr] *f* bur (*of metal*); smear
bayer [baje] §49 *intr*—**bayer aux corneilles** to gawk, to stargaze
bazar [bazar] *m* bazaar; five-and-ten; **tout le bazar** (slang) the whole shebang
béant [beɑ̃] **béante** [beɑ̃t] *adj* gaping, wide-open
béat [bea] **béate** [beat] *adj* smug, complacent, sanctimonious
béatifier [beatifje] *tr* to beatify
béatitude [beatityd] *f* beatitude
beau [bo] (or **bel** [bɛl] before vowel or mute **h**) **belle** [bɛl] (*pl* **beaux belles**) *adj* beautiful; handsome; **bel et bien** truly, for sure; **de plus belle** more than ever; **il fait beau** it is nice out, we are having fair weather; **tout beau!** steady!, easy does it! || (when standing before noun) *adj* beautiful; handsome; fine, good; considerable, large, long; fair (*weather*); odd-numbered or recto (*page*) || *mf* fair one; **faire le beau, faire la belle** to strut, swagger; to sit up and beg (*said of a dog*); **la belle** the deciding match; **la Belle au bois dormant** Sleeping Beauty || **beau** *adv*—**il a beau parler** it is no use for him to speak || **belle** *adv*—**la bailler belle** (slang) to tell a whopper; **l'échapper belle** to have a narrow escape
beaucoup [boku] §91 *adv* much, many; **beaucoup de** much, many; **de beaucoup** by far
beau-fils [bofis] *m* (*pl* **beaux-fils**) son-in-law; stepson
beau-frère [bofrɛr] *m* (*pl* **beaux-frères**) brother-in-law
beau-père [bopɛr] *m* (*pl* **beaux-pères**) father-in-law; stepfather
beau-petit-fils [bopətifis] *m* (*pl* **beaux-petits-fils**) son of a stepson or of a stepdaughter
beaupré [bopre] *m* bowsprit
beauté [bote] *f* beauty; **beauté du diable** (coll) bloom of youth; **se faire une beauté** (coll) to doll up
beaux-arts [bozar] *mpl* fine arts
beaux-parents [boparɑ̃] *mpl* in-laws
bébé [bebe] *m* baby
bec [bɛk] *m* beak; nozzle, jet, burner; point (*of a pen*); (mus) mouthpiece; (slang) beak, face, mouth; **avoir bon bec** to be gossipy; **claquer du bec** (coll) to be hungry; **clore, clouer le bec à qn** (coll) to shut s.o. up; **tomber sur un bec** (coll) to encounter an unforeseen obstacle
bécane [bekan] *f* (coll) bike, bicycle
bécarre [bekar] *m* (mus) natural
bécasse [bekas] *f* woodcock; (slang) stupid woman
bécas•seau [bekaso] *m* (*pl* **bécas•seaux**) sandpiper
bec-de-cane [bɛkdəkan] *m* (*pl* **becs-de-cane**) door handle; flat-nosed pliers
bec-de-corbeau [bɛkdəkɔrbo] *m* (*pl* **becs-de-corbeau**) wire cutters
bec-de-corbin [bɛkdəkɔrbɛ̃] *m* (*pl* **becs-de-corbin**) crowbar
bec-de-lièvre [bɛkdəljɛvr] *m* (*pl* **becs-de-lièvre**) harelip
bêche [bɛʃ] *f* spade
bêcher [beʃe] *tr* to dig; (slang) to run (*s.th.*) down, to give (*s.o.*) a dig
bê•cheur [beʃœr] **-cheuse** [ʃøz] *mf* (coll) detractor, critic; (slang) stuffed shirt
bêchoir [beʃwar] *m* hoe
bécoter [bekɔte] *tr* to give (*s.o.*) a peck or little kiss on the cheek
becqueter [bɛkte] §34 *tr* to peck at; (coll) to eat || *ref* to bill and coo
bedaine [bədɛn] *f* paunch, beer belly
bédane [bedan] *m* cold chisel
be•deau [bədo] *m* (*pl* **-deaux**) beadle
bé•douin [bedwɛ̃] **-douine** [dwin] *adj* Bedouin || (*cap*) *mf* Bedouin (*person*)
bée [be] *adj*—**bouche bée** mouth agape, flabbergasted || *f* penstock
beffroi [befrwa] *m* belfry
bégaiement [begɛmɑ̃] *m* stammering, stuttering
bégayer [begeje] §49 *tr & intr* to stammer, stutter
bègue [bɛg] *adj* stammering, stuttering || *mf* stammerer
bégueter [begte] §2 *intr* to bleat
bégueule [begœl] *adj* (coll) prudish || *f* (coll) prudish woman
béguin [begɛ̃] *m* hood, cap; sweetheart; (coll) infatuation
béguine [begin] *f* Beguine; sanctimonious woman
beige [bɛʒ] *adj & m* beige
beignet [bɛɲɛ] *m* fritter
béjaune [beʒon] *m* nestling; greenhorn, novice, ninny
bêlement [bɛlmɑ̃] *m* bleat, bleating
bêler [bɛle] *intr* to bleat
belette [bəlɛt] *f* weasel
belge [bɛlʒ] *adj* Belgian || (*cap*) *mf* Belgian (*person*)
Belgique [bɛlʒik] *f* Belgium; **la Belgique** Belgium
bélier [belje] *m* ram; battering ram
bélière [beljɛr] *f* sheepbell
bélinogramme [belinɔgram] *m* Wirephoto (*trademark*)
bélinographe [belinɔgraf] *m* Wirephoto transmitter
bélître [belitr] *m* scoundrel
belladone [bɛladɔn] *f* belladonna
bellâtre [bɛlɑtr] *adj* foppish || *m* fop
belle-dame [bɛldam] *f* belladonna
belle-de-jour [bɛldəʒur] *f* (*pl* **belles-de-jour**) morning glory
belle-de-nuit [bɛldənɥi] *f* (*pl* **belles-de-nuit**) marvel-of-Peru
belle-d'un-jour [bɛldœ̃ʒur] *f* (*pl* **belles-d'un-jour**) day lily
belle-fille [bɛlfij] *f* (*pl* **belles-filles**) daughter-in-law; stepdaughter
belle-mère [bɛlmɛr] *f* (*pl* **belles-mères**) mother-in-law; stepmother
belle-petite-fille [bɛlpətitfij] *f* (*pl* **belles-petites-filles**) daughter of a stepson or of a stepdaughter
belles-lettres [bɛllɛtr] *fpl* belles-lettres, literature

belle-sœur [bɛlsœr] *f* (*pl* **belles-sœurs**) sister-in-law
belliciste [bɛlisist] *mf* warmonger
belligé·rant [bɛliʒerɑ̃] **-rante** [rɑ̃t] *adj & m* belligerent
belli·queux [bɛlikø] **-queuse** [køz] *adj* bellicose, warlike
bel·lot [bɛlo] **bel·lote** [bɛlɔt] *adj* pretty, cute; dapper
bémol [bemɔl] *adj invar & m* (mus) flat
bémoliser [bemɔlize] *tr* to flat (*a note*); to provide (*a key signature*) with flats
ben [bɛ̃] *interj* (slang) well!
bénédicité [benedisite] *m* grace (*before a meal*)
bénédic·tin [benediktɛ̃] **-tine** [tin] *adj & m* Benedictine ‖ (*cap*) *f* Benedictine (*liqueur*)
bénédiction [benediksjɔ̃] *f* benediction; manna from heaven
bénéfice [benefis] *m* profit; benefit; benefice; parsonage, rectory; **à bénéfice** benefit (*performance*); **sous bénéfice d'inventaire** with grave reservations
bénéficiaire [benefisjɛr] *adj* profit, e.g., **marge bénéficiaire** profit margin ‖ *mf* beneficiary
bénéficier [benefisje] *intr* to profit, benefit
benêt [bənɛ] *adj masc* simple-minded ‖ *m* simpleton, numskull
bé·nin [benɛ̃] **-nigne** [niɲ] *adj* benign; mild, slight; benignant, accommodating
béni-oui-oui [beniwiwi] *mpl* yes men
bénir [benir] *tr* to bless, to consecrate
bé·nit [beni] **-nite** [nit] *adj* consecrated (*bread*); holy (*water*)
bénitier [benitje] *m* font (*for holy water*)
benja·min [bɛ̃ʒamɛ̃] **-mine** [min] *mf* baby (*the youngest child*) ‖ (*cap*) *m* Benjamin
benne [bɛn] *f* bucket, bin, hopper; dumper; cage (*in mine*); **benne preneuse** (mach) scoop, jaws (*of crane*)
be·noît [bənwa] **-noîte** [nwat] *adj* indulgent; sanctimonious ‖ (*cap*) *m* Benedict
benzène [bɛ̃zɛn] *m* (chem) benzene
benzine [bɛ̃zin] *f* benzine
béquille [bekij] *f* crutch
béquiller [bekije] *intr* to walk with a crutch or crutches
bercail [bɛrkaj] *m* fold, bosom (*of church or family*)
ber·ceau [bɛrso] *m* (*pl* **-ceaux**) cradle; bower; **berceau de verdure** or **de chèvrefeuille** arbor
bercelonnette [bɛrsəlɔnɛt] *f* bassinet
bercer [bɛrse] §51 *tr* to cradle, rock; to beguile; to assuage (*grief, pain*) ‖ *ref* to rock, swing; to delude oneself (*with vain hopes*)
ber·ceur [bɛrsœr] **-ceuse** [søz] *adj* rocking, cradling ‖ *f* rocking chair; cradle song, lullaby
berge [bɛrʒ] *f* bank, steep bank
berger [bɛrʒe] *m* shepherd; shepherd dog
bergère [bɛrʒɛr] *f* shepherdess; wing chair
bergerie [bɛrʒəri] *f* sheepfold; pastoral poem
berle [bɛrl] *f* water parsnip
Berlin [bɛrlɛ̃] *m* Berlin; **Berlin-Est** East Berlin; **Berlin-Ouest** West Berlin
berline [bɛrlin] *f* sedan (*automobile*); berlin (*carriage*)
berlingot [bɛrlɛ̃go] *m* caramel candy; milk carton
berli·nois [bɛrlinwa] **-noise** [nwaz] *adj* Berlin ‖ *mf* Berliner (*person*)
berlue [bɛrly] *f*—**avoir la berlue** (coll) to be blind to what is going on
Bermudes [bɛrmyd] *fpl*—**les Bermudes** Bermuda
bernacle [bɛrnakl] *f* (orn) anatid; (zool) barnacle
berne [bɛrn] *f* hazing; **en berne** at half-mast
berner [bɛrne] *tr* to toss in a blanket; to ridicule; to fool
bernique [bɛrnik] *interj* (coll) shucks!, heck!, what a shame!
berthe [bɛrt] *f* corsage; cape
béryllium [beriljɔm] *m* beryllium
besace [bəzas] *f* beggar's bag; mendicancy
besicles [bəzikl] *fpl* (archaic) spectacles; **prenez donc vos besicles!** (coll) put your specs on!
besogne [bəzɔɲ] *f* work, task; **abattre de la besogne** to accomplish a great deal of work; **aller vite en besogne** to work too hastily
besogner [bəzɔɲe] *intr* to drudge, slave
beso·gneux [bəzɔɲø] **-gneuse** [ɲøz] *adj* needy ‖ *mf* needy person
besoin [bəzwɛ̃] *m* need; poverty, distress; **au besoin** if necessary; **avoir besoin de** to need; **si besoin est** if need be
bes·son [besɔ̃] **bes·sonne** [besɔn] *mf* (dial) twin
bestiaire [bɛstjɛr] *m* bestiary
bes·tial -tiale [bɛstjal] (*pl* **-tiaux** [tjo]) *adj* bestial ‖ *mpl* see **bestiaux**
bestialité [bɛstjalite] *f* bestiality
bestiaux [bɛstjo] *mpl* livestock, cattle and horses
bestiole [bɛstjɔl] *f* bug, vermin
bê·ta [betɑ] **-tasse** [tɑs] *adj* (coll) silly ‖ *mf* (coll) sap, dolt
bétail [betaj] *m invar* grazing animals (*on a farm*); **gros bétail** cattle and horses; **menu bétail** or **petit bétail** sheep, goats, pigs, etc.
bête [bɛt] *adj* stupid, foolish ‖ *f* animal; beast; **bête à bon Dieu** (ent) ladybird; **bête de charge, bête de somme** pack animal; **bonne bête** harmless fool
bêtifier [betifje], [bɛtifje] *tr* to make stupid ‖ *intr* to play the fool, to talk foolishly
bêtise [betiz], [bɛtiz] *f* foolishness, stupidity, nonsense; trifle; **faire des bêtises** to blunder, do stupid things; to throw money around

béton [betɔ̃] *m* concrete; **béton armé** reinforced concrete
bétonner [betɔne] *tr* to make of concrete
bétonnière [betɔnjɛr] *f* cement mixer
bette [bɛt] *f* Swiss chard; **bette à carde** Swiss chard
betterave [bɛtrav] *f* beet; **betterave sucrière** sugar beet
beuglement [bøgləmɑ̃] *m* bellow, bellowing, lowing
beugler [bøgle], [bœgle] *tr* (slang) to bawl out (*a song*) || *intr* to bellow (*like a bull*); to low (*like cattle*)
beurre [bœr] *m* butter; **faire son beurre** (coll) to feather one's nest
beurrée [bœre] *f* slice of bread and butter
beurrer [bœre] *tr* to butter
beur•rier [bœrje] **beur•rière** [bœrjɛr] *adj* butter || *m* butter dish
beuverie [bœvri] *f* drinking party
bévue [bevy] *f* blunder, slip, boner
biais [bjɛ] **biaise** [bjɛz] *adj* bias, oblique, slanting; skew (*arch*) || *m* bias, slant; skew (*of an arch*); **de biais** or **en biais** aslant, askew
biaiser [bjeze] *intr* to slant; (fig) to be evasive
bibelot [biblo] *m* curio, trinket, knickknack
bibeloter [biblɔte] *intr* to buy or collect curios
bibe•ron [bibrɔ̃] **-ronne** [rɔn] *adj* addicted to the bottle || *mf* heavy drinker || *m* nursing bottle
Bible [bibl] *f* Bible
bibliobus [bibliɔbys] *m* bookmobile
bibliographe [bibliɔgraf] *m* bibliographer
bibliographie [bibliɔgrafi] *f* bibliography
bibliomane [bibliɔman] *mf* book collector
bibliothécaire [bibliɔtekɛr] *mf* librarian
bibliothèque [bibliɔtɛk] *f* library; bookstand; **bibliothèque vivante** walking encyclopedia
biblique [biblik] *adj* Biblical
biceps [bisɛps] *m* biceps
biche [biʃ] *f* hind; doe; **ma biche** (coll) my darling
bicher [biʃe] *intr*—**ça biche!** (slang) fine!, it's fine!
bichlamar [biʃlamar] *m* pidgin
bichof [biʃɔf] *m* spiced wine
bi•chon [biʃɔ̃] **-chonne** [ʃɔn] *mf* lap dog
bichonner [biʃɔne] *tr* to curl (*one's hair*); to doll up || *ref* to doll up
bicoque [bikɔk] *f* shack, ramshackle house
bicorne [bikɔrn] *adj* two-cornered || *m* cocked hat
bicot [biko] *m* (coll) kid (*goat*); (pej) North African, Arab
bicyclette [bisiklɛt] *f* bicycle
bident [bidɑ̃] *m* two-pronged fork
bidet [bidɛ] *m* bidet; nag (*horse*)
bidon [bidɔ̃] *m* drum (*for liquids*); canteen, water bottle
bidonville [bidɔ̃vil] *m* shantytown
bidule [bidyl] *m* (slang) gadget
bief [bjɛf] *m* millrace; reach, level (*of a stream or canal*)
bielle [bjɛl] *f* connecting rod, tie rod
bien [bjɛ̃] *m* good; welfare; estate, fortune; **biens** property, possessions; **biens consomptibles** consumer goods; **biens immeubles** real estate; **biens meubles** personal property || *adv* §91 well; rightly, properly, quite; indeed, certainly; fine, e.g., **je vais bien** I'm fine; **bien de** + *art* much, e.g., **bien de l'eau** much water; many, e.g., **bien des gens** many people; **bien entendu** of course; **bien que** although; **eh bien!** so!; **si bien que** so that; **tant bien que mal** so-so, as well as possible || *interj* good!; all right!; that's enough!
bien-ai•mé -mée [bjɛ̃neme] *adj & mf* beloved, darling
bien-dire [bjɛ̃dir] *m* gracious speech, eloquent delivery; **être sur son bien-dire** to be on one's best behavior
bien-di•sant [bjɛ̃dizɑ̃] **-sante** [zɑ̃t] *adj* smooth-spoken, smooth-tongued
bien-être [bjɛ̃nɛtr] *m* well-being, welfare
bienfaisance [bjɛ̃fəzɑ̃s] *f* charity, beneficence
bienfai•sant [bjɛ̃fəzɑ̃] **-sante** [zɑ̃t] *adj* charitable, beneficent
bienfait [bjɛ̃fɛ] *m* good turn, good deed, favor; **bienfaits** benefits
bienfai•teur [bjɛ̃fɛtœr] **-trice** [tris] *mf* benefactor || *f* benefactress
bien-fondé [bjɛ̃fɔ̃de] *m* cogency
bien-fonds [bjɛ̃fɔ̃] *m* (*pl* **biens-fonds**) real estate
bienheu•reux [bjɛ̃nœrø] **-reuse** [røz] *adj & mf* blessed
bien•nal -nale [bjɛnnal] *adj* (*pl* **-naux** [no]) biennial || *f* biennial exposition
bienséance [bjɛ̃seɑ̃s] *f* propriety
bienséant [bjɛ̃seɑ̃] **bienséante** [bjɛ̃seɑ̃t] *adj* fitting, proper, appropriate
bientôt [bjɛ̃to] *adv* soon; **à bientôt!** so long!
bienveillance [bjɛ̃vɛjɑ̃s] *f* benevolence, kindness
bienveil•lant [bjɛ̃vɛjɑ̃] **bienveil•lante** [bjɛ̃vɛjɑ̃t] *adj* benevolent, kindly, kind
bienvenir [bjɛ̃vnir] *intr*—**se faire bienvenir** to make oneself welcome
bienve•nu -nue [bjɛ̃vny] *adj* welcome || *m*—**soyez le bienvenu!** welcome! || *f* welcome; **souhaiter la bienvenue à** to welcome
bière [bjɛr] *f* beer; coffin; **bière à la pression** draft beer
biffer [bife] *tr* to cross out, to cancel, to erase; (slang) to cut (*class*)
biffin [bifɛ̃] *m* (slang) ragman; (slang) doughboy, G.I. Joe
bifo•cal -cale [bifɔkal] *adj* (*pl* **-caux** [ko]) bifocal
bifteck [biftɛk] *m* beefsteak
bifurquer [bifyrke] *tr* to bifurcate, divide into two branches || *intr & ref* to bifurcate, fork; to branch off
bigame [bigam] *adj* bigamous || *mf* bigamist
bigamie [bigami] *f* bigamy

bigar•ré -rée [bigare] *adj* mottled, variegated; motley (*crowd*)
bigar•reau [bigaro] *m* (*pl* **-reaux**) white-heart cherry
bigarrer [bigare] *tr* to mottle, to variegate, to streak
bigarrure [bigaryr] *f* variegation, medley, mixture
bigle [bigl] *adj* cross-eyed || *m* beagle
bigler [bigle] *intr* to squint; to be cross-eyed
bigorne [bigɔrn] *f* two-horn anvil
bigorner [bigɔrne] *tr* to form on the anvil; (slang) to smash
bi•got [bigo] **-gote** [gɔt] *adj* sanctimonious || *mf* religious bigot
bigoterie [bigɔtri] *f* religious bigotry
bigoudi [bigudi] *m* hair curler, roller
bihebdomadaire [biɛbdɔmadɛr] *adj* semiweekly
bi•jou [biʒu] *m* (*pl* **-joux**) jewel
bijouterie [biʒutri] *f* jewelry; jewelry shop; jewelry business
bijou•tier [biʒutje] **-tière** [tjɛr] *mf* jeweler
bilan [bilɑ̃] *m* balance sheet; balance; petition of bankruptcy; **faire le bilan** to tabulate the results
bilboquet [bilbɔkɛ] *m* job printing
bile [bil] *f* bile; **se faire de la bile** (coll) to worry, fret
bi•lieux [biljø] **-lieuse** [ljøz] *adj* bilious; irascible, grouchy
bilingue [bilɛ̃g] *adj* bilingual
billard [bijar] *m* billiards; billiard table; billiard room
bille [bij] *f* ball; ball bearing; billiard ball; marble; log; **à bille** ball-point (*pen*)
billet [bijɛ] *m* note; ticket; bill (*currency*); **billet à ordre** promissory note; **billet d'abonnement** season ticket; **billet d'aller et retour** round-trip ticket; **billet de banque** bank note; **billet de correspondance** transfer; **billet de faire-part** announcement, notification (*of birth, wedding, death*); **billet de logement** billet; **billet doux** love letter; **billet simple** one-way ticket
billette [bijɛt] *f* billet
billevesée [bijvəze], [bilvəze] *f* nonsense
billion [biljɔ̃] *m* trillion (U.S.A.); billion (Brit)
billot [bijo] *m* block, chopping block; executioner's block
biloquer [bilɔke] *tr* to plow deeply
bimen•suel -suelle [bimɑ̃sɥɛl] *adj* semimonthly
bimes•triel -trielle [bimɛstriɛl] *adj* bimonthly (*every two months*)
bimoteur [bimɔtœr] *adj* twin-motor || *m* twin-motor plane
binaire [binɛr] *adj* binary
biner [bine] *tr* to hoe; to cultivate, to work over (*the soil*) || *intr* to say two masses the same day
binette [binɛt] *f* hoe; (hist) wig; (slang) phiz
bineur [binœr] *m* or **bineuse** [binøz] *f* cultivator (*implement*)
binocle [binɔkl] *m* lorgnette
binoculaire [binɔkylɛr] *adj* & *f* binocular
binôme [binom] *adj* & *m* binomial
biochimie [bjɔʃimi] *f* biochemistry
biographe [bjɔgraf] *mf* biographer
biographie [bjɔgrafi] *f* biography
biographique [bjɔgrafik] *adj* biographical
biologie [bjɔlɔʒi] *f* biology
biologiste [bjɔlɔʒist] *mf* biologist
biophysique [bjɔfizik] *f* biophysics
biopsie [bjopsi] *f* biopsy
bioxyde [biɔksid] *m* dioxide
bipar•ti -tie [biparti] *adj* bipartite
bipartisme [bipartism] *m* bipartisanship
bipartite [bipartit] *adj* bipartite; bipartisan
bipède [bipɛd] *adj* & *mf* biped || *m* pair of legs of a horse
biplan [biplɑ̃] *m* biplane
bique [bik] *f* nanny goat
bir•man [birmɑ̃] **-mane** [man] *adj* Burmese || (*cap*) *mf* Burmese (*person*)
Birmanie [birmani] *f* Burma; **la Birmanie** Burma
bis [bi] **bise** [biz] *adj* gray-brown || [bis] *m*—**un bis** an encore || *f* see **bise** || **bis** [bis] *adv* twice; (mus) repeat; **sept bis** seven A, seven and a half || **bis** [bis] *interj* encore!
bisaïeul bisaïeule [bizajœl] *mf* great-grand-parent || *m* great-grandfather || *f* great-grandmother
bisan•nuel -nuelle [bizanɥɛl] *adj* biennial
bisbille [bisbij] *f* (coll) squabble
biscaïen [biskajɛ̃] **biscaïenne** [biskajɛn] *adj* Biscayan || (*cap*) *mf* Biscayan (*person*)
biscor•nu -nue [biskɔrny] *adj* misshapen, distorted
biscotin [biskɔtɛ̃] *m* hardtack
biscotte [biskɔt] *f* zwieback
biscuit [biskɥi] *m* hardtack; cracker; cookie; unglazed porcelain; **biscuit soda** soda cracker
bise [biz] *f* north wind; (fig) winter; (slang) kiss
bi•seau [bizo] *m* (*pl* **-seaux**) bevel, chamfer; **en biseau** beveled, chamfered
biseauter [bizote] *tr* to bevel, chamfer; to mark (*cards*)
biser [bize] *tr* to redye || *intr* to blacken
bi•son [bizɔ̃] **-sonne** [zɔn] *mf* bison, buffalo
bisque [bisk] *f* bisque
bisquer [biske] *intr* (coll) to be resentful
bissac [bisak] *m* bag, sack
bisser [bise] *tr* to encore; to repeat
bissextile [bisɛkstil] *adj* bissextile, leap, e.g., **année bissextile** leap year
bissexué bissexuée [bisɛksɥe] *adj* bisexual
bissexuel bissexuelle [bisɛksɥɛl] *adj* bisexual
bistouri [bisturi] *m* scalpel
bistournage [bisturnaʒ] *m* castration
bistre [bistr] *adj invar* soot-brown || *m* bister, soot-brown
bis•tré -trée [bistre] *adj* swarthy

bisulfate [bisylfat] *m* bisulfate
bisulfite [bisylfit] *m* bisulfite
bitter [bitɛr] *m* bitters
bitume [bitym] *m* bitumen
bitumer [bityme] *tr* to asphalt
bitumi•neux [bityminø] **-neuse** [nøz] *adj* bituminous
bivouac [bivwak] *m* bivouac
bivouaquer [bivwake] *intr* to bivouac
bizarre [bizar] *adj* bizarre, strange
bizutage [bizytaʒ] *m* (slang) initiation, hazing
bizuth [bizyt] *m* (slang) freshman
blackbouler [blakbule] *tr* to blackball; (coll) to flunk
bla•fard [blafar] **-farde** [fard] *adj* pallid, pale, wan; lambent (*flame*)
blague [blag] *f* tobacco pouch; (coll) yarn, tall story, blarney; **blague à part** (coll) all joking aside; **faire une blague** (coll) to play a trick; **sale blague** (coll) dirty trick; **sans blague!** (coll) no kidding!
blaguer [blage] *tr* (coll) to kid; **blaguer qn** (coll) to pull s.o.'s leg || *intr* (coll) to kid, to tell tall stories
bla•gueur [blagœr] **-gueuse** [gøz] *adj* (coll) kidding, tongue-in-cheek || *mf* (coll) kidder, joker
blai•reau [blɛro] *m* (*pl* **-reaux**) badger; shaving brush
blâmable [blɑmabl] *adj* blameworthy
blâme [blɑm] *m* blame; **s'attirer un blâme** to receive a reprimand
blâmer [blɑme] *tr* to blame; to disapprove of
blanc [blɑ̃] **blanche** [blɑ̃ʃ] *adj* white; blank; clean; sleepless (*night*); expressionless (*voice*); **blanc comme un linge** white as a sheet || *m* white; blank; white meat; white man; white goods; chalk; bull's-eye; **à blanc** with blank cartridges; **blanc de baleine** spermaceti; **blanc de chaux** whitewash; **en blanc** blank; **en blanc et noir** in black and white
blanc-bec [blɑ̃bɛk] *m* (*pl* **blancs-becs**) (coll) greenhorn, callow youth
blanchâtre [blɑ̃ʃɑtr] *adj* whitish
blanchir [blɑ̃ʃir] *tr* to whiten; to wash or bleach; to whitewash; to blanch (*almonds*) || *intr* to blanch, whiten; to grow old
blanchissage [blɑ̃ʃisaʒ] *m* laundering; sugar refining
blanchisserie [blɑ̃ʃisri] *f* laundry
blanchis•seur [blɑ̃ʃisœr] **blanchis-seuse** [blɑ̃ʃisøz] *mf* launderer || *m* laundryman || *f* laundress, washerwoman
blanc-manger [blɑ̃mɑ̃ʒe] *m* (*pl* **blancs-manger**) blancmange
blanc-seing [blɑ̃sɛ̃] *m* (*pl* **blancs-seings**) carte blanche
bla•sé -sée [blɑze] *adj* blasé, jaded
blaser [blɑze] *tr* to cloy, to blunt
blason [blazɔ̃] *m* (heral) blazon
blasonner [blazɔne] *tr* (heral) to blazon
blasphéma•teur [blasfematœr] **-teuse** [tøz] *adj* blasphemous, blaspheming || *mf* blasphemer
blasphématoire [blasfematwar] *adj* blasphemous
blasphème [blasfɛm] *m* blasphemy
blasphémer [blasfeme] §10 *tr & intr* to blaspheme
blatte [blat] *f* cockroach
blé [ble] *m* wheat; **blé à moudre** grist; **blé de Turquie** corn; **blé froment** wheat; **blé noir** buckwheat; **manger son blé en herbe** to spend one's money before one has it
bled [blɛd] *m* (coll) backwoods, hinterland
blême [blɛm] *adj* pale; livid, sallow, wan; ghastly
blêmir [blemir] *intr* to turn pale or livid, to blanch; to grow dim
blennorragie [blenɔraʒi] *f* gonorrhea
blèse [blɛz] *adj* lisping || *mf* lisper
blésement [blɛzmɑ̃] *m* lisping
bléser [bleze] §10 *intr* to lisp
bles•sé -sée [blese] *adj* wounded || *mf* injured person; victim; casualty
blesser [blese], [blese] *tr* to wound; to injure
blessure [blesyr] *f* wound; injury
blet blette [blɛt] *adj* overripe || *f* chard
blettir [blɛtir] *intr* to overripen
bleu bleue [blø] (*pl* **bleus bleues**) *adj* blue; fairy (*stories*); violent (*anger*); rare (*meat*) || *m* blue; bluing; bruise; sauce for cooking fish; telegram or pneumatic letter; (coll) raw recruit, greenhorn; **bleu barbeau** light blue; **bleu marine** navy blue; **bleus** coveralls, dungarees; **passer au bleu** to avoid, elude (*a question*); **petit bleu** bad wine
bleuâtre [bløɑtr] *adj* bluish
bleuet [bløɛ] *m* bachelor's-button
bleuir [bløir] *tr & intr* to turn blue
bleu•té -tée [bløte] *adj* bluish
blindage [blɛ̃daʒ] *m* armor plate; armor plating; (elec) shield
blin•dé -dée [blɛ̃de] *adj* armored; armor-plated; (elec) shielded || *m* (mil) tank
blinder [blɛ̃de] *tr* to armor-plate; (elec) to shield
bloc [blɔk] *m* block; blocking; tablet, pad (*of paper*); (elec, mach) unit; **à bloc** tight; **en bloc** all together, in a lump; **envoyer** or **mettre au bloc** (slang) to throw (*s.o.*) in the jug; **serrer le frein à bloc** to jam on the brakes
blocage [blɔkaʒ] *m* blockage, blocking; lumping together; rubble; freezing (*of prices; of wages*); application (*of brakes*)
blocaille [blɔkɑj] *f* rubble
bloc-diagramme [blɔkdjagram] *m* (*pl* **blocs-diagrammes**) cross section
bloc-moteur [blɔkmɔtœr] *m* (aut) motor and transmission system
bloc-notes [blɔknɔt] *m* (*pl* **blocs-notes**) scratch pad, note pad
blocus [blɔkys] *m* blockade
blond [blɔ̃] **blonde** [blɔ̃d] *adj* blond || *m* blond || *f* see **blonde**
blondasse [blɔ̃das] *adj* washed-out blond
blonde [blɔ̃d] *f* blonde; blond lace; **blonde platinée** platinum blonde
blon•din [blɔ̃dɛ̃] **-dine** [din] *adj* fair-

haired || *mf* blond || *m* cableway; hopper for concrete; (obs) fop
blondir [blɔ̃dir] *tr* to bleach || *intr* to turn yellow, become blond
bloquer [blɔke] *tr* to blockade; to block up; to fill with rubble; to jam on (*the brakes*); to stop (*a car*) by jamming on the brakes; to pocket (*a billiard ball*); to run on (*two paragraphs*); to tighten (*a nut or bolt*) as much as possible; to freeze (*wages*)
blottir [blɔtir] *ref* to cower; to curl up
blouse [bluz] *f* smock; billiard pocket
blouser [bluze] *tr* to deceive, take in || *intr* to pucker around the waist || *ref* to be mistaken
blouson [bluzɔ̃] *m* jacket
blouson-noir [bluzɔ̃nwar] *m* (*pl* **blousons-noirs**) juvenile delinquent
blue-jean [bludʒin] *m* blue jeans
bluet [blyɛ] *m* bachelor's-button; (Canad) blueberry
bluette [blyɛt] *f* piece of light fiction; spark, flash
bluffer [blyfe] *tr & intr* to bluff
bluf·feur [blyfœr] **bluf·feuse** [blyføz] *mf* bluffer
blutage [blytaʒ] *m* bolting, sifting; boltings, siftings
bluter [blyte] *tr* to bolt, to sift
blutoir [blytwar] *m* bolter, sifter
B.N. *abbr* (**Bibliothèque Nationale**) National Library
boa [bɔa] *m* boa
bobard [bɔbar] *m* (coll) fish story, tall tale
bobèche [bɔbeʃ] *f* bobeche (*disk to catch drippings of candle*)
bobine [bɔbin] *f* bobbin; spool, reel; (elec) coil; **bobine d'allumage** (aut) ignition coil
bobiner [bɔbine] *tr* to spool, wind
bocage [bɔkaʒ] *m* grove
boca·ger [bɔkaʒe] **-gère** [ʒɛr] *adj* wooded
bo·cal [bɔkal] *m* (*pl* **-caux** [ko]) jar, bottle, globe; fishbowl
boche [bɔʃ] *adj & mf* (slang & pej) German
bock [bɔk] *m* beer glass (*half pint*); glass of beer; enema; douche
boëte [bwet] *f* fish bait
bœuf [bœf] *m* (*pl* **bœufs** [bø]) beef; head of beef; steer; ox; **bœuf en conserve** corned beef
boggie [bɔʒi] *m* (rr) truck
bogue [bɔgi] *f* chestnut bur
Bohême [bɔɛm] *f* Bohemia; **la Bohême** Bohemia
bohème [bɔɛm] *adj & mf* Bohemian (*artist*) || *f*—**la bohème** Bohemia (*of the artistic world*)
bohé·mien [bɔemjɛ̃] **-mienne** [mjɛn] *adj* Bohemian; gypsy || (*cap*) *mf* Bohemian; gypsy
boire [bwar] *m* drink; drinking; **le boire et le manger** food and drink || §8 *tr* to drink; to swallow (*an affront*) || *intr* to drink; **boire à la santé de** to drink to the health of; **boire à (même)** to drink out of (*a bottle*); **boire comme un trou** to drink like a fish; **boire dans** to drink out of (*a glass*)
bois [bwɑ], [bwa] *m* wood; woods; horns, antlers; **bois de chauffage** firewood; **bois de lit** bedstead; **bois flotté** driftwood; **bois fondu** plastic wood; **les bois** (mus) the woodwinds
boisage [bwazaʒ] *m* timbering
boi·sé -sée [bwaze] *adj* wooded; paneled
boiser [bwaze] *tr* to panel, to wainscot; to timber (*a mine*); to reforest
boiserie [bwazri] *f* woodwork, paneling, wainscoting
bois·seau [bwaso] *m* (*pl* **bois·seaux**) bushel
boisson [bwasɔ̃] *f* drink, beverage; **boissons hygiéniques** light wines, beer, and soft drinks
boîte [bwat] *f* box; can; canister; (slang) joint, dump; **boîte aux lettres** mailbox; **boîte de nuit** night club; **boîte d'essieu** (mach) journal box; **boîte de vitesses** transmission-gear box; **boîte postale** post-office box; **en boîte** boxed; canned; **ferme ta boîte!** (slang) shut up!; **mettre en boîte** to box; to can; (slang) to make fun of
boiter [bwate] *intr* to limp
boi·teux [bwatø] **-teuse** [tøz] *adj* lame, limping; unsteady, wobbly (*chair*) || *mf* lame person
boî·tier [bwatje] **-tière** [tjer] *mf* boxmaker; mail collector (*from mailboxes*) || *m* box, case; kit; medicine kit; (mach) housing; **boîtier de montre** watchcase
boitte [bwat] *f* fish bait
bol [bɔl] *m* bowl, basin; cud; bolus, pellet
bolchevique [bɔlʃəvik] *adj* Bolshevik || (*cap*) *mf* Bolshevik
bolcheviste [bɔlʃəvist] *adj* Bolshevik || (*cap*) *mf* Bolshevik
bolduc [bɔldyk] *m* colored ribbon
bolée [bɔle] *f* bowlful
bolide [bɔlid] *m* meteorite, fireball; racing car
bombance [bɔ̃bɑ̃s] *f* (coll) feast; **faire bombance** (coll) to have a blowout
bombardement [bɔ̃bardəmɑ̃] *m* bombing; bombardment
bombarder [bɔ̃barde] *tr* to bomb; to bombard; (coll) to appoint at the last minute
bombardier [bɔ̃bardje] *m* bomber; bombardier
bombe [bɔ̃b] *f* bomb; **bombe à hydrogène** hydrogen bomb; **bombe atomique** atomic bomb; **bombe glacée** molded ice cream; **bombe volante** buzz bomb; **faire la bombe** (slang) to go on a spree
bom·bé -bée [bɔ̃be] *adj* convex, bulging
bomber [bɔ̃be] *tr* to bend, to arch; to stick out (*one's chest*); **bomber le torse** (fig) to stick one's nose up || *intr & ref* to bulge
bon [bɔ̃] **bonne** [bɔn] *adj* §91 good; **à quoi bon?** what's the use?; **sentir bon** to smell good; **tenir bon** to hold fast

|| (when standing before noun) *adj* §91 good; fast (*color*) || *m* coupon; **bon de commande** order blank; **pour de bon** or **pour tout de bon** for good, really || *f* see **bonne** || **bon** *interj* good!; what!
bonace [bɔnas] *f* calm (*of the sea*)
bonasse [bɔnas] *adj* simple, naïve
bon-bec [bɔ̃bɛk] *m* (*pl* **bons-becs**) fast talker
bonbon [bɔ̃bɔ̃] *m* bonbon, piece of candy
bonbonne [bɔ̃bɔn] *f* demijohn
bonbonnière [bɔ̃bɔnjɛr] *f* candy dish; candy box
bond [bɔ̃] *m* bound, bounce; leap, jump; **faire faux bond** to miss an appointment; **faux bond** misstep
bonde [bɔ̃d] *f* plug; bunghole; sluice gate
bon•dé -dée [bɔ̃de] *adj* crammed
bondir [bɔ̃dir] *intr* to bound, to bounce; to leap, to jump; **faire bondir** to make (*s.o.*) hit the ceiling
bondissement [bɔ̃dismɑ̃] *m* bouncing, leaping
bondon [bɔ̃dɔ̃] *m* bung
bonheur [bɔnœr] *m* happiness; good luck; **au petit bonheur** by chance, at random; **par bonheur** luckily
bonheur-du-jour [bɔnœrdyʒur] *m* (*pl* **bonheurs-du-jour**) escritoire
bonhomie [bɔnɔmi] *f* good nature; credulity
bonhomme [bɔnɔm] *adj* good-natured, simple-minded || *m* (*pl* **bonshommes** [bɔ̃zɔm]) fellow, guy; old fellow; **bonhomme de neige** snowman; **Bonhomme Hiver** Jack Frost; **faux bonhomme** humbug; **petit bonhomme** little man (*child*)
boni [bɔni] *m* bonus; discount coupon; surplus (*over estimated expenses*)
bonification [bɔnifikɑsjɔ̃] *f* improvement; discount; bonus; advantage
bonifier [bɔnifje] *tr* to improve; to give a discount to
boniment [bɔnimɑ̃] *m* sales talk, smooth talk
bonimenteur [bɔnimɑ̃tœr] *m* huckster, charlatan
bonjour [bɔ̃ʒur] *m* good day, good morning, good afternoon, hello
bonne [bɔn] *f* maid; **bonne à tout faire** maid of all work
bonne-maman [bɔnmamɑ̃] *f* (*pl* **bonnes-mamans**) grandma
bonnement [bɔnmɑ̃] *adv* honestly, plainly
bonnet [bɔnɛ] *m* bonnet; stocking cap; cup (*of a brassiere*); (mil) undress hat; **bonnet d'âne** dunce cap; **bonnet de nuit** nightcap; **gros bonnet** (coll) VIP
bonneterie [bɔnətri] *f* hosiery; knitwear
bon-papa [bɔ̃papa] *m* (*pl* **bons-papas**) grandpa
bonsoir [bɔ̃swar] *m* good evening; (coll) good night
bonté [bɔ̃te] *f* goodness; kindness
booster [bustœr] *m* (rok) booster
borborygme [bɔrbɔrigm] *m* rumbling (*in the stomach*)
bord [bɔr] *m* edge, border; rim, brim; side (*of a ship*); **à bord** on board; **à pleins bords** overflowing; without hindrance; **à ras bords** full to the brim; **être du (même) bord de** to be of the same mind as; **faux bord** list (*of ship*); **jeter par-dessus bord** to throw overboard
bordage [bɔrdaʒ] *m* edging (*of dress*); planking (*of ship*)
bordé [bɔrde] *m* border, edging
bordée [bɔrde] *f* broadside, volley; (naut) tack; **bordée de bâbord** port watch; **bordée de tribord** starboard watch; **courir une bordée** to go skylarking on shore leave; **tirer une bordée** to jump ship
bordel [bɔrdɛl] *m* (vulgar) brothel
borde•lais [bɔrdəlɛ] **-laise** [lɛz] *adj* of Bordeaux || *f* Bordeaux cask || (*cap*) *mf* native or inhabitant of Bordeaux
border [bɔrde] *tr* to border; to hem; to sail along (*the coast*); **border un lit** to make a bed
borde•reau [bɔrdəro] *m* (*pl* **-reaux**) itemized account, memorandum
bordure [bɔrdyr] *f* border
bore [bɔr] *m* boron
boréal boréale [bɔreal] *adj* (*pl* **boréaux** [bɔreo] or **boréals**) boreal; northern
borgne [bɔrɲ] *adj* one-eyed; blind in one eye; disreputable (*bar, house, etc.*) || *mf* one-eyed person
borne [bɔrn] *f* landmark; boundary stone; milestone; (elec) binding post, terminal; (slang) kilometer; **bornes** bounds, limits
bor•né -née [bɔrne] *adj* limited, narrow; dull (*mind*)
borner [bɔrne] *tr* to mark out the boundary of; to set limits to || *ref* to restrain oneself
bosquet [bɔskɛ] *m* grove
bosse [bɔs] *f* hump; bump; (coll) flair
bosseler [bɔsle] §34 *tr* to emboss; to dent
bossoir [bɔswar] *m* davit; bow (*of ship*)
bos•su -sue [bɔsy] *adj* hunchbacked || *mf* hunchback; **rire comme un bossu** to split one's sides laughing
botanique [bɔtanik] *adj* botanical || *f* botany
botte [bɔt] *f* boot; bunch (*e.g., of radishes*); sword thrust; **lécher les bottes à qn** (coll) to lick s.o.'s boots
botteler [bɔtle] §34 *tr* to tie in bunches
botter [bɔte] *tr* to boot, to boot out; **cela me botte** that suits me || *ref* to put on one's boots
bottier [bɔtje] *m* custom shoemaker
Bottin [bɔtɛ̃] *m* business directory
bottine [bɔtin] *f* high button shoe
boubouler [bubule] *intr* to hoot like an owl
bouc [buk] *m* billy goat; goatee; **bouc émissaire** scapegoat
boucan [bukɑ̃] *m* smokehouse; (coll) uproar
boucaner [bukane] *tr* to smoke (*meat*)
boucanier [bukanje] *m* buccaneer

boucharde [buʃard] *f* bushhammer
bouche [buʃ] *f* mouth; muzzle (*of gun*); door (*of oven*); entrance (*to subway*); **bouche close!** mum's the word!; **bouche d'incendie** fire hydrant; **bouches** mouth (*of river*); **faire la petite bouche à** to turn up one's nose at
bouchée [buʃe] *f* mouthful; patty; chocolate cream (*candy*)
boucher [buʃe] *m* butcher || *tr* to stop up, to plug; to wall up; to cut off (*the view*); to bung (*a barrel*); to cork (*a bottle*); **bouché à l'émeri** (coll) completely dumb || *ref* to be stopped up
boucherie [buʃri] *f* butcher shop; **boucherie chevaline** horsemeat butcher shop
bouche-trou [buʃtru] *m* (*pl* **-trous**) stopgap
bouchon [buʃɔ̃] *m* cork, stopper; bob (*on a fishline*); **bouchon de circulation** traffic jam
bouclage [buklaʒ] *m* closing of circuit; (mil) encirclement
boucle [bukl] *f* buckle; earring; curl; (aer) loop; **boucler la boucle** to loop the loop
boucler [bukle] *tr* to buckle; to curl (*the hair*); to lock up (*prisoners*); to put a nose ring on (*a bull*); **boucler son budget** (coll) to make ends meet; **la boucler** (slang) to shut up, to button one's lip || *intr* to curl
bouclier [buklije] *m* shield; **bouclier antithermique** heat shield
bouddhisme [budism] *m* Buddhism
bouddhiste [budist] *adj & mf* Buddhist
bouder [bude] *tr* to be distant toward || *intr* to pout, sulk
bou•deur [budœr] **-deuse** [døz] *adj* pouting || *mf* sullen person
boudin [budɛ̃] *m* blood sausage; **à boudin** spiral
boudiner [budine] *tr* to twist
boue [bu] *f* mud
bouée [bwe] *f* buoy; **bouée de sauvetage** life preserver
boueur [bwœr] *m* garbage collector; scavenger
boueux [bwø] **boueuse** [bwøz] *adj* muddy; grimy; (typ) smeary
bouf•fant [bufɑ̃] **bouf•fante** [bufɑ̃t] *adj* puffed (*sleeves*); baggy (*trousers*)
bouffe [buf] *adj* comic (*opera*) || *f* (slang) grub
bouffée [bufe] *f* puff, gust
bouffer [bufe] *tr* (slang) to gobble up || *intr* to puff out
bouf•fi -fie [bufi] *adj* puffed up or out
bouffir [bufir] *tr & intr* to puff up
bouffissure [bufisyr] *f* swelling
bouf•fon [bufɔ̃] **bouf•fonne** [bufɔn] *adj & m* buffoon, comic
bouffonnerie [bufɔnri] *f* buffoonery
bouge [buʒ] *m* bulge; hovel, dive
bougeoir [buʒwar] *m* flat candlestick
bougeotte [buʒɔt] *f* (coll) wanderlust
bouger [buʒe] §38 *tr*—**ne bougez rien!** (coll) don't move a thing! || *intr* to budge, stir
bougie [buʒi] *f* candle; candlepower; spark plug
bou•gon [bugɔ̃] **-gonne** [gɔn] *adj* grumbling || *mf* grumbler
bougran [bugrɑ̃] *m* buckram
bou•gre [bugr] **-gresse** [grɛs] *mf* (slang) customer; **bougre d'âne** (slang) perfect ass || *m* (slang) guy; **bon bougre** (slang) swell guy || *f* (slang) wench
bougrement [bugrəmɑ̃] *adv* (slang) awfully, darned
bouillabaisse [bujabɛs] *f* bouillabaisse, fish stew, chowder
bouil•lant [bujɑ̃] **bouil•lante** [bujɑ̃t] *adj* boiling; fiery, impetuous
bouilleur [bujœr] *m* distiller (*of brandy*); boiler tube; small nuclear reactor
bouilli [buji] *m* beef stew
bouillir [bujir] §9 *tr & intr* to boil; **faire bouillir la marmite** (coll) to bring home the bacon
bouilloire [bujwar] *f* kettle
bouillon [bujɔ̃] *m* broth, bouillon; bubble; bubbling; cheap restaurant; **à gros bouillons** gushing; **boire un bouillon** (coll) to gulp water; (coll) to suffer business losses; **bouillon de culture** (bact) broth; **bouillon d'onze heures** poisoned drink; **bouillons** unsold copies, remainders
bouillonnement [bujɔnmɑ̃] *m* boiling; effervescence
bouillonner [bujɔne] *tr* to put puffs in (*a dress*) || *intr* to boil up; to have copies left over
bouillotte [bujɔt] *f* hot-water bottle
boulanger [bulɑ̃ʒe] *m* baker || §38 *intr* to bake bread
boulangerie [bulɑ̃ʒri] *f* bakery
boule [bul] *f* ball; (slang) nut, head; **boule d'eau chaude** hot-water bottle; **boule de neige** snowball; **boule noire** blackball; **boules** bowling; **en boule** (fig) tied in a knot, on edge; **perdre la boule** (slang) to go off one's rocker; **se mettre en boule** (coll) to get mad
bou•leau [bulo] *m* (*pl* **-leaux**) birch
boule-de-neige [buldənɛʒ] *f* (*pl* **boules-de-neige**) guelder-rose; meadow mushroom
bouledogue [buldɔg] *m* bulldog
bouler [bule] *tr* to pad (*a bull's horn*) || *intr* to roll like a ball; **envoyer bouler** (slang) to send (*s.o.*) packing
boulet [bulɛ] *m* cannonball; (coll) cross to bear
boulette [bulɛt] *f* ball, pellet
boulevard [bulvar] *m* boulevard; **boulevard périphérique** belt road
boulevar•dier [bulvardje] **-dière** [djɛr] *adj* fashionable || *m* boulevardier, man about town
bouleversement [bulvɛrsmɑ̃] *m* upset
bouleverser [bulvɛrse] *tr* to upset; to overthrow
boulier [bulje] *m* abacus (*for scoring billiards*)
bouline [bulin] *f* (naut) bowline
boulingrin [bulɛ̃grɛ̃] *m* bowling green
bouliste [bulist] *mf* bowler

boulodrome [bulɔdrɔm] *m* bowling alley
boulon [bulɔ̃] *m* bolt; **boulon à œil** eyebolt
boulonner [bulɔne] *tr* to bolt ‖ *intr* (slang) to work
bou·lot [bulo] **-lotte** [lɔt] *adj* (coll) dumpy, squat ‖ *m* (slang) cylindrical loaf of bread; (slang) work
boulotter [bulɔte] *tr* (slang) to eat
boum [bum] *interj* boom!
bouquet [bukɛ] *m* bouquet; clump (*of trees*); prawn; jack rabbit; **c'est le bouquet** (coll) it's tops; (coll) that's the last straw
bouquetière [buktjɛr] *f* flower girl
bouquin [bukɛ̃] *m* (coll) book; (coll) old book
bouquiner [bukine] *intr* to shop around for old books; (coll) to read
bouquinerie [bukinri] *f* secondhand books; secondhand bookstore
bouqui·neur [bukinœr] **-neuse** [nøz] *mf* collector of old books; browser in bookstores
bouquiniste [bukinist] *mf* secondhand bookdealer
bourbe [burb] *f* mire
bour·beux [burbø] **-beuse** [bøz] *adj* miry, muddy
bourbier [burbje] *m* quagmire
bourbillon [burbijɔ̃] *m* core (*of boil*)
bourde [burd] *f* (coll) boner
bourdon [burdɔ̃] *m* bumblebee; big bell; (mus) bourdon; **avoir le bourdon** (slang) to have the blues; **faux bourdon** drone
bourdonnement [burdɔnmɑ̃] *m* buzzing
bourdonner [burdɔne] *tr* (coll) to hum (*a tune*) ‖ *intr* to buzz
bourg [bur] *m* market town
bourgade [burgad] *f* small town
bour·geois [burʒwa] **-geoise** [ʒwaz] *adj* bourgeois, middle-class ‖ *mf* commoner, middle-class person; Philistine; **gros bourgeois** solid citizen ‖ *m* businessman; **en bourgeois** in civies ‖ *f* (slang) old woman (*wife*)
bourgeoisie [burʒwazi] *f* middle class; **haute bourgeoisie** upper middle class; **petite bourgeoisie** lower middle class
bourgeon [burʒɔ̃] *m* bud; pimple
bourgeonnement [burʒɔnmɑ̃] *m* budding
bourgeonner [burʒɔne] *intr* to bud; to break out in pimples
bourgeron [burʒərɔ̃] *m* jumper, overalls; sweat shirt
bourgogne [burgɔɲ] *m* Burgundy (*wine*) ‖ (*cap*) *f* Burgundy (*province*); **la Bourgogne** Burgundy
bourgui·gnon [burgiɲɔ̃] **-gnonne** [ɲɔn] *adj* Burgundian ‖ *m* Burgundian (*dialect*) ‖ (*cap*) *mf* Burgundian
bourlinguer [burlɛ̃ge] *intr* to labor (*in high seas*); (coll) to travel, to venture forth
bourrade [burad] *f* sharp blow; poke
bourrage [buraʒ] *m* cramming; **bourrage de crâne** (coll) ballyhoo
bourre [bur] *f* stuffing, animal hair
bour·reau [buro] *m* (*pl* **-reaux**) executioner; torturer; **bourreau des cœurs** lady-killer; **bourreau de travail** glutton for work
bourrée [bure] *f* fagot of twigs
bourreler [burle] §34 *tr* to torment
bourrelet [burlɛ] *m* weather stripping; roll (*of fat*); contour pillow
bourrer [bure] *tr* to stuff, cram; **bourrer de coups** to pummel, slug; **bourrer le crâne à** (coll) to hand (*s.o.*) a line, to take (*s.o.*) in ‖ *ref* to stuff
bourriche [buriʃ] *f* hamper
bourrique [burik] *f* she-ass; (coll) ass
bour·ru -rue [bury] *adj* rough; grumpy; unfermented (*wine*)
bourse [burs] *f* purse; scholarship, fellowship; stock exchange, bourse; **bourse du travail** labor union hall; **bourses** scrotum
bourse-à-pasteur [bursapastœr] *f* (*pl* **bourses-à-pasteur** [bursapastœr]) (bot) shepherd's-purse
boursicaut or **boursicot** [bursiko] *m* little purse; nest egg
boursicoter [bursikɔte] *intr* to dabble in the stock market
bour·sier [bursje] **-sière** [sjɛr] *adj* scholarship (*student*); stock-market (*operation*) ‖ *mf* scholar (*holder of scholarship*); speculator
boursoufler [bursufle] *tr* to puff up
bousculer [buskyle] *tr* to jostle
bouse [buz] *f*—**bouse de vache** cow dung
bouseux [buzø] *m* (slang) peasant
bousillage [buzijaʒ] *m* cob (*mixture of clay and straw*); (coll) botched job
bousiller [buzije] *tr* (coll) to bungle; (slang) to smash up ‖ *intr* to build with cob
boussole [busɔl] *f* compass; **perdre la boussole** (coll) to go off one's rocker
boustifaille [bustifɑj] *f* (slang) feasting; (slang) good food
bout [bu] *m* end; piece, scrap, bit; **à bout** exhausted; **à bout de bras** at arm's length; **à bout portant** point-blank; **à tout bout de champ** at every turn, repeatedly; **au bout du compte** after all; **bout de fil** (telp) (coll) ring, call; **bout de l'an** watch night; **bout d'essai** screen test; **bout d'homme** wisp of a man; **bout filtre** filter tip; **de bout en bout** from start to finish; **montrer le bout de l'oreille** to show one's true colors; **rire du bout des dents** to force a laugh; **sur le bout du doigt** at one's fingertips; **venir à bout de** to succeed in, to triumph over
boutade [butad] *f* sally, quip; whim
bout-dehors [budəɔr] *m* (*pl* **bouts-dehors**) (naut) boom
boute-en-train [butɑ̃trɛ̃] *m invar* life of the party
boute·feu [butfø] *m* (*pl* **-feux**) firebrand
bouteille [butɛj] *f* bottle; **bouteille isolante** vacuum bottle
bouteiller [butɛje] *m* (hist) cupbearer
bouterolle [butrɔl] *f* ward (*of lock*); rivet snap

boute-selle [butsɛl] *m* boots and saddles (*trumpet call*)
boutique [butik] *f* shop; stock, goods; workshop; set of tools; **boutique cadeaux, boutique de souvenirs** gift shop; **boutique de modiste** millinery shop; **quelle boutique!** (coll) what a hellhole!, what an awful place!
boutiquier [butikje] *m* shopkeeper
bouton [butɔ̃] *m* button; pimple; doorknob; bud; **bouton de puissance** volume control
bouton-d'argent [butɔ̃darʒɑ̃] *m* (*pl* **boutons-d'argent**) sneezewort
bouton-d'or [butɔ̃dɔr] *m* (*pl* **boutons-d'or**) buttercup
boutonner [butɔne] *tr* to button ‖ *intr* to bud
bouton•neux [butɔnø] **bouton•neuse** [butɔnøz] *adj* pimply
boutonnière [butɔnjɛr] *f* buttonhole
bouton-pression [butɔ̃prɛsjɔ̃] *m* (*pl* **boutons-pression**) snap fastener
bouture [butyr] *f* cutting (*from a plant*)
bouturer [butyre] *tr* to propagate (*plants*) by cuttings ‖ *intr* to shoot suckers
bouverie [buvri] *f* cowshed
bou•vier [buvje] **-vière** [vjɛr] *mf* cowherd
bouvillon [buvijɔ̃] *m* steer, young bullock
bouvreuil [buvrœj] *m* bullfinch; **bouvreuil cramoisi** scarlet grosbeak
box [bɔks] *m* (*pl* **boxes**) stall
boxe [bɔks] *f* boxing
boxer [bɔksœr] *m* boxer (*dog*) ‖ [bɔkse] *tr & intr* to box
boxeur [bɔksœr] *m* (sports) boxer
boy [bɔj] *m* houseboy; chorus boy
boyau [bwajo] *m* (*pl* **boyaux**) intestine, gut; inner tube; (mil) communication trench
boycottage [bɔjkɔtaʒ] *m* boycott
boycotter [bɔjkɔte] *tr* to boycott
boy-scout [bɔjskut] *m* (*pl* **-scouts**) boy scout
b. p. f. *abbr* **(bon pour francs)** value in francs
bracelet [braslɛ] *m* bracelet; wristband; **bracelet de caoutchouc** rubber band; **bracelet de cheville** anklet
bracelet-montre [braslɛmɔ̃tr] *m* (*pl* **bracelets-montres**) wrist watch
braconnage [brakɔnaʒ] *m* poaching
braconner [brakɔne] *intr* to poach
bracon•nier [brakɔnje] **bracon•nière** [brakɔnjɛr] *mf* poacher
brader [brade] *tr* to sell off
braderie [bradəri] *f* clearance sale
braguette [bragɛt] *f* fly (*of trousers*)
brahmane [brɑman] *m* Brahman
brai [brɛ] *m* resin, pitch
braille [brɑj] *m* braille
brailler [brɑje] *tr & intr* to bawl
brail•leur [brɑjœr] **brail•leuse** [brɑjøz] *adj* loudmouthed ‖ *mf* loudmouth
braiment [brɛmɑ̃] *m* bray
braire [brɛr] §68 (usually used in: *inf*; *ger*; *pp*; 3d *sg & pl*) *intr* to bray
braise [brɛz] *f* embers, coals
braiser [brɛze] *tr* to braise
braisière [brɛzjɛr] *f* braising pan
bramer [brame] *intr* to bell
bran [brɑ̃] *m* bran; (slang) dung; **bran de scie** sawdust
brancard [brɑ̃kar] *m* stretcher; shaft (*of carriage*)
brancardier [brɑ̃kardje] *m* stretcher-bearer
branche [brɑ̃ʃ] *f* branch
brancher [brɑ̃ʃe] *tr* to branch, fork; to hook up, connect; (elec) to plug in ‖ *intr* to perch
brande [brɑ̃d] *f* heather; heath
brandir [brɑ̃dir] *tr* to brandish
brandon [brɑ̃dɔ̃] *m* torch; firebrand; **brandon de discorde** mischief-maker
bran•lant [brɑ̃lɑ̃] **-lante** [lɑ̃t] *adj* shaky, tottering, unsteady
branle [brɑ̃l] *m* oscillation; impetus; **mener le branle** to lead the dance; **mettre en branle** to set in motion
branle-bas [brɑ̃ləbɑ] *m invar* call to battle stations; bustle, commotion
branler [brɑ̃le] *tr* to shake (*the head*) ‖ *intr* to shake; to oscillate; to be loose (*said of tooth*); **branler dans le manche** to be about to fall
braque [brak] *adj* (coll) featherbrained ‖ *mf* (coll) featherbrain ‖ *m* pointer (*dog*)
braquer [brake] *tr* to aim, point; to fix (*the eyes*); to turn (*a steering wheel*); **braquer contre** to turn (*e.g., an audience*) against ‖ *intr* to steer
bras [bra] *m* arm; handle; shaft; **à bras raccourcis** violently; **bras de mer** sound (*passage of water*); **bras de pick-up** pickup arm, tone arm; **bras dessus bras dessous** arm in arm; **en bras de chemise** in shirt sleeves; **manquer de bras** to be short-handed
braser [braze] *tr* to braze
brasero [brazero] *m* brazier
brasier [brazje] *m* glowing coals; blaze
bras-le-corps [bralkɔr] *m*—**à bras-le-corps** around the waist
brassage [brasaʒ] *m* brewing
brasse [brɑs], [bras] *f* fathom; breast stroke
brassée [brase] *f* armful; stroke (*in swimming*)
brasser [brase] *tr* to brew
brasserie [brasri] *f* brewery; restaurant, lunchroom
bras•seur [brasœr] **bras•seuse** [brasøz] *mf* brewer; swimmer doing the breast stroke; **brasseur d'affaires** person with many irons in the fire
brassière [brasjɛr] *f* sleeved shirt (*for an infant*); shoulder strap; **brassière de sauvetage** life preserver
bravache [bravaʃ] *adj & m* braggart
bravade [bravad] *f* bravado
brave [brav] *adj* brave ‖ (when standing before noun) *adj* worthy, honest ‖ *m* brave man
braver [brave] *tr* to brave
bravoure [bravur] *f* bravery, gallantry
break [brɛk] *m* station wagon
brebis [brəbi] *f* ewe; sheep, lamb; **brebis galeuse** black sheep
brèche [brɛʃ] *f* breach (*in a wall*); gap (*between mountains*); nick (*e.g., on china*); (fig) dent (*in a fortune*);

battre en brèche to batter; (fig) to disparage; **mourir sur la brèche** to go down fighting
bredouille [brəduj]—**rentrer** or **revenir bredouille** to return empty-handed
bredouiller [brəduje] *tr* to stammer out (*an excuse*) || *intr* to mumble
bref [brɛf] **brève** [brɛv] *adj* brief, short; curt || *m* papal brief || *f* short syllable; **brèves et longues** dots and dashes || **bref** *adv* briefly, in short
brelan [brəlɑ̃] *m* (cards) three of a kind
breloque [brəlɔk] *f* trinket, charm; **battre la breloque** to sound the all clear; to keep irregular time; (coll) to have a screw loose somewhere
brème [brɛm] *f* (ichth) bream
Brésil [brezil] *m*—**le Brésil** Brazil
brési•lien [breziljɛ̃] **-lienne** [ljɛn] *adj* Brazilian || (*cap*) *mf* Brazilian
Bretagne [brətaɲ] *f* Brittany; **la Bretagne** Brittany
bretelle [brətɛl] *f* strap, sling; access route; **bretelles** suspenders
bre•ton [brətɔ̃] **-tonne** [tɔn] *adj* Breton || *m* Breton (*language*) || (*cap*) *mf* Breton (*person*)
bretteur [brɛtœr] *m* swashbuckler
bretzel [brɛtzɛl] *m* pretzel
breuvage [brœvaʒ] *m* beverage, drink
brevet [brəvɛ] *m* diploma; license; (mil) commission; **brevet d'invention** patent
breve•té -tée [brəvte] *adj* commissioned; patented; **non breveté** noncommissioned || *m* commissioned officer
breveter [brəvte] §34 *tr* to patent
bréviaire [brevjɛr] *m* (eccl) breviary
bribe [brib] *f* hunk of bread; **bribes** scraps, leavings, fragments
bric [brik] *m*—**de bric et de broc** with odds and ends; somehow
bric-à-brac [brikabrak] *m invar* secondhand merchandise; junk shop
brick [brik] *m* brig (*kind of ship*)
bricolage [brikɔlaʒ] *m* do-it-yourself
bricoler [brikɔle] *intr* to do odd jobs; to putter around
brico•leur [brikɔlœr] **-leuse** [løz] *mf* jack-of-all-trades || *m* handyman
bride [brid] *f* bridle; strap; clamp; **à toute bride** or **à bride abattue** full speed ahead
bridge [bridʒ] *m* (cards, dentistry) bridge
bridger [bridʒe] *intr* to play bridge
brid•geur [bridʒœr] **-geuse** [ʒøz] *mf* bridge player
briefing [brifiŋ] *m* briefing
brièvement [brijɛvmɑ̃] *adv* briefly
brièveté [brijɛvte] *f* brevity
brigade [brigad] *f* brigade
brigadier [brigadje] *m* corporal; police sergeant; noncom
brigand [brigɑ̃] *m* brigand
brigantin [brigɑ̃tɛ̃] *m* brigantine
brigue [brig] *f* intrigue, lobbying
briguer [brige] *tr* to influence underhandedly; to lobby for (*s.th.*); to court (*favor, votes*)
brigueur [brigœr] *m* schemer
bril•lant [brijɑ̃] **bril•lante** [brijɑ̃t] *adj* brilliant, bright || *m* brilliancy, luster; fingernail polish
briller [brije] *intr* to shine; to sparkle; **faire briller** to show (*s.o.*) off
brimade [brimad] *f* hazing
brimborion [brɛ̃bɔrjɔ̃] *m* mere trifle
brimer [brime] *tr* to haze
brin [brɛ̃] *m* blade; sprig, shoot; staple (*of hemp, linen*); strand (*of rope*); belt (*of pulley*); (coll) (little) bit, e.g., **un brin d'air** a (little) bit of air; **ne . . . brin** §90 (archaic) not a bit, not a single; **un beau brin de fille** (coll) a fine figure of a girl
brinde [brɛ̃d] *f* (archaic) toast
brindille [brɛ̃dij] *f* twig, sprig
brioche [brijɔʃ] *f* brioche, breakfast roll
brique [brik] *f* brick
briquer [brike] *tr* (coll) to polish up, scour
briquet [brikɛ] *m* lighter
briquetage [briktaʒ] *m* brickwork
briqueter [brikte] §34 *tr* to brick (up)
briqueterie [brikətri] *f* brickyard
briqueteur [briktœr] *m* bricklayer
brisant [brizɑ̃] *m* breakers; **brisants** surf
brise [briz] *f* breeze
bri•sé -sée [brize] *adj* broken; folding (*door*) || *fpl* see **brisées**
brise-bise [brizbiz] *m invar* weather stripping; café curtain
brisées [brize] *fpl* track, footsteps
brise-glace [brizglas] *m invar* (naut) icebreaker
brise-jet [brizʒɛ] *m invar* (anti)splash attachment (*for water faucet*), spray filter
brise-lames [brizlam] *m invar* breakwater
brisement [brizmɑ̃] *m* breaking
briser [brize] *tr, intr, & ref* to break
brise-tout [briztu] *m invar* (coll) butterfingers, clumsy person
bri•seur [brizœr] **-seuse** [zøz] *mf* breaker (*person*); **briseur de grève** strikebreaker
brise-vent [brizvɑ̃] *m invar* windbreak
brisque [brisk] *f* service stripe
bristol [bristɔl] *m* Bristol board, pasteboard; visiting card
brisure [brizyr] *f* break; joint
britannique [britanik] *adj* British || (*cap*) *mf* Briton
broc [bro] *m* pitcher, jug
brocanter [brɔkɑ̃te] *tr* to buy, sell, or trade (*secondhand articles*) || *intr* to deal in secondhand articles
brocan•teur [brɔkɑ̃tœr] **-teuse** [tøz] *mf* secondhand dealer
brocard [brɔkar] *m* lampoon, brickbat; (zool) brocket; **lancer des brocards** to make sarcastic remarks, to gibe
brocart [brɔkar] *m* brocade
broche [brɔʃ] *f* brooch; pin; (culin) spit, skewer
bro•ché -chée [brɔʃe] *adj* paperback, paperbound
brocher [brɔʃe] *tr* to brocade; to sew (*book bindings*); (coll) to hurry through
brochet [brɔʃɛ] *m* (ichth) pike

brochette [brɔʃɛt] *f* skewer; skewerful; string (*of decorations*)
bro•cheur [brɔʃœr] **-cheuse** [ʃøz] *mf* bookbinder || *f* stapler
brochure [brɔʃyr] *f* brochure, pamphlet
brocoli [brɔkɔli] *m* broccoli
brodequin [brɔdkɛ̃] *m* buskin
broder [brɔde] *tr & intr* to embroider
broderie [brɔdri] *f* embroidery
brome [brom] *m* (chem) bromine
bromure [brɔmyr] *m* bromide
bronche [brɔ̃ʃ] *f* bronchial tube
broncher [brɔ̃ʃe] *intr* to stumble; to flinch; to grumble
bronchique [brɔ̃ʃik] *adj* bronchial
bronchite [brɔ̃ʃit] *f* bronchitis
bronze [brɔ̃z] *m* bronze
bron•zé -zée [brɔ̃ze] *adj* bronze; suntanned
bronzer [brɔ̃ze] *tr & ref* to bronze; to sun-tan
brook [bruk] *m* (turf) water jump
broquette [brɔkɛt] *f* brad, tack
brossage [brɔsaʒ] *m* brushing
brosse [brɔs] *f* brush; **brosse à cheveux** hairbrush; **brosse à dents** toothbrush; **brosse à habits** clothesbrush; **brosse de chiendent** scrubbing brush; **brosses** shrubs, bushes
brosser [brɔse] *tr* to brush; to paint the broad outlines of (*a picture*); (fig) to sketch; (slang) to beat, conquer || *ref* to brush one's clothes; (coll) to skimp, to scrimp
brouet [bruɛ] *m* gruel, broth
brouette [bruɛt] *f* wheelbarrow
brouetter [bruɛte] *tr* to carry in a wheelbarrow
brouhaha [bruaa] *m* (coll) babel, hubbub
brouillage [brujaʒ] *m* (rad) jamming
brouillamini [brujamini] *m* (coll) mess
brouillard [brujar] *adj masc* blotting (*paper*) || *m* fog, mist; (com) daybook
brouillasse [brujas] *f* (coll) drizzle
brouillasser [brujase] *intr* (coll) to drizzle
brouille [bruj] *f* discord, misunderstanding
brouiller [bruje] *tr* to mix up; to jam (*a broadcast*); to scramble (*eggs*); **brouiller mes (ses, etc.) pistes** to cover my (his, etc.) tracks || *ref* to quarrel; to cloud over
brouil•lon [brujɔ̃] **brouil•lonne** [brujɔn] *adj* crackpot; blundering; at loose ends || *mf* crackpot || *m* scratch pad; draft; outline
broussailles [brusɑj] *fpl* underbrush, brushwood; **en broussailles** disheveled
broussail•leux [brusɑjø] **broussail•leuse** [brusɑjøz] *adj* bushy
broussard [brusar] *m* (coll) bushman, colonist
brousse [brus] *f* veldt, bush
broutage [brutaʒ] *m* grazing (*of animal*); ratatat (*of a machine*)
brouter [brute] *intr* to browze, graze; to jerk, to grab (*said of clutch, cutting tool, brake*)
broutille [brutij] *f* twig; trifle, bauble
broyage [brwajaʒ] *m* grinding, crushing
broyer [brwaje] §47 *tr* to grind, crush; **broyer du noir** (coll) to be down in the dumps
broyeur [brwajœr] **broyeuse** [brwajøz] *adj* grinding, crushing || *mf* grinder, crusher || *f* (mach) grinder
bru [bry] *f* daughter-in-law
bruant [bryɑ̃] *m* (orn) bunting; **bruant jaune** yellowhammer
brucelles [brysɛl] *fpl* tweezers
brugnon [bryɲɔ̃] *m* nectarine
bruine [brɥin] *f* drizzle
bruiner [brɥine] *intr* to drizzle
bruire [brɥir] (usually used in: *inf*; 3d *sg pres ind* **bruit**; 3d *sg & pl imperf ind* **bruyait** or **bruissait, bruyaient** or **bruissaient**) *intr* to rustle; to hum, buzz; to splash
bruissement [brɥismɑ̃] *m* rustling
bruit [brɥi] *m* noise; stir, fuss; **le bruit court que** it is rumored that
bruitage [brɥitaʒ] *m* sound effects
brû•lant [brylɑ̃] **-lante** [lɑ̃t] *adj* burning; ardent; ticklish (*question*)
brû•lé -lée [bryle] *adj* burned || *m* smell of burning; burned taste || *f* (slang) beating
brûle-gueule [brylgœl] *m invar* (slang) short pipe (*for smoking*)
brûle-parfum [brylparfœ̃] *m invar* incense burner
brûle-pourpoint [brylpurpwɛ̃]—**à brûle-pourpoint** point-blank
brûler [bryle] *tr* to burn; to burn out (*a fuse*); to go through (*a red light*); to pass (*another car*); to roast (*coffee*); to distill (*liquor*); **brûler la cervelle à qn** to blow s.o.'s brains out || *intr* to burn, burn up || *ref* to burn up, to be burned
brû•leur [brylœr] **-leuse** [løz] *mf* arsonist; distiller || *m* (mach) burner; **brûleur à café** coffee roaster
brûloir [brylwar] *m* roaster
brûlure [brylyr] *f* burn
brume [brym] *f* fog, mist
brumer [bryme] *intr* to be foggy
bru•meux [brymø] **-meuse** [møz] *adj* foggy, misty
brun [brœ̃] **brune** [bryn] *adj* darkbrown; dark || *m* brunet; dark brown || *f* see **brune**
brunâtre [brynɑtr] *adj* brownish
brune [bryn] *f* brunette; twilight
bru•net [brynɛ] **-nette** [nɛt] *adj* black-haired || *m* dark-haired man, brunet || *f* brunette
bru•ni -nie [bryni] *adj* burnished, polished || *m* burnishment, polish
brunir [brynir] *tr* to brown; to burnish, polish || *intr* to turn brown
brunissoir [bryniswar] *m* (mach) buffer
brusque [brysk] *adj* brusque; sudden; surprise (*attack*); quick (*movements; decision*)
brusquer [bryske] *tr* to hurry, rush through; to be blunt with
brusquerie [bryskri] *f* brusqueness; suddenness
brut [bry] **brute** [bryt] *adj* crude, un-

polished, unrefined, uncivilized; uncut (*diamond*); raw (*material*); dry (*champagne*); brown (*sugar*); gross (*weight*) || *f* see **brute** || **brut** *adv*—**peser brut** to have a gross weight of
bru•tal -tale [brytal] (*pl* **-taux** [to]) *adj* brutal, rough; outspoken; coarse, beastly || *mf* brute, bully
brutaliser [brytalize] *tr* to bully; to mistreat
brutalité [brytalite] *f* brutality; **brutalité policière** police brutality
brute *f* brute
Bruxelles [brysɛl] *f* Brussels
bruxel•lois [bryselwa] **bruxel•loise** [bryselwaz] *adj* of Brussels || (*cap*) *mf* native or inhabitant of Brussels
bruyamment [brɥijamɑ̃] *adv* noisily
bruyant [brɥijɑ̃] **bruyante** [brɥijɑ̃t] *adj* noisy
bruyère [brɥijɛr] *f* heather; heath
buanderie [bɥɑ̃dəri] *f* laundry room
buan•dier [bɥɑ̃dje] **-dière** [djɛr] *mf* laundry worker || *f* laundress
bubonique [bybɔnik] *adj* bubonic
bûche [byʃ] *f* log; (slang) dunce; **bûche de Noël** yule log; cake decorated as a yule log; **ramasser une bûche** (slang) to take a tumble
bûcher [byʃe] *m* woodshed; pyre; stake (*e.g., for burning witches*) || *tr* to rough-hew; (slang) to bone up on || *intr* (slang) to keep on working; to slave away || *ref* (slang) to fight
bûche•ron [byʃrɔ̃] **-ronne** [rɔn] *mf* woodcutter || *m* lumberjack
bûchette [byʃɛt] *f* stick of wood
bû•cheur [byʃœr] **-cheuse** [ʃøz] *mf* (coll) eager beaver
budget [bydʒɛ] *m* budget; **boucler son budget** (coll) to make ends meet
budgétaire [bydʒetɛr] *adj* budgetary
buée [bɥe] *f* steam; mist
buffet [byfɛ] *m* buffet; snack bar; station restaurant; **danser devant le buffet** to miss a meal
buf•fle [byfl] **buf•flonne** [byflɔn] *mf* water buffalo; Cape buffalo
bugle [bygl] *m* (mus) saxhorn, bugle || *f* (bot) bugle
building [bildiŋ] *m* large office building, skyscraper
buire [bɥir] *f* ewer
buis [bɥi] *m* boxwood
buisson [bɥisɔ̃] *m* bush
buisson•neux [bɥisɔnø] **buisson•neuse** [bɥisɔnøz] *adj* bushy
buisson•nier [bɥisɔnje] **buisson•nière** [bɥisɔnjɛr] *adj*—**faire l'école buissonnière** (coll) to play hooky
bulbe [bylb] *m* bulb
bul•beux [bylbø] **-beuse** [bøz] *adj* bulbous
bulgare [bylgar] *adj* Bulgarian || *m* Bulgarian (*language*) || (*cap*) *mf* Bulgarian (*person*)
Bulgarie [bylgari] *f* Bulgaria; **la Bulgarie** Bulgaria
bulle [byl] *m* wrapping paper || *f* bubble; blister; (eccl) bull
bulletin [byltɛ̃] *m* bulletin; ballot; **bulletin de bagages** baggage check; **bulletin de commande** order blank; **bulletin de naissance** birth certificate; **bulletin scolaire** report card
bul•leux [bylø] **bul•leuse** [byløz] *adj* blistery
bure [byr] *m* mine shaft || *f* drugget, sackcloth
bu•reau [byro] *m* (*pl* **-reaux**) desk; office; **bureau à cylindre** roll-top desk; **bureau ambulant** post-office car; **bureau d'aide sociale** welfare department; **Bureau de l'état civil** Bureau of Vital Statistics; **bureau de location** box office; **bureau de placement** employment agency; **bureau de poste** post office; **bureau des objets trouvés** lost-and-found department; **bureau de tabac** tobacco shop; **bureau directoire** cabinet, committee; **deuxième bureau** intelligence division
bureaucrate [byrokrat] *mf* bureaucrat
bureaucratie [byrokrasi] *f* bureaucracy
bureaucratique [byrokratik] *adj* bureaucratic
burette [byrɛt] *f* cruet; oilcan
burin [byrɛ̃] *m* engraving; burin (*tool*)
burlesque [byrlɛsk] *adj & m* burlesque
busard [byzar] *m* harrier, marsh hawk
busc [bysk] *m* whalebone
buse [byz] *f* buzzard
business [biznɛs] *m* (slang) work; (slang) complicated business
bus•qué -quée [byske] *adj* arched
buste [byst] *m* bust
but [by], [byt] *m* mark, goal, target; aim, end, purpose; point (*scored in game*); **aller droit au but** to come straight to the point; **de but en blanc** point-blank
bu•té -tée [byte] *adj* obstinate, headstrong || *f* abutment
buter [byte] *tr* to prop up; (slang) to bump off, kill || *intr*—**buter contre** to bump into, to stumble on || *ref*—**se buter à** to butt up against; (fig) to be dead set on
buteur [bytœr] *m* scorekeeper
butin [bytɛ̃] *m* booty; profits, savings
butiner [bytine] *tr* to pillage; to gather honey from || *intr* to pillage; to gather honey (*said of bees*); **butiner dans** to browse among (*books*)
butoir [bytwar] *m* buffer, stop, catch
bu•tor [bytɔr] **-torde** [tɔrd] *mf* (slang) lout, good-for-nothing
butte [byt] *f* butte, knoll; **butte de tir** butt, mound (*for target practice*); **être en butte à** to be exposed to
butter [byte] *tr* to hill (*plants*)
buttoir [bytwar] *m* (agr) hiller
buty•reux [bytirø] **-reuse** [røz] *adj* buttery
buvable [byvabl] *adj* drinkable; (pharm) to be taken by mouth
buvard [byvar] *adj* blotting (*paper*) || *m* blotter
buvette [byvɛt] *f* bar, fountain
buvette-buffet [byvɛtbyfɛ] *f* (coll) snack bar
bu•veur [byvœr] **-veuse** [vøz] *mf* drinker; **buveur d'eau** abstainer; vacationist at a spa
byzan•tin [bizɑ̃tɛ̃] **-tine** [tin] *adj* Byzantine

C

C, c [se] *m invar* third letter of the French alphabet
C/ *abbr* **(compte)** account
ça [sa] *pron indef* (coll) that; **ah ça non!** no indeed!; **avec ça!** tell me another!; **ça y est** that's that; that's it, that's right; **comment ça!** how so?; **et avec ça?** what else?; **où ça,** where?
çà [sa] *adv*—**ah çà!** now then! **çà et là** here and there
cabale [kabal] *f* cabal, intrigue
cabaler [kabale] *intr* to cabal, intrigue
caban [kabɑ̃] *m* (naut) peacoat
cabane [kaban] *f* cabin, hut
cabanon [kabanɔ̃] *m* hut; padded cell
cabaret [kabarɛ] *m* tavern; cabaret, night club; liquor closet
cabas [kabɑ] *m* basket
cabestan [kabɛstɑ̃] *m* capstan
cabillaud [kabijo] *m* haddock; (coll) fresh cod
cabine [kabin] *f* cabin (*of ship or airplane*); bathhouse; car (*of elevator*); cab (*of locomotive or truck*); **cabine téléphonique** telephone booth
cabinet [kabinɛ] *m* (*ministry*) cabinet; study (*of scholar*); office (*of professional man*); clientele; staff (*of a cabinet officer*); toilet; storeroom closet; **cabinet d'aisance** rest room; **cabinet de débarras** storeroom closet; **cabinet de toilette** powder room; **cabinets** rest rooms
câble [kɑbl] *m* cable
câbler [kɑble] *tr & intr* to cable
câblier [kablije] *m* cable ship
câblogramme [kɑblɔgram] *m* cablegram
cabo•chard [kabɔʃar] **-charde** [ʃard] *adj* obstinate, pigheaded
caboche [kabɔʃ] *f* hobnail; (coll) noodle (*head*)
cabochon [kabɔʃɔ̃] *m* uncut gem; stud, upholstery nail
cabot [kabo] *m* (ichth) miller's-thumb, bullhead; (coll) ham (actor)
cabotage [kabɔtaʒ] *m* coastal navigation, coasting trade
cabo•tin [kabɔtɛ̃] **-tine** [tin] *mf* barnstormer; (coll) ham actor; **cabotin de la politique** (coll) corny politician, political orator given to histrionics
cabotinage [kabɔtinaʒ] *m* barnstorming; (coll) ham acting
cabotiner [kabɔtine] *intr* to barnstorm; (coll) to play to the grandstand
cabrer [kabre] *tr* to make (*a horse*) rear; to nose up (*a plane*) || *ref* to rear; to kick over the traces; (aer) to nose up
cabri [kabri] *m* (zool) kid
cabriole [kabrijɔl] *f* caper
cabrioler [kabrijɔle] *intr* to caper
cacahouète [kakawɛt] or **cacahuète** [kakaɥɛt] *f* peanut
cacao [kakao] *m* cocoa; cocoa bean
cacaotier [kakaɔtje] *m* (bot) cacao
cacaoyer [kakaɔje] *m* (bot) cacao
cacarder [kakarde] *intr* to cackle
cacatoès [kakatɔɛs] or **cacatois** [kakatwa] *m* cockatoo
cachalot [kaʃalo] *m* sperm whale
cache [kaʃ] *m* masking tape || *f* hiding place
cache-cache [kaʃkaʃ] *m invar* hide-and-seek
cache-col [kaʃkɔl] *m invar* scarf
cachemire [kaʃmir] *m* cashmere
cache-nez [kaʃne] *m invar* muffler
cache-poussière [kaʃpusjɛr] *m invar* duster (*overgarment*)
cacher [kaʃe] *tr* to hide; **cacher q.ch. à qn** to hide s.th. from s.o. || *ref* to hide; **se cacher à** to hide from; **se cacher de q.ch.** to make a secret of s.th.
cache-radiateur [kaʃradjatœr] *m invar* radiator cover
cache-sexe [kaʃsɛks] *m invar* G-string
cachet [kaʃɛ] *m* seal; postmark; fee; price of a lesson; meal ticket; (pharm, phila) cachet; (fig) seal; stylishness; **payer au cachet** to pay a set fee
cacheter [kaʃte] **§34** *tr* to seal, to seal up; to seal with wax
cachette [kaʃɛt] *f* hiding place; **en cachette** secretly
cachot [kaʃo] *m* dungeon; prison
cacophonie [kakɔfɔni] *f* cacophony
cactier [kaktje] or **cactus** [kaktys] *m* cactus
c.-à-d. *abbr* **(c'est-à-dire)** that is
cadastre [kadastr] *m* land-survey register
cadavre [kadɑvr] *m* corpse, cadaver; (slang) dead soldier (*bottle*)
ca•deau [kado] *m* (*pl* **-deaux**) gift
cadenas [kadna] *m* padlock
cadenasser [kadnase] *tr* to padlock
cadence [kadɑ̃s] *f* cadence, rhythm, time; output (*of worker, of factory, etc.*); **cadence de tir** rate of firing
cadencer [kadɑ̃se] **§51** *tr* to cadence || *intr* to call out cadence
ca•det [kadɛ] **-dette** [dɛt] *adj* younger || *mf* youngest; junior; (sports) player fifteen to eighteen years old; **le cadet de mes soucis** (coll) the least of my worries || *m* caddy; (mil) cadet; younger brother; younger son || *f* younger sister; younger daughter
cadmium [kadmjɔm] *m* cadmium
cadrage [kadraʒ] *m* (mov, telv) framing; (phot) centering
cadran [kadrɑ̃] *m* dial; **cadran d'appel** telephone dial; **cadran solaire** sundial; **faire le tour du cadran** to sleep around the clock
cadre [kɑdr] *m* frame; framework; setting; outline, framework (*of a literary work*); limits, scope (*of activities or duties*); (mil) cadre; (naut) cot; **cadres** officials; (mil) regulars; **cadres sociaux** memorable dates or events
cadrer [kadre] *tr* to frame (*film*) || *intr* to conform, tally
ca•duc **-duque** [kadyk] *adj* decrepit,

frail; outlived (*custom*); deciduous (*leaves*); lapsed (*insurance policy*); (law) null and void
caducée [kadyse] *m* caduceus
C.A.F. *abbr* **(coût, assurance, fret)** C.I.F. (*cost, insurance, and freight*)
ca•fard [kafar] **-farde** [fard] *adj* sanctimonious || *mf* hypocrite; (coll) squealer || *m* (coll) cockroach; (coll) blues
café [kafe] *adj invar* tan || *m* coffee; café; coffeehouse; **café chantant** music hall (*with tables*); **café complet** coffee, hot milk, rolls, butter, and jam; **café nature, café noir** black coffee
café-concert [kafekɔ̃sɛr] *m* (*pl* **cafés-concerts**) music hall (*with tables*), cabaret
caféier [kafeje] *m* coffee plant
caféière [kafejɛr] *f* coffee plantation
caféine [kafein] *f* caffeine
cafe•tier [kaftje] **-tière** [tjɛr] *mf* café owner || *f* coffeepot
cafouiller [kafuje] *intr* (slang) to miss (*said of engine*); (slang) to flounder around
cage [kaʒ] *f* cage; **cage d'un ascenseur** elevator shaft; **cage d'un escalier** stairwell; **cage thoracique** thoracic cavity; **en cage** (coll) in the clink, in the pen
cageot [kaʒo] *m* crate
ca•gnard [kaɲar] **-gnarde** [ɲard] *adj* indolent, lazy || *m* (coll) sunny spot
ca•gneux [kaɲø] **-gneuse** [ɲøz] *adj* knock-kneed; pigeon-toed
cagnotte [kaɲɔt] *f* kitty, pool
ca•got [kago] **-gotte** [gɔt] *adj* hypocritical || *mf* hypocrite
cagoule [kagul] *f* cowl; hood (*with eyeholes*)
cahier [kaje] *m* notebook; **cahier à feuilles mobiles** loose-leaf notebook; **cahier des charges** (com) specifications
cahin-caha [kaɛ̃kaa] *adv* (coll) so-so
cahot [kao] *m* jolt, bump
cahoter [kaɔte] *tr & intr* to jolt
caho•teux [kaɔtø] **-teuse** [tøz] *adj* bumpy (*road*)
cahute [kayt] *f* hut, shack
caille [kɑj] *f* quail
cail•lé -lée [kɑje] *adj* curdled || *m* curd
caillebotis [kɑjbɔti] *m* boardwalk; (mil) duckboard; (naut) grating
caillebotte [kɑjbɔt] *f* curds
caillebotter [kɑjbɔte] *tr & intr* to curdle
cailler [kɑje] *tr & ref* to clot, curdle, curd
caillot [kɑjo] *m* clot; blood clot
cail•lou [kaju] *m* (*pl* **-loux**) pebble; (coll) bald head; **caillou du Rhin** rhinestone
caillou•teux [kajutø] **-teuse** [tøz] *adj* stony (*road*); pebbly (*beach*)
cailloutis [kajuti] *m* crushed stone, gravel
Caïn [kaɛ̃] *m* Cain
Caire [kɛr] *m*—**Le Caire** Cairo
caisse [kɛs] *f* chest, box; case (*for packing; of a clock or piano*); chestful, boxful; till, cash register, coffer, safe; cashier, cashier's window; desk (*in a hotel*); **caisse à eau** water tank; **caisse claire** snare drum; **caisse d'épargne** savings bank; **caisse des écoles** scholarship fund; **grosse caisse** bass drum; bass drummer; **petite caisse** petty cash
caisson [kɛsɔ̃] *m* caisson
cajoler [kaʒɔle] *tr* to cajole, wheedle
cajolerie [kaʒɔlri] *f* cajolery
cajou [kaʒu] *m* cashew nut
cake [kɛk] *m* fruit cake
cal [kal] *m* (*pl* **cals**) callus, callosity; **cal vicieux** badly knitted bone
calage [kalaʒ] *m* wedging, chocking; stalling (*of motor*)
calamité [kalamite] *f* calamity
calami•teux [kalamitø] **-teuse** [tøz] *adj* calamitous
calandre [kalɑ̃dr] *f* mangle (*for clothes*); calender (*for paper*); grill (*for car radiator*); (ent) weevil; (orn) lark
calandrer [kalɑ̃dre] *tr* to calender
calcaire [kalkɛr] *adj* calcareous; chalky; hard (*water*) || *m* limestone
calcifier [kalsifje] *tr & ref* to calcify
calciner [kalsine] *tr & ref* to burn to a cinder
calcium [kalsjɔm] *m* calcium
calcul [kalkyl] *m* calculation; (math, pathol) calculus; **calcul biliaire** gallstone; **calcul mental** mental arithmetic; **calcul rénal** kidney stone
calcula•teur [kalkylatœr] **-trice** [tris] *adj* calculating || *mf* calculator (*person*) || *m* (mach) calculator || *f* (mach) computer
calculer [kalkyle] *tr & intr* to calculate
cale [kal] *f* wedge, chock; hold (*of ship*); **cale de construction** stocks; **cale sèche** dry dock
ca•lé -lée [kale] *adj* stalled; (coll) well-informed; (slang) involved, difficult; **calé en** (coll) strong in, up on
calebasse [kalbɑs] *f* calabash
calèche [kalɛʃ] *f* open carriage
caleçon [kalsɔ̃] *m* drawers, shorts; **caleçon de bain** swimming trunks
calembour [kalɑ̃bur] *m* pun
calendes [kalɑ̃d] *fpl* calends; **aux calendes grecques** (coll) when pigs fly
calendrier [kalɑ̃drije] *m* calendar
calepin [kalpɛ̃] *m* notebook
caler [kale] *tr* to wedge, to chock; to jam; to stall; to lower (*sail*); (naut) to draw || *intr* to stall (*said of motor*); (coll) to give in || *ref* to stall; to get nicely settled
calfater [kalfate] *tr* to caulk
calfeutrer [kalføtre] *tr* to stop up || *ref* to shut oneself up
calibre [kalibr] *m* caliber
calibrer [kalibre] *tr* to calibrate
calice [kalis] *m* chalice; (bot) calyx
calicot [kaliko] *m* calico; sign, banner; (slang) sales clerk
califat [kalifa] *m* caliphate
calife [kalif] *m* caliph
Californie [kalifɔrni] *f* California; **la basse Californie** Lower California; **la Californie** California

califourchon [kalifurʃɔ̃]—**à califourchon** astride, astraddle; **s'asseoir à califourchon** to straddle
câ•lin [kɑlɛ̃] **-line** [lin] *adj* coaxing; caressing
câliner [kaline] *tr* to coax; to caress
cal•leux [kalø] **cal•leuse** [kaløz] *adj* callous, calloused
callisthénie [kalisteni] *f* calisthenics
cal•mant [kalmɑ̃] **-mante** [mɑ̃t] *adj* calming || *m* sedative
calmar [kalmar] *m* squid
calme [kalm] *adj & m* calm
calmement [kalməmɑ̃] *adv* calmly
calmer [kalme] *tr* to calm || *ref* to become calm, to calm down
calmir [kalmir] *intr* to abate
calomnie [kalɔmni] *f* calumny, slander
calomnier [kalɔmnje] *tr* to calumniate
calorie [kalɔri] *f* calory
calorifère [kalɔrifɛr] *adj* heating, heat-conducting || *m* heater; **calorifère à air chaud** hot-air heater; **calorifère à eau chaude** hot-water heater
calorifuge [kalɔrifyʒ] *adj* insulating || *m* insulator
calorifuger [kalɔrifyʒe] §38 *tr* to insulate
calorique [kalɔrik] *adj* caloric
calot [kalo] *m* policeman's hat, kepi
calotte [kalɔt] *f* skullcap; dome; (coll) box on the ear; (coll) clergy; **calotte des cieux** vault of heaven; **flanquer une calotte à** (coll) to box on the ear
calotter [kalɔte] *tr* (coll) to box on the ear, to cuff; (slang) to snitch
calque [kalk] *m* tracing; decal; word-for-word correspondence (*between two languages*); slavish imitation; spitting image
calquer [kalke] *tr* to trace; to imitate slavishly
calumet [kalymɛ] *m* calumet; **calumet de paix** peace pipe
calvados [kalvados] *m* applejack
calvaire [kalvɛr] *m* calvary
calviniste [kalvinist] *adj & mf* Calvinist
calvitie [kalvisi] *f* baldness
camarade [kamarad] *mf* comrade; **camarade de chambre** roommate; **camarade de travail** fellow worker; **camarade d'étude** schoolmate
camaraderie [kamaradri] *f* comradeship; camaraderie, fellowship
ca•mard [kamar] **-marde** [mard] *adj* snub-nosed
cambouis [kɑ̃bwi] *m* axle grease
cambrer [kɑ̃bre] *tr* to curve, arch
cambrioler [kɑ̃brijɔle] *tr* to break into, to burglarize
cambrio•leur [kɑ̃brijɔlœr] **-leuse** [løz] *mf* burglar
cambrure [kɑ̃bryr] *f* curve, arch
cambuse [kɑ̃byz] *f* (naut) storeroom between decks
came [kam] *f* cam
camée [kame] *m* cameo
caméléon [kameleɔ̃] *m* chameleon
camélia [kamelja] *m* camellia
camelot [kamlo] *m* cheap woolen cloth; huckster; newsboy
camelote [kamlɔt] *f* shoddy merchandise, rubbish, junk
caméra [kamera] *f* (mov, telv) camera
camion [kamjɔ̃] *m* truck; paint bucket; **camion à remorque** trailer (truck); **camion à semi-remorque** semitrailer; **camion d'enregistrement** (mov) sound truck
camion-benne [kamjɔ̃bɛn] *m* (*pl* **camions-bennes**) dump truck
camion-citerne [kamjɔ̃sitɛrn] *m* (*pl* **camions-citernes**) tank truck
camion-grue [kamjɔ̃gry] *m* (*pl* **camions-grues**) tow truck
camionnage [kamjɔnaʒ] *m* trucking
camionner [kamjɔne] *tr* to truck
camionnette [kamjɔnɛt] *f* van; **camionnette de police** police wagon; **camionnette sanitaire** mobile health unit
camionneur [kamjɔnœr] *m* trucker; truckdriver, teamster
camisole [kamizɔl] *f* camisole; **camisole de force** strait jacket
camouflage [kamuflaʒ] *m* camouflage
camoufler [kamufle] *tr* to camouflage
camp [kɑ̃] *m* camp
campa•gnard [kɑ̃paɲar] **-gnarde** [ɲard] *adj & mf* rustic
campagne [kɑ̃paɲ] *f* campaign; country
cam•pé -pée [kɑ̃pe] *adj* encamped; **bien campé** well-built (*man*); clearly presented (*story*); firmly fixed
campement [kɑ̃pmɑ̃] *m* encampment; camping
camper [kɑ̃pe] *tr* to camp; (coll) to clap (*e.g., one's hat on one's head*); **camper là qn** (coll) to run out on s.o. || *intr & ref* to camp
cam•peur [kɑ̃pœr] **-peuse** [pøz] *mf* camper
camphre [kɑ̃fr] *m* camphor
camping [kɑ̃piŋ] *m* campground; trailer; camping
campos [kɑ̃po] *m* (coll) vacation, day off
campus [kɑ̃pys] *m* campus
ca•mus [kamy] **-muse** [myz] *adj* snub-nosed, pug-nosed, flat-nosed
Canada [kanada] *m*—**le Canada** Canada
cana•dien [kanadjɛ̃] **-dienne** [djɛn] *adj* Canadian || *f* sheepskin jacket; station wagon || (*cap*) *mf* Canadian
canaille [kanɑj] *adj* vulgar, coarse || *f* rabble, riffraff; scoundrel
ca•nal [kanal] *m* (*pl* **-naux** [no]) canal; tube, pipe; ditch, drain; (rad, telv) channel; **canal de Panama** Panama Canal; **canal de Suez** [sɥɛz] Suez Canal; **par le canal de** through the good offices of
canapé [kanape] *m* sofa, davenport; (culin) canapé; **canapé à deux places** settee
canapé-lit [kanapeli] *m* (*pl* **canapés-lits**) sofa bed, day bed
canard [kanar] *m* duck; sugar soaked in coffee, brandy, etc.; (mus) false note; (coll) hoax; (coll) rag, paper; **canard mâle** drake; **canard publicitaire** publicity stunt; **canard sauvage** wild duck

canarder [kanarde] *tr* to snipe at || *intr* to snipe
canari [kanari] *m* canary
cancan [kɑ̃kɑ̃] *m* cancan (*dance*); (coll) gossip
cancaner [kɑ̃kane] *intr* to quack; (coll) to gossip
canca•nier [kɑ̃kanje] **-nière** [njɛr] *adj* (coll) catty || *mf* (coll) gossip
cancer [kɑ̃sɛr] *m* cancer
cancé•reux [kɑ̃serø] **-reuse** [røz] *adj* cancerous
cancre [kɑ̃kr] *m* (coll) dunce, lazy student; (coll) tightwad; (zool) crab
candélabre [kɑ̃delɑbr] *m* candelabrum; espaliered fruit tree; cactus; lamppost
candeur [kɑ̃dœr] *f* naïveté
candi [kɑ̃di] *adj* candied (*fruit*) || *m* rock candy
candi•dat [kɑ̃dida] **-date** [dat] *mf* candidate; nominee
candidature [kɑ̃didatyr] *f* candidacy
candide [kɑ̃did] *adj* naïve
candir [kɑ̃dir] *intr*—**faire candir** to candy, to crystallize (*sugar*) || *ref* to candy, to crystallize
cane [kan] *f* duck, female duck
caner [kane] *intr* (slang) to chicken out
caneton [kantɔ̃] *m* duckling
canette [kanɛt] *f* female duckling; beer bottle; **canette de bière** can of beer
canevas [kanva] *m* canvas (*cloth*); outline (*of novel, story, etc.*); embroidery netting; (*in artillery, in cartography*) triangulation
canezou [kanzu] *m* sleeveless lace blouse
caniche [kaniʃ] *m* poodle
canicule [kanikyl] *f* dog days
canif [kanif] *m* penknife, pocketknife
ca•nin [kanɛ̃] **-nine** [nin] *adj* canine || *f* canine (*tooth*)
canitie [kanisi] *f* grayness (*of hair*)
cani•veau [kanivo] *m* (*pl* **-veaux**) gutter; (elec) conduit
cannaie [kanɛ] *f* sugar plantation
canne [kan] *f* cane; reed; cane, walking stick; **canne à pêche** fishing rod; **canne à sucre** sugar cane
canneberge [kanbɛrʒ] *f* cranberry
canneler [kanle] §34 *tr* to groove; to corrugate; to flute (*a column*)
cannelle [kanɛl] *f* cinnamon; spout
cannelure [kanlyr] *f* groove, channel; corrugation; fluting (*of column*)
canner [kane] *tr* to cane (*a chair*)
cannibale [kanibal] *adj & mf* cannibal
canoë [kanɔe] *m* canoe
canoéiste [kanɔeist] *mf* canoeist
canon [kanɔ̃] *m* canon; cannon; gun barrel; tube; nozzle, spout; **canon à électrons** electron gun
cañon [kaɲɔ̃] *m* canyon
cano•nial -niale [kanɔnjal] *adj* (*pl* **-niaux** [njo]) canonical
canonique [kanɔnik] *adj* canonical
canoniser [kanɔnize] *tr* to canonize
canonnade [kanɔnad] *f* cannonade
canonner [kanɔne] *tr* to cannonade
canonnier [kanɔnje] *m* cannoneer
canonnière [kanɔnjɛr] *f* gunboat; popgun
canot [kano] *m* rowboat, launch; **canot automobile** speedboat, motorboat; **canot de sauvetage** lifeboat
canotage [kanɔtaʒ] *m* boating
canoter [kanɔte] *intr* to go boating
canotier [kanɔtje] *m* rower; skimmer
cant [kɑ̃] *m* cant
cantaloup [kɑ̃talu] *m* cantaloupe
cantate [kɑ̃tat] *f* cantata
cantatrice [kɑ̃tatris] *f* singer
cantilever [kɑ̃tilevœr] *adj & m* cantilever
cantine [kɑ̃tin] *f* canteen (*restaurant*); **cantine d'officier** officer's kit
cantique [kɑ̃tik] *m* canticle, ode; **cantique de Noël** (eccl) Christmas carol; **Cantique des Cantiques** (Bib) Song of Songs
canton [kɑ̃tɔ̃] *m* canton, district; **Cantons de l'Est** Eastern Townships (*in Canada*)
cantonade [kɑ̃tɔnad] *f* (theat) wings; **à la cantonade** (theat) offstage; **crier à la cantonade** to yell out (*s.th.*); **parler à la cantonade** to seem to be talking to oneself; (theat) to speak toward the wings
cantonnement [kɑ̃tɔnmɑ̃] *m* billeting
cantonner [kɑ̃tɔne] *tr* to billet
cantonnier [kɑ̃tɔnje] *m* road laborer; (rr) section hand
canular [kanylar] *m* (coll) practical joke, hoax, canard
canule [kanyl] *f* nozzle (*of syringe or injection needle*)
canuler [kanyle] *tr* (slang) to bother
caoutchouc [kautʃu] *m* rubber; **caoutchouc mousse** foam rubber; **caoutchoucs** rubbers, overshoes
caoutchouter [kautʃute] *tr* to rubberize
caoutchou•teux [kautʃutø] **-teuse** [tøz] *adj* rubbery
cap [kap] *m* cape, headland; bow, head (*of ship*); **Cap de Bonne Espérance** Cape of Good Hope; **mettre le cap sur** (coll) to set a course for
capable [kapabl] *adj* capable
capacité [kapasite] *f* capacity; ability
cape [kap] *f* cape; hood; derby; outer leaf, wrapper (*of cigar*); **à la cape** (naut) hove to; **de cape et d'épée** cloak-and-dagger (*novel, movie, etc.*); **rire sous cape** to laugh up one's sleeve; **vendre sous cape** (coll) to sell under the counter
C.A.P.E.S. [kapes] *m* (acronym) (**certificat d'aptitude au professorat de l'enseignement du second degré**) secondary-school teachers certificate
capillaire [kapiller] *adj* capillary || *m* (bot) maidenhair (*fern*)
capitaine [kapitɛn] *m* captain
capi•tal -tale [kapital] (*pl* **-taux** [to] **-tales**) *adj* capital, principal, essential; capital (*city; punishment; crime; letter*); death (*sentence*); deadly (*sins*) || *m* capital, assets; principal (*main sum*); **avec de minces capitaux** on a shoestring; **capitaux** capital || *f* capital (*city; letter*)

capitalisation [kapitalizɑsjɔ̃] *f* capitalization; hoarding (*of money*)
capitaliser [kapitalize] *tr* to capitalize (*an income*); to compound (*interest*) || *intr* to hoard
capitalisme [kapitalism] *m* capitalism
capitaliste [kapitalist] *adj* capitalist || *mf* capitalist; investor
capi•teux [kapitø] **-teuse** [tøz] *adj* heady (*wine, champagne, etc.*)
Capitole [kapitɔl] *m* Capitol
capitonner [kapitɔne] *tr* to upholster
capituler [kapityle] *intr* to capitulate; to parley
ca•pon [kapɔ̃] **-ponne** [pɔn] *adj* cowardly || *mf* coward; sneak; tattletale
capo•ral [kapɔral] *m* (*pl* **-raux** [ro]) corporal; shag, caporal (*tobacco*); **Caporal a dit . . .** Simon says . . .
caporalisme [kapɔralism] *m* militarism; dictatorial government
capot [kapo] *adj invar* speechless, confused; (cards) trickless || *m* cover; hood (*of automobile*); (naut) hatch
capotage [kapɔtaʒ] *m* overturning
capote [kapɔt] *f* coat with a hood; hood (*of baby carriage*); **capote rebattable** (aut) folding top
capoter [kapɔte] *intr* to capsize; to overturn, upset
câpre [kɑpr] *f* (bot) caper
caprice [kapris] *m* caprice, whim
capri•cieux [kaprisjø] **-cieuse** [sjøz] *adj* capricious, whimsical
capsule [kapsyl] *f* capsule; bottle cap; percussion cap; (bot) capsule, pod; (rok) capsule; **capsules surrénales** adrenal glands
capsuler [kapsyle] *tr* to cap
capter [kapte] *tr* to win over; to harness (*a river*); to tap (*electric current; a water supply*); (rad, telv) to receive, pick up
cap•tieux [kapsjø] **-tieuse** [sjøz] *adj* captious, insidious; specious
cap•tif [kaptif] **-tive** [tiv] *adj & mf* captive
captiver [kaptive] *tr* to captivate
captivité [kaptivite] *f* captivity
capture [kaptyr] *f* capture
capturer [kaptyre] *tr* to capture
capuce [kapys] *m* (eccl) pointed hood
capuchon [kapyʃɔ̃] *m* hood (*of coat*); cap (*of pen*); (aut) valve cap; (eccl) cowl
capucine [kapysin] *f* nasturtium
caque [kak] *f* keg, barrel
caquet [kakɛ] *m* cackle
caqueter [kakte] §34 *intr* to cackle; to gossip
car [kar] *m* bus, sightseeing bus, interurban; **car de police** patrol wagon; **car sonore** loudspeaker truck || *conj* for, because
carabe [karab] *m* ground beetle
carabine [karabin] *f* carbine
carabi•né -née [karabine] *adj* (coll) violent (*wind, cold, criticism*)
caraco [karako] *m* loose blouse
caractère [karaktɛr] *m* character; **caractères gras** (typ) boldface
caractériser [karakterize] *tr* to characterize
caractéristique [karakteristik] *adj & f* characteristic
carafe [karaf] *f* carafe; **rester en carafe** (slang) to be left out in the cold
carafon [karafɔ̃] *m* small carafe
caraïbe [karaib] *adj* Caribbean, Carib || (*cap*) *mf* Carib (*person*)
carambolage [karɑ̃bɔlaʒ] *m* jostling; (coll) bumping (*e.g., of autos*)
caramboler [karɑ̃bɔle] *tr* (coll) to strike, bump into || *intr* (billiards) to carom
caramel [karamɛl] *m* caramel
carapace [karapas] *f* turtle shell, carapace
carapater [karapate] *ref* (slang) to beat it
carat [kara] *m* carat
caravane [karavan] *f* caravan; house trailer; group (*of tourists*)
caravaning [karavaniŋ] *m* trailer camping
caravansérail [karavɑ̃seraj] *m* caravansary; (fig) world crossroads
caravelle [karavɛl] *f* caravel
carbonade [karbɔnad] *f* see **carbonnade**
carbone [karbɔn] *m* carbon
carbonique [karbɔnik] *adj* carbonic
carboniser [karbɔnize] *tr* to carbonize, char
carbonnade [karbɔnad] *f* charcoal-grilled steak (ham, etc.); beef and onion stew (*in northern France*); **à la carbonnade** charcoal-grilled
carburant [karbyrɑ̃] *m* motor fuel
carburateur [karbyratœr] *m* carburetor
carbure [karbyr] *m* carbide
carburéacteur [karbyreaktœr] *m* jet fuel
carcan [karkɑ̃] *m* pillory
carcasse [karkas] *f* skeleton; framework; (coll) carcass
cardan [kardɑ̃] *m* (mach) universal joint
carde [kard] *f* card; leaf rib; teasel head
carder [karde] *tr* to card
cardiaque [kardjak] *adj & mf* cardiac
cardi•nal -nale [kardinal] *adj & m* (*pl* **-naux** [no]) cardinal
cardiogramme [kardjɔgram] *m* cardiogram
carême [karɛm] *m* Lent; **de carême** Lenten
carême-prenant [karɛmprənɑ̃] *m* (*pl* **carêmes-prenants**) Shrovetide
carence [karɑ̃s] *f* lack, deficiency; failure
carène [karɛn] *f* hull
caréner [karene] §10 *tr* to streamline; (naut) to careen
caren•tiel -tielle [karɑ̃sjɛl] *adj* deficiency (*disease*)
cares•sant [karɛsɑ̃] **cares•sante** [karɛsɑ̃t] *adj* caressing; lovable; nice to pet; soothing (*e.g., voice*)
caresse [karɛs] *f* caress; endearment
caresser [karɛse] *tr* to caress; to pet; to nourish (*a hope*)
cargaison [kargɛzɔ̃] *f* cargo
cargo [kargo] *m* freighter; **cargo mixte** freighter carrying passengers

cari [kari] *m* curry
caricature [karikatyr] *f* caricature; cartoon
caricaturer [karikatyre] *tr* to caricature
caricaturiste [karikatyrist] *mf* caricaturist; cartoonist
carie [kari] *f* caries; **carie sèche** dry rot
carillon [karijɔ̃] *m* carillon
carillonner [karijɔne] *tr & intr* to carillon, to chime
carlingue [karlɛ̃g] *f* (aer) cockpit
carmin [karmɛ̃] *adj & m* carmine
carnage [karnaʒ] *m* carnage
carnas•sier [karnasje] **carnas•sière** [karnasjɛr] *adj* carnivorous ‖ *m* carnivore ‖ *f* game bag
carnation [karnɑsjɔ̃] *f* flesh tint
carna•val [karnaval] *m* (*pl* **-vals**) carnival; parade dummy
car•né -née [karne] *adj* flesh-colored; meat (*diet*)
carnet [karnɛ] *m* notebook, address book; memo pad; book (*of tickets, checks, stamps, etc.*); **carnet à feuilles mobiles** loose-leaf notebook
carnier [karnje] *m* hunting bag
carotte [karɔt] *f* carrot; (min) core sample; **tirer une carotte à** (coll) to cheat
carotter [karɔte] *tr* (coll) to cheat
carpe [karp] *m* (anat) wrist bones ‖ *f* carp; **être muet comme une carpe** to be still as a mouse
carpette [karpet] *f* rug, mat
carquois [karkwa] *m* quiver
carre [kɑr] *f* thickness (*of board*); crown (*of hat*); edge (*of ice skate*); square toe (*of shoe*); **d'une bonne carre** broad-shouldered (*man*)
car•ré -rée [kɑre] *adj* square; forthright ‖ *m* square; landing (*of staircase*); patch (*in garden*); (cards) four of a kind; (naut) wardroom ‖ *f* (slang) room, pad
car•reau [kɑro] *m* (*pl* **-reaux**) tile, flagstone; windowpane; stall (*in market*); pithead (*of mine*); goose (*of tailor*); quarrel (*square-headed arrow*); (cards) diamond; (cards) diamonds; **à carreaux** checked (*design*); **rester sur le carreaux** (coll) to be left out of the running; **se garder à carreau** (coll) to be on one's guard
carrefour [karfur] *m* crossroads; square (*in a city*)
carrelage [kɑrlaʒ] *m* tiling
carreler [kɑrle] §34 *tr* to tile
carrément [kɑremɑ̃] *adv* squarely; frankly
carrer [kɑre] *tr* to square ‖ *ref* (coll) to plunk oneself down; (coll) to strut
carrier [kɑrje] *m* quarryman
carrière [kɑrjɛr] *f* career; course (*e.g., of the sun*); quarry; **donner carrière à** to give free rein to
carriole [kɑrjɔl] *f* light cart, trap; (coll) jalopy
carrossable [kɑrɔsabl] *adj* passable
carrosse [kɑrɔs] *m* carriage, coach
carrosserie [kɑrɔsri] *f* (aut) body
carrossier [kɑrɔsje] *m* coachmaker
carrousel [kɑruzɛl] *m* carrousel; parade ground; tiltyard
carrure [kɑryr] *f* width (*of shoulders, garment, etc.*); **d'une belle carrure** broad-shouldered (*man*)
cartable [kartabl] *m* briefcase
cartayer [karteje] §49 *intr* to avoid the ruts
carte [kart] *f* card; map, chart; bill (*to pay*); bill of fare, menu; **carte d'abonnement** commutation ticket; season ticket; **carte d'entrée** pass, ticket of admission; **carte des vins** wine list; **carte grise** automobile registration; **carte postale** post card; **cartes truquées** marked cards, stacked deck; **tirer les cartes à qn** to tell s.o.'s fortunes with cards
cartel [kartɛl] *m* cartel; wall clock; challenge (*to a duel*)
carte-lettre [kartəlɛtr] *f* (*pl* **cartes-lettres**) gummed letter-envelope
carter [kartɛr] *m* housing; bicycle chain guard; (aut) crankcase
cartilage [kartilaʒ] *m* cartilage, gristle
cartographe [kartɔgraf] *m* cartographer
cartomancie [kartɔmɑ̃si] *f* fortunetelling with cards
carton [kartɔ̃] *m* pasteboard, cardboard; cardboard box, carton; carton (*of cigarettes*); cartoon (*preliminary sketch*); (typ) cancel; **carton à chapeau** hatbox; **carton à dessin** portfolio for drawings and plans
carton-pâte [kartɔ̃pɑt] *m* papier-mâché
cartouche [kartuʃ] *m* (archit) cartouche, tablet ‖ *f* cartridge; carton (*of cigarettes*); canister (*of gas mask*); refill (*of pen*); **cartouche à blanc** blank cartridge
cartouchière [kartuʃjɛr] *f* cartridge belt, cartridge case
carvi [karvi] *m* caraway
cas [kɑ] *m* case; **cas urgent** emergency; **en cas de** in the event of, in a time of; **en cas d'imprévu** in case of emergency; **en cas que, au cas que, au cas où, dans le cas où** in the event that; **faire cas de** to esteem, to make much of; **le cas échéant** should the occasion arise, if necessary; **selon le cas** as the case may be
casa•nier [kazanje] **-nière** [njɛr] *adj* home-loving ‖ *mf* homebody
casaque [kazak] *f* jockey coat; blouse; **tourner casaque** to be a turncoat
cascade [kaskad] *f* cascade; jerk; spree; **prendre à la cascade** to ad-lib
cascader [kaskade] *intr* to cascade; (slang) to lead a wild life
casca•deur [kaskadœr] **-deuse** [døz] *mf* (mov) double ‖ *m* stunt man ‖ *f* stunt girl
case [kɑz] *f* compartment; pigeonhole; square (*e.g., of checkerboard or ledger*); box (*to be filled out on a form*); hut, cabin; **case postale** post-office box
caséine [kazein] *f* casein
caser [kaze] *tr* to put away (*e.g., in a drawer*); to arrange (*e.g., a counter display in a store*); (coll) to place, to find a job for ‖ *ref* (coll) to get settled

caserne [kazɛrn] *f* barracks; **de caserne** off-color (*jokes*); regimented
caserner [kazɛrne] *tr & intr* to barrack
ca•sher -shère [kaʃɛr] *adj* kosher
casier [kasje] *m* rack (*for papers, magazines, letters, bottles*); cabinet; **casier à homards** lobster pot; **casier à tiroirs** music cabinet; **casier judiciaire** police record
casque [kask] *m* helmet; earphones, headset; comb (*of rooster*); **casque à mèche** nightcap; **casque à pointe** spiked helmet; **casque blindé** crash helmet
casquer [kaske] *intr* to fall into a trap; (slang) to shell out
casquette [kaskɛt] *f* cap
cas•sant [kɑsɑ̃] **cas•sante** [kɑsɑ̃t] *adj* brittle; abrupt, curt
casse [kɑs] *m* (slang) burglarizing || *f* breakage || [kas], [kɑs] *f* ladle, scoop; crucible; (bot) cassia; (pharm) senna; (typ) case; (coll) scrap heap, junk
cas•sé -sée [kɑse] *adj* broken-down; shaky, weak (*voice*)
casse-cou [kɑsku] *m invar* (coll) daredevil; (coll) stunt man; (coll) danger spot || *interj* look out!
casse-croûte [kɑskrut] *m invar* snack
casse-gueule [kɑsgœl] *adj invar* (slang) risky || *m invar* (coll) risky business
casse-noisettes [kɑsnwazɛt] *m invar* nutcracker
casse-noix [kɑsnwɑ], [kɑsnwa] *m invar* nutcracker
casse-pieds [kɑspje] *m invar* (coll) pain in the neck
casser [kɑse] *tr* to break; to crack, to shatter; (law) to break (*a will*); (mil) to break, to bust; (coll) to split (*one's eardrums*); **casser sa pipe** (coll) to kick the bucket || *ref* to break; (coll) to rack (*one's brains*); **se casser le nez** (coll) to fail
casserole [kɑsrɔl] *f* saucepan
casse-tête [kɑstɛt] *m invar* truncheon; din; brain teaser, puzzler; **casse-tête chinois** jigsaw puzzle
cassette [kɑsɛt], [kasɛt] *f* strongbox, coffer; casket (*for jewels*)
cassis [kasi], [kasis] *m* black currant; cassis (*liqueur*); gutter
cassolette [kasɔlɛt] *f* incense burner
cassonade [kasɔnad] *f* brown sugar
cassoulet [kasulɛ] *m* pork and beans
cassure [kɑsyr] *f* break; crease; rift
castagnettes [kastaɲɛt] *fpl* castanets
caste [kast] *f* caste; **hors caste** outcaste
castil•lan [kastijɑ̃] **castil•lane** [kastijan] *adj* Castilian || *m* Castilian (*language*) || (*cap*) *mf* Castilian (*person*)
Castille [kastij] *f* Castile; **la Castille** Castile
castor [kastɔr] *m* beaver
castrat [kastra] *m* castrato
castrer [kastre] *tr* to castrate
ca•suel -suelle [kazɥɛl] *adj* casual; (coll) brittle || *m* perquisites
cataclysme [kataklism] *m* cataclysm
catacombes [katakɔ̃b] *fpl* catacombs
catafalque [katafalk] *m* catafalque
cataire [katɛr] *f* catnip
Catalogne [katalɔɲ] *f* Catalonia; **la Catalogne** Catalonia
catalogue [katalɔg] *m* catalogue
cataloguer [katalɔge] *tr* to catalogue
catalyseur [katalizœr] *m* catalyst
cataplasme [kataplasm] *m* poultice
catapulte [katapylt] *f* catapult
catapulter [katapylte] *tr* to catapult
cataracte [katarakt] *f* cataract
catarrhe [katar] *m* catarrh; bad cold
catastrophe [katastrɔf] *f* catastrophe
catch [katʃ] *m* wrestling
catcheur [katʃœr] *m* wrestler
catéchiser [kateʃize] *tr* to catechize; to reason with
catéchisme [kateʃism] *m* catechism
catégorie [kategɔri] *f* category
catégorique [kategɔrik] *adj* categorical
catgut [katgyt] *m* (surg) catgut
cathédrale [katedral] *f* cathedral
cathéter [katetɛr] *m* (med) catheter
cathode [katɔd] *f* cathode
catholicisme [katɔlisism] *m* Catholicism
catholicité [katɔlisite] *f* catholicity; Catholicism; Catholics
catholique [katɔlik] *adj* catholic; Catholic; orthodox; **pas très catholique** (coll) questionable || *mf* Catholic
cati [kati] *m* glaze, gloss
catimini [katimini]—**en catimini** (coll) on the sly
catir [katir] *tr* to glaze
cauca•sien [kɔkɑzjɛ̃] **-sienne** [zjɛn] *adj* Caucasian || (*cap*) *mf* Caucasian
caucasique [kɔkɑzik] *adj* Caucasian
cauchemar [koʃmar] *m* nightmare
cause [koz] *f* cause; (law) case; **à cause de** because of, on account of, for the sake of; **et pour cause** with good reason; **hors de cause** irrelevant, beside the point; **mettre q.ch. en cause** to question s.th.; **mettre qn en cause** to implicate s.o.
causer [koze] *tr* to cause || *intr* to chat
causerie [kozri] *f* chat; informal lecture
causette [kozɛt] *f*—**faire la causette** (coll) to chat
cau•seur [kozœr] **-seuse** [zøz] *adj* talkative, chatty || *mf* speaker, conversationalist || *f* love seat
caustique [kostik] *adj* caustic
caute•leux [kotlø] **-leuse** [løz] *adj* crafty, wily; cunning (*mind*)
cautériser [koterize] *tr* to cauterize
caution [kosjɔ̃] *f* security, collateral; guarantor, bondsman; **mettre en liberté sous caution** to let out on bail; **se porter caution pour qn** to put up bail for s.o.; **sujet à caution** unreliable; **verser une caution** to make a deposit
cautionnement [kosjɔnmɑ̃] *m* surety bond, guaranty; bail; deposit
cautionner [kosjɔne] *tr* to bail out; to guarantee
cavalcade [kavalkad] *f* cavalcade
cavalerie [kavalri] *f* cavalry
cava•lier [kavalje] **-lière** [ljɛr] *adj* cavalier; bridle (*path*) || *mf* horseback rider; dance partner || *m* cava-

lier, horseman; escort; (chess) knight || *f* horsewoman
cave [kav] *adj* hollow (*cheeks*) || *f* cellar; liquor cabinet; liquor store; night club; bank (*in game of chance*); stake (*in gambling*); **cave à vin** wine cellar
ca·veau [kavo] *m* (*pl* **-veaux**) small cellar; vault, crypt; rathskeller
caver [kave] *tr* to hollow out || *intr* to ante || *ref* to become hollow (*said of eyes*); to wager
caverne [kavern] *f* cave, cavern; (pathol) cavity (*e.g., in lung*)
caver·neux [kavernø] **-neuse** [nøz] *adj* cavernous; hollow (*voice*)
caviar [kavjar] *m* caviar
caviarder [kavjarde] *tr* to censor
cavité [kavite] *f* cavity, hollow
caw·cher -chère [kaʃɛr] *adj* kosher
Cayes [kaj] *fpl*—**Cayes de la Floride** Florida Keys
C.C.P. *abbr* (**Compte chèques postaux**) postal banking account
ce [sə] (or **cet** [set] before vowel or mute **h**) **cette** [sɛt] *adj dem* (*pl* **ces** [se]) **§82A** || **ce** *pron* **§82B**, **§85A4**
C.E.A. *abbr* (**Commissariat à l'Énergie atomique**) Atomic Energy Commission
céans [seɑ̃] *adv* herein
ceci [sesi] *pron dem indef* this, this thing, this matter
cécité [sesite] *f* blindness
céder [sede] **§10** *tr* to cede, transfer; to yield, give up; **ne le céder à personne** to be second to none || *intr* to yield, succumb, give way
cédille [sedij] *f* cedilla
cédrat [sedra] *m* citron
cèdre [sɛdr] *m* cedar
cédule [sedyl] *f* rate, schedule; (law) notification
C.E.E. *abbr* (**Communauté économique européenne**) Common Market
cégétiste [seʒetist] *mf* unionist
ceindre [sɛ̃dr] **§50** *tr* to buckle on, to gird; to encircle; to wreathe (*one's head*); **ceindre la couronne** to assume the crown || *ref*—**se ceindre de** to gird on
ceinture [sɛ̃tyr] *f* belt; waist, waistline; sash, waistband; girdle; **ceinture de sauvetage** life belt; **ceinture de sécurité** safety belt; **se mettre la ceinture** or **se serrer la ceinture** to tighten one's belt
ceinturer [sɛ̃tyre] *tr* to girdle, to belt; to encircle, to belt; (wrestling) to grip around the waist
cela [səla] *pron dem indef* that, that thing; that matter; **à cela près** with that one exception; **et avec cela?** what else?
célébrant [selebrɑ̃] *m* (eccl) celebrant
célébration [selebrɑsjɔ̃] *f* celebration
célèbre [selɛbr] *adj* famous
célébrer [selebre] **§10** *tr* to celebrate
célébrité [selebrite] *f* celebrity
celer [səle] **§2** *tr* to hide, conceal
céleri [selri], [sɛlri] *m* celery
céleste [selɛst] *adj* celestial
célibat [seliba] *m* celibacy
célibataire [selibatɛr] *adj* single || *mf* celibate || *m* bachelor || *f* spinster
celle [sɛl] **§83**
celle-ci [sɛlsi] **§84**
celle-là [sɛlla] **§84**
cellier [selje] *m* wine cellar; fruit cellar
cellophane [selɔfan] *f* cellophane
cellule [selyl], [sɛlyl] *f* cell
celluloïd [selylɔid] *m* celluloid
celte [sɛlt] *adj* Celtic || (*cap*) *mf* Celt
celtique [sɛltik] *adj & m* Celtic
celui [səlɥi] **celle** [sɛl] (*pl* **ceux** [sø] **celles**) **§83**
celui-ci [səlɥisi] **celle-ci** [sɛlsi] (*pl* **ceux-ci** [søsi] **celles-ci**) **§84**
celui-là [səlɥila] **celle-là** [sɛlla] (*pl* **ceux-là** [søla] **celles-là**) **§84**
cémentation [semɑ̃tɑsjɔ̃] *f* casehardening
cendre [sɑ̃dr] *f* cinder; **cendres** ashes
cendrée [sɑ̃dre] *f* shot; buckshot; (sports) cinder track
cendrer [sɑ̃dre] *tr* to cinder
cendrier [sɑ̃drije] *m* ashtray
Cendrillon [sɑ̃drijɔ̃] *f* Cinderella
cène [sɛn] *f* (eccl) Holy Communion || (*cap*) *f* (eccl) Last Supper
cens [sɑ̃s] *m* census; poll tax
cen·sé -sée [sɑ̃se] *adj* supposed to, e.g., **je ne suis pas censé le savoir** I am not supposed to know it; reputed to be, e.g., **il est censé juge infaillible** he is reputed to be an infallible judge
censément [sɑ̃semɑ̃] *adv* supposedly, apparently, allegedly
censeur [sɑ̃sœr] *m* censor; census taker; critic; auditor; proctor
censure [sɑ̃syr] *f* censure; censorship; (psychoanal) censor
censurer [sɑ̃syre] *tr* to censure; to censor
cent [sɑ̃] *adj & pron* (*pl* **cents** in multiples when standing before modified noun, e.g., **trois cents œufs** three hundred eggs) one hundred, a hundred, hundred; **cent pour cent** one hundred percent; **cent un** [sɑ̃œ̃] one hundred and one, a hundred and one, hundred and one; **l'an dix-neuf cent** the year nineteen hundred; **page deux cent** page two hundred || *m* hundred, one hundred || [sɛnt] *m* cent
centaine [sɑ̃tɛn] *f* hundred; **par centaines** by the hundreds; **une centaine de** about a hundred
centaure [sɑ̃tɔr] *m* centaur
centenaire [sɑ̃tnɛr] *adj* centenary || *mf* centenarian || *m* centennial
centen·nal -nale [sɑ̃tɛnnal] *adj* (*pl* **-naux** [no]) centennial
centième [sɑ̃tjɛm] *adj, pron* (*masc, fem*), *& m* hundredth || *f* hundredth performance
centigrade [sɑ̃tigrad] *adj & m* centigrade
centime [sɑ̃tim] *m* centime
centimètre [sɑ̃timɛtr] *m* centimeter; tape measure
centrage [sɑ̃traʒ] *m* centering
cen·tral -trale [sɑ̃tral] *adj* (*pl* **-traux** [tro]) central; main (*office*) || *m* (telp) central || *f* powerhouse; labor

union; **centrale atomique** or **nucléaire** atomic generator
centralisation [sɑ̃tralizɑsjɔ̃] *f* centralization
centraliser [sɑ̃tralize] *tr & ref* to centralize
centre [sɑ̃tr] *m* center; **centre commercial** shopping district; **centre de dépression** storm center; **centre de triage** (rr) switchyard; **centre d'études** college; **centre de villégiature** resort; **centre social des étudiants** student center, student union
centrer [sɑ̃tre] *tr* to center
centrifuge [sɑ̃trifyʒ] *adj* centrifugal
centuple [sɑ̃typl] *adj & m* hundredfold; **au centuple** hundredfold
cep [sɛp] *m* vine stock
cépage [sepaʒ] *m* (bot) vine
cèpe [sɛp] *f* cepe mushroom
cependant [səpɑ̃dɑ̃] *adv* meanwhile; however, but, still; **cependant que** while, whereas; **et cependant** and yet
céramique [seramik] *adj* ceramic ‖ *f* (art of) ceramics; ceramic piece; **céramiques** ceramics (*objects*)
cerbère [sɛrbɛr] *m* (coll) watchdog ‖ (*cap*) *m* Cerberus
cer•ceau [sɛrso] *m* (*pl* **-ceaux**) hoop; **cerceaux** pinfeathers
cercle [sɛrkl] *m* circle; circle, club, society; clubhouse; hoop; **en cercle** in the cask
cercler [sɛrkle] *tr* to ring, encircle; to hoop
cercueil [sɛrkœj] *m* coffin
céréale [sereal] *adj & f* cereal
céré•bral -brale [serebral] *adj* (*pl* **-braux** [bro]) cerebral
cérémo•nial -niale [seremɔnjal] *adj & m* ceremonial
cérémonie [seremɔni] *f* ceremony; **faire des cérémonies** to stand on ceremony
cérémo•niel -nielle [seremɔnjɛl] *adj* ceremonial
cérémo•nieux [seremɔnjø] **-nieuse** [njøz] *adj* ceremonious, formal, stiff
cerf [sɛr] *m* deer, red deer; stag, buck
cerf-volant [sɛrvɔlɑ̃] *m* (*pl* **cerfs-volants**) kite
cerisaie [sərizɛ] *f* cherry orchard
cerise [səriz] *f* cherry
cerisier [sərizje] *m* cherry tree
cerne [sɛrn] *m* annual ring (*of tree*); ring (*around moon, black eye, wound*)
cer•neau [sɛrno] *m* (*pl* **-neaux**) unripe nutmeat
cerner [sɛrne] *tr* to ring, encircle; to hem in, besiege; to shell (*nuts*)
cer•tain [sɛrtɛ̃] **-taine** [tɛn] *adj* certain, sure ‖ (when standing before noun) *adj* certain, some; **certain auteur** a certain author; **depuis un certain temps** for some time; **d'un certain âge** middle-aged ‖ **certains** *pron indef pl* certain people
certainement [sɛrtɛnmɑ̃] *adv* certainly
certes [sɛrt] *adv* indeed, certainly
certificat [sɛrtifika] *m* certificate
certifier [sɛrtifje] *tr* to certify
certitude [sɛrtityd] *f* certainty
cérumen [serymɛn] *m* earwax
céruse [seryz] *f* white lead
cer•veau [sɛrvo] *m* (*pl* **-veaux**) brain; mind; **cerveau brûlé** (coll) hothead
cervelas [sɛrvəla] *m* salami
cervelet [sɛrvəlɛ] *m* cerebellum
cervelle [sɛrvɛl] *f* brains; **brûler la cervelle à qn** (coll) to shoot s.o.'s brains out
ces [se] §82A
césa•rien [sezarjɛ̃] **-rienne** [rjɛn] *adj* Caesarean ‖ *f* Caesarean section
cesse [sɛs] *f* cessation, ceasing; **sans cesse** unceasingly, incessantly
cesser [sese] *tr* to stop, to cease, to leave off (*e.g., work*) ‖ *intr* to cease, stop; **cesser de** + *inf* to stop, cease, quit + *ger*
cessez-le-feu [sɛselfø] *m invar* cease-fire
cession [sɛsjɔ̃] *f* ceding, surrender; (law) transfer
c'est-à-dire [sɛtadir] *conj* that is, namely
césure [sezyr] *f* caesura
cet [sɛt] §82A
cette [sɛt] §82A
ceux [sø] §83
ceux-ci [søsi] §84
ceux-là [søla] §84
Ceylan [sɛlɑ̃] *m* Ceylon
C.G.T. [seʒete] *f* (letterword) (**confédération générale du travail**) national labor union ‖ *abbr* (**Cie Générale transatlantique**) French Line
cha•cal [ʃakal] *m* (*pl* **-cals**) jackal
cha•cun [ʃakœ̃] **-cune** [kyn] *pron indef* each, each one, every one; everybody, everyone; **chacun pour soi** every man for himself; **chacun son goût** every man to his own taste; **tout chacun** (coll) every Tom, Dick, and Harry
chadburn [tʃadbœrn] *m* (naut) public-address system
chadouf [ʃaduf] *m* well sweep
cha•grin [ʃagrɛ̃] **-grine** [grin] *adj* sad, downcast ‖ *m* grief, sorrow
chagriner [ʃagrine] *tr* to grieve, distress; to make into shagreen leather ‖ *intr* to grieve, worry
chah [ʃa] *m* shah
chahut [ʃay] *m* (coll) horseplay, row
chahuter [ʃayte] *tr* (coll) to upset; (coll) to boo, heckle ‖ *intr* (coll) to create a disturbance
chai [ʃɛ] *m* wine cellar
chaîne [ʃɛn] *f* chain; warp (*of fabric*); necklace; (archit) pier; (archit) tie; (naut) cable; (rad, telv) network; (telv) channel; **chaîne de fabrication** or **chaîne de montage** assembly line; **faire la chaîne** to form a bucket brigade
chaînon [ʃɛnɔ̃] *m* link
chair [ʃɛr] *f* flesh; pulp (*of fruits*); meat (*of animals*); **chair de poule** gooseflesh; **chair de sa chair** one's flesh and blood; **chairs** (painting, sculpture) nude parts; **en chair et en os** in the flesh; **ni chair ni poisson** neither fish nor fowl
chaire [ʃɛr] *f* pulpit; lectern; chair (*held by university professor*)

chaise [ʃɛz] *f* chair; bowline knot; (mach) bracket; **chaise à bascule** rocking chair; **chaise à porteurs** sedan chair; **chaise berceuse** rocking chair; **chaise brisée** folding chair; **chaise d'enfant** high chair; **chaise électrique** electric chair; **chaise percée** commode, toilet; **chaise pliante** folding chair

cha•land [ʃalɑ̃] **-lande** [lɑ̃d] *mf* customer || *m* barge; **chaland de débarquement** (mil) landing craft

châle [ʃɑl] *m* shawl

chalet [ʃalɛ] *m* chalet, cottage, summer home; **chalet de nécessité** public rest room

chaleur [ʃalœr] *f* heat; warmth; **les grandes chaleurs de l'été** the hot weather of summer

chaleu•reux [ʃalœrø] **-reuse** [røz] *adj* warm, heated

châlit [ʃɑli] *m* bedstead

chaloupe [ʃalup] *f* launch

chalu•meau [ʃalymo] *m* (*pl* **-meaux**) reed; blowtorch; (mus) pipe; **chalumeau oxhydrique** or **chalumeau oxyacétylénique** acetylene torch

chalut [ʃaly] *m* trawl

chalutier [ʃalytje] *m* trawler

chamade [ʃamad] *f*—**battre la chamade** to beat wildly (*said of the heart*)

chamailler [ʃamɑje] *ref* to squabble

chamarrer [ʃamare] *tr* to decorate, to ornament; to bedizen, to bedeck; (slang) to cover (*s.o.*) with ridicule

chambarder [ʃɑ̃barde] *tr* (slang) to upset, to turn upside down

chambellan [ʃɑ̃bɛllɑ̃] *m* chamberlain

chambouler [ʃɑ̃bule] *tr* (slang) to upset, to turn topsy-turvy

chambranle [ʃɑ̃brɑ̃l] *m* frame (*of a door or window*); mantelpiece

chambre [ʃɑ̃br] *f* chamber; room; **chambre à air** inner tube; **chambre à coucher** bedroom; **chambre d'ami** guest room; **chambre de compensation** clearing house; **chambre noire** darkroom

chambrée [ʃɑ̃bre] *f* dormitory, barracks; bunkmates

chambrer [ʃɑ̃bre] *tr* to keep under lock and key; to keep (*wine*) at room temperature

cha•meau [ʃamo] **-melle** [mɛl] *mf* (*pl* **-meaux**) camel || *m* (slang) bitch (*person*)

chamois [ʃamwa] *adj & m* chamois

champ [ʃɑ̃] *m* field; **aux champs** salute (*played on trumpet or drum*); **champ clos** lists, dueling field; **champ de courses** race track; **champ de repos** cemetery; **champ de tir** firing range; **champ libre** clear field; **champs Élysées** Elysian Fields; **Champs-Élysées** Champs Elysées (*street*)

champagne [ʃɑ̃paɲ] *m* champagne; **champagne brut** extra dry champagne; **champagne d'origine** vintage champagne || (*cap*) *f* Champagne; **la Champagne** Champagne

champe•nois [ʃɑ̃pənwa] **-noise** [nwaz] *adj* Champagne || *m* Champagne dialect || (*cap*) *mf* inhabitant of Champagne

champêtre [ʃɑ̃pɛtr] *adj* rustic, rural

champignon [ʃɑ̃piɲɔ̃] *m* mushroom; fungus; (slang) accelerator pedal; **champignon de couche** cultivated mushroom; **champignon vénéneux** toadstool

champignonner [ʃɑ̃piɲɔne] *intr* to mushroom

cham•pion [ʃɑ̃pjɔ̃] **-pionne** [pjɔn] *mf* champion || *f* championess

championnat [ʃɑ̃pjɔna] *m* championship

champlever [ʃɑ̃lve] §2 *tr* to chase out, to gouge out

chan•çard [ʃɑ̃sar] **-çarde** [sard] *adj* (slang) in luck || *mf* (slang) lucky person

chance [ʃɑ̃s] *f* luck; good luck; **avoir de la chance** to be lucky; **bonne chance** good luck; **chance moyenne** off chance; **chances** chances, risks, probability, possibility

chance•lant [ʃɑ̃slɑ̃] **-lante** [lɑ̃t] *adj* shaky, unsteady, tottering; delicate (*health, constitution*)

chanceler [ʃɑ̃sle] §34 *intr* to stagger, to totter, to teeter; to waver

chancelier [ʃɑ̃səlje] *m* chancellor

chancellerie [ʃɑ̃sɛlri] *f* chancellery

chan•ceux [ʃɑ̃sø] **-ceuse** [søz] *adj* lucky; risky

chanci [ʃɑ̃si] *m* manure pile for mushroom growing

chancir [ʃɑ̃sir] *intr* to grow moldy

chancre [ʃɑ̃kr] *m* chancre; ulcer, canker

chandail [ʃɑ̃daj] *m* sweater; **chandail à col roulé** turtleneck sweater

chandeleur [ʃɑ̃dlœr] *f*—**la chandeleur** Candlemas

chandelier [ʃɑ̃dəlje] *m* candlestick; chandler

chandelle [ʃɑ̃dɛl] *f* tallow candle; prop, stay (*used in construction*); **chandelle de glace** icicle; **en chandelle** vertically; **voir trente-six chandelles** to see stars (*on account of a blow*)

chanfrein [ʃɑ̃frɛ̃] *m* forehead (*of a horse*); chamfer, beveled edge

chanfreiner [ʃɑ̃frene] *tr* to chamfer, to bevel

change [ʃɑ̃ʒ] *m* exchange; rate of exchange; **de change** in reserve, extra; **donner le change à** to throw off the trail; **prendre le change** to let one self be duped; **rendre le change à qn** to give s.o. a taste of his own medicine

changeable [ʃɑ̃ʒabl] *adj* changeable

chan•geant [ʃɑ̃ʒɑ̃] **-geante** [ʒɑ̃t] *adj* changeable, changing, fickle; iridescent

changement [ʃɑ̃ʒmɑ̃] *m* change; shift, shifting; **changement de propriétaire** under new ownership; **changement de vitesse** gearshift

changer [ʃɑ̃ʒe] §38 *tr* to change; **changer contre** to exchange for || *intr* to change; **changer d'avis** to change one's mind; **changer de place** to change one's seat; **changer de ton**

(coll) to change one's tune; **changer de visage** to blush; to change color || *ref* to change, change clothes
chanoine [ʃanwan] *m* (eccl) canon
chanson [ʃɑ̃sɔ̃] *f* song; **chanson bachique** drinking song; **chanson de geste** medieval epic; **chanson de Noël** Christmas carol; **chanson du terroir** folk song; **chanson sentimentale** torch song
chansonner [ʃɑ̃sɔne] *tr* to lampoon in a satirical song
chansonneur [ʃɑ̃sɔnœr] *m* lampooner (*who writes satirical songs*)
chanson•nier [ʃɑ̃sɔnje] **chanson•nière** [ʃɑ̃sɔnjɛr] *mf* songwriter || *m* chansonnier; song book
chant [ʃɑ̃] *m* singing; song, chant; canto; crowing (*of rooster*); side (*e.g., of a brick*); **chant du cygne** swan song; **chant de Noël** Christmas carol; **chant national** national anthem; **chants** poetry; **de chant** on end, edgewise
chantage [ʃɑ̃taʒ] *m* blackmail
chan•tant [ʃɑ̃tɑ̃] **-tante** [tɑ̃t] *adj* singable, melodious; singsong (*accent*); musical (*evening*)
chan•teau [ʃɑ̃to] *m* (*pl* **-teaux**) chunk (*of bread*); remnant
chantepleure [ʃɑ̃tplœr] *f* wine funnel; tap (*of cask*); sprinkler; weep hole
chanter [ʃɑ̃te] *tr* to sing || *intr* to sing; to crow (*as a rooster*); to pay blackmail; **chanter faux** to sing out of tune; **chanter juste** to sing in tune; **faire chanter** to blackmail
chanterelle [ʃɑ̃trɛl] *f* first string (*of violin*); decoy bird; mushroom; **appuyer sur la chanterelle** (coll) to rub it in
chan•teur [ʃɑ̃tœr] **-teuse** [tøz] *adj* singing; song (*bird*) || *mf* singer; **chanteur de charme** crooner; **chanteur de rythme** jazz singer
chantier [ʃɑ̃tje] *m* shipyard; stocks, slip; workshop, yard; gantry, stand (*for barrels*); (public sign) men at work; **chantier de démolition** junkyard, scrap heap; **mettre en** or **sur le chantier** to start work on
chantilly [ʃɑ̃tiji] *m* whipped cream
chantonner [ʃɑ̃tɔne] *tr & intr* to hum
chantoung [ʃɑ̃tuŋ] *m* shantung
chantourner [ʃɑ̃turne] *tr* to jigsaw
chantre [ʃɑ̃tr] *m* cantor, chanter; precentor; songster; bard, poet
chanvre [ʃɑ̃vr] *m* hemp; **en chanvre** hempen; flaxen (*color*)
chan•vrier [ʃɑ̃vrije] **-vrière** [vrijɛr] *adj* hemp (*industry*) || *mf* dealer in hemp; hemp dresser
chaos [kao] *m* chaos
chaotique [kaɔtik] *adj* chaotic
chaparder [ʃaparde] *tr* (coll) to pilfer, to filch
chape [ʃap] *f* cover, covering; tread (*of tire*); coping (*of bridge*); frame, shell (*of pulley block*); (eccl) cope
cha•peau [ʃapo] *m* (*pl* **-peaux**) hat; head (*of mushroom*); lead (*of magazine or newspaper article*); cap (*of fountain pen; of valve*); cowl (*of chimney*); **chapeau à cornes** cocked hat; **chapeau bas** hat in hand; **chapeau bas!** hats off!; **chapeau chinois** Chinese bells; **chapeau de roue** hubcap; **chapeau haut de forme** top hat; **chapeau melon** derby; **chapeau mou** fedora
chapeau-cloche [ʃapoklɔʃ] *m* (*pl* **chapeaux-cloches**) cloche (hat)
chapeauter [ʃapote] *tr* (coll) to put a hat on (*e.g., a child*)
chapelain [ʃaplɛ̃] *m* chaplain (*of a private chapel*)
chapeler [ʃaple] §34 *tr* to scrape the crust off of (*bread*)
chapelet [ʃaplɛ] *m* chaplet, rosary; string (*of onions; of islands; of insults*); chain (*of events; of mountains*); series (*e.g., of attacks*); (mil) stick (*of bombs*); **chapelet hydraulique** bucket conveyor; **défiler son chapelet** (coll) to speak one's mind; **dire son chapelet** to tell one's beads; **en chapelet** (elec) in series
chape•lier [ʃaplje] **-lière** [ljɛr] *mf* hatter || *f* Saratoga trunk
chapelle [ʃapɛl] *f* chapel; clique, coterie; **chapelle ardente** mortuary chamber lighted by candles; hearse
chapellerie [ʃapɛlri] *f* hatmaking; millinery; hat shop; millinery shop
chapelure [ʃaplyr] *f* bread crumbs
chaperon [ʃaprɔ̃] *m* chaperon; hood; cape with a hood; coping (*of wall*); **le Petit Chaperon rouge** Little Red Ridinghood
chaperonner [ʃaprɔne] *tr* to chaperon
chapi•teau [ʃapito] *m* (*pl* **-teaux**) capital (*of column*); circus tent
chapitre [ʃapitr] *m* chapter; **commencer un nouveau chapitre** to turn over a new leaf
chapon [ʃapɔ̃] *m* capon; (culin) crust rubbed with garlic
chaque [ʃak] *adj indef* each, every || *pron indef* (coll) each, each one
char [ʃar] *m* chariot; float (*in parade*); (mil) tank; **char d'assaut** or **char de combat** (mil) tank; **char funèbre** hearse
charabia [ʃarabja] *m* gibberish
charançon [ʃarɑ̃sɔ̃] *m* weevil
charbon [ʃarbɔ̃] *m* coal; soft coal; charcoal; carbon (*of an electric cell or arc*); cinder (*in the eye*); **charbon ardent** live coal; **charbon de bois** charcoal; **charbon de terre** coal; **être sur les charbons ardents** to be on pins and needles
charbonnage [ʃarbɔnaʒ] *m* coal mining; coal mine
charbonner [ʃarbɔne] *tr* to char; to draw (*a picture*) with charcoal || *intr & ref* to char, to carbonize
charbon•neux [ʃarbɔnø] **charbon•neuse** [ʃarbɔnøz] *adj* sooty; anthrax-carrying
charbon•nier [ʃarbɔnje] **charbon•nière** [ʃarbɔnjɛr] *adj* coal (*e.g., industry*) || *mf* coal dealer || *m* charcoal burner; coaler || *f* coal scuttle; charcoal kiln; (orn) coal titmouse

charcuter [ʃarkyte] *tr* to butcher, mangle
charcuterie [ʃarkytri] *f* delicatessen; pork butcher shop
charcu•tier [ʃarkytje] **-tière** [tjɛr] *mf* pork butcher; (coll) sawbones
chardon [ʃardɔ̃] *m* thistle
chardonneret [ʃardɔnrɛ] *m* (orn) goldfinch
charge [ʃarʒ] *f* charge; load, burden; caricature; public office; **à charge de** on condition of, with the proviso of; **à charge de revanche** on condition of getting the same thing in return; **charges de famille** dependents; **être à charge à** to be dependent upon; **être à la charge de** to be supported by; **faire la charge de** to do a takeoff of
char•gé -gée [ʃarʒe] *adj* loaded; full; overcast (*sky*); registered (*letter*) ‖ *m* assistant, deputy, envoy; **chargé de cours** assistant professor
chargement [ʃarʒəmɑ̃] *m* charging; loading; cargo
charger [ʃarʒe] §38 *tr* to charge; to drive, to take (*s.o. in one's car*) ‖ *intr* (mil) to charge; (naut) to load ‖ *ref* to be loaded; **se charger de** to take charge of; to take up (*a question*)
chargeur [ʃarʒœr] *m* loader; stoker; shipper; clip (*of gun*); (elec) charger
chariot [ʃarjo] *m* wagon, cart; typewriter carriage; **chariot d'enfant** walker; **chariot élévateur** fork-lift truck; **Grand Chariot, Chariot de David** Big Dipper; **Petit Chariot** Little Dipper
charitable [ʃaritabl] *adj* charitable
charité [ʃarite] *f* charity; **faire la charité** to give alms; **faites la charité de** or **ayez la charité de** have the goodness to; **par charité** for charity's sake
charlatan [ʃarlatɑ̃] *m* charlatan
charlemagne [ʃarləmaɲ] *m* (cards) king of hearts; **faire charlemagne** to quit while winning
char•mant [ʃarmɑ̃] **-mante** [mɑ̃t] *adj* charming
charme [ʃarm] *m* charm; (*Carpinus betulus*) hornbeam; **se porter comme un charme** to be fit as a fiddle
charmer [ʃarme] *tr* to charm
char•meur [ʃarmœr] **-meuse** [møz] *adj* charming ‖ *mf* charmer
charmille [ʃarmij] *f* bower, arbor
char•nel -nelle [ʃarnɛl] *adj* carnal
charnière [ʃarnjɛr] *f* hinge
char•nu -nue [ʃarny] *adj* fleshy; plump; pulpy
charogne [ʃarɔɲ] *f* carrion
charpentage [ʃarpɑ̃taʒ] *m* carpentry
charpente [ʃarpɑ̃t] *f* framework; scaffolding; frame, build (*of body*)
charpenter [ʃarpɑ̃te] *tr* to square (*timber*); to outline, map out, plan (*a novel, speech, etc.*); **être solidement charpenté** to be well built or well constructed ‖ *intr* to carpenter
charpenterie [ʃarpɑ̃tri] *f* carpentry; structure (*of building*)
charpentier [ʃarpɑ̃tje] *m* carpenter
charpie [ʃarpi] *f* lint; **en charpie** in shreds
charrée [ʃare] *f* lye
charre•tier [ʃartje] **-tière** [tjɛr] *mf* teamster; **jurer comme un charretier** to swear like a trooper
charrette [ʃarɛt] *f* cart
charriage [ʃarjaʒ] *m* cartage; drifting (*of ice*); (slang) exaggeration
charrier [ʃarje] *tr* to cart, to transport; to carry away (*sand, as the river does*); (slang) to poke fun at ‖ *intr* to be full of ice (*said of river*); (slang) to exaggerate
charroi [ʃarwɑ], [ʃarwa] *m* cartage
charron [ʃarɔ̃], [ʃarɔ̃] *m* wheelwright, cartwright
charroyer [ʃarwaje] §47 *tr* to cart
charrue [ʃary] *f* plow; **mettre la charrue devant les bœufs** to put the cart before the horse
charte [ʃart] *f* charter; title deed; fundamental principle
chas [ʃɑ] *m* eye (*of needle*)
chasse [ʃas] *f* hunt, hunting; hunting song; chase; bag (*game caught*); **aller à la chasse** to go hunting; **chasse à courre** riding to the hounds; **chasse aux appartements** house hunting; **chasse aux fauves** big-game hunting; **chasse d'eau** flush; **chasse gardée** game preserve; **chasse réservée** (public sign) no shooting; **tirer la chasse** to pull the toilet chain
châsse [ʃɑs] *f* reliquary; frame (*e.g., for eyeglasses*) ‖ **châsses** *mpl* (slang) blinkers, eyes
chasse-bestiaux [ʃasbɛstjo] *m invar* cowcatcher
chasse-clou [ʃasklu] *m* (*pl* **-clous**) punch, nail set
chassé-croisé [ʃasekrwaze] *m* (*pl* **chassés-croisées**) futile efforts
chasselas [ʃasla] *m* white table grape
chasse-mouches [ʃasmuʃ] *m invar* fly swatter; fly net
chasse-neige [ʃasnɛʒ] *m invar* snowplow
chasse-pierres [ʃaspjɛr] *m invar* (rr) cowcatcher
chasser [ʃase] *tr* to hunt; to chase; to chase away, to put to flight; to drive (*e.g., a herd of cattle*); (coll) to fire (*e.g., a servant*) ‖ *intr* to hunt; to skid; to come, e.g., **le vent chasse du nord** the wind is coming from the north; **chasser de race** (coll) to be a chip off the old block
chasseresse [ʃasrɛs] *f* huntress
chas•seur [ʃasœr] **chas•seuse** [ʃasøz] *mf* hunter; bellhop ‖ *m* chasseur; fighter pilot; **chasseur à réaction** jet fighter; **chasseur d'assaut** fighter plane; **chasseur de chars** antitank tank; **chasseur de sous-marins** submarine chaser
chasseur-bombardier [ʃasœrbɔ̃bardje] *m* fighter-bomber
chassie [ʃasi] *f* gum (*on eyelids*)
chas•sieux [ʃasjø] **chas•sieuse** [ʃasjøz] *adj* gummy (*eyelids*)
châssis [ʃɑsi] *m* chassis; window frame; chase (*for printing*); **châssis à**

demeure or **dormant** sealed window frame; **châssis couche** (hort) hotbed; **châssis mobile** movable sash
châssis-presse [ʃɑsiprɛs] *m* (*pl* **-presses**) printing frame
chaste [ʃast] *adj* chaste
chasteté [ʃastəte] *f* chastity
chat [ʃa] **chatte** [ʃat] *mf* cat || *m* tomcat; **à bon chat bon rat** tit for tat; **acheter chat en poche** (coll) to buy a pig in a poke; **appeler un chat un chat** (coll) to call a spade a spade; **chat à neuf queues** cat-o'-nine-tails; **chat dans la gorge** (coll) frog in the throat; **chat de gouttière** alley cat; **chat sauvage** wildcat; **d'autres chats à fouetter** (coll) other fish to fry; **il ne faut pas réveiller le chat qui dort** let sleeping dogs lie; **le Chat botté** Puss in Boots; **mon petit chat!** darling!; **pas un chat** (coll) not a soul || *f* see **chatte**
châtaigne [ʃɑtɛɲ] *f* chestnut
châtaignier [ʃɑteɲe] *m* chestnut tree
chataire [ʃatɛr] *f* catnip
châ•teau [ʃɑto] *m* (*pl* **-teaux**) chateau; palace; estate, manor; **château d'eau** water tower; **château de cartes** house of cards; **château fort** castle, fort, citadel; **châteaux en Espagne** castles in the air; **mener une vie de château** to live like a prince
châteaubriand or **châteaubriant** [ʃatobriɑ̃] *m* grilled beefsteak
châte•lain [ʃɑtlɛ̃] **-laine** [lɛn] *mf* proprietor of a country estate || *f* wife of the lord of the manor; bracelet
châtelet [ʃɑtlɛ] *m* small chateau
chat-huant [ʃaɥɑ̃] *m* (*pl* **chats-huants** [ʃaɥɑ̃]) screech owl
châtier [ʃɑtje] *tr* to chasten, chastise; to correct; to purify (*style*)
chatière [ʃatjɛr] *f* ventilation hole; cathole
châtiment [ʃɑtimɑ̃] *m* punishment
chatoiement [ʃatwamɑ̃] *m* glisten, sparkle; sheen, shimmer; play of colors
chaton [ʃatɔ̃] *m* kitten; setting (*of ring*); (bot) catkin
chatonner [ʃatɔne] *tr* to set (*a gem*) || *intr* to have kittens
chatouillement [ʃatujmɑ̃] *m* tickle; tickling sensation
chatouiller [ʃatuje] *tr* to tickle; (fig) to excite, arouse || *intr* to tickle
chatouil•leux [ʃatujø] **chatouil•leuse** [ʃatujøz] *adj* ticklish; touchy
chatoyer [ʃatwaje] §47 *intr* to glisten, to sparkle; to shimmer
chat-pard [ʃapar] *m* (*pl* **chats-pards**) ocelot
châtrer [ʃɑtre] *tr* to castrate
chatte [ʃat] *adj fem* kittenish || *f* cat, female cat
chatterie [ʃatri] *f* cajoling; sweets
chatterton [ʃatɛrtɔn] *m* friction tape
chaud [ʃo] **chaude** [ʃod] *adj* hot, warm; last-minute (*news flash*); **il fait chaud** it is warm (weather); **pleurer à chaudes larmes** to cry one's eyes out || *m* heat, warmth; **à chaud** emergency (*operation*); (med) in the acute stage; **avoir chaud** to be warm, to be hot (*said of person*); **il a eu chaud** (coll) he had a narrow escape || *adv*—**coûter chaud** (coll) to cost a pretty penny; **servir chaud** to serve (*s.th.*) piping hot
chaudière [ʃodjɛr] *f* boiler
chaudron [ʃodrɔ̃] *m* cauldron
chaudron•nier [ʃodrɔnje] **chaudron•nière** [ʃodrɔnjɛr] *mf* coppersmith; boilermaker
chauffage [ʃofaʒ] *m* heating; stoking; (coll) coaching
chauffard [ʃofar] *m* road hog, Sunday driver
chauffe [ʃof] *f* stoking; furnace
chauffe-assiettes [ʃofasjɛt] *m invar* hot plate
chauffe-bain [ʃofbɛ̃] *m* (*pl* **-bains**) bathroom water heater
chauffe-eau [ʃofo] *m invar* water heater
chauffe-lit [ʃofli] *m* (*pl* **-lits**) bedwarmer
chauffe-pieds [ʃofpje] *m invar* foot warmer
chauffe-plats [ʃofpla] *m invar* chafing dish
chauffer [ʃofe] *tr* to heat; to warm up; to limber up; (coll) to coach; (slang) to snitch, filch || *intr* to heat up; to get up steam; to overheat; **ça va chauffer!** (coll) watch the fur fly! || *ref* to warm oneself; to heat up
chaufferette [ʃofrɛt] *f* foot warmer; space heater; car heater
chauffeur [ʃofœr] *m* driver; chauffeur; (rr) stoker, fireman
chauffeuse [ʃoføz] *f* fireside chair
chaume [ʃom] *m* stubble; thatch
chaumière [ʃomjɛr] *f* thatched cottage
chaussée [ʃose] *f* pavement, road; causeway
chausse-pied [ʃospje] *m* (*pl* **-pieds**) shoehorn
chausser [ʃose] *tr* to put on (*shoes, skis, glasses, tires, etc.*); to shoe; to fit || *intr* to fit (*said of shoe*); **chausser de** to wear (*a certain size shoe*) || *ref* to put one's shoes on
chausses [ʃos] *fpl* hose (*in medieval dress*); **aux chausses de** on the heels of; **c'est elle qui porte les chausses** (coll) she wears the pants
chausse-trape [ʃostrap] *f* (*pl* **-trapes**) trap
chaussette [ʃosɛt] *f* sock
chausseur [ʃosœr] *m* shoe salesman
chausson [ʃosɔ̃] *m* pump, slipper, savate; **chausson aux pommes** apple turnover
chaussure [ʃosyr] *f* footwear, shoes; shoe; **trouver chaussure à son pied** to find what one needs
chauve [ʃov] *adj* bald
chauve-souris [ʃovsuri] *f* (*pl* **chauves-souris**) (zool) bat
chau•vin [ʃovɛ̃] **-vine** [vin] *adj* chauvinistic || *mf* chauvinist
chauvir [ʃovir] *intr*—**chauvir de l'oreille** or **chauvir des oreilles** to prick up the ears (*said of horse, mule, donkey*)
chaux [ʃo] *f* lime

chavirement [ʃavirmɑ̃] *m* capsizing, overturning
chavirer [ʃavire] *tr & intr* to tip over, to capsize
chef [ʃɛf] *m* head, chief, leader; boss; scoutmaster; **chef de bande** ringleader, gang leader; **chef de cuisine** chef; **chef de file** leader, standard-bearer; **chef de gare** stationmaster; **chef de l'exécutif** chief executive; **chef de musique** bandmaster; **chef de rayon** floorwalker; **chef de tribu** chieftain; **chef d'orchestre** conductor; bandleader; **de son propre chef** by one's own authority, on one's own
chef-d'œuvre [ʃɛdœvr] *m* (*pl* **chefs-d'œuvre**) masterpiece
chef-lieu [ʃɛfljø] *m* (*pl* **chefs-lieux**) county seat, capital city
cheftaine [ʃɛftɛn] *f* Girl Scout unit leader
cheik [ʃɛk] *m* sheik
chelem [ʃlɛm] *m* slam (*at bridge*); **être chelem** (cards) to be shut out
chemin [ʃmɛ̃] *m* way; road; **chemin battu** beaten path; **chemin de la Croix** (eccl) Way of the Cross; **chemin de fer** railroad; **chemin des écoliers** (coll) long way around; **chemin de table** table runner; **chemin de traverse** side road; shortcut; **chemin de velours** primrose path; **n'y pas aller par quatre chemins** (coll) to come straight to the point
chemi•neau [ʃmino] *m* (*pl* **-neaux**) hobo, tramp; deadbeat
cheminée [ʃmine] *f* chimney, stack, smokestack; fireplace; (naut) funnel
cheminer [ʃmine] *intr* to trudge, tramp; to make headway
cheminot [ʃmino] *m* railroader
chemise [ʃmiz] *f* shirt; dust jacket (*of book*); folder, file; jacket, shell, metal casing; **chemise de mailles** coat of mail; **chemise de nuit** nightgown
chemiser [ʃmize] *tr* (mach) to case, to jacket
chemiserie [ʃmizri] *f* haberdashery
chemisette [ʃmizɛt] *f* short-sleeved shirt
chemi•sier [ʃmizje] **-sière** [zjɛr] *mf* haberdasher || *m* shirtwaist
che•nal [ʃnal] *m* (*pl* **-naux** [no]) channel; millrace
chenapan [ʃnapɑ̃] *m* rogue, scoundrel
chêne [ʃɛn] *m* oak
ché•neau [ʃeno] *m* (*pl* **-neaux**) rain spout
chêne-liège [ʃɛnljɛʒ] *m* (*pl* **chênes-lièges**) cork oak
chenet [ʃnɛ] *m* andiron
chènevis [ʃɛnvi] *m* hempseed, birdseed
chenil [ʃni] *m* kennel
chenille [ʃnij] *f* caterpillar; chenille; caterpillar tread
chenil•lé -lée [ʃnije] *adj* with a caterpillar tread
che•nu -nue [ʃny] *adj* hoary
cheptel [ʃɛptɛl], [ʃɛtɛl] *m* livestock; **cheptel mort** implements and buildings
chèque [ʃɛk] *m* check; **chèque de voyage** traveler's check; **chèque prescrit** lapsed check; **chèque sans provision** worthless check
chéquier [ʃekje] *m* checkbook
cher chère [ʃɛr] *adj* expensive, dear || (when standing before noun) *adj* dear, beloved || *f* see **chère** || **cher** *adv* dear(ly); **coûter cher** to cost a great deal
chercher [ʃɛrʃe] *tr* to look for, search for, seek, hunt; to try to get; **aller chercher** to go and get; **envoyer chercher** to send for || *intr* to search; **chercher à** to try to, to endeavor to || *ref* to look for each other; to feel one's way
cher•cheur [ʃɛrʃœr] **-cheuse** [ʃøz] *adj* inquiring (*mind*); homing (*device*) || *mf* seeker; researcher, scholar; investigator; prospector (*for gold, uranium, etc.*)
chère [ʃɛr] *f* fare, food and drink; **faire bonne chère** to live high
ché•ri -rie [ʃeri] *adj & mf* darling
chérir [ʃerir] *tr* to cherish
cherry [ʃɛri] *m* cherry cordial
cherté [ʃɛrte] *f* high price; **cherté de la vie** high cost of living
chérubin [ʃerybɛ̃] *m* cherub
ché•tif [ʃetif] **-tive** [tiv] *adj* puny, sickly; poor, wretched
che•val [ʃəval] *m* (*pl* **-vaux** [vo]) horse; metric or French horsepower (*735 watts*); **à cheval** on horseback; **à cheval sur** astride; insistent upon; **cheval de bois** or **cheval d'arçons** horse (*for vaulting*); **cheval de course** race horse; **cheval de race** thoroughbred; **cheval de retour** (coll) jailbird; **cheval entier** stallion; **monter sur ses grands chevaux** (fig) to get up on one's high horse
chevalement [ʃvalmɑ̃] *m* support, shoring; (min) headframe
chevaler [ʃvale] *tr* to shore up
chevaleresque [ʃvalrɛsk] *adj* knightly, chivalrous
chevalerie [ʃvalri] *f* chivalry
chevalet [ʃvalɛ] *m* easel; sawhorse; stand, frame; bridge (*of violin*)
chevalier [ʃvalje] *m* knight; (orn) sandpiper; **chevalier d'industrie** manipulator, swindler; **chevalier errant** knight-errant; **Chevaliers du tastevin** wine-tasting club
chevalière [ʃvaljɛr] *f* signet ring
cheva•lin [ʃvalɛ̃] **-line** [lin] *adj* equine
cheval-vapeur [ʃvalvapœr] *m* (*pl* **chevaux-vapeur**) metric or French horsepower (*735 watts*)
chevauchée [ʃəvoʃe] *f* ride
chevaucher [ʃəvoʃe] *tr* to straddle || *intr* to ride horseback; to overlap
cheve•lu -lue [ʃəvly] *adj* hairy; long-haired
chevelure [ʃəvlyr] *f* hair, head of hair; tail (*of a comet*)
chevet [ʃəvɛ] *m* headboard; bolster; **de chevet** bedside (*lamp, table, book*)
che•veu [ʃəvø] *m* (*pl* **-veux**) hair; **avoir mal aux cheveux** (coll) to have a hangover; **cheveux** hair (*of the head*); hairs; **cheveux en brosse** crew cut; **couper les cheveux en quatre** (coll)

to split hairs; **en cheveux** hatless; **faire dresser les cheveux** (coll) to make one's hair stand on end; **ne tenir qu'à un cheveu** (coll) to hang by a thread; **saisir l'occasion aux cheveux** (coll) to take time by the forelock; **se faire des cheveux** (coll) to worry oneself gray; **tiré par les cheveux** (coll) far-fetched

chevillard [ʃəvijar] *m* wholesale cattle dealer or jobber

cheville [ʃəvij] *f* peg; pin; bolt; padding (*of verse*); ankle; **cheville ouvrière** (mach) kingbolt; (fig) mainspring (*of an enterprise*); **être en cheville avec** (coll) to be in cahoots with; **ne pas arriver à la cheville de qn** (coll) not to hold a candle to s.o.

chèvre [ʃɛvr] *f* goat; nanny goat

che•vreau [ʃəvro] *m* (*pl* **-vreaux**) kid

chèvrefeuille [ʃɛvrəfœj] *m* honeysuckle

chevrette [ʃəvrɛt] *f* kid; doe (*roe deer*); shrimp; tripod

chevreuil [ʃəvrœj] *m* roe deer; roebuck

chevron [ʃəvrɔ̃] *m* rafter; chevron, hash mark; **en chevron** in a herringbone pattern

chevron•né -née [ʃəvrɔne] *adj* wearing chevrons; experienced, oldest

chevronner [ʃəvrɔne] *tr* to put rafters on; to give chevrons to

chevroter [ʃəvrɔte] *intr* to bleat; to sing or speak in a quavering voice

chewing-gum [ʃwiŋgɔm], [tʃuwiŋgɔm] *m* chewing gum

chez [ʃe] *prep* at the house, home, office, etc., of, e.g., **chez mes amis** at my friends' house; e.g., **chez le boulanger** at the baker's; in the country of, among, e.g., **chez les Français** among the French; in the time of, e.g., **chez les anciens Grecs** in the time of the ancient Greeks; in the work of, e.g., **chez Homère** in Homer's works; with, e.g., **c'est chez lui une habitude** it's a habit with him

chez-soi [ʃeswa] *m invar* home

chialer [ʃjale] *intr* (slang) to cry

chiasse [ʃjas] *f* flyspecks; (metallurgy) dross; (coll) loose bowels

chic [ʃik] *adj invar* stylish, chic; **un chic type** (coll) a good egg || *m* style; skill, knack; (coll) smartness, elegance; (slang) ovation; **de chic** from memory || *interj* (coll) fine!, grand!

chicane [ʃikan] *f* chicanery; shady lawsuit; baffle, baffle plate; **chercher chicane à** to engage in a petty quarrel with; **en chicane** staggered, zigzag; curved (*tube*)

chicaner [ʃikane] *tr* to pick a fight with; **chicaner q.ch. à qn** to quibble over s.th. with s.o. || *intr* to quibble

chicanerie [ʃikanri] *f* chicanery

chiche [ʃiʃ] *adj* stingy; small, dwarf || *interj* (coll) I dare you!

chicon [ʃikɔ̃] *m* (coll) romaine

chicorée [ʃikɔre] *f* chicory; **chicorée frisée** endive

chicot [ʃiko] *m* stump (*of tree*); (coll) stump, stub (*of tooth*)

chien [ʃjɛ̃] **chienne** [ʃjɛn] *mf* dog || *m* hammer (*of gun*); glamour; **à la chien** (coll) with bangs; **chien couchant** setter; (slang) apple polisher; **chien d'arrêt** pointer; **chien d'aveugle** Seeing Eye dog; **chien de** or **chienne de** (coll) dickens of a; **chien de garde** watchdog; **chien du jardinier** (coll) dog in the manger; **chien savant** performing dog; **de chien** (coll) miserable (*weather, life, etc.*); **en chien de fusil** (coll) curled up (*e.g., to sleep*); **entre chien et loup** (coll) at dusk; **les chiens écrasés** (slang) the accident page (*of newspaper*); **petit chien** pup; **se regarder en chiens de faïence** (coll) to glare at one another || *f* see **chienne**

chiendent [ʃjɛ̃dɑ̃] *m* couch grass; (coll) trouble

chienlit [ʃjɑ̃li] *mf* (vulgar) person who soils his bed || *m* carnival mask; masquerade, fantastic costume

chien-loup [ʃjɛ̃lu] *m* (*pl* **chiens-loups**) wolfhound

chienne [ʃjɛn] *f* bitch

chienner [ʃjɛne] *intr* to whelp

chiennerie [ʃjɛnri] *f* stinginess, meanness

chiffe [ʃif] *f* rag; (coll) weakling

chiffon [ʃifɔ̃] *m* rag; scrap of paper; **chiffons** (coll) fashions

chiffonnade [ʃifɔnad] *f* salad greens

chiffonner [ʃifɔne] *tr* to rumple, crumple; to make (*a dress*); (coll) to ruffle (*tempers*), to bother || *intr* to pick rags; to make dresses

chiffon•nier [ʃifɔnje] **chiffon•nière** [ʃifɔnjɛr] *mf* scavenger, ragpicker || *m* chiffonier

chiffre [ʃifr] *m* figure, number; cipher, code; sum total; combination (*of lock*); monogram; **chiffre d'affaires** turnover; **chiffres romains** roman numerals

chiffrer [ʃifre] *tr* to number; to monogram; to figure the cost of; to cipher, code || *intr* to calculate; to mount up; to cipher, code || *ref*—**se chiffrer par** to amount to

chignole [ʃiɲɔl] *f* breast drill, hand drill; (coll) jalopy

chignon [ʃiɲɔ̃] *m* chignon, bun, knot

Chili [ʃili] *m*—**le Chili** Chile

chimère [ʃimɛr] *f* chimera; **se forger des chimères** to indulge in wishful thinking

chimie [ʃimi] *f* chemistry

chimique [ʃimik] *adj* chemical

chimiste [ʃimist] *mf* chemist

chimpanzé [ʃɛ̃pɑ̃ze] *m* chimpanzee

Chine [ʃin] *f* China; **la Chine** China

chi•né -née [ʃine] *adj* mottled, figured

chiner [ʃine] *tr* to mottle (*cloth*); (coll) to make fun of

chi•nois [ʃinwa] **-noise** [nwaz] *adj* Chinese || *m* Chinese (*language*) || (*cap*) *mf* Chinese (*person*)

chinoiserie [ʃinwazri] *f* Chinese curio; **chinoiseries administratives** (coll) red tape

chiot [ʃjo] *m* puppy

chiourme [ʃjurm] *f* chain gang

chiper [ʃipe] *tr* (slang) to swipe

chipie [ʃipi] *f* (coll) shrew

chipoter [ʃipɔte] *intr* to haggle
chips [ʃips] *mpl* potato chips
chique [ʃik] *f* chew, quid (*of tobacco*); (ent) chigger
chiqué [ʃike] *m* (slang) sham, bluff
chiquenaude [ʃiknod] *f* fillip, flick
chiquer [ʃike] *tr* to chew (*tobacco*) ‖ *intr* to chew tobacco
chiromancie [kirɔmɑ̃si] *f* palmistry
chiroman•cien [kirɔmɑ̃sjɛ̃] **-cienne** [sjɛn] *mf* palm reader
chiropracteur [kirɔpraktœr] *m* chiropractor
chirurgi•cal -cale [ʃiryrʒikal] *adj* (*pl* **-caux** [ko]) surgical
chirurgie [ʃiryrʒi] *f* surgery
chirur•gien [ʃiryrʒjɛ̃] **-gienne** [ʒjɛn] *mf* surgeon
chirurgien-dentiste [ʃiryrʒjɛ̃dɑ̃tist] *m* (*pl* **chirurgiens-dentistes**) dental surgeon
chiure [ʃjyr] *f* flyspeck
chlore [klɔr] *m* chlorine
chlo•ré -rée [klɔre] *adj* chlorinated
chlorhydrique [klɔridrik] *adj* hydrochloric
chloroforme [klɔrɔfɔrm] *m* chloroform
chloroformer [klɔrɔfɔrme] *tr* to chloroform
chlorophylle [klɔrɔfil] *f* chlorophyll
chlorure [klɔryr] *m* chloride; **chlorure de soude** sodium chloride
choc [ʃɔk] *m* shock; clash; bump; clink (*of glasses*)
chocolat [ʃɔkɔlɑ] *adj invar & m* chocolate
chocolaterie [ʃɔkɔlatri] *f* chocolate factory
chœur [kœr] *m* choir, chorus
choir [ʃwar] (usually used only in *inf* and *pp* **chu**; sometimes used in *pres ind* **chois**, etc.; *pret* **chus**, etc.; *fut* **choirai**, etc.) *intr* (*aux*: ÊTRE or AVOIR) to fall; **se laisser choir** to drop, to flop
choi•si -sie [ʃwazi] *adj* choice, select; chosen; selected (*works*)
choisir [ʃwazir] *tr & intr* to choose
choix [ʃwa] *m* choice; **au choix** at one's discretion; **de choix** choice
choléra [kɔlera] *m* cholera
cholérique [kɔlerik] *mf* cholera victim
cholestérol [kɔlesterɔl] *m* cholesterol
chômage [ʃomaʒ] *m* unemployment; **en chômage** unemployed
chô•mé -mée [ʃome] *adj* closed for business, off, e.g., **jour chômé** day off
chômer [ʃome] *tr* to take (*a day*) off; to observe (*a holiday*) ‖ *intr* to take off (*from work*); to be unemployed
chô•meur [ʃomœr] **-meuse** [møz] *mf* unemployed worker
chope [ʃɔp] *f* stein, beer mug
chopine [ʃɔpin] *f* half-liter measure; (slang) bottle
chopper [ʃɔpe] *intr* to stumble; to blunder
choquer [ʃɔke] *tr* to shock; to bump; to clink (*glasses*); (elec) to shock ‖ *ref* to collide; to take offense
cho•ral -rale [kɔral] *adj* (*pl* **-raux** [ro]) choral ‖ *m* (*pl* **-rals**) chorale ‖ *f* choral society, glee club
chorégraphie [kɔregrafi] *f* choreography
choriste [kɔrist] *mf* chorister
chorus [kɔrys] *m*—**faire chorus** to repeat in unison; to chime in; to approve unanimously
chose [ʃoz] *adj invar* (coll) odd; **être tout chose** (coll) to feel funny ‖ *m* thingamajig; **Monsieur Chose** (coll) Mr. what's-his-name ‖ *f* thing ‖ *pron indef masc*—**autre chose** something else; **quelque chose** something
chou [ʃu] **choute** [ʃut] *mf*—**ma choute, mon chou** (coll) sweetheart ‖ *m* (*pl* **choux**) cabbage; **chou à la crème** cream puff; **chou de Bruxelles** Brussels sprouts; **de chou** (coll) of little value; **faire chou blanc** (coll) to draw a blank; **finir dans le chou** (coll) to come in last
choucas [ʃukɑ] *m* jackdaw
choucroute [ʃukrut] *f* sauerkraut; **choucroute garnie** sauerkraut with ham or sausage
chouette [ʃwɛt] *adj* (coll) swell; **chouette alors!** (coll) oh boy! ‖ *f* owl; (coll) radio; **chouette épervière** hawk owl
chou-fleur [ʃuflœr] *m* (*pl* **choux-fleurs**) cauliflower
chou-rave [ʃurav] *m* (*pl* **choux-raves**) kohlrabi
chow-chow [ʃuʃu] *m* (*pl* **-chows**) chow (*dog*)
choyer [ʃwaje] **§47** *tr* to pamper, coddle; to cherish (*a hope*); to entertain (*an idea*)
chrestomatie [krɛstɔmati], [krɛstɔmasi] *f* chrestomathy
chré•tien [kretjɛ̃] **-tienne** [tjɛn] *adj & mf* Christian
chrétiennement [kretjɛnmɑ̃] *adv* in the faith
chrétienté [kretjɛ̃te] *f* Christendom
christ [krist] *m* crucifix ‖ (*cap*) *m* Christ; **le Christ** Christ
christianiser [kristjanize] *tr* to Christianize
christianisme [kristjanism] *m* Christianity
chromatique [krɔmatik] *adj* chromatic
chrome [krom] *m* chrome, chromium
chromer [krome] *tr* to chrome
chromosome [krɔmozom] *m* chromosome
chronique [krɔnik] *adj* chronic ‖ *f* chronicle; column (*in newspaper*); **chronique financière** financial page; **chronique mondaine** society news; **chronique théâtrale** theater page
chroniqueur [krɔnikœr] *m* chronicler; columnist; **chroniqueur dramatique** drama critic
chrono [krɔno] *m*—**faire du 60 chrono** (coll) to do 60 by the clock
chronologie [krɔnɔlɔʒi] *f* chronology
chronologique [krɔnɔlɔʒik] *adj* chronological
chronomètre [krɔnɔmɛtr] *m* chronometer; stopwatch
chronométrer [krɔnɔmetre] **§10** *tr* to clock, to time

chronométreur [krɔnɔmetrœr] *m* timekeeper
chrysalide [krizalid] *f* chrysalis
chrysanthème [krizɑ̃tɛm] *m* chrysanthemum
chuchotement [ʃyʃɔtmɑ̃] *m* whisper, whispering
chuchoter [ʃyʃɔte] *tr & intr* to whisper
chuinter [ʃɥɛ̃te] *intr* to hoot (*said of owl*); to make a swishing sound, to hiss (*said of escaping gas*); to pronounce [ʃ] instead of [s] and [ʒ] instead of [z]
chut [ʃyt] *interj* sh!
chute [ʃyt] *f* fall; downfall; drop (*in prices, voltage, etc.*); **chute d'eau** waterfall
chuter [ʃyte] *tr* to hush; to hiss (*an actor*) || *intr* (coll) to fall; (cards) to be down
Chypre [ʃipr] *f* Cyprus
ci [si] *pron indef*—**comme ci comme ça** so-so || *adv*—**entre ci et là** between now and then
-ci [si] §82, §84
ci-après [siaprɛ] *adv* hereafter, below, further on
ci-bas [sibɑ] *adv* below
cible [sibl] *f* target
ciboule [sibul] *f* scallion
ciboulette [sibulɛt] *f* chive, chives
cicatrice [sikatris] *f* scar
cicatriser [sikatrize] *tr* to heal; to scar || *ref* to heal
Cicéron [siserɔ̃] *m* Cicero
cicérone [siseron] *m* guide
ci-contre [sikɔ̃tr] *adv* opposite, on the opposite page; in the margin
ci-dessous [sidəsu] *adv* further on, below, hereunder
ci-dessus [sidəsy] *adv* above
ci-devant [sidəvɑ̃] *mf invar* (hist) aristocrat; (coll) back number || *adv* previously, formerly
cidre [sidr] *m* cider
Cie *abbr* (**Compagnie**) Co.
ciel [sjɛl] *m* (*pl* **cieux** [sjø]) sky, heavens (*firmament*); heaven (*state of great happiness*) || *m* (*pl* **ciels**) heaven (*abode of the blessed*); sky (*upper atmosphere, especially with reference to meteorological conditions; representation of sky in a painting*); canopy (*of a bed*) || *m* (*pl* **cieux** or **ciels**) clime, sky
cierge [sjɛrʒ] *m* wax candle; cactus; **droit comme un cierge** straight as a ramrod; **en cierge** straight up
cigale [sigal] *f* cicada, grasshopper
cigare [sigar] *m* cigar
cigarette [sigarɛt] *f* cigarette
ci-gît [siʒi] see **gésir**
cigogne [sigɔɲ] *f* stork
ciguë [sigy] *f* hemlock (*herb and poison*)
ci-in·clus [siɛ̃kly] **-cluse** [klyz] *adj* enclosed || **ci-inclus** *adv* enclosed
ci-joint [sijwɛ̃] **-jointe** [jwɛ̃t] *adj* enclosed || **ci-joint** *adv* enclosed
cil [sil] *m* eyelash; **cils** eyelash (*fringe of hair*)
cilice [silis] *m* hair shirt
ciller [sije] *tr & intr* to blink
cime [sim] *f* summit, top
ciment [simɑ̃] *m* cement; **ciment armé** reinforced concrete
cimentation [simɑ̃tɑsjɔ̃] *f* cementing
cimenter [simɑ̃te] *tr* to cement
cimeterre [simtɛr] *m* scimitar
cimetière [simtjɛr] *m* cemetery
cinéaste [sineast] *mf* film producer; movie director; scenarist; movie technician
cinégraphiste [sinegrafist] *mf* scenarist
cinéma [sinema] *m* movies; moving-picture theater; cinema; **cinéma auto** drive-in movie; **cinéma d'essai** preview theater; **cinéma muet** silent movie
cinémathèque [sinematɛk] *f* film library
cinématographique [sinematɔgrafik] *adj* motion-picture, film
cinéphile [sinefil] *mf* movie fan
cinéprojecteur [sineprɔʒɛktœr] *m* motion-picture projector
ciné-roman [sinerɔmɑ̃] *m* (*pl* **-romans**) published story (*of a film*)
cinétique [sinetik] *adj* kinetic || *f* kinetics
cin·glant [sɛ̃glɑ̃] **-glante** [glɑ̃t] *adj* scathing
cin·glé -glée [sɛ̃gle] *adj* (slang) screwy || *mf* (slang) screwball
cingler [sɛ̃gle] *tr* to whip; to cut to the quick || *intr* to go full sail
cinq [sɛ̃(k)] *adj & pron* five; the Fifth, e.g., **Jean cinq** John the Fifth; **cinq heures** five o'clock || *m* five; fifth (*in dates*); **il était moins cinq** (coll) it was a close shave
cinquantaine [sɛ̃kɑ̃tɛn] *f* about fifty; age of fifty, fifty mark, fifties
cinquante [sɛ̃kɑ̃t] *adj, pron, & m* fifty; **cinquante et un** fifty-one; **cinquante et unième** fifty-first
cinquantième [sɛ̃kɑ̃tjɛm] *adj, pron* (*masc, fem*), & *m* fiftieth
cinquième [sɛ̃kjɛm] *adj, pron* (*masc, fem*), & *m* fifth
cintre [sɛ̃tr] *m* arch; coat hanger; bend; **plein cintre** semicircular arch
cin·tré -trée [sɛ̃tre] *adj* (slang) crazy
cintrer [sɛ̃tre] *tr* to arch, to bend
cirage [siraʒ] *m* waxing; shoe polish; **dans le cirage** (coll) in the dark
circoncire [sirkɔ̃sir] §66 (*pp* **circoncis**) *tr* to circumcise
circoncision [sirkɔ̃sizjɔ̃] *f* circumcision
circonférence [sirkɔ̃ferɑ̃s] *f* circumference
circonflexe [sirkɔ̃flɛks] *adj & m* circumflex
circonscription [sirkɔ̃skripsjɔ̃] *f* circumscription; ward, district
circonscrire [sirkɔ̃skrir] §25 *tr* to circumscribe
circons·pect [sirkɔ̃spɛ], [sirkɔ̃spɛk(t)] **-pecte** [pɛkt] *adj* circumspect
circonstance [sirkɔ̃stɑ̃s] *f* circumstance; **circonstances et dépendances** appurtenances; **de circonstance** proper for the occasion, topical; emergency (*measure*); guest, e.g., **orateur de circonstance** guest speaker

circonstan•cié -ciée [sirkɔ̃stɑ̃sje] *adj* circumstantial, in detail
circonstan•ciel -cielle [sirkɔ̃stɑ̃sjɛl] *adj* (gram) adverbial
circonvenir [sirkɔ̃vnir] §72 *tr* to circumvent
circonvoi•sin [sirkɔ̃vwazɛ̃] **-sine** [zin] *adj* nearby, neighboring
circuit [sirkɥi] *m* circuit; circumference; detour; tour
circulaire [sirkylɛr] *adj & f* circular
circulation [sirkylɑsjɔ̃] *f* circulation; traffic; **circulation interdite** (public sign) no thoroughfare
circuler [sirkyle] *intr* to circulate
cire [sir] *f* wax; **cire à cacheter** sealing wax; **cire molle** (fig) wax in one's hands
ci•ré -rée [sire] *adj* waxed ‖ *m* waterproof garment; raincoat
cirer [sire] *tr* to wax; to polish
ci•reur [sirœr] **-reuse** [røz] *mf* waxer, polisher (*person*); shoeblack, bootblack ‖ *f* floor waxer (*machine*)
ci•reux [sirø] **-reuse** [røz] *adj* waxy
ciron [sirɔ̃] *m* mite
cirque [sirk] *m* circus; amphitheater
cirrhose [siroz] *f* cirrhosis
cisaille [sizɑj] *f* metal clippings, scissel; **cisailles** clippers, shears; wire cutter
cisailler [sizɑje] *tr* to shear
ci•seau [sizo] *m* (*pl* **-seaux**) chisel; **ciseau à froid** cold chisel; **ciseaux** scissors; **ciseaux à ongles** nail scissors; **ciseaux à raisin** pruning shears; **ciseaux à tondre** sheep shears
ciseler [sizle] §2 *tr* to chisel; to chase; to cut, shear; to prune
ciseleur [sizlœr] *m* chaser, tooler
citadelle [sitadɛl] *f* citadel
cita•din [sitadɛ̃] **-dine** [din] *adj* urban ‖ *mf* city dweller
citation [sitɑsjɔ̃] *f* citation, quotation; citation, summons
cité [site] *f* housing development; (hist) fortified city, citadel; **cité ouvrière** low-cost housing development; **cité sainte** Holy City; **cité universitaire** university dormitory complex; **la Cité** the City (*district within ancient boundaries*)
citer [site] *tr* to cite, quote; to summon, subpoena
citerne [sitɛrn] *f* cistern; tank; **citerne flottante** tanker
cithare [sitar] *f* cither, zither
citoyen [sitwajɛ̃] **citoyenne** [sitwajɛn] *mf* citizen; (coll) individual, person; **citoyens** citizenry
citoyenneté [sitwajɛnte] *f* citizenship; citizenry
citrique [sitrik] *adj* citric
citron [sitrɔ̃] *adj & m* lemon
citronnade [sitrɔnad] *f* lemonade
citron•né -née [sitrɔne] *adj* lemon-flavored
citronnelle [sitrɔnɛl] *f* citronella
citronner [sitrɔne] *tr* to flavor with lemon
citronnier [sitrɔnje] *m* lemon tree
citrouille [sitruj] *f* pumpkin, gourd
cive [siv] *f* scallion
civet [sivɛ] *m* stew
civette [sivɛt] *f* civet; civet cat; chive, chives
civière [sivjɛr] *f* stretcher, litter
ci•vil -vile [sivil] *adj* civil; civilian; secular ‖ *m* civilian; layman; **en civil** plain-clothes (*man*); in civies
civilisation [sivilizɑsjɔ̃] *f* civilization
civiliser [sivilize] *tr* to civilize ‖ *ref* to become civilized
civilité [sivilite] *f* civility; **civilités** kind regards; amenities
civique [sivik] *adj* civic; civil (*rights*); national (*guard*)
civisme [sivism] *m* good citizenship
clabauder [klabode] *intr* to clamor
claie [klɛ] *f* wickerwork; trellis
clair claire [klɛr] *adj* clear, bright; evident, plain; light, pale ‖ *m* light, brightness; **clair de lune** moonlight; **clairs** highlights ‖ *f* oyster bed
clai•ret [klɛrɛ] **-rette** [rɛt] *adj* light-red; thin, high-pitched (*voice*) ‖ *m* light, red wine ‖ *f* light sparkling wine
claire-voie [klɛrvwa] *f* (*pl* **claires-voies**) latticework, slats; clerestory; **à claire-voie** with open spaces
clairière [klɛrjɛr] *f* clearing, glade
clairon [klɛrɔ̃] *m* bugle; bugler
claironner [klɛrɔne] *tr* to announce ‖ *intr* to sound the bugle
clairse•mé -mée [klɛrsəme] *adj* scattered, sparse; thin, thinned out
clairvoyance [klɛrvwajɑ̃s] *f* clear-sightedness, clairvoyance
clairvoyant [klɛrvwajɑ̃] **clairvoyante** [klɛrvwajɑ̃t] *adj* clear-sighted, clairvoyant
clamer [klame] *tr & intr* to cry out
clameur [klamœr] *f* clamor, outcry
clamp [klɑ̃] *m* (med) clamp
clampin [klɑ̃pɛ̃] *m* (mil) straggler
clan [klɑ̃] *m* clan, clique
clandes•tin [klɑ̃dɛstɛ̃] **-tine** [tin] *adj* clandestine
clapet [klapɛ] *m* valve; **ferme ton clapet!** (slang) shut your trap!
clapier [klapje] *m* rabbit hutch
clapoter [klapɔte] *intr* to splash; to be choppy
claque [klak] *m* opera hat ‖ *f* slap, smack; claque, paid applauders
cla•qué -quée [klake] *adj* dog-tired; sprained
claquement [klakmɑ̃] *m* clapping; slam (*of a door*); chattering (*of teeth*)
claquemurer [klakmyre] *tr* to shut in ‖ *ref* to shut oneself up at home
claquer [klake] *tr* to slap; to clap; to smack (*the lips*); to slam (*the door*); to crack (*the whip*); to click (*the heels*); to snap (*the fingers*); (coll) to tire out; (coll) to waste ‖ *intr* to clap, slap, slam; to crack; (slang) to fail; (slang) to die ‖ *ref* (with *dat* of *reflex pron*) to sprain; (slang) to work oneself to death
claquettes [klakɛt] *fpl* tap-dancing
claqueur [klakœr] *m* applauder, member of a claque
clarifier [klarifje] *tr* to clarify ‖ *ref* to become clear
clarine [klarin] *f* cowbell

clarinette [klarinɛt] *f* clarinet
clarté [klarte] *f* clarity; brightness; **clarté du soleil** sunshine
classe [klɑs] *f* class; classroom; **classe de rattrapage** refresher course (*for backward children*); **classe de travaux pratiques** lab class
clas•sé -sée [klɑse] *adj* pigeonholed, tabled; standard (*literary work*); listed; **non classé** (sports) also-ran
classer [klɑse] *tr* to class; to sort out, to file; to pigeonhole, to table
classeur [klɑsœr] *m* file (*for letters, documents*); filing cabinet
classicisme [klasisism] *m* classicism
classification [klasifikɑsjɔ̃] *f* classification
classifier [klasifje] *tr* to classify; to sort out
classique [klasik] *adj* classic, classical; standard (*author, work*) || *mf* classicist || *m* classic; standard work
claudication [klodikɑsjɔ̃] *f* limping
clause [kloz] *f* clause, stipulation, provision; **clause additionnelle** rider; **clause ambiguë** joker clause; **clause de style** unwritten provision
claustration [klostrɑsjɔ̃] *f* confinement; cloistering
clavecin [klavsɛ̃] *m* harpsichord
claveciniste [klavsinist] *mf* harpsichordist
clavette [klavɛt] *f* pin, cotter pin; key
clavicule [klavikyl] *f* collarbone
clavier [klavje] *m* keyboard; key ring; range (*e.g., of the voice*); **clavier universel** standard keyboard
clayère [klɛjɛr] *f* oyster bed
clé [kle] *f* see **clef**
clef [kle] *adj invar* key || *f* key; wrench; (wrestling) lock; **clef anglaise** monkey wrench; **clef à tube** socket wrench; **clef crocodile** alligator wrench; **clef des champs** vacation; **clef de voûte** keystone; **sous clef** under lock and key
clémence [klemɑ̃s] *f* clemency
clé•ment [klemɑ̃] **-mente** [mɑ̃t] *adj* mild, clement
clenche [klɑ̃ʃ] *f* latch
cleptomane [klɛptɔman] *mf* kleptomaniac
clerc [klɛr] *m* cleric, clergyman; scholar; clerk
clergé [klɛrʒe] *m* clergy
clergie [klɛrʒi] *f* learning, scholarship; clergy
cléri•cal -cale [klerikal] *adj & mf* (*pl* **-caux** [ko]) clerical
cliché [kliʃe] *m* cliché; (phot) negative; (typ) plate, stereotype; **prendre un cliché** (phot) to make an exposure
clicher [kliʃe] *tr* (typ) to stereotype
client [klijɑ̃] **cliente** [kljɑ̃t] *mf* client; patient; customer; guest (*of a hotel*)
clientèle [klijɑ̃tɛl] *f* clientele; adherents
cligner [kliɲe] *tr* to squint (*one's eyes*) || *intr* to squint, to blink; **cligner de l'œil à** to wink at
cligno•tant [kliɲɔtɑ̃] **-tante** [tɑ̃t] *adj* blinking || *m* (aut) directional signal
clignotement [kliɲɔtmɑ̃] *m* blinking; twinkling; flickering
clignoter [kliɲɔte] *intr* to blink; to twinkle; to flicker
clignoteur [kliɲɔtœr] *m* (aut) directional signal
climat [klimɑ], [klima] *m* climate
climatisation [klimatizɑsjɔ̃] *f* air conditioning
climati•sé -sée [klimatize] *adj* air-conditioned
climatiseur [klimatizœr] *m* air conditioner
clin [klɛ̃] *m*—**à clin** (carpentry) overlapping, covering; **clin d'œil** wink; **en un clin d'œil** in the twinkling of an eye
clinicien [klinisjɛ̃] *adj masc* clinical || *m* clinician
clinique [klinik] *adj* clinical || *f* clinic; private hospital
clinquant [klɛ̃kɑ̃] *m* foil, tinsel; flashiness, tawdriness
clip [klip] *m* clip, brooch
clique [klik] *f* drum and bugle corps; (coll) gang; **cliques** wooden shoes
cliquet [klikɛ] *m* (mach) pawl, catch
cliqueter [klikte] §34 *intr* to click, to clink, to clank, to jangle
cliquetis [klikti] *m* click, clink, clank, jangle
cliquette [klikɛt] *f* castanets; (fishing) sinker
clisse [klis] *f* draining rack, wicker bottleholder
clivage [klivaʒ] *m* cleavage
cliver [klive] *tr* to cleave; to cut
cloaque [klɔak] *m* cesspool
clo•chard [klɔʃar] **-charde** [ʃard] *mf* beggar, tramp
cloche [klɔʃ] *adj* bell (*skirt*) || *f* bell; bell glass; blister (*on skin*); **cloche à plongeurs** diving bell; **cloche de sauvetage** escape hatch (*on submarine*); **déménager à la cloche de bois** (coll) to skip out without paying; **la cloche** (slang) beggars
clochement [klɔʃmɑ̃] *m* limp, limping
cloche-pied [klɔʃpje]—**à cloche-pied** on one foot, hopping
clocher [klɔʃe] *m* steeple; belfry; parish, home town; **de clocher** local (*politics*) || *intr* to limp; **quelque chose cloche** something jars, is not right
clocheton [klɔʃtɔ̃] *m* little steeple
clochette [klɔʃɛt] *f* little bell; (bot) bellflower
cloison [klwazɔ̃] *f* partition; division, barrier (*e.g., between classes*); (anat, bot) septum, dividing membrane; (naut) bulkhead; **cloison étanche** (naut) watertight compartment
cloisonner [klwazɔne] *tr* to partition
cloître [klwatr] *m* cloister
cloîtrer [klwatre] *tr* to cloister; to confine
clopin-clopant [klɔpɛ̃klɔpɑ̃] *adv* (coll) so-so; **aller clopin-clopant** (coll) to go hobbling along
clopiner [klɔpine] *intr* to hobble
cloque [klɔk] *f* blister
cloquer [klɔke] *tr & intr* to blister
clore [klɔr] §24 *tr & intr* to close

clos [klo] **close** [kloz] *adj* closed || *m* enclosure; **clos de vigne** vineyard
clôture [klotyr] *f* fence; wall; cloistered life; closing of an account
clôturer [klotyre] *tr* to enclose, to wall in; to close out (*an account*); to conclude (*a discussion*)
clou [klu] *m* nail; (coll) boil; (coll) jalopy; (coll) feature attraction; (slang) pawnshop; **clou de girofle** clove; **clous** pedestrian crossing; **des clous!** (slang) nothing at all!
clouer [klue] *tr* to nail; to immobilize, rivet; **clouer le bec à qn** (coll) to shut s.o.'s mouth
clouter [klute] *tr* to stud; to trim or border with studs, e.g., **passage clouté** pedestrian crossing (bordered with studs)
clown [klun] *m* clown; **faire le clown** to clown (around)
clownerie [klunri] *f* high jinks, clowning
club [klyb] *m* (literary) society; (political) association || [klœb] *m* club (*for social and athletic purposes, etc.*); clubhouse; (golf) club; armchair
clubiste [klybist] *mf* (coll) club member; (coll) joiner
clubman [klœbman] *m* club member
coaccu•sé -sée [kɔakyze] *mf* codefendant
coaguler [koagyle] *tr & ref* to coagulate
coaliser [koalize] *tr* to form into a coalition || *ref* to form a coalition
coalition [koalisjɔ̃] *f* coalition
coassement [kɔasmɑ̃] *m* croak, croaking
coasser [kɔase] *intr* to croak
coasso•cié -ciée [kɔasɔsje] *mf* copartner
coauteur [kɔotœr] *m* coauthor
cobalt [kɔbalt] *m* cobalt
cobaye [kɔbaj] *m* guinea pig
cocaïne [kɔkain] *f* cocaine
cocarde [kɔkard] *f* cockade; rosette of ribbons; **avoir sa cocarde** (coll) to be tipsy; **prendre la cocarde** (coll) to enlist
cocasse [kɔkas] *adj* (coll) funny, ridiculous
coccinelle [kɔksinɛl] *f* ladybug
coche [kɔʃ] *m* coach, stagecoach; two-door sedan; barge || *f* notch, score; (zool) sow
cocher [kɔʃe] *m* coachman, driver || *tr* to notch, to score; to check off
cochère [kɔʃɛr] *adj* carriage (*entrance*)
co•chon [kɔʃɔ̃] **-chonne** [ʃɔn] *mf* (coll) skunk, slob || *m* pig, hog; **cochon de lait** suckling pig; **cochon de mer** porpoise; **cochon d'Inde** guinea pig
cochonnerie [kɔʃɔnri] *f* (slang) dirty trick; (slang) filthy speech, smut
cocker [kɔkɛr] *m* cocker spaniel
cockpit [kɔkpit] *m* (aer) cockpit
cocktail [kɔktɛl] *m* cocktail; cocktail party
coco [kɔko], [koko] *m* coconut; licorice water; **mon coco** (coll) my darling; **un joli coco** (coll) a stinker || *f* (slang) cocaine
cocon [kɔkɔ̃] *m* cocoon
cocorico [kɔkɔriko] *m* cockcrow || *interj* cock-a-doodle-doo!
cocotier [kɔkɔtje] *m* coconut tree
cocotte [kɔkɔt] *f* saucepan; cocotte, floozy; **ma cocotte** (coll) my little chick, my baby doll
co•cu -cue [kɔky] *adj & m* cuckold
cocufier [kɔkyfje] *tr* (slang) to cuckold
code [kɔd] *m* code; **code de la route** traffic regulations; **code pénal** criminal code; **codes** (slang) dimmers; **se mettre en code** to dip one's headlights
codex [kɔdɛks] *m* pharmacopoeia
codicille [kɔdisil] *m* codicil
codifier [kɔdifje] *tr* to codify
coéducation [kɔedykɑsjɔ̃] *f* coeducation
coefficient [koefisjɑ̃] *m* coefficient
coéqui•pier [kɔekipje] **-pière** [pjɛr] *mf* teammate
coercition [koɛrsisjɔ̃] *f* coercion
cœur [kœr] *m* heart; core; courage, spirit; bosom, breast; depth (*of winter*); (cards) heart; (cards) hearts; **à cœur joie** to one's heart's content; **avoir du cœur** to be kind-hearted; **avoir du cœur au ventre** (coll) to have guts; **avoir le cœur sur la main** (coll) to be open-handed; **avoir le cœur sur les lèvres** to wear one's heart on one's sleeve; **cœur de bronze** heart of stone; **de bon cœur** willingly, heartily; **de mauvais cœur** reluctantly; **en avoir le cœur net** to get to the bottom of it; **épancher son cœur à** to open one's heart to; **fendre le cœur à** to break the heart of; **le cœur gros** with a heavy heart; **mal au cœur** or **mal de cœur** stomach ache; nausea; **par cœur** by heart; **prendre à cœur** to take to heart; **se ronger le cœur** to eat one's heart out; **soulever le cœur** to turn the stomach
coexistence [koegzistɑ̃s] *f* coexistence
coexister [koegziste] *intr* to coexist
coffre [kɔfr] *m* chest; coffer, bin; safe-deposit box; trunk (*of car*); buoy (*for mooring*); cofferdam
coffre-fort [kɔfrəfɔr] *m* (*pl* **coffres-forts**) safe, strongbox, vault
coffret [kɔfrɛ] *m* gift box
cognac [kɔɲak] *m* cognac
cognat [kɔɲa] *m* blood kin
cognée [kɔɲe] *f* ax, hatchet
cogner [kɔɲe] *tr, intr, & ref* to knock, bump
cohabiter [kɔabite] *intr* to cohabit
cohé•rent [kɔerɑ̃] **-rente** [rɑ̃t] *adj* coherent
cohériter [kɔerite] *intr* to inherit jointly
cohéri•tier [kɔeritje] **-tière** [tjɛr] *mf* coheir
cohésion [kɔesjɔ̃] *f* cohesion
cohorte [kɔɔrt] *f* cohort
cohue [kɔy] *f* crowd, throng, mob
coi [kwa] **coite** [kwat] *adj* quiet; **demeurer** or **se tenir coi** to keep still
coiffe [kwaf] *f* cap; headdress; caul
coif•fé -fée [kwafe] *adj*—**coiffé de** wearing (*a hat*); (fig) crazy about (*a person*); **être coiffé** to be wearing a

hairdo; **être né coiffé** (fig) to be lucky
coiffer [kwafe] *tr* to put a hat or cap on (*s.o.*); to dress or do the hair of; (mil) to reach (*an objective*) || *intr*—**coiffer de** to wear (*a certain size hat*) || *ref* to do one's hair; **se coiffer de** (coll) to set one's cap for
coif•feur [kwafœr] **coif•feuse** [kwaføz] *mf* hairdresser; barber; **coiffeur pour dames** coiffeur || *f* dresser, dressing table
coiffure [kwafyr] *f* coiffure; headdress; **coiffure en brosse** crew cut
coin [kwɛ̃] *m* corner; angle; nook; wedge, coin; stamp, die (*for coining money*); (typ) quoin; **le petit coin** (coll) the powder room
coinçage [kwɛ̃saʒ] *m* wedging
coincer [kwɛ̃se] **§51** *tr* to wedge, jam; (coll) to pinch, arrest || *ref* to jam
coïncidence [kɔɛ̃sidɑ̃s] *f* coincidence
coïncider [kɔɛ̃side] *intr* to coincide
coin-coin [kwɛ̃kwɛ̃] *m invar* quack (*of duck*); toot (*of horn*)
coing [kwɛ̃] *m* quince
coït [kɔit] *m* coition
coke [kɔk] *m* coke
cokéfier [kɔkefje] *tr & ref* to coke
col [kɔl] *m* neck (*of bottle; of womb*); collar (*of dress*); mountain pass; (coll) head (*on beer*); **col de fourrure** neckpiece; **col roulé** turtleneck; **faux col** detachable collar
colback [kɔlbak] *m* busby
colère [kɔlɛr] *f* anger; **en colère** angry; **se mettre en colère** to become angry
colé•reux [kɔlerø] **-reuse** [røz] *adj* irascible, choleric
colérique [kɔlerik] *adj* choleric
colibri [kɔlibri] *m* hummingbird
colimaçon [kɔlimasɔ̃] *m* snail; **en colimaçon** spiral
colin [kɔlɛ̃] *m* hake
colin-maillard [kɔlɛ̃majar] *m* blindman's buff
colique [kɔlik] *f* colic
colis [kɔli] *m* piece of baggage, package, parcel; **colis postal** parcel post
colisée [kɔlize] *m* coliseum
collabora•teur [kɔlabɔratœr] **-trice** [tris] *mf* collaborator; contributor
collaborationniste [kɔlabɔrasjɔnist] *mf* collaborationist
collaborer [kɔlabɔre] *intr* to collaborate; **collaborer à** to contribute to
collage [kɔlaʒ] *m* pasting, mounting; collage; sizing; clarifying (*of wine*); (coll) common-law marriage
col•lant [kɔlɑ̃] **col•lante** [kɔlɑ̃t] *adj* sticky; tight, close-fitting || *m* tights
collapsus [kɔllapsys] *m* (pathol) collapse
collaté•ral -rale [kɔllateral] (*pl* **-raux** [ro]) *adj* collateral; parallel; intermediate (*points of the compass*) || *mf* collateral (relative) || *m* side aisle of a church
collation [kɔllɑsjɔ̃] *f* conferring (*of titles, degrees, etc.*); collation (*of texts*) || [kɔlɑsjɔ̃] *f* snack
collationner [kɔllɑsjɔne] *tr* to collate, to compare; **faire collationner un télégramme** to request a copy of a telegram || *intr* to have a snack
colle [kɔl] *f* paste, glue; (coll) brainteaser, stickler; (slang) detention; (slang) oral exam; (slang) flunking; **colle forte** glue; **poser une colle** (slang) to ask a hard one
collecte [kɔlɛkt] *f* collection (*for charitable cause*); (eccl) collect
collecteur [kɔlɛktœr] *adj* main, e.g., **égout collecteur** main sewer || *m* collector; commutator (*of motor or dynamo*); (aut) manifold; **collecteur d'ondes** aerial
collec•tif [kɔlɛktif] **-tive** [tiv] *adj* collective
collection [kɔlɛksjɔ̃] *f* collection
collectionner [kɔlɛksjɔne] *tr* to collect
collection•neur [kɔlɛksjɔnœr] **collection•neuse** [kɔlɛksjɔnøz] *mf* collector
collège [kɔlɛʒ] *m* high school; preparatory school; college (*of cardinals, electors, etc.*); **collège universitaire** junior college
collé•gial -giale [kɔleʒjal] (*pl* **-giaux** [ʒjo]) *adj* collegiate || *f* collegiate church
collé•gien [kɔleʒjɛ̃] **-gienne** [ʒjɛn] *adj* high-school || *m* schoolboy || *f* schoolgirl; coed
collègue [kɔllɛg] *mf* colleague
coller [kɔle] *tr* to paste, stick, glue; to clarify (*wine*); to mat (*e.g., with blood*); (coll) to floor, to stump; (coll) to punish (*a pupil*); (coll) to flunk; (coll) to sock (*e.g., on the jaw*) || *intr* to cling, to fit tightly (*said of dress*); (coll) to stick close; **ça colle!** (slang) O.K.! || *ref* (slang) to have a common-law marriage; **se coller contre** to stand close to; to cling to
collet [kɔlɛ] *m* collar; neck (*of person; of tooth*); neck, scrag (*e.g., of mutton*); cape; snare; stalk and roots; lasso, noose; **collet monté** (coll) stuffed shirt
colleter [kɔlte] **§34** *tr* to collar || *ref* to fight, scuffle
collier [kɔlje] *m* necklace; collar; dog collar; horse collar; **à collier** ringnecked; **reprendre le collier** (coll) to get back into harness
colliger [kɔlliʒe] **§38** *tr* to make a collection of
colline [kɔlin] *f* hill
collision [kɔllizjɔ̃] *f* collision
colloï•dal -dale [kɔllɔidal] *adj* (*pl* **-daux** [do]) colloid, colloidal
colloïde [kɔllɔid] *m* colloid
colloque [kɔllɔk] *m* colloquy, symposium
colloquer [kɔllɔke] *tr* to classify (*creditors' claims*); **colloquer q.ch. à qn** (coll) to palm off s.th. on s.o.
collusion [kɔllyzjɔ̃] *f* collusion
collyre [kɔllir] *m* (med) eyewash
Cologne [kɔlɔɲ] *f* Cologne
Colomb [kɔlɔ̃] *m* Columbus
colombe [kɔlɔ̃b] *f* dove
Colombie [kɔlɔ̃bi] *f* Colombia; **la Colombie** Colombia

colombier [kɔlɔ̃bje] *m* dovecote; large-size paper
colom•bin [kɔlɔ̃bɛ̃] **-bine** [bin] *adj* columbine || *m* stock dove; lead ore || *f* bird droppings; (bot) columbine
colon [kɔlɔ̃] *m* colonist; tenant farmer; summer camper
côlon [kolɔ̃] *m* (anat) colon
colonel [kɔlɔnɛl] *m* colonel
colonelle [kɔlɔnɛl] *f* colonel's wife; (theat) performance for the press
colonie [kɔlɔni] *f* colony; **colonie de déportation** penal settlement; **colonie de vacances** summer camp
coloniser [kɔlɔnize] *tr* to colonize
colonnade [kɔlɔnad] *f* colonnade
colonne [kɔlɔn] *f* column; pillar; **cinquième colonne** fifth column; **colonne vertébrale** spinal column
colophane [kɔlɔfan] *f* rosin
colophon [kɔlɔfɔ̃] *m* colophon
colo•rant [kɔlɔrɑ̃] **-rante** [rɑ̃t] *adj* coloring || *m* dye, stain
colorer [kɔlɔre] *tr & ref* to color
colorier [kɔlɔrje] *tr* to paint, color
coloris [kɔlɔri] *m* hue; brilliance
colos•sal -sale [kɔlɔsal] *adj* (*pl* **colos•saux** [kɔlɔso]) colossal
colosse [kɔlɔs] *m* colossus
colporter [kɔlpɔrte] *tr* to peddle
colporteur [kɔlpɔrtœr] *m* peddler
coltiner [kɔltine] *tr* to lug on one's back or on one's head
coma [kɔma] *m* (pathol) coma
coma•teux [kɔmatø] **-teuse** [tøz] *adj* comatose || *mf* person in a coma
combat [kɔ̃ba] *m* combat; **combat tournoyant** (aer) dogfight; **hors de combat** disabled
comba•tif [kɔ̃batif] **-tive** [tiv] *adj* combative
combat•tant [kɔ̃batɑ̃] **combat•tante** [kɔ̃batɑ̃t] *adj & mf* combatant; **anciens combattants** veterans
combattre [kɔ̃batr] §7 *tr & intr* to combat
combien [kɔ̃bjɛ̃] *adv* how much, how many; how far; how long; how, e.g., **combien il était brave!** how brave he was! || *m invar*—**du combien chaussez-vous?** what size shoes do you wear?; **du combien coiffez-vous?** what size hat do you wear?; **le combien?** which one (*in a series*)?; **le combien êtes-vous?** (coll) what rank do you have?; **le combien sommes-nous?** (coll) what day of the month is it?; **tous les combien?** how often?
combinaison [kɔ̃binɛzɔ̃] *f* combination; coveralls; slip, undergarment
combi•né -née [kɔ̃bine] *adj* combined || *m* French telephone, handset; radio phonograph
combiner [kɔ̃bine] *tr* to combine; to arrange, group; to concoct (*a scheme*) || *ref* (chem) to combine
comble [kɔ̃bl] *adj* full, packed || *m* summit; roof, coping; **au comble de** at the height of; **c'est le comble!, c'est un comble!** (coll) that's the limit!, that takes the cake!; **sous les combles** in the attic
combler [kɔ̃ble] *tr* to heap up; to fill to the brim; to overwhelm; **combler d'honneurs** to shower honors upon
combustible [kɔ̃bystibl] *adj & m* combustible, fuel
combustion [kɔ̃bystjɔ̃] *f* combustion
comédie [kɔmedi] *f* comedy; play; sham
comé•dien [kɔmedjɛ̃] **-dienne** [djɛn] *mf* comedian; actor; hypocrite; **comédien ambulant** strolling player || *f* comedienne; actress
comédon [kɔmedɔ̃] *m* blackhead
comestible [kɔmɛstibl] *adj* edible || **comestibles** *mpl* foodstuffs
comète [kɔmɛt] *f* comet
comique [kɔmik] *adj & m* comic
comité [kɔmite] *m* committee
commandant [kɔmɑ̃dɑ̃] *m* commandant, commander; major
commande [kɔmɑ̃d] *f* order (*for goods or services*); control, command; **à la commande** (paid) down; **commande postale** mail order; **de commande** operating; **(fait) sur commande** (made) to order
commandement [kɔmɑ̃dəmɑ̃] *m* command, order; commandment
commander [kɔmɑ̃de] *tr* to order (*goods or services*); to command, order || *intr* (mil) to command; **commander à** to control, to have command over; **commander à qn de** + *inf* to order s.o. to + *inf* || *ref* to control oneself
commanditaire [kɔmɑ̃ditɛr] *adj* sponsoring || *mf* (com) sponsor, backer
commandite [kɔ̃mɑ̃dit] *f* joint-stock company
commanditer [kɔ̃mɑ̃dite] *tr* to back, to finance; (rad, telv) to sponsor
comme [kɔm] *adv* as; how; **comme ci comme ça** so-so || *prep* as, like || *conj* as; since
commémorer [kɔmmemɔre] *tr* to commemorate
commen•çant [kɔmɑ̃sɑ̃] **-çante** [sɑ̃t] *mf* beginner
commencement [kɔmɑ̃smɑ̃] *m* beginning
commencer [kɔmɑ̃se] §51 *tr & intr* to begin; **commencer à** to begin to
comment [kɔmɑ̃] *m invar* how; wherefore || *adv* how; why; **mais comment donc!** by all means!; **n'importe comment** any way || *interj* what!; indeed!
commentaire [kɔmɑ̃tɛr] *m* commentary; unfriendly comment
commenta•teur [kɔmɑ̃tatœr] **-trice** [tris] *mf* commentator
commenter [kɔmɑ̃te] *tr* to comment on; to make a commentary on; to criticize
commérage [kɔmeraʒ] *m* (coll) gossip
commer•çant [kɔmɛrsɑ̃] **-çante** [sɑ̃t] *adj* commercial, business || *mf* merchant, dealer
commerce [kɔmɛrs] *m* commerce, trade
commercer [kɔmɛrse] §51 *intr* to trade
commer•cial -ciale [kɔmɛrsjal] *adj* (*pl* **-ciaux** [sjo] **-ciales**) commercial || *f* station wagon

commercialisation [kɔmɛrsjalizasjɔ̃] *f* marketing
commercialiser [kɔmɛrsjalize] *tr* to commercialize
commère [kɔmɛr] *f* (coll) busybody, gossip
commettre [kɔmɛtr] §42 *tr* to commit; to compromise || *ref* to compromise oneself
commis [kɔmi] *m* clerk; **commis voyageur** traveling salesman
commisération [kɔmizerasjɔ̃] *f* commiseration
commissaire [kɔmisɛr] *m* commissioner; commissary
commissaire-priseur [kɔmisɛrprizœr] *m* (*pl* **commissaires-priseurs**) appraiser; auctioneer
commissariat [kɔmisarja] *m* commissariat; **commissariat de police** police station
commission [kɔmisjɔ̃] *f* commission; errand; committee
commissionnaire [kɔmisjɔnɛr] *m* agent, broker; messenger
commissionner [kɔmisjɔne] *tr* to commission
commissure [kɔmisyr] *f* corner (*of lips*)
commode [kɔmɔd] *adj* convenient; comfortable; easygoing || *f* chest of drawers, bureau
commodité [kɔmɔdite] *f* comfort, accommodation; **à votre commodité** at your convenience; **commodités** comfort station
commotion [kɔmosjɔ̃] *f* commotion; concussion; shock
commotionner [kɔmɔsjɔne] *tr* to shake up, injure, shock
commuer [kɔmɥe] *tr* (law) to commute
com•mun [kɔmœ̃] **com•mune** [kɔmyn] *adj* common || *m* common run || *f* see **commune**
commu•nal -nale [kɔmynal] (*pl* **-naux** [no]) *adj* communal, common || *mpl* common property, commons
communautaire [kɔmynotɛr] *adj* communal
communauté [kɔmynote] *f* community; **Communauté économique européenne** Common Market
commune [kɔmyn] *f* commune; **communes** Commons
commu•niant [kɔmynjɑ̃] **-niante** [njɑ̃t] *mf* communicant
communicable [kɔmynikabl] *adj* communicable
communi•cant [kɔmynikɑ̃] **-cante** [kɑ̃t] *adj* communicating
communica•teur [kɔmynikatœr] **-trice** [tris] *adj* connecting (*wire*)
communica•tif [kɔmynikatif] **-tive** [tiv] *adj* communicative; infectious (*laughter*)
communication [kɔmynikasjɔ̃] *f* communication; telephone call; (telp) connection; **communication avec avis d'appel** (telp) messenger call; **communication avec préavis** person-to-person call; **communication payable à l'arrivée, communication P.C.V.** collect call; **en communication** in touch; **fausse communication** (telp) wrong number; **vous avez la communication!** (telp) go ahead!
communier [kɔmynje] *intr* to take communion; to have a common bond of sympathy, to be in accord
communion [kɔmynjɔ̃] *f* communion
communiqué [kɔmynike] *m* communiqué
communiquer [kɔmynike] *tr & intr* to communicate
communi•sant [kɔmynizɑ̃] **-sante** [zɑ̃t] *adj* fellow-traveling || *mf* fellow traveler
communisme [kɔmynism] *m* communism
communiste [kɔmynist] *adj & mf* communist
commutateur [kɔmytatœr] *m* (elec) changeover switch, two-way switch
commutation [kɔmytasjɔ̃] *f* commutation
commutatrice [kɔmytatris] *f* (elec) rotary converter
com•pact -pacte [kɔ̃pakt] *adj* compact
compagne [kɔ̃paɲ] *f* companion; helpmate
compagnie [kɔ̃paɲi] *f* company; **de compagnie** or **en compagnie** together; **fausser compagnie à** to give (*s.o.*) the slip; **tenir compagnie à** to keep (*s.o.*) company
compagnon [kɔ̃paɲɔ̃] *m* companion; **compagnon d'armes** comrade in arms; **compagnon de jeu** playmate; **compagnon de route** fellow traveler; **compagnon d'infortune** fellow sufferer; **joyeux compagnon** good fellow
comparaison [kɔ̃parɛzɔ̃] *f* comparison; **en comparaison de** compared to; **par comparaison** in comparison; **sans comparaison** beyond comparison
comparaître [kɔ̃parɛtr] §12 *intr* (law) to appear (in court)
compara•tif [kɔ̃paratif] **-tive** [tiv] *adj & m* comparative
compa•ré -rée [kɔ̃pare] *adj* comparative
comparer [kɔ̃pare] *tr* to compare
comparoir [kɔ̃parwar] (used only in: *inf*; *ger* **comparant**) *intr* (law) to appear in court
comparse [kɔ̃pars] *mf* (theat) walk-on; (fig) nobody, unimportant person
compartiment [kɔ̃partimɑ̃] *m* compartment
comparution [kɔ̃parysjɔ̃] *f* appearance in court
compas [kɔ̃pa] *m* compasses (*for drawing circles*); calipers; (naut) compass; **avoir le compas dans l'œil** to have a sharp eye
compas•sé -sée [kɔ̃pase] *adj* stiff, studied
compasser [kɔ̃pase] *tr* to measure out, to lay off; **compasser ses discours** to speak like a book
compassion [kɔ̃pasjɔ̃] *f* compassion
compatibilité [kɔ̃patibilite] *f* compatibility
compatir [kɔ̃patir] *intr*—**compatir à** to take pity on, to feel for; to be indulgent toward; to share in (*s.o.'s*

bereavement); **ne pouvoir compatir** to be unable to agree
compatis•sant [kɔ̃patisɑ̃] **compatis•sante** [kɔ̃patisɑ̃t] *adj* compassionate, sympathetic, indulgent
compatriote [kɔ̃patriɔt] *mf* compatriot
compensa•teur [kɔ̃pɑ̃satœr] **-trice** [tris] *adj* compensating, equalizing
compensation [kɔ̃pɑ̃sɑsjɔ̃] *f* compensation
compenser [kɔ̃pɑ̃se] *tr* to compensate; to compensate for || *ref* to balance each other
compérage [kɔ̃peraʒ] *m* complicity
compère [kɔ̃pɛr] *m* accomplice; comrade; stooge (*for a clown*)
compétence [kɔ̃petɑ̃s] *f* competence, proficiency; (law) jurisdiction
compé•tent [kɔ̃petɑ̃] **-tente** [tɑ̃t] *adj* competent, proficient; (law) having jurisdiction, expert
compéter [kɔ̃pete] §10 *intr*—**compéter à** to belong to by right; to be within the competency of (*a court*)
compéti•teur [kɔ̃petitœr] **-trice** [tris] *mf* rival, competitor
compétition [kɔ̃petisjɔ̃] *f* competition
compilation [kɔmpilɑsjɔ̃] *f* compilation
compiler [kɔ̃pile] *tr* to compile
complainte [kɔ̃plɛ̃t] *f* sad ballad; (law) complaint
complaire [kɔ̃plɛr] §52 *intr* (with *dat*) to please, gratify || *ref*—**se complaire à** to take pleasure in
complaisance [kɔ̃plɛzɑ̃s] *f* compliance; courtesy; complacency; **auriez-vous la complaisance de . . . ?** would you be so kind as to . . . ?; **de complaisance** out of kindness
complai•sant [kɔ̃plɛzɑ̃] **-sante** [zɑ̃t] *adj* complaisant, obliging; complacent
complément [kɔ̃plemɑ̃] *m* complement; (gram) object; **complément d'attribution** (gram) indirect object
com•plet [kɔ̃plɛ] **-plète** [plɛt] *adj* complete, full; **c'est complet!** that's the last straw! || *m* suit (*of clothes*); **au complet** full (*house*); **au grand complet** at full strength
compléter [kɔ̃plete] §10 *tr* to complete || *ref* to be completed; to complement one another
complet-veston [kɔ̃plɛvɛstɔ̃] *m* (*pl* **complets-veston**) man's suit
complexe [kɔ̃plɛks] *adj & m* complex; **complexe de culpabilité** guilt complex
complexé complexée [kɔ̃plɛkse] *adj* (coll) timid, withdrawn || *mf* person with complexes
complexion [kɔ̃plɛksjɔ̃] *f* constitution, disposition
complication [kɔ̃plikɑsjɔ̃] *f* complication
complice [kɔ̃plis] *adj* accessory, abetting || *mf* accomplice; **complice d'adultère** corespondent
complicité [kɔ̃plisite] *f* complicity
compliment [kɔ̃plimɑ̃] *m* compliment
complimenter [kɔ̃plimɑ̃te] *tr* to compliment; to congratulate
complimen•teur [kɔ̃plimɑ̃tœr] **-teuse** [tøz] *adj* complimentary || *mf* flatterer, yes man
compli•qué -quée [kɔ̃plike] *adj* complicated
compliquer [kɔ̃plike] *tr* to complicate || *ref* to become complicated; to have complications
complot [kɔ̃plo] *m* plot, conspiracy
comploter [kɔ̃plɔte] *tr & intr* to plot, conspire
comploteur [kɔ̃plɔtœr] *m* conspirator
comportement [kɔ̃pɔrtəmɑ̃] *m* behavior
comporter [kɔ̃pɔrte] *tr* to permit; to include || *ref* to behave
compo•sant [kɔ̃pozɑ̃] **-sante** [zɑ̃t] *adj* constituent || *m* (chem) component || *f* (mech) component
compo•sé -sée [kɔ̃poze] *adj & m* compound
composer [kɔ̃poze] *tr* to compose; to compound; to dial (*a telephone number*) || *intr* to take an exam; to come to terms || *ref*—**se composer de** to be composed of
composi•teur [kɔ̃pozitœr] **-trice** [tris] *mf* composer; compositor; **amiable compositeur** (law) arbitrator
composition [kɔ̃pozisjɔ̃] *f* composition; compound; dialing (*of telephone number*); term paper; **de bonne composition** easygoing, reasonable; **entrer en composition** to reach an agreement
composteur [kɔ̃pɔstœr] *m* composing stick; dating and numbering machine, dating stamp
compote [kɔ̃pɔt] *f* compote; **compote de pommes** applesauce
compotier [kɔ̃pɔtje] *m* compote (*dish*)
compréhensible [kɔ̃preɑ̃sibl] *adj* comprehensible
compréhen•sif [kɔ̃preɑ̃sif] **-sive** [siv] *adj* understanding; comprehensive
compréhension [kɔ̃preɑ̃sjɔ̃] *f* comprehension, understanding
comprendre [kɔ̃prɑ̃dr] §56 *tr* to understand; to comprehend, to include, to comprise || *intr* to understand || *ref* to be understood; to be included
compresse [kɔ̃prɛs] *f* (med) compress
compresseur [kɔ̃prɛsœr] *m* compressor
compression [kɔ̃prɛsjɔ̃] *f* compression; repression; reduction
compri•mé -mée [kɔ̃prime] *adj* compressed || *m* (pharm) tablet, lozenge
comprimer [kɔ̃prime] *tr* to compress; to repress
com•pris [kɔ̃pri] **-prise** [priz] *adj* understood; included, including, e.g., **la ferme comprise** or **y compris la ferme** the farm included, including the farm
compromet•tant [kɔ̃prɔmetɑ̃] **compromet•tante** [kɔ̃prɔmetɑ̃t] *adj* compromising, incriminating
compromettre [kɔ̃prɔmɛtr] §42 *tr* to compromise || *intr* to submit to arbitration || *ref* to compromise oneself
compromis [kɔ̃prɔmi] *m* compromise
comptabiliser [kɔ̃tabilize] *tr* (com) to enter into the books

comptabilité [kɔ̃tabilite] *f* bookkeeping, accounting; accounting department, accounts; **comptabilité à partie double** double-entry bookkeeping; **comptabilité simple** single-entry bookkeeping; **tenir la comptabilité** to keep the books

comptable [kɔ̃tabl] *adj* accountable, responsible; accounting (*machine*) ‖ *mf* bookkeeper; **comptable agréé** or **expert comptable** certified public accountant; **comptable contrôleur** auditor

comp•tant [kɔ̃tɑ̃] **-tante** [tɑ̃t] *adj* spot (*cash*); down, e.g., **argent comptant** cash down ‖ *m*—**au comptant** cash, for cash ‖ **comptant** *adv* cash (down), e.g., **payer comptant** to pay cash

compte [kɔ̃t] *m* account; accounting; (sports) count; **à bon compte** cheap; **à ce compte** in that case; **à compte** on account; **au bout du compte** or **en fin de compte** when all is said and done; **compte à rebours** countdown; **compte courant** current account; charge account; **compte de dépôt** checking account; **compte de profits et pertes** profit and loss statement; **compte en banque** bank account; **compte rendu** report, review; **compte rond** round numbers; **donner son compte à** to give the final paycheck to, to discharge; **être en compte à demi** to go fifty-fifty; **loin de compte** wide of the mark; **rendre compte de** to review; **se rendre compte de** to realize, to be aware of; **tenir compte de** to bear in mind

compte-fils [kɔ̃tfil] *m invar* cloth prover

compte-gouttes [kɔ̃tgut] *m invar* dropper; **au compte-gouttes** in driblets

compter [kɔ̃te] *tr* to count; to number, have; **compter** + *inf* to count on + *ger*; **sans compter** not to mention ‖ *intr* to count; **à compter de** starting from; **compter avec** to reckon with; **compter sur** to count on

compte-tours [kɔ̃tətur] *m invar* tachometer, r.p.m. counter

comp•teur [kɔ̃tœr] **-teuse** [tøz] *mf* counter, checker (*person*) ‖ *m* meter; counter; speedometer; **compteur de gaz** gas meter; **compteur de Geiger** Geiger counter; **compteur de stationnement** parking meter; **relever le compteur** to read the meter

compteur-indicateur [kɔ̃tœrɛ̃dikatœr] *m* (*pl* **compteurs-indicateurs**) speedometer

comptine [kɔ̃tin] *f* counting-out rhyme

comptoir [kɔ̃twar] *m* counter; branch bank; bank; **comptoir postal** mail-order house

compulser [kɔ̃pylse] *tr* to go through, examine (*books, papers, etc.*)

computer [kɔ̃pyte] *tr* to compute

comte [kɔ̃t] *m* count

comté [kɔ̃te] *m* county

comtesse [kɔ̃tɛs] *f* countess

concasser [kɔ̃kɑse] *tr* to crush, pound

concasseur [kɔ̃kɑsœr] *adj masc* crushing ‖ *m* (mach) crusher

concave [kɔ̃kav] *adj* concave

concéder [kɔ̃sede] §10 *tr & intr* to concede

concen•tré -trée [kɔ̃sɑ̃tre] *adj* concentrated; condensed (*milk*); reserved (*person*)

concentrer [kɔ̃sɑ̃tre] *tr* to concentrate; to repress, hold back

concentrique [kɔ̃sɑ̃trik] *adj* concentric

concept [kɔ̃sɛpt] *m* concept

conception [kɔ̃sɛpsjɔ̃] *f* conception

concerner [kɔ̃sɛrne] *tr* to concern; **en ce qui concerne** concerning

concert [kɔ̃sɛr] *m* concert; **de concert** together, in concert

concer•tant [kɔ̃sɛrtɑ̃] **-tante** [tɑ̃t] *adj* performing together ‖ *mf* (mus) performer

concerter [kɔ̃sɛrte] *tr & ref* to concert, to plan

concertiste [kɔ̃sɛrtist] *mf* concert performer

concession [kɔ̃sɛsjɔ̃] *f* concession

concessionnaire [kɔ̃sɛsjɔnɛr] *mf* grantee, licensee; dealer (*in automobiles*); agent (*for insurance*)

concetti [kɔ̃tʃɛti] *mpl* conceits

concevable [kɔ̃səvabl] *adj* conceivable

concevoir [kɔ̃səvwar] §59 *tr* to conceive; to compose (*a letter, telegram*)

concierge [kɔ̃sjɛrʒ] *mf* concierge, building superintendent

concile [kɔ̃sil] *m* (eccl) council

concilia•teur [kɔ̃siljatœr] **-trice** [tris] *adj* conciliating ‖ *mf* conciliator

conciliatoire [kɔ̃siljatwar] *adj* conciliatory

concilier [kɔ̃silje] *tr* to reconcile (*two parties, two ideas, etc.*); to win (*e.g., favor*) ‖ *ref* to win over, gain (*e.g., esteem*); to agree

con•cis [kɔ̃si] **-cise** [siz] *adj* concise

concitoyen [kɔ̃sitwajɛ̃] **concitoyenne** [kɔ̃sitwajɛn] *mf* fellow citizen

concluant [kɔ̃klyɑ̃] **concluante** [kɔ̃klyɑ̃t] *adj* conclusive

conclure [kɔ̃klyr] §11 *tr* to conclude ‖ *intr* to conclude; **conclure à** to decide on, to decide in favor of

conclusion [kɔ̃klyzjɔ̃] *f* conclusion

concombre [kɔ̃kɔ̃br] *m* cucumber

concomi•tant [kɔ̃kɔmitɑ̃] **-tante** [tɑ̃t] *adj* concomitant

concordance [kɔ̃kɔrdɑ̃s] *f* agreement; concordance (*of Bible*)

concorde [kɔ̃kɔrd] *f* concord

concorder [kɔ̃kɔrde] *intr* to agree

concourir [kɔ̃kurir] §14 *intr* to compete; to cooperate; to converge, concur

concours [kɔ̃kur] *m* crowd; cooperation; contest, competition, meet; competitive examination; **concours de beauté** beauty contest; **concours de créanciers** meeting of creditors; **concours hippique** horse show; **hors concours** not competing; in a class by itself

con•cret [kɔ̃krɛ] **-crète** [krɛt] *adj & m* concrete

concrétiser [kɔ̃kretize] *tr* to put in concrete form
concubine [kɔ̃kybin] *f* concubine
concurrence [kɔ̃kyrɑ̃s] *f* competition; competitors; **jusqu'à concurrence de** to the amount of; **libre concurrence** free enterprise
concurrencer [kɔ̃kyrɑ̃se] §51 *tr* to rival, to compete with
concur•rent [kɔ̃kyrɑ̃] **concur•rente** [kɔ̃kyrɑ̃t] *adj* competitive ‖ *mf* competitor; contestant
concurren•tiel -tielle [kɔ̃kyrɑ̃sjɛl] *adj* competitive
concussion [kɔ̃kysjɔ̃] *f* extortion; embezzlement
condamnable [kɔ̃dɑnabl] *adj* blameworthy
condamnation [kɔ̃dɑnɑsjɔ̃] *f* condemnation
condamner [kɔ̃dɑne] *tr* to condemn; to give up (*an incurable patient*); to forbid the use of; to board up (*a window*); to batten down (*the hatches*)
condensateur [kɔ̃dɑ̃satœr] *m* (elec) condenser
condenser [kɔ̃dɑ̃se] *tr & ref* to condense
condenseur [kɔ̃dɑ̃sœr] *m* condenser
condescendance [kɔ̃desɑ̃dɑ̃s] *f* condescension
condescen•dant [kɔ̃desɑ̃dɑ̃] **-dante** [dɑ̃t] *adj* condescending
condescendre [kɔ̃desɑ̃dr] *intr* to condescend; to yield, comply
condiment [kɔ̃dimɑ̃] *m* condiment
condisciple [kɔ̃disipl] *mf* classmate
condition [kɔ̃disjɔ̃] *f* condition; **à condition, sous condition** conditionally; on approval; **à condition que** on condition that; **dans de bonnes conditions** in good condition; **sans conditions** unconditional
condition•nel -nelle [kɔ̃disjɔnɛl] *adj & m* conditional
conditionner [kɔ̃disjɔne] *tr* to condition; (com) to package
condoléances [kɔ̃dɔleɑ̃s] *fpl* condolence
conduc•teur [kɔ̃dyktœr] **-trice** [tris] *adj* conducting; driving; (elec) power (*line*); (elec) lead (*wire*) ‖ *adj masc* (elec, phys) (in predicate after **être**, it may be translated by a noun) conductor, e.g., **les métaux sont bons conducteurs de l'électricité** metals are good conductors of electricity ‖ *mf* guide; leader; driver ‖ *m* motorman; foreman; pressman; (elec, phys) conductor
conduire [kɔ̃dɥir] §19 *tr* to conduct; to lead; to drive; to see (*s.o. to the door*) ‖ *intr* to drive ‖ *ref* to conduct oneself
conduit [kɔ̃dɥi] *m* conduit; **conduit auditif** auditory canal; **conduits lacrymaux** tear ducts
conduite [kɔ̃dɥit] *f* conduct, behavior; management, command; driving (*of a car; of cattle*); pipe line; duct, flue; **avoir de la conduite** to be well behaved; **conduite d'eau** water main; **conduite intérieure** closed car; **faire la conduite à** to escort; **faire une conduite de Grenoble à qn** (coll) to kick s.o. out
cône [kon] *m* cone
confection [kɔ̃fɛksjɔ̃] *f* manufacture; construction (*e.g., of a machine*); ready-made clothes; **de confection** ready-made (*suit, dress, etc.*)
confectionner [kɔ̃fɛksjɔne] *tr* to manufacture; to prepare (*a dish*)
confection•neur [kɔ̃fɛksjɔnœr] **confection•neuse** [kɔ̃fɛksjɔnøz] *mf* manufacturer (*esp. of ready-made clothes*)
confédération [kɔ̃federɑsjɔ̃] *f* confederation, confederacy
confédérer [kɔ̃federe] §10 *tr & ref* to confederate
conférence [kɔ̃ferɑ̃s] *f* conference; lecture, speech; **conférence au sommet** summit conference; **conférence de presse** press conference
conféren•cier [kɔ̃ferɑ̃sje] **-cière** [sjɛr] *mf* lecturer, speaker
conférer [kɔ̃fere] §10 *tr* to confer, award; to administer (*a sacrament*); to collate, compare ‖ *intr* to confer
confesse [kɔ̃fɛs] *f*—**à confesse** to confession; **de confesse** from confession
confesser [kɔ̃fese] *tr* to confess; (coll) to pump (*s.o.*) ‖ *ref* to confess
confesseur [kɔ̃fesœr] *m* confessor
confession [kɔ̃fesjɔ̃] *f* confession; (eccl) denomination
confessionnal [kɔ̃fesjɔnal] *m* confessional
confession•nel -nelle [kɔ̃fesjɔnɛl] *adj* denominational
confiance [kɔ̃fjɑ̃s] *f* confidence; **confiance en soi** self-confidence; **de confiance** reliable; confidently; **en confiance** with confidence
con•fiant [kɔ̃fjɑ̃] **-fiante** [fjɑ̃t] *adj* confident; confiding, trusting
confidence [kɔ̃fidɑ̃s] *f* confidence, secret
confi•dent [kɔ̃fidɑ̃] **-dente** [dɑ̃t] *mf* confident
confiden•tiel -tielle [kɔ̃fidɑ̃sjɛl] *adj* confidential
confier [kɔ̃fje] *tr* to entrust; to confide, disclose; to commit (*to memory*); to consign; **confier à** to put (*seed*) in (*the ground*) ‖ *ref*—**se confier à** to confide in, to trust; **se confier en** to put one's trust in
confinement [kɔ̃finmɑ̃] *m* imprisonment
confiner [kɔ̃fine] *tr* to confine ‖ *intr*—**confiner à** to border on, to verge on ‖ *ref* to confine oneself; **se confiner dans** to confine oneself to
confins [kɔfɛ̃] *mpl* confines
confire [kɔ̃fir] §66 (*pp* **confit**) *tr* to preserve; to pickle; to candy; to can (*goose, chicken, etc.*); to dip (*skins*) ‖ *ref* to become immersed (*in work, prayer, etc.*)
confirmer [kɔ̃firme] *tr* to confirm
confiserie [kɔ̃fizri] *f* confectionery
confi•seur [kɔ̃fizœr] **-seuse** [zøz] *mf* confectioner, candymaker
confisquer [kɔ̃fiske] *tr* to confiscate
con•fit [kɔ̃fi] **-fite** [fit] *adj* preserved; pickled; candied; steeped (*e.g., in*

piety); incrusted (*in bigotry*) || *m* canned chicken, goose, etc.
confiture [kɔ̃fityr] *f* preserves, jam
confitu•rier [kɔ̃fityrje] **-rière** [rjɛr] *mf* manufacturer of jams || *m* jelly glass, jam jar
conflagration [kɔ̃flagrɑsjɔ̃] *f* conflagration, turmoil
conflit [kɔ̃fli] *m* conflict
confluer [kɔ̃flye] *intr* to meet, come together (*said of two rivers*)
confondre [kɔ̃fɔ̃dr] *tr* to confuse, mix up, mingle; to confound || *ref* to become bewildered, mixed up; **se confondre en excuses** to fall all over oneself apologizing
conforme [kɔ̃fɔrm] *adj* corresponding; certified, e.g., **pour copie conforme** certified copy; **conforme à** conformable to, consistent with; **conforme à l'échantillon** identical with sample; **conforme aux normes** according to specifications; **conforme aux règles** in order
confor•mé -mée [kɔ̃fɔrme] *adj* shaped, built; **bien conformé** well-built; **mal conformé** misshapen
conformément [kɔ̃fɔrmemɑ̃] *adv*—**conformément à** in compliance with
conformer [kɔ̃fɔrme] *tr & ref* to conform
conformiste [kɔ̃fɔrmist] *mf* conformist
conformité [kɔ̃fɔrmite] *f* conformity, conformance
confort [kɔ̃fɔr] *m* comfort; convenience; **pneu confort** balloon tire
confortable [kɔ̃fɔrtabl] *adj* comfortable || *m* comfort; easy chair
confrère [kɔ̃frɛr] *m* confrere, colleague
confrérie [kɔ̃freri] *f* brotherhood
confronter [kɔ̃frɔ̃te] *tr* to confront; to compare, collate
con•fus [kɔ̃fy] **-fuse** [fyz] *adj* confused; vague, blurred; embarrassed
confusion [kɔ̃fyzjɔ̃] *f* confusion
congé [kɔ̃ʒe] *m* leave; vacation; dismissal; **congé libérable** military discharge; **congé payé** vacation with pay; **donner congé à** to lay off; **donner son congé à** to give notice to; **prendre congé de** to take leave of
congédiement [kɔ̃ʒedimɑ̃] *m* dismissal, discharge; paying off (*of crew*)
congédier [kɔ̃ʒedje] *tr* to dismiss
congélateur [kɔ̃ʒelatœr] *m* freezer (*for frozen foods*)
congélation [kɔ̃ʒelɑsjɔ̃] *f* freezing
congeler [kɔ̃ʒəle] **§2** *tr & ref* to freeze; to congeal; **congeler à basse température** to deep-freeze
congéni•tal -tale [kɔ̃ʒenital] *adj* (*pl* **-taux** [to]) congenital
congère [kɔ̃ʒɛr] *f* snowdrift
congestion [kɔ̃ʒɛstjɔ̃] *f* congestion; **congestion cérébrale** stroke; **congestion pulmonaire** pneumonia
congestionner [kɔ̃ʒɛstjɔne] *tr & ref* to congest
conglomération [kɔ̃glɔmerɑsjɔ̃] *f* conglomeration
conglomérer [kɔ̃glɔmere] **§10** *tr & ref* to conglomerate
congratulation [kɔ̃gratylɑsjɔ̃] *f* congratulation
congratuler [kɔ̃gratyle] *tr* to congratulate
congre [kɔ̃gr] *m* conger eel
congréer [kɔ̃gree] *tr* to worm (*rope*)
congrégation [kɔ̃gregɑsjɔ̃] *f* (eccl) congregation
congrès [kɔ̃grɛ] *m* congress, convention
congressiste [kɔ̃grɛsist] *mf* delegate || *m* congressman || *f* congresswoman
con•gru -grue [kɔ̃gry] *adj* precise, suitable; scanty; (math) congruent
conifère [kɔnifɛr] *adj* coniferous || *m* conifer
conique [kɔnik] *adj* conical || *f* conic section
conjecture [kɔ̃ʒɛktyr] *f* conjecture
conjecturer [kɔ̃ʒɛktyre] *tr & intr* to conjecture, to surmise
conjoindre [kɔ̃ʒwɛ̃dr] **§35** *tr* to join in marriage
con•joint [kɔ̃ʒwɛ̃] **-jointe** [ʒwɛ̃t] *adj* united, joint || *mf* spouse, consort
conjoncteur [kɔ̃ʒɔ̃ktœr] *m* automatic switch
conjonction [kɔ̃ʒɔ̃ksjɔ̃] *f* conjunction
conjugaison [kɔ̃ʒygɛzɔ̃] *f* conjugation
conju•gal -gale [kɔ̃ʒygal] *adj* (*pl* **-gaux** [go]) conjugal, connubial
conjuguer [kɔ̃ʒyge] *tr* to combine (*e.g., forces*); to conjugate
conjuration [kɔ̃ʒyrɑsjɔ̃] *f* conjuration; conspiracy; **conjurations** entreaties
conju•ré -rée [kɔ̃ʒyre] *mf* conspirator
conjurer [kɔ̃ʒyre] *tr* to conjure; to conjure away; to conjure up; to conspire for, to plot; **conjurer qn de** + *inf* to entreat s.o. to + *inf* || *intr* to hatch a plot || *ref* to plot together, conspire
connaissance [kɔnɛsɑ̃s] *f* knowledge; acquaintance; consciousness; attention; **connaissance des temps** nautical almanac; **connaissances** knowledge; **en connaissance de** with full knowledge of; **faire connaissance avec** to become acquainted with; **faire la connaissance de** to meet; **parler en connaissance de cause** to know what one is talking about; **perdre connaissance** to lose consciousness; **sans connaissance** unconscious
connaissement [kɔnɛsmɑ̃] *m* bill of lading
connais•seur [kɔnɛsœr] **connais•seuse** [kɔnɛsøz] *mf* connoisseur; expert
connaître [kɔnɛtr] **§12** *tr* to know; to be acquainted with || *intr*—**connaître de** (law) to have jurisdiction over || *ref* to be acquainted; to become acquainted; **se connaître à** or **en** to know a lot about; **s'y connaître** to know what one is talking about; **s'y connaître en** to know a lot about
connecter [kɔnɛkte] *tr* to connect
connétable [kɔnetabl] *m* constable
connexe [kɔnɛks] *adj* connected
connexion [kɔnɛksjɔ̃] *f* connection
connexité [kɔnɛksite] *f* connection
con•nu -nue [kɔny] *adj* well-known || *m*—**le connu** the known

conque [kɔ̃k] *f* conch
conqué•rant [kɔ̃kerɑ̃] **-rante** [rɑ̃t] *adj* (coll) swaggering || *mf* conqueror
conquérir [kɔ̃kerir] §3 *tr* to conquer
conquête [kɔ̃kɛt] *f* conquest
consa•cré -crée [kɔ̃sakre] *adj* accepted, time-honored, stock
consacrer [kɔ̃sakre] *tr* to consecrate; to devote, dedicate (*time, energy, effort*); to give, to spare (*e.g., time*); to sanction, confirm || *ref*—**se consacrer à** to devote or dedicate oneself to
consan•guin [kɔ̃sɑ̃gɛ̃] **-guine** [gin] *adj* consanguineous; on the father's side || *mf* blood relation
consciemment [kɔ̃sjamɑ̃] *adv* consciously
conscience [kɔ̃sjɑ̃s] *f* conscience; conscientiousness; consciousness; **avoir la conscience large** to be broad-minded; **en conscience** conscientiously
conscien-cieux [kɔ̃sjɑ̃sjø] **-cieuse** [sjøz] *adj* conscientious
cons•cient [kɔ̃sjɑ̃] **cons•ciente** [kɔ̃sjɑ̃t] *adj* conscious, aware, knowing
conscription [kɔ̃skripsjɔ̃] *f* draft, conscription
conscrit [kɔ̃skri] *m* draftee, conscript
consécration [kɔ̃sekrɑsjɔ̃] *f* consecration; confirmation
consécu•tif [kɔ̃sekytif] **-tive** [tiv] *adj* consecutive; dependent (*clause*); **consécutif à** resulting from
conseil [kɔ̃sɛj] *m* advice, counsel; counselor; council, board, committee; **conseil d'administration** board of directors; **conseil de guerre** court-martial; staff meeting of top brass; **conseil de prud'hommes** arbitration board; **conseil de révision** draft board; **conseils** advice; **un conseil** a piece of advice
conseil•ler [kɔ̃seje] **conseil•lère** [kɔ̃sejɛr] *mf* councilor; counselor, adviser || *f* councilor's wife; counselor's wife || **conseiller** *tr* to advise, to counsel (*s.o. or s.th.*); **conseiller q.ch. à qn** to recommend s.th. to s.o. || *intr* to advise, to counsel; **conseiller à qn de + inf** to advise s.o. to + *inf*
conseil•leur [kɔ̃sɛjœr] **conseil•leuse** [kɔ̃sɛjøz] *mf* adviser; know-it-all
consensus [kɔ̃sɛ̃sys] *m* consensus
consentement [kɔ̃sɑ̃tmɑ̃] *m* consent
consentir [kɔ̃sɑ̃tir] §41 *tr* to grant, allow; to accept, recognize; **consentir que** + *subj* to permit (*s.o.*) to + *inf* || *intr* to consent; **consentir à** to consent to, to agree to, to approve of
conséquemment [kɔ̃sekamɑ̃] *adv* consequently; consistently
conséquence [kɔ̃sekɑ̃s] *f* consequence; consistency; **en conséquence** accordingly
consé•quent [kɔ̃sekɑ̃] **-quente** [kɑ̃t] *adj* consequent; consistent; important || *m* (logic, math) consequent; **par conséquent** consequently
conserva•teur [kɔ̃sɛrvatœr] **-trice** [tris] *adj* conservative || *mf* conservative; curator, keeper; warden, ranger; registrar
conservation [kɔ̃sɛrvɑsjɔ̃] *f* conservation, preservation; curatorship; curator's office
conservatisme [kɔ̃sɛrvatism] *m* conservatism
conservatoire [kɔ̃sɛrvatwar] *m* conservatory (*of music*); museum, academy
conserve [kɔ̃sɛrv] *f* canned food, preserves; escort, convoy; **conserves** dark glasses; **conserves au vinaigre** pickles; **mettre en conserve** to can; **voler de conserve avec** to fly alongside of
conserver [kɔ̃sɛrve] *tr* to conserve; to preserve; to keep (*one's health; one's equanimity; a secret*); to escort, to convoy (*a ship*) || *ref* to stay in good shape; to take care of oneself
conserverie [kɔ̃sɛrvəri] *f* canning factory; canning
considérable [kɔ̃siderabl] *adj* considerable; important; large, great
considérant [kɔ̃siderɑ̃] *m* motive, grounds; **considérant que** whereas
considération [kɔ̃siderɑsjɔ̃] *f* consideration
considérer [kɔ̃sidere] §10 *tr* to consider, examine; to esteem, consider
consignataire [kɔ̃siɲatɛr] *m* consignee, trustee
consignation [kɔ̃siɲɑsjɔ̃] *f* consignment; **en consignation** on consignment
consigne [kɔ̃siɲ] *f* password; baggage room, checkroom; checking fee; confinement to barracks, detention; deposit; (mil) orders, instructions; **en consigne à la douane** held up in customs; **être de consigne** to be on duty; **manquer à la consigne** to disobey orders
consigner [kɔ̃siɲe] *tr* to consign; to check (*baggage*); to put down in writing, to enter in the record; to confine to barracks, to keep (*a student*) in; to put out of bounds (*e.g., for military personnel*); to close (*a port*); **consigner sa** (or **la**) **porte** to be at home to no one
consistance [kɔ̃sistɑ̃s] *f* consistency; stability (*of character*); credit, reality, standing; **en consistance de** consisting of
consis•tant [kɔ̃sistɑ̃] **-tante** [tɑ̃t] *adj* consistent; stable (*character*); **consistant en** consisting of
consister [kɔ̃siste] *intr*—**consister à** + *inf* to consist in + *ger*; **consister dans** or **en** to consist in; to consist of
consistoire [kɔ̃sistwar] *m* consistory
consola•teur [kɔ̃sɔlatœr] **-trice** [tris] *adj* consoling || *mf* comforter
consolation [kɔ̃sɔlɑsjɔ̃] *f* consolation
console [kɔ̃sɔl] *f* console; console table; bracket
consoler [kɔ̃sɔle] *tr* to console
consolider [kɔ̃sɔlide] *tr* to consolidate; to fund (*a debt*)
consomma•teur [kɔ̃sɔmatœr] **-trice**

[tris] *mf* consumer; customer (*in a restaurant or bar*)
consommation [kɔ̃sɔmɑsjɔ̃] *f* consummation (*e.g., of a marriage*); perpetration (*e.g., of a crime*); consumption, use; drink (*e.g., in a café*)
consom•mé -mée [kɔ̃sɔme] *adj* consummate; skilled (*e.g., technician*); consumed, used up || *m* consommé
consommer [kɔ̃sɔme] *tr* to consummate, complete; to perpetrate (*e.g., a crime*); to consume
consomp•tif [kɔ̃sɔ̃ptif] **-tive** [tiv] *adj* wasting away
consomption [kɔ̃sɔ̃psjɔ̃] *f* wasting away, decline
conso•nant [kɔ̃sɔnɑ̃] **-nante** [nɑ̃t] *adj* consonant, harmonious
consonne [kɔ̃sɔn] *f* consonant
consorts [kɔ̃sɔr] *mpl* partners, associates; (pej) confederates
conspira•teur [kɔ̃spiratœr] **-trice** [tris] *mf* conspirator
conspiration [kɔ̃spirɑsjɔ̃] *f* conspiracy
conspirer [kɔ̃spire] *tr & intr* to conspire
conspuer [kɔ̃spɥe] *tr* to boo, hiss
constamment [kɔ̃stamɑ̃] *adv* constantly
constance [kɔ̃stɑ̃s] *f* constancy
cons•tant [kɔ̃stɑ̃] **-tante** [tɑ̃t] *adj* constant; true; established, evident || *f* constant
constat [kɔ̃sta] *m* affidavit
constatation [kɔ̃statɑsjɔ̃] *f* authentication; declaration, claim
constater [kɔ̃state] *tr* to certify; to find out; to prove, establish
constellation [kɔ̃stɛllɑsjɔ̃] *f* constellation
consteller [kɔ̃stɛlle] *tr* to spangle
consterner [kɔ̃stɛrne] *tr* to dismay
constipation [kɔ̃stipɑsjɔ̃] *f* constipation
constiper [kɔ̃stipe] *tr* to constipate
consti•tuant [kɔ̃stitɥɑ̃] **-tuante** [tɥɑ̃t] *adj & m* constituent
constituer [kɔ̃stitɥe] *tr* to constitute; to settle (*a dowry*); to form (*a cabinet; a corporation*); to empanel (*a jury*); to appoint (*a lawyer*) || *ref* to be formed; **se constituer prisonnier** to give oneself up
constitu•tif [kɔ̃stitytif] **-tive** [tiv] *adj* constituent
constitution [kɔ̃stitysjɔ̃] *f* constitution; settlement (*of a dowry*); **constitution en société** incorporation
construc•teur [kɔ̃stryktœr] **-trice** [tris] *adj* constructive, building || *mf* constructor, builder
construc•tif [kɔ̃stryktif] **-tive** [tiv] *adj* constructive
construction [kɔ̃stryksjɔ̃] *f* construction; **construction mécanique** mechanical engineering
construire [kɔ̃strɥir] §19 *tr* to construct, to build; to draw (*e.g., a triangle*); (gram) to construe
consul [kɔ̃syl] *m* consul
consulaire [kɔ̃sylɛr] *adj* consular
consulat [kɔ̃syla] *m* consulate
consul•tant [kɔ̃syltɑ̃] **-tante** [tɑ̃t] *adj* consulting || *mf* consultant
consulta•tif [kɔ̃syltatif] **-tive** [tiv] *adj* advisory
consultation [kɔ̃syltɑsjɔ̃] *f* consultation; **consultation externe** outpatient clinic; **consultation populaire** poll, referendum
consulte [kɔ̃sylt] *f* (eccl, law) consultation
consulter [kɔ̃sylte] *tr* to consult || *intr* to consult, to give consultations || *ref* to deliberate
consumer [kɔ̃syme] *tr* to consume, use up, destroy || *ref* to burn out; to waste away; to fail
contact [kɔ̃takt] *m* contact; **mettre en contact** to put in touch, to connect; **prendre contact** to make contact
contacter [kɔ̃takte] *tr* (coll) to contact
conta•gieux [kɔ̃taʒjø] **-gieuse** [ʒjøz] *adj* contagious
contagion [kɔ̃taʒjɔ̃] *f* contagion
contamination [kɔ̃taminɑsjɔ̃] *f* contamination
contaminer [kɔ̃tamine] *tr* to contaminate
conte [kɔ̃t] *m* tale, story; **conte à dormir debout** cock-and-bull story, baloney; **conte de fées** fairy tale
contemplation [kɔ̃tɑ̃plɑsjɔ̃] *f* contemplation
contempler [kɔ̃tɑ̃ple] *tr* to contemplate
contempo•rain [kɔ̃tɑ̃pɔrɛ̃] **-raine** [rɛn] *adj & m* contemporary
contemp•teur [kɔ̃tɑ̃ptœr] **-trice** [tris] *mf* scoffer
contenance [kɔ̃tnɑ̃s] *f* capacity; area; countenance; **faire bonne contenance** to put up a bold front
conte•nant [kɔ̃tnɑ̃] **-nante** [nɑ̃t] *adj* containing || *m* container
contenir [kɔ̃tnir] §72 *tr* to contain; to restrain || *ref* to contain oneself, to hold oneself back
con•tent [kɔ̃tɑ̃] **-tente** [tɑ̃t] *adj* content; happy, glad, pleased; **content de** satisfied with || *m* fill, e.g., **avoir son content** to have one's fill
contentement [kɔ̃tɑ̃tmɑ̃] *m* contentment
contenter [kɔ̃tɑ̃te] *tr* to content, satisfy || *ref* to satisfy one's desires; **se contenter de** to be content or satisfied with
conten•tieux [kɔ̃tɑ̃sjø] **-tieuse** [sjøz] *adj* contentious || *m* contention, litigation; claims department
contention [kɔ̃tɑ̃sjɔ̃] *f* application, intentness
conte•nu -nue [kɔ̃tny] *adj* contained, restrained, stifled || *m* contents
conter [kɔ̃te] *tr* to relate, tell; **en conter à** (coll) to take (*s.o.*) in; **en conter (de belles)** (coll) to tell tall tales || *intr* to narrate, to tell a story
contestation [kɔ̃tɛstɑsjɔ̃] *f* argument, dispute; **sans contestation** without opposition
conteste [kɔ̃tɛst] *f*—**sans conteste** incontestably, unquestionably
contester [kɔ̃tɛste] *tr & intr* to contest
con•teur [kɔ̃tœr] **-teuse** [tøz] *mf* storyteller
contexte [kɔ̃tɛkst] *m* context

conti•gu -guë [kɔ̃tigy] *adj* contiguous; **contigu à** adjoining

continence [kɔ̃tinɑ̃s] *f* continence

conti•nent [kɔ̃tinɑ̃] **-nente** [nɑ̃t] *adj & m* continent

continen•tal -tale [kɔ̃tinɑ̃tal] *adj* (*pl* **-taux** [to]) continental

contingence [kɔ̃tɛ̃ʒɑ̃s] *f* contingency

contin•gent [kɔ̃tɛ̃ʒɑ̃] **-gente** [ʒɑ̃t] *adj* contingent || *m* contingent; quota

conti•nu -nue [kɔ̃tiny] *adj* continuous; direct (*current*) || *m* continuum

continuation [kɔ̃tinɥɑsjɔ̃] *f* continuation

conti•nuel -nuelle [kɔ̃tinɥel] *adj* continual

continuité [kɔ̃tinɥite] *f* continuity

continûment [kɔ̃tinymɑ̃] *adv* continuously

contorsion [kɔ̃tɔrsjɔ̃] *f* contortion

contour [kɔ̃tur] *m* contour

contourner [kɔ̃turne] *tr* to contour; to go around, to skirt; to get around (*the law*); to twist, distort

contrac•tant [kɔ̃traktɑ̃] **-tante** [tɑ̃t] *adj* contracting (*parties*) || *mf* contracting party

contracter [kɔ̃trakte] *tr* to contract; to float (*a loan*) || *ref* to contract; to be contracted

contraction [kɔ̃traksjɔ̃] *f* contraction

contradiction [kɔ̃tradiksjɔ̃] *f* contradiction

contradictoire [kɔ̃tradiktwar] *adj* contradictory

contraindre [kɔ̃trɛ̃dr] §15 *tr* to compel, force, constrain; to restrain, to curb || *ref* to restrain oneself

con•traint [kɔ̃trɛ̃] **-trainte** [trɛ̃t] *adj* constrained, forced; stiff (*person*) || *f* constraint; restraint; exigencies (*e.g., of the rhyme*)

contraire [kɔ̃trɛr] *adj* contrary; opposite (*e.g., direction*); injurious (*e.g., to health*) || *m* contrary, opposite; antonym; **au contraire** on the contrary

contrairement [kɔ̃trɛrmɑ̃] *adv* contrary

contrarier [kɔ̃trarje] *tr* to thwart; to vex, annoy; to contrast (*e.g., colors*)

contrariété [kɔ̃trarjete] *f* vexation, annoyance; clashing (*e.g., of colors*)

contraste [kɔ̃trast] *m* contrast

contraster [kɔ̃traste] *tr & intr* to contrast

contrat [kɔ̃tra] *m* contract

contravention [kɔ̃travɑ̃sjɔ̃] *f* infraction; **dresser une contravention** to write out a (traffic) ticket; **recevoir une contravention** to get a ticket

contre [kɔ̃tr] *m* opposite, con; (cards) double; **par contre** on the contrary || *adv* against; nearby; **contre à contre** alongside || *prep* against; contrary to; to, e.g., **dix contre un** ten to one; for, e.g., **échanger contre** to exchange for; e.g., **remède contre la toux** remedy for a cough; (sports) versus; **contre remboursement** (com) collect on delivery

contre-allée [kɔ̃trale] *f* (*pl* **-allées**) parallel walk

contre-amiral [kɔ̃tramiral] *m* (*pl* **-amiraux** [amiro]) rear admiral

contre-appel [kɔ̃trapɛl] *m* (*pl* **-appels**) second roll call; double-check

contre-attaque [kɔ̃tratak] *f* (*pl* **-attaques**) counterattack

contre-attaquer [kɔ̃tratake] *tr* to counterattack

contrebalancer [kɔ̃trəbalɑ̃se] §51 *tr* to counterbalance

contrebande [kɔ̃trəbɑ̃d] *f* contraband; smuggling; **faire la contrebande** to smuggle

contreban•dier [kɔ̃trəbɑ̃dje] **-dière** [djɛr] *adj* smuggled, contraband || *mf* smuggler

contrebas [kɔ̃trəbɑ]—**en contrebas** downwards

contrebasse [kɔ̃trəbɑs] *f* contrabass

contre-biais [kɔ̃trəbjɛ]—**à contre-biais** the wrong way, against the grain

contre-boutant [kɔ̃trəbutɑ̃] *m* (*pl* **-boutants**) shore

contrecarrer [kɔ̃trəkɑre] *tr* to stymie, to thwart

contre-chant [kɔ̃trəʃɑ̃] *m* (*pl* **-chants**) counter melody

contrecœur [kɔ̃trəkœr] *m* smoke shelf; **à contrecœur** unwillingly

contrecoup [kɔ̃trəku] *m* rebound, recoil, backlash; repercussion

contre-courant [kɔ̃trəkurɑ̃] *m* (*pl* **-courants**) countercurrent; **à contre-courant** upstream; behind the times

contredire [kɔ̃trədir] §40 *tr* to contradict || *ref* to contradict oneself

contrée [kɔ̃tre] *f* region, countryside

contre-écrou [kɔ̃trekru] *m* (*pl* **-écrous**) lock nut

contre-espion [kɔ̃trɛspjɔ̃] *m* (*pl* **-espions**) counterspy

contre-espionnage [kɔ̃trɛspjɔnaʒ] *m* (*pl* **-espionnages**) counterespionage

contrefaçon [kɔ̃trəfasɔ̃] *f* infringement (*of patent or copyright*); forgery; counterfeit; plagiarism

contrefacteur [kɔ̃trəfaktœr] *m* forger; counterfeiter; plagiarist

contrefaction [kɔ̃trəfaksjɔ̃] *f* forgery; counterfeiting

contrefaire [kɔ̃trəfɛr] §29 *tr* to forge; to counterfeit; to imitate, to mimic; to disguise

contre•fait [kɔ̃trəfɛ] **-faite** [fɛt] *adj* counterfeit; deformed

contre-fenêtre [kɔ̃trəfnɛtr] *f* (*pl* **-fenêtres**) inner sash; storm window

contre-feu [kɔ̃trəfø] *m* (*pl* **-feux**) backfire (*in fire fighting*)

contreficher [kɔ̃trəfiʃe] *ref* (slang) to not give a rap

contre-fil [kɔ̃trəfil] *m* (*pl* **-fils**) opposite direction, wrong way; **à contre-fil** upstream; against the grain

contre-filet [kɔ̃trəfilɛ] *m* short loin (*club and porterhouse steaks*)

contrefort [kɔ̃trəfɔr] *m* buttress, abutment; foothills

contre-haut [kɔ̃trəo]—**en contre-haut** on a higher level; from top to bottom

contre-interrogatoire [kɔ̃trɛ̃terɔgatwar] *m* cross-examination

contre-interroger [kɔ̃trɛ̃terɔʒe] §38 *tr* to cross-examine
contre-jour [kɔ̃trəʒur] *m invar* backlighting; **à contre-jour** against the light
contremaî•tre [kɔ̃trəmetr] **-tresse** [trɛs] *mf* overseer ‖ *m* foreman; (naut) (hist) boatswain's mate; (nav) petty officer ‖ *f* forewoman
contremander [kɔ̃trəmɑ̃de] *tr* to countermand; to call off
contremarche [kɔ̃trəmarʃ] *f* countermarch; riser (*of stair step*)
contremarque [kɔ̃trəmark] *f* countersign; pass-out check
contremarquer [kɔ̃trəmarke] *tr* to countersign
contre-mesure [kɔ̃trəmzyr] *f* (*pl* **-mesures**) countermeasure
contre-offensive [kɔ̃trɔfɑ̃siv] *f* (*pl* **-offensives**) counteroffensive
contrepartie [kɔ̃trəparti] *f* counterpart; (bk) duplicate entry; **en contrepartie** as against this
contre-pas [kɔ̃trəpɑ] *m invar* half step (*taken in order to get in step*)
contre-pente [kɔ̃trəpɑ̃t] *f* (*pl* **-pentes**) reverse slope
contre-performance [kɔ̃trəperfɔrmɑ̃s] *f* (*pl* **-performances**) unexpected defeat
contrepèterie [kɔ̃trəpetri] *f* spoonerism
contre-pied [kɔ̃trəpje] *m* (*pl* **-pieds**) backtrack; opposite opinion; **à contre-pied** off balance
contre-plaqué [kɔ̃trəplake] *m* (*pl* **-plaqués**) plywood
contre-plaquer [kɔ̃trəplake] *tr* to laminate
contrepoids [kɔ̃trəpwa] *m invar* counterweight, counterbalance
contre-poil [kɔ̃trəpwal] *m* wrong way (*e.g., of fur*); **à contre-poil** the wrong way; at the wrong end
contrepoint [kɔ̃trəpwɛ̃] *m* counterpoint
contre-pointe [kɔ̃trəpwɛ̃t] *f* (*pl* **-pointes**) false edge (*of sword*); tailstock (*of lathe*)
contre-pointer [kɔ̃trəpwɛ̃te] *tr* to quilt
contrepoison [kɔ̃trəpwazɔ̃] *m* antidote
contrer [kɔ̃tre] *tr & intr* (cards) to double; (coll) to counter
contreseing [kɔ̃trəsɛ̃] *m* countersignature
contresens [kɔ̃trəsɑ̃s] *m invar* misinterpretation; mistranslation; wrong way; **à contresens** in the wrong sense; in the wrong direction
contresigner [kɔ̃trəsiɲe] *tr* to countersign
contretemps [kɔ̃trətɑ̃] *m*—**à contretemps** at the wrong moment; syncopated
contre-torpilleur [kɔ̃trətɔrpijœr] *m* (*pl* **-torpilleurs**) (nav) torpedo-boat destroyer
contreve•nant [kɔ̃trəvnɑ̃] **-nante** [nɑ̃t] *mf* lawbreaker, delinquent
contrevenir [kɔ̃trəvnir] §72 *intr* (with *dat*) to contravene, to break (*a law*)
contrevent [kɔ̃trəvɑ̃] *m* shutter, window shutter
contre-voie [kɔ̃trəvwa] *f* (*pl* **-voies**) parallel route; **à contre-voie** in reverse (*of the usual direction*); on the side opposite the platform
contribuable [kɔ̃tribɥabl] *adj* taxpaying ‖ *mf* taxpayer
contribuer [kɔ̃tribɥe] *intr* to contribute
contribution [kɔ̃tribysjɔ̃] *f* contribution; tax
contrister [kɔ̃triste] *tr* to sadden
con•trit [kɔ̃tri] **-trite** [trit] *adj* contrite
contrôlable [kɔ̃trolabl] *adj* verifiable
contrôle [kɔ̃trol] *m* inspection, verification, check; supervision, observation; auditing; inspection booth, ticket window; (mil) muster roll; **contrôle des naissances** birth control; **contrôle de soi** self-control; **contrôle par sondage** spot check
contrôler [kɔ̃trole] *tr* to inspect, verify, check; to supervise, to put under observation; to audit; to criticize ‖ *ref* to control oneself
contrô•leur [kɔ̃trolœr] **-leuse** [løz] *mf* inspector, checker; supervisor, observer; auditor, comptroller; conductor, ticket collector ‖ *m* gauge; **contrôleur de vitesse** speedometer; **contrôleur de vol** flight indicator
controversable [kɔ̃trɔversabl] *adj* controversial
controverse [kɔ̃trɔvers] *f* controversy
controverser [kɔ̃trɔverse] *tr* to controvert
contumace [kɔ̃tymas] *f* contempt of court
con•tus [kɔ̃ty] **-tuse** [tyz] *adj* bruised
contusion [kɔ̃tyzjɔ̃] *f* contusion, bruise
contusionner [kɔ̃tyzjɔne] *tr* to bruise
convain•cant [kɔ̃vɛ̃kɑ̃] **-cante** [kɑ̃t] *adj* convincing
convaincre [kɔ̃vɛ̃kr] §70 *tr* to convince; to convict ‖ *ref* to be satisfied
convain•cu -cue [kɔ̃vɛ̃ky] *adj* convinced, dyed-in-the-wool; convicted
convalescence [kɔ̃valesɑ̃s] *f* convalescence
convales•cent [kɔ̃valesɑ̃] **convales•cente** [kɔ̃valesɑ̃t] *adj & mf* convalescent
convenable [kɔ̃vnabl] *adj* suitable, proper; opportune (*moment*)
convenance [kɔ̃vnɑ̃s] *f* suitability, propriety; conformity; **convenances** conventions
convenir [kɔ̃vnir] §72 *intr* to agree; (with *dat*) to fit, suit; **convenir de** to admit, to admit to, to admit the truth of; to agree on ‖ *ref* to agree with one another ‖ *impers*—**il convient** it is fitting, it is appropriate
convention [kɔ̃vɑ̃sjɔ̃] *f* convention
convention•nel -nelle [kɔ̃vɑ̃sjɔnel] *adj* conventional
conve•nu -nue [kɔ̃vny] *adj* settled; stipulated (*price*); appointed (*time, place*); trite, stereotyped (*language*)
converger [kɔ̃verʒe] §38 *intr* to converge
conversation [kɔ̃versɑsjɔ̃] *f* conversation
converser [kɔ̃verse] *intr* to converse
conversion [kɔ̃versjɔ̃] *f* conversion; turning

conver•ti -tie [kɔ̃vɛrti] *adj* converted || *mf* convert
convertible [kɔ̃vɛrtibl] *adj* convertible
convertir [kɔ̃vɛrtir] *tr* to convert || *ref* to convert, to be converted; to change one's mind
convertissable [kɔ̃vɛrtisabl] *adj* convertible
convertisseur [kɔ̃vɛrtisœr] *m* converter; (elec) converter
convexe [kɔ̃vɛks] *adj* convex
conviction [kɔ̃viksjɔ̃] *f* conviction
convier [kɔ̃vje] *tr* to invite
convive [kɔ̃viv] *mf* dinner guest; table companion
convocation [kɔ̃vɔkɑsjɔ̃] *f* convocation; summoning
convoi [kɔ̃vwa] *m* convoy; funeral procession
convoiter [kɔ̃vwate] *tr* to covet
convoi•teur [kɔ̃vwatœr] **-teuse** [tøz] *adj* covetous || *mf* covetous person
convoitise [kɔ̃vwatiz] *f* covetousness, cupidity
convoquer [kɔ̃vɔke] *tr* to convoke; to summon
convoyer [kɔ̃vwaje] **§47** *tr* to convoy
convoyeur [kɔ̃vwajœr] *adj* convoying || *m* (mach) conveyor; (nav) escort
convulser [kɔ̃vylse] *tr* to convulse
convulsion [kɔ̃vylsjɔ̃] *f* convulsion
convulsionner [kɔ̃vylsjɔne] *tr* to convulse
coordon•né -née [kɔɔrdɔne] *adj & f* coordinate
coordonner [kɔɔrdɔne] *tr* to coordinate
co•pain [kɔpɛ̃] **-pine** [pin] *mf* (coll) pal, chum
co•peau [kɔpo] *m* (*pl* **-peaux**) chip, shaving
copie [kɔpi] *f* copy; exercise, composition (*at school*); **pour copie conforme** true copy
copier [kɔpje] *tr & intr* to copy
co•pieux [kɔpjø] **-pieuse** [pjøz] *adj* copious
copilote [kɔpilɔt] *m* copilot
copiste [kɔpist] *mf* copyist; copier
coposséder [kɔpɔsede] **§10** *tr* to own jointly
copropriété [kɔprɔprijete] *f* joint ownership
copula•tif [kɔpylatif] **-tive** [tiv] *adj* (gram) coordinating
copulation [kɔpylɑsjɔ̃] *f* copulation
copule [kɔpyl] *f* (gram) copula
coq [kɔk] *adj* bantam || *m* cock rooster; (naut) cook
coq-à-l'âne [kɔkalɑn] *m invar* cock-and-bull story
coque [kɔk] *f* shell; cocoon; hull; **coque de noix** coconut
coquelicot [kɔkliko] *m* poppy
coqueluche [kɔklyʃ] *f* whooping cough; (coll) rage, vogue
coquemar [kɔkmar] *m* teakettle
coquerie [kɔkri] *f* (naut) galley
coqueriquer [kɔkrike] *intr* to crow
co•quet [kɔkɛ] **-quette** [kɛt] *adj* coquettish; stylish; considerable (*sum*)
coqueter [kɔkte] **§34** *intr* to flirt
coquetier [kɔkətje] *m* eggcup; egg man
coquetterie [kɔkɛtri] *f* coquetry
coquillage [kɔkijaʒ] *m* shellfish; shell
coquille [kɔkij] *f* shell; typographical error (*of transposed letters*); pat (*of butter*); **coquille de noix** nutshell; **coquille Saint-Jacques** scallop
co•quin [kɔkɛ̃] **-quine** [kin] *adj* deceitful; roguish || *mf* scoundrel; rogue
cor [kɔr] *m* horn; corn (*on foot*); prong (*of antler*); horn player; **à cor et à cri** with hue and cry; **cor anglais** English horn; **cor de chasse** hunting horn; **cor d'harmonie** French horn
co•rail [kɔraj] *m* (*pl* **-raux** [ro]) coral
cor•beau [kɔrbo] *m* (*pl* **-beaux**) crow, raven
corbeille [kɔrbɛj] *f* basket; flower bed; (theat) dress circle; **corbeille à papier** wastebasket; **corbeille de mariage** wedding present
corbillard [kɔrbijar] *m* hearse
corbillon [kɔrbijɔ̃] *m* small basket; word game
cordage [kɔrdaʒ] *m* cordage, rope; (naut) rigging
corde [kɔrd] *f* rope, cord; tightrope; inside track; (geom) chord; **corde à** or **de boyau** catgut (*for, e.g., violin*); **corde à linge** wash line; **corde à nœuds** knotted rope; **cordes vocales** vocal cords; **être sur la corde raide** to be out on a limb; **les cordes** (mus) the strings; **toucher la corde sensible** to touch a sympathetic chord; **usé jusqu'à la corde** threadbare
cor•dé -dée [kɔrde] *adj* heart-shaped || *f* cord (*of wood*); roped party (*of mountain climbers*)
cor•deau [kɔrdo] *m* (*pl* **-deaux**) tracing line; tracing thread; mine fuse; **tiré au cordeau** in a straight line
cordelier [kɔrdəlje] *m* Franciscan friar
corder [kɔrde] *tr* to twist; to string (*a tennis racket*)
cor•dial -diale [kɔrdjal] *adj & m* (*pl* **-diaux** [djo]) cordial
cordialité [kɔrdjalite] *f* cordiality
cordier [kɔrdje] *m* ropemaker; tailpiece (*of violin*)
cordon [kɔrdɔ̃] *m* cordon; cord; latchstring; **cordon de sonnette** bellpull; **cordon de soulier** shoestring
cordon-bleu [kɔrdɔ̃blø] *m* (*pl* **cordons-bleus**) cordon bleu
cordonnerie [kɔ̃rdɔnri] *f* shoemaking; shoe repairing; shoe store; shoemaker's
cordon•nier [kɔrdɔnje] **cordon•nière** [kɔrdɔnjɛr] *mf* shoemaker
Corée [kɔre] *f* Korea; **la Corée** Korea
coréen [kɔreɛ̃] **coréenne** [kɔreɛn] *adj* Korean || *m* Korean (*language*) || (*cap*) *mf* Korean (*person*)
coriace [kɔrjas] *adj* tough, leathery; (coll) stubborn
coricide [kɔrisid] *m* corn remover
cormoran [kɔrmɔrɑ̃] *m* cormorant
cornac [kɔrnak] *m* mahout
cor•nard [kɔrnar] **-narde** [nard] *adj* horned; (slang) cuckold; (*of horse*) wheezing || *m* (slang) cuckold
corne [kɔrn] *f* horn; dog-ear (*of page*); hoof; shoehorn; **corne d'abondance**

horn of plenty; **faire les cornes à** (coll) to make a face at
cor•né -née [kɔrne] *adj* horny || *f* cornea
corneille [kɔrnɛj] *f* crow, rook; **corneille d'église** jackdaw
cornemuse [kɔrnəmyz] *f* bagpipe
cornemuseur [kɔrnəmyzœr] *m* bagpiper
corner [kɔrne] *tr* to dog-ear; to give (*s.o.*) the horn; (coll) to trumpet (*news*) about || *intr* to blow the horn, to honk; to ring (*said of ears*); (mus) to blow a horn; **cornez!** sound your horn!
cornet [kɔrnɛ] *m* cornet; horn; dice-box; cornetist; mouthpiece (*of microphone*); receiver (*of telephone*); **cornet acoustique** ear trumpet; **cornet à pistons** cornet; **cornet de glace** ice-cream cone
cornette [kɔrnɛt] *m* (mil) cornet || *f* (*headdress*) cornet
cornettiste [kɔrnɛtist] *mf* cornetist
corniche [kɔrniʃ] *f* cornice
cornichon [kɔrniʃɔ̃] *m* pickle, gherkin; (*fool*) (coll) dope, drip
cor•nier [kɔrnje] **-nière** [njɛr] *adj* corner || *f* valley (*joining roofs*); angle iron
corniste [kɔrnist] *mf* horn player
Cornouailles [kɔrnwaj] *f* Cornwall
cornouiller [kɔrnuje] *m* dogwood
cor•nu -nue [kɔrny] *adj* horned; preposterous (*ideas*) || *f* (chem) retort
corollaire [kɔrɔllɛr] *m* corollary
coronaire [kɔrɔnɛr] *adj* coronary
coroner [kɔrɔnœr] *m* coroner
corporation [kɔrpɔrɑsjɔ̃] *f* association, guild
corpo•rel -relle [kɔrpɔrɛl] *adj* corporal, bodily
corps [kɔr] *m* body; corps; **à corps perdu** without thinking; **à mon (ton, etc.) corps défendant** in self-defense; reluctantly; **corps à corps** hand-to-hand; in a clinch; **corps céleste** heavenly body; **corps composé** (chem) compound; **corps de garde** guardhouse, guardroom; **corps de logis** main part of the building; **corps du délit** corpus delicti; **corps enseignant** faculty; **corps simple** (chem) simple substance; **prendre corps** to take shape; **saisir au corps** (law) to arrest
corps-à-corps [kɔrakɔr] *m* hand-to-hand combat; (boxing) infighting
corpulence [kɔrpylɑ̃s] *f* corpulence
corpuscule [kɔrpyskyl] *m* (phys) corpuscle
corral [kɔral] *m* corral
cor•rect -recte [kɔrrɛkt] *adj* correct
correc•teur [kɔrrɛktœr] **-trice** [tris] *mf* corrector; proofreader
correc•tif [kɔrrɛktif] **-tive** [tiv] *adj & m* corrective
correction [kɔrrɛksjɔ̃] *f* correction; correctness; proofreading
corrélation [kɔrrelɑsjɔ̃] *f* correlation
correspondance [kɔrɛspɔ̃dɑ̃s] *f* correspondence; transfer, connection
correspon•dant [kɔrɛspɔ̃dɑ̃] **-dante** [dɑ̃t] *adj* corresponding, correspondent || *mf* correspondent; party (*person who gets a telephone call*)
correspondre [kɔrɛspɔ̃dr] *intr* to correspond; **correspondre à** to correspond to, to correlate with; **correspondre avec** to correspond with (*a letter writer*); to connect with (*e.g., a train*)
corridor [kɔridɔr] *m* corridor
corriger [kɔriʒe] §38 *tr* to correct; to proofread
corroborer [kɔrrɔbɔre] *tr* to corroborate
corroder [kɔrrɔde] *tr & ref* to corrode; to erode
corrompre [kɔrɔ̃pr] (3d *sg pres ind* **corrompt**) *tr* to corrupt; to rot; to bribe; to seduce; to spoil
corro•sif [kɔrrozif] **-sive** [ziv] *adj & m* corrosive
corrosion [kɔrrosjɔ̃] *f* corrosion; erosion
corroyer [kɔrwaje] §47 *tr* to weld; to plane (*wood*); to prepare (*leather*)
corruption [kɔrrypsjɔ̃] *f* corruption; bribery; seduction
corsage [kɔrsaʒ] *m* blouse, corsage
corsaire [kɔrsɛr] *m* corsair; **corsaire de finance** ruthless businessman, robber baron
corse [kɔrs] *adj* Corsican || *m* Corsican (*language*) || (*cap*) *f* Corsica; **la Corse** Corsica || (*cap*) *mf* Corsican (*person*)
cor•sé -sée [kɔrse] *adj* full-bodied, heavy; spicy, racy
corser [kɔrse] *tr* to spike, to give body to (*wine*); to spice up (*a story*) || *ref* to become serious; **ça se corse** the plot thickens
corset [kɔrsɛ] *m* corset
cortège [kɔrtɛʒ] *m* cortege; parade; **cortège funèbre** funeral procession
cortisone [kɔrtizɔn] *f* cortisone
corvée [kɔrve] *f* chore; forced labor; work party
coryphée [kɔrife] *m* coryphée; (fig) leader
cosaque [kɔzak] *adj* Cossack || (*cap*) *mf* Cossack
cosmétique [kɔsmetik] *adj* cosmetic || *m* cosmetic; hair set, hair spray || *f* beauty culture
cosmique [kɔsmik] *adj* cosmic
cosmonaute [kɔsmɔnot] *mf* cosmonaut
cosmopolite [kɔsmɔpɔlit] *adj & mf* cosmopolitan
cosmos [kɔsmos], [kɔsmɔs] *m* cosmos; outer space
cosse [kɔs] *f* pod; **avoir la cosse** (slang) to be lazy
cos•su -sue [kɔsy] *adj* rich; well-to-do
cos•taud [kɔsto] **-taude** [tod] *adj* (slang) husky, strapping || *m* (slang) muscleman
costume [kɔstym] *m* costume; suit; **costume sur mesure** custom-made or tailor-made suit; **costume tailleur** lady's tailor-made suit
costumer [kɔstyme] *tr & ref* to dress up (*for a fancy-dress ball*); **se costumer en** to come dressed as a
costu•mier [kɔstymje] **-mière** [mjɛr] *mf* costumer
cote [kɔt] *f* assessment, quota; identi-

fication mark, letter, or number; call number (*of book*); altitude (*above sea level*); bench mark; book value (*of, e.g., used cars*); racing odds; (telv) rating; **avoir la cote** (coll) to be highly thought of; **cote d'alerte** danger point; **cote d'amour** moral qualifications; **cote de la Bourse** stock-market quotations; **cote mal taillée** rough compromise

côte [kot] *f* rib; chop; coast; slope; **à côtes** ribbed, corded; **aller** or **se mettre à la côte, faire côte** to run aground; **avoir les côtes en long** (coll) to feel lazy; **côte à côte** side by side; **côte d'Azur** French Riviera; **côtes découvertes, plates côtes** spareribs; **en côte** uphill; **être à la côte** to be broke; **faire côte** to run aground

co•té -tée [kɔte] *adj* listed (*on the stock market*); (fig) esteemed

côté [kote] *m* side; **à côté** in the next room; near; **à côté de** beside; **côté cour** (theat) stage right; **côté jardin** (theat) stage left; **d'à côté** next-door; **de côté** sideways; sidelong; aside; **de mon côté** for my part; **donner, passer,** or **toucher à côté** to miss the mark; **du côté de** in the direction of, toward; on the side of; **d'un côté . . . de l'autre côté** or **d'un autre côté** on the one hand . . . on the other hand; **répondre à côté** to miss the point

co•teau [kɔto] *m* (*pl* **-teaux**) knoll; slope

Côte-de-l'Or [kotdəlɔr] *f* Gold Coast

côte•lé -lée [kotle] *adj* ribbed, corded

côtelette [kotlɛt] *f* cutlet, chop; **côtelettes découvertes** spareribs

coter [kɔte] *tr* to assess; to mark; to number; to esteem; (com) to quote, to give a quotation on; (geog) to mark the elevations on

coterie [kɔtri] *f* coterie, clique

cothurne [kɔtyrn] *m* buskin

cô•tier [kotje] **-tière** [tjɛr] *adj* coastal

cotir [kɔtir] *tr* to bruise (*fruit*)

cotisation [kɔtizɑsjɔ̃] *f* dues; assessment

cotiser [kɔtize] *tr* to assess (*each member of a group*) || *intr* to pay one's dues || *ref* to club together

coton [kɔtɔ̃] *m* cotton; **c'est coton** (slang) it's difficult; **coton de verre** glass wool; **coton hydrophile** absorbent cotton; cotton batting; **élever dans le coton** to coddle; **filer un mauvais coton** (coll) to be in a bad way

cotonnade [kɔtɔnad] *f* cotton cloth

cotonner [kɔtɔne] *tr* to pad or stuff with cotton || *ref* to become fluffy; to become spongy or mealy

cotonnerie [kɔtɔnri] *f* cotton field; cotton mill

coton•neux [kɔtɔnø] **coton•neuse** [kɔtɔnøz] *adj* cottony; spongy, mealy

coton•nier [kɔtɔnje] **-nière** [njɛr] *adj* cotton || *mf* cotton picker || *m* cotton plant

côtoyer [kotwaje] **§47** *tr* to skirt (*the edge*); to hug (*the shore*); to border on (*the truth, the ridiculous, etc.*)

cotre [kɔtr] *m* (naut) cutter

cotte [kɔt] *f* petticoat; peasant skirt; overalls; **cotte de mailles** coat of mail

cou [ku] *m* neck; **sauter au cou de** to throw one's arms around

couard [kwar] **couarde** [kward] *adj mf* coward

couardise [kwardiz] *f* cowardice

couchage [kuʃaʒ] *m* bedding; bed for the night

cou•chant [kuʃɑ̃] **-chante** [ʃɑ̃t] *adj* setting || *m* west; decline, old age

couche [kuʃ] *f* layer, stratum; coat (*of paint*); diaper; (hort) hotbed; **couche de fond** primer, prime coat; **couches** strata; childbirth, e.g., **une femme en couches** a woman in childbirth; **fausse couche** miscarriage

coucher [kuʃe] *m* setting (*of sun*); going to bed; **coucher du soleil** sunset; **le coucher et la nourriture** room and board || *tr* to put to bed; to put down, lay down; to bend down, flatten; to mention (*in one's will*); **coucher en joue** to aim at; **coucher par écrit** to set down in writing || *intr* to spend the night; (naut) to heel over || *ref* to go to bed, to lie down; to set (*said of sun*); to bend; **allez vous coucher!** (coll) go to blazes!

couchette [kuʃɛt] *f* berth; crib

couci-couça [kusikusa] or **couci-couci** [kusikusi] *adv* so-so

coucou [kuku] *m* cuckoo; cuckoo clock; (coll) marsh marigold

coude [kud] *m* elbow; angle, bend, turn; **coude à coude** shoulder to shoulder; **jouer des coudes à travers** to elbow one's way through (*a crowd*)

coudée [kude] *f* cubit; **avoir ses coudées franches** to have a free hand; to have elbowroom

cou-de-pied [kudpje] *m* (*pl* **cous-de-pied**) instep

couder [kude] *tr* to bend like an elbow

coudoiement [kudwamɑ̃] *m* elbowing

coudoyer [kudwaje] **§47** *tr* to elbow, to jostle; to rub shoulders with

coudraie [kudrɛ] *f* hazel grove

coudre [kudr] **§13** *tr & intr* to sew

coudrier [kudrije] *m* hazel tree

couenne [kwan] *f* pigskin; rind, crackling; mole, birthmark

couette [kwɛt] *f* feather bed; (little) tail; (mach) bearing; **couette de lapin** scut; **couettes** (naut) slip

cougouar or **couguar** [kugwar] *m* cougar

couiner [kwine] *intr* to send Morse code; (coll) to squeak (*said of animal*)

coulage [kulaʒ] *m* flow; leakage; casting (*of metal*); pouring (*of concrete*); (naut) scuttling; (coll) wasting

cou•lant [kulɑ̃] **-lante** [lɑ̃t] *adj* flowing, running; accommodating (*person*) || *m* sliding ring; (bot) runner

coule [kul] *f* cowl; **être à la coule** (slang) to know the ropes

cou•lé -lée [kule] *adj* cast; sunken;

(coll) sunk || *m* (mus) slur || *f* casting; run (*of wild beasts*); **coulée volcanique** outflow of lava

couler [kule] *tr* to pour; to cast (*e.g., a statue*); to scuttle; to pass (*e.g., many happy hours*); (mus) to slur || *intr* to flow; to run; to leak; to sink; to slip (away) || *ref* to slip, slide; (coll) to be done for, to be sunk; **se la couler douce** (coll) to take it easy

couleur [kulœr] *f* color; policy (*of newspaper*); (cards) suit; **de couleur** colored; **les trois couleurs** the tricolor; **sous couleur de** with the pretext of, with a show of

couleuvre [kulœvr] *f* snake; **avaler des couleuvres** (coll) to swallow insults; (coll) to be gullible; **couleuvre à collier** grass snake

coulis [kuli] *m*—**coulis de tomates** tomato sauce

coulisse [kulis] *f* groove; slide (*of trombone*); (com) curb exchange; (pol) lobby; **à coulisse** sliding; **coulisses** (theat) wings; (theat) backstage; **dans les coulisses** behind the scenes, out of sight; **travailler dans les coulisses** to pull strings

coulis•seau [kuliso] *m* (*pl* **-seaux**) slide, runner

couloir [kulwar] *m* corridor; hallway; lobby

couloire [kulwar] *f* strainer

coup [ku] *m* blow; stroke; blast (*of whistle*); jolt; **à coup de** with the aid of; **à coup sûr** certainly; **après coup** when it is too late; **à tout coup** each time; **boire à petits coups** to sip; **coup de bélier** water hammer (*in pipe*); **coup de coude** nudge; **coup de dés** throw of the dice; risky business; **coup de fer** pressing, ironing; **coup de feu, coup de fusil** shot, gunshot; **coup de fion** (slang) finishing touch; **coup de foudre** thunderbolt; love at first sight; bolt from the blue; **coup de fouet** whiplash; stimulus; **coup de froid** cold snap; **coup de grâce** last straw; deathblow; **coup de Jarnac** [ʒarnak] stab in the back; **coup de patte** expert stroke (*e.g., of the brush*); (coll) dig, insult; **coup de pied** kick; **coup d'épingle** pinprick; **coup de poing** punch; **coup de sang** (pathol) stroke; **coup de semonce** warning shot; **coup de sifflet** whistle, toot; **coup de soleil** sunburn; (coll) sunstroke; **coup de téléphone** telephone call; **coup de tête** butt; sudden impulse; **coup de théâtre** dramatic turn of events; **coup de tonnerre** thunderclap; **coup d'œil** glance, look; **coup manqué, coup raté** miss; **coup monté** put-up job, frame-up; **coups et blessures** assault and battery; **coup sur coup** one right after the other; **donner un coup de main (à)** to lend a helping hand (to); **encore un coup** once again; **en venir aux coups** to come to blows; **être dans le coup** (coll) to be in on it; **faire coup double** to kill two birds with one stone; **faire les quatre coups** (coll) to live it up, to dissipate; **faire un coup de main** to go on a raid; **manquer son coup** to miss one's chance; **se faire donner un coup de piston** (coll) to pull wires, to use influence; **sous le coup de** under the (immediate) influence of; **sur le coup** on the spot, outright; **tout à coup** suddenly; **tout d'un coup** at one shot, at once

coupable [kupabl] *adj* guilty || *mf* culprit

cou•pant [kupɑ̃] **-pante** [pɑ̃t] *adj* cutting, sharp || *m* (cutting) edge

coup-de-poing [kudpwɛ̃] *m* (*pl* **coups-de-poing**) brass knuckles

coupe [kup] *f* champagne glass; loving cup, trophy; cup competition; cutting; cross section; wood acreage to be cut; cut (*of cloth; of clothes; of playing cards*); division (*of verse*); **coupe claire** cutover forest; **coupe de cheveux** haircut; **coupe sombre** harvested forest; **être sous la coupe de qn** (coll) to be under s.o.'s thumb; **il y a loin de la coupe aux lèvres** there is many a slip between the cup and the lip; **mettre en coupe réglée** (coll) to fleece

cou•pé -pée [kupe] *adj* cut, cut off; interrupted (*sleep*); diluted (*wine*) || *m* coupé || *f* gangway

coupe-circuit [kupsirkɥi] *m invar* (elec) fuse

coupe-coupe [kupkup] *m invar* machete

coupe-feu [kupfø] *m invar* firebreak

coupe-fil [kupfil] *m invar* wire cutter

coupe-file [kupfil] *m invar* police pass (*for emergency vehicles*)

coupe-gorge [kupgɔrʒ] *m invar* deathtrap, dangerous territory

coupe-jarret [kupʒarɛ] *m* (*pl* **-jarrets**) cutthroat

coupe-ongles [kupɔ̃gl] *m invar* nail clippers

coupe-papier [kuppapje] *m invar* paper knife, letter opener

couper [kupe] *tr* to cut; to cut off; to cut out; to break off, interrupt; to cut, water down; to turn off; to trump; to castrate, geld; **ça te la coupe!** (coll) top that!; **couper la file** (aut) to leave one's lane; **couper la parole à** to interrupt; **couper menu** to mince || *intr* to cut; **couper court à** to cut (*s.o. or s.th.*) short || *ref* to cut oneself; to intersect; (coll) to contradict oneself; (coll) to give oneself away

couperet [kuprɛ] *m* cleaver; guillotine blade

couperose [kuproz] *f* (pathol) acne

cou•peur [kupœr] **-peuse** [pøz] *mf* cutter; **coupeur de bourses** (coll) purse snatcher; **coupeur d'oreilles** (coll) hatchet man, hired thug

couplage [kuplaʒ] *m* (mach) coupling

couple [kupl] *m* couple (*e.g., of friends, cronies, thieves, etc.; man and wife*); pair (*e.g., of pigeons*); (mech) couple, torque; **couple thermo-électrique** thermoelectric couple;

maître couple (naut) midship frame || *f* yoke (*of oxen*); couple; leash
coupler [kuple] *tr* to couple; to pair
coupleur [kuplœr] *m* (mach) coupler
coupole [kupɔl] *f* cupola
coupon [kupɔ̃] *m* coupon; remnant (*of cloth*); theater ticket
coupon-réponse [kupɔ̃repɔ̃s] *m*—**coupon-réponse international** international (postal) reply coupon; **coupon-réponse postal** return-reply post card or letter
coupure [kupyr] *f* cut, incision, slit; cut, deletion; newspaper clipping; small note; interruption, break; drain (*e.g., through a marsh*)
cour [kur] *f* court; courtyard; courtship; **bien en cour** in favor; **cour anglaise** courtyard or court (*of apartment building*); **cour d'appel** appellate court; **cour d'assises** criminal court; **cour de cassation** supreme court of appeals; **cour d'école** school playground; **faire la cour à** to court; **mal en cour** out of favor
courage [kuraʒ] *m* courage; **reprendre courage** to take heart; **travailler avec courage** to work hard || *interj* buck up!, cheer up!
coura·geux [kuraʒø] **-geuse** [ʒøz] *adj* courageous; hard-working
courailler [kuraje] *intr* to gallivant
couramment [kuramɑ̃] *adv* currently; fluently, easily
cou·rant [kurɑ̃] **-rante** [rɑ̃t] *adj* current; running (*water*); present-day (*language, customs, etc.*) || *m* current; flow; shift (*of opinion, population, etc.*); **courant alternatif** alternating current; **courant continu** direct current; **courant d'air** draft; **Courant du Golfe** Gulf Stream; **dans le courant du mois (de la semaine, etc.)** in the course of the month (of the week, etc.); **être au courant de** to be informed about
courba·tu -tue [kurbaty] *adj* stiff in the joints, aching all over
courbature [kurbatyr] *f* stiffness, aching
courbaturer [kɔrbatyre] *tr* to make stiff; to exhaust (*the body*)
courbe [kurb] *adj* curved || *f* curve; **courbe de niveau** contour line
cour·bé -bée [kurbe] *adj* curved, bent, crooked
courber [kurbe] *tr* to bend, curve || *intr & ref* to bend, curve; to give in
courbure [kurbyr] *f* curve, curvature; **double courbure** S-curve
courette [kurɛt] *f* small courtyard
cou·reur [kurœr] **-reuse** [røz] *mf* runner; **coureur cycliste** bicycle racer; **coureur de cotillons** (coll) wolf; **coureur de dot** fortune hunter; **coureur de filles** Casanova, Don Juan; **coureur de girls** stage-door Johnny; **coureur de spectacles** playgoer; **coureur de vitesse** sprinter
courge [kurʒ] *f* gourd, squash
courir [kurir] §14 *tr* to run; to run after; to roam; to frequent || *intr* to run; **le bruit court que** rumor has it that; **par le temps qui court** at the present time
courlis [kurli] *m* curlew
couronne [kurɔn] *f* crown; wreath; coronet; rim (*of atomic structures*)
couronnement [kurɔnmɑ̃] *m* crowning; coronation; coping
couronner [kurɔne] *tr* to crown; to top, cap; to reward || *ref* to be crowned; to be covered (*with flowers*)
courrier [kurje] *m* courier; mail; **courrier du cœur** advice to the lovelorn; **courrier mondain** gossip column; **courrier théâtral** theater section
courriériste [kurjerist] *mf* columnist
courroie [kurwɑ] *f* strap; belt
courroucer [kuruse] §51 *tr* (lit) to anger
courroux [kuru] *m* (lit) wrath, anger
cours [kur] *m* course; current (*of river*); tree-lined walk; rate (*of exchange*); market quotation; style, vogue; **au cours de** in the course of; **avoir cours** to be in circulation; to be legal tender; to have classes; **cours d'eau** stream, river; **cours d'été** or **cours de vacances** summer school; **cours du soir** night school; **de cours** in length (*said of a river*); **de long cours** long-range; **suivre un cours** to take a course (*in school*)
course [kurs] *f* running; race; errand; trip; ride (*e.g., in a taxi*); course, path; privateering; stroke (*of a piston*); **course à pied** foot race; **course attelée** harness race; **course au trot** trotting race; **course aux armaments** arms race; **course de chevaux** horse race; **course de côte** hill climb; **course de taureaux** bullfight; **course de vitesse** sprint; **course d'obstacles** steeplechase; **courses sur route** road racing; **de course** at a run; racing (*car; track; crowd*); (mil) on the double; **en pleine course** in full swing; **faire des courses** to go shopping
cour·sier [kursje] **-sière** [sjɛr] *mf* messenger || *m* errand boy; steed
coursive [kursiv] *f* (naut) alleyway, gangway (*connecting staterooms*)
court [kur] **courte** [kurt] *adj* short; brief; concise; choppy (*sea*); thick (*sauce, gravy*); **à court** short; **de court** by surprise; **prendre le plus court** to take a shortcut; **tenir de court** to hold on a short leash || (when standing before noun) *adj* short, brief (*interval, time, life*) || *m* court (*for tennis*) || **court** *adv* short; **demeurer court** to forget what one wanted to say; **tourner court** to turn sharp; to stop short, to change the subject; **tout court** simply, merely; plain
courtage [kurtaʒ] *m* brokerage; broker's commission
cour·taud [kurto] **-taude** [tod] *adj* stocky, short and stocky
court-circuit [kursirkɥi] *m* (*pl* **courts-circuits**) short circuit
court-circuiter [kursirkɥite] *tr* to short-circuit
courtepointe [kurtəpwɛ̃t] *f* counterpane

cour•tier [kurtje] **-tière** [tjɛr] *mf* broker; agent; **courtier électoral** canvasser

courtisan [kurtizɑ̃] *m* courtier

courtisane [kurtizan] *f* courtesan

courtiser [kurtize] *tr* to court

cour•tois [kurtwa] **-toise** [twaz] *adj* courteous; courtly

courtoisie [kurtwazi] *f* courtesy

court-vê•tu -tue [kurvety] *adj* short-skirted

cou•ru -rue [kuru] *adj* sought after, popular; **c'est couru** (coll) it's a sure thing

cou•seur [kuzœr] **-seuse** [zøz] *mf* sewer || *f* seamstress; (mach) stitcher

cou•sin [kuzɛ̃] **-sine** [zin] *mf* cousin; **cousin germain** first cousin; **cousins issus de germains** first cousins once removed || *m* mosquito

cousinage [kuzinaʒ] *m* cousinship; (coll) relatives

coussin [kusɛ̃] *m* cushion

coussinet [kusinɛ] *m* little cushion; (mach) bearing

coût [ku] *m* cost; **coût de la vie** cost of living

cou•teau [kuto] *m* (*pl* **-teaux**) knife; **couteau à cran d'arrêt** clasp knife with safety catch; switchblade knife; **couteau à découper** carving knife; **couteau à ressort** switchblade knife; **couteau pliant, couteau de poche** jackknife

coutelas [kutlɑ] *m* cutlass; butcher knife

coutellerie [kutɛlri] *f* cutlery

coûter [kute] *tr* to cost; **coûte que coûte** cost what it may; **il m'en coûte de** + *inf* it's hard for me to + *inf*

coû•teux [kutø] **-teuse** [tøz] *adj* costly, expensive

coutil [kuti] *m* duck (*cloth*); mattress ticking

coutume [kutym] *f* custom; habit; common law; **de coutume** ordinarily

coutu•mier [kutymje] **-mière** [mjɛr] *adj* customary; common (*law*); accustomed || *m* book of common law

couture [kutyr] *f* needlework; sewing; seam; suture; scar; **battre qn à plate couture** (coll) to beat s.o. hollow; **examiner sur toutes les coutures** to examine inside and out or from every angle; **haute couture** fashion designing, haute couture; **sans couture** seamless

couturer [kutyre] *tr* to scar

coutu•rier [kutyrje] **-rière** [rjɛr] *mf* dressmaker || *m* dress designer || *f* seamstress

couvaison [kuvɛzɔ̃] *f* incubation period

couvée [kuve] *f* brood

couvent [kuvɑ̃] *m* convent; monastery; convent school

couver [kuve] *tr* to brood, hatch || *intr* to brood; to smolder

couvercle [kuvɛrkl] *m* cover, lid

cou•vert [kuvɛr] **-verte** [vɛrt] *adj* covered; dressed, clothed; cloudy (*weather*); wooded (*countryside*) || *m* cover; setting (*of table*); service (*fork and spoon*); cover charge; room, lodging; authority (*given by a superior*); **à couvert** sheltered; **mettre le couvert** to set the table; **sous le couvert de** under cover of; **sous les couverts** under cover (*of trees*) || *f* glaze

couverture [kuvɛrtyr] *f* cover; coverage; covering; wrapper; blanket, bedspread

couveuse [kuvøz] *f* brood hen; incubator

couvre-chef [kuvrəʃɛf] *m* (*pl* **-chefs**) (coll) headgear

couvre-feu [kuvrəfø] *m* (*pl* **-feux**) curfew

couvre-lit [kuvrəli] *m* (*pl* **-lits**) bedspread

couvre-livre [kuvrəlivr] *m* (*pl* **-livres**) dust jacket

couvre-pieds [kuvrəpje] *m invar* bedspread; quilt

couvre-plat [kuvrəpla] *m* (*pl* **-plats**) dish cover

couvre-théière [kuvrətejɛr] *m* (*pl* **-théières**) tea cozy

couvreur [kuvrœr] *m* roofer

couvrir [kuvrir] **§65** *tr* to cover || *ref* to cover; to cover oneself; to get cloudy; to put one's hat on

cow-boy [kaubɔj], [kobɔj] *m* (*pl* **-boys**) cowboy

C.P. *abbr* (**case postale**) post-office box

C.R. [seɛr] *adv* (letterword) (**contre remboursement**) C.O.D.; **envoyez-le-moi C.R.** send it to me C.O.D.

crabe [krɑb], [krab] *m* crab; caterpillar (tractor)

crachat [kraʃa] *m* sputum, spit

cra•ché -chée [kraʃe] *adj* (coll) spitting (*image*)

cracher [kraʃe] *tr & intr* to spit

crachin [kraʃɛ̃] *m* light drizzle

crachoir [kraʃwar] *m* spittoon; **tenir le crachoir** (slang) to have the floor, to speak

crachoter [kraʃɔte] *intr* to keep on spitting; to sputter

crack [krak] *m* favorite (*the horse favored to win*); (coll) champion, ace; (coll) crackerjack

cracking [krakiŋ] *m* cracking (*of oil*)

craie [krɛ] *f* chalk; piece of chalk

crailler [krɑje] *intr* to caw

craindre [krɛ̃dr] **§15** *tr* to fear, to be afraid of, to dread; to respect || *intr* to be afraid

crainte [krɛ̃t] *f* fear, dread; **dans la crainte que** or **de crainte que** for fear that

crain•tif [krɛ̃tif] **-tive** [tiv] *adj* fearful; timid

cramoi•si -sie [kramwazi] *adj & m* crimson

crampe [krɑ̃p] *f* cramp (*in a muscle*)

crampon [krɑ̃pɔ̃] *m* clamp; cleat (*on a shoe*); (coll) pest, bore

cramponner [krɑ̃pɔne] *tr* to clamp together; (coll) to pester || *ref* to hold fast, hang on, cling

cran [krɑ̃] *m* notch; cog, catch, tooth; **avoir du cran** (coll) to be game (*for anything*); **baisser un cran** to come down a peg; **être à cran** (coll) to be exasperated, cross

crâne [kran] *adj* bold, daring ‖ *m* skull, cranium; **bourrer le crâne à qn** (coll) to hand s.o. a line
crâner [krane] *intr* (coll) to swagger
cra·neur [kranœr] **-neuse** [nøz] *adj & mf* (coll) braggart
crapaud [krapo] *m* toad; baby grand; flaw (*in diamond*); low armchair; (coll) brat; **avaler un crapaud** (coll) to put up with a lot
crapule [krapyl] *f* underworld, scum; bum, punk; **vivre dans la crapule** to live in debauchery
crapu·leux [krapylø] **-leuse** [løz] *adj* debauched, lewd, filthy
craquage [krakaʒ] *m* cracking (*of petroleum*)
craquement [krakmɑ̃] *m* crack, crackle
craquer [krake] *intr* to crack; to burst; (coll) to crash, fail
craqueter [krakte] **§34** *intr* to crackle
crash [kraʃ] *m* crash landing
crasse [kras] *adj* gross; crass (*ignorance*) ‖ *f* filth, squalor; avarice; dross; **faire une crasse à qn** (slang) to play a dirty trick on s.o.
cras·seux [krasø] **cras·seuse** [krasøz] *adj* filthy, squalid; (coll) stingy
crassier [krasje] *m* slag heap
cratère [kratɛr] *m* crater; ewer
cravache [kravaʃ] *f* riding whip, horsewhip
cravacher [kravaʃe] *tr* to horsewhip
cravate [kravat] *f* necktie, cravat; scarf; sling (*for unloading goods*); **cravate de chanvre** (coll) noose; **cravate de drapeau** pennant
cravater [kravate] *tr* to tie a necktie on (*s.o.*) ‖ *intr* (slang) to tell a fish story
crawl [krol] *m* crawl (*in swimming*)
crayeux [krɛjø] **crayeuse** [krɛjøz] *adj* chalky
crayon [krɛjɔ̃] *m* pencil; **crayon de pastel** wax crayon; **crayon de rouge à lèvres** lipstick
crayonner [krɛjɔne] *tr* to crayon, to pencil, to sketch
créance [kreɑ̃s] *f* belief, credence; **créances gelées** frozen assets; **créances véreuses** bad debts
créan·cier [kreɑ̃sje] **-cière** [sjɛr] *mf* creditor; **créancier hypothécaire** mortgage holder
créa·teur [kreatœr] **-trice** [tris] *adj* creative ‖ *mf* creator; originator
création [kreasjɔ̃] *f* creation
créature [kreatyr] *f* creature
crécelle [kresɛl] *f* rattle; chatterbox; **de crécelle** rasping
crèche [krɛʃ] *f* manger; crèche; day nursery
crédence [kredɑ̃s] *f* buffet, sideboard, credenza
crédibilité [kredibilite] *f* credibility
crédit [kredi] *m* credit; (govt) appropriation
créditer [kredite] *tr* (com) to credit
crédi·teur [kreditœr] **-trice** [tris] *adj* credit (*side, account*) ‖ *mf* creditor
credo [kredo] *m invar* credo, creed
crédule [kredyl] *adj* credulous
créer [kree] *tr* to create
crémaillère [kremajɛr] *f* pothook; rack; rack rail; **crémaillère et pignon** rack and pinion; **pendre la crémaillère** to have a housewarming
crémation [kremasjɔ̃] *f* cremation
crématoire [krematwar] *adj & m* crematory
crème [krɛm] *f* cream; **crème chantilly** whipped cream; **crème de démaquillage** cleansing cream; **crème fouettée** whipped cream; **crème glacée** ice cream
crémer [kreme] **§10** *intr* to cream
crémerie [krɛmri] *f* dairy; milkhouse (*on a farm*); dairy luncheonette
cré·meux [kremø] **-meuse** [møz] *adj* creamy
crémier [kremje] *m* dairyman
crémière [kremjɛr] *f* dairymaid; cream pitcher
crémone [kremɔn] *f* casement bolt
cré·neau [kreno] *m* (*pl* **-neaux**) crenel; loophole; **créneaux** battlements
créneler [krenle] **§34** *tr* to crenelate; to tooth (*a wheel*); to mill (*a coin*)
créole [kreɔl] *adj* Creole ‖ *m* Creole (*language*) ‖ (*cap*) *mf* Creole (*person*)
crêpe [krɛp] *m* crepe ‖ *f* pancake
crépitation [krepitasjɔ̃] *f* crackle
crépitement [krepitmɑ̃] *m* crackling
crépiter [krepite] *intr* to crackle
cré·pu -pue [krepy] *adj* crimped, frizzly, crinkled
crépuscule [krepyskyl] *m* twilight
cresson [krɛsɔ̃] *m* cress; **cresson de fontaine** watercress
crête [krɛt] *f* crest; **crête de coq** cockscomb
Crète [krɛt] *f* Crete; **la Crète** Crete
crête-de-coq [krɛtdəkɔk] *f* (*pl* **crêtes-de-coq**) (bot) cockscomb
cré·tin [kretɛ̃] **-tine** [tin] *mf* cretin; (coll) jackass, fathead
cré·tois [kretwa] **-toise** [twaz] *adj* Cretan ‖ (*cap*) *mf* Cretan
creuser [krøze] *tr* to dig, excavate; to hollow out; to furrow; to go into thoroughly ‖ *ref*—**se creuser la tête** (coll) to rack one's brains
creuset [krøzɛ] *m* crucible
creux [krø] **creuse** [krøz] *adj* hollow; concave; sunken, deep-set; empty (*stomach*); deep (*voice*); off-peak (*hours*); **songer creux** to dream idle dreams; **sonner creux** to sound hollow ‖ *m* hollow (*of hand*); hole (*in ground*); pit (*of stomach*); trough (*of wave*); **creux de l'aisselle** armpit; **creux des reins** small of the back
crevaison [krəvɛzɔ̃] *f* blowout
crevasse [krəvas] *f* crevice; crack (*in skin*); rift (*in clouds*); flaw (*in metal*)
crevasser [krəvase] *tr* to chap ‖ *intr & ref* to crack, to chap
crève-cœur [krɛvkœr] *m invar* heartbreak, keen disappointment
crever [krəve] **§2** *tr* to burst; to work to death (*e.g., a horse*) ‖ *intr* to burst; to split; to burst, go flat (*said of a tire*); (slang) to die, kick the bucket ‖ *ref* to work oneself to death
crevette [krəvɛt] *f* shrimp; **crevette**

grise shrimp; **crevette rose, crevette bouquet** prawn

C.-R.F. *abbr* (**Croix-Rouge française**) French Red Cross

cri [kri] *m* cry; shout; whine, squeal; **dernier cri** last word, latest thing

criailler [kriαje] *intr* to honk (*said of goose*); (coll) to whine, complain, grouse; **criailler après, criailler contre** (coll) to nag at

criaillerie [kriαjri] *f* (coll) shouting; (coll) whining, complaining; (coll) nagging

criant [krijã] **criante** [krijãt] *adj* crying (*shame*); obvious (*truth*); flagrant (*injustice*)

criard [krijar] **criarde** [krijard] *adj* complaining; shrill (*voice*); loud (*color*); pressing (*debts*) || *mf* complainer || *f* scold, shrew

crible [kribl] *m* sieve; **crible à gravier** gravel screen; **crible à minerai** jig; **passer au crible** to sift or screen

cri•blé -blée [krible] *adj* riddled (*with, e.g., debts*); pitted (*by, e.g., smallpox*)

cribler [krible] *tr* to sift, screen; to riddle; **cribler de ridicule** to cover with ridicule

cric [krik] *m* (aut) jack || *interj* crack!, snap!

cricket [krikɛt] *m* (sports) cricket

cricri [krikri] *m* (ent) cricket

crier [krije] *tr* to cry; to cry out; to shout; to cry for (*revenge*); **crier misère** to complain of being poor; to cry poverty (*said of clothing, furniture, etc.*) || *intr* to cry; to cry out; to shout; to creak, to squeak; to squeal; **crier à** to cry out against (*scandal, injustice, etc.*); to cry for (*help*); **crier après** to yell at, to bawl out; **crier contre** to cry out against; to rail at

crieur [krijœr] **crieuse** [krijøz] *mf* crier; hawker, peddler; **crieur public** town crier

crime [krim] *m* crime; felony

crimi•nel -nelle [kriminɛl] *adj & mf* criminal

crin [krɛ̃] *m* horsehair (*on mane and tail*); **à tous crins** out-and-out, hard-core (*e.g., revolutionist*)

crinière [krinjɛr] *f* mane

crique [krik] *f* cove

criquet [krikɛ] *m* locust; weak wine; (coll) shrimp (*person*)

crise [kriz] *f* crisis; **crise d'appendicite** appendicitis attack; **crise de foi** shaken faith; **crise de main-d'œuvre** labor shortage; **crise de nerfs** fit of hysterics; **crise du foie** liver upset; **crise du logement** housing shortage; **crise économique** (com) depression

cris•pant [krispã] **-pante** [pãt] *adj* irritating, annoying

crispation [krispαsjɔ̃] *f* contraction, shriveling up; (coll) fidgeting

crisper [krispe] *tr* to contract, clench; (coll) to make fidgety || *ref* to contract, to curl up

crisser [krise] *tr* to grind or grit (*one's teeth*) || *intr* to grate, crunch

cris•tal [kristal] *m* (*pl* **-taux** [to]) crystal; **cristal de roche** rock crystal; **cristal taillé** cut glass; **cristaux** glassware; **cristaux de soude** washing soda

cristal•lin [kristalɛ̃] **cristal•line** [kristalin] *adj* crystalline || *m* crystalline lens (*of the eye*)

cristalliser [kristalize] *tr, intr, & ref* to crystallize

critère [kritɛr] *m* criterion

critérium [kriterjɔm] *m* championship game

critiquable [kritikabl] *adj* open to criticism, questionable

critique [kritik] *adj* critical || *mf* critic || *f* criticism; critics; **critiques** censure

critiquer [kritike] *tr* to criticize, find fault with || *intr* to find fault

critiqueur [kritikœr] *m* critic, fault-finder

croassement [krɔasmã] *m* croak, caw, croaking (*of raven*)

croasser [krɔase] *intr* to croak, to caw

croate [krɔat] *adj* Croatian || *m* Croat, Croatian (*language*) || (*cap*) *mf* Croatian (*person*)

croc [kro] *m* hook; fang (*of dog*); tusk (*of walrus*)

croc-en-jambe [krɔkãjãb] *m* (*pl* **crocs-en-jambes** [krɔkãjãb])—**faire un croc-en-jambe à qn** to trip s.o. up

croche [krɔʃ] *f* (mus) quaver

crochet [krɔʃɛ] *m* hook; fang (*of snake*); crochet work; crochet needle; picklock; **crochet radiophonique** talent show; **crochets** (typ) brackets; **faire un crochet** to swerve; **vivre aux crochets de** to live on or at the expense of

crocheter [krɔʃte] §2 *tr* to pick (*a lock*)

crocheteur [krɔʃtœr] *m* picklock; porter

cro•chu -chue [krɔʃy] *adj* hooked (*e.g., nose*); crooked; **avoir les mains crochues** to be light-fingered

crocodile [krɔkɔdil] *m* crocodile

crocus [krɔkys] *m* crocus

croire [krwar] §16 *tr* to believe; **croire** + *inf* to think that + *ind*; **croire qn** + *adj* to believe s.o. to be + *adj*; **croire que non** to think not; **croire que oui** to think so; **je crois bien** or **je le crois bien** I should say so || *intr* to believe; **croire à** to believe in; **croire en Dieu** to believe in God; **j'y crois** I believe in it || *ref* to believe oneself to be

croisade [krwazad] *f* crusade

croi•sé -sée [krwaze] *adj* crossed; twilled (*cloth*); double-breasted (*suit*); alternate (*rhymes*) || *m* Crusader || *f* crossing, crossroads

croisement [krwazmã] *m* crossing; intersection; meeting, passing (*of two vehicles*); cross-breeding; **croisement en trèfle** cloverleaf, cloverleaf intersection

croiser [krwaze] *tr* to cross; to fold over; to meet, to pass || *intr* to fold over, to lap; to cruise || *ref* to cross, intersect; to go on a crusade

croiseur [krwazœr] *m* cruiser; **croiseur de bataille** battle cruiser
croisière [krwazjɛr] *f* cruise; **en croisière** cruising
croissance [krwasɑ̃s] *f* growth
crois•sant [krwasɑ̃] **crois•sante** [krwasɑ̃t] *adj* growing, increasing, rising ‖ *m* crescent; crescent roll; billhook
croître [krwɑtr] §17 *intr* to grow; to increase, to rise
croix [krwa] *f* cross; (typ) dagger; **croix gammée** swastika; **en croix** crossed, crosswise
Croix-Rouge [krwɑruʒ] *f* Red Cross
cro•quant [krɔkɑ̃] **-quante** [kɑ̃t] *adj* crisp, crunchy ‖ *m* wretch
croque-mitaine [krɔkmitɛn] *m* (*pl* **-mitaines**) bugaboo, bogeyman
croque-monsieur [krɔkməsjø] *m invar* grilled ham-and-cheese sandwich
croque-mort [krɔkmɔr] *m* (*pl* **-morts**) (coll) funeral attendant
croquer [krɔke] *tr* to munch; to sketch; to dissipate (*a fortune*) ‖ *intr* to crunch
croquet [krɔkɛ] *m* croquet; almond cookie
croquis [krɔki] *m* sketch; draft, outline; **croquis coté** diagram, sketch
crosse [krɔs] *f* crosier; butt (*of gun*); hockey stick; lacrosse stick; golf club; **chercher des crosses à** (slang) to pick a fight with; **mettre la crosse en l'air** to show the white flag, to surrender
crotale [krɔtal] *m* rattlesnake
crotte [krɔt] *f* dung; mud; **crotte de chocolat** chocolate cream (candy)
crotter [krɔte] *tr* to dirty ‖ *ref* to get dirty; to commit a nuisance (*said of dog*)
crottin [krɔtɛ̃] *m* horse manure
crouler [krule] *intr* to collapse
croup [kru] *m* (pathol) croup
croupe [krup] *f* croup, rump; ridge, brow; **en croupe** behind the rider
croupetons [kruptɔ̃]—**à croupetons** squatting
crou•pi -pie [krupi] *adj* stagnant
croupier [krupje] *m* croupier; financial partner
croupière [krupjɛr] *f* crupper; **tailler des croupières à** (coll) to make it hard for
croupion [krupjɔ̃] *m* rump
croupir [krupir] *intr* to stagnate; to wallow (*in vice, filth*); to remain (*e.g., in ignorance*)
croustil•lant [krustijɑ̃] **croustil•lante** [krustijɑ̃t] *adj* crisp, crunchy; spicy (*story*)
croustille [krustij] *f* piece of crust; snack; **croustilles** potato chips
croustiller [krustije] *intr* to munch, to nibble
croustil•leux [krustijø] **croustil•leuse** [krustijøz] *adj* spicy (*story*)
croûte [krut] *f* crust; pastry shell (*of meat pie*); scab (*of wound*); (coll) daub, worthless painting; **casser la croûte** (coll) to have a snack
croû•teux [krutø] **-teuse** [tøz] *adj* scabby
croûton [krutɔ̃] *m* crouton; heel (*of bread*); **vieux croûton** (coll) old dodo
croyable [krwɑjabl], [krwajabl] *adj* believable
croyance [krwajɑ̃s] *f* belief
croyant [krwajɑ̃] **croyante** [krwajɑ̃t] *adj* believing ‖ *mf* believer
C.R.S. [seɛrɛs] *fpl* (letterword) (**Compagnies républicaines de sécurité**) state troopers
cru crue [kry] *adj* raw, uncooked; indigestible; crude (*language; art*); glaring, harsh (*light*); hard (*water*); plain (*terms*); **à cru** directly; bareback ‖ *m* region (*in which s.th. is grown*); vineyard; vintage; **de son cru** of his own invention; **du cru** local, at the vineyard ‖ see **crue**
cruauté [kryote] *f* cruelty
cruche [kryʃ] *f* pitcher, jug
cruchon [kryʃɔ̃] *m* small pitcher or jug
cru•cial -ciale [krysjal] *adj* (*pl* **-ciaux** [sjo]) crucial; cross-shaped
crucifiement [krysifimɑ̃] *m* crucifixion
crucifier [krysifje] *tr* to crucify
crucifix [krysifi] *m* crucifix
crucifixion [krysifiksjɔ̃] *f* crucifixion
crudité [krydite] *f* crudity; indigestibility; rawness (*of food*); harshness (*of light*); hardness (*of water*); **crudités** raw fruits and vegetables; off-color remarks
crue [kry] *f* overflow (*of river*); growth
cruel cruelle [kryɛl] *adj* cruel
cruellement [kryɛlmɑ̃] *adv* cruelly; sorely
crû•ment [krymɑ̃] *adv* crudely; roughly
crustacé [krystase] *m* crustacean
crypte [kript] *f* crypt
C^te^C^t *abbr* (**compte courant**) current account
cubage [kybaʒ] *m* volume
cu•bain [kybɛ̃] **-baine** [bɛn] *adj* Cuban ‖ (*cap*) *mf* Cuban
cube [kyb] *adj* cubic ‖ *m* cube
cuber [kybe] *tr* to cube
cubique [kybik] *adj* cubic
cueillaison [kœjɛzɔ̃] *f* picking, gathering; harvest time
cueil•leur [kœjœr] **cueil•leuse** [kœjøz] *mf* picker; fruit picker
cueillir [kœjir] §18 *tr* to pick; to pluck; to gather; to win (*laurels*); to steal (*a kiss*); (coll) to nab (*a thief*); (coll) to pick up (*a friend*)
cuiller or **cuillère** [kɥijɛr] *f* spoon; ladle (*for molten metal*); scoop (*of a dredger*); **cuiller à bouche** tablespoon; **cuiller à café** teaspoon; **cuiller à pot** ladle; **cuiller à soupe** soupspoon; **cuiller et fourchette** fork and spoon
cuillerée [kɥijre] *f* spoonful
cuilleron [kɥijrɔ̃] *m* bowl (*of spoon*)
cuir [kɥir] *m* leather; hide; **cuir chevelu** scalp; **cuir verni** patent leather; **cuir vert** rawhide; **faire des cuirs** to make mistakes in liaison
cuirasse [kɥiras] *f* cuirass, breastplate; armor
cuiras•sé -sée [kɥirase] *adj* armored ‖ *m* battleship

cuirasser [kɥirase] *tr* to armor || *ref* to steel oneself
cuire [kɥir] §19 *tr* to cook; to ripen || *intr* to cook; to sting, smart; **faire cuire** to cook; **il vous en cuira** you'll suffer for it
cui•sant [kɥizɑ̃] **-sante** [zɑ̃t] *adj* stinging, smarting
cuisine [kɥizin] *f* kitchen; cooking; cuisine; (coll) skulduggery; **cuisine roulante** chuck wagon, field kitchen; **faire la cuisine** to cook
cuisiner [kɥizine] *tr* to cook; (coll) to grill (*a suspect*); (coll) to fix (*an election*) || *intr* to cook
cuisi•nier [kɥizinje] **-nière** [njɛr] *mf* cook || *f* kitchen stove, cookstove
cuisse [kɥis] *f* thigh; (culin) drumstick; **cuisses de grenouille** frogs' legs; **il se croit sorti de la cuisse de Jupiter** (coll) he thinks he is the Lord God Almighty
cuis•seau [kɥiso] *m* (*pl* **-seaux**) leg of veal
cuisson [kɥisɔ̃] *f* baking, cooking; (fig) burning sensation, smarting; **en cuisson** on the stove, on the grill, in the oven
cuissot [kɥiso] *m* leg (*of game*)
cuistre [kɥistr] *m* pedant, prig
cuit [kɥi] **cuite** [kɥit] *adj* cooked; **nous sommes cuits** (coll) our goose is cooked || *f* firing (*in a kiln*); **prendre une cuite** (slang) to get soused
cuivre [kɥivr] *m* copper; **cuivre jaune** brass; **les cuivres** (mus) the brasses
cui•vré -vrée [kɥivre] *adj* copper-colored, bronzed; brassy, metallic (*sound or voice*)
cuivrer [kɥivre] *tr* to copper; to bronze, tan; to make (*a sound or one's voice*) brassy or metallic || *ref* to become copper-colored
cui•vreux [kɥivrø] **-vreuse** [vrøz] *adj* (chem) cuprous
cul [ky] *m* bottom (*of bottle, bag*); (slang) ass, hind end, rump; **faire cul sec** (slang) to chug-a-lug
culasse [kylas] *f* breechblock; (mach) cylinder head
cul-blanc [kyblɑ̃] *m* (*pl* **culs-blancs**) wheatear, whitetail
culbute [kylbyt] *f* somersault; tumble, bad fall; (coll) failure; (coll) fall (*of a cabinet*); **faire la culbute** to sell at double the purchase price
culbuter [kylbyte] *tr* to overthrow; to overwhelm (*the enemy*) || *intr* to tumble, to fall backwards; to somersault
culbuteur [kylbytœr] *m* (mach) rocker arm
cul-de-basse-fosse [kydbɑsfos] *m* (*pl* **culs-de-basse-fosse**) dungeon
cul-de-jatte [kydəʒat] *mf* (*pl* **culs-de-jatte**) legless person
cul-de-sac [kydəsak] *m* (*pl* **culs-de-sac**) dead end; (public sign) no outlet
culée [kyle] *f* abutment
culer [kyle] *intr* to back water
culinaire [kylinɛr] *adj* culinary
culmi•nant [kylminɑ̃] **-nante** [nɑ̃t] *adj* culminating; highest (*point*)
culmination [kylminɑsjɔ̃] *f* (astr) culmination
culminer [kylmine] *intr* to rise high, to tower; (astr) to culminate
culot [kylo] *m* base, bottom; (coll) baby of the family; **avoir du culot** (slang) to have a lot of nerve
culotte [kylɔt] *f* breeches, pants; forked pipe; panties (*feminine undergarment*); (culin) rump; **culotte de golf** plus fours; **culotte de peau** (slang) old soldier; **culotte de sport** shorts; **porter la culotte** (coll) to wear the pants; **prendre une culotte** (slang) to lose one's shirt; (slang) to have a jag on
culot•té -tée [kylɔte] *adj* (coll) nervy, fresh
culotter [kylɔte] *tr* to cure (*a pipe*) || *ref* to put one's pants on
culte [kylt] *m* worship; cult; divine service, ritual; religion, creed; **avoir un culte pour** to worship (*e.g., one's parents*)
cul-terreux [kytɛrø] *m* (*pl* **culs-terreux**) (coll) clodhopper, hayseed
cultivable [kyltivabl] *adj* arable, tillable
cultiva•teur [kyltivatœr] **-trice** [tris] *adj* farming || *mf* farmer || *m* (mach) cultivator
cultiver [kyltive] *tr* to cultivate; to culture
cultu•ral -rale [kyltyral] *adj* (*pl* **-raux** [ro]) agricultural
culture [kyltyr] *f* culture; cultivation
cultu•rel -relle [kyltyrɛl] *adj* cultural
cumula•tif [kymylatif] **-tive** [tiv] *adj* cumulative
cunéiforme [kyneifɔrm] *adj* cuneiform
cupide [kypid] *adj* greedy
cupidité [kypidite] *f* cupidity
Cupidon [kypidɔ̃] *m* Cupid
curage [kyraʒ] *m* cleansing, cleaning out; unstopping (*of a drain*)
curatelle [kyratɛl] *f* guardianship, trusteeship
cura•teur [kyratœr] **-trice** [tris] *mf* guardian, trustee
cura•tif [kyratif] **-tive** [tiv] *adj* curative
cure [kyr] *f* treatment, cure; vicarage, rectory; parish; sun porch; **n'avoir cure de rien** or **n'en avoir cure** not to care
curé [kyre] *m* parish priest
cure-dent [kyrdɑ̃] *m* (*pl* **-dents**) toothpick
curée [kyre] *f* quarry (*given to the hounds*); scramble, mad race (*for gold, power, recognition, etc.*)
cure-oreille [kyrɔrɛj] *m* (*pl* **-oreilles**) earpick
cure-pipe [kyrpip] *m* (*pl* **-pipes**) pipe cleaner
curer [kyre] *tr* to clean out; to dredge || *ref* (with *dat* of *reflex pron*) to pick (*one's nails, one's teeth, etc.*)
cu•rieux [kyrjø] **-rieuse** [rjøz] *adj* curious
curiosité [kyrjozite] *f* curiosity; curio; connoisseurs, e.g., **le langage de la curiosité** the jargon of connoisseurs;

curiosités sights; **visiter les curiosités** to go sightseeing
curseur [kyrsœr] *m* slide, runner
cur•sif [kyrsif] **-sive** [siv] *adj* cursory; cursive (*handwriting*) || *f* cursive
cuta•né -née [kytane] *adj* cutaneous
cuticule [kytikyl] *f* cuticle
cuve [kyv] *f* vat, tub, tank
cu•veau [kyvo] *m* (*pl* **-veaux**) small vat or tank
cuver [kyve] *tr* to leave to ferment; **cuver son vin** (coll) to sleep it off || *intr* to ferment in a wine vat
cuvette [kyvɛt] *f* basin, pan; bulb (*of a thermometer*); (chem, phot) tray
cuvier [kyvje] *m* washtub
C.V. [seve] *m* (letterword) (**cheval-vapeur**) hp, horsepower
cyanamide [sjanamid] *f* cyanamide
cyanose [sjanoz] *f* cyanosis
cyanure [sjanyr] *m* cyanide
cyclable [siklabl] *adj* reserved for bicycles
cycle [sikl] *m* cycle
cyclique [siklik] *adj* cyclic(al)
cycliste [siklist] *mf* cyclist
cyclomoteur [siklɔmɔtœr] *m* motorbike
cyclone [siklon] *m* cyclone
cyclope [siklɔp] *m* cyclops
cyclotron [siklɔtrɔ̃] *m* cyclotron
cygne [siɲ] *m* swan
cylindrage [silɛ̃draʒ] *m* rolling (*of roads, gardens, etc.*); calendering, mangling
cylindre [silɛ̃dr] *m* cylinder; roller (*e.g., of rolling mill*); steam roller
cylindrée [silɛ̃dre] *f* piston displacement
cylindrer [silɛ̃dre] *tr* to roll (*a road, garden, etc.*); to calender, to mangle
cylindrique [silɛ̃drik] *adj* cylindrical
cymbale [sɛ̃bal] *f* cymbal
cynique [sinik] *adj & m* cynic
cynisme [sinism] *m* cynicism
cyprès [siprɛ] *m* cypress
cyrillique [sirilik] *adj* Cyrillic
cytoplasme [sitɔplasm] *m* cytoplasm
czar [ksar] *m* czar
czarine [ksarin] *f* czarina

D

D, d [de] *m invar* fourth letter of the French alphabet
d' = **de** before vowel or mute **h**
d'abord [dabɔr] see **abord**
dactylo [daktilo] *mf* (coll) typist
dactylographe [daktilɔgraf] *mf* typist
dactylographier [daktilɔgrafje] *tr* to type
dactyloscopie [daktilɔskɔpi] *f* fingerprinting
dada [dada] *m* hobby-horse; hobby, fad, pet subject; **enfourcher son dada** to ride one's hobby
dague [dag] *f* dagger; first antler; tusk
dahlia [dalja] *m* dahlia
daigner [deɲe] *intr*—**daigner** + *inf* to deign to, to condescend to + *inf*; **daignez** please
d'ailleurs [dajœr] see **ailleurs**
daim [dɛ̃] *m* fallow deer; suede
daine [dɛn] *f* doe
dais [dɛ] *m* canopy
dalle [dal] *f* flagstone, slab, paving block; **se rincer la dalle** (slang) to wet one's whistle
daller [dale] *tr* to pave with flagstones
dalto•nien [daltɔnjɛ̃] **-nienne** [njɛn] *adj* color-blind || *mf* color-blind person
dam [dɑ̃] *m*—**au dam de** to the detriment of
damas [damɑ] *m* damask || (*cap*) [damɑs] *f* Damascus
damasquiner [damaskine] *tr* to damascene
damas•sé -sée [damase] *adj & m* damask
dame [dam] *f* dame; lady; tamp, tamper; rowlock; (cards, chess) queen; (checkers) king; **aller à dame** (checkers) to crown a man king; (chess) to queen a pawn; **dames** (public sign) ladies || *interj* for heaven's sake!
damer [dame] *tr* to tamp (*the earth*); (checkers) to crown (*a checker*); (chess) to queen (*a pawn*); **damer le pion à qn** to outwit s.o.
damier [damje] *m* checkerboard
damnation [dɑnasjɔ̃] *f* damnation
dam•né -née [dɑne] *adj & mf* damned
damner [dɑne] *tr* to damn
damoi•seau [damwazo] **-selle** [zɛl] *mf* (*pl* **-seaux**) (archaic) young member of the nobility || *m* lady's man || *f* (archaic) damsel
dancing [dɑ̃siŋ] *m* dance hall
dandiner [dɑ̃dine] *tr* to dandle || *ref* to waddle along
dandy [dɑ̃di] *m* dandy
Danemark [danmark] *m*—**le Danemark** Denmark
danger [dɑ̃ʒe] *m* danger
dange•reux [dɑ̃ʒrø] **-reuse** [røz] *adj* dangerous
da•nois [danwa] **-noise** [nwaz] *adj* Danish || *m* Danish (*language*) || (*cap*) *mf* Dane
dans [dɑ̃] *prep* in; into; **boire dans un verre** to drink out of a glass; **dans la suite** later
danse [dɑ̃s] *f* dance; **danse guerrière** war dance
danser [dɑ̃se] *tr & intr* to dance; **faire danser** to mistreat
dan•seur [dɑ̃sœr] **-seuse** [søz] *mf* dancer; **danseur de corde** tightrope walker; **en danseuse** in a standing position (*taken by cyclist*)
Danube [danyb] *m* Danube
d'après [daprɛ] see **après**
dard [dar] *m* dart; sting; **snake's** tongue; harpoon

darder [darde] *tr* to dart, to hurl
dare-dare [dardar] *adv* (coll) on the double
darse [dars] *f* wet dock
date [dat] *f* date; **de fraîche date** recent; **de longue date** of long standing; **en date de** from; **faire date** to mark an epoch; **prendre date** to make an appointment
dater [date] *tr & intr* to date; **à dater de** dating from
datif [datif] *m* dative
datte [dat] *f* date
dattier [datje] *m* date palm
daube [dob] *f* braised meat; **en daube** braised
dauber [dobe] *tr* to braise; to heckle; to slander; (coll) to pummel || *intr*—**dauber sur qn** to heckle s.o., to slander s.o.
dau•beur [dobœr] **-beuse** [bøz] *mf* heckler
dauphin [dofɛ̃] *m* dolphin; dauphin
dauphine [dofin] *f* dauphiness
dauphinelle [dofinɛl] *f* delphinium
davantage [davɑ̃taʒ] §90 *adv* more; any more; any longer; **ne . . . davantage** no more; **pas davantage** no longer
de [də] §77, §78, §79 *prep* of, from; with, e.g., **frapper d'une épée** to strike with a sword; (to indicate the agent with the passive voice) by, e.g., **ils sont aimés de tous** they are loved by all; (to indicate the point of departure) from, e.g., **de Paris à Madrid** from Paris to Madrid; (to indicate the point of arrival) for, e.g., **le train de Paris** the train for Paris; (with a following infinitive after certain verbs) to, e.g., **il essaie d'écrire la lettre** he is trying to write the letter; (with a following infinitive after an adjective used with the impersonal expression **il est**) to, e.g., **il est facile de chanter cette chanson** it is easy to sing that song; (after **changer, se souvenir, avoir besoin,** etc.), e.g., **changer de vêtements** to change clothes; (after a comparative and before a numeral) than, e.g., **plus de quarante** more than forty; (to express the indefinite plural or partitive idea), e.g., **de l'eau** water, some water; (to form prepositional phrases with some adverbs), e.g., **auprès de vous** near you; (with the historical infinitive), e.g., **et chacun de pleurer** and everyone cried
dé [de] *m* die (*singular of dice*); thimble; domino; golf tee; **dés** dice
déambuler [deɑ̃byle] *intr* to stroll
débâcle [debɑkl] *m* debacle; breakup (*of ice*)
débâcler [debɑkle] *intr* to break up (*said of ice in a river*)
déballage [debalaʒ] *m* unpacking; cut-rate merchandise (*sold by street vendor*)
déballer [debale] *tr* to unpack (*merchandise*); to display (*merchandise*)
débandade [debɑ̃dad] *f* rout, stampede; **à la débandade** in confusion, helter-skelter
débander [debɑ̃de] *tr* to rout, to stampede; to slacken (*s.th. under tension*); to unwind; **débander les yeux à qn** to take the blindfold from s.o.'s eyes || *intr* to flee, to stampede
débaptiser [debatize] *tr* to change the name of, to rename
débarbouiller [debarbuje] *tr* to wash the face of
débarcadère [debarkadɛr] *m* wharf, dock, landing platform
débarder [debarde] *tr* to unload
débardeur [debardœr] *m* stevedore, longshoreman
débar•qué -quée [debarke] *adj* disembarking || *mf* new arrival || *m* disembarkment; **au débarqué** on arrival
débarquement [debarkmɑ̃] *m* disembarkation
débarquer [debarke] *m*—**au débarquer de qn** at the moment of s.o.'s arrival || *tr* to unload; to lower (*a lifeboat, seaplane, etc.*); (coll) to sack (*s.o.*) || *intr* to disembark, get off
débarras [debara] *m* catchall
débarrasser [debarase] *tr* to disencumber, to disentangle; to clear (*the table*); to rid || *ref*—**se débarrasser de** to get rid of
débarrer [debare] *tr* to unbar
débat [deba] *m* debate; dispute; **débats** discussion (*in a meeting*); proceedings (*in a court*)
débâter [debɑte] *tr* to unsaddle
débattre [debatr] §7 *tr* to debate, argue, discuss; to haggle over (*a price*); to question (*items in an account*) || *ref* to struggle; to be debated
débauche [deboʃ] *f* debauch, debauchery; riot (*e.g., of colors*); overeating; striking, quitting work
débaucher [deboʃe] *tr* to debauch; to induce (*a worker*) to strike; to lay off (*workers*); to steal (*a worker*) from another employer || *ref* to become debauched
débile [debil] *adj* weak || *mf* mental defective
débilité [debilite] *f* debility
débiliter [debilite] *tr* to debilitate
débiner [debine] *tr* (slang) to run (*s.o.*) down || *ref* (slang) to fly the coop
débit [debi] *m* debit; retail sale; shop; cutting up (*of wood*); output; way of speaking
débiter [debite] *tr* to debit; to cut up in pieces; to retail; to produce; to speak (*one's part*); to repeat thoughtlessly
débi•teur [debitœr] **-trice** [tris] *adj* debit (*account, balance*); delivery (*spool*) || *mf* debtor || **-teur** [tœr] **-teuse** [tøz] *mf* gossip, talebearer; salesclerk
déblai [deblɛ] *m* excavation; **déblais** rubble, fill
déblaiement [deblɛmɑ̃] *m* clearing away
déblatérer [deblatere] §10 *tr* to bluster or fling (*threats, abuse*) || *intr*—**déblatérer contre** to rail at

déblayer [debleje] §49 *tr* to clear, to clear away
débloquer [deblɔke] *tr* to unblock; to unfreeze (*funds, credits, etc.*)
déboire [debwar] *m* unpleasant aftertaste; disappointment
déboisement [debwɑzmɑ̃] *m* deforestation
déboîter [debwate] *tr* to disconnect (*pipe*); to dislocate (*a shoulder*) || *intr* to move into another lane (*said of automobile*); (naut) to haul (*out of a line*)
débonder [debɔ̃de] *tr* to unbung
débonnaire [debɔnɛr] *adj* good-natured, easygoing; (Bib) meek
débor•dant [debɔrdɑ̃] **-dante** [dɑ̃t] *adj* overflowing
débor•dé -dée [debɔrde] *adj* overwhelmed
déborder [debɔrde] *tr* to extend beyond, to jut out over; to trim the border from; to overwhelm; to untuck (*a bed*); (mil) to outflank || *intr* to overflow; (naut) to shove off
débotté [debɔte] *m*—**au débotté** immediately upon arrival, at once
débouché [debuʃe] *m* outlet; opening (*for trade; of an attack*)
déboucher [debuʃe] *tr* to free from obstruction; to uncork || *intr*—**déboucher dans** to empty into (*said of river*); **déboucher sur** to open onto, to emerge into
déboucler [debukle] *tr* to unbuckle; to take the curls out of
débouler [debule] *tr* to fly down (*e.g., a stairway*) || *intr* to run suddenly out of cover (*said of rabbits*); to dash; **débouler dans** to roll down (*a stairway*)
déboulonner [debulɔne] *tr* to unbolt; (coll) to ruin, have fired; (coll) to debunk
débourber [deburbe] *tr* to clear of mud, to clean
débourrer [debure] *tr* to unhair (*a hide*); to remove the stuffing from (*a chair*); to knock (*a pipe*) clean
débours [debur] *m* disbursement; **rentrer dans ses débours** to recover one's investment
déboursement [debursmɑ̃] *m* disbursing
débourser [deburse] *tr* to disburse
debout [dəbu] *adv* upright, on end; standing; up (*out of bed*)
déboutonner [debutɔne] *tr* to unbutton; **à ventre déboutonné** immoderately || *ref* (coll) to get something off one's chest
débrail•lé -lée [debrɑje] *adj* untidy, mussed up, unkempt; loose (*morals*); vulgar (*speech*) || *m* untidiness
débrancher [debrɑ̃ʃe] *tr* to switch (*railroad cars*) to a siding; (elec) to disconnect
débrayage [debrɛjaʒ] *m* (aut) clutch release; (coll) walkout
débrayer [debrɛje] §49 *tr* to disengage, throw out (*the clutch*) || *intr* to throw out the clutch; (coll) to walk out (*said of strikers*)
débri•dé -dée [debride] *adj* unbridled
débris [debri] *mpl* debris; remains
débrouil•lard [debrujar] **débrouil•larde** [debrujard] *adj* (coll) resourceful || *mf* (coll) smart customer
débrouiller [debruje] *tr* to disentangle, to unravel; to clear up (*a mystery*); to make out (*e.g., a signature*); (coll) to teach (*s.o.*) to be resourceful || *ref* to clear (*said of sky*); (coll) to manage to get along, to take care of oneself; (coll) to extricate oneself (*from a difficult situation*)
débucher [debyʃe] *tr* to flush out (*game*) || *intr* to run out of cover (*said of game*)
débusquer [debyske] *tr* to flush out (*game; the enemy*)
début [deby] *m* debut; beginning, commencement; opening play
débu•tant [debytɑ̃] **-tante** [tɑ̃t] *adj* beginning || *mf* beginner; newcomer (*e.g., to stage or screen*) || *f* debutante
débuter [debyte] *intr* to make one's debut, to begin; to start up a business; to make the opening play
deçà [dəsa] *adv*—**deçà delà** here and there; **en deçà de** on this side of
décacheter [dekaʃte] §34 *tr* to unseal
décade [dekad] *f* period of ten days; (hist, lit) decade
décadence [dekadɑ̃s] *f* decadence
déca•dent [dekadɑ̃] **-dente** [dɑ̃t] *adj & mf* decadent
décaféi•né -née [dekafeine] *adj* decaffeinated, caffeine-free
décagénaires [dekaʒenɛr] *mfpl* teenagers
décaisser [dekese] *tr* to uncrate; to disburse, pay out
décalage [dekalaʒ] *m* unkeying; shift; slippage; (aer) stagger
décalcomanie [dekalkɔmani] *f* decal
décaler [dekale] *tr* to unkey; to shift
décalquage [dekalkaʒ] or **décalque** [dekalk] *m* decal
décalquer [dekalke] *tr* to transfer (*a decal*) onto paper, canvas, metal, etc.; **décalquer sur** to transfer (*a decal*) onto (*e.g., paper*)
décamper [dekɑ̃pe] *intr* to decamp
décanat [dekana] *m* deanship
décanter [dekɑ̃te] *tr* to decant
décapant [dekapɑ̃] *m* scouring agent
décaper [dekape] *tr* to scour, scale
décapiter [dekapite] *tr* to behead, to decapitate; to top (*a tree*)
décapotable [dekapɔtabl] *adj & f* (aut) convertible
déca•ti -tie [dekati] *adj* haggard, worn-out, faded
décatir [dekatir] *tr* to steam (*cloth*)
décaver [dekave] *tr* (coll) to fleece
décéder [desede] §10 *intr* (*aux*: ÊTRE) to die (*said of human being*)
décèlement [desɛlmɑ̃] *m* disclosure
déceler [desle] §2 *tr* to uncover, detect; to betray (*confusion*)
décélération [deselerasjɔ̃] *f* deceleration
décembre [desɑ̃br] *m* December
décennie [deseni] *f* decade

dé•cent [desɑ̃] **-cente** [sɑ̃t] *adj* decent
décentraliser [desɑ̃tralize] *tr* to decentralize
déception [desɛpsjɔ̃] *f* disappointment
décernement [desɛrnəmɑ̃] *m* awarding
décerner [desɛrne] *tr* to award (*a prize*); to confer (*an honor*); to issue (*a writ*)
décès [desɛ] *m* decease, demise
déce•vant [desvɑ̃] **-vante** [vɑ̃t] *adj* disappointing; deceptive
décevoir [desvwar] **§59** *tr* to disappoint; to deceive
déchaînement [deʃɛnmɑ̃] *m* unchaining, unleashing; outburst, wave
déchaîner [deʃɛne] *tr* to unchain, let loose ‖ *ref* to fly into a rage; to break out (*said of storm*)
déchanter [deʃɑ̃te] *intr* (coll) to sing a different tune
décharge [deʃarʒ] *f* discharge; drain; rubbish heap; storeroom, shed; **à décharge** for the defense
déchargement [deʃarʒəmɑ̃] *m* unloading
décharger [deʃarʒe] **§38** *tr* to discharge; to unload; to unburden; to exculpate (*a defendant*) ‖ *ref* to vent one's anger; to go off (*said of gun*); to run down (*said of battery*); **se décharger de q.ch. sur qn** to shift the responsibility for s.th. on s.o.
déchargeur [deʃarʒœr] *m* porter (*e.g., in a market*); dock hand
déchar•né -née [deʃarne] *adj* emaciated, skinny, bony
décharner [deʃarne] *tr* to strip the flesh from; to emaciate ‖ *ref* to waste away
déchaus•sé -sée [deʃose] *adj* barefoot
déchausser [deʃose] *tr* to take the shoes off of (*s.o.*); to expose the roots of (*a tree, a tooth*) ‖ *ref* to take off one's shoes; to shrink (*said of gums*)
déchéance [deʃeɑ̃s] *f* downfall; lapse, forfeiture (*of a right*); expiration, term (*of a note or loan*)
déchet [deʃɛ] *m* loss, decrease; **déchet de route** loss in transit; **déchets** waste products
décheveler [deʃəvle] **§34** *tr* to dishevel, to muss (*s.o.'s hair*)
déchiffonner [deʃifɔne] *tr* to iron (*wrinkled material*)
déchiffrable [deʃifrabl] *adj* legible; decipherable
déchiffrement [deʃifrəmɑ̃] *m* deciphering, decoding; sight-reading
déchiffrer [deʃifre] *tr* to decipher; to sight-read (*music*)
déchif•freur [deʃifrœr] **déchif•freuse** [deʃifrøz] *mf* decipherer, decoder; sight-reader
déchique•té -tée [deʃikte] *adj* jagged, torn
déchiqueter [deʃikte] **§34** *tr* to cut into strips; to shred; to slash
déchi•rant [deʃirɑ̃] **-rante** [rɑ̃t] *adj* heartrending
déchi•ré -rée [deʃire] *adj* torn; sorry
déchirer [deʃire] *tr* to tear, to tear up; to split (*a country; one's eardrums*); to pick (*s.o.'s character*) to pieces ‖ *ref* (with *dat* of *reflex pron*) to skin (*e.g., one's knee*)
déchirure [deʃirur] *f* tear, rent; sprain
déchoir [deʃwar] (usually used only in: *inf*; *pp* **déchu**; sometimes used in: *pres ind* **déchois**, etc.; *fut* **déchoirai**, etc.; *cond* **déchoirais**, etc.) *intr* (*aux*: AVOIR or ÊTRE) to fall (*from high estate*); to decline, to fail
dé•chu -chue [deʃy] *adj* fallen; deprived (*of rights*); expired (*insurance policy*)
décider [deside] *tr* to decide, to decide on; **décider qn à** + *inf* to persuade s.o. to + *inf* ‖ *intr* to decide; **décider de** to decide, determine the outcome of, e.g., **le coup a décidé de la partie** the trick decided the (outcome of the) game; **décider de** + *inf* to decide to + *inf* ‖ *ref* to decide, to make up one's mind, to resolve; **se décider à** + *inf* to decide to + *inf*
déci•mal -male [desimal] *adj* (*pl* **-maux** [mo]) decimal ‖ *f* decimal
décimer [desime] *tr* to decimate
déci•sif [desizif] **-sive** [ziv] *adj* decisive
décision [desizjɔ̃] *f* decision; decisiveness
déclama•teur [deklamatœr] **-trice** [tris] *adj* bombastic ‖ *mf* declaimer
déclamatoire [deklamatwar] *adj* declamatory
déclamer [deklame] *tr* to declaim ‖ *intr* to rant; **déclamer contre** to inveigh against
déclara•tif [deklaratif] **-tive** [tiv] *adj* declarative
déclaration [deklarɑsjɔ̃] *f* declaration; **déclaration de revenus** income-tax return
déclarer [deklare] *tr & intr* to declare ‖ *ref* to declare oneself; to arise, break out, occur
déclassement [deklɑsmɑ̃] *m* disarrangement; drop in social status; transfer to another class (*on ship, train, etc.*); dismantling; demoting
déclasser [deklɑse] *tr* to disarrange; to dismantle; to demote
déclenchement [deklɑ̃ʃmɑ̃] *m* releasing; launching (*of an attack*)
déclencher [deklɑ̃ʃe] *tr* to unlatch, disengage; to release (*the shutter*); to open (*fire*); to launch (*an attack*)
déclencheur [deklɑ̃ʃœr] *m* (mach, phot) release
déclic [deklik] *m* pawl, catch; hair trigger
déclin [deklɛ̃] *m* decline
déclinaison [deklinɛzɔ̃] *f* (astr) declination; (gram) declension
décliner [dekline] *tr & intr* to decline
déclive [dekliv] *adj* sloping ‖ *f* slope
déclivité [deklivite] *f* declivity
dé•clos [deklo] **-close** [kloz] *adj* in bloom
décocher [dekɔʃe] *tr* to let fly; to flash (*a smile*)
décoder [dekɔde] *tr* to decode
décoiffer [dekwafe] *tr* to loosen or muss the hair of; to uncap (*a bottle*)

|| *ref* to muss one's hair; to take one's hair down
décoincer [dekwẽse] **§51** *tr* to unwedge, to loosen (*a jammed part*)
décolérer [dekɔlere] **§10** *intr* to calm down
décollage [dekɔlaʒ] *m* unsticking, ungluing; takeoff (*of airplane*)
décoller [dekɔle] *tr* to unstick, detach || *intr* (aer) to take off
décolletage [dekɔltaʒ] *m* low-cut neck; screw cutting; topping
décolle•té -tée [dekɔlte] *adj* décolleté || *m* low-cut neckline; bare neck and shoulders
décolleter [dekɔlte] **§34** *tr* to cut the neck of (*a dress*) low; to bare the neck and shoulders of || *ref* to wear a low-necked dress
décoloration [dekɔlɔrɑsjɔ̃] *f* discoloration
décolorer [dekɔlɔre] *tr & ref* to bleach; to fade
décombres [dekɔ̃br] *mpl* debris, ruins
décommander [dekɔmɑ̃de] *tr* to cancel an order for; to call off (*a dinner*); to cancel the invitation to (*a guest*) || *ref* to cancel a meeting
décompléter [dekɔ̃plete] **§10** *tr* to break up (*a set*)
décomposer [dekɔ̃pɔze] *tr & ref* to decompose
décomposition [dekɔ̃pɔzisjɔ̃] *f* decomposition
décompression [dekɔ̃presjɔ̃] *f* decompression
décomprimer [dekɔ̃prime] *tr* to decompress
décompte [dekɔ̃t] *m* itemized statement; discount (*to be deducted from total*); disappointment
décompter [dekɔ̃te] *tr* to deduct (*a sum from an account*) || *intr* to strike the wrong hour
déconcerter [dekɔ̃sɛrte] *tr* to disconcert
décon•fit [dekɔ̃fi] **-fite** [fit] *adj* discomfited, baffled, confused
déconfiture [dekɔ̃fityr] *f* discomfiture; downfall, rout; business failure
décongeler [dekɔ̃ʒle] **§2** *tr* to thaw; to defrost
décongestionner [dekɔ̃ʒestjɔne] *tr* to relieve congestion in
déconseiller [dekɔ̃seje] *tr* to dissuade; **déconseiller q.ch. à qn** to advise s.o. against s.th. || *intr*—**déconseiller à qn de** + *inf* to advise s.o. against + *ger*
déconsidération [dekɔ̃siderɑsjɔ̃] *f* disrepute
déconsidérer [dekɔ̃sidere] **§10** *tr* to bring into disrepute, to discredit
déconsigner [dekɔ̃siɲe] *tr* to take (*one's baggage*) out of the checkroom; to free (*soldiers*) from detention
décontenancer [dekɔ̃tnɑ̃se] **§51** *tr* to discountenance, abash || *ref* to lose one's self-assurance
décontrac•té -tée [dekɔ̃trakte] *adj* relaxed, at ease; indifferent
décontracter [dekɔ̃trakte] *tr* to loosen up (*one's muscles*) || *intr* to stretch one's muscles; to relax
déconvenue [dekɔ̃vny] *f* disappointment, mortification
décor [dekɔr] *m* décor, decoration; (theat) setting; **décor découpé** cutout; **décors** (theat) set, stage setting
décora•teur [dekɔratœr] **-trice** [tris] *mf* interior decorator; stage designer
décora•tif [dekɔratif] **-tive** [tiv] *adj* decorative, ornamental
décoration [dekɔrɑsjɔ̃] *f* decoration
décorum [dekɔrɔm] *m invar* decorum
découcher [dekuʃe] *intr* to sleep away from home
découdre [dekudr] **§13** *tr* to unstitch, to rip up; to gore || *intr*—**en découdre** to cross swords || *ref* to come unsewn, to rip at the seam
découler [dekule] *intr* to trickle; to proceed, arise, be derived
découpage [dekupaʒ] *m* shooting script
découper [dekupe] *tr* to carve (*e.g., a turkey*); to cut out (*a design*); to indent (*the coast*) || *ref*—**se découper sur** to stand out against (*the horizon*)
décou•plé -plée [dekuple] *adj* well-built, brawny
découpler [dekuple] *tr* to unleash
découpure [dekupyr] *f* cutting out; ornamental cutout; indentation (*in coast*)
découragement [dekuraʒmɑ̃] *m* discouragement
décourager [dekuraʒe] **§38** *tr* to discourage || *ref* to become discouraged
décours [dekur] *m* wane
décou•su -sue [dekuzy] *adj* unsewn; disjointed, unsystematic; incoherent (*words*); desultory (*remarks*)
décou•vert [dekuver] **-verte** [vert] *adj* uncovered, open, exposed || *m* deficit; overdraft || *f* uncovering; discovery
décou•vreur [dekuvrœr] **-vreuse** [vrøz] *mf* discoverer
découvrir [dekuvrir] **§65** *tr* to discover; to discern (*in the distance*); to pick out (*with a searchlight*); to uncover || *intr* to become visible (*said of rocks at low tide*) || *ref* to take off one's hat; to lower one's guard; to clear up (*said of the sky*); to say what one is thinking; to come to light, to be revealed
décrasser [dekrase] *tr* to clean; to polish up
décré•pit [dekrepi] **-pite** [pit] *adj* decrepit
décret [dekrɛ] *m* decree
décrier [dekrije] *tr* to decry, disparage, run down
décrire [dekrir] **§25** *tr* to describe
décrocher [dekrɔʃe] *tr* to unhook, take down; (coll) to wangle; **décrocher la timbale** (coll) to hit the jackpot || *intr* to withdraw
décrochez-moi-ça [dekrɔʃemwasa] *m invar* (coll) secondhand clothing store
décroît [dekrwa] *m* last quarter (*of moon*)
décroître [dekrwɑtr] **§17** (*pp* **décru**; *pres ind* **décrois**, etc.; *pret* **décrus**,

etc.) *intr* to decrease; to shorten (*said of days*); to fall (*said of river*)
décrotter [dekrɔte] *tr* to remove mud from; (coll) to teach how to behave
décrotteur [dekrɔtœr] *m* shoeshine boy
décrottoir [dekrɔtwar] *m* doormat; scraper (*for shoes*)
décrue [dekry] *f* fall, drop, subsiding
décrypter [dekripte] *tr* to decipher
déculotter [dekylɔte] *tr* to take the pants off of || *ref* to take off one's pants
décuple [dekypl] *adj & m* tenfold
décupler [dekyple] *tr & intr* to increase tenfold
dédaigner [dedɛɲe] *tr* to disdain; to reject (*e.g., an offer*); **dédaigner de** + *inf* not to condescend to + *inf*
dédai•gneux [dedɛɲø] **-gneuse** [ɲøz] *adj* disdainful
dédain [dedɛ̃] *m* disdain
dedans [dədɑ̃] *m* inside; **en dedans** inside || *adv* inside, within; **mettre dedans** (coll) to take in, to fool
dédicace [dedikas] *f* dedication
dédicacer [dedikase] §51 *tr* to dedicate, to autograph
dédicatoire [dedikatwar] *adj* dedicatory
dédier [dedje] *tr* to dedicate; to offer (*e.g., a collection to a museum*)
dédire [dedir] §40 *tr*—**dédire qn** to disavow s.o.'s words or actions || *ref* to make a retraction, to back down; **se dédire de** to go back on, to fail to keep
dédit [dedi] *m* penalty (*for breaking a contract*); breach of contract
dédommagement [dedɔmaʒmɑ̃] *m* compensation, damages, indemnity
dédommager [dedɔmaʒe] §38 *tr* to compensate for a loss, to indemnify
dédouaner [dedwane] *tr* to clear through customs; to rehabilitate (*a politician, statesman, etc.*)
dédoublement [dedubləmɑ̃] *m* splitting; subdivision; unfolding
dédoubler [deduble] *tr* to divide or split in two; to remove the lining from; to unfold; to put on another section of (*a train*)
déduction [dedyksjɔ̃] *f* deduction
déduire [dedɥir] §19 *tr* to deduce; to infer; (com) to deduct
déesse [deɛs] *f* goddess
défaillance [defajɑ̃s] *f* failure, failing; faint; lapse (*of memory*); nonappearance (*of witness*); **défaillance cardiaque** heart failure; **sans défaillance** unflinching
défail•lant [defajɑ̃] **défail•lante** [defajɑ̃t] *adj* failing, faltering
défaillir [defajir] §69 *intr* to fail; to falter, weaken, flag; to faint
défaire [defɛr] §29 *tr* to undo; to untie, unwrap, unpack; to rearrange; to let down (*one's hair*); to rid; to defeat, to rout; to wear (*s.o.*) down, to tire (*s.o.*) out || *ref* to come undone; **se défaire de** to get rid of
dé•fait [defɛ] **-faite** [fɛt] *adj* undone, untied; loose; disheveled; drawn (*countenance*) || *f* defeat; disposal, turnover; (fig) loophole
défaitisme [defɛtism] *m* defeatism
défaitiste [defɛtist] *mf* defeatist
défalcation [defalkɑsjɔ̃] *f* deduction
défalquer [defalke] *tr* to deduct
défaufiler [defofile] *tr* to untack
défausser [defose] *tr* to straighten || *ref*—**se défausser (de)** to discard
défaut [defo] *m* defect, fault; lack (*of knowledge, memory, etc.*); flaw; chink (*in armor*); **à défaut de** in default of, lacking; **faire défaut à** to abandon, fail (*e.g., one's friends*); (law) to default; **mettre en défaut** to foil
défaveur [defavœr] *f* disfavor
défavorable [defavɔrabl] *adj* unfavorable
défavoriser [defavɔrize] *tr* to handicap, to put at a disadvantage
défécation [defekɑsjɔ̃] *f* defecation
défec•tif [defɛktif] **-tive** [tiv] *adj* (gram) defective
défection [defɛksjɔ̃] *f* defection; **faire défection** to defect
défec•tueux [defɛktɥø] **-tueuse** [tɥøz] *adj* defective, faulty
défectuosité [defɛktɥozite] *f* imperfection
défen•deur [defɑ̃dœr] **-deresse** [drɛs] *mf* defendant
défendre [defɑ̃dr] *tr* to defend; to protect (*e.g., against the cold*); **à son corps défendant** in self-defense; against one's will; **défendre q.ch. à qn** to forbid s.o. s.th. || *intr*—**défendre à qn de** + *inf* to forbid s.o. to + *inf* || *ref* to defend oneself; (coll) to hold one's own; **se défendre de** to deny (*e.g., having said s.th.*); to refrain from, to keep from
défen•du -due [defɑ̃dy] *adj* forbidden
défense [defɑ̃s] *f* defense; tusk; **défense passive** civil defense (*against air raids*); (public signs): **défense d'afficher** post no bills; **défense de dépasser** no passing; **défense de déposer des ordures** no dumping, no littering; **défense de doubler** no passing; **défense de faire des ordures** commit no nuisance; **défense de fumer** no smoking; **défense d'entrer** private, keep out, no admittance
défenseur [defɑ̃sœr] *m* defender; lawyer for the defense; stand-by
défen•sif [defɑ̃sif] **-sive** [siv] *adj & f* defensive
déférence [deferɑ̃s] *f* deference
défé•rent [deferɑ̃] **-rente** [rɑ̃t] *adj* deferential
déférer [defere] §10 *tr* to confer, award; to refer (*a case to a court*); **déférer en justice** to haul into court || *intr* to comply; **déférer à** to defer to, to comply with
déferler [defɛrle] *tr* to unfurl; to set (*the sails of a ship*) || *intr* to spread out (*said of a crowd*); to break (*said of waves*)
défeuiller [defœje] *tr* to defoliate || *ref* to lose its leaves
défi [defi] *m* challenge, dare; **défi à**

l'autorité defiance of authority; porter un défi à to defy; relever un défi to take a dare
défiance [defjɑ̃s] *f* distrust
dé•fiant [defjɑ̃] **-fiante** [fjɑ̃t] *adj* distrustful
déficeler [defisle] **§34** *tr* to untie
déficience [defisjɑ̃s] *f* deficiency
défi•cient [defisjɑ̃] **-ciente** [sjɑ̃t] *adj* deficient
déficit [defisit] *m* deficit
déficitaire [defisitɛr] *adj* deficit; meager (*crop*); lean (*year*)
défier [defje] *tr* to challenge; to defy (*death, time, etc.*); **défier qn de** to dare s.o. to || *ref*—**se défier de** to mistrust
défiger [defiʒe] **§38** *tr* to liquefy
défiguration [defigyrasjɔ̃] *f* disfigurement; defacement
défigurer [defigyre] *tr* to disfigure; to deface; to distort
défilé [defile] *m* defile (*in mountains*); parade, procession, line of march
défilement [defilmɑ̃] *m* (mil) defilade, cover
défiler [defile] *tr* to unstring; (mil) to put under cover || *intr* to march by, to parade, to defile || *ref* to come unstrung; to take cover; (coll) to gold-brick
défi•ni -nie [defini] *adj* definite; defined
définir [definir] *tr* to define || *ref* to be defined
définissable [definisabl] *adj* definable
défini•tif [definitif] **-tive** [tiv] *adj* definitive; standard (*edition*); **en définitive** in short, all things considered
définition [definisjɔ̃] *f* definition
définitivement [definitivmɑ̃] *adv* definitively, for good, permanently
déflation [deflɑsjɔ̃] *f* deflation (*of currency*); sudden drop (*in wind*)
défleurir [deflœrir] *tr* to deflower, to strip of flowers || *intr & ref* to lose its flowers
déflexion [deflɛksjɔ̃] *f* deflection
défloraison [deflɔrɛzɔ̃] *f* dropping of petals
déflorer [deflɔre] *tr* to deflower
défon•cé -cée [defɔ̃se] *adj* battered, smashed, crumpled; bumpy
défoncer [defɔ̃se] **§51** *tr* to batter in; to stave in (*a cask*); to remove the seat of (*a chair*); to break up (*ground; a road*) || *ref* to be broken up (*said of road*)
déformation [defɔrmɑsjɔ̃] *f* deformation, distortion; **déformation professionnelle** narrow professionalism
défor•mé -mée [defɔrme] *adj* out of shape; rough (*road*)
déformer [defɔrme] *tr* to deform, distort || *ref* to become deformed
défoulement [defulmɑ̃] *m* (psychoanal) insight, recall; (coll) relief
défraî•chi -chie [defrɛʃi] *adj* dingy, faded
défraîchir [defrɛʃir] *tr* to make stale, to fade
défrayer [defrɛje] **§49** *tr* to defray the expenses of (*s.o.*); **défrayer la conversation** to be the subject of the conversation
défricher [defriʃe] *tr* to reclaim; to clear up (*a puzzler*)
défricheur [defriʃœr] *m* pioneer, explorer
défriser [defrize] *tr & ref* to uncurl
défroncer [defrɔ̃se] **§51** *tr* to remove the wrinkles from
défroque [defrɔk] *f* piece of discarded clothing
défroquer [defrɔke] *tr* to unfrock || *ref* to give up the frock
dé•funt [defœ̃] **-funte** [fœ̃t] *adj & mf* deceased
déga•gé -gée [degaʒe] *adj* breezy, jaunty, nonchalant; free, detached
dégagement [degaʒmɑ̃] *m* disengagement; clearing, relieving of congestion; liberation (*e.g., of heat*); exit; retraction (*of promise*); redemption, taking out of hock
dégager [degaʒe] **§38** *tr* to disengage; to free, clear, release; to draw, extract (*the moral or essential points*); to give off, liberate; to take back (*one's word*); to redeem, to take out of hock
dégaine [degɛn] *f* (coll) awkward bearing; ridiculous posture
dégainer [degɛne] *tr* to unsheathe || *intr* to take up a sword
dégar•ni -nie [degarni] *adj* empty, depleted, stripped
dégarnir [degarnir] *tr* to clear (*a table*); to withdraw soldiers from (*a sector*); to prune || *ref* to thin out
dégât [degɑ] *m* damage, havoc
dégauchir [degoʃir] *tr* to smooth out the rough edges of (*stone, wood; an inexperienced person*)
dégel [deʒɛl] *m* thaw
dégeler [deʒle] **§2** *tr* to thaw, to defrost; to loosen up, relax || *intr* to thaw out; **il dégèle** it is thawing
dégéné•ré -rée [deʒenere] *adj & mf* degenerate
dégénérer [deʒenere] **§10** *intr* to degenerate
dégénérescence [deʒeneresɑ̃s] *f* degeneration
dégingan•dé -dée [deʒɛ̃gɑ̃de] *adj* gangling, ungainly
dégivrage [deʒivraʒ] *m* defrosting
dégivrer [deʒivre] *tr* to defrost, to deice
dégivreur [deʒivrœr] *m* defroster, deicer
déglacer [deglase] **§51** *tr* to deice; to remove the glaze from (*paper*)
dégommer [degɔme] *tr* to ungum; (coll) to fire (*s.o.*)
dégon•flé -flée [degɔ̃fle] *adj* flat (*tire*)
dégonflement [degɔ̃fləmɑ̃] *m* deflation
dégonfler [degɔ̃fle] *tr* to deflate || *ref* to go flat; to go down, to subside (*said of swelling*); (slang) to lose one's nerve
dégorger [degɔrʒe] **§38** *tr* to disgorge; to unstop, open (*a pipe*); to scour (*e.g., wool*) || *intr* to discharge, to overflow

dégour·di -die [degurdi] *adj* limbered up, lively, sharp, adroit || *mf* smart aleck
dégourdir [degurdir] *tr* to remove stiffness or numbness from (*e.g., legs*); to stretch (*one's limbs*); to take the chill off; to teach (*s.o.*) the ropes, to polish (*s.o.*) || *ref* to limber up
dégoût [degu] *m* distaste, dislike
dégoû·tant [degutɑ̃] **-tante** [tɑ̃t] *adj* disgusting, distasteful
dégoû·té -tée [degute] *adj* fastidious, hard to please || *mf* finicky person
dégoûter [degute] *tr* to disgust; **dégoûter qn de** to make s.o. dislike || *ref* to become fed up
dégoutter [degute] *intr* to drip, trickle
dégradation [degradasjɔ̃] *f* degradation; defacement; shading off, graduation; worsening (*of a situation*); (mil) demotion; **dégradation civique** loss of civil rights
dégrader [degrade] *tr* to degrade, to bring down; to deface; to shade off, to graduate; (mil) to demote, to break || *ref* to debase oneself; to become dilapidated
dégrafer [degrafe] *tr* to unhook, to unclasp
dégraissage [degrɛsaʒ] *m* dry cleaning
dégraisser [degrɛse] *tr* to remove grease from; to dry-clean
dégrais·seur [degrɛsœr] **dégrais·seuse** [degrɛsøz] *mf* dry cleaner, cleaner and dyer
degré [dəgre] *m* degree; step (*of stairs*); **monter d'un degré** to take a step up (*on the ladder of success*)
dégringolade [degrɛ̃gɔlad] *f* (coll) tumble; (coll) comedown, collapse, downfall
dégringoler [degrɛ̃gɔle] *tr* to bring down (*a government*) || *intr* (coll) to tumble, to tumble down
dégriser [degrize] *tr & ref* to sober up
dégrossir [degrosir] *tr* to rough-hew; to make the preliminary sketches of; to refine or polish (*a hick*)
déguenil·lé -lée [degənije] *adj* ragged, in tatters || *mf* ragamuffin
déguerpir [degerpir] *intr* (coll) to clear out, to beat it; **faire déguerpir** to evict
déguisement [degizmɑ̃] *m* disguise
déguiser [degize] *tr* to disguise
dégusta·teur [degystatœr] **-trice** [tris] *mf* winetaster
dégustation [degystasjɔ̃] *f* tasting, art of tasting; consumption (*of beverages*)
déguster [degyste] *tr* to taste discriminatingly; to sip, drink; to consume
déhancher [deɑ̃ʃe] *tr* to dislocate the hip of || *intr* to swing one's hips
déharnacher [dearnaʃe] *tr* to unsaddle, unharness || *ref* (coll) to throw off one's heavy clothing
dehors [dəɔr] *m* outside; **dehors** *mpl* outward appearance; **du dehors** from without, foreign, external; **en dehors** outside; **en dehors de** outside of; beyond || *adv* outside, out; out-of-doors
déification [deifikasjɔ̃] *f* deification
déifier [deifje] *tr* to deify
déiste [deist] *adj & mf* deist
déité [deite] *f* deity
déjà [deʒa] *adv* already
déjanter [deʒɑ̃te] *tr* to take (*a tire*) off the rim || *ref* to come off
déjection [deʒɛksjɔ̃] *f* excretion; volcanic debris
déjeter [deʒte] §34 *tr & ref* to warp, to spring
déjeuner [deʒœne] *m* lunch; breakfast; breakfast set; **petit déjeuner** breakfast || *intr* to have lunch; to have breakfast
déjouer [deʒwe] *tr* to foil, thwart
déjucher [deʒyʃe] *tr* to unroost || *intr* to come off the roost (*said of fowl*)
déjuger [deʒyʒe] §38 *ref* to change one's mind
delà [dəla] *adv*—**au delà de** beyond; **par delà** beyond
délabrement [delabrəmɑ̃] *m* decay, dilapidation; impairment (*of health*)
délabrer [delabre] *tr* to ruin, wreck || *ref* to become dilapidated
délacer [delase] §51 *tr* to unlace
délai [delɛ] *m* term, duration, period (*of time*); postponement, extension; **à bref délai** at short notice; **dans le plus bref délai** in the shortest possible time; **dans un délai de** within; **dans un délai record** in record time; **dernier délai** deadline; **sans délai** without delay
délais·sé -sée [delɛse] *adj* forsaken, forlorn, neglected
délaissement [delɛsmɑ̃] *m* abandonment
délaisser [delɛse] *tr* to abandon, desert; to relinquish (*a right*)
délassement [delasmɑ̃] *m* relaxation
délasser [delase] *tr* to rest, refresh, relax || *ref* to rest up
déla·teur [delatœr] **-trice** [tris] *mf* informer
délation [delasjɔ̃] *f* paid informing
déla·vé -vée [delave] *adj* washed-out, weak
délayer [deleje] §49 *tr* to add water to, to dilute; **délayer un discours** to stretch out a speech
deleatur [deleatyr] *m* dele
délébile [delebil] *adj* erasable
délectable [delɛktabl] *adj* delectable
délectation [delɛktasjɔ̃] *f* pleasure
délecter [delɛkte] *ref*—**se délecter à** to find pleasure in
délégation [delegasjɔ̃] *f* delegation
délé·gué -guée [delege] *adj* delegated || *mf* delegate, spokesman
déléguer [delege] §10 *tr* to delegate
délester [deleste] *tr* to unballast; to unburden, relieve
délétère [deletɛr] *adj* deleterious
délibération [deliberasjɔ̃] *f* deliberation
délibé·ré -rée [delibere] *adj* deliberate, firm, decided
délibérer [delibere] §10 *tr & intr* to deliberate
déli·cat [delika] **-cate** [kat] *adj* delicate; fine, sensitive (*ear, mind, taste*); touchy; tactful; scrupulous, honest

délicatesse [delikatɛs] *f* delicacy; refinement, fineness; fastidiousness; fragility, weakness

délice [delis] *m* great pleasure ‖ **délices** *fpl* delights, pleasures

déli•cieux [delisjø] **-cieuse** [sjøz] *adj* delicious; delightful, charming

dé•lié -liée [delje] *adj* slender (*figure*); nimble (*mind*); fine (*handwriting*); glib (*tongue*) ‖ *m* upstroke, thin stroke

délier [delje] *tr* to untie, to loosen, to release ‖ *ref* to come loose

délinéament [delineamɑ̃] *m* delineation

délinéer [delinee] *tr* to delineate

délinquance [delɛ̃kɑ̃s] *f* delinquency; **délinquance juvénile** juvenile delinquency

délin•quant [delɛ̃kɑ̃] **-quante** [kɑ̃t] *adj & mf* delinquent; **délinquant primaire** first offender

déli•rant [delirɑ̃] **-rante** [rɑ̃t] *adj* delirious, raving

délire [delir] *m* delirium; **en délire** delirious, in a frenzy

délirer [delire] *intr* to be delirious, to rave

délit [deli] *m* offense, wrong, crime; **en flagrant délit** in the act

délivrance [delivrɑ̃s] *f* delivrance; delivery

délivre [delivr] *m* afterbirth, placenta

délivrer [delivre] *tr* to deliver

déloger [delɔʒe] **§38** *tr* to dislodge; (coll) to oust, to evict ‖ *intr* to move out (*of a house*)

déloyal déloyale [delwajal] *adj* (*pl* **déloyaux** [delwajo]) disloyal; unfair, dishonest

déloyauté [delwajote] *f* disloyalty; disloyal act; dishonesty

delta [dɛlta] *m* delta

déluge [delyʒ] *m* deluge, flood

délu•ré -rée [delyre] *adj* smart, clever; smart-alecky, forward

délurer [delyre] *tr & ref* to wise up

délustrer [delystre] *tr* to take the gloss off of

démagnétiser [demaɲetize] *tr* to demagnetize

démagogie [demagɔʒi] *f* demagogy

démagogique [demagɔʒik] *adj* demagogic

démagogue [demagɔg] *adj* demagogic ‖ *mf* demagogue

démaigrir [demɛgrir] *tr* to thin down

démailler [demɑje] *tr* to unshackle (*a chain*); to unravel (*e.g., a knitted sweater*); to make a run in (*a stocking*) ‖ *ref* to run (*said of stocking*)

démailloter [demajɔte] *tr* to take the diaper off of

demain [dəmɛ̃] *adv & m* tomorrow; **à demain** until tomorrow; so long; **de demain en huit** a week from tomorrow; **de demain en quinze** two weeks from tomorrow; **demain matin** tomorrow morning

démancher [demɑ̃ʃe] *tr* to remove the handle of; (coll) to dislocate

demande [dəmɑ̃d] *f* request; application (*for a position*); inquiry; demand (*by buyers for goods*)

demander [dəmɑ̃de] *tr* to ask (*a favor; one's way*); to ask for (*a package; a porter*); to require, to need (*attention*); **demander q.ch. à qn** to ask s.o. for s.th. ‖ *intr*—**demander à** or **de** + *inf* to ask permission to + *inf*; to insist upon + *ger*; **demander après** to ask about, ask for (*s.o.*); **demander à qn de** + *inf* to ask s.o. to + *inf*; **je ne demande pas mieux** I wish I could ‖ *ref* to be needed; to wonder

deman•deur [dəmɑ̃dœr] **-deuse** [døz] *mf* asker; buyer ‖ **-deur** [dœr] **-deresse** [drɛs] *mf* plaintiff

démangeaison [demɑ̃ʒezɔ̃] *f* itch

démanger [demɑ̃ʒe] **§38** *tr & intr* to itch ‖ *intr* (with *dat*) to itch; **la langue lui démange** he is itching to speak

démanteler [demɑ̃tle] **§2** *tr* to dismantle (*a fort or town*); to uncover (*a spy ring*)

démaquillage [demakijaʒ] *m* removal of paint or make-up

démaquillant [demakijɑ̃] *m* cleansing cream, make-up remover

démaquiller [demakije] *tr & ref* to take the paint or make-up off

démarcation [demarkɑsjɔ̃] *f* demarcation

démarche [demarʃ] *f* gait, step, bearing; method; step, move, action

démarier [demarje] *tr* to thin out (*plants*)

démarque [demark] *f* (com) markdown

démarquer [demarke] *tr* to remove the identification marks from; to plagiarize; to mark down

démarrage [demaraʒ] *m* start

démarrer [demare] *tr* to unmoor ‖ *intr* to cast off (*said of ship*); to start (*said of train or car*); to spurt (*said of racing contestant; said of economy*); **démarrer trop tôt** to jump the gun; **faire démarrer** to start (*a car*); **ne démarrez pas!** don't stir!

démarreur [demarœr] *m* starter (*of car*)

démasquer [demaske] *tr & ref* to unmask

démâter [demɑte] *tr* to dismast ‖ *intr* to lose her masts (*said of ship*)

démêlé [demɛle] *m* quarrel, dispute; **avoir des démêlés avec** to be at odds with, to run afoul of

démêler [demɛle] *tr* to disentangle, unravel; to bring to light, uncover (*a plot*); to make out, discern

démembrement [demɑ̃brəmɑ̃] *m* dismemberment

déménagement [demenaʒmɑ̃] *m* moving

déménager [demenaʒe] **§38** *tr* to move (*household effects*) to another residence; to move the furniture from (*a house*) ‖ *intr* to move, to change one's residence; (coll) to become childish; **tu déménages!** (coll) you're out of your mind!

déménageur [demenaʒœr] *m* mover

démence [demɑ̃s] *f* madness, insanity; **en démence** demented
démener [demne] §2 *ref* to struggle, to be agitated; to take great pains
dé•ment [demɑ̃] **-mente** [mɑ̃t] *adj & mf* lunatic
démenti [demɑ̃ti] *m* contradiction, denial; proof to the contrary; (coll) shame (*on account of a failure*)
démentir [demɑ̃tir] §41 *tr* to contradict, to deny; to give the lie to, to belie || *intr* to go back on one's word; to be inconsistent
démériter [demerite] *intr* to lose esteem, to become unworthy
démesure [deməzyr] *f* lack of moderation, excess
démesu•ré -rée [deməzyre] *adj* measureless, immense; immoderate, excessive
démettre [demɛtr] §42 *tr* to dismiss (*from a job or position*); to dislocate (*an arm*) || *ref* to resign, retire
démeubler [demœble] *tr* to remove the furniture from
demeurant [dəmœrɑ̃]—**au demeurant** all things considered, after all
demeure [dəmœr] *f* home, abode, dwelling; **à demeure** permanently; **dernière demeure** final resting place; **en demeure** in arrears; **mettre qn en demeure de** to oblige s.o. to; **sans plus longue demeure** without further delay
demeurer [dəmœre] *intr* to live, dwell || *intr* (*aux*: ÊTRE) to stay, remain; **en demeurer** to leave off; **en demeurer là** to stop, rest there; to leave it at that
demi [dəmi] *m* half; (sports) center; (sports) halfback; **à demi** half; **et demi** and a half, e.g., **un centimètre et demi** a centimeter and a half; (after **midi** or **minuit**) half past, e.g., **midi et demi** half past twelve
demi-bas [dəmibɑ] *m* half hose
demi-botte [dəmibɔt] *f* (*pl* **-bottes**) half boot
demi-cercle [dəmisɛrkl] *m* (*pl* **-cercles**) semicircle
demi-clef [dəmikle] *f* (*pl* **-clefs**) half hitch; **demi-clef à capeler** clove hitch; **deux demi-clefs** two half hitches
demi-congé [dəmikɔ̃ʒe] *m* (*pl* **-congés**) half-holiday
demi-deuil [dəmidœj] *m* (*pl* **-deuils**) half mourning
demi-dieu [dəmidjø] *m* (*pl* **-dieux**) demigod
demie [dəmi] *f* half hour; **et demie** half past, e.g., **deux heures et demie** half past two
demi-finale [dəmifinal] *f* (*pl* **-finales**) semifinal
demi-frère [dəmifrɛr] *m* (*pl* **-frères**) half brother; stepbrother
demi-heure [dəmiœr] *f* (*pl* **-heures**) half-hour; **toutes les demi-heures à la demi-heure juste** every half-hour on the half-hour
demi-jour [dəmiʒur] *m invar* twilight, half-light
demi-journée [dəmiʒurne] *f* (*pl* **-journées**) half-day; **à demi-journée** half-time
démilitariser [demilitarize] *tr* to demilitarize
demi-longueur [dəmilɔ̃gœr] *f* half-length
demi-lune [dəmilyn] *f* (*pl* **-lunes**) half-moon
demi-mondaine [dəmimɔ̃dɛn] *f* (*pl* **-mondaines**) demimondaine
demi-monde [dəmimɔ̃d] *m* demimonde
demi-mot [dəmimo] *m* (*pl* **-mots**) understatement, euphemism; **comprendre à demi-mot** to get the drift of; to take the hint
déminer [demine] *tr* to clear of mines
demi-pause [dəmipoz] *f* (*pl* **-pauses**) (mus) half rest
demi-pension [dəmipɑ̃sjɔ̃] *f* (*pl* **-pensions**) breakfast and one meal
demi-place [dəmiplas] *f* (*pl* **-places**) half fare; half-price seat
demi-reliure [dəmirəljyr] *f* (*pl* **-reliures**) quarter binding; **demi-reliure à petits coins** half binding
demi-saison [dəmisɛzɔ̃] *f* in-between season; **de demi-saison** spring-and-fall (*coat*)
demi-sang [dəmisɑ̃] *m invar* half-bred horse
demi-sœur [dəmisœr] *f* (*pl* **-sœurs**) half sister; stepsister
demi-solde [dəmisɔld] *m invar* pensioned officer || *f* (*pl* **-soldes**) army pension, half pay
demi-soupir [dəmisupir] *m* (*pl* **-soupirs**) (mus) eighth rest
démission [demisjɔ̃] *f* resignation
démissionnaire [demisjɔnɛr] *adj* outgoing || *mf* former incumbent
démissionner [demisjɔne] *tr* (coll) to fire || *intr* to resign
demi-tasse [dəmitɑs] *f* (*pl* **-tasses**) half-cup; small cup, demitasse
demi-teinte [dəmitɛ̃t] *f* (*pl* **-teintes**) halftone
demi-ton [dəmitɔ̃] *m* (*pl* **-tons**) (mus) half tone
demi-tour [dəmitur] *m* (*pl* **-tours**) about-face; half turn; **demi-tour, (à) droite!** about face!; to the rear!; **faire demi-tour** to do an about-face; to turn back
démobiliser [demɔbilize] *tr* to demobilize
démocrate [demɔkrat] *mf* democrat
démocratie [demɔkrasi] *f* democracy
démocratique [demɔkratik] *adj* democratic
démo•dé -dée [demɔde] *adj* old-fashioned, out-of-date, outmoded
démoder [demɔde] *ref* to be outmoded
demoiselle [dəmwazɛl] *f* single girl, young lady, miss; dragonfly; (slang) girl; **demoiselle de magasin** salesgirl; **demoiselle d'honneur** maid of honor, bridesmaid; lady-in-waiting
démolir [demɔlir] *tr* to demolish; to overturn (*a cabinet or government*)
démolition [demɔlisjɔ̃] *f* demolition; **démolitions** scrap, rubble
démon [demɔ̃] *m* demon

démoniaque [demɔnjak] *adj* demonic, demoniac(al) || *mf* demoniac
démonstra•teur [demɔ̃nstratœr] **-trice** [tris] *mf* demonstrator
démonstra•tif [demɔ̃stratif] **-tive** [tiv] *adj & m* demonstrative
démontable [demɔ̃tabl] *adj* collapsible, detachable; knockdown
démonte-pneu [demɔ̃tpnø] *m* (*pl* **-pneus**) tire iron
démonter [demɔ̃te] *tr* to dismount; to dismantle || *ref* to come apart; to go to pieces (*while taking an exam*)
démontrable [demɔ̃trabl] *adj* demonstrable
démontrer [demɔ̃tre] *tr* to demonstrate
démoraliser [demɔralize] *tr* to demoralize
démouler [demule] *tr* to remove from a mold
dému•ni -nie [demyni] *adj* out of money; **démuni de** out of; devoid of
démunir [demynir] *tr* to strip, deprive; to deplete (*a garrison*) || *ref* to deprive oneself
démystifier [demistifje] *tr* to debunk
dénationaliser [denasjɔnalize] *tr* to denationalize
dénaturaliser [denatyralize] *tr* to denaturalize
dénatu•ré -rée [denatyre] *adj* denatured; unnatural, perverse
dénaturer [denatyre] *tr* to denature; to pervert; to distort
dénégation [denegɑsjɔ̃] *f* denial
déni [deni] *m* refusal; (law) denial
dénicher [deniʃe] *tr* to dislodge; to take out of the nest; to make (*s.o.*) move; to search out || *intr* to leave the nest
déni•cheur [deniʃœr] **-cheuse** [ʃøz] *mf* hunter (*of rare books, antiques, etc.*); **dénicheur de vedettes** talent scout
denier [dənje] *m* (fig) penny, farthing; **denier à Dieu** gratuity; **deniers** money, funds; **de ses deniers** with his own money
dénier [denje] *tr* to deny, refuse
dénigrer [denigre] *tr* to disparage
déniveler [denivle] §34 *tr* to make uneven, to change the level of
dénivellation [denivɛllɑsjɔ̃] *f* or **dénivellement** [denivɛlmɑ̃] *m* unevenness; depression, settling
dénombrement [denɔ̃brəmɑ̃] *m* census, enumeration
dénombrer [denɔ̃bre] *tr* to take a census of, to enumerate
dénomination [denɔminɑsjɔ̃] *f* denomination, appellation, designation
dénommer [denɔme] *tr* to denominate, to name
dénoncer [denɔ̃se] §51 *tr* to renounce; to indicate, reveal || *ref* to give oneself up
dénonciation [denɔ̃sjɑsjɔ̃] *f* denunciation; declaration
dénoter [denɔte] *tr* to denote
dénouement [denumɑ̃] *m* outcome, denouement; untying
dénouer [denwe] *tr* to untie; to unravel
dénoyer [denwaje] §47 *tr* to pump out
denrée [dɑ̃re] *f* commodity; **denrées** provisions, products
dense [dɑ̃s] *adj* dense
densité [dɑ̃site] *f* density
dent [dɑ̃] *f* tooth; cog; scallop (*of an edge*); **dent d'éléphant** tusk; **dents de lait** baby teeth, **dents de sagesse** wisdom teeth; **sur les dents** on one's toes
dentaire [dɑ̃tɛr] *adj* dental
den•tal -tale [dɑ̃tal] *adj & f* (*pl* **-taux** [to] **-tales**) dental
dent-de-chien [dɑ̃dəʃjɛ̃] *f* (*pl* **dents-de-chien**) dogtooth violet
dent-de-lion [dɑ̃dəljɔ̃] *f* (*pl* **dents-de-lion**) dandelion
denteler [dɑ̃tle] §34 *tr* to notch, to indent
dentelle [dɑ̃tɛl] *f* lace; lacework
dentelure [dɑ̃tlyr] *f* notching; serration; scalloping; (phila) perforation
denter [dɑ̃te] *tr* to furnish with cogs or teeth
dentier [dɑ̃tje] *m* false teeth, denture
dentifrice [dɑ̃tifris] *m* dentifrice
dentiste [dɑ̃tist] *mf* dentist
denture [dɑ̃tyr] *f* denture; **denture artificielle** false teeth
dénuder [denyde] *tr* to strip, denude
dénuement [denymɑ̃] *m* destitution
dénuer [denɥe] *tr* to deprive, strip
déontologie [deɔ̃tɔlɔʒi] *f* study of ethics; **déontologie médicale** (med) code of medical ethics
dépannage [depanaʒ] *m* emergency service, repairs
dépanner [depane] *tr* to give emergency service to; (coll) to get (*s.o.*) out of a scrape
dépan•neur [depanœr] **dépan•neuse** [depanøz] *adj* repairing || *m* serviceman, repairman || *f* tow truck, wrecker
dépaqueter [depakte] §34 *tr* to unpack, unwrap
dépareil•lé -lée [depareje] *adj* incomplete, broken (*set*); odd (*sock*)
dépareiller [depareje] *tr* to break (*a set*)
déparer [depare] *tr* to mar, to spoil the beauty of; to strip of ornaments
déparier [deparje] *tr* to break, split up the pair of
départ [depar] *m* departure; beginning; division; sorting out; **départ usine** F.O.B.; **faux départ** false start
département [departəmɑ̃] *m* (govt) department
départir [departir] §64 (or sometimes like **finir**) *tr* to divide up, to distribute || *ref*—**se départir de** to give up; to depart from
dépassement [depasmɑ̃] *m* passing
dépasser [depase] *tr* to pass, overtake; to go beyond; to overshoot (*the mark*); to exceed; to extend beyond; to be longer than; (coll) to surprise || *intr* to pass; to stick out, to overlap, to show
dépayser [depeize] *tr* to take out of one's familiar surroundings; to bewilder || *ref* to leave one's country

dépecer [depəse] §20 *tr* to carve, to cut up
dépêche [depɛʃ] *f* dispatch; telegram
dépêcher [depɛʃe] *tr* to dispatch || *ref* to hurry
dépeigner [depɛɲe] *tr* to tousle, to muss up (*the hair*)
dépeindre [depɛ̃dr] §50 *tr* to depict
dépendance [depɑ̃dɑ̃s] *f* dependence; **dépendances** outbuildings, annex; dependencies, possessions
dépen•dant [depɑ̃dɑ̃] **-dante** [dɑ̃t] *adj* dependent
dépendre [depɑ̃dr] *tr* to take down || *intr* to depend; **dépendre de** to depend on; to belong to; **il dépend de vous de** it is for you to
dépens [depɑ̃] *mpl* expenses, costs; **aux dépens de** at the expense of
dépense [depɑ̃s] *f* expense; pantry; dispensary (*of hospital*); flow (*of water*); consumption (*of fuel*)
dépenser [depɑ̃se] *tr* to spend, expend || *ref* to exert oneself, to spend one's energy
dépen•sier [depɑ̃sje] **-sière** [sjɛr] *adj & mf* spendthrift
dépérir [deperir] *intr* to waste away, decline
dépêtrer [depetre] *tr* to get (*s.o.*) out of a jam
dépeupler [depœple] *tr* to depopulate; to unstock (*a pond*)
dépha•sé -sée [defaze] *adj* out of phase
dépiauter [depjote] *tr* to skin
dépiécer [depjese] §58 *tr* to dismember
dépiler [depile] *tr* to remove the hair from
dépister [depiste] *tr* to track down
dépit [depi] *m* spite, resentment; **en dépit de** in spite of
dépiter [depite] *tr* to spite, to vex || *ref* to take offense
dépla•cé -cée [deplase] *adj* displaced (*person*); misplaced, out of place
déplacement [deplasmɑ̃] *m* displacement; movement; travel; transfer (*of an official*); shift (*in votes*); change (*in schedule*); (naut) displacement
déplacer [deplase] §51 *tr* to displace; to move; **déplacer la question** to stray from the subject || *ref* to move
déplaire [deplɛr] §52 *intr* (with *dat*) to displease; (with *dat*) to dislike, e.g., **le lait lui déplaît** he dislikes milk; **ne vous en déplaise** if you have no objection, by your leave || *ref* to be displeased, e.g., **ils se sont déplu** they were displeased; **se déplaire à** not to like it in, e.g., **je me déplais à la campagne** I don't like it in the country
déplai•sant [deplɛzɑ̃] **-sante** [zɑ̃t] *adj* unpleasant, disagreeable
déplaisir [deplɛzir] *m* displeasure
déplanter [deplɑ̃te] *tr* to dig up for transplanting
déplantoir [deplɑ̃twar] *m* garden trowel
dépliant [deplijɑ̃] *m* folder, brochure
déplier [deplie] *tr & ref* to unfold
déplisser [deplise] *tr* to unpleat
déploiement [deplwamɑ̃] *m* unfolding, unfurling; display, array; (mil) deployment
déplorable [deplɔrabl] *adj* deplorable
déplorer [deplɔre] *tr* to deplore; to grieve over
déployer [deplwaje] §47 *tr* to unfold, to unfurl; to display; (mil) to deploy || *ref* (mil) to deploy
déplumer [deplyme] *tr* to pluck (*a chicken*) || *ref* (coll) to lose one's hair
dépolariser [depɔlarize] *tr* to depolarize
dépo•li -lie [depɔli] *adj* ground (*glass*)
dépolir [depɔlir] *tr* to remove the polish from; to frost (*glass*)
déport [depɔr] *m* disqualifying of oneself; (com) commission; **sans déport** without delay
déportation [depɔrtɑsjɔ̃] *f* deportation; internment in a concentration camp
dépor•té -tée [depɔrte] *mf* deported criminal, convict; prisoner in a concentration camp
déportement [depɔrtəmɑ̃] *m* swerve; **déportements** misconduct, immoral conduct, bad habits
déporter [depɔrte] *tr* to deport; to send to a concentration camp; to make (*an automobile*) swerve; to deflect (*an airplane*) from its course || *intr* to swerve
dépo•sant [depɔzɑ̃] **-sante** [zɑ̃t] *adj* testifying; depositing || *mf* deponent, witness; depositor
dépose [depoz] *f* removal
déposer [depoze] *tr* to deposit; to depose; to drop, leave off; to register (*a trademark*); to lodge (*a complaint*); to file (*a petition*) || *intr & ref* to depose; to settle, to form a deposit
dépositaire [depozitɛr] *mf* trustee, holder; dealer
déposséder [depɔsede] §10 *tr* to dispossess
dépôt [depo] *m* deposit; depository, depot; warehouse; delivery, handing in; **dépôt d'autobus** carbarn; **dépot de locomotives** roundhouse; **dépôt de mendicité** poorhouse; **dépôt d'épargne** savings account; **dépôt des bagages** baggage room; **dépôt d'essence** filling station; **dépôt de vivres** commissary; **dépôt d'ordures** dump
dépouille [depuj] *f* castoff skin; hide (*taken from animal*); **dépouille mortelle** mortal remains; **dépouilles** spoils (*of war*)
dépouillement [depujmɑ̃] *m* gathering, selection, sifting; despoilment; counting (*of votes*); **dépouillement volontaire** relinquishing
dépouiller [depuje] *tr* to skin; to strip; to gather, select, sift; to count (*votes*) || *ref* to shed one's skin (*said of insects and reptiles*); to strip oneself, to divest oneself
dépour•vu -vue [depurvy] *adj* destitute; **au dépourvu** unaware; **dépourvu de** devoid of, lacking in
dépoussiérer [depusjere] §10 *tr* to vacuum

dépravation [depravasjɔ̃] *f* depravity
dépraver [deprave] *tr* to deprave
déprécation [deprekasjɔ̃] *f* supplication
dépréciation [depresjasjɔ̃] *f* depreciation
déprécier [depresje] *tr & ref* to depreciate
déprédation [depredasjɔ̃] *f* depredation; embezzlement, misappropriation
déprendre [deprɑ̃dr] §56 *ref* to detach oneself; to come loose; to melt
dépres•sif [depresif] **dépres-sive** [depresiv] *adj* depressive
dépression [depresjɔ̃] *f* depression
déprimer [deprime] *tr* to depress, to lower || *ref* to be depressed
dépriser [deprize] *tr* to undervalue
depuis [dəpɥi] *adv* since; **depuis que** since || *prep* since, for, e.g., **je suis à Paris depuis trois jours** I have been in Paris for three days; **depuis . . . jusqu'à** from . . . to
dépurer [depyre] *tr* to purify
députation [depytasjɔ̃] *f* deputation
député [depyte] *m* deputy
députer [depyte] *tr* to deputize
der [dɛr] *f*—**la der des der** (coll) the war to end all wars
déraci•né -née [derasine] *adj* uprooted || *mf* uprooted person, wanderer
déraciner [derasine] *tr* to uproot, to root out; to eradicate
déraillement [derajmɑ̃] *m* derailment
dérailler [deraje] *intr* to jump the track; (coll) to get off the track
déraison [derɛzɔ̃] *f* unreasonableness, irrationality
déraisonnable [derɛzɔnabl] *adj* unreasonable
déraisonner [derɛzɔne] *intr* to talk nonsense
dérangement [derɑ̃ʒmɑ̃] *m* derangement; breakdown; disturbance, bother
déranger [derɑ̃ʒe] §38 *tr* to derange, to put out of order; to disturb, trouble || *ref* to move, to change jobs; to become disordered, upset; **ne vous dérangez pas!** don't get up!; don't bother!
déraper [derape] *intr* to skid, to sideslip; to weigh anchor
dératé [derate] *m*—**courir comme un dératé** to run like a jack rabbit
dératiser [deratize] *tr* to derat
derby [dɛrbi] *m* derby (*race*)
derechef [dərəʃɛf] *adv* (lit) once again
déré•glé -glée [deregle] *adj* out of order; irregular (*pulse*); disorderly, excessive
dérégler [deregle] §10 *tr* to put out of order, upset || *ref* to get out of order; to run wild
dérider [deride] *tr* to smooth, unwrinkle; to cheer up || *ref* to cheer up
dérision [derizjɔ̃] *f* derision
dérisoire [derizwar] *adj* derisive
dérivation [derivasjɔ̃] *f* derivation; drift; by-pass; diversion (*of river, stream, etc.*); **en dérivation** shunted (*circuit*)
dérive [deriv] *f* drift; (aer) fin; (naut) centerboard; **à la dérive** adrift
déri•vé -vée [derive] *adj* drifting; shunted (*current*) || *m* derivative
dériver [derive] *tr* to derive; to divert (*e.g., a river*); to unrivet || *intr* to derive; to be derived; to result; to drift
dermatologie [dɛrmatɔlɔʒi] *f* dermatology
der•nier [dɛrnje] **-nière** [njɛr] *adj* last; latest; latter; final; last (*just elapsed*), e.g., **la semaine dernière** last week || (when standing before noun) *adj* last (*in a series*), e.g., **la dernière semaine de la guerre** the last week of the war
dernièrement [dɛrnjɛrmɑ̃] *adv* lately
dernier-né [dɛrnjene] **dernière-née** [dɛrnjɛrne] *mf* (*pl* **-nés -nées**) lastborn child
déro•bé -bée [derɔbe] *adj* secret; **à la dérobée** stealthily, on the sly
dérober [derɔbe] *tr* to steal; to hide; **dérober à** to steal from; to rescue from (*e.g., death*) || *ref* to steal away, disappear; to hide; to shy away, balk; to shirk; to give way (*said of knees or one's footing*); **se dérober à** to slip away from, to escape from
dérogation [derɔgasjɔ̃] *f*—**dérogation à** departure from (*custom*); waiving of (*principle*); deviation from (*instructions*); **par dérogation à** notwithstanding
déroger [derɔʒe] §38 *intr*—**déroger à** to depart from (*custom*); to waive (*a principle*); to derogate from (*dignity; one's rank*)
dérouiller [deruje] *tr* to remove the rust from; to polish (*s.o.*); (coll) to limber up; (coll) to brush up on || *ref* to lose its rust; to brush up; to limber up
dérouler [derule] *tr & ref* to unroll, unfold
dérou•tant [derutɑ̃] **-tante** [tɑ̃t] *adj* baffling, misleading
déroute [derut] *f* rout, downfall
dérouter [derute] *tr* to steer off the course; to reroute; to disconcert, baffle || *ref* to go astray; to become confused
derrick [dɛrik] *m* oil derrick
derrière [dɛrjɛr] *m* rear, backside || *adv & prep* behind
derviche [dɛrviʃ] *m* dervish
des [de] §77
dès [dɛ] *prep* by (*a certain time*); from (*a certain place*); as early as, as far back as; from, beginning with; **dès lors** from that time, ever since; **dès lors que** since, inasmuch as; **dès que** as soon as
désabonner [dezabɔne] *tr* to cancel the subscription of || *ref* to cancel one's subscription
désabu•sé -sée [dezabyze] *adj* disillusioned
désabuser [dezabyze] *tr* to disabuse, disillusion || *ref* to have one's eyes opened

désaccord [dezakɔr] *m* disagreement, discord
désaccorder [dezakɔrde] *tr* to put (*an instrument*) out of tune || *ref* to get out of tune
désaccoupler [dezakuple] *tr* to unpair; to uncouple
désaccoutumer [dezakutyme] *tr* to break (*s.o.*) of a habit || *ref* to break oneself of a habit
désaffecter [dezafɛkte] *tr* to turn from its intended use
désagréable [dezagreabl] *adj* disagreeable; unpleasant
désagréger [dezagreʒe] **§1** *tr* to break up, to dissolve, to disintegrate
désagrément [dezagremɑ̃] *m* unpleasantness, annoyance
désaimanter [dezɛmɑ̃te] *tr* to demagnetize
desalté•rant [dezalterɑ̃] **-rante** [rɑ̃t] *adj* thirst-quenching, refreshing
désaltérer [dezaltere] **§10** *tr* to quench the thirst of; to refresh with a drink || *ref* to quench one's thirst
désamorcer [dezamɔrse] **§51** *tr* to deactivate, to disconnect the fuse of; to unprime
désappointement [dezapwɛ̃tmɑ̃] *m* disappointment
désappointer [dezapwɛ̃te] *tr* to disappoint; to break the point of, to blunt
désapprendre [dezaprɑ̃dr] **§56** *tr* to unlearn, to forget
désapproba•teur [dezaprɔbatœr] **-trice** [tris] *adj* disapproving || *mf* critic
désapprouver [dezapruve] *tr* to disapprove of, to disapprove
désarçonner [dezarsɔne] *tr* to unhorse, buck off; (coll) to dumfound
désarmement [dezarməmɑ̃] *m* disarmament; disarming; dismantling (*of ship*)
désarmer [dezarme] *tr* to disarm; to deactivate; to dismantle; to appease || *intr* to disarm; to slacken, let up (*said of hostility*)
désarroi [dezarwa] *m* disorder, disarray, confusion
désarticulation [dezartikylɑsjɔ̃] *f* dislocation
désassembler [dezasɑ̃ble] *tr* to disassemble
désastre [dezastr] *m* disaster
désas•treux [dezastrø] **-treuse** [trøz] *adj* disastrous
désavantage [dezavɑ̃taʒ] *m* disadvantage
désavantager [dezavɑ̃taʒe] **§38** *tr* to put at a disadvantage, to handicap
désavanta•geux [dezavɑ̃taʒø] **-geuse** [ʒøz] *adj* disadvantageous
désa•veu [dezavø] *m* (*pl* **-veux**) disavowal, denial, repudiation
désavouer [dezavwe] *tr* to disavow, to deny, to repudiate, to disown
désaxé désaxée [dezakse] *adj* unbalanced, out of joint
desceller [desɛle] *tr* to unseal
descendance [desɑ̃dɑ̃s] *f* descent
descendeur [desɑ̃dœr] *m* ski jumper
descendre [desɑ̃dr], [dɛsɑ̃dr] *tr* to descend, to go down (*a hill, street, stairway*); to take down, to lower (*a picture*); (coll) to bring down (*an airplane; luggage*); (coll) to drop off, let off at the door || *intr* (*aux*: ÊTRE) to descend; to go down, to go downstairs; to stay, to stop (*at a hotel*); **descendre** + *inf* to go down to + *inf*; to stop off to + *inf*; **descendre court** to undershoot (*said of airplane*); **descendre de** to come down from (*a mountain, ladder, tree*); to be descended from
descente [desɑ̃t] *f* descent; invasion, raid; stay (*at a hotel*); stop (*en route*); **descente à terre** (nav) shore leave; **descente de lit** bedside rug
descriptible [dɛskriptibl] *adj* describable
descrip•tif [dɛskriptif] **-tive** [tiv] *adj* descriptive
description [dɛskripsjɔ̃] *f* description
déségrégation [desegregɑsjɔ̃] *f* desegregation
désempa•ré -rée [dezɑ̃pare] *adj* disconcerted; disabled (*ship*)
désemparer [dezɑ̃pare] *tr* to disable (*a ship*) || *intr*—**sans désemparer** continuously, without intermission
désemplir [dezɑ̃plir] *intr*—**ne pas désemplir** to be always full
désenchaîner [dezɑ̃ʃɛne] *tr* to unchain
désenchantement [dezɑ̃ʃɑ̃tmɑ̃] *m* disenchantment
désenchanter [dezɑ̃ʃɑ̃te] *tr* to disenchant
désencombrer [dezɑ̃kɔ̃bre] *tr* to disencumber, to clear, to free
désengager [dezɑ̃gaʒe] **§38** *tr* to release from a promise
désengorger [dezɑ̃gɔrʒe] **§38** *tr* to unstop
désengrener [dezɑ̃grəne] **§2** *tr* to disengage, to throw out of gear
désenivrer [dezɑ̃nivre] *tr & intr* to sober up
désenlacer [dezɑ̃lase] **§51** *tr* to unbind
désennuyer [dezɑ̃nɥije] **§27** *tr* to divert, cheer up || *ref* to find relief from boredom
désensabler [dezɑ̃sɑble] *tr* to free (*a ship*) from the sand; to dredge the sand from (*a canal*)
désensibiliser [desɑ̃sibilize] *tr* to desensitize
désensorceler [dezɑ̃sɔrsəle] **§34** *tr* to remove the spell from
désentortiller [dezɑ̃tɔrtije] *tr* to straighten out
désenvelopper [dezɑ̃vlɔpe] *tr* to unwrap
déséquilibre [dezekilibr] *m* mental instability
déséquili•bré -brée [dezekilibre] *adj* mentally unbalanced || *mf* unbalanced person
déséquilibrer [dezekilibre] *tr* to unbalance
dé•sert [dezɛr] **-serte** [zɛrt] *adj & m* desert
déserter [dezɛrte] *tr & intr* to desert
déserteur [dezɛrtœr] *m* deserter
désertion [dezɛrsjɔ̃] *f* desertion
désespérance [dezɛsperɑ̃s] *f* despair

désespé•ré -rée [dezɛspere] *adj* desperate, hopeless || *mf* desperate person
désespérer [dezɛspere] **§10** *tr* to be the despair of || *ref* to lose hope
désespoir [dezɛspwar] *m* despair; **en désespoir de cause** as a last resort
déshabillage [dezabijaʒ] *m* striptease
déshabillé [dezabije] *m* morning wrap
déshabiller [dezabije] *tr & ref* to undress; **déshabiller saint Pierre pour habiller saint Paul** to rob Peter to pay Paul
déshabituer [dezabitɥe] *tr* to break (*s.o.*) of a habit
déshéri•té -tée [dezerite] *adj* underprivileged; **les déshérités** the underprivileged
déshériter [dezerite] *tr* to disinherit; to disadvantage
déshonnête [dezɔnɛt] *adj* improper, immodest
déshonnêteté [dezɔnɛtəte] *f* impropriety, immodesty, indecency
déshonneur [dezɔnœr] *m* dishonor
déshono•rant [dezɔnɔrɑ̃] **-rante** [rɑ̃t] *adj* dishonorable, discreditable
déshonorer [dezɔnɔre] *tr* to dishonor
déshydratation [dezidratɑsjɔ̃] *f* dehydration
déshydrater [dezidrate] *tr* to dehydrate
désignation [deziɲɑsjɔ̃] *f* designation; appointment, nomination
dési•gné -gnée [desiɲe] *mf* nominee
désigner [desiɲe] *tr* to designate; to indicate, point out; to appoint, nominate; to signify, mean; to set (*the hour of an appointment*) || *ref*—**se désigner à l'attention de** to bring oneself to the attention of
désillusion [dezillyzjɔ̃] *f* disillusion; disappointment
désillusionner [dezillyzjɔne] *tr* to disillusion; to disappoint
désinence [dezinɑ̃s] *f* (gram) ending
désinfecter [dezɛ̃fɛkte] *tr* to disinfect
désintégration [dezɛ̃tegrɑsjɔ̃] *f* disintegration
désintégrer [dezɛ̃tegre] **§10** *tr & ref* to disintegrate
désintéres•sé -sée [dezɛ̃terɛse] *adj* disinterested, impartial; unselfish
désintéressement [dezɛ̃terɛsmɑ̃] *m* disinterestedness, impartiality; payment, satisfaction (*of a debt*); paying off (*of a creditor*)
désintéresser [dezɛ̃terɛse] *tr* to pay off; to buy out || *ref*—**se désintéresser de** to lose interest in
désintoxication [dezɛ̃tɔksikɑsjɔ̃] *f* treatment for alcoholism, drug addiction, or poisoning; disintoxification
désinvolte [dezɛ̃vɔlt] *adj* free and easy, casual; offhanded, impertinent
désinvolture [dezɛ̃vɔltyr] *f* free and easy manner, offhandedness; impertinence
désir [dezir] *m* desire
désirable [dezirabl] *adj* desirable
désirer [dezire] *tr* to desire, wish
dési•reux [dezirø] **-reuse** [røz] *adj* desirous
désister [deziste] *ref* to desist; to withdraw from a runoff election; **se désister de** to waive (*a claim*); to drop (*a lawsuit*)
désobéir [dezɔbeir] *intr* to disobey; (with *dat*) to disobey; **être désobéi** to be disobeyed
désobli•geant [dezɔbliʒɑ̃] **-geante** [ʒɑ̃t] *adj* disagreeable, ungracious
désobliger [dezɔbliʒe] **§38** *tr* to offend, displease, disoblige
désodori•sant [dezɔdɔrizɑ̃] **-sante** [zɑ̃t] *adj & m* deodorant
désodoriser [dezɔdɔrize] *tr* to deodorize
désœu•vré -vrée [dezœvre] *adj* idle, unoccupied, out of work; **les désœuvrés** the unemployed
désœuvrement [dezœvrəmɑ̃] *m* idleness, unemployment
déso•lant [dezɔlɑ̃] **-lante** [lɑ̃t] *adj* distressing, sad
désolation [dezɔlɑsjɔ̃] *f* desolation; grief, distress
déso•lé -lée [dezɔle] *adj* desolate; distressed
désoler [dezɔle] *tr* to desolate, destroy; to distress || *ref* to be distressed
désopi•lant [dezɔpilɑ̃] **-lante** [lɑ̃t] *adj* hilarious, sidesplitting
désordon•né -née [dezɔrdɔne] *adj* disordered; untidy; disorderly
désordonner [dezɔrdɔne] *tr* to upset, confuse
désordre [dezɔrdr] *m* disorder, confusion; moral laxity
désorganisa•teur [dezɔrganizatœr] **-trice** [tris] *adj* disorganizing || *mf* troublemaker
désorganisation [dezɔrganizɑsjɔ̃] *f* disorganization
désorganiser [dezɔrganize] *tr* to disorganize
désorien•té -tée [dezɔrjɑ̃te] *adj* disoriented, bewildered
désorienter [dezɔrjɑ̃te] *tr* to disorient; to mislead; to disconcert || *ref* to become confused; to lose one's bearings
désormais [dezɔrme] *adv* henceforth
désosser [dezɔse] *tr* to bone
despote [dɛspɔt] *m* despot
despotique [dɛspɔtik] *adj* despotic
despotisme [dɛspɔtism] *m* despotism
des•quels -quelles [dekɛl] **§78**
dessaisir [desɛzir] *tr* to dispossess; to let go, to release || *ref*—**se dessaisir de** to relinquish
dessalement [desalmɑ̃] *m* desalinization
dessaler [desale] *tr* to desalt, to desalinate || *ref* (coll) to wise up
dessécher [deseʃe] **§10** *tr* to dry up, wither; to drain (*a pond*); to dehydrate (*the body*); to sear (*the heart*) || *ref* to dry up; to waste away
dessein [desɛ̃] *m* design, plan, intent; **à dessein** on purpose
desseller [desɛle] *tr* to unsaddle
desserrer [desere] *tr* to loosen; **ne pas desserrer les dents** to keep mum
dessert [desɛr] *m* dessert, last course
desserte [desɛrt] *f* buffet, sideboard; branch (*of railroad or bus line*); ministry (*of a substituting clergyman*)

dessertir [desɛrtir] *tr* to remove (*a gem*) from its setting
desservant [desɛrvɑ̃] *m* parish priest
desservir [desɛrvir] §63 *tr* to clear (*the table*); to be of disservice to, to harm; (aer, aut, rr) to stop at (*a town or station*); (aer, aut, eccl, rr) to serve (*a locality*); (elec) to supply (*a region*)
dessiller [desije] *tr*—**dessiller les yeux à qn** or **de qn** to open s.o.'s eyes, to undeceive s.o.
dessin [desɛ̃] *m* drawing, sketch, design; profile (*of face*); **dessins animés** (mov) animated cartoons
dessina•teur [desinatœr] **-trice** [tris] *mf* designer; cartoonist
dessiner [desine] *tr* to draw, sketch, design; to delineate, outline || *ref* to stand out, to be outlined
dessoûler or **dessouler** [desule] *tr & intr* to sober up
dessous [dəsu] *m* underpart; reverse side, wrong side; coaster (*underneath a glass*); seamy side, machinations behind the scenes; **au dessous de** below; **avoir le dessous** to get the short end of the deal; **du dessous** below; **en dessous** underneath; **les dessous** lingerie, undergarments || *adv & prep* under, underneath, below
dessous-de-bouteille [dəsudəbutej] *m invar* coaster
dessous-de-bras [dəsudəbra] *m invar* underarm pad
dessous-de-carafe [dəsudəkaraf] *m invar* coaster
dessous-de-plat [dəsudəpla] *m invar* hot pad
dessous-de-table [dəsudətabl] *m invar* under-the-counter money
dessus [dəsy] *m* upper part; back (*of the hand*); right side (*of material*); (mus) treble part; **au dessus de** beyond, above; **avoir le dessus** to have the upper hand; **le dessus du panier** the cream of the crop || *adv* above || *prep* on, above, over
dessus-de-cheminée [dəsydəʃmine] *m invar* mantelpiece
dessus-de-lit [dəsydəli] *m invar* bedspread
dessus-de-porte [dəsydəpɔrt] *m invar* overdoor
dessus-de-table [dəsydətabl] *m invar* table cover
destin [dɛstɛ̃] *m* destiny, fate
destinataire [dɛstinatɛr] *mf* addressee; payee; **destinataire inconnu** or **absent** (formula stamped on envelope) not at this address
destination [dɛstinɑsjɔ̃] *f* destination; **à destination de** to, bound for
destinée [dɛstine] *f* destiny
destiner [dɛstine] *tr* to destine; to set aside, to reserve; **destiner q.ch. à qn** to mean or intend s.th. for s.o.
destituer [dɛstitɥe] *tr* to remove from office
destitution [dɛstitysjɔ̃] *f* dismissal, removal from office
destrier [dɛstrije] *m* (hist) steed, charger
destroyer [dɛstrɔjœr] *m* (nav) destroyer
destruc•teur [dɛstryktœr] **-trice** [tris] *adj* destroying, destructive || *mf* destroyer
destruc•tif [dɛstryktif] **-tive** [tiv] *adj* destructive
destruction [dɛstryksjɔ̃] *f* destruction
dé•suet [dezɥɛ] **-suète** [zɥɛt] *adj* obsolete, antiquated, out-of-date
désuétude [dezɥetyd] *f* desuetude, disuse
désu•ni -nie [dezyni] *adj* at odds, divided against itself; uncoordinated
désunion [dezynjɔ̃] *f* dissension
désunir [dezynir] *tr* to disunite, divide; to estrange
déta•ché -chée [detaʃe] *adj* detached; clean; spare (*parts*); acting, temporary (*official*); staccato (*note*)
détachement [detaʃmɑ̃] *m* detachment; (mil) detail
détacher [detaʃe] *tr* to detach; to let loose; to clean; to make (*s.th.*) stand out in relief || *ref* to come loose; to break loose; to stand out in relief
détacheur [detaʃœr] *m* spot remover
détail [detaj] *m* detail; retail; item (*of an account*); **au détail** at retail; **en détail** detailed
détail•lant [detajɑ̃] **détail•lante** [detajɑ̃t] *adj* retail || *mf* retailer
détailler [detaje] *tr* to detail; to cut up into pieces; to retail; to itemize (*an account*)
détartrer [detartre] *tr* to remove the scale from (*a boiler*); to remove the tartar from (*teeth*)
détaxation [detaksɑsjɔ̃] *f* lowering or removal of taxes
détaxer [detakse] *tr* to lower or remove the tax from
détecter [detɛkte] *tr* to detect
détecteur [detɛktœr] *m* detector; **détecteur de mines** mine detector
détection [detɛksjɔ̃] *f* detection
détective [detɛktiv] *m* detective, private detective; box camera
déteindre [detɛ̃dr] §50 *tr* to fade, bleach || *intr* to fade, run
dételer [detle] §34 *tr* to unharness || *intr* to let up; to settle down
détendre [detɑ̃dr] *tr* to relax; to stretch out (*one's legs*); to lower (*the gas*) || *ref* to relax, to enjoy oneself
détenir [detnir] §72 *tr* to detain (*in prison*); to hold, withhold; to own
détente [detɑ̃t] *f* trigger; relaxation, easing (*of tension*); relaxation of tension (*in international affairs*)
déten•teur [detɑ̃tœr] **-trice** [tris] *mf* holder (*of stock; of a record*); keeper (*of a secret*)
détention [detɑ̃sjɔ̃] *f* detention, custody; possession; **détention préventive** pretrial imprisonment, custody
déte•nu -nue [detny] *adj* detained, imprisoned || *mf* prisoner
déterger [detɛrʒe] §38 *tr* to clean
détérioration [deterjɔrɑsjɔ̃] *f* deterioration
détériorer [deterjɔre] *tr* to damage || *intr* to deteriorate

détermination [determinɑsjɔ̃] *f* determination
déterminer [determine] *tr* to determine || *ref* to decide
déter•ré -rée [detɛre] *adj* disinterred || *mf* (fig) corpse, ghost
déterrer [detɛre] *tr* to dig up; to exhume
déter•sif [detɛrsif] **-sive** [siv] *adj & m* detergent
détester [detɛste] *tr* to detest, to hate
déto•nant [detɔnɑ̃] **-nante** [nɑ̃t] *adj & m* explosive
détoner [detɔne] *intr* to detonate, to explode
détonner [detɔne] *intr* to sing or play off key; to clash (*said of colors*)
détordre [detɔrdr] *tr* to untwist
détortiller [detɔrtije] *tr* to untangle
détour [detur] *m* turn, curve, bend; roundabout way, detour; **sans détour** frankly, honestly
détour•né -née [deturne] *adj* off the beaten track, isolated; indirect, roundabout; twisted (*meaning*)
détourner [deturne] *tr* to divert; to deter; to embezzle; to lead astray; to distort, twist
détrac•teur [detraktœr] **-trice** [tris] *adj* disparaging || *mf* detractor
détra•qué -quée [detrake] *adj* out of order; broken (*in health*); unhinged, deranged || *mf* nervous wreck
détraquer [detrake] *tr* to put out of commission; (coll) to upset, unhinge || *ref* to break down
détrempe [detrɑ̃p] *f* distemper (*painting*); annealing (*of steel*)
détremper [detrɑ̃pe] *tr* to soak; to dilute; to anneal (*steel*)
détresse [detrɛs] *f* distress
détriment [detrimɑ̃] *m* detriment
détritus [detritys] *m* debris, rubbish, refuse
détroit [detrwa] *m* strait, sound
détromper [detrɔ̃pe] *tr* to undeceive, to enlighten
détrôner [detrone] *tr* to dethrone
détrousser [detruse] *tr* to let down (*e.g., one's sleeves*); to hold up (*s.o.*) in the street || *ref* to let down a garment
détrousseur [detrusœr] *m* highwayman
détruire [detrɥir] **§19** *tr* to destroy; to put an end to || *ref* (coll) to commit suicide
dette [dɛt] *f* debt; **dette active** asset; **dette passive** liability
deuil [dœj] *m* mourning; grief, sorrow; bereavement; funeral procession; **deuil de veuve** widow's weeds; **faire son deuil de** (coll) to say good-by to
deux [dø] *adj & pron* two; the Second, e.g., **Charles deux** Charles the Second; **deux heures** two o'clock || *m* two; second (*in dates*)
deuxième [døzjɛm] *adj & m* second
deux-pièces [døpjɛs] *m invar* two-piece suit
deux-points [døpwɛ̃] *m invar* colon
deux-ponts [døpɔ̃] *m invar* (aer, naut) double-decker
dévaler [devale] *tr* to descend (*a slope*) || *intr* to descend quickly
dévaluation [devalɥɑsjɔ̃] *f* devaluation
dévaluer [devalɥe] *tr* to devaluate
devant [dəvɑ̃] *m* front; **par devant** in front; **prendre les devants** to make the first move; to get ahead; to take precautions || *adv* before, in front || *prep* before, in front of
devanture [dəvɑ̃tyr] *f* show window; display; storefront
dévasta•teur [devastatœr] **-trice** [tris] *adj* devastating
dévastation [devastɑsjɔ̃] *f* devastation
dévaster [devaste] *tr* to devastate
déveine [devɛn] *f* bad luck
développé [devlɔpe] *m* press (*in weight lifting*)
développement [devlɔpmɑ̃] *m* development; unwrapping (*of package*); expansion
développer [devlɔpe] *tr* to develop; to unwrap (*a package*); to reveal, show (*e.g., a card*); to spread out, open out; to expand (*an algebraic expression*) || *ref* to develop
devenir [dəvnir] **§72** *intr* (*aux*: ÊTRE) to become; **qu'est devenu Robert?** what has become of Robert?
dévergondage [devɛrgɔ̃daʒ] *m* profligacy
dévergon•dé -dée [devɛrgɔ̃de] *adj & mf* profligate
dévergonder [devɛrgɔ̃de] *ref* to become dissolute
dévernir [devɛrnir] *tr* to remove the varnish from
déverrouiller [devɛruje] *tr* to unbolt
dé•vers [devɛr] **-verse** [vɛrs] *adj* warped; out of alignment || *m* inclination, slope; banking
déverser [devɛrse] *tr* to pour out; to slope, bank || *intr* to pour out; to lean, to become lopsided || *ref* to empty, flow (*said of river*)
dévêtir [devɛtir] **§73** *tr & ref* to undress
déviation [devjɑsjɔ̃] *f* deviation; detour
dévider [devide] *tr* to unwind, to reel off
dévier [devje] *tr* to deflect, to by-pass || *intr* to deviate, to swerve
de•vin [dəvɛ̃] **-vineresse** [vinrɛs] *mf* fortuneteller
deviner [dəvine] *tr* to guess
devinette [dəvinɛt] *f* riddle
dévirer [devire] *tr* to turn back; to bend back; to feather (*an oar*)
devis [dəvi] *m* estimate
dévisager [devisaʒe] **§38** *tr* to stare at, to stare down
devise [dəviz] *f* motto, slogan; heraldic device; name of a ship; currency; **devise forte** strong currency
deviser [dəvize] *intr* to chat
dévisser [devise] *tr* to unscrew
dévitaliser [devitalize] *tr* to kill the nerve of (*a tooth*)
dévoiler [devwale] *tr* to unveil; to straighten (*e.g., a bent wheel*) || *ref* to unveil; to come to light
devoir [dəvwar] *m* duty; exercise,

homework; **devoirs** respects; homework || §21 *tr* to owe || *aux* used to express 1) necessity, e.g., **il doit s'en aller** he must go away; **il devra s'en aller** he will have to go away; **il a dû s'en aller** he had to go away; 2) obligation, e.g., **il devrait s'en aller** he ought to go away, he should go away; **il aurait dû s'en aller** he ought to have gone away, he should have gone away; 3) conjecture, e.g., **il doit être malade** he must be ill; **il a dû être malade** he must have been ill; 4) what is expected or scheduled, e.g., **que dois-je faire maintenant?** what am I to do now?; **le train devait arriver à six heures** the train was to arrive at six o'clock
dévo•lu -lue [devɔly] *adj*—**dévolu à** devolving upon, vested in || *m*—**jeter son dévolu sur** to fix one's choice upon
dévora•teur [dévɔratœr] **-trice** [tris] *adj* devouring
dévorer [devɔre] *tr* to devour, eat up
dévo•reur [devɔrœr] **-reuse** [røz] *mf* devourer; (fig) glutton
dé•vot [devo] **-vote** [vɔt] *adj* devout, pious || *mf* devout, pious person; devotee; **faux dévot** hypocrite
dévotion [devosjɔ̃] *f* devotion, devoutness; **à votre dévotion** at your service, at your disposal; **être à la dévotion de qn** to be at s.o.'s beck and call
dé•voué -vouée [devwe] *adj* devoted; **dévoué à vos ordres** (complimentary close) at your service; **votre dévoué** (complimentary close) yours truly
dévouement [devumɑ̃] *m* devotion
dévouer [devwe] *tr* to dedicate, sacrifice || *ref* to devote oneself
dévoyé dévoyée [devwaje] *adj* delinquent (*young person*) || *mf* delinquent
dévoyer [devwaje] **§47** *tr* to lead astray
dextérité [dɛksterite] *f* dexterity
dextrose [dɛkstroz] *m* dextrose
diabète [djabɛt] *m* diabetes
diabétique [djabetik] *adj & mf* diabetic
diable [djɑbl] *m* devil; hand truck, dolly; (coll) fellow; **à la diable** haphazardly; **c'est là le diable** (coll) there's the rub; **diable à ressort** jack-in-the-box; **du diable** extreme; **en diable** extremely; **faire le diable à quatre** (coll) to raise Cain; **tirer le diable par la queue** (coll) to be hard up
diablerie [djɑbləri] *f* deviltry
diabolique [djabɔlik] *adj* diabolic(al)
diaconesse [djakɔnɛs] *f* deaconess
diacre [djakr] *m* deacon
diacritique [djakritik] *adj* diacritical
diadème [djadɛm] *m* diadem; (*woman's headdress*) tiara, coronet
diagnose [djagnoz] *f* diagnostics, diagnosis
diagnostic [djagnɔstik] *m* diagnosis
diagnostiquer [djagnɔstike] *tr* to diagnose
diago•nal -nale [djagɔnal] *adj & f* (*pl* **-naux** [no] **-nales**) diagonal
diagonalement [djagɔnalmɑ̃] *adv* diagonally, cater-cornered
diagramme [djagram] *m* diagram
dialecte [djalɛkt] *m* dialect
dialogue [djalɔg] *m* dialogue
diamant [djamɑ̃] *m* diamond
diamantaire [djamɑ̃tɛr] *adj* diamond-bright || *m* dealer in diamonds
diamé•tral -trale [djametral] *adj* (*pl* **-traux** [tro]) diametric(al)
diamètre [djamɛtr] *m* diameter
diane [djan] *f* reveille
diantre [djɑ̃tr] *interj* the dickens!
diapason [djapazɔ̃] *m* range (*of voice or instrument*); pitch, standard pitch; tuning fork
diaphane [djafan] *adj* diaphanous
diaphragme [djafragm] *m* diaphragm
diapo [djapo] *f* (coll) slide
diapositive [diapozitiv] *f* (phot) transparency, slide
diaprer [djapre] *tr* to variegate
diarrhée [djare] *f* diarrhea
diastole [djastɔl] *f* diastole
diathermie [djatɛrmi] *f* diathermy
diatribe [djatrib] *f* diatribe
dichotomie [dikɔtɔmi] *f* dichotomy; split fee (*between physicians*)
dictaphone [diktafɔn] *m* dictaphone
dictateur [diktatœr] *m* dictator
dictature [diktatyr] *f* dictatorship
dictée [dikte] *f* dictation; **écrire sous la dictée de** to take dictation from
dicter [dikte] *tr & intr* to dictate
diction [diksjɔ̃] *f* diction
dictionnaire [diksjɔnɛr] *m* dictionary; **dictionnaire vivant** (coll) walking encyclopedia
dicton [diktɔ̃] *m* saying, proverb
didactique [didaktik] *adj* didactic(al)
dièdre [diɛdr] *adj & m* dihedral
diérèse [djerɛz] *f* diaeresis
dièse [djɛz] *adj & m* (mus) sharp
diesel [dizɛl] *m* Diesel motor
diéser [djeze] **§10** *tr* (mus) to sharp
diète [djɛt] *f* diet
diététi•cien [djetetisjɛ̃] **-cienne** [sjɛn] *mf* dietitian
diététique [djetetik] *adj* dietetic || *f* dietetics
dieu [djø] *m* (*pl* **dieux**) god || (*cap*) *m* God; **Dieu merci!** thank heavens!; **mon Dieu!** good gracious!
diffamation [difɑmɑsjɔ̃] *f* defamation
diffamer [difɑme] *tr* to defame
diffé•ré -rée [difere] *adj* deferred; delayed (*action*) || *m* (rad, telv) prerecording; **en différé** (rad, telv) prerecorded
différemment [diferamɑ̃] *adv* differently
différence [diferɑ̃s] *f* difference; **à la différence de** unlike, contrary to
différencier [diferɑ̃sje] *tr & ref* to differentiate
différend [diferɑ̃] *m* dispute, disagreement, difference; **partager le différend** to split the difference
diffé•rent [diferɑ̃] **-rente** [rɑ̃t] *adj* different
différen•tiel -tielle [diferɑ̃sjɛl] *adj* dif-

ferential || *m* (mach) differential || *f* (math) differential
différer [difere] §10 *tr* to defer, to put off || *intr* to differ; to disagree
difficile [difisil] *adj* difficult, hard; hard to please, crotchety; **faire le difficile** to be hard to please
difficulté [difikylte] *f* difficulty
difforme [difɔrm] *adj* deformed
difformité [difɔrmite] *f* deformity
dif•fus [dify] **dif•fuse** [difyz] *adj* diffuse; verbose, windy
diffuser [difyze] *tr* to broadcast || *ref* to diffuse
diffuseur [difyzœr] *m* spreader (*of news*); loudspeaker; nozzle
digérer [diʒere] §10 *tr & intr* to digest || *ref* to be digested
digeste [diʒɛst] *adj* (coll) easy to digest || *m* (law) digest
digestible [diʒɛstibl] *adj* digestible
diges•tif [diʒɛstif] **-tive** [tiv] *adj* digestive
digestion [diʒɛstjɔ̃] *f* digestion
digi•tal -tale [diʒital] *adj* (*pl* **-taux** [to]) digital || *f* digitalis, foxglove
digitaline [diʒitalin] *f* (pharm) digitalis
digne [diɲ] *adj* worthy; dignified; haughty, uppish
dignitaire [diɲitɛr] *mf* dignitary
dignité [diɲite] *f* dignity
digression [digrɛsjɔ̃] *f* digression
digue [dig] *f* dike; breakwater; (fig) barrier
dilacérer [dilasere] §10 *tr* to lacerate
dilapider [dilapide] *tr* to squander; to embezzle
dilater [dilate] *tr & ref* to dilate
dilatoire [dilatwar] *adj* dilatory
dilemme [dilɛm] *m* dilemma
dilettante [dilɛtɑ̃t] *mf* dilettante
diligemment [diliʒamɑ̃] *adv* diligently
diligence [diliʒɑ̃s] *f* diligence; **à la diligence de** at the request of
dili•gent [diliʒɑ̃] **-gente** [ʒɑ̃t] *adj* diligent
diluer [dilɥe] *tr* to dilute
dilution [dilysjɔ̃] *f* dilution
dimanche [dimɑ̃ʃ] *m* Sunday; **du dimanche** (coll) Sunday (*driver*); (coll) amateur (*painter*); **le dimanche des Rameaux** Palm Sunday
dîme [dim] *f* tithe
dimension [dimɑ̃sjɔ̃] *f* dimension
diminuer [diminɥe] *tr & intr* to diminish
diminu•tif [diminytif] **-tive** [tiv] *adj & m* diminutive
dinde [dɛ̃d] *f* turkey; (culin) turkey; (coll) silly girl
dindon [dɛ̃dɔ̃] *m* turkey
dindonner [dɛ̃dɔne] *tr* to dupe, take in
dîner [dine] *m* dinner; **dîner de garçons** stag dinner; **diner prié** formal dinner || *intr* to dine
dînette [dinɛt] *f* family meal; children's playtime meal
dî•neur [dinœr] **-neuse** [nøz] *mf* diner, dinner guest
dinosaure [dinɔzɔr] *m* dinosaur
diocèse [djɔsɛz] *m* diocese
diode [djɔd] *f* diode
dionée [djɔne] *f* Venus's-flytrap
diphtérie [difteri] *f* diphtheria
diphtongue [diftɔ̃g] *f* diphthong
diplomate [diplɔmat] *adj* diplomatic || *mf* diplomat
diplomatie [diplɔmasi] *f* diplomacy
diplomatique [diplɔmatik] *adj* diplomatic
diplôme [diplom] *m* diploma
dire [dir] *m* statement; **au dire de** according to || §22 *tr* to say, tell, relate; **à l'heure dite** at the appointed time; **à qui le dites-vous?** (coll) you're telling me!; **autrement dit** in other words; **dire que . . .** to think that; **dites-lui bien des choses de ma part** say hello for me; **tu l'as dit!** (coll) you said it! || *intr* to say; **à vrai dire** to tell the truth; **cela va sans dire** it goes without saying; **c'est beaucoup dire** (coll) that's going rather far; **c'est pas peu dire** (slang) that's saying a lot; **comme on dit** as the saying goes; **dites donc!** hey!, say!; **il n'y a pas à dire** make no mistake about it || *ref* to be said; to say to oneself or to each other; to claim to be, to call oneself
di•rect -recte [dirɛkt] *adj* direct || *m* (boxing) solid punch; **en direct** (rad, telv) live
direc•teur [dirɛktœr] **-trice** [tris] *adj* directing, guiding; principal; driving (*rod, wheel*) || *mf* director || *f* directress
direction [dirɛksjɔ̃] *f* direction; administration, management, board; head office; (aut) steering
direction•nel -nelle [dirɛksjɔnɛl] *adj* directional
directorat [dirɛktɔra] *m* directorship
dirigeable [diriʒabl] *adj & m* dirigible
diri•geant [diriʒɑ̃] **-geante** [ʒɑ̃t] *adj* governing, ruling || *mf* ruler, leader, head, executive
diriger [diriʒe] §38 *tr* to direct, control, manage; to steer || *ref* to go; **se diriger vers** to head for
dirigisme [diriʒism] *m* government economic planning and control
discernable [disɛrnabl] *adj* discernible
discernement [disɛrnəmɑ̃] *m* discernment, perception
discerner [disɛrne] *tr* to discern
disciple [disipl] *m* disciple
disciplinaire [disiplinɛr] *adj* disciplinary || *m* military policeman
discipline [disiplin] *f* discipline; scourge
discipliner [disipline] *tr* to discipline
disconti•nu -nue [diskɔ̃tiny] *adj* discontinuous
discontinuer [diskɔ̃tinɥe] *tr* to discontinue
disconvenir [diskɔ̃vnir] §72 *tr* to deny || *intr*—(with *dat*) to not suit, displease || *intr* (*aux*: ÊTRE)—**ne pas disconvenir de** to admit, not deny
discophile [diskɔfil] *mf* record collector
discord [diskɔr] *adj masc* out of tune || *m* instrument out of tune
discordance [diskɔrdɑ̃s] *f* discordance
discor•dant [diskɔrdɑ̃] **-dante** [dɑ̃t] *adj* discordant

discorde [diskɔrd] *f* discord
discorder [diskɔrde] *intr* to be discordant, to jar
discothèque [diskɔtɛk] *f* record cabinet; record library; discotheque
discourir [diskurir] §14 *intr* to discourse
discours [diskur] *m* discourse; speech
discour•tois [diskurtwa] **-toise** [twaz] *adj* discourteous
discourtoisie [diskurtwazi] *f* discourtesy
discrédit [diskredi] *m* discredit
discréditer [diskredite] *tr* to discredit
dis•cret [diskrɛ] **-crète** [krɛt] *adj* discreet; discrete
discrétion [diskresjɔ̃] *f* discretion; **à discrétion** as much as one wants
discrimination [diskriminɑsjɔ̃] *f* discrimination
discriminatoire [diskriminatwar] *adj* discriminatory
discriminer [diskrimine] *tr* to discriminate
disculper [diskylpe] *tr* to clear, exonerate || *ref* to clear oneself
discur•sif [diskyrsif] **-sive** [siv] *adj* discursive
discussion [diskysjɔ̃] *f* discussion
discuter [diskyte] *tr & intr* to discuss; to question, debate
di•sert [dizɛr] **-serte** [zɛrt] *adj* eloquent, fluent
disertement [dizɛrtəmɑ̃] *adv* eloquently, fluently
disette [dizɛt] *f* shortage, scarcity; famine
di•seur [dizœr] **-seuse** [zøz] *mf* talker, speaker; monologuist; **diseuse de bonne aventure** fortuneteller
disgrâce [disgrɑs] *f* disfavor; misfortune; surliness, gruffness
disgra•cié -ciée [disgrɑsje] *adj* out of favor; ill-favored, homely; unfortunate
disgracier [disgrɑsje] *tr* to deprive of favor
disgra•cieux [disgrasjø] **-cieuse** [sjøz] *adj* awkward; homely, ugly; disagreeable
disjoindre [disʒwɛ̃dr] §35 *tr* to sever, to separate
disjoncteur [disʒɔ̃ktœr] *m* circuit breaker
dislocation [dislɔkɑsjɔ̃] *f* dislocation; separation; dismemberment
disloquer [dislɔke] *tr* to dislocate; to disperse; to dismember || *ref* to break up, disperse
disparaître [disparɛtr] §12 *intr* to disappear
disparate [disparat] *adj* incongruous || *f* incongruity; clash (*of colors*)
disparité [disparite] *f* disparity
disparition [disparisjɔ̃] *f* disappearance
dispa•ru -rue [dispary] *adj* disappeared; missing (*in battle*) || *mf* missing person; **le disparu** the deceased
dispen•dieux [dispɑ̃djø] **-dieuse** [djøz] *adj* expensive
dispensaire [dispɑ̃sɛr] *m* dispensary, outpatient clinic
dispensa•teur [dispɑ̃satœr] **-trice** [tris] *mf* dispenser
dispense [dispɑ̃s] *f* dispensation, exemption
dispenser [dispɑ̃se] *tr* to dispense; **dispensé du timbrage** (label on envelope) mailing permit
disperser [disperse] *tr & ref* to disperse
dispersion [dispɛrsjɔ̃] *f* dispersion, dissipation
disponibilité [dispɔnibilite] *f* availability; **disponibilités** liquid assets; **en disponibilité** in the reserves
disponible [dispɔnibl] *adj* available; vacant (*seat*); (govt, mil) subject to call
dis•pos [dispo] **-pose** [poz] *adj* alert, fit, in good condition
dispo•sé -sée [dispoze] *adj* disposed; arranged; **disposé d'avance** predisposed; **peu disposé** reluctant
disposer [dispoze] *tr* to dispose || *intr* to dispose; **disposer de** to dispose of, to have at one's disposal; to have at hand; to make use of; **disposer pour** to provide for (*e.g., the future*); **vous pouvez disposer** you may leave || *ref* —**se disposer à** to be disposed to; to plan on
dispositif [dispozitif] *m* apparatus, device; (mil) disposition
disposition [dispozisjɔ̃] *f* disposition; disposal; **dispositions** arrangements; aptitude; provisions (*of a legal document*)
disproportion•né -née [disprɔpɔrsjɔne] *adj* disproportionate, incompatible
dispute [dispyt] *f* dispute
disputer [dispyte] *tr* to dispute; (coll) to bawl out || *ref* to dispute
disquaire [diskɛr] *m* record dealer
disqualification [diskalifikɑsjɔ̃] *f* disqualification
disqualifier [diskalifje] *tr & ref* to disqualify
disque [disk] *m* disk; record, disk; (sports) discus; **changer de disque** (coll) to change the subject; **disque de longue durée** long-playing record
dissection [disɛksjɔ̃] *f* dissection
dissemblable [disɑ̃blabl] *adj* dissimilar
dissemblance [disɑ̃blɑ̃s] *f* dissimilarity
disséminer [disemine] *tr* to disseminate
dissension [disɑ̃sjɔ̃] *f* dissension
dissentiment [disɑ̃timɑ̃] *m* dissent
disséquer [diseke] §10 *tr* to dissect
dissertation [disɛrtɑsjɔ̃] *f* dissertation; (*in school*) essay, term paper
dissidence [disidɑ̃s] *f* dissent
dissi•dent [disidɑ̃] **-dente** [dɑ̃t] *adj* dissenting || *mf* dissenter, dissident
dissimiler [disimile] *tr* (phonet) to dissimilate
dissimulation [disimylɑsjɔ̃] *f* dissemblance
dissimuler [disimyle] *tr & intr* to dissemble; **dissimuler q.ch. à qn** to conceal s.th. from s.o. || *ref* to hide, skulk
dissipation [disipɑsjɔ̃] *f* dissipation
dissi•pé -pée [disipe] *adj* dissipated; pleasure-seeking; unruly (*schoolboy*)
dissiper [disipe] *tr & ref* to dissipate

dissocier [disɔsje] *tr & ref* to dissociate
disso•lu -lue [disɔly] *adj* dissolute || *mf* profligate
dissolution [disɔlysjɔ̃] *f* dissolution; dissoluteness; rubber cement
dissol•vant [disɔlvɑ̃] **-vante** [vɑ̃t] *adj & m* solvent
dissonance [disɔnɑ̃s] *f* dissonance
dissoudre [disudr] **§60** (*pp* **dissous, dissoute**; no *pret* or *imperf subj*) *tr & ref* to dissolve
dissuader [disɥade] *tr* to dissuade
distance [distɑ̃s] *f* distance; **à distance** at a distance
distancer [distɑ̃se] **§51** *tr* to outdistance; to distance (*a race horse*)
dis•tant [distɑ̃] **-tante** [tɑ̃t] *adj* distant
distendre [distɑ̃dr] *tr & ref* to distend; to strain (*a muscle*)
distillation [distilɑsjɔ̃] *f* distillation
distiller [distile] *tr* to distill
distillerie [distilri] *f* distillery; distilling industry
dis•tinct [distɛ̃], [distɛ̃kt] **-tincte** [tɛ̃kt] *adj* distinct
distinc•tif [distɛ̃ktif] **-tive** [tiv] *adj* distinctive
distinction [distɛ̃ksjɔ̃] *f* distinction
distin•gué -guée [distɛ̃ge] *adj* distinguished; famous; sincere, e.g., **veuillez accepter nos sentiments distingués** (complimentary close) please accept our sincere regards
distinguer [distɛ̃ge] *tr* to distinguish || *ref* to be distinguished; to distinguish oneself
distordre [distɔrdr] *tr* to twist, to sprain
dis•tors [distɔr] **-torse** [tɔrs] *adj* twisted
distorsion [distɔrsjɔ̃] *f* sprain; convulsive twist; (electron, opt) distorsion
distraction [distraksjɔ̃] *f* distraction; heedlessness, lapse; embezzlement; appropriation (*of a sum of money*)
distraire [distrɛr] **§68** *tr* to distract, amuse; to separate, set aside (*e.g., part of one's savings*) || *ref* to amuse oneself
dis•trait [distrɛ] **-traite** [trɛt] *adj* absent-minded
distribuer [distribɥe] *tr* to distribute; to arrange the furnishings of (*an apartment*)
distribu•teur [distribytœr] **-trice** [tris] *mf* distributor (*person*) || *m* (mach) distributor; **distributeur automatique** vending machine; **distributeur de musique** jukebox
distribution [distribysjɔ̃] *f* distribution; mail delivery; supply system (*of gas, water, or electricity*); valve gear (*of steam engine*); timing gears (*of internal-combustion engine*); (theat) cast
district [distrik], [distrikt] *m* district
dit [di] **dite** [dit] *adj* agreed upon, stated || *m* saying
dito [dito] *adv* ditto
diva [diva] *f* diva
divaguer [divage] *intr* to ramble
divan [divɑ̃] *m* divan
diverger [divɛrʒe] **§38** *intr* to diverge
di•vers [divɛr] **-verse** [vɛrs] *adj* changing, varied || **di•vers -verses** *adj pl* diverse, different, several
diversifier [divɛrsifje] *tr & ref* to diversify
diversion [divɛrsjɔ̃] *f* diversion
diversité [divɛrsite] *f* diversity
divertir [divɛrtir] *tr* to divert, amuse || *ref* to be diverted, amused
dividende [dividɑ̃d] *m* dividend
di•vin [divɛ̃] **-vine** [vin] *adj* divine
divination [divinɑsjɔ̃] *f* divination
divinité [divinite] *f* divinity
diviser [divize] *tr & ref* to divide
diviseur [divizœr] *m* (math) divisor; (fig) troublemaker
divisible [divizibl] *adj* divisible
division [divizjɔ̃] *f* division
divisionnaire [divizjɔnɛr] *adj* divisional || *m* division head
divorce [divɔrs] *m* divorce
divor•cé -cée [divɔrse] *mf* divorced person || *f* divorcee
divorcer [divɔrse] **§51** *tr* to divorce (*a married couple*) || *intr* to divorce, to get a divorce; **divorcer avec** to withdraw from (*the world*); **divorcer d'avec** to get a divorce from, to be divorced from, to divorce (*husband or wife*); to withdraw from (*the world*)
divulguer [divylge] *tr* to divulge
dix [di(s)] *adj & pron* ten; the Tenth, e.g., **Jean dix** John the Tenth; **dix heures** ten o'clock || *m* ten; tenth (*in dates*)
dix-huit [dizɥi], [dizɥit] *adj & pron* eighteen; the Eighteenth, e.g., **Jean dix-huit** John the Eighteenth || *m* eighteen; eighteenth (*in dates*)
dix-huitième [dizɥitjɛm] *adj & m* eighteenth
dixième [dizjɛm] *adj, pron* (*masc, fem*), *& m* tenth
dix-neuf [diznœf] *adj & pron* nineteen; the Nineteenth, e.g., **Jean dix-neuf** John the Nineteenth || *m* nineteen; nineteenth (*in dates*)
dix-neuvième [diznœvjɛm] *adj & m* nineteenth
dix-sept [dissɛt] *adj & pron* seventeen; the Seventeenth, e.g., **Jean dix-sept** John the Seventeenth || *m* seventeen; seventeenth (*in dates*)
dix-septième [dissɛtjɛm] *adj & m* seventeenth
djinn [dʒin] *m* jinn
d° *abbr* (**dito**) do. (ditto)
docile [dɔsil] *adj* docile
dock [dɔk] *m* dock; warehouse; **dock flottant** floating dry dock
docker [dɔkɛr] *m* dock worker
docte [dɔkt] *adj* learned, scholarly || *mf* scholar || *m* learned man
doc•teur [dɔktœr] **-toresse** [tɔrɛs] *mf* doctor
docto•ral -rale [dɔktɔral] *adj* (*pl* **-raux** [ro]) doctoral
doctorat [dɔktɔra] *m* doctorate
doctrine [dɔktrin] *f* doctrine
document [dɔkymɑ̃] *m* document

documentaire [dɔkymɑ̃tɛr] *adj & m* documentary
documentation [dɔkymɑ̃tɑsjɔ̃] *f* documentation; literature (*about a region, business, etc.*)
documenter [dɔkymɑ̃te] *tr* to document || *ref* to gather documentary evidence
dodeliner [dɔdline] *tr & intr* to sway, rock
dodo [dodo] *m* (orn) dodo; **aller au dodo** (*baby talk*) to go to bed; **faire dodo** to sleep
do·du -due [dɔdy] *adj* (coll) plump
dogmatique [dɔgmatik] *adj* dogmatic || *mf* dogmatic person || *f* dogmatics
dogmatiser [dɔgmatize] *intr* to dogmatize
dogme [dɔgm] *m* dogma
dogue [dɔg] *m* bulldog
doigt [dwa] *m* finger; **à deux doigts de** a hairbreadth away from; **doigt annulaire** ring finger; **doigt de Dieu** hand of God; **doigt du pied** toe; **mettre le doigt dessus** to hit the nail on the head; **mon petit doigt m'a dit** (coll) a little bird told me; **montrer du doigt** to single out (*for ridicule*); to point at; **petit doigt** little finger; **se mettre le doigt dans l'œil** (coll) to put one's foot in one's mouth; **se mordre les doigts** to be sorry
doigté [dwate] *m* touch; adroitness, skillfulness; fingering
doigter [dwate] *m* fingering || *tr & intr* to finger
doigtier [dwatje] *m* fingerstall
doit [dwa] *m* debit
doléances [dɔleɑ̃s] *fpl* grievances
do·lent [dɔlɑ̃] **-lente** [lɑ̃t] *adj* doleful
dollar [dɔlar] *m* dollar
domaine [dɔmɛn] *m* domain
dôme [dom] *m* dome; cathedral
domestication [dɔmɛstikɑsjɔ̃] *f* domestication
domesticité [dɔmɛstisite] *f* domestication; staff of servants
domestique [dɔmɛstik] *adj & mf* domestic
domestiquer [dɔmɛstike] *tr* to domesticate
domicile [dɔmisil] *m* residence
domicilier [dɔmisilje] *tr* to domicile || *ref* to take up residence
dominance [dɔminɑ̃s] *f* (genetics) dominance
domi·nant [dɔminɑ̃] **-nante** [nɑ̃t] *adj* dominant || *f* dominating trait; (mus) dominant
domina·teur [dɔminatœr] **-trice** [tris] *adj* domineering, overbearing || *mf* ruler, conqueror
domination [dɔminɑsjɔ̃] *f* domination
dominer [dɔmine] *tr & intr* to dominate || *ref* to control oneself
domini·cal -cale [dɔminikal] *adj* (*pl* **-caux** [ko]) Sunday; dominical
domino [dɔmino] *m* domino
dommage [dɔmaʒ] *m* loss; injury; **c'est dommage!** that's too bad! **dommages et intérêts** (law) damages; **quel dommage!** what a pity!
dommageable [dɔmaʒabl] *adj* injurious
dommages-intérêts [dɔmaʒɛ̃terɛ] *mpl* (law) damages
dompter [dɔ̃te] *tr* to tame; to train (*animals*); to subdue
domp·teur [dɔ̃tœr] **-teuse** [tøz] *mf* tamer, trainer; conquerer
don [dɔ̃] *m* gift; don (*Spanish title*)
donataire [dɔnatɛr] *mf* legatee
dona·teur [dɔnatœr] **-trice** [tris] *mf* (law) donor, legator
donation [dɔnɑsjɔ̃] *f* donation, gift, grant
donc [dɔ̃k], [dɔ̃] *adv* therefore, then; thus; now, of course; (often used for emphasis), e.g., **entrez donc!** do come in!
donjon [dɔ̃ʒɔ̃] *m* keep, donjon; (nav) turret
don·nant [dɔnɑ̃] **don·nante** [dɔnɑ̃t] *adj* generous, open-handed; **donnant donnant** tit for tat; cash down; **peu donnant** closefisted
donne [dɔn] *f* (cards) deal; doña (*Spanish title*); **fausse donne** misdeal
don·né -née [dɔne] *adj* given; **étant donné que** whereas, since || *f* datum; **données** data, facts
donner [dɔne] *tr* to give; (cards) to deal || *intr* to give; **donner sur** to open onto, to look out on; **donner sur les doigts** to rap one's knuckles
don·neur [dɔnœr] **don·neuse** [dɔnøz] *mf* donor; **donneur universel** type-O blood donor || *m* (cards) dealer
dont [dɔ̃] §79
donzelle [dɔ̃zɛl] *f* woman of easy virtue
doper [dɔpe] *tr* to dope
doping [dɔpɪŋ] *m* dope, pep pill
dorade [dɔrad] *f* gilthead
dorénavant [dɔrenavɑ̃] *adv* henceforth
dorer [dɔre] *tr* to gild; (fig) to sugarcoat
d'ores [dɔr] see **ores**
dorlotement [dɔrlɔtmɑ̃] *m* coddling
dorloter [dɔrlɔte] *tr* to coddle
dor·mant [dɔrmɑ̃] **-mante** [mɑ̃t] *adj* stagnant, immovable || *m* doorframe
dor·meur [dɔrmœr] **-meuse** [møz] *adj* sleeping || *mf* sleeper || *f* earring
dormir [dɔrmir] §23 *intr* to sleep; to lie dormant; **à dormir debout** boring, dull; **dormir debout** to sleep standing up; **dormir sur les deux oreilles** to feel secure
dortoir [dɔrtwar] *m* dormitory
dorure [dɔryr] *f* gilding; gilt; icing
dos [do] *m* back; bridge (*of nose*); **dans le dos de** behind the back of; **en dos d'âne** saddle-backed, hog-backed; **se mettre qn à dos** to make an enemy of s.o.; **voir au dos** see other side
dosage [dozaʒ] *m* dosage
dose [doz] *f* dose
doser [doze] *tr* to dose out, to measure out, to proportion
dossier [dosje] *m* chair back; dossier
dot [dɔt] *f* dowry
dotation [dɔtɑsjɔ̃] *f* endowment
doter [dɔte] *tr* to endow; to dower; to give a dowry to
douaire [dwɛr] *m* dower
douairière [dwɛrjɛr] *f* dowager

douane [dwan] *f* customs, duty; customhouse
doua•nier [dwanje] **-nière** [njɛr] *adj* customs || *m* customs officer
doublage [dublaʒ] *m* doubling; metal plating of a ship; lining (*act of lining*); dubbing (*on tape or film*)
double [dubl] *adj & adv* double; **à double face** two-faced || *m* double; duplicate, copy; **au double** twice; **double au carbone** carbon copy; **en double** in duplicate
doublement [dubləmɑ̃] *m* doubling || *adv* doubly
doubler [duble] *tr* to double; to parallel, to run alongside; to pass (*s.o., s.th. going in the same direction*); to line (*a coat*); to dub (*a film*); to copy, dub (*a sound tape*); to replace (*an actor*); to gain one lap on (*another contestant*); (coll) to cheat || *intr* to double; to pass (*on highway*)
doublure [dublyr] *f* lining; (theat) understudy, replacement
douce-amère [dusamɛr] *f* (*pl* **douces-amères**) (bot) bittersweet
douceâtre [dusɑtr] *adj* sweetish; mawkish
doucement [dusmɑ̃] *adv* softly; slowly || *interj* easy now!, just a minute!
douce•reux [dusrø] **-reuse** [røz] *adj* unpleasantly sweet, cloying; mealy-mouthed
douceur [dusœr] *f* sweetness; softness, gentleness; **douceurs** sweets
douche [duʃ] *f* shower bath; douche; (coll) dressing down; (coll) shock, disappointment
doucher [duʃe] *tr* to give a shower bath to; (coll) to reprimand; (coll) to disappoint || *ref* to take a shower bath
doucir [dusir] *tr* to polish, rub
doué douée [dwe] *adj* gifted, endowed
douer [dwe] *tr* to endow; **douer de** to endow or gift (*s.o.*) with
douille [duj] *f* cartridge case; sconce (*of candlestick*); bushing; (elec) socket
douil•let [dujɛ] **douil•lette** [dujɛt] *adj* soft, delicate; oversensitive || *f* child's padded coat
douleur [dulœr] *f* pain; sorrow; soreness
doulou•reux [dulurø] **-reuse** [røz] *adj* painful; sad; sore
doute [dut] *m* doubt; **sans doute** no doubt
douter [dute] *tr* to doubt, e.g., **je doute qu'il vienne** I doubt that he will come || *intr* to doubt; **à n'en pas douter** beyond a doubt; **douter de** to doubt; to distrust || *ref*—**se douter de** to suspect; **se douter que** to suspect that
dou•teur [dutœr] **-teuse** [tøz] *adj* doubting || *mf* doubter
dou•teux [dutø] **-teuse** [tøz] *adj* doubtful; dubious
Douvres [duvr] Dover
doux [du] **douce** [dus] *adj* sweet; soft; pleasing, suave; quiet; new (*wine*) fresh (*water*); gentle (*slope*); mild (*weather, climate*); **en douce** on the sly, on the q.t. || **doux** *interj*—**tout doux!** easy there!
douzain [duzɛ̃] *m* twelve-line verse
douzaine [duzɛn] *f* dozen; **à la douzaine** by the dozen; **une douzaine de** a dozen
douze [duz] *adj & pron* twelve; the Twelfth, e.g., **Jean douze** John the Twelfth || *m* twelve; twelfth (*in dates*)
douzième [duzjɛm] *adj, pron* (*masc, fem*), & *m* twelfth
doyen [dwajɛ̃] **doyenne** [dwajɛn] *mf* dean; **doyen d'âge** oldest member
doyenneté [dwajɛnte] *f* seniority
Dr *abbr* (**Docteur**) Dr.
drachme [drakm] *m* drachma; dram
dragage [dragaʒ] *m* dredging
dragée [draʒe] *f* sugar-coated almond; (pharm) pill; (coll) bitter pill; **tenir la dragée haute à qn** to make s.o. pay through the nose; to be high-handed with s.o.
drageon [draʒɔ̃] *m* (bot) sucker
dragon [dragɔ̃] *m* dragon; dragoon; shrew; **dragon de vertu** prude
dragonne [dragɔn] *f* tassel, sword knot
drague [drag] *f* dredge; minesweeping apparatus
draguer [drage] *tr* to dredge, drag; to sweep for mines
dragueur [dragœr] *adj* minesweeping || *m* dredger; **dragueur de mines** minesweeper
drain [drɛ̃] *m* drainpipe; (med) drain
drainage [drɛnaʒ] *m* drainage
drainer [drɛne], [drene] *tr* to drain
draisine [drɛzin] *f* (rr) handcar
dramatique [dramatik] *adj* dramatic
dramatiser [dramatize] *tr* to dramatize
dramaturge [dramatyrʒ] *mf* playwright
dramaturgie [dramatyrʒi] *f* dramatics
drame [dram] *m* drama; tragic event
drap [dra] *m* cloth; sheet; **être dans de beaux draps** to be in a pretty pickle
dra•peau [drapo] *m* (*pl* **-peaux**) flag; **au drapeau!** colors (*bugle call*)!; **drapeau parlementaire** flag of truce; **être sous les drapeaux** to be a serviceman
draper [drape] *tr* to drape || *ref* to drape oneself
draperie [drapəri] *f* drapery; drygoods business; textile industry
dra•pier [drapje] **-pière** [pjɛr] *mf* draper; textile manufacturer
drastique [drastik] *adj* (med) drastic
drêche [drɛʃ] *f* draff, residue of malt
drège [drɛʒ] *f* dragnet
drelin [drəlɛ̃] *m* ting-a-ling
dressage [drɛsaʒ] *m* training (*of animals*); erection
dresser [drɛse] *tr* to raise, to hold erect; to train; to put up, to erect; to set (*the table; a trap*); to draw up, to draft; to plane, smooth; **dresser l'oreille** to prick up one's ears || *ref* to stand or sit up straight; **se dresser contre** to be dead set against
dressoir [drɛswar] *m* sideboard, buffet, dish closet
dribble [dribl] *m* (sports) dribble

dribbler [drible] *tr & intr* (sports) to dribble

drille [drij] *m*—**joyeux drille** gay blade || *f* jeweler's drill brace; **drilles** rags (*for papermaking*)

drisse [dris] *f* halyard, rope

drogue [drɔg] *f* drug; chemical; nostrum, concoction; narcotic; (coll) trash, rubbish

droguer [drɔge] *tr* to drug or dope (*with too much medicine*) || *intr* (coll) to cool one's heels || *ref* to drug or dope oneself

droguerie [drɔgri] *f* drysaltery (Brit)

droguiste [drɔgist] *mf* drysalter (Brit)

droit [drwɑ], [drwa] **droite** [drwɑt], [drwat] *adj* right; honest, sincere; fair, just || *m* law; right, justice; tax; right angle; **à bon droit** with reason; **de (plein) droit** rightfully, by rights, incontestably; **droit coutumier** common law; **droit de cité** key to the city; acceptability; **droits** duties, customs; rights; **droits civils** rights to manage property; **droits civiques, droits politiques** civil rights; **droits d'auteur** royalty; **droits de reproduction réservés** copyrighted; **tous droits réservés** all rights reserved, copyrighted || *f* right, right-hand side; right hand; straight line; **à droite** to or on the right || **droit** *adv* —**droit au but** straight to the point; **tout droit** straight ahead

droi•tier [drwɑtje], [drwatje] **-tière** [tjɛr] *adj* right-handed || *mf* right-handed person; rightist

droiture [drwɑtyr], [drwatyr] *f* integrity

drolatique [drɔlatik] *adj* droll, comic

drôle [drol] *adj* droll, funny, strange; **drôle de** funny, e.g., **une drôle d'idée** a funny idea; **drôle de guerre** phony war; **drôle d'homme, de corps, de pistolet,** or **de pierrot** (coll) queer duck || *mf* (coll) queer duck, strange person

drôlerie [drolri] *f* drollery

drôlesse [drolɛs] *f* wench, hussy

dromadaire [drɔmadɛr] *m* dromedary

dronte [drɔ̃t] *m* (orn) dodo

droppage [drɔpaʒ] *m* airdrop

drosser [drɔse] *tr* to drive, carry (*as the wind drives a ship ashore*)

dru drue [dry] *adj* thick, dense; fine (*rain*) || **dru** *adv* thickly, heavily

druide [drɥid] *m* druid

du [dy] §77

dû due [dy] *adj & m* due

duc [dyk] *m* duke; horned owl

ducat [dyka] *m* ducat

duché [dyʃe] *m* duchy, dukedom

duchesse [dyʃɛs] *f* duchess

duègne [dɥɛɲ] *f* duenna

duel [dɥɛl] *m* duel; dual number; **duel oratoire** verbal battle

duelliste [dɥɛlist] *m* duelist

dulcifier [dylsifje] *tr* to sweeten

dûment [dymɑ̃] *adv* duly

dune [dyn] *f* dune

dunette [dynɛt] *f* (naut) poop

Dunkerque [dœ̃kɛrk] *f* Dunkirk

duo [dɥo] *m* duet; duo; **duo d'injures** exchange of words, insults

duodénum [dɥɔdenɔm] *m* duodenum

dupe [dyp] *f* dupe

duper [dype] *tr* to dupe

duperie [dypri] *f* deception, trickery

duplicata [dyplikata] *m* duplicate

duplicateur [dyplikatœr] *m* duplicating machine

duplication [dyplikɑsjɔ̃] *f* duplication

duplicité [dyplisite] *f* duplicity

duquel [dykɛl] §78

dur dure [dyr] *adj* hard; tough; difficult; **coucher sur la dure** to sleep on the bare ground or floor; **dur à la détente** tight-fisted; **dur d'oreille** hard of hearing; **élever un enfant à la dure** to give a child a strict upbringing || *mf* (coll) tough customer || *m* hard material, concrete || **dur** *adv* hard, e.g., **travailler dur** to work hard

durable [dyrabl] *adj* durable

durant [dyrɑ̃] *prep* during; (sometimes stands after noun), e.g., **sa vie durant** during his life

durcir [dyrsir] *tr, intr & ref* to harden

durcissement [dyrsismɑ̃] *m* hardening

durée [dyre] *f* duration; wear

durer [dyre] *intr* to last, endure

dureté [dyrte] *f* hardness; cruelty

durillon [dyrijɔ̃] *m* callus, corn

duvet [dyvɛ] *m* down, fuzz; nap (*of cloth*)

duve•té -tée [dyvte] *adj* downy

duve•teux [dyvtø] **-teuse** [tøz] *adj* fuzzy

dynamique [dinamik] *adj* dynamic || *f* dynamics

dynamite [dinamit] *f* dynamite

dynamiter [dinamite] *tr* to dynamite

dynamo [dinamo] *f* dynamo

dynaste [dinast] *m* dynast

dynastie [dinasti] *f* dynasty

dysenterie [disɑ̃tri] *f* dysentery

dyspepsie [dispɛpsi] *f* dyspepsia

E

E, e [ə], *[ə] *m invar* fifth letter of the French alphabet

eau [o] *f* (*pl* **eaux**) water; wake (*of ship*); **à l'eau de rose** maudlin; **de la plus belle eau** of the first water; **eau calcaire** hard water; **eau de cale** bilge water; **eau de Javel** bleach; **eau dentifrice** mouthwash; **eau douce** soft water; fresh water; **eau dure** hard water; **eau lourde** heavy water;

eau oxygénée hydrogen peroxide; **eau vive** running water; **eaux** waters; waterworks; **eaux juvéniles** mineral waters; **eaux thermales** hot springs; **eaux usées, eaux résiduelles** polluted water; **eaux vives** swift current; **être en eau** to sweat; **faire de l'eau** to take in water; **faire eau** to leak; **grandes eaux** fountains; **nager entre deux eaux** to float under the surface; to play both sides of the street; **pêcher en eau trouble** to fish in troubled waters; **porter de l'eau à la rivière** or **à la mer** to carry coals to Newcastle; **tomber à l'eau** to fizzle out

eau-de-vie [odvi] *f* (*pl* **eaux-de-vie**) brandy; spirits

eau-forte [ofɔrt] *f* (*pl* **eaux-fortes**) aqua fortis; etching

éba•hi -hie [ebai] *adj* dumfounded

ébattre [ebatr] **§7** *ref* to frolic, to gambol

ébauche [eboʃ] *f* rough sketch or draft; suspicion (*of a smile*)

ébaucher [eboʃe] *tr* to sketch, to make a rough draft of

ébène [ebɛn] *f* ebony

ébénier [ebenje] *m* ebony (*tree*)

ébéniste [ebenist] *m* cabinetmaker

ébénisterie [ebenistri] *f* cabinetmaking

éberluer [ebɛrlɥe] *tr* to astonish

éblouir [ebluir] *tr* to dazzle, blind

éblouissement [ebluismɑ̃] *m* dazzle; glare; (pathol) dizziness

éboueur [ebwœr] *m* street cleaner, trash man; garbage collector

ébouillanter [ebujɑ̃te] *tr* to scald

éboulement [ebulmɑ̃] *m* cave-in, landslide

ébouler [ebule] *tr & ref* to cave in

ébourif•fant [eburifɑ̃] **ébourif•fante** [eburifɑ̃t] *adj* (coll) astounding

ébouriffer [eburife] *tr* to ruffle; (coll) to astound

ébouter [ebute] *tr* to cut off the end of

ébranchage [ebrɑ̃ʃaʒ] *m* pruning

ébrancher [ebrɑ̃ʃe] *tr* to prune

ébranlement [ebrɑ̃lmɑ̃] *m* shaking; shock

ébranler [ebrɑ̃le] *tr* to shake, jar || *ref* to start out; to be shaken

ébrécher [ebreʃe] **§10** *tr* to nick, chip; to make a dent in (*e.g., a fortune*) || *ref* to be nicked, chipped; (with *dat* of *reflex pron*) to break off (*a tooth*)

ébriété [ebrijete] *f* inebriation

ébrouer [ebrue] *ref* to snort (*said of horse*); to splash about; to shake the water off oneself

ébruiter [ebrɥite] *tr* to noise about, to blab || *ref* to get around (*said of news*); to leak out (*said of secret*)

ébullition [ebylisjɔ̃] *f* boiling; ebullience, ferment

ébur•né -née [ebyrne] *adj* ivory

écaille [ekɑj] *f* scale (*of fish, snake*); shell; tortoise shell

écail•ler [ekɑje] **écail•lère** [ekɑjɛr] *mf* oyster opener || *m* oysterman || *f* oysterwoman || **écailler** *tr & ref* to scale

écale [ekal] *f* shell, husk, hull

écaler [ekale] *tr* to shell, husk, hull

écarlate [ekarlat] *adj & f* scarlet

écarquiller [ekarkije] *tr* (coll) to open wide, to spread apart

écart [ekar] *m* swerve, side step; digression, flight (*of imagination*); difference, gap, spread; error (*in range*); lapse (*in good conduct*); (cards) discard; **à l'écart** aside; aloof; **à l'écart de** far from; **faire le grand écart** to do the splits; **faire un écart** to shy (*said of horse*); to swerve (*said of car*); to step aside (*said of person*)

écar•té -tée [ekarte] *adj* lonely, secluded; wide-apart

écartèlement [ekartɛlmɑ̃] *m* quartering

écarteler [ekartəle] **§2** *tr* to quarter

écartement [ekartəmɑ̃] *m* removal, separation; spreading; space between; spark gap; gauge (*of rails*)

écarter [ekarte] *tr* to put aside; to keep away; to ward off; to draw aside; to spread; (cards) to discard || *ref* to turn away; to stray

ecchymose [ɛkimoz] *f* black-and-blue mark

ecclésiastique [eklezjastik] *adj & m* ecclesiastic

écerve•lé -lée [esɛrvəle] *adj* scatterbrained || *mf* scatterbrain

échafaud [eʃafo] *m* scaffold

échafaudage [eʃafodaʒ] *m* scaffolding

échafauder [eʃafode] *tr* to pile up; to lay the groundwork for || *intr* to erect a scaffolding

échalasser [eʃalase] *tr* to stake

échalote [eʃalɔt] *f* shallot

échancrer [eʃɑ̃kre] *tr* to make a V-shaped cut in (*the neck of a dress*); to cut (*a dress*) low in the neck; to indent; to hollow out

échange [eʃɑ̃ʒ] *m* exchange

échanger [eʃɑ̃ʒe] **§38** *tr* to exchange; **échanger pour** or **contre** to exchange (*s.th.*) for

échangeur [eʃɑ̃ʒœr] *m* interchange

échanson [eʃɑ̃sɔ̃] *m* cupbearer

échantillon [eʃɑ̃tijɔ̃] *m* sample; **comparer à l'échantillon** to spot-check

échantillonnage [eʃɑ̃tijɔnaʒ] *m* sampling; spot check

échantillonner [eʃɑ̃tijɔne] *tr* to cut samples of; to spot-check; to select (*a sampling to be polled*)

échappatoire [eʃapatwar] *f* loophole, way out

échap•pé -pée [eʃape] *mf* escapee || *f* escape; short period; glimpse; (sports) spurt; **à l'échappée** stealthily

échappement [eʃapmɑ̃] *m* escape, leak; exhaust; escapement (*of watch*); **échappement libre** cutout

échapper [eʃape] *tr*—**l'échapper belle** to have a narrow escape || *intr* to escape; **échapper à** to escape from; **échapper de** to slip out of || *ref* to escape

écharde [eʃard] *f* splinter

écharpe [eʃarp] *f* scarf; sash; sling; **en écharpe** diagonally, crosswise; in a sling; across the shoulder

écharper [eʃarpe] *tr* to slash, cut up

échasse [eʃɑs] *f* stilt
échauder [eʃode] *tr* to scald; to whitewash; to gouge (*a customer*)
échauffement [eʃofmɑ̃] *m* heating; overexcitement
échauffer [eʃofe] *tr* to heat; to warm; **échauffer les oreilles à qn** to get s.o.'s dander up || *ref* to heat up; to become excited
échauffourée [eʃofure] *f* skirmish; rash undertaking
èche [ɛʃ] *f* bait
échéance [eʃeɑ̃s] *f* due date, expiration
échec [eʃɛk] *m* check; chessman; failure; **échec et mat** checkmate; **échecs** [eʃɛ] chess; chess set; **être échec** to be in check; **jouer aux échecs** to play chess
échelle [eʃɛl] *f* ladder; scale; **échelle de sauvetage** fire escape; **échelle mobile** sliding scale; **échelle pliante** stepladder; **monter à l'échelle** (coll) to bite, be fooled
échelon [eʃlɔ̃] *m* echelon; rung (*of ladder*)
échelonner [eʃlɔne] *tr* to spread out, to space out
écheniller [eʃnije] *tr* to remove caterpillars from; to exterminate (*pests*); to eradicate (*corruption*)
éche•veau [eʃvo] *m* (*pl* **-veaux**) skein
écheve•lé -lée [eʃəvle] *adj* disheveled; wild (*dance, race*)
écheveler [eʃəvle] **§34** *tr* to dishevel
échevin [eʃvɛ̃] *m* (hist) alderman
échine [eʃin] *f* spine, backbone; **avoir l'échine souple** (coll) to be a yes man
échiner [eʃine] *tr* to break the back of; to beat, kill || *ref* to tire oneself out
échiquier [eʃikje] *m* chessboard; exchequer
écho [eko] *m* echo; piece of gossip; **échos** gossip column; **faire écho** to echo
échoir [eʃwar] (usually used only in: *inf*; *ger* **échéant**; *pp* **échu**; 3d *sg*: *pres ind* **échoit**; *pret* **échut**; *fut* **échoira**; *cond* **échoirait**) *intr* (*aux*: AVOIR or ÊTRE) to fall, devolve; to fall due
échoppe [eʃɔp] *f* burin; (com) stand, booth; workshop
échopper [eʃɔpe] *tr* to scoop out
échotier [ekɔtje] *m* gossip columnist, society editor
échouer [eʃwe] *tr* to ground, to beach || *intr* to sink; to run aground; to fail || *ref* to run aground
é•chu -chue [eʃy] *adj* due, payable
écimer [esime] *tr* to top
éclaboussement [eklabusmɑ̃] *m* splash
éclabousser [eklabuse] *tr* to splash
éclair [eklɛr] *adj* lightning (*e.g., speed*); flash (*bulb*) || *m* flash (*of light, of lightning, of the eyes, of wit*); (culin) éclair; **éclairs** lightning; **éclairs de chaleur** heat lightning; **éclairs en nappe** sheet lightning; **il fait des éclairs** it is lightening; **passer comme un éclair** to flash by
éclairage [eklɛraʒ] *m* lighting; **sous cet éclairage** (fig) in this light
éclaircie [eklɛrsi] *f* break, clearing; spell of good weather
éclaircissement [eklɛrsismɑ̃] *m* explanation, clearing up
éclairement [eklɛrmɑ̃] *m* illumination
éclairer [eklɛre] *tr* to light; to enlighten; **éclairer sa lanterne** (fig) to ring a bell for s.o. || *intr* to light up, to glitter; **il éclaire** it is lightening || *ref* to be lighted
éclai•reur [eklɛrœr] **-reuse** [røz] *mf* scout || *m* boy scout || *f* girl scout
éclat [ekla] *m* splinter; ray (*of sunshine*); peal (*of thunder*); burst (*of laughter*); brightness, splendor
éclatement [eklatmɑ̃] *m* explosion; blowout (*of tire*); (fig) split
éclater [eklate] *intr* to splinter; to sparkle, glitter; to burst; to break out; to blow up
éclateur [eklatœr] *m* spark gap (*of induction coil*)
éclectique [eklɛktik] *adj* eclectic
éclipse [eklips] *f* eclipse; **à éclipses** flashing, blinking
éclipser [eklipse] *tr* to eclipse || *ref* to be eclipsed; (coll) to vanish; (coll) to sneak off
éclisse [eklis] *f* splinter; (med) splint; (rr) fishplate
éclisser [eklise] *tr* to splint
éclo•pé -pée [eklɔpe] *adj* lame || *mf* cripple
éclore [eklɔr] **§24** *intr* (*aux*: ÊTRE) to hatch; to blossom out
éclosion [eklozjɔ̃] *f* hatching; blooming
écluse [eklyz] *f* lock (*of canal, river, etc.*); floodgate
écluser [eklyze] *tr* to close (*a canal*) by a lock; to pass (*a boat*) through a lock
écœurer [ekœre] *tr* to sicken; to dishearten
école [ekɔl] *f* school; **école à tir** artillery practice; **école d'application** model school; **école d'arts et métiers** trade school; **école dominicale, école du dimanche** Sunday School; **école libre** private school; **école maternelle** nursery school; **école mixte** coeducational school; **être à bonne école** to be in good hands; **faire école** to set a fashion; to form a school (*to set up a doctrine, gain adherents*); **faire l'école buissonnière** (coll) to play hooky
éco•lier [ekɔlje] **-lière** [ljɛr] *adj* schoolboy || *mf* pupil, scholar; novice || *m* schoolboy || *f* schoolgirl
écologie [ekɔlɔʒi] *f* ecology
éconduire [ekɔ̃dɥir] **§19** *tr* to show out
économat [ekɔnɔma] *m* comptroller's office: commissary, company or coop store; **économats** chain stores
économe [ekɔnɔm] *adj* economical || *mf* treasurer; housekeeper || *m* bursar
économie [ekɔnɔmi] *f* economy; **économie de marché** free enterprise; **économies** savings
économique [ekɔnɔmik] *adj* economic; economical || *f* economics
économiser [ekɔnɔmize] *tr & intr* to economize, save

écope [ekɔp] *f* scoop (*for bailing*)
écoper [ekɔpe] *tr* to bail out || *intr* (coll) to get a bawling out
écorce [ekɔrs] *f* bark (*of tree*); peel, rind; crust (*of earth*)
écorcer [ekɔrse] §51 *tr* to peel, to strip off
écorcher [ekɔrʃe] *tr* to peel; to chafe; to fleece, overcharge; to grate on (*the ears*); to burn (*the throat*); to murder (*a language*) || *ref* (with *dat* of *reflex pron*) to skin (*e.g., one's arm*)
écor•cheur [ekɔrʃœr] **-cheuse** [ʃøz] *mf* skinner; fleecer, swindler
écorchure [ekɔrʃyr] *f* scratch, abrasion
écorner [ekɔrne] *tr* to poll, break the horns of; to dog-ear; to make a hole in (*e.g., a fortune*)
écornifler [ekɔrnifle] *tr* to cadge; **écornifler un dîner à qn** to bum a dinner off s.o.
écorni•fleur [ekɔrniflœr] **-fleuse** [fløz] *mf* sponger, moocher
écos•sais [ekɔsɛ] **écos•saise** [ekɔsɛz] *adj* Scotch, Scottish || *m* Scotch, Scottish (*language*); Scotch plaid || (*cap*) *mf* Scot; **les Écossais** the Scotch || *m* Scotchman
Écosse [ekɔs] *f* Scotland; **l'Écosse** Scotland
écosser [ekɔse] *tr* to shell, hull, husk
écot [eko] *m* share; tree stump; **payer son écot** to pay one's share
écoulement [ekulmɑ̃] *m* flow; (com) sale, turnover; (pathol) discharge; **écoulement d'eau** drainage
écouler [ekule] *tr* to sell, dispose of || *ref* to run (*said, e.g., of water*); to flow; to drain; to leak; to elapse, go by
écourter [ekurte] *tr* to shorten (*a dress, coat, etc.*); to crop (*the tail, ears, etc.*); to cut short, curtail
écoute [ekut] *f* listening post; monitoring; (naut) sheet; **écoutes** wild boar's ears; **être aux écoutes** to eavesdrop, to keep one's ears to the ground; **se mettre à l'écoute** to listen to the radio
écouter [ekute] *tr* to listen to; **écouter parler** to listen to (*s.o.*) speaking || *intr* to listen; **écouter aux portes** to eavesdrop || *ref* to coddle oneself; **s'écouter parler** to be pleased with the sound of one's own voice
écou•teur [ekutœr] **-teuse** [tøz] *mf* listener; **écouteur aux portes** eavesdropper || *m* telephone receiver; earphone
écoutille [ekutij] *f* hatchway
écouvillon [ekuvijɔ̃] *m* swab, mop
écrabouiller [ekrabuje] *tr* (coll) to squash
écran [ekrɑ̃] *m* screen; (phot) filter; **écran de cheminée** fire screen; **écran de protection aérienne** air umbrella; **le petit écran** television screen; **porter à l'écran** to put on the screen
écra•sant [ekrazɑ̃] **-sante** [zɑ̃t] *adj* crushing
écraser [ekraze] *tr* to crush; to overwhelm; to run over || *ref* to be crushed; to crash
écrémer [ekreme] §10 *tr* to skim; (fig) to skim the cream off
écrémeuse [ekremøz] *f* cream separator
écrevisse [ekrəvis] *f* crayfish
écrier [ekrije] *ref* to cry out, exclaim
écrin [ekrɛ̃] *m* jewel case
écrire [ekrir] §25 *tr* to write; to spell || *intr* to write || *ref* to write to each other; to be written; to be spelled
é•crit [ekri] **-crite** [krit] *adj* written; **c'était écrit** it was fate || *m* writing, written word; written examination; **écrits** writings, works; **par écrit** in writing
écri•teau [ekrito] *m* (*pl* **-teaux**) sign, placard
écritoire [ekritwar] *f* desk set
écriture [ekrityr] *f* handwriting; writing (*style of writing*); **écriture de chat** scrawl; **écritures** accounts; **Écritures** Scriptures; **écritures publiques** government documents
écrivailleur [ekrivɑjœr] *m* (coll) scribbler, hack writer
écrivain [ekrivɛ̃] *adj*—**femme écrivain** woman writer || *m* writer; **écrivain public** public letter writer
écrivasser [ekrivase] *intr* (coll) to scribble
écrou [ekru] *m* nut (*with internal thread*); register (*on police blotter*); **écrou à oreille** thumb nut
écrouer [ekrue] *tr* to jail, to book
écrouler [ekrule] *ref* to collapse; to crumble; to flop (*in a chair*)
é•cru -crue [ekry] *adj* raw; unbleached
écu [eky] *m* shield; crown (*money*); **écus** money
écubier [ekybje] *m* (naut) hawsehole
écueil [ekœj] *m* reef, sandbank; stumbling block
écuelle [ekɥel] *f* bowl
éculer [ekyle] *tr* to wear down at the heel
écu•mant [ekymɑ̃] **-mante** [mɑ̃t] *adj* foaming; fuming (*with rage*)
écume [ekym] *f* foam; froth; lather; dross; scum (*on liquids; on metal; of society*); **écume de mer** meerschaum
écumer [ekyme] *tr* to skim, scum; to pick up (*e.g., gossip*); to scour (*the seas*) || *intr* to foam; to scum; to fume (*with anger*)
écu•meur [ekymœr] **-meuse** [møz] *mf* drifter; **écumeur de marmite** hanger-on; **écumeur de mer** pirate
écu•meux [ekymø] **-meuse** [møz] *adj* foamy, frothy
écumoire [ekymwar] *f* skimmer
écurage [ekyraʒ] *m* scouring; cleaning out
écurer [ekyre] *tr* to scour; to clean out
écureuil [ekyrœj] *m* squirrel
écurie [ekyri] *f* stable (*for horses, mules, etc.*); string of horses
écusson [ekysɔ̃] *m* escutcheon; bud (*for grafting*); (mil) identification tag
écuyer [ekɥije] **écuyère** [ekɥijɛr] *mf* horseback rider || *m* horseman; squire; riding master || *f* horsewoman
eczéma [ɛkzema], [ɛgzema] *m* eczema

edelweiss [edəlvɑjs], [edɛlvɛs] *m* edelweiss
éden [edɛn] *m* Eden || (*cap*) *m* Garden of Eden
éden·té -tée [edɑ̃te] *adj* toothless
E.D.F. *abbr* (**Électricité de France**) French national electric company
édicter [edikte] *tr* to decree, to promulgate
édicule [edikyl] *m* kiosk; street urinal
édi·fiant [edifjɑ̃] **-fiante** [fjɑ̃t] *adj* edifying
édification [edifikɑsjɔ̃] *f* edification; construction, building
édifice [edifis] *m* edifice, building
édifier [edifje] *tr* to edify; to inform, enlighten; to construct, to build; to found
édit [edi] *m* edict
éditer [edite] *tr* to publish; to edit (*a manuscript*)
édi·teur [editœr] **-trice** [tris] *mf* publisher; editor (*of a manuscript*)
édition [edisjɔ̃] *f* edition; publishing
édito·rial -riale [editɔrjal] *adj* & *m* (*pl* **-riaux** [rjo]) editorial
édredon [edrədɔ̃] *m* eiderdown
éduca·teur [edykatœr] **-trice** [tris] *adj* educational || *mf* educator
éduca·tif [edykatif] **-tive** [tiv] *adj* educational
éducation [edykɑsjɔ̃] *f* education, bringing-up, nurture
éduquer [edyke] *tr* to bring up (*children*); to educate, train
éfaufiler [efofile] *tr* to unravel
effacement [efasmɑ̃] *m* effacement, erasing; self-effacement
effacer [efase] §51 *tr* to efface; to erase || *ref* to efface oneself; to stand aside
effarement [efarmɑ̃] *m* fright, scare
effaroucher [efaruʃe] *tr* to frighten, scare off
effec·tif [efɛktif] **-tiv** [tiv] *adj* actual, real || *m* personnel, manpower; strength (*of military unit*); complement (*of ship*); size (*of class*)
effectivement [efɛktivmɑ̃] *adv* actually, really, sure enough
effectuer [efɛktɥe] *tr* to effect
efféni·né -née [efemine] *adj* effeminate
efféminer [efemine] *tr* to make a sissy of; to unman || *ref* to become effeminate
effervescence [efɛrvesɑ̃s] *f* effervescence; excitement, ferment
efferves·cent [efɛrvesɑ̃] **efferves·cente** [efɛrvesɑ̃t] *adj* effervescent
effet [efɛ] *m* effect; (billiards) english; **à cet effet** for that purpose; **en effet** indeed, actually, sure enough; **effet de commerce** bill of exchange; **effets publics** government bonds; **faire de l'effet** to be striking; **faire l'effet de** to give the impression of
effeuillage [efœjaʒ] *m* thinning of leaves
effeuillaison [efœjɛzɔ̃] *f* fall of leaves
effeuiller [efœje] *tr* to thin out the leaves of, to pluck off the petals of || *ref* to shed its leaves
effeuilleuse [efœjøz] *f* (coll) stripteaser
efficace [efikas] *adj* effective
efficacement [efikasmɑ̃] *adv* effectively
efficacité [efikasite] *f* efficacy, efficiency
efficience [efisjɑ̃s] *f* efficiency
effi·cient [efisjɑ̃] **-ciente** [sjɑ̃t] *adj* efficient
effigie [efiʒi] *f* effigy
effiler [efile] *tr* to unravel; to taper
effilocher [efilɔʃe] *tr* to unravel
efflan·qué -quée [eflɑ̃ke] *adj* skinny
effleurer [eflœre] *tr* to graze; to touch on
effluve [eflyv] *m* effluvium, emanation
effondrement [efɔ̃drəmɑ̃] *m* collapse
effondrer [efɔ̃dre] *tr* to break open; to break (*ground*) || *ref* to collapse, cave in; to sink
efforcer [efɔrse] §51 *ref*—**s'efforcer à** or **de** to try hard to, to strive to
effort [efɔr] *m* effort; (med) hernia, rupture; **effort de rupture** breaking stress; **effort de tension** torque; **faire effort sur soi-même** to get a hold of oneself
effraction [efraksjɔ̃] *f* housebreaking
effraie [efrɛ] *f* screech owl
effranger [efrɑ̃ʒe] §38 *tr* & *ref* to fray
effrayant [efrɛjɑ̃] **effrayante** [efrɛjɑ̃t] *adj* frightful, dreadful
effrayer [efrɛje] §49 *tr* to frighten || *ref* to be frightened
effré·né -née [efrene] *adj* unbridled
effritement [efritmɑ̃] *m* crumbling
effriter [efrite] *tr* & *ref* to crumble
effroi [efrwɑ], [efrwa] *m* fright
effron·té -tée [efrɔ̃te] *adj* impudent; shameless; (slang) saucy, sassy
effronterie [efrɔ̃tri] *f* effrontery
effroyable [efrwɑjabl] *adj* frightful
effusion [efyzjɔ̃] *f* effusion; shedding (*of blood*); (fig) gushing
égailler [egɑje] *ref* to scatter
é·gal -gale [egal] (*pl* **-gaux** [go]) *adj* equal; level; (coll) indifferent; **ça m'est égal** (coll) it's all the same to me, it's all right || *mf* equal; **à l'égal de** as much as, no less than
également [egalmɑ̃] *adv* equally, likewise, also
égaler [egale] *tr* to equal, match
égaliser [egalize] *tr* to equalize; to equate
égalitaire [egalitɛr] *adj* & *mf* equalitarian
égalité [egalite] *f* equality; evenness; **être à égalité** to be tied
égard [egar] *m* respect; **à l'égard de** with regard to; **à tous (les) égards** in all respects; **eu égard à** in consideration of
éga·ré -rée [egare] *adj* stray, lost
égarement [egarmɑ̃] *m* wandering (*of mind, senses, etc.*); frenzy (*of sorrow, anger, etc.*)
égarer [egare] *tr* to mislead; to misplace; to bewilder || *ref* to get lost, to stray; to be on the wrong track
égayer [egeje] §49 *tr* & *ref* to cheer up; to brighten

égide [eʒid] *f* aegis
églefin [egləfɛ̃] *m* haddock
église [egliz] *f* church
églogue [eglɔg] *f* eclogue
égoïne [egɔin] *f* handsaw
égoïsme [egɔism] *m* egoism
égoïste [egɔist] *adj* selfish || *mf* egoist
égorgement [egɔrʒəmɑ̃] *m* slaughter
égorger [egɔrʒe] **§38** *tr* to cut the throat of; (coll) to overcharge
égosiller [egozije] *ref* to shout oneself hoarse
égotisme [egɔtism] *m* egotism
égotiste [egɔtist] *adj* egotistical || *mf* egotist
égout [egu] *m* drainage; sewer; sink, cesspool (*e.g., of iniquity*)
égoutier [egutje] *m* sewer worker
égoutter [egute] *tr* to drain; to let drip || *ref* to drip
égouttoir [egutwar] *m* drainboard
égrapper [egrape] *tr* to pick off from the cluster
égratigner [egratiɲe] *tr* to scratch; to take a dig at, to tease
égratignure [egratiɲyr] *f* scratch; gibe, dig
égrener [egrəne] **§2** *tr* to shell (*e.g., peas*); to gin (*cotton*); to pick off (*grapes*); to unstring (*pearls*); to tell (*beads*) || *ref* to drop one by one; to be strung out
égril·lard [egrijar] **égril·larde** [egrijard] *adj* spicy, lewd || *mf* shameless, unblushing person
égrugeoir [egryʒwar] *m* mortar (*for pounding or grinding*)
égruger [egryʒe] **§38** *tr* to pound (*in a mortar*)
égueuler [egœle] *tr* to break the neck of (*e.g., a bottle*)
Égypte [eʒipt] *f* Egypt; **l'Égypte** Egypt
égyp·tien [eʒipsjɛ̃] **-tienne** [sjɛn] *adj* Egyptian || (*cap*) *mf* Egyptian
éhon·té -tée [eɔ̃te] *adj* shameless
eider [ɛjdɛr] *m* eider duck
éjaculation [eʒakylɑsjɔ̃] *f* ejaculation; (eccl) short, fervent prayer
éjaculer [eʒakyle] *tr & intr* to ejaculate
éjecter [eʒɛkte] *tr* to eject; (coll) to oust
éjection [eʒɛksjɔ̃] *f* ejection
élabo·ré -rée [elabɔre] *adj* elaborated; prepared, elaborate
élaborer [elabɔre] *tr* to elaborate; to work out, develop
élaguer [elage] *tr* to prune
élan [elɑ̃] *m* dash; impulse, outburst; spirit, glow; (zool) elk, moose; **avec élan** with enthusiasm
élan·cé -cée [elɑ̃se] *adj* slender, slim
élancement [elɑ̃smɑ̃] *m* throbbing, twinge; yearning (*e.g., for God*)
élancer [elɑ̃se] **§51** *intr* to throb, to twinge || *ref* to rush, spring, dash; to spurt out
élargir [elarʒir] *tr* to widen; to broaden; to release (*a prisoner*) || *ref* to widen; to become more lax
élasticité [elastisite] *f* elasticity
élastique [elastik] *adj* elastic || *m* elastic; rubber band

élec·teur [elɛktœr] **-trice** [tris] *adj* voting || *mf* voter, constituent; (hist) elector; **électeurs** electorate
élec·tif [elɛktif] **-tive** [tiv] *adj* elective
élection [elɛksjɔ̃] *f* election; choice
électorat [elɛktɔra] *m* right to vote; (hist) electorate
électri·cien [elɛktrisjɛ̃] **-cienne** [sjɛn] *adj* electrical (*worker*) || *mf* electrician
électricité [elɛktrisite] *f* electricity
électrifier [elɛktrifje] *tr* to electrify
électrique [elɛktrik] *adj* electric(al)
électriser [elɛktrize] *tr* to electrify
électro [elɛktro] *m* electromagnet
électro-aimant [elɛktrɔɛmɑ̃] *m* (*pl* **-aimants**) electromagnet
électrochoc [elɛktrɔʃɔk] *m* (med) electric shock treatment
électro-culinaire [elɛktrɔkylinɛr] *adj* electric kitchen (*appliances*)
électrocuter [elɛktrɔkyte] *tr* to electrocute
électrode [ekɛktrɔd] *f* electrode
électrolyse [elɛktrɔliz] *f* electrolysis
électrolyte [elɛktrɔlit] *m* electrolyte
électromagnétique [elɛktrɔmaɲetik] *adj* electromagnetic
électroména·ger [elɛktrɔmenaʒe] **-gère** [ʒɛr] *adj* household-electric
électromo·teur [elɛktrɔmɔtœr] **-trice** [tris] *adj* electromotive || *m* electric motor
électron [elɛktrɔ̃] *m* electron
électronique [elɛktrɔnik] *adj* electronic || *f* electronics
électron-volt [elɛktrɔ̃vɔlt] *m* (*pl* **électrons-volts**) electron-volt
électrophone [elɛktrɔfɔn] *m* electric phonograph
électrotype [elɛktrɔtip] *m* electrotype
électrotyper [elɛktrɔtipe] *tr* to electrotype
élégance [elegɑ̃s] *f* elegance
élé·gant [elegɑ̃] **-gante** [gɑ̃t] *adj* elegant
élégiaque [eleʒjak] *adj* elegiac || *mf* elegist
élégie [eleʒi] *f* elegy
élément [elemɑ̃] *m* element; (*of an electric battery*) cell, element; (elec, mach) unit; **élément standard** standard part
élémentaire [elemɑ̃tɛr] *adj* elementary
éléphant [elefɑ̃] *m* elephant
éléphantesque [elefɑ̃tɛsk] *adj* (coll) gigantic, elephantine
élevage [elvaʒ], [ɛlvaʒ] *m* rearing, raising, breeding; ranch
éléva·teur [elevatœr] **-trice** [tris] *adj* lifting || *m* elevator; hoist
élévation [elevɑsjɔ̃] *f* elevation; promotion; increase; (rok) lift-off
élève [elɛv] *mf* pupil, student; **ancien élève** alumnus; **élève externe** day student; **élève interne** boarding student || *f* breeder (*animal*); (hort) seedling
éle·vé -vée [elve] *adj* high, elevated; lofty, noble; **bien élevé** well-bred; **mal élevé** ill-bred
élever [elve] **§2** *tr* to raise; to raise,

bring up, nurture; to erect || *ref* to rise; to arise; to be built, to stand
éle•veur [ɛlvœr] **-veuse** [vøz] *mf* breeder, rancher
elfe [ɛlf] *m* elf
élider [elide] *tr* to elide
éligible [eliʒibl] *adj* eligible
élimer [elime] *tr & ref* to wear threadbare
éliminatoire [eliminatwar] *adj* (sports) preliminary || *f* (sports) preliminaries
éliminer [elimine] *tr* to eliminate
élire [elir] **§36** *tr* to elect
élision [elizjɔ̃] *f* elision
élite [elit] *f* elite
elle [ɛl] *pron disj* **§85** || *pron conj* **§87**
elle-même [ɛlmɛm] **§86**
ellipse [elips] *f* (gram) ellipsis; (math) ellipse
elliptique [eliptik] *adj* elliptic(al)
élocution [elɔkysjɔ̃] *f* elocution; choice and arrangement of words
éloge [elɔʒ] *m* eulogy; praise
élo•gieux [elɔʒjø] **-gieuse** [ʒjøz] *adj* full of praise
éloi•gné -gnée [elwaɲe] *adj* distant
éloignement [elwaɲəmɑ̃] *m* remoteness; aversion; postponement
éloigner [elwaɲe] *tr* to move away; to remove; to drive away; to postpone || *ref* to move away; to digress, deviate; to become estranged
élongation [elɔ̃gɑsjɔ̃] *f* stretching
élonger [elɔ̃ʒe] **§38** *tr* to lay (*e.g., a cable*); **élonger la terre** to skirt the coast
éloquence [elɔkɑ̃s] *f* eloquence
élo•quent [elɔkɑ̃] **-quente** [kɑ̃t] *adj* eloquent
é•lu -lue [ely] *adj* elected || *mf* chosen one; **les élus** the elect
élucider [elyside] *tr* to elucidate
éluder [elyde] *tr* to elude, avoid
éma•cié -ciée [emasje] *adj* emaciated
émacier [emasje] *ref* to become emaciated
é•mail [emaj] *m* (*pl* **-maux** [mo]) enamel || *m* (*pl* **-mails**) nail polish; car or bicycle paint
émaillage [emajaʒ] *m* enameling
émailler [emaje] *tr* to enamel; to sprinkle (*e.g., with quotations, metaphors, etc.*); to dot (*e.g., the fields, as flowers do*)
émanation [emanɑsjɔ̃] *f* emanation; manifestation (*e.g., of authority*)
émanciper [emɑ̃sipe] *tr* to emancipate || *ref* to be emancipated; (coll) to get out of hand
émaner [emane] *intr* to emanate
émarger [emarʒe] **§38** *tr* to trim (*e.g., a book*); to initial (*a document*) || *intr* to get paid; **émarger à** to be paid from
émasculer [emaskyle] *tr* to emasculate
embâcle [ɑ̃bɑkl] *m* pack ice, ice floe
emballage [ɑ̃balaʒ] *m* packing, wrapping
emballer [ɑ̃bale] *tr* to wrap up, to pack; to race (*a motor*); (coll) to thrill; (coll) to bawl out || *ref* to bolt, to run away; (mach) to race; (coll) to get worked up
embal•leur [ɑ̃balœr] **embal•leuse** [ɑ̃baløz] *mf* packer
embarbouiller [ɑ̃barbuje] *tr* to besmear; (coll) to muddle, confuse || *ref* (coll) to get tangled up
embarcadère [ɑ̃barkadɛr] *m* wharf; (rr) platform
embarcation [ɑ̃barkɑsjɔ̃] *f* small boat
embardée [ɑ̃barde] *f* lurch; (aut) swerve; (aer, naut) yaw
embarder [ɑ̃barde] *intr* (aut) to swerve; (aer, naut) to yaw
embargo [ɑ̃bargo] *m* embargo
embarquement [ɑ̃barkəmɑ̃] *m* embarkation; shipping; loading
embarquer [ɑ̃barke] *tr* to embark; to ship (*a sea*); to load (*in car, plane, etc.*); (coll) to put in the clink || *ref* to embark; to board; to get into a car
embarras [ɑ̃bara] *m* embarrassment; trouble, inconvenience; encumbrance, obstruction; perplexity; financial difficulties; **embarras de voitures** traffic jam; **embarras du choix** too much to choose from; **faire des embarras** (coll) to put on airs
embarrasser [ɑ̃barase] *tr* to embarrass; to hamper, to obstruct; to stump, to perplex || *ref*—**s'embarrasser de** to take an interest in; to bother with
embaucher [ɑ̃boʃe] *tr* to hire, to sign on; (coll) to entice (*soldiers*) to desert || *intr* to hire; **on n'embauche pas** (public sign) no help wanted
embauchoir [ɑ̃boʃwar] *m* shoetree
embaumement [ɑ̃boməmɑ̃] *m* embalming; perfuming
embaumer [ɑ̃bome] *tr* to embalm; to perfume || *intr* to smell good
embaumeur [ɑ̃bomœr] *m* embalmer
embellir [ɑ̃bɛlir] *tr* to embellish || *intr* to clear up (*said of weather*); to improve in looks || *ref* to grow more beautiful
embellissement [ɑ̃bɛlismɑ̃] *m* embellishment
embêtement [ɑ̃bɛtmɑ̃] *m* (coll) annoyance
embêter [ɑ̃bɛte], [ɑ̃bete] *tr* (coll) to annoy
emblave [ɑ̃blav] *f* grainfield
emblaver [ɑ̃blave] *tr* to sow
emblée [ɑ̃ble]—**d'emblée** then and there, right off; without difficulty
emblématique [ɑ̃blematik] *adj* emblematic(al)
emblème [ɑ̃blɛm] *m* emblem
embobeliner [ɑ̃bɔbline] *tr* (coll) to bamboozle
embobiner [ɑ̃bɔbine] *tr* to wind up (*e.g., on a reel*); (coll) to bamboozle
emboîter [ɑ̃bwate] *tr* to encase; to nest (*boxes, boats, etc.*); (mach) to interlock, joint; **emboîter le pas** to fall into step
embolie [ɑ̃bɔli] *f* (pathol) embolism
embonpoint [ɑ̃bɔ̃pwɛ̃] *m* portliness; **prendre de l'embonpoint** to put on flesh
embouche [ɑ̃buʃ] *f* pasture

embou•ché -chée [ãbuʃe] *adj*—**mal embouché** foul-mouthed
emboucher [ãbuʃe] *tr* to blow, sound
embouchoir [ãbuʃwar] *m* mouthpiece
embouchure [ãbuʃyr] *f* mouth (*of a river*); mouthpiece
embourber [ãburbe] *tr* to stick in the mud; to vilify, to implicate
embout [ãbu] *m* tip, ferrule; rubber tip (*for chair*)
embouteillage [ãbutɛjaʒ] *m* bottling; bottleneck, traffic jam
emboutir [ãbutir] *tr* to stamp, emboss; to smash (*e.g., a fender*) || *ref* to bump
embranchement [ãbrãʃmã] *m* branching (off); branch; branch line; junction (*of roads, track, etc.*)
embrasement [ãbrɑzmã] *m* conflagration; illumination, glow
embraser [ãbrɑze] *tr* to set aflame or aglow || *ref* to flame up; to glow
embrassade [ãbrasad] *m* embrace; kissing
embrasse [ãbrɑs] *f* curtain tieback
embrassement [ãbrasmã] *m* embrace
embrasser [ãbrase] *tr* to embrace; to kiss; to join; to undertake; to take in (*at a glance*); to take (*the opportunity*) || *ref* to embrace; to neck
embras•seur [ãbrasœr] **embras•seuse** [ãbrasøz] *mf* smoocher
embrasure [ãbrɑzyr] *f* embrasure, loophole; opening (*for door or window*)
embrayage [ãbrɛjaʒ] *m* coupling, engagement; (aut) clutch
embrayer [ãbrɛje], [ãbreje] **§49** *tr* to engage, connect; to throw into gear || *intr* to throw the clutch in
embrocher [ãbrɔʃe] *tr* to put on a spit
embrouiller [ãbruje] *tr* to embroil || *ref* to become embroiled
embroussail•lé -lée [ãbrusɑje] *adj* bushy; tangled; complicated, complex
embru•mé -mée [ãbryme] *adj* foggy, misty
embruns [ãbrœ̃] *mpl* spray
embryologie [ãbrijɔlɔʒi] *f* embryology
embryon [ãbrijɔ̃] *m* embryo
embryonnaire [ãbrijɔnɛr] *adj* embryonic
em•bu -bue [ãby] *adj* lifeless, dull || *m* dull tone (*of a painting*)
embûche [ãbyʃ] *f* snare, trap
embuer [ãbɥe] *tr* to cloud with steam; **embué de larmes** dimmed with tears
embuscade [ãbyskad] *f* ambush
embus•qué -quée [ãbyske] *adj* in ambush; **se tenir embusqué** to lie in ambush || *m* (mil) goldbricker, shirker
embusquer [ãbyske] *tr* to ambush, trap || *ref* to lie in ambush; (mil) to get a safe assignment
émé•ché -chée [emeʃe] *adj* (coll) tipsy, high
émender [emãde] *tr* to amend (*a sentence, decree, etc.*)
émeraude [ɛmrod] *f* emerald
émergence [emɛrʒãs] *f* emergence
émerger [emɛrʒe] **§38** *intr* to emerge
émeri [ɛmri] *m* emery
émerillon [ɛmrijɔ̃] *m* swivel; (orn) merlin
émerillon•né -née [ɛmrijɔne] *adj* lively, gay
émérite [emerit] *adj* experienced; distinguished, remarkable; confirmed (*smoker*); (obs) retired, emeritus
émersion [emɛrsjɔ̃] *f* emersion
émerveillement [emɛrvɛjmã] *m* wonderment
émerveiller [emɛrvɛje] *tr* to astonish, amaze
émétique [emetik] *adj & m* emetic
émet•teur [emetœr] **émet•trice** [emetris] *adj* issuing; transmitting || *mf* maker (*of check, draft*); issuer || *m* broadcasting station; (rad) transmitter
émetteur-récepteur [emetœrreseptœr] *m* (*pl* **émetteurs-récepteurs**) (rad) walkie-talkie
émettre [emetr] **§42** *tr* to emit; to express (*an opinion*); to issue (*stamps, bank notes, etc.*); to transmit (*a radio signal*) || *intr* to transmit, broadcast
é•meu [emø] *m* (*pl* **-meus**) (zool) emu
émeute [emøt] *f* riot
émeutier [emøtje] *m* rioter
émietter [emjɛte] *tr* to crumble; to break up (*an estate*)
émi•grant [emigrã] **-grante** [grãt] *adj & mf* emigrant; migrant
émi•gré -grée [emigre] *adj* emigrating || *mf* emigrant; émigré
émigrer [emigre] *intr* to emigrate; to migrate
émincer [emɛ̃se] **§51** *tr* to cut in thin slices
éminemment [eminamã] *adv* eminently
éminence [eminãs] *f* eminence
émi•nent [eminã] **-nente** [nãt] *adj* eminent
émissaire [emisɛr] *m* emissary; outlet (*of lake, basin, etc.*)
émission [emisjɔ̃] *f* emission; utterance; issue (*of stamps, bank notes, etc.*); (rad) transmission, broadcast
emmagasiner [ãmagazine] *tr* to put in storage; to store up; to stockpile
emmailloter [ãmajɔte] *tr* to swathe; to bandage
emmancher [ãmãʃe] *tr* to put a handle on || *ref* (coll) to begin; **s'emmancher bien** (coll) to get off to a good start; **s'emmancher mal** (coll) to get off to a bad start
emmêler [ãmɛle], [ãmele] *tr* to tangle up; to mix up
emménagement [ãmenaʒmã] *m* moving in; installation
emménager [ãmenaʒe] **§38** *tr & intr* to move in
emmener [ãmne] **§2** *tr* to take or lead away; to take out (*e.g., to dinner*); to take (*on a visit*)
emmenthal [emɛ̃tal], [emental] *m* Swiss cheese
emmiel•lé -lée [ãmjɛle], [ãmjele] *adj* honeyed (*e.g., words*)
emmitoufler [ãmitufle] *tr & ref* to bundle up (*in warm clothing*)
emmurer [ãmyre] *tr* to wall in, immure

émoi [emwa] *m* agitation, alarm
émolument [emɔlymɑ̃] *m* share; **émoluments** emolument, fee, salary
émonder [emɔ̃de] *tr* to prune, trim
émo•tif [emɔtif] **-tive** [tiv] *adj* emotional || *mf* emotional person
émotion [emosjɔ̃] *f* emotion; commotion
émotionnable [emosjɔnabl] *adj* emotional
émotion•nant [emosjɔnɑ̃] **émotionnante** [emosjɔnɑ̃t] *adj* stirring, moving
émotionner [emosjɔne] *tr* to move deeply, thrill, affect || *ref* to get excited, flustered
émoucher [emuʃe] *tr* to chase flies away from
émouchet [emuʃɛ] *m* sparrow hawk
émouchoir [emuʃwar] *m* whisk, fly swatter
émoudre [emudr] **§43** *tr* to grind, sharpen
émoulage [emulaʒ] *m* grinding, sharpening
émou•lu -lue [emuly] *adj*—**frais émoulu de** (fig) fresh from, just back from
émous•sé -sée [emuse] *adj* blunt
émousser [emuse] *tr* to dull, blunt
émoustiller [emustije] *tr* (coll) to exhilarate, to rouse
émouvoir [emuvwar] **§45** (*pp* **ému**) *tr* to move; to excite || *ref* to be moved; to be excited
empailler [ɑ̃pɑje] *tr* to stuff (*animals*); to cane (*a chair*)
empail•leur [ɑ̃pɑjœr] **empail•leuse** [ɑ̃pɑjøz] *mf* taxidermist; caner
empaler [ɑ̃pale] *tr* to impale
empan [ɑ̃pɑ̃] *m* span (*of hand*)
empanacher [ɑ̃panaʃe] *tr* to plume
empaquetage [ɑ̃paktaʒ] *m* packaging; package
empaqueter [ɑ̃pakte] **§34** *tr* to package
emparer [ɑ̃pare] *ref*—**s'emparer de** to seize, take hold of
empâter [ɑ̃pɑte] *tr* to make sticky; to fatten up (*chickens, turkeys, etc.*); to coat (*the tongue*); (typ) to overink || *ref* to put on weight; to become coated (*said of tongue*); to become husky (*said of voice*)
empattement [ɑ̃patmɑ̃] *m* foundation, footing; (aut) wheelbase
empaumer [ɑ̃pome] *tr* to catch in the hand; to hit with a racket; to palm (*a card*); (coll) to hoodwink
empêchement [ɑ̃pɛʃmɑ̃] *m* impediment, bar; hindrance, obstacle
empêcher [ɑ̃pɛʃe] *tr* to hinder; **empêcher qn de** + *inf* to prevent or keep s.o. from + *ger*; **n'empêche que** all the same, e.g., **n'empêche qu'il est très poli** he's very polite all the same || *ref*—**ne pouvoir s'empêcher de** + *inf* not to be able to help + *ger*, e.g., **je n'ai pu m'empêcher de rire** I could not help laughing
empê•cheur [ɑ̃pɛʃœr] **-cheuse** [ʃøz] *mf*—**empêcheur de danser en rond** (coll) wet blanket
empeigne [ɑ̃pɛɲ] *f* upper (*of shoe*)
empennage [ɑ̃pɛnnaʒ] *m* feathers (*of arrow*); fins, vanes; (aer) empennage
empereur [ɑ̃prœr] *m* emperor
emperler [ɑ̃pɛrle] *tr* to ornament with pearls; to cover with drops; **la sueur emperlait son front** his forehead was covered with beads of perspiration
empe•sé -sée [ɑ̃pəze] *adj* starched; stiff, wooden (*style*)
empeser [ɑ̃pəze] **§2** *tr* to starch
empes•té -tée [ɑ̃pɛste] *adj* pestilential; stinking, reeking; depraved
empester [ɑ̃pɛste] *tr* to stink; to corrupt || *intr* to stink
empêtrer [ɑ̃pɛtre] *tr* to hamper; to involve, entangle || *ref* to become involved, entangled
emphase [ɑ̃fɑz] *f* overemphasis; bombast, pretentiousness
emphatique [ɑ̃fɑtik] *adj* overemphasized; bombastic, pretentious
emphysème [ɑ̃fizɛm] *m* emphysema
empiècement [ɑ̃pjɛsmɑ̃] *m* yoke (*of shirt, blouse, etc.*)
empierrer [ɑ̃pjɛre] *tr* to pave with stones; (rr) to ballast
empiétement [ɑ̃pjɛtmɑ̃] *m* encroachment, incursion
empiéter [ɑ̃pjete] **§10** *intr* to encroach
empiffrer [ɑ̃pifre] *tr* (coll) to stuff, fatten || *ref* (coll) to stuff oneself, to guzzle
empiler [ɑ̃pile] *tr* to pile up, stack; (slang) to dupe || *ref* to pile up; **se faire empiler** (slang) to be had
empire [ɑ̃pir] *m* empire; control, supremacy
empirer [ɑ̃pire] *tr* to make worse, to aggravate || *intr* (*aux*: AVOIR or ÊTRE) to grow worse
empirique [ɑ̃pirik] *adj* empiric(al) || *m* empiricist; charlatan, quack
emplacement [ɑ̃plasmɑ̃] *m* emplacement; location, site
emplâtre [ɑ̃plɑtr] *m* patch (*on tire*); (med) plaster; (coll) boob
emplette [ɑ̃plɛt] *f* purchase; **aller faire des emplettes** to go shopping
emplir [ɑ̃plir] *tr & ref* to fill up
emploi [ɑ̃plwa] *m* employment, job; employment, use; (theat) type (*of role*); **double emploi** useless duplication; **emploi du temps** schedule
employé employée [ɑ̃plwaje] *mf* employee; clerk
employer [ɑ̃plwaje] **§47** *tr* to employ; to use || *ref* to be employed; **s'employer à** to try to, to do one's best to
employeur [ɑ̃plwajœr] **employeuse** [ɑ̃plwajøz] *mf* employer
empocher [ɑ̃pɔʃe] *tr* (coll) to pocket
empoi•gnant [ɑ̃pwaɲɑ̃] **-gnante** [ɲɑ̃t] *adj* exciting, arresting, thrilling
empoigner [ɑ̃pwaɲe] *tr* to grasp; to collar (*a crook*); to grip, move (*an audience*)
empois [ɑ̃pwa] *m* starch
empoisonnement [ɑ̃pwazɔnmɑ̃] *m* poisoning; **avoir des empoisonnements** (coll) to be annoyed
empoisonner [ɑ̃pwazɔne] *tr* to poison; to infect (*the air*); to corrupt; (coll)

to bother || *intr* to reek || *ref* to be poisoned
empoison•neur [ãpwazɔnœr] **empoi-son•neuse** [ãpwazɔnøz] *adj* poisoning || *mf* poisoner; corrupter
empoissonner [ãpwasɔne] *tr* to stock with fish
empor•té -tée [ãpɔrte] *adj* quick-tempered, impetuous
emportement [ãpɔrtəmã] *m* anger, temper
emporte-pièce [ãpɔrtəpjɛs] *m* (*pl* **-pièces**) punch; **à l'emporte-pièce** trenchant, cutting, biting (*style, words, etc.*)
emporter [ãpɔrte] *tr* to take away; to carry off; to remove; **à emporter** to take out, to go (*e.g., said of food to take out of the restaurant*); **l'emporter sur** to have the upper hand over || *ref* to be carried away; to lose one's temper; to run away
empo•té -tée [ãpɔte] *adj* (coll) clumsy || *mf* (coll) butterfingers
empoter [ãpɔte] *tr* to pot (*a plant*)
empourprer [ãpurpre] *tr* to set aglow || *ref* to turn crimson; to flush
empoussiérer [ãpusjere] §10 *tr* to cover with dust
empreindre [ãprɛ̃dr] §50 *tr* to imprint, stamp
empreinte [ãprɛ̃t] *f* imprint, stamp; **empreinte des roues** wheel tracks; **empreinte digitale** fingerprint; **empreinte du pied** or **empreinte de pas** footprint
empres•sé -sée [ãprese] *adj* eager
empressement [ãprɛsmã] *m* haste, alacrity; eagerness, readiness
empresser [ãprese] *ref* to hasten; **s'empresser à** to be anxious to; **s'empresser auprès de** to be attentive to, make a fuss over; to press around; **s'empresser de** to hasten to
emprise [ãpriz] *f* expropriation; control, ascendancy
emprisonnement [ãprizɔnmã] *m* imprisonment
emprisonner [ãprizɔne] *tr* to imprison
emprunt [ãprœ̃] *m* loan; loan word; **d'emprunt** feigned, assumed
emprunter [ãprœ̃te] *tr* to borrow; to take (*a road, a route*); to take on (*false appearances*); **emprunter q.ch. à** to borrow s.th. from; to get s.th. from
empuantir [ãpɥɑ̃tir] *tr* to stink up
empyème [ãpjɛm] *m* empyema
empyrée [ãpire] *m* empyrean
é•mu -mue [emy] *adj* moved, touched; tender (*memory*); **ému de** alarmed by
émulation [emylɑsjɔ̃] *f* emulation, rivalry
émule [emyl] *mf* emulator, rival
émulsion [emylsjɔ̃] *f* emulsion
émulsionner [emylsjɔne] *tr* to emulsify
en [ã] *pron indef & adv* §87 || *prep* in; into; to, e.g., **aller en France** to go to France; e.g., **de mal en pis** from bad to worse; at, e.g., **en mer** at sea; e.g., **en guerre** at war; on, e.g., **en congé** on leave; by, e.g., **en chemin de fer** by rail; of, made of, e.g., **en bois** (made) of wood
enamourer [ãnamure] *ref* to become enamored, to fall in love
encabaner [ãkabane] *ref* (Canad) to hole up, to dig in (*e.g., for the winter*)
encablure [ãkablyr] *f* cable's length (*unit of measure*)
encadrement [ãkɑdrəmã] *m* framing; frame; framework; window frame; doorframe; border, edge; staffing; officering (*furnishing with officers*)
encadrer [ãkɑdre] *tr* to frame; to staff (*an organization*); to officer (*troops*); to incorporate (*recruits*) into a unit
encadreur [ãkadrœr] *m* framer (*person*)
encager [ãkaʒe] §38 *tr* to cage
encaisse [ãkɛs] *f* cash on hand, cash balance; **encaisse métallique** bullion
encais•sé -sée [ãkese] *adj* deeply embanked, sunken
encaissement [ãkɛsmã] *m* cashing (*e.g., of check*); boxing, crating; embankment
encaisser [ãkɛse], [ãkese] *tr* to cash; to box, to crate; to receive (*a blow*); to embank (*a river*); (coll) to put up with || *ref* to be steeply embanked
encaisseur [ãkɛsœr] *m* collector; payee; cashier
encan [ãkã] *m* auction
encanailler [ãkanɑje] *tr* to debase || *ref* to acquire bad habits; to keep low company
encapuchonner [ãkapyʃɔne] *tr* to hood
encaquer [ãkake] *tr* to barrel; to pack (*sardines*); (coll) to pack in like sardines
encart [ãkar] *m* inset, insert
encarter [ãkarte] *tr* to card (*buttons, pins, etc.*); (bb) to tip in
en-cas [ãka] *m invar* snack; reserve, emergency supply
encasernement [ãkazɛrnəmã] *m*—**encasernement de conscience** thought control, regimentation
encaserner [ãkazɛrne] *tr* to quarter, to barrack (*troops*)
encastrement [ãkastrəmã] *m* groove; fitting
encastrer [ãkastre] *tr & ref* to fit
encaustique [ãkɔstik] *f* furniture polish; floor wax; encaustic painting
encaustiquer [ãkɔstike] *tr* to wax
encaver [ãkave] *tr* to cellar (*wine*)
enceindre [ãsɛ̃dr] §50 *tr* to enclose, to encircle
enceinte [ãsɛ̃t] *adj fem* pregnant || *f* enclosure; walls, ramparts; precinct, compass; (boxing) ring
encens [ãsã] *m* incense; flattery
encenser [ãsãse] *tr* to incense, perfume with incense; to flatter
encensoir [ãsãswar] *m* censer
encéphalite [ãsefalit] *f* encephalitis
encercler [ãsɛrkle] *tr* to encircle
enchaînement [ãʃɛnmã] *m* chaining up; chain, sequence
enchaîner [ãʃɛne], [ãʃene], *tr* to chain; to connect || *intr* to go on speaking || *ref* to be connected

enchan·té -tée [ɑ̃ʃɑ̃te] *adj* delighted, pleased
enchantement [ɑ̃ʃɑ̃tmɑ̃] *m* enchantment
enchanter [ɑ̃ʃɑ̃te] *tr* to enchant
enchan·teur [ɑ̃ʃɑ̃tœr] **-teresse** [trɛs] *adj* enchanting, bewitching || *m* enchanter, magician || *f* enchantress
enchâsser [ɑ̃ʃɑse] *tr* to enshrine; to insert; to set, chase (*a gem*)
enchère [ɑ̃ʃɛr] *f* bid, bidding; **folle enchère** bid that cannot be made good; folly
enchérir [ɑ̃ʃerir] *tr* to bid on; to raise the price of || *intr* to bid; to rise in price; **enchérir sur** to improve on; to outbid
enchérisseur [ɑ̃ʃerisœr] *m* bidder; **dernier enchérisseur** highest bidder
enchevêtrement [ɑ̃ʃvɛtrəmɑ̃] *m* entanglement; network; jumble
enchevêtrer [ɑ̃ʃvetre] *tr* to tangle up; to halter (*a horse*) || *ref* to become complicated or confused
enchifre·né -née [ɑ̃ʃifrəne] *adj* stuffed-up (*with a cold*)
enclave [ɑ̃klav] *f* enclave
enclaver [ɑ̃klave] *tr* to enclose; to dovetail
enclencher [ɑ̃klɑ̃ʃe] *tr & ref* to interlock
en·clin [ɑ̃klɛ̃] **-cline** [klin] *adj* inclined, prone
encliquetage [ɑ̃kliktaʒ] *m* ratchet
encliqueter [ɑ̃klikte] **§34** *tr* to cog, to mesh
enclitique [ɑ̃klitik] *adj & m & f* enclitic
enclore [ɑ̃klɔr] **§24** (has also 1st & 2d *pl pres ind* **enclosons, enclosez**) *tr* to close in, to wall in
enclos [ɑ̃klo] *m* enclosure, close
enclume [ɑ̃klym] *f* anvil; **se trouver entre l'enclume et le marteau** (coll) to be between the devil and the deep blue sea
encoche [ɑ̃kɔʃ] *f* notch, nick; slot; thumb index
encocher [ɑ̃kɔʃe] *tr* to notch, to nick; to slot
encoignure [ɑ̃kɔɲyr] *f* corner; corner piece; corner cabinet
encollage [ɑ̃kɔlaʒ] *m* gluing; sizing
encoller [ɑ̃kɔle] *tr* to glue; to size
encolure [ɑ̃kɔlyr] *f* collar size; neck line; neck and withers (*of horse*); **gagner par une encolure** to win by a neck
encombre [ɑ̃kɔ̃br] *m*—**sans encombre** without a hitch, without hindrance
encombrement [ɑ̃kɔ̃brəmɑ̃] *m* encumbrance, congestion
encombrer [ɑ̃kɔ̃bre] *tr* to encumber; to crowd, congest; to block up, to jam; to litter; to load down || *ref*—**s'encombrer de** (coll) to be saddled with
encontre [ɑ̃kɔ̃tr]—**à l'encontre de** counter to, against; contrary to
encore [ɑ̃kɔr] *adv* still, e.g., **il est encore ici** he is still here; yet, e.g., **encore mieux** better yet; e.g., **pas encore** not yet; only, e.g., **si encore vous m'en aviez parlé!** if only you had told me!; **encore que** although; **encore une fois** once more, once again; **en voulez-vous encore?** do you want some more? || *interj* again!, oh no, not again! (*expressing impatience or astonishment*)
encorner [ɑ̃kɔrne] *tr* to gore, to toss
encouragement [ɑ̃kuraʒmɑ̃] *m* encouragement
encourager [ɑ̃kuraʒe] **§38** *tr* to encourage
encourir [ɑ̃kurir] **§14** *tr* to incur
encrasser [ɑ̃krase] *tr* to soil, to dirty; to soot (*a chimney*); to foul (*a gun*) || *ref* to get dirty; to stop up, clog; to soot up
encre [ɑ̃kr] *f* ink; **encre de Chine** India ink; **encre sympathique** invisible ink
encrer [ɑ̃kre] *tr* to ink
encreur [ɑ̃krœr] *adj* inking (*ribbon, roller*) || *m* ink roller
encrier [ɑ̃krije] *m* inkwell
encroûter [ɑ̃krute] *tr* to encrust; to plaster (*walls*) || *ref* to become encrusted; to get rusty; to become hidebound, prejudiced
encyclique [ɑ̃siklik] *adj & f* encyclical
encyclopédie [ɑ̃siklɔpedi] *f* encyclopedia
encyclopédique [ɑ̃siklɔpedik] *adj* encyclopedic
endauber [ɑ̃dobe] *tr* to braise
endémie [ɑ̃demi] *f* endemic
endémique [ɑ̃demik] *adj* endemic
endenter [ɑ̃dɑ̃te] *tr* to tooth, to cog; to mesh (*gears*); **bien endenté** (coll) with plenty of teeth; (coll) with a hearty appetite
endetter [ɑ̃dete] *tr & ref* to run into debt
endêver [ɑ̃deve] *intr*—**faire endêver** to bedevil, to drive wild
endia·blé -blée [ɑ̃djɑble] *adj* devilish, reckless; full of pep
endiguement [ɑ̃digmɑ̃] *m* damming up; embankment
endiguer [ɑ̃dige] *tr* to dam up
endimancher [ɑ̃dimɑ̃ʃe] *tr & ref* to put on Sunday clothes, to dress up
endive [ɑ̃div] *f* endive
endocrine [ɑ̃dɔkrin] *adj* endocrine
endoctriner [ɑ̃dɔktrine] *tr* to indoctrinate; to win over
endolo·ri -rie [ɑ̃dɔlɔri] *adj* painful, sore
endommagement [ɑ̃dɔmaʒmɑ̃] *m* damage
endommager [ɑ̃dɔmaʒe] **§38** *tr* to damage || *ref* to suffer damage
endor·mi -mie [ɑ̃dɔrmi] *adj* asleep, sleeping; sluggish, apathetic; dormant; numb (*arm or leg*)
endormir [ɑ̃dɔrmir] **§23** *tr* to put to sleep; to lull, to put off guard || *ref* to go to sleep; to slack off; to let down one's guard
endos [ɑ̃do] *m* endorsement
endosse [ɑ̃dos] *f* responsibility
endossement [ɑ̃dosmɑ̃] *m* endorsement
endosser [ɑ̃dose] *tr* to endorse; to take on the responsibility of
endosseur [ɑ̃dosœr] *m* endorser
endroit [ɑ̃drwɑ], [ɑ̃drwa] *m* place, spot; right side (*of cloth*); **à l'endroit**

right side out; **à l'endroit de** with regard to; **le petit endroit** (coll) the toilet; **mettre à l'endroit** to put on right side out
enduire [ɑ̃dɥir] §19 *tr* to coat, smear
enduit [ɑ̃dɥi] *m* coat, coating
endurance [ɑ̃dyrɑ̃s] *f* endurance
endu•rant [ɑ̃dyrɑ̃] **-rante** [rɑ̃t] *adj* untiring; meek, patient
endur•ci -cie [ɑ̃dyrsi] *adj* hardened; tough, calloused; inveterate
endurcir [ɑ̃dyrsir] *tr* to harden; to inure, to toughen || *ref* to harden; **s'endurcir à** to become accustomed to, to become inured to
endurcissement [ɑ̃dyrsismɑ̃] *m* hardening
endurer [ɑ̃dyre] *tr* to endure
énergétique [enɛrʒetik] *adj* energy, power
énergie [enɛrʒi] *f* energy
énergique [enɛrʒik] *adj* energetic
énergumène [enɛrgymɛn] *mf* ranter, wild person, nut
éner•vant [enɛrvɑ̃] **-vante** [vɑ̃t] *adj* annoying, nerve-racking
énerver [enɛrve] *tr* to enervate; to unnerve || *ref* to get nervous; to be exasperated
enfance [ɑ̃fɑ̃s] *f* childhood; infancy; dotage, second childhood; **c'est l'enfance de l'art** (coll) it's child's play; **enfance délinquante** juvenile delinquents; **première enfance** infancy
enfant [ɑ̃fɑ̃] *adj invar* childish, childlike; **bon enfant** good-natured || *mf* child; **enfant de chœur** altar boy; **enfant de la balle** child who follows in his father's footsteps; **enfant en bas âge** infant; **enfant terrible** (fig) stormy petrel; **enfant trouvé** foundling; **mon enfant!** my boy!; **petit enfant** infant
enfantement [ɑ̃fɑ̃tmɑ̃] *m* childbirth
enfanter [ɑ̃fɑ̃te] *tr* to give birth to
enfantillage [ɑ̃fɑ̃tijaʒ] *m* childishness
enfan•tin [ɑ̃fɑ̃tɛ̃] **-tine** [tin] *adj* childish, infantile
enfari•né -née [ɑ̃farine] *adj* smeared with flour
enfer [ɑ̃fɛr] *m* hell
enfermer [ɑ̃fɛrme] *tr* to enclose; to shut up, to lock up || *ref* to shut oneself in; to closet oneself
enferrer [ɑ̃fɛre] *tr* to pierce, to run through || *ref* to run oneself through with a sword; to bite (*said of fish*); (fig) to be caught in one's own trap
enfiévrer [ɑ̃fjevre] §10 *tr* to inflame, to make feverish
enfilade [ɑ̃filad] *f* row, string, series; (mil) enfilade; **en enfilade** connecting, e.g., **chambres en enfilade** connecting rooms
enfile-aiguille [ɑ̃filɛgɥij] *m invar* threader, needle threader
enfiler [ɑ̃file] *tr* to pierce; to thread (*a needle*); to string (*beads*); to start down (*a street*); (coll) to put on (*clothes*)
enfin [ɑ̃fɛ̃] *adv* finally, at last; in short; after all, anyway
enflam•mé -mée [ɑ̃flɑme], [ɑ̃flame] *adj* flaming; bright red; inflamed
enflammer [ɑ̃flɑme], [ɑ̃flame] *tr* to inflame || *ref* to be inflamed; to flare up
enfler [ɑ̃fle] *tr* to swell; to puff up or out; to exaggerate || *intr & ref* to swell, to puff up
enflure [ɑ̃flyr] *f* swelling; (fig) exaggeration
enfon•cé -cée [ɑ̃fɔ̃se] *adj* sunken, deep; deep-set; broken (*ribs*); (coll) taken, had (*bested*)
enfoncement [ɑ̃fɔ̃smɑ̃] *m* driving in; breaking open; hollow, recess
enfoncer [ɑ̃fɔ̃se] §51 *tr* to drive in; to push in, break open; (coll) to get the better of || *intr* to sink to the bottom || *ref* to sink, plunge; to give way; to disappear; to penetrate (*said of root, bullet, etc.*)
enforcir [ɑ̃fɔrsir] *tr* to reinforce || *intr & ref* to become stronger; to grow
enfouir [ɑ̃fwir] *tr* to bury; to hide || *ref* to burrow; to bury oneself (*e.g., in an out-of-the-way locality*)
enfourcher [ɑ̃furʃe] *tr* to stick a pitchfork into; to mount, straddle
enfourchure [ɑ̃furʃyr] *f* crotch
enfourner [ɑ̃furne] *tr* to put in the oven; (coll) to gobble down
enfreindre [ɑ̃frɛ̃dr] §50 *tr* to violate, break (*e.g., a law*)
enfuir [ɑ̃fɥir] §31 *ref* to run away; to escape; to elope
enfu•mé -mée [ɑ̃fyme] *adj* blackened; smoky (*color*)
enfumer [ɑ̃fyme] *tr* to smoke up, blacken; to smoke out
enfutailler [ɑ̃fytaje] *tr* to cask, to barrel
enga•gé -gée [ɑ̃gaʒe] *adj* committed; hocked || *m* (mil) enlisted man
engagement [ɑ̃gaʒmɑ̃] *m* engagement; hocking; obligation; promise; (mil) enlistment; (mil) engagement
engager [ɑ̃gaʒe] §38 *tr* to engage; to hock; to enlist, urge, involve; to open, to begin (*negotiations, the conversation, etc.*) || *ref* to commit oneself; to promise, to pledge; to enter a contest; to become engaged to be married; (mil) to enlist; **s'engager dans** to begin (*battle; a conversation*); to plunge into; to fit into
engainer [ɑ̃gene], [ɑ̃gɛne] *tr* to sheathe, to envelop
engazonner [ɑ̃gɑzɔne] *tr* to sod
engeance [ɑ̃ʒɑs] *f* (pej) breed, brood
engelure [ɑ̃ʒlyr] *f* chilblain
engendrer [ɑ̃ʒɑ̃dre] *tr* to engender
engin [ɑ̃ʒɛ̃] *m* device; **engin balistique** ballistic missile; **engin guidé** or **engin spécial** guided missile; **engins de pêche** fishing tackle
englober [ɑ̃glɔbe] *tr* to put together, to unite; to embrace, to comprise
engloutir [ɑ̃glutir] *tr* to gobble down; to swallow up, to engulf
engluer [ɑ̃glye] *tr* to lime (*a trap*); to catch; to take in, hoodwink || *ref* to be caught; to fall into a trap, to be taken in

engommer [ãgɔme] *tr* to gum
engon·cé -cée [ãgɔ̃se] *adj* awkward, stiff (*air*)
engoncer [ãgɔ̃se] §51 *tr* to bundle up; to cramp
engorgement [ãgɔrʒəmã] *m* obstruction, blocking
engorger [ãgɔrʒe] §38 *tr* to obstruct, block
engouement [ãgumã] *m* infatuation; (pathol) obstruction
engouer [ãgwe] *tr* to obstruct ‖ *ref*—**s'engouer de** (coll) to be infatuated with, to be wild about
engouffrer [ãgufre] *tr* to engulf; to gobble up; to eat up (*e.g., a fortune*) ‖ *ref* to be swallowed up; to dash; to surge
engour·di -die [ãgurdi] *adj* numb
engourdir [ãgurdir] *tr* to numb; to dull ‖ *ref* to grow numb
engourdissement [ãgurdismã] *m* numbness; dullness, torpidity
engrais [ãgrɛ] *m* fertilizer; manure; fodder; **mettre à l'engrais** to fatten
engraisser [ãgrɛse], [ãgrese] *tr* to fatten; to fertilize; to enrich ‖ *intr* (*aux:* AVOIR or ÊTRE) to fatten up, to get fat ‖ *ref* to become fat; to become rich
engranger [ãgrãʒe] §38 *tr* to garner; to get in, to put in the barn
engraver [ãgrave] *tr, intr, & ref* to silt up; (naut) to run aground
engrenage [ãgrənaʒ] *m* gear; gearing; (coll) mesh, toils; **engrenage à vis sans fin** worm gear; **engrenages de distribution** timing gears
engrener [ãgrəne] §2 *tr* to feed (*a hopper, a thresher; a fowl*); to put into gear, to mesh ‖ *intr & ref* (mach) to mesh, engage
engrenure [ãgrənyr] *f* engaging (*of toothed wheels*)
engrumeler [ãgrymle] §34 *tr & ref* to clot, to curdle
engueuler [ãgœle] *tr* (slang) to bawl out
enguirlander [ãgirlãde] *tr* to garland; to adorn; (coll) to bawl out
enhardir [ãardir] *tr* to embolden ‖ *ref* —**s'enhardir à** to be so bold as to
énième [ɛnjɛm] *adj* nth
énigmatique [enigmatik] *adj* enigmatic(al), puzzling
énigme [enigm] *f* enigma, riddle, puzzle
enivrement [ãnivrəmã] *m* intoxication
enivrer [ãnivre] *tr* to intoxicate; to elate ‖ *ref* to get drunk
enjambée [ãʒãbe] *f* stride
enjambement [ãʒãbmã] *m* enjambment
enjamber [ãʒãbe] *tr* to stride over, to span ‖ *intr* to stride along; to run on (*said of line of poetry*); **enjamber sur** to project over; to encroach on
en·jeu [ãʒø] *m* (*pl* **-jeux**) stake, bet
enjoindre [ãʒwɛ̃dr] §35 *tr* to enjoin
enjôler [ãʒole] *tr* (coll) to cajole
enjô·leur [ãʒolœr] **-leuse** [løz] *adj* cajoling ‖ *mf* cajoler, wheedler
enjoliver [ãʒɔlive] *tr* to embellish
enjoli·veur [ãʒɔlivœr] **-veuse** [vøz] *mf* embellisher ‖ *m* hubcap
en·joué -jouée [ãʒwe] *adj* sprightly
enjouement [ãʒumã] *m* playfulness
enlacement [ãlɑsmã] *m* embrace, hug; lacing, interweaving
enlacer [ãlɑse] §51 *tr & ref* to enlace, to entwine; to embrace
enlaidir [ãlɛdir], [ãledir] *tr* to disfigure ‖ *intr* to grow ugly ‖ *ref* to disfigure oneself
enlèvement [ãlɛvmã] *m* removal; kidnaping, abduction
enlever [ãlve] §2 *tr* to take away, take off, remove; to carry off; to lift, lift up; to send up (*a balloon*); (fig) to carry away (*an audience*); **enlever le couvert** to clear the table; **enlever q.ch. à** to take s.th. from, remove s.th. from ‖ *ref* to come off, wear off; to rise; to boil over; (fig) to flare up
enliasser [ãljase] *tr* to tie up in bundles
enliser [ãlize] *ref* to get stuck
enluminer [ãlymine] *tr* to illuminate; to make colorful
enluminure [ãlyminyr] *f* illuminated drawing; (painting) illumination
enneiger [ãnɛʒe], [ãneʒe] §38 *tr* to cover with snow
enne·mi -mie [ɛnmi] *adj* hostile, inimical; enemy, e.g., **en pays ennemi** in enemy country ‖ *mf* enemy
ennoblir [ãnɔblir] *tr* to ennoble
ennui [ãnɥi] *m* ennui, boredom; nuisance, bother; worry, trouble
ennuyer [ãnɥije] §27 *tr* to bore; to bother ‖ *ref* to be bored
énon·cé -cée [enɔ̃se] *m* statement; wording (*of a document*); terms (*of a theorem*)
énoncer [enɔ̃se] §51 *tr* to state, enunciate; to utter
enorgueillir [ãnɔrgœjir] *tr* to make proud or boastful ‖ *ref*—**s'enorgueillir de** to pride oneself on, to boast of, to glory in
énorme [enɔrm] *adj* enormous; (coll) shocking; (coll) outrageous
énormément [enɔrmemã] *adv* enormously, tremendously; (coll) awfully; **énormément de** lots of
énormité [enɔrmite] *f* enormity; (coll) nonsense; (coll) blunder
enquérir [ãkerir] §3 *ref*—**s'enquérir de** to ask or inquire about
enquête [ãkɛt] *f* investigation, inquiry; inquest; **enquête par sondage** public-opinion poll
enquêter [ãkete] *intr* to conduct an investigation
enraciner [ãrasine] *tr* to root; to instill ‖ *ref* to take root
enra·gé -gée [ãraʒe] *adj* enraged, hotheaded; mad (*dog*); rabid (*communist*); out-and-out (*socialist*); inveterate (*gambler*); enthusiastic (*sportsman*) ‖ *mf* enthusiast, fan; fanatic, fiend
enrager [ãraʒe] §38 *intr* to be mad; **faire enrager** to enrage
enrayer [ãrɛje], [ãreje] §49 *tr* to put

spokes to; to jam, lock; to stem, halt || *ref* to jam
enrayure [ɑ̃rɛjyr] *f* (mach) skid, shoe
enrégimenter [ɑ̃reʒimɑ̃te] *tr* to regiment
enregistrement [ɑ̃rəʒistrəmɑ̃] *m* recording; registration; transcription; checking (*of baggage*); **enregistrement sur bande** or **sur ruban** tape recording
enregistrer [ɑ̃rəʒistre] *tr* to record; to register; to transcribe; to check (*baggage*)
enregis•treur [ɑ̃rəʒistrœr] **-treuse** [trøz] *adj* recording || *mf* recorder
enrhumer [ɑ̃ryme] *tr* to give a cold to || *ref* to catch cold
enrichir [ɑ̃riʃir] *tr* to enrich || *ref* to become rich
enrichissement [ɑ̃riʃismɑ̃] *m* enrichment
enrober [ɑ̃rɔbe] *tr* to coat; to wrap
enrôlement [ɑ̃rolmɑ̃] *m* enrollment; enlistment
enrôler [ɑ̃role] *tr & ref* to enroll, enlist
enrouement [ɑ̃rumɑ̃] *m* hoarseness, huskiness
enrouer [ɑ̃rwe] *tr* to make hoarse || *ref* to become hoarse
enrouiller [ɑ̃ruje] *tr & ref* to rust
enroulement [ɑ̃rulmɑ̃] *m* coil; (archit) volute; (elec) winding
enrouler [ɑ̃rule] *tr & ref* to wind, coil; to roll up
ensabler [ɑ̃sɑble] *tr & ref* to run aground on the sand
ensacher [ɑ̃saʃe] *tr* to bag
ensanglanter [ɑ̃sɑ̃glɑ̃te] *tr* to stain with blood; to steep in blood
ensei•gnant [ɑ̃sɛɲɑ̃] **-gnante** [ɲɑ̃t] *adj* teaching || *mf* teacher
enseigne [ɑ̃sɛɲ] *m* (nav) ensign || *f* flag, ensign; sign (*on tavern, store*)
enseignement [ɑ̃sɛɲəmɑ̃] *m* teaching, instruction, education; **enseignement confessionnel** parochial school education; **enseignement libre** or **privé** private-school education; **enseignement supérieur** higher education
enseigner [ɑ̃sɛɲe] *tr* to teach; to show; **enseigner q.ch. à qn** to teach s.o. s.th. || *intr* to teach; **enseigner à qn à** + *inf* to teach s.o. to + *inf*
ensemble [ɑ̃sɑ̃bl] *m* ensemble; **avec ensemble** in harmony, with one mind; **dans son ensemble** as a whole; **d'ensemble** general, comprehensive, overall; **grand ensemble** housing development || *adv* together
ensemencement [ɑ̃smɑ̃smɑ̃] *m* sowing
ensemencer [ɑ̃smɑ̃se] §51 *tr* to seed, sow; to culture (*microorganisms*)
enserrer [ɑ̃sere] *tr* to enclose; to squeeze, clasp
ensevelir [ɑ̃səvlir] *tr* to bury; to shroud
ensevelissement [ɑ̃səvlismɑ̃] *m* burial; shrouding
ensilage [ɑ̃silaʒ] *m* storing in a pit or silo
ensiler [ɑ̃sile] *tr* to ensilage
ensoleiller [ɑ̃sɔlɛje] *tr* to make sunny, to brighten
ensommeil•lé -lée [ɑ̃sɔmɛje], [ɑ̃sɔmeje] *adj* drowsy
ensorceler [ɑ̃sɔrsəle] §34 *tr* to bewitch, to enchant
ensorce•leur [ɑ̃sɔrsəlœr] **-leuse** [løz] *adj* bewitching, enchanting || *m* sorcerer, wizard; charmer || *f* witch; enchantress
ensorcellement [ɑ̃sɔrsɛlmɑ̃] *m* sorcery, enchantment; spell, charm
ensuite [ɑ̃sɥit] *adv* then, next; afterwards, after; **ensuite?** what then?, what next?; anything else?
ensuivre [ɑ̃sɥivr] §67 (used only in 3d *sg & pl*) *ref* to ensue; **il s'ensuit que . . .** it follows that . . .
entacher [ɑ̃taʃe] *tr* to blemish; **entaché de nullité** null and void
entaille [ɑ̃tɑj] *f* notch, nick; gash
entailler [ɑ̃tɑje] *tr* to notch, to nick; to gash
entame [ɑ̃tam] *f* top slice, first slice, end slice
entamer [ɑ̃tame] *tr* to cut the first slice of; to begin; to engage in, to start (*a conversation*); to make a break in (*the skin; a battle line*); to cast a slur upon; to open (*a bottle; negotiations; a card suit*); (coll) to make a dent in (*e.g., one's savings*)
entartrer [ɑ̃tartre] *tr & ref* to scale, fur
entassement [ɑ̃tɑsmɑ̃] *m* piling up
entasser [ɑ̃tɑse] *tr & ref* to pile up, to accumulate; to crowd
ente [ɑ̃t] *f* paintbrush handle; (hort) graft, scion
entendement [ɑ̃tɑ̃dmɑ̃] *m* understanding; consciousness
entendre [ɑ̃tɑ̃dr] *tr* to hear; to understand; to mean; **entendre chanter** to hear (*s.o.*) singing, to hear (*s.o.*) sing; to hear (*s.th.*) sung; **entendre dire que** to hear that; **entendre parler de** to hear of or about; **entendre raison** to listen to reason; **il entend que je le fasse** he expects me to do it, he insists that I do it || *intr* to hear || *ref* to understand one another; to get along; **s'entendre à** to be skilled in, to know
enten•du -due [ɑ̃tɑ̃dy] *adj* agreed; **bien entendu** of course; **c'est entendu!** all right!
enténébrer [ɑ̃tenebre] §10 *tr* to plunge into darkness
entente [ɑ̃tɑ̃t] *f* understanding; agreement, pact; **à double entente** with a double meaning, e.g., **expression à double entente** expression with a double meaning, double entendre; **entente industrielle** (com) combine
enter [ɑ̃te] *tr* to graft; to splice (*pieces of wood*)
entérinement [ɑ̃terinmɑ̃] *m* ratification
entériner [ɑ̃terine] *tr* to ratify
enterrement [ɑ̃tɛrmɑ̃] *m* burial, interment; funeral procession; funeral; funeral expenses; pigeonholing
enterrer [ɑ̃tere] *tr* to bury, inter; to pigeonhole, sidetrack; (coll) to attend the funeral services of; **enterrer sa vie de garçon** (coll) to give a fare-

well stag party || *ref* to bury oneself; (mil) to dig oneself in
en-tête [ãtɛt] *m* (*pl* **-têtes**) headline; chapter heading; letterhead
entê•té -tée [ãtɛte] *adj* obstinate, stubborn
entêtement [ãtɛtmã] *m* obstinacy, stubbornness
entêter [ãtɛte] *tr* to give a headache to; to make giddy || *intr* to go to one's head || *ref* to persist
enthousiasme [ãtuzjasm] *m* enthusiasm
enthousiasmer [ãtuzjasme] *tr & ref* to enthuse
enthousiaste [ãtuzjast] *adj* enthusiastic || *mf* enthusiast, fan, buff
entichement [ãtiʃmã] *m* infatuation
enticher [ãtiʃe] *tr* to infatuate || *ref* to become infatuated
en•tier [ãtje] **-tière** [tjɛr] *adj* entire, whole, full; obstinate || *m* whole, entirety; **en entier** in full
entièrement [ãtjɛrmã] *adv* entirely
entité [ãtite] *f* entity, being
entoiler [ãtwale] *tr* to put a backing on, to mount
entomologie [ãtɔmɔlɔʒi] *f* entomology
entonner [ãtɔne] *tr* to barrel; to intone, start off (*a song*); to sing (*s.o.'s praises*) || *ref* to rush up and down (*said of wind*)
entonnoir [ãtɔnwar] *m* funnel; shell hole
entorse [ãtɔrs] *f* sprain; infringement (*of a rule*); stretching (*of the truth*)
entortiller [ãtɔrtije] *tr & ref* to twist
entour [ãtur] *m*—**à l'entour** in the vicinity; **à l'entour de** around; **entours** surroundings
entourage [ãturaʒ] *m* setting, surroundings; entourage; (mach) casing
entourer [ãture] *tr* to surround
entourloupette [ãturlupɛt] *f* (coll) double cross; **faire une entourloupette à** (coll) to double-cross
entournure [ãturnyr] *f* armhole; **gêné dans les entournures** ill at ease
entraccuser [ãtrakyze] *ref* to accuse one another
entracte [ãtrakt] *m* intermission
entraide [ãtrɛd] *f* mutual assistance
entrailles [ãtrɑj] *fpl* entrails; tenderness, pity; bowels (*of the earth*); **sans entrailles** (fig) heartless
entr'aimer [ãtreme], [ãtrɛme] *ref* to love each other
entrain [ãtrɛ̃] *m* spirit, gusto, pep
entraînement [ãtrɛnmã] *m* training; enthusiasm
entraîner [ãtrɛne] *tr* to carry along or away, to entrain; to involve, entail; to pull (*railroad cars*); to work (*a pump*); to train (*an athlete*) || *ref* (sports) to train
entraîneur [ãtrɛnœr] *m* trainer, coach
entraîneuse [ãtrɛnøz] *f* B-girl
entr'apercevoir [ãtrapɛrsəvwar] **§59** *tr* to catch a glimpse of
entrave [ãtrav] *f* shackle; hindrance
entra•vé -vée [ãtrave] *adj* impeded, hampered; checked (*vowel*)
entraver [ãtrave] *tr* to shackle; to hinder, impede
entre [ãtr] *prep* between; among; in or into, e.g., **entre les mains de** in or into the hands of; **d'entre** among; from among, out of; of, e.g., **l'un d'entre eux** one of them; **entre deux eaux** under the surface of the water
entrebâillement [ãtrəbɑjmã] *m* chink, slit, crack
entrebâiller [ãtrəbɑje] *tr* to leave ajar
entrechat [ãtrəʃa] *m* caper; entrechat
entrechoquer [ãtrəʃɔke] *tr* to bump together || *ref* to clash
entrecôte [ãtrəkot] *f* sirloin steak, loin of beef; top chuck roast
entrecouper [ãtrəkupe] *tr* to interrupt; to intersect || *ref* to intersect
entrecroiser [ãtrəkrwɑze] *tr & ref* to interlace; to intersect
entre-deux [ãtrədø] *m invar* space between; interval; partition; (sports) jump ball
entre-deux-guerres [ãtrədøger] *m & f invar* period between the wars (*the First and Second World War*)
entrée [ãtre] *f* entrance, entry; admission, admittance; beginning; customs duty; (culin) entree; **avoir ses entrées à, chez,** or **dans** to have the entree into; **d'entrée** at the start, right off; **entrée de serrure** keyhole; **entrée d'un chapeau** hat size; **entrée interdite** (public sign) keep out, no admittance
entrefaites [ãtrəfɛt] *fpl*—**sur ces entrefaites** meanwhile
entrefer [ãtrəfɛr] *m* (elec) air gap
entrefermer [ãtrəfɛrme] *tr* to close part way
entrefilet [ãtrəfilɛ] *m* short feature, special item
entregent [ãtrəʒã] *m* tact, diplomacy, savoir-faire; **avoir de l'entregent** to be a good mixer
entrejambe [ãtrəʒãb] *m* crotch
entrelacer [ãtrəlɑse] **§51** *tr & ref* to interlace, to entwine, intertwine
entrelarder [ãtrəlarde] *tr* to lard; to interlard
entre-ligne [ãtrəliɲ] *m* (*pl* **-lignes**) space (*between the lines*); insertion (*written between the lines*); **à l'entre-ligne** double-spaced
entremêler [ãtrəmɛle] *tr* to mix, mingle; to intersperse
entremets [ãtrəmɛ] *m* side dish; dessert
entremet•teur [ãtrəmɛtœr] **entremet•teuse** [ãtrəmɛtøz] *mf* go-between || *m* (pej) pimp
entremettre [ãtrəmɛtr] **§42** *ref* to intervene, to intercede
entremise [ãtrəmiz] *f* intervention; **par l'entremise de** through the medium of
entre-nuire [ãtrənɥir] **§19** (*pp* **nui**) *ref* (with *dat* of *reflex pron*) to hurt each other
entrepont [ãtrəpɔ̃] *m* (naut) between-decks
entreposer [ãtrəpoze] *tr* to place in a warehouse, to store; to bond
entrepôt [ãtrəpo] *m* warehouse; **en entrepôt** in bond
entrepre•nant [ãtrəprənã] **-nante** [nãt]

adj enterprising; bold, audacious; gallant
entreprendre [ɑ̃trəprɑ̃dr] §56 *tr* to undertake; to contract for; to enter upon; (coll) to try to win over || *intr*—**entreprendre sur** to encroach upon
entrepre•neur [ɑ̃trəprənœr] **-neuse** [nøz] *mf* contractor; **entrepreneur de camionnage** trucker; **entrepreneur de pompes funèbres** undertaker
entreprise [ɑ̃trəpriz] *f* undertaking; business, firm; contract
entrer [ɑ̃tre] *tr* to introduce, bring in || *intr* (*aux*: ÊTRE) to enter; to go in, to come in; **entrer à, dans,** or **en** to enter; to enter into; to begin; **entrer pour** to enter into, to be an ingredient of
entre-rail [ɑ̃trərɑj] *m* (rr) gauge
entre-regarder [ɑ̃trərəgarde] *ref* to exchange glances
entresol [ɑ̃trəsɔl] *m* mezzanine
entre-temps [ɑ̃trətɑ̃] *m invar* interval; **dans l'entre-temps** in the meantime || *adv* meanwhile
entreteneur [ɑ̃trətnœr] *m* keeper of a mistress
entretenir [ɑ̃trətnir] §72 *tr* to maintain, keep up; to carry on (*a conversation*); to keep (*a mistress*); to entertain, harbor || *ref* to converse, talk
entrete•nu -nue [ɑ̃trətny] *adj* kept (*woman*); continuous, undamped (*waves*)
entretien [ɑ̃trətjɛ̃] *m* maintenance, upkeep; support (*of family, army, etc.*); interview
entretoise [ɑ̃trətwaz] *f* strut, brace, crosspiece
entre-tuer [ɑ̃trətɥe] *ref* to kill each other, to fight to the death
entre-voie [ɑ̃trəvwa] *f* (rr) gauge
entrevoir [ɑ̃trəvwar] §75 *tr* to glimpse; to foresee
entre•vu -vue [ɑ̃trəvy] *adj* half-seen; vaguely foreseen || *f* interview
entrouvrir [ɑ̃truvrir] §65 *tr & ref* to open part way
enture [ɑ̃tyr] *f* splice (*of pieces of wood*)
énumérer [enymere] §10 *tr* to enumerate
envahir [ɑ̃vair] *tr* to invade
envahissement [ɑ̃vaismɑ̃] *m* invasion
envaser [ɑ̃vɑze] *tr* to fill with mud; to stick in the mud
enveloppe [ɑ̃vlɔp] *f* envelope; **enveloppe à fenêtre** window envelope
envelopper [ɑ̃vlɔpe] *tr* to envelop; to wrap up
envenimer [ɑ̃vnime] *tr* to inflame, make sore; (fig) to envenom, embitter
envergure [ɑ̃vergyr] *f* span; wingspread; spread of sail; span, scope
envers [ɑ̃ver] *m* wrong side, reverse, back; **à l'envers** inside out; upside down; back to front; topsy-turvy; **mettre à l'envers** to put on backwards || *prep* towards; with regard to; **envers et contre tous** in spite of everyone else
envi [ɑ̃vi]—**à l'envi** vying with each other; **à l'envi de** vying with
enviable [ɑ̃vjabl] *adj* enviable
envie [ɑ̃vi] *f* desire, longing; envy; birthmark; hangnail; **avoir envie de** to feel like, to have a notion to
envier [ɑ̃vje] *tr* to envy; to desire; **envier q.ch. à qn** to begrudge s.o. s.th.
en•vieux [ɑ̃vjø] **-vieuse** [vjøz] *adj* envious || *mf* envious person
environ [ɑ̃virɔ̃] *m* outlying section; **aux environs de** in the vicinity of; around, about; **environs** surroundings || *adv* about, approximately
environnement [ɑ̃virɔnmɑ̃] *m* environment
environner [ɑ̃virɔne] *tr* to surround
envisager [ɑ̃vizaʒe] §38 *tr* to envisage || *intr*—**envisager** + *inf* to plan to + *inf*, to expect to + *inf*
envoi [ɑ̃vwa] *m* consignment; remittance; envoy (*of ballad*)
envol [ɑ̃vɔl] *m* flight; (aer) takeoff
envolée [ɑ̃vɔle] *f* flight; (aer) takeoff
envoler [ɑ̃vɔle] *ref* to fly (*said of time*); (aer) to take off
envoûtement [ɑ̃vutmɑ̃] *m* spell, voodoo
envoûter [ɑ̃vute] *tr* to cast a spell on
envoyé envoyée [ɑ̃vwaje] *mf* envoy; messenger; **envoyé spécial** special correspondent (*of newspaper*)
envoyer [ɑ̃vwaje] §26 *tr* to send; to send out; to throw (*e.g., a stone*); to give (*a kick*); **envoyer promener** to send (*s.o.*) about his business; **envoyer qn** + *inf* to send s.o. to + *inf*; **envoyer qn chercher q.ch.** or **qn** to send s.o. for s.th. or s.o. || *intr*—**envoyer chercher** to send for (*s.o.* or *s.th.*) || *ref* (coll) to gulp down
enzyme [ɑ̃zim] *m & f* enzyme
épa•gneul -gneule [epaɲœl] *mf* spaniel
épais [epɛ] **épaisse** [epes] *adj* thick || **épais** *adv* thickly
épaisseur [epɛsœr] *f* thickness
épaissir [epɛsir] *tr, intr, & ref* to thicken
épanchement [epɑ̃ʃmɑ̃] *m* outpouring, effusion; (pathol) discharge
épancher [epɑ̃ʃe] *tr* to pour out; to unburden (*e.g., one's feelings*) || *ref* to pour out; **s'épancher auprès de** to unbosom oneself to; **s'épancher de q.ch.** to get s.th. off one's chest
épandre [epɑ̃dr] *tr & ref* to spread; to scatter
épanouir [epanwir] *tr* to make (*flowers*) bloom; to light up (*the face*) || *ref* to bloom; to beam (*said of face*)
épanouissement [epanwismɑ̃] *m* blossoming; brightening up (*of a face*)
épar•gnant [eparɲɑ̃] **-gnante** [ɲɑ̃t] *adj* thrifty || *mf* depositor
épargne [eparɲ] *f* saving, thrift; **épargnes** savings
épargner [eparɲe] *tr* to save; to spare; to husband
éparpillement [eparpijmɑ̃] *m* scattering
éparpiller [eparpije] *tr* to scatter; to dissipate (*e.g., one's efforts*)

épars [epar] **éparse** [epars] *adj* scattered, sparse; in disorder
épa·tant [epatɑ̃] **-tante** [tɑ̃t] *adj* (coll) wonderful, terrific
épate [epat] *f*—**faire de l'épate** (slang) to make a big show, to splurge
épa·té -tée [epate] *adj* flattened; (slang) flabbergasted
épater [epate] *tr* (coll) to shock, amaze
épaulard [epolar] *m* killer whale
épaule [epol] *f* shoulder; **donner un coup d'épaule à qn** (coll) to give s.o. a hand; **par-dessus l'épaule** (fig) contemptuously
épaulé-jeté [epoleʒte] *m* clean and jerk (*in weight lifting*)
épaulement [epolmɑ̃] *m* breastworks
épauler [epole] *tr* to back, support ‖ *intr* to take aim
épaulette [epolɛt] *f* epaulet
épave [epav] *f* wreck; derelict, stray; **épaves** wreckage
épée [epe] *f* sword
épéiste [epeist] *m* swordsman
épeler [eple] §34 *tr* to spell, to spell out; to read letter by letter
épellation [epɛllɑsjɔ̃] *f* spelling
éper·du -due [epɛrdy] *adj* bewildered; desperate (*resistance*); mad (*with pain*); wild (*with joy*)
éperdument [epɛrdymɑ̃] *adv* desperately, madly, wildly
éperlan [epɛrlɑ̃] *m* smelt
éperon [eprɔ̃] *m* spur
éperonner [eprɔne] *tr* to spur
épervier [epɛrvje] *m* sparrow hawk; fish net
éphémère [efemɛr] *adj* ephemeral ‖ *m* mayfly
épi [epi] *m* ear, cob, spike; cowlick
épice [epis] *f* spice
épicéa [episeɑ] *m* Norway spruce
épicer [epise] §51 *tr* to spice
épicerie [episri] *f* grocery store; canned goods
épi·cier [episje] **-cière** [sjɛr] *mf* grocer
épidémie [epidemi] *f* epidemic
épidémiologie [epidemjɔlɔʒi] *f* epidemiology
épidémique [epidemik] *adj* epidemic; contagious (*e.g., laughter*)
épiderme [epidɛrm] *m* epidermis
épier [epje] *tr* to spy upon; to be on the lookout for ‖ *intr* to ear, to head
épieu [epjø] *m* (*pl* **épieux**) pike
épiglotte [epiglɔt] *f* epiglottis
épigramme [epigram] *f* epigram
épigraphe [epigraf] *f* epigraph
épilepsie [epilɛpsi] *f* epilepsy
épileptique [epilɛptik] *adj* & *mf* epileptic
épiler [epile] *tr* to pluck (*one's eyebrows*); to remove hair from
épilogue [epilɔg] *m* epilogue
épiloguer [epilɔge] *intr* to split hairs; **épiloguer sur** to carp at
épinard [epinar] *m* spinach; **des épinards** spinach (*leaves used as food*)
épine [epin] *f* thorn; **épine dorsale** backbone; **épine noire** blackthorn; **être sur les épines** to be on pins and needles
épinette [epinɛt] *f* spinet; hencoop
épi·neux [epinø] **-neuse** [nøz] *adj* thorny; ticklish (*question*)
épingle [epɛ̃gl] *f* pin; **épingle à chapeau** hatpin; **épingle à cheveux** hairpin; **épingle à linge** clothespin; **épingle anglaise** safety pin; **épingle dans une meule de foin** needle in a haystack; **épingle de cravate** stickpin; **épingle de sûreté** safety pin; **monter en épingle** (coll) to make much of; **tiré à quatre épingles** (coll) spic-and-span; (coll) all dolled up; **tirer son épingle du jeu** (coll) to get out by the skin of one's teeth
épingler [epɛ̃gle] *tr* to pin; (coll) to pin down (*s.o.*)
épinière [epinjɛr] *adj fem* spinal (*cord*)
Épiphanie [epifani] *f* Epiphany, Twelfth-night
épique [epik] *adj* epic
épisco·pal -pale [episkɔpal] (*pl* **-paux** [po]) *adj* episcopal; Episcopalian ‖ *mf* Episcopalian
épisode [epizɔd] *m* episode
épisodique [epizɔdik] *adj* episodic
épisser [epise] *tr* to splice
épissure [episyr] *f* splice
épistémologie [epistemɔlɔʒi] *f* epistemology
épitaphe [epitaf] *f* epitaph
épithète [epitɛt] *f* epithet
épitoge [epitɔʒ] *f* shoulder band (*worn by French lawyers and holders of French degrees*)
épitomé [epitɔme] *m* epitome
épître [epitr] *f* epistle
éplo·ré -rée [eplɔre] *adj* in tears
épluchage [eplyʃaʒ] *m* peeling; examination
éplucher [eplyʃe] *tr* to peel, pare; to clean, pick; (fig) to find fault with, to pick holes in
éplu·cheur [eplyʃœr] **-cheuse** [ʃøz] *mf* (coll) faultfinder ‖ *m* potato peeler, orange peeler, peeling knife ‖ *f*—**éplucheuse électrique** electric peeler
épluchure [eplyʃyr] *f* peelings; **épluchure de maïs** cornhusks
épointer [epwɛ̃te] *tr* to dull the point of
éponge [epɔ̃ʒ] *f* sponge
éponger [epɔ̃ʒe] §38 *tr* to sponge off, to mop up
épopée [epɔpe] *f* epic
époque [epɔk] *f* epoch; time; period; **à l'époque de** at the time of; **d'époque** a real antique; **faire époque** to be epoch-making
épouiller [epuje] *tr* to delouse
époumoner [epumɔne] *ref* to shout oneself out of breath
épousailles [epuzɑj] *fpl* wedding
épouser [epuze] *tr* to marry; to espouse; **épouser la forme de** to take the exact shape of
époussetage [epustaʒ] *m* dusting
épousseter [epuste] §34 *tr* to dust
époussette [epusɛt] *f* duster
épouvantable [epuvɑ̃tabl] *adj* frightful, terrible
épouvantail [epuvɑ̃taj] *m* scarecrow
épouvante [epuvɑ̃t] *f* fright, terror

épouvanter [epuvɑ̃te] *tr* to frighten, terrify

époux [epu] **épouse** [epuz] *mf* spouse || *m* husband; **les époux** husband and wife || *f* wife

éprendre [eprɑ̃dr] §56 *ref*—**s'éprendre de** to fall in love with; to hold fast to (*liberty, justice, etc.*)

épreuve [eprœv] *f* proof, test, trial; ordeal; examination; (phot, typ) proof

épris [epri] **éprise** [epriz] *adj* infatuated; **épris de** in love with

éprouver [epruve] *tr* to prove, test, try; to experience, to feel; to put to the test

éprouvette [epruvɛt] *f* test tube; specimen; (med) probe

epsomite [ɛpsɔmit] *f* Epsom salts

épucer [epyse] §51 *tr* to clean of fleas, to delouse

épui•sé -sée [epɥize] *adj* exhausted, tired out; sold out

épuisement [epɥizmɑ̃] *m* exhaustion; diminution, draining off

épuiser [epɥize] *tr* to exhaust, use up; to wear out; to tire out || *ref* to run out; to wear out

épuration [epyrɑsjɔ̃] *f* purification; refining (*e.g., of petroleum*); (pol) purge

épure [epyr] *f* working drawing

épurement [epyrmɑ̃] *m* expurgation

épurer [epyre] *tr* to purify; to expurgate; to weed out, to purge

équanimité [ekwanimite] *f* equanimity

équarrir [ekarir] *tr* to cut up, quarter (*an animal*); to square off

équateur [ekwatœr] *m* equator; **l'Équateur** Ecuador

équation [ekwɑsjɔ̃] *f* equation

équato•rial -riale [ekwatɔrjal] *adj* (*pl* **-riaux** [rjo]) equatorial

équerrage [ekɛraʒ] *m* bevel; beveling

équerre [ekɛr] *f* square (*L- or T-shaped instrument*); **d'équerre** square, true; **mettre d'équerre** to square, to true

équerrer [ekɛre] *tr* to bevel

équestre [ekɛstr] *adj* equestrian

équilaté•ral -rale [ekɥilateral] *adj* (*pl* **-raux** [ro]) equilateral

équilibre [ekilibr] *m* equilibrium, balance; equipoise

équilibrer [ekilibre] *tr & ref* to balance

équilibriste [ekilibrist] *mf* balancer, ropedancer

équinoxe [ekinɔks] *m* equinox

équipage [ekipaʒ] *m* crew; retinue, suite; attire

équipe [ekip] *f* team; crew; gang, work party; (naut) train of boats; **équipe de jour** day shift; **équipe de nuit** night shift; **équipe de secours** rescue squad

équipée [ekipe] *f* escapade, lark; crazy project

équipement [ekipmɑ̃] *m* equipment

équiper [ekipe] *tr* to equip

équi•pier [ekipje] **-pière** [pjɛr] *mf* teammate; crew member

équitable [ekitabl] *adj* equitable

équitation [ekitɑsjɔ̃] *f* horseback riding

équité [ekite] *f* equity

équiva•lent [ekivalɑ̃] **-lente** [lɑ̃t] *adj & m* equivalent

équivaloir [ekivalwar] §71 *intr*—**équivaloir à** to be equivalent to; to be tantamount to

équivoque [ekivɔk] *adj* equivocal; questionable (*e.g., reputation*) || *f* double entendre; uncertainty; **sans équivoque** without equivocation

équivoquer [ekivɔke] *intr* to equivocate, quibble; to pun

érable [erabl] *m* maple; **érable à sucre** sugar maple

érafler [erɑfle] *tr* to graze, scratch

éraflure [erɑflyr] *f* graze, scratch

érail•lé -lée [erɑje] *adj* bloodshot (*eyes*); hoarse (*voice*)

érailler [erɑje] *tr* to fray

ère [ɛr] *f* era

érection [erɛksjɔ̃] *f* erection

éreín•té -tée [erɛ̃te] *adj* all in, worn out, tired out

éreinter [erɛ̃te] *tr* to exhaust, tire out; (coll) to criticize unmercifully, to run down (*an author, play, etc.*) || *ref* to wear oneself out; to drudge

erg [ɛrg] *m* erg

ergot [ɛrgo] *m* spur (*of rooster*); **monter** or **se dresser sur ses ergots** (fig) to get up on a high horse

ergotage [ɛrgɔtaʒ] *m* (coll) quibbling

ergoter [ɛrgɔte] *tr* (coll) to quibble

ériger [eriʒe] §38 *tr* to erect || *ref*—**s'ériger en** to set oneself up as

ermitage [ɛrmitaʒ] *m* hermitage

ermite [ɛrmit] *m* hermit

éroder [erɔde] *tr* to erode

érosion [erozjɔ̃] *f* erosion

érotique [erɔtik] *adj* erotic

érotisme [erɔtism] *m* eroticism

er•rant [ɛrɑ̃] **er•rante** [ɛrɑ̃t] *adj* wandering, stray; errant

erratique [ɛratik] *adj* intermittent, irregular, erratic

erre [ɛr] *f* (naut) headway; **erres** track (*e.g., of deer*)

errements [ɛrmɑ̃] *mpl* ways, methods; (pej) erring ways, bad habits

errer [ɛre] *intr* to wander; to err; to play (*said of smile*)

erreur [ɛrœr] *f* error, mistake; **erreur de frappe** typing error

erro•né -née [ɛrɔne] *adj* erroneous

éructation [eryktɑsjɔ̃] *f* belch

éructer [erkyte] *tr* (fig) to belch forth || *intr* to belch

éru•dit [erydi] **-dite** [dit] *adj* erudite, learned || *mf* scholar, erudite

érudition [erydisjɔ̃] *f* erudition

éruption [erypsjɔ̃] *f* eruption

ès [ɛs] *prep* §77

esc. *abbr* (**escompte**) discount

esca•beau [ɛskabo] *m* (*pl* **-beaux**) stool; stepladder

escadre [ɛskɑdr] *f* squadron; fleet

escadron [ɛskɑdrɔ̃] *m* (mil) squadron

escalade [ɛskalad] *f* scaling, climbing

escalader [ɛskalade] *tr* to scale, to climb; to clamber over or up

escalator [ɛskalatɔr] *m* escalator

escale [ɛskal] *f* port of call, stop; **faire escale** to make a stop; **sans escale** nonstop

escalier [ɛskalje] *m* stairway; **escalier à vis** circular stairway; **escalier de sauvetage** fire escape; **escalier en colimaçon** spiral staircase; **escalier mécanique** or **roulant** escalator
escalope [ɛskalɔp] *f* scallop
escamotable [ɛskamɔtabl] *adj* retractable (*e.g., landing gear*); concealable (*piece of furniture*)
escamotage [ɛskamɔtaʒ] *m* sleight of hand; side-stepping, avoiding; theft
escamoter [ɛskamɔte] *tr* to palm (*a card*); to pick (*a wallet*); to dodge (*a question*); to slur (*a word*); to hush up (*a scandal*); (aer) to retract (*landing gear*)
escamo•teur [ɛskamɔtœr] **-teuse** [tøz] *mf* prestidigitator; pickpocket
escapade [ɛskapad] *f* escapade, escape
escarbille [ɛskarbij] *f* cinder, clinker
escarbot [ɛskarbo] *m* beetle
escarboucle [ɛskarbukl] *f* (mineral) carbuncle
escargot [ɛskargo] *m* snail
escarmouche [ɛskarmuʃ] *f* skirmish
escarmoucher [ɛskarmuʃe] *intr* to skirmish
escarpe [ɛskarp] *m* ruffian, bandit ‖ *f* escarpment (*of a fort*)
escar•pé -pée [ɛskarpe] *adj* steep
escarpement [ɛskarpəmɑ̃] *m* escarpment
escarpin [ɛskarpɛ̃] *m* pump, dancing shoe
escarpolette [ɛskarpɔlɛt] *f* swing
escarre [ɛskar] *f* scab
escarrifier [ɛskarifje] *tr* to form a scab on
esche [ɛʃ] *f* bait
Eschyle [ɛsʃil], [eʃil] *m* Aeschylus
escient [esjɑ̃]—**à bon escient** knowingly, wittingly; **à mon (ton, etc.) escient** to my (your, etc.) certain knowledge
esclaffer [ɛsklafe] *ref* to burst out laughing
esclandre [ɛsklɑ̃dr] *m* scandal
esclavage [ɛsklavaʒ] *m* slavery
esclavagiste [ɛsklavaʒist] *adj* pro-slavery ‖ *mf* advocate of slavery
esclave [ɛsklav] *adj & mf* slave
escompte [ɛskɔ̃t] *m* discount, rebate; **escompte de caisse** cash discount; **escompte en dehors** bank discount; **prendre à l'escompte** to discount
escompter [ɛskɔ̃te] *tr* to discount (*a premature note*); to anticipate
escompteur [ɛskɔ̃tœr] *adj* discounting (*banker*) ‖ *m* discount broker
escopette [ɛskɔpɛt] *f* blunderbuss
escorte [ɛskɔrt] *f* escort
escorter [ɛskɔrte] *tr* to escort
escouade [ɛskwad] *f* infantry section; gang (*of laborers*)
escrime [ɛskrim] *f* fencing
escrimer [ɛskrime] *intr & ref* to fence; **s'escrimer à** to work with might and main at; **s'escrimer contre** to fence with
escri•meur [ɛskrimœr] **-meuse** [møz] *mf* fencer
escroc [ɛskro] *m* crook, swindler
escroquer [ɛskrɔke] *tr* to swindle
escroquerie [ɛskrɔkri] *f* swindling, cheating; racket, swindle
ésotérique [ezɔterik] *adj* esoteric
espace [ɛspɑs] *m* space; room; **espace cosmique** outer space ‖ *f* (typ) space
espacement [ɛspɑsmɑ̃] *m* spacing
espacer [ɛspɑse] §51 *tr* to space
espadon [ɛspadɔ̃] *m* swordfish
espadrille [ɛspadrij] *f* tennis shoe; beach sandal; esparto sandal
Espagne [ɛspaɲ] *f* Spain; **l'Espagne** Spain
espa•gnol -gnole [ɛspaɲɔl] *adj* Spanish ‖ *m* Spanish (*language*) ‖ (*cap*) *mf* Spaniard (*person*); **les Espagnols** the Spanish
espagnolette [ɛspaɲɔlɛt] *f* espagnolette (*door fastener for French casement window*)
espalier [ɛspalje] *m* espalier
espèce [ɛspɛs] *f* species; sort, kind; **en espèces** in specie; **en l'espèce** in the matter; **espèces sonnantes** hard cash; **sale espèce** cad, bounder ‖ *mf*—**espèce de** (coll) damn, e.g., **cet espèce d'idiot** that damn fool
espérance [ɛsperɑ̃s] *f* hope; **espérances** expectations; prospects
espérer [ɛspere] §10 *tr* to hope, to hope for; (coll) to wait for; **espérer** + *inf* to hope to + *inf* ‖ *intr* to trust; (coll) to wait
espiègle [ɛspjɛgl] *adj* mischievous ‖ *mf* rogue
espièglerie [ɛspjɛgləri] *f* mischievousness; prank
es•pion [ɛspjɔ̃] **-pionne** [pjɔn] *mf* spy ‖ *m* concealed microphone; busybody (*mirror*)
espionnage [ɛspjɔnaʒ] *m* espionage
espionner [ɛspjɔne] *tr* to spy on
espoir [ɛspwar] *m* hope; promise
esprit [ɛspri] *m* spirit; mind; intelligence; wit; spirits (*of wine*); **à l'esprit clair** clearheaded; **avoir l'esprit de l'escalier** to think of what to say too late; **bel esprit** man of letters; **esprit d'équipe** teamwork; **esprit de système** love of order; (pej) pigheadedness; **esprit fort** freethinker; **rendre l'esprit** to give up the ghost
esquif [ɛskif] *m* skiff
esqui•mau [ɛskimo] **-maude** [mod] (*pl* **-maux**) *adj* Eskimo ‖ *m* husky, Eskimo dog; Eskimo (*language*) ‖ (*cap*) *mf* Eskimo (*person*)
esquinter [ɛskɛ̃te] *tr* (coll) to tire out; (coll) to wear out; (coll) to run down, knock, criticize
esquisse [ɛskis] *f* sketch; outline, draft; beginning (*e.g., of a smile*)
esquisser [ɛskise] *tr* to sketch; to outline, draft; to begin
esquiver [ɛskive] *tr* to dodge, to sidestep; **esquiver de la tête** to duck ‖ *ref* to sneak away
essai [esɛ] *m* essay; trial, test; **à l'essai** on trial; **essais** first attempts (*of artist, writer, etc.*); **faire l'essai de** to try out
essaim [esɛ̃] *m* swarm
essaimer [eseme] *intr* to swarm
essarter [esarte] *tr* to clear (*brush*)

essarts [esar] *mpl* clearings
essayage [esεjaʒ] *m* fitting, trying on
essayer [esεje], [eseje] §49 *tr* to try on or try out; to assay (*ore*) || *intr* to try; **essayer de** to try to || *ref*—**s'essayer à** to try one's skill at
essayeur [esεjœr] **essayeuse** [esεjøz] *mf* assayer
essayiste [esεjist] *mf* essayist
esse [εs] *f* S-hook; sound hole (*of violin*)
essence [esɑ̃s] *f* essence; gasoline; kind, species; **par essence** by definition
essen•tiel -tielle [esɑ̃sjεl] *adj & m* essential
esseu•lé -lée [esœle] *adj* abandoned
es•sieu [esjø] *m* (*pl* **-sieux**) axle
essor [esɔr] *m* flight; development; boom (*in business*); **donner libre essor à** to give vent to; to give full scope to; **prendre son essor** to take wing
essorer [esɔre] *tr* to spin-dry; to wring; to centrifuge
essoreuse [esɔrøz] *f* spin-drier; wringer; centrifuge
essouf•flé -flée [esufle] *adj* breathless, out of breath
essuie-glace [esɥiglas] *m* (*pl* **-glaces**) windshield wiper
essuie-mains [esɥimε̃] *m invar* towel
essuie-plume [esɥiplym] *m* (*pl* **-plumes**) penwiper
essuyer [esɥije], [εsɥije] §27 *tr* to wipe; to wipe off; to wipe away; to suffer, endure; to undergo; to weather (*a storm*); **essuyer les plâtres** (coll) to be the first to occupy a house
est [εst] *adj invar & m* east
estacade [εstakad] *f* breakwater; pier; boom (*barrier of floating logs*); railway trestle
estafette [εstafεt] *f* messenger
estaminet [εstaminε] *m* bar, café
estampe [εstɑ̃p] *f* print, engraving; (*tool*) stamp
estamper [εstɑ̃pe] *tr* to stamp (*with a design*); to engrave; to overcharge, to fleece
estampille [εstɑ̃pij] *f* identification mark; trademark; hallmark
ester [εstεr] *m* ester || [εste] *intr*—**ester en justice** to go to law, to sue
esthète [εstεt] *mf* aesthete
esthéti•cien [εstetisjε̃] **-cienne** [sjεn] *mf* aesthetician || *f* beautician
esthétique [εstetik] *adj* aesthetic || *f* aesthetics
estimable [εstimabl] *adj* estimable
estimateur [εstimatœr] *m* estimator, appraiser
estimation [εstimɑsjɔ̃] *f* estimation, appraisal
estime [εstim] *f* esteem; **à l'estime** by guesswork; (naut) by dead reckoning
estimer [εstime] *tr* to esteem; to estimate, to assess; **estimer** + *inf* to think that + *ind*, e.g., **j'estime avoir fait mon devoir** I think that I did my duty
esti•val -vale [εstival] *adj* (*pl* **-vaux** [vo]) summer
esti•vant [εstivɑ̃] **-vante** [vɑ̃t] *mf* summer vacationist, summer resident
estiver [εstive] *intr* to summer
estocade [εstɔkad] *f* thrust (*in fencing*); unexpected attack
estomac [εstɔma] *m* stomach
estomaquer [εstɔmake] *tr* (coll) to astound || *ref* (coll) to be angered
estomper [εstɔ̃pe] *tr* to shade off, to rub away (*a drawing*); to blur || *ref* to be blurred
Estonie [εstɔni] *f* Estonia; **l'Estonie** Estonia
estrade [εstrad] *f* platform
estragon [εstragɔ̃] *m* tarragon
estro•pié -piée [εstrɔpje] *adj* crippled || *mf* cripple
estuaire [εstɥεr] *m* estuary
estudian•tin [εstydjɑ̃tε̃] **-tine** [tin] *adj* student
esturgeon [εstyrʒɔ̃] *m* sturgeon
et [e] *conj* and; **et . . . et** both . . . and
Établ. *abbr* (**Établissement**) company, establishment
étable [etabl] *f* stable, cowshed
établer [etable] *tr* to stable
établi [etabli] *m* workbench
établir [etablir] *tr* to establish || *ref* to settle down; to set up headquarters
établissement [etablismɑ̃] *m* establishment
étage [etaʒ] *m* floor, story; tier, level; rank, social level; (rok) stage; **de bas étage** lower-class; **dernier étage** top floor; **premier étage** first floor above ground floor
étager [etaʒe] §38 *tr* to arrange in tiers; to stagger; to perform in stages
étagère [etaʒεr] *f* rack, shelf
étai [etε] *m* prop, stay
étain [etε̃] *m* tin; pewter
étal [etal] *m* (*pl* **étals** or **étaux** [eto]) stall, stand; butcher's block
étalage [etalaʒ] *m* display
étalager [etalaʒe] §38 *tr* to display
étalagiste [etalaʒist] *mf* window dresser, display artist; demonstrator
étaler [etale] *tr* to display; to spread out || *ref* (coll) to sprawl
étalon [etalɔ̃] *m* stallion; monetary standard
étalonner [etalɔne] *tr* to verify, control; to standardize; to graduate, calibrate
étalon-or [etalɔ̃ɔr] *m* gold standard
étambot [etɑ̃bo] *m* (naut) sternpost
étamer [etame] *tr* to tin-plate; to silver (*a mirror*)
étamine [etamin] *f* stamen; sieve; cheesecloth
étampe [etɑ̃p] *f* stamp, die, punch
étamper [etɑ̃pe] *tr* to stamp, punch
étanche [etɑ̃ʃ] *adj* watertight, airtight
étancher [etɑ̃ʃe] *tr* to check, stanch the flow of; to quench (*one's thirst*); to make watertight or airtight
étang [etɑ̃] *m* pond
étape [etap] *f* stage; stop, halt; day's march; (sports) lap; **brûler les étapes** to go straight through
état [eta] *m* state; statement, record; trade, occupation; government; (hist) estate; **en tout état de cause** at all

costs; in any case; **état civil** marital status; **état tampon** buffer state; **être dans tous ses états** to stew; **être en état de** to be in a position to; **faire état de** to take into account; to expect to; **hors d'état** out of order, unfit; **tenir en état** to keep in shape, to repair

étatisation [etatizasjɔ̃] *f* nationalization

étatiser [etatize] *tr* to nationalize

étatisme [etatism] *m* statism

état-major [etamaʒɔr] *m* (*pl* **états-majors**) headquarters, staff

état-providence [etaprɔvidɑ̃s] *m* welfare state

États-Unis [etazyni] *mpl* United States

étau [eto] *m* (*pl* **étaux**) vise

étayer [eteje] **§49** *tr* to prop, stay

et Cie *abbr* (**et Compagnie**) & Co.

été [ete] *m* summer

éteignoir [eteɲwar] *m* candle snuffer; (coll) kill-joy, wet blanket

éteindre [etɛ̃dr] **§50** *tr* to extinguish, put out; to turn off; to wipe out; to appease (*e.g., one's thirst*); to dull (*a color*) || *intr* to put out the light || *ref* to go out; (fig) to die, pass away

éteint [etɛ̃] **éteinte** [etɛ̃t] *adj* extinguished; extinct; dull, dim

étendard [etɑ̃dar] *m* flag, banner

étendoir [etɑ̃dwar] *m* clothesline; drying rack

étendre [etɑ̃dr] *tr* to extend, spread out || *ref* to stretch out; to spread

éten•du -due [etɑ̃dy] *adj* outspread; extensive; vast; diluted, adulterated || *f* stretch; range, scope

éter•nel -nelle [etɛrnɛl] *adj* eternal

éterniser [etɛrnize] *tr* to perpetuate (*a name*); to drag out || *ref* (coll) to drag on; **s'éterniser chez qn** (coll) to overstay an invitation

éternité [etɛrnite] *f* eternity

éternuement [etɛrnymɑ̃] *m* sneeze; sneezing

éternuer [etɛrnɥe] *intr* to sneeze

étêter [etete] *tr* to top (*a tree*); to take the head off (*a fish, nail, etc.*)

éteule [etœl] *f* stubble

éther [etɛr] *m* ether

éthé•ré -rée [etere] *adj* ethereal

Éthiopie [etjɔpi] *f* Ethiopia; **l'Éthiopie** Ethiopia

éthio•pien [etjɔpjɛ̃] **-pienne** [pjɛn] *adj* Ethiopian || *m* Ethiopian (*language*) || (*cap*) *mf* Ethiopian (*person*)

éthique [etik] *adj* ethical || *f* ethics

ethnique [ɛtnik] *adj* ethnic(al)

ethnographie [ɛtnɔgrafi] *f* ethnography

ethnologie [ɛtnɔlɔʒi] *f* ethnology

éthyle [etil] *m* ethyl

éthylène [etilɛn] *m* ethylene

étiage [etjaʒ] *m* low-water mark

étince•lant [etɛ̃slɑ̃] **-lante** [lɑ̃t] *adj* sparkling, glittering

étinceler [etɛ̃sle] **§34** *intr* to sparkle, glitter

étincelle [etɛ̃sɛl] *f* spark; (fig) flash

étiolement [etjɔlmɑ̃] *m* wilting

étioler [etjɔle] *tr & ref* to wilt

étique [etik] *adj* lean, emaciated

étiqueter [etikte] **§34** *tr* to label

étiquette [etikɛt] *f* etiquette; label; **étiquette gommée** sticker

étirer [etire] *tr* to stretch, lengthen, elongate || *ref* (coll) to stretch one's limbs

étoffe [etɔf] *f* stuff; material, fabric; quality, worth

étoile [etwal] *f* star; traffic circle; **à la belle étoile** out of doors; **étoile de mer** starfish; **étoile filante** shooting or falling star; **étoile polaire** polestar

étoi•lé -lée [etwale] *adj* star-spangled, starry

étole [etɔl] *f* stole

éton•nant [etɔnɑ̃] **éton•nante** [etɔnɑ̃t] *adj* astonishing

étonnement [etɔnmɑ̃] *m* surprise, astonishment; fissure, crack

étonner [etɔne] *tr* to surprise, astonish; to shake or crack (*masonry*) || *ref* to be surprised

étouf•fant [etufɑ̃] **étouf•fante** [etufɑ̃t] *adj* suffocating; sweltering

étouffée [etufe] *f* braising; **cuire à l'étouffée** to braise

étouffer [etufe] *tr, intr, & ref* to suffocate; to stifle; to choke

étoupe [etup] *f* oakum, tow

étourderie [eturdri] *f* thoughtlessness

étour•di -die [eturdi] *adj* scatterbrained || *mf* scatterbrain

étourdir [eturdir] *tr* to stun, daze; to numb; to deafen (*with loud noise*) || *ref* to try to forget, get in a daze

étourdissement [eturdismɑ̃] *m* dizziness; numbing

étour•neau [eturno] *m* (*pl* **-neaux**) starling

étrange [etrɑ̃ʒ] *adj* strange

étran•ger [etrɑ̃ʒe] **-gère** [ʒɛr] *adj* foreign; irrelevant; unknown, strange; **être étranger à** to be unacquainted with || *mf* foreigner; stranger; **à l'étranger** abroad, in a foreign country

étrangeté [etrɑ̃ʒte] *f* strangeness

étrangler [etrɑ̃gle] *tr & intr* to strangle || *ref* to choke; to narrow (*said of passageway, valley, etc.*)

étran•gleur [etrɑ̃glœr] **-gleuse** [gløz] *mf* strangler

étrave [etrav] *f* (naut) stempost; **de l'étrave à l'étambot** from stem to stern

être [ɛtr] *m* being || **§28** *intr* to be; **en être pour sa peine** to have nothing for one's trouble; **être à** + *pron disj* to be + *pron poss*, e.g., **le livre est à moi** the book is mine; **n'est-ce pas** see **ne** || *aux* (used with some intransitive verbs and all reflexive verbs) to have, e.g., **elles sont arrivées** they have arrived; (used to form the passive voice) to be, e.g., **il est aimé de tout le monde** he is loved by everybody

étrécir [etresir] *tr & ref* to shrink

étreindre [etrɛ̃dr] **§50** *tr* to embrace; to grip, seize

étreinte [etrɛ̃t] *f* embrace; hold, grasp

étrenne [etrɛn] *f* first sale of the day;

avoir l'étrenne de to have the first use of; **étrennes** New-Year gifts
étrenner [etrɛne] *tr* to put on for the first time; to be the first to wear || *intr* (coll) to be the first to catch it
étrier [etrije] *m* stirrup
étrille [etrij] *f* currycomb
étriller [etrije] *tr* to curry; (coll) to thrash, to tan the hide of; (coll) to overcharge, to fleece
étriper [etripe] *tr* to gut, disembowel
étri•qué -quée [etrike] *adj* skimpy, tight; narrow, cramped
étriquer [etrike] *tr* to make too tight; to shorten (*e.g., a speech*)
étroit [etrwɑ] **étroite** [etrwɑt] *adj* narrow; strict; tight; close; **à l'étroit** confined, cramped
étroitesse [etrwɑtɛs] *f* narrowness; **étroitesse d'esprit** narrow-mindedness
étude [etyd] *f* study; law office; law practice; spadework, planning; **à l'étude** under consideration; **mettre à l'étude** to study; **terminer ses études** to finish one's courses
étu•diant [etydjɑ̃] **-diante** [djɑ̃t] *mf* student
étu•dié -diée [etydje] *adj* studied; set (*speech*); artificial, affected
étudier [etydje] *tr* to study; to practice, rehearse; to learn by heart; to design || *intr* to study || *ref* to be overly introspective; **s'étudier à** to take pains to, to make a point of
étui [etɥi] *m* case, box
étuve [etyv] *f* steam bath or room; drying room; steam sterilizer; incubator (*for breeding cultures*)
étuver [etyve] *tr* to stew; to steam; to dry
étymologie [etimɔlɔʒi] *f* etymology
étymon [etimɔ̃] *m* etymon
eucalyptus [økaliptys] *m* eucalyptus
Eucharistie [økaristi] *f* Eucharist
eunuque [ønyk] *m* eunuch
euphémique [øfemik] *adj* euphemistic
euphémisme [øfemism] *m* euphemism
euphonie [øfɔni] *f* euphony
euphonique [øfɔnik] *adj* euphonic
euphorie [øfɔri] *f* euphoria
Europe [ørɔp] *f* Europe; **l'Europe** Europe
européen [ørɔpeɛ̃] **européenne** [ørɔpeɛn] *adj* European || (*cap*) *mf* European
eux [ø] §85
eux-mêmes [ømem] §86
évacuer [evakɥe] *tr & ref* to evacuate
éva•dé -dée [evade] *mf* escapee
évader [evade] *ref* to escape, evade
évaluer [evalɥe] *tr* to evaluate, appraise; to estimate
évanes•cent [evanesɑ̃] **évanes•cente** [evanesɑ̃t] *adj* evanescent
évangélique [evɑ̃ʒelik] *adj* evangelic(al)
évangéliste [evɑ̃ʒelist] *m* evangelist
évangile [evɑ̃ʒil] *m* gospel
évanouir [evanwir] *ref* to faint; to lose consciousness; to vanish; (rad) to fade
évanouissement [evanwismɑ̃] *m* fainting; disappearance
évapo•ré -rée [evapɔre] *adj* flighty, fickle, giddy
évaporer [evapɔre] *tr & ref* to evaporate
évaser [evɑze] *tr & ref* to widen
éva•sif [evɑzif] **-sive** [ziv] *adj* evasive
évasion [evɑszjɔ̃] *f* evasion; escape; **d'évasion** escapist (*literature*)
Ève [ɛv] *f* Eve; **je ne le connais ni d'Ève ni d'Adam** (coll) I don't know him from Adam
évêché [eveʃe] *m* bishopric
éveil [evɛj] *m* awakening; alarm, warning
éveil•lé -lée [eveje] *adj* alert, lively; sharp, intelligent
éveiller [eveje] *tr & ref* to wake up
événement [evenəmɑ̃], [evɛnmɑ̃] *m* event; outcome, development; **faire événement** to cause quite a stir
évent [evɑ̃] *m* vent; staleness
éventail [evɑ̃taj] *m* fan; range, spread; screen
éventaire [evɑ̃tɛr] *m* tray (*carried by flower girl, cigarette girl, etc.*); sidewalk display
éventer [evɑ̃te] *tr* to fan; to ventilate; to get wind of (*a secret*); **éventer la mèche** (coll) to let the cat out of the bag || *ref* to fan oneself; to fade away (*said of odor*); to go stale or flat
éventrer [evɑ̃tre] *tr* to disembowel; to smash open
éventualité [evɑ̃tɥalite] *f* eventuality; possibility
éven•tuel -tuelle [evɑ̃tɥɛl] *adj* eventual; possible, contingent; forthcoming || *m* eventuality; possibility; possibilities (*e.g., of a job*)
éventuellement [evɑ̃tɥɛlmɑ̃] *adv* eventually; possibly; if need be
évêque [evɛk] *m* bishop
évertuer [evɛrtɥe] *ref*—**s'évertuer à** or **pour** + *inf* to strive to + *inf*
éviction [eviksjɔ̃] *f* eviction, removal; **éviction scolaire** quarantine
évidement [evidmɑ̃] *m* hollowing out
évidemment [evidamɑ̃] *adv* evidently
évidence [evidɑ̃s] *f* evidence, obviousness; conspicuousness; **de toute évidence** by all appearances; **se mettre en évidence** to come to the fore
évi•dent [evidɑ̃] **-dente** [dɑ̃t] *adj* evident
évider [evide] *tr* to hollow out
évier [evje] *m* sink
évincer [evɛ̃se] §51 *tr* to evict, to oust; to discriminate against
éviter [evite] *tr* to avoid, escape
évoca•teur [evɔkatœr] **-trice** [tris] *adj* evocative, suggestive
évocation [evɔkɑsjɔ̃] *f* evocation
évoluer [evɔlɥe] *intr* to evolve; to change one's mind
évolution [evɔlysjɔ̃] *f* evolution
évoquer [evɔke] *tr* to evoke; to recall, to call to mind
exact [ɛgza], [ɛgzakt] **exacte** [ɛgzakt] *adj* exact
exactitude [ɛgzaktityd] *f* exactness; punctuality
exagérer [ɛgzaʒere] §10 *tr* to exaggerate; to overdo
exal•té -tée [ɛgzalte] *adj* impassioned;

high-strung, wrought-up || *mf* hothead, fanatic
exalter [ɛgzalte] *tr* to exalt; to excite (*e.g., the imagination*) || *ref* to get excited
examen [ɛgzamɛ̃] *m* examination; **à l'examen** under consideration; on approval; **examen de fin d'études** or **examen de fin de classe** final examination; **examen probatoire** placement exam; **libre examen** free inquiry; **se présenter à, passer,** or **subir un examen** to take an examination
examina•teur [ɛgzaminatœr] **-trice** [tris] *mf* examiner
examiner [ɛgzamine] *tr* to examine
exaspération [ɛgzasperɑsjɔ̃] *f* exasperation; crisis, aggravation
exaspérer [ɛgzaspere] **§10** *tr* to exasperate; to make worse
exaucer [ɛgzose] **§51** *tr* to answer the prayer of; to fulfill (*a wish*)
excava•teur [ɛkskavatœr] **-trice** [tris] *m & f* excavator, steam shovel
excaver [ɛkskave] *tr* to excavate
excé•dant [ɛksedɑ̃] **-dante** [dɑ̃t] *adj* excess; tiresome
excédent [ɛksedɑ̃] *m* excess, surplus
excédentaire [ɛksedɑ̃tɛr] *adj* excess
excéder [ɛksede] **§10** *tr* to exceed; to tire out; to overtax
excellence [ɛksɛlɑ̃s] *f* excellence; **Votre Excellence** Your Excellency
exceller [ɛksɛle] *intr* to excel
excentricité [ɛksɑ̃trisite] *f* eccentricity
excentrique [ɛksɑ̃trik] *adj* eccentric; remote, outlying || *mf* eccentric || *m* (mach) eccentric
excep•té -tée [ɛksɛpte] *adj* excepted || **excepté** *adv*—**excepté que** except that || **excepté** *prep* except, except for
exception [ɛksɛpsjɔ̃] *f* exception; **à l'exception de** with the exception of
exception•nel -nelle [ɛksɛpsjɔnɛl] *adj* exceptional
excès [ɛksɛ] *m* excess; **excès de pose** (phot) overexposure; **excès de vitesse** speeding
exces•sif [ɛksɛsif] **exces•sive** [ɛksɛsiv] *adj* excessive
exciper [ɛksipe] *intr*—**exciper de** (law) to offer a plea of, to allege
excitable [ɛksitabl] *adj* excitable
exci•tant [ɛksitɑ̃] **-tante** [tɑ̃t] *adj* stimulating || *m* stimulant
exciter [ɛksite] *tr* to excite, stimulate; to stir, incite; to provoke (*e.g., laughter*)
exclamation [ɛksklamɑsjɔ̃] *f* exclamation
exclamer [ɛksklame] *ref* to exclaim
exclure [ɛksklyr] **§11** *tr* to exclude
exclu•sif [ɛksklyzif] **-sive** [ziv] *adj* exclusive
exclusion [ɛksklyzjɔ̃] *f* exclusion; **à l'exclusion de** exclusive of, excluding
exclusivité [ɛksklyzivite] *f* exclusiveness; exclusive rights; newsbeat; **en exclusivité** (public sign in front of a theater) exclusive showing
excommunication [ɛkskɔmynikɑsjɔ̃] *f* excommunication
excommunier [ɛkskɔmynje] *tr* to excommunicate
excorier [ɛkskɔrje] *tr* to scratch, skin
excrément [ɛkskremɑ̃] *m* excrement
excroissance [ɛkskrwɑsɑ̃s] *f* growth, tumor
excursion [ɛkskyrsjɔ̃] *f* excursion; tour, trip; outing
excursionner [ɛkskyrsjɔne] *intr* to go on an excursion
excusable [ɛkskyzabl] *adj* excusable
excuse [ɛkskyz] *f* excuse; **des excuses** apologies
excuser [ɛkskyze] *tr* to excuse || *ref* to excuse oneself, to apologize; **je m'excuse!** (coll) excuse me!
exécrer [ɛgzekre] **§10** *tr* to execrate
exécu•tant [ɛgzekytɑ̃] **-tante** [tɑ̃t] *mf* performer
exécuter [ɛgzekyte] *tr* to execute; to perform; to make (*copies*) || *ref* to comply
exécuteur [ɛgzekytœr] *m*—**exécuteur testamentaire** executor; **exécuteur des hautes œuvres** hangman
exécu•tif [ɛgzekytif] **-tive** [tiv] *adj & m* executive
exécution [ɛgzekysjɔ̃] *f* execution; performance; fulfillment; **mettre à exécution** to carry out
exécutrice [ɛgzekytris] *f* executrix
exemplaire [ɛgzɑ̃plɛr] *adj* exemplary || *m* exemplar, model; sample, specimen; copy (*e.g., of book*); **en double exemplaire** with carbon copy; **exemplaire dédicacé** autographed copy; **exemplaires de passe** extra copies
exemple [ɛgzɑ̃pl] *m* example; **à l'exemple de** after the example of; **par exemple** for example; **par exemple!** the idea!, well I never!; **prêcher d'exemple** to practice what one preaches; **sans exemple** unprecedented
exempt [ɛgzɑ̃] **exempte** [ɛgzɑ̃t] *adj* exempt || *m* (hist) police officer
exempter [ɛgzɑ̃te] *tr* to exempt
exemption [ɛgzɑ̃psjɔ̃] *f* exemption
exer•cé -cée [ɛgzɛrse] *adj* practiced, experienced
exercer [ɛgzɛrse] **§51** *tr* to exercise; to exert; to practice (*e.g., medicine*) || *ref* to exercise; to practice, to drill
exercice [ɛgzɛrsis] *m* exercise; drill; practice; **exercice budgétaire** fiscal year
exhalaison [ɛgzalɛzɔ̃] *f* exhalation (*of gas, vapors, etc.*)
exhalation [ɛgzalɑsjɔ̃] *f* exhalation (*of air from lungs*)
exhaler [ɛgzale] *tr, intr, & ref* to exhale
exhaure [ɛgzɔr] *f* pumping out (*of a mine*); drain pumps
exhaussement [ɛgzosmɑ̃] *m* raising; rise
exhausser [ɛgzose] *tr* to raise, to increase the height of || *ref* to rise
exhaus•tif [ɛgzostif] **-tive** [tiv] *adj* exhaustive

exhiber [ɛgzibe] *tr* to exhibit; to show (*a ticket, passport, etc.*) || *ref* to make an exhibition of oneself
exhibition [ɛgzibisjɔ̃] *f* exhibition
exhorter [ɛgzɔrte] *tr* to exhort
exhumer [ɛgzyme] *tr* to exhume
exi•geant [ɛgziʒɑ̃] **-geante** [ʒɑ̃t] *adj* exigent, exacting; unreasonable
exigence [ɛgziʒɑ̃s] *f* demand, claim; requirement; unreasonableness; **exigences** exigencies
exiger [ɛgziʒe] **§38** *tr* to demand, require, exact
exigible [ɛgziʒibl] *adj* required; due, on demand
exi•gu -guë [ɛgzigy] *adj* tiny; insufficient
exiguïté [ɛgzigɥite] *f* smallness; insufficiency
exil [ɛgzil] *m* exile
exi•lé -lée [ɛgzile] *adj & mf* exile
exiler [ɛgzile] *tr* to exile
existence [ɛgzistɑ̃s] *f* existence
exister [ɛgziste] *intr* to exist
exode [ɛgzɔd] *m* exodus; flight (*of capital; of emigrants, refugees, etc.*)
exonération [ɛgzɔnerɑsjɔ̃] *f* exemption, exoneration
exonérer [ɛgzɔnere] **§10** *tr* to exempt, exonerate || *ref* to pay up a debt
exorbi•tant [ɛgzɔrbitɑ̃] **-tante** [tɑ̃t] *adj* exorbitant
exorciser [ɛgzɔrsize] *tr* to exorcise
exotique [ɛgzɔtik] *adj* exotic
expan•sif [ɛkspɑ̃sif] **-sive** [siv] *adj* expansive
expansion [ɛkspɑ̃sjɔ̃] *f* expansion; expansiveness; spread (*of a belief*)
expa•trié -triée [ɛkspatrije] *adj & mf* expatriate
expatrier [ɛkspatrije] *tr* to expatriate
expectorer [ɛkspɛktɔre] *tr & intr* to expectorate
expé•dient [ɛkspedjɑ̃] **-diente** [djɑ̃t] *adj* expedient || *m* expedient; (coll) makeshift; **expédient provisoire** emergency measure; **vivre d'expédients** to live by one's wits
expédier [ɛkspedje] *tr* to expedite; to ship; to make a certified copy of; (coll) to dash off, do hurriedly
expédi•teur [ɛkspeditœr] **-trice** [tris] *adj* forwarding (*station, agency, etc.*) || *mf* sender, shipper
expédi•tif [ɛkspeditif] **-tive** [tiv] *adj* expeditious
expédition [ɛkspedisjɔ̃] *f* expedition; shipping; shipment; certified copy
expéditionnaire [ɛkspedisjɔnɛr] *adj* expeditionary || *mf* sender; clerk
expérience [ɛksperjɑ̃s] *f* experience; experiment
expérimen•té -tée [ɛksperimɑ̃te] *adj* experienced
expérimenter [ɛksperimɑ̃te] *tr* to try out, to test || *intr* to conduct experiments
ex•pert [ɛkspɛr] **-perte** [pɛrt] *adj* expert || *m* expert; connoisseur; appraiser
expert-comptable [ɛkspɛrkɔ̃tabl] *m* (*pl* **experts-comptables**) certified public accountant
expertise [ɛkspɛrtiz] *f* expert appraisal
expertiser [ɛkspɛrtize] *tr* to appraise
expier [ɛkspje] *tr* to expiate, to atone for
expirer [ɛkspire] *tr & intr* to expire; to exhale
explicable [ɛksplikabl] *adj* explicable, explainable
explica•tif [ɛksplikatif] **-tive** [tiv] *adj* explanatory
explication [ɛksplikɑsjɔ̃] *f* explanation; interpretation (*of a text*); **avoir une explication avec qn** to have it out with s.o.
explicite [ɛksplisit] *adj* explicit
expliciter [ɛksplisite] *tr* to make explicit
expliquer [ɛksplike] *tr* to explain; to give an interpretation of || *ref* to explain oneself; to understand
exploit [ɛksplwa] *m* exploit; **exploit d'ajournement** subpoena; **signifier un exploit** to serve a summons
exploi•tant [ɛksplwatɑ̃] **-tante** [tɑ̃t] *adj* operating, working || *mf* operator (*of enterprise*); developer; cultivator; (mov) exhibitor
exploitation [ɛksplwatɑsjɔ̃] *f* exploitation; management, development, cultivation; land under cultivation
exploiter [ɛksplwate] *tr* to exploit; to manage, develop, cultivate || *intr* to serve summonses
explora•teur [ɛksplɔratœr] **-trice** [tris] *mf* explorer
exploration [ɛksplɔrɑsjɔ̃] *f* exploration
explorer [ɛksplɔre] *tr* to explore; (telv) to scan
exploser [ɛksploze] *intr* to explode
explosible [ɛksplozibl] *adj* explosive
explo•sif [ɛksplozif] **-sive** [ziv] *adj & m* explosive
explosion [ɛksplozjɔ̃] *f* explosion; **à explosion** internal-combustion (*engine*)
exporta•teur [ɛkspɔrtatœr] **-trice** [tris] *adj* exporting || *mf* exporter
exportation [ɛkspɔrtɑsjɔ̃] *f* export; exportation
exporter [ɛkspɔrte] *tr & intr* to export
expo•sant [ɛkspozɑ̃] **-sante** [zɑ̃t] *mf* exhibitor; petitioner || *m* (math) exponent
exposé [ɛkspoze] *m* exposition, account, statement; report (*given by a student in class*)
exposer [ɛkspoze] *tr* to expose; to explain, expound; to exhibit, display
exposition [ɛkspozisjɔ̃] *f* exposition; exposure (*to one of the points of the compass*); introduction (*of a book*); lying in state; **exposition canine** dog show; **exposition d'horticulture** flower show; **exposition hippique** horse show
ex•près [ɛksprɛ] **-presse** [prɛs] *adj* express || **exprès** *adj invar* special-delivery (*letter, package, etc.*) || *m* express; **par exprès** by special delivery || **exprès** *adv* expressly, on purpose
express [ɛksprɛs] *adj & m* express (*train*)

expressément [ɛkspresemɑ̃] *adv* expressly
expres•sif [ɛkspresif] **expres•sive** [ɛkspresiv] *adj* expressive
expression [ɛkspresjɔ̃] *f* expression; **d'expression française** native French-speaking
exprimer [ɛksprime] *tr* to express; to squeeze out
exproprier [ɛksprɔprije] *tr* to expropriate
expul•sé -sée [ɛkspylse] *adj* deported || *mf* deportee
expulser [ɛkspylse] *tr* to expel; to evict; to throw out
expulsion [ɛkspylsjɔ̃] *f* expulsion
expurger [ɛkspyrʒe] **§38** *tr* to expurgate
ex•quis [ɛkski] **-quise** [kiz] *adj* exquisite; sharp (*pain*)
exsangue [ɛksɑ̃g] *adj* bloodless, anemic
exsuder [ɛksyde] *tr & intr* to exude
extase [ɛkstɑz] *f* ecstasy
exta•sié -siée [ɛkstɑzje] *adj* enraptured, ecstatic, in ecstasy
extasier [ɛkstɑzje] *ref* to be enraptured
extatique [ɛkstatik] *adj & mf* ecstatic
extempora•né -née [ɛkstɑ̃pɔrane] *adj* (law) unpremeditated; (pharm) ready for use
exten•sif [ɛkstɑ̃sif] **-sive** [siv] *adj* wide (*meaning*); (mech) tensile
extension [ɛkstɑ̃sjɔ̃] *f* extension
exténuer [ɛkstenɥe] *tr* to exhaust, tire out || *ref* to tire oneself out
exté•rieur -rieure [ɛksterjœr] *adj* exterior; external; outer, outside; foreign (*policy*) || *m* exterior; outside; (mov) location shot; **à l'extérieur** outside; abroad; **en extérieur** (mov) on location
extérieurement [ɛksterjœrmɑ̃] *adv* externally; superficially; on the outside
extérioriser [ɛksterjɔrize] *tr* to reveal, to show || *ref* to open one's heart
exterminer [ɛkstɛrmine] *tr* to exterminate
externat [ɛkstɛrna] *m* day school
externe [ɛkstɛrn] *adj* external || *m* day student; outpatient; (med) nonresident intern
extinc•teur [ɛkstɛ̃ktœr] **-trice** [tris] *adj* extinguishing || *m* fire extinguisher
extinction [ɛkstɛ̃ksjɔ̃] *f* extinction; extinguishing; loss (*of voice*); **l'extinction des feux** (mil) lights out, taps
extirper [ɛkstirpe] *tr* to extirpate
extorquer [ɛkstɔrke] *tr* to extort
extor•queur [ɛkstɔrkœr] **-queuse** [køz] *mf* extortionist
extorsion [ɛkstɔrsjɔ̃] *f* extortion
extra [ɛkstra] *adj invar* (coll) extra-special, extra || *m invar* extra
extraction [ɛkstraksjɔ̃] *f* extraction
extrader [ɛkstrade] *tr* to extradite
extradition [ɛkstradisjɔ̃] *f* extradition
extra-fin [ɛkstrafɛ̃] **-fine** [fin] *adj* high-quality
extraire [ɛkstrɛr] **§68** *tr* to extract; to excerpt; to get out || *ref* to extricate oneself
extrait [ɛkstrɛ] *m* extract; excerpt; abstract; certified copy; **extrait de baptême** baptismal certificate; **extrait de naissance** birth certificate; **extraits** selections (*e.g., in an anthology*)
extra-muros [ɛkstramyros] *adj invar* extramural; suburban || *adv* outside the town
extraordinaire [ɛkstraɔrdinɛr], [ɛkstrɔrdinɛr] *adj* extraordinary
extrapoler [ɛkstrapɔle] *tr* to extrapolate
extra-sensoriel -sensorielle [ɛkstrasɑ̃sɔrjɛl] *adj* extrasensory
extravagance [ɛkstravagɑ̃s] *f* extravagance; excess; absurdity, wildness
extrava•gant [ɛkstravagɑ̃] **-gante** [gɑ̃t] *adj* excessive, extravagant; absurd, wild, eccentric || *mf* eccentric, screwball
extraver•ti -tie [ɛkstravɛrti] *adj & mf* extrovert
extrême [ɛkstrɛm] *adj & m* extreme
extrêmement [ɛkstrɛməmɑ̃] *adv* extremely
extrême-onction [ɛkstrɛmɔ̃ksjɔ̃] *f* extreme unction
Extrême-Orient [ɛkstrɛmɔrjɑ̃] *m* Far East
extrémiste [ɛkstremist] *adj & mf* extremist
extrémité [ɛkstremite] *f* extremity; **en venir à des extrémités** to resort to violence; **être à toute extrémité** to be at death's door
extrinsèque [ɛkstrɛ̃sɛk] *adj* extrinsic
exubé•rant [ɛgzyberɑ̃] **-rante** [rɑ̃t] *adj* exuberant
exulter [ɛgzylte] *intr* to exult
ex-voto [ɛksvɔto] *m invar* votive inscription or tablet

F

F, f [ɛf], *****[ɛf] *m invar* sixth letter of the French alphabet
F *abbr* (**franc**) franc
fable [fɑbl] *f* fable; laughingstock
fabri•cant [fabrikɑ̃] **-cante** [kɑ̃t] *mf* manufacturer
fabrica•teur [fabrikatœr] **-trice** [tris] *mf* fabricator (*e.g., of lies*); forger; counterfeiter
fabrication [fabrikɑsjɔ̃] *f* manufacture; forging; counterfeiting
fabrique [fabrik] *f* factory; factory

workers; mill hands; (obs) church trustees; (obs) church revenue; **fabrique de papier** paper mill
fabriquer [fabrike] *tr* to manufacture; to fabricate; to forge; to counterfeit
fabu·leux [fɑbylø] **-leuse** [løz] *adj* fabulous
façade [fasad] *f* façade; frontage; **en façade sur** facing, overlooking
face [fas] *f* face; side (*of a diamond; of a phonograph record*); surface; heads (*of coin*); **de face** full-faced (*portrait*); **en face (de)** opposite, facing; **faire face à** to face; to face up to; to meet (*an obligation*); **perdre la face** to lose face; **sauver la face** to save face
face-à-main [fasamɛ̃] *m* (*pl* **faces-à-main**) lorgnette
facétie [fasesi] *f* off-color joke; practical joke
facé·tieux [fasesjø] **-tieuse** [sjøz] *adj* droll, funny ‖ *mf* wag
facette [fasɛt] *f* facet
fâ·ché -chée [fɑʃe] *adj* angry; sorry; **fâché avec** at odds with; **fâché contre** angry with (*a person*); **fâché de** angry at (*a thing*); sorry for
fâcher [fɑʃe] *tr* to anger ‖ *ref* to get angry; to be sorry
fâ·cheux [fɑʃø] **-cheuse** [ʃøz] *adj* annoying, tiresome; unfortunate ‖ *mf* nuisance, bore
fa·cial -ciale [fasjal] *adj* (*pl* **-ciaux** [sjo]) facial; face (*value*)
facile [fasil] *adj* easy; easygoing; facile, glib
facilité [fasilite] *f* facility; opportunity (*e.g., to meet s.o.*); **facilités de paiement** installments; easy terms
faciliter [fasilite] *tr* to facilitate
façon [fasɔ̃] *f* fashion; fashioning; way, manner; fit (*of clothes*); **à façon** job (*work; workman*); **à la façon de** like; **de façon à** so as to; **de façon que** or **de telle façon que** so that, e.g., **parlez de telle façon qu'on vous comprenne** speak so that you can be understood; **de toute façon** in any event; **façons** manners; **faire des façons** to stand on ceremony; **sans façon** informal
faconde [fakɔ̃d] *f* glibness, gift of gab
façonner [fasɔne] *tr* to fashion, shape; to work (*the land*); to accustom
façon·nier [fasɔnje] **façon·nière** [fasɔnjɛr] *adj* jobbing; fussy ‖ *mf* pieceworker; stuffed shirt
fac-similé [faksimile] *m* (*pl* **-similés**) facsimile
factage [faktaʒ] *m* delivery service; home delivery
facteur [faktœr] *m* factor; mailman; expressman; auctioneer (*at a market*); maker (*of musical instruments*)
factice [faktis] *adj* imitation, artificial
fac·tieux [faksjø] **-tieuse** [sjøz] *adj* factious, seditious ‖ *mf* troublemaker, agitator
faction [faksjɔ̃] *f* faction; **être de faction** to be on sentry duty
factionnaire [faksjɔnɛr] *m* sentry
factorerie [faktɔrəri] *f* trading post
factotum [faktɔtɔm] *m* factotum; meddler; jack-of-all-trades
factum [faktɔm] *m* political pamphlet; (law) brief
facturation [faktyrɑsjɔ̃] *f* billing, invoicing
facture [faktyr] *f* invoice; bill; workmanship; **établir une facture** to make out an invoice; **suivant facture** as per invoice
facturer [faktyre] *tr* to bill
factu·rier [faktyrje] **-rière** [rjɛr] *mf* billing clerk ‖ *m* invoice book
faculta·tif [fakyltatif] **-tive** [tiv] *adj* optional
faculté [fakylte] *f* faculty; school, college (*of law, medicine, etc.*); **la Faculté** medical men
fadaise [fadɛz] *f* piece of nonsense; **fadaises** drivel
fade [fad] *adj* tasteless, flat; insipid, namby-pamby
fader [fade] *tr* (coll) to beat; (coll) to share the swag with; **il est fadé** (coll) he's done for
fadeur [fadœr] *f* insipidity; pointlessness; **fadeurs** platitudes
fagot [fago] *m* faggot; **fagot d'épines** ill-tempered person; **sentir le fagot** to smell of heresy
fagoter [fagɔte] *tr* to tie up in bundles, to faggot; (coll) to dress like a scarecrow
faible [fɛbl] *adj* feeble, weak; low (*figure; moan*); poor (*harvest*); slight (*difference*) ‖ *mf* weakling ‖ *m* weakness; foible, weak spot; **faible d'esprit** feeble-minded person
faiblesse [fɛblɛs] *f* feebleness, weakness, frailty
faiblir [feblir] *intr* to weaken; to diminish
faïence [fajɑ̃s] *f* earthenware, pottery
faille [faj] *f* (geol) fault; (tex) faille; (fig) defect; (fig) rift
fail·li -lie [faji] *adj & mf* bankrupt
faillible [fajibl] *adj* fallible
faillir [fajir] *intr* to fail, to go bankrupt ‖ (used only in: *inf*; *ger* **faillant**; *pp* & compound tenses; *pret*; *fut*; *cond*) *intr* to fail; to give way; (with *dat*) to fail, let (*s.o.*) down; **faillir à** to fail in (*a duty*); to fail to keep (*a promise*); **faillir à** + *inf* to fail to + *inf*; **sans faillir** without fail ‖ (used only in *pret* and *past indef*) *intr*—nearly, almost, e.g., **il a failli être écrasé** he was nearly run over
faillite [fajit] *f* bankruptcy; **faire faillite** to go bankrupt
faim [fɛ̃] *f* hunger; **avoir faim** to be hungry; **avoir une faim de loup** to be hungry as a bear; **manger à sa faim** to eat one's fill
fainéant [fɛneɑ̃] **fainéante** [fɛneɑ̃t] *adj* lazy ‖ *mf* loafer, do-nothing
fainéanter [fɛneɑ̃te] *intr* (coll) to loaf
faire [fɛr] *m* making, doing ‖ §29 *tr* to make; to do; to give (*an order; a lecture; alms, a gift; thanks*); to take (*a walk; a step*); to pack (*a trunk*); to clean (*the room, the shoes, etc.*); to follow (*a trade*); to keep (*silence*);

to perform (*a play; a miracle*); to play the part of; to charge for, e.g., **combien faites-vous ces souliers?** how much do you charge for these shoes?; to say, e.g., **oui, fit-il** yes, said he; (coll) to estimate the cost of; for expressions like **il fait chaud** it is warm, see the noun; **cela ne fait rien** it doesn't matter; **faire** + *inf* to have + *inf*, e.g., **je le ferai aller** I shall have him go; **faire** + *inf* to make + *inf*, e.g., **je le ferai parler** I will make him talk; **faire** + *inf* to have + *pp*, e.g., **je vais faire faire un complet** I am going to have a suit made; **il n'en fait pas d'autres** that's just like him; **ne faire que** + *inf* to keep on + *ger*, e.g., **il ne fait que crier** he keeps on yelling ‖ *intr* to go, e.g., **la cravate fait bien avec la chemise** the tie goes well with the shirt; to act; **comment faire?** what shall I do?; **faire dans** to make a mess in; **ne faire que de** + *inf* to have just + *pp*, e.g., **il ne fait que d'arriver** he has just arrived ‖ *ref* to become (*a doctor, lawyer, etc.*); to grow (*e.g., old*); to improve; to happen; to pretend to be; **se faire à** to get accustomed to, to adjust to; **s'en faire** to worry, e.g., **ne vous en faites pas!** don't worry!

faire-part [fɛrpar] *m invar* announcement (*of birth, marriage, death*)

faire-valoir [fɛrvalwar] *m invar* turning to account; **faire-valoir direct** farming by the owner

faisable [fəzabl] *adj* feasible

fai·san [fəzɑ̃] **-sane** [zan] or **-sande** [zɑ̃d] *mf* pheasant

faisander [fəzɑ̃de] *tr* to jerk (*game*) ‖ *intr* to become gamy, to get high

fais·ceau [fɛso] *m* (*pl* **-ceaux**) bundle, cluster; beam (*of light*); pencil (*of rays*); **faisceaux** fasces; **faisceaux de preuves** cumulative evidence; **former les faisceaux** to stack or pile arms

fai·seur [fəzœr] **-seuse** [zøz] *mf*—**bon faiseur** first-rate workman; **faiseur de mariages** matchmaker; **faiseur de vers** versifier, poetaster ‖ *m* bluffer; schemer

fait [fɛ] **faite** [fɛt] *adj* well-built, shapely; full-grown; made-up (*with cosmetics*); **fait à la main** hand-made; **tout fait** ready-made ‖ *m* deed, act; fact; **dire son fait à qn** (coll) to give s.o. a piece of one's mind; **prendre fait et cause pour** to take up the cudgels for; **si fait** yes, indeed; **sur le fait** redhanded, in the act; **tout à fait** entirely ‖ [fɛt] *m*—**au fait** to the point; after all; **de fait** de facto; **du fait que** owing to the fact that; **en fait** as a matter of fact

faîtage [fɛtaʒ] *m* ridgepole; roofs; roofing

fait-divers [fediver] *m* (*pl* **faits-divers**) news item

faîte [fɛt] *m* peak; top (*of tree*); ridge (*of roof*)

faîtière [fɛtjɛr] *adj fem* ridge ‖ *f* ridge tile; skylight

fait-tout [fɛtu] *m invar* stewpan, casserole

faix [fɛ] *m* load, burden; (archit) settling; (physiol) fetus and placenta

falaise [falɛz] *f* cliff, bluff

falla·cieux [falasjø] **-cieuse** [sjøz] *adj* fallacious

falloir [falwar] §30 *impers* to be necessary; **c'est plus qu'il n'en faut** that's more than enough; **comme il faut** proper; properly; the right kind of, e.g., **un chapeau comme il faut** the right kind of hat; **il fallait le dire!** why didn't you say so!; **il faut** + *inf* it is necessary to + *inf*, one must + *inf*; **il faut qu'il** + *subj* it is necessary that he + *subj*, it is necessary for him to + *inf*; he must + *inf* (expressing conjecture), e.g., **il n'est pas venu, il faut qu'il soit malade** he did not come, he must be sick; **il faut qu'il ne** + *subj* + **pas** he must not + *inf*, e.g., **il faut qu'il ne vienne pas** he must not come; **il faut une connaissance des affaires à ce travail** the work requires business experience; **il faut une heure** it takes an hour; **il leur a fallu trois jours** it took them three days; **il leur faut** + *inf* they have to + *inf*, they must + *inf*; **il leur faut du repos** they need rest; **il leur faut sept dollars** they need seven dollars; **il ne faut pas** + *inf* one must or should not + *inf*, e.g., **il ne faut pas se fier à ce garçon** one must not trust that boy; **il ne faut pas qu'il** + *subj* he must not + *inf*; **que leur faut-il?** what do they need?, what do they require?; **qu'il ne fallait pas** wrong, e.g., **la police a arrêté l'homme qu'il ne fallait pas** the police arrested the wrong man ‖ *ref*—**il s'en faut de beaucoup** not by a long shot, far from it, not by any means; **il s'en faut de dix dollars** there is a shortage of ten dollars; **peu m'en est fallu que . . .** it very nearly happened that . . . ; **peu s'en faut** very nearly; **tant s'en faut que** far from, e.g., **tant s'en faut qu'il soit artiste** he is far from being an artist

fa·lot [falo] **-lotte** [lɔt] *adj* wan, colorless; quaint, droll ‖ *m* lantern

falsification [falsifikɑsjɔ̃] *f* falsification; adulteration; debasement (*of coin*)

falsifier [falsifje] *tr* to falsify; to adulterate; to debase (*coin*)

fa·mé -mée [fame] *adj*—**mal famé** disreputable

famélique [famelik] *adj* famished

fa·meux [famø] **-meuse** [møz] *adj* famous ‖ (when standing before noun) *adj* (coll) notorious; well-known

fami·lial -liale [familjal] *adj* (*pl* **-liaux** [ljo]) family, domestic ‖ *f* station wagon

familiariser [familjarize] *tr* to familiarize ‖ *ref* to become familiar

familiarité [familjarite] *f* familiarity

fami·lier [familje] **-lière** [ljɛr] *adj*

familiar, intimate; household (*gods*); pet (*animal*) || *mf* familiar, intimate; pet animal
famille [famij] *f* family; **en famille** in the family circle, at home; (Canad) pregnant
famine [famin] *f* famine
fa•nal [fanal] *m* (*pl* **-naux** [no]) lantern; (naut) running light
fanatique [fanatik] *adj* fanatic(al) || *mf* fanatic; enthusiast, fan
fanatisme [fanatism] *m* fanaticism
faner [fane] *tr & ref* to fade
fanfare [fɑ̃far] *f* fanfare; brass band
fanfa•ron [fɑ̃farɔ̃] **-ronne** [rɔn] *adj* bragging || *mf* braggart
fanfaronner [fɑ̃farɔne] *intr* to brag
fange [fɑ̃ʒ] *f* mire, mud; (fig) mire, gutter
fan•geux [fɑ̃ʒø] **-geuse** [ʒøz] *adj* muddy; (fig) dirty, soiled
fanion [fanjɔ̃] *m* pennant, flag
fanon [fanɔ̃] *m* dewlap (*of ox*); whalebone; fetlock; wattle
fantaisie [fɑ̃tezi] *f* imagination; fantasy; fancy, whim; **de fantaisie** fanciful; fancy, e.g., **pain de fantaisie** fancy bread
fantaisiste [fɑ̃tezist] *adj* fantastic, whimsical || *mf* whimsical person; singing comedian
fantasque [fɑ̃task] *adj* fantastic; whimsical, temperamental
fantassin [fɑ̃tasɛ̃] *m* foot soldier
fantastique [fɑ̃tastik] *adj* fantastic
fantoche [fɑ̃tɔʃ] *m* puppet
fantôme [fɑ̃tom] *adj* shadow (*government*) || *m* phantom, ghost
fanum [fanɔm] *m* hallowed ground
faon [fɑ̃] *m* fawn
faonner [fane] *intr* to bring forth young (*said especially of deer*)
faquin [fakɛ̃] *m* rascal
fa•raud [faro] **-raude** [rod] *adj* (coll) swanky || *mf* (coll) fop, bumpkin; **faire le faraud** (coll) to show off
farce [fars] *f* farce; trick, joke; (culin) stuffing
far•ceur [farsœr] **-ceuse** [søz] *mf* practical joker; phony
farcir [farsir] *tr* to stuff
fard [far] *m* make-up; **parler sans fard** to speak plainly, to tell the unvarnished truth; **piquer un fard** (coll) to blush
far•deau [fardo] *m* (*pl* **-deaux**) load, burden; weight (*of years*)
farder [farde] *tr* to make up (*an actor*); to disguise (*the truth*) || *ref* to weigh heavily; (archit) to sink; (theat) to make up
fardier [fardje] *m* dray, cart
farfe•lu -lue [farfəly] *adj* (coll) harebrained, cockeyed, bizarre
farfouiller [farfuje] *tr* (coll) to rummage about in || *intr* (coll) to rummage about; **farfouiller dans** (coll) to rummage about in
farine [farin] *f* flour, meal; **farine de froment** whole-wheat flour; **farine de riz** ground rice; **farine lactée** malted milk
fariner [farine] *tr* (culin) to flour
fari•neux [farinø] **-neuse** [nøz] *adj* white with flour; mealy; starchy
farouche [faruʃ] *adj* wild, savage; unsociable; shy; stubborn (*resistance*); fierce (*look*)
fascicule [fasikyl] *m* fascicle; **fascicule de mobilisation** marching orders
fascina•teur [fasinatœr] **-trice** [tris] *adj* fascinating || *mf* spellbinder
fasciner [fasine] *tr* to fascinate; to spellbind
fascisme [faʃism] *m* fascism
fasciste [faʃist] *adj & mf* fascist
faste [fast] *adj* auspicious; feast (*day*) || *m* pomp; **fastes** annals
fasti•dieux [fastidjø] **-dieuse** [djøz] *adj* tedious, wearisome
fas•tueux [fastɥø] **-tueuse** [tɥøz] *adj* pompous, ostentatious
fat [fat] *adj masc* conceited, foppish || *m* fop
fa•tal -tale [fatal] *adj* (*pl* **-tals**) fatal; fateful; inevitable
fatalisme [fatalism] *m* fatalism
fataliste [fatalist] *adj* fatalistic || *mf* fatalist
fatalité [fatalite] *f* fatality; fatalism; fate; curse, misfortune
fatidique [fatidik] *adj* fateful; prophetic
fati•gant [fatigɑ̃] **-gante** [gɑ̃t] *adj* fatiguing; tiresome (*person*)
fatigue [fatig] *f* fatigue
fati•gué -guée [fatige] *adj* fatigued; worn-out (*clothing*); well-thumbed (*book*)
fatiguer [fatige] *tr* to fatigue; to wear out; to weary || *intr* to strain, labor; to pull (*said of engine*); to bear a heavy strain (*said of beam*) || *ref* to get tired
fatras [fatra] *m* jumble, hodgepodge
fatuité [fatɥite] *f* conceit; foppishness
faubert [fobɛr] *m* (naut) swab
faubourg [fobur] *m* suburb; outskirts; quarter, district (*especially of Paris*)
faubou•rien [foburjɛ̃] **-rienne** [rjɛn] *adj* working-class, vulgar || *mf* resident of the outskirts of a city; local inhabitant
fau•ché -chée [foʃe] *adj* (coll) broke (*without money*)
faucher [foʃe] *tr* to mow, reap; (coll) to swipe
fau•cheur [foʃœr] **-cheuse** [ʃøz] *mf* reaper || *m* (ent) daddy-longlegs || *f* (mach) reaper, mower
faucheux [foʃø] *m* (ent) daddy-longlegs
faucille [fosij] *f* sickle
faucon [fokɔ̃] *m* falcon
fauconnier [fokɔnje] *m* falconer
faufil [fofil] *m* basting thread
faufiler [fofile] *tr* to baste || *ref* to thread one's way, to worm one's way
faune [fon] *m* faun || *f* fauna
faunesse [fonɛs] *f* female faun
faussaire [fosɛr] *mf* forger
fausser [fose] *tr* to falsify, distort; to bend, twist; to warp (*the judgment*); to force (*a lock*); to strain (*the voice*); **fausser compagnie à qn** (coll) to give s.o. the slip || *intr* to sing

or play out of tune || *ref* to bend, buckle; to crack (*said of voice*)
fausset [fosɛ] *m* falsetto; plug (*for wine barrel*)
fausseté [foste] *f* falsity; double-dealing
faute [fot] *f* fault; mistake; blame; lack, need, want; (sports) foul; (sports) error; **faire faute** to be lacking; **faute de** for want of; **faute de copiste** clerical error; **faute de frappe** typing error; **faute d'impression** misprint; **sans faute** without fail
fauter [fote] *intr* (coll) to go wrong (*said of a woman*)
fauteuil [fotœj] *m* armchair, easy chair; seat (*of member of an academy*); chair (*of presiding officer; presiding officer himself*); **fauteuil à bascule** or **à balançoire** rocking chair; **fauteuil à oreilles** wing chair; **fauteuil d'orchestre** orchestra seat; **fauteuil pliant** folding chair; **fauteuil roulant pour malade** wheelchair; **siéger au fauteuil présidentiel** to preside
fau•teur [fotœr] **-trice** [tris] *mf* instigator, agitator
fau•tif [fotif] **-tive** [tiv] *adj* faulty
fauve [fov] *adj* fawn (*color*); musky (*odor*); wild (*beast*) || *m* fawn color; wild beast; **fauves** big game
fauvette [fovɛt] *f* warbler
faux [fo] **fausse** [fos] *adj* false; counterfeit; wrong, e.g., **fausse date** wrong date; e.g., **fausse note** wrong note || *m* imitation; forgery; **à faux** wrongly || **faux** *f* scythe || **faux** *adv* out of tune, off key
faux-bourdon [foburdɔ̃] *m* (*pl* **-bourdons**) *m* (ent) drone
faux-col [fokɔl] *m* (*pl* **-cols**) collar, detachable collar
faux-filet [fofilɛ] *m* (*pl* **-filets**) sirloin
faux-fuyant [fofɥijɑ̃] *m* (*pl* **-fuyants**) subterfuge, pretext
faux-jour [foʒur] *m* (*pl* **-jours**) half-light
faux-monnayeur [fomɔnejœr] *m* (*pl* **-monnayeurs**) counterfeiter
faux-pas [fopɑ] *m invar* faux pas, slip, blunder
faux-semblant [fosɑ̃blɑ̃] *m* (*pl* **-semblants**) false pretense
faveur [favœr] *f* favor; **à la faveur de** under cover of; **en faveur de** in favor of; on behalf of
favorable [favɔrabl] *adj* favorable
favo•ri [favɔri] **-rite** [rit] *adj & mf* favorite || **favoris** *mpl* sideburns || *f* mistress
favoriser [favɔrize] *tr* to favor; to encourage, promote
F^co^ or **fco** *abbr* (**franco**) postpaid
fébrile [febril] *adj* feverish
fèces [fɛs] *fpl* feces
fé•cond [fekɔ̃] **-conde** [kɔ̃d] *adj* fecund, fertile
féconder [fekɔ̃de] *tr* to impregnate
fécondité [fekɔ̃dite] *f* fecundity, fertility
fécule [fekyl] *f* starch; **fécule de maïs** cornstarch
fécu•lent [fekylɑ̃] **-lente** [lɑ̃t] *adj* starchy || *m* starchy food
fédé•ral **-rale** [federal] *adj & m* (*pl* **-raux** [ro]) federal
fédéra•tif [federatif] **-tive** [tiv] *adj* federated, federative
fédération [federɑsjɔ̃] *f* federation
fédérer [federe] **§10** *tr & ref* to federate
fée [fe] *f* fairy; **de fée** fairy; meticulous (*work*); **vieille fée** old hag
féerie [feri] *f* fairyland; fantasy
féerique [ferik] *adj* fairy, magic(al)
feindre [fɛ̃dr] **§50** *tr* to feign || *intr* to feign; to limp (*said of horse*)
feinte [fɛ̃t] *f* feint
feinter [fɛ̃te] *tr* (coll) to trick || *intr* to feint
feldspath [fɛldspat], [fɛlspat] *m* feldspar
fê•lé **-lée** [fele] *adj* (coll) cracked, crazy
fêler [fele] *tr* to crack
félicitations [felisitɑsjɔ̃] *fpl* congratulations
féliciter [felisite] *tr* to congratulate; **féliciter qn de** + *inf* to congratulate s.o. for + *ger;* **féliciter qn de** or **pour** to congratulate s.o. for || *ref*—**se féliciter de** to congratulate oneself on, to be pleased with oneself because of
fé•lon [felɔ̃] **-lonne** [lɔn] *adj* disloyal, treasonable
félonie [felɔni] *f* disloyalty, treason
fêlure [felyr] *f* crack, chink
femelle [fəmɛl] *adj & f* female
fémi•nin [feminɛ̃] **-nine** [nin] *adj & m* feminine
féminisme [feminism] *m* feminism
femme [fam] *f* woman; wife; bride; **bonne femme** (coll) simple, good-natured woman; **femme agent** (*pl* **femmes agents**) policewoman; **femme auteur** (*pl* **femmes auteurs**) authoress; **femme de chambre** chambermaid; **femme de charge** housekeeper; **femme de journée** cleaning woman; **femme de ménage** cleaning woman; **femme d'intérieur** homebody; **femme docteur** woman doctor (*e.g., with Ph.D. degree*); **femme juge** woman judge; **femme médecin** woman doctor (*physician*); **femme pasteur** woman preacher
fendiller [fɑ̃dije] *tr & ref* to crack
fendoir [fɑ̃dwar] *m* cleaver, chopper
fendre [fɑ̃dr] *tr* to crack; to split (*e.g., wood*); to cleave (*e.g., the air*); to break (*one's heart*); to elbow one's way through (*a crowd*) || *ref* to crack; (escr) to lunge
fenêtre [fənetr] *f* window; **fenêtre à battants** casement window, French window; **fenêtre à guillotine** sash window; **fenêtre en saillie** bay window
fenil [fənil], [fəni] *m* hayloft
fenouil [fənuj] *m* fennel; **fenouil bâtard** dill
fente [fɑ̃t] *f* crack, split, fissure; notch; slot (*e.g., in a coin telephone*); (escr) lunge

féo•dal -dale [feɔdal] *adj* (*pl* **-daux** [do]) feudal
féodalisme [feɔdalism] *m* feudalism
fer [fɛr] *m* iron; head (*of tool*); point (*of weapon*); **croiser le fer avec** to cross swords with; **fer à cheval** horseshoe; **fer à friser** curling iron; **fer à marquer** or **flétrir** branding iron; **fer à repasser** iron, flatiron; **fer à souder** soldering iron; **fer de fonte** cast iron; **fer forgé** wrought iron; **fers** irons, chains, fetters; **marquer au fer** to brand; **remuer le fer dans la plaie** (coll) to rub it in
ferblanterie [fɛrblɑ̃tri] *f* tinware; tinwork, sheet-metal work; tinsmith's shop
ferblantier [fɛrblɑ̃tje] *m* tinsmith
fé•rié -riée [ferje] *adj* feast (*day*)
férir [ferir] *tr*—**sans coup férir** without striking a blow
ferler [fɛrle] *tr* (naut) to furl
fermage [fɛrmaʒ] *m* tenant farming; rent
ferme [fɛrm] *adj* firm || *f* farm, tenant farm; farmhouse || *adv* firmly, fast
fer•mé -mée [fɛrme] *adj* exclusive, restricted; inscrutable (*countenance*)
ferment [fɛrmɑ̃] *m* ferment
fermenter [fɛrmɑ̃te] *intr* to ferment
fermer [fɛrme] *tr* to close, to shut; to turn off; **fermer à clef** to lock; **fermer au verrou** to bolt; **la ferme!** (slang) shut up!, shut your trap! || *intr & ref* to close, to shut
fermeté [fɛrməte] *f* firmness
fermeture [fɛrmətyr] *f* closing; fastening; **fermeture éclair** zipper
fer•mier [fɛrmje] **-mière** [mjɛr] *adj* farming || *m* farmer; tenant farmer; lessee || *f* farmer's wife
fermoir [fɛrmwar] *m* snap, clasp
féroce [ferɔs] *adj* ferocious
férocité [ferɔsite] *f* ferocity
ferraille [fɛrɑj] *f* scrap iron; (coll) small change; **mettre à la ferraille** to junk
ferrailleur [fɛrɑjœr] *m* dealer in scrap iron; sword rattler
fer•ré -rée [fɛre] *adj* ironclad; hobnailed (*shoe*); paved (*road*); **ferré sur** well versed in
ferrer [fere] *tr* to shoe (*a horse*)
ferret [fere] *m* tag (*of shoelace*); (geol) hard core
ferronnerie [fɛrɔnri] *f* ironwork; hardware
ferron•nier [fɛrɔnje] **ferron•nière** [fɛrɔnjɛr] *mf* ironworker; hardware dealer
ferrotypie [fɛrɔtipi] *f* tintype
ferroviaire [fɛrɔvjɛr] *adj* railway
ferrure [fɛryr] *f* horseshoeing; **ferrures** hardware; metal trim
ferry-boat [feribot] *m* (*pl* **-boats**) train ferry
fertile [fɛrtil] *adj* fertile
fertiliser [fɛrtilize] *tr* to fertilize
fertilité [fɛrtilite] *f* fertility
fé•ru -rue [fery] *adj*—**féru de** wrapped up in (*an idea, an interest*)
fer•vent [fɛrvɑ̃] **-vente** [vɑ̃t] *adj* fervent || *mf* devotee
ferveur [fɛrvœr] *f* fervor
fesse [fɛs] *f* buttock
fessée [fese] *f* spanking
fesse-mathieu [fɛsmatjø] *m* (*pl* **-mathieux**) usurer; skinflint
fesser [fɛse] *tr* to spank
fes•su -sue [fɛsy] *adj* broad-bottomed
festin [fɛstɛ̃] *m* feast, banquet
festi•val [fɛstival] *m* (*pl* **-vals**) music festival
festivité [fɛstivite] *f* festivity
feston [fɛstɔ̃] *m* festoon
festonner [fɛstɔne] *tr* to festoon; to scallop
festoyer [fɛstwaye] §47 *tr* to fete, regale || *intr* to feast
fê•tard [fɛtar] **-tarde** [tard] *mf* merrymaker
fête [fɛt] *f* festival; feast day, holiday; name day; party, festivity; **être à la fête** (coll) to be very pleased or gratified; **faire fête à** to receive with open arms; **faire la fête** (coll) to carouse; **fête foraine** carnival; **fête légale** or **fête nationale** legal holiday; **la fête des Mères** Mother's Day; **la fête des Morts** All Souls' Day; **la fête des Rois** Twelfth-night; **se faire une fête de** to look forward with pleasure to; **souhaiter une bonne fête à qn** to wish s.o. many happy returns
Fête-Dieu [fɛtdjø] *f* (*pl* **Fêtes-Dieu**)—**la Fête-Dieu** Corpus Christi
fêter [fɛte] *tr* to fete; to celebrate (*a special event*)
fétiche [fetiʃ] *m* fetish
fétu [fety] *m* straw; trifle
feu feue [fø] *adj* (*pl* **feus**) (standing before noun) late, deceased, e.g., **la feue reine** the late queen || **feu** *adj invar* (standing before article and noun) late, deceased, e.g., **feu la reine** the late queen || *m* (*pl* **feux**) fire; flame; traffic light; burner (*of stove*); **à petit feu** by inches; **du feu** a light (*to ignite a cigar, etc.*); **être sous les feux de la rampe** to be in the limelight; **faire du feux** to light a fire; **faire long feu** to hang fire; to fail; (arti) to miss; **feu d'artifice** fireworks; **feu de joie** bonfire; **feu de paille** (fig) flash in the pan; **feu follet** will-o'-the-wisp; **feux de position, feux de stationnement** parking lights; **mettre le feu à** to set on fire; **prendre feu** to catch fire || **feu** *interj* fire! (*command to fire*); **au feu!** fire! (*warning*)
feuillage [fœjaʒ] *m* foliage; **feuillages** fallen branches
feuille [fœj] *f* leaf; sheet; form (*to be filled out*); **feuille de chou** (coll) rag (*newspaper of little value*); **feuille de présence** time sheet; **feuille d'étain** tin foil; **feuille de température** temperature chart; **feuille d'imposition** income-tax blank
feuil•lé feuil•lée [fœje] *adj* leafy, foliaged || *f* bower; **feuillées** (mil) camp latrine
feuiller [fœje] *intr* to leaf

feuille•té -tée [fœjte] *adj* foliated; in flaky layers
feuilleter [fœjte] §34 *tr* to leaf through; to foliate; (culin) to roll into thin layers
feuilleton [fœjtɔ̃] *m* newspaper serial (*printed at bottom of page*); (rad, telv) serial
feuil•lu feuil•lue [fœjy] *adj* leafy || *m* foliage
feuillure [fœjyr] *f* groove
feuler [føle] *intr* to growl (*said of cat*)
feutre [føtr] *m* felt
feu•tré -trée [føtre] *adj* velvetlike; muffled (*steps*)
feutrer [føtre] *tr* to felt
fève [fɛv] *f* bean; **fève des Rois** bean or figurine baked in the Twelfth-night cake; **fèves au lard** pork and beans
février [fevrie] *m* February
fi [fi] *interj* fie!; **faire fi de** to scorn
fiacre [fjakr] *m* horse-drawn cab
fiançailles [fjɑ̃sɑj] *fpl* engagement, betrothal
fian•cé -cée [fjɑ̃se] *mf* betrothed || *m* fiancé || *f* fiancée
fiancer [fjɑ̃se] §51 *tr* to betroth || *ref* to become engaged
fiasco [fjasko] *m* (coll) fiasco, failure; **faire fiasco** to flop, fail
fibre [fibr] *f* fiber; (fig) feeling, sensibility; **avoir la fibre sensible** to be easily moved
fi•breux [fibrø] **-breuse** [brøz] *adj* fibrous
ficeler [fisle] §34 *tr* to tie up
ficelle [fisɛl] *adj* (coll) knowing || *f* string; **connaître les ficelles** (fig) to know the ropes; **tenir** or **tirer les ficelles** (fig) to pull strings; **vieille ficelle** (coll) old hand
fiche [fiʃ] *f* peg; slip, form, blank; filing card, index card; membership card; (cards) chip, counter; (elec) plug; **fiche de consolation** booby prize; **fiche femelle** (elec) jack; **fiche perforée** punch card; **fiche scolaire** report card
ficher [fiʃe] *tr* to drive in (*a stake*); to take down (*information on a form*); to fasten, fix, stick; **ficher qn à la porte** (coll) to kick s.o. out; **ficher une gifle à qn** (coll) to box s.o. on the ear; **fichez-moi le camp!** (slang) beat it! || *ref*—**se ficher de** (slang) to make fun of
fichier [fiʃje] *m* card catalogue; cabinet, file (*for cards or papers*)
fichtre [fiʃtrə] *interj* (coll) gosh!
fi•chu -chue [fiʃy] *adj* (coll) wretched, ugly; **fichu de** capable of || *m* scarf, shawl
fic•tif [fiktif] **-tive** [tiv] *adj* fictitious
fiction [fiksjɔ̃] *f* fiction
fidéicommis [fideikɔmi] *m* (law) trust
fidèle [fidɛl] *adj* faithful || *mf* supporter; **les fidèles** (eccl) the congregation, the faithful
fidélité [fidelite] *f* fidelity, faithfulness; **haute fidélité** high fidelity
fief•fé fief•fée [fjɛfe] *adj* (coll) downright, real, regular (*liar, coward, etc.*)
fiel [fjɛl] *m* bile; gall
fiel•leux [fjɛlø] **fiel•leuse** [fjɛløz] *adj* galling
fiente [fjɑ̃t] *f* droppings
fier fière [fjɛr] *adj* proud; haughty || **fier** [fje] *tr* (archaic) to entrust || *ref*—**se fier à** or **en** to trust, to have confidence in, to rely upon; **se fier à qn de** to entrust s.o. with; **s'y fier** to trust it
fier-à-bras [fjɛrabra] *m* (*pl* **fier-à-bras** or **fiers-à-bras** [fjɛrabra]) braggart
fierté [fjɛrte] *f* pride
fièvre [fjɛvr] *f* fever; **fièvre aphteuse** foot-and-mouth disease
fifre [fifr] *m* fife; fife player
fi•gé -gée [fiʒe] *adj* curdled; fixed, set; frozen (*smile*); **figé sur place** rooted to the spot
figement [fiʒmɑ̃] *m* clotting, coagulation
figer [fiʒe] §38 *tr* to curdle; to stop dead || *ref* to curdle; to set, to freeze (*said, e.g., of smile*)
fignoler [fiɲɔle] *tr* to work carefully at || *intr* to be finicky
figue [fig] *f* fig; **figue de Barbarie** prickly pear
figuier [figje] *m* fig tree
figu•rant [figyrɑ̃] **-rante** [rɑ̃t] *mf* (theat) supernumerary, extra
figura•tif [figyratif] **-tive** [tiv] *adj* figurative, emblematic
figure [figyr] *f* figure; face (*of a person*); face card; **faire figure** to cut a figure; **figure de proue** (naut) figurehead; **prendre figure** to take shape
figu•ré -rée [figyre] *adj* figurative; figured || *m* figurative sense
figurer [figyre] *tr* to figure || *intr* to figure, take part; (theat) to walk on || *ref* to imagine, believe
fil [fil] *m* thread; wire; edge (*e.g., of knife*); grain (*of wood*); **au fil de l'eau** with the stream; **droit fil** with the grain; **elle lui a donné du fil à retordre** (fig) she gave him more than he bargained for; **fil à plomb** plumb line; **fil de fer barbelé** barbed wire; **fil de lin** yarn; **fil d'or** spun gold; **fils de la vierge** gossamer; **passer au fil de l'épée** to put to the sword; **plein de fils** stringy; **sans fil** wireless
filament [filamɑ̃] *m* filament
filamen•teux [filamɑ̃tø] **-teuse** [tøz] *adj* stringy
filan•dreux [filɑ̃drø] **-dreuse** [drøz] *adj* stringy (*meat*); long, drawn-out
fi•lant [filɑ̃] **-lante** [lɑ̃t] *adj* ropy (*liquid*); shooting (*star*)
filasse [filas] *f* tow, oakum
filature [filatyr] *f* manufacture of thread; spinning mill; shadowing (*of a suspect*)
fil-de-fériste [fildəferist] *mf* tightwire walker
file [fil] *f* file, row, lane; **à la file** one after another, in a row; **file d'attente** waiting line; **marcher en file indienne** to walk Indian file
filer [file] *tr* to spin; to pay out (*rope, cable*); to prolong; to shadow (*a suspect*) || *intr* to ooze; to smoke (*said of lamp*); (coll) to go fast; **filer à**

l'anglaise (coll) to take French leave; **filer doux** (coll) to back down, to give in; **filez!** (coll) get out!
filet [filɛ] *m* net; trickle (*of water*); streak (*of light*); thread (*of screw or nut*); (culin) fillet; (typ) rule; **faux filet** sirloin; **filet à bagage** baggage rack; **filet à cheveux** hair net; **filet à provisions** string bag, mesh bag
fileter [filte] §2 *tr* to thread (*a screw*); to draw (*wire*)
fi·leur [filœr] **-leuse** [løz] *mf* spinner
fi·lial -liale [filjal] *adj* (*pl* **-liaux** [ljo]) filial || *f* (com) branch, subsidiary
filiation [filjɑsjɔ̃] *f* filiation
filière [filjɛr] *f* (mach) die; (mach) drawplate; **filière administrative** official channels; **passer par la filière** (coll) to go through channels; (coll) to work one's way up
filigrane [filigran] *m* filigree; watermark (*in paper*)
filigraner [filigrane] *tr* to filigree
filin [filɛ̃] *m* (naut) rope
fille [fij] *f* daughter; unmarried girl; servant; (pej) tart; **fille de joie, des rues,** or **de vie, fille publique** prostitute; **fille de salle** nurse's aid; **fille d'honneur** bridesmaid; **jeune fille** girl; **vieille fille** old maid
fillette [fijɛt] *f* young girl, little lass
fil·leul fil·leule [fijœl] *mf* godchild || *m* godson || *f* goddaughter
film [film] *m* film; (fig) train (*of events*); **film sonore** sound film
filmage [filmaʒ] *m* filming
filmer [filme] *tr* to film
filmique [filmik] *adj* film
filon [filɔ̃] *m* vein, lode; (coll) soft job; (coll) bonanza, strike; **filon guide** leader vein
filoselle [filɔzɛl] *f* floss silk
filou [filu] *m* sneak thief; cheat, sharper
filouter [filute] *tr* (coll) to swindle, cheat; **filouter q.ch. à qn** (coll) to do s.o. out of s.th. || *intr* to cheat at cards
fils [fis] *m* son; (when following proper name) junior; **fils à papa** (coll) rich man's son, playboy; **fils de ses œuvres** (fig) self-made man
filtrage [filtraʒ] *m* filtering; surveillance (*by the police*)
fil·trant [filtrɑ̃] **-trante** [trɑ̃t] *adj* filterable; filter, e.g., **papier filtrant** filter paper
filtre [filtrə] *m* filter
filtrer [filtre] *tr & intr* to filter
fin [fɛ̃] **fine** [fin] *adj* fine || (when standing before noun) *adj* clever, sly, smart; secret, hidden || *m* fine linen; smart person; **le fin du fin** the finest of the fine || **fin** *f* end; **à la fin** at last; **à seule fin de** for the sole purpose of; **à toutes fins utiles** for your information; **c'est la fin des haricots** (slang) that takes the cake; **en fin de compte** in the end; to get to the point; **fin d'interdiction de dépasser** (public sign) end of no passing; **mot de la fin** clincher; **sans fin** endless || **fin** *adv* absolutely; finely (*ground*); small, e.g., **écrire fin** to write small
fi·nal -nale [final] (*pl* **-nals** or **-naux** [no]) *adj* final || *m* finale || *f* last syllable or letter; (mus) keynote; (sports) finals
finalement [finalmɑ̃] *adv* finally
finaliste [finalist] *mf* finalist
financement [finɑ̃smɑ̃] *m* financing
financer [finɑ̃se] §51 *tr* to finance
finan·cier [finɑ̃sje] **-cière** [sjɛr] *adj* financial; spicy (*sauce for vol-au-vent*) || *m* financier
finasser [finase] *intr* (coll) to use finesse, to finagle
finasserie [finasri] *f* shrewdness
fi·naud [fino] **-naude** [nod] *adj* wily, sly || *mf* sly fox; smart aleck
finesse [finɛs] *f* finesse; fineness; **savoir les finesses** to know the fine points or niceties
fi·ni -nie [fini] *adj* finished; finite; ruined (*in health, financially, etc.*); arrant (*rogue*) || *m* finish; finite
finir [finir] *tr & intr* to finish; **en finir avec** to have done with; **finir de** + *inf* to finish + *ger;* **finir par** + *inf* to finish by + *inf*
finissage [finisaʒ] *m* finishing touch, final step
finition [finisjɔ̃] *f* finish; **finitions** finishing touches
finlan·dais [fɛ̃lɑ̃dɛ] **-daise** [dɛz] *adj* Finnish || *m* Finnish (*language*) || (*cap*) *mf* Finn
Finlande [fɛ̃lɑ̃d] *f* Finland; **la Finlande** Finland
fin·nois [finwa] **fin·noise** [finwaz] *adj* Finnish || *m* Finnish (*language*; Finnic (*branch of Uralic*) || (*cap*) *mf* Finn
fiole [fjɔl] *f* phial
fioriture [fjɔrityr] *f* flourish, curlicue
firmament [firmamɑ̃] *m* firmament
firme [firm] *f* firm, house, company
fisc [fisk] *m* bureau of internal revenue, tax-collection agency
fis·cal -cale [fiskal] *adj* (*pl* **-caux** [ko]) fiscal; revenue, taxation
fiscaliser [fiskalize] *tr* to subject to tax
fiscalité [fiskalite] *f* tax collections; fiscal policy
fissile [fisil] *adj* fissionable
fission [fisjɔ̃] *f* fission
fissure [fisyr] *f* fissure, crack
fissurer [fisyre] *tr & ref* to fissure
fiston [fistɔ̃] *m* (slang) sonny
fixation [fiksɑjsɔ̃] *f* fixation; fixing
fixe [fiks] *adj* fixed; permanent (*ink*); glassy (*stare*); regular (*time*); set (*price*); standing (*rule*) || *m* fixed income || *interj* (mil) eyes front!
fixe-chaussette [fiksəʃosɛt] *m* (*pl* **-chaussettes**) garter (*for men's socks*)
fixement [fiksəmɑ̃] *adv* fixedly
fixer [fikse] *tr* to fix; to appoint; (coll) to stare at; **fixer son choix sur** to fix on; **pour fixer les idées** for the sake of argument || *ref* to be fastened; to establish residence; to make up one's mind
flacon [flakɔ̃] *m* small bottle; flask

flageller [flaʒɛlle] *tr* to flagellate

flageoler [flaʒɔle] *intr* to quiver

flageolet [flaʒɔlɛ] *m* flageolet; kidney bean

flagorner [flagɔrne] *tr* to flatter

fla·grant [flagrɑ̃] **-grante** [grɑ̃t] *adj* flagrant, glaring, obvious

flair [flɛr] *m* scent, sense of smell; (*discernment*) flair, keen nose

flairer [flɛre] *tr* to smell, to sniff; to scent, to smell out

fla·mand [flamɑ̃] **-mande** [mɑ̃d] *adj* Flemish || *m* Flemish (*language*) || (*cap*) *mf* Fleming (*person*)

flamant [flɑ̃mɑ̃] *m* flamingo

flam·bant [flɑ̃bɑ̃] **-bante** [bɑ̃t] *adj* flaming; **flambant neuf** (coll) brand-new

flam·beau [flɑ̃bo] *m* (*pl* **-beaux**) torch; candlestick; large wax candle; (fig) light

flambée [flɑ̃be] *f* blaze

flamber [flɑ̃be] *tr* to singe; to sterilize; **être flambé** (coll) to be all washed up, ruined || *intr* to flame

flamberge [flɑ̃bɛrʒ] *f* (archaic) sword, blade; **mettre flamberge au vent** to unsheathe the sword

flamboiement [flɑ̃bwamɑ̃] *m* glow, flare

flamboyant [flɑ̃bwajɑ̃] **flamboyante** [flɑ̃bwajɑ̃t] *adj* flaming, blazing; (archit) flamboyant

flamboyer [flɑ̃bwaje] §47 *intr* to flame

flamme [flɑm], [flam] *f* flame; pennant

flammèche [flameʃ] *f* ember, large spark

flan [flɑ̃] *m* custard; blank (*coin, medal, record*); **à la flan** (slang) happy-go-lucky; botched (*job*); **c'est du flan** (slang) it's ridiculous

flanc [flɑ̃] *m* flank; side (*of ship, mountain, etc.*); **battre du flanc** to pant; **être sur le flanc** (coll) to be laid up; **flancs** (archaic) womb; bosom; **prêter le flanc à** to lay oneself open to; **se battre les flancs** to go to a lot of trouble for nothing; **tirer au flanc** (coll) to gold-brick, to malinger

flancher [flɑ̃ʃe] *intr* (coll) to give in; (coll) to weaken, give way

flanchet [flɑ̃ʃɛ] *m* flank (*of beef*)

Flandre [flɑ̃dr] *f* Flanders; **la Flandre** Flanders

flanelle [flanɛl] *f* flannel

flâner [flɑne] *intr* to stroll, saunter; to loaf

flânerie [flɑnri] *f* strolling; loafing

flâ·neur [flɑnœr] **-neuse** [nøz] *mf* stroller; loafer

flanquer [flɑ̃ke] *tr* to flank; (coll) to throw, fling; **flanquer à la porte** (coll) to kick out; **flanquer un coup à** (coll) to take a swing at

fla·pi -pie [flapi] *adj* (coll) tired out, fagged out

flaque [flak] *f* puddle, pool

flash [flaʃ] *m* (*pl* **flashes**) news flash; (phot) flash attachment; (phot) flash bulb

flasque [flask] *adj* flabby || *m* metal trim || *f* flask; powder horn

flatter [flate] *tr* to flatter; to stroke; to delight; to cater to; to delude || *intr* to flatter || *ref*—**se flatter de** to flatter oneself on

flatterie [flatri] *f* flattery

flat·teur [flatœr] **flat·teuse** [flatøz] *adj* flattering || *mf* flatterer

flatulence [flatylɑ̃s] *f* (pathol) flatulence

flatuosité [flatɥozite] *f* (pathol) flatulence

fléau [fleo] *m* (*pl* **fléaux**) flail; beam (*of balance*); (fig) scourge, plague

flèche [flɛʃ] *f* arrow; spire (*of church*); boom (*of crane*); flitch (*of bacon*); **en flèche** like an arrow; in tandem; **faire flèche de tout bois** to leave no stone unturned; **flèche d'eau** (bot) arrowhead

fléchette [fleʃɛt] *f* dart (*used in game*)

fléchir [fleʃir] *tr* to bend; to move (*e.g., to pity*) || *intr* to bend, give way; to weaken, to flag; to go down, to sag (*said of prices*)

flegmatique [flɛgmatik] *adj* phlegmatic, stolid

flegme [flɛgm] *m* phlegm

flemme [flɛm] *f* (slang) sluggishness; **tirer sa flemme** (slang) to not lift a finger

flet [flɛ] *m* flounder

flétan [fletɑ̃] *m* halibut

flétrir [fletrir] *tr & ref* to fade, wither; to weaken

flétrissure [fletrisyr] *f* fading, withering; branding (*of criminals*); blot, stigma

fleur [flœr] *f* flower; blossom; **à fleur de** level with, even with; on the surface of; **à fleur de peau** skin-deep; **à fleur de tête** bulging (*eyes*); **en fleur** in bloom; **en fleurs** in bloom (*said of group of different varieties*); **fleur de farine** fine white flour; **fleur de l'âge** prime of life; **fleur de lis** [flœrdəlis] fleur-de-lis; **fleur des pois** (coll) pick of the lot; **fleurs** mold (*on wine, cider, etc.*)

fleurer [flœre] *intr* to exhale or give off an odor; **fleurer bon** to smell good

fleuret [flœrɛ] *m* fencing foil

fleurette [flœrɛt] *f* little flower; **conter fleurette** to flirt

fleu·ri -rie [flœri] *adj* in bloom; flowery; florid (*complexion; style*)

fleurir [flœrir] *tr* to decorate with flowers || *intr* to flower, bloom || *intr* (*ger* **florissant**; *imperf* **florissais**, etc.) to flourish

fleuriste [flœrist] *mf* florist; floral gardener; maker or seller of artificial flowers

fleuron [flœrɔ̃] *m* floret; (archit) finial; **fleuron à sa couronne** feather in his cap

fleuve [flœv] *m* river (*flowing directly to the sea*); (fig) river (*of tears, blood, etc.*)

flexible [flɛksibl] *adj* flexible; (fig) pliant

flexion [flɛksjɔ̃] *f* bending, flexion; (gram) inflection
flibuster [flibyste] *tr* to rob, to snitch || *intr* to filibuster
flibustier [flibystje] *m* filibuster (*pirate*)
flic [flik] *m* (slang) copper, fuzz
flirt [flœrt] *m* flirt; flirtation
flirter [flœrte] *intr* to flirt
flir•teur [flœrtœr] **-teuse** [tøz] *adj* flirtatious || *mf* flirt
flocon [flɔkɔ̃] *m* flake; snowflake; tuft (*e.g., of wool*); **flocons d'avoine** oatmeal; **flocons de maïs** cornflakes; **flocons de neige** snowflakes
floconner [flɔkɔne] *intr* to form flakes; to become fleecy
flocon•neux [flɔkɔnø] **flocon•neuse** [flɔkɔnøz] *adj* flaky; fleecy
floraison [flɔrɛzɔ̃] *f* flowering, blooming
flo•ral -rale [flɔral] *adj* (*pl* **-raux** [ro]) floral
floralies [flɔrali] *fpl* flower show
flore [flɔr] *f* flora
floren•tin [flɔrɑ̃tɛ̃] **-tine** [tin] *adj* Florentine; **à la florentine** with spinach || (*cap*) *mf* Florentine (*native or inhabitant of Florence*)
Floride [flɔrid] *f* Florida; **la Floride** Florida
florilège [flɔrilɛʒ] *m* anthology
floris•sant [flɔrisɑ̃] **floris•sante** [flɔrisɑ̃t] *adj* flourishing
floss [flɔs] *m* (coll) dental floss
flot [flo] *m* wave; tide; flood, multitude; **à flot** afloat; **à flots** in torrents, abundantly; **flots** waters (*of a lake, the sea, etc.*); **flots de** lots of
flottabilité [flɔtabilite] *f* buoyancy
flottable [flɔtabl] *adj* buoyant; navigable (*for rafts*)
flottage [flɔtaʒ] *m* log driving
flottaison [flɔtɛzɔ̃] *f* water line
flot•tant [flɔtɑ̃] **flot•tante** [flɔtɑ̃t] *adj* floating; vacillating, undecided
flotte [flɔt] *f* fleet; buoy; float (*on fishline*); (slang) water, rain
flottement [flɔtmɑ̃] *m* floating; hesitation, vacillation; undulation
flotter [flɔte] *intr* to float; to waver, hesitate; to fly (*said of flag*); **il flotte** (slang) it is raining
flotteur [flɔtœr] *m* log driver; float (*of fishline, carburetor, etc.*); pontoon, float (*of seaplane*)
flottille [flɔtij] *f* flotilla; **flottille de pêche** fishing fleet
flou floue [flu] *adj* blurred, hazy; fluffy (*hair*); loose-fitting (*dress*); light and soft (*tones, lines in a painting*) || *m* blur, fuzziness; dressmaking
fluctuation [flyktɥɑsjɔ̃] *f* fluctuation
fluctuer [flyktɥe] *intr* to fluctuate
fluet [flyɛ] **fluette** [flyɛt] *adj* thin, slender
fluide [flɥid] *adj & m* fluid
fluidifier [flɥidifje] *tr* to liquefy
fluor [flyɔr] *m* fluorine
fluores•cent [flyɔresɑ̃] **fluores•cente** [flyɔresɑ̃t] *adj* fluorescent
fluoridation [flyɔridɑsjɔ̃] *f* fluoridation
fluorider [flyɔride] *tr & intr* to fluoridate
fluorure [flyɔryr] *m* fluoride
flûte [flyt] *f* flute; long thin loaf of French bread; tall champagne glass; **flûte à bec** recorder; **flûte de Pan** Pan's pipes; **flûtes** (slang) legs; **grande flûte** concert flute; **jouer** or **se tirer des flûtes** (slang) to run for it; **petite flûte** piccolo || *interj* shucks!, rats!
flûtiste [flytist] *mf* flutist
flux [fly] *m* flow; flood tide; (cards) flush; (chem, elec, med, metallurgy) flux; **flux de sang** flush, blush; dysentery; **flux de ventre** diarrhea; **flux et reflux** ebb and flow
fluxion [flyksjɔ̃] *f* inflammation
foc [fɔk] *m* (naut) jib
fo•cal -cale [fɔkal] *adj* (*pl* **-caux** [ko]) focal
fœtus [fetys] *m* fetus
foi [fwa] *f* faith; word (*of a gentleman*); **ajouter foi à** to give credence to; **bonne foi** good faith, sincerity; **de bonne foi** sincere; sincerely; **de mauvaise foi** dishonest; dishonestly; **en foi de quoi** in witness whereof; **faire foi de** to be evidence of; **ma foi!** upon my word; **manquer de foi à** to break faith with; **mauvaise foi** bad faith, insincerity; **sur la foi de** on the strength of
foie [fwa] *m* liver; **avoir les foies** (slang) to be scared stiff; **foie gras** goose liver
foin [fwɛ̃] *m* hay; **avoir du foin dans ses bottes** (coll) to be well heeled; **faire du foin** (slang) to kick up a fuss
foire [fwar] *f* fair; market; (coll) chaos, mess; **foire d'empoigne** free-for-all
foirer [fware] *intr* (slang) to flop, fail; (slang) to hang fire; (slang) to be stripped (*said of screw, nut, etc.*)
fois [fwa] *f* time, e.g., **visiter trois fois par semaine** to visit three times a week; times, e.g., **deux fois deux font quatre** two times two is four; **à la fois** at the same time, together; **deux fois** twice; twofold; **encore une fois** once more, again; **il y avait une fois** once upon a time there was; **maintes et maintes fois** time and time again; **une fois** one time, once; **une fois pour toutes** or **une bonne fois** once and for all
foison [fwazɔ̃] *f*—**à foison** in abundance
foison•nant [fwazɔnɑ̃] **foison•nante** [fwazɔnɑ̃t] *adj* abundant, plentiful
foisonner [fwazɔne] *intr* to abound
folâtre [fɔlɑtr] *adj* frisky, playful
folâtrer [fɔlɑtre] *intr* to frolic, romp
folie [fɔli] *f* madness, insanity; folly, piece of folly; country lodge, hideaway (*for romantic trysts*); **à la folie** madly, passionately; **faire une folie** to do something crazy; **folie de la persécution** persecution complex
folio [fɔljo] *m* folio
folioter [fɔljɔte] *tr* to folio
folle [fɔl] *f* crazy woman
follement [fɔlmɑ̃] *adv* madly

fol•let [fɔlɛ] **fol•lette** [fɔlɛt] *adj* merry, playful; elfish
follicule [fɔlikyl] *m* follicle
fomenta•teur [fɔmɑ̃tatœr] **-trice** [tris] *mf* agitator, troublemaker
fomenter [fɔmɑ̃te] *tr* to foment
fon•cé -cée [fɔ̃se] *adj* dark; deep
foncer [fɔ̃se] §51 *tr* to darken; to dig (*a well*); to fit a bottom to (*a cask*) || *intr* to charge, to rush
fon•cier [fɔ̃sje] **-cière** [sjɛr] *adj* landed (*property*); property (*tax*); fundamental, natural || *m* real-estate tax
foncièrement [fɔ̃sjɛrmɑ̃] *adv* fundamentally, naturally
fonction [fɔ̃ksjɔ̃] *f* function; duty; **faire fonction de** to function as
fonctionnaire [fɔ̃ksjɔnɛr] *mf* civil servant; officeholder
fonctionnarisme [fɔ̃ksjɔnarism] *m* bureaucracy
fonction•nel -nelle [fɔ̃ksjɔnɛl] *adj* functional
fonctionner [fɔ̃ksjɔne] *intr* to function, to work
fond [fɔ̃] *m* bottom; back, far end; background; foundation; dregs; core, inner meaning, main issue; **à fond** thoroughly; **à fond de train** at full speed; **au fond, dans le fond,** or **par le fond** actually, really, basically; **de fond** fundamental, main; **de fond en comble** from top to bottom; **faire fond sur** to rely on; **fond sonore** background noise; **râcler les fonds du tiroir** to scrape the bottom of the barrel; **sans fond** bottomless; **y aller au fond** to go the whole way || see **fonds**
fondamen•tal -tale [fɔ̃damɑ̃tal] *adj* (*pl* **-taux** [to]) fundamental, basic
fon•dant [fɔ̃dɑ̃] **-dante** [dɑ̃t] *adj* melting; juicy, luscious || *m* fondant (*candy*); (metallurgy) flux
fonda•teur [fɔ̃datœr] **-trice** [tris] *mf* founder
fondation [fɔ̃dɑsjɔ̃] *f* foundation; founding; endowment
fon•dé -dée [fɔ̃de] *adj* founded; justified; authorized; **bien fondé** well-founded || *m*—**fondé de pouvoir** proxy, authorized agent
fondement [fɔ̃dmɑ̃] *m* foundation, basis; (coll) behind; **sans fondement** unfounded
fonder [fɔ̃de] *tr* to found
fonderie [fɔ̃dri] *f* foundry; smelting
fondeur [fɔ̃dœr] *m* founder, smelter
fondre [fɔ̃dr] *tr* to melt, dissolve; to smelt; to cast (*metal*); to blend (*colors*); to merge (*companies*) || *intr* to melt; (coll) to lose weight; **fondre en larmes** to burst into tears; **fondre sur** to pounce on
fondrière [fɔ̃drijɛr] *f* quagmire; mudhole, rut, pothole
fonds [fɔ̃] *m* land (*of an estate*); business, good will; fund; **bon fonds** good nature; **fonds** *mpl* capital; **fonds de commerce** business house; **fonds de prévoyance** reserve fund; **fonds d'État** *mpl* government bonds
fon•du -due [fɔ̃dy] *adj* melted; molten || *m* blending (*of colors*); (mov, telv) dissolve, fade-out
fontaine [fɔ̃tɛn] *f* fountain; spring; well; cistern; **fontaine de Jouvence** Fountain of Youth
fonte [fɔ̃t] *f* melting; casting; cast iron; holster; (typ) font; **venir de fonte avec** to be cast in one piece with
fonts [fɔ̃] *mpl*—**fonts baptismaux** baptismal font
football [futbol] *m* soccer
footing [futiŋ] *m* walking
for [fɔr] *m*—**dans son for intérieur** in his heart of hearts; **for intérieur** conscience
forage [fɔraʒ] *m* drilling
fo•rain [fɔrɛ̃] **-raine** [rɛn] *adj* traveling, itinerant || **forains** *mpl* carnival people
forban [fɔrbɑ̃] *m* pirate
forçage [fɔrsaʒ] *m* (agr) forcing
forçat [fɔrsa] *m* convict; (hist) galley slave; (fig) drudge
force [fɔrs] *f* force; strength; **à force de** by dint of, as a result of; **à toute force** at all costs; **de première force** foremost (*musician, artist, scientist, etc.*); **de toutes ses forces** with all one's might; **force de frappe** striking force; **force m'est de . . .** (lit) I am obliged to . . . ; **force majeure** (law) act of God; **forces** sheep shears; **force vive** (phys) kinetic energy; **la force de l'âge** the prime of life || *adj invar* (archaic) many
forcément [fɔrsemɑ̃] *adv* inevitably, necessarily
force•né -née [fɔrsəne] *adj* frenzied, frantic || *m* madman || *f* crazy woman
forceps [fɔrsɛps] *m* (obstet) forceps
forcer [fɔrse] §51 *tr* to force; to do violence to; to bring to bay; to increase (*the dose*); to strain (*a muscle*); to mark up (*a receipt*); **forcer la main à qn** to force s.o.'s hand; **forcer la note** (coll) to overdo it; **forcer le respect de qn** to compel respect from s.o.; **forcer qn à** or **de** + *inf* to force s.o. to + *inf* || *ref* to overdo; to do violence to one's feelings
forclore [fɔrklɔr] (used only in *inf* and *pp* **forclos**) *tr* to foreclose
forclusion [fɔrklyzjɔ̃] *f* foreclosure
forer [fɔre] *tr* to drill, to bore
fores•tier [fɔrɛstje] **-tière** [tjɛr] *adj* forest || *m* forester
foret [fɔrɛ] *m* drill
forêt [fɔrɛ] *f* forest
fo•reur [fɔrœr] **-reuse** [røz] *adj* drilling || *mf* driller || *f* drill, machine drill
forfaire [fɔrfɛr] §29 (used only in *inf;* 1st, 2d, & 3d *sg pres ind*; compound tenses) *intr*—**forfaire à** to forfeit (*one's honor*); to fail in (*a duty*)
forfait [fɔrfɛ] *m* heinous crime; contract; package deal; (turf) forfeit; **à forfeit** for a lump sum
forfaitaire [fɔrfɛtɛr] *adj* contractual
forfaiture [fɔrfɛtyr] *f* malfeasance
forfanterie [fɔrfɑ̃tri] *f* bragging

forge [fɔrʒ] *f* forge; steel mill
forger [fɔrʒe] §38 *tr* to forge
forgeron [fɔrʒərɔ̃] *m* blacksmith
forgeur [fɔrʒœr] *m* forger, smith; coiner (*e.g., of new expressions*); fabricator (*of false stories*)
formaliser [fɔrmalize] *ref* to take offense
formaliste [fɔrmalist] *adj* formalistic, conventional || *mf* formalist
formalité [fɔrmalite] *f* formality, convention
format [fɔrma] *m* size, format
formation [fɔrmɑsjɔ̃] *f* formation; education, training
forme [fɔrm] *f* form; **en forme** fit, in shape; **en forme, en bonne forme,** or **en bonne et due forme** in order, in due form; **pour la forme** for appearances
for•mel -melle [fɔrmɛl] *adj* explicit; strict; formal, superficial
formellement [fɔrmɛlmɑ̃] *adv* absolutely, strictly
former [fɔrme] *tr & ref* to form
formidable [fɔrmidabl] *adj* formidable; (coll) tremendous, terrific
formulaire [fɔrmylɛr] *m* formulary; form (*with spaces for answers*)
formule [fɔrmyl] *f* formula; form, blank; format; **formule de politesse** complimentary close
formuler [fɔrmyle] *tr* to formulate; to draw up
fort [fɔr] **forte** [fɔrt] *adj* strong; fortified (*city*); **c'est fort!** it's hard to believe! || (when standing before noun) *adj* high (*fever*); large (*sum*); hard (*task*) || *m* fort; strong man; forte; height (*of summer*) || **fort** *adv* exceedingly; loud; hard
forteresse [fɔrtərɛs] *f* fortress, fort
forti•fiant [fɔrtifjɑ̃] **-fiante** [fjɑ̃t] *adj & m* tonic
fortification [fɔrtifikɑsjɔ̃] *f* fortification
fortifier [fɔrtifje] *tr* to fortify; to confirm (*one's opinions*)
fortin [fɔrtɛ̃] *m* small fort
for•tuit [fɔrtɥi] **-tuite** [tɥit] *adj* fortuitous, accidental
fortune [fɔrtyn] *f* fortune; **faire fortune** to make a fortune
fortu•né -née [fɔrtyne] *adj* fortunate; rich
fosse [fos] *f* pit; grave; **fosse aux lions** lions' den; **fosse commune** pauper's grave; **fosse d'aisances** cesspool; **fosse septique** septic tank
fossé [fose] *m* ditch, trench; moat; **sauter le fossé** to take the plunge
fossette [fosɛt] *f* dimple
fossile [fosil] *adj & m* fossil || *mf* fossil (*person*)
fossoyeur [foswajœr] *m* gravedigger
fou [fu] or **fol** [fɔl] **folle** [fɔl] (*pl* **fous folles**) *adj* mad, insane; foolish; extravagant; unsteady; loose (*pulley*); (coll) tremendous (*success*); **être fou à lier** to be raving mad; **être fou de** to be wild about; to be wild with (*joy, pain, etc.*) || **fou** *m* madman; fool; jester; (cards) joker; (chess) bishop || *f* see **folle**

foucade [fukad] *f* whim, impulse
foudre [fudr] *m* thunderbolt (*of Zeus*); large cask; **foudre de guerre** great captain; **foudre d'éloquence** powerful orator || *f* lightning; **foudres** displeasure (*e.g., of a prince*); **foudres de l'Église** excommunication
foudroyant [fudrwajɑ̃] **foudroyante** [fudrwajɑ̃t] *adj* lightning-like; crushing, overwhelming
foudroyer [fudrwaje] §47 *tr* to strike with lightning; to strike suddenly; to dumfound; **foudroyer d'un regard** to cast a withering glance at || *intr* to hurl thunderbolts
fouet [fwɛ] *m* whip; (culin) beater
fouetter [fwɛte] *tr & intr* to whip
fougère [fuʒɛr] *f* fern
fougue [fug] *f* spirit, ardor
fou•gueux [fugø] **-gueuse** [gøz] *adj* spirited, fiery, impetuous
fouille [fuj] *f* excavation; search
fouiller [fuje] *tr* to excavate; to search, comb, inspect
fouillis [fuji] *m* jumble, disorder
fouine [fwin] *f* beech marten; pitchfork; harpoon
fouiner [fwine] *intr* (coll) to pry, meddle
fouir [fwir] *tr* to dig, burrow
foulard [fular] *m* scarf, neckerchief
foule [ful] *f* crowd, mob; **en foule** in great numbers
fouler [fule] *tr* to tread on, to press; to sprain || *ref* (with *dat* of *reflex pron*) to sprain; (slang) to put oneself out, to tire oneself out
foulque [fulk] *f* (zool) coot
foulure [fulyr] *f* sprain
four [fur] *m* oven, kiln, furnace; (coll) flop, turkey; **faire cuire au four** to bake; to roast; **faire four** (coll) to flop; **four à briques** brickkiln; **four à chaux** limekiln; **petit four** teacake
fourbe [furb] *adj* deceiving, cheating || *mf* deceiver, cheat
fourberie [furbəri] *f* deceit, cheating
fourbir [furbir] *tr* to furbish, polish
fourbissage [furbisaʒ] *m* furbishing, polishing
four•bu -bue [furby] *adj* broken-down (*horse*); (coll) dead tired, all in
fourche [furʃ] *f* fork; pitchfork; **fourche avant** front fork (*of bicycle*); **fourches patibulaires** (hist) gallows
fourcher [furʃe] *tr & intr* to fork; **la langue lui a fourché** (coll) he made a slip of the tongue
fourchette [furʃɛt] *f* fork; wishbone
four•chu -chue [furʃy] *adj* forked; cloven
fourgon [furgɔ̃] *m* truck; poker; (rr) baggage car; (rr) boxcar; **fourgon bancaire** armored car; **fourgon de queue** caboose; **fourgon funèbre** hearse
fourmi [furmi] *f* ant; **fourmi blanche** white ant, termite
fourmilier [furmilje] *m* anteater
fourmilière [furmiljɛr] *f* ant hill
fourmiller [furmije] *intr* to swarm; to tingle (*said, e.g., of foot*); **fourmiller de** to teem with

fournaise [furnɛz] *f* furnace; (fig) oven
four•neau [furno] *m* (*pl* **-neaux**) furnace; cooking stove; **haut fourneau** blast furnace
fournée [furne] *f* batch
four•ni -nie [furni] *adj* bushy, thick; **bien fourni** well-stocked
fourniment [furnimɑ̃] *m* (mil) kit
fournir [furnir] *tr* to furnish, to supply, to provide; to follow (*a suit in cards*) || *intr* (with *dat*) to supply (*s.o.'s needs*); (with *dat*) to defray (*expenses*); (with *dat*) (cards) to follow (*suit*) || *ref* to grow thick; to be a customer
fournissement [furnismɑ̃] *m* contribution, holdings (*of each shareholder*); statement of holdings
fournisseur [furnisœr] *m* supplier, dealer
fourniture [furnityr] *f* furnishing, supplying; (culin) seasoning; **fournitures** supplies
fourrage [furaʒ] *m* fodder
fourrager [furaʒe] §38 *tr* to forage; to rummage, to rummage through || *intr* to rummage (about), to forage
fourragère [furaʒɛr] *f* lanyard; tailboard
four•ré -rée [fure] *adj* lined with fur; furred (*tongue*); stuffed (*dates*); filled (*candies*); sham, hollow (*peace*) || *m* thicket
four•reau [furo] *m* (*pl* **-reaux**) sheath; scabbard; tight skirt; **coucher dans son fourreau** (coll) to sleep in one's clothes
fourrer [fure] *tr* to line with fur; (coll) to cram, stuff; (coll) to shut up (*in prison*); (coll) to stick, poke || *ref* (coll) to turn, go; (coll) to curl up (*in bed*); **se fourrer dans** (coll) to stick one's nose in
fourre-tout [furtu] *m invar* catchall; duffel bag
fourreur [furœr] *m* furrier
fourrier [furje] *m* quartermaster
fourrière [furjɛr] *f* pound (*for automobiles; for stray dogs*)
fourrure [furyr] *f* fur
fourvoyer [furvwaje] §47 *tr* to lead astray
fox [fɔks] *m* fox terrier
fox-terrier [fɔkstɛrje] *m* fox terrier
fox-trot [fɔkstrɔt] *m invar* fox trot
foyer [fwaje] *m* foyer, lobby; hearth, fireside; firebox; focus; home; greenroom; center (*of learning; of infection*); **à double foyer** bifocal; **foyer des étudiants** student center; **foyer du soldat** service club; **foyers** native land
frac [frak] *m* cutaway coat
fracas [fraka] *m* crash; roar (*of waves*); peal (*of thunder*)
fracasser [frakase] *tr & ref* to break; to shatter, break to pieces
fraction [fraksjɔ̃] *f* fraction; breaking (*e.g., of bread*)
fractionnaire [fraksjɔnɛr] *adj* fractional
fractionnement [fraksjɔnmɑ̃] *m* cracking (*of petroleum*)
fractionner [fraksjɔne] *tr* to divide into fractions
fracture [fraktyr] *f* fracture; breaking open
fracturer [fraktyre] *tr* to fracture; to break open
fragile [fraʒil] *adj* fragile
fragment [fragmɑ̃] *m* fragment
fragmenter [fragmɑ̃te] *tr* to fragment
frai [frɛ] *m* spawning; spawn, roe
fraîche [frɛʃ] *f* cool of the day
fraîchement [frɛʃmɑ̃] *adv* in the open air; recently; (coll) cordially
fraîcheur [frɛʃœr] *f* coolness; freshness; newness
fraîchir [frɛʃir] *intr* to become cooler; to freshen (*said of wind*)
frais [frɛ] **fraîche** [frɛʃ] *adj* cool; fresh; wet (*paint*); **il fait frais** it is cool out || (when standing before noun) *adj* recent (*date*) || *m* cool place; fresh air; **aux frais de** at the expense of; **de frais** just, freshly; **faire les frais de la conversation** (coll) to take the lead in the conversation; to be the subject of the conversation; **frais** *mpl* expenses; **se mettre en frais** (coll) to go to a great deal of expense or trouble || *f* see **fraîche** || **frais** *adv*—**boire frais** to have a cool drink || **frais fraîche** *adv* (agrees with following *pp*) just, freshly, e.g., **garçon frais arrivé de l'école** boy just arrived from school; e.g., **roses fraîches cueillies** freshly gathered roses
fraise [frɛz] *f* strawberry; wattle (*of turkey*); (mach) countersink
fraiser [frɛze] *tr* (mach) to countersink
fraisier [frɛzje] *m* strawberry plant
framboise [frɑ̃bwaz] *f* raspberry
framboisier [frɑ̃bwazje] *m* raspberry bush
franc [frɑ̃] **franche** [frɑ̃ʃ] *adj* free; frank, sincere; complete || (when standing before noun) *adj* arrant (*knave*); downright (*fool*) || **franc franque** [frɑ̃k] *adj* Frankish || *m* franc (*unit of currency*) || (*cap*) *m* Frank (*medieval German*) || **franc** *adv* frankly
fran•çais [frɑ̃sɛ] **-çaise** [sɛz] *adj* French || *m* French (*language*); **en bon français** in correct French || (*cap*) *m* Frenchman; **les Français** the French || *f* Frenchwoman
franc-alleu [frɑ̃kalø] *m* (*pl* **francs-alleux** [frɑ̃kalø]) (hist) freehold
France [frɑ̃s] *f* France; **la France** France
franchement [frɑ̃ʃmɑ̃] *adv* frankly, sincerely; without hesitation
franchir [frɑ̃ʃir] *tr* to cross, to go over or through; to jump over; to overcome (*an obstacle*)
franchise [frɑ̃ʃiz] *f* exemption; frankness; freedom; **franchise postale** frank
francique [frɑ̃sik] *m* Frankish
franciser [frɑ̃size] *tr* to make French
franc-maçon [frɑ̃masɔ̃] *m* (*pl* **francs-maçons**) Freemason

franc-maçonnerie [frɑ̃masɔnri] *f* Freemasonry
franco [frɑ̃ko] *adv* free, without shipping costs; **franco de bord** free on board; **franco de port** postpaid
franco-cana·dien [frɑ̃kɔkanadjɛ̃] **-dienne** [djɛn] *adj* French-Canadian || **Franco-Cana·dien -dienne** *mf* French Canadian
francophone [frɑ̃kɔfɔn] *adj* French-speaking || *mf* French speaker
franc-parler [frɑ̃parle] *m*—**avoir son franc-parler** to be free-spoken
franc-tireur [frɑ̃tirœr] *m* (*pl* **francs-tireurs**) free lance; sniper
frange [frɑ̃ʒ] *f* fringe; **à frange** fringed
franger [frɑ̃ʒe] **§38** *tr* to fringe
franquette [frɑ̃kɛt] *f*—**à la bonne franquette** (coll) simply, without fuss
frap·pant [frapɑ̃] **frap·pante** [frapɑ̃t] *adj* striking, surprising
frappe [frap] *f* minting, striking; stamp (*on coins, medals, etc.*); touch (*in typing*)
frap·pé frap·pée [frape] *adj* struck; iced; (slang) crazy || *m* (mus) downbeat
frapper [frape] *tr* to strike, hit, knock; to mint (*coin*); to stamp (*cloth*); to ice (*e.g., champagne*) || *intr* to strike, hit, knock || *ref* (coll) to become panic-stricken
frasque [frask] *f* escapade
frater·nel -nelle [fratɛrnɛl] *adj* fraternal, brotherly
fraterniser [fratɛrnize] *intr* to fraternize
fraternité [fratɛrnite] *f* fraternity, brotherhood
fraude [frod] *f* fraud; smuggling; **en fraude** fraudulently; **faire la fraude** to smuggle; **fraude fiscale** tax evasion
fraudu·leux [frodylø] **-leuse** [løz] *adj* fraudulent
frayer [freje], [frɛje] **§49** *tr* to mark out (*a path*) || *intr* to spawn; **frayer avec** to associate with
frayeur [frɛjœr] *f* fright, scare
fredaine [frədɛn] *f* (coll) escapade, prank, spree
fredon [frədɔ̃] *m* (cards) three of a kind
fredonnement [frədɔnmɑ̃] *m* hum, humming
fredonner [frədɔne] *tr & intr* to hum
frégate [fregat] *f* frigate
frein [frɛ̃] *m* bit (*of bridle*); brake (*of car*); **frein à main** hand brake; **frein à pied** foot brake; **mettre le frein** to put the brake on; **mettre un frein à** to curb, check; **ronger son frein** to champ at the bit
freiner [frene] *tr & intr* to brake
frelater [frəlate] *tr* to adulterate
frêle [frɛl] *adj* frail
frelon [frəlɔ̃] *m* hornet
frémir [fremir] *intr* to shudder
frémissement [fremismɑ̃] *m* shudder
frêne [frɛn] *m* ash tree
frénésie [frenezi] *f* frenzy
frénétique [frenetik] *adj* frenzied
fréquemment [frekamɑ̃] *adv* frequently
fréquence [frekɑ̃s] *f* frequency; **basse fréquence** low frequency; **fréquence du pouls** pulse rate; **haute fréquence** high frequency
fré·quent [frekɑ̃] **-quente** [kɑ̃t] *adj* frequent; rapid (*pulse*)
fréquenter [frekɑ̃te] *tr* to frequent; to associate with; (coll) to go steady with (*a boy or girl*)
frère [frɛr] *m* brother; **frère consanguin** half brother (*by the father*); **frère convers** (eccl) lay brother; **frère de lait** foster brother; **frère germain** whole brother; **frère jumeau** twin brother; **frères siamois** Siamese twins; **frère utérin** half brother (*by the mother*)
fresque [frɛsk] *f* fresco
fret [frɛ] *m* freight; chartering; cargo
fréter [frete] **§10** *tr* to charter (*a ship*); to rent (*a car*)
fréteur [fretœr] *m* shipowner
frétiller [fretije] *intr* to wriggle; to quiver; **frétiller de** to wag (*its tail*)
fretin [frətɛ̃] *m*—**le menu fretin** small fry
frette [frɛt] *f* hoop, iron ring
freudisme [frødism] *m* Freudianism
freux [frø] *m* rook, crow
friand [frijɑ̃] **friande** [frijɑ̃d] *adj* tasty; fond (*of food, praise, etc.*) || *m* sausage roll
friandise [frijɑ̃diz] *f* candy, sweet; delicacy, tidbit
fric [frik] *m* (slang) jack, money
fricasser [frikase] *tr* to fricassee; to squander
friche [friʃ] *f* fallow land; **en friche** fallow
friction [friksjɔ̃] *f* friction; massage
frictionner [friksjɔne] *tr* to rub, massage
frigide [friʒid] *adj* frigid
frigidité [friʒidite] *f* frigidity
frigorifier [frigɔrifje] *tr* to refrigerate
frigorifique [frigɔrifik] *adj* refrigerating || *m* cold-storage plant
fri·leux [frilø] **-leuse** [løz] *adj* chilly, shivery
frimas [frimɑ] *m* icy mist, rime
frime [frim] *f* (coll) sham, fake, hoax
frimousse [frimus] *f* (coll) little face, cute face
fringale [frɛ̃gal] *f* (coll) mad hunger
frin·gant [frɛ̃gɑ̃] **-gante** [gɑ̃t] *adj* dashing, spirited
fringuer [frɛ̃ge] *tr* (slang) to dress || *intr* (obs) to frisk about
fringues [frɛ̃g] *fpl* (slang) duds
fri·pé -pée [fripe] *adj* rumpled, mussed; worn, tired (*face*)
friper [fripe] *tr* to wrinkle, rumple
friperie [fripri] *f* secondhand clothes; secondhand furniture
fri·pier [fripje] **-pière** [pjɛr] *mf* old-clothes dealer; junk dealer
fri·pon [fripɔ̃] **-ponne** [pɔn] *adj* roguish || *mf* rogue, rascal
friponnerie [fripɔnri] *f* rascality, cheating
fripouille [fripuj] *f* (slang) scoundrel
frire [frir] **§22** (used in *inf; pp;* 1st, 2d, 3d *sg pres ind; sg imperv;* rarely used

in *fut; cond*) *tr* to fry; to deep-fry; **être frit** (coll) to be done for || *intr* to fry
frise [friz] *f* frieze
friselis [frizli] *m* soft rustling; gentle lapping (*of water*)
friser [frize] *tr* to curl; to border on; to graze || *intr* to curl
frisoir [frizwar] *m* curling iron
fri•son [frizɔ̃] **-sonne** [zɔn] *adj* Frisian || *m* wave, curl; Frisian (*language*) || (*cap*) *mf* Frisian
fris•quet [friskɛ] **-quette** [kɛt] *adj* (coll) chilly
frisson [frisɔ̃] *m* shiver; shudder, thrill; **frissons** shivering
frissonner [frisɔne] *intr* to shiver
frisure [frizyr] *f* curling; curls
frites [frit] *fpl* French fries
frittage [fritaʒ] *m* (metallurgy) sintering
friture [frityr] *f* frying; deep fat; fried fish; (rad, telv) static
frivole [frivɔl] *adj* frivolous, trifling
froc [frɔk] *m* (eccl) frock
froid [frwɑ] **froide** [frwɑd] *adj* cold; chilly (*manner*) || *m* cold; coolness (*between persons*); **avoir froid** to be cold; **il fait froid** it is cold; **jeter un froid sur** (fig) to put a damper on
froideur [frwɑdœr] *f* coldness; coolness
froissement [frwɑsmɑ̃] *m* bruising; rumpling, crumpling; clash (*of interests*); ruffling (*of feelings*)
froisser [frwɑse] *tr* to bruise; to rumple, crumple || *ref* to take offense
frôlement [frolmɑ̃] *m* grazing; rustle
frôler [frole] *tr* to graze, to brush against; (coll) to have a narrow escape from
fromage [frɔmaʒ] *m* cheese; (coll) soft job; **fromage blanc** cream cheese; **fromage de tête** headcheese
froma•ger [frɔmaʒe] **-gère** [ʒɛr] *adj* cheese (*industry*) || *m* cheesemaker; (bot) silk-cotton tree
fromagerie [frɔmaʒri] *f* cheese factory; cheese store
froment [frɔmɑ̃] *m* wheat
fronce [frɔ̃s] *f* crease, fold; **à fronces** shirred
froncement [frɔ̃smɑ̃] *m* puckering; **froncement de sourcils** frown
froncer [frɔ̃se] §51 *tr* to pucker; **froncer les sourcils** to frown, to wrinkle one's brow
frondaison [frɔ̃dɛzɔ̃] *f* foliation; foliage
fronde [frɔ̃d] *f* slingshot
fronder [frɔ̃de] *tr* to scoff at
fron•deur [frɔ̃dœr] **-deuse** [døz] *adj* bantering, irreverent || *mf* scoffer
front [frɔ̃] *m* forehead; impudence; brow (*of hill*); (geog, mil, pol) front; **de front** abreast; frontal; at the same time; **faire front à** to face up to
fronta•lier [frɔ̃talje] **-lière** [ljɛr] *adj* frontier || *m* frontiersman || *f* frontier woman
frontière [frɔ̃tjɛr] *adj & f* frontier
frontispice [frɔ̃tispis] *m* frontispiece; title page
frottement [frɔtmɑ̃] *m* rubbing, friction
frotter [frɔte] *tr* to rub; to polish; to strike (*a match*); **frotter les oreilles à qn** (coll) to box s.o.'s ears || *ref*—**se frotter à** (coll) to attack, to challenge; (coll) to rub shoulders with
froufrou [frufru] *m* rustle, swish
frousse [frus] *f* (slang) jitters
fructifier [fryktifje] *intr* to bear fruit
fruc•tueux [fryktɥø] **-tueuse** [tɥøz] *adj* fruitful, profitable
fru•gal -gale [frygal] *adj* (*pl* **-gaux** [go]) temperate; frugal (*meal*)
fruit [frɥi] *m* fruit; **des fruits** fruit; **fruits civils** income (*from rent, interest, etc.*); **fruits de mer** seafood; **fruit sec** (fig) flop, failure
fruiterie [frɥitri] *f* fruit store
frui•tier [frɥitje] **-tière** [tjɛr] *adj* fruit; fruit-bearing || *mf* fruit vendor
fruste [fryst] *adj* worn; rough, uncouth
frustrer [frystre] *tr* to frustrate, disappoint; to cheat, defraud
fugace [fygas] *adj* fleeting, evanescent
fugi•tif [fyʒitif] **-tive** [tiv] *adj & mf* fugitive
fugue [fyg] *f* sudden disappearance; (mus) fugue
fuir [fɥir] §31 *tr* to flee, to run away from || *intr* to flee; to leak; to recede (*said of forehead*)
fuite [fɥit] *f* flight; leak
fulgu•rant [fylgyrɑ̃] **-rante** [rɑ̃t] *adj* flashing; vivid; stabbing (*pain*)
fulguration [fylgyrɑsjɔ̃] *f* sheet lightning
fulgurer [fylgyre] *intr* to flash
fuligi•neux [fyliʒinø] **-neuse** [nøz] *adj* sooty
fumage [fymaʒ] *m* smoking (*of meat*); manuring (*of fields*)
fume-cigare [fymsigar] *m invar* cigar holder
fume-cigarette [fymsigarɛt] *m invar* cigarette holder
fumée [fyme] *f* smoke; steam; **fumées** fumes
fumer [fyme] *tr & intr* to smoke; to fume; to manure
fumerie [fymri] *f* opium den; smoking room
fumet [fymɛ] *m* aroma; bouquet (*of wine*)
fu•meur [fymœr] **-meuse** [møz] *mf* smoker; **fumeur à la file** chain smoker
fu•meux [fymø] **-meuse** [møz] *adj* smoky; foggy, hazy (*ideas*)
fumier [fymje] *m* manure; dunghill; (slang) skunk, scoundrel
fumiger [fymiʒe] §38 *tr* to fumigate
fumiste [fymist] *m* heater man; (coll) practical joker
fumisterie [fymistri] *f* heater work; heater shop; (coll) hooey
fumoir [fymwar] *m* smoking room; smokehouse
funambule [fynɑ̃byl] *mf* tightrope walker
funèbre [fynɛbr] *adj* funereal; funeral (*march, procession, service*)
funérailles [fynerɑj] *fpl* funeral
funéraire [fynerɛr] *adj* funeral
funeste [fynɛst] *adj* baleful, fatal

funiculaire [fynikylɛr] *adj & m* funicular

fur [fyr] *m*—**au fur et à mesure** progressively, gradually; **au fur et à mesure de** in proportion to; **au fur et à mesure que** as, in proportion as

furet [fyrɛ] *m* ferret; snoop; ring-in-the-circle (*parlor game*)

fureter [fyrte] §2 *intr* to ferret

fureur [fyrœr] *f* fury; **à la fureur** passionately; **faire fureur** to be the rage

furi•bond [fyribɔ̃] **-bonde** [bɔ̃d] *adj* furious; withering (*look*) || *mf* irascible individual

furie [fyri] *f* fury; termagant

fu•rieux [fyrjø] **-rieuse** [rjøz] *adj* furious; angry (*wind*)

furoncle [fyrɔ̃kl] *m* boil

fur•tif [fyrtif] **-tive** [tiv] *adj* furtive, stealthy

fusain [fyzɛ̃] *m* charcoal; charcoal drawing; spindle tree

fu•seau [fuzo] *m* (*pl* **-seaux**) spindle; **à fuseau** tapering; **fuseau horaire** time zone (*between two meridians*)

fusée [fyze] *f* rocket; spindleful; spindle (*of axle*); (coll) ripple, burst (*of laughter*); **fusée à retard** delayed-action fuse; **fusée d'artifice** or **fusée volante** skyrocket; **fusée éclairante** flare; **fusée engin** rocket engine; **fusée fusante** time fuse; **fusée percutante** percussion fuse

fuselage [fyzlaʒ] *m* fuselage

fuse•lé -lée [fyzle] *adj* spindle-shaped; tapering, slender (*fingers*); streamlined

fuseler [fyzle] §34 *tr* to taper; to streamline

fuser [fyze] *intr* to melt; to run (*said of colors*); to fizz, to spurt; to stream in or out (*said of light*)

fusible [fyzibl] *adj* fusible || *m* fuse

fusil [fyzi] *m* gun, rifle; whetstone; rifleman; **fusil à deux coups** double-barreled gun; **fusil de chasse** shotgun; **fusil mitrailleur** light machine gun; **un bon fusil** a good shot (*person*)

fusillade [fyzijad] *f* fusillade

fusiller [fyzije] *tr* to shoot, to execute by a firing squad

fusion [fyzjɔ̃] *f* fusion

fusionner [fyzjɔne] *tr & intr* to blend, to fuse; (com) to merge

fustiger [fystiʒe] §38 *tr* to thrash, flog; to castigate

fût [fy] *m* cask, keg; barrel (*of drum*); stock (*of gun*); trunk (*of tree*); shaft (*of column*); stem (*of candelabrum*)

futaie [fytɛ] *f* stand of timber; **de haute futaie** full-grown

futaille [fytɑj] *f* cask, barrel

futaine [fytɛn] *f* fustian

fu•té -tée [fyte] *adj* (coll) cunning, shrewd || *f* mastic, filler

futile [fytil] *adj* futile

futilité [fytilite] *f* futility; **futilités** trifles

fu•tur -ture [fytyr] *adj* future || *m* future; husband-to-be || *f* future wife

fuyant [fɥijɑ̃] **fuyante** [fɥijɑ̃t] *adj* fleeting; receding (*forehead*)

fuyard [fɥijar] **fuyarde** [fɥijard] *adj & mf* runaway

G

G, g [ʒe] *m invar* seventh letter of the French alphabet

gabardine [gabardin] *f* gabardine

gabare [gabar] *f* barge

gabarit [gabari] *m* templet; (rr) maximum structure; (coll) size

gabelle [gabɛl] *f* (hist) salt tax

gâche [gɑʃ] *f* catch (*at a door*); trowel; wooden spatula

gâcher [gɑʃe] *tr* to mix (*cement*); to spoil, bungle; to squander

gâchette [gɑʃɛt] *f* trigger; pawl, spring catch

gâ•cheur [gɑʃœr] **-cheuse** [ʃøz] *adj* bungling || *mf* bungler

gâchis [gɑʃi] *m* wet cement; mud, slush; (coll) mess, muddle

gaélique [gaelik] *adj & m* Gaelic

gaffe [gaf] *f* gaff; (coll) social blunder, faux pas

gaffer [gafe] *tr* to hook with a gaff || *intr* (coll) to make a blunder

gaga [gaga] *adj* (coll) doddering || *mf* (coll) dotard

gage [gaʒ] *m* pledge, pawn; forfeit (*in a game*); **gages** wage, wages; **prêter sur gages** to pawn

gager [gaʒe] §38 *tr* to wager, to bet; to pay wages to

ga•geur [gaʒœr] **-geuse** [ʒøz] *mf* bettor

gageure [gaʒyr] *f* wager, bet

gagiste [gaʒist] *mf* pledger; wage earner; (theat) extra

ga•gnant [gaɲɑ̃] **-gnante** [ɲɑ̃t] *adj* winning || *mf* winner

gagne-pain [gaɲpɛ̃] *m invar* bread-winner; livelihood, bread and butter

gagne-petit [gaɲpəti] *m invar* cheap-jack, low-salaried worker

gagner [gaɲe] *tr* to gain; to win; to earn; to reach; to save (*time*) || *intr* to improve; to gain; to spread || *ref* to be catching (*said of disease*)

ga•gneur [gaɲœr] **-gneuse** [ɲøz] *mf* winner; earner

gai gaie [ge] *adj* gay; (coll) tipsy

gaiement [gemɑ̃] *adv* gaily

gaieté [gete] *f* gaiety; **de gaieté de cœur** of one's own free will

gail•lard [gajar] **gail•larde** [gajard] *adj*

healthy, hearty; merry; ribald, spicy || *m* sturdy fellow; tricky fellow; **gaillard d'arrière** quarter-deck; **gaillard d'avant** forecastle || *f* bold young lady; husky young woman

gaillardise [gajardiz] *f* cheerfulness; **gaillardises** spicy stories

gain [gɛ̃] *m* gain; earnings; winning (*e.g., of bet*); **avoir gain de cause** to win one's case

gaine [gen] *f* sheath; case, covering; girdle (*corset*); **gaine d'aération** ventilation shaft

gainer [gene] *tr* to sheath, to encase

gaîté [gete] *f* gaiety

gala [gala] *m* gala; state dinner

galamment [galamɑ̃] *adv* gallantly

ga•lant [galɑ̃] **-lante** [lɑ̃t] *adj* gallant; amorous; kept (*woman*) || *m* gallant; **vert gallant** gay old blade

galanterie [galɑ̃tri] *f* gallantry; libertinism

galaxie [galaksi] *f* galaxy

galbe [galb] *m* curve, sweep, graceful outline

gale [gal] *f* mange; (coll) backbiter, cad

galée [gale] *f* (typ) galley

galéjade [galeʒad] *f* joke, far-fetched story

galère [galɛr] *f* galley; drudgery; mason's hand truck

galerie [galri] *f* gallery; cornice, rim; baggage rack; **galerie marchande** shopping center

galérien [galerjɛ̃] *m* galley slave

galet [galɛ] *m* pebble; (mach) roller

galetas [galta] *m* hovel

galette [galɛt] *f* cake; buckwheat pancake; hardtack; (slang) dough, money; **galette des Rois** twelfth-cake (*eaten at Epiphany*)

ga•leux [galø] **-leuse** [løz] *adj* mangy

galimatias [galimatja] *m* nonsense, gibberish

galion [galjɔ̃] *m* galleon

Galles [gal]—**le pays de Galles** Wales; **prince de Galles** Prince of Wales

gal•lois [galwa] **gal•loise** [galwaz] *adj* Welsh || *m* Welsh (*language*) || (*cap*) *m* Welshman; **les Gallois** the Welsh || (*cap*) *f* Welshwoman

gallon [galɔ̃] *m* gallon (*imperial or American*)

galoche [galɔʃ] *f* clog (*shoe*); **de** or **en galoche** pointed (*chin*)

galon [galɔ̃] *m* galloon, braid; (mil) stripe, chevron; **prendre du galon** to move up

galonner [galɔne] *tr* to trim with braid

galop [galo] *m* gallop; **petit galop** canter

galoper [galɔpe] *tr & intr* to gallop

galopin [galɔpɛ̃] *m* (coll) urchin

galvaniser [galvanize] *tr* to galvanize

galvauder [galvode] *tr* (coll) to botch; (coll) to waste (*e.g., one's talent*); (coll) to sully (*a name*) || *intr* (slang) to walk the streets || *ref* (slang) to go bad

gambade [gɑ̃bad] *f* gambol

gambader [gɑ̃bade] *intr* to gambol

gambit [gɑ̃bi] *m* gambit

gamelle [gamɛl] *f* mess kit

ga•min [gamɛ̃] **-mine** [min] *mf* street urchin; youngster

gaminerie [gaminri] *f* mischievousness

gamme [gam] *f* gamut, range; set (*of tools*); (mus) scale, gamut

Gand [gɑ̃] *m* Ghent

ganglion [gɑ̃glijɔ̃] *m* ganglion

gangrène [gɑ̃grɛn] *f* gangrene

gangrener [gɑ̃grəne] §2 *tr & ref* to gangrene

ganse [gɑ̃s] *f* braid, piping

gant [gɑ̃] *m* glove; **jeter le gant** to throw down the gauntlet; **prendre des gants pour** to put on kid gloves to; **relever le gant** to take up the gauntlet; **se donner des gants** to take all the credit

gantelet [gɑ̃tlɛ] *m* protective glove

ganter [gɑ̃te] *tr* to put gloves on (*s.o.*); to fit, to become (*s.o.; said of gloves*); **cela me gante** (coll) that suits me || *intr*—**ganter de** to wear, to take (*a certain size of glove*) || *ref* to put on one's gloves

garage [garaʒ] *m* garage; turnout

garagiste [garaʒist] *m* garageman, mechanic

ga•rant [garɑ̃] **-rante** [rɑ̃t] *adj* guaranteeing || *mf* guarantor, warrantor; **se porter garant de** to guarantee || *m* guarantee, warranty

garantie [garɑ̃ti] *f* guarantee

garantir [garɑ̃tir] *tr* to guarantee; to vouch for; to shelter, protect

garce [gars] *f* (coll) wench; (coll) bitch

garçon [garsɔ̃] *m* boy; young man; bachelor; apprentice; waiter; **garçon de courses** errand boy; **garçon de recette** bank messenger; **garçon de salle** orderly; **garçon d'honneur** best man; **garçon manqué** tomboy; **vieux garçon** old bachelor

garçonne [garsɔn] *f* bachelor girl

garçonnet [garsɔnɛ] *m* little boy

garçon•nier [garsɔnje] **garçon•nière** [garsɔnjɛr] *adj* bachelor; tomboyish || *f* bachelor apartment; tomboy

garde [gard] *m* guard, guardsman; keeper, custodian; **garde champêtre** constable; **garde de nuit** night watchman; **garde forestier** ranger || *f* guard; custody; nurse; flyleaf; **de garde** on duty; **garde à vous!** (mil) attention!; **garde civique** national guard; **monter la garde** to go on guard duty; **prendre garde à** to look out for, to take notice of; **prendre garde de** to take care not to; to be careful to; **prendre garde que** to notice that; **prendre garde que . . . ne** + *subj* to be careful lest, to be careful that . . . not; **sur ses gardes** on one's guard

garde-à-vous [gardavu] *m invar* (*military position*) attention

garde-à-vue [gardavy] *f* custody, imprisonment

garde-barrière [gardəbarjɛr] *mf* (*pl* **gardes-barrière** or **gardes-barrières**) crossing guard

garde-bébé [gardəbebe] *mf* (*pl* **-bébés**) baby-sitter

garde-boue [gardəbu] *m invar* mudguard
garde-chasse [gardəʃas] *m* (*pl* **gardes-chasse** or **gardes-chasses**) gamekeeper
garde-corps [gardəkɔr] *m invar* guardrail; (naut) life line
garde-côte [gardəkot] *m* (*pl* **-côtes**) coast-guard cutter || *m* (*pl* **gardes-côtes**) (obs) coastguardsman; (obs) coast guard
garde-feu [gardəfø] *m invar* fire screen
garde-fou [gardəfu] *m* (*pl* **-fous**) guardrail
garde-frein [gardəfrɛ̃] *m* (*pl* **gardes-frein** or **gardes-freins**) brakeman
garde-magasin [gardəmagazɛ̃] *m* (*pl* **gardes-magasin** or **gardes-magasins**) warehouseman
garde-malade [gardəmalad] *mf* (*pl* **gardes-malades**) nurse
garde-manger [gardəmɑ̃ʒe] *m invar* icebox; larder
garde-meuble [gardəmœbl] *m* (*pl* **-meuble** or **meubles**) furniture warehouse
garde-nappe [gardənap] *m* (*pl* **-nappe** or **nappes**) table mat, place mat
garde-pêche [gardəpɛʃ] *m* (*pl* **gardes-pêche**) fish warden || *m invar* fishery service boat
garder [garde] *tr* to guard; to keep; **garder à vue** to hold in custody; **garder jusqu'à l'arrivée** (formula on envelope) hold for arrival; **garder la chambre** to stay in one's room; **garder la ligne** to keep one's figure || *ref* to keep (*to stay free of deterioration*); **se garder de** to protect oneself from; to watch out for; to take care not to
garde-rats [gardəra] *m invar* rat guard
garderie [gardəri] *f* nursery; forest reserve
garde-robe [gardərɔb] *f* (*pl* **-robes**) wardrobe
gar·deur [gardœr] **-deuse** [døz] *mf* keeper, herder
garde-voie [gardəvwa] *m* (*pl* **gardes-voie** or **gardes-voies**) trackwalker
garde-vue [gardəvy] *m invar* eyeshade, visor
gar·dien [gardjɛ̃] **-dienne** [djɛn] *adj* guardian (*angel*) || *mf* guard, guardian; keeper; caretaker; attendant (*at a garage*); **gardien de but** goalkeeper; **gardien de la paix** policeman
gare [gɑr], [gar] *f* station; **gare aérienne** airport; **gare de triage** switchyard; **gare maritime** port, dock; **gare routière** or **gare d'autobus** bus station || [gar] *interj* look out!
garer [gɑre] *tr* to park; to put in the garage; (naut) to dock; (rr) to shunt; (coll) to secure (*e.g., a fortune*) || *ref* to get out of the way; to park, park one's car; **se garer de** to look out for
gargariser [gargarize] *ref* to gargle
gargarisme [gargarism] *m* gargle
gargote [gargɔt] *f* (coll) hash house, beanery
gargouille [garguj] *f* gargoyle
gargouillement [gargujmɑ̃] *m* gurgling; rumbling (*in stomach*)
gargouiller [garguje] *intr* to gurgle
garnement [garnəmɑ̃] *m* scamp, bad boy
gar·ni -nie [garni] *adj* furnished (*room*) || *m* furnished room; furnished house
garnir [garnir] *tr* to garnish, adorn; to furnish; to strengthen; to line (*a brake*) || *ref* to fill up (*said of crowded room, theater seats, etc.*)
garnison [garnizɔ̃] *f* garrison
garniture [garnityr] *f* garniture, decoration; fittings; accessories; complete set; (culin) garnish; **garniture de feu** fire irons; **garniture de lit** bedding
garrot [garo] *m* garrote (*instrument of torture*); (med) tourniquet; (zool) withers
garrotte [garɔt] *f* garrote (*torture*)
garrotter [garɔte] *tr* to garrote; to pinion
gars [gɑ] *m* (coll) lad
Gascogne [gaskɔɲ] *f* Gascony; **la Gascogne** Gascony
gasconnade [gaskɔnad] *f* gasconade; insincere invitation
gas-oil [gazwal] *m* diesel oil
Gaspésie [gaspezi] *f* Gaspé Peninsula
gaspiller [gaspije] *tr* to waste, squander
gastrique [gastrik] *adj* gastric
gastronomie [gastrɔnɔmi] *f* gastronomy
gâ·teau [gɑto] *adj invar* (coll) fond (*papa*); (coll) fairy (*godmother*) || *m* (*pl* **-teaux**) cake; (coll) booty, loot; **gâteau de miel** honeycomb; **gâteau des Rois** twelfth-cake
gâte-métier [gɑtmetje] *m invar* undercutter
gâte-papier [gɑtpapje] *m invar* hack writer
gâter [gɑte] *tr & ref* to spoil
gâte-sauce [gɑtsos] *m invar* poor cook; kitchen boy
gâ·teux [gɑtø] **-teuse** [tøz] *adj* (coll) senile || *mf* (coll) dotard
gâtisme [gɑtism] *m* senility
gauche [goʃ] *adj* left; left-hand; crooked; awkward || *f* left hand; left side; (pol) left wing; **à gauche** to the left; **à gauche, gauche!** (mil) left, face!
gau·cher [goʃe] **-chère** [ʃɛr] *adj* left-handed || *mf* left-hander
gauchir [goʃir] *tr & intr* to warp
gauchiste [goʃist] *adj & mf* leftist
gaudriole [godrijɔl] *f* broad joke
gaufre [gofr] *f* waffle; **gaufre de miel** honeycomb
gaufrer [gofre] *tr* to emboss, figure; to flute; to corrugate
gaufrette [gofrɛt] *f* wafer
gaufrier [gofrije] *m* waffle iron
gaule [gol] *f* pole; **la Gaule** Gaul
gauler [gole] *tr* to bring down (*e.g., fruit*) with a pole
gau·lois [golwa] **-loise** [lwaz] *adj* Gaulish, Gallic; broad (*humor*) || *m* Gaulish (*language*) || (*cap*) *mf* Gaul || (*cap*) *f* gauloise (*cigarette*)
gauloiserie [golwazri] *f* racy joking
gaulthérie [goteri] *f* (bot) wintergreen

gausser [gose] *ref*—**se gausser de** (coll) to poke fun at
gaver [gave] *tr & ref* to cram
gavroche [gavrɔʃ] *mf* street urchin
gaz [gɑz] *m* gas; gaslight; gas company; **gaz d'échappement** exhaust; **gaz d'éclairage** illuminating gas; **gaz de combat** poison gas; **gaz en cylindre** bottled gas; **gaz hilarant** laughing gas; **gaz lacrimogène** tear gas; **mettre les gaz** (aut) to step on the gas
gaze [gɑz] *f* gauze; cheesecloth
ga•zé -zée [gɑze] *adj* gassed || *mf* gas casualty
gazéifier [gɑzeifje] *tr* to gasify; to carbonate, charge
gazelle [gazɛl] *f* gazelle
gazer [gɑze] *tr* to gas; to cover with gauze; to tone down || *intr* (coll) to go full steam ahead; **ça gaze?** (coll) how goes it?
ga•zeux [gɑzø] **-zeuse** [zøz] *adj* gaseous; carbonated
ga•zier [gɑzje] **-zière** [zjɛr] *adj* gas || *m* gasman; gas fitter
gazoduc [gɑzɔdyk] *m* gas pipe line
gazogène [gɑzɔʒɛn] *m* gas producer
gazoline [gɑzɔlin] *f* petroleum ether
gazomètre [gɑzɔmɛtr] *m* gasholder, gas tank
gazon [gɑzɔ̃] *m* lawn; turf, sod
gazonner [gɑzɔne] *tr* to sod
gazouiller [gazuje] *intr* to chirp, twitter; to warble; to babble
gazouillis [gazuji] *m* chirping; warbling; babbling
geai [ʒɛ] *m* jay
géant [ʒeɑ̃] **géante** [ʒeɑ̃t] *adj* gigantic || *m* giant || *f* giantess
Gédéon [ʒedeɔ̃] *m* (Bib) Gideon
gei•gnard [ʒɛɲar] **-gnard** [ɲard] *adj* (coll) whining || *mf* (coll) whiner
geignement [ʒɛɲmɑ̃] *m* whining, whimper
geindre [ʒɛ̃dr] **§50** *intr* to whine, whimper; (coll) to complain
gel [ʒɛl] *m* frost, freezing; (chem) gel
gélatine [ʒelatin] *f* gelatin
gelée [ʒəle] *f* frost; (culin) jelly; **gelée blanche** hoarfrost
geler [ʒəle] **§2** *tr, intr & ref* to freeze; to congeal
gelure [ʒəlyr] *f* frostbite
gémi•né -née [ʒemine] *adj* twin; coeducational (*school*)
gémir [ʒemir] *intr* to groan, moan
gémissement [ʒemismɑ̃] *m* groaning, moaning
gemme [ʒɛm] *f* gem; bud; pine resin
gemmer [ʒɛmme] *tr* to tap for resin || *intr* to bud
gê•nant [ʒɛnɑ̃] **-nante** [nɑ̃t] *adj* troublesome, embarrassing
gencive [ʒɑ̃siv] *f* (anat) gum
gendarme [ʒɑ̃darm] *m* policeman; rock pinnacle; flaw (*of gem*); (coll) virago; (slang) red herring
gendarmerie [ʒɑ̃darməri] *f* police headquarters
gendre [ʒɑ̃dr] *m* son-in-law
gêne [ʒɛn] *f* discomfort, embarrassment; **être dans la gêne** to be hard up; **être sans gêne** (coll) to be rude, casual
gène [ʒɛn] *m* (biol) gene
généalogie [ʒenealɔʒi] *f* genealogy
gêner [ʒɛne] *tr* to embarrass; to inconvenience; to hinder; to embarrass financially; to pinch (*the feet*)
géné•ral -rale [ʒeneral] *adj & m* (*pl* **-raux** [ro]) general; **en général** in general; **général de brigade** brigadier general; **général de corps d'armée** lieutenant general; **général de division** major general || *f* general's wife; (theat) opening night; **battre la générale** (mil) to sound the alarm
généralat [ʒenerala] *m* generalship
généraliser [ʒeneralize] *tr & intr* to generalize
généralissime [ʒeneralisim] *m* generalissimo
généralité [ʒeneralite] *f* generality; **la généralité de** the general run of
généra•teur [ʒeneratœr] **-trice** [tris] *adj* generating || *m* boiler || *f* generator
génération [ʒenerɑsjɔ̃] *f* generation
générer [ʒenere] **§10** *tr* to generate
géné•reux [ʒenerø] **-reuse** [røz] *adj* generous; full (*bosom*); rich, full (*wine*)
générique [ʒenerik] *adj* generic || *m* (mov) credit line
générosité [ʒenerozite] *f* generosity; **générosités** acts of generosity
Gênes [ʒɛn] *f* Genoa
genèse [ʒənɛz] *f* genesis
genet [ʒənɛ] *m* jennet (*horse*)
genêt [ʒənɛ] *m* (bot) broom; **genêt pineux** furze
génétique [ʒenetik] *adj* genetic || *f* genetics
gê•neur [ʒɛnœr] **-neuse** [nøz] *mf* intruder, spoilsport
Genève [ʒənɛv] *f* Geneva
gene•vois [ʒənvwa], [ʒɛnvwa] **-voise** [vwaz] *adj* Genevan || (*cap*) *mf* Genevan (*person*)
genévrier [ʒənevrije] *m* juniper
gé•nial -niale [ʒenjal] *adj* (*pl* **-niaux** [njo]) brilliant, ingenious; geniuslike, of genius
génie [ʒeni] *m* genius; bent, inclination; genie; engineer corps; **génie civil** civil engineering; **génie industriel** industrial engineering; **génie maritime** naval construction
genièvre [ʒənjɛvr] *m* juniper; juniper berry; gin
génisse [ʒenis] *f* heifer
géni•tal -tale [ʒenital] *adj* (*pl* **-taux** [to]) genital
géni•teur [ʒenitœr] **-trice** [tris] *adj* engendering || *m* sire || *f* genetrix
géni•tif [ʒenitif] **-tive** [tiv] *adj & m* genitive
génocide [ʒenɔsid] *m* genocide
gé•nois [ʒenwa] **-noise** [nwaz] *adj* Genoese || (*cap*) *mf* Genoese
ge•nou [ʒənu] *m* (*pl* **-noux**) knee; (mach) joint
genouillère [ʒənujɛr] *f* kneecap; kneepad
genre [ʒɑ̃r] *m* genre; genus; kind, sort;

manner, way; fashion, taste; (gram) gender; **de genre** (fa) genre; **faire du genre** (coll) to put on airs; **genre humain** humankind

gens [ʒɑ̃] *mpl* (an immediately preceding adjective that varies in its feminine form is put in that form, and so are **certain, quel, tel,** and **tout** that precede that preceding adjective, but the noun remains masculine for pronouns that stand for it, for past participles that agree with it, and for adjectives in all other positions, e.g., **toutes ces vieilles gens sont intéressants** all these old people are interesting) people; nations, e.g., **droit des gens** law of nations; men, e.g., **gens de lettres** men of letters; **gens d'affaires** businessmen; **gens d'Église** clergy; **gens de la presse** newsmen; **gens de mer** seamen; **gens de robe** bar; **jeunes gens** young people (*men and women*); young men

gent [ʒɑ̃] *f* (obs) nation, race

gentiane [ʒɑ̃sjan] *f* gentian

gen•til [ʒɑ̃ti] **-tille** [tij] *adj* nice, kind || (*cap*) *m* pagan, gentile

gentilhomme [ʒɑ̃tijɔm] *m* (*pl* **gentilshommes** [ʒɑ̃tizɔm]) nobleman

gentillesse [ʒɑ̃tijɛs] *f* niceness, kindness; **gentillesses** nice things, kind words

gentil•let [ʒɑ̃tijɛ] **gentil•lette** [ʒɑ̃tijɛt] *adj* rather nice

gentiment [ʒɑ̃timɑ̃] *adv* nicely; gracefully

géographie [ʒeɔgrafi] *f* geography

geôle [ʒol] *f* jail

geô•lier [ʒolje] **-lière** [ljɛr] *mf* jailer

géologie [ʒeɔlɔʒi] *f* geology

géologique [ʒeɔlɔʒik] *adj* geologic(al)

géomé•tral **-trale** [ʒeɔmetral] *adj* (*pl* **-traux** [tro]) flat (*projection*)

géométrie [ʒeɔmetri] *f* geometry

géométrique [ʒeɔmetrik] *adj* geometric(al)

géophysique [ʒeɔfizik] *f* geophysics

géopolitique [ʒeɔpɔlitik] *f* geopolitics

Georges [ʒɔrʒ] *m* George

gérance [ʒerɑ̃s] *f* management; board of directors

géranium [ʒeranjɔm] *m* geranium

gé•rant [ʒerɑ̃] **-rante** [rɑ̃t] *mf* manager; **gérant d'une publication** managing editor

gerbe [ʒɛrb] *f* sheaf; spray (*of flowers; of water; of bullets*); shower (*of sparks*)

gerbée [ʒɛrbe] *f* straw

gerber [ʒɛrbe] *tr* to sheave; to stack

gerce [ʒɛrs] *f* crack, split; clothes moth

gercer [ʒɛrse] **§51** *tr, intr, & ref* to crack, to chap

gerçure [ʒɛrsyr] *f* crack, chap

gérer [ʒere] **§10** *tr* to manage, to run

gériatrie [ʒerjatri] *f* geriatrics

ger•main [ʒɛrmɛ̃] **-maine** [mɛn] *adj* german, first (*cousin*)

germe [ʒɛrm] *m* germ

germer [ʒɛrme] *intr* to germinate

germicide [ʒɛrmisid] *adj* germicidal || *m* germicide

gérondif [ʒerɔ̃dif] *m* gerund

gérontologie [ʒerɔ̃tɔlɔʒi] *f* gerontology

gésier [ʒesje] *m* gizzard

gésir [ʒezir] (used only in *inf*; *ger* **gisant**; 3d *sg pres ind* **gît**; 1st, 2d, 3d *pl pres ind* **gisons, gisez, gisent**; *imperf ind* **gisais, gisait, gisions, gisiez, gisaient**) *intr* to lie; **ci-gît** here lies (*buried*)

gesse [ʒɛs] *f* vetch; **gesse odorante** sweet pea

gestation [ʒɛstɑsjɔ̃] *f* gestation

geste [ʒɛst] *m* gesture || *f* medieval epic poem

gesticuler [ʒɛstikyle] *intr* to gesticulate

gestion [ʒɛstjɔ̃] *f* management, administration

gestionnaire [ʒɛstjɔnɛr] *adj* managing || *mf* manager, administrator

geyser [ʒezɛr], [ʒejzɛr] *m* geyser

ghetto [geto], [gɛtto] *m* ghetto

gib•beux [ʒibø] **gib•beuse** [ʒibøz] *adj* humped, hunchbacked

gibecière [ʒibsjɛr] *f* game bag; sack (*for papers, books, etc.*)

gibelotte [ʒiblɔt] *f* rabbit stew

gibet [ʒibɛ] *m* gibbet, gallows

gibier [ʒibje] *m* game; **gibier à plume** feathered game; **gibier de potence** gallows bird

giboulée [ʒibule] *f* shower; hailstorm

giboyeux [ʒibwajø] **giboyeuse** [ʒibwajøz] *adj* full of game

gibus [ʒibys] *m* opera hat

giclée [ʒikle] *f* spurt

gicler [ʒikle] *intr* to spurt

gicleur [ʒiklœr] *m* atomizer; (aut) spray nozzle (*of carburetor*)

gifle [ʒifl] *f* slap in the face

gifler [ʒifle] *tr* to slap in the face

gigantesque [ʒigɑ̃tɛsk] *adj* gigantic

gigogne [ʒigɔɲ] *adj*—**table gigogne** nest of tables || (*cap*) *f*—**la mère Gigogne** the old woman who lived in a shoe

gigolo [ʒigɔlo] *m* (coll) gigolo

gigot [ʒigo] *m* leg of lamb, leg of mutton; **à gigot** leg-of-mutton (*sleeve*)

gigue [ʒig] *f* jig; haunch (*of venison*); (coll) leg; (slang) long-legged gawky girl

gilet [ʒilɛ] *m* vest; **gilet de sauvetage** life jacket; **gilet pare-balles** bulletproof vest; **pleurer dans le gilet de qn** (coll) to cry on s.o.'s shoulder

gingembre [ʒɛ̃ʒɑ̃br] *m* ginger

girafe [ʒiraf] *f* giraffe

giration [ʒirɑsjɔ̃] *f* gyration

girl [gœrl] *f* chorus girl

girofle [ʒirɔfl] *m* clove

giroflée [ʒirɔfle] *f* gillyflower

giron [ʒirɔ̃] *m* lap; bosom (*of the Church*)

girouette [ʒirwɛt] *f* weather vane

gisement [ʒizmɑ̃] *m* deposit; lode, seam; (naut) bearing; **gisement de pétrole** oil field

gi•tan [ʒitɑ̃] **-tane** [tan] *adj & mf* gypsy

gîte [ʒit] *m* lodging; lair, cover; deposit (*of ore*); **gîte à la noix** round steak || *f* (naut) list; **donner de la gîte** to heel

gîter [ʒite] *intr* to lodge; to lie, couch;

to perch; (naut) to list, heel || *ref* to find shelter
givre [ʒivr] *m* rime, hoarfrost
givrer [ʒivre] *tr* to frost
glabre [glɑbr] *adj* beardless
glaçage [glasaʒ] *m* icing (*on cake*)
glace [glas] *f* ice; ice cream; mirror; plate glass; car window; glaze, icing; flaw (*of gem*); **être de glace** (fig) to be hard as stone; **glace au sirop** sundae; **glace panachée** Neapolitan ice cream; **rompre la glace** (fig) to break the ice
gla•cé -cée [glase] *adj* frozen; iced, chilled; icy, frosty; glazed, glossy
glacer [glase] §51 *tr* to freeze; to chill; to glaze; to ice (*a cake*)
glacerie [glasri] *f* glass factory
glaciaire [glasjɛr] *adj* glacial
gla•cial -ciale [glasjal] *adj* (*pl* **-cials**) glacial
glacier [glasje] *m* glacier; ice-cream man
glacière [glasjɛr] *f* icehouse; icebox; freezer
glacis [glasi] *m* slope; ramp; (mil) glacis; (painting) glaze
glaçon [glasɔ̃] *m* icicle; ice cube; ice floe; (fig) cold fish, iceberg
glaçure [glasyr] *f* (ceramics) glaze
gladiateur [gladjatœr] *m* gladiator
glaïeul [glajœl] *m* gladiola
glaire [glɛr] *f* white of egg; mucus
glaise [glɛz] *f* clay, loam
glaisière [glɛzjɛr] *f* clay pit
glaive [glɛv] *m* (lit) sword
gland [glɑ̃] *m* acorn; tassel
glande [glɑ̃d] *f* gland
glane [glan] *f* gleaning; cluster
glaner [glane] *tr* to glean
glanure [glanyr] *f* gleaning
glapir [glapir] *intr* to yelp, yap
glas [glɑ] *m* knell, tolling
glauque [glok] *adj & m* blue-green
glèbe [glɛb] *f* clod (*sod*); soil (*land*)
glène [glɛn] *f* (anat) socket; (naut) coil of rope
glissade [glisad] *f* slip; sliding; (dancing) glide; **glissade de terre** landslide; **glissade sur l'aile** (aer) sideslip; **glissade sur la queue** (aer) tail dive
glis•sant [glisɑ̃] **glis•sante** [glisɑ̃t] *adj* slippery
glissement [glismɑ̃] *m* sliding; gliding
glisser [glise] *tr* to slip; to drop (*a word into s.o.'s ear*) || *intr* to slip; to slide; to skid; to glide || *ref* to slip
glissière [glisjɛr] *f* slide, groove; **à glissière** sliding; zippered
glissoire [gliswar] *f* slide (*on ice or snow*)
glo•bal -bale [glɔbal] *adj* (*pl* **-baux** [bo]) global; lump (*sum*)
globe [glɔb] *m* globe; **globe de feu** fireball; **globe de l'œil** eyeball
globule [glɔbyl] *m* globule; (physiol) corpuscle
gloire [glwar] *f* glory; pride; halo; **pour la gloire** for fun, for nothing; **se faire gloire de** to glory in
gloriette [glɔrjɛt] *f* arbor, summerhouse
glo•rieux [glɔrjø] **-rieuse** [rjøz] *adj* glorious; blessed; vain
glorifier [glɔrifje] *tr* to glorify || *ref*—**se glorifer de** to glory in
gloriole [glɔrjɔl] *f* vainglory
glose [gloz] *f* gloss; (coll) gossip
gloser [gloze] *intr* (coll) to gossip
glossaire [glɔsɛr] *m* glossary
glotte [glɔt] *f* glottis
glouglou [gluglu] *m* gurgle, glug; gobble-gobble; coo (*of dove*)
glouglouter [gluglute] *intr* to gurgle; to gobble (*said of turkey*)
glousser [gluse] *intr* to cluck; to chuckle
glou•ton [glutɔ̃] **-tonne** [tɔn] *adj* gluttonous || *mf* glutton || *m* (zool) glutton, wolverine
gloutonnerie [glutɔnri] *f* gluttony
glu [gly] *f* birdlime; (coll) trap
gluant [glyɑ̃] **gluante** [glyɑ̃t] *adj* sticky, gummy; (fig) tenacious
glucose [glykoz] *m* glucose
glycérine [gliserin] *f* glycerine
gnognote [ɲɔɲɔt] *f* (coll) junk
gnome [gnom] *m* gnome
gnomon [gnɔmɔ̃] *m* sundial
gnon [ɲɔ̃] *m* (slang) blow, punch
go [go]—**tout de go** (coll) straight off, at once
goal [gol] *m* goalkeeper
gobelet [gɔblɛ] *m* cup, tumbler, mug; **gobelets utilisés** (public sign) used paper drinking cups
gobe-mouches [gɔbmuʃ] *m invar* (zool) flycatcher; (fig) sucker, gull
gober [gɔbe] *tr* to gulp down, to gobble; to suck (*an egg*); (coll) to swallow, to be a sucker for
goberger [gɔbɛrʒe] §38 *ref* (coll) to guzzle; (coll) to live in comfort
gobeter [gɔbte] §34 *tr* to plaster, to fill in the cracks of
go•beur [gɔbœr] **-beuse** [bøz] *mf* (coll) sucker, gullible person
godet [gɔdɛ] *m* cup; basin; bucket (*of water wheel*); (bot) calyx; **à godets** flared
godille [gɔdij] *f* scull, oar
godiller [gɔdije] *intr* to scull
godillot [gɔdijo] *m* (slang) clodhopper (*shoe*)
goéland [gɔelɑ̃] *m* sea gull
goélette [gɔelɛt] *f* (naut) schooner
goémon [gɔemɔ̃] *m* seaweed
gogo [gɔgo] *m* (coll) sucker, gull; **à gogo** (coll) galore
gogue•nard [gɔgnar] **-narde** [nard] *adj* jeering, mocking
goguenarder [gɔgnarde] *intr* to jeer
goguette [gɔgɛt] *f*—**en goguette** (coll) tipsy
goinfre [gwɛ̃fr] *m* glutton, guzzler
goitre [gwatr] *m* goiter
golf [gɔlf] *m* golf
golfe [gɔlf] *m* gulf
gomme [gɔm] *f* gum; eraser; **gomme à mâcher** chewing gum; **gomme d'épinette** spruce gum; **gomme de sapin** balsam; **gomme élastique** India rubber; **mettre la gomme** (slang) to speed it up
gomme-laque [gɔmlak] *f* (*pl* **gommes-laques**) shellac
gommelaquer [gɔmlake] *tr* to shellac

gommer [gɔme] *tr* to gum; to erase ‖ *intr* to stick, to gum up
gond [gɔ̃] *m* hinge; **sortir de ses gonds** (coll) to fly off the handle
gondole [gɔ̃dɔl] *f* gondola
gondoler [gɔ̃dɔle] *intr & ref* to buckle up
gondolier [gɔ̃dɔlje] *m* gondolier
gonfalon [gɔ̃falɔ̃] *m* pennant
gonflement [gɔ̃fləmɑ̃] *m* swelling
gonfler [gɔ̃fle] *tr* to swell, inflate ‖ *intr* to swell up, puff up ‖ *ref* to become inflated; (coll) to swell up with pride
gonfleur [gɔ̃flœr] *m* tire pump
gong [gɔ̃g] *m* gong
goret [gɔrɛ] *m* piglet; (coll) slob
gorge [gɔrʒ] *f* throat; bust, breasts (*of woman*); gorge; **à pleine gorge** or **à gorge déployée** at the top of one's voice; **avoir la gorge serrée** to have a lump in one's throat; **faire des gorges chaudes de** (coll) to scoff at; to gloat over; **rendre gorge** to make restitution
gorger [gɔrʒe] §38 *tr & ref* to gorge, stuff
gorille [gɔrij] *m* gorilla; (slang) strong-arm man, bodyguard; (slang) bouncer (*in a night club*)
gosier [gozje] *m* throat, gullet; **à plein gosier** loudly, lustily; **gosier serré** with one's heart in one's mouth; **s'humecter** or **se rincer le gosier** (slang) to wet one's whistle
gosse [gɔs] *mf* (coll) kid, youngster
gothique [gɔtik] *adj* Gothic ‖ *m* Gothic (*language*); Gothic art ‖ *f* black letter, Old English
gouailler [gwɑje] *tr* to jeer at ‖ *intr* to jeer
gouape [gwap] *f* (slang) hoodlum, blackguard
gouaper [gwape] *intr* (slang) to lead a disreputable life
goudron [gudrɔ̃] *m* tar
goudronner [gudrɔne] *tr* to tar
gouffre [gufr] *m* gulf, abyss; whirlpool
gouge [guʒ] *f* gouge; harlot
gouger [guʒe] §38 *tr* to gouge
goujat [guʒa] *m* boor, cad
goujon [guʒɔ̃] *m* gudgeon, pin; pintle (*of hinge*); dowel; (ichth) gudgeon; **taquiner le goujon** to go fishing
goulasch [gulaʃ] *m & f* goulash
goule [gul] *f* ghoul
goulet [gulɛ] *m* narrows, sound; **goulet d'étranglement** bottleneck
goulot [gulo] *m* neck (*of bottle*); **boire au goulot** to drink right out of the bottle
gou•lu -lue [guly] *adj* gluttonous
goupil [gupi] *m* (obs) fox
goupille [gupij] *f* pin; **goupille fendue** cotter pin
goupiller [gupije] *tr* to cotter; (slang) to contrive, wangle
goupillon [gupijɔ̃] *m* bottle brush; sprinkler (*for holy water*); **goupillon nettoie-pipes** pipe cleaner
gourd [gur] **gourde** [gurd] *adj* numb (*with cold*) ‖ *adj fem* (coll) dumb ‖ *f* gourd; canteen, metal flask; (coll) dumbbell
gourdin [gurdɛ̃] *m* cudgel
gourgandine [gurgɑ̃din] *f* (hist) low-necked bodice; (coll) trollop
gour•mand [gurmɑ̃] **-mande** [mɑ̃d] *adj & mf* gourmand, gourmet
gourmander [gurmɑ̃de] *tr* to bawl out
gourmandise [gurmɑ̃diz] *f* gluttony; love of good food; **gourmandises** delicacies
gourme [gurm] *f* impetigo; **jeter sa gourme** (coll) to sow one's wild oats
gour•mé -mée [gurme] *adj* stiff, stuck-up
gourmet [gurmɛ] *m* gourmet
gourmette [gurmɛt] *f* curb (*of harness*); curb watch chain
gousse [gus] *f* pod; clove (*of garlic*)
gousset [gusɛ] *m* vest pocket; fob, watch pocket (*in trousers*)
goût [gu] *m* taste; flavor; sense of taste; **au goût du jour** up to date
goûter [gute] *m* afternoon snack ‖ *tr* to taste; to sample; to relish, enjoy ‖ *intr* to have a bite to eat; **goûter à** to sample, try; **goûter de** (coll) to try out (*e.g., a trade*)
goutte [gut] *f* drop, drip; (pathol) gout; **boire la goutte** (coll) to take a nip of brandy; **la goutte d'eau qui a fait déborder le vase** the straw which broke the camel's back; **ne . . . goutte** §90 (used only with **comprendre, connaître, entendre,** and **voir**) (archaic & hum) not at all, e.g., **je n'y vois goutte** I don't see at all; **tomber goutte à goutte** to drip
goutte-à-goutte [gutagut] *m invar* (med) dropping bottle (*for intravenous drip*)
gouttelette [gutlɛt] *f* droplet
goutter [gute] *intr* to drip
gouttière [gutjɛr] *f* eavestrough, gutter; (med) splint
gouvernail [guvɛrnɑj] *m* rudder, helm; **gouvernail de profondeur** (aer) elevator
gouver•nant [guvɛrnɑ̃] **-nante** [nɑ̃t] *adj* governing ‖ **gouvernants** *mpl* powers that be, rulers ‖ *f* governess; housekeeper
gouverne [guvɛrn] *f* guidance; **gouvernes** (aer) controls; **pour votre gouverne** for your guidance
gouvernement [guvɛrnəmɑ̃] *m* government; **gouvernement fantoche** puppet government
gouvernemen•tal -tale [guvɛrnəmɑ̃tal] *adj* (*pl* **-taux** [to]) governmental
gouverner [guvɛrne] *tr* to govern, to control; to steer; to manage with care ‖ *intr* to govern; (naut) to answer to the helm
gouverneur [guvɛrnœr] *m* governor; tutor; director (*e.g., of a bank*)
goyave [gɔjav] *f* guava
goyavier [gɔjavje] *m* guava tree
Graal [gral] *m* Grail
grabat [grabɑ] *m* pallet, straw bed
grâce [grɑs] *f* grace; **de bonne grâce** willingly; **de grâce** for mercy's sake; **de mauvaise grâce** unwillingly; **faire**

grâce à to pardon; to spare; **faites-moi la grâce de** be kind enough to; **grâce!** mercy!; **grâce à** thanks to
gracier [grasje] *tr* to reprieve
gra•cieux [grasjø] **-cieuse** [sjøz] *adj* gracious; graceful
gracile [grasil] *adj* slender, slim
gradation [gradɑsjɔ̃] *f* gradation
grade [grad] *m* grade; rank; degree (*in school*); **en prendre pour son grade** (coll) to get called down
gra•dé -dée [grade] *adj* noncommissioned || *mf* noncommissioned officer
gradient [gradjɑ̃] *m* gradient
gradin [gradɛ̃] *m* tier
graduation [gradɥɑsjɔ̃] *f* graduation
gra•dué -duée [gradɥe] *adj* graduated (*scale*); graded (*lessons*) || *mf* graduate
gra•duel -duelle [gradɥɛl] *adj* & *m* gradual
graduer [gradɥe] *tr* to graduate
grailler [grɑje] *intr* to speak hoarsely; to sound the horn to recall the dogs
grain [grɛ̃] *m* grain; particle, speck; bean; squall; **grain de beauté** beauty spot, mole; **grain de raisin** grape; **grains** grain, cereals; **veiller au grain** (fig) to be on one's guard
graine [grɛn] *f* seed; **graine d'anis** aniseed; **mauvaise graine** (coll) shady character; **monter en graine** to run to seed; to soon be on the shelf (*said of young girl*); (coll) to grow; **prendre de la graine de** (coll) to follow the example of
graissage [grɛsaʒ] *m* (aut) lubrication
graisse [grɛs] *f* grease; fat; mother (*of wine*)
graisser [grɛse], [grese] *tr* to grease; to lubricate; to get grease stains on; **graisser la patte à qn** (coll) to grease s.o.'s palm
grais•seux [grɛsø] **grais•seuse** [grɛsøz] *adj* greasy
grammaire [gramɛr] *f* grammar
grammai•rien [gramɛrjɛ̃] **-rienne** [rjɛn] *mf* grammarian
grammati•cal -cale [gramatikal] *adj* (*pl* **-caux** [ko]) grammatical
gramme [gram] *m* gram
grand [grɑ̃] **grande** [grɑ̃d] *adj* tall || (when standing before noun) *adj* large; great; important; high (*priest; mass; society; explosive*); vain, empty (*words*); broad (*daylight*); grand (*dignitary; officer; lady*); main (*road*); (fig) big (*heart*) || *m* adult, grownup; grandee, noble; **en grand** life-size; on a grand scale; enlarged (*copy*); wide (*open*); **grands et petits** young and old || **grand** *adv*—**voir grand** to see big, to envisage great projects
grand-chose [grɑ̃ʃoz] *mf invar*—**pas grand-chose** (coll) nobody, person of no importance || *adv*—**pas grand-chose** not much
grand-duc [grɑ̃dyk] *m* (*pl* **grands-ducs**) grand duke
grand-duché [grɑ̃dyʃe] *m* (*pl* **grands-duchés**) grand duchy
Grande-Bretagne [grɑ̃dbrətaɲ] *f* Great Britain; **la Grande-Bretagne** Great Britain
grande-duchesse [grɑ̃dədyʃɛs] *f* (*pl* **grandes-duchesses**) grand duchess
grande•let [grɑ̃dlɛ] **-lette** [lɛt] *adj* tall for his or her age
grandement [grɑ̃dmɑ̃] *adv* highly; handsomely; **se tromper grandement** to be very mistaken
grand-erre [grɑ̃tɛr] *adv* at full speed
gran•det [grɑ̃dɛ] **-dette** [dɛt] *adj* rather big; rather tall
grandeur [grɑ̃dœr] *f* size; height; greatness; (astr) magnitude
grandiose [grɑ̃djoz] *adj* grandiose
grandir [grɑ̃dir] *tr* to enlarge; to increase || *intr* to grow; to grow up
grandissement [grɑ̃dismɑ̃] *m* magnification, enlargement; growth
grand-livre [grɑ̃livr] *m* (*pl* **grands-livres**) ledger
grand-maman [grɑ̃mamɑ̃] *f* (*pl* **-mamans**) grandma
grand-mère [grɑ̃mɛr] *f* (*pl* **-mères** or **grands-mères**) grandmother; (coll) old lady
grand-messe [grɑ̃mɛs] *f* (*pl* **-messes**) high mass
grand-oncle [grɑ̃tɔ̃kl] *m* (*pl* **grands-oncles**) granduncle
Grand-Orient [grɑ̃tɔrjɑ̃] *m* grand lodge
grand-papa [grɑ̃papa] *m* (*pl* **grands-papas**) grandpa
grand-peine [grɑ̃pɛn]—**à grand-peine** with great difficulty
grand-père [grɑ̃pɛr] *m* (*pl* **grands-pères**) grandfather
grand-route [grɑ̃rut] *f* (*pl* **-routes**) highway
grand-rue [grɑ̃ry] *f* (*pl* **-rues**) main street
Grands Lacs [grɑ̃lak] *mpl* Great Lakes
grands-parents [grɑ̃parɑ̃] *mpl* grandparents
grand-tante [grɑ̃tɑ̃t] *f* (*pl* **-tantes**) grandaunt
grange [grɑ̃ʒ] *f* barn
granit [grani], [granit] *m* granite
granite [granit] *m* granite
granulaire [granylɛr] *adj* granular
granule [granyl] *m* granule
granu•lé -lée [granyle] *adj* granulated || *m* little pill; medicine in granulated form
granuler [granyle] *tr* & *ref* to granulate
graphie [grafi] *f* spelling
graphique [grafik] *adj* graphic(al) || *m* graph
graphite [grafit] *m* graphite
grappe [grap] *f* bunch, cluster; string (*of onions*); **une grappe humaine** a bunch of people
grappillage [grapijaʒ] *m* gleaning; (coll) graft
grappiller [grapije] *tr* & *intr* (*in vineyard*) to glean; (coll) to pilfer
grappillon [grapijɔ̃] *m* little bunch
grappin [grapɛ̃] *m* grapnel; **jeter** or **mettre le grappin sur qn** (coll) to get one's hooks into s.o.
gras [grɑ] **grasse** [grɑs] *adj* fat; greasy; rich (*soil*); carnival (*days*); smutty

(*stories*); (typ) bold-faced || *m* fatty part; calf (*of leg*); foggy weather; **au gras** with meat sauce; **faire gras** to eat meat || **gras** *adv*—**parler gras** to speak with uvular r; to tell smutty stories

gras-double [gradubl] *m* (*pl* **-doubles**) tripe

grassement [grasmã] *adv* comfortably; generously

grasseyer [graseje] §32 *tr* to make (*one's r's*) uvular || *intr* to speak with uvular r

grassouil•let [grasujɛ] **grassouil•lette** [grasujɛt] *adj* (coll) plump, chubby

gratification [gratifikasjɔ̃] *f* tip, gratuity

gratifier [gratifje] *tr* to favor, reward; **gratifier qn de q.ch.** to bestow s.th. upon s.o.

gratin [gratɛ̃] *m* (culin) crust; (coll) upper crust; **au gratin** breaded

gratiner [gratine] *tr* to cook au gratin || *intr* to brown, to crisp

gratis [gratis] *adv* gratis

gratitude [gratityd] *f* gratitude

gratte [grat] *f* scraper; (coll) graft

gratte-ciel [gratsjɛl] *m invar* skyscraper

gratte-cul [gratky] *m invar* (bot) hip

gratte-dos [gratdo] *m invar* back scratcher

gratte-papier [gratpapje] *m invar* (coll) pencil pusher, office drudge

gratte-pieds [gratpje] *m invar* shoe-scraper

gratter [grate] *tr* to scratch; to scratch out; to scrape up, scrape together; to itch; (coll) to pocket || *intr* to knock gently || *ref* to scratch; (with *dat* of *reflex pron*) to scratch (*e.g., one's arm*)

grattoir [gratwar] *m* scraper; knife eraser

gra•tuit [gratɥi] **-tuite** [tɥit] *adj* free of charge; gratuitous; unfounded

gratuité [gratɥite] *f* gratuity

grave [grav], [grav] *adj* grave; low (*frequency*); (mus) bass; (mus) flat

grave•leux [gravlø] **-leuse** [løz] *adj* gravelly, gritty; smutty, licentious

gravelle [gravɛl] *f* (pathol) gravel

graver [grave] *tr* to engrave; to cut (*a phonograph record*)

graveur [gravœr] *m* engraver; etcher

gravier [gravje] *m* gravel

gravir [gravir] *tr* to climb, climb up

gravitation [gravitasjɔ̃] *f* gravitation

gravité [gravite] *f* gravity

graviter [gravite] *intr* to gravitate

gravure [gravyr] *f* engraving; etching; cutting (*of phonograph record*)

gré [gre] *m* will; **à son gré** to one's liking; **bon gré mal gré** willy-nilly; **de bon gré** willingly; **de gré à gré** by mutual consent; **de gré ou de force** willy-nilly; **savoir (bon) gré de** to be grateful for; **savoir mauvais gré de** to be displeased with

grec grecque [grɛk] *adj* Greek; classic (*profile*) || *m* Greek (*language*) || *f* Greek fret || (*cap*) *mf* Greek

Grèce [grɛs] *f* Greece; **la Grèce** Greece

gre•din [grədɛ̃] **-dine** [din] *mf* scoundrel

gréement [gremã] *m* (naut) rigging

gréer [gree] *tr* (naut) to rig

greffe [grɛf] *m* (jur) office of the court clerk || *f* grafting; (hort, med) graft; **greffe du cœur** heart transplant

greffer [grefe] *tr* to graft; to add || *ref* to be added

greffier [grɛfje] *m* clerk of court, recorder; court reporter

greffon [grɛfɔ̃] *m* (hort) graft; (surg) transplant

grégaire [gregɛr] *adj* gregarious

grège [grɛʒ] *adj* raw (*silk*) || *f* raw silk

grégo•rien [gregɔrjɛ̃] **-rienne** [rjɛn] *adj* Gregorian

grêle [grɛl] *adj* slender, slim; thin, high-pitched || *f* hail; (fig) shower

grê•lé -lée [grɛle] *adj* pockmarked

grêler [grɛle] *tr* to damage by hail; to pockmark || *intr* (fig) to rain down thick; **il grêle** it is hailing

grêlon [grɛlɔ̃] *m* hailstone

grelot [grəlo] *m* sleigh bell

grelottement [grəlɔtmã] *m* shivering, trembling; jingle, jingling

grelotter [grəlɔte] *intr* to shiver, tremble; to jingle

grenade [grənad] *f* grenade; (bot) pomegranate; **grenade à main** hand grenade; **grenade éclairante** flare; **grenade lacrymogène** tear bomb; **grenade sous-marine** depth charge

grenadier [grənadje] *m* pomegranate tree; (mil) grenadier

grenadine [grənadin] *f* grenadine

grenaille [grənaj] *f* shot; **grenaille de plomb** buckshot

grenailler [grənaje] *tr* to granulate

grenat [grəna] *adj invar & m* garnet

grenier [grənje] *m* attic, loft; granary

grenouille [grənuj] *f* frog; **grenouille mugissante** or **taureau** bullfrog; **manger la grenouille** (coll) to make off with the money, to abscond

grenouillère [grənujɛr] *f* marsh

gre•nu -nue [grəny] *adj* full of grain; grainy (*leather*); granular (*marble*) || *m* graininess; granularity

grès [grɛ] *m* gritstone, sandstone; stoneware; terra cotta (*for drainpipes*)

grésil [grezil] *m* sleet

grésillement [grezijmã] *m* sizzling; chirping (*of cricket*)

grésiller [grezije] *tr* to scorch, to shrivel up || *intr* to sizzle, to sputter; **il grésille** it is sleeting

grève [grɛv] *f* beach; strike; (*armor*) greave; **faire (la) grève** to strike; **faire la grève de la faim** to go on a hunger strike; **grève de solidarité** sympathy strike; **grève du zèle** slowdown (*caused by rigid application of rules*); **grève improvisée, grève inattendue, grève surprise** walkout; **grève perlée** slowdown; **grève sauvage, grève spontanée** wildcat strike; **grève sur le tas** sitdown strike; **grève tournante** strike in one industry at a time

or for several hours at a time; **se mettre en grève** to go on strike
grever [grəve] §2 *tr* to burden; to assess (*property*); **grever de** to burden with
gréviste [grevist] *mf* striker
gribouillage [gribujaʒ] *m* (coll) scribble, scrawl; (coll) daub (*in painting*)
gribouiller [gribuje] *tr* (coll) to scribble off (*a note*) ‖ *intr* (coll) to scribble, scrawl; (coll) to daub
grief [grijef] *m* grievance, complaint; **faire grief de q.ch. à qn** to complain to s.o. about s.th.
grièvement [grijɛvmɑ̃] *adv* seriously, badly
griffe [grif] *f* claw, talon; signature stamp; (bot) tendril; (mach) hook, grip; **faire ses griffes** to sharpen its claws (*said of cat*); **griffe à papiers** paper clip; **porter la griffe de** to carry the stamp of; **tomber sous la griffe de** (coll) to fall into the clutches of
griffer [grife] *tr* to claw, scratch
griffon [grifɔ̃] *m* griffin
griffonner [grifɔne] *tr* to scrawl; (coll) to scribble off (*a letter*)
grignoter [griɲɔte] *tr* to nibble on or at; to wear down (*e.g., the enemy*) ‖ *intr* (coll) to make a little profit, to get a cut
gril [gril] *m* gridiron, grid, grill; (theat) upper flies; **être sur le gril** (coll) to be on tenterhooks
grillade [grijad] *f* grilled meat; broiling
grillage [grijaʒ] *m* grating, latticework, trellis; broiling; roasting; toasting; burning out (*of a light bulb*); (tex) singeing
grille [grij] *f* grille; grate, grating; bars; railing; gate; squares (*of crossword puzzle*); grid (*of storage battery and vacuum tube*); **grille des salaires** salary schedule
grille-pain [grijpɛ̃] *m invar* toaster
griller [grije] *tr* to grill, broil; to put a grill on; to roast (*coffee*); to toast (*bread*); to burn out (*a fuse, lamp, electric iron, etc.*); to singe, scorch; to nip (*a bud, as the frost does*) ‖ *intr* to grill; to toast; to burn out; **griller de** to long to
grilloir [grijwar] *m* roaster; (culin) broiler
grillon [grijɔ̃] *m* cricket
grimace [grimas] *f* grimace; **faire des grimaces** to make faces; to smirk, simper; to be full of wrinkles
grimacer [grimase] §51 *intr* to grimace; to make wrong creases
grime [grim] *m* dotard, old fogey
grimer [grime] *tr* to make up (*an actor*) ‖ *ref* to make up
grimper [grɛ̃pe] *tr* to climb ‖ *intr* to climb; **grimper à** or **sur** to climb up on
grimpe·reau [grɛ̃pro] *m* (*pl* **-reaux**) (orn) tree creeper
grim·peur [grɛ̃pœr] **-peuse** [pøz] *adj* climbing ‖ *m* climber
grincement [grɛ̃smɑ̃] *m* grating
grincer [grɛ̃se] §51 *tr* to gnash, grit (*the teeth*) ‖ *intr* to grate, grind, creak; to scratch (*said of pen*)
grin·cheux [grɛ̃ʃø] **-cheuse** [ʃøz] *adj* grumpy ‖ *mf* grumbler, sorehead
gringa·let [grɛ̃galɛ] **-lette** [lɛt] *adj* weak, puny ‖ *m* (coll) weakling, shrimp
griot [grijo] **griotte** [grijɔt] *mf* witch doctor ‖ *m* seconds (*in milling grain*) ‖ *f* sour cherry
grippe [grip] *f* grippe; **prendre en grippe** to take a dislike to
grippeminaud [gripmino] *m* (coll) smoothy, hypocrite
gripper [gripe] *tr* to snatch; (slang) to steal ‖ *intr* (mach) to jam ‖ *ref* to get stuck
grippe-sou [gripsu] *m* (*pl* **-sou** or **-sous**) (coll) tightwad, skinflint
gris [gri] **grise** [griz] *adj* gray; cloudy; brown (*paper*); (coll) tipsy
grisailler [grizɑje] *tr* to paint gray ‖ *intr* to turn gray
grisâtre [grizɑtr] *adj* grayish
griser [grize] *tr* to paint gray; (coll) to intoxicate; **les succès l'ont grisé** (coll) success has gone to his head ‖ *ref* to get tipsy; **se griser de** (coll) to revel in
griserie [grizri] *f* intoxication
grisette [grizɛt] *f* gay working girl
gris-gris [grigri] *m* lucky charm
grisonner [grizɔne] *intr* to turn gray
grisotte [grizɔt] *f* clock (*in stocking*)
grisou [grizu] *m* firedamp
grive [griv] *f* thrush; **grive mauvis** song thrush; **grive migratoire** (*Turdus migratorius*) robin
grive·lé -lée [grivle] *adj* speckled
grivèlerie [grivɛlri] *f* sneaking out without paying the check
gri·vois [grivwa] **-voise** [vwaz] *adj* spicy, off-color
grizzly [grizli] *m* grizzly bear
Groënland [grɔenlɑ̃d] *m*—**le Groënland** Greenland
grog [grɔg] *m* grog
gro·gnard [grɔɲar] **-gnarde** [ɲard] *adj* grumbling ‖ *mf* grumbler
grogner [grɔɲe] *intr* to grunt, to growl; to grumble, to grouch
gro·gnon [grɔɲɔ̃] **-gnonne** [ɲɔn] *adj* grouchy, grumbling ‖ *mf* grouch, grumbler
grognonner [grɔɲɔne] *intr* to grunt; to be a complainer, to whine
groin [grwɛ̃] *m* snout; (coll) ugly mug
grommeler [grɔmle] §34 *tr & intr* to mutter, grumble; to growl
grondement [grɔ̃dmɑ̃] *m* growl; rumble
gronder [grɔ̃de] *tr* to scold ‖ *intr* to scold; to growl; to grumble
gron·deur [grɔ̃dœr] **-deuse** [døz] *adj* scolding; grumbling ‖ *mf* grumbler
groom [grum] *m* bellhop, pageboy
gros [gro] **grosse** [gros] *adj* big (*with child*); heavy (*heart*) ‖ (when standing before noun) *adj* big, large, bulky; course; plain (*common sense*); main (*walls*); high (*stakes*); rich (*merchant*); booming (*voice*); bad (*weather*); heavy, rough (*sea*); swear (*words*) ‖ *m* bulk, main part; **en gros**

wholesale; roughly, without going into detail; **faire le gros et le détail** to deal in wholesale and retail || *f* see **grosse** || **gros** *adv* much, a great deal; (fig) probably

gros-bec [grobɛk] *m* (*pl* **-becs**) grosbeak

groseille [grozɛj] *f* currant; **groseille à maquereau** gooseberry

groseillier [grozɛje] *m* currant bush

Gros-Jean [groʒɑ̃] *m*—**être Gros-Jean comme devant** to be in the same fix again

grosse [gros] *f* fat woman; (com) gross; (law) engrossed copy

grosserie [grosri] *f* silver dishes

grossesse [grosɛs] *f* pregnancy

grosseur [grosœr] *f* size; swelling, tumor

gros•sier [grosje] **gros•sière** [grosjɛr] *adj* coarse; crude, rude; vulgar, ribald; glaring (*error*)

grossièrement [grosjɛrmɑ̃] *adv* grossly

grossièreté [grosjɛrte] *f* coarseness, grossness, vulgarity

grossir [grosir] *tr* to enlarge; to increase || *intr* to grow larger; to put on weight

grossis•sant [grosisɑ̃] **grossis•sante** [grosisɑ̃t] *adj* swelling; magnifying (*glasses*)

grossiste [grosist] *m* wholesaler, jobber

grotesque [grɔtɛsk] *adj* grotesque || *mf* grotesque person || *m* grotesque || *f* grotesque (*ornament*)

grotte [grɔt] *f* grotto

grouillement [grujmɑ̃] *m* swarming; rumbling

grouiller [gruje] *intr* to swarm; **grouiller de** to teem with || *ref* (slang) to get a move on

groupe [grup] *m* group; (mach & mil) unit; **groupe franc** (mil) commando; **groupe sanguin** blood type

groupement [grupmɑ̃] *m* grouping; organization

grouper [grupe] *tr & ref* to group

gruau [gryo] *m* (*pl* **gruaux**) groats; (culin) gruel; (orn) small crane

grue [gry] *f* crane; (orn) crane; (coll) tart

gruger [gryʒe] §38 *tr* to sponge on, exploit; to crunch

grume [grym] *f* bark; **en grume** rough (*timber*)

gru•meau [grymo] *m* (*pl* **-meaux**) gob; curd

grumeler [grymle] §34 *intr* to curdle, clot

gruyère [gryjɛr] *m* Gruyère cheese

guatémaltèque [gwatemaltɛk] *adj* Guatemalan || (*cap*) *mf* Guatemalan

gué [ge] *m* ford, crossing; **sonder le gué** (coll) to see how the land lies || *interj* hurrah!

guéable [geabl] *adj* fordable

guéer [gee] *tr* to ford; to water (*a horse*)

guelte [gɛlt] *f* commission, percentage

guenille [gənij] *f* ragged garment; **en guenilles** in tatters

guenon [gənɔ̃] *f* female monkey; long-tailed monkey; (coll) hag, old bag

guépard [gepar] *m* cheetah

guêpe [gɛp] *f* wasp

guère [gɛr] §90 *adv* hardly ever; **ne . . . guère** hardly, scarcely; hardly ever; not very; **ne . . . guère de** hardly any; **ne . . . guère que** hardly any but; hardly anyone but; **ne . . . plus guère** hardly ever any more; not much longer

guères [gɛr] *adv* (poetic) var of **guère**

guéret [gerɛ] *m* fallow land

guéridon [geridɔ̃] *m* pedestal table

guérilla [gerija] *f* guerrilla warfare

guérillero [gerijero] *m* guerrilla

guérir [gerir] *tr* to cure || *intr* to get well; to get better; to heal || *ref* to cure oneself; to recover

guérison [gerizɔ̃] *f* cure, healing; recovery

guérissable [gerisabl] *adj* curable

guéris•seur [gerisœr] **guéris•seuse** [gerisøz] *mf* healer; quack

guérite [gerit] *f* sentry box; (rr) signal box; **guérite téléphonique** call box

guerre [gɛr] *f* war; **de guerre lasse** for the sake of peace and quiet; **être de bonne guerre** to be fair, to be cricket; **guerre à outrance** all-out war; **Guerre de Troie** Trojan War; **guerre d'usure** war of attrition; **guerre éclair** blitzkrieg; **guerre froide** cold war; **guerre presse-bouton** push-button war

guer•rier [gɛrje] **guer•rière** [gɛrjɛr] *adj* warlike, martial || *m* warrior || *f* amazon

guerroyant [gɛrwajɑ̃] **guerroyante** [gɛrwajɑ̃t] *adj* warlike, bellicose

guerroyer [gɛrwaje] §47 *intr* to make war

guerroyeur [gɛrwajœr] **guerroyeuse** [gɛrwajøz] *adj* fighting (*spirit*) || *mf* fighter

guet [gɛ] *m* watch, lookout

guet-apens [gɛtapɑ̃] *m* (*pl* **guets-apens** [gɛtapɑ̃]) ambush, trap

guêtre [gɛtr] *f* gaiter, legging

guêtrer [getre] *tr & ref* to put gaiters on

guetter [gete] *tr* to watch; to watch for; (coll) to lie in wait for

guetteur [getœr] *m* lookout, sentinel

gueu•lard [gœlar] **-larde** [lard] *adj* (slang) loud-mouthed; (slang) fond of good eating || *mf* gourmet; (slang) loud-mouth || *m* mouth (*of blast furnace; of cannon*); (naut) megaphone

gueule [gœl] *f* mouth (*of animal; of furnace, cannon, etc.*); (slang) mouth, mug (*of person*); **avoir de la gueule** (coll) to have a certain air; **avoir la gueule de bois** (coll) to have a hangover; **fine gueule** (coll) gourmet; **gueule cassée** (coll) disabled veteran; **gueule noire** (coll) miner; **ta gueule!** (slang) shut up!

gueule-de-loup [gœldəlu] *f* (*pl* **gueules-de-loup**) (bot) snapdragon

gueuler [gœle] *tr & intr* (slang) to bellow

gueuleton [gœltɔ̃] *m* (slang) big feed

gueux [gø] **gueuse** [gøz] *adj* beggarly, wretched || *mf* beggar; scamp || *f*

pig iron; pig (*mold*); woolen jacket; (coll) whore; **courir la gueuse** (coll) to go whoring
gugusse [gygys] *m* clown
gui [gi] *m* mistletoe; (naut) boom
guichet [giʃe] *m* window (*in post office, bank, box office, etc.*); counter (*e.g., in bank*); wicket
guidage [gidaʒ] *m* (rok) guidance
guide [gid] *m* guide; guidebook || *f* rein; **mener la vie à grandes guides** to live extravagantly
guide-âne [gidɑn] *m* (*pl* **-âne** or **-ânes**) manual, guide
guider [gide] *tr* to guide
guidon [gidɔ̃] *m* handlebars; sight, bead (*of gun*); (naut) pennant
guigne [giɲ] *f* heart cherry; (coll) jinx
guigner [giɲe] *tr* to steal a glance at; (coll) to covet || *intr* to peep
guignol [giɲɔl] *m* Punch (*puppet*); Punch and Judy show; (aer) king post
guignolet [giɲɔlɛ] *m* cherry brandy
guillaume [gijom] *m* rabbet plane; **Guillaume** William
guilledou [gijdu] *m*—**courir le guilledou** (coll) to make the rounds
guillemet [gijmɛ] *m* quotation mark; **fermer les guillemets** to close quotes; **ouvrir les guillemets** to quote
guillemeter [gijməte] §34 *tr* to put in quotes
guiller [gije] *intr* to ferment
guille•ret [gijrɛ] **-rette** [rɛt] *adj* chipper, lively, gay
guillotine [gijɔtin] *f* guillotine; **à guillotine** sliding; sash (*window*)
guillotiner [gijɔtine] *tr* to guillotine
guimauve [gimov] *f* (bot) marshmallow
guimbarde [gɛ̃bard] *f* (mus) jew's-harp; (coll) jalopy
guimpe [gɛ̃p] *f* wimple
guin•dé -dée [gɛ̃de] *adj* affected, stiff
guin•deau [gɛ̃do] *m* (*pl* **-deaux**) windlass
guinder [gɛ̃de] *tr* to hoist || *ref* to put on airs
guinée [gine] *f* guinea (*coin*); **Guinée** Guinea; **la Guinée** Guinea
guingan [gɛ̃gɑ̃] *m* gingham
guingois [gɛ̃gwa] *m*—**de guingois** askew; lopsidedly
guinguette [gɛ̃gɛt] *f* roadside inn, roadside park
guipage [gipaʒ] *m* wrapping, lapping
guiper [gipe] *tr* to wind; to cover (*a wire*)
guipure [gipyr] *f* pillow lace
guirlande [girlɑ̃d] *f* garland, wreath
guirlander [girlɑ̃de] *tr* to garland
guise [giz] *f* manner; **à sa guise** as one pleases; **en guise de** by way of
guitare [gitar] *f* guitar
guitariste [gitarist] *mf* guitarist
guppy [gypi] *m* guppy
gustation [gystɑsjɔ̃] *f* tasting; drinking
guttu•ral -rale [gytyral] (*pl* **-raux** [ro] **-rales**) *adj* & *f* guttural
Guyane [gɥijan] *f* Guiana; **la Guyane** Guiana
gymnase [ʒimnɑz] *m* gymnasium
gymnaste [ʒimnast] *mf* gymnast
gymnote [ʒimnɔt] *m* electric eel
gynécologie [ʒinekɔlɔʒi] *f* gynecology
gypse [ʒips] *m* gypsum
gyrocompas [ʒirɔkɔ̃pa] *m* gyrocompass
gyroscope [ʒirɔskɔp] *m* gyroscope

H

H, h [aʃ], *[aʃ] *m invar* eighth letter of the French alphabet
habile [abil] *adj* skillful; clever
habileté [abilte] *f* skill; cleverness
habiliter [abilite] *tr* to qualify, entitle
habillement [abijmɑ̃] *m* clothing; clothes
habiller [abije] *tr* to dress; to clothe; to put together || *intr* to be becoming, e.g., **robe qui habille bien** becoming dress || *ref* to dress; to get dressed; **s'habiller chez** to buy one's clothes at or from
habit [abi] *m* dress suit; habit, frock; **habit de cérémonie** or **soirée, habit à queue de pie, habit à queue de morue** tails; **habits** clothes
habitacle [abitakl] *m* (aer) cockpit; (naut) binnacle; (poetic) dwelling
habi•tant [abitɑ̃] **-tante** [tɑ̃t] *mf* inhabitant
habitat [abita] *m* habitat; living conditions, housing
habitation [abitɑsjɔ̃] *f* habitation; dwelling; residence; **habitation à bon marché** or **à loyer modéré** low-rent apartment
habi•té -tée [abite] *adj* inhabited; (rok) manned
habiter [abite] *tr* to live in, to inhabit || *intr* to live, reside
habitude [abityd] *f* habit, custom; **comme d'habitude** as usual; **d'habitude** usually
habi•tuel -tuelle [abitɥɛl] *adj* habitual
habituer [abitɥe] *tr* to accustom
hâbler *[ɑble] *intr* to brag, to boast
hâblerie *[ɑbləri] *f* bragging
hâ•bleur *[ɑblœr] **-bleuse** [bløz] *adj* boastful || *mf* braggart, boaster
hache *[aʃ] *f* ax, hatchet
ha•ché -chée *[aʃe] *adj* ground, chopped; hachured; choppy (*sea*); jerky (*style*); dotted (*line*)
hacher *[aʃe] *tr* to hack; to grind, chop up; **hacher menu** to mince
hache•reau *[aʃro] *m* (*pl* **-reaux**) hatchet

hachette *[aʃɛt] *f* hatchet
hachis *[aʃi] *m* hash, forcemeat
hachisch *[aʃiʃ] *m* hashish
hachoir *[aʃwar] *m* cleaver; chopping board
hachure *[aʃyr] *f* shading
hachurer *[aʃyre] *tr* to shade, hatch
haddock *[adɔk] *m* finnan haddie
ha•gard *[agar] **-garde** [gard] *adj* haggard
haie *[ɛ] *f* hedge; hurdle; line, row
haïe *[aj] *interj* giddap!
haillon *[ɑjɔ̃] *m* old piece of clothing; **en haillons** in rags and tatters
haillon•neux *[ɑjɔnø] **haillon•neuse** *[ɑjɔnøz] *adj* ragged, tattered
haine *[ɛn] *f* hate
hai•neux *[ɛnø] **-neuse** [nøz] *adj* full of hate, spiteful, malevolent
haïr *[air] **§33** *tr* to hate, to detest || *intr*—**haïr de** to hate to
haire *[ɛr] *f* hair shirt
haïssable *[aisabl] *adj* hateful
Haïti [aiti] *f* Haiti
haï•tien [aisjɛ̃] **-tienne** [sjɛn] *adj* Haitian || (*cap*) *mf* Haitian
halcyon [alsjɔ̃] *m* (orn) kingfisher
hâle *[ɑl] *m* sun tan
haleine [alɛn] *f* breath; **avoir l'haleine courte** to be short-winded; (fig) to have little inspiration; **de longue haleine** hard, arduous (*work*); **en haleine** in good form; **hors d'haleine** out of breath; **perdre haleine** to get out of breath; **reprendre haleine** to catch one's breath; **tenir en haleine** to hold (*e.g., an audience*) breathless
halenée [alne] *f* whiff; strong breath
haler *[ale] *tr* to haul, to tow
hâler *[ɑle] *tr* to tan
hale•tant *[altɑ̃] **-tante** [tɑ̃t] *adj* breathless, panting
haleter *[alte] **§2** *intr* to pant, puff
hall *[ol] *m* lobby; hall, auditorium
halle *[al] *f* market, marketplace; exchange
hallebarde *[albard] *f* halberd; **il pleut des hallebardes** (coll) it's raining cats and dogs
hallier *[alje] *m* thicket
hallucination [allysinɑsjɔ̃] *f* hallucination
halo *[alo] *m* halo
halogène [alɔʒɛn] *m* halogen
halte *[alt] *f* halt; stop; (rr) flag stop, way station; **faire faire halte à** to halt || *interj* halt!
halte-là *[altla] *interj* (mil) halt!
haltère [altɛr] *m* dumbbell
haltérophile [alterɔfil] *m* weight lifter
haltérophilie [alterɔfili] *f* weight lifting
hamac *[amak] *m* hammock
ha•meau *[amo] *m* (*pl* **-meaux**) hamlet
hameçon [amsɔ̃] *m* hook, fishhook; (fig) bait
hammam *[ammam] *m* Turkish bath
hampe *[ɑ̃p] *f* staff, pole; shaft; downstroke; (culin) flank
hamster *[amstɛr] *m* hamster
han *[ɑ̃], [hɑ̃] *m* grunt
hanap *[anap] *m* hanap, goblet
hanche *[ɑ̃ʃ] *f* hip; haunch
hancher *[ɑ̃ʃe] *intr* to lean on one leg || *ref* (mil) to stand at ease
handball *[ɑ̃bol] *m* handball
handicap *[ɑ̃dikap] *m* handicap
handicaper *[ɑ̃dikape] *tr* to handicap
hangar *[ɑ̃gar] *m* hangar; shed
hanneton *[antɔ̃] *m* June bug, chafer
hanter *[ɑ̃te] *tr* to haunt
hantise *[ɑ̃tiz] *f* obsession
happe *[ap] *f* crucible tongs; (carp) cramp, staple
happer *[ape] *tr* to snap up; (coll) to nab || *intr* to stick
haquenée *[akne] *f* palfrey
haquet *[akɛ] *m* dray; **haquet à main** pushcart
harangue *[arɑ̃g] *f* harangue
haranguer *[arɑ̃ge] *tr & intr* to harangue
haras *[arɑ] *m* stud farm
harasser *[arase] *tr* to tire out
harceler *[arsəle] **§2** or **§34** *tr* to harass, to harry; to pester; to dun
harde *[ard] *f* herd; leash; set (*of dogs*); **hardes** old clothes
har•di -die *[ardi] *adj* bold || **hardi** *interj* up and at them!
hardiesse *[ardjɛs] *f* boldness
harem *[arɛm] *m* harem
hareng *[arɑ̃] *m* herring; **hareng fumé** kipper; **hareng saur** red herring; **sec comme un hareng** (coll) long and thin; **serrés comme des harengs** (coll) packed like sardines
harengère *[arɑ̃ʒɛr] *f* fishwife; (coll) shrew
harenguet *[arɑ̃ge] *m* sprat
hargne *[arɲ] *f* bad temper
har•gneux *[arɲø] **-gneuse** [ɲøz] *adj* bad-tempered, peevish, surly
haricot *[ariko] *m* bean; **haricot beurre** lima bean, butter bean; **haricot de Lima** lima bean; **haricot de mouton** haricot (*stew*); **haricot de Soissons** kidney bean; **haricot vert** string bean
harmonica [armɔnika] *m* mouth organ
harmonie [armɔni] *f* harmony; (mus) band
harmo•nieux [armɔnjø] **-nieuse** [njøz] *adj* harmonious
harmonique [armɔnik] *adj* harmonic
harmoniser [armɔnize] *tr & ref* to harmonize
harnachement *[arnaʃmɑ̃] *m* harness; harnessing
harnacher *[arnaʃe] *tr* to harness; to rig out
harnais *[arnɛ] *m* harness
haro *[aro] *m*—**crier haro sur** (coll) to make a hue and cry against
harpagon [arpagɔ̃] *m* scrooge
harpe *[arp] *f* harp
harpie *[arpi] *f* harpy
harpiste *[arpist] *mf* harpist
harpon *[arpɔ̃] *m* harpoon
harponner *[arpɔne] *tr* to harpoon; (coll) to nab (*e.g., a thief*)
hart *[ar] *f* noose
hasard *[azar] *m* hazard, chance; **à tout hasard** just in case, come what may; **au hasard** at random; **par hasard** by chance

hasar•dé -dée *[azarde] *adj* hazardous
hasar•deux *[azardø] **-deuse** [døz] *adj* risky, uncertain
hase *[ɑz] *f* doe hare
hâte *[ɑt] *f* haste; **à la hâte** hastily; **avoir hâte de** to be eager to; **en hâte, en toute hâte** posthaste
hâter *[ɑte] *tr & ref* to hasten
hâ•tif *[ɑtif] **-tive** [tiv] *adj* premature; (hort) early
hauban *[obɑ̃] *m* (naut) shroud; (naut) guy
haubert *[obɛr] *m* coat of mail
hausse *[os] *f* rise, increase; block, wedge, prop; (mil) elevation, range; **jouer à la hausse** to bull the market
haussement *[osmɑ̃] *m* shrug
hausser *[ose] *tr* to raise, to lift; to shrug (*one's shoulders*) || *intr* to rise
haussier *[osje] *m* bull (*on the stock exchange*)
haussière *[osjɛr] *f* (naut) hawser
haut *[o] **haute** *[ot] *adj* high; loud; high and mighty || (when standing before noun) *adj* high; loud; upper, higher; extra (*pay*); early (*antiquity, Middle Ages, etc.*) || *m* top; height; **de haut en bas** from top to bottom; **en haut** up; upstairs; **haut de casse** (typ) upper case; **haut des côtes** sparerib; **le prendre de haut** to get on one's high horse; **traiter de haut en bas** to high-hat || *f* see **haute** || **haut** *adv* high; up high; loudly; **haut les bras!** start working!; **haut les cœurs!** lift up your hearts!; **haut les mains!** hands up!
hau•tain *[otɛ̃] **-taine** [tɛn] *adj* haughty
hautbois *[obwa] *m* oboe
haut-de-chausses *[odəʃos] *m* (*pl* **hauts-de-chausses**) trunk hose, breeches
haut-de-forme *[odəfɔrm] *m* (*pl* **hauts-de-forme**) top hat
haute *[ot] *f* high society
hautement *[otmɑ̃] *adv* loudly; openly, clearly; highly (*qualified*); proudly
hauteur *[otœr] *f* height; hill, upland; altitude; nobility; haughtiness; (phys) pitch (*of sound*); **à la hauteur de** equal to, up to; (naut) off
haut-fond *[ofɔ̃] *m* (*pl* **hauts-fonds**) shoal, shallows
haut-le-cœur *[oləkœr] *m invar* nausea
haut-le-corps *[oləkɔr] *m invar* jump, sudden start
haut-parleur *[oparlœr] *m* (*pl* **haut-parleurs**) loudspeaker
hautu•rier *[otyrje] **-rière** [rjɛr] *adj* deep-sea
havage *[avaʒ] *m* (min) cutting
havane *[avan] *adj invar* tan, brown || *m* Havana cigar || (*cap*) *f*—**La Havane** Havana
hâve *[ɑv] *adj* haggard, peaked
havir *[avir] *tr* (culin) to sear
havre *[ɑvr] *m* haven, harbor
havresac *[ɑvrəsak] *m* haversack, knapsack; tool bag
hawaïen or **hawaiien** [awajɛ̃], [avajɛ̃] **hawaïenne** or **hawaiienne** [awajɛn], [avajɛn] *adj* Hawaiian || (*cap*) *mf* Hawaiian
Haye *[ɛ] *f*—**La Haye** The Hague
H.B.M. [aʃbeɛm] *f* (letterword) (**habitation à bon marché**) low-rent apartment
he *[e], [he] *interj* hey!
heaume *[om] *m* helmet
hebdomadaire [ɛbdɔmadɛr] *adj & m* weekly
héberger [ebɛrʒe] §38 *tr* to lodge
hébé•té -tée [ebete] *adj* dazed
hébéter [ebete] §10 *tr* to daze, stupefy
hébraïque [ebraik] *adj* Hebrew
hébraï•sant [ebraizɑ̃] **-sante** [zɑ̃t] *mf* Hebraist
hébraïser [ebraize] *tr & intr* to Hebraize
hé•breu [ebrø] (*pl* **-breux**) *adj masc* Hebrew || *m* Hebrew (*language*); **c'est de l'hébreu pour moi** it's Greek to me || (*cap*) *m* Hebrew (*man*)
hécatombe [ekatɔ̃b] *f* hecatomb
hein *[ɛ̃] *interj* (coll) eh!, what!
hélas [elɑs] *interj* alas!
Hélène [elɛn] *f* Helen
héler *[ele] §10 *tr* to hail, to call
hélice [elis] *f* (aer) propeller; (math) helix, spiral; (naut) screw
hélicoptère [elikɔptɛr] *m* helicopter
héliport [elipɔr] *m* heliport
hélium [eljɔm] *m* helium
hélix [eliks] *m* helix
hellène [ɛlɛn] *adj* Hellenic || (*cap*) *mf* Hellene
helvétique [ɛlvetik] *adj* Swiss
hématie [emati] *f* red blood corpuscle
hémisphere [emisfɛr] *m* hemisphere
hémistiche [emistiʃ] *m* hemistich
hémoglobine [emɔglɔbin] *f* hemoglobin
hémophilie [emɔfili] *f* hemophilia
hémorragie [emɔraʒi] *f* hemorrhage
hémorroïdes [emɔrɔid] *fpl* hemorrhoids
hémostatique [emɔstatik] *adj* hemostatic || *m* hemostatic, hemostat
henné *[ɛnne] *m* henna
hennir *[enir] *intr* to neigh, whinny
hennissement *[enismɑ̃] *m* neigh, whinny
Henri [ɑ̃ri], *[ɑ̃ri] *m* Henry
héraldique [eraldik] *adj* heraldic
héraut *[ero] *m* herald
herbe [ɛrb] *f* grass; lawn; herb; **couper l'herbe sous le pied de qn** (coll) to pull the rug from under s.o.'s feet; **en herbe** unripe; budding; **fines herbes** herbs for seasoning; **herbe à la puce** (*Canad*) poison ivy; **herbe aux chats** catnip; **herbes médicinales** or **officinales** (pharm) herbs; **herbes potagères** potherbs; **mauvaise herbe** weed
her•beux [ɛrbø] **-beuse** [bøz] *adj* grassy
herboristerie [ɛrbɔristri] *f* herb shop
her•bu -bue [ɛrby] *adj* grassy
herculéen [ɛrkyleɛ̃] **herculéenne** [ɛrkyleɛn] *adj* herculean
hère *[ɛr] *m* wretch
héréditaire [ereditɛr] *adj* hereditary
hérédité [eredite] *f* heredity
hérésie [erezi] *f* heresy
hérétique [eretik] *adj & mf* heretic

héris•sé héris•sée *[erise] *adj* bristly; shaggy; prickly; surly
hérisser *[erise] *tr & intr* to bristle
hérisson *[erisɔ̃] *m* hedgehog
héritage [eritaʒ] *m* heritage; inheritance
hériter [erite] *tr* to inherit || *intr* to inherit; **hériter de** to become the heir of; to inherit, to come into
héri•tier [eritje] **-tière** [tjɛr] *mf* heir || *f* heiress
hermétique [ɛrmetik] *adj* hermetic(al), airtight; (fig) obscure
hermine [ɛrmin] *f* ermine
herminette [ɛrminɛt] *f* adze
hernie *[ɛrni] *f* hernia
her•nieux *[ɛrnjø] **-nieuse** [njøz] *adj* ruptured
héroïne [erɔin] *f* heroine; (*drug*) heroin
héroïque [erɔik] *adj* heroic
héroïsme [erɔism] *m* heroism
héron *[erɔ̃] *m* heron
héros *[ero] *m* hero
herse *[ɛrs] *f* harrow; portcullis; **les herses** (theat) stage lights
herser *[ɛrse] *tr* to harrow
hési•tant [ezitɑ̃] **-tante** [tɑ̃t] *adj* hesitant
hésitation [ezitɑsjɔ̃] *f* hesitation
hésiter [ezite] *intr* to hesitate
hétéroclite [eterɔklit] *adj* unusual, odd
hétérodoxe [eterɔdɔks] *adj* heterodox
hétérodyne [eterɔdin] *adj* heterodyne
hétérogène [eterɔʒɛn] *adj* heterogeneous
hêtre *[ɛtr] *m* beech, beech tree
heur [œr] *m* pleasure; **heur et malheur** joys and sorrows
heure [œr] *f* hour; time (*of day*); o'clock; **à la bonne heure!** fine!; **à l'heure** on time; by the hour, per hour; **à l'heure juste, à l'heure sonnante** on the hour; **à tout à l'heure!** see you later!; **à toute heure** at any time; **de bonne heure** early; **heure d'été** daylight-saving time; **heure H** zero hour; **heure légale** twelve-month daylight time (standard time); **heure militaire** sharp, e.g., **huit heures, heure militaire** eight sharp; **heures d'affluence** rush hours; **heures de consultation** office hours; **heures de pointe** rush hours; **heures d'ouverture** business hours; **heures supplémentaires** overtime; **l'heure du déjeuner** lunch hour; **tout à l'heure** in a little while; a little while ago
heu•reux [œrø], [ørø] **-reuse** [røz] *adj* happy, pleased; lucky, fortunate
heurt *[œr] *m* knock, bump; clash; bruise; **sans heurt** without a hitch
heur•té -tée *[œrte] *adj* clashing (*colors*); abrupt (*style*)
heurter *[œrte] *tr* to knock against, to bump into; to antagonize || *intr*—**heurter contre** to bump into || *ref* to clash, to collide; **se heurter à** to come up against
heurtoir *[œrtwar] *m* door knocker; (rr) buffer
hi *[i] *m invar*—**hi hi hi!** ho ho ho!; **pousser des hi et des ha** to sputter in amazement
hiatus [jatys], *[jatys] *m* hiatus
hiberner [ibɛrne] *intr* to hibernate
hibiscus [ibiskys] *m* hibiscus
hi•bou *[ibu] *m* (*pl* **-boux**) owl
hic *[ik] *m*—**voilà le hic!** (coll) there's the rub!
hi•deux *[idø] **-deuse** [døz] *adj* hideous
hie *[i] *f* pile driver
hièble [jɛbl] *f* (bot) elder
hié•mal -male [jemal] *adj* (*pl* **-maux** [mo]) winter
hier [jɛr] *adv & m* yesterday; **hier soir** last evening, last night
hiérarchie *[jerarʃi] *f* hierarchy
hiéroglyphe [jerɔglif] *m* hieroglyphic
hiéroglyphique [jerɔglifik] *adj* hieroglyphic
hila•rant [ilarɑ̃] **-rante** [rɑ̃t] *adj* hilarious; laughing (*gas*)
hilare [ilar] *adj* hilarious
hin•dou -doue [ɛ̃du] *adj* Hindu || (*cap*) *mf* Hindu
hippique [ipik] *adj* horse (*race, show*)
hippisme [ipism] *m* horse racing
hippodrome [ipɔdrom] *m* hippodrome, race track
hippopotame [ipɔpɔtam] *m* hippopotamus
hirondelle [irɔ̃dɛl] *f* (orn) swallow; (coll) bicycle cop
hispanique [ispanik] *adj* Hispanic
hispani•sant [ispanizɑ̃] **-sante** [zɑ̃t] *mf* Hispanist
hisser *[ise] *tr* to hoist, to raise
histoire [istwar] *f* history; story; **faire des histoires à** (coll) to make trouble for; **histoire à dormir debout** (coll) tall tale; **histoire de rire** (coll) just for fun; **histoire de s'informer** (coll) out of curiosity; **pas d'histoires** (coll) no fuss
histologie [istɔlɔʒi] *f* histology
histo•rien [istɔrjɛ̃] **-rienne** [rjɛn] *mf* historian
historier [istɔrje] *tr* to illustrate, adorn
historique [istɔrik] *adj* historic(al) || *m* historical account
histrion [istrijɔ̃] *m* ham actor
hiver [ivɛr] *m* winter
hiver•nal -nale [ivɛrnal] *adj* (*pl* **-naux** [no]) winter
hiverner [ivɛrne] *intr* to winter
H.L.M. [aʃɛlɛm] *m* (letterword) (**habitation à loyer modéré**) low-rent apartment
ho *[o], [ho] *interj* hey there!; what!
hobe•reau *[ɔbro] *m* (*pl* **-reaux**) (orn) hobby; (coll) squire
hoche *[ɔʃ] *f* nick on a blade
hochement *[ɔʃmɑ̃] *m* shake, toss
hochepot *[ɔʃpo] *m* (culin) hotchpotch
hochequeue *[ɔʃkø] *m* (orn) wagtail
hocher *[ɔʃe] *tr* to shake; to nod
hochet *[ɔʃɛ] *m* rattle (*toy*); bauble
hockey *[ɔkɛ] *m* hockey; **hockey sur glace** ice hockey
hoirie [wari] *f* legacy
holà *[ɔla], [hɔla] *m invar*—**mettre le**

holà à (coll) to put a stop to || *interj* hey!; stop!
holding *[ɔldiŋ] *m* holding company
hold-up *[ɔldœp] *m invar* holdup
hollan·dais *[ɔlɑ̃dɛ] **-daise** [dɛz] *adj* Dutch || *m* Dutch (*language*) || (*cap*) *mf* Hollander (*person*)
hollande *[ɔlɑ̃d] *m* Edam cheese || *f* Holland (*linen*) || (*cap*) *f* Holland; **la Hollande** Holland
holocauste [ɔlɔkost] *m* holocaust
homard *[ɔmar] *m* lobster
home *[om] *m* home
homélie [ɔmeli] *f* homily
homéopathie [ɔmeɔpati] *f* homeopathy
homicide [ɔmisid] *adj* homicidal || *mf* homicide (*person*) || *m* homicide (*act*)
hommage [ɔmaʒ] *m* homage; **hommage de l'auteur** (formula in presenting complimentary copies) with the compliments of the author; **hommages** respects, compliments
hommasse [ɔmas] *adj* mannish (*woman*)
homme [ɔm] *m* man; **brave homme** fine man, honest man; **être homme à** to be the man to, to be capable of; **homme à tout faire** jack-of-all-trades; handyman; **homme d'affaires** businessman; **homme d'armes** man-at-arms; **homme de droite** rightist; **homme de gauche** leftist; **homme d'église** churchman; **homme de guerre** or **d'épée** military man; **homme de la rue** man in the street, first comer; **homme de l'espace** spaceman; **homme de lettres** man of letters; **homme de paille** figurehead, stooge; **homme de peine** workingman; **homme des bois** orang-utan; **homme d'État** statesman; **homme de troupe** (*pl* **hommes des troupes**) (mil) enlisted man, private; **homme d'expédition** go-getter; **homme d'intérieur** homebody; **homme du monde** man of the world; **homme galant** ladies' man; **hommes de bien** men of good will; **honnête homme** upright man; man of culture, gentleman; **jeune homme** young man; teen-age boy; **le vieil homme** (Bib) the old Adam; **un homme à la mer!** man overboard!
homme-grenouille [ɔmgrənuj] *m* (*pl* **hommes-grenouilles**) frogman
homme-sandwich [ɔmsɑ̃dwitʃ], [ɔmsɑ̃dwiʃ] *m* (*pl* **hommes-sandwichs**) sandwich man
homogène [ɔmɔʒɛn] *adj* homogeneous
homogénéiser [ɔmɔʒeneize] *tr* to homogenize
homologation [ɔmɔlɔgɑsjɔ̃] *f* validation
homologue [ɔmɔlɔg] *adj* homologous || *mf* (fig) opposite number
homologuer [ɔmɔlɔge] *tr* to confirm, endorse; to probate (*e.g., a will*)
homonyme [ɔmɔnim] *adj* homonymous || *m* homonym; namesake
homosexuel homosexuelle [ɔmɔsɛksɥɛl] *adj & mf* homosexual
hongre *[ɔ̃gr] *adj* gelded || *m* gelding
hongrer *[ɔ̃gre] *tr* to geld
Hongrie *[ɔ̃gri] *f* Hungary; **la Hongrie** Hungary
hon·grois *[ɔ̃grwɑ] **-groise** [grwɑz] *adj* Hungarian || *m* Hungarian (*language*) || (*cap*) *mf* Hungarian (*person*)
honnête [ɔnɛt] *adj* honest, honorable
honnêteté [ɔnɛtəte] *f* honesty, uprightness
honneur [ɔnœr] *m* honor; **faire honneur à sa parole** to keep one's word
honnir *[ɔnir] *tr* to shame
honorabilité [ɔnɔrabilite] *f* respectability
honorable [ɔnɔrabl] *adj* honorable
honoraire [ɔnɔrɛr] *adj* honorary, emeritus || **honoraires** *mpl* honorarium, fee
honorer [ɔnɔre] *tr* to honor || *ref*—**s'honorer de** to pride oneself on
honorifique [ɔnɔrifik] *adj* honorific
honte *[ɔ̃t] *f* shame; **avoir honte** to be ashamed; **faire honte à qn** to make s.o. ashamed; **faire honte à ses parents** to be a disgrace to one's parents; **fausse honte** bashfulness; **sans honte** unashamedly
hon·teux *[ɔ̃tø] **-teuse** [tøz] *adj* ashamed; shameful
hop *[ɔp] *interj* go!, off with you!
hôpi·tal [ɔpital] *m* (*pl* **-taux** [to]) hospital; charity hospital
hoquet *[ɔkɛ] *m* hiccough
hoqueter *[ɔkte] §34 *intr* to hiccough
horaire [ɔrɛr] *adj* hourly, by hour || *m* timetable; schedule
horde *[ɔrd] *f* horde
horion *[ɔrjɔ̃] *m* punch, clout
horizon [ɔrizɔ̃] *m* horizon
horizon·tal -tale [ɔrizɔ̃tal] (*pl* **-taux** [to] **-tales**) *adj & f* horizontal
horloge [ɔrlɔʒ] *f* clock
horlo·ger [ɔrlɔʒe] **-gère** [ʒɛr] *adj* clockmaking, watchmaking || *mf* clockmaker, watchmaker
horlogerie [ɔrlɔʒri] *f* clockmaking, watchmaking; **d'horlogerie** clockwork
hormis *[ɔrmi] *prep* (lit) except for
hormone [ɔrmɔn] *f* hormone
horoscope [ɔrɔskɔp] *m* horoscope; **tirer l'horoscope de qn** to cast s.o.'s horoscope
horreur [ɔrœr] *f* horror; **avoir horreur de** to have a horror of; **commettre des horreurs** to commit atrocities; **dire des horreurs** to say obscene things; **dire des horreurs de** to say shocking things about
horrible [ɔribl] *adj* horrible
horrifier [ɔrifje] *tr* to horrify
horripi·lant [ɔrripilɑ̃] **-lante** [lɑ̃t] (coll) *adj* hair-raising
horripilation [ɔrripilɑsjɔ̃] *f* gooseflesh; (coll) exasperation
horripiler [ɔrripile] *tr* to give gooseflesh to; (coll) to exasperate
hors *[ɔr] *prep* out, beyond, outside; except, except for, save; **hors de** out of, outside of; **hors de soi** beside

oneself, frantic; **hors d'ici!** get out!; **hors tout** overall
hors-bord *[ɔrbɔr] *m invar* outboard (*motor or motorboat*)
hors-caste *[ɔrkast] *mf invar* outcaste
hors-concours *[ɔrkɔ̃kur] *adj invar* excluded from competition || *m invar* contestant excluded from competition
hors-d'œuvre *[ɔrdœvr] *m invar* hors-d'oeuvre
hors-jeu *[ɔrjø] *m invar* offside position
hors-la-loi *[ɔrlalwa] *m invar* outlaw
hors-ligne *[ɔrliɲ] *adj invar* (coll) exceptional || *m invar* roadside
hors-texte *[ɔrteks] *m invar* (bb) insert
hortensia [ɔrtɑ̃sja] *m* hydrangea
horticole [ɔrtikɔl] *adj* horticultural
horticulture [ɔrtikyltyr] *f* horticulture
hospice [ɔspis] *m* hospice; home (*for the old, infirm, orphaned, etc.*)
hospita•lier [ɔspitalje] **-lière** [ljɛr] *adj* hospitable; hospital || *mf* hospital employee
hospitaliser [ɔspitalize] *tr* to hospitalize
hospitalité [ɔspitalite] *f* hospitality
hostie [ɔsti] *f* (eccl) Host
hostile [ɔstil] *adj* hostile
hostilité [ɔstilite] *f* hostility
hôte [ot] *m* host; guest
hôtel [otɛl], [ɔtɛl] *m* hotel; mansion; **hôtel des Monnaies** mint; **hôtel des Postes** main post office; **hôtel de ville** city hall; **hôtel meublé** rooming house, residential hotel
hôtel-Dieu [otɛldjø], [ɔtɛldjø] *m* (*pl* **hôtels-Dieu**) city hospital
hôte•lier [otəlje], [ɔtəlje] **-lière** [ljɛr] *adj* hotel (*business*) || *mf* hotel manager
hôtellerie [otɛlri], [ɔtɛlri] *f* hotel business; fine restaurant; hostelry, hostel
hôtesse [otɛs] *f* hostess; **hôtesse de l'air** air hostess, stewardess
hotte *[ɔt] *f* basket (*carried on back*); hod (*of mason*); hood (*of chimney*)
hou *[u] *interj* oh no!
houache *[waʃ] *f* wake (*of ship*)
houblon *[ublɔ̃] *m* hop (*vine*); hops (*dried flowers*)
houe *[u] *f* hoe
houer *[we] *tr* to hoe
houille *[uj] *f* coal; **houille blanche** water power; **houille bleue** tide power; **houille d'or** energy from the sun; **houille grasse** or **collante** soft coal; **houille incolore** wind power; **houille maigre** or **éclatante** hard coal; **houille rouge** energy from the heat of the earth
houil•ler *[uje] **houil•lère** *[ujɛr] *adj* coal-bearing, carboniferous; coal (*industry*) || *f* coal mine
houilleur *[ujœr] *m* coal miner
houle *[ul] *f* swell
houlette *[ulɛt] *f* crook (*of shepherd*); (hort) trowel
hou•leux *[ulø] **-leuse** [løz] *adj* swelling (*sea*); (fig) stormy, turbulent
houp *[up], [hup] *interj* go to it!
houppe *[up] *f* tuft; crest; tassel; **houppe à poudre** powder puff
houppelande *[uplɑ̃d] *f* greatcoat
houppette *[upɛt] *f* tuft; powder puff
hourra *[ura], [hura] *m*—**pousser trois hourras** to give three cheers || *interj* hurrah!
hourvari *[urvari] *m* call to the hounds; (coll) uproar
houspiller *[uspije] *tr* to jostle, knock around; to rake over the coals, to tell off
housse *[us] *f* slipcover; cover (*e.g., for typewriter*); garment bag; housing, horsecloth; (aut) seat cover
housser *[use] *tr* to dust (*with feather duster*)
houssine *[usin] *f* rug beater; switch
houssoir *[uswar] *m* feather duster; whisk broom
houx *[u] *m* holly
hoyau *[wajo] *m* (*pl* **hoyaux**) mattock; pickax
hublot *[yblo] *m* porthole
huche *[yʃ] *f* hutch; bin
hucher *[yʃe] *tr* to call, to shout to
hue *[y] *interj* gee!; gee up! **tirer à hue et à dia** (fig) to pull in opposite directions
huée *[ɥe] *f* hoot, boo
huer *[ɥe] *tr & intr* to hoot, to boo
hugue•not *[ygno] **-note** [nɔt] *adj* Huguenot || *f* pipkin || (*cap*) *mf* Huguenot (*person*)
huile [ɥil] *f* oil; big shot; **d'huile** calm, e.g., **mer d'huile** calm sea; **huile de coude** elbow grease; **huile de foie de morue** cod-liver oil; **huile de freins** brake fluid; **huile de ricin** castor oil; **huile lourde** diesel fuel; **huile solaire** suntan oil; **les huiles** (coll) the VIP's; **sentir l'huile** (fig) to smell of midnight oil; **verser de l'huile sur le feu** (fig) to add fuel to the fire
huiler [ɥile] *tr* to oil; to grease
hui•leux [ɥilø] **-leuse** [løz] *adj* oily; greasy
huis [ɥi] *m* (archaic) door; **à huis clos** behind closed doors; (law) in camera; **à huis ouvert** spectators admitted || *[ɥi] *m*—**demander le huis clos** to request a closed-door session
huisserie [ɥisri] *f* doorframe
huissier [ɥisje] *m* doorman; usher (*before a person of rank*); **huissier audiencier** bailiff; **huissier exploitant** process server
huit *[ɥi(t)] *adj & pron* eight; the Eighth, e.g., **Jean huit** John the Eighth; **huit heures** eight o'clock || *m* eight; eighth (*in dates*); **faire des huit** to cut figures of eight (*in figure skating*)
huitain *[ɥitɛ̃] *m* eight-line verse
huitaine *[ɥitɛn] *f* (grouping of) eight; week; **à huitaine** the same day next week; **une huitaine de** about eight
huitième *[ɥitjɛm] *adj, pron* (*masc, fem*), *& m* eighth
huître [ɥitr] *f* oyster
huit-reflets *[ɥirəflɛ] *m invar* top hat
huî•trier [ɥitrije] **-trière** [trijɛr] *adj* oyster (*industry*) || *m* (orn) oystercatcher || *f* oyster bed

hulotte *[ylɔt] *f* hoot owl
hululer *[ylyle] *intr* to hoot
hum *[œm], [hœm] *interj* hum!
hu•main [ymɛ̃] **-maine** [mɛn] *adj* human; humane
humaniste [ymanist] *adj & m* humanist
humanitaire [ymanitɛr] *adj & mf* humanitarian
humanité [ymanite] *f* humanity; **humanités (classiques)** humanities (*Greek & Latin classics*); **humanités modernes** humanities, belles-lettres; **humanités scientifiques** liberal studies (*concerned with the observation and classification of facts*)
humble [œ̃bl] *adj* humble
humecter [ymɛkte] *tr* to moisten || *ref* to become damp; **s'humecter le gosier** (slang) to wet one's whistle
humer *[yme] *tr* to suck, to suck up; to sip; to inhale, to breathe in
humérus [ymerys] *m* humerus
humeur [ymœr] *f* humor, body fluid; humor, mood, spirits; **avec humeur** testily; **avoir de l'humeur** to be in a bad mood; **être de bonne humeur** to be in a good humor
humide [ymid] *adj* humid, damp; wet
humidifier [ymidifje] *tr* to humidify
humidité [ymidite] *f* humidity
humi•liant [ymiljɑ̃] **-liante** [ljɑ̃t] *adj* humiliating
humiliation [ymiljɑsjɔ̃] *f* humiliation
humilier [ymilje] *tr* to humiliate, to humble || *ref* to humble oneself
humilité [ymilite] *f* humility
humoriste [ymɔrist] *adj* humorous (*writer*) || *mf* humorist
humoristique [ymɔristik] *adj* humorous
humour [ymur] *m* humor; **humour noir** macabre humor, sick humor
humus [ymys] *m* humus
hune *[yn] *f* (naut) top; **hune de vigie** (naut) crow's-nest
huppe *[yp] *f* tuft, crest (*of bird*); (orn) hoopoe
hup•pé -pée *[ype] *adj* tufted, crested; (coll) smart, stylish
hure *[yr] *f* head (*of boar, salmon, etc.*); (culin) headcheese
hurlement *[yrlmɑ̃] *m* howl, roar; howling, roaring (*e.g., of wind*)
hurler *[yrle] *tr* to cry out, yell || *intr* to howl, to roar
hur•leur *[yrlœr] **-leuse** [løz] *adj* howling || *mf* howler || *m* (zool) howler
hurluberlu [yrlybɛrly] *m* (coll) scatterbrain
hu•ron *[yrɔ̃] **-ronne** [rɔn] *adj* (coll) boorish, uncouth || *mf* (coll) boor
hurricane *[urikan], *[œrikɛn] *m* hurricane
hutte *[yt] *f* hut, cabin
hyacinthe [jasɛ̃t] *f* hyacinth (*stone*)
hya•lin [jalɛ̃] **-line** [lin] *adj* glassy
hybride [ibrid] *adj & m* hybrid
hydrate [idrat] *m* hydrate
hydrater [idrate] *tr & ref* to hydrate
hydraulique [idrolik] *adj* hydraulic || *f* hydraulics
hydravion [idravjɔ̃] *m* hydroplane
hydre [idr] *f* hydra
hydrocarbure [idrɔkarbyr] *m* hydrocarbon
hydro-électrique [idrɔelɛktrik] *adj* hydroelectric
hydrofoil [idrɔfɔjl] *m* hydrofoil
hydrofuge [idrɔfyʒ] *adj* waterproof
hydrofuger [idrɔfyʒe] §38 *tr* to waterproof
hydrogène [idrɔʒɛn] *m* hydrogen
hydroglisseur [idrɔglisœr] *m* speedboat
hydromètre [idrɔmɛtr] *m* hydrometer || *f* (ent) water spider
hydrophile [idrɔfil] *adj* absorbent || *m* —**hydrophile brun** (ent) water devil
hydrophobie [idrɔfɔbi] *f* hydrophobia
hydropisie [idrɔpizi] *f* dropsy
hydroscope [idrɔskɔp] *m* dowser
hydroxyde [idrɔksid] *m* hydroxide
hyène [jɛn] *f* hyena
hygiène [iʒjɛn] *f* hygiene
hygiénique [iʒjenik] *adj* hygienic
hymnaire [imnɛr] *m* hymnal
hymne [imnə], [im] *m* hymn, ode, anthem; **hymne national** national anthem || *f* (eccl) hymn, canticle
hyperacidité [iperasidite] *f* hyperacidity
hyperbole [ipɛrbɔl] *f* (math) hyperbola; (rhet) hyperbole
hypersensible [ipɛrsɑ̃sibl] *adj* hypersensitive, supersensitive
hypersensi•tif [ipɛrsɑ̃sitif] **-tive** [tiv] *adj* hypersensitive, supersensitive
hypertension [ipɛrtɑ̃sjɔ̃] *f* high blood pressure, hypertension
hypnose [ipnoz] *f* hypnosis
hypnotique [ipnɔtik] *adj & m* hypnotic
hypnotiser [ipnɔtize] *tr* to hypnotize || *ref*—**s'hypnotiser sur** (fig) to be hypnotized by
hypnoti•seur [ipnɔtizœr] **-seuse** [zøz] *mf* hypnotist
hypnotisme [ipnɔtism] *m* hypnotism
hypocondriaque [ipɔkɔ̃drijak] *adj & mf* hypochondriac
hypocrisie [ipɔkrizi] *f* hypocrisy
hypocrite [ipɔkrit] *adj* hypocritical || *mf* hypocrite
hypodermique [ipɔdɛrmik] *adj* hypodermic
hyposulfite [ipɔsylfit] *m* hyposulfite
hypotension [ipɔtɑ̃sjɔ̃] *f* low blood pressure
hypoténuse [ipɔtenyz] *f* hypotenuse
hypothèque [ipɔtɛk] *f* mortgage; **prendre une hypothèque sur** to put a mortgage on; **purger une hypothèque** to pay off a mortgage
hypothéquer [ipɔteke] §10 *tr* to mortgage
hypothèse [ipɔtɛz] *f* hypothesis
hypothétique [ipɔtetik] *adj* hypothetic(al)
hystérie [isteri] *f* hysteria
hystérique [isterik] *adj* hysteric(al)

I

I, i [i], *[i] *m invar* ninth letter of the French alphabet
iambique [jɑ̃bik] *adj* iambic
ibé·rien [iberjɛ̃] **-rienne** [rjɛn] *adj* Iberian || (*cap*) *mf* Iberian
ibérique [iberik] *adj* Iberian
iceberg [isbɛrg] *m* iceberg
ichtyologie [iktjɔlɔʒi] *f* ichthyology
ici [isi] *adv* here; this is, e.g., **ici Paris** (rad, telv) this is Paris; e.g., **ici Robert** (telp) this is Robert; **d'ici** hereabouts; from today; **d'ici demain** before tomorrow; **d'ici là** between now and then, in the meantime; **d'ici peu** before long; **jusqu'ici** up to now, hitherto; **par ici** this way, through here
ici-bas [isibɑ] *adv* here below, on earth
icône [ikon] *f* icon
iconoclaste [ikɔnɔklast] *adj* iconoclastic || *mf* iconoclast
iconographie [ikɔnɔgrafi] *f* iconography; pictures, pictorial material
iconoscope [ikɔnɔskɔp] *m* iconoscope
ictère [iktɛr] *m* jaundice
ictérique [ikterik] *adj* jaundiced
idéal idéale [ideal] *adj & m* (*pl* **idéaux** [ideo] or **idéals**) ideal
idéaliser [idealize] *tr* idealize
idéaliste [idealist] *adj & mf* idealist
idée [ide] *f* idea; mind, head; opinion, esteem; (coll) shade, touch; **changer d'idée** to change one's mind
identification [idɑ̃tifikɑsjɔ̃] *f* identification
identifier [idɑ̃tifje] *tr* to identify
identique [idɑ̃tik] *adj* identic(al)
identité [idɑ̃tite] *f* identity
idéologie [ideɔlɔʒi] *f* ideology; (pej) utopianism
idéologique [ideɔlɔʒik] *adj* ideologic(al); conceptual
ides [id] *fpl* ides
idiomatique [idjɔmatik] *adj* idiomatic
idiome [idjom] *m* idiom, language
idiosyncrasie [idjɔsɛ̃krazi] *f* idiosyncrasy
i·diot [idjo] **-diote** [djɔt] *adj* idiotic || *mf* idiot
idiotie [idjɔsi] *f* idiocy
idiotisme [idjɔtism] *m* idiom, idiomatic expression
idolâtrer [idɔlɑtre] *tr* to idolize
idolâtrie [idɔlɑtri] *f* idolatry
idole [idɔl] *f* idol
idylle [idil] *f* idyll; romance, love affair
idyllique [idilik] *adj* idyllic
if [if] *m* yew
IGAME [igam] *m* (acronym) (**Inspecteur Général de l'Administration en Mission Extraordinaire**) head prefect
igname [iɲam], [ignam] *f* yam
ignare [iɲar] *adj* ignorant
ig·né -née [igne] *adj* igneous
ignifuge [ignifyʒ] *adj* fireproof || *m* fireproofing
ignifuger [ignifyʒe] §38 *tr* to fireproof
ignition [ignisjɔ̃] *f* ignition; red heat (*of metal*)
ignoble [iɲɔbl] *adj* ignoble; disgusting
ignomi·nieux [iɲɔminjø] **-nieuse** [njøz] *adj* ignominious
ignorance [iɲɔrɑ̃s] *f* ignorance
igno·rant [iɲɔrɑ̃] **-rante** [rɑ̃t] *adj* ignorant || *mf* ignoramus
ignorer [iɲɔre] *tr* not to know, to be ignorant of; to be unacquainted with
il [il] §87
île [il] *f* island, isle; **les îles Normandes** the Channel Islands
illé·gal -gale [illegal] *adj* (*pl* **-gaux** [go]) illegal
illégitime [illeʒitim] *adj* illegitimate; unjustified
illet·tré -trée [illɛtre] *adj & mf* illiterate
illicite [illisit] *adj* illicit; foul (*blow*)
illimi·té -tée [illimite] *adj* unlimited
illisible [illizibl] *adj* illegible; unreadable (*book*)
illogique [illɔʒik] *adj* illogical
illumination [illyminɑsjɔ̃] *f* illumination
illumi·né -née [illymine] *adj & mf* fanatic, visionary
illuminer [illymine] *tr* to illuminate
illusion [illyzjɔ̃] *f* illusion; **illusion de la vue** optical illusion; **se faire des illusions** to indulge in wishful thinking
illusionner [illyzjɔne] *tr* to delude || *ref* to delude oneself
illusionniste [illyzjɔnist] *mf* magician
illusoire [illyzwar] *adj* illusory, illusive
illustra·teur [illystratœr] *m* illustrator
illustration [illystrɑsjɔ̃] *f* illustration; glorification; glory; celebrity
illustre [illystr] *adj* illustrious, renowned
illus·tré -trée [illystre] *adj* illustrated || *m* illustrated magazine
illustrer [illystre] *tr* to illustrate || *ref* to distinguish oneself
îlot [ilo] *m* small island, isle; block (*of houses*)
ils [il] §87
image [imaʒ] *f* image; picture; **images** imagery
imager [imaʒe] §38 *tr* to embellish with metaphors, to color
imagerie [imaʒri] *f*—**imagerie d'Épinal** cardboard cutouts
imaginaire [imaʒinɛr] *adj* imaginary
imagination [imaʒinɑsjɔ̃] *f* imagination
imaginer [imaʒine] *tr* to imagine; to invent || *intr* to imagine; **imaginer de** + *inf* to have the idea of + *ger* || *ref* to imagine oneself; (with *dat* of *reflex pron*) to imagine
imbattable [ɛ̃batabl] *adj* unbeatable
imbat·tu -tue [ɛ̃baty] *adj* unbeaten
imbécile [ɛ̃besil] *adj & mf* imbecile
imbécillité [ɛ̃besilite] *f* imbecility
imberbe [ɛ̃bɛrb] *adj* beardless
imbiber [ɛ̃bibe] *tr & ref* to soak; **s'imbiber de** to soak up; to be imbued with

imbri•qué -quée [ɛ̃brike] *adj* overlapping
imbrisable [ɛ̃brizabl] *adj* unbreakable
imbrûlable [ɛ̃brylabl] *adj* fireproof
im•bu -bue [ɛ̃by] *adj*—**imbu de** imbued with, steeped in
imita•teur [imitatœr] **-trice** [tris] *mf* imitator
imitation [imitasjɔ̃] *f* imitation
imiter [imite] *tr* to imitate
immacu•lé -lée [immakyle] *adj* immaculate
immangeable [ɛ̃mɑ̃ʒabl] *adj* inedible
immanquable [ɛ̃mɑ̃kabl] *adj* infallible; inevitable
immaté•riel -rielle [immaterjɛl] *adj* immaterial
immatriculation [immatrikylasjɔ̃] *f* registration; enrollment
immatriculer [immatrikyle] *tr* to register
immature [immatyr] *adj* unmatured
immé•diat [immedja] **-diate** [djat] *adj* immediate
immédiatement [immedjatmɑ̃] *adv* immediately
immémo•rial -riale [immemɔrjal] *adj* (*pl* **-riaux** [rjo]) immemorial
immense [immɑ̃s] *adj* immense
immensurable [immɑ̃syrabl] *adj* immeasurable, immensurable
immerger [immerʒe] **§38** *tr* to immerse, to dip; to throw overboard; to lay (*a cable*)
imméri•té -tée [immerite] *adj* undeserved
immersion [immersjɔ̃] *f* immersion
immettable [ɛ̃metabl] *adj* unwearable
immeuble [immœbl] *adj* real, e.g., **biens immeubles** real estate || *m* building, apartment building
immi•grant [immigrɑ̃] **-grante** [grɑ̃t] *adj & mf* immigrant
immigration [immigrasjɔ̃] *f* immigration
immi•gré -grée [immigre] *adj & mf* immigrant
immigrer [immigre] *intr* to immigrate
immi•nent [imminɑ̃] **-nente** [nɑ̃t] *adj* imminent, impending
immiscer [immise] **§51** *ref*—**s'immiscer dans** to interfere with, to meddle with
immixtion [immiksjɔ̃] *f* interference
immobile [immɔbil] *adj* motionless; immobile (*resolute*); dead (*typewriter key*)
immobi•lier [immɔbilje] **-lière** [ljer] *adj* real-estate, property; real, e.g., **biens immobiliers** real estate
immobiliser [immɔbilize] *tr* to immobilize; to tie up || *ref* to come to a stop
immodé•ré -rée [immɔdere] *adj* immoderate
immonde [immɔ̃d] *adj* foul, filthy; (eccl) unclean
immondices [immɔ̃dis] *fpl* garbage, refuse
immo•ral -rale [immɔral] *adj* (*pl* **-raux** [ro]) immoral
immortaliser [immɔrtalize] *tr* to immortalize
immor•tel -telle [immɔrtɛl] *adj & mf* immortal || *f* (bot) everlasting
immoti•vé -vée [immɔtive] *adj* groundless
immuable [immɥabl] *adj* changeless
immuniser [immynize] *tr* to immunize
immunité [immynite] *f* immunity
im•pair -paire [ɛ̃per] *adj* odd, uneven || *m* (coll) blunder
impardonnable [ɛ̃pardɔnabl] *adj* unpardonable
impar•fait [ɛ̃parfɛ] **-faite** [fɛt] *adj & m* imperfect
imparité [ɛ̃parite] *f* inequality, disparity
impar•tial -tiale [ɛ̃parsjal] *adj* (*pl* **-tiaux** [sjo]) impartial
impartir [ɛ̃partir] *tr* to grant
impasse [ɛ̃pɑs] *f* blind alley, dead-end street; impasse, deadlock; (cards) finesse; **faire l'impasse à** (cards) to finesse
impassible [ɛ̃pasibl] *adj* impassible; impassive (*look, face, etc.*)
impatience [ɛ̃pasjɑ̃s] *f* impatience; **impatiences** (coll) attack of nerves
impa•tient [ɛ̃pasjɑ̃] **-tiente** [sjɑ̃t] *adj* impatient
impatienter [ɛ̃pasjɑ̃te] *tr* to make impatient || *ref* to lose patience
impatroniser [ɛ̃patrɔnize] *ref* to take charge; to take hold
impavide [ɛ̃pavid] *adj* fearless
impayable [ɛ̃pejabl] *adj* (coll) priceless, very funny
impayé impayée [ɛ̃peje] *adj* unpaid
impeccable [ɛ̃pekabl] *adj* impeccable
impénétrable [ɛ̃penetrabl] *adj* impenetrable
impéni•tent [ɛ̃penitɑ̃] **-tente** [tɑ̃t] *adj* impenitent, obdurate, inveterate
impensable [ɛ̃pɑ̃sabl] *adj* unthinkable
imper [ɛ̃per] *m* (coll) raincoat
impéra•tif [ɛ̃peratif] **-tive** [tiv] *adj & m* imperative
impératrice [ɛ̃peratris] *f* empress
imperceptible [ɛ̃perseptibl] *adj* imperceptible; negligible
imperdable [ɛ̃perdabl] *adj* unlosable
imperfection [ɛ̃perfeksjɔ̃] *f* imperfection, defect
impé•rial -riale [ɛ̃perjal] *adj* (*pl* **-riaux** [rjo]) imperial || *f* goatee; upper deck (*of bus, coach, etc.*)
impérialiste [ɛ̃perjalist] *adj & mf* imperialist
impé•rieux [ɛ̃perjø] **-rieuse** [rjøz] *adj* imperious, haughty; imperative, urgent
impérissable [ɛ̃perisabl] *adj* imperishable
impéritie [ɛ̃perisi] *f* incompetence
imperméabiliser [ɛ̃permeabilize] *tr* to waterproof
imperméable [ɛ̃permeabl] *adj* waterproof; impervious || *m* raincoat
imperson•nel -nelle [ɛ̃persɔnɛl] *adj* impersonal; commonplace; ordinary
imperti•nent [ɛ̃pertinɑ̃] **-nente** [nɑ̃t] *adj* impertinent || *mf* impertinent person
impé•trant [ɛ̃petrɑ̃] **-trante** [trɑ̃t] *mf* holder (*of a title or degree*)

impé•tueux [ɛ̃petɥø] **-tueuse** [tɥøz] *adj* impetuous
impie [ɛ̃pi] *adj* impious, ungodly; blasphemous ‖ *mf* unbeliever; blasphemer
impiété [ɛ̃pjete] *f* impiety; disrespect
impitoyable [ɛ̃pitwajabl] *adj* unmerciful
implanter [ɛ̃plɑ̃te] *tr* to implant; to introduce ‖ *ref* to take root; **s'implanter chez** (coll) to thrust oneself upon
implication [ɛ̃plikɑsjɔ̃] *f* implication
implicite [ɛ̃plisit] *adj* implicit
impliquer [ɛ̃plike] *tr* to implicate; to imply
implorer [ɛ̃plɔre] *tr* to implore
imployable [ɛ̃plwajabl] *adj* pitiless; inflexible
impo•li -lie [ɛ̃pɔli] *adj* impolite
impolitique [ɛ̃pɔlitik] *adj* ill-advised
impondérable [ɛ̃pɔ̃derabl] *adj & m* imponderable
impopulaire [ɛ̃pɔpylɛr] *adj* unpopular
impopularité [ɛ̃pɔpylarite] *f* unpopularity
importance [ɛ̃pɔrtɑ̃s] *f* importance; size; **d'importance** large, of consequence; thoroughly, very hard
impor•tant [ɛ̃pɔrtɑ̃] **-tante** [tɑ̃t] *adj* important; large, considerable ‖ *m* main thing; **faire l'important** (coll) to act big
importa•teur [ɛ̃pɔrtatœr] **-trice** [tris] *mf* importer
importer [ɛ̃pɔrte] *tr* to import ‖ *intr* to matter; to be important; **n'importe** no matter, never mind; **n'importe comment** any way; **n'importe où** anywhere; **n'importe quand** anytime; **n'importe quel . . .** any . . . ; **n'importe qui** anybody; **n'importe quoi** anything; **peu m'importe** it doesn't matter to me; **qu'importe?** what does it matter?
impor•tun [ɛ̃pɔrtœ̃] **-tune** [tyn] *adj* bothersome ‖ *mf* pest, nuisance
importuner [ɛ̃pɔrtyne] *tr* to importune
imposable [ɛ̃pozabl] *adj* taxable
impo•sant [ɛ̃pozɑ̃] **-sante** [zɑ̃t] *adj* imposing
impo•sé -sée [ɛ̃poze] *adj* taxed; fixed (*price*) ‖ *mf* taxpayer
imposer [ɛ̃poze] *tr* to impose; to levy a tax on ‖ *intr*—**en imposer à** to make an impression on; to impose on ‖ *ref* to assert oneself; to be indispensable; **s'imposer à** to force itself upon; **s'imposer chez** to foist oneself upon
imposition [ɛ̃pozisjɔ̃] *f* imposition; taxation; laying on, levying
impossible [ɛ̃pɔsibl] *adj* impossible
imposte [ɛ̃pɔst] *f* transom; (archit) impost
imposteur [ɛ̃pɔstœr] *m* impostor
imposture [ɛ̃pɔstyr] *f* imposture
impôt [ɛ̃po] *m* tax; **impôt du sang** military duty; **impôt foncier** property tax; **impôt indirecte** sales tax; **impôt retenu à la source** withholding tax; **impôt sur le revenu** income tax
impotence [ɛ̃pɔtɑ̃s] *f* lameness, infirmity
impo•tent [ɛ̃pɔtɑ̃] **-tente** [tɑ̃t] *adj* crippled; bedridden ‖ *mf* cripple
impraticable [ɛ̃pratikabl] *adj* impracticable; impassable (*e.g., road*)
impré•cis [ɛ̃presi] **-cise** [siz] *adj* vague, hazy
imprégner [ɛ̃preɲe] §10 *tr* to impregnate
imprenable [ɛ̃prənabl] *adj* impregnable
impréparation [ɛ̃preparɑsjɔ̃] *f* unpreparedness
imprésario [ɛ̃presarjo] *m* impresario
impression [ɛ̃prɛsjɔ̃] *f* impression; printing
impression•nant [ɛ̃prɛsjɔnɑ̃] **impres-sion•nante** [ɛ̃prɛsjɔnɑ̃t] *adj* impressive
impressionner [ɛ̃prɛsjɔne] *tr* to impress, to affect; (phot) to expose
imprévisible [ɛ̃previzibl] *adj* unforeseeable
imprévision [ɛ̃previzjɔ̃] *f* lack of foresight
imprévoyant [ɛ̃prevwajɑ̃] **imprévoyante** [ɛ̃prevwajɑ̃t] *adj* improvident, shortsighted
impré•vu -vue [ɛ̃prevy] *adj & m* unforeseen, unexpected; **sauf imprévu** unless something unforeseen happens
impri•mé -mée [ɛ̃prime] *adj* printed ‖ *m* print, calico; printed work, book; printing (*as opposed to script*); **imprimés** printed matter
imprimer [ɛ̃prime] *tr* to print; to imprint; to impress; to impart (*e.g., movement*)
imprimerie [ɛ̃primri] *f* printing; printing office, print shop
imprimeur [ɛ̃primœr] *m* printer
imprimeur-éditeur [ɛ̃primœreditœr] *m* (*pl* **imprimeurs-éditeurs**) printer and publisher
imprimeur-libraire [ɛ̃primœrlibrɛr] *m* (*pl* **imprimeurs-libraires**) printer and publisher
imprimeuse [ɛ̃primøz] *f* printing press
improbable [ɛ̃prɔbabl] *adj* improbable
improba•tif [ɛ̃prɔbatif] **-tive** [tiv] *adj* disapproving
improbité [ɛ̃prɔbite] *f* dishonesty
improduc•tif [ɛ̃prɔdyktif] **-tive** [tiv] *adj* unproductive
impromp•tu -tue [ɛ̃prɔ̃pty] *adj* impromptu ‖ *m* impromptu play; (mus) impromptu ‖ **impromptu** *adv* impromptu
impropre [ɛ̃prɔpr] *adj* improper (*not right*); **impropre à** unfit for
impropriété [ɛ̃prɔprijete] *f* incorrectness
improviser [ɛ̃prɔvize] *tr & intr* to improvise
improviste [ɛ̃prɔvist]—**à l'improviste** unexpectedly, impromptu; **prendre à l'improviste** to catch napping
impru•dent [ɛ̃prydɑ̃] **-dente** [dɑ̃t] *adj* imprudent
impubère [ɛ̃pybɛr] *adj* under the age of puberty
impubliable [ɛ̃pybljabl] *adj* unpublishable, not fit to print
impu•dent [ɛ̃pydɑ̃] **-dente** [dɑ̃t] *adj* impudent
impudeur [ɛ̃pydœr] *f* immodesty

impudicité [ɛ̃pydisite] *f* indecency
impudique [ɛ̃pydik] *adj* immodest
impuissance [ɛ̃pɥisɑ̃s] *f* impotence; **être dans l'impuissance de faire q.ch.** to be powerless to do s.th.
impuis•sant [ɛ̃pɥisɑ̃] **impuis•sante** [ɛ̃pɥisɑ̃t] *adj* impotent, powerless, helpless; (pathol) impotent
impul•sif [ɛ̃pylsif] **-sive** [siv] *adj* impulsive || *mf* impulsive person
impulsion [ɛ̃pylsjɔ̃] *f* impulse; **donner l'impulsion à** to give an impetus to; **sous l'impulsion du moment** on the spur of the moment
impunément [ɛ̃pynemɑ̃] *adv* with impunity
impu•ni -nie [ɛ̃pyni] *adj* unpunished
impunité [ɛ̃pynite] *f* impunity
im•pur -pure [ɛ̃pyr] *adj* impure
impureté [ɛ̃pyrte] *f* impurity
imputation [ɛ̃pytɑsjɔ̃] *f* imputation; (com) charge; (com) deduction
imputer [ɛ̃pyte] *tr* to impute, ascribe; (com) **imputer q.ch. à** to charge s.th. to
inaccessible [inaksɛsibl] *adj* inaccessible
inac•tif [inaktif] **-tive** [tiv] *adj* inactive
inaction [inaksjɔ̃] *f* inaction
inactivité [inaktivite] *f* inactivity
inadaptation [inadaptɑsjɔ̃] *f* maladjustment
inadap•té -tée [inadapte] *adj* maladjusted || *mf* misfit
inadvertance [inadvɛrtɑ̃s] *f*—**par inadvertance** inadvertently
inalté•ré -rée [inaltere] *adj* unspoiled
inani•mé -mée [inanime] *adj* inanimate
inappréciable [inapresjabl] *adj* inappreciable, imperceptible; invaluable
inapprivoisable [inaprivwazabl] *adj* untamable
inapte [inapt] *adj* inept; **inapte à** unfit for, unsuitable for || *mf* dropout, washout; **les inaptes** the unfit; the unemployable
inaptitude [inaptityd] *f* unfitness
inarticu•lé -lée [inartikyle] *adj* inarticulate
inassou•vi -vie [inasuvi] *adj* unsatisfied
inattaquable [inatakabl] *adj* unquestionable; unassailable; **inattaquable par** unaffected by, resistant to
inatten•du -due [inatɑ̃dy] *adj* unexpected
inatten•tif [inatɑ̃tif] **-tive** [tiv] *adj* inattentive; careless
inattention [inatɑ̃sjɔ̃] *f* inattentiveness, carelessness
inaudible [inodibl] *adj* inaudible
inaugu•ral -rale [inogyral] *adj* (*pl* **-raux** [ro]) inaugural
inauguration [inogyrɑsjɔ̃] *f* inauguration
inaugurer [inogyre] *tr* to inaugurate; to unveil (*a statue*)
inauthentique [inotɑ̃tik] *adj* unauthentic
inavouable [inavuabl] *adj* shameful
ina•voué -vouée [inavwe] *adj* unacknowledged
inca [ɛ̃ka] *adj invar* Inca || (*cap*) *m* Inca
incandes•cent [ɛ̃kɑ̃desɑ̃] **incandes•cente** [ɛ̃kɑ̃desɑ̃t] *adj* incandescent; wild, stirred up (*crowd*)
incapable [ɛ̃kapabl] *adj* incapable; (law) incompetent || *mf* (law) incompetent person
incapacité [ɛ̃kapasite] *f* incapacity; disability
incarcérer [ɛ̃karsere] **§10** *tr* to incarcerate
incar•nat [ɛ̃karna] **-nate** [nat] *adj* flesh-colored; rosy || *m* flesh color
incarnation [ɛ̃karnɑsjɔ̃] *f* incarnation
incar•né -née [ɛ̃karne] *adj* incarnate; ingrowing (*nail*)
incarner [ɛ̃karne] *tr* to incarnate, to embody || *ref* to become incarnate; (pathol) to become ingrown; **s'incarner dans** to become the embodiment of
incartade [ɛ̃kartad] *f* indiscretion; prank
incassable [ɛ̃kɑsabl] *adj* unbreakable
incendiaire [ɛ̃sɑ̃djɛr] *adj & mf* incendiary
incendie [ɛ̃sɑ̃di] *m* fire, conflagration; **incendie volontaire** arson
incen•dié -diée [ɛ̃sɑ̃dje] *adj* burnt down || *mf* fire victim
incendier [ɛ̃sɑ̃dje] *tr* to set on fire; to burn down; (fig) to fire, inflame; (slang) to give a tongue-lashing to
incer•tain [ɛ̃sɛrtɛ̃] **-taine** [tɛn] *adj* uncertain; indistinct; unsettled (*weather*)
incertitude [ɛ̃sɛrtityd] *f* incertitude, uncertainty; **dans l'incertitude** in doubt
incessamment [ɛ̃sɛsamɑ̃] *adv* incessantly; without delay, at any moment
inces•sant [ɛ̃sɛsɑ̃] **inces•sante** [ɛ̃sɛsɑ̃t] *adj* incessant
inceste [ɛ̃sɛst] *m* incest
inces•tueux [ɛ̃sɛstɥø] **-tueuse** [tɥøz] *adj* incestuous
inchan•gé -gée [ɛ̃ʃɑ̃ʒe] *adj* unchanged
incidemment [ɛ̃sidamɑ̃] *adv* incidentally
incidence [ɛ̃sidɑ̃s] *f* incidence
inci•dent [ɛ̃sidɑ̃] **-dente** [dɑ̃t] *adj & m* incident
incinérer [ɛ̃sinere] **§10** *tr* to incinerate; to cremate
incirconcis [ɛ̃sirkɔ̃si] *adj masc* uncircumcised
inciser [ɛ̃size] *tr* to make an incision in; to tap (*a tree*); (med) to lance
inci•sif [ɛ̃sizif] **-sive** [ziv] *adj* incisive || *f* incisor
incision [ɛ̃sizjɔ̃] *f* incision
incitation [ɛ̃sitɑsjɔ̃] *f* incitement
inciter [ɛ̃site] *tr* to incite
inci•vil -vile [ɛ̃sivil] *adj* uncivil
incivili•sé -sée [ɛ̃sivilize] *adj* uncivilized
inclassable [ɛ̃klɑsabl] *adj* unclassifiable
inclé•ment [ɛ̃klemɑ̃] **-mente** [mɑ̃t] *adj* inclement
inclinaison [ɛ̃klinɛzɔ̃] *f* inclination; slope
inclination [ɛ̃klinɑsjɔ̃] *f* inclination; bow; love, affection
incliner [ɛ̃kline] *tr & ref* to incline; to bend; to bow

inclure [ɛ̃klyr] §11 (*pp* **inclus**) *tr* to include; to enclose
in•clus [ɛ̃kly] **-cluse** [klyz] *adj* including, e.g., **jusqu'à la page dix incluse** up to and including page ten; inclusive, e.g., **de mercredi à samedi inclus** from Wednesday to Saturday inclusive
inclu•sif [ɛ̃klyzif] **-sive** [ziv] *adj* inclusive
inclusivement [ɛ̃klyzivmɑ̃] *adv* inclusively, inclusive
incognito [ɛ̃kɔɲito] *m & adv* incognito
incohé•rent [ɛ̃kɔerɑ̃] **-rente** [rɑ̃t] *adj* incoherent; inconsistent, illogical
incolore [ɛ̃kɔlɔr] *adj* colorless
incomber [ɛ̃kɔ̃be] *intr*—**incomber à** to devolve on, to fall upon; **il incombe à qn de** it behooves s.o. to
incombustible [ɛ̃kɔ̃bystibl] *adj* incombustible; fireproof
incommode [ɛ̃kɔmɔd] *adj* inconvenient; unwieldy
incommoder [ɛ̃kɔmɔde] *tr* to inconvenience
incommodité [ɛ̃kɔmɔdite] *f* inconvenience
incomparable [ɛ̃kɔ̃parabl] *adj* incomparable
incompatible [ɛ̃kɔ̃patibl] *adj* incompatible; conflicting
incompétence [ɛ̃kɔ̃petɑ̃s] *f* incompetence; lack of jurisdiction
incompé•tent [ɛ̃kɔ̃petɑ̃] **-tente** [tɑ̃t] *adj* incompetent; lacking jurisdiction
incom•plet [ɛ̃kɔ̃plɛ] **-plète** [plɛt] *adj* incomplete
incompréhensible [ɛ̃kɔ̃preɑ̃sibl] *adj* incomprehensible
incom•pris [ɛ̃kɔ̃pri] **-prise** [priz] *adj* misunderstood
inconcevable [ɛ̃kɔ̃svabl] *adj* inconceivable
inconciliable [ɛ̃kɔ̃siljabl] *adj* irreconcilable
inconditionn•nel -nelle [ɛ̃kɔ̃disjɔnɛl] *adj* unconditional
inconduite [ɛ̃kɔ̃dɥit] *f* misconduct
inconfort [ɛ̃kɔ̃fɔr] *m* discomfort
incon•gru -grue [ɛ̃kɔ̃gry] *adj* incongruous
incon•nu -nue [ɛ̃kɔny] *adj* unknown; **inconnu à cette adresse** address unknown ‖ *mf* unknown (*person*) ‖ *m* unknown (*what is not known*) ‖ *f* (math) unknown
inconsciemment [ɛ̃kɔ̃sjamɑ̃] *adv* subconsciously; unconsciously
inconscience [ɛ̃kɔ̃sjɑ̃s] *f* unconsciousness; unawareness
incons•cient [ɛ̃kɔ̃sjɑ̃] **incons•ciente** [ɛ̃kɔ̃sjɑ̃t] *adj* unconscious, unaware, oblivious; thoughtless; subconscious ‖ *mf* dazed person ‖ *m* unconscious
inconséquence [ɛ̃kɔ̃sekɑ̃s] *f* inconsistency; thoughtlessness, inconsiderateness
inconsé•quent [ɛ̃kɔ̃sekɑ̃] **-quente** [kɑ̃t] *adj* inconsistent; thoughtless, inconsiderate
inconsidé•ré -rée [ɛ̃kɔ̃sidere] *adj* inconsiderate
inconsistance [ɛ̃kɔ̃sistɑ̃s] *f* inconsistency; flimsiness, instability
inconsis•tant [ɛ̃kɔ̃sistɑ̃] **-tante** [tɑ̃t] *adj* inconsistent, flimsy, unstable
inconsolable [ɛ̃kɔ̃sɔlabl] *adj* inconsolable
incons•tant [ɛ̃kɔ̃stɑ̃] **-tante** [tɑ̃t] *adj* inconstant
inconstitution•nel -nelle [ɛ̃kɔ̃stitysjɔnɛl] *adj* unconstitutional
inconti•nent [ɛ̃kɔ̃tinɑ̃] **-nente** [nɑ̃t] *adj* incontinent ‖ **incontinent** *adv* at once, forthwith
incontrôlable [ɛ̃kɔ̃trolabl] *adj* unverifiable
incontrô•lé -lée [ɛ̃kɔ̃trole] *adj* unverified; unchecked, uncontrollable
inconvenance [ɛ̃kɔ̃vnɑ̃s] *f* impropriety
inconve•nant [ɛ̃kɔ̃vnɑ̃] **-nante** [nɑ̃t] *adj* improper, indecent
inconvénient [ɛ̃kɔ̃venjɑ̃] *m* inconvenience, disadvantage; **voir un inconvénient à** to have an objection to
incorporation [ɛ̃kɔrpɔrasjɔ̃] *f* incorporation; (mil) induction
incorpo•ré -rée [ɛ̃kɔrpɔre] *adj* built-in
incorpo•rel -relle [ɛ̃kɔrpɔrɛl] *adj* incorporeal; intangible (*property*)
incorporer [ɛ̃kɔrpɔre] *tr* to incorporate; (mil) to induct ‖ *ref* to incorporate
incor•rect -recte [ɛ̃kɔrɛkt] *adj* incorrect; unfair
incrédule [ɛ̃kredyl] *adj* incredulous; unbelieving ‖ *mf* unbeliever, freethinker
incrédulité [ɛ̃kredylite] *f* incredulity; disbelief
increvable [ɛ̃krəvabl] *adj* punctureproof; (slang) untiring
incriminer [ɛ̃krimine] *tr* to incriminate
incrochetable [ɛ̃krɔʃtabl] *adj* burglarproof (*lock*)
incroyable [ɛ̃krwajabl] *adj* unbelievable
incroyant [ɛ̃krwajɑ̃] **incroyante** [ɛ̃krwajɑ̃t] *adj* unbelieving ‖ *mf* unbeliever
incrustation [ɛ̃krystɑsjɔ̃] *f* incrustation; inlay; (sewing) insert
incruster [ɛ̃kryste] *tr* to incrust; to inlay ‖ *ref* to take root, to become ingrained
incubateur [ɛ̃kybatœr] *m* incubator
incuber [ɛ̃kybe] *tr* to incubate
inculpation [ɛ̃kylpɑsjɔ̃] *f* indictment; **sous l'inculpation de** on a charge of
incul•pé -pée [ɛ̃kylpe] *adj* indicted; **inculpé de** charged with, accused of ‖ *mf* accused, defendant
inculper [ɛ̃kylpe] *tr* to indict, to charge
inculquer [ɛ̃kylke] *tr* to inculcate
inculte [ɛ̃kylt] *adj* uncultivated; uncouth
incunables [ɛ̃kynabl] *mpl* incunabula
incurable [ɛ̃kyrabl] *adj & mf* incurable
incurie [ɛ̃kyri] *f* carelessness
incursion [ɛ̃kyrsjɔ̃] *f* incursion, foray
Inde [ɛ̃d] *f* India; **Indes Occidentales** West Indies; **Indes Orientales Néerlandaises** Dutch East Indies; **l'Inde** India
indébrouillable [ɛ̃debrujabl] *adj* inextricable, hopelessly involved

indécence [ɛ̃desɑ̃s] *f* indecency
indé•cent [ɛ̃desɑ̃] **-cente** [sɑ̃t] *adj* indecent
indéchiffrable [ɛ̃deʃifrabl] *adj* undecipherable; incomprehensible; illegible
indé•cis [ɛ̃desi] **-cise** [siz] *adj* indecisive; uncertain, undecided; blurred
indéclinable [ɛ̃deklinabl] *adj* indeclinable
indécrottable [ɛ̃dekrɔtabl] *adj* (coll) incorrigible, hopeless
indéfectible [ɛ̃defɛktibl] *adj* everlasting; unfailing
indéfendable [ɛ̃defɑ̃dabl] *adj* indefensible
indéfi•ni -nie [ɛ̃defini] *adj* indefinite
indéfinissable [ɛ̃definisabl] *adj* indefinable
indéfrisable [ɛ̃defrizabl] *adj* permanent (*wave*) || *f* permanent wave
indélébile [ɛ̃delebil] *adj* indelible
indéli•cat [ɛ̃delika] **-cate** [kat] *adj* indelicate; dishonest
indémaillable [ɛ̃demɑjabl] *adj* runproof
indemne [ɛ̃dɛmn] *adj* undamaged, unharmed
indemnisation [ɛ̃dɛmnizɑsjɔ̃] *f* indemnification, compensation
indemniser [ɛ̃dɛmnize] *tr* to compensate
indemnité [ɛ̃dɛmnite] *f* indemnity; allowance, grant; compensation; **indemnité journalière** workmen's compensation; **indemnité parlementaire** salary of members (*of parliamentary body*)
indéniable [ɛ̃denjabl] *adj* undeniable
indépendance [ɛ̃depɑ̃dɑ̃s] *f* independence
indépen•dant [ɛ̃depɑ̃dɑ̃] **-dante** [dɑ̃t] *adj & mf* independent
indéréglable [ɛ̃dereglabl] *adj* foolproof
indescriptible [ɛ̃dɛskriptibl] *adj* indescribable
indésirable [ɛ̃dezirabl] *adj* undesirable
indestructible [ɛ̃dɛstryktibl] *adj* indestructible
indétermi•né -née [ɛ̃detɛrmine] *adj* indeterminate
indétraquable [ɛ̃detrakabl] *adj* foolproof
index [ɛ̃dɛks] *m* index; forefinger; index number; **Index** (eccl) Index
indica•teur [ɛ̃dikatœr] **-trice** [tris] *adj* indicating || *mf* informer || *m* gauge; indicator, pointer; timetable; road sign; guidebook; street guide
indica•tif [ɛ̃dikatif] **-tive** [tiv] *adj* indicative, suggestive || *m* (gram) indicative; (rad) station identification; **indicatif d'appel** (rad, telg) call letters or number
indication [ɛ̃dikɑsjɔ̃] *f* indication; **fausse indication** wrong piece of information; **indications** directions; **sauf indication contraire** unless otherwise directed; **sur l'indication de** at the suggestion of
indice [ɛ̃dis] *m* indication, sign; clue; **indice des prix** price index; **indice d'octane** octane number; **indice du coût de la vie** cost-of-living index
indicible [ɛ̃disibl] *adj* inexpressible
in•dien [ɛ̃djɛ̃] **-dienne** [djɛn] *adj* Indian || *f* calico, chintz || (*cap*) *mf* Indian
indifféremment [ɛ̃diferamɑ̃] *adv* indiscriminately
indiffé•rent [ɛ̃diferɑ̃] **-rente** [rɑ̃t] *adj* indifferent; unimportant; **cela m'est indifférent** it's all the same to me
indigence [ɛ̃diʒɑ̃s] *f* indigence, poverty
indigène [ɛ̃diʒɛn] *adj* indigenous, native || *mf* native
indi•gent [ɛ̃diʒɑ̃] **-gente** [ʒɑ̃t] *adj* indigent || *mf* pauper; **les indigents** the poor
indigeste [ɛ̃diʒest] *adj* indigestible; heavy, stodgy; undigested, mixed up
indigestion [ɛ̃diʒɛstjɔ̃] *f* indigestion
indignation [ɛ̃diɲɑsjɔ̃] *f* indignation
indigne [ɛ̃diɲ] *adj* unworthy; shameful
indi•gné -gnée [ɛ̃diɲe] *adj* indignant
indigner [ɛ̃diɲe] *tr* to outrage || *ref* to be indignant
indignité [ɛ̃diɲite] *f* unworthiness; indignity, outrage
indigo [ɛ̃digo] *adj invar & m* indigo
indi•qué -quée [ɛ̃dike] *adj* advisable, appropriate; **être tout indiqué pour** to be just the thing for; to be just the man for
indiquer [ɛ̃dike] *tr* to indicate; to name; **indiquer du doigt** to point to, to point out
indi•rect -recte [ɛ̃dirɛkt] *adj* indirect
indisciplinable [ɛ̃disiplinabl] *adj* unruly
indiscipline [ɛ̃disiplin] *f* lack of discipline, disobedience
indiscipli•né -née [ɛ̃disipline] *adj* undisciplined
indis•cret [ɛ̃diskrɛ] **-crète** [krɛt] *adj* indiscreet
indiscrétion [ɛ̃diskresjɔ̃] *f* indiscretion; **sans indiscrétion . . .** if I may ask . . .
indiscutable [ɛ̃diskytabl] *adj* unquestionable
indiscu•té -tée [ɛ̃diskyte] *adj* unquestioned
indispensable [ɛ̃dispɑ̃sabl] *adj & m* indispensable, essential
indisponible [ɛ̃dispɔnibl] *adj* unavailable; out of commission (*said of car, machine, etc.*)
indispo•sé -sée [ɛ̃dispoze] *adj* indisposed (*slightly ill*); ill-disposed
indisposer [ɛ̃dispoze] *tr* to indispose
indissoluble [ɛ̃disɔlybl] *adj* indissoluble
indis•tinct [ɛ̃distɛ̃], [ɛ̃distɛ̃kt] **-tincte** [tɛ̃kt] *adj* indistinct
indistinctement [ɛ̃distɛ̃ktəmɑ̃] *adv* indistinctly; indiscriminately
individu [ɛ̃dividy] *m* individual; (coll) fellow, guy
individualiser [ɛ̃dividɥalize] *tr* to individualize
individualité [ɛ̃dividɥalite] *f* individuality
indivi•duel -duelle [ɛ̃dividɥɛl] *adj* individual; separate
indi•vis [ɛ̃divi] **-vise** [viz] *adj* joint; **par indivis** jointly
indivisible [ɛ̃divizibl] *adj* indivisible
Indochine [ɛ̃dɔʃin] *f* Indochina; **l'Indochine** Indochina

indocile [ɛ̃dɔsil] *adj* rebellious, unruly
indo-européen [ɛ̃dɔøropeɛ̃] **-européenne** [øropeɛn] *adj* Indo-European ‖ *m* Indo-European (*language*) ‖ (*cap*) *mf* Indo-European
indo•lent [ɛ̃dɔlɑ̃] **-lente** [lɑ̃t] *adj* indolent; apathetic; painless (*e.g., tumor*) ‖ *mf* idler
indolore [ɛ̃dɔlɔr] *adj* painless
indomptable [ɛ̃dɔ̃tabl] *adj* indomitable
indomp•té -tée [ɛ̃dɔ̃te] *adj* untamed
Indonésie [ɛ̃dɔnezi] *f* Indonesia; **l'Indonésie** Indonesia
indoné•sien [ɛ̃dɔnezjɛ̃] **-sienne** [zjɛn] *adj* Indonesian ‖ *m* Indonesian (*language*) ‖ (*cap*) *mf* Indonesian (*person*)
in-douze [ɛ̃duz] *adj invar & m invar* duodecimo
in•du -due [ɛ̃dy] *adj* unseemly (*e.g., hour*); undue (*haste*); unwarranted (*remark*) ‖ *m* something not due
inducteur [ɛ̃dyktœr] *m* (elec) field
induction [ɛ̃dyksjɔ̃] *f* (elec, logic) induction
induire [ɛ̃dɥir] **§19** *tr* to induce; **induire en** to lead into (*temptation, error, etc.*)
in•duit [ɛ̃dɥi] **-duite** [dɥit] *adj* induced ‖ *m* (elec) armature
indulgence [ɛ̃dylʒɑ̃s] *f* indulgence
indul•gent [ɛ̃dylʒɑ̃] **-gente** [ʒɑ̃t] *adj* indulgent
indûment [ɛ̃dymɑ̃] *adv* unduly
indurer [ɛ̃dyre] *tr & ref* to harden
industrialiser [ɛ̃dystrijalize] *tr* to industrialize ‖ *ref* to become industrialized
industrie [ɛ̃dystri] *f* industry; trickery; (obs) occupation, trade; **l'industrie du spectacle** show business
industrie-clef [ɛ̃dystrikle] *f* (*pl* **industries-clefs**) key industry
indus•triel -trielle [ɛ̃dystrijɛl] *adj* industrial ‖ *m* industrialist
indus•trieux [ɛ̃dystrijø] **-trieuse** [trijøz] *adj* industrious; skilled
inébranlable [inebrɑ̃labl] *adj* unshakable
inéchangeable [ineʃɑ̃ʒabl] *adj* unexchangeable
iné•dit [inedi] **-dite** [dit] *adj* unpublished; new, novel
inéducable [inedykabl] *adj* unteachable
ineffable [inɛfabl] *adj* ineffable
ineffaçable [inɛfasabl] *adj* indelible
inefficace [inɛfikas] *adj* ineffective, inefficient
iné•gal -gale [inegal] *adj* (*pl* **-gaux** [go]) unequal; uneven
inégalité [inegalite] *f* inequality; unevenness
inéligible [inelizibl] *adj* ineligible
inéluctable [inelyktabl] *adj* unavoidable
inénarrable [inenarabl] *adj* beyond words, too funny for words
inepte [inɛpt] *adj* inept, inane
ineptie [inɛpsi] *f* ineptitude, inanity; inane remark
inépuisable [inepɥizabl] *adj* inexhaustible
inerme [inɛrm] *adj* thornless
inertie [inɛrsi] *f* inertia
inescomptable [inɛskɔ̃tabl] *adj* not subject to discount
inespé•ré -rée [inɛspere] *adj* unhoped-for, unexpected
inévitable [inevitabl] *adj* inevitable
inexact inexacte [inɛgzakt] *adj* inexact, inaccurate; unpunctual
inexactitude [inɛgzaktityd] *f* inexactness, inaccuracy; unpunctuality
inexau•cé -cée [inɛgzose] *adj* unfulfilled, unanswered
inexcitable [inɛksitabl] *adj* unexcitable
inexcusable [inɛkskyzabl] *adj* inexcusable
inexécutable [inɛgzekytabl] *adj* impracticable
inexécution [inɛgzekysjɔ̃] *f* nonfulfillment
inexer•cé -cée [inɛgzɛrse] *adj* untried; untrained
inexhaustible [inɛgzostibl] *adj* inexhaustible
inexigible [inɛgziʒibl] *adj* uncollectable
inexis•tant [inɛksistɑ̃] **-tante** [tɑ̃t] *adj* nonexistent
inexorable [inɛgzɔrabl] *adj* inexorable
inexpérience [inɛksperjɑ̃s] *f* inexperience
inexpérimen•té -tée [inɛksperimɑ̃te] *adj* inexperienced; untried
inex•pié -piée [inɛkspje] *adj* unexpiated
inexplicable [inɛksplikabl] *adj* inexplicable, unexplainable
inexpli•qué -quée [inɛksplike] *adj* unexplained
inexploi•té -tée [inɛksplwate] *adj* untapped
inexplo•ré -rée [inɛksplɔre] *adj* unexplored
inexpres•sif [inɛkspresif] **inexpres•sive** [inɛkspresiv] *adj* expressionless
inexprimable [inɛksprimabl] *adj* inexpressible
inexpri•mé -mée [inɛksprime] *adj* unexpressed
inexpugnable [inɛkspygnabl] *adj* impregnable
inextinguible [inɛkstɛ̃gibl], [inɛkstɛ̃gɥibl] *adj* inextinguishable; uncontrollable; unquenchable
infaillible [ɛ̃fajibl] *adj* infallible
infaisable [ɛ̃fəzabl] *adj* unfeasible
infa•mant [ɛ̃famɑ̃] **-mante** [mɑ̃t] *adj* opprobrious
infâme [ɛ̃fɑm] *adj* infamous; squalid
infamie [ɛ̃fami] *f* infamy; **dire des infamies à** to hurl insults at; **noter d'infamie** to brand as infamous
infant [ɛ̃fɑ̃] *m* infante
infante [ɛ̃fɑ̃t] *f* infanta
infanterie [ɛ̃fɑ̃tri] *f* infantry; **infanterie de l'air, infanterie aéroportée** parachute troops; **infanterie de marine** overseas troops; **infanterie portée, infanterie motorisée** motorized troops
infantile [ɛ̃fɑ̃til] *adj* infantile
infatigable [ɛ̃fatigabl] *adj* indefatigable
infatuation [ɛ̃fatɥɑsjɔ̃] *f* conceit, false pride
infa•tué -tuée [ɛ̃fatɥe] *adj* infatuated with oneself, conceited

infé•cond [ɛ̃fekɔ̃] **-conde** [kɔ̃d] *adj* sterile, barren
in•fect -fecte [ɛ̃fɛkt] *adj* stinking; foul, vile
infecter [ɛ̃fɛkte] *tr* to infect; to pollute; to stink up
infec•tieux [ɛ̃fɛksjø] **-tieuse** [sjøz] *adj* infectious
infection [ɛ̃fɛksjɔ̃] *f* infection; stench
inférer [ɛ̃fere] **§10** *tr* to infer, conclude
infé•rieur -rieure [ɛ̃ferjœr] *adj* lower; inferior; **inférieur à** below; less than ‖ *mf* subordinate, inferior
infériorité [ɛ̃ferjɔrite] *f* inferiority
infer•nal -nale [ɛ̃fɛrnal] *adj* (*pl* **-naux** [no]) infernal
infester [ɛ̃fɛste] *tr* to infest
infidèle [ɛ̃fidɛl] *adj* infidel; unfaithful ‖ *mf* infidel ‖ *m* unfaithful husband ‖ *f* unfaithful wife
infidélité [ɛ̃fidelite] *f* infidelity; inaccuracy, unfaithfulness
infiltration [ɛ̃filtrɑsjɔ̃] *f* infiltration
infiltrer [ɛ̃filtre] *ref* to infiltrate; to seep, percolate; **s'infiltrer à travers** or **dans** to infiltrate
infime [ɛ̃fim] *adj* very small, infinitesimal; very low; trifling, negligible
infi•ni -nie [ɛ̃fini] *adj* infinite ‖ *m* infinite; (math) infinity; **à l'infini** infinitely
infiniment [ɛ̃finimɑ̃] *adv* infinitely; (coll) greatly, deeply, terribly
infinité [ɛ̃finite] *f* infinity
infini•tif [ɛ̃finitif] **-tive** [tiv] *adj & m* infinitive
infirme [ɛ̃firm] *adj* infirm, crippled, disabled ‖ *mf* invalid, cripple
infirmer [ɛ̃firme] *tr* (law) to invalidate
infirmerie [ɛ̃firməri] *f* infirmary; (nav) sick bay
infir•mier [ɛ̃firmje] **-mière** [mjɛr] *mf* nurse; **infirmière bénévole** volunteer nurse; **infirmière diplômée** registered nurse ‖ *m* male nurse; orderly, attendant
infirmière-major [ɛ̃firmjɛrmaʒɔr] *f* head nurse
infirmité [ɛ̃firmite] *f* infirmity
infixe [ɛ̃fiks] *m* infix
inflammable [ɛ̃flamabl] *adj* inflammable
inflammation [ɛ̃flamɑsjɔ̃] *f* inflammation
inflammatoire [ɛ̃flamatwar] *adj* inflammatory
inflation [ɛ̃flɑsjɔ̃] *f* inflation
inflationniste [ɛ̃flɑsjɔnist] *adj* inflationary
infléchir [ɛ̃fleʃir] *tr* to inflect, bend ‖ *ref* to bend, curve
inflexible [ɛ̃flɛksibl] *adj* inflexible
inflexion [ɛ̃flɛksjɔ̃] *f* inflection; change; bend, curve; metaphony
infliger [ɛ̃fliʒe] **§38** *tr* to inflict; **infliger q.ch. à** to inflict s.th. on
influence [ɛ̃flyɑ̃s] *f* influence
influencer [ɛ̃flyɑ̃se] **§51** *tr* to influence
influent [ɛ̃flyɑ̃] **influente** [ɛ̃flyɑ̃t] *adj* influential
influenza [ɛ̃flyɑ̃za] *f* influenza
influer [ɛ̃flye] *intr*—**influer sur** to influence
in-folio [ɛ̃fɔljo] *adj & m* (*pl* **-folio** or **-folios**) folio
informa•teur [ɛ̃fɔrmatœr] **-trice** [tris] *mf* informant
information [ɛ̃fɔrmɑsjɔ̃] *f* information; piece of information; (law) investigation; **aller aux informations** to make inquiries; **information génétique** genetic characteristics; **informations** news; information; **informations de presse** press reports
informatique [ɛ̃fɔrmatik] *adj* informational ‖ *f* information storage
informe [ɛ̃fɔrm] *adj* formless, shapeless
informer [ɛ̃fɔrme] *tr* to inform, advise ‖ *intr*—**informer contre** to inform on ‖ *ref* to inquire, to keep oneself informed
infortune [ɛ̃fɔrtyn] *f* misfortune
infortu•né -née [ɛ̃fɔrtyne] *adj* unfortunate
infraction [ɛ̃fraksjɔ̃] *f* infraction
infranchissable [ɛ̃frɑ̃ʃisabl] *adj* insuperable; impassable (*e.g., mountain*)
infrarouge [ɛ̃fraruʒ] *adj & m* infrared
infrason [ɛ̃frasɔ̃] *m* infrasonic vibration
infrastructure [ɛ̃frastryktyr] *f* infrastructure; (rr) roadbed
infroissable [ɛ̃frwasabl] *adj* creaseless, wrinkleproof
infruc•tueux [ɛ̃fryktɥø] **-tueuse** [tɥøz] *adj* unfruitful, fruitless
in•fus [ɛ̃fy] **-fuse** [fyz] *adj* inborn, innate, intuitive
infuser [ɛ̃fyze] *tr* to infuse; to brew; **infuser un sang nouveau à** to put new blood or life into ‖ *intr* to steep
infusion [ɛ̃fyzjɔ̃] *f* steeping; brew
ingambe [ɛ̃gɑ̃b] *adj* spry, nimble, alert
ingénier [ɛ̃ʒenje] *ref* to strive hard
ingénierie [ɛ̃ʒeniri] or **ingéniérie** [ɛ̃ʒenjeri] *f* engineering
ingénieur [ɛ̃ʒenjœr] *m* engineer; **ingénieur des ponts et chaussées** civil engineer
ingé•nieux [ɛ̃ʒenjø] **-nieuse** [njøz] *adj* ingenious
ingéniosité [ɛ̃ʒenjozite] *f* ingenuity
ingé•nu -nue [ɛ̃ʒeny] *adj* ingenuous, artless ‖ *mf* naïve person ‖ *f* ingénue
ingénuité [ɛ̃ʒenɥite] *f* ingenuousness
ingérer [ɛ̃ʒere] **§10** *tr* to ingest ‖ *ref* to meddle
ingouvernable [ɛ̃guvernabl] *adj* unruly, unmanageable
in•grat [ɛ̃gra] **-grate** [grat] *adj* ungrateful; disagreeable; thankless (*task*); unprofitable (*work*); barren (*soil*); awkward (*age*) ‖ *mf* ingrate
ingratitude [ɛ̃gratityd] *f* ingratitude
ingrédient [ɛ̃gredjɑ̃] *m* ingredient
inguérissable [ɛ̃gerisabl] *adj & mf* incurable
ingurgiter [ɛ̃gyrʒite] *tr* to swallow; to gulp down
inhabile [inabil] *adj* unskilled; unfitted, unqualified
inhabileté [inabilte] *f* inability; clumsiness; unfitness
inhabitable [inabitabl] *adj* uninhabitable
inhabi•té -tée [inabite] *adj* uninhabited

inhabi•tuel -tuelle [inabitɥɛl] *adj* unusual
inhé•rent [inerɑ̃] **-rente** [rɑ̃t] *adj* inherent
inhiber [inibe] *tr* to inhibit
inhibition [inibisjɔ̃] *f* inhibition
inhospita•lier [inɔspitalje] **-lière** [ljɛr] *adj* inhospitable
inhu•main [inymɛ̃] **-maine** [mɛn] *adj* inhuman
inhumanité [inymanite] *f* inhumanity
inhumation [inymɑsjɔ̃] *f* burial
inhumer [inyme] *tr* to bury, to inter
inimitié [inimitje] *f* enmity
inintelli•gent [inɛ̃tɛliʒɑ̃] **-gente** [ʒɑ̃t] *adj* unintelligent
inintéres•sant [inɛ̃terɛsɑ̃] **inintéres•sante** [inɛ̃terɛsɑ̃t] *adj* uninteresting
ininterrom•pu -pue [inɛ̃terɔ̃py] *adj* uninterrupted
inique [inik] *adj* iniquitous, unjust
iniquité [inikite] *f* iniquity
ini•tial -tiale [inisjal] (*pl* **-tiaux** [sjo] **-tiales**) *adj* & *f* initial
initia•teur [inisjatœr] **-trice** [tris] *adj* initiating || *mf* initiator
initiation [inisjɑsjɔ̃] *f* initiation
initiative [inisjativ] *f* initiative
initier [inisje] *tr* to initiate; to introduce || *ref* to become initiated
injecter [ɛ̃ʒɛkte] *tr* to inject; to impregnate || *ref* to become bloodshot
injec•teur [ɛ̃ʒɛktœr] **-trice** [tris] *adj* injecting || *m* injector; nozzle (*in motor*)
injection [ɛ̃ʒɛksjɔ̃] *f* injection; impregnation; redness (*of eyes*); (geog) intrusion
injonction [ɛ̃ʒɔ̃ksjɔ̃] *f* injunction, order
injouable [ɛ̃ʒwabl] *adj* unplayable
injure [ɛ̃ʒyr] *f* insult; wrong; **l'injure des ans** the ravages of time
injurier [ɛ̃ʒyrje] *tr* to insult, to abuse
inju•rieux [ɛ̃ʒyrjø] **-rieuse** [rjøz] *adj* insulting, abusive; harmful, offensive
injuste [ɛ̃ʒyst] *adj* unjust
injustice [ɛ̃ʒystis] *f* injustice
injusti•fié -fiée [ɛ̃ʒystifje] *adj* unjustified
inlassable [ɛ̃lɑsabl] *adj* untiring
in•né -née [inne] *adj* innate, inborn
innocence [inɔsɑ̃s] *f* innocence
inno•cent [inɔsɑ̃] **-cente** [sɑ̃t] *adj* & *mf* innocent
innocenter [inɔsɑ̃te] *tr* to exonerate
innocuité [inɔkɥite] *f* innocuousness
innombrable [inɔ̃brabl] *adj* innumerable
innova•teur [inɔvatœr] **-trice** [tris] *adj* innovating || *mf* innovator
innovation [inɔvɑsjɔ̃] *f* innovation
innover [inɔve] *tr* & *intr* to innovate
inoccu•pé -pée [inɔkype] *adj* unoccupied; unemployed, idle || *mf* idler
in-octavo [inɔktavo] *adj* & *m* (*pl* **-octavo** or **-octavos**) octavo
inoculation [inɔkylɑsjɔ̃] *f* inoculation
inoculer [inɔkyle] *tr* to inoculate
inodore [inɔdɔr] *adj* odorless
inoffen•sif [inɔfɑ̃sif] **-sive** [siv] *adj* inoffensive
inondation [inɔ̃dɑsjɔ̃] *f* flood
inonder [inɔ̃de] *tr* to flood
inopi•né -née [inɔpine] *adj* unexpected
inoppor•tun [inɔpɔrtœ̃] **-tune** [tyn] *adj* untimely, inconvenient
inopportunité [inɔpɔrtynite] *f* untimeliness
inorganique [inɔrganik] *adj* inorganic
inorgani•sé -sée [inɔrganize] *adj* unorganized (*workers*), nonunion
inoubliable [inublijabl] *adj* unforgettable
inouï inouïe [inwi] *adj* unheard-of
inoxydable [inɔksidabl] *adj* inoxidizable, stainless, rustproof
inqualifiable [ɛ̃kalifjabl] *adj* unspeakable
in•quiet [ɛ̃kjɛ] **-quiète** [kjɛt] *adj* anxious, worried, uneasy; restless
inquié•tant [ɛ̃kjetɑ̃] **-tante** [tɑ̃t] *adj* disquieting, worrisome
inquiéter [ɛ̃kjete] **§10** *tr* & *intr* to worry
inquiétude [ɛ̃kjetyd] *f* uneasiness, worry
inquisi•teur [ɛ̃kizitœr] **-trice** [tris] *adj* inquisitorial; searching (*e.g., look*) || *m* inquisitor
inquisition [ɛ̃kizisjɔ̃] *f* inquisition; investigation
inracontable [ɛ̃rakɔ̃tabl] *adj* untellable
insaisissable [ɛ̃sezisabl] *adj* hard to catch; elusive
insalubre [ɛ̃salybr] *adj* unhealthy
insane [ɛ̃san] *adj* insane, crazy
insanité [ɛ̃sanite] *f* insanity; piece of folly
insatiable [ɛ̃sasjabl] *adj* insatiable
insatisfaction [ɛ̃satisfaksjɔ̃] *f* dissatisfaction
inscription [ɛ̃skripsjɔ̃] *f* inscription; registration, enrollment; **inscription de** or **en faux** (law) plea of forgery; **prendre ses inscriptions** to register at a university
inscrire [ɛ̃skrir] **§25** *tr* to inscribe; to register; to record || *ref* to register, enroll; **s'inscrire à** to join; **s'inscrire en faux contre** to deny; **s'inscrire pour** to sign up for
ins•crit [ɛ̃skri] **-crite** [krit] *adj* inscribed; registered, enrolled || *mf* registered student; (sports) entry; **inscrit maritime** naval recruit
insecte [ɛ̃sekt] *m* insect, bug
insecticide [ɛ̃sektisid] *adj* insecticidal || *m* insecticide
insen•sé -sée [ɛ̃sɑ̃se] *adj* senseless, insane, crazy || *m* madman || *f* madwoman
insensible [ɛ̃sɑ̃sibl] *adj* insensitive; imperceptible
inséparable [ɛ̃separabl] *adj* inseparable || *m* lovebird
insérer [ɛ̃sere] **§10** *tr* to insert
insertion [ɛ̃sersjɔ̃] *f* insertion
insi•dieux [ɛ̃sidjø] **-dieuse** [djøz] *adj* insidious
insigne [ɛ̃siɲ] *adj* signal, noteworthy; notorious || *m* badge, mark; **insignes** insignia
insigni•fiant [ɛ̃siɲifjɑ̃] **-fiante** [fjɑ̃t] *adj* insignificant
insincère [ɛ̃sɛ̃sɛr] *adj* insincere
insinuation [ɛ̃sinɥɑsjɔ̃] *f* insinuation
insinuer [ɛ̃sinɥe] *tr* to insinuate; to

hint, hint at; to work in, introduce || *ref*—**s'insinuer dans** to worm one's way into
insipide [ɛ̃sipid] *adj* insipid, tasteless; insipid, dull
insister [ɛ̃siste] *intr* to insist; (coll) to continue, persevere; **insister pour** to insist on; **insister sur** to stress
insociable [ɛ̃sɔsjabl] *adj* unsociable
insolation [ɛ̃sɔlɑsjɔ̃] *f* exposure to the sun; sunstroke
insolence [ɛ̃sɔlɑ̃s] *f* insolence
inso•lent [ɛ̃sɔlɑ̃] **-lente** [lɑ̃t] *adj* insolent; extraordinary, unexpected
insolite [ɛ̃sɔlit] *adj* bizarre
insoluble [ɛ̃sɔlybl] *adj* insoluble
insolvabilité [ɛ̃sɔlvabilité] *f* insolvency
insolvable [ɛ̃sɔlvabl] *adj* insolvent
insomnie [ɛ̃sɔmni] *f* insomnia
insondable [ɛ̃sɔ̃dabl] *adj* unfathomable
insonore [ɛ̃sɔnɔr] *adj* soundproof; noiseless
insonoriser [ɛ̃sɔnɔrize] *tr* to soundproof
insouciance [ɛ̃susjɑ̃s] *f* carefreeness; indifference, carelessness
insou•ciant [ɛ̃susjɑ̃] **-ciante** [sjɑ̃t] *adj* carefree, unconcerned
insou•cieux [ɛ̃susjø] **-cieuse** [sjøz] *adj* carefree, unmindful
insou•mis [ɛ̃sumis] **-mise** [miz] *adj* unruly; unsubjugated || *mf* rebel || *m* (mil) A.W.O.L.
insoumission [ɛ̃sumisjɔ̃] *f* insubordination, rebellion; (mil) absence without leave
insoupçonnable [ɛ̃supsɔnabl] *adj* above suspicion
insoupçon•né -née [ɛ̃supsɔne] *adj* unsuspected
insoutenable [ɛ̃sutnabl] *adj* untenable; unbearable
inspecter [ɛ̃spɛkte] *tr* to inspect
inspec•teur [ɛ̃spɛktœr] **-trice** [tris] *mf* inspector
inspection [ɛ̃spɛksjɔ̃] *f* inspection; inspectorship
inspiration [ɛ̃spirɑsjɔ̃] *f* inspiration
inspirer [ɛ̃spire] *tr* to inspire; to breathe in; **inspirer à qn de** to inspire s.o. to; **inspirer q.ch. à qn** to inspire s.o. with s.th. || *ref*—**s'inspirer de** to be inspired by
instable [ɛ̃stabl] *adj* unstable
installateur [ɛ̃stalatœr] *m* heater man; fitter, plumber
installation [ɛ̃stalɑsjɔ̃] *f* installation; equipment, outfit; appointments, fittings
installer [ɛ̃stale] *tr* to install; to equip, furnish; **être bien installé** to be comfortably settled || *ref* to settle down, to set up shop; **s'installer chez** to foist oneself on
instamment [ɛ̃stamɑ̃] *adv* urgently, earnestly
instance [ɛ̃stɑ̃s] *f* insistence; **avec instance** earnestly; **en instance** pending; **en instance de** on the point of; **en seconde instance** on appeal; **instances** entreaties; **introduire une instance** to start proceedings
ins•tant [ɛ̃stɑ̃] **-tante** [tɑ̃t] *adj* urgent, pressing || *m* instant, moment; **à chaque instant, à tout instant** continually; **à l'instant** at once, right away; just now; at the moment; **par instants** from time to time
instanta•né -née [ɛ̃stɑ̃tane] *adj* instantaneous || *m* snapshot
instantanément [ɛ̃stɑ̃tanemɑ̃] *adv* instantaneously; instantly
instar [ɛ̃star]—**à l'instar de** in the manner of
instauration [ɛ̃stɔrɑsjɔ̃] *f* establishment
instaurer [ɛ̃stɔre] *tr* to establish
instigation [ɛ̃stigɑsjɔ̃] *f* instigation
instiller [ɛ̃stile] *tr* to instill
instinct [ɛ̃stɛ̃] *m* instinct; **d'instinct, par instinct** by instinct
instinc•tif [ɛ̃stɛ̃ktif] **-tive** [tiv] *adj* instinctive
instituer [ɛ̃stitɥe] *tr* to found; to institute (*e.g., proceedings*)
institut [ɛ̃stity] *m* institute; **institut de beauté** beauty parlor; **institut de coupe** tonsorial parlor; **institut dentaire** dental school
institu•teur [ɛ̃stitytœr] **-trice** [tris] *mf* schoolteacher; founder
institution [ɛ̃stitysjɔ̃] *f* institution
instructeur [ɛ̃stryktœr] *m* instructor
instruc•tif [ɛ̃stryktif] **-tive** [tiv] *adj* instructive
instruction [ɛ̃stryksjɔ̃] *f* instruction; education; **instruction judiciaire** (law) preliminary investigation; **instructions permanentes** standing orders
instruire [ɛ̃strɥir] §19 *tr* to instruct; **instruire qn de** to inform s.o. of || *ref* to improve one's mind
instrument [ɛ̃strymɑ̃] *m* instrument; **instrument à anche** reed instrument; **instrument à cordes** stringed instrument; **instrument à vent** wind instrument; **instrument en bois** woodwind; **instrument en cuivre** brass
instrumen•tal -tale [ɛ̃strymɑ̃tal] *adj* (*pl* **-taux** [to]) instrumental
instrumenter [ɛ̃strymɑ̃te] *tr* to instrument
instrumentiste [ɛ̃strymɑ̃tist] *mf* instrumentalist
insu [ɛ̃sy] *m*—**à l'insu de** unknown to; **à mon insu** unknown to me
insubmersible [ɛ̃sybmɛrsibl] *adj* unsinkable
insubordon•né -née [ɛ̃sybɔrdɔne] *adj* insubordinate
insuccès [ɛ̃syksɛ] *m* failure
insuffi•sant [ɛ̃syfizɑ̃] **-sante** [zɑ̃t] *adj* insufficient
insulaire [ɛ̃sylɛr] *adj* insular || *mf* islander
insuline [ɛ̃sylin] *f* insulin
insulte [ɛ̃sylt] *f* insult
insulter [ɛ̃sylte] *tr* to insult || *intr* (with *dat*) to offend, outrage
insupportable [ɛ̃sypɔrtabl] *adj* unbearable
insur•gé -gée [ɛ̃syrʒe] *adj & mf* insurgent
insurger [ɛ̃syrʒe] §38 *ref* to revolt, rebel
insurmontable [ɛ̃syrmɔ̃tabl] *adj* insurmountable

insurrection [ɛ̃syrɛksjɔ̃] *f* insurrection
in•tact -tacte [ɛ̃takt] *adj* intact, untouched
intangible [ɛ̃tɑ̃ʒibl] *adj* intangible
intarissable [ɛ̃tarisabl] *adj* inexhaustible
inté•gral -grale [ɛ̃tegral] *adj* (*pl* **-graux** [gro]) integral; complete (*e.g., edition*); full (*e.g., payment*) || *f* complete works; (math) integral
inté•grant [ɛ̃tegrɑ̃] **-grante** [grɑ̃t] *adj* integral
intégration [ɛ̃tegrɑsjɔ̃] *f* integration
intègre [ɛ̃tɛgr] *adj* honest, upright
intégrer [ɛ̃tegre] **§10** *tr* to integrate || *ref* to form an integral part; (slang) to be accepted (*at an exclusive school*)
intégrité [ɛ̃tegrite] *f* integrity
intellect [ɛ̃telɛkt] *m* intellect
intellec•tuel -tuelle [ɛ̃telɛktɥɛl] *adj & mf* intellectual
intelligence [ɛ̃teliʒɑ̃s] *f* intelligence; intellect (*person*); **en bonne intelligence avec** on good terms with; **être d'intelligence** to be in collusion
intelli•gent [ɛ̃teliʒɑ̃] **-gente** [ʒɑ̃t] *adj* intelligent
intelligible [ɛ̃teliʒibl] *adj* intelligible
intempé•rant [ɛ̃tɑ̃perɑ̃] **-rante** [rɑ̃t] *adj* intemperate
intempéries [ɛ̃tɑ̃peri] *fpl* bad weather
intempes•tif [ɛ̃tɑ̃pestif] **-tive** [tiv] *adj* untimely
intenable [ɛ̃tnabl] *adj* untenable
intendance [ɛ̃tɑ̃dɑ̃s] *f* stewardship; controllership, office of bursar; **Intendance** (mil) Quartermaster Corps
inten•dant [ɛ̃tɑ̃dɑ̃] **-dante** [dɑ̃t] *mf* steward, superintendent; controller, bursar; **intendant militaire** quartermaster
intense [ɛ̃tɑ̃s] *adj* intense
inten•sif [ɛ̃tɑ̃sif] **-sive** [siv] *adj* intensive
intensifier [ɛ̃tɑ̃sifje] *tr & ref* to intensify
intensité [ɛ̃tɑ̃site] *f* intensity
intenter [ɛ̃tɑ̃te] *tr* to start (*a suit*); to bring (*an action*)
intention [ɛ̃tɑ̃sjɔ̃] *f* intention, intent; **à l'intention de** for (the sake of)
intention•né -née [ɛ̃tɑ̃sjɔne] *adj* motivated; **bien intentionné** well-meaning; **mal intentionné** ill-disposed
intention•nel -nelle [ɛ̃tɑ̃sjɔnɛl] *adj* intentional
inter [ɛ̃tɛr] *m* (coll) long distance
interaction [ɛ̃tɛraksjɔ̃] *f* interaction, interplay
intercaler [ɛ̃tɛrkale] *tr* to intercalate; to insert, to sandwich
intercéder [ɛ̃tɛrsede] **§10** *intr* to intercede
intercepter [ɛ̃tɛrsepte] *tr* to intercept
intercepteur [ɛ̃tɛrseptœr] *m* interceptor
interchangeable [ɛ̃tɛrʃɑ̃ʒabl] *adj* interchangeable
interclasse [ɛ̃tɛrklɑs] *m* (educ) break between classes
intercourse [ɛ̃tɛrkurs] *f* (naut) free entry
interdépen•dant [ɛ̃tɛrdepɑ̃dɑ̃] **-dante** [dɑ̃t] *adj* interdependent
interdiction [ɛ̃tɛrdiksjɔ̃] *f* interdiction; suspension; **interdiction de séjour** forbidden entry
interdire [ɛ̃tɛrdir] **§40** *tr* to prohibit, to forbid; to confound, to abash; to interdict; to suspend; **interdire q.ch. à qn** to forbid s.o. s.th.
inter•dit [ɛ̃tɛrdi] **-dite** [dit] *adj* prohibited, forbidden; dumfounded, abashed; deprived of rights; (mil) off limits || *m* interdict
intéres•sant [ɛ̃terɛsɑ̃] **intéres•sante** [ɛ̃terɛsɑ̃t] *adj* interesting; attractive (*offer*)
intéres•sé -sée [ɛ̃terese] *adj* interested; self-seeking || *mf* interested party
intéresser [ɛ̃terese] *tr* to interest; to involve || *ref*—**s'intéresser à** or **dans** to be interested in
intérêt [ɛ̃terɛ] *m* interest; **intérêts composés** compound interest
interférence [ɛ̃tɛrferɑ̃s] *f* interference
interférer [ɛ̃tɛrfere] **§10** *intr* (phys) to interfere || *ref* to interfere with each other
inté•rieur -rieure [ɛ̃terjœr] *adj* interior; inner, inside || *m* interior; inside; house, home
intérieurement [ɛ̃terjœrmɑ̃] *adv* inwardly, internally; to oneself
intérim [ɛ̃terim] *m invar* interim; **dans l'intérim** in the meantime; **par intérim** acting, pro tem, interim
intérimaire [ɛ̃terimɛr] *adj* temporary, acting
interjection [ɛ̃tɛrʒɛksjɔ̃] *f* interjection
interligne [ɛ̃tɛrliɲ] *m* space between the lines; writing in the space between the lines; **à double interligne** double-spaced || *f* lead
interligner [ɛ̃tɛrliɲe] *tr* to interline; (typ) to lead out
interlocu•teur [ɛ̃tɛrlɔkytœr] **-trice** [tris] *mf* interlocutor; intermediary; party (*with whom one is conversing*)
interlope [ɛ̃tɛrlɔp] *adj* illegal, shady || *m* (naut) smuggling vessel
interloquer [ɛ̃tɛrlɔke] *tr* to disconcert
interlude [ɛ̃tɛrlyd] *m* interlude
intermède [ɛ̃tɛrmɛd] *m* (theat & fig) interlude
intermédiaire [ɛ̃tɛrmedjɛr] *adj* intermediate, intermediary || *mf* intermediary || *m* (com) middleman; **par l'intermédiaire de** by means of, by the medium of
interminable [ɛ̃tɛrminabl] *adj* interminable
intermit•tent [ɛ̃tɛrmitɑ̃] **intermit•tente** [ɛ̃tɛrmitɑ̃t] *adj* intermittent
internat [ɛ̃tɛrna] *m* boarding school; boarding-school life; (med) internship
internatio•nal -nale [ɛ̃tɛrnɑsjɔnal] *adj* (*pl* **-naux** [no]) international
interne [ɛ̃tɛrn] *adj* inner; (math) interior || *mf* boarder (*at a school*); (med) intern
inter•né -née [ɛ̃tɛrne] *mf* internee
internement [ɛ̃tɛrnəmɑ̃] *m* internment; confinement (*of a mental patient*)

interner [ɛ̃tɛrne] *tr* to intern
interpeller [ɛ̃tɛrpele] *tr* to question, to interrogate; to yell at; to heckle
interphone [ɛ̃tɛrfɔn] *m* intercom
interplanétaire [ɛ̃tɛrplanetɛr] *adj* interplanetary
interpoler [ɛ̃tɛrpɔle] *tr* to interpolate
interposer [ɛ̃tɛrpoze] *tr* to interpose
interprétation [ɛ̃tɛrpretɑsjɔ̃] *f* interpretation
interprète [ɛ̃tɛrprɛt] *mf* interpreter
interpréter [ɛ̃tɛrprete] §10 *tr* to interpret; **mal interpréter** to misinterpret
interrogation [ɛ̃terɔgɑsjɔ̃] *f* interrogation
interroger [ɛ̃terɔʒe] §38 *tr* to interrogate, to question
interrompre [ɛ̃terɔ̃pr] (3d *sg pres ind* **interrompt** [ɛ̃terɔ̃]) *tr* to interrupt; to heckle || *ref* to break off, to be interrupted
interrup•teur [ɛ̃tɛryptœr] **-trice** [tris] *adj* interrupting; circuit-breaking || *m* switch; **interrupteur à couteau** knife switch; **interrupteur à culbuteur** or **à bascule** toggle switch; **interrupteur d'escalier** two-way switch; **interrupteur encastré** flush switch; **interrupteur olive** pear switch
interruption [ɛ̃terypsjɔ̃] *f* interruption
intersection [ɛ̃tɛrsɛksjɔ̃] *f* intersection
intersigne [ɛ̃tɛrsiɲ] *m* omen, portent
interstellaire [ɛ̃tɛrstelɛr] *adj* interstellar
interstice [ɛ̃tɛrstis] *m* interstice
interur•bain [ɛ̃teryrbɛ̃] **-baine** [bɛn] *adj* interurban; (telp) long-distance || *m* (telp) long distance
intervalle [ɛ̃tɛrval] *m* interval
intervenir [ɛ̃tɛrvnir] §72 (*aux*: ÊTRE) *intr* to intervene; to take place, happen; (med) to operate; **faire intervenir** to call in
intervention [ɛ̃tɛrvɑ̃sjɔ̃] *f* intervention; (med) operation
intervertir [ɛ̃tɛrvɛrtir] *tr* to invert, to transpose
interview [ɛ̃tɛrvju] *f* (journ) interview
interviewer [ɛ̃tɛrvjuvœr] *m* interviewer || [ɛ̃tɛrvjuve] *tr* to interview
intestat [ɛ̃tɛsta] *adj & mf invar* intestate
intes•tin [ɛ̃tɛstɛ̃] **-tine** [tin] *adj* intestine, internal || *m* intestine; **gros intestin** large intestine; **intestin grêle** small intestine
intimation [ɛ̃timɑsjɔ̃] *f* (law) summons
intime [ɛ̃tim] *adj & mf* intimate
inti•mé -mée [ɛ̃time] *mf* (law) defendant
intimer [ɛ̃time] *tr* to notify; to give (*an order*)
intimider [ɛ̃timide] *tr* to intimidate
intimité [ɛ̃timite] *f* intimacy; privacy; depths (*of one's being*)
intituler [ɛ̃tityle] *tr* to entitle
intolérable [ɛ̃tɔlerabl] *adj* intolerable
intolé•rant [ɛ̃tɔlerɑ̃] **-rante** [rɑ̃t] *adj* intolerant
intonation [ɛ̃tɔnɑsjɔ̃] *f* intonation
intouchable [ɛ̃tuʃabl] *adj & mf* untouchable
intoxication [ɛ̃tɔksikɑsjɔ̃] *f* poisoning
intoxiquer [ɛ̃tɔksike] *tr* to poison
intraitable [ɛ̃trɛtabl] *adj* intractable
intransi•geant [ɛ̃trɑ̃ziʒɑ̃] **-geante** [ʒɑ̃t] *adj* intransigent || *mf* diehard, standpatter
intransi•tif [ɛ̃trɑ̃zitif] **-tive** [tiv] *adj* intransitive
intravei•neux [ɛ̃travɛnø] **-neuse** [nøz] *adj* intravenous
intrépide [ɛ̃trepid] *adj* intrepid; persistent
intri•gant [ɛ̃trigɑ̃] **-gante** [gɑ̃t] *adj* intriguing || *mf* plotter, schemer
intrigue [ɛ̃trig] *f* intrigue, plot; love affair; **intrigues de couloir** lobbying
intriguer [ɛ̃trige] *tr & intr* to intrigue
intrinsèque [ɛ̃trɛ̃sɛk] *adj* intrinsic
introduction [ɛ̃trɔdyksjɔ̃] *f* introduction; admission
introduire [ɛ̃trɔdɥir] §19 *tr* to introduce, to bring in; to show in; to interject (*e.g., a remark*) || *ref* to be introduced; **s'introduire dans** to slip in
intronisation [ɛ̃trɔnizɑsjɔ̃] *f* investiture, inauguration
introniser [ɛ̃trɔnize] *tr* to enthrone
introspec•tif [ɛ̃trɔspɛktif] **-tive** [tiv] *adj* introspective
introuvable [ɛ̃truvabl] *adj* unfindable
introver•ti -tie [ɛ̃trɔvɛrti] *adj & mf* introvert
in•trus [ɛ̃try] **-truse** [tryz] *adj* intruding || *mf* intruder
intrusion [ɛ̃tryzjɔ̃] *f* intrusion
intuition [ɛ̃tɥisjɔ̃] *f* intuition
inusable [inyzabl] *adj* durable, wearproof
inusi•té -tée [inyzite] *adj* obsolete
inutile [inytil] *adj* useless, unnecessary
inutilement [inytilmɑ̃] *adv* in vain, uselessly; unnecessarily
inutilité [inytilite] *f* uselessness
invain•cu -cue [ɛ̃vɛ̃ky] *adj* unconquered
invalide [ɛ̃valid] *adj* invalid || *mf* invalid, cripple; **invalide de guerre** disabled veteran
invalider [ɛ̃valide] *tr* to invalidate
invalidité [ɛ̃validite] *f* invalidity; disability
invariable [ɛ̃varjabl] *adj* invariable
invasion [ɛ̃vɑzjɔ̃] *f* invasion
invective [ɛ̃vɛktiv] *f* invective
invectiver [ɛ̃vɛktive] *tr* to rail at || *intr* to inveigh
invendable [ɛ̃vɑ̃dabl] *adj* unsalable
inven•du -due [ɛ̃vɑ̃dy] *adj* unsold || *m* —**les invendus** the unsold copies; the unsold articles
inventaire [ɛ̃vɑ̃tɛr] *m* inventory
inventer [ɛ̃vɑ̃te] *tr* to invent
inven•teur [ɛ̃vɑ̃tœr] **-trice** [tris] *mf* inventor; (law) finder
inven•tif [ɛ̃vɑ̃tif] **-tive** [tiv] *adj* inventive
invention [ɛ̃vɑ̃sjɔ̃] *f* invention
inventorier [ɛ̃vɑ̃tɔrje] *tr* to inventory
inversable [ɛ̃vɛrsabl] *adj* untippable, uncapsizable
inverse [ɛ̃vɛrs] *adj & m* inverse; **faire l'inverse de** to do the opposite of
inverser [ɛ̃vɛrse] *tr* to invert, to reverse || *intr* (elec) to reverse

inverseur [ɛ̃vɛrsœr] *m* reversing device; **inverseur des phares** (aut) dimmer
inversion [ɛ̃vɛrsjɔ̃] *f* inversion
inverté•bré -brée [ɛ̃vɛrtebre] *adj & m* invertebrate
inver•ti -tie [ɛ̃vɛrti] *mf* invert
invertir [ɛ̃vɛrtir] *tr* to invert, reverse
investiga•teur [ɛ̃vɛstigatœr] **-trice** [tris] *adj* investigative; searching ‖ *mf* investigator
investigation [ɛ̃vɛstigɑsjɔ̃] *f* investigation
investir [ɛ̃vɛstir] *tr* to invest; to vest; **investir qn de sa confiance** to place one's confidence in s.o.
investissement [ɛ̃vɛstismɑ̃] *m* investment
investiture [ɛ̃vɛstityr] *f* investiture; nomination (*as a candidate for election*)
invété•ré -rée [ɛ̃vetere] *adj* inveterate
invétérer [ɛ̃vetere] *ref* to become inveterate
invincible [ɛ̃vɛ̃sibl] *adj* invincible
invisible [ɛ̃vizibl] *adj* invisible; (coll) hiding, keeping out of sight
invitation [ɛ̃vitɑsjɔ̃] *f* invitation
invite [ɛ̃vit] *f* invitation, inducement; **répondre à l'invite de qn** (cards) to return s.o.'s lead; (fig) to respond to s.o.'s advances
invi•té -tée [ɛ̃vite] *adj* invited ‖ *mf* guest
inviter [ɛ̃vite] *tr* to invite
involontaire [ɛ̃vɔlɔ̃tɛr] *adj* involuntary
invoquer [ɛ̃vɔke] *tr* to invoke
invraisemblable [ɛ̃vrɛsɑ̃blabl] *adj* improbable, unlikely, hard to believe; (coll) strange, weird
invraisemblance [ɛ̃vrɛsɑ̃blɑ̃s] *f* improbability, unlikelihood; (coll) queerness
invulnérable [ɛ̃vylnerabl] *adj* invulnerable
iode [jɔd] *m* iodine
iodure [jɔdyr] *m* iodide
ion [jɔ̃] *m* ion
ioniser [jɔnize] *tr* to ionize
iota [jɔta] *m* iota
Irak [irak] *m*—**l'Irak** Iraq
ira•kien [irakjɛ̃] **-kienne** [kjɛn] *adj* Iraqi ‖ (*cap*) *mf* Iraqi
Iran [irɑ̃] *m*—**l'Iran** Iran
ira•nien [iranjɛ̃] **-nienne** [njɛn] *adj* Iranian ‖ *m* Iranian (*language*) ‖ (*cap*) *mf* Iranian (*person*)
iris [iris] *m* iris
irlan•dais [irlɑ̃dɛ] **-daise** [dɛz] *adj* Irish ‖ *m* Irish (*language*) ‖ (*cap*) *m* Irishman; **les Irlandais** the Irish ‖ (*cap*) *f* Irishwoman
Irlande [irlɑ̃d] *f* Ireland; **l'Irlande** Ireland
ironie [irɔni] *f* irony
ironique [irɔnik] *adj* ironic(al)
ironiser [irɔnize] *tr* to say ironically ‖ *intr* to speak ironically, to jeer
irradier [iradje] *tr & ref* to irradiate
irraison•né -née [irɛzɔne] *adj* unreasoning
irration•nel -nelle [irasjɔnɛl] *adj* irrational
irréalisable [irealizabl] *adj* impractical, unattainable
irréalité [irealite] *f* unreality
irrécouvrable [irekuvrabl] *adj* uncollectible
irrécupérable [irekyperabl] *adj* irretrievable
irrécusable [irekyzabl] *adj* unimpeachable, incontestable, indisputable
irréel irréelle [ireɛl] *adj* unreal
irréflé•chi -chie [irefleʃi] *adj* rash, thoughtless
irréfutable [irefytabl] *adj* irrefutable
irrégu•lier [iregylje] **-lière** [ljɛr] *adj & m* irregular
irréli•gieux [irelizjø] **-gieuse** [zjøz] *adj* irreligious
irrémédiable [iremedjabl] *adj* irremediable
irremplaçable [irɑ̃plasabl] *adj* irreplaceable
irréparable [ireparabl] *adj* irreparable; irretrievable (*loss, mistake, etc.*)
irrépressible [irepresibl] *adj* irrepressible
irréprochable [ireprɔʃabl] *adj* irreproachable
irrésistible [irezistibl] *adj* irresistible
irréso•lu -lue [irezɔly] *adj* irresolute
irrespect [irɛspɛ] *m* disrespect
irrespec•tueux [irɛspɛktɥø] **-tueuse** [tɥøz] *adj* disrespectful
irrespirable [irɛspirabl] *adj* unbreathable
irresponsable [irɛspɔ̃sabl] *adj* irresponsible
irrétrécissable [iretresisabl] *adj* preshrunk, unshrinkable
irrévéren•cieux [ireverɑ̃sjø] **-cieuse** [sjøz] *adj* irreverent
irréversible [ireversibl] *adj* irreversible
irrévocable [irevɔkabl] *adj* irrevocable
irrigation [irigɑsjɔ̃] *f* irrigation
irriguer [irige] *tr* to irrigate
irri•tant [iritɑ̃] **-tante** [tɑ̃t] *adj* irritating ‖ *m* irritant
irritation [iritɑsjɔ̃] *f* irritation
irriter [irite] *tr* to irritate ‖ *ref* to become irritated
irruption [irypsjɔ̃] *f* irruption; invasion; **faire irruption** to burst in
isabelle [izabɛl] *m* dun or light-bay horse ‖ (*cap*) *f* Isabel
Isaïe [izai] *m* Isaiah
Islam [islam] *m*—**l'Islam** Islam
islan•dais [islɑ̃dɛ] **-daise** [dɛz] *adj* Icelandic ‖ *m* Icelandic (*language*) ‖ (*cap*) *mf* Icelander
Islande [islɑ̃d] *f* Iceland; **l'Islande** Iceland
isocèle [izɔsɛl] *adj* isosceles
iso•lant [izɔlɑ̃] **-lante** [lɑ̃t] *adj* insulating ‖ *m* insulator
isolateur [izɔlatœr] *m* insulator
isolation [izɔlɑsjɔ̃] *f* insulation; **isolation phonique** soundproofing
isolationniste [izɔlɑsjɔnist] *adj & mf* isolationist
iso•lé -lée [izɔle] *adj* isolated; independent; insulated
isolement [izɔlmɑ̃] *m* isolation; insulation
isolément [izɔlemɑ̃] *adv* separately, independently

isoler [izɔle] *tr* to isolate; to insulate || *ref* to cut oneself off
isoloir [izɔlwar] *m* polling booth
isotope [izɔtɔp] *m* isotope
Israël [israɛl] *m*—**l'Israël** Israel
israé•lien [israeljɛ̃] **-lienne** [ljɛn] *adj* Israeli || (*cap*) *mf* Israeli
israélite [israelit] *adj* Israelite || (*cap*) *mf* Israelite
is•su is•sue [isy] *adj*—**issu de** descended from, born of || *f* exit, way out; outlet; outcome, issue; **à l'issue de** on the way out from; at the end of; **issues** sharps, middlings (*in milling flour*); offal (*in butchering*); **sans issue** without exit; without any way out
isthme [ism] *m* isthmus
Italie [itali] *f* Italy; **l'Italie** Italy
ita•lien [italjɛ̃] **-lienne** [ljɛn] *adj* Italian || *m* Italian (*language*) || (*cap*) *mf* Italian (*person*)
italique [italik] *adj* Italic; (typ) italic || *m* (typ) italics
item [itɛm] *m* question (*in a test*) || *adv* ditto
itinéraire [itinerɛr] *adj & m* itinerary
itiné•rant [itinerɑ̃] **-rante** [rɑ̃t] *adj & mf* itinerant
itou [itu] *adv* (slang) also, likewise
ivoire [ivwar] *m* ivory
ivraie [ivrɛ] *f* darnel, cockle; (Bib) tares
ivre [ivr] *adj* drunk, intoxicated
ivresse [ivrɛs] *f* drunkenness; ecstasy, rapture
ivrogne [ivrɔɲ] *adj* hard-drinking || *m* drunkard
ivrognerie [ivrɔɲri] *f* drunkenness
ivrognesse [ivrɔɲɛs] *f* drinking woman

J

J, j [ʒi] *m invar* tenth letter of the French alphabet
jabot [ʒabo] *m* jabot; crop (*of bird*)
jabotage [ʒabɔtaʒ] *m* jabbering
jaboter [ʒabɔte] *tr & intr* to jabber
jacasse [ʒakas] *f* magpie; chatterbox
jacasser [ʒakase] *intr* to chatter, to jabber
jacasserie [ʒakasri] *f* chatter, jabber
jachère [ʒaʃɛr] *f* fallow ground
jacinthe [ʒasɛ̃t] *f* hyacinth; **jacinthe des bois** bluebell
Jacques [ʒɑk] *m* James, Jacob; **Jacques Bonhomme** the typical Frenchman
jactance [ʒaktɑ̃s] *f* bragging
jade [ʒad] *m* jade
jadis [ʒadis] *adv* formerly, of yore
jaguar [ʒagwar] *m* jaguar
jaillir [ʒajir] *intr* to gush, to burst forth
jaillissement [ʒajismɑ̃] *m* gush
jais [ʒɛ] *m* jet
jalon [ʒalɔ̃] *m* stake; landmark; surveying staff
jalonner [ʒalɔne] *tr* to stake out; to mark (*a way, a channel*)
jalousie [ʒaluzi] *f* jealousy; awning; Venetian blind
ja•loux [ʒalu] **-louse** [luz] *adj* jealous
jamais [ʒamɛ] *adv* ever; never; **jamais de la vie!** not on your life!; **jamais plus** never again; **ne . . . jamais** §90 never; **pour jamais** forever
jambe [ʒɑ̃b] *f* leg; **à toutes jambes** as fast as possible; **prendre ses jambes à son cou** to take to one's heels
jambon [ʒɑ̃bɔ̃] *m* ham; **jambon d'York** boiled ham
jambon•neau [ʒɑ̃bɔno] *m* (*pl* **-neaux**) ham knuckle
jamboree [ʒɑ̃bɔre], [dʒambɔri] *m* jamboree
jante [ʒɑ̃t] *f* felloe; rim (*of auto wheel*)
janvier [ʒɑ̃vje] *m* January
Japon [ʒapɔ̃] *m*—**le Japon** Japan
japo•nais [ʒapɔnɛ] **-naise** [nɛz] *adj* Japanese || *m* Japanese (*language*) || (*cap*) *mf* Japanese (*person*)
japper [ʒape] *intr* to yap, to yelp
jaquemart [ʒakmar] *m* jack (*figurine striking the time on a bell*)
jaquette [ʒakɛt] *f* coat, jacket; cutaway coat, morning coat; book jacket
jardin [ʒardɛ̃] *m* garden; **jardin d'acclimatation** zoo; **jardin d'enfants** kindergarten; **jardin d'hiver** greenhouse
jardiner [ʒardine] *tr* to clear out, to trim || *intr* to garden
jardi•nier [ʒardinje] **-nière** [njɛr] *adj* garden || *mf* gardener || *m* flower stand; mixed vegetables; spring wagon || *f* kindergartner (*teacher*)
jargon [ʒargɔ̃] *m* jargon
jarre [ʒar] *f* earthenware jar
jarret [ʒarɛ] *m* hock, gambrel; shin (*of beef or veal*); back of the knee
jarretelle [ʒartɛl] *f* garter
jarretière [ʒartjɛr] *f* garter
jars [ʒar] *m* gander
jaser [ʒɑze] *intr* to babble, prattle; to blab, gossip
jasmin [ʒasmɛ̃] *m* jasmine
jaspe [ʒasp] *m* jasper; (bb) marbling
jasper [ʒaspe] *tr* to marble, speckle
jatte [ʒat] *f* bowl
jauge [ʒoʒ] *f* gauge; dipstick; (agr) trench; (naut) tonnage
jauger [ʒoʒe] §38 *tr* to gauge, measure; (naut) to draw
jaunâtre [ʒonɑtr] *adj* yellowish; sallow
jaune [ʒon] *adj* yellow || *mf* yellow

person (*Oriental*) || *m* yellow; yolk (*of egg*); scab, strikebreaker
jaunir [ʒonir] *tr & intr* to yellow
jaunisse [ʒonis] *f* jaundice
Javel [ʒavɛl] *f*—**eau de Javel** bleach
javelle [ʒavɛl] *f* swath (*of grain*); bunch (*of twigs*)
javelliser [ʒavɛlize] *tr* to chlorinate (*water*)
javelot [ʒavlo] *m* javelin
jazz [dʒaz] *m* jazz
je [ʒə] §87
Jean [ʒɑ̃] *m* John
Jeanne [ʒɑn] *f* Jane, Jean, Joan
jeannette [ʒanɛt] *f* gold cross (*ornament*); sleeveboard
Jeannot [ʒano] *m* (coll) Johnny, Jack
jeep [dʒip] *f* jeep
Jéhovah [ʒeɔva] *m* Jehovah
je-m'en-fichisme [ʒmɑ̃fiʃism] *m* (slang) what-the-hell attitude
je-ne-sais-quoi [ʒənsekwa] *m invar* what-you-call-it
Jérôme [ʒerom] *m* Jerome
jerrycan [dʒerikan] *m* gasoline can
jersey [ʒɛrsɛ] *m* jersey, sweater
Jérusalem [ʒeryzalem] *f* Jerusalem
Jésuite [ʒezɥit] *m* Jesuit
Jésus [ʒezy] *m* Jesus
Jésus-Christ [ʒezykri] *m* Jesus Christ
jet [ʒɛ] *m* throw, cast; jet; spurt, gush; flash (*of light*); **du premier jet** at the first try; **jet à la mer** jettison; **jet d'eau** fountain; **jet de pierre** stone's throw
jetée [ʒəte] *f* breakwater, jetty
jeter [ʒəte] §34 *tr* to throw; to throw away; to throw down; to hurl, fling; to toss; to cast (*a glance*); to shed (*the skin*); to pour forth; to utter; to drop (*anchor*); to lay (*the foundations*) || *intr* to sprout || *ref* to throw oneself; to rush; to empty (*said of a river*)
jeton [ʒətɔ̃] *m* token, counter; slug
jeu [ʒø] *m* (*pl* **jeux**) play; game, sport; gambling; pack, deck (*of cards*); set (*of chessmen; of tools*); playing; acting; execution, performance; **en jeu** in gear; at stake; **franc jeu** fair play; **gros jeu** high stakes; **jeu d'eau** dancing waters; **jeu de dames** checkers; **jeu de hasard** game of chance; **jeu de massacre** hit-the-baby (*game at fair*); **jeu de mots** pun, play on words; **jeu d'enfant** child's play; **jeu de patience** jigsaw puzzle; **jeu de puce** tiddlywinks; **jeu de société** parlor game; **jeu d'orgue** organ stop; **jouer un jeu d'enfer** to play for high stakes; **vieux jeu** old hat
jeudi [ʒødi] *m* Thursday; **jeudi saint** Maundy Thursday
jeun [ʒœ̃]—**à jeun** fasting; on an empty stomach
jeune [ʒœn] *adj* young; youthful; junior, younger || *m* young man; **jeunes délinquants** juvenile delinquents; **les jeunes** young people; the young (*of an animal*)
jeûne [ʒøn] *m* fast, fasting
jeûner [ʒøne] *intr* to fast; to abstain; to eat sparingly
jeunesse [ʒœnɛs] *f* youth; youthfulness; boyhood, girlhood; **jeunesse dorée** young people of wealth and fashion
jeu·net [ʒœnɛ] **-nette** [nɛt] *adj* youngish
jeû·neur [ʒønœr] **-neuse** [nøz] *mf* faster
joaillerie [ʒɔɑjri] *f* jewelry; jewelry business; jewelry shop
joail·lier [ʒɔɑje] **joail·lière** [ʒɔɑjɛr] *mf* jeweler
jobard [ʒɔbar] *m* (coll) dupe
jobarderie [ʒɔbardri] *f* gullibility
jockey [ʒɔkɛ] *m* jockey
jodler [ʒɔdle] *tr & intr* to yodel
joie [ʒwa] *f* joy; **joies** pleasures
joindre [ʒwɛ̃dr] §35 *tr* to join; to add; to adjoin; to catch up with; **joindre les deux bouts** to make both ends meet || *intr* to join || *ref* to join, unite; to be adjacent, to come together
joint [ʒwɛ̃] **jointe** [ʒwɛ̃t] *adj* joined; joint (*effort*); **joint à** added to || *m* joint; **joint de cardan** (mach) universal joint; **joint de culasse** (aut) gasket (*of cylinder head*); **joint de dilatation thermique** expansion joint; **trouver le joint** (coll) to hit on the solution
jointure [ʒwɛ̃tyr] *f* knuckle; joint
joker [ʒɔkɛr] *m* joker
jo·li -lie [ʒɔli] *adj* pretty; tidy (*income*)
joliment [ʒɔlimɑ̃] *adv* nicely; (coll) extremely, awfully
Jonas [ʒɔnɑs], [ʒɔnɑ] *m* Jonah
jonc [ʒɔ̃] *m* rush; **jonc d'Inde** rattan
jonchée [ʒɔ̃ʃe] *f* litter (*things strewn about*); cottage cheese
joncher [ʒɔ̃ʃe] *tr* to strew; to litter
jonction [ʒɔ̃ksjɔ̃] *f* junction
jongler [ʒɔ̃gle] *intr* to juggle
jonglerie [ʒɔ̃gləri] *f* jugglery
jongleur [ʒɔ̃glœr] *m* juggler; jongleur
jonque [ʒɔ̃k] *f* (naut) junk
jonquille [ʒɔ̃kij] *adj invar* pale-yellow || *m* pale yellow || *f* jonquil
Jordanie [ʒɔrdani] *f* Jordan; **la Jordanie** Jordan
joue [ʒu] *f* cheek; **se caler les joues** (slang) to stuff oneself
jouer [ʒwe] *tr* to play; to gamble away; to feign; to act (*a part*) || *intr* to play; to gamble; to feign; **faire jouer** to spring (*a lock*); **jouer à** to play (*a game*); **jouer à la baisse** to bear the market; **jouer à la hausse** to bull the market; **jouer de** to play (*a musical instrument*) || *ref* to frolic; **se jouer de** to make fun of; to be independent of; to make light of
jouet [ʒwɛ] *m* toy, plaything
joueur [ʒwœr] **joueuse** [ʒwøz] *mf* player (*of games; of musical instruments*); gambler; **beau joueur** good sport; **joueur à la baisse** bear; **joueur à la hausse** bull; **mauvais joueur** poor sport
jouf·flu -flue [ʒufly] *adj* chubby
joug [ʒu] *m* yoke

jouir [ʒwir] *intr* to enjoy oneself, enjoy life; **jouir de** to enjoy
jouissance [ʒwisɑ̃s] *f* enjoyment; use, possession
jouis•seur [ʒwisœr] **jouis•seuse** [ʒwisøz] *adj* pleasure-loving || *mf* pleasure lover
jou•jou [ʒuʒu] *m* (*pl* **-joux**) toy, plaything
jour [ʒur] *m* day; daylight; light, window, opening; **à jour** openwork; up to date; **de nos jours** nowadays; **grand jour** broad daylight; **huit jours** a week; **il fait jour** it is getting light; **jour chômé** day off; **jour de ma fête** my birthday; **jour férié** legal holiday; **jour ouvrable** workday; **le jour de l'An** New Year's day; **le jour J** D-Day; **quinze jours** two weeks; **sous un faux jour** in a false light; **vivre au jour le jour** to live from hand to mouth
Jourdain [ʒurdɛ̃] *m* Jordan (*river*)
jour•nal [ʒurnal] *m* (*pl* **-naux** [no]) newspaper; journal; diary; (naut) logbook, journal; **journal parlé** newscast; **journal télévisé** telecast
journa•lier [ʒurnalje] **-lière** [ljɛr] *adj* daily || *m* day laborer
journalisme [ʒurnalism] *m* journalism
journaliste [ʒurnalist] *mf* journalist
journée [ʒurne] *f* day; day's journey; day's pay; day's work; **journée d'accueil** open house; **toute la journée** all day long
journellement [ʒurnɛlmɑ̃] *adv* daily
joute [ʒut] *f* joust
jouter [ʒute] *intr* to joust
jo•vial -viale [ʒɔvjal] *adj* (*pl* **-vials** or **-viaux** [vjo] **-viales**) jovial, jocose
joyau [ʒwajo] *m* (*pl* **joyaux**) jewel
joyeux [ʒwajø] **joyeuse** [ʒwajøz] *adj* joyful, cheerful; jocose
jubi•lant [ʒybilɑ̃] **-lante** [lɑ̃t] *adj* jubilant
jubilé [ʒybile] *m* jubilee; golden-wedding anniversary
jucher [ʒyʃe] *tr & intr* to perch || *ref* to go to roost
judaïque [ʒydaik] *adj* Jewish
judaïsme [ʒydaism] *m* Judaism
judas [ʒyda] *m* peephole || (*cap*) *m* Judas
judicature [ʒydikatyr] *f* judiciary
judiciaire [ʒydisjɛr] *adj* legal, judicial
judi•cieux [ʒydisjø] **-cieuse** [sjøz] *adj* judicious, judicial
juge [ʒyʒ] *m* judge; umpire; **juge assesseur** associate judge
jugement [ʒyʒmɑ̃] *m* judgment
juger [ʒyʒe] §38 *tr & intr* to judge
jugulaire [ʒygylɛr] *adj* jugular || *f* chin strap
juif [ʒɥif] **juive** [ʒɥiv] *adj* Jewish || (*cap*) *mf* Jew
juillet [ʒɥijɛ] *m* July
juin [ʒɥɛ̃] *m* June
Jules [ʒyl] *m* Julius; (coll) Mack; (slang) pimp; (slang) chamber pot

ju•lien [ʒyljɛ̃] **-lienne** [ljɛn] *adj* Julian || *f* (*soup*) julienne; (bot) rocket
ju•meau [ʒymo] **-melle** [mɛl] (*pl* **-meaux -melles**) *adj & mf* twin || *f* see **jumelles**
jumelage [ʒymlaʒ] *m* twinning
jume•lé -lée [ʒymle] *adj* double; twin (*cities*); semidetached (*house*); bilingual (*text*)
jumeler [ʒymle] §34 *tr* to couple, to join; to pair
jumelles [ʒymɛl] *fpl* opera glasses; field glasses; **jumelles de manchettes** cuff links
jument [ʒymɑ̃] *f* mare
jungle [ʒɔ̃gl] *f* jungle
jupe [ʒyp] *f* skirt
jupon [ʒypɔ̃] *m* petticoat
juré [ʒyre] *m* juror; member of an examining board
jurer [ʒyre] *tr* to swear || *intr* to swear; to clash
juridiction [ʒyridiksjɔ̃] *f* jurisdiction
juridique [ʒyridik] *adj* legal, judicial
juriste [ʒyrist] *m* writer on legal matters
juron [ʒyrɔ̃] *m* oath
jury [ʒyri] *m* jury; examining board
jus [ʒy] *m* juice; gravy; (slang) drink (*body of water*)
jusqu'au-boutiste [ʒyskobutist] *mf* (coll) bitterender, diehard
jusque [ʒysk(ə)] *adv* even; **jusqu'à** as far as, down to, up to; until; even; **jusqu'à ce que** until; **jusqu'après** until after; **jusqu'à quand** how long || *prep* as far as; until; **jusques et y compris** [ʒyskəzeikɔ̃pri] up to and including; **jusqu'ici** this far; until now; **jusqu'où** how far
jusque-là [ʒyskəla] *adv* that far; until then
jusquiame [ʒyskjam] *f* henbane
juste [ʒyst] *adj* just, righteous; accurate; just enough; sharp, e.g., **à six heures justes** at six o'clock sharp; (mus) in tune, on key || *adv* justly; correctly, exactly
justement [ʒystəmɑ̃] *adv* just; justly; exactly; as it happens
juste-milieu [ʒystəmiljø] *m* happy medium, golden mean
justesse [ʒystes] *f* justness; precision, accuracy; **de justesse** barely
justice [ʒystis] *f* justice; **faire justice de** to mete out just punishment to; to make short work of
justiciable [ʒystisjabl] *adj*—**justiciable de** accountable to; subject to
justifier [ʒystifje] *tr* to justify || *intr*—**justifier de** to account for, to prove || *ref* to clear oneself
jute [ʒyt] *m* jute
ju•teux [ʒytø] **-teuse** [tøz] *adj* juicy
juvénile [ʒyvenil] *adj* juvenile, youthful
juxtaposer [ʒykstapoze] *tr* to juxtapose

K

K, k [kɑ] *m invar* eleventh letter of the French alphabet
kaki [kaki] *adj invar & m* khaki
kaléidoscope [kaleidɔskɔp] *m* kaleidoscope
kangourou [kɑ̃guru] *m* kangaroo
keepsake [kipsɛk] *m* giftbook, keepsake
képi [kepi] *m* kepi
kermesse [kɛrmɛs] *f* charity bazaar
kérosène [kerozɛn] *m* kerosene
ketchup [kɛtʃœp] *m* ketchup
khan [kɑ̃] *m* khan
kidnapper [kidnape] *tr* to kidnap
kidnap•peur [kidnapœr] **kidnap•peuse** [kidnapøz] *mf* kidnaper
kif [kif] *m* (coll) pot, marijuana
kif-kif [kifkif] *adj invar* (coll) all the same; **c'est kif-kif** (coll) it's fifty-fifty
kilo [kilo] *m* kilo, kilogram
kilocycle [kilɔsikl] *m* kilocycle
kilogramme [kilɔgram] *m* kilogram
kilomètre [kilɔmɛtr] *m* kilometer, kilo
kilowatt [kilɔwat] *m* kilowatt
kilowatt-heure [kilɔwatœr] *m* (*pl* **kilowatts-heures**) kilowatt-hour
kilt [kilt] *m* kilt
kimono [kimɔno] *m* kimono
kinescope [kinɛskɔp] *m* kinescope
kiosque [kjɔsk] *m* newsstand; bandstand; summerhouse
kipper [kipœr], [kipɛr] *m* kipper
klaxon [klaksɔn] *m* (aut) horn
klaxonner [klaksɔne] *intr* to sound the horn
kleptomane [klɛptɔman] *adj & mf* kleptomaniac
km/h *abbr* (**kilomètres-heure, kilomètres à l'heure**) kilometers per hour
knock-out [nɔkaut], [knɔkut] *adj invar* (boxing) knocked out, groggy ‖ *m* (boxing) knockout
k.o. [kɑo] (letterword) (**knock-out**) *adj* k.o., knocked out; **mettre k.o.** to knock out ‖ *m* k.o., knockout
kraft [kraft] *m* strong wrapping paper
krak [krak] *m* crash (*e.g., on stock market*)
kyrielle [kirjɛl] *f* rigmarole, string
kyste [kist] *m* cyst

L

L, l [ɛl], *[ɛl] *m invar* twelfth letter of the French alphabet
la [la] *art* §77 ‖ *m* (mus) la ‖ *pron* §87
là [la] *adv* there; here, e.g., **je suis là** I am here; in, e.g., **est-il là?** is he in?; **il n'était pas là** he was out; **là, là!** there, there! (*it's not as bad as that!*)
-là [la] §82, §84
là-bas [labɑ] *adv* yonder, over there
label [labɛl] *m* union label
labeur [labœr] *m* labor, toil
la•bial -biale [labjal] (*pl* **-biaux** [bjo] **-biales**) *adj & f* labial
laboran•tin [labɔrɑ̃tɛ̃] **-tine** [tin] *mf* laboratory assistant
laboratoire [labɔratwar] *m* laboratory
labo•rieux [labɔrjø] **-rieuse** [rjøz] *adj* laborious; arduous; industrious; working (*classes*); **c'est laborieux!** (coll) it's endless!
labour [labur] *m* tilling, plowing
labourable [laburabl] *adj* arable, tillable
labourer [labure] *tr* to till, to plow; to furrow (*the brow*); to scratch
laboureur [laburœr] *m* farm hand, plowman
Labrador [labradɔr] *m*—**le Labrador** Labrador
labyrinthe [labirɛ̃t] *m* labyrinth, maze
lac [lak] *m* lake; **Grands Lacs** Great Lakes
lacer [lɑse] §51 *tr* to lace; to tie (*one's shoes*)
lacération [laserɑsjɔ̃] *f* tearing
lacérer [lasere] §10 *tr* to lacerate; to tear up
lacet [lɑsɛ] *m* lace; snare, noose; bowstring (*for strangling*); hairpin curve; **en lacet** winding (*road*); **lacet de soulier** shoelace
lâche [lɑʃ] *adj* slack, loose; lax, careless; cowardly ‖ *mf* coward
lâcher [lɑʃe] *tr* to loosen; to let go, to release; to turn loose; to blurt out (*a word*); to fire (*a shot*); (coll) to drop (*one's friends*); **lâcher pied** to give ground; **lâcher prise** to let go
lâcheté [lɑʃte] *f* cowardice
lâ•cheur [lɑʃœr] **-cheuse** [ʃøz] *mf* fickle friend, turncoat
lacis [lɑsi] *m* network (*of threads, nerves*)
laconique [lakɔnik] *adj* laconic
lacrymogène [lakrimɔʒɛn] *adj* tear (*gas*)
lacs [lɑ] *m* noose, snare; **lacs d'amour** love knot
lac•té -tée [lakte] *adj* milky; milk (*diet*)
lacune [lakyn] *f* lacuna, gap, blank
lad [lad] *m* stableboy
là-dedans [ladədɑ̃] §85A *adv* in it, within, in that, in there
là-dessous [ladəsu] §85A *adv* under it, under that, under there
là-dessus [ladəsy] §85A *adv* on it, on that; thereupon

ladre [ladr] *adj* stingy, niggardly || *mf* miser
ladrerie [ladrəri] *f* miserliness
lagon [lagɔ̃] *m* lagoon
lagune [lagyn] *f* lagoon
lai laie [lɛ] *adj* lay || *m* lay (*poem*) || *f* see **laie**
laïc laïque [laik] *adj* lay, secular || *mf* layman || *f* laywoman
laîche [lɛʃ] *f* (bot) sedge, reed grass
laïcisation [laisizasjɔ̃] *f* secularization
laïciser [laisize] *tr* to secularize
laid [lɛ] **laide** [lɛd] *adj* ugly; plain, homely; mean, low-down
laide•ron [lɛdrɔ̃] **-ronne** [rɔn] *adj* homely, ugly || **laideron** *m* or *f* ugly wench
laideur [lɛdœr] *f* ugliness; meanness
laie [lɛ] *f* (zool) wild sow
lainage [lɛnaʒ] *m* woolens
laine [lɛn] *f* wool; **laine d'acier** steel wool; **manger** or **tondre la laine sur le dos à** (fig) to fleece
lainer [lene] *tr* to teasel, to nap
lai•neux [lɛnø] **-neuse** [nøz] *adj* wooly; downy
lai•nier [lenje] **-nière** [njɛr] *adj* wool (*industry*) || *mf* dealer in wool; worker in wool
laïque [laik] *adj* lay, secular || *mf* layman || *f* laywoman
laisse [lɛs] *f* leash; foreshore; laisse
laissé-pour-compte laissée-pour-compte [lesepurkɔ̃t] *adj* returned (*merchandise*) || *m* (*pl* **laissés-pour-compte**) reject; leftover merchandise
laisser [lɛse], [lese] *tr* to leave, to quit; to let, to allow; to let go (*at a low price*); to let have, e.g., **il me l'a laissé pour trois dollars** he let me have it for three dollars; **laisser** + *inf* + **qn** to let s.o. + *inf*, e.g., **il a laissé Marie aller au théâtre** he let Mary go to the theater; e.g., **il me l'a laissé peindre** or **il m'a laissé le peindre** he let me paint it || *intr*—**ne pas laisser de** to not fail to, to not stop || *ref* to let oneself, e.g., **se laisser aller** to let oneself go; **se laisser aller à** to give way to
laisser-aller [leseale] *m* abandon, easy-goingness; slovenliness, negligence
laisser-passer [lesepase] *m invar* permit, pass
lait [lɛ] *m* milk; **lait de chaux** whitewash; **lait de poule** eggnog; **lait écrémé** skim milk; **se mettre au lait** to go on a milk diet
laitage [lɛtaʒ] *m* dairy products
laitance [lɛtɑ̃s] *f* milt
laiterie [lɛtri] *f* dairy, creamery; dairy farming
lai•tier [letje] **-tière** [tjɛr] *adj* dairy; milch (*cow*) || *m* milkman; (metallurgy) slag, dross || *f* dairymaid; milch cow
laiton [lɛtɔ̃] *m* brass
laitonner [lɛtɔne] *tr* to plate with brass
laitue [lety] *f* lettuce; **laitue romaine** romaine
laïus [lajys] *m* (coll) speech, impromptu remarks; (coll) hot air
laïus•seur [lajysœr] **laïus•seuse** [lajysøz] *mf* (coll) windbag
laize [lɛz] *f* width (*of cloth*)
lamanage [lamanaʒ] *m* harborage
lamaneur [lamanœr] *m* harbor pilot
lam•beau [lɑ̃bo] *m* (*pl* **-beaux**) scrap, bit; rag; **en lambeaux** in tatters, in shreds
lam•bin [lɑ̃bɛ̃] **-bine** [bin] *adj* (coll) slow || *mf* (coll) slowpoke
lambiner [lɑ̃bine] *intr* (coll) to dawdle
lambris [lɑ̃bri] *m* paneling, wainscoting; plaster (*of ceiling*); **lambris dorés** (fig) palatial home
lambrisser [lɑ̃brise] *tr* to panel, to wainscot; to plaster
lame [lam] *f* blade; slat (*of blinds*); runner (*of skate*); wave; lamina, thin plate; sword; (fig) swordsman; **lame de fond** ground swell
la•mé -mée [lame] *adj* gold-trimmed, silver-trimmed, spangled || *m*—**de lamé**, e.g., **une robe de lamé** a spangled dress
lamelle [lamɛl] *f* lamella, thin strip; slide (*of microscope*)
lamentable [lamɑ̃tabl] *adj* lamentable
lamentation [lamɑ̃tasjɔ̃] *f* lamentation, lament
lamenter [lamɑ̃te] *intr & ref* to lament
laminer [lamine] *tr* to laminate; to roll (*a metal*)
laminoir [laminwar] *m* rolling mill; calender
lampadaire [lɑ̃padɛr] *m* lamppost; floor lamp
lampe [lɑ̃p] *f* lamp; (electron) tube; **lampe à pétrole** kerosene lamp; **lampe à rayons ultraviolets** sun lamp; **lampe à souder** blowtorch; **lampe au néon** neon light; **lampe de chevet** bedlamp; **lampe de poche** flashlight; **lampe survoltée** photoflood bulb; **s'en mettre plein la lampe** (slang) to fill one's belly
lampée [lɑ̃pe] *f* (coll) gulp, swig
lamper [lɑ̃pe] *tr* (coll) to gulp down, to guzzle
lampe-tempête [lɑ̃ptɑ̃pɛt] *f* (*pl* **lampes-tempête**) hurricane lamp
lampion [lɑ̃pjɔ̃] *m* Chinese lantern
lampiste [lɑ̃pist] *m* lightman; (coll) scapegoat; (coll) underling
lamproie [lɑ̃prwa] *f* lamprey
lampyre [lɑ̃pir] *m* glowworm
lance [lɑ̃s] *f* lance; nozzle (*of hose*); **rompre une lance avec** to cross swords with
lan•cé -cée [lɑ̃se] *adj* flying (*start*); in the swim
lance-bombes [lɑ̃sbɔ̃b] *m invar* trench mortar; (aer) bomb release
lancée [lɑ̃se] *f* impetus
lance-flammes [lɑ̃sflam] *m invar* flamethrower
lance-fusées [lɑ̃sfyze] *m invar* rocket launcher
lancement [lɑ̃smɑ̃] *m* launching, throwing; (*of ship; of new product on the market*) launching; (aer) airdrop; (aer) release; (baseball) pitching
lance-mines [lɑ̃smin] *m invar* minelayer

lance-pierres [lɑ̃spjɛr] *m invar* slingshot
lancer [lɑ̃se] §51 *tr* to throw, fling, cast; to launch (*e.g., a ship, a new product*); to issue (*e.g., an appeal*); (baseball) to pitch || *ref* to rush, dash; **se lancer dans** to launch out into, to take up
lance-roquettes [lɑ̃srɔkɛt] *m invar* (arti) bazooka
lance-torpilles [lɑ̃stɔrpij] *m invar* torpedo tube
lancette [lɑ̃sɛt] *f* (surg) lancet
lan•ceur [lɑ̃sœr] **-ceuse** [søz] *mf* promoter; (baseball) pitcher; (sports) hurler, thrower || *m* (rok) booster
lanci•nant [lɑ̃sinɑ̃] **-nante** [nɑ̃t] *adj* shooting, throbbing (*pain*); gnawing (*regret*)
lanciner [lɑ̃sine] *tr* to torment || *intr* to shoot; to throb
lan•dau [lɑ̃do] *m* (*pl* **-daus**) landau; baby carriage
lande [lɑ̃d] *f* moor, heath
landier [lɑ̃dje] *m* kitchen firedog with pothangers
langage [lɑ̃gaʒ] *m* language, speech
lange [lɑ̃ʒ] *m* diaper
langer [lɑ̃ʒe] §38 *tr* to swaddle, diaper
langou•reux [lɑ̃gurø] **-reuse** [røz] *adj* languorous
langouste [lɑ̃gust] *f* spiny lobster, crayfish
langous•tier [lɑ̃gustje] **-tière** [tjɛr] *m & f* lobster net || *m* lobster boat
langoustine [lɑ̃gustin] *f* prawn
langue [lɑ̃g] *f* tongue; language, speech; **avoir la langue bien pendue** (coll) to have the gift of gab; **donner sa langue au chat** (coll) to give up; **langue cible** target language; **langue source** source language; **langues vivantes** modern languages; **langue verte** slang; **mauvaise langue** backbiter, gossip; **prendre langue avec** to open up a conversation with; **tirer la langue à** to stick out one's tongue at
langue-de-chat [lɑ̃gdəʃa] *f* (*pl* **langues-de-chat**) (culin) ladyfinger
languette [lɑ̃gɛt] *f* tongue (*e.g., of shoe*); pointer (*of scale*); flap, strip
langueur [lɑ̃gœr] *f* languor
languir [lɑ̃gir] *intr* to languish; to pine away
languis•sant [lɑ̃gisɑ̃] **languis•sante** [lɑ̃gisɑ̃t] *adj* languid; languishing; long-drawn-out, tiresome
lanière [lanjɛr] *f* strap, strip, thong
lanoline [lanɔlin] *f* lanolin
lanterne [lɑ̃tɛrn] *f* lantern; (aut) parking light; (obs) street lamp; **conter des lanternes** (coll) to talk nonsense; **lanterne d'agrandissement** (phot) enlarger; **lanterne de projection, lanterne à projections** slide projector, filmstrip projector; **lanterne rouge** (slang) tail end, last to arrive; **lanterne sourde** dark lantern; **lanterne vénitienne** Japanese lantern; **oublier d'éclairer** or **d'allumer sa lanterne** (coll) to leave out the most important point
lanterner [lɑ̃tɛrne] *tr* (coll) to string along, to put off || *intr* to loaf around, to dawdle; **faire lanterner qn** to keep s.o. waiting
lapider [lapide] *tr* to stone; to vilify
la•pin [lapɛ̃] **-pine** [pin] *mf* rabbit; **lapin de garenne** wild rabbit; **lapin russe** albino rabbit; **poser un lapin à qn** (coll) to stand s.o. up
la•pon [lapɔ̃] **-pone** [pɔn] *adj* Lappish || *m* Lapp, Lappish (*language*) || (*cap*) *mf* Lapp, Laplander (*person*)
Laponie [lapɔni] *f* Lapland; **la Laponie** Lapland
lapsus [lapsys] *m* slip (*of tongue, pen, etc.*)
laquais [lakɛ] *m* lackey, footman
laque [lak] *m & f* lacquer || *m* lacquer ware || *f* lac; shellac; hair spray
laquelle [lakɛl] §78
laquer [lake] *tr* to shellac; to lacquer
larcin [larsɛ̃] *m* petty larceny; plagiarism
lard [lar] *m* bacon, side pork; (coll) fat (*of a person*); (slang) fat slob; **se faire du lard** (coll) to get fat
larder [larde] *tr* to lard; to pierce, riddle
large [larʒ] *adj* wide, broad; generous; ample; large, e.g., **pour une large part** to a large extent || *m* width, breadth; open sea; room, e.g., **donner du large à qn** to give s.o. room; **au large** in the offing; **au large de** off, e.g., **au large du Havre** off Le Havre; **prendre le large** (coll) to shove off || *adv* boldly; **calculer large** to figure roughly; **habiller large** to dress in loose-fitting clothes; **il n'en mène pas large** (fig) he gets rattled in a tight spot; **voir large** (fig) to think big
largement [larʒəmɑ̃] *adv* widely; abundantly; fully; plenty, e.g., **vous avez largement le temps** you have plenty of time
largesse [larʒɛs] *f* largess
largeur [larʒœr] *f* width, breadth; (naut) beam
larguer [large] *tr* to let go, to release
larme [larm] *f* tear; (coll) drop; **fondre en larmes** to burst into tears; **pleurer à chaudes larmes** to shed bitter tears
larmoyant [larmwajɑ̃] **larmoyante** [larmwajɑ̃t] *adj* tearful; watery (*eyes*)
larmoyer [larmwaje] §47 *intr* to water (*said of eyes*); to snivel, to blubber
lar•ron [larɔ̃] **lar•ronnesse** [larɔnɛs] *mf* thief; **s'entendre comme larrons en foire** to be as thick as thieves
larve [larv] *f* larva
laryn•gé -gée [larɛ̃ʒe] *adj* laryngeal
laryn•gien [larɛ̃ʒjɛ̃] **-gienne** [ʒjɛn] *adj* laryngeal
laryngite [larɛ̃ʒit] *f* laryngitis
laryngoscope [larɛ̃gɔskɔp] *m* laryngoscope
larynx [larɛ̃ks] *m* larynx
las [lɑ] **lasse** [lɑs] *adj* weary || **las** [lɑs], [la] *interj* alas!
las•cif [lasif] **las-cive** [lasiv] *adj* lascivious
lasciveté [lasivte] *f* lasciviousness

laser [lazɛr] *m* laser
las•sant [lɑsɑ̃] **las•sante** [lɑsɑ̃t] *adj* tiring, tedious
lasser [lɑse] *tr* to tire, to weary; to wear out (*s.o.'s patience*) || *ref*—**sans se lasser** unceasingly; **se lasser de** + *inf* to tire of + *ger*; to tire oneself out + *ger*
lassitude [lɑsityd] *f* lassitude, weariness
lasso [laso] *m* lasso
latence [latɑ̃s] *f* latency
la•tent [latɑ̃] **-tente** [tɑ̃t] *adj* latent
laté•ral -rale [lateral] *adj* (*pl* **-raux**) lateral
la•tin [latɛ̃] **-tine** [tin] *adj* Latin || *m* Latin (*language*) || (*cap*) *mf* Latin (*person*)
latino-améri•cain [latinɔamerikɛ̃] **-caine** [kɛn] (*pl* **-américains**) *adj* Latin-American || (*cap*) *mf* Latin American
latitude [latityd] *f* latitude
latrines [latrin] *fpl* latrine
latte [lat] *f* lath; broadsword
latter [late] *tr* to lath
lattis [lati] *m* lathing, laths
laudanum [lodanɔm] *m* laudanum
lauda•tif [lodatif] **-tive** [tiv] *adj* laudatory
lauréat [lɔrea] **lauréate** [lɔreat] *adj* laureate || *mf* winner, laureate
laurier [lɔrje] *m* laurel, sweet bay; **laurier rose** rosebay; **s'endormir sur ses lauriers** to rest on one's laurels
lavable [lavabl] *adj* washable
lavabo [lavabo] *m* washbowl; washroom; **lavabos** toilet, lavatory
lavage [lavaʒ] *m* washing; **lavage de cerveau** (coll) brainwashing; **lavage des titres** wash sale; **lavage de tête** (coll) dressing down
lavallière [lavaljɛr] *f* loosely tied bow
lavande [lavɑ̃d] *f* lavender
lavandière [lavɑ̃djɛr] *f* washerwoman
lave [lav] *f* lava
lave-glace [lavglas] *m* (*pl* **-glaces**) (aut) windshield washer
lavement [lavmɑ̃] *m* enema
laver [lave] *tr* to wash; **laver le cerveau à** (coll) to brainwash || *intr* to wash || *ref* to wash oneself, wash; (with *dat* of *reflex pron*) to wash (*e.g., one's hands*)
laverie [lavri] *f* (min) washery; **laverie automatique, laverie libre-service** self-service laundry
lavette [lavɛt] *f* dishcloth
la•veur [lavœr] **-veuse** [vøz] *mf* washer; **laveur de vaisselle** dishwasher (*person*); **laveur de vitres** window washer (*person*) || *f* washerwoman; washing machine
lavoir [lavwar] *m* place for washing clothes
lavure [lavyr] *f* dishwater; (coll) swill, hogwash
laxa•tif [laksatif] **-tive** [tiv] *adj & m* laxative
layer [leje] **§49** *tr* to blaze a trail through; to blaze (*trees to mark a trail*)
layette [lɛjɛt] *f* layette; packing case
lazzi [lazi] *mpl* jeers
le [lə] *art* **§77** || *pron* **§87**
leader [lidœr] *m* leader
lèche [lɛʃ] *f* (coll) thin slice (*e.g., of bread*); **faire de la lèche à qn** (slang) to lick s.o.'s boots
lèche-carreaux [lɛʃkaro] *m invar* (slang) window-shopping
lèchefrite [lɛʃfrit] *f* dripping pan
lécher [leʃe] **§10** *tr* to lick; to overpolish (*one's style*)
lé•cheur [leʃœr] **-cheuse** [ʃøz] *mf* (coll) bootlicker, flatterer
lèche-vitrines [lɛʃvitrin] *m invar* window-shopping; **faire du lèche-vitrines** to go window-shopping
leçon [ləsɔ̃] *f* lesson; reading (*of manuscript*); **faire la leçon à** to lecture, sermonize; to prime on what to say
lec•teur [lɛktœr] **-trice** [tris] *mf* reader; lecturer (*of university rank*) || *m* playback
lecture [lɛktyr] *f* reading; playback; **lecture sur les lèvres** lip reading
ledit [lədi] **ladite** [ladit] *adj* (*pl* **lesdits** [ledi] **lesdites** [ledit]) the aforesaid
lé•gal -gale [legal] *adj* (*pl* **-gaux** [go]) legal; statutory
légaliser [legalize] *tr* to legalize
légalité [legalite] *f* legality
légat [lega] *m* papal legate
légataire [legatɛr] *mf* legatee; **légataire universel** residual heir
légation [legɑsjɔ̃] *f* legation
légendaire [leʒɑ̃dɛr] *adj* legendary
légende [leʒɑ̃d] *f* legend; caption
lé•ger [leʒe] **-gère** [ʒɛr] *adj* light; slight (*accent, difference, pain, mistake, etc.*); faint (*sound, tint, etc.*); delicate (*odor, perfume, etc.*); mild, weak (*drink*); scanty (*dress*); graceful (*figure*); empty (*stomach*); agile, active; frivolous, carefree; **à la légère** lightly; without due consideration
légèreté [leʒɛrte] *f* lightness; gracefulness; frivolity; fickleness
leggings [legiŋs] *mpl & fpl* leggings
leghorn [legɔrn] *f* leghorn (*chicken*)
légiférer [leʒifere] **§10** *intr* to legislate
légion [leʒjɔ̃] *f* legion
législa•teur [leʒislatœr] **-trice** [tris] *mf* legislator
législa•tif [leʒislatif] **-tive** [tiv] *adj* legislative
législation [leʒislasjɔ̃] *f* legislation
législature [leʒislatyr] *f* legislative session; legislature
légiste [leʒist] *m* jurist
légitime [leʒitim] *adj* legitimate || *f* (slang) lawful spouse; **ma légitime** (slang) my better half
légitimer [leʒitime] *tr* to legitimate; to justify
légitimité [leʒitimite] *f* legitimacy
legs [lɛ], [lɛg] *m* legacy
léguer [lege] **§10** *tr* to bequeath
légume [legym] *m* vegetable; legume (*pod*) || *f*—**grosse légume** (slang) bigwig, big wheel
légu•mier [legymje] **-mière** [mjɛr] *adj* vegetable (*garden, farming, etc.*) || *m* vegetable dish
lendemain [lɑ̃dmɛ̃] *m* next day; results,

outcome, e.g., **avoir d'heureux lendemains** to have happy results or a happy outcome; **au lendemain de** the day after; **le lendemain matin** the next morning; **sans lendemain** short-lived

lénifier [lenifje] *tr* (med) to soothe

lent [lɑ̃] **lente** [lɑ̃t] *adj* slow || *f* nit

lentement [lɑ̃tmɑ̃] *adv* slowly; deliberately

lenteur [lɑ̃tœr] *f* slowness, sluggishness; **lenteurs** delays, dilatoriness

lentille [lɑ̃tij] *f* lens; (bot) lentil; **lentilles** freckles

léopard [leɔpar] *m* leopard

lèpre [lɛpr] *f* leprosy

lé•preux [leprø] **-preuse** [prøz] *adj* leprous || *mf* leper

lequel [ləkɛl] §78

les [le] *art* §77 || *pron* §87 || *prep* near (*in place names*)

les•bien [lɛsbjɛ̃] **-bienne** [bjɛn] *adj* Lesbian || *f* lesbian || (*cap*) *mf* Lesbian

lèse-majesté [lɛzmaʒeste] *f*—**crime de lèse-majesté** lese majesty, high treason

léser [leze] §10 *tr* to injure

lésine [lezin] *f* stinginess

lésiner [lezine] *intr* to haggle, to be stingy

lésion [lezjɔ̃] *f* lesion; wrong, damage

les•quels -quelles [lekɛl] §78

lessivage [lesivaʒ] *m* washing; **lessivage de crâne** (coll) brainwashing

lessive [lesiv] *f* washing (*of clothes*); wash; washing soda, lye; **faire la lessive** to do the wash

lessiver [lesive] *tr* to wash; to scrub (*with a cleaning agent*); (slang) to clean out (*e.g., another poker player*); **être lessivé** (slang) to be exhausted

lessiveuse [lesivøz] *f* washing machine

lest [lɛst] *m* ballast

leste [lɛst] *adj* nimble, quick; suggestive, broad; flippant

lestement [lɛstəmɑ̃] *adv* nimbly, deftly

lester [lɛste] *tr* to ballast; (coll) to fill (*one's stomach, pockets, etc.*) || *ref* (coll) to stuff oneself

léthargie [letarʒi] *f* lethargy

léthargique [letarʒik] *adj* lethargic || *mf* lethargic person

Lettonie [lɛtɔni] *f* Latvia; **la Lettonie** Latvia

lettrage [lɛtraʒ] *m* lettering

lettre [lɛtr] *f* letter; **à la lettre, au pied de la lettre** to the letter; **avant la lettre** before complete development; **en toutes lettres** in full; in so many words; **lettre de change** bill of exchange; **lettre de faire-part** announcement; **lettre de voiture** bill of lading; **lettre d'imprimerie** printed letter; **lettre majuscule** capital letter; **lettres numérales** roman numerals; **mettre une lettre à la poste** to mail a letter

let•tré -trée [lɛtre] *adj* lettered, literate || *mf* learned person

lettre-morte [lɛtrəmɔrt] *f* letter returned to sender

lettrine [lɛtrin] *f* catchword; initial letter

leu [lø] *m*—**à la queue leu leu** in single file

leucémie [løsemi] *f* leukemia

leucorrhée [løkɔre] *f* leucorrhea

leur [lœr] *adj poss* §88 || *pron poss* §89 || *pron pers* §87

leurre [lœr] *m* lure; delusion

leurrer [lœre] *tr* to lure; to trick, delude || *ref* to be deceived

levain [ləvɛ̃] *m* leaven

levant [ləvɑ̃] *adj masc* rising (*sun*) || *m* east || (*cap*) *m* Levant

levan•tin [ləvɑ̃tɛ̃] **-tine** [tin] *adj* Levantine || (*cap*) *mf* Levantine

le•vé -vée [ləve] *adj* rising (*sun*); raised (*e.g., hand*); up, e.g., **le soleil est levé** the sun is up || *m* (mus) upbeat; (surv) survey || *f* levee, embankment; collection (*of mail*); levying (*of troops, taxes, etc.*); raising (*of siege*); lifting (*of embargo*); striking (*of camp*); breaking (*of seals*); upstroke (*of piston*); **faire une levée** (cards) to take a trick; **levée de boucliers** public protest, outcry; **levée d'écrou** discharge (*from prison*); **levée de séance** adjournment; **levée du corps** removal of the body; funeral service (*in front of the coffin*); **levées manquantes** (cards) undertricks

lever [ləve] *m* rising; (surv) survey; **lever du rideau** rise of the curtain; curtain raiser; **lever du soleil** sunrise || §2 *tr* to lift; to raise; to collect, to pick up (*the mail*); to levy (*troops, taxes, etc.*); to strike (*camp*); to adjourn (*a meeting*); to weigh (*anchor*); to relieve (*a guard*); to remit (*a punishment*); to flush (*e.g., a partridge*); to effect (*a survey*); to break (*the seals*) || *intr* to come up (*said of plants*); to rise (*said of dough*) || *ref* to get up; to stand up; to rise; to heave (*said of sea*); to clear up (*said of weather*)

léviathan [levjatɑ̃] *m* leviathan

levier [ləvje] *m* lever; crowbar; **être aux leviers de commande** (aer) to be at the controls; (fig) to be in control; **levier de changement de vitesse** gearshift lever

lévitation [levitɑsjɔ̃] *f* levitation

levraut [ləvro] *m* young hare, leveret

lèvre [lɛvr] *f* lip; rim; **du bout des lèvres** half-heartedly, guardedly; **embrasser sur les lèvres** to kiss; **serrer les lèvres** to purse one's lips

lévrier [levrije] *m* greyhound

levure [ləvyr] *f* yeast; **levure anglaise** or **chimique** baking powder; **levure de bière** brewer's yeast

lexi•cal -cale [lɛksikal] *adj* (*pl* **-caux** [ko]) lexical

lexicographe [lɛksikɔgraf] *mf* lexicographer

lexicographie [lɛksikɔgrafi] *f* lexicography

lexicographique [lɛksikɔgrafik] *adj* lexicographic(al)

lexicologie [lɛksikɔlɔʒi] *f* lexicology

lexique [lɛksik] *m* lexicon, vocabulary; abridged dictionary
lez [le] *prep* near (*in place names*)
lézard [lezar] *m* lizard; **faire le lézard** (coll) to sun oneself, to loaf
lézarde [lezard] *f* crack, split, crevice; gimp (*of furniture*); braid; (mil) gold braid
lézarder [lezarde] *tr & ref* to crack, to split ‖ *intr* (coll) to bask in the sun
liaison [ljɛzɔ̃] *f* liaison
liant [ljɑ̃] **liante** [ljɑ̃t] *adj* flexible, supple; sociable, affable ‖ *m* flexibility; sociability; binder, binding material; **avoir du liant** to be a good mixer
liard [ljar] *m* (fig) farthing
liasse [ljas] *f* packet, bundle (*e.g., of letters*); wad (*of bank notes*)
Liban [libɑ̃] *m*—**le Liban** Lebanon
liba•nais [libanɛ] **-naise** [nɛz] *adj* Lebanese ‖ (*cap*) *mf* Lebanese
libation [libɑsjɔ̃] *f* libation
libelle [libɛl] *m* lampoon
libellé [libɛlle] *m* wording
libeller [libele], [libɛlle] *tr* to word; to draw up (*e.g., a contract*); to make out (*a check*)
libellule [libɛllyl] *f* dragonfly
libé•ral -rale [liberal] *adj & mf* (*pl* **-raux** [ro]) liberal
libéralisme [liberalism] *m* liberalism
libéralité [liberalite] *f* liberality
libéra•teur [liberatœr] **-trice** [tris] *adj* liberating ‖ *mf* liberator
libération [liberɑsjɔ̃] *f* liberation
libérer [libere] §10 *tr* to liberate ‖ *ref* to free oneself; to pay up
liberté [liberte] *f* liberty, freedom; **liberté d'association** or **liberté de réunion** right of assembly; **liberté de langage** freedom of speech; **liberté de la presse** freedom of the press; **liberté de la propriété** right to own private property; **liberté du commerce et de l'industrie** free enterprise; **liberté du culte** freedom of worship
liber•tin [libertɛ̃] **-tine** [tin] *adj* libertine; (archaic) freethinking ‖ *mf* libertine; (archaic) freethinker
libidi•neux [libidinø] **-neuse** [nøz] *adj* libidinous
libido [libido] *f* libido
libraire [librɛr] *mf* bookseller; publisher
libraire-éditeur [librɛreditœr] *m* (*pl* **libraires-éditeurs**) publisher and bookseller
librairie [librɛri] *f* bookstore; book trade; publishing house
libre [libr] *adj* free; **je suis libre de mon temps** my time is my own; **libre arbitre** free will; **libre de** free to, at liberty to
libre-échange [libreʃɑ̃ʒ] *m* free trade
libre-échangiste [libreʃɑ̃ʒist] *m* (*pl* **-échangistes**) free trader
libre-pen•seur [librəpɑ̃sœr] **-seuse** [søz] *mf* (*pl* **libres-penseurs**) freethinker
libre-service [librəsɛrvis] *m* (*pl* **libres-services**) self-service; self-service store

lice [lis] *f* enclosure or fence (*of race track, fairground, tiltyard, etc.*); (zool) hound bitch; **de basse lice** (tex) low-warp; **de haute lice** (tex) high-warp; **entrer en lice** to enter the lists
licence [lisɑ̃s] *f* license; **licence ès lettres** advanced liberal-arts degree, master of arts; **prendre des licences avec** to take liberties with
licen•cié -ciée [lisɑ̃sje] *mf* holder of a master's degree
licenciement [lisɑ̃simɑ̃] *m* discharge, layoff
licencier [lisɑ̃sje] *tr* to discharge, lay off
licen•cieux [lisɑ̃sjø] **-cieuse** [sjøz] *adj* licentious
lichen [likɛn] *m* lichen
licher [liʃe] *tr* (slang) to gulp down
licite [lisit] *adj* lawful, licit
licorne [likɔrn] *f* unicorn
licou [liku] *m* halter
lie [li] *f* dregs, lees; (fig) dregs, scum
lie-de-vin [lidvɛ̃] *adj invar* maroon
liège [ljɛʒ] *m* cork
lien [ljɛ̃] *m* tie, bond, link
lier [lje] *tr* to tie, to bind, to link ‖ *ref* to bind together; to make friends; **lier conversation avec** to fall into conversation with; **se lier d'amitié avec** to become friends with
lierre [ljɛr] *m* ivy
liesse [ljɛs] *f*—**en liesse** in festive mood, gay
lieu [ljø] *m* (*pl* **lieux**) place; **au lieu de** instead of, in lieu of; **avoir lieu** to take place; **avoir lieu de** to have reason to; **donner lieu à** to give rise to; **en aucun lieu** nowhere; **en dernier lieu** finally; **en haut lieu** high up, in responsible circles; **en premier lieu** first of all; **en quelque lieu que** wherever; **en tous lieux** everywhere; **il y a lieu à** there is room for; **lieu commun** commonplace; platitude; **lieu de villégiature** resort; **lieu géométrique** locus; **lieux** premises; **lieux d'aisances** rest rooms; **lieux payants** comfort station, public lavatory; **sur les lieux** on the spot; on the premises; **tenir lieu** to take place; **tenir lieu de** to take the place of
lieu-dit [ljødi] *m* (*pl* **lieux-dits**)—**le lieu-dit . . .** the place called . . .
lieue [ljø] *f* league
lieur [ljœr] **lieuse** [ljøz] *mf* binder ‖ *f* (mach) binder
lieutenant [ljøtnɑ̃] *m* lieutenant; (merchant marine) mate; **lieutenant de port** harbor master; **lieutenant de vaisseau** (nav) lieutenant commander
lieutenant-colonel [ljøtnɑ̃kɔlɔnɛl] *m* (*pl* **lieutenants-colonels**) lieutenant colonel
lièvre [ljɛvr] *m* hare; **c'est là que gît le lièvre** there's the rub; **lever un lièvre** (fig) to raise an embarrassing question; **prendre le lièvre au gîte** (fig) to catch s.o. napping
ligament [ligamɑ̃] *m* ligament
ligature [ligatyr] *f* ligature
ligaturer [ligatyre] *tr* to tie up

ligne [liɲ] *f* line; figure, waistline; (*of an automobile*) lines; **aller à la ligne** to begin a new paragraph; **avoir de la ligne** to have a good figure; **en première ligne** of the first importance; on the firing line; **garder sa ligne** to keep one's figure; **grande ligne** (rr) main line; **grandes lignes** broad outline; **hors ligne** unrivaled, outstanding; **ligne à postes groupés** (telp) party line; **ligne de changement de date** international date line; **ligne de flottaison** water line; **ligne de mire** (arti) line of sight; **ligne de partage des eaux** watershed; **ligne partagée** (telp) party line; **ligne pointillée** or **hachée** dotted line
lignée [liɲe] *f* lineage, offspring
li•gneux [liɲø] **-gneuse** [ɲøz] *adj* woody
lignifier [liɲifje] *tr & ref* to turn into wood
ligot [ligo] *m* firewood (*in tied bundle*)
ligoter [ligɔte] *tr* to tie up, to bind
ligue [lig] *f* league
liguer [lige] *tr & ref* to league
lilas [lilɑ] *adj invar & m* lilac
li•lial -liale [liljal] *adj* (*pl* **-liaux** [ljo]) lily-white, lily-like
lillipu•tien [lilipysjɛ̃] **-tienne** [sjɛn] *adj & mf* Lilliputian
limace [limas] *f* (zool) slug; (coll) slowpoke; (slang) shirt
limaçon [limasɔ̃] *m* snail; **en limaçon** spiral
limaille [limɑj] *f* filings
limbe [lɛ̃b] *m* (astr, bot) limb; **limbes** limbo
lime [lim] *f* file; (*Citrus limetta*) sweet lime; **dernier coup de lime** finishing touches; **enlever à la lime** to file off; **lime à ongles** nail file; **lime émeri** emery board
limer [lime] *tr* to file; to fray; (fig) to polish
limette [limet] *f* (*Citrus limetta*) sweet lime
limier [limje] *m* bloodhound; (coll) sleuth
liminaire [liminɛr] *adj* preliminary
limitation [limitɑsjɔ̃] *f* limitation
limite [limit] *f* limit; maximum, e.g., **vitesse limite** maximum speed; **dernière limite** deadline
limiter [limite] *tr* to limit || *ref* to be limited; to limit oneself
limitrophe [limitrɔf] *adj* frontier; **limitrophe de** adjacent to
limogeage [limɔʒaʒ] *m* (coll) removal from office
limoger [limɔʒe] §38 *tr* (coll) to remove from office, to relieve of a command
limon [limɔ̃] *m* silt; clay; mud; shaft (*of wagon*)
limonade [limɔnad] *f* lemon soda
limona•dier [limɔnadje] **-dière** [djɛr] *mf* soft-drink manufacturer; café manager
limo•neux [limɔnø] **-neuse** [nøz] *adj* silty; muddy
limousine [limuzin] *f* heavy cloak; (aut) limousine
limpide [lɛ̃pid] *adj* limpid
lin [lɛ̃] *m* flax; linen
linceul [lɛ̃sœl] *m* shroud; cover (*of snow*)
linéament [lineamɑ̃] *m* lineament
linge [lɛ̃ʒ] *m* linen (*sheets, tablecloths, underclothes, etc.*); piece of linen; **laver le linge** to do the wash; **linge de corps** underclothes
lingère [lɛ̃ʒɛr] *f* linen maid; linen closet
lingerie [lɛ̃ʒri] *f* linen (*sheets, tablecloths, underclothes, etc.*); linen closet; **lingerie de dame** lingerie; **lingerie d'homme** men's underwear
lingot [lɛ̃go] *m* ingot
lin•gual -guale [lɛ̃gwal] (*pl* **-guaux** [gwo] **-guales**) *adj & f* lingual
linguiste [lɛ̃gɥist] *mf* linguist
linguistique [lɛ̃gɥistik] *adj* linguistic || *f* linguistics
liniment [linimɑ̃] *m* liniment
linoléum [linɔleɔm] *m* linoleum
linon [linɔ̃] *m* lawn (*sheer linen*)
linotte [linɔt] *f* (orn) linnet
linotype [linɔtip] *f* linotype
linotypiste [linɔtipist] *mf* linotype operator
lin•teau [lɛ̃to] *m* (*pl* **-teaux**) lintel
lion [ljɔ̃] **lionne** [ljɔn] *mf* lion || *f* lioness
lion•ceau [ljɔ̃so] *m* (*pl* **-ceaux**) lion cub
lippe [lip] *f* thick lower lip, blubber lip
lip•pu -pue [lipy] *adj* thick-lipped
liquéfier [likefje] *tr* to liquefy
liqueur [likœr] *f* liqueur; liquid; (chem, pharm) liquor
liquidation [likidɑsjɔ̃] *f* liquidation; settlement; clearance sale
liquide [likid] *adj & m* liquid || *f* liquid (*consonant*)
liquider [likide] *tr* to liquidate; to settle (*a score*); to wind up (*a piece of business*); (coll) to get rid of; to put an end to
liquidité [likidite] *f* liquidity
liquo•reux [likɔrø] **-reuse** [røz] *adj* sweet
lire [lir] §36 *tr & intr* to read; **lire à haute voix** to read aloud; **lire à vue** to sight-read; **lire sur les lèvres** to lip-read || *ref* to read; to show, e.g., **la surprise se lit sur votre visage** your face shows surprise
lis [lis] *m* lily; **lis blanc** lily; **lis jaune** day lily
Lisbonne [lizbɔn] *f* Lisbon
liseré [lizre] or **liséré** [lizere] *m* braid, border, strip
li•seur [lizœr] **-seuse** [zøz] *mf* reader || *f* bookmark; reading lamp; book jacket; bed jacket
lisibilité [lizibilite] *f* legibility
lisible [lizibl] *adj* legible; readable
lisière [lisjɛr] *f* edge, border; list, selvage; **tenir en lisières** to keep in leading strings
lisse [lis] *adj* smooth, polished, sleek || *f* (naut) handrail
lisser [lise] *tr* to smooth, to polish, to

sleek; to glaze (*paper*) || *ref* to become smooth; **se lisser les plumes** to preen its feathers

liste [list] *f* list

lit [li] *m* bed; layer; stratum; **dans le lit de la marée** in the tideway; **dans le lit du vent** in the wind's eye; **du premier lit** by or of the first marriage; **lit de mort** deathbed; **lit d'époque** period bed; **lit de sangle, lit de camp** folding cot, camp bed; **lit en portefeuille** apple-pie bed; **lit pliant, lit escamotable, lit à rabattement** foldaway bed; **lits jumeaux** twin beds

litanie [litani] *f* litany; tale of woe

lit-cage [likaʒ] *m* (*pl* **lits-cages**) foldaway bed

litée [lite] *f* litter (*of animals*)

literie [litri] *f* bedding, bedclothes

lithine [litin] *f* lithia

lithium [litjɔm] *m* lithium

lithographe [litɔgraf] *mf* lithographer

lithographie [litɔgrafi] *f* lithography; lithograph

lithographier [litɔgrafje] *tr* to lithograph

litière [litjɛr] *f* litter (*bedding for animals*); **faire litière de** to trample

litige [litiʒ] *m* litigation

liti•gieux [litiʒjø] **-gieuse** [ʒjøz] *adj* litigious

litre [litr] *m* liter

littéraire [literɛr] *adj* literary || *mf* teacher of literature; belletrist

litté•ral -rale [literal] *adj* (*pl* **-raux** [ro]) literal; literary, written

littérature [literatyr] *f* literature

litto•ral -rale [litɔral] (*pl* **-raux** [ro]) *adj* littoral, coastal || *m* coast, coastline

Lituanie [litɥani] *f* Lithuania; **la Lituanie** Lithuania

litua•nien [litɥanjɛ̃] **-nienne** [njɛn] *adj* Lithuanian || *m* Lithuanian (*language*) || (*cap*) *mf* Lithuanian (*person*)

liturgie [lityrʒi] *f* liturgy

liturgique [lityrʒik] *adj* liturgic(al)

livide [livid] *adj* livid

Livourne [livurn] *f* Leghorn

livrable [livrabl] *adj* ready for delivery

livraison [livrɛzɔ̃] *f* delivery; installment; **livraison contre remboursement** cash on delivery

livre [livr] *m* book; **à livre ouvert** at sight; **faire un livre** to write a book; (racing) to make book; **feuilleter un livre** to glance through a book; **grand livre** (bk) ledger; **livre de bord** (aer, naut) logbook; **livre de classe** textbook; **livre de cuisine, livre de recettes** cookbook; **livre d'or** blue book; testimonial volume; **livre jaune** white book; **petit livre** (bk) journal, day book; **porter au grand livre** (bk) to post || *f* pound (*weight; currency*)

livrée [livre] *f* livery; appearances; coat (*of horse, deer, etc.*)

livrer [livre] *tr* to deliver; to surrender; to betray || *ref*—**se livrer à** to surrender oneself to; to give way to; to indulge in

livresque [livrɛsk] *adj* bookish

livret [livrɛ] *m* booklet; (mus) libretto; **livret de caisse d'épargne** bankbook; **livret de famille** marriage certificate; **livret militaire** military record; **livret scolaire** transcript (*of grades*)

li•vreur [livrœr] **-vreuse** [vrøz] *mf* deliverer (*of parcels, packages, etc.*) || *m* deliveryman || *f* woman who makes deliveries; delivery truck

lobe [lɔb] *m* lobe

lo•cal -cale [lɔkal] (*pl* **-caux** [ko]) *adj* local || *m* place, premises, quarters; headquarters; **locaux** (sports) home team; **locaux commerciaux** office space

localiser [lɔkalize] *tr* to locate; to localize

localité [lɔkalite] *f* locality

locataire [lɔkatɛr] *mf* tenant, renter

location [lɔkɑsjɔ̃] *f* rental; reservation

loch [lɔk] *m* (naut) log (*to determine speed*)

locomotive [lɔkɔmɔtiv] *f* locomotive; (fig) mover

locuste [lɔkyst] *f* (ent) locust

locu•teur [lɔkytœr] **-trice** [tris] *mf* speaker

locution [lɔkysjɔ̃] *f* locution; phrase

lof [lɔf] *m* windward side; **aller** or **venir au lof** to sail into the wind

logarithme [lɔgaritm] *m* logarithm

loge [lɔʒ] *f* lodge; circus cage; concierge's room; chamber, cell; (theat) dressing room; (theat) box

logeabilité [lɔʒabilite] *f* spaciousness

logeable [lɔʒabl] *adj* livable, inhabitable

logement [lɔʒmɑ̃] *m* lodging, lodgings

loger [lɔʒe] §38 *tr, intr, & ref* to lodge

lo•geur [lɔʒœr] **-geuse** [ʒøz] *mf* proprietor of a boardinghouse || *m* landlord || *f* landlady

logi•cien [lɔʒisjɛ̃] **-cienne** [sjɛn] *mf* logician

logique [lɔʒik] *adj* logical || *f* logic

logis [lɔʒi] *m* abode

logistique [lɔʒistik] *adj* logistic(al) || *f* logistics

loi [lwa] *f* law; **faire des lois** to legislate; **faire la loi** to lay down the law; **loi exceptionnelle** emergency leglislation

loin [lwɛ̃] *adv* far; far away, far off; **au loin** in the distance; **d'aussi loin que, du plus loin que** as soon as; as far back as; **de loin** from afar; far from; far be it from (*e.g., me*); **de loin en loin** now and then; **il y a loin de** it is a far cry from

loin•tain [lwɛ̃tɛ̃] **-taine** [tɛn] *adj* faraway, distant, remote; early (*e.g., memories*) || *m* distance, background; **le lointain** (theat) upstage

loir [lwar] *m* dormouse; **dormir comme un loir** to sleep like a log

loisible [lwazibl] *adj*—**il m'est (lui est, etc.) loisible de** I am (he is, etc.) free to or entitled to, it is open for me (him, etc.) to

loisir [lwazir] *m* leisure, spare time; **loisirs** diversions
lolo [lolo] *m* (coll) milk (*in baby talk*)
lombes [lɔ̃b] *mpl* loins
londo•nien [lɔ̃dɔnjɛ̃] **-nienne** [njɛn] *adj* London || (*cap*) *mf* Londoner
Londres [lɔ̃dr] *m* London
londrès [lɔ̃drɛs] *m* Havana cigar
long [lɔ̃] **longue** [lɔ̃g] *adj* long; lengthy (*speech*); long (*syllable, vowel*); thin, weak (*sauce, gravy*); slow (*to understand, to decide*) || (when standing before noun) *adj* long; **de longue main** of long standing || *m* length; extent; **au long** at length; **de long** lengthwise; **de long en large** up and down, back and forth; **le long de** along || *f* see **longue** || **long** *adv* much; **en dire long** to talk a long time; to speak volumes; **en savoir long sur** to know a great deal about; **en savoir plus long** to know more about it
longanimité [lɔ̃ganimite] *f* long-suffering
long-courrier [lɔ̃kurje] (*pl* **-courriers**) *adj* long-range || *m* airliner; liner, ocean liner
longe [lɔ̃ʒ] *f* tether, leash; (culin) loin
longer [lɔ̃ʒe] §38 *tr* to walk along, to go beside; to extend along, to skirt
longeron [lɔ̃ʒrɔ̃] *m* crossbeam, girder
longévité [lɔ̃ʒevite] *f* longevity
longitude [lɔ̃ʒityd] *f* longitude
longtemps [lɔ̃tɑ̃] *m* a long time; **avant longtemps** before long; **depuis longtemps** for a long time; long since; **ne . . . plus longtemps** no . . . longer || *adv* long; for a long time
longue [lɔ̃g] *f* long syllable; long vowel; long suit (*in cards*); **à la longue** in the long run
longuement [lɔ̃gmɑ̃] *adv* at length, a long time
lon•guet [lɔ̃gɛ] **-guette** [gɛt] *adj* (coll) longish, rather long
longueur [lɔ̃gœr] *f* length; lengthiness; **de longueur, dans la longueur** lengthwise; **d'une longueur** by a length, by a head; **longueur d'onde** wavelength
longue-vue [lɔ̃gvy] *f* (*pl* **longues-vues**) telescope, spyglass
looping [lupiŋ] *m* loop-the-loop
lopin [lɔpɛ̃] *m* patch of ground, plot
loquace [lɔkwas], [lɔkas] *adj* loquacious
loque [lɔk] *f* rag; **être comme une loque** to feel like a dishrag; **être en loques** to be in tatters
loquet [lɔkɛ] *m* latch
loque•teux [lɔktø] **-teuse** [tøz] *adj* in tatters || *mf* tatterdemalion
lorgner [lɔrɲe] *tr* to cast a sidelong glance at; to ogle; to have one's eyes on (*a job, an inheritance, etc.*)
lorgnette [lɔrɲɛt] *f* opera glasses
lorgnon [lɔrɲɔ̃] *m* pince-nez; lorgnette
loriot [lɔrjo] *m* golden oriole
lorry [lɔri] *m* lorry, small flatcar
lors [lɔr] *adv*—**lors de** at the time of; **lors même que** even if
lorsque [lɔrsk] *conj* when
losange [lɔzɑ̃ʒ] *m* (geom) lozenge; **en losange** diamond-shaped; oval-shaped
lot [lo] *m* lot; prize (*e.g., in lottery*); **gagner le gros lot** to hit the jackpot
loterie [lɔtri] *f* lottery
lo•ti -tie [lɔti] *adj*—**bien loti** well off; **mal loti** badly off
lotion [losjɔ̃] *f* lotion; **lotion capillaire** hair tonic
lotionner [losjɔne] *tr* to bathe (*a wound*)
lotir [lɔtir] *tr* to parcel out; **lotir qn de q.ch.** to allot s.th. to s.o.
lotissement [lɔtismɑ̃] *m* allotment, apportionment; building lot
louable [lwabl] *adj* praiseworthy; for hire
louage [lwaʒ] *m* hire
louange [lwɑ̃ʒ] *f* praise; **à la louange de** in praise of
louanger [lwɑ̃ʒe] §38 *tr* to praise, extol
louan•geur [lwɑ̃ʒœr] **-geuse** [ʒøz] *adj* laudatory, flattering
louche [luʃ] *adj* ambiguous; suspicious, shady; cross-eyed; cloudy (*e.g., wine*) || *f* ladle; basting spoon
loucher [luʃe] *intr* to be cross-eyed, to squint; **faire loucher qn de jalousie** (coll) to turn s.o. green with envy; **loucher sur** (coll) to cast longing eyes at
louchet [luʃɛ] *m* spade (*for digging*)
louer [lwe] *tr* to rent, hire; to reserve (*a seat*); to praise || *ref* to be rented; to hire oneself out; **se louer de** to be satisfied with
loueur [lwœr] **loueuse** [lwøz] *mf* operator of a rental service; flatterer
loufoque [lufɔk] *adj* (slang) cracked || *m* (slang) crackpot
lougre [lugr] *m* (naut) lugger
Louisiane [lwizjan] *f* Louisiana; **la Louisiane** Louisiana
lou•lou [lulu] **-loute** [lut] *mf* (coll) darling, pet || *m*—**loulou de Poméranie** Pomeranian, spitz
loup [lu] *m* wolf; mask; flaw; **avoir vu le loup** to have lost one's innocence; **crier au loup** to cry wolf; **loup de mer** (ichth) wolf eel; (coll) old salt; **mon petit loup** (coll) my pet
loup-cervier [luservje] *m* (*pl* **loups-cerviers**) lynx
loupe [lup] *f* magnifying glass; gnarl (*on tree*); (pathol) wen
lou•pé -pée [lupe] *adj* bungled; defective || *m* defect
louper [lupe] *tr* (coll) to goof up, to muff; (coll) to miss (*e.g., one's train*) || *intr* (coll) to fail, to goof
loup-garou [lugaru] *m* (*pl* **loups-garous**) werewolf
lou•piot [lupjo] **-piotte** [pjɔt] *mf* (coll) kid, child; **loupiots** (coll) small fry
lourd [lur] **lourde** [lurd] *adj* heavy; hefty; clumsy; sultry (*weather*); off-color (*joke*); dull (*mind*); (agr) hard to cultivate || (when standing before noun) *adj* heavy; grave; clumsy (*e.g., compliments*); off-color (*joke*) || **lourd** *adv* heavy, heavily

lour•daud [lurdo] **-daude** [dod] *adj* clumsy, loutish, dull || *mf* lout, oaf
lourdement [lurdəmɑ̃] *adv* heavily; clumsily; **avancer** or **rouler lourdement** to lumber along
lourdeur [lurdœr] *f* heaviness; clumsiness; sultriness; dullness
loustic [lustik] *m* wag, clown; (coll) screwball, character
loutre [lutr] *f* otter
louve [luv] *f* she-wolf
louve•teau [luvto] *m* (*pl* **-teaux**) wolf cub; cub scout
louvoyer [luvwaje] **§47** *intr* to be evasive; (naut) to tack
lovelace [lɔvlas] *m* seducer, Don Juan
lover [lɔve] *tr & ref* to coil
loyal loyale [lwajal] *adj* (*pl* **loyaux** [lwajo]) loyal; honest; fair, just
loyaliste [lwajalist] *mf* loyalist
loyauté [lwajote] *f* loyalty; honesty; fairness
loyer [lwaje] *m* rent
lubie [lybi] *f* whim
lubricité [lybrisite] *f* lubricity, lewdness
lubri•fiant [lybrifjɑ̃] **-fiante** [fjɑ̃t] *adj & m* lubricant
lubrifier [lybrifje] *tr* to lubricate
lucarne [lykarn] *f* dormer window; skylight
lucide [lysid] *adj* lucid
luciole [lysjɔl] *f* firefly
lucra•tif [lykratif] **-tive** [tiv] *adj* lucrative
lucre [lykr] *m* lucre
luette [lɥɛt] *f* uvula
lueur [lɥœr] *f* glimmer, gleam; flash, blink
luge [lyʒ] *f* sled
lugubre [lygybr] *adj* gloomy
lui [lɥi] *pron disj* **§85** || *pron conj* **§87**
lui-même [lɥimem] **§86**
luire [lɥir] **§37** *intr* to shine; to gleam, glow, glisten; to dawn
lui•sant [lɥizɑ̃] **-sante** [zɑ̃t] *adj* shining
lulu [lyly] *m* (orn) tree pipit
lumbago [lɔ̃bago] *m* lumbago
lumière [lymjɛr] *f* light; aperture; (*person*) luminary; **avoir des lumières de** to have knowledge of
lumignon [lymiɲɔ̃] *m* feeble light
luminaire [lyminɛr] *m* luminary
lumines•cent [lyminɛsɑ̃] **lumines•cente** [lyminɛsɑ̃t] *adj* luminescent
lumi•neux [lyminø] **-neuse** [nøz] *adj* luminous; light (*e.g., spot*); bright (*idea*)
lunaire [lynɛr] *adj* lunar || *f* (bot) honesty
lunatique [lynatik] *adj* whimsical, eccentric || *mf* whimsical person, eccentric
lunch [lœntʃ], [lœ̃ʃ] *m* buffet lunch
lundi [lœ̃di] m Monday
lune [lyn] *f* moon; **être dans la lune** to be daydreaming; **lune de miel** honeymoon; **lune des moissons** harvest moon; **vieilles lunes** good old days, bygone days
lu•né -née [lyne] *adj* moon-shaped; **bien luné** in a good mood; **mal luné** in a bad mood
lune•tier [lyntje] **-tière** [tjɛr] *mf* optician
lunette [lynɛt] *f* telescope, spyglass; toilet seat; hole (*in toilet seat*); wishbone (*of turkey, chicken*); (archit) lunette; (aut) rear window; **lunettes** eyeglasses, spectacles; goggles; **lunettes de lecture, lunettes pour lire** reading glasses; **lunettes de soleil** sunglasses; **lunettes noires** dark glasses
lurette [lyrɛt] *f*—**il y a belle lurette** (coll) ages ago
luron [lyrɔ̃] *m* (coll) playboy
luronne [lyrɔn] *f* (coll) hussy
lustre [lystr] *m* luster; five-year period; chandelier
lus•tré -trée [lystre] *adj* lustrous, glossy
lustrine [lystrin] *f* cotton satin
lut [lyt] *m* (chem) lute
luth [lyt] *m* (mus) lute
lutherie [lytri] *f* violin making
luthé•rien [lyterjɛ̃] **-rienne** [rjɛn] *adj* Lutheran || (*cap*) *mf* Lutheran
luthier [lytje] *m* violin maker
lu•tin [lytɛ̃] **-tine** [tin] *adj* impish || *m* imp
lutiner [lytine] *tr* to tease
lutrin [lytrɛ̃] *m* lectern
lutte [lyt] *f* struggle, fight; wrestling; **de bonne lutte** aboveboard; **de haute lutte** by force; in open competition; hard-won; **lutte à la corde de traction** tug of war; **lutte libre** catch-as-catch-can
lutter [lyte] *intr* to fight, to struggle; to wrestle
lut•teur [lytœr] **lut•teuse** [lytøz] *mf* wrestler; (fig) fighter
luxation [lyksɑsjɔ̃] *f* dislocation
luxe [lyks] *m* luxury
Luxembourg [lyksɑ̃bur] *m*—**le Luxembourg** Luxembourg
luxer [lykse] *tr* to dislocate
luxueux [lyksɥø] **luxueuse** [lyksɥøz] *adj* luxurious
luxure [lyksyr] *f* lechery, lust
luxu•riant [lyksyrjɑ̃] **-riante** [rjɑ̃t] *adj* luxuriant
luxu•rieux [lyksyrjø] **-rieuse** [rjøz] *adj* lecherous, lustful
luzerne [lyzɛrn] *f* alfalfa
lycée [lise] *m* high school; lyceum
lycéen [liseɛ̃] **lycéenne** [liseɛn] *mf* high-school student
lymphatique [lɛ̃fatik] *adj* lymphatic
lymphe [lɛ̃f] *f* lymph
lynchage [lɛ̃ʃaʒ] *m* lynching
lyncher [lɛ̃ʃe] *tr* to lynch
lynx [lɛ̃ks] *m* lynx
Lyon [ljɔ̃] *m* Lyons
lyon•nais [ljɔnɛ] **lyon•naise** [ljɔnɛz] *adj* Lyonese; **à la lyonnaise** lyonnaise
lyre [lir] *f* lyre
lyrique [lirik] *adj* lyric(al) || *m* lyric poet || *f* lyric poetry
lyrisme [lirism] *m* lyricism
lys [lis] *m* lily; **lys blanc** lily; **lys jaune** day lily
lysimaque [lizimak] *f* loosestrife

M

M, m [ɛm], *[ɛm] *m invar* thirteenth letter of the French alphabet
M. *abbr* (**Monsieur**) Mr.
ma [ma] §88
ma•boul -boule [mabul] *adj* (slang) nuts, balmy || *mf* (slang) nut
macabre [makɑbr] *adj* macabre
macadam [makadam] *m* macadam
macadamiser [makadamize] *tr* to macadamize
macaron [makarɔ̃] *m* macaroon
macchabée [makabe] *m* (slang) stiff (*corpse*)
macédoine [masedwan] *f* macédoine, medley; **macédoine de fruits** fruit salad; **macédoine de légumes** mixed vegetables
macérer [masere] §10 *tr* to macerate; to mortify (*the flesh*); to soak, to steep || *intr* to soak, to steep
mâchefer [mɑʃfɛr] *m* clinker
mâcher [mɑʃe] *tr* to chew; **mâcher la besogne à qn** to do all one's work for one; **ne pas mâcher ses mots** to not mince words
machin [maʃɛ̃] *m* (coll) what-do-you-call-it; (coll) what's-his-name, so-and-so
machi•nal -nale [maʃinal] *adj* (*pl* **-naux** [no]) mechanical
machination [maʃinɑsjɔ̃] *f* machination
machine [maʃin] *f* machine; engine; **faire machine arrière** to go into reverse; **machine à calculer** adding machine; **machine à coudre** sewing machine; **machine à écrire** typewriter; **machine à laver** washing machine; **machine à laver la vaisselle** dishwasher; **machine à vapeur** steam engine; **machines** machinery
machine-outil [maʃinuti] *f* (*pl* **machines-outils**) machine tool
machinerie [maʃinri] *f* machinery; engine room
machiniste [maʃinist] *m* (theat) stagehand
mâchoire [mɑʃwar] *f* jaw; jawbone; lower jaw
mâchonner [mɑʃɔne] *tr* to chew, munch; to mumble (*e.g., the end of a sentence*)
mâchurer [mɑʃyre] *tr* to crush; to smudge
maçon [masɔ̃] *m* mason
maçonner [masɔne] *tr* to mason, to wall up
maçonnerie [masɔnri] *f* masonry
macule [makyl] *f* spot, blotch; inkblot; birthmark
maculer [makyle] *tr* to soil, spot; (typ) to smear
madame [madam] *f* (*pl* **mesdames** [medam]) madam; Mrs.; (not translated), e.g., **madame votre femme** your wife
Madeleine [madlɛn] *f* Madeleine, Magdalen; sponge cake; **pleurer comme une Madeleine** to weep bitterly
mademoiselle [madmwazɛl] *f* (*pl* **mesdemoiselles** [medmwazɛl]) Miss; eldest daughter; (not translated), e.g., **mademoiselle votre fille** your daughter
Madone [madɔn] *f* Madonna
ma•dré -drée [madre] *adj* sly, cagey || *mf* sly one
madrier [madrije] *m* beam
maf•flu -flue [mafly] *adj* heavy-jowled
magasin [magazɛ̃] *m* store; warehouse; magazine (*of gun or camera; for munitions or powder*); **avoir en magasin** to have in stock; **grands magasins** department store; **magasin à libre service** self-service store; **magasin à succursales multiples** chain store; **magasin d'antiquités** antique shop; **magasin de modes** dress shop
magasinage [magazinaʒ] *m* storage, warehousing; storage charges; (Canad) shopping
magasinier [magazinje] *m* warehouseman
magazine [magazin] *m* magazine; (mov, telv) hour, program, e.g., **magazine féminin** woman's hour
mages [maʒ] *mpl* Magi
magi•cien [maʒisjɛ̃] **-cienne** [sjɛn] *mf* magician
magie [maʒi] *f* magic
magique [maʒik] *adj* magic
magis•tral -trale [maʒistral] *adj* (*pl* **-traux** [tro]) masterful, masterly; magisterial; (pharm) magistral
magistrat [maʒistra] *m* magistrate
magnanime [maɲanim] *adj* magnanimous
magnat [magna] *m* magnate
magnésium [maɲezjɔm] *m* magnesium
magnétique [maɲetik] *adj* magnetic; hypnotic
magnétiser [maɲetize] *tr* to magnetize; to hypnotize; to spellbind
magnétisme [maɲetism] *m* magnetism
magnéto [maɲeto] *f* magneto
magnétophone [maɲetɔfɔn] *m* tape recorder
magnétoscope [maɲetɔskɔp] *m* video tape recorder; video tape recording
magnifier [magnifje] *tr* to extol, glorify
magnifique [maɲifik] *adj* magnificent; lavishly generous
magnitude [magnityd] *f* (astr) magnitude
magot [mago] *m* Barbary ape; figurine; (coll) hoard, pile (*of money*)
Mahomet [maɔmɛ] *m* Mahomet
mahomé•tan [maɔmetɑ̃] **-tane** [tan] *adj & m* Mohammedan
mai [mɛ] *m* May; Maypole
maie [mɛ] *f* bread bin; kneading trough
maigre [mɛgr] *adj* lean; thin; meager; meatless (*day*); **faire maigre** to abstain from meat
maigreur [mɛgrœr] *f* leanness; meagerness
maigri•chon [megriʃɔ̃] **-chonne** [ʃɔn] *adj* (coll) skinny

maigrir [megrir] *tr* to slim; to make (*s.o.*) look thinner || *intr* to lose weight
mail [maj] *m* mall
maille [mɑj] *f* link; stitch; mesh, loop; **avoir maille à partir avec qn** to have a bone to pick with s.o.; **mailles** mail
maillet [majɛ] *m* mallet
maillon [mɑjɔ̃] *m* link (*of a chain*)
maillot [majo] *m* swimming suit; jersey; **maillot de bain** swimming suit; **maillot de corps** undershirt; **maillot de danseur** tights; **maillot des acrobates** tights
main [mɛ̃] *f* hand; quire; **à la main** by hand; **à main levée** in one stroke; **avoir la haute main sur** to control; **avoir la main, être la main** (cards) to be the dealer; **battre des mains** to applaud; **de la main à la main** privately; **de longue main** carefully; for a long time; **de main à main** from one person to another; **de première main** firsthand; **donner les mains à q.ch.** to be in favor of s.th.; **en venir aux mains** to come to blows; **faire main basse sur** to grab, to steal; **haut les mains!** hands up!; **passer la main dans le dos à qn** to soft-soap s.o.; **serrer la main à** to shake hands with; **sous main** secretly; **tout main** handmade
main-d'œuvre [mɛ̃dœvr] *f* (*pl* **mains-d'œuvre**) labor; laborers, manpower
maint [mɛ̃] **mainte** [mɛ̃t] *adj* many a; **à maintes reprises** time and again
maintenant [mɛ̃tnɑ̃] *adv* now
maintenir [mɛ̃tnir] §72 *intr* to maintain; to hold up || *ref* to keep on; to keep up
maintien [mɛ̃tjɛ̃] *m* maintenance; bearing
maire [mɛr] *m* mayor
mairesse [mɛrɛs] *f* (coll) mayor's wife
mairie [meri] *f* town hall, city hall
mais [mɛ] *m* but || *adv* why, well; **mais non** certainly not || *conj* but
maïs [mais] *m* corn, maize
maison [mɛzɔ̃] *f* house; home; household, family; house, firm, business; **à la maison** at home, home; **fait à la maison** homemade; **maison centrale** state or federal prison; **maison close, borgne, publique, mal famée, de débauche, de passe, de rendez-vous, de tolérance** house of ill fame; **maison d'accouchement** lying-in hospital; **maison d'antiquités, de meubles d'époque,** or **d'originaux** antique shop; **maison de commerce** firm; **maison de confiance** (com) trustworthy firm; **maison de correction** reform school; **maison de couture** dressmaking establishment; **maison de fous** madhouse; **maison de jeux** gambling house; **maison de plaisance** or **de campagne** cottage, summer home; **maison de rapport** apartment house; **maison de repos** rest home; **maison de retraite** old-people's home; **maison de santé** nursing home; **maison jumelée** semi-detached house; **maison mère** head office; **maison mortuaire** home of the deceased; **maison religieuse** convent
maisonnée [mɛzɔne] *f* household
maisonnette [mezɔnɛt] *f* little house, cottage
maî•tre [mɛtr] **-tresse** [trɛs] *adj* expert, capable; basic, key; main (*beam, girder*); utter (*fool*); arrant (*knave*); high (*card*) || *m* master; Mr. (*when addressing a lawyer*); (naut) mate; (naut) petty officer; **être passé maître en** to be a past master of or in; **maître chanteur** blackmailer; **maître d'armes** fencing master; **maître de chapelle** choirmaster; **maître d'école** schoolmaster; **maître de conférences** associate professor; **maître de forges** ironmaster; **maître de maison** man of the house, householder; **maître d'équipage** boatswain; **maître d'études** monitor, supervisor; **maître d'hôtel** headwaiter; butler; **maître d'œuvre** foreman; **maître Jacques** jack-of-all-trades; **maître mécanicien** chief engineer; **maître mineur** mine foreman; **maître queue** chef; **passer maître** to know one's trade || *f* see **maîtresse**
maître-autel [metrotɛl] *m* (*pl* **maîtres-autels**) high altar
maîtresse [mɛtrɛs] *f* mistress; **maîtresse d'école** schoolmistress; **maîtresse de maison** lady of the house
maîtrise [metriz] *f* mastery, command; master's degree; **maîtrise de soi** self-control
maîtriser [metrize] *tr* to master, control; to subdue
maj. abbr (**majuscule**) cap.
majesté [maʒɛste] *f* majesty
majes•tueux [maʒɛstɥø] **-tueuse** [tɥøz] *adj* majestic
ma•jeur [maʒœr] **-jeuse** [ʒøz] *adj & m* major
major [maʒɔr] *m* regimental quartermaster; army doctor; **être le major de sa promotion** to be at the head of one's class
majordome [maʒɔrdɔm] *m* major-domo
majorer [maʒɔre] *tr* to increase the price of; to overprice; to raise (*the price*)
majoritaire [maʒɔritɛr] *adj* majority
majorité [maʒɔrite] *f* majority
Majorque [maʒɔrk] *f* Majorca
major•quin [maʒɔrkɛ̃] **-quine** [kin] *adj* Majorcan || (*cap*) *mf* Majorcan
majuscule [maʒyskyl] *adj* capital (*letter*) || *f* capital letter
mal [mal] *adj*—**de mal** bad, e.g., **dire q.ch. de mal** to say s.th. bad; **pas mal** not bad, quite good-looking || *m* (*pl* **maux** [mo]) evil; trouble; hurt; pain; wrong; **avoir du mal à** + *inf* to have a hard time + *ger*, to have difficulty in + *ger;* **avoir mal à la tête** to have a headache; **avoir mal au cœur** to be nauseated; **avoir mal aux dents** to have a toothache; **avoir mal de gorge** to have a sore throat; **dire du mal de qn** to speak ill of s.o.; **faire mal à, faire du mal à** to hurt, to harm; **le Mal** Evil; **mal aux reins**

backache; **mal blanc** whitlow; **mal de l'air** airsickness; **mal de la route** carsickness; **mal de mer** seasickness; **mal des rayons** radiation sickness; **mal du pays** homesickness; **mal du siècle** Weltschmerz, romantic melancholy; **se donner du mal** to take pains || *adv* §91 badly, bad; **de mal en pis** from bad to worse; **être mal avec qn** to be on bad terms with s.o.; **pas mal** not bad; **pas mal de** a lot of, quite a few

malade [malad] *adj* sick, ill || *mf* patient, sick person

maladie [maladi] *f* disease, sickness; distemper; **elle va en faire une maladie** (coll) she'll be terribly upset over it; **maladie de carence** or **par carence** deficiency disease; **maladie de cœur** heart trouble; **maladie des caissons** bends; **maladie diplomatique** malingering; **revenir de maladie** to convalesce

mala•dif [maladif] **-dive** [div] *adj* sickly; morbid

maladresse [maladrɛs] *f* awkwardness; blunder

mala•droit [maladrwa] **-droite** [drwat] *adj* clumsy, awkward

ma•lais [malɛ] **-laise** [lɛz] *adj* Malay || *m* Malay (*language*) || see **malaise** *m* || (*cap*) *mf* Malay (*person*)

malaise [malɛz] *m* malaise, discomfort

malai•sé -sée [maleze] *adj* difficult

malap•pris [malapri] **malap•prise** [malapriz] *adj* uncouth, ill-bred || *mf* ill-bred person

malard [malar] *m* (orn) mallard

malaria [malarja] *f* malaria

malavi•sé -sée [malavize] *adj* ill-advised, indiscreet

malaxer [malakse] *tr* to knead; to churn (*butter*); to massage

malaxeur [malaksœr] *m* churn; (mach) mixer

malchance [malʃɑ̃s] *f* bad luck; **par malchance** unluckily; **une malchance** a piece of bad luck

malchan•ceux [malʃɑ̃sø] **-ceuse** [søz] *adj* unlucky

malcommode [malkɔmɔd] *adj* inconvenient; unsuitable, impracticable

maldonne [maldɔn] *f* misdeal

mâle [mɑl] *adj* male; energetic, virile || *m* male

malédiction [malediksjɔ̃] *f* curse

maléfice [malefis] *m* evil spell

maléfique [malefik] *adj* baleful

malencon•treux [malɑ̃kɔ̃trø] **-treuse** [trøz] *adj* untimely, unfortunate

malentendu [malɑ̃tɑ̃dy] *m* misunderstanding

malfaçon [malfasɔ̃] *f* defect

malfai•sant [malfəzɑ̃] **-sante** [zɑ̃t] *adj* mischievous, harmful

malfaiteur [malfetœr] *m* malefactor

malfa•mé -mée [malfame] *adj* ill-famed

malgra•cieux [malgrasjø] **-cieuse** [sjøz] *adj* ungracious

malgré [malgre] *prep* in spite of; **malgré que** in spite of the fact that, although

malhabile [malabil] *adj* inexperienced, clumsy

malheur [malœr] *m* misfortune; unhappiness; bad luck; **faire un malheur** to commit an act of violence; **jouer de malheur** to be unlucky

malheu•reux [malœrø] **-reuse** [røz] *adj* unfortunate; unhappy; unlucky; paltry || *m* poor man, wretch; **les malheureux** the unfortunate || *f* poor woman, wretch

malhonnête [malɔnɛt] *adj* dishonest; (slang) rude, uncivil

malhonnêteté [malɔnɛtte] *f* dishonesty

malice [malis] *f* mischievousness

mali•cieux [malisjø] **-cieuse** [sjøz] *adj* malicious, mischievous

malignité [maliɲite] *f* malignancy

ma•lin [malɛ̃] **-line** [lin] *adj* cunning, sly, smart; mischievous; malignant (*e.g., tumor*); **ce n'est pas malin** (coll) it's easy || *mf* sly one; **Le Malin** the Evil One

malingre [malɛ̃gr] *adj* weakly, puny

malintention•né -née [malɛ̃tɑ̃sjɔne] *adj* evil-minded, ill-disposed

mal-jugé [malʒyʒe] *m* miscarriage (*of justice*)

malle [mal] *f* trunk; mailboat; **faire ses malles** to pack

malléable [maleabl] *adj* malleable; compliant, pliable

mallette [malɛt] *f* suitcase; small trunk

malmener [malməne] §2 *tr* to rough up

malodo•rant [malɔdɔrɑ̃] **-rante** [rɑ̃t] *adj* malodorous; bad (*breath*)

malo•tru -true [malɔtry] *adj* coarse, uncouth || *mf* ill-bred person, oaf

malpropre [malprɔpr] *adj* dirty; improper; crude, clumsy (*workmanship*)

mal•sain [malsɛ̃] **-saine** [sɛn] *adj* unhealthy

malséant [malseɑ̃] **malséante** [malseɑ̃t] *adj* improper

malson•nant [malsɔnɑ̃] **malson•nante** [malsɔnɑ̃t] *adj* offensive, objectionable

malt [malt] *m* malt

maltraiter [maltrete] *tr* to mistreat

malveil•lant [malvɛjɑ̃] **malveil•lante** [malvɛjɑ̃t] *adj* malevolent

malve•nu -nue [malvəny] *adj* ill-advised, out of place; poorly developed

malversation [malvɛrsɑsjɔ̃] *f* embezzlement

maman [mamɑ̃] *f* mamma

mamelle [mamɛl] *f* breast; udder

mamelon [mamlɔ̃] *m* nipple, teat; knoll

mamie [mami] *f* (coll) my dear

mammifère [mamifɛr] *adj* mammalian || *m* mammal

mammouth [mamut] *m* mammoth

mamours [mamur] *mpl* (coll) caresses

mam'selle or **mam'zelle** [mamzɛl] *f* (coll) Miss

manant [manɑ̃] *m* hick, yokel

manche [mɑ̃ʃ] *m* handle; stick, stock; neck (*of violin*); (culin) knuckle; **branler au manche** or **dans le manche** to be shaky; **manche à balai** broomstick; (aer) joy stick; **manche à gigot** holder (*for carving*) || *f* sleeve; hose; channel; game, heat, round; shaft, chute; (baseball) inning; (bridge) game; (tennis) set; **en manches de chemise** in shirt sleeves; **la Manche** the English Channel; **manche à air** windsock; **manche à manche** neck and neck, even up; **manches à gigot** leg-of-mutton sleeves

manchette [mɑ̃ʃɛt] *f* cuff; (journ) headline

manchon [mɑ̃ʃɔ̃] *m* muff; (*of gaslight*) mantle; (mach) casing, sleeve

man•chot [mɑ̃ʃo] **-chote** [ʃɔt] *adj* one-armed; one-handed; (coll) clumsy || *mf* one-armed person; one-handed person || *m* (orn) penguin

mandarine [mɑ̃darin] *f* mandarin orange

mandat [mɑ̃da] *m* mandate; term of office; money order; power of attorney; proxy; **mandat d'arrêt** warrant; **mandat de perquisition** search warrant

mandataire [mɑ̃datɛr] *mf* representative; proxy; defender

mandat-carte [mɑ̃dakart] *m* (*pl* **mandats-carte**) postal-card money order

mandat-poste [mɑ̃dapɔst] *m* (*pl* **mandats-poste**) postal money order

Mandchourie [mɑ̃tʃuri] *f* Manchuria; **la Mandchourie** Manchuria

mander [mɑ̃de] *tr* to summon

mandoline [mɑ̃dɔlin] *f* mandolin

mandragore [mɑ̃dragɔr] *f* mandrake

mandrin [mɑ̃drɛ̃] *m* (mach) punch; (mach) chuck

manécanterie [manekɑ̃tri] *f* choir school

manège [manɛʒ] *m* horsemanship; riding school; trick, little game; **manège de chevaux de bois** merry-go-round

mânes [mɑn] *mpl* shades, spirits (*of ancestors*)

maneton [mantɔ̃] *m* crank handle; pin (*of crankshaft*)

manette [manɛt] *f* lever, switch

manganèse [mɑ̃ganɛz] *m* manganese

mangeable [mɑ̃ʒabl] *adj* edible; barely fit to eat

mangeaille [mɑ̃ʒɑj] *f* swill; (coll) grub, chow

mangeotter [mɑ̃ʒɔte] *tr* to pick at (*one's food*)

manger [mɑ̃ʒe] *m* food, e.g., **le boire et le manger** food and drink; (slang) meal || §38 *tr* to eat; to eat up; to mumble (*one's words*); **manger du bout des lèvres** to nibble at || *intr* to eat

mangerie [mɑ̃ʒri] *f* (coll) big meal

mange-tout [mɑ̃ʒtu] *m invar* sugar pea

man•geur [mɑ̃ʒœr] **-geuse** [ʒøz] *mf* eater; wastrel, spendthrift; **mangeur d'hommes** man-eater

mangouste [mɑ̃gust] *f* mongoose

maniable [manjabl] *adj* maneuverable, easy to handle, supple

maniaque [manjak] *adj & mf* maniac

manie [mani] *f* mania

maniement [manimɑ̃] *m* handling

manier [manje] *tr* to handle || *ref* (coll) to get a move on

manière [manjɛr] *f* manner; **à la manière de** in the manner of; **de manière à** so as to; **de manière que** so that; **de toute manière** in any case; **d'une manière ou d'une autre** one way or another; **en aucune manière** by no means; **faire des manières** to pretend to be indifferent, to want to be coaxed; **manière de voir** point of view; **manières** manners

manié•ré -rée [manjere] *adj* mannered, affected

maniérisme [manjerism] *m* mannerism

ma•nieur [manjœr] **-nieuse** [njøz] *mf* handler; **grand manieur d'argent** tycoon

manifes•tant [manifɛstɑ̃] **-tante** [tɑ̃t] *mf* demonstrator

manifestation [manifɛstɑsjɔ̃] *f* demonstration, manifestation

manifeste [manifɛst] *adj* manifest || *m* manifesto; (naut) manifest

manifester [manifɛste] *tr* to manifest || *intr* to demonstrate || *ref* to reveal oneself

manigance [manigɑ̃s] *f* trick, intrigue

manipuler [manipyle] *tr* to manipulate; to handle (*e.g., packages*); to arrange (*equipment*) for an experiment

manitou [manitu] *m* manitou; (coll) bigwig

manivelle [manivɛl] *f* crank

manne [man] *f* manna

mannequin [mankɛ̃] *m* mannequin; scarecrow

manœuvre [manœvr] *m* hand, laborer || *f* maneuver; (naut) handling, maneuvering; (rr) shifting; **fausse manœuvre** wrong move; **manœuvres** rigging

manœuvrer [manœvre] *tr & intr* to maneuver; (rr) to shift

manoir [manwar] *m* manor, manor house

man•quant [mɑ̃kɑ̃] **-quante** [kɑ̃t] *adj* missing || *mf* absentee || *m* missing article; **manquants** shortages

manque [mɑ̃k] *m* lack; shortage; insufficiency; **manque à gagner** lost opportunity; **manque de parole** breach of faith; **par manque de** for lack of || *f*—**à la manque** (coll) rotten, poor, dud

man•qué -quée [mɑ̃ke] *adj* missed, unsuccessful; broken (*engagement*); (with abilities which were not professionally developed), e.g., **le docteur est un cuisinier manqué** the doctor could have been a cook by profession

manquement [mɑ̃kmɑ̃] *m* breach, lapse

manquer [mɑ̃ke] *tr* to miss; to flunk || *intr* to misfire; to be missing, e.g., **il en manque trois** three are missing; to be missed, e.g., **vous lui manquez beaucoup** you are very much missed by him, he misses you very much; to be short, e.g., **il lui manque cinq francs** he is five francs short; **manquer à** to break (*one's word*); to disobey (*an order*); to fail to observe (*a rule*); to fail, e.g., **le cœur lui a manqué** his heart failed him; **manquer de** to lack, to be short of, to run out of; **manquer de** + *inf* to nearly + *inf*, e.g., **il a manqué de se noyer** he nearly drowned; **sans manquer** without fail || *ref* to miss each other; to fail

mansarde [mɑ̃sard] *f* mansard roof; mansard

manse [mɑ̃s] *m & f* (hist) small manor

mante [mɑ̃t] *f* mantle; **mante religieuse** (ent) praying mantis

man·teau [mɑ̃to] *m* (*pl* **-teaux**) overcoat; mantle, cloak; mantelpiece; **sous le manteau** sub rosa

mantille [mɑ̃tij] *f* mantilla

manucure [manykyr] *mf* manicurist

ma·nuel -nuelle [manɥɛl] *adj* manual || *mf* laborer, blue-collar worker || *m* manual, handbook

manufacture [manyfaktyr] *f* factory, plant

manufacturer [manyfaktyre] *tr* to manufacture

manus·crit [manyskri] **-crite** [krit] *adj & m* manuscript

manutention [manytɑ̃sjɔ̃] *f* handling (*of merchandise*)

manutentionner [manytɑ̃sjɔne] *tr* to handle (*merchandise*)

mappemonde [mapmɔ̃d] *f* world map; **mappemonde céleste** map of the heavens

maque·reau [makro] **-relle** [rɛl] (*pl* **-reaux -relles**) *mf* (slang) procurer || *m* mackerel; (slang) pimp || *f* (slang) madam (*of a brothel*)

maquette [makɛt] *f* maquette, model; dummy (*of book*); rough sketch

maquignon [makiɲɔ̃] *m* horse trader; wholesale cattle dealer; (coll) gobetween

maquignonnage [makiɲɔnaʒ] *m* horse trading

maquignonner [makiɲɔne] *intr* to horse-trade

maquillage [makijaʒ] *m* make-up; fakery

maquiller [makije] *tr* to make up; to fake, to distort || *ref* to make up

maquil·leur [makijœr] **maquil·leuse** [makijøz] *mf* make-up artist || *m* make-up man

maquis [maki] *m* bush; maquis; **prendre le maquis** to go underground

maraî·cher [mareʃe] **-chère** [ʃɛr] *adj* truck-farming || *mf* truck farmer

marais [marɛ] *m* marsh; truck farm; **marais salant** saltern

marasme [marasm] *m* depression; doldrums, standstill

marathon [maratɔ̃] *m* marathon

marâtre [marɑtr] *f* stepmother; cruel mother

maraude [marod] *f* marauding; **en maraude** cruising (*taxi*)

marauder [marode] *intr* to maraud; to cruise (*said of taxi*)

marau·deur [marodœr] **-deuse** [døz] *adj* marauding || *mf* marauder

marbre [marbr] *m* marble; (typ) stone

marbrer [marbre] *tr* to marble; to mottle, vein; to bruise, blotch

marc [mar] *m* mark (*old coin*); marc, pulp; **marc de café** coffee grounds; **marc de thé** tea leaves || [mark] (*cap*) *m* Mark

marcassin [markasɛ̃] *m* young wild boar

mar·chand [marʃɑ̃] **-chande** [ʃɑ̃d] *adj* marketable; sale (*value*); trading (*center*); wholesale (*price*); merchant (*marine*) || *mf* merchant; **marchand ambulant** peddler; **marchand de canons** munitions maker; **marchand de couleurs** paint dealer, dealer in household articles; **marchand de ferraille** junk dealer; **marchand de journaux** newsdealer; **marchand des quatre-saisons** fruit vendor; **marchand en gros** wholesaler; **marchand forain** hawker || *f*—**marchande d'amour** or **de plaisir** prostitute

marchandage [marʃɑ̃daʒ] *m* bargaining; haggling; deal, underhanded arrangement

marchander [marʃɑ̃de] *tr* to bargain over; to haggle over; to be stingy with (*e.g., one's compliments*) || *intr* to haggle

marchan·deur [marʃɑ̃dœr] **-deuse** [døz] *mf* bargainer; haggler

marchandise [marʃɑ̃diz] *f* merchandise; **marchandises** goods

mar·chant [marʃɑ̃] **-chante** [ʃɑ̃t] *adj* marching; militant (*wing of political party*); (mil) wheeling (*flank*)

marche [marʃ] *f* march; step (*of stairway*); walking; movement; progress, course; (aut) gear; **à dix minutes de marche** ten minutes walk from here; **attention à la marche!** watch your step!; **en marche** in motion, running, operating; **faire marche arrière** to back up, to reverse; **fermer la marche** to bring up the rear; **marche funèbre** funeral march; **ouvrir la marche** to lead off the procession

marché [marʃe] *m* market; marketing, shopping; deal, bargain; **à bon marché** cheap; cheaply; **à meilleur marché** cheaper, more cheaply; **bon marché** cheapness; cheap; cheaply; **faire bon marché de** to set little store by; **faire son marché** to do the marketing; **lancer, mettre,** or **vendre sur le marché** to market; **marché noir** black market; **par-dessus le marché** into the bargain

marchepied [marʃəpje] *m* footstool; little stepladder; running board; (fig) stepping stone

marcher [marʃe] *intr* to walk; to run, operate; to march; **marcher à grands pas** to stride; **marcher au pas** to walk in step; **marcher dans l'espace** to take a space walk; **marcher sur** to tread on, to walk on; **marchez au pas** (public sign) drive slowly

mar·cheur [marʃœr] **-cheuse** [ʃøz] *mf* walker

mardi [mardi] *m* Tuesday; **mardi gras** Shrove Tuesday; Mardi gras

mare [mar] *f* pool, pond

marécage [marekaʒ] *m* marsh, swamp

maréca·geux [marekaʒø] **-geuse** [ʒøz] *adj* marshy, swampy

maré·chal [mareʃal] *m* (*pl* **-chaux**

[ʃo]) marshal; blacksmith; **maréchal des logis** artillery or cavalry sergeant
maréchale [mareʃal] *f* marshal's wife
maréchal-ferrant [mareʃalferɑ̃] *m* (*pl* **maréchaux-ferrants**) blacksmith, farrier
marée [mare] *f* tide; fresh seafood; **marée descendante** ebb tide; **marée montante** flood tide
marelle [marɛl] *f* hopscotch
marémo•teur [maremɔtœr] **-trice** [tris] *adj* tide-driven
margarine [margarin] *f* margarine
marge [marʒ] *f* margin; border, edge; leeway, room; **en marge de** on the fringe of; a footnote to; **marge bénéficiaire** margin of profit; **marge de sécurité** margin of safety
margelle [marʒɛl] *f* curb, edge (*of well, fountain, etc.*)
margeur [marʒœr] *m* margin stop
margi•nal -nale [marʒinal] *adj* (*pl* **-naux** [no]) marginal
margot [margo] *f* (coll) magpie; (coll) chatterbox; **Margot** (coll) Maggie
margotin [margɔtɛ̃] *m* kindling
margouillis [marguji] *m* (coll) rotten stinking mess
margou•lin [margulɛ̃] **-line** [lin] *mf* sharpster, shyster
marguerite [margərit] *f* daisy; **Marguerite** Margaret
marguillier [margije] *m* churchwarden
mari [mari] *m* husband
mariable [marjabl] *adj* marriageable
mariage [marjaʒ] *m* marriage; wedding; blend, combination
Marianne [marjan] *f* Marian; Marianne (*symbol of the French Republic*)
ma•rié -riée [marje] *adj* married ‖ *m* bridegroom; **jeunes mariés** newlyweds; **les mariés** the bride and groom ‖ *f* bride
marier [marje] *tr* to marry, join in wedlock; to marry off; to blend, harmonize ‖ *ref* to get married; **se marier avec** to marry
marie-salope [marisalɔp] *f* (*pl* **maries-salopes**) dredger; (slang) slut
ma•rieur [marjœr] **-rieuse** [rjøz] *mf* (coll) matchmaker
marihuana [mariɥana] or **marijuana** [mariʒɥana] *f* marijuana
ma•rin [marɛ̃] **-rine** [rin] *adj* marine; seagoing; sea, e.g., **brise marine** sea breeze ‖ *m* sailor, seaman; sailor suit ‖ *f* navy; seascape; **marine marchande** merchant marine
mariner [marine] *tr & intr* to marinate
mari•nier [marinje] **-nière** [njɛr] *adj* naval; petty (*officer*); **à la marinière** cooked in gravy with onions ‖ *m* waterman ‖ *f* blouse; (swimming) sidestroke
marionnette [marjɔnɛt] *f* marionette; (fig) puppet
mari•tal -tale [marital] *adj* (*pl* **-taux** [to]) of the husband
maritime [maritim] *adj* maritime
maritorne [maritɔrn] *f* slut
marivaudage [marivodaʒ] *m* playful flirting; sophisticated conversation
marjolaine [marʒɔlɛn] *f* marjoram
marlou [marlu] *m* (slang) pimp
marmaille [marmɑj] *f* (coll) brats
marmelade [marməlad] *f* marmalade; (coll) mess
marmite [marmit] *f* pot, pan; (geol) pothole; (mil) shell, heavy shell; **marmite autoclave, marmite sous pression** pressure cooker; **marmite norvégienne** double boiler
marmiton [marmitɔ̃] *m* cook's helper
marmonner [marmɔne] *tr & intr* to mumble
marmot [marmo] *m* (coll) lad; (coll) grotesque figurine (*on knocker*); **croquer le marmot** (coll) to cool one's heels; **marmots** (coll) urchins, kids
marmotte [marmɔt] *f* woodchuck; **dormir comme une marmotte** to sleep like a log; **marmotte d'Amérique** groundhog; **marmotte de commis voyageur** traveling salesman's sample case
marmouset [marmuzɛ] *m* grotesque figurine; little man
marner [marne] *tr* to marl
marner [marne] *tr* to marl
Maroc [marɔk] *m*—**le Maroc** Morocco
maro•cain [marɔkɛ̃] **-caine** [kɛn] *adj* Moroccan ‖ (*cap*) *mf* Moroccan
maronner [marɔne] *intr* (coll) to grumble
maroquin [marɔkɛ̃] *m* morocco leather
maroquinerie [marɔkinri] *f* leather goods
marotte [marɔt] *f* fad; whim; dummy head (*of milliner*); jester's staff
mar•quant [markɑ̃] **-quante** [kɑ̃t] *adj* remarkable, outstanding; purple (*passages*)
marque [mark] *f* mark; brand, make; hallmark; token, sign; **de marque** distinguished; **marque déposée** trademark
marquer [marke] *tr* to mark; to brand; to score; to indicate, show ‖ *intr* to make a mark, to leave an impression
marqueterie [markətri], [markɛtri] *f* marquetry, inlay
mar•queur [markœr] **-queuse** [køz] *mf* marker ‖ *m* scorekeeper; scorer ‖ *f* (mach) stenciler
marquis [marki] *m* marquis
marquise [markiz] *f* marchioness, marquise; marquee, awning; (rr) roof (*over platform*)
marraine [marɛn] *f* godmother, sponsor; christener; **marraine de guerre** war mother
mar•rant [marɑ̃] **mar•rante** [marɑ̃t] *adj* (slang) sidesplitting; (slang) funny, queer
marre [mar] *adv*—**en avoir marre** (coll) to be fed up
marrer [mare] *ref* (slang) to have a good laugh
mar•ron [marɔ̃] **mar•ronne** [marɔn] *adj* quack (*doctor*); shyster (*lawyer*) ‖ **marron** *adj invar* reddish-brown, chestnut ‖ *m* chestnut; **marron d'Inde** horse chestnut
marronnier [marɔnje] *m* chestnut tree; **marronnier d'Inde** horse-chestnut tree

mars [mars] *m* March; **Mars** Mars
Marseille [marsej] *f* Marseilles
marsouin [marswɛ̃] *m* porpoise
marte [mart] *f* (zool) marten
mar·teau [marto] (*pl* **-teaux**) *adj* (coll) cracked; balmy || *m* hammer; (ichth) hammerhead; **marteau de porte** knocker
marteau-pilon [martopilɔ̃] *m* (*pl* **marteaux-pilons**) drop hammer
marteler [martəle] §2 *tr* to hammer; to hammer at; to hammer out
Marthe [mart] *f* Martha
mar·tial -tiale [marsjal] *adj* (*pl* **-tiaux** [sjo]) martial
martinet [martinɛ] *m* triphammer; scourge, cat-o'-nine-tails; (orn) martin, swift
martin-pêcheur [martɛ̃peʃœr] *m* (*pl* **martins-pêcheurs**) (orn) kingfisher
martre [martr] *f* (zool) marten
mar·tyr -tyre [martir] *adj* & *mf* martyr || **martyre** *m* martyrdom
martyriser [martirize] *tr* to martyr
marxiste [marksist] *adj* & *mf* Marxist
maryland [marilɑ̃] *m* choice tobacco || (*cap*) *m*—**le Maryland** Maryland
mas [mɑ], [mɑs] *m* farmhouse or farm (*in Provence*)
mascarade [maskarad] *f* masquerade
mascaret [maskarɛ] *m* bore
mascaron [maskarɔ̃] *m* mask, mascaron
mascotte [maskɔt] *f* mascot
mascu·lin [maskylɛ̃] **-line** [lin] *adj* & *m* masculine
masque [mask] *m* mask; **masque à gaz** gas mask; **masque mortuaire** death mask
masquer [maske] *tr* & *ref* to mask
massacre [masakr] *m* massacre; botched job
massacrer [masakre] *tr* to massacre; to botch
massage [masaʒ] *m* massage
masse [mas] *f* mass; sledge hammer; mace; pool, common fund; (elec) ground (*e.g., of an automobile*); **masse d'air froid** cold front; **mettre à la masse** (elec) to ground; **une masse de** (coll) a lot of
massepain [maspɛ̃] *m* marzipan
masser [mase] *tr* to mass; to massage || *ref* to mass; to massage oneself
massette [maset] *f* sledge hammer (*of stonemason*); (bot) bulrush
mas·seur [masœr] **mas·seuse** [masøz] *mf* masseur || *m* massager (*instrument*)
mas·sif [masif] **mas·sive** [masiv] *adj* massive; heavyset; solid (*e.g., gold*) || *m* massif, high plateau; clump (*of flowers, trees, etc.*)
massue [masy] *f* club, bludgeon
mastic [mastik] *m* putty
mastiquer [mastike] *tr* to masticate; to putty
mastoc [mastɔk] *adj invar* heavy, massive
masturber [mastyrbe] *tr* & *ref* to masturbate
m'as-tu-vu -vue [matyvy] (*pl* **-vu -vue**) *adj* (coll) stuck-up || *mf* (coll) show-off, smart aleck; (coll) bragging actor
masure [mɑzyr] *f* hovel, shack, shanty
mat mate [mat] *adj* dull, flat || **mat** *adj invar* checkmated || *m* checkmate || **mat** *adv* dull
mât [mɑ] *m* mast; pole
matamore [matamɔr] *m* braggart
match [matʃ] *m* match, contest, game
matelas [matla] *m* mattress; (coll) roll (*of bills*)
matelasser [matlase] *tr* to pad, to cushion
matelot [matlo] *m* sailor, seaman
matelote [matlɔt] *f* fish stew in wine
mater [mate] *tr* to dull; to checkmate; to subdue
matérialiser [materjalize] *ref* to materialize
matérialiste [materjalist] *adj* materialistic || *mf* materialist
maté·riau [materjo] *m* (*pl* **-riaux**) material
maté·riel -rielle [materjɛl] *adj* material; materialistic || *m* material; equipment; (mil) matériel; **matériel roulant** (rr) rolling stock || *f* (slang) living
mater·nel -nelle [matɛrnɛl] *adj* maternal || *f* nursery school
maternité [matɛrnite] *f* maternity; maternity hospital
math or **maths** [mat] *fpl* (coll) math
mathémati·cien [matematisjɛ̃] **-cienne** [sjɛn] *mf* mathematician
mathématique [matematik] *adj* mathematical || **mathématiques** *fpl* mathematics
matière [matjɛr] *f* matter; subject matter; material; **matière première** raw material
matin [matɛ̃] *m* morning; early part of the morning; **au petit matin** in the wee hours of the morning; **de bon matin, de grand matin** very early; **du matin** in the morning, A.M., e.g., **onze heures du matin** eleven o'clock in the morning, eleven A.M. || *adv* early
mâ·tin [mɑtɛ̃] **-tine** [tin] *mf* (coll) sly one || *m* (zool) mastiff || **mâtin** *adv* indeed!, well I'll be!
mati·nal -nale [matinal] *adj* (*pl* **-naux** [no]) morning; early-rising
mâti·né -née [mɑtine] *adj* crossbred; **mâtiné de** mixed with, crossbred with
matinée [matine] *f* morning; matinée; **faire la grasse matinée** to sleep late
mâtiner [mɑtine] *tr* to crossbreed
matines [matin] *fpl* matins
matité [matite] *f* dullness
ma·tois [matwa] **-toise** [twaz] *adj* sly, cunning || *mf* sly dog
matou [matu] *m* tomcat
matraque [matrak] *f* bludgeon; club, billy
matraquer [matrake] *tr* to club, bludgeon
matriarcat [matrijarka] *m* matriarchy
matrice [matris] *f* matrix
matricide [matrisid] *mf* matricide (*person*) || *m* matricide (*action*)
matricule [matrikyl] *adj* serial (*num-*

ber) || *m* serial number || *f* roll, register
matrimo•nial -niale [matrimɔnjal] *adj* (*pl* **-niaux** [njo]) matrimonial, marital
matrone [matrɔn] *f* matron; matriarch; old hag; midwife; abortionist
mâture [matyr] *f* masts (*of ship*)
maudire [modir] §39 *tr* to curse, to damn
mau•dit [modi] **-dite** [dit] *adj* cursed
maugréer [mogree] *intr* to grumble, gripe
maure [mɔr] *adj* Moorish || (*cap*) *m* Moor
mauresque [mɔrɛsk] *adj* Moorish || (*cap*) *f* Moorish woman
mausolée [mozɔle] *m* mausoleum
maussade [mosad] *adj* sullen, gloomy
mau•vais [mɔvɛ], [movɛ] **-vaise** [vɛz] *adj* §91 bad; evil; wrong; **il fait mauvais** the weather is bad; **sentir mauvais** to smell bad || *mf* wicked person; **le Mauvais** the Evil One || *m* evil
mauve [mov] *adj* mauve || *f* (bot) mallow
mauviette [movjɛt] *f* (orn) lark; (coll) milquetoast
mauvis [movi] *m* (orn) redwing
maxillaire [maksillɛr] *m* jawbone
maxime [maksim] *f* maxim
maximum [maksimɔm] *adj & m* maximum
mayonnaise [majɔnɛz] *f* mayonnaise
mazette [mazɛt] *f* duffer || *interj* gosh!
mazout [mazut] *m* fuel oil
mazouter [mazute] *intr* to fuel up
M^e^ *abbr* (**Maître**) Mr.
me [mə] §87
méandre [meɑ̃dr] *m* meander
mec [mɛk] *m* (slang) guy; (slang) tough egg
mécanicien [mekanisjɛ̃] *m* mechanic; machinist; engineer (*of locomotive*)
mécanicienne [mekanisjɛn] *f* sewing-machine operator
mécanique [mekanik] *adj* mechanical || *f* mechanism; mechanics
mécaniser [mekanize] *tr* to mechanize
mécanisme [mekanism] *m* mechanism
mécano [mekano] *m* (coll) mechanic
mécène [mesɛn] *m* patron, Maecenas
méchanceté [meʃɑ̃ste] *f* malice, wickedness; nastiness
mé•chant [meʃɑ̃] **-chante** [ʃɑ̃t] *adj* malicious, wicked; nasty; naughty (*child*) || *mf* mean person; **faire le méchant** to threaten; (coll) to strike back; **les méchants** the wicked; **méchant!** naughty boy!
mèche [mɛʃ] *f* wick; fuse; lock (*of hair*); bit (*of drill*); **être de mèche avec** (coll) to be in cahoots with; **éventer** or **découvrir la mèche** to discover the plot; **il n'y a pas mèche** (coll) it's no go, nothing doing; **vendre la mèche** (coll) to let the cat out of the bag
mécompte [mekɔ̃t] *m* miscalculation; disappointment
méconnaissable [mekɔnɛsabl] *adj* unrecognizable
méconnaître [mekɔnɛtr] §12 *tr* to ignore; to underestimate
mécon•nu -nue [mekɔny] *adj* underestimated, misunderstood
mécon•tent [mekɔ̃tɑ̃] **-tente** [tɑ̃t] *adj* dissatisfied, displeased || *mf* grumbler
mécontentement [mekɔ̃tɑ̃tmɑ̃] *m* dissatisfaction, displeasure
mécontenter [mekɔ̃tɑ̃te] *tr* to displease
Mecque [mɛk] *f*—**La Mecque** Mecca
mécréant [mekreɑ̃] **mécréante** [mekreɑ̃t] *adj* unbelieving || *mf* unbeliever
médaille [medaj] *f* medal
médaillon [medajɔ̃] *m* medallion; locket; thin round slice (*e.g., of meat*); pat (*of butter*)
médecin [medsɛ̃], [mɛtsɛ̃] *m* doctor; **femme médecin** woman doctor
médecine [medsin], [mɛtsin] *f* medicine (*science and art*)
mé•dian [medjɑ̃] **-diane** [djan] *adj & f* median
média•teur [medjatœr] **-trice** [tris] *mf* mediator
médiation [medjɑsjɔ̃] *f* mediation
médi•cal -cale [medikal] *adj* (*pl* **-caux** [ko]) medical
médicament [medikamɑ̃] *m* (pharm) medicine
médicamenter [medikamɑ̃te] *tr* to dose
médicamen•teux [medikamɑ̃tø] **-teuse** [tøz] *adj* medicinal
médici•nal -nale [medisinal] *adj* (*pl* **-naux** [no]) medicinal
médié•val -vale [medjeval] *adj* (*pl* **-vaux** [vo]) medieval
médiéviste [medjevist] *mf* medievalist
médiocre [medjɔkr] *adj* mediocre, poor; average
médiocrité [medjɔkrite] *f* mediocrity
médire [medir] §40 *intr* to backbite; **médire de** to run down, to disparage
médisance [medizɑ̃s] *f* disparagement, backbiting
médi•sant [medizɑ̃] **-sante** [zɑ̃t] *adj* disparaging, backbiting || *mf* slanderer
méditation [meditɑsjɔ̃] *f* meditation
méditer [medite] *tr & intr* to meditate
méditerra•né -née [mediterane] *adj* Mediterranean; inland || (*cap*) *f* Mediterranean (Sea)
méditerranéen [mediteraneɛ̃] **méditerranéenne** [mediteraneɛn] *adj* Mediterranean
médium [medjɔm] *m* medium (*in spiritualism*); range (*of voice*)
médiumnique [medjɔmnik] *adj* psychic
médius [medjys] *m* middle finger
méduse [medyz] *f* jellyfish, medusa || (*cap*) *f* Medusa
méduser [medyze] *tr* to petrify (*with terror*)
meeting [mitiŋ] *m* rally, meet, meeting
méfait [mefɛ] *m* misdeed; **méfaits** ravages
méfiance [mefjɑ̃s] *f* mistrust
mé•fiant [mefjɑ̃] **-fiante** [fjɑ̃t] *adj* mistrustful
méfier [mefje] *ref* to beware; **se méfier de** to guard against, to mistrust
mégacycle [megasikl] *m* megacycle

mégaphone [megafɔn] *m* megaphone
mégarde [megard] *f*—**par mégarde** inadvertently
mégère [meʒɛr] *f* shrew
mégohm [megom] *m* megohm
mégot [mego] *m* butt (*of cigarette or cigar*)
meil•leur -leure [mɛjœr] **§91** *adj comp & super* better; best; **meilleur marché** cheaper
mélancolie [melɑ̃kɔli] *f* melancholy, melancholia
mélancolique [melɑ̃kɔlik] *adj* melancholy
mélange [melɑ̃ʒ] *m* mixing, blending; mixture, blend
mélanger [melɑ̃ʒe] **§38** *tr* to mix, to blend
mélan•geur [melɑ̃ʒœr] **-geuse** [ʒøz] *m & f* mixer
mélasse [melas] *f* molasses; **dans la mélasse** (coll) in the soup
mê•lé -lée [mele] *adj* mixed || *f* melee
mêler [mele] *tr* to mix; to tangle; to shuffle (*the cards*) || *ref* to mix; **se mêler à** to mingle with; to join in; **se mêler de** to meddle with, to interfere with
mélèze [melɛz] *m* (bot) larch
mélodie [melɔdi] *f* melody
mélo•dieux [melɔdjø] **-dieuse** [djøz] *adj* melodious
mélodique [melɔdik] *adj* melodic
mélodramatique [melɔdramatik] *adj* melodramatic
mélomane [melɔman] *adj* music-loving || *mf* music lover
melon [məlɔ̃] *m* melon; derby; **melon d'eau** watermelon
mélopée [melɔpe] *f* singsong, chant
membrane [mɑ̃bran] *f* membrane; **membrane vibrante** (elec) diaphragm
membre [mɑ̃br] *m* member; limb, member; **membre de phrase** clause
membrure [mɑ̃bryr] *f* frame, limbs
même [mɛm] *adj indef* very, e.g., **le jour même** on that very day || (when standing before noun) *adj indef* same, e.g., **en même temps** at the same time || *pron indef* same, same one; **à même de** + *inf* up to + *ger*, in a position to + *inf;* **à même le (la,** etc.) straight out of the (*e.g., bottle*); flush with the (*e.g., pavement*); next to one's (*e.g., skin*); on the bare (*ground, sand, etc.*); **cela revient au même** that amounts to the same thing; **de même** likewise; **de même que** in the same way as; **tout de même** nevertheless || *adv* even; **même quand** even when; **même si** even if
-même [mɛm] **§86**
mémento [memɛ̃to] *m* memento; memo book
mémère [memɛr] *f* (coll) granny; (coll) blowsy dame
mémoire [memwar] *m* memorandum; statement, account; term paper; treatise; petition; **mémoires** memoirs || *f* memory; **de mémoire** from memory; **de mémoire d'homme** within memory; **pour mémoire** for the record
mémorandum [memɔrɑ̃dɔm] *m* memorandum; **mémorandum de combat** battle orders
mémo•rial [memɔrjal] *m* (*pl* **-riaux** [rjo]) memorial; (dipl) memorandum; memoirs
menace [mənas] *f* menace, threat
menacer [mənase] **§51** *tr & intr* to menace, to threaten
ménage [menaʒ] *m* household; family; married couple; furniture; **de ménage** homemade; **faire bon ménage** to get along well; **faire des ménages** to do housework (*for hire*); **faire le ménage** to do the housework; **se mettre en ménage** to set up housekeeping; (coll) to live together (*without being married*)
ménagement [menaʒmɑ̃] *m* discretion; consideration
ména•ger [menaʒe] **-gère** [ʒɛr] *adj* household; **ménager de** thrifty with || *f* housewife, homemaker; silverware; silverware case || **ménager §38** *tr* to be careful with, to spare; to save (*money; one's strength*); to husband (*one's resources, one's strength*); to be considerate of, to handle with kid gloves; to arrange, to bring about; to install, to provide; to make (*e.g., a hole*) || *intr* to save || *ref* to take good care of oneself
ménagerie [menaʒri] *f* menagerie
men•diant [mɑ̃djɑ̃] **-diante** [djɑ̃t] *adj & mf* beggar; **des mendiants** dessert (*of dried fruits and nuts*)
mendier [mɑ̃dje] *tr & intr* to beg
menées [məne] *fpl* intrigues, schemes
mener [məne] **§2** *tr* to lead; to take; to manage; to draw (*e.g., a line*) || *intr* to lead
ménestrel [menɛstrɛl] *m* wandering minstrel
ménétrier [menetrije] *m* fiddler
me•neur [mənœr] **-neuse** [nøz] *mf* leader; ringleader; **meneur de jeu** master of ceremonies; narrator; moving spirit
menotte [mənɔt] *f* tiny hand; **menottes** handcuffs; **mettre** or **passer les menottes à** to handcuff
mensonge [mɑ̃sɔ̃ʒ] *m* lie; **pieux mensonge** white lie
menson•ger [mɑ̃sɔ̃ʒe] **-gère** [ʒɛr] *adj* lying, false; illusory, deceptive
menstrues [mɑ̃stry] *fpl* menses
mensualité [mɑ̃sɥalite] *f* monthly installment; monthly salary
men•suel -suelle [mɑ̃sɥɛl] *adj* monthly
men•tal -tale [mɑ̃tal] *adj* (*pl* **-taux** [to]) mental
mentalité [mɑ̃talite] *f* mentality
men•teur [mɑ̃tœr] **-teuse** [tøz] *adj* lying || *mf* liar
menthe [mɑ̃t] *f* mint; **menthe poivrée** peppermint; **menthe verte** spearmint
mention [mɑ̃sjɔ̃] *f* mention; **avec mention** with honors; **biffer les mentions inutiles** to cross out the questions which do not apply; **être reçu sans mention** to receive just a passing grade
mentionner [mɑ̃sjɔne] *tr* to mention

mentir [mɑ̃tir] §41 *intr* to lie
menton [mɑ̃tɔ̃] *m* chin
mentonnière [mɑ̃tɔnjɛr] *f* chin rest; chin strap
me·nu -nue [məny] *adj* small, little; tiny, fine ‖ *m* menu; minute detail
menuet [mənɥɛ] *m* minuet
menuiserie [mənɥizri] *f* carpentry; woodwork
menuisier [mənɥizje] *m* carpenter
méprendre [meprɑ̃dr] §56 *ref* to be mistaken; **à s'y méprendre** enough to take one for the other; **il n'y a pas à s'y méprendre** there's no mistake about it
mépris [mepri] *m* contempt, scorn
méprisable [meprizabl] *adj* contemptible, despicable
mépri·sant [meprizɑ̃] **-sante** [zɑ̃t] *adj* contemptuous, scornful
méprise [mepriz] *f* mistake
mépriser [meprize] *tr* to despise, scorn
mer [mɛr] *f* sea; **basse mer** low tide; **de haute mer** seagoing; **haute mer, pleine mer** high seas; high tide; **mer des Indes** Indian Ocean; **sur mer** afloat
mercanti [mɛrkɑ̃ti] *m* profiteer
mercantile [mɛrkɑ̃til] *adj* profiteering, mercenary
mercenaire [mɛrsənɛr] *adj & mf* mercenary
mercerie [mɛrsəri] *f* notions
merci [mɛrsi] *m* thanks, thank you; **merci de** + *inf* thank you for + *ger;* **merci de** or **pour** thank you for ‖ *f*— **à la merci de** at the mercy of; **Dieu merci!** thank heavens! ‖ *interj* thanks!, thank you!; no thanks!, no thank you!
mercredi [mɛrkrədi] *m* Wednesday; **mercredi des Cendres** Ash Wednesday
mercure [mɛrkyr] *m* mercury
mercuriale [mɛrkyrjal] *f* reprimand; market quotations; mercury (*weed*)
merde [mɛrd] *f* excrement; **merde alors!** (coll) well I'll be!
mère [mɛr] *f* mother; **la mère Gigogne** the old woman who lived in a shoe
méri·dien [meridjɛ̃] **-dienne** [djɛn] *adj & m* meridian ‖ *f* meridian line; couch, sofa; siesta
méridio·nal -nale [meridjɔnal] (*pl* **-naux** [no]) *adj* meridional, southern ‖ (*cap*) *mf* inhabitant of the Midi
meringue [mərɛ̃g] *f* meringue
merise [məriz] *f* wild cherry
merisier [mərizje] *m* wild cherry (tree)
méri·tant [meritɑ̃] **-tante** [tɑ̃t] *adj* deserving, worthy
mérite [merit] *m* merit
mériter [merite] *tr* to merit, to deserve; to win, earn ‖ *intr*—**mériter bien de** to deserve the gratitude of
méritoire [meritwar] *adj* deserving, meritorious
merlan [mɛrlɑ̃] *m* (ichth) whiting
merle [mɛrl] *m* (orn) blackbird; **merle blanc** (fig) rara avis; **vilain merle** (fig) dirty dog
merlin [mɛrlɛ̃] *m* ax; poleax; (naut) marline
merluche [mɛrlyʃ] *f* (ichth) hake, cod
merveille [mɛrvɛj] *f* marvel, wonder; **à merveille** marvelously, wonderfully
merveil·leux [mɛrvɛjø] **merveil·leuse** [mɛrvɛjøz] *adj* marvelous, wonderful
mes [me] §88
mésalliance [mezaljɑ̃s] *f* misalliance, mismatch
mésallier [mezalje] *tr* to misally ‖ *ref* to marry beneath one's station
mésange [mezɑ̃ʒ] *f* (orn) chickadee, titmouse
mésaventure [mezavɑ̃tyr] *f* misadventure
mésentente [mezɑ̃tɑ̃t] *f* misunderstanding
mésestimer [mezɛstime] *tr* to underestimate
mésintelligence [mezɛ̃teliʒɑ̃s] *f* misunderstanding, discord
mes·quin [mɛskɛ̃] **-quine** [kin] *adj* mean; stingy; petty
mess [mɛs] *m* officer's mess
message [mesaʒ] *m* message
messa·ger [mesaʒe] **-gère** [ʒɛr] *mf* messenger
messagerie [mesaʒri] *f* express; **messageries** express company
messe [mɛs] *f* (eccl) Mass; **dire** or **faire des messes basses** (coll) to speak in an undertone; **messe basse, petite messe** Low Mass; **première messe, messe du début** early Mass
Messie [mesi] *m* Messiah
messieurs-dames [mesjødam] *interj* ladies and gentlemen!
mesure [məzyr] *f* measure; measurement; (mus, poetic) measure; **à mesure** successively, one by one; **à mesure que** as; according as, proportionately as; **battre la mesure** to keep time; **dans la mesure de** insofar as; **dans une certaine mesure** to a certain extent; **être en mesure de** to be in a position to; **faire sur mesure** to make (*clothing*) to order; (fig) to tailor-make; **mesure de circonstance** emergency measure; **mesure en ruban** tape measure; **prendre des mesures de** to take measures to; **prendre la mesure de** to size up; **prendre les mesures de** to measure
mesurer [məzyre] *tr* to measure; to measure off or out ‖ *ref* to measure; **se mesurer avec** to measure swords with
métairie [meteri] *f* farm (*of a sharecropper*)
mé·tal [metal] *m* (*pl* **-taux** [to]) metal
métallique [metalik] *adj* metallic
métalloïde [metalɔid] *m* nonmetal
métallurgie [metalyrʒi] *f* metallurgy
métamorphose [metamɔrfoz] *f* metamorphosis
métaphore [metafɔr] *f* metaphor
métaphorique [metafɔrik] *adj* metaphorical
métathèse [metatɛz] *f* metathesis
métayage [metɛjaʒ] *m* sharecropping, tenant farming
métayer [meteje] **métayère** [metejɛr] *mf* sharecropper

méteil [metɛj] *m* wheat and rye
météo [meteo] *adj invar* meteorological || *m* weatherman || *f* meteorology; weather bureau; weather report
météore [meteɔr] *m* meteor (*atmospheric phenomenon*)
météorite [meteɔrit] *m & f* meteorite
météorologie [meteɔrɔlɔʒi] *f* meteorology; weather bureau; weather report
métèque [metɛk] *m* (pej) foreigner
méthane [metan] *m* methane
méthode [metɔd] *f* method
méthodique [metɔdik] *adj* methodic(al)
méthodiste [metɔdist] *adj & mf* Methodist
méticu•leux [metikylø] **-leuse** [løz] *adj* meticulous
métier [metje] *m* trade, craft; loom; **faites votre métier!** mind your own business!; **sur le métier** on the stocks
mé•tis -tisse [metis] *adj & mf* half-breed
métisser [metise] *tr* to crossbreed
métrage [metraʒ] *m* length in meters; length (*of remnant, film, etc.*); (mov) length of film in meters (*in English: footage, i.e., length of film in feet*); **court métrage** (mov) short subject, short; **long métrage** (mov) full-length movie, feature
mètre [mɛtr] *m* meter; **mètre à ruban** tape measure; **mètre pliant** folding rule
métrer [metre] **§10** *tr* to measure out by the meter
métrique [metrik] *adj* metric(al) || *f* metrics
métro [metro] *m* subway
métronome [metrɔnɔm] *m* metronome
métropole [metrɔpɔl] *f* metropolis; mother country
métropoli•tain [metrɔpɔlitɛ̃] **-taine** [tɛn] *adj* metropolitan || *m* subway; (eccl) metropolitan
mets [mɛ] *m* dish, food
mettable [mɛtabl] *adj* wearable
met•teur [mɛtœr] **met•teuse** [mɛtøz] *mf*—**metteur au point** mechanic; **metteur en œuvre** setter; (fig) promoter; **metteur en ondes** (rad) director, producer; **metteur en pages** (typ) make-up man; **metteur en scène** (mov, theat) director, producer
mettre [mɛtr] **§42** *tr* to put, lay, place; to put on (*clothes*); to set (*the table*); to take (*time*); **mettre à feu** (rok) to fire; **mettre au point** to carry out, complete; to tune up, adjust; (opt) to focus; (rad) to tune; **mettre au rancart** to pigeonhole; **mettre en accusation** to indict; **mettre en marche** to start; **mettre en œuvre** to put into action; **mettre en valeur** to develop, improve; to set off, enhance; **mettre en vigueur** to enforce; **mettre feu à** to set fire to; **mettre que** (coll) to suppose that || *intr*—**mettre bas** (zool) to litter || *ref* to sit or stand; to go; **se mettre à** to begin to; **se mettre à table** to sit down to eat; (slang) to confess; **se mettre en colère** to get angry; **se mettre en route** to set out; **se mettre mal avec** to quarrel with
meuble [mœbl] *adj* uncemented; loose (*ground*); personal (*property*) || *m* piece of furniture; **meubles** furniture; **meubles d'occasion** secondhand furniture
meubler [mœble] *tr* to furnish
meuglement [møgləmɑ̃] *m* lowing (*of cow*)
meugler [møgle] *intr* to low
meule [møl] *f* millstone; grindstone; stack (*e.g., of hay*)
meuler [møle] *tr* to grind
meu•nier [mønje] **-nière** [njɛr] *adj* milling (*e.g., industry*) || *m* miller || *f* miller's wife; **à la meunière** sautéed in butter
meurt-de-faim [mœrdəfɛ̃] *mf invar* starveling; **de meurt-de-faim** starvation (*wages*)
meurtre [mœrtr] *m* manslaughter; (fig) shame, crime; **meurtre commis avec préméditation** murder
meur•trier [mœrtrije] **-trière** [trijɛr] *adj* murderous, deadly || *m* murderer || *f* murderess; gun slit, loophole
meurtrir [mœrtrir] *tr* to bruise
meute [møt] *f* pack, band
mévente [mevɑ̃t] *f* slump (*in sales*)
mexi•cain [mɛksikɛ̃] **-caine** [kɛn] *adj* Mexican || (*cap*) *mf* Mexican
Mexico [mɛksiko] Mexico City
Mexique [mɛksik] *m*—**le Mexique** Mexico
mezzanine [medzanin] *m & f* (theat) mezzanine || *f* mezzanine; mezzanine window
miaou [mjau] *m* meow
miaulement [mjolmɑ̃] *m* meow; caterwauling; catcall
miauler [mjole] *intr* to meow
mi-bas [mibɑ] *m invar* half hose
mica [mika] *m* mica
miche [miʃ] *f* round loaf of bread
mi-chemin [miʃmɛ̃] *m*—**à mi-chemin** halfway
mi-clos [miklo] **-close** [kloz] *adj* (*pl* **-clos -closes**) half-shut
micmac [mikmak] *m* (coll) underhand dealing
mi-corps [mikɔr]—**à mi-corps** to the waist
mi-côte [mikot]—**à mi-côte** halfway up the hill
microbe [mikrɔb] *m* microbe
microbicide [mikrɔbisid] *adj & m* germicide
microbiologie [mikrɔbjɔlɔʒi] *f* microbiology
microfilm [mikrɔfilm] *m* microfilm
microfilmer [mikrɔfilme] *tr* to microfilm
micro-onde [mikrɔɔ̃d] *f* (*pl* **-ondes**) microwave
microphone [mikrɔfɔn] *m* microphone
microscope [mikrɔskɔp] *m* microscope
microscopique [mikrɔskɔpik] *adj* microscopic
microsillon [mikrɔsijɔ̃] *adj & m* microgroove
midi [midi] *m* noon; south; twelve, e.g., **midi dix** ten minutes after

twelve; **chercher midi à quatorze heures** (fig) to look for difficulties where there are none; **Midi** south of France
midinette [midinɛt] *f* dressmaker's assistant; working girl
mie [mi] *f* soft part, crumb; female friend; **ne . . . mie** §90 (archaic) not a crumb, not, e.g., **je n'en veux mie** I don't want any
miel [mjɛl] *m* honey
miel·leux [mjɛlø] **miel·leuse** [mjɛløz] *adj* honeyed, unctuous
mien [mjɛ̃] **mienne** [mjɛn] §89
miette [mjɛt] *f* crumb
mieux [mjø] §91 *adv comp & super* better; **aimer mieux** to prefer; **à qui mieux mieux** trying to outdo each other; **de mieux en mieux** better and better; **être mieux, aller mieux** to feel better; **tant mieux** so much the better; **valoir mieux** to be better
mieux-être [mjøzɛtr] *m* improved well-being
mièvre [mjɛvr] *adj* dainty, affected
mi-figue [mifig] *f*—**mi-figue mi-raisin** half one way half the other; half in jest half in earnest
mi·gnard [miɲar] **-gnarde** [ɲard] *adj* affected, mincing
mi·gnon [miɲɔ̃] **-gnonne** [ɲɔn] *adj* cute, darling || *mf* darling
mignon·net [miɲɔnɛ] **mignon·nette** [miɲɔnɛt] *adj* dainty || *f* fine lace; pepper; (bot) pink
mignoter [miɲɔte] *tr* (coll) to pet (*a child*)
migraine [migrɛn] *f* migraine; headache
migratoire [migratwar] *adj* migratory
mi-jambe [miʒɑ̃b] *f*—**à mi-jambe** up to one's knee
mijoter [miʒɔte] *tr* to simmer; (coll) to cook up, to brew || *intr* to simmer
mil [mil] *adj* one thousand, e.g., **l'an mil neuf cent soixante-six** the year one thousand nine hundred and sixty-six || *m* Indian club; millet
milan [milɑ̃] *m* (orn) kite
milice [milis] *f* militia
mi·lieu [miljø] *m* (*pl* **-lieux**) middle; milieu; **milieu de table** centerpiece
militaire [militɛr] *adj* military || *m* soldier; **le militaire** the military
mili·tant [militɑ̃] **-tante** [tɑ̃t] *adj & mf* militant
militariser [militarize] *tr* to militarize
militarisme [militarism] *m* militarism
militer [milite] *intr* to militate
mille [mil] *adj & pron* thousand || *m* thousand; mile; **mettre dans le mille** to hit the bull's-eye; **mille marin** international nautical mile
millefeuille [milfœj] *m* napoleon (*pastry*)
mille-feuille [milfœj] *f* (*pl* **-feuilles**) (bot) yarrow
millénaire [milenɛr] *adj* millennial || *m* millennium
mille-pattes [milpat] *m invar* centipede
millésime [milezim] *m* date, vintage
millet [mijɛ] *m* millet; birdseed
milliard [miljar] *m* billion
milliardaire [miljardɛr] *mf* billionaire
millième [miljɛm] *adj, pron* (*masc, fem*) thousandth || *m* thousandth; mill (*thousandth part of a dollar*)
millier [milje] *m* thousand; about a thousand; **par milliers** by the thousands; **un millier de** a thousand
milligramme [miligram] *m* milligram
millimètre [milimɛtr] *m* millimeter
million [miljɔ̃] *m* million; **un million de** a million
millionième [miljɔnjɛm] *adj, pron* (*masc, fem*), *& m* millionth
millionnaire [miljɔnɛr] *adj & m* millionaire
mime [mim] *mf* mime; mimic
mimer [mime] *tr & intr* to mime; to mimic
mimique [mimik] *adj* sign (*language*) || *f* mimicry
minable [minabl] *adj* wretched, shabby; (coll) pitiful (*performance, existence, etc.*) || *mf* unfortunate
minaret [minarɛ] *m* minaret
minauder [minode] *intr* to simper, smirk
minau·dier [minodje] **-dière** [djɛr] *adj* mincing
mince [mɛ̃s] *adj* thin, slim, slight; **mince!** or **mince alors!** golly!
mine [min] *f* mine; lead (*of pencil*); look, face; looks; (fig) mine (*of information*); **avoir bonne mine** to look well; **avoir la mine d'être** to look to be; **avoir mauvaise mine** to look badly; **faire bonne mine à** to be nice to; **faire des mines** to simper; **faire la mine à** to pout at; **faire mauvaise mine à** to be unpleasant to; **faire mine de** to make as if to
miner [mine] *tr* to mine; to undermine; to wear away
minerai [minrɛ] *m* ore
miné·ral -rale [mineral] (*pl* **-raux** [ro]) *adj & m* mineral
minéralogie [mineralɔʒi] *f* mineralogy
mi·net [minɛ] **-nette** [nɛt] *mf* (coll) kitty, pussy; (coll) darling
mi·neur **-neure** [minœr] *adj & mf* minor || *m* miner
miniature [minjatyr] *f* miniature
miniaturisation [minjatyrizɑsjɔ̃] *f* miniaturization
miniaturiser [minjatyrize] *tr* to miniaturize
minijupe [miniʒyp] *f* miniskirt
mini·mal -male [minimal] *adj* (*pl* **-maux** [mo]) minimum (*temperature*)
minime [minim] *adj* tiny; derisory (*salary*)
minimiser [minimize] *tr* to minimize
minimum [minimɔm] *adj & m* minimum; **minimum vital** minimum wage
ministère [ministɛr] *m* ministry; **ministère des Affaires étrangères** Department of State
ministé·riel -rielle [ministerjɛl] *adj* ministerial
ministre [ministr] *m* minister; **ministre des Affaires étrangères** secretary of state; **premier ministre** premier, prime minister

minium [minjɔm] *m* red lead
minois [minwa] *m* (coll) pretty little face
minoritaire [minɔritɛr] *adj* minority
minorité [minɔrite] *f* minority
Minorque [minɔrk] *f* Minorca
minoterie [minɔtri] *f* flour mill; flour industry
minotier [minɔtje] *m* miller
minuit [minɥi] *m* midnight; twelve, e.g., **minuit et demi** twelve thirty
minuscule [minyskyl] *adj* tiny; small (*letter*) || *f* small letter
minus habens [minysabɛ̃s] *mf invar* (coll) moron, idiot
minutage [minytaʒ] *m* timing
minute [minyt] *f* minute; moment, instant; **à la minute** that very moment || *interj* (coll) just a minute!
minuter [minyte] *tr* to itemize; to time
minuterie [minytri] *f* delayed-action switch; (mach) timing mechanism
minutie [minysi] *f* minute detail; great care; **minuties** minutiae
minu·tieux [minysjø] **-tieuse** [sjøz] *adj* meticulous, thorough
mioche [mjɔʃ] *mf* (coll) brat
mi-pente [mipɑ̃t]—**à mi-pente** halfway up or halfway down
mirabilis [mirabilis] *m* (bot) marvel-of-Peru
miracle [mirɑkl] *m* miracle; wonder, marvel; miracle play; **crier au miracle** to go into ecstasies
miracu·leux [mirakylø] **-leuse** [løz] *adj* miraculous; wonderful, marvelous
mirador [miradɔr] *m* watchtower
mirage [miraʒ] *m* mirage
mire [mir] *f* sight (*of gun*); surveyor's pole; (telv) test pattern
mire-œufs [mirø] *m invar* candler
mirer [mire] *tr* to candle (*eggs*) || *ref* to look at oneself; to be reflected
mirifique [mirifik] *adj* (coll) marvelous
mirobo·lant [mirɔbɔlɑ̃] **-lante** [lɑ̃t] *adj* (coll) astounding
miroir [mirwar] *m* mirror; **miroir à alouettes** decoy
miroiter [mirwate] *intr* to sparkle, gleam; **faire miroiter q.ch. à qn** to lure s.o. with s.th.
miroton [mirɔtɔ̃] *m* Irish stew
misaine [mizɛn] *f* foresail
misanthrope [mizɑ̃trɔp] *mf* misanthrope
miscellanées [miselane], [misɛllane] *fpl* miscellany
mise [miz] *f* placing, putting; dress, attire; (cards) stake, ante; **de mise** acceptable, proper; **mise à feu** firing (*e.g., of missile*); **mise à l'eau** launching; **mise à prix** opening bid; **mise au point** carrying out, completion; tuning up, adjustment; (opt) focusing; (rad) tuning; **mise au rancart** pigeonholing; **mise bas** delivery (*of litter*); **mise de fonds** investment; **mise en accusation** indictment; **mise en demeure** (law) injunction; **mise en marche** starting; **mise en œuvre** putting into action; **mise en scène** (theat) direction; (theat & fig) staging; **mise en valeur** development, improvement; **mise en vigueur** enforcement
miser [mize] *tr & intr* to ante; to stake, bet; to bid (*e.g., at auction*)
misérable [mizerabl] *adj* miserable || *mf* wretch
misère [mizɛr] *f* misery, wretchedness; poverty; worry; (coll) trifle; **crier misère** to make a poor mouth; to look forsaken; **faire des misères à** to pester
misé·reux [mizerø] **-reuse** [røz] *adj* destitute, wretched || *mf* pauper
miséricorde [mizerikɔrd] *f* mercy
miséricor·dieux [mizerikɔrdjø] **-dieuse** [djøz] *adj* merciful
missel [misɛl] *m* missal
missile [misil] *m* guided missile
mission [misjɔ̃] *f* mission
missionnaire [misjɔnɛr] *adj & m* missionary
missive [misiv] *adj & f* missive
mitaine [mitɛn] *f* mitt
mite [mit] *f* (ent) mite; (ent) clothes moth
mi·té -tée [mite] *adj* moth-eaten; (coll) shabby
mi-temps [mitɑ̃] *f invar* (sports) half time; **à mi-temps** half time
miter [mite] *ref* to become moth-eaten
mi·teux [mitø] **-teuse** [tøz] *adj* shabby || *mf* (coll) shabby-looking person
mitiger [mitiʒe] §38 *tr* to mitigate
mitonner [mitɔne] *tr* to simmer; to pamper; (coll) to contrive, devise || *intr* to simmer
mitoyen [mitwajɛ̃] **mitoyenne** [mitwajɛn] *adj* midway, intermediate, dividing; jointly owned, common
mitraille [mitrɑj] *f* scrap iron; grapeshot; artillery fire
mitrailler [mitrɑje] *tr* to machine-gun; to pepper (*with gunfire, flash bulbs, etc.*)
mitraillette [mitrɑjɛt] *f* submachine gun, Tommy gun
mitrail·leur [mitrɑjœr] **mitrail·leuse** [mitrɑjøz] *adj* repeating, automatic (*firearm*) || *m* machine gunner || *f* machine gun
mitre [mitr] *f* miter; chimney pot
mitron [mitrɔ̃] *m* baker's boy
mi-voix [mivwa]—**à mi-voix** in a low voice, under one's breath
mixte [mikst] *adj* mixed; coeducational; composite; joint (*e.g., commission*); (rr) freight-and-passenger
mixtion [mikstjɔ̃] *f* mixing; mixture
mixture [mikstyr] *f* mixture
Mlle *abbr* (**Mademoiselle**) Miss
MM. *abbr* (**Messieurs**) Messrs.
Mme *abbr* (**Madame**) Mrs.; Mme.
mobile [mɔbil] *adj* mobile || *m* motive; (fa) mobile
mobi·lier [mɔbilje] **-lière** [ljɛr] *adj* personal || *m* furniture
mobilisable [mɔbilizabl] *adj* (mil) subject to call
mobilisation [mɔbilizɑsjɔ̃] *f* mobilization
mobiliser [mɔbilize] *tr & intr* to mobilize
mobilité [mɔbilite] *f* mobility

moche [mɔʃ] *adj* (coll) ugly; (coll) lousy
modalité [mɔdalite] *f* modality, manner, method; **modalités** terms
mode [mɔd] *m* kind, method, mode; (gram) mood; (mus) mode; **mode d'emploi** directions for use ‖ *f* fashion; **à la mode** in style, fashionable; **à la mode de** in the manner of; **modes** fashions; millinery
modèle [mɔdɛl] *adj & m* model
modeler [mɔdle] §2 *tr* to model; to shape, mold ‖ *ref*—**se modeler sur** to take as a model
modéliste [mɔdelist] *mf* model-airplane designer, etc.; dress designer
modéra•teur [mɔderatœr] **-trice** [tris] *adj* moderating ‖ *mf* moderator; regulator; moderator (*for slowing down neutrons*); **modérateur de son** volume control
modé•ré -rée [mɔdere] *adj* moderate
modérer [mɔdere] §10 *tr & ref* to moderate
moderne [mɔdɛrn] *adj* modern
moderniser [mɔdɛrnize] *tr* to modernize
modeste [mɔdɛst] *adj* modest
modestie [mɔdɛsti] *f* modesty
modicité [mɔdisite] *f* paucity (*of resources*); lowness (*of price*)
modifica•teur [mɔdifikatœr] **-trice** [tris] *adj* modifying ‖ *m* modifier
modifier [mɔdifje] *tr* to modify
modique [mɔdik] *adj* moderate, reasonable
modiste [mɔdist] *f* milliner
modulation [mɔdylɑsjɔ̃] *f* modulation; **modulation d'amplitude** amplitude modulation; **modulation de fréquence** frequency modulation
module [mɔdyl] *m* module; **module lunaire** (rok) lunar module
moduler [mɔdyle] *tr & intr* to modulate
moelle [mwal] *f* marrow; (bot) pith; **moelle épinière** spinal cord
moel•leux [mwalø] **moel•leuse** [mwaløz] *adj* soft; mellow; flowing (*brush stroke*)
moellon [mwalɔ̃] *m* building stone
mœurs [mœr], [mœrs] *fpl* customs, habits; morals
mohair [mɔɛr] *m* mohair
moi [mwa] §85, §87
moignon [mwaɲɔ̃] *m* stump
moi-même [mwamɛm] §86
moindre [mwɛ̃dr] §91 *adj comp & super* less; lesser; least, slightest
moine [mwan] *m* monk
moi•neau [mwano] *m* (*pl* **-neaux**) sparrow
moins [mwɛ̃] *m* less; minus; **au moins** or **du moins** at least; **(le) moins** (the) least; **moins de** fewer ‖ *adv comp & super* §91 less; fewer; **à moins de** + *inf* without + *ger*, unless + *ind;* **à moins que** unless; **de moins en moins** less and less; **en moins de rien** in no time at all; **moins de** (followed by numeral) less than; **moins que** less than; **rien moins que** anything but ‖ *prep* minus; to, e.g., **dix heures moins le quart** a quarter to ten
moire [mwar] *f* moire; **moire de soie** watered silk
moi•ré -rée [mware] *adj* watered (*silk*) ‖ *m* wavy sheen
mois [mwa] *m* month
Moïse [mɔiz] *m* Moses
moi•si -sie [mwazi] *adj* moldy ‖ *m* mold; **sentir le moisi** to have a musty smell
moisir [mwazir] *tr* to mold ‖ *intr* to become moldy, to mold; (fig) to vegetate ‖ *ref* to mold
moisissure [mwazisyr] *f* mold
moisson [mwasɔ̃] *f* harvest
moissonner [mwasɔne] *tr* to harvest, reap
moisson•neur [mwasɔnœr] **moisson•neuse** [mwasɔnøz] *mf* reaper ‖ *f* (mach) reaper
moite [mwat] *adj* moist, damp; clammy
moiteur [mwatœr] *f* moistness, dampness; **moiteur froide** clamminess
moitié [mwatje] *f* half; (coll) better half (*wife*); **à moitié, la moitié** half; **à moitié chemin** halfway; **à moitié prix** at half price; **de moitié** by half ‖ *adv* half
moka [mɔka] *m* mocha coffee; mocha cake
molaire [mɔlɛr] *adj & f* molar
môle [mol] *m* mole, breakwater ‖ *f* (ichth) sunfish
molécule [mɔlekyl] *f* molecule
moleskine [mɔlɛskin] *f* (*fabric*) moleskin; imitation leather
molester [mɔlɛste] *tr* to molest
moleter [mɔlte] §34 *tr* to knurl, to mill
mollas•son [mɔlasɔ̃] **mollas•sonne** [mɔlasɔn] *mf* (coll) softy
mollement [mɔlmɑ̃] *adv* flabbily; listlessly
mollesse [mɔlɛs] *f* flabbiness; apathy; softness (*of contour*); mildness (*of climate*)
mol•let [mɔlɛ] **mol•lette** [mɔlɛt] *adj* soft, downy; soft-boiled (*egg*) ‖ *m* (anat) calf
molletière [mɔltjɛr] *f* puttee, legging
molleton [mɔltɔ̃] *m* flannel
mollir [mɔlir] *intr* to weaken
mollusque [mɔlysk] *m* mollusk
molosse [mɔlɔs] *m* watchdog
molybdène [mɔlibdɛn] *m* molybdenum
môme [mom] *adj* (slang) little ‖ *mf* (coll) kid ‖ *f* (slang) babe
moment [mɔmɑ̃] *m* moment; **à aucun moment** at no time; **à ce moment-là** then, at that time; **à tout moment, à tous moments** continually; **au moment où** just when; **c'est le moment** now is the time; **d'un moment à l'autre** at any moment; **en ce moment** now; at this moment; **par moments** now and then; **sur le moment** at the very moment; **un petit moment** a little while
momenta•né -née [mɔmɑ̃tane] *adj* momentary
momerie [mɔmri] *f* mummery
momie [mɔmi] *f* mummy
mon [mɔ̃] §88

M^on^ *abbr* **(Maison)** (com) House
mona·cal -cale [mɔnakal] *adj* (*pl* **-caux** [ko]) monastic, monkish
monachisme [mɔnaʃism], [mɔnakism] *m* monasticism
monarchique [mɔnarʃik] *adj* monarchic
monarque [mɔnark] *m* monarch
monastère [mɔnastɛr] *m* monastery
monastique [mɔnastik] *adj* monastic
mon·ceau [mɔ̃so] *m* (*pl* **-ceaux**) heap, pile
mon·dain [mɔ̃dɛ̃] **-daine** [dɛn] *adj* worldly; social (*life, functions, etc.*); sophisticated ‖ *mf* worldly-minded person; socialite
mondanité [mɔ̃danite] *f* worldliness; **mondanités** social events; (journ) social news
monde [mɔ̃d] *m* world; people; **avoir du monde chez soi** to have company; **il y a du monde, il y a un monde fou** there is a big crowd; **le beau monde, le grand monde** high society, fashionable society; **mettre au monde** to give birth to; **tout le monde** everybody, everyone
monder [mɔ̃de] *tr* to hull; to blanch; to stone
mon·dial -diale [mɔ̃djal] *adj* (*pl* **-diaux** [djo]) world; world-wide
monétaire [mɔnetɛr] *adj* monetary
mon·gol -gole [mɔ̃gɔl] *adj* Mongol ‖ *m* Mongol (*language*) ‖ (*cap*) *mf* Mongol (*person*)
moni·teur [mɔnitœr] **-trice** [tris] *mf* coach, trainer, instructor; monitor (*at school*)
monnaie [mɔnɛ] *f* change, small change; money (*legal tender of a country*); **fausse monnaie** counterfeit money; **la Monnaie** the Mint; **monnaie forte** hard currency; **payer en monnaie de singe** to give lip service to
monnayer [mɔneje] §49 *tr* to mint, to coin; to convert into cash; to cash in on
monnayeur [mɔnejœr] *m*—**faux monnayeur** counterfeiter
monocle [mɔnɔkl] *m* monocle
monogamie [mɔnɔgami] *f* monogamy
monogramme [mɔnɔgram] *m* monogram
monographie [mɔnɔgrafi] *f* monograph
monolithique [mɔnɔlitik] *adj* monolithic
monologue [mɔnɔlɔg] *m* monologue
monologuer [mɔnɔlɔge] *tr* to soliloquize
monomanie [mɔnɔmani] *f* monomania
monôme [mɔnom] *m* single file (*of students*); (math) monomial
monoplan [mɔnɔplɑ̃] *m* monoplane
monopole [mɔnɔpɔl] *m* monopoly
monopoliser [mɔnɔpɔlize] *tr* to monopolize
monorail [mɔnɔrɑj] *m* monorail
monosyllabe [mɔnɔsilab] *m* monosyllable
monothéiste [mɔnɔteist] *adj & mf* monotheist
monotone [mɔnɔtɔn] *adj* monotonous
monotonie [mɔnɔtɔni] *f* monotony
monotype [mɔnɔtip] *adj* monotypic ‖ *m* monotype ‖ *f* Monotype (*machine to set type*)
monseigneur [mɔ̃sɛɲœr] *m* (*pl* **messeigneurs** [mesɛɲœr]) monseigneur
monsieur [məsjø] *m* (*pl* **messieurs** [mesjø]) gentleman; sir; mister; Mr.
monstre [mɔ̃str] *adj* huge, monster ‖ *m* monster; freak; **monstres sacrés** (fig) sacred cows, idols
mons·trueux [mɔ̃stryø] **-trueuse** [tryøz] *adj* monstrous
mont [mɔ̃] *m* mount; mountain; **par monts et par vaux** over hill and dale; **passer les monts** to cross the Alps
montage [mɔ̃taʒ] *m* hoisting; setting up (*of a machine*); (elec) hookup; (mov) cutting, editing
monta·gnard [mɔ̃taɲar] **-gnarde** [ɲard] *adj* mountain ‖ *mf* mountaineer
montagne [mɔ̃taɲ] *f* mountain; **montagnes russes** roller coaster
monta·gneux [mɔ̃taɲø] **-gneuse** [ɲøz] *adj* mountainous
mon·tant [mɔ̃tɑ̃] **-tante** [tɑ̃t] *adj* rising, ascending; uphill; vertical; high-necked (*dress*) ‖ *m* upright, riser; gatepost; total (*sum*); allure; (culin) tang; **montants** goal posts; (slang) pair of trousers
mont-de-piété [mɔ̃dpjete] *m* (*pl* **monts-de-piété**) pawnshop
mon·té -tée [mɔ̃te] *adj* mounted; organized; equipped, well-provided; worked-up, angry ‖ *f* climb; slope
monte-charge [mɔ̃tʃarʒ] *m invar* freight elevator
monte-plats [mɔ̃tpla] *m invar* dumbwaiter
monter [mɔ̃te] *tr* to go up, to climb; to mount; to set up; to carry up, take up, bring up ‖ *intr* (*aux:* ÊTRE) to go up, to come up; to come upstairs; to rise; to come in (*said of tide*); **monter** + *inf* to go up to + *inf;* **monter à** or **en** to go up, to climb, to ascend, to mount; **monter sur** to mount (*the throne*); to go on (*the stage*) ‖ *ref*—**se monter à** to amount to; **se monter en** to lay in a supply of; **se monter la tête** to get excited
montre [mɔ̃tr] *f* show, display; watch; **en montre** in the window, on display; **faire montre de** to show off, to parade; **montre à remontoir** stem-winder; **montre à répétition** repeater
montre-bracelet [mɔ̃trəbraslɛ] *f* (*pl* **montres-bracelets**) wrist watch
montrer [mɔ̃tre] *tr* to show; **montrer du doigt** to point out or at ‖ *ref* to appear; to show oneself to be (*e.g., patient*)
mon·treur [mɔ̃trœr] **-treuse** [trøz] *mf* showman, exhibitor
mon·tueux [mɔ̃tɥø] **-tueuse** [tɥøz] *adj* rolling, hilly
monture [mɔ̃tyr] *f* mounting; assembling; mount (*e.g., horse*)
monument [mɔnymɑ̃] *m* monument; **monument aux morts** memorial monument
moquer [mɔke] *tr & ref* to mock; **se moquer de** to make fun of, to laugh at

moquerie [mɔkri] *f* mockery
moquette [mɔkɛt] *f* pile carpet
mo•ral -rale [mɔral] (*pl* **-raux** [ro]) *adj* moral ‖ *m* morale ‖ *f* ethics; moral (*of a fable*); **faire la morale à qn** to lecture s.o.
moralité [mɔralite] *f* morality; moral (*e.g., of a fable*)
morasse [mɔras] *f* final proof (*of newspaper*)
moratoire [mɔratwar] *m* moratorium
moratorium [mɔratɔrjɔm] *m* moratorium
morbide [mɔrbid] *adj* morbid
morbleu [mɔrblø] *interj* (obs) zounds!
mor•ceau [mɔrso] *m* (*pl* **-ceaux**) piece, bit; morsel; **bas morceaux** (culin) cheap cuts; **en morceaux** in cubes (*of sugar*); **morceaux choisis** selected passages
morceler [mɔrsəle] §34 *tr* to parcel out
morcellement [mɔrsɛlmɑ̃] *m* parceling out, division
mordancer [mɔrdɑ̃se] §51 *tr* to size
mor•dant [mɔrdɑ̃] **-dante** [dɑ̃t] *adj* mordant, caustic ‖ *m* mordant; cutting edge; fighting spirit; (mus) mordent
mordicus [mɔrdikys] *adv* (coll) stoutly, tenaciously
mordiller [mɔrdije] *tr & intr* to nibble; to nip
mordo•ré -rée [mɔrdɔre] *adj* golden-brown, bronze-colored
mordre [mɔrdr] *tr* to bite ‖ *intr* to bite; **mordre à** to bite on; to take to, to find easy; **mordre dans** to bite into; **mordre sur** to encroach upon ‖ *ref* to bite
mor•du -due [mɔrdy] *adj* bitten; smitten ‖ *mf* (coll) fan (*person*)
morelle [mɔrɛl] *f* nightshade
morfondre [mɔrfɔ̃dr] *tr* to chill to the bone ‖ *ref* to be bored waiting
morgue [mɔrg] *f* morgue; haughtiness
mori•caud [mɔriko] **-caude** [kod] *adj* (coll) dark-skinned, dusky
morigéner [mɔriʒene] §10 *tr* to scold
morillon [mɔrijɔ̃] *m* rough emerald; duck; **morillon à dos blanc** canvasback
mor•mon [mɔrmɔ̃] **-mone** [mɔn] *adj & mf* Mormon
morne [mɔrn] *adj* dismal, gloomy ‖ *m* hillock, knoll
mornifle [mɔrnifl] *f* (coll) slap
morose [mɔroz] *adj* morose
morphine [mɔrfin] *f* morphine
morphologie [mɔrfɔlɔʒi] *f* morphology
morpion [mɔrpjɔ̃] *m* tick-tack-toe; (*youngster*) (slang) squirt; (*Phthirius pubis*) (slang) crab louse
mors [mɔr] *m* bit; jaw (*of vise*)
morse [mɔrs] *m* Morse code; walrus
morsure [mɔrsyr] *f* bite
mort [mɔr] **morte** [mɔrt] *adj* dead; spent (*bullet*); (aut) neutral ‖ *mf* dead person, corpse ‖ *m* (bridge) dummy; **faire le mort** to play dead ‖ **mort** *f* death; **attraper la mort** to catch one's death of cold
mortadelle [mɔrtadɛl] *f* bologna
mortaise [mɔrtɛz] *f* mortise
mortaiser [mɔrteze] *tr* to mortise
mortalité [mɔrtalite] *f* mortality
mort-aux-rats [mɔrtora], [mɔrora] *f invar* rat poison
mort-bois [mɔrbwa] *m* deadwood
morte-eau [mɔrto] *f* (*pl* **mortes-eaux** [mɔrtəzo]) low tide
mor•tel -telle [mɔrtɛl] *adj & mf* mortal
morte-saison [mɔrtəsezɔ̃] *f* (*pl* **mortes-saisons**) off-season
mortier [mɔrtje] *m* mortar; round judicial cap
mortifier [mɔrtifje] *tr* to mortify; to tenderize (*meat*)
mort-né -née [mɔrne] (*pl* **-nés**) *adj* stillborn ‖ *mf* stillborn child
mortuaire [mɔrtɥɛr] *adj* mortuary; funeral (*e.g., service*); death (*notice*)
morue [mɔry] *f* cod
morve [mɔrv] *f* snot
mor•veux [mɔrvø] **-veuse** [vøz] *adj* snotty ‖ *mf* (coll) young snot, brat, whippersnapper
mosaïque [mɔzaik] *adj* mosaic; Mosaic ‖ *f* mosaic
Moscou [mɔsku] *m* Moscow
mosquée [mɔske] *f* mosque
mot [mo] *m* word; answer (*to riddle*); **à mots couverts** guardedly; **au bas mot** at least; **avoir toujours le mot pour rire** to be always cracking jokes; **bon mot** witticism; **gros mots** foul words; **le mot à mot** the word-for-word translation; **mot à double sens** double entendre; **mot de passe** password; **mot d'ordre** slogan; **mot pour mot** word for word; **mots croisés** crossword puzzle; **ne . . . mot** §90 (archaic) not a word, nothing; **placer un mot** to put in a word; **prendre qn au mot** to take s.o. at his word; **sans mot dire** without a word
motard [mɔtar] *m* (coll) motorcyclist; (coll) motorcycle cop
mot-clé [mokle] *m* (*pl* **mots-clés**) key word
motel [mɔtɛl] *m* motel
mo•teur [mɔtœr] **-trice** [tris] *adj* driving (*wheel*); drive (*shaft*); motive (*power*); power (*brake*); motor (*nerve*) ‖ *m* motor, engine; prime mover; instigator; **moteur à deux temps** two-cycle engine; **moteur à explosion** internal-combustion engine; **moteur à quatre temps** four-cycle engine; **moteur à réaction** jet engine; **moteur hors bord** outboard motor
moteur-fusée *m* (*pl* **moteurs-fusées**) rocket engine
motif [mɔtif] *m* motive; (fa, mus) motif
motion [mosjɔ̃] *f* (parl) motion
motiver [mɔtive] *tr* to motivate
moto [mɔto] *f* motorcycle
motoriser [mɔtɔrize] *tr* to motorize
mot-outil [mouti] *m* (*pl* **mots-outils**) link word
mot-piège [mopjɛʒ] *m* (*pl* **mots-pièges**) tricky word

mots-croisés [mokrwaze] *mpl* crossword puzzle

mot-souche [mosuʃ] *m* (*pl* **mots-souches**) entry word; (typ) catchword

motte [mɔt] *f* clod, lump; slab (*of butter*); **motte de gazon** turf

motus [mɔtys] *interj* mum's the word!

mou [mu] (or **mol** [mɔl] before vowel or mute **h**) **molle** [mɔl] (*pl* **mous molles**) *adj* soft; limp, flabby, slack; spineless, listless || *m* slack; lights, lungs; (coll) softy

mou•chard [muʃar] **-charde** [ʃard] *mf* (coll) stool pigeon, squealer

moucharder [muʃarde] *tr* (coll) to spy on; (coll) to squeal on || *intr* (coll) to squeal

mouche [muʃ] *f* fly; beauty spot; **faire d'une mouche un éléphant** to make a mountain out of a molehill; **faire la mouche** to fly into a rage; **faire mouche** to hit the bull's-eye; **mouche à miel** honeybee; **mouche d'Espagne** (pharm) Spanish fly; **mouche du coche** busybody

moucher [muʃe] *tr* to blow (*one's nose*); to snuff, to trim; (coll) to scold || *ref* to blow one's nose

moucherolle [muʃrɔl] *f* (orn) flycatcher

moucheron [muʃrɔ̃] *m* gnat; snuff (*of candle*)

moucheter [muʃte] §34 *tr* to speckle

mouchoir [muʃwar] *m* handkerchief

moudre [mudr] §43 *tr* to grind

moue [mu] *f* wry face; **faire la moue** to pout

mouette [mwɛt] *f* gull, sea gull; **mouette rieuse** black-headed gull

mouffette [mufɛt] *f* skunk

moufle [mufl] *m & f* pulley block || *f* mitten

mouillage [mujaʒ] *m* anchorage; wetting; watering, diluting

mouil•lé -lée [muje] *adj* wet; at anchor; palatalized; liquid (*l*)

mouiller [muje] *tr* to wet; to water, dilute; to palatalize; to drop (*anchor*) || *intr* to drop anchor || *ref* to get wet; to water; (coll) to become involved

moulage [mulaʒ] *m* molding, casting; mold, cast; grinding, milling

moule [mul] *m* mold, form || *f* mussel; (slang) fleabrain; (slang) jellyfish

mouler [mule] *tr* to mold; to outline, e.g., **corsage qui moule le buste** blouse which outlines the bosom

moulin [mulɛ̃] *m* mill; **moulin à café** coffee grinder; **moulin à paroles** (coll) windbag; **moulin à vent** windmill

moulinet [mulinɛ] *m* winch; reel (*of casting rod*); turnstile; pinwheel (*child's toy*); **faire le moulinet avec** to twirl

moult [mult] *adv* (obs) much, many

mou•lu -lue [muly] *adj* ground; (coll) done in

moulure [mulyr] *f* molding

mou•rant [murɑ̃] **-rante** [rɑ̃t] *adj* dying || *mf* dying person

mourir [murir] §44 *intr* (*aux:* ÊTRE) to die || *ref* to be dying

mouron [murɔ̃] *m* (bot) starwort, stitchwort; (bot) pimpernel

mousquetaire [muskətɛr] *m* musketeer

mousse [mus] *adj* dull || *m* cabin boy || *f* moss; froth, foam; lather, suds; whipped cream

mousseline [muslin] *f* muslin; **mousseline de soie** chiffon

mousser [muse] *intr* to froth, to foam; to lather; **faire mousser** (coll) to crack up, to build up; (slang) to enrage

mous•seux [musø] **mous•seuse** [musøz] *adj* mossy; frothy, foamy; sudsy; sparkling (*wine*)

mousson [musɔ̃] *f* monsoon

moustache [mustaʃ] *f* moustache; **moustaches** whiskers (*of, e.g., cat*); **moustaches en croc** handle-bar mustache

moustiquaire [mustikɛr] *f* mosquito net

moustique [mustik] *m* mosquito

moût [mu] *m* must; wort

moutard [mutar] *m* (slang) kid

moutarde [mutard] *f* mustard

moutier [mutje] *m* (obs) monastery

mouton [mutɔ̃] *m* sheep; mutton; (slang) stool pigeon; **doux comme un mouton** gentle as a lamb; **moutons** whitecaps; **moutons de Panurge** (fig) chameleons, yes men; **revenons à nos moutons** let's get back to our subject

mouton•né -née [mutɔne] *adj* fleecy; frothy (*sea*); mackerel (*sky*)

moutonner [mutɔne] *tr* to curl || *intr* to break into whitecaps

mouton•neux [mutɔnø] **mouton•neuse** [mutɔnøz] *adj* frothy; fleecy (*e.g., cloud*)

mouture [mutyr] *f* grinding; mixture of wheat, rye, and barley; (fig) reworking

mouvement [muvmɑ̃] *m* movement; motion; **mouvement d'horlogerie** clockwork; **mouvement d'humeur** fit of bad temper; **mouvement ondulatoire** wave motion

mouvemen•té -tée [muvmɑ̃te] *adj* lively; eventful; hilly, broken (*terrain*)

mouvementer [muvmɑ̃te] *tr* to enliven

mouvoir [muvwar] §45 *tr* to move; to set in motion, to drive || *ref* to move, stir

moyen [mwajɛ̃] **moyenne** [mwajɛn] *adj* average; ordinary; middle, intermediate; medium || *m* way, manner; **au moyen de** by means of; **moyens** means || *f* average; mean; passing mark; **en moyenne** on an average

moyen-âge [mwajɛnɑʒ] *m* Middle Ages

moyen-courrier [mwajɛ̃kurje] *m* (*pl* **moyens-courriers**) medium-range plane

moyennant [mwajɛnɑ̃] *prep* in exchange for || *conj* provided that

Moyen-Orient [mwajɛnɔrjɑ̃] *m* Middle East

moyeu [mwajø] *m* (*pl* **moyeux**) hub
mû mue [my] *adj* driven, propelled ‖ *f* see **mue**
mucosité [mykozite] *f* mucus
mucus [mykys] *m* mucus
mue [my] *f* molt, shedding
muer [mɥe] *intr* to molt; to shed; (*said of voice*) to break, change
muet [mɥe] **muette** [mɥet] *adj* mute; silent; non-speaking (*rôle*); blank; dead (*key*) ‖ *mf* mute ‖ *m* silent movie
mufle [myfl] *m* muzzle, snout; (coll) cad, skunk
mugir [myʒir] *intr* to bellow
mugissement [myʒismɑ̃] *m* bellow
muguet [mygɛ] *m* lily of the valley
mulâ•tre [mylɑtr] **-tresse** [trɛs] *mf* mulatto
mule [myl] *f* mule
mulet [mylɛ] *m* mule; (ichth) mullet
mule•tier [myltje] **-tière** [tjɛr] *adj* mule (*e.g., trail*) ‖ *mf* muleteer
mulette [mylɛt] *f* fresh-water clam
mulot [mylo] *m* field mouse
multilaté•ral -rale [myltilateral] *adj* (*pl* **-raux** [ro]) multilateral
multiple [myltipl] *adj* & *m* multiple
multiplicité [myltiplisite] *f* multiplicity
multiplier [myltiplije] *tr* & *ref* to multiply
multitude [myltityd] *f* multitude
munici•pal -pale [mynisipal] *adj* (*pl* **-paux** [po]) municipal
municipalité [mynisipalite] *f* municipality; city officials; city hall
munifi•cent [mynifisɑ̃] **-cente** [sɑ̃t] *adj* munificent
munir [mynir] *tr* to provide, equip ‖ *ref*—**se munir de** to provide oneself with
munitions [mynisjɔ̃] *fpl* munitions
mu•queux [mykø] **-queuse** [køz] *adj* mucous ‖ *f* mucous membrane
mur [myr] *m* wall; **mettre au pied du mur** to corner; **mur de soutènement** retaining wall; **mur sonique, mur du son** sound barrier
mûr mûre [myr] *adj* ripe, mature ‖ *f* see **mûre**
muraille [myrɑj] *f* wall, rampart
mu•ral -rale [myral] *adj* (*pl* **-raux** [ro]) mural
mûre [myr] *f* mulberry; blackberry
murer [myre] *tr* to wall up or in ‖ *ref* to shut oneself up
mûrier [myrje] *m* mulberry tree
mûrir [myrir] *tr* & *intr* to ripen, mature
murmure [myrmyr] *m* murmur
murmurer [myrmyre] *tr* & *intr* to murmur
musaraigne [myzarɛɲ] *f* (zool) shrew
musarder [myzarde] *intr* to dawdle
musc [mysk] *m* musk
muscade [myskad] *f* nutmeg; **passez muscade!** presto!
muscardin [myskardɛ̃] *m* dormouse
muscat [myska] *m* muscatel
muscle [myskl] *m* muscle
mus•clé -clée [myskle] *adj* muscular; (coll) powerful (*e.g., drama*); (slang) difficult
musculaire [myskylɛr] *adj* muscular
muscu•leux [myskylø] **-leuse** [løz] *adj* muscular
muse [myz] *f* muse; **les Muses** the Muses
mu•seau [myzo] *m* (*pl* **-seaux**] snout; (coll) mug, face
musée [myze] *m* museum
museler [myzle] §34 *tr* to muzzle
muselière [myzəljɛr] *f* muzzle
muser [myze] *intr* to dawdle
musette [myzɛt] *f* feed bag; kit bag; haversack
muséum [myzeɔm] *m* museum of natural history
musi•cal -cale [myzikal] *adj* (*pl* **-caux** [ko]) musical
music-hall [myzikol] *m* (*pl* **-halls**) vaudeville; vaudeville house; music hall (Brit)
musi•cien [myzisjɛ̃] **-cienne** [sjɛn] *mf* musician
musicologie [myzikɔlɔʒi] *f* musicology
musique [myzik] *f* music; band; **toujours la même musique** (coll) the same old song
mus•qué -quée [myske] *adj* musk-scented
musul•man [myzylmɑ̃] **-mane** [man] *adj* & *mf* Mussulman
mutation [mytɑsjɔ̃] *f* mutation; transfer; (biol) mutation, sport
muter [myte] *tr* to transfer
muti•lé -lée [mytile] *mf* disabled veteran
mutiler [mytile] *tr* to mutilate; to deface; to disable; to garble (*e.g., the truth*)
mu•tin [mytɛ̃] **-tine** [tin] *adj* roguish ‖ *mf* mutineer
muti•né -née [mytine] *adj* mutinous ‖ *mf* mutineer
mutiner [mytine] *ref* to mutiny
mutualité [mytɥalite] *f* mutual insurance
mu•tuel -tuelle [mytɥɛl] *adj* mutual ‖ *f* mutual benefit association
myope [mjɔp] *adj* near-sighted ‖ *mf* near-sighted person
myriade [mirjad] *f* myriad
myrrhe [mir] *f* myrrh
myrte [mirt] *m* myrtle
myrtille [mirtij] *f* blueberry
mystère [mistɛr] *m* mystery
mysté•rieux [misterjø] **-rieuse** [rjøz] *adj* mysterious
mysticisme [mistisism] *m* mysticism
mystification [mistifikɑsjɔ̃] *f* mystification; hoax
mystifier [mistifje] *tr* to mystify; to hoax
mystique [mistik] *adj* & *mf* mystic
mythe [mit] *m* myth
mythique [mitik] *adj* mythical
mythologie [mitɔlɔʒi] *f* mythology
mythologique [mitɔlɔʒik] *adj* mythological

N

N, n [ɛn], *[ɛn] *m invar* fourteenth letter of the French alphabet
na•bot [nabo] **-bote** [bɔt] *adj* dwarfish || *mf* dwarf, midget
nacelle [nasɛl] *f* (aer) nacelle; (naut) wherry, skiff; (fig) boat
nacre [nakr] *f* mother-of-pearl
na•cré -crée [nacre] *adj* pearly
nage [naʒ] *f* swimming; rowing, paddling; **être (tout) en nage** to be wet with sweat; **nage à la pagaie** paddling; **nage de côté** sidestroke; **nage en couple** sculling; **nage en grenouille** breaststroke
nagée [naʒe] *f* swimming stroke
nageoire [naʒwar] *f* fin; flipper (*of seal*); float (*for swimmers*)
nager [naʒe] §38 *intr* to swim; to float; to row; **nager à culer** (naut) to back water; **nager debout** to tread water; to row standing up; **nager entre deux eaux** to swim under water; (fig) to carry water on both shoulders
na•geur [naʒœr] **-geuse** [ʒøz] *adj* swimming; floating || *mf* swimmer; rower
naguère or **naguères** [nager] *adv* lately, just now
naïf [naif] **naïve** [naiv] *adj* naïve || *mf* simple-minded person
nain [nɛ̃] **naine** [nɛn] *adj & mf* dwarf
naissain [nesɛ̃] *m* seed oysters
naissance [nesɑ̃s] *f* birth; lineage; descent; beginning; (archit) springing line; **de basse naissance** lowborn; **de haute naissance** highborn; **de naissance** by birth; **donner naissance à** to give birth to; to give rise to; **naissance de la gorge** bosom, throat; **naissance des cheveux** hairline; **naissance du jour** daybreak; **prendre naissance** to arise, originate
nais•sant [nɛsɑ̃] **nais•sante** [nɛsɑ̃t] *adj* nascent, rising, budding
naître [nɛtr] §46 *intr* (*aux*: ÊTRE) to be born; to bud; to arise, originate; to dawn; **faire naître** to give birth to; to give rise to
naïveté [naivte] *f* naïveté; artlessness
nanan [nanɑ̃], [nɑ̃nɑ̃] *m* (coll) goody; **du nanan** (coll) nice
nantir [nɑ̃tir] *tr* to give security or a pledge to; **nantir de** to provide with || *intr* to stock up; to feather one's nest || *ref*—**se nantir de** to provide oneself with
nantissement [nɑ̃tismɑ̃] *m* security
napée [nape] *f* wood nymph
napel [napɛl] *m* monkshood, wolfsbane
naphte [naft] *m* naphtha
napoléo•nien [napɔleɔnjɛ̃] **-nienne** [njɛn] *adj* Napoleonic
nappage [napaʒ] *m* table linen
nappe [nap] *f* tablecloth; sheet (*of water, flame*); net (*for fishing; for bird catching*); **mettre la nappe** to set the table; **nappe d'autel** altar cloth; **ôter la nappe** to clear the table
napperon [naprɔ̃] *m* tablecloth cover; **petit napperon** doily
narcisse [narsis] *m* narcissus; **narcisse des bois** daffodil; **Narcisse** Narcissus
narcotique [narkɔtik] *adj & m* narcotic
narcotiser [narkɔtize] *tr* to dope
nargue [narg] *f* scorn, contempt; **faire nargue de** to defy; **nargue de . . . !** fie on . . . !
narguer [narge] *tr* to flout, to snap one's fingers at
narguilé [nargile] *m* hookah
narine [narin] *f* nostril
nar•quois [narkwa] **-quoise** [kwaz] *adj* sly, cunning; sneering
narra•teur [naratœr] **-trice** [tris] *mf* narrator, storyteller
narra•tif [naratif] **-tive** [tiv] *adj* narrative
narration [narɑsjɔ̃] *f* narration; narrative
narrer [nare] *tr* to narrate, relate
na•sal -sale [nazal] *adj* (*pl* **-saux** [zo]) nasal || *f* nasal (*vowel*)
nasaliser [nazalize] *tr & intr* to nasalize
nasarde [nazard] *f* fillip on one's nose (*in contempt*); snub, insult
na•seau [nazo] *m* (*pl* **-seaux**) nostril (*of horse, etc.*); **naseaux** (coll) snout
nasil•lard [nazijar] **nasil•larde** [nazijard] *adj* nasal
nasiller [nazije] *intr* to talk through one's nose; to squawk, quack
nasse [nas] *f* fish trap; (sports) basket
na•tal -tale [natal] *adj* (*pl* **-tals**) natal, of birth, native
natalité [natalite] *f* birth rate
natation [natɑsjɔ̃] *f* swimming
na•tif [natif] **-tive** [tiv] *adj & mf* native
nation [nɑsjɔ̃] *f* nation; **Nations Unies** United Nations
natio•nal -nale [nɑsjɔnal] *adj & mf* (*pl* **-naux** [no] **-nales**) national
nationaliser [nɑsjɔnalize] *tr* to nationalize
nationalité [nɑsjɔnalite] *f* nationality
nativité [nativite] *f* nativity; nativity scene; **Nativité** Nativity
natte [nat] *f* mat, matting; braid
natter [nate] *tr* to weave; to braid
naturalisation [natyralizɑsjɔ̃] *f* naturalization
naturaliser [natyralize] *tr* to naturalize
naturalisme [natyralism] *m* naturalism
naturaliste [natyralist] *adj & mf* naturalist
nature [natyr] *adj invar* raw; black (*coffee*) || *f* nature; **nature morte** (painting) still life
natu•rel -relle [natyrɛl] *adj* natural; native || *m* naturalness; native, citizen
naturellement [natyrɛlmɑ̃] *adv* naturally; of course
naufrage [nɔfraʒ] *m* shipwreck
naufra•gé -gée [nɔfraʒe] *adj* shipwrecked || *mf* shipwrecked person
nauséa•bond [nozeabɔ̃] **-bonde** [bɔ̃d] *adj* nauseating
nausée [noze] *f* nausea

nauséeux [nozeø] **nauséeuse** [nozeøz] *adj* nauseous
nautique [notik] *adj* nautical
nautisme [notism] *m* yachting
nauto•nier [notɔnje] **-nière** [njɛr] *mf* pilot
na•val -vale [naval] *adj* (*pl* **-vals**) naval; nautical, maritime
navel [navɛl] *f* navel orange
navet [navɛ] *m* turnip
navette [navɛt] *f* shuttle; shuttle train; **faire la navette** to shuttle, to ply back and forth
navigable [navigabl] *adj* navigable (*river*); seaworthy (*ship*)
naviga•teur [navigatœr] **-trice** [tris] *adj* seafaring || *m* navigator
navigation [navigɑsjɔ̃] *f* navigation; sailing; **navigation de plaisance** (sports) sailing
naviguer [navige] *intr* to navigate, sail; **naviguer sur** to navigate, sail (*the sea*)
navire [navir] *m* ship; **navire de débarquement** landing craft; **navire marchand** merchantman
navire-citerne [navirsitɛrn] *m* (*pl* **navires-citernes**) tanker
navire-école [navirekɔl] *m* (*pl* **navires-écoles**) training ship
navire-jumeau [navirʒymo] *m* (*pl* **navires-jumeaux**) sister ship
na•vrant [navrɑ̃] **-vrante** [vrɑ̃t] *adj* distressing, heartrending
na•vré -vrée [navre] *adj* sorry, grieved
navrer [navre] *tr* to distress, grieve
nazaréen [nazareɛ̃] **nazaréenne** [nazareɛn] *adj* Nazarene || (*cap*) *mf* Nazarene
N.-D. *abbr* (**Notre-Dame**) Our Lady
ne [nə] §87, §90; **n'est-ce pas?** isn't that so? La traduction précédente est généralement remplacée par diverses locutions. Si l'énoncé est négatif, la question qui équivaut à **n'est-ce pas?** sera affirmative, par ex., **Vous ne travaillez pas. N'est-ce pas?** You are not working. Are you? Si l'énoncé est affirmatif, la question sera négative, par ex., **Vous travaillez. N'est-ce pas?** You are working. Are you not? ou Aren't you? Si l'énoncé contient un auxiliaire, la question contiendra cet auxiliaire moins l'infinitif ou moins le participe passé, par ex., **Il arrivera demain. N'est-ce pas?** He will arrive tomorrow. Won't he?; par ex., **Paul est déjà arrivé. N'est-ce pas?** Paul has already arrived. Hasn't he? Si l'énoncé ne contient ni auxiliaire ni forme de la copule "to be," la question contiendra l'auxiliaire "do" ou "did" moins l'infinitif, par ex., **Marie parle anglais. N'est-ce pas?** Mary speaks English. Doesn't she?
né née [ne] *adj* born; by birth; **bien né** highborn; **né pour** cut out for
néanmoins [neɑ̃mwɛ̃] *adv* nevertheless
néant [neɑ̃] *m* nothing, nothingness; worthlessness; obscurity; none (*as a response on the appropriate blank of an official form*)
nébu•leux [nebylø] **-leuse** [løz] *adj* nebulous; gloomy (*facial expression*); worried (*brow*) || *f* nebula
nécessaire [nesesɛr] *adj* necessary, needful; **nécessaire à** required for || *m* necessities; kit, dressing case
nécessairement [nesesɛrmɑ̃] *adv* necessarily
nécessité [nesesite] *f* necessity; need; **nécessité préalable** prerequisite
nécessiter [nesesite] *tr* to necessitate
nécessi•teux [nesesitø] **-teuse** [tøz] *adj* needy || *mf* needy person; **les nécessiteux** the needy
nécrologie [nekrɔlɔʒi] *f* necrology, obituary
nectar [nɛktar] *m* nectar
néerlan•dais [neerlɑ̃dɛ] **-daise** [dɛz] *adj* Dutch || *m* Dutch (*language*) || (*cap*) *mf* Netherlander
nef [nɛf] *f* nave; (archaic) ship; **nef latérale** aisle
néfaste [nefast] *adj* ill-starred, unlucky
nèfle [nɛfl] *f* medlar
néflier [neflije] *m* medlar tree
néga•teur [negatœr] **-trice** [tris] *adj* negative
néga•tif [negatif] **-tive** [tiv] *adj* negative || *m* (phot) negative || *f* negative (*side of a question*)
négation [negɑsjɔ̃] *f* negation; (gram) negative
négli•gé -gée [negliʒe] *adj* careless; unadorned, unstudied || *m* carelessness; negligee, dressing gown
négligeable [negliʒabl] *adj* negligible
négligence [negliʒɑ̃s] *f* negligence; **avec négligence** slovenly
négli•gent [negliʒɑ̃] **-gente** [ʒɑ̃t] *adj* negligent || *mf* careless person
négliger [negliʒe] §38 *tr* to neglect || *ref* to neglect oneself
négoce [negɔs] *m* trade, commerce; (com) company
négociable [negɔsjabl] *adj* negotiable
négo•ciant [negɔsjɑ̃] **-ciante** [sjɑ̃t] *mf* wholesaler, dealer
négocia•teur [negɔsjatœr] **-trice** [tris] *mf* negotiator
négociation [negɔsjɑsjɔ̃] *f* negotiation
négocier [negɔsje] *tr* to negotiate || *intr* to negotiate; to deal
nègre [nɛgr] *adj* Negro; dark brown || *m* Negro; ghost writer; **petit nègre** pidgin, Creole
négrerie [negrəri] *f* slave quarters
négrier [negrije] *adj masc* slave || *m* slave driver; slave ship
neige [nɛʒ] *f* snow
neiger [neʒe] §38 *intr* to snow
Némésis [nemezis] *f* Nemesis
nenni [nani], [neni], [nɛni] *adv* (archaic) no, not
nénuphar [nenyfar] *m* water lily
néologisme [neɔlɔʒism] *m* neologism
néon [neɔ̃] *m* neon
néophyte [neɔfit] *mf* neophyte, convert
neptunium [nɛptynjɔm] *m* neptunium
nerf [nɛr] *m* nerve; tendon, sinew; (archit, bb) rib; (fig) backbone, sinew; **avoir du nerf** to have nerves of steel; **avoir les nerfs à fleur de peau** to be on edge; **nerf de bœuf**

scourge; **porter sur les nerfs à qn** to get on s.o.'s nerves

Néron [nerɔ̃] *m* Nero

ner·veux [nɛrvø] **-veuse** [vøz] *adj* nervous; nerve; jittery; sinewy, muscular; forceful (*style*)

nervure [nɛrvyr] *f* rib

net nette [nɛt] *adj* clean; clear, sharp, distinct; net; **net d'impôt** tax-exempt || *m*—**mettre au net** to make a fair copy of || **net** *adv* flatly, point-blank, outright

netteté [nɛtəte] *f* neatness; clearness, sharpness

nettoiement [nɛtwamɑ̃] *m* cleaning

nettoyage [nɛtwajaʒ] *m* cleaning; **nettoyage à sec** dry cleaning

nettoyer [nɛtwaje] §47 *tr* to clean; to wash up or out; **nettoyer à sec** to dry-clean || *ref* to wash up, to clean oneself

nettoyeur [nɛtwajœr] **nettoyeuse** [nɛtwajøz] *mf* cleaner

neuf [nœf] **neuve** [nœv] *adj* new; **flambant neuf, tout neuf** brand-new || **neuf** *adj & pron* nine; the Ninth, e.g., **Jean neuf** John the Ninth; **neuf heures** nine o'clock || *m* nine; ninth (*in dates*)

neutraliser [nøtralize] *tr* to neutralize

neutralité [nøtralite] *f* neutrality

neutre [nøtr] *adj & m* neuter; neutral

neuvième [nœvjɛm] *adj, pron* (*masc, fem*), *& m* ninth

ne·veu [nəvø] *m* (*pl* **-veux**) nephew; **nos neveux** our posterity

névralgie [nevralʒi] *f* neuralgia

névrose [nevroz] *f* neurosis

névro·sé -sée [nevroze] *adj & mf* neurotic

New York [nujɔrk], [nœjɔrk] *m* New York

newyor·kais [nœjɔrkɛ] **-kaise** [kɛz] *adj* New York || (*cap*) *mf* New Yorker

nez [ne] *m* nose; cape, headland; **nez à nez** face to face

ni [ni] §90 *conj*—**ne . . . ni . . . ni** neither . . . nor, e.g., **elle n'a ni papier ni stylo** she has neither paper nor pen; **ni . . . ni** neither . . . nor; **ni . . . non plus** nor . . . either

niable [njabl] *adj* deniable

niais [njɛ] **niaise** [njɛz] *adj* foolish, silly, simple-minded || *mf* fool, simpleton

niaiserie [njɛzəri] *f* foolishness, silliness, simpleness

niche [niʃ] *f* niche; alcove; prank; **niche à chien** doghouse

nichée [niʃe] *f* brood

nicher [niʃe] *tr* to niche, to lodge || *intr* to nestle; to nest; to hide || *ref* to nest

nickeler [nikle] §34 *tr* to nickel-plate

nickelure [niklyr] *f* nickel plate

nicotine [nikɔtin] *f* nicotine

nid [ni] *m* nest; **en nid d'abeilles** honeycombed; **nid de pie** crow's-nest

nièce [njɛs] *f* niece

nième [njɛm] *adj* nth

nier [nje] *tr* to deny || *intr* to plead not guilty

ni·gaud [nigo] **-gaude** [god] *adj* silly || *mf* nincompoop

nigauderie [nigodri] *f* silliness

nihilisme [niilism] *m* nihilism

Nil [nil] *m* Nile

nimbe [nɛ̃b] *m* halo, nimbus

nimber [nɛ̃be] *tr* to halo

nimbus [nɛ̃bys] *m* (meteo) nimbus

nipper [nipe] *tr* (coll) to tog || *ref* (coll) to tog oneself out

nippes [nip] *fpl* (coll) worn-out clothes; (slang) duds

nique [nik] *f*—**faire la nique à** to turn up one's nose at

nitrate [nitrat] *m* nitrate

nitre [nitr] *m* niter, nitrate

ni·treux [nitrø] **-treuse** [trøz] *adj* nitrous

nitrière [nitrijɛr] *f* saltpeter bed

nitrique [nitrik] *adj* nitric

nitrogène [nitrɔʒɛn] *m* nitrogen

nitroglycérine [nitrɔgliserin] *f* nitroglycerin

ni·veau [nivo] *m* (*pl* **-veaux**) level; **au niveau de** on a par with; **niveau à bulle d'air** spirit level; **niveau à lunettes** surveyor's level; **niveau d'essence** gasoline gauge; **niveau de vie** standard of living; **niveau d'huile** oil gauge; **niveau mental** I.Q.

niveler [nivle] §34 *tr* to level; to survey

nive·leur [nivlœr] **-leuse** [løz] *mf* leveler || *m* harrow || *f* (agr) leveler

nivellement [nivɛlmɑ̃] *m* leveling; surveying

N°, n° *abbr* (**numéro**) no.

noble [nɔbl] *adj & mf* noble

noblesse [nɔblɛs] *f* nobility; nobleness

noce [nɔs] *f* wedding; wedding party; **faire la noce** to go on a spree; **ne pas être à la noce** to be in trouble; **noces** wedding

no·ceur [nɔsœr] **-ceuse** [søz] *adj* (coll) bacchanalian, reveling || *mf* (coll) reveler, debauchee

no·cif [nɔsif] **-cive** [siv] *adj* noxious

noctambule [nɔktɑ̃byl] *mf* nighthawk; sleepwalker

nocturne [nɔktyrn] *adj* nocturnal; night; nightly || *m* (mus) nocturne || *f* open night (*of store*)

nodosité [nɔdozite] *f* nodule (*of root*); node, wart

Noé [nɔe] *m* Noah

noël [nɔɛl] *m* Christmas carol; (coll) Christmas present; **Noël** Christmas

nœud [nø] *m* knot; rosette; finger joint; Adam's apple; tie, alliance; crux (*of question, plot, crisis*); node; (naut) knot; **nœud de vache** granny knot; **nœud plat** square knot; **nœuds** coils (*of snake*); **nœud vital** nerve center

noir noire [nwar] *adj* black; **noir comme poix** pitch-black || *mf* Negro || *m* black; bruise; **broyer du noir** to be blue, down in the dumps; **noir de fumée** lampblack || *f* (mus) quarter note

noirâtre [nwarɑtr] *adj* blackish

noi·raud [nwaro] **-raude** [rod] *adj* swarthy

noirceur [nwarsœr] *f* blackness; black spot
noircir [nwarsir] *tr* to blacken || *intr & ref* to burn black; to turn dark
noircissure [nwarsisyr] *f* black spot, smudge
noise [nwaz] *f* squabble; **chercher noise à** to pick a quarrel with
noisetier [nwaztje] *m* hazelnut tree
noisette [nwazet] *adj invar* reddish-brown || *f* hazelnut
noix [nwɑ], [nwa] *f* walnut; nut; **à la noix** (slang) trifling; **noix d'acajou, noix de cajou** cashew nut; **noix du Brésil** Brazil nut; **noix de coco** coconut; **noix de galle** nutgall; **noix de muscade** nutmeg; **noix de veau** round of veal
nolis [nɔli] *m* freight
noliser [nɔlize] *tr* to charter (*a ship*)
nom [nɔ̃] *m* name; noun; **de nom** by name; **nom à rallonges, nom à tiroirs** (coll) word made up of several parts; **nom commercial** trade name; **nom de baptême** baptismal name, Christian name; **nom de demoiselle** maiden name; **nom de famille** surname; **nom de guerre** fictitious name, assumed name; **nom de jeune fille** maiden name; **nom d'emprunt** assumed name; **nom de théâtre** stage name; **nom marchand** trade name; **petit nom** first name; **petit nom d'amitié** pet name; **sans nom** nameless; **sous le nom de** by the name of
nomade [nɔmad] *adj & mf* nomad
nombre [nɔ̃br] *m* number, quantity
nombrer [nɔ̃bre] *tr* to number
nom•breux [nɔ̃brø] **-breuse** [brøz] *adj* numerous; rhythmic, harmonious (*e.g., prose*)
nombril [nɔ̃bri] *m* navel
nomenclature [nɔmɑ̃klatyr] *f* nomenclature; vocabulary; body (*of dictionary*)
nomi•nal -nale [nɔminal] *adj* (*pl* **-naux** [no]) nominal; **appel nominal** roll call
nomina•tif [nɔminatif] **-tive** [tiv] *adj* nominative; registered (*stocks, bonds, etc.*) || *m* nominative
nomination [nɔminɑsjɔ̃] *f* appointment
nom•mé -mée [nɔme] *adj* named; appointed; called || *m*—**le nommé . . .** the man called . . .
nommément [nɔmemɑ̃] *adv* namely, particularly
nommer [nɔme] *tr* to name, call; to appoint || *ref* to be named, e.g., **je me nomme . . .** my name is . . .
non [nɔ̃] *m invar* no || *adv* no, not; **non pas** not so; **non plus** neither, not, nor . . . either, e.g., **moi non plus** nor I either; **non point!** by no means!; **que non!** no indeed!
non-belligé•rant [nɔ̃belliʒerɑ̃] **-rante** [rɑ̃t] *adj & mf* nonbelligerent
nonce [nɔ̃s] *m* nuncio
noncha•lant [nɔ̃ʃalɑ̃] **-lante** [lɑ̃t] *adj* nonchalant
non-combat•tant [nɔ̃kɔ̃batɑ̃] **non-combat•tante** [nɔ̃kɔ̃batɑ̃t] *adj & mf* noncombatant
non-conformiste [nɔ̃kɔ̃fɔrmist] *adj & mf* nonconformist
non-enga•gé -gée [nɔnɑ̃gaʒe] *adj* unaligned, uncommitted
nonnain [nɔnɛ̃] *f* (pej) nun
nonne [nɔn] *f* nun
nonobstant [nɔnɔpstɑ̃] *adv* notwithstanding; **nonobstant que** although || *prep* in spite of
non-pesanteur [nɔ̃pəzɑ̃tœr] *f* weightlessness
non-rési•dent [nɔ̃rezidɑ̃] **-dente** [dɑ̃t] *adj & mf* nonresident
non-réussite [nɔ̃reysit] *f* failure
non-sens [nɔ̃sɑ̃s] *m* absurdity, nonsense
non-usage [nɔnyzaʒ] *m* disuse
non-violence [nɔ̃vjɔlɑ̃s] *f* nonviolence
nord [nɔr] *adj invar* north, northern || *m* north; **du nord** northern; **faire le nord** to steer northward; **vers le nord** northward
nord-est [nɔrest] *adj invar & m* northeast
nord-ouest [nɔrwest] *adj invar & m* northwest
nor•mal -male [nɔrmal] *adj* (*pl* **-maux** [mo]) normal; regular, standard; perpendicular || *f* normal; perpendicular
norma•lien [nɔrmaljɛ̃] **-lienne** [ljen] *mf* student at a teachers college
nor•mand [nɔrmɑ̃] **-mande** [mɑ̃d] *adj* Norman || *m* Norman (*dialect*) || (*cap*) *mf* Norman (*person*)
Normandie [nɔrmɑ̃di] *f* Normandy; **la Normandie** Normandy
norme [nɔrm] *f* norm; specifications
nor•rois [nɔrwa] **nor•roise** [nɔrwaz] *adj* Norse || *m* Norse (*language*) || (*cap*) *m* Norseman
Norvège [nɔrvɛʒ] *f* Norway; **la Norvège** Norway
norvé•gien [nɔrveʒjɛ̃] **-gienne** [ʒjen] *adj* Norwegian || *m* Norwegian (*language*) || *f* round-stemmed rowboat || (*cap*) *mf* Norwegian (*person*)
nos [no] §88
nostalgie [nɔstalʒi] *f* nostalgia, homesickness
nostalgique [nɔstalʒik] *adj* nostalgic, homesick
notable [nɔtabl] *adj* notable, noteworthy || *m* notable
notaire [nɔter] *m* notary; lawyer
notamment [nɔtamɑ̃] *adv* especially
notation [nɔtɑsjɔ̃] *f* notation
note [nɔt] *f* note; bill (*to be paid*); grade, mark (*in school*); footnote; **être dans la note** to be in the swing of things; **note de rappel** reminder; **prendre note de** to note down
noter [nɔte] *tr* to note; to note down; to notice; to mark (*a student*); to write down (*a tune*)
notice [nɔtis] *f* notice (*review, sketch*)
notification [nɔtifikɑsjɔ̃] *f* notification, notice
notifier [nɔtifje] *tr* to report on; to serve (*a summons*)
notion [nosjɔ̃] *f* notion
notoire [nɔtwar] *adj* well-known
notoriété [nɔtɔrjete] *f* fame

notre [nɔtr] §88
nôtre [notr] §89; **serez-vous des nôtres?** will you join us?
noue [nu] *f* pasture land; roof gutter
noué nouée [nwe] *adj* afflicted with rickets
nouer [nwe] *tr* to knot; to tie; to form; to cook up (*a plot*) ‖ *ref* to form knots; to be tied; (hort) to set
noueux [nwø] **noueuse** [nwøz] *adj* knotty, gnarled
nouille [nuj] *f* noodle
nounou [nunu] *f* nanny
nour·ri -rie [nuri] *adj* heavy, sustained; rich (*style*)
nourrice [nuris] *f* wet nurse; can; (aut) reserve tank
nourricerie [nurisri] *f* baby farm; stock farm; silkworm farm
nourri·cier [nurisje] **-cière** [sjɛr] *adj* nutritive; nourishing; foster
nourrir [nurir] *tr* to nourish; to suckle; to feed (*a fire*); to nurse (*plants; hopes*) ‖ *intr* to be nourishing ‖ *ref* to feed; to thrive
nourrisseur [nurisœr] *m* stock raiser, dairyman
nourrisson [nurisɔ̃] *m* nursling, suckling; foster child
nourriture [nurityr] *f* nourishment, food; nourishing; nursing, breastfeeding; **nourriture du feu** firewood
nous [nu] §85, §87; **nous autres Américains** we Americans
nous-mêmes [numɛm] §86
nou·veau [nuvo] (or **-vel** [vɛl] before vowel or mute **h**) **-velle** [vɛl] (*pl* **-veaux -velles**) *adj* new (*recent*) ‖ (when standing before noun) *adj* new (*other, additional, different*) ‖ *m* freshman; **à nouveau** anew; **de nouveau** again; **du nouveau** something new; **le nouveau** the new ‖ *f* see **nouvelle**
nouveau-né -née [nuvone] *adj & mf* (*pl* **-nés**) newborn
nouveauté [nuvote] *f* newness, novelty
nouvelle [nuvɛl] *f* piece of news; novelette, short story; **donnez-moi de vos nouvelles** let me hear from you; **nouvelles** news
Nouvelle-Angleterre [nuvɛlɑ̃glətɛr] *f* New England; **la Nouvelle-Angleterre** New England
Nouvelle-Écosse [nuvɛlekɔs] *f* Nova Scotia; **la Nouvelle-Écosse** Nova Scotia
Nouvelle-Orléans [nuvɛlɔrleɑ̃] *f*—**la Nouvelle-Orléans** New Orleans
nouvelliste [nuvɛlist] *mf* short-story writer
nova·teur [nɔvatœr] **-trice** [tris] *adj* innovating ‖ *mf* innovator
novembre [nɔvɑ̃br] *m* November
novice [nɔvis] *adj* inexperienced, new ‖ *mf* novice, neophyte
noviciat [nɔvisja] *m* novitiate
novocaïne [nɔvɔkain] *f* novocaine
noyade [nwajad] *f* drowning
noyau [nwajo] *m* (*pl* **noyaux**) nucleus; stone, kernel; pit (*of fruit*); core (*of electromagnet*); newel; hub; (fig) cell (*of conspirators*); (fig) bunch (*of card players*); **noyau d'atome** atomic nucleus
noyautage [nwajotaʒ] *m* infiltration (*e.g., of communists*)
noyer [nwaje] *m* walnut tree; **en noyer** in walnut (*wood*) ‖ §47 *tr & ref* to drown
nu nue [ny] *adj* naked, nude; bare; barren; uncarpeted; unharnassed, unsaddled (*horse*); (aut) stripped ‖ *m* nude; **à nu** exposed; bareback ‖ *f* see **nue**
nuage [nɥaʒ] *m* cloud
nua·geux [nɥaʒø] **-geuse** [ʒøz] *adj* cloudy
nuance [nɥɑ̃s] *f* hue, shade, tone, nuance
nucléaire [nykleɛr] *adj* nuclear
nucléole [nykleɔl] *m* nucleolus
nucléon [nykleɔ̃] *m* nucleon
nudiste [nydist] *adj & mf* nudist
nudité [nydite] *f* nakedness; nudity; plainness (*of style*); nude
nue [ny] *f* clouds; sky; **mettre** or **porter aux nues** to praise to the skies
nuée [nɥe] *f* cloud, storm cloud; flock
nuire [nɥir] §19 (*pp* **nui**) *intr* (with *dat*) to harm, to injure
nuisible [nɥizibl] *adj* harmful
nuit [nɥi] *f* night; **à la nuit close** after dark; **bonne nuit** good night; **cette nuit** last night; **nuit blanche** sleepless night
nuitamment [nɥitamɑ̃] *adv* at night
nu-jambes [nyʒɑ̃b] *adj invar* barelegged
nul nulle [nyl] *adj indef* no; **ne . . . nul** or **nul . . . ne** §90 no; **nul et non avenu, nulle et non avenue** [nylenɔnavny] null and void ‖ *f* dummy word or letter ‖ **nul** *pron indef*—**nul ne** §90B no one, nobody
nullement [nylmɑ̃] §90 *adv* not at all
nullité [nyllite] *f* nonentity, nobody
nûment [nymɑ̃] *adv* candidly, frankly
numé·ral -rale [nymeral] *adj & m* (*pl* **-raux** [ro]) numeral
numération [nymerɑsjɔ̃] *f* numeration; **numération globulaire** blood count
numérique [nymerik] *adj* numerical
numéro [nymero] *m* numeral; number; issue, number (*of a periodical*), e,g., **dernier numéro** current issue; e.g., **numéro ancien** back number; (slang) queer duck; **faire un numéro** to dial; **numéro de vestiaire** check (*of checkroom*); **numéro d'ordre** serial number
numéroter [nymerɔte] *tr* to number
numismatique [nymismatik] *adj* numismatic ‖ *f* numismatics
nu-pieds [nypje] *adj invar* barefooted
nup·tial -tiale [nypsjal] *adj* (*pl* **-tiaux** [sjo]) nuptial
nuque [nyk] *f* nape, scruff
nurse [nœrs] *f* children's nurse
nu-tête [nytɛt] *adj invar* bareheaded
nutri·tif [nytritif] **-tive** [tiv] *adj* nutritive; nutritious
nutrition [nytrisjɔ̃] *f* nutrition
nylon [nilɔ̃] *m* nylon
nymphe [nɛ̃f] *f* nymph

O

O, o [o], *[o] *m invar* fifteenth letter of the French alphabet
oasis [ɔazis] *f* oasis
obéir [ɔbeir] *intr* to obey; (with *dat*) to obey, yield to; (with *dat*) to be subject to; **être obéi** to be obeyed; **obéir au doigt et à l'œil** to obey blindly
obéissance [ɔbeisɑ̃s] *f* obedience
obéis·sant [ɔbeisɑ̃] **obéis·sante** [ɔbeisɑ̃t] *adj* obedient
obélisque [ɔbelisk] *m* obelisk
obérer [ɔbere] §10 *tr* to burden with debt || *ref* to run into debt
obèse [ɔbez] *adj* obese
obésité [ɔbezite] *f* obesity
objecter [ɔbʒekte] *tr* to object, e.g., **objecter que . . .** to object that . . . ; to bring up, e.g., **objecter q.ch. à qn** to bring up s.th. against s.o.; to put forward (*in opposition*), e.g., **objecter de bonnes raisons à** or **contre un argument** to put forward good reasons against an argument
objecteur [ɔbʒektœr] *m*—**objecteur de conscience** conscientious objector
objec·tif [ɔbʒektif] **-tive** [tiv] *adj* objective || *m* objective; object lens; (mil) target
objection [ɔbʒeksjɔ̃] *f* objection; **faire des objections** to object
objectivité [ɔbʒektivite] *f* objectivity
objet [ɔbʒe] *m* object; **menus objets** notions; **objet d'art** work of art; **objet de risée** laughingstock; **objets de première nécessité** articles of everyday use; **remplir son object** to attain one's end
obligation [ɔbligɑsjɔ̃] *f* obligation; (com) bond, debenture; **être dans l'obligation de** to be obliged to
obligatoire [ɔbligatwar] *adj* required, obligatory; (coll) inevitable
obli·gé -gée [ɔbliʒe] *adj* obliged, compelled; necessary, indispensable; **bien obligé** much obliged; **c'est obligé** (coll) it has to be; **être obligé de** to be obliged to
obli·geant [ɔbliʒɑ̃] **-geante** [ʒɑ̃t] *adj* obliging
obliger [ɔbliʒe] §38 *tr* to oblige || *ref*—**s'obliger à** + *inf* to undertake to + *inf*; **s'obliger pour qn** to stand surety for s.o.
oblique [ɔblik] *adj* oblique
oblitération [ɔbliterɑsjɔ̃] *f* obliteration; cancellation (*of postage stamp*); (pathol) occlusion
oblitérer [ɔblitere] §10 *tr* to obliterate; to cancel (*a postage stamp*); to obstruct (*e.g., a vein*)
o·blong [ɔblɔ̃] **-blongue** [blɔ̃g] *adj* oblong
obnubiler [ɔbnybile] *tr* to cloud, befog
obole [ɔbɔl] *f* widow's mite
obscène [ɔpsen] *adj* obscene
obscénité [ɔpsenite] *f* obscenity
obs·cur -cure [ɔpskyr] *adj* obscure
obscurcir [ɔpskyrsir] *tr* to obscure; to dim || *ref* to grow dark; to grow dim
obscurité [ɔpskyrite] *f* obscurity
obséder [ɔpsede] §10 *tr* to obsess; to importune, to harass
obsèques [ɔpsek] *fpl* obsequies, funeral rites
obsé·quieux [ɔpsekjø] **-quieuse** [kjøz] *adj* obsequious
observance [ɔpservɑ̃s] *f* observance
observa·teur [ɔpservatœr] **-trice** [tris] *adj* observant || *mf* observer
observation [ɔpservɑsjɔ̃] *f* observation
observatoire [ɔpservatwar] *m* observatory
observer [ɔpserve] *tr* to observe || *ref* to watch oneself; to watch each other
obsession [ɔpsesjɔ̃] *f* obsession
obsolète [ɔpsɔlet] *adj* obsolete
obstacle [ɔpstakl] *m* obstacle
obstétrique [ɔpstetrik] *adj* obstetrical || *f* obstetrics
obstination [ɔpstinɑsjɔ̃] *f* obstinacy
obsti·né -née [ɔpstine] *adj* obstinate
obstruction [ɔpstryksjɔ̃] *f* obstruction; (sports) blocking; **faire de l'obstruction** (pol) to filibuster; **obstruction systématique** filibustering
obstruer [ɔpstrye] *tr* to obstruct
obtempérer [ɔptɑ̃pere] §10 *intr* (with *dat*) to comply with, to obey
obtenir [ɔptənir] §72 *tr* to obtain, get
obtention [ɔptɑ̃sjɔ̃] *f* obtaining
obtura·teur [ɔptyratœr] **-trice** [tris] *adj* stopping, closing || *m* (mach) stopcock; (phot) shutter
obturation [ɔptyrɑsjɔ̃] *f* stopping up; filling (*of tooth*); **obturation des lumières** blackout
obturer [ɔptyre] *tr* to stop up; to fill (*a tooth*)
ob·tus [ɔpty] **-tuse** [tyz] *adj* obtuse
obus [ɔby] *m* (mil) shell; plunger (*of tire valve*); **obus à balles** shrapnel; **obus à mitraille** shrapnel; **obus de rupture** armor-piercing shell
obvier [ɔbvje] *intr* (with *dat*) to obviate, to prevent
oc [ɔk] *adv* (Old Provençal) yes
occasion [ɔkazjɔ̃], [ɔkazjɔ̃] *f* occasion; opportunity; bargain; **à l'occasion** on occasion; **à l'occasion de** for (*e.g., s.o.'s birthday*); **d'occasion** secondhand (*clothing*); used (*car*)
occasion·nel -nelle [ɔkazjɔnel] *adj* occasional; chance (*meeting*); determining (*cause*)
occasionnellement [ɔkazjɔnelmɑ̃] *adv* occasionally; by chance, accidentally
occasionner [ɔkazjɔne] *tr* to occasion
occident [ɔksidɑ̃] *m* occident, west
occiden·tal -tale [ɔksidɑ̃tal] *adj & mf* (*pl* **-taux** [to]) occidental
occlu·sif [ɔklyzif] **-sive** [ziv] *adj & f* occlusive
occlusion [ɔklyzjɔ̃] *f* occlusion
occulte [ɔkylt] *adj* occult
occu·pant [ɔkypɑ̃] **-pante** [pɑ̃t] *adj* occupying || *mf* occupant
occupation [ɔkypɑsjɔ̃] *f* occupation
occu·pé -pée [ɔkype] *adj* occupied; **occupé** (public sign) in use

occuper [ɔkype] *tr* to occupy || *ref* to find something to do; **s'occuper de** to be occupied with, to be busy with; to take care of, to handle
occurrence [ɔkyrɑ̃s] *f* occurrence; **en l'occurrence** under the circumstances; **être en occurrence** to occur; **selon l'occurrence** as the case may be
océan [ɔseɑ̃] *m* ocean; **océan glacial arctique** Arctic Ocean; **océan Indien** Indian Ocean
océanique [ɔseanik] *adj* oceanic
ocre [ɔkr] *f* ochre
octane [ɔktan] *m* octane
octave [ɔktav] *f* octave
octa•von [ɔktavɔ̃] **-vonne** [vɔn] *mf* octoroon
octobre [ɔktɔbr] *m* October
octroi [ɔktrwa] *m* granting (*of a favor*); tax on provisions being brought into town
octroyer [ɔktrwaje] §47 *tr* to grant, concede; to bestow
oculaire [ɔkylɛr] *adj* ocular, eye || *m* ocular, eyepiece
oculariste [ɔkylarist] *mf* optician (*who specializes in glass eyes*)
oculiste [ɔkylist] *mf* oculist
ode [ɔd] *f* ode
odeur [ɔdœr] *f* odor, scent
o•dieux [ɔdjø] **-dieuse** [djøz] *adj* odious || *m* odium, odiousness
odo•rant [ɔdɔrɑ̃] **-rante** [rɑ̃t] *adj* fragrant
odorat [ɔdɔra] *m* (sense of) smell
Odyssée [ɔdise] *f* Odyssey
œcuménique [ekymenik] *adj* ecumenical
œdème [edɛm] *m* (pathol) edema
Œdipe [edip] *m* Oedipus
œil [œj] *m* (*pl* **yeux** [jø] **les yeux** [lezjø]) eye; typeface, font; bud; **avoir l'œil (américain)** (coll) to be observant; **coûter les yeux de la tête** (coll) to cost a fortune; **donner de l'œil à** to give a better appearance to; **entre quatre yeux** [ɑ̃trəkatzjø] (coll) between you and me; **faire les gros yeux à** (coll) to glare at; **faire les yeux doux à** to make eyes at; **ne pas avoir les yeux dans la poche** (coll) to keep one's eyes peeled; (coll) to be no shrinking violet; **œil au beurre noir** (coll) black eye; **œil de pie** (naut) eyelet; **œil de verre** glass eye; **œil électrique** electric eye; **pocher un œil à qn** to give s.o. a black eye; **sale œil** disapproving or dirty look; **sauter aux yeux, crever les yeux** to be obvious; **se mettre le doigt dans l'œil** (coll) to put one's foot in one's mouth; **se rincer l'œil** (slang) to get an eyeful; **taper dans l'œil à** or **de qn** (coll) to take s.o.'s fancy; **voir d'un mauvais œil** to take a dim view of
œil-de-bœuf [œjdəbœf] *m* (*pl* **œils-de-bœuf**) bull's-eye, small oval window
œil-de-chat [œjdəʃa] *m* (*pl* **œils-de-chat**) cat's-eye (*gem*)
œil-de-perdrix [œjdəperdri] *m* (*pl* **œils-de-perdrix**) (pathol) soft corn
œillade [œjad] *f* glance, leer, wink; **lancer, jeter,** or **décocher une œillade à** to ogle
œillère [œjɛr] *f* eyecup; blinker; **avoir des œillères** to be biased
œillet [œjɛ] *m* eyelet; eyelet hole; carnation, clove pink; **œillet d'Inde** (*Tagetes*) marigold
œilleton [œjtɔ̃] *m* eye, bud; eyepiece; sight (*of rifle, camera, etc.*)
œillette [œjɛt] *f* opium poppy
œnologie [enɔlɔʒi] *f* science of viniculture, oenology
œsophage [ezɔfaʒ] *m* esophagus
œstres [ɛstr] *mpl* botflies, nose flies
œuf [œf] *m* (*pl* **œufs** [ø]) egg; **marcher sur des œufs** to walk on thin ice; **œuf à la coque** soft-boiled egg; **œuf à repriser** darning egg; **œuf de Colomb** ingenious, though obvious, solution to a problem; **œuf de Pâques** or **œuf rouge** Easter egg; **œuf dur** hard-boiled egg; **œuf mollet** soft-boiled egg; **œuf poché** poached egg; **œufs** spawn, roe; **œufs au lait** custard; **œufs au miroir** fried eggs; **œufs brouillés** scrambled eggs; **œuf sur le plat** fried egg; **plein comme un œuf** chock-full; **tondre un œuf** to squeeze blood out of a turnip; **tuer, écraser,** or **étouffer dans l'œuf** to nip in the bud
œuvre [œvr] *m* works (*of a painter*); **dans œuvre** inside (*measurements*); **hors d'œuvre** out of alignment; **le grand œuvre** the philosopher's stone; **le gros œuvre** (archit) the foundation, walls, and roof || *f* work; piece of work; **bonnes œuvres** good works; **mettre en œuvre** to implement, to use; **mettre qn à l'œuvre** to set s.o. to work; **mettre tout en œuvre** to leave no stone unturned; **œuvres complètes** collected works; **œuvres mortes** (naut) topsides; **œuvre pie** good deed, good work; **œuvres vives** (naut) hull below water line; **se mettre à l'œuvre** to get to work
offen•sant [ɔfɑ̃sɑ̃] **-sante** [sɑ̃t] *adj* offensive
offense [ɔfɑ̃s] *f* offense; **faire offense à qn** to offend s.o.; **soit dit sans offense** with all due respect
offenser [ɔfɑ̃se] *tr* to offend || *ref* to be offended
offen•sif [ɔfɑ̃sif] **-sive** [siv] *adj & f* offensive
office [ɔfis] *m* office; (eccl) office, service; **d'office** ex officio; **faire l'office de** to act as; **office d'ami** friendly turn; **remplir son office** (fig) to do its job || *f* pantry
offi•ciel -cielle [ɔfisjɛl] *adj & mf* official
officier [ɔfisje] *m* officer; (naut) mate; **officier de service** (mil) officer of the day; **officier ministériel** notary public; **officier supérieur** (mil) field officer || *intr* to officiate
offi•cieux [ɔfisjø] **-cieuse** [sjøz] *adj* unofficial, off-the-cuff; zealous; well-meant (*lie*); **faire l'officieux** to be officious

offrant [ɔfrɑ̃] *m*—**le plus offrant** the highest bidder
offre [ɔfr] *f* offer; **l'offre et la demande** supply and demand; **offres d'emploi** (formula in want ads) help wanted
offrir [ɔfrir] **§65** *tr* to offer || *ref* to offer oneself; to offer itself, to occur
offset [ɔfsɛt] *m invar* offset
offusquer [ɔfyske] *tr* to obfuscate, obscure; to irritate, displease || *ref*—**s'offusquer de** to take offense at
ogive [ɔʒiv] *f* ogive; (rok) nose cone
ogre [ɔgr] **ogresse** [ɔgrɛs] *mf* ogre; **manger comme un ogre** (coll) to eat like a horse
ohé [ɔe] *interj* hey!; **ohé du navire!** ship ahoy!
ohm [om] *m* ohm
oie [wa] *f* goose; simpleton; **oie blanche** simple little goose (*naïve girl*); **oie sauvage** wild goose
oignon [ɔɲɔ̃] *m* onion; (hort) bulb; (pathol) bunion; (coll) turnip, pocket watch; **aux petits oignons** (coll) perfect; **occupe-toi de tes oignons** (coll) mind your own business
oïl [ɔil], [ɔj] *adv* (Old French) yes
oindre [wɛ̃dr] **§35** *tr* to anoint
oi•seau [wazo] *m* (*pl* **-seaux**) bird; hod (*of mason*); (coll) character; **être comme l'oiseau sur la branche** to be here today and gone tomorrow; **oiseau de paradis, oiseau des îles** bird of paradise; **oiseau des tempêtes** stormy petrel; **oiseaux domestiques, oiseaux de basse-cour** poultry
oiseau-mouche [wazomuʃ] *m* (*pl* **-mouches**) hummingbird
oiseler [wazle] **§34** *tr* to train (*hawks*) || *intr* to trap birds
oiselet [wazlɛ] *m* little bird
oiseleur [wazlœr] *m* fowler
oise•lier [wazəlje] **-lière** [ljɛr] *mf* bird fancier
oi•seux [wazø] **-seuse** [zøz] *adj* useless
oi•sif [wazif] **-sive** [ziv] *adj* idle || *mf* idler
oisillon [wazijɔ̃] *m* fledgling
oisiveté [wazivte] *f* idleness
oison [wazɔ̃] *m* gosling; (coll) ninny
O.K. [oke] *interj* (letterword) O.K.!
oléagi•neux [ɔleaʒinø] **-neuse** [nøz] *adj* oily
olfac•tif [ɔlfaktif] **-tive** [tiv] *adj* olfactory
olibrius [ɔlibrijys] *m* pedant; pest; braggart (*in medieval plays*)
oligarchie [ɔligarʃi] *f* oligarchy
olivaie [ɔlivɛ] *f* olive grove
olivâtre [ɔlivɑtr] *adj* olive (*complexion*)
olive [ɔliv] *adj invar* & *f* olive
olivette [ɔlivɛt] *f* olive grove
olivier [ɔlivje] *m* olive tree; olive wood; **Olivier** Oliver
olympiade [ɔlɛ̃pjad] *f* olympiad
olym•pien [ɔlɛ̃pjɛ̃] **-pienne** [pjɛn] *adj* Olympian
olympique [ɔlɛ̃pik] *adj* Olympic
ombilic [ɔ̃bilik] *m* umbilicus
ombili•cal -cale [ɔ̃bilikal] *adj* (*pl* **-caux** [ko]) umbilical
ombrage [ɔ̃braʒ] *m* shade; **porter ombrage à** to offend; **prendre ombrage (de)** to take offense (at)
ombrager [ɔ̃braʒe] **§38** *tr* to shade
ombra•geux [ɔ̃braʒø] **-geuse** [ʒøz] *adj* shy, skittish; touchy; distrustful
ombre [ɔ̃br] *f* shadow; shade; **ombres (chinoises)** shadow play, shadowgraph; **une ombre au tableau** (coll) a fly in the ointment
ombrelle [ɔ̃brɛl] *f* parasol; (aer) umbrella
ombrer [ɔ̃bre] *tr* to shade; to apply eye shadow to
om•breux [ɔ̃brø] **-breuse** [brøz] *adj* shady
omelette [ɔmlɛt] *f* omelet
omettre [ɔmɛtr] **§42** *tr* to omit
omission [ɔmisjɔ̃] *f* omission
omnibus [ɔmnibys] *adj* omnibus; local (*train*) || *m* omnibus; local (train)
omnipo•tent [ɔmnipɔtɑ̃] **-tente** [tɑ̃t] *adj* omnipotent
omnis•cient [ɔmnisjɑ̃] **omnis•ciente** [ɔmnisjɑ̃t] *adj* omniscient
omnium [ɔmnjɔm] *m* (com) holding company, general trading company; (sports) open race
omnivore [ɔmnivɔr] *adj* omnivorous
omoplate [ɔmɔplat] *f* shoulder blade
on [ɔ̃] **§87** *pron indef* one, they, people; (coll) we, e.g., **y va-t-on?** are we going there?; (coll) I, e.g., **on est fatigué** I am tired; (often translated by passive forms), e.g., **on sait que** it is generally known that
once [ɔ̃s] *f* ounce
oncle [ɔ̃kl] *m* uncle
onction [ɔ̃ksjɔ̃] *f* unction; eloquence
onc•tueux [ɔ̃ktɥø] **-tueuse** [tɥøz] *adj* unctuous; greasy; bland
onde [ɔ̃d] *f* wave; watering (*of silk*); (poetic) water; **les petites ondes** (rad) shortwave; **mettre en ondes** to put on the air; **onde de choc** (aer) shock wave; **onde porteuse** (rad) carrier wave; **ondes amorties** (rad) damped waves; **ondes entretenues** (rad) continuous waves; **ondes radiophoniques** airwaves; **onde sonore** sound wave
ondée [ɔ̃de] *f* shower
on-dit [ɔ̃di] *m invar* gossip, scuttlebutt
ondoyant [ɔ̃dwajɑ̃] **ondoyante** [ɔ̃dwajɑ̃t] *adj* undulating, wavy; wavering (*person*)
ondoyer [ɔ̃dwaje] **§47** *tr* to baptize in an emergency || *intr* to undulate, wave
ondulation [ɔ̃dylɑsjɔ̃] *f* undulation, waving; flowing (*e.g., of drapery*); wave (*of hair*); **à ondulations** rolling (*ground*); **ondulation permanente** permanent wave
ondu•lé -lée [ɔ̃dyle] *adj* wavy; corrugated
onduler [ɔ̃dyle] *tr* to wave (*hair*) || *intr* to wave, to undulate
oné•reux [ɔnerø] **-reuse** [røz] *adj* onerous
ongle [ɔ̃gl] *m* nail, fingernail; **jusqu'au bout des ongles** to or at one's fingertips; **ongle des pieds** toenail
onglée [ɔ̃gle] *f* numbness in the fingertips

onglet [ɔ̃glɛ] *m* nail hole, groove (*in blade*); thimble; **à onglets** thumb-indexed; **monter sur onglet** (bb) to insert (*a page*)
onguent [ɔ̃gɑ̃] *m* ointment, salve
O.N.U. [ɔny] (acronym) or [ɔeny] (letterword) (**Organisation des Nations Unies**) *f* UN
onyx [ɔniks] *m* onyx
onzain *[ɔ̃zɛ̃] *m* eleven-line verse
onze *[ɔ̃z] *adj & pron* eleven; the Eleventh, e.g., **Jean onze** John the Eleventh; **onze heures** eleven o'clock || *m* eleven; eleventh (*in dates*), e.g., **le onze mai** the eleventh of May
onzième *[ɔ̃zjɛm] *adj, pron* (*masc, fem*), & *m* eleventh
opale [ɔpal] *f* opal
opaque [ɔpak] *adj* opaque
opéra [ɔpera] *m* opera; opera house; **grand opéra, opéra sérieux** grand opera; **opéra bouffe** comic opera, opéra bouffe
opéra-comique [ɔperakɔmik] *m* (*pl* **opéras-comiques**) light opera
opéra·teur [ɔperatœr] **-trice** [tris] *mf* operator || *m* cameraman
opération [ɔperɑsjɔ̃] *f* operation
opé·ré -rée [ɔpere] *mf* surgical patient
opérer [ɔpere] §10 *tr* to operate on; **opérer à chaud** to perform an emergency operation on (*s.o.*); **opérer qn de q.ch.** (med) to operate on s.o. for s.th. || *intr* to operate; to work || *ref* to occur, take place
opérette [ɔperɛt] *f* operetta, musical comedy
opia·cé -cée [ɔpjase] *adj* opiate
opiner [ɔpine] *intr* to opine; **opiner du bonnet** (coll) to be a yes man
opiniâtre [ɔpinjɑtr] *adj* stubborn
opiniâtreté [ɔpinjɑtrəte] *f* stubbornness
opinion [ɔpinjɔ̃] *f* opinion; public opinion; **avoir bonne opinion de** to think highly of; **avoir une piètre opinion de** to take a dim view of
opium [ɔpjɔm] *m* opium
oponce [ɔpɔ̃s] *m* prickly pear
opossum [ɔpɔsɔm] *m* opossum
oppor·tun [ɔpɔrtœ̃] **-tune** [tyn] *adj* opportune, timely, expedient
opportuniste [ɔpɔrtynist] *adj* opportunistic || *mf* opportunist
opportunité [ɔpɔrtynite] *f* opportuneness
oppo·sant [ɔpozɑ̃] **-sante** [zɑ̃t] *adj* opposing || *mf* opponent
oppo·sé -sée [ɔpoze] *adj & m* opposite, contrary; **à l'opposé de** contrary to
opposer [ɔpoze] *tr* to raise (*an objection*); **opposer q.ch. à** to set up s.th. against; to place s.th. opposite; to contrast s.th. with || *ref*—**s'opposer à** to oppose, object to
opposite [ɔpozit] *m*—**à l'opposite (de)** opposite
opposition [ɔpozisjɔ̃] *f* opposition; contrast
oppresser [ɔprese] *tr* to oppress; to impede (*respiration*); to weigh upon (*one's heart*)
oppresseur [ɔpresœr] *m* oppressor
oppres·sif [ɔpresif] **oppres·sive** [ɔpresiv] *adj* oppressive
oppression [ɔpresjɔ̃] *f* oppression; difficulty in breathing
opprimer [ɔprime] *tr* to oppress
opprobre [ɔprɔbr] *m* opprobrium, shame
opter [ɔpte] *intr* to opt, to choose
opticien [ɔptisjɛ̃] *m* optician
optimisme [ɔptimism] *m* optimism
optimiste [ɔptimist] *adj* optimistic || *mf* optimist
option [ɔpsjɔ̃] *f* option
optique [ɔptik] *adj* optic(al) || *f* optics; perspective; **sous cette optique** from that point of view
opu·lent [ɔpylɑ̃] **-lente** [lɑ̃t] *adj* opulent
opuscule [ɔpyskyl] *m* opuscule, treatise; brochure, pamphlet
or [ɔr] *m* gold; **rouler sur l'or** to be rolling in money || *adv* now; therefore
oracle [ɔrakl] *m* oracle
orage [ɔraʒ] *m* storm
ora·geux [ɔraʒø] **-geuse** [ʒøz] *adj* stormy
oraison [ɔrezɔ̃] *f* prayer; **oraison dominicale** Lord's Prayer; **oraison funèbre** funeral oration; **prononcer l'oraison funèbre de** (coll) to write off (*a custom, institution, etc.*)
o·ral -rale [ɔral] *adj* (*pl* **-raux** [ro]) oral
orange [ɔrɑ̃ʒ] *adj invar* orange (*color*) || *m* orange (*color*) || *f* orange (*fruit*)
oran·gé -gée [ɔrɑ̃ʒe] *adj & m* orange (*color*)
orangeade [ɔrɑ̃ʒad] *f* orangeade
oranger [ɔrɑ̃ʒe] *m* orange tree
orangeraie [ɔrɑ̃ʒrɛ] *f* orange grove
orangerie [ɔrɑ̃ʒri] *f* orangery; orange grove
orang-outan [ɔrɑ̃utɑ̃] *m* (*pl* **orangs-outans**) orang-outang
ora·teur [ɔratœr] **-trice** [tris] *mf* orator; speaker
oratoire [ɔratwar] *adj* oratorical || *m* (eccl) oratory
oratorio [ɔratɔrjo] *m* oratorio
orbite [ɔrbit] *f* orbit; socket (*of eye*); **placer sur son orbite, mettre en orbite** to orbit; **sur orbite** in orbit
orchestre [ɔrkɛstr] *m* orchestra; band; **orchestre de typique** rumba band
orchestrer [ɔrkɛstre] *tr* to orchestrate
orchidée [ɔrkide] *f* orchid
ordalie [ɔrdali] *f* (hist) ordeal
ordinaire [ɔrdinɛr] *adj* ordinary || *m* ordinary; regular bill of fare; (mil) mess; **d'ordinaire, à l'ordinaire** ordinarily
ordi·nal -nale [ɔrdinal] *adj & m* (*pl* **-naux** [no]) ordinal
ordinateur [ɔrdinatœr] *m* (electron) computer
ordination [ɔrdinɑsjɔ̃] *f* ordination
ordonnance [ɔrdɔnɑ̃s] *f* ordinance; order, arrangement; (pharm) prescription
ordonna·teur [ɔrdɔnatœr] **-trice** [tris]

mf organizer; marshal; **ordonnateur des pompes funèbres** funeral director
ordon•né -née [ɔrdɔne] *adj* orderly
ordonner [ɔrdɔne] *tr* to arrange, put in order; to order; to prescribe (*e.g., medicine*); (eccl) to ordain; **ordonner à qn de** + *inf* to order s.o. to + *inf*; **ordonner q.ch. à qn** to order s.o. to do s.th.
ordre [ɔrdr] *m* order; **avoir de l'ordre** to be neat, orderly; **à vos ordres** at your service; **dans l'ordre d'entrée en scène** (theat) in order of appearance; **en ordre** in order; **jusqu'à nouvel ordre** until further notice; as things stand; **les ordres** (eccl) orders; **ordre du jour** (mil) order of the day; (parl) agenda; **ordre public** law and order; **payez à l'ordre de** (com) pay to the order of; **sous les ordres de** under the command of
ordure [ɔrdyr] *f* rubbish, filth; **ordures ménagères** garbage
ordu•rier [ɔrdyrje] **-rière** [rjɛr] *adj* lewd, filthy
orée [ɔre] *f* edge (*of a forest*)
oreille [ɔrɛj] *f* ear; **avoir l'oreille basse** to be humiliated; **dormir sur les deux oreilles** to sleep soundly; **dresser** or **tendre l'oreille** to prick up one's ears; **échauffer les oreilles à qn** to rile s.o. up; **faire la sourde oreille** to turn a deaf ear; **rompre les oreilles à qn** (coll) to talk s.o.'s head off; **se faire tirer l'oreille** (coll) to play hard to get
oreiller [ɔreje] *m* pillow
oreillette [ɔrɛjɛt] *f* earflap (*of cap*); (anat) auricle
oreillons [ɔrɛjɔ̃] *mpl* mumps
ores [ɔr] *adv*—**d'ores et déjà** [dɔrzedeʒa] from now on
Orfée [ɔrfe] *m* Orpheus
orfèvre [ɔrfɛvr] *m* goldsmith; silversmith; **être orfèvre en la matière** (coll) to know one's onions
orfèvrerie [ɔrfɛvrəri] *f* goldsmith's shop; goldsmith's trade; gold plate; gold or silver jewelry
orfraie [ɔrfrɛ] *f* osprey, fish hawk
organdi [ɔrgɑ̃di] *m* organdy
organe [ɔrgan] *m* organ; part (*of a machine*)
organique [ɔrganik] *adj* organic
organisa•teur [ɔrganizatœr] **-trice** [tris] *adj* organizing || *mf* organizer
organisation [ɔrganizɑsjɔ̃] *f* organization
organiser [ɔrganize] *tr* to organize
organisme [ɔrganism] *m* organism; organization
organiste [ɔrganist] *mf* organist
orgasme [ɔrgasm] *m* orgasm
orge [ɔrʒ] *f* barley
orgelet [ɔrʒəlɛ] *m* (pathol) sty
orgie [ɔrʒi] *f* orgy
orgue [ɔrg] *m* organ; **orgue de Barbarie** hand organ; **orgue de cinéma** theater organ || *f*—**les grandes orgues** the pipe organ
orgueil [ɔrgœj] *m* pride, conceit; **avoir l'orgueil de** to take pride in
orgueil•leux [ɔrgœjø] **orgueil•leuse** [ɔrgœjøz] *adj* proud, haughty
orient [ɔrjɑ̃] *m* orient; east; **Orient** Orient, East
orien•tal -tale [ɔrjɑ̃tal] (*pl* **-taux** [to]) *adj* oriental; eastern, east || (*cap*) *mf* Oriental (*person*)
orientation [ɔrjɑ̃tɑsjɔ̃] *f* orientation; **orientation professionnelle** vocational guidance
orienter [ɔrjɑ̃te] *tr* to orient; to guide || *ref* to take one's bearings
orien•teur [ɔrjɑ̃tœr] **-teuse** [tøz] *mf* guidance counselor
orifice [ɔrifis] *m* orifice, hole, opening
origan [ɔrigɑ̃] *m* marjoram
originaire [ɔriʒinɛr] *adj* native; original, first
origi•nal -nale [ɔriʒinal] *adj* (*pl* **-naux** [no]) original; eccentric, peculiar || *m* antique (*piece of furniture*); eccentric, card (*person*); (typ) copy, original
originalité [ɔriʒinalite] *f* originality; eccentricity
origine [ɔriʒin] *f* origin
origi•nel -nelle [ɔriʒinɛl] *adj* original (*sin; meaning*); primitive, early
ori•gnal [ɔriɲal] *m* (*pl* **-gnaux** [ɲo]) moose, elk
orillon [ɔrijɔ̃] *m* ear, handle; (archit) projection
ori•peau [ɔripo] *m* (*pl* **-peaux**) tinsel; **oripeaux** cheap finery
Orléans [ɔrleɑ̃] *f* Orléans; **la Nouvelle Orléans** New Orleans
orme [ɔrm] *m* elm; **attendez-moi sous l'orme** (coll) I won't be there
or•né -née [ɔrne] *adj* ornate
ornement [ɔrnəmɑ̃] *m* ornament
ornemen•tal -tale [ɔrnəmɑ̃tal] *adj* (*pl* **-taux** [to]) ornamental
orner [ɔrne] *tr* to ornament, to adorn
ornière [ɔrnjɛr] *f* rut, groove
ornithologie [ɔrnitɔlɔʒi] *f* ornithology
orphe•lin [ɔrfəlɛ̃] **-line** [lin] *adj & mf* orphan
orphelinat [ɔrfəlina] *m* orphanage (*asylum*)
orphéon [ɔrfeɔ̃] *m* male choir, glee club; brass band
orteil [ɔrtɛj] *m* toe; big toe; **gros orteil** big toe
O.R.T.F. [oɛrteɛf] *m* (letterword) **(office de radio-télévision française)** French radio and television system
orthodoxe [ɔrtɔdɔks] *adj* orthodox
orthographe [ɔrtɔgraf] *f* spelling, orthography
orthographier [ɔrtɔgrafje] *tr* to spell
ortie [ɔrti] *f* nettle
orviétan [ɔrvjetɑ̃] *m* nostrum
os [ɔs] *m* (*pl* **os** [o]) bone; **à gros os** big-boned; **os à moelle** marrowbone; **trempé jusqu'aux os** soaked to the skin
osciller [ɔsile] *intr* to oscillate; to waver, hesitate
o•sé -sée [oze] *adj* daring, bold; risqué, off-color
oseille [ozɛj] *f* sorrel; (slang) dough
oser [oze] *tr & intr* to dare
osier [ozje] *m* osier; **d'osier** wicker

osmose [ɔsmoz] *f* osmosis
ossature [ɔsatyr] *f* bone structure; framework, skeleton
ossements [ɔsmɑ̃] *mpl* bones, remains
os•seux [ɔsø] **os•seuse** [ɔsøz] *adj* bony
ossifier [ɔsifje] *tr & ref* to ossify
os•su -sue [ɔsy] *adj* bony; big-boned
ostensible [ɔstɑ̃sibl] *adj* conspicuous, ostensible; ostentatious
ostensoir [ɔstɑ̃swar] *m* monstrance
ostentatoire [ɔstɑ̃tatwar] *adj* ostentatious
ostracisme [ɔstrasism] *m* ostracism
otage [ɔtaʒ] *m* hostage
otalgie [ɔtalʒi] *f* earache
O.T.A.N. or **OTAN** [ɔtan], [otan], [otɑ̃] *f* (acronym) **(Organisation du traité de l'Atlantique Nord)—l'O.T.A.N** NATO
otarie [ɔtari] *f* sea lion
OTASE [ɔtɑz] *f* (acronym) **(Organisation du traité de l'Asie du Sud-Est)—l'OTASE** SEATO
ôter [ote] *tr* to remove, to take away; to take off; to tip (*one's hat*); **ôter q.ch. à qn** to remove or take away s.th. from s.o.; **ôter q.ch. de q.ch.** to take s.th. away from s.th. || *ref* to withdraw, to get out of the way
otto•man [ɔtɔmɑ̃] **-mane** [man] *adj* Ottoman || *m* ottoman (*corded fabric*) || *f* ottoman (*divan*) || (*cap*) *mf* Ottoman (*person*)
ou [u] *conj* or; **ou . . . ou** either . . . or
où [u] *adv* where; **d'où** from where, whence; **où que** wherever; **par où** which way || *conj* where; when; **d'où** from where, whence; **par où** through which; **partout où** wherever
ouailles [wɑj] *fpl* (eccl) flock
ouais [wɛ] *interj* (coll) oh yeah!
ouate *[wat] *f* cotton batting, wadding
ouater *[wate] *tr* to pad, to wad
oubli [ubli] *m* forgetfulness; omission, oversight; **tomber dans l'oubli** to fall into oblivion
oublier [ublije] *tr & intr* to forget || *ref* to forget oneself; to be forgotten
oubliettes [ublijɛt] *fpl* dungeon of oblivion
ou•blieux [ublijø] **-blieuse** [blijøz] *adj* forgetful, oblivious, unmindful
ouche [uʃ] *f* orchard; vegetable garden
ouest [wɛst] *adj invar & m* west
ouest-alle•mand [wɛstalmɑ̃] **-mande** [mɑ̃d] *adj* West German || (*cap*) *mf* West German
ouf *[uf] *interj* whew!
oui *[wi] *m invar* yes; **les oui l'emportent** the ayes have it || *adv* yes; **je crois que oui** I think so; **oui madame** yes ma'am; **oui monsieur** yes sir; **oui mon capitaine (mon général,** etc.) yes sir
ouï-dire [widir] *m invar* hearsay; **simples ouï-dire** (law) hearsay evidence
ouïe [wi] *f* hearing; **être tout ouïe** [tutwi] to be all ears; **ouïes** gills; sound holes (*of violin*) || *interj* oh my!
ouïr [wir] (used only in: *inf*, compound tenses with *pp* **ouï**, and 2d *pl impv* **oyez**) *tr* to hear; **oyez . . . !** hear ye . . . !
ouragan [uragɑ̃] *m* hurricane
ourdir [urdir] *tr* to warp (*cloth before weaving*); to hatch (*e.g., a plot*)
ourler [urle] *tr* to hem; **ourler à jour** to hemstitch
ourlet [urlɛ] *m* hem; **ourlet de la jupe** hemline
ours [urs] *m* bear; (fig) lone wolf; **ours en peluche** teddy bear; **ours mal léché** unmannerly boor; **ours marin** (zool) seal; **vendre la peau de l'ours avant de l'avoir tué** to count one's chickens before they are hatched
ourse [urs] *f* she-bear; **la Grande Ourse** the Big Dipper, the Great Bear; **la Petite Ourse** the Little Dipper, the Little Bear
oursin [ursɛ̃] *m* sea urchin
ourson [ursɔ̃] *m* bear cub
ouste [ust] *interj* (coll) out!, **out you go!**
outarde [utard] *f* (orn) bustard
outil [uti] *m* tool, implement
outillage [utijaʒ] *m* tools; equipment
outil•lé -lée [utije] *adj* equipped with tools; tooled-up (*factory*)
outiller [utije] *tr* to equip with tools; to tool up (*a factory*) || *ref* to supply oneself with equipment; to tool up
outilleur [utijœr] *m* toolmaker
outrage [utraʒ] *m* outrage, affront; ravages (*of time*); contempt of court; **faire outrage à qn** to outrage s.o.; **outrage aux bonnes mœurs** traffic in pornography; **outrage public à la pudeur** indecent exposure
outrager [utraʒe] **§38** *tr* to outrage, to affront
outra•geux [utraʒø] **-geuse** [ʒøz] *adj* outrageous, insulting
outrance [utrɑ̃s] *f* excess; exaggeration; **à outrance** to the limit
outran•cier [utrɑ̃sje] **-cière** [sjɛr] *adj* extreme, excessive, out-and-out || *mf* extremist, out-and-outer
outre [utr] *f* goatskin canteen || *adv* further; **d'outre en d'outre** right through; **en outre** besides, moreover; **passer outre à** to ignore (*e.g., an order*) || *prep* in addition to, apart from; beyond
ou•tré -trée [utre] *adj* overdone, exaggerated; exasperated
outrecui•dant [utrəkɥidɑ̃] **-dante** [dɑ̃t] *adj* self-satisfied; insolent, presumptuous
outre-Manche [utrəmɑ̃ʃ] *adv* across the Channel
outremer [utrəmɛr] *m* ultramarine, lapis lazuli (*color*)
outre-mer [utrəmɛr] *adv* overseas
outre-monts [utrəmɔ̃] *adv* over the mountains (*i.e., the Alps*)
outrepasser [utrəpɑse] *tr* to go beyond, to exceed
outrer [utre] *tr* to overdo, to exaggerate; to exasperate
outre-tombe [utrətɔ̃b] *adv*—**d'outre-tombe** posthumous
ou•vert [uvɛr] **-verte** [vɛrt] *adj* open;

exposed; frank, candid; on (*said of meter, gas, etc.*)
ouverture [uvɛrtyr] *f* opening; hole, gap; (mus) overture; (phot) aperture
ouvrable [uvrabl] *adj* working, e.g., **jour ouvrable** working day
ouvrage [uvraʒ] *m* work, handiwork; piece of work; work, treatise
ouvrager [uvraʒe] §38 *tr* to work (*e.g., iron*); to turn (*wood*)
ou•vré -vrée [uvre] *adj* worked, wrought; finished (*product*)
ouvre-boîtes [uvrəbwat] *m invar* can opener
ouvre-bouteilles [uvrəbutɛj] *m invar* bottle opener
ouvreur [uvrœr] *m* opener (*in poker*)
ouvreuse [uvrøz] *f* usher
ou•vrier [uvrije] **-vrière** [vrijɛr] *adj* working, worker; worker's, workingman's || *mf* worker || *m* workman, laborer; workingman || *f* workingwoman
ouvrir [uvrir] §65 *tr* to open; to turn on (*the light; the radio or television; the gas*); **ouvrir boutique** to set up shop || *intr* to be open; to open (*said of store, school, etc.; said of card player*) || *ref* to open; to be opened; **s'ouvrir à** to open up to, confide in
ouvroir [uvrwar] *m* workroom
ovaire [ɔvɛr] *m* ovary
ovale [ɔval] *adj & m* oval
ovation [ɔvɑsjɔ̃] *f* ovation
ovationner [ɔvɑsjɔne] *tr* to give an ovation to
Ovide [ɔvid] *m* Ovid
oxford [ɔksfɔr] *m* oxford cloth
oxyde [ɔksid] *m* oxide
oxyder [ɔkside] *tr & ref* to oxidize
oxygène [ɔksiʒɛn] *m* oxygen
oxygéner [ɔksiʒene] §10 *tr* to oxygenate; to bleach (*hair*) || *ref*—**s'oxygéner les poumons** (coll) to fill one's lungs full of ozone
oxyton [ɔksitɔ̃] *adj & m* oxytone
ozone [ozɔn] *m* ozone

P

P, p [pe] *m invar* sixteenth letter of the French alphabet
pacage [pakaʒ] *m* pasture
pacifica•teur [pasifikatœr] **-trice** [tris] *mf* pacifier
pacifier [pasifje] *tr* to pacify
pacifique [pasifik] *adj* pacific || **Pacifique** *adj & m* Pacific
pacifisme [pasifism] *m* pacifism
pacifiste [pasifist] *mf* pacifist
pacotille [pakɔtij] *f* junk; **de pacotille** shoddy; junky
pacte [pakt] *m* pact, covenant
pactiser [paktize] *intr* to compromise; to traffic (*with the enemy*)
paf [paf] *adj* (slang) tipsy, tight || *interj* bang!
pagaie [pagɛ] *f* paddle
pagaïe or **pagaille** [pagaj] *f* disorder; **en pagaïe** (coll) in great quantity; (coll) in a mess
paganisme [paganism] *m* paganism
pagayer [pageje] §49 *tr & intr* to paddle
page [paʒ] *m* page || *f* page (*of a book*); **être à la page** to be up to date
paginer [paʒine] *tr* to page
pagne [paɲ] *m* loincloth
paie [pɛ] *f* pay, wages
paiement [pɛmɑ̃] *m* payment
païen [pajɛ̃] **païenne** [pajɛn] *adj & mf* pagan
pail•lard [pajar] **pail•larde** [pajard] *adj* ribald || *mf* debauchee
paillasse [pajas] *m* buffoon || *f* straw mattress; (slang) whore
paillasson [pɑjasɔ̃] *m* doormat
paille [pɑj] *f* straw; flaw; (Bib) mote; **paille de fer** iron shavings
pail•lé -lée [pɑje] *adj* rush-bottomed (*chair*)
pailler [pɑje] *m* straw stack || *tr* to bottom (*a chair*) with straw; to mulch
pailleter [pajte] §34 *tr* to spangle
paillette [pajɛt] *f* spangle; flake (*of mica; of soap*); grain (*of gold*); flaw (*in a diamond*)
pain [pɛ̃] *m* bread; loaf (*of bread, of sugar*); cake (*of soap*); pat (*of butter*); **avoir du pain sur la planche** (coll) to have a lot to do; **pain à cacheter** sealing wafer; **pain aux raisins** raisin roll; **pain bis** brown bread; **pain complet** whole-wheat bread; **pain de fantaisie** bread sold by the loaf (*instead of by weight*); **pain de mie** sandwich bread; **pain d'épice** gingerbread; **pain grillé** toast; **pain perdu** French toast; **petit pain** roll; **se vendre comme des petits pains** (coll) to sell like hot cakes
pair paire [pɛr] *adj* even (*number*) || *m* peer; equal; (com) par; **hors de pair, hors pair** unrivaled; **marcher de pair avec** to keep abreast of; **travailler au pair** (coll) to work for one's keep; **au pair** at par || *f* pair; couple; brace (*of dogs, pistols, etc.*); yoke (*of oxen*)
pairesse [pɛrɛs] *f* peeress
pairie [peri], [peri] *f* peerage
paisible [pezibl] *adj* peaceful
paître [pɛtr] §48 *tr & intr* to graze; **envoyer paître** (coll) to send packing
paix [pɛ] *f* peace
Pakistan [pakistɑ̃] *m*—**le Pakistan** Pakistan
pakista•nais [pakistanɛ] **-naise** [nɛz] *adj* Pakistani || (*cap*) *mf* Pakistani

pal [pal] *m* (*pl* **paux** [po] or **pals**) pale, stake
palabre [palabr] *m & f* palaver
palace [palas] *m* luxury hotel
palais [palɛ] *m* palace; palate; courthouse, law courts
palan [palɑ̃] *m* block and tackle
palanque [palɑ̃k] *f* stockade
pala•tal -tale [palatal] (*pl* **-taux** [to] **-tales**) *adj & f* palatal
pale [pal] *f* blade (*of, e.g., oar*); stake; sluice gate; (eccl) pall
pâle [pɑl] *adj* pale
palefrenier [palfrənje] *m* groom; (coll) hick, oaf
palefroi [palfrwa] *m* palfrey
paleron [palrɔ̃] *m* bottom chuck roast
palet [palɛ] *m* disk, flat stone; puck
paletot [palto] *m* topcoat
palette [palɛt] *f* palette; paddle
pâleur [pɑlœr] *f* pallor; paleness
palier [palje] *m* landing (*of stairs*); plateau (*of curve of a graph*); (mach) bearing; **en palier** on the level; **palier à billes** ball bearing; **par paliers** graduated (*e.g., tax*)
pâlir [pɑlir] *tr & intr* to pale, turn pale
palis [pali] *m* picket fence
palissade [palisad] *f* palisade; fence
palissandre [palisɑ̃dr] *m* rosewood
pallier [palje] *tr* to palliate; to mitigate || *intr* (with *dat*) to mitigate
palmarès [palmarɛs] *m* list of winners
palme [palm] *f* (bot) palm
palmeraie [palmərɛ] *f* palm grove
palmier [palmje] *m* palm tree
palmipède [palmipɛd] *adj* webfooted || *m* webfoot
palombe [palɔ̃b] *f* ringdove
palourde [palurd] *f* clam
palpable [palpabl] *adj* palpable; plain, obvious
palper [palpe] *tr* to feel; to palpate; (coll) to pocket (*money*)
palpiter [palpite] *intr* to palpitate
palsambleu [palsɑ̃blø] *interj* zounds!
paltoquet [paltɔkɛ] *m* nonentity
palu•déen [palydeɛ̃] **-déenne** [deɛn] *adj* marsh (*plant*); swamp (*fever*)
paludisme [palydism] *m* malaria
pâmer [pɑme] *ref* to swoon
pâmoison [pɑmwazɔ̃] *f* swoon
pamphlet [pɑ̃flɛ] *m* lampoon
pamplemousse [pɑ̃pləmus] *m & f* grapefruit
pan [pɑ̃] *m* tail (*of shirt or coat*); section; side, face; patch (*of sky*); **Pan** Pan || *interj* bang!
panacée [panase] *f* panacea
panachage [panaʃaʒ] *m* mixing; **faire du panachage** to split one's vote
panache [panaʃ] *m* plume; wreath (*of smoke*); **aimer le panache** to be fond of show; **avoir son panache** (coll) to be tipsy; **faire panache** to somersault, to turn over
pana•ché -chée [panaʃe] *adj* variegated; mixed (*salad*); motley (*crowd*)
panacher [panaʃe] *tr* to variegate; to plume; to split (*one's vote*) || *ref* to become variegated
panais [panɛ] *m* parsnip
panama [panama] *m* panama hat; **le Panama** Panama; **Panama** Panama City
panaris [panari] *m* (pathol) whitlow, felon
pancarte [pɑ̃kart] *f* placard; poster, sign
panchromatique [pɑ̃krɔmatik] *adj* panchromatic
pancréas [pɑ̃kreas] *m* pancreas
pandémonium [pɑ̃demɔnjɔm] *m* den of iniquity; pandemonium
pa•né -née [pane] *adj* breaded
panetière [pantjɛr] *f* breadbox
panier [panje] *m* basket; hoop (*of skirt*); creel (*trap*); **être dans le même panier** to be in the same boat; **panier à ouvrage** work basket; **panier à papier** wastepaper basket; **panier à provisions** shopping basket; **panier à salade** wire salad washer; (coll) paddy wagon; **panier percé** spendthrift
panier-repas [panjerəpɑ] *m* (*pl* **paniers-repas**) box lunch
panique [panik] *adj & f* panic
panne [pan] *f* breakdown, trouble; plush; fat (*of pig*); peen (*of hammer*); tip (*of soldering iron*); bank (*of clouds*); purlin (*of roof*); daub; (theat) small part; **(en) panne sèche** (public sign) out of gas; **être dans la panne** (coll) to be hard up; **être en panne** (coll) to be unable to continue; **être en panne de** (coll) to be deprived of; **laisser en panne** to leave in the lurch; **mettre en panne** (naut) to heave to; **panne fendue** claw (*of hammer*); **rester en panne** to come to a standstill, **tomber en panne** to have a breakdown
pan•né -née [pane] *adj* (slang) hard up
pan•neau [pano] *m* (*pl* **-neaux**) panel; snare, net, **condamner les panneaux** (naut) to batten down the hatches; **donner dans le panneau** to walk into the trap; **panneau d'affichage** billboard; **panneau de tête** headboard (*of bed*); **panneaux** paneling; **panneaux de signalisation** traffic signs; **tomber** or **donner dans le panneau** to be taken in, to fall into a trap
panoplie [panɔpli] *f* panoply
panorama [panɔrama] *m* panorama
panoramiquer [panɔramike] *intr* (mov, telv) to pan
panse [pɑ̃s] *f* belly; rumen, first stomach
pansement [pɑ̃smɑ̃] *m* (surg) dressing
panser [pɑ̃se] *tr* to dress, bandage; to groom (*an animal*)
pan•su -sue [pɑ̃sy] *adj* potbellied
pantalon [pɑ̃talɔ̃] *m* trousers, pair of trousers; panties; slacks; **pantalon à pattes d'éléphant** bell-bottomed trousers; **pantalon corsaire** pedal pushers; **pantalon de coutil** ducks; blue jeans; **pantalon de golf** knickers; **pantalon de ski** ski pants
pante [pɑ̃t] *m* (slang) guy
panteler [pɑ̃tle] §34 *intr* to pant
panthéisme [pɑ̃teism] *m* pantheism
panthéon [pɑ̃teɔ̃] *m* pantheon
panthère [pɑ̃tɛr] *f* panther

pantin [pɑ̃tɛ̃] *m* puppet; jumping jack; **pantin articulé** string puppet
pantomime [pɑ̃tɔmim] *f* pantomime
pantou•flard [pɑ̃tuflar] **-flarde** [flard] *mf* (coll) homebody
pantoufle [pɑ̃tufl] *f* slipper
pantoufler [pɑ̃tufle] *intr* to leave government service
paon [pɑ̃] *m* peacock, peafowl; peacock butterfly
paonne [pan] *f* peahen
papa [papa] *m* papa; **à la papa** (coll) cautiously; **de papa** (coll) outmoded; **papa gâteau** (coll) sugar daddy
papas [papɑs] *m* pope (*in Orthodox Church*)
papauté [papote] *f* papacy
pape [pap] *m* pope
pape•lard [paplar] **-larde** [lard] *adj* hypocritical || *mf* hypocrite || *m* scrap of paper
paperasse [papras] *f* old paper
paperasserie [paprasri] *f* red tape
paperas•sier [paprasje] **paperas•sière** [paprasjɛr] *adj* fond of red tape || *mf* bureaucrat
papeterie [paptri] *f* paper mill; stationery store
pape•tier [paptje] **-tière** [tjɛr] *mf* stationer
papier [papje] *m* paper; newspaper article; document; piece of paper; **être dans les petits papiers de** (coll) to be in the good graces of; **gratter du papier** to scribble; **papier à calquer, papier végétal** tracing paper; **papier à en-tête** letterhead; **papier à lettres** writing paper; **papier à machine** typewriter paper; **papier à musique** staff paper; **papier bible, indien,** or **pelure** Bible paper, onionskin; **papier buvard** blotting paper; **papier carbone** carbon paper; **papier collant** Scotch tape; **papier d'emballage** wrapping paper; **papier de soie** tissue paper; **papier d'étain** tin foil; **papier de verre** sandpaper; **papier hygiénique** toilet paper; **papier journal** newsprint; **papier kraft** cardboard (*for packing*); **papier mâché** papier-mâché; **papier ministre** foolscap; **papier paraffiné** wax paper; **papier peint** wallpaper; **papier rayé** lined paper; **papier sensible** photographic paper; **papier tue-mouches** flypaper; **rayez cela de vos papiers!** (coll) don't count on it!
papier-filtre [papjefiltrə] *m* filter paper
papier-monnaie [papjemɔnɛ] *m* paper money
papier-pierre [papjepjɛr] *m* (*pl* **papiers-pierre**) papier-mâché
papille [papij], [papil] *f* papilla; **papille gustative** taste bud
papillon [papijɔ̃] *m* butterfly; flier, handbill; inset; form, application; thumbscrew, wing nut; butterfly valve; rider (*to document*); (coll) parking ticket; **papillon de nuit** moth; **papillons noirs** gloomy thoughts
papillonner [papijɔne] *intr* to flit about
papillote [papijɔt] *f* curlpaper; (culin) paper wrapper
papilloter [papijɔte] *intr* to blink; to flicker
papoter [papɔte] *intr* to chitchat
paprika [paprika] *m* paprika
papyrus [papirys] *m* papyrus
pâque [pɑk] *f* Passover; **la pâque russe** Russian Easter; **Pâque** Passover
paquebot [pakbo] *m* liner
pâquerette [pɑkrɛt] *f* white daisy
Pâques [pɑk] *m* Easter || *fpl* Easter; **faire ses pâques** or **Pâques** to take Easter Communion; **Pâques fleuries** Palm Sunday
paquet [pakɛ] *m* packet, bundle; package; parcel; pack (*of cigarettes*); dressing down; **être un paquet d'os** [dɔs] to be nothing but skin and bones; **faire son paquet** (coll) to pack up; **mettre le paquet** (coll) to shoot the works; **paquet de mer** heavy sea; **petit paquet** parcel (*under a kilogram*); **petits paquets** parcel post; **un paquet de** a lot of
par [par] *prep* by; through; out of, e.g., **par la fenêtre** out of the window; per, a, e.g., **huit dollars par jour** eight dollars per day, eight dollars a day; on, e.g., **par une belle matinée** on a beautiful morning; in, e.g., **par temps de brume** in foggy weather; **de par la loi** in the name of the law; **par avion** (formula on envelope) air mail; **par delà** beyond; **par derrière** at the back, the back way; **par devant** in front, before; **par exemple** for example; **par ici** this way; **par là** that way; **par où?** which way?
para [para] *m* (coll) paratrooper
parabole [parabɔl] *f* parable; (*curve*) parabola
parachever [paraʃve] §2 *tr* to finish off
parachutage [paraʃytaʒ] *m* airdrop, airdropping
parachute [paraʃyt] *m* parachute
parachuter [paraʃyte] *tr* to airdrop; (coll) to appoint in haste
parachutisme [paraʃytism] *m* parachuting; (sports) skydiving
parachutiste [paraʃytist] *mf* parachutist; (sports) skydiver || *m* paratrooper
parade [parad] *f* show; parry; sudden stop (*of horse*); come-on (*in front of sideshow*); (mil) inspection, parade; **à la parade** on parade; **faire parade de** to show off, to display
parader [parade] *intr* to show off
paradis [paradi] *m* paradise; (theat) peanut gallery
paradoxal paradoxale [paradɔksal] *adj* (*pl* **paradoxaux** [paradɔkso]) paradoxical
paradoxe [paradɔks] *m* paradox
parafe [paraf] *m* flourish; initials
parafer [parafe] *tr* to initial
paraffine [parafin] *f* paraffin
paraffiner [parafine] *tr* to paraffin
parages [paraʒ] *mpl* region, vicinity; **dans ces parages** in these parts
paragraphe [paragraf] *m* paragraph

Paraguay [paragɛ] *m*—**le Paraguay** Paraguay

paraguayen [paragɛjɛ̃] **paraguayenne** [paragɛjɛn] *adj* Paraguayan ‖ (*cap*) *mf* Paraguayan

paraître [parɛtr] §12 *intr* to appear; to seem; to come out; to show off; **à ce qu'il paraît** from all appearances; **faire paraître** to publish; **vient de paraître** just out

parallèle [paralɛl] *adj* parallel ‖ *m* parallel, comparison; (geog) parallel ‖ *f* (geom) parallel

paralyser [paralize] *tr* to paralyze

paralysie [paralizi] *f* paralysis

paralytique [paralitik] *adj & mf* paralytic

parangon [parɑ̃gɔ̃] *m* paragon

paranoïaque [paranɔjak] *adj & mf* paranoiac

parapet [parapɛ] *m* railing, parapet; (mil) parapet

paraphe [paraf] *m* flourish; initials

parapher [parafe] *tr* to initial

paraphrase [parafrɑz] *f* circumlocution, paraphrase; commentary

paraphraser [parafrɑze] *tr* to paraphrase

parapluie [paraplɥi] *m* umbrella

parasite [parazit] *adj* parasitic(al) ‖ *m* parasite; **parasites** (rad) static

parasiter [parazite] *tr* to live as a parasite on or in (*a host*); (fig) to sponge on

parasol [parasɔl] *m* parasol; beach umbrella

paratonnerre [paratɔnɛr] *m* lightning rod

parâtre [parɑtr] *m* stepfather; cruel father

paravent [paravɑ̃] *m* folding screen

parbleu [parblø] *interj* rather!, by Jove!, you bet!

parc [park] *m* park; sheepfold; corral, pen; playpen; grounds, property; (mil) supply depot; (rr) rolling stock; **parc à huîtres** oyster bed; **parc automobile** motor pool; **parc de stationnement (payant)** parking lot

parcage [parkaʒ] *m* parking

parcelle [parsɛl] *f* particle; plot

parce que [pars(ə)kə] *conj* because

parchemin [parʃəmɛ̃] *m* parchment; (coll) sheepskin (*diploma*)

parchemi•né -née [parʃəmine] *adj* wrinkled

parcheminer [parʃəmine] *tr* to parchmentize ‖ *ref* to shrivel up

par-ci [parsi] *adv*—**par-ci par-là** here and there

parcimo•nieux [parsimɔnjø] **-nieuse** [njøz] *adj* parsimonious

parcomètre [parkɔmɛtr] *m* parking meter

parcourir [parkurir] §14 *tr* to travel through, to tour; to wander about; to cover (*a distance*); to scour (*the country*); to glance through

parcours [parkur] *m* run, trip; route, distance covered; round (*e.g., of golf*); stroke (*of piston*)

par-delà [pardəla] *adv & prep* beyond

par-derrière [parderjer] *adv & prep* behind

par-dessous [pardəsu] *adv & prep* underneath

pardessus [pardəsy] *m* overcoat

par-dessus [pardəsy] *adv* on top, over ‖ *prep* on top of, over

par-devant [pardəvɑ̃] *adv* in front ‖ *prep* in front of, before

par-devers [pardəver] *prep* in the presence of; **par-devers soi** in one's own possession

pardi [pardi] *interj* (coll) of course!

pardon [pardɔ̃] *m* pardon; Breton pilgrimage ‖ *adv* (to contradict a negative statement or question) yes, e.g., **Vous ne parlez pas français, n'est-ce pas? Pardon, je le parle très bien** You don't speak French, do you? Yes, I speak it very well ‖ *interj* pardon me!; (slang) oh boy!

pardonnable [pardɔnabl] *adj* pardonable

pardonner [pardɔne] *tr* to pardon; **pardonner q.ch. à qn** to pardon s.o. for s.th. ‖ *intr* (with *dat*) to pardon, to forgive; **ne pas pardonner** to be fatal (*said of illness, mistake, etc.*)

pare-balles [parbal] *adj invar* bulletproof

pare-boue [parbu] *m invar* mudguard

pare-brise [parbriz] *m invar* windshield

pare-chocs [parʃɔk] *m invar* (aut) bumper

pare-étincelles [paretɛ̃sɛl] *m invar* fire screen

pa•reil -reille [parɛj] *adj* identical, the same; such, such a ‖ *mf* equal, match; **sans pareil, sans pareille** without parallel, unequaled ‖ *m*—**c'est du pareil au même** (coll) it's six of one and half dozen of the other ‖ *f* same (thing); **rendre la pareille à qn** to pay s.o. back in his own coin

pareillement [parɛjmɑ̃] *adv* likewise

parement [parmɑ̃] *m* cuff; facing; trimming; (eccl) parament

pa•rent [parɑ̃] **-rente** [rɑ̃t] *adj* like ‖ *mf* relative; **parents** parents; relatives; ancestors; **plus proche parent** next of kin

parenté [parɑ̃te] *f* relationship; relations

parenthèse [parɑ̃tɛz] *f* parenthesis; **entre parenthèses** in parentheses

parer [pare] *tr* an adorn; to parry; to prepare ‖ *intr*—**parer à** to provide for ‖ *ref* to show off

pare-soleil [parsɔlɛj] *m invar* sun visor

paresse [parɛs] *f* laziness

paresser [parese] *intr* (coll) to loaf

pares•seux [parɛsø] **pares•seuse** [parɛsøz] *adj* lazy ‖ *mf* lazy person, lazybones; malingerer ‖ *m* (zool) sloth

par ex. *abbr* (**par exemple**) e.g.

parfaire [parfɛr] §29 *tr* to perfect; to make up (*e.g., a sum of money*)

par•fait [parfɛ] **-faite** [fɛt] *adj & m* perfect ‖ **parfait** *interj* fine!, excellent!

parfaitement [parfɛtmɑ̃] *adv* perfectly; completely; certainly, of course

parfois [parfwa] *adv* sometimes

parfum [parfœ̃] *m* perfume; aroma; bouquet (*of wines*); flavor (*of ice cream*)
parfumer [parfyme] *tr* to perfume; to flavor ‖ *ref* to use perfume
pari [pari] *m* bet, wager
paria [parja] *m* pariah
parier [parje] *tr & intr* to bet, wager
Paris [pari] *m* Paris
pari·sien [parizjɛ̃] **-sienne** [zjɛn] *adj* Parisian ‖ (*cap*) *mf* Parisian
parité [parite] *f* parity; likeness; evenness (*of numbers*)
parjure [parʒyr] *adj* perjured ‖ *mf* perjurer ‖ *m* perjury
parking [parkiŋ] *m* parking lot
par·lant [parlɑ̃] **-lante** [lɑ̃t] *adj* speaking; talking (*e.g., picture*); eloquent, expressive
parlement [parləmɑ̃] *m* parliament
parlementaire [parləmɑ̃tɛr] *adj* parliamentary ‖ *mf* peace envoy; member of a parliament, legislator
parlementer [parləmɑ̃te] *intr* to parley
parler [parle] *m* speech, way of speaking; dialect ‖ *tr & intr* to speak, to talk
par·leur [parlœr] **-leuse** [løz] *mf*—**beau parleur** good talker; windbag
parloir [parlwar] *m* reception room
parlote [parlɔt] *f* (coll) talk, gossip, rumor
parmi [parmi] *prep* among
Parnasse [parnɑs] *m*—**le Parnasse** Parnassus (*poetry*); Mount Parnassus
parodie [parɔdi] *f* parody, travesty
parodier [parɔdje] *tr* to parody, to travesty
paroi [parwa] *f* partition, wall; inner side; (anat) wall
paroisse [parwas] *f* parish
parois·sial -siale [parwasjal] *adj* (*pl* **parois·siaux** [parwasjo]) parochial, parish
parois·sien [parwasjɛ̃] **parois·sienne** [parwasjɛn] *mf* parishioner ‖ *m* prayer book; (coll) fellow
parole [parɔl] *f* word; speech; word, promise; **avoir la parole** to have the floor; **donner la parole à** to recognize, to give the floor to; **sur parole** on one's word
paro·lier [parolje] **-lière** [ljɛr] *mf* lyricist; librettist
parpaing [parpɛ̃] *m* concrete block; building block
parquer [parke] *tr* to park; to pen in ‖ *intr* to be penned in ‖ *ref* to park
Parques [park] *fpl* Fates
parquet [parkɛ] *m* parquet, floor; floor (*of stock exchange*); public prosecutor's office
parqueter [parkəte] **§34** *tr* to parquet, to floor
parrain [parɛ̃] *m* godfather; sponsor
parricide [parisid] *mf* parricide, patricide (*person*) ‖ *m* parricide, patricide (*act*)
parsemer [parsəme] **§2** *tr* to sprinkle; to spangle
part [par] *m* newborn child; dropping (*of young by animal in labor*) ‖ *f* part, share; **aller quelque part** (coll) to go to the toilet; **à part** aside; aside from; **à part entière** with full privileges; **autre part** elsewhere; **avoir part au gâteau** (coll) to have a slice in the pie; **d'autre part** besides; **de la part de** on the part of, from; **de part en part** through and through; **de toutes parts** on all sides; **d'une part . . . d'autre part**; on the one hand . . . on the other hand; **faire la part de** to make allowance for; **faire part de** to announce; **faire part de q.ch. à qn** to inform s.o. of s.th.; **nulle part** nowhere; **nulle part ailleurs** nowhere else; **pour ma part** as for me, for my part; **prendre en bonne part** to take good-naturedly; **prendre en mauvaise part** to take offense at; **prendre part à** to take part in; **quelque part** somewhere
partage [partaʒ] *m* division, partition; sharing; share; tie vote; **échoir en partage à qn** to fall to s.o.'s lot
partager [partaʒe] **§38** *tr* to share; to divide
partance [partɑ̃s] *f* departure; **en partance** leaving; **en partance pour** bound for
partant [partɑ̃] *m* (sports) starter; **partants** departing guests, departing travelers, etc. ‖ *adv* (lit) consequently
partenaire [partənɛr] *mf* partner; sparring partner
parterre [partɛr] *m* orchestra circle; flower bed
parti [parti] *m* party; side; match, good catch; **faire un mauvais parti à** to rough up, to mistreat; **parti pris** fixed opinion; prejudice; **prendre le parti de** to decide to; **prendre le parti de qn** to take s.o.'s side; **prendre parti** to take sides; **prendre son parti** to make up one's mind; **prendre son parti de** to resign oneself to; **tirer parti de** to take advantage of
par·tial -tiale [parsjal] *adj* (*pl* **-tiaux** [sjo]) partial, biased
partici·pant [partisipɑ̃] **-pante** [pɑ̃t] *adj & mf* participant
participation [partisipɑsjɔ̃] *f* participation
participe [partisip] *m* participle
participer [partisipe] *intr*—**participer à** to participate in; **participer de** to partake of
particulariser [partikylarize] *tr* to specify ‖ *ref* to make oneself conspicuous
particularité [partikylarite] *f* peculiarity; detail
particule [partikyl] *f* particle
particu·lier [partikylje] **-lière** [ljɛr] *adj* particular; special; private ‖ *mf* private citizen; (coll) odd person ‖ *m* particular
partie [parti] *f* part; line, specialty; game, winning score; contest; party (*diversion*); (law) party; **avoir partie liée avec** to be in league with; **faire partie de** to belong to; **faire partie intégrante de** to be part and parcel of; **partie civile** plaintiff; **partie de chasse** hunting party; **partie de plai-**

sir outing, picnic; **partie nulle** tie game; **prendre à partie** to take to task
par•tiel -tielle [parsjɛl] *adj* partial
partir [partir] (used only in *inf*) *tr*—**avoir maille à partir** to have a bone to pick || §64 *intr* (*aux*: ÊTRE) to leave; to go off (*said of firearm*); to begin; **à partir de** from; from . . . on, e.g., **à partir de maintenant** from now on; **faire partir** to send off; to remove (*a spot*); to set off (*an explosive*); to fire (*a gun*); **partir** + *inf* to leave in order to + *inf*; **partir de** to come from; to start with; **partir pour** or **à** to leave for
parti•san [partizɑ̃] **-sane** [zan] *adj & mf* partisan
partition [partisjɔ̃] *f* (mus) score
partout [partu] *adv* everywhere; **partout ailleurs** anywhere else; everywhere else; **partout où** wherever; everywhere
parure [paryr] *f* ornament; set; finery; necklace
parution [parysjɔ̃] *f* appearance, publication
parvenir [parvənir] §72 *intr* (*aux*: ÊTRE) —**parvenir à** to reach; **parvenir à** + *inf* to succeed in + *ger*
parve•nu -nue [parvəny] *adj & mf* upstart
parvis [parvi] *m* square (*in front of a church*)
pas [pɑ] *m* step; pace; footprint; footfall; pass; straits; pitch (*of screw*); **allonger le pas** to quicken one's pace; to put one's best foot forward; **à pas comptés** with measured tread; **à pas de loup, à pas feutrés** stealthily; **à pas de tortue** at a snail's pace; **à quatre pas** nearby; **au pas** at a walk; **céder le pas (à)** to stand aside (for); to keep clear (*in front of a driveway*); **de ce pas** at once; **être au pas** to be in step; **faire le premier pas** to make the first move; **faire les cent pas** to come and go; **faux pas** misstep; blunder; **marcher sur les pas de** to follow in the footsteps of; **marquer le pas** to mark time; **mauvais pas** tight squeeze, fix; **pas à pas** little by little, cautiously; **pas d'armes** passage at arms; **Pas de Calais** Straits of Dover; **pas de cheval** hoofbeat; **pas de clerc** blunder; **pas de deux** two-step; **pas de la porte** doorstep; **pas de l'oie** goosestep; **pas de porte** (com) price paid for good will; **prendre le pas sur** to get ahead of || *adv*—**ne . . . pas** §90 not, e.g., **je ne sais pas** I do not know; e.g., **ne pas signer** to not sign; (used with **non**), e.g., **non pas** no; (used without **ne**) (slang) not, e.g., **je fais pas de politique** I don't meddle in politics; **n'est-ce pas?** see **ne; pas?** (coll) not so?; **pas de** no; **pas du tout** not at all; **pas encore** not yet
pas•cal -cale [paskal] *adj* (*pl* **-caux** [ko]) Passover; Easter
passable [pɑsabl] *adj* passable, fair; mediocre, so-so
passade [pɑsad] *f* passing fancy
passage [pɑsaʒ] *m* passage; crossing; pass; **barrer le passage** to block the way; **livrer passage à** to let through; **passage à niveau** grade crossing; **passage au-dessous de la voie, passage souterrain** underpass; **passage au-dessus de la voie** overpass; **passage clouté, passage zébré** pedestrian crossing; **passage de vitesses** gear shifting; **passage interdit** (public sign) do not enter; (public sign) no thoroughfare; **passage protégé** arterial crossing (*vehicles intersecting highway must stop*)
passa•ger [pɑsaʒe] **-gère** [ʒɛr] *adj* passing, fleeting; migratory; busy (*road*) || *mf* passenger; **passager clandestin, passager de cale** stowaway; **passager d'entrepont** steerage passenger
pas•sant [pɑsɑ̃] **pas•sante** [pɑsɑ̃t] *adj* busy (*street*) || *mf* passer-by
passation [pɑsɑsjɔ̃] *f* handing over
passavant [pɑsavɑ̃] *m* permit; (naut) gangway
passe [pɑs] *m* master key || *f* pass; channel; **être en bonne passe de** to be in a fair way to; **être en passe de** to be about to; **mauvaise passe** tight spot
pas•sé -sée [pɑse] *adj* past; faded; overripe; last (*week*) || *m* past; past tense || **passé** *prep* past, beyond, after
passe-bouillon [pɑsbujɔ̃] *m invar* soup strainer
passe-droit [pɑsdrwa] *m* (*pl* **-droits**) illegal favor; injustice
passe-lacet [pɑslasɛ] *m* (*pl* **-lacets**) bodkin
passe-lait [pɑslɛ] *m invar* milk strainer
passe-lettres [pɑslɛtr] *m* (*pl* **-lettres**) letter drop
passement [pɑsmɑ̃] *m* braid, trimming
passementer [pɑsmɑ̃te] *tr* to trim
passementerie [pɑsmɑ̃tri] *f* trimmings
passe-montagne [pɑsmɔ̃taɲ] *m* (*pl* **-montagnes**) storm hood, ski mask
passe-partout [pɑspartu] *m invar* master key; slip mount
passe-passe [pɑspɑs] *m invar* legerdemain
passepoil [pɑspwal] *m* piping, braid
passeport [pɑspɔr] *m* passport
passer [pɑse] *tr* to pass; to ferry; to get across (*e.g., a river*); to spend, to pass (*e.g., the evening*); to take (*an exam*); to slip on (*e.g., a dressing gown*); to show (*a film*); to make (*a telephone call*); to go on (*one's way*); **passer q.ch. à qn** to hand or lend s.o. s.th.; to forgive s.o. s.th. || *intr* (*aux*: AVOIR or ÊTRE) to pass; to pass away; to become; **en passer par là** to knuckle under; **faire passer** to get (*e.g., a message*) through; to while away (*the time*); **passer à** to pass over to; **passer chez** or **passer voir** to drop in on; **passer outre à** to override; **passer par** to pass through, to go through; **passer pour** to pass for or as; **passons!** let's skip it! || *ref* to happen, to take place; **se passer de** to do without

passe•reau [pasro] *m* (*pl* **-reaux**) sparrow
passerelle [pasrɛl] *f* footbridge; gangplank; (naut) bridge
passe-temps [pastã] *m invar* pastime, hobby
passe-thé [paste] *m invar* tea strainer
pas•seur [pasœr] **pas•seuse** [pasøz] *mf* smuggler || *m* ferryman
passible [pasibl] *adj*—**passible de** liable for, subject to
pas•sif [pasif] **pas•sive** [pasiv] *adj* passive || *m* passive; debts, liabilities
passiflore [pasiflɔr] *f* passionflower
passion [pasjɔ̃], [pasjɔ̃] *f* passion
passion•nant [pasjɔnã] **passion•nante** [pasjɔnãt] *adj* thrilling, fascinating
passion•né -née [pasjɔne] *adj* passionate; impassioned; **passionné de** or **pour** passionately fond of || *mf* enthusiast, fan
passion•nel -nelle [pasjɔnɛl] *adj* of passion, of jealousy
passionner [pasjɔne] *tr* to excite the interest of, to arouse || *ref*—**se passionner pour** or **à** to be passionately fond of
passoire [paswar] *f* colander; strainer; (fig) sieve
pastel [pastɛl] *m* pastel; (bot) woad
pastèque [pastɛk] *f* watermelon
pasteur [pastœr] *m* pastor, minister; shepherd
pasteuriser [pastœrize] *tr* to pasteurize
pastiche [pastiʃ] *m* pastiche; parody
pastille [pastij] *f* lozenge, drop; tire patch; polka dot; **pastille pectorale** cough drop
pasto•ral -rale [pastoral] (*pl* **-raux** [ro] **-rales**) *adj & f* pastoral
pastorat [pastora] *m* pastorate
pat [pat] *adj invar* (chess) in stalemate; **faire pat** to stalemate || *m* (chess) stalemate
patache [pataʃ] *f* police boat; (coll) rattletrap
patachon [pataʃɔ̃] *m*—**mener une vie de patachon** to lead a wild life
patapouf [patapuf] *m* (coll) roly-poly || *interj* flop!
pataquès [patakɛs] *m* faulty liaison; blooper, goof
patate [patat] *f* sweet potato; (coll) spud
patati [patati]—**et patati et patata!** (coll) and so on and on!
patatras [patatra] *interj* bang!, crash!
pa•taud [pato] **-taude** [tod] *adj* clumsy, loutish || *mf* lout
patauger [patoʒe] §38 *intr* to splash; (coll) to flounder
pâte [pɑt] *f* paste; dough, batter; **en pâte** (typ) pied; **mettre la main à la pâte** to put one's shoulder to the wheel; **pâte à papier** wood pulp; **pâte brisée, pâte feuilletée** puff paste; **pâte dentifrice** toothpaste; **pâte molle** spineless person; **pâtes alimentaires** pastas (*macaroni, noodles, spaghetti, etc.*); **peindre à la pâte** to paint with a full brush; **une bonne pâte d'homme** (coll) a good sort
pâté [pɑte] *m* blot, splotch; (typ) pi; **pâté de foie gras** minced goose livers; **pâté de maisons** block of houses; **pâté en croûte** meat or fish pie; **pâté maison** chef's-special pâté
pâtée [pɑte] *f* dog food, cat food; chicken feed
pate•lin [patlɛ̃] **-line** [lin] *adj* fawning, wheedling || *m* wheedler; (coll) native village
patenôtre [patnotr] *f* prayer; (archaic) mumbo jumbo
pa•tent [patã] **-tente** [tãt] *adj* patent || *f* license, tax; **patente (de santé)** (naut) bill of health
paten•té -tée [patãte] *adj* licensed || *mf* licensed dealer
patenter [patãte] *tr* to license
Pater [patɛr] *m invar* Lord's Prayer
patère [patɛr] *f* clothes hook; curtain hook
paterne [patɛrn] *adj* mawkish, mealymouthed
pater•nel -nelle [patɛrnɛl] *adj* paternal; fatherly || *m* (slang) pop, dad
paternité [patɛrnite] *f* paternity; fatherhood; authorship
pâ•teux [pɑtø] **-teuse** [tøz] *adj* pasty; thick; coated (*tongue*)
pathétique [patetik] *adj* pathetic || *m* pathos
pathologie [patɔlɔʒi] *f* pathology
pathos [patos] *m* bathos
patibulaire [patibylɛr] *adj* hangdog (*look*)
patience [pasjãs] *f* patience
pa•tient [pasjã] **-tiente** [sjãt] *adj & mf* patient
patienter [pasjãte] *intr* to be patient
patin [patɛ̃] *m* skate; runner; sill, sleeper; (*sole*) patten; (aer) skid; (rr) base, flange (*of rails*); **patin à glace** ice skate; **patin à roulettes** roller skate; **patin de frein** brake shoe
patiner [patine] *intr* to skate; to slide; to skid
patinette [patinɛt] *f* scooter
pati•neur [patinœr] **-neuse** [nøz] *mf* skater
patinoire [patinwar] *f* skating rink
patio [patjo], [pasjo] *m* patio
pâtir [pɑtir] *intr*—**pâtir de** to suffer from
pâtisserie [pɑtisri] *f* pastry; pastry shop; pastry making
pâtis•sier [pɑtisje] **pâtis•sière** [pɑtisjɛr] *mf* pastry cook; proprietor of a pastry shop
patoche [patɔʃ] *f* (coll) hand, paw
patois [patwa] *m* patois; jargon, lingo
patouiller [patuje] *tr* (coll) to paw, maul || *intr* (coll) to splash
patraque [patrak] *adj* in bad shape || *f* (coll) turnip (*old watch*)
pâtre [pɑtr] *m* herdsman
patriarche [patrijarʃ] *m* patriarch
patrice [patris] *m* patrician; **Patrice** Patrick
patri•cien [patrisjɛ̃] **-cienne** [sjɛn] *adj & mf* patrician
patrie [patri] *f* native land, fatherland
patrimoine [patrimwan] *m* patrimony
patrio•tard [patrijɔtar] **-tarde** [tard] *adj* flag-waving, chauvinistic

patriote [patrijɔt] *adj* patriotic || *mf* patriot
patriotique [patrijɔtik] *adj* patriotic
patriotisme [patrijɔtism] *m* patriotism
pa·tron [patrɔ̃] **-tronne** [trɔn] *mf* patron saint; proprietor; boss; sponsor || *m* pattern, model; captain, skipper; coxswain; master, lord; medium size; **grand patron** large size; **patron à jours** stencil; **patron de thèse** thesis sponsor || *f* mistress of the house; (slang) better half
patronage [patrɔnaʒ] *m* patronage, protection; sponsorship; (eccl) social center
patronat [patrɔna] *m* management
patronner [patrɔne] *tr* to patronize, to protect; to sponsor; to stencil
patrouille [patruj] *f* patrol
patrouiller [patruje] *intr* to patrol
patte [pat] *f* paw; foot (*of bird*); leg (*of insect*); flap, tab; hook; (coll) hand, foot, or leg (*of person*); **à pattes d'éléphant** bell-bottom (*trousers*); **à quatre pattes** on all fours; **faire patte de velours** (coll) to pull in one's claws; **graisser la patte à** (coll) to grease the palm of; **patte d'épaule** shoulder strap; **pattes de mouche** (coll) scrawl
patte-d'oie [patdwa] *f* (*pl* **pattes-d'oie**) crow's-foot; crossroads; (bot) goosefoot
pattemouille [patmuj] *f* damp cloth
pâturage [pɑtyraʒ] *m* pasture; pasturage; pasture rights
pâture [pɑtyr] *f* fodder; pasture; (fig) food
paume [pom] *f* palm; (archaic) tennis
pau·mé -mée [pome] *adj* (coll) lost
paupière [popjɛr] *f* eyelid
pause [poz] *f* pause; (mus) full rest; **pause café** coffee break
pauvre [povr] *adj* poor; **pauvre de moi!** woe is me!; **pauvre d'esprit** (coll) dim-witted || (when standing before noun) *adj* poor, wretched; late (*deceased*) || *mf* pauper; **les pauvres** the poor
pauvreté [povrəte] *f* poverty
P.A.V. [peave] *adj* (letterword) **(payable avec préavis)** person-to-person (*telephone call*)
pavaner [pavane] *ref* to strut
pavé [pave] *m* pavement, street; paving stone; paving block; (culin) slab; **sur le pavé** pounding the streets, out of work
pavement [pavmɑ̃] *m* paving (*act*); mosaic or marble flooring
paver [pave] *tr* to pave
pavillon [pavijɔ̃] *m* pavilion; tent, canopy; lodge, one-story house; wing, pavilion; flag; bell (*of trumpet*); **amener son pavillon** to strike one's colors; **baisser pavillon** to knuckle under
pavois [pavwa] *m* shield; **élever sur le pavois** to extol
pavoiser [pavwaze] *tr* to deck out with bunting, to decorate
pavot [pavo] *m* poppy
payable [pɛjabl] *adj* payable
payant [pɛjɑ̃] **payante** [pɛjɑ̃t] *adj* paying
paye [pɛj] *f* pay, wages
payement [pɛjmɑ̃] *m* payment
payer [peje] §49 *tr* to pay; to pay for; **payer comptant** to pay cash for; **payer de retour** to pay back; **payer q.ch. à qn** to pay s.o. for s.th.; to pay for s.th. for s.o.; **payer qn de q.ch.** to pay s.o. for s.th.; **payer rubis sur l'ongle** to pay down on the nail || *intr* to pay || *ref* to treat oneself to; to take what is due; **pouvoir se** (*dat*) **payer** to be able to afford; **se payer de** to be satisfied with
pays [pei] *m* country; region; town; (coll) fellow countryman; **du pays** local; **le pays de** the land of; **pays de cocagne** land of milk and honey
paysage [peizaʒ] *m* landscape, scenery; (painting) landscape
paysagiste [peizaʒist] *m* landscape painter
pay·san [peizɑ̃] **-sane** [zan] *adj & mf* peasant
Pays-Bas [peibɑ], [pɛibɑ] *mpl*—**les Pays-Bas** The Netherlands
payse [peiz] *f* countrywoman
P.C. [pese] *m* (letterword) **(parti communiste)** Communist party; **(poste de commandement)** command post
P.c.c. *abbr* **(pour copie conforme)** certified copy
p.c.v. or **P.C.V.** [peseve] *m* (letterword) **(payable chez vous)** or **(à percevoir)**—**téléphoner en p.c.v.** to telephone collect
péage [peaʒ] *m* toll
peau [po] *f* (*pl* **peaux**) skin; pelt; hide; film (*on milk*); (slang) bag, whore; **entrer dans la peau d'un personnage** (theat) to get right inside a part; **faire peau neuve** to turn over a new leaf; **la peau!** (slang) nothing doing!; **peau d'âne** (coll) sheepskin; **peau de tambour** drumhead; **vendre la peau de l'ours avant de l'avoir tué** to count one's chickens before they are hatched
peau-rouge [poruʒ] *mf* (*pl* **peaux-rouges**) redskin
pêche [pɛʃ] *f* peach; fishing; **pêche à la mouche noyée** fly casting; **pêche au coup** fishing with hook, line, and pole; **pêche au lancer** casting; **pêche sous-marine** deep-sea fishing; **pêche sportive** fishing with a fly rod or casting rod
péché [peʃe] *m* sin
pécher [peʃe] §10 *intr* to sin
pêcher [peʃe] *m* peach tree || *tr* to fish, fish for; (coll) to get || *intr* to fish; **pêcher à la mouche** to fly-fish
pêcherie [pɛʃri] *f* fishery
pé·cheur [peʃœr] **-cheresse** [ʃrɛs] *mf* sinner
pê·cheur [pɛʃœr] **-cheuse** [ʃøz] *mf* fisher; **pêcheur de perles** pearl diver || *m* fisherman
pécore [pekɔr] *f* (coll) silly goose
pecque [pɛk] *f* (coll) silly affected woman
péculat [pekyla] *m* embezzlement

pécule [pekyl] *m* nest egg
pédagogie [pedagɔʒi] *f* pedagogy, education
pédagogue [pedagɔg] *adj* pedagogical || *mf* pedagogue; teacher
pédale [pedal] *f* pedal; treadle; (vulg) pederast; **pédale d'embrayage** (aut) clutch pedal
pédaler [pedale] *intr* to pedal
pédalier [pedalje] *m* pedal keyboard; pedal and sprocket-wheel assembly
pédalo [pedalo] *m* water bicycle
pé•dant [pedɑ̃] **-dante** [dɑ̃t] *adj* pedantic || *mf* pedant
pédanterie [pedɑ̃tri] *f* pedantry
pédantesque [pedɑ̃tɛsk] *adj* pedantic
pédestre [pedɛstr] *adj* on foot
pédiatrie [pedjatri] *f* pediatrics
pédicure [pedikyr] *mf* chiropodist
pedigree [pedigri] *m* pedigree
Pégase [pegɑz] *m* Pegasus
pègre [pɛgr] *f* underworld
peigne [pɛɲ] *m* comb; card (*for wool*); reed (*of loom*); (zool) scallop
peigner [peɲe] *tr* to comb; to card || *ref* to comb one's hair
peignoir [pɛɲwar] *m* bathrobe; dressing gown, peignoir
peindre [pɛ̃dr] **§50** *tr & intr* to paint
peine [pɛn] *f* pain; trouble; difficulty; penalty; **à peine** hardly, scarcely; **en être pour sa peine** to have nothing to show for one's trouble; **faire (de la) peine à** to grieve; **faire peine à voir** to be pathetic, **peine capitale** capital punishment; **peine de cœur** heartache; **peine de mort** death penalty; **peine pécuniaire** financial distress; **purger sa peine** to serve one's sentence; **valoir la peine** to be worth while; **veuillez vous donner la peine de** please be so kind as to
peiner [pene] *tr* to pain, grieve; to fatigue || *intr* to labor
peintre [pɛ̃tr] *m* painter
peinture [pɛ̃tyr] *f* paint; painting; **attention à la peinture** (public sign) wet paint; **je ne peux pas le voir en peinture** (coll) I can't stand him
peinturer [pɛ̃tyre] *tr* to lay a coat of paint on; to daub
peinturlurer [pɛ̃tyrlyre] *tr* (coll) to paint in all the colors of the rainbow
péjora•tif [peʒɔratif] **-tive** [tiv] *adj & m* pejorative
pékin [pekɛ̃] *m* pekin; **en pékin** (slang) in civies; **Pékin** Peking
péki•nois [pekinwa] **-noise** [nwaz] *adj* Pekingese || *m* Pekingese (*language; dog*) || (*cap*) *mf* Pekingese (*inhabitant*)
pelage [pəlaʒ] *m* coat (*of animal*)
pe•lé -lée [pəle] *adj* bald; bare
pêle-mêle [pɛlmɛl] *m invar* jumble || *adv* pell-mell
peler [pəle] **§2** *tr, intr, & ref* to peel, to peel off
pèle•rin [pɛlrɛ̃] **-rine** [rin] *mf* pilgrim || *m* peregrine falcon; basking shark || *f* see **pèlerine**
pèlerinage [pɛlrinaʒ] *m* pilgrimage
pèlerine [pɛlrin] *f* pelerine, cape; hooded cape
péliade [peljad] *f* adder
pélican [pelikɑ̃] *m* pelican
pellagre [pelagr] *f* pellagra
pelle [pɛl] *f* shovel; scoop; **pelle à poussière** dustpan; **pelle à vapeur** steam shovel; **pelle mécanique** power shovel; **ramasser à la pelle** to shovel, to shovel up
pelletée [pɛlte] *f* shovelful
pelleter [pɛlte] **§34** *tr* to shovel
pelleterie [pɛltri] *f* fur trade; skin, pelt
pelleteuse [pɛltøz] *f* power shovel
pellicule [pelikyl], [pɛllikyl] *f* film; pellicle; speck of dandruff; (phot) film; **pellicules** dandruff
pelote [plɔt] *f* ball (*of string, of snow, etc.*); **faire sa pelote** (coll) to make one's pile; **pelote basque** pelota; **pelote d'épingles** pincushion
peloter [plɔte] *tr* to wind into a ball; (fig) to flatter; (slang) to feel up, to paw || *intr* to bat the ball back and forth
pelo•teur [plɔtœr] **-teuse** [tøz] *adj* flattering, ingratiating; (coll) fresh, amorous, spoony || *mf* (coll) masher, spooner
peloton [plɔtɔ̃] *m* little ball (*e.g., of wool*); group (*of racers*); (mil) platoon, troop, detachment; **peloton d'exécution** firing squad
pelotonner [plɔtɔne] *tr* to wind into a ball || *ref* to curl up, to snuggle
pelouse [pluz] *f* lawn; (golf) green
peluche [plyʃ] *f* plush
pelure [plyr] *f* peel, peeling, skin; rind; (coll) coat
pénaliser [penalize] *tr* to penalize
pénalité [penalite] *f* penalty
pe•naud [pəno] **-naude** [nod] *adj* bashful, shy; shamefaced; crestfallen
penchant [pɑ̃ʃɑ̃] *m* penchant, bent
pen•ché -chée [pɑ̃ʃe] *adj* leaning; stooping, bent over
pencher [pɑ̃ʃe] *tr, intr, & ref* to lean, to bend, to incline; **se pencher sur** to make a close study of
pendable [pɑ̃dabl] *adj* outrageous; (archaic) hangable
pendaison [pɑ̃dɛzɔ̃] *f* hanging
pen•dant [pɑ̃dɑ̃] **-dante** [dɑ̃t] *adj* hanging; pending || *m* pendant; counterpart; **pendant d'oreille** eardrop; **se faire pendant** to make a pair || **pendant** *adv*—**pendant que** while || **pendant** *prep* during
pendeloque [pɑ̃dlɔk] *f* pendant; jewel (*of eardrop*)
pendentif [pɑ̃dɑ̃tif] *m* pendant; eardrop; lavaliere
penderie [pɑ̃dri] *f* clothes closet
pendoir [pɑ̃dwar] *m* meat hook
pendre [pɑ̃dr] *tr* to hang; to hang up; **être pendu à** to hang on (*e.g., the telephone*) || *intr* to hang; to hang down; to sag; **ça lui pend au nez** he's got it coming to him || *ref* to hang oneself; **se pendre à** to hang on to
pen•du -due [pɑ̃dy] *adj* hanging; hanged || *mf* hanged person
pendule [pɑ̃dyl] *m* pendulum || *f* clock; **pendule à pile** battery clock

pêne [pɛn] *m* bolt; latch
pénétration [penetrɑsjɔ̃] *f* penetration; permeation
pénétrer [penetre] §10 *tr* to penetrate, to permeate ‖ *intr* to penetrate; to enter ‖ *ref* to mix; **se pénétrer de** to become imbued with
pénible [penibl] *adj* hard, painful
péniche [peniʃ] *f* barge; houseboat; **péniche de débarquement** landing craft
pénicilline [penisilin] *f* penicillin
péninsulaire [penɛ̃sylɛr] *adj* peninsular
péninsule [penɛ̃syl] *f* large peninsula
pénitence [penitɑ̃s] *f* penitence; penalty (*in games*); punishment; **en pénitence** in disgrace; **faire pénitence** to do penance
pénitencier [penitɑ̃sje] *m* penitentiary; penal colony
péni•tent [penitɑ̃] **-tente** [tɑ̃t] *adj* & *mf* penitent
penne [pɛn] *f* quill, feather
Pennsylvanie [pɛnsilvani] *f* Pennsylvania; **la Pennsylvanie** Pennsylvania
pénombre [penɔ̃br] *f* penumbra; half-light; **dans la pénombre** out of the limelight
pense-bête [pɑ̃sbɛt] *m* (*pl* **-bêtes**) (coll) reminder
pensée [pɑ̃se] *f* thought; thinking; (bot) pansy
penser [pɑ̃se] *tr* to think; **penser de** to think of (*to have as an opinion of*); **penser** + *inf* to intend to + *inf* ‖ *intr* to think; **penser à** to think of (*to direct one's thoughts toward*); **y penser** to think of it, e.g., **pendant que j'y pense** while I think of it
penseur [pɑ̃sœr] *m* thinker
pen•sif [pɑ̃sif] **-sive** [siv] *adj* pensive; absent-minded
pension [pɑ̃sjɔ̃] *f* pension (*annuity; room and board; boardinghouse*); **avec pension complète** with three meals; **pension de famille** residential hotel; **pension de retraite, pension viagère** annuity; **prendre pension** to board; **sans pension** without meals
pensionnaire [pɑ̃sjɔnɛr] *mf* boarder; guest (*in hotel*); resident student ‖ *f* naïve girl
pensionnat [pɑ̃sjɔna] *m* boarding school
pension•né -née [pɑ̃sjɔne] *adj* pensioned ‖ *mf* pensioner
pensionner [pɑ̃sjɔne] *tr* to pension
pensum [pɛ̃sɔm] *m* thankless task
Pentagone [pɛ̃tagɔn] *m* Pentagon
pente [pɑ̃t] *f* slope; inclination, bent; fall (*of river*); **en pente** sloping
Pentecôte [pɑ̃tkot] *f*—**la Pentecôte** Pentecost, Whitsunday
pénultième [penyltjɛm] *adj* next to the last ‖ *f* penult
pénurie [penyri] *f* lack, shortage
pépé [pepe] *m* (slang) grandpa
pépée [pepe] *f* doll; (slang) doll
pépère [pepɛr] *adj* (coll) easygoing ‖ *m* grandpa; (coll) old duffer; (coll) overgrown boy
pépètes [pepɛt] *fpl* (slang) dough
pépie [pepi] *f* (vet) pip; **avoir la pépie** (coll) to be thirsty
pépiement [pepimɑ̃] *m* chirp
pépier [pepje] *intr* to chirp
pépin [pepɛ̃] *m* pip, seed; (coll) umbrella; **avoir un pépin** (coll) to strike a snag
pépinière [pepinjɛr] *f* (hort) nursery; (fig) training school; (fig) hotbed
pépiniériste [pepinjerist] *m* nurseryman
pépite [pepit] *f* nugget
péque•naud [pɛkno] **-naude** [nod] *adj* & *mf* (slang) peasant
péquenot [pɛkno] *m* (slang) peasant
perçage [pɛrsaʒ] *m* drilling, boring
per•çant [pɛrsɑ̃] **-çante** [sɑ̃t] *adj* piercing, penetrating
perce [pɛrs] *f* drill, bore; **en perce** on tap
perce-neige [pɛrsənɛʒ] *m invar* (bot) snowdrop
percepteur [pɛrsɛptœr] *m* tax collector
perception [pɛrsɛpsjɔ̃] *f* perception; tax collection; tax; tax department, bureau of internal revenue
percer [pɛrse] §51 *tr* to pierce; to drill; to tap (*a barrel*); to break through ‖ *intr* to come through or out; to burst (*said, e.g., of abscess*); to make a name for oneself
perceuse [pɛrsøz] *f* drill; machine drill
percevoir [pɛrsəvwar] §59 *tr* to perceive; to collect
perche [pɛrʃ] *f* pole; (ichth) perch; (coll) beanpole; **perche à sauter** vaulting pole; **perche à son** microphone stand; **tendre la perche à** to lend a helping hand to
percher [pɛrʃe] *tr* to perch ‖ *intr* to perch, to roost
perchoir [pɛrʃwar] *m* perch
per•clus [pɛrkly] **-cluse** [klyz] *adj* crippled, paralyzed
percolateur [pɛrkɔlatœr] *m* large coffee maker
percuter [pɛrkyte] *tr* to strike; to crash into; to percuss ‖ *intr* to crash
percuteur [pɛrkytœr] *m* firing pin
per•dant [pɛrdɑ̃] **-dante** [dɑ̃t] *adj* losing ‖ *mf* loser
perdition [pɛrdisjɔ̃] *f* perdition; **en perdition** (naut) in distress
perdre [pɛrdrə] *tr* to lose; to ruin ‖ *intr* to lose; to leak; to deteriorate ‖ *ref* to get lost; to disappear
per•dreau [pɛrdro] *m* (*pl* **-dreaux**) young partridge
perdrix [pɛrdri] *f* partridge
per•du -due [pɛrdy] *adj* lost; spare (*time*); stray (*bullet*); remote (*locality*); advance (*sentry*)
père [pɛr] *m* father; senior, e.g., **M. Martin père** Mr. Martin, senior; **père de famille** head of the household; **père spirituel** father confessor
péréquation [perekwɑsjɔ̃] *f* equalizing
perfection [pɛrfɛksjɔ̃] *f* perfection
perfectionner [pɛrfɛksjɔne] *tr* to perfect ‖ *ref* to improve
perfide [pɛrfid] *adj* perfidious ‖ *mf* treacherous person
perfidie [pɛrfidi] *f* perfidy

perforation [pɛrfɔrasjɔ̃] *f* perforation
perforatrice [pɛrfɔratris] *f* pneumatic drill; perforator; keypunch (machine)
perforer [pɛrfɔre] *tr* to perforate; to drill, bore; to punch (*a card*)
performance [pɛrfɔrmɑ̃s] *f* (sports) performance
péricliter [periklite] *intr* to fail
péril [peril] *m* peril
péril•leux [perijø] **péril•leuse** [perijøz] *adj* perilous
péri•mé -mée [perime] *adj* expired, elapsed; out-of-date
périmer [perime] *intr & ref* to lapse
période [perjɔd] *f* period; (phys) cycle
périodique [perjɔdik] *adj* periodic(al)
péripétie [peripesi] *f* vicissitude
périphérie [periferi] *f* periphery
périphérique [periferik] *adj* peripheral
périple [peripl] *m* journey
périr [perir] *intr* to perish
périscope [periskɔp] *m* periscope
périssable [perisabl] *adj* perishable
perle [pɛrl] *f* pearl; bead
perler [pɛrle] *tr* to pearl; to do to perfection || *intr* to form beads
permanence [pɛrmanɑ̃s] *f* permanence; headquarters, station; **en permanence** at all hours
perma•nent [pɛrmanɑ̃] **-nente** [nɑ̃t] *adj* permanent; standing; continuous, nonstop || *f* permanent
perme [pɛrm] *f* (coll) furlough
permettre [pɛrmɛtr] §42 *tr* to permit; **permettre q.ch. à qn** to allow s.o. s.th. || *intr*—**permettez!** excuse me!; **permettre à qn de** + *inf* to permit s.o. to or let s.o. + *inf*; **vous permettez?** may I? || *ref*—**se permettre de** to take the liberty of
permis [pɛrmi] *m* permit, license; **permis de conduire** driver's license
permission [pɛrmisjɔ̃] *f* permission; (mil) furlough, leave
permissionnaire [pɛrmisjɔnɛr] *m* soldier on leave
permutation [pɛrmytɑsjɔ̃] *f* permutation; exchange of posts; transposition
permuter [pɛrmyte] *tr* to permute; to exchange || *intr* to change places
perni•cieux [pɛrnisjø] **-cieuse** [sjøz] *adj* pernicious
péroné [perɔne] *m* (anat) fibula
pérorer [perɔre] *intr* to hold forth
Pérou [peru] *m*—**le Pérou** Peru
peroxyde [pɛrɔksid] *m* peroxide
perpendiculaire [pɛrpɑ̃dikylɛr] *adj & f* perpendicular
perpète [pɛrpɛt]—**à perpète** (slang) forever
perpétrer [pɛrpetre] §10 *tr* to perpetrate
perpé•tuel -tuelle [pɛrpetɥɛl] *adj* perpetual; life (*imprisonment*); constant, continual
perpétuer [pɛrpetɥe] *tr* to perpetuate || *ref* to be perpetuated
perpétuité [pɛrpetɥite] *f* perpetuity; **à perpétuité** forever; for life
perplexe [pɛrplɛks] *adj* perplexed; **rendre perplexe** to perplex
perplexité [pɛrplɛksite] *f* perplexity
perquisition [pɛrkizisjɔ̃] *f* search
perquisitionner [pɛrkizisjɔne] *intr* to make a search
perron [pɛrɔ̃] *m* front-entrance stone steps
perroquet [pɛrɔkɛ] *m* parrot
perruche [pery∫] *f* parakeet; hen parrot
perruque [peryk] *f* wig; **vieille perruque** (coll) old fogey
per•san [pɛrsɑ̃] **-sane** [san] *adj* Persian || *m* Persian (*language*) || (*cap*) *mf* Persian (*person*)
perse [pɛrs] *adj* Persian || (*cap*) *mf* Persian || (*cap*) *f* Persia; **la Perse** Persia
persécuter [pɛrsekyte] *tr* to persecute
persécution [pɛrsekysjɔ̃] *f* persecution
persévérer [pɛrsevere] §10 *intr* to persevere
persienne [pɛrsjɛn] *f* Persian blind, slatted shutter
persil [pɛrsi] *m* parsley
persis•tant [pɛrsistɑ̃] **-tante** [tɑ̃t] *adj* persistent
persister [pɛrsiste] *intr* to persist; **persister à** to persist in
personnage [pɛrsɔnaʒ] *m* personage; (theat) character
personnalité [pɛrsɔnalite] *f* personality
personne [pɛrsɔn] *f* person; self; appearance; lady, e.g., **belle personne** beautiful lady; e.g., **jolie personne** pretty lady; **grande personne** grownup; **par personne** per person; **payer de sa personne** to not spare one's efforts; **s'assurer de la personne de** to arrest; **une tierce personne** a third party || *pron indef* no one, nobody; **personne ne** or **ne . . . personne** §90B no one, nobody, not anyone
person•nel -nelle [pɛrsɔnɛl] *adj* personal || *m* personnel
personnifier [pɛrsɔnifje] *tr* to personify
perspective [pɛrspɛktiv] *f* perspective; outlook; **en perspective** in view
perspicace [pɛrspikas] *adj* perspicacious
persuader [pɛrsɥade] *tr* to persuade; **persuader q.ch. à qn** or **persuader qn de q.ch.** to persuade s.o. of s.th. || *intr*—**persuader à qn de** to persuade s.o. to || *ref* to be convinced
persuasion [pɛrsɥɑzjɔ̃] *f* persuasion
perte [pɛrt] *f* loss; ruin, downfall; **à perte de vue** as far as the eye can see; **en pure perte** uselessly
perti•nent [pɛrtinɑ̃] **-nente** [nɑ̃t] *adj* pertinent
perturba•teur [pɛrtyrbatœr] **-trice** [tris] *adj* disturbing || *mf* troublemaker
perturber [pɛrtyrbe] *tr* to perturb
péru•vien [peryvjɛ̃] **-vienne** [vjɛn] *adj* Peruvian || (*cap*) *mf* Peruvian
pervenche [pɛrvɑ̃∫] *f* periwinkle
per•vers [pɛrvɛr] **-verse** [vɛrs] *adj* perverted || *mf* pervert
perversion [pɛrvɛrsjɔ̃] *f* perversion

perversité [pɛrvɛrsite] *f* perversity, depravity
pervertir [pɛrvɛrtir] *tr* to pervert
pesage [pəzaʒ] *m* weigh-in; paddock
pe•sant [pəzɑ̃] **-sante** [zɑ̃t] *adj* heavy || *m*—**valoir son pesant d'or** to be worth one's weight in gold
pesanteur [pəzɑ̃tœr] *f* heaviness; weight; (phys) gravity
pèse-bébé [pɛzbebe] *m* (*pl* **-bébés**) baby scale
pesée [pəze] *f* weighing; leverage
pèse-lettre [pɛzlɛtr] *m* (*pl* **-lettres**) letter scale
pèse-personne [pɛzpɛrsɔn] *m* (*pl* **-personnes**) bathroom scale
peser [pəze] **§2** *tr* to weigh || *intr* to weigh; **peser à** to hang heavy on; **peser sur** to bear down on; to lie down on; to lie heavy on; to stress || *ref* to weigh oneself; to weigh in
peson [pəzɔ̃] *m* spring scale
pessimisme [pesimism] *m* pessimism
pessimiste [pesimist) *adj* pessimistic || *mf* pessimist
peste [pɛst] *f* plague; pest, nuisance || *interj* gosh!
pester [pɛste] *intr* to grouse; **pester contre** to rail at
pestifé•ré -rée [pɛstifere] *adj* plague-ridden || *mf* victim of the plague
pestilence [pɛstilɑ̃s] *f* pestilence
pet [pɛ] *m* (slang) scandal; (vulgar) wind; **ça ne vaut pas un pet (de lapin)** (coll) it's not worth a wooden nickel || *interj* (coll) look out!
pétale [petal] *m* petal
pétarade [petarad] *f* series of explosions; backfire
pétard [petar] *m* firecracker; blast; (slang) gat, revolver; (slang) backside; **faire du pétard** (coll) to kick up a fuss; **lancer un pétard** (coll) to drop a bombshell
pet-de-loup [pɛdlu] *m* (*pl* **pets-de-loup**) absent-minded professor
pet-de-nonne [pɛdnɔn] *m* (*pl* **pets-de-nonne**) fritter
pet-en-l'air [pɛtɑ̃lɛr] *m invar* short jacket
péter [pete] **§10** *tr*—**péter du feu** (coll) to be a live wire || *intr* (coll) to go bang; (vulg) to break wind
pètesec [pɛtsɛk] *adj invar* (coll) bossy, despotic || *m invar* (coll) martinet, bossy fellow
pétil•lant [petijɑ̃] **pétil•lante** [petijɑ̃t] *adj* crackling; sparkling
pétiller [petije] *intr* to crackle; to sparkle
pe•tiot [pətjo] **-tiote** [tjɔt] *adj* (coll) tiny, wee || *mf* (coll) tot
pe•tit [pəti] **-tite** [tit] *adj* **§91** small, little; short; minor, lower; **en petit** shortened; miniature; **petit à petit** little by little, bit by bit || *mf* youngster; young (*of an animal*); poor little thing || *m* little boy || *f* little girl
petit-beurre [pətibœr] *m* (*pl* **petits-beurre**) cookie
petit-cou•sin [pətikuzɛ̃] **-sine** [zin] *mf* (*pl* **petits-cousins**) second cousin
petite-fille [pətitfij] *f* (*pl* **petites-filles**) granddaughter
petite-nièce [pətitnjɛs] *f* (*pl* **petites-nièces**) great-niece
petitesse [pətitɛs] *f* smallness
petit-fils [pətifis] *m* (*pl* **petits-fils**) grandson; grandchild
petit-gris [pətigri] *m* (*pl* **petits-gris**) miniver; snail
pétition [petisjɔ̃] *f* petition; **faire une pétition de principe** to beg the question
petit-lait [pətilɛ] *m* (*pl* **petits-laits**) whey
petit-neveu [pətinvø] *m* (*pl* **petits-neveux**) great-nephew
petits-enfants [pətizɑ̃fɑ̃] *mpl* grandchildren
petit-suisse [pətisɥis] *m* (*pl* **petits-suisses**) cream cheese
peton [pətɔ̃] *m* (coll) tiny foot
pétoncle [petɔ̃kl] *m* scallop
Pétrarque [petrark] *m* Petrarch
pétrifier [petrifje] *tr & ref* to petrify
pétrin [petrɛ̃] *m* kneading trough; (coll) mess, jam
pétrir [petrir] *tr* to knead; to mold
pétrole [petrɔl] *m* petroleum; **à pétrole** kerosene (*lamp*); **pétrole brut** crude oil; **pétrole lampant** kerosene
pétro•lier [petrɔlje] **-lière** [ljɛr] *adj* oil || *m* tanker; oil baron
P et T [peete] *fpl* (letterword) **(Postes et télécommunications)** post office, telephone, and telegraph
pétu•lant [petylɑ̃] **-lante** [lɑ̃t] *adj* lively, frisky
peu [pø] *m* bit, little; **peu de** few; not much; not many; **peu de chose** not much || *adv* **§91** little; not very; **à peu près** about, practically; **depuis peu** of late; **peu ou prou** more or less; **peu probable** improbable; **peu s'en faut** very nearly; **pour peu que, si peu que** however little; **quelque peu** somewhat; **sous peu** before long; **tant soit peu** ever so little
peuplade [pœplad] *f* tribe
peuple [pœpl] *adj* plebeian, common || *m* people
peuplement [pœpləmɑ̃] *m* populating; planting; stocking (*e.g., with fish*)
peupler [pœple] *tr* to people; to plant; to stock || *intr* to multiply, to breed
peuplier [pøplje] *m* poplar
peur [pœr] *f* fear; **avoir peur (de)** to be afraid (of); **de peur que** lest, for fear that; **une peur bleue** (coll) an awful fright
peu•reux [pœrø] **-reuse** [røz] *adj* fearful, timid
peut-être [pøtɛtr] *adv* perhaps; **peut-être que non** perhaps not
p. ex. *abbr* **(par exemple)** e.g.
phalange [falɑ̃ʒ] *f* phalanx
phalène [falɛn] *m & f* moth
Pharaon [faraɔ̃] *m* Pharaoh
phare [far] *m* lighthouse; beacon; (aut) headlight; **phares code** dimmers
phari•sien [farizjɛ̃] **-sienne** [zjɛn] *adj* pharisaic || *mf* pharisee

pharmaceutique [farmasøtik] *adj* pharmaceutical || *f* pharmaceutics
pharmacie [farmasi] *f* drugstore, pharmacy; medicine chest; drugs
pharma•cien [farmasjɛ̃] **-cienne** [sjɛn] *mf* pharmacist
pharynx [farɛ̃ks] *m* pharynx
phase [fɑz] *f* phase
Phébé [febe] *f* Phoebe
Phénicie [fenisi] *f* Phoenicia; **la Phénicie** Phoenicia
phéni•cien [fenisjɛ̃] **-cienne** [sjɛn] *adj* Phoenician || (*cap*) *mf* Phoenician
phénix [feniks] *m* phoenix
phénomé•nal -nale [fenɔmenal] *adj* (*pl* **-naux** [no]) phenomenal
phénomène [fenɔmɛn] *m* phenomenon; (coll) monster, freak
philanthrope [filɑ̃trɔp] *mf* philanthropist
philanthropie [filantrɔpi] *f* philanthropy
philatélie [filateli] *f* philately
philatéliste [filatelist] *mf* philatelist
philip•pin [filipɛ̃] **-pine** [pin] *adj* Philippine || (*cap*) *mf* Filipino
Philippines [filipin] *fpl* Philippines
philistin [filistɛ̃] *adj masc & m* Philistine
philologie [filɔlɔʒi] *f* philology
philologue [filɔlɔg] *mf* philologist
philosophe [filɔzɔf] *adj* philosophic || *mf* philosopher
philosophie [filɔzɔfi] *f* philosophy
philosophique [filɔzɔfik] *adj* philosophic(al)
philtre [filtr] *m* philter
phlébite [flebit] *f* phlebitis
phobie [fɔbi] *f* phobia
phonétique [fɔnetik] *adj* phonetic || *f* phonetics
phoniatrie [fɔnjatri] *f* speech therapy
phono [fɔno] *m* (coll) phonograph
phonographe [fɔnɔgraf] *m* phonograph
phonologie [fɔnɔlɔʒi] *f* phonology
phonothèque [fɔnɔtɛk] *f* record library
phoque [fɔk] *m* seal
phosphate [fɔsfat] *m* phosphate
phosphore [fɔsfɔr] *m* phosphorus
phosphores•cent [fɔsfɔresɑ̃] **phosphores•cente** [fɔsfɔresɑ̃t] *adj* phosphorescent
photo [fɔtɔ] *f* photo, snapshot
photocopier [fɔtɔkɔpje] *tr* to photocopy, to photostat
photogénique [fɔtɔʒenik] *adj* photogenic
photographe [fɔtɔgraf] *mf* photographer
photographie [fɔtɔgrafi] *f* photography; photograph
photographier [fɔtɔgrafje] *tr* to photograph
photogravure [fɔtɔgravyr] *f* photoengraving
photostat [fɔtɔsta] *m* photostat
phrase [frɑz] *f* sentence; (mus) phrase; **phrase de choc** punch line
phrénologie [frenɔlɔʒi] *f* phrenology
physi•cien [fizisjɛ̃] **-cienne** [sjɛn] *mf* physicist
physiologie [fizjɔlɔʒi] *f* physiology
physiologique [fizjɔlɔʒik] *adj* physiological
physionomie [fizjɔnɔmi] *f* physiognomy
physique [fizik] *adj* physical; material || *m* physique; appearance || *f* physics
piaffer [pjafe] *intr* to paw the ground; to fidget, fume
piailler [pjɑje] *intr* (coll) to cheep; (coll) to squeal
pianiste [pjanist] *mf* pianist
piano [pjano] *m* piano; **piano à queue** grand piano; **piano droit** upright piano || *adv* (coll) quietly
pianoter [pjanɔte] *intr* to strum; to drum, to thrum; to rattle away
piastre [pjastr] *f* (Canad) dollar
piauler [pjole] *intr* to peep; to screech (*said of pulley*); (coll) to whine
pic [pik] *m* peak; (*tool*) pick; (orn) woodpecker; **à pic** sheer, steep; (coll) in the nick of time; **couler à pic** to sink like a stone
picaillons [pikajɔ̃] *mpl* (slang) dough
picaresque [pikarɛsk] *adj* picaresque
piccolo [pikɔlo] *m* piccolo
pichet [piʃɛ] *m* pitcher, jug
pick-up [pikœp] *m invar* pickup; record player; pickup truck
picoler [pikɔle] *intr* (slang) to get pickled
picorer [pikɔre] *tr & intr* to peck
picoter [pikɔte] *tr* to prick; to peck at; to sting
picotin [pikɔtɛ̃] *m* peck (*measure*)
pictu•ral -rale [piktyral] *adj* (*pl* **-raux** [ro]) pictorial
pie [pi] *adj invar* piebald || *f* magpie
pièce [pjɛs] *f* piece; patch; room; play; document; coin; wine barrel; **à la pièce** separately; **donner la pièce** to tip; **faire pièce à** to play a trick on; to put a check on; **inventé de toutes pièces** made up out of the whole cloth; **la pièce** apiece; **pièce à conviction** (law) exhibit; **pièce comptable** voucher; **pièce d'eau** ornamental pond; **pièce de rechange, pièce détachée** spare part; **pièce de résistance** pièce de résistance; (culin) entree; **tout d'une pièce** in one piece; (coll) rigid; (coll) stiffly || *adv* apiece
pied [pje] *m* foot; foothold; **à pied** on foot; **au pied de la lettre** literally; **au pied levé** offhand; **de pied en cap** from head to toe; **faire le pied de grue** (coll) to cool one's heels, to stand around waiting; **faire les pieds à** (coll) to give what's coming to; **faire un pied de nez** (coll) to thumb one's nose; **lever le pied** to abscond; **mettre à pied** to dismiss, fire; **mettre les pieds dans le plat** (coll) to put one's foot in one's mouth; **mettre pied à terre** to dismount; **pied équin** clubfoot; **travailler comme un pied** (coll) to botch one's work
pied-à-terre [pjetatɛr] *m invar* hangout, temporary base
pied-bot [pjebo] *m* (*pl* **pieds-bots**) clubfooted person

pied-d'alouette [pjedalwet] *m* (*pl* **pieds-d'alouette**) delphinium
pied-droit [pjedrwa] *m* (*pl* **pieds-droits**) (archit) pier
piédes·tal -tale [pjedestal] *m* (*pl* **-taux** [to]) pedestal
pied-noir [pjenwar] *m* (*pl* **pieds-noirs**) Algerian of European descent
piège [pjɛʒ] *m* trap, snare
piéger [pjeʒe] §1 *tr* to trap, to snare; to booby-trap
pie-grièche [pigrijɛʃ] *f* (*pl* **pies-grièches**) shrike; shrew
pierraille [pjerɑj] *f* rubble
pierre [pjɛr] *f* stone; **faire d'une pierre deux coups** to kill two birds with one stone; **Pierre** Peter; **pierre à aiguiser** whetstone **pierre à briquet** flint; **pierre à chaux**, **pierre à plâtre** gypsum; **pierre à feu**, **pierre à fusil** gunflint; **pierre angulaire** cornerstone; **pierre à rasoir** hone; **pierre calcaire** limestone; **pierre d'achoppement** stumbling block; **pierre de gué** stepping stone; **pierre de touche** touchstone; **pierre tombale** tombstone
pierreries [pjerri] *fpl* precious stones
pier·reux [pjɛrø] **pier-reuse** [pjɛrøz] *adj* stony || *f* (coll) streetwalker
pierrot [pjɛro] *m* clown; sparrow; (coll) oddball; (coll) greenhorn
piété [pjete] *f* piety; devotion
piéter [pjete] §10 *intr* to toe the line || *ref* to stand firm
piétiner [pjetine] *tr* to trample on || *intr* to stamp; to mark time
piéton [pjetɔ̃] *m* pedestrian
piètre [pjɛtr] *adj* poor, wretched
pieu [pjø] *m* (*pl* **pieux**) post, stake; (archit) pile
pieuvre [pjœvr] *f* octopus; (coll) leech
pieux [pjø] **pieuse** [pjøz] *adj* pious; dutiful; white (*lie*)
pif [pif] *m* (slang) snout (*nose*) || *interj* bang!
pige [piʒ] *f* (slang) year; **à la pige** (journ) so much a line; **faire la pige à** (slang) to outdo
pigeon [piʒɔ̃] *m* pigeon; **pigeon voyageur** homing pigeon
pigeonner [piʒɔne] *tr* (coll) to dupe
pigeonnier [piʒɔnje] *m* dovecote
piger [piʒe] §38 *tr* (slang) to look at; (slang) to get || *intr*—**tu piges?** (slang) do you get it?
pigment [pigmɑ̃] *m* pigment
pignocher [piɲɔʃe] *intr* to pick at one's food
pignon [piɲɔ̃] *m* gable; (mach) pinion; **avoir pignon sur rue** (coll) to have a home of one's own; (coll) to be well off; **pignon de chaîne** sprocket wheel
pile [pil] *f* stack, pile; pier; (elec) battery (*primary cell*); (coll) thrashing; **pile atomique** atomic pile; **pile ou face** heads or tails; **pile sèche** dry cell || *adv* (coll) short; (coll) exactly
piler [pile] *tr* to grind, to crush
pilier [pilje] *m* pillar; **pilier de cabaret** barfly
pillage [pijaʒ] *m* looting
pil·lard [pijar] **pil·larde** [pijard] *adj* looting || *mf* looter
piller [pije] *tr & intr* to loot; to plagiarize
pil·leur [pijœr] **pil·leuse** [pijøz] *mf* pillager
pilon [pilɔ̃] *m* pestle; (coll) drumstick (*of chicken*); (coll) wooden leg; **pilon à vapeur** steam hammer
pilonnage [pilɔnaʒ] *m* crushing; **pilonnage aérien** saturation bombing
pilonner [pilɔne] *tr* to crush; to bomb
pilori [pilɔri] *m* pillory
pilot [pilo] *m* pile (*in piling*); rags (*for paper*)
pilotage [pilɔtaʒ] *m* piloting; **pilotage sans visibilité** blind flying
pilote [pilɔt] *m* pilot; **pilote de ligne** airline pilot, **pilote d'essai** test pilot
piloter [pilɔte] *tr* to pilot; to guide; to drive piles into || *intr* to pilot; to be a guide
pilotis [pilɔti] *m* piles
pilule [pilyl] *f* pill; (coll) bitter pill; **dorer la pilule** to gild the lily
piment [pimɑ̃] *m* allspice (*berry*); (fig) spice; **piment doux** sweet pepper; **piment rouge** red or hot pepper
pimenter [pimɑ̃te] *tr* to season with red pepper; (fig) to spice
pim·pant [pɛ̃pɑ̃] **-pante** [pɑ̃t] *adj* smart, spruce
pin [pɛ̃] *m* pine; **pin de Weymouth** (*Pinus strobus*) white pine; **pin sylvestre** (*Pinus sylvestris*) Scotch pine
pinacle [pinakl] *m* pinnacle
pince [pɛ̃s] *f* tongs; pliers; forceps; crowbar; gripper; grip; pleat; claw (*of crab*); **aller à pinces** (slang) to hoof it; **petites pinces, pince à épiler** tweezers; **pince à linge** clothespin; **pince à sucre** sugar tongs; **pince hémostatique** hemostat; **pinces** tongs; pincers, pliers; **pinces de cycliste** bicycle clips; **serrer la pince à** (slang) to shake hands with
pin·cé -cée [pɛ̃se] *adj* prim, tight-lipped; thin, pinched || *f* see **pincée**
pin·ceau [pɛ̃so] *m* (*pl* **-ceaux**) paintbrush; pencil (*of light*)
pincée [pɛ̃se] *f* pinch
pincement [pɛ̃smɑ̃] *m* pinching; plucking
pince-monseigneur [pɛ̃smɔ̃seɲœr] *f* (*pl* **pinces-monseigneur**) jimmy
pince-nez [pɛ̃sne] *m invar* nose glasses
pincer [pɛ̃se] §51 *tr* to pinch; to grip; to nip off; to pluck; to top (*plants*); to purse (*the lips*); to pleat; (coll) to nab, to catch || *intr* to bite (*said of cold*); **en pincer pour** (slang) to have a crush on; **pincer de** (mus) to strum on
pince-sans-rire [pɛ̃ssɑ̃rir] *adj invar* deadpan || *mf invar* deadpan comic
pincette [pɛ̃sɛt] *f* tweezers; **pincettes** tweezers; fire tongs
pinçon [pɛ̃sɔ̃] *m* bruise (*from pinch*)
pinède [pinɛd] *f* pine grove
pingouin [pɛ̃gwɛ̃] *m* (*family*: Alcidae) auk

pingre [pɛ̃gr] *adj* (coll) stingy ‖ *mf* (coll) tightwad
pinson [pɛ̃sɔ̃] *m* (orn) finch
pintade [pɛ̃tad] *f* guinea fowl
pin up [pinœp] *f invar* (coll) pinup girl
pioche [pjɔʃ] *f* pickax
piocher [pjɔʃe] *tr & intr* to dig, to pick; (coll) to cram
pio•cheur [pjɔʃœr] **-cheuse** [ʃøz] *mf* digger; (coll) grind ‖ *f* (mach) cultivator
piolet [pjɔlɛ] *m* ice ax
pion [pjɔ̃] *m* (checkers) man; (chess & fig) pawn; (slang) proctor; **damer le pion à** (coll) to get the better of
pionnier [pjɔnje] *m* pioneer
pipe [pip] *f* pipe; **casser sa pipe** (slang) to kick the bucket
pi•peau [pipo] *m* (*pl* **-peaux**) bird call; shepherd's pipe; lime twig
piper [pipe] *tr* to snare, to catch; to load (*the dice*); to mark (*the cards*) ‖ *intr*—**ne pipe pas!** (coll) not a peep out of you!
pi•quant [pikɑ̃] **-quante** [kɑ̃t] *adj* piquant, intriguing; racy, spicy ‖ *m* sting; prickle; quill (*of porcupine*); piquancy, pungency; point (*of story*); (fig) bite
pique [pik] *m* (cards) spade; (cards) spades ‖ *f* pike; pique
pi•qué -quée [pike] *adj* stung; sour; (mus) staccato; (coll) batty; **piqué de** studded with ‖ *m* quilt; **descendre en piqué** to nose-dive
pique-assiette [pikasjɛt] *mf* (*pl* **-assiettes**) (coll) sponger
pique-feu [pikfø] *m invar* poker
pique-nique [piknik] *m* (*pl* **-niques**) picnic
pique-niquer [piknike] *intr* to picnic
piquer [pike] *tr* to sting; to prick; to pique; to stimulate; to quilt; to spur; to give a shot to; (mus) to play staccato; (slang) to filch; (slang) to pinch, to nab ‖ *intr* to turn sour; (aer) to nose-dive ‖ *ref* to be piqued; to spot; to give oneself a shot; **se piquer de** to take pride in; **se piquer pour** to take a fancy to
piquet [pikɛ] *m* peg, stake; picket; **piquet de grève** picket line
piqueter [pikte] §34 *tr* to stake out; to spot, dot
piquette [pikɛt] *f* poor wine; (coll) crushing defeat
pi•queur [pikœr] **-queuse** [køz] *mf* stitcher ‖ *m* huntsman; outrider
piqûre [pikyr] *f* sting, bite; prick; injection, shot; stitching; puncture; **piqûre de ver** moth hole
pirate [pirat] *m* pirate; **pirate de l'air** hijacker
pirater [pirate] *intr* to pirate
piraterie [piratri] *f* piracy; **piraterie aérienne** hijacking
pire [pir] §91 *adj comp & super* worse; worst ‖ *m* (the) worst
pirouette [pirwɛt] *f* pirouette
pirouetter [pirwete] *intr* to pirouette
pis [pi] *adj comp & super* worse; worst ‖ *m* udder; **au pis aller** at worst; **de pis en pis** worse and worse; (**le**) **pis** (the) worst; **qui pis est** what's worse; **tant pis** so much the worse ‖ *adv comp & super* §91 worse; worst
pis-aller [pizale] *m invar* makeshift
piscine [pisin] *f* swimming pool
pissenlit [pisɑ̃li] *m* dandelion
pisser [pise] *tr* (coll) to spout (*water*); (coll) to leak; (slang) to pass (*e.g., blood*); **pisser de la copie** (slang) to be a hack writer ‖ *intr* (slang) to urinate
pisse-vinaigre [pisvinɛgr] *m invar* (coll) skinflint
pissoir [piswar] *m* (coll) urinal
pissotière [pisɔtjɛr] *f* (coll) street urinal
pistache [pistaʃ] *f* pistachio
piste [pist] *f* track; trail; ring (*of, e.g., circus*); rink; lane (*of highway*); **à double piste** four-lane (*highway*); **piste cavalière** bridle path; **piste cyclable** bicycle path; **piste d'atterrissage** landing strip; **piste de danse** dance floor; **piste d'envoi** runway; **piste pour skieurs** ski run; **piste sonore** sound track
pister [piste] *tr* to track, trail
pistolet [pistɔlɛ] *m* pistol; spray gun; (coll) card; **pistolet à bouchon** popgun; **pistolet d'arçon** horse pistol; **pistolet mitrailleur** submachine gun
piston [pistɔ̃] *m* piston; (coll) pull
pistonner [pistɔne] *tr* (coll) to push, to back
pitance [pitɑ̃s] *f* ration; food
pi•teux [pitø] **-teuse** [tøz] *adj* pitiful, sorry, sad
pitié [pitje] *f* pity; **à faire pitié** (coll) very badly; **par pitié!** for pity's sake!; **quelle pitié!** how awful!
piton [pitɔ̃] *m* screw eye; peak
pitou [pitu] *m* (Canad) dog; (Canad) tyke
pitoyable [pitwajabl] *adj* pitiful
pitre [pitr] *m* clown
pittoresque [pitɔrɛsk] *adj* picturesque
pivoine [pivwan] *f* peony
pivot [pivo] *m* pivot
pivoter [pivɔte] *intr* to pivot
P.J. [peʒi] *f* (letterword) (**police judiciaire**) (coll) police (*dealing with criminal cases*)
placage [plakaʒ] *m* veneering; plating
placard [plakar] *m* cupboard; closet; placard, poster; (typ) galley
placarder [plakarde] *tr* to placard; (typ) to print in galleys
place [plas] *f* place; city square; room; seat; job, position; fare; **sur place** on the spot
placement [plasmɑ̃] *m* placement; investment; **de placement** employment (*agency*)
placer [plase] §51 *tr* to place; to invest; to slip in ‖ *ref* to seat oneself; to rank; to get a job; to take place
pla•ceur [plasœr] **-ceuse** [søz] *mf* employment agent ‖ *m* usher
placide [plasid] *adj* placid

pla•cier [plasje] **-cière** [sjɛr] *mf* agent, representative
plafond [plafɔ̃] *m* ceiling
plafonner [plafɔne] *intr*—**plafonner (à)** to hit the top (at)
plafonnier [plafɔnje] *m* ceiling light; (aut) dome light
plage [plaʒ] *f* beach; band (*of record*); (poetic) clime
plagiaire [plaʒjɛr] *mf* plagiarist
plagiat [plaʒja] *m* plagiarism
plagier [plaʒje] *tr & intr* to plagiarize
plagiste [plaʒist] *mf* beach concessionaire
plaider [plede] *tr* to argue (*a case*); to plead (*e.g., ignorance*) || *intr* to plead; to go to law
plai•deur [pledœr] **-deuse** [døz] *mf* litigant
plaidoirie [pledwari] *f* pleading
plaidoyer [pledwaje] *m* appeal (*of lawyer to judge or jury*)
plaie [plɛ] *f* wound, sore; plague; **plaie en séton** flesh wound
plai•gnant [plɛɲɑ̃] **-gnante** [ɲɑ̃t] *mf* plaintiff
plain [plɛ̃] *m* high tide
plaindre [plɛ̃dr] §15 *tr* to pity || *ref* to complain
plaine [plɛn] *f* plain
plain-pied [plɛ̃pje] *m*—**de plain-pied** on the same floor; (fig) on an equal footing
plainte [plɛ̃t] *f* complaint; moan
plain•tif [plɛ̃tif] **-tive** [tiv] *adj* plaintive
plaire [plɛr] §52 *intr* (with *dat*) to please; (with *dat*) to like, e.g., **le lait lui plaît** he likes milk; **s'il vous plaît** please || *ref* to be pleased; to enjoy oneself; to like one another; **se plaire à** to like it in, e.g., **je me plais à la campagne** I like it in the country
plaisance [plɛzɑ̃s] *f*—**de plaisance** pleasure (*e.g., boat*)
plai•sant [plɛzɑ̃] **-sante** [zɑ̃t] *adj* pleasant; funny || *m*—**mauvais plaisant** practical joker
plaisanter [plɛzɑ̃te] *tr* to poke fun at || *intr* to joke
plaisanterie [plɛzɑ̃tri] *f* joke; joking
plaisantin [plɛzɑ̃tɛ̃] *adj masc* roguish, waggish || *m* wag
plaisir [plezir] *m* pleasure; **à plaisir** without cause; at one's pleasure; **au plaisir (de vous revoir)** good-by; **faire plaisir à** to please, give pleasure to
plan [plɑ̃] **plane** [plan] *adj* even, flat; plane (*angle*) || *m* plan; design; (geom) plane; **au deuxième plan** in the background; **au premier plan** in the foreground; downstage; **au troisième plan** far in the background; **gros plan** (mov) close-up; **laisser en plan** (coll) to leave stranded; (coll) to put off, delay; **lever un plan** to survey; **plan de travail** work schedule; **rester en plan** (coll) to remain in suspense; **sur le plan de** from the point of view of || *f* see **plane**
planche [plɑ̃ʃ] *f* board; plank; (hort) bed; (typ) plate; (slang) blackboard; **faire la planche** to float on one's back; **planche de bord** instrument panel; **planche de débarquement** gangplank; **planche de salut** sheet anchor
planchéier [plɑ̃ʃeje] *tr* to floor; to board
plancher [plɑ̃ʃe] *m* floor; **le plancher des vaches** (coll) terra firma
plane [plan] *f* drawknife
planer [plane] *tr* to plane || *intr* to hover; to glide; to float; **planer sur** to overlook, to sweep (*e.g., a landscape with one's eyes*); (fig) to hover over
planète [planɛt] *f* planet
planeur [planœr] *m* glider
planeuse [planøz] *f* planing machine
planification [planifikɑsjɔ̃] *f* planning
planifier [planifje] *tr* to plan
planning [planiŋ] *m* detailed plan; **planning familial** birth control
plan-plan [plɑ̃plɑ̃] *adv* (coll) quietly, without hurrying
planque [plɑ̃k] *f* (coll) soft job; (slang) hideout
planquer [plɑ̃ke] *tr* to hide || *ref* (mil) to take cover; (slang) to hide out
plant [plɑ̃] *m* planting; bed, patch; seedling, sapling
plantation [plɑ̃tɑsjɔ̃] *f* planting; plantation; **plantation de cheveux** hairline; head of hair
plante [plɑ̃t] *f* plant; sole
plan•té -tée [plɑ̃te] *adj* set, situated
planter [plɑ̃te] *tr* to plant; to set; **planter là** to give the slip to || *ref* to stand
planteur [plɑ̃tœr] *m* planter
plantoir [plɑ̃twar] *m* (hort) dibble
planton [plɑ̃tɔ̃] *m* (mil) orderly
plantu•reux [plɑ̃tyrø] **-reuse** [røz] *adj* abundant; fertile; (coll) buxom
plaque [plak] *f* plate; plaque; splotch; **plaque à crêpes** pancake griddle; **plaque croûteuse** scab; **plaque d'immatriculation**, **plaque minéralogique** (aut) license plate; **plaque tournante** (rr) turntable; (fig) hub (*of a city*)
plaquer [plake] *tr* to plate; to veneer; to plaster down (*one's hair*); to strike (*a chord*); (football) to tackle; (coll) to jilt; **plaquer à l'électricité** to electroplate || *ref* to lie flat; (aer) to pancake
plaquette [plakɛt] *f* plaque; pamphlet; (histology) platelet
plastic [plastik] *m* plastic bomb
plastique [plastik] *adj* plastic || *m* plastics || *f* plastic art
plastron [plastrɔ̃] *m* shirt front; breastplate; hostile contingent (*in war games*)
plastronner [plastrɔne] *intr* (fig) to throw out one's chest
plat [pla] **plate** [plat] *adj* flat; even; smooth (*sea*); dead (*calm*); corny (*joke*); **à plat** run-down; flat || *m* dish; platter; course (*of meal*); flat (*of hand*); blade (*of oar*); face (*of hammer*); **plat cuisiné** platter, short-

order meal; **plat de côtes** sparerib; **plat du jour** today's special, chef's special; **plat principal, plat de résistance** entree; **plats** (bb) boards
platane [platan] *m* plane tree; **faux platane** sycamore
pla•teau [plato] *m* (*pl* **-teaux**) plateau; tray; shelf; platform; plate; pan (*of scale*); (mov, telv) set; (rr) flatcar; (theat) stage; **plateau porte-disque** turntable (*of phonograph*); **plateau tournant** revolving stage
plate-bande [platbɑ̃d] *f* (*pl* **plates-bandes**) flower bed
plate-forme [platfɔrm] *f* (*pl* **plates-formes**) platform; (rr) flatcar
platine [platin] *m* platinum ‖ *f* plate; platen; lock (*of gun*); stage (*of microscope*)
plati•né -née [platine] *adj* platinum-plated; platinum
platitude [platityd] *f* platitude; flatness; obsequiousness
Platon [platɔ̃] *m* Plato
plâtre [plɑtr] *m* plaster; plaster cast; **essuyer les plâtres** to be the first occupant of a new house; **plâtre à mouler** plaster of Paris
plâtrer [plɑtre] *tr* to plaster; to put in a cast; to fertilize ‖ *ref* (coll) to pile on the make-up or face powder
plausible [plozibl] *adj* plausible
plébéien [plebejɛ̃] **plébéienne** [plebejɛn] *adj & mf* plebeian
plein [plɛ̃] **pleine** [plɛn] *adj* full; round, plump; solid (*bar, wheel, wire, etc.*); continuous (*line*); heavy (*heart*); in foal, with calf, etc.; (coll) drunk; **plein aux as** (coll) well-heeled; **plein de** full of; covered with; preoccupied with; **plein de soi** self-centered ‖ (when standing before noun) *adj* full; high (*tide*); **en plein** + *noun* in the midst of the + *noun*, right in the + *noun*; at the height of the (*season*); in the open (*air*); out at (*sea*), on the high (*seas*); in broad (*daylight*); in the dead of (*winter*) ‖ *m* full (*of the moon*); bull's-eye; downstroke; **battre son plein** to be in full swing; **en plein** plumb, plump, squarely; **faire le plein (de)** to fill up the tank (with) ‖ **plein** *adv* full; **tout plein** very much
plein-emploi [plenɑ̃plwa] *m* full employment
pleu•rard [plœrar] **-rarde** [rard] *adj* (coll) whimpering ‖ *mf* (coll) whimperer
pleurer [plœre] *tr* to weep over; **pleurer misère** to complain of being poor ‖ *intr* to cry, weep; **pleurer à chaudes larmes** to weep bitterly
pleurésie [plœrezi] *f* pleurisy
pleu•reur [plœrœr] **-reuse** [røz] *adj* weeping ‖ *f* paid mourner
pleurnicher [plœrniʃe] *intr* to whimper, snivel
pleurs [plœr] *mpl* tears
pleutre [pløtr] *adj* (coll) cowardly ‖ *m* (coll) coward
pleuvasser [pløvase] *intr* (coll) to drizzle
pleuvoir [pløvwar] §53 *intr & impers* to rain; **pleuvoir à verse, à flots,** or **à seaux** to rain buckets
pli [pli] *m* fold; pleat; bend (*of arm or leg*); hollow (*of knee*); letter; envelope; undulation (*of ground*); (cards) trick; **faux pli** crease, wrinkle; **petit pli** tuck; **sous ce pli** enclosed, herewith; **sous pli cacheté** in a sealed envelope; **sous pli distinct** or **séparé** under separate cover
pliage [plijaʒ] *m* folding
pliant [plijɑ̃] **pliante** [plijɑ̃t] *adj* folding; collapsible; pliant ‖ *m* campstool, folding chair
plier [plije] *tr* to fold; to bend; to force ‖ *intr* to fold; to bend; to yield; **ne pas plier, s.v.p.** (formula on envelope) please do not bend ‖ *ref* to fold; to yield; to fall back (*said of army*)
plisser [plise] *tr* to pleat; to crease; to wrinkle; to squint (*the eyes*) ‖ *intr* to fold ‖ *ref* to wrinkle; to pucker up (*said of mouth*)
plomb [plɔ̃] *m* lead; shot; seal; plumb; sinker (*of fishline*); (elec) fuse; **à plomb** plumb, vertical; straight down, directly; **faire sauter un plomb** to burn or blow out a fuse
plombage [plɔ̃baʒ] *m* filling (*of tooth*); sealing (*e.g., at customs*)
plombagine [plɔ̃baʒin] *f* graphite
plom•bé -bée [plɔ̃be] *adj* leaden; in bond, sealed; filled (*tooth*); livid (*hue*)
plomber [plɔ̃be] *tr* to cover with lead; to seal; to plumb; to fill (*a tooth*); to make livid; to roll (*the ground*)
plomberie [plɔ̃bri] *f* plumbing; plumbing-supply store; leadwork
plombeur [plɔ̃bœr] *m* (mach) roller
plombier [plɔ̃bje] *m* plumber; worker in lead
plonge [plɔ̃ʒ] *f* dishwashing
plon•geant [plɔ̃ʒɑ̃] **-geante** [ʒɑ̃t] *adj* plunging; from above
plongée [plɔ̃ʒe] *f* plunge; dive; dip, slope; **en plongée** submerged
plongeoir [plɔ̃ʒwar] *m* diving board
plongeon [plɔ̃ʒɔ̃] *m* plunge; dive; (football) tackle; **plongeon de haut vol** high dive
plonger [plɔ̃ʒe] §38 *tr* to plunge; to thrust, to stick ‖ *intr* to plunge; to dive; (coll) to have a good view; **plonger raide** to crash-dive ‖ *ref*—**se plonger dans** to immerse oneself in; to give oneself over to
plon•geur [plɔ̃ʒœr] **-geuse** [ʒøz] *adj* diving ‖ *mf* diver; dishwasher (*in restaurant*) ‖ *m* (mach) plunger; (orn) diver
plot [plo] *m* (elec) contact point
ployer [plwaje] §47 *tr & intr* to bend
pluches [plyʃ] *fpl* (mil) K.P.
pluie [plɥi] *f* rain; shower; **pluies radioactives** fallout
plumage [plymaʒ] *m* plumage

plumard [plymar] *m*—**aller au plumard** (slang) to hit the hay
plume [plym] *f* feather; pen; penpoint
plu·meau [plymo] *m* (*pl* **-meaux**) feather duster
plumer [plyme] *tr* to pluck; (coll) to fleece || *intr* to feather one's oar
plumet [plymɛ] *m* plume
plu·meux [plymø] **-meuse** [møz] *adj* feathery
plumier [plymje] *m* pencil box
plupart [plypar] *f*—**la plupart** most; the most; for the most part; **la plupart de** most; the most; most of, the majority of; **la plupart d'entre nous (eux)** most of us (them); **pour la plupart** for the most part
plu·riel -rielle [plyrjɛl] *adj & m* plural; **au pluriel** in the plural
plus [ply] ([plyz] before vowel; [plys] in final position) *m* plus; **au plus, tout au plus** at the most, at best; at the latest; at the outside; **d'autant plus** all the more so; **de plus** more; moreover, besides; **de plus en plus** more and more; **en plus** extra; **en plus de** in addition to, besides; **le plus, la plus, les plus** (the) most; **le plus de** the most; **le plus que** as much as, as fast as; **ni . . . non plus** nor . . . either, e.g., **ni moi non plus** nor I either; **ni plus ni moins** neither more nor less; **non plus** neither, not . . . either; **plus de** more, e.g., **plus de chaleur** more heat; no more, e.g., **plus de potage** no more soup; **qui plus est** what is more, moreover || *adv comp & super* §91 more; **des plus** + *adj* most + *adj*, extremely + *adj*; **(le) plus . . .** (the) most . . ., e.g., **ce que j'aime le plus** what I like (the) most; **le** (or **son, etc.**) **plus** + *adj* the (or his, etc.) most; **ne . . . plus** §90 no more, no longer; **ne . . . plus que** §90 now only, e.g., **il n'y a plus que mon oncle** there is now only my uncle; **on ne peut plus** + *adj* or *adv* extremely + *adj* or *adv*; **plus de** (followed by numeral) more than; **plus jamais** never more; **plus . . . plus** (or **moins**) the more . . . the more (or the less); **plus que** more than; **plus tôt** sooner || *prep* plus
plusieurs [plyzjœr] *adj & pron indef* several
plus-que-parfait [plyskəparfɛ] *m* pluperfect
plus-value [plyvaly] *f* (*pl* **-values**) appreciation; increase; surplus; extra cost; surplus value (*in Marxian economics*)
Plutarque [plytark] *m* Plutarch
Pluton [plytɔ̃] *m* Pluto
plutonium [plytɔnjɔm] *m* plutonium
plutôt [plyto] *adv* rather; instead; **plutôt . . . que** rather . . . than
pluvier [plyvje] *m* (orn) plover
plu·vieux [plyvjø] **-vieuse** [vjøz] *adj* rainy
pneu [pnø] *m* (*pl* **pneus**) tire; express letter (*by Parisian tube*); **pneu ballon** or **confort** balloon tire; **pneu de secours** spare tire
pneumatique [pnømatik] *adj* pneumatic || *m* tire; express letter (*by Parisian tube*)
pneumonie [pnømɔni] *f* pneumonia
pochade [pɔʃad] *f* sketch
po·chard [pɔʃar] **-charde** [ʃard] *mf* (coll) boozer, guzzler
poche [pɔʃ] *f* pocket; bag, pouch; crop (*of bird*)
po·ché -chée [pɔʃe] *adj* poached; black (*eye*)
pocher [pɔʃe] *tr* to poach; to dash off (*a sketch*)
pochette [pɔʃɛt] *f* folder; book (*of matches*) kit. fancy handkerchief; **pochette à disque** record jacket; **pochette surprise** surprise package
pocheuse [pɔʃøz] *f* egg poacher
pochoir [pɔʃwar] *m* stencil
poêle [pwal] *m* stove; pall; canopy || *f* frying pan
poêlon [pwalɔ̃] *m* saucepan
poème [pɔɛm] *m* poem; **poème symphonique** tone poem
poésie [pɔezi] *f* poetry; poem
poète [pɔɛt] *mf* poet
poétesse [pɔetɛs] *f* poetess
poétique [pɔetik] *adj* poetic(al) || *f* poetics
pogrom [pɔgrɔm] *m* pogrom
poids [pwa], [pwɑ] *m* weight; **poids lourd** truck
poi·gnant [pwaɲɑ̃] **-gnante** [ɲɑ̃t] *adj* poignant
poignard [pwaɲar] *m* dagger
poignarder [pwaɲarde] *tr* to stab
poigne [pwaɲ] *f* grip, grasp; **à poigne** strong, energetic
poignée [pwaɲe] *f* handful; handle; grip; hilt; **poignée de main** handshake
poignet [pwaɲɛ] *m* wrist; cuff; **poignet mousquetaire** French cuff
poil [pwal] *m* hair; bristle; nap, pile; coat (*of animals*); **à long poil** shaggy; **à poil** naked; bareback; **au poil** (slang) peachy; **avoir un poil dans la main** (coll) to be lazy; **de mauvais poil** (coll) in a bad mood; **de tout poil** (coll) of every shade and hue; **poil follet** down; **reprendre du poil de la bête** (coll) to be one's own self again; **se mettre à poil** to strip to the skin
poi·lu -lue [pwaly] *adj* hairy || *m* (mil) doughboy
poinçon [pwɛ̃sɔ̃] *m* punch; stamp; hallmark; **poinçon à glace** ice pick
poinçonner [pwɛ̃sɔne] *tr* to punch; to stamp; to prick; to hallmark
poinçonneuse [pwɛ̃sɔnøz] *f* stamping machine; ticket punch
poindre [pwɛ̃dr] §35 *intr* to dawn; to sprout
poing [pwɛ̃] *m* first; **dormir à poings fermés** to sleep like a log
point [pwɛ̃] *m* point; stitch; period (*used also in French to mark the divisions of whole numbers*); hole (*in a strap*); mark (*on a test*); (aer,

naut) position; (typ) point; **à point** at the right moment; to a turn, medium; **à point nommé** in the nick of time; **à tel point que** to such a degree that; **au dernier point** to the utmost degree; **de point en point** exactly to the letter; **de tout point, en tout point** entirely; **deux points** colon; **faire le point** to take stock, to get one's bearings; **mettre au point** to focus; to adjust, to tune up; to develop, to perfect; **mettre les points sur les i** to dot one's i's; **point d'appui** fulcrum; base of operations; **point de bâti** (sewing) tack; **point de départ** starting point; **point de repère** point of reference, guide; (surv) bench mark; (fig) landmark; **point d'estime** dead reckoning; **point d'exclamation** exclamation point; **point d'interrogation** question mark; **point d'orgue** (mus) pause; **point du jour** break of day; **point et virgule** semicolon; **point mort** dead center; (aut) neutral; **points et traits** dots and dashes || *adv*—**ne . . . point §90** not; not at all

pointage [pwɛ̃taʒ] *m* checking; check mark; aiming

pointe [pwɛ̃t] *f* point; tip; peak; head (*of arrow*); nose (*e.g., of bullet*); toe (*of shoe*); twinge (*of pain*); dash (*of, e.g., vanilla*); suggestion, touch; witty phrase, quip; (geog) cape, point; (mil) spearhead; **à pointes** spiked (*shoes*); **de pointe** peak (*e.g., hours*); **discuter sur les pointes d'épingle** to split hairs; **en pointe** tapering; **faire des pointes** to toe-dance; **pointe d'aiguille** needlepoint; **pointe de Paris** wire nail; **pointe de vitesse** spurt; **pointe du jour** daybreak; **sur la pointe des pieds** on tiptoe

poin•teau [pwɛ̃to] *m* (*pl* **-teaux**) checker; needle

pointer [pwɛ̃tœr] *m* pointer (*dog*) || [pwɛ̃te] *tr* to check off; to check in; to prick up (*the ears*); to dot || *intr* to rise, to soar skywards; to stand out; to sprout || *ref* to check in, to show up

poin•teur [pwɛ̃tœr] **-teuse** [tøz] *mf* checker; scorer; timekeeper; gunner; (*dog*) pointer

pointillé [pwɛ̃tije] *m* perforated line

pointil•leux [pwɛ̃tijø] **pointil•leuse** [pwɛ̃tijøz] *adj* punctilious; touchy; captious

poin•tu -tue [pwɛ̃ty] *adj* pointed; shrill; (fig) touchy

pointure [pwɛ̃tyr] *f* size

poire [pwar] *f* pear; bulb (*of camera, syringe, horn, etc.*); (slang) mug; (slang) sucker, sap; **couper la poire en deux** to split the difference; **garder une poire pour la soif** to put something aside for a rainy day; **poire à poudre** powder flask; **poire électrique** pear-shaped switch

poi•reau [pwaro] *m* (*pl* **-reaux**) (bot) leek

poirée [pware] *f* (bot) Swiss chard

poirier [pwarje] *m* pear tree

pois [pwa], [pwɑ] *m* pea; polka dot; **petits pois, pois verts** peas; **pois cassés** split peas; **pois chiche** chick-pea; **pois de senteur** sweet pea

poison [pwazɔ̃] *m* poison

pois•sard [pwasar] **pois•sarde** [pwasard] *adj* vulgar || *f* fishwife

poisser [pwase] *tr* to coat with wax or pitch || *intr* to be sticky

pois•seux [pwasø] **pois•seuse** [pwasøz] *adj* sticky

poisson [pwasɔ̃] *m* fish; **poisson d'avril** April Fool (*joke, trick*); **poisson rouge** goldfish

poisson-chat [pwasɔ̃ʃa] *m* (*pl* **poissons-chats**) catfish

poissonnerie [pwasɔnri] *f* fish market

poisson•nier [pwasɔnje] **poisson•nière** [pwasɔnjɛr] *mf* dealer in fish || *f* fishwife; fish kettle

poitrail [pwatraj] *m* breast

poitrinaire [pwatrinɛr] *adj & mf* (pathol) consumptive

poitrine [pwatrin] *f* chest; breast; bosom

poivre [pwavr] *m* pepper

poivrer [pwavre] *tr* to pepper

poivrier [pwavrije] *m* pepper plant; pepper shaker

poivrière [pwavrijɛr] *f* pepper shaker; pepper plantation

poivron [pwavrɔ̃] *m* pepper; sweet pepper plant

poix [pwa], [pwɑ] *f* pitch; **poix sèche** resin

poker [pɔkɛr] *m* poker; four of a kind

polaire [pɔlɛr] *adj* pole, polar

polariser [pɔlarize] *tr* to polarize

pôle [pol] *m* pole

po•li -lie [pɔli] *adj* polished; polite || *m* polish, gloss

police [pɔlis] *f* police; policy; **police d'assurance** insurance policy

policer [pɔlise] **§51** *tr* to civilize; (obs) to police

Polichinelle [pɔliʃinɛl] *m* Punch; **de polichinelle** open (*secret*)

poli•cier [pɔlisje] **-cière** [sjɛr] *adj* police (*investigation, dog, etc.*); detective (*e.g., story*) || *m* plain-clothes man, detective

polio [pɔljo] *mf* (coll) polio victim || *f* (coll) polio

polir [pɔlir] *tr* to polish

polissoir [pɔliswar] *m* polisher

polis•son [pɔlisɔ̃] **polis•sonne** [pɔlisɔn] *adj* smutty || *mf* scamp, rascal

politesse [pɔlitɛs] *f* politeness; **politesses** civilities, compliments

politicard [pɔlitikar] *m* unscrupulous politician

politi•cien [pɔlitisjɛ̃] **-cienne** [sjɛn] *adj* short-sighted; insincere || *mf* politician

politique [pɔlitik] *adj* political; prudent, wise || *m* politician; statesman || *f* politics; policy; cunning, shrewdness

pollen [pɔllɛn] *m* pollen

polluer [pɔllɥe] *tr* to pollute

polo [pɔlo] *m* polo

Pologne [pɔlɔɲ] *f* Poland; **la Pologne** Poland
polo·nais [pɔlɔnɛ] **-naise** [nɛz] *adj* Polish || *m* Polish (*language*) || (*cap*) *mf* Pole
polonium [pɔlɔnjɔm] *m* polonium
pol·tron [pɔltrɔ̃] **-tronne** [trɔn] *adj* cowardly || *mf* coward
polycopie [pɔlikɔpi] *f* mimeographing; **tiré à la polycopie** mimeographed
polycopié [pɔlikɔpje] *m* mimeographed university lectures
polycopier [pɔlikɔpje] *tr* to mimeograph
polygame [pɔligam] *adj* polygamous || *mf* polygamist
polyglotte [pɔliglɔt] *adj* polyglot || *mf* polyglot, linguist
polygone [pɔligɔn] *m* polygon; shooting range
polynôme [pɔlinom] *m* polynomial
polype [pɔlip] *m* polyp
polythéiste [pɔliteist] *adj* polytheistic || *mf* polytheist
pom [pɔ̃] *interj* bang!
pommade [pɔmad] *f* pomade; **passer de la pommade à** (coll) to soft-soap
pomme [pɔm] *f* apple; ball, knob; head (*of lettuce*); **pomme de discorde** bone of contention; **pomme de pin** pine cone; **pomme de terre** potato; **pommes chips** potato chips; **pommes de terre au four** baked potatoes; scalloped potatoes; **pommes de terre en robe de chambre, en robe des champs**, or **en chemise** potatoes in their jackets; **pommes de terre sautées** fried potatoes; **pommes frites** French fried potatoes; **pommes soufflées** potato puffs; **pommes vapeur** boiled potatoes; steamed potatoes
pom·meau [pɔmo] *m* (*pl* **-meaux**) pommel; butt (*of fishing pole*)
pomme·lé -lée [pɔmle] *adj* dappled; fleecy (*clouds*); mackerel (*sky*)
pommette [pɔmɛt] *f* cheekbone
pommier [pɔmje] *m* apple tree
pompe [pɔ̃p] *f* pomp; pump; **à la pompe** on draught; **pompe à incendie** fire engine; **pompe aspirante** suction pump; **pompes funèbres** funeral
pomper [pɔ̃pe] *tr* to pump; to suck in
pompette [pɔ̃pɛt] *adj* (coll) tipsy
pom·peux [pɔ̃pø] **-peuse** [pøz] *adj* pompous; high-flown
pom·pier [pɔ̃pje] **-pière** [pjɛr] *adj* conventional; pretentious || *mf* fitter || *m* fireman
pompiste [pɔ̃pist] *mf* filling-station attendant
pomponner [pɔ̃pɔne] *tr & ref* to dress up
ponçage [pɔ̃saʒ] *m* sandpapering; pumicing
ponce [pɔ̃s] *f* pumice stone
pon·ceau [pɔ̃so] (*pl* **-ceaux**) *adj* poppy-red || *m* rude bridge; culvert
poncer [pɔ̃se] **§51** *tr* to sandpaper; to pumice
poncho [pɔ̃tʃo] *m* poncho
poncif [pɔ̃sif] *m* banality
ponctualité [pɔ̃ktɥalite] *f* punctuality
ponctuation [pɔ̃ktɥɑsjɔ̃] *f* punctuation
ponc·tuel -tuelle [pɔ̃ktɥɛl] *adj* punctual
ponctuer [pɔ̃ktɥe] *tr* to punctuate
pondération [pɔ̃derɑsjɔ̃] *f* balance; weighting
pondé·ré -rée [pɔ̃dere] *adj* moderate, well-balanced; weighted
pondérer [pɔ̃dere] **§10** *tr* to balance; to weight
pondeuse [pɔ̃døz] *f* layer (*hen*); (coll) prolific woman
pondre [pɔ̃dr] *tr* to lay (*an egg*); (coll) to turn out (*a book*); (slang) to bear (*a child*) || *intr* to lay
poney [pɔnɛ] *m* pony
pont [pɔ̃] *m* bridge; (naut) deck; **faire le pont** (coll) to take the intervening day or days off; **pont aérien** airlift; **pont arrière** (aut) rear-axle assembly; **pont cantilever, pont à consoles** cantilever bridge; **ponts et chaussées** [pɔ̃zeʃose] highway department; **pont suspendu** suspension bridge
ponte [pɔ̃t] *f* egg laying; eggs
pontet [pɔ̃tɛ] *m* trigger guard
pontife [pɔ̃tif] *m* pontiff
pont-levis [pɔ̃lvi] *m* (*pl* **ponts-levis**) drawbridge
ponton [pɔ̃tɔ̃] *m* pontoon; landing stage
pont-promenade [pɔ̃prɔmnad] *m* (*pl* **ponts-promenades**) promenade deck
pool [pul] *m* pool (*combine*)
pope [pɔp] *m* Orthodox priest
popeline [pɔplin] *f* poplin
popote [pɔpɔt] *adj invar* (coll) stay-at-home || *f* (mil) mess; (coll) cooking; **faire la popote** (coll) to do the cooking oneself
populace [pɔpylas] *f* populace, rabble
populaire [pɔpylɛr] *adj* popular; vulgar, common
populariser [pɔpylarize] *tr* to popularize
popularité [pɔpylarite] *f* popularity
population [pɔpylɑsjɔ̃] *f* population
popu·leux [pɔpylø] **-leuse** [løz] *adj* populous; crowded
populo [pɔpylo] *m* (coll) rabble
porc [pɔr] *m* pig, hog; pork
porcelaine [pɔrsəlɛn] *f* porcelain; china
porcelet [pɔrsəlɛ] *m* piglet
porc-épic [pɔrkepik] *m* (*pl* **porcs-épics** [pɔrkepik]) porcupine
porche [pɔrʃ] *m* porch, portico
porcher [pɔrʃe] *m* swineherd
porcherie [pɔrʃəri] *f* pigpen
pore [pɔr] *m* pore
po·reux [pɔrø] **-reuse** [røz] *adj* porous
pornographie [pɔrnɔgrafi] *f* pornography
porphyre [pɔrfir] *m* porphyry
port [pɔr] *m* port; carrying; wearing; bearing; shipping charges; **arriver à bon port** to arrive safe; **port d'attache** home port; **port d'escale** port of call; **port franc** duty-free; free port; **port payé** postpaid
portable [pɔrtabl] *adj* portable; wearable
portail [pɔrtaj] *m* portal, gate

por•tant [pɔrtɑ̃] **-tante** [tɑ̃t] *adj* bearing; lifting; **être bien portant** to be in good health || *m* handle
porta•tif [pɔrtatif] **-tive** [tiv] *adj* portable
porte [pɔrt] *f* door; doorway; gate; **fausse porte** blind door; **porte à deux battants** double door; **porte à tambour** revolving door; **porte battante** swinging door; **porte cochère** covered carriage entrance
porte-à-faux [pɔrtafo] *m invar*—**en porte-à-faux** out of line; (fig) in an untenable position
porte-aiguilles [pɔrtegɥi] *m invar* needle case
porte-allumettes [pɔrtalymɛt] *m invar* matchbox
porte-assiette [pɔrtasjɛt] *m* (*pl* **-assiette** or **-assiettes**) place mat
porte-avions [pɔrtavjɔ̃] *m invar* aircraft carrier
porte-bagages [pɔrtbagaʒ] *m invar* baggage rack
porte-bannière [pɔrtbanjɛr] *mf* (*pl* **-bannière** or **-bannières**) colorbearer
porte-bonheur [pɔrtbɔnœr] *m invar* good-luck charm
porte-carte [pɔrtəkart] *m* (*pl* **-carte** or **-cartes**) card case
porte-chapeaux [pɔrtʃapo] *m invar* hatrack
porte-cigarette [pɔrtsigarɛt] *m invar* cigarette holder
porte-cigarettes [pɔrtsigarɛt] *m invar* cigarette case
porte-clés or **porte-clefs** [pɔrtəkle] *m invar* key ring
porte-disques [pɔrtdisk] *m invar* record case
porte-documents [pɔrtdɔkymɑ̃] *m invar* letter case, portfolio
porte-drapeau [pɔrtdrapo] *m* (*pl* **-drapeau** or **-drapeaux**) standard-bearer
portée [pɔrte] *f* range, reach; import, significance; litter; (mus) staff; **à la portée de** within reach of; **à portée de la voix** within speaking distance; **à portée de l'oreille** within hearing distance; **hors de la portée de** out of reach of
portefaix [pɔrtəfɛ] *m* porter; dock hand
porte-fenêtre [pɔrtfənɛtr], [pɔrtəfnɛtr] *f* (*pl* **portes-fenêtres**) French window, French door
portefeuille [pɔrtəfœj] *m* portfolio; wallet, billfold
porteman•teau [pɔrtmɑ̃to] *m* (*pl* **-teaux**) clothes tree; **en portemanteau** square (*shoulders*)
porte-mine [pɔrtəmin] *m* (*pl* **-mine** or **mines**) mechanical pencil
porte-monnaie [pɔrtmɔnɛ] *m invar* change purse
porte-parapluies [pɔrtparaplɥi] *m invar* umbrella stand
porte-parole [pɔrtparɔl] *m invar* spokesman, mouthpiece
porte-plume [pɔrtəplym] *m invar* penholder; **porte-plume réservoir** fountain pen
porter [pɔrte] *tr* to carry; to bear; to wear; to propose (*a toast*); **être porté à** to be inclined to; **être porté sur** to have a weakness for; **porter à l'écran** (mov) to put on the screen || *intr* to carry; **porter sur** to bear down on, to emphasize; to be aimed at || *ref* to be worn; to proceed, to go; to be, e.g., **comment vous portez-vous?** how are you?; **se porter à** to indulge in; **se porter candidat** to run as a candidate
porte-savon [pɔrtsavɔ̃] *m* (*pl* **-savon** or **-savons**) soap dish
porte-serviettes [pɔrtsɛrvjɛt] *m invar* towel rack
por•teur [pɔrtœr] **-teuse** [tøz] *mf* porter; bearer; holder
porte-vêtement [pɔrtəvɛtmɑ̃] *m invar* clothes hanger
porte-voix [pɔrtəvwa] *m invar* megaphone; **mettre les mains en porte-voix** to cup one's hands
por•tier [pɔrtje] **-tière** [tjɛr] *mf* concierge || *m* doorman || *f* door (*of car*); portiere
portillon [pɔrtijɔ̃] *m* gate; (rr) side gate (*at crossing*); **refouler du portillon** (slang) to have bad breath
portion [pɔrsjɔ̃] *f* portion; share
portique [pɔrtik] *m* portico
porto [pɔrto] *m* port wine
portori•cain [pɔrtorikɛ̃] **-caine** [kɛn] *adj* Puerto Rican || (*cap*) *mf* Puerto Rican
Porto Rico [pɔrtoriko] *f* Puerto Rico
portrait [pɔrtrɛ] *m* portrait; **être tout le portrait de** to be the very image of; **portrait à mi-corps** half-length portrait; **portrait de face** full-faced portrait
portraitiste [pɔrtretist] *mf* portrait painter
portu•gais [pɔrtygɛ] **-gaise** [gɛz] *adj* Portuguese || *m* Portuguese (*language*) || (*cap*) *mf* Portuguese (*person*)
Portugal [pɔrtygal] *m*—**le Portugal** Portugal
pose [poz] *f* pose; laying, setting in place; (phot) exposure
po•sé -sée [poze] *adj* poised, steady; trained (*voice*)
posément [pozemɑ̃] *adv* calmly, steadily, carefully
posemètre [pozmɛtr] *m* (phot) light meter, exposure meter
poser [poze] *tr* to place; to arrange; to ask (*a question*); to set up (*a principle*) || *intr* to pose || *ref* to pose; to alight; to land; **se poser en** to set oneself up as
po•seur [pozœr] **-seuse** [zøz] *mf* layer; poseur; phony; **poseur d'affiches** billposter
posi•tif [pozitif] **-tive** [tiv] *adj* & *m* positive
position [pozisjɔ̃] *f* position
posséder [pɔsede] §10 *tr* to possess, own; to have a command of, to know perfectly || *ref* to control oneself
possession [pɔsesjɔ̃] *f* possession

possibilité [pɔsibilite] *f* possibility
possible [pɔsibl] *adj & m* possible
postage [pɔstaʒ] *m* mailing
pos•tal -tale [pɔstal] *adj* (*pl* **-taux** [to]) postal
postdate [pɔstdat] *f* postdate
postdater [pɔstdate] *tr* to postdate
poste [pɔst] *m* post; station; set; position, job; **poste de douane** port of entry; **poste d'émetteur** broadcasting station; **poste de radio** radio set; **poste de repérage** tracking station; **poste de secours** first-aid station; **poste des malades** (nav) sick bay; **poste d'essence** gas station; **poste d'incendie** fire station; **poste supplémentaire** (telp) extension ‖ *f* post, mail; **mettre à la poste** to mail; **poste restante** general delivery; **postes** post office department
poster [pɔste] *tr* to post ‖ *ref* to lie in wait
postérité [pɔsterite] *f* posterity
posthume [pɔstym] *adj* posthumous
postiche [pɔstiʃ] *adj* false; detachable ‖ *m* toupee; switch, false hair
pos•tier [pɔstje] **-tière** [tjɛr] *mf* postal clerk
postscolaire [pɔstskɔlɛr] *adj* adult (*education*); extension (*courses*)
post-scriptum [pɔstskriptɔm] *m invar* postscript
postu•lant [pɔstylɑ̃] **-lante** [lɑ̃t] *mf* applicant, candidate; postulant
postuler [pɔstyle] *tr* to apply for ‖ *intr* to apply; **postuler pour** to represent (*a client*)
posture [pɔstyr] *f* posture; situation
pot [po] *m* pot; pitcher, jug; jar; can; **découvrir le pot aux roses** (coll) to discover the secret; **payer les pots cassés** (coll) to pay the piper; **pot à bière** beer mug; **pot à fleurs** flowerpot; **pot d'échappement** (aut) muffler; **pot de noir** cloudy weather; **pot d'étain** pewter tankard; **tourner autour du pot** (coll) to beat about the bush
potable [pɔtabl] *adj* drinkable; (coll) acceptable, passable
potache [pɔtaʃ] *m* (coll) schoolboy
potage [pɔtaʒ] *m* soup; **potage de maïs** hominy; **pour tout potage** (lit) all told
pota•ger [pɔtaʒe] **-gère** [ʒɛr] *adj* vegetable ‖ *m* vegetable garden
potasse [pɔtas] *f* potash
potasser [pɔtase] *tr* (coll) to bone up on ‖ *intr* (coll) to grind away
potas•seur [pɔtasœr] **potas•seuse** [pɔtasøz] *mf* (coll) grind
potassium [pɔtasjɔm] *m* potassium
pot-au-feu [pɔtofø] *adj invar* (coll) home-loving ‖ *m invar* beef stew
pot-de-vin [podvɛ̃] *m* (*pl* **pots-de-vin**) bribe, money under the table
po•teau [pɔto] *m* (*pl* **-teaux**) post, pole; **poteau de but** goal post; **poteau indicateur** signpost
pote•lé -lée [pɔtle] *adj* chubby
potence [pɔtɑ̃s] *f* gallows; bracket
potentat [pɔtɑ̃ta] *m* potentate
poten•tiel -tielle [pɔtɑ̃sjɛl] *adj & m* potential
poterie [pɔtri] *f* pottery; metalware; **poterie mordorée** lusterware
poterne [pɔtɛrn] *f* postern
potiche [pɔtiʃ] *f* large Oriental vase; (fig) figurehead
potin [pɔtɛ̃] *m* piece of gossip; racket; **faire du potin** (coll) to raise a row; **potins** gossip
potiner [pɔtine] *intr* to gossip
potion [posjɔ̃] *f* potion
potiron [pɔtirɔ̃] *m* pumpkin; **potiron lumineux** jack-o'-lantern
pou [pu] *m* (*pl* **poux**) louse
poubelle [pubɛl] *f* garbage can
pouce [pus] *m* thumb; big toe; inch; **manger sur le pouce** (coll) to eat on the run
poudre [pudr] *f* powder; face powder; **en poudre** powdered; granulated (*sugar*); **il n'a pas inventé la poudre** (coll) he's not so smart; **jeter de la poudre aux yeux de** to deceive; **poudre dentifrice** tooth powder; **se mettre de la poudre** to powder one's nose
poudrer [pudre] *tr* to powder
poudrerie [pudrəri] *f* powder mill
pou•dreux [pudrø] **-dreuse** [drøz] *adj* powdery; dusty ‖ *f* sugar shaker
poudrier [pudrije] *m* compact
poudrière [pudrijɛr] *f* powder magazine; (fig) powder keg
poudroyer [pudrwaje] §47 *intr* to raise the dust; to shine through the dust
pouf [puf] *m* hassock, pouf ‖ *interj* plop!; **faire pouf** (slang) to flop
pouffer [pufe] *intr* to burst out laughing
pouil•leux [pujø] **pouil•leuse** [pujøz] *adj* lousy; sordid ‖ *mf* person covered with lice
pouillot [pujo] *m* (orn) warbler
poulailler [pulɑje] *m* henhouse; (theat) peanut gallery
poulain [pulɛ̃] *m* colt, foal
poule [pul] *f* hen; chicken; (*in games*) pool; jackpot; (turf) sweepstakes; (coll) skirt, dame; (slang) tart, mistress; **ma poule** (coll) my pet; **poule au pot** chicken stew; **poule d'Inde** turkey hen; **poule mouillée** (coll) milksop; **tuer la poule aux œufs d'or** to kill the goose that lays the golden eggs
poulet [pulɛ] *m* chicken, (coll) love letter; **mon petit poulet** (coll) my pet; **poulet d'Inde** turkey cock
poulette [pulɛt] *f* pullet; (coll) gal; **ma poulette** (coll) darling
pouliche [puliʃ] *f* filly
poulie [puli] *f* pulley; block
poulpe [pulp] *m* octopus
pouls [pu] *m* pulse; **tâter le pouls à** to feel the pulse of
poumon [pumɔ̃] *m* lung
poupe [pup] *f* (naut) stern, poop
poupée [pupe] *f* doll; dummy; sore finger; (mach) headstock
pou•pon [pupɔ̃] **-ponne** [pɔn] *mf* baby; chubby-faced youngster

pouponnière [pupɔnjɛr] *f* nursery
pour [pur] *m*—**le pour et le contre** the pros and the cons || *adv*—**pour lors** then; **pour peu que** however little; **pour que** in order that; **pour . . . que** however, e.g., **pour charmante qu'elle soit** however charming she may be || *prep* for; in order to; **pour ainsi dire** so to speak; **pour cent** per cent
pourboire [purbwar] *m* tip
pour•ceau [purso] *m* (*pl* **-ceaux**) swine, hog, pig
pourcentage [pursɑ̃taʒ] *m* percentage
pourchasser [purʃase] *tr* to hound
pourlécher [purleʃe] **§10** *ref* to smack one's lips
pourparlers [purparle] *mpl* talks, parley, conference
pourpoint [purpwɛ̃] *m* doublet
pourpre [purpr] *adj* purple || *m* purple (*violescent*) || *f* purple (*deep red, crimson*)
pourquoi [purkwa] *m* why; **le pourquoi et le comment** the why and the wherefore || *adv & conj* why; **pourquoi pas?** why not?
pour•ri -rie [puri] *adj* rotten; spoiled || *m* rotten part
pourrir [purir] *tr, intr, & ref* to rot; to spoil; to corrupt
pourriture [purityr] *f* rot; decay; corruption
poursuite [pursɥit] *f* pursuit; (law) action, suit; (coll) spotlight
poursui•vant [pursɥivɑ̃] **-vante** [vɑ̃t] *mf* pursuer; (law) plaintiff
poursuivre [pursɥivr] **§67** *tr* to pursue, chase; to proceed with; to persecute; to sue || *intr* to continue || *ref* to be continued
pourtant [purtɑ̃] *adv* however, nevertheless, yet
pourtour [purtur] *m* circumference
pourvoi [purvwa] *m* (law) appeal
pourvoir [purvwar] **§54** *tr*—**pourvoir de** to supply with, to provide with; to favor with || *intr*—**pourvoir à** to provide for, to attend to || *ref* (law) to appeal
pourvoyeur [purvwajœr] **pourvoyeuse** [purvwajøz] *mf* provider, supplier; caterer; **pourvoyeurs** gun crew
pourvu que [purvykə] *conj* provided that
pousse [pus] *f* shoot, sprout
pous•sé -sée [puse] *adj* elaborate; searching, exhaustive || *f* push, shove; thrust; rise; pressure; (rok) thrust
pousse-café [puskafe] *m invar* liqueur
pousser [puse] *tr* to push, to shove, to egg on, to urge; to utter (*a cry*); to heave (*a sigh*); **pousser plus loin** to carry further || *intr* to push, shove; to grow; to push on || *ref* to push oneself forward
poussette [pusɛt] *f* baby carriage
poussier [pusje] *m* coal dust
poussière [pusjɛr] *f* dust; powder; **poussière d'eau** spray; **une poussière** a trifle; **une poussière de** a lot of
poussié•reux [pusjerø] **-reuse** [røz] *adj* dusty; powdery
pous•sif [pusif] **pous•sive** [pusiv] *adj* wheezy
poussin [pusɛ̃] *m* chick
poussoir [puswar] *m* push button
poutre [putr] *f* beam; joist; girder
poutrelle [putrɛl] *f* small girder
pouvoir [puvwar] *m* power; **pouvoir d'achat** purchasing power || **§55** *tr* to be able to do; **je n'y puis rien** I can't or cannot help it, I can do nothing about it || *intr* to be able; **on ne peut mieux** couldn't be better; **on ne peut plus** I (we, they, etc.) can do no more; I'm (we're, they're, etc.) all in || *aux* used to express 1) ability, e.g., **elle peut prédire l'avenir** she is able to predict the future, she can predict the future; 2) permission, e.g., **vous pouvez partir** you may go; e.g., **puis-je partir?** may I go?; 3) possibility, e.g., **il peut pleuvoir** it may rain; e.g., **il a pu oublier son parapluie** he may have forgotten his umbrella; 4) optative, e.g., **puisse-t-il venir!** may he come! || *impers ref*—**il se peut que** it is possible that, e.g., **il se peut qu'il vienne ce soir** it is possible that he may come this evening, he may come this evening; **il se pourrait bien que** it might well be that, e.g., **il se pourrait bien qu'il vînt ce soir** it might well be that he will come this evening, he might come this evening || *ref* to be possible; **cela ne se peut pas** that is not possible
pragmatique [pragmatik] *adj* pragmatic(al)
prairie [prɛri], [preri] *f* meadow; **les Prairies** the prairie
praticable [pratikabl] *adj* practicable; passable || *m* practicable stage property; (mov, telv) camera platform
prati•cien [pratisjɛ̃] **-cienne** [sjɛn] *mf* practitioner
prati•quant [pratikɑ̃] **-quante** [kɑ̃t] *adj* practicing (*e.g., Catholic*); churchy || *mf* churchgoer
pratique [pratik] *adj* practical || *f* practice; contact, company; customer; **libre pratique** freedom of worship; (naut) freedom from quarantine
pratiquement [pratikmɑ̃] *adv* practically, in practice
pratiquer [pratike] *tr* to practice; to cut, make (*e.g., a hole*); to frequent; to read a great deal of || *intr* to practice (*said, e.g., of doctor*); to practice one's religion || *ref* to be practiced, done; to rule, prevail (*said of prices*)
pré [pre] *m* meadow; **sur le pré** on the field of honor (*dueling ground*)
préalable [prealabl] *adj* previous; preliminary || *m* prerequisite; **au préalable** before, in advance
préambule [preɑ̃byl] *m* preamble
préau [preo] *m* (*pl* **préaux**) yard
préavis [preavi] *m* advance warning;

avec préavis person-to-person (*telephone call*)
précaire [prekɛr] *adj* precarious
précaution [prekosjɔ̃] *f* precaution
précautionner [prekosjɔne] *tr* to caution || *intr* to be on one's guard
précaution•neux [prekosjɔnø] **précaution•neuse** [prekosjɔnøz] *adj* precautious
précé•dent [presedɑ̃] **-dente** [dɑ̃t] *adj* preceding || *m* precedent
précéder [presede] **§10** *tr* & *intr* to precede
précepte [presɛpt] *m* precept
précep•teur [presɛptœr] **-trice** [tris] *mf* tutor
prêche [prɛʃ] *m* sermon
prêcher [preʃe] *tr* to preach; to preach to || *intr* to preach; **prêcher d'exemple** to practice what one preaches
prê•cheur [prɛʃœr] **-cheuse** [ʃøz] *adj* preaching || *mf* sermonizer
pré•cieux [presjø] **-cieuse** [sjøz] *adj* precious; valuable; affected
préciosité [presjozite] *f* preciosity (*French literary style corresponding to English euphuism*)
précipice [presipis] *m* precipice
précipi•té -tée [presipite] *adj* hurried, precipitous || *m* precipitate
précipiter [presipite] *tr* to hurl || *ref* to hurl oneself; to precipitate; to hurry, rush
pré•cis [presi] **-cise** [siz] *adj* precise; sharp, e.g., **trois heures précises** three o'clock sharp || *m* abstract, summary
préciser [presize] *tr* to specify || *intr* to be precise || *ref* to become clear; to take shape, to jell
précision [presizjɔ̃] *f* precision; **précisions** data
préci•té -tée [presite] *adj* aforementioned
précoce [prekɔs] *adj* precocious; (bot) early
précon•çu -çue [prekɔ̃sy] *adj* preconceived
préconiser [prekɔnize] *tr* to advocate, recommend
précurseur [prekyrsœr] *adj masc* precursory || *m* forerunner, harbinger
prédateur [predatœr] *adj masc* predatory || *m* predatory animal
prédécesseur [predesesœr] *m* predecessor
prédicateur [predikatœr] *m* preacher
prédiction [prediksjɔ̃] *f* prediction
prédire [predir] **§40** *tr* to predict
prédisposer [predispoze] *tr* to predispose
prédomi•nant [predɔminɑ̃] **-nante** [nɑ̃t] *adj* predominant
préémi•nent [preeminɑ̃] **-nente** [nɑ̃t] *adj* preeminent
préfabri•qué -quée [prefabrike] *adj* prefabricated
préface [prefas] *f* preface
préfacer [prefase] **§51** *tr* to preface
préfecture [prefɛktyr] *f* prefecture; **préfecture de police** police headquarters
préférable [preferabl] *adj* preferable
préférence [preferɑ̃s] *f* preference
préférer [prefere] **§10** *tr* to prefer
préfet [prefɛ] *m* prefect; **préfet de police** police commissioner
préfixe [prefiks] *m* prefix
préfixer [prefikse] *tr* to prefix
préhistorique [preistɔrik] *adj* prehistoric
préjudice [preʒydis] *m* prejudice, detriment; **porter préjudice à** to injure, to harm; **sans préjudice de** without affecting
préjudiciable [preʒydisjabl] *adj* detrimental
préjudicier [preʒydisje] *intr* (with *dat*) to harm, damage
préjugé [preʒyʒe] *m* prejudice
préjuger [preʒyʒe] **§38** *tr* to foresee || *intr*—**préjuger de** to prejudge
prélart [prelar] *m* tarpaulin
prélasser [prelɑse] *ref* to lounge
prélat [prela] *m* prelate
prélèvement [prelɛvmɑ̃] *m* deduction; sample; levy
prélever [prelve] **§2** *tr* to set aside, deduct; to take (*a sample*); to levy; **prélever à** to take from
préliminaire [preliminɛr] *adj* & *m* preliminary
prélude [prelyd] *m* prelude
préluder [prelyde] *intr* to warm up (*said of singer, musician, etc.*); **préluder à** to prelude
prématu•ré -rée [prematyre] *adj* premature
préméditer [premedite] *tr* to premeditate
prémices [premis] *fpl* first fruits; beginning
pre•mier [prəmje] **-mière** [mjɛr] *adj* first; raw (*materials*); prime (*number*); the First, e.g., **Jean premier** John the First || (when standing before noun) *adj* first; prime (*minister*); maiden (*voyage*); early (*infancy*) || *m* first; **jeune premier** leading man; **premier de cordée** leader || *f* first; first class; (theat) première; **jeune première** leading lady || *pron* (*masc* & *fem*) first
premier-né [prəmjene] **première-née** [prəmjɛrne] (*pl* **premiers-nés**) *adj* & *mf* first-born
prémisse [premis] *f* premise
prémonition [premɔnisjɔ̃] *f* premonition
prémunir [premynir] *tr* to forewarn || *ref*—**se prémunir contre** to protect oneself against
pre•nant [prənɑ̃] **-nante** [nɑ̃t] *adj* sticky; winning, pleasing
prendre [prɑ̃dr] **§56** *tr* to take; to take on; to take up; to catch; to get (*to obtain and bring*); to steal (*a kiss*); to buy (*a ticket*); to make (*an appointment*); **à tout prendre** all things considered; **prendre de l'âge** to be getting old; **prendre la mer** to take to sea; **prendre l'eau** to leak; **prendre le large** to take to the open sea; **prendre q.ch. à qn** to take s.th. from s.o.; to charge s.o. s.th. (*i.e., a cer-*

tain sum of money); **prendre son temps** to take one's time || *intr* to catch (*said of fire*); to take root; to form (*said of ice*); to set (*said of mortar*); to stick (*to a pan or dish*); to catch on (*said of a style*); to turn (*right or left*); **prendre à droite** to bear to the right. **qu'est-ce qui lui prend?** what's come over him? || *ref* to get caught, to catch (*e.g., on a nail*); to congeal; to clot; to curdle; to jam; to take from each other; **pour qui se prend-il?** who does he think he is?; **s'en prendre à qn de q.ch.** to blame s.o. for s.th.; **se prendre à** to begin to; **se prendre d'amitié** to strike up a friendship; **se prendre de vin** to get drunk; **s'y prendre** to go about it

pre•neur [prənœr] **-neuse** [nøz] *mf* taker; buyer; payee; lessee

prénom [prenɔ̃] *m* first name

prénommer [prenɔme] *tr* to name || *ref* —**il (elle, etc.) se prénomme** his (her, etc.) first name is

préoccupation [preɔkypɑsjɔ̃] *f* preoccupation

préoccuper [preɔkype] *tr* to preoccupy || *ref*—**se préoccuper de** to pay attention to; to be concerned about

prépara•teur [preparatœr] **-trice** [tris] *mf* laboratory assistant

préparatifs [preparatif] *mpl* preparations

préparation [preparɑsjɔ̃] *f* preparation; notice, warning

préparatoire [preparatwar] *adj* preparatory

préparer [prepare] *tr, intr, & ref* to prepare

prépondé•rant [prepɔ̃derɑ̃] **-rante** [rɑ̃t] *adj* preponderant

prépo•sé -sée [prepoze] *mf* employee, clerk; **préposé de la douane** customs officer; **préposée au vestiaire** hatcheck girl

préposer [prepoze] *tr*—**préposer qn à q.ch.** to put s.o. in charge of s.th.

préposition [prepozisjɔ̃] *f* preposition

prérogative [prerɔgativ] *f* prerogative

près [prɛ] *adv* near; **à beaucoup près** by far; **à cela près** except for that; **à peu d'exceptions près** with few exceptions; **à peu près** about, practically; **à . . . près** except for; within, e.g., **je peux vous dire l'heure à cinq minutes près** I can tell you what time it is within five minutes; **au plus près** to the nearest point; **de près** close; closely; **ici près** near here; **près de** near; nearly, about; alongside, at the side of; **près de** + *inf* about to + *inf*; **tout près** nearby, right here || *prep* near; to, at

présage [prezaʒ] *m* presage, foreboding

présager [prezaʒe] §38 *tr* to presage, forebode; to anticipate

pré-salé [presale] *m* (*pl* **prés-salés**) salt-meadow sheep; salt-meadow mutton

presbyte [prɛsbit] *adj* far-sighted || *mf* far-sighted person

presbytère [prɛsbitɛr] *m* presbytery

presbyté•rien [prɛsbiterjɛ̃] **-rienne** [rjɛn] *adj & mf* Presbyterian

presbytie [prɛsbisi] *f* far-sightedness

prescription [prɛskripsjɔ̃] *f* prescription

prescrire [prɛskrir] §25 *tr* to prescribe || *ref* to be prescribed

préséance [preseɑ̃s] *f* precedence

présence [prezɑ̃s] *f* presence; attendance; **en présence** face to face

pré•sent [prezɑ̃] **-sente** [zɑ̃t] *adj* present || *m* present, gift; (gram) present; **les présents** those present

présentable [prezɑ̃tabl] *adj* presentable

présenta•teur [prezɑ̃tatœr] **-trice** [tris] *mf* (rad) announcer; **présentateur de disques** disk jockey

présentation [prezɑ̃tɑsjɔ̃] *f* presentation; introduction; appearance; look, form (*of a new product*)

présentement [prezɑ̃tmɑ̃] *adv* right now

présenter [prezɑ̃te] *tr* to present; to introduce; to offer; to pay (*one's respects*) || *ref* to present oneself; to present itself; **se présenter à** to be a candidate for

préserie [preseri] *f* (com) trial run, sample run

préservatif [prezɛrvatif] *m* preventive; condom

préserver [prezɛrve] *tr* to preserve

présidence [prezidɑ̃s] *f* presidency; chairmanship; presidential mansion

prési•dent [prezidɑ̃] **-dente** [dɑ̃t] *mf* president; chairman; presiding judge || *f* president's wife; chairwoman; **madame la présidente** madam chairman

présiden•tiel -tielle [prezidɑ̃sjɛl] *adj* presidential

présider [prezide] *tr* to preside over || *intr* to preside; **présider à** to preside over

présomp•tif [prezɔ̃ptif] **-tive** [tiv] *adj* presumptive, presumed

présomption [prezɔ̃psjɔ̃] *f* presumption

présomp•tueux [prezɔ̃ptɥø] **-tueuse** [tɥøz] *adj* presumptuous

presque [prɛsk(ə)] *adv* almost, nearly; **presque jamais** hardly ever; **presque personne** scarcely anybody

presqu'île [prɛskil] *f* peninsula

pres•sant [prɛsɑ̃] **pres•sante** [prɛsɑ̃t] *adj* pressing, urgent

presse [prɛs] *f* press; hurry, rush; crowd; hand screw, clamp; **mettre sous presse** to go to press

pres•sé -sée [prese] *adj* pressed; pressing, urgent; squeezed

presse-bouton [prɛsbutɔ̃] *adj invar* push-button (*warfare*)

presse-citron [prɛssitrɔ̃] *m invar* lemon squeezer

pressentiment [prɛsɑ̃timɑ̃] *m* presentiment, foreboding

pressentir [prɛsɑ̃tir] §41 *tr* to have a foreboding of; to sound out

presse-papiers [prɛspapje] *m invar* paperweight

presse-purée [prɛspyre] *m invar* potato masher
presser [prese], [prɛse] *tr* to press; to squeeze; to hurry, hasten || *intr* to be urgent || *ref* to hurry; **se presser à** to crowd around
pressing [prɛsiŋ] *m* dry cleaner's, tailor shop
pression [prɛsjɔ̃] *f* pressure; snap fastener; **à la pression** on draught; **pression artérielle** blood pressure
pressoir [prɛswar] *m* press
pressurer [presyre] *tr* to press, squeeze; to bleed white, to wring money out of
pressuriser [presyrize] *tr* to pressurize
prestance [prɛstɑ̃s] *f* commanding appearance, dignified bearing
prestation [prɛstɑsjɔ̃] *f* taking (*of oath*); tax; allotment, allowance, benefit
preste [prɛst] *adj* nimble
prestidigita·teur [prɛstidiʒitatœr] **-trice** [tris] *mf* magician
prestidigitation [prɛstidiʒitɑsjɔ̃] *f* sleight of hand, legerdemain
prestige [prɛstiʒ] *m* prestige; illusion, magic
presti·gieux [prɛstiʒjø] **-gieuse** [ʒjøz] *adj* prestigious, famous; marvelous
présumer [prezyme] *tr* to presume; to presume to be || *intr* to presume; **présumer de** to presume upon
présupposer [presypoze] *tr* to presuppose
présure [prezyr] *f* rennet
prêt [prɛ] **prête** [prɛt] *adj* ready; **prêt à porter** ready-to-wear, ready-made; **prêt à tout** ready for anything || *m* loan
prêt-à-porter [prɛtapɔrte] *m* (*pl* **prêts-à-porter** [prɛtapɔrte]) ready-to-wear, ready-made clothes
prêt-bail [prɛbaj] *m invar* lend-lease
préten·dant [pretɑ̃dɑ̃] **-dante** [dɑ̃t] *mf* pretender || *m* suitor
prétendre [pretɑ̃dr] *tr* to claim; to require || *intr*—**prétendre à** to aspire to; to lay claim to
préten·du -due [pretɑ̃dy] *adj* so-called, alleged || *m* fiancé || *f* fiancée
prête-nom [prɛtnɔ̃] *m* (*pl* **-noms**) dummy, figurehead, straw man
prétentaine [pretɑ̃tɛn] *f*—**courir la prétentaine** (coll) to be on the loose; (coll) to have many love affairs
préten·tieux [pretɑ̃sjø] **-tieuse** [sjøz] *adj* pretentious
prétention [pretɑ̃sjɔ̃] *f* pretention, pretense; claim, pretensions
prêter [prete], [prɛte] *tr* to lend; to give (*e.g., help*); to pay (*attention*); to take (*an oath*); to impart (*e.g., luster*); to attribute, ascribe || *intr* to lend; to stretch; **prêter à** to lend itself to || *ref*—**se prêter à** to lend itself to; to be a party to, to countenance; to indulge in
prê·teur [prɛtœr] **-teuse** [tøz] *mf* lender; **prêteur sur gages** pawnbroker
prétexte [pretɛkst] *m* pretext
prétexter [pretɛkste] *tr* to give as a pretext
prétonique [pretɔnik] *adj* pretonic
prêtre [prɛtr] *m* priest
prêtresse [prɛtrɛs] *f* priestess
prêtrise [prɛtriz] *f* priesthood
preuve [prœv] *f* proof, evidence
preux [prø] *adj masc* valiant || *m* doughty knight
prévaloir [prevalwar] §71 (*subj* **prévale,** etc.) *intr* to prevail || *ref*—**se prévaloir de** to avail oneself of; to pride oneself on
prévarication [prevarikɑsjɔ̃] *f* breach of trust
prévariquer [prevarike] *intr* to betray one's trust
prévenance [prɛvnɑ̃s] *f* kindness, thoughtfulness
préve·nant [prɛvnɑ̃] **-nante** [nɑ̃t] *adj* attentive, considerate; prepossessing
prévenir [prɛvnir] §72 *tr* to anticipate; to avert, forestall; to ward off, to prevent; to notify, inform; to bias, to prejudice
préven·tif [prevɑ̃tif] **-tive** [tiv] *adj* preventive; pretrial (*detention*)
prévention [prevɑ̃sjɔ̃] *f* bias, prejudice; custody, imprisonment; prevention (*of accidents*); **prévention routière** traffic police; road safety
préve·nu -nue [prɛvny] *adj* biased, prejudiced; forewarned; accused || *mf* prisoner, accused, defendant
prévision [previzjɔ̃] *f* anticipation, estimate; **prévision du temps** weather forecast; **prévisions** expectations
prévoir [prevwar] §57 *tr* to foresee, anticipate; to forecast
prévoyance [prevwajɑ̃s] *f* foresight
prévoyant [prevwajɑ̃] **prévoyante** [prevwajɑ̃t] *adj* far-sighted, provident
prie-dieu [pridjø] *m invar* prie-dieu || *f* praying mantis
prier [prije] *tr* to ask, to beg; to pray (*God*); **je vous en prie!** I beg your pardon!; by all means!; you are welcome!; please have some!; **je vous prie!** please!; **prier qn de** + *inf* to ask, to beg s.o. to + *inf* || *intr* to pray
prière [prijɛr] *f* prayer; **prière de . . .** please . . . ; **prière d'insérer** publisher's insert for reviewers
primaire [primɛr] *adj* primary; first (*offender*); (coll) narrow-minded || *m* (elec) primary; (coll) primitive
primat [prima] *m* (eccl) primate
primate [primat] *m* (zool) primate
primauté [primote] *f* supremacy
prime [prim] *adj* early (*youth*); (math) prime || *f* premium; bonus; free gift; (eccl) prime; **prime de transport** traveling expenses
primer [prime] *tr* to excel; to take priority over; to award a prize to
primerose [primroz] *f* hollyhock
primesau·tier [primsotje] **-tière** [tjɛr] *adj* impulsive, quick
primeur [primœr] *f* freshness; first fruit; early vegetable; (journ) beat,

scoop; **primeurs** fruits and vegetables out of season
primevère [primver] *f* primrose
primi•tif [primitif] **-tive** [tiv] *adj* primitive; original, early; primary (*colors; tense*) || *mf* primitive
primo [primo] *adv* firstly
primor•dial -diale [primɔrdjal] *adj* (*pl* **-diaux** [djo]) primordial; fundamental, prime, primary
prince [prɛ̃s] *m* prince; **prince de Galles** Prince of Wales
princesse [prɛ̃sɛs] *f* princess
prin•cier [prɛ̃sje] **-cière** [sjɛr] *adj* princely
princi•pal -pale [prɛ̃sipal] *adj & m* (*pl* **-paux** [po]) principal, chief
principauté [prɛ̃sipote] *f* principality
principe [prɛ̃sip] *m* principle; beginning; source
printa•nier [prɛ̃tanje] **-nière** [njɛr] *adj* spring; springlike
printemps [prɛ̃tɑ̃] *m* spring; springtime; **au printemps** in the spring
priorité [prijɔrite] *f* priority, right of way; **de priorité** preferred (*stock*); main (*road*); **priorité à droite, priorité à gauche** (public sign) yield
pris [pri] **prise** [priz] *adj* set, frozen; **être pris** to be busy; **pris de vin** drunk || *f* capture, seizure; taking; hold; setting; tap, faucet; (med) dose; (naut) prize; **donner prise à** to lay oneself open to; **être aux prises avec** to be struggling with; **hors de prise** out of gear; **lâcher prise** to let go; **prise d'air** ventilator; **prise d'antenne** (rad) lead-in; **prise d'armes** military parade; **prise d'eau** water faucet; hydrant; **prise de bec** (coll) quarrel; **prise de conscience** awakening, awareness; **prise de courant** (elec) plug; (elec) tap, outlet; **prise de position** statement of opinion; **prise de sang** blood specimen; **prise de son** recording, **prise de tabac** pinch of snuff; **prise de terre** (elec) ground connection, **prise de vue(s)** (phot) shot, picture taking; **prise de vue directe** (telv) live broadcast; **prise directe** high gear
prisée [prize] *f* appraisal
priser [prize] *tr* to value; to snuff up || *intr* to take snuff
pri•seur [prizœr] **-seuse** [zøz] *mf* snuffer || *m* appraiser
prisme [prism] *m* prism
prison [prizɔ̃] *f* prison
prison•nier [prizɔnje] **prison•nière** [prizɔnjɛr] *mf* prisoner
privautés [privote] *fpl* liberties
pri•vé -vée [prive] *adj* private; tame, pet || *m* private life
priver [prive] *tr* to deprive || *ref* to deprive oneself, **se priver de** to do without, to abstain from
privilège [privilɛʒ] *m* privilege
privilé•gié -giée [privileʒje] *adj* privileged; preferred (*stock*)
prix [pri] *m* price; prize; value; **à aucun prix** not at any price; by no means; **à tout prix** at all costs; **au prix de** at the price of; at the rate of; compared with; **dans mes prix** within my means; **grand prix** championship race; **hors de prix** at a prohibitive cost; **prix courant** list price; **prix de départ** upset price; **prix de détail** retail price; **prix de fabrique** factory price; **prix de gros** wholesale price; **prix de la vie** cost of living; **prix de location** rent; **prix de revient** cost price; **prix de vente** selling price; **prix fixe** table d'hôte
probabilité [prɔbabilite] *f* probability
probable [prɔbabl] *adj* probable, likely
pro•bant [prɔbɑ̃] **-bante** [bɑ̃t] *adj* convincing; conclusive (*evidence*)
probe [prɔb] *adj* honest, upright
problème [prɔblɛm] *m* problem
procédé [prɔsede] *m* process; procedure; tip (*of cue*); **procédés** proceedings; behavior
procéder [prɔsede] §10 *intr* to proceed; (with *dat*) to perform, carry out; **procéder de** to arise from
procédure [prɔsedyr] *f* procedure; proceedings
procès [prɔsɛ] *m* lawsuit, case; trial; **intenter un procès à** to sue; to prosecute; **sans autre forme de procès** then and there, without appeal
proces•sif [prɔsesif] **proces•sive** [prɔsesiv] *adj* litigious
procession [prɔsesjɔ̃] *f* procession
processus [prɔsesys] *m* process
procès-verbal [prɔsevɛrbal] *m* (*pl* **-verbaux** [vɛrbo]) report; minutes; ticket (*e.g., for speeding*)
pro•chain [prɔʃɛ̃] **-chaine** [ʃɛn] *adj* next; impending; (lit) nearest, immediate; **la prochaine semaine** the next week; **la semaine prochaine** next week || *m* neighbor, fellow-man || *f*—**à la prochaine!** (coll) so long!
prochainement [prɔʃɛnmɑ̃] *adv* shortly
proche [prɔʃ] *adj* near; nearby; close (*relative*) || **proches** *mpl* close relatives || *adv*—**de proche en proche** little by little
proclamer [prɔklame] *tr* to proclaim
proclitique [prɔklitik] *adj & m* proclitic
procuration [prɔkyrɑsjɔ̃] *f* power of attorney; **par procuration** by proxy
procurer [prɔkyre] *tr & ref* to procure, to get
procureur [prɔkyrœr] *m* attorney; **procureur de la république** district attorney; **procureur général** attorney general
prodige [prɔdiʒ] *m* prodigy; wonder
prodi•gieux [prɔdiʒjø] **-gieuse** [ʒjøz] *adj* prodigious, wonderful; terrific
prodigue [prɔdig] *adj* prodigal, lavish || *mf* prodigal, spendthrift
prodiguer [prɔdige] *tr* to squander, waste; to lavish || *ref* to not spare oneself; to show off
prodrome [prɔdrom] *m* harbinger; introduction
produc•teur [prɔdyktœr] **-trice** [tris] *adj* productive || *mf* producer

produc·tif [prɔdyktif] **-tive** [tiv] *adj* productive; producing
production [prɔdyksjɔ̃] *f* production
produire [prɔdɥir] **§19** *tr* to produce; to create; to introduce || *ref* to take place; to be produced; to show up
produit [prɔdɥi] *m* product; proceeds; offspring; **produit de luxe** luxury item; **produit pharmaceutique** patent medicine, drug; **produits agricoles** agricultural produce; **produits de beauté** cosmetics
proémi·nent [prɔeminɑ̃] **-nente** [nɑ̃t] *adj* prominent, protuberant
profane [prɔfan] *adj* profane; lay, uninformed || *mf* profane; layman
profaner [prɔfane] *tr* to profane; (fig) to prostitute
proférer [prɔfere] **§10** *tr* to utter
professer [prɔfese] *tr* to profess; to teach || *intr* to teach
professeur [prɔfɛsœr] *m* teacher; professor
profession [prɔfɛsjɔ̃] *f* profession; occupation, trade
profession·nel -nelle [prɔfɛsjɔnɛl] *adj & mf* professional
profil [prɔfil] *m* profile; side face; cross section; skyline (*of city*)
profi·lé -lée [prɔfile] *adj* streamlined, aerodynamic
profiler [prɔfile] *tr* to profile || *ref*—**se profiler sur** to stand out against
profit [prɔfi] *m* profit; **mettre à profit** to take advantage of; **profits et pertes** profit and loss
profitable [prɔfitabl] *adj* profitable
profiter [prɔfite] *intr* to profit; to grow; (with *dat*) to profit; **profiter à, dans,** or **en** to profit from
profi·teur [prɔfitœr] **-teuse** [tøz] *mf* profiteer
pro·fond [prɔfɔ̃] **-fonde** [fɔ̃d] *adj* profound; deep; low (*bow; voice*); **peu profond** shallow || *m* depths || *f* (slang) pocket || **profond** *adv* deep
profondément [prɔfɔ̃demɑ̃] *adv* profoundly, deeply; soundly; deep
profondeur [prɔfɔ̃dœr] *f* depth
progéniture [prɔʒenityr] *f* progeny; offspring, child
programma·teur [prɔgramatœr] **-trice** [tris] *mf* (mov, rad, telv) programmer
programmation [prɔgramɑsjɔ̃] *f* programming
programme [prɔgram] *m* program; **programme de prévoyance** retirement program; **programme des études** curriculum
programmer [prɔgrame] *tr* to program
program·meur [prɔgramœr] **program·meuse** [prɔgramøz] *mf* (comp) programmer
progrès [prɔgrɛ] *m* progress; **faire des progrès** to make progress
progresser [prɔgrese] *intr* to progress
progres·sif [prɔgresif] **progres·sive** [prɔgresiv] *adj* progressive
progressiste [prɔgresist] *adj & mf* progressive
prohiber [prɔibe] *tr* to prohibit
prohibition [prɔibisjɔ̃] *f* prohibition
proie [prwa], [prwɑ] *f* prey; **de proie** predatory; **en proie à** a prey to
projecteur [prɔʒɛktœr] *m* projector; searchlight; (mov) projection machine
projectile [prɔʒɛktil] *m* projectile; **projectile téléguidé** guided missile
projection [prɔʒɛksjɔ̃] *f* projection
projet [prɔʒɛ] *m* project; draft; sketch, plan; **faire des projets** to make plans; **projet de loi** bill
projeter [prɔʒte] **§34** *tr* to project; to pour forth (*smoke*); to cast (*a shadow*); to plan || *intr* to plan
prolétaire [prɔletɛr] *m* proletarian
prolétariat [prɔletarja] *m* proletariat
prolétа·rien [prɔletarjɛ̃] **-rienne** [rjɛn] *adj* proletarian
proliférer [prɔlifere] **§10** *intr* to proliferate
prolifique [prɔlifik] *adj* prolific
prolixe [prɔliks] *adj* prolix
prologue [prɔlɔg] *m* prologue; preface
prolonger [prɔlɔ̃ʒe] **§38** *tr* to prolong; to extend || *ref* to be prolonged; to continue, extend
promenade [prɔmnad] *f* promenade; walk; ride; drive; sail; **faire une promenade (en auto, à cheval, à motocyclette, en bateau,** etc.) to take a ride
promener [prɔmne] **§2** *tr* to take for a walk or drive; to walk (*e.g., a dog*); to take along; **envoyer promener qn** (coll) to send s.o. packing; **promener . . . sur** to run (*e.g., one's hand, eyes*) over || *ref* to stroll; to go for a walk, ride, drive, or sail; **allez vous promener!** get out of here!
prome·neur [prɔmnœr] **-neuse** [nøz] *mf* walker, stroller
promenoir [prɔmnwar] *m* ambulatory, cloister; (theat) standing room
promesse [prɔmɛs] *f* promise
promettre [prɔmɛtr] **§42** *tr* to promise; **promettre q.ch. à qn** to promise s.th. to s.o. || *intr* to look promising; **promettre à qn de** + *inf* to promise s.o. to + *inf* || *ref* to promise oneself; (with *dat* of *reflex pron*) to promise oneself (*e.g., a vacation*); **se promettre de** to resolve to
pro·mis [prɔmi] **-mise** [miz] *adj* promised; **promis à** headed for
promiscuité [prɔmiskɥite] *f* indiscriminate mixture; lack of privacy
promontoire [prɔmɔ̃twar] *m* promontory
promo·teur [prɔmɔtœr] **-trice** [tris] *mf* promoter; originator
promotion [prɔmosjɔ̃] *f* promotion; uplift; class (*in school*)
promouvoir [prɔmuvwar] **§45** (*pp* **promu**) *tr* to promote
prompt [prɔ̃] **prompte** [prɔ̃t] *adj* prompt, ready, quick
promptitude [prɔ̃tityd] *f* promptness
promulguer [prɔmylge] *tr* to promulgate
prône [pron] *m* homily
prôner [prone] *tr* to extol
pronom [prɔnɔ̃] *m* pronoun
pronomi·nal -nale [prɔnɔminal] *adj* (*pl*

-naux [no]) pronominal; reflexive (*verb*)
pronon•cé -cée [prɔnɔ̃se] *adj* marked; sharp (*curve*); prominent (*nose*)
prononcer [prɔnɔ̃se] **§51** *tr* to pronounce; to utter; to deliver (*a speech*); to pass (*judgment*) || *intr* to decide || *ref* to be pronounced; to express an opinion
prononciation [prɔnɔ̃sjɑsjɔ̃] *f* pronunciation
pronostic [prɔnɔstik] *m* prognosis
pronostiquer [prɔnɔstike] *tr* to prognosticate
propagande [prɔpagɑ̃d] *f* propaganda; publicity, advertising
propager [prɔpaʒe] **§38** *tr* to propagate; to spread || *ref* to be propagated; to spread
propédeutique [prɔpedøtik] *f* (educ) preliminary study
propension [prɔpɑ̃sjɔ̃] *f* propensity
prophète [prɔfɛt] *m* prophet
prophétesse [prɔfetɛs] *f* prophetess
prophétie [prɔfesi] *f* prophecy
prophétiser [prɔfetize] *tr* to prophesy
prophylactique [prɔfilaktik] *adj* prophylactic
propice [prɔpis] *adj* propitious; lucky (*star*)
proportion [prɔpɔrsjɔ̃] *f* proportion; **en proportion de** in proportion to
proportion•né -née [prɔpɔrsjɔne] *adj* proportionate
proportion•nel -nelle [prɔpɔrsjɔnɛl] *adj* proportional
proportionner [prɔpɔrsjɔne] *tr* to proportion
propos [prɔpo] *m* remark; purpose; **à ce propos** in this connection; **à propos** by the way; timely, fitting; at the right moment; **à propos de** with regard to, concerning; **à tout propos** at every turn; **changer de propos** to change the subject; **de propos délibéré** on purpose; **des propos en l'air** idle talk; **hors de propos** out of place; irrelevant
proposer [prɔpoze] *tr* to propose; to nominate; to recommend (*s.o.*) || *ref* to have in mind; to apply (*for a job*); **se proposer de** to intend to
proposition [prɔpozisjɔ̃] *f* proposition; proposal; clause
propre [prɔpr] *adj* clean, neat; original (*meaning*); proper (*name*); literal (*meaning*); **propre à** fit for, suited to || (when standing before noun) *adj* own || *m* characteristic; **au propre** in the literal sense; **c'est du propre!** (coll) what a dirty trick!; **en propre** in one's own right
pro•pret [prɔprɛ] **-prette** [prɛt] *adj* (coll) clean, bright
propreté [prɔprəte] *f* cleanliness, neatness
propriétaire [prɔprijetɛr] *mf* proprietor, owner; landowner || *m* landlord || *f* proprietress; landlady
propriété [prɔprijete] *f* property; propriety, appropriateness
propulseur [prɔpylsœr] *m* engine, motor; outboard motor; (rok) booster
propulsion [prɔpylsjɔ̃] *f* propulsion; **propulsion à réaction** jet propulsion
prorata [prɔrata] *m invar*—**au prorata de** in proportion to
proroger [prɔrɔʒe] **§38** *tr* to postpone; to extend; to adjourn || *ref* to be adjourned
prosaïque [prozaik] *adj* prosaic
prosateur [prozatœr] *m* prose writer
proscrire [prɔskrir] **§25** *tr* to proscribe; to banish, outlaw
pros•crit [prɔskri] **-crite** [krit] *adj* banished || *mf* outlaw
prose [proz] *f* prose; (coll) style (*of writing*)
prosélyte [prɔzelit] *mf* proselyte
prosodie [prɔzɔdi] *f* prosody
prospecter [prɔspɛkte] *tr & intr* to prospect
prospec•teur [prɔspɛktœr] **-trice** [tris] *mf* prospector
prospectus [prɔspɛktys] *m* prospectus; handbill
prospère [prɔspɛr] *adj* prosperous
prospérer [prɔspere] **§10** *intr* to prosper, to thrive
prospérité [prɔsperite] *f* prosperity
prosternation [prɔstɛrnɑsjɔ̃] *f* prostration; groveling
prosterner [prɔstɛrne] *tr* to bend over || *ref* to prostrate oneself; to grovel
prostituée [prɔstitɥe] *f* prostitute
prostituer [prɔstitɥe] *tr* to prostitute
prostration [prɔstrɑsjɔ̃] *f* prostration
pros•tré -trée [prɔstre] *adj* prostrate
protagoniste [prɔtagɔnist] *m* protagonist
prote [prɔt] *m* (typ) foreman
protection [prɔtɛksjɔ̃] *f* protection; **protection civile** civil defense
proté•gé -gée [prɔteʒe] *adj* guarded; arterial (*crossing*) || *mf* protégé, dependent; pet
protège-cahier [prɔtɛʒkaje] *m* (*pl* **-cahiers**) notebook cover
protège-livre [prɔtɛʒlivr] *m* (*pl* **-livres**) dust jacket
protéger [prɔteʒe] **§1** *tr* to protect; to be a patron of
protéine [prɔtein] *f* protein
protes•tant [prɔtɛstɑ̃] **-tante** [tɑ̃t] *adj & mf* Protestant; protestant
protestation [prɔtɛstɑsjɔ̃] *f* protest
protester [prɔtɛste] *tr & intr* to protest; **protester de** to protest
protêt [prɔtɛ] *m* (com) protest
protocole [prɔtɔkɔl] *m* protocol
proton [prɔtɔ̃] *m* proton
protoplasme [prɔtɔplasm] *m* protoplasm
prototype [prɔtɔtip] *m* prototype
protozoaire [prɔtɔzɔɛr] *m* protozoan
protubérance [prɔtyberɑ̃s] *f* protuberance
proue [pru] *f* prow, bow
prouesse [pruɛs] *f* prowess
prouver [pruve] *tr* to prove
provenance [prɔvnɑ̃s] *f* origin; **en provenance de** from
proven•çal -çale [prɔvɑ̃sal] (*pl* **-çaux** [so]) *adj* Provençal || *m* Provençal (*language*) || (*cap*) *mf* Provençal (*person*)

provenir [prɔvnir] §72 *intr* (*aux:* ÊTRE) —**provenir de** to come from
proverbe [prɔverb] *m* proverb
providence [prɔvidɑ̃s] *f* providence
providen•tiel -tielle [prɔvidɑ̃sjel] *adj* providential
province [prɔvɛ̃s] *adj invar* (coll) provincial ‖ *f* province; **la province** the provinces (*all of France outside of Paris*)
proviseur [prɔvizœr] *m* headmaster
provision [prɔvizjɔ̃] *f* stock, store; deposit; **aller aux provisions** to go shopping; **faire provision de** to stock up on; **provisions** provisions, foodstuffs; **sans provision** bad (*check*)
provisoire [prɔvizwar] *adj* provisional, temporary; emergency
provo•cant [prɔvɔkɑ̃] **-cante** [kɑ̃t] *adj* provocative
provoquer [prɔvɔke] *tr* to provoke; to cause, bring about; to arouse
proxénète [prɔksenɛt] *mf* procurer ‖ *m* pimp
proximité [prɔksimite] *f* proximity; **à proximité de** near
prude [pryd] *adj* prudish ‖ *f* prude
prudence [prydɑ̃s] *f* prudence
pru•dent [prydɑ̃] **-dente** [dɑ̃t] *adj* prudent
pruderie [prydri] *f* prudery
prud'homme [prydɔm] *m* arbitrator; (obs) solid citizen
prudhommesque [prydɔmɛsk] *adj* pompous
pruine [prɥin] *f* bloom
prune [pryn] *f* plum; **des prunes!** (slang) nuts!; **pour des prunes** (coll) for nothing
pru•neau [pryno] *m* (*pl* **-neaux**) prune; (slang) bullet
prunelle [prynɛl] *f* pupil (*of eye*); sloe; sloe gin; **jouer de la prunelle** (coll) to ogle; **prunelle de ses yeux** apple of his (one's, etc.) eye
prunellier [prynelje] *m* sloe, blackthorn
prunier [prynje] *m* plum tree
prus•sien [prysjɛ̃] **prus•sienne** [prysjɛn] *adj* Prussian ‖ (*cap*) *mf* Prussian
P.-S. [pees] *m* (letterword) (**post-scriptum**) P.S.
psalmodier [psalmɔdje] *tr* & *intr* to speak in a singsong
psaume [psom] *m* psalm
psautier [psotje] *m* psalter
pseudonyme [psødɔnim] *adj* pseudonymous ‖ *m* pseudonym; nom de plume
psitt [psit] *interj* (coll) hist!
P.S.V. [peesve] *m* (letterword) (**pilotage sans visibilité**) blind flying
psychanalyse [psikanaliz] *f* psychoanalysis
psychanalyser [psikanalize] *tr* to psychoanalyze
psyché [psiʃe] *f* psyche; cheval glass
psychiatre [psikjatr] *mf* psychiatrist
psychiatrie [psikjatri] *f* psychiatry
psychique [psiʃik] *adj* psychic
psychologie [psikɔlɔʒi] *f* psychology
psychologique [psikɔlɔʒik] *adj* psychologic(al)
psychologue [psikɔlɔg] *mf* psychologist
psychopathe [psikɔpat] *mf* psychopath
psychose [psikoz] *f* psychosis
psychotique [psikɔtik] *adj* & *mf* psychotic
ptomaïne [ptɔmain] *f* ptomaine
P.T.T. [petete] *fpl* (letterword) (**Postes, télégraphes, et téléphones**) post office, telephone, and telegraph
puant [pɥɑ̃] **puante** [pɥɑ̃t] *adj* stinking
puanteur [pɥɑ̃tœr] *f* stench, stink
puberté [pybɛrte] *f* puberty
pu•blic -blique [pyblik] *adj* public; notorious ‖ *m* public; audience
publication [pyblikɑsjɔ̃] *f* publication; proclamation
publicitaire [pyblisitɛr] *adj* advertising ‖ *m* advertising man
publicité [pyblisite] *f* publicity; advertising; **publicité aérienne** skywriting
publier [pyblije] *tr* to publish; to publicize, proclaim
puce [pys] *f* flea; **mettre la puce à l'oreille à qn** (fig) to put a bug in s.o.'s ear
pu•ceau [pyso] **-celle** [sɛl] (*pl* **-ceaux**) *adj* & *mf* (coll) virgin ‖ *f* maid
puceron [pysrɔ̃] *m* plant louse
pudding [pudiŋ] *m* plum pudding
puddler [pydle] *tr* to puddle
pudeur [pydœr] *f* modesty
pudi•bond [pydibɔ̃] **-bonde** [bɔ̃d] *adj* prudish
pudibonderie [pydibɔ̃dri] *f* false modesty
pudique [pydik] *adj* modest, chaste
puer [pɥe] *tr* to reek of ‖ *intr* to stink
pué•ril -rile [pɥeril] *adj* puerile
puérilité [pɥerilite] *f* puerility
pugilat [pyʒila] *m* fight, brawl
pugiliste [pyʒilist] *m* pugilist
pugnace [pygnas] *adj* pugnacious
puî•né -née [pɥine] *adj* younger ‖ *mf* younger child
puis [pɥi] *adv* then; next; **et puis** besides; **et puis après?** (coll) what next?
puisard [pɥizar] *m* drain, cesspool; sump
puisatier [pɥizatje] *m* well digger
puiser [pɥize] *tr* to draw (*water*); **puiser à** or **dans** to draw (*s.th.*) from ‖ *intr*—**puiser à** or **dans** to draw from or on; to dip or reach into
puisque [pɥisk(ə)] *conj* since, as, seeing that
puissamment [pɥisamɑ̃] *adv* powerfully; exceedingly
puissance [pɥisɑ̃s] *f* power
puis•sant [pɥisɑ̃] **puis•sante** [pɥisɑ̃t] *adj* powerful
puits [pɥi] *m* well; pit; (min) shaft; (naut) locker; **puits absorbant, puits perdu** cesspool; **puits de pétrole** oil well; **puits de science** fountain of knowledge
pull-over [pulɔvœr], [pylɔver] *m* (*pl* **-overs**) sweater, pullover
pulluler [pylyle] *intr* to swarm, to teem
pulmonaire [pylmɔnɛr] *adj* pulmonary ‖ *f* (bot) lungwort

pulpe [pylp] *f* pulp
pulsation [pylsɑsjɔ̃] *f* pulsation, beat; pulse
pulsion [pylsjɔ̃] *f* (psychoanal) impulse
pulvérisateur [pylverizatœr] *m* spray, atomizer
pulvériser [pylverize] *tr* to pulverize; to spray
punaise [pynɛz] *f* bug; bedbug; thumbtack
punch [pɔ̃ʃ] *m* punch (*drink*) || [pœnʃ] *m* (boxing) punch
punching-ball [pœnʃiŋbol] *m* punching bag
punir [pynir] *tr & intr* to punish
punition [pynisjɔ̃] *f* punishment
pupille [pypil], [pypij] *mf* ward || *f* pupil (*of eye*)
pupitre [pupitr] *m* desk; stand, rack; lectern; console, controls; **pupitre à musique** music stand
pur pure [pyr] *adj* pure || *mf* diehard; **les purs** the pure in heart
purée [pyre] *f* purée; mashed potatoes; (coll) wretch; **être dans la purée** (coll) to be broke; **purée de pois** (culin, fig) pea soup || *interj* (slang) how awful!
pureté [pyrte] *f* purity
purga•tif [pyrgatif] **-tive** [tiv] *adj & m* purgative
purgatoire [pyrgatwar] *m* purgatory
purge [pyrʒ] *f* purge
purger [pyrʒe] §38 *tr* to purge; to pay off (*e.g., a mortgage*); to serve (*a sentence*)
purifier [pyrifje] *tr* to purify
puri•tain [pyritɛ̃] **-taine** [tɛn] *adj & mf* puritan; Puritan
pur-sang [pyrsɑ̃] *adj & m invar* thoroughbred
pus [py] *m* pus
pusillanime [pyzilanim] *adj* pusillanimous
pustule [pystyl] *f* pimple
putain [pytɛ̃] *adj invar* (coll) amiable, agreeable || *f* (vulg) whore
putois [pytwa] *m* skunk, polecat
putréfier [pytrefje] *tr & ref* to decompose, to rot
putride [pytrid] *adj* putrid
puy [pɥi] *m* volcanic peak
puzzle [pœzl] *m* jigsaw puzzle
p.-v. [peve] *m* (letterword) (**procès-verbal**) (coll) ticket, e.g., **attraper un p.-v.** to get a ticket
pygargue [pigarg] *m* osprey, fish hawk
pygmée [pigme] *m* pygmy
pygméen [pigmeɛ̃] **pygméenne** [pigmeɛn] *adj* pygmy
pyjama [piʒama] *m* pajamas; **un pyjama** a pair of pajamas
pylône [pilon] *m* pylon; tower
pyramide [piramid] *f* pyramid
Pyrénées [pirene] *fpl* Pyrenees
pyrite [pirit] *f* pyrites
pyrotechnie [pirɔtɛkni] *f* pyrotechnics
pyrotechnique [pirɔtɛknik] *adj* pyrotechnical
python [pitɔ̃] *m* python
pythonisse [pitɔnis] *f* pythoness
pyxide [piksid] *f* pyx

Q

Q, q [ky] *m invar* seventeenth letter of the French alphabet
quadrant [kwadrɑ̃], [kadrɑ̃] *m* (math) quadrant
quadrilatère [kwadrilatɛr] *m* quadrilateral
quadrupède [kwadrypɛd] *m* quadruped
quadruple [kwadrypl] *adj & m* quadruple
quadrupler [kwadryple] *tr & intr* to quadruple
quadru•plés -plées [kwadryple] *mfpl* quadruplets
quai [ke] *m* quay, wharf; platform (*e.g., in a railroad station*); embankment, levee; **amener à quai** to berth; **le Quai d'Orsay** the French foreign office
qua•ker [kwekœr], [kwakɛr] **-keresse** [krɛs] *mf* Quaker
qualifiable [kalifjabl] *adj* describable
quali•fié -fiée [kalifje] *adj* qualified; qualifying; aggravated (*crime*)
qualifier [kalifje] *tr & intr* to qualify
qualité [kalite] *f* quality; title, capacity; **avoir qualité pour** to be authorized to; **en qualité de** in the capacity of
quand [kɑ̃] *adv* when; how soon; **n'importe quand** anytime; **quand même** though, just the same || *conj* when; **quand même** even if
quant [kɑ̃] *adv*—**quant à** as for, as to, as far as; **quant à cela** for that matter
quant-à-soi [kɑ̃taswa] *m* dignity, reserve; **rester** or **se tenir sur son quant-à-soi** to keep one's distance
quantique [kwɑ̃tik] *adj* quantum
quantité [kɑ̃tite] *f* quantity
quan•tum [kwɑ̃tɔm] *m* (*pl* **-ta** [ta]) quantum
quarantaine [karɑ̃tɛn] *f* age of forty, forty mark, forties; quarantine; **une quarantaine de** about forty
quarante [karɑ̃t] *adj, pron, & m* forty; **quarante et un** forty-one; **quarante et unième** forty-first
quarante-deux [karɑ̃tdø] *adj, pron, & m* forty-two
quarante-deuxième [karɑ̃tdøzjɛm] *adj, pron* (*masc, fem*), *& m* forty-second
quarantième [karɑ̃tjɛm] *adj, pron* (*masc, fem*), *& m* fortieth
quart [kar] *m* quarter; fourth (*in fractions*); quarter of a pound; quarter

of a liter; **bon quart!** (naut) all's well!; **passer un mauvais quart d'heure** to have a trying time; **petit quart** (naut) dogwatch; **prendre le quart** (naut) to come on watch; **quart de cercle** quadrant; **quart de soupir** (mus) sixteenth-note rest; **quart d'heure de Rabelais** day of reckoning; **tous les quarts d'heure au quart d'heure juste** every quarter-hour on the quarter-hour; **un petit quart d'heure** a quarter of an hour or so

quarte [kart] *adj* quartan (*fever*) || *f* half-gallon; (escr) quarte; (mus) fourth

quarte·ron [kartərɔ̃] **-ronne** [rɔn] *mf* quadroon || *m* handful (*e.g., of people*)

quartette [kwartɛt] *m* combo (*foursome*)

quartier [kartje] *m* quarter; neighborhood; section (*of orange*); portion; **à quartier** aloof; apart; **avoir quartier libre** (mil) to have a pass; to be off duty; **les beaux quartiers** the upper-class residential district; **mettre en quartiers** to dismember; **quartier d'affaires** business district; **quartier général** (mil) headquarters; **quartier réservé** red-light district; **quartiers** quarters, barracks

quartier-maître [kartjemɛtr] *m* (*pl* **quartiers-maîtres**) quartermaster

quartz [kwarts] *m* quartz

quasar [kwazar], [kazar] *m* quasar

quasi [kazi] *m* butt (*of a loin cut*) || *adv* almost

quasiment [kazimɑ̃] *adv* (coll) almost

quatorze [katɔrz] *adj & pron* fourteen; the Fourteenth, e.g., **Jean quatorze** John the Fourteenth || *m* fourteen; fourteenth (*in dates*)

quatorzième [katɔrzjɛm] *adj, pron* (*masc, fem*), *& m* fourteenth

quatrain [katrɛ̃] *m* quatrain

quatre [katr] *adj & pron* four; the Fourth, e.g., **Jean quatre** John the Fourth; **quatre à quatre** four at a time; **quatre heures** four o'clock || *m* four; fourth (*in dates*); **se mettre en quatre pour** to fall all over oneself for; **se tenir à quatre** to keep oneself under control

quatre-épices [katrepis] *m & f invar* allspice (*plant*); **des quatre-épices** allspice (*spice*)

quatre-saisons [katrəsɛzɔ̃], [katsɛzɔ̃] *f invar* everbearing small strawberry

quatre-temps [katrətɑ̃] *mpl* Ember days

quatre-vingt-dix [katrəvɛ̃di(s)] *adj, pron, & m* ninety

quatre-vingt-dixième [katrəvɛ̃dizjɛm] *adj, pron* (*masc, fem*), *& m* ninetieth

quatre-vingtième [katrəvɛ̃tjɛm] *adj, pron* (*masc, fem*), *& m* eightieth

quatre-vingt-onze [katrəvɛ̃ɔ̃z] *adj, pron, & m* ninety-one

quatre-vingt-onzième [katrəvɛ̃ɔ̃zjɛm] *adj, pron* (*masc, fem*), *& m* ninety-first

quatre-vingts [katrəvɛ̃] *adj & pron* eighty; **quatre-vingt** eighty, e.g., **page quatre-vingt** page eighty || *m* eighty

quatre-vingt-un [katrəvɛ̃œ̃] *adj, pron, & m* eighty-one

quatre-vingt-unième [katrəvɛ̃ynjɛm] *adj, pron* (*masc, fem*), *& m* eighty-first

quatrième [katrijɛm] *adj, pron* (*masc, fem*), *& m* fourth

quatuor [kwatɥɔr] *m* (*mus*) quartet

que [kə] (or **qu'** [k] before a vowel or mute **h**) *pron rel* whom; which, that; **ce que** that which, what || *pron interr* what; **qu'est-ce que . . . ?** what (as direct object) . . . ?; **qu'est-ce qui . . . ?** what (as subject) . . . ? || *adv* why, e.g., **qu'avez-vous besoin de tant de livres?** why do you need so many books?; how!, e.g., **que cette femme est belle!** how beautiful that woman is!; **que de** what a lot of, e.g., **que de difficultés!** what a lot of difficulties! || *conj* that; when, e.g., **un jour que je suis allé chez le dentiste** once when I went to the dentist; since, e.g., **il y a trois jours qu'il est arrivé** it is three days since he came; until, e.g., **attendez qu'il vienne** wait until he comes; than, e.g., **plus grand que moi** taller than I; as, e.g., **aussi grand que moi** as tall as I; but, e.g., **personne que vous** no one but you; whether, e.g., **qu'il parte ou qu'il reste** whether he leaves or stays; (in a conditional sentence without **si**, to introduce the conditional in a dependent clause which represents the main clause of the corresponding sentence in English), e.g., **il ferait faillite que cela ne m'étonnerait pas** if he went bankrupt it would not surprise me; (as a repetition of another conjunction), e.g., **si elle chante et que la salle soit comble** if she sings and there is a full house; e.g., **comme il avait soif et que le vin était bon** as he was thirsty and the wine was good; (in a prayer or exhortation), e.g., **que Dieu vous bénisse!** may God bless you!, God bless you!; (in a command), e.g., **qu'il parle (aille, parte, etc.)** let him speak (go, leave, etc.); **ne . . . que §90** only, but

quel quelle [kɛl] **§80**

quelconque [kɛlkɔ̃k] *adj indef* any; any, whatever; any at all, some kind of || (when standing before noun) *adj indef* some, some sort of || *adj* ordinary, nondescript, mediocre

quelque [kɛlkə] *adj indef* some, any; **quelque chose** (always *masc*) something; **quelque chose de bon** something good; **quelque part** somewhere; **quelque . . . qui** or **quelque . . . que** whatever . . . ; whichever . . . ; **quelques** a few || *adv* some, about; **quelque peu** somewhat; **quelque +** *adj* or *adv* . . . **que** however + *adj* or *adv*

quelquefois [kɛlkəfwa] *adv* sometimes

quel·qu'un [kɛlkœ̃] **-qu'une** [kyn] **§81**

quémander [kemɑ̃de] *tr* to beg for || *intr* to beg

qu'en-dira-t-on [kɑ̃diratɔ̃] *m invar* what other people will say, gossip
quenotte [kənɔt] *f* (coll) baby tooth
quenouille [kənuj] *f* distaff; distaff side
querelle [kərɛl] *f* quarrel; **chercher querelle à** to pick a quarrel with; **une querelle d'Allemand, une mauvaise querelle** a groundless quarrel
quereller [kərɛle] *tr* to nag, scold ‖ *ref* to quarrel
querel·leur [kərɛlœr] **querel·leuse** [kərɛløz] *adj* quarrelsome ‖ *mf* wrangler ‖ *f* shrew
quérir [kerir] (used only in *inf*) *tr* to go for, to fetch
question [kɛstjɔ̃] *f* question
questionnaire [kɛstjɔnɛr] *m* questionnaire
questionner [kɛstjɔne] *tr* to question
question·neur [kɛstjɔnœr] **question·neuse** [kɛstjɔnøz] *adj* inquisitive ‖ *mf* inquisitive person ‖ *m* (rad, telv) quizmaster
quête [kɛt] *f* quest; **faire la quête** to take up the collection
quêter [kete] *tr* to beg or fish for (*votes, praise, etc.*); to hunt for (*game*); to collect (*contributions*) ‖ *intr* to take up a collection
quetsche [kwetʃ] *f* quetsch
queue [kø] *f* tail; queue; billiard cue; train (*of dress*); handle (*of pan*); bottom (*of class*); stem, stalk; **à la queue leu leu** in single file; **faire la queue** to line up, to queue up; **fausse queue** miscue; **queue de cheval** (bot) horsetail; **queue de loup** (bot) purple foxglove; **queue de poisson** (aut) fishtail; **queue de vache** cat's-tail (*cirrus*); **sans queue ni tête** without head or tail; **venir en queue** to bring up the rear
queue-d'aronde [kødarɔ̃d] *f* (*pl* **queues-d'aronde**) dovetail; **assembler à queue-d'aronde** to dovetail
queue-de-morue [kødmɔry] *f* (*pl* **queues-de-morue**) tails, swallow-tailed coat; (painting) flat brush
queue-de-rat [kødəra] *f* (*pl* **queues-de-rat**) rat-tail file; taper
qui [ki] *pron rel* who, whom; which, that; **ce qui** that which, what; **n'importe qui** anyone; **qui que** anyone, no one; whoever, e.g., **qui que vous soyez** whoever you are ‖ *pron interr* who, whom; **qui est-ce que . . . ?** whom . . . ?; **qui est-ce qui . . . ?** who . . . ?
quia [kɥija]—**mettre** or **réduire qn à quia** (obs) to stump or floor s.o.
quiconque [kikɔ̃k] *pron indef* whoever, whosoever; whomever; anyone
quidam [kɥidam], [kidam] *m* individual, person
quiétude [kɥijetyd], [kjetyd] *f* peace of mind; quiet, calm
quignon [kiɲɔ̃] *m* hunk (*of bread*)
quille [kij] *f* keel; pin (*for bowling*); **quilles** ninepins
quincaillerie [kɛ̃kɑjri] *f* hardware; hardware store
quincail·lier [kɛ̃kɑje] **quincail·lière** [kɛ̃kɑjɛr] *mf* hardware dealer
quinconce [kɛ̃kɔ̃s] *m* quincunx; **en quinconce** quincuncially
quinine [kinin] *f* quinine
quinquen·nal -nale [kɥɛ̃kɥɛnnal] *adj* (*pl* **-naux** [no]) five-year
quinquet [kɛ̃ke] *m*—**allume tes quinquets!** (slang) open your eyes!
quinquina [kɛ̃kina] *m* cinchona
quin·tal [kɛ̃tal] *m* (*pl* **-taux** [to]) hundredweight; one hundred kilograms
quinte [kɛ̃t] *f* whim; (cards) sequence of five; (mus) fifth; **quinte de toux** fit of coughing
quintessence [kɛ̃tesɑ̃s] *f* quintessence
quintette [kɥɛ̃tet], [kɛ̃tet] *m* (mus) quintet; (coll) five-piece combo; **quintette à cordes** string quintet
quin·teux [kɛ̃tø] **-teuse** [tøz] *adj* crotchety, fitful, restive
quintu·plés -plées [kɛ̃typle] *mfpl* quintuplets
quinzaine [kɛ̃zɛn] *f* (group of) fifteen; two weeks, fortnight; **une quinzaine de** about fifteen
quinze [kɛ̃z] *adj & pron* fifteen; the Fifteenth, e.g., **Jean quinze** John the Fifteenth ‖ *m* fifteen; fifteenth (*in dates*)
quinzième [kɛ̃zjɛm] *adj, pron* (*masc, fem*), *& m* fifteenth
quiproquo [kiprɔko] *m* mistaken identity, misunderstanding
quiscale [kɥiskal] *m* (orn) purple grackle
quittance [kitɑ̃s] *f* receipt
quitte [kit] *adj* free (*from obligation*); clear (*of debts*); **(en) être quitte pour** to get off with; **être quitte** to be quits; **tenir qn quitte de** to release s.o. from ‖ *m*—**jouer (à) quitte ou double** to play double or nothing ‖ *adv*—**quitte à** even if one has to, e.g., **commençons par en rire, quitte à en pleurer plus tard** let us begin by laughing, even if we have to cry later on
quitter [kite] *tr* to leave; to take off (*e.g., a coat*) ‖ *intr* to leave, go away; **ne quittez pas!** (telp) hold the line! ‖ *ref* to part, separate
quitus [kɥitys] *m* discharge, acquittance
qui-vive [kiviv] *m invar*—**sur le qui-vive** on the qui vive ‖ *interj* (mil) who goes there?
quoi [kwa] *pron indef* what, which; **à quoi bon?** what's the use?; **de quoi** enough; **moyennant quoi** in exchange for which; **n'importe quoi** anything; **quoi que** whatever; **quoi qu'il en soit** be that as it may; **sans quoi** otherwise
quoique [kwakə] *conj* although, though
quolibet [kɔlibɛ] *m* gibe, quip
quorum [kwɔrɔm], [kɔrɔm] *m* quorum
quota [kwɔta], [kɔta] *m* quota
quote-part [kɔtpar] *f invar* quota, share
quoti·dien [kɔtidjɛ̃] **-dienne** [djɛn] *adj* daily ‖ *m* daily newspaper
quotient [kɔsjɑ̃] *m* quotient
quotité [kɔtite] *f* share, amount

R

R, r [ɛr], *[ɛr] *m invar* eighteenth letter of the French alphabet
rabâcher [rabɑʃe] *tr* to harp on || *intr* to harp on the same thing
rabais [rabɛ] *m* reduction, discount
rabaisser [rabese] *tr* to lower; to disparage
rabat [raba] *m* flap (*vestment*)
rabat-joie [rabaʒwa] *m invar* kill-joy
rabattre [rabatr] §7 *tr* to lower; to discount; to turn down; to fold up; to pull down; to cut back; to flush (*game*) || *intr* to turn; **en rabattre** to come down a peg or two; **rabattre de** to reduce (*a price*) || *ref* to fold; to drop down; to turn the other way; **se rabattre sur** to fall back on
rabat•tu -tue [rabaty] *adj* turndown
rabbin [rabɛ̃] *m* rabbi
rabibocher [rabibɔʃe] *tr* (coll) to patch up || *ref* (coll) to make up
rabiot [rabjo] *m* overtime; extra bit; (mil) extra service; (coll) graft
rabioter [rabjɔte] *tr & intr* to graft
râ•blé -blée [rɑble] *adj* husky
rabot [rabo] *m* plane
raboter [rabɔte] *tr* to plane
rabo•teux [rabɔtø] **-teuse** [tøz] *adj* rough, uneven || *f* (mach) planer
rabou•gri -grie [rabugri] *adj* scrub, scrawny
rabrouer [rabrue] *tr* to snub
racaille [rakɑj] *f* riffraff
raccommodage [rakɔmɔdaʒ] *m* mending; darning; patching
raccommodement [rakɔmɔdmɑ̃] *m* (coll) reconciliation
raccommoder [rakɔmɔde] *tr* to mend; to darn; to patch; (coll) to patch up
raccompagner [rakɔ̃paɲe] *tr* to see back, to see home
raccord [rakɔr] *m* connection; coupling; joint; adapter; **faire un raccord à** to touch up
raccordement [rakɔrdəmɑ̃] *m* connecting, linking, joining
raccorder [rakɔrde] *tr & ref* to connect
raccour•ci -cie [rakursi] *adj* shortened; abridged; squat, dumpy; bobbed (*hair*) || *m* abridgment; shortcut, cutoff; foreshortening; **en raccourci** in miniature; in a nutshell
raccourcir [rakursir] *tr* to shorten; to abridge; to foreshorten || *intr* to grow shorter
raccourcissement [rakursismɑ̃] *m* shortening; abridgment; shrinking
raccroc [rakro] *m* fluke
raccrocher [rakrɔʃe] *tr & intr* to hang up || *ref*—**se raccrocher à** to hang on to
race [ras] *f* race; **de race** thoroughbred
ra•cé -cée [rase] *adj* thoroughbred
rachat [raʃa] *m* repurchase; redemption; ransom
racheter [raʃte] §2 *tr* to buy back; to redeem; to ransom
rachitique [raʃitik] *adj* rickety
rachitisme [raʃitism] *m* rickets
ra•cial -ciale [rasjal] *adj* (*pl* **-ciaux** [sjo]) race, racial
racine [rasin] *f* root; **racine carrée** square root; **racine cubique** cube root
racket [rakɛt] *m* (coll) racket
racketter or **racketteur** [rakɛtœr] *m* racketeer
raclée [rakle] *f* beating
racler [rakle] *tr* to scrape
raclette [raklɛt] *f* scraper; hoe; (phot) squeegee
racloir [raklwar] *m* scraper
raclure [raklyr] *f* scrapings
racolage [rakɔlaʒ] *m* soliciting
racoler [rakɔle] *tr* (coll) to solicit; (archaic) to shanghai
raco•leur [rakɔlœr] **-leuse** [løz] *mf* recruiter || *f* (coll) hustler, streetwalker
racontar [rakɔ̃tar] *m* (coll) gossip
raconter [rakɔ̃te] *tr* to tell, narrate; to describe
racon•teur [rakɔ̃tœr] **-teuse** [tøz] *mf* storyteller
racornir [rakɔrnir] *tr & intr* to harden; to shrivel
radar [radar] *m* radar
rade [rad] *f* roadstead; **en rade** (coll) abandoned
ra•deau [rado] *m* (*pl* **-deaux**) raft
ra•diant [radjɑ̃] **-diante** [djɑ̃t] *adj* (astr, phys) radiant
radiateur [radjatœr] *m* radiator
radiation [radjɑsjɔ̃] *f* radiation; striking off
radi•cal -cale [radikal] *adj & mf* (*pl* **-caux** [ko]) radical || *m* (chem, gram, math) radical
radier [radje] *tr* to cross out, to strike out or off
ra•dieux [radjø] **-dieuse** [djøz] *adj* radiant
radin [radɛ̃] *adj masc & fem* (slang) stingy
radio [radjo] *m* radiogram; radio operator || *f* radio; radio set; X ray
radioac•tif [radjɔaktif] **-tive** [tiv] *adj* radioactive
radio-crochet [radjɔkrɔʃɛ] *m* (*pl* **-crochets**) talent show
radiodiffuser [radjɔdifyze] *tr* to broadcast
radiodiffusion [radjɔdifyzjɔ̃] *f* broadcasting
radiofréquence [radjɔfrekɑ̃s] *f* radiofrequency
radiogramme [radjɔgram] *m* radiogram
radiographier [radjɔgrafje] *tr* to X-ray
radio-journal [radjɔʒurnal] *m* (*pl* **-journaux** [ʒurno]) radio newscast
radiologie [radjɔlɔʒi] *f* radiology
radiophare [radjɔfar] *m* radio beacon
radioreportage [radjɔrəpɔrtaʒ] *m* news broadcast; sports broadcast
radioscopie [radjɔskɔpi] *f* radioscopy, fluoroscopy
radiotélévi•sé -sée [radjɔtelevize] *adj* broadcast over radio and television
radis [radi] *m* radish
radium [radjɔm] *m* radium

radius [radjys] *m* (anat) radius
radotage [radɔtaʒ] *m* drivel, twaddle
radoter [radɔte] *intr* to talk nonsense, to ramble
radoub [radu] *m* (naut) graving
radouber [radube] *tr* (naut) to grave
radoucir [radusir] *tr & ref* to calm down
rafale [rafal] *f* squall, gust; burst of gunfire
raffermir [rafɛrmir] *tr & ref* to harden
raffinage [rafinaʒ] *m* refining
raffinement [rafinmɑ̃] *m* refinement
raffiner [rafine] *tr* to refine || *intr* to be subtle; **raffiner sur** to overdo
raffinerie [rafinri] *f* refinery
raffoler [rafɔle] *intr*—**raffoler de** to dote on, to be wild about
raffut [rafy] *m* (coll) uproar
rafistolage [rafistɔlaʒ] *m* (coll) patching up
rafistoler [rafistɔle] *tr* (coll) to patch up
rafle [rɑfl] *f* raid, mass arrest; stalk; corncob
rafler [rɑfle] *tr* (coll) to carry away, to make a clean sweep of
rafraîchir [rafreʃir] *tr* to cool; to refresh; to freshen up; to trim (*the hair*) || *intr* to cool || *ref* to cool off; to refresh oneself
rafraîchissement [rafreʃismɑ̃] *m* refreshment; cooling off
ragaillardir [ragajardir] *tr* to cheer up
rage [raʒ] *f* rage; rabies; **à la rage** madly; **faire rage** to rage
rager [raʒe] **§38** *intr* (coll) to be enraged
ra•geur [raʒœr] **-geuse** [ʒøz] *adj* bad-tempered
ragot [rago] *m* (coll) gossip
ragoût [ragu] *m* stew, ragout; (obs) spice, relish
ragoû•tant [ragutɑ̃] **-tante** [tɑ̃t] *adj* tempting, inviting; pleasing; **peu ragoûtant** not very appetizing
rai [rɛ] *m* ray; spoke
raid [rɛd] *m* raid; air raid; endurance test
raide [rɛd] *adj* stiff; tight, taut; steep; (coll) incredible || *adv* suddenly
raideur [rɛdœr] *f* stiffness
raidillon [rɛdijɔ̃] *m* short steep path
raidir [redir] *tr & ref* to stiffen
raie [rɛ] *f* stripe, streak; stroke; line (*of spectrum*); part (*of hair*); (ichth) ray, skate
raifort [rɛfɔr] *m* horseradish
rail [rɑj] *m* rail; **rail conducteur** third rail; **remettre sur les rails** (fig) to put back on the track; **sortir des rails** to jump the track
railler [rɑje] *tr* to make fun of || *intr* to joke || *ref*—**se railler de** to make fun of
raillerie [rɑjri] *f* raillery, banter
rail•leur [rɑjœr] **rail•leuse** [rɑjøz] *adj* teasing, bantering || *mf* teaser
rainette [rɛnɛt] *f* tree frog
rainure [renyr] *f* groove
raisin [rɛzɛ̃] *m* grapes; grape; **raisin d'ours** (bot) bearberry; **raisins de Corinthe** currants; **raisins de mer** cuttlefish eggs; **raisins de Smyrne** seedless raisins; **raisins secs** raisins
raisiné [rɛzine] *m* grape jelly; (slang) blood
raison [rɛzɔ̃] *f* reason; ratio, rate; **à raison de** at the rate of; **avoir raison** to be right; **avoir raison de** to get the better of; **donner raison à** to back, support; **en raison de** because of; **raison sociale** trade name; **se faire une raison** to resign oneself
raisonnable [rɛzɔnabl] *adj* reasonable; rational
raison•né -née [rɛzɔne] *adj* rational; detailed
raisonnement [rɛzɔnmɑ̃] *m* reasoning; argument
raisonner [rɛzɔne] *tr* to reason out; to reason with || *intr* to reason; to argue || *ref* to reason with oneself
raison•neur [rɛzɔnœr] **raison•neuse** [rɛzɔnøz] *adj* rational; argumentative || *mf* reasoner; arguer
rajeunir [raʒœnir] *tr* to rejuvenate || *intr* to grow young again || *ref* to pretend to be younger than one is
rajeunissement [raʒœnismɑ̃] *m* rejuvenation
rajouter [raʒute] *tr* to add again; (coll) to add more
rajuster [raʒyste] *tr* to readjust; to adjust || *ref* to adjust one's clothes
râle [rɑl] *m* rale; death rattle; (orn) rail
ralen•ti -tie [ralɑ̃ti] *adj* slow || *m* slowdown; **au ralenti** slowdown (*work*); go-slow (*policy*); slow-motion (*moving picture*); idling (*motor*); **tourner au ralenti** (aut) to idle
ralentir [ralɑ̃tir] *tr, intr, & ref* to slow down; **ralentir** (public sign) slow
ralliement [ralimɑ̃] *m* rally
rallier [ralje] *tr & ref* to rally
rallonge [ralɔ̃ʒ] *f* extra piece; leaf (*of table*); (coll) under-the-table payment; **à rallonges** extension (*table*)
rallonger [ralɔ̃ʒe] **§38** *tr & intr* to lengthen
rallumer [ralyme] *tr* to relight; (fig) to rekindle || *intr* to put on the lights again || *ref* to be rekindled
rallye [rali] *m* rallye
ramage [ramaʒ] *m* floral design; warbling
ramas [ramɑ] *m* heap; pack (*e.g., of thieves*)
ramassage [ramɑsaʒ] *m* gathering; **ramassage scolaire** school-bus service
ramas•sé -sée [ramɑse] *adj* stocky; compact (*style*)
ramasser [ramɑse] *tr* to gather; to gather together; to pick up; (coll) to catch (*a scolding; a cold*) || *ref* to gather; to gather oneself together
rambarde [rɑ̃bard] *f* handrail
rame [ram] *f* prop, stick; oar, pole; ream (*of paper*); string (*e.g., of barges*); (rr) train, section; **rame de métro** subway train
ra•meau [ramo] *m* (*pl* **-meaux**) branch; sprig
ramée [rame] *f* boughs

ramener [ramne] §2 *tr* to lead back; to bring back; to reduce; to restore
ramer [rame] *tr* to stake (*a plant*) ‖ *intr* to row
ra•meur [ramœr] **-meuse** [møz] *mf* rower
ramier [ramje] *m* wood pigeon
ramifier [ramifje] *tr & ref* to ramify, to branch out
ramol•li -lie [ramɔli] *adj* sodden; (coll) half-witted ‖ *mf* (coll) half-wit
ramollir [ramɔlir] *tr & ref* to soften
ramoner [ramɔne] *tr* to sweep (*a chimney*)
ramoneur [ramɔnœr] *m* chimney sweep
ram•pant [rɑ̃pɑ̃] **-pante** [pɑ̃t] *adj* crawling, creeping; (hum) ground (*crew*)
rampe [rɑ̃p] *f* ramp; grade, gradient; banister; flight (*of stairs*); (aer) runway lights; (theat) footlights; **rampe de lancement** launching pad
ramper [rɑ̃pe] *intr* to crawl; to grovel; (bot) to creep
ramure [ramyr] *f* branches; antlers
rancart [rɑ̃kar] *m* (slang) rendezvous; **mettre au rancart** (coll) to scrap, to shelve
rance [rɑ̃s] *adj* rancid
ranch [rɑ̃tʃ] *m* ranch
rancir [rɑ̃sir] *intr & ref* to turn rancid
rancœur [rɑ̃kœr] *f* rancor
rançon [rɑ̃sɔ̃] *f* ransom
rançonner [rɑ̃sɔne] *tr* to ransom
rancune [rɑ̃kyn] *f* grudge
rancu•nier [rɑ̃kynje] **-nière** [njɛr] *adj* vindictive
randonnée [rɑ̃dɔne] *f* long walk; long ride
rang [rɑ̃] *m* rank; **au premier rang** in the first row; ranking; **en rang d'oignons** in a line
ran•gé -gée [rɑ̃ʒe] *adj* orderly; pitched (*battle*); steady (*person*)
ranger [rɑ̃ʒe] §38 *tr* to range; to rank ‖ *ref* to take one's place; to get out of the way; to mend one's ways; **se ranger à** to adopt, take (*e.g., a suggestion*)
ranimer [ranime] *tr & ref* to revive
raout [raut] *m* reception
rapace [rapas] *adj* rapacious ‖ *m* bird of prey
rapatriement [rapatrimɑ̃] *m* repatriation
rapatrier [rapatrije] *tr* to repatriate
râpe [rɑp] *f* rasp; grater
râ•pé -pée [rɑpe] *adj* grated; threadbare ‖ *m* (coll) grated cheese
râper [rɑpe] *tr* to rasp, to grate
rapetasser [raptase] *tr* (coll) to patch up
rapetisser [raptise] *tr, intr, & ref* to shrink, shorten
râ•peux [rɑpø] **-peuse** [pøz] *adj* raspy, grating
ra•piat [rapja] **-piate** [pjat] *adj* (coll) stingy ‖ *mf* (coll) skinflint
rapide [rapid] *adj* rapid; steep ‖ *m* rapids; (rr) express, **rapides** rapids
rapidité [rapidite] *f* rapidity; steepness
rapiéçage [rapjesaʒ] *m* patching
rapiécer [rapjese] §58 *tr* to patch
rapière [rapjɛr] *f* rapier
rapin [rapɛ̃] *m* dauber; (coll) art student
rapine [rapin] *f* rapine, pillage
rappel [rapɛl] *m* recall; reminder; call-up; recurrence; booster (*shot*); (theat) curtain call; **battre le rappel** to call to arms; **rappel au règlement** point of order; **rappel de chariot** backspacer
rappeler [raple] §34 *tr* to recall; to remind; to call back; to call up ‖ *ref* to remember
rapport [rapɔr] *m* yield, return; report; connection, bearing; (math) ratio; **en rapport avec** in touch with; in keeping with; **par rapport à** in comparison with; **rapports** relations; sexual relations; **sous tous les rapports** in all respects
rapporter [rapɔrte] *tr* to bring back; to yield; to report; to relate; to repeal, call off; to attach; to retrieve (*game*); (bk) to post ‖ *intr* to yield; (coll) to squeal ‖ *ref*—**s'en rapporter à** to leave it up to; **se rapporter à** to be related to, to refer to
rappor•teur [rapɔrtœr] **-teuse** [tøz] *mf* tattletale ‖ *m* recorder; (geom) protractor
rapprochement [raprɔʃmɑ̃] *m* bringing together; parallel; rapprochement
rapprocher [raprɔʃe] *tr* to bring closer; to reconcile; to compare ‖ *ref* to draw closer, to approach; **se rapprocher de** to approximate, to resemble
rapt [rapt] *m* kidnapping
raquette [rakɛt] *f* racket; snowshoe; tennis player; (bot) prickly pear
rare [rar] *adj* rare; scarce; sparse, thin (*hair*)
rarement [rarmɑ̃] *adv* rarely, seldom
rareté [rarte] *f* rarity; scarcity; rareness
ras [rɑ] **rase** [rɑz] *adj* short (*hair, nap, etc.*); level; close-cropped; close-shaven; open (*country*) ‖ *m*—**à ras de, au ras de** flush with; **ras d'eau** water line; **ras du cou** crew neck; **voler au ras du sol** to skim along the ground
rasade [rɑzad] *f* bumper, glassful
rasage [rɑzaʒ] *m* shearing; shaving
ra•sant [rɑzɑ̃] **-sante** [zɑ̃t] *adj* level; grazing; close to the ground; (coll) boring
rase-mottes [rɑzmɔt] *m invar*—**faire du rase-mottes** or **voler en rase-mottes** to hedgehop
raser [rɑze] *tr* to shave; to raze; to graze ‖ *ref* to shave
ra•seur [rɑzœr] **-seuse** [zøz] *adj* (coll) boring ‖ *mf* (coll) bore
rasoir [rɑswar] *adj invar* (slang) boring ‖ *m* razor; (slang) bore; **rasoir à manche** straight razor; **rasoir de sûreté** safety razor
rassasiement [rasazimɑ̃] *m* satiation
rassasier [rasazje] *tr* to satisfy; to satiate ‖ *ref* to have one's fill
rassemblement [rasɑ̃bləmɑ̃] *m* assembling; crowd; muster; (*trumpet call*)

assembly; **rassemblement!** (mil) fall in!
rassembler [rasɑ̃mble] *tr & ref* to gather together
rasseoir [raswar] §5 *tr* to reseat; to set in place again || *ref* to sit down again
rasséréner [raserene] §10 *tr & ref* to calm down
rassir [rasir] *intr & ref* (coll) to get stale
ras•sis [rasi] **ras•sise** [rasiz] *adj* level-headed; stale (*bread*)
rassortir [rasɔrtir] *tr* to restock || *ref* to lay in a new stock
rassurer [rasyre] *tr* to reassure || *ref* to be reassured
rastaquouère [rastakwer] *m* (coll) flashy stranger
rat [ra] *m* rat; (coll) tightwad; **fait comme un rat** caught like a rat in a trap; **mon rat** (coll) my turtledove; **rat à bourse** gopher; **rat de bibliothèque** bookworm; **rat de cale** stowaway; **rat de cave** thin candle; tax collector; **rat d'égout** sewer rat; **rat des champs** field mouse; **rat d'hôtel** hotel thief; **rat d'Opéra** ballet girl; **rat musqué** muskrat
ratatiner [ratatine] *ref* to shrivel up
ratatouille [ratatuj] *f* (coll) stew; (coll) bad cooking; (coll) blows
rate [rat] *f* spleen; female rat
ra•té -tée [rate] *adj* miscarried; bad (*shot, landing, etc.*) || *mf* failure, dropout
râ•teau [rɑto] *m* (*pl* **-teaux**) rake
râteler [rɑtle] §34 *tr* to rake
râtelier [rɑtəlje] *m* rack; set of false teeth; **manger à deux râteliers** (coll) to play both sides of the street; **râtelier d'armes** gun rack
rater [rate] *tr* to miss || *intr* to miss, to misfire; to fail
ratiboiser [ratibwaze] *tr* (coll) to take to the cleaners; **ratiboiser q.ch. à qn** (coll) to clean s.o. out of s.th.
ratifier [ratifje] *tr* to ratify
ration [rɑsjɔ̃] *f* ration
ration•nel -nelle [rasjɔnɛl] *adj* rational
rationnement [rasjɔnmɑ̃] *m* rationing
rationner [rasjɔne] *tr* to ration
ratisser [ratise] *tr* to rake; to rake in; to search with a fine-tooth comb; (coll) to fleece
ratissoire [ratiswar] *f* hoe
raton [ratɔ̃] *m* little rat; **raton laveur** raccoon
rattacher [rataʃe] *tr* to tie again; to link; to unite || *ref* to be connected
rattrapage [ratrapaʒ] *m* catch-up; (typ) catchword
rattraper [ratrape] *tr* to catch up to; to recover; to recapture || *ref* to catch up; **se rattraper à** to catch hold of; **se rattraper de** to make good, to recoup
rature [ratyr] *f* erasure
raturer [ratyre] *tr* to cross out
rauque [rok] *adj* hoarse, raucous
ravage [ravaʒ] *m* ravage
ravager [ravaʒe] §38 *tr* to ravage
ravalement [ravalmɑ̃] *m* trimming down; resurfacing; disparagement
ravaler [ravale] *tr* to choke down; to disparage; to drag down; to resurface; to eat (*one's words*) || *ref* to lower oneself
ravaudage [ravodaʒ] *m* mending; darning; (fig) patchwork
ravauder [ravode] *tr* to mend; to darn
ravier [ravje] *m* hors-d'oeuvre dish
ravigoter [ravigɔte] *tr* (coll) to revive
ravilir [ravilir] *tr* to debase
ravin [ravɛ̃] *m* ravine
ravine [ravin] *f* mountain torrent
raviner [ravine] *tr* to furrow
ravir [ravir] *tr* to ravish; to kidnap, abduct; to delight, entrance; **ravir q.ch. à qn** to snatch or take s.th. from s.o. || *intr*—**à ravir** marvelously
raviser [ravize] *ref* to change one's mind
ravis•sant [ravisɑ̃] **ravis•sante** [ravisɑ̃t] *adj* ravishing, entrancing
ravis•seur [ravisœr] **ravis•seuse** [ravisøz] *mf* kidnaper
ravitaillement [ravitɑjmɑ̃] *m* supplying; supplies
ravitailler [ravitɑje] *tr* to supply; to fill up the gas tank of (*a vehicle*) || *ref* to lay in supplies; to fill up (*to get gas*)
raviver [ravive] *tr* to revive; to brighten up; to reopen (*an old wound*) || *ref* to revive; to break out again
ravoir [ravwar] (used only in *inf*) *tr* to get back again
rayer [reje] §49 *tr* to cross out, to strike out; to rule, to line; to stripe; to rifle (*a gun*)
rayon [rɛjɔ̃] *m* ray; radius; spoke; shelf; honeycomb; department (*in a store*); point (*of star*); **ce n'est pas mon rayon** (coll) that's not in my line; **rayon de lune** moonbeam; **rayons X** X rays; **rayon visuel** line of sight
rayon•nant [rɛjɔnɑ̃] **rayon•nante** [rɛjɔnɑ̃t] *adj* radiant; radiating; radioactive; (rad) transmitting
rayonne [rɛjɔn] *f* rayon
rayonner [rɛjɔne] *intr* to radiate
rayure [rejyr] *f* stripe; scratch; rifling
raz [rɑ] *m* race (*channel and current of water*); **raz de marée** tidal wave; landslide (*in an election*)
razzia [razja] *f* raid
razzier [razje] *tr* to raid
réacteur [reaktœr] *m* reactor; **réacteur nucléaire** nuclear reactor
réactif [reaktif] *m* (chem) reagent
réaction [reaksjɔ̃] *f* reaction; kick (*of rifle*); **à réaction** jet; **réaction en chaîne** chain reaction
réactionnaire [reaksjɔner] *adj & mf* reactionary
réadaptation [readaptɑsjɔ̃] *f* rehabilitation; **réadaptation fonctionnelle** occupational therapy
réadapter [readapte] *tr* to rehabilitate || *ref* to be rehabilitated
réaffirmer [reafirme] *tr* to reaffirm
réagir [reaʒir] *intr* to react
réalisable [realizabl] *adj* feasible; (com) saleable
réalisa•teur [realizatœr] **-trice** [tris]

adj producing || *mf* achiever; producer || *m* (mov, rad, telv) director
réalisation [realizɑsjɔ̃] *f* accomplishment; work; (mov, rad, telv) production; (com) liquidation
réaliser [realize] *tr* to realize; to accomplish; to sell out; (mov) to produce || *ref* to come to pass, to be realized
réalisme [realism] *m* realism
réaliste [realist] *adj* realistic || *mf* realist
réalité [realite] *f* reality
réanimer [reanime] *tr* to revive
réapparaître [reaparɛtr] **§12** *intr* to reappear
réapparition [reaparisjɔ̃] *f* reappearance
réarmement [rearməmɑ̃] *m* rearmament
réassortir [reasɔrtir] *tr* to restock || *ref* to lay in a new stock
réassurer [reasyre] *tr* to reinsure
rébarba•tif [rebarbatif] **-tive** [tiv] *adj* forbidding, repulsive
rebâtir [rəbɑtir] *tr* to rebuild
rebattre [rəbatr] **§7** *tr* to beat; to reshuffle; to repeat over and over again
rebat•tu -tue [rəbaty] *adj* hackneyed
rebelle [rəbɛl] *adj* rebellious || *mf* rebel
rebeller [rəbele], [rəbɛlle] *ref* to rebel
rébellion [rebeljɔ̃] *f* rebellion
rebiffer [rəbife] *ref* to kick over the traces
reboisement [rəbwazmɑ̃] *m* reforestation
rebond [rəbɔ̃] *m* rebound
rebon•di -die [rəbɔ̃di] *adj* plump, buxom; paunchy
rebondir [rəbɔ̃dir] *intr* to bounce; (fig) to come up again
rebord [rəbɔr] *m* edge, border; sill, ledge; hem; brim (*of hat*); rim (*of saucer*); lip (*of cup*)
reboucher [rəbuʃe] *tr* to recork; to stop up || *ref* to be stopped up
rebours [rəbur] *m*—**à rebours** backwards; against the grain; the wrong way; backhanded (*compliment*); **à** or **au rebours de** contrary to
rebouter [rəbute] *tr* to set (*a bone*)
rebrousse-poil [rəbruspwal]—**à rebrousse-poil** against the grain, the wrong way
rebrousser [rəbruse] *tr* to brush up; **rebrousser chemin** to turn back; **rebrousser qn** (coll) to rub s.o. the wrong way || *ref* to turn up, to bend back
rebuffade [rəbyfad] *f* rebuff; **essuyer une rebuffade** to be snubbed
rebut [rəby] *m* castoff; waste; scum (*of society*); rebuff; **de rebut** castoff; waste; unclaimed (*letter*); **mettre au rebut** to discard
rebu•tant [rəbytɑ̃] **-tante** [tɑ̃t] *adj* dull, tedious; repugnant
rebuter [rəbyte] *tr* to rebuff; to bore; to be repulsive to
recaler [rəkale] *tr* (coll) to flunk
récapitulation [rekapitylɑsjɔ̃] *f* recapitulation
recéder [rəsede] **§10** *tr* to give or sell back
recel [rəsɛl] *m* concealment (*of stolen goods; of criminals*)
receler [rəsle] **§2** or **recéler** [rəsele] **§10** *tr* to conceal; to receive (*stolen goods*); to harbor (*a criminal*) || *intr* to hide
rece•leur [rəslœr] **-leuse** [løz] *mf* fence, receiver of stolen goods
récemment [resamɑ̃] *adv* recently, lately
recensement [rəsɑ̃smɑ̃] *m* census; **recensement du contingent** draft registration
recenser [rəsɑ̃se] *tr* to take the census of; to take a count of
recenseur [rəsɑ̃sœr] *m* census taker
ré•cent [resɑ̃] **-cente** [sɑ̃t] *adj* recent
récépissé [resepise] *m* receipt
réceptacle [resɛptakl] *m* receptacle
récep•teur [resɛptœr] **-trice** [tris] *adj* receiving || *m* receiver
récep•tif [resɛptif] **-tive** [tiv] *adj* receptive
réception [resɛpsjɔ̃] *f* reception; receipt; approval; admission (*to a club*); registration desk (*of hotel*); landing (*of, e.g., a parachutist*); (sports) catch; **accuser réception de** to acknowledge receipt of
réceptionnaire [resɛpsjɔnɛr] *mf* consignee; chief receptionist
récession [resesjɔ̃] *f* recession
recette [rəsɛt] *f* receipt; collection (*of debts, taxes, etc.*); (culin) recipe; **faire recette** to be a box-office attraction; **recettes de métier** tricks of the trade
recevable [rəsvabl] *adj* acceptable; admissible
rece•veur [rəsvœr] **-veuse** [vøz] *mf* collector; conductor (*of bus, streetcar, etc.*); blood recipient; **receveur des postes** postmaster; **receveur universel** recipient of blood from a universal donor
recevoir [rəsvwar] **§59** *tr* to receive; to accommodate; to admit (*to a school, club, etc.*); **être reçu** to be admitted; to pass || *intr* to receive
rechange [rəʃɑ̃ʒ] *m* replacement, change; **de rechange** spare (*e.g., parts*)
rechaper [rəʃape] *tr* to recap, to retread
réchapper [reʃape] *intr*—**en réchapper** to get away with it; to get well; **réchapper à** or **de** to escape from
recharge [rəʃarʒ] *f* refill; recharging; reloading
recharger [rəʃarʒe] **§38** *tr* to recharge; to refill; to reload; to ballast (*a roadbed*)
réchaud [reʃo] *m* hot plate
réchauffer [reʃofe] *tr & ref* to warm up
rêche [rɛʃ] *adj* rough, harsh
recherche [rəʃɛrʃ] *f* search; quest; investigation, piece of research; refinement; **recherches** research
recher•ché -chée [rəʃɛrʃe] *adj* sought-after, in demand; elaborate; studied, affected

rechercher [rəʃɛrʃe] *tr* to seek, to look for
rechigner [rəʃiɲe] *intr*—**rechigner à** to balk at
rechute [rəʃyt] *f* relapse
rechuter [rəʃyte] *intr* to relapse
récidive [residiv] *f* recurrence; second offense
récidiver [residive] *intr* to recur; to relapse
récif [resif] *m* reef
récipiendaire [resipjɑ̃dɛr] *m* new member, inductee; recipient
récipient [resipjɑ̃] *m* recipient, vessel
réciprocité [resiprɔsite] *f* reciprocity
réciproque [resiprɔk] *adj* reciprocal || *f* converse
récit [resi] *m* recital, account
réci•tal -tale [resital] *m* (*pl* **-tals**) recital
récitation [resitɑsjɔ̃] *f* recitation
réciter [resite] *tr* to recite
récla•mant [reklamɑ̃] **-mante** [mɑ̃t] *mf* claimant
réclamation [reklamɑsjɔ̃] *f* complaint; demand
réclame [reklam] *f* advertising; advertisement; (theat) cue; (typ) catchword; **faire de la réclame** to advertise, to ballyhoo; **réclame à éclipse** flashing sign; **réclame lumineuse** illuminated sign
réclamer [reklame] *tr* to claim; to clamor for; to demand || *intr* to lodge a complaint; to intercede || *ref* —**se réclamer de** to appeal to; to claim kinship with; **se réclamer de qn** to use s.o.'s name as a reference
reclassement [rəklɑsmɑ̃] *m* reclassification
reclasser [rəklɑse] *tr* to reclassify
re•clus [rəkly] **-cluse** [klyz] *adj & mf* recluse
recoin [rəkwɛ̃] *m* nook, cranny
récollection [rekɔlɛksjɔ̃] *f* religious meditation
recoller [rəkɔle] *tr* to paste again
récolte [rekɔlt] *f* harvest
récolter [rekɔlte] *tr* to harvest
recommander [rəkɔmɑ̃de] *tr* to recommend; to register (*a letter*) || *ref*—**se recommander à** to seek the protection of; **se recommander de** to ask (*s.o.*) for a reference
recommencer [rəkɔmɑ̃se] **§51** *tr & intr* to begin again
récompense [rekɔ̃pɑ̃s] *f* recompense, reward; award
récompenser [rekɔ̃pɑ̃se] *tr* to recompense
réconcilier [rekɔ̃silje] *tr* to reconcile
reconduire [rəkɔ̃dɥir] **§19** *tr* to escort; (coll) to kick out, to send packing
réconfort [rekɔ̃fɔr] *m* comfort
réconfor•tant [rekɔ̃fɔrtɑ̃] **-tante** [tɑ̃t] *adj* consoling; stimulating
réconforter [rekɔ̃fɔrte] *tr* to comfort; to revive || *ref* to recuperate; to cheer up
reconnaissance [rəkɔnɛsɑ̃s] *f* recognition; gratitude; (mil) reconnaissance; **aller en reconnaissance** to reconnoiter; **reconnaissance de** or **pour** gratitude for
reconnais•sant [rəkɔnɛsɑ̃] **reconnais•sante** [rəkɔnesɑ̃t] *adj* grateful; **être reconnaissant de** + *inf* to be grateful for + *ger*; **être reconnaissant de** or **pour** to be grateful for
reconnaître [rəkɔnɛtr] **§12** *tr* to recognize; (mil) to reconnoiter || *ref* to recognize oneself; to know where one is; to acknowledge oneself (*e.g., guilty*); **s'y reconnaître** to know where one is
reconquérir [rəkɔ̃kerir] **§3** *tr* to reconquer
reconquête [rəkɔ̃kɛt] *f* reconquest
reconsidérer [rəkɔ̃sidere] **§10** *tr* to reconsider
reconstituant [rəkɔ̃stitɥɑ̃] *m* tonic
reconstituer [rəkɔ̃stitɥe] *tr* to reconstruct; to restore
reconstruire [rəkɔ̃strɥir] **§19** *tr* to reconstruct
record [rəkɔr] *adj invar & m* record
recordman [rəkɔrdman] *m* record holder
recoudre [rəkudr] **§13** *tr* to sew up
recouper [rəkupe] *tr* to cut again; to blend (*wines*)
recourir [rəkurir] **§14** *intr* to run again; **recourir à** to resort to; to appeal to
recours [rəkur] *m* recourse; **recours en grâce** petition for pardon
recouvrement [rəkuvrəmɑ̃] *m* recovery
recouvrer [rəkuvre] *tr* to recover
recouvrir [rəkuvrir] **§65** *tr* to cover; to cover up; to mask; to resurface (*e.g., a road*) || *ref* to overlap
récréation [rekreɑsjɔ̃] *f* recreation; recess (*at school*)
recréer [rəkree] *tr* to re-create
récréer [rekree] *tr & ref* to relax
récrier [rekrije] *ref* to cry out
récrire [rekrir] **§25** *tr* to rewrite; to write again
recroquevil•lé -lée [rəkrɔkvije] *adj* shriveled up, curled up; huddled up
recroqueviller [rəkrɔkvije] *tr & ref* to shrivel up, to curl up
re•cru -crue [rəkry] *adj* exhausted
recrue [rəkry] *f* recruit
recruter [rəkryte] *tr* to recruit || *ref* to be recruited
rectangle [rɛktɑ̃gl] *m* rectangle
rectificateur [rɛktifikatœr] *m* rectifier
rectifier [rɛktifje] *tr* to rectify; to true up; to grind (*a cylinder*)
rectum [rɛktɔm] *m* rectum
reçu [rəsy] *m* receipt
recueil [rəkœj] *m* collection; compilation
recueillement [rəkœjmɑ̃] *m* meditation
recueillir [rəkœjir] **§18** *tr* to collect, to gather; to take in (*a needy person*); to receive (*a legacy*) || *ref* to collect oneself, to meditate
recuire [rəkɥir] **§19** *tr* to anneal, to temper; to cook over again || *intr* (fig) to stew
recul [rəkyl] *m* backing, backward movement; kick, recoil; **être en recul** to be losing ground; **prendre du recul** to consider in perspective

reculer [rəkyle] *tr* to move back; to put off (*e.g., a decision*) || *intr* to move back; to back out; to recoil; **reculer devant** to shrink from || *ref* to move back
reculons [rəkylɔ̃]—**à reculons** backwards
récupération [rekyperɑsjɔ̃] *f* recovery
récupérer [rekypere] §10 *tr* to salvage, to recover; to recuperate; to make up (*e.g., lost hours*); to find another job for || *intr* to recuperate
récurer [rekyre] *tr* to scour
récur•rent [rekyrɑ̃] **récur•rente** [rekyrɑ̃t] *adj* recurrent
récuser [rekyze] *tr* to take exception to || *ref* to refuse to give one's opinion
rédac•teur [redaktœr] **-trice** [tris] *mf* editor; **rédacteur en chef** editor in chief; **rédacteur gérant** managing editor; **rédacteur publicitaire** copywriter; **rédacteur sportif** sports editor
rédaction [redaksjɔ̃] *f* editorial staff; editorial office; edition; editing
reddition [redisjɔ̃] *f* surrender
redécouvrir [rədekuvrir] §65 *tr* to rediscover
rédemp•teur [redɑ̃ptœr] **-trice** [tris] *adj* redemptive || *mf* redeemer
rédemption [redɑ̃psjɔ̃] *f* redemption
redevable [rədvabl] *adj* indebted
redevance [rədvɑ̃s] *f* dues, fees; rent; tax (*on radio sets*)
rédiger [rediʒe] §38 *tr* to edit; to draft; to write up
redingote [rədɛ̃gɔt] *f* frock coat
redire [rədir] §22 *tr* to repeat; to give away (*a secret*) || *intr*—**trouver à redire à** to find fault with
redon•dant [rədɔ̃dɑ̃] **-dante** [dɑ̃t] *adj* redundant
redoutable [rədutabl] *adj* frightening
redoute [rədut] *f* redoubt
redouter [rədute] *tr* to dread
redressement [rədrɛsmɑ̃] *m* straightening out; redress; (elec) rectifying
redresser [rədrese] *tr* to straighten; to hold up (*e.g., the head*); to redress; (elec) to rectify || *ref* to straighten up
redresseur [rədrɛsœr] *m* (elec) rectifier; **redresseur de torts** knight-errant; (coll) reformer
réduction [redyksjɔ̃] *f* reduction
réduire [redɥir] §19 *tr* to reduce; to set (*a bone*)
réduit [redɥi] *m* retreat, nook; redoubt
rééditer [reedite] *tr* to reedit
réel réelle [reɛl] *adj & m* real, actual
réélection [reelɛksjɔ̃] *f* reelection
réellement [reɛlmɑ̃] *adv* really
réescompte [reɛskɔ̃t] *m* rediscount
réexamen [reɛgzamɛ̃] *m* reexamination
réexpédier [reɛkspedje] *tr* to reship; to return to sender
réexpédition [reɛkspedisjɔ̃] *f* reshipment; return
refaire [rəfɛr] §29 *tr* to redo || *intr*—**à refaire** to be done over; to be dealt over || *ref* to recover; to make good one's losses
référence [referɑ̃s] *f* reference
référendum or **referendum** [referɛ̃dɔm] *m* referendum
référer [refere] §10 *intr*—**en référer à** to appeal to || *ref*—**s'en référer à** to leave it up to; **se référer à** to refer to
refermer [rəfɛrme] *tr & ref* to close again, to close
refiler [rəfile] *tr*—**refiler à qn** (slang) to palm off on s.o.
réfléchir [refleʃir] *tr & intr* to reflect || *ref* to be reflected
reflet [rəflɛ] *m* reflection; glint, gleam
refléter [rəflete] §10 *tr* to reflect || *ref* to be mirrored
réflexe [reflɛks] *adj & m* reflex
réflexion [reflɛksjɔ̃] *f* reflection
refluer [rəflye] *intr* to ebb
reflux [rəfly] *m* ebb
refonte [rəfɔ̃t] *f* recasting
réforma•teur [refɔrmatœr] **-trice** [tris] *mf* reformer
réformation [refɔrmɑsjɔ̃] *f* reformation
réforme [refɔrm] *f* reform; **la Réforme** the Reformation
réfor•mé -mée [refɔrme] *adj* (eccl) Reformed; (mil) disabled
reformer [rəfɔrme] *tr & ref* to regroup
réformer [refɔrme] *tr* to reform; (mil) to discharge || *ref* to reform
refou•lé -lée [rəfule] *adj* (coll) inhibited
refoulement [rəfulmɑ̃] *m* driving back; (psychoanal) repression
refouler [rəfule] *tr* to drive back; to choke back (*a sob*); to sail against (*the current*); to compress, stem; (psychoanal) to repress || *intr* to flow back
réfractaire [refraktɛr] *adj* refractory; rebellious || *mf* insubordinate
réfraction [refraksjɔ̃] *f* refraction
refrain [rəfrɛ̃] *m* refrain; hum; **le même refrain** the same old tune
refréner [rəfrene] §10 *tr* to curb
réfrigérateur [refriʒeratœr] *m* refrigerator
réfrigérer [refriʒere] §10 *tr* to refrigerate; (coll) to chill to the bone
refroidir [rəfrwadir] *tr* to cool; (slang) to rub out || *intr* to cool || *ref* to cool; to catch cold
refroidissement [rəfrwadismɑ̃] *m* cooling
refuge [rəfyʒ] *m* refuge; shelter; safety zone
réfu•gié -giée [refyʒje] *mf* refugee
réfugier [refyʒje] *ref* to take refuge
refus [rəfy] *m* refusal; **refus seulement** regrets only (*to invitation*)
refuser [rəfyze] *tr* to refuse; to refuse to recognize; to flunk; to decline || *intr* to refuse; **refuser de** or **à** to refuse to || *ref* to be refused; **se refuser à** to refuse to accept
réfuter [refyte] *tr* to refute
regagner [rəgaɲe] *tr* to regain
regain [rəgɛ̃] *m* second growth; (fig) aftermath; **regain de** new lease on
ré•gal [regal] *m* (*pl* **-gals**) treat
régaler [regale] *tr* to treat; to level || *intr* to treat
regard [rəgar] *m* look, glance; **couver du regard** to gloat over; to look fondly at; to look greedily at; **en regard** facing, opposite

regar•dant [rəgardɑ̃] **-dante** [dɑ̃t] *adj* (coll) penny-pinching
regarder [rəgarde] *tr* to look at; to face; to concern || *intr* to look; **regarder à** to pay attention to; to watch (*one's money*); to mind (*the price*); **y regarder à deux fois** to watch one's step, think twice || *ref* to face each other
régate [regat] *f* regatta
régence [reʒɑ̃s] *f* regency
régénérer [reʒenere] §10 *tr & ref* to regenerate
ré•gent [reʒɑ̃] **-gente** [ʒɑ̃t] *mf* regent
régenter [reʒɑ̃te] *tr & intr* to boss
régicide [reʒisid] *mf* regicide (*person*) || *m* regicide (*act*)
régie [reʒi] *f* commission, administration; excise tax; stage management; **en régie** state owned or operated
regimber [rəʒɛ̃be] *intr & ref* to revolt; to balk
régime [reʒim] *m* government, form of government; administration; system; diet; performance, working conditions; rate (*of speed; of flow; of charge or discharge of a storage battery*); bunch, cluster; stem (*of bananas*); (gram) complement; (gram) government; **en régime permanent** under steady working conditions
régiment [reʒimɑ̃] *m* regiment
régimentaire [reʒimɑ̃tɛr] *adj* regimental
région [reʒjɔ̃] *f* region
régir [reʒir] *tr* to govern
régisseur [reʒisœr] *m* manager; stage manager
registre [rəʒistr] *m* register; damper; throttle valve
réglable [reglabl] *adj* adjustable
réglage [reglaʒ] *m* setting, adjusting; lines (*on paper*); (mach, rad, telv) tuning
règle [rɛgl] *f* rule; ruler; **en règle** in order; **en règle générale** as a general rule; **règle à calcul** slide rule; **règles** menstrual period
ré•glé -glée [regle] *adj* regulated; adjusted, tuned; well-behaved, orderly; ruled (*paper*); finished, decided
règlement [rɛgləmɑ̃] *m* regulation, rule; settlement; **règlement intérieur** bylaws
réglementaire [regləmɑ̃tɛr] *adj* regular; regulation
réglementer [regləmɑ̃te] *tr* to regulate, to control
régler [regle] §10 *tr* to regulate, to put in order; to set (*a watch*); to settle (*an account*); to rule (*paper*); (aut, rad, telv) to tune || *intr* to pay
réglisse [reglis] *m & f* licorice
règne [rɛɲ] *m* reign; (biol) kingdom
régner [reɲe] §10 *intr* to reign
regorger [rəgɔrʒe] §38 *intr* to overflow; **regorger de** to abound in
regratter [rəgrate] *tr* to scrape || *intr* to pinch pennies
regret [rəgrɛ] *m* regret; **à regret** regretfully
regrettable [rəgrɛtabl] *adj* regrettable
regretter [rəgrete] *tr* to regret; to long for, to miss || *intr* to be sorry
régulariser [regylarize] *tr* to regularize; to adjust, regulate
régularité [regylarite] *f* regularity
régula•teur [regylatœr] **-trice** [tris] *adj* regulating || *m* (mach) governor
régulation [regylɑsjɔ̃] *f* regulation
régu•lier [regylje] **-lière** [ljɛr] *adj* regular; (coll) aboveboard, fair || *m* regular
réhabiliter [reabilite] *tr* to rehabilitate
rehausser [rəose] *tr* to heighten; to enhance
Reims [rɛ̃s] *m* Rheims
rein [rɛ̃] *m* kidney
réincarnation [reɛ̃karnɑsjɔ̃] *f* reincarnation
reine [rɛn] *f* queen
reine-claude [rɛnklod] *f* (*pl* **-claudes** or **reines-claudes**) greengage
reine-des-prés [rɛndepre] *f* (*pl* **reines-des-prés**) meadowsweet
reine-marguerite [rɛnmargərit] *f* (*pl* **reines-marguerites**) aster
réintégrer [reɛ̃tegre] §10 *tr* to reinstate; to return to
réitérer [reitere] §10 *tr* reiterate
rejaillir [rəʒajir] *intr* to spurt out; to bounce; to splash; **rejaillir sur** to reflect on
rejet [rəʒɛ] *m* casting up; rejection; enjambment; (bot) shoot
rejeter [rəʒte] §34 *tr* to reject; to throw back; to throw up; to shift (*responsibility*) || *ref* to fall back
rejeton [rəʒtɔ̃] *m* shoot; offshoot, offspring; (coll) child
rejoindre [rəʒwɛ̃dr] §35 *tr* to rejoin; to overtake || *ref* to meet
réjouir [reʒwir] *tr* to gladden, cheer || *ref* to rejoice, to be delighted
réjouissance [reʒwisɑ̃s] *f* rejoicing; **réjouissances** festivities
réjouis•sant [reʒwisɑ̃] **réjouis•sante** [reʒwisɑ̃t] *adj* cheery; amusing
relâche [rəlɑʃ] *m & f* respite, letup || *f* (naut) stop; **faire relâche** (naut) to make a call, (theat) to close (*for a day or two*); **relâche** (public sign) no performance today
relâ•ché -chée [rəlɑʃe] *adj* lax; loose
relâchement [rəlɑʃmɑ̃] *m* relaxation; letting up
relâcher [rəlɑʃe] *tr* to loosen; to relax; to release || *intr* (naut) to make a call || *ref* to loosen; to become lax
relais [rəlɛ] *m* relay; shift
relance [rəlɑ̃s] *f* raise (*e.g., in poker*); outbreak
relancer [rəlɑ̃se] §51 *tr* to start up again; to harass, to hound; to return (*the ball*); to raise (*the ante*) || *intr* (cards) to raise
re•laps -lapse [rəlaps] *mf* backslider
relater [rəlate] *tr* to relate
rela•tif [rəlatif] **-tive** [tiv] *adj* relative
relation [rəlɑsjɔ̃] *f* relation; **en relation avec, en relations avec** in touch with; **relations** connections
relativité [rəlativite] *f* relativity
relaxation [rəlaksɑsjɔ̃] *f* relaxation

relaxer [rəlakse] *tr* to relax; to free || *ref* to relax
relayer [rəleje] §49 *tr* to relay; to relieve || *ref* to work in relays or shifts
reléguer [rəlege] §10 *tr* to relegate
relent [rəlɑ̃] *m* musty smell
relève [rəlɛv] *f* relief; change (*of the guard*); **prendre la relève** to take over
rele•vé -vée [rəlve] *adj* lofty, elevated; turned up; graded (*curve*); spicy || *m* check list; tuck (*in dress*); (culin) next course; **faire le relevé de** to survey; to check off; **relevé de compte** bank statement; **relevé de compteur** meter reading; **relevé de notes des écoles** transcript of grades
relèvement [rəlɛvmɑ̃] *m* raising; recovery, improvement; picking up (*e.g., of wounded*); (naut) bearing
relever [rəlve] §2 *tr* to raise; to turn up; to restore; to relieve, enhance; to pick out; to take a reading of; to season; (mil) to relieve || *intr*—**relever de** to recover from; to depend on || *ref* to rise; to recover; to right itself; to take turns
relief [rəljɛf] *m* relief; **en relief** in relief; **reliefs** leavings
relier [rəlje] *tr* to bind; to link
re•lieur [rəljœr] **-lieuse** [ljøz] *mf* bookbinder
reli•gieux [rəliʒjø] **-gieuse** [ʒjøz] *adj* religious || *m* monk || *f* nun; cream puff
religion [rəliʒjɔ̃] *f* religion
reliquat [rəlika] *m* remainder
relique [rəlik] *f* relic
relire [rəlir] §36 *tr* to read again; to read over again
reliure [rəljyr] *f* binding; bookbinding
reloger [rəlɔʒe] §38 *tr* to find a new home for, to relocate
reluire [rəlɥir] §37 *intr* to shine, gleam, sparkle
relui•sant [rəlɥizɑ̃] **-sante** [zɑ̃t] *adj* shiny, gleaming; **peu reluisant** unpromising, not brilliant
reluquer [rəlyke] *tr* to have an eye on
remâcher [rəmɑʃe] *tr* (coll) to stew over
remailler [rəmɑje] *tr* to mend the meshes of
remanier [rəmanje] *tr* to revise, revamp; to reshuffle
remarier [rəmarje] *tr & ref* to remarry
remarquable [rəmarkabl] *adj* remarkable
remarquer [rəmarke] *tr & intr* to remark, to notice; **faire remarquer** to point out || *ref*—**se faire remarquer** to make oneself conspicuous
remballer [rɑ̃bale] *tr* to repack
rembarquer [rɑ̃barke] *tr, intr, & ref* to reembark
rembarrer [rɑ̃bare] *tr* to snub, rebuff
remblai [rɑ̃blɛ] *m* fill; embankment
remblayer [rɑ̃bleje] §49 *tr* to fill
rembobiner [rɑ̃bɔbine] *tr* to rewind
remboîter [rɑ̃bwate] *tr* to reset (*a bone*); to recase (*a book*)
rembourrer [rɑ̃bure] *tr* to upholster; to stuff; to pad
rembourrure [rɑ̃buryr] *f* stuffing
remboursement [rɑ̃bursəmɑ̃] *m* reimbursement
rembourser [rɑ̃burse] *tr* to reimburse
rembrunir [rɑ̃brynir] *tr* to darken; to sadden || *ref* to cloud over
remède [rəmɛd] *m* remedy
remédier [rəmedje] *intr* (with *dat*) to remedy
remembrement [rəmɑ̃brəmɑ̃] *m* regrouping
remémorer [rəmemɔre] *tr*—**remémorer q.ch. à qn** to remind s.o. of s.th. || *ref* to remember
remerciement [rəmɛrsimɑ̃] *m* thanking; **remerciements** thanks; **mille remerciements de** or **pour** a thousand thanks for
remercier [rəmɛrsje] *tr* to thank; to dismiss (*an employee*); to refuse with thanks; **remercier qn de** + *inf* to thank s.o. for + *ger*; **remercier qn de** or **pour** to thank s.o. for
remettre [rəmɛtr] §42 *tr* to remit, to deliver; to put back; to put back on; to give back; to put off; to reset || *ref* to resume; to recover; to pull oneself together; (*said of weather*) to clear; **s'en remettre à** to leave it up to, to depend on
remise [rəmiz] *f* remittance; discount; delivery; postponement; surrender, return; garage; cover (*for game*); **de remise** rented (*car*)
remiser [rəmize] *tr* to put away; to park || *ref* to take cover
rémission [remisjɔ̃] *f* remission
remmailler [rɑ̃mɑje] *tr* to darn
remmener [rɑ̃mne] §2 *tr* to take back
remon•tant [rəmɔ̃tɑ̃] **-tante** [tɑ̃t] *adj* fortifying; remontant (*rose*) || *m* tonic
remonte [rəmɔ̃t] *f* ascent
remontée [rəmɔ̃te] *f* climb; surfacing; comeback
remonte-pente [rəmɔ̃tpɑ̃t] *m* (*pl* **-pentes**) ski lift
remonter [rəmɔ̃te] *tr* to remount; to pull up; to wind (*a clock*); to pep up; (theat) to put on again || *intr* (*aux:* ÊTRE) to go up again; to date back || *ref* to pep up
remontoir [rəmɔ̃twar] *m* knob (*of stem-winder*)
remontrance [rəmɔ̃trɑ̃s] *f* remonstrance
remontrer [rəmɔ̃tre] *tr* to show again; to point out || *intr*—**en remontrer à** to outdo, to best
remords [rəmɔr] *m* remorse
remorque [rəmɔrk] *f* tow rope; trailer; **à la remorque** in tow
remorquer [rəmɔrke] *tr* to tow; to haul
remorqueur [rəmɔrkœr] *m* tugboat
rémouleur [remulœr] *m* knife grinder, scissors grinder
remous [rəmu] *m* eddy; wash (*of boat*); agitation
rempailler [rɑ̃pɑje] *tr* to cane
rempart [rɑ̃par] *m* rampart
remplaçable [rɑ̃plasabl] *adj* replaceable
rempla•çant [rɑ̃plasɑ̃] **-çante** [sɑ̃t] *mf* replacement, substitute

remplacement [rɑ̃plasmɑ̃] *m* replacement
remplacer [rɑ̃plase] §51 *tr* to replace; to take the place of; **remplacer par** to replace with
rem•pli -plie [rɑ̃pli] *adj* full || *m* tuck
remplir [rɑ̃plir] *tr* to fill; to fill up; to fill out or in; to fulfill || *ref* to fill up
remplissage [rɑ̃plisaʒ] *m* filling up
remplumer [rɑ̃plyme] *ref* (coll) to put on flesh again; (coll) to make a comeback
remporter [rɑ̃pɔrte] *tr* to take back; to carry off; to win
remue-ménage [rəmymenaʒ] *m invar* stir, bustle, to-do
remuer [rəmɥe] *tr* to move; to stir; to remove (*e.g., a piece of furniture*) || *intr* to move || *ref* to move; to hustle
rémunération [remynerɑsjɔ̃] *f* remuneration
renâcler [rənɑkle] *intr* to snort; **renâcler à** (coll) to shrink from, to bridle at
renaissance [rənɛsɑ̃s] *f* renascence, rebirth; renaissance
renais•sant [rənɛsɑ̃] **renais•sante** [rənɛsɑt] *adj* renascent, reviving; Renaissance
renaître [rənɛtr] §46 *tr* to be reborn; to revive; to grow again
re•nard [rənar] **-narde** [nard] *mf* fox
renché•ri -rie [rɑ̃ʃeri] *adj* fastidious
renchérir [rɑ̃ʃerir] *tr* to make more expensive || *intr* to go up in price; **renchérir sur** to improve on
rencontre [rɑ̃kɔ̃tr] *f* meeting, encounter; clash; collision; **aller à la rencontre de** to go to meet
rencontrer [rɑ̃kɔ̃tre] *tr* to meet, encounter || *ref* to meet; to collide; to occur
rendement [rɑ̃dmɑ̃] *m* yield; (mech) output, efficiency
rendez-vous [rɑ̃devu] *m* appointment, date; rendezvous; **sur rendez-vous** by appointment
rendre [rɑ̃dr] *tr* to render; to yield; to surrender; to make; to translate; to vomit || *intr* to bring in, yield || *ref* to surrender; **se rendre à** to go to; **se rendre compte de** to realize
ren•du -due [rɑ̃dy] *adj* arrived; translated; all in, exhausted || *m* rendering; returned article
rêne [rɛn] *f* rein
rené•gat [rənega] **-gate** [gat] *mf* renegade
renfer•mé -mée [rɑ̃fɛrme] *adj* close-mouthed, stand-offish || *m* close smell; **sentir le renfermé** to smell stuffy
renfermer [rɑ̃fɛrme] *tr* to contain; to include || *ref*—**se renfermer dans** to withdraw into; to confine oneself to
renfler [rɑ̃fle] *ref* to swell up
renflouer [rɑ̃flue] *tr* to keep afloat; to salvage
renfoncement [rɑ̃fɔ̃smɑ̃] *m* recess; hollow; dent
renfoncer [rɑ̃fɔ̃se] §51 *tr* to recess; to dent; to pull down (*e.g., one's hat*) || *ref* to recede; to draw back
renforcement [rɑ̃fɔrsəmɑ̃] *m* reinforcement
renforcer [rɑ̃fɔrse] §51 *tr* to reinforce
renforcir [rɑ̃fɔrsir] *tr* (slang) to strengthen || *intr* (slang) to grow stronger
renfort [rɑ̃fɔr] *m* reinforcement
renfro•gné -gnée [rɑ̃frɔɲe] *adj* sullen, glum
renfrogner [rɑ̃frɔɲe] *ref* to scowl
rengager [rɑ̃gaʒe] §38 *tr* to rehire || *intr & ref* to reenlist
rengaine [rɑ̃gɛn] *f*—**la même rengaine** the same old story; **vieille rengaine** old refrain
rengorger [rɑ̃gɔrʒe] §38 *ref* to strut
reniement [rənimɑ̃] *m* denial
renier [rənje] *tr* to deny; to repudiate
renifler [rənifle] *tr & intr* to sniff
renne [rɛn] *m* reindeer
renom [rənɔ̃] *m* renown, fame
renom•mé -mée [rənɔme] *adj* renowned, well-known || *f* fame; reputation
renommer [rənɔme] *tr* to reelect; to reappoint
renoncement [rənɔ̃smɑ̃] *m* renunciation
renoncer [rənɔ̃se] §51 *tr* to renounce, repudiate || *intr* to give up; (cards) to renege; (with *dat*) to renounce; (with *dat*) to give up, to abandon; **y renoncer** to give it up
renonciation [rənɔ̃sjɑsjɔ̃] *f* renunciation; waiver
renoncule [rənɔ̃kyl] *f* buttercup; **renoncule double** bachelor's-button; **renoncule langue** spearwort
renouer [rənwe] *tr* to tie again; to resume (*e.g., a conversation*) || *intr* to renew a friendship
renou•veau [rənuvo] *m* (*pl* **-veaux**) springtime; revival
renouvelable [rənuvlabl] *adj* renewable
renouveler [rənuvle] §34 *tr & ref* to renew
renouvellement [rənuvɛlmɑ̃] *m* renewal
rénover [renɔve] *tr* to renew; to renovate
renseignement [rɑ̃sɛɲmɑ̃] *m* piece of information; **de renseignements** (mil) intelligence; **renseignements** information
renseigner [rɑ̃sɛɲe] *tr* to inform || *ref* to find out; **se renseigner auprès de qn** to inquire of s.o.
rentable [rɑ̃tabl] *adj* profitable
rente [rɑ̃t] *f* revenue, income; annuity; dividend, return; **rente viagère** life annuity
ren•té -tée [rɑ̃te] *adj* well-off
renter [rɑ̃te] *tr* to endow
ren•tier [rɑ̃tje] **-tière** [tjɛr] *mf* person of independent means
ren•tré -trée [rɑ̃tre] *adj* sunken (*eyes*); suppressed (*feelings*) || *f* return; reopening (*of school*); yield
rentrer [rɑ̃tre] *tr* to bring in or back; to put in; to hold back (*e.g., one's tears*); to draw in (*claws*) || *intr* (*aux:* ÊTRE) to return, to reenter; to go or come home; to be paid or collected; **rentrer dans** to fit into; to

come back to; to get back, recover; **rentrer en soi-même** to take stock of oneself

renverse [rɑ̃vɛrs] *f* shift, turn; **à la renverse** backwards

renversement [rɑ̃vɛrsəmɑ̃] *m* reversal, shift; upset, overturn; overthrow

renverser [rɑ̃vɛrse] *tr* to reverse; to overthrow || *intr & ref* to capsize

renvoi [rɑ̃vwa] *m* dismissal; postponement; reference; return; belch

renvoyer [rɑ̃vwaje] **§26** *tr* to dismiss; to fire (*an employee*); to postpone; to refer; to send back

réorganiser [reɔrganize] *tr & ref* to reorganize

réouverture [reuvɛrtyr] *f* reopening

repaire [rəpɛr] *m* den

repaître [rəpɛtr] **§12** *tr* to graze; **repaître de** to feast (*e.g., one's eyes*) on || *ref* to eat one's fill (*said of only animals*); **se repaître de** to indulge in, to wallow in

répandre [repɑ̃dr] *tr* to spread; to strew, scatter; to spill; to shed || *ref* to spread; **se répandre en** to be profuse in

répan•du -due [repɑ̃dy] *adj* widespread; widely known

reparaître [rəparɛtr] **§12** *intr* to reappear

répara•teur [reparatœr] **-trice** [tris] *adj* restorative || *m* repairman

réparation [reparɑsjɔ̃] *f* repair; reparation; restoration

réparer [repare] *tr* to repair; to mend, patch; to make up (*a loss*); to redress (*a wrong*); to restore (*one's strength*)

repartie [rəparti], [reparti] *f* repartee

repartir [rəpartir] **§64** *tr* to retort || *intr* (*aux:* ÊTRE) to start again; to leave again

répartir [repartir] *tr* to distribute

répartiteur [repartitœr] *m* distributor; assessor

répartition [repartisjɔ̃] *f* distribution; apportionment; range (*of words*)

repas [rəpɑ] *m* meal, repast; **dernier repas** (rel) last supper; **repas champêtre** picnic; **repas de noce** wedding breakfast; **repas froid** cold snack; **repas sur le pouce** takeout meal

repassage [rəpɑsaʒ] *m* recrossing; ironing; stropping; whetting

repasser [rəpɑse] *tr* to pass again; to go over, to review; to iron; to strop; to whet || *intr* to pass by again; to drop in again

repêcher [rəpɛʃe] *tr* to fish out; to give another chance to; (coll) to get (*s.o.*) out of a scrape

repentance [rəpɑ̃tɑ̃s] *f* repentance

repen•tant [rəpɑ̃tɑ̃] **-tante** [tɑ̃t] *adj* repentant

repen•ti -tie [rəpɑ̃ti] *adj* repentant

repentir [rəpɑ̃tir] *m* repentance || **§41** *ref* to repent; **se repentir de** to be sorry for, to repent

repérage [rəperaʒ] *m* spotting, locating; tracking; marking with a reference mark; (mov) synchronization

répercussion [repɛrkysjɔ̃] *f* repercussion

répercuter [repɛrkyte] *tr* to reflect || *ref* to reverberate; to have repercussions

repère [rəpɛr] *m* mark, reference

repérer [rəpere] **§10** *tr* to locate, spot; to mark with a reference mark; (mov) to synchronize

répertoire [repɛrtwar] *m* repertory; index; **répertoire à onglets** thumb index; **répertoire d'adresses** address book; **répertoire vivant** walking encyclopedia

répéter [repete] **§10** *tr & ref* to repeat

répéti•teur [repetitœr] **-trice** [tris] *mf* assistant teacher; coach, tutor

répétition [repetisjɔ̃] *f* repetition; private lesson, tutoring; rehearsal; **répétition des couturières** next to last dress rehearsal; **répétition générale** final dress rehearsal

repeupler [rəpœple] *tr* to repeople; to restock

repiquer [rəpike] *tr* to plant out (*seedlings*); to repave; to restitch; to rerecord; (phot) to retouch || *intr*—**repiquer à** (slang) to come back to

répit [repi] *m* respite, letup

replacement [rəplasmɑ̃] *m* replacement; reinvestment

replacer [rəplase] **§51** *tr* to replace; to find a new job for; to reinvest || *ref* to find a new job

replâtrage [rəplɑtraʒ] *m* replastering; makeshift; (fig) patchwork

re•plet [rəplɛ] **-plète** [plɛt] *adj* fat, plump

repli [rəpli] *m* crease, fold; dip, depression; (mil) falling back

replier [rəplije] *tr* to refold; to turn up; to close (*e.g., an umbrella*) || *ref* to curl up, to coil up; (mil) to fall back

réplique [replik] *f* reply, retort; replica; **donner la réplique à qn** to answer s.o.; (theat) to give s.o. his cue; (theat) to play the straight man or stooge for s.o.

répliquer [replike] *tr & intr* to reply

replonger [rəplɔ̃ʒe] **§38** *tr* to plunge again || *intr* to dive again || *ref*—**se replonger dans** to get back into

répon•dant [repɔ̃dɑ̃] **-dante** [dɑ̃t] *mf* guarantor; (eccl) server; **avoir du répondant** (coll) to have money behind one

répondre [repɔ̃dr] *tr* to answer (*e.g., yes or no*); to assure || *intr* to answer, reply; to answer back, be saucy; to reecho; **répondre à** to answer (*e.g., a question, a letter*); to correspond to; **répondre de** to answer for (*a person*); to guarantee (*a thing*) || *ref* to answer each other; to correspond to each other; to be in harmony

réponse [repɔ̃s] *f* answer, response; **réponse normande** evasive answer

report [rəpɔr] *m* carrying forward or over; carry-over

reportage [rəpɔrtaʒ] *m* reporting

reporter [rəpɔrtɛr] *m* reporter || [rəpɔrte] *tr* to carry back; to postpone; (math) to carry forward || *intr*

(com) to carry stock; **à reporter** carried forward || *ref*—**se reporter à** to be carried back to (*e.g., childhood days*); to refer to
reporteur [rəpɔrtœr] *m* broker
repos [rəpo] *m* rest, repose; **au repos** not running, still; **de tout repos** reliable; **en repos** at rest; **repos!** (mil) at ease!
repo•sé -sée [rəpoze] *adj* refreshed, relaxed
reposer [rəpoze] *tr* to rest || *intr* to rest; **ici repose . . .** here lies . . . || *ref* to rest; **s'en reposer sur** to rely on
repous•sant [rəpusɑ̃] **repous•sante** [rəpusɑ̃t] *adj* repulsive
repousser [rəpuse] *tr* to push, shove; to repulse, repel; to reject, refuse; to postpone; to emboss || *intr* to grow again; to be offensive; (arti) to recoil
repoussoir [rəpuswar] *m* foil; contrast; (mach) driving bolt
reprendre [rəprɑ̃dr] **§56** *tr* to take back; to resume; to regain (*consciousness*); to find fault with; to take in (*e.g., a dress*); to catch (*one's breath*); (theat) to put on again || *intr* to start again; to pick up, to improve; to criticize || *ref* to pull oneself together; to correct oneself in speaking
représailles [rəprezɑj] *fpl* reprisal
représentant [rəprezɑ̃tɑ̃] *m* representative
représenta•tif [rəprezɑ̃tatif] **-tive** [tiv] *adj* representative
représentation [rəprezɑ̃tɑsjɔ̃] *f* representation; performance; remonstrance
représenter [rəprezɑ̃te] *tr* to represent; to put on, to perform || *intr* to make a good showing
répression [represjɔ̃] *f* repression
réprimande [reprimɑ̃d] *f* reprimand
réprimander [reprimɑ̃de] *tr* to reprimand
réprimer [reprime] *tr* to repress
re•pris [rəpri] **-prise** [priz] *adj* recaptured; **être repris de** to suffer from a recurrence of || *m*—**repris de justice** hardened criminal, habitual offender || *f* see **reprise**
reprisage [rəprizaʒ] *m* darning
reprise [rəpriz] *f* recapture; resumption; darning; pickup (*acceleration of motor*); (theat) revival; **à plusieurs reprises** several times; **faire une reprise à** to darn; **par reprises** a little at a time
repriser [rəprize] *tr* to darn; to mend
réproba•teur [reprɔbatœr] **-trice** [tris] *adj* reproving
reproche [rəprɔʃ] *m* reproach
reprocher [rəprɔʃe] *tr* to reproach; to begrudge; (law) to take exception to (*a witness*); **reprocher q.ch. à qn** to reproach s.o. for s.th.; to begrudge s.o. s.th.; to remind s.o. reproachfully of s.th.
reproduction [rəprɔdyksjɔ̃] *f* reproduction
reproduire [rəprɔdɥir] **§19** *tr & ref* to reproduce
réprou•vé -vée [repruve] *adj & mf* outcast; damned
réprouver [repruve] *tr* to disapprove
reptile [rɛptil] *m* reptile
re•pu -pue [rəpy] *adj* satiated
républi•cain [repyblikɛ̃] **-caine** [kɛn] *adj & mf* republican
république [repyblik] *f* republic
répudier [repydje] *tr* to repudiate
répu•gnant [repyɲɑ̃] **-gnante** [ɲɑ̃t] *adj* repugnant
répugner [repyɲe] *intr* (with *dat*) to disgust; to balk at; **répugner à** + *inf* to be loath to + *inf*
répul•sif [repylsif] **-sive** [siv] *adj* repulsive
réputation [repytɑsjɔ̃] *f* reputation
répu•té -tée [repyte] *adj* of high repute; **être réputé** to be reputed to be
requérir [rəkerir] **§3** *tr* to demand; to ask; to require; to summon; to requisition
requête [rəkɛt] *f* petition, appeal
requiem [rekɥijɛm] *m* requiem
requin [rəkɛ̃] *m* shark
réquisition [rekizisjɔ̃] *f* requisition
réquisitionner [rekizisjɔne] *tr* to requisition
réquisitoire [rekizitwar] *m* indictment
res•capé -capée [rɛskape] *adj* rescued || *mf* survivor
rescinder [resɛ̃de] *tr* to rescind
rescousse [rɛskus] *f* rescue
ré•seau [rezo] *m* (*pl* **-seaux**) net; network, system; **réseau de barbelés** barbed wire entanglement
réséda [rezeda] *m* mignonette
réservation [rezɛrvɑsjɔ̃] *f* reservation
réserve [rezɛrv] *f* reserve; reservation; **de réserve** emergency, reserve (*rations, fund, etc.*); **sous réserve que** on condition that; **sous toutes réserves** without committing oneself
réserver [rezɛrve] *tr* to reserve; to set aside || *ref* to set aside for oneself; to wait and see, to hold off
réserviste [rezɛrvist] *m* reservist
réservoir [rezɛrvwar] *m* reservoir, tank; **réservoir de bombes** bomb bay
résidence [rezidɑ̃s] *f* residence
rési•dent [rezidɑ̃] **-dente** [dɑ̃t] *mf* alien, foreigner; (dipl) resident
résiden•tiel -tielle [rezidɑ̃sjɛl] *adj* residential
résider [rezide] *intr* to reside
résidu [rezidy] *m* residue; refuse
résignation [reziɲɑsjɔ̃] *f* resignation
résigner [reziɲe] *tr* to resign || *ref* to be or become resigned
résilier [rezilje] *tr* to cancel
résille [rezij] *f* hair net
résine [rezin] *f* resin
résistance [rezistɑ̃s] *f* resistance
résis•tant [rezistɑ̃] **-tante** [tɑ̃t] *adj* resistant; strong; fast (*color*)
résister [reziste] *intr* to be fast, not run (*said of colors or dyes*); (with *dat*) to resist, to withstand, to hold out against; (with *dat*) to weather (*e.g., a storm*); **résister à** + *inf* to resist + *ger*
réso•lu -lue [rezɔly] *adj* resolute, resolved

résolution [rezɔlysjɔ̃] *f* resolution; canceling
résonance [rezɔnɑ̃s] *f* resonance
résonner [rezɔne] *intr* to resound; to reecho
résorber [rezɔrbe] *tr* to absorb ‖ *ref* to become absorbed
résoudre [rezudr] §60 *tr* to resolve; to decide; to solve; to persuade; to cancel; **être résolu à** to be resolved to ‖ *intr*—**résoudre de** to decide to ‖ *ref*—**se résoudre à** to decide to; to reconcile oneself to; **se résoudre en** to turn into
respect [rɛspɛ] *m* respect; **présenter ses respects (à)** to pay one's respects (to); **respect de soi** or **soi-même** self-respect; **respect humain** [rɛspekymɛ̃] fear of what people might say; **sauf votre (mon,** etc.**) respect** with all due respect; pardon the language
respectable [rɛspɛktabl] *adj* respectable
respecter [rɛspɛkte] *tr* to respect ‖ *ref* to keep one's self-respect
respec•tif [rɛspɛktif] **-tive** [tiv] *adj* respective
respec•tueux [rɛspɛktɥø] **-tueuse** [tɥøz] *adj* respectful
respirer [rɛspire] *tr* to breathe ‖ *intr* to breathe; to catch one's breath
resplendis•sant [rɛsplɑ̃disɑ̃] **resplendis•sante** [rɛsplɑ̃disɑ̃t] *adj* resplendent
responsabilité [rɛspɔ̃sabilite] *f* responsibility
responsable [rɛspɔ̃sabl] *adj* responsible; **responsable de** responsible for; **responsable envers** accountable to ‖ *mf* person responsible, person in charge
resquiller [rɛskije] *tr* (coll) to obtain by fraud ‖ *intr* (coll) to crash the gate
resquil•leur [rɛskijœr] **resquil•leuse** [rɛskijøz] *mf* (coll) gate-crasher
ressac [rəsak] *m* surf; undertow
ressaisir [rəsezir] *tr* to recapture ‖ *ref* to regain one's self-control
ressasser [rəsɑse] *tr* to go over and over again
ressaut [rəso] *m* projection; sharp rise
ressemblance [rəsɑ̃blɑ̃s] *f* resemblance
ressembler [rəsɑ̃ble] *intr* (with *dat*) to resemble, look like ‖ *ref* to resemble one another; to be alike, to look alike
ressemeler [rəsəmle] §34 *tr* to resole
ressentiment [rəsɑ̃timɑ̃] *m* resentment
ressentir [rəsɑ̃tir] §41 *tr* to feel keenly, to be hurt by (*an insult*); to experience (*joy, pain, surprise*) ‖ *ref*—**se ressentir de** to feel the aftereffects of
resserre [rəsɛr] *f* shed, storeroom
resserrer [rəsere] *tr* to tighten; to contract; to close; to lock up (*e.g., valuables*) again ‖ *ref* to tighten; to contract
ressort [rəsɔr] *m* spring; springiness; motive; **du ressort de** within the jurisdiction of; **en dernier ressort** without appeal; as a last resort; **ressort à boudin** coil spring; **sans ressort** slack
ressortir [rəsɔrtir] *intr*—**ressortir à** to come under the jurisdiction of; to fall under the head of ‖ §64 *intr* (*aux:* ÊTRE) to go out again; to stand out, to be evident; **faire ressortir** to set off; **il ressort de** it follows from; **il ressort que** it follows that
ressortis•sant [rəsɔrtisɑ̃] **ressortis•sante** [rəsɔrtisɑ̃t] *adj*—**ressortissant à** under the jurisdiction of ‖ *mf* national
ressource [rəsurs] *f* resource
ressouvenir [rəsuvnir] §72 *ref* to reminisce; **se ressouvenir de** to recall
ressusciter [resysite] *tr* to resuscitate; to resurrect ‖ *intr* (*aux:* ÊTRE) to rise from the dead; to get well
res•tant [rɛstɑ̃] **-tante** [tɑ̃t] *adj* remaining ‖ *m* remainder
restaurant [rɛstɔrɑ̃] *m* restaurant; **restaurant libre-service** self-service restaurant
restauration [rɛstɔrɑsjɔ̃] *f* restoration; restaurant business
restaurer [rɛstɔre] *tr* to restore ‖ *ref* (coll) to take some nourishment
reste [rɛst] *m* rest, remainder; remnant; relic; **au reste, du reste** moreover; **de reste** spare; **restes** remains; leftovers
rester [rɛste] *intr* (*aux:* ÊTRE) to remain, to stay; to be left over; **en rester** to stop, to leave off; **en rester là** to stop right there; **il me (te, leur,** etc.**) reste q.ch.** I (you, they, etc.) have s.th. left
restituer [rɛstitɥe] *tr* to restore; to give back
restitution [rɛstitysjɔ̃] *f* restitution; restoration
restoroute [rɛstɔrut] *m* drive-in restaurant
restreindre [rɛstrɛ̃dr] §50 *tr* to restrict; to curtail ‖ *ref* to become limited; to cut down expenses
res•treint [rɛstrɛ̃] **-treinte** [trɛ̃t] *adj* limited
restriction [rɛstriksjɔ̃] *f* restriction
résultat [rezylta] *m* result
résulter [rezylte] *intr* to result; **il en résulte que** it follows that
résumé [rezyme] *m* summary, recapitulation; **en résumé** in short, in a word
résumer [rezyme] *tr* to summarize ‖ *ref* to be summed up
résurrection [rezyrɛksjɔ̃] *f* resurrection
rétablir [retablir] *tr* to restore ‖ *ref* to recover
rétablissement [retablismɑ̃] *m* restoration; recovery
retailler [rətɑje] *tr* to resharpen
retape [rətap] *f* (slang) streetwalking
retaper [rətape] *tr* (coll) to straighten up; (coll) to give a lick and a promise to ‖ *ref* (coll) to perk up
retard [rətar] *m* delay; **en retard** late; slow (*clock*); **en retard sur** behind
retardataire [rətardatɛr] *adj* tardy; retarded ‖ *mf* latecomer, straggler
retarder [rətarde] *tr* to delay; to put off; to set back ‖ *intr* to go slow, to be behind
retenir [rətnir] §72 *tr* to hold or keep back; to detain; to remember, note; to reserve; to retain (*a lawyer*); to

carry (*a number*) || *ref*—**se retenir à** to cling to; **se retenir de** to refrain from
retentir [rətɑ̃tir] *intr* to resound
rete•nu -nue [rətny] *adj* reserved; held back || *f* withholding; reserve; **retenue à la source** withholding tax
réticence [retisɑ̃s] *f* evasiveness, concealment; hesitation; reservation, misgiving
réti•cent [retisɑ̃] **-cente** [sɑ̃t] *adj* evasive; hesitant; reserved, withdrawn
réticule [retikyl] *m* handbag
ré•tif [retif] **-tive** [tiv] *adj* restive
rétine [retin] *f* retina
retirement [rətirmɑ̃] *m* contraction
retirer [rətire] *tr* to withdraw; to take off; to fire again || *intr* to fire again || *ref* to withdraw; to retire
retombée [rətɔ̃be] *f* fall; hang (*of cloth*); **retombées radioactives** fallout
retomber [rətɔ̃be] *intr* (*aux:* ÊTRE) to fall again; to fall; to fall back; to hang, hang down; to relapse
retordre [rətɔrdrə] *tr* to twist; to wring out
rétorquer [retɔrke] *tr* to retort
re•tors [rətɔr] **-torse** [tɔrs] *adj* twisted; wily; curved (*beak*) || *mf* rascal
retouche [rətuʃ] *f* retouch; (phot) retouching; **retouches** alterations
retoucher [rətuʃe] *tr* to retouch; to make alterations on
retour [rətur] *m* return; turn, bend; reversal (*e.g., of opinion*); **en retour d'équerre** at right angles; **être de retour** to be back; **par retour du courrier** by return mail; **retour à la masse** (elec) ground (*on chassis of auto, radio, etc.*); **retour à la terre** (elec) ground; **retour d'âge** change of life; **retour de flamme** backfire; **retour de manivelle** kick (of the crank); (fig) backlash; **retour en arrière** flashback
retourner [rəturne] *tr* to send back, to return; to upset; to turn over (*e.g., the soil*); to turn inside out || *intr* (*aux:* ÊTRE) to go back, to return || *ref* to turn around, to look back; to turn over; (fig) to veer, to shift; **s'en retourner** to go back; **se retourner contre** to turn against
retracer [rətrase] §51 *tr* to retrace; to bring to mind, to recall || *ref* to come to mind again; to recall
rétracter [retrakte] *tr & ref* to retract
rétraction [retraksjɔ̃] *f* contraction
retrait [rətrɛ] *m* withdrawal; shrinkage; running out (*of tide*); **en retrait** set back, recessed; (typ) indented; **retrait de permis** suspension of driver's license
retraite [rətrɛt] *f* retreat; retirement; pension; **battre en retraite** to retreat; **en retraite** retired; **prendre sa retraite** to retire; **toucher sa retraite** to draw one's pension
retrai•té -tée [rətrete] *adj* pensioned, retired || *mf* pensioner
retranchement [rətrɑ̃ʃmɑ̃] *m* retrenchment; cutting out
retrancher [rətrɑ̃ʃe] *tr* to cut off or out, to retrench || *ref* to become entrenched
retransmettre [rətrɑ̃smɛtr] §42 *tr* to retransmit; to rebroadcast
retransmission [rətrɑ̃smisjɔ̃] *f* retransmission; rebroadcast
rétré•ci -cie [retresi] *adj* narrow; shrunk
rétrécir [retresir] *tr* to shrink; to take in (*a garment*) || *intr & ref* to shrink; to narrow
retremper [rətrɑ̃pe] *tr* to soak again; to retemper; to give new strength or life to || *ref* to take another dip; to get new vigor
rétribuer [retribɥe] *tr* to remunerate
rétribution [retribysjɔ̃] *f* retribution; salary, fee
rétroaction [retrɔaksjɔ̃] *f* feedback; retroaction
rétrofusée [retrɔfyze] *f* retrorocket
rétrograder [retrɔgrade] *intr* to retrogress
rétrospection [retrɔspɛksjɔ̃] *f* retrospection
retrousser [rətruse] *tr* to roll up, to turn up; to curl up (*one's lip*) || *ref* to turn up or pull up one's clothes
retrouver [rətruve] *tr* to find again; to recover || *ref* to be back again; to meet again; to get one's bearings
rétroviseur [retrɔvizœr] *m* rear-view mirror
rets [rɛ] *m*—**prendre dans des rets** to snare
réunification [reynifikɑsjɔ̃] *f* reunification
réunion [reynjɔ̃] *f* reunion; meeting
réunir [reynir] *tr* to unite, join; to reunite; to call together, convene || *ref* to meet; to reunite
réus•si -sie [reysi] *adj* successful
réussir [reysir] *tr* to make a success of, to be good at || *intr* to succeed; **réussir à** to succeed in; to pass (*an exam*)
réussite [reysit] *f* success; **faire une réussite** (cards) to play solitaire
revaloir [rəvalwar] §71 *tr*—**revaloir q.ch. à qn** to pay s.o. back for s.th.
revan•chard [rəvɑ̃ʃar] **-charde** [ʃard] *adj* (coll) vengeful || *mf* (coll) avenger
revanche [rəvɑ̃ʃ] *f* revenge; return bout or engagement, return match; **en revanche** on the other hand; **prendre sa revanche sur** to get even with
revancher [rəvɑ̃ʃe] *ref* to get even
rêvasser [rɛvase] *intr* to daydream
rêvasserie [rɛvasri] *f* fitful dreaming; daydreaming
rêve [rɛv] *m* dream
revêche [rəvɛʃ] *adj* sullen, crabbed
réveil [revɛj] *m* awakening; alarm clock; (mil) reveille
réveille-matin [revɛjmatɛ̃] *m invar* alarm clock
réveiller [reveje] *tr & ref* to wake up
réveillon [revɛjɔ̃] *m* Christmas Eve supper; New Year's Eve party
réveillonner [revɛjɔne] *intr* to celebrate Christmas Eve or New Year's Eve
révéla•teur [revelatœr] **-trice** [tris] *adj*

revealing; telltale || *mf* informer || *m* (phot) developer
révélation [revelɑsjɔ̃] *f* revelation
révéler [revele] §10 *tr* to reveal; (phot) to develop
revenant [rəvnɑ̃] *m* ghost
reven•deur [rəvɑ̃dœr] **-deuse** [døz] *mf* retailer; secondhand dealer
revendication [rəvɑ̃dikɑsjɔ̃] *f* claim
revendiquer [rəvɑ̃dike] *tr* to claim; to insist upon; to assume (*a responsibility*)
revendre [rəvɑ̃dr] *tr* to resell
revenez-y [rəvnezi] *m invar* (coll) return; **un goût de revenez-y** (coll) a taste like more
revenir [rəvnir] §72 *intr* (*aux:* ÊTRE) to return, come back; (with *dat*) to suit, to please; **en revenir** to have a narrow escape; **faire revenir** (culin) to brown; **n'en pas revenir** to not get over it; **revenir à** to come to, amount to; to come to (*e.g., mind*); **revenir à soi** to come to; **revenir bredouille** to come back empty-handed; **revenir de** to recover from; to realize (*a mistake*); **revenir de loin** to have been at death's door; **revenir sur** to go back on (*e.g., one's word*) || *ref*—**s'en revenir** to come back
revente [rəvɑ̃t] *f* resale
revenu [rəvny] *m* revenue, income
revenue [rəvny] *f* new growth (*of trees*)
rêver [reve] *tr* to dream || *intr* to dream; **rêver à** to dream of (*think about*); **rêver de** to dream of (*in sleep; to long to*)
réverbère [reverber] *m* streetlight
réverbérer [reverbere] §10 *tr* to reflect (*light, heat, etc.*) || *ref* to be reflected
reverdir [rəverdir] *tr* to make green || *intr* to grow green; to become young again
révérence [reverɑ̃s] *f* reverence; curtsy; **révérence parler** (coll) pardon the language; **tirer sa révérence** to bow out
révéren•cieux [reverɑ̃sjø] **-cieuse** [sjøz] *adj* obsequious
révé•rend [reverɑ̃] **-rende** [rɑ̃d] *adj* & *m* reverend
révérer [revere] §10 *tr* to revere
rêverie [revri] *f* reverie
revers [rəver] *m* reverse; lapel; (tennis) backhand; **à revers** from behind; **revers de main** slap with the back of the hand
reverser [rəverse] *tr* to pour back; to pour out again
réversible [reversibl] *adj* reversible
revêtement [rəvetmɑ̃] *m* surfacing; facing; lining; casing
revêtir [rəvetir] §73 *tr* to put on; to clothe, to dress up; to invest; to surface; to line; to face; to assume (*a form; an aspect*)
rê•veur [revœr] **-veuse** [vøz] *adj* dreamy || *mf* dreamer; **cela me laisse rêveur** that leaves me puzzled
revirement [rəvirmɑ̃] *m* sudden reversal; (naut) tack
réviser [revize] *tr* to revise; to review; to overhaul; to recondition
réviseur [revizœr] *m* proofreader
révision [revizjɔ̃] *f* revision; review; overhauling; proofreading
révisionniste [revizjɔnist] *adj* & *mf* revisionist
revivre [rəvivr] §74 *tr* to live again, relive || *intr* to live again
révocation [revɔkɑsjɔ̃] *f* dismissal; revocation
revoici [rəvwasi] *prep*—**me (vous, etc.) revoici** (coll) here I am (you are, etc.) again
revoilà [rəvwala] *prep*—**le (la, etc.) voilà** (coll) there it, he (she, etc.) is again
revoir [rəvwar] *m*—**au revoir** good-by || §75 *tr* to see again; to review; to revise || *ref* to meet again
révol•tant [revɔltɑ̃] **-tante** [tɑ̃t] *adj* revolting
révolte [revɔlt] *f* revolt, rebellion
révol•té -tée [revɔlte] *adj* & *mf* rebel
révolter [revɔlte] *tr* & *ref* to revolt; **se révolter devant** to be revolted by
révo•lu -lue [revɔly] *adj* completed; elapsed; bygone
révolution [revɔlysjɔ̃] *f* revolution
révolutionnaire [revɔlysjɔner] *adj* & *mf* revolutionary
revolver [revɔlver] *m* revolver
révoquer [revɔke] *tr* to revoke; to countermand; to dismiss; to recall
re•vu -vue [rəvy] *adj* revised || *f* see **revue**
revue [rəvy] *f* review; magazine, journal; (theat) revue; **passer en revue** to review (*past events; troops*)
rez-de-chaussée [redʃose] *m invar* first floor, ground floor
R.F. *abbr* (**République Française**) French Republic
rhabiller [rabije] *tr* to repair; to dress again; to refurbish || *ref* to change one's clothes; **va te rhabiller!** (pej) get out!
rhapsodie [rapsɔdi] *f* rhapsody
Rhénanie [renani] *f* Rhineland
rhéostat [reɔsta] *m* rheostat
rhétorique [retɔrik] *adj* rhetorical || *f* rhetoric
Rhin [rɛ̃] *m* Rhine
rhinocéros [rinɔserɔs] *m* rhinoceros
rhubarbe [rybarb] *f* rhubarb
rhum [rɔm] *m* rum
rhumati•sant [rymatizɑ̃] **-sante** [zɑ̃t] *adj* & *mf* rheumatic
rhumatis•mal -male [rymatismal] *adj* (*pl* **-maux** [mo]) rheumatic
rhumatisme [rymatism] *m* rheumatism
rhume [rym] *m* cold; **rhume des foins** hay fever
riant [rjɑ̃] **riante** [rjɑ̃t] *adj* smiling; cheerful, pleasant
ribambelle [ribɑ̃bel] *f* (coll) long string, swarm, lot
ri•baud [ribo] **-baude** [bod] *adj* licentious || *mf* camp follower; debauchee
ricanement [rikanmɑ̃] *m* snicker
ricaner [rikane] *intr* to snicker
ri•chard [riʃar] **-charde** [ʃard] *mf* (coll) moneybags
riche [riʃ] *adj* rich || *m* rich man; **nouveaux riches** newly rich

riche•lieu [riʃəljø] *m* (*pl* **-lieu** or **-lieus**) oxford
richesse [riʃɛs] *f* wealth; richness; **richesses** riches; **richesses naturelles** natural resources
ricin [risɛ̃] *m* castor-oil plant; castor bean
ricocher [rikɔʃe] *intr* to ricochet, rebound
ricochet [rikɔʃɛ] *m* ricochet; **faire des ricochets** to play ducks and drakes; **par ricochet** indirectly
rictus [riktys] *m* rictus; grin
ride [rid] *f* wrinkle; ripple
ri•deau [rido] *m* (*pl* **-deaux**) curtain; **rideau d'arbres** line of trees; **rideau de fer** iron curtain; safety blind (*of a store*); (theat) fire curtain; **rideau de feu** (mil) cover of artillery fire; **rideau de fumée** smoke screen
ridelle [ridɛl] *f* rave, side rails (*of wagon*)
rider [ride] *tr* to wrinkle; to ripple
ridicule [ridikyl] *adj* ridiculous ‖ *m* ridicule
ridiculiser [ridikylize] *tr* to ridicule
rien [rjɛ̃] *m* trifle; **comme un rien** with no trouble at all; **un rien de** just a little (bit) of; **un rien de temps** no time at all ‖ *pron indef*—**de rien** don't mention it, you're welcome; of no importance; **il n'en est rien** such is not the case; **rien ne** or **ne . . . rien** §90B nothing, not anything; **rien de moins (que)** nothing less (than); **rien que** nothing but
rieur [rjœr] **rieuse** [rjøz] *adj* laughing ‖ *mf* laugher, mocker ‖ *f* (orn) black-headed gull
riflard [riflar] *m* coarse file; jack plane; paring chisel
rigide [riʒid] *adj* rigid; stiff; strict
rigolade [rigɔlad] *f* (coll) good time, fun; (coll) big joke
rigole [rigɔl] *f* drain; ditch
rigoler [rigɔle] *intr* (slang) to laugh, to joke
rigo•lo [rigɔlo] **-lote** [lɔt] *adj* (coll) comical; (coll) queer, funny ‖ *mf* (coll) card ‖ *m* (slang) rod, gat
rigou•reux [rigurø] **-reuse** [røz] *adj* rigorous; severe
rigueur [rigœr] *f* rigor, strictness; **à la rigueur** to the letter; as a last resort; **de rigueur** compulsory, de rigueur
rillons [rijɔ̃] *mpl* cracklings
rimail•leur [rimɑjœr] **rimail•leuse** [rimɑjøz] *mf* (coll) rhymester
rime [rim] *f* rhyme; **rimes croisées** alternate rhymes; **rimes plates** couplets of alternate masculine and feminine rhymes
rimer [rime] *tr* & *intr* to rhyme
rinçage [rɛ̃saʒ] *m* rinse
rince-bouche [rɛ̃sbuʃ] *m invar* mouthwash
rince-bouteilles [rɛ̃sbutɛj] *m invar* (mach) bottle-washing machine
rince-doigts [rɛ̃sdwa] *m invar* fingerbowl
rincer [rɛ̃se] §51 *tr* to rinse; (slang) to ruin, to take to the cleaners
rinçure [rɛ̃syr] *f* rinsing water
ring [riŋ] *m* ring (*for, e.g., boxing*)
ringard [rɛ̃gar] *m* poker (*for fire*)
ripaille [ripɑj] *f* (coll) blowout; **faire ripaille** (coll) to carouse
ripe [rip] *f* scraper
riper [ripe] *tr* to scrape; (naut) to slip ‖ *intr* to slip; to skid
riposte [ripɔst] *f* riposte, retort
riposter [ripɔste] *tr* to riposte, to retort
rire [rir] *m* laugh; laughter; laughing ‖ §61 *intr* to laugh; to joke; to smile; **pour rire** for fun, in jest; **rire dans sa barbe, rire sous cape** to laugh up one's sleeve; **rire de** to laugh at or over; **rire du bout des lèvres, rire du bout des dents** to titter; **rire jaune** to force a laugh ‖ *ref*—**se rire de** to laugh at
ris [ri] *m* (naut) reef; (obs) laughter; **ris d'agneau** or **de veau** sweetbread
risée [rize] *f* scorn; laughingstock; light squall
risible [rizibl] *adj* laughable
risque [risk] *m* risk
ris•qué -quée [riske] *adj* risky; risqué
risquer [riske] *tr* to risk; to hasard (*e.g., a remark*) ‖ *intr*—**risquer de** + *inf* to risk + *ger*; to have a good chance of + *ger*
risque-tout [riskətu] *mf invar* daredevil
rissoler [risɔle] *tr* & *intr* to brown
ristourne [risturn] *f* rebate, refund; dividend
ristourner [risturne] *tr* to refund
ritournelle [riturnɛl] *f*—**c'est toujours la même ritournelle** it's always the same old story; **ritournelle publicitaire** advertising jingle or slogan
ri•tuel -tuelle [ritɥɛl] *adj* & *m* ritual
rivage [rivaʒ] *m* shore; bank
ri•val -vale [rival] (*pl* **-vaux** [vo] **-vales**) *adj* & *mf* rival
rivaliser [rivalize] *intr* to compete; **rivaliser avec** to compete with, to rival
rivalité [rivalite] *f* rivalry
rive [riv] *f* shore; bank
river [rive] *tr* to rivet
rive•rain [rivrɛ̃] **-raine** [rɛn] *adj* waterfront; bordering ‖ *mf* riversider; dweller along a street or road
riveraineté [rivrɛnte] *f* riparian rights
rivet [rivɛ] *m* rivet
rivière [rivjɛr] *f* river, stream, tributary; (turf) water jump; **rivière de diamants** diamond necklace
rixe [riks] *f* brawl
riz [ri] *m* rice; **riz au lait** rice pudding; **riz glacé** polished rice
rizière [rizjɛr] *f* rice field
robe [rɔb] *f* dress; gown; robe; wrapper (*of cigar*); skin (*of onion, sausage, etc.*); husk (*of, e.g., bean*); **robe de chambre** dressing gown; **robe d'intérieur** housecoat
rober [rɔbe] *tr* to husk, to skin; to wrap (*a cigar*)
roberts [rɔbɛr] *mpl* (slang) breasts
robin [rɔbɛ̃] *m* (coll) judge; (pej) shyster
robinet [rɔbinɛ] *m* faucet, tap; cock;

robinet d'eau tiède (coll) bore; **robinet mélangeur** mixing faucet
robinier [rɔbinje] *m* (bot) locust tree
robot [rɔbo] *m* robot
robre [rɔbr] *m* rubber (*in bridge*)
robuste [rɔbyst] *adj* robust; firm
roc [rɔk] *m* rock
rocaille [rɔkɑj] *adj* rococo || *f* stones; rocky ground; stonework
rocail•leux [rɔkɑjø] **rocail•leuse** [rɔkɑjøz] *adj* rocky, stony; harsh
roche [rɔʃ] *f* rock; boulder
rocher [rɔʃe] *m* rock; crag
rochet [rɔʃɛ] *m* ratchet; bobbin
ro•cheux [rɔʃø] **-cheuse** [ʃøz] *adj* rocky
rodage [rɔdaʒ] *m* grinding; breaking in; **en rodage** being broken in, new
roder [rɔde] *tr* to grind (*a valve*); to break in (*a new car*); to polish up (*a new play*)
rôder [rode] *intr* to prowl
rô•deur [rodœr] **-deuse** [døz] *adj* prowling || *mf* prowler
rogatons [rɔgatɔ̃] *mpl* (coll) scraps
rogne [rɔɲ] *f* (coll) anger; **mettre qn en rogne** (coll) to make s.o. see red
rogner [rɔɲe] *tr* to pare, to trim
rognon [rɔɲɔ̃] *m* kidney
rogomme [rɔgɔm] *m*—**de rogomme** (coll) husky, beery (*voice*)
rogue [rɔg] *adj* arrogant
roi [rwa], [rwɑ] *m* king; **tirer les rois** to gather to eat the Twelfth-night cake
roitelet [rwatlɛ] *m* kinglet; (orn) kinglet
rôle [rol] *m* role; roll, muster
ro•main [rɔmɛ̃] **-maine** [mɛn] *adj* Roman; roman (*type*); romaine (*lettuce*) || *m* (typ) roman || *f* romaine (lettuce) || (*cap*) *mf* Roman (*person*)
ro•man [rɔmɑ̃] **-mane** [man] *adj* Romance (*language*); (archit) Romanesque || *m* novel; **roman d'anticipation** science-fiction novel; **roman policier** detective story
romance [rɔmɑ̃s] *f* ballad
romanche [rɔmɑ̃ʃ] *m* Romansh
roman•cier [rɔmɑ̃sje] **-cière** [sjɛr] *mf* novelist; **romancier d'anticipation** science-fiction writer
ro•mand [rɔmɑ̃] **-mande** [mɑ̃d] *adj* French-speaking (*Switzerland*)
romanesque [rɔmanɛsk] *adj* romanesque, romantic, fabulous
roman-feuilleton [rɔmɑ̃fœjtɔ̃] *m* (*pl* **romans-feuilletons**) newspaper serial
roman-fleuve [rɔmɑ̃flœv] *m* (*pl* **romans-fleuves**) saga novel
romani•chel -chelle [rɔmaniʃɛl] *mf* gypsy, vagrant
romantique [rɔmɑ̃tik] *adj & mf* romantic
romantisme [rɔmɑ̃tism] *m* romanticism
romarin [rɔmarɛ̃] *m* (bot) rosemary
Rome [rɔm] *f* Rome
rompre [rɔ̃pr] (3d *sg pres ind* **rompt** [rɔ̃]) *tr* to break; to burst; to break in, train; to break off || *intr & ref* to break
romsteck [rɔmstɛk] *m* rump steak
ronce [rɔ̃s] *f* bramble; curly grain (*of wood*); **en ronces artificielles** barbed-wire (*fence*)
ronchonner [rɔ̃ʃɔne] *intr* (coll) to bellyache, grumble
rond [rɔ̃] **ronde** [rɔ̃d] *adj* round; rounded; plump; straightforward; (slang) tight, drunk || *m* ring, circle; round slice, (coll) dough, money; **en rond** in a circle; **rond de fumée** smoke ring, **rond de serviette** napkin ring || *f* round; beat, round; round dance; radius; round hand; (mus) whole note; **à la ronde** around; **s'amuser à la ronde, faire la ronde** to go ring-around-a-rosy || **rond** *adv* —**tourner rond** to work or go smoothly
rond-de-cuir [rɔ̃dkɥir] *m* (*pl* **ronds-de-cuir**) leather seat; (pej) bureaucrat
ron•deau [rɔ̃do] *m* (*pl* **-deaux**) rondeau; field roller
ronde•let [rɔ̃dlɛ] **-lette** [lɛt] *adj* plump; tidy (*sum*)
rondelle [rɔ̃dɛl] *f* disk; slice; washer (*of faucet, bolt, etc.*)
rondement [rɔ̃dmɑ̃] *adv* briskly; **mener rondement** to make short work of; **parler rondement** to be blunt
rondeur [rɔ̃dœr] *f* roundness; plumpness; frankness
rond-point [rɔ̃pwɛ̃] *m* (*pl* **ronds-points**) intersection crossroads; traffic circle; circus, roundabout (Brit)
ronéo [rɔneo] *f* Mimeograph machine
ronéotyper [rɔneɔtipe] *tr* to mimeograph
ron•flant [rɔ̃flɑ̃] **-flante** [flɑ̃t] *adj* snoring; roaring whirring, humming; (pej) high-sounding, pretentious
ronflement [rɔ̃fləmɑ̃] *m* snore; roar; whirr, hum
ronfler [rɔ̃fle] *intr* to snore; to roar; to whirr, to hum
ron•fleur [rɔ̃flœr] **-fleuse** [fløz] *mf* snorer || *m* vibrator (*replacing bell*)
ronger [rɔ̃ʒe] **§38** *tr* to gnaw, nibble; to eat away, to bite (*one's nails*); to corrode; to torment || *ref* to be worn away; to be eaten away; to eat one's heart out, to fret
ron•geur [rɔ̃ʒœr] **-geuse** [ʒøz] *adj* gnawing || *m* rodent
ronron [rɔ̃rɔ̃] *m* purr; drone
ronronnement [rɔ̃rɔnmɑ̃] *m* purring
ronronner [rɔ̃rɔne] *intr* to purr
roquer [rɔke] *intr* (chess) to castle
roquet [rɔkɛ] *m* cur, yapper; (*breed of dog*) pug
roquette [rɔkɛt] *f* (*plant; missile*) rocket
rosace [rozas] *f* rose window; (archit) rosette
rosa•cé -cée [rozase] *adj* roselike || *f* skin eruption
rosaire [rozɛr] *m* rosary
rosâtre [rozɑtr] *adj* dusty-pink
rosbif [rɔsbif] *m* roast beef
rose [roz] *adj & m* rose, pink (*color*) || *f* rose; rose window; **dire la rose** to box the compass; **rose des vents** compass card; **rose d'Inde** (*Tagetes*) marigold
ro•sé -sée [roze] *adj* rose, rose-colored || *m* rosé wine || *f* see **rosée**

ro•seau [rozo] *m* (*pl* **-seaux**) reed
rosée [roze] *f* dew
roséole [rozeɔl] *f* rash; rose rash
roseraie [rozrɛ] *f* rose garden
rosette [rɔzɛt] *f* bowknot; rosette; red ink; red chalk
rosier [rozje] *m* rosebush; **rosier églantier** sweetbrier
rosse [rɔs] *adj* nasty, mean; strict, stern; cynical || *f* (coll) beast, stinker; (coll) nag; **sale rosse** (coll) dirty bitch
rossée [rɔse] *f* (coll) thrashing
rosser [rɔse] *tr* to beat up, thrash; (coll) to beat, to best
rossignol [rɔsiɲɔl] *m* skeleton key; (orn) nightingale; (coll) piece of junk, drug on the market
rot [ro] *m* (slang) burp, belch
rota•tif [rɔtatif] **-tive** [tiv] *adj* rotary || *f* rotary press
rotation [rɔtɑsjɔ̃] *f* rotation; turnover (*of merchandise*)
rotatoire [rɔtatwar] *adj* rotary
roter [rɔte] *intr* (slang) to burp
rô•ti -tie [roti] *adj* roasted || *m* roast || *f* piece of toast; **rôtie à l'anglaise** Welsh rarebit
rotin [rɔtɛ̃] *m* rattan; **de** or **en rotin** cane (*chair*); **pas un rotin!** not a penny!
rôtir [rotir] *tr, intr, & ref* to roast; to toast; to scorch
rôtisserie [rotisri] *f* rotisserie shop (*where roasted fowl is sold*); grillroom (*restaurant*)
rôtissoire [rotiswar] *f* rotisserie
rotonde [rɔtɔ̃d] *f* rotunda; (rr) roundhouse
rotor [rɔtɔr] *m* rotor
rotule [rɔtyl] *f* kneecap
roture [rɔtyr] *f* common people
rotu•rier [rɔtyrje] **-rière** [rjɛr] *adj* plebeian, of the common people || *mf* commoner
rouage [rwaʒ] *m* cog; **rouages** movement (*of a watch*)
rou•blard [rublar] **-blarde** [blard] *adj* (coll) wily || *mf* (coll) schemer
roublardise [rublardiz] *f* (coll) cunning
roucoulement [rukulmɑ̃] *m* cooing; billing and cooing
roucouler [rukule] *tr & intr* to coo
roue [ru] *f* wheel; **faire la roue** to turn cartwheels; to strut; **roue de secours** spare wheel (*with tire*)
roué rouée [rwe] *adj* slick; knocked out || *mf* slicker || *m* rake
rouelle [rwɛl] *f* fillet (*of veal*)
rouer [rwe] *tr* to break upon the wheel; **rouer de coups** to thrash, beat up
rouerie [ruri] *f* trickery; trick
rouet [rwɛ] *m* spinning wheel
rouge [ruʒ] *adj* red || *m* red; rouge; blush; **porter au rouge** to heat redhot; **rouge à lèvres** lipstick || *adv* red
rou•geaud [ruʒo] **-geaude** [ʒod] *adj* ruddy || *mf* ruddy-faced person
rouge-gorge [ruʒgɔrʒ] *m* (*pl* **rougesgorges**) robin (*Erithacus rubecula*)
rougeole [ruʒɔl] *f* measles
rougeur [ruʒœr] *f* redness; blush; **rougeurs** red spots
rougir [ruʒir] *tr* to redden || *intr* to turn red; to blush
rouille [ruj] *f* rust
rouil•lé -lée [ruje] *adj* rusty; (*out of practice; blighted*) rusty
rouiller [ruje] *tr, intr, & ref* to rust
roulade [rulad] *f* trill; (mus) run
rou•lant [rulɑ̃] **-lante** [lɑ̃t] *adj* rolling; (coll) funny
rou•leau [rulo] *m* (*pl* **-leaux**) roller; roll; spool; rolling pin; **rouleau compresseur** road roller
roulement [rulmɑ̃] *m* roll; rotation; rattle, clatter; exchange; **par roulement** in rotation; **roulement à billes** ball bearing
rouler [rule] *tr* to roll; (coll) to take in, cheat || *intr* to roll; to roll along; **rouler sur** to roll in (*wealth*); to turn on || *ref* to roll; to roll up; to toss and turn; (with *dat* of *reflex pron*) to twiddle (*one's thumbs*); **se les rouler** (coll) to not turn a hand
roule-ta-bille [rultabij] *m invar* (coll) rolling stone
roulette [rulɛt] *f* small wheel; castor; roulette; **aller comme sur des roulettes** to go well, to work smoothly
rou•leur [rulœr] **-leuse** [løz] *mf* drifter (*from one job to another*) || *m* freight handler || *f* streetwalker
roulis [ruli] *m* (naut) roll
roulotte [rulɔt] *f* trailer; gypsy wagon
rou•main [rumɛ̃] **-maine** [mɛn] *adj* Rumanian || *m* Rumanian (*language*) || (*cap*) *mf* Rumanian (*person*)
roupiller [rupije] *intr* to take a snooze
rou•quin [rukɛ̃] **-quine** [kin] *adj* (coll) red-headed; || *mf* (coll) redhead || *m* (slang) red wine; **Rouquin** Red (*nickname*)
rouspéter [ruspete] **§10** *intr* (coll) to bellyache, to kick
rouspé•teur [ruspetœr] **-teuse** [tøz] *mf* (coll) bellyacher, complainer
roussâtre [rusɑtr] *adj* auburn
rousse [rus] *f* redhead, auburn-haired woman; (slang) cops
rousseur [rusœr] *f* reddishness; freckle
roussir [rusir] *tr* to scorch; to singe || *intr* to become brown; **faire roussir** (culin) to brown
route [rut] *f* road; route, itinerary; **bonne route!** happy motoring!; **en route!** let's go!; **faire fausse route** to take the wrong road; (fig) to be on the wrong track; **mettre en route** to start; **route déformée** rough road; **route déviée** detour
rou•tier [rutje] **-tière** [tjɛr] *adj* road (*e.g., map*) || *m* trucker; bicycle racer; Explorer, Rover (*boy scout*); (naut) track chart; **vieux routier** veteran, old hand
routine [rutin] *f* routine
routi•nier [rutinje] **-nière** [njɛr] *adj* routine; one-track (*mind*)
rouvieux [ruvjø] *adj masc* mangy || *m* mange
rouvrir [ruvrir] **§65** *tr & intr* to reopen
roux [ru] **rousse** [rus] *adj* russet, red-

dish; red, auburn (*hair*); browned (*butter*) || *mf* redhead || *m* russet, reddish brown, auburn (*color*); brown sauce || *f* see **rousse**
royal royale [rwajal] *adj* (*pl* **royaux** [rwajo]) royal || *f* imperial, goatee
royaliste [rwajalist] *adj & mf* royalist
royaume [rwajom] *m* kingdom
royauté [rwajote] *f* royalty
R.S.V.P. [ɛrɛsvepe] *m* (letterword) (**répondez, s'il vous plaît**) R.S.V.P.
R.T.F. [ɛrteɛf] *f* (letterword) (**radiodiffusion-télévision française**) French radio and television
ruade [ryad] *f* kick, buck
ruban [rybɑ̃] *m* ribbon; tape; **ruban adhésif** adhesive tape; **ruban adhésif transparent** transparent tape; **ruban de chapeau** hatband, **ruban de frein** brake lining, **ruban encreur** typewriter ribbon; **ruban magnétique** recording tape
rubéole [rybeɔl] *f* German measles
rubis [rybi] *m* ruby; jewel (*of watch*); **payer rubis sur l'ongle** to pay down on the nail
rubrique [rybrik] *f* rubric; caption, heading; label (*in a dictionary*)
ruche [ryʃ] *f* beehive
rude [ryd] *adj* rude, rough; rugged; hard; steep; (coll) amazing
rudement [rydmɑ̃] *adv* roughly; (coll) awfully, mighty
rudesse [rydɛs] *f* rudeness, roughness; harshness
rudiment [rydimɑ̃] *m* rudiment
rudoyer [rydwaje] §47 *tr* to bully, browbeat; to abuse, treat roughly
rue [ry] *f* street; **rue barrée** (public sign) no thoroughfare; (public sign) closed for repairs; **rue sans issue** (public sign) no outlet
ruée [rɥe] *f* rush; **ruée vers l'or** gold rush
ruelle [rɥɛl] *f* alley, lane; space between bed and wall
ruer [rɥe] *intr* to kick, to buck; **ruer dans les brancards** to kick over the traces || *ref*—**se ruer sur** to rush at
rugir [ryʒir] *intr* to roar, bellow
rugissement [ryʒismɑ̃] *m* roar
ru•gueux [rygø] **-gueuse** [gøz] *adj* rough, rugged
ruine [rɥin] *f* ruin
ruiner [rɥine] *tr* to ruin
ruis•seau [rɥiso] *m* (*pl* **-seaux**) stream, brook; (fig) gutter
ruisseler [rɥisle] §34 *intr* to stream; to drip, to trickle
ruisselet [rɥislɛ] *m* little stream
ruissellement [rɥisɛlmɑ̃] *m* streaming; (*e.g., of light*) flood
rumeur [rymœr] *f* rumor; hum (*e.g., of voices*); roar (*of the sea*); **rumeur publique** public opinion
ru•pin [rypɛ̃] **-pine** [pin] *adj* (slang) rich || *mf* (slang) swell
rupiner [rypine] *tr & intr* (coll) to do well
rupteur [ryptœr] *m* (elec) contact breaker
rupture [ryptyr] *f* rupture; breach; break; breaking off
ru•ral -rale [ryral] (*pl* **-raux** [ro]) *adj* rural || *mf* farmer; **ruraux** country people
ruse [ryz] *f* ruse
ru•sé -sée [ryze] *adj* cunning, crafty || *mf* sly one
russe [rys] *adj* Russian || *m* Russian (*language*) || (*cap*) *mf* Russian (*person*)
Russie [rysi] *f* Russia; **la Russie** Russia
rus•taud [rysto] **-taude** [tod] *adj* rustic, clumsy || *mf* bumpkin
rustique [rystik] *adj* rustic; hardy
rustre [rystr] *adj* oafish || *m* bumpkin, oaf; (obs) peasant
rut [ryt] *m* (zool) rut
ruti•lant [rytilɑ̃] **-lante** [lɑ̃t] *adj* bright-red; gleaming
rutiler [rytiler] *intr* to gleam, to glow
rythme [ritm] *m* rhythm; rate (*of production*)
ryth•mé -mée [ritme] *adj* rhythmic(al); cadenced
rythmer [ritme] *tr* to cadence; to mark with a rhythm
rythmique [ritmik] *adj* rhythmic(al)

S

S, s [ɛs], *[ɛs] *m invar* nineteenth letter of the French alphabet
S. *abbr* (**saint**) St.
sa [sa] §88
S.A. [ɛsɑ] *f* (letterword) (**Société anonyme**) Inc.
sabbat [saba] *m* Sabbath; witches' Sabbath; racket, uproarious gaiety; **sabbat des chats** caterwauling
sabir [sabir] *m* pidgin
sable [sɑbl] *m* sand; sable; **sable mouvant** quicksand
sabler [sɑble] *tr* to sandblast; to drink in one gulp; to toss off (*some champagne*)
sa•bleux [sɑblø] **-bleuse** [bløz] *adj* sandy || *f* sandblast; sandblaster
sablier [sɑblije] *m* hourglass; (*for drying ink*) sandbox; dealer in sand
sablière [sɑblijɛr] *f* sandpit; wall plate; (rr) sandbox
sablon•neux [sɑblɔnø] **sablon•neuse** [sɑblɔnøz] *adj* sandy
sablonnière [sɑblɔnjɛr] *f* sandpit
sabord [sabɔr] *m* porthole
saborder [sabɔrde] *tr* to scuttle

sabot [sabo] *m* wooden shoe; hoof; whipping top; bungled work; ferrule; caster cup; **dormir comme un sabot** to sleep like a top; **sabot de frein** brake shoe; **sabot d'enrayage** wedge, block, scotch
sabotage [sabɔtaʒ] *m* sabotage
saboter [sabɔte] *tr* to sabotage; to bungle || *intr* (coll) to make one's wooden shoes clatter
sabo•teur [sabɔtœr] **-teuse** [tøz] *mf* saboteur; bungler
sabo•tier [sabɔtje] **-tière** [tjɛr] *mf* maker and seller of wooden shoes || *f* clog dance
sabre [sɑbr] *m* saber
sabrer [sɑbre] *tr* to saber; (coll) to botch; (coll) to cut, condense
sac [sak] *m* sack, bag; **être un sac d'os** [dɔs] to be nothing but skin and bones; **sac à main** handbag; **sac à malice** bag of tricks; **sac à provisions** shopping bag; **sac de couchage** sleeping bag
saccade [sakad] *f* jerk
sacca•dé -dée [sakade] *adj* jerky
saccager [sakaʒe] **§38** *tr* to sack; (coll) to upset, to turn topsy-turvy
saccha•rin -rine [sakarɛ̃] [rin] *adj* saccharine || *f* saccharin
saccharose [sakaroz] *m* sucrose
sacerdoce [sasɛrdɔs] *m* priesthood
sacerdo•tal -tale [sasɛrdɔtal] *adj* (*pl* **-taux** [to]) sacerdotal, priestly
sachet [saʃɛ] *m* sachet; packet (*of needles, medicine, etc.*); powder charge
sacoche [sakɔʃ] *f* satchel
sacramen•tel -telle [sakramɑ̃tɛl] *adj* sacramental
sacre [sakr] *m* crowning, consecration
sa•cré -crée [sakre] *adj* sacred; (anat) sacral || (when standing before noun) *adj* (coll) darned, blasted
sacrement [sakrəmɑ̃] *m* sacrament
sacrer [sakre] *tr* to crown, to consecrate || *intr* to curse
sacrifice [sakrifis] *m* sacrifice
sacrifier [sakrifje] *tr* to sacrifice
sacrilège [sakrilɛʒ] *adj* sacrilegious || *mf* sacrilegious person || *m* sacrilege
sacristain [sakristɛ̃] *m* sexton
sadique [sadik] *adj* sadistic || *mf* sadist
safran [safrɑ̃] *m* saffron
sagace [sagas] *adj* sagacious, shrewd
sage [saʒ] *adj* wise; well-behaved; modest (*woman*); good (*child*); **soyez sage!** be good! || *mf* sage
sage-femme [saʒfam] *f* (*pl* **sages-femmes**) midwife
sagesse [saʒɛs] *f* wisdom; good behavior
sai•gnant [sɛɲɑ̃] **-gnante** [ɲɑ̃t] *adj* bleeding; (*wound*) fresh; (*meat*) rare
saignée [sɛɲe] *f* bloodletting; bend of the arm, small of the arm; (fig) drain on the purse
saignement [sɛɲmɑ̃] *m* bleeding; **saignement de nez** nosebleed
saigner [sɛɲe], [seɲe] *tr & intr* to bleed; **saigner à blanc, saigner aux quatre veines** to bleed white
sail•lant [sajɑ̃] **sail•lante** [sajɑ̃t] *adj* prominent, salient; projecting; high (*cheekbones*)
saillie [saji] *f* projection; spurt; sally, outburst; **faire saillie** to jut out, project
saillir [sajir] (used only in *inf, ger,* & 3d *sg & pl*) *tr* (agr) to cover || **§69** *intr* to protrude, to project; to spurt
sain [sɛ̃] **saine** [sɛn] *adj* healthy; **sain d'esprit** sane; **sain et sauf** safe and sound
saindoux [sɛ̃du] *m* lard
sainement [sɛnmɑ̃] *adv* soundly
saint [sɛ̃] **sainte** [sɛ̃t] *adj* saintly; sacred, holy || *mf* saint
sainteté [sɛ̃tәte] *f* holiness
saisie [sezi] *f* seizure; foreclosure
saisie-arrêt [seziarɛ] *f* (*pl* **-arrêts**) attachment, garnishment
saisir [sezir] *tr* to seize; to sear (*meat*); to grasp (*to understand*); to strike, startle; to overcome; **saisir un tribunal de** to lay before a court || *ref* —**se saisir de** to take possession of
saisissement [sezismɑ̃] *m* chill; shock
saison [sɛzɔ̃] *f* season
salace [salas] *adj* salacious
salade [salad] *f* salad; (fig) mess; **salade russe** mixed vegetable salad with mayonnaise
saladier [saladje] *m* salad bowl
salaire [salɛr] *m* salary, wage; recompense, punishment
salariat [salarja] *m* salaried workers, employees; salary (*fixed wage*)
sala•rié -riée [salarje] *adj* salaried, hired || *mf* wage earner; employee
sa•laud [salo] **-laude** [lod] *adj* (coll) slovenly || *mf* (slang) skunk, scoundrel
sale [sal] *adj* dirty; dull (*color*) || *mf* dirty person
sa•lé -lée [sale] *adj* salty, salted; dirty (*joke*); padded (*bill*); (slang) exaggerated || *m* salt pork
saler [sale] *tr* to salt
saleté [salte] *f* dirtiness; piece of dirt; (slang) dirty trick; (slang) dirt
salière [saljɛr] *f* saltcellar
salir [salir] *tr & ref* to soil
salive [saliv] *f* saliva
salle [sal] *f* room; hall; auditorium; ward (*in a hospital*); (theat) audience, house; **salle à manger** dining room; **salle d'armes** fencing room; **salle d'attente** waiting room; **salle de bains** bathroom; **salle d'écoute** language laboratory; **salle de police** (mil) guardhouse; **salle des accouchées** maternity ward; **salle de séjour** living room; **salle des machines** engine room; **salle des pas perdus** lobby, waiting room; **salle de rédaction** city room; **salle de spectacle** movie house; **salle des ventes** salesroom, showroom; **salle de travail** delivery room; **salle d'exposition** showroom
salon [salɔ̃] *m* living room, parlor; exposition; saloon (*ship's lounge*); **salon de beauté** beauty parlor; **salon de l'automobile** automobile show; **salon de thé** tearoom

salon•nard [salɔnar] **salon•narde** [salɔnard] *mf* sycophant
saloperie [salɔpri] *f* (slang) trash
salopette [salɔpɛt] *f* coveralls, overalls; bib; smock
salpêtre [salpɛtr] *m* saltpeter
salsepareille [salsəparɛj] *f* sarsaparilla
saltimbanque [saltɛ̃bɑ̃k] *mf* tumbler; mountebank, charlatan
salubre [salybr] *adj* salubrious, healthful
saluer [salɥe] *tr* to salute; to greet, to bow to, to wave to
salut [saly] *m* health; safety; salvation; salute; greeting, bow; nod; **salut!** (coll) hi!, howdy!; **salut les gars!, salut les copains!** hi, fellows!
salutation [salytɑsjɔ̃] *f* greeting; **salutations distinguées,** or **sincères salutations** (complimentary close) yours truly
salve [salv] *f* salvo, salute
samari•tain [samaritɛ̃] **-taine** [tɛn] *adj* Samaritan || (*cap*) *mf* Samaritan
samedi [samdi] *m* Saturday
sanatorium [sanatɔrjɔm] *m* sanitarium
sanctifier [sɑ̃ktifje] *tr* to sanctify
sanction [sɑ̃ksjɔ̃] *f* sanction; penalty
sanctionner [sɑ̃ksjɔne] *tr* to sanction; to penalize
sanctuaire [sɑ̃ktɥɛr] *m* sanctuary
sandale [sɑ̃dal] *f* sandal; gym shoe
sandwich [sɑ̃dwitʃ], [sɑ̃dwiʃ] *m* (*pl* **sandwiches, sandwichs**) sandwich
sang [sɑ̃] *m* blood; **avoir le sang chaud** (coll) to be a go-getter; **bon sang!** (coll) darn it!; **sang et tripes** blood and guts; **se faire du mauvais sang** to get all stewed up
sang-froid [sɑ̃frwa], [sɑ̃frwɑ] *m* self-control
san•glant [sɑ̃glɑ̃] **-glante** [glɑ̃t] *adj* bloody; cruel
sangle [sɑ̃gl] *f* cinch
sanglier [sɑ̃glije] *m* wild boar
sanglot [sɑ̃glo] *m* sob
sangloter [sɑ̃glɔte] *intr* to sob
sang-mêlé [sɑ̃mɛle] *m invar* half-breed
sangsue [sɑ̃sy] *f* bloodsucker, leech
san•guin [sɑ̃gɛ̃] **-guine** [gin] *adj* sanguine || *f* (fa) sanguine
sanitaire [sanitɛr] *adj* sanitary; hospital, e.g., **avion sanitaire** hospital plane
sans [sɑ̃] *adv*—**sans que** without; **sans quoi** or else || *prep* without; **sans cesse** ceaselessly; **sans façon** informally; **sans fil** wireless
sans-abri [sɑ̃zabri] *mf invar* homeless person
sans-cœur [sɑ̃kœr] *mf invar* heartless person
sans-filiste [sɑ̃filist] *mf* (*pl* **-filistes**) radio operator; radio amateur
sans-gêne [sɑ̃ʒɛn] *adj invar* offhanded || *mf invar* offhanded person || *m* offhandedness
sansonnet [sɑ̃sɔnɛ] *m* starling; blackbird
sans-travail [sɑ̃travaj] *mf invar* unemployed worker
san•tal [sɑ̃tal] *m* (*pl* **-taux** [to]) (bot) sandalwood
santé [sɑ̃te] *f* health; sanity; **santé publique** public health service
sape [sap] *f* sap (*undermining*)
saper [sape] *tr* to sap, to undermine
sapeur [sapœr] *m* (mil) sapper; **fumer comme un sapeur** (coll) to smoke like a chimney
sapeur-pompier [sapœrpɔ̃pje] *m* (*pl* **sapeurs-pompiers**) fireman; **sapeurs-pompiers** fire department
saphir [safir] *m* sapphire; sapphire needle
sapin [sapɛ̃] *m* fir
sapristi [sapristi] *interj* hang it!
saquer [sake] *tr* (slang) to fire, to sack
sarbacane [sarbakan] *f* blowgun
sarcasme [sarkasm] *m* sarcasm
sarcler [sarkle] *tr* to weed, root out
sarcloir [sarklwar] *m* hoe
Sardaigne [sardɛɲ] *f* Sardinia; **la Sardaigne** Sardinia
sarde [sard] *adj* Sardinian || *m* Sardinian (*language*) || (*cap*) *mf* Sardinian (*person*)
sardine [sardin] *f* sardine
S.A.R.L. *abbr* (**Société à responsabilité limitée**) corporation
sarment [sarmɑ̃] *m* vine; vine shoot
sarra•sin [sarazɛ̃] **-sine** [zin] *adj* Saracen || *m* buckwheat || *f* portcullis || (*cap*) *mf* Saracen
sar•rau [saro] *m* (*pl* **-raus**) smock
sarriette [sarjɛt] *f* (bot) savory
sas [sɑ], [sɑs] *m* sieve; lock (*of canal, submarine, etc.*); air lock (*of caisson, spaceship, etc.*); **sas d'évacuation** (aer) escape hatch
sasser [sɑse] *tr* to sift, screen; to pass through a lock
satelliser [satelize] *tr* to make a satellite of; (rok) to put into orbit
satellite [satelit] *adj & m* satellite
satin [satɛ̃] *m* satin
satinette [satinɛt] *f* sateen
satire [satir] *f* satire
satirique [satirik] *adj* satiric(al)
satiriser [satirize] *tr* to satirize
satisfaction [satisfaksjɔ̃] *f* satisfaction
satisfaire [satisfɛr] **§29** *tr* to satisfy || *intr* to satisfy; (with *dat*) to fulfill; (with *dat*) to meet (*a need*) || *ref* to be satisfied
satisfai•sant [satisfəzɑ̃] **-sante** [zɑ̃t] *adj* satisfactory; satisfying
saturer [satyre] *tr* to saturate
Saturne [satyrn] *m* Saturn
saturnisme [satyrnism] *m* lead poisoning
sauce [sos] *f* sauce; gravy; drawing pencil; (tech) solution
saucer [sose] **§51** *tr* to dip in sauce or gravy; (coll) to soak to the skin; (coll) to reprimand severely
saucière [sosjɛr] *f* gravy bowl
saucisse [sosis] *f* sausage; frankfurter
saucisson [sosisɔ̃] *m* bologna, sausage
sauf [sof] **sauve** [sov] *adj* safe || **sauf** *prep* save, except; barring; subject to (*e.g., correction*)
sauf-conduit [sofkɔ̃dɥi] *m* (*pl* **-conduits**) safe-conduct
sauge [soʒ] *f* (bot) sage, salvia

saugre•nu -nue [sogrэny] *adj* absurd, silly
saule [sol] *m* willow
saumâtre [somɑtr] *adj* brackish
saumon [somɔ̃] *m* salmon; pig (*of crude metal*)
saumure [somyr] *f* brine
sauner [sone] *intr* to make salt
saupoudrer [sopudre] *tr* to sprinkle (*with powder, sugar; citations*)
saurer [sɔre] *tr* to kipper
saut [so] *m* leap, jump; falls, waterfall; **au saut du lit** on getting out of bed; **faire le saut** to take the fatal step; **faire un saut chez** to drop in on; **par sauts et par bonds** by fits and starts; **saut à la perche** pole vault; **saut de carpe** jackknife; **saut de l'ange** swan dive; **saut en chute libre** skydiving; **saut périlleux** somersault
saut-de-lit [sodli] *m invar* wrap
saut-de-mouton [sodmutɔ̃] *m* (*pl* **sauts-de-mouton**) cloverleaf (*intersection*)
saute [sot] *f* change in direction, shift
saute-mouton [sotmutɔ̃] *m* leapfrog
sauter [sote] *tr* to leap over; to skip || *intr* to leap, jump; to blow up; **faire sauter** to sauté; to flip (*a pancake*); to fire (*an employee*); **sauter à cloche-pied** to hop on one foot; **sauter à pieds joints** to do a standing jump; **sauter aux nues** to get mad
sauterelle [sotrɛl] *f* grasshopper
sauterie [sotri] *f* (coll) hop (*dancing party*)
sau•teur [sotœr] **-teuse** [tøz] *adj* jumping || *mf* jumper || *m* jumper, jumping horse || *f* frying pan
sautiller [sotije] *intr* to hop
sautoir [sotwar] *m* St. Andrew's cross; **en sautoir** crossways
sauvage [sovaʒ] *adj* savage; wild; shy || *mf* savage
sauvagerie [sovaʒri] *f* savagery; wildness; shyness
sauvegarde [sovgard] *f* safeguard
sauvegarder [sovgarde] *tr* to safeguard
sauve-qui-peut [sovkipø] *m invar* panic, stampede, rout
sauver [sove] *tr* to save; to rescue || *intr*—**sauve qui peut!** every man for himself! || *ref* to run away; to escape; (theat) to exit; **sauve-toi!** (coll) scram!
sauvetage [sovtaʒ] *m* salvage; lifesaving, rescue
sauveteur [sovtœr] *adj masc* lifesaving || *m* lifesaver
sauveur [sovœr] *adj masc* Saviour || *m* savior; **Le Sauveur** the Saviour
savamment [savamɑ̃] *adv* knowingly; skillfully
savane [savan] *f* prairie, savanna
sa•vant [savɑ̃] **-vante** [vɑ̃t] *adj* scholarly, learned || *mf* scientist, scholar, savant; **savant atomiste** nuclear physicist
savate [savat] *f* old slipper; foot boxing; (coll) butterfingers; **traîner la savate** to be down at the heel
saveur [savœr] *f* savor, taste
savoir [savwar] *m* learning || §62 *tr & intr* to know; to know how to; **à savoir** namely, to wit; **à savoir que** with the understanding that; **en savoir long** to know all about it; **pas que je sache** not that I know of
savoir-faire [savwarfɛr] *m invar* know-how
savon [savɔ̃] *m* soap; (slang) sharp reprimand; **savon en paillettes** soap flakes
savonnage [savɔnaʒ] *m* soaping
savonner [savɔne] *tr* to soap
savonnerie [savɔnri] *f* soap factory
savonnette [savɔnɛt] *f* toilet soap
savon•neux [savɔnø] **savon•neuse** [savɔnøz] *adj* soapy
savourer [savure] *tr* to savor
savou•reux [savurø] **-reuse** [røz] *adj* savory, tasty
saxon [saksɔ̃] **saxonne** [saksɔn] *adj* Saxon || *m* Saxon (*language*) || (*cap*) *mf* Saxon (*person*)
saxophone [saksɔfɔn] *m* saxophone
saynète [sɛnɛt] *f* sketch, playlet
sca•bieux [skabjø] **-bieuse** [bjøz] *adj* scabby || *f* scabious
sca•breux [skɑbrø] **-breuse** [brøz] *adj* rough (*road*); risky (*business*); scabrous (*remark*)
scalpel [skalpɛl] *m* scalpel
scalper [skalpe] *tr* to scalp
scandale [skɑ̃dal] *m* scandal; disturbance
scanda•leux [skɑ̃dalø] **-leuse** [løz] *adj* scandalous
scandaliser [skɑ̃dalize] *tr* to lead astray; to scandalize || *ref* to take offense
scander [skɑ̃de] *tr* to scan (*verses*)
scandinave [skɑ̃dinav] *adj* Scandinavian || *m* Scandinavian (*language*) || (*cap*) *mf* Scandinavian (*person*); **Scandinaves** Scandinavian countries
scaphandre [skafɑ̃dr] *m* diving suit; spacesuit; **scaphandre autonome** aqualung
scaphandrier [skafɑ̃drije] *m* diver
scarlatine [skarlatin] *f* scarlet fever
scarole [skarɔl] *f* escarole
sceau [so] *m* (*pl* **sceaux**) seal
scélé•rat [selera] **-rate** [rat] *adj* villainous || *mf* villain
scellé [sele] *m* seal
sceller [sele] *tr* to seal
scénario [senarjo] *m* scenario
scène [sɛn] *f* scene; stage; theater
scénique [senik] *adj* scenic
scepticisme [sɛptisism] *m* skepticism
sceptique [sɛptik] *adj & mf* skeptic
sceptre [sɛptr] *m* scepter
schah [ʃa] *m* shah
schelem [ʃlɛm] *m* slam (*at bridge*)
schéma [ʃema] *m* diagram
schisme [ʃism] *m* schism
schizophrène [skizɔfrɛn] *adj & mf* schizophrenic
schlague [ʃlag] *f* flogging
schooner [skunœr], [ʃunœr] *m* schooner
sciatique [sjatik] *adj* sciatic || *f* (pathol) sciatica
scie [si] *f* saw; (coll) bore, nuisance; **scie à découper** jig saw
sciemment [sjamɑ̃] *adv* knowingly

science [sjɑ̃s] *f* science; learning, knowledge
science-fiction [sjɑ̃sfiksjɔ̃] *f* science fiction
scientifique [sjɑ̃tifik] *adj* scientific ‖ *mf* scientist
scier [sje] *tr* to saw; (coll) to bore ‖ *intr* (naut) to row backwards
scierie [siri] *f* sawmill
scieur [sjœr] *m* sawyer
scinder [sɛ̃de] *tr* to divide ‖ *ref* to be divided
scintil·lant [sɛ̃tijɑ̃] **scintil·lante** [sɛ̃tijɑ̃t] *adj* scintillating; twinkling
scintillation [sɛ̃tijɑsjɔ̃] *f* twinkling, twinkle; (phys) scintillation
scintillement [sɛ̃tijmɑ̃] *m* twinkling
scintiller [sɛ̃tije] *intr* to scintillate; to twinkle
scion [sjɔ̃] *m* scion; tip (*of fishing rod*)
scission [sisjɔ̃] *f* schism; (biol & phys) fission
sciure [sjyr] *f* sawdust
sclérose [skleroz] *f* sclerosis
scolaire [skɔlɛr] *adj* school
scolastique [skɔlastik] *adj* & *m* scholastic ‖ *f* scholasticism
sconse [skɔ̃s] *m* skunk fur; skunk
scories [skɔri] *fpl* slag, dross
scorpion [skɔrpjɔ̃] *m* scorpion
scout scoute [skut] *adj* & *m* scout
scoutisme [skutism] *m* scouting
scribe [skrib] *m* scribe
script [skript] *m* scrip; (typ) script
scripturaire [skriptyrɛr] *adj* Scriptural ‖ *m* fundamentalist
scrofule [skrɔfyl] *f* scrofula
scrotum [skrɔtɔm] *m* scrotum
scrupule [skrypyl] *m* scruple
scrupu·leux [skrypylø] **-leuse** [løz] *adj* scrupulous
scruter [skryte] *tr* to scrutinize
scrutin [skrytɛ̃] *m* ballot; balloting, voting, poll; **dépouiller le scrutin** to count the votes; **scrutin de ballottage** runoff election
scrutiner [skrytine] *intr* to ballot
sculpter [skylte] *tr* to sculpture; to carve (*wood*)
sculpteur [skyltœr] *m* sculptor
sculpture [skyltyr] *f* sculpture
s.d. *abbr* (**sans date**) n.d.
S.D.N. [ɛsdeɛn] *f* (letterword) (**Société des Nations**) League of Nations
se [sə] §87
séance [seɑ̃s] *f* session, sitting; seat (*in an assembly*); performance, showing; séance; **séance tenante** on the spot
séant [seɑ̃] **séante** [seɑ̃t] *adj* fitting, decent; sitting (*as a king or a court in session*) ‖ *m* buttocks, bottom; **se mettre sur son séant** to sit up (*in bed*)
seau [so] *m* (*pl* **seaux**) bucket, pail; **il pleut à seaux** it's raining cats and dogs; **seau à charbon** coal scuttle
sébile [sebil] *f* wooden bowl
sec [sɛk] **sèche** [sɛʃ] *adj* dry; sharp; rude; unguarded (*card*); total (*loss*); **en cinq sec** in a jiffy; **sec comme un hareng** (coll) long and thin; **tout sec** and nothing more ‖ *m* dryness; **à sec** dry; (coll) broke ‖ *f see* **sèche** ‖ **sec** *adv*—**aussi sec** (slang) on the spot; **boire sec** to drink one's liquor straight; **frapper sec** to land a hard fast punch; **parler sec** to talk tough
sécession [sesesjɔ̃] *f* secession
sèche [sɛʃ] *f* (slang) fag, cigarette
sèche-cheveux [sɛʃʃəvø] *m invar* hair drier
sécher [seʃe] §10 *tr* to dry; to season; to cut (*a class*) ‖ *intr* to become dry
sécheresse [sɛʃrɛs] *f* dryness; drought; baldness (*of style*); curtness; (fig) coldness
séchoir [seʃwar] *m* drier; drying room; clotheshorse
se·cond [səgɔ̃] **-conde** [gɔ̃d] *adj* & *pron* second; **en second** next in rank ‖ *m* second ‖ *f* see **seconde**
secondaire [səgɔ̃dɛr] *adj* & *m* secondary
seconde [səgɔ̃d] *f* second (*in time; musical interval; of angle*); second class
seconder [səgɔ̃de] *tr* to help, second
secouer [səkwe] *tr* to shake; to shake off or down ‖ *ref* to pull oneself together
secourable [səkurabl] *adj* helpful
secourir [səkurir] §14 *tr* to help, aid
secourisme [səkurism] *m* first aid
secouriste [səkurist] *mf* first-aider; first-aid worker
secours [səkur] *m* help, aid; **au secours!** help!; **de secours** emergency; spare (*tire*); **des secours** supplies, relief
secousse [səkus] *f* shake, jolt; (elec) shock
se·cret [səkrɛ] **-crète** [krɛt] *adj* secret; secretive ‖ *m* secret; secrecy; **au secret** in solitary confinement ‖ *f* see **secrète**
secrétaire [səkretɛr] *mf* secretary ‖ *m* secretary (*desk*)
secrète [səkrɛt] *f* central intelligence
sécréter [sekrete] §10 *tr* to secrete
sectaire [sɛktɛr] *adj* & *mf* sectarian
secte [sɛkt] *f* sect
secteur [sɛktœr] *m* sector; (elec) house current, local supply circuit; **secteur postal** postal zone; (mil) A.P.O. number
section [sɛksjɔ̃] *f* section; cross section
sectionner [sɛksjɔne] *tr* to section; to cut ‖ *ref* to break apart
séculaire [sekylɛr] *adj* secular
sécu·lier [sekylje] **-lière** [ljɛr] *adj* & *m* secular
sécurité [sekyrite] *f* security
séda·tif [sedatif] **-tive** [tiv] *adj* & *m* sedative
sédation [sedɑsjɔ̃] *f* sedation
sédentaire [sedɑ̃tɛr] *adj* sedentary
sédiment [sedimɑ̃] *m* sediment
sédi·tieux [sedisjø] **-tieuse** [sjøz] *adj* seditious
sédition [sedisjɔ̃] *f* sedition
séduc·teur [sedyktœr] **-trice** [tris] *adj* seducing, bewitching ‖ *mf* seducer ‖ *f* vamp
séduction [sedyksjɔ̃] *f* seduction
séduire [sedɥir] §19 *tr* to seduce; to charm, to bewitch; to bribe
sédui·sant [sedɥizɑ̃] **-sante** [zɑ̃t] *adj* seductive, tempting

segment [sɛgmɑ̃] *m* segment; **segment de piston** piston ring
ségrégation [segregɑsjɔ̃] *f* segregation
ségrégationniste [segregɑsjɔnist] *adj* segregationist
seiche [sɛʃ] *f* cuttlefish
séide [seid] *m* henchman
seigle [sɛgl] *m* rye
seigneur [sɛɲœr] *m* lord
sein [sɛ̃] *m* breast; bosom; womb; **au sein de** in the heart of
seine [sɛn] *f* dragnet
seing [sɛ̃] *m* signature; **sous seing privé** privately witnessed
seize [sɛz] *adj & pron* sixteen; the Sixteenth, e.g., **Jean seize** John the Sixteenth || *m* sixteen; sixteenth (*in dates*)
seizième [sezjɛm] *adj, pron* (*masc, fem*), *& m* sixteenth
séjour [seʒur] *m* stay, visit
séjourner [seʒurne] *intr* to reside; to stay, to visit
sel [sɛl] *m* salt; **gros sel** coarse salt; (fig) dirty joke; **sel ammoniac** sal ammoniac; **sel gemme** rock salt
sélec•tif [selɛktif] **-tive** [tiv] *adj* selective
sélection [selɛksjɔ̃] *f* selection
sélectionner [selɛksjɔne] *tr* to select
self [sɛlf] *f* (elec) coil, spark coil
self-service [sɛlfsɛrvis] *m* self-service
selle [sɛl] *f* saddle; seat (*of bicycle, motorcycle, etc.*); sculptor's tripod; stool, movement; (culin) saddle; **aller à la selle** to go to the toilet
seller [sele] *tr* to saddle
sellier [sɛlje] *m* saddler
selon [səlɔ̃] *adv*—**c'est selon** that depends; **selon que** according as || *prep* according to; after (*e.g., my own heart*)
semailles [səmɑj] *fpl* sowing, seeding
semaine [səmɛn] *f* week; week's wages; set of seven; **à la petite semaine** day-to-day, hand-to-mouth; short-sighted; **de semaine** on duty during the week; **la semaine des quatre jeudis** (coll) never; **semaine anglaise** five-day workweek
semai•nier [səmenje] **-nière** [njɛr] *mf* week worker || *m* highboy; office calendar
sémantique [semɑ̃tik] *adj* semantic || *f* semantics
sémaphore [semafɔr] *m* semaphore
semblable [sɑ̃blabl] *adj* similar, like || *m* fellow-man, equal
semblant [sɑ̃blɑ̃] *m* semblance, appearance; **faire semblant** to pretend
sembler [sɑ̃ble] *intr* to seem; to seem to
semelle [səmɛl] *f* sole; foot (*of stocking*); tread (*of tire*); bed (*of concrete*)
semence [səmɑ̃s] *f* seed; semen; brad; **semence de perles** seed pearls
semer [səme] **§2** *tr* to seed, to sow; to scatter, strew; to lay (*mines*); (slang) to outdistance; (slang) to drop (*an acquaintance*)
semestre [səmɛstr] *m* semester; six-month period
semes•triel -trielle [səmɛstrijɛl] *adj* six-month; semester
se•meur [səmœr] **-meuse** [møz] *mf* sower; spreader of gossip || *f* seeder, drill
semi-chenillé [səmiʃnije] *m* half-track
semi-conduc•teur [səmikɔ̃dyktœr] **-trice** [tris] *adj* semiconductive || *m* semiconductor
semifi•ni -nie [səmifini] *adj* unfinished
sémil•lant [semijɑ̃] **sémil•lante** [semijɑ̃t] *adj* sprightly, lively
séminaire [seminɛr] *m* seminary; seminar; conference
semi-remorque [səmirəmɔrk] *f* (*pl* **-remorques**) semitrailer
semis [səmi] *m* sowing; seedling; seedbed
sémite [semit] *adj* Semitic || (*cap*) *mf* Semite
sémitique [semitik] *adj* Semitic
semoir [səmwar] *m* seeder, drill
semonce [səmɔ̃s] *f* reprimand; (naut) order to heave to
semoncer [səmɔ̃se] **§51** *tr* to reprimand; (naut) to order to heave to
semoule [səmul] *f* (culin) semolina
sénat [sena] *m* senate
sénateur [senatœr] *m* senator
sénile [senil] *adj* senile
sens [sɑ̃s] *m* sense, meaning; opinion; direction; **en sens inverse** in the opposite direction; **sens dessus dessous** [sɑ̃dəsydəsu] upside down; **sens devant derrière** [sɑ̃dəvɑ̃dɛrjɛr] back to front; **sens interdit** (public sign) no entry; **sens obligatoire** (public sign) right way, this way; **sens unique** (public sign) one way
sensation [sɑ̃sɑsjɔ̃] *f* sensation
sensation•nel -nelle [sɑ̃sɑsjɔnɛl] *adj* sensational
sen•sé -sée [sɑ̃se] *adj* sensible
sensibiliser [sɑ̃sibilize] *tr* to sensitize
sensibilité [sɑ̃sibilite] *f* sensibility; sensitivity
sensible [sɑ̃sibl] *adj* sensitive; sensible; appreciable, perceptible
sensi•tif [sɑ̃sitif] **-tive** [tiv] *adj* sensory; sensitive, touchy
senso•riel -rielle [sɑ̃sɔrjɛl] *adj* sensory
sen•suel -suelle [sɑ̃sɥɛl] *adj* sensual
sent-bon [sɑ̃bɔ̃] *m invar* odor, perfume
sentence [sɑ̃tɑ̃s] *f* proverb; (law) sentence
senteur [sɑ̃tœr] *f* odor, perfume
sentier [sɑ̃tje] *m* path; **hors des sentiers battus** off the beaten track
sentiment [sɑ̃timɑ̃] *m* sentiment, feeling
sentimen•tal -tale [sɑ̃timɑ̃tal] *adj* (*pl* **-taux** [to]) sentimental
sentine [sɑ̃tin] *f* bilge
sentinelle [sɑ̃tinɛl] *f* sentinel
sentir [sɑ̃tir] **§41** *tr* to feel; to smell; to smell like, smell of; to taste of; to have all the earmarks of; to show the effects of; **ne pas pouvoir sentir qn** to be unable to stand s.o. || *intr* to smell; to smell bad || *ref* to feel; to be felt; **se sentir de** to feel the effects of
seoir [swar] **§5A** (3d *pl pres ind* **siéent**;

used only in 3d *sg & pl* of most simple tenses) *intr* (with *dat*) to be suitable to, to become; to be fitting to, to be proper for || (used only in *inf* and 2d *sg & pl* and 1st *pl impv*) *ref* (coll & poetic) to sit down, have a seat
séparation [separasjɔ̃] *f* separation
séparer [separe] *tr & ref* to separate, to divide
sept [sɛt] *adj & pron* seven; the Seventh, e.g., **Jean sept** John the Seventh; **sept heures** seven o'clock || *m* seven; seventh (*in dates*)
septembre [sɛptɑ̃br] *m* September
septième [sɛtjɛm] *adj, pron* (*masc, fem*), *& m* seventh
septique [sɛptik] *adj* septic
sépulcre [sepylkr] *m* sepulcher
sépulture [sepyltyr] *f* grave, tomb, burial place; burial
séquelle [sekɛl] *f* gang; (pathol) complications; **séquelles** aftermath
séquence [sekɑ̃s] *f* sequence; (*in poker*) straight
séquestrer [sekɛstre] *tr* to sequester
séraphin [serafɛ̃] *m* seraph; (coll) angel
serbe [sɛrb] *adj* Serb || (*cap*) *mf* Serb
se·rein [sərɛ̃] **-reine** [rɛn] *adj* serene || *m* night dew
sérénade [serenad] *f* serenade
sérénité [serenite] *f* serenity
serf [sɛr], [sɛrf] **serve** [sɛrv] *mf* serf
serge [sɛrʒ] *f* serge
sergent [sɛrʒɑ̃] *m* sergeant
série [seri] *f* series, string, set; (elec) series; **de série** standard; stock (*car*); **en série** in (a) series; mass, e.g., **fabrication en série** mass production; **hors série** outsize (*wearing apparel*); discontinued (*as an item of manufacture*); custom-built; almost unheard of; **série noire** run of bad luck
sé·rieux [serjø] **-rieuse** [rjøz] *adj* serious
serin [sərɛ̃] *m* canary; (coll) simpleton
seringa [sərɛ̃ga] *m* mock orange
seringue [sərɛ̃g] *f* syringe; (hort) spray gun; **seringue à graisse** grease gun; **seringue à injections** hypodermic syringe; **seringue à instillations** nasal spray
serment [sɛrmɑ̃] *m* oath; **prêter serment** to take oath
sermon [sɛrmɔ̃] *m* sermon
sermonner [sɛrmɔne] *tr* to sermonize
serpe [sɛrp] *f* billhook
serpent [sɛrpɑ̃] *m* snake, serpent; **serpent à sonnettes** rattlesnake; **serpent caché sous les fleurs** snake in the grass
serpenter [sɛrpɑ̃te] *intr* to wind
serpen·tin [sɛrpɑ̃tɛ̃] **-tine** [tin] *adj* serpentine || *m* coil; worm (*of still*); paper streamer
serpillière [sɛrpijɛr] *f* floorcloth; sacking, burlap
serpolet [sɛrpɔlɛ] *m* thyme
serre [sɛr] *f* greenhouse; **serres** claws, talons
ser·ré -rée [sere] *adj* tight; narrow; compact; close || **serré** *adv*—**jouer serré** to play it close to the vest
serre-fils [sɛrfil] *m invar* (elec) binding post
serre-freins [sɛrfrɛ̃] *m invar* brakeman
serre-livres [sɛrlivr] *m invar* book end
serrement [sɛrmɑ̃] *m* squeezing, pressing; (min) partition (*to keep out water*); (pathol) pang; **serrement de cœur** heaviness of heart; **serrement de main** handshake
serrer [sere] *tr* to press; to squeeze; to wring; to tighten; to close up (*ranks*); to clasp, shake, e.g., **serrer la main à** to shake hands with; to grit (*one's teeth*); to put on (*the brakes*) || *intr*—**serrez à droite** (public sign) squeeze to right || *ref* to squeeze together, to be close together
serre-tête [sɛrtɛt] *m invar* headband; kerchief; crash helmet; (telp) headset
serrure [seryr] *f* lock; **serrure de sûreté** safety lock
serrurier [seryrje] *m* locksmith
sertir [sɛrtir] *tr* to set (*a stone*)
sérum [serɔm] *m* serum
servage [sɛrvaʒ] *m* serfdom
ser·veur [sɛrvœr] **-veuse** [vøz] *mf* (tennis) server || *m* waiter; barman || *f* waitress; barmaid; extra maid; (mach) coffee maker
serviable [sɛrvjabl] *adj* obliging
service [sɛrvis] *m* service; agency; **être de service** to be on duty; **service compris** tip included; **service de garde** twenty-four-hour service; **service des abonnés absents** telephone answering service; **service des renseignements téléphoniques** information; **service sanitaire** ambulance corps
serviette [sɛrvjɛt] *f* napkin; towel; brief case; **serviette de bain** bath towel; **serviette éponge** washcloth; Turkish towel; **serviette hygiénique** sanitary napkin
servile [sɛrvil] *adj* servile
servir [sɛrvir] §63 *tr* to serve; to deal (*cards*) || *intr* to serve; **servir à** to be useful for, to serve as; **servir à qn de** to serve s.o. as; **servir de** to serve as, to function as || *ref* to help oneself; **se servir chez** to patronize; **se servir de** to use
serviteur [sɛrvitœr] *m* servant
servitude [sɛrvityd] *f* servitude; (law) easement
servofrein [sɛrvɔfrɛ̃] *m* power brake
ses [se] §88
sésame [sezam] *m* sesame
session [sesjɔ̃] *f* session
seuil [sœj] *m* threshold
seul seule [sœl] *adj* alone; lonely || (when standing before noun) *adj* sole, single, only || *pron indef* single one, only one; single person, only person || **seul** *adv* alone
seulement [sœlmɑ̃] *adv* only, even || *conj* but
sève [sɛv] *f* sap; vim
sévère [sevɛr] *adj* severe; stern; strict
sévices [sevis] *mpl* cruelty, brutality
sévir [sevir] *intr* to rage
sevrage [səvraʒ] *m* weaning

sevrer [səvre] §2 *tr* to wean
sexe [sɛks] *m* sex; **le beau sexe** the fair sex; **le sexe fort** the sterner sex
sextant [sɛkstɑ̃] *m* sextant
sextuor [sɛkstɥɔr] *m* (mus) sextet
sexuel sexuelle [sɛksɥɛl] *adj* sexual
seyant [sɛjɑ̃] **seyante** [sɛjɑ̃t] *adj* becoming
shampooing [ʃɑ̃pwɛ̃] *m* shampoo
shérif [ʃerif] *m* sheriff
short [ʃɔrt] *m* shorts
si [si] *m invar* if; **des si et des car** ifs and buts || *adv* so; as; (to contradict a negative statement or question) yes, e.g., **Vous ne le saviez pas. Si!** You didn't know. Yes, I did!; **si bien que** so that, with the result that; **si peu que** so little that; **si peu que ce soit** however little it may be; **si** + *adj* or *adv* + **que** + *subj* however + *adj* or *adv* + *ind*, e.g., **si vite qu'il s'en aille** however fast he goes away || *conj* if; whether; **si . . . ne** unless, e.g., **si je ne me trompe** unless I am mistaken; **si ce n'est** unless; **si tant est que** if it is true that
sia•mois [sjamwa] **-moise** [mwaz] *adj* Siamese || (*cap*) *mf* Siamese
sibé•rien [siberjɛ̃] **-rienne** [rjɛn] *adj* Siberian || (*cap*) *mf* Siberian
sibylle [sibil] *f* sibyl
Sicile [sisil] *f* Sicily, **la Sicile** Sicily
sici•lien [sisiljɛ̃] **-lienne** [ljɛn] *adj* Sicilian || (*cap*) *mf* Sicilian
sidé•ral -rale [sideral] *adj* (*pl* **-raux** [ro]) sidereal
sidérer [sidere] §10 *tr* (coll) to flabbergast
sidérurgie [sideryrʒi] *f* iron-and-steel industry
sidérurgique [sideryrʒik] *adj* iron-and-steel
siècle [sjɛkl] *m* century; age; (eccl) world
siège [sjɛʒ] *m* seat; headquarters; (eccl) see; (mil) siege; **siège à glissière** glider; **siège baquet** (*pl* **sièges baquets**) bucket seat; **siège éjectable** ejection seat
siéger [sjeʒe] §1 *intr* to sit, to be in session; (*said of malady*) to be seated
sien [sjɛ̃] **sienne** [sjɛn] §89
sieste [sjɛst] *f* siesta; **faire la sieste** to take a siesta
sifflement [sifləmɑ̃] *m* whistle; hiss; swish, whiz
siffler [sifle] *tr* to whistle (*e.g., a tune*); to hiss, boo; to whistle to || *intr* to whistle; to hiss; to swish, to whiz
sifflet [siflɛ] *m* whistle
sif•fleur [siflœr] **sif•fleuse** [sifløz] *mf* whistler
sigle [sigl] *m* abbreviation; word formed by literation; acronym
si•gnal [siɲal] *m* (*pl* **-gnaux** [ɲo]) signal; sign; (telp) busy signal
signa•lé -lée [siɲale] *adj* signal, noteworthy
signalement [siɲalmɑ̃] *m* description
signaler [siɲale] *tr* to signal; to point out || *ref* to distinguish oneself
signalisation [siɲalizasjɔ̃] *f* signs
signataire [siɲatɛr] *adj* & *mf* signatory
signature [siɲatyr] *f* signature; signing
signe [siɲ] *m* sign; **faire signe à** to motion to, to signal; **signe de ponctuation** punctuation mark; **signe de tête** nod
signer [siɲe] *tr* to sign || *ref* to cross oneself
signet [siɲɛ], [sinɛ] *m* bookmark
significa•tif [siɲifikatif] **-tive** [tiv] *adj* significant
signifier [siɲifje] *tr* to signify; to mean
silence [silɑ̃s] *m* silence
silen•cieux [silɑ̃sjø] **-cieuse** [sjøz] *adj* silent || *m* (aut) muffler
silex [silɛks] *m* flint
silhouette [silwɛt] *f* silhouette
silhouetter [silwɛte] *tr* to silhouette
silicium [silisjɔm] *m* silicon
silicone [silikon] *f* silicone
sillage [sijaʒ] *m* wake
sillet [sijɛ] *m* (mus) nut
sillon [sijɔ̃] *m* furrow; groove; **sillon sonore** sound track
sillonner [sijɔne] *tr* to furrow; to groove; to cross, to streak
silo [silo] *m* silo
silure [silyr] *m* catfish
simagrée [simagre] *f* pretense
similaire [similɛr] *adj* similar
similigravure [similigravyr] *f* halftone
similitude [similityd] *f* similarity
similor [similɔr] *m* ormolu
simple [sɛ̃pl] *adj* simple; **passer en simple police** to go to police court; **simple particulier** private citizen; **simple soldat** private || *mf* simple-minded person || *m* simple (*herb*); (tennis) singles
sim•plet [sɛ̃plɛ] **-plette** [plɛt] *adj* artless
simplifier [sɛ̃plifje] *tr* to simplify
simpliste [sɛ̃plist] *adj* oversimple
simulacre [simylakr] *m* sham; **simulacre de combat** sham battle
simuler [simyle] *tr* to simulate
simulta•né -née [simyltane] *adj* simultaneous
sinapisme [sinapism] *m* mustard plaster
sincère [sɛ̃sɛr] *adj* sincere
sincérité [sɛ̃serite] *f* sincerity
sinécure [sinekyr] *f* sinecure
singe [sɛ̃ʒ] *m* monkey; (slang) boss; **grimacer comme un vieux singe** to grin like a Cheshire cat
singer [sɛ̃ʒe] §38 *tr* to ape
singerie [sɛ̃ʒri] *f* monkeyshine; grimace; monkey cage
singulariser [sɛ̃gylarize] *tr* to draw attention to || *ref* to stand out
singu•lier [sɛ̃gylje] **-lière** [ljɛr] *adj* & *m* singular
sinistre [sinistr] *adj* sinister || *m* disaster
sinis•tré -trée [sinistre] *adj* damaged, ruined; homeless; shipwrecked || *mf* victim
sinon [sinɔ̃] *adv* if not; perhaps even; **sinon que** except for the fact that || *prep* except for, except to || *conj* except, unless; or else, else, otherwise
si•nueux [sinɥø] **-nueuse** [nɥøz] *adj* sinuous, winding
sinus [sinys] *m* sinus; (trig) sine

sionisme [sjɔnism] *m* Zionism
siphon [sifɔ̃] *m* siphon; siphon bottle; trap (*double-curved pipe*)
siphonner [sifɔne] *tr* to siphon
sirène [sirɛn] *f* siren; foghorn
sirop [siro] *m* syrup; **sirop pectoral** cough syrup
siroter [sirɔte] *tr & intr* (coll) to sip
sis [si] **sise** [siz] *adj* located
sismographe [sismɔgraf] *m* seismograph
sismologie [sismɔlɔʒi] *f* seismology
site [sit] *m* site; lay of the land
sitôt [sito] *adv* immediately; **sîtot dit, sitôt fait** no sooner said than done; **sitôt que** as soon as
sittelle [sitɛl] *f* (orn) nuthatch
situation [sitɥɑsjɔ̃] *f* situation; **situation sans issue** deadlock, impasse
situer [sitɥe] *tr* to situate, to locate
six [si(s)] *adj & pron* six; the Sixth, e.g., **Jean six** John the Sixth; **six heures** six o'clock || *m* six; sixth (*in dates*)
sixième [sizjɛm] *adj, pron* (*masc, fem*), *& m* sixth
six-quatre-deux [siskatdø]—**à la six-quatre-deux** (coll) slapdash
sizain [sizɛ̃] *m* six-line verse; pack (*of cub scouts*)
sizerin [sizrɛ̃] *m* (orn) redpoll
ski [ski] *m* ski; skiing; **faire du ski** to go skiing; **ski nautique** water-skiing
skier [skje] *intr* to ski
skieur [skjœr] **skieuse** [skjøz] *mf* skier
slalom [slalɔm] *m* slalom
slave [slav] *adj* Slav; Slavic || *m* Slavic (*language*) || (*cap*) *mf* Slav (*person*)
slogan [slɔgɑ̃] *m* (com) slogan
slovaque [slɔvak] *adj* Slovak || *m* Slovak (*language*) || (*cap*) *mf* Slovak (*person*)
smoking [smɔkɪŋ] *m* tuxedo
snack [snak] *m* snack bar
S.N.C.F. [ɛsɛnseɛf] *f* (letterword) (**Société nationale des Chemins de fer français**) French railroad
snob [snɔb] *adj invar* snobbish || *mf* (*pl* **snob** or **snobs**) snob
snober [snɔbe] *tr* to snub
snobisme [snɔbism] *m* snobbery
sobre [sɔbr] *adj* sober, moderate; simple (*ornamentation*)
sobriété [sɔbrijete] *f* sobriety; moderation (*in eating, speaking*)
sobriquet [sɔbrikɛ] *m* nickname
soc [sɔk] *m* plowshare
sociable [sɔsjabl] *adj* sociable, neighborly; social (*creature*)
so•cial -ciale [sɔsjal] *adj* (*pl* **-ciaux** [sjo]) social
sociali•sant [sɔsjalizɑ̃] **-sante** [zɑ̃t] *adj* socialistic || *mf* socialist sympathizer
socialiser [sɔsjalize] *tr* to socialize
socialisme [sɔsjalism] *m* socialism
socialiste [sɔsjalist] *adj & mf* socialist
sociétaire [sɔsjetɛr] *mf* stockholder; member (*e.g., of an acting company*)
société [sɔsjete] *f* society; company; firm, partnership; **société anonyme** stock company, corporation; **société de prévoyance** benefit society; **Société des Nations** League of Nations
sociologie [sɔsjɔlɔʒi] *f* sociology
socle [sɔkl] *m* pedestal; footing, socle
socque [sɔk] *m* clog, sabot; (theat) comedy
socquette [sɔkɛt] *f* anklet
Socrate [sɔkrat] *m* Socrates
soda [sɔda] *m* soda water
sodium [sɔdjɔm] *m* sodium
sœur [sœr] *f* sister; **et ta sœur!** (slang) knock it off!; **ma sœur** (eccl) sister
sofa [sɔfa] *m* sofa
soi [swa] §85, §85B; **à part soi** to oneself (himself, etc.); **de soi, en soi** in itself
soi-disant [swadizɑ̃] *adj invar* so-called, self-styled || *adv* supposedly
soie [swa] *f* silk; bristle
soierie [swari] *f* silk goods; silk factory
soif [swaf] *f* thirst; **avoir soif** to be thirsty
soi•gné -gnée [swaɲe] *adj* well-groomed, trim; polished (*speech*)
soigner [swaɲe] *tr* to nurse, take care of; to groom; to polish (*one's style*)
soigneur [swaɲœr] *m* (sports) trainer
soi•gneux [swaɲø] **-gneuse** [ɲøz] *adj* careful, meticulous
soi-même [swamɛm] §86
soin [swɛ̃] *m* care, attention; treatment; **aux bons soins de** in care of (*c/o*); **être aux petits soins auprès de** to wait on (*s.o.*) hand and foot; **premiers soins** first aid; **soins d'urgence** first aid
soir [swar] *m* evening, night; **hier soir** last night; **le soir** in the evening, at night
soirée [sware] *f* evening; evening party; **en soirée** evening (*performance*); **soirée dansante** dance
soit [swa], [swat] *conj* take for instance, e.g., **soit quatre multiplié par deux** take for instance four multiplied by two; say, e.g., **bien des hommes étaient perdus, soit un million** many men were lost, say a million; **soit . . soit** either . . . or, whether . . . or; **soit que . . . soit que** whether . . . or || [swat] *interj* so be it!, all right!
soixante [swasɑ̃t] *adj, pron, & m* sixty; **soixante et onze** seventy-one; **soixante et onzième** seventy-first; **soixante et un** sixty-one; **soixante et unième** sixty-first
soixante-dix [swasɑ̃tdi(s)] *adj, pron, & m* seventy
soixante-dixième [swasɑ̃tdizjɛm] *adj, pron* (*masc, fem*), *& m* seventieth
soixantième [swasɑ̃tjɛm] *adj, pron* (*masc, fem*), *& m* sixtieth
soja [sɔʒa] *m* soybean
sol [sɔl] *m* soil; ground; floor
solaire [sɔlɛr] *adj* solar
soldat [sɔlda] *m* soldier
soldatesque [sɔldatɛsk] *adj* barrack-room (*humor; manners*) || *f* rowdies
solde [sɔld] *m* balance (*of an account*); remnant; clearance sale; **en solde** reduced (*in price*) || *f* (mil) pay
solder [sɔlde] *tr* to settle (*an account*); to sell out; (mil) to pay || *intr* to sell out

sol•deur [sɔldœr] **-deuse** [døz] *mf* dealer in seconds and remnants
sole [sɔl] *f* sole (*fish*); field (*used for crop rotation*)
soleil [sɔlɛj] *m* sun; sunshine, sunlight; sunflower; pinwheel; **il fait du soleil** or **il fait soleil** it is sunny
solen•nel -nelle [sɔlanɛl] *adj* solemn
solénoïde [sɔlenɔid] *m* solenoid
solfège [sɔlfɛʒ] *m* sol-fa
solidage [sɔlidaʒ] *f* goldenrod
solidaire [sɔlidɛr] *adj* interdependent; jointly binding; **solidaire de** responsible for; answerable to; integral with, in one piece with
solidariser [sɔlidarize] *ref* to join together
solidarité [sɔlidarite] *f* solidarity, interdependence
solide [sɔlid] *adj & m* solid
solidité [sɔlidite] *f* solidity; soundness; strength (*e.g., of a fabric*)
soliloque [sɔlilɔk] *m* soliloquy
soliste [sɔlist] *mf* soloist
solitaire [sɔlitɛr] *adj* solitary; lonely || *m* solitary, anchorite; old wild boar; solitaire
solitude [sɔlityd] *f* solitude
solive [sɔliv] *f* joist
soli•veau [sɔlivo] *m* (*pl* **-veaux**) small joist; (coll) nobody
solliciter [sɔllisite] *tr* to solicit; to apply for; to incite; to attract (*attention; iron*); to induce || *intr* to seek favors
sollici•teur [sɔllisitœr] **-teuse** [tøz] *mf* solicitor, office seeker, petitioner, lobbyist
solo [sɔlo] *adj invar & m* solo
solstice [sɔlstis] *m* solstice
soluble [sɔlybl] *adj* soluble; solvable
solution [sɔlysjɔ̃] *f* solution
solutionner [sɔlysjɔne] *tr* to solve
solvabilité [sɔlvabilite] *f* solvency
solvable [sɔlvabl] *adj* solvent
solvant [sɔlvɑ̃] *m* solvent
sombre [sɔ̃br] *adj* somber; sullen
sombrer [sɔ̃bre] *intr* to sink; to vanish (*as a fortune*)
sommaire [sɔmɛr] *adj & m* summary
sommation [sɔmɑsjɔ̃] *f* summons; sentry challenge; **faire les trois sommations** to read the riot act
somme [sɔm] *m* nap || *f* sum; **en somme, somme toute** in short, when all is said and done
sommeil [sɔmɛj] *m* sleep; **avoir sommeil** to be sleepy
sommeiller [sɔmɛje] *intr* to doze; to lie dormant
sommelier [sɔməlje] *m* wine steward
sommer [sɔme] *tr* to add up; to summon, to issue a legal writ to
sommet [sɔmɛ] *m* summit, top; apex (*of a triangle*); vertex (*of an angle*); (fig) acme
sommier [sɔmje] *m* bedspring; ledger; crossbeam; (archaic) pack animal; **sommier élastique** spring mattress
sommité [sɔmite] *f* pinnacle, crest; leader, authority
somnambule [sɔmnɑ̃byl] *adj* sleepwalking || *mf* sleepwalker
somnifère [sɔmnifɛr] *adj & m* soporific
somnolence [sɔmnɔlɑ̃s] *f* drowsiness; indolence, laziness
somno•lent [sɔmnɔlɑ̃] **-lente** [lɑ̃t] *adj* somnolent, drowsy; indolent
somnoler [sɔmnɔle] *intr* to doze
somptuaire [sɔ̃ptɥɛr] *adj* luxury (*tax*)
somp•tueux [sɔ̃ptɥø] **-tueuse** [tɥøz] *adj* sumptuous
son [sɔ̃] *adj poss* §88 || *m* sound; bran
sonate [sɔnat] *f* sonata
sondage [sɔ̃daʒ] *m* sounding, probing; **sondage de l'opinion** public-opinion poll; **sondage d'exploration** wildcat (*well*)
sonde [sɔ̃d] *f* lead, probe; borer, drill
sonder [sɔ̃de] *tr* to sound, probe, bore, fathom; to explore, reconnoiter; to poll (*e.g., public opinion*); to sound out (*s.o.*)
son•deur [sɔ̃dœr] **-deuse** [døz] *mf* prober, sounder
songe [sɔ̃ʒ] *m* dream
songe-creux [sɔ̃ʒkrø] *m invar* visionary, pipe dreamer
songer [sɔ̃ʒe] §38 *tr* to dream up || *intr* to dream; to think; to intend to; **songer à** to think of; to imagine, to dream of; **songez-y!** think it over!
songerie [sɔ̃ʒri] *f* reverie, daydreaming
son•geur [sɔ̃ʒœr] **-geuse** [ʒøz] *adj* dreamy, preoccupied || *mf* daydreamer
sonique [sɔnik] *adj* sonic, of sound
sonnaille [sɔnɑj] *f* cowbell, sheepbell
sonnailler [sɔnɑje] *m* bellwether || *intr* to ring often and without cause
son•nant [sɔnɑ̃] **son•nante** [sɔnɑ̃t] *adj* striking (*clock*); metal (*money*); at the stroke of, e.g., **à huit heures sonnantes** at the stroke of eight
son•né -née [sɔne] *adj* past, e.g., **deux heures sonnées** past two o'clock; over, e.g., **il a soixante ans sonnés** he is over sixty; (slang) cuckoo, nuts; (slang) stunned
sonner [sɔne] *tr* to ring; to ring for; to sound || *intr* to ring; to strike; to sound
sonnerie [sɔnri] *f* chimes, chiming; set of bells, carillon; fanfare; ring (*of a telephone, doorbell, etc.*); alarm or striking mechanism (*of clock*)
sonnet [sɔnɛ] *m* sonnet
sonnette [sɔnɛt] *f* doorbell; pile driver
sonneur [sɔnœr] *m* bellringer; trumpeter
sonore [sɔnɔr] *adj* sonorous; sound (*wave, track*); echoing (*hall, cathedral, etc.*); (phonet) voiced || *f* voiced consonant
sonoriser [sɔnɔrize] *tr* to record sound effects on (*a film*); to equip (*an auditorium*) with loudspeakers
sonorité [sɔnɔrite] *f* sonority, resonance
sonotone [sɔnɔtɔn] *m* hearing aid
sophistication [sɔfistikɑsjɔ̃] *f* adulteration
sophisti•qué -quée [sɔfistike] *adj* adulterated; artificial, counterfeit
sophistiquer [sɔfistike] *tr* to adulterate; to subtilize
Sophocle [sɔfɔkl] *m* Sophocles

sopraniste [sɔpranist] *m* male soprano

sopra•no [sɔprano] *mf* (*pl* **-ni** [ni] or **-nos**) soprano || *m* soprano (*voice*)

sorbet [sɔrbɛ] *m* sherbet

sorbetière [sɔrbətjɛr] *f* ice-cream freezer

sorbon•nard [sɔrbɔnar] **sorbon•narde** [sɔrbɔnard] *mf* (coll) Sorbonne student; (coll) Sorbonne professor

sorcellerie [sɔrsɛlri] *f* sorcery

sor•cier [sɔrsje] **-cière** [sjɛr] *adj* sorcerer's; **cela n'est pas sorcier** there's no trick to that || *m* sorcerer, wizard || *f* sorceress, witch; **vieille sorcière** old hag

sordide [sɔrdid] *adj* sordid

sornette [sɔrnɛt] *f* nonsense

sort [sɔr] *m* fate, destiny; fortune, lot; spell, charm

sortable [sɔrtabl] *adj* suitable, acceptable; presentable

sor•tant [sɔrtɑ̃] **-tante** [tɑ̃t] *adj* retiring (*congressman*); winning (*number*) || *mf* person leaving

sorte [sɔrt] *f* sort, kind; state, condition; way, manner; **de la sorte** this way, thus; **de sorte que** so that, with the result that; **en quelque sorte** in a certain way; **en sorte que** in such a way that

sortie [sɔrti] *f* exit, way out; outing, jaunt; quitting time; outburst, tirade; (mil) sortie; **sortie de bain** bathrobe; **sortie de bal** evening wrap; **sortie de secours** emergency exit; **sortie de voiture(s)** driveway

sortilège [sɔrtilɛʒ] *m* spell, charm

sortir [sɔrtir] **§64** *tr* to take out, to bring out; to publish || *intr* (*aux*: ÊTRE) to go out, to come out; to come forth; to stand out; **au sortir de** on coming out of; **sortir de** + *inf* (coll) to have just + *pp*

S.O.S. [ɛsoɛs] *m* (letterword) S.O.S.

sosie [sozi] *m* double

sot [so] **sotte** [sɔt] *adj* stupid, silly || *mf* fool, simpleton

sottise [sɔtiz] *f* stupidity, silliness, foolishness

sou [su] *m* sou; (fig) penny, farthing; **sans le sou** penniless; **sou à sou** or **sou par sou** a penny at a time

soubassement [subɑsmɑ̃] *m* subfoundation, infrastructure

soubresaut [subrəso] *m* sudden start, jerk; palpitation, jump (*of the heart*)

soubrette [subrɛt] *f* (theat) soubrette; (coll) attractive chambermaid

souche [suʃ] *f* stump; stock; stack (*of fireplace*); strain (*of virus*); (coll) dolt

souci [susi] *m* care; marigold; **sans souci** carefree

soucier [susje] *ref* to care, concern oneself

soucieusement [susjøzmɑ̃] *adv* uneasily, anxiously; with concern

sou•cieux [susjø] **-cieuse** [sjøz] *adj* solicitous, concerned; uneasy, anxious

soucoupe [sukup] *f* saucer; **soucoupe volante** flying saucer

soudage [sudaʒ] *m* soldering; welding

sou•dain [sudɛ̃] **-daine** [dɛn] *adj* sudden || **soudain** *adv* suddenly

soudainement [sudɛnmɑ̃] *adv* suddenly

soudaineté [sudɛnte] *f* suddenness

souda•nais [sudanɛ] **-naise** [nɛz] *adj* Sudanic || *m* Sudanic (*language*) || (*cap*) *mf* Sudanese (*person*)

soude [sud] *f* (chem) soda

souder [sude] *tr* to solder; to weld || *ref* to knit (*as bones do*)

soudeur [sudœr] *m* welder

soudoyer [sudwaje] **§47** *tr* to bribe; to hire (*assassins*)

soudure [sudyr] *f* solder; soldering; soldered joint; knitting (*of bones*); **faire la soudure** to bridge the gap; **soudure autogène** welding

soue [su] *f* pigsty

soufflage [suflaʒ] *m* blowing; glass blowing

souffle [sufl] *m* breath; breathing

souf•flé -flée [sufle] *adj* puffed up || *m* soufflé

souffler [sufle] *tr* to blow; to blow out (*a candle*); to blow up (*a balloon*); to prompt (*an actor*); to huff (*a checker*); to suggest (*an idea*); **ne pas souffler mot** to not breathe a word; **souffler à l'oreille** to whisper; **souffler q.ch. à qn** to take s.th. from s.o. || *intr* to blow; to pant, puff; to take a breather, to catch one's breath

soufflerie [sufləri] *f* bellows; wind tunnel

soufflet [suflɛ] *m* slap in the face; affront, insult; bellows; gore (*of dress*); (rr) flexible cover (*between two cars*)

souffleter [sufləte] **§34** *tr* to slap in the face; to affront

souf•fleur [suflœr] **souf•fleuse** [sufløz] *mf* (theat) prompter || *m* glass blower || *f* (mach) blower

soufflure [suflyr] *f* blister, bubble

souffrance [sufrɑ̃s] *f* suffering; **en souffrance** unfinished (*business*); outstanding (*bill*); unclaimed (*parcel*); at a standstill, suspended

souf•frant [sufrɑ̃] **souf•frante** [sufrɑ̃t] *adj* suffering; sick, ailing

souffre-douleur [sufrədulœr] *m invar* butt (*of a joke*), laughingstock

souffre•teux [sufrətø] **-teuse** [tøz] *adj* sickly; destitute, half-starved

souffrir [sufrir] **§65** *tr* to suffer; to stand, bear, tolerate; to permit || *intr* to suffer || *ref* to put up with each other

soufre [sufr] *m* sulfur

soufrer [sufre] *tr* to sulfurate

souhait [swɛ] *m* wish; **à souhait** to one's liking, to perfection; **à vos souhaits!** (salutation) gesundheit!; **souhaits** good wishes; **souhaits de bonne année** New Year's greetings

souhaitable [swɛtabl] *adj* desirable

souhaiter [swɛte] *tr* to wish; to wish for; to wish to; **je vous la souhaite bonne et heureuse** I wish you a happy New Year

souille [suj] *f* wallow

souiller [suje] *tr* to dirty, spot, stain, soil, sully

souillon [sujɔ̃] *f* (coll) scullery maid

souillure [sujyr] *f* spot, stain
soûl [su] **soûle** [sul] *adj* drunk; sottish || *m* fill, e.g., **manger son soûl** to eat one's fill
soulagement [sulaʒmɑ̃] *m* relief; comfort
soulager [sulaʒe] §38 *tr* to relieve; to comfort
soûler [sule] *tr* (slang) to cram down one's throat; (slang) to get (*s.o.*) drunk || *ref* (fig) to have one's fill; (slang) to get drunk
soulèvement [sulɛvmɑ̃] *m* upheaval; uprising; surge; **soulèvement de cœur** nausea
soulever [sulve] §2 *tr* to raise, heave, lift (up); to stir up || *ref* to rise; to raise oneself; to revolt
soulier [sulje] *m* shoe
soulignement [suliɲəmɑ̃] *m* underlining
souligner [suliɲe] *tr* to underline; to emphasize
soulte [sult] *f* balance due
soumettre [sumɛtr] §42 *tr* to submit; to subject; to overcome, subdue || *ref* to submit, surrender
sou•mis [sumi] **-mise** [miz] *adj* submissive, subservient; subject; amenable (*to a law*)
soumission [sumisjɔ̃] *f* submission, surrender; bid (*to perform a service*); guarantee
soumissionnaire [sumisjɔnɛr] *mf* bidder
soupape [supap] *f* valve; **soupape à réglage** or **à papillon** damper; **soupape de sûreté** safety valve; **soupape électrique** rectifier
soupçon [supsɔ̃] *m* suspicion; misgiving; dash, touch (*small amount*)
soupçonner [supsɔne] *tr & intr* to suspect
soupçon•neux [supsɔnø] **soupçon•neuse** [supsɔnøz] *adj* suspicious
soupe [sup] *f* vegetable soup; sop (*bread*); (mil) mess; **de soupe** on K.P.; **soupe au lait** (coll) mean-tempered person; **soupe populaire** soup kitchen; **trempé comme une soupe** soaking wet
soupente [supɑ̃t] *f* attic
souper [supe] *m* supper || *intr* to have supper
soupeser [supəze] §2 *tr* to heft, to weigh (*e.g., a package*) in one's hand
soupière [supjɛr] *f* soup tureen
soupir [supir] *m* sigh; breath; (mus) quarter rest
soupi•rail [supiraj] *m* (*pl* **-raux** [ro]) cellar window
soupirant [supirɑ̃] *m* suitor
soupirer [supire] *intr* to sigh; **soupirer après** or **pour** to long for
souple [supl] *adj* supple; flexible, pliant; versatile, adaptable
souplesse [suplɛs] *f* suppleness, flexibility
souquer [suke] *tr* to haul taut || *intr* to pull hard (*on the oars*)
source [surs] *f* source; spring, fountain; **source de pétrole** oil well; **source jaillissante** gusher
sourcier [sursje] *m* dowser
sourcil [surci] *m* eyebrow
sourciller [sursije] *intr* to knit one's brows; **sans sourciller** without batting an eye
sourcil•leux [sursijø] **sourcil•leuse** [sursijøz] *adj* supercilious
sourd [sur] **sourde** [surd] *adj* deaf; quiet; dull (*sound, color*); deep (*voice*); undeclared (*war*); (phonet) unvoiced; **sourd comme un pot** (coll) stone-deaf || *mf* deaf person || *f* unvoiced consonant
sourdement [surdəmɑ̃] *adv* secretly; heavily; dully
sourdine [surdin] *f* (mus) mute; **à la sourdine** muted; **en sourdine** on the sly
sourd-muet [surmɥɛ] **sourde-muette** [surdəmɥɛt] (*pl* **sourds-muets**) *adj* deaf and dumb, deaf-mute || *mf* deaf-mute
sourdre [surdr] (used in: *inf*; 3d *sg & pl pres ind* **sourd, sourdent**) *intr* to spring, well up
souricier [surisje] *m* mouser
souricière [surisjɛr] *f* mousetrap; (fig) trap
sourire [surir] *m* smile || §61 *intr* to smile; **sourire à** to smile at; to smile on; to look good to
souris [suri] *m* (obs) smile || *f* mouse
sour•nois [surnwa] **-noise** [nwaz] *adj* sly, cunning, artful
sous [su] *prep* under; on (*a certain day; certain conditions*); **sous caoutchouc** rubber-covered; **sous clef** under lock and key; **sous la main** at hand; **sous les drapeaux** in the army; **sous main** underhandedly; **sous peu** shortly; **sous un certain angle** from a certain point of view
sous-alimentation [suzalimɑ̃tɑsjɔ̃] *f* undernourishment
sous-bois [subwɑ] *m* underbrush, undergrowth
sous-chef [suʃɛf] *m* (*pl* **-chefs**) assistant (*to the head man*), deputy, second-in-command
souscripteur [suskriptœr] *m* subscriber (*to a loan or charity*); signer (*of a commercial paper*)
souscription [suskripsjɔ̃] *f* signature; subscription; **souscription de soutien** sustaining membership
souscrire [suskrir] §25 *tr & intr* to subscribe
sous-cuta•né -née [sukytane] *adj* subcutaneous
sous-dévelop•pé -pée [sudɛvlɔpe] *adj* underdeveloped
sous-diacre [sudjakr] *m* subdeacon
sous-direc•teur [sudirɛktœr] **-trice** [tris) *mf* (*pl* **-directeurs**) second-in-command
sous-entendre [suzɑ̃tɑ̃dr] *tr* to understand (*what is not expressed*); to imply
sous-entendu [suzɑ̃tɑ̃dy] *m* inference, implication, innuendo, double meaning, double entendre
sous-entente [suzɑ̃tɑ̃t] *f* mental reservation; hidden, cryptic meaning

sous-entrepreneur [suzɑ̃trəprənœr] *m* (*pl* **-entrepreneurs**) subcontractor
sous-estimer [suzɛstime] *tr* to underestimate
sous-fifre [sufifr] *m* (*pl* **-fifres**) (coll) underling
sous-garde [sugard] *f* trigger guard
sous-lieutenant [suljøtnɑ̃] *m* (*pl* **-lieutenants**) second lieutenant
sous-location [sulɔkɑsjɔ̃] *f* sublease
sous-louer [sulwe] *tr* to sublet, sublease
sous-main [sumɛ̃] *m invar* desk blotter; **en sous-main** underhandedly
sous-marin [sumarɛ̃] **-marine** [marin] *adj* & *m* (*pl* **-marins**) submarine
sous-marinier [sumarinje] *m* (*pl* **-mariniers**) submarine crewman
sous-mentonnière [sumɑ̃tɔnjər] *f* (*pl* **-mentonnières**) chin strap
sous-nappe [sunap] *f* (*pl* **-nappes**) table pad
sous-off [suzɔf] *m* (*pl* **-offs**) noncom
sous-officier [suzɔfisje] *m* (*pl* **-officiers**) noncommissioned officer
sous-ordre [suzɔrdr] *m* (*pl* **-ordres**) underling, subordinate; (biol) suborder; **en sous-ordre** subordinate; subordinately
sous-production [suprɔdyksjɔ̃] *f* underproduction
sous-produit [suprɔdɥi] *m* (*pl* **-produits**) by-product
sous-secrétaire [suskretɛr] *m* (*pl* **-secrétaires**) undersecretary
sous-secrétariat [suskretarja] *m* undersecretaryship
sous-seing [susɛ̃] *m invar* privately witnessed document
soussi•gné -gnée [susiɲe] *adj* & *mf* undersigned
sous-sol [susɔl] *m* (*pl* **-sols**) subsoil; basement
sous-titre [sutitr] *m* (*pl* **-titres**) subtitle
sous-titrer [sutitre] *tr* to subtitle
soustraction [sustraksjɔ̃] *f* subtraction; (law) purloining
soustraire [sustrer] **§68** *tr* to remove; take away; to subtract; to deduct; **soustraire de** to subtract from; **soustraire q.ch. à qn** to take s.th. away from s.o.; to steal s.th. from s.o. || *ref* to withdraw; **se soustraire à** to escape from
sous-traitant [sutretɑ̃] *m* (*pl* **-traitants**) subcontractor; sublessee
sous-traité [sutrete] *m* (*pl* **-traités**) subcontract
sous-traiter [sutrete] *tr* & *intr* to subcontract
sous-ventrière [suvɑ̃trijer] *f* (*pl* **-ventrières**) girth
sous-verre [suver] *m invar* passe-partout; coaster
sous-vêtement [suvetmɑ̃] *m* (*pl* **-vêtements**) undergarment
soutache [sutaʃ] *f* braid
soutacher [sutaʃe] *tr* to trim with braid
soutane [sutan] *f* soutane, cassock
soutanelle [sutanɛl] *f* frock coat; choir robe
soute [sut] *f* (naut) storeroom; **soute à charbon** coal bunker
soutenable [sutnabl] *adj* supportable, tenable
soutenance [sutnɑ̃s] *f* defense (*of an academic thesis*)
soutènement [sutɛnmɑ̃] *m* support
souteneur [sutnœr] *m* pimp
soutenir [sutnir] **§72** *tr* to support, bear; to sustain; to insist, claim; to defend (*a thesis*) || *ref* to stand up; to keep afloat
soute•nu -nue [sutny] *adj* sustained; elevated (*style*); steady (*market*); true (*colors*)
souter•rain [sutɛrɛ̃] **souter•raine** [sutɛrɛn] *adj* subterranean, underground; underhanded || *m* tunnel, subway (*for pedestrians*)
soutien [sutjɛ̃] *m* support; stand-by
soutien-gorge [sutjɛ̃gɔrʒ] *m* (*pl* **soutiens-gorge**) brassiere
soutirage [sutiraʒ] *m* racking
soutirer [sutire] *tr* to rack (*wine*); **soutirer q.ch. à qn** to get s.th. out of s.o., to sponge on s.o. for s.th.
souvenir [suvnir] *m* memory, remembrance; souvenir || **§72** *intr*—**faire souvenir qn de q.ch.** to remind s.o. of s.th. || *ref* to remember; **se souvenir de** to remember
souvent [suvɑ̃] *adv* often
souve•rain [suvrɛ̃] **-raine** [rɛn] *adj* & *mf* sovereign || *m* sovereign (*coin*)
souveraineté [suvrɛnte] *f* sovereignty
soviet [sɔvjɛt] *m* soviet
soviétique [sɔvjetik] *adj* Soviet || (*cap*) *mf* Soviet Russian
soya [sɔja] *m* soybean
soyeux [swajø] **soyeuse** [swajøz] *adj* silky
S.P. *abbr* (**sapeurs-pompiers**) fire department
spa•cieux [spasjø] **-cieuse** [sjøz] *adj* spacious, roomy
spadassin [spadasɛ̃] *m* hatchet man, hired thug
spaghetti [spagetti] *m* spaghetti
sparadrap [sparadra] *m* adhesive tape
spartiate [sparsjat] *adj* Spartan || (*cap*) *mf* Spartan
spasme [spasm] *m* spasm
spasmodique [spasmɔdik] *adj* spasmodic; (pathol) spastic
spath [spat] *m* (mineral) spar
spa•tial -tiale [spasjal] *adj* (*pl* **-tiaux** [sjo]) spatial
spatule [spatyl] *f* spatula; (orn) spoonbill
spea•ker [spikœr] **-kerine** [krin] *mf* (rad, telv) announcer || *m* speaker (*presiding officer*)
spé•cial -ciale [spesjal] *adj* (*pl* **-ciaux** [sjo]) special
spécialiser [spesjalize] *tr* & *ref* to specialize
spécialiste [spesjalist] *mf* specialist; expert
spécialité [spesjalite] *f* specialty; specialization; patent medicine
spé•cieux [spesjø] **-cieuse** [sjøz] *adj* specious
spécifier [spesifje] *tr* to specify

spécifique [spesifik] *adj & m* specific
spécimen [spesimen] *adj & m* specimen
spectacle [spɛktakl] *m* spectacle, sight; show; play; **à grand spectacle** spectacular (*production*)
specta•teur [spɛktatœr] **-trice** [tris] *mf* spectator
spectre [spɛktr] *m* ghost; spectrum; (fig) specter
spécula•teur [spekylatœr] **-trice** [tris] *mf* speculator
spéculer [spekyle] *tr* to speculate
spéléologie [speleɔlɔʒi] *f* speleology
sperme [spɛrm] *m* sperm
sphère [sfɛr] *f* sphere
sphérique [sferik] *adj* spherical
sphinx [sfɛ̃ks] *m* sphinx
spider [spidɛr] *m* (aut) rumble seat
spi•nal -nale [spinal] *adj* (*pl* **-naux** [no]) spinal
spi•ral -rale [spiral] (*pl* **-raux** [ro]) *adj* spiral || *m* hairspring (*of watch*) || *f* spiral; **en spirale** spiral
spire [spir] *f* turn (*in a wire*); whorl (*of a shell*)
spirée [spire] *f* (bot) spirea
spirite [spirit] *adj & mf* spiritualist
spiri•tuel -tuelle [spiritɥel] *adj* spiritual; sacred (*music*); witty || *m* ecclesiastical power
spiri•tueux [spiritɥø] **-tueuse** [tɥøz] *adj* spirituous || *m* spirituous liquor
spleen [splin] *m* boredom, melancholy
splendeur [splɑ̃dœr] *f* splendor
splendide [splɑ̃did] *adj* splendid; bright, brilliant
spolia•teur [spɔljatœr] **-trice** [tris] *adj* despoiling || *mf* despoiler
spolier [spɔlje] *tr* to despoil
spon•gieux [spɔ̃ʒjø] **-gieuse** [ʒjøz] *adj* spongy
sponta•né -née [spɔ̃tane] *adj* spontaneous
sporadique [spɔradik] *adj* sporadic(al)
sport [spɔr] *adj invar* sport, sporting; sportsmanlike || *m* sport
spor•tif [spɔrtif] **-tive** [tiv] *adj* sport, sporting || *mf* athlete, player || *m* sportsman
spot [spɔt] *m* spotlight; (radar) blip
spoutnik [sputnik] *m* sputnik
spu•meux [spymø] **-meuse** [møz] *adj* frothy, foamy
squale [skwal] *m* (ichth) dogfish
squelette [skəlɛt] *m* skeleton
squelettique [skəletik] *adj* skeletal
S.R. *abbr* (**Service de renseignements**) information desk or bureau
stabiliser [stabilize] *tr* to stabilize
stabilité [stabilite] *f* stability
stable [stabl] *adj* stable
stade [stad] *m* stadium; (fig) stage (*of development*)
stage [staʒ] *m* probationary period, apprenticeship
stagiaire [staʒjɛr] *adj & mf* apprentice
stag•nant [stagnɑ̃] **-nante** [nɑ̃t] *adj* stagnant
stalle [stal] *f* stall
stance [stɑ̃s] *f* stanza
stand [stɑ̃d] *m* stands; shooting gallery; pit (*for motor racing*)
standard [stɑ̃dar] *adj invar* standard || *m* standard; switchboard
standardiser [stɑ̃dardize] *tr* to standardize
standardiste [stɑ̃dardist] *mf* switchboard operator, telephone operator
standing [stɑ̃diŋ] *m* status, standing; standard of living; **de grand standing** luxury (*apartments*)
star [star] *f* (mov, theat) star
starter [startɛr], [startœr] *m* (aut) choke; (sports) starter
station [stɑsjɔ̃] *f* station; resort; (rr) flag station; **station d'écoute** monitoring station; **station d'émission** broadcasting station; **station de repérage** tracking station; **station de taxis** taxi stand; **station orbitale** space station
stationnaire [stɑsjɔnɛr] *adj* stationary || *m* gunboat
stationnement [stɑsjɔnmɑ̃] *m* parking; **stationnement interdit** (public sign) no parking
stationner [stɑsjɔne] *intr* to stop; to park
station-service [stɑsjɔ̃sɛrvis] *f* (*pl* **stations-service**) service station
statique [statik] *adj* static
statisti•cien [statistisjɛ̃] **-cienne** [sjɛn] *mf* statistician
statistique [statistik] *adj* statistical || *f* statistics
statuaire [statɥɛr] *adj* statuary || *mf* sculptor || *f* statuary
statue [staty] *f* statue
statuer [statɥe] *tr* to hand down (*a ruling*) || *intr* to hand down a ruling
statu quo [statykwo], [statuko] *m* status quo
stature [statyr] *f* stature
statut [staty] *m* statute; legal status
statutaire [statytɛr] *adj* statutory
Ste *abbr* (**Sainte**) St. (*female saint*)
Sté *abbr* (**Société**) Inc.
sténo [steno] *f* stenographer; stenography
sténodactylo [stenɔdaktilo] *f* shorthand typist; shorthand typing
sténogramme [stenɔgram] *m* shorthand notes
sténographe [stenɔgraf] *mf* stenographer
sténographie [stenɔgrafi] *f* stenography
sténographier [stenɔgrafje] *tr* to take down in shorthand
stéréo [stereo] *adj invar* stereo || *f*—**en stéréo** (electron) in stereo
stéréophonie [stereɔfɔni] *f* stereophonic sound system; **en stéréophonie** stereophonic (*e.g., broadcast*)
stéréoscopique [stereɔskɔpik] *adj* stereo, stereoscopic
stéréoty•pé -pée [stereɔtipe] *adj* stereotyped
stérile [steril] *adj* sterile
stériliser [sterilize] *tr* to sterilize
stérilité [sterilite] *f* sterility
sterling [stɛrliŋ] *adj invar* sterling
stéthoscope [stetɔskɔp] *m* stethoscope
stick [stik] *m* walking stick
stigmate [stigmat] *m* stigma
stigmatiser [stigmatize] *tr* to stigmatize

stimu•lant [stimylɑ̃] **-lante** [lɑ̃t] *adj & m* stimulant
stimuler [stimyle] *tr* to stimulate
stimu•lus [stimylys] *m* (*pl* **-li** [li]) (physiol) stimulus
stipendier [stipɑ̃dje] *tr* to hire (*e.g., an assassin*); to bribe
stipuler [stipyle] *tr* to stipulate
stock [stɔk] *m* goods, stock; hoard
stocker [stɔke] *tr & intr* to stockpile
stockiste [stɔkist] *m* authorized dealer (*carrying parts, motors, etc.*)
stoï•cien [stɔisjɛ̃] **-cienne** [sjɛn] *adj & mf* Stoic
stoïque [stɔik] *adj* stoical ‖ *mf* stoic
stop [stɔp] *m* stop; stoplight; **du stop** (coll) hitchhiking ‖ *interj* stop!
stoppage [stɔpaʒ] *m* reweaving, invisible mending
stopper [stɔpe] *tr* to reweave; to stop ‖ *intr* to stop
store [stɔr] *m* blind; window awning; outside window shade
strabique [strabik] *adj* squint-eyed
strabisme [strabism] *m* squint
strapontin [strapɔ̃tɛ̃] *m* jump seat; (theat) attached folding seat
strass [stras] *m* paste (*jewelry*)
stratagème [strataʒɛm] *m* stratagem
strate [strat] *f* (geol) stratum
stratège [stratɛʒ] *m* strategist
stratégie [strateʒi] *f* strategy
stratégique [strateʒik] *adj* strategic(al)
stratégiste [strateʒist] *m* strategist
stratifier [stratifje] *tr & ref* to stratify
stratosphère [stratɔsfɛr] *f* stratosphere
strict stricte [strikt] *adj* strict
stri•dent [stridɑ̃] **-dente** [dɑ̃t] *adj* strident
strie [stri] *f* streak; stripe
strier [strije] *tr* to streak; to score, groove
strontium [strɔ̃sjɔm] *m* strontium
strophe [strɔf] *f* verse, stanza; strophe
structu•ral -rale [stryktyral] *adj* (*pl* **-raux** [ro]) structural
structure [stryktyr] *f* structure
strychnine [striknin] *f* strychnine
stuc [styk] *m* stucco; **enduire de stuc** to stucco
stu•dieux [stydjø] **-dieuse** [djøz] *adj* studious
studio [stydjo] *m* studio
stupé•fait [stypefɛ] **-faite** [fɛt] *adj* dumfounded, amazed
stupé•fiant [stypefjɑ̃] **-fiante** [fjɑ̃t] *adj* astounding ‖ *m* drug, narcotic
stupéfier [stypefje] *tr* to astound; to stupefy (*as with a drug*)
stupeur [stypœr] *f* stupor; amazement
stupide [stypid] *adj* stupid
stupidité [stypidite] *f* stupidity
stuquer [styke] *tr* to stucco
style [stil] *m* style; stylus
styler [stile] *tr* to train
stylet [stilɛ] *m* stiletto
styliser [stilize] *tr* to stylize
stylo [stilo] *m* pen, fountain pen; **stylo à bille** ball-point pen
styptique [stiptik] *adj & m* styptic
suaire [sɥɛr] *m* shroud, winding sheet
suave [sɥav] *adj* sweet (*perfume, music, etc.*); bland (*food*); suave
subcons•cient [sypkɔ̃sjɑ̃] **subcons•ciente** [sypkɔ̃sjɑ̃t] *adj & m* subconscious
subdiviser [sybdivize] *tr* to subdivide
subir [sybir] *tr* to submit to; to undergo; to feel, experience; to take (*an exam*); to serve (*a sentence*)
su•bit [sybi] **-bite** [bit] *adj* sudden
subjec•tif [sybʒɛktif] **-tive** [tiv] *adj* subjective
subjonc•tif [sybʒɔ̃ktif] **-tive** [tiv] *adj & m* subjunctive
subjuguer [sybʒyge] *tr* to dominate; to spellbind
sublime [syblim] *adj* sublime
sublimer [syblime] *tr* to sublimate
submerger [sybmɛrʒe] **§38** *tr* to submerge
submersible [sybmɛrsibl] *adj & m* submersible
submersion [sybmɛrsjɔ̃] *f* submersion
subodorer [sybɔdɔre] *tr* to scent (*game*); (fig) to scent (*a plot*)
subordon•né -née [sybɔrdɔne] *adj & mf* subordinate
subordonner [sybɔrdɔne] *tr* to subordinate
suborner [sybɔrne] *tr* to bribe
subrécargue [sybrekarg] *m* supercargo
subreptice [sybrɛptis] *adj* surreptitious
subsé•quent [sypsekɑ̃] **-quente** [kɑ̃t] *adj* subsequent
subside [sypsid], [sybzid] *m* subsidy
subsidiaire [sypsidjɛr] *adj* subsidiary
subsistance [sybzistɑ̃s], [sypsistɑ̃s] *f* subsistence; (mil) rations
subsister [sybziste], [sypsiste] *intr* to subsist
substance [sypstɑ̃s] *f* substance; **en substance** briefly
substan•tiel -tielle [sypstɑ̃sjɛl] *adj* substantial
substan•tif [sypstɑ̃tif] **-tive** [tiv] *adj & m* substantive
substituer [sypstitɥe] *tr*—**substituer qn** or **q.ch. à** to substitute s.o. or s.th. for, e.g., **une biche fut substituée à Iphigénie** a hind was substituted for Iphigenia ‖ *ref*—**se substituer à** to take the place of
substitut [sypstity] *m* substitute
substitution [sypstitysjɔ̃] *f* substitution
substrat [sypstra] *m* substratum
subterfuge [sypterfyʒ] *m* subterfuge
sub•til -tile [syptil] *adj* subtle; fine (*powder, dust, etc.*); quick (*poison*); delicate (*scent*); clever (*crook*)
subtiliser [syptilize] *tr* to pick (*a purse*) ‖ *intr* to split hairs
subtilité [syptilite] *f* subtlety
subur•bain [sybyrbɛ̃] **-baine** [bɛn] *adj* suburban
subvenir [sybvənir] **§72** *intr* (with *dat*) to supply, provide, satisfy
subvention [sybvɑ̃sjɔ̃] *f* subsidy, subvention
subventionner [sybvɑ̃sjɔne] *tr* to subsidize
subver•sif [sybvɛrsif] **-sive** [siv] *adj* subversive
subvertir [sybvɛrtir] *tr* to subvert

suc [syk] *m* juice; sap; (fig) essence
succéda•né -née [syksedane] *adj & m* substitute
succéder [syksede] §10 *intr* to happen; (with *dat*) to succeed, follow; **succéder à** to succeed to (*the throne, a fortune*) || *ref* to follow one after the other, to follow one another
succès [syksɛ] *m* success; outcome; **avoir du succès** to be a success
succes•sif [syksɛsif] **succes•sive** [syksɛsiv] *adj* successive
succession [syksɛsjɔ̃] *f* succession; inheritance; heirs
suc•cinct [syksɛ̃] **-cincte** [sɛ̃t] *adj* succinct; scanty; meager
succion [syksjɔ̃] *f* suction
succomber [sykɔ̃be] *intr* to succumb
succursale [sykyrsal] *f* branch
sucer [syse] §51 *tr* to suck
sucette [sysɛt] *f* pacifier; lollipop, sucker
su•ceur [sysœr] **-ceuse** [søz] *adj* sucking || *m* nozzle
suçoter [sysɔte] *tr* to suck away at
sucre [sykr] *m* sugar; **sucre brut** brown sugar; **sucre candi** rock candy; **sucre de canne** cane sugar; **sucre glace** confectioners' sugar
su•cré -crée [sykre] *adj* sugary; with sugar, e.g., **du café sucré** coffee with sugar || *f*—**faire la sucrée** to be mealy-mouthed
sucrer [sykre] *tr* to sugar; (slang) to take away, to cut out || *ref* (slang) to grab the lion's share
sucrerie [sykrəri] *f* sugar refinery; **sucreries** candy
su•crier [sykrije] **-crière** [krijɛr] *adj* sugar || *m* sugar bowl
sud [syd] *adj invar & m* south
sud-améri•cain [sydamerikɛ̃] **-caine** [kɛn] *adj* South American || (*cap*) *mf* (*pl* **Sud-Américains**) South American
sudation [sydɑsjɔ̃] *f* sweating
sud-est [sydɛst] *adj invar & m* southeast
sudiste [sydist] *mf* Southerner (*in U.S.A.*)
sud-ouest [sydwɛst] *adj invar & m* southwest
sud-vietna•mien [sydvjetnamjɛ̃] **-mienne** [mjɛn] *adj* South Vietnamese || (*cap*) *mf* (*pl* **Sud-Vietnamiens**) South Vietnamese
suède [sɥɛd] *m* suede || (*cap*) *f* Sweden; **la Suède** Sweden
sué•dois [sɥedwa] **-doise** [dwaz] *adj* Swedish || *m* Swedish (*language*) || (*cap*) *mf* Swede
suée [sɥe] *f* sweating
suer [sɥe] *tr & intr* to sweat
sueur [sɥœr] *f* sweat
suffire [syfir] §66 *intr* to suffice; (with *dat*) to suffice; **il suffit de** + *inf* it suffices to + *inf*; **suffire à** + *inf* to suffice to + *inf*; **suffit!** enough! || *ref* to be sulf-sufficient
suffisance [syfizɑ̃s] *f* sufficiency; self-sufficiency, smugness
suffi•sant [syfizɑ̃] **-sante** [zɑ̃t] *adj* sufficient; smug, sophomoric; impudent || *mf* prig
suffixe [syfiks] *m* suffix
suffoquer [syfɔke] *tr & intr* to suffocate, choke, stifle, smother
suffrage [syfraʒ] *m* suffrage, vote; public approval; **au suffrage universel** by popular vote; **suffrage capacitaire** suffrage contingent upon literacy tests; **suffrage censitaire** suffrage upon payment of taxes
suggérer [sygʒere] §10 *tr* to suggest
sugges•tif [sygʒɛstif] **-tive** [tiv] *adj* suggestive
suggestion [sygʒɛstjɔ̃] *f* suggestion
suggestionner [sygʒɛstjɔne] *tr* to influence by means of suggestion
suicide [sɥisid] *adj* suicidal || *m* suicide (*act*)
suici•dé -dée [sɥiside] *adj* dead by suicide || *mf* suicide (*person*)
suicider [sɥiside] *ref* to commit suicide
suie [sɥi] *f* soot
suif [sɥif] *m* tallow
suint [sɥɛ̃] *m* wool fat, wool grease
suinter [sɥɛ̃te] *intr* to seep, to ooze; to sweat (*said of wall*); to run (*said of wound*)
suisse [sɥis] *adj* Swiss; **faire suisse** to eat or drink by oneself; to go Dutch || *m* Swiss guard; uniformed usher; **petit suisse** cream cheese || (*cap*) *f* Switzerland; **la Suisse** Switzerland || **Suisse Suissesse** [sɥisɛs] *mf* Swiss (*person*)
suite [sɥit] *f* suite; consequence; continuation, sequel (*of literary work*); sequence, series; **à la suite de** after; **de suite** in succession; in a row; **par la suite** later on; **par suite** consequently; **par suite de** because of
sui•vant [sɥivɑ̃] **-vante** [vɑ̃t] *adj* next, following, subsequent || *mf* follower; next (person) || *f* servant, confidante || **suivant** *adv*—**suivant que** according as || **suivant** *prep* according to
sui•veur [sɥivœr] **-veuse** [vøz] *adj* follow-up (*e.g., car*) || *mf* follower
sui•vi -vie [sɥivi] *adj* connected, coherent; popular
suivre [sɥivr] §67 *tr* to follow; to take (*a course in school*); **suivre la mode** (fig) to follow suit || *intr* to follow; **à suivre** to be continued || *ref* to follow in succession; to follow one after the other
su•jet [syʒɛ] **-jette** [ʒɛt] *adj* subject; apt, liable; inclined || *mf* subject (*of a government*); **mauvais sujet** ne'er-do-well || *m* subject, topic; (gram) subject; **au sujet de** about, concerning
sujétion [syʒesjɔ̃] *f* subjection
sulfamide [sylfamid] *m* sulfa drug
sulfure [sylfyr] *m* sulfide
sulfurique [sylfyrik] *adj* sulfuric
sultan [syltɑ̃] *m* sultan
sumac [symak] *m* sumac; **sumac vénéneux** poison ivy
super [sypɛr] *m* (coll) high-test gas

superbe [syperb] *adj* superb; proud || *m* proud person || *f* pride
supercarburant [syperkarbyrɑ̃] *m* high-test gasoline
supercherie [syperʃəri] *f* hoax, swindle
superfétatoire [syperfetatwar] *adj* redundant
superficie [syperfisi] *f* surface, area
superfi·ciel -cielle [syperfisjel] *adj* superficial
super·flu -flue [syperfly] *adj* superfluous || *m* superfluity, excess
supé·rieur -rieure [syperjœr] *adj* superior; higher; upper (*e.g., story*); **supérieur à** above; more than || *mf* superior
supérieurement [syperjœrmɑ̃] *adv* superlatively, exceptionally
supériorité [syperjɔrite] *f* superiority
superla·tif [syperlatif] **-tive** [tiv] *adj & m* superlative; **au superlatif** superlatively; in the superlative
supermarché [sypermarʃe] *m* supermarket
superposer [syperpɔze] *tr* to superimpose || *ref* to intervene
supersonique [sypersɔnik] *adj* supersonic
supersti·tieux [syperstisjø] **-tieuse** [sjøz] *adj* superstitious
superstition [syperstisjɔ̃] *f* superstition
superstrat [syperstra] *m* superstratum
superviser [sypervize] *tr* to inspect; to revise; to correct; to supervise
supplanter [syplɑ̃te] *tr* to supplant
suppléance [sypleɑ̃s] *f* substituting; temporary post
suppléant [sypleɑ̃] **suppléante** [sypleɑ̃t] *adj* substituting || *mf* substitute (*e.g., a teacher, judge*)
suppléer [syplee] *tr* to supply; to take the place of; to make up for (*what is lacking*); to fill in (*the gaps*); to substitute for (*s.o.*); to fill (*a vacancy*) || *intr*—**suppléer à** to make up for (*s.th.*)
supplément [syplemɑ̃] *m* supplement
supplé·tif [sypletif] **-tive** [tiv] *adj & m* (mil) auxiliary
suppliant [syplijɑ̃] **suppliante** [syplijɑ̃t] *adj & mf* suppliant, supplicant
supplice [syplis] *m* torture; punishment; **être au supplice** to be in agony
supplicier [syplisje] *tr* to torture to death; to torment
supplier [syplije] *tr* to beseech, implore, supplicate; **je vous en supplie** I beg you; **supplier qn de** to implore s.o. to
supplique [syplik] *f* petition
support [sypɔr] *m* support, prop, pillar, bracket, strut; standard (*e.g., for a lamp*)
support-chaussette [sypɔrʃoset] *m* (*pl* **supports-chaussette**) garter (*for men*)
supporter [sypɔrtœr], [sypɔrter] *m* fan, devotee, supporter, partisan || [sypɔrte] *tr* to support, to prop up; to bear, to endure; to stand, to tolerate, to put up with || *intr*—**supporter de** + *inf* to tolerate or stand for + *ger* || *ref* to be tolerated; to put up with each other
suppo·sé -sée [sypoze] *adj* supposed, admitted; spurious, assumed || **supposé** *prep* supposing, admitting, granting
supposer [sypoze] *tr* to suppose; to imply; **à supposer que . . .** suppose that . . . ; **supposer un testament** to palm off a forged will
supposition [sypozisjɔ̃] *f* supposition; forgery, fraudulent substitution or alteration; **supposition de part** or **supposition d'enfant** false claim of maternity and maternal rights
suppositoire [sypozitwar] *m* suppository
suppôt [sypo] *m* henchman, tool, agitator, hireling; **suppôt de Bacchus** drunkard; **suppôt du diable** imp
suppression [sypresjɔ̃] *f* suppression; elimination (*of a job*); discontinuance (*of a festival*); killing (*of a person*); **suppression de part** or **suppression d'enfant** concealment of a child's birth or death
supprimer [syprime] *tr* to suppress, to cancel, to abolish; to cut out, to omit; (slang) to eliminate, liquidate || *ref* to kill oneself
suppurer [sypyre] *intr* to suppurate
supputation [sypytɑsjɔ̃] *f* calculation, evaluation, reckoning
supputer [sypyte] *tr* to calculate (*e.g., forthcoming profits, expenses*)
suprême [syprem] *adj* supreme; last
sur sure [syr] *adj* sour || **sur** *prep* on, over; about, concerning; with (*on the person of*); out of, in, e.g., **un jour sur quatre** one day out of four, one day in four; after, e.g., **page sur page** page after page; **sur ce, sur quoi** whereupon; **sur le fait** in the act
sûr sûre [syr] *adj* sure; trustworthy; safe; certain; **à coup sûr, pour sûr** for sure, without fail
surabon·dant [syrabɔ̃dɑ̃] **-dante** [dɑ̃t] *adj* superabundant
surabonder [syrabɔ̃de] *intr* to superabound; **surabonder de** or **en** to be glutted with
surajouter [syraʒute] *tr* to add on
suralimentation [syralimɑ̃tɑsjɔ̃] *f* forced feeding; (aut) supercharging
suran·né -née [syrane] *adj* outmoded, out-of-date, superannuated; expired (*driver's license, passport, etc.*)
surboum [syrbum] *f* (slang) dance, hop
surcharge [syrʃarʒ] *f* surcharge; overwriting; (sports) handicap (*of weight on a horse*)
surcharger [syrʃarʒe] §38 *tr* to surcharge; to write a word over (*another word*); to write a word over a crossed-out word on (*a document*)
surchauffe [syrʃof] *f* superheating; overheating (*of the economy*)
surchauffer [syrʃofe] *tr* to superheat (*steam; an oven*); to overheat (*an oven, iron, etc.*)
surchoix [syrʃwa] *m* finest quality

surclasser [syrklɑse] *tr* to outclass
surcompo•sé -sée [syrkɔ̃poze] *adj* (gram) double-compound
surcompression [syrkɔ̃prɛsjɔ̃] *f* pressurization, high compression
surcompri•mé -mée [syrkɔ̃prime] *adj* high-compression (*engine*)
surcomprimer [syrkɔ̃prime] *tr* to supercharge; to pressurize
surcontrer [syrkɔ̃tre] *tr* (cards) to redouble
surcouper [syrkupe] *tr* (cards) to overtrump
surcroît [syrkrwɑ], [syrkrwa] *m* addition, increase; **de surcroît** or **par surcroît** in addition, extra
surdi-mutité [syrdimɥtite] *f* deaf-muteness
surdité [syrdite] *f* deafness
su•reau [syro] *m* (*pl* **-reaux**) elderberry
surélévation [syrelevasjɔ̃] *f* escalation, excessive increase; extra story (*added to a building*)
surélever [syrelve] §2 *tr* to raise, raise up; to drive up; to jack up
surenchère [syrɑ̃ʃɛr] *f* higher bid; **surenchère électorale** campaign promise, political outbidding
surenchérir [syrɑ̃ʃerir] *intr* to make a higher bid; **surenchérir sur qn** to outbid s.o.
surestimer [syrɛstime] *tr* to overestimate
su•ret [syrɛ] **-rette** [rɛt] *adj* tart
sûreté [syrte] *f* safety, security; sureness (*of touch; of taste*); surety; **en sûreté** out of harm's way; in custody, confined (*e.g., in prison*); **sûreté individuelle** legal protection (*e.g., against arbitrary arrest*); **Sûreté nationale** or **la Sûreté** central intelligence; **sûretés** precautions; guarantees, security (*for a loan*)
surévaluer [syrevalɥe] *tr* to overvalue
surexciter [syrɛksite] *tr* to overexcite
surexposer [syrɛkspoze] *tr* (phot) to overexpose
surexposition [syrɛkspozisjɔ̃] *f* (phot) overexposure
surface [syrfas] *f* surface; financial backing; **faire surface** to surface (*said of a submarine*)
surfaire [syrfɛr] §29 *tr & intr* to overprice; to overrate
sur•fin [syrfɛ̃] **-fine** [fin] *adj* superfine
surge•lé -lée [syrʒəle] *adj* frozen (*foods*)
surgeon [syrʒɔ̃] *m* offshoot, sucker
surgir [syrʒir] *intr* to spring up; arise, appear; to arrive, reach port
surglacer [syrglase] §51 *tr* to glaze; to ice (*cake*)
surhaussement [syrosmɑ̃] *m* heightening, raising; banking (*of road*)
surhausser [syrose] *tr* to heighten, to raise; to force up (*prices*); to force up the price of (*s.th.*); to bank (*a road*)
surhomme [syrɔm] *m* superman
surhu•main [syrymɛ̃] **-maine** [mɛn] *adj* superhuman
surimpression [syrɛ̃presjɔ̃] *f* superimposition; (mov) montage
surintendant [syrɛ̃tɑ̃dɑ̃] *m* superintendent, administrator
surir [syrir] *intr* to turn sour
sur-le-champ [syrlʃɑ̃] *adv* on the spot, immediately
surlendemain [syrlɑ̃dmɛ̃] *m*—**le surlendemain** the second day after, two days later
surlier [syrlje] *tr* to whip (*a rope*)
surmenage [syrmənaʒ] *m* overworking, fatigue
surmener [syrməne] §2 *tr & ref* to overwork
sur-moi [syrmwa] *m* superego
surmonter [syrmɔ̃te] *tr* to surmount ‖ *intr* to come to the top (*said of oil in water*)
surmouler [syrmule] *tr* to cast from another mold
surmultiplication [syrmyltiplikɑsjɔ̃] *f* (aut) overdrive
surnager [syrnaʒe] §38 *intr* to float; to survive
surnatu•rel -relle [syrnatyrɛl] *adj & m* supernatural
surnom [syrnɔ̃] *m* nickname, sobriquet
surnombre [syrnɔ̃br] *m* excess number; **en surnombre** supernumerary; spare; **rester en surnombre** to be odd man; **surnombre des habitants** overpopulation
surnommer [syrnɔme] *tr* to name, call, nickname
surnuméraire [syrnymerɛr] *adj* supernumerary, extra ‖ *mf* substitute, supernumerary
suroffre [syrɔfr] *f* better or higher offer
suroît [syrwa] *m* southwest wind
surpasser [syrpɑse] *tr* to surpass; to astonish ‖ *ref* to outdo oneself
surpaye [syrpɛj] *f* extra pay
surpayer [syrpɛje] §49 *tr* to pay too much to; to pay too much for
surpeu•plé -plée [syrpœple] *adj* overpopulated
surpeuplement [syrpœpləmɑ̃] *m* overpopulation
surplis [syrpli] *m* surplice
surplomber [syrplɔ̃be] *tr & intr* to overhang
surplus [syrply] *m* surplus; **au surplus** moreover
surpopulation [syrpɔpylɑsjɔ̃] *f* overpopulation
surprendre [syrprɑ̃dr] §56 *tr* to surprise; to come upon by chance; to detect; to overtake, catch
surprise [syrpriz] *f* surprise
surprise-party or **surprise-partie** [syrprizparti] *f* (*pl* **surprises-parties**) private dancing party
surproduction [syrprɔdyksjɔ̃] *f* overproduction
surréalisme [syrealism] *m* surrealism
sursaut [syrso] *m* sudden start; **en sursaut** with a start
sursauter [syrsote] *intr* to give a jump, to start, to jerk

surseoir [syrswar] §5B (*fut* **surseoirai**, etc.) *tr* to postpone, defer, put off || *intr*—**surseoir** (with *dat*) to stay (*an investigation; an execution*)
sursis [syrsi] *m* suspension (*of penalty*); postponement, deferment, stay; **en sursis, avec sursis** suspended (*sentence*)
surtaxe [syrtaks] *f* surtax, surcharge; **surtaxe postale** postage due
surtaxer [syrtakse] *tr* to surtax
surtension [syrtɑ̃sjɔ̃] *f* (elec) surge
surtout [syrtu] *m* topcoat; centerpiece, epergne || *adv* especially, particularly
surveillance [syrvɛjɑ̃s] *f* supervision; (*by the police*) surveillance
surveil•lant [syrvɛjɑ̃] **surveil•lante** [syrvɛjɑ̃t] *mf* supervisor, superintendent, overseer; **surveillant d'études** study-hall proctor
surveiller [syrvɛje] *tr* to inspect, to put under surveillance; to supervise, watch over, monitor
survenir [syrvənir] §72 *intr* (*aux*: ÊTRE) to arrive unexpectedly, to happen suddenly, to crop up
survenue [syrvəny] *f* unexpected arrival
survêtement [syrvɛtmɑ̃] *m* track suit, sweat shirt
survie [syrvi] *f* survival; afterlife; (law) survivorship
survivance [syrvivɑ̃s] *f* survival
survi•vant [syrvivɑ̃] **-vante** [vɑ̃t] *adj* surviving || *mf* survivor
survivre [syrvivr] §74 *intr* to survive; (with *dat*) to survive, outlive
survoler [syrvɔle] *tr* to fly over; to skim over (*e.g., a problem*)
survol•té -tée [syrvɔlte] *adj* electrified, charged with emotion
sus [sys], [sy] *adv*—**en sus de** in addition to || *interj* up and at it (them)!
susceptible [syseptibl] *adj* susceptible; **susceptible de** capable of
susciter [sysite] *tr* to stir up, evoke, rouse; (lit) to raise up
sus•dit [sysdi] **-dite** [dit] *adj* aforesaid
susmention•né -née [sysmɑ̃sjɔne] *adj* aforementioned
sus•pect [syspɛ], [syspɛkt] **-pecte** [pɛkt] *adj* suspect, suspicious || *mf* suspect
suspecter [syspɛkte] *tr* to suspect
suspendre [syspɑ̃dr] *tr* to suspend; to hang, to hang up; **être suspendu aux lèvres de qn** to hang on s.o.'s every word || *ref* to be hung; to hang on
suspen•du -due [syspɑ̃dy] *adj* suspended; hanging
suspens [syspɑ̃] *m* suspense; **en suspens** suspended; in abeyance; outstanding
suspension [syspɑ̃sjɔ̃] *f* suspension
suspi•cieux [syspisjø] **-cieuse** [sjøz] *adj* suspicious
suspicion [syspisjɔ̃] *f* suspicion
sustenter [systɑ̃te] *tr* to sustain || *ref* to sustain oneself
susurrer [sysyre] *tr & intr* to murmur, to whisper
susvi•sé -sée [sysvize] *adj* above-mentioned
suture [sytyr] *f* suture
suturer [sytyre] *tr* to suture
suze•rain [syzrɛ̃] **-raine** [rɛn] *adj & mf* suzerain
svastika [svastika] *m* swastika
svelte [svɛlt] *adj* slender, lithe, willowy
S.V.P. [ɛsvepe] *m* (letterword) (**s'il vous plaît**) if you please, please
sweater [switœr] *m* sweater
sycophante [sikɔfɑ̃t] *m* informer
syllabe [silab] *f* syllable
syllogisme [silɔʒism] *m* syllogism
sylphe [silf] *m* sylph
sylvestre [silvɛstr] *adj* sylvan
symbole [sɛ̃bɔl] *m* symbol; **Symbole des apôtres** Apostles' Creed
symbolique [sɛ̃bɔlik] *adj* symbolic(al)
symboliser [sɛ̃bɔlize] *tr* to symbolize
symbolisme [sɛ̃bɔlism] *m* symbolism
symétrie [simetri] *f* symmetry
symétrique [simetrik] *adj* symmetric(al)
sympathie [sɛ̃pati] *f* fondness, liking; sympathy
sympathique [sɛ̃patik] *adj* likable, attractive; sympathetic
sympathi•sant [sɛ̃patizɑ̃] **-sante** [zɑ̃t] *adj* sympathetic || *mf* sympathizer
sympathiser [sɛ̃patize] *intr* to get along well; **sympathiser avec** to be drawn toward
symphonie [sɛ̃fɔni] *f* symphony
symptôme [sɛ̃ptom] *m* symptom
synagogue [sinagɔg] *f* synagogue
synchrone [sɛ̃krɔn] *adj* synchronous
synchroniser [sɛ̃krɔnize] *tr* to synchronize
syncope [sɛ̃kɔp] *f* faint, swoon, syncope; syncopation
syndicat [sɛ̃dika] *m* labor union; **syndicat d'initiative** chamber of commerce; **syndicat patronal** employers' association
syndicats-patrons [sɛ̃dikapatrɔ̃] *adj invar* labor-management
syndiquer [sɛ̃dike] *tr & ref* to syndicate
synonyme [sinɔnim] *adj* synonymous || *m* synonym
synopsis [sinɔpsis] *m & f* (mov) synopsis
syntaxe [sɛ̃taks] *f* syntax
synthèse [sɛ̃tɛz] *f* synthesis
synthétique [sɛ̃tetik] *adj* synthetic
synthétiser [sɛ̃tetize] *tr* to synthesize
syntonisation [sɛ̃tɔnizɑsjɔ̃] *f* tuning (*of radio*)
syntoniser [sɛ̃tɔnize] *tr* to tune in
syphilis [sifilis] *f* syphilis
Syrie [siri] *f* Syria; **la Syrie** Syria
sy•rien [sirjɛ̃] **-rienne** [rjɛn] *adj* Syrian || (*cap*) *mf* Syrian (*person*)
systématique [sistematik] *adj* systematic
systématiser [sistematize] *tr* to systematize
système [sistɛm] *m* system; **courir, porter,** or **taper sur le système à qn** (slang) to get on s.o.'s nerves; **système D** (coll) resourcefulness
systole [sistɔl] *f* systole

T

T, t [te] *m invar* twentieth letter of the French alphabet
t. *abbr* **(tome)** vol.
ta [ta] **§88**
tabac [taba] *m* tobacco; tobacco shop; **avoir le gros tabac** (slang) to be a hit; **passer qn à tabac** (coll) to give s.o. the third degree; **tabac à chiquer** chewing tobacco; **tabac à priser** snuff
tabagie [tabaʒi] *f* smoke-filled room
tabasser [tabase] *tr* (slang) to give a licking to, to shellac
tabatière [tabatjɛr] *f* snuffbox; skylight, dormer window
tabernacle [tabɛrnakl] *m* tabernacle
table [tabl] *f* table; **aimer la table** to like good food; **à table!** dinner is served!; **dresser** or **mettre la table** to set the table; **faire table rase** to make a clean sweep; **sainte table** altar rail; **se mettre à table** (slang) to tell all, to confess, to squeal; **table à abattants** gate-leg table; **table à ouvrage** worktable; **table à rallonges** extension table; **table de chevet, table de nuit** bedside table; **table d'écoute** wiretap; **table de jeu** card table; **table des matières** table of contents; **table de toilette** dressing table; **table d'hôte** table d'hôte; chef's special; **table d'opération** operating table; **table gigogne** nest of tables; **table interurbaine** long-distance switchboard; **table roulante** serving cart; **tenir table ouverte** to keep open house
ta•bleau [tablo] *m* (*pl* **-bleaux**) painting, picture; scoreboard; board; table, catalogue; panel (*of jurors*); **tableau d'affichage** bulletin board; **tableau d'avancement** senority list; **tableau de bord** dashboard; instrument panel; **tableau de distribution** switchboard; **tableau d'honneur** honor roll; **tableau noir** blackboard; **tableau vivant** tableau
tabler [table] *intr*—**tabler sur** to count on; to use as a base
tablette [tablɛt] *f* shelf; mantelpiece; bar (*e.g., of chocolate*); **rayez cela de vos tablettes** don't count on it; **tablettes** pocket notebook
table-valise [tabləvaliz] *f* (*pl* **tables-valises**) folding table
tablier [tablije] *m* apron; roadway (*of bridge*); hood (*of chimney*); **tablier de fer** protective shutter (*on store window*)
ta•bou -bou or **boue** [tabu] *adj & m* taboo
tabouret [taburɛ] *m* stool; footstool
tabulaire [tabylɛr] *adj* tabular
tabulateur [tabylatœr] *m* tabulator
tac [tak] *m* click, clack; **du tac au tac** tit for tat; **tac tac tac tac!** rat-a-tat-tat!
tache [taʃ] *f* spot, stain; blemish, flaw; blot, smear; speck; **faire tache** to be out of place; **faire tache d'huile** to spread; **sans tache** spotless, unblemished; **tache de rousseur, tache de son** freckle; **tache de vin** birthmark; **tache originelle** original sin; **tache solaire** sunspot
tâche [tɑʃ] *f* task, job; **prendre à tâche de** to try to; **travailler à la tâche** to do piecework
tacher [taʃe] *tr & ref* to spot, stain
tâcher [tɑʃe] *tr*—**tâcher que** to see to it that ‖ *intr*—**tâcher de** to try to; **y tâcher** to try
tâcheron [tɑʃrɔ̃] *m* small jobber; pieceworker; hard worker; wage slave
tacheter [taʃte] **§34** *tr* to spot, to speckle
tacite [tasit] *adj* tacit
taciturne [tasityrn] *adj* taciturn
tacot [tako] *m* (coll) jalopy
tact [takt] *m* tact; sense of touch
tacticien [taktisjɛ̃] *m* tactician
tactique [taktik] *adj* tactical ‖ *f* tactics
taffetas [tafta] *m* taffeta; **taffetas gommé** adhesive tape
Tage [taʒ] *m* Tagus
taïaut [tajo] *interj* tallyho!
taie [tɛ] *f* (pathol) leukoma; **avoir une taie sur l'œil** (fig) to be blinded by prejudice; **taie d'oreiller** pillowcase
taillader [tɑjade] *tr & ref* to slash, cut
taille [tɑj] *f* cutting (*e.g., of diamond*); trimming (*e.g., of hedge*); height, stature; waist, waistline; size; cut (*of garment*); **à la taille de, de la taille de** to the measure of, suitable for; **avoir la taille fine** to have a slim waist; **de taille** big enough, strong enough; (coll) big; **être de taille à** to be up to, to be big enough to; **taille de guêpe** wasp waist; **taille en dessous** next size smaller; **taille en dessus** next size larger
tail•lé -lée [tɑje] *adj* cut; trimmed; **bien taillé** well-built; **taillé pour** cut out for
taille-crayon [tɑjkrɛjɔ̃] *m* (*pl* **-crayon** or **-crayons**) pencil sharpener
taille-douce [tɑjdus] *f* (*pl* **tailles-douces**) copperplate
taille-pain [tɑjpɛ̃] *m invar* bread knife; bread slicer
tailler [tɑje] *tr* to cut; to sharpen (*a pencil*); to prune, trim (*a tree*); to carve (*stone*); to clip (*hair*) ‖ *intr* (cards) to deal ‖ *ref* to carve out (*a path; a career*); (coll) to beat it
tailleur [tɑjœr] *m* tailor; woman's suit; (cards) dealer; **en tailleur** squatting (*while tailoring*); **tailleur de diamants** diamond cutter; **tailleur de pierre** stonecutter; **tailleur sur mesure** lady's tailor-made suit
taillis [tɑji] *m* thicket, copse
tain [tɛ̃] *m* silvering (*of mirror*)
taire [tɛr] **§52** (3d *sg pres ind* **tait**) *tr* to hush up, to hide; **la tairas-tu?** (slang) will you shut your trap?; **taire q.ch. à qn** to keep s.th. from s.o. ‖ *intr*—**faire taire** to silence ‖ *ref* to keep

quiet, keep still; **se taire sur** to say nothing about; **tais-toi!** shut up!
talent [talɑ̃] *m* talent
talen•tueux [talɑ̃tɥø] **-tueuse** [tɥøz] *adj* talented
taloche [talɔʃ] *f* plastering trowel; (coll) clout, smack
talon [talɔ̃] *m* heel; stub
talonner [talɔne] *tr* to tail; to harass; to dig one's spurs into || *intr* to bump
talus [taly] *m* slope; embankment
tambour [tɑ̃bur] *m* drum; drummer; entryway; spool (*of reel*); **tambour battant** (coll) roughly; (coll) quickly; **tambour cylindrique** revolving door; **tambour de basque** tambourine; **tambour de freins** brake drum; **tambour de ville** town crier
tambouriner [tɑ̃burine] *tr* to drum; to broadcast far and wide || *intr* to beat a tattoo; to drum
tambour-major [tɑ̃burmaʒɔr] *m* (*pl* **tambours-majors**) drum major
tamis [tami] *m* sieve; **passer au tamis** to sift; **tamis à farine** flour sifter
Tamise [tamiz] *f* Thames
tamiser [tamize] *tr & intr* to sift
tampon [tɑ̃pɔ̃] *m* plug; bung; swab; rubber stamp; buffer; cancellation, postmark; (surg) tampon; **tampon buvard** hand blotter; **tampon encreur** stamp pad
tamponner [tɑ̃pɔne] *tr* to swab, to dab; to bump, to bump into; (surg) to tampon
tan [tɑ̃] *adj invar* tan || *m* tanbark
tancer [tɑ̃se] **§51** *tr* to scold
tandem [tɑ̃dɛm] *m* tandem; **en tandem** tandem
tandis que [tɑ̃dikə], [tɑ̃diskə] *conj* while; whereas
tangage [tɑ̃gaʒ] *m* (naut) pitching
Tanger [tɑ̃ʒe] *m* Tangier
tangible [tɑ̃ʒibl] *adj* tangible
tanguer [tɑ̃ge] *intr* to pitch (*said of ship*)
tanière [tanjɛr] *f* den, lair
tanker [tɑ̃kɛr] *m* oil tanker
tan•nant [tanɑ̃] **tan•nante** [tanɑ̃t] *adj* (coll) boring
tanne [tan] *f* spot (*on leather*); blackhead
tanner [tane] *tr* to tan; (coll) to pester
tannerie [tanri] *f* tannery
tanneur [tanœr] *m* tanner
tan-sad [tɑ̃sad] *m* (*pl* **-sads**) rear seat (*of motorcycle*)
tant [tɑ̃] *adv* so, so much; so long; **en tant que** as; in so far as; **si tant est que** if it is true that; **tant bien que mal** somehow or other; **tant de** so many; so much; **tant mieux** so much the better; **tant pis** so much the worse; never mind; **tant qu'à faire** while we're (you've, etc.) at it; **tant que** as well as; as long as; **tant s'en faut** far from it; **tant soit peu** ever so little; **vous m'en direz tant** (coll) you've just said a mouthful
tante [tɑ̃t] *f* aunt; (slang) fairy; **ma tante** (coll) the hockshop
tantième [tɑ̃tjɛm] *m* percentage
tantine [tɑ̃tin] *f* (coll) auntie
tantôt [tɑ̃to] *m* (coll) afternoon || *adv* in a little while; a little while ago; (coll) in the afternoon; **à tantôt** see you soon; **tantôt . . . tantôt** sometimes . . . sometimes
taon [tɑ̃] *m* horsefly
tapage [tapaʒ] *m* uproar
tapa•geur [tapaʒœr] **-geuse** [ʒøz] *adj* loud
tape [tap] *f* tap, slap
ta•pé -pée [tape] *adj* dried (*fruit*); rotten in spots; (coll) crazy; (slang) worn (*with age or fatigue*); **bien tapé** (coll) well done; (coll) nicely served; (coll) to the point
tape-à-l'œil [tapalœj] *adj* gaudy, showy || *m invar* mere show
taper [tape] *tr* to tap, to slap; to type; (coll) to hit (*s.o. for money*) || *intr* to tap, to slap; to type; (coll) to go to the head (*said of wine*); **ça tape ici** (slang) it hurts here; **taper dans** (coll) to use; **taper dans le mille** (coll) to succeed; **taper dans l'œil de qn** (coll) to make a hit with s.o.; **taper de** to hit (*e.g., 100 m.p.h.*); **taper des pieds** to stamp one's feet; **taper sur** (coll) to get on (*s.o.'s nerves*); **taper sur le ventre de qn** (coll) to give s.o. a poke in the ribs; **taper sur qn** (coll) to run down s.o., to give s.o. a going-over
tapette [tapɛt] *f* carpet beater; fly swatter; handball; (slang) fairy; **avoir une fière tapette** (coll) to be a chatterbox
tapin [tapɛ̃] *m* (coll) drummer boy; (slang) solicitation (*by a prostitute*)
tapinois [tapinwa]—**en tapinois** stealthily
tapir [tapir] *ref* to crouch, to squat; to hide
tapis [tapi] *m* carpet; rug; game of chance; **mettre sur le tapis** to bring up for discussion; **tapis de bain** bath mat; **tapis de sol** ground cloth; **tapis de table** table covering; **tapis roulant** conveyor belt; moving sidewalk
tapis-brosse [tapibrɔs] *m* (*pl* **-brosses**) doormat
tapisser [tapise] *tr* to upholster; to tapestry; to wallpaper
tapisserie [tapisri] *f* upholstery; tapestry; **faire tapisserie** to be a wallflower
tapis•sier [tapisje] **tapis•sière** [tapisjɛr] *mf* upholsterer; tapestry maker; paperhanger
tapoter [tapɔte] *tr & intr* to tap
taquet [takɛ] *m* wedge, peg; (mach) tappet; (naut) cleat; **taquet d'arrêt** (rr) scotch, wedge
ta•quin [takɛ̃] **-quine** [kin] *adj* teasing || *mf* tease
taquiner [takine] *tr* to tease
taquinerie [takinri] *f* teasing
taraud [taro] *m* (mach) tap
tarauder [tarode] *tr* (mach) to tap; (coll) to pester
taraudeuse [tarodøz] *f* tap wrench
tard [tar] *m*—**sur le tard** late in the day; late in life || *adv* late; **pas plus tard que** no later than; **plus tard** later on

tarder [tarde] *intr* to delay; **tarder à** to be long in || *impers*—**il tarde** (with *dat*) **de** long to, e.g., **il lui tarde de vous voir** he longs to see you
tar•dif [tardif] **-dive** [div] *adj* late; backward; tardy
tardivement [tardivmɑ̃] *adv* belatedly
tare [tar] *f* defect, blemish; taint; loss in value; tare (*weight*)
tarer [tare] *tr* to damage; to taint; to tare || *ref* to spoil
targette [tarʒɛt] *f* latch
targuer [targe] *ref*—**se targuer de** to pride oneself on
tarière [tarjɛr] *f* auger, drill
tarif [tarif] *m* price list; rate, tariff; **plein tarif** full fare; **tarifs postaux** postal rates
tarifaire [tarifɛr] *adj* tariff
tarifer [tarife] *tr* to price; to rate
tarir [tarir] *tr* to drain, exhaust, dry up || *intr* to dry up, to run dry; **ne pas tarir** to never run out || *ref* to dry up; to be exhausted
tarse [tars] *m* tarsus; instep
tartare [tartar] *adj* tartar (*sauce*); Tartar || (*cap*) *mf* Tartar
tarte [tart] *adj* (coll) silly, stupid; (coll) ugly || *f* pie, tart; (slang) slap
tartine [tartin] *f* slice of bread and butter or jam; (coll) long-winded speech; (coll) rambling article
tartiner [tartine] *tr* to spread
tartre [tartr] *m* tartar; scale
tartuferie [tartyfri] *f* hypocrisy
tas [tɑ] *m* heap, pile; **mettre en tas** to pile up; **prendre sur le tas** to catch red-handed; **tas de foin** haystack; **un tas de** (coll) a lot of
tasse [tɑs] *f* cup; **tasse à café** coffee cup; **tasse à thé** teacup; **tasse de café** cup of coffee
tas•seau [tɑso] *m* (*pl* **-seaux**) bracket; cleat; lug (*on casting*)
tasser [tɑse] *tr* to cram; to tamp; **bien tassé** (coll) brimful || *intr* to grow thick || *ref* to settle; to huddle; (coll) to go back to normal
taste-vin [tastəvɛ̃] *m invar* wine taster (*cup*); sampling tube
tata [tata] *f* (slang) auntie
tâter [tɑte] *tr* to feel, to touch; to test, to feel out; **tâter le pouls à qn** to feel s.o.'s pulse || *intr*—**tâter de** to taste; to experience; to try one's hand at || *ref* to stop to think, to ponder
tâte-vin [tɑtvɛ̃] *m invar* wine taster (*cup*); sampling tube
tatil•lon [tatijɔ̃] **tatil•lonne** [tatijɔn] *adj* fussy, hairsplitting || *mf* hairsplitter
tâtonner [tɑtɔne] *intr* to grope
tâtons [tɑtɔ̃]—**à tâtons** gropingly
tatouage [tatwaʒ] *m* tattoo
tatouer [tatwe] *tr* to tattoo
taudis [todi] *m* hovel; **taudis** *mpl* slums
taule [tol] *f* (slang) fleabag; **faire de la taule** (slang) to do a stretch
taupe [top] *f* mole; moleskin
taupin [topɛ̃] *m* (mil) sapper; (coll) engineering student
taupinière [topinjɛr] *f* molehill
tau•reau [toro] *m* (*pl* **-reaux**) bull
taux [to] *m* rate; **taux d'escompte** discount rate
taveler [tavle] §34 *tr* to spot || *ref* to become spotted
taverne [tavɛrn] *f* inn, tavern
taxation [taksɑsjɔ̃] *f* fixing (*of prices, wages, etc.*); assessment; taxation
taxe [taks] *f* fixed price; rate; tax; **taxe à la valeur ajoutée** value-added tax; **taxe de luxe** luxury tax; **taxe de séjour** nonresident tax; **taxe directe** sales tax; **taxe perçue** postage paid; **taxe supplémentaire** postage due; **taxe sur les spectacles** entertainment tax
taxer [takse] *tr* to fix the price of; to regulate the rate of; to assess; to tax; **taxer qn de** to tax or charge s.o. with || *ref* to set an offering price; **se taxer de** to accuse oneself of
taxi [taksi] *m* taxi; (coll) cabdriving; **hep taxi!** taxi! || *mf* (coll) cabdriver
taxidermie [taksidɛrmi] *f* taxidermy
taxiphone [taksifɔn] *m* pay phone
Tchécoslovaquie [tʃekɔslɔvaki] *f* Czechoslovakia; **la Tchécoslovaquie** Czechoslovakia
tchèque [tʃɛk] *adj* Czech || *m* Czech (*language*) || (*cap*) *mf* Czech (*person*)
te [tə] §87
techni•cien [tɛknisjɛ̃] **-cienne** [sjɛn] *mf* technician; engineer
technique [tɛknik] *adj* technical || *f* technique; engineering
teck [tɛk] *m* teak
teigne [tɛɲ] *f* moth; ringworm; (fig) pest, nuisance
teindre [tɛ̃dr] §50 *tr* to dye; to tint || *ref* to be tinted; to dye or tint one's hair; (with *dat* of *reflex pron*) to dye or tint (*one's hair*)
teint [tɛ̃] **teinte** [tɛ̃t] *adj* dyed; with dyed hair || *m* dye; complexion; **bon teint** fast color || *f* tint, shade; (fig) tinge
teinter [tɛ̃te] *tr* to tint; to tinge
teinture [tɛ̃tyr] *f* dye; dyeing; tincture; (fig) smattering; **teinture d'iode** (pharm) iodine
teinturerie [tɛ̃tyrri] *f* dry cleaner's; dyer's; dyeing
teintu•rier [tɛ̃tyrje] **-rière** [rjɛr] *mf* dry cleaner; dyer
tel telle [tɛl] *adj* such; like, e.g., **tel père tel fils** like father like son; **de telle sorte que** so that; **tel ou tel** such and such a; **tel que** such as, the same as, as; **tel quel** as is || *mf*—**un tel** or **une telle** so-and-so || *pron* such a one, such
télé [tele] *f* (coll) TV; (coll) TV set
télécommander [telekɔmɑ̃de] *tr* to operate by remote control; (fig) to inspire, influence
téléférique [teleferik] *m* skyride, cableway
télégramme [telegram] *m* telegram
télégraphe [telegraf] *m* telegraph
télégraphier [telegrafje] *tr & intr* to telegraph
télégraphiste [telegrafist] *mf* telegrapher

téléguider [telegide] *tr* to guide (*e.g., a missile*); (coll) to influence
téléimprimeur [teleẽprimœr] *m* teletype, teleprinter
télémètre [telemɛtr] *m* telemeter; range finder
téléobjectif [teleɔbʒɛktif] *m* telephoto lens
télépathie [telepati] *f* telepathy
téléphérique [teleferik] *m* skyride, cableway
téléphone [telefɔn] *m* telephone
téléphoner [telefɔne] *tr & intr* to telephone
téléphoniste [telefɔnist] *mf* telephone operator || *m* lineman || *f* telephone girl
télescope [telɛskɔp] *m* telescope
télescoper [telɛskɔpe] *tr & ref* to telescope
télescopique [telɛskɔpik] *adj* telescopic
téléscripteur [teleskriptœr] *m* teletype, teletypewriter
télésiège [telesjɛʒ] *m* chair lift
téléski [teleski] *m* ski lift
téléspecta•teur [telespɛktatœr] **-trice** [tris] *mf* (television) viewer
télétype [teletip] *m* teletype
téléviser [televize] *tr* to televise
téléviseur [televizœr] *m* television set; **téléviseur à servo-réglage** remote-control television set
télévision [televizjɔ̃] *f* television; (coll) television set
télévi•suel -suelle [televizɥɛl] *adj* television
tellement [tɛlmɑ̃] *adv* so much, so; **tellement de** so much, so many; **tellement que** to such an extent that
téméraire [temerɛr] *adj* rash, reckless, foolhardy
témérité [temerite] *f* temerity, rashness
témoignage [temwaɲaʒ] *m* testimony, witness; **en témoignage de quoi** in witness whereof; **rendre témoignage à** or **pour** to testify in favor of
témoigner [temwaɲe] *tr* to show; to testify || *intr* to testify; **témoigner de** to give evidence of; to bear witness to
témoin [temwɛ̃] *adj invar* type, model; pilot || *m* witness; control (*in scientific experiment*); second (*in duel*) **prendre à témoin** to call to witness; **témoin à charge** witness for the prosecution; **témoin à décharge** witness for the defense; **témoin oculaire** eyewitness
tempe [tɑ̃p] *f* (anat) temple
tempérament [tɑ̃peramɑ̃] *m* temperament; amorous nature; **à tempérament** on the installment plan
tempérance [tɑ̃perɑ̃s] *f* temperance
tempé•rant [tɑ̃perɑ̃] **-rante** [rɑ̃t] *adj* temperate
température [tɑ̃peratyr] *f* temperature
tempé•ré -rée [tɑ̃pere] *adj* temperate; tempered; restrained
tempérer [tɑ̃pere] §10 *tr* to temper || *ref* to moderate
tempête [tɑ̃pɛt] *f* tempest, storm; **affronter la tempête** (fig) to face the music; **tempête dans un verre d'eau** tempest in a teapot; **tempête de neige** blizzard; **tempête de poussière** dust storm; **tempête de sable** sandstorm
tempêter [tɑ̃pɛte] *intr* to storm
tempé•tueux [tɑ̃petɥø] **-tueuse** [tɥøz] *adj* tempestuous
temple [tɑ̃pl] *m* temple; chapel, church
tempo [tɛmpo], [tɛ̃po] *m* tempo
temporaire [tɑ̃pɔrɛr] *adj* temporary
tempo•ral -rale [tɑ̃pɔral] *adj* (*pl* **-raux** [ro]) (anat) temporal
tempo•rel -relle [tɑ̃pɔrɛl] *adj* temporal
temporiser [tɑ̃pɔrize] *intr* to temporize, to stall
temps [tɑ̃] *m* time; times; cycle (*of internal-combustion engine*); position, movement (*in gymnastics, fencing, carrying of arms*); weather, e.g., **quel temps fait-il?** what is the weather like?; (gram) tense; (mus) beat, measure; **à temps** in time; **avoir fait son temps** to have seen better days; **dans le temps** formerly; **de temps en temps** from time to time; **en même temps** at the same time; **en temps et lieu** in due course; **en temps utile** in due course; **faire son temps** to do time (*in prison*); **gagner du temps** to save time; **le bon vieux temps** the good old days; **Le Temps** Father Time; **temps atomique** atomic era; **temps d'arrêt** pause, halt
tenable [tənabl] *adj*—**pas tenable** untenable; unbearable
tenace [tənas] *adj* tenacious
ténacité [tenasite] *f* tenacity
tenailler [tənɑje] *tr* to torture
tenailles [tənɑj] *fpl* pincers
tenan•cier [tənɑ̃sje] **-cière** [sjɛr] *mf* sharecropper; lessee; keeper (*e.g., of a dive*)
te•nant [tənɑ̃] **-nante** [nɑ̃t] *adj* attached (*collar*) || *mf* (sports) holder (*of a title*) || *m* champion, supporter; **connaître les tenants et les aboutissants** to know the ins and outs; **d'un seul tenant** in one piece
tendance [tɑ̃dɑ̃s] *f* tendency
tendan•cieux [tɑ̃dɑ̃sjø] **-cieuse** [sjøz] *adj* tendentious, slanted
ten•deur [tɑ̃dœr] **-deuse** [døz] *mf* paperhanger; layer (*of traps*) || *m* stretcher
tendoir [tɑ̃dwar] *m* clothesline
tendon [tɑ̃dɔ̃] *m* tendon
tendre [tɑ̃dr] *adj* tender || *tr* to stretch; to hang; to bend (*a bow*); to lay (*a trap*); to strain (*one's ear*); to hold out, to reach out || *intr*—**tendre à** to aim at; to tend toward || *ref* to become strained
tendresse [tɑ̃drɛs] *f* tenderness, love, affection; (coll) partiality; **mille tendresses** (*closing of letter*) fondly
tendreté [tɑ̃drəte] *f* tenderness
ten•du -due [tɑ̃dy] *adj* tense, taut; strained; stretched out; **tendu de** hung with
ténèbres [tenɛbr] *fpl* darkness
téné•breux [tenebrø] **-breuse** [brøz] *adj* dark; somber (*person*); shady (*deal*); obscure (*style*)
te•neur [tənœr] **-neuse** [nøz] *mf* holder; **teneur de livres** bookkeeper

‖ **teneur** *f* tenor, gist; text; grade (*e.g., of ore*)
ténia [tenja] *m* tapeworm
tenir [tənir] §72 *tr* to hold; to keep; to take up (*space*); **être tenu à** to be obliged to; **être tenu de** to be responsible for ‖ *intr* to hold; **il ne tient qu'à vous** it's up to you; **tenez!** here!; **tenir à** to insist upon; to care for, to value; to be caused by; **tenir de** to take after, to resemble; **tenir debout** (fig) to hold water, to ring true; **tenir q.ch. de qn** to have s.th. from s.o., to learn s.th. from s.o.; **tiens!** well!, hey! ‖ *ref* to stay, remain; to sit up; to stand up; to behave; to contain oneself; **à quoi s'en tenir** what to believe; **s'en tenir à** to limit oneself to; to abide by
tennis [tenis] *m* tennis; tennis court
ténor [tenɔr] *adj masc* tenor ‖ *m* tenor; star performer
tension [tɑ̃sjɔ̃] *f* tension; blood pressure; **avoir de la tension** to have high blood pressure; **haute tension** (elec) high tension; **tension artérielle** blood pressure
tentacule [tɑ̃takyl] *m* tentacle
tenta•teur [tɑ̃tatœr] **-trice** [tris] *mf* tempter
tentation [tɑ̃tɑsjɔ̃] *f* temptation
tentative [tɑ̃tativ] *f* attempt
tente [tɑ̃t] *f* tent; awning
tente-abri [tɑ̃tabri] *f* (*pl* **tentes-abris** [tɑ̃tabri]) pup tent
tenter [tɑ̃te] *tr* to tempt; to attempt ‖ *intr*—**tenter de** to attempt to
tenture [tɑ̃tyr] *f* drape; hangings; wallpaper
te•nu -nue [təny] *adj* firm (*securities, market, etc.*); **bien tenu** well-kept ‖ *f* see **tenue**
té•nu -nue [teny] *adj* tenuous; thin
tenue [təny] *f* holding; managing; upkeep, maintenance; behavior; bearing; dress, costume; uniform; session; (mus) hold; **avoir de la tenue** to have good manners; **avoir une bonne tenue** (horsemanship) to have a good seat; **en tenue** in uniform; **grande tenue** (mil) full dress; **petite tenue** (mil) undress; **tenue des livres** bookkeeping; **tenue de soirée** evening clothes; **tenue de ville** street clothes
térébenthine [terebɑ̃tin] *f* turpentine
tergiverser [tɛrʒivɛrse] *intr* to duck, equivocate, vacillate
terme [tɛrm] *m* term; end, limit; quarterly payment; **avant terme** prematurely; **terme fatal** last day of grace
terminaison [tɛrminɛzɔ̃] *f* ending, termination
termi•nal -nale [tɛrminal] *adj* (*pl* **-naux** [no]) terminal
terminer [tɛrmine] *tr & ref* to terminate
terminus [tɛrminys] *m* terminal ‖ *interj* the end has come!
termite [tɛrmit] *m* termite
terne [tɛrn] *adj* dull, drab
ternir [tɛrnir] *tr & ref* to tarnish
terrain [tɛrɛ̃] *m* ground; terrain; playing field; dueling field; **ne pas être sur son terrain** to be out of one's depth; **tâter le terrain** to find out the lay of the land; **terrain à bâtir** or **à lotir** building plot; **terrain brûlant** (fig) unsafe ground; **terrain d'atterrissage** landing field; **terrain d'aviation** airfield; **terrain de courses** race track; **terrain de jeux** playground; **terrain de manœuvres** parade ground; **terrain vague** vacant lot
terrasse [tɛras] *f* terrace; sidewalk café; **terrasse en plein air** outdoor café
terrasser [tɛrase] *tr* to embank; to floor, to knock down
terre [tɛr] *f* earth; land; (elec) ground; **descendre à terre** to go ashore; **la Terre Sainte** the Holy Land; **mettre pied à terre** to dismount; **par terre** on the floor; on the ground; **terre cuite** terra cotta; **Terre de Feu** Tierra del Fuego; **terre ferme** terra firma; **terre franche** loam
ter•reau [tɛro] *m* (*pl* **-reaux**) compost
terre-neuve [tɛrnœv] *m invar* Newfoundland dog ‖—**Terre-Neuve** *f* Newfoundland
terre-plein [tɛrplɛ̃] *m* (*pl* **-pleins**) median, divider (*of road*); fill, embankment; earthwork, rampart; terrace; (rr) roadbed
terrer [tɛre] *tr* to earth up (*e.g., a tree*); to earth over (*seed*) ‖ *ref* to burrow; to entrench oneself
terrestre [tɛrɛstr] *adj* land; terrestrial
terreur [tɛrœr] *f* terror; **la Terreur** the Reign of Terror
ter•reux [tɛrø] **ter•reuse** [tɛrøz] *adj* earthy; dirty; sallow (*complexion*)
terrible [tɛribl] *adj* terrible; terrific
ter•rien [tɛrjɛ̃] **ter•rienne** [tɛrjɛn] *adj* landed (*gentry*) ‖ *mf* landowner; landlubber ‖ *m* earthman
terrier [tɛrje] *m* hole, burrow; (*dog*) terrier
terrifier [tɛrifje] *tr* to terrify
terrir [tɛrir] *intr* to come close to shore (*said of fish*)
territoire [tɛritwar] *m* territory
terroir [tɛrwar] *m* soil; homeland
terroriser [tɛrɔrize] *tr* to terrorize
tertiaire [tɛrsjɛr] *adj* tertiary
tertre [tɛrtr] *m* mound, knoll
tes [te] §88
tesson [tesɔ̃] *m* shard; broken glass
test [tɛst] *m* test; (zool) shell; **test de niveau** placement test
testament [tɛstamɑ̃] *m* testament; will
testa•teur [tɛstatœr] **-trice** [tris] *mf* testator
tester [tɛste] *tr* to test ‖ *intr* to make one's will
testicule [tɛstikyl] *m* testicle
tétanos [tetanos] *m* tetanus
têtard [tɛtar] *m* tadpole; (bot) pollard
tête [tɛt] *f* head; heading (*e.g., of chapter*); **à la tête de** in charge of, at the head of; **à tête reposée** at (one's) leisure; **avoir la tête près du bonnet** (coll) to be quick-tempered; **avoir une bonne tête** to have a pleasant look or expression; **de tête** in one's mind's eye, mentally; capable, e.g., **une femme de tête** a capable woman;

en avoir par-dessus la tête (coll) to be fed up with it; **en tête** foremost, at the front, leading; **en tête à tête avec** alone with; **faire la tête à** to frown at, to give a dirty look to; **faire une tête** to wear a long face; **forte tête** strong-minded person; **jeter à la tête à qn** (fig) to cast in s.o.'s face; **la tête en bas** head downwards, upside down; **la tête la première** headfirst, headlong; **laver la tête à qn** (coll) to give s.o. a dressing down; **mauvaise tête** troublemaker; **monter à la tête de qn** to go to s.o.'s head; **n'en faire qu'à sa tête** to be a law unto oneself; **par tête** per capita, per head; **piquer une tête** to take a header, to dive; **saluer de la tête** to nod; **se mettre en tête de** to take it into one's head to; **se payer la tête de qn** (coll) to pull s.o.'s leg; **tenir tête à** to face up to, to stand up to; **tête baissée** headlong, heedless; **tête brûlée** daredevil; **tête chercheuse** homing head (*of missile*); **tête d'affiche** (theat) headliner; **tête de bois** blockhead; **tête de cuvée** choice wine; **tête de lecture** (elec) playback head; **tête de ligne** truck terminal; **tête de linotte** scatterbrain; **tête de pont** (mil) bridgehead, beachhead; **tête de Turc** butt, scapegoat, fall guy; **tête montée** excitable person; **tête morte et tibias** skull and crossbones; **tomber sur la tête** (coll) to be off one's rocker

tête-à-queue [tetakø] *m invar* about-face, slue

tétée [tete] *f* sucking; feeding time

téter [tete] **§10** *tr & intr* to suck

tétine [tetin] *f* nipple; teat

téton [tetɔ̃] *m* (coll) tit

tétras [tetrɑ] *m* grouse

tette [tɛt] *f* (coll) tit

tê•tu -tue [tety] *adj* stubborn

teuf-teuf [tœftœf] *m* (*pl* **teuf-teuf** or **teufs-teufs**) (coll) jalopy || *interj* chug!, chug!

tévé [teve] *f* (acronym) (**télévision**) TV

texte [tɛkst] *m* text; **apprendre son texte** (theat) to learn one's lines

textile [tɛkstil] *adj & m* textile

tex•tuel -tuelle [tɛkstɥɛl] *adj* textual; verbatim

texture [tɛkstyr] *f* texture

thaï [tai] *adj invar & m* Thai

thaïlan•dais [tajlɑ̃dɛ] **-daise** [dɛz] *adj* Thai || (*cap*) *mf* Thai

Thaïlande [tajlɑ̃d] *f* Thailand

thaumaturge [tomatyrʒ] *m* miracle worker, magician

thé [te] *m* tea

théâ•tral -trale [teɑtral] *adj* (*pl* **-traux** [tro]) theatrical

théâtre [teɑtr] *m* theater; stage, boards; scene (*e.g., of the crime*)

théier [teje] **théière** [tejɛr] *adj* tea || *m* tea (*shrub*) || *f* see **théière**

théière [tejɛr] *f* teapot

thème [tɛm] *m* theme; translation (*into a foreign language*)

théologie [teɔlɔʒi] *f* theology

théorème [teɔrɛm] *m* theorem

théorie [teɔri] *f* theory; procession

théorique [teɔrik] *adj* theoretical

thérapeutique [terapøtik] *adj* therapeutic || *f* therapeutics

thérapie [terapi] *f* therapy

Thérèse [terɛz] *f* Theresa

ther•mal -male [tɛrmal] *adj* (*pl* **-maux** [mo]) thermal

thermique [tɛrmik] *adj* thermal

thermocouple [tɛrmɔkupl] *m* thermocouple

thermodynamique [tɛrmɔdinamik] *adj* thermodynamic || *f* thermodynamics

thermomètre [tɛrmɔmɛtr] *m* thermometer

thermonucléaire [tɛrmɔnykleɛr] *adj* thermonuclear

Thermopyles [tɛrmɔpil] *fpl*—**les Thermopyles** Thermopylae

thermos [tɛrmɔs] *f* thermos bottle

thermosiphon [tɛrmɔsifɔ̃] *m* hot-water heater

thermostat [tɛrmɔsta] *m* thermostat

thésauriser [tezorize] *tr & intr* to hoard

thésauri•seur [tezorizœr] **-seuse** [zøz] *mf* hoarder

thèse [tɛz] *f* thesis

thon [tɔ̃] *m* tuna

thorax [tɔraks] *m* thorax

thrène [trɛn] *m* threnody

thuriféraire [tyriferɛr] *m* incense bearer; flatterer

thym [tɛ̃] *m* thyme

thyroïde [tirɔid] *adj & f* thyroid

tiare [tjar] *f* tiara (*papal miter*); papacy

tibia [tibja] *m* tibia; shin; **tibias croisés et tête de mort** skull and crossbones

tic [tik] *m* (pathol) tic; **tic tac** ticktock

ticket [tikɛ] *m* ticket (*of bus, subway, etc.*); check (*for article in baggage room*); ration stamp; **sans tickets** unrationed; **ticket de quai** platform ticket

tic-tac [tiktak] *m invar* tick

tiède [tjɛd] *adj* lukewarm; mild

tiédeur [tjedœr] *f* lukewarmness; mildness

tiédir [tjedir] *tr* to take the chill off || *intr* to become lukewarm

tien [tjɛ̃] **tienne** [tjɛn] **§89**

tiens [tjɛ̃] *interj* well!, hey!

tiers [tjɛr] **tierce** [tjɛrs] *adj* third; tertian (*fever*) || *m* third (*in fractions*); **le tiers** a third; the third party; **le tiers et le quart** (coll) everybody and anybody || *f* (typ) press proof

tige [tiʒ] *f* stem; trunk; shaft; shank; piston rod; leg (*of boot*); stock (*of genealogy*)

tignasse [tiɲas] *f* shock, mop (*of hair*)

tigre [tigr] *m* tiger

ti•gré -grée [tigre] *adj* striped; speckled, spotted

tigresse [tigrɛs] *f* tigress

tillac [tijak] *m* top deck (*of old-time ships*)

tilleul [tijœl] *m* linden

timbale [tɛ̃bal] *f* metal cup, mug; (culin) mold; (mus) kettledrum; **décrocher la timbale** (coll) to carry off the prize

timbalier [tɛ̃balje] *m* kettledrummer

timbrage [tɛ̃braʒ] *m* stamping; cancellation (*of mail*)
timbre [tɛ̃br] *m* bell; doorbell; buzzer; seal, stamp; postage stamp; postmark; snare (*of drum*); (phonet, phys) timbre
tim•bré -brée [tɛ̃bre] *adj* stamped; ringing (*voice*); (coll) cracked, crazy
timbre-poste [tɛ̃brəpɔst] *m* (*pl* **timbres-poste**) postage stamp
timbrer [tɛ̃bre] *tr* to stamp; to postmark
timbres-prime [tɛ̃mbrəprim] *mpl* trading stamps
timide [timid] *adj* timid, shy
timon [timɔ̃] *m* pole (*of carriage*); beam (*of plow*); (naut) helm
timonier [timɔnje] *m* helmsman; wheel horse
timo•ré -rée [timɔre] *adj* timorous
tin [tɛ̃] *m* chock
tinette [tinɛt] *f* firkin (*tub*); bucket (*for fecal matter*)
tintamarre [tɛ̃tamar] *m* uproar
tintement [tɛ̃tmɑ̃] *m* tolling (*of bell*); tinkle (*of bell*); ringing (*in ears*)
tinter [tɛ̃te] *tr* to toll || *intr* to toll; to tinkle; to jingle, to clink; to ring (*said of ears*)
tintin [tɛ̃tɛ̃] *m*—**faire tintin** (slang) to do without || *interj* (slang) nothing doing!
tintouin [tɛ̃twɛ̃] *m* (coll) trouble
tique [tik] *f* (ent) tick
tiquer [tike] *intr* to twitch; (coll) to wince; **sans tiquer** (coll) without turning a hair
tir [tir] *m* shooting; firing; aim; shooting gallery; **tir à la cible** target practice; **tir à l'arc** archery; **tir au fusil** gunnery; **tir au pigeon** trapshooting
tirade [tirad] *f* (theat) long speech
tirage [tiraʒ] *m* drawing; towing; draft (*of chimney*); printing; circulation (*of newspaper*); (coll) tension, friction; **tirage à part** offprint; **tirage au sort** lottery drawing; **tirage de luxe** deluxe edition
tiraillement [tirɑjmɑ̃] *m* pain, cramp; conflict, tension
tirailler [tirɑje] *tr* to pull about, to tug at; to pester || *intr* to blaze away; **tirailler sur** to snipe at || *ref* to have a misunderstanding
tirailleur [tirɑjœr] *m* sharpshooter; sniper; (fig) free lance
tirant [tirɑ̃] *m* string; strap; **tirant d'eau** draft (*of ship*)
tire [tir] *f* (heral) row (*of vair*); (slang) car, auto; (Canad) taffy pull
ti•ré -rée [tire] *adj* drawn; printed || *m* shooting preserve; payee; **tiré à part** offprint
tire-au-flanc [tiroflɑ̃] *m invar* malingerer, shirker
tire-botte [tirbɔt] *m* (*pl* **-bottes**) bootjack
tire-bouchon [tirbuʃɔ̃] *m* (*pl* **-bouchons**) corkscrew; corkscrew curl
tire-bouchonner [tirbuʃɔne] *tr* to twist in a spiral
tire-bouton [tirbutɔ̃] *m* (*pl* **-boutons**) buttonhook
tire-clou [tirklu] *m* (*pl* **-clous**) nail puller
tire-d'aile [tirdɛl]—**à tire-d'aile** with wings outspread, swiftly
tire-fond [tirfɔ̃] *m invar* spike; screw eye
tire-larigot [tirlarigo]—**boire à tire-larigot** to drink like a fish
tire-ligne [tirliɲ] *m* (*pl* **-lignes**) ruling pen
tirelire [tirlir] *f* piggy bank; (*face*) (coll) mug; (*head*) (coll) noggin; (slang) belly
tire-l'œil [tirlœj] *m invar* eye catcher
tirer [tire] *tr* to draw; to pull, to tug; to shoot, to fire; to run off, to print; to take out; to take, to get; to stick out (*one's tongue*); **tirer au clair** to bring out into the open; **tirer parti de** to turn to account || *intr* to pull; to shoot; to draw (*e.g., to a close*); to draw (*said of chimney*); **tirer à, vers,** or **sur** to border on || *ref* to extricate oneself; **s'en tirer** to manage; **se tirer d'affaire** to pull through, to get along
tiret [tirɛ] *m* dash; blank (*to be filled in*)
tirette [tirɛt] *f* slide (*of desk*); damper (*of chimney*)
tireur [tirœr] *m* marksman; drawer, payer (*of check*); printer; **tireur de bois flotté** log driver; **tireur d'élite** sharpshooter; **tireur d'épée** fencer; **tireur isolé** sniper
tireuse [tirøz] *f* markswoman; **tireuse de cartes** fortuneteller
tiroir [tirwar] *m* drawer; (mach) slide valve; **à tiroirs** episodic (*play, novel, etc.*)
tiroir-caisse [tirwarkɛs] *m* (*pl* **tiroirs-caisses**) cash register
tisane [tizan] *f* tea, infusion; (coll) bad champagne; (slang) slap
tison [tizɔ̃] *m* ember; (fig) firebrand
tisonner [tizɔne] *tr* to poke
tisonnier [tizɔnje] *m* poker
tissage [tisaʒ] *m* weaving
tisser [tise] *tr & intr* to weave
tisse•rand [tisrɑ̃] **-rande** [rɑ̃d] *mf* weaver
tis•seur [tisœr] **tis•seuse** [tisøz] *mf* weaver
tissu [tisy] *m* tissue; cloth; fabric, material; pack (*of lies*)
tissu-éponge [tisyepɔ̃ʒ] *m* (*pl* **tissus-éponges**) toweling, terry cloth
tissure [tisyr] *f* texture; (fig) framework
titane [titan] *m* titanium
titi [titi] *m* (slang) street urchin
Titien [tisjɛ̃] *m*—**le Titien** Titian
titre [titr] *m* title; title page; heading; fineness (*of coinage*); claim, right; concentration (*of a solution*); **à juste titre** rightly so; **à titre de** in the capacity of; by virtue of; **à titre d'emprunt** as a loan; **à titre d'essai** on trial; **à titre gratuit** or **gracieux** free of charge; **titres** qualifications; (com) securities
titrer [titre] *tr* to title; to subtitle (*films*)

tituber [titybe] *intr* to stagger
titulaire [tityler] *adj* titular || *mf* incumbent; holder (*of passport, license, degree, post*)
titulariser [titylarize] *tr* to confirm the appointment of
toast [tost] *m* toast; **porter un toast à** to toast
toboggan [tɔbɔgɑ̃] *m* toboggan; toboggan run; slide, chute
toc [tɔk] *adj invar* (coll) worthless; (coll) crazy || *m* (mach) chuck; (coll) imitation; **en toc** (coll) worthless; **toc, toc!** knock, knock!
tohu-bohu [tɔybɔy] *m* hubbub
toi [twa] §85, §87
toile [twal] *f* cloth; linen; canvas, painting; (theat) curtain; **toile à coton** calico; **toile à laver** dishrag; **toile à matelas** ticking; **toile à voile** sailcloth; **toile cirée** oilcloth; **toile d'araignée** cobweb; **toile de fond** backdrop
toilette [twalɛt] *f* toilet; dressing table; dress, outfit (*of a woman*); **aimer la toilette** to be fond of clothing; **faire la toilette de** to lay out (*a corpse*)
toi-même [twamɛm] §86
toise [twaz] *f* fathom; **passer à la toise** to measure the height of
toiser [twaze] *tr* to size up
toison [twazɔ̃] *f* fleece; mop (*of hair*); **Toison d'or** Golden Fleece
toit [twa] *m* roof; rooftop; home, house; **crier sur les toits** to shout from the housetops
toiture [twatyr] *f* roofing
tôle [tol] *f* sheet metal; tole (*decorative metalware*); **tôle de blindage** armor plate; **tôle étamée** tin plate; **tôle galvanisée** galvanized iron; **tôle noire** sheet iron; **tôle ondulée** corrugated iron
tolérable [tɔlerabl] *adj* tolerable, bearable
tolérance [tɔlerɑ̃s] *f* tolerance
tolérer [tɔlere] §10 *tr* to tolerate
tôlerie [tolri] *f* sheet metal; rolling mill
tolet [tɔlɛ] *m* oarlock
tomaison [tɔmɛzɔ̃] *f* volume number
tomate [tɔmat] *f* tomato
tombe [tɔ̃b] *f* tomb; grave; tombstone
tom•beau [tɔ̃bo] *m* (*pl* **-beaux**) tomb; **à tombeau couvert** lickety-split
tombée [tɔ̃be] *f* fall (*of rain, snow, etc.*); **tombée de la nuit** nightfall
tomber [tɔ̃be] *tr* to throw (*a wrestler*); (coll) to remove (*a piece of clothing*); (slang) to seduce (*a woman*) || *intr* (*aux*: ÊTRE) to fall, to drop; **tomber amoureux** to fall in love; **tomber bien** to happen just in time; **tomber en panne** to have a breakdown; **tomber sur** to run into, chance upon; to turn to (*said of conversation*)
tombe•reau [tɔ̃bro] *m* (*pl* **-reaux**) dump truck; dumpcart; load
tombola [tɔ̃bɔla] *m* raffle
tome [tɔm] *m* tome, volume
ton [tɔ̃] *adj poss* §88 || *m* tone; (mus) key
to•nal -nale [tɔnal] *adj* (*pl* **-nals**) tonal
ton•deur [tɔ̃dœr] **-deuse** [døz] *mf* shearer || *f* shears; **tondeuse à cheveux** hair clippers; **tondeuse à gazon** lawn mower; **tondeuse (à gazon) à moteur** power mower; **tondeuse électrique** electric clippers; **tondeuse mécanique** cropper; power mower
tondre [tɔ̃dr] *tr* to clip; to shear; to mow
toni•fiant [tɔnifjɑ̃] **-fiante** [fjɑ̃t] *adj & m* tonic
tonifier [tɔnifje] *tr* to tone up
tonique [tɔnik] *adj & m* tonic
toni•truant [tɔnitryɑ̃] **-truante** [tryɑ̃t] *adj* (coll) thunderous
tonne [tɔn] *f* ton; tun
ton•neau [tɔno] *m* (*pl* **-neaux**) barrel; cart; roll (*of automobile, airplane, etc.*); (naut) ton; **au tonneau** on draught; **tonneau de poudre** powder keg
tonnelet [tɔnlɛ] *m* keg
tonnelier [tɔnəlje] *m* cooper
tonnelle [tɔnɛl] *f* arbor
tonner [tɔne] *intr* to thunder
tonnerre [tɔnɛr] *m* thunder
tonte [tɔ̃t] *f* clipping; shearing; mowing
tonton [tɔ̃tɔ̃] *m* (slang) uncle
top [tɔp] *m* beep
topaze [tɔpɑz] *f* topaz
toper [tɔpe] *intr* to shake hands on it; **tope là!** it's a deal!
topinambour [tɔpinɑ̃bur] *m* Jerusalem artichoke
topique [tɔpik] *adj* local, regional
topographie [tɔpɔgrafi] *f* topography
toquade [tɔkad] *f* (coll) infatuation
toquante [tɔkɑ̃t] *f* (coll) ticker (*watch*)
toque [tɔk] *f* toque; cap (*of chef; of judge*)
to•qué -quée [tɔke] *adj* (coll) crazy, cracked || *mf* (coll) nut
toquer [tɔke] *tr* to infatuate || *intr* (coll) to rap, tap || *ref*—**se toquer de** to be infatuated with
torche [tɔrʃ] *f* torch; **se mettre en torche** to fail to open (*said of parachute*); **torche électrique** flashlight
torcher [tɔrʃe] *tr* to wipe clean; to rush through, to botch; to daub with clay and straw
torchère [tɔrʃɛr] *f* candelabrum; floor lamp
torchis [tɔrʃi] *m* adobe
torchon [tɔrʃɔ̃] *m* dishcloth; rag; (coll) scribble; **le torchon brûle** they're squabbling
torchonner [tɔrʃɔne] *tr* (coll) to botch
tor•dant [tɔrdɑ̃] **-dante** [dɑ̃t] *adj* (coll) sidesplitting
tord-boyaux [tɔrbwajo] *m invar* (coll) rotgut
tordeuse [tɔrdøz] *f* moth
tordoir [tɔrdwar] *m* wringer; rope-making machine
tordre [tɔrdr] *tr* to twist; to wring || *ref* to twist; to writhe; **se tordre de rire** to split one's sides laughing
tornade [tɔrnad] *f* tornado
toron [tɔrɔ̃] *m* strand (*of rope*)
torpédo [tɔrpedo] *f* (archaic) open touring car

torpeur [tɔrpœr] *f* torpor
torpille [tɔrpij] *f* torpedo; (arti) mine
torpiller [tɔrpije] *tr* to torpedo
torpilleur [tɔrpijœr] *m* torpedo boat; torpedoman
torque [tɔrk] *f* coil of wire; twist (*of tobacco*)
torréfaction [tɔrefaksjɔ̃] *f* roasting
torréfier [tɔrefje] *tr* to roast
torrent [tɔrɑ̃] *m* torrent
torride [tɔrid] *adj* torrid
tors [tɔr] **torse** [tɔrs] *adj* twisted; crooked || *m* twist || see **torse** *m*
torsade [tɔrsad] *f* twisted cord; coil (*of hair*); **à torsades** fringed
torsader [tɔrsade] *tr* to twist
torse [tɔrs] *m* torso, trunk
torsion [tɔrsjɔ̃] *f* twisting, torsion
tort [tɔr] *m* wrong; harm; **à tort** wrongly; **à tort et à travers** at random, wildly; carelessly, inconsiderately; **à tort ou à raison** rightly or wrongly; **avoir tort** to be wrong; **donner tort à** to lay the blame on; **faire tort à** to wrong
torticolis [tɔrtikɔli] *m* stiff neck
tortillard [tɔrtijar] *adj masc* knotty || *m* (coll) jerkwater train
tortiller [tɔrtije] *tr* to twist, to twirl; (slang) to gulp down || *intr* to wriggle; (coll) to beat about the bush || *ref* to wriggle, squirm; to writhe, twist
tor•tu -tue [tɔrty] *adj* crooked || *f* turtle, tortoise
tor•tueux [tɔrtɥø] **-tueuse** [tɥøz] *adj* winding; devious, underhanded
torture [tɔrtyr] *f* torture
torturer [tɔrtyre] *tr* to torture
torve [tɔrv] *adj* menacing
tos•can [tɔskɑ̃] **-cane** [kan] *adj* Tuscan || *m* Tuscan (*dialect*) || (*cap*) *mf* Tuscan (*person*)
tôt [to] *adv* soon; early; **au plus tôt** as soon as possible; at the earliest; **le plus tôt possible** as soon as possible; **pas de si tôt** not soon; **tôt ou tard** sooner or later
to•tal -tale [tɔtal] *adj & m* (*pl* **-taux** [to]) total
totaliser [tɔtalize] *tr* to total
totalitaire [tɔtalitɛr] *adj* totalitarian
totem [tɔtɛm] *m* totem
toton [tɔtɔ̃] *m* teetotum
toubib [tubib] *m* (coll) medical officer; (coll) doctor, physician
tou•chant [tuʃɑ̃] **-chante** [ʃɑ̃t] *adj* touching || **touchant** *prep* touching, concerning
touche [tuʃ] *f* touch; key (*of piano or typewriter*); stop (*of organ*); fret (*of guitar*); fingerboard (*of violin*); hit (*in fencing*); bite (*on fishline*); goad (*for cattle*); tab (*of file index*); thumb index; (elec) contact; (coll) look, appearance; **touche de blocage** shift lock; **touche de manœuvre** shift key
touche-à-tout [tuʃatu] *m invar* (coll) busybody
toucher [tuʃe] *m* touch, sense of touch || *tr* to touch; to concern; to cash (*a check*); to draw out (*money*); to goad (*cattle*); (mus) to pluck (*the strings*) || *intr* to touch; **toucher à** to touch (*one's food, capital, etc.*); to touch on; to call at (*a port*); to be about to achieve (*one's aim*); **toucher de** to play (*e.g., the piano*) || *ref* to touch
touer [twe] *tr* to warp, to kedge
touffe [tuf] *f* tuft; clump (*of trees*)
touffeur [tufœr] *f* suffocating heat
touf•fu -fue [tufy] *adj* bushy; (fig) dense
touille [tuj] *m* dogfish, shark
touiller [tuje] *tr* (coll) to stir; (coll) to mix; (coll) to shuffle
toujours [tuʒur] *adv* always; still; anyhow; **M. Toujours** (coll) yes man; **pour toujours** forever
toupet [tupɛ] *m* tuft (*of hair*); forelock (*of horse*); (coll) nerve, brass
toupie [tupi] *f* top; molding board; silly woman
tour [tur] *m* turn; tour; trick; lathe; **à tour de bras** with all one's might; **à tour de rôle** in turn; **en un tour de main** in a jiffy; **faire le tour de** to tour, to visit; to walk or ride around; **faire un tour de** to take a walk or ride in; **tour à tour** by turns; **tour de bâton** (coll) rake-off, killing; **tour de main, tour d'adresse** sleight of hand; **tour de poitrine** chest size; **tour de taille** waist measurement; **tour de tête** hat size; **tours et retours** twists and turns || *f* tower; (chess) castle, rook; (mil) turret; **tour de contrôle** control tower; **tour de guet** lookout tower
tourbe [turb] *f* peat; mob
tourbillon [turbijɔ̃] *m* whirl; whirlpool; whirlwind
tourbillonner [turbijɔne] *intr* to whirl, to swirl
tourelle [turɛl] *f* turret
tourillon [turijɔ̃] *m* axle; trunnion
touriste [turist] *adj & mf* tourist
tourment [turmɑ̃] *m* torment
tourmente [turmɑ̃t] *f* storm
tourmenter [turmɑ̃te] *tr* to torment || *ref* to fret
tour•nant [turnɑ̃] **-nante** [nɑ̃t] *adj* turning, revolving || *m* turn; turning point; water wheel
tourne-à-gauche [turnagoʃ] *m invar* wrench; saw set; diestock
tournebroche [turnəbrɔʃ] *m* roasting jack, turnspit
tourne-disque [turnədisk] *m* (*pl* **-disques**) record player
tournedos [turnədo] *m* filet mignon
tournée [turne] *f* round; **en tournée** (theat) on tour; **faire une tournée** to take a trip; **tournée électorale** political campaign
tournemain [turnəmɛ̃]—**en un tournemain** in a split second
tourne-pierre [turnəpjɛr] *m* (*pl* **-pierres**) (orn) turnstone
tourner [turne] *tr* to turn; to turn over; to shoot (*a moving picture; a scene*); to outflank; **tourner et retourner** to turn over and over || *intr* to turn; (mov) to shoot a picture; (theat) to tour; **la tête me (lui, etc.) tourne** my

(his, etc.) head is turning, I feel (he feels, etc.) dizzy; **silence, on tourne!** quiet on the set!; **tourner à** or **en** to turn into; **tourner autour du pot** (coll) to beat about the bush; **tourner bien** to turn out well; **tourner en rond** to go around in circles, to spin; **tourner mal** to go bad || *ref* to turn

tournesol [turnəsɔl] *m* litmus; sunflower

tournevis [turnəvis] *m* screwdriver

tourniquet [turnikɛ] *m* turnstile; revolving door; revolving display stand; (surg) tourniquet; **passer au tourniquet** (slang) to be court-martialed

tournoi [turnwa] *m* tournament

tournoyer [turnwaje] §47 *intr* to turn, to wheel; to twirl; to tourney

tournure [turnyr] *f* turn, course (*of events*); wording, phrasing, turn (*of phrase*); expression; shape, figure

tourte [turt] *adj* (slang) stupid || *f* (coll) dolt; **tourte à la viande** meat pie

tour•teau [turto] *m* (*pl* **-teaux**) oil cake; crab

tourte•reau [turtəro] *m* (*pl* **-reaux**) turtledove, young lover

tourterelle [turtərɛl] *f* turtledove

tourtière [turtjɛr] *f* pie pan

toussailler [tusɑje] *intr* to keep on coughing

Toussaint [tusɛ̃] *f* All Saints' Day; **la Toussaint** All Saints' Day

tousser [tuse] *intr* to cough; to clear one's throat

tousserie [tusri] *f* constant coughing

toussotement [tusɔtmɑ̃] *m* slight coughing

toussoter [tusɔte] *intr* to cough slightly

tout [tu] **toute** [tut] (*pl* **tous toutes**) *adj* any, every, all; **tous les** all, all of, e.g., **tous les hommes** all men, all of the men; whole, entire, e.g., **toute la journeé** the whole day; **à tout coup** every time; **à toute heure** at any time; **tous les deux** both || *m* (*pl* **touts**) whole, all; everything; sum; **du tout** (coll) not at all; **en tout** wholly, in all; **pas du tout** not at all || **tout toute** (*pl* **tous** [tus] **toutes**) *pron* all, everything, anything; **à tout prendre** on the whole; **tout compté** all things considered || **tout** *adv* all, quite, completely; very, e.g., **un des tout premiers** one of the very foremost; **tout à côté de** right next to; **tout à coup** suddenly; **tout à fait** quite; **tout à l'heure** in a little while; a little while ago; **tout au plus** at most; **tout de même** howver, all the same; **tout de suite** at once, immediately; **tout en** while, e.g., **tout en parlant** while talking; **tout éveillé** wide awake; **tout fait** ready-made; **tout haut** aloud; **tout neuf** brand-new; **tout nu** stark-naked; **tout près** nearby; **tout . . . que** despite the fact that, e.g., **tout vieux qu'il était** despite the fact that he was old || **toute toutes** *adv* (before a feminine word beginning with a consonant or an aspirate **h**) all, quite, completely, e.g., **elles sont toutes seules** they are all (or quite or completely) alone

tout-à-l'égout [tutalegu] *m invar* sewerage

toute-épice [tutepis] *f* (*pl* **toutes-épices** [tutepis]) allspice (*berry*)

toutefois [tutfwa] *adv* however

toute-puissance [tutpɥisɑ̃s] *f* omnipotence

toutou [tutu] *m* (coll) doggie

Tout-Paris [tupari] *m invar* high society, smart set (*in Paris*)

tout-petit [tupəti] *m* (*pl* **-petits**) toddler

tout-puissant [tupɥisɑ̃] **toute-puissante** [tutpɥisɑ̃t] (*pl* **tout-puissants toutes-puissantes**) *adj* almighty || **le Tout-Puissant** the Almighty

tout-venant [tuvnɑ̃] *m invar* all comers; run-of-the-mine coal; run-of-the-mill product; ordinary run of people

toux [tu] *f* cough

toxicomane [tɔksikɔman] *adj* addicted || *mf* drug addict

toxicomanie [tɔksikɔmani] *f* drug addiction

toxique [tɔksik] *adj* toxic || *m* poison

trac [trak] *m* (coll) stage fright; **avoir le trac** (coll) to lose one's nerve; **tout à trac** without thinking

tracas [traka] *m* worry, trouble

tracasser [trakase] *tr & ref* to worry

tracasserie [trakasri] *f* bother; **tracasseries** interference

tracassin [trakasɛ̃] *m* (coll) worry

trace [tras] *f* trace; track, trail; sketch; footprint; **marcher sur les traces de** to follow in the footsteps of

tracé [trase] *m* tracing; **faire le tracé de** to lay out; (math) to plot

tracer [trase] §51 *tr* to trace, draw

tra•ceur [trasœr] **-ceuse** [søz] *mf* tracer || *m* tracer (*radioactive substance*)

trachée [traʃe] *f* trachea, windpipe

trachée-artère [traʃeartɛr] *f* (*pl* **trachées-artères**) windpipe

tract [trakt] *m* tract

tractation [traktɑsjɔ̃] *f* underhanded deal

tracteur [traktœr] *m* tractor

traction [traksjɔ̃] *f* traction; **faire des tractions** to do chin-ups; **traction avant** front-wheel drive

tradition [tradisjɔ̃] *f* tradition

tradition•nel -nelle [tradisjɔnɛl] *adj* traditional

traduc•teur [tradyktœr] **-trice** [tris] *mf* translator

traduction [tradyksjɔ̃] *f* translation

traduire [tradɥir] §19 *tr* to translate; **traduire en justice** to haul into court

trafic [trafik] *m* traffic, trade; **trafic d'influence** influence peddling; **trafic routier** highway traffic

trafi•quant [trafikɑ̃] **-quante** [kɑ̃t] *mf* racketeer; **trafiquant en stupéfiants** dope peddler

trafiquer [trafike] *tr* to traffic in || *intr* to traffic; **trafiquer de** to traffic in or on

trafi•queur [trafikœr] **-queuse** [køz] *mf* racketeer

tragédie [traʒedi] *f* tragedy
tragé•dien [traʒedjɛ̃] **-dienne** [djen] *mf* tragedian
tragique [traʒik] *adj* tragic
trahir [trair] *tr* to betray
trahison [traizɔ̃] *f* betrayal; treason
train [trɛ̃] *m* pace, speed; manner, way; series; raft (*of logs*); (rr) train; (coll) row, racket; **être en train de** + *inf* to be in the act or process of + *ger*; (translated by a progressive form of the verb), e.g., **je suis en train d'écrire** I am writing; **mettre en train** to start; **train arrière** (aut) rear-axle assembly; (rr) rear car; **train avant** (aut) front-axle assembly; **train d'atterrissage** landing gear; **train de banlieue** suburban train; **train de marchandises** freight train; **train de vie** way of life; standard of living; **train direct** through train; **train omnibus** local train; **train sanitaire** military hospital train
traî•nant [trɛnɑ̃] **-nante** [nɑ̃t] *adj* trailing; creeping; drawling; languid
traî•nard [trɛnar] **-narde** [nard] *mf* straggler
traîne [trɛn] *f* train (*of dress*); dragnet; **à la traîne** dragging; straggling; in tow
traî•neau [treno] *m* (*pl* **-neaux**) sleigh; sled; sledge; dragnet
traînée [trene] *f* trail, train; (coll) streetwalker
traîner [trene] *tr* to drag, to lug; to drawl; to shuffle (*the feet*) || *intr* to drag; to straggle; to lie around || *ref* to crawl; to creep; to limp
traî•neur [trɛnœr] **-neuse** [nøz] *mf* straggler; loiterer
train-train [trɛ̃trɛ̃] *m* routine
traire [trɛr] **§68** *tr* to milk
trait [trɛ] *m* arrow, dart; dash; stroke; feature (*of face*); trait, characteristic; trace (*of harness*); **avoir trait à** to refer to; **de trait** draft (*horse*); **d'un trait** in one gulp; **partir comme un trait** to be off like a shot; **tracer à grands traits** to trace in broad outlines; **trait d'esprit** witticism; **trait d'héroïsme** heroic deed; **trait d'union** hyphen; **trait pour trait** exactly
traitable [trɛtabl] *adj* tractable
traite [trɛt] *f* trade, traffic; milking; (com) draft; **tout d'une traite** at a single stretch
traité [trete] *m* treatise; treaty
traitement [trɛtmɑ̃] *m* treatment; salary; **mauvais traitements** affront, mistreatment
traiter [trete] *tr* to treat; to receive; **traiter qn de** to call s.o. (*a name*) || *intr* to negotiate; **traiter de** to deal with
traiteur [trɛtœr] *m* caterer; (obs) restaurateur
traî•tre [trɛtr] **-tresse** [trɛs] *adj* traitorous; treacherous; (coll) single || *mf* traitor; (theat) villain || *f* traitress
traîtrise [trɛtriz] *f* treachery
trajectoire [traʒɛktwar] *f* trajectory
trajet [traʒɛ] *m* distance, trip, passage; (aer) flight

tralala [tralala] *m* (coll) fuss
trame [tram] *f* weft; web (*of life*); conspiracy
tramer [trame] *tr* to weave; to hatch (*a plot*) || *ref* to be plotted
traminot [tramino] *m* traction-company employee
tramontane [tramɔ̃tan] *f* north wind; **perdre la tramontane** to lose one's bearings
tramp [trɑ̃p] *m* tramp steamer
tramway [tramwɛ] *m* streetcar
tran•chant [trɑ̃ʃɑ̃] **-chante** [ʃɑ̃t] *adj* cutting; glaring; trenchant || *m* cutting edge; knife; side (*of hand*); **à double tranchant** or **à deux tranchants** two-edged
tranche [trɑ̃ʃ] *f* slice; section; portion, installment; group (*of figures*); cross section; **doré sur tranches** (bb) giltedged; (coll) gilded (*e.g., youth*); **une tranche de vie** a slice of life
tranchée [trɑ̃ʃe] *f* trench; **tranchées** colic
trancher [trɑ̃ʃe] *tr* to cut off; to slice; to decide, settle || *intr* to decide once and for all; to stand out; **trancher avec** to contrast with; **trancher dans le vif** to cut to the quick; (fig) to take drastic measures; **trancher de** (lit) to affect the manners of
tranquille [trɑ̃kil] *adj* quiet, tranquil; **laissez-moi tranquille** leave me alone; **soyez tranquille** don't worry
tranquilli•sant [trɑ̃kilizɑ̃] **-sante** [zɑ̃t] *adj* tranquilizing || *m* tranquilizer
tranquilliser [trɑ̃kilize] *tr* to tranquilize; to reassure || *ref* to calm down
tranquillité [trɑ̃kilite] *f* tranquillity
transaction [trɑ̃zaksjɔ̃] *f* transaction; compromise
transat [trɑ̃zat] *m* (coll) transatlantic liner; (coll) deck chair || **la Transat** (coll) the French Line
transatlantique [trɑ̃zatlɑ̃tik] *adj & m* transatlantic
transbordement [trɑ̃sbɔrdəmɑ̃] *m* transshipment, transfer
transborder [trɑ̃sbɔrde] *tr* to transship, to transfer
transbordeur [trɑ̃sbɔrdœr] *m* transporter bridge
transcender [trɑ̃sɑ̃de] *tr & ref* to transcend
transcription [trɑ̃skripsjɔ̃] *f* transcription
transcrire [trɑ̃skrir] **§25** *tr* to transcribe; **transcrire en clair** to decode
transe [trɑ̃s] *f* apprehension, anxiety; trance; **être dans des transes** to be quaking in one's boots
transept [trɑ̃sɛpt] *m* transept
transférer [trɑ̃sfere] **§10** *tr* to transfer; to convey
transfert [trɑ̃sfɛr] *m* transfer, transference
transfo [trɑ̃sfo] *m* (coll) transformer
transforma•teur [trɑ̃sfɔrmatœr] **-trice** [tris] *adj* (elec) transforming || *m* (elec) transformer; **transformateur abaisseur (de tension)** step-down transformer; **transformateur de sonnerie** doorbell transformer; **transfor-**

mateur élévateur (de tension) step-up transformer
transformer [trɑ̃sfɔrme] *tr & ref* to transform
transfuge [trɑ̃sfyʒ] *m* turncoat
transfuser [trɑ̃sfyze] *tr* to transfuse; to instill
transfusion [trɑ̃sfyzjɔ̃] *f* transfusion
transgresser [trɑ̃sgrese] *tr* to transgress
transgression [trɑ̃sgresjɔ̃] *f* transgression
transhumer [trɑ̃zyme] *tr & intr* to move from winter to summer pasture
tran•si -sie [trɑ̃zi], [trɑ̃si] *adj* chilled to the bone; numb, transfixed (*with fright*)
transiger [trɑ̃ziʒe] **§38** *intr* to compromise
transistor [trɑ̃zistɔr] *m* transistor
transit [trɑ̃zit] *m* transit
transi•tif [trɑ̃zitif] **-tive** [tiv] *adj* transitive
transition [trɑ̃zisjɔ̃] *f* transition
transitoire [trɑ̃zitwar] *adj* transitory; transitional
translation [trɑ̃slɑsjɔ̃] *f* transfer, translation
translitérer [trɑ̃slitere] **§10** *tr* to transliterate
translucide [trɑ̃slysid] *adj* translucent
transmetteur [trɑ̃smetœr] *adj masc* transmitting || *m* (telg, telp) transmitter; **transmetteur d'ordres** (naut) engine-room telegraph
transmettre [trɑ̃smetr] **§42** *tr* to transmit; to transfer; (sports) to pass
transmission [trɑ̃smisjɔ̃] *f* transmission; broadcast; **transmission en différé** recorded broadcast; **transmission en direct** live broadcast; **transmissions** (mil) signal corps
transmuer [trɑ̃smɥe] *tr* to transmute
transmuter [trɑ̃smyte] *tr* to transmute
transparaître [trɑ̃sparetr] **§12** *intr* to show through
transpa•rent [trɑ̃sparɑ̃] **-rente** [rɑ̃t] *adj* transparent
transpercer [trɑ̃sperse] **§51** *tr* to transfix
transpiration [trɑ̃spirɑsjɔ̃] *f* perspiration
transpirer [trɑ̃spire] *tr* to sweat || *intr* to sweat, perspire; to leak out (*said of news*)
transplanter [trɑ̃splɑ̃te] *tr* to transplant
transport [trɑ̃spɔr] *m* transport; transportation; **transport au cerveau** cerebral hemorrhage
transpor•té -tée [trɑ̃spɔrte] *adj* enraptured, carried away
transporter [trɑ̃spɔrte] *tr* to transport
transposer [trɑ̃spoze] *tr* to transpose
transver•sal -sale [trɑ̃sversal] *adj* (*pl* **-saux** [so]) transversal; cross (*street*)
trapèze [trapez] *m* trapeze; trapezoid
trappe [trap] *f* trap door; pitfall, trap; Trappist monastery; **Trappe** Trappist order
trappeur [trapœr] *m* trapper
tra•pu -pue [trapy] *adj* stocky, squat
traque [trak] *f* driving of game
traquenard [traknar] *m* trap, booby trap, pitfall
traquer [trake] *tr* to hem in, to bring to bay
traumatique [tromatik] *adj* traumatic
tra•vail [travaj] *m* (*pl* **-vaux** [vo]) work; workmanship; **en travail** in labor; **Travail** Labor; **travail à la pièce, travail à la tâche** piecework; **travail d'équipe** teamwork; **travail de Romain** herculean task; **travaux forcés** hard labor; **travaux ménagers** housework || *m* (*pl* **-vails**) stocks (*for horses*)
travail•lé -lée [travaje] *adj* finely wrought, elaborate; labored
travailler [travaje] *tr* to work; to worry || *intr* to work; to warp (*said of wood*)
travail•leur [travajœr] **travail•leuse** [travajøz] *adj* hardworking || *mf* worker, toiler
travailliste [travajist] *adj & mf* Labourite (Brit)
travée [trave] *f* span (*of bridge*); row of seats; (archit) bay
traveling [travliŋ] *m* (mov, telv) dolly (*for camera*)
travers [traver] *m* breadth; fault, failing; **à travers** across, through; **de travers** awry; **en travers de** across; **par le travers de** abreast of
traverse [travers] *f* crossbeam; cross street; setback; rung (*of ladder*); (rr) tie; **de traverse** cross (*e.g., street*); **mettre à la traverse de** to oppose
traversée [traverse] *f* crossing
traverser [traverse] *tr* to cross; to cut across
traver•sier [traversje] **-sière** [sjer] *adj* cross, crossing
traversin [traversɛ̃] *m* bolster (*of bed*)
traves•ti -tie [travesti] *adj* disguised; costume (*ball*) || *m* fancy costume, disguise; transvestite; female impersonator
travestir [travestir] *tr* to travesty; to disguise
travestissement [travestismɑ̃] *m* travesty; disguise
trébucher [trebyʃe] *intr* to stumble
tréfiler [trefile] *tr* to wiredraw
trèfle [trefl] *m* clover; trefoil; cloverleaf (*intersection*); (cards) club; (cards) clubs
tréfonds [trefɔ̃] *m* secret depths
treillage [trejaʒ] *m* trellis
treillager [trejaʒe] **§38** *tr* to trellis
treille [trej] *f* grape arbor
treillis [treji] *m* latticework; iron grating; denim; **treillis métallique** wire netting
treillisser [trejise] *tr* to trellis
treize [trez] *adj & pron* thirteen; the Thirteenth, e.g., **Jean treize** John the Thirteenth || *m* thirteen; thirteenth (*in dates*); **treize à la douzaine** baker's dozen
treizième [trezjem] *adj, pron* (*masc, fem*), *& m* thirteenth
tréma [trema] *m* dieresis
tremble [trɑ̃bl] *m* aspen (*tree*)
tremblement [trɑ̃bləmɑ̃] *m* trembling; **tremblement de terre** earthquake
trembler [trɑ̃ble] *intr* to tremble

trembleur [trɑ̃blœr] *m* vibrator, buzzer; (rel) Shaker; (rel) Quaker
trembloter [trɑ̃blɔte] *intr* to quiver; to quaver
trémie [tremi] *f* hopper
trémoussement [tremusmɑ̃] *m* fluttering, flutter; jiggling, jiggle
trémousser [tremuse] *ref* to flutter; to jiggle; (coll) to bustle
trempage [trɑ̃paʒ] *m* soaking
trempe [trɑ̃p] *f* temper; soaking; (slang) scolding
trempée [trɑ̃pe] *f* tempering
tremper [trɑ̃pe] *tr* to temper; to dilute; to dunk ‖ *intr* to soak; to become involved (*in, e.g., a crime*)
trempette [trɑ̃pet] *f*—**faire la trempette** to dunk; **faire trempette** to take a dip
tremplin [trɑ̃plɛ̃] *m* springboard, diving board; trampoline; ski jump; (fig) springboard
trentaine [trɑ̃tɛn] *f* age of thirty; **une trentaine de** about thirty
trente [trɑ̃t] *adj & pron* thirty; **sur son trente et un** (coll) all spruced up; **trente et un** thirty-one; **trente et unième** thirty-first ‖ *m* thirty; thirtieth (*in dates*); **trente et un** thirty-one; thirty-first (*in dates*); **trente et unième** thirty-first
trente-deux [trɑ̃tdø] *adj, pron, & m* thirty-two
trente-deuxième [trɑ̃tdøzjem] *adj, pron* (*masc, fem*), *& m* thirty-second
trente-six [trɑ̃tsi(s)] *adj, pron, & m* thirty-six; **tous les trente-six du mois** (coll) once in a blue moon
trentième [trɑ̃tjem] *adj, pron* (*masc, fem*), *& m* thirtieth
trépas [trepɑ] *m* (lit) death; **passer de vie à trépas** (lit) to pass away
trépasser [trepɑse] *intr* (lit) to die
trépied [trepje] *m* tripod
trépigner [trepiɲe] *intr* to stamp one's feet
très [trɛ] *adv* very; **le très honorable** the Right Honorable
trésor [trezɔr] *m* treasure; **Trésor** Treasury
trésorerie [trezɔrri] *f* treasury
tréso•rier [trezɔrje] **-rière** [rjɛr] *mf* treasurer
tressaillement [tresajmɑ̃] *m* start, quiver
tressaillir [tresajir] §69 *intr* to give a start, to quiver
tressauter [tresote] *intr* to start
tresse [trɛs] *f* tress
tresser [trese] *tr* to braid, to plait; to weave (*e.g., a basket*)
tré•teau [treto] *m* (*pl* **-teaux**) trestle; **sur les tréteaux** (theat) on the boards
treuil [trœj] *m* windlass; winch
trêve [trev] *f* truce; respite; **trêve de . . .** that's enough . . .
tri [tri] *m* sorting
triage [trijaʒ] *m* sorting, selection; classification; (rr) shifting
triangle [trijɑ̃gl] *m* triangle
tribord [tribɔr] *m* starboard
tribu [triby] *f* tribe
tribu•nal [tribynal] *m* (*pl* **-naux** [no]) tribunal, court; **en plein tribunal** in open court; **tribunal de police** police court; **tribunaux pour enfants** juvenile courts
tribune [tribyn] *f* rostrum, tribune; gallery; grandstand; **monter à la tribune** to take the floor; **tribune des journalistes** press box; **tribune d'orgue** organ loft; **tribune libre** open forum
tribut [triby] *m* tribute
tributaire [tribyter] *adj & m* tributary; **être tributaire de** to be dependent upon
tricher [triʃe] *tr & intr* to cheat
tricherie [triʃri] *f* cheating
tri•cheur [triʃœr] **-cheuse** [ʃøz] *mf* cheater; **tricheur professionnel** cardsharper
tricolore [trikɔlɔr] *adj & m* tricolor
tricot [triko] *m* knitting; knitted garment
tricotage [trikɔtaʒ] *m* knitting
tricoter [trikɔte] *tr & intr* to knit
trier [trije] *tr* to pick out, to screen; **trier sur le volet** to hand-pick
trieur [trijœr] **trieuse** [trijøz] *mf* sorter ‖ *m & f* (mach) sorter
trigonométrie [trigɔnɔmetri] *f* trigonometry
trille [trij] *m* trill
triller [trije] *tr & intr* to trill
trillion [trilјɔ̃] *m* quintillion (U.S.A.); trillion (Brit)
trilogie [trilɔʒi] *f* trilogy
trimbaler [trɛ̃bale] *tr* to cart around
trimer [trime] *intr* to slave
trimestre [trimɛstr] *m* quarter (*of a year*); quarter's salary; quarter's rent; (educ) term
tringle [trɛ̃gl] *f* rod; **tringle de rideau** curtain rod
trinité [trinite] *f* trinity
trinquer [trɛ̃ke] *intr* to clink glasses, to toast; (slang) to drink; **trinquer avec** to hobnob with
trio [trijo] *m* trio
triom•phant [trijɔ̃fɑ̃] **-phante** [fɑ̃t] *adj* triumphant
triomphe [trijɔ̃f] *m* triumph; **faire triomphe à** to welcome in triumph
tripar•ti -tie [triparti] *adj* tripartite
tripartite [tripartit] *adj* tripartite
tripatouiller [tripatuje] *tr* (coll) to tamper with
tripette [tripet] *f*—**ça ne vaut pas tripette** it's not worth a wooden nickel
triple [tripl] *adj & m* triple
tri•plé -plée [triple] *mf* triplet
tripler [triple] *tr & intr* to triple
triplicata [triplikata] *m invar* triplicate
tripot [tripo] *m* gambling den; house of ill repute
tripoter [tripɔte] *tr* to finger, toy with ‖ *intr* to dabble, to potter around; to rummage
trique [trik] *f* (coll) cudgel
triste [trist] *adj* sad
tristesse [tristɛs] *f* sadness, sorrow
triturer [trityre] *tr* to pulverize, to grind ‖ *ref*—**se triturer la cervelle** to rack one's brain
tri•vial -viale [trivjal] *adj* (*pl* **-viaux** [vjo]) trivial; vulgar, coarse

trivialité [trivjalite] *f* triviality; vulgarity, coarseness
troc [trɔk] *m* barter; swap; **troc pour troc** even up
troglodyte [trɔglɔdit] *m* cave dweller; (orn) wren
trognon [trɔɲɔ̃] *m* core; (slang) darling, pet
Troie [trwɑ], [trwa] *f* Troy
trois [trwɑ] *adj & pron* three; the Third, e.g., **Jean trois** John the Third; **trois heures** three o'clock || *m* three; third (*in dates*)
troisième [trwɑzjɛm] *adj, pron* (*masc, fem*), *& m* third
trolley [trɔlɛ] *m* trolley
trolleybus [trɔlɛbys] *m* trackless trolley
trombe [trɔ̃b] *f* waterspout; **entrer en trombe** to dash in; **trombe d'eau** deluge
trombone [trɔ̃bɔn] *m* trombone; paper clip
trompe [trɔ̃p] *f* horn; trunk (*of elephant*); beak (*of insect*); **trompe d'Eustache** Eustachian tube
trompe-la-mort [trɔ̃plamɔr] *mf invar* daredevil
trompe-l'œil [trɔ̃plœj] *m invar* dummy effect; (coll) bluff, fake; **en trompe-l'œil** in perspective
tromper [trɔ̃pe] *tr* to deceive, to cheat || *ref* to be wrong; **se tromper de** to be mistaken about
tromperie [trɔ̃pri] *f* deceit; fraud; illusion
trompeter [trɔ̃pte] §34 *tr & intr* to trumpet
trompette [trɔ̃pet] *m* trumpeter || *f* trumpet; **en trompette** turned up
trom•peur [trɔ̃pœr] **-peuse** [pøz] *adj* false, lying || *mf* deceiver
tronc [trɔ̃] *m* trunk; (slang) head; **tronc des pauvres** poor box
tronche [trɔ̃ʃ] *f* (slang) noodle
tronçon [trɔ̃sɔ̃] *m* stump; section (*e.g., of track*)
trône [tron] *m* throne
trôner [trone] *intr* to sit in state || *ref* —**se trôner sur** to lord it over
tronquer [trɔ̃ke] *tr* to truncate, to cut off; to mutilate
trop [tro] *m* excess; too much; **de trop** too much; to excess; in the way, e.g., **il est de trop ici** he is in the way here; **par trop** altogether, excessively; **trop de . . .** too much . . . ; too many . . . || *adv* too; too much; **trop lourd** overweight
trophée [trɔfe] *m* trophy
tropi•cal -cale [trɔpikal] *adj* (*pl* **-caux** [ko]) tropical
trop-plein [trɔplɛ̃] *m* (*pl* **-pleins**) overflow
troquer [trɔke] *tr* to barter; **troquer contre** to swap for
trot [tro] *m* trot; **au trot** at a trot; (coll) on the double, quickly
trotte [trɔt] *f* (coll) quite a distance to walk
trotter [trɔte] *intr* to trot
trot•teur [trɔtœr] **trot•teuse** [trɔtøz] *mf* (turf) trotter || *f* second hand; **trotteuse centrale** sweep-second
trottin [trɔtɛ̃] *m* errand girl
trottinette [trɔtinɛt] *f* scooter
trottoir [trɔtwar] *m* sidewalk; **faire le trottoir** to walk the streets (*said of prostitute*); **trottoir roulant** escalator
trou [tru] *m* hole; pothole; eye (*of needle*); gap; jerkwater town; **faire son trou** to feather one's nest; **faire un trou à la lune** to fly the coop; **trou d'air** air pocket; **trou de clef** keyhole (*of clock*); **trou de la serrure** keyhole; **trou d'obus** shell hole; **trou du souffleur** prompter's box; **trou individuel** (mil) foxhole
trouble [trubl] *adj* muddy, cloudy, turbid (*liquid*); murky (*sky*); misty (*glass*); blurred (*image; sight*); dim (*light*); vague, disquieting || *m* disquiet; unrest; trouble (*illness*)
trouble-fête [trubləfɛt] *mf invar* wet blanket, kill-joy
troubler [truble] *tr* to upset, trouble; to make muddy; to disturb; to make cloudy; to blur || *ref* to become muddy or cloudy; to lose one's composure
trouée [true] *f* gap, breach; (mil) breakthrough
trouille [truj] *f*—**avoir la trouille** (slang) to get cold feet
troupe [trup] *f* troop; band, party; (theat) troupe
trou•peau [trupo] *m* (*pl* **-peaux**) flock; herd; **attention aux troupeaux** (public sign) cattle crossing
troupier [trupje] *m* (coll) soldier; **jurer comme un troupier** to swear like a trooper
trousse [trus] *f* case, kit; **avoir qn à ses trousses** to have s.o. at one's heels; **trousse de première urgence** first-aid kit
trous•seau [truso] *m* (*pl* **-seaux**) trousseau; outfit; bunch (*of keys*)
troussequin [truskɛ̃] *m* cantle
trousser [truse] *tr* to turn up; to tuck up; to polish off; (culin) to truss || *ref* to lift one's skirts
trouvaille [truvɑj] *f* find
trouver [truve] *tr* to find || *ref* to be found; to find oneself; to be, e.g., **où se trouve-t-il?** where is he?; **il se trouve que . . .** it happens that . . . ; **se trouver mal** to feel ill
troyen [trwajɛ̃] **troyenne** [trwajɛn] *adj* Trojan || (*cap*) *mf* Trojan
truand [tryɑ̃] **truande** [tryɑ̃d] *adj & m* good-for-nothing
truc [tryk] *m* gadget, device; (coll) trick, gimmick; (coll) thing; (coll) what's-his-name
truchement [tryʃmɑ̃] *m* spokesman; interpreter; **par le truchement de** thanks to, through
trucu•lent [trykylɑ̃] **-lente** [lɑ̃t] *adj* truculent
truelle [tryɛl] *f* trowel
truffe [tryf] *f* truffle
truie [trɥi] *f* sow
truisme [tryism] *m* truism
truite [trɥit] *f* trout
tru•meau [trymo] *m* (*pl* **-meaux**) trumeau (*mirror with painting above in same frame*)

truquage [trykaʒ] *m* faking
truquer [tryke] *tr* to fake; to cook (*the accounts*); to stack (*the deck*); to load (*the dice*); to fix (*the outcome of a fight*) || *intr* to resort to fakery
trust [trœst] *m* trust, holding company
T.S.F. [teεsεf] *f* (letterword) (**télégraphie sans fil**) wireless; radio
t. s. v. p. *abbr* (**tournez s'il vous plaît**) over (*please turn the page*)
tu [ty] §87; **être à tu et à toi avec** to hobnob with
T.U. [tey] *m* (letterword) (**temps universel**) universal time, Greenwich Mean Time
tube [tyb] *m* tube; pipe; (anat) duct; (slang) hit
tubercule [tybεrkyl] *m* tubercle; tuber
tuberculose [tybεrkyloz] *f* tuberculosis
tue-mouches [tymuʃ] *m invar* flypaper
tuer [tɥe] *tr* to kill || *ref* to be killed; to kill oneself
tuerie [tyri] *f* slaughter
tue-tête [tytεt]—**à tue-tête** at the top of one's voice
tuile [tɥil] *f* tile; (coll) nasty blow
tuilerie [tɥilri] *f* tileworks
tulipe [tylip] *f* tulip
tumeur [tymœr] *f* tumor
tumulte [tymylt] *m* tumult, hubbub
tungstène [tœ̃kstεn] *m* tungsten
tunique [tynik] *f* tunic
tunnel [tynεl] *m* tunnel; **passer sous un tunnel** to go through a tunnel; **tunnel aérodynamique** wind tunnel
turban [tyrbɑ̃] *m* turban
turbine [tyrbin] *f* turbine
turbu•lent [tyrbylɑ̃] **-lente** [lɑ̃t] *adj* turbulent
turc turque [tyrk] *adj* Turkish || *m* Turkish (*language*) || (*cap*) *mf* Turk (*person*)
turf [tyrf] *m*—**le turf** the turf, the track
turfiste [tyrfist] *m* turfman, racegoer
turlututu [tyrlytyty] *interj* fiddlesticks!, nonsense!
Turquie [tyrki] *f* Turkey; **la Turquie** Turkey
turquoise [tyrkwaz] *m* turquoise (*color*) || *f* turquoise (*stone*)
tutelle [tytεl] *f* guardianship, tutelage; trusteeship
tu•teur [tytœr] **-trice** [tris] *mf* guardian || *m* (hort) stake, prop
tutoyer [tytwaje] §47 *tr* to thou, to address familiarly || *ref* to thou each other, to be on a first-name basis
tuyau [tɥijo], [tyjo] *m* (*pl* **tuyaux**) pipe, tube; fluting; (coll) tip; **tuyau d'arrosage** garden hose; **tuyau d'échappement** exhaust; **tuyau d'incendie** fire hose
tuyauter [tɥijote], [tyjote] *tr* to flute; (coll) to tip off || *intr* (coll) to crib
tuyauterie [tɥijotri] *f* pipe mill; piping; (aut) manifold; **tuyauterie d'admission** intake manifold; **tuyauterie d'échappement** exhaust manifold
tympan [tε̃pɑ̃] *m* eardrum; (archit, mus) tympanum
type [tip] *m* type; (coll) fellow, character
typer [tipe] *tr* to type
typhoïde [tifɔid] *adj & f* typhoid
typhon [tifɔ̃] *m* typhoon
typique [tipik] *adj* typical; South American (*music*)
typographie [tipɔgrafi] *f* typography
typographique [tipɔgrafik] *adj* typographic(al)
tyran [tirɑ̃] *m* tyrant; (orn) kingbird
tyrannie [tirani] *f* tyranny
tyrannique [tiranik] *adj* tyrannic(al)

U

U, u [y], *[y] *m invar* twenty-first letter of the French alphabet
Ukraine [ykrεn] *f* Ukraine
ukrai•nien [ykrεnjε̃] **-nienne** [njεn] *adj* Ukrainian || *m* Ukrainian (*language*) || (*cap*) *mf* Ukrainian (*person*)
ulcère [ylsεr] *m* ulcer, sore
ulcérer [ylsere] §10 *tr* to ulcerate; to embitter || *ref* to ulcerate; to fester
ulté•rieur -rieure [ylterjœr] *adj* ulterior; subsequent
ultimatum [yltimatɔm] *m* ultimatum
ultime [yltim] *adj* ultimate, final
ultra-court [yltrakur] **-courte** [kurt] *adj* (electron) ultrashort
ultravio•let [yltravjɔlε] **-lette** [lεt] *adj & m* ultraviolet
ululer [ylyle] *intr* to hoot
un [œ̃] **une** [yn] *adj & pron* one; **l'un à l'autre** to each other, to one another; **l'un et l'autre** both; **l'un l'autre** each other, one another; **ni l'un ni l'autre** neither, neither one; **un à un** one by one; **une heure** one o'clock || *art indef* a || *m* one || *f*—**la une** the front page
unanime [ynanim] *adj* unanimous
unanimité [ynanimite] *f* unanimity
Unesco [ynesko] *f* (acronym) (**Organisation des Nations Unies pour l'Éducation, la Science et la Culture**) —**l'Unesco** UNESCO
u•ni -nie [yni] *adj* united; smooth, level; uneventful; plain; solid (*color*); together (*said, e.g., of the hands of a clock*) || *m* plain cloth
unicorne [ynikɔrn] *m* unicorn
unification [ynifikɑsjɔ̃] *f* unification
unifier [ynifje] *tr* to unify || *ref* to consolidate, merge; to become unified
uniforme [ynifɔrm] *adj & m* uniform
uniformiser [ynifɔrmize] *tr* to make uniform
uniformité [ynifɔrmite] *f* uniformity

unijambiste [ynizɑ̃bist] *adj* one-legged || *mf* one-legged person
unilaté•ral -rale [ynilateral] *adj* (*pl* **-raux** [ro]) unilateral
union [ynjɔ̃] *f* union; **union libre** common-law marriage
unique [ynik] *adj* only, single; unique
unir [ynir] *tr* & *ref* to unite
unisson [ynisɔ̃] *m* unison
unitaire [yniter] *adj* unit
unité [ynite] *f* unity; unit; battleship; (coll) one million old francs
univers [ynivɛr] *m* universe
univer•sel -selle [ynivɛrsɛl] *adj* & *m* universal
universitaire [ynivɛrsitɛr] *adj* university
université [ynivɛrsite] *f* university
uranium [yranjɔm] *m* uranium
ur•bain [yrbɛ̃] **-baine** [bɛn] *adj* urban; urbane
urbaniser [yrbanize] *tr* to urbanize
urbanisme [yrbanism] *m* city planning
urbaniste [yrbanist] *adj* zoning (*ordinance*) || *mf* city planner
urbanité [yrbanite] *f* urbanity
urètre [yrɛtr] *m* urethra
urgence [yrʒɑ̃s] *f* urgency; emergency; emergency case; **d'urgence** emergency (*e.g., hospital ward*); right away, without delay
ur•gent [yrʒɑ̃] **-gente** [ʒɑ̃t] *adj* urgent; emergency (*case*); (formula on letter or envelope) rush || *m* urgent matter
urinaire [yrinɛr] *adj* urinary
uri•nal [yrinal] *m* (*pl* **-naux** [no]) urinal (*for use in bed*)
urine [yrin] *f* urine
uriner [yrine] *tr* & *intr* to urinate
urinoir [yrinwar] *m* urinal (*place*)
urne [yrn] *f* urn; ballot box; **aller aux urnes** to go to the polls
urologie [yrɔlɔʒi] *f* urology
U.R.S.S. [yɛrɛsɛs] *f* (letterword) (**Union des Républiques Socialistes Soviétiques**) U.S.S.R.
Ursse [yrs] *f* (acronym) (**Union des Républiques Socialistes Soviétiques**) U.S.S.R.
urticaire [yrtikɛr] *f* hives
urubu [yryby] *m* turkey vulture
us [ys] *mpl*—**les us et (les) coutumes** the manners and customs
U.S. [yɛs] *adj* (letterword) (**United States**) U.S., e.g., **l'aviation U.S.** U.S. aviation
U.S.A. [yɛsa] *mpl* (letterword) (**United States of America**) U.S.A.
usage [yzaʒ] *m* usage; custom; use; **faire de l'usage** to wear well; **hors d'usage** outmoded; (gram) obsolete; **manquer d'usage** to lack good breeding; **usage du monde** good breeding, savoir-vivre
usa•gé -gée [yzaʒe] *adj* secondhand; worn-out, used
usa•ger [yzaʒe] **-gère** [ʒɛr] *mf* user
usant [yzɑ̃] **usante** [yzɑ̃t] *adj* exhausting, wearing
u•sé -sée [yze] *adj* worn-out; trite, commonplace
user [yze] *tr* to wear out; to wear away; to ruin (*e.g., health*) || *intr*—**en user bien avec** to treat well; **user de** to use || *ref* to wear out
usine [yzin] *f* factory, mill, plant; **usine à gaz** gasworks
usiner [yzine] *tr* to machine, to tool
usi•nier [yzinje] **-nière** [njɛr] *adj* manufacturing; factory (*town*) || *m* manufacturer
usi•té -tée [yzite] *adj* used, in use; **peu usité** out of use, rare
ustensile [ystɑ̃sil] *m* utensil, implement
u•suel -suelle [yzɥɛl] *adj* usual
usure [yzyr] *f* usury; wear; wear and tear
usurper [yzyrpe] *tr* to usurp
utérus [yterys] *m* uterus, womb
utilisable [ytilizabl] *adj* usable
utilisa•teur [ytilizatœr] **-trice** [tris] *mf* user
utilitaire [ytilitɛr] *adj* utilitarian; utility (*vehicle, goods, etc.*)
utilité [ytilite] *f* utility, usefulness, use; (theat) support; (theat) supporting rôle; **jouer les utilités** (fig) to play second fiddle; **utilités** (theat) small parts
utopique [ytɔpik] *adj* utopian
utopiste [ytɔpist] *mf* utopian

V

V, v [ve] *m invar* twenty-second letter of the French alphabet
v. *abbr* (**voir**) see; (**volume**) vol.
vacance [vakɑ̃s] *f* vacancy, opening; **vacances** vacation
vacancier [vakɑ̃sje] *m* vacationist
va•cant [vakɑ̃] **-cante** [kɑ̃t] *adj* vacant
vacarme [vakarm] *m* din, racket
vacation [vakɑsjɔ̃] *f* investigation; **vacations** fee; recess
vaccin [vaksɛ̃] *m* vaccine
vaccination [vaksinɑsjɔ̃] *f* vaccination
vaccine [vaksin] *f* cowpox
vacciner [vaksine] *tr* to vaccinate
vache [vaʃ] *adj* embarrassing (*question*); cantankerous (*person*) || *f* cow; cowhide; (*woman*) (slang) bitch; (*man*) (slang) swine, rat; (*policeman*) (slang) flatfoot, bull; **en vache** leather (*e.g., suitcase*); **manger de la vache enragée** (coll) not to have a red cent to one's name; **oh, la vache!** damn it!; **parler français comme une vache espagnole** (coll) to murder the French language; **vache à eau** canvas bucket (*for camping*); **vache à lait** milch cow; (coll) gull, sucker

vachement [vaʃmɑ̃] *adv* (slang) tremendously

va•cher [vaʃe] **-chère** [ʃɛr] *mf* cowherd

vacherie [vaʃri] *f* cowshed; dairy farm; (coll) dirty trick

vachette [vaʃɛt] *f* young calf; calf (*leather*)

vaciller [vasije] *intr* to vacillate, waver; to flicker; to totter

vacuité [vakɥite] *f* vacuity, emptiness

vacuum [vakɥɔm] *m* vacuum

vade-mecum [vademekɔm] *m invar* handbook, vade mecum

vadrouille [vadruj] *f* (naut) mop, swab; (slang) bender, spree

vadrouiller [vadruje] *intr* (slang) to ramble around, to gad about

vadrouil•leur [vadrujœr] **vadrouil•leuse** [vadrujøz] *mf* (slang) rounder

va-et-vient [vaevjɛ̃] *m invar* backward-and-forward motion; hurrying to and fro; comings and goings; ferryboat; (elec) two-way switch

vaga•bond [vagabɔ̃] **-bonde** [bɔ̃d] *adj* vagabond ‖ *mf* vagabond, tramp

vagabondage [vagabɔ̃daʒ] *m* vagrancy; **vagabondage interdit** (public sign) no loitering, no begging

vagabonder [vagabɔ̃de] *intr* to wander about, to roam, to tramp

vagir [vaʒir] *intr* to cry, wail

vague [vag] *adj* vague; vacant (*look; lot*); waste (*land*) ‖ *m* vagueness; (fig) space, thin air ‖ *f* wave; **la nouvelle vague** the wave of the future; **vague de fond** ground swell

vaguemestre [vagmɛstr] *m* (mil, nav) mail clerk

vaguer [vage] *intr* to wander

vaillance [vajɑ̃s] *f* valor

vail•lant [vajɑ̃] **vail•lante** [vajɑ̃t] *adj* valiant; up to scratch

vain [vɛ̃] **vaine** [vɛn] *adj* vein; **en vain** in vain

vaincre [vɛ̃kr] **§70** *tr* to defeat, conquer; to overcome (*fear, instinct, etc.*) ‖ *intr* to conquer ‖ *ref* to control oneself

vain•cu -cue [vɛ̃ky] *adj* defeated, beaten, conquered ‖ *mf* loser

vainqueur [vɛ̃kœr] *adj masc* victorious ‖ *m* victor, winner

vairon [verɔ̃] *adj masc* whitish (*eye*); **vairons** of different colors (*said of eyes*) ‖ *m* (ichth) minnow

vais•seau [vɛso] *m* (*pl* **-seaux**) vessel; nave (*of church*); **vaisseau amiral** flagship; **vaisseau sanguin** blood vessel; **vaisseau spatial** spaceship

vaisseau-école [vɛsoekɔl] *m* (*pl* **vaisseaux-écoles**) (nav) training ship

vaisselier [vɛsəlje] *m* china closet

vaisselle [vesɛl] *f* dishes; **faire la vaisselle** to wash the dishes; **vaisselle plate** plate (*of gold or silver*)

val [val] *m* (*pl* **vaux** [vo] or **vals**) (obs) valley; **à val** going down the valley; **à val de** (obs) down from

valable [valabl] *adj* valid; worthwhile (*e.g., experience*)

valence [valɑ̃s] *f* (chem) valence

valen•tin [valɑ̃tɛ̃] **-tine** [tin] *mf* valentine (*sweetheart*)

valet [valɛ] *m* valet; holdfast, clamp; (cards) jack; **valet de chambre** valet; **valet de ferme** hired man; **valet de pied** footman

valeur [valœr] *f* value, worth, merit; valor; (*person, thing, or quality worth having*) asset; (com) security, stock; **de valeur** able; valuable; (Canad) too bad, unfortunate; **envoyer en valeur déclarée** to insure (*a package*); **mettre en valeur** to develop (*e.g., a region*); to set off, enhance

valeu•reux [valœrø] **-reuse** [røz] *adj* valorous, brave

validation [validɑsjɔ̃] *f* validation

valide [valid] *adj* valid; fit, able-bodied

valider [valide] *tr* to validate

validité [validite] *f* validity

valise [valiz] *f* suitcase; **faire ses valises** to pack, to pack one's bags; **valise diplomatique** diplomatic pouch

vallée [vale] *f* valley

vallon [valɔ̃] *m* vale, dell

valoir [valwar] **§71** *tr* to equal; **un service en vaut un autre** one good turn deserves another; **valoir q.ch. à qn** to get or bring s.o. s.th., e.g., **cela lui a valu une amélioration** that got him a raise; e.g., **la condamnation lui a valu cinq ans de prison** the verdict brought him five years in prison ‖ *intr* to be worth; **autant vaut y renoncer** might as well give up; **cela ne vaut rien** it's worth nothing; **faire valoir** to set off to advantage; to use to advantage; to develop (*one's land*); to invest (*funds, capital*); to put forward (*one's reasons*); **faire valoir que . . .** to argue that . . . ‖ *impers*—**il vaut mieux** it would be better to, e.g., **il vaut mieux attendre** it would be better to wait; **mieux vaut tard que jamais** better late than never ‖ *ref*—**les deux se valent** one is as good as the other

valse [vals] *f* waltz

valser [valse] *tr & intr* to waltz

valve [valv] *f* (aut, bot, zool) valve; (elec) vacuum tube

valvule [valvyl] *f* valve

vamp [vɑ̃p] *f* vamp

vamper [vɑ̃pe] *tr* (coll) to vamp

vampire [vɑ̃pir] *m* vampire

van [vɑ̃] *m* van (*for moving horses*)

vandale [vɑ̃dal] *adj* vandal; Vandal ‖ *m* vandal ‖ (*cap*) *mf* Vandal

vandalisme [vɑ̃dalism] *m* vandalism

vanille [vanij] *f* vanilla

vani•teux [vanitø] **-teuse** [tøz] *adj* vain, conceited

vanne [van] *f* sluice gate, floodgate; butterfly valve; (slang) gibe

van•neau [vano] *m* (*pl* **-neaux**) (orn) lapwing

vanner [vane] *tr* to winnow; to tire out

vannerie [vanri] *f* basketry

vannier [vanje] *m* basket maker

van•tail [vɑ̃taj] *m* (*pl* **-taux** [to]) leaf (*of door, shutter, sluice gate, etc.*)

van•tard [vɑ̃tar] **-tarde** [tard] *adj* bragging, boastful || *mf* braggart
vantardise [vɑ̃tardiz] *f* bragging, boasting
vanter [vɑ̃te] *tr* to praise; to boost, to push (*a product on the market*) || *ref* to brag, to boast
va-nu-pieds [vanypje] *mf invar* (coll) tramp
vapeur [vapœr] *m* steamship || *f* steam; vapor, mist; **à la vapeur** steamed (*e.g., potatoes*); under steam; (coll) at full speed; **à vapeur** steam (*e.g., engine*); **vapeurs** low spirits
vaporisateur [vapɔrizatœr] *m* atomizer, spray
vaporiser [vapɔrize] *tr & ref* to vaporize; to spray
vaquer [vake] *intr* to take a recess; **vaquer à** to attend to || *impers*—**il vaque** there is vacant
varappe [varap] *f* cliff; rock climbing
varech [varɛk] *m* wrack, seaweed
vareuse [varøz] *f* (mil) blouse; (nav) peacoat
variable [varjabl] *adj & f* variable
va•riant [varjɑ̃] **-riante** [rjɑ̃t] *adj & f* variant
variation [varjɑsjɔ̃] *f* variation
varice [varis] *f* varicose veins
varicelle [varisɛl] *f* chicken pox
va•rié -riée [varje] *adj* varied
varier [varje] *tr & intr* to vary
variété [varjete] *f* variety; **variétés** selections (*from literary works*); vaudeville
variole [varjɔl] *f* smallpox
vari•queux [varikø] **-queuse** [køz] *adj* varicose
Varsovie [varsɔvi] *f* Warsaw
vase [vɑs] *m* vase; vessel; **en vase clos** shut up; in an airtight chamber; **vase de nuit** chamber pot || *f* mud, slime
vaseline [vazlin] *f* vaseline
va•seux [vazø] **-seuse** [zøz] *adj* muddy, slimy; (coll) all in, tired; (coll) fuzzy, obscure
vasistas [vazistɑs] *m* transom
vasouiller [vazuje] *tr* (coll) to make a mess of || *intr* (coll) to go badly
vasque [vask] *f* basin (*of fountain*)
vas•sal -sale [vasal] (*pl* **vas•saux** [vaso] **-sales**) *adj & mf* vassal
vaste [vast] *adj* vast
vastement [vastəmɑ̃] *adv* (coll) very
Vatican [vatikɑ̃] *m* Vatican
vaticane [vatikan] *adj fem* Vatican
va-tout [vatu] *m*—**jouer son va-tout** to stake one's all
vaudeville [vodvil] *m* vaudeville (*light theatrical piece interspersed with songs*); (obs) satirical song
vaudou [vodu] *adj invar & m* voodoo
vau-l'eau [volo]—**à vau-l'eau** downstream; **s'en aller à vau-l'eau** (fig) to go to pot
vau•rien [vorjɛ̃] **-rienne** [rjɛn] *mf* good-for-nothing
vautour [votur] *m* vulture
vautrer [votre] *ref* to wallow
veau [vo] *m* (*pl* **veaux**) calf; veal; calfskin; (coll) lazybones, dope; **pleurer comme un veau** to cry like a baby; **veau marin** seal
vé•cu -cue [veky] *adj* true to life
vedette [vədɛt] *f* patrol boat; scout; lead, star; **en vedette** in the limelight; **mettre en vedette** to headline, to highlight; **vedette de l'écran** movie star; **vedette du petit écran** television star
végé•tal -tale [veʒetal] (*pl* **-taux** [to]) *adj* vegetable, vegetal || *m* vegetable
végéta•rien [veʒetarjɛ̃] **-rienne** [rjɛn] *adj & mf* vegetarian
végétation [veʒetɑsjɔ̃] *f* vegetation; **végétations (adénoïdes)** adenoids
végéter [veʒete] §10 *intr* to vegetate
véhémence [veemɑ̃s] *f* vehemence
véhé•ment [veemɑ̃] **-mente** [mɑ̃t] *adj* vehement
véhicule [veikyl] *m* vehicle
veille [vɛj] *f* watch, vigil; wakefulness; **à la veille de** on the eve of; just before; on the verge or point of; **la veille de** the eve of; the day before; **la Veille de Noël** Christmas Eve; **la Veille du jour de l'An** New Year's Eve; **veilles** sleepless nights, late nights; night work
veillée [veje] *f* evening; social evening; **veillée funèbre, veillée du corps** wake
veiller [veje] *tr* to sit up with, to watch over || *intr* to sit up, to stay up; to keep watch; **veiller à** to look after, to see to
veil•leur [vɛjœr] **veil•leuse** [vɛjøz] *mf* watcher || *m* watchman; **veilleur de nuit** night watchman || *f* see **veilleuse**
veilleuse [vɛjøz] *f* night light; rushlight; pilot light; **mettre en veilleuse** to turn down low; to dim (*the headlights*); to slow down (*production in a factory*)
vei•nard [vɛnar] **-narde** [nard] *adj* (coll) lucky || *mf* (coll) lucky person
veine [vɛn] *f* vein; luck; **veine alors!** (coll) swell!
veiner [vene] *tr* to vein
vei•neux [vɛnø] **-neuse** [nøz] *adj* veined; venous
vélaire [velɛr] *adj & f* velar
vêler [vele] *intr* to calve
vélin [velɛ̃] *m* vellum
velléitaire [veleitɛr] *adj & mf* erratic
velléité [veleite] *f* stray impulse, fancy; **velléité de sourire** slight smile
vélo [velo] *m* bike; **faire du vélo** to go bicycle riding
vélocité [velɔsite] *f* velocity; speed; agility
vélomoteur [velɔmɔtœr] *m* motorbike
velours [vəlur] *m* velvet; **velours côtelé** corduroy
velou•té -tée [vəlute] *adj* velvety || *m* velvetiness
velouter [vəlute] *tr* to make velvety
ve•lu -lue [vəly] *adj* hairy
vélum [velɔm] *m* awning
velvet [vɛlvɛt] *m* velveteen
venaison [vənɛzɔ̃] *f* venison
ve•nant [vənɑ̃] **-nante** [nɑ̃t] *adj* coming; thriving || *mf* comer; **à tout venant** to all comers

vendange [vɑ̃dɑ̃ʒ] *f* grape harvest; vintage
vendanger [vɑ̃dɑ̃ʒe] **§38** *tr* to pick (*the grapes*) || *intr* to harvest grapes
ven•deur [vɑ̃dœr] **-deuse** [døz] *mf* seller, vendor; salesclerk; **vendeur ambulant** peddler || *m* salesman || *f* salesgirl, saleslady
vendre [vɑ̃dr] *tr* to sell; to sell out, to betray; **à vendre** for sale; **vendre au détail** to retail; **vendre aux enchères** to auction off; **vendre en gros** to wholesale || *ref* to sell; to sell oneself, to sell out
vendredi [vɑ̃drədi] *m* Friday; **vendredi saint** Good Friday
ven•du -due [vɑ̃dy] *adj* sold; corrupt || *mf* traitor
véné•neux [venenø] **-neuse** [nøz] *adj* poisonous
vénérable [venerabl] *adj* venerable
vénérer [venere] **§10** *tr* to venerate
véné•rien [venerjɛ̃] **-rienne** [rjɛn] *adj* venereal || *mf* person with venereal disease
vengeance [vɑ̃ʒɑ̃s] *f* vengeance, revenge
venger [vɑ̃ʒe] **§38** *tr* to avenge || *ref* to get revenge
ven•geur [vɑ̃ʒœr] **-geuse** [ʒøz] *adj* avenging || *mf* avenger
veni•meux [vənimø] **-meuse** [møz] *adj* venomous
venin [vənɛ̃] *m* venom
venir [vənir] **§72** *intr* to come; **à venir** forthcoming; **faire venir** to send for; **où voulez-vous en venir?** what are you getting at?; **venez avec** (coll) come along; **venir de** to have just, e.g., **il vient de partir** he has just left || *impers*—**il me (nous, etc.) vient à l'esprit que** it occurs to me (to us, etc.) that
Venise [vəniz] *f* Venice
véni•tien [venisjɛ̃] **-tienne** [sjɛn] *adj* Venetian || (*cap*) *mf* Venetian
vent [vɑ̃] *m* wind; **avoir le vent en poupe** to be in luck; **avoir vent de** to get wind of; **contre vents et marées** through thick and thin; **en plein vent** in the open air; **être dans le vent** to be up to date; **il fait du vent** it is windy; **les vents** (mus) the woodwinds; **vent arrière** tailwind; **vent coulis** draft; **vent debout** headwind; **vent en poupe** (naut) tailwind
vente [vɑ̃t] *f* sale; felling (*of timber*); **en vente** on sale; **en vente libre** (pharm) on sale without a prescription; **jeunes ventes** new overgrowth; **vente amiable** private sale; **vente à tempérament** installment selling; **vente à terme** sale on time; **vente au détail** retailing; **vente en gros** wholesaling
ventilateur [vɑ̃tilatœr] *m* ventilator; fan; electric fan
ventiler [vɑ̃tile] *tr* to ventilate; to value separately; (bk) to apportion
ventouse [vɑ̃tuz] *f* sucker; suction cup; suction grip; nozzle (*of vacuum cleaner*); vent
ventre [vɑ̃tr] *m* belly; stomach; womb; **à plat ventre** prostrate; **à ventre déboutonné** (coll) excessively; (coll) with all one's might; **avoir q.ch. dans le ventre** (coll) to have s.th. on the ball; **bas ventre** (fig) genitals; **ventre à terre** (coll) lickety-split
ventricule [vɑ̃trikyl] *m* ventricle
ventriloque [vɑ̃trilɔk] *mf* ventriloquist
ventriloquie [vɑ̃trilɔki] *f* ventriloquism
ventripo•tent [vɑ̃tripɔtɑ̃] **-tente** [tɑ̃t] *adj* (coll) potbellied
ven•tru -true [vɑ̃try] *adj* potbellied
ve•nu -nue [vəny] *adj*—**bien venu** successful; welcome || *mf*—**le premier venu** the first comer; just anyone; **les nouveaux venus** the newcomers || *f* coming, advent
Vénus [venys] *f* Venus
vénusté [venyste] *f* charm, grace
vêpres [vɛpr] *fpl* vespers
ver [vɛr] *m* worm; **tirer les vers du nez à** to worm secrets out of, to pump; **ver à soie** silkworm; **ver de terre** earthworm; **ver luisant** glowworm
véracité [verasite] *f* veracity
véranda [verɑ̃da] *f* veranda
ver•bal -bale [vɛrbal] *adj* (*pl* **-baux** [bo]) verbal; (gram) verb
verbaliser [vɛrbalize] *intr* to write out a report or summons; **verbaliser contre qn** to give s.o. a ticket (*e.g., for speeding*)
verbe [vɛrb] *m* verb; **avoir le verbe haut** to talk loud; **Verbe** (eccl) Word
ver•beux [vɛrbø] **-beuse** [bøz] *adj* verbose, wordy
verbiage [vɛrbjaʒ] *m* verbiage
verdâtre [vɛrdɑtr] *adj* greenish
verdeur [vɛrdœr] *f* greenness; vigor, spryness; crudeness (*of speech*)
verdict [vɛrdik], [vɛrdikt] *m* verdict
verdir [vɛrdir] *tr & intr* to turn green
verdoyer [vɛrdwaje] **§47** *intr* to become green
verdure [vɛrdyr] *f* verdure; greens
vé•reux [verø] **-reuse** [røz] *adj* wormy
verge [vɛrʒ] *f* rod; shank (*of anchor*); penis
verger [vɛrʒe] *m* orchard
verglas [vɛrgla] *m* glare ice; sleet
vergogne [vɛrgɔɲ] *f*—**sans vergogne** immodest, brazen; immodestly, brazenly
véridique [veridik] *adj* veracious
vérifica•teur [verifikatœr] **-trice** [tris] *mf* inspector, examiner; **vérificateur comptable** auditor
vérification [verifikɑsjɔ̃] *f* verification; auditing; ascertainment
vérifier [verifje] *tr* to verify; to audit; to ascertain
véritable [veritabl] *adj* veritable; real, genuine
vérité [verite] *f* truth; **à la vérité** to tell the truth; **dire à qn ses quatre vérités** (coll) to give s.o. a piece of one's mind; **en vérité** truly, in truth
ver•meil -meille [vɛrmɛj] *adj* rosy
vermillon [vɛrmijɔ̃] *adj invar & m* vermilion
vermine [vɛrmin] *f* vermin

vermou•lu -lue [vɛrmuly] *adj* worm-eaten
vermout or **vermouth** [vɛrmut] *m* vermouth
vernaculaire [vɛrnakylɛr] *adj* vernacular
vernir [vɛrnir] *tr* to varnish; **être verni** (coll) to be lucky
vernis [vɛrni] *m* varnish; (fig) veneer
vernissage [vɛrnisaʒ] *m* varnishing; private viewing (*of pictures*)
vernisser [vɛrnise] *tr* to glaze
vérole [verɔl] *f* (slang) syphilis; **petite vérole** smallpox
verre [vɛr] *m* glass; crystal (*of watch*); **verre à vitre** windowpane; **verre consigné** bottle with deposit; **verre de contact** contact lens, **verre de lamp** lamp chimney; **verre dépoli** frosted glass; **verre perdu** disposable bottle (*no deposit*); **verres** eyeglasses; **verres de soleil** sunglasses; **verres grossissants** magnifying glasses; **verre taillé** cut glass
verrière [vɛrjɛr] *f* stained-glass window
verrou [vɛru] *m* bolt; **être sous les verrous** to be locked up
verrouiller [vɛruje] *tr* to bolt; to lock up || *ref* to lock oneself in
verrue [vɛry] *f* wart
vers [vɛr] *m* verse; **les vers** verse, poetry || *prep* toward; about, e.g., **vers les cinq heures** about five o'clock
Versailles [vɛrsaj] *f* Versailles
versant [vɛrsɑ̃] *m* slope, side
versatile [vɛrsatil] *adj* fickle
verse [vɛrs] *f*—**pleuvoir à verse** to pour
ver•sé -sée [vɛrse] *adj*—**versé dans** versed in
versement [vɛrsəmɑ̃] *m* deposit; installment; **versement anticipé** payment in advance
verser [vɛrse] *tr* to pour; to upset; to tip over; to deposit || *intr* to overturn
verset [vɛrsɛ] *m* (Bib) verse
versification [vɛrsifikɑsjɔ̃] *f* versification
versifier [vɛrsifje] *tr & intr* to versify
version [vɛrsjɔ̃] *f* version; translation from a foreign language
verso [vɛrso] *m* verso; **au verso** on the back
vert [vɛr] **verte** [vɛrt] *adj* green; verdant; vigorous (*person*); new (*wine*); raw (*leather*); sharp (*scolding*); spicy (*story*); **ils sont trop verts!** sour grapes! || *m* green; greenery; **mettre au vert** to put out to pasture; **se mettre au vert** to take a rest in the country
vert-de-gris [vɛrdəgri] *m invar* verdigris
vertèbre [vɛrtɛbr] *f* vertebra
verté•bré -brée [vɛrtebre] *adj & m* vertebrate
verti•cal -cale [vɛrtikal] (*pl* **-caux** [ko] **-cales**) *adj* vertical || *m* (astr) vertical circle || *f* vertical
vertige [vɛrtiʒ] *m* vertigo, dizziness
vertigo [vɛrtigo] *m* staggers (*of horse*); caprice
vertu [vɛrty] *f* virtue
ver•tueux [vɛrtɥø] **-tueuse** [tɥøz] *adj* virtuous
verve [vɛrv] *f* verve
ver•veux [vɛrvø] **-veuse** [vøz] *adj* lively, animated || *m* fishnet
vésanie [vezani] *f* madness
vesce [vɛs] *f* vetch
vésicule [vezikyl] *f* vesicle; blister; **vésicule bilaire** gall bladder
vespasienne [vɛspazjɛn] *f* street urinal
vessie [vesi] *f* bladder; **vessie à glace** ice bag
veste [vɛst] *f* coat, suit coat; **remporter une veste** (coll) to suffer a setback; **retourner sa veste** (coll) to do an about-face; **veste croisée** double-breasted coat; **veste de pyjama** pajama top; **veste de sport** sport coat; **veste d'intérieur, veste d'appartement** lounging robe; **veste droite** single-breasted coat
vestiaire [vɛstjɛr] *m* checkroom, cloakroom
vestibule [vɛstibyl] *m* vestibule
vestige [vɛstiʒ] *m* vestige; footprint
veston [vɛstɔ̃] *m* coat
Vésuve [vezyv] *m*—**le Vésuve** Vesuvius
vêtement [vɛtmɑ̃] *m* garment; **vêtements** clothes
vétéran [veterɑ̃] *m* veteran
vétérinaire [veterinɛr] *adj & mf* veterinary
vétille [vetij] *f* trifle
vétiller [vetije] *intr* to split hairs
vêtir [vɛtir] §73 *tr & ref* to dress
veto [veto] *m* veto; **mettre** or **opposer son veto à** to veto
vétuste [vetyst] *adj* decrepit, rickety
veuf [vœf] **veuve** [vœv] *adj* widowed || *m* widower || *f* see **veuve**
veule [vøl] *adj* (coll) feeble, weak
veuvage [vœvaʒ] *m* widowhood; widowerhood
veuve [vœv] *f* widow
vexation [vɛksɑsjɔ̃] *f* vexation
vexer [vɛkse] *tr* to vex
via [vja] *prep* via
viaduc [vjadyk] *m* viaduct
via•ger [vjaʒe] **-gère** [ʒɛr] *adj* life, for life || *m* life annuity
viande [vjɑ̃d] *f* meat; **amène ta viande!** (slang) get over here!
vibration [vibrɑsjɔ̃] *f* vibration
vibrer [vibre] *intr* to vibrate
vicaire [vikɛr] *m* vicar
vice [vis] *m* vice; defect; **vice de conformation** physical defect; **vice de forme** (law) irregularity, flaw; **vice versa** vice versa
vice-amiral [visamiral] *m* (*pl* **-amiraux** [amiro]) vice-admiral
vice-président [visprezidɑ̃] **-présidente** [prezidɑ̃t] *mf* (*pl* **-présidents**) vice-president
vice-roi [visrwa] *m* (*pl* **-rois**) viceroy
vice-versa [viseversa], [visvɛrsa] *adv* vice versa
vi•cié -ciée [visje] *adj* foul, polluted; poor, thin (*blood*)
vicier [visje] *tr* to foul, to pollute; to taint, to spoil
vi•cieux [visjø] **-cieuse** [sjøz] *adj* vicious; wrong (*use*)

vici•nal -nale [visinal] *adj* (*pl* **-naux** [no]) local, side (*road*)
vicissitude [visisityd] *f* vicissitude
vicomte [vikɔ̃t] *m* viscount
victime [viktim] *f* victim
victoire [viktwar] *f* victory
victo•rieux [viktɔrjø] **-rieuse** [rjøz] *adj* victorious
victuailles [viktɥɑj] *fpl* victuals, foods
vidange [vidɑ̃ʒ] *f* draining; night soil; drain (*of pipe, sink, etc.*)
vidanger [vidɑ̃ʒe] §38 *tr* to drain
vide [vid] *adj* empty; blank; vacant || *m* emptiness, void; vacuum
vi•dé -dée [vide] *adj* cleaned (*fish, fowl, etc.*); played out, exhausted
vide-bouteille [vidbutɛj] *m* (*pl* **-bouteilles**) siphon
vide-cave [vidkav] *m invar* sump pump
vide-citron [vidsitrɔ̃] *m* (*pl* **-citrons**) lemon squeezer
vide-gousset [vidgusɛ] *m* (*pl* **-goussets**) (hum) thief
vide-ordures [vidɔrdyr] *m invar* garbage shoot
vide-poches [vidpɔʃ] *m invar* dresser; pin tray; (aut) glove compartment
vider [vide] *tr* to empty; to drain; to clean (*fish, fowl, etc.*); to settle (*a question*); **se faire vider de** (coll) to get thrown out of; to be fired from; to be expelled from
vi•deur [vidœr] **-deuse** [døz] *mf* (coll) bouncer (*in a night club*)
viduité [vidɥite] *f* widowhood
vidure [vidyr] *f* guts (*e.g., of cleaned fish*); **vidures de poubelle** garbage
vie [vi] *f* life; livelihood, living; **à vie** for life; **de ma (sa, etc.) vie** in my (his, etc.) life, e.g., **je ne l'ai jamais vu de ma vie** I have never seen it in my life; **jamais de la vie!** not on your life!; **vie de bâton de chaise** disorderly life; **vie de château** life of ease
vieillard [vjɛjar] *m* old man; **les vieillards** old people
vieille [vjɛj] *f* old woman
vieilleries [vjɛjri] *fpl* old things; old ideas
vieillesse [vjɛjɛs] *f* old age
vieil•li -lie [vjeji] *adj* aged; out-of-date, antiquated
vieillir [vjejir] *tr* to age; to make (*s.o.*) look older || *intr* to age, to grow old || *ref* to make oneself look older
vieil•lot [vjɛjo] **vieil•lotte** [vjɛjɔt] *adj* (coll) oldish, quaint
vielle [vjɛl] *f* (hist) hurdy-gurdy
Vienne [vjɛn] *f* Vienna; Vienne (*city in France*)
vien•nois [vjɛnwa] **vien•noise** [vjɛnwaz] *adj* Viennese || (*cap*) *mf* Viennese
vierge [vjɛrʒ] *adj* virginal; virgin; blank; unexposed (*film*) || *f* virgin
Vietnam [vjɛtnam] *m*—**le Vietnam** Vietnam
vietna•mien [vjɛtnamjɛ̃] **-mienne** [mjɛn] *adj* Vietnamese || (*cap*) *mf* Vietnamese
vieux [vjø] (or **vieil** [vjɛj] before vowel or mute **h**) **vieille** [vjɛj] *adj* old (*wine*) || (when standing before noun) *adj* old; old-fashioned; obsolete (*word, meaning, etc.*) || *mf* old person || *m* old man; **les vieux** old people; **mon vieux** (coll) my boy || *f* see **vieille**
vif [vif] **vive** [viv] *adj* alive, living; lively, quick; bright, intense; hearty, heartfelt; sharp (*criticism*); keen (*pleasure*); spring (*water*) || *m* quick; **couper dans le vif** to take drastic measures; **entrer dans le vif de** to get to the heart of; **peindre au vif** to paint from life; **piqué au vif** stung to the quick
vif-argent [vifarʒɑ̃] *m* quicksilver; (*person*) live wire
vigie [viʒi] *f* lookout
vigilance [viʒilɑ̃s] *f* vigilance
vigi•lant [viʒilɑ̃] **-lante** [lɑ̃t] *adj* vigilant || *m* night watchman
vigile [viʒil] *m* night watchman || *f* (eccl) vigil
vigne [viɲ] *f* vine; vineyard; **vigne blanche** clematis; **vigne de Judas** bittersweet; **vigne vierge** Virginia creeper
vigne•ron [viɲrɔ̃] **-ronne** [rɔn] *mf* vinegrower; vintner
vignette [viɲɛt] *f* vignette; tax stamp; gummed tab
vignoble [viɲɔbl] *m* vineyard
vigou•reux [vigurø] **-reuse** [røz] *adj* vigorous
vigueur [vigœr] *f* vigor; **entrer en vigueur** to go into effect
vil vile [vil] *adj* vile; cheap
vi•lain [vilɛ̃] **-laine** [lɛn] *adj* nasty; ugly; naughty || *mf* nasty person
vilebrequin [vilbrəkɛ̃] *m* brace (*of brace and bit*); crankshaft
vilenie [vilni] *f* villainy; abuse
villa [villa] *f* villa; cottage, small one-story home
village [vilaʒ] *m* village
villa•geois [vilaʒwa] **-geoise** [ʒwaz] *mf* villager
ville [vil] *f* city; town; **aller en ville** to go downtown; **la Ville Lumière** the City of Light (*Paris*); **ville champignon** boom town; **ville satellite** suburban town; **villes jumelées** twin cities; **villes réunies** twin cities
villégiature [vileʒjatyr] *f* vacation
vin [vɛ̃] *m* wine; **avoir le vin gai** to be hilariously drunk; **être entre deux vins** to be tipsy; **vin d'honneur** reception (*at which toasts are offered*); **vin d'orange** sangaree; **vin mousseux** sparkling wine; **vin ordinaire** table wine
vinaigre [vinɛgr] *m* vinegar
vinaigrette [vinɛgrɛt] *f* French dressing, vinaigrette sauce
vindica•tif [vɛ̃dikatif] **-tive** [tiv] *adj* vindictive
vingt [vɛ̃] *adj & pron* twenty; the Twentieth, e.g., **Jean vingt** John the Twentieth; **vingt et un** [vɛ̃teœ̃] twenty-one; twenty-first, e.g., **Jean vingt et un** John the Twenty-first; **vingt et unième** twenty-first || *m* twenty; twentieth (*in dates*); **vingt et**

un twenty-one; twenty-first (*in dates*); **vingt et unième** twenty-first
vingtaine [vɛ̃tɛn] *f* score; **une vingtaine de** about twenty
vingt-deux [vɛ̃tdø] *adj & pron* twenty-two; the Twenty-second, e.g., **Jean vingt-deux** John the Twenty-second || *m* twenty-two; twenty-second (*in dates*) || *interj* (slang) beware!; cheese it!
vingt-deuxième [vɛ̃tdøzjɛm] *adj, pron* (*masc, fem*), *& m* twenty-second
vingt-et-un [vɛ̃teœ̃] *m* (cards) twenty-one
vingtième [vɛ̃tjɛm] *adj, pron* (*masc, fem*), *& m* twentieth
vinyle [vinil] *m* vinyl
viol [vjɔl] *m* rape
violation [vjɔlɑsjɔ̃] *f* violation
violence [vjɔlɑ̃s] *f* violence
vio•lent [vjɔlɑ̃] **-lente** [lɑ̃t] *adj* violent
violenter [vjɔlɑ̃te] *tr* to do violence to
violer [vjɔle] *tr* to violate; to break (*the faith*); to rape, ravish
vio•let [vjɔlɛ] **-lette** [lɛt] *adj & m* violet (*color*) || *f* (bot) violet
violon [vjɔlɔ̃] *m* violin; (slang) calaboose, jug; **payer les violons** (coll) to pay the piper; **violon d'Ingres** hobby
violoncelle [vjɔlɔ̃sɛl] *m* violoncello
violoniste [vjɔlɔnist] *mf* violinist
vipère [vipɛr] *f* viper
virage [viraʒ] *m* turning; turn, e.g., **pas de virage à gauche** no left turn; (aer) bank; (phot) toning; **virage en épingle à cheveux** hairpin curve; **virages** (public sign) winding road; **virage sur place** U-turn
virago [virago] *f* mannish woman
virée [vire] *f* (coll) spin (*in a car*); (coll) round (*of bars*)
virement [virmɑ̃] *m* transfer (*of funds*); (naut) tacking
virer [vire] *tr* to transfer (*funds*); (phot) to tone || *intr* to turn; (aer) to bank; **virer à** to turn (*sour, red, etc.*); **virer de bord** (naut) to tack
virevolte [virvɔlt] *f* turn; about-face
virevolter [virvɔlte] *intr* to make an about-face; to go hither and thither
virginité [virʒinite] *f* virginity, maidenhood
virgule [virgyl] *f* (gram) comma; (*used in French to set off the decimal fraction from the integer*) decimal point
virilité [virilite] *f* virility
virole [virɔl] *f* ferrule
virologie [virɔlɔʒi] *f* virology
vir•tuel -tuelle [virtɥɛl] *adj* potential; (mech, opt, phys) virtual
virtuose [virtɥoz] *mf* virtuoso
virtuosité [virtɥozite] *f* virtuosity
virulence [virylɑ̃s] *f* virulence
viru•lent [virylɑ̃] **-lente** [lɑ̃t] *adj* virulent
virus [virys] *m* virus
vis [vis] *f* screw; thread (*of screw*); spiral staircase; **fermer à vis** to screw shut; **serrer la vis à** (fig) to put the screws on; **vis à métaux** machine screw; **vis de blocage** setscrew
visa [viza] *m* visa; (fig) approval
visage [vizaʒ] *m* face; **à deux visages** two-faced; **faire bon visage à** to pretend to be friendly to; **trouver visage de bois** to find the door closed; **visages pâles** palefaces; **voir qn sous son vrai visage** to see s.o. in his true colors
visagiste [vizaʒist] *mf* beautician
vis-à-vis [vizavi] *adv* vis-à-vis; **vis-à-vis de** vis-à-vis; towards; in the presence of || *m* vis-à-vis; **en vis-à-vis** facing
viscère [visɛr] *m* organ; **viscères** viscera
visée [vize] *f* aim
viser [vize] *tr* to aim; to aim at; to concern; to visa || *intr* to aim; **viser à** to aim at; to aim to
viseur [vizœr] *m* viewfinder; sight (*of gun*); **viseur de lancement** bombsight
visibilité [vizibilite] *f* visibility; **sans visibilité** blind (*flying*)
visible [vizibl] *adj* visible; obvious; (coll) at home, free; (coll) open to the public
visière [vizjɛr] *f* visor; sight (*of gun*); **rompre en visière à** to take a stand against
vision [vizjɔ̃] *f* vision
visionnaire [vizjɔnɛr] *adj & mf* visionary
visionner [vizjɔne] *tr* to view, inspect
visionneuse [vizjɔnøz] *f* viewer
visite [vizit] *f* visit; inspection; **en, de visite** visiting; **faire, rendre visite à** to visit
visiter [vizite] *tr* to visit; to inspect
visi•teur [vizitœr] **-teuse** [tøz] *adj* visiting (*e.g., nurse*) || *mf* visitor; inspector
vison [vizɔ̃] *m* mink
vis•queux [viskø] **-queuse** [køz] *adj* viscous
visser [vise] *tr* to screw; to screw on; (coll) to put the screws on
visualiser [vizɥalize] *tr* to visualize
vi•suel -suelle [vizɥɛl] *adj* visual
vi•tal -tale [vital] *adj* (*pl* **-taux** [to]) vital
vitaliser [vitalize] *tr* to vitalize
vitalité [vitalite] *f* vitality
vitamine [vitamin] *f* vitamin
vite [vit] *adj* fast, swift || *adv* fast, quickly; **faites vite!** hurry up!
vitesse [vitɛs] *f* speed, velocity; rate; **à toute vitesse** at full speed; **changer de vitesse** (aut) to shift gears; **en grande vitesse** (rr) by express; **en petite vitesse** (rr) by freight; **en première (seconde,** etc.) **vitesse** (aut) in first (second, etc.) gear; **vitesse acquise** momentum
viticole [vitikɔl] *adj* wine
vitrage [vitraʒ] *m* glasswork; small window curtain; sash; glazing
vi•trail [vitraj] *m* (*pl* **-traux** [tro]) stained-glass window
vitre [vitr] *f* windowpane, pane; (aut) window; **casser les vitres** (coll) to kick up a fuss
vi•tré -trée [vitre] *adj* glazed; vitreous (*humor*); glassed-in

vi•treux [vitrø] **-treuse** [trøz] *adj* glassy; vitreous
vitrier [vitrije] *m* glazier
vitrine [vitrin] *f* show window; showcase; glass cabinet; **lécher les vitrines** (coll) to go window-shopping
vitupérer [vitypere] §10 *tr* to vituperate, abuse || *intr*—**vitupérer contre** (coll) to vituperate
vivace [vivas] *adj* hardy, vigorous; long-lived; (bot) perennial
vivacité [vivasite] *f* vivacity
vivan•dier [vivɑ̃dje] **-dière** [djɛr] *mf* sutler || *f* camp follower
vi•vant [vivɑ̃] **-vante** [vɑ̃t] *adj* living, alive; lively; modern (*language*) || *m*—**bon vivant** high liver, jolly companion; **du vivant de** during the lifetime of; **les vivants et les morts** the quick and the dead
vivat [viva] *m* viva || *interj* viva!
vivement [vivmɑ̃] *adv* quickly; warmly; deeply; sharply, briskly
viveur [vivœr] *m* pleasure seeker, rounder
vivier [vivje] *m* fish preserve, fishpond
vivifier [vivifje] *tr* to vivify, vitalize
vivisection [viviseksjɔ̃] *f* vivisection
vivoir [vivwar] *m* (Canad) living room
vivoter [vivɔte] *intr* (coll) to live from hand to mouth
vivre [vivr] *m*—**le vivre et le couvert** room and board; **le vivre et le vêtement** food and clothing; **vivres** provisions; (mil) rations, supplies || §74 *tr* to live (*one's life, faith, art*); to live through, to experience || *intr* to live; **être difficile à vivre** to be difficult to live with; **qui vive?** (mil) who is there?; **qui vivra verra** time will tell; **vive!, vivent!** viva!, long live!; **vivre au jour le jour** to live from hand to mouth; **vivre de** to live on
vizir [vizir] *m* vizier
vlan [vlɑ̃] *interj* whack!
vocable [vɔkabl] *m* word
vocabulaire [vɔkabylɛr] *m* vocabulary
vo•cal -cale [vɔkal] *adj* (*pl* **-caux** [ko]) vocal
vocaliser [vɔkalize] *tr, intr, & ref* to vocalize
vocatif [vɔkatif] *m* vocative
vocation [vɔkɑsjɔ̃] *f* vocation, calling; **vocation pédagogique** teaching career
vociférer [vɔsifere] §10 *tr* to shout (*e.g., insults*) || *intr* to vociferate
vœu [vø] *m* (*pl* **vœux**) vow; wish; resolution; **meilleurs vœux!** best wishes!; **tous mes vœux!** my best wishes!
vogue [vɔg] *f* vogue, fashion; **en vogue** in vogue, in fashion
voguer [vɔge] *intr* to sail; **vogue la galère!** let's chance it, here goes!
voici [vwasi] *prep* here is, here are; for, e.g., **voici quatre jours qu'elle est partie** she has been gone for four days; **le voici** here he is; **nous voici** here we are; **que voici** here, e.g., **mon frère que voici va vous accompagner** my brother here is going to accompany you
voie [vwa] *f* way; road; lane (*of highway*); (anat) tract; (rr) track; **en voie de** on the road to, nearing; **être en bonne voie** to be doing well; **voie d'eau** leak; **voie de garage** driveway; **voie d'évitement** siding; **Voie lactée** Milky Way; **voie maritime** seaway; **voie(s) de fait** (law) assault and battery; **voie surface** surface mail
voilà [vwala] *prep* there is, there are; here is, here are; that's, e.g., **voilà pourquoi** that's why; ago, e.g., **voilà quatre jours qu'elle est partie** she left four days ago; **voilà, monsieur** there you are, sir
voile [vwal] *m* veil; (phot) fog (*on negative*); **voile du palais** soft palate; **voile noir** (pathol) blackout || *f* sail; sailboat; **faire voile sur** to set sail for
voi•lé -lée [vwale] *adj* veiled; overcast; muffled; warped; husky (*voice*); (phot) fogged; **peu voilé** thinly veiled, broad (*e.g., hint*)
voiler [vwale] *tr* to veil; (phot) to fog || *ref* to cloud over; to become warped
voi•lier [vwalje] **-lière** [ljɛr] *adj* sailing || *m* sailboat; sailmaker; migratory bird
voilure [vwalyr] *f* sails; warping
voir [vwar] §75 *tr* to see; **faire voir** to show; **voir jouer** to see (*s.o.*) playing, to see (*s.o.*) play; to see (*s.th.*) played; **voir qn qui vient** to see s.o. coming, to see s.o. come; **voir venir qn** to see s.o. coming, to see s.o. come; (fig) to see through s.o. || *intr* to see; **faites voir!** let's see it!, let me see it!; **j'en ai vu bien d'autres** I have seen worse than that; **n'avoir rien à voir avec, à,** or **dans** to have nothing to do with; **voir à** + *inf* to see that + *ind*, e.g., **voir à nous loger** to see that we are housed; **voir au dos** see other side, turn the page; **voyons!** see here!, come now! || *ref* to see oneself; to see one another; to be obvious; to be seen, to be found
voire [vwar] *adv* nay, indeed; **voire même** or even, and even
voirie [vwari] *f* highway department; garbage collection; dump
voi•sé -sé [vwaze] *adj* voiced
voi•sin [vwazɛ̃] **-sine** [zin] *adj* neighboring; adjoining; **voisin de** near || *mf* neighbor
voisinage [vwazinaʒ] *m* neighborhood; neighborliness
voisiner [vwazine] *intr* to visit one's neighbors; **voisiner avec** to be placed next to
voiture [vwatyr] *f* vehicle; carriage; (aut, rr) car; **en voiture!** all aboard!; **petite voiture** (coll) wheelchair; **voiture à bras** handcart; **voiture d'enfant** baby carriage; **voiture de pompier** fire engine; **voiture de remise** rented car; **voiture de série** stock car; **voiture de tourisme** pleasure car; **voiture d'infirme** wheelchair; **voiture d'occasion** used car
voiture-bar [vwatyrbar] *f* (*pl* **voitures-bars**) club car
voiture-lit [vwatyrli] *f* (*pl* **voitures-lits**) sleeping car

voiturer [vwatyre] *tr* to transport, to convey
voiture-restaurant [vwatyrrestɔrɑ̃] *f* (*pl* **voitures-restaurants**) dining car
voiture-salon [vwatyrsalɔ̃] *f* (*pl* **voitures-salons**) parlor car
voix [vwa], [vwɑ] *f* voice; vote; **à haute voix** aloud; in a loud voice; **à pleine voix** at the top of one's voice; **à voix basse** in a low voice; **à voix haute** in a loud voice; **de vive voix** by word of mouth; **voix de tête, voix de fausset** falsetto
vol [vɔl] *m* theft, robbery; flight; flock; **au vol** in flight; in passing; **à vol d'oiseau** as the crow flies; **de haut vol** high-flying; big-time (*crook*); **vol avec effraction** burglary; **vol cosmique** space flight; **vol plané** volplane; **vol sans visibilité** blind flying
volage [vɔlaʒ] *adj* fickle, changeable
volaille [vɔlɑj] *f* fowl; (slang) hens (*women*); (slang) gal
vo•lant [vɔlɑ̃] **-lante** [lɑ̃t] *adj* flying || *m* steering wheel; flywheel; shuttlecock; sail (*of windmill*); flounce (*of dress*); leaf (*attached to stub*); **volant de sécurité** safety margin, reserve
vola•til -tile [vɔlatil] *adj* volatile || *m* bird; fowl
volatiliser [vɔlatilize] *tr & ref* to volatilize
volcan [vɔlkɑ̃] *m* volcano
volcanique [vɔlkanik] *adj* volcanic
vole [vɔl] *f*—**faire la vole** to take all the tricks
volée [vɔle] *f* volley; flight (*of birds; of stairs*); flock; **à la volée** on the wing; at random; **à toute volée** loud and clear; **de haute volée** upper-class; **de la première volée** first-class, crack; **sonner à toute volée** to peal out
voler [vɔle] *tr* to rob; to steal; to fly at; **ne l'avoir pas volé** to deserve all that is coming; **voler à** to steal from || *intr* to rob; to steal; to fly
volet [vɔlɛ] *m* shutter; inside flap; end paper; (aer) flap; **trier sur le volet** to choose with care
voleter [vɔlte] §34 *intr* to flutter
vo•leur [vɔlœr] **-leuse** [løz] *adj* thievish || *mf* thief; **au voleur!** stop thief!; **voleur à la tire** pickpocket; **voleur à l'étalage** shoplifter; **voleur de grand chemin** highwayman
volition [vɔlisjɔ̃] *f* volition
volley-ball [vɔlebol] *m* volleyball
volontaire [vɔlɔ̃tɛr] *adj* voluntary; headstrong, willful; determined (*chin*) || *mf* volunteer
volonté [vɔlɔ̃te] *f* will; wishes; **à volonté** at will; **bonne volonté** good will; **faire ses quatre volontés** (coll) to do just as one pleases; **mauvaise volonté** ill will
volontiers [vɔlɔ̃tje] *adv* gladly, willingly
volt [vɔlt] *m* volt
voltage [vɔltaʒ] *m* voltage
volte-face [vɔltəfas] *f invar* volte-face
voltige [vɔltiʒ] *f* acrobatics
voltiger [vɔltiʒe] §38 *intr* to flit about; to flutter
voltmètre [vɔltmɛtr] *m* voltmeter
volubile [vɔlybil] *adj* voluble
volume [vɔlym] *m* volume; **faire du volume** (coll) to put on airs
volumi•neux [vɔlyminø] **-neuse** [nøz] *adj* voluminous
volupté [vɔlypte] *f* voluptuousness, ecstasy
volup•tueux [vɔlyptɥø] **-tueuse** [tɥøz] *adj* voluptuous || *mf* voluptuary
vomir [vɔmir] *tr & intr* to vomit
vomissure [vɔmisyr] *f* vomit
vorace [vɔras] *adj* voracious
voracité [vɔrasite] *f* voracity
vos [vo] §88
vo•tant [vɔtɑ̃] **-tante** [tɑ̃t] *mf* voter
vote [vɔt] *m* vote; **passer au vote** to vote on; **vote affirmatif** yea; **vote négatif** nay; **vote par correspondance** absentee ballot; **vote par procuration** proxy
voter [vɔte] *tr* to vote; to vote for || *intr* to vote; **voter à mains levées** to vote by show of hands; **voter par assis et levé** to give one's vote by standing or by remaining seated
vo•tif [vɔtif] **-tive** [tiv] *adj* votive
votre [vɔtr] §88
vôtre [votr] §89
vouer [vwe] *tr* to vow, to dedicate; to doom, to condemn; **voué à** headed for; doomed to || *ref*—**se vouer à** to dedicate oneself to
vouloir [vulwar] *m* will || §76 *tr* to want, to wish; to require; **je voudrais** I would like; I would like to; **veuillez** + *inf* please + *inf*; **voulez-vous vous taire?** will you be quiet?; **vouloir bien** to be glad to, to be willing to; **vouloir dire** to mean || *intr*—**en vouloir à** to bear a grudge against; **je veux!** (slang) and how!; **je veux bien** I'm quite willing; **si vous voulez bien** if you don't mind || *ref*—**s'en vouloir** to have it in for each other
vou•lu -lue [vuly] *adj* required; deliberate
vous [vu] §85, §87; **vous autres Américains** you Americans
vous-même [vumem] §86
voussoir [vuswar] *m* (archit) arch stone
voussure [vusyr] *f* arch, arching
voûte [vut] *f* vault; **voûte céleste** canopy of heaven
voûter [vute] *tr* to vault; to bend || *ref* to become round-shouldered
vouvoyer [vuvwaje] §47 *tr* to address with the pronoun **vous** (*instead of* **tu**)
voy. *abbr* (**voyez**) see
voyage [vwajaʒ] *m* trip, journey, voyage; ride (*in car, train, plane, etc.*); **voyage à forfait** all-expense tour; **voyage aller et retour** round trip; **voyage de noces** honeymoon
voyager [vwajaʒe] §38 *intr* to travel
voya•geur [vwajaʒœr] **-geuse** [ʒøz] *mf* traveler; passenger
voyance [vwajɑ̃s] *f* clairvoyance
voyant [vwajɑ̃] **voyante** [vwajɑ̃t] *adj* loud, gaudy || *mf* clairvoyant || *m* signal; (aut) gauge || *f* fortuneteller
voyelle [vwajɛl] *f* vowel

voyeur [vwajœr] **voyeuse** [vwajøz] *mf* voyeur || *m* Peeping Tom
voyou [vwaju] **voyoute** [vwajut] *adj* gutter (*e.g., language*) || *mf* guttersnipe; brat; hoodlum
vrac [vrak]—**en vrac** unpacked, loose; in bulk; in disorder
vrai vraie [vrɛ], [vre] *adj* true, real, genuine || *m* truth; **à vrai dire** to tell the truth; **pour vrai** (coll) for good
vraiment [vrɛmɑ̃] *adv* truly, really
vraisemblable [vrɛsɑ̃blabl] *adj* probable, likely; true to life, realistic (*play, novel*)
vraisemblance [vrɛsɑ̃blɑ̃s] *f* probability, likelihood; realism
vrille [vrij] *f* drill; (aer) spin; (bot) tendril
vriller [vrije] *tr* to bore || *intr* to go into a tailspin
vrombir [vrɔ̃bir] *intr* to throb; to buzz; to hum, to purr (*said of motor*)
vu vue [vy] *adj* seen, regarded; **bien vu de** in favor with; **mal vu de** out of favor with || *m*—**au vu de** upon presentation of; **au vu et au su de tout le monde** openly || *f* view; sight; eyesight; **avoir à vue** to have in mind; **à vue** in sight; (com) on demand; **à vue de nez** at first sight; **à vue d'œil** visibly; quickly; **de vue** by sight; **en vue** in evidence; in sight; **en vue de** in order to; **garder à vue** to keep under observation, to keep locked up; **perdre qn de vue** to lose sight of s.o.; to get out of touch with s.o.; **vue à vol d'oiseau** bird's-eye view; **vues sur** designs on || **vu** *prep* considering, in view of; **vu que** whereas
vulcaniser [vylkanize] *tr* to vulcanize
vulgaire [vylgɛr] *adj* common, vulgar; ordinary, everyday; vernacular || *m* common herd; vernacular
vulgariser [vylgarize] *tr* to popularize; to make vulgar
vulgarité [vylgarite] *f* vulgarity
vulnérable [vylnerabl] *adj* vulnerable
Vve *abbr* (**veuve**) widow

W

W, w [dubləve] *m invar* twenty-third letter of the French alphabet
wagon [vagɔ̃] *m* (rr) car, coach; (coll) big car; **un wagon** (coll) a lot; **wagon à bagages** baggage car; **wagon à bestiaux** cattle car; **wagon couvert** boxcar; **wagon de marchandises** freight car; **wagon frigorifique** or **réfrigérant** refrigerator car; **wagon plat** flat car
wagon-bar [vagɔ̃bar] *m* (*pl* **wagons-bars**) club car
wagon-citerne [vagɔ̃sitɛrn] *m* (*pl* **wagons-citernes**) tank car
wagon-lit [vagɔ̃li] *m* (*pl* **wagons-lits**) sleeping car
wagon-poste [vagɔ̃pɔst] *m* (*pl* **wagons-poste**) mail car
wagon-réservoir [vagɔ̃rezɛrvwar] *m* (*pl* **wagons-réservoirs**) tank car
wagon-restaurant [vagɔ̃rɛstɔrɑ̃] *m* (*pl* **wagons-restaurants**) dining car
wagon-salon [vagɔ̃salɔ̃] *m* (*pl* **wagons-salons**) parlor car
wagon-tombereau [vagɔ̃tɔ̃bro] *m* (*pl* **wagons-tombereaux**) dump truck
wallace [valas] *f* drinking fountain
wal·lon [walɔ̃] **wal·lonne** [walɔn] *adj* Walloon || *m* Walloon (*dialect*) || (*cap*) *mf* Walloon
warrant [warɑ̃], [varɑ̃] *m* receipt
water-polo [watɛrpɔlo] *m* water polo
waterproof [watɛrpruf] *adj invar* waterproof || *m invar* raincoat
waters [watɛr], [vatɛr] *mpl* toilet
watt [wat] *m* watt
watt-heure [watœr] *m* (*pl* **watts-heures**) watt-hour
wattman [watman] *m* motorman
wattmètre [watmɛtr] *m* wattmeter
week-end [wikɛnd] *m* (*pl* **-ends**) weekend
whisky [wiski] *m* whiskey; **whisky écossais** Scotch
wolfram [vɔlfram] *m* wolfram

X

X, x [iks], *[iks] *m invar* twenty-fourth letter of the French alphabet
Xavier [gzavje] *m* Xavier
xénon [ksenɔ̃] *m* xenon
xénophobe [ksenɔfɔb] *adj* xenophobic || *mf* xenophobe
Xérès [kerɛs], [gzerɛs] *m* Jerez; sherry
Xerxès [gzɛrsɛs] *m* Xerxes
xylophone [ksilɔfɔn] *m* xylophone

Y

Y, y [igrɛk], *[igrɛk] *m invar* twenty-fifth letter of the French alphabet

y [i] *pron pers* §87 to it, to them; at it, at them; in it, in them; by it, by them; of it, of them, e.g., **j'y pense** I am thinking of it or them; (untranslated with certain verbs), e.g., **je n'y vois pas** I don't see; e.g., **il s'y connaît** (coll) he's an expert, he knows what he's talking about; him, her, e.g., **je m'y fie** I trust him; **allez-y!** go ahead!, start!; **ça y est!** that's it!; **je n'y suis pour personne** I am not at home for anybody; **je n'y suis pour rien** I have nothing to do with it; **j'y suis!** I've got it! ‖ *adv* there; here, in, e.g., **Monsieur votre père y est-il?** is your father here?, is your father in?

yacht [jɔt], [jak] *m* yacht; **yacht à glace** iceboat

yacht-club [jɔtklœb] *m* yacht club

yankee [jãki] *adj masc* Yankee ‖ (*cap*) *mf* Yankee

yèble [jɛbl] *f* (bot) elder; **l'yèble** the elder

yeoman [jɔman] *m* yeoman

yeuse [jøz] *f* holm oak; **l'yeuse** the holm oak

yeux [jø] *mpl* see **œil**

yé-yé [jeje] (*pl* **-yés**) *adj & mf* jitterbug

yiddish [jidiʃ] *adj invar & m* Yiddish

yogourt [jɔgur] *m* yogurt

yole [jɔl] *f* yawl

Yonne [jɔn] *f* Yonne; **l'Yonne** the Yonne

yougoslave [jugɔslav] *adj* Yugoslav ‖ (*cap*) *mf* Yugoslav

Yougoslavie [jugɔslavi] *f* Yugoslavia; **la Yougoslavie** Yugoslavia

youyou [juju] *m* dinghy

Z

Z, z [zɛd] *m invar* twenty-sixth letter of the French alphabet

za·zou -zoue [zazu] *adj* (coll) jazzy ‖ *m* (coll) zoot suiter

zèbre [zɛbr] *m* zebra; (slang) guy

zébrer [zebre] **§10** *tr* to stripe; **le soleil zèbre** the sun casts streaks of light on

zébrure [zebryr] *f* stripe

zéla·teur [zelatœr] **-trice** [tris] *mf* zealot

zèle [zɛl] *m* zeal

zénith [zenit] *m* zenith

zéphyr [zefir] *m* zephyr

zeppelin [zɛplɛ̃] *m* zeppelin

zéro [zero] *m* zero

zest [zɛst] *m*—**entre le zist et le zest** (coll) betwixt and between ‖ *interj* tush!

zeste [zɛst] *m* peel (*of citrus fruit*); dividing membrane (*of nut*); **pas un zeste** (fig) not a particle of difference

Zeus [zøs] *m* Zeus

zézaiement [zezɛmɑ̃] *m* lisp

zézayer [zezeje] **§49** *intr* to lisp

zibeline [ziblin] *f* sable

zieuter [zjøte] *tr* (slang) to get a load of

zigzag [zigzag] *m* zigzag

zigzaguer [zigzage] *intr* to zigzag

zinc [zɛ̃g] *m* zinc; (coll) bar

zizanie [zizani] *f* wild rice; tare; **semer la zizanie** to sow discord

zodiaque [zɔdjak] *m* zodiac

zone [zon] *f* zone; **zone bleu** center city with limited parking

zoo [zɔo] *m* zoo

zoologie [zɔɔlɔʒi] *f* zoology

zoologique [zɔɔlɔʒik] *adj* zoologic(al)

zouave [zwav] *m* Zouave; **faire le zouave** (coll) to play the fool

zut [zyt] *interj* heck!, hang it!

PART TWO

Anglais-Français

La prononciation de l'anglais

Les signes suivants représentent à peu près tous les sons de la langue anglaise.

VOYELLES

SIGNE	SON	EXEMPLE
[æ]	Plus fermé que **a** dans **patte.**	**hat** [hæt]
[ɑ]	Comme **a** dans **pâte.**	**father** [ˈfɑðər] **proper** [ˈprɑpər]
[ɛ]	Comme **e** dans **sec.**	**met** [mɛt]
[e]	Comme **e** dans **récit.** Surtout en position finale, [e] se prononce comme s'il était suivi de [ɪ].	**fate** [fet] **they** [ðe]
[ə]	C'est **e** muet, par ex., **e** dans **gouvernement.**	**heaven** [ˈhɛvən] **pardon** [ˈpɑrdən]
[i]	Comme **i** dans **mine.**	**she** [ʃi] **machine** [məˈʃin]
[ɪ]	Moins fermé que **i** dans **mirage.**	**fit** [fɪt] **beer** [bɪr]
[o]	Comme **au** dans **haut.** Surtout en position finale, [o] se prononce comme s'il était suivi de [ʊ].	**nose** [noz] **road** [rod] **row** [ro]
[ɔ]	Un peu plus fermé que **o** dans **donne.**	**bought** [bɔt] **law** [lɔ]
[ʌ]	Plus ou moins comme **eu** dans **peur.**	**cup** [kʌp] **come** [kʌm] **mother** [ˈmʌðər]
[ʊ]	Moins fermé que **ou** dans **doublage.**	**pull** [pʊl] **book** [bʊk] **wolf** [wʊlf]
[u]	Comme **ou** dans **doublage.**	**move** [muv] **tomb** [tum]

DIPHTONGUES

SIGNE	SON	EXEMPLE
[aɪ]	Comme **ai** dans **ail.**	**night** [naɪt] **eye** [aɪ]
[aʊ]	Comme **aou** dans **caoutchouc.**	**found** [faʊnd] **cow** [kaʊ]
[ɔɪ]	Comme **oy** dans **boy.**	**voice** [vɔɪs] **oil** [ɔɪl]

CONSONNES

SIGNE	SON	EXEMPLE
[b]	Comme **b** dans **bébé.**	**bed** [bɛd] **robber** [ˈrɑbər]
[d]	Comme **d** dans **don.**	**dead** [dɛd] **add** [æd]

SIGNE	SON	EXEMPLE
[dʒ]	Comme **dj** dans **djinn.**	**gem** [dʒɛm] **jail** [dʒel]
[ð]	Comme la consonne castillane **d** intervocalique de **moda.**	**this** [ðɪs] **father** [ˈfɑðər]
[f]	Comme **f** dans **fin.**	**face** [fes] **phone** [fon]
[g]	Comme **g** dans **gallois.**	**go** [go] **get** [gɛt]
[h]	Comme la consonne allemande **h** de **Haus** ou comme la consonne espagnole **j** de **jota** mais moins aspiré.	**hot** [hɑt] **alcohol** [ˈælkəˌhɔl]
[j]	Comme **i** dans **hier** ou comme **y** dans **yod.**	**yes** [jɛs] **unit** [ˈjunɪt]
[k]	Comme **k** dans **kiosque** ou comme **c** dans **cote,** mais accompagné d'une aspiration.	**cat** [kæt] **chord** [kɔrd] **kill** [kɪl]
[l]	Comme **l** ou **ll** dans **pulluler.**	**late** [let] **allow** [əˈlaʊ]
[m]	Comme **m** dans **mère.**	**more** [mor] **command** [kəˈmænd]
[n]	Comme **n** dans **note.**	**nest** [nɛst] **manner** [ˈmænər]
[ŋ]	Comme **ng** dans **parking.**	**king** [kɪŋ] **conquer** [ˈkɑŋkər]
[p]	Comme **p** dans **père,** mais accompagné d'une aspiration.	**pen** [pɛn] **cap** [kæp]
[r]	Le **r** le plus commun dans une grande partie de l'Angleterre et dans la plus grande partie des États-Unis et du Canada, c'est le **r** rétroflexe, une semi-voyelle dont l'articulation se produit par la pointe de la langue élevée vers la voûte du palais. Cette consonne est très faible dans la position intervocalique ou à la fin de la syllabe et, par conséquent, elle y est très peu audible. L'articulation de cette consonne tend à colorier le son des voyelles voisines.	**run** [rʌn] **far** [fɑr] **art** [ɑrt] **carry** [ˈkæri]
	Le **r,** précédé des sons [ʌ] ou [ə], donne sa propre couleur à ces sons et disparaît complètement en tant que son consonant.	**burn** [bʌrn] **learn** [lʌrn] **weather** [ˈwɛðər]
[s]	Comme **ss** dans **classe.**	**send** [sɛnd] **cellar** [ˈsɛlər]
[ʃ]	Comme **ch** dans **chose.**	**shall** [ʃæl] **machine** [məˈʃin] **nation** [ˈneʃən]
[t]	Comme **t** dans **table,** mais accompagné d'une aspiration.	**ten** [tɛn] **dropped** [drɑpt]
[tʃ]	Comme **tch** dans **caoutchouc.**	**child** [tʃaɪld] **much** [mʌtʃ] **nature** [ˈnetʃər]
[θ]	Comme la consonne castillane **c** de **cinco.**	**think** [θɪŋk] **truth** [truθ]
[v]	Comme **v** dans **veuve.**	**vest** [vɛst] **over** [ˈovər] **of** [ɑv]
[w]	Comme **w** dans **watt;** comme le [w] produit en prononçant le mot **bois.**	**work** [wʌrk] **tweed** [twid] **queen** [kwin]
[z]	Comme **s** dans **rose** ou comme **z** dans **zèbre.**	**zeal** [zil] **busy** [ˈbɪzi] **his** [hɪz] **winds** [wɪndz]
[ʒ]	Comme **j** dans **jardin.**	**azure** [ˈeʒər] **measure** [ˈmɛʒər]

ACCENT

L'accent tonique principal, indiqué par le signe graphique ˈ, et l'accent secondaire, indiqué par le signe graphique ˌ, précèdent la syllabe à laquelle ils s'appliquent, par ex., **fascinate** [ˈfæsɪˌnet].

La prononciation des mots composés

Dans la partie anglais-français du Dictionnaire la prononciation figurée de tous les mots anglais simples est indiquée selon une nouvelle adaptation de la méthode de l'Association phonétique internationale, et placée entre crochets à la suite du mot-souche.

Il y a trois genres de mots composés en anglais: (1) les mots dont les éléments composants sont soudés en un mot simple, par ex., **steamboat** vapeur, (2) les mots dont les éléments composants sont reliés entre eux par un trait d'union, par ex., **short-circuit** court-circuiter, et (3) les mots dont les éléments composants restent graphiquement indépendants, par ex., **post card** carte postale. La prononciation des mots composés anglais n'est pas indiquée dans ce Dictionnaire lorsque celle des éléments composants a déjà été indiquée à la suite de ces éléments là où ils apparaissent comme mots-souches. Néanmoins, les accents principaux et secondaires sont indiqués dans l'écriture de ces mots composés, ex.: **steam′boat′, short′-cir′cuit, post′ card′, eye′ of the morn′ing.**

En ce qui concerne les éléments composants qui se terminent par **-ing** [ɪŋ] dans les mots composés, l'accent seul est précisé lorsque ces éléments se présentent également comme mots-souches suivis de la prononciation figurée, par ex., **play′ing card′**.

Dans les noms dans lesquels les éléments composants **-man** et **-men** portent l'accent secondaire, les voyelles de ces éléments se prononcent comme dans les mots simples **man** et **men**, par ex., **mailman** [ˈmel ˌmæn] et **mailmen** [ˈmel ˌmɛn]. Dans les noms dans lesquels ces éléments composants sont inaccentués, les voyelles se prononcent dans les deux formes comme **e** muet, par ex., **policeman** [pəˈlismən] et **policemen** [pəˈlismən]. Il y a des noms dans lesquels ces éléments composants se prononcent des deux façons, c'est-à-dire, avec l'accent secondaire ou sans accent, par ex., **doorman** [ˈdor ˌmæn] ou [ˈdormən] et **doormen** [ˈdor-ˌmɛn] ou [ˈdormən]. Dans ce Dictionnaire la transcription phonétique de ces mots est omise si le premier élément composant se présente ailleurs comme mot-souche suivi de la prononciation figurée. Cependant, l'accentuation de ces mots est indiquée dans le mot-souche même:

mail′man′ *s* (*pl* **-men′**)
police′man *s* (*pl* **-men**)
door′man′ or **door′man** *s* (*pl* **-men′** or **-men**)

La prononciation des participes passés

Lorsqu'un mot a pour désinence **-ed** (ou **-d** après un **e** muet), et une prononciation conforme aux principes énoncés plus bas, celle-ci ne figurera pas dans ce Dictionnaire, si elle est indiquée quand la forme du mot sans cette désinence se présente comme mot-souche.

La désinence **-ed** (ou **-d** après un e muet) du prétérit, du participe passé, et de certains adjectifs possède trois prononciations différentes selon le son de la dernière consonne du radical.

1) Si le radical se termine par le son d'une consonne sonore (sauf [d]), que voici: [b], [g], [l], [m], [n], [ŋ], [r], [v], [z], [ð], [ʒ], ou [dʒ] ou par le son d'une voyelle, -ed se prononce [d].

SON DU RADICAL	INFINITIF	PRÉTÉRIT ET PARTICIPE PASSÉ
[b]	**ebb** [ɛb] **rob** [rɑb] **robe** [rob]	**ebbed** [ɛbd] **robbed** [rɑbd] **robed** [robd]
[g]	**egg** [ɛg] **sag** [sæg]	**egged** [ɛgd] **sagged** [sægd]
[l]	**mail** [mel] **scale** [skel]	**mailed** [meld] **scaled** [skeld]
[m]	**storm** [stɔrm] **bomb** [bɑm] **name** [nem]	**stormed** [stɔrmd] **bombed** [bɑmd] **named** [nemd]
[n]	**tan** [tæn] **sign** [saɪn] **mine** [maɪn]	**tanned** [tænd] **signed** [saɪnd] **mined** [maɪnd]
[ŋ]	**hang** [hæŋ]	**hanged** [hæŋd]
[r]	**fear** [fɪr] **care** [ker]	**feared** [fɪrd] **cared** [kerd]
[v]	**rev** [rɛv] **save** [sev]	**revved** [rɛvd] **saved** [sevd]
[z]	**buzz** [bʌz] **fuse** [fjuz]	**buzzed** [bʌzd] **fused** [fjuzd]
[ð]	**smooth** [smuð] **bathe** [beð]	**smoothed** [smuðd] **bathed** [beðd]
[ʒ]	**massage** [məˈsɑʒ]	**massaged** [məˈsɑʒd]
[dʒ]	**page** [pedʒ]	**paged** [pedʒd]
son de voyelle	**key** [ki] **sigh** [saɪ] **paw** [pɔ]	**keyed** [kid] **sighed** [saɪd] **pawed** [pɔd]

2) Si le radical se termine par le son d'une consonne sourde (sauf [t]), que voici: [f], [k], [p], [s], [θ], [ʃ], ou [tʃ], -ed se prononce [t].

SON DU RADICAL	INFINITIF	PRÉTÉRIT ET PARTICIPE PASSÉ
[f]	**loaf** [lof] **knife** [naɪf]	**loafed** [loft] **knifed** [naɪft]
[k]	**back** [bæk] **bake** [bek]	**backed** [bækt] **baked** [bekt]
[p]	**cap** [kæp] **wipe** [waɪp]	**capped** [kæpt] **wiped** [waɪpt]
[s]	**hiss** [hɪs] **mix** [mɪks]	**hissed** [hɪst] **mixed** [mɪkst]
[θ]	**lath** [læθ]	**lathed** [læθt]
[ʃ]	**mash** [mæʃ]	**mashed** [mæʃt]
[tʃ]	**match** [mætʃ]	**matched** [mætʃt]

3) Si le radical se termine par le son d'une dentale, que voici: [t] ou [d], -ed se prononce [ɪd] ou [əd].

SON DU RADICAL	INFINITIF	PRÉTÉRIT ET PARTICIPE PASSÉ
[t]	**wait** [wet] **mate** [met]	**waited** [ˈwetɪd] **mated** [ˈmetɪd]
[d]	**mend** [mɛnd] **wade** [wed]	**mended** [ˈmɛndɪd] **waded** [ˈwedɪd]

Notez que le redoublement orthographique de la consonne finale après une voyelle simple accentuée n'altère pas la prononciation de la désinence **-ed**: **batted** ['bætɪd], **dropped** [drɑpt], **robbed** [rɑbd].

Ces règles s'appliquent aussi aux adjectifs composés qui se terminent par **-ed**. On n'indique que l'accent de ces adjectifs lorsque les éléments composants (le dernier, bien entendu, sans la désinence **-ed**) se présentent ailleurs comme mots-souches suivis de la prononciation figurée, par ex., **flat′-nosed′**.

Cependant, le **-ed** de quelques adjectifs formés sur un radical qui se termine par un son consonantique en plus de ceux qui se terminent par [d] et [t], est prononcé [ɪd] et cette irrégularité s'indique en donnant la prononciation figurée complète, par ex., **blessed** ['blɛsɪd], **crabbed** ['kræbɪd].

ANGLAIS—FRANÇAIS

A

A, a [e] *s* Ière lettre de l'alphabet
a *art indef* un
aback [ə'bæk] *adv* avec le vent dessus; **taken aback** déconcerté
abandon [ə'bændən] *s* abandon *m* || *tr* abandonner
abase [ə'bes] *tr* abaisser, humilier
abasement [ə'besmənt] *s* abaissement *m*
abash [ə'bæʃ] *tr* décontenancer
abashed *adj* confus, confondu
abate [ə'bet] *tr* diminuer, réduire; (*part of price*) rabattre || *intr* se calmer; (*said of wind*) tomber
abbess ['æbɪs] *s* abbesse *f*
abbey ['æbi] *s* abbaye *f*
abbot ['æbət] *s* abbé *m*
abbreviate [ə'brivɪ,et] *tr* abréger
abbreviation [ə,brivɪ'eʃən] *s* abréviation *f*
A B C's [,e,bi'siz] *spl* (letterword) a b c *m*
abdicate ['æbdɪ,ket] *tr & intr* abdiquer
abdomen ['æbdəmən], [æb'domən] *s* abdomen *m*
abduct [æb'dʌkt] *tr* enlever, ravir
abeam [ə'bim] *adv* par le travers
abed [ə'bɛd] *adv* au lit
abet [ə'bɛt] *v* (*pret & pp* **abetted**; *ger* **abetting**) *tr* encourager
abettor [ə'bɛtər] *s* complice *mf*
abeyance [ə'be·əns] *s* suspension *f*; **in abeyance** en suspens
ab·hor [æb'hɔr] *v* (*pret & pp* **-horred**; *ger* **-horring**) *tr* abhorrer, détester
abhorrent [æb'hɑrənt], [æb'hɔrənt] *adj* détestable, répugnant
abide [ə'baɪd] *v* (*pret & pp* **abode** or **abided**) *tr* attendre || *intr* demeurer, continuer, persister; **to abide by** s'en tenir à; rester fidèle à
abili·ty [ə'bɪlɪti] *s* (*pl* **-ties**) capacité *f*, habileté *f*; talent *m*
abject [æb'dʒɛkt] *adj* abject
ablative ['æblətɪv] *adj & s* ablatif *m*
ablaut ['æblaʊt] *s* apophonie *f*
ablaze [ə'blez] *adj* enflammé; (*colorful*) resplendissant || *adv* en feu
able ['ebəl] *adj* capable, habile; **to be able to** pouvoir
a'ble-bod'ied *adj* robuste, vigoureux; (*seaman*) breveté
abloom [ə'blum] *adj & adv* en fleur
abnormal [æb'nɔrməl] *adj* anormal
abnormali·ty [,æbnɔr'mælɪti] *s* (*pl* **-ties**) anomalie *f*, irrégularité *f*; (*of body*) difformité *f*
aboard [ə'bord] *adv* à bord; **all aboard!** en voiture!; **to go aboard** s'embarquer || *prep* à bord de
abode [ə'bod] *s* demeure *f*, résidence *f*
abolish [ə'bɑlɪʃ] *tr* abolir
A-bomb ['e,bɑm] *s* bombe *f* atomique
abomination [ə,bɑmɪ'neʃən] *s* abomination *f*
aborigines [,æbə'rɪdʒɪ,niz] *spl* aborigènes *mpl*
abort [ə'bɔrt] *intr* avorter
abortion [ə'bɔrʃən] *s* avortement *m*
abound [ə'baʊnd] *intr* abonder
about [ə'baʊt] *adv* à la ronde, tout autour; (*almost*) presque; (*here and there*) çà et là; **to be about to** être sur le point de || *prep* autour de, aux environs de; (*approximately*) environ; au sujet de; vers, e.g., **about six o'clock** vers six heures; **it is about . . .** il s'agit de . . .
about'-face' or **about'-face'** *s* volteface *f*; (mil) demi-tour *m* || **about'-face'** *intr* faire volte-face
above [ə'bʌv] *adv* en haut; au-dessus, ci-dessus || *prep* au-dessus de; plus que, outre; (*another point on the river*) en amont de; **above all** surtout
above'-men'tioned *adj* susmentionné
abrasive [ə'bresɪv], [ə'brezɪv] *adj & s* abrasif *m*
abreast [ə'brɛst] *adj & adv* de front; **three abreast** par rangs de trois; **to be abreast of** or **with** être en ligne avec; **to keep abreast of** se tenir au courant de
abridge [ə'brɪdʒ] *tr* abréger
abridgment [ə'brɪdʒmənt] *s* abrégé *m*, résumé *m*; réduction *f*
abroad [ə'brɔd] *adv* au loin; (*in foreign parts*) à l'étranger
abrogate ['æbrə,get] *tr* abroger
abrupt [ə'brʌpt] *adj* (*steep; impolite*) abrupt; (*hasty*) brusque, précipité
abscess ['æbsɛs] *s* abcès *m*
abscond [æb'skɑnd] *intr* s'enfuir, déguerpir; **to abscond with** lever le pied avec
absence ['æbsəns] *s* absence *f*
absent ['æbsənt] *adj* absent || [æb'sɛnt] *tr*—**to absent oneself** s'absenter
absentee [,æbsən'ti] *s* absent *m*
ab'sent-mind'ed *adj* absent, distrait
absolute ['æbsə,lut] *adj & s* absolu *m*
absolutely ['æbsə,lutli] *adv* absolument || [,æbsə'lutli] *adv* (coll) absolument
absolve [æb'sɑlv] *tr* absoudre
absorb [æb'sɔrb] *tr* absorber; **to be or become absorbed in** s'absorber dans
absorbent [æb'sɔrbənt] *adj* absorbant; (*cotton*) hydrophile || *s* absorbant *m*
absorbing [æb'sɔrbɪŋ] *adj* absorbant
abstain [æb'sten] *intr* s'abstenir

abstemious [æb'stimɪ·əs] *adj* abstinent, sobre
abstinent ['æbstɪnənt] *adj* abstinent
abstract ['æbstrækt] *adj* abstrait || *s* abrégé *m*, résumé *m* || *tr* résumer || [æb'strækt] *tr* abstraire; (*to remove*) soustraire
abstractedly [æb'stræktɪdli] *adv* d'un œil distrait
abstruse [æb'strus] *adj* abstrus
absurd [æb'sʌrd], [æb'zʌrd] *adj* absurde
absurdi·ty [æb'sʌrdɪti], [æb'zʌrdɪti] *s* (*pl* **-ties**) absurdité *f*
abundance [ə'bʌndəns] *s* abondance *f*
abundant [ə'bʌndənt] *adj* abondant
abuse [ə'bjus] *s* abus *m*; (*mistreatment*) maltraitement *m*; (*insulting words*) insultes *fpl* || [ə'bjuz] *tr* abuser de; maltraiter; insulter
abusive [ə'bjusɪv] *adj* (*insulting*) injurieux; (*wrong*) abusif
abut [ə'bʌt] *v* (*pret & pp* **abutted**; *ger* **abutting**) *intr*—**to abut on** border, confiner
abutment [ə'bʌtmənt] *s* (*of wall*) contrefort *m*; (*of bridge*) culée *f*; (*of arch*) pied-droit *m*
abyss [ə'bɪs] *s* abîme *m*
A.C. ['e'si] *s* (letterword) (**alternating current**) courant *m* alternatif
academic [,ækə'dɛmɪk] *adj* académique; théorique || *s* étudiant *m* or professeur *m* de l'université
academical [,ækə'dɛmɪkəl] *adj* académique; théorique || **academicals** *spl* costume *m* académique
academician [ə,kædə'mɪʃən] *s* académicien *m*
acade·my [ə'kædəmi] *s* (*pl* **-mies**) académie *f*; (*preparatory school*) collège *m*
accede [æk'sid] *intr* acquiescer; **to accede to** accéder à; (*the throne*) monter sur
accelerate [æk'sɛlə,ret] *tr & intr* accélérer
accelerator [æk'sɛlə,retər] *s* accélérateur *m*
accent ['æksɛnt] *s* accent *m* || ['æksɛnt], [æk'sɛnt] *tr* accentuer
accentuate [æk'sɛntʃʊ,et] *tr* accentuer
accept [æk'sɛpt] *tr* accepter
acceptable [æk'sɛptəbəl] *adj* acceptable
acceptance [æk'sɛptəns] *s* acceptation *f*; (*approval*) approbation *f*
acceptation [,æksɛp'teʃən] *s* acceptation *f*; (*meaning*) acception *f*
access ['æksɛs] *s* accès *m*
accessible [æk'sɛsɪbəl] *adj* accessible
accession [æk'sɛʃən] *s* accession *f*
accesso·ry [æk'sɛsəri] *adj* accessoire || *s* (*pl* **-ries**) accessoire *m*; (*to a crime*) complice *mf*
ac′cess route′ *s* voie *f* de raccordement, bretelle *f*
accident ['æksɪdənt] *s* accident *m*; **by accident** par accident
accidental [,æksɪ'dɛntəl] *adj* accidentel || *s* (mus) accident *m*
ac′cident-prone′ *adj* prédisposé aux accidents
acclaim [ə'klem] *tr* acclamer
acclimate ['æklɪ,met] *tr* acclimater
accommodate [ə'kɑmə,det] *tr* accommoder; (*to oblige*) rendre service à; (*to lodge*) loger
accommodating [ə'kɑmə,detɪŋ] *adj* accommodant, serviable
accommodation [ə,kɑmə'deʃən] *s* accommodation *f*; **accommodations** commodités *fpl*; (*in a train*) place *f*; (*in a hotel*) chambre *f*; (*room and board*) le vivre et le couvert
accompaniment [ə'kʌmpənɪmənt] *s* accompagnement *m*
accompanist [ə'kʌmpənɪst] *s* accompagnateur *m*
accompa·ny [ə'kʌmpəni] *v* (*pret & pp* **-nied**) *tr* accompagner
accomplice [ə'kɑmplɪs] *s* complice *mf*
accomplish [ə'kɑmplɪʃ] *tr* accomplir
accomplishment [ə'kɑmplɪʃmənt] *s* accomplissement *m*, réalisation *f*; (*thing itself*) œuvre *f* accomplie; **accomplishments** arts *mpl* d'agrément, talents *mpl*
accord [ə'kɔrd] *s* accord *m*; **in accord** d'accord; **of one's own accord** de son plein gré || *tr* accorder || *intr* se mettre d'accord
accordance [ə'kɔrdəns] *s* accord *m*; **in accordance with** conformément à
according [ə'kɔrdɪŋ] *adj*—**according as** selon que; **according to** selon, d'après, suivant; **according to expert advice** au dire d'experts
accordingly [ə'kɔrdɪŋli] *adv* en conséquence
accordion [ə'kɔrdɪ·ən] *s* accordéon *m*
accost [ə'kɔst], [ə'kɑst] *tr* accoster
account [ə'kaʊnt] *s* compte *m*; profit *m*, calcul *m*; (*narration*) récit *m*; (*report*) compte rendu; (*explanation*) explication *f*; **of no account** sans importance; **on account of** à cause de; **on no account** en aucune façon; **to call to account** demander des comptes à || *intr*—**to account for** expliquer; (*money*) rendre compte de
accountable [ə'kaʊntəbəl] *adj* responsable; (*explainable*) explicable
accountant [ə'kaʊntənt] *s* comptable *mf*
account′ book′ *s* registre *m* de comptabilité
accounting [ə'kaʊntɪŋ] *s* règlement *m* de comptes; (*profession*) comptabilité *f*
accouterments [ə'kutərmənts] *spl* équipement *m*
accredit [ə'krɛdɪt] *tr* accréditer
accretion [ə'kriʃən] *s* accroissement *m*
accrue [ə'kru] *intr* s'accroître; **to accrue from** dériver de; **to accrue to** échoir à
accumulate [ə'kjumjə,let] *tr* accumuler || *intr* s'accumuler
accuracy ['ækjərəsi] *s* exactitude *f*
accurate ['ækjərɪt] *adj* exact; (*aim*) juste; (*translation*) fidèle
accursed [ə'kʌrsɪd], [ə'kʌrst] *adj* maudit
accusation [,ækjə'zeʃən] *s* accusation *f*

accusative [ə'kjuzətɪv] *adj & s* accusatif *m*
accuse [ə'kjuz] *tr* accuser
accused *s* accusé *m*, inculpé *m*
accustom [ə'kʌstəm] *tr* accoutumer; **to become accustomed** s'accoutumer
ace [es] *s* as *m*; **to have an ace up one's sleeve** avoir un atout dans la manche
acetate ['æsɪ,tet] *s* acétate *m*
ace'tic ac'id [ə'sitɪk] *s* acide *m* acétique
acetone ['æsɪ,ton] *s* acétone *f*
acet'ylene torch' [ə'sɛtɪ,lin] *s* chalumeau *m* oxyacétylénique
ache [ek] *s* douleur *f* || *intr* faire mal; **my head aches** j'ai mal à la tête; **to be aching to** (coll) brûler de
achieve [ə'tʃiv] *tr* accomplir, atteindre; (*a victory*) remporter
achievement [ə'tʃivmənt] *s* accomplissement *m*, réalisation *f*; (*thing itself*) œuvre *f* remarquable, réussite *f*; (*heroic deed*) exploit *m*
Achil'les' heel' [ə'kɪliz] *s* talon *m* d'Achille
acid ['æsɪd] *adj & s* acide *m*
acidi•ty [ə'sɪdɪti] *s* (*pl* **-ties**) acidité *f*
ac'id test' *s* (fig) épreuve *f* définitive
acknowledge [æk'nɑlɪdʒ] *tr* reconnaître; **to acknowledge receipt of** accuser réception de
acknowledgment [æk'nɑlɪdʒmənt] *s* reconnaissance *f*; (*of a letter*) accusé *m* de réception; (*receipt*) récépissé *m*
acme ['ækmi] *s* comble *m*, sommet *m*
acolyte ['ækə,laɪt] *s* enfant *m* de chœur; (*priest*) acolyte *m*; assistant *m*
acorn ['ekɔrn], ['ekərn] *s* gland *m*
acoustic [ə'kustɪk] *adj* acoustique || **acoustics** *s & spl* acoustique *f*
acquaint [ə'kwent] *tr* informer; **to be acquainted** se connaître; **to be acquainted with** connaître
acquaintance [ə'kwentəns] *s* connaissance *f*
acquiesce [,ækwɪ'ɛs] *intr* acquiescer
acquiescence [,ækwɪ'ɛsəns] *s* acquiescement *m*, consentement *m*
acquire [ə'kwaɪr] *tr* acquérir; (*friends; a reputation*) s'acquérir
acquirement [ə'kwaɪrmənt] *s* acquisition *f*
acquisition [,ækwɪ'zɪʃən] *s* acquisition *f*
acquisitive [ə'kwɪzɪtɪv] *adj* âpre au gain, avide
acquit [ə'kwɪt] *v* (*pret & pp* **acquitted**; *ger* **acquitting**) *tr* acquitter; **to acquit oneself** se comporter
acquittal [ə'kwɪtəl] *s* acquittement *m*
acre ['ekər] *s* acre *f*
acrid ['ækrɪd] *adj* âcre
acrimonious [,ækrɪ'monɪ•əs] *adj* acrimonieux
acrobat ['ækrə,bæt] *s* acrobate *mf*
acrobatic [,ækrə'bætɪk] *adj* acrobatique || **acrobatics** *s* (*profession*) acrobatie *f*; **acrobatics** *spl* (*stunts*) acrobaties
acronym ['ækrənɪm] *s* sigle *m*
acropolis [ə'krɑpəlɪs] *s* acropole *f*
across [ə'krɔs], [ə'krɑs] *adv* en travers, à travers; (*sidewise*) en largeur || *prep* en travers de; (*e.g., the street*) de l'autre côté de; **across country** à travers champs; **to come across** rencontrer par hasard; **to go across** traverser
acrostic [ə'krɔstɪk], [ə'krɑstɪk] *s* acrostiche *m*
act [ækt] *s* action *f*, acte *m*; (circus, rad, telv) numéro *m*; (govt) loi *f*; (law, theat) acte; (coll) allure *f* affectée, comédie *f*; **in the act** sur le fait, en flagrant délit || *tr* jouer; **to act the fool** faire le pitre || *intr* agir; se conduire; (theat) jouer; **to act as** servir de; **to act on** influer sur
acting ['æktɪŋ] *adj* intérimaire || *s* (*actor's art*) jeu *m*; (*profession*) théâtre *m*
action ['ækʃən] *s* action *f*; (law) acte *m*; (mach) jeu *m*; (theat) intrigue *f*; **out of action** hors de service; **to go into action** (mil) aller au feu; **to suit the action to the word** joindre le geste à la parole; **to take action** prendre des mesures
activate ['æktɪ,vet] *tr* activer
active ['æktɪv] *adj* actif
activi•ty [æk'tɪvɪti] *s* (*pl* **-ties**) activité *f*
actor ['æktər] *s* acteur *m*
actress ['æktrɪs] *s* actrice *f*
actual ['æktʃʊ•əl] *adj* véritable, réel, effectif
actually ['æktʃʊ•əli] *adv* réellement, en réalité, effectivement
actuar•y ['æktʃʊ,ɛri] *s* (*pl* **-ies**) actuaire *m*
actuate ['æktʃʊ,et] *tr* actionner; (*to motivate*) animer
acuity [ə'kju•ɪti] *s* acuité *f*
acumen [ə'kjumən] *s* finesse *f*
acute [ə'kjut] *adj* aigu; (fig) avisé
acutely [ə'kjutli] *adv* profondément
A.D. ['e'di] *adj* (letterword) (**Anno Domini**) ap. J.-C.
ad [æd] *s* (coll) annonce *f*
adage ['ædɪdʒ] *s* adage *m*
Adam ['ædəm] *s* Adam *m*; **I don't know him from Adam** (coll) je ne le connais ni d'Ève ni d'Adam
adamant ['ædəmənt] *adj* inflexible
Ad'am's ap'ple *s* pomme *f* d'Adam
adapt [ə'dæpt] *tr* adapter
adaptation [,ædæp'teʃən] *s* adaptation *f*
adapter [ə'dæptər] *s* adaptateur *m*, raccord *m*; (phot) bague *f* porte-objectif
add [æd] *tr* ajouter; **to add up** additionner || *intr* additionner; **to add up to** s'élever à
adder ['ædər] *s* (zool) vipère *f*
addict ['ædɪkt] *s* toxicomane *mf*; (sports) fanatique *mf* || [ə'dɪkt] *tr* atteindre de toxicomanie; **to be addicted to** (*to enjoy*) s'adonner à
addiction [ə'dɪkʃən] *s* toxicomanie *f*; **addiction to** penchant *m* pour
add'ing machine' *s* machine *f* à calculer, additionneuse *f*

addition [ə'dɪʃən] *s* addition *f*; **in addition to** en plus de
additive ['ædɪtɪv] *adj & s* additif *m*
addle ['ædəl] *tr* brouiller
address [ə'drɛs], ['ædrɛs] *s* adresse *f* ‖ [ə'drɛs] *s* discours *m*; **to deliver an address** prononcer un discours ‖ *tr* adresser; s'adresser à; (*an audience*) faire un discours à
address' book' *s* carnet *m* d'adresses
addressee [,ædrɛ'si] *s* destinataire *mf*
adduce [ə'd(j)us] *tr* alléguer; (*proof*) fournir
adenoids ['ædə,nɔɪdz] *spl* végétations *fpl* adénoïdes
adept [ə'dɛpt] *adj* habile ‖ *s* adepte *mf*
adequate ['ædɪkwɪt] *adj* suffisant, adéquat; **adequate to** à la hauteur de, proportionné à
adhere [æd'hɪr] *intr* adhérer
adherence [æd'hɪrəns] *s* adhérence *f*
adherent [æd'hɪrənt] *adj & s* adhérent *m*
adhesion [æd'hiʒən] *s* adhésion *f*; (pathol) adhérence *f*
adhesive [æd'hisɪv], [æd'hizɪv] *adj & s* adhésif *m*
adhe'sive tape' *s* sparadrap *m*
adieu [ə'd(j)u] *s* (*pl* **adieus** or **adieux**) adieu *m* ‖ *interj* adieu!
ad infinitum [æd ,ɪnfɪ'naɪtəm] *adv* sans fin
adjacent [ə'dʒesənt] *adj* adjacent
adjective ['ædʒɪktɪv] *adj & s* adjectif *m*
adjoin [ə'dʒɔɪn] *tr* avoisiner ‖ *intr* être contigus
adjoining [ə'dʒɔɪnɪŋ] *adj* contigu
adjourn [ə'dʒʌrn] *tr* (*to postpone*) remettre, reporter; (*a meeting, a session*) lever; (*sine die; for resumption at another time or place*) ajourner ‖ *intr* s'ajourner; lever la séance
adjournment [ə'dʒʌrnmənt] *s* suspension *f* de séance
adjudge [ə'dʒʌdʒ] *tr* adjuger; (*a criminal*) condamner
adjudicate [ə'dʒudɪ,ket] *tr & intr* juger
adjunct ['ædʒʌŋkt] *adj & s* adjoint *m*; **adjuncts** accessoires *mpl*
adjust [ə'dʒʌst] *tr* ajuster ‖ *intr* s'adapter
adjustable [ə'dʒʌstəbəl] *adj* réglable
adjustment [ə'dʒʌstmənt] *s* ajustage *m*, réglage *m*; (*arrangement*) ajustement *m*, règlement *m*; (telv) mise *f* au point
adjutant ['ædʒətənt] *s* adjutant *m*
ad-lib [,æd'lɪb] *adj* improvisé ‖ *v* (*pret & pp* **-libbed**; *ger* **-libbing**) *tr & intr* improviser (en cascade)
administer [æd'mɪnɪstər] *tr* administrer; **to administer an oath** faire prêter serment ‖ *intr*—**to administer to** pourvoir à, aider, assister
administration [æd,mɪnɪs'treʃən] *s* administration *f*; gouvernement *m*
administrator [æd'mɪnɪs,tretər] *s* administrateur *m*
admiral ['ædmɪrəl] *s* amiral *m*
admiral•ty ['ædmɪrəlti] *s* (*pl* **-ties**) amirauté *f*; ministère *m* de la marine
admiration [,ædmɪ'reʃən] *s* admiration *f*
admire [æd'maɪr] *tr* admirer
admirer [æd'maɪrər] *s* admirateur *m*; (*suitor*) soupirant *m*
admission [æd'mɪʃən] *s* admission *f*; (*price*) entrée *f*; (*confession*) aveu *m*
ad•mit [æd'mɪt] *v* (*pret & pp* **-mitted**; *ger* **-mitting**) *tr* admettre; (*e.g., a mistake*) avouer; **admit bearer** laisser passer
admittance [æd'mɪtəns] *s* entrée *f*
admittedly [æd'mɪtɪdli] *adv* manifestement
admonish [æd'mɑnɪʃ] *tr* admonester
ad nauseam [æd'nɔʃɪ•əm], [æd'nɔsɪ•əm] *adv* jusqu'au dégoût
ado [ə'du] *s* agitation *f*; **much ado about nothing** beaucoup de bruit pour rien; **without further ado** sans plus de façons
adolescence [,ædə'lɛsəns] *s* adolescence *f*
adolescent [,ædə'lɛsənt] *adj & s* adolescent *m*
adopt [ə'dɑpt] *tr* adopter
adoption [ə'dɑpʃən] *s* adoption *f*
adoptive [ə'dɑptɪv] *adj* adoptif
adorable [ə'dorəbəl] *adj* adorable
adoration [,ædə'reʃən] *s* adoration *f*
adore [ə'dor] *tr* adorer
adorn [ə'dɔrn] *tr* orner, parer
adornment [ə'dɔrnmənt] *s* parure *f*
adre'nal glands' [æd'rinəl], [ə'drinəl] *spl* (capsules) surrénales *fpl*
adrenalin [ə'drenəlɪn] *s* adrénaline *f*
Adriatic [,edrɪ'ætɪk], [,ædrɪ'ætɪk] *adj & s* Adriatique *f*
adrift [ə'drɪft] *adj & adv* à la dérive
adroit [ə'drɔɪt] *adj* adroit, habile
adulate ['ædʒə,let] *tr* aduler
adult [ə'dʌlt], ['ædʌlt] *adj & s* adulte *mf*
adulterate [ə'dʌltə,ret] *tr* frelater
adulteration [ə,dʌltə'reʃən] *s* frelatage *m*
adulterer [ə'dʌltərər] *s* adultère *m*
adulteress [ə'dʌltərɪs] *s* adultère *f*
adulterous [ə'dʌltərəs] *adj* adultère
adulter•y [ə'dʌltəri] *s* (*pl* **-ies**) adultère *m*
adumbrate [æd'ʌmbret], ['ædəm,bret] *tr* ébaucher; (*to foreshadow*) présager
advance [æd'væns], [æd'vɑns] *s* avance *f*; **advances** propositions *fpl*; propositions malhonnêtes; **in advance** d'avance; en avance ‖ *tr* avancer ‖ *intr* avancer, s'avancer; (*said of prices*) augmenter; (*said of stocks*) monter
advancement [æd'vænsmənt], [æd'vɑnsmənt] *s* avancement *m*
advance' pay'ment *s* versement *m* anticipé
advantage [æd'væntɪdʒ], [æd'vɑntɪdʒ] *s* avantage *m*; **to take advantage of** profiter de
advent ['ædvent] *s* venue *f*; **Advent** (eccl) Avent *m*
adventitious [,ædven'tɪʃəs] *adj* adventice

adventure [æd'ventʃər] *s* aventure *f*
adventurer [æd'ventʃərər] *s* aventurier *m*
adventuress [æd'ventʃərɪs] *s* aventurière *f*
adventurous [æd'ventʃərəs] *adj* aventureux
adverb ['ædvʌrb] *s* adverbe *m*
adversar•y ['ædvər,seri] *s* (*pl* **-ies**) adversaire *mf*
adverse [æd'vʌrs], ['ædvʌrs] *adj* adverse
adversi•ty [æd'vʌrsɪti] *s* (*pl* **-ties**) adversité *f*
advertise ['ædvər,taɪz], [,ædvər'taɪz] *tr & intr* annoncer
advertisement [,ædvər'taɪzmənt], [æd'vʌrtɪzmənt] *s* annonce *f*
advertiser ['ædvər,taɪzər], [,ædvər'taɪzər] *s* annonceur *m*
advertising ['ædvər,taɪzɪŋ] *s* réclame *f*
ad′vertising a′gency *s* agence *f* de publicité
ad′vertising man′ *s* entrepreneur *m* de publicité
advice [æd'vaɪs] *s* conseil *m*; conseils; **a piece of advice** un conseil
advisable [æd'vaɪzəbəl] *adj* opportun, recommandable
advise [æd'vaɪz] *tr* conseiller; (*to inform*) aviser; **to advise against** déconseiller; **to advise s.o. to + inf** conseiller à qn de + *inf*
advisedly [æd'vaɪzɪdli] *adv* en connaissance de cause
advisement [æd'vaɪzmənt] *s* conseils *mpl*; **to take under advisement** mettre en délibération
adviser [æd'vaɪzər] *s* conseiller *m*
advisory [æd'vaɪzəri] *adj* consultatif
advocacy ['ædvəkəsi] *s* plaidoyer *m*
advocate ['ædvə,ket] *s* partisan *m*; (*lawyer*) avocat *m* || *tr* préconiser
Aege′an Sea′ [ɪ'dʒi•ən] *s* mer *f* Égée, mer de l'Archipel
aegis ['idʒɪs] *s* égide *f*
aerate ['eret] *tr* aérer
aerial ['erɪ•əl] *adj* aérien || *s* antenne *f*
aerodynamic [,erodaɪ'næmɪk] *adj* aérodynamique || **aerodynamics** *s* aérodynamique *f*
aeronautic [,ero'nɔtɪk] *adj* aéronautique || **aeronautics** *s* aéronautique *f*
aerosol ['erə,sol] *s* aérosol *m*
aerospace ['erə,spes] *adj* aérospatial
Aeschylus ['eskɪləs] *s* Eschyle *m*
aesthete ['esθit] *s* esthète *mf*
aesthetic [es'θetɪk] *adj* esthétique || **aesthetics** *s* esthétique *f*
afar [ə'fɑr] *adv* au loin
affable ['æfəbəl] *adj* affable
affair [ə'fer] *s* affaire *f*; (*of lovers*) affaire de cœur
affect [ə'fekt] *tr* affecter
affectation [,æfek'teʃən] *s* affectation *f*
affected *adj* affecté, maniéré
affection [ə'fekʃən] *s* affection *f*
affectionate [ə'fekʃənɪt] *adj* affectueux
affidavit [,æfɪ'devɪt] *s* déclaration *f* sous serment
affiliate [ə'fɪlɪ,et] *s* (com) société *f* affiliée || *tr* affilier || *intr* s'affilier
affini•ty [ə'fɪnɪti] *s* (*pl* **-ties**) affinité *f*; (*inlawry*) alliance *f*
affirm [ə'fʌrm] *tr & intr* affirmer
affirmative [ə'fʌrmətɪv] *adj* affirmatif || *s* affirmative *f*
affix ['æfɪks] *s* affixe *m* || [ə'fɪks] *tr* annexer; (*a signature*) apposer; (*guilt*) attribuer; (*on the wall*) afficher
afflict [ə'flɪkt] *tr* affliger
affliction [ə'flɪkʃən] *s* (*sorrow*) affliction *f*; (*disorder*) infirmité *f*
affluence ['æflu•əns] *s* affluence *f* de biens, richesse *f*
afford [ə'fɔrd] *tr* fournir; se permettre, avoir de quoi payer
affront [ə'frʌnt] *s* affront *m* || *tr* insulter
Afghanistan [æf'gænɪ,stæn] *s* l'Afghanistan *m*
afire [ə'faɪr] *adj & adv* en feu
aflame [ə'flem] *adj & adv* en flammes
afloat [ə'flot] *adj & adv* à flot; (*rumor*) en circulation; **to keep afloat on the water** se tenir sur l'eau
afoot [ə'fut] *adj & adv* à pied; (*underway*) en œuvre
aforesaid [ə'for,sed] *adj* susdit; ci-dessus mentionné
afraid [ə'fred] *adj* effrayé; **to be afraid** avoir peur
afresh [ə'freʃ] *adv* à nouveau
Africa ['æfrɪkə] *s* Afrique *f*; l'Afrique
African ['æfrɪkən] *adj* africain || *s* Africain *m*
after ['æftər], ['ɑftər] *adj* suivant, postérieur || *adv* après, plus tard || *prep* après, à la suite de; (*in the manner or style of*) d'après; (not translated in expressions of time), e.g., **eight minutes after ten** dix heures huit || *conj* après que
af′ter-din′ner *adj* d'après dîner
af′ter•effect′ *s* contrecoup *m*; **aftereffects** (pathol) séquelles *fpl*
af′ter•glow′ *s* lueur *f* du coucher
af′ter•im′age *s* image *f* consécutive
af′ter•life′ *s* survie *f*
aftermath ['æftər,mæθ], ['ɑftər,mæθ] *s* conséquences *fpl* sérieuses, suites *fpl*; (agr) regain *m*
af′ter•noon′ *s* après-midi *m & f*; **good afternoon!** bonjour!
af′ter-shav′ing lo′tion *s* eau *f* de Cologne pour la barbe
af′ter•taste′ *s* arrière-goût *m*
af′ter•thought′ *s* réflexion *f* après coup
afterward ['æftərwərd], ['ɑftərwərd] *adv* après, ensuite
again [ə'gen] *adv* encore, de plus; de nouveau, encore une fois; **now and again** de temps en temps
against [ə'genst] *prep* contre; **against the grain** à rebrousse-poil; **over against** en face de; par contraste avec
age [edʒ] *s* âge *m*; (*about a hundred years*) siècle *m*; **for ages** depuis longtemps; **of age** majeur; **to come of age** atteindre sa majorité; **under age** mineur || *tr & intr* vieillir
aged [edʒd] *adj* (*wine, cheese, etc.*)

vieilli; (*of the age of*) âgé de || ['edʒɪd] *adj* âgé, vieux
agen•cy ['edʒənsi] *s* (*pl* **-cies**) agence *f*; (*means*) action *f*
agenda [ə'dʒendə] *s* ordre *m* du jour
agent ['edʒənt] *s* agent *m*; (*means*) moyen *m*; (com) commissionnaire *m*
agglomeration [ə,glɑmə'reʃən] *s* agglomération *f*
aggrandizement [ə'grændɪzmənt] *s* agrandissement *m*
aggravate ['ægrə,vet] *tr* aggraver; (coll) exaspérer
aggregate ['ægrɪ,get] *adj* global || *s* agrégat *m* || *tr* rassembler; (coll) s'élever à
aggression [ə'greʃən] *s* agression *f*
aggressive [ə'grɛsɪv] *adj* agressif; (*live-wire*) entreprenant
aggressor [ə'gresər] *s* agresseur *m*
aghast [ə'gæst], [ə'gɑst] *adj* abasourdi
agile ['ædʒɪl] *adj* agile
agility [ə'dʒɪlɪti] *s* agilité *f*
agitate ['ædʒɪ,tet] *tr* agiter
agitator ['ædʒɪ,tetər] *s* agitateur *m*
aglow [ə'glo] *adj & adv* rougeoyant
agnostic [æg'nɑstɪk] *adj & s* agnostique *mf*
ago [ə'go] *adv* il y a, e.g., **two days ago** il y a deux jours
agog [ə'gɑg] *adj & adv* en émoi
agonizing ['ægə,naɪzɪŋ] *adj* angoissant
ago•ny ['ægəni] *s* (*pl* **-nies**) angoisse *f*; (*death struggle*) agonie *f*
agrarian [ə'grɛrɪ•ən] *adj* agraire; (law) agrairien || *s* agrairien *m*
agree [ə'gri] *intr* être d'accord, s'accorder; **agreed!** d'accord!; **to agree to** consentir à
agreeable [ə'gri•əbəl] *adj* agréable, sympathique; (*consenting*) d'accord
agreement [ə'grimənt] *s* accord *m*; contrat *m*
agriculture ['ægrɪ,kʌltʃər] *s* agriculture *f*
aground [ə'graʊnd] *adj* (naut) échoué || *adv*—**to run aground** échouer
ague ['egju] *s* fièvre *f* intermittente; accès *m* de frisson
ahead [ə'hed] *adj & adv* en avant; **ahead of** avant; devant; **straight ahead** tout droit; **to get ahead of** devancer
ahem [ə'hem] *interj* hum!
ahoy [ə'hɔɪ] *interj*—**ship ahoy!** ohé du navire!
aid [ed] *s* (*assistance*) aide *f*; (*assistant*) aide *mf* || *tr* aider
aide-de-camp ['eddə'kæmp] *s* (*pl* **aides-de-camp**) officier *m* d'ordonnance, aide *m* de camp
ail [el] *tr* affliger; **what ails you?** qu'avez-vous? || *intr* être souffrant
ailment ['elmənt] *s* indisposition *f*, maladie *f*
aim [em] *s* but *m*, objectif *m*; (*of gun*) pointage *m* || *tr* diriger; (*a blow*) allonger; (*a telescope, cannon, etc.*) pointer, viser || *intr* viser
air [er] *s* air *m*; **on the air** à la radio, à la télévision, à l'antenne; **to put on airs** prendre des airs; **to put on the air** radiodiffuser; **to walk on air** ne pas toucher terre; **up in the air** confondu, sidéré; (*angry*) très monté || *tr* aérer; (*a question*) ventiler; (*feelings*) donner libre cours à
air-borne ['ɛr,born] *adj* aéroporté
air' brake' *s* frein *m* à air comprimé
air'-condi'tion *tr* climatiser
air' condi'tioner *s* climatiseur *m*
air' condi'tioning *s* climatisation *f*
air'craft' *s* aéronef *m*, appareil *m* d'aviation
air'craft car'rier *s* porte-avions *m*
air'drop' *s* parachutage *m* || *tr* parachuter
air'field' *s* terrain *m* d'aviation, aérodrome *m*
air' force' *s* forces *fpl* aériennes
air' gap' *s* (elec) entrefer *m*
air' let'ter *s* aérogramme *m*
air'lift' *s* pont *m* aérien
air'line' *s* ligne *f* aérienne
air'line pi'lot *s* pilote *m* de ligne
air'li'ner *s* avion *m* de transport
air'mail' *adj* aéropostal || *s* poste *f* aérienne; **by airmail** par avion
air'plane' *s* avion *m*
air' pock'et *s* trou *m* d'air
air' pollu'tion *s* pollution *f* de l'air
air'port' *s* aéroport *m*
air' raid' *s* attaque *f* aérienne
air'-raid drill' *s* exercice *m* d'alerte aérienne
air'-raid shel'ter *s* abri *m*
air'-raid ward'en *s* chef *m* d'îlot
air'-raid warn'ing *s* alarme *f* aérienne
air'sick' *adj* atteint du mal de l'air
air'sick'ness *s* mal *m* de l'air
air' sleeve' or **sock'** *s* manche *f* à air
air'strip' *s* piste *f*
air' term'inal *s* aérogare *f*
air'tight' *adj* hermétique
air'waves' *spl* ondes *fpl* radiophoniques
air'way' *s* route *f* aérienne
air•y ['ɛri] *adj* (*comp* **-ier**; *super* **-iest**) aérien; gracieux; (coll) maniéré
aisle [aɪl] *s* (*through rows of seats*) passage *m* central, allée *f*; (*in a train*) couloir *m*; (*long passageway in a church*) nef *f* latérale
ajar [ə'dʒɑr] *adj* entrebaîllé
akimbo [ə'kɪmbo] *adj & adv*—**with arms akimbo** les poings sur les hanches
akin [ə'kɪn] *adj* apparenté
alabaster ['ælə,bæstər], ['ælə,bɑstər] *s* albâtre *m*
alacrity [ə'lækrɪti] *s* vivacité *f*, empressement *m*
alarm [ə'lɑrm] *s* alarme *f*; (*of clock*) sonnerie *f* || *tr* alarmer
alarm' clock' *s* réveille-matin *m*, réveil *m*
alarming [ə'lɑrmɪŋ] *adj* alarmant
alas [ə'læs], [ə'lɑs] *interj* hélas!
Albanian [æl'benɪ•ən] *adj* albanais || *s* (*language*) albanais *m*; (*person*) Albanais
albatross ['ælbə,trɔs], ['ælbə,trɑs] *s* albatros *m*
albi•no [æl'baɪno] *adj* albinos || *s* (*pl* **-nos**) albinos *m*

album [ˈælbəm] *s* album *m*
albumen [ælˈbjumən] *s* albumen *m*
alchemy [ˈælkɪmi] *s* alchimie *f*
alcohol [ˈælkə,hɔl], [ˈælkə,hɑl] *s* alcool *m*
alcoholic [,ælkəˈhɔlɪk], [,ælkəˈhɑlɪk] *adj & s* alcoolique *mf*
alcove [ˈælkov] *s* niche *f*; (*for a bed*) alcôve *f*
alder [ˈɔldər] *s* aune *m*
alder•man [ˈɔldərmən] *s* (*pl* **-men**) conseiller *m* municipal
ale [el] *s* ale *f*
alembic [əˈlembɪk] *s* alambic *m*; (fig) creuset *m*
alert [əˈlʌrt] *adj & s* alerte *f* || *tr* alerter
alfalfa [ælˈfælfə] *s* luzerne *f*
algebra [ˈældʒɪbrə] *s* algèbre *f*
Algeria [ælˈdʒɪrɪ·ə] *s* Algérie *f*
Algerian [ælˈdʒɪrɪ·ən] *adj* (*of Algeria*) algérien; (*of Algiers, the Barbary state*) algérois || *s* Algérien *m*; Algérois *m*
Algiers [ælˈdʒɪrz] *s* Alger *m*
alias [ˈelɪ·əs] *s* nom *m* d'emprunt || *adv* alias, autrement dit
ali•bi [ˈælɪ,baɪ] *s* (*pl* **-bis**) excuse *f*; (law) alibi *m*
alien [ˈeljən], [ˈelɪ·ən] *adj & s* étranger *m*
alienate [ˈeljə,net], [ˈelɪ·ə,net] *tr* s'aliéner; (*to transfer*) aliéner
alight [əˈlaɪt] *adj* allumé || *v* (*pret & pp* **alighted** or **alit** [əˈlɪt]) *intr* descendre, se poser; (aer) (*on land*) atterrir; (aer) (*on sea*) amerrir
align [əˈlaɪn] *tr* aligner || *intr* s'aligner
alike [əˈlaɪk] *adj* pareils, e.g., **these books are alike** ces livres sont pareils; **to look alike** se ressembler || *adv* de la même façon
alimony [ˈælɪ,moni] *s* pension *f* alimentaire après divorce
alive [əˈlaɪv] *adj* vivant; vif; **alive to** sensible à
alka•li [ˈælkə,laɪ] *s* (*pl* **-lis** or **-lies**) alcali *m*
alkaline [ˈælkə,laɪn], [ˈælkəlɪn] *adj* alcalin
all [ɔl] *adj indef* tout; tout le || *s* tout *m* || *pron indef* tout; tous; **all of** tout le; **first of all** tout d'abord; **is that all?** c'est tout?; (*ironically*) ce n'est que ça?; **not at all** pas du tout || *adv* tout; **all at once** tout à coup; **all but** presque; **all in** (coll) éreinté; **all in all** à tout prendre; **all off** (slang) abandonné; **all right** bon, ça va, très bien; **all's well!** (naut) bon quart!; **all the better** tant mieux; **all told** en tout; **fifteen (thirty, etc.) all** (tennis) égalité à quinze (trente, etc.); **to be all for** ne demander mieux que
allay [əˈle] *tr* apaiser
all′-clear′ *s* fin *f* d'alerte
allege [əˈledʒ] *tr* alléguer; déclarer sous serment; affirmer sans preuve
alleged *adj* présumé, prétendu, censé
allegedly [əˈledʒɪdli] *adv* prétendument, censément
allegiance [əˈlidʒəns] *s* allégeance *f*
allegoric(al) [,ælɪˈgɑrɪk(əl)], [,ælɪˈgɔrɪk(əl)] *adj* allégorique
allego•ry [ˈælɪ,gori] *s* (*pl* **-ries**) allégorie *f*
aller•gy [ˈælərdʒi] *s* (*pl* **-gies**) allergie *f*
alleviate [əˈlivɪ,et] *tr* soulager, alléger
alley [ˈæli] *s* ruelle *f*; **that is up my alley** (slang) cela est dans mes cordes
al′ley cat′ *s* chat *m* de gouttière
alliance [əˈlaɪ·əns] *s* alliance *f*
alligator [ˈælɪ,getər] *s* alligator *m*
al′ligator pear′ *s* poire *f* d'avocat
al′ligator wrench′ *s* clef *f* à machoires dentées
alliteration [ə,lɪtəˈreʃən] *s* allitération *f*
all′-know′ing *adj* omniscient
allocate [ˈælə,ket] *tr* allouer, assigner
allot [əˈlɑt] *v* (*pret & pp* **allotted**; *ger* **allotting**) *tr* répartir
allotment [əˈlɑtmənt] *s* allocation *f*; (*from social security*) prestation *f*
all′-out′ *adj* total
allow [əˈlaʊ] *tr* permettre; (*a fact; a privilege*) accorder; (*as an allocation*) allouer || *intr*—**to allow for** tenir compte de
allowance [əˈlaʊ·əns] *s* allocation *f*, indemnité *f*; concession *f*; tolérance *f*
alloy [ˈælɔɪ], [əˈlɔɪ] *s* alliage *m* || [əˈlɔɪ] *tr* allier
all′ right′ *interj* bon!, très bien!, ça va!; (*agreed!*) c'est entendu!, d'accord!
all′-round′ *adj* (*athlete*) complet; (*man*) universel; total, global
All′ Saints′′ Day′ *s* la Toussaint
All′ Souls′′ Day′ *s* la fête des Morts
all′spice′ *s* (*plant*) quatre-épices *f*; (*berry*) toute-épice *f*; piment *m*
all′-time′ *adj* record
allude [əˈlud] *intr*—**to allude to** faire allusion à
allure [əˈlʊr] *tr* séduire, tenter
allurement [əˈlʊrmənt] *s* charme *m*
alluring [əˈlʊrɪŋ] *adj* séduisant
all′ wet′ *adj* (coll) fichu, erroné
al•ly [ˈælaɪ], [əˈlaɪ] *s* (*pl* **-lies**) allié *m* || [əˈlaɪ] *v* (*pret & pp* **-lied**) *tr* allier
almanac [ˈɔlmə,næk] *s* almanach *m*
almighty [ɔlˈmaɪti] *adj* omnipotent
almond [ˈɑmənd], [ˈæmənd] *s* amande *f*
al′mond tree′ *s* amandier *m*
almost [ˈɔlmost], [ɔlˈmost] *adv* presque; **I almost fell** j'ai failli tomber
alms [ɑmz] *s & spl* aumône *f*
alms′house′ *s* hospice *m*
aloe [ˈælo] *s* aloès *m*
aloft [əˈlɔft], [əˈlɑft] *adv* en l'air; (aer) en vol; (naut) en haut
alone [əˈlon] *adj* seul, e.g., **my arm alone suffices** mon bras seul suffit; e.g., **the metropolis alone** la seule métropole; **let alone . . .** sans compter . . . ; **to leave alone** laisser tranquille || *adv* seulement
along [əˈlɔŋ], [əˈlɑŋ] *adv* avec; **all along** tout le temps; **come along!** venez donc!; **to get along** s'en aller; se porter, faire des progrès || *prep* le long de; sur
along′side′ *adv* à côté || *prep* à côté de

aloof [ə'luf] *adj* isolé, peu abordable || *adv* à l'écart, à distance
aloud [ə'laʊd] *adv* à haute voix
alpenstock ['ælpən,stɑk] *s* bâton *m* ferré
alphabet ['ælfə,bɛt] *s* alphabet *m*
alpine ['ælpaɪn] *adj* alpin
Alps [ælps] *spl*—**the Alps** les Alpes *fpl*
already [ɔl'rɛdi] *adv* déjà
Alsatian [æl'seʃən] *adj* alsacien || *s* (*dialect*) alsacien *m*; (*person*) Alsacien *m*
also ['ɔlso] *adv* aussi, également
altar ['ɔltər] *s* autel *m*
al'tar boy' *s* enfant *m* de chœur
al'tar cloth' *s* nappe *f* d'autel
al'tar·piece' *s* rétable *m*
al'tar rail' *s* grille *f* du chœur
alter ['ɔltər] *tr* altérer; (*a suit of clothes*) retoucher, faire des retouches à; (*an animal*) châtrer || *intr* se modifier
alteration [,ɔltə'reʃən] *s* altération *f*; (*in a building*) modification *f*; **alterations** (*in clothing*) retouches *fpl*
alternate ['ɔltərnɪt], ['æltərnɪt] *adj* alternatif; (*angle*) alterne; (*rhyme*) croisé || ['ɔltər,net], ['æltər,net] *tr* faire alternance à || *intr* alterner
al'ternating cur'rent *s* courant *m* alternatif
alternative [ɔl'tʌrnətɪv], [æl'tʌrnətɪv] *adj & s* alternatif *m*
although [ɔl'ðo] *conj* bien que, quoique
altitude ['æltɪ,t(j)ud] *s* altitude *f*
al·to ['ælto] *s* (*pl* **-tos**) alto *m*
altogether [,ɔltə'gɛðər] *adv* ensemble; entièrement; tout compris
altruist ['æltrʊ·ɪst] *adj & s* altruiste *mf*
alum ['æləm] *s* alun *m*
aluminum [ə'lumɪnəm] *s* aluminium *m*
alum·nus [ə'lʌmnəs] *s* (*pl* **-ni** [naɪ]) diplômé *m*, ancien étudiant *m*
alveo·lus [æl'vi·ələs] *s* (*pl* **-li** [,laɪ]) alvéole *m*
always ['ɔlwɪz], ['ɔlwez] *adv* toujours
A.M. ['e'ɛm] *adv* (letterword) (**ante meridiem**) du matin
amalgam [ə'mælgəm] *s* amalgame *m*
amalgamate [ə'mælgə,met] *tr* amalgamer || *intr* s'amalgamer
amass [ə'mæs] *tr* amasser
amateur ['æmətʃər] *adj & s* amateur *m*
amaze [ə'mez] *tr* étonner
amazing [ə'mezɪŋ] *adj* étonnant
amazon ['æmə,zɑn], ['æməzən] *s* amazone *f*; **Amazon** Amazone *f*; (*river*) fleuve *m* des Amazones
ambassador [æm'bæsədər] *s* ambassadeur *m*
ambassadress [æm'bæsədrɪs] *s* ambassadrice *f*, ambassadeur *m*
amber ['æmbər] *adj* ambré || *s* ambre *m* jaune, ambre succin
ambidextrous [,æmbɪ'dɛkstrəs] *adj* ambidextre
ambigui·ty [,æmbɪ'gju·ɪti] *s* (*pl* **-ties**) ambiguïté *f*
ambition [æm'bɪʃən] *s* ambition *f*
ambitious [æm'bɪʃəs] *adj* ambitieux
amble ['æmbəl] *s* amble *m* || *intr* (*to stroll*) déambuler; (equit) ambler
ambulance ['æmbjələns] *s* ambulance *f*
am'bulance corps' *s* service *m* sanitaire
am'bulance driv'er *s* ambulancier *m*
ambulatory ['æmbjələ,tori] *adj* ambulatoire
ambush ['æmbʊʃ] *s* embuscade *f* || *tr* embusquer
ameliorate [ə'miljə,ret] *tr* améliorer || *intr* s'améliorer
amen ['e'mɛn], ['ɑ'mɛn] *s* amen *m* || *interj* ainsi soit-il!
amenable [ə'minəbəl], [ə'mɛnəbəl] *adj* docile; **amenable to** (*a court*) justiciable de; (*a fine*) passible de; (*a law*) soumis à; (*persuasion*) disposé à; (*a superior*) responsable envers
amend [ə'mɛnd] *tr* amender || *intr* s'amender
amendment [ə'mɛndmənt] *s* amendement *m*
amends [ə'mɛndz] *spl* dédommagement *m*; **to make amends to** dédommager
ameni·ty [ə'minɪti], [ə'mɛnɪti] *s* (*pl* **-ties**) aménité *f*; **amenities** agréments *mpl*; civilités *fpl*
America [ə'mɛrɪkə] *s* Amérique *f*; l'Amérique
American [ə'mɛrɪkən] *adj* américain || *s* Américain *m*
Amer'ican Eng'lish *s* anglais *m* d'Amérique, américain *m*
Amer'ican In'dian *s* amérindien *m*
Americanism [ə'mɛrɪkə,nɪzəm] *s* (*word*) américanisme *m*; patriotisme *m* américain
Amer'ican plan' *s* pension *f* complète
Amer'ican way of life' *s* mode *m* de vie américain
amethyst ['æmɪθɪst] *s* améthyste *f*
amiable ['emɪ·əbəl] *adj* aimable
amicable ['æmɪkəbəl] *adj* amical
amid [ə'mɪd] *prep* au milieu de
amid'ships *adv* au milieu du navire
amidst [ə'mɪdst] *prep* au milieu de
amiss [ə'mɪs] *adj* détraqué; **not amiss** pas mal; **something amiss** quelque chose qui manque, quelque chose qui cloche || *adv* de travers; **to take amiss** prendre en mauvaise part
ami·ty ['æmɪti] *s* (*pl* **-ties**) amitié *f*
ammeter ['æm,mitər] *s* ampèremètre *m*
ammonia [ə'monɪ·ə] *s* (*gas*) ammoniac *m*; (*gas dissolved in water*) ammoniaque *f*
ammunition [,æmjə'nɪʃən] *s* munitions *fpl*
amnesia [æm'niʒɪ·ə], [æm'niʒə] *s* amnésie *f*
amnes·ty ['æmnɪsti] *s* (*pl* **-ties**) amnistie *f* || *v* (*pret & pp* **-tied**) *tr* amnistier
amoeba [ə'mibə] *s* amibe *f*
among [ə'mʌŋ] *prep* entre, parmi
amorous ['æmərəs] *adj* amoureux
amorphous [ə'mɔrfəs] *adj* amorphe
amortize ['æmər,taɪz] *tr* amortir
amount [ə'maʊnt] *s* montant *m*, quantité *f* || *intr*—**to amount to** s'élever à
ampere ['æmpɪr] *s* ampère *m*

amphibian [æm'fɪbɪ·ən] *adj & s* amphibie *mf*; amphibien *m*
amphibious [æm'fɪbɪ·əs] *adj* amphibie
amphitheater ['æmfɪ,θi·ətər] *s* amphithéâtre *m*
ample ['æmpəl] *adj* ample; (*speech*) satisfaisant; (*reward*) suffisant
amplifier ['æmplɪ,faɪ·ər] *s* amplificateur *m*
ampli•fy ['æmplɪ,faɪ] *v* (*pret & pp* **-fied**) *tr* amplifier
amplitude ['æmplɪ,t(j)ud] *s* amplitude *f*
am'plitude modula'tion *s* modulation *f* d'amplitude
amputate ['æmpjə,tet] *tr* amputer
amputee [,æmpjə'ti] *s* amputé *m*
amuck [ə'mʌk] *adv*—**to run amuck** s'emballer
amulet ['æmjəlɪt] *s* amulette *f*
amuse [ə'mjuz] *tr* amuser
amusement [ə'mjuzmənt] *s* amusement *m*
amusing [ə'mjuzɪŋ] *adj* amusant
an [æn], [ən] *art indef* (devant un son vocalique) un
anachronism [ə'nækrə,nɪzəm] *s* anachronisme *m*
analogous [ə'næləgəs] *adj* analogue
analo•gy [ə'nælədʒi] *s* (*pl* **-gies**) analogie *f*
analy•sis [ə'nælɪsɪs] *s* (*pl* **-ses** [,siz]) analyse *f*
analyst ['ænəlɪst] *s* analyste *mf*
analytic(al) [,ænə'lɪtɪk(əl)] *adj* analytique
analyze ['ænə,laɪz] *tr* analyser
anarchist ['ænərkɪst] *s* anarchiste *mf*
anarchy ['ænərki] *s* anarchie *f*
anathema [ə'næθɪmə] *s* anathème *m*
anatomic(al) [,ænə'tɑmɪk(əl)] *adj* anatomique
anato•my [ə'nætəmi] *s* (*pl* **-mies**) anatomie *f*
ancestor ['ænsɛstər] *s* ancêtre *m*
ances•try ['ænsɛstri] *s* (*pl* **-tries**) ancêtres *mpl*, aïeux *mpl*; (*line*) ascendance *f*
anchor ['æŋkər] *s* ancre *f*; **anchors aweigh!** ancres levées!; **to cast anchor** jeter l'ancre, mouiller l'ancre; **to weigh anchor** lever l'ancre || *tr & intr* ancrer
ancho•vy ['æntʃovi] *s* (*pl* **-vies**) anchois *m*
ancient ['enʃənt] *adj* ancien
and [ænd] *conj* et; **and/or** et/ou; **and so forth** et ainsi de suite
andiron ['ænd,aɪ·ərn] *s* chenet *m*
anecdote ['ænɪk,dot] *s* anecdote *f*
anemia [ə'nimɪ·ə] *s* anémie *f*
anesthesia [,ænɪs'θiʒə] *s* anesthésie *f*
anesthetic [,ænɪs'θɛtɪk] *adj & s* anesthésique *m*
anesthetist [æ'nɛsθɪtɪst] *s* anesthésiste *mf*
anesthetize [æ'nɛsθɪ,taɪz] *tr* anesthésier
aneurysm ['ænjə,rɪzəm] *s* anévrisme *m*
anew [ə'n(j)u] *adv* à (or de) nouveau
angel ['endʒəl] *s* ange *m*; (*financial backer*) (coll) bailleur *m* de fonds
angelic(al) [æn'dʒɛlɪk(əl)] *adj* angélique
anger ['æŋgər] *s* colère *f* || *tr* mettre en colère, fâcher
angina pectoris [æn'dʒaɪnə'pɛktərɪs] *s* angine *f* de poitrine
angle ['æŋgəl] *s* angle *m* || *tr* (journ) présenter sous un certain angle || *intr* pêcher à la ligne; **to angle for** essayer d'attraper; (*a compliment*) quêter
angler ['æŋglər] *s* pêcheur *m* à la ligne; (*schemer*) intrigant *m*
an•gry ['æŋgri] *adj* (*comp* **-grier**; *super* **-griest**) fâché; **angry at** fâché de; **angry with** fâché contre; **to become angry** se mettre en colère
anguish ['æŋgwɪʃ] *s* angoisse *f*
angular ['æŋgjələr] *adj* angulaire; (*features*) anguleux
animal ['ænɪməl] *adj & s* animal *m*
animate ['ænɪmɪt] *adj* animé || ['ænɪ,met] *tr* animer
an'imated cartoon' *s* dessins *mpl* animés
animation [,ænɪ'meʃən] *s* animation *f*
animosi•ty [,ænɪ'mɑsɪti] *s* (*pl* **-ties**) animosité *f*
animus ['ænɪməs] *s* animosité *f*; intention *f*
anion ['æn,aɪ·ən] *s* anion *m*
anise ['ænɪs] *s* anis *m*
aniseed ['ænɪ,sid] *s* graine *f* d'anis
ankle ['æŋkəl] *s* cheville *f*
anklet ['æŋklɪt] *s* socquette *f*; bracelet *m* de cheville
annals ['ænəlz] *spl* annales *fpl*
anneal [ə'nil] *tr* recuire, détremper
annex ['ænɛks] *s* annexe *f* || [ə'nɛks] *tr* annexer, rattacher
annexation [,ænɛks'eʃən] *s* annexion *f*, rattachement *m*
annihilate [ə'naɪ·ɪ,let] *tr* annihiler
annihilation [ə,naɪ·ɪ'leʃən] *s* anéantissement *m*
anniversa•ry [,ænɪ'vʌrsəri] *adj* anniversaire || *s* (*pl* **-ries**) anniversaire *m*
annotate ['ænə,tet] *tr* annoter
announce [ə'naʊns] *tr* annoncer
announcement [ə'naʊnsmənt] *s* annonce *f*, avis *m*
announcer [ə'naʊnsər] *s* annonceur *m*; (rad) présentateur *m*, speaker *m*
annoy [ə'nɔɪ] *tr* ennuyer, tourmenter
annoyance [ə'nɔɪ·əns] *s* ennui *m*
annoying [ə'nɔɪ·ɪŋ] *adj* ennuyeux
annual ['ænjʊ·əl] *adj* annuel || *s* annuaire *m*; plante *f* annuelle
annui•ty [ə'n(j)u·ɪti] *s* (*pl* **-ties**) (*annual payment*) annuité *f*; (*of a retired person*) pension *f* de retraite, pension viagère
an•nul [ə'nʌl] *v* (*pret & pp* **-nulled**; *ger* **-nulling**) *tr* annuler; abolir
anode ['ænod] *s* anode *f*
anodyne ['ænə,daɪn] *adj & s* anodin *m*
anoint [ə'nɔɪnt] *tr* oindre
anon [ə'nɑn] *adv* tout à l'heure
anonymity [,ænə'nɪmɪti] *s* anonymat *m*
anonymous [ə'nɑnɪməs] *adj* anonyme
another [ə'nʌðər] *adj & pron indef* un autre; (*an additional*) encore un; **many another** beaucoup d'autres

answer ['ænsər], ['ɑnsər] *s* réponse *f*; (math) solution *f* || *tr* (*e.g., yes or no*) répondre; (*a question, a letter*) répondre à || *intr* répondre; **to answer for** répondre de
an'swer book' *s* livre *m* du maître
an'swering ser'vice *s* (telp) service *m* des abonnés absents
ant [ænt] *s* fourmi *f*
antagonism [æn'tægə,nɪzəm] *s* antagonisme *m*
antagonize [æn'tægə,naɪz] *tr* contrarier; (*a friend*) s'aliéner
Antarctic [ænt'ɑrktɪk] *adj* & *s* Antarctique *f*
Antarctica [ænt'ɑrktɪkə] *s* l'Antarctique *f*
Antarc'tic O'cean *s* Océan *m* glacial antarctique
ante ['ænti] *s* mise *f* || *tr* miser || *intr* miser, caver; **ante up!** misez!
anteater ['ænt,itər] *s* fourmilier *m*
antecedent [,æntɪ'sidənt] *adj* & *s* antécédent *m*
antechamber ['æntɪ,tʃembər] *s* antichambre *f*
antelope ['æntɪ,lop] *s* antilope *f*
anten•na [æn'tenə] *s* (*pl* **-nae** [ni]) (ent) antenne *f* || *s* (*pl* **-nas**) (rad) antenne *f*
antepenult [,æntɪ'pinʌlt] *s* antépénultième *f*
anterior [æn'tɪrɪ•ər] *adj* antérieur
anthem ['ænθəm] *s* hymne *m*; (eccl) antienne *f*, hymne *f*
ant' hill' *s* fourmilière *f*
antholo•gy [æn'θɑlədʒi] *s* (*pl* **-gies**) anthologie *f*
anthropoid ['ænθro,pɔɪd] *adj* & *s* anthropoïde *m*
antiaircraft [,æntɪ'ɛr,kræft], [,ænti'ɛr,kraft] *adj* antiaérien, contre-avions
antibiotic [,æntɪbaɪ'ɑtɪk] *adj* & *s* antibiotique *m*
antibod•y ['æntɪ,bɑdi] *s* (*pl* **-ies**) anticorps *m*
anticipate [æn'tɪsɪ,pet] *tr* anticiper; (*to expect*) s'attendre à
anticipation [æn,tɪsɪ'peʃən] *s* anticipation *f*
anticlimax [,æntɪ'klaɪmæks] *s* chute *f* dans le trivial, désillusion *f*
antics ['æntɪks] *spl* bouffonnerie *f*
antidote ['æntɪ,dot] *s* antidote *m*
antifreeze [,æntɪ'friz] *s* antigel *m*
antiglare [,æntɪ'glɛr] *adj* antiaveuglant
antiknock [,æntɪ'nɑk] *adj* & *s* antidétonant *m*
an'timis'sile mis'sile [,æntɪ'mɪsəl] *s* missile *m* antimissile
antimony ['æntɪ,moni] *s* antimoine *m*
antipa•thy [æn'tɪpəθi] *s* (*pl* **-thies**) antipathie *f*
antiperspirant [,æntɪ'pʌrspərənt] *s* antitranspirant *m*
antiphon ['æntɪ,fɑn] *s* antienne *f*
antiquated ['æntɪ,kwetɪd] *adj* vieilli, démodé
antique [æn'tik] *adj* antique; ancien || *s* (*piece of furniture*) original *m*; **antiques** meubles *mpl* d'époque
antique' deal'er *s* antiquaire *m*
antique' shop' *s* magasin *m* d'antiquités, maison *f* de meubles d'époque
antiqui•ty [æn'tɪkwɪti] *s* (*pl* **-ties**) antiquité *f*; (*oldness*) ancienneté *f*
anti-Semitic [,æntɪsɪ'mɪtɪk] *adj* antisémite, antisémitique
antiseptic [,æntɪ'sɛptɪk] *adj* & *s* antiseptique *m*
an'titank' gun' [,æntɪ'tæŋk] *s* canon *m* antichar
antithe•sis [æn'tɪθɪsɪs] *s* (*pl* **-ses** [,siz]) antithèse *f*
antitoxin [,æntɪ'tɑksɪn] *s* antitoxine *f*
antiwar [,æntɪ'wɔr] *adj* antimilitariste
antler ['æntlər] *s* andouiller *m*
antonym ['æntənɪm] *s* antonyme *m*
anvil ['ænvɪl] *s* enclume *f*
anxie•ty [æŋ'zaɪ•əti] *s* (*pl* **-ties**) anxiété *f*, inquiétude *f*
anxious ['æŋkʃəs] *adj* inquiet, soucieux; **to be anxious to** avoir envie de, tenir beaucoup à
any ['ɛni] *adj indef* quelque, du; aucun; **any day** n'importe quel jour; **any place** n'importe où; **any time** n'importe quand, à tout moment; **any way** n'importe comment, de toute façon || *pron indef* quiconque; quelques-uns §81; **not . . . any** ne . . . aucun §90; ne . . . en . . . pas, e.g., **I will not give him any** je ne lui en donnerai pas || *adv* un peu
an'y•bod'y *pron indef* quelqu'un §81; n'importe qui; **not . . . anybody** ne . . . personne
an'y•how' *adv* en tout cas; cependant
an'y•one' *pron indef* quelqu'un §81; n'importe qui; quiconque; **not . . . anyone** ne . . . personne, e.g., **I don't see anyone** je ne vois personne
an'y•thing' *pron indef* quelque chose; n'importe quoi; **anything at all** quoi que se soit, si peu que ce soit; **anything but** rien moins que; **anything else?** et avec ça?, ensuite?; **not . . . anything** ne . . . rien
an'y•way' *adv* en tout cas
an'y•where' *adv* n'importe où; **not . . . anywhere** ne . . . nulle part
aor•ta [e'ɔrtə] *s* (*pl* **-tas** or **-tae** [ti]) aorte *f*
apace [ə'pes] *adv* vite, rapidement
apache [ə'pɑʃ], [ə'pæʃ] *s* apache *m* || **Apache** [ə'pætʃi] *s* apache *m*
apart [ə'pɑrt] *adj* séparé || *adv* à part, à l'écart; **apart from** en dehors de
apartment [ə'pɑrtmənt] *s* appartement *m*
apart'ment house' *s* maison *f* de rapport, immeuble *m* d'habitation
apathetic [,æpə'θɛtɪk] *adj* apathique
apa•thy ['æpəθi] *s* (*pl* **-thies**) apathie *f*
ape [ep] *s* singe *m* || *tr* singer
aperture ['æpərtʃər] *s* ouverture *f*; (phonet) aperture *f*
apex ['epɛks] *s* (*pl* **apexes** or **apices** ['æpɪ,siz]) sommet *m*; (astr) apex *m*
aphid ['efɪd], ['æfɪd] *s* puceron *m*
aphorism ['æfə,rɪzəm] *s* aphorisme *m*
aphrodisiac [,æfrə'dɪzɪ,æk] *adj* & *s* aphrodisiaque *m*

apiar•y [ˈepɪ ˌeri] *s* (*pl* **-ies**) rucher *m*
apiece [əˈpis] *adv* la pièce, chacun
apish [ˈepɪʃ] *adj* simiesque; (fig) imitateur
aplomb [əˈplɑm], [əˈplɔm] *s* aplomb *m*
apocalyptic(al) [ə ˌpɑkəˈlɪptɪk(əl)] *adj* apocalyptique
Apocrypha [əˈpɑkrɪfə] *s* apocryphes *mpl*
apogee [ˈæpə ˌdʒi] *s* apogée *m*
Apollo [əˈpɑlo] *s* Apollon *m*
apologetic [ə ˌpɑləˈdʒetɪk] *adj* prêt à s'excuser, humble, penaud
apologize [əˈpɑlə ˌdʒaɪz] *intr* faire des excuses, s'excuser
apolo•gy [əˈpɑlədʒi] *s* (*pl* **-gies**) excuse *f*; (*makeshift*) semblant *m*, prétexte *m*; (*apologia*) apologie *f*
A.P.O. number [ˈeˈpiˈo ˌnʌmbər] *s* (letterword) (**Army Post Office**) secteur *m* postal
apoplectic [ˌæpəˈplektɪk] *adj* & *s* apoplectique *mf*
apoplexy [ˈæpə ˌpleksi] *s* apoplexie *f*
apostle [əˈpɑsəl] *s* apôtre *m*
Apos′tles' Creed′ *s* symbole *m* des apôtres
apos′tle•ship′ *s* apostolat *m*
apostrophe [əˈpɑstrəfi] *s* apostrophe *f*
apothecar•y [əˈpɑθɪ ˌkeri] *s* (*pl* **-ies**) apothicaire *m*
appall [əˈpɔl] *tr* épouvanter, effrayer, consterner
appalling [əˈpɔlɪŋ] *adj* épouvantable
appara•tus [ˌæpəˈretəs], [ˌæpəˈrætəs] *s* (*pl* **-tus** or **-tuses**) appareil *m*, dispositif *m*
appar•el [əˈpærəl] *s* (*equipment; clothes*) appareil *m*; (*clothes*) habillement *m* || *v* (*pret* & *pp* **-eled** or **-elled**; *ger* **-eling** or **-elling**) *tr* habiller, vêtir; parer
apparent [əˈpærənt], [əˈperənt] *adj* apparent; (*heir*) présomptif
apparition [ˌæpəˈrɪʃən] *s* apparition *f*
appeal [əˈpil] *s* appel *m*, recours *m*; charme *m*, attrait *m*; (law) pourvoi *m* || *tr* (*a case*) faire appeler || *intr* séduire, charmer; s'adresser, recourir; (law) appeler, pourvoir en cassation
appealing [əˈpilɪŋ] *adj* séduisant, attrayant, sympathique
appear [əˈpɪr] *intr* (*to come into view; to be published; to seem*) paraître; (*to come into view*) apparaître
appearance [əˈpɪrəns] *s* (*look*) apparence *f*, aspect *m*; (*act of showing up*) apparition *f*; (*in print*) parution *f*; **to all appearances** selon toute vraisemblance; **to make one's appearance** faire acte de présence
appease [əˈpiz] *tr* apaiser
appeasement [əˈpizmənt] *s* apaisement *m*
appeaser [əˈpizər] *s* conciliateur *m*, pacificateur *m*
appel′late court′ [əˈpelɪt], [əˈpelet] *s* tribunal *m* d'appel; **highest appellate court** cour *f* de cassation
append [əˈpend] *tr* apposer, ajouter
appendage [əˈpendɪdʒ] *s* dépendance *f*, accessoire *m*
appendecto•my [ˌæpənˈdektəmi] *s* (*pl* **-mies**) appendicectomie *f*
appendicitis [ə ˌpendɪˈsaɪtɪs] *s* appendicite *f*
appen•dix [əˈpendɪks] *s* (*pl* **-dixes** or **-dices** [dɪ ˌsiz]) appendice *m*
appertain [ˌæpərˈten] *intr* se rapporter
appetite [ˈæpɪ ˌtaɪt] *s* appétit *m*
appetizer [ˈæpɪ ˌtaɪzər] *s* apéritif *m*
appetizing [ˈæpɪ ˌtaɪzɪŋ] *adj* appétissant
applaud [əˈplɔd] *tr* applaudir; (*to approve*) applaudir à; **to applaud s.o. for** applaudir qn de || *intr* applaudir
applause [əˈplɔz] *s* applaudissements *mpl*
apple [ˈæpəl] *s* pomme *f*; (*tree*) pommier *m*
ap′ple•jack′ *s* calvados *m*
ap′ple of the eye′ *s* prunelle *f* des yeux
ap′ple or′chard *s* pommeraie *f*, verger *m* à pommes
ap′ple pie′ *s* tarte *f* aux pommes
ap′ple pol′isher *s* (coll) chien *m* couchant, flagorneur *m*
ap′ple•sauce′ *s* compote *f* de pommes; (slang) balivernes *fpl*
ap′ple tree′ *s* pommier *m*
ap′ple turn′over *s* chausson *m* (aux pommes)
appliance [əˈplaɪ•əns] *s* appareil *m*; application *f*; **appliances** accessoires *mpl*
applicable [ˈæplɪkəbəl] *adj* applicable
applicant [ˈæplɪkənt] *s* candidat *m*, postulant *m*
application [ˌæplɪˈkeʃən] *s* application *f*; (*for a job*) demande *f*, sollicitation *f*
applica′tion blank′ *s* formule *f*
applied′ arts′ *spl* arts *mpl* industriels
ap•ply [əˈplaɪ] *v* (*pret* & *pp* **-plied**) *tr* appliquer || *intr* s'appliquer; **to apply for** solliciter, postuler; **to apply to s.o.** s'adresser à qn
appoint [əˈpɔɪnt] *tr* nommer, désigner; (obs) équiper
appointed *adj* désigné; (*time*) convenu, dit
appointment [əˈpɔɪntmənt] *s* (*engagement*) rendez-vous *m*; (*to a position*) désignation *f*, nomination *f*; **appointments** (*of a room*) aménagements *mpl*; **by appointment** sur rendez-vous
apportion [əˈporʃən] *tr* répartir; (com) ventiler
appraisal [əˈprezəl] *s* appréciation *f*, estimation *f*, évaluation *f*; (*by an appraiser*) expertise *f*
appraise [əˈprez] *tr* priser, estimer, évaluer; faire l'expertise de
appraiser [əˈprezər] *s* priseur *m*, estimateur *m*, évaluateur *m*; expert *m*, commissaire-priseur *m*
appreciable [əˈpriʃɪ•əbəl] *adj* appréciable, sensible
appreciate [əˈpriʃɪ ˌet] *tr* apprécier; (*to be grateful for*) reconnaître; (*to be aware of*) être sensible à, s'apercevoir de || *intr* augmenter, hausser

appreciation [ə,priʃɪ'eʃən] *s* appréciation *f*; reconnaissance *f*, gratitude *f*; (*rise in value*) plus-value *f*
appreciative [ə'priʃɪ,etɪv] *adj* reconnaissant
apprehend [,æprɪ'hɛnd] *tr* comprendre; (*to seize; to fear*) appréhender
apprehension [,æprɪ'hɛnʃən] *s* appréhension *f*
apprehensive [,æprɪ'hɛnsɪv] *adj* craintif
apprentice [ə'prentɪs] *s* apprenti *m*
appren'tice•ship' *s* apprentissage *m*
apprise [ə'praɪz] *tr* prévenir, informer, mettre au courant
approach [ə'protʃ] *s* approche *f*; **to make approaches to** faire des avances à || *tr* approcher, approcher de, s'approcher de || *intr* approcher, s'approcher
approachable [ə'protʃəbəl] *adj* abordable, accessible
approbation [,æprə'beʃən] *s* approbation *f*
appropriate [ə'proprɪ·ɪt] *adj* approprié || [ə'proprɪ,et] *tr* (*to take for oneself*) s'approprier; (*to assign*) affecter
appropriation [ə,proprɪ'eʃən] *s* appropriation *f*; (*assigning*) affectation *f*; (govt) crédit *m* budgétaire
approval [ə'pruvəl] *s* approbation *f*, consentement *m*; **on approval** à l'essai, à condition
approve [ə'pruv] *tr* approuver || *intr* être d'accord; **to approve of** approuver
approximate [ə'prɑksɪmɪt] *adj* approximatif || [ə'prɑksɪ,met] *tr* se rapprocher de
appurtenance [ə'pʌrtɪnəns] *s* appartenance *f*; attirail *m*; **appurtenances** dépendances *fpl*
apricot ['eprɪ,kɑt], ['æprɪ,kɑt] *s* abricot *m*; (*tree*) abricotier *m*
April ['eprɪl] *s* avril *m*
A'pril fool' *s* (*joke*) poisson *m* d'avril; (*victim*) dupe *f*, dindon *m*
A'pril Fools'' Day' *s* le jour du poisson d'avril
apron ['eprən] *s* tablier *m*; (aer) aire *f* de manœuvre
apropos [,æprə'po] *adj* opportun || *adv* opportunément; **apropos of** quant à, à l'égard de
apse [æps] *s* abside *f*
apt [æpt] *adj* apte; bien à propos; **apt to** enclin à, porté à
aptitude ['æptɪ,t(j)ud] *s* aptitude *f*
aquacade ['ækwə,ked] *s* féerie *f* sur l'eau, spectacle *m* aquatique
aqualung ['ækwə,lʌŋ] *s* scaphandre *m* autonome
aquamarine [,ækwəmə'rin] *s* aigue-marine *f*
aquaplane ['ækwə,plen] *s* aquaplane *m*
aquari•um [ə'kwerɪ·əm] *s* (*pl* **-ums** or **-a** [ə]) aquarium *m*
aquatic [ə'kwætɪk], [ə'kwɑtɪk] *adj* aquatique || **aquatics** *spl* sports *mpl* nautiques
aqueduct ['ækwə,dʌkt] *s* aqueduc *m*
aquiline ['ækwɪ,laɪn] *adj* aquilin
Arab ['ærəb] *adj* arabe || *s* (*horse*) arabe *m*; (*person*) Arabe *mf*
Arabian [ə'rebɪ·ən] *adj* arabe || *s* Arabe *mf*
Arabic ['ærəbɪk] *adj* arabique || *s* (*language*) arabe *m*
Ar'abic nu'meral *s* chiffre *m* arabe
arbiter ['ɑrbɪtər] *s* arbitre *m*
arbitrary ['ɑrbɪ,treri] *adj* arbitraire
arbitrate ['ɑrbɪ,tret] *tr & intr* arbitrer
arbitration [,ɑrbɪ'treʃən] *s* arbitrage *m*
arbitrator ['ɑrbɪ,tretər] *s* arbitre *m*; (law) amiable compositeur *m*
arbor ['ɑrbər] *s* berceau *m*, charmille *f*; (mach) arbre *m*
arbore•tum [,ɑrbə'ritəm] *s* (*pl* **-tums** or **-ta** [tə]) jardin *m* botanique d'arbres
arbutus [ɑr'bjutəs] *s* arbousier *m*
arc [ɑrk] *s* (elec, geom) arc *m*
arcade [ɑr'ked] *s* arcade *f*; galerie *f*
arcane [ɑr'ken] *adj* mystérieux
arch [ɑrtʃ] *adj* insigne; espiègle || *s* (*of a building, cathedral, etc.*) arc *m*; (*of bridge*) arche *f*; (*of vault*) voûte *f* || *tr* voûter; (*the back*) arquer || *intr* se voûter; s'arquer
archaic [ɑr'ke·ɪk] *adj* archaïque
archaism ['ɑrke,ɪzəm], ['ɑrki,ɪzəm] *s* archaïsme *m*
archangel ['ɑrk,endʒəl] *s* archange *m*
arch'bish'op *s* archevêque *m*
arch'duke' *s* archiduc *m*
arched [ɑrtʃt] *adj* voûté, courbé, arqué
archeologist [,ɑrkɪ'ɑlədʒɪst] *s* archéologue *mf*
archeology [,ɑrkɪ'ɑlɪdʒi] *s* archéologie *f*
archer ['ɑrtʃər] *s* archer *m*
archery ['ɑrtʃəri] *s* tir *m* à l'arc
archetype ['ɑrkɪ,taɪp] *s* archétype *m*
archipela•go [,ɑrkɪ'pɛləgo] *s* (*pl* **-gos** or **-goes**) archipel *m*
architect ['ɑrkɪ,tɛkt] *s* architecte *m*
architecture ['ɑrkɪ,tɛktʃər] *s* architecture *f*
archives ['ɑrkaɪvz] *spl* archives *fpl*
arch'priest' *s* archiprêtre *m*
arch'way' *s* voûte *f*, arcade *f*
Arctic ['ɑrktɪk] *adj & s* (*ocean*) Arctique *m*; (*region*) Arctique *f*
arc' weld'ing *s* soudure *f* à l'arc
ardent ['ɑrdənt] *adj* ardent
ardor ['ɑrdər] *s* ardeur *f*
arduous ['ɑrdʒʊ·əs], ['ɑrdjʊ·əs] *adj* ardu, difficile
area ['ɛrɪ·ə] *s* aire *f*, surface *f*; territoire *m*; (mil) secteur *m*, zone *f*
arena [ə'rinə] *s* arène *f*
Argentina [,ɑrdʒən'tinə] *s* Argentine *f*; l'Argentine
argue ['ɑrgju] *tr* (*a question*) discuter; (*a case*) plaider; (*a point*) soutenir; (*to imply*) arguer; **to argue s.o. into** + *ger* persuader à qn de + *inf* || *intr* discuter, argumenter; plaider
argument ['ɑrgjəmənt] *s* (*proof; reason; theme*) argument *m*; discussion *f*, argumentation *f*; dispute *f*
argumentative [,ɑrgjə'mentətɪv] *adj* disposé à argumenter, raisonneur
aria ['ɑrɪ·ə], ['ɛrɪ·ə] *s* aria *f*

arid ['ærɪd] *adj* aride
aridity [ə'rɪdɪti] *s* aridité *f*
arise [ə'raɪz] *v* (*pret* **arose** [ə'roz]; *pp* **arisen** [ə'rɪzən]) *intr* (*to rise*) se lever; (*to originate*) provenir, prendre naissance; (*to occur*) se produire; (*to be raised, as objections*) s'élever
aristocra·cy [,ærɪs'tɑkrəsi] *s* (*pl* **-cies**) aristocratie *f*
aristocrat [ə'rɪstə,kræt] *s* aristocrate *mf*
aristocratic [ə,rɪstə'krætɪk] *adj* aristocrate
Aristotle ['ærɪ,stɑtəl] *s* Aristote *m*
arithmetic [ə'rɪθmətɪk] *s* arithmétique *f*
arithmetician [ə,rɪθmə'tɪʃən] *s* arithméticien *m*
ark [ɑrk] *s* arche *f*
arm [ɑrm] *s* bras *m*; (mil) arme *f*; **arm in arm** bras dessus bras dessous; **at arm's length** à bout de bras; **under my (your, etc.) arm** sous mon (ton, etc.) aisselle; **up in arms** en rébellion ouverte || *tr* armer || *intr* s'armer
armada [ɑr'mɑdə], [ɑr'medə] *s* armada *f*, grande flotte *f*
armadil·lo [,ɑrmə'dɪlo] *s* (*pl* **-los**) tatou *m*
armament ['ɑrməmənt] *s* armement *m*
armature ['ɑrmə,tʃər] *s* (elec) induit *m*
arm'band' *s* brassard *m*
arm'chair' *s* fauteuil *m*
Armenian [ɑr'minɪ·ən] *adj* arménien || *s* (*language*) arménien *m*; (*person*) Arménien
armful ['ɑrm,fʊl] *s* brassée *f*
arm'hole' *s* emmanchure *f*, entournure *f*
armistice ['ɑrmɪstɪs] *s* armistice *m*
armor ['ɑrmər] *s* (*personal*) armure *f*; (*on ships, tanks, etc.*) cuirasse *f*, blindage *m* || *tr* cuirasser, blinder || *intr* se mettre l'armure
ar'mored car' *s* fourgon *m* blindé
ar'mor plate' *s* plaque *f* de blindage
ar'mor-plate' *tr* cuirasser, blinder
armor·y ['ɑrməri] *s* (*pl* **-ies**) ateliers *mpl* d'armes, salle *f* d'armes
arm'pit' *s* aisselle *f*
arm'rest' *s* appui-bras *m*, accoudoir *m*
arms' race' *s* course *f* aux armements
ar·my ['ɑrmi] *adj* militaire || *s* (*pl* **-mies**) armée *f*
aroma [ə'romə] *s* arôme *m*
aromatic [,ærə'mætɪk] *adj* aromatique
around [ə'raund] *adv* autour, alentour; de tous côtés || *prep* autour de; **around 1950** (coll) vers 1950
arouse [ə'rauz] *tr* éveiller; (*from sleep*) réveiller
arpeg·gio [ɑr'pedʒo] *s* (*pl* **-gios**) arpège *m*
arraign [ə'ren] *tr* accuser; (law) mettre en accusation
arrange [ə'rendʒ] *tr* arranger || *intr* s'arranger
arrangement [ə'rendʒmənt] *s* arrangement *m*
array [ə're] *s* ordre *m*; (*display*) étalage *m*; (*adornment*) parure *f*; (mil) rangée *f*, rangs *mpl* || *tr* ranger, disposer; (*to adorn*) parer
arrearage [ə'rɪrɪdʒ] *s* arriéré *m*
arrears [ə'rɪrz] *spl* arriéré *m*; **in arrears** arriéré
arrest [ə'rest] *s* (*capture*) arrestation *f*; (*halt*) arrêt *m* || *tr* arrêter; fixer; (*attention*) retenir
arrival [ə'raɪvəl] *s* arrivée *f*; (*of goods or ships*) arrivage *m*
arrive [ə'raɪv] *intr* arriver
arrogance ['ærəgəns] *s* arrogance *f*
arrogant ['ærəgənt] *adj* arrogant
arrogate ['ærə,get] *tr*—**to arrogate to oneself** s'arroger
arrow ['æro] *s* flèche *f*
ar'row·head' *s* tête *f* de flèche; (bot) sagittaire *m*
arsenal ['ɑrsənəl] *s* ateliers *mpl* d'armes; manufacture *f* d'armes
arsenic ['ɑrsɪnɪk] *s* arsenic *m*
arson ['ɑrsən] *s* incendie *m* volontaire
arsonist ['ɑrsənɪst] *s* incendiaire *mf*
art [ɑrt] *s* art *m*
arterial [ɑr'tɪrɪ·əl] *adj* artériel
arteriosclerotic [ɑr,tɪrɪ·osklɪ'rɑtɪk] *adj* artérioscléreux
arter·y ['ɑrtəri] *s* (*pl* **-ies**) artère *f*
arte'sian well' [ɑr'tiʒən] *s* puits *m* artésien
artful ['ɑrtfəl] *adj* ingénieux; (*crafty*) artificieux, sournois; artificiel
arthritis [ɑr'θraɪtɪs] *s* arthrite *f*
artichoke ['ɑrtɪ,tʃok] *s* artichaut *m*
article ['ɑrtɪkəl] *s* article; **article of clothing** objet *m* d'habillement
articulate [ɑr'tɪkjəlɪt] *adj* articulé; (*expressing oneself clearly*) clair, expressif; (*speech*) intelligible; (*creature*) doué de la parole || [ɑr'tɪkjə,let] *tr* articuler || *intr* s'articuler
artifact ['ɑrtɪ,fækt] *s* artefact *m*
artifice ['ɑrtɪfɪs] *s* artifice *m*
artificial [,ɑrtɪ'fɪʃəl] *adj* artificiel
artificiali·ty [,ɑrtɪ,fɪʃɪ'ælɪti] *s* (*pl* **-ties**) manque *m* de naturel
artillery [ɑr'tɪləri] *s* artillerie *f*
artil'lery·man *s* (*pl* **-men**) artilleur *m*
artisan ['ɑrtɪzən] *s* artisan *m*
artist ['ɑrtɪst] *s* artiste *mf*
artistic [ɑr'tɪstɪk] *adj* artistique, artiste
artistry ['ɑrtɪstri] *s* art *m*, habileté *f*
artless ['ɑrtlɪs] *adj* naturel; ingénu, naïf; sans art
arts' and crafts' *spl* arts et métiers *mpl*
Aryan ['erɪ·ən], ['ɑrjən] *adj* aryen || *s* (*person*) Aryen *m*
as [æz], [əz] *pron rel* que, e.g., **the same as** le même que || *adv* aussi, e.g., **as . . . as** aussi . . . que; **as for** quant à; **as is** tel quel; **as of** (*a certain date*) en date du; **as regards** en ce qui concerne; **as soon as** aussitôt que; **as though** comme si; **as yet** jusqu'ici || *prep* comme || *conj* puisque; comme; que
asbestos [æs'bestəs] *s* amiante *m*, asbeste *m*
ascend [ə'send] *tr* (*a ladder*) monter à; (*a mountain*) gravir; (*a river*) remonter || *intr* monter, s'élever
ascendancy [ə'sendənsi] *s* supériorité *f*, domination *f*
ascension [ə'senʃən] *s* ascension *f*
Ascen'sion Day' *s* Ascension *f*

ascent [ə'sɛnt] *s* ascension *f*
ascertain [ˌæsər'ten] *tr* vérifier
ascertainment [ˌæsər'tenmənt] *s* constatation *f*
ascetic [ə'sɛtɪk] *adj* ascétique ‖ *s* ascète *mf*
asceticism [ə'sɛtɪˌsɪzəm] *s* ascétisme *m*, ascèse *f*
ascor'bic ac'id [ə'skɔrbɪk] *s* acide *m* ascorbique
ascribe [ə'skraɪb] *tr* attribuer, imputer
aseptic [ə'sɛptɪk], [e'sɛptɪk] *adj* aseptique
ash [æʃ] *s* cendre *f*; (*tree*) frêne *m*
ashamed [ə'ʃemd] *adj* honteux; **to be ashamed** avoir honte
ash'can' *s* poubelle *f*
ashen ['æʃən] *adj* cendré
ashore [ə'ʃor] *adv* à terre; **to go ashore** débarquer
ash'tray' *s* cendrier *m*
Ash' Wednes'day *s* le mercredi des Cendres
Asia ['eʒə], ['eʃə] *s* Asie *f*; l'Asie
A'sia Mi'nor *s* Asie *f* Mineure; l'Asie Mineure
aside [ə'saɪd] *s* aparté *m* ‖ *adv* de côté, à part; (*aloof, at a distance*) à l'écart; **aside from** en dehors de, à part; **to step aside** s'écarter; (fig) quitter la partie
asinine ['æsɪˌnaɪn] *adj* stupide
ask [æsk], [ɑsk] *tr* (*a favor; one's way*) demander; (*a question*) poser; **to ask s.o. about s.th.** interroger qn au sujet de q.ch.; **to ask s.o. for s.th.** demander q.ch. à qn; **to ask s.o. to** + *inf* demander à qn de + *inf*, prier qn de + *inf* ‖ *intr*—**to ask about** s'enquérir de; **to ask for** (*a package; a porter*) demander; (*to inquire about*) demander après; **you asked for it** (*you're in for it*) (coll) c'est bien fait pour vous
askance [ə'skæns] *adv* de côté; **to look askance at** regarder de travers
askew [ə'skju] *adj & adv* de travers, en biais, de biais
asleep [ə'slip] *adj* endormi; **to fall asleep** s'endormir
asp [æsp] *s* aspic *m*
asparagus [ə'spærəgəs] *s* asperge *f*; (*stalks and tips used as food*) des asperges
aspect ['æspekt] *s* aspect *m*
aspen ['æspən] *s* tremble *m*
aspersion [ə'spʌrʒən], [ə'spʌrʃən] *s* (*sprinkling*) aspersion *f*; (*slander*) calomnie *f*
asphalt ['æsfɔlt], ['æsfælt] *s* asphalte *m*
asphyxiate [æs'fɪksɪˌet] *tr* asphyxier
aspirate ['æspɪrɪt] *adj & s* (phonet) aspiré *m* ‖ ['æspɪˌret] *tr* aspirer
aspire [ə'spaɪr] *intr*—**to aspire to** aspirer à
aspirin ['æspɪrɪn] *s* aspirine *f*
ass [æs] *s* âne *m*
assail [ə'sel] *tr* assaillir
assailant [ə'selənt] *s* assaillant *m*
assassin [ə'sæsɪn] *s* assassin *m*
assassinate [ə'sæsɪˌnet] *tr* assassiner
assassination [əˌsæsɪ'neʃən] *s* assassinat *m*
assault [ə'sɔlt] *s* assaut *m*; (*rape*) viol *m*; (law) voie *f* de fait ‖ *tr* assaillir
assault' and bat'tery *s* (law) voies *fpl* de fait
assay [ə'se], ['æse] *s* essai *m*; métal *m* titré ‖ [ə'se] *tr* essayer; titrer
assayer [ə'se·ər] *s* essayeur *m*
as'say val'ue *s* teneur *f*
assemblage [ə'sɛmblɪdʒ] *s* assemblage *m*
assemble [ə'sɛmbəl] *tr* assembler ‖ *intr* s'assembler, se réunir
assem·bly [ə'sɛmbli] *s* (*pl* **-blies**) (*meeting*) assemblée *f*, réunion *f*; (*assembling*) assemblage *m*, montage *m*
assem'bly hall' *s* salle *f* de conférences; (educ) grand amphithéâtre *m*
assem'bly line' *s* chaîne *f* de fabrication, chaîne de montage
assem'bly room' *s* salle *f* de réunion; (mach) atelier *m* de montage
assent [ə'sɛnt] *s* assentiment *m* ‖ *intr* assentir
assert [ə'sʌrt] *tr* affirmer; (*one's rights*) revendiquer; **to assert oneself** imposer le respect, s'imposer
assertion [ə'sʌrʃən] *s* assertion *f*
assess [ə'sɛs] *tr* (*damages, taxes, etc.*) évaluer; (*value of property*) coter; (*property for tax purposes*) grever
assessment [ə'sɛsmənt] *s* évaluation *f*; cote *f*; charge *f*, taxe *f*
assessor [ə'sɛsər] *s* répartiteur *m* d'impôts
asset ['æset] *s* avantage *m*; possession *f*; **assets** biens *mpl*, avoirs *mpl*, actif *m*
assiduous [ə'sɪdʒu·əs], [ə'sɪdju·əs] *adj* assidu
assign [ə'saɪn] *tr* assigner; (mil) affecter
assignation [ˌæsɪg'neʃən] *s* assignation *f*; rendez-vous *m* illicite
assignment [ə'saɪnmənt] *s* attribution *f*; (*schoolwork*) devoirs *mpl*; (law) assignation *f*, transfer *m*; (mil) affectation *f*
assimilate [ə'sɪmɪˌlet] *tr* assimiler ‖ *intr* s'assimiler
assimilation [əˌsɪmɪ'leʃən] *s* assimilation *f*
assist [ə'sɪst] *tr* assister, aider, secourir ‖ *intr* être assistant
assistance [ə'sɪstəns] *s* assistance *f*, aide *f*, secours *m*
assistant [ə'sɪstənt] *adj & s* assistant *m*, adjoint *m*
assizes [ə'saɪzɪz] *spl* assises *fpl*
associate [ə'soʃɪ·ɪt], [ə'soʃɪˌet] *adj* associé ‖ *s* associé *m* ‖ [ə'soʃɪˌet] *tr* associer ‖ *intr* s'associer
association [əˌsoʃɪ'eʃən] *s* association *f*
assonance ['æsənəns] *s* assonance *f*
assort [ə'sɔrt] *tr* assortir ‖ *intr* s'associer
assorted *adj* assorti
assortment [ə'sɔrtmənt] *s* assortiment *m*
assuage [ə'swedʒ] *tr* assouvir; soulager, apaiser
assume [ə's(j)um] *tr* supposer; (*various*

forms) affecter; (*a fact*) présumer; (*a name*) emprunter; (*duties*) assumer, se charger de
assumed *adj* supposé; (*borrowed*) d'emprunt, emprunté; (*feigned*) feint
assumed' name' *s* nom *m* d'emprunt, nom de guerre
assuming [ə's(j)umɪŋ] *adj* prétentieux
assumption [ə'sʌmpʃən] *s* présomption *f*, hypothèse *f*; (*of virtue*) affectation *f*; (*of power*) appropriation *f*; **Assumption** (eccl) Assomption *f*
assurance [ə'ʃurəns] *s* assurance *f*, confiance *f*; promesse *f*
assure [ə'ʃur] *tr* assurer, garantir
astatine ['æstə,tin] *s* astate *m*
aster ['æstər] *s* aster *m*; (*China aster*) reine-marguerite *f*
asterisk ['æstə,rɪsk] *s* astérisque *m*
astern [ə'stʌrn] *adv* à l'arrière
asthma ['æzmə], ['æsmə] *s* asthme *m*
astonish [ə'stɑnɪʃ] *tr* étonner
astonishing [ə'stɑnɪʃɪŋ] *adj* étonnant
astonishment [ə'stɑnɪʃmənt] *s* étonnement *m*
astound [ə'staund] *tr* stupéfier, ahurir, étonner
astounding [ə'staundɪŋ] *adj* étonnant, abasourdissant; (*success*) foudroyant
astraddle [ə'strædəl] *adv* à califourchon
astray [ə'stre] *adv*—**to go astray** s'égarer; **to lead astray** égarer
astride [ə'straɪd] *adv* à califourchon || *prep* à califourchon sur
astrologer [ə'strɑlədʒər] *s* astrologue *m*
astrology [ə'strɑlədʒi] *s* astrologie *f*
astronaut ['æstrə,nɔt] *s* astronaute *mf*
astronautics [,æstrə'nɔtɪks] *s* astronautique *f*
astronomer [ə'strɑnəmər] *s* astronome *m*
astronomic(al) [,æstrə'nɑmɪk(əl)] *adj* astronomique
as'tronom'ical year' *s* année *f* solaire, année tropique
astronomy [ə'strɑnəmi] *s* astronomie *f*
astute [ə'st(j)ut] *adj* astucieux, fin
asunder [ə'sʌndər] *adj* séparé || *adv* en deux
asylum [ə'saɪləm] *s* asile *m*
at [æt], [ət] *prep* à, e.g., **at Paris** à Paris; chez, e.g., **at John's** chez Jean; en, e.g., **at the same time** en même temps
atheism ['eθi,ɪzəm] *s* athéisme *m*
atheist ['eθi·ɪst] *s* athée *mf*
atheistic [,eθi'ɪstɪk] *adj* athée
Athens ['æθɪnz] *s* Athènes *f*
athlete ['æθlit] *s* athlète *m*, sportif *m*
ath'lete's foot' *s* pied *m* d'athlète
athletic [æθ'letɪk] *adj* athlétique || **athletics** *s* athlétisme *m*
athwart [ə'θwɔrt] *adv* par le travers
Atlantic [æt'læntɪk] *adj* & *s* Atlantique *m*
atlas ['ætləs] *s* atlas *m*
atmosphere ['ætməs,fɪr] *s* atmosphère *f*
atmospheric [,ætməs'ferɪk] *adj* atmosphérique || **atmospherics** *spl* parasites *mpl* atmosphériques
atom ['ætəm] *s* atome *m*
atomic [ə'tɑmɪk] *adj* atomique
atom'ic bomb' *s* bombe *f* atomique
atom'ic nuc'leus *s* noyau *m* d'atome
atom'ic pile' *s* pile *f* atomique
atom'ic struc'ture *s* édifice *m* atomique
atomize ['ætə,maɪz] *tr* atomiser
atomizer ['ætə,maɪzər] *s* atomiseur *m*, vaporisateur *m*
atone [ə'ton] *intr*—**to atone for** expier
atonement [ə'tonmənt] *s* expiation *f*
atrocious [ə'troʃəs] *adj* atroce
atroci·ty [ə'trɑsɪti] *s* (*pl* **-ties**) atrocité *f*
atro·phy ['ætrəfi] *s* atrophie *f* || *v* (*pret & pp* **-phied**) *tr* atrophier || *intr* s'atrophier
attach [ə'tætʃ] *tr* attacher; (*property*) saisir; (*salary*) mettre opposition sur; **to be attached to** s'attacher à
attachment [ə'tætʃmənt] *s* attache *f*; (*of the sentiments*) attachement *m*; (law) opposition *f*, saisie-arrêt *f*
attack [ə'tæk] *s* attaque *f* || *tr* attaquer; s'attaquer à || *intr* attaquer
attacker [ə'tækər] *s* assaillant *m*
attain [ə'ten] *tr* atteindre
attainment [ə'tenmənt] *s* acquisition *f*, réalisation *f*; **attainments** connaissances *fpl*
attar ['ætər] *s* essence *f*
attempt [ə'tempt] *s* tentative *f*, essai *m*; (*assault*) attentat *m* || *tr* tenter; (*s.o.'s life*) attenter à
attend [ə'tend] *tr* (*a performance*) assister à; (*a sick person*) soigner; (*a person*) servir; **to attend classes** suivre des cours || *intr*—**to attend to** vaquer à, s'occuper de
attendance [ə'tendəns] *s* assistance *f*; présence *f*; (med) soins *mpl*
attendant [ə'tendənt] *adj* concomitant || *s* assistant *m*; (*to royalty*) serviteur *m*; **attendants** suite *f*
attention [ə'tenʃən] *s* attention *f*; **attention: Mr. Doe** à l'attention de M. Dupont; **attentions** égards *mpl* || *interj* attention!; (mil) garde à vous!
attentive [ə'tentɪv] *adj* attentif
attenuate [ə'tenju,et] *tr* amincir; (*words; bacteria*) atténuer
attest [ə'test] *tr* attester || *intr*—**to attest to** attester
Attic ['ætɪk] *adj* attique || (*l.c.*) *s* mansarde *f*, grenier *m*, soupente *f*
attire [ə'taɪr] *s* vêtement *m*, parure *f* || *tr* habiller, vêtir; parer
attitude ['ætɪ,t(j)ud] *s* attitude *f*
attorney [ə'tʌrni] *s* avoué *m*, avocat *m*
attor'ney gen'eral *s* procureur *m* général, ministre *m* de justice
attract [ə'trækt] *tr* attirer
attraction [ə'trækʃən] *s* attraction *f*; attrait *m*, attirance *f*
attractive [ə'træktɪv] *adj* attirant, attrayant; (*said, e.g., of a force*) attractif
attribute ['ætrɪ,bjut] *s* attribut *m* || [ə'trɪbjut] *tr* attribuer
attrition [ə'trɪʃən] *s* attrition *f*, usure *f*
attune [ə't(j)un] *tr* accorder
auburn ['ɔbərn] *adj* auburn, brun rougeâtre

auction [ˈɔkʃən] *s* vente *f* aux enchères || *tr* vendre aux enchères
auctioneer [ˌɔkʃənˈɪr] *s* adjudicateur *m*, commissaire-priseur *m* || *tr & intr* vendre aux enchères
audacious [ɔˈdeʃəs] *adj* audacieux
audacity [ɔˈdæsɪti] *s* audace *f*
audience [ˈɔdɪ·əns] *s* (*hearing; formal interview*) audience *f*; (*assembly of hearers or spectators*) assistance *f*, salle *f*, auditoire *m*; (*those who follow what one says or writes*) public *m*
au′dio fre′quency [ˈɔdɪˌo] *s* audiofréquence *f*
audiometer [ˌɔdɪˈamɪtər] *s* audiomètre *m*
audit [ˈɔdɪt] *s* apurement *m* || *tr* apurer; **to audit a class** assister à la classe en auditeur libre
audition [ɔˈdɪʃən] *s* audition *f* || *tr & intr* auditionner
auditor [ˈɔdɪtər] *s* (com) comptable *m* agréé, expert comptable *m*; (educ) auditeur *m* libre
auditorium [ˌɔdɪˈtorɪ·əm] *s* auditorium *m*, salle *f*, amphithéâtre *m*
auditory [ˈɔdɪˌtori] *adj* auditif
auger [ˈɔgər] *s* tarière *f*
aught [ɔt] *s* zéro *m* || *pron indef*—**for aught I know** autant que je sache || *adv* du tout
augment [ɔgˈment] *tr & intr* augmenter
augur [ˈɔgər] *s* augure *m* || *tr & intr* augurer; **to augur well** être de bon augure
augu·ry [ˈɔgjəri] *s* (*pl* **-ries**) augure *m*
august [ɔˈgʌst] *adj* auguste || **August** [ˈɔgəst] *s* août *m*
auk [ɔk] *s* guillemot *m*
aunt [ænt], [ant] *s* tante *f*
aureomycin [ˌɔrɪ·oˈmaɪsɪn] *s* (pharm) auréomycine *f*
auricle [ˈɔrɪkəl] *s* auricule *f*, oreillette *f*
aurora [əˈrorə] *s* aurore *f*
auscultate [ˈɔskəlˌtet] *tr* ausculter
auspices [ˈɔspɪsɪz] *spl* auspices *mpl*
auspicious [ɔsˈpɪʃəs] *adj* propice, favorable
austere [ɔsˈtɪr] *adj* austère
Australia [ɔˈstreljə] *s* Australie *f*; l'Australie
Australian [ɔˈstreljən] *adj* australien || *s* (*person*) Australien *m*
Austria [ˈɔstrɪ·ə] *s* Autriche *f*; l'Autriche
Austrian [ˈɔstrɪ·ən] *adj* autrichien || *s* (*person*) Autrichien *m*
authentic [ɔˈθentɪk] *adj* authentique
authenticate [ɔˈθentɪˌket] *tr* authentifier, constater l'authenticité de
author [ˈɔθər] *s* auteur *m*
authoress [ˈɔθərɪs] *s* femme *f* auteur
authoritarian [ɔˌθarɪˈterɪ·ən], [ɔˌθɔrɪˈterɪ·ən] *adj* autoritaire || *s* homme *m* autoritaire
authoritative [ɔˈθarɪˌtetɪv], [ɔˈθɔrɪˌtetɪv] *adj* autorisé; (*dictatorial*) autoritaire
authori·ty [ɔˈθarɪti], [ɔˈθɔrɪti] *s* (*pl* **-ties**) autorité *f*; **on good authority** de bonne part
authorize [ˈɔθəˌraɪz] *tr* autoriser
au′thor·ship′ *s* paternité *f*
au·to [ˈɔto] *s* (*pl* **-tos**) (coll) auto *f*, voiture *f*
autobiogra·phy [ˌɔtobaɪˈagrəfi], [ˌɔtobɪˈagrəfi] *s* (*pl* **-phies**) autobiographie *f*
autocrat [ˈɔtəˌkræt] *s* autocrate *mf*
autocratic(al) [ˌɔtəˈkrætɪk(əl)] *adj* autocratique
autograph [ˈɔtəˌgræf], [ˈɔtəˌgraf] *s* autographe *m* || *tr* écrire l'autographe sur, dédicacer
au′tographed cop′y *s* exemplaire *m* dédicacé
au′to·intox′ica′tion *s* auto-intoxication *f*
automat [ˈɔtəˌmæt] *s* restaurant *m* libre service
automate [ˈɔtəˌmet] *tr* automatiser
automatic [ˌɔtəˈmætɪk] *adj* automatique || *s* revolver *m*
automat′ic transmis′sion *s* changement *m* de vitesse automatique
automation [ˌɔtəˈmeʃən] *s* automatisation *f*, automation *f*
automa·ton [ɔˈtaməˌtan] *s* (*pl* **-tons** or **-ta** [tə]) automate *m*
automobile [ˌɔtəmoˈbil], [ˌɔtəˈmobil] *s* automobile *f*
automobile′ show′ *s* salon *m* de l'automobile
automotive [ˌɔtəˈmotɪv] *adj* automobile; automoteur
autonomous [ɔˈtanəməs] *adj* autonome
autonomy [ɔˈtanəmi] *s* autonomie *f*
autop·sy [ˈɔtapsi] *s* (*pl* **-sies**) autopsie *f*
autumn [ˈɔtəm] *s* automne *m*
autumnal [ɔˈtʌmnəl] *adj* automnal, d'automne
auxilia·ry [ɔgˈzɪljəri] *adj* auxiliaire || *s* (*pl* **-ries**) auxiliaire *mf*; **auxiliaries** (mil) troupes *fpl* auxiliaires
avail [əˈvel] *s* utilité *f* || *tr* profiter à; **to avail oneself of** avoir recours à, profiter de || *intr* être utile, servir
available [əˈveləbəl] *adj* disponible; (*e.g., train*) accessible; **to make available to** mettre à la disposition de
avalanche [ˈævəˌlæntʃ], [ˈævəˌlantʃ] *s* avalanche *f*
avarice [ˈævərɪs] *s* avarice *f*
avaricious [ˌævəˈrɪʃəs] *adj* avaricieux
avenge [əˈvendʒ] *tr* venger
avenger [əˈvendʒər] *s* vengeur *m*
avenue [ˈævəˌn(j)u] *s* avenue *f*
aver [əˈvʌr] *v* (*pret & pp* **averred**; *ger* **averring**) *tr* avérer, affirmer
average [ˈævərɪdʒ] *adj* moyen || *s* moyenne *f*; **on the average** en moyenne || *tr* prendre la moyenne de || *intr* atteindre une moyenne
averse [əˈvʌrs] *adj*—**averse to** hostile à, opposé à, ennemi de
aversion [əˈvʌrʒən] *s* aversion *f*
avert [əˈvʌrt] *tr* détourner, écarter; empêcher, éviter
aviar·y [ˈevɪˌeri] *s* (*pl* **-ies**) volière *f*
aviation [ˌevɪˈeʃən] *s* aviation *f*
aviator [ˈevɪˌetər] *s* aviateur *m*
avid [ˈævɪd] *adj* avide; **avid for** avide de

avidity [əˈvɪdɪti] *s* avidité *f*
avoca·do [ˌævoˈkɑdo] *s* (*pl* **-dos**) avocat *m*
avocation [ˌævəˈkeʃən] *s* occupation *f*, profession *f*; distraction *f*
avoid [əˈvɔɪd] *tr* éviter
avoidable [əˈvɔɪdəbəl] *adj* évitable
avoidance [əˈvɔɪdəns] *s* dérobade *f*
avow [əˈvaʊ] *tr* avouer
avowal [əˈvaʊ·əl] *s* aveu *m*
avowedly [əˈvaʊ·ɪdli] *adv* ouvertement, franchement
await [əˈwet] *tr* attendre
awake [əˈwek] *adj* éveillé || *v* (*pret & pp* **awoke** [əˈwok] or **awaked**) *tr* éveiller || *intr* s'éveiller
awaken [əˈwekən] *tr* éveiller, réveiller || *intr* se réveiller
awakening [əˈwekənɪŋ] *s* réveil *m*; (*disillusionment*) désabusement *m*
award [əˈwɔrd] *s* prix *m*; (law) dommages et intérêts *mpl* || *tr* décerner; accorder
aware [əˈwer] *adj* conscient; **to become aware of** se rendre compte de
awareness [əˈwernɪs] *s* conscience *f*
away [əˈwe] *adj* absent || *adv* au loin, loin; **away from** éloigné de, loin de; **to do away with** abolir; **to get away** s'absenter; (*to escape*) échapper; **to go away** s'en aller; **to make away with** (*to steal*) dérober; **to run away** se sauver; **to send away** renvoyer; **to take away** enlever || *interj* hors d'ici!; **away with!** à bas!
awe [ɔ] *s* crainte *f* révérentielle || *tr* inspirer de la crainte à
awesome [ˈɔsəm] *adj* impressionnant
awful [ˈɔfəl] *adj* terrible; (coll) terrible, affreux
awfully [ˈɔfəli] *adv* terriblement; (coll) joliment, rudement
awhile [əˈhwaɪl] *adv* quelque temps, un peu, un moment
awkward [ˈɔkwərd] *adj* gauche, maladroit; (*moment*) embarrassant
awl [ɔl] *s* alène *f*
awning [ˈɔnɪŋ] *s* tente *f*; (*in front of store*) banne *f*
A.W.O.L. [ˈeˈdʌbəlˌjuˈoˈɛl] (letterword [ˈewɔl] (acronym) *s* (**absent without leave**) absence *f* illégale; **to be A.W.O.L.** être absent sans permission
awry [əˈraɪ] *adv* de travers
ax [æks] *s* hache *f*
axiom [ˈæksɪ·əm] *s* axiome *m*
axiomatic [ˌæksɪ·əˈmætɪk] *adj* axiomatique
axis [ˈæksɪs] *s* (*pl* **axes** [ˈæksiz]) axe *m*
axle [ˈæksəl] *s* essieu *m*
ax′le grease′ *s* cambouis *m*
ay or **aye** [aj] *s* oui *m*; **aye aye, sir!** oui, commandant!, bien, capitaine!; **the ayes have it** les oui l'emportent || [e] *adv* toujours
azalea [əˈzeljə] *s* azalée *f*
azimuth [ˈæzɪməθ] *s* azimut *m*
Azores [əˈzorz], [ˈezorz] *spl* Açores *fpl*
Aztecs [ˈæztɛks] *spl* Aztèques *mpl*
azure [ˈæʒər], [ˈeʒər] *adj* azuré, d'azur || *s* azur *m* || *tr* azurer

B

B, b [bi] *s* IIe lettre de l'alphabet
babble [ˈbæbəl] *s* babil *m* || *tr* (*secrets*) dire à tort et à travers || *intr* babiller; (*said of birds*) jaser; (*said of brook*) murmurer
babbling [ˈbæblɪŋ] *adj* (*gossiper*) babillard; (*brook*) murmurant || *s* babillage *m*
babe [beb] *s* bébé *m*, bambin *m*; (*naive person*) (coll) enfant *mf*; (*pretty girl*) (coll) pépée *f*, môme *f*
babel [ˈbebəl] *s* brouhaha *m*, vacarme *m*
baboon [bæˈbun] *s* babouin *m*
ba·by [ˈbebi] *s* (*pl* **-bies**) bébé *m*; (*youngest child*) cadet *m*, benjamin *m*; **baby!** (*honey!*) (coll) ma choute! || *v* (*pret & pp* **-bied**) *tr* traiter en bébé, dorloter; (*e.g., a machine*) traiter avec soin
ba′by car′riage *s* voiture *f* d'enfant, poussette *f*; (*with hood*) landau *m*
ba′by grand′ *s* piano *m* demi-queue
ba′by-sit′ter *s* gardienne *f* d'enfants, garde-bébé *mf*
ba′by talk′ *s* babil *m* enfantin
ba′by teeth′ *spl* dents *fpl* de lait
baccalaureate [ˌbækəˈlɔrɪ·ɪt] *s* baccalauréat *m*
bacchanal [ˈbækənəl] *adj* bachique || *s* bacchanale *f*; (*person*) noceur *m*
bachelor [ˈbætʃələr] *s* célibataire *m*; (*graduate*) bachelier *m*
bach′elor apart′ment *s* garçonnière *f*
bach′elor girl′ *s* garçonne *f*
bach′elor·hood′ *s* célibat *m*
bach′elor's-but′ton *s* (bot) bluet *m*, barbeau *m*
bach′elor's degree′ *s* baccalauréat *m*
bacil·lus [bəˈsɪləs] *s* (*pl* **-li** [laɪ]) bacille *m*
back [bæk] *adj* postérieur || *s* dos *m*; (*of house; of head or body*) derrière *m*; (*of house; of car*) arrière *m*; (*of room*) fond *m*; (*of fabric*) envers *m*; (*of seat*) dossier *m*; (*of medal; of hand*) revers *m*; (*of page*) verso *m*; (sports) arrière; **back to back** dos à dos; **with one's back to the wall** poussé au pied du mur, aux abois || *adv* en arrière, à l'arrière; **as far back as** déjà en, dès; **back and forth**

de long en large; **back of** derrière; **back to front** sens devant derrière; **in back** par derrière; **some weeks back** il y a quelques semaines; **to be back** être de retour; **to come back** revenir; **to go back** retourner; **to go back home** rentrer; **to go back on** (coll) abandonner; **to go back to** (*to hark back to*) remonter à; **to make one's way back** s'en retourner ‖ *tr* faire faire marche arrière à; (*e.g., a car*) faire reculer; (*to support*) appuyer, soutenir; (*to reinforce*) renforcer; (*e.g., a racehorse*) parier pour; **to back s.o. up** soutenir qn; **to back water** nager à culer ‖ *intr* reculer; faire marche arrière; **to back down** (fig) se rétracter, se retirer; **to back out of** (*e.g., an agreement*) se dédire de, se soustraire à; **to back up** reculer

back'ache' *s* mal *m* de dos

back'bite' *v* (*pret* **-bit**; *pp* **-bitten** or **bit**) *tr* médire de ‖ *intr* médire

back'bit'er *s* médisant *m*

back'bone' *s* colonne *f* vertébrale, épine *f* dorsale, échine *f*; (*of a fish*) grande arête *f*; (*of an enterprise*) colonne *f*, appui *m*; (fig) caractère *m*, cran *m*; **to have no backbone** (fig) avoir l'échine souple

back'break'ing *adj* éreintant, dur

back'door' *adj* (fig) secret, clandestin

back' door' *s* porte *f* de derrière; (fig) petite porte

back'down' *s* (coll) palinodie *f*

back'drop' *s* toile *f* de fond

backer ['bækər] *s* (*of team, party, etc.*) supporter *m*; (com) bailleur *m* de fonds, commanditaire *m*

back'fire' *s* retour *m* de flamme, pétarade *f*; (*for firefighting*) contre-feu *m*; (mach) contre-allumage *m* ‖ *intr* donner des retours de flamme; (fig) produire un résultat imprévu

backgammon ['bæk,gæmən], [,bæk'gæmən] *s* trictrac *m*, jacquet *m*

back'ground' *s* fond *m*; (*of person*) origines *fpl*, éducation *f*; (*music, sound effects, etc.*) fond sonore

back'hand' *s* (tennis) revers *m*

back'hand'ed *adj* de revers; (*compliment*) à rebours, équivoque

backing ['bækɪŋ] *s* (*support*) appui *m*, soutien *m*; (*reinforcement*) renforcement *m*; (*backing up*) recul *m*

back' in'terest *m* arrérage *m*; arrérages *mpl*

back'lash' *s* contrecoup *m*

back'light'ing *s* contre-jour *m*

back'log' *s* arriéré *m*, accumulation *f*

back' num'ber *s* (*of newspaper, magazine*) vieux numéro *m*; (coll) vieux jeu *m*

back' pay' *s* salaire *m* arriéré; (mil) arriéré *m* de solde

back' pay'ment *s* arriéré *m*

back' scratch'er *s* gratte-dos *m*; (slang) lèche-bottes *m*

back' seat' *s* banquette *f* arrière; **to take a back seat** (fig) aller au second plan

back'side' *s* derrière *m*, postérieur *m*

back'slide' *intr* récidiver

back'slid'er *s* récidiviste *mf*, relaps *m*

back'space key' *s* rappel *m* de chariot

back'spac'er *s* rappel *m* de chariot

back'spin' *s* (*of ball*) coup *m* en bas, effet *m*

back'stage' *adv* dans les coulisses

back'stairs' *adj* caché, indirect

back' stairs' *spl* escalier *m* de service

back'stitch' *s* point *m* arrière

back'stop' *s* (*baseball*) attrapeur *m* ‖ *v* (*pret & pp* **-stopped**; *ger* **-stopping**) *tr* (coll) soutenir

back'stroke' *s* (*of piston*) course *f* de retour; (swimming) brasse *f* sur le dos

back'swept wing' *s* aile *f* en flèche

back' talk' *s* réplique *f* impertinente

back' tax'es *spl* impôts *mpl* arriérés

back'track' *intr* rebrousser chemin

back'up' *s* appui *m*, soutien *m*

back'up light' *s* phare *m* de recul

backward ['bækwərd] *adj* (*in direction*) en arrière, rétrograde; (*in time*) en retard; (*in development*) arriéré, attardé ‖ *adv* en arrière; (*opposite to the normal*) à rebours; (*walking*) à reculons; (*flowing*) à contre-courant; (*stroking of the hair*) à contre-poil; **backward and forward** de long en large; **to go backward and forward** aller et venir

back'ward-and-for'ward mo'tion *s* va-et-vient *m*

backwardness ['bækwərdnɪs] *s* retard *m*, lenteur *f*

backwards ['bækwərdz] *adv* var of **backward**

back'wash' *s* remous *m*

back'wa'ter *s* (*of river*) bras *m* mort; (*e.g., of water wheel*) remous *m*; (fig) endroit *m* isolé, trou *m*

back' wheel' *s* roue *f* arrière

back'woods' *spl* forêts *fpl* de l'intérieur; bled *m*, brousse *f*

back'woods'man *s* (*pl* **-men**) défricheur *m* de forêts, coureur *m* des bois

back'yard' *s* derrière *m* (de la maison)

bacon ['bekən] *s* lard *m*, bacon *m*; (slang) butin *m*; **to bring home the bacon** (coll) remporter la timbale

bacteria [bæk'tɪrɪ·ə] *spl* bactéries *fpl*

bacteriology [bæk,tɪrɪ'ɑlədʒi] *s* bactériologie *f*

bacteri·um [bæk'tɪrɪ·əm] *s* (*pl* **-a** [ə]) bactérie *f*

bad [bæd] *adj* mauvais §91; (*wicked*) méchant; (*serious*) grave; **from bad to worse** de mal en pis; **too bad!** c'est dommage!

bad' breath' *s* haleine *f* forte

bad' com'pany *s* mauvaises fréquentations *fpl*

bad' debt' *s* mauvaise créance *f*

bad' egg' *s* (slang) mauvais sujet *m*

bad' exam'ple *s* exemple *m* pernicieux

badge [bædʒ] *s* insigne *m*, plaque *f*

badger ['bædʒər] *s* blaireau *m* ‖ *tr* harceler, ennuyer

bad' lot' *s* voyous *mpl*, racaille *f*

badly [ˈbædli] *adv* mal §91; (*seriously*) gravement; **to want badly** avoir grande envie de
bad′man′ *s* (*pl* **-men′**) bandit *m*
badness [ˈbædnɪs] *s* mauvaise qualité *f*; (*of character*) méchanceté *f*
bad′-tem′pered *adj* susceptible, méchant; (*e.g.,* **horse**) vicieux, rétif
baffle [ˈbæfəl] *s* déflecteur *m*, chicane *f* ‖ *tr* déconcerter, confondre
baffling [ˈbæflɪŋ] *adj* déconcertant
bag [bæg] *s* sac *m*; (*suitcase*) valise *f*; (*of game*) chasse *f* ‖ *v* (*pret & pp* **bagged**; *ger* **bagging**) *tr* ensacher, mettre en sac; (*game*) abattre, tuer ‖ *intr* (*said of clothing*) faire poche
bagful [ˈbæg,fʊl] *s* sachée *f*
baggage [ˈbægɪdʒ] *s* bagage *m*, bagages
bag′gage car′ *s* (rr) fourgon *m* à bagages
bag′gage check′ *s* bulletin *m* de bagages
bag′gage room′ *s* bureau *m* de gare expéditeur; (*checkroom*) consigne *f*
bag′gage truck′ *s* chariot *m* à bagages; (*hand truck*) diable *m*
bag•gy [ˈbægi] *adj* (*comp* **-gier**; *super* **-giest**) bouffant
bag′ of tricks′ *s* sac *m* à malice
bag′pipe′ *s* cornemuse *f*
bail [bel] *s* caution *f*; **to be out on bail** être libre sous caution; **to put up bail** se porter caution ‖ *tr* cautionner; **to bail out** se porter caution pour; (*a boat*) écoper ‖ *intr*—**to bail out** (aer) sauter en parachute
bailiff [ˈbelɪf] *s* (*of a court*) huissier *m*, bailli *m*; (*on a farm*) régisseur *m*
bailiwick [ˈbelɪwɪk] *s* bailliage *m*, rayon *m*; (fig) domaine *m*
bait [bet] *s* appât *m*, amorce *f* ‖ *tr* appâter, amorcer; (*to harass*) harceler
bake [bek] *tr* faire cuire au four; **to bake bread** boulanger, faire le pain ‖ *intr* cuire au four
baked′ pota′toes *spl* pommes *fpl* de terre au four
bakelite [ˈbekə,laɪt] *s* bakélite *f*
baker [ˈbekər] *s* boulanger *m*
bak′er's doz′en *s* treize *m* à la douzaine
baker•y [ˈbekəri] *s* (*pl* **-ies**) boulangerie *f*
baking [ˈbekɪŋ] *s* cuisson *f* au four
bak′ing pow′der *s* levure *f* anglaise
bak′ing so′da *s* bicarbonate *m* de soude
balance [ˈbæləns] *s* balance *f*, équilibre *m*; (*scales*) balance *f*; (*what is left*) reste *m*; (com) solde *m*, report *m* ‖ *tr* balancer; (*an account*) solder ‖ *intr* se balancer; se solder
bal′ance of pay′ments *s* balance *f* des comptes
bal′ance of pow′er *s* équilibre *m* politique
bal′ance of trade′ *s* balance du commerce
bal′ance sheet′ *s* bilan *m*
bal′ance wheel′ *s* balancier *m*
balancing [ˈbælənsɪŋ] *s* balancement *m*; équilibrage *m*; ajustement *m*; (com) règlement *m* des comptes
balco•ny [ˈbælkəni] *s* (*pl* **-nies**) balcon *m*; (*in a theater*) galerie *f*
bald [bɔld] *adj* chauve; (*fact, statement, etc.*) simple, net, carré
balderdash [ˈbɔldər,dæʃ] *s* galimatias *m*, fatras *m*
baldness [ˈbɔldnɪs] *s* calvitie *f*
bale [bel] *s* balle *f* ‖ *tr* emballer
Balear′ic Is′lands [,bælɪˈærɪk] *spl* Baléares *fpl*
baleful [ˈbelfəl] *adj* funeste, fatal; triste
balk [bɔk] *s* déception *f*, contretemps *m*; (*beam*) poutre *f*; (agr) billon *m* ‖ *tr* frustrer ‖ *intr* regimber
Balkan [ˈbɔlkən] *adj* balkanique
balk•y [ˈbɔki] *adj* (*comp* **-ier**; *super* **-iest**) regimbé, rétif
ball [bɔl] *s* balle *f*; (*in billiards; in bearings*) bille *f*; (*spherical body*) boule *f*; (*dance*) bal *m*; (sports) ballon *m*; **to be on the ball** (slang) être toujours là pour le coup; **to have s.th. on the ball** (slang) avoir q.ch. dans le ventre; **to play ball** jouer au ballon; (slang) coopérer; (*to be in cahoots*) (slang) être en tandem ‖ *tr*—**to ball up** (slang) bousiller, embrouiller
ballad [ˈbæləd] *s* (*song*) romance *f*, complainte *f*; (*poem*) ballade *f*
ball′ and chain′ *s* boulet *m*; (slang) femme *f*, épouse *f*
ball′-and-sock′et joint′ *s* joint *m* à rotule
ballast [ˈbæləst] *s* (aer, naut) lest *m*; (rr) ballast *m* ‖ *tr* lester; ballaster
ball′ bear′ing *s* bille *f*, roulement *m* à billes
ball′ cock′ *s* robinet *m* à flotteur
ballerina [,bæləˈrinə] *s* ballerine *f*
ballet [ˈbæle] *s* ballet *m*
ballistic [bəˈlɪstɪk] *adj* balistique ‖ **ballistics** *s* balistique *f*
ballis′tic mis′sile *s* engin *m* balistique
balloon [bəˈlun] *s* ballon *m* ‖ *tr* ballonner ‖ *intr* ballonner, se ballonner
ballot [ˈbælət] *s* scrutin *m*; (*individual ballot*) bulletin *m* ‖ *intr* scrutiner, voter
bal′lot box′ *s* urne *f*; **to stuff the ballot boxes** bourrer les urnes
balloting [ˈbælətɪŋ] *s* scrutin *m*
ball′-point pen′ *s* stylo *m* à bille
ball′room′ *s* salon *m* de bal, salle *f* de danse
ballyhoo [ˈbælɪ,hu] *s* publicité *f* tapageuse ‖ *tr* faire de la réclame pour
balm [bɑm] *s* baume *m* ‖ *tr* parfumer
balm•y [ˈbɑmi] *adj* (*comp* **-ier**; *super* **-iest**) embaumé; (slang) toqué
baloney [bəˈloni] *s* (culin) mortadelle *f*; (slang) fadaises *fpl*
balsam [ˈbɔlsəm] *s* baume *m*
bal′sam fir′ *s* sapin *m* baumier
bal′sam pop′lar *s* peuplier *m* baumier
Balt [bɔlt] *s* Balte *mf*
Bal′timore o′riole [ˈbɔltɪ,mor] *s* loriot *m* de Baltimore
baluster [ˈbæləstər] *s* balustre *m*

balustrade [ˌbæləsˈtred] *s* balustrade *f*, rampe *f*
bamboo [bæmˈbu] *s* bambou *m*
bamboozle [bæmˈbuzəl] *tr* (slang) mystifier
ban [bæn] *s* ban *m*, interdiction *f*; **bans** bans *mpl* || *v* (*pret & pp* **banned**; *ger* **banning**) *tr* mettre au ban
banal [ˈbenəl], [bəˈnæl] *adj* banal
banali·ty [bəˈnælɪti] *s* (*pl* **-ties**) banalité *f*
banana [bəˈnænə] *s* banane *f*
banan′a tree′ *s* bananier *m*
band [bænd] *s* bande *f*, lien *m*; musique *f*, fanfare *f*; (*dance band*) orchestre *m*; (*strip of color*) raie *f*; **to beat the band** (slang) sans pareille; (*hastily*) vivement || *tr* entourer de bandes; (*a bird*) marquer de bandes || *intr*—**to band together** se grouper
bandage [ˈbændɪdʒ] *s* (*dressing*) pansement *m*; (*holding the dressing in place*) bandage *m* || *tr* panser; bander
band′box′ *s* carton *m* de modiste
bandit [ˈbændɪt] *s* bandit *m*
band′mas′ter *s* chef *m* de musique
band′ saw′ *s* scie *f* à ruban
band′stand′ *s* kiosque *m*
band′wag′on *s* char *m* de la victoire; **to jump on the bandwagon** suivre la majorité victorieuse
ban·dy [ˈbændi] *adj* tortu || *v* (*pret & pp* **-died**) *tr* renvoyer, échanger; **to bandy words** se renvoyer des paroles || *intr* se disputer
ban′dy-leg′ged *adj* bancal
bane [ben] *s* poison *m*; ruine *f*
baneful [ˈbenfəl] *adj* funeste, nuisible
bang [bæŋ] *s* coup *m*; (*of a door*) claquement *m*; (*of fireworks; of a gun*) détonation *f*; **bangs** frange *f*; **to go off with a bang** détoner; (slang) réussir || *tr* frapper; (*a door*) faire claquer; **to bang down** (*e.g., a lid*) abattre violemment; **to bang up** (slang) rosser, cogner || *intr* claquer avec fracas; **to bang against** cogner; **to bang on** frapper à || *interj* pan!; pom!
bang′-up′ *adj* (slang) de premier ordre, à la hauteur
banish [ˈbænɪʃ] *tr* bannir, exiler
banishment [ˈbænɪʃmənt] *s* bannissement *m*
banister [ˈbænɪstər] *s* balustre *m*; **banisters** balustrade *f*, rampe *f*
bank [bæŋk] *s* banque *f*; (*of river*) rive *f*, bord *m*; (*shoal*) banc *m*; (*slope*) talus *m*, terrasse *f*; (*in a gambling game*) cave *f*; (aer) virage *m* incliné; **to break the bank** faire sauter la banque || *tr* terrasser; (*money*) déposer; (*an airplane*) incliner || *intr* (aer) virer, virer sur l'aile, s'incliner; **to bank on** compter sur
bank′ account′ *s* compte *m* en banque
bank′book′ *s* carnet *m* de banque
banked *adj* incliné
banker [ˈbæŋkər] *s* banquier *m*
banking [ˈbæŋkɪŋ] *adj* bancaire
bank′ note′ *s* billet *m* de banque
bank′roll′ *s* paquet *m* de billets, liasse *f* de billets
bankrupt [ˈbæŋkrʌpt] *adj & s* failli *m*; (*with guilt*) banqueroutier *m*; **to go bankrupt** faire banqueroute || *tr* mettre en faillite
bankrupt·cy [ˈbæŋkrʌptsi] *s* (*pl* **-cies**) banqueroute *f*
bank′ vault′ *s* chambre *f* forte
banner [ˈbænər] *s* bannière *f*
ban′ner cry′ *s* cri *m* de guerre
ban′ner year′ *s* année *f* record
banquet [ˈbæŋkwɪt] *s* banquet *m* || *intr* banqueter
bantam [ˈbæntəm] *adj* nain || *s* poulet *m* nain, poulet de Bantam
ban′tam·weight′ *s* poids *m* bantam
banter [ˈbæntər] *s* badinage *m* || *tr & intr* badiner
bantering [ˈbæntərɪŋ] *adj* railleur, goguenard
baptism [ˈbæptɪzəm] *s* baptême *m*
baptismal [bæpˈtizməl] *adj* baptismal
baptis′mal certif′icate *s* extrait *m* baptême, bulletin *m* de naissance
baptis′mal font′ *s* fonts *mpl* baptismaux
Baptist [ˈbæptɪst] *s* baptiste *mf*
baptister·y [ˈbæptɪstəri] *s* (*pl* **-ies**) baptistère *m*
baptize [bæpˈtaɪz], [ˈbæptaɪz] *tr* baptiser
bar [bɑr] *s* barre *f*, barreau *m*; (*obstacle*) barrière *f*, empêchement *m*; (*barroom; counter*) bar *m*; (*profession of law*) barreau; (*of public opinion*) tribunal *m*; (*of chocolate*) tablette *f*; (*mus*) mesure *f*; (phys) bar; **behind bars** sous les barreaux || *prep* —**bar none** sans exception || *v* (*pret & pp* **barred**; *ger* **barring**) *tr* barrer
barb [bɑrb] *s* barbillon *m*; dent *f* d'une flèche; (*in metalwork*) barbe *f* || *tr* garnir de barbillons
Barbados [bɑrˈbedoz] *s* la Barbade
barbarian [bɑrˈberɪ·ən] *adj & s* barbare *mf*
barbaric [bɑrˈbærɪk] *adj* barbare
barbarism [ˈbɑrbəˌrɪzəm] *s* barbarie *f*; (*in speech or writing*) barbarisme *m*
barbari·ty [bɑrˈbærɪti] *s* (*pl* **-ties**) barbarie *f*
barbarous [ˈbɑrbərəs] *adj* barbare
barbecue [ˈbɑrbɪˌkju] *s* grillade *f* en plein air || *tr* griller à la sauce piquante
bar′becue pit′ *s* rôtisserie *f* en plein air
barbed *adj* barbelé, pointu
barbed′ wire′ *s* fil *m* de fer barbelé
barbed′-wire entan′glement *s* réseau *m* de barbelés
barber [ˈbɑrbər] *s* coiffeur *m*; (*who shaves*) barbier *m*
bar′ber pole′ *s* enseigne *f* de barbier
bar′ber·shop′ *s* salon *m* de coiffeur
bar′ber·shop quartet′ *s* ensemble *m* harmonique de chanteurs amateurs
barbiturate [bɑrˈbɪtʃəˌret], [ˌbɑrbɪˈtjuret] *adj & s* barbiturique *m*
bard [bɑrd] *s* barde *m*
bare [ber] *adj* nu; découvert; simple || *tr* mettre à nu

bare'back' *adv* à nu
bare'faced' *adj* éhonté, effronté, sans déguisement
bare'foot' *adj* nu-pieds
bare'head'ed *adj* nu-tête
bare'leg'ged *adj* nu-jambes
barely ['bɛrli] *adv* à peine
bareness ['bɛrnɪs] *s* nudité *f*, dénuement *m*; (*of style*) pauvreté *f*
bar'fly' *s* (*pl* **-flies**) (slang) pilier *m* de cabaret
bargain ['bɑrgɪn] *s* (*deal*) marché *m*, affaire *f*; (*cheap purchase*) solde *m*, occasion *f*; **into the bargain** par-dessus le marché || *tr*—**to bargain away** vendre à perte || *intr* entrer en négociations; **she gave him more than he bargained for** (fig) elle lui a donné du fil à retordre; **to bargain over** marchander; **to bargain with** traiter avec
bar'gain count'er *s* rayon *m* des soldes
bar'gain sale' *s* vente *f* de soldes
barge [bɑrdʒ] *s* barge *f*, chaland *m*, péniche *f* || *intr*—**to barge into** entrer sans façons
baritone ['bærɪ,ton] *adj* de baryton || *s* baryton *m*
barium ['bɛrɪ·əm] *s* baryum *m*
bark [bɑrk] *s* (*of tree*) écorce *f*; (*of dog*) aboiement *m*; (*boat*) trois-mâts *m*; **his bark is worse than his bite** il fait plus de bruit que de mal || *tr*—**to bark out** dire d'un ton sec || *intr* aboyer; **to bark up the wrong tree** suivre une mauvaise piste
bar'keep'er *s* barman *m*
barker ['bɑrkər] (coll) *s* bonimenteur *m*, barnum *m*
barley ['bɑrli] *s* orge *f*
bar'maid' *s* fille *f* de comptoir, demoiselle *f* de comptoir, serveuse *f*
barn [bɑrn] *s* (*for grain*) grange *f*; (*for horses*) écurie *f*; (*for livestock*) étable *f*
barnacle ['bɑrnəkəl] *s* (*on a ship*) anatife *m*, patelle *f*; (*goose*) bernacle *f*
barn' owl' *s* (*Tyto alba*) effraie *f*
barn'storm' *intr* aller en tournée
barn'yard' *s* basse-cour *f*
barometer [bə'rɑmɪtər] *s* baromètre *m*
barometric [,bærə'metrɪk] *adj* barométrique
baron ['bærən] *s* baron *m*; (*of steel, coal, lumber*) (coll) magnat *m*
baroness ['bærənɪs] *s* baronne *f*
baroque [bə'rok] *adj* & *s* baroque *m*
bar'rack-room' *adj* (*humor; manners*) soldatesque, de caserne || *s* chambrée *f*
barracks ['bærəks] *spl* caserne *f*
barrage [bə'rɑʒ] *s* barrage *m*
barred *adj* barré; (*excluded*) exclu
barrel ['bærəl] *s* tonneau *m*, fût *m*; **large barrel** barrique *f*; **small barrel** baril *m*, baricaut *m*, barillet *m*
bar'rel or'gan *s* orgue *m* de Barbarie
barren ['bærən] *adj* stérile; (*bare*) nu; (*of style*) aride, sec
barricade [,bærɪ'ked] *s* barricade *f* || *tr* barricader
barrier ['bærɪ·ər] *s* barrière *f*
bar'rier reef' *s* récif-barrière *m*
barring ['bɑrɪŋ] *prep* sauf
barrister ['bærɪstər] *s* (Brit) avocat *m*
bar'room' *s* cabaret *m*, bar *m*, bistrot *m*
bar'tend'er *s* barman *m*
barter ['bɑrtər] *s* échange *m*, troc *m* || *tr* échanger
ba'sal metab'olism ['besəl] *s* métabolisme *m* basal
basalt [bə'sɔlt], ['bæsɔlt] *s* basalte *m*
base [bes] *adj* bas, vil || *s* base *f*; fondement *m*, ligne *f* d'appui, principe *m*; (*pedestal*) socle *m* || *tr* baser; fonder
base'ball' *s* base-ball *m*
base'board' *s* moulure *f* de base
basement ['besmənt] *s* sous-sol *m*, cave *f*
base'ment win'dow *s* soupirail *m*
bash [bæʃ] *tr* cogner, assommer
bashful ['bæʃfəl] *adj* timide
basic ['besɪk] *adj* fondamental, de base, essentiel; (*alkaline*) basique
basil ['bæzəl] *s* basilic *m*
basilica [bə'sɪlɪkə] *s* basilique *f*
basin ['besɪn] *s* bassin *m*; (*washbasin*) cuvette *f*; (*bowl*) bol *m*
ba·sis ['besɪs] *s* (*pl* **-ses** [siz]) base *f*, fondement *m*; **on the basis of** sur la base de
bask [bæsk], [bɑsk] *intr* se chauffer
basket ['bæskɪt], ['bɑskɪt] *s* panier *m*; (*with a handle*) corbeille *f*; (*carried on the back*) hotte *f*
bas'ket·ball' *s* basket-ball *m*, basket *m*
bas'ket lunch' *s* panier-repas *m*
bas'ket·mak'er *s* vannier *m*
bas'ket·work' *s* vannerie *f*
Basque [bæsk] *adj* basque || *s* (*language*) basque *m*; (*person*) Basque *mf*
bass [bes] *adj* grave, bas || *s* (mus) basse *f* || [bæs] *s* (ichth) bar *m*
bass' drum' [bes] *s* grosse caisse *f*
bassinet [,bæsɪ'net], ['bæsɪ,net] *s* bercelonnette *f*
bassoon [bə'sun] *s* basson *m*
bass viol ['bes'vaɪ·əl] *s* basse *f* de viole
basswood ['bæs,wʊd] *s* tilleul *m*
bastard ['bæstərd] *adj* & *s* bâtard *m*
baste [best] *tr* (*to thrash*) rosser; (*to scold*) éreinter; (culin) arroser; (sewing) faufiler, baguer, bâtir
bastion ['bæstʃən], ['bæstɪ·ən] *s* bastion *m*
bat [bæt] *s* bâton *m*; (*for cricket*) bat *m*; (sports) batte *f*; (zool) chauve-souris *f*; (*blow*) (coll) coup *m*; **to be at bat** tenir la batte; **to go to bat for** (coll) intervenir au profit de; **to have bats in the belfry** (coll) avoir une araignée dans le plafond || *v* (*pret* & *pp* **batted**; *ger* **batting**) *tr* battre
batch [bætʃ] *s* (*of papers*) liasse *f*; (coll) fournée *f*, lot *m*
bated ['betɪd] *adj*—**with bated breath** en baissant la voix, dans un souffle
bath [bæθ], [bɑθ] *s* bain *m*; (*bathroom*) salle *f* de bains; **to take a bath** prendre un bain, se baigner
bathe [beð] *tr* baigner || *intr* se baigner

bather [ˈbeðər] *s* baigneur *m*
bath'house' *s* établissement *m* de bains; (*at the seashore*) cabine *f*
bath'ing suit' *s* costume *m* de bain
bath'ing trunks' *s* slip *m* de bain
bath' mat' *s* tapis *m* de bain
bath'robe' *s* peignoir *m*
bath'room' *s* salle *f* de bains
bath'room fix'tures *spl* appareils *mpl* sanitaires
bath'room scale' *s* pèse-personne *m*
bath' tow'el *s* serviette *f* de bain
bath'tub' *s* baignoire *f*
baton [bæˈtɑn], [ˈbætən] *s* baguette *f*, bâton *m* de chef d'orchestre
battalion [bəˈtæljən] *s* bataillon *m*
batten [ˈbætən] *tr*—**to batten down the hatches** condamner les panneaux
batter [ˈbætər] *s* (culin) pâte *f*; (sports) batteur *m* || *tr* battre
bat'tering ram' *s* bélier *m*
batter·y [ˈbætəri] *s* (*pl* **-ies**) (elec, mil, mus) batterie *f*; (*primary cell*) pile *f*; (*secondary cell or cells*) accumulateur *m*, accu *m*
battle [ˈbætəl] *s* bataille *f*; **to do battle** livrer combat || *tr & intr* combattre
bat'tle·ax' *s* hache *f* d'armes; (*shrew*) (slang) harpie *f*, mégère *f*
bat'tle cruis'er *s* croiseur *m* de bataille
bat'tle cry' *s* cri *m* de guerre
bat'tle·field' *s* champ *m* de bataille
bat'tle·front' *s* front *m* de bataille
bat'tle line' *s* ligne *f* de feu
battlement [ˈbætəlmənt] *s* créneau *m*; **battlements** parapet *m*, rempart *m*
bat'tle roy'al *s* mêlée *f* générale
bat'tle·ship' *s* cuirassé *m*, navire *m* de guerre
bat·ty [ˈbæti] *adj* (*comp* **-tier**; *super* **-tiest**) (slang) dingo, maboul, braque
bauble [ˈbɔbəl] *s* babiole *f*, bagatelle *f*; (*of jester*) marotte *f*
Bavaria [bəˈverɪ·ə] *s* la Bavière
Bavarian [bəˈverɪ·ən] *adj* bavarois || *s* Bavarois *m*
bawd·y [ˈbɔdi] *adj* (*comp* **-ier**; *super* **-iest**) obscène, impudique
bawl [bɔl] *tr*—**to bawl out** (slang) engueuler || *intr* gueuler; (*to cry*) sangloter
bawl'ing out' *s* (slang) engueulade *f*
bay [be] *adj & s* baie *f*; **at bay** aux abois || *intr* aboyer, hurler
bay'ber'ry *s* (*pl* **-ries**) baie *f*
bay'berry tree' *s* laurier *m*
bayonet [ˈbe·ənɪt] *s* baïonnette *f* || *tr* percer d'un coup de baïonnette
bayou [ˈbaɪ·u], [ˈbaɪ·o] *s* anse *f*
bay' rum' *s* eau *f* de toilette au laurier
bay' win'dow *s* fenêtre *f* en saillie; (slang) bedaine *f*, gros ventre *m*
bazaar [bəˈzɑr] *s* bazar *m*; (*social event*) kermesse *f*
B.C. [ˈbiˈsi] *adv* (letterword) (**before Christ**) av. J.-C.
be [bi] *v* (*pres* **am** [æm], **is** [ɪz], **are** [ɑr]; *pret* **was** [wɑz] or [wʌz], **were** [wʌr]; *pp* **been** [bɪn]) *intr* être; avoir, e.g., **to be five years old** avoir cinq ans; e.g., **to be ten feet long** avoir dix pieds de long; e.g., **what is the matter with you?** qu'avez-vous?; **here is** or **here are** voici; **how are you?** comment allez-vous?, ça va?, comment vous portez-vous?; **how much is that?** combien coûte cela?, c'est combien ça?; **so be it** ainsi soit-il; **there is** or **there are** il y a; (in directing the attention) voilà; for expressions like **it is warm** il fait chaud or **I am cold** j'ai froid, see the noun || *aux* (to form the passive voice) être, e.g., **he is loved by everybody** il est aimé de tout le monde; (progressive not expressed in French), e.g., **he is eating** il mange; **to be to** + *inf* devoir + *inf*, e.g., **I am to give a speech** je dois prononcer un discours
beach [bitʃ] *s* plage *f*, bord *m* de la mer; grève *f*, rivage *m* || *tr & intr* échouer
beach'comb'er *s* batteur *m* de grève
beach'head' *s* (mil) tête *f* de pont
beach' umbrel'la *s* parasol *m* de plage
beacon [ˈbikən] *s* signal *m*, phare *m* || *tr* éclairer || *intr* briller
bead [bid] *s* perle *f*, grain *m*; (*of a gun*) guidon *m*; **beads** collier *m*; (*of sweat*) gouttes *fpl*; (eccl) chapelet *m*; **to draw a bead on** viser; **to tell one's beads** égrener son chapelet
beadle [ˈbidəl] *s* bedeau *m*, appariteur *m*
beagle [ˈbigəl] *s* beagle *m*, briquet *m*
beak [bik] *s* bec *m*; (*nose*) (slang) pif *m*; (slang) grand nez *m* crochu
beaker [ˈbikər] *s* coupe *f*, vase *m* à bec, verre *m* à expérience
beam [bim] *s* poutre *f*; (*plank*) madrier *m*; (*of roof*) solive *f*; (*of ship*) bau *m*, barrot *m*; (*of light; of hope*) rayon *m*; (rad) faisceau *m*; **on the beam** (slang) sur la bonne piste; **to be off the beam** (slang) faire fausse route || *tr* (*light, waves, etc.*) émettre; **to beam a broadcast** faire une émission || *intr* rayonner
bean [bin] *s* haricot *m*; fève *f*; (slang) caboche *f*; **to spill the beans** (coll) vendre la mèche
beaner·y [ˈbinəri] *s* (*pl* **-ies**) (slang) gargote *f*
bean'pole' *s* perche *f* à fèves; (*person*) (slang) asperge *f*
bean'stalk' *s* tige *f* de fève, tige de haricot
bear [ber] *s* ours *m*; (*in the stock market*) baissier *m* || *v* (*pret* **bore** [bor]; *pp* **borne** [born]) *tr* porter; (*a child*) enfanter; (*interest on money*) rapporter; (*to put up with*) souffrir, supporter; **to bear the market** jouer à la baisse || *intr* porter; **to bear down** appuyer; **to bear up against** résister à; **to bear upon** avoir du rapport à; **to bring to bear** mettre en jeu
bearable [ˈberəbəl] *adj* supportable
bear' cub' *s* ourson *m*
beard [bɪrd] *s* barbe *f* || *tr* braver, narguer
bearded *adj* barbu

beardless ['bɪrdlɪs] *adj* imberbe, sans barbe
bearer ['bɛrər] *s* porteur *m*
bearing ['bɛrɪŋ] *s* port *m*, maintien *m*; (mach) roulement *m*, coussinet *m*; (naut) relèvement *m*; **to get one's bearings** se retrouver; **to have a bearing on** s'appliquer à; **to take bearings** (naut) faire le point
bear' mar'ket *s* marché *m* à la baisse
bear'skin' *s* peau *f* d'ours; colback *m*
beast [bist] *s* bête *f*, animal *m*; (*person*) brute *f*, animal *m*
beast·ly ['bistli] *adj* (*comp* **-lier**; *super* **-liest**) brutal, bestial; (coll) abominable, détestable
beast' of bur'den *s* bête *f* de somme, bête de charge
beat [bit] *s* battement *m*; (*of policeman*) ronde *f*; (mus) mesure *f*, temps *m* || *v* (*pret* **beat**; *pp* **beat** or **beaten**) *tr* battre; (*to defeat*) vaincre, battre; **that beats me!** (slang) ça me dépasse!; **to beat back** or **down** rabattre; **to beat in** enfoncer; **to beat it** (slang) filer, décamper; **to beat s.o. hollow** (coll) battre qn à plate couture; **to beat s.o. out of money** (slang) escroquer qn; **to beat time** battre la mesure; **to beat up** (slang) rosser || *intr* battre; **to beat around the bush** (coll) tourner autour du pot
beater ['bitər] *s* batteur *m*; (culin) fouet *m*
beati·fy [bɪ'ætɪ,faɪ] *v* (*pret* & *pp* **-fied**) *tr* béatifier
beating ['bitɪŋ] *s* battement *m*; (*blows*) bastonnade *f*, rossée *f*; (*defeat*) (coll) raclée *f*
beatitude [bɪ'ætɪ,t(j)ud] *s* béatitude *f*
beau [bo] *s* (*pl* **beaus** or **beaux** [boz]) beau *m*, galant *m*
beautician [bju'tɪʃən] *s* coiffeur *m*, coiffeuse *f*, esthéticienne *f*
beautiful ['bjutɪfəl] *adj* beau
beautifully ['bjutɪfəli] *adv* admirablement
beauti·fy ['bjutɪ,faɪ] *v* (*pret* & *pp* **-fied**) *tr* embellir
beau·ty ['bjuti] *s* (*pl* **-ties**) beauté *f*
beau'ty con'test *s* concours *m* de beauté
beau'ty par'lor or **beau'ty shop'** *s* salon *m* or institut *m* de beauté
beau'ty queen' *s* reine *f* de beauté
beau'ty sleep' *s* sommeil *m* avant minuit
beau'ty spot' *s* (*place*) coin *m* délicieux; (*on face*) grain *m* de beauté
beaver ['bivər] *s* castor *m*
becalm [bɪ'kɑm] *tr* calmer, apaiser; (naut) abriter
because [bɪ'kɔz] *conj* parce que; **because of** à cause de, par suite de
beck [bɛk] *s*—**to be at s.o.'s beck and call** obéir à qn au doigt et à l'œil
beckon ['bɛkən] *tr* faire signe à, appeler || *intr* appeler
be·come [bɪ'kʌm] *v* (*pret* **-came**; *pp* **-come**) *tr* convenir à, aller à, seoir à || *intr* devenir; se faire, e.g., **to become a doctor** se faire médecin; e.g., **to become known** se faire connaître; **to become accustomed** s'accoutumer; **to become old** vieillir; **what has become of him?** qu'est-ce qu'il est devenu?
becoming [bɪ'kʌmɪŋ] *adj* convenable, seyant
bed [bɛd] *s* lit *m*; couche *f*; **to go to bed** se coucher; **to put to bed** coucher
bed' and board' *s* le vivre et le couvert
bed'bug' *s* punaise *f* (des lits)
bed'clothes' *spl* couvertures *fpl* et draps *mpl*
bedding ['bɛdɪŋ] *s* literie *f*
bedeck [bɪ'dɛk] *tr* parer, orner, chamarrer; **to bedeck oneself** s'attifer
bed'fast' *adj* cloué au lit
bed'fel'low *s* camarade *m* de lit
bedizen [bɪ'daɪzən], [bɪ'dɪzən] *tr* attifer, chamarrer
bed'jack'et *s* liseuse *f*
bedlam ['bɛdləm] *s* pétaudière *f*, tumulte *m*
bed'lamp' *s* lampe *f* de chevet
bed' lin'en *s* literie *f*, draps *mpl* en toile de fil
bed'pan' *s* bassin *m* (de lit)
bed'post' *s* pied *m* de lit
bedraggled [bɪ'drægəld] *adj* crotté, échevelé
bedridden ['bɛd,rɪdən] *adj* alité, cloué au lit
bed'rock' *s* roche *f* de fond; tuf *m*; (fig) fondement *m*
bed'room' *s* chambre *f* à coucher
bed'room lamp' *s* lampe *f* de chevet
bed'side' *s* bord *m* du lit, chevet *m*
bed'side book' *s* livre *m* de chevet
bed'sore' *s* escarre *f*
bed'spread' *s* dessus-de-lit *m*
bed'spring' *s* sommier *m*
bed'stead' *s* bois *m* de lit
bed' tick' *s* coutil *m*
bed'time' *s* l'heure *f* du coucher
bed' warm'er *s* chauffe-lit *m*
bed'wet'ting *s* énurésie *f*
bee [bi] *s* abeille *f*; (*get-together*) réunion *f*; (*contest*) concours *m*
beech [bitʃ] *s* hêtre *m*
beech' mar'ten *s* (zool) fouine *f*
beech'nut' *s* faîne *f*
beef [bif] *s* bœuf *m* || *tr*—**to beef up** (coll) renforcer || *intr* (slang) rouspéter
beef' cat'tle *s* bœufs *mpl* de boucherie
beef'steak' *s* bifteck *m*
beef' stew' *s* ragoût *m* de bœuf
bee'hive' *s* ruche *f*
bee'keep'er *s* apiculteur *m*
bee'keep'ing *s* apiculture *f*
bee'line' *s*—**to make a beeline for** aller en droite ligne à
beer [bɪr] *s* bière *f*
beer' bot'tle *s* canette *f* (de bière)
bees'wax' *s* cire *f* d'abeille
beet [bit] *s* betterave *f*
beetle ['bitəl] *s* scarabée *m*, escarbot *m*
bee'tle-browed' *adj* à sourcils épais, à sourcils fournis
be·fall [bɪ'fɔl] *v* (*pret* **-fell**; *pp* **-fallen**) *tr* arriver à || *intr* arriver

befitting [bɪ'fɪtɪŋ] *adj* convenable, seyant
before [bɪ'for] *adv* avant, auparavant || *prep* avant; (*in front of*) devant; **before** + *ger* avant de + *inf* || *conj* avant que
before'hand' *adv* d'avance, préalablement, auparavant
befriend [bɪ'frɛnd] *tr* venir en aide à
befuddle [bɪ'fʌdəl] *tr* embrouiller
beg [bɛg] *v* (*pret & pp* **begged**; *ger* **begging**) *tr* mendier; (*to entreat*) prier || *intr* mendier; (*said of dog*) faire le beau; **I beg of you** je vous en prie; **to beg for** solliciter; **to beg off** s'excuser; **to go begging** (fig) rester pour compte
be•get [bɪ'gɛt] *v* (*pret* **-got**; *pp* **-gotten** or **-got**; *ger* **-getting**) *tr* engendrer
beggar ['bɛgər] *s* mendiant *m*
beggarly ['bɛgərli] *adj* chétif, misérable
be•gin [bɪ'gɪn] *v* (*pret* **-gan** ['gæn]; *pp* **-gun** ['gʌn]; *ger* **-ginning**) *tr & intr* commencer; **beginning with** à partir de; **to begin to** commencer à
beginner [bɪ'gɪnər] *s* débutant *m*, commençant *m*; (*tyro*) blanc-bec *m*, novice *m*, béjaune *m*; (mil) bleu *m*
beginning [bɪ'gɪnɪŋ] *s* commencement *m*, début *m*
begrudge [bɪ'grʌdʒ] *tr* donner à contrecœur; **to begrudge s.o. s.th.** envier q.ch. à qn
beguile [bɪ'gaɪl] *tr* charmer, tromper
behalf [bɪ'hæf], [bɪ'hɑf] *s*—**on behalf of** de la part de, au nom de
behave [bɪ'hev] *intr* se comporter, se conduire; se comporter bien
behavior [bɪ'hevjər] *s* comportement *m*, conduite *f*
behead [bɪ'hɛd] *tr* décapiter
beheading [bɪ'hɛdɪŋ] *s* décapitation *f*
behest [bɪ'hɛst] *s* ordre *m*, demande *f*
behind [bɪ'haɪnd] *s* derrière *m* || *adv* derrière, par derrière; **to be behind** être en retard; **to fall behind** traîner en arrière || *prep* derrière; en arrière de; **behind the back of** dans le dos de; **behind time** en retard
be•hold [bɪ'hold] *v* (*pret & pp* **-held** ['hɛld]) *tr* contempler || *interj* voyez!, voici!
behoove [bɪ'huv] *impers*—**it behooves him to** il lui appartient de; **it does not behoove him to** mal lui sied de
being ['bi•ɪŋ] *adj*—**for the time being** pour le moment || *s* être *m*
belabor [bɪ'lebər] *tr* rosser; (fig) trop insister sur
belated [bɪ'letɪd] *adj* attardé, tardif
belch [bɛltʃ] *s* éructation *f*; rot *m* (slang) || *tr & intr* éructer
bel•fry ['bɛlfri] *s* (*pl* **-fries**) beffroi *m*, clocher *m*
Belgian ['bɛldʒən] *adj* belge || *s* Belge *mf*
Belgium ['bɛldʒəm] *s* Belgique *f*; la Belgique
be•lie [bɪ'laɪ] *v* (*pret & pp* **-lied** ['laɪd]; *ger* **-lying** ['laɪ•ɪŋ]) *tr* démentir
belief [bɪ'lif] *s* croyance *f*
believable [bɪ'livəbəl] *adj* croyable
believe [bɪ'liv] *tr & intr* croire; **to believe in** croire à or en; **to make believe** faire semblant, feindre
believer [bɪ'livər] *s* croyant *m*
belittle [bɪ'lɪtəl] *tr* rabaisser
bell [bɛl] *s* cloche *f*; (*of a clock or gong*) timbre *m*; (*small bell*) sonnette *f*, clochette *f*; (*big bell*) bourdon *m*; (*on animals*) grelot *m*, clarine *f*, sonnaille *f*; (*of a trumpet*) pavillon *m*; **bells** sonnerie *f* || *tr* attacher un grelot à
belladonna [,bɛlə'dɑnə] *s* belladone *f*
bell'-bot'tom trou'sers *spl* pantalon *m* à pattes d'éléphant
bell'boy' *s* chasseur *m*, garçon *m* d'hôtel
bell' glass' *s* globe *m*, garde-poussière *m*
bell'hop' *s* chasseur *m*, garçon *m* d'hôtel
bellicose ['bɛlɪ,kos] *adj* belliqueux
belligerent [bə'lɪdʒərənt] *adj & s* belligérant *m*
bell' jar' *s* var of **bell glass**
bellow ['bɛlo] *s* mugissement *m*; **bellows** (*of camera; of fireplace*) soufflet *m*; (*of organ; of forge*) soufflerie *f* || *intr* mugir, beugler
bell'pull' *s* cordon *m* de sonnette
bell' ring'er *s* sonneur *m*; carillonneur *m*
bell'-shaped' *adj* en forme de cloche
bell' tow'er *s* clocher *m*, campanile *m*
bellwether ['bɛl,wɛðər] *s* sonnailler *m*
bel•ly ['bɛli] *s* (*pl* **-lies**) ventre *m* || *v* (*pret & pp* **-lied**) *intr*—**to belly out** s'enfler
bel'ly•ache' *s* (coll) mal *m* de ventre || *intr* (slang) rouspéter
bel'ly•but'ton *s* (coll) nombril *m*
bel'ly dance' *s* (coll) danse *f* du ventre
bel'ly flop' *s* plat ventre *m* (acrobatique)
bellyful ['bɛlɪ,fʊl] *s* (slang) ventrée *f*
bel'ly-land' *intr* (aer) aterrir sur le ventre
belong [bɪ'lɔŋ], [bɪ'lɑŋ] *intr* (*to have the proper qualities*) aller bien; **to belong in** devoir être dans, e.g., **this chair belongs in that corner** cette chaise doit être dans ce coin-là; **to belong to** appartenir à; **to belong together** aller ensemble
belongings [bɪ'lɔŋɪŋz], [bɪ'lɑŋɪŋz] *spl* biens *mpl*, effets *mpl*
beloved [bɪ'lʌvɪd], [bɪ'lʌvd] *adj & s* bien-aimé *m*
below [bɪ'lo] *adv* dessous, au-dessous, en bas; (*as follows, following*) ci-dessous, ci-après || *prep* sous, au-dessous de; (*another point on the river*) en aval de
belt [bɛlt] *s* ceinture *f*; zone *f*; (*of a machine*) courroie *f*; **to tighten one's belt** se serrer la ceinture || *tr* ceindre; (slang) cogner
belt' buck'le *s* boucle *f* de ceinturon
belt' convey'or *s* tapis *m* roulant
belted *adj* à ceinture
belt'way' *s* route *f* de ceinture, boulevard *m* périphérique

bemoan [bɪˈmon] *tr* déplorer
bemuse [bɪˈmjuz] *tr* stupéfier, hébéter
bench [bentʃ] *s* banc *m*; (law) siège *m*
bench′ mark′ *s* repère *m*
bend [bend] *s* courbure *f*; (*of road*) tournant *m*; (*of river*) sinuosité *f*; **bends** mal *m* des caissons ‖ *v* (*pret & pp* **bent** [bent]) *tr* courber; (*the elbow; a person to one's will*) plier; (*the knee*) fléchir ‖ *intr* courber; plier; **do not bend** (label) ne pas plier; **to bend down** se courber
bender [ˈbendər] *s*—**to go on a bender** (slang) faire la bombe
beneath [bɪˈniθ] *adv* dessous, au-dessous, en bas ‖ *prep* sous, au-dessous de
benediction [ˌbenɪˈdɪkʃən] *s* bénédiction *f*
benefactor [ˈbənɪˌfæktər], [ˌbenɪˈfæktər] *s* bienfaiteur *m*
beneficence [bɪˈnefɪsəns] *s* bienfaisance *f*
beneficent [bɪˈnefɪsənt] *adj* bienfaisant
beneficial [ˌbenɪˈfɪʃəl] *adj* profitable, avantageux; (*remedy*) salutaire
beneficiar•y [ˌbenɪˈfɪʃɪˌeri] *s* (*pl* **-ies**) bénéficiaire *mf*, ayant droit *m*
benefit [ˈbenɪfɪt] *s* profit *m*; (theat) bénéfice *m*; **benefits** bienfaits *mpl*, avantages *mpl*; **for the benefit of** au profit de ‖ *tr* profiter (with *dat*) ‖ *intr* bénéficier
ben′efit soci′ety *s* société *f* de prévoyance
benevolent [bɪˈnevələnt] *adj* bienveillant, bienfaisant, bénévole
benign [bɪˈnaɪn] *adj* bénin
bent [bent] *adj* courbé, plié; (*person's back*) voûté; (*determined*) résolu; **bent over** (*shoulders*) voûté; (*figure, person*) courbé; **to be bent on** être acharné à ‖ *s* penchant *m*; **to have a bent for** avoir du goût pour
benzene [benˈzin] *s* (chem) benzène *m*
benzine [benˈzin] *s* benzine *f*
bequeath [bɪˈkwið], [bɪˈkwiθ] *tr* léguer
bequest [bɪˈkwest] *s* legs *m*
berate [bɪˈret] *tr* gronder
be•reave [bɪˈriv] *v* (*pret & pp* **-reaved** or **-reft** [ˈreft]) *tr* priver; (*to cause sorrow to*) affliger
bereavement [bɪˈrivmənt] *s* privation *f*; (*sorrow*) deuil *m*, affliction *f*
Berlin [bərˈlɪn] *adj* berlinois ‖ *s* Berlin *m*
Berliner [bərˈlɪnər] *s* berlinois *m*
Bermuda [bərˈmjudə] *s* les Bermudes *fpl*
ber•ry [ˈberi] *s* (*pl* **-ries**) baie *f*; (*seed*) grain *m*
berserk [bərˈsʌrk], [bərˈzʌrk] *adv* frénétiquement; **to go berserk** frapper à tort et à travers
berth [bʌrθ] *s* couchette *f*; (*at a dock*) emplacement *m*; (*space to move about*) évitage *m*; (fig) poste *m*, situation *f* ‖ *tr* (*a ship*) accoster
beryllium [bəˈrɪlɪ·əm] *s* béryllium *m*
be•seech [bɪˈsitʃ] *v* (*pret & pp* **-sought** [ˈsɔt] or **-seeched**) *tr* supplier
be•set [bɪˈset] *v* (*pret & pp* **-set**; *ger* **-setting**) *tr* assiéger, assaillir
beside [bɪˈsaɪd] *prep* à côté de, auprès de; **to be beside oneself** être hors de soi; **to be beside oneself with** (*e.g., joy*) être transporté de
besides [bɪˈsaɪdz] *adv* en outre, de plus; (*otherwise*) d'ailleurs ‖ *prep* en sus de, en plus de, outre
besiege [bɪˈsidʒ] *tr* assiéger
besmear [bɪˈsmɪr] *tr* barbouiller
besmirch [bɪˈsmʌrtʃ] *tr* souiller
best [best] *adj super* (le) meilleur §91 ‖ *s* (le) meilleur *m*; **at best** au mieux; **to do one's best** faire de son mieux; **to get the best of it** avoir le dessus; **to make the best of** s'accommoder de ‖ *adv super* (le) mieux §91 ‖ *tr* l'emporter sur
bestial [ˈbestjəl], [ˈbestʃəl] *adj* bestial, brutal
best′ man′ *s* garçon *m* d'honneur
bestow [bɪˈsto] *tr* accorder, conférer
bestowal [bɪˈsto·əl] *s* don *m*, dispensation *f*
best′ sel′ler *s* livre *m* à succès, succès *m* de librairie
bet [bet] *s* pari *m*, gageure *f*; **make your bets!** faites vos jeux! ‖ *v* (*pret & pp* **bet** or **betted**; *ger* **betting**) *tr & intr* parier; **you bet!** (slang) je vous crois!, tu parles!
be•take [bɪˈtek] *v* (*pret* **-took**; *pp* **-taken**) *tr*—**to betake oneself** se rendre
betray [bɪˈtre] *tr* trahir
betrayal [bɪˈtre·əl] *s* trahison *f*
betrayer [bɪˈtre·ər] *s* traître *m*
betroth [bɪˈtroð], [bɪˈtrɔθ] *tr*—**to be betrothed** se fiancer
betrothal [bɪˈtroðəl], [bɪˈtrɔθəl] *s* fiançailles *fpl*
better [ˈbetər] *adj comp* meilleur §91; **better than** meilleur que ‖ *adv comp* mieux §91; **better than** mieux que; (followed by numeral) plus de; **it is better to** il vaut mieux de; **so much the better** tant mieux; **to be better** (*in better health*) aller mieux; **to be better to** valoir mieux; **to get better** s'améliorer; **to get the better of** l'emporter sur; **to think better** se raviser ‖ *tr* améliorer ‖ *intr* s'améliorer
bet′ter half′ *s* (coll) chère moitié *f*
bet′ting odds′ *spl* cote *f* (des paris)
bettor [ˈbetər] *s* parieur *m*, gageur *m*
between [bɪˈtwin] *adv* au milieu; dans l'intervalle ‖ *prep* entre; **between friends** dans l'intimité
between′-decks′ *s* (naut) entrepont *m*
bev•el [ˈbevəl] *adj* biseauté, taillé en biseau ‖ *s* (*instrument*) équerre *f*; (*sloping part*) biseau *m* ‖ *v* (*pret & pp* **-eled** or **-elled**; *ger* **-eling** or **-elling**) *tr* biseauter, chanfreiner, équerrer
beverage [ˈbevərɪdʒ] *s* boisson *f*
bev•y [ˈbevi] *s* (*pl* **-ies**) bande *f*
bewail [bɪˈwel] *tr* lamenter, pleurer
beware [bɪˈwer] *tr* se bien garder de ‖ *intr* prendre garde; **to beware of**

prendre garde à || *interj* gare!, prenez garde!

bewilder [bɪˈwɪldər] *tr* confondre, ahurir

bewilderment [bɪˈwɪldərmənt] *s* confusion *f*, ahurissement *m*

bewitch [bɪˈwɪtʃ] *tr* ensorceler

bewitching [bɪˈwɪtʃɪŋ] *adj* enchanteur

beyond [bɪˈjɑnd] *s*—**the beyond** l'au-delà *m* || *adv* au-delà || *prep* au-delà de; **beyond a doubt** hors de doute; **it's beyond me** (coll) je n'y comprends rien; **to go beyond** dépasser

biannual [baɪˈænjʊ·əl] *adj* semi-annuel

bias [ˈbaɪ·əs] *adj* biais || *s* biais *m*; (fig) prévention *f*, préjugé *m* || *tr* prédisposer, prévenir, rendre partial

bib [bɪb] *s* bavette *f*

Bible [ˈbaɪbəl] *s* Bible *f*

Biblical [ˈbɪblɪkəl] *adj* biblique

bibliographer [ˌbɪblɪˈɑgrəfər] *s* bibliographe *m*

bibliogra·phy [ˌbɪblɪˈɑgrəfi] *s* (*pl* **-phies**) bibliographie *f*

biceps [ˈbaɪseps] *s* biceps *m*

bicker [ˈbɪkər] *intr* se quereller, se chamailler

bickering [ˈbɪkərɪŋ] *s* bisbille *f*

bicuspid [baɪˈkʌspɪd] *s* prémolaire *f*

bicycle [ˈbaɪsɪkəl] *s* bicyclette *f*, vélo *m* || *intr* faire de la bicyclette, aller à bicyclette

bi′cycle path′ *s* piste *f* cyclable

bicyclist [ˈbaɪsɪklɪst] *s* cycliste *mf*

bid [bɪd] *s* enchère *f*, offre *f*, mise *f*; (*e.g., to build a school*) soumission *f*; (cards) demande *f* || *v* (*pret* **bade** [bæd] or **bid**; *ger* **bidden** [ˈbɪdən]) *tr* inviter; (*to order*) commander; (cards) demander; **to bid ten thousand on** mettre une enchère de dix mille sur || *intr*—**to bid on** mettre une enchère sur

bidder [ˈbɪdər] *s* enchérisseur *m*, offrant *m*; (*person who submits an estimate*) soumissionnaire *mf*

bidding [ˈbɪdɪŋ] *s* enchères *fpl*; **at s.o.'s bidding** aux ordres de qn

bide [baɪd] *tr*—**to bide one's time** attendre l'heure or le bon moment

biennial [baɪˈenɪ·əl] *adj* biennal

bier [bɪr] *s* (*frame or stand*) catafalque *m*; (*coffin*) cercueil *m*

biff [bɪf] *s* (slang) gnon *m*, beigne *f* || *tr* (slang) gifler, cogner

bifocal [baɪˈfokəl] *adj* bifocal || **bifocals** *spl* lunettes *fpl* bifocales

big [bɪg] *adj* (*comp* **bigger**; *super* **biggest**) gros, grand; (*man*) de grande taille || *adv*—**to grow big** grossir, grandir; **to talk big** (slang) se vanter

bigamist [ˈbɪgəmɪst] *s* bigame *mf*

bigamous [ˈbɪgəməs] *adj* bigame

bigamy [ˈbɪgəmi] *s* bigamie *f*

big′-boned′ *adj* ossu, à gros os

big′ busi′ness *s* (pej) les grosses affaires *fpl*

Big′ Dip′per *s* Grande Ourse *f*

big′ game′ *s* fauves *mpl*, gros gibier *m*

big′-heart′ed *adj* généreux, cordial

big′mouth′ *s* (slang) gueulard *m*

bigot [ˈbɪgət] *s* bigot *m*

bigoted [ˈbɪgətɪd] *adj* bigot

bigot·ry [ˈbɪgətri] *s* (*pl* **-ries**) bigoterie *f*

big′ shot′ *s* (slang) grand manitou *m*, gros bonnet *m*

big′ splash′ *s* (slang) sensation *f* à tout casser

big′ stiff′ *s* (slang) personnage *m* guindé

big′ talk′ *s* (slang) vantardise *f*

big′-time op′erator *s* (slang) gros trafiquant *m*

big′ toe′ *s* orteil *m*, gros orteil

big′ top′ *s* (*circus tent*) chapiteau *m*

big′ wheel′ *s* (slang) gros bonnet *m*, grand manitou *m*, grosse légume *f*

big′wig′ *s* (coll) gros bonnet *m*, grand manitou *m*, grosse légume *f*

bike [baɪk] *s* (coll) bécane *f*, vélo *m*

bile [baɪl] *s* bile *f*

bilge [bɪldʒ] *s* sentine *f*, cale *f*

bilge′ wa′ter *s* eau *f* de cale

bilingual [baɪˈlɪŋgwəl] *adj* bilingue

bilious [ˈbɪljəs] *adj* bilieux

bilk [bɪlk] *s* tromperie *f*, escroquerie *f* || *tr* tromper, escroquer

bill [bɪl] *s* (*invoice*) facture *f*, mémoire *m*; (*in a hotel*) note *f*; (*in a restaurant*) addition *f*; (*currency*) billet *m*; (*of a bird*) bec *m*; (*posted*) affiche *f*, placard *m*, écriteau *m*; (*in a legislature*) projet *m* de loi; **post no bills** (public sign) défense d'afficher; **to head the bill** (theat) avoir la vedette || *tr* facturer

bill′board′ *s* tableau *m* d'affichage, panneau *m* d'affichage

billet [ˈbɪlɪt] *s* (*order*) billet *m* de logement; (*of metal or wood*) billette *f* || *tr* loger, cantonner

bill′fold′ *s* portefeuille *m*

bil′liard ball′ *s* bille *f*

billiards [ˈbɪljərdz] *s & spl* billard *m*

bil′liard ta′ble *s* billard *m*

billion [ˈbɪljən] *s* (U.S.A.) milliard *m*; (Brit) billion *m*

billionaire [ˌbɪljənˈer] *s* milliardaire *mf*

bill′ of exchange′ *s* lettre *f* de change, traite *f*

bill′ of fare′ *s* carte *f* du jour

bill′ of health′ *s* patente *f* de santé

bill′ of lad′ing *s* connaissement *m*

bill′ of rights′ *s* déclaration *f* des droits de l'homme

bill′ of sale′ *s* acte *m* de vente

billow [ˈbɪlo] *s* flot *m*, grosse vague *f* || *intr* ondoyer

billowy [ˈbɪlo·i] *adj* onduleux, ondoyant

bill′post′er *s* colleur *m* d'affiches, afficheur *m*

bil·ly [ˈbɪli] *s* (*pl* **-lies**) bâton *m*

bil′ly goat′ *s* (coll) bouc *m*

bimonthly [baɪˈmʌnθli] *adj* bimestriel

bin [bɪn] *s* huche *f*, coffre *m*

binary [ˈbaɪnəri] *adj* binaire

binaural [baɪˈnɔrəl], [bɪnˈɔrəl] *adj* stéréophonique; à deux oreilles

bind [baɪnd] *v* (*pret & pp* **bound** [baʊnd]) *tr* lier, attacher; (*a book*) relier; (*s.o. to an agreement*) obliger

binder ['baɪndər] *s* (*person*) lieur *m*; (*of books*) relieur *m*; (*agreement*) conventions *fpl*; (mach) lieuse *f*
binder•y ['baɪndəri] *s* (*pl* **-ies**) atelier *m* de reliure
binding ['baɪndɪŋ] *adj* obligatoire; (med) astringent; **binding on all concerned** solidaire || *s* reliure *f*
bind'ing post' *s* (elec) borne *f*
binge [bɪndʒ] *s* (coll) noce *f*, bombe *f*
bingo ['bɪŋgo] *s* loto *m*
binocular [bɪ'nɑkjələr] *adj* & *s* binoculaire *m*; **binoculars** jumelles *fpl*
binomial [baɪ'nomɪ•əl] *adj* & *s* binôme *m*
biochemistry [,baɪ•o'kemɪstri] *s* biochimie *f*
biographer [baɪ'ɑgrəfər] *s* biographe *mf*
biographic(al) [,baɪ•ə'græfɪk(əl)] *adj* biographique
biogra•phy [baɪ'ɑgrəfi] *s* (*pl* **-phies**) biographie *f*
biologist [baɪ'ɑlədʒɪst] *s* biologiste *mf*
biology [baɪ'ɑlədʒi] *s* biologie *f*
biophysics [,baɪ•ə'fɪzɪks] *s* biophysique *f*
biop•sy ['baɪ•ɑpsi] *s* (*pl* **-sies**) biopsie *f*
bipartisan [baɪ'pɑrtɪzən] *adj* bipartite
bipartite [baɪ'pɑrtaɪt] *adj* biparti
biped ['baɪped] *adj* & *s* bipède *m*
biplane ['baɪ,plen] *s* biplan *m*
birch [bʌrtʃ] *s* bouleau *m*; (*for whipping*) verges *fpl* || *tr* battre à coups de verges
birch' rod' *s* verges *fpl*
bird [bʌrd] *s* oiseau *m*; (slang) type *m*, individu *m*; **a bird in the hand is worth two in the bush** un "tiens" vaut mieux que deux "tu l'auras"; **to give s.o. the bird** (slang) envoyer qn promener; **to kill two birds with one stone** faire d'une pierre deux coups
bird' bath' *s* baignoire *f* pour oiseaux, bain *m* pour oiseaux
bird'cage' *s* cage *f* d'oiseau
bird' call' *s* appeau *m*, pipeau *m*
bird' dog' *s* chien *m* pour la plume
bird' fan'cier *s* oiselier
birdie ['bʌrdi] *s* oiselet *m*, oisillon *m*
bird'lime' *s* glu *f*
bird' of pas'sage *s* oiseau *m* de passage
bird' of prey' *s* oiseau *m* de proie
bird'seed' *s* alpiste *m*, chènevis *m*
bird's'-eye' *s* (*pattern*) œil-de-perdrix *m*
bird's'-eye view' *s* vue *f* à vol d'oiseau, tour *m* d'horizon, vue d'ensemble
biretta [bɪ'retə] *s* barette *f*
birth [bʌrθ] *s* naissance *f*; **by birth** de naissance; **to give birth to** donner naissance à
birth' certif'icate *s* acte *m* de naissance, bulletin *m* de naissance
birth' control' *s* contrôle *m* des naissances, procréation *f* dirigée
birth'day' *s* anniversaire *m*; **happy birthday!** heureux anniversaire!
birth'day cake' *s* gâteau *m* d'anniversaire
birth'day pres'ent *s* cadeau *m* d'anniversaire
birth'mark' *s* tache *f*, envie *f*
birth'place' *s* lieu *m* de naissance
birth' rate' *s* natalité *f*, taux *m* de natalité
birth'right' *s* droit *m* de naissance; droit d'aînesse
biscuit ['bɪskɪt] *s* petit pain *m*, crêpe *f* au beurre, gâteau *m* feuilleté
bisect [baɪ'sekt] *tr* couper en deux, diviser en deux
bisexual [baɪ'sekʃʊ•əl] *adj* bissexuel
bishop ['bɪʃəp] *s* évêque *m*; (chess) fou *m*
bishopric ['bɪʃəprɪk] *s* évêché *m*
bison ['baɪsən], ['baɪzən] *s* bison *m*
bisulfate [baɪ'sʌlfet] *s* bisulfate *m*
bisulfite [baɪ'sʌlfaɪt] *s* bisulfite *m*
bit [bɪt] *s* morceau *m*, bout *m*, brin *m*; (*of a bridle*) mors *m*; (*of a drill*) mèche *f*; **bit by bit** petit à petit
bitch [bɪtʃ] *s* (*dog*) chienne *f*; (*fox*) renarde *f*; (*wolf*) louve *f*; (vulgar) vache *f*
bite [baɪt] *s* (*of food*) bouchée *f*; (*by an animal*) morsure *f*; (*by an insect*) piqûre *f*; (*by a fish on a hook*) touche *f* || *v* (*pret* **bit** [bɪt]; *pp* **bit** or **bitten** ['bɪtən]) *tr* mordre; (*said of an insect or snake*) piquer
biting ['baɪtɪŋ] *adj* mordant; (*cold*) piquant; (*wind*) coupant
bit' play'er *s* figurant *m*
bitter ['bɪtər] *adj* amer; (*cold*) âpre, noir; (*fight*) acharné; (*style*) mordant || **bitters** *spl* bitter *m*
bit'ter end' *s*—**to the bitter end** jusqu'au bout
bit'ter-end'er *s* (coll) intransigeant *m*, jusqu'au-boutiste *mf*
bitterness ['bɪtərnɪs] *s* amertume *f*; (*of winter*) âpreté *f*; (fig) aigreur *f*
bit'ter•sweet' *adj* aigre-doux || *s* douce-amère *f*
bitumen [bɪ't(j)umən] *s* bitume *m*
bivou•ac ['bɪvʊ,æk], ['bɪvwæk] *s* bivouac *m*, cantonnement *m* || *v* (*pret* & *pp* **-acked**; *ger* **-acking**) *intr* bivouaquer
biweekly [baɪ'wikli] *adj* bimensuel || *adv* bimensuellement
biyearly [baɪ'jɪrli] *adj* semestriel || *adv* semestriellement
bizarre [bɪ'zɑr] *adj* bizarre
blab [blæb] *v* (*pret* & *pp* **blabbed**; *ger* **blabbing**) *tr* ébruiter || *intr* jaser
blabber ['blæbər] *intr* jaser
blab'ber•mouth' *s* (slang) jaseur *m*
black [blæk] *adj* & *s* noir *m* || *tr* noircir; **to black out** faire le black-out dans
black'-and-blue' *adj* meurtri
black'-and-white' *adj* en blanc et noir
black'ball' *tr* blackbouler
black'ber'ry *s* (*pl* **-ries**) mûre *f*, mûre de ronce
black'berry bush' *s* mûrier *m* sauvage
black'bird' *s* (*Turdus merula*) merle *m*
black'board' *s* tableau *m* noir
black'board eras'er *s* éponge *f*, chiffon *m*
black' cur'rant *s* cassis *m*
black' damp' *s* mofette *f*

blacken ['blækən] *tr* noircir
black′ eye′ *s* œil *m* poché; **to give s.o. a black eye** pocher l'œil à qn; (fig) ruiner la réputation de qn
black′-eyed Su′san ['suzən] *s* marguerite *f* américaine
blackguard ['blægɑrd] *s* vaurien *m*, salaud *m*
black′head′ *s* comédon *m*, tanne *f*
black′-headed gull′ *s* mouette *f* rieuse
blacking ['blækɪŋ] *s* cirage *m* noir
blackish ['blækɪʃ] *adj* noirâtre
black′jack′ *s* assommoir *m*; (cards) vingt-et-un *m* ‖ *tr* assommer
black′ lead′ [lɛd] *s* mine *f* de plomb
black′ let′ter *s* caractère *m* gothique
black′ list′ *s* liste *f* noire
black′-list′ *tr* mettre à l'index, mettre en quarantaine
black′ lo′cust *s* (bot) faux acacia *m*
black′ mag′ic *s* magie *f* noire
black′mail′ *s* chantage *m* ‖ *tr* faire chanter ‖ *intr* faire du chantage
blackmailer ['blæk,melər] *s* maître *m* chanteur
black′ mark′ *s* (*of censure*) tache *f*
black′ mar′ket *s* marché *m* noir
black′ marketeer′ [,mɑrkɪ'tir] *s* trafiquant *m* du marché noir
black′out′ *s* black-out *m*; (*of aviator*) cécité *f* temporaire
black′ pep′per *s* poivre *m* noir
black′ sheep′ *s* (fig) brebis *f* galeuse
black′smith′ *s* forgeron *m*, maréchal-ferrant *m*
bladder ['blædər] *s* vessie *f*
bladderwort ['blædər,wʌrt] *s* utriculaire *f*
blade [bled] *s* lame *f*; (*of grass*) brin *m*; (*of propeller*) aile *f*, pale *f*; (*of oar*) plat *m*; (*young man*) gaillard *m*; (mach) ailette *f*, palette *f*, aube *f*
blah [blɑ] *s* (slang) sornettes *fpl*, fadaises *fpl*, bêtises *fpl*
blah-blah ['blɑ'blɑ] *s* baratin *m*
blamable ['bleməbəl] *adj* blâmable, coupable
blame [blem] *s* blâme *m*; reproches *mpl* ‖ *tr* blâmer; reprocher; s'en prendre à
blameless ['blemlɪs] *adj* sans reproche
blame′wor′thy *adj* blâmable
blanch [blæntʃ], [blɑntʃ] *tr* & *intr* blanchir
bland [blænd] *adj* doux, suave; (*with dissimulation*) narquois
blandish ['blændɪʃ] *tr* flatter, cajoler
blandishment ['blændɪʃmənt] *s* flatterie *f*; attrait *m*, charme *m*
blank [blæŋk] *adj* blanc; (*check; form*) en blanc; (*mind*) confondu, déconcerté ‖ *s* blanc *m*; trou *m*, vide *m*, lacune *f*; (*metal mold*) flan *m*; (*form to be filled out*) fiche *f*, formule *f*, feuille *f*; (*space to be filled in*) tiret *m* ‖ *tr*—**to blank out** effacer ‖ *intr*—**to blank out** (coll) s'évanouir
blank′ check′ *s* chèque *m* en blanc; (fig) chèque en blanc
blanket ['blæŋkɪt] *adj* général ‖ *s* couverture *f* ‖ *tr* envelopper; traiter sous une rubrique générale
blank′ verse′ *s* vers *mpl* blancs
blare [blɛr] *s* bruit *m*; (*of trumpet*) sonnerie *f* ‖ *tr* faire retentir; (*like a trumpet*) sonner ‖ *intr* retentir
blarney ['blɑrni] *s* (coll) flagornerie *f* ‖ *tr* (coll) flagorner
blaspheme [blæs'fim] *tr* & *intr* blasphémer
blasphemous ['blæsfɪməs] *adj* blasphématoire, blasphémateur
blasphe·my ['blæsfɪmi] *s* (*pl* **-mies**) blasphème *m*
blast [blæst], [blɑst] *s* rafale *f*, souffle *m*; explosion *f*; (*of dynamite*) charge *f*; (*of whistle*) coup *m*; (*of trumpet*) sonnerie *f*; **at full blast** à toute allure ‖ *tr* (*to blow up*) faire sauter; (*hopes*) ruiner; (*a plant*) flétrir ‖ *intr* (*said of plant*) se faner; **to blast off** (*said of rocket*) se mettre à feu
blast′ fur′nace *s* haut fourneau *m*
blasting ['blæstɪŋ], ['blɑstɪŋ] *s* abattage *m* à la poudre; (*of hopes*) anéantissement *m*; (coll) abattage *m*, verte semonce *f*
blast′ing cap′ *s* capsule *f* fulminante
blast′off′ *s* mise *f* à feu
blatant ['bletənt] *adj* criard; (*injustice*) criant
blaze [blez] *s* flamme *f*, flambée *f*; (*e.g., blazing house*) incendie *m*; **to run like blazes** (slang) courir furieusement ‖ *tr*—**to blaze the trail** frayer la piste ‖ *intr* flamboyer, s'embraser
blazing ['blezɪŋ] *adj* embrasé, en feu; (*sun*) flamboyant
blazon ['blezən] *s* (heral) blason *m* ‖ *tr* célébrer; exalter; (heral) blasonner; **to blazon out** proclamer
bleach [blitʃ] *s* décolorant *m*, eau *f* de Javel; (*for hair*) eau oxygénée ‖ *tr* blanchir, décolorer
bleachers ['blitʃərz] *spl* gradins *mpl*, tribune *f*
bleak [blik] *adj* froid, morne, nu
blear-eyed ['blɪr'aɪd] *adj* chassieux, larmoyant; (*dull*) d'un esprit épais
blear·y ['blɪri] *adj* (*comp* **-ier**; *super* **-iest**) (*eyes*) chassieux; (*prospect*) voilé, incertain
bleat [blit] *s* bêlement *m* ‖ *intr* bêler, bégueter
bleed [blid] *v* (*pret & pp* **bled** [blɛd]) *tr* & *intr* saigner; **to bleed white** saigner à blanc
bleeding ['blidɪŋ] *adj* saignant ‖ *s* saignement *m*; (*bloodletting*) saignée *f*
blemish ['blemɪʃ] *s* défaut *m*, tache *f* ‖ *tr* défigurer; (*a reputation*) tacher
blench [blentʃ] *intr* pâlir; (*to draw back*) broncher
blend [blend] *s* mélange *m* ‖ *v* (*pret & pp* **blended** or **blent** [blent]) *tr* mêler, mélanger; fondre, marier ‖ *intr* se fondre, se marier
bless [bles] *tr* bénir
blessed ['blesɪd] *adj* béni, saint; (*happy*) bienheureux
blessing ['blesɪŋ] *s* bénédiction *f*; (*at meals*) bénédicité *m*

blight [blaɪt] *s* rouille *f*, nielle *f*; (*of peaches*) cloque *f*; (*of potatoes; of vines*) brunissure *f*; (fig) flétrissure *f* || *tr* rouiller, nieller; (*hopes, aspirations*) flétrir, frustrer
blimp [blɪmp] *s* vedette *f* (aérienne)
blind [blaɪnd] *adj* aveugle; **blind by birth** aveugle-né; **blind in one eye** borgne; **blind person** aveugle *m* || *s* store *m*; (*for hunting*) guet-apens *m*; (fig) feinte *f*; (cards) talon *m* || *tr* aveugler; (*by dazzling*) éblouir
blind′ al′ley *s* cul-de-sac *m*, impasse *f*
blinder [ˈblaɪndər] *s* œillère *f*
blind′ flight′ *s* vol *m* à l'aveuglette
blind′ fly′ing *s* (aer) pilotage *m* sans visibilité
blind′fold′ *adj* les yeux bandés || *s* bandeau *m* || *tr* bander les yeux de
blindly [ˈblaɪndli] *adv* aveuglément
blind′ man′ *s* aveugle *m*
blind′man's buff′ *s* colin-maillard *m*
blindness [ˈblaɪndnɪs] *s* cécité *f*; (fig) aveuglement *m*
blind′ spot′ *s* côté *m* faible
blink [blɪŋk] *s* clignotement *m* || *tr* faire clignoter || *intr* clignoter
blinker [ˈblɪŋkər] *s* feu *m* clignotant; (*for horses*) œillère *f*; (*for signals*) projecteur *m* clignotant
blink′er light′ *s* feu *m* à éclipses
blip [blɪp] *s* spot *m*
bliss [blɪs] *s* félicité *f*, béatitude *f*
blissful [ˈblɪsfəl] *adj* bienheureux
blister [ˈblɪstər] *s* ampoule *f*, bulle *f* || *tr* couvrir d'ampoules; (*paint*) boursoufler || *intr* se couvrir d'ampoules; se boursoufler
blithe [blaɪð], [blaɪθ] *adj* gai, joyeux
blitzkrieg [ˈblɪts,krig] *s* guerre *f* éclair
blizzard [ˈblɪzərd] *s* tempête *f* de neige
bloat [blot] *tr* boursoufler, enfler || *intr* se boursoufler, enfler
blob [blɑb] *s* motte *f*; (*of color*) tache *f*; (*of ink*) pâté *m*
block [blɑk] *s* bloc *m*; (*toy*) cube *m*; (*of shares*) tranche *f*; (*of houses*) pâté *m*, îlot *m* || *tr* (*a project*) contrecarrer; (*a wall*) condamner, murer; **to block up** boucher, bloquer
blockade [blɑˈked] *s* blocus *m*; **to run the blockade** forcer le blocus || *tr* bloquer
block′ and tac′kle *s* palan *m*
block′head′ *s* sot *m*, niais *m*
blond [blɑnd] *adj & s* blond *m*
blonde [blɑnd] *adj & s* blonde *f*
blood [blʌd] *s* sang *m*; parenté *f*, race *f*; **in cold blood** de sang-froid; **to put new blood into** infuser un sang nouveau à
blood′ and guts′ *spl* sang *m* et tripes
blood′ bank′ *s* banque *f* du sang
blood′ count′ *s* numération *f* globulaire
blood′curd′ling *adj* horripilant
blood′hound′ *s* limier *m*
bloodless [ˈblʌdlɪs] *adj* exsangue; (*revolution*) sans effusion de sang
bloodletting [ˈblʌd,lɛtɪŋ] *s* saignée *f*; (fig) effusion *f* de sang
blood′ or′ange *s* sanguine *f*
blood′ plas′ma *s* plasma *m* sanguin
blood′ poi′soning *s* septicémie *f*, empoisonnement *m* du sang
blood′ pres′sure *s* tension *f* artérielle
blood′shed′ *s* effusion *f* de sang
blood′shot′ *adj* injecté, éraillé
blood′ spec′imen *s* prise *f* de sang
blood′stained′ *adj* taché de sang
blood′stream′ *s* circulation *f* du sang
blood′suck′er *s* sangsue *f*
blood′ test′ *s* examen *m* du sang
blood′thirst′y *adj* sanguinaire
blood′ transfu′sion *s* transfusion *f* de sang, transfusion sanguine
blood′ type′ *s* groupe *m* de sang
blood′ ves′sel *s* vaisseau *m* sanguin
blood·y [ˈblʌdi] *adj* (*comp* **-ier**; *super* **-iest**) sanglant
bloom [blum] *s* fleur *f*; fraîcheur *f*; (*of a fruit*) velouté *m*, duvet *m*; **in bloom** en fleur || *intr* fleurir
bloomers [ˈblumərz] *spl* culotte *f* de femme
blooper [ˈblupər] *s* (coll) gaffe *f*, bévue *f*; (rad) poste *m* brouilleur
blossom [ˈblɑsəm] *s* fleur *f*; **in blossom** en fleur || *intr* fleurir; **to blossom out** s'épanouir
blot [blɑt] *s* tache *f*; (*of ink*) pâté *m* || *v* (*pret & pp* **blotted**; *ger* **blotting**) *tr* tacher, barbouiller; (*ink*) sécher; **to blot out** rayer || *intr* (*said of ink*) boire
blotch [blɑtʃ] *s* tache *f*; (*on face*) pustule *f* || *tr* couvrir de taches; (*the skin*) marbrer
blotch·y [ˈblɑtʃi] *adj* (*comp* **-ier**; *super* **-iest**) brouillé, tacheté
blotter [ˈblɑtər] *s* buvard *m*
blot′ting pa′per *s* papier *m* buvard
blouse [blaʊs] *s* corsage *m*; (*children's*) chemise *f*; (mil) vareuse *f*
blow [blo] *s* coup *m*; **to come to blows** en venir aux coups || *v* (*pret* **blew** [blu]; *pp* **blown**) *tr* souffler; **to blow one's nose** se moucher; **to blow out** (*a candle*) éteindre; **to blow up** faire sauter; (*a photograph*) agrandir; (*a balloon*) gonfler || *intr* souffler; (slang) décamper en vitesse; **to blow out** (*said of a tire*) éclater; **to blow over** passer; **to blow up** éclater; (slang) se mettre en colère
blower [ˈblo·ər] *s* soufflerie *f*; (mach) ventilateur *m*
blow′fly′ *s* (*pl* **-flies**) mouche *f* à viande
blow′gun′ *s* sarbacane *f*
blow′hard′ *s* (slang) hâbleur *m*
blow′hole′ *s* (*of tunnel*) ventilateur *m*; (*of whale*) évent *m*
blowing [ˈblo·ɪŋ] *s* soufflage *m*; (*of the wind*) soufflement *m*
blow′out′ *s* (*of a tire*) éclatement *m*; (*orgy*) (slang) gueuleton *m*
blow′pipe′ *s* chalumeau *m*
blow′torch′ *s* lampe *f* à souder
blubber [ˈblʌbər] *s* graisse *f* de baleine || *tr* bredouiller || *intr* pleurer comme un veau
bludgeon [ˈblʌdʒən] *s* matraque *f* || *tr* assommer
blue [blu] *adj* bleu; **to be blue** (coll) broyer du noir, avoir le cafard || *s*

bleu *m;* **from out of the blue** du ciel, à l'improviste; **the blues** le cafard, l'humeur *f* noire || *tr* bleuir
blue'bell' *s* jacinthe *f* des bois
blue'ber'ry *s* (*pl* **-ries**) myrtille *f*
blue'bird' *s* oiseau *m* bleu
blue'-black' *adj* noir tirant sur le bleu
blue' blood' *s* sang *m* royal; aristocrate *mf*
blue'bot'tle *s* bluet *m*, barbeau *m*
blue' cheese' *s* roquefort *m* américain
blue' chip' *s* valeur-vedette *f*, valeur *f* de tout repos
blue'-gray' *adj* gris bleuté, gris-bleu
blue'jay' *s* geai *m* bleu
blue' jeans' *spl* blue-jean *m*
blue' moon' *s*—**once in a blue moon** tous les trente-six du mois
blue'nose' *s* puritain *m*, collet *m* monté
blue'-pen'cil *v* (*pret & pp* **-ciled** or **-cilled**; *ger* **-ciling** or **-cilling**) *tr* corriger au crayon bleu; couper, censurer
blue'print' *s* dessin *m* négatif, photocalque *m*; (fig) plan *m*, schéma *m* || *tr* planifier
blue'stock'ing *s* (coll) bas-bleu *m*
bluff [blʌf] *adj* abrupt; (*cliff*) accore, escarpé; (*person*) brusque || *s* (*cliff*) falaise *f*, cap *m* à pic; (*deception*) bluff *m;* **to call s.o.'s bluff** relever un défi || *tr & intr* bluffer
bluffer ['blʌfər] *s* bluffeur *m*
bluish ['blu·ɪʃ] *adj* bleuté, bleuâtre
blunder ['blʌndər] *s* bévue *f*, gaffe *f* || *intr* faire une bévue, gaffer; **to blunder into** se heurter contre; **to blunder upon** découvrir par hasard; tomber sur
blunt [blʌnt] *adj* (*blade*) émoussé; (*point*) épointé; (*person*) brusque || *tr* émousser; épointer
bluntly ['blʌntli] *adv* brusquement, sans façons; carrément, sans ménagements
blur [blʌr] *s* barbouillage *m* || *v* (*pret & pp* **blurred**; *ger* **blurring**) *tr* embrouiller, voiler
blurb [blʌrb] *s* annonce *f*; publicité *f* au protège-livre
blurt [blʌrt] *tr*—**to blurt out** laisser échapper, lâcher
blush [blʌʃ] *s* rougeur *f*; **at first blush** au premier abord || *intr* rougir
bluster ['blʌstər] *s* rodomontade *f*, fanfaronnade *f* || *intr* (*of wind*) souffler en rafales; (*of person*) faire du fracas
blustery ['blʌstəri] *adj* (*wind*) orageux; (*person*) bravache, fanfaron
boar [bor] *s* (*male swine*) verrat *m*; (*wild hog*) sanglier *m*
board [bord] *s* planche *f*; (*e.g., of directors*) conseil *m*, commission *f*; (*meals*) le couvert; **above board** cartes sur table; **on board** à bord || *tr* (*a ship*) monter à bord de; (*paying guests*) nourrir || *intr* monter à bord; (*said of paying guest*) prendre pension
board' and room' *s* pension *f* et chambre *f*
boarder ['bordər] *s* pensionnaire *mf*; (*student*) interne *mf*
board'ing·house' *s* pension *f* (de famille)
board' of direc'tors *s* conseil *m* d'administration, gérance *f*
board' of trade' *s* association *f* des industriels et commerçants
board' of trustees' *s* comité *m* administrateur (*e.g., of a university*)
board'walk' *s* promenade *f* planchéiée au bord de la mer; (*over mud*) caillebotis *m*
boast [bost] *s* vanterie *f* || *intr* se vanter
boastful ['bostfəl] *adj* vantard
boasting ['bostɪŋ] *s* jactance *f*
boat [bot] *s* bateau *m*; (*small boat*) embarcation *f*; **to miss the boat** (coll) manquer le coche
boat' hook' *s* gaffe *f*
boat'house' *s* hangar *m* à bateaux or à canots
boating ['botɪŋ] *s* canotage *m*; **to go boating** faire du canotage
boat'load' *s* batelée *f*
boat'man *s* (*pl* **-men**) batelier *m*
boat' race' *s* régate *f*
boatswain ['bosən], ['bot,swen] *s* maître *m* d'équipage
bob [bɑb] *s* plomb *m*; (*of hair*) chignon *m* || *v* (*pret & pp* **bobbed**; *ger* **bobbing**) *intr* s'agiter, danser
bobbin ['bɑbɪn] *s* bobine *f*
bob'by pin' *s* épingle *f* à cheveux
bob'by·socks' *spl* (coll) socquettes *fpl*, chaussettes *fpl* basses
bobbysoxer ['bɑbɪ,sɑksər] *s* (coll) zazou *m*, jeune lycéenne *f*
bob'sled' *s* bobsleigh *m*
bob'tail' *adj* à queue écartée || *tr* couper court
bode [bod] *tr & intr* présager
bodily ['bɑdɪli] *adj* corporel, physique || *adv* corporellement, en corps
bod·y ['bɑdi] *s* (*pl* **-ies**) corps *m*; (*dead body*) cadavre *m*; (*solidity*) consistance *f*; (*flavor of wine*) sève *f*, générosité *f*; (aer) fuselage *m*; (aut) carrosserie *f*; **to come in a body** venir en corps
bod'y·guard' *s* garde *m* du corps; (*group*) garde *f* du corps
bog [bɑg] *s* marécage *m*, fondrière *f* || *v* (*pret & pp* **bogged**; *ger* **bogging**) *intr*—**to bog down** s'enliser
bogey·man ['bogi,mæn] *s* (*pl* **-men**) croque-mitaine *m*
bogus ['bogəs] *adj* faux, simulé
Bohemia [bo'himɪ·ə] *s* (*country*) Bohême *f*, la Bohême; (*of artistic world*) la bohème
Bohemian [bo'himɪ·ən] *adj* bohémien; (*unconventional, arty*) bohème, de bohème || *s* (*person living in the country of Bohemia*) Bohémien *m*; (*artist*) bohème *mf*
boil [bɔɪl] *s* ébullition *f*; (*on the skin*) furoncle *m*, clou *m* || *tr* faire bouillir || *intr* bouillir
boiled' din'ner *s* pot-au-feu *m*
boiled' ham' *s* jambon *m* d'York
boiled' pota'toes *spl* pommes *fpl* bouillies, pommes vapeur

boiler ['bɔɪlər] *s* chaudière *f*
boi'ler•mak'er *s* chaudronnier *m*
boiling ['bɔɪlɪŋ] *adj* bouillonnant || *s* ébullition *f*, bouillonnement *m*
boisterous ['bɔɪstərəs] *adj* bruyant, débordant
bold [bold] *adj* hardi, osé, téméraire; (*headland*) à pic; (*look*) assuré
bold'face' *s* (typ) caractères *mpl* gras
bold'-faced' *adj* (*forward*) effronté
boldness ['boldnɪs] *s* hardiesse *f*; effronterie *f*
boll' wee'vil [bol] *s* anthonome *m* du coton, charançon *m* du coton
bologna [bə'lonə], [bə'lonjə] *s* mortadelle *f*, gros saucisson *m*
Bolshevik ['bɑlʃəvɪk], ['bolʃəvɪk] *adj* bolcheviste, bolchevique || *s* Bolcheviste *mf*, Bolchevique *mf*
bolster ['bolstər] *s* traversin *m* || *tr* soutenir
bolt [bolt] *s* verrou *m*; (*with a thread at one end*) boulon *m*; (*of cloth*) rouleau *m* || *tr* verrouiller; (*food*) gober; (*e.g., a political party*) lâcher || *intr* décamper
bomb [bɑm] *s* bombe *f* || *tr* bombarder
bombard [bɑm'bɑrd] *tr* bombarder
bombardier [,bɑmbər'dɪr] *s* bombardier *m*
bombardment [bɑm'bɑrdmənt] *s* bombardement *m*
bombast ['bɑmbæst] *s* boursouflure *f*
bombastic [bɑm'bæstɪk] *adj* boursouflé
bomb' bay' *s* (aer) soute *f* à bombes
bomb' cra'ter *s* entonnoir *m*, trou *m* d'obus
bomber ['bɑmər] *s* avion *m* de bombardement, bombardier *m*
bombing ['bɑmɪŋ] *s* bombardement *m*
bomb'proof' *adj* à l'épreuve des bombes
bomb'shell' *s* obus *m*; **to fall like a bombshell** tomber comme une bombe
bomb' shel'ter *s* abri *m* à l'épreuve des bombes
bomb'sight' *s* viseur *m* de lancement
bona fide ['bonə,faɪdə] *adj & adv* de bonne foi
bonanza [bo'nænzə] *s* aubaine *f*, filon *m*
bonbon ['bɑn,bɑn] *s* bonbon *m*
bond [bɑnd] *s* lien *m*; (com) obligation *f*; **in bond** en entrepôt || *tr* (com) entreposer, mettre en entrepôt
bondage ['bɑndɪdʒ] *s* esclavage *m*
bond'hold'er *s* obligataire *mf*
bone [bon] *s* os *m*; (*of a fish*) arête *f*; **to have a bone to pick** avoir maille à partir || *tr* (*meat or fish*) désosser || *intr*—**to bone up on** (*a subject*) (slang) potasser, piocher
bone'head' *s* (slang) ignorant *m*
boneless ['bonlɪs] *adj* sans os; sans arêtes
bone' of conten'tion *s* pomme *f* de discorde
boner ['bonər] *s* (coll) bourde *f*
bonfire ['bɑn,faɪr] *s* feu *m* de joie; (*for burning trash*) feu de jardin
bonnet ['bɑnɪt] *s* bonnet *m*; chapeau *m* à brides; (fig) chapeau
bonus ['bonəs] *s* boni *m*, prime *f*
bon•y ['boni] *adj* (*comp* **-ier**; *super* **-iest**) osseux; (*thin*) décharné
boo [bu] *s* huée *f*, sifflement *m*; **not to say boo** ne pas souffler mot || *tr & intr* huer, siffler
boob [bub] *s* (coll) emplâtre *m*
boo•by ['bubi] *s* (*pl* **-bies**) (coll) nigaud *m*
boo'by hatch' *s* (slang) asile *m* d'aliénés; (*prison*) (slang) violon *m*
boo'by prize' *s* fiche *f* de consolation
boo'by trap' *s* engin *m* piégé; (fig) attrape-nigaud *m*
boo'by-trap' *v* (*pret & pp* **-trapped**; *ger* **-trapping**) *tr* piéger
book [bʊk] *s* livre *m*; (*of tickets*) carnet *m*; (*libretto*) livret *m*; **by the book** d'après le texte, selon les règles; **to make book** (sports) inscrire les paris || *tr* (*a seat or room*) retenir, réserver
book'bind'er *s* relieur *m*
book'bind'er•y *s* (*pl* **-ies**) atelier *m* de reliure
book'bind'ing *s* reliure *f*
book'case' *s* bibliothèque *f*, étagère *f*
book' end' *s* serre-livres *m*, appui-livres *m*
booking ['bʊkɪŋ] *s* réservation *f*; (theat) location *f*
bookish ['bʊkɪʃ] *adj* livresque; (*person*) studieux
book'keep'er *s* comptable *mf*, teneur *m* de livres
book'keep'ing *s* comptabilité *f*
book' learn'ing *s* science *f* livresque
booklet ['bʊklɪt] *s* livret *m*; (*notebook*) cahier *m*; (*pamphlet*) brochure *f*
book'lov'er *s* bibliophile *mf*
book'mark' *s* signet *m*
bookmobile ['bʊkmo,bil] *s* bibliobus *m*
book'plate' *s* ex-libris *m*
book'rack' *s* étagère *f*
book' review' *s* compte *m* rendu
book'sel'ler *s* libraire *mf*
book'shelf' *s* (*pl* **-shelves**) rayon *m*, étagère *f*
book'stand' *s* étalage *m* de livres; (*in a station*) bibliothèque *f*
book'store' *s* librairie *f*
book' val'ue *s* (com) valeur *f* comptable
book'worm' *s* ciron *m*; (fig) rat *m* de bibliothèque
boom [bum] *s* retentissement *m*, grondement *m*; (*rapid rise or growth*) vague *f* de prospérité, boom *m*; (naut) bout-dehors *m* || *intr* retentir; (com) prospérer || *interj* boum!
boomerang ['bumə,ræŋ] *s* boomerang *m*
boom' town' *s* ville *f* champignon
boon [bun] *s* bienfait *m*, avantage *m*; (archaic) don *m*, faveur *f*
boon' compan'ion *s* joyeux compagnon *m*
boor [bʊr] *s* rustre *m*, goujat *m*
boost [bust] *s* relèvement *m*; (*help*)

aide *f* || *tr* soulever par derrière; (*prices*) hausser; (*to praise*) faire la réclame pour

booster ['bustər] *s* (*enthusiastic backer*) réclamiste *mf*; (*go-getter*) homme *m* d'expédition, lanceur *m* d'affaires; (elec) survolteur *m*; (rok) booster *m*, propulseur *m*

boost′er rock′et *s* fusée *f* de lancement

boost′er shot′ *s* piqûre *f* de rappel

boot [but] *s* botte *f*, bottine *f*; **to boot** en sus; **to lick s.o.'s boots** (coll) lécher les bottes à qn || *tr* botter

boot′black′ *s* cireur *m* de bottes

booth [buθ] *s* (*at fair*) baraque *f*; (*e.g., for telephoning*) cabine *f*

boot′leg′ *adj* (slang) clandestin, de contrebande || *v* (*pret & pp* **-legged**; *ger* **-legging**) *tr* (slang) faire la contrebande de || *intr* (slang) faire la contrebande

bootlegger ['but,legər] *s* (slang) contrebandier *m*; (slang) contrebandier *m* d'alcool, bootlegger *m*

boot′leg′ging *s* contrebande *f*

boot′lick′ *tr* (coll) lécher les bottes à

boo•ty ['buti] *s* (*pl* **-ties**) butin *m*

booze [buz] *s* (coll) boisson *f* alcoolique || *intr* (coll) s'adonner à la boisson

border ['bɔrdər] *s* bord *m*, bordure *f*; (*of field and forest; of a piece of cloth*) lisière *f*; (*of a road*) marge *f*; (*of a country*) frontière *f*; (*edging*) galon *m*, bordé *m* || *tr* border; (*a handkerchief*) lisérer || *intr*—**to border on** confiner à, toucher à; (*a color*) tirer sur

bor′der•line′ *adj* indéterminé || *s* ligne *f* de démarcation

bore [bor] *s* trou *m*; (*of gun*) calibre *m*; (*of cannon*) âme *f*; (*of cylinder*) alésage *m*; (*nuisance*) ennui *m*; (*person*) raseur *m* || *tr* percer; (*a cylinder*) aléser; (*to annoy*) ennuyer

boreal ['borɪ·əl] *adj* boréal

boredom ['bordəm] *s* ennui *m*

boring ['borɪŋ] *adj* ennuyeux, rasant, rasoir || *s* perçage *m*, percement *m*

born [bɔrn] *adj* né; **to be born** naître

borough ['bʌro] *s* (*town*) bourg *m*; circonscription *f* électorale

borrow ['bɑro], ['bɔro] *tr* emprunter; **to borrow from** emprunter à

borrower ['bɑro·ər], ['bɔro·ər] *s* emprunteur *m*

bor′rower's card′ *s* bulletin *m* de prêt

borrowing ['bɑro·ɪŋ], ['bɔro·ɪŋ] *s* emprunt *m*

borzoi ['bɔrzɔɪ] *s* lévrier *m* russe

bosom ['buzəm] *s* sein *m*, poitrine *f*; (*of the Church*) giron *m*

boss [bɔs], [bɑs] *s* patron *m*, chef *m*; (*foreman*) contremaître *m* || *tr* diriger

boss•y ['bɔsi], ['bɑsi] *adj* (*comp* **-ier**; *super* **-iest**) autoritaire; **to be bossy** jordonner

botanical [bə'tænɪkəl] *adj* botanique

botanist ['bɑtənɪst] *s* botaniste *mf*

botany ['bɑtəni] *s* botanique *f*

both [boθ] *adj* deux, e.g., **with both hands** à deux mains; les deux, e.g., **both books** les deux livrés || *pron* les deux, tous les deux || *conj* à la fois; **both . . . and** aussi bien . . . que, e.g., **both in England and France** aussi bien en Angleterre qu'en France

bother ['bɑðər] *s* ennui *m* || *tr* ennuyer, déranger || *intr* se déranger

bothersome ['bɑðərsəm] *adj* importun

bottle ['bɑtəl] *s* bouteille *f* || *tr* mettre en bouteille, embouteiller

bot′tle cap′ *s* capsule *f*

bot′tled gas′ *s* gaz *m* en cylindre

bot′tle•neck′ *s* goulot *m*; (fig) embouteillage *m*

bot′tle o′pener *s* ouvre-bouteilles *m*

bottler ['bɑtlər] *s* metteur *m* en bouteilles

bottling ['bɑtlɪŋ] *s* mise *f* en bouteilles

bottom ['bɑtəm] *s* fond *m*; **at the bottom of** au fond de; (*the page*) en bas de; **to reach the bottom of the barrel** (coll) être à fond de cale

bot′tom dol′lar *s* dernier sou *m*

bottomless ['bɑtəmlɪs] *adj* sans fond

bough [bau] *s* rameau *m*

boulder ['boldər] *s* bloc *m*, rocher *m*

boulevard ['bulə,vɑrd] *s* boulevard *m*

bounce [bauns] *s* (*elasticity*) bond *m*; (*of a ball*) rebond *m* || *tr* faire rebondir; (slang) flanquer à la porte || *intr* rebondir

bouncer ['baunsər] *s* (*in night club*) (coll) videur *m*, gorille *m*

bound [baund] *adj* (*tied*) lié; (*obliged*) obligé, tenu; **bound for** en partance pour || *s* bond *m*, saut *m*; **bounds** bornes *fpl*, limites *fpl*; **out of bounds** hors jeu; (*prohibited*) défendu || *tr* borner, limiter || *intr* bondir

bounda•ry ['baundəri] *s* (*pl* **-ries**) borne *f*, limite *f*

boun′dary stone′ *s* borne *f*

boundless ['baundlɪs] *adj* sans bornes

boun•ty ['baunti] *s* (*pl* **-ties**) largesse *f*; (*award*) prime *f*

bouquet [bu'ke], [bo'ke] *s* bouquet *m*

bout [baut] *s* rencontre *f*; (*e.g., of fever*) accès *m*; (sports) match *m*

bow [bau] *s* inclination *f*, révérence *f*; (*of ship*) avant *m*, proue *f* || *tr* incliner, courber || *intr* s'incliner, se courber; **to bow down** se prosterner; **to bow out** se retirer; **to bow to** saluer || [bo] *s* (*weapon*) arc *m*; (*bowknot*) nœud *m*; (*of violin*) archet *m* || *intr* (mus) tirer l'archet

bowdlerize ['baudlə,raɪz] *tr* expurger

bowel ['bau·əl] *s* intestin *m*, boyau *m*; **bowels** entrailles *fpl*

bow′el move′ment *s* selle *f*; **to have a bowel movement** aller à la selle

bower ['bau·ər] *s* berceau *m*, tonnelle *f*

bow′ie knife′ ['bo·ɪ], ['bu·i] *s* couteau-poignard *m*

bowknot ['bo,nɑt] *s* nœud *m* en forme de rose, rosette *f*

bowl [bol] *s* bol *m*, jatte *f*; (*of pipe*) fourneau *m*; (*of spoon*) cuilleron *m*; **bowls** (sports) boules *fpl* || *tr* rouler, lancer; **to bowl over** (*to overturn*) (coll) renverser; (slang) déconcerter

|| *intr*—**to bowl along** rouler rapidement
bowlegged ['bo,lɛgd], ['bo,lɛgɪd] *adj* aux jambes arquées
bowler ['bolər] *s* (*hat*) chapeau *m* melon; (*in cricket*) lanceur *m*; (*in bowling*) joueur *m* de boules
bowling ['bolɪŋ] *s* jeu *m* de boules, jeu de quilles
bowl'ing al'ley *s* boulodrome *m*
bowl'ing green' *s* boulingrin *m*
bowl'ing pin' *s* quille *f*
bowsprit ['bausprɪt], ['bosprɪt] *s* beaupré *m*
bow' tie' [bo] *s* nœud *m* papillon
box [bɑks] *s* boîte *f*; (law) barre *f*; (theat) loge *f*, baignoire *f*; **box on the ear** claque *f* || *tr* emboîter; (*to hit*) boxer; **to box the compass** réciter la rose des vents || *intr* (sports) boxer
box'car' *s* (rr) wagon *m* couvert
boxer ['bɑksər] *s* (*person*) boxeur *m*; (*dog*) boxer *m*
boxing ['bɑksɪŋ] *s* emboîtage *m*; (sports) boxe *f*
box' of'fice *s* bureau *m* de location
box'-office flop' *s* (slang) four *m*
box'-office hit' *s* pièce *f* à succès
box'wood' *s* buis *m*
boy [bɔɪ] *s* garçon *m*; (*little boy*) garçonnet *m*
boycott ['bɔɪkɑt] *s* boycottage *m* || *tr* boycotter
boy' friend' *s* ami *m*, camarade *m*; (*of a girl*) bon ami *m*
boyhood ['bɔɪhʊd] *s* enfance *f*, jeunesse *f*, adolescence *f*
boyish ['bɔɪ·ɪʃ] *adj* de garçon
boy' scout' *s* boy-scout *m*
bra [brɑ] *s* (coll) soutien-gorge *m*
brace [bres] *s* attache *f*, lien *m*; (*of game birds*) couple *f*; (*of pistols*) paire *f*; (*to impart a rotary movement to a bit*) vilebrequin *m*; (aer, aut) entretoise *f*; (mus, typ) accolade *f* || *tr* ancrer, entretoiser; (*to tone up*) fortifier, remonter || *intr*—**to brace up** prendre courage
brace' and bit' *s* vilebrequin *m*
bracelet ['breslɪt] *s* bracelet *m*
bracer ['bresər] *s* tonique *m*
bracing ['bresɪŋ] *adj* tonique, fortifiant
bracket ['brækɪt] *s* console *f*; (*grouping*) niveau *m*; (mach) chaise *f*; (typ) crochet *m* || *tr* grouper; (typ) mettre entre crochets
brackish ['brækɪʃ] *adj* saumâtre
brad [bræd] *s* semence *f*, clou *m* (sans tête)
brag [bræg] *s* (*pret & pp* **bragged**; *ger* **bragging**) *intr* se vanter
braggadoci•o [,brægə'doʃɪ,o] *s* (*pl* **-os**) fanfaronnade *f*; (*person*) fanfaron *m*
braggart ['brægərt] *s* vantard *m*
bragging ['brægɪŋ] *s* vanterie *f*
Brah•man ['brɑmən] *s* (*pl* **-mans**) brahmane *m*
braid [bred] *s* tresse *f*, passement *m*; (mil) galon *m*; **to trim with braid** soutacher || *tr* passementer; (*the hair*) tresser
braille [brel] *s* braille *m*
brain [bren] *s* cerveau *m*; **brains** cervelle *f*; (fig) intelligence *f*, cerveau; **to rack one's brains** se creuser la cervelle || *tr* casser la tête à
brain' child' *s* idée *f* de génie
brainless ['brenlɪs] *adj* sans cervelle
brain'storm' *s* accès *m* de folie; (coll) confusion *f* mentale; (coll) trouvaille *f*, bonne idée *f*
brain'wash' *tr* (*by use of torture, drugs, etc.*) faire un lavage de cerveau à; (*by means of commercials, sales talk, etc.*) bourrer le crâne de
brain'wash'ing *s* lavage *m* de cerveau; bourrage *m* de crâne
brain'work' *s* travail *m* intellectuel
brain•y ['breni] *adj* (*comp* **-ier**; *super* **-iest**) (coll) intelligent, à l'esprit vif
braise [brez] *tr* braiser, endauber
brais'ing pan' *s* braisière *f*
brake [brek] *s* frein *m*; **to put on the brakes** serrer les freins || *tr & intr* freiner
brake' drum' *s* tambour *m* de frein
brake' light' *s* (aut) feu *m* de freinage
brake' lin'ing *s* garniture *f* de frein
brake'man *s* (*pl* **-men**) serre-freins *m*
brake' ped'al *s* pédale *f* de frein
brake' shoe' *s* sabot *m* de frein
bramble ['bræmbəl] *s* ronce *f*
bran [bræn] *s* son *m*, bran *m*
branch [bræntʃ] *s* branche *f*; (*of tree*) rameau *m*, branche; (*of a business*) succursale *f*, filiale *f* || *intr*—**to branch off** s'embrancher, se bifurquer; **to branch out** se ramifier
branch' line' *s* embranchement *m*
branch' of'fice *s* succursale *f*; bureau *m* de quartier
branch' road' *s* embranchement *m*
brand [brænd] *s* (*trademark*) marque *f*; (*torch*) brandon *m*; (*coal*) tison *m*; (*on a criminal*) flétrissure *f*; (*on cattle*) marque || *tr* marquer au fer rouge, flétrir
brand'ing i'ron *s* fer *m* à flétrir
brandish ['brændɪʃ] *tr* brandir
brand'-new' *adj* tout neuf, flambant neuf
bran•dy ['brændi] *s* (*pl* **-dies**) eau-de-vie *f*
brash [bræʃ] *adj* impertinent
brass [bræs], [brɑs] *s* laiton *m*; (mil) (coll) officiers *mpl* supérieurs, galonnard *m*; (slang) toupet *m*, culot *m*; **big brass** (slang) grosses légumes *fpl*; **the brasses** (mus) les cuivres
brass' band' *s* fanfare *f*, musique *f*
brassiere [brə'zɪr] *s* soutien-gorge *m*
brass' knuck'les *spl* coup-de-poing *m*
brass' tack' *s* semence *f* (de tapissier); **to get down to brass tacks** (coll) en venir aux faits
brat [bræt] *s* (coll) gamin *m*, gosse *mf*
brava•do [brə'vɑdo] *s* (*pl* **-does** or **-dos**) bravade *f*
brave [brev] *adj* brave || *s* guerrier *m* peau-rouge || *tr* braver
bravery ['brevəri] *s* bravoure *f*
bra•vo ['brɑvo] *s* (*pl* **-vos**) bravo *m* || *interj* bravo!

brawl [brɔl] *s* bagarre *f*, querelle *f* || *intr* se bagarrer, se quereller
brawler ['brɔlər] *s* bagarreur *m*
brawn [brɔn] *s* muscle *m*; muscles bien développés; (culin) fromage *m* de cochon
brawn·y ['brɔni] *adj* (*comp* **-ier**; *super* **-iest**) bien découplé, musclé
bray [bre] *s* braiment *m* || *intr* braire
braze [brez] *tr* braser
brazen ['brezən] *adj* effronté || *tr*—**to brazen through** mener à bonne fin avec une effronterie audacieuse
Brazil [brə'zɪl] *s* le Brésil
Brazilian [brə'zɪljən] *adj* brésilien || *s* (*person*) Brésilien *m*
Brazil' nut' *s* noix *f* du Brésil
breach [britʃ] *s* (*in a wall*) brèche *f*; (*violation*) infraction *f* || *tr* ouvrir une brèche dans
breach' of con'tract *s* rupture *f* de contrat
breach' of prom'ise *s* rupture *f* de fiançailles
breach' of the peace' *s* attentat *m* contre l'ordre public
breach' of trust' *s* abus *m* de confiance
bread [brɛd] *s* pain *m* || *tr* paner, gratiner
bread' and but'ter *s* (fig) gagne-pain *m*
bread'bas'ket *s* panier *m* à pain, corbeille *f* à pain
bread'board' *s* planche *f* à pain
bread' crumbs' *spl* chapelure *f*
breaded *adj* (culin) au gratin
bread'ed veal' cut'let *s* escalope *f* panée de veau
bread'fruit' *s* fruit *m* à pain; (*tree*) arbre *m* à pain, jacquier *m*
bread' knife' *s* couteau *m* à pain
breadth [brɛdθ] *s* largeur *f*
bread'win'ner *s* soutien *m* de famille
break [brek] *s* rupture *f*; (*of an object*) brisure *f*, cassure *f*; (*in time or space*) trou *m*, pause *f*; (slang) chance *f* || *v* (*pret* **broke** [brok]; *pp* **broken**) *tr* rompre, briser, casser; (*a law*) violer; (*the heart*) fendre; (*one's word*) manquer à; (*a will; a soldier by reducing his rank*) casser; **to break bread** rompre le pain; **to break down** (*for analysis*) analyser; **to break in** (*a door*) enfoncer; (*a new car*) roder || *intr* rompre, briser, se briser; (*said of clouds*) se dissiper; (*said of waves*) déferler; **to break down** avoir une panne
breakable ['brekəbəl] *adj* fragile
breakage ['brekɪdʒ] *s* casse *f*
break'down' *s* (*stoppage*) arrêt *m*; (*disaster*) débâcle *f*; (*of health*) épuisement *m*; (*of negotiations*) rupture *f*; (*for analysis*) analyse *f*, ventilation *f*; (mach) panne *f*
breaker ['brekər] *s* brisant *m*
breakfast ['brekfəst] *s* petit déjeuner *m* || *intr* prendre le petit déjeuner
break'fast food' *s* céréales *fpl* (pour le petit déjeuner)
break'neck' *adj* vertigineux; **at breakneck speed** à tombeau ouvert
break' of day' *s* point *m* du jour
break'through' *s* (mil) percée *f*; (fig) découverte *f* sensationnelle
break'up' *s* dissolution *f*; écroulement *m*; (*in health*) abattement *m*
break'wa'ter *s* digue *f*, brise-lames *m*
breast [brɛst] *s* sein *m*; (*of cooked chicken*) blanc *m*; **to make a clean breast of it** se déboutonner
breast'bone' *s* sternum *m*; (*of fowl*) bréchet *m*
breast' feed'ing *s* allaitement *m*
breast'plate' *s* (*of high priest*) pectoral *m*; (*of armor*) plastron *m*
breast'stroke' *s* brasse *f*
breast'work' *s* (mil) parapet *m*
breath [brɛθ] *s* haleine *f*, souffle *m*; **last breath** dernier soupir *m*; **out of breath** hors d'haleine
breathe [brið] *tr & intr* respirer, souffler; **not to breathe a word** ne pas souffler mot
breathing ['briðɪŋ] *s* souffle *m*
breath'ing space' *s* répit *m*
breathless ['brɛθlɪs] *adj* haletant, hors d'haleine; inanimé
breath'tak'ing *adj* émouvant, sensationnel
breech [britʃ] *s* culasse *f*
breech'es bu'oy *s* (naut) bouée-culotte *f*
breed [brid] *s* race *f* || *v* (*pret & pp* **bred** [brɛd]) *tr* engendrer; (*e.g., cattle*) élever || *intr* se reproduire
breeder ['bridər] *s* éleveur *m*
breeding ['bridɪŋ] *s* (*of animals*) élevage *m*; **good breeding** savoir-vivre *m*
breeze [briz] *s* brise *f*
breez·y ['brizi] *adj* (*comp* **-ier**; *super* **-iest**) aéré; (coll) désinvolte, dégagé
brethren ['brɛðrɪn] *spl* frères *mpl*
Breton ['brɛtən] *adj* breton || *s* (*language*) breton *m*; (*person*) Breton *m*
breviar·y ['brivɪ,ɛri], ['brɛvɪ,ɛri] *s* (*pl* **-ies**) (eccl) bréviaire *m*
brevi·ty ['brɛvɪti] *s* (*pl* **-ties**) brièveté *f*
brew [bru] *s* breuvage *m*, infusion *f* || *tr* infuser; (*beer*) brasser || *intr* s'infuser
brewer ['bru·ər] *s* brasseur *m*
brew'er's yeast' *s* levure *f* de bière
brewer·y ['bru·əri] *s* (*pl* **-ies**) brasserie *f*
brewing ['bru·ɪŋ] *s* brassage *m*
bribe [braɪb] *s* pot-de-vin *m* || *tr* corrompre, suborner, soudoyer
briber·y ['braɪbəri] *s* (*pl* **-ies**) corruption *f*, subornation *f*
brick [brɪk] *s* brique *f* || *tr* briqueter
brick'bat' *s* brocard *m*; **to hurl brickbats** lancer des brocards
brick'lay'er *s* briqueteur *m*
brick'work' *s* briquetage *m*
brick'yard' *s* briqueterie *f*
bridal ['braɪdəl] *adj* nuptial
bride [braɪd] *s* (nouvelle) mariée *f*
bride'groom' *s* (nouveau) marié *m*
brides'maid' *s* demoiselle *f* d'honneur
bride'-to-be' *s* future femme *f*
bridge [brɪdʒ] *s* pont *m*; (cards, dentistry) bridge *m*; (naut) passerelle *f*; **to burn one's bridges** couper les ponts || *tr* construire un pont sur; **to bridge a gap** combler une lacune

bridge′head′ *s* (mil) tête *f* de pont
bridle [ˈbraɪdəl] *s* bride *f*; (fig) frein *m* || *tr* brider; (fig) freiner || *intr* se raidir
bri′dle path′ *s* piste *f* cavalière
brief [brif] *adj* bref || *s* résumé *m*; (law) dossier *m*; **briefs** slip *m*; **to hold a brief for** plaider pour || *tr* mettre au courant
brief′ case′ *s* serviette *f*
briefing [ˈbrifɪŋ] *s* briefing *m*, renseignements *mpl* tactiques
briefly [ˈbrifli] *adv* bref, brièvement, en substance
brier [ˈbraɪ·ər] *s* ronce *f*
brig [brɪg] *s* prison *f* navale; (*ship*) brick *m*
brigade [brɪˈged] *s* brigade *f*
brigadier [ˌbrɪgəˈdɪr] *s* général *m* de brigade
brigand [ˈbrɪgənd] *s* brigand *m*
brigantine [ˈbrɪgənˌtin], [ˈbrɪgənˌtaɪn] *s* brigantin *m*
bright [braɪt] *adj* brillant; (*day*) clair; (*color*) vif; (*person*) (fig) brillant
brighten [ˈbraɪtən] *tr* faire briller; égayer, réjouir || *intr* s'éclaircir
bright′ ide′a *s* (coll) idée *f* lumineuse
brightness [ˈbraɪtnɪs] *s* éclat *m*, clarté *f*; (*of mind*) vivacité *f*
brilliance [ˈbrɪljəns] or **brilliancy** [ˈbrɪljənsi] *s* brillant *m*, éclat *m*
brilliant [ˈbrɪljənt] *adj & s* brillant *m*
brim [brɪm] *s* bord *m* || *v* (*pret & pp* **brimmed**; *ger* **brimming**) *intr*—**to brim over (with)** déborder (de)
brimful [ˈbrɪmˌfʊl] *adj* à ras bords
brim′stone′ *s* soufre *m*
brine [braɪn] *s* saumure *f*
bring [brɪŋ] *v* (*pret & pp* **brought** [brɔt]) *tr* apporter; (*a person*) amener, conduire; **to bring back** rapporter; (*a person*) ramener; **to bring down** (*baggage*) descendre; (*with a gun*) abattre; **to bring in** entrer, introduire; **to bring out** faire ressortir; (*e.g., a book*) publier; **to bring together** réunir; **to bring to pass** causer, opérer; **to bring up** éduquer, élever; (*baggage*) monter
bring′ing-up′ *s* éducation *f*
brink [brɪŋk] *s* bord *m*
brisk [brɪsk] *adj* vif, actif, animé
brisket [ˈbrɪskɪt] *s* (culin) poitrine *f*
bristle [ˈbrɪsəl] *s* soie *f*; (*of brush*) poil *m* || *tr* hérisser || *intr* se hérisser
bristling [ˈbrɪslɪŋ] *adj* hérissé
Bris′tol board′ [ˈbrɪstəl] *s* bristol *m*
Britain [ˈbrɪtən] *s* Grande-Bretagne *f*; la Grande-Bretagne
British [ˈbrɪtɪʃ] *adj* britannique || **the British** les Britanniques
Britisher [ˈbrɪtɪʃər] *s* Britannique *mf*
Briton [ˈbrɪtən] *s* Britannique *mf*
Brittany [ˈbrɪtəni] *s* Bretagne *f*; la Bretagne
brittle [ˈbrɪtəl] *adj* fragile, cassant
broach [brotʃ] *s* broche *f*; (*for tapping casks*) mèche *f* à percer || *tr* (*e.g., a keg of beer*) mettre en perce; (*a subject*) entamer
broad [brɔd] *adj* (*wide*) large; (*immense*) vaste; (*mind, views*) libéral, tolérant; (*accent*) fort, prononcé; (*use, sense*) répandu, général; (*daylight*) plein; (*joke, story*) grossier, salé
broad′-backed′ *adj* d'une belle carrure
broad′brimmed′ *adj* à larges bords
broad′cast′ *adj* diffusé; (rad) radiodiffusé || *s* (rad) radiodiffusion *f*, émission *f* || *v* (*pret & pp* **-cast**) *tr* diffuser, répandre || (*pret & pp* **-cast** or **-casted**) *tr* radiodiffuser || *intr* (rad) émettre
broad′casting sta′tion *s* station *f* d'émission
broad′cloth′ *s* popeline *f*
broaden [ˈbrɔdən] *tr* élargir || *intr* s'élargir
broad′-gauge′ *adj* à voie large
broad′ jump′ *s* saut *m* en longueur
broad′-mind′ed *adj* à l'esprit large
broad′side′ *s* bordée *f*; (typ) placard *m*
brocade [broˈked] *s* brocart *m* || *tr* brocher
broccoli [ˈbrɑkəli] *s* brocoli *m*
brochure [broˈʃʊr] *s* brochure *f*
brogue [brog] *s* accent *m* irlandais; (*shoe*) soulier *m* grossier
broil [brɔɪl] *s* grillade *f*; (*quarrel*) rixe *f* || *tr & intr* griller
broiler [ˈbrɔɪlər] *s* gril *m*
broke [brok] *adj* (slang) fauché
broken [ˈbrokən] *adj* brisé, cassé; (*promise; ranks; beam*) rompu
brok′en-down′ *adj* délabré; en panne
bro′ken-heart′ed *adj* au cœur brisé
broker [ˈbrokər] *s* courtier *m*
brokerage [ˈbrokərɪdʒ] *s* courtage *m*
bromide [ˈbromaɪd] *s* bromure *m*; (coll) platitude *f*
bromine [ˈbromin] *s* brome *m*
bronchial [ˈbrɑŋkɪ·əl] *adj* bronchique
bron′chial tube′ *s* bronche *f*
bronchitis [brɑŋˈkaɪtɪs] *s* bronchite *f*
bron·co [ˈbrɑŋko] *s* (*pl* **-cos**) cheval *m* sauvage
bronze [brɑnz] *adj* bronzé || *s* bronze *m* || *tr* bronzer || *intr* se bronzer
brooch [brotʃ], [brutʃ] *s* broche *f*
brood [brud] *s* couvée *f*; (*of children*) nichée *f* || *intr* couver; (*to sulk*) broyer du noir; **to brood over** songer sombrement à
brood′ hen′ *s* couveuse *f*
brood′mare′ *s* poulinière *f*
brook [brʊk] *s* ruisseau *m* || *tr*—**to brook no** ne pas tolérer
brooklet [ˈbrʊklɪt] *s* ruisseau *m*
broom [brum], [brʊm] *s* balai *m*; (bot) genêt *m*
broom′stick′ *s* manche *m* à balai
broth [brɔθ], [brɑθ] *s* bouillon *m*, consommé *m*
brothel [ˈbrɑθəl], [ˈbrɑðəl] *s* bordel *m*
brother [ˈbrʌðər] *s* frère *m*
broth′er·hood′ *s* fraternité *f*
broth′er-in-law′ *s* (*pl* **brothers-in-law**) beau-frère *m*
brotherly [ˈbrʌðərli] *adj* fraternel || *adv* fraternellement
brow [braʊ] *s* (*forehead*) front *m*;

(*eyebrow*) sourcil *m*; **to knit one's brow** froncer le sourcil
brow'beat' *v* (*pret* **-beat**; *pp* **-beaten**) *tr* rabrouer, brusquer
brown [braʊn] *adj* marron; (*paper*) gris; (*bread*) bis; (*shoes*) jaune; (*butter*) roux, noir; (*hair*) brun, châtain || *tr* brunir; (culin) rissoler, dorer
brownish ['braʊnɪʃ] *adj* brunâtre
brown' stud'y *s*—**in a brown study** absorbé dans des méditations
brown' sug'ar *s* cassonade *f*, sucre *m* brut
browse [braʊz] *intr* (*said of animals*) brouter; (*said of booklovers*) butiner; (*said of customers for secondhand books*) bouquiner
bruise [bruz] *s* (*on body or fruit*) meurtrissure *f*; (*on body*) contusion *f* || *tr* meurtrir, contusionner
bruiser ['bruzər] *s* (coll) costaud *m*
bruit [brut] *tr* ébruiter; **to bruit about** répandre
brunette [bru'nɛt] *adj* & *s* brune *f*, brunette *f*
brunt [brʌnt] *s* choc *m*, assaut *m*; **to bear the brunt of** (fig) faire tous les frais de
brush [brʌʃ] *s* brosse *f*; (*countryside*) brousse *f*; (elec) balai *m* || *tr* brosser; **to brush aside** écarter || *intr*—**to brush against** frôler; **to brush up on** repasser, rafraîchir
brush'-off' *s* (slang) affront *m*; **to give a brush-off to** (slang) expédier avec rudesse
brush'wood' *s* broussailles *fpl*, brindilles *fpl*
brusque [brʌsk] *adj* brusque
Brussels ['brʌsəlz] *s* Bruxelles *f*
Brus'sels sprouts' *mpl* chou *m* de Bruxelles
brutal ['brutəl] *adj* brutal
brutali•ty [bru'tælɪti] *s* (*pl* **-ties**) brutalité *f*
brute [brut] *adj* brutal || *s* bête *f*, animal *m*; (*person*) brute *f*, animal *m*
brutish ['brutɪʃ] *adj* grossier, brut, brutal
bubble ['bʌbəl] *s* bulle *f* || *intr* bouillonner; (*said of drink*) pétiller; **to bubble over** déborder
bub'ble gum' *s* gomme *f* à claquer
bub•bly ['bʌbli] *adj* (*comp* **-blier**; *super* **-bliest**) bouillonnant, gazeux
bubon'ic plague' [bju'bɑnɪk] *s* peste *f* bubonique
buccaneer [,bʌkə'nɪr] *s* boucanier *m*
buck [bʌk] *s* (*red deer*) cerf *m*; (*fallow deer*) daim *m*; (*roebuck*) chevreuil *m*; (slang) dollar *m*; the male of many animals such as: (*goat*) bouc *m*; (*rabbit*) lapin *m*; (*hare*) lièvre *m*; **to pass the buck** (coll) renvoyer la balle || *tr*—**to buck off** (*a rider*) désarçonner; **to buck up** (coll) remonter le courage de || *intr*—**to buck up** (coll) reprendre courage
bucket ['bʌkɪt] *s* seau *m*; **to kick the bucket** (slang) casser sa pipe
buck'et seat' *s* siège *m* baquet
buckle ['bʌkəl] *s* boucle *f* || *tr* boucler || *intr* arquer, gauchir; **to buckle down** s'appliquer
buck' pri'vate *s* simple soldat *m*
buckram ['bʌkrəm] *s* bougran *m*
buck'saw' *s* scie *f* à bûches
buck'shot' *s* gros plomb *m*
buck'tooth' *s* (*pl* **-teeth**) dent *f* saillante
buck'wheat' *s* sarrasin *m*
buck'wheat cake' *s* crêpe *f* de sarrasin
bud [bʌd] *s* bouton *m*, bourgeon *m* || *v* (*pret* & *pp* **budded**; *ger* **budding**) *intr* boutonner, bourgeonner
Buddhism ['bʊdɪzəm] *s* bouddhisme *m*
Buddhist ['bʊdɪst] *adj* & *s* bouddhiste *mf*
budding ['bʌdɪŋ] *adj* en bouton; (*beginning*) en germe, naissant
bud•dy ['bʌdi] *s* (*pl* **-dies**) (coll) copain *m*
budge [bʌdʒ] *tr* faire bouger || *intr* bouger
budget ['bʌdʒɪt] *s* budget *m* || *tr* comptabiliser, inscrire au budget
budgetary ['bʌdʒɪ,teri] *adj* budgétaire
buff [bʌf] *adj* (*color*) chamois || *s* (coll) fanatique *mf*, enthousiaste *mf* || *tr* polir, émeuler
buffa•lo ['bʌfə,lo] *s* (*pl* **-loes** or **-los**) bison *m*; (*water buffalo; Cape buffalo*) buffle *m*
buffer ['bʌfər] *s* (mach) brunissoir *m*; (rr) (*on cars*) tampon *m*; (rr) (*at end of track*) butoir *m*
buff'er state' *s* état *m* tampon
buf'fer zone' *s* zone *f* tampon
buffet [bʊ'fe] *s* buffet *m* || ['bʌfɪt] *tr* frapper (violemment)
buffet' lunch' [bʊ'fe] *s* lunch *m*
buffoon [bə'fun] *s* bouffon *m*
buffooner•y [bə'funəri] *s* (*pl* **-ies**) bouffonnerie *f*
bug [bʌg] *s* insecte *m*; (*germ*) microbe *m*; (*in a mechanical device*) vice *m*, défaut *m*; (coll) idée *f* fixe, lutin *m*; (Brit) punaise *f*; **he's a bug for . . .** (coll) il est fou de . . . || *v* (*pret* & *pp* **bugged**; *ger* **bugging**) *tr* (slang) installer une table d'écoute dans; installer un microphone dans; (*to annoy*) (slang) embêter, emmerder
bug'bear' *s* épouvantail *m*, croquemitaine *m*; (*pet peeve*) bête *f* noire
bug'-eyed' *adj* (slang) aux yeux saillants
bug•gy ['bʌgi] *adj* (*comp* **-gier**; *super* **-giest**) infesté d'insectes; infesté; (slang) fou || *s* (*pl* **-gies**) buggy *m* à quatre roues; (*two-wheeled*) buggy, boguet *m*
bug'house' *s* (slang) cabanon *m*
bugle ['bjugəl] *s* (bot) bugle *f*; (mus) clairon *m* || *tr* & *intr* claironner
bu'gle call' *s* sonnerie *f* de clairon
bugler ['bjuglər] *s* clairon *m*
build [bɪld] *s* structure *f*; (*of human body*) taille *f*, charpente *f* || *v* (*pret* & *pp* **built** [bɪlt]) *tr* bâtir, construire
builder ['bɪldər] *s* constructeur *m*; (*of bridges, roads, etc.*) entrepreneur *m*

building ['bɪldɪŋ] *s* immeuble *m*, bâtiment *m*, édifice *m*
build'ing and loan' associa'tion *s* société *f* de prêt à la construction
build'ing lot' *s* terrain *m* à bâtir
built'-in' *adj* incorporé
built'-up' *adj* aggloméré; (*heel*) renforcé; (*land*) bâti
bulb [bʌlb] *s* bulbe *m*; (*of vaporizer*) poire *f*; (bot) oignon *m*; (elec) ampoule *f*
bulbous ['bʌlbəs] *adj* bulbeux
Bulgaria [bʌl'gɛrɪ·ə] *s* Bulgarie *f*; la Bulgarie
Bulgarian [bʌl'gɛrɪ·ən] *adj* bulgare || *s* (*language*) bulgare *m*; (*person*) Bulgare *mf*
bulge [bʌldʒ] *s* bosse *f*, bombement *m*; (mil) saillant *m* || *tr* bourrer, gonfler || *intr* faire une bosse, bomber
bulk [bʌlk] *s* masse *f*, volume *m*; **in bulk** en bloc; (com) en vrac || *tr* entasser (en vrac) || *intr* tenir de la place; **to bulk large** devenir important
bulk'head' *s* (naut) cloison *f*
bulk·y ['bʌlki] *adj* (*comp* **-ier**; *super* **-iest**) volumineux
bull [bʊl] *s* taureau *m*; (*on the stock exchange*) haussier *m*, spéculateur *m* à la hausse; (eccl) bulle *f*; (*policeman*) (slang) flic *m*, vache *f*; (*exaggeration*) (slang) blague *f*, boniment *m*, chiqué *m*; **like a bull in a china shop** comme un éléphant dans un magasin de porcelaine; **to take the bull by the horns** (fig) prendre le taureau par les cornes || *tr*—**to bull the market** jouer à la hausse
bull'dog' *s* bouledogue *m*
bull'doze' *tr* passer au bulldozer; (coll) intimider
bulldozer ['bʊl,dozər] *s* chasse-terre *m*, bulldozer *m*
bullet ['bʊlɪt] *s* balle *f*
bulletin ['bʊlətɪn] *s* bulletin *m*; (*e.g., of a university*) annuaire *m*
bul'letin board' *s* tableau *m* d'affichage
bul'let·proof' *adj* à l'épreuve des balles || *tr* blinder
bul'let·proof vest' *s* gilet *m* pare-balles
bull'fight' *s* course *f* de taureaux
bull'fight'er *s* torero *m*
bull'fight'ing *s* tauromachie *f*
bull'finch' *s* bouvreuil *m*
bull'frog' *s* grenouille *f* d'Amérique
bull'head' *s* (ichth) chabot *m*, cabot *m*; (*miller's-thumb*) meunier *m*, cabot
bull'head'ed *adj* entêté
bullion ['bʊljən] *s* (*of gold*) or *m*; (*of silver*) argent *m*; encaisse *f* métallique, lingots *mpl* d'or, lingots d'argent; (*on uniform*) cordonnet *m* d'or, cordonnet d'argent
bull' mar'ket *s* marché *m* à la hausse
bullock ['bʊlək] *s* bœuf *m*
bull' pen' *s* toril *m*; (*jail*) poste *m* de détention préventive
bull'ring' *s* arène *f*, arène pour les courses de taureaux
bull's'-eye' *s* mouche *f*; **to hit the bull's-eye** faire mouche
bull's'-eye win'dow *s* œil-de-bœuf *m*
bull'ter'rier *s* bull-terrier *m*
bul·ly ['bʊli] *adj* (coll) épatant || *s* (*pl* **-lies**) brute *f*, brutal *m*; (*at school*) brimeur *m*, tyranneau *m* || *v* (*pret & pp* **-lied**) *tr* brutaliser, malmener; (*at school*) brimer, tyranniser
bulrush ['bʊl,rʌʃ] *s* jonc *m* des marais
bulwark ['bʊlwərk] *s* rempart *m*; (naut) pavois *m* || *tr* garnir de remparts; (fig) protéger
bum [bʌm] *adj* (slang) moche, de camelote || *s* (slang) clochard *m* || *v* (*pret & pp* **bummed**; *ger* **bumming**) *tr & intr* (slang) écornifler
bumble ['bʌmbəl] *tr* bâcler || *intr* (*to stumble*) trébucher; (*in speaking*) bafouiller; (*said of bee*) bourdonner
bum'ble·bee' *s* bourdon *m*
bump [bʌmp] *s* choc *m*; (*protuberance*) bosse *f*; (*of car on rough road*) cahot *m* || *tr* cogner, tamponner, heurter; **to bump off** (*to kill*) (slang) buter || *intr* se cogner; **to bump along** (*said of car*) cahoter; **to bump into** buter contre, choquer
bumper ['bʌmpər] *adj* exceptionnel || *s* (aut) pare-chocs *m*; (rr) tampon *m*
bumpkin ['bʌmpkɪn] *s* péquenot *m*, rustre *m*
bumptious ['bʌmpʃəs] *adj* outrecuidant
bump·y ['bʌmpi] *adj* (*comp* **-ier**; *super* **-iest**) bosselé; (*road*) cahoteux
bun [bʌn] *s* brioche *f*, petit pain *m*; (*hair*) chignon *m*
bunch [bʌntʃ] *s* botte *f*; (*of bananas*) régime *m*; (*of flowers*) bouquet *m*; (*of grapes*) grappe *f*; (*of keys*) trousseau *m*; (*of people*) groupe *m*, bande *f*; (*of ribbons*) flot *m*; (*of twigs*) paquet *m*; (*on body*) bosse *f* || *tr* grouper || *intr* se serrer
buncombe ['bʌŋkəm] *s* (coll) balivernes *fpl*, sornettes *fpl*
bundle ['bʌndəl] *s* paquet *m*; (*of banknotes, papers, etc.*) liasse *f* || *tr* empaqueter, mettre en paquet; **to bundle up** (*in warm clothing*) emmitoufler || *intr*—**to bundle up** s'emmitoufler
bung [bʌŋ] *s* bonde *f* || *tr* mettre une bonde à
bungalow ['bʌŋgə,lo] *s* bungalow *m*
bung'hole' *s* bonde *f*
bungle ['bʌŋgəl] *s* gâchis *m*, bousillage *m* || *tr* saboter, bousiller || *intr* saboter
bungler ['bʌŋglər] *s* gâcheur *m*, bousilleur *m*
bungling ['bʌŋglɪŋ] *adj* gauche, maladroit || *s* maladresse *f*
bunion ['bʌnjən] *s* oignon *m* (au pied)
bunk [bʌŋk] *s* couchette *f*; (slang) balivernes *fpl*, sornettes *fpl* || *intr* (coll) se coucher
bunk' bed' *s* (naut) cadre *m*
bunker ['bʌŋkər] *s* (golf) banquette *f*; (naut) soute *f*
bun·ny ['bʌni] *s* (*pl* **-nies**) petit lapin *m*
bunting ['bʌntɪŋ] *s* drapeaux *mpl*; (*cloth*) étamine *f*; (orn) bruant *m*
buoy [bɔɪ], ['bu·i] *s* bouée *f* || *tr*—**to buoy up** faire flotter; (fig) soutenir

buoyancy ['bɔɪ·ənsi], ['bujənsi] *s* flottabilité *f*
buoyant ['bɔɪ·ənt], ['bujənt] *adj* flottant; (*cheerful*) plein d'allant, plein de ressort
bur [bʌr] *s* (*of chestnut*) bogue *f*; (*ragged metal edge*) bavure *f*, barbe *f*
burble ['bʌrbəl] *s* murmure *m* ‖ *intr* murmurer
burden ['bʌrdən] *s* fardeau *m*, charge *f*; (mus) refrain *m* ‖ *tr* charger
burdensome ['bʌrdənsəm] *adj* onéreux
burdock ['bʌrdɑk] *s* bardane *f*
bureau ['bjʊro] *s* commode *f*, chiffonier *m*; (*office*) bureau *m*
bureaucra·cy [bjʊ'rɑkrəsi] *s* (*pl* **-cies**) bureaucratie *f*
bureaucrat ['bjʊrə,kræt] *s* bureaucrate *mf*
bureaucratic [,bjʊrə'krætɪk] *adj* bureaucratique
bu'reau of vi'tal statis'tics *s* bureau *m* de l'état civil
burg [bʌrg] *s* (coll) hameau *m*, patelin *m*; (coll) ville *f*
burglar ['bʌrglər] *s* cambrioleur *m*
bur'glar alarm' *s* signalisateur *m* antivol, sonnette *f* d'alarme
burglarize ['bʌrglə,raɪz] *tr* cambrioler
bur'glar·proof' *adj* incrochetable
burglar·y ['bʌrgləri] *s* (*pl* **-ies**) cambriolage *m*
Burgundian [bər'gʌndɪ·ən] *adj* bourguignon ‖ *s* (*dialect*) bourguignon *m*; (*person*) Bourguignon *m*
Burgundy ['bʌrgəndi] *s* Bourgogne *f*; la Bourgogne ‖ **burgun·dy** *s* (**-dies**) (*wine*) bourgogne *m*
burial ['berɪ·əl] *s* enterrement *m*, inhumation *f*
bur'ial ground' *s* cimetière *m*
burlap ['bʌrlæp] *s* toile *f* d'emballage, serpillière *f*
burlesque [bər'lesk] *adj* & *s* burlesque *m* ‖ *tr* parodier
burlesque' show' *s* music-hall *m*
bur·ly ['bʌrli] *adj* (*comp* **-lier**; *super* **-liest**) solide, costaud
Burma ['bʌrmə] *s* Birmanie *f*; la Birmanie
Bur·mese [bər'miz] *adj* birman ‖ *s* (*pl* **-mese**) (*language*) birman *m*; (*person*) Birman *m*
burn [bʌrn] *s* brûlure *f* ‖ *v* (*pret & pp* **burned** or **burnt** [bʌrnt]) *tr* & *intr* brûler; **to burn out** (elec) griller
burner ['bʌrnər] *s* brûleur *m*; (*using gas*) bec *m*; (*of a stove*) feu *m*
burning ['bʌrnɪŋ] *adj* brûlant; (*in flames*) en feu ‖ *s* brûlure *f*; (*fire*) incendie *m*
burnish ['bʌrnɪʃ] *tr* brunir, polir
burrow ['bʌro] *s* terrier *m* ‖ *tr* creuser ‖ *intr* se terrer
bursar ['bʌrsər] *s* économe *m*
burst [bʌrst] *s* éclat *m*, explosion *f* ‖ *v* (*pret & pp* **burst**) *tr* faire éclater; (*a balloon*) crever; (*a boiler; one's buttons*) faire sauter ‖ *intr* éclater, exploser; (*said of tire*) crever; **to burst into tears** fondre en larmes; **to burst out laughing** éclater de rire
bur·y ['beri] *v* (*pret & pp* **-ied**) *tr* enterrer, ensevelir; (*e.g., pirate treasure*) enfouir
bus [bʌs] *s* (*pl* **busses** or **buses**) autobus *m*; (*interurban or sightseeing*) car *m*, autocar *m* ‖ *v* (*pret & pp* **bused** or **bussed**; *ger* **busing** or **bussing**) *tr* transporter en autobus
bus'boy' *s* aide-serveur *m*
bush [bʊʃ] *s* buisson *m*; (*shrub*) arbuste *m*; (*in Africa and Australia*) brousse *f*; **to beat around the bush** tourner autour du pot, tortiller
bushed [bʊʃt] *adj* (coll) éreinté
bushel ['bʊʃəl] *s* boisseau *m*
bushing ['bʊʃɪŋ] *s* manchon *m*, douille *f*, bague *f*, coussinet *m*
bush·y ['bʊʃi] *adj* (*comp* **-ier**; *super* **-iest**) (*countryside*) buissonneux; (*hair*) touffu; (*eyebrows*) broussailleux
business ['bɪznɪs] *adj* commercial ‖ *s* affaires *fpl*; (*subject*) sujet *m*; (theat) jeux *mpl* de scène; **it's none of your business** cela ne vous regarde pas; **mind your own business!** occupez-vous de vos affaires!, faites votre métier!; **to mean business** (coll) ne pas plaisanter; **to send about one's business** envoyer paître
busi'ness dis'trict *s* quartier *m* commerçant
busi'ness hours' *s* heures *fpl* d'ouverture
busi'ness house' *s* maison *f* de commerce
busi'ness·like' *adj* pratique; (*manner, transaction*) sérieux
busi'ness·man' *s* (*pl* **-men'**) homme *m* d'affaires; **big businessman** grand industriel *m*, chef *m* d'industrie
busi'ness man'ager *s* directeur *m* commercial
busi'ness reply' card' *s* carte *f* postale avec réponse payée
busi'ness suit' *s* complet *m* veston
busi'ness·wom'an *s* (*pl* **-wom'en**) femme *f* d'affaires
buskin ['bʌskɪn] *s* brodequin *m*
bus' sta'tion *s* gare *f* routière
bus' stop' *s* arrêt *m* d'autobus
bust [bʌst] *s* buste *m*; (*of woman*) gorge *f*, buste; (slang) faillite *f* ‖ *tr* (mil) limoger; (slang) casser ‖ *intr* (slang) échouer
busting ['bʌstɪŋ] *s* (mil) cassation *f*
bustle ['bʌsəl] *s* remue-ménage *m*, affairement *m*, branle-bas *m* ‖ *intr* se remuer, s'affairer
bustling ['bʌslɪŋ] *adj* affairé
bus·y ['bɪzi] *adj* (*comp* **-ier**; *super* **-iest**) occupé ‖ *v* (*pret & pp* **-ied**) *tr* —**to busy oneself with** s'occuper de
bus'y·bod'y *s* (*pl* **-ies**) officieux *m*
bus'y sig'nal *s* (telp) signal *m* de ligne occupée
but [bʌt] *adv* seulement; **ne . . . que**, e.g., **to have nothing but trouble** n'avoir que des ennuis; **but for** sans; **but for that** à part cela ‖ *prep* sauf, excepté; **all but** presque ‖ *conj* mais
butcher ['bʊtʃər] *s* boucher *m* ‖ *tr* (*an*

animal for meat) abattre, dépecer; (*to massacre; to bungle*) massacrer
butch′er knife′ *s* couperet *m*, coutelas *m* (de boucher)
butch′er shop′ *s* boucherie *f*
butler [ˈbʌtlər] *s* maître *m* d'hôtel, intendant *m*
butt [bʌt] *s* bout *m*; (*cask*) futaille *f*; (*of a gun*) crosse *f*; (*of a cigarette*) mégot *m*; (*of a joke*) souffre-douleur *m*, plastron *m*; (*blow*) coup *m* de tête, coup de corne; (slang) postérieur *m*, derrière *m* ‖ *tr* (*like a goat*) donner un coup de corne à ‖ *intr*—**to butt up against** buter contre; **to butt in** (coll) intervenir sans façon
butte [bjut] *s* butte *f*, tertre *m*, puy *m*
butt′ end′ *s* gros bout *m*
butter [ˈbʌtər] *s* beurre *m* ‖ *tr* beurrer; **to butter up** (coll) passer de la pommade à, pateliner
but′ter·cup′ *s* renoncule *f*, bouton-d'or *m*
but′ter dish′ *s* beurrier *m*, beurrière *f*
but′ter·fat′ *s* crème *f*
but′ter·fin′gered *adj* maladroit
but′ter·fin′gers *s* brise-tout *mf*
but′ter·fly′ *s* (*pl* **-flies**) papillon *m*
but′ter knife′ *s* couteau *m* à beurre
but′ter·milk′ *s* babeurre *m*
but′ter·scotch′ *s* caramel *m* au beurre
buttocks [ˈbʌtəks] *spl* fesses *fpl*
button [ˈbʌtən] *s* bouton *m* ‖ *tr* boutonner
but′ton·hole′ *s* boutonnière *f* ‖ *tr* (coll) retenir (*qqn*) par le pan de sa veste
but′ton·hook′ *s* tire-bouton *m*
buttress [ˈbʌtrɪs] *s* contrefort *m* ‖ *tr* arc-bouter; (fig) étayer
buxom [ˈbʌksəm] *adj* plantureuse
buy [baɪ] *s*—**a good buy** (coll) une bonne affaire ‖ *v* (*pret & pp* **bought** [bɔt]) *tr* acheter; (*a ticket*) prendre; **to buy a drink for** payer un verre à; **to buy back** racheter; **to buy from** acheter à or de; **to buy out** (*a partner*) désintéresser; **to buy s.o. off** se débarrasser de qn, racheter qn; **to buy up** accaparer
buyer [ˈbaɪ·ər] *s* acheteur *m*
buzz [bʌz] *s* bourdonnement *m*; **to give s.o. a buzz** (*on the telephone*) (coll) passer un coup de fil à ‖ *tr* (aer) survoler à basse altitude ‖ *intr* bourdonner
buzzard [ˈbʌzərd] *s* buse *f*
buzz′ bomb′ *s* bombe *f* volante
buzzer [ˈbʌzər] *s* trembleur *m*
buzz′ saw′ *s* scie *f* circulaire
by [baɪ] *adv* près, auprès; (*aside*) de côté; **by and by** tout à l'heure, sous peu; **by and large** généralement parlant ‖ *prep* par; (*near*) près de; **by a head** (*taller*) d'une tête; **by day** pendant la journée; **by far** de beaucoup; **by Monday** d'ici à lundi; **by profession** de profession; **by the way** à propos; **to be followed (loved, etc.) by** être suivi (aimé, etc.) de
by-and-by [ˈbaɪ·ənˈbaɪ] *s* proche avenir *m*; **in the sweet by-and-by** à la Saint-Glinglin
by′gone′ *adj* d'autrefois, passé
by′law′ *s* ordonnance *f*, règlement *m*
by′-line′ *s* signature *f* de journaliste
by′-pass′ *s* déviation *f*; (elec) dérivation *f* ‖ *tr* éviter, contourner; (mach) amener or placer en dérivation
by′-play′ *s* (theat) jeu *m* en aparté
by′-prod′uct *s* sous-produit *m*
by′-road′ *s* chemin *m* détourné
bystander [ˈbaɪˌstændər] *s* spectateur *m*, assistant *m*
by′way′ *s* chemin *m* écarté, voie *f* indirecte
by′word′ *s* dicton *m*, proverbe *m*; objet *m* de dérision
Byzantine [ˈbɪzənˌtin], [bɪˈzæntin] *adj & s* byzantin *m*
Byzantium [bɪˈzænʃɪ·əm], [bɪˈzæntɪ·əm] *s* Byzance *f*

C

C, c [si] *s* IIIe lettre de l'alphabet
cab [kæb] *s* taxi *m*; (*of locomotive or truck*) cabine *f*; (*hansom*) fiacre *m*, cab *m*
cabaret [ˌkæbəˈre] *s* boîte *f* de nuit, cabaret *m*
cabbage [ˈkæbɪdʒ] *s* chou *m*
cab′driv′er *s* chauffeur *m* de taxi
cabin [ˈkæbɪn] *s* case *f*, cabane *f*; (*of ship or airplane*) cabine *f*
cab′in boy′ *s* (naut) mousse *m*
cabinet [ˈkæbɪnɪt] *s* cabinet *m*; (*cupboard; radio cabinet*) meuble *m*; meuble à tiroirs; (*of professional men*) étude *f*, cabinet; (*of officers*) cabinet, bureau *m* directoire, comité *m*, conseil *m*
cab′inet-mak′er *s* ébéniste *m*, menuisier *m*
cab′inet mem′ber *s* ministre *m*
cable [ˈkebəl] *s* câble *m* ‖ *tr & intr* câbler
ca′ble car′ *s* funiculaire *m*, téléférique *m*
ca′ble·gram′ *s* câblogramme *m*
ca′ble ship′ *s* câblier *m*
ca′ble's length′ *s* encablure *f*
caboose [kəˈbus] *s* (naut) coquerie *f*; (rr) fourgon *m* de queue, wagon *m* du personnel
cab′stand′ *s* station *f* de taxi
cache [kæʃ] *s* cachette *f*, cache *f* ‖ *tr* mettre dans une cachette, cacher
cachet [kæˈʃe] *s* cachet *m*

cackle ['kækəl] *s* caquet *m* || *intr* caqueter; (*said of goose*) cacarder
cacopho•ny [kə'kɑfəni] *s* (*pl* **-nies**) cacophonie *f*
cac•tus ['kæktəs] *s* (*pl* **-tuses** or **-ti** [taɪ]) cactus *m*
cad [kæd] *s* malotru *m*
cadaver [kə'dævər] *s* cadavre *m*
cad•dy ['kædi] *s* (*pl* **-dies**) boîte *f* à thé; (*person*) cadet *m*, caddie *m*
cadence ['kedəns] *s* cadence *f*
cadet [kə'det] *s* cadet *m*
cadmium ['kædmɪ•əm] *s* cadmium *m*
Caesar'ean opera'tion [sɪ'zerɪ•ən] *s* césarienne *f*
café [kæ'fe] *s* cabaret *m*; café-restaurant *m*
ca'fé soci'ety *s* gens *mpl* chic des cabarets à la mode
cafeteria [,kæfə'tɪrɪ•ə] *s* cafétéria *f*, restaurant *m* de libre-service
caffeine [kæ'fin], ['kæfin], ['kæfi•ɪn] *s* caféine *f*
cage [kedʒ] *s* cage *f* || *tr* mettre en cage
ca•gey ['kedʒi] *adj* (*comp* **-gier**; *super* **-giest**) (coll) rusé, fin
cahoots [kə'huts] *s*—**in cahoots** (slang) de mèche
Cain [ken] *s* Caïn *m*; **to raise Cain** (coll) faire le diable à quatre
Cairo ['kaɪro] *s* Le Caire
caisson ['kesən] *s* caisson *m*
cais'son disease' *s* maladie *f* des caissons
cajole [kə'dʒol] *tr* cajoler, enjôler
cajoler•y [kə'dʒoləri] *s* (*pl* **-ies**) cajolerie *f*, enjôlement *m*
cake [kek] *s* gâteau *m*; (*one-layer cake*) galette *f*; (*pastry*) pâtisserie *f*; (*of soap, wax*) pain *m*; (*of ice*) bloc *m*; (*crust*) croûte *f*; **to sell like hot cakes** (coll) se vendre comme des petits pains; **to take the cake** (coll) être la fin des haricots || *tr* couvrir d'une croûte || *intr* s'agglutiner, faire croûte
calabash ['kælə,bæʃ] *s* calebasse *f*; (*tree*) calebassier *m*
calaboose ['kælə,bus] *s* (coll) violon *m*, tôle *f*
calamitous [kə'læmɪtəs] *adj* calamiteux
calami•ty [kə'læmɪti] *s* (*pl* **-ties**) calamité *f*
calci•fy ['kælsɪ,faɪ] *v* (*pret & pp* **-fied**) *tr* calcifier || *intr* se calcifier
calcium ['kælsɪ•əm] *s* calcium *m*
calculate ['kælkjə,let] *tr & intr* calculer
calculating ['kælkjə,letɪŋ] *adj* calculateur
calculation [,kælkjə'leʃən] *s* calcul *m*
calcu•lus ['kælkjələs] *s* (*pl* **-luses** or **-li** [,laɪ]) (math, pathol) calcul *m*
caldron ['kɔldrən] *s* (culin) chaudron *m*; (mach) chaudière *f*
calendar ['kæləndər] *s* calendrier *m*
cal'endar year' *s* année *f* civile
calender ['kæləndər] *s* calandre *f* || *tr* calandrer, cylindrer
calf [kæf], [kɑf] *s* (*pl* **calves** [kævz], [kɑvz]) veau *m*; (*of leg*) mollet *m*
calf'skin' *s* veau *m*, peau *f* de veau
calf's' liv'er *s* foie *m* de veau
caliber ['kælɪbər] *s* calibre *m*
calibrate ['kælɪ,bret] *tr* calibrer
cali•co ['kælɪ,ko] *s* (*pl* **-coes** or **-cos**) calicot *m*, indienne *f*
California [,kælɪ'fɔrnɪ•ə] *s* Californie *f*; la Californie
calipers ['kælɪpərz] *spl* compas *m* à calibrer
caliph ['kelɪf], ['kælɪf] *s* calife *m*
caliphate ['kælɪ,fet] *s* califat *m*
calisthenic [,kælɪs'θenɪk] *adj* callisthénique || **calisthenics** *spl* callisthénie *f*
calk [kɔk] *s* crampon *m* à glace || *tr* calfater
call [kɔl] *s* appel *m*; (*cry*) cri *m*; (*visit*) visite *f*; (*at a port*) escale *f*; **to have no call to** n'avoir aucune raison de || *tr* appeler; (*e.g., the doctor*) faire venir; (*a meeting*) convoquer; **to call aside** prendre à part; **to call back** rappeler; **to call down** (*from upstairs*) faire descendre; (*the wrath of the gods*) invoquer; (*to scold*) (coll) gronder; **to call off** (*a dog*) rappeler; (coll) annuler, décommander; **to call the roll** faire l'appel; **to call to mind** rappeler; **to call to order** rappeler à l'ordre; **to call up** (coll) passer un coup de fil à; (mil) mobiliser || *intr* appeler; crier; (*to visit*) faire une visite; (naut) faire escale; **to call upon** faire appel à; **to call upon s.o. to speak** inviter qn à prendre la parole
call' bell' *s* sonnette *f*
call' box' *s* guérite *f* téléphonique
call' boy' *s* (*in a hotel*) chasseur *m*; (theat) avertisseur *m*
caller ['kɔlər] *s* visiteur *m*
call' girl' *s* call-girl *f*
calling ['kɔlɪŋ] *s* vocation *f*, profession *f*; (*of a meeting*) convocation *f*
cal'ling card' *s* carte *f* de visite
call' let'ter *s* (telg, rad) indicatif *m* d'appel
call' mon'ey *s* prêts *mpl* au jour le jour
callous ['kæləs] *adj* (*foot, hand, etc.*) calleux; (*unfeeling*) endurci, insensible
callow ['kælo] *adj* inexpérimenté, novice
cal'low youth' *s* blanc-bec *m*
callus ['kæləs] *s* (*on skin*) cal *m*, durillon *m*, callosité *f*; (bot) cal *m*
calm [kɑm] *adj & s* calme *m* || *tr* calmer; **to calm down** pacifier || *intr* —**to calm down** se calmer; (*said of wind or sea*) calmir
calorie ['kæləri] *s* calorie *f*
calum•ny ['kæləmni] *s* (*pl* **-nies**) calomnie *f*
calva•ry ['kælvəri] *s* (*pl* **-ries**) calvaire *m*; **Calvary** le Calvaire
calve [kæv], [kɑv] *intr* vêler
cam [kæm] *s* came *f*
cambric ['kembrɪk] *s* batiste *f*
camel ['kæməl] *s* chameau *m*
camellia [kə'miljə] *s* camélia *m*
came•o ['kæmi,o] *s* (*pl* **-os**) camée *m*

camera ['kæmərə] *s* appareil *m* (photographique)
cam'era·man' *s* (*pl* **-men'**) photographe *m*
camouflage ['kæmə,flɑʒ] *s* camouflage *m* || *tr* camoufler
camp [kæmp] *s* camp *m* || *intr* camper; **to go camping** faire du camping
campaign [kæm'pen] *s* campagne *f* || *intr* faire campagne
campaigner [kæm'penər] *s* propagandiste *mf*; vétéran *m*
camp' bed' *s* lit *m* de camp, lit de sangle
camp' chair' *s* chaise *f* pliante
camper ['kæmpər] *s* campeur *m*
camp'fire' *s* feu *m* de camp
camp'ground' *s* camping *m*
camphor ['kæmfər] *s* camphre *m*
camping ['kæmpɪŋ] *s* camping *m*
camp'stool' *s* pliant *m*
campus ['kæmpəs] *s* campus *m*, terrain *m* universitaire
cam'shaft' *s* arbre *m* à cames
can [kæn] *s* boîte *f*; (*e.g.*, *for gasoline*) bidon *m* || *v* (*pret & pp* **canned**; *ger* **canning**) *tr* mettre en boîte, conserver; (*to dismiss*) (slang) dégommer || *v* (*pret & cond* **could** [kʊd]) *aux*—**Albert can't do it** Albert ne peut (pas) le faire; **can he swim?** sait-il nager?
Canada ['kænədə] *s* le Canada
Canadian [kə'nedɪ·ən] *adj* canadien || *s* (*person*) Canadien *m*
canal [kə'næl] *s* canal *m*
canar·y [kə'neri] *s* (*pl* **-ies**) canari *m*, serin *m*
can·cel ['kænsəl] *v* (*pret & pp* **-celed** or **-celled**; *ger* **-celing** or **-celling**) *tr* annuler; (*a word*) biffer, rayer; (*a contract*) résilier; (*a postage stamp*) oblitérer; **to cancel an invitation** décommander les invités; **to cancel each other out** s'annuler, se détruire
cancellation [,kænsə'leʃən] *s* annulation *f*; (*of postage stamp*) oblitération *f*; (*of contract*) résiliation *f*
cancer ['kænsər] *s* cancer *m*
cancerous ['kænsərəs] *adj* cancéreux
candela·brum [,kændə'lebrəm] *s* (*pl* **-bra** [brə] or **-brums**) candélabre *m*
candid ['kændɪd] *adj* franc
candida·cy ['kændɪdəsi] *s* (*pl* **-cies**) candidature *f*
candidate ['kændɪ,det] *s* candidat *m*
candied *adj* candi
candied' fruit' *s* fruit *m* candi
candle ['kændəl] *s* bougie *f*; (*of tallow*) chandelle *f*; (eccl) cierge *m*
can'dle·hold'er *s* bougeoir *m*
can'dle·light' *s* lumière *f* de bougie
can'dle·pow'er *s* (phys) bougie *f*
can'dle·stick' *s* chandelier *m*, bougeoir *m*
can'dle ta'ble *s* guéridon *m*
candor ['kændər] *s* franchise *f*, loyauté *f*
can·dy ['kændi] *s* (*pl* **-dies**) confiserie *f*, bonbons *mpl*; **candies** douceurs *fpl*; **piece of candy** bonbon || *v* (*pret & pp* **-died**) *tr* glacer, faire candir || *intr* se candir
can'dy box' *s* boîte *f* à bonbons
can'dy corn' *s* grains *mpl* de maïs soufflés et sucrés
can'dy dish' *s* bonbonnière
can'dy store' *s* confiserie *f*
cane [ken] *s* canne *f*; (bot) canne || *tr* canner, rempailler
cane' chair' *s* chaise *f* cannée
cane' sug'ar *s* sucre *m* de canne
canine ['kenaɪn] *adj* canin || *s* (*tooth*) canine *f*
canister ['kænɪstər] *s* boîte *f* métallique; (mil) boîte à mitraille
canker ['kæŋkər] *s* chancre *m*; (*in fruit; in society*) ver *m* rongeur || *tr* ronger; (*society*) corrompre
canned' goods' *spl* conserves *fpl*, aliments *mpl* conservés
canned' mu'sic *s* (coll) musique *f* enregistrée
canner·y ['kænəri] *s* (*pl* **-ies**) conserverie *f*
cannibal ['kænɪbəl] *adj & s* cannibale *mf*
canning ['kænɪŋ] *s* conservation *f*
can'ning fac'tory *s* conserverie *f*
cannon ['kænən] *s* canon *m*
cannonade [,kænə'ned] *s* canonnade *f* || *tr* canonner
can'non·ball' *s* boulet *m* (de canon)
can'non fod'der *s* chair *f* à canon
can·ny ['kæni] *adj* (*comp* **-nier**; *super* **-niest**) prudent, circonspect; rusé, malin
canoe [kə'nu] *s* canoë *m*
canoeist [kə'nu·ɪst] *s* canoéiste *mf*
canon ['kænən] *s* canon *m*
canonical [kə'nɑnɪkəl] *adj* canonique, canonial || **canonicals** *spl* vêtements *mpl* sacerdotaux
canonize ['kænə,naɪz] *tr* canoniser
can' o'pener *s* ouvre-boîtes *m*
cano·py ['kænəpi] *s* (*pl* **-pies**) dais *m*; (*over an entrance*) marquise *f*
cant [kænt] *s* cant *m*, cafardise *f*; (*argot*) jargon *m* || *tr* (*to tip*) incliner || *intr* (*to tip*) s'incliner; (*to be hypocritical*) papelarder
cantaloupe ['kæntə,lop] *s* cantaloup *m*
cantankerous [kæn'tæŋkərəs] *adj* revêche, acariâtre
cantata [kən'tɑtə] *s* cantate *f*
canteen [kæn'tin] *s* (*shop*) cantine *f*; (*water flask*) bidon *m*; (*service club*) foyer *m* du soldat, du marin, etc.
canter ['kæntər] *s* petit galop *m* || *intr* aller au petit galop
canticle ['kæntɪkəl] *s* cantique *m*, hymne *f*
cantilever ['kæntɪ,livər] *adj & s* cantilever *m*
can'tilever bridge' *s* pont *m* cantilever, pont à consoles
canton [kæn'tɑn] *s* canton *m*
canvas ['kænvəs] *s* (*cloth*) canevas *m*; (*picture*) toile *f*
canvass ['kænvəs] *s* enquête *f*, sondage *m*; (pol) tournée *f* électorale || *tr* (*a voter*) solliciter la voix de; (*a district*) faire une tournée électorale dans; (com) prospecter || *intr* (com) faire la place; **to canvass for** (*a can-*

didate) faire une campagne électorale en faveur de
canyon ['kænjən] *s* cañon *m*
cap [kæp] *s* (*with visor*) casquette *f*; (*without brim*) bonnet *m*; (*to wear with academic gown*) toque *f*, mortier *m*; (*of bottle*) capsule *f*; (*of cartridge*) amorce *f*, capsule; (*of fountain pen*) capuchon *m*, chapeau *m*; (*of valve; to cover photographic lens*) chapeau; **to set one's cap for** chercher à captiver ‖ *v* (*pret & pp* **capped**; *ger* **capping**) *tr* coiffer; (*a bottle*) capsuler; (*a cartridge*) amorcer; (*a success*) couronner; (*to outdo*) (coll) surpasser
cap. *abbr* (**capital letter**) maj.
capable ['kepəbəl] *adj* capable
capacious [kə'peʃəs] *adj* spacieux, vaste, ample
capaci•ty [kə'pæsɪti] *s* (*pl* **-ties**) capacité *f*; **filled to capacity** comble; **in the capacity of** en tant que, en qualité de, à titre de
cap' and gown' *s* costume *m* académique, toge *f* et mortier *m*; **in cap and gown** en toque et en toge
cape [kep] *s* (*clothing*) cape *f*, pèlerine *f*; (geog) cap *m*, promontoire *m*
Cape' of Good Hope' *s* Cap *m* de Bonne Espérance
caper ['kepər] *s* cabriole *f*, gambade *f*; (bot) câpre *f* ‖ *tr* cabrioler, gambader
Cape'town' *s* Le Cap
capital ['kæpɪtəl] *adj* capital; excellent ‖ *s* (*city*) capitale *f*; (archit) chapiteau *m*; (com) capital *m*; (typ) majuscule *f*, capitale; **small capital** petite capitale
cap'ital and la'bor *spl* le capital et le travail
capitalism ['kæpɪtə,lɪzəm] *s* capitalisme *m*
capitalist ['kæpɪtəlɪst] *adj & s* capitaliste *mf*
capitalize ['kæpɪtə,laɪz] *tr & intr* capitaliser; (typ) écrire avec une majuscule; **to capitalize on** miser sur, tourner à son profit, tirer parti de
cap'ital let'ter *s* majuscule *f*
cap'ital pun'ishment *s* peine *f* capitale
capitol ['kæpɪtəl] *s* capitole *m*
capitulate [kə'pɪtʃə,let] *intr* capituler
capon ['kepɑn] *s* chapon *m*
caprice [kə'pris] *s* caprice *m*
capricious [kə'prɪʃəs] *adj* capricieux
capsize ['kæpsaɪz] *tr* faire chavirer ‖ *intr* chavirer, capoter
capstan ['kæpstən] *s* cabestan *m*
capsule ['kæpsəl] *s* capsule *f*; (bot, rok) capsule
captain ['kæptən] *s* capitaine *m*; chef *m*; (sports) chef d'équipe ‖ *tr* commander, diriger
captain•cy ['kæptənsi] *s* (*pl* **-cies**) direction *f*, commandement *m*; grade *m* de capitaine
caption ['kæpʃən] *s* légende *f*; (mov) sous-titre *m* ‖ *tr* intituler, donner un sous-titre à
captious ['kæpʃəs] *adj* pointilleux, chicaneux; (*insidious*) captieux
captivate ['kæptɪ,vet] *tr* captiver
captive ['kæptɪv] *adj & s* captif *m*
captivi•ty [kæp'tɪvɪti] *s* (*pl* **-ties**) captivité *f*
captor ['kæptər] *s* ravisseur *m*; (naut) auteur *m* d'une prise
capture ['kæptʃər] *s* capture *f*, prise *f* ‖ *tr* capturer
car [kɑr] *s* auto *f*, voiture *f*; (*of elevator*) cabine *f*; (rr) wagon *m*, voiture; (*for mail, baggage, etc.*) (rr) fourgon *m*
carafe [kə'ræf] *s* carafe *f*
caramel ['kærəməl], ['kɑrməl] *s* caramel *m*
carat ['kærət] *s* carat *m*
caravan ['kærə,væn] *s* caravane *f*
caravansa•ry [,kærə'vænsəri] *s* (*pl* **-ries**) caravansérail *m*
caraway ['kærə,we] *s* carvi *m*
car'away seed' *s* graine *f* de carvi
car'barn' *s* dépôt *m* de tramways
carbide ['kɑrbaɪd] *s* carbure *m*
carbine ['kɑrbaɪn] *s* carabine *f*
carbol'ic ac'id [kɑr'bɑlɪk] *s* acide *m* phénique
carbon ['kɑrbən] *s* (*chemical element*) carbone *m*; (*part of arc light or battery*) charbon *m*; (*in auto cylinder*) calamine *f*; papier *m* carbone
car'bonated wa'ter ['kɑrbə,netɪd] *s* eau *f* gazeuse, soda *m*
car'bon cop'y *s* double *m* au carbone; (fig) calque *m*; (*person*) (fig) sosie *m*
car'bon diox'ide *s* gaz *m* carbonique
car'bon monox'ide *s* oxyde *m* de carbone
car'bon pa'per *s* papier *m* carbone
carbuncle ['kɑrbʌŋkəl] *s* furoncle *m*
carburetor ['kɑrbə,retər] *s* carburateur *m*
carcass ['kɑrkəs] *s* (*dead body*) cadavre *m*; (*without offal*) carcasse *f*
card [kɑrd] *s* carte *f*; (*for filing*) fiche *f*; (*for carding*) carde *f*; (coll) original *m*, numéro *m*, type *m*; **to put one's cards on the table** jouer cartes sur table ‖ *tr* carder, peigner
card'board' *s* carton *m*
card' case' *s* porte-cartes *m*
card' cat'alogue *s* fichier *m*
cardiac ['kɑrdɪ,æk] *adj* cardiaque ‖ *s* (*patient*) (coll) cardiaque *mf*
cardinal ['kɑrdɪnəl] *adj & s* cardinal *m*
card' in'dex *s* fichier *m*
cardiogram ['kɑrdɪ·o,græm] *s* cardiogramme *m*
card'sharp' *s* tricheur *m*
card' ta'ble *s* table *f* de jeu
card' trick' *s* tour *m* de cartes
care [ker] *s* (*attention*) soin *m*; (*anxiety*) souci *m*; (*responsibility*) charge *f*; (*upkeep*) entretien *m*; **in care of** aux bons soins de, à l'attention de; **take care!** faites attention!; **to take care not to** se garder de; **to take care of** se charger de; (*a sick person*) soigner; **to take care to** avoir soin de ‖ *intr*—**I don't care** ça m'est égal; **to care about** se soucier de, se préoc-

cuper de; **to care for** (*s.o.*) avoir de la sympathie pour; (*s.th.*) trouver plaisir à; (*a sick person*) soigner; **to care to** désirer, vouloir
careen [kə'rin] *tr* faire coucher sur le côté ‖ *intr* donner de la bande, s'incliner
career [kə'rɪr] *s* carrière *f*
care'free' *adj* sans souci, insouciant
careful ['kerfəl] *adj* soigneux, attentif; **be careful!** soyez prudent!
careless ['kerlɪs] *adj* (*neglectful*) négligent; (*nonchalant*) insouciant
carelessness ['kerlɪsnɪs] *s* négligence *f*
caress [kə'res] *s* caresse *f* ‖ *tr* caresser
caret ['kærət] *s* guidon *m* de renvoi
care'tak'er *s* concierge *mf*, gardien *m*
care'taker gov'ernment *s* gouvernement *m* intérimaire
care'worn' *adj* rongé par les soucis
car'fare' *s* prix *m* du trajet, place *f*; **to pay carfare** payer le parcours
car•go ['kɑrgo] *s* (*pl* **-goes** or **-gos**) cargaison *f*
car' heat'er *s* chauffage *m* de voiture
Car'ibbe'an Sea' [,kærɪ'bi-ən], [kə'rɪbɪ-ən] *s* Mer *f* des Caraïbes, Mer des Antilles
caricature ['kærɪkətʃər] *s* caricature *f* ‖ *tr* caricaturer
caricaturist ['kærɪkətʃərɪst] *s* caricaturiste *mf*
caries ['keriz], ['kerɪ,iz] *s* carie *f*
carillon ['kærɪ,lɑn], [kə'rɪljən] *s* carillon *m* ‖ *tr & intr* carillonner
car'load' *s* voiturée *f*
carnage ['kɑrnɪdʒ] *s* carnage *m*
carnal ['kɑrnəl] *adj* charnel; sexuel
car'nal sin' *s* péché *m* de la chair
carnation [kar'neʃən] *s* œillet *m*
carnival ['kɑrnɪvəl] *s* carnaval *m*; fête *f*
car•ol ['kærəl] *s* chanson *f*, cantique *m*; (*Christmas carol*) noël *m* ‖ *v* (*pret & pp* **-oled** or **-olled**; *ger* **-oling** or **-olling**) *tr & intr* chanter
carom ['kærəm] *s* carambolage *m* ‖ *intr* caramboler
carouse [kə'rauz] *intr* faire la bombe
carp [kɑrp] *s* carpe *f* ‖ *intr* se plaindre
carpenter ['kɑrpəntər] *s* charpentier *m*; (*joiner*) menuisier *m*
carpentry ['kɑrpəntri] *s* charpenterie *f*
carpet ['kɑrpɪt] *s* tapis *m* ‖ *tr* recouvrir d'un tapis
car'pet sweep'er *s* balai *m* mécanique
car'port' *s* abri *m* pour auto
car'-rent'al serv'ice *s* entreprise *f* de location de voitures
carriage ['kærɪdʒ] *s* voiture *f*; (*used to transport royalty*) carrosse *m*; (*bearing*) port *m*, maintien *m*; (*cost of transport*) frais *mpl* de port; (*of typewriter; of rocket*) chariot *m*; (*of gun*) affût *m*
carrier ['kærɪ-ər] *s* (*person*) porteur *m*; (*e.g., a teamster*) camionneur *m*, voiturier *m*; (*vehicle*) transporteur *m*
car'rier pig'eon *s* pigeon *m* voyageur
car'rier wave' *s* onde *f* porteuse
carrion ['kærɪ-ən] *s* charogne *f*
carrot ['kærət] *s* carotte *f*
carrousel [,kærə'zel] *s* (*merry-go-round*) manège *m* de chevaux de bois; (hist) carrousel *m*
car•ry ['kæri] *v* (*pret & pp* **-ried**) *tr* porter; (*in adding numbers*) retenir; **to be carried** (parl) être voté, être adopté; **to be carried away** (*e.g., with enthusiasm*) être entraîné, s'importer; **to carry away** or **off** emporter, enlever; **to carry back** rapporter; **to carry down** descendre; **to carry forward** avancer; (bk) reporter; **to carry on** continuer; (*e.g., a conversation*) soutenir; **to carry oneself straight** se tenir droit; **to carry out** (*a plan*) exécuter; **to carry over** (bk) reporter; **to carry through** mener à bonne fin; **to carry up** monter; **to carry with one** (*e.g., an audience*) entraîner ‖ *intr* (*said of voice or sound*) porter; **to carry on** continuer; (*in a ridiculous manner*) (coll) faire des espiègleries; (*angrily*) (coll) s'emporter
car' sick'ness *s* mal *m* de la route
cart [kɑrt] *s* charrette *f*; **to put the cart before the horse** mettre la charrue devant les bœufs ‖ *tr* charrier; (*to truck*) camionner
cartel [kɑr'tel] *s* cartel *m*
cartilage ['kɑrtɪlɪdʒ] *s* cartilage *m*
cartographer [kɑr'tɑgrəfər] *s* cartographe *m*
carton ['kɑrtən] *s* carton *m*, boîte *f*
cartoon [kɑr'tun] *s* dessin *m* humoristique; caricature *f*; (*comic strip*) bande *f* dessinée; (mov) dessin animé ‖ *tr* caricaturer
cartoonist [kɑr'tunɪst] *s* caricaturiste *mf*
cartridge ['kɑrtrɪdʒ] *s* cartouche *f*; capsule *f* enregistreuse de pick-up
car'tridge belt' *s* cartouchière *f*
car'tridge case' *s* cartouchière *f*
cart'wheel' *s* roue *f*; **to turn cartwheels** faire la roue
carve [kɑrv] *tr & intr* sculpter; (culin) découper
carver ['kɑrvər] *s* sculpteur *m*; (culin) découpeur *m*
carv'ing knife' *s* couteau *m* à découper
cascade [kæs'ked] *s* cascade *f* ‖ *intr* cascader
case [kes] *s* (*instance, example*) cas *m*; (*for packing; of clock or piano*) caisse *f*; (*for cigarettes, eyeglasses, cartridges*) étui *m*; (*for jewels, silver, etc.*) écrin *m*; (*for watch*) boîtier *m*; (*for pillow*) taie *f*; (*for surgical instruments*) trousse *f*; (*for sausage*) peau *f*; (*showcase*) vitrine *f*; (*covering*) enveloppe *f*, couverture *f*; (law) cause *f*; (typ) casse *f*; **as the case may be** selon le cas; **in any case** en tout cas; **in case** au cas où; **in case of emergency** en cas d'imprévu; **in no case** en aucun cas; **just in case** à tout hasard; **to win one's case** avoir gain de cause ‖ *tr* (*to put into a case*) encaisser; (*to package*) envelopper; (*to observe*) (slang) observer, épier

case'hard'en *tr* aciérer, cémenter; (fig) endurcir
casein ['kesi·ɪn] *s* caséine *f*
casement ['kesmənt] *s* croisée *f*
cash [kæʃ] *s* espèces *fpl*; **cash down** argent comptant; **cash offer** offre *f* réelle; **cash on delivery** livraison contre remboursement; **cash on hand** fonds *mpl* en caisse; **in cash** en numéraire || *tr* toucher, encaisser || *intr* —**to cash in on** (coll) tirer parti de
cash' and car'ry *s* achat *m* au comptant et à emporter
cash' bal'ance *s* solde *m* de caisse
cash' dis'count *s* escompte *m* au comptant
cashew ['kæʃu] *s* noix *f* d'acajou, anacarde *m*; (*tree*) anacardier *m*
cash'ew nut' *s* noix *f* d'acajou
cashier [kæ'ʃɪr] *s* caissier *m*
cashmere ['kæʃmɪr] *s* cachemire *m*
cash' reg'ister *s* caisse *f* enregistreuse
casing ['kesɪŋ] *s* enveloppe *f*, chemise *f*, coffrage *m*; (*of door or window*) chambranle *m*
cask [kæsk], [kɑsk] *s* tonneau *m*, fût *m*
casket ['kæskɪt], ['kɑskɪt] *s* (*for jewels*) écrin *m*, cassette *f*; (*for interment*) cercueil *m*
casserole ['kæsə,rol] *s* terrine *f*
cassock ['kæsək] *s* soutane *f*
cast [kæst], [kɑst] *s* (*mold*) moule *m*; (*of metal*) fonte *f*; (*of fish line*) lancer *m*; (*throw*) jet *m*; (*for broken limb*) plâtre *m*; (*squint*) léger strabisme *m*; (theat) distribution *f* || *v* (*pret & pp* **cast**) *tr* fondre, jeter en moule; (*to throw*) lancer; (*a glance*) jeter; (*a play*) distribuer les rôles de; **to be cast in one piece with** venir de fonte avec; **to cast aside** mettre de côté; **to cast lots** tirer au sort; **to cast off** rejeter; **to cast out** mettre à la porte; (*a spell*) exorciser || *intr* (fishing) lancer la canne; **to cast about for** chercher; **to cast off** (naut) larguer les amarres
castanets [,kæstə'nets] *spl* castagnettes *fpl*
cast'away' *adj & s* naufragé *m*
caste [kæst], [kɑst] *s* caste *f*
caster ['kæstər], ['kɑstər] *s* (*wheel*) roulette *f*; (*cruet stand*) huilier *m*; (*shaker*) saupoudreuse *f*
castigate ['kæstɪ,get] *tr* châtier, corriger
Castile [kæs'til] *s* Castille *f*; la Castille
Castilian [kæs'tɪljən] *adj* castillan || *s* (*language*) castillan *m*; (*person*) Castillan *m*
casting ['kæstɪŋ] *s* fonte *f*; (*thing cast*) pièce *f* fondue; (*act*) lancement *m*; (fishing) pêche *f* au lancer; (theat) distribution *f*
cast'ing rod' *s* canne *f* à lancer
cast' i'ron *s* fonte *f*
cast'-i'ron *adj* en fonte
cast'-iron stom'ach *s* estomac *m* d'autruche
castle ['kæsəl], ['kɑsəl] *s* château *m*; (*fortified castle*) château fort; (*chess*) tour *f* || *tr & intr* (chess) roquer
cast'off' *adj & s* rejeté *m*
cas'tor oil' ['kæstər], ['kɑstər] *s* huile *f* de ricin
castrate ['kæstret] *tr* castrer
casual ['kæʒʊ·əl] *adj* casuel; (*indifferent*) insouciant, désinvolte
casually ['kæʒʊ·əli] *adv* nonchalamment, avec désinvolture; (*by chance*) fortuitement
casual·ty ['kæʒʊ·əlti] *s* (*pl* **-ties**) accident *m*; (*person*) accidenté *m*; **casualties** (mil) pertes *fpl*
cas'ualty list' *s* état *m* des pertes
cat [kæt] *s* (*tomcat*) chat *m*; (*female cat*) chatte *f*; (naut) capon *m*; (*shrew*) (coll) cancanière *f*, chipie *f*; **a cat may look at a queen** un chien regarde bien un évêque; **to let the cat out of the bag** (coll) vendre or éventer la mèche; **to rain cats and dogs** (coll) pleuvoir à seaux
cataclysm ['kætə,klɪzəm] *s* cataclysme *m*
catacombs ['kætə,komz] *spl* catacombes *fpl*
catalogue ['kætə,lɔg], ['kætə,lɑg] *s* catalogue *m*; (*of university*) annuaire *m* || *tr* cataloguer, classer
Catalonia [,kætə'lonɪ·ə] *s* Catalogne *f*; la Catalogne
catalyst ['kætəlɪst] *s* catalyseur *m*
catapult ['kætə,pʌlt] *s* catapulte *f* || *tr* catapulter
cataract ['kætə,rækt] *s* cataracte *f*
catarrh [kə'tɑr] *s* catarrhe *m*
catastrophe [kə'tæstrəfi] *s* catastrophe *f*
cat'call' *s* huée *f*; (theat) coup *m* de sifflet || *tr & intr* (theat) siffler
catch [kætʃ] *s* prise *f*; (*on door*) loquet *m*; (*on buckle*) ardillon *m*; (*caught by fisherman*) pêche *f*; (mach) cliquet *m*, chien *m*; **there's a catch to it** (coll) c'est une attrape || *v* (*pret & pp* **caught** [kɔt]) *tr* attraper; (*a train; a fish; fire*) prendre; (*a word or sound*) saisir; (*e.g., one's coat*) accrocher; **caught like a rat in a trap** fait comme un rat; **to catch hold of** saisir, s'accrocher à; **to catch s.o. in the act** prendre qn sur le fait; **to catch up** (*in a mistake*) surprendre || *intr* prendre; (*said of fire*) s'allumer, s'enflammer, se prendre; **to catch on** (*a nail, thorn, etc.*) s'accrocher à; (*to understand*) (coll) comprendre; (*to become popular*) (coll) devenir célèbre, devenir populaire; **to catch up** se rattraper; **to catch up with** rattraper
catch'all' *s* débarras *m*, fourre-tout *m*
catching ['kætʃɪŋ] *adj* contagieux; (*e.g., smile*) communicatif
catch' ques'tion *s* (coll) colle f
catch'word' *s* mot *m* de ralliement, slogan *m*; (*cliché*) rengaine *f*, scie *f*; (*at the bottom of page*) réclame *f*; (theat) réplique *f*; (typ) mot-souche *m*
catch·y ['kætʃi] *adj* (*comp* **-ier**; *super* **-iest**) (*tune*) facile à retenir, entraînant; (*question*) insidieux, à traquenard
catechism ['kætɪ,kɪzəm] *s* catéchisme *m*

categorical [ˌkætɪ'gɑrɪkəl], [ˌkætɪ'gɔrɪkəl] *adj* catégorique
catego•ry ['kætɪˌgori] *s* (*pl* **-ries**) catégorie *f*
cater ['ketər] *tr* (*e.g., a wedding*) fournir le buffet de ‖ *intr* être fournisseur; **to cater to** pourvoir à; (*to favor*) entourer de prévenances
cat'er-cor'nered ['kætər ˌkɔrnərd] *adj* diagonal ‖ *adv* diagonalement
caterer ['ketərər] *s* fournisseur *m*, traiteur *m*
caterpillar ['kætər ˌpɪlər] *s* chenille *f*
cat'erpillar trac'tor *s* autochenille *f*
cat'fish' *s* poisson-chat *m*
cat'gut' *s* boyau *m* de chat; (*string*) corde *f* à boyau, boyau; (surg) catgut *m*
cathedral [kə'θidrəl] *s* cathédrale *f*
catheter ['kæθɪtər] *s* (med) cathéter *m*
catheterization [ˌkæθɪtərɪ'zeʃən] *s* (surg) cathétérisme *m*
cathode ['kæθod] *s* cathode *m*
catholic ['kæθəlɪk] *adj* (*universal*) catholique; tolérant, large, e.g., **he has a catholic mind** il a l'esprit large, il est fort tolérant ‖ (*cap*) *adj & s* catholique *mf*
Catholicism [kə'θɑlɪ'sɪzəm] *s* catholicisme *m*
catholicity [ˌkæθə'lɪsɪti] *s* catholicité *f*, universalité *f*; (*tolerance*) largeur *f* d'esprit, tolérance *f*
catkin ['kætkɪn] *s* (bot) chaton *m*
cat'nap' *s* petit somme *m*
cat'nip *s* herbe-aux-chats *f*, cataire *f*
cat-o'-nine-tails [ˌkætə'naɪn ˌtelz] *s* chat *m* à neuf queues
cat's'-paw' *s* (naut) risée *f*; (coll) dupe *f*
catsup ['kætsəp], ['kɛtʃəp] *s* sauce *f* tomate
cattle ['kætəl] *s* bœufs *mpl*; (*including horses*) gros bétail *m*, bestiaux *mpl*
cat'tle car' *s* fourgon *m* à bestiaux
cat'tle cross'ing *s* passage *m* de troupeaux
cat'tle•man *s* (*pl* **-men**) éleveur *m* de bétail
cat'tle thief' *s* voleur *m* de bétail
cat•ty ['kæti] *adj* (*comp* **-tier**; *super* **-tiest**) (coll) cancanier, méchant
cat'ty-cor'ner *adj* (coll) diagonal ‖ *adv* (coll) diagonalement
cat'walk' *s* passerelle *f*
Caucasian [kɔ'keʒən], [kɔ'keʃən] *adj* caucasien ‖ *s* Caucasien *m*
caucus ['kɔkəs] *s* comité *m* électoral ‖ *intr* se grouper en comité électoral
cauliflower ['kɔlɪ ˌflau•ər] *s* chou-fleur *m*
caulk [kɔk] *tr* calfater
cause [kɔz] *s* cause *f*; **to have cause to** avoir lieu de ‖ *tr* causer; **to cause to** + *inf* faire + *inf*, e.g., **he caused him to stumble** il l'a fait trébucher
cause'way' *s* chaussée *f*
caustic ['kɔstɪk] *adj* caustique
cauterize ['kɔtəˌraɪz] *tr* cautériser
caution ['kɔʃən] *s* prudence *f*, précaution *f*; (*warning*) avertissement *m* ‖ *tr* mettre en garde, avertir
cautious ['kɔʃəs] *adj* prudent, circonspect
cavalcade [ˌkævəl'ked], ['kævəl ˌked] *s* cavalcade *f*
cavalier [ˌkævə'lɪr] *adj & s* cavalier *m*
caval•ry ['kævəlri] *s* (*pl* **-ries**) cavalerie *f*
cav'alry•man' or **cav'alry•man** *s* (*pl* **-men'** or **-men**) cavalier *m*
cave [kev] *s* caverne *f* ‖ *intr*—**to cave in** s'effondrer
cave'-in' *s* effondrement *m*
cavern ['kævərn] *s* caverne *f*
caviar ['kævɪ ˌɑr], ['kɑvɪ ˌɑr] *s* caviar *m*
cav•il ['kævɪl] *v* (*pret & pp* **-iled** or **-illed**; *ger* **-iling** or **-illing**) *intr* ergoter, chicaner
cavi•ty ['kævɪti] *s* (*pl* **-ties**) cavité *f*
cavort [kə'vɔrt] *intr* gambader, caracoler
caw [kɔ] *s* croassement *m* ‖ *intr* croasser, crialler
cease [sis] *s* cessation *f*; **without cease** sans cesse ‖ *tr & intr* cesser; **to cease fire** cesser le feu
cease'-fire' *s* cessez-le-feu *m*
ceaseless ['sislɪs] *adj* incessant, continuel
cedar ['sidər] *s* cèdre *m*
cede [sid] *tr & intr* céder
cedilla [sɪ'dɪlə] *s* cédille *f*
ceiling ['silɪŋ] *s* plafond *m*; **to hit the ceiling** (coll) sortir de ses gonds
ceil'ing lamp' *s* plafonnier *m*
ceil'ing price' *s* prix *m* maximum
celebrant ['sɛlɪbrənt] *s* (eccl) célébrant *m*
celebrate ['sɛlɪ ˌbret] *tr* célébrer
celebrated *adj* célèbre
celebration [ˌsɛlɪ'breʃən] *s* célébration *f*, fête *f*
celebri•ty [sɪ'lɛbrɪti] *s* (*pl* **-ties**) célébrité *f*; (*e.g., movie star*) vedette *f*
celery ['sɛləri] *s* céleri *m*
celestial [sɪ'lɛstʃəl] *adj* céleste
celiba•cy ['sɛlɪbəsi] *s* (*pl* **-cies**) célibat *m*
celibate ['sɛli ˌbet], ['sɛlɪbɪt] *adj & s* célibataire *mf*
cell [sɛl] *s* cellule *f*; (*of electric battery*) élément *m*
cellar ['sɛlər] *s* (*basement; wine cellar*) cave *f*; (*often partly above ground*) sous-sol *m*
cellist or **'cellist** ['tʃɛlɪst] *s* violoncelliste *mf*
cel•lo or **'cel•lo** ['tʃɛlo] *s* (*pl* **-los**) violoncelle *m*
cellophane ['sɛlə ˌfen] *s* cellophane *f*
celluloid ['sɛljə ˌlɔɪd] *s* celluloïd *m*
Celt [sɛlt], [kɛlt] *s* Celte *mf*
Celtic ['sɛltɪk], ['kɛltɪk] *adj* celte, celtique ‖ *s* celtique *m*
cement [sɪ'mɛnt] *s* ciment *m* ‖ *tr* cimenter
cement' mix'er *s* bétonnière *f*
cemeter•y ['sɛmɪ ˌtɛri] *s* (*pl* **-ies**) cimetière *m*
censer ['sɛnsər] *s* encensoir *m*
censor ['sɛnsər] *s* censeur *m* ‖ *tr* censurer

cen'sor•ship' *s* censure *f*
censure ['sɛnʃər] *s* blâme *m* || *tr* blâmer
census ['sɛnsəs] *s* recensement *m*, dénombrement *m*; (*in Roman Empire*) cens *m*
cen'sus tak'er *s* recenseur *m*; (*in ancient Rome*) censeur *m*
cent [sɛnt] *s* cent *m*; **not to have a red cent to one's name** n'avoir pas un sou vaillant
centaur ['sɛntɔr] *s* centaure *m*
centenarian [,sɛntɪ'nɛrɪ•ən] *s* centenaire *mf*
centennial [sɛn'tɛnɪ•əl] *adj* centennal || *s* centenaire *m*
center ['sɛntər] *adj* central || *s* centre *m*; (*middle*) milieu *m* || *tr* centrer || *intr*—**to center on** concentrer sur
centering ['sɛntərɪŋ] *s* centrage *m*; (phot) cadrage *m*
cen'ter•piece' *s* surtout *m*; milieu *m* de table
centigrade ['sɛntɪ,gred] *adj & s* centigrade *m*
centimeter ['sɛntɪ,mitər] *s* centimètre *m*
centipede ['sɛntɪ,pid] *s* mille-pattes *m*, myriapodes *mpl*
central ['sɛntrəl] *adj & s* central *m*
Cen'tral Amer'ica *s* l'Amérique *f* centrale
Cen'tral Intel'ligence *s* la Sûreté, la Sûreté nationale
centralize ['sɛntrə,laɪz] *tr* centraliser || *intr* se centraliser
centrifugal [sɛn'trɪfjʊgəl] *adj* centrifuge
centrifuge ['sɛntrɪ,fjudʒ] *s* essoreuse *f* || *tr* essorer
centu•ry ['sɛntʃəri] *s* (*pl* **-ries**) siècle *m*
cen'tury-old' *adj* séculaire
ceramic [sɪ'ræmɪk] *adj* céramique || **ceramics** *s* (*art*) céramique *f*; *spl* (*objects*) céramiques
cereal ['sɪrɪ•əl] *adj* céréalier || *s* (*grain*) céréale *f*; (*oatmeal*) flocons *mpl* d'avoine; (*cornflakes*) flocons de maïs; (*cooked cereal*) bouillie *f*, gruau *m*
cerebral ['sɛrɪbrəl] *adj* cérébral
ceremonial [,sɛrɪ'monɪ•əl] *adj* cérémonial; (*e.g., tribal rites*) cérémoniel || *s* cérémonial *m*
ceremonious [,sɛrɪ'monɪ•əs] *adj* cérémonieux
ceremo•ny ['sɛrɪ,moni] *s* (*pl* **-nies**) cérémonie *f*; **to stand on ceremony** faire des cérémonies
certain ['sʌrtən] *adj* certain; **a certain** certain; **certain people** certains; **for certain** pour sûr, à coup sûr; **to make certain of** s'assurer de
certainly ['sʌrtənli] *adv* certainement
certain•ty ['sʌrtənti] *s* (*pl* **-ties**) certitude *f*
certificate [sər'tɪfɪkɪt] *s* certificat *m*; (*of birth, of marriage, etc.*) bulletin *m*, acte *m*, extrait *m*; (*proof*) attestation *f*
cer'tified cop'y *s* extrait *m*; (formula used on documents) pour copie conforme
cer'tified pub'lic account'ant *s* expert-comptable *m*, comptable *m* agréé
certi•fy ['sʌrtɪ,faɪ] *v* (*pret & pp* **-fied**) *tr* certifier
cervix ['sʌrvɪks] *s* (*pl* **cervices** [sər'vaɪsiz]) nuque *f*
cessation [sɛ'seʃən] *s* cessation *f*, cesse *f*
cesspool ['sɛs,pul] *s* fosse *f* d'aisance, cloaque *m*
Ceylon [sɪ'lɑn] *s* Ceylan *m*
Ceylo•nese [,silə'niz] *adj* cingalais || *s* (*pl* **-nese**) Cingalais *m*
chafe [tʃef] *tr* écorcher, irriter || *intr* s'écorcher, s'irriter
chaff [tʃæf], [tʃɑf] *s* balle *f*; (*banter*) raillerie *f* || *tr* railler, persifler
chaf'ing dish' *s* réchaud *m* de table, chauffe-plats *m*
chagrin [ʃə'grɪn] *s* mortification *f*, humiliation *f* || *tr* mortifier, humilier
chain [tʃen] *s* chaîne *f* || *tr* enchaîner
chain' gang' *s* forçats *mpl* à la chaîne
chain' reac'tion *s* (phys) réaction *f* en chaîne
chain' smok'er *s* fumeur *m* à la file
chain'stitch' *s* point *m* de chaînette
chain' store' *s* magasin *m* à succursales multiples, économat *m*
chair [tʃɛr] *s* chaise *f*; (*held by university professor*) chaire *f*; (*of presiding officer; presiding officer himself*) fauteuil *m*; **to take a chair** prendre un siège, s'asseoir; **to take the chair** occuper le fauteuil, présider une assemblée || *tr* présider
chair' lift' *s* télé-siège *m*
chair'man *s* (*pl* **-men**) président *m*
chair'man•ship' *s* présidence *f*
chair'wom'an *s* (*pl* **-wom'en**) présidente *f*
chalice ['tʃælɪs] *s* calice *m*
chalk [tʃɔk] *s* craie *f*; **a piece of chalk** une craie, un morceau de craie || *tr* marquer avec de la craie, écrire à la craie
chalk•y ['tʃɔki] *adj* (*comp* **-ier**; *super* **-iest**) crayeux
challenge ['tʃælɪndʒ] *s* défi *m*; (*objection*) contestation *f*; (mil) qui-vive *m*; (sports) challenge *m* || *tr* défier; (*to question*) mettre en question, contester; (mil) crier qui-vive à
chamber ['tʃembər] *s* chambre *f*
chamberlain ['tʃembərlɪn] *s* chambellan *m*
cham'ber•maid' *s* femme *f* de chambre
cham'ber mu'sic *s* musique *f* de chambre
Cham'ber of Com'merce *s* syndicat *m* d'initiative
chameleon [kə'milɪ•ən] *s* caméléon *m*
chamfer ['tʃæmfər] *s* chanfrein *m* || *tr* chanfreiner
cham•ois ['ʃæmi] *s* (*pl* **-ois**) chamois *m*
champ [tʃæmp] *s* mâchonnement *m* || *tr* mâcher bruyamment; **to champ the bit** ronger le frein
champagne [ʃæm'pen] *s* champagne *m* || (*cap*) *adj* champenois || (*cap*) *s* Champagne *f*; la Champagne
champion ['tʃæmpɪ•ən] *s* champion *m* || *tr* se faire le champion de, défendre

cham'pion·ship' *s* championnat *m*
chance [tʃæns], [tʃɑns] *adj* fortuit, de rencontre || *s* hasard *m*; risque *m*; (*opportunity*) occasion *f*; **by chance** par hasard, fortuitement; **chances** chances *fpl*, sort *m*; **to take a chance** encourir un risque; acheter un billet de loterie; **to take chances** jouer gros jeu || *tr* hasarder, risquer || *intr*—**to chance to** venir à, avoir l'occasion de; **to chance upon** rencontrer par hasard
chancel ['tʃænsəl], ['tʃɑnsəl] *s* chœur *m*, sanctuaire *m*
chanceller·y ['tʃænsələri], ['tʃɑnsələri] *s* (*pl* **-ies**) chancellerie *f*
chancellor ['tʃænsələr], ['tʃɑnsələr] *s* chancelier *m*, ministre *m*
chancre ['ʃæŋkər] *s* chancre *m*
chandelier [,ʃændə'lɪr] *s* lustre *m*
change [tʃendʒ] *s* changement *m*; (*coins*) monnaie *f*; **change in the wind** saute *f* de vent; **change of address** changement de domicile; **change of clothes** vêtements *mpl* de rechange; **for a change** comme distraction; pour changer || *tr* changer; changer de, e.g., **to change religions** changer de culte; **to change sides** tourner casaque || *intr* changer; (*said of voice at puberty*) muer; **to change over** (*e.g., from one system to another*) passer
changeable ['tʃendʒəbəl] *adj* changeable; (*weather*) variable; (*character*) changeant, mobile
changeless ['tʃendʒlɪs] *adj* immuable
change' of life' *s* retour *m* d'âge
change' of voice' *s* mue *f*
change'o'ver *s* changement *m*, renversement *m*, relève *f*
change' purse' *s* porte-monnaie *m*
chan·nel ['tʃænəl] *s* (*body of water joining two others*) canal *m*; (*bed of river*) chenal *m*; (*means of communication*) voie *f*, canal; (*passage*) conduit *m*; (*groove*) cannelure *f*; (*strait*) bras *m* de mer; (*for trade*) débouché *m*; (rad) canal; (rad, telv) chaîne *f*; (telv) canal (Canad); **through channels** par la voie hiérarchique || *v* (*pret & pp* **-neled** or **-nelled**; *ger* **-neling** or **-nelling**) *tr* creuser, canneler
Chan'nel Is'lands *spl* îles *fpl* Anglo-Normandes
chant [tʃænt], [tʃɑnt] *s* chant *m*; (*song sung in a monotone*) plain-chant *m*, psalmodie *f* || *tr & intr* psalmodier
chanter ['tʃæntər], ['tʃɑntər] *s* chantre *m*
chantey ['ʃænti], ['tʃænti] *s* chanson *f* de bord
chaos ['ke·ɑs] *s* chaos *m*
chaotic [ke'ɑtɪk] *adj* chaotique
chap [tʃæp] *s* crevasse *f*, gerçure *f*; (coll) type *m*, individu *m* || *v* (*pret & pp* **chapped**; *ger* **chapping**) *tr* crevasser, gercer || *intr* se crevasser, se gercer
chapel ['tʃæpəl] *s* chapelle *f*; (*in a house*) oratoire *m*; (*Protestant chapel*) temple *m*
chaperon ['ʃæpə,ron] *s* chaperon *m*, duègne *f* || *tr* chaperonner
chaplain ['tʃæplɪn] *s* aumônier *m*
chaplet ['tʃæplɪt] *s* chapelet *m*
chapter ['tʃæptər] *s* chapitre *m*; (*of an association*) bureau *m* régional
char [tʃɑr] *v* (*pret & pp* **charred**; *ger* **charring**) *tr & intr* charbonner; **to become charred** se charbonner, se carboniser
character ['kærɪktər] *s* caractère *m*; (theat) personnage *m*; (coll) type *m*, sujet *m*
char'acter ac'tor *s* acteur *m* de genre
characteristic [,kærɪktə'rɪstɪk] *adj & s* caractéristique *f*
characterize ['kærɪktə,raɪz] *tr* caractériser
char'acter ref'erence *s* certificat *m* de moralité
char'coal' *s* charbon *m* de bois
char'coal burn'er *s* charbonnier *m*
char'coal pen'cil *s* charbon *m*, crayon *m* de fusain
charge [tʃɑrdʒ] *s* charge *f*; prix *m*; (*against a defendant*) chef *m* d'accusation; (*made to a jury*) résumé *m*; **on a charge of** sous l'inculpation de; **to reverse the charges** téléphoner en p.c.v.; **to take charge of** se charger de; **without charge** gratis || *tr* charger; **to charge s.o. s.th. for s.th.** prendre or demander q.ch. à qn pour q.ch.; **to charge to s.o.'s account** mettre sur le compte de qn || *intr* (mil) charger; **to charge down on** foncer sur
charge' account' *s* compte *m* courant
charger ['tʃɑrdʒər] *s* cheval *m* de bataille; (elec) chargeur *m*
chariot ['tʃærɪ·ət] *s* char *m*
charitable ['tʃærɪtəbəl] *adj* charitable
chari·ty ['tʃærɪti] *s* (*pl* **-ties**) charité *f*; (*alms*) bienfaisance *f*, aumônes *fpl*; (*institution*) société *f* or œuvre *f* de bienfaisance; **for charity's sake** par charité
charlatan ['ʃɑrlətən] *s* charlatan *m*
charm [tʃɑrm] *s* charme *m*; (*e.g., on a bracelet*) breloque *f*, porte-bonheur *m* || *tr* charmer
charming ['tʃɑrmɪŋ] *adj* charmeur, charmant
charnel ['tʃɑrnəl] *adj* de charnier || *s* charnier *m*, ossuaire *m*
chart [tʃɑrt] *s* (*map*) carte *f*; (*graph*) dessin *m* graphique; (*diagram*) diagramme *m*; (*table*) tableau *m* || *tr* inscrire sur un dessin graphique; (naut) porter sur une carte, dresser la carte de
charter ['tʃɑrtər] *s* charte *f*; (*of bank*) privilège *m*; (naut) affrètement *m* || *tr* accorder une charte à; (*a ship*) affréter, noliser; (*a bus*) louer
char'ter mem'ber *s* membre *m* fondateur
char'wom'an *s* (*pl* **-wom'en**) nettoyeuse *f*

chase [tʃes] *s* chasse *f*, poursuite *f*; (*for printing*) châssis *m* || *tr* chasser; (*a gem*) enchâsser; (*gold*) ciseler; (*metal*) repousser; **to chase away** chasser || *intr*—**to chase after** pourchasser, poursuivre
chaser [ˈtʃesər] *s* chasseur *m*; (*of women*) (coll) coureur *m*; (*taken after an alcoholic drink*) (coll) rince-gueule *m*
chasm [ˈkæzəm] *s* abîme *m*
chas•sis [ˈtʃæsi] *s* (*pl* **-sis** [siz]) châssis *m*
chaste [tʃest] *adj* chaste
chasten [ˈtʃesən] *tr* châtier
chastise [tʃæsˈtaɪz] *tr* châtier, corriger
chastisement [ˈtʃæstɪzmənt], [tʃæsˈtaɪzmənt] *s* châtiment *m*
chastity [ˈtʃæstɪti] *s* chasteté *f*
chat [tʃæt] *s* causerie *f*, causette *f* || *v* (*pret & pp* **chatted**; *ger* **chatting**) *intr* causer, bavarder
chattel [ˈtʃætəl] *s* bien *m* meuble, objet *m* mobiliaire
chatter [ˈtʃætər] *s* bavardage *m*, caquetage *m* || *intr* bavarder, caqueter; (*said of teeth*) claquer
chat′ter•box′ *s* bavard *m*, babillard *m*
chauffeur [ˈʃofər], [ʃoˈfʌr] *s* chauffeur *m*
chauvinistic [ˌʃovɪˈnɪstɪk] *adj* chauvin
cheap [tʃip] *adj* bon marché; (coll) honteux; **to get off cheap** (coll) en être quitte à bon compte
cheapen [ˈtʃipən] *tr* baisser le prix de; diminuer la valeur de
cheap′skate′ *s* (slang) rat *m*
cheat [tʃit] *s* tricheur *m*, fraudeur *m* || *tr* tricher, frauder || *intr* (*e.g., at cards*) tricher; (*e.g., in an examination*) frauder
cheating [ˈtʃitɪŋ] *s* tricherie *f*, fraude *f*
check [tʃɛk] *s* (*stopping*) arrêt *m*; (*brake*) frein *m*; (*supervision*) contrôle *m*, vérification *f*; (*in a restaurant*) addition *f*; (*drawn on a bank*) chèque *m*; (*e.g., of a chessboard*) carreau *m*; (*of the king in chess*) échec *m*; (*for baggage*) bulletin *m*; (*pass-out check*) contremarque *f*; (*chip, counter*) jeton *m*; **in check** en échec || *tr* arrêter, freiner; contrôler, vérifier; (*baggage*) faire enregistrer; (*e.g., one's coat*) mettre au vestiaire; (*the king in chess*) faire échec à; **to check off** pointer, cocher || *intr* s'arrêter; **to check in** (*at a hotel*) s'inscrire sur le registre; **to check out** (*of a hotel*) régler sa note; **to check up on** contrôler, examiner
check′book′ *s* carnet *m* de chèques, chéquier *m*
checked *adj* (*checkered*) à carreaux; (*syllable*) entravé
checker [ˈtʃekər] *s* (*inspector*) contrôleur *m*; (*piece used in game*) pion *m*; (*square of checkerboard*) carreau *m*; **checkers** jeu *m* de dames || *tr* quadriller; (*to divide in squares*) quadriller; (*to scatter here and there*) diaprer
check′er•board′ *s* damier *m*
checkered *adj* (*divided into squares*) quadrillé, à carreaux; (*varied*) varié, accidenté; (*career, life*) plein de vicissitudes, mouvementé
check′ girl′ *s* préposée *f* au vestiaire
check′ing account′ *s* compte *m* en banque
check′ list′ *s* liste *f* de contrôle
check′ mark′ *s* trait *m* de repère, repère *m*, coche *f*
check′mate′ *s* échec et mat *m*; (fig) échec *m* || *tr* faire échec et mat à, mater || *intr* faire échec et mat, mater || *interj* échec et mat!
check′-out count′er *s* caisse *f* de supermarché
check′point′ *s* contrôle *m* de police
check′room′ *s* (*cloakroom*) vestiaire *m*; (*baggage room*) consigne *f*
check′up′ *s* vérification *f*, examen *m*
cheek [tʃik] *s* joue *f*; (coll) aplomb *m*, toupet *m*
cheek′bone′ *s* pommette *f*
cheep [tʃip] *intr* piauler
cheer [tʃɪr] *s* bonne humeur *f*, gaieté *f*; encouragement *m*, e.g., **word of cheer** parole *f* d'encouragement; **cheers** acclamations *fpl*, bravos *mpl*, vivats *mpl*; **three cheers for . . . !** vive . . . !; **to give three cheers** pousser trois hourras || *tr* (*to cheer up*) encourager, égayer; (*to applaud*) acclamer, applaudir || *intr* pousser des vivats, applaudir; **cheer up!** courage!
cheerful [ˈtʃɪrfəl] *adj* de bonne humeur, gai; (*place*) d'aspect agréable
cheerfully [ˈtʃɪrfəli] *adv* gaiement; (*willingly*) de bon cœur
cheer′lead′er *s* chef *m* de claque
cheerless [ˈtʃɪrlɪs] *adj* morne, triste
cheese [tʃiz] *s* fromage *m* || *tr*—**cheese it, the cops!** (slang) vingt-deux, les flics!
cheese′cake′ *s* (slang) les pin up *fpl*
cheese′ cake′ *s* soufflé *m* au fromage, tarte *f* au fromage
cheese′cloth′ *s* gaze *f*
chees•y [ˈtʃizi] *adj* (*comp* **-ier**; *super* **-iest**) caséeux; (slang) miteux
cheetah [ˈtʃitə] *s* guépard *m*
chef [ʃɛf] *s* chef *m* de cuisine, maître queux *m*
chemical [ˈkɛmɪkəl] *adj* chimique || *s* produit *m* chimique
chemist [ˈkemɪst] *s* chimiste *mf*
chemistry [ˈkemɪstri] *s* chimie *f*
cherish [ˈtʃerɪʃ] *tr* chérir; (*an idea*) nourrir; (*a hope*) caresser
cher•ry [ˈtʃeri] *s* (*pl* **-ries**) cerise *f*; (*tree*) cerisier *m*
cher′ry or′chard *s* cerisaie *f*
cher′ry tree′ *s* cerisier *m*
cher•ub [ˈtʃerəb] *s* (*pl* **-ubim** [əbɪm]) chérubin *m* || *s* (*pl* **-ubs**) (fig) chérubin *m*
chess [tʃɛs] *s* échecs *mpl*; **to play chess** jouer aux échecs
chess′board′ *s* échiquier *m*
chess′man′ *s* (*pl* **-men′**) pièce *f* du jeu d'échecs
chess′ set′ *s* échecs *mpl*
chest [tʃɛst] *s* caisse *f*; (*of drawers*)

commode *f*; (anat) poitrine *f*; **to get s.th. off one's chest** (coll) se déboutonner, dire ce qu'on a sur le cœur
chestnut [ˈtʃɛsnət] *adj* (*color*) châtain ‖ *s* (*color*) châtain *m*; (*nut*) châtaigne *f*; (*tree*) châtaignier *m*
chest′ of drawers′ *s* commode *f*, chiffonnier *m*
cheval′ glass′ [ʃəˈvæl] *s* psyché *f*
chevron [ˈʃɛvrən] *s* chevron *m*
chew [tʃu] *tr* mâcher; (*tobacco*) chiquer
chewing [ˈtʃu·ɪŋ] *s* mastication *f*
chew′ing gum′ *s* gomme *f* à mâcher, chewing-gum *m*
chicaner·y [ʃɪˈkenəri] *s* (*pl* **-ies**) truc *m*, ruse *f*, artifice *m*
chick [tʃɪk] *s* poussin *m*; (*girl*) (slang) tendron *m*
chickadee [ˈtʃɪkəˌdi] *s* (*Parus atricapillus*) mésange *f* boréale
chicken [ˈtʃɪkən] *s* poulet *m*; **to be chicken** (slang) avoir la frousse ‖ *intr*—**to chicken out** (slang) caner
chick′en coop′ *s* poulailler *m*
chick′en-heart′ed *adj* froussard, poltron
chick′en pox′ *s* varicelle *f*
chick′en stew′ *s* poule-au-pot *m*
chick′en wire′ *s* treillis *m* métallique
chick′pea′ *s* pois *m* chiche
chico·ry [ˈtʃɪkəri] *s* (*pl* **-ries**) chicorée *f*
chide [tʃaɪd] *v* (*pret* **chided** or **chid** [tʃɪd]; *pp* **chided, chid,** or **chidden** [ˈtʃɪdən]) *tr* & *intr* gronder
chief [tʃif] *adj* principal, en chef ‖ *s* chef *m*; (*boss*) (coll) patron *m*
chief′ exec′utive *s* chef *m* de l'exécutif
chief′ jus′tice *s* président *m* de la Cour suprême
chiefly [ˈtʃifli] *adv* principalement
chief′ of police′ *s* préfet *m* de police
chief′ of staff′ *s* chef *m* d'état-major
chief′ of state′ *s* chef *m* d'État
chieftain [ˈtʃiftən] *s* chef *m*
chiffon [ʃɪˈfɑn] *s* mousseline *f* de soie
chiffonier [ˌʃɪfəˈnɪr] *s* chiffonnier *m*
chilblain [ˈtʃɪlˌblen] *s* engelure *f*
child [tʃaɪld] *s* (*pl* **children** [ˈtʃɪldrən]) enfant *mf*; **with child** enceinte
child′birth′ *s* accouchement *m*
child′hood *s* enfance *f*
childish [ˈtʃaɪldɪʃ] *adj* enfantin, puéril
child′ la′bor *s* travail *m* des enfants
child′like′ *adj* enfantin, d'enfant
child's′ play′ *s* jeu *m* d'enfant; **it's child's play** c'est l'enfance de l'art
child′ wel′fare *s* protection *f* de l'enfance
Chile [ˈtʃɪli] *s* le Chili
chil′i pep′per [ˈtʃɪli] *s* piment *m*
chill [tʃɪl] *adj* & *s* froid *m*; **sudden chill** saisissement *m*, coup *m* de froid; **to take the chill off** faire tiédir ‖ *tr* refroidir; (*a person*) transir, faire frisonner; (*wine*) frapper
chill·y [ˈtʃɪli] *adj* (*comp* **-ier**; *super* **-iest**) froid; (*sensitive to cold*) frileux; **it is chilly** il fait frisquet
chime [tʃaɪm] *s* coup *m* de son; **chimes** (*at doorway*) sonnerie *f*; (*in bell tower*) carillon *m* ‖ *tr* & *intr* carillonner
chimera [kaɪˈmɪrə], [kɪˈmɪrə] *s* chimère *f*
chiming [ˈtʃaɪmɪŋ] *s* carillonnement *m*, sonnerie *f*
chimney [ˈtʃɪmni] *s* cheminée *f*; (*of lamp*) verre *m*
chim′ney pot′ *s* abat-vent *m*, mitre *f*
chim′ney sweep′ *s* ramoneur *m*
chimpanzee [tʃɪmˈpænzi], [ˌtʃɪmpænˈzi] *s* chimpanzé *m*
chin [tʃɪn] *s* menton *m*
china [ˈtʃaɪnə] *s* porcelaine *f* de Chine; **China** Chine *f*; la Chine
chi′na clos′et *s* vitrine *f*
chi′na·ware′ *s* porcelaine *f*
Chi·nese [tʃaɪˈniz] *adj* chinois ‖ *s* (*language*) chinois *m* ‖ *s* (*pl* **-nese**) Chinois *m* (*person*)
Chi′nese lan′tern *s* lanterne *f* vénitienne, lampion *m*
chink [tʃɪŋk] *s* fente *f*, crevasse *f*; **chink in one's armor** (coll) défaut *m* de la cuirasse
chin′ strap′ *s* sous-mentonnière *f*, jugulaire *f*
chip [tʃɪp] *s* copeau *m*, éclat *m*; (*in gambling*) jeton *m*; **to be a chip off the old block** (coll) chasser de race, être un rejeton de la vieille souche ‖ *v* (*pret* & *pp* **chipped**; *ger* **chipping**) *tr* enlever un copeau à ‖ *intr* s'écailler; **to chip in** contribuer
chipmunk [ˈtʃɪpˌmʌŋk] *s* tamias *m* rayé
chipper [ˈtʃɪpər] *adj* (coll) en forme, guilleret
chiropodist [kaɪˈrɑpədɪst], [kɪˈrɑpədɪst] *s* pédicure *mf*
chiropractor [ˈkaɪrəˌpræktər] *s* chiropracteur *m*
chirp [tʃʌrp] *s* gazouillis *m*, pépiement *m* ‖ *intr* gazouiller, pépier
chis·el [ˈtʃɪzəl] *s* ciseau *m* ‖ *v* (*pret* & *pp* **-eled** or **-elled**; *ger* **-eling** or **-elling**) *tr* ciseler; (*a person*) (slang) escroquer; **to chisel s.o. out of s.th.** (slang) escroquer q.ch. à qn
chiseler [ˈtʃɪzələr] *s* ciseleur *m*; (slang) escroc *m*
chit [tʃɪt] *s* note *f*, ticket *m*; (coll) gamin *m*
chit′-chat′ *s* bavardage *m*
chivalrous [ˈʃɪvəlrəs] *adj* honorable, courtois; (lit) chevaleresque
chivalry [ˈʃɪvəlri] *s* (*of Middle Ages*) chevalerie *f*; (*politeness*) courtoisie *f*, galanterie *f*
chive [tʃaɪv] *s* ciboulette *f*, civette *f*
chloride [ˈkloraɪd] *s* chlorure *m*
chlorinate [ˈklorɪˌnet] *tr* (*water*) verduniser
chlorination [ˌklorɪˈneʃən] *s* verdunisation *f*
chlorine [ˈklorin] *s* chlore *m*
chloroform [ˈkloroˌfɔrm] *s* chloroforme *m* ‖ *tr* chloroformer
chlorophyll [ˈklorəfɪl] *s* chlorophylle *f*
chock [tʃɑk] *s* cale *f*; (naut) poulie *f* ‖ *tr* caler
chock′-full′ *adj* bondé, comble, bourré
chocolate [ˈtʃɔkəlɪt], [ˈtʃɑkəlɪt] *adj* & *s* chocolat *m*

choc'olate bar' *s* tablette *f* de chocolat
choice [tʃɔɪs] *adj* de choix, choisi || *m* choix *m*; **by choice** par goût, volontairement
choir [kwaɪr] *s* chœur *m*
choir'boy' *s* enfant *m* de chœur
choir'mas'ter *s* chef *m* de chœur; (eccl) maître *m* de chapelle
choir' robe' *s* soutanelle *f*
choke [tʃok] *s* (aut) starter *m* || *tr* étouffer; (*to obstruct*) obstruer, boucher; **to choke back, down,** or **off** étouffer; **to choke up** obstruer, engorger || *intr* étouffer; **to choke up** (*e.g., with tears*) étouffer
choke' coil' *s* (elec) bobine *f* de réactance
choker ['tʃokər] *s* (*scarf*) foulard *m*; (*necklace*) collier *m* court
choking ['tʃokɪŋ] *s* étouffement *m*
cholera ['kɑlərə] *s* choléra *m*
choleric ['kɑlərɪk] *adj* coléreux
cholesterol [kə'lɛstə,rol], [kə'lɛstə,rɑl] *s* cholestérol *m*
choose [tʃuz] *v* (*pret* **chose** [tʃoz]; *pp* **chosen** ['tʃozən]) *tr & intr* choisir
choos·y ['tʃuzi] *adj* (*comp* **-ier**; *super* **-iest**) (coll) difficile à plaire, chipoteur
chop [tʃɑp] *s* coup *m* de hache; (culin) côtelette *f*; **to lick one's chops** (coll) se lécher or s'essuyer les babines || *v* (*pret & pp* **chopped**; *ger* **chopping**) *tr* hacher, couper; **to chop down** abattre; **to chop off** trancher, couper; **to chop up** couper en morceaux, hacher || *intr* (*said of waves*) clapoter
chopper ['tʃɑpər] *s* (*of butcher*) couperet *m*; (coll) hélicoptère *m*; **choppers** (slang) les dents *fpl*
chop'ping block' *s* billot *m*, hachoir *m*
chop·py ['tʃɑpi] *adj* (*comp* **-pier**; *ger* **-piest**) agité; (*waves*) clapoteux
chop'stick' *s* baguette *f*, bâtonnet *m*
choral ['korəl] *adj* choral
chorale [ko'rɑl] *s* choral *m*
cho'ral soci'ety *s* chorale *f*
chord [kɔrd] *s* accord *m*; (geom) corde *f*
chore [tʃor] *s* devoir *m*; (*burdensome chore*) corvée *f*, besogne *f*
choreography [,korɪ'ɑgrəfi] *s* chorégraphie *f*
chorister ['kɑrɪstər], ['kɔrɪstər] *s* choriste *mf*
chortle ['tʃɔrtəl] *intr* glousser
chorus ['korəs] *s* chœur *m*, chorale *f*; (*of song*) refrain *m*; (*of protest*) concert *m* || *tr* répéter en chœur, faire chorus
cho'rus boy' *s* boy *m*
cho'rus girl' *s* girl *f*
cho'sen few' ['tʃozən] *s* élite *f*
chow [tʃaʊ] *s* (*dog*) chow-chow *m*; (mil) boustifaille *f*, mangeaille *f*
chow'-chow' *s* (culin) macédoine *f* assaisonnée
chowder ['tʃaʊdər] *s* soupe *f* au poisson
Christ [kraɪst] *s* Christ *m*; le Christ
christen ['krɪsən] *tr* baptiser
Christendom ['krɪsəndəm] *s* chrétienté *f*
christening ['krɪsənɪŋ] *s* baptême *m*
Christian ['krɪstʃən] *adj & s* chrétien *m*
Christianity [,krɪstʃɪ'ænɪti] *s* christianisme *m*
Christianize ['krɪstʃə,naɪz] *tr* christianiser
Christ'ian name' *s* nom *m* de baptême
Christmas ['krɪsməs] *adj* de Noël || *s* Noël *m*; **Merry Christmas!** Joyeux Noël!
Christ'mas card' *s* carte *f* de Noël
Christ'mas car'ol *s* chanson *f* de Noël, chant *m* de Noël; (eccl) cantique *m* de Noël
Christ'mas Day' *s* le jour de Noël
Christ'mas Eve' *s* la veille de Noël
Christ'mas gift' *s* cadeau *m* de Noël
Christ'mas tree' *s* arbre *m* de Noël
Christ'mas tree lights' *spl* guirlandes *fpl*
chromatic [kro'mætɪk] *adj* chromatique
chrome [krom] *adj* chromé || *s* acier *m* chromé; (*color*) jaune *m*; (chem) chrome *m* || *tr* chromer
chromium ['kromɪ·əm] *s* chrome *m*
chromosome ['kromə,som] *s* chromosome *m*
chronic ['krɑnɪk] *adj* chronique
chronicle ['krɑnɪkəl] *s* chronique *f* || *tr* faire la chronique de
chronicler ['krɑnɪklər] *s* chroniqueur *m*
chronologic(al) [,krɑnə'lɑdʒɪk(əl)] *adj* chronologique
chronolo·gy [krə'nɑlədʒi] *s* (*pl* **-gies**) chronologie *f*
chronometer [krə'nɑmɪtər] *s* chronomètre *m*
chrysanthemum [krɪ'sænθɪməm] *s* chrysanthème *m*
chub·by ['tʃʌbi] *adj* (*comp* **-bier**; *super* **-biest**) joufflu, potelé, dodu
chuck [tʃʌk] *s* (*tap, blow, etc.*) petite tape *f*; (*under the chin*) caresse *f* sous le menton; (*of lathe*) mandrin *m*; (*bottom chuck and chuck rib*) paleron *m*; (*top chuck roast and chuck rib*) entrecôte *f* || *tr* tapoter; **to chuck away** jeter
chuckle ['tʃʌkəl] *s* gloussement *m*, petit rire *m* || *intr* glousser, rire tout bas
chum [tʃʌm] *s* (coll) copain *m* || *v* (*pret & pp* **chummed**; *ger* **chumming**) *intr*—**to chum around with** (coll) fraterniser avec
chum·my ['tʃʌmi] *adj* (*comp* **-mier**; *super* **-miest**) intime, familier
chump [tʃʌmp] *s* (slang) ballot *m*, lourdaud *m*
chunk [tʃʌŋk] *s* gros morceau *m*; (*e.g., of wood*) bloc *m*
church [tʃʌrtʃ] *s* église *f*
church'go'er *s* pratiquant *m*
church'man *s* (*pl* **-men**) (*clergyman*) ecclésiastique *m*; (*layman*) membre *m* d'une église, fidèle *mf*, paroissien *m*
church' mem'ber *s* fidèle *mf*
church' ser'vice *s* office *m*, culte *m*
church'yard' *s* cimetière *m*
churlish ['tʃʌrlɪʃ] *adj* rustre, grossier; (*out of sorts*) grincheux
churn [tʃʌrn] *s* baratte *f* || *tr* (*cream*)

baratter; (*e.g., water*) agiter; **to churn butter** battre le beurre || *intr* bouillonner
chute [ʃut] *s* glissière *f*; parachute *m*; (*of river*) rapide *m*, chute *f* d'eau
Cicero [ˈsɪsə,ro] *s* Cicéron *m*
cider [ˈsaɪdər] *s* cidre *m*
cigar [sɪˈgɑr] *s* cigare *m*
cigarette [,sɪgəˈrɛt] *s* cigarette *f*
cigaretteʹ buttʹ *s* mégot *m*
cigaretteʹ caseʹ *s* étui *m* à cigarettes
cigaretteʹ fiendʹ *s* fumeur *m* enragé
cigaretteʹ holdʹer *s* fume-cigarette *m*
cigaretteʹ lightʹer *s* briquet *m*
cigarʹ holdʹer *s* fume-cigare *m*
cigarʹ storeʹ *s* bureau *m* de tabac
cinch [sɪntʃ] *s* (*of saddle*) sangle *f*; **it's a cinch** (coll) c'est couru d'avance || *tr* sangler; (*to make sure of*) (slang) assurer
cinder [ˈsɪndər] *s* cendre *f* || *tr* cendrer
Cinderella [,sɪndəˈrelə] *s* la Cendrillon *f*
cinʹder trackʹ *s* piste *f* cendrée
cinema [ˈsɪnəmə] *s* cinéma *m*
cinnamon [ˈsɪnəmən] *s* cannelle *f*
cipher [ˈsaɪfər] *s* zéro *m*; (*code*) chiffre *m*; **in cipher** en chiffres || *tr* & *intr* chiffrer
circle [ˈsʌrkəl] *s* cercle *m*; (*coterie*) milieu *m*, monde *m*; **to have circles around the eyes** avoir les yeux cernés || *tr* ceindre, entourer; (*to travel around*) faire le tour de
circuit [ˈsʌrkɪt] *s* circuit *m*; (*of judge*) tournée *f*
cirʹcuit breakʹer *s* (elec) disjoncteur *m*
cirʹcuit courtʹ *s* cour *f* d'assises
circuitous [sərˈkju·ɪtəs] *adj* détourné, indirect
circular [ˈsʌrkjələr] *adj* & *s* circulaire *f*
circulate [ˈsʌrkjə,let] *tr* faire circuler || *intr* circuler
circulation [,sʌrkjəˈleʃən] *s* circulation *f*; (*of newspaper*) tirage *m*
circumcise [ˈsʌrkəm,saɪz] *tr* circoncire
circumcision [,sʌrkəmˈsɪʒən] *s* circoncision *f*
circumference [sərˈkʌmfərəns] *s* circonférence *f*
circumflex [ˈsʌrkəm,flɛks] *adj* & *s* circonflexe *m*
circumlocution [,sʌrkəmloˈkjuʃən] *s* circonlocution *f*
circumscribe [,sʌrkəmˈskraɪb] *tr* circonscrire
circumspect [ˈsʌrkəm,spɛkt] *adv* circonspect
circumstance [ˈsʌrkəm,stæns] *s* circonstance *f*; (*pomp*) cérémonie *f*; **in easy circumstances** aisé; **under no circumstance** sous aucun prétexte; **under the circumstances** dans ces conditions
circumstantial [,sʌrkəmˈstænʃəl] *adj* (*derived from circumstances*) circonstanciel; (*detailed*) circonstancié
cirʹcumstanʹtial evʹidence *s* preuves *fpl* indirectes
circumvent [,sʌrkəmˈvɛnt] *tr* circonvenir
circus [ˈsʌrkəs] *s* cirque *m*; (Brit) rond-point *m*
cirrhosis [sɪˈrosɪs] *s* cirrhose *f*
cistern [ˈsɪstərn] *s* citerne *f*
citadel [ˈsɪtədəl] *s* citadelle *f*
citation [saɪˈteʃən] *s* citation *f*; (*award*) présentation *f*, mention *f*
cite [saɪt] *tr* citer
cither [ˈsɪθər] *s* cithare *f*
citified [ˈsɪtɪ,faɪd] *adj* urbain
citizen [ˈsɪtɪzən] *s* citoyen *m*
citizen·ry [ˈsɪtɪzənri] *s* (*pl* **-ries**) citoyens *mpl*
citʹizen·shipʹ *s* citoyenneté *f*
citric [ˈsɪtrɪk] *adj* citrique
citron [ˈsɪtrən] *s* cédrat *m*; (*tree*) cédratier *m*
citronella [,sɪtrəˈnɛlə] *s* citronnelle *f*
citʹrus fruitʹ [ˈsɪtrəs] *s* agrumes *mpl*
cit·y [ˈsɪti] *s* (*pl* **-ies**) ville *f*; **the City** (*district within ancient boundaries*) la Cité
citʹy counʹcil *s* conseil *m* municipal
citʹy hallʹ *s* hôtel *m* de ville
citʹy planʹner *s* urbaniste *mf*
citʹy planʹning *s* urbanisme *m*
civʹet catʹ [ˈsɪvɪt] *s* civette *f*
civic [ˈsɪvɪk] *adj* civique; **civics** instruction *f* civique
civies [ˈsɪviz] *spl* (coll) vêtements *mpl* civils; **in civies** en civil, en bourgeois
civil [ˈsɪvɪl] *adj* civil; (*courteous*) poli
civʹil defenseʹ *s* protection *f* civile
civʹil engineerʹing *s* génie *m* civil
civilian [sɪˈvɪljən] *adj* & *s* civil *m*
civilʹian lifeʹ *s* vie *f* civile
civili·ty [sɪˈvɪlɪti] *s* (*pl* **-ties**) civilité *f*
civilization [,sɪvɪlɪˈzeʃən] *s* civilisation *f*
civilize [ˈsɪvɪ,laɪz] *tr* civiliser
civʹil rightsʹ *spl* droits *mpl* civiques, droits politiques
civʹil servʹant *s* fonctionnaire *mf*
civʹil servʹice *s* fonction *f* publique
civʹil warʹ *s* guerre *f* civile; **Civil War** (*of the United States*) Guerre de Sécession
clack [klæk] *s* claquement *m* || *intr* claquer
clad [klæd] *adj* vêtu, habillé
claim [klem] *s* demande *f*; (*to a right*) revendication *f*; (*in prospecting*) concession *f* || *tr* (*a right*) réclamer, revendiquer; (*to require*) exiger, demander; **to claim that . . .** prétendre que . . . ; **to claim to** prétendre
claimant [ˈklemənt] *s* prétendant *m*, ayant droit *m*
clairvoyance [klerˈvɔɪ·əns] *s* voyance *f*, seconde vue *f*; (*keen insight*) clairvoyance *f*
clairvoyant [klerˈvɔɪ·ənt] *adj* clairvoyant || *s* voyante *f*; voyant *m*
clam [klæm] *s* palourde *f* || *v* (*pret* & *pp* **clammed**; *ger* **clamming**) *intr*—**to clam up** (slang) se taire
clamʹbakeʹ *s* pique-nique *m* aux palourdes
clamber [ˈklæmbər] *intr* grimper; **to clamber over or up** escalader
clam·my [ˈklæmi] *adj* (*comp* **-mier**; *super* **-miest**) moite; (*clinging*) collant
clamor [ˈklæmər] *s* clameur *f* || *intr* vociférer; **to clamor for** réclamer

clamorous ['klæmərəs] *adj* bruyant
clamp [klæmp] *s* crampon *m*, agrafe *f*; (med) clamp *m* || *tr* fixer, attacher; **to clamp together** cramponner || *intr* —**to clamp down on** (coll) visser
clan [klæn] *s* clan *m*
clandestine [klæn'destɪn] *adj* clandestin
clang [klæŋ] *s* bruit *m* métallique, choc *m* retentissant, cliquetis *m* || *tr* faire résonner || *intr* résonner
clank [klæŋk] *s* bruit *m* sec, bruit métallique, cliquetis *m* || *tr* faire résonner || *intr* résonner
clannish ['klænɪʃ] *adj* partisan
clap [klæp] *s* coup *m*; (*with hand*) tape *f*; (*with the hands*) battement *m* || *v* (*pret & pp* **clapped**; *ger* **clapping**) *tr* battre; (*into jail*) (coll) fourrer; **to clap the hands** claquer or battre les mains || *intr* applaudir, claquer
clapper ['klæpər] *s* applaudisseur *m*; (*of bell*) battant *m*
claque [klæk] *s* (*paid clappers*) claque *f*; (*crush hat*) claque *m*
claret ['klærɪt] *s* bordeaux *m*
clari•fy ['klærɪ,faɪ] *v* (*pret & pp* **-fied**) *tr* clarifier
clarinet [,klærɪ'net] *s* clarinette *f*
clarity ['klærɪti] *s* clarté *f*
clash [klæʃ] *s* choc *m*; (*conflict*) dispute *f*; (*of colors*) disparate *f* || *intr* se heurter, s'entre-choquer; (*said of colors*) former une disparate
clasp [klæsp], [klɑsp] *s* agrafe *f*, fermoir *m*; (*embrace*) étreinte *f* || *tr* agrafer; (*to embrace*) étreindre
clasp' knife' *s* couteau *m* pliant
class [klæs], [klɑs] *s* classe *f* || *tr* classer
classic ['klæsɪk] *adj & s* classique *m*
classical ['klæsɪkəl] *adj* classique
classicism ['klæsɪ,sɪzəm] *s* classicisme *m*
classicist ['klæsɪsɪst] *s* classique *mf*
classification [,klæsɪfɪ'keʃən] *s* classification *f*, classement *m*
classified *adj* classifié, classé; (*documents*) secret, confidentiel
clas'sified advertise'ments *spl* petites annonces *fpl*
classi•fy ['klæsɪ,faɪ] *v* (*pret & pp* **-fied**) *tr* classifier
class'mate' *s* camarade *mf* de classe
class'room' *s* salle *f* de classe, classe *f*
class•y ['klæsi] *adj* (*comp* **-ier**; *super* **-iest**) (slang) chic
clatter ['klætər] *s* fracas *m* || *intr* faire un fracas
clause [klɔz] *s* clause *f*, article *m*; (gram) proposition *f*
clavicle ['klævɪkəl] *s* clavicule *f*
claw [klɔ] *s* (*of animal*) griffe *f*; (*of crab*) pince *f*; (*of hammer*) panne *f* fendue || *tr* griffer, déchirer
clay [kle] *s* argile *f*, glaise *f*
clay' pig'eon *s* pigeon *m* d'argile
clay' pipe' *s* pipe *f* en terre
clay' pit' *s* argilière *f*, glaisière *f*
clean [klin] *adj* propre; (*precise*) net || *adv* net; tout à fait || *tr* nettoyer; (*fish*) vider; (*streets*) balayer; **to clean out** curer; (*a person*) (slang) mettre à sec, décaver; **to clean up** nettoyer || *intr* faire le nettoyage
clean'-cut' *adj* bien délimité, net; (*e.g., athlete*) bien découplé
cleaner ['klinər] *s* nettoyeur *m*, dégraisseur *m*; **to be taken to the cleaners** (slang) se faire rincer
cleaning ['klinɪŋ] *s* nettoyage *m*
clean'ing wom'an *s* femme *f* de ménage
cleanliness ['klenlɪnɪs] *s* propreté *f*, netteté *f*
cleanse [klenz] *tr* nettoyer, écurer; (*e.g., a wound*) assainir; (*e.g., one's thoughts*) purifier
cleanser ['klenzər] *s* produit *m* de nettoyage; (*soap*) détersif *m*
clean'-shav'en *adj* rasé de frais
cleans'ing cream' *s* crème *f* de démaquillage
clean'up' *s* nettoiement *m*
clear [klɪr] *adj* clair; (*sharp*) net; (*free*) dégagé, libre; (*unmortgaged*) franc d'hypothèque; **to become clear** s'éclaircir; **to keep clear of** éviter || *tr* (*to brighten*) éclaircir; (*e.g., a fence*) franchir; (*obstacles*) dégager; (*land*) défricher; (*goods in customs*) dédouaner; (*an account*) solder; **to clear away** écarter, enlever; **to clear oneself** se disculper; **to clear out** (*e.g., a garden*) jardiner; **to clear the table** desservir, enlever le couvert, ôter la nappe; **to clear up** éclaircir || *intr* (*said of weather*) s'éclaircir; **to clear out** (coll) filer, se sauver
clearance ['klɪrəns] *s* permis *m*, laissez-passer *m*, autorisation *f*; (*between two objects*) espace *m* libre; (com) compensation *f*; (mach) espace *m* mort, jeu *m*
clear'ance sale' *s* vente *f* de soldes
clear'-cut' *adj* net, tranché; (*case*) absolu
clear'-head'ed *adj* lucide, perspicace
clearing ['klɪrɪŋ] *s* (*in clouds*) éclaircie *f*; (*in forest*) clairière *f*, trouée *f*
clear'ing house' *s* (com) comptoir *m* de règlement, chambre *f* de compensation
clearness ['klɪrnɪs] *s* clarté *f*, netteté *f*
clear'-sight'ed *adj* perspicace, clairvoyant
cleat [klit] *s* taquet *m*
cleavage ['klivɪdʒ] *s* clivage *m*
cleave [kliv] *v* (*pret & pp* **cleft** [kleft] or **cleaved**) *tr* fendre || *intr* se fendre; **to cleave to** s'attacher à, adhérer à
cleaver ['klivər] *s* couperet *m*, hachoir *m*
clef [klef] *s* (mus) clef *f*
cleft [kleft] *adj* fendu || *s* fente *f*, crevasse *f*
cleft' pal'ate *s* palais *m* fendu, fissure *f* palatine
clemen•cy ['klemənsi] *s* (*pl* **-cies**) clémence *f*
clement ['klemənt] *adj* clément
clench [klentʃ] *tr* serrer, crisper
cler•gy ['klʌrdʒi] *s* (*pl* **-gies**) (*members*) clergé *m*; (*profession*) clergie *f*
cler'gy•man *s* (*pl* **-men**) ecclésiastique *m*, clerc *m*

cleric ['klɛrɪk] *s* clerc *m*, ecclésiastique *m*
clerical ['klɛrɪkəl] *adj* clerical; de bureau || *s* clerical *m*; **clericals** habit *m* ecclésiastique
cler'ical er'ror *s* faute *f* de copiste, faute de sténographe
cler'ical work' *s* travail *m* de bureau
clerk [klʌrk] *s* (*clerical worker*) employé *m* de bureau, commis *m*; (*in lawyer's office*) clerc *m*; (*in store*) vendeur *m*; (*in bank*) comptable *mf*; (*of court*) greffier *m*; (eccl) clerc
clever ['klevər] *adj* habile, adroit
cliché [kli'ʃe] *s* cliché *m*, expression *f* consacrée
click [klɪk] *s* cliquetis *m*, clic *m*; (*of heels*) bruit *m* sec; (*of tongue*) claquement *m*; (*of a machine*) déclic *m* || *intr* cliqueter, faire un déclic; (*to succeed*) (coll) réussir; (*to get along well*) (coll) s'entendre à merveille
client ['klaɪ·ənt] *s* client *m*
clientele [,klaɪ·ən'tɛl] *s* clientèle *f*
cliff [klɪf] *s* falaise *f*, talus *m* raide
climate ['klaɪmɪt] *s* climat *m*
climax ['klaɪmæks] *s* point *m* culminant, comble *m*
climb [klaɪm] *s* montée *f*, ascension *f* || *tr* & *intr* monter, gravir; grimper; **to climb down** descendre
climber ['klaɪmər] *s* grimpeur *m*; (bot) plante *f* grimpante; (*social climber*) parvenu *m*, arriviste *mf*
climbing ['klaɪmɪŋ] *s* montée *f*, escalade *f*
clinch [klɪntʃ] *s* crampon *m*, rivet *m*; (boxing) corps-à-corps *m* || *tr* river; (*a bargain*) boucler || *intr* se prendre corps à corps
clincher ['klɪntʃər] *s* (coll) argument *m* sans réplique
cling [klɪŋ] *v* (*pret* & *pp* **clung** [klʌŋ]) *intr* s'accrocher, se cramponner; **to cling to** (*a person*) se serrer contre; (*a belief*) adhérer à
cling'stone peach' *s* alberge *f*
clinic ['klɪnɪk] *s* clinique *f*
clinical ['klɪnɪkəl] *adj* clinique
clinician [klɪ'nɪʃən] *s* clinicien *m*
clink [klɪŋk] *s* cliquetis *m*; (*e.g., of glasses*) tintement *m*, choc *m* || *tr* (*glasses, in a toast*) choquer; **to clink glasses with** trinquer avec || *intr* tinter, cliqueter
clip [klɪp] *s* attache *f*; (*brooch*) agrafe *f*, clip *m*; (*of gun*) chargeur *m*; (*blow*) (coll) taloche *f*; (*fast pace*) (coll) pas *m* rapide || *v* (*pret* & *pp* **clipped**; *ger* **clipping**) *tr* (*to fasten*) attacher; (*hair*) rafraîchir; (*sheep*) tondre; (*one's words*) avaler
clipper ['klɪpər] *s* (aer) clipper *m*; (naut) voilier *m* de course; **clippers** tondeuse *f*
clipping ['klɪpɪŋ] *s* tondage *m*; (*of sheep*) tonte *f*; (*of one's hair*) taille *f*; (*of newspaper*) coupure *f* (de presse); **clippings** (*cuttings, shavings, etc.*) rognures *fpl*, chutes *fpl*
clip'ping ser'vice *s* argus *m*
clique [klik] *s* coterie *f*, clan *m*, chapelle *f*
cloak [klok] *s* manteau *m* || *tr* masquer
cloak'-and-dag'ger *adj* (*e.g., story*) de cape et d'épée
cloak'room' *s* vestiaire *m*; (rr) consigne *f*
clock [klɑk] *s* pendule *f*; (*e.g., in a tower*) horloge *f*; **to turn back the clock** retarder l'horloge; (fig) revenir en arrière || *tr* chronométrer
clock'mak'er *s* horloger *m*
clock' tow'er *s* tour *f* de l'horloge
clock'wise' *adj* & *adv* dans le sens des aiguilles d'une montre
clock'work' *s* mouvement *m* d'horlogerie; **like clockwork** (coll) comme une horloge
clod [klɑd] *s* motte *f*; (*person*) rustre *mf*
clod'hop'per *s* cul-terreux *m*; (*shoe*) godillot *m*
clog [klɑg] *s* (*shoe*) galoche *f*, socque *m*; (*hindrance*) entrave *f* || *v* (*pret* & *pp* **clogged**; *ger* **clogging**) *tr* (*e.g., a pipe*) boucher; (*e.g., traffic*) entraver || *intr* se boucher
cloister ['klɔɪstər] *s* cloître *m* || *tr* cloîtrer
close [klos] *adj* proche, tout près; (*game; weave; formation, order*) serré; (*friend*) intime; (*friendship*) étroit; (*room*) renfermé, étouffant; (*translation*) fidèle; **close to** près de || *adv* près, de près || [kloz] *s* (*enclosure*) clos *m*; (*end*) fin *f*; (*closing*) fermeture *f* || *tr* fermer; (*to end*) conclure, terminer; (*an account*) régler, clôturer; (*ranks*) serrer, resserrer; (*a meeting*) lever; **close quotes** fermez les guillemets; **to close in** enfermer; **to close out** (com) liquider, solder || *intr* se fermer; finir, se terminer; (*on certain days*) (theat) faire relâche; **to close in on** (*the enemy*) aborder
close' call' [klos] *s*—**to have a close call** (coll) l'échapper belle
close-cropped ['klos'krɑpt] *adj* coupé ras
closed [klozd] *adj* fermé; (*road*) barré; (*e.g., pipe*) obturé, bouché; (*ranks*) serré; (public sign in front of theater) relâche; **with closed eyes** les yeux clos
closed' car' *s* conduite *f* intérieure
closed'-cir'cuit tel'evision *s* télévision *f* en circuit fermé
closed' sea'son *s* fermeture *f* de la chasse, fermeture de la pêche
closefisted ['klos'fɪstəd] *adj* ladre, avare
close-fitting ['klos'fɪtɪŋ] *adj* collant, ajusté, qui moule le corps
close-grained ['klos'grend] *adj* serré
closely ['klosli] *adv* (*near*) de près, étroitement; (*exactly*) exactement
close-mouthed ['klos'maʊðd] *adj* peu communicatif, économe de mots
closeness ['klosnɪs] *s* (*nearness*) proximité *f*; (*accuracy*) exactitude *f*; (*stinginess*) avarice *f*; (*of weather*) lourdeur *f*; (*of air*) manque *m* d'air

close′ shave′ [klos] *s*—**to have a close shave** se faire raser de près; (coll) échapper à un cheveu près
closet [ˈklɑzɪt] *s* placard *m*
clos′et dra′ma *s* spectacle *m* dans un fauteuil
close-up [ˈklos,ʌp] *s* premier plan *m*, gros plan
closing [ˈklozɪŋ] *adj* dernier, final ‖ *s* fermeture *f*; (*of account; of meeting*) clôture *f*
clos′ing-out′ sale′ *s* soldes *mpl* des fins de séries
clos′ing price′ *s* dernier cours *m*
clot [klɑt] *s* caillot *m* ‖ *v* (*pret & pp* **clotted**; *ger* **clotting**) *tr* cailler ‖ *intr* se cailler
cloth [klɔθ], [klɑθ] *s* étoffe *f*; (*fabric*) tissu *m*; (*of wool*) drap *m*; (*of cotton or linen*) toile *f*; **cloths** (*for cleaning*) chiffons *mpl*, torchons *mpl*, linge *m*; **the cloth** le clergé
clothe [kloð] *v* (*pret & pp* **clothed** or **clad** [klæd]) *tr* habiller, vêtir; (*e.g., with authority*) revêtir, investir
clothes [kloz], [kloθz] *spl* vêtements *mpl*, habits *mpl*; (*underclothes, shirts, etc.; wash*) linge *m*; **in plain clothes** en civil; **to put on one's clothes** s'habiller; **to take off one's clothes** se déshabiller
clothes′bas′ket *s* panier *m* à linge
clothes′brush′ *s* brosse *f* à habits
clothes′ clos′et *s* garde-robe *f*, penderie *f*, placard *m*
clothes′ dry′er *s* séchoir *m* à linge
clothes′ hang′er *s* cintre *m*
clothes′horse′ *s* séchoir-chevalet *m*
clothes′line′ *s* corde *f* à linge, étendoir *m*
clothes′ moth′ *s* gerce *f*
clothes′pin′ *s* pince *f* à linge
clothes′ rack′ *s* patère *f*
clothier [ˈkloðjər] *s* confectionneur *m*, marchand *m* de confections
clothing [ˈkloðɪŋ] *s* vêtements *mpl*
cloud [klaʊd] *s* nuage *m*; (*heavy cloud; multitude*) nuée *f*; **in the clouds** dans les nues ‖ *tr* couvrir de nuages; (phot) voiler ‖ *intr* (phot) se voiler; **to cloud over** or **up** se couvrir de nuages
cloud′burst′ *s* averse *f*, rafale *f* de pluie
cloud′ cham′ber *s* (phys) chambre *f* d'ionisation
cloudless [ˈklaʊdlɪs] *adj* sans nuages
cloud·y [ˈklaʊdi] *adj* (*comp* **-ier**; *super* **-iest**) nuageux; (phot) voilé
clout [klaʊt] *s* (coll) gifle *f* ‖ *tr* (coll) gifler
clove [klov] *s* clou *m* de girofle, girofle *m*; (*of garlic*) gousse *f*; (bot) giroflier *m*
clove′ hitch′ *s* demi-clef *f* à capeler
clo′ven hoof′ [ˈklovən] *s* pied *m* fourchu; **to show the cloven hoof** (coll) montrer le bout de l'oreille
clover [ˈklovər] *s* trèfle *m*; **to be in clover** (coll) être sur le velours
clo′ver·leaf′ *s* (*pl* **-leaves**) feuille *f* de trèfle; (*intersection*) croisement *m* en trèfle, saut-de-mouton *m*
clown [klaʊn] *s* clown *m*, pitre *m*, bouffon *m* ‖ *intr* faire le pitre
clownish [ˈklaʊnɪʃ] *adj* bouffon; (*clumsy*) empoté, rustre
cloy [klɔɪ] *tr* rassasier
club [klʌb] *s* massue *f*, gourdin *m*, assommoir *m*; cercle *m*, amicale *f*, club *m*; (cards) trèfle *m*; (golf) crosse *f*, club *m* ‖ *v* (*pret & pp* **clubbed**; *ger* **clubbing**) *tr* (*to strike*) assommer; (*to pool*) mettre en commun ‖ *intr*—**to club together** s'associer; se cotiser
club′ car′ *s* voiture-salon *f*
club′foot′ *s* (*pl* **-feet**) pied *m* équin, pied bot
club′foot′ed *adj*—**to be clubfooted** avoir le pied bot, être pied-bot
club′house′ *s* club *m*, cercle *m*
club′man *s* (*pl* **-men**) clubman *m*
club′room′ *s* salle *f* de réunion
club′ steak′ *s* aloyau *m* de bœuf
club′wom′an *s* (*pl* **-wom′en**) cercleuse *f*
cluck [klʌk] *s* gloussement *m* ‖ *intr* glousser
clue [klu] *s* indice *m*, indication *f*; **to find the clue** trouver la clef; **to give s.o. a clue** mettre qn sur la piste; **to have the clue** tenir le bout du fil
clump [klʌmp] *s* (*of earth*) bloc *m*, masse *f*; (*of trees*) bouquet *m*; (*of shrubs or flowers*) massif *m*; (*gait*) pas *m* lourd ‖ *intr*—**to clump along** marcher lourdement
clum·sy [ˈklʌmzi] *adj* (*comp* **-sier**; *super* **-siest**) (*worker*) maladroit, gauche; (*work*) bâclé, grossier
cluster [ˈklʌstər] *s* bouquet *m*, massif *m*; (*of grapes*) grappe *f*; (*of pears*) glane *f*; (*of bananas*) régime *m*; (*of diamonds*) épi *m*, nœud *m*; (*of stars*) amas *m* ‖ *tr* grouper ‖ *intr*—**to cluster around** se rassembler; **to cluster together** se conglomérer
clutch [klʌtʃ] *s* (*grasp, grip*) griffe *f*, serre *f*; (aut) embrayage *m*; (aut) pédale *f* d'embrayage; **to fall into the clutches of** tomber sous la patte de; **to let in the clutch** embrayer; **to throw out the clutch** débrayer ‖ *tr* saisir, empoigner ‖ *intr*—**to clutch at** se raccrocher à
clutter [ˈklʌtər] *s* encombrement *m* ‖ *tr*—**to clutter up** encombrer
Co. *abbr* (**Company**) Cie
c/o *abbr* (**in care of**) a/s (aux soins de)
coach [kotʃ] *s* coche *m*, carrosse *f*; (*bus*) autocar *m*, car *m*; (*two-door sedan*) coche *m*; (rr) voiture *f*; (sports) entraîneur *m*, moniteur *m* ‖ *tr* donner des leçons particulières à; entraîner; (*for an exam*) préparer à un examen, chauffer; (*an actor*) faire répéter
coach′-and-four′ *s* carrosse *f* à quatre chevaux
coach′ box′ *s* siège *m* du cocher
coach′ house′ *s* remise *f*
coaching [ˈkotʃɪŋ] *s* leçons *fpl* particulières, chauffage *m*, répétitions *fpl*; (sport) entraînement *m*
coach′man *s* (*pl* **-men**) cocher *m*

coagulate [ko'ægjə,let] *tr* coaguler || *intr* se coaguler
coal [kol] *adj* charbonnier, houiller || *s* houille *f*, charbon *m*; **coals** (*embers*) tisons *mpl*, charbons ardents; **to carry coals to Newcastle** porter de l'eau à la rivière
coal'bin' *s* coffre *m* à charbon
coal' bunk'er *s* soute *f* à charbon
coal' car' *s* wagon-tombereau *m*
coal'deal'er *s* charbonnier *m*
coalesce [,ko·ə'lɛs] *intr* s'unir, se combiner, fusionner
coal' field' *s* bassin *m* houiller
coalition [,ko·ə'lɪʃən] *s* coalition *f*; **to form a coalition** se coaliser
coal' mine' *s* houillère *f*
coal' oil' *s* pétrole *m* lampant
coal' scut'tle *s* seau *m* à charbon
coal' tar' *s* goudron *m* de houille
coal'yard' *s* charbonnerie *f*
coarse [kors] *adj* (*in manners*) grossier; (*composed of large particles*) gros; (*hair, skin*) rude
coarse'-grained' *adj* à gros grain; (*wood*) à gros fil
coarseness ['korsnɪs] *s* grossièreté *f*; (*of hair, skin*) rudesse *f*
coast [kost] *s* côte *f*; **the coast is clear** la route est libre || *intr* caboter; (*said of automobile*) aller au débrayé; (*said of bicycle*) aller en roue libre; **to coast along** continuer sur sa lancée
coastal ['kostəl] *adj* côtier
coaster ['kostər] *s* dessous-de-verre *m*, sous-verre *m*; (naut) caboteur *m*
coast'er brake' *s* frein *m* à contre-pédalage
coast' guard' *s* service *m* de guet le long des côtes
coast'-guard cut'ter *s* garde-côte *m*
coast'guards'man *s* (*pl* **-men**) soldat *m* chargé de la garde des côtes
coasting ['kostɪŋ] *s* (*e.g., on a cycle*) descente *f* en roue libre
coast'ing trade' *s* cabotage *m*
coast'line' *s* littoral *m*
coast'wise' *adj* côtier || *adv* le long de la côte
coat [kot] *s* (*jacket*) veste *f*; (*suitcoat*) veston *m*; (*topcoat*) manteau *m*; (*of an animal*) robe *f*, pelage *m*, livrée *f*; (*of paint*) couche *f* || *tr* enduire; (*with chocolate*) enrober; (*a pill*) dragéifier
coat' hang'er *s* cintre *m*, portemanteau *m*
coating ['kotɪŋ] *s* enduit *m*, couche *f*
coat' of arms' *s* écu *m* armorial; (*bearings*) blason *m*, armoiries *fpl*
coat' of mail' *s* cotte *f* de mailles
coat'rack' *s* portemanteau *m*
coat'room' *s* vestiaire *m*
coat'tail' *s* basque *f*
coauthor [ko'ɔθər] *s* coauteur *m*
coax [koks] *tr* cajoler, amadouer
cob [kɑb] *s* (*of corn*) épi *m* de maïs; (*horse*) cob *m*; (*swan*) cygne *m* mâle
cobalt ['kobɔlt] *s* cobalt *m*
cobbler ['kɑblər] *s* cordonnier *m*; (*cake*) tourte *f* aux fruits; (*drink*) boisson *f* glacée
cobble·stone ['kɑbəl,ston] *s* pavé *m*
cob'web' *s* toile *f* d'araignée
cocaine [ko'ken] *s* cocaïne *f*
cock [kɑk] *s* coq *m*; (*faucet*) robinet *m*; (*of gun*) chien *m* || *tr* (*one's ears*) dresser, redresser; (*one's hat*) mettre sur l'oreille, retrousser; (*a rifle*) armer
cockade [kɑ'ked] *s* cocarde *f*
cock-a-doodle-doo ['kɑkə,dudəl'du] *interj* cocorico!
cock'-and-bull' sto'ry *s* coq-à-l'âne *m*
cock'crow' *s* cocorico *m*
cocked' hat' *s* chapeau *m* à cornes; **to knock into a cocked hat** (slang) démolir, aplatir
cock'er span'iel ['kɑkər] *s* cocker *m*
cock'eyed' *adj* (coll) de travers, de biais; (slang) insensé
cock'fight' *s* combat *m* de coqs
cockle ['kɑkəl] *s* (bot) nielle *f*; (zool) bucarde *f*, clovisse *f*
cock'pit' *s* (aer) cockpit *m*, carlingue *f*
cock'roach' *s* blatte *f*, cafard *m*
cockscomb ['kɑks,kom] *s* crête *f* de coq; (bot) crête-de-coq *f*
cock'sure' *adj* (coll) sûr et certain
cock'tail' *s* cocktail *m*
cock'tail dress' *s* robe *f* de cocktail
cock'tail par'ty *s* cocktail *m*
cock'tail shak'er *s* shaker *m*
cock·y ['kɑki] *adj* (*comp* **-ier**; *super* **-iest**) (coll) effronté, suffisant
cocoa ['koko] *s* cacao *m*; (*drink*) chocolat *m*
co'coa bean' *s* cacao *m*
coconut ['kokə,nʌt] *s* noix *f* de coco, coco *m*
co'conut palm' *s* cocotier *m*
cocoon [kə'kun] *s* cocon *m*
cod [kɑd] *s* (ichth) morue *f*
C.O.D. ['si'o'di] *s* (letterword) (**Collect on Delivery**) C.R., contre remboursement, e.g., **send it to me C.O.D.** envoyez-le-moi C.R.
coddle ['kɑdəl] *tr* dorloter, gâter
code [kod] *s* code *m*; (*secret code*) chiffre *m* || *tr* chiffrer
code' word' *s* mot *m* convenu
codex ['kodeks] *s* (*pl* **codices** ['kodɪ,siz], ['kɑdɪ,siz]) manuscrit *m* ancien
cod'fish' *s* morue *f*
codger ['kɑdʒər] *s*—**old codger** (coll) vieux bonhomme *m*
codicil ['kɑdɪsɪl] *s* (*of will*) codicille *m*; (*of contract, treaty, etc.*) avenant *m*
codi·fy ['kɑdɪ,faɪ], ['kodɪ,faɪ] *v* (*pret & pp* **-fied**) *tr* codifier
cod'-liver oil' *s* huile *f* de foie de morue
coed ['ko,ɛd] *s* collégienne *f*, étudiante *f* universitaire
coeducation [,ko·ɛdʒə'keʃən] *s* coéducation *f*
co'educa'tional school' [,ko·ɛdʒə'keʃənəl] *s* école *f* mixte
coefficient [,ko·ɪ'fɪʃənt] *s* coefficient *m*
coerce [ko'ʌrs] *tr* contraindre, forcer
coercion [ko'ʌrʃən] *s* coercition *f*

coexist [ˌko·ɪg'zɪst] *intr* coexister
coexistence [ˌko·ɪg'zɪstəns] *s* coexistence *f*
coffee ['kɔfi], ['kɑfi] *s* café *m*; **black coffee** café noir, café nature; **ground coffee** café moulu; **roasted coffee** café brûlé, café torréfié
cof'fee and rolls' *s* café *m* complet
cof'fee bean' *s* grain *m* de café
cof'fee break' *s* pause-café *f*
cof'fee·cake' *s* gimblette *f* (qui se prend avec le café)
cof'fee cup' *s* tasse *f* à café
cof'fee grind'er *s* moulin *m* à café
cof'fee grounds' *spl* marc *m* de café
cof'fee mak'er *s* percolateur *m*
cof'fee mill' *s* moulin *m* à café
cof'fee planta'tion *s* caféière *f*
cof'fee·pot' *s* cafetière *f*; (*for pouring*) verseuse *f*
cof'fee roast'er *s* brûloir *m*
cof'fee shop' *s* (*of hotel*) hôtel-restaurant *m*; (*in station*) buffet *m*
cof'fee tree' *s* caféier *m*
coffer ['kɔfər], ['kɑfər] *s* coffre *m*, caisse *f*; (*archit*) caisson *m*; **coffers** trésor *m*, fonds *mpl*
cof'fer·dam' *s* coffre *m*, bâtardeau *m*
coffin ['kɔfɪn], ['kɑfɪn] *s* cercueil *m*, bière *f*
cog [kɑg] *s* dent *f*; (*cogwheel*) roue *f* dentée; **to slip a cog** (coll) avoir des absences
cogency ['kodʒənsi] *s* force *f* (de persuasion)
cogent ['kodʒənt] *adj* puissant, convaincant
cogitate ['kɑdʒɪˌtet] *tr & intr* méditer
cognac ['konjæk], ['kɑnjæk] *s* cognac *m*
cognate ['kɑgnet] *adj* congénère, apparenté ‖ *s* congénère *mf*; (*word*) mot *m* apparenté
cognizance ['kɑgnɪzəns], ['kɑnɪzəns] *s* connaissance *f*
cognizant ['kɑgnɪzənt], ['kɑnɪzənt] *adj* informé
cog'wheel' *s* roue *f* dentée
cohabit [ko'hæbɪt] *intr* cohabiter
coheir [ko'ɛr] *s* cohéritier
cohere [ko'hɪr] *intr* s'agglomérer, adhérer; (*said of reasoning or style*) se suivre logiquement, correspondre
coherent [ko'hɪrənt] *adj* cohérent
cohesion [ko'hiʒən] *s* cohésion *f*
coiffeur [kwɑ'fʌr] *s* coiffeur *m* pour dames
coiffure [kwɑ'fjʊr] *s* coiffure *f* ‖ *tr* coiffer
coil [kɔɪl] *s* (*something wound in a spiral*) rouleau *m*; (*single turn of spiral*) tour *m*; (*of a still*) serpentin *m*; (*of hair*) boucle *f*; (elec) bobine *f*; **coils** (*of snake*) nœuds *mpl* ‖ *tr* enrouler; (naut) lover, gléner ‖ *intr* s'enrouler; (*said of snake or stream*) serpenter
coil' spring' *s* ressort *m* en spirale, ressort à boudin
coin [kɔɪn] *s* monnaie *f*; (*single coin*) pièce *f* de monnaie; (*wedge*) coin *m*; **in coin** en espèces, en numéraire; **to pay back s.o. in his own coin** rendre à qn la monnaie de sa pièce; **to toss a coin** jouer à pile ou face ‖ *tr* (*a new word; a story or lie*) forger, inventer; **to coin money** frapper de la monnaie; (coll) faire des affaires d'or, s'enrichir à vue d'œil
coinage ['kɔɪnɪdʒ] *s* monnayage *m*; (fig) invention *f*
coincide [ˌko·ɪn'saɪd] *intr* coïncider
coincidence [ko'ɪnsɪdəns] *s* coïncidence *f*
coition [ko'ɪʃən] or **coitus** ['ko·ɪtəs] *s* coït *m*
coke [kok] *s* coke *m* ‖ *tr* cokéfier ‖ *intr* se cokéfier
colander ['kʌləndər], ['kɑləndər] *s* passoire *f*
cold [kold] *adj* froid; **it is cold** (*said of weather*) il fait froid; **to be cold** (*said of person*) avoir froid ‖ *s* froid *m*; (*indisposition*) rhume *m*; **to be left out in the cold** (slang) rester en carafe; **to catch a cold** attraper un rhume, s'enrhumer
cold' blood' *s*—**in cold blood** de sang-froid
cold'-blood'ed *adj* insensible; (*sensitive to cold*) frileux; (zool) à sang froid
cold' chis'el *s* ciseau *m* à froid
cold' com'fort *s* maigre consolation *f*
cold' cream' *s* cold-cream *m*
cold' cuts' *spl* viandes *fpl* froides, assiette *f* anglaise
cold' feet' [fit] *spl*—**to have cold feet** (coll) avoir froid aux yeux
cold' front' *s* front *m* froid
cold'-heart'ed *adj* au cœur dur, insensible
coldness ['koldnɪs] *s* froideur *f*; (*in the air*) froidure *f*
cold' should'er *s*—**to give s.o. the cold shoulder** (coll) battre froid à qn
cold' snap' *s* coup *m* de froid
cold' stor'age *s* entrepôt *m* frigorifique; **in cold storage** en glacière
cold'-stor'age *adj* frigorifique
cold' war' *s* guerre *f* froide
cold' wave' *s* vague *f* de froid
coleslaw ['kolˌslɔ] *s* salade *f* de chou
colic ['kɑlɪk] *s* colique *f*
coliseum [ˌkɑlɪ'si·əm] *s* colisée *m*
collaborate [kə'læbəˌret] *intr* collaborer
collaborationist [kəˌlæbə'reʃənɪst] *s* collaborationniste *mf*
collaborator [kə'læbəˌretər] *s* collaborateur *m*
collapse [kə'læps] *s* écroulement *m*, effondrement *m*; (*of prices; of government*) chute *f*; (*of prices; of a beam*) fléchissement *m*; (pathol) collapsus *m* ‖ *intr* s'écrouler, s'effondrer; (*said of government*) tomber; (*said of structure or prices*) s'effondrer; (*said of balloon*) se dégonfler
collapsible [kə'læpsɪbəl] *adj* démontable, rabattable, pliant
collar ['kɑlər] *s* (*of dress, shirt*) collet *m*, col *m*; (*worn by dog; on pigeon*) collier *m*; (mach) collier ‖ *tr* colleter; (coll) empoigner

col′lar•band′ *s* pied *m* de col (d'une chemise)
col′lar•bone′ *s* clavicule *f*
collate [kə'let], ['kɑlet] *tr* collationner, conférer
collateral [kə'lætərəl] *adj* accessoire; correspondant; (*kin*) collatéral ‖ *s* (*kin*) collatéral *m*; (com) nantissement *m*
collation [kə'leʃən] *s* collation *f*
colleague ['kɑlig] *s* collègue *mf*
collect ['kɑlɛkt] *s* (eccl) collecte *f* ‖ [kə'lɛkt] *tr* rassembler; (*taxes*) percevoir, lever; (*stamps, antiques*) collectionner; (*eggs; classroom papers; tickets*) ramasser; (*mail*) faire la levée de; (*debts*) recouvrer; (*gifts, money*) collecter; (*one's thoughts; anecdotes*) recueillir; **to collect oneself** se reprendre, se remettre ‖ *intr* (*for the poor*) quêter; (*to gather together*) se rassembler, se réunir; (*to pile up*) s'amasser ‖ *adv* en p.c.v., e.g., **to telephone collect** téléphoner en p.c.v.
collect′ call′ *s* (telp) communication *f* P.C.V.
collected *adj* recueilli, maître de soi
collection [kə'lɛkʃən] *s* collection *f*; (*of taxes*) perception *f*, levée *f*, recouvrement *m*; (*of mail*) levée; (*of verses*) recueil *m*
collec′tion plate′ *s* plateau *m* de quête
collective [kə'lɛktɪv] *adj* collectif
collector [kə'lɛktər] *s* (*of stamps, antiques*) collectionneur *m*; (*of taxes*) percepteur *m*, receveur *m*, collecteur *m*; (*of tickets*) contrôleur *m*
college ['kɑlɪdʒ] *s* (*of cardinals, electors, etc.*) collège *m*; (*school in a university*) faculté *f*; (U.S.A.) école *f* des arts et sciences
collegian [kə'lidʒɪ·ən] *s* étudiant *m*
collegiate [kə'lidʒɪ·ɪt] *adj* collégial, de l'université, universitaire
collide [kə'laɪd] *intr* se heurter, se tamponner; **to collide with** se heurter à or contre, heurter contre
collier ['kɑljər] *s* houilleur *m*; (*ship*) charbonnier *m*
collier•y ['kɑljəri] *s* (*pl* **-ies**) houillère *f*
collision [kə'lɪʒən] *s* collision *f*
collocate ['kɑlo,ket] *tr* disposer en rapport; (*creditors*) colloquer
colloid ['kɑlɔɪd] *adj* colloïdal ‖ *s* colloïde *m*
colloquial [kə'lokwɪ·əl] *adj* familier
colloquialism [kə'lokwɪ·ə,lɪzəm] *s* expression *f* familière
collo•quy ['kɑləkwi] *s* (*pl* **-quies**) colloque *m*
collusion [kə'luʒən] *s* collusion *f*; **to be in collusion with** être d'intelligence avec
cologne [kə'lon] *s* eau *f* de Cologne
Colombia [kə'lʌmbɪ·ə] *s* Colombie *f*; la Colombie
colon ['kolən] *s* (anat) côlon *m*; (gram) deux points *mpl*
colonel ['kʌrnəl] *s* colonel *m*
colonial [kə'lonɪ·əl] *adj & s* colonial *m*
colonist ['kɑlənɪst] *s* colon *m*
colonize ['kɑlə,naɪz] *tr & intr* coloniser
colonnade [,kɑlə'ned] *s* colonnade *f*
colo•ny ['kɑləni] *s* (*pl* **-nies**) colonie *f*
colophon ['kɑlə,fɑn] *s* colophon *m*
color ['kʌlər] *s* couleur *f*; **the colors** les couleurs, le drapeau; **to call to the colors** appeler sous les drapeaux; **to give** or **lend color to** colorer; (fig) rendre vraisemblable; **to show one's true colors** se révéler sous son vrai jour; **under color of** sous couleur de; **with flying colors** enseignes déployées ‖ *tr* colorer; (*e.g., a drawing*) colorier; (*to exaggerate*) donner de l'éclat à, imager; (*to dye*) teindre ‖ *intr* se colorer; (*to blush*) rougir
col′or•bear′er *s* porte-drapeau *m*
col′or-blind′ *adj* daltonien, aveugle des couleurs
colored *adj* coloré; (*person*) de couleur; (*drawing*) colorié
colorful ['kʌlərfəl] *adj* (*striking*) coloré; (*unusual*) pittoresque
col′or guard′ *s* garde *f* d'honneur du drapeau
coloring ['kʌlərɪŋ] *adj* colorant ‖ *s* colorant *m*; (*of painting, complexion, style*) coloris *m*
colorless ['kʌlərlɪs] *adj* incolore
col′or photog′raphy *s* photographie *f* en couleurs
col′or salute′ *s* (mil) salut *m* au drapeau, salut aux couleurs
col′or ser′geant *s* sergent-chef *m*, sergent-major *m*
col′or tel′evision *s* télévision *f* en couleurs
colossal [kə'lɑsəl] *adj* colossal
colossus [kə'lɑsəs] *s* colosse *m*
colt [kolt] *s* poulain *m*
Columbus [kə'lʌmbəs] *s* Colomb *m*
column ['kɑləm] *s* colonne *f*; (journ) rubrique *f*, chronique *f*, courrier *m*; (mil) colonne
columnar [kə'lʌmnər] *adj* en colonne
columnist ['kɑləmɪst] *s* chroniqueur *m*, courriériste *mf*
coma ['komə] *s* (pathol) coma *m*
comb [kom] *s* peigne *m*; (*currycomb*) étrille *f*; (*of rooster; of wave*) crête *f*; (*filled with honey*) rayon *m* ‖ *tr* peigner; explorer minutieusement, fouiller; **to comb out** démêler ‖ *intr* (*said of waves*) déferler
com•bat ['kɑmbæt] *s* combat *m* ‖ ['kɑmbæt], [kəm'bæt] *v* (*pret & pp* **-bated** or **-batted**; *ger* **-bating** or **-batting**) *tr & intr* combattre
combatant ['kɑmbətənt] *adj & s* combattant *m*
com′bat du′ty *s* service *m* de combat, service au front
combination [,kɑmbɪ'neʃən] *s* combinaison *f*
combine ['kɑmbaɪn] *s* trust *m*, combinaison *f* financière, entente *f* industrielle; (agr) moissonneuse-batteuse *f* ‖ [kəm'baɪn] *tr* combiner ‖ *intr* se liguer, fusionner; (chem) se combiner
combin′ing form′ *s* élément *m* de composition

combo ['kɑmbo] *s* (*of four musicians*) quartette *f*
combustible [kəm'bʌstɪbəl] *adj & s* combustible *m*
combustion [kəm'bʌstʃən] *s* combustion *f*
come [kʌm] *v* (*pret* **came** [kem]; *pp* **come**) *intr* venir; **come in!** entrez!; **to come after** succéder à, suivre; (*to come to get*) venir chercher; **to come apart** se séparer, se défaire; **to come around** (*to snap back*) se rétablir; (*to give in*) céder; **to come at** (*to attack*) se jeter sur; **to come back** revenir; (coll) revenir en vogue; **to come before** précéder; (*e.g., a legislature*) se mettre devant; **to come between** s'interposer entre; **to come by** (*to get*) obtenir; (*to pass*) passer; **to come down** descendre; **to come downstairs** descendre (en bas); **to come down with** tomber malade avec; **to come for** venir chercher; **to come from** provenir de, dériver de; (*said of wind*) chasser de; **to come in** entrer; entrer dans; (*said of tide*) monter; (*said of style*) entrer en vogue; **to come in for** avoir part à; (*e.g., an inheritance*) succéder à; (*e.g., sympathy*) s'attirer; **to come off** se détacher; (*to take place*) avoir lieu; en sortir, e.g., **to come off victorious** en sortir vainqueur; **to come out** sortir; (*said of sun, stars; said of book*) paraître; (*said of buds*) éclore; (*said of news*) se divulguer; (*said of debutante*) débuter; **to come out for** se prononcer pour; **to come over** se laisser persuader; arriver, e.g., **what's come over him?** qu'est-ce qui lui est arrivé?; **to come through** (*e.g., fields*) passer par, passer à travers; (*e.g., a wall*) pénétrer; (*an illness*) surmonter; se tirer indemne; **to come to** revenir à soi; **to come together** s'assembler, se réunir; **to come true** se réaliser; **to come up** monter; (*to occur*) se présenter; **to come upstairs** monter (en haut); **to come up to** monter jusqu'à, venir à; **to come up with** proposer
come'-and-go' *s* va-et-vient *m*
come'back' *s* (*of style*) (coll) retour *m* en vogue; (*of statesman*) (coll) retour *m* au pouvoir; (slang) réplique *f*, riposte *f*; **to stage a comeback** (coll) se réhabiliter, faire une belle remontée
comedian [kə'midɪ·ən] *s* comique *m*; (*on the legitimate stage*) comédien *m*; auteur *m* comique
comedienne [kə,midɪ'ɛn] *s* comédienne *f*
come'down' *s* humiliation *f*, déchéance *f*
come·dy ['kɑmədi] *s* (*pl* **-dies**) comédie *f*
come·ly ['kʌmli] *adj* (*comp* **-lier**; *super* **-liest**) (*attractive*) avenant, gracieux; (*decorous*) convenable, bienséant
come'-on' *s* (slang) leurre *m*, attrape *f*
comet ['kɑmɪt] *s* comète *f*
comfort ['kʌmfərt] *s* confort *m*; consolation *f*; (*person*) consolateur *m*; **comforts** commodités *fpl*, agréments *mpl* || *tr* consoler, réconforter
comfortable ['kʌmfərtəbəl] *adj* confortable; (*in a state of comfort*) bien; (*well-off*) à l'aise
comforter ['kʌmfərtər] *s* consolateur *m*; (*bedcover*) couvre-pieds *m* piqué; (*of wool*) cache-nez *m*; (*for baby*) tétine *f*, sucette *f*
comforting ['kʌmfərtɪŋ] *adj* consolateur, réconfortant
com'fort sta'tion *s* châlet *m* de nécessité, lieux *mpl* d'aisances, toilette *f*
comic ['kɑmɪk] *adj & s* comique *m*; **comics** (*cartoons*) dessins *mpl* humoristiques
com'ic op'era *s* opéra *m* bouffe
com'ic strip' *s* bande *f* humoristique
coming ['kʌmɪŋ] *adj* qui vient; (*future*) d'avenir, de demain || *s* arrivée *f*, venue *f*; **comings and goings** allées et venues
com'ing out' *s* (*of stocks, bonds, etc.*) émission *f*; (*of a book*) parution *f*; (*of a young lady*) début *m*
comma ['kɑmə] *s* virgule *f*; (*in French a period or sometimes a small space is used to mark the divisions of whole numbers*) point *m*
command [kə'mænd], [kə'mɑnd] *s* (*leadership*) gouvernement *m*; (*order, direction*) commandement *m*, ordre *m*; (*e.g., of a foreign language*) maîtrise *f*; **to be at s.o.'s command** être aux ordres de qn; **to have a command of** (*a language*) posséder; **to have at one's command** avoir à sa disposition || *tr* commander, ordonner; (*respect*) inspirer; (*to look out over*) dominer; (*a language*) connaître || *intr* (mil) commander, donner les ordres
commandant [,kɑmən'dænt], [,kɑmən'dɑnt] *s* commandant *m*
commandeer [,kɑmən'dɪr] *tr* réquisitionner
commander [kə'mændər], [kə'mɑndər] *s* commandant *m*
comman'der in chief' *s* commandant *m* en chef
commanding [kə'mændɪŋ], [kə'mɑndɪŋ] *adj* imposant; (*in charge*) d'autorité
commemorate [kə'mɛməret] *tr* commémorer, célébrer
commence [kə'mɛns] *tr & intr* commencer
commencement [kə'mɛnsmənt] *s* commencement *m*; (educ) jour *m* de la distribution des prix, jour de la collation des grades
commence'ment ex'ercise *s* cérémonie *f* de remise des diplômes
commend [kə'mɛnd] *tr* (*to praise*) louer; (*to entrust*) confier, recommander
commendable [kə'mɛndəbəl] *adj* louable
commendation [,kɑmən'deʃən] *s* louange *f*, éloge *m*; (mil) citation *f*
comment ['kɑmənt] *s* remarque *f*, observation *f*, commentaire *m* || *intr*

faire des observations; **to comment on** commenter
commentar•y [ˈkɑmən,teri] *s* (*pl* **-ies**) commentaire *m*
commentator [ˈkɑmən,tetər] *s* commentateur *m*
commerce [ˈkɑmərs] *s* commerce *m*, négoce *m*
commercial [kəˈmʌrʃəl] *adj* commercial, commerçant ‖ *s* annonce *f* publicitaire
commercialize [kəˈmʌrʃə,laɪz] *tr* commercialiser
commiserate [kəˈmɪzə,ret] *intr*—**to commiserate with** compatir aux malheurs de
commiseration [kə,mɪzəˈreʃən] *s* commisération *f*
commissar [,kɑmɪˈsɑr] *s* commissaire *m*
commissar•y [ˈkɑmɪ,seri] *s* (*pl* **-ies**) (*person*) commissaire *m*; (*canteen*) cantine *f*
commission [kəˈmɪʃən] *s* commission *f*; (*board, council*) conseil *m*; (com) guelte *f*; (mil) brevet *m*; **out of commission** hors de service; (naut) désarmé ‖ *tr* commissionner; (mil) promouvoir
commis′sioned of′ficer *s* breveté *m*
commissioner [kəˈmɪʃənər] *s* commissaire *m*
com•mit [kəˈmɪt] *v* (*pret & pp* **-mitted**; *ger* **-mitting**) *tr* (*an error, crime, etc.*) commettre; (*one's soul, one's money, etc.*) confier; (*one's word*) engager; (*to a mental hospital*) interner; **to commit to memory** apprendre par cœur; **to commit to prison** envoyer en prison; **to commit to writing** coucher par écrit
commitment [kəˈmɪtmənt] *s* (*act of committing*) perpétration *f*; (*to a mental institution*) internement *m*; (*to prison*) emprisonnement *m*; (*to a cause*) engagement *m*
committal [kəˈmɪtəl] *s* (*of a crime*) perpétration *f*; (*of a task*) délégation *f*; **committal to prison** mise en prison
commit′tal ser′vice *s* (eccl) prières *fpl* au bord de la tombe
committee [kəˈmɪti] *s* comité *m*, commission *f*
commode [kəˈmod] *s* (*toilet*) chaise *f* percée; (*dressing table*) grande table *f* de nuit
commodious [kəˈmodɪ·əs] *adj* spacieux, confortable
commodi•ty [kəˈmɑdɪti] *s* (*pl* **-ties**) denrée *f*, marchandise *f*
common [ˈkɑmən] *adj* commun ‖ *s* terrain *m* communal; **commons** communaux *mpl*; (*of school*) réfectoire *m*; **the Commons** (Brit) les communes *fpl*
com′mon car′rier *s* entreprise *f* de transports
commoner [ˈkɑmənər] *s* homme *m* du peuple, roturier *m*; (Brit) membre *m* de la Chambre des communes
com′mon law′ *s* droit *m* coutumier, coutume *f*
com′mon-law mar′riage *s* union *f* libre, collage *m*
Com′mon Mar′ket *s* Marché *m* Commun
com′mon noun′ *s* nom *m* commun
com′mon•place′ *adj* banal ‖ *s* banalité *f*
com′mon sense′ *s* sens *m* commun
com′mon-sense′ *adj* sensé
com′mon stock′ *s* action *f* ordinaire, actions ordinaires
commonweal [ˈkɑmən,wil] *s* bien *m* public
com′mon•wealth′ *s* état *m*, république *f*
commotion [kəˈmoʃən] *s* commotion *f*
commune [kəˈmjun] *intr* s'entretenir; (eccl) communier
communicant [kəˈmjunɪkənt] *s* informateur *m*; (eccl) communiant *m*
communicate [kəˈmjunɪ,ket] *tr & intr* communiquer
communicating [kəˈmjunɪ,ketɪŋ] *adj* communicant
communication [kə,mjunɪˈkeʃən] *s* communication *f*
communicative [kəˈmjunɪ,ketɪv] *adj* communicatif
communion [kəˈmjunjən] *s* communion *f*; **to take communion** communier
communism [ˈkɑmjə,nɪzəm] *s* communisme *m*
communist [ˈkɑmjənɪst] *adj & s* communiste *mf*
communi•ty [kəˈmjunɪti] *s* (*pl* **-ties**) (*locality*) voisinage *m*; (*group of people living together*) communauté *f*
commu′nity chest′ *s* caisse *f* de secours
commutation [,kɑmjəˈteʃən] *s* commutation *f*
commuta′tion tick′et *s* carte *f* d'abonnement
commutator [ˈkɑmjə,tetər] *s* (elec) collecteur *m*
commute [kəˈmjut] *tr* échanger; (*e.g., a prison term*) commuer ‖ *intr* s'abonner au chemin de fer; voyager avec carte d'abonnement
commuter [kəˈmjutər] *s* abonné *m* au chemin de fer
compact [kəmˈpækt] *adj* compact ‖ [ˈkɑmpækt] *s* (*agreement*) pacte *m*; (*for cosmetics*) poudrier *m*, boîte *f* à poudre
companion [kəmˈpænjən] *s* compagnon *m*; (*female companion*) compagne *f*
companionable [kəmˈpænjənəbəl] *adj* sociable
compan′ion•ship′ *s* camaraderie *f*
compan′ion•way′ *s* escalier *m* des cabines
compa•ny [ˈkʌmpəni] *s* (*pl* **-nies**) compagnie *f*; (com) société *f*, compagnie; (naut) équipage *m*; (theat) troupe *f*; **to have company** avoir du monde; **to keep bad company** fréquenter la mauvaise compagnie; **to keep company** sortir ensemble; **to keep s.o. company** tenir compagnie à qn; **to part company** se séparer
comparative [kəmˈpærətɪv] *adj* comparatif; (*anatomy, literature, etc.*) comparé ‖ *s* comparatif *m*

compare [kəm'per] *s*—**beyond compare** incomparablement, sans égal || *tr* comparer; **compared to** en comparaison de; **to be compared to** se comparer à
comparison [kəm'pærɪsən] *s* comparaison *f*
compartment [kəm'partmənt] *s* compartiment *m*
compass ['kʌmpəs] *s* (*for showing direction*) boussole *f*; (*range, reach*) portée *f*; (*for drawing circles*) compas *m*; **to box the compass** réciter la rose des vents || *tr*—**to compass about** entourer
com'pass card' *s* rose *f* des vents
compassion [kəm'pæʃən] *s* compassion *f*
compassionate [kəm'pæʃənɪt] *adj* compatissant
compatibility [kəm,pætɪ'bɪlɪti] *s* compatibilité *f*, convenance *f*
com·pel [kəm'pɛl] *v* (*pret & pp* **-pelled**; *ger* **-pelling**) *tr* contraindre, obliger; (*respect, silence*) imposer
compelling [kəm'pɛlɪŋ] *adj* irrésistible; (*motive*) impérieux
compendious [kəm'pɛndɪ·əs] *adj* abrégé, succinct
compensate ['kampən,set] *tr* compenser; **to compensate s.o. for** dédommager qn de || *intr*—**to compensate for** compenser
compensation [,kampən'seʃən] *s* compensation *f*
compete [kəm'pit] *intr* concourir
competence ['kampɪtəns] or **competency** ['kampɪtənsi] *s* compétence *f*
competent ['kampɪtənt] *adj* compétent
competition [,kampɪ'tɪʃən] *s* concurrence *f*, compétition *f*; (*contest*) concours *m*; (sports) compétition, épreuve *f*
competitive [kəm'pɛtɪtɪv] *adj* compétitif
compet'itive exam'ination *s* concours *m*
competitor [kəm'pɛtɪtər] *s* concurrent *m*
compilation [,kampɪ'leʃən] *s* compilation *f*
compile [kəm'paɪl] *tr* compiler
complacency [kəm'plesənsi] *s* complaisance *f*; (*self-satisfaction*) suffisance *f*
complacent [kəm'plesənt] *adj* complaisant; content de soi, suffisant
complain [kəm'plen] *intr* se plaindre
complainant [kəm'plenənt] *s* plaignant *m*
complaint [kəm'plent] *s* plainte *f*; (*grievance*) grief *m*; (*illness*) maladie *f*, mal *m*
complaisant [kəm'plezənt], ['kamplɪ,zænt] *adj* complaisant
complement ['kamplɪmənt] *s* complément *m*; (mil) effectif *m* || ['kamplɪ,mɛnt] *tr* compléter
complete [kəm'plit] *adj* complet || *tr* compléter
complex [kəm'plɛks], ['kamplɛks] *adj* complexe || ['kamplɛks] *s* complexe *m*
complexion [kəm'plɛkʃən] *s* (*texture of skin, especially of face*) teint *m*; (*general aspect*) caractère *m*; (*constitution*) complexion *f*
compliance [kəm'plaɪ·əns] *s* complaisance *f*; soumission *f*, conformité *f*; **in compliance with** conformément à
complicate ['kamplɪ,ket] *tr* compliquer
complicated *adj* compliqué
complication [,kamplɪ'keʃən] *s* complication *f*
complici·ty [kəm'plɪsɪti] *s* (*pl* **-ties**) complicité *f*
compliment ['kamplɪmənt] *s* compliment *m*; **compliments** (*kind regards*) civilités *fpl*; **to pay a compliment to** faire un compliment à; **with the compliments of the author** hommage de l'auteur || *tr* complimenter
com'plimen'tary cop'y [,kamplɪ'mɛntəri] *s* exemplaire *m* en hommage; **to give a complimentary copy of a book** faire hommage d'un livre
com'plimen'tary tick'et *s* billet *m* de faveur
com·ply [kəm'plaɪ] *v* (*pret & pp* **-plied**) *intr*—**to comply with** se conformer à, acquiescer à
component [kəm'ponənt] *adj* composant || *s* (chem) composant *m*; (mech, math) composante *f*
comportment [kəm'portmənt] *s* comportement *m*
compose [kəm'poz] *tr* composer; **to be composed of** se composer de; **to compose oneself** se calmer
composed *adj* paisible, tranquille
composer [kəm'pozər] *s* compositeur *m*
compos'ing stick' *s* composteur *m*
composite [kəm'pazɪt] *adj & s* composé *m*
composition [,kampə'zɪʃən] *s* composition *f*
compositor [kəm'pazɪtər] *s* compositeur *m*
compost ['kampost] *s* compost *m*
composure [kəm'poʒər] *s* calme *m*, sang-froid *m*
compote ['kampot] *s* (*stewed fruits*) compote *f*; (*dish*) compotier *m*
compound ['kampaund] *adj* composé || *s* composé *m*; (gram) mot *m* composé; (math) complexe *m*; (mil) enceinte *f* || [kam'paund] *tr* composer, combiner; (*interest*) capitaliser
comprehend [,kamprɪ'hɛnd] *tr* comprendre
comprehensible [,kamprɪ'hɛnsɪbəl] *adj* compréhensible
comprehension [,kamprɪ'hɛnʃən] *s* compréhension *f*
comprehensive [,kamprɪ'hɛnsɪv] *adj* compréhensif, étendu; (*study, view, measure*) d'ensemble
compress ['kamprɛs] *s* (med) compresse *f* || [kəm'prɛs] *tr* comprimer
compression [kəm'prɛʃən] *s* compression *f*
comprise [kəm'praɪz] *tr* comprendre, renfermer
compromise ['kamprə,maɪz] *s* com-

promis *m*; (*with one's conscience*) transaction *f*; **rough compromise** cote *f* mal taillée || *tr* (*e.g., one's honor*) compromettre || *intr* (*to make concessions*) transiger

comptroller [kən'trolər] *s* vérificateur *m*, contrôleur *m*

compulsive [kəm'pʌlsɪv] *adj* obligatoire; (psychol) compulsif

compulsory [kəm'pʌlsəri] *adj* obligatoire, forcé

compute [kəm'pjut] *tr* computer, calculer, supputer || *intr* calculer

computer [kəm'pjutər] *s* ordinateur *m*

comrade ['kamræd], ['kamrɪd] *s* camarade *mf*

com'rade in arms' *s* compagnon *m* d'armes

com'rade•ship' *s* camaraderie *f*

con [kan] *s* contre *m* || *v* (*pret & pp* **conned**; *ger* **conning**) *tr* étudier; (naut) gouverner; (slang) escroquer

concave ['kankev], [kan'kev] *adj* concave

conceal [kən'sil] *tr* dissimuler

concealment [kən'silmənt] *s* dissimulation *f*; (*place*) cachette *f*

concede [kən'sid] *tr & intr* concéder

conceit [kən'sit] *s* (*vanity*) vanité *f*; (*witty expression*) saillie *f*, mot *m*; **conceits** concetti *mpl*

conceited *adj* vaniteux, vain

conceivable [kən'sivəbəl] *adj* concevable

conceive [kən'siv] *tr & intr* concevoir

concentrate ['kansən,tret] *tr* concentrer || *intr* se concentrer

concentra'tion camp' [,kansən'treʃən] *s* camp *m* de concentration

concentric [kən'sentrɪk] *adj* concentrique

concept ['kansept] *s* concept *m*

conception [kən'sepʃən] *s* conception *f*

concern [kən'sʌrn] *s* (*business establishment*) maison *f*, compagnie *f*; (*worry*) inquiétude *f*; (*relation, reference*) intérêt *m*; (*matter*) affaire *f* || *tr* concerner; **as concerns** quant à; **persons concerned** intéressés *mpl*; **to be concerned** être inquiet; **to be concerned about** se préoccuper de; **to concern oneself with** s'intéresser à; **to whom it may concern** à qui de droit

concerning [kən'sʌrnɪŋ] *prep* concernant, en ce qui concerne, touchant

concert ['kansərt] *s* concert *m*; **in concert** de concert || [kən'sʌrt] *tr* concerter || *intr* se concerter

con'cert•mas'ter *s* premier violon *m* soliste

concer•to [kən'tʃerto] *s* (*pl* **-tos** or **-ti** [ti]) concerto *m*

concession [kən'seʃən] *s* concession *f*

conciliate [kən'sɪlɪ,et] *tr* concilier

conciliatory [kən'sɪlɪ•ə,tori] *adj* conciliatoire

concise [kən'saɪs] *adj* concis

conclude [kən'klud] *tr & intr* conclure

conclusion [kən'kluʒən] *s* conclusion *f*

conclusive [kən'klusɪv] *adj* concluant

concoct [kən'kakt] *tr* confectionner; (*a story*) inventer; (*a plan*) machiner

concoction [kan'kakʃən] *s* confection *f*; (*mixture*) mélange *m*; (pej) drogue *f*

concomitant [kən'kamɪtənt] *adj* concomitant || *s* accompagnement *m*

concord ['kaŋkərd] *s* concorde *f*; (gram) concordance *f*; (mus) accord *m*

concordance [kən'kərdəns] *s* concordance *f*

concourse ['kaŋkors] *s* (*of people*) concours *m*, foule *f*; (*road*) boulevard *m*; (*of railroad station*) hall *m*, salle *f* des pas perdus

concrete ['kankrit], [kan'krit] *adj* concret; de béton || *s* concret *m*; (*for construction*) béton *m* || *tr* (*a sidewalk*) bétonner

con'crete block' *s* parpaing *m*

con'crete mix'er *s* bétonnière *f*

concubine ['kaŋkjə,baɪn] *s* concubine *f*

con•cur [kən'kʌr] *v* (*pret & pp* **-curred**; *ger* **-curring**) *intr* (*said of events*) concourir; (*said of persons*) s'accorder

concurrence [kən'kʌrəns] *s* concours *m*

concurrent [kən'kʌrənt] *adj* concourant

concussion [kən'kʌʃən] *s* secousse *f*, ébranlement *m*; (pathol) commotion *f*

condemn [kən'dem] *tr* condamner

condemnation [,kandem'neʃən] *s* condamnation *f*

condense [kən'dens] *tr* condenser || *intr* se condenser

condenser [kən'densər] *s* condenseur *m*; (elec) condensateur *m*

condescend [,kandɪ'send] *intr* condescendre

condescending [,kandɪ'sendɪŋ] *adj* condescendant

condescension [,kandɪ'senʃən] *s* condescendance *f*

condiment ['kandɪmənt] *s* condiment *m*

condition [kən'dɪʃən] *s* condition *f*; **on condition that** à condition que || *tr* conditionner

conditional [kən'dɪʃənəl] *adj & s* conditionnel *m*

condole [kən'dol] *intr*—**to condole with** offrir ses condoléances à

condolence [kən'doləns] *s* condoléances *fpl*

condone [kən'don] *tr* pardonner, tolérer

conducive [kən'd(j)usɪv] *adj* favorable

conduct ['kandʌkt] *s* conduite *f*, comportement *m* || [kən'dʌkt] *tr* conduire

conductor [kən'dʌktər] *s* (*on bus or streetcar*) receveur *m*; (mus) chef *m* d'orchestre; (rr) chef de train; (elec, phys) conducteur *m*; (elec, phys) (in predicate after **to be**, it may be translated by an adjective) conducteur, e.g., **metals are good conductors of electricity** les métaux sont bons conducteurs de l'électricité

conduit ['kandɪt], ['kandu•ɪt] *s* conduit *m*; (elec) caniveau *m*

cone [kon] *s* cône *m*; (*for popcorn, ice cream*) cornet *m*, plaisir *m*
confection [kən'fɛkʃən] *s* confiserie *f*
confectioner [kən'fɛkʃənər] *s* confiseur *m*
confec'tioners' sug'ar *s* sucre *m* glace
confectioner·y [kən'fɛkʃə,neri] *s* (*pl* **-ies**) confiserie *f*
confedera·cy [kən'fədərəsi] *s* (*pl* **-cies**) confédération *f*; (*for unlawful purposes*) conspiration *f*, entente *f*
confederate [kən'fɛdərɪt] *adj* confédéré || *s* complice *mf*; **Confederate** (hist) Confédéré *m* || [kən'fɛdə,ret] *tr* confédérer || *intr* se confédérer
con·fer [kən'fʌr] *v* (*pret & pp* **-ferred**; *ger* **-ferring**) *tr & intr* conférer
conference ['kɑnfərəns] *s* conférence *f*; (*interview*) entretien *m*; (sports) groupement *m* (d'équipes)
conferment [kən'fʌrmənt] *s* (*of degrees*) collation *f*
confess [kən'fɛs] *tr* confesser || *intr* se confesser
confession [kən'fɛʃən] *s* confession *f*
confessional [kən'fɛʃənəl] *s* confessional *m*
confessor [kən'fɛsər] *s* confesseur *m*
confidant [,kɑnfɪ'dænt], ['kɑnfɪ,dænt] *s* confident *m*
confide [kən'faɪd] *tr* confier || *intr*—**to confide in** se confier à
confidence ['kɑnfɪdəns] *s* confiance *f*; (*secret*) confidence *f*; **in strict confidence** sous toute réserve; **to have confidence in** se confier à
confident ['kɑnfɪdənt] *adj* confiant || *s* confident *m*
confidential [,kɑnfɪ'dɛnʃəl] *adj* confidentiel
confiden'tial sec'retary *s* secrétaire *m* particulier, secrétaire *f* particulière
confine ['kɑnfaɪn] *s* (obs) confinement *m*; **the confines** les confins *mpl* || [kən'faɪn] *tr* confiner, enfermer; (*to keep within limits*) limiter; **to be confined** (*said of woman*) accoucher; **to be confined to bed** être alité
confinement [kən'faɪnmənt] *s* limitation *f*; (*in prison*) emprisonnement *m*; (*in childbirth*) accouchement *m*
confirm [kən'fʌrm] *tr* confirmer
confirmed *adj* (*reassured*) confirmé; (*bachelor*) endurci; (*drunkard*) fieffé; (*drinker*) invétéré; (*smoker*) émérite
confiscate ['kɑnfɪs,ket] *tr* confisquer
conflagration [,kɑnflə'greʃən] *s* conflagration *f*, incendie *m*
conflict ['kɑnflɪkt] *s* conflit *m* || [kən'flɪkt] *intr* être en contradiction, se heurter
conflicting [kən'flɪktɪŋ] *adj* contradictoire; (*events, class hours, etc.*) incompatible
con'flict of in'terest *s* conflit *m* d'intérêts, conflit des intérêts
conform [kən'fɔrm] *tr* conformer || *intr* se conformer, s'accommoder
conformist [kən'fɔrmɪst] *s* conformiste *mf*
conformi·ty [kən'fɔrmɪti] *s* (*pl* **-ties**) conformité *f*; **in conformity with** conformément à
confound [kɑn'faʊnd] *tr* confondre || ['kɑn'faʊnd] *tr* maudire; **confound it!** diable!
confounded *adj* confus; (*damned*) sacré
confrere ['kɑnfrɛr] *s* confrère *m*
confront [kən'frʌnt] *tr* (*to face boldly*) affronter, faire face à; (*witnesses; documents*) confronter; **to be confronted by** se trouver en face de
confuse [kən'fjuz] *tr* confondre; **to get confused** devenir confus, s'embrouiller
confusing [kən'fjuzɪŋ] *adj* déroutant, embrouillant
confusion [kən'fjuʒən] *s* confusion *f*
confute [kən'fjut] *tr* réfuter
congeal [kən'dʒil] *tr* congeler || *intr* se congeler
congenial [kən'dʒinjəl] *adj* sympathique, agréable; compatible; **congenial to** or **with** apparenté à, conforme au tempérament de
congenital [kən'dʒenɪtəl] *adj* congénital
con'ger eel' ['kɑŋgər] *s* congre *m*, anguille *f* de mer
congest [kən'dʒest] *tr* congestionner || *intr* se congestionner
congestion [kən'dʒestʃən] *s* congestion *f*
conglomeration [kən,glɑmə'reʃən] *s* conglomération *f*
congratulate [kən'grætʃə,let] *tr* féliciter, congratuler; **to congratulate s.o. for** féliciter qn de or pour; **to congratulate s.o. for** + *ger* féliciter qn de + *inf*
congratulations [kən,grætʃə'leʃənz] *spl* félicitations *fpl*
congregate ['kɑŋgrɪ,get] *tr* rassembler || *intr* se rassembler
congregation [,kɑŋgrɪ'geʃən] *s* rassemblement *m*; (*parishioners*) fidèles *mfpl*; (*Protestant parishioners; committee of Roman Catholic prelates*) congrégation *f*
congress ['kɑŋgrɪs] *s* congrès *m*
congressional [kən'greʃənəl] *adj* parlementaire
con'gress·man *s* (*pl* **-men**) congressiste *m*, parlementaire *m*
con'gress·wom'an *s* (*pl* **-wom'en**) congressiste *f*, parlementaire *f*
congruent ['kɑŋgru·ənt] *adj* (math) congru
conical ['kɑnɪkəl] *adj* conique
conjecture [kən'dʒɛktʃər] *s* conjecture *f* || *tr & intr* conjecturer
conjugal ['kɑndʒəgəl] *adj* conjugal
conjugate ['kɑndʒə,get] *tr* conjuguer
conjugation [,kɑndʒə'geʃən] *s* conjugaison *f*
conjunction [kən'dʒʌŋkʃən] *s* conjonction *f*
conjuration [,kɑndʒə'reʃən] *s* conjuration *f*
conjure [kən'dʒʊr] *tr* (*to appeal to solemnly*) conjurer || ['kɑndʒər], ['kʌndʒər] *tr* (*to exorcise, drive away*) conjurer; **to conjure up** évoquer || *intr* faire de la sorcellerie

connect [kə'nɛkt] *tr* relier, joindre; (*e.g., two parties on the telephone*) mettre en communication; (*a pipe, an electrical device*) brancher, connecter ‖ *intr* se lier, se joindre; **to connect with** (*said of train*) correspondre avec
connected *adj* (*related*) connexe; (*logical*) suivi
connecting [kə'nɛktɪŋ] *adj* de liaison; (*wire*) de connexion; (*pipe*) de raccord; (*street*) communiquant
connect'ing rod' *s* bielle *f*
connection [kə'nɛkʃən] *s* connexion *f*, liaison *f*; (*between two causes*) connexité *f*; (*in families*) parenté *f*, parent *m*; (*by telephone*) communication *f*; (*of trains*) correspondance *f*; (elec) connexion; **connections** (*in the business world*) clientèle *f*, relations *fpl*; (*in families*) alliés *mpl*, consanguins *mpl*; **in connection with** à propos de
con'ning tow'er ['kɑnɪŋ] *s* (*e.g., on battleship*) poste *m* or tourelle *f* de commandement; (*on sub*) kiosque *m*
conniption [kə'nɪpʃən] *s* (coll) rogne *f*
connive [kə'naɪv] *intr* être de connivence, être complice
connote [kə'not] *tr* (*to signify*) signifier, vouloir dire; (*to imply*) suggérer, sous-entendre
connubial [kə'n(j)ubɪ·əl] *adj* conjugal
conquer ['kɑŋkər] *tr* conquérir
conqueror ['kɑŋkərər] *s* conquérant
conquest ['kɑŋkwest] *s* conquête *f*
conscience ['kɑnʃəns] *s* conscience *f*; **in all conscience** en conscience; **to have on one's conscience** avoir sur la conscience
conscientious [,kɑnʃɪ'ɛnʃəs] *adj* consciencieux
conscien'tious objec'tor [əb'dʒɛktər] *s* objecteur *m* de conscience
conscious ['kɑnʃəs] *adj* conscient; **to be conscious** (*not unconscious*) avoir connaissance; **to be conscious of** avoir conscience de
consciousness ['kɑnʃəsnɪs] *s* (*not sleep or coma*) connaissance *f*; (*awareness*) conscience *f*
conscript ['kɑnskrɪpt] *s* (mil) conscrit *m*; (nav) inscrit *m* maritime ‖ [kən'skrɪpt] *tr* (mil) enrôler; (nav) inscrire
conscription [kən'skrɪpʃən] *s* conscription *f*
consecrate ['kɑnsɪ,kret] *tr* consacrer; (*e.g., bread*) bénir; (*a king or bishop*) sacrer
consecration [,kɑnsɪ'kreʃən] *s* consécration *f*; (*to a task*) dévouement *m*; (*of a king or bishop*) sacre *m*
consecutive [kən'sɛkjətɪv] *adj* de suite, consécutif
consensus [kən'sɛnsəs] *s* consensus *m*
consent [kən'sɛnt] *s* consentement *m*; **by common consent** d'un commun accord ‖ *intr* consentir
consequence ['kɑnsɪ,kwɛns] *s* conséquence *f*
consequential [,kɑnsɪ'kwenʃəl] *adj* conséquent, logique
consequently ['kɑnsɪ,kwentli] *adv* conséquemment, par conséquent
conservation [,kɑnsər'veʃən] *s* conservation *f*
conservatism [kən'sʌrvə,tɪzəm] *s* conservatisme *m*
conservative [kən'sʌrvətɪv] *adj* & *s* conservateur *m*; **at a conservative estimate** au bas mot, au moins
conservato·ry [kən'sʌrvə,tori] *s* (*pl* **-ries**) (*of music*) conservatoire *m*; (*greenhouse*) serre *f*
conserve [kən'sʌrv] *tr* conserver
consider [kən'sɪdər] *tr* considérer
considerable [kən'sɪdərəbəl] *adj* considérable
considerate [kən'sɪdərɪt] *adj* prévenant, plein d'égards
consideration [kən,sɪdə'reʃən] *s* considération *f*; (*remuneration*) rétribution *f*; (*favor*) indulgence *f*; **to take into consideration** tenir compte de; **under consideration** à l'étude
considering [kən'sɪdərɪŋ] *prep* eu égard à; **considering that** vu que
consign [kən'saɪn] *tr* consigner
consignee [,kɑnsaɪ'ni] *s* consignataire *m*
consignment [kən'saɪnmənt] *s* consignation *f*, livraison *f*
consist [kən'sɪst] *intr*—**to consist in** consister dans or en; **to consist in** + *ger* consister à + *inf*; **to consist of** consister dans or en
consisten·cy [kən'sɪstənsi] *s* (*pl* **-cies**) (*logical connection*) conséquence *f*; (*firmness, amount of firmness*) consistance *f*
consistent [kən'sɪstənt] *adj* (*agreeing with itself or oneself*) conséquent; (*holding firmly together*) consistant; **consistent with** compatible avec
consisto·ry [kən'sɪstəri] *s* (*pl* **-ries**) consistoire *m*
consolation [,kɑnsə'leʃən] *s* consolation *f*
console ['kɑnsol] *s* console *f* ‖ [kən'sol] *tr* consoler
con'sole ta'ble *s* console *f*
consolidate [kən'sɑlɪ,det] *tr* consolider
consonant ['kɑnsənənt] *adj* (*in sound*) consonant; **consonant with** d'accord avec ‖ *s* consonne *f*
consort ['kɑnsɔrt] *s* compagnon *m*; (*husband*) conjoint *m*; (*wife*) conjointe *f*; prince *m* consort; (*convoy*) conserve *f* ‖ [kən'sɔrt] *tr* unir ‖ *intr* s'associer; (*to harmonize*) s'accorder; **to consort with** s'associer à or avec
conspicuous [kən'spɪkjʊ·əs] *adj* apparent, frappant; (*attracting special attention*) voyant; **to make oneself conspicuous** se faire remarquer
conspira·cy [kən'spɪrəsi] *s* (*pl* **-cies**) conspiration *f*, conjuration *f*
conspirator [kən'spɪrətər] *s* conspirateur *m*, conjuré *m*
conspire [kən'spaɪr] *intr* conspirer
constable ['kɑnstəbəl], ['kʌnstəbəl] *s* garde *m* champêtre; juge *m* de paix

constancy ['kɑnstænsi] *s* constance *f*
constant ['kɑnstənt] *adj* constant ‖ *s* constante *f*
constantly ['kɑnstəntli] *adv* constamment
constellation [ˌkɑnstə'leʃən] *s* constellation *f*
constipate ['kɑnstɪˌpet] *tr* constiper
constipation [ˌkɑnstɪ'peʃən] *s* constipation *f*
constituen•cy [kən'stɪtʃʊ·ənsi] *s* (*pl* **-cies**) électeurs *mpl*, commettants *mpl*; circonscription *f* électorale
constituent [kən'stɪtʃʊ·ənt] *adj* constituant, constitutif ‖ *s* élément *m*, constituant *m*; (*voter, client*) électeur *m*, commettant *m*
constitute ['kɑnstɪˌt(j)ut] *tr* constituer
constitution [ˌkɑnstɪ't(j)uʃən] *s* constitution *f*
constrain [kən'stren] *tr* contraindre
constraint [kən'strent] *s* contrainte *f*; (*restraint*) retenue *f*; (*uneasiness*) gêne *f*
constrict [kən'strɪkt] *tr* resserrer
construct [kən'strʌkt] *tr* construire
construction [kən'strʌkʃən] *s* construction *f*; interprétation *f*
constructive [kən'strʌktɪv] *adj* constructif, constructeur
construe [kən'stru] *tr* expliquer, interpréter; (gram) construire
consul ['kɑnsəl] *s* consul *m*
consular ['kɑns(j)ələr] *adj* consulaire
consulate ['kɑns(j)əlɪt] *s* consulat *m*
consult [kən'sʌlt] *tr* consulter ‖ *intr* consulter; se consulter
consultant [kən'sʌltənt] *s* conseiller *m*, consultant *m*
consultation [ˌkɑnsəl'teʃən] *s* consultation *f*; (eccl, law) consulte *f*
consume [kən's(j)um] *tr* (*to make use of, use up*) consommer; (*to use up entirely; to destroy*) consumer, épuiser
consumer [kən's(j)umər] *s* consommateur *m*; (*of gas, electricity, etc.*) abonné *m*
consum'er goods' *spl* denrées *fpl* de consommation
consummate [kən'sʌmɪt] *adj* consommé ‖ ['kɑnsəˌmet] *tr* consommer
consumption [kən'sʌmpʃən] *s* consommation *f*; (pathol) tuberculose *f* pulmonaire
consumptive [kən'sʌmptɪv] *adj* destructeur; (pathol) poitrinaire ‖ *s* (pathol) poitrinaire *mf*
contact ['kɑntækt] *s* contact *m*; **to put in contact** mettre en contact ‖ *tr* (coll) prendre contact avec, contacter ‖ *intr* prendre contact
con'tact lens' *s* verre *m* de contact, lentille *f* de contact
contagion [kən'tedʒən] *s* contagion *f*
contagious [kən'tedʒəs] *adj* contagieux
contain [kən'ten] *tr* contenir; (*one's sorrow*) apprivoiser
container [kən'tenər] *s* boîte *f*, contenant *m*, récipient *m*
containment [kən'tenmənt] *s* refoulement *m*, retenue *f*
contaminate [kən'tæmɪˌnet] *tr* contaminer
contamination [kənˌtæmɪ'neʃən] *s* contamination *f*
contemplate ['kɑntəmˌplet] *tr & intr* contempler; (*e.g., a trip*) projeter; **to contemplate** + *ger* penser + *inf*
contemplation [ˌkɑntəm'pleʃən] *s* contemplation *f*
contemporaneous [kənˌtempə'renɪ·əs] *adj* contemporain
contemporar•y [kən'tempəˌreri] *adj* contemporain ‖ *s* (*pl* **-ies**) contemporain *m*
contempt [kən'tempt] *s* mépris *m*, nargue *f*; (law) contumace *f*; **to hold in contempt** mépriser
contemptible [kən'temptɪbəl] *adj* méprisable
contempt' of court' *s* outrage *m* à la justice
contemptuous [kən'temptʃʊ·əs] *adj* méprisant
contend [kən'tend] *tr* prétendre ‖ *intr* combattre; **to contend with** lutter contre
contender [kən'tendər] *s* concurrent *m*, compétiteur *m*
content [kən'tent] *adj & s* content *m* ‖ ['kɑntent] *s* contenu *m*; **contents** contenu; (*of table of contents*) matières *fpl* ‖ [kən'tent] *tr* contenter
contented [kən'tentɪd] *adj* content, satisfait
contention [kən'tenʃən] *s* (*strife*) dispute *f*, différend *m*; (*point argued for*) point *m* discuté, argument *m*; (law) contentieux *m*
contentious [kən'tenʃəs] *adj* contentieux
contentment [kən'tentmənt] *s* contentement *m*
contest ['kɑntest] *s* (*struggle, fight*) lutte *f*, dispute *f*; (*competition*) concours *m*, compétition *f* ‖ [kən'test] *tr & intr* contester
contestant [kən'testənt] *s* concurrent *m*
context ['kɑntekst] *s* contexte *m*
contiguous [kən'tɪgjʊ·əs] *adj* contigu
continence ['kɑntɪnəns] *s* continence *f*
continent ['kɑntɪnənt] *adj & s* continent *m*
continental [ˌkɑntɪ'nentəl] *adj* continental
contingen•cy [kən'tɪndʒənsi] *s* (*pl* **-cies**) contingence *f*
contingent [kən'tɪndʒənt] *adj & s* contingent *m*
continual [kən'tɪnjʊ·əl] *adj* continuel
continuation [kənˌtɪnjʊ'eʃən] *s* continuation *f*; (*e.g., of a story*) suite *f*
continue [kən'tɪnju] *tr & intr* continuer; **continued on page two (three, etc.)** suite page deux (trois, etc.); **to be continued** à suivre
continui•ty [ˌkɑntɪ'n(j)u·ɪti] *s* (*pl* **-ties**) continuité *f*; (mov, rad, telv) découpage *m*, scénario *m*
continuous [kən'tɪnjʊ·əs] *adj* continu
contin'uous show'ing *s* (mov) spectacle *m* permanent

contin'uous waves' *spl* ondes *fpl* entretenues
contortion [kən'tɔrʃən] *s* contorsion *f*
contour ['kɑntʊr] *s* contour *m* || *tr* contourner
con'tour line' *s* courbe *f* de niveau
contraband ['kɑntrə,bænd] *adj* contrebandier || *s* contrebande *f*
contrabass ['kɑntrə,bes] *s* contrebasse *f*
contraceptive [,kɑntrə'sɛptɪv] *adj* & *s* contraceptif *m*
contract ['kɑntrækt] *s* contrat *m* || ['kɑntrækt], [kən'trækt] *tr* contracter || *intr* se contracter
contraction [kən'trækʃən] *s* contraction *f*
contractor [kən'træktər] *s* entrepreneur *m*
contradict [,kɑntrə'dɪkt] *tr* contredire
contradiction [,kɑntrə'dɪkʃən] *s* contradiction *f*
contradictory [,kɑntrə'dɪktəri] *adj* contradictoire
contral•to [kən'trælto] *s* (*pl* **-tos**) contralto *m*
contraption [kən'træpʃən] *s* (coll) machin *m*, truc *m*
contra•ry ['kɑntrɛri] *adj* contraire || *adv* contrairement || [kən'trɛri] *adj* (coll) obstiné, têtu || ['kɑntrɛri] *s* (*pl* **-ries**) contraire *m*; **on the contrary** au contraire, par contre
contrast ['kɑntræst] *s* contraste *m* || [kən'træst] *tr* & *intr* contraster
contravene [,kɑntrə'vin] *tr* contredire; (*a law*) contrevenir (with *dat*)
contribute [kən'trɪbjʊt] *tr* (*e.g., a sum of money*) contribuer pour || *intr* contribuer; (*to a newspaper, conference, etc.*) collaborer
contribution [,kɑntrɪ'bjuʃən] *s* contribution *f*, apport *m*; (*e.g., for charity*) souscription *f*; (*to a newspaper, conference, etc.*) collaboration *f*
contributor [kən'trɪbjʊtər] *s* (*donor*) donneur *m*; (*e.g., to a charitable cause*) souscripteur *m*; (*to a newspaper, conference, etc.*) collaborateur *m*
contrite [kən'traɪt] *adj* contrit
contrition [kən'trɪʃən] *s* contrition *f*
contrivance [kən'traɪvəns] *s* invention *f*, expédient *m*; (*gadget*) dispositif *m*
contrive [kən'traɪv] *tr* inventer || *intr* s'arranger; **to contrive to** trouver moyen de
con•trol [kən'trol] *s* direction *f*, autorité *f*; (*mastery*) maîtrise *f*; (*surveillance*) contrôle *m*; **controls** commandes *fpl* || *v* (*pret* & *pp* **-trolled**; *ger* **-trolling**) *tr* diriger; maîtriser; (*to give surveillance to*) contrôler; (*to handle the controls of*) commander; **to control oneself** se contrôler
controller [kən'trolər] *s* contrôleur *m*, appareil *m* de contrôle; (elec) controller *m*
control' pan'el *s* (aer) planche *f* de bord, tableau *m* de bord
control' stick' *s* (aer) manche *m* à balai
control' tow'er *s* poste-vigie *m*, tourelle *f* de commandement
controversial [,kɑntrə'vʌrʃəl] *adj* controversable
controver•sy ['kɑntrə,vʌrsi] *s* (*pl* **-sies**) controverse *f*; dispute *f*, querelle *f*
controvert ['kɑntrə,vʌrt], [,kɑntrə'vʌrt] *tr* controverser; contredire
contumacious [,kɑnt(j)ʊ'meʃəs] *adj* rebelle, récalcitrant
contume•ly ['kɑnt(j)ʊmɪli] *s* (*pl* **-lies**) injure *f*, outrage *m*, mépris *m*
contusion [kən't(j)uʒən] *s* contusion *f*
conundrum [kə'nʌndrəm] *s* devinette *f*, énigme *f*
convalesce [,kɑnvə'lɛs] *intr* guérir, se remettre, se rétablir
convalescence [,kɑnvə'lɛsəns] *s* convalescence *f*
convalescent [,kɑnvə'lɛsənt] *adj* & *s* convalescent *m*
convales'cent home' *s* maison *f* de repos
convene [kən'vin] *tr* assembler, convoquer || *intr* s'assembler
convenience [kən'vinjəns] *s* commodité *f*; (*e.g., in the home*) confort *m*; **at your earliest convenience** aussitôt que possible
convent ['kɑnvɛnt] *s* couvent *m* (de religieuses)
convention [kən'vɛnʃən] *s* assemblée *f*, congrès *m*; (*agreement*) convention *f*; (*accepted usage*) convention sociale; **conventions** convenances *fpl*, bienséances *fpl*
conventional [kən'vɛnʃənəl] *adj* conventionnel; (*in conduct*) respectueux des convenances; (*everyday*) usuel; (*model, type*) traditionnel
converge [kən'vʌrdʒ] *intr* converger
conversant [kən'vʌrsənt] *adj* familier, versé
conversation [,kɑnvər'seʃən] *s* conversation *f*
conversational [,kɑnvər'seʃənəl] *adj* de conversation
converse ['kɑnvʌrs] *adj* & *s* contraire *m*, inverse *m*, réciproque *f* || [kən'vʌrs] *intr* converser
conversion [kən'vʌrʒən] *s* conversion *f*
convert ['kɑnvʌrt] *s* converti *m* || [kən'vʌrt] *tr* convertir || *intr* se convertir
converter [kən'vʌrtər] *s* convertisseur *m*
convertible [kən'vʌrtɪbəl] *adj* (*person*) convertissable; (*thing; security*) convertible; (aut) décapotable || *s* (aut) décapotable *f*
convex ['kɑnvɛks], [kɑn'vɛks] *adj* convexe, bombé
convey [kən've] *tr* transporter; (*e.g., a message*) communiquer; (*e.g., property*) transmettre; (law) céder
conveyance [kən've•əns] *s* transport *m*; (*vehicle*) moyen *m* de transport, voiture *f*; (*of message*) communication *f*; (*transfer*) transmission *f*; (law) transfert *m*, cession *f*
conveyor [kən've•ər] *s* transporteur *m*, convoyeur *m*
convey'or belt' *s* tapis *m* roulant
convict ['kɑnvɪkt] *s* condamné *m*, for-

çat *m* || [kən'vɪkt] *tr* condamner, convaincre
conviction [kən'vɪkʃən] *s* condamnation *f*; (*certainty*) conviction *f*
convince [kən'vɪns] *tr* convaincre
convincing [kən'vɪnsɪŋ] *adj* convaincant
convivial [kən'vɪvɪ·əl] *adj* jovial, plein d'entrain
convocation [ˌkɑnvə'keʃən] *s* (*calling together*) convocation *f*; (*meeting*) assemblée *f*
convoke [kən'vok] *tr* convoquer
convolution [ˌkɑnvə'luʃən] *s* (*of brain*) circonvolution *f*
convoy ['kɑnvɔɪ] *s* convoi *m*, conserve *f*, e.g., **to sail in convoy** naviguer de conserve || *tr* convoyer
convulse [kən'vʌls] *tr* convulsionner, convulser; **to be convulsed with laughter** se tordre de rire
coo [ku] *intr* roucouler
cooing ['ku·ɪŋ] *s* roucoulement *m*
cook [kʊk] *s* cuisinier *m*, chef *m*; (*female cook*) cuisinière *f* || *tr* cuisiner, faire cuire; **to cook up** (*a plot*) machiner, tramer || *intr* faire la cuisine, cuisiner; (*said of food*) cuire
cook'book' *s* livre *m* de cuisine
cooker ['kʊkər] *s* réchaud *m*, cuisinière *f*
cookery ['kʊkəri] *s* cuisine *f*
cookie ['kʊki] *s* var of **cooky**
cooking ['kʊkɪŋ] *s* cuisine *f*; (*e.g., of meat*) cuisson *f*
cook'ing uten'sils *spl* batterie *f* de cuisine
cook'stove' *s* cuisinière *f*
cook·y ['kʊki] *s* (*pl* **-ies**) biscuit *m*, gâteau *m* sec
cool [kul] *adj* frais; (*e.g., to an idea*) indifférent; **it is cool out** il fait frais; **to keep cool** tenir au frais; se tenir tranquille || *s* fraîcheur *f* || *tr* rafraîchir, refroidir; **to cool one's heels** (coll) se morfondre || *intr* se refroidir, se rafraîchir; **to cool down** se calmer; **to cool off** se refroidir
cooler ['kulər] *s* frigorifique *m*; (*prison*) (slang) violon *m*, tôle *f*
cool'-head'ed *adj* imperturbable, de sang-froid
coolness ['kulnɪs] *s* fraîcheur *f*; (*of disposition*) sang-froid *m*, calme *m*; (*stand-offishness*) froideur *f*
coon [kun] *s* raton *m* laveur
coop [kup] *s* poulailler *m*; **to fly the coop** (slang) débiner, décamper || *tr* enfermer dans un poulailler; **to coop up** claquemurer
co-op ['ko·ɑp], [ko'ɑp] *s* entreprise *f* coopérative
cooper ['kupər] *s* tonnelier *m*
cooperate [ko'ɑpəˌret] *intr* coopérer; (*to be helpful*) faire preuve de bonne volonté
cooperation [koˌɑpə'reʃən] *s* coopération *f*
cooperative [ko'ɑpəˌretɪv] *adj* coopératif
coordinate [ko'ɔrdɪnɪt] *adj* coordonné || *s* coordonnée *f* || [ko'ɔrdɪˌnet] *tr* coordonner
coot [kut] *s* foulque *f*; **old coot** (coll) vieille baderne *f*
cootie ['kuti] *s* (slang) pou *m*
cop [kɑp] *s* (slang) flic *m* || *v* (*pret & pp* **copped**; *ger* **copping**) *tr* (slang) dérober
copartner [ko'pɑrtnər] *s* coassocié *m*, coparticipant *m*; (*in crime*) complice *mf*
cope [kop] *intr*—**to cope with** faire face à, tenir tête à
cope'stone' *s* couronnement *m*
copier ['kɑpɪ·ər] *s* (*person who copies*) copiste *mf*, imitateur *m*; (*apparatus*) appareil *m* à copier
copilot ['koˌpaɪlət] *s* copilote *m*
coping ['kopɪŋ] *s* faîte *m*, comble *m*; (*of bridge*) chape *f*
copious ['kopɪ·əs] *adj* copieux
copper ['kɑpər] *adj* de cuivre, en cuivre; (*color*) cuivré || *s* cuivre *m*; (*coin*) petite monnaie *f*; (slang) flic *m*
cop'per·smith' *s* chaudronnier *m*
coppery ['kɑpəri] *adj* cuivreux
coppice ['kɑpɪs] *s* taillis *m*
copulate ['kɑpjəˌlet] *intr* s'accoupler
copulation [ˌkɑpjə'leʃən] *s* copulation *f*, accouplement *m*
cop·y ['kɑpi] *s* (*pl* **-ies**) copie *f*; (*of a book*) exemplaire *m*; (*of a magazine*) numéro *m*; (*for printer*) original *m*; **to make copies** exécuter des doubles || *v* (*pret & pp* **-ied**) *tr & intr* copier
cop'y·book' *s* cahier *m*
cop'y·cat' *s* (coll) imitateur *m*, singe *m*
cop'y·right' *s* propriété *f* artistique or littéraire, droit *m* de l'artiste or de l'auteur, copyright *m*; (formula on printed matter) dépôt *m* légal || *tr* réserver les droits de publication de
cop'y·right'ed *adj* (formula used on printed material) droits de reproduction réservés
cop'y·writ'er *s* rédacteur *m* d'annonces publicitaires
co·quet [ko'ket] *v* (*pret & pp* **-quetted**; *ger* **-quetting**) *intr* coqueter
coquet·ry ['kokətri], [ko'ketri] *s* (*pl* **-ries**) coquetterie *f*
coquette [ko'ket] *s* coquette *f* || *intr* coqueter
coquettish [ko'ketɪʃ] *adj* coquet
coral ['kɑrəl], ['kɔrəl] *adj* de corail, en corail || *s* corail *m*
cor'al reef' *s* récif *m* de corail
cord [kɔrd] *s* corde *f*; (*string*) ficelle *f*; (*attached to a bell*) cordon *m*; (elec) fil *m* || *tr* corder
cordage ['kɔrdɪdʒ] *s* cordage *m*
cordial ['kɔrdʒəl] *adj & s* cordial *m*
cordiali·ty [kɔr'dʒælɪti] *s* (*pl* **-ties**) cordialité *f*
corduroy ['kɔrdəˌrɔɪ] *s* velours *m* côtelé; **corduroys** pantalon en velours côtelé
core [kor] *s* cœur *m*; (elec) noyau *m*; **rotten to the core** pourri à la base || *tr* vider
corespondent [ˌkorɪs'pɑndənt] *s* complice *mf* d'adultère

cork [kɔrk] *s* liège *m*; (*of bottle*) bouchon *m*; **to take the cork out of** déboucher || *tr* boucher
corking ['kɔrkɪŋ] *adj* (coll) épatant
cork' oak' *s* chêne-liège *m*
cork'screw' *s* tire-bouchon *m*
cork'-tipped' *adj* à bout de liège
cormorant ['kɔrmərənt] *s* cormoran *m*
corn [kɔrn] *s* (*in U.S.A.*) maïs *m*; (*in England*) blé *m*; (*in Scotland*) avoine *f*; (*single seed*) grain *m*; (*on foot*) cor *m*, durillon *m*; (*whiskey*) (coll) eau-de-vie *f* de grain; (slang) platitude *f*, banalité *f*
corn' bread' *s* pain *m* de maïs
corn'cob' *s* épi *m* de maïs; (*without the grain*) rafle *f*
corn'cob pipe' *s* pipe *f* en rafle de maïs
corn'crib' *s* dépôt *m* de maïs
cornea ['kɔrnɪ·ə] *s* cornée *f*
corned' beef' *s* bœuf *m* salé
corner ['kɔrnər] *adj* cornier || *s* coin *m*, angle *m*; (*of room*) encoignure *f*; (*of lips*) commissure *f*; **around the corner** au tournant; **in a corner** (fig) au pied du mur, à l'accul; **to cut a corner close** prendre un virage à la corde; **to cut corners** (*in spending*) rogner les dépenses; (*in work*) bâcler un travail || *tr* coincer, acculer; (*the market*) accaparer
cor'ner cup'board *s* encoignure *f*
cor'ner room' *s* pièce *f* d'angle
cor'ner·stone' *s* pierre *f* angulaire
cornet [kɔr'net] *s* cornet *m*; (*headdress*) cornette *f*; (mil) cornette *m*; (mus) cornet à pistons
corn' exchange' *s* bourse *f* des céréales
corn'field' *s* (*in U.S.A.*) champ *m* de maïs; (*in England*) champ de blé; (*in Scotland*) champ d'avoine
corn'flakes' *spl* paillettes *fpl* de maïs
corn' flour' *s* farine *f* de maïs
corn'flow'er *s* bluet *m*, barbeau *m*
corn' frit'ter *s* crêpes *fpl* de maïs
corn'husk' *s* enveloppe *f* de l'épi de maïs
cornice ['kɔrnɪs] *s* corniche *f*
corn' meal' *s* farine *f* de maïs
corn' on the cob' *s* maïs *m* en épi
corn' pad' *s* bourrelet *m* coricide
corn' pone' *s* pain *m* de maïs
corn' pop'per *s* appareil *m* pour faire éclater le maïs
corn' remov'er *s* coricide *m*
corn' silk' *s* barbe *f* de maïs
corn'stalk' *s* tige *f* de maïs
corn'starch' *s* fécule *f* de maïs
cornucopia [,kɔrnə'kopɪ·ə] *s* corne *f* d'abondance
Cornwall ['kɔrn,wɔl], ['kɔrnwəl] *s* la Cornouailles
corn·y ['kɔrni] *adj* (*comp* **-ier**; *super* **-iest**) (slang) banal, trivial, fade
corollar·y ['kɑrə,leri], ['kɔrə,leri] *s* (*pl* **-ies**) corollaire *m*
coronary ['kɑrə,neri], ['kɔrə,neri] *adj* coronaire
coronation [,kɑrə'neʃən], [,kɔrə'neʃən] *s* couronnement *m*, sacre *m*
cor'oner's in'quest ['kɑrənərz], ['kɔrənərz] *s* enquête *f* judiciaire par-devant jury (en cas de mort violente ou suspecte)
coronet ['kɑrə,net], ['kɔrə,net] *s* diadème *m*; (*worn by members of nobility*) couronne *f*; (*worn by earl or baron*) tortil *m*
corporal ['kɔrpərəl] *adj* corporel || *s* (mil) caporal *m*
corporate ['kɔrpərɪt] *adj* incorporé
corporation [,kɔrpə'reʃən] *s* société *f* anonyme, compagnie *f* anonyme
corporeal [kɔr'porɪ·əl] *adj* corporel, matériel
corps [kor] *s* (*pl* **corps** [korz]) corps *m*; (mil) corps d'armée
corpse [kɔrps] *s* cadavre *m*
corps'man *s* (*pl* **-men**) (mil) infirmier *m*
corpulent ['kɔrpjələnt] *adj* corpulent
corpuscle ['kɔrpəsəl] *s* (phys) corpuscule *m*; (physiol) globule *m*
corpus delicti ['kɔrpəsdɪ'lɪktaɪ] *s* (law) corps *m* du délit
cor·ral [kə'ræl] *s* corral *m*, enclos *m* || *v* (*pret & pp* **-ralled**; *ger* **-ralling**) *tr* enfermer dans un corral; (fig) saisir
correct [kə'rekt] *adj* correct || *tr* corriger
correction [kə'rekʃən] *s* correction *f*
corrective [kə'rektɪv] *adj & s* correctif *m*
correc'tive lens'es *spl* verres *mpl* correcteurs
correctness [kə'rektnɪs] *s* correction *f*
correlate [kɑrə,let], ['kɔrə,let] *tr* mettre en corrélation || *intr* correspondre; **to correlate with** correspondre à
correlation [,kɑrə'leʃən], [,kɔrɪ'leʃən] *s* corrélation *f*
correspond [,kɑrɪ'spɑnd], [,kɔrɪ'spɑnd] *intr* correspondre
correspondence [,kɑrɪ'spɑndəns], [,kɔrɪ'spɑndəns] *s* correspondance *f*
correspondent [,kɑrɪ'spɑndənt], [,kɔrɪ'spɑndənt] *adj & s* correspondant *m*
corresponding [,kɑrɪ'spɑndɪŋ], [,kɔrɪ'spɑndɪŋ] *adj* correspondant
corridor ['kɑrɪdər], ['kɔrɪdər] *s* corridor *m*, couloir *m*
corroborate [kə'rɑbə,ret] *tr* corroborer
corrode [kə'rod] *tr* corroder || *intr* se corroder
corrosion [kə'roʒən] *s* corrosion *f*
corrosive [kə'rosɪv] *adj & s* corrosif *m*
corrugated ['kɑrə,getɪd], ['kɔrə,getɪd] *adj* ondulé
corrupt [kə'rʌpt] *adj* corrompu || *tr* corrompre
corruption [kə'rʌpʃən] *s* corruption *f*
corsage [kɔr'sɑʒ] *s* bouquet *m*
corsair ['kɔr,ser] *s* corsaire *m*
corset ['kɔrsɪt] *s* corset *m*
Corsica ['kɔrsɪkə] *s* Corse *f*; la Corse
Corsican ['kɔrsɪkən] *adj* corse || *s* (*dialect*) corse *m*; (*person*) Corse *mf*
cortege [kɔr'teʒ] *s* cortège *m*
cor·tex ['kɔr,teks] *s* (*pl* **-tices** [tɪ,siz]) cortex *m*
cortisone ['kɔrtɪ,son] *s* cortisone *f*
coruscate ['kɑrəs,ket], ['kɔrəs,ket] *intr* scintiller

cosmetic [kɑz'metɪk] *adj & s* cosmétique *m*
cosmic ['kɑzmɪk] *adj* cosmique
cosmonaut ['kɑzmə ˌnɔt] *s* cosmonaute *mf*
cosmopolitan [ˌkɑzmə'pɑlɪtən] *adj & s* cosmopolite *mf*
cosmos ['kɑzməs] *s* cosmos *m*
Cossack ['kɑ ˌsæk] *adj* cosaque ‖ *s* Cosaque *mf*
cost [kɔst], [kɑst] *s* coût *m*; (*price*) prix *m*; **at all costs** à tout prix, coûte que coûte; **at cost** au prix coûtant; **costs** frais *mpl*; (law) dépens *mpl* ‖ *v* (*pret & pp* **cost**) *intr* coûter
cost' account'ing *s* comptabilité *f* industrielle
costliness ['kɔstlɪnɪs], ['kɑstlɪnɪs] *s* cherté *f*, haut prix *m*
cost·ly ['kɔstli], ['kɑstli] *adj* (*comp* **-lier**; *super* **-liest**) coûteux, cher
cost' of liv'ing *s* coût *m* de la vie
cost' price' *s* prix *m* coûtant; (*net price*) prix de revient
costume ['kɑst(j)um] *s* costume *m*
cos'tume ball' *s* bal *m* costumé
cos'tume jew'elry *s* bijoux *mpl* en toc
costumer [kɑs't(j)umər] *s* costumier *m*
cot [kɑt] *s* lit *m* de sangle
coterie ['kotəri] *s* coterie *f*
cottage ['kɑtɪdʒ] *s* chalet *m*, cabanon *m*, villa *f*; (*with a thatched roof*) chaumière *f*
cot'tage cheese' *s* lait *m* caillé, caillé *m*, jonchée *f*
cot'ter pin' ['kɑtər] *s* goupille *f* fendue, clavette *f*
cotton ['kɑtən] *adj* cotonnier, de coton ‖ *s* coton *m* ‖ *intr*—**to cotton up to** (coll) éprouver de la sympathie pour
cot'ton bat'ting *s* coton *m* or ouate *f* hydrophile
cot'ton field' *s* cotonnerie *f*
cot'ton gin' *s* égreneuse *f*
cot'ton mill' *s* filature *f* de coton, cotonnerie *f*
cot'ton pick'er *s* cotonnier *m*
cot'ton pick'ing *s* récolte *f* du coton
cot'ton·seed' *s* graine *f* de coton
cot'tonseed oil' *s* huile *f* de coton
cot'ton waste' *s* déchets *mpl* or bourre *f* de coton
cot'ton·wood' *s* peuplier *m* de Virginie
cottony ['kɑtəni] *adj* cotonneux
couch [kaʊtʃ] *s* (*without back*) divan *m*; (*with back*) sofa *m*, canapé *m* ‖ *tr* (*a demand, a letter*) rédiger ‖ *intr* (*to lie in wait*) se tapir
cougar ['kugər] *s* couguar *m*, cougouar *m*
cough [kɔf], [kɑf] *s* toux *f* ‖ *tr*—**to cough up** cracher en toussant; (slang) (*money*) cracher ‖ *intr* tousser
cough' drop' *s* pastille *f* pectorale, pastille pour la toux
cough' syr'up *s* sirop *m* pectoral, sirop contre la toux
could [kʊd] *aux*—**he could not come** il ne pouvait pas venir; **he couldn't do it** il n'a (pas) pu le faire; **he couldn't do it if he wanted to** il ne pourrait (pas) le faire s'il le voulait, il ne saurait (pas) le faire s'il le voulait
council ['kaʊnsəl] *s* conseil *m*; (eccl) concile *m*
coun'cil·man *s* (*pl* **-men**) conseiller *m* municipal
councilor ['kaʊnsələr] *s* conseiller *m*
coun·sel ['kaʊnsəl] *s* conseil *m*, avis *m*; (*lawyer*) avocat *m* ‖ *v* (*pret & pp* **-seled** or **-selled**; *ger* **-seling** or **-selling**) *tr & intr* conseiller; **to counsel s.o. to** + *inf* conseiller à qn de + *inf*
counselor ['kaʊnsələr] *s* conseiller *m*, conseil *m*; (*lawyer*) avocat *m*
count [kaʊnt] *s* compte *m*; (*nobleman*) comte *m* ‖ *tr* compter; **to count the votes** dépouiller le scrutin ‖ *intr* compter; **count off!** (mil) comptez-vous!; **to count for** valoir; **to count on** (*to have confidence in*) compter sur (*s.o. or s.th.*); **to count on** + *ger* compter + *inf*
countable ['kaʊntəbəl] *adj* comptable
count'down' *s* compte *m* à rebours
countenance ['kaʊntɪnəns] *s* mine *f*, contenance *f*; **to give countenance to** appuyer; **to keep one's countenance** garder son sérieux; **to lose countenance** perdre contenance ‖ *tr* soutenir, approver
counter ['kaʊntər] *adj* contraire ‖ *s* compteur *m*; (*piece of wood or metal for keeping score*) jeton *m*; (*board in shop over which business is transacted*) comptoir *m*; (*in a bar or café*) zinc *m*; **under the counter** en dessous de table, sous le comptoir, sous cape ‖ *adv* contrairement; en sens inverse; **to run counter to** aller à l'encontre de ‖ *tr* contrarier, contrecarrer; (*a move, e.g., in chess*) contrer; (*an opinion*) prendre le contre-pied de ‖ *intr* parer le coup, parer un coup; **to counter with** riposter par
coun'ter·act' *tr* contrebalancer
coun'ter·attack' *s* contre-attaque *f* ‖ **coun'ter·attack'** *tr* contre-attaquer
coun'ter·bal'ance *s* contrepoids *m* ‖ **coun'ter·bal'ance** *tr* contrebalancer
coun'ter·clock'wise' *adj & adv* en sens inverse des aiguilles d'une montre
coun'ter·cur'rent *s* contre-courant *m*
coun'ter·es'pionage *s* contre-espionnage *m*
counterfeit ['kaʊntərfɪt] *adj* contrefait; (*beauty*) sophistiqué ‖ *s* contrefaction *f*, contrefaçon *f*; (*money*) fausse monnaie *f* ‖ *tr* contrefaire; (*e.g., an illness*) feindre
counterfeiter ['kaʊntər ˌfɪtər] *s* contrefacteur *m*; (*of money*) faux-monnayeur *m*
coun'terfeit mon'ey *s* fausse monnaie *f*, faux billets *mpl*
coun'ter·ir'ritant *adj & s* révulsif *m*
countermand ['kaʊntər ˌmænd], ['kaʊntər ˌmɑnd] *s* contre-ordre *m* ‖ *tr* contremander
coun'ter·march' *s* contremarche *f* ‖ *intr* faire une contremarche
coun'ter·meas'ure *s* contre-mesure *f*
coun'ter·offen'sive *s* contre-offensive *f*

coun′ter·pane′ *s* courtepointe *f*
coun′ter·part′ *s* contrepartie *f*, homologue *m*
coun′ter·point′ *s* contrepoint *m*
coun′ter·poise′ *s* contrepoids *m* ‖ *tr* faire équilibre à
coun′ter·rev′olu′tionar·y *adj* contre-révolutionnaire ‖ *s* (*pl* **-ies**) contre-révolutionnaire *mf*
coun′ter·sign′ *s* contremarque *f*; (*signature*) contreseing *m*; (mil) mot *m* d'ordre ‖ *tr* contresigner
coun′ter·sig′nature *s* contreseing *m*
coun′ter·sink′ *s* fraise *f* ‖ *v* (*pret & pp* **-sunk**) *tr* fraiser
coun′ter·spy′ *s* (*pl* **-spies**) contre-espion *m*
coun′ter·stroke′ *s* contrecoup *m*
coun′ter·weight′ *s* contrepoids *m*
countess [ˈkaʊntɪs] *s* comtesse *f*
countless [ˈkaʊntlɪs] *adj* innombrable
countrified [ˈkʌntrɪ,faɪd] *adj* provincial, compagnard
coun·try [ˈkʌntri] *s* (*pl* **-tries**) (*territory of a nation*) pays *m*; (*land of one's birth*) patrie *f*; (*region*) contrée *f*; (*not the city*) campagne *f*
coun′try club′ *s* club *m* privé situé hors des agglomérations
coun′try estate′ *s* domaine *m*
coun′try·folk′ *s* campagnards *mpl*
coun′try gen′tleman *s* châtelain *m*, propriétaire *m* d'un château
coun′try house′ *s* maison *f* de campagne
coun′try·man *s* (*pl* **-men**) (*of the same country*) compatriote *mf*; (*rural*) compagnard *m*
coun′try·side′ *s* paysage *m*, campagne *f*
coun′try town′ *s* petite ville *f* de province
coun′try·wide′ *adj* national
coun′try·wom′an *s* (*pl* **-wom′en**) (*of the same country*) compatriote *f*; (*rural*) campagnarde *f*
coun·ty [ˈkaʊnti] *s* (*pl* **-ties**) comté *m*
coun′ty seat′ *s* chef-lieu *m* de comté
coupé [kupe] *s* coupé *m*
couple [ˈkʌpəl] *s* (*man and wife; male and female; friends*) couple *m*, paire *f*; (*of eggs, cakes, etc.*) couple *f*; (elec, mech) couple *m* ‖ *tr* coupler, accoupler; (mach) embrayer ‖ *intr* s'accoupler
coupler [ˈkʌplər] *s* (mach) coupleur *m*
coupling [ˈkʌplɪŋ] *s* accouplement *m*; (mach) couplage *m*
coupon [ˈk(j)upɑn] *s* coupon *m*, bon *m*
courage [ˈkʌrɪdʒ] *s* courage *m*
courageous [kəˈredʒəs] *adj* courageux
courier [ˈkʌrɪ·ər], [ˈkurɪ·ər] *s* courrier *m*; (*on horseback*) estafette *f*
course [kors] *s* cours *m*; carrière *f*, voie *f*, course *f*; (*of a meal*) service *m*, plat *m*; (*of a stream*) parcours *m*, cours *m*; (*direction*) route *f*, chemin *m*; **in due course** en temps voulu; **in the course of** au cours de; **in the course of time** avec le temps; **of course!** naturellement!, bien entendu!; **to give a course** faire un cours; **to set a course for** (naut) mettre le cap sur; **to take a course** suivre un cours ‖ *tr & intr* courir
court [kort] *s* cour *f*; (*of law*) tribunal *m*, cour; (sports) terrain *m*, court *m*; **out of court** à l'amiable ‖ *tr* courtiser, faire la cour à; (*favor, votes*) briguer, solliciter; (*danger*) aller au-devant de
courteous [ˈkʌrtɪ·əs] *adj* poli, courtois
courtesan [ˈkʌrtɪzən], [ˈkortɪzən] *s* courtisane *f*
courte·sy [ˈkʌrtɪsi] *s* (*pl* **-sies**) politesse *f*, courtoisie *f*; **through the courtesy of** avec la gracieuse permission de
court′house′ *s* palais *m* de justice
courtier [ˈkortɪ·ər] *s* courtisan *m*
court′ jest′er *s* bouffon *m* du roi
court·ly [ˈkortli] *adj* (*comp* **-lier**; *super* **-liest**) courtois, élégant
court′-mar′tial *s* (*pl* **courts-martial**) conseil *m* de guerre ‖ *v* (*pret & pp* **-tialed** or **-tialled**; *ger* **-tialing** or **-tialling**) *tr* traduire en conseil de guerre; **to be court-martialed** passer en conseil de guerre
court′ plas′ter *s* taffetas *m* gommé, sparadrap *m*
court′room′ *s* salle *f* du tribunal
court′ship *s* cour *f*
court′yard′ *s* cour *f*
cousin [ˈkʌzɪn] *s* cousin *m*
cove [kov] *s* anse *f*, crique *f*
covenant [ˈkʌvənənt] *s* contrat *m*, accord *m*, pacte *m*; (Bib) alliance *f*
cover [ˈkʌvər] *s* couverture *f*; (*lid*) couvercle *m*; (*for furniture*) housse *f*; (*of wild game*) remise *f*, gîte *m*; (com) couverture *f*, provision *f*, marge *f*; (mach) chape *f*; (phila) enveloppe *f*; **from cover to cover** de la première page à la dernière; **to take cover** se mettre à l'abri; **under cover** (*e.g., of trees*) sous les couverts; (*safe from harm*) à couvert; **under cover of** sous le couvert de, dissimulé dans; **under separate cover** sous pli distinct ‖ *tr* couvrir; (*a certain distance*) parcourir; (*a newspaper story*) faire le reportage de; (*one's tracks*) brouiller; (*with, e.g., chocolate*) enrober; **to cover up** recouvrir ‖ *intr* se couvrir; (*to brood*) couver
coverage [ˈkʌvərɪdʒ] *s* (*amount or space covered*) portée *f*; (*of news*) reportage *m*; (*insurance*) assurance *f*, couverture *f* d'assurance
co′ver·alls′ *spl* salopette *f*, bleus *mpl*
cov′er charge′ *s* couvert *m*
cov′ered wag′on *s* chariot *m* couvert
cov′er girl′ *s* cover-girl *f*, pin up *f*
covering [ˈkʌvərɪŋ] *s* couverture *f*, recouvrement *m*
covert [ˈkʌvərt] *adj* couvert, caché
cov′er·up′ *s* subterfuge *m*; (*reply*) réponse *f* évasive
covet [ˈkʌvɪt] *tr* convoiter
covetous [ˈkʌvɪtəs] *adj* cupide, avide
covetousness [ˈkʌvɪtəsnɪs] *s* convoitise *f*, cupidité *f*

covey ['kʌvi] *s* couvée *f*; (*in flight*) volée *f*
cow [kaʊ] *s* vache *f*; (*of seal, elephant*) femelle *f* || *tr* (coll) intimider
coward ['kaʊ·ərd] *s* lâche *mf*
cowardice ['kaʊ·ərdɪs] *s* lâcheté *f*
cowardly ['kaʊ·ərdli] *adj* lâche || *adv* lâchement, peureusement
cow'bell' *s* grelot *m*, clarine *f*
cow'boy' *s* cow-boy *m*
cow'catch'er *s* (rr) chasse-bestiaux *m*
cower ['kaʊ·ər] *intr* se tapir
cow'herd' *s* vacher *m*, bouvier *m*
cow'hide' *s* vache *f*, peau *f* de vache; fouet *m* || *tr* fouetter
cowl [kaʊl] *s* capuchon *m*, cagoule *f*; (*of chimney*) chapeau *m*; (aer, aut) capot *m*
cow'lick' *s* mèche *f* rebelle
cow'pox' *s* (pathol) vaccine *f*
coxcomb ['kɑks,kom] *s* (*conceited person*) petit-maître *m*, fat *m*; (bot) crête-de-coq *f*
coxswain ['kɑksən], ['kɑk,swen] *s* patron *m* de chaloupe; (rowing) barreur *m*
coy [kɔɪ] *adj* réservé, modeste
co•zy ['kozi] *adj* (*comp* **-zier**; *super* **-ziest**) douillet, intime || *s* (*pl* **-zies**) couvre-théière *m*
C.P.A. ['si'pi'e] *s* (letterword) (**certified public accountant**) expert-comptable *m*, comptable *m* agréé
crab [kræb] *s* crabe *m*; (*grouch*) grincheux *m* || *v* (*pret & pp* **crabbed**; *ger* **crabbing**) *intr* (coll) se plaindre
crab' ap'ple *s* pomme *f* sauvage
crabbed ['kræbɪd] *adj* acariâtre; (*handwriting*) de chat; (*author*) hermétique; (*style*) entortillé
crab•by ['kræbi] *adj* (*comp* **-bier**; *super* **-biest**) (coll) revêche, grognon
crack [kræk] *adj* (*troops*) d'élite; (coll) expert, de premier ordre || *s* (*noise*) bruit *m* sec, craquement *m*; (*of whip*) claquement *m*; (*fissure*) fente *f*; (*e.g., in a dish*) fêlure *f*; (*e.g., in a wall*) lézarde *f*; (*in skin*) gerçure *f*; (*joke*) bon mot *m*; **crack of dawn** pointe *f* du jour || *tr* (*one's fingers; petroleum*) faire craquer; (*a whip*) claquer; (*to split*) fendre; (*e.g., a dish*) fêler; (*e.g., a wall*) lézarder; (*the skin*) gercer; (*nuts*) casser; **to crack a joke** (slang) faire or lâcher une plaisanterie; **to crack up** (*to praise*) (coll) vanter, prôner; (*to crash*) (coll) écraser || *intr* (*to make a noise*) craquer; (*said of whip*) claquer; (*to be split*) se fendre; (*said of dish*) se fêler; (*said of wall*) se lézarder; (*said of skin*) se gercer; **to crack up** (*to crash*) (coll) s'écraser; (*to break down*) (coll) craquer, s'effondrer
crack'-brained' *adj* timbré; **to be crack-brained** avoir le cerveau fêlé
crack'down' *s* (coll) répression *f*
cracked *adj* (*split*) fendu, fêlé; (*foolish*) (coll) timbré, toqué, cinglé
cracker ['krækər] *s* biscuit *m* sec
crack'er-bar'rel *adj* (coll) en chambre, au petit pied
crack'er•jack' *adj* (slang) expérimenté, remarquable || *s* (slang) crack *m*
cracking ['krækɪŋ] *s* (*of petroleum*) cracking *m*
crackle ['krækəl] *s* crépitation *f* || *intr* crépiter, pétiller
crack'le•ware' *s* porcelaine *f* craquelée
crackling ['kræklɪŋ] *s* crépitement *m*, pétillement *m*; (culin) couenne *f* rissolée; **cracklings** cretons *mpl*
crack'pot' *adj & s* (slang) original *m*, excentrique *mf*
crack' shot' *s* (coll) fin tireur *m*
crack'-up' *s* (*collision*) (coll) écrasement *m*; (*breakdown*) (coll) effondrement *m*
cradle ['kredəl] *s* berceau *m* || *tr* bercer
cra'dle•song' *s* berceuse *f*
craft [kræft], [krɑft] *s* métier *m*; (*trickery*) artifice *m*; (naut) embarcation *f*, barque *f*
craftiness ['kræftɪnɪs], ['krɑftɪnɪs] *s* ruse *f*, astuce *f*
crafts'man *s* (*pl* **-men**) artisan *m*
crafts'man•ship' *s* habileté *f* technique; exécution *f*
craft•y ['kræfti], ['krɑfti] *adj* (*comp* **-ier**; *super* **-iest**) rusé
crag [kræg] *s* rocher *m* escarpé
cram [kræm] *v* (*pret & pp* **crammed**; *ger* **cramming**) *tr* (*with food*) bourrer, gaver; (*with people*) bonder; (*for an exam*) (coll) chauffer || *intr* se bourrer, se gaver; (*for an exam*) (coll) potasser
cramp [kræmp] *s* (*metal bar; clamp*) crampon *m*; (*in a muscle*) crampe *f*; (carpentry) serre-joint *m* || *tr* cramponner, agrafer; presser, serrer; (*one's movements, style, or manner of living*) gêner
cranber•ry ['kræn,beri] *s* (*pl* **-ries**) (*Vaccinium oxycoccus or V. uliginosum*) canneberge *f*, airelle *f* canneberge
crane [kren] *s* (mach, orn) grue *f* || *tr* (*one's neck*) allonger, tendre || *intr* allonger le cou
crani•um ['krenɪ·əm] *s* (*pl* **-a** [ə]) crâne *m*
crank [kræŋk] *s* manivelle *f*; (*person*) (coll) excentrique *mf* || *tr* (*a motor*) faire partir à la manivelle
crank'case' *s* carter *m*
crank'shaft' *s* vilebrequin *m*
crank•y ['kræŋki] *adj* (*comp* **-ier**; *super* **-iest**) revêche, grincheux; (*not working well*) détraqué; (*queer*) excentrique
cran•ny ['kræni] *s* (*pl* **-nies**) fente *f*, crevasse *f*; (*corner*) coin *m*
crape [krep] *s* crêpe *m*
crape'hang'er *s* (slang) rabat-joie *m*
craps [kræps] *s* (slang) jeu *m* de dés; **to shoot craps** (slang) jouer aux dés
crash [kræʃ] *s* fracas *m*, écroulement *m*; (*of thunder*) coup *m*; (*e.g., of airplane*) écrasement *m*; (*e.g., on stock market*) krach *m* || *tr* briser, fracasser; (*e.g., an airplane*) écraser || *intr* retentir; (*said of airplane*) s'écraser; (*to fail*) craquer; **to crash into** em-

boutir, tamponner; **to crash through** enfoncer
crash′ dive′ *s* brusque plongée *f*
crash′ hel′met *s* casque *m*
crash′-land′ing *s* crash *m*, atterrissage *m* violent
crass [kræs] *adj* grossier; (*ignorance*) crasse
crate [kret] *s* caisse *f* à claire-voie, cageot *m* || *tr* emballer dans une caisse à claire-voie
crater [ˈkretər] *s* cratère *m*
cravat [krəˈvæt] *s* cravate *f*
crave [krev] *tr* désirer ardemment; implorer; requérir, e.g., **the problem craves serious consideration** le problème requiert une considération sérieuse; **to crave s.o.'s pardon** demander pardon à qn || *intr*—**to crave for** désirer ardemment; implorer
craven [ˈkrevən] *adj & s* poltron *m*
craving [ˈkrevɪŋ] *s* désir *m* ardent, désir obsédant
craw [krɔ] *s* jabot *m*
crawl [krɔl] *s* rampement *m*; (swimming) crawl *m* || *intr* ramper; **to be crawling with** fourmiller de, grouiller de; **to crawl along** se traîner; **to crawl on one's hands and knees** aller à quatre pattes; **to crawl over** escalader; **to crawl up** grimper
crayon [ˈkre·ən] *s* crayon *m* de pastel, pastel *m* || *tr* crayonner
craze [krez] *s* manie *f*, toquade *f* || *tr* rendre fou
cra·zy [ˈkrezɪ] *adj* (*comp* **-zier**; *super* **-ziest**) fou; (*rickety*) délabré; **to be crazy about** (coll) être fou de, être toqué de; **to drive crazy** rendre fou, affoler
cra′zy bone′ *s* nerf *m* du coude
cra′zy quilt′ *s* courtepointe *f* multicolore
creak [krik] *s* cri *m*, grincement *m* || *intr* crier, grincer
creak·y [ˈkriki] *adj* (*comp* **-ier**; *super* **-iest**) criard
cream [krim] *s* crème *f*; **creams** (*with chocolate coating*) chocolats *mpl* fourrés || *tr* écrémer; (*butter and sugar together*) mélanger || *intr* crémer
cream′ cheese′ *s* fromage *m* à la crème, fromage blanc, petit suisse *m*
creamer·y [ˈkriməri] *s* (*pl* **-ies**) laiterie *f*; compagnie *f* laitière
cream′ of tar′tar *s* crème *f* de tartre
cream′ pitch′er *s* crémière *f*
cream′ puff′ *s* chou *m* à la crème
cream′ sep′arator [ˈsepəˌretər] *s* écrémeuse *f*
cream·y [ˈkrimi] *adj* (*comp* **-ier**; *super* **-iest**) crémeux
crease [kris] *s* pli *m*, faux pli *m* || *tr & intr* plisser
create [kriˈet] *tr* créer
creation [kriˈeʃən] *s* création *f*
creative [kriˈetɪv] *adj* créateur, inventif
creator [kriˈetər] *s* créateur *m*
creature [ˈkritʃər] *s* créature *f*
credence [ˈkridəns] *s* créance *f*, croyance *f*, foi *f*
credentials [krɪˈdɛnʃəlz] *spl* papiers *mpl*, pièces *fpl* justificatives, lettres *fpl* de créance
credibility [ˌkrɛdɪˈbɪlɪti] *s* crédibilité *f*
credible [ˈkrɛdɪbəl] *adj* croyable, digne de foi
credit [ˈkrɛdɪt] *s* crédit *m*; (*belief; claim*) créance *f*; **on credit** à crédit; **to be a credit to** faire honneur à; **to take credit for** s'attribuer le mérite de || *tr* croire, ajouter foi à; (com) créditer, porter au crédit
creditable [ˈkrɛdɪtəbəl] *adj* estimable, honorable
cred′it card′ *s* carte *f* de crédit
creditor [ˈkrɛdɪtər] *s* créditeur *m*, créancier *m*
cre·do [ˈkrido], [ˈkredo] *s* (*pl* **-dos**) credo *m*
credulous [ˈkrɛdʒələs] *adj* crédule
creed [krid] *s* credo *m*; (*denomination*) foi *f*
creek [krik] *s* ruisseau *m*
creep [krip] *v* (*pret & pp* **crept** [krɛpt]) *intr* ramper; (*stealthily*) se glisser; (*slowly*) se traîner, se couler; (*to climb*) grimper; (*with a sensation of insects*) fourmiller; **to creep up on s.o.** s'approcher de qn à pas lents
creeper [ˈkripər] *s* plante *f* rampante
creeping [ˈkripɪŋ] *adj* lent, traînant; (*plant*) rampant || *s* rampement *m*
creep·y [ˈkripi] *adj* (*comp* **-ier**; *super* **-iest**) (coll) mystérieux; **to feel creepy** fourmiller
cremate [ˈkrimet] *tr* incinérer
cremation [krɪˈmeʃən] *s* crémation *f*, incinération *f*
cremato·ry [ˈkriməˌtori] *adj* crématoire || *s* (*pl* **-ries**) crématoire *m*, four *m* crématoire
Creole [ˈkri·ol] *adj* créole || *s* (*language*) créole *m*; (*person*) Créole *mf*
crepe [krep] *s* crêpe *m*; (*pancake*) crêpe *f*
crepe′ pa′per *s* papier *m* crêpe
crescent [ˈkrɛsənt] *s* croissant *m*
cress [krɛs] *s* cresson *m*
crest [krɛst] *s* crête *f*
crested [ˈkrɛstɪd] *adj* à crête; (*with feathers*) huppé
crest′fall′en *adj* abattu, découragé
Cretan [ˈkritən] *adj* crétois || *s* Crétois *m*
Crete [krit] *s* Crète *f*; la Crète
cretin [ˈkritən] *s* crétin *m*
crevice [ˈkrɛvɪs] *s* crevasse *f*, fente *f*
crew [kru] *s* équipe *f*; (*of a ship*) équipage *m*; (*group, especially of armed men*) bande *f*, troupe *f*
crew′ cut′ *s* cheveux *mpl* en brosse
crew′ mem′ber *s* équipier *m*
crib [krɪb] *s* lit *m* d'enfant; crèche *f*, mangeoire *f*; (*for grain*) coffre *m*; (*student's pony*) corrigé *m* employé subrepticement || *v* (*pret & pp* **cribbed**; *ger* **cribbing**) *tr & intr* (coll) copier à la dérobée
cricket [ˈkrɪkɪt] *s* (ent) grillon *m*; (sports) cricket *m*; (coll) franc jeu *m*, jeu loyal; **to be cricket** être de bonne guerre

crier ['kraɪ·ər] *s* crieur *m*
crime [kraɪm] *s* crime *m*; (*misdemeanor*) délit *m*
criminal ['krɪmɪnəl] *adj & s* criminel *m*
crim′inal code′ *s* code *m* pénal
crim′inal court′ *s* cour *f* d'assises
crim′inal law′ *s* loi *f* pénale
crimp [krɪmp] *s* (*in cloth*) pli *m*; (*in hair*) frisure *f*; (*recruiter*) racoleur *m*; **to put a crimp in** (coll) mettre obstacle à || *tr* (*cloth*) plisser; (*hair*) friser, crêper; (*metal*) onduler
crimson ['krɪmzən] *adj & s* cramoisi *m*
cringe [krɪndʒ] *intr* s'humilier, s'abaisser
cringing ['krɪndʒɪŋ] *adj* craintif, servile || *s* crainte *f*, servilité *f*
crinkle ['krɪŋkəl] *s* pli *m*, ride *f* || *tr* froisser, plisser || *intr* se froisser
cripple ['krɪpəl] *s* estropié *m*; (*lame person*) boiteux *m* || *tr* estropier; (*a machine*) disloquer; (*business or industry*) paralyser; (*a ship*) désemparer
cri·sis ['kraɪsɪs] *s* (*pl* **-ses** [siz]) crise *f*
crisp [krɪsp] *adj* croustillant; (*tone*) tranchant, brusque; (*air*) vif, frais
crisscross ['krɪs ˌkrɔs], ['krɪs ˌkrɑs] *adj* entrecroisé, treillissé || *s* entrecroisement *m*; (*e.g., of wires*) enchevêtrement *m* || *adv* en forme de croix || *tr* entrecroiser || *intr* s'entrecroiser
criteri·on [kraɪ'tɪrɪ·ən] *s* (*pl* **-a** [ə] or **-ons**) critère *m*
critic ['krɪtɪk] *s* critique *mf*; (*faultfinder*) critiqueur *m*, désapprobateur *m*
critical ['krɪtɪkəl] *adj* critique
critically ['krɪtɪkəli] *adv* en critique; **critically ill** gravement malade
criticism ['krɪtɪ ˌsɪzəm] *s* critique *f*
criticize ['krɪtɪ ˌsaɪz] *tr & intr* critiquer
croak [krok] *s* (*of raven*) croassement *m*; (*of frog*) coassement *m* || *intr* (*said of raven*) croasser; (*said of frog*) coasser; (*to die*) (slang) mourir
Croat ['kro·æt] *s* (*language*) croate *m*; (*person*) Croate *mf*
Croatian [kro'eʃən] *adj* croate || *s* (*language*) croate *m*; (*person*) Croate *mf*
cro·chet [kro'ʃe] *s* crochet *m* || *v* (*pret & pp* **-cheted** ['ʃed]; *ger* **-cheting** ['ʃe·ɪŋ]) *tr & intr* tricoter au crochet
crochet′ nee′dle *s* crochet *m*
crock [krɑk] *s* pot *m* de terre
crockery ['krɑkəri] *s* faïence *f*, poterie *f*
crocodile ['krɑkə ˌdaɪl] *s* crocodile *m*
croc′odile tears′ *spl* larmes *fpl* de crocodile
crocus ['krokəs] *s* crocus *m*
crone [kron] *s* vieille femme *f* au visage parcheminé
cro·ny ['kroni] *s* (*pl* **-nies**) copain *m*
crook [krʊk] *s* (*hook*) croc *m*; (*of shepherd*) houlette *f*; (*of bishop*) crosse *f*; (*in road*) courbure *f*; (*person*) (coll) escroc *m* || *tr* courber || *intr* se courber
crooked ['krʊkɪd] *adj* courbé, crochu; (*path; conduct*) tortueux; (*tree; nose; legs*) tortu; (*person*) (coll) malhonnête, fourbe
croon [krun] *intr* chanter des chansons sentimentales
crooner ['krunər] *s* chanteur *m* de charme
crop [krɑp] *s* récolte *f*; (*head of hair*) cheveux *mpl* ras; (*of bird*) jabot *m*; (*whip*) fouet *m*; (*of whip*) manche *m*; (*of appointments, promotions, heroes, discoveries*) moisson *f* || *v* (*pret & pp* **cropped**; *ger* **cropping**) *tr* tondre; (*head of hair*) couper, tailler; (*ears of animal*) essoriller || *intr*—**to crop up** (coll) surgir, s'élever brusquement
croquet [kro'ke] *s* croquet *m*
crosier ['kroʒər] *s* crosse *f*
cross [krɔs], [krɑs] *adj* transversal, oblique; (*breed*) croisé; (*ill-humored*) maussade || *s* croix *f*; (*of races or breeds; of roads*) croisement *m* || *tr* croiser; (*the sea; a street*) traverser; (*breeds*) croiser, métisser; (*the threshold*) franchir; (*said of one road with respect to another*) couper; (*the letter t*) barrer; (*e.g., s.o.'s plans*) (coll) contrecarrer; **to cross oneself** (eccl) se signer; **to cross out** biffer, rayer || *intr* se croiser, passer; **to cross over** passer de l'autre côté
cross′bones′ *spl* tibias *mpl* croisés
cross′bow′ *s* arbalète *f*
cross′breed′ *v* (*pret & pp* **-bred**) *tr* croiser, métisser
cross′-coun′try *adj* à travers champs
cross′cur′rent *s* contre-courant *m*; tendance *f* contraire
cross′-examina′tion *s* contre-interrogatoire *m*
cross′-exam′ine *tr* contre-interroger, contre-examiner
cross′-eyed′ *adj* louche
crossing ['krɔsɪŋ], ['krɑsɪŋ] *s* croisement *m*; (*of ocean*) traversée *f*; (*of river, mountain, etc.*) passage *m*; (rr) passage *m* à niveau
cross′ing gate′ *s* barrière *f* d'un passage à niveau
cross′patch′ *s* (coll) grincheux *m*, grognon *m*
cross′piece′ *s* entretoise *f*
cross′ ref′erence *s* renvoi *m*
cross′road′ *s* voie *f* transversale, chemin *m* de traverse; **crossroads** carrefour *m*, croisement *m*
cross′ sec′tion *s* coupe *f* transversale; (*e.g., of building*) section *f*; (*of opinion*) sondage *m*, groupe *m* représentatif; tranche *f* de vie
cross′-sec′tion *tr* couper transversalement
cross′ street′ *s* rue *f* de traverse, rue transversale
cross′wise′ *adv* en croix, en sautoir
cross′word puz′zle *s* mots *mpl* croisés
crotch [krɑtʃ] *s* (*forked piece*) fourche *f*; (*between legs*) entrejambe *f*, enfourchure *f*
crotchet ['krɑtʃɪt] *s* (mus) noire *f*; (coll) lubie *f*
crotchety ['krɑtʃɪti] *adj* capricieux, fantasque

crouch [krautʃ] *s* accroupissement *m* ‖ *intr* s'accroupir, se blottir
croup [krup] *s* (*of horse*) croupe *f*; (pathol) croup *m*
croupier ['krupɪ·ər] *s* croupier *m*
crouton ['krutɑn] *s* croûton *m*
crow [kro] *s* corbeau *m*; (*rook*) corneille *f*, freux *m*; **as the crow flies** à vol d'oiseau; **to eat crow** (coll) avaler des couleuvres ‖ *intr* (*said of cock*) chanter; (*said of babies*) gazouiller; **to crow over** chanter victoire sur, triompher bruyamment de
crow'bar' *s* levier *m*; (*for forcing doors*) pince-monseigneur *f*
crowd [kraud] *s* foule *f*; (*large flock of people*) affluence *f*, presse *f*; (*mob, common people*) populace *f*, vulgaire *m*; (*clique, set*) bande *f*, monde *m*; **a crowd** (*of people*) du monde, beaucoup de monde ‖ *tr* serrer, entasser; (*to push*) pousser; (*a debtor*) presser; **to crowd out** ne pas laisser de place à ‖ *intr* affluer, s'amasser; **to crowd around** se presser autour de; **to crowd in** s'attrouper
crowded *adj* encombré, bondé
crow'foot' *s* renoncule *f*, bouton *m* d'or
crowing ['kro·ɪŋ] *s* chant *m* de coq, cocorico *m*; (*of babies*) gazouillement *m*
crown [kraun] *s* couronne *f*; (*of hat*) calotte *f* ‖ *tr* couronner, sacrer; (checkers) damer; **to crown s.o.** (slang) flanquer un coup sur la tête à qn
crowning ['kraunɪŋ] *s* couronnement *m*
crown' prince' *s* prince *m* héritier
crown' prin'cess *s* princesse *f* héritière
crow's'-foot' *s* (*pl* **-feet**) patte-d'oie *f*
crow's'-nest *s* (naut) nid *m* de pie, tonneau *m* de vigie
crucial ['kruʃəl] *adj* crucial
crucible ['krusɪbəl] *s* creuset *m*
crucifix ['krusɪfɪks] *s* crucifix *m*, christ *m*
crucifixion [,krusɪ'fɪkʃən] *s* crucifixion *f*
cruci·fy ['krusɪ,faɪ] *v* (*pret & pp* **-fied**) *tr* crucifier
crude [krud] *adj* (*raw, unrefined*) cru, brut; (*lacking culture*) fruste, grossier; (*unfinished*) informe, grossier, mal développé; (*oil*) brut
crudi·ty ['krudɪti] *s* (*pl* **-ties**) crudité *f*; (*of person*) grossièreté *f*
cruel ['kru·əl] *adj* cruel
cruel·ty ['kru·əlti] *s* (*pl* **-ties**) cruauté *f*
cruet ['kru·ɪt] *s* burette *f*
cru'et stand' *s* huilier *m*
cruise [kruz] *s* croisière *f* ‖ *intr* croiser
cruiser ['kruzər] *s* croiseur *m*
cruising ['kruzɪŋ] *adj* en croisière; (*taxi*) en maraude
cruis'ing range' *s* autonomie *f*
cruis'ing speed' *s* vitesse *f* de route
cruller ['krʌlər] *s* beignet *m*
crumb [krʌm] *s* miette *f*; (*soft part of bread*) mie *f* ‖ *tr* (*cutlets, etc.*) paner
crumble ['krʌmbəl] *tr* émietter, réduire en miettes; (*e.g., stone*) effriter ‖ *intr* s'émietter; s'effriter; (*to fall to pieces*) s'écrouler
crum·my ['krʌmi] *adj* (*comp* **-mier**; *super* **-miest**) (slang) sale, minable
crumple ['krʌmpəl] *tr* friper, froisser; (*a fender*) mettre en accordéon ‖ *intr* se friper, se froisser
crunch [krʌntʃ] *tr* croquer, broyer ‖ *intr* (*said of snow*) craquer
crupper ['krʌpər] *s* croupière *f*
crusade [kru'sed] *s* croisade *f* ‖ *intr* se croiser, prendre part à une croisade
crush [krʌʃ] *s* écrasement *m*; (*of people*) presse *f*, foule *f*; **to have a crush on** (slang) avoir un béguin pour ‖ *tr* écraser; (*e.g., stone*) broyer, concasser; (*to oppress, grieve*) accabler, aplatir
crush' hat' *s* claque *m*, gibus *m*
crust [krʌst] *s* croûte *f*
crustacean [krʌs'teʃən] *s* crustacé *m*
crust·y ['krʌsti] *adj* (*comp* **-ier**; *super* **-iest**) croustillant; (*said of person*) bourru, hargneux
crutch [krʌtʃ] *s* béquille *f*
crux [krʌks] *s* nœud *m*
cry [kraɪ] *s* (*pl* **cries**) cri *m*; (*of wolf*) hurlement *m*; (*of bull*) mugissement *m*; **to cry one's eyes out** pleurer à chaudes larmes; **to have a good cry** donner libre cours aux larmes ‖ *v* (*pret & pp* **cried**) *tr* crier; **to cry out** crier ‖ *intr* crier; (*to weep*) pleurer; **to cry for** crier à; **to cry for joy** pleurer de joie; **to cry out** pousser des cris, s'écrier; **to cry out against** crier à
cry'ba'by *s* (*pl* **-bies**) pleurard *m*
crypt [krɪpt] *s* crypte *f*
cryptic(al) ['krɪptɪk(əl)] *adj* secret, occulte; (*silence*) énigmatique
crystal ['krɪstəl] *s* cristal *m*
crys'tal ball' *s* boule *f* de cristal
crystalline ['krɪstəlɪn], ['krɪstə,laɪn] *adj* cristallin
crystallize ['krɪstə,laɪz] *tr* cristalliser; (*sugar*) candir ‖ *intr* cristalliser; (*said of sugar*) se candir; (*said of one's thoughts*) (fig) se cristalliser
cub [kʌb] *s* petit *m*; (*of bear*) ourson *m*; (*of fox*) renardeau *m*; (*of lion*) lionceau *m*; (*of wolf*) louveteau *m*
Cuban ['kjubən] *adj* cubain ‖ *s* Cubain *m*
cubbyhole ['kʌbɪ,hol] *s* retraite *f*; (*in wall*) placard *m*; (*in furniture*) case *f*
cube [kjub] *adj & s* cube *m*; **in cubes** (*said of sugar*) en morceaux ‖ *tr* cuber
cube' root' *s* racine *f* cubique
cubic ['kjubɪk] *adj* cubique, cube
cu'bic me'ter *s* mètre *m* cube
cub' report'er *s* reporter *m* débutant
cub' scout' *s* louveteau *m*
cuckold ['kʌkəld] *adj & s* cocu *m*, cornard *m* ‖ *tr* cocufier
cuckoo ['kuku] *adj* (slang) niais, benêt ‖ *s* coucou *m*
cuck'oo clock' *s* coucou *m*
cucumber ['kjukəmbər] *s* concombre *m*

cud [kʌd] *s* bol *m* alimentaire; **to chew the cud** ruminer
cuddle ['kʌdəl] *tr* serrer doucement dans les bras || *intr* (*said of lovers*) s'étreindre; **to cuddle up** se pelotonner
cudg•el ['kʌdʒəl] *s* gourdin *m*, trique *f*; **to take up the cudgels for** prendre fait et cause pour || *v* (*pret & pp* **-eled** or **-elled**; *ger* **-eling** or **-elling**) *tr* bâtonner, rosser
cue [kju] *s* avis *m*; (*hint*) mot *m*; (*rod used in billiards; persons in line*) queue *f*; (mus) indication *f* de rentrée; (theat) réclame *f*; **to give s.o. the cue** faire la leçon à qn, donner le mot à qn; **to take one's cue from** se conformer à
cuff [kʌf] *s* (*of shirt*) poignet *m*, manchette *f*; (*of coat or trousers*) parement *m*; (*blow*) taloche *f*, manchette *f* || *tr* talocher, flanquer une taloche à
cuff' link' *s* bouton *m* de manchette
cuirass [kwɪ'ræs] *s* cuirasse *f*
cuisine [kwɪ'zin] *s* cuisine *f*
culinary ['kjulɪ ˌneri] *adj* culinaire
cull [kʌl] *tr* choisir; (*to gather, pluck*) cueillir; **to cull from** recueillir dans
culm [kʌlm] *s* chaume *m*; (*coal dust*) charbonnaille *f*
culminate ['kʌlmɪ ˌnet] *intr* (astr) culminer; **to culminate in** finir par, se terminer en
culmination [ˌkʌlmɪ'neʃən] *s* point *m* culminant; (astr) culmination *f*
culottes [k(j)u'lɑts] *spl* pantalon *m* de plage
culpable ['kʌlpəbəl] *adj* coupable
culprit ['kʌlprɪt] *s* coupable *mf*; (*accused*) accusé *m*, prévenu *m*
cult [kʌlt] *s* culte *m*
cultivate ['kʌltɪ ˌvet] *tr* cultiver
cultivation [ˌkʌltɪ'veʃən] *s* culture *f*
cultivator ['kʌltɪ ˌvetər] *s* (*person*) cultivateur *m*, exploitant *m* agricole; (mach) cultivateur *m*, scarificateur *m*
cultural ['kʌltʃərəl] *adj* culturel
culture ['kʌltʃər] *s* culture *f* || *tr* cultiver
cultured *adj* (*learned*) cultivé, lettré
cul'tured pearl' *s* perle *f* de culture
culvert ['kʌlvərt] *s* ponceau *m*, cassis *m*
cumbersome ['kʌmbərsəm] *adj* incommode, encombrant; (*clumsy*) lourd, difficile à manier
cummerbund ['kʌmər ˌbʌnd] *s* ceinture *f* d'étoffe
cumulative ['kjumjə ˌletɪv] *adj* croissant, cumulatif
cunning ['kʌnɪŋ] *adj* (*sly*) astucieux, rusé; (*clever*) habile, fin; (*attractive*) gentil || *s* (*slyness*) astuce *f*, ruse *f*; (*cleverness*) habileté *f*, finesse *f*
cup [kʌp] *s* tasse *f*; (*of metal*) gobelet *m*, timbale *f*; (bot, eccl) calice *m*; (mach) godet *m* graisseur; (sports) coupe *f* || *v* (*pret & pp* **cupped**; *ger* **cupping**) *tr* (surg) ventouser
cupboard ['kʌbərd] *s* armoire *f*; (*in wall*) placard *m*
Cupid ['kjupɪd] *s* Cupidon *m*
cupidity [kjʊ'pɪdɪti] *s* cupidité *f*
cupola ['kjupələ] *s* coupole *f*
cur [kʌr] *s* chien *m* métis, roquet *m*; (*despicable person*) mufle *m*
curate ['kjʊrɪt] *s* vicaire *m*
curative ['kjʊrətɪv] *adj* curatif
curator [kjʊ'retər] *s* conservateur *m*
curb [kʌrb] *s* bordure *f* de pavés, bord *m* de trottoir; (*of well*) margelle *f*; (*of bit*) gourmette *f*; (*market*) coulisse *f*; (*check, restraint*) frein *m* || *tr* (*a horse*) gourmer; (*passions, anger, desires*) réprimer, refréner; **curb your dog** (public sign) faites faire votre chien dans le ruisseau
curb' serv'ice *s* restoroute *m*
curb'stone' *s* garde-pavé *m*; **curbstones** bordure *f* de pavés
curd [kʌrd] *s* caillé *m*; **curds** caillebotte *f* || *tr* cailler, caillebotter || *intr* se cailler, se caillebotter
curdle ['kʌrdəl] *tr* cailler; (*the blood*) figer || *intr* se cailler; se figer
curds' and whey' *spl* lait *m* caillé sucré
cure [kjʊr] *s* guérison *f*; (*treatment*) cure *f*; (*remedy*) remède *m* || *tr* guérir; (*meat; leather*) saler; (*a pipe*) culotter
cure'-all' *s* panacée *f*
curfew ['kʌrfju] *s* couvre-feu *m*
curi•o ['kjʊrɪ ˌo] *s* (*pl* **-os**) bibelot *m*
curiosi•ty [ˌkjʊrɪ'ɑsɪti] *s* (*pl* **-ties**) curiosité *f*
curious ['kjʊrɪ•əs] *adj* curieux
curl [kʌrl] *s* boucle *f*, frisure *f*; (*spiral-shaped*) volute *f*; (*of smoke*) spirale *f* || *tr* boucler, friser; (*to coil, to roll up*) enrouler, tire-bouchonner; **to curl one's lip** faire la moue || *intr* boucler, friser; (*said of smoke*) s'élever en spirales; (*said of waves*) onduler, déferler; **to curl up** (*said of leaves, paper, etc.*) se recroqueviller; (*in bed*) se rouler en boule
curlew ['kʌrl(j)u] *s* courlis *m*
curlicue ['kʌrlɪ ˌkju] *s* paraphe *m*
curl'ing i'ron *s* fer *m* à friser
curl'pa'per *s* papillote *f*
curl•y ['kʌrli] *adj* (*comp* **-ier**; *super* **-iest**) bouclé, frisé
curmudgeon [kər'mʌdʒən] *s* (*crosspatch*) bourru *m*, sale bougre *m*; (*miser*) ladre *mf*
currant ['kʌrənt] *s* groseille *f*
curren•cy ['kʌrənsi] *s* (*pl* **-cies**) circulation *f*; (*legal tender*) monnaie *f*, devises *fpl*; **to give currency to** donner cours à
current ['kʌrənt] *adj* courant; (*month*) en cours; (*accepted*) admis, reçu; (*present-day*) actuel || *s* courant *m*; (*stream*) courant, cours *m*
cur'rent account' *s* compte *m* courant
cur'rent events' *spl* actualités *fpl*
cur'rent fail'ure *s* panne *f* de secteur
cur'rent is'sue *s* dernier numéro *m*
curricu•lum [kə'rɪkjələm] *s* (*pl* **-lums** or **-la** [lə]) programme *m* scolaire, plan *m* d'études
cur•ry ['kʌri] *s* (*pl* **-ries**) cari *m* || *v* (*pret & pp* **-ried**) *tr* (*a horse*) étriller; (culin) apprêter au cari; **to curry favor with** faire la cour à
cur'ry•comb' *s* étrille *f* || *tr* étriller

cur′ry pow′der *s* cari *m*
curse [kʌrs] *s* malédiction *f*; (*oath*) juron *m* ‖ *tr* maudire ‖ *intr* jurer, sacrer
cursed [ˈkʌrsɪd], [kʌrst] *adj* maudit, exécrable, sacré
cursive [ˈkʌrsɪv] *adj* cursif ‖ *s* cursive *f*
cursory [ˈkʌrsəri] *adj* superficiel, précipité
curt [kʌrt] *adj* brusque, court
curtail [kərˈtel] *tr* amoindrir, diminuer; (*expenses*) restreindre; (*rights*) enlever
curtailment [kʌrˈtelmənt] *s* diminution *f*; (*of expenses*) restriction *f*; (*of rights*) privation *f*
curtain [ˈkʌrtən] *s* rideau *m* ‖ *tr* garnir de rideaux; (*to hide*) cacher sous des rideaux; **to curtain off** séparer par un rideau
cur′tain call′ *s* rappel *m*
cur′tain rais′er *s* (*play*) lever *m* de rideau
cur′tain ring′ *s* anneau *m* de rideau
cur′tain rod′ *s* tringle *f* de rideau
curt•sy [ˈkʌrtsi] *s* (*pl* **-sies**) révérence *f* ‖ *v* (*pret & pp* **-sied**) *intr* faire la révérence
curvature [ˈkʌrvətʃər] *s* courbure *f*; (*of spine*) déviation *f*
curve [kʌrv] *s* courbe *f*; (*of road*) virage *m*; (*curvature*) courbure *f* ‖ *tr* courber ‖ *intr* se courber
curved *adj* courbe, courbé
cushion [ˈkʊʃən] *s* coussin *m* ‖ *tr* (*a chair*) rembourrer; (*a shock*) amortir
cuspidor [ˈkʌspɪ ˌdɔr] *s* crachoir *m*
cuss [kʌs] *s* (*person*) (coll) vaurien *m*, chenapan *m* ‖ *tr* (coll) maudire ‖ *intr* (coll) jurer, sacrer
cuss′word′ *s* (coll) juron *m*
custard [ˈkʌstərd] *s* flan *m*, œufs *mpl* au lait, crème *f* caramel
custodian [kəsˈtodɪ·ən] *s* gardien *m*; concierge *mf*
custo•dy [ˈkʌstədi] *s* (*pl* **-dies**) garde *f*; emprisonnement *m*; **in custody** en sûreté; **to take into custody** mettre en état d'arrestation
custom [ˈkʌstəm] *s* coutume *f*; (*customers*) clientèle *f*; **customs** douane *f*; (*duties*) droits *mpl* de douane
customary [ˈkʌstəˌmeri] *adj* coutumier, ordinaire, habituel
custom-built [ˈkʌstəmˈbɪlt] *adj* hors série, fait sur commande
customer [ˈkʌstəmər] *s* client *m*, chaland *m*; (coll) individu *m*, type *m*; **customers** clientèle *f*, achalandage *m*
cus′tom•house′ *adj* douanier ‖ *s* douane *f*
custom-made [ˈkʌstəmˈmed] *adj* fait sur commande; (*clothes*) sur mesure
cus′toms clear′ance *s* expédition *f* douanière
cus′toms of′ficer *s* douanier *m*
cus′toms un′ion *s* union *f* douanière
cus′tom tai′lor *s* tailleur *m* à façon
cut [kʌt] *adj* coupé; **cut out** taillé, e.g., **he is not cut out for that** il n'est pas taillé pour cela; e.g., **your work is cut out for you** voilà votre besogne taillée ‖ *s* coupe *f*; (*piece cut off*) tranche *f*, morceau *m*; (*slash*) coupure *f*; (*with knife, whip, etc.*) coup *m*; (*in prices, wages, etc.*) réduction *f*, baisse *f*; (*of a garment*) coupe; (typ) gravure *f*, planche *f*; (*absence from school*) (coll) séchage *m*; (*in winnings, earnings, etc.*) (slang) part *f*; **the cheap cuts** les bas morceaux *mpl* ‖ *v* (*pret & pp* **cut**; *ger* **cutting**) *tr* couper; (*meat, bread*) trancher; (*prices*) réduire, baisser; (*e.g., a hole*) pratiquer; (*glass, diamonds*) tailler; (*fingernails*) rogner; (*an article, play, speech*) sabrer, faire des coupures à; (*a phonograph record*) enregistrer; (*a class*) (coll) sécher; **to cut down** faucher, abattre; (*expenses*) réduire; **to cut off, out,** or **up** découper, couper; **to cut short** couper court à ‖ *intr* couper; trancher; **to cut in** (*a conversation*) s'immiscer dans; (coll) enlever la danseuse d'un autre; **to cut off** (*debate*) clore; **to cut up** (slang) faire le pitre
cut′-and-dried′ *adj* décidé d'avance, tout fait; monotone, rasoir
cutaneous [kjuˈtenɪ·əs] *adj* cutané
cut′away′ *s* frac *m*
cut′back′ *s* réduction *f*; (mov) retour *m* en arrière
cute [kjut] *adj* (coll) mignon; (*shrewd*) (coll) rusé
cut′ glass′ *s* cristal *m* taillé
cuticle [ˈkjutɪkəl] *s* cuticule *f*
cutlass [ˈkʌtləs] *s* coutelas *m*
cutlery [ˈkʌtləri] *s* coutellerie *f*
cutlet [ˈkʌtlɪt] *s* côtelette *f*; (*without bone*) escalope *f*
cut′off′ *s* point *m* de coupure; (*road*) raccourci *m*; (*of river*) bras *m* mort; (*of cylinder*) obturateur *m*
cut′out′ *s* (aut) échappement *m* libre; (elec) coupe-circuit *m*; (mov) décor *m* découpé
cut′-rate′ *adj* à prix réduit
cutter [ˈkʌtər] *s* (naut) cotre *m*
cut′throat′ *s* coup-jarret *m*
cutting [ˈkʌtɪŋ] *adj* tranchant; (*tone, remark*) mordant, cinglant ‖ *s* coupe *f*; (*from a newspaper*) coupure *f*; (*e.g., of prices*) réduction *f*; (hort) bouture *f*; (mov) découpage *m*
cuttlefish [ˈkʌtəl ˌfɪʃ] *s* seiche *f*
cut′wa′ter *s* (naut) étrave *f*; (*of bridge*) bec *m*
cyanamide [saɪˈænəˌmaɪd] *s* cyanamide *f*
cyanide [ˈsaɪ·əˌnaɪd] *s* cyanure *m*
cyanosis [ˌsaɪ·əˈnosɪs] *s* cyanose *f*
cycle [ˈsaɪkəl] *s* cycle *m*; (*of internal-combustion engine*) temps *m*; (phys) période *f* ‖ *intr* faire de la bicyclette
cyclic(al) [ˈsaɪklɪk(əl)], [ˈsɪklɪk(əl)] *adj* cyclique
cyclist [ˈsaɪklɪst] *s* cycliste *mf*
cyclone [ˈsaɪklon] *s* cyclone *m*
cyclops [ˈsaɪklɑps] *s* cyclope *m*
cyclotron [ˈsaɪkloˌtrɑn], [ˈsɪkloˌtrɑn] *s* cyclotron *m*
cylinder [ˈsɪlɪndər] *s* cylindre *m*; (*of revolver*) barillet *m*

cyl′inder block′ *s* cylindre *m*
cyl′inder bore′ *s* alésage *m*
cyl′inder head′ *s* culasse *f*
cylindric(al) [sɪˈlɪndrɪk(əl)] *adj* cylindrique
cymbal [ˈsɪmbəl] *s* cymbale *f*
cynic [ˈsɪnɪk] *adj & s* cynique *m*
cynical [ˈsɪnɪkəl] *adj* cynique
cynicism [ˈsɪnɪ ˌsɪzəm] *s* cynisme *m*
cynosure [ˈsaɪnəˌʃʊr], [ˈsɪnəˌʃʊr] *s* guide *m*, exemple *m*, norme *f*; (*center of attention*) clou *m*; (astr) cynosure *f*
cypress [ˈsaɪprəs] *s* cyprès *m*
Cyprus [ˈsaɪprəs] *s* Chypre *f*
Cyrillic [sɪˈrɪlɪk] *adj* cyrillique
cyst [sɪst] *s* kyste *m*; (*on the skin*) vésicule *f*
czar [zɑr] *s* tsar *m*, czar *m*
czarina [zɑˈrinə] *s* tsarine *f*, czarine *f*
Czech [tʃɛk] *adj* tchèque ‖ *s* (*language*) tchèque *m*; (*person*) Tchèque *mf*
Czecho-Slovak [ˈtʃɛkoˈslovæk] *adj* tchécoslovaque ‖ *s* Tchécoslovaque *mf*
Czecho-Slovakia [ˌtʃɛkosloˈvækɪ·ə] *s* Tchécoslovaquie *f*; la Tchécoslovaquie

D

D, d [di] *s* IVe lettre de l'alphabet
dab [dæb] *s* touche *f*; (*of ink*) tache *f*; (*of butter*) petit morceau *m* ‖ *v* (*pret & pp* **dabbed**; *ger* **dabbing**) *tr* essuyer légèrement; (*to pat*) tapoter
dabble [ˈdæbəl] *tr* humecter ‖ *intr* barboter; **to dabble in** se mêler de; **to dabble in the stock market** boursicoter
dad [dæd] *s* (coll) papa *m*
dad·dy [ˈdædi] *s* (*pl* **-dies**) papa *m*
dad′dy-long′legs′ *s* (*pl* **-legs**) faucheux *m*
daffodil [ˈdæfədɪl] *s* jonquille *f* des prés, narcisse *m* des bois
daff·y [ˈdæfi] *adj* (*comp* **-ier**; *super* **-iest**) (coll) timbré, toqué
dagger [ˈdægər] *s* poignard *m*, dague *f*; (typ) croix *f*, obel *m*; **to look daggers at** foudroyer du regard
dahlia [ˈdæljə] *s* dahlia *m*
dai·ly [ˈdeli] *adj* quotidien, journalier ‖ *s* (*pl* **-lies**) quotidien *m* ‖ *adv* journellement
dain·ty [ˈdenti] *adj* (*comp* **-tier**; *super* **-tiest**) délicat ‖ *s* (*pl* **-ties**) friandise *f*
dair·y [ˈdɛri] *s* (*pl* **-ies**) laiterie *f*; (*shop*) crémerie *f*; (*farm*) vacherie *f*
dair′y farm′ *s* vacherie *f*
dair′y·man *s* (*pl* **-men**) laitier *m*
dais [ˈde·ɪs] *s* estrade *f*
dai·sy [ˈdezi] *s* (*pl* **-sies**) marguerite *f*
dal·ly [ˈdæli] *v* (*pret & pp* **-lied**) *intr* badiner; (*to delay*) s'attarder
dam [dæm] *s* barrage *m*; (*female quadruped*) mère *f* ‖ *v* (*pret & pp* **dammed**; *ger* **damming**) *tr* contenir, endiguer
damage [ˈdæmɪdʒ] *s* dommage *m*, dégâts *mpl*; (*to engine, ship, etc.*) avaries *fpl*; (*to one's reputation*) tort *m*; **damages** (law) dommages-intérêts *mpl* ‖ *tr* endommager; (*merchandise; a machine*) avarier; (*a reputation*) faire du tort à
damaging [ˈdæmɪdʒɪŋ] *adj* dommageable, préjudiciable
damascene [ˈdæməˌsin], [ˌdæməˈsin] *adj* damasquiné ‖ *s* damasquinage *m* ‖ *tr* damasquiner
Damascus [dəˈmæskəs] *s* Damas *f*
dame [dem] *s* dame *f*; (coll) jupon *m*
damn [dæm] *s* juron *m*, gros mot *m*; **I don't give a damn** (slang) je m'en fiche; **that's not worth a damn** (slang) ça ne vaut pas un pet de lapin, ça ne vaut pas chipette ‖ *tr* condamner; (*to criticize harshly*) éreinter; (*to curse*) maudire; **damn it!** oh, la vache!; **to damn with faint praise** assommer avec des fleurs ‖ *intr* maudire
damnation [dæmˈneʃən] *s* damnation *f*
damned [dæmd] *adj* damné *m* ‖ *s*—**the damned** les damnés ‖ *adv* (slang) diablement, bigrement
damp [dæmp] *adj* humide, moite ‖ *s* humidité *f*; (*firedamp*) grisou *m* ‖ *tr* (*to dampen*) humecter, mouiller; (*a furnace*) étouffer; (*sound; electromagnetic waves*) amortir
dampen [ˈdæmpən] *tr* humecter; (*enthusiasm*) refroidir; (*to muffle*) amortir
damper [ˈdæmpər] *s* (*of chimney*) registre *m*; (*of stovepipe*) soupape *f* de réglage; (*of piano*) étouffoir *m*; **to put a damper on** (fig) jeter un froid sur
damsel [ˈdæmzəl] *s* demoiselle *f*
dance [dæns], [dɑns] *s* danse *f*; bal *m*, soirée *f* dansante ‖ *tr & intr* danser
dance′ band′ *s* orchestre *m* de danse
dance′ floor′ *s* piste *f* de danse
dance′ hall′ *s* dancing *m*, salle *f* de danse
dance′ pro′gram *s* carnet *m* de bal
dancer [ˈdænsər], [ˈdɑnsər] *s* danseur *m*
danc′ing part′ner *s* danseur *m*
dandelion [ˈdændɪˌlaɪ·ən] *s* pissenlit *m*
dandruff [ˈdændrəf] *s* pellicules *fpl*
dan·dy [ˈdændi] *adj* (*comp* **-dier**; *super* **-diest**) (coll) chic, chouette ‖ *s* (*pl* **-dies**) dandy *m*, élégant *m*
Dane [den] *s* Danois *m*
danger [ˈdendʒər] *s* danger *m*

dangerous ['dendʒərəs] *adj* dangereux
dangle ['dæŋgəl] *tr* faire pendiller || *intr* pendiller
Danish ['denɪʃ] *adj & s* danois *m*
dank [dæŋk] *adj* humide, moite
Danube ['dænjʊb] *s* Danube *m*
dapper ['dæpər] *adj* fringant, élégant
dappled ['dæpəld] *adj* tacheté; (*sky*) pommelé; (*horse*) moucheté, miroité
dare [der] *s* défi *m*; **to take a dare** relever un défi || *tr* défier; oser; **to dare s.o. to** + *inf* défier qn de + *inf* || *intr* oser; **to dare** + *inf* oser + *inf*
dare′dev′il *s* risque-tout *mf*
daring ['derɪŋ] *adj* audacieux, hardi || *s* audace *f*, hardiesse *f*
dark [dɑrk] *adj* sombre, obscur; (*color*) foncé; (*complexion*) basané, brun; **it is dark** il fait noir, il fait nuit || *s* obscurité *f*, ténèbres *fpl*
Dark′ Ag′es *spl* âge *m* des ténèbres
darken ['dɑrkən] *tr* assombrir; (*the complexion*) brunir; (*a color*) foncer || *intr* s'assombrir; (*said of forehead*) se rembrunir
dark′ horse′ *s* (pol) candidat *m* obscur; (sports) outsider *m*
darkly ['dɑrkli] *adv* obscurément; (*mysteriously*) ténébreusement; (*threateningly*) d'un air menaçant
dark′ meat′ *s* viande *f* brune; (*of game*) viande noire
darkness ['dɑrknɪs] *s* obscurité *f*
dark′room′ *s* (phot) chambre *f* noire
darling ['dɑrlɪŋ] *adj & s* chéri *m*, bien-aimé *m*; **my darling** mon chou
darn [dɑrn] *s* reprise *f*, raccommodage *m* || *tr* repriser, raccommoder || *interj* zut!
darn′ing egg′ *s* œuf *m* à repriser
darn′ing nee′dle *s* aiguille *f* à repriser
dart [dɑrt] *s* dard *m*; (*small missile used in a game*) fléchette *f* || *intr* se précipiter, aller comme une flèche
dash [dæʃ] *s* trait *m*; (*small amount*) soupçon *m*, petit brin *m*; (*of color*) pointe *f*, touche *f*; (*splash*) choc *m*, floc *m*; (*spirit*) élan *m*, fougue *f*; (*in printing, writing*) tiret *m*; (*in telegraphy*) trait *m*, longue *f* || *tr* (*quickly*) précipiter; (*violently*) heurter; (*hopes*) abattre; **to dash off** écrire d'un trait, esquisser; **to dash to pieces** fracasser || *intr* se précipiter; **to dash against** se heurter contre; **to dash by** filer à grand train; **to dash in** entrer en trombe; **to dash off** or **out** s'élancer, s'élancer dehors
dash′board′ *s* tableau *m* de bord
dashing ['dæʃɪŋ] *adj* impétueux, fougueux; (*elegant*) fringant
dastard ['dæstərd] *adj & s* lâche *mf*
data ['detə], ['dætə] *spl* données *fpl*
da′ta proc′essing *s* analyse *f* des renseignements, étude *f* des données
date [det] *s* (*time*) date *f*; (*on books, on coins*) millésime *m*; (*palm*) dattier *m*; (*fruit*) datte *f*; (*of note, of loan*) terme *m*, échéance *f*; (*appointment*) rendez-vous *m*; **out of date** suranné, périmé; **to date** à ce jour; **up to date** à la page, au courant || *tr* dater; (*e.g., a work of art*) assigner une date à; (coll) fixer un rendez-vous avec || *intr* (*to be outmoded*) dater; **to date from** dater de, remonter à
date′ line′ *s* ligne *f* de changement de date
date′ palm′ *s* dattier *m*
dative ['detɪv] *s* datif *m*
daub [dɔb] *s* barbouillage *m* || *tr* barbouiller
daughter ['dɔtər] *s* fille *f*
daugh′ter-in-law′ *s* (*pl* **daughters-in-law**) belle-fille *f*, bru *f*
daunt [dɔnt] *tr* intimider, abattre
dauntless ['dɔntlɪs] *adj* intrépide
dauphin ['dɔfɪn] *s* dauphin *m*
davenport ['dævən ˌport] *s* canapé-lit *m*
daw [dɔ] *s* choucas *m*
dawdle ['dɔdəl] *intr* flâner, muser
dawn [dɔn] *s* aube *f*, aurore *f* || *intr* poindre; **to dawn on** venir à l'esprit à
day [de] *adj* (*work*) diurne; (*worker*) de journée || *s* jour *m*; (*of travel, work, worry*) journée *f*; (*of the month*) quantième *m*; **a day** (*per day*) par jour; **by the day** à la journée; **day by day** au jour le jour, jour par jour; **every day** tous les jours, chaque jour; **every other day** tous les deux jours; **from day to day** de jour en jour; **good old days** bon vieux temps; **in less than a day** du jour au lendemain; **in these days** de nos jours; **in those days** à ce moment-là, à cette époque; **one fine day** un beau jour; **the day after** le lendemain; le lendemain de; **the day after tomorrow** après-demain; l'après-demain *m*; **the day before** la veille; la veille de; **the day before yesterday** avant-hier; l'avant-hier *m*
day′ bed′ *s* canapé-lit *m*
day′break′ *s* pointe *f* du jour, lever *m* du jour; **at daybreak** au jour levant
day′ coach′ *s* (rr) voiture *f*
day′dream′ *s* rêvasserie *f*, rêverie *f* || *intr* rêvasser, rêver creux
day′dream′er *s* songe-creux *m*, songeur *m*
day′dream′ing *s* rêvasserie *f*
day′ la′borer *s* journalier *m*
day′light′ *s* jour *m*; **in broad daylight** en plein jour; **to see daylight** (coll) comprendre; (coll) voir la fin d'une tâche difficile
day′light-sav′ing time′ *s* heure *f* d'été
day′ lil′y *s* lis *m* jaune, belle-d'un-jour *f*
day′ nurs′ery *s* garderie *f* d'enfants, crèche *f*
day′ off′ *s* jour *m* de congé, jour chômé
day′ of reck′oning *s* jour *m* de règlement; (*last judgment*) jour d'expiation
day′ shift′ *s* équipe *f* de jour
day′ stu′dent *s* externe *mf*
day′time′ *s* jour *m*, journée *f*
daze [dez] *s* étourdissement *m*; **in a daze** hébété || *tr* étourdir
dazzle ['dæzəl] *s* éblouissement *m* || *tr* éblouir
dazzling ['dæzlɪŋ] *adj* éblouissant
D.C. ['di'si] *s* (letterword) (**District of**

Columbia) le district de Columbia; **(direct current)** le courant continu
D′-day′ *s* le jour J
deacon ['dikən] *s* diacre *m*
deaconess ['dikənɪs] *s* diaconesse *f*
dead [dɛd] *adj* mort; (*tired*) épuisé; (*color*) terne; (*business*) stagnant; (*sleep*) profond; (*calm*) plat; (*loss*) sec; (*typewriter key*) immobile; **on a dead level** à franc niveau ‖ *s*—**in the dead of night** au milieu de la nuit; **the dead** les morts; **the dead of winter** le cœur de l'hiver ‖ *adv* absolument; **to stop dead** s'arrêter net
dead′beat′ *s* (slang) écornifleur *m*
dead′ bolt′ *s* pêne *m* dormant
dead′ calm′ *s* calme *m* plat
dead′ cen′ter *s* point *m* mort
dead′-drunk′ *adj* ivre mort
deaden ['dɛdən] *tr* amortir; (*sound*) assourdir
dead′ end′ *s* cul-de-sac *m*, impasse *f*
dead′latch′ *s* pêne *m* dormant
dead′-let′ter of′fice *s* bureau *m* des rebuts
dead′line′ *s* dernier délai *m*, date *f* limite
dead′lock′ *s* serrure *f* à pêne dormant; (fig) impasse *f* ‖ *tr* faire aboutir à une impasse
dead·ly ['dɛdli] *adj* (*comp* **-lier**; *super* **-liest**) mortel; (*sin*) capital
dead′ pan′ *s* (slang) visage *m* sans expression
dead′ reck′oning *s* estime *f*; (*position*) point *m* d'estime
dead′ ring′er *s* (coll) portrait *m* vivant
dead′ sol′dier *s* (*bottle*) (slang) cadavre *m*
dead′ weight′ *s* poids *m* lourd
dead′wood′ *s* bois *m* mort; (fig) objet *m* or individu *m* inutile
deaf [dɛf] *adj* sourd; **to turn a deaf ear** faire la sourde oreille
deaf′-and-dumb′ *adj* sourd-muet
deafen ['dɛfən] *tr* assourdir
deafening ['dɛfənɪŋ] *adj* assourdissant
deaf′-mute′ *adj* & *s* sourd-muet *m*
deafness ['dɛfnɪs] *s* surdité *f*
deal [dil] *s* affaire *f*; (cards) main *f*, donne *f*; **a good deal (of)** or **a great deal (of)** beaucoup (de); **to think a great deal of s.o.** estimer qn ‖ *v* (*pret* & *pp* **dealt** [dɛlt]) *tr* (*a blow*) donner, porter; (cards) donner, distribuer; **to deal out** (*e.g., gifts*) distribuer, répartir; (*alms*) dispenser; (*justice*) rendre ‖ *intr* négocier; (cards) faire la donne; **to deal in** faire le commerce de; **to deal with** (*a person*) traiter avec; (*a subject*) traiter de
dealer ['dilər] *s* marchand *m*, négociant *m*; (*of cards*) donneur *m*; (*middleman, e.g., in selling automobiles*) concessionnaire *m*, stockiste *m*
dean [din] *s* doyen *m*
dean′ship *s* doyenné *m*, décanat *m*
dear [dɪr] *adj* cher; **dear me!** mon Dieu!; **Dear Sir** (*salutation in a letter*) Monsieur ‖ *s* chéri *m*
dearie ['dɪri] *s* (coll) petite, chérie *f*
dearth [dʌrθ] *s* disette *f*, pénurie *f*
death [dɛθ] *s* mort *f*; **at death's door** à deux doigts de la mort; **to bore to death** raser; **to put to death** mettre à mort; **to starve to death** mourir de faim; faire mourir de faim
death′bed′ *s* lit *m* de mort
death′blow′ *s* coup *m* mortel
death′ certif′icate *s* constatation *f* de décès, extrait *m* mortuaire
death′ house′ *s* quartier *m* de la mort
death′ knell′ *s* glas *m* funèbre
deathless ['dɛθlɪs] *adj* immortel
deathly ['dɛθli] *adj* mortel ‖ *adv* mortellement, comme la mort
death′ mask′ *s* masque *m* mortuaire
death′ pen′alty *s* peine *f* capitale
death′ rate′ *s* mortalité *f*, taux *m* de mortalité
death′ rat′tle *s* râle *m* de la mort
death′ war′rant *s* ordre *m* d'exécution
death′watch′ *s* veillée *f* funèbre
deb [dɛb] *s* (slang) débutante *f*
debacle [de'bɑkəl] *s* débâcle *m*
de·bar [dɪ'bɑr] *v* (*pret* & *pp* **-barred**; *ger* **-barring**) *tr* exclure; empêcher
debark [dɪ'bɑrk] *tr* & *intr* débarquer
debarkation [,dɪbɑr'keʃən] *s* débarquement *m*
debase [dɪ'bes] *tr* avilir, abaisser; (*e.g., money*) altérer
debatable [dɪ'betəbəl] *adj* discutable
debate [dɪ'bet] *s* débat *m*; **under debate** en discussion ‖ *tr* & *intr* discuter
debauch [dɪ'bɔtʃ] *s* débauche *f* ‖ *tr* débaucher, corrompre
debauchee [,dɛbɔ'ʃi], [,dɛbɔ'tʃi] *s* débauché *m*
debaucher·y [dɪ'bɔtʃəri] *s* (*pl* **-ies**) débauche *f*
debenture [dɪ'bɛntʃər] *s* (*bond*) obligation *f*; (*voucher*) reçu *m*
debilitate [dɪ'bɪlɪ,tet] *tr* débiliter
debili·ty [dɪ'bɪlɪti] *s* (*pl* **-ties**) débilité *f*
debit ['dɛbɪt] *s* débit *m*; (*entry on debit side*) article *m* au débit ‖ *tr* débiter, porter au débit
deb′it bal′ance *s* solde *m* débiteur
debonair [,dɛbə'nɛr] *adj* gai, jovial; élégant, charmant
debris [də'bri], ['debri] *s* débris *mpl*, détritus *m*; (*from ruined buildings*) décombres *mpl*
debt [dɛt] *s* dette *f*; **to run into debt** s'endetter
debtor ['dɛtər] *s* débiteur *m*
debut [de'bju], ['debju] *s* début *m* ‖ *intr* débuter
debutante [,dɛbjʊ'tɑnt], ['dɛbjə,tænt] *s* débutante *f*
decade ['dɛked] *s* décennie *f*, décade *f*
decadence [dɪ'kedəns] *s* décadence *f*
decadent [dɪ'kedənt] *adj* & *s* décadent *m*
decal ['dikæl], [dɪ'kæl], ['dɛkəl] *s* décalcomanie *f*
decamp [dɪ'kæmp] *intr* décamper
decanter [dɪ'kæntər] *s* carafe *f*
decapitate [dɪ'kæpɪ,tet] *tr* décapiter
decay [dɪ'ke] *s* (*rotting*) pourriture *f*; (*decline*) décadence *f*; (*falling to pieces*) délabrement *m*; (*of teeth*)

carie *f* || *tr* pourrir; (*teeth*) carier || *intr* pourrir, se gâter; (*said of teeth*) se carier; tomber en décadence or ruine; délabrer
decease [dɪˈsis] *s* décès *m* || *intr* décéder
deceit [dɪˈsit] *s* tromperie *f*
deceitful [dɪˈsitfəl] *adj* trompeur
deceive [dɪˈsiv] *tr & intr* tromper
decelerate [dɪˈsɛlə,ret] *tr & intr* ralentir
December [dɪˈsɛmbər] *s* décembre *m*
decen·cy [ˈdisənsi] *s* (*pl* **-cies**) décence *f*; **decencies** convenances *fpl*
decent [ˈdisənt] *adj* décent
decentralize [dɪˈsɛntrə,laɪz] *tr* décentraliser
deception [dɪˈsɛpʃən] *s* tromperie *f*
deceptive [dɪˈsɛptɪv] *adj* trompeur
decide [dɪˈsaɪd] *tr* décider; (*the outcome*) décider de || *intr* décider, **se** décider; **to decide to** + *inf* décider de + *inf*, **se** décider à + *inf*; **to decide upon a day** fixer un jour
deciduous [dɪˈsɪdʒʊ·əs], [dɪˈsɪdjʊ·əs] *adj* caduc
decimal [ˈdɛsɪməl] *adj* décimal || *s* décimale *f*
dec′imal point′ *s* (*in French the comma is used to separate the decimal fraction from the integer*) virgule *f*
decimate [ˈdɛsɪ,met] *tr* décimer
decipher [dɪˈsaɪfər] *tr* déchiffrer
decision [dɪˈsɪʒən] *s* décision *f*
decisive [dɪˈsaɪsɪv] *adj* décisif
deck [dɛk] *s* (*of cards*) jeu *m*, paquet *m*; (*of ship*) pont *m*; **between decks** (naut) dans l'entrepont || *tr*—**to deck out** parer, orner
deck′ chair′ *s* transatlantique *m*, transat *m*, chaise *f* longue de bord
deck′ hand′ *s* matelot *m* de pont
deck′-land′ *intr* apponter
deck′-land′ing *s* appontage *m*
deck′le edge′ [ˈdɛkəl] *s* barbes *fpl*, bords *mpl* baveux
declaim [dɪˈklem] *tr & intr* déclamer
declaration [,dɛkləˈreʃən] *s* déclaration *f*
declarative [dɪˈklærətɪv] *adj* déclaratif
declare [dɪˈklɛr] *tr & intr* déclarer
declension [dɪˈklɛnʃən] *s* (gram) déclinaison *f*
declination [,dɛklɪˈneʃən] *s* (astr, geog) déclinaison *f*
decline [dɪˈklaɪn] *s* déclin *m*, décadence *f*; (*in prices*) baisse *f* || *tr & intr* décliner
declivi·ty [dɪˈklɪvɪti] *s* (*pl* **-ties**) déclivité *f*, pente *f*
decode [dɪˈkod] *tr* décoder, déchiffrer
decompose [,dikəmˈpoz] *tr* décomposer || *intr* se décomposer
decomposition [,dikɑmpəˈzɪʃən] *s* décomposition *f*
decompression [,dikəmˈprɛʃən] *s* décompression *f*
decontamination [,dikən,tæmɪˈneʃən] *s* décontamination *f*
decorate [ˈdɛkə,ret] *tr* décorer
decoration [,dɛkəˈreʃən] *s* décoration *f*
decorator [ˈdɛkə,retər] *s* décorateur *m*
decorous [ˈdɛkərəs], [dɪˈkorəs] *adj* convenable, correct, bienséant
decorum [dɪˈkorəm] *s* décorum *m*
decoy [dɪˈkɔɪ], [ˈdikɔɪ] *s* leurre *m*, appât *m*; (*bird*) appeau *m* || *tr* [dɪˈkɔɪ] *tr* leurrer
decrease [ˈdikris], [dɪˈkris] *s* diminution *f* || [dɪˈkris] *tr & intr* diminuer
decree [dɪˈkri] *s* décret *m*, arrêté *m*; (*of divorce*) ordonnance *f* || *tr* décréter, arrêter, ordonner
decrepit [dɪˈkrɛpɪt] *adj* décrépit
de·cry [dɪˈkraɪ] *v* (*pret & pp* **-cried**) *tr* décrier, dénigrer
dedicate [ˈdɛdɪ,ket] *tr* dédier
dedication [,dɛdɪˈkeʃən] *s* consécration *f*; (*e.g., in a book*) dédicace *f*
dedicatory [ˈdɛdɪkə,tori] *adj* dédicatoire
deduce [dɪˈd(j)us] *tr* déduire, inférer
deduct [dɪˈdʌkt] *tr* déduire
deduction [dɪˈdʌkʃən] *s* déduction *f*
deed [did] *s* action *f*, acte *m*; (law) acte, titre *m*, contrat *m*; **deed of valor** haut fait *m*; **good deed** bonne action; **in deed** dans le fait || *tr* transférer par un acte
deem [dim] *tr* estimer, juger, croire || *intr* penser
deep [dip] *adj* profond; (*sound*) grave; (*color*) foncé; de profondeur, e.g., **to be twenty feet deep** avoir vingt pieds de profondeur; **deep in debt** criblé de dettes; **deep in thought** plongé dans la méditation || *adv* profondément; **deep into the night** très avant dans la nuit
deepen [ˈdipən] *tr* approfondir || *intr* s'approfondir
deep′-freeze′ *v* (*pret* **-froze**; *pp* **-frozen**) *tr* congeler à basse température
deep′-laid′ *adj* habilement ourdi
deep′ mourn′ing *s* grand deuil *m*
deep′-root′ed *adj* profondément enraciné
deep′-sea fish′ing *s* grande pêche *f* au large, pêche maritime
deer [dɪr] *s* (*red deer*) cerf *m*; (*fallow deer*) daim *m*; (*roe deer*) chevreuil *m*
deer′skin′ *s* peau *f* de daim
deface [dɪˈfes] *tr* défigurer
de facto [diˈfækto] *adv* de fait, de facto
defamation [,dɛfəˈmeʃən], [,difəˈmeʃən] *s* diffamation *f*, injures *fpl*
defame [dɪˈfem] *tr* diffamer
default [dɪˈfɔlt] *s* manque *m*, défaut *m*; (*on an obligation*) carence *f*; **by default** par défaut; (**sports**) par forfait; **in default of** à défaut de || *tr* (*a debt*) manquer de s'acquitter de || *intr* ne pas tenir ses engagements; (sports) perdre par forfait
defeat [dɪˈfit] *s* défaite *f*; **unexpected defeat** contre-performance *f* || *tr* vaincre, battre, défaire
defeatism [dɪˈfitɪzəm] *s* défaitisme *m*
defeatist [dɪˈfitɪst] *adj & s* défaitiste *mf*
defecate [ˈdɛfɪ,ket] *intr* déféquer
defect [dɪˈfɛkt], [ˈdifɛkt] *s* défaut *m*, imperfection *f*, vice *m* || [dɪˈfɛkt] *intr* faire défection, déserter

defection [dɪˈfɛkʃən] *s* défection *f*
defective [dɪˈfɛktɪv] *adj* défectueux, vicieux; (gram) défectif
defend [dɪˈfɛnd] *tr* défendre
defendant [dɪˈfɛndənt] *s* (law) défendeur *m*, intimé *m*
defense [dɪˈfɛns] *s* défense *f*
defenseless [dɪˈfɛnslɪs] *adj* sans défense
defensive [dɪˈfɛnsɪv] *adj* défensif || *s* défensive *f*
de•fer [dɪˈfʌr] *v* (*pret & pp* **-ferred**; *ger* **-ferring**) *tr* différer; (mil) mettre en sursis || *intr*—**to defer to** déférer à
deference [ˈdɛfərəns] *s* déférence *f*
deferential [ˌdɛfəˈrɛnʃəl] *adj* déférent
deferment [dɪˈfʌrmənt] *s* ajournement *m*, remise *f*; (*extension of time*) délai *m*; (mil) sursis *m* d'appel
defiance [dɪˈfaɪ·əns] *s* défi *m*, provocation *f*, nargue *f*; **in defiance of** au mépris de, en dépit de
defiant [dɪˈfaɪ·ənt] *adj* provocant, hostile, de défi
deficien•cy [dɪˈfɪʃənsi] *s* (*pl* **-cies**) déficience *f*, insuffisance *f*; (*of vitamins or minerals*) carence *f*; (com) déficit *m*
deficient [dɪˈfɪʃənt] *adj* déficient, insuffisant
deficit [ˈdɛfɪsɪt] *adj* déficitaire || *s* déficit *m*
defile [dɪˈfaɪl], [ˈdifaɪl] *s* défilé *m* || [dɪˈfaɪl] *tr* souiller || *intr* défiler
defilement [dɪˈfaɪlmənt] *s* souillure *f*
define [dɪˈfaɪn] *tr* définir
definite [ˈdɛfɪnɪt] *adj* défini; (*opinions, viewpoints*) décidé
definitely [ˈdɛfɪnɪtli] *adv* décidément, nettement
definition [ˌdɛfɪˈnɪʃən] *s* définition *f*
definitive [dɪˈfɪnɪtɪv] *adj* définitif
deflate [dɪˈflet] *tr* dégonfler; (*currency*) amener la déflation de || *intr* se dégonfler
deflation [dɪˈfleʃən] *s* dégonflement *m*; (*of prices*) déflation *f*
deflect [dɪˈflɛkt] *tr & intr* dévier
deflower [diˈflaʊ·ər] *tr* déflorer; (*to strip of flowers*) défleurir
deforest [diˈfɑrɪst], [diˈfɔrɪst] *tr* déboiser
deform [dɪˈfɔrm] *tr* déformer
deformed *adj* contrefait, difforme
deformi•ty [dɪˈfɔrmɪti] *s* (*pl* **-ties**) difformité *f*
defraud [dɪˈfrɔd] *tr* frauder
defray [dɪˈfre] *tr* payer, supporter
defrost [diˈfrɔst], [diˈfrɑst] *tr* décongeler, dégivrer
defroster [diˈfrɔstər], [diˈfrɑstər] *s* déglaceur *m*, dégivreur *m*
defrosting [diˈfrɔstɪŋ], [diˈfrɑstɪŋ] *s* dégèlement *m*, dégivrage *m*
deft [dɛft] *adj* adroit, habile; (*hand*) exercé, preste
defunct [dɪˈfʌŋkt] *adj* défunt; (*practice, style, etc.*) tombé en désuétude
de•fy [dɪˈfaɪ] *v* (*pret & pp* **-fied**) *tr* défier, braver, porter un défi à
degeneracy [dɪˈdʒɛnərəsi] *s* dégénérescence *f*
degenerate [dɪˈdʒɛnərɪt] *adj & s* dégénéré *m* || [dɪˈdʒɛnəˌret] *intr* dégénérer
degrade [dɪˈgred] *tr* dégrader
degrading [dɪˈgredɪŋ] *adj* dégradant
degree [dɪˈgri] *s* degré *m*; (*from a university*) grade *m*; (*of humidity*) titre *m*; **to take a degree** obtenir ses diplômes, obtenir ses titres universitaires
dehumidi•fy [ˌdihjuˈmɪdɪˌfaɪ] *v* (*pret & pp* **-fied**) *tr* déshumidifier
dehydrate [diˈhaɪdret] *tr* déshydrater; (*the body*) dessécher
deice [diˈaɪs] *tr* déglacer, dégivrer
deicer [diˈaɪsər] *s* dégivreur *m*, antigivrant *m*
dei•fy [ˈdi·ɪˌfaɪ] *v* (*pret & pp* **-fied**) *tr* déifier
deign [den] *intr*—**to deign to** daigner
dei•ty [ˈdi·ɪti] *s* (*pl* **-ties**) divinité *f*; (mythol) déité *f*; **the Deity** Dieu *m*
dejected [dɪˈdʒɛktɪd] *adj* abattu, découragé
dejection [dɪˈdʒɛkʃən] *s* abattement *m*
delay [dɪˈle] *s* retard *m*; (*postponement*) sursis *m*, remise *f*; **without delay** sans délai; **without further delay** sans plus tarder || *tr* retarder; (*to put off*) remettre, différer || *intr* tarder, s'attarder
delayed′-ac′tion *adj* à action différée
delayed′-ac′tion switch′ *s* minuterie *f* d'escalier
delayed′-time′ switch′ *s* coupe-circuit *m* à action différée
dele [ˈdili] *s* (typ) deleatur *m*
delectable [dɪˈlɛktəbəl] *adj* délectable
delegate [ˈdɛlɪˌget], [ˈdɛlɪgɪt] *s* délégué *m*; (*at a convention*) congressiste *mf*, délégué || [ˈdɛlɪˌget] *tr* déléguer
delegation [ˌdɛlɪˈgeʃən] *s* délégation *f*
delete [dɪˈlit] *tr* supprimer
deletion [dɪˈliʃən] *s* suppression *f*; (*the deleted part*) passage *m* supprimé
deliberate [dɪˈlɪbərɪt] *adj* (*premeditated*) délibéré, réfléchi; (*cautious*) circonspect; (*slow*) lent || [dɪˈlɪbəˌret] *tr & intr* délibérer
deliberately [dɪˈlɪbərɪtli] *adv* (*on purpose*) exprès, de propos délibéré; (*without hurrying*) posément, sans hâte
deliberation [dɪˌlɪbəˈreʃən] *s* délibération *f*; (*slowness*) lenteur *f*
delica•cy [ˈdɛlɪkəsi] *s* (*pl* **-cies**) délicatesse *f*; (*choice food*) friandise *f*, gourmandise *f*
delicate [ˈdɛlɪkɪt] *adj* délicat
delicatessen [ˌdɛlɪkəˈtɛsən] *s* charcuterie *f*
delicious [dɪˈlɪʃəs] *adj* délicieux
delight [dɪˈlaɪt] *s* délice *m*, délices *fpl*, plaisir *m* || *tr* enchanter, ravir || *intr* —**to delight in** se délecter à
delighted *adj* enchanté, ravi, content
delightful [dɪˈlaɪtfəl] *adj* délicieux, ravissant, enchanteur
delineate [dɪˈlɪnɪˌet] *tr* esquisser
delinquen•cy [dɪˈlɪŋkwənsi] *s* (*pl* **-cies**) délit *m*, faute *f*; (*e.g., of juveniles*) délinquance *f*

delinquent [dɪˈlɪŋkwənt] *adj* négligent, coupable; (*in payment*) arriéré; (*in guilt*) délinquant ‖ *s* délinquant *m*; créancier *m* en retard
delirious [dɪˈlɪrɪ·əs] *adj* délirant
deliri·um [dɪˈlɪrɪ·əm] *s* (*pl* **-ums** or **-a** [ə]) délire *m*
deliver [dɪˈlɪvər] *tr* délivrer; (*e.g., laundry*) livrer; (*mail*) distribuer; (*a blow*) asséner; (*an opinion*) exprimer; (*a speech*) prononcer; (*energy*) débiter, fournir; **to be delivered of a child** accoucher d'un enfant
deliver·y [dɪˈlɪvəri] *s* (*pl* **-ies**) *s* remise *f*; (*e.g., of a package*) livraison *f*; (*of mail*) distribution *f*; (*of a speech; of electricity*) débit *m*; (*of a woman in childbirth*) accouchement *m*, délivrance *f*; **free delivery** livraison franco
deliv′ery·man *s* (*pl* **-men**) livreur *m*
deliv′ery room′ *s* salle *f* d'accouchement, salle de travail
deliv′ery truck′ *s* fourgon *m* à livraison
dell [dɛl] *s* vallon *m*
delouse [diˈlaʊs], [diˈlaʊz] *tr* épouiller
delphinium [dɛlˈfɪnɪ·əm] *s* dauphinelle *f*, pied-d'alouette *m*
delta [ˈdɛltə] *s* delta *m*
delude [dɪˈlud] *tr* duper, tromper
deluge [ˈdɛljudʒ] *s* déluge *m* ‖ *tr* inonder
delusion [dɪˈluʒən] *s* illusion *f*, tromperie *f*; **delusions** (psychopathol) hallucinations *fpl*; **delusions of grandeur** folie *f* des grandeurs
delusive [dɪˈlusɪv] or **delusory** [dɪˈlusəri] *adj* trompeur
de luxe [dɪˈlʊks], [dɪˈlʌks] *adj & adv* de luxe
delve [dɛlv] *intr*—**to delve into** fouiller dans, approfondir
demagnetize [diˈmægnɪˌtaɪz] *tr* démagnétiser, désaimanter
demagogue [ˈdɛməˌgɑg] *s* démagogue *mf*
demand [dɪˈmænd], [dɪˈmɑnd] *s* exigence *f*; (*of the buying public*) demande *f*; **demands** exigences; **in great demand** très recherché; **on demand** sur demande ‖ *tr* exiger
demanding [dɪˈmændɪŋ], [dɪˈmɑndɪŋ] *adj* exigeant
demarcate [dɪˈmɑrket], [ˈdimɑrˌket] *tr* délimiter
demean [dɪˈmin] *tr* dégrader; **to demean oneself** se conduire
demeanor [dɪˈminər] *s* conduite *f*, tenue *f*
demented [dɪˈmɛntɪd] *adj* aliéné, fou
demerit [diˈmɛrɪt] *s* démérite *m*
demigod [ˈdɛmɪˌgɑd] *s* demi-dieu *m*
demijohn [ˈdɛmɪˌdʒɑn] *s* dame-jeanne *f*
demilitarize [diˈmɪlɪtəˌraɪz] *tr* démilitariser
demise [dɪˈmaɪz] *s* décès *m*
demitasse [ˈdɛmɪˌtæs], [ˈdɛmɪˌtɑs] *s* petite tasse *f* à café; (*contents*) café *m* noir
demobilize [diˈmobɪˌlaɪz] *tr* démobiliser
democra·cy [dɪˈmɑkrəsi] *s* (*pl* **-cies**) démocratie *f*
democrat [ˈdɛməˌkræt] *s* démocrate *mf*
democratic [ˌdɛməˈkrætɪk] *adj* démocratique
demolish [dɪˈmɑlɪʃ] *tr* démolir
demolition [ˌdɛməˈlɪʃən], [ˌdiməˈlɪʃən] *s* démolition *f*
demon [ˈdimən] *s* démon *m*
demoniac [dɪˈmonɪˌæk] *adj & s* démoniaque *mf*
demonic [dɪˈmɑnɪk] *adj* démoniaque
demonstrate [ˈdɛmənˌstret] *tr* démontrer ‖ *intr* (*to show feelings in public gatherings*) manifester
demonstration [ˌdɛmənˈstreʃən] *s* démonstration *f*; (*public show of feeling*) manifestation *f*
demonstrative [dɪˈmɑnstrətɪv] *adj* démonstratif
demonstrator [ˈdɛmənˌstretər] *s* (*salesman*) démonstrateur *m*; (*agitator*) manifestant *m*
demoralize [dɪˈmɑrəˌlaɪz], [dɪˈmɔrəˌlaɪz] *tr* démoraliser
demote [dɪˈmot] *tr* rétrograder
demotion [dɪˈmoʃən] *s* rétrogradation *f*
de·mur [dɪˈmʌr] *v* (*pret & pp* **-murred**; *ger* **-murring**) *intr* faire des objections
demure [dɪˈmjʊr] *adj* modeste, posé
demurrage [dɪˈmʌrɪdʒ] *s* (naut) surestarie *f*
den [dɛn] *s* (*of animals; of thieves*) repaire *m*, retraite *f*; (*of wild beasts*) antre *m*; (*of lions*) tanière *f*; (*room in a house*) cabinet *m* de travail, fumoir *m*; (Cub Scouts) sizaine *f*
denaturalize [diˈnætjərəˌlaɪz] *tr* dénaturaliser
denial [dɪˈnaɪ·əl] *s* (*contradiction*) dénégation *f*, démenti *m*; (*refusal*) refus *m*, déni *m*
denim [ˈdɛnɪm] *s* coutil *m*
denizen [ˈdɛnɪzən] *s* habitant *m*
Denmark [ˈdɛnmɑrk] *s* le Danemark
denomination [dɪˌnɑmɪˈneʃən] *s* dénomination *f*; (*of coin or stamp*) valeur *f*; (eccl) secte *f*, confession *f*, communion *f*
denote [dɪˈnot] *tr* dénoter
denounce [dɪˈnaʊns] *tr* dénoncer
dense [dɛns] *adj* dense; (*stupid*) bête
densi·ty [ˈdɛnsɪti] *s* (*pl* **-ties**) densité *f*
dent [dɛnt] *s* marque *f* de coup; creux *m*; (*in a knife; in a fortune*) brèche *f*; **to make a dent in** faire une brèche à ‖ *tr* ébrécher
dental [ˈdɛntəl] *adj* dentaire; (phonet) dental ‖ *s* dentale *f*
den′tal floss′ *s* fil *m* dentaire
den′tal sur′geon *s* chirurgien-dentiste *m*
dentifrice [ˈdɛntɪfrɪs] *s* dentifrice *m*
dentist [ˈdɛntɪst] *s* dentiste *mf*
dentistry [ˈdɛntɪstri] *s* odontologie *f*
denture [ˈdɛntʃər] *s* (*set of teeth*) denture *f*; (*set of artificial teeth*) dentier *m*, râtelier *m*
denunciation [dɪˌnʌnsɪˈeʃən], [dɪˌnʌnʃɪˈeʃən] *s* dénonciation *f*
de·ny [dɪˈnaɪ] *v* (*pret & pp* **-nied**) *tr* nier, démentir; **to deny oneself** se refuser, se priver

deodorant [di'odərənt] *adj & s* désodorisant *m*
deodorize [di'odə ,raɪz] *tr* désodoriser
depart [dɪ'pɑrt] *intr* partir; **to depart from** se départir de
departed *adj* (*dead*) mort, défunt
department [dɪ'pɑrtmənt] *s* département *m*; (*of hospital*) service *m*; (*of agency*) bureau *m*; (*of store*) rayon *m*, comptoir *m*; (*of university*) section *f*
Depart'ment of State' *s* ministère *m* des affaires étrangères
depart'ment store' *s* grands magasins *mpl*, galerie *f*
departure [dɪ'pɑrtʃər] *s* départ *m*
depend [dɪ'pɛnd] *intr* dépendre; **to depend on** or **upon** dépendre de
dependable [dɪ'pɛndəbəl] *adj* sûr; (*person*) digne de confiance
dependence [dɪ'pɛndəns] *s* dépendance *f*; **dependence on** dépendance de; (*trust in*) confiance en
dependen•cy [dɪ'pɛndənsi] *s* (*pl* **-cies**) dépendance *f*; (*country, territory*) possession *f*, colonie *f*
dependent [dɪ'pɛndənt] *adj* dépendant; **dependent on** dépendant de; (*s.o. for family support*) à la charge de || *s* charge *f* de famille
depend'ent clause' *s* proposition *f* subordonnée
depict [dɪ'pɪkt] *tr* dépeindre, décrire
depiction [dɪ'pɪkʃən] *s* peinture *f*
deplete [dɪ'plit] *tr* épuiser
depletion [dɪ'pliʃən] *s* épuisement *m*
deplorable [dɪ'plorəbəl] *adj* déplorable
deplore [dɪ'plor] *tr* déplorer
deploy [dɪ'plɔɪ] *tr* (mil) déployer || *intr* (mil) se déployer
deployment [dɪ'plɔɪmənt] *s* (mil) déploiement *m*
depolarize [di'polə,raɪz] *tr* dépolariser
depopulate [di'pɑpjə ,let] *tr & intr* dépeupler
deport [dɪ'port] *tr* déporter; **to deport oneself** se comporter
deportation [,dipor'teʃən] *s* déportation *f*
deportee [,dipor'ti] *s* déporté *m*
deportment [dɪ'portmənt] *s* comportement *m*, tenue *f*, manières *fpl*
depose [dɪ'poz] *tr & intr* déposer
deposit [dɪ'pɑzɪt] *s* dépôt *m*; (*as pledge*) cautionnement *m*, arrhes *fpl*, gage *m*; **no deposit** (*bottle*) perdu; **to pay a deposit** verser une provision, un acompte, or une caution; **with deposit** (*on a bottle*) consigné || *tr* déposer; laisser comme provision
depos'it account' *s* compte *m* courant
depositor [dɪ'pɑzɪtər] *s* déposant *m*
deposito•ry [dɪ'pɑzɪ ,tori] *s* (*pl* **-ries**) dépot *m*; (*person*) dépositaire *mf*
depot ['dipo], ['dɛpo] *s* dépôt *m*; (rr) gare *f*
depraved [dɪ'prevd] *adj* dépravé
depravi•ty [dɪ'prævɪti] *s* (*pl* **-ties**) dépravation *f*
deprecate ['dɛprɪ ,ket] *tr* désapprouver
depreciate [dɪ'priʃɪ ,et] *tr* déprécier || *intr* se déprécier
depreciation [dɪ ,priʃɪ'eʃən] *s* dépréciation *f*
depredation [,dɛprɪ'deʃən] *s* déprédation *f*
depress [dɪ'prɛs] *tr* déprimer; (*prices*) abaisser
depressing [dɪ'prɛsɪŋ] *adj* attristant
depression [dɪ'prɛʃən] *s* dépression *f*
deprive [dɪ'praɪv] *tr* priver
depth [dɛpθ] *s* profondeur *f*; (*in sound*) gravité *f*; **depths** abîme *m*; **in the depth of winter** en plein hiver; **to go beyond one's depth** perdre pied; sortir de sa compétence
depth' bomb' *s* bombe *f* sous-marine
depth' charge' *s* grenade *f* sous-marine
deputation [,dɛpjə'teʃən] *s* députation *f*
deputize ['dɛpjə ,taɪz] *tr* députer
depu•ty ['dɛpjəti] *s* (*pl* **-ties**) député *m*
derail [dɪ'rel] *tr* faire dérailler || *intr* dérailler
derailment [dɪ'relmənt] *s* déraillement *m*
derange [dɪ'rendʒ] *tr* déranger
derangement [dɪ'rendʒmənt] *s* dérangement *m*; (*of mind*) aliénation *f*
der•by ['dʌrbi] *s* (*pl* **-bies**) (*race*) derby *m*; (*hat*) chapeau *m* melon
derelict ['dɛrɪlɪkt] *adj* abandonné, délaissé; (*in one's duty*) négligent || *s* épave *f*
dereliction [,dɛrɪ'lɪkʃən] *s* abandon *m*, renoncement *m*
deride [dɪ'raɪd] *tr* tourner en dérision, ridiculiser
derision [dɪ'rɪʒən] *s* dérision *f*
derisive [dɪ'raɪsɪv] *adj* dérisoire
derivation [,dɛrɪ'veʃən] *s* dérivation *f*
derivative [dɪ'rɪvətɪv] *adj & s* dérivé *m*
derive [dɪ'raɪv] *tr & intr* dériver
dermatology [,dʌrmə'tɑlədʒi] *s* dermatologie *f*
derogatory [dɪ'rɑgə,tori] *adj* péjoratif
derrick ['dɛrɪk] *s* grue *f*; (*for extracting oil*) derrick *m*
dervish ['dʌrvɪʃ] *s* derviche *m*
desalinization [di ,selɪnɪ'zeʃən] *s* dessalement *m*
desalt [di'sɔlt] *tr* dessaler
descend [dɪ'sɛnd] *tr* descendre || *intr* descendre; (*said of rain*) tomber; **to be descended from** descendre de; **to descend on** s'abattre sur
descendant [dɪ'sɛndənt] *adj & s* descendant *m*
descendent [dɪ'sɛndənt] *adj* descendant
descent [dɪ'sɛnt] *s* descente *f*; (*drop in temperature*) chute *f*; (*lineage*) descendance *f*, naissance *f*
describe [dɪ'skraɪb] *tr* décrire
description [dɪ'skrɪpʃən] *s* description *f*
descriptive [dɪ'skrɪptɪv] *adj* descriptif
de•scry [dɪ'skraɪ] *v* (*pret & pp* **-scried**) *tr* découvrir, apercevoir
desecrate ['dɛsɪ ,kret] *tr* profaner
desegregate [di'sɛgrɪ ,get] *intr* supprimer la ségrégation raciale
desegregation [di,sɛgrɪ'geʃən] *s* déségrégation *f*
desensitize [di'sɛnsɪ,taɪz] *tr* désensibiliser

desert ['dezərt] *adj & s* désert *m* || [dɪ'zʌrt] *s* mérite *m*; **to get one's just deserts** recevoir son salaire, recevoir sa juste punition || *tr & intr* déserter
deserted *adj* (*person*) abandonné; (*place*) désert, nu
deserter [dɪ'zʌrtər] *s* déserteur *m*
desertion [dɪ'zʌrʃən] *s* désertion *f*
deserve [dɪ'zʌrv] *tr & intr* mériter
deservedly [dɪ'zʌrvɪdli] *adv* à juste titre, dignement
deserving [dɪ'zʌrvɪŋ] *adj* méritoire, digne
design [dɪ'zaɪn] *s* (*combination of details; art of designing; work of art*) dessin *m*; (*plan, scheme*) dessein *m*, projet *m*, plan *m*; (*model, outline*) modèle *m*, type *m*, grandes lignes *fpl*; **to have designs on** avoir des desseins sur || *tr* inventer, projeter; (*e.g., a dress*) dessiner; (*a secret plan*) combiner; **designed for** destiné à
designate ['dezɪg,net] *tr* désigner
designer [dɪ'zaɪnər] *s* dessinateur *m*
designing [dɪ'zaɪnɪŋ] *adj* artificieux, intrigant || *s* dessin *m*
desirable [dɪ'zaɪrəbəl] *adj* désirable
desire [dɪ'zaɪr] *s* désir *m* || *tr* désirer
desirous [dɪ'zaɪrəs] *adj* désireux
desist [dɪ'zɪst] *intr* cesser
desk [desk] *s* bureau *m*; (*in schoolroom*) pupitre *m*; (*of cashier*) caisse *f*
desk' blot'ter *s* sous-main *m*
desk' clerk' *s* réceptionnaire *mf*
desk' set' *s* écritoire *f*
desolate ['desəlɪt] *adj* désert; (*sad*) désolé; (*alone*) abandonné || ['desə,let] *tr* désoler
desolation [,desə'leʃən] *s* désolation *f*
despair [dɪ'sper] *s* désespoir *m*, désespérance *f* || *intr* désespérer
despairing [dɪ'sperɪŋ] *adj* désespéré
despera·do [,despə'redo], [,despə'rɑdo] *s* (*pl* **-does** or **-dos**) hors-la-loi *m*
desperate ['despərɪt] *adj* capable de tout, poussé à bout; (*bitter, excessive*) acharné, à outrance; (*hopeless*) désespéré; (*remedy*) héroïque
desperation [,despə'reʃən] *s* désespoir *m*; (*recklessness*) témérité *f*
despicable ['despɪkəbəl] *adj* méprisable, mesquin
despise [dɪ'spaɪz] *tr* mépriser, dédaigner
despite [dɪ'spaɪt] *prep* en dépit de, malgré
despoil [dɪ'spɔɪl] *tr* dépouiller
desponden·cy [dɪ'spɑndənsi] *s* (*pl* **-cies**) abattement *m*, accablement *m*
despondent [dɪ'spɑndənt] *adj* abattu, accablé, déprimé
despot ['despɑt] *s* despote *m*, tyran *m*
despotic [des'pɑtɪk] *adj* despotique
despotism ['despə,tɪzəm] *s* despotisme *m*
dessert [dɪ'zʌrt] *s* dessert *m*
dessert' spoon' *s* cuiller *f* à dessert
destination [,destɪ'neʃən] *s* destination *f*
destine ['destɪn] *tr* destiner
desti·ny ['destɪni] *s* (*pl* **-nies**) destin *m*, destinée *f*
destitute ['destɪ,t(j)ut] *adj* indigent; dépourvu
destitution [,destɪ't(j)uʃən] *s* dénuement *m*, indigence *f*
destroy [dɪ'strɔɪ] *tr* détruire
destroyer [dɪ'strɔɪ·ər] *s* destructeur *m*; (nav) destroyer *m*
destruction [dɪ'strʌkʃən] *s* destruction *f*
destructive [dɪ'strʌktɪv] *adj* destructeur, destructif
desultory ['desəl,tori] *adj* décousu, sans suite; (*conversation*) à bâtons rompus
detach [dɪ'tætʃ] *tr* détacher
detachable [dɪ'tætʃəbəl] *adj* détachable, démontable; (*collar*) faux
detached *adj* détaché
detachment [dɪ'tætʃmənt] *s* détachement *m*
detail [dɪ'tel], ['ditel] *s* détail *m*; (mil) extrait *m* de l'ordre du jour; (mil) détachement *m* || [dɪ'tel] *tr* détailler
detailed' state'ment *s* bordereau *m*
detain [dɪ'ten] *tr* retenir, retarder; (*in prison*) détenir
detect [dɪ'tekt] *tr* déceler, détecter
detection [dɪ'tekʃən] *s* détection *f*
detective [dɪ'tektɪv] *adj* (*device*) détecteur; (*film, novel*) policier || *s* détective *m*, agent *m* de la sûreté
detec'tive sto'ry *s* roman *m* policier
detector [dɪ'tektər] *s* détecteur *m*
detention [dɪ'tenʃən] *s* détention *f*
de·ter [dɪ'tʌr] *v* (*pret & pp* **-terred**; *ger* **-terring**) *tr* détourner
detergent [dɪ'tʌrdʒənt] *adj & s* détersif *m*
deteriorate [dɪ'tɪrɪ·ə,ret] *tr* détériorer || *intr* se détériorer
determination [dɪ,tʌrmɪ'neʃən] *s* détermination *f*
determine [dɪ'tʌrmɪn] *tr* déterminer
determined *adj* déterminé, résolu
deterrent [dɪ'tʌrənt] *adj & s* préventif *m*
detest [dɪ'test] *tr* détester
dethrone [dɪ'θron] *tr* détrôner
detonate ['detə,net], ['ditə,net] *tr* faire détoner, faire éclater || *intr* détoner
detour ['ditʊr], [dɪ'tʊr] *s* déviation *f*; (*indirect manner*) détour *m* || *tr & intr* dévier
detract [dɪ'trækt] *tr* diminuer || *intr*—**to detract from** amoindrir
detractor [dɪ'træktər] *s* détracteur *m*
detriment ['detrɪmənt] *s* détriment *m*
detrimental [,detrɪ'mentəl] *adj* préjudiciable, nuisible
deuce [d(j)us] *s* deux *m*; **what the deuce!** (coll) diantre!, que diable!
devaluate [di'vælju,et] *tr* dévaluer
devaluation [di,vælju'eʃən] *s* dévaluation *f*
devastate ['devəs,tet] *tr* dévaster
devastating ['devəs,tetɪŋ] *adj* dévastateur; (coll) écrasant, accablant
devastation [,devəs'teʃən] *s* dévastation *f*
develop [dɪ'veləp] *tr* développer; (*a mine*) exploiter; (*e.g., a fever*) con-

tracter; (phot) révéler, développer || *intr* se développer; (*to become evident*) se produire, se manifester

developer [dɪ'veləpər] *s* entrepreneur *m*; (*builder*) maître *m* d'œuvre; (phot) révélateur *m*

development [dɪ'veləpmənt] *s* développement *m*; (*event*) événement *m* récent; (*of housing*) cité *f*, grand ensemble *m*

deviate ['divɪ,et] *s* perverti *m* || *tr* faire dévier || *intr* dévier

deviation [,divɪ'eʃən] *s* déviation *f*

device [dɪ'vaɪs] *s* appareil *m*, dispositif *m*; (*trick*) stratagème *m*, ruse *f*; (*motto*) emblème *m*, devise *f*; **to leave s.o. to his own devices** abandonner qn à ses propres moyens

dev·il ['devəl] *s* diable *m*; **speak of the devil!** (coll) je vois un loup!; **to be between the devil and the deep blue sea** (coll) se trouver entre l'enclume et le marteau; **to raise the devil** (slang) faire le diable à quatre || *v* (*pret & pp* **-iled** or **-illed**; *ger* **-iling** or **-illing**) *tr* épicer fortement; (coll) tourmenter

devilish ['devəlɪʃ] *adj* diabolique; (*roguish*) coquin

dev'il-may-care' *adj* insouciant, étourdi

devilment ['devəlmənt] *s* (*mischief*) diablerie *f*; (*evil*) méchanceté *f*

devil·try ['devəltri] *s* (*pl* **-tries**) méchanceté *f*, cruauté *f*; (*mischief*) espièglerie *f*

devious ['divɪ·əs] *adj* (*straying*) détourné, dévié; (*roundabout; shifty*) tortueux

devise [dɪ'vaɪz] *tr* combiner, inventer; (law) léguer

devoid [dɪ'vɔɪd] *adj* dépourvu, vide, dénué

devolve [dɪ'vɑlv] *intr*—**to devolve on, to,** or **upon** échoir à

devote [dɪ'vot] *tr* consacrer

devoted *adj* dévoué; **devoted to** voué à, dévoué à, attaché à

devotee [,devə'ti] *s* dévot *m*, adepte *mf*; (sports) fervent *m*, fanatique *mf*

devotion [dɪ'voʃən] *s* dévotion *f*; (*to study, work, etc.*) dévouement *m*; **devotions** dévotions, prières *fpl*

devour [dɪ'vaʊr] *tr* dévorer

devout [dɪ'vaʊt] *adj* dévot, pieux

dew [d(j)u] *s* rosée *f*

dew'drop' *s* goutte *f* de rosée

dew'lap' *s* fanon *m*, double menton *m*

dew·y ['d(j)u·i] *adj* (*comp* **-ier**; *super* **-iest**) couvert de rosée

dexterity [deks'terɪti] *s* dextérité *f*, adresse *f*

diabetes [,daɪ·ə'bitɪs], [,daɪ·ə'bitiz] *s* diabète *m*

diabetic [,daɪ·ə'betɪk], [,daɪ·ə'bitɪk] *adj & s* diabétique *mf*

diabolic(al) [,daɪ·ə'bɑlɪk(əl)] *adj* diabolique

diacritical [,daɪ·ə'krɪtɪkəl] *adj* diacritique

diadem ['daɪ·ə,dem] *s* diadème *m*

diaere·sis [daɪ'erɪsɪs] *s* (*pl* **-ses** [,siz]) diérèse *f*; (*mark*) tréma *m*

diagnose [,daɪ·əg'nos], [,daɪ·əg'noz] *tr* diagnostiquer

diagno·sis [,daɪ·əg'nosɪs] *s* (*pl* **-ses** [siz]) diagnostic *m*

diagonal [daɪ'ægənəl] *adj* diagonal || *s* diagonale *f*

dia·gram ['daɪ·ə,græm] *s* diagramme *m*, croquis *m* coté || *v* (*pret & pp* **-gramed** or **-grammed**; *ger* **-graming** or **-gramming**) *tr* représenter schématiquement

di·al ['daɪ·əl], [daɪl] *s* cadran *m* || *v* (*pret & pp* **-aled** or **-alled**; *ger* **-aling** or **-alling**) *tr* (*a telephone number*) composer || *intr* faire un numéro

dialect ['daɪ·ə,lekt] *s* dialecte *m*

dialing ['daɪ·əlɪŋ] *s* (telp) composition *f* du numéro

dialogue ['daɪ·ə,lɔg], ['daɪ·ə,lɑg] *s* dialogue *m*

di'al tel'ephone *s* téléphone *m* automatique, automatique *m*

di'al tone' *s* (telp) tonalité *f*

diameter [daɪ'æmɪtər] *s* diamètre *m*

diametric(al) [,daɪ·ə'metrɪk(əl)] *adj* diamétral

diamond ['daɪmənd] *s* diamant *m*; (*figure of a rhombus*) losange *m*; (baseball) petit champ *m*; (cards) carreau *m*

diaper ['daɪ·əpər] *s* lange *m*, couche *f* || *tr* (*to variegate*) diaprer

diaphanous [daɪ'æfənəs] *adj* diaphane

diaphragm ['daɪ·ə,fræm] *s* diaphragme *m*

diarrhea [,daɪ·ə'ri·ə] *s* diarrhée *f*

dia·ry ['daɪ·əri] *s* (*pl* **-ries**) journal *m*

diastole [daɪ'æstəli] *s* diastole *f*

diathermy ['daɪ·ə,θʌrmi] *s* diathermie *f*

diatribe ['daɪ·ə,traɪb] *s* diatribe *f*

dice [daɪs] *spl* dés *mpl*; **no dice!** (slang) pas moyen!; **to load the dice** piper les dés || *tr* couper en cubes

dice'box' *s* cornet *m* à dés

dichoto·my [daɪ'kɑtəmi] *s* (*pl* **-mies**) dichotomie *f*

dictaphone ['dɪktə,fon] *s* (trademark) dictaphone *m*

dictate ['dɪktet] *s* précepte *m*, règle *f* || *tr & intr* dicter

dictation [dɪk'teʃən] *s* dictée *f*; **to take dictation from** écrire sous la dictée de

dictator ['dɪktetər], [dɪk'tetər] *s* dictateur *m*

dic'tator·ship' *s* dictature *f*

diction ['dɪkʃən] *s* diction *f*

dictionar·y ['dɪkʃən,eri] *s* (*pl* **-ies**) dictionnaire *m*

dic·tum ['dɪktəm] *s* (*pl* **-ta** [tə]) dicton *m*; (law) opinion *f*, arrêt *m*

didactic(al) [daɪ'dæktɪk(əl)], [dɪ'dæktɪk(əl)] *adj* didactique

die [daɪ] *s* (*pl* **dice** [daɪs]) dé *m*; **the die is cast** le dé en est jeté || *s* (*pl* **dies**) (*for stamping coins, medals, etc.*) coin *m*; (*for cutting threads*) filière *f*; (*key pattern*) jeu *m* || *v* (*pret & pp* **died**; *ger* **dying**) *intr* mourir; **to be dying** se mourir; **to be dying to** (coll) mourir d'envie de; **to die away**

s'éteindre; **to die laughing** (coll) mourir de rire
die′hard′ *adj* intransigeant ‖ *s* intransigeant *m*, jusqu'au-boutiste *mf*
die′sel en′gine ['dizəl] *s* diesel *m*, moteur *m* diesel
die′sel oil′ *s* gas-oil *m*
die′stock′ *s* porte-filière *m*
diet ['daɪ·ət] *s* nourriture *f*; (*congress; abstention from food*) diète *f*; (*special menu*) régime *m* ‖ *intr* être or se mettre au régime, suivre un régime
dietetic [,daɪ·ə'tetɪk] *adj* diététique ‖ **dietetics** *s* diététique *f*
dietician [,daɪ·ə'tɪʃən] *s* diététicien *m*
differ ['dɪfər] *intr* différer; **to differ with** être en désaccord avec
difference ['dɪfərəns] *s* différence *f*; (*controversy*) différend *m*; **to make no difference** ne rien faire; **to split the difference** partager le différend
different ['dɪfərənt] *adj* différent
differential [,dɪfə'renʃəl] *adj* différentiel ‖ *s* (mach) différentiel *m*; (math) différentielle *f*
differentiate [,dɪfə'renʃɪ,et] *tr* différencier ‖ *intr* se différencier
difficult ['dɪfɪ,kʌlt] *adj* difficile
difficul·ty ['dɪfɪ,kʌlti] *s* (*pl* **-ties**) difficulté *f*
diffident ['dɪfɪdənt] *adj* défiant, timide
diffuse [dɪ'fjus] *adj* diffus ‖ [dɪ'fjuz] *tr* diffuser ‖ *intr* se diffuser
dig [dɪg] *s*—**to give s.o. a dig** (coll) lancer un trait à qn ‖ *v* (*pret & pp* **dug** [dʌg]; *ger* **digging**) *tr* bêcher, creuser; **to dig up** déterrer ‖ *intr* bêcher
digest ['daɪdʒest] *s* abrégé *m*, résumé *m*; (*publication*) digest *m*, sélection *f*; (law) digeste *m* ‖ [dɪ'dʒest], [daɪ'dʒest] *tr & intr* digérer
digestible [dɪ'dʒestɪbəl], [daɪ'dʒestɪbəl] *adj* digestible
digestion [dɪ'dʒestʃən], [daɪ'dʒestʃən] *s* digestion *f*
digestive [dɪ'dʒestɪv], [daɪ'dʒestɪv] *adj* digestif
diges′tive tract′ *s* appareil *m* digestif
digit ['dɪdʒɪt] *s* chiffre *m*; (*finger*) doigt *m*; (*toe*) doigt du pied
digitalis [,dɪgɪ'tælɪs], [,dɪdʒɪ'telɪs] *s* (bot) digitale *f*; (pharm) digitaline *f*
dignified *adj* distingué; (*air*) digne
digni·fy ['dɪgnɪ,faɪ] *v* (*pret & pp* **-fied**) *tr* glorifier, honorer
dignitar·y ['dɪgnɪ,teri] *s* (*pl* **-ies**) dignitaire *mf*
digni·ty ['dɪgnɪti] *s* (*pl* **-ties**) dignité *f*; **to stand on one's dignity** rester sur son quant-à-soi, le prendre de haut
digress [dɪ'gres], [daɪ'gres] *intr* faire une digression
digression [dɪ'greʃən], [daɪ'greʃən] *s* digression *f*
dihedral [daɪ'hidrəl] *adj & s* dièdre *m*
dike [daɪk] *s* digue *f*
dilapidated [dɪ'læpɪ,detɪd] *adj* délabré, déglingué
dilate [daɪ'let] *tr* dilater ‖ *intr* se dilater
dilatory ['dɪlə,tori] *adj* lent, tardif; (*strategy, answer*) dilatoire
dilemma [dɪ'lemə] *s* dilemme *m*
dilettan·te [,dɪlə'tænti] *adj* dilettante ‖ *s* (*pl* **-tes** or **-ti** [ti]) dilettante *mf*
diligence ['dɪlɪdʒəns] *s* diligence *f*
diligent ['dɪlɪdʒənt] *adj* diligent
dill [dɪl] *s* fenouil *m* bâtard, aneth *m*
dillydal·ly ['dɪlɪ,dæli] *v* (*pret & pp* **-lied**) *intr* traînasser
dilute [dɪ'lut], [daɪ'lut] *adj* dilué ‖ [dɪ'lut] *tr* diluer, délayer
dilution [dɪ'luʃən] *s* dilution *f*
dim [dɪm] *adj* faible, indistinct; (*forebodings*) obscur; (*memory*) effacé; (*color*) terne; (*idea of what is going on*) obtus, confus; **to take a dim view of** envisager sans enthousiasme ‖ *v* (*pret & pp* **dimmed**; *ger* **dimming**) *tr* affaiblir, obscurcir; (*beauty*) ternir; (*the headlights*) baisser, mettre en code ‖ *intr* s'affaiblir, s'obscurcir; (*said of color, beauty, etc.*) se ternir
dime [daɪm] *s* monnaie *f* de dix cents américains
dimension [dɪ'menʃən] *s* dimension *f*
diminish [dɪ'mɪnɪʃ] *tr & intr* diminuer
diminutive [dɪ'mɪnjətɪv] *adj & s* diminutif *m*
dimi·ty ['dɪmɪti] *s* (*pl* **-ties**) basin *m*, brillanté *m*
dimly ['dɪmli] *adv* indistinctement
dimmers ['dɪmərz] *spl* (aut) feux *mpl* code, feux de croisement; **to put on the dimmers** se mettre en code
dimple ['dɪmpəl] *s* fossette *f*
dim′wit′ *s* (slang) sot *m*, niais *m*
din [dɪn] *s* tapage *m*, fracas *m* ‖ *v* (*pret & pp* **dinned**; *ger* **dinning**) *tr* assourdir; répéter sans cesse ‖ *intr* sonner bruyamment
dine [daɪn] *tr* fêter par un dîner ‖ *intr* dîner; **to dine out** dîner en ville
diner ['daɪnər] *s* dîneur *m*; (*short-order restaurant*) plats-cuisinés *m*; (rr) wagon-restaurant *m*
dinette [daɪ'net] *s* coin-repas *m*
ding-dong ['dɪŋ,dɔŋ], ['dɪŋ,dɑŋ] *s* tintement *m*, digue-din-don *m*
din·ghy ['dɪŋgi] *s* (*pl* **-ghies**) canot *m*, youyou *m*
din·gy ['dɪndʒi] *adj* (*comp* **-gier**; *super* **-giest**) défraîchi, terne
din′ing car′ *s* wagon-restaurant *m*
din′ing hall′ *s* salle *f* à manger; (*of university*) réfectoire *m*
din′ing room′ *s* salle *f* à manger
din′ing-room suite′ *s* salle *f* à manger
dinner ['dɪnər] *s* dîner *m*
din′ner coat′ *s* smoking *m*
din′ner dance′ *s* dîner *m* suivi de bal
din′ner guest′ *s* convive *mf*, invité *m*
din′ner jack′et *s* smoking *m*
din′ner pail′ *s* potager *m*
din′ner set′ *s* service *m* de table
din′ner time′ *s* heure *f* du dîner
dinosaur ['daɪnə,sɔr] *s* dinosaure *m*
dint [dɪnt] *s*—**by dint of** à force de
diocese ['daɪ·ə,sis], ['daɪ·əsɪs] *s* diocèse *m*
diode ['daɪ·od] *s* diode *f*
dioxide [daɪ'ɑksaɪd] *s* bioxyde *m*

dip [dɪp] *s* (*immersion*) plongeon *m*; (*swim*) baignade *f*; (*slope*) pente *f*; (*of magnetic needle*) inclinaison *f* || *v* (*pret & pp* **dipped**; *ger* **dipping**) *tr* plonger; (*a flag*) marquer || *intr* plonger; (*said of magnetic needle*) incliner; (*said of scale*) pencher; **to dip into** (*a book*) feuilleter; (*one's capital*) prendre dans

diphtheria [dɪf'θɪrɪ·ə] *s* diphtérie *f*

diphthong ['dɪfθɔŋ], ['dɪfθɑŋ] *s* diphtongue *f*

diphthongize ['dɪfθɔŋ ,gaɪz], ['dɪfθɑŋ-,gaɪz] *tr* diphtonguer || *intr* se diphtonguer

diploma [dɪ'plomə] *s* diplôme *m*

diploma·cy [dɪ'plomәsi] *s* (*pl* **-cies**) diplomatie *f*

diplomat ['dɪplə ,mæt] *s* diplomate *mf*

diplomatic [,dɪplə'mætɪk] *adj* diplomatique, diplomate

dip′lomat′ic pouch′ *s* valise *f* diplomatique

dipper ['dɪpər] *s* louche *f*, cuiller *f* à pot

dip′stick′ *s* jauge *f*

dire [daɪr] *adj* affreux, terrible

direct [dɪ'rɛkt], [daɪ'rɛkt] *adj* direct; franc, sincère || *tr* diriger; (*to order*) ordonner; (*a letter, question, etc.*) adresser; (*to point out*) indiquer; (theat) mettre en scène

direct′ cur′rent *s* courant *m* continu

direct′ di′aling *s* (telp) automatique *m* interurbain

direct′ hit′ *s* coup *m* or tir *m* direct

direction [dɪ'rɛkʃən], [daɪ'rɛkʃən] *s* direction *f*; (*e.g., of a street*) sens *m*; (theat) mise *f* en scène; **directions** instructions *fpl*; (*for use*) mode *m* d'emploi

directional [dɪ'rɛkʃənəl], [daɪ'rɛkʃən-əl] *adj* directionnel

direc′tional sig′nal *s* clignotant *m*

directive [dɪ'rɛktɪv], [daɪ'rɛktɪv] *s* ordre *m*, avis *m*

direct′ ob′ject *s* (gram) complément *m* direct

director [dɪ'rɛktər], [daɪ'rɛktər] *s* directeur *m*, administrateur *m*, chef *m*; (*of a board*) membre *m* du conseil, votant *m*; (theat) metteur *m* en scène

direc′tor·ship′ *s* direction *f*, directorat *m*

directo·ry [dɪ'rɛktəri], [daɪ'rɛktəri] *s* (*pl* **-ries**) (*board of directors*) conseil *m* d'administration; (*e.g., of telephone*) annuaire *m*; (*e.g., of genealogy*) almanach *m*; (eccl) directoire *m*

dirge [dʌrdʒ] *s* hymne *f* or chant *m* funèbre

dirigible ['dɪrɪdʒɪbəl] *adj & s* dirigeable *m*

dirt [dʌrt] *s* saleté *f*, ordure *f*; (*on clothes, skin, etc.*) crasse *f*; (*mire*) crotte *f*, boue *f*; (*earth*) terre *f*

dirt′-cheap′ *adj* vendu à vil prix

dirt′ road′ *s* chemin *m* de terre

dirt·y ['dʌrti] *adj* (*comp* **-ier**; *super* **-iest**) sale, malpropre; (*clothes, skin, etc.*) crasseux; (*muddy*) crotté, boueux; (*mean*) méchant, vilain

dir′ty lin′en *s* linge *m* sale; **don't wash your dirty linen in public** il faut laver son linge sale en famille

dir′ty trick′ *s* (slang) sale tour *m*

disabili·ty [,dɪsə'bɪlɪti] *s* (*pl* **-ties**) incapacité *f*, invalidité *f*

disabil′ity pen′sion *s* pension *f* d'invalidité

disable [dɪs'ebəl] *tr* rendre incapable, mettre hors de combat; (*to hurt the limbs of*) estropier, mutiler

disabled *adj* (*serviceman*) invalide; (*ship*) désemparé

disa′bled vet′eran *s* invalide *m*, réformé *m*

disabuse [,dɪsə'bjuz] *tr* désabuser

disadvantage [,dɪsəd'væntɪdʒ], [,dɪs-əd'vɑntɪdʒ] *s* désavantage *m* || *tr* désavantager

disadvantageous [dɪs ,ædvən'tedʒəs] *adj* désavantageux

disagree [,dɪsə'gri] *intr* différer; **to disagree with** (*to cause discomfort to*) ne pas convenir à; (*to dissent from*) donner tort à

disagreeable [,dɪsə'gri·əbəl] *adj* désagréable; (*mood, weather, etc.*) maussade

disagreement [,dɪsə'grimənt] *s* désaccord *m*, différend *m*

disallow [,dɪsə'laʊ] *tr* désapprouver, rejeter

disappear [,dɪsə'pɪr] *intr* disparaître; (phonet) s'amuïr

disappearance [,dɪsə'pɪrəns] *s* disparition *f*; (phonet) amuïssement *m*

disappoint [,dɪsə'pɔɪnt] *tr* décevoir, désappointer

disappointed *adj* déçu

disappointment [,dɪsə'pɔɪntmənt] *s* déception *f*, désappointement *m*

disapproval [,dɪsə'pruvəl] *s* désapprobation *f*

disapprove [,dɪsə'pruv] *tr & intr* désapprouver

disarm [dɪs'ɑrm] *tr & intr* désarmer

disarmament [dɪs'ɑrməmənt] *s* désarmement *m*

disarming [dɪs'ɑrmɪŋ] *adj* désarmant

disarray [,dɪsə're] *s* désarroi *m*, désordre *m*; **in disarray** (*said of apparel*) à demi vêtu || *tr* mettre en désarroi

disassemble [,dɪsə'sɛmbəl] *tr* démonter, désassembler

disassociate [,dɪsə'soʃɪ ,et] *tr* dissocier

disaster [dɪ'zæstər], [dɪ'zɑstər] *s* désastre *m*

disastrous [dɪ'zæstrəs], [dɪ'zɑstrəs] *adj* désastreux

disavow [,dɪsə'vaʊ] *tr* désavouer

disavowal [,dɪsə'vaʊ·əl] *s* désaveu *m*

disband [dɪs'bænd] *tr* licencier, congédier || *intr* se débander, se disperser

dis·bar [dɪs'bɑr] *v* (*pret & pp* **-barred**; *ger* **-barring**) *tr* (law) rayer du barreau

disbelief [,dɪsbɪ'lif] *s* incroyance *f*

disbelieve [,dɪsbɪ'liv] *tr & intr* ne pas croire

disburse [dɪs'bʌrs] *tr* débourser

disbursement [dɪs'bʌrsmənt] *s* dé-

boursement *m*; **disbursements** débours *mpl*
disc [dɪsk] *s* disque *m*
discard [dɪs'kɑrd] *s* rebut *m*; (cards) écart *m*; **discards** marchandises *fpl* de rebut || *tr* mettre de côté, jeter; (cards) écarter || *intr* (cards) se défausser
discern [dɪ'zʌrn], [dɪ'sʌrn] *tr* discerner, percevoir
discernible [dɪ'zʌrnɪbəl], [dɪ'sʌrnɪbəl] *adj* discernable
discerning [dɪ'zʌrnɪŋ], [dɪ'sʌrnɪŋ] *adj* judicieux, pénétrant, éclairé
discernment [dɪ'zʌrnmənt], [dɪ'sʌrnmənt] *s* discernement *m*
discharge [dɪs'tʃɑrdʒ] *s* décharge *f*; (*of a prisoner*) élargissement *m*; (*from a job*) congé *m*, renvoi *m*; (*from the armed forces*) libération *f*; (*from the armed forces for unfitness*) réforme *f*; (*from a wound*) suppuration *f* || *tr* décharger; (*a prisoner*) élargir; (*an employee*) congédier, renvoyer, licencier; (*a soldier*) libérer, réformer || *intr* se décharger; (pathol) suppurer
disciple [dɪ'saɪpəl] *s* disciple *m*
disciplinarian [,dɪsɪplɪ'nerɪ·ən] *s* partisan *m* d'une forte discipline; personne *f* qui impose une forte discipline
disciplinary ['dɪsɪplɪ,neri] *adj* disciplinaire
discipline ['dɪsɪplɪn] *s* discipline *f* || *tr* discipliner
disclaim [dɪs'klem] *tr* désavouer, renier
disclaimer [dɪs'klemər] *s* désaveu *m*
disclose [dɪs'kloz] *tr* découvrir, révéler
disclosure [dɪs'kloʒər] *s* découverte *f*, révélation *f*
discolor [dɪs'kʌlər] *tr* décolorer || *intr* se décolorer
discoloration [dɪs,kʌlə'reʃən] *s* décoloration *f*
discomfit [dɪs'kʌmfɪt] *tr* décontenancer, bafouer
discomfiture [dɪs'kʌmfɪtʃər] *s* déconfiture *f*, déconvenue *f*
discomfort [dɪs'kʌmfərt] *s* malaise *f*; (*inconvenience*) gêne *f* || *tr* gêner
disconcert [,dɪskən'sʌrt] *tr* déconcerter
disconnect [,dɪskə'nekt] *tr* désunir, séparer; (*a mechanism*) débrayer; (*a plug*) débrancher; (*current*) couper
disconsolate [dɪs'kɑnsəlɪt] *adj* désolé, inconsolable
discontent [,dɪskən'tent] *adj* mécontent || *s* mécontentement *m* || *tr* mécontenter
discontented *adj* mécontent
discontinue [,dɪskən'tɪnjʊ] *tr* discontinuer
discontinuous [,dɪskən'tɪnjʊ·əs] *adj* discontinu
discord ['dɪskərd] *s* discorde *f*, désaccord *m*; (mus) discordance *f*
discordance [dɪs'kərdəns] *s* discordance *f*
discotheque ['dɪskə,tek] *s* discothéque
discount ['dɪskaʊnt] *s* escompte *m*, remise *f*, rabais *m* || ['dɪskaʊnt], [dɪs'kaʊnt] *tr* escompter, rabattre
dis'count rate' *s* taux *m* d'escompte
discourage [dɪs'kʌrɪdʒ] *tr* décourager
discouragement [dɪs'kʌrɪdʒmənt] *s* découragement *m*
discourse ['dɪskors], [dɪs'kors] *s* discours *m* || [dɪs'kors] *intr* discourir
discourteous [dɪs'kʌrtɪ·əs] *adj* impoli, discourtois
discourte·sy [dɪs'kʌrtəsi] *s* (*pl* **-sies**) impolitesse *f*, discourtoisie *f*
discover [dɪs'kʌvər] *tr* découvrir
discoverer [dɪs'kʌvərər] *s* découvreur *m*
discover·y [dɪs'kʌvəri] *s* (*pl* **-ies**) découverte *f*
discredit [dɪs'kredɪt] *s* discrédit *m* || *tr* discréditer
discreditable [dɪs'kredɪtəbəl] *adj* déshonorant, peu honorable
discreet [dɪs'krit] *adj* discret
discrepan·cy [dɪs'krepənsi] *s* (*pl* **-cies**) désaccord *m*, différence *f*
discretion [dɪs'kreʃən] *s* discrétion *f*
discriminate [dɪs'krɪmɪ,net] *tr & intr* discriminer; **to discriminate against** défavoriser
discrimination [dɪs,krɪmɪ'neʃən] *s* discrimination *f*
discriminatory [dɪs'krɪmɪnə,tori] *adj* discriminatoire
discus ['dɪskəs] *s* (sports) disque *m*, palet *m*
discuss [dɪs'kʌs] *tr & intr* discuter
discussion [dɪs'kʌʃən] *s* discussion *f*
disdain [dɪs'den] *s* dédain *m* || *tr* dédaigner
disdainful [dɪs'denfəl] *adj* dédaigneux
disease [dɪ'ziz] *s* maladie *f*
diseased *adj* malade
disembark [,dɪsem'bɑrk] *tr & intr* débarquer
disembarkation [dɪs,embɑr'keʃən] *s* débarquement *m*
disembow·el [,dɪsem'baʊ·əl] *v* (*pret & pp* **-eled** or **-elled**; *ger* **-eling** or **-elling**) *tr* éventrer
disenchant [,dɪsen'tʃænt], [,dɪsen'tʃɑnt] *tr* désenchanter
disenchantment [,dɪsen'tʃæntmənt], [,dɪsen'tʃɑntmənt] *s* désenchantement *m*
disengage [,dɪsen'gedʒ] *tr* dégager; (*toothed wheels*) désengrener; (*a motor*) débrayer || *intr* se dégager
disengagement [,dɪsen'gedʒmənt] *s* dégagement *m*, détachement *m*
disentangle [,dɪsen'tæŋgəl] *tr* démêler, débrouiller
disentanglement [,dɪsen'tæŋgəlmənt] *s* démêlage *m*, débrouillement *m*
disestablish [,dɪses'tæblɪʃ] *tr* (*the Church*) séparer de l'État
disfavor [dɪs'fevər] *s* défaveur *f* || *tr* défavoriser
disfigure [dɪs'fɪgjər] *tr* défigurer, enlaidir
disfigurement [dɪs'fɪgjərmənt] *s* défiguration *f*

disfranchise [dɪs'frænt∫aɪz] *tr* priver de ses droits civiques
disgorge [dɪs'gɔrdʒ] *tr & intr* dégorger
disgrace [dɪs'gres] *s* déshonneur *m* ‖ *tr* déshonorer; (*to deprive of favor*) disgracier; **to disgrace oneself** se déshonorer
disgraceful [dɪs'gresfəl] *adj* déshonorant, honteux
disgruntled [dɪs'grʌntəld] *adj* contrarié, de mauvaise humeur
disguise [dɪs'gaɪz] *s* déguisement *m* ‖ *tr* déguiser
disgust [dɪs'gʌst] *s* dégoût *m* ‖ *tr* dégoûter
disgusting [dɪs'gʌstɪŋ] *adj* dégoûtant
dish [dɪ∫] *s* plat *m*; (*food*) mets *m*, plat; **to wash the dishes** faire la vaisselle ‖ *tr*—**to dish up** servir
dish' clos'et *s* étagère *f* à vaisselle
dish'cloth' *s* lavette *f*
dishearten [dɪs'hɑrtən] *tr* décourager
dishev·el [dɪ'∫evəl] *v* (*pret & pp* **-eled** or **-elled**; *ger* **-eling** or **-elling**) *tr* écheveler
dishonest [dɪs'ɑnɪst] *adj* malhonnête, déloyal
dishones·ty [dɪs'ɑnɪsti] *s* (*pl* **-ties**) malhonnêteté *f*, déloyauté *f*, improbité *f*
dishonor [dɪs'ɑnər] *s* déshonneur *m* ‖ *tr* déshonorer
dishonorable [dɪs'ɑnərəbəl] *adj* déshonorant
dish'pan' *s* bassine *f*
dish' rack' *s* égouttoir *m*
dish'rag' *s* lavette *f*
dish'tow'el *s* torchon *m*
dish'wash'er *s* machine *f* à laver la vaisselle, lave-vaisselles *f*; (*person*) plongeur *m*
dish'wa'ter *s* eau *f* de vaisselle
disillusion [,dɪsɪ'luʒən] *s* désillusion *f* ‖ *tr* désillusionner
disillusionment [,dɪsɪ'luʒənmənt] *s* désillusionnement *m*
disinclination [dɪs,ɪnklɪ'ne∫ən] *s* répugnance *f*, aversion *f*
disinclined [,dɪsɪn'klaɪnd] *adj* indisposé
disinfect [,dɪsɪn'fekt] *tr* désinfecter
disinfectant [,dɪsɪn'fektənt] *adj & s* désinfectant *m*
disingenuous [,dɪsɪn'dʒenjʊ·əs] *adj* insincère, sans franchise
disinherit [,dɪsɪn'herɪt] *tr* déshériter
disintegrate [dɪs'ɪntɪ,gret] *tr* désagréger; (nucl) désintégrer ‖ *intr* se désagréger; (nucl) se désintégrer
disintegration [dɪs,ɪntɪ'gre∫ən] *s* désagrégation *f*; (nucl) désintégration *f*
disin·ter [,dɪsɪn'tʌr] *v* (*pret & pp* **-terred**; *ger* **-terring**) *tr* déterrer
disinterested [dɪs'ɪntə,restɪd], [dɪs'ɪntrɪstɪd] *adj* désintéressé
disjointed [dɪs'dʒɔɪntɪd] *adj* désarticulé; (*e.g., style*) décousu
disjunctive [dɪs'dʒʌŋktɪv] *adj* disjonctif; (*pronoun*) tonique
disk [dɪsk] *s* disque *m*
disk' jock'ey *s* présentateur *m* de disques
dislike [dɪs'laɪk] *s* aversion *f*; **to take a dislike for** prendre en aversion ‖ *tr* ne pas aimer
dislocate ['dɪslo,ket] *tr* disloquer; (*a joint*) luxer
dislodge [dɪs'lɑdʒ] *tr* déplacer; (*e.g., the enemy*) déloger
disloyal [dɪs'lɔɪ·əl] *adj* déloyal
disloyal·ty [dɪs'lɔɪ·əlti] *s* (*pl* **-ties**) déloyauté *f*
dismal ['dɪzməl] *adj* sombre, triste
dismantle [dɪs'mæntəl] *tr* démanteler; (*a machine*) démonter; (*a ship*) désarmer
dismay [dɪs'me] *s* consternation *f* ‖ *tr* consterner
dismember [dɪs'membər] *tr* démembrer
dismiss [dɪs'mɪs] *tr* congédier; (*a servant*) renvoyer; (*an employee*) licencier; (*a government official*) destituer; (*a class in school*) terminer
dismissal [dɪs'mɪsəl] *s* congédiement *m*; (*from a job*) congé *m*, renvoi *m*; (*of an appeal*) (law) rejet *m*
dismount [dɪs'maʊnt] *tr* démonter ‖ *intr* descendre
disobedience [,dɪsə'bidɪ·əns] *s* désobéissance *f*
disobedient [,dɪsə'bidɪ·ənt] *adj* désobéissant
disobey [,dɪsə'be] *tr* désobéir (with *dat*); **to be disobeyed** être désobéi ‖ *intr* désobéir
disorder [dɪs'ɔrdər] *s* désordre *m* ‖ *tr* désordonner
disorderly [dɪs'ɔrdərli] *adj* désordonné, déréglé; (*crowd*) turbulent, effervescent
disor'derly con'duct *s* conduite *f* désordonnée
disor'derly house' *s* maison *f* de prostitution; maison de jeu
disorganize [dɪs'ɔrgə,naɪz] *tr* désorganiser
disoriented [dɪs'orɪ,entɪd] *adj* désorienté
disown [dɪs'on] *tr* désavouer, renier
disparage [dɪ'spærɪdʒ] *tr* dénigrer, déprécier
disparagement [dɪ'spærɪdʒmənt] *s* dénigrement *m*, dépréciation *f*
disparate ['dɪspərɪt] *adj* disparate
dispari·ty [dɪ'spærɪti] *s* (*pl* **-ties**) disparité *f*
dispassionate [dɪs'pæ∫ənɪt] *adj* calme; impartial
dispatch [dɪ'spæt∫] *s* dépêche *f*; (*shipment*) envoi *m*, expédition *f*; (*promptness*) promptitude *f* ‖ *tr* dépêcher; (coll) expédier
dis·pel [dɪ'spel] *v* (*pret & pp* **-pelled**; *ger* **-pelling**) *tr* dissiper, disperser
dispensa·ry [dɪ'spensəri] *s* (*pl* **-ries**) dispensaire *m*
dispensation *s* [,dɪspen'se∫ən] (*dispensing*) dispensation *f*; (*exemption*) dispense *f*
dispense [dɪ'spens] *tr* dispenser, distribuer ‖ *intr*—**to dispense with** se passer de; se défaire de
dispenser [dɪ'spensər] *s* dispensateur *m*; (*automatic*) distributeur *m*

disperse [dɪˈspʌrs] *tr* disperser || *intr* se disperser
dispersion [dɪˈspʌrʒən], [dɪˈspʌrʃən] *s* dispersion *f*
dispirit [dɪˈspɪrɪt] *tr* décourager
displace [dɪsˈples] *tr* déplacer; (*to take the place of*) remplacer
displaced′ per′son *s* personne *f* déplacée
displacement [dɪsˈplesmənt] *s* déplacement *m*; (*substitution*) remplacement *m*
display [dɪˈsple] *s* exposition *f*, étalage *m*; (*of emotion*) manifestation *f* || *tr* exposer, étaler; (*anger, courage, etc.*) manifester; (*ignorance*) révéler
display′ cab′inet *s* vitrine *f*
display′ win′dow *s* vitrine *f*, devanture *f*
displease [dɪsˈpliz] *tr* déplaire (with *dat*)
displeasing [dɪsˈplizɪŋ] *adj* déplaisant
displeasure [dɪsˈpleʒər] *s* déplaisir *m*, mécontentement *m*
disposable [dɪˈspozəbəl] *adj* (*available*) disponible; (*made to be disposed of*) à jeter; (*container*) perdu, e.g., **disposable bottle** verre perdu
disposal [dɪˈspozəl] *s* disposition *f*; (*of a question*) résolution *f*; (*of trash, garbage, etc.*) destruction *f*
dispose [dɪˈspoz] *tr* disposer || *intr* disposer; **to dispose of** disposer de; (*to get rid of*) se défaire de; (*a question*) résoudre, trancher
disposed *adj*—**to be disposed to** se disposer à, être porté à
disposition [ˌdɪspəˈzɪʃən] *s* disposition *f*; (*mental outlook*) naturel *m*; (mil) dispositif *m*
dispossess [ˌdɪspəˈzes] *tr* déposséder; expulser
disproof [dɪsˈpruf] *s* réfutation *f*
disproportionate [ˌdɪsprəˈporʃənɪt] *adj* disproportionné
disprove [dɪsˈpruv] *tr* réfuter
dispute [dɪsˈpjut] *s* dispute *f*; **beyond dispute** incontestable || *tr* disputer || *intr* se disputer
disquali•fy [dɪsˈkwɑlɪˌfaɪ] *v* (*pret & pp* **-fied**) *tr* disqualifier
disquiet [dɪsˈkwaɪ•ət] *s* inquiétude *f* || *tr* inquiéter
disquisition [ˌdɪskwɪˈzɪʃən] *s* essai *m*, traité *m* considérable
disregard [ˌdɪsrɪˈgɑrd] *s* indifférence *f*; **disregard for** manque *m* d'égards envers || *tr* ne pas faire cas de, passer sous silence
disrepair [ˌdɪsrɪˈper] *s* délabrement *m*
disreputable [dɪsˈrepjətəbəl] *adj* déshonorant, suspect; (*shabby*) débraillé, râpé
disrepute [ˌdɪsrɪˈpjut] *s* discrédit *m*
disrespect [ˌdɪsrɪˈspekt] *s* irrévérence *f*; manque *m* de respect, irrespect *m*
disrespectful [ˌdɪsrɪˈspektfəl] *adj* irrévérencieux, irrespectueux; **to be disrespectful to** manquer de respect à
disrobe [dɪsˈrob] *tr* déshabiller || *intr* se déshabiller
disrupt [dɪsˈrʌpt] *tr* rompre; (*to throw into disorder*) bouleverser
disruption [dɪsˈrʌpʃən] *s* rupture *f*; (*disorganization*) bouleversement *m*
dissatisfaction [ˌdɪssætɪsˈfækʃən] *s* mécontentement *m*
dissatisfied *adj* mécontent
dissatis•fy [dɪsˈsætɪsˌfaɪ] *v* (*pret & pp* **-fied**) *tr* mécontenter
dissect [dɪˈsekt] *tr* disséquer
dissection [dɪˈsekʃən] *s* dissection *f*
dissemble [dɪˈsembəl] *tr & intr* dissimuler
disseminate [dɪˈsemɪˌnet] *tr* disséminer
dissension [dɪˈsenʃən] *s* dissension *f*
dissent [dɪˈsent] *s* dissentiment *m*; (*nonconformity*) dissidence *f* || *intr* différer
dissenter [dɪˈsentər] *s* dissident *m*
dissertation [ˌdɪsərˈteʃən] *s* dissertation *f*; (*for a degree*) thèse *f*; (*speech*) discours *m*
disservice [dɪˈsʌrvɪs] *s* mauvais service *m*, tort *m*
dissidence [ˈdɪsɪdəns] *s* dissidence *f*
dissident [ˈdɪsɪdənt] *adj & s* dissident *m*
dissimilar [dɪˈsɪmɪlər] *adj* dissemblable
dissimilate [dɪˈsɪmɪˌlet] *tr* (phonet) dissimiler
dissimulate [dɪˈsɪmjəˌlet] *tr & intr* dissimuler
dissipate [ˈdɪsɪˌpet] *tr* dissiper; (*energy, heat, etc.*) disperser || *intr* se dissiper
dissipated *adj* dissipé; débauché
dissipation [ˌdɪsɪˈpeʃən] *s* dissipation *f*; (*of energy, heat, etc.*) dispersion *f*
dissociate [dɪˈsoʃɪˌet] *tr* dissocier || *intr* se dissocier
dissolute [ˈdɪsəˌlut] *adj* dissolu
dissolution [ˌdɪsəˈluʃən] *s* dissolution *f*
dissolve [dɪˈzɑlv] *tr* dissoudre || *intr* se dissoudre
dissonance [ˈdɪsənəns] *s* dissonance *f*
dissuade [dɪˈswed] *tr* dissuader
distaff [ˈdɪstæf], [ˈdɪstɑf] *s* quenouille *f*
dis′taff side′ *s* côté *m* maternel
distance [ˈdɪstəns] *s* distance *f*; **at a distance** à distance; **in the distance** au loin, dans le lointain || *tr* distancer
distant [ˈdɪstənt] *adj* distant; (*uncle, cousin, etc.*) éloigné
distaste [dɪsˈtest] *s* dégoût *m*, aversion *f*
distasteful [dɪsˈtestfəl] *adj* dégoûtant, répugnant
distemper [dɪsˈtempər] *s* (*of dog*) roupie *f*; (painting) détrempe *f* || *tr* peindre en détrempe
distend [dɪˈstend] *tr* distendre || *intr* se distendre
distension [dɪˈstenʃən] *s* distension *f*
distill [dɪˈstɪl] *tr* distiller
distillation [ˌdɪstɪˈleʃən] *s* distillation *f*
distiller•y [dɪsˈtɪləri] *s* (*pl* **-ies**) distillerie *f*
distinct [dɪsˈtɪŋkt] *adj* distinct; (*unusual*) insigne
distinction [dɪsˈtɪŋkʃən] *s* distinction *f*
distinctive [dɪsˈtɪŋktiv] *adj* distinctif
distinguish [dɪsˈtɪŋgwɪʃ] *tr* distinguer; **to distinguish oneself** se distinguer, se faire remarquer
distinguished *adj* distingué

distort [dɪsˈtɔrt] *tr* déformer
distortion [dɪsˈtɔrʃən] *s* déformation *f*; (*of meaning*) sens *m* forcé; (phot, rad) distorsion *f*
distract [dɪˈstrækt] *tr* (*to amuse*) distraire; (*to bewilder*) bouleverser
distracted *adj* bouleversé, éperdu
distraction [dɪˈstrækʃən] *s* (*amusement*) distraction *f*; (*madness*) folie *f*
distraught [dɪˈstrɔt] *adj* bouleversé
distress [dɪˈstres] *s* détresse *f* ‖ *tr* affliger
distress′ call′ *s* signal *m* de détresse
distressing [dɪˈstresɪŋ] *adj* affligeant, pénible
distribute [dɪˈstrɪbjʊt] *tr* distribuer
distribution [ˌdɪstrəˈbjuʃən] *s* distribution *f*
distributor [dɪˈstrɪbjətər] *s* distributeur *m*; (*for a product*) concessionnaire *mf*
district [ˈdɪstrɪkt] *s* contrée *f*, région *f*; (*of a city*) quartier *m*; (*administrative division*) district *m*, circonscription *f* ‖ *tr* diviser en districts
dis′trict attor′ney *s* procureur *m* de la République, procureur général
distrust [dɪsˈtrʌst] *s* défiance *f*, méfiance *f* ‖ *tr* se défier de, se méfier de
distrustful [dɪsˈtrʌstfəl] *adj* défiant
disturb [dɪˈstʌrb] *tr* déranger, troubler; (*the peace*) perturber
disturbance [dɪˈstʌrbəns] *s* dérangement *m*, trouble *m*; (*riot*) bagarre *f*, émeute *f*; (*in the atmosphere or magnetic field*) perturbation *f*
disuse [dɪsˈjus] *s* désuétude *f*
ditch [dɪtʃ] *s* fossé *m*; **to the last ditch** jusqu'à la dernière extrémité ‖ *tr* fossoyer; (slang) se défaire de ‖ *intr* (aer) faire un amerrissage forcé
ditch′ reed′ *s* (bot) laîche *f*
dither [ˈdɪðər] *s* agitation *f*; **to be in a dither** (coll) s'agiter sans but
dit·to [ˈdɪto] *s* (*pl* **-tos**) le même; (*on a duplicating machine*) copie *f*, duplicata *m* ‖ *adv* dito, de même, idem ‖ *tr* copier, reproduire
dit·ty [ˈdɪti] *s* (*pl* **-ties**) chansonnette *f*; **old ditty** (coll) vieux refrain *m*
diva [ˈdivɑ] *s* diva *f*
divan [ˈdaɪvæn], [dɪˈvæn] *s* divan *m*
dive [daɪv] *s* plongeon *m*; (*of a submarine*) plongée *f*; (aer) piqué *m*; (coll) gargote *f*, cabaret *m* borgne ‖ *v* (*pret & pp* **dived** or **dove** [dov]) *intr* plonger; (*said of submarine*) plonger, effectuer une plongée; (aer) piquer; **to dive for** (*e.g.*, *pearls*) pêcher; **to dive into** (coll) piquer une tête dans
dive′-bomb′ *tr & intr* bombarder en piqué
dive′ bomb′er *s* bombardier *m* à piqué
dive′ bomb′ing *s* bombardement *m* en piqué, piqué *m*
diver [ˈdaɪvər] *s* plongeur *m*; (*person who works under water*) scaphandrier *m*; (*orn*) plongeon *m*
diverge [dɪˈvʌrdʒ], [daɪˈvʌrdʒ] *intr* diverger
divers [ˈdaɪvərz] *adj* divers
diverse [dɪˈvʌrs], [daɪˈvʌrs], [ˈdaɪvʌrs] *adj* divers
diversi·fy [dɪˈvʌrsɪˌfaɪ], [daɪˈvʌrsɪˌfaɪ] *v* (*pret & pp* **-fied**) *tr* diversifier ‖ *intr* se diversifier
diversion [dɪˈvʌrʒən], [daɪˈvʌrʒən] *s* diversion *f*
diversi·ty [dɪˈvʌrsɪti], [daɪˈvʌrsɪti] *s* (*pl* **-ties**) diversité *f*
divert [dɪˈvʌrt], [daɪˈvʌrt] *tr* détourner; (*to entertain*) distraire, divertir
diverting [dɪˈvʌrtɪŋ], [daɪˈvʌrtɪŋ] *adj* divertissant
divest [dɪˈvest], [daɪˈvest] *tr* dépouiller; **to divest oneself of** se défaire de; (*property, holdings*) se déposséder de
divide [dɪˈvaɪd] *s* (geog) ligne *f* de partage ‖ *tr* diviser ‖ *intr* se diviser
dividend [ˈdɪvɪˌdend] *s* dividende *m*
dividers [dɪˈvaɪdərz] *spl* compas *m* de mesure
dividing [dɪˈvaɪdɪŋ] *s* division *f*; **dividing up** répartition *f*, partage *m*
divination [ˌdɪvɪˈneʃən] *s* divination *f*
divine [dɪˈvaɪn] *adj* divin ‖ *s* ecclésiastique *mf* ‖ *tr* deviner
diviner [dɪˈvaɪnər] *s* devin *m*
diving [ˈdaɪvɪŋ] *s* plongeon *m*
div′ing bell′ *s* cloche *f* à plongeur
div′ing board′ *s* plongeoir *m*, tremplin *m*
div′ing suit′ *s* scaphandre *m*
divin′ing rod′ [dɪˈvaɪnɪŋ] *s* baguette *f* divinatoire
divini·ty [dɪˈvɪnɪti] *s* (*pl* **-ties**) divinité *f*; (*subject of study*) théologie *f*; **the Divinity** Dieu *m*
divisible [dɪˈvɪzɪbəl] *adj* divisible
division [dɪˈvɪʒən] *s* division *f*
divisor [dɪˈvaɪzər] *s* diviseur *m*
divorce [dɪˈvors] *s* divorce *m*; **to get a divorce** divorcer; **to get a divorce from** (*husband or wife*) divorcer d'avec ‖ *tr* (*the married couple*) divorcer; (*husband or wife*) divorcer d'avec ‖ *intr* divorcer
divorcee [dɪvorˈsi] *s* divorcée *f*
divulge [dɪˈvʌldʒ] *tr* divulguer
dizziness [ˈdɪzɪnɪs] *s* vertige *m*
diz·zy [ˈdɪzi] *adj* (*comp* **-zier**; *super* **-ziest**) vertigineux; (coll) étourdi, farfelu; **to feel dizzy** avoir le vertige; **to make dizzy** étourdir
do [du] *v* (3d *pers* **does** [dʌz]; *pret* **did** [dɪd]; *pp* **done** [dʌn]; *ger* **doing** [ˈdu·ɪŋ]) *tr* faire; (*homage; justice; a good turn*) rendre; **to do over** refaire; **to do up** emballer, envelopper ‖ *intr* faire; **how do you do?** enchanté de faire votre connaissance; comment allez-vous?; **that will do** c'est bien; en voilà assez; **that will never do** cela n'ira jamais; **to do away with** supprimer; **to do without** se passer de; **will I do?** suis-je bien comme ça?; **will it do?** ça va-t-il comme ça? ‖ *aux* used in English but not specifically expressed in French: 1) in questions, e.g., **do you speak French?** parlez-vous français?; 2) in negative sentences, e.g., **I do not speak French**

je ne parle pas français; 3) as a substitute for another verb in an elliptical question, e.g., **I saw him. Did you?** je l'ai vu. L'avez-vous vu?; 4) for emphasis, e.g., **I do believe what you told me** je crois bien ce que vous m'avez dit; 5) in inversions after certain adverbs, e.g., **hardly did we finish when . . .** à peine avions-nous fini que . . . ; 6) in an imperative entreaty, e.g., **do come in!** entrez donc!
do. *abbr* (**ditto**) d°
docile ['dasɪl] *adj* docile
dock [dak] *s* embarcadère *m*, quai *m*; (*area including piers and waterways*) bassin *m*, dock *m*; (bot) oseille *f*, patience *f*; (law) banc *m* des prévenus || *tr* faire entrer au bassin; (*an animal*) couper la queue à; (*s.o.'s salary*) retrancher || *intr* (naut) s'amarrer au quai
docket ['dakɪt] *s* (law) rôle *m*; **on the docket** pendant, non jugé; **to put on the docket** (coll) prendre en main
dock' hand' *s* docker *m*
docking ['dakɪŋ] *s* (rok) arrimage *m*
dock' work'er *s* docker *m*
dock'yard' *s* chantier *m*
doctor ['daktər] *s* docteur *m*; (*woman*) femme *f* docteur; (med) docteur, médecin *m*; (med) doctoresse *f*; **Doctor Curie** (*professor, Ph.D., etc.*) Monsieur Curie; Madame Curie || *tr* soigner; (*e.g., a chipped vase*) réparer; (*e.g., the facts*) falsifier || *intr* pratiquer la médecine; (coll) être en traitement; (coll) prendre des médicaments
doctorate ['daktərɪt] *s* doctorat *m*
Doc'tor of Laws' *s* docteur *m* en droit
doctrine ['daktrɪn] *s* doctrine *f*
document ['dakjəmənt] *s* document *m* || ['dakjə,ment] *tr* documenter
documenta•ry [,dakjə'mentəri] *adj* documentaire || *s* (*pl* **-ries**) documentaire *m*
documentation [,dakjəmen'teʃən] *s* documentation *f*
doddering ['dadərɪŋ] *adj* tremblotant, gâteux
dodge [dadʒ] *s* écart *m*, esquive *f*; (coll) ruse *f*, truc *m* || *tr* esquiver; (*a question*) éluder || *intr* s'esquiver
do•do ['dodo] *s* (*pl* **-dos** or **-does**) (orn) dronte *m*, dodo *m*; (coll) vieux fossile *m*, innocent *m*
doe [do] *s* (*of fallow deer*) daine *f*; (*hind*) biche *f*; (*roe doe*) chevrette *f*; (*of hare*) hase *f*; (*of rabbit*) lapine *f*
doe'skin' *s* peau *f* de daim
doff [daf], [dɔf] *tr* ôter
dog [dɔg], [dag] *s* chien *m*; **let sleeping dogs lie** il ne faut pas réveiller le chat qui dort; **to go to the dogs** (coll) se débaucher; (*said of business*) (coll) aller à vau-l'eau; **to put on the dog** (coll) faire de l'épate || *v* (*pret & pp* **dogged**; *ger* **dogging**) *tr* poursuivre
dog'catch'er *s* employé *m* de la fourrière
dog' days' *spl* canicule *f*
doge [dodʒ] *s* doge *m*
dog'face' *s* (slang) troufion *m*
dog'fight' *s* (aer) combat *m* aérien tournoyant et violent; (coll) bagarre *f*
dogged ['dɔgɪd], ['dagɪd] *adj* tenace, obstiné
doggerel ['dɔgərəl], ['dagərəl] *s* vers *mpl* de mirliton
dog•gy ['dɔgi], ['dagi] *adj* (*comp* **-gier**; *super* **-giest**) canin, de chien || *s* (*pl* **-gies**) toutou *m*
dog'house' *s* niche *f* à chien; **in the doghouse** (slang) en disgrâce
dog' in the man'ger *s* chien *m* du jardinier
dog' Lat'in *s* latin *m* de cuisine
dogma ['dɔgmə], ['dagmə] *s* dogme *m*
dogmatic [dɔg'mætɪk], [dag'mætɪk] *adj* dogmatique || **dogmatics** *s* dogmatique *f*
dog' pound' *s* fourrière *f*
dog' rac'ing *s* courses *fpl* de lévriers
dog' rose' *s* rose *f* des haies
dog's'-ear' *s* corne *f* || *tr* corner
dog' show' *s* exposition *f* canine
dog' sled' or **dog' sledge'** *s* traîneau *m* à chiens
dog's' life' *s* vie *f* de chien
Dog' Star' *s* Canicule *f*
dog' tag' *s* (mil) plaque *f* d'identité
dog'-tired' *adj* éreinté, fourbu
dog'tooth' *s* (*pl* **-teeth**) dent *f* de chien, canine *f*; (archit, bot, mach) dent-de-chien *f*
dog'tooth vi'olet *s* dent-de-chien *f*
dog'trot' *s* petit-trot *m*
dog'watch' *s* (naut) petit quart *m*
dog'wood' *s* cornouiller *m*
doi•ly ['dɔɪli] *s* (*pl* **-lies**) napperon *m*; (*underplate*) garde-nappe *m*
doings ['du·ɪŋz] *spl* actions *fpl*, œuvres *fpl*, faits et gestes *mpl*
do-it-yourself [,du·ɪtʃər'sɛlf] *adj* de bricolage || *s* bricolage *m*
doldrums ['doldrəmz], ['daldrəmz] *spl* marasme *m*; (naut) zone *f* des calmes
dole [dol] *s* aumône *f*; indemnité *f* de chômage || *tr*—**to dole out** distribuer parcimonieusement
doleful ['dolfəl] *adj* dolent
doll [dal] *s* poupée *f* || *tr*—**to be dolled up** (coll) être tiré à quatre épingles || *intr*—**to doll up** (coll) se parer, s'endimancher
dollar ['dalər] *s* dollar *m*
dol•ly ['dali] *s* (*pl* **-lies**) (*low movable frame*) chariot *m*; (*hand truck*) diable *m*; (*child's doll*) poupée *f*; (mov, telv) travelling *m*
dolphin ['dalfɪn] *s* dauphin *m*
dolt [dolt] *s* nigaud *m*, lourdaud *m*
doltish ['doltɪʃ] *adj* nigaud, lourdaud
domain [do'men] *s* domaine *m*; (*private estate*) terres *fpl*, propriété *f*
dome [dom] *s* dôme *m*, coupole *f*
dome' light' *s* (aut) plafonnier *m*
domestic [də'mestɪk] *adj* & *s* domestique *mf*
domesticate [də'mestɪ,ket] *tr* domestiquer

domesticity [ˌdomesˈtɪsɪti] *s* caractère *m* casanier; vie *f* familiale
domicile [ˈdɑmɪsɪl], [ˈdɑmɪˌsaɪl] *s* domicile *m* || *tr* domicilier
dominance [ˈdɑmɪnəns] *s* prédominance *f*; (genetics) dominance *f*
dominant [ˈdɑmɪnənt] *adj* prédominant, dominant || *s* (mus) dominante *f*
dominate [ˈdɑmɪˌnet] *tr & intr* dominer
dominating [ˈdɑmɪˌnetɪŋ] *adj* dominateur
domination [ˌdɑmɪˈneʃən] *s* domination *f*
domineer [ˌdɑmɪˈnɪr] *intr* se montrer tyrannique
domineering [ˌdɑmɪˈnɪrɪŋ] *adj* tyrannique, autoritaire
dominion [dəˈmɪnjən] *s* domination *f*; (*of British Commonwealth*) dominion *m*
domi•no [ˈdɑmɪˌno] *s* (*pl* **-noes** or **-nos**) domino *m*; **dominoes** *sg* (*game*) les dominos
don [dɑn] *s* (*tutor*) précepteur *m* || *v* (*pret & pp* **donned**; *ger* **donning**) *tr* mettre, enfiler
donate [ˈdonet] *tr* faire un don de
donation [doˈneʃən] *s* don *m*, cadeau *m*
done [dʌn] *adj* fait; **are you done?** en avez-vous fini?; **it is done** (*it is finished*) c'en est fait; **to be done** (*e.g., beefsteak*) être cuit; **to have done with** en finir avec; **well done!** très bien!, bravo!, à la bonne heure!
done′ for′ *adj* (*tired out*) (coll) fourbu; (*ruined*) (coll) abattu; (*out of the running*) (coll) hors de combat; (*dead*) (coll) estourbi
donkey [ˈdɑŋki], [ˈdʌŋki] *s* âne *m*, baudet *m*
donor [ˈdonər] *s* donneur *m*; (law) donateur *m*
doodle [ˈdudəl] *tr & intr* griffonner
doom [dum] *s* condamnation *f*; destin *m* funeste || *tr* condamner
dooms′day′ *s* jugement *m* dernier
door [dor] *s* porte *f*; (*of a carriage or automobile*) portière *f*; (*one part of a double door*) battant *m*; **behind closed doors** à huis clos; **to see to the door** conduire à la porte; **to show s.o. the door** éconduire qn, mettre qn à la porte
door′bell′ *s* timbre *m*, sonnette *f*
door′bell transform′er *s* transformateur *m* de sonnerie
door′bell wire′ *s* fil *m* sonnerie
door′ check′ *s* arrêt *m* de porte
door′frame′ *s* chambranle *m*, huisserie *f*, dormant *m*
door′head′ *s* linteau *m*
door′jamb′ *s* jambage *m*
door′knob′ *s* bouton *m* de porte
door′knock′er *s* heurtoir *m*, marteau *m* de porte
door′ latch′ *s* loquet *m*
door′man *s* (*pl* **-men**) portier *m*
door′mat′ *s* essuie-pieds *m*, paillasson *m*
door′nail′ *s* clou *m* de porte; **dead as a doornail** (coll) bien mort
door′post′ *s* montant *m* de porte
door′ scrap′er [ˈskrepər] *s* décrottoir *m*, grattepieds *m*
door′sill′ *s* seuil *m*, traverse *f*
door′step′ *s* seuil *m*, pas *m*
door′stop′ *s* entrebâilleur *m*, butoir *m*
door′-to-door′ *adj* porte-à-porte
door′way′ *s* porte *f*, portail *m*
dope [dop] *s* enduit *m*; (slang) narcotique *m*, stupéfiant *m*; (*information*) (slang) renseignements *mpl*; (*fool*) (slang) cornichon *m* || *tr* enduire; (slang) doper, stupéfier; **to dope out** (slang) deviner, déchiffrer
dope′ fiend′ *s* (slang) toxicomane *mf*
dope′ ped′dler *s* trafiquant *m* de stupéfiants
dormant [ˈdɔrmənt] *adj* endormi, assoupi; latent; **to lie dormant** dormir
dor′mer win′dow [ˈdɔrmər] *s* lucarne *f*
dormito•ry [ˈdɔrmɪˌtori] *s* (*pl* **-ries**) (*room*) dortoir *m*; (*building*) pavillon *m* des étudiants, maison *f* de résidence
dor′mitory com′plex *s* cité *f* universitaire
dor•mouse [ˈdɔrˌmaus] *s* (*pl* **-mice**) loir *m*
dosage [ˈdosɪdʒ] *s* dosage *m*
dose [dos] *s* dose *f* || *tr* donner en doses; donner un médicament à
dossier [ˈdɑsɪˌe] *s* dossier *m*
dot [dɑt] *s* point *m*; **on the dot** (coll) à l'heure tapante; pile, e.g., **at noon on the dot** à midi pile || *v* (*pret & pp* **dotted**; *ger* **dotting**) *tr* (*to make with dots*) pointiller; **to dot one's i's** mettre les points sur les i
dotage [ˈdotɪdʒ] *s* radotage *m*
dotard [ˈdotərd] *s* gâteux *m*, gaga *m*
dote [dot] *intr* radoter; **to dote on** raffoler de
doting [ˈdotɪŋ] *adj* radoteur; (*loving to excess*) qui aime follement
dots′ and dash′es *spl* (telg) points et traits *mpl*
dot′ted line′ *s* ligne *f* pointillée, ligne hachée; **to sign on the dotted line** signer aveuglément
double [ˈdʌbəl] *adj & adv* double, en deux, deux fois || *s* double *m*; (cards) contre *m*; (*stunt man*) (mov) cascadeur *m*; **doubles** (tennis) double; **on the double!** (coll) dare-dare!, au trot! || *tr* doubler; (cards) contrer; **to double up** plier en deux || *intr* doubler; (cards) contrer; **to double back** faire un crochet; **to double up** se plier, se tordre
dou′ble-act′ing *adj* à double effet
dou′ble-bar′reled *adj* (*gun*) à deux coups
dou′ble bass′ [bes] *s* contrebasse *f*
dou′ble bed′ *s* grand lit *m*, lit à deux places
dou′ble boil′er *s* bain-marie *m*
dou′ble-breast′ed *adj* croisé
dou′ble chin′ *s* double menton *m*
dou′ble cross′ *s* (slang) entourloupette *f*, double jeu *m*
dou′ble-cross′ *tr* (coll) doubler, rouler, faire une entourloupette à

dou′ble-cross′er *s* (slang) personne *f* double, faux jeton *m*
dou′ble date′ *s* partie *f* carrée, sortie *f* à quatre
dou′ble-deal′er *s* personne *f* double, homme *m* à deux visages
dou′ble-deal′ing *adj* hypocrite ‖ *s* duplicité *f*
dou′ble-deck′er *s* (*bed*) lits *mpl* superposés, lits gigognes, lit à deux étages; (*bus*) autobus *m* à deux étages; (*sandwich*) double sandwich *m*; (aer, naut) deux-ponts *m*
dou′ble-edged′ *adj* à deux tranchants, à double tranchant
double entendre [ˈdubəlɑnˈtɑndrə] *s* expression *f* à double entente, mot *m* à double sens
dou′ble-en′try *adj* en partie double
dou′ble-faced′ *adj* à double face
dou′ble fea′ture *s* (mov) deux grands films *mpl*, double programme *m*
dou′ble-joint′ed *adj* désarticulé
dou′ble-lock′ *tr* fermer à double tour
dou′ble-park′ *tr* faire stationner en double file ‖ *intr* stationner en double file
dou′ble room′ *s* chambre *f* à deux lits
dou′ble-spaced′ *adj* à l'interligne
dou′ble stand′ard *s* code *m* de morale à deux aspects; **to have a double standard** avoir deux poids et deux mesures
doublet [ˈdʌblɪt] *s* (*close-fitting jacket*) pourpoint *m*; (*counterfeit stone; each of two words having the same origin*) doublet *m*
dou′ble-talk′ *s* (coll) non-sens *m*; (coll) paroles *fpl* creuses or ambiguës, mots *mpl* couverts
dou′ble time′ *s* (*for work*) salaire *m* double; (mil) pas *m* redoublé
doubleton [ˈdʌbəltən] *s* deux cartes *fpl* d'une couleur
dou′ble track′ *s* double piste *f*
doubling [ˈdʌblɪŋ] *s* doublement *m*
doubly [ˈdʌbli] *adv* doublement
doubt [daʊt] *s* doute *m*; **beyond a doubt** à n'en pas douter; **no doubt** sans doute ‖ *tr* douter de; **to doubt that** douter que; **to doubt whether** douter si ‖ *intr* douter
doubter [ˈdaʊtər] *s* douteur *m*
doubtful [ˈdaʊtfəl] *adj* douteux; indécis, hésitant
doubtless [ˈdaʊtlɪs] *adv* sans doute
douche [duʃ] *s* douche *f*; (*instrument*) seringue *f* à lavement ‖ *tr* doucher ‖ *intr* se doucher
dough [do] *s* pâte *f*; (slang) fric *m*; **big dough** (slang) grosse galette *f*
dough′boy′ *s* (coll) troufion *m*, biffin *m*; (*in the first World War*) poilu *m*
dough′nut′ *s* beignet *m*
dough·ty [ˈdaʊti] *adj* (*comp* **-tier**; *super* **-tiest**) vaillant, preux
dough·y [ˈdo·i] *adj* (*comp* **-ier**; *super* **-iest**) pâteux
dour [daʊr], [dʊr] *adj* (*severe*) austère; (*obstinate*) buté; (*gloomy*) mélancolique
douse [daʊs] *tr* tremper, arroser; (slang) éteindre
dove [dʌv] *s* colombe *f*
dovecote [ˈdʌvˌkot] *s* pigeonnier *m*, colombier *m*
Dover [ˈdovər] *s* Douvres
dove′tail′ *s* queue-d'aronde *f*, adent *m* ‖ *tr* assembler à queue-d'aronde, adenter; (fig) raccorder, opérer le raccord entre ‖ *intr* se raccorder
dove′tailed′ *adj* à queue-d'aronde
dowager [ˈdaʊ·ədʒər] *s* douairière *f*
dow·dy [ˈdaʊdi] *adj* (*comp* **-dier**; *super* **-diest**) gauche, fagoté, mal habillé
dow·el [ˈdaʊ·əl] *s* goujon *m* ‖ *v* (*pret & pp* **-eled** or **-elled**; *ger* **-eling** or **-elling**) *tr* goujonner
dower [ˈdaʊ·ər] *s* (*widow's portion*) douaire *m*; (*marriage portion*) dot *f*; (*natural gift*) don *m* ‖ *tr* assigner un douaire à; doter
down [daʊn] *adj* bas; (*train*) descendant; (*storage battery*) épuisé; (*tire*) à plat; (*sun*) couché; (*wind, sea, etc.*) calmé; (*blinds; prices*) baissé; (*stocks*) en moins-value; (*sad*) abattu, triste ‖ *s* duvet *m*; (*sand hill*) dune *f* ‖ *adv* en bas, au bas, vers les bas; à terre; (*south*) au sud; **down!** (*in elevator*) on descend!, pour la descente!; **down from** du haut de; **down there** là-bas; **down to** jusqu'à; **down under** aux antipodes; **down with . . . !** à bas . . . !; for expressions like **to go down** descendre or **to pay down** payer comptant, see the verb ‖ *prep* en bas de; (*along*) le long de; (*a stream*) en descendant ‖ *tr* descendre, abattre; (*to swallow*) (coll) avaler
down′-and-out′ *adj* décavé
down′beat′ *s* (mus) temps *m* fort, frappé *m*, premier accent *m*
down′cast′ *adj* abattu, baissé
down′fall′ *s* chute *f*, ruine *f*
down′grade′ *adj* (coll) descendant ‖ *s* descente *f*; **to be on the downgrade** déchoir ‖ *adv* en déclin ‖ *tr* déclasser
down′heart′ed *adj* abattu, découragé
down′hill′ *adj* descendant ‖ *adv*—**to go downhill** aller en descendant; (fig) décliner
down′ pay′ment *s* acompte *m*
down′pour′ *s* déluge *m*, averse *f*
down′right′ *adj* absolu, véritable ‖ *adv* tout à fait, absolument
down′stairs′ *s* rez-de-chaussée *m* ‖ *adv* en bas; **to go downstairs** descendre
down′stream′ *adv* en aval
down′stroke′ *s* (*of piston*) course *f* descendante; (*in writing*) jambage *m*
down′town′ *adj* du centre ‖ *s* centre *m* ‖ *adv* en ville
down′trend′ *s* tendance *f* à la baisse
downtrodden [ˈdaʊnˌtrɑdən] *adj* opprimé
downward [ˈdaʊnwərd] *adj* descendant ‖ *adv* en bas, en descendant
downwards [ˈdaʊnwərdz] *adv* en bas, en descendant
down′wash′ *s* (aer) air *m* déplacé
down·y [ˈdaʊni] *adj* (*comp* **-ier**; *super*

-iest) duveteux; (*velvety*) velouté; (*soft*) mou, moelleux
dow·ry ['dauri] *s* (*pl* **-ries**) dot *f*
dowser ['dauzər] *s* sourcier *m*, hydroscope *m*
doze [doz] *s* petit somme *m* || *intr* sommeiller; **to doze off** s'assoupir
dozen ['dʌzən] *s* douzaine *f*; **a dozen . . .** une douzaine de . . . ; **by the dozen** à la douzaine
D.P. *abbr* (**displaced person**) personne *f* déplacée
Dr. *abbr* (**Doctor**) Dr
drab [dræb] *adj* (*comp* **drabber**; *super* **drabbest**) gris || *s* gris *m*
drach·ma ['drækmə] *s* (*pl* **-mas** or **-mae** [mi]) drachme *f*
draft [dræft], [drɑft] *s* courant *m* d'air; (*pulling; current of air in chimney*) tirage *m*; (*sketch, outline*) ébauche *f*; (*of a letter, novel, etc.*) brouillon *m*, premier jet *m*; (*of a bill in Congress*) projet *m*; (*of a law*) avant-projet *m*; (*drink*) trait *m*, gorgée *f*; (com) mandat *m*, traite *f*; (mil) conscription *f*; (naut) tirant *m* d'eau; **drafts** (*game*) dames *fpl*; **on draft** à la pression; **to be exempted from the draft** être exempté du service militaire || *tr* (*a document*) rédiger, faire le brouillon de; (*a bill in Congress*) dresser; (*a recruit*) appeler sous les drapeaux; **to be drafted** être appelé sous les drapeaux
draft' beer' *s* bière *f* pression
draft' board' *s* conseil *m* de révision; commission *f* locale des conscriptions
draft' call' *s* appel *m* sous les drapeaux
draft' dodg'er ['dɑdʒər] *s* embusqué *m*
draftee [ˌdræf'ti], [ˌdrɑf'ti] *s* appelé *m* (sous les drapeaux), conscrit *m*
draft' horse' *s* cheval *m* de trait
drafting ['dræftɪŋ], ['drɑftɪŋ] *s* dessin *m* industriel
draft'ing room' *s* bureau *m* d'études
drafts'man *s* (*pl* **-men**) dessinateur *m*; (*man who draws up documents*) rédacteur *m*
draft·y ['dræfti], ['drɑfti] *adj* (*comp* **-ier**; *super* **-iest**) plein de courants d'air
drag [dræg] *s* (*net*) drège *f*; (*sledge or sled*) traîneau *m*; (*stone drag*) fardier *m*; (*brake*) enrayure *f*; (*impediment*) entrave *f*; (aer) résistance *f* à l'avancement || *v* (*pret & pp* **dragged**; *ger* **dragging**) *tr* traîner; (*one's feet*) traînasser; (*a net*) draguer; (*a field*) herser; **to drag down** entraîner; **to drag in** introduire de force; **to drag out** faire sortir de force || *intr* traîner à terre; se traîner
drag'net' *s* traîneau *m*, chalut *m*
dragon ['drægən] *s* dragon *m*
drag'on·fly' *s* (*pl* **-flies**) demoiselle *f*, libellule *f*
dragoon [drə'gun] *s* dragon *m* || *tr* tyranniser; forcer, contraindre
drain [dren] *s* (*sewer*) égout *m*; (*pipe*) tuyau *m* d'égout; (*ditch*) tranchée *f* d'écoulement; (*source of continual expense*) saignée *f*; (med) drain *m* || *tr* (*wet ground*) drainer; (*a glass or cup*) vider entièrement; (*a crankcase*) vidanger; (*s.o. of strength*) épuiser; (med) drainer || *intr* s'égoutter, s'écouler
drainage ['drenɪdʒ] *s* drainage *m*
drain'board' *s* égouttoir *m*
drain' cock' *s* purgeur *m*
drain'pipe' *s* tuyau *m* d'écoulement, drain *m*
drain' plug' *s* bouchon *m* de vidange
drake [drek] *s* canard *m* mâle
dram [dræm] *s* (*weight*) drachme *m*; (*drink*) petit verre *f*, goutte *f*
drama ['drɑmə], ['dræmə] *s* drame *m*
dra'ma crit'ic *s* chroniqueur *m* dramatique
dra'ma review' *s* avant-première *f*
dramatic [drə'mætɪk] *adj* dramatique || **dramatics** *s* dramaturgie *f*, art *m* dramatique
dramatist ['dræmətɪst] *s* auteur *m* dramatique, dramaturge *mf*
dramatize ['dræməˌtaɪz] *tr* dramatiser
drape [drep] *s* rideau *m*; (*hang of a curtain, skirt, etc.*) drapement *m* || *tr* draper, tendre; se draper dans
draper·y ['drepəri] *s* (*pl* **-ies**) draperie *f*; **draperies** rideaux *mpl*, tentures *fpl*
drastic ['dræstɪk] *adj* énergique, radical; (*laxative*) drastique
draught [dræft], [drɑft] *s* (*of fish*) coup *m* de filet; (*drink*) trait *m*, gorgée *f*; (naut) tirant *m* d'eau; **draughts** (*game*) dames *fpl*; **on draught** à la pression
draught' beer' *s* bière *f* pression
draught'board' *s* damier *m*
draw [drɔ] *s* tirage *m*; (*in a game or other contest*) partie *f* nulle, match *m* nul || *v* (*pret* **drew** [dru]; *pp* **drawn** [drɔn]) *tr* tirer; (*a crowd*) attirer; (*a design*) dessiner; (*a card*) tirer; (*trumps*) faire tomber; (*a bow*) bander, tendre; (*water*) puiser; **to draw a conclusion** tirer une conséquence; **to draw aside** prendre à l'écart; **to draw blood** faire saigner; **to draw interest** porter intérêt; **to draw lots** tirer au sort; **to draw off** (*e.g., a liquid*) soutirer; **to draw out** (*a person*) faire parler; (*an activity*) prolonger, traîner; **to draw up** (*a list*) dresser; (*a plan*) rédiger; (naut) jauger || *intr* tirer; dessiner; faire partie nulle, faire match nul; **to draw away** s'éloigner; **to draw back** reculer, se retirer; **to draw near** approcher; s'approcher de
draw'back' *s* désavantage *m*, inconvénient *m*
draw'bridge' *s* pont-levis *m*
drawee [ˌdrɔ'i] *s* tiré *m*, accepteur *m*
drawer ['drɔ·ər] *s* dessinateur *m*; (com) tireur *m* || [drɔr] *s* tiroir *m*; **drawers** caleçon *m*
drawing ['drɔ·ɪŋ] *s* dessin *m*; (*in a lottery*) tirage *m*
draw'ing board' *s* planche *f* à dessin
draw'ing card' *s* attrait *m*, attraction *f*
draw'ing room' *s* salon *m*
draw'knife' *s* (*pl* **-knives**) plane *f*

drawl [drɔl] *s* voix *f* traînante || *tr* dire d'une voix traînante || *intr* traîner la voix en parlant
drawn' but'ter [drɔn] *s* beurre *m* fondu; sauce *f* blanche
drawn' work' *s* broderie *f* à fils tirés
dray [dre] *s* haquet *m*, charrette *f*; (*sledge*) fardier *m*, schlitte *f*
drayage ['dre·ɪdʒ] *s* charriage *m*, charroi *m*; frais *mpl* de transport
dray' horse' *s* cheval *m* de trait
dray'man *s* (*pl* **-men**) haquetier *m*
dread [drɛd] *adj* redoutable, terrible || *s* terreur *f*, crainte *f* || *tr & intr* redouter, craindre
dreadful ['drɛdfəl] *adj* épouvantable
dream [drim] *s* rêve *m*, songe *m*; (*fancy, illusion*) rêverie *f*, songerie *f* || *v* (*pret & pp* **dreamed** or **dreamt** [drɛmt]) *tr*—**to dream up** rêver || *intr* rêver, songer; **to dream of** (*future plans*) rêver à; (*s.o.*) rêver de
dreamer ['drimər] *s* rêveur *m*
dream'land' *s* pays *m* des songes
dream' world' *s* monde *m* des rêves
dream·y ['drimi] *adj* (*comp* **-ier**; *super* **-iest**) rêveur; (slang) épatant
drear·y ['drɪri] *adj* (*comp* **-ier**; *super* **-iest**) triste, morne; monotone
dredge [drɛdʒ] *s* drague *f* || *tr* draguer
dredger ['drɛdʒər] *s* dragueur *m*; (mach) drague *f*
dredging ['drɛdʒɪŋ] *s* dragage *m*
dregs [drɛgz] *spl* lie *f*
drench [drɛntʃ] *tr* tremper, inonder
dress [drɛs] *s* habillement *m*, costume *m*; (*woman's attire*) toilette *f*, mise *f*; (*woman's dress*) robe *f* || *tr* habiller, vêtir; (*to apply a dressing to*) panser; (culin) garnir; **to dress down** (coll) passer un savon à, chapitrer; **to dress up** parer; (*ranks*) (mil) aligner; **to get dressed** s'habiller || *intr* s'habiller, se vêtir; (mil) s'aligner; **to dress up** se parer
dress' ball' *s* bal *m* paré
dress' cir'cle *s* corbeille *f*, premier balcon *m*
dress' coat' *s* frac *m*
dresser ['drɛsər] *s* coiffeuse *f*; commode *f* à miroir; (*sideboard*) dressoir *m*; **to be a good dresser** être recherché dans sa mise
dress' form' *s* mannequin *m*
dress' goods' *spl* étoffes *fpl* pour costumes
dressing ['drɛsɪŋ] *s* toilette *f*; (*for food*) assaisonnement *m*, sauce *f*; (*stuffing for fowl*) farce *f*; (*fertilizer*) engrais *m*; (*for a wound*) pansement *m*
dress'ing down' *s* (coll) savon *m*, verte réprimande *f*, algarade *f*
dress'ing gown' *s* peignoir *m*, robe *f* de chambre
dress'ing room' *s* cabinet *m* de toilette; (theat) loge *f*
dress'ing sta'tion *s* poste *m* de secours
dress'ing ta'ble *s* coiffeuse *f*, toilette *f*
dress'mak'er *s* couturière *f*
dress'mak'ing *s* couture *f*
dress'making estab'lishment *s* maison *f* de couture
dress' rehear'sal *s* répétition *f* en costume; **final dress rehearsal** répétition générale
dress' shield' *s* dessous-de-bras *m*
dress' shirt' *s* chemise *f* à plastron
dress' shop' *s* magasin *m* de modes
dress' suit' *s* habit *m* de cérémonie, tenue *f* de soirée
dress' tie' *s* cravate *f* de smoking, cravate-plastron *f*
dress' u'niform *s* (mil) grande tenue *f*
dress·y ['drɛsi] *adj* (*comp* **-ier**; *super* **-iest**) (coll) élégant, chic
dribble ['drɪbəl] *s* dégouttement *m*; (*of child*) bave *f*; (sports) dribble *m* || *tr* (sports) dribbler || *intr* dégoutter; (*said of child*) baver; (sports) dribbler
driblet ['drɪblɪt] *s* chiquet *m*; **in driblets** au compte-gouttes
dried' ap'ple [draɪd] *s* pomme *f* tapée
dried' beef' *s* viande *f* boucanée
dried' fig' *s* figue *f* sèche
dried' fruit' *s* fruit *m* sec
dried' pear' *s* poire *f* tapée
drier ['draɪ·ər] *s* (*for clothes*) séchoir *m*, sécheuse *f*; (*for paint*) siccatif *m*; (mach) sécheur *m*
drift [drɪft] *s* dérive *f*; (*of sand, snow*) amoncellement *m*; (*of meaning*) sens *m*, direction *f* || *intr* aller à la dérive; (*said of snow*) s'amonceler; (aer, naut) dériver; (fig) se laisser aller, flotter
drift' ice' *s* glaces *fpl* flottantes
drift'wood' *s* bois *m* flotté
drill [drɪl] *s* foret *m*; (*machine*) perforatrice *f*; (*fabric*) coutil *m*, treillis *m*; (*furrow*) sillon *m*; (*agricultural implement*) semoir *m*; (*in school; on the drill ground*) exercice *m* || *tr* instruire; (*e.g., students*) former, entraîner; (mach) forer; (mil) faire faire l'exercice à; **to drill s.th. into s.o.** seriner q.ch. à qn || *intr* faire l'exercice; forer
driller ['drɪlər] *s* foreur *m*
drill' field' or **drill' ground'** *s* terrain *m* d'exercice
drill'mas'ter *s* moniteur *m*; (mil) instructeur *m*
drill' press' *s* foreuse *f* à colonnes
drink [drɪŋk] *s* boisson *f*, breuvage *m*; boire *m*, e.g., **food and drink** le boire et le manger || *v* (*pret* **drank** [dræŋk]; *pp* **drunk** [drʌŋk]) *tr* boire; (*e.g., with a meal*) prendre; **to drink down** boire d'un trait || *intr* boire; **to drink out of** (*a glass*) boire dans; (*a bottle*) boire à; **to drink to the health of** boire à la santé de
drinkable ['drɪŋkəbəl] *adj* buvable, potable
drinker ['drɪŋkər] *s* buveur *m*
drink'ing cup' *s* tasse *f* à boire, gobelet *m*
drink'ing foun'tain *s* fontaine *f* à boire, borne-fontaine *f*
drink'ing song' *s* chanson *f* à boire
drink'ing trough' *s* abreuvoir *m*

drink′ing wa′ter *s* eau *f* potable
drip [drɪp] *s* (*drop*) goutte *f*; (*dripping*) égout *m*, dégouttement *m*; (*person*) (slang) cornichon *m* ‖ *v* (*pret & pp* **dripped**; *ger* **dripping**) *intr* dégoutter, goutter
drip′ cof′fee *s* café-filtre *m*
drip′ cof′fee mak′er *s* cafetière *f* à filtre
drip′-dry′ *adj* à séchage rapide; (label on shirt) repassage inutile
dripolator [ˈdrɪpəˌletər] *s* filtre *m* à café
drip′ pan′ *s* égouttoir *m*
dripping [ˈdrɪpɪŋ] *s* ruissellement *m*; **drippings** graisse *f* de rôti
drive [draɪv] *s* (*in an automobile*) promenade *f*; (*road*) chaussée *f*; (*vigor*) énergie *f*, initiative *f*; (*fund-raising*) campagne *f*; (*push forward*) propulsion *f*; (aut) (*point of power application to roadway*) traction *f*; (golf) crossée *f*; (mach) transmission *f*; **to go for a drive** faire une promenade en auto ‖ *v* (*pret* **drove** [drov]; *pp* **driven** [ˈdrɪvən] *tr* (*an automobile, locomotive, etc.*; *an animal; a person in an automobile*) conduire; (*a nail*) enfoncer; (*a bargain*) conclure; (*the ball in a game*) renvoyer, chasser; (*to push, force*) pousser, forcer; (*to overwork*) surmener; **to drive away** chasser; **to drive back** repousser; (*e.g., in a car*) reconduire; **to drive crazy** rendre fou; **to drive in** enfoncer; **to drive out** chasser; **to drive to despair** conduire au désespoir ‖ *intr* conduire; **drive slowly** (public sign) marcher au pas; **to drive away** partir, démarrer; **to drive back** rentrer en auto; **to drive on** continuer sa route; **to drive out** sortir
drive′-in′ *s* (*motion-picture theater*) cinéma *m* auto; (*restaurant*) restoroute *m*
driv•el [ˈdrɪvəl] *s* (*slobber*) bave *f*; (*nonsense*) bêtises *fpl* ‖ *v* (*pret* **-eled** or **-elled**; *ger* **-eling** or **-elling**) *intr* baver; (*to talk nonsense*) radoter
driver [ˈdraɪvər] *s* chauffeur *m*, conducteur *m*; (*of a carriage*) cocher *m*; (*of a locomotive*) mécanicien *m*; (*of pack animals*) toucheur *m*
driv′er's li′cense *s* permis *m* de conduire
drive′ shaft′ *s* arbre *m* d'entraînement
drive′way′ *s* voie *f* de garage, sortie *f* de voiture
drive′ wheel′ *s* roue *f* motrice, roue de transmission
driv′ing school′ *s* auto-école *f*
drizzle [ˈdrɪzəl] *s* pluie *f* fine, bruine *f* ‖ *intr* bruiner, brouillasser
droll [drol] *adj* drôle, drolatique
dromedar•y [ˈdrɑməˌderi] *s* (*pl* **-ies**) dromadaire *m*
drone [dron] *s* bourdonnement *m*; (*of plane or engine*) vrombissement *m*, ronron *m*; fainéant *m*; (aer) avion *m* téléguidé, avion sans pilote; (ent) faux bourdon *m* ‖ *intr* bourdonner, ronronner
drool [drul] *intr* baver
droop [drup] *s* inclinaison *f* ‖ *intr* se baisser; (*to lose one's pep*) s'alanguir; (bot) languir
drooping [ˈdrupɪŋ] *adj* languissant
drop [drɑp] *s* goutte *f*; (*fall*) chute *f*; (*slope*) précipice *m*; (*depth of drop*) hauteur *f* de chute; (*in price; in temperature*) baisse *f*; (*lozenge*) pastille *f*; (*of supplies from an airplane*) droppage *m*; **a drop in the bucket** une goutte d'eau dans la mer ‖ *v* (*pret & pp* **dropped**; *ger* **dropping**) *tr* laisser tomber; (*a curtain; the eyes, voice*) baisser; (*from an airplane*) lâcher; (*e.g., a name from a list*) omettre, supprimer; (*a remark*) glisser; (*a conversation; relations; negotiations*) cesser; (*anchor*) jeter, mouiller; (*an idea, a habit, etc.*) renoncer à; **to drop off** déposer ‖ *intr* tomber; se laisser tomber; baisser; cesser; **to drop in** entrer en passant; **to drop in on** faire un saut chez; **to drop off** se détacher; s'endormir; **to drop out of** (*to quit*) renoncer à, abandonner
drop′ cur′tain *s* rideau *m* d'entracte
drop′ ham′mer *s* marteau-pilon *m*
drop′ kick′ *s* coup *m* tombé
drop′ leaf′ *s* abattant *m*
drop′light′ *s* lampe *f* suspendue
drop′out′ *s* raté *m*; **to become a dropout** abandonner les études
dropper [ˈdrɑpər] *s* compte-gouttes *m*
dropsy [ˈdrɑpsi] *s* hydropisie *f*
drop′ ta′ble *s* table *f* à abattants
dross [drɔs], [drɑs] *s* scories *mpl*, écume *f*
drought [draʊt] *s* sécheresse *f*
drove [drov] *s* troupeau *m*; (*multitude*) foule *f*, flots *mpl*; **in droves** par bandes
drover [ˈdrovər] *s* bouvier *m*
drown [draʊn] *tr* noyer; **to drown out** couvrir ‖ *intr* se noyer
drowse [draʊz] *intr* somnoler, s'assoupir
drow•sy [ˈdraʊzi] *adj* (*comp* **-sier**; *super* **-siest**) somnolent
drub [drʌb] *v* (*pret & pp* **drubbed**; *ger* **drubbing**) *tr* flanquer une raclée à, rosser
drudge [drʌdʒ] *s* homme *m* de peine, piocheur *m*; **harmless drudge** (*e.g., who compiles dictionaries*) gratte-papier *m* inoffensif
drudger•y [ˈdrʌdʒəri] *s* (*pl* **-ies**) corvée *f*, travail *m* pénible
drug [drʌg] *s* drogue *f*, stupéfiant *m*, produit *m* pharmaceutique; **drug on the market** rossignol *m* ‖ *v* (*pret & pp* **drugged**; *ger* **drugging**) *tr* (*a person*) donner un stupéfiant à, stupéfier; (*food or drink*) ajouter un stupéfiant à
drug′ ad′dict *s* toxicomane *mf*
drug′ addic′tion *s* toxicomanie *f*
druggist [ˈdrʌgɪst] *s* pharmacien *m*
drug′ hab′it *s* toxicomanie *f*, vice *m* des stupéfiants

drug′store′ *s* pharmacie-bazar *f*, pharmacie *f*
drug′ traf′fic *s* trafic *m* des stupéfiants
druid [ˈdru·ɪd] *s* druide *m*
drum [drʌm] *s* (*cylinder; instrument of percussion*) tambour *m*; (*container for oil, gasoline, etc.*) bidon *m*; **to play the drum** battre du tambour ‖ *v* (*pret & pp* **drummed**; *ger* **drumming**) *tr* (*e.g., a march*) tambouriner; rassembler au son du tambour; **to drum into** fourrer dans; **to drum up customers** racoler des clients ‖ *intr* jouer du tambour; (*with the fingers*) tambouriner; (*on the piano*) pianoter
drum′ and bu′gle corps′ *s* clairons et tambours *mpl*, clique *f*
drum′ beat′ *s* coup *m* de tambour
drum′fire′ *s* (mil) tir *m* nourri, feu *m* roulant
drum′head′ *s* peau *f* de tambour; (naut) noix *f*
drum′ ma′jor *s* tambour-major *m*
drummer [ˈdrʌmər] *s* tambour *m*; (*salesman*) (coll) commis *m* voyageur
drum′stick′ *s* baguette *f* de tambour; (*of chicken*) (coll) cuisse *f*, pilon *m*
drunk [drʌŋk] *adj* ivre, soûl; **to get drunk** s'enivrer; **to get s.o. drunk** enivrer qn ‖ *s* (*person*) (coll) ivrogne *m*; (*state*) ivresse *f*; **to go on a drunk** (coll) **se** soûler
drunkard [ˈdrʌŋkərd] *s* ivrogne *m*
drunken [ˈdrʌŋkən] *adj* enivré
drunk′en driv′ing *s* conduite *f* en état d'ivresse
drunkenness [ˈdrʌŋkənnɪs] *s* ivresse *f*
dry [draɪ] *adj* (*comp* **drier**; *super* **driest**) sec; (*thirsty*) assoiffé; (*boring*) aride ‖ *s* (*pl* **drys**) (*prohibitionist*) antialcoolique *mf* ‖ *v* (*pret & pp* **dried**) *tr* sécher; (*the dishes*) essuyer ‖ *intr* **sécher**; **to dry up** se dessécher; (slang) **se** taire
dry′ bat′tery *s* pile *f* sèche; (*number of dry cells*) batterie *f* de piles
dry′ cell′ *s* pile *f* sèche
dry′-clean′ *tr* nettoyer à sec
dry′ clean′er *s* nettoyeur *m* à sec, teinturier *m*
dry′ clean′er's *s* teinturerie *f*
dry′ clean′ing *s* nettoyage *m* à sec
dry′ dock′ *s* cale *f* sèche, bassin *m* de radoub
dry′-eyed′ *adj* d'un œil sec
dry′ goods′ *spl* tissus *mpl*, étoffes *fpl*
dry′ ice′ *s* glace *f* sèche
dry′ land′ *s* terre *f* ferme
dry′ meas′ure *s* mesure *f* à grains
dryness [ˈdraɪnɪs] *s* sécheresse *f*; (*e.g., of a speaker*) aridité *f*
dry′ nurse′ *s* nourrice *f* sèche
dry′ rot′ *s* carie *f* sèche
dry′ run′ *s* exercice *m* simulé, répétition *f*, examen *m* blanc
dry′ sea′son *s* saison *f* sèche
dry′ wash′ *s* blanchissage *m* sans repassage
dual [ˈd(j)u·əl] *adj* double ‖ *s* duel *m*
dub [dʌb] *s* (slang) balourd *m* ‖ *v* (*pret & pp* **dubbed**; *ger* **dubbing**) *tr* (*to nickname*) donner un sobriquet à; (*to knight*) donner l'accolade à, adouber; (*a tape recording or movie film*) doubler
dubbing [ˈdʌbɪŋ] *s* (mov) doublage *m*
dubious [ˈd(j)ubɪ·əs] *adj* (*undecided*) hésitant; (*questionable*) douteux
ducat [ˈdʌkət] *s* ducat *m*
duchess [ˈdʌtʃɪs] *s* duchesse *f*
duch·y [ˈdʌtʃi] *s* (*pl* **-ies**) duché *m*
duck [dʌk] *s* canard *m*; (*female*) cane *f*; (*motion*) esquive *f*; **ducks** (*trousers*) pantalon *m* de coutil ‖ *tr* (*the head*) baisser ‖ *intr* se baisser; **to duck out** (coll) s'esquiver
ducking [ˈdʌkɪŋ] *s* plongeon *m*, bain *m* forcé
duckling [ˈdʌklɪŋ] *s* caneton *m*; (*female*) canette *f*
ducks′ and drakes′ *s*—**to play at ducks and drakes** faire des ricochets sur l'eau; (fig) jeter son argent par les fenêtres
duck′-toed′ *adj* qui marche en canard
duct [dʌkt] *s* conduit *m*, canal *m*
duct′less glands′ [ˈdʌktlɪs] *spl* glandes *fpl* closes
duct′work′ *s* tuyauterie *f*, canalisation *f*
dud [dʌd] *s* (slang) obus *m* qui a raté; (slang) raté *m*, navet *m*; **duds** (*clothes*) (coll) frusques *fpl*, nippes *fpl*
dude [d(j)ud] *s* poseur *m*, gommeux *m*
dude′ ranch′ *s* ranch *m* d'opérette
due [d(j)u] *adj* dû; (*note*) échéant; (*bill*) exigible; (*train, bus, person*) attendu; **due to** par suite de; **in due form** en bonne forme, en règle; **to fall due** venir à l'échéance; **when is the train due?** à quelle heure doit arriver le train? ‖ *s* dû *m*; **dues** cotisation *f*; **to pay one's dues** cotiser ‖ *adv* droit vers, e.g., **due north** droit vers le nord
due′ date′ *s* échéance *f*
duel [ˈd(j)u·əl] *s* duel *m*; **to fight a duel** se battre en duel ‖ *v* (*pret & pp* **dueled** or **duelled**; *ger* **dueling** or **duelling**) *intr* se battre en duel
duelist or **duellist** [ˈd(j)u·əlɪst] *s* duelliste *m*
duenna [d(j)uˈenə] *s* duègne *f*
dues′-pay′ing *adj* cotisant
duet [d(j)uˈet] *s* duo *m*
duke [d(j)uk] *s* duc *m*
dukedom [ˈd(j)ukdəm] *s* duché *m*
dull [dʌl] *adj* (*not sharp*) émoussé; (*color*) terne; (*sound; pain*) sourd; (*stupid*) lourd; (*business*) lent; (*boring*) ennuyeux; (*flat*) fade, insipide; **to become dull** s'émousser; (*said of senses*) s'engourdir ‖ *tr* (*a knife*) émousser; (*color*) ternir; (*sound; pain*) amortir; (*spirits*) hébéter, engourdir ‖ *intr* s'émousser; se ternir; s'amortir; s'engourdir
dullard [ˈdʌlərd] *s* lourdaud *m*, hébété *m*
dullness [ˈdʌlnɪs] *s* (*of knife*) émoussement *m*; (*e.g., of wits*) lenteur *f*
duly [ˈd(j)uli] *adv* dûment, justement
dumb [dʌm] *adj* (*lacking the power to speak*) muet; (coll) gourde, imbécile;

completely dumb (coll) bouché à l'émeri; **to play dumb** (coll) feindre l'innocence
dumb'bell' *s* (sports) haltère *m*; (slang) gourde *f*, imbécile *mf*
dumb' crea'ture *s* animal *m*, brute *f*
dumb'wait'er *s* monte-plats *m*; (*serving table*) table *f* roulante
dumfound ['dʌm,faʊnd] *tr* abasourdir, ébahir
dum•my ['dʌmi] *adj* faux, factice || *s* (*pl* **-mies**) (*dress form*) mannequin; (*in card games*) mort *m*; (*figurehead, straw man*) prête-nom *m*, homme *m* de paille; (*skeleton copy of a book or magazine*) maquette *f*; (*object put in place of the real thing*) simulacre *m*; (slang) bêta *m*, ballot *m*
dump [dʌmp] *s* (*pile of rubbish*) amas *m*, tas *m*; (*place*) dépotoir *m*; (mil) dépôt *m*; (slang) taudis *m*; **to be down in the dumps** (coll) avoir le cafard || *tr* décharger, déverser; (*on rubbish pile*) jeter au rebut; (com) vendre en faisant du dumping
dumping ['dʌmpɪŋ] *s* (com) dumping *m*
dumpling ['dʌmplɪŋ] *s* dumpling *m*, boulette *f*
dump' truck' *s* tombereau *m*
dump•y ['dʌmpi] *adj* (*comp* **-ier**; *super* **-iest**) (*short and fat*) courtaud, trapu; (*shabby*) râpé, minable
dun [dʌn] *adj* isabelle || *s* créancier *m* importun; (*demand for payment*) demande *f* pressante || *v* (*pret & pp* **dunned**; *ger* **dunning**) *tr* (*for payment*) importuner, poursuivre
dunce [dʌns] *s* âne *m*, cancre *m*
dunce' cap' *s* bonnet *m* d'âne
dune [d(j)un] *s* dune *f*
dung [dʌŋ] *s* fumier *m*
dungarees [,dʌŋgə'riz] *spl* pantalon *m* de treillis, treillis *m*, bleu *m*
dungeon ['dʌndʒən] *s* cachot *m*, cul-de-basse-fosse *m*; (*keep of castle*) donjon *m*
dung'hill' *s* tas *m* de fumier
dunk [dʌŋk] *tr & intr* tremper
du•o ['d(j)u•o] *s* (*pl* **-os**) duo *m*
duode•num [,d(j)u•ə'dinəm] *s* (*pl* **-na** [nə]) duodénum *m*
dupe [d(j)up] *s* dupe *f*, dindon *m* de la farce || *tr* duper
duplex ['d(j)uplɛks] *adj* double, duplex || *s* maison *f* double
du'plex house' *s* maison *f* double
duplicate ['d(j)uplɪkɪt] *adj* double || *s* duplicata *m*, polycopie *f*; **in duplicate** en double, en duplicata || ['d(j)uplɪ,ket] *tr* faire le double de, reproduire; (*on a machine*) polycopier, ronéocopier
du'plicating machine' *s* duplicateur *m*
duplici•ty [d(j)u'plɪsɪti] *s* (*pl* **-ties**) duplicité *f*
durable ['d(j)ʊrəbəl] *adj* durable
duration [d(j)ʊ'reʃən] *s* durée *f*
duress ['d(j)ʊrɛs], [d(j)ʊ'rɛs] *s* contrainte *f*; emprisonnement *m*
during ['d(j)ʊrɪŋ] *prep* pendant
dusk [dʌsk] *s* crépuscule *m*; **at dusk** entre chien et loup
dust [dʌst] *s* poussière *f* || *tr* (*to free of dust*) épousseter; (*to sprinkle with dust*) saupoudrer; **to dust off** épousseter
dust' bowl' *s* région *f* dénudée
dust'cloth' *s* chiffon *m* à épousseter
dust' cloud' *s* nuage *m* de poussière
duster ['dʌstər] *s* (*made of feathers*) plumeau *m*; (*made of cloth*) chiffon *m*; (*overgarment*) cache-poussière *m*
dust' jack'et *s* protège-livre *m*, couvre-livre *m*, liseuse *f*
dust'pan' *s* pelle *f* à ordures
dust' rag' *s* chiffon *m* à épousseter
dust•y ['dʌsti] *adj* (*comp* **-ier**; *super* **-iest**) poussiéreux; (*color*) cendré
Dutch [dʌtʃ] *adj* hollandais, néerlandais; (slang) allemand || *s* (*language*) hollandais *m*, néerlandais *m*; (slang) allemand *m*; **in Dutch** (slang) en disgrâce; **the Dutch** les Hollandais *mpl*, les Néerlandais *mpl*; (slang) les Allemands *mpl*; **we will go Dutch** (coll) chacun paiera son écot
Dutch'man *s* (*pl* **-men**) Hollandais *m*, Néerlandais *m*; (slang) Allemand *m*
Dutch' treat' *s*—**to have a Dutch treat** (coll) faire suisse, payer son écot
dutiable ['d(j)utɪ•əbəl] *adj* soumis aux droits de douane
dutiful ['d(j)utɪfəl] *adj* respectueux, soumis, plein d'égards
du•ty ['d(j)uti] *s* (*pl* **-ties**) devoir *m*; **duties** fonctions *fpl*; (*taxes, customs*) droits *mpl*; **to be off duty** ne pas être de service, avoir quartier libre; **to be on duty** être de service, être de garde
du'ty-free' *adj* exempt de droits
dwarf [dwɔrf] *adj & s* nain *m* || *tr & intr* rapetisser
dwell [dwɛl] *v* (*pret & pp* **dwelled** or **dwelt** [dwɛlt]) *intr* demeurer; **to dwell on** appuyer sur
dwelling ['dwɛlɪŋ] *s* demeure *f*, habitation *f*
dwell'ing house' *s* maison *f* d'habitation
dwindle ['dwɪndəl] *intr* diminuer; **to dwindle away** s'affaiblir
dye [daɪ] *s* teinture *f* || *v* (*pret & pp* **dyed**; *ger* **dyeing**) *tr* teindre
dyed'-in-the-wool' *adj* intransigeant
dyeing ['daɪ•ɪŋ] *s* teinture *f*
dyer ['daɪ•ər] *s* teinturier *m*
dying ['daɪ•ɪŋ] *adj* mourant, moribond
dynamic [daɪ'næmɪk], [dɪ'næmɪk] *adj* dynamique || **dynamics** *s* dynamique *f*
dynamite ['daɪnə,maɪt] *s* dynamite *f* || *tr* dynamiter
dyna•mo ['daɪnə,mo] *s* (*pl* **-mos**) dynamo *f*
dynast ['daɪnæst] *s* dynaste *m*
dynas•ty ['daɪnəsti] *s* (*pl* **-ties**) dynastie *f*
dysentery ['dɪsən,teri] *s* dysenterie *f*
dyspepsia [dɪs'pɛpsɪ•ə], [dɪs'pɛpʃə] *s* dyspepsie *f*

E

E, e [i] *s* Ve lettre de l'alphabet
each [itʃ] *adj indef* chaque ‖ *pron indef* chacun; **each other** nous, se; l'un l'autre; **to each other** l'un à l'autre ‖ *adv* chacun; (*apiece*) pièce, la pièce
eager [ˈigər] *adj* ardent, empressé; **eager for** avide de; **to be eager to** brûler de, désirer ardemment
ea′ger bea′ver *s* bûcheur *m*, mouche *f* du coche
eagerness [ˈigərnɪs] *s* ardeur *f*, empressement *m*
eagle [ˈigəl] *s* aigle *m*
ea′gle-eyed′ *adj* à l'œil d'aigle
ea′gle ray′ *s* (ichth) aigle *m* de mer
eaglet [ˈiglɪt] *s* aiglon *m*
ear [ɪr] *s* oreille *f*; (*of corn or wheat*) épi *m*; **to box s.o.'s ears** frotter les oreilles à qn; **to prick up one's ears** dresser l'oreille; **to turn a deaf ear** faire la sourde oreille ‖ *intr* (*said of grain*) épier
ear′ache′ *s* douleur *m* d'oreille
ear′drop′ *s* pendant *m* d'oreille
ear′drum′ *s* tympan *m*
ear′flap′ *s* lobe *m* de l'oreille; (*on a cap*) protège-oreilles *m*
earl [ʌrl] *s* comte *m*
earldom [ˈʌrldəm] *s* comté *m*
ear·ly [ˈʌrli] (*comp* **-lier**; *super* **-liest**) *adj* primitif; (*first in a series*) premier; (*occurring in the near future*) prochain; (*in the morning*) matinal; (*ahead of time*) en avance; **at an early age** dès l'enfance ‖ *adv* de bonne heure, tôt; anciennement; **as early as** dès
ear′ly bird′ *s* matinal *m*
ear′ly mass′ *s* première messe *f*
ear′ly-morn′ing *adj* matinal
ear′ly ris′er *s* matinal *m*
ear′ly-ris′ing *adj* matineux, matinal
ear′mark′ *s* marque *f*, cachet *m* ‖ *tr* (*animals*) marquer à l'oreille; (*e.g., money*) spécialiser; **to earmark for** affecter à, assigner à
ear′muff′ *s* couvre-oreille *m*
earn [ʌrn] *tr* gagner; (*to get as one's due*) mériter; (*interest*) rapporter
earnest [ˈʌrnɪst] *adj* sérieux; **in earnest** sérieusement ‖ *s* gage *m*; (com) arrhes *fpl*
earnings [ˈʌrnɪŋz] *spl* (*wages*) gages *mpl*; (*profits*) profit *m*, bénéfices *mpl*
ear′phone′ *s* écouteur *m*; **earphones** casque *m*, écouteurs
ear′ring′ *s* boucle *f* d'oreille
ear′split′ting *adj* assourdissant
earth [ʌrθ] *s* terre *f*; **to come down to earth** retomber des nues; **where on earth . . . ?** où diable . . . ?
earthen [ˈʌrθən] *adj* de terre, en terre
ear′then·ware′ *s* faïence *f*
earthly [ˈʌrθli] *adj* terrestre
earth′man′ or **earth′man** *s* (*pl* **men′** or **men**) terrien *m*
earth′quake′ *s* tremblement *m* de terre
earth′work′ *s* terrassement *m*
earth′worm′ *s* lombric *m*, ver *m* de terre
earth·y [ˈʌrθi] *adj* (*comp* **-ier**; *super* **-iest**) terreux; (*worldly*) mondain; (*unrefined*) grossier, terre à terre
ear′ trum′pet *s* cornet *m* acoustique
ease [iz] *s* aise *f*; (*readiness, naturalness*) désinvolture *f*; (*comfort, well-being*) bien-être *m*, tranquillité *f*; **at ease** tranquille; (mil) au repos; **to take one's ease** prendre ses aises; **with ease** facilement ‖ *tr* faciliter; (*a burden*) alléger; (*e.g., one's mind*) calmer, apaiser; (*to let up on*) ralentir ‖ *intr* se calmer, s'apaiser
easel [ˈizəl] *s* chevalet *m*
easement [ˈizmənt] *s* (law) servitude *f*
easily [ˈizɪli] *adv* facilement, aisément; (*certainly*) sans doute
easiness [ˈizɪnɪs] *s* facilité *f*; (*of manner*) désinvolture *f*, insouciance *f*
east [ist] *adj* & *s* est *m* ‖ *adv* à l'est, vers l'est
Easter [ˈistər] *s* Pâques *m*; **Happy Easter!** Joyeuses Pâques!
East′er egg′ *s* œuf *m* de Pâques
East′er Mon′day *s* lundi *m* de Pâques
eastern [ˈistərn] *adj* oriental, de l'est
East′ern Stand′ard Time′ *s* l'heure *f* de l'Est
East′ern Town′ships *spl* (*in Canada*) Cantons *mpl* de l'Est
eastward [ˈistwərd] *adv* vers l'est
eas·y [ˈizi] *adj* (*comp* **-ier**; *super* **-iest**) facile; (*easygoing*) aisé, désinvolte ‖ *adv* (coll) facilement; (coll) lentement; **to take it easy** (coll) en prendre à son aise
eas′y chair′ *s* fauteuil *m*, bergère *f*
eas′y·go′ing *adj* insouciant, nonchalant, commode à vivre
eas′y mark′ *s* jobard *m*
eas′y pay′ments *spl* facilités *fpl* de paiement
eat [it] *v* (*pret* **ate** [et]; *pp* **eaten** [ˈitən]) *tr* manger; **to eat away** ronger ‖ *intr* manger
eatable [ˈitəbəl] *adj* comestible
eaves [ivz] *spl* avant-toits *mpl*
eaves′drop′ *v* (*pret & pp* **-dropped**; *ger* **-dropping**) *intr* écouter à la porte
ebb [ɛb] *s* reflux *m*, baisse *f* ‖ *intr* refluer, baisser; **to ebb and flow** monter et baisser, fluer et refluer
ebb′ and flow′ *s* flux et reflux *m*
ebb′ tide′ *s* marée *f* descendante, jusant *m*
ebon·y [ˈɛbəni] *s* (*pl* **-ies**) ébène *f*; (*tree*) ébénier *m*
ebullient [ɪˈbʌljənt] *adj* bouillonnant; (fig) enthousiaste, exubérant
eccentric [ɛkˈsɛntrɪk] *adj* excentrique ‖ *s* (*odd person*) excentrique *mf*; (*device*) excentrique *m*

eccentrici•ty [ˌeksen'trɪsɪti] *s* (*pl* **-ties**) excentricité *f*
ecclesiastic [ɪˌklizɪ'æstɪk] *adj* & *s* ecclésiastique *m*
echelon ['eʃəˌlɑn] *s* échelon *m* || *tr* (mil) échelonner
ech•o ['ɛko] *s* (*pl* **-oes**) écho *m* || *tr* répéter || *intr* faire écho
eclectic [ɛk'lɛktɪk] *adj* & *s* éclectique *mf*
eclipse [ɪ'klɪps] *s* éclipse *f* || *tr* éclipser
eclogue ['ɛklɔg], ['ɛklɑg] *s* églogue *f*
ecology [ɪ'kɑlədʒi] *s* écologie *f*
economic [ˌikə'nɑmɪk], [ˌɛkə'nɑmɪk] *adj* économique || **economics** *s* économique *f*
economical [ˌikə'nɑmɪkəl], [ˌɛkə'nɑmɪkəl] *adj* économe
economize [ɪ'kɑnəˌmaɪz] *tr* & *intr* économiser
econo•my [ɪ'kɑnəmi] *s* (*pl* **-mies**) économie *f*
ecsta•sy ['ɛkstəsi] *s* (*pl* **-sies**) extase *f*
ecstatic [ɛk'stætɪk] *adj* & *s* extatique *mf*
Ecuador ['ɛkwəˌdɔr] *s* l'Équateur *m*
ecumenic(al) [ˌɛkjə'mɛnɪk(əl)] *adj* œcuménique
eczema ['ɛksɪmə], [ɛg'zimə] *s* eczéma *m*
ed•dy ['ɛdi] *s* (*pl* **-dies**) tourbillon *m* || *v* (*pret* & *pp* **-died**) *intr* tourbillonner
edelweiss ['edəlˌvaɪs] *s* edelweiss *m*, fleur *f* de neige
Eden ['idən] *s* (fig) éden *m*
edge [ɛdʒ] *s* bord *m*; (*of a knife, sword, etc.*) fil *m*, tranchant *m*; (*of a field, forest, etc.; of a strip of cloth*) lisière *f*; (slang) avantage *m*; **on edge** de chant; (*nervous*) énervé, crispé; **to be on edge** avoir les nerfs à fleur de peau; **to have the edge on** (coll) enfoncer; **to set the teeth on edge** agacer les dents || *tr* border; (*to sharpen*) affiler, aiguiser || *intr* s'avancer de biais; **to edge away** s'écarter peu à peu; **to edge in** se glisser parmi or dans
edge'ways' *adv* de côté, de biais
edging ['ɛdʒɪŋ] *s* bordure *f*
edg•y ['ɛdʒi] *adj* (*comp* **-ier**; *super* **-iest**) (*nervous*) crispé, irritable
edible ['ɛdɪbəl] *adj* comestible
edict ['idɪkt] *s* édit *m*
edification [ˌɛdɪfɪ'keʃən] *s* édification *f*
edifice ['ɛdɪfɪs] *s* édifice *m*
edi•fy ['ɛdɪˌfaɪ] *v* (*pret* & *pp* **-fied**) *tr* édifier
edifying ['ɛdɪˌfaɪ•ɪŋ] *adj* édifiant
edit ['ɛdɪt] *tr* préparer la publication de; (*e.g., a newspaper*) diriger, rédiger; (*a text*) éditer
edition [ɪ'dɪʃən] *s* édition *f*
editor ['ɛdɪtər] *s* (*of newspaper or magazine*) rédacteur *m*; (*of manuscript*) éditeur *m*; (*of feature or column*) chroniqueur *m*, courriériste *mf*
editorial [ˌɛdɪ'torɪ•əl] *adj* & *s* éditorial *m*
edito'rial of'fice *s* rédaction *f*
edito'rial pol'icy *s* ligne *f* politique
edito'rial staff' *s* rédaction *f*
ed'itor in chief' *s* rédacteur *m* en chef
educate ['ɛdʒʊˌket] *tr* instruire, éduquer
educated *adj* cultivé, instruit
education [ˌɛdʒʊ'keʃən] *s* éducation *f*, instruction *f*
educational [ˌɛdʒʊ'keʃənəl] *adj* éducatif, éducateur
educator ['ɛdʒʊˌketər] *s* éducateur *m*
eel [il] *s* anguille *f*
ee•rie or **ee•ry** ['ɪri] *adj* (*comp* **-rier**; *super* **-riest**) mystérieux, spectral
efface [ɪ'fes] *tr* effacer
effect [ɪ'fɛkt] *s* effet *m*; **in effect** en fait, effectivement; **to be in effect** être en vigueur; **to feel the effects of** se ressentir de; **to go into effect, to take effect** prendre effet; (*said of law*) entrer en vigueur || *tr* effectuer, mettre à exécution
effective [ɪ'fɛktɪv] *adj* efficace; (*actually in effect*) en vigueur; (*striking*) impressionnant; **to become effective** produire son effet; (*to go into effect*) entrer en vigueur
effectual [ɪ'fɛktʃʊ•əl] *adj* efficace
effectuate [ɪ'fɛktʃʊˌet] *tr* effectuer
effeminacy [ɪ'fɛmɪnəsi] *s* efféminement *f*
effeminate [ɪ'fɛmɪnɪt] *adj* efféminé; **to become effeminate** s'efféminer
effervesce [ˌɛfər'vɛs] *intr* être en effervescence
effervescent [ˌɛfər'vɛsənt] *adj* effervescent
effete [ɪ'fit] *adj* stérile, épuisé
efficacious [ˌɛfɪ'keʃəs] *adj* efficace
efficacy ['ɛfɪkəsi] *s* efficacité *f*
efficien•cy [ɪ'fɪʃənsi] *s* (*pl* **-cies**) efficacité *f*; (*of business*) efficience *f*; (*of machine*) rendement *m*; (*of person*) compétence *f*
effi'ciency ex'pert *s* ingénieur *m* en organisation
efficient [ɪ'fɪʃənt] *adj* efficace; (*of machine*) efficient, de bon rendement; (*of person*) efficient, compétent
effi•gy ['ɛfɪdʒi] *s* (*pl* **-gies**) effigie *f*
effort ['ɛfərt] *s* effort *m*
effronter•y [ɪ'frʌntəri] *s* (*pl* **-ies**) effronterie *f*
effusion [ɪ'fjuʒən] *s* effusion *f*
effusive [ɪ'fjusɪv] *adj* démonstratif; **to be effusive in** se répandre en
e.g. *abbr* (Lat: **exempli gratia** for example) par ex., ex.
egg [ɛg] *s* œuf *m* || *tr*—**to egg on** pousser, inciter
egg'beat'er *s* fouet *m*, batteur *m* à œufs
egg'cup' *s* coquetier *m*
egg'head' *s* (slang) intellectuel *m*
eggnog ['ɛgˌnɑg] *s* lait *m* de poule
egg'plant' *s* aubergine *f*
egg' poach'er *s* pocheuse *f*
egg'shell' *s* coquille *f* d'œuf
egg' white' *s* blanc *m* d'œuf
egoism ['ɛgoˌɪzəm], ['igoˌɪzəm] *s* égoïsme *m*

egoist ['ego·ɪst], ['igo·ɪst] *s* égoïste *mf*
egotism ['ego,tɪzəm], ['igo,tɪzəm] *s* égotisme *m*
egotist ['egotɪst], ['igotɪst] *s* égotiste *mf*
egregious [ɪ'gridʒəs] *adj* insigne, notoire
egress ['igrɛs] *s* sortie *f*, issue *f*
egret ['igrɛt] *s* aigrette *f*
Egypt ['idʒɪpt] *s* Égypte *f*; l'Égypte
Egyptian [ɪ'dʒɪpʃən] *adj* égyptien ‖ *s* Égyptien *m*
ei'der down' ['aɪdər] *s* édredon *m*
ei'der duck' *s* eider *m*
eight [et] *adj & pron* huit ‖ *s* huit *m*; (*group of eight*) huitaine *f*; **about eight** une huitaine de; **eight o'clock** huit heures
eight'ball' *s*—**behind the eightball** (coll) dans le pétrin
eighteen ['et'tin] *adj, pron, & s* dix-huit *m*
eighteenth ['et'tinθ] *adj & pron* dix-huitième (*masc, fem*); **the Eighteenth** dix-huit, e.g., **John the Eighteenth** Jean dix-huit ‖ *s* dix-huitième *m*; **the eighteenth** (*in dates*) le dix-huit
eighth [etθ] *adj & pron* huitième (*masc, fem*); **the Eighth** huit, e.g., **John the Eighth** Jean huit ‖ *s* huitième *m*; **the eighth** (*in dates*) le huit
eightieth ['etɪ·ɪθ] *adj & pron* quatre-vingtième (*masc, fem*) ‖ *s* quatre-vingtième *m*
eigh·ty ['eti] *adj & pron* quatre-vingts ‖ *s* (*pl* **-ties**) quatre-vingts *m*
eight'y-first' *adj & pron* quatre-vingt-unième (*masc, fem*) ‖ *s* quatre-vingt-unième *m*
eight'y-one' *adj, pron, & s* quatre-vingt-un *m*
either ['iðər], ['aɪðər] *adj & pron indef* l'un ou l'autre; l'un et l'autre; **on either side** de chaque côté ‖ *adv*—**not either** non plus ‖ *conj*—**either . . . or** ou . . . ou, soit . . . soit, ou bien . . . ou bien
ejaculate [ɪ'dʒækjə,let] *tr & intr* crier; (physiol) éjaculer
eject [ɪ'dʒɛkt] *tr* éjecter; (*to evict*) expulser, chasser
ejection [ɪ'dʒɛkʃən] *s* éjection *f*; (*eviction*) expulsion *f*
ejec'tion seat' *s* (aer) siège *m* éjectable
eke [ik] *tr*—**to eke out** gagner avec difficulté
elaborate [ɪ'læbərɪt] *adj* élaboré, soigné; (*ornate*) orné, travaillé; (*involved*) compliqué, recherché ‖ [ɪ'læbə,ret] *tr* élaborer ‖ *intr*—**to elaborate on** or **upon** donner des détails sur
elapse [ɪ'læps] *intr* s'écouler
elastic [ɪ'læstɪk] *adj & s* élastique *m*
elasticity [ɪ,læs'tɪsɪti], [,ilæs'tɪsɪti] *s* élasticité *f*
elated [ɪ'letɪd] *adj* transporté, exalté
elation [ɪ'leʃən] *s* transport *m*, exultation *f*
elbow ['ɛlbo] *s* coude *m*; **at one's elbow** à portée de la main; **to rub elbows with** coudoyer ‖ *tr* coudoyer; **to elbow one's way** se frayer un chemin à coups de coude ‖ *intr* jouer des coudes
el'bow grease' *s* (coll) huile *f* de coude
el'bow·room' *s* espace *m*; **to have elbowroom** avoir ses coudées franches
elder ['ɛldər] *adj* aîné, plus âgé ‖ *s* aîné *m*; (*senior*) doyen *m*; (bot) sureau *m*; (eccl) ancien *m*
el'der·ber'ry *s* (*pl* **-ries**) sureau *m*; (*berry*) baie *f* de sureau
elderly ['ɛldərli] *adj* vieux, âgé
eld'er states'man *s* vétéran *m* de la politique
eldest ['ɛldɪst] *adj* (l')aîné, (le) plus âgé
elect [ɪ'lɛkt] *adj* élu ‖ *s*—**the elect** les élus *mpl* ‖ *tr* élire
election [ɪ'lɛkʃən] *s* élection *f*
electioneer [ɪ,lɛkʃə'nɪr] *intr* faire la campagne électorale, solliciter des voix
elective [ɪ'lɛktɪv] *adj* électif; (*optional*) facultatif ‖ *s* matière *f* à option
elec'toral col'lege [ɪ'lɛktərəl] *s* collège *m* électoral
electorate [ɪ'lɛktərɪt] *s* corps *m* électoral, électeurs *mpl*, votants *mpl*
electric(al) [ɪ'lɛktrɪk(əl)] *adj* électrique
elec'trical engineer' *s* ingénieur *m* électricien
elec'trical engineer'ing *s* technique *f* électrique
elec'tric blan'ket *s* couverture *f* chauffante
elec'tric chair' *s* chaise *f* électrique
elec'tric clothes' dri'er *s* séchoir *m* électrique
elec'tric eel' *s* gymnote *m*
elec'tric eye' *s* cellule *f* photo-électrique
elec'tric fan' *s* ventilateur *m* électrique
elec'tric heat'er *s* radiateur *m* électrique
electrician [ɪ,lɛk'trɪʃən], [,ɛlɛk'trɪʃən] *s* électricien *m*
electricity [ɪ,lɛk'trɪsɪti], [,ɛlɛk'trɪsɪti] *s* électricité *f*
elec'tric light' *s* lampe *f* électrique
elec'tric me'ter *s* compteur *m* de courant
elec'tric mix'er *s* batteur *m* électrique
elec'tric per'colator *s* cafetière *f* électrique
elec'tric range' *s* cuisinière *f* électrique
elec'tric shav'er *s* rasoir *m* électrique
elec'tric shock' treat'ment *s* (med) électrochoc *m*
electri·fy [ɪ'lɛktrɪ,faɪ] *v* (*pret & pp* **-fied**) *tr* (*to provide with electric power*) électrifier; (*to communicate electricity to; to thrill*) électriser
elec·tro [ɪ'lɛktro] *s* (*pl* **-tros**) électrotype *m*
electrocute [ɪ'lɛktrə,kjut] *tr* électrocuter
electrode [ɪ'lɛktrod] *s* électrode *f*
electrolysis [ɪ,lɛk'tralɪsɪs], [,ɛlɛk'tralɪsɪs] *s* électrolyse *f*
electrolyte [ɪ'lɛktrə,laɪt] *s* électrolyte *m*
electromagnet [ɪ,lɛktrə'mægnɪt] *s* électro-aimant *m*

electromagnetic [ɪˌlɛktrəmæg'nɛtɪk] *adj* électromagnétique
electron [ɪ'lɛktrɑn] *s* électron *m*
elec'tron gun' *s* canon *m* à électrons
electronic [ɪˌlɛk'trɑnɪk], [ˌɛlɛk'trɑnɪk] *adj* électronique || **electronics** *s* électronique *f*
elec'tron mi'croscope *s* microscope *m* électronique
electroplate [ɪ'lɛktrəˌplet] *tr* galvaniser
electrotype [ɪ'lɛktrəˌtaɪp] *s* électrotype *m* || *tr* électrotyper
elegance ['ɛlɪgəns] *s* élégance *f*
elegant ['ɛlɪgənt] *adj* élégant
elegiac [ˌɛlɪ'dʒaɪ·æk] [ɪ'lidʒɪˌæk] *adj* élégiaque
ele•gy ['ɛlɪdʒi] *s* (*pl* **-gies**) élégie *f*
element ['ɛlɪmənt] *s* élément *m*
elementary [ˌɛlɪ'mɛntəri] *adj* élémentaire
elephant ['ɛlɪfənt] *s* éléphant *m*
elevate ['ɛlɪˌvet] *tr* élever
elevated *adj* élevé; (*style*) soutenu; (*train, railway, etc*) aérien
el'evated rail'way *s* métro *m* aérien
elevation [ˌɛlɪ'veʃən] *s* élévation *f*
elevator ['ɛlɪˌvetər] *s* ascenseur *m*; (*for freight*) monte-charge *m*; (*for hoisting grain*) élévateur *m*; (*warehouse for storing grain*) silo *m* à céréales; (aer) gouvernail *m* d'altitude, gouvernail de profondeur
eleven [ɪ'lɛvən] *adj & pron* onze || *s* onze *m*; **eleven o'clock** onze heures
eleventh [ɪ'lɛvənθ] *adj & pron* onzième (*masc, fem*); **the Eleventh** onze, e.g., **John the Eleventh** Jean onze || *s* onzième *m*; **the eleventh** (*in dates*) le onze
elev'enth hour' *s* dernier moment *m*
elf [ɛlf] *s* (*pl* **elves** [ɛlvz]) elfe *m*
elicit [ɪ'lɪsɪt] *tr* (*e.g., a smile*) provoquer, faire sortir; (*e.g., help*) obtenir
elide [ɪ'laɪd] *tr* élider
eligible ['ɛlɪdʒɪbəl] *adj* éligible; (*e.g., bachelor*) sortable
eliminate [ɪ'lɪmɪˌnet] *tr* éliminer
elision [ɪ'lɪʒən] *s* élision *f*
elite [e'lit] *s* élite *f*
elk [ɛlk] *s* élan *m*
ellipse [ɪ'lɪps] *s* (geom) ellipse *f*
ellip•sis [ɪ'lɪpsɪs] *s* (*pl* **-ses** [siz]) ellipse *f*; (*punctuation*) points *mpl* de suspension
elliptic(al) [ɪ'lɪptɪk(əl)] *adj* elliptique
elm [ɛlm] *s* orme *m*
elongate [ɪ'lɔŋget], [ɪ'lɑŋget] *tr* allonger, prolonger
elope [ɪ'lop] *intr* s'enfuir avec un amant
elopement [ɪ'lopmənt] *s* enlèvement *m* consenti
eloquence ['ɛləkwəns] *s* éloquence *f*
eloquent ['ɛləkwənt] *adj* éloquent
else [ɛls] *adj*—**nobody else** personne d'autre; **nothing else** rien d'autre; **somebody else** quelqu'un d'autre, un autre; **something else** autre chose; **what else** quoi encore; **who else** qui encore; **who's else** de qui d'autre || *adv* d'une autre façon, autrement; **how(ever) else** de toute autre façon; **nowhere else** nulle part ailleurs; **or else** sinon, ou bien, sans quoi; **somewhere else** ailleurs, autre part; **when else** quand encore; **where else** où encore
else'where' *adv* ailleurs, autre part
elucidate [ɪ'lusɪˌdet] *tr* élucider
elude [ɪ'lud] *tr* éluder, se soustraire à; (*a pursuer*) échapper à
elusive [ɪ'lusɪv] *adj* évasif, fuyant; (*baffling*) insaisissable, déconcertant
emaciated [ɪ'meʃɪˌetɪd] *adj* émacié; **to become emaciated** s'émacier
emanate ['ɛməˌnet] *intr* émaner
emancipate [ɪ'mænsɪˌpet] *tr* émanciper
embalm [ɛm'bɑm] *tr* embaumer
embalming [ɛm'bɑmɪŋ] *s* embaumement *m*
embankment [ɛm'bæŋkmənt] *s* (*of river*) digue *f*; (*of road*) remblai *m*
embar•go [ɛm'bɑrgo] *s* (*pl* **-goes**) embargo *m* || *tr* mettre un embargo sur
embark [ɛm'bɑrk] *intr* s'embarquer
embarkation [ˌɛmbɑr'keʃən] *s* embarquement *m*
embarrass [ɛm'bærəs] *tr* faire honte à; (*to make difficult*) embarrasser
embarrassment [ɛm'bærəsmənt] *s* honte *f*; (*difficulty*) embarras *m*
embas•sy ['ɛmbəsi] *s* (*pl* **-sies**) ambassade *f*
em•bed [ɛm'bɛd] *v* (*pret & pp* **-bedded**; *ger* **-bedding**) *tr* encastrer
embellish [ɛm'bɛlɪʃ] *tr* embellir
embellishment [ɛm'bɛlɪʃmənt] *s* embellissement *m*
ember ['ɛmbər] *s* tison *m*; **embers** braise *f*
Em'ber days' *spl* quatre-temps *mpl*
embezzle [ɛm'bɛzəl] *tr* détourner, s'approprier || *intr* commettre des détournements
embezzler [ɛm'bɛzlər] *s* détourneur *m* de fonds
embitter [ɛm'bɪtər] *tr* aigrir
emblazon [ɛm'blezən] *tr* embellir; exalter, célébrer
emblem ['ɛmbləm] *s* emblème *m*
emblematic(al) [ˌɛmblə'mætɪk(əl)] *adj* emblématique
embodiment [ɛm'bɑdɪmənt] *s* personnification *f*, incarnation *f*
embod•y [ɛm'bɑdi] *v* (*pret & pp* **-ied**) *tr* personnifier, incarner; (*to include*) incorporer
embolden [ɛm'boldən] *tr* enhardir
embolism ['ɛmbəˌlɪzəm] *s* embolie *f*
emboss [ɛm'bɔs], [ɛm'bɑs] *tr* (*to raise in relief*) graver en relief; (*metal*) bosseler; (*e.g., leather*) gaufrer, repousser
embouchure [ˌɑmbʊ'ʃʊr] *s* embouchure *f*; (mus) position *f* des lèvres
embrace [ɛm'bres] *s* étreinte *f*, embrassement *m* || *tr* étreindre, embrasser || *intr* s'étreindre, s'embrasser
embroider [ɛm'brɔɪdər] *tr* broder
embroider•y [ɛm'brɔɪdəri] *s* (*pl* **-ies**) broderie *f*
embroil [ɛm'brɔɪl] *tr* (*to throw into confusion*) embrouiller; (*to involve in contention*) brouiller

embroilment [ɛm'brɔɪlmənt] *s* embrouillage *m*, brouillamini *m*, imbroglio *m*
embry·o ['ɛmbrɪ,o] *s* (*pl* **-os**) embryon *m*
embryology [,ɛmbrɪ'ɑlədʒi] *s* embryologie *f*
embryonic [,ɛmbrɪ'ɑnɪk] *adj* embryonnaire
emend [ɪ'mɛnd] *tr* corriger
emendation [,imɛn'deʃən] *s* correction *f*
emerald ['ɛmərəld] *s* émeraude *f*
emerge [ɪ'mʌrdʒ] *intr* émerger
emergence [ɪ'mʌrdʒəns] *s* émergence *f*
emergen·cy [ɪ'mʌrdʒənsi] *adj* urgent, d'urgence; (*exit*) de secours ‖ *s* (*pl* **-cies**) cas *m* urgent
emer'gency brake' *s* frein *m* de secours
emer'gency ex'it *s* sortie *f* de secours
emer'gency land'ing *s* atterrissage *m* forcé
emer'gency opera'tion *s* (med) opération *f* à chaud
emer'gency ra'tions *spl* vivres *mpl* de réserve
emer'gency ward' *s* salle *f* d'urgence
emeritus [ɪ'mɛrɪtəs] *adj* honoraire, d'honneur
emersion [ɪ'mʌrʒən], [ɪ'mʌrʃən] *s* émersion *f*
emery ['ɛməri] *s* émeri *m*
em'ery cloth' *s* toile *f* d'émeri
em'ery wheel' *s* meule *f* en émeri
emetic [ɪ'mɛtɪk] *adj* & *s* émétique *m*
emigrant ['ɛmɪgrənt] *adj* & *s* émigrant *m*
emigrate ['ɛmɪ,gret] *intr* émigrer
eminence ['ɛmɪnəns] *s* éminence *f*
eminent ['ɛmɪnənt] *adj* éminent; **most eminent** (eccl) éminentissime
emissar·y ['ɛmɪ,sɛri] *s* (*pl* **-ies**) émissaire *m*
emit [ɪ'mɪt] *v* (*pret* & *pp* **emitted**; *ger* **emitting**) *tr* émettre; (*a gas, an odor, etc.*) exhaler
emolument [ɪ'mɑljəmənt] *s* émoluments *mpl*
emotion [ɪ'moʃən] *s* émotion *f*
emotional [ɪ'moʃənəl] *adj* émotif, émotionnable
emperor ['ɛmpərər] *s* empereur *m*
empha·sis ['ɛmfəsɪs] *s* (*pl* **-ses** [,siz]) accentuation *f*, mise *f* en relief; énergie *f*, force *f*; (*on word or phrase*) accent *m* d'insistance; **to place emphasis on** insister vivement sur; **with emphasis on** en insistant particulièrement sur
emphasize ['ɛmfə,saɪz] *tr* accentuer, mettre en relief; appuyer sur, souligner
emphatic [ɛm'fætɪk] *adj* accentué, énergique
emphysema [,ɛmfɪ'simə] *s* emphysème *m*
empire ['ɛmpaɪr] *s* empire *m*
empiric(al) [ɛm'pɪrɪk(əl)] *adj* empirique
empiricist [ɛm'pɪrɪsɪst] *s* empirique *m*
emplacement [ɛm'plesmənt] *s* emplacement *m*
employ [ɛm'plɔɪ] *s* service *m* ‖ *tr* employer
employee [ɛm'plɔɪ·i], [,ɛmplɔɪ'i] *s* employé *m*
employer [ɛm'plɔɪ·ər] *s* employeur *m*, patron *m*, chef *m*
employment [ɛm'plɔɪmənt] *s* emploi *m*
employ'ment a'gency *s* bureau *m* de placement
empower [ɛm'paʊ·ər] *tr* autoriser
empress ['ɛmprɪs] *s* impératrice *f*
emptiness ['ɛmptɪnɪs] *s* vide *m*
emp·ty ['ɛmpti] *adj* (*comp* **-tier**; *super* **-tiest**) vide; (*hollow*) creux, vain; (coll) affamé ‖ *v* (*pret* & *pp* **-tied**) *tr* vider ‖ *intr* se vider; (*said of river*) se jeter; (*said of auditorium*) se dégarnir
emp'ty-hand'ed *adj* & *adv* les mains vides
emp'ty-head'ed *adj* écervelé
empye·ma [,ɛmpɪ'imə] *s* (*pl* **-mata** [mətə]) empyème *m*
empyrean [,ɛmpɪ'ri·ən] *s* empyrée *m*
emu ['imju] *s* (zool) émeu *m*
emulate ['ɛmjə,let] *tr* chercher à égaler, imiter ‖ *intr* rivaliser
emulator ['ɛmjə,letər] *s* émule *mf*
emulsi·fy [ɪ'mʌlsɪ,faɪ] *v* (*pret* & *pp* **-fied**) *tr* émulsionner
emulsion [ɪ'mʌlʃən] *s* émulsion *f*
enable [ɛn'ebəl] *tr*—**to enable to** rendre capable de, mettre à même de
enact [ɛn'ækt] *tr* (*to decree*) décréter, arrêter; (theat) représenter
enactment [ɛn'æktmənt] *s* loi *f*; (*establishing*) établissement *m*; (govt) promulgation *f*; (law) décret *m*; (theat) représentation *f*
enam·el [ɪ'næməl] *s* émail *m* ‖ *v* (*pret* & *pp* **-eled** or **-elled**; *ger* **-eling** or **-elling**) *tr* émailler
enameling [ɪ'næməlɪŋ] *s* émaillage *m*
enam'el·ware' *s* ustensiles *mpl* en fer émaillé
enamor [ɛn'æmər] *tr* rendre amoureux; **to become enamored with** s'énamourer de
encamp [ɛn'kæmp] *tr* & *intr* camper
encampment [ɛn'kæmpmənt] *s* campement *m*
encase [ɛn'kes] *tr* mettre en caisse; enfermer, envelopper
encephalitis [ɛn,sɛfə'laɪtɪs] *s* encéphalite *f*
enchain [ɛn'tʃen] *tr* enchaîner
enchant [ɛn'tʃænt], [ɛn'tʃɑnt] *tr* enchanter
enchanting [ɛn'tʃæntɪŋ], [ɛn'tʃɑntɪŋ] *adj* charmant, ravissant; (*casting a spell*) enchanteur
enchantment [ɛn'tʃæntmənt], [ɛn'tʃɑntmənt] *s* enchantement *m*
enchantress [ɛn'tʃæntrɪs], [ɛn'tʃɑntrɪs] *s* enchanteresse *f*
encircle [ɛn'sʌrkəl] *tr* encercler, cerner; (*a word*) entourer d'un cercle
enclitic [ɛn'klɪtɪk] *adj* & *s* enclitique *m*
enclose [ɛn'kloz] *tr* enclore, entourer; (*in a letter*) inclure, joindre
enclosed *adj* (*in a letter*) ci-joint, ci-inclus

enclosure [ɛn'kloʒər] *s* clôture *f*, enceinte *f*, enclos *m*; (*e.g., in a letter*) pièce *f* jointe, pièce annexée
encomi·um [ɛn'komɪ·əm] *s* (*pl* **-ums** or **-a** [ə]) panégyrique *m*, éloge *m*
encompass [ɛn'kʌmpəs] *tr* entourer, renfermer
encore ['ɑnkor] *s* rappel *m*, bis *m* ‖ *tr* bisser ‖ *interj* bis!
encounter [ɛn'kauntər] *s* rencontre *f* ‖ *tr* rencontrer ‖ *intr* se rencontrer, combattre
encourage [ɛn'kʌrɪdʒ] *tr* encourager
encouragement [ɛn'kʌrɪdʒmənt] *s* encouragement *m*
encroach [ɛn'krotʃ] *intr*—**to encroach on** or **upon** empiéter sur; abuser de
encumber [ɛn'kʌmbər] *tr* encombrer, embarrasser; (*with debts*) grever
encumbrance [ɛn'kʌmbrəns] *s* encombrement *m*, embarras *m*; (law) charge *f*
encyclical [ɛn'sɪklɪkəl], [ɛn'saɪklɪkəl] *adj & s* encyclique *f*
encyclopedia [ɛn,saɪklə'pidɪ·ə] *s* encyclopédie *f*
encyclopedic [ɛn,saɪklə'pidɪk] *adj* encyclopédique
end [ɛnd] *s* (*in time*) fin *f*; (*in space; small piece*) bout *m*; (*purpose*) but *m*; (*end of set period of time*) terme *m*; **at loose ends** en pagaille; **at the end, in the end** à la fin; **to be at the end of one's rope** être au bout de son rouleau; **to bring to an end** mettre fin à; **to come to an end** prendre fin; **to make both ends meet** joindre les deux bouts; **to stand on end** (*said of hair*) se dresser; **to this end** à cet effet ‖ *tr* achever, terminer ‖ *intr* s'achever, se terminer; **to end up by** finir par
endanger [ɛn'dendʒər] *tr* mettre en danger
endear [ɛn'dɪr] *tr* faire aimer; **to endear oneself to** se faire aimer de
endeavor [ɛn'dɛvər] *s* effort *m*, tentative *f* ‖ *intr*—**to endeavor to** s'efforcer de, tâcher de
endemic [ɛn'dɛmɪk] *adj* endémique
ending ['ɛndɪŋ] *s* fin *f*, terminaison *f*; (gram) désinence *f*
endive ['ɛndaɪv] *s* (*blanched type*) endive *f*; (*Cichorium endivia*) chicorée *f* frisée
endless ['ɛndlɪs] *adj* sans fin
end'most' *adj* extrême
endocrine ['ɛndo,kraɪn], ['ɛndokrɪn] *adj* endocrine
endorse [ɛn'dɔrs] *tr* endosser; (*a candidate*) appuyer; (*a plan*) souscrire à
endorsement [ɛn'dɔrsmənt] *s* endos *m*, endossement *m*; (*approval*) appui *m*, approbation *f*
endorser [ɛn'dɔrsər] *s* endosseur *m*
endow [ɛn'dau] *tr* doter, fonder
endowment [ɛn'daumənt] *s* dotation *f*, fondation *f*; (*talent*) don *m*
endow'ment fund' *s* caisse *f* de dotation
end' pa'per *s* pages *fpl* de garde
endurance [ɛn'd(j)urəns] *s* endurance *f*
endur'ance test' *s* épreuve *f* d'endurance
endure [ɛn'd(j)ur] *tr* endurer ‖ *intr* durer
enduring [ɛn'd(j)urɪŋ] *adj* durable
enema ['ɛnəmə] *s* lavement *m*
ene·my ['ɛnəmi] *adj* ennemi ‖ *s* (*pl* **-mies**) ennemi *m*
en'emy al'ien *s* étranger *m* ennemi
energetic [,ɛnər'dʒɛtɪk] *adj* énergique
ener·gy ['ɛnərdʒi] *s* (*pl* **-gies**) énergie *f*
en'ergy bal'ance *s* (nucl) bilan *m* énergétique
enervate ['ɛnər,vet] *tr* énerver
enfeeble [ɛn'fibəl] *tr* affaiblir
enfold [ɛn'fold] *tr* envelopper, enrouler; (*to embrace*) embrasser
enforce [ɛn'fors] *tr* (*a law*) faire exécuter, mettre en vigueur; (*one's rights, one's point of view*) faire valoir, appuyer; (*e.g., obedience*) imposer
enforcement [ɛn'forsmənt] *s* contrainte *f*; (*of a law*) exécution *f*, mise *f* en vigueur
enfranchise [ɛn'fræntʃaɪz] *tr* affranchir; donner le droit de vote à
engage [ɛn'gedʒ] *tr* engager; (*to hire*) engager, embaucher; (*to reserve*) retenir, réserver, louer; (*s.o.'s attention*) fixer, attirer; (*the clutch*) embrayer; (*toothed wheels*) engrener; **to be engaged in** s'occuper de; **to be engaged to be married** être fiancé; **to engage s.o. in conversation** entamer une conversation avec qn ‖ *intr* s'engager; (mach) engrener; **to engage in** s'embarquer dans, entrer en or dans
engaged *adj* (*to be married*) fiancé; (*busy*) occupé, pris; (mach) en prise; (mil) aux prises, aux mains
engagement [ɛn'gedʒmənt] *s* engagement *m*; (*betrothal*) fiançailles *fpl*; (*appointment*) rendez-vous *m*; (mach) embrayage *m*, engrenage *m*; (mil) engagement, combat *m*
engage'ment ring' *s* bague *f* or anneau *m* de fiançailles
engaging [ɛn'gedʒɪŋ] *adj* engageant, attirant
engender [ɛn'dʒɛndər] *tr* engendrer
engine ['ɛndʒɪn] *s* machine *f*; (*of automobile*) moteur *m*
engineer [,ɛndʒə'nɪr] *s* ingénieur *m*; (*engine driver*) mécanicien *m* ‖ *tr* diriger or construire en qualité d'ingénieur; (coll) manigancer, machiner
engineering [,ɛndʒə'nɪrɪŋ] *s* génie *m*
en'gine house' *s* dépôt *m* de pompes à incendie
en'gine·man' or **en'gine·man** *s* (*pl* **-men'** or **-men**) mécanicien *m*
en'gine room' *s* chambre *f* des machines
en'gine-room tel'egraph *s* (naut) transmetteur *m* d'ordres
en'gine trou'ble *s* panne *f* de moteur
England ['ɪŋglənd] *s* Angleterre *f*; l'Angleterre
English ['ɪŋglɪʃ] *adj* anglais ‖ *s* (*language*) anglais *m*; (billiards) effet *m*; **the English** les Anglais
Eng'lish Chan'nel *s* Manche *f*

Eng′lish dai′sy *s* marguerite *f* des champs
Eng′lish horn′ *s* cor *m* anglais
Eng′lish•man *s* (*pl* **-men**) Anglais *m*
Eng′lish-speak′ing *adj* anglophone, d'expression anglaise; (*country*) de langue anglaise
Eng′lish•wom′an *s* (*pl* **-wom′en**) Anglaise *f*
engraft [ɛn'græft], [ɛn'grɑft] *tr* greffer; (fig) implanter
engrave [ɛn'grev] *tr* graver
engraver [ɛn'grevər] *s* graveur *m*
engraving [ɛn'greviŋ] *s* gravure *f*
engross [ɛn'gros] *tr* absorber, occuper; (*a document*) grossoyer
engrossing [ɛn'grosiŋ] *adj* absorbant
engulf [ɛn'gʌlf] *tr* engouffrer, engloutir
enhance [ɛn'hæns], [ɛn'hɑns] *tr* rehausser, relever
enhancement [ɛn'hænsmənt], [ɛn'hɑnsmənt] *s* rehaussement *m*
enigma [ɪ'nɪgmə] *s* énigme *f*
enigmatic(al) [ˌɪnɪg'mætɪk(əl)] *adj* énigmatique
enjoin [ɛn'dʒɔɪn] *tr* enjoindre; (*to forbid*) interdire
enjoy [ɛn'dʒɔɪ] *tr* jouir de; **to enjoy** + *ger* prendre plaisir à + *inf*; **to enjoy oneself** s'amuser, se divertir
enjoyable [ɛn'dʒɔɪ·əbəl] *adj* agréable, plaisant; (*show, party, etc.*) divertissant
enjoyment [ɛn'dʒɔɪmənt] *s* (*pleasure*) plaisir *m*; (*pleasurable use*) jouissance *f*
enkindle [ɛn'kɪndəl] *tr* allumer
enlarge [ɛn'lɑrdʒ] *tr* agrandir, élargir; (phot) agrandir ‖ *intr* s'agrandir, s'élargir; **to enlarge on** or **upon** discourir longuement sur, amplifier
enlargement [ɛn'lɑrdʒmənt] *s* agrandissement *m*
enlighten [ɛn'laɪtən] *tr* éclairer
enlightenment [ɛn'laɪtənmənt] *s* éclaircissements *mpl*; **the Enlightenment** le siècle des lumières
enlist [ɛn'lɪst] *tr* enrôler ‖ *intr* s'enrôler, s'engager
enlist′ed man′ *s* homme *m* de troupe
enlistment [ɛn'lɪstmənt] *s* enrôlement *m*, engagement *m*
enliven [ɛn'laɪvən] *tr* animer, égayer
enmesh [ɛn'mɛʃ] *tr* prendre dans les rets; (*e.g., in an evil design*) empêtrer; (mach) engrener
enmi•ty ['ɛnmɪti] *s* (*pl* **-ties**) inimitié *f*
ennoble [ɛn'nobəl] *tr* ennoblir; (*to confer a title of nobility upon*) anoblir
ennui ['ɑnwi] *s* ennui *m*
enormous [ɪ'nɔrməs] *adj* énorme
enormously [ɪ'nɔrməsli] *adv* énormément
enough [ɪ'nʌf] *adj, s, & adv* assez; **more than enough** plus qu'il n'en faut; **that's enough!** en voilà assez!; **to be intelligent enough** être assez intelligent; **to have enough to live on** avoir de quoi vivre ‖ *interj* assez!, ça suffit!
enounce [ɪ'naʊns] *tr* énoncer
enrage [ɛn'redʒ] *tr* faire enrager, rendre furieux; **to be enraged** enrager
enrapture [ɛn'ræptʃər] *tr* ravir, transporter
enrich [ɛn'rɪtʃ] *tr* enrichir
enrichment [ɛn'rɪtʃmənt] *s* enrichissement *m*
enroll [ɛn'rol] *tr* enrôler; (*a student*) inscrire; (*to wrap up*) enrouler ‖ *intr* s'enrôler; (*said of student*) prendre ses inscriptions, se faire inscrire
enrollment [ɛn'rolmənt] *s* enrôlement *m*; (*of a student*) inscription *f*; (*wrapping up*) enroulement *m*
ensconce [ɛn'skɑns] *tr* cacher; **to ensconce oneself** s'installer
ensemble [ɑn'sɑmbəl] *s* ensemble *m*
ensign ['ɛnsaɪn] *s* enseigne *f* ‖ ['ɛnsən], ['ɛnsaɪn] *s* (nav) enseigne *m* de deuxième classe
ensilage ['ɛnsɪlɪdʒ] *s* fourrage *m* d'un silo américain ‖ *tr* ensiler
enslave [ɛn'slev] *tr* asservir, réduire en esclavage
enslavement [ɛn'slevmənt] *s* asservissement *m*
ensnare [ɛn'snɛr] *tr* prendre au piège, attraper
ensue [ɛn's(j)u] *intr* s'ensuivre, résulter
ensuing [ɛn's(j)u·ɪŋ] *adj* suivant
ensure [ɛn'ʃʊr] *tr* assurer, garantir
entail [ɛn'tel] *tr* occasionner, entraîner
entangle [ɛn'tæŋgəl] *tr* embrouiller
entanglement [ɛn'tæŋgəlmənt] *s* embrouillement *m*, embarras *m*
enter ['ɛntər] *tr* (*a room, a house, etc.*) entrer dans; (*a school, the army, etc.*) entrer à; (*e.g., a period of convalescence*) entrer en; (*a highway, a public square, etc.*) déboucher sur; (*e.g., a club*) devenir membre de; (*a request*) enregistrer, consigner par écrit; (*a student, a contestant, etc.*) admettre, faire inscrire; (*in the customhouse*) déclarer; (*to make a record of*) inscrire, porter; **to enter one's name for** se faire inscrire à or pour ‖ *intr* entrer; (theat) entrer en scène; **to enter into** entrer à, dans, or en; (*to be an ingredient of*) entrer pour; **to enter on** or **upon** entreprendre, débuter dans
enterprise ['ɛntərˌpraɪz] *s* (*undertaking*) entreprise *f*; (*spirit, push*) esprit *m* d'entreprise, allant *m*, entrain *m*
enterprising ['ɛntərˌpraɪzɪŋ] *adj* entreprenant
entertain [ˌɛntər'ten] *tr* (*to distract*) amuser, divertir; (*to show hospitality to*) recevoir; (*at a meal*) régaler; (*a hope*) entretenir, nourrir; (*an idea*) concevoir ‖ *intr* recevoir
entertainer [ˌɛntər'tenər] *s* (*host*) hôte *m*, amphitryon *m*; amuseur *m*; (*comedian*) comique *mf*
entertaining [ˌɛntər'tenɪŋ] *adj* amusant, divertissant
entertainment [ˌɛntər'tenmənt] *s* (*distraction*) amusement *m*, divertissement *m*; (*show*) spectacle *m*; (*as a guest*) accueil *m*, hospitalité *f*

en′tertain′ment tax′ *s* taxe *f* sur les spectacles
enthrall [ɛn'θrɔl] *tr* (*to charm*) captiver, charmer; (*to enslave*) asservir, rendre esclave
enthrone [ɛn'θron] *tr* introniser
enthuse [ɛn'θ(j)uz] *tr* (coll) enthousiasmer ‖ *intr* (coll) s'enthousiasmer
enthusiasm [ɛn'θ(j)uzɪ ˌæzəm] *s* enthousiasme *m*
enthusiast [ɛn'θ(j)uzɪˌæst] *s* enthousiaste *mf*; (*camera fiend, sports fan, etc.*) fanatique *mf*, enragé *m*
enthusiastic [ɛn ˌθ(j)uzɪ'æstɪk] *adj* enthousiaste; (*for sports, music, a hobby*) fanatique, enragé
entice [ɛn'taɪs] *tr* attirer, séduire; (*to evil*) tenter, chercher à séduire
enticement [ɛn'taɪsmənt] *s* attrait *m*, appât *m*; tentation *f*, séduction *f*
entire [ɛn'taɪr] *adj* entier
entirely [ɛn'taɪrli] *adv* entièrement, en entier; (*absolutely*) tout à fait, absolument
entire•ty [ɛn'taɪrti] *s* (*pl* **-ties**) totalité *f*, entier *m*; **in its entirety** dans sa totalité
entitle [ɛn'taɪtəl] *tr* (*to name*) intituler; (*to qualify*) donner le droit à; **to be entitled to** avoir droit à
enti•ty ['ɛntɪti] *s* (*pl* **-ties**) entité *f*
entomb [ɛn'tum] *tr* ensevelir
entombment [ɛn'tummənt] *s* ensevelissement *m*
entomology [ˌɛntə'mɑlədʒi] *s* entomologie *f*
entourage [ˌɑntu'rɑʒ] *s* entourage *m*
entrails ['ɛntrelz], ['ɛntrəlz] *spl* entrailles *fpl*
entrain [ɛn'tren] *tr* faire prendre le train, embarquer; (*to carry along*) entraîner ‖ *intr* embarquer, s'embarquer
entrance ['ɛntrəns] *s* entrée *f*; (theat) entrée en scène; **entrance to . . .** (public sign) accès à . . . ‖ [ɛn'træns], [ɛn'trɑns] *tr* enchanter, ensorceler; **to be entranced** s'extasier
en′trance examina′tion *s* examen *m* d'entrée
en′trance fee′ *s* droits *mpl* d'entrée
entrancing [ɛn'trænsɪŋ], [ɛn'trɑnsɪŋ] *adj* enchanteur, ensorceleur
entrant ['ɛntrənt] *s* inscrit *m*; (*in a competition*) concurrent *m*, participant *m*
en•trap [ɛn'træp] *v* (*pret & pp* **-trapped**; *ger* **-trapping**) *tr* attraper
entreat [ɛn'trit] *tr* supplier, prier, conjurer
entreat•y [ɛn'triti] *s* (*pl* **-ies**) supplication *f*, prière *f*
entree ['ɑntre] *s* (*entrance; course preceding the roast*) entrée *f*; (*main dish*) plat *m* de résistance
entrench [ɛn'trentʃ] *tr* retrancher; **to be entrenched** se retrancher ‖ *intr*—**to entrench on** or **upon** empiéter sur
entrust [ɛn'trʌst] *tr*—**to entrust s.o. with s.th., to entrust s.th. to s.o.** confier q.ch. à qn
en•try ['ɛntri] *s* (*pl* **-tries**) entrée *f*; (*in a dictionary*) article *m*, entrée; (*on a register*) inscription *f*; (*in a competition*) concurrent *m*, participant *m*; (*thing entered for judging in a competition*) objet *m* exposé
en′try blank′ *s* feuille *f* d'inscription
entwine [ɛn'twaɪn] *tr* entrelacer, enlacer ‖ *intr* s'entrelacer, s'enlacer
enumerate [ɪ'n(j)uməˌret] *tr* énumérer
enunciate [ɪ'nʌnsɪˌet], [ɪ'nʌnʃɪˌet] *tr* énoncer, déclarer; (*to articulate*) articuler, prononcer
envelop [ɛn'vɛləp] *tr* envelopper
envelope ['ɛnvəˌlop], ['ɑnvəˌlop] *s* enveloppe *f*; **in an envelope** sous enveloppe, sous pli
envenom [ɛn'vɛnəm] *tr* envenimer, empoisonner
enviable ['ɛnvɪ•əbəl] *adj* enviable, digne d'envie
envious ['ɛnvɪ•əs] *adj* envieux
environment [ɛn'vaɪrənmənt] *s* environnement *m*, milieu *m*
environs [ɛn'vaɪrənz] *spl* environs *mpl*
envisage [ɛn'vɪzɪdʒ] *tr* envisager
envoi ['ɛnvɔɪ] *s* envoi *m*
envoy ['ɛnvɔɪ] *s* envoyé *m*, émissaire *m*; (*of poem*) envoi *m*
en•vy ['ɛnvi] *s* (*pl* **-vies**) envie *f* ‖ *v* (*pret & pp* **-vied**) *tr* envier
enzyme ['ɛnzaɪm], ['ɛnzɪm] *s* enzyme *m* & *f*
epaulet ['ɛpəˌlɛt] *s* épaulette *f*
epergne [ɪ'pʌrn], [e'pɛrn] *s* surtout *m*
ephemeral [ɪ'fɛmərəl] *adj* éphémère
epic ['ɛpɪk] *adj* épique ‖ *s* épopée *f*
epicure ['ɛpɪˌkjʊr] *s* gourmet *m*, gastronome *m*
epidemic [ˌɛpɪ'dɛmɪk] *adj* épidémique ‖ *s* épidémie *f*
epidemiology [ˌɛpɪˌdimɪ'ɑlədʒi] *s* épidémiologie *f*
epidermis [ˌɛpɪ'dʌrmɪs] *s* épiderme *m*
epiglottis [ˌɛpɪ'glɑtɪs] *s* épiglotte *f*
epigram ['ɛpɪˌgræm] *s* épigramme *f*
epilepsy ['ɛpɪˌlɛpsi] *s* épilepsie *f*
epileptic [ˌɛpɪ'lɛptɪk] *adj* & *s* épileptique *mf*
epilogue ['ɛpɪˌlɔg], ['ɛpɪˌlɑg] *s* épilogue *m*
episcopal [ɪ'pɪskəpəl] *adj* épiscopal
Episcopalian [ɪˌpɪskə'pelɪ•ən] *adj* épiscopal ‖ *s* épiscopal *m*
episode ['ɛpɪˌsod] *s* épisode *m*
episodic [ˌɛpɪ'sɑdɪk] *adj* épisodique
epistle [ɪ'pɪsəl] *s* épître *f*
epitaph ['ɛpɪˌtæf] *s* épitaphe *f*
epithet ['ɛpɪˌθɛt] *s* épithète *f*
epitome [ɪ'pɪtəmi] *s* (*abridgment*) épitomé *m*; (*representative of a class*) modèle *m*, personnification *f*
epitomize [ɪ'pɪtəˌmaɪz] *tr* abréger; personnifier
epoch ['ɛpək], ['ipɑk] *s* époque *f*
epochal ['ɛpəkəl] *adj* mémorable
ep′och-mak′ing *adj* qui fait époque
Ep′som salts′ ['ɛpsəm] *spl* epsomite *f*, sels *mpl* d'Epsom
equable ['ɛkwəbəl], ['ikwəbəl] *adj* uniforme, égal; tranquille
equal ['ikwəl] *adj* égal; **to be equal to** égaler, valoir; (*e.g., the occasion*)

être à la hauteur de; **to be equal to** + *ger* être de force à + *inf*, être à même de + *inf*; **to get equal with** (coll) se venger de || *s* égal *m*, pareil *m* || *v* (*pret & pp* **equaled** or **equalled**; *ger* **equaling** or **equalling**) *tr* égaler
equali·ty [ɪˈkwɑlɪti] *s* (*pl* **-ties**) égalité *f*
equalize [ˈikwəˌlaɪz] *tr* égaliser
equally [ˈikwəli] *adv* également
equanimity [ˌikwəˈnɪmɪti] *s* équanimité *f*, égalité *f* d'âme
equate [iˈkwet] *tr* égaliser, mettre en équation
equation [iˈkweʒən], [iˈkweʃən] *s* équation *f*
equator [iˈkwetər] *s* équateur *m*
equatorial [ˌikwəˈtorɪ·əl] *adj* équatorial
equestrian [ɪˈkwestrɪ·ən] *adj* équestre || *s* cavalier *m*, écuyer *m*
equilateral [ˌikwɪˈlætərəl] *adj* équilatéral
equilibrium [ˌikwɪˈlɪbrɪ·əm] *s* équilibre *m*
equinoctial [ˌikwɪˈnɑkʃəl] *adj* équinoxial
equinox [ˈikwɪˌnɑks] *s* équinoxe *m*
equip [ɪˈkwɪp] *v* (*pret & pp* **equipped**; *ger* **equipping**) *tr* équiper, outiller; **to equip with** munir de
equipment [ɪˈkwɪpmənt] *s* équipement *m*, matériel *m*
equipoise [ˈikwɪˌpɔɪz], [ˈekwɪˌpɔɪz] *s* équilibre *m* || *tr* équilibrer
equitable [ˈekwɪtəbəl] *adj* équitable
equi·ty [ˈekwɪti] *s* (*pl* **-ties**) équité *f*; (com) part *f* résiduaire
equivalent [ɪˈkwɪvələnt] *adj & s* équivalent *m*
equivocal [ɪˈkwɪvəkəl] *adj* équivoque
equivocate [ɪˈkwɪvəˌket] *intr* équivoquer
equivocation [ɪˌkwɪvəˈkeʃən] *s* tergiversation *f*, équivoque *f*
era [ˈɪrə], [ˈirə] *s* ère *f*, époque *f*
eradicate [ɪˈrædɪˌket] *tr* déraciner, extirper
erase [ɪˈres] *tr* effacer, biffer
eraser [ɪˈresər] *s* gomme *f* à effacer; brosse *f*
erasure [ɪˈreʃər] *s* effacement *m*, rature *f*
ere [er] *prep* (poetic) avant || *conj* (poetic) avant que
erect [ɪˈrekt] *adj* droit, debout || *tr* (*to set in an upright position*) dresser, élever; (*a building*) ériger, édifier; (*a machine*) monter
erection [ɪˈrekʃən] *s* érection *f*
erg [ʌrg] *s* erg *m*
ermine [ˈʌrmɪn] *s* hermine *f*
erode [ɪˈrod] *tr* éroder
erosion [ɪˈroʒən] *s* érosion *f*
erotic [ɪˈrɑtɪk] *adj* érotique
err [ʌr] *intr* se tromper, faire erreur, errer; (*to do wrong*) s'égarer, pécher
errand [ˈerənd] *s* commission *f*, course *f*; **to go on** or **to run an errand** faire une course
er′rand boy′ *s* coursier *m*, garçon de courses
erratic [ɪˈrætɪk] *adj* variable; capricieux, excentrique
erroneous [ɪˈronɪ·əs] *adj* erroné
error [ˈerər] *s* erreur *f*
erudite [ˈer(j)ʊˌdaɪt] *adj* érudit
erudition [ˌer(j)ʊˈdɪʃən] *s* érudition *f*
erupt [ɪˈrʌpt] *intr* faire éruption
eruption [ɪˈrʌpʃən] *s* éruption *f*
escalate [ˈeskəˌlet] *tr* escalader
escalation [ˌeskəˈleʃən] *s* escalade *f*
escalator [ˈeskəˌletər] *s* escalator *m*, escalier *m* mécanique or roulant
escallop [esˈkæləp] *s* coquille *f* Saint-Jacques, peigne *m*, pétoncle *m*; (culin) coquille au gratin || *tr* (*the edges*) denteler, découper; (culin) gratiner et cuire au four et à la crème
escapade [ˌeskəˈped] *s* fredaine *f*, frasque *f*; (*getting away*) escapade *f*
escape [esˈkep] *s* (*getaway*) évasion *f*, fuite *f*; (*from responsibilities, duties, etc.*) évasion, escapade *f*; (*of gas, liquid, etc.*) échappement *m*, fuite; (*of a clock*) échappement; **to have a narrow escape** l'échapper belle; **to make one's escape** se sauver, s'échapper || *tr* échapper à, éviter || *intr* échapper, s'échapper, s'évader; **to escape from** échapper à
escape′ clause′ *s* échappatoire *f*
escapee [ˌeskəˈpi] *s* évadé *m*, échappé *m*
escape′ hatch′ *s* (aer) sas *m* d'évacuation
escape′ lit′erature *s* littérature *f* d'évasion
escapement [esˈkepmənt] *s* issue *f*, débouché *m*; (mach) échappement *m*
escape′ wheel′ *s* roue *f* de rencontre
escarole [ˈeskəˌrol] *s* scarole *f*
escarpment [esˈkɑrpmənt] *s* escarpement *m*
eschew [esˈtʃu] *tr* éviter, s'abstenir de
escort [ˈeskɔrt] *s* escorte *f*; (*gentleman escort*) cavalier *m* || [esˈkɔrt] *tr* escorter
escutcheon [esˈkʌtʃən] *s* écusson *m*
Eski·mo [ˈeskɪˌmo] *adj* eskimo, esquimau || *s* (*pl* **-mos** or **-mo**) (*language; dog*) esquimau *m*; (*person*) Eskimo *m*, Esquimau *m*
Es′kimo wom′an *s* Esquimaude *f*, femme *f* esquimau
esopha·gus [iˈsɑfəgəs] *s* (*pl* **-gi** [ˌdʒaɪ]) œsophage *m*
esoteric [ˌesoˈterɪk] *adj* ésotérique
especial [esˈpeʃəl] *adj* spécial
especially [esˈpeʃəli] *adv* surtout, particulièrement
espionage [ˈespɪ·ənɪdʒ], [ˌespɪ·əˈnɑʒ] *s* espionnage *m*
espousal [esˈpaʊzəl] *s* épousailles *f*; **espousal of** (*a cause*) adoption de, adhésion à
espouse [esˈpaʊz] *tr* épouser; (*to advocate, adopt*) adopter, embrasser
Esq. *abbr* **(Esquire)—John Smith, Esq.** Monsieur Jean Smith
esquire [esˈkwaɪr], [ˈeskwaɪr] *s* (hist) écuyer *m*
essay [ˈese] *s* essai *m* || *tr* essayer
essayist [ˈese·ɪst] *s* essayiste *mf*

essence ['ɛsəns] *s* essence *f*
essential [ɛ'sɛnʃəl] *adj & s* essentiel *m*
establish [ɛs'tæblɪʃ] *tr* établir
establishment [ɛs'tæblɪʃmənt] *s* établissement *m*
estate [ɛs'tet] *s* (*landed property*) domaine *m*, propriété *f*, terres *fpl*; (*a person's possessions*) biens *mpl*, possessions *fpl*; (*left by a decedent*) héritage *m*, succession *f*; (*social status*) rang *m*, condition *f*; (hist) état *m*
esteem [ɛs'tim] *s* estime *f* || *tr* estimer
esthete ['ɛsθit] *s* esthète *mf*
esthetic [ɛs'θɛtɪk] *adj* esthétique || **esthetics** *s* esthétique *f*
estimable ['ɛstiməbəl] *adj* estimable
estimate ['ɛstɪ,met], ['ɛstɪmɪt] *s* évaluation *f*, appréciation *f*; (*appraisal*) estimation *f* || ['ɛstɪ,met] *tr* (*to judge, deem*) apprécier, estimer; (*the cost*) estimer, évaluer
estimation [,ɛstɪ'meʃən] *s* (*opinion*) jugement *m*; (*esteem*) estime *f*; (*appraisal*) estimation *f*; **in my estimation** à mon avis
Estonia [ɛs'tonɪ·ə] *s* Estonie *f*; l'Estonie
estrangement [ɛs'trendʒmənt] *s* éloignement *m*; (*a becoming unfriendly*) désaffection *f*
estuar·y ['ɛstʃʊ,ɛri] *s* (*pl* **-ies**) estuaire *m*
etch [ɛtʃ] *tr & intr* graver à l'eau-forte
etcher ['ɛtʃər] *s* aquafortiste *m*
etching ['ɛtʃɪŋ] *s* eau-forte *f*
eternal [ɪ'tʌrnəl] *adj* éternel
eterni·ty [ɪ'tʌrnɪti] *s* (*pl* **-ties**) éternité *f*
ether ['iθər] *s* éther *m*
ethereal [ɪ'θɪrɪ·əl] *adj* éthéré
ethical ['ɛθɪkəl] *adj* éthique
ethics ['ɛθɪks] *s* (*branch of philosophy*) étique *f*, morale *f*; *spl* (*one's conduct, one's moral principles*) morale
Ethiopia [,iθɪ'opɪ·ə] *s* Éthiopie *f*; l'Éthiopie
Ethiopian [,iθɪ'opɪ·ən] *adj* éthiopien || *s* (*language*) éthiopien *m*; (*person*) Éthiopien *m*
ethnic(al) ['ɛθnɪk(əl)] *adj* ethnique
ethnography [ɛθ'nɑgrəfi] *s* ethnographie *f*
ethnology [ɛθ'nɑlədʒi] *s* ethnologie *f*
ethyl ['ɛθɪl] *s* éthyle *m*
ethylene ['ɛθɪ,lin] *s* éthylène *m*
etiquette ['ɛtɪ,kɛt] *s* étiquette *f*
etymolo·gy [,ɛtɪ'mɑlədʒi] *s* (*pl* **-gies**) étymologie *f*
ety·mon ['ɛtɪ,mɑn] *s* (*pl* **-mons** or **-ma** [mə]) étymon *m*
eucalyp·tus [,jukə'lɪptəs] *s* (*pl* **-tuses** or **-ti** [taɪ]) eucalyptus *m*
Eucharist ['jukərɪst] *s* Eucharistie *f*
euchre ['jukər] *s* euchre *m* || *tr* (coll) l'emporter sur
eulogize ['julə,dʒaɪz] *tr* faire l'éloge de
eulo·gy ['julədʒi] *s* (*pl* **-gies**) éloge *m*
eunuch ['junək] *s* eunuque *m*
euphemism ['jufɪ,mɪzəm] *s* euphémisme *m*
euphemistic [,jufɪ'mɪstɪk] *adj* euphémique
euphonic [ju'fɑnɪk] *adj* euphonique
eupho·ny ['jufəni] *s* (*pl* **-nies**) euphonie *f*
euphoria [ju'forɪ·ə] *s* euphorie *f*
euphuism ['jufju,ɪzəm] *s* euphuisme *m*; préciosité *f*
Europe ['jʊrəp] *s* Europe *f*; l'Europe
European [,jʊrə'pi·ən] *adj* européen || *s* Européen *m*
euthanasia [,juθə'neʒə] *s* euthanasie *f*
evacuate [ɪ'vækju,et] *tr* évacuer || *intr* s'évacuer
evade [ɪ'ved] *tr* échapper à, éviter, esquiver || *intr* s'évader
evaluate [ɪ'vælju,et] *tr* évaluer
Evangel [ɪ'vændʒəl] *s* évangile *m*
evangelic(al) [,ivæn'dʒɛlɪk(əl)], [,ɛvən'dʒɛlɪk(əl)] *adj* évangélique
evangelist [ɪ'vændʒəlɪst] *s* évangéliste *m*
evaporate [ɪ'væpə,ret] *tr* évaporer || *intr* s'évaporer
evasion [ɪ'veʒən] *s* évasion *f*; subterfuge *m*, détour *m*
evasive [ɪ'vesɪv] *adj* évasif
eve [iv] *s* veille *f*; (poetic) soir *m*; **on the eve of** à la veille de; **Eve** Ève *f*
even ['ivən] *adj* (*smooth*) uni; (*number*) pair; (*equal, uniform*) égal; (*temperament*) calme, rassis, égal; **even with** à fleur de; **to be even** être quitte; (cards, sports) être manche à manche or point à point; **to get even with** (coll) rendre la pareille à || *adv* même; **even** + *comp* encore + *comp*, e.g., **even better** encore mieux; **even so** quand même || *tr* aplanir, égaliser
evening ['ivnɪŋ] *adj* du soir || *s* soir *m*; **all evening** toute la soirée; **every evening** tous les soirs; **in the evening** le soir; **the evening before** la veille au soir
eve'ning clothes' *s* tenue *f* de soirée; (*for women*) toilette *f* de soirée; (*for men*) habit *m* de soirée
eve'ning damp' *s* serein *m*
eve'ning prim'rose *s* onagraire *f*
eve'ning star' *s* étoile *f* du soir, étoile du berger
eve'ning wrap' *s* sortie *f* de bal
e'ven·song' *s* (eccl) vêpres *fpl*
event [ɪ'vɛnt] *s* événement *m*; **at all events** or **in any event** en tout cas; **in the event that** dans le cas où
eventful [ɪ'vɛntfəl] *adj* mouvementé; mémorable
eventual [ɪ'vɛntʃʊ·əl] *adj* final
eventuali·ty [ɪ,vɛntʃʊ'ælɪti] *s* (*pl* **-ties**) éventualité *f*
eventually [ɪ'vɛntʃʊ·əli] *adv* finalement, à la longue
eventuate [ɪ'vɛntʃʊ,et] *intr*—**to eventuate in** se terminer par, aboutir à
ever ['ɛvər] *adv* (*at all times*) toujours; (*at any time*) jamais; **ever since** dès lors, depuis; **for ever and ever** à tout jamais; **hardly ever** presque jamais
ev'er·glade' *s* région *f* marécageuse
ev'er·green' *adj* toujours vert || *s* arbre *m* vert; **evergreens** plantes *fpl* vertes, verdure *f* décorative

ev′er·last′ing *adj* éternel; (*continual*) sempiternel, perpétuel
ev′er·more′ *adv* toujours; **for evermore** à jamais
every [ˈɛvri] *adj* tous les; (*each*) chaque, tout; (coll) tout, e.g., **every bit as good as** tout aussi bon que; **every man for himself** sauve qui peut; **every now and then** de temps en temps; **every once in a while** de temps à autre; **every other day** tous les deux jours; **every other one** un sur deux; **every which way** (coll) de tous côtés; (coll) en désordre
ev′ery·bod′y *pron indef* tout le monde
ev′ery·day′ *adj* de tous les jours
ev′ery·man′ *s* Monsieur Tout-le-monde
ev′ery·one′ or **ev′ery one′** *pron indef* chacun, tous, tout le monde
ev′ery·thing′ *pron indef* tout
ev′ery·where′ *adv* partout, de toutes parts; partout où; **everywhere else** partout ailleurs
evict [ɪˈvɪkt] *tr* évincer, expulser
eviction [ɪˈvɪkʃən] *s* éviction *f*
evidence [ˈɛvɪdəns] *s* évidence *f*; (*proof*) preuve *f*, témoignage *m* ‖ *tr* manifester, démontrer
evident [ˈɛvɪdənt] *adj* évident
evidently [ˈɛvɪdəntli], [ˌɛvɪˈdɛntli] *adv* évidemment
evil [ˈivəl] *adj* mauvais, méchant ‖ *s* mal *m*, méchanceté *f*
evildoer [ˈivəlˌdu·ər] *s* malfaisant *m*, méchant *m*
e′vil·do′ing *s* malfaisance *f*
e′vil eye′ *s* mauvais œil *m*
e′vil-mind′ed *adj* malintentionné, malin
E′vil One′ *s* Esprit *m* malin
evince [ɪˈvɪns] *tr* montrer, manifester
evocative [ɪˈvɑkətɪv] *adj* évocateur
evoke [ɪˈvok] *tr* évoquer
evolution [ˌɛvəˈluʃən] *s* évolution *f*
evolve [ɪˈvɑlv] *tr* développer, élaborer ‖ *intr* évoluer
ewe [ju] *s* brebis *f*
ewer [ˈju·ər] *s* aiguière *f*
exact [ɛgˈzækt] *adj* exact ‖ *tr* exiger
exacting [ɛgˈzæktɪŋ] *adj* exigeant
exactly [ɛgˈzæktli] *adv* exactement; (*sharp, on the dot*) précisément, justement
exactness [ɛgˈzæktnɪs] *s* exactitude *f*
exaggerate [ɛgˈzædʒəˌret] *tr* exagérer
exalt [ɛgˈzɔlt] *tr* exalter
exam [ɛgˈzæm] *s* (coll) examen *m*
examination [ɛgˌzæmɪˈneʃən] *s* examen *m*; **to take an examination** se présenter à, passer, or subir un examen
examine [ɛgˈzæmɪn] *tr* examiner
examiner [ɛgˈzæmɪnər] *s* inspecteur *m*, vérificateur *m*; (*in a school*) examinateur *m*
example [ɛgˈzæmpəl], [ɛgˈzɑmpəl] *s* exemple *m*; **for example** par exemple
exasperate [ɛgˈzæspəˌret] *tr* exaspérer
exasperation [ɛgˌzæspəˈreʃən] *s* exaspération *f*
excavate [ˈɛkskəˌvet] *tr* excaver
exceed [ɛkˈsid] *tr* excéder
exceedingly [ɛkˈsidɪŋli] *adv* extrêmement
ex·cel [ɛkˈsɛl] *v* (*pret & pp* **-celled**; *ger* **-celling**) *tr* surpasser ‖ *intr* exceller; **to excel in** exceller dans; **to excel in** + *ger* exceller à + *inf*
excellence [ˈɛksələns] *s* excellence *f*
excellen·cy [ˈɛksələnsi] *s* (*pl* **-cies**) excellence *f*; **Your Excellency** Votre Excellence
excelsior [ɛkˈsɛlsɪ·ər] *s* copeaux *mpl* d'emballage
except [ɛkˈsɛpt] *adv*—**except for** excepté; **except that** excepté que ‖ *prep* excepté ‖ *tr* excepter
exception [ɛkˈsɛpʃən] *s* exception *f*; **to take exception to** trouver à redire à; **with the exception of** à l'exception de
exceptional [ɛkˈsɛpʃənəl] *adj* exceptionnel
excerpt [ˈɛksʌrpt], [ɛkˈsʌrpt] *s* extrait *m*, citation *f* ‖ [ɛkˈsʌrpt] *tr* extraire
excess [ˈɛksɛs], [ɛkˈsɛs] *adj* excédentaire ‖ [ɛkˈsɛs] *s* (*amount or degree*) excédent *m*, excès *m*; (*excessive amount; immoderate indulgence*) excès *m*; **in excess of** en plus de
ex′cess bag′gage *s* excédent *m* de bagages
ex′cess fare′ *s* supplément *m*
excessive [ɛkˈsɛsɪv] *adj* excessif
ex′cess-prof′its tax′ *s* contribution *f* sur les bénéfices extraordinaires
ex′cess weight′ *s* excédent *m* de poids
exchange [ɛksˈtʃendʒ] *s* échange *m*; (*barter*) troc *m*; (com) bourse *f*; (telp) central *m* ‖ *tr* échanger; (*to barter*) troquer; **to exchange compliments** échanger des politesses; **to exchange for** échanger contre, échanger pour
exchequer [ɛksˈtʃɛkər], [ˈɛkstʃɛkər] *s* trésor *m* public; ministère *m* des finances; (hist) échiquier *m*
excise [ɛkˈsaɪz], [ˈɛksaɪz] *s* contributions *fpl* indirectes ‖ *tr* effacer, rayer; (surg) exciser
excitable [ɛkˈsaɪtəbəl] *adj* excitable
excite [ɛkˈsaɪt] *tr* exciter
excitement [ɛkˈsaɪtmənt] *m* agitation *f*, excitation *f*
exciting [ɛkˈsaɪtɪŋ] *adj* émotionnant, entraînant, passionnant
exclaim [ɛksˈklem] *tr* s'écrier, e.g., **"All is lost!" he exclaimed** "Tout est perdu!" s'écria-t-il ‖ *intr* s'exclamer, se récrier
exclamation [ˌɛkskləˈmeʃən] *s* exclamation *f*
exclama′tion mark′ *s* point *m* d'exclamation
exclude [ɛksˈklud] *tr* exclure
excluding [ɛksˈkludɪŋ] *prep* à l'exclusion de, sans compter
exclusion [ɛksˈkluʒən] *s* exclusion *f*
exclusive [ɛksˈklusɪv] *adj* exclusif; (*expensive; fashionable*) (coll) choisi, select; **exclusive of** à l'exclusion de
exclu′sive rights′ *spl* exclusivité *f*
exclu′sive show′ing *s* (public sign in front of a theater) en exclusivité
excommunicate [ˌɛkskəˈmjunɪˌket] *tr* excommunier

excommunication [,ɛkskə,mjunɪ'keʃən] *s* excommunication *f*
excoriate [ɛks'korɪ,et] *tr* (fig) vitupérer
excrement ['ɛkskrəmənt] *s* excrément *m*
excruciating [ɛks'kruʃɪ,etɪŋ] *adj* affreux, atroce
exculpate ['ɛkskʌl,pet], [ɛks'kʌlpet] *tr* disculper
excursion [ɛks'kʌrʒən], [ɛks'kʌrʃən] *s* excursion *f*
excusable [ɛks'kjuzəbəl] *adj* excusable
excuse [ɛks'kjus] *s* excuse *f* || [ɛks'kjuz] *tr* excuser; **excuse me!** pardon!, je m'excuse!, **to excuse oneself** s'excuser
execrate ['ɛksɪ,kret] *tr* exécrer; (*to curse*) maudire
execute ['ɛksɪ,kjut] *tr* exécuter
execution [,ɛksɪ'kjuʃən] *s* exécution *f*
executioner [,ɛksɪ'kjuʃənər] *s* bourreau *m*
executive [ɛg'zɛkjətɪv] *adj* (*powers*) exécutif; (*position*) administratif || *s* exécutif *m*; (*of school, business, etc.*) directeur *m*, administrateur *m*
Exec'utive Man'sion *s* (U.S.A.) demeure *f* du Président
executor [ɛg'zɛkjətər] *s* exécuteur *m* testamentaire
executrix [ɛg'zɛkjətrɪks] *s* exécutrice *f* testamentaire
exemplary [eg'zɛmpləri], ['ɛgzəm,pleri] *adj* exemplaire
exempli•fy [ɛg'zɛmplɪ,faɪ] *v* (*pret & pp* **-fied**) *tr* démontrer par des exemples; (*to be a model of*) servir d'exemple à
exempt [ɛg'zɛmpt] *adj* exempt || *tr* exempter
exemption [ɛg'zɛmpʃən] *s* exemption *f*; **exemptions** (*from taxes*) déductions *fpl*
exercise ['ɛksər,saɪz] *s* exercice *m*; **exercises** cérémonies *fpl* || *tr* exercer || *intr* s'exercer, s'entraîner
exert [ɛg'zʌrt] *tr* exercer; **to exert oneself** faire des efforts
exertion [ɛg'zʌrʃən] *s* effort *m*; (*e.g., of power*) exercice *m*
exhalation [,ɛks•hə'leʃən] *s* (*of air*) expiration *f*; (*of gas, vapors, etc.*) exhalaison *f*
exhale [ɛks'hel], [ɛg'zel] *tr* (*air from lungs*) expirer; (*gas, vapor*) exhaler || *intr* expirer; s'exhaler
exhaust [ɛg'zɔst] *s* échappement *m*; gaz *mpl* d'échappement || *tr* épuiser; faire le vide dans
exhaust' fan' *s* ventilateur *m* aspirant
exhaustion [ɛg'zɔstʃən] *s* épuisement *m*
exhaustive [ɛg'zɔstɪv] *adj* exhaustif
exhaust' man'ifold *s* tuyauterie *f* or collecteur *m* d'échappement
exhaust' pipe' *s* tuyau *m* d'échappement
exhaust' valve' *s* soupape *f* d'échappement
exhibit [ɛg'zɪbɪt] *s* exhibition *f*; (*of art*) exposition *f*; (law) document *m* à l'appui, pièce *f* à conviction || *tr* exhiber; (*e.g., pictures*) exposer || *intr* faire une exposition
exhibition [,ɛksɪ'bɪʃən] *s* exhibition *f*
exhibitor [ɛg'zɪbɪtər] *s* exposant *m*
exhilarate [ɛg'zɪlə,ret] *tr* égayer, animer
exhort [ɛg'zɔrt] *tr* exhorter
exhume [ɛks'hjum], [ɛg'zjum] *tr* exhumer
exigen•cy ['ɛksɪdʒənsi] *s* (*pl* **-cies**) exigence *f*
exigent ['ɛksɪdʒənt] *adj* exigeant
exile ['ɛgzaɪl], ['ɛksaɪl] *s* exil *m*; (*person*) exilé *m* || *tr* exiler
exist [ɛg'zɪst] *intr* exister
existence [ɛg'zɪstəns] *s* existence *f*
exit ['ɛgzɪt], ['ɛksɪt] *s* sortie *f* || *intr* sortir
exodus ['ɛksədəs] *s* exode *m*
exonerate [ɛg'zɑnə,ret] *tr* (*to free from blame*) disculper; (*to free from an obligation*) exonérer, dispenser
exorbitant [ɛg'zɔrbɪtənt] *adj* exorbitant
exorcize ['ɛksɔr,saɪz] *tr* exorciser
exotic [ɛg'zɑtɪk] *adj* exotique
expand [ɛks'pænd] *tr* (*a gas, metal, etc.*) dilater; (*to enlarge, develop*) élargir, développer; (*to unfold, stretch out*) étendre, déployer; (*the chest*) gonfler; (math) développer || *intr* se dilater; s'élargir, se développer; s'étendre, se déployer; se gonfler
expanse [ɛks'pæns] *s* étendue *f*
expansion [ɛks'pænʃən] *s* expansion *f*
expan'sion joint' *s* joint *m* de dilatation thermique
expansive [ɛks'pænsɪv] *adj* expansif; (*broad*) large, étendu
expatiate [ɛks'peʃɪ,et] *intr* discourir, s'étendre
expatriate [ɛks'petrɪ•ɪt] *adj & s* expatrié *m* || [ɛks'petrɪ,et] *tr* expatrier
expect [ɛks'pɛkt] *tr* (*to await the coming of*) attendre; (*to look for as likely*) s'attendre à; **to expect it** s'y attendre; **to expect s.o. to** + *inf* s'attendre à ce que qn + *subj*; **to expect to** + *inf* s'attendre à + *inf*
expectan•cy [ɛks'pɛktənsi] *s* (*pl* **-cies**) attente *f*, expectative *f*
expect'ant moth'er [ɛks'pɛktənt) *s* future mère *f*
expectation [,ɛkspek'teʃən] *s* expectative *f*, espérance *f*
expectorate [ɛks'pɛktə,ret] *tr & intr* expectorer
expedien•cy [ɛks'pidɪ•ənsi] *s* (*pl* **-cies**) convenance *f*, opportunité *f*; opportunisme *m*, débrouillage *m*
expedient [ɛks'pidɪ•ənt] *adj* expédient; (*looking out for oneself*) débrouillard || *s* expédient *m*
expedite ['ɛkspɪ,daɪt] *tr* expédier
expedition [,ɛkspɪ'dɪʃən] *s* expédition *f*; célérité *f*, promptitude *f*
expeditionary [,ɛkspɪ'dɪʃən,ɛri] *adj* expéditionnaire
expeditious [,ɛkspɪ'dɪʃəs] *adj* expéditif
ex•pel [ɛks'pel] *v* (*pret & pp* **-pelled**; *ger* **-pelling**) *tr* expulser; (*from school*) renvoyer

expend [ɛks'pend] *tr* (*to pay out*) dépenser; (*to use up*) consommer
expendable [ɛks'pendəbəl] *adj* non récupérable; (*soldier*) sacrifiable
expenditure [ɛks'pɛndɪtʃər] *s* dépense *f*; consommation *f*
expense [ɛks'pɛns] *s* dépense *f*; **at the expense of** aux dépens de; **expenses** frais *mpl*; (*for which a person will be reimbursed*) indemnité *f*; **to meet expenses** faire face aux dépenses
expense' account' *s* état *m* de frais, note *f* de frais
expensive [ɛks'pɛnsɪv] *adj* cher, couteux; (*tastes*) dispendieux
experience [ɛks'pɪrɪ·əns] *s* expérience *f* || *tr* éprouver
experienced *adj* expérimenté
experiment [ɛks'pɛrɪmənt] *s* expérience *f* || [ɛks'pɛrɪ,mɛnt] *intr* faire des expériences, expérimenter
expert ['ɛkspərt] *adj & s* expert *m*
expertise [,ɛkspər'tiz] *s* maîtrise *f*
expiate ['ɛkspɪ,et] *tr* expier
expire [ɛks'paɪr] *tr & intr* expirer
expired *adj* (*lease; passport*) expiré; (*note; permit*) périmé; (*e.g., driver's license*) suranné; (*insurance policy*) déchu
explain [ɛks'plen] *tr* expliquer; **to explain oneself** s'expliquer || *intr* expliquer
explainable [ɛks'plenəbəl] *adj* explicable
explanation [,ɛksplə'neʃən] *s* explication *f*
explanatory [ɛks'plænə,tori] *adj* explicatif
explicit [ɛks'plɪsɪt] *adj* explicite
explode [ɛks'plod] *tr* faire sauter; (*a theory, opinion, etc.*) discréditer || *intr* exploser, éclater, sauter
exploit [ɛks'plɔɪt], ['ɛksplɔɪt] *s* exploit *m* || [ɛks'plɔɪt] *tr* exploiter
exploitation [,ɛksplɔɪ'teʃən] *s* exploitation *f*
exploration [,ɛksplə'reʃən] *s* exploration *f*
explore [ɛks'plor] *tr* explorer
explorer [ɛks'plorər] *s* explorateur *m*; (*boy scout*) routier *m*
explosion [ɛks'ploʒən] *s* explosion *f*
explosive [ɛks'plosɪv] *adj* explosif; (*mixture*) explosible || *s* explosif *m*
exponent [ɛks'ponənt] *s* interprète *mf*; (math) exposant *m*
export ['ɛksport] *s* exportation *f* || [ɛks'port], ['ɛksport] *tr & intr* exporter
exportation [,ɛkspor'teʃən] *s* exportation *f*
exporter ['ɛksportər], [ɛks'portər] *s* exportateur *m*
expose [ɛks'poz] *tr* exposer; (*to unmask*) démasquer, dévoiler; (phot) impressionner
exposé [,ɛkspo'ze] *s* dévoilement *m*, révélation *f*, mise *f* en lumière
exposition [,ɛkspə'zɪʃən] *s* exposition *f*
expostulate [ɛks'pɑstʃə,let] *intr* faire des remontrances; **to expostulate with** faire des remontrances à
exposure [ɛks'poʒər] *s* exposition *f*; (*unmasking*) dévoilement *m*; (phot) exposition *f*; (phot) durée *f* d'exposition
expound [ɛks'paʊnd] *tr* exposer
express [ɛks'prɛs] *adj* exprès, formel; (*train; gun*) express || *s* (*merchandise*) messagerie *f*; (*train*) express *m*, rapide *m*; **by express** (rr) en grande vitesse || *adv* (rr) en grande vitesse || *tr* exprimer; (*merchandise*) envoyer en grande vitesse; (*through the express company*) expédier par les messageries; **to express oneself** s'exprimer
express' com'pany *s* messageries *fpl*
express' high'way *s* autoroute *f*
expression [ɛks'prɛʃən] *s* expression *f*
expressive [ɛks'prɛsɪv] *adj* expressif
expressly [ɛks'prɛsli] *adv* exprès
express'man *s* (*pl* **-men**) entrepreneur *m* de messageries; facteur *m*, agent *m* d'un service de messageries
express' train' *s* train *m* express
express'way' *s* autoroute *f*
expropriate [ɛks'proprɪ,et] *tr* exproprier
expulsion [ɛks'pʌlʃən] *s* expulsion *f*; (*from schools*) renvoi *m*
expunge [ɛks'pʌndʒ] *tr* effacer, supprimer, rayer
expurgate ['ɛkspər,get] *tr* expurger
exquisite ['ɛkskwɪzɪt], [ɛks'kwɪzɪt] *adj* exquis
ex-service·man [,ɛks'sʌrvɪs,mæn] *s* (*pl* **-men'**) ancien combattant *m*
extant ['ɛkstənt], [ɛks'tænt] *adj* existant, subsistant
extemporaneous [ɛks,tɛmpə'renɪ·əs] *adj* improvisé, impromptu
extemporaneously [ɛks,tɛmpə'renɪ·əsli] *adv* à l'impromptu, d'abondance
extempore [ɛks'tɛmpəri] *adj* improvisé || *adv* d'abondance, à l'impromptu
extemporize [ɛks'tɛmpə,raɪz] *tr & intr* improviser
extend [ɛks'tɛnd] *tr* étendre; (*a period of time; a street; a line*) prolonger; (*a treaty; a session; a right; a due date*) proroger; (*a helping hand*) tendre || *intr* s'étendre
extended *adj* étendu, prolongé
extension [ɛks'tɛnʃən] *s* extension *f*; prolongation *f*; (*board for a table*) rallonge *f*; (*to building*) annexe *f*; (telp) poste *m*
exten'sion cord' *s* cordon *m* prolongateur, prolongateur *m*
exten'sion lad'der *s* échelle *f* à coulisse
exten'sion ta'ble *s* table *f* à rallonges
extensive [ɛks'tɛnsɪv] *adj* vaste, étendu
extent [ɛks'tɛnt] *s* étendue *f*; **to a certain extent** dans une certaine mesure; **to a great extent** en grande partie, considérablement; **to the full extent** dans toute la mesure
extenuate [ɛks'tɛnjʊ,et] *tr* atténuer; minimiser
exterior [ɛks'tɪrɪ·ər] *adj & s* extérieur *m*
exterminate [ɛks'tʌrmɪ,net] *tr* exterminer

external [ɛks'tʌrnəl] *adj* extérieur; (pharm, med) externe || **externals** *spl* dehors *mpl*, apparences *fpl*; (*superficialities*) choses *fpl* secondaires
extinct [ɛks'tɪŋkt] *adj* (*volcano*) éteint; disparu; tombé en désuétude
extinction [ɛks'tɪŋkʃən] *s* extinction *f*
extinguish [ɛks'tɪŋgwɪʃ] *tr* éteindre
extinguisher [ɛks'tɪŋgwɪʃər] *s* (*for candles*) éteignoir *m*; (*for fires*) extincteur *m*
extirpate ['ɛkstər,pet], [ɛks'tʌrpet] *tr* extirper
ex·tol [ɛks'tol], [ɛks'tɑl] *v* (*pret & pp* **-tolled**; *ger* **-tolling**) *tr* exalter, vanter
extort [ɛks'tɔrt] *tr* extorquer
extortion [ɛks'tɔrʃən] *s* extorsion *f*
extortionist [ɛks'tɔrʃənɪst] *s* extorqueur *m*
extra ['ɛkstrə] *adj* supplémentaire; (*of high quality*) extra, extra-fin; (*spare*) de rechange || *s* extra *m*; (*of a newspaper*) édition *f* spéciale; (mov, theat) figurant *m* || *adv* en plus, en sus; (*not on the bill*) non compris
ex'tra board' *s* (*for extension table*) rallonge *f*
ex'tra charge' *s* supplément *m*
extract ['ɛkstrækt] *s* extrait *m* || [ɛks'trækt] *tr* extraire
extraction [ɛks'trækʃən] *s* extraction *f*
extracurricular [,ɛkstrəkə'rɪkjələr] *adj* extra-scolaire
extradite ['ɛkstrə,daɪt] *tr* extrader
extradition [,ɛkstrə'dɪʃən] *s* extradition *f*
ex'tra-dry' *adj* (*champagne*) très sec
ex'tra fare' *s* supplément *m* de billet
extramural [,ɛkstrə'mjʊrəl] *adj* à l'extérieur de la ville; à l'exterieur de l'université
extraneous [ɛks'trenɪ·əs] *adj* étranger
extraordinary [ɛks'trɔrdɪ,nɛri], [,ɛkstrə'ɔrdɪ,nɛri] *adj* extraordinaire
extrapolate [ɛks'træpə,let] *tr & intr* extrapoler
extrasensory [,ɛkstrə'sɛnsəri] *adj* extrasensoriel
ex'tra-spe'cial *adj* extra
extravagance [ɛks'trævəgəns] *s* (*lavishness*) prodigalité *f*, gaspillage *m*; (*folly*) extravagance *f*
extravagant [ɛks'trævəgənt] *adj* (*person*) dépensier, prodigue; (*price*) exorbitant; (*e.g., praise*) outré; (*e.g., claims*) exagéré, extravagant
extreme [ɛks'trim] *adj & s* extrême *m*; **in the extreme, to extremes** à l'extrême
extremely [ɛks'trimli] *adv* extrêmement
extreme' unc'tion *s* extrême-onction *f*
extremist [ɛks'trimɪst] *adj & s* extrémiste *mf*
extremi·ty [ɛks'trɛmɪti] *s* (*pl* **-ties**) extrémité *f*; **extremities** extrémités
extricate ['ɛkstrɪ,ket] *tr* dégager; (*a gas*) libérer; **to extricate oneself from** se tirer de, se dépêtrer de
extrinsic [ɛks'trɪnsɪk] *adj* extrinsèque
extrovert ['ɛkstrə,vʌrt] *adj & s* extraverti *m*
extrude [ɛks'trud] *intr* faire saillie, dépasser
exuberant [ɛg'z(j)ubərənt] *adj* exubérant
exude [ɛg'zud], [ɛk'sud] *tr & intr* exsuder
exult [ɛg'zʌlt] *intr* exulter
exultant [ɛg'zʌltənt] *adj* triomphant
eye [aɪ] *s* œil *m*; (*of needle*) chas *m*, trou *m*; (*of hook and eye*) porte *f*; **to catch s.o.'s eye** tirer l'œil à qn; **to lay eyes on** jeter les yeux sur; **to make eyes at** (coll) faire les yeux doux à; **to see eye to eye with s.o.** voir les choses du même œil que qn; **with an eye to** en vue de; **without batting an eye** (coll) sans sourciller || *v* (*pret & pp* **eyed**; *ger* **eying** or **eyeing**) *tr* toiser, reluquer
eye'ball' *s* globe *m* oculaire
eye' bank' *s* banque *f* des yeux
eye'bolt' *s* boulon *m* à œil
eye'brow' *s* sourcil *m*
eye'cup' *s* œillère *f*
eye' drops' *spl* collyre *m*
eyeful ['aɪfʊl] *s* vue *f*, coup *m* d'œil; **to get an eyeful** (coll) s'en mettre plein la vue, se rincer l'œil
eye'glass' *s* (*of optical instrument*) oculaire *m*; (*eyecup*) œillère *f*; **eyeglasses** lunettes *fpl*
eye'lash' *s* cil *m*; (*fringe of hair*) cils
eyelet ['aɪlɪt] *s* œillet *m*; (*of sail*) œil *m* de pie
eye'lid' *s* paupière *f*
eye' of the morn'ing *s* astre *m* du jour
eye' o'pener ['opənər] *s* révélation *f*; (coll) goutte *f* de bonne heure
eye'piece' *s* oculaire *m*
eye'shade' *s* visière *f*, abat-jour *m*
eye' shad'ow *s* fard *m* à paupière
eye'shot' *s* portée *f* de la vue
eye'sight' *s* vue *f*; (*eyeshot*) portée *f* de la vue
eye' sock'et *s* orbite *f* de l'œil
eye'sore' *s* objet *m* déplaisant
eye'strain' *s* fatigue *f* des yeux; **to suffer from eyestrain** avoir les yeux fatigués
eye'-test chart' *s* tableau *m* de lecture pour la vision
eye'tooth' *s* (*pl* **-teeth**) dent *f* œillère or canine; **to cut one's eyeteeth** (coll) ne pas être un blanc-bec; **to give one's eyeteeth for** (coll) donner la prunelle de ses yeux pour
eye'wash' *s* collyre *m*; (slang) de l'eau bénite de cour, de la poudre aux yeux
eye'wit'ness *s* témoin *m* oculaire
ey·rie or **ey·ry** ['ɛri] *s* (*pl* **-ries**) aire *f* (de l'aigle); (fig) nid *m* d'aigle

F

F, f [ɛf] *s* VIᵉ lettre de l'alphabet
fable ['febəl] *s* fable *f*
fabric ['fæbrɪk] *s* tissu *m*, étoffe *f*
fabricate ['fæbrɪ ˌket] *tr* fabriquer
fabrication [ˌfæbrɪ'keʃən] *s* fabrication *f*; (*lie*) mensonge *m*
fabulous ['fæbjələs] *adj* fabuleux
façade [fə'sɑd] *s* façade *f*
face [fes] *s* visage *m*, figure *f*; (*side*) face *f*; (*of the earth*) surface *f*; (*appearance, expression*) mine *f*, physionomie *f*; **about face!** (mil) demi-tour! **to keep a straight face** montrer un front sérieux; **to lose face** perdre la face; **to make a face** faire une grimace; **to set one's face against** faire front à || *tr* faire face à; (*a wall*) revêtir; (*a garment*) mettre un revers à || *intr*—**to face about** faire demi-tour; **to face up to** faire face à, affronter
face' card' *s* figure *f*
face' lift'ing *s* ridectomie *f*
face' pow'der *s* poudre *f* de riz
facet ['fæsɪt] *s* facette *f*
facetious [fə'siʃəs] *adj* plaisant
face' tow'el *s* serviette *f* de toilette
face' val'ue *s* valeur *f* faciale, valeur nominale
facial ['feʃəl] *adj* facial || *s* massage *m* esthétique
fa'cial tis'sue *s* serviette *f* à démaquiller
facilitate [fə'sɪlɪˌtet] *tr* faciliter
facili•ty [fə'sɪlɪti] *s* (*pl* **-ties**) facilité *f*; **facilities** installations *fpl*
facing ['fesɪŋ] *s* revêtement *m*; (*of garment*) revers *m*
facsimile [fæk'sɪmɪli] *s* fac-similé *m*
fact [fækt] *s* fait *m*; **in fact** en fait, de fait; **the fact is that** c'est que
faction ['fækʃən] *s* faction *f*
factor ['fæktər] *s* facteur *m* || *tr* résoudre or décomposer en facteurs
facto•ry ['fæktəri] *s* (*pl* **-ries**) usine *f*, fabrique *f*
fac'tory price' *s* prix *m* de facture
factual ['fæktʃʊ•əl] *adj* vrai, réel
facul•ty ['fækəlti] *s* (*pl* **-ties**) faculté *f*; (*teaching staff*) corps *m* enseignant
fad [fæd] *s* mode *f*, marotte *f*; **latest fad** dernier cri *m*
fade [fed] *tr* déteindre, décolorer || *intr* déteindre, se décolorer; (*to lose vigor, freshness*) se faner; **to fade in** apparaître graduellement; **to fade out** disparaître graduellement
fade'-in' *s* (mov) apparition *f* en fondu
fade'-out' *s* (mov) fondu *m*
fag [fæg] *s* (slang) cibiche *f* || *v* (*pret & pp* **fagged**; *ger* **fagging**) *tr*—**to fag out** éreinter
fagot ['fægət] *s* fagot *m*; (*for filling up trenches*) fascine *f* || *tr* fagoter
fail [fel] *s*—**without fail** sans faute || *tr* manquer à; (*a student*) refuser; (*an examination*) échouer à or dans || *intr* manquer, faire défaut; (*to not succeed*) échouer, rater; (*said of motor*) tomber en panne; (*to weaken*) baisser, faiblir; **to fail in** faillir à; **to fail to** manquer de, faillir à; **to fail to do or to keep** faillir à
failing ['felɪŋ] *adj* défaillant || *s* défaut *m* || *prep* à défaut de
failure ['feljər] *s* insuccès *m*, échec *m*; (*lack*) manque *m*, défaut *m*; (*person*) raté *m*; (com) faillite *f*
faint [fent] *adj* faible; **to feel faint** se sentir mal || *s* évanouissement *m* || *intr* s'évanouir
faint'-heart'ed *adj* timide, peureux
fair [fer] *adj* juste, équitable; (*honest*) loyal, honnête; (*average*) moyen, passable; (*clear*) clair; (*beautiful*) beau; (*pleasing*) agréable, plaisant; (*of hair*) blond; (*complexion*) blanc; **to be fair** (*to be just*) être de bonne guerre || *s* foire *f*, fête *f*; (*bazaar*) kermesse *f* || *adv* impartialement; **to bid fair to** avoir des chances de; **to play fair** jouer franc jeu
fair' cop'y *s* copie *f* au net
fair'ground' *s* champ *m* de foire
fairly ['ferli] *adv* impartialement, loyalement; assez
fair'-mind'ed *adj* impartial
fairness ['fernɪs] *s* impartialité *f*, justice *f*; (*of complexion*) clarté *f*
fair' play' *s* franc jeu *m*
fair' sex' *s* beau sexe *m*
fair'way' *s* (golf) parcours *m* normal; (naut) chenal *m*
fair'-weath'er *adj* (*e.g., friend*) des beaux jours
fair•y ['feri] *adj* féerique || *s* (*pl* **-ies**) fée *f*; (*homosexual*) (coll) tante *f*
fair'y god'mother *s* marraine *f* fée; (coll) marraine gâteau
fair'y•land' *s* royaume *m* des fées
fair'y tale' *s* conte *m* de fées
faith [feθ] *s* foi *f*; **to break faith with** manquer de foi à; **to keep faith with** tenir ses engagements envers; **to pin one's faith on** mettre tout son espoir en
faithful ['feθfəl] *adj* fidèle || *s*—**the faithful** les fidèles *mpl*
faithless ['feθlɪs] *adj* infidèle
fake [fek] *adj* (coll) faux || *s* faux *m*, article *m* truqué || *tr* truquer
faker ['fekər] *s* truqueur *m*
falcon ['fɔkən], ['fɔlkən] *s* faucon *m*
falconer ['fɔkənər], ['fɔlkənər] *s* fauconnier *m*
fall [fɔl] *adj* automnal || *s* chute *f*; (*of prices*) baisse *f*; (*season*) automne *m & f*; **falls** chute d'eau || *v* (*pret* **fell** [fɛl]; *pp* **fallen** ['fɔlən]) *intr* tomber; (*said of prices*) baisser; **fall in!** (mil) rassemblement!; **fall out!** (mil) rompez les rangs!; **to fall down** (*said of person*) tomber par terre; (*said of building*) s'écrouler; **to fall for** (coll)

se laisser prendre à; (*to fall in love with*) (coll) tomber amoureux de; **to fall in** s'effondrer; (mil) former des rangs; **to fall into the trap** donner dans le piège; **to fall off** tomber de; (*to decline*) baisser, diminuer; **to fall out** (*to disagree*) se brouiller; **to fall over oneself to** (coll) se mettre en quatre pour

fallacious [fə'leʃəs] *adj* fallacieux

falla·cy ['fæləsi] *s* (*pl* **-cies**) erreur *f*, fausseté *f*

fall' guy' *s* (slang) tête *f* de Turc

fallible ['fælɪbəl] *adj* faillible

fall'ing star' *s* étoile *f* filante

fall'out' *s* pluies *fpl* radioactives, retombées *fpl* radioactives

fall'out shel'ter *s* abri *m* antiatomique

fallow ['fælo] *adj* en friche, en jachère || *s* friche *f*, jachère *f* || *tr* laisser en friche or en jachère

false [fɔls] *adj* faux; artificiel, simulé; (*hair*) postiche || *adv* faussement; **to play false** tromper

false' alarm' *s* fausse alerte *f*

false' bot'tom *s* double fond *m*

false' cog'nate *s* faux ami *m*

false' eye'lashes *spl* cils *mpl* postiches

false' face' *s* masque *m*

false'-heart'ed *adj* perfide, traître

false'hood *s* mensonge *m*

false' pretens'es *spl* faux-semblants *mpl*

false' return' *s* fausse déclaration *f* d'impôts

false' step' *s* faux-pas *m*

false' teeth' ['tiθ] *spl* fausses dents *fpl*

falset·to [fɔl'seto] *s* (*pl* **-tos**) fausset *m*, voix *f* de tête; (*person*) fausset *m*

falsi·fy ['fɔlsɪ,faɪ] *v* (*pret & pp* **-fied**) *tr* falsifier, fausser

falsi·ty ['fɔlsɪti] *s* (*pl* **-ties**) fausseté *f*

falter ['fɔltər] *s* vacillation *f*, hésitation *f*; (*of speech*) balbutiement *m* || *intr* vaciller, hésiter; balbutier

fame [fem] *s* renom *m*, renommée *f*

famed *adj* renommé, célèbre

familiar [fə'mɪljər] *adj & s* familier *m*; **to become familiar with** se familiariser avec

familiari·ty [fə,mɪlɪ'ærɪti] *s* (*pl* **-ties**) familiarité *f*

familiarize [fə'mɪljə,raɪz] *tr* familiariser

fami·ly ['fæmɪli] *adj* familial; **in a** or **the family way** (coll) dans une position intéressante; (coll) en famille (Canad) || *s* (*pl* **-lies**) famille *f*

fam'ily man' *s* (*pl* **men'**) père *m* de famille; (*stay-at-home*) homme *m* casanier, pantouflard *m*

fam'ily name' *s* nom *m* de famille

fam'ily physi'cian *s* médecin *m* de famille

fam'ily tree' *s* arbre *m* généalogique

famine ['fæmɪn] *s* famine *f*

famish ['fæmɪʃ] *tr* affamer, priver de vivres || *intr* souffrir de la faim

famished *adj* affamé, famélique; **to be famished** (coll) mourir de faim

famous ['feməs] *adj* renommé, célèbre

fan [fæn] *s* éventail *m*; (mach) ventilateur *m*; (coll) fanatique *mf*, enragé *m* || *v* (*pret & pp* **fanned**; *ger* **fanning**) *tr* éventer; (*to winnow*) vanner; (*e.g., passions*) exciter || *intr*—**to fan out** se déployer en éventail

fanatic [fə'nætɪk] *adj & s* fanatique *mf*

fanatical [fə'nætɪkəl] *adj* fanatique

fanaticism [fə'nætɪ,sɪzəm] *s* fanatisme *m*

fan' belt' *s* (aut) courroie *f* de ventilateur

fancied *adj* imaginaire, supposé

fanciful ['fænsɪfəl] *adj* fantaisiste, capricieux

fan·cy ['fænsi] *adj* (*comp* **-cier**; *super* **-ciest**) ornemental; (*goods, clothes, bread*) de fantaisie; (*high-quaity*) fin, extra, de luxe || *s* (*pl* **-cies**) fantaisie *f*, caprice *m*; **to take a fancy to** prendre du goût pour; (*a loved one*) prendre en affection || *v* (*pret & pp* **-cied**) *tr* s'imaginer, se figurer; **to fancy oneself** s'imaginer; **to fancy that** imaginer que

fan'cy dress' *s* costume *m* de fantaisie, travesti *m*

fan'cy dress' ball' *s* bal *m* costumé, bal travesti

fan'cy foods' *spl* comestibles *mpl* de fantaisie

fan'cy-free' *adj* libre, gai, sans amour

fan'cy jew'elry *s* bijouterie *f* de fantaisie

fan'cy skat'ing *s* patinage *m* de fantaisie

fan'cy·work' *s* broderie *f*, ouvrage *m* d'agrément

fanfare ['fænfer] *s* fanfare *f*

fang [fæŋ] *s* croc *m*; (*of snake*) crochet *m*

fantastic(al) [fæn'tæstɪk(əl)] *adj* fantastique

fanta·sy ['fæntəzi], ['fæntəsi] *s* (*pl* **-sies**) fantaisie *f*

far [fɑr] *adj* lointain; **on the far side of** à l'autre côté de || *adv* loin; **as far as** autant que; (*up to*) jusqu'à; **as far as I am concerned** quant à moi; **as far as I know** pour autant que je sache; **by far** de beaucoup; **far and wide** partout; **far away** au loin; **far from** loin de; **far from it** tant s'en faut; **far into the night** fort avant dans la nuit; **far into the woods** avant dans le bois; **far off** au loin; **how far?** jusqu'où?; **how far is it from . . . ?** combien y a-t-il de . . . ?; **in so far as** dans la mesure où; **so far** or **thus far** jusqu'ici; **to go far to** contribuer pour beaucoup à

far'away' *adj* éloigné, distant

farce [fɑrs] *s* farce *f*

farcical ['fɑrsɪkəl] *adj* grotesque, ridicule

fare [fɛr] *s* prix *m*, tarif *m*; (*cost of taxi*) course *f*; (*passenger in taxi*) client *m*; (*passenger in bus*) voyageur *m*; (culin) chère *f*, ordinaire *m*; **fares, please!** vos places, s'il vous plaît! || *intr* se porter; **how did you fare?** comment ça s'est-il passé?

Far' East' *s* Extrême-Orient *m*

fare′well′ *s* adieu *m*; **to bid s.o. farewell** dire adieu à qn
far′-fetched′ *adj* tiré par les cheveux
far-flung [ˈfɑrˈflʌŋ] *adj* étendu, vaste, d'une grande envergure
farm [fɑrm] *s* ferme *f*; (*sharecropper's farm*) métairie *f* || *tr* cultiver, exploiter; **to farm out** donner à ferme; (*work*) donner en exploitation à l'extérieur || *intr* faire de la culture
farmer [ˈfɑrmər] *s* fermier *m*
farm′ hand′ *s* valet *m* de ferme
farm′house′ *s* ferme *f*, maison *f* de ferme
farming [ˈfɑrmɪŋ] *s* agriculture *f*, exploitation *f* agricole
farm′yard′ *s* cour *f* de ferme
Far′ North′ *s* Grand Nord *m*
far′-off′ *adj* lointain, éloigné
far′-reach′ing *adj* à longue portée
far′sight′ed *adj* prévoyant; (physiol) presbyte
farther [ˈfɑrðər] *adj* plus éloigné || *adv* plus loin
farthest [ˈfɑrðɪst] *adj* (le) plus éloigné || *adv* le plus loin; au plus
farthing [ˈfɑrðɪŋ] *s* liard *m*
fascinate [ˈfæsɪ ˌnet] *tr* fasciner
fascinating [ˈfæsɪ ˌnetɪŋ] *adj* fascinateur, fascinant
fascism [ˈfæʃɪzəm] *s* fascisme *m*
fascist [ˈfæʃɪst] *adj* & *s* fasciste *mf*
fashion [ˈfæʃən] *s* mode *f*, vogue *f*; (*manner*) façon *f*, manière *f*; **after a fashion** tant bien que mal; **in fashion** à la mode, en vogue; **out of fashion** démodé || *tr* façonner
fashionable [ˈfæʃənəbəl] *adj* à la mode, élégant, chic
fash′ion design′ing *s* haute couture *f*
fash′ion plate′ *s* gravure *f* de mode; (*person*) (coll) élégant *m*
fash′ion show′ *s* présentation *f* de collection
fast [fæst], [fɑst] *adj* rapide; (*fixed*) solide, fixe; (*clock*) en avance; (*friend*) fidèle; (*color*) grand, bon, e.g., **fast color** grand teint, bon teint; (*person*) (slang) dévergondé; **to make fast** fixer, fermer || *s* jeûne *m*; **to break one's fast** rompre le jeûne || *adv* vite, rapidement; (*firmly*) solidement, ferme; (*asleep*) profondément; **to hold fast** tenir bon; **to live fast** (coll) faire la noce, mener la vie à grandes guides; **to stand fast against** tenir tête à || *intr* jeûner
fast′ day′ *s* jour *m* de jeûne, jour maigre
fasten [ˈfæsən], [ˈfɑsən] *tr* attacher, fixer; (*e.g., a belt*) ajuster || *intr* s'attacher, se fixer
fastener [ˈfæsənər], [ˈfɑsənər] *s* attache *f*, agrafe *f*
fastidious [fæsˈtɪdɪ·əs] *adj* délicat, dégoûté, difficile
fasting [ˈfæstɪŋ], [ˈfɑstɪŋ] *s* jeûne *m*
fat [fæt] *adj* (*comp* **fatter**; *super* **fattest**) (*plump; greasy*) gras; (*large*) gros; (*soil*) riche; (*spark*) nourri; **to get fat** engraisser || *s* graisse *f*; (*of meat*) gras *m*
fatal [ˈfetəl] *adj* fatal
fatalism [ˈfetə ˌlɪzəm] *s* fatalisme *m*
fatalist [ˈfetəlɪst] *s* fataliste *mf*
fatali·ty [fəˈtælɪti] *s* (*pl* **-ties**) fatalité *f*; (*in accidents, war, etc.*) mort *f*, accident *m* mortel
fate [fet] *s* sort *m*, destin *m*; **the Fates** les Parques *fpl*
fated *adj* destiné, voué
fateful [ˈfetfəl] *adj* fatal; (*prophetic*) fatidique
fat′head′ *s* (coll) crétin *m*, sot *m*
father [ˈfɑðər] *s* père *m*; **Father** (*salutation given a priest*) Monsieur l'abbé || *tr* servir de père à; (*to beget*) engendrer; (*an idea, project*) inventer
fa′ther·hood′ *s* paternité *f*
fa′ther-in-law′ *s* (*pl* **fathers-in-law**) beau-père *m*
fa′ther·land′ *s* patrie *f*
fatherless [ˈfɑðərlɪs] *adj* sans père, orphelin de père
fatherly [ˈfɑðərli] *adj* paternel
Fa′ther Time′ *s* le Temps
fathom [ˈfæðəm] *s* brasse *f* || *tr* sonder
fathomless [ˈfæðəmlɪs] *adj* insondable
fatigue [fəˈtig] *s* fatigue *f*; **fatigues** (mil) bleus *mpl*
fatigue′ clothes′ *spl* tenue *f* de corvée
fatigue′ du′ty *s* (mil) corvée *f*
fatten [ˈfætən] *tr* & *intr* engraisser
fat·ty [ˈfæti] *adj* (*comp* **-tier**; *super* **-tiest**) gras, grassieux; (*tissue*) adipeux; (*chubby*) (coll) potelé, dodu || *s* (*pl* **-ties**) (coll) bon gros *m*
fatuous [ˈfætʃʊ·əs] *adj* sot, idiot
faucet [ˈfɔsɪt] *s* robinet *m*
fault [fɔlt] *s* faute *f*; (geol) faille *f*; **to a fault** à l'excès; **to find fault with** trouver à redire à
fault′find′er *s* critiqueur *m*, éplucheur *m*
fault′find′ing *adj* chicaneur || *s* chicanerie *f*, critique *f*
faultless [ˈfɔltlɪs] *adj* sans défaut
fault·y [ˈfɔlti] *adj* (*comp* **-ier**; *super* **-iest**) fautif, défectueux
faun [fɔn] *s* faune *m*
fauna [ˈfɔnə] *s* faune *f*
favor [ˈfevər] *s* faveur *f*; **do me the favor to** faites-moi le plaisir de; **to be in favor of** être partisan de; **to be in favor with** jouir de la faveur de; **to decide in s.o.'s favor** donner gain de cause à qn || *tr* favoriser; (*to look like*) (coll) tenir de; (*e.g., a sore leg*) (coll) ménager
favorable [ˈfevərəbəl] *adj* favorable
favorite [ˈfevərɪt] *adj* & *s* favori *m*
fawn [fɔn] *adj* (*color*) fauve || *s* faon *m* || *intr*—**to fawn upon** (*said of dog*) faire des caresses à; (*said of person*) faire le chien couchant auprès de
faze [fez] *tr* (coll) affecter, troubler
FBI [ˌef ˌbiˈaɪ] *s* (letterword) (**Federal Bureau of Investigation**) Sûreté *f* nationale, Sûreté (the French equivalent)
fear [fɪr] *s* crainte *f*, peur *f* || *tr* craindre, avoir peur de || *intr* craindre, avoir peur
fearful [ˈfɪrfəl] *adj* (*frightened*) peu-

reux, effrayé; (*frightful*) effrayant; (coll) énorme, effrayant
fearless ['fɪrlɪs] *adj* sans peur
feasible ['fizɪbəl] *adj* faisable
feast [fist] *s* festin *m*, régal *m* || *tr* régaler || *intr* faire bonne chère; **to feast on** se régaler de
feast' day' *s* fête *f*, jour *m* de fête
feat [fit] *s* exploit *m*, haut fait *m*
feather ['fɛðər] *s* plume *f*; **feather in one's cap** (coll) fleuron *m* à sa couronne; **in fine feather** (coll) plein d'entrain || *tr* emplumer; (*an oar*) ramener à plat; **to feather one's nest** (coll) faire son beurre
feath'er bed' *s* lit *m* de plumes, couette *f*
feath'er·bed'ding *s* emploi *m* de plus d'ouvriers qu'il n'en faut
feath'er·brained' *adj* braque, étourdi
feath'er dust'er *s* plumeau *m*
feath'er·edge' *s* (*of board*) biseau *m*; (*of tool*) morfil *m*
feath'er·weight' *s* poids-plume *m*
feathery ['fɛðəri] *adj* plumeux
feature ['fitʃər] *s* trait *m*, caractéristique *f*; (mov) long métrage *m*, grand film *m* || *tr* caractériser; offrir comme attraction principale
fea'ture writ'er *s* rédacteur *m*
February ['fɛbru ,ɛri] *s* février *m*
feces ['fisiz] *spl* fèces *fpl*
feckless ['fɛklɪs] *adj* veule, faible
federal ['fɛdərəl] *adj & s* fédéral *m*
federate ['fɛdə ,ret] *adj* fédéré || *tr* fédérer || *intr* se fédérer
federation [,fɛdə'reʃən] *s* fédération *f*
fedora [fɪ'dorə] *s* chapeau *m* mou
fed' up' [fɛd] *adj*—**to be fed up** (coll) en avoir marre; **to be fed up with** (coll) avoir plein le dos de
fee [fi] *s* honoraires *mpl*, cachet *m*; **for a nominal fee** pour une somme symbolique
feeble ['fibəl] *adj* faible
fee'ble·mind'ed *adj* imbécile; obtus, à l'esprit lourd
feed [fid] *s* nourriture *f*, pâture *f*; (mach) alimentation *f*; (slang) grand repas *m* || *v* (*pret & pp* **fed** [fɛd]) *tr* nourrir, donner à manger à; (*a machine*) alimenter || *intr* manger; **to feed upon** se nourrir de
feed'back' *s* réalimentation *f*, régénération *f*, contre-réaction *f*
feed' bag' *s* musette-mangeoire *f*; **to put on the feed bag** (slang) casser la croûte
feeder ['fidər] *s* alimenteur *m*; (elec) canal *m* d'amenée
feed' pump' *s* pompe *f* d'alimentation
feed' trough' *s* mangeoire *f*, auge *f*
feed' wire' *s* (elec) fil *m* d'amenée
feel [fil] *s* sensation *f* || *v* (*pret & pp* **felt** [fɛlt]) *tr* sentir, éprouver; (*the pulse*) tâter; (*to examine*) palper; **to feel one's way** avancer à tâtons || *intr* (*sick, tired, etc.*) se sentir; **to feel for** tâtonner, chercher à tâtons; (*to sympathize with*) (coll) être plein de pitié pour; **to feel like** avoir envie de
feeler ['filər] *s* (ent) antenne *f*; **to put out a feeler** (coll) tâter le terrain
feeling ['filɪŋ] *s* (*with senses*) toucher *m*, tact *m*; (*with hands*) tâtage *m*; (*impression, emotion*) sentiment *m*; **feelings** sensibilité *f*
feign [fen] *tr & intr* feindre
feint [fent] *s* feinte *f* || *intr* feinter
feldspar ['fɛld ,spɑr] *s* feldspath *m*
felicitate [fə'lɪsɪ ,tet] *tr* féliciter
felicitous [fə'lɪsɪtəs] *adj* heureux, à propos
fell [fɛl] *adj* cruel, féroce || *tr* abattre
felloe ['fɛlo] *s* jante *f*
fellow ['fɛlo] *s* (*of a society*) membre *m*; (*holder of a fellowship*) boursier *m*; (*friend, neighbor, etc.*) homme *m*, compagnon *m*; (coll) type *m*, bonhomme *m*, gars *m*; **poor fellow!** (coll) pauvre garçon!
fel'low cit'izen *s* concitoyen *m*
fel'low coun'tryman *s* compatriote *mf*
fel'low crea'ture *s* semblable *mf*
fel'low·man' *s* (*pl* **-men'**) semblable *m*, prochain *m*
fel'low mem'ber *s* confrère *m*
fel'low·ship' *s* camaraderie *f*; (*scholarship*) bourse *f*; (*organization*) association *f*
fel'low stu'dent *s* condisciple *m*
fel'low trav'eler *s* compagnon *m* de voyage; (pol) compagnon de route
felon ['fɛlən] *s* criminel *m*; (pathol) panaris *m*
felo·ny ['fɛləni] *s* (*pl* **-nies**) crime *m*
felt [fɛlt] *s* feutre *m* || *tr* feutrer
female ['fimel] *adj* (*sex*) féminin; (*animal, plant, piece of a device*) femelle || *s* (*person*) femme *f*; (*plant, animal*) femelle *f*
feminine ['fɛmɪnɪn] *adj & s* féminin *m*
feminism ['fɛmɪ ,nɪzəm] *s* féminisme *m*
fen [fɛn] *s* marécage *m*
fence [fɛns] *s* barrière *f*, clôture *f*; palissade *f*; (*for stolen goods*) receleur *m*; **on the fence** (coll) indécis, en balance || *tr* clôturer || *intr* faire de l'escrime
fencing ['fɛnsɪŋ] *s* (*enclosure*) clôture *f*; (sports) escrime *f*
fenc'ing acad'emy *s* salle *f* d'armes
fenc'ing mas'ter *s* maître *m* d'armes
fenc'ing match' *s* assaut *m* d'armes
fend [fɛnd] *tr*—**to fend off** parer || *intr* —**to fend for oneself** (coll) se débrouiller, se tirer d'affaire
fender ['fɛndər] *s* (*mudguard*) aile *f*, garde-boue *m*; (*of locomotive*) chasse-pierres *m*; (*of fireplace*) garde-feu *m*
fennel ['fɛnəl] *s* fenouil *m*
ferment ['fʌrmɛnt] *s* ferment *m* || [fər'mɛnt] *tr* faire fermenter; (*wine*) cuver || *intr* fermenter
fern [fʌrn] *s* fougère *f*
ferocious [fə'roʃəs] *adj* féroce
feroci·ty [fə'rɑsɪti] *s* (*pl* **-ties**) férocité *f*
ferret ['fɛrɪt] *s* furet *m* || *tr*—**to ferret out** dénicher || *intr* fureter
Fer'ris wheel' ['fɛrɪs] *s* grande roue *f*
fer·ry ['fɛri] *s* (*pl* **-ries**) bac *m*; (*to transport trains*) ferry-boat *m* || *v*

(*pret & pp* **-ried**) *tr & intr* passer en bac
fer′ry·boat′ *s* bac *m*; (*to transport trains*) ferry-boat *m*
fer′ry·man *s* (*pl* **-men**) passeur *m*
fertile ['fʌrtɪl] *adj* fertile, fécond
fertilize ['fʌrtɪ,laɪz] *tr* fertiliser; (*to impregnate*) féconder
fertilizer ['fʌrtɪ,laɪzər] *s* engrais *m*, amendement *m*; (bot) fécondateur *m*
fervent ['fʌrvənt] *adj* fervent
fervid ['fʌrvɪd] *adj* fervent
fervor ['fʌrvər] *s* ferveur *f*
fester ['fɛstər] *s* ulcère *m* || *tr* ulcérer || *intr* s'ulcérer
festival ['fɛstɪvəl] *adj* de fête || *s* fête *f*; (mov, mus) festival *m*
festive ['fɛstɪv] *adj* de fête, gai
festivi·ty [fɛs'tɪvɪti] *s* (*pl* **-ties**) festivité *f*
festoon [fɛs'tun] *s* feston *m* || *tr* festonner
fetch [fɛtʃ] *tr* aller chercher; (*a certain price*) se vendre à
fetching ['fɛtʃɪŋ] *adj* (coll) séduisant
fete [fet] *s* fête *f* || *tr* fêter
fetish ['fɛtɪʃ], ['fitɪʃ] *s* fétiche *m*
fetlock ['fɛtlɑk] *s* boulet *m*; (*tuft of hair*) fanon *m*
fetter ['fɛtər] *s* lien *m*; **fetters** fers *mpl*, chaînes *fpl* || *tr* enchaîner, entraver
fettle ['fɛtəl] *s* condition *f*, état *m*; **in fine fettle** en pleine forme
fetus ['fitəs] *s* fœtus *m*
feud [fjud] *s* querelle *f*, vendetta *f* || *intr* quereller, être à couteaux tirés
feudal ['fjudəl] *adj* féodal
feudalism ['fjudə,lɪzəm] *s* féodalisme *m*
fever ['fivər] *s* fièvre *f*
fe′ver blis′ter *s* bouton *m* de fièvre
feverish ['fivərɪʃ] *adj* fiévreux
few [fju] *adj* peu de; **a few . . .** quelques . . . ; **quite a few** pas mal de; **the few . . .** les rares . . . || *pron indef* peu; **a few** quelques-uns §81; **quite a few** beaucoup
fiancé [,fi·ɑn'se] *s* fiancé *m*
fiancée [,fi·ɑn'se] *s* fiancée *f*
fias·co [fɪ'æsko] *s* (*pl* **-cos** or **-coes**) fiasco *m*, échec *m*
fiat ['faɪ·ət], ['faɪ·æt] *s* ordonnance *f*, autorisation *f*
fib [fɪb] *s* (coll) petit mensonge *m*, blague *f* || *v* (*pret & pp* **fibbed**; *ger* **fibbing**) *intr* (coll) blaguer
fiber ['faɪbər] *s* fibre *f*
fibrous ['faɪbrəs] *adj* fibreux
fickle ['fɪkəl] *adj* inconstant, volage
fiction ['fɪkʃən] *s* fiction *f*; (*branch of literature*) ouvrages *mpl* d'imagination, romans *mpl*
fictional ['fɪkʃənəl] *adj* romanesque, d'imagination
fictionalize ['fɪkʃənə,laɪz] *tr* romancer
fictitious [fɪk'tɪʃəs] *adj* fictif
fiddle ['fɪdəl] *s* violon *m* || *tr*—**to fiddle away** (coll) gaspiller || *intr* jouer du violon; **to fiddle around** or **with** (coll) tripoter
fiddler ['fɪdlər] *s* (coll) violoneux *m*
fid′dle·stick′ *s* (coll) archet *m*; **fiddlesticks!** (coll) quelle blague!
fiddling ['fɪdlɪŋ] *adj* (coll) musard
fideli·ty [faɪ'dɛlɪti], [fɪ'dɛlɪti] *s* (*pl* **-ties**) fidélité *f*
fidget ['fɪdʒɪt] *intr* se trémousser; **to fidget with** tripoter
fidgety ['fɪdʒɪti] *adj* nerveux
fiduciar·y [fɪ'd(j)uʃɪ,ɛri] *adj* fiduciaire || *s* (*pl* **-ies**) fiduciaire *m*
fie [faɪ] *interj* fi!; **fie on . . . !** nargue de . . . !
field [fild] *s* champ *m*; (*area, activity*) domaine *m*, aire *f*; (aer, sports) terrain *m*; (elec) champ; (*of motor or dynamo*) (elec) inducteur *m*; (mil) aire *f*, théâtre *m*
field′ day′ *s* (*cleanup*) (mil) manœuvres *fpl* de garnison; (sports) manifestation *f* sportive
fielder ['fildər] *s* (baseball) chasseur *m*, homme *m* de champ
field′ glass′es *spl* jumelles *fpl*
field′ hock′ey *s* hockey *m* sur gazon
field′ hos′pital *s* ambulance *f*, formation *f* sanitaire
field′ mag′net *s* aimant *m* inducteur
field′ mar′shal *s* maréchal *m*
field′ mouse′ *s* mulot *m*
field′piece′ *s* pièce *f* de campagne
fiend [find] *s* démon *m*; (*mischiefmaker*) (coll) espiègle *mf*; (*enthusiast*) (coll) mordu *m*; (*addict*) (coll) toxicomane *mf*
fiendish ['findɪʃ] *adj* diabolique
fierce [fɪrs] *adj* féroce, farouche; (*wind*) furieux; (coll) très mauvais
fierceness ['fɪrsnɪs] *s* férocité *f*
fier·y ['faɪri], ['faɪ·əri] *adj* (*comp* **-ier**; *super* **-iest**) ardent; (*speech*) enflammé; (*horse, person, etc.*) fougueux
fife [faɪf] *s* fifre *m*
fifteen ['fɪf'tin] *adj, pron, & s* quinze *m*; **about fifteen** une quinzaine de
fifteenth ['fɪf'tinθ] *adj & pron* quinzième (*masc, fem*); **the Fifteenth** quinze, e.g., **John the Fifteenth** Jean quinze || *s* quinzième *m*; **the fifteenth** (*in dates*) le quinze
fifth [fɪfθ] *adj & pron* cinquième (*masc, fem*); **the Fifth** cinq, e.g., **John the Fifth** Jean cinq || *s* cinquième *m*; (mus) quinte *f*; **the fifth** (*in dates*) le cinq
fifth′ col′umn *s* cinquième colonne *f*
fiftieth ['fɪftɪ·ɪθ] *adj & pron* cinquantième (*masc, fem*) || *s* cinquantième *m*
fif·ty ['fɪfti] *adj & pron* cinquante || *s* (*pl* **-ties**) cinquante *m*; **about fifty** une cinquantaine *f*; **fifties** (*years of the decade*) années *fpl* cinquante
fif′ty-fif′ty *adv*—**to go fifty-fifty** (coll) être de moitié, être en compte à demi
fig [fɪg] *s* figue *f*; (*tree*) figuier *m*; **a fig for . . . !** (coll) nargue de . . . !
fight [faɪt] *s* combat *m*, bataille *f*; (*spirit*) cœur *m*; **to pick a fight with** chercher querelle à || *v* (*pret & pp* **fought** [fɔt]) *tr* combattre, se battre contre; **to fight off** repousser || *intr*

combattre, se battre; **to fight shy of** se défier de
fighter ['faɪtər] *s* combattant *m*; (*game person*) batailleur *m*; (aer) chasseur *m*, avion *m* de chasse
fight'er pi'lot *s* chasseur *m*
fig' leaf' *s* feuille *f* de figuier; (*on statues*) feuille de vigne
figment ['fɪgmənt] *s* fiction *f*, invention *f*
figurative ['fɪgjərətɪv] *adj* figuratif; (*meaning*) figuré
figure ['fɪgjər] *s* figure *f*; (*bodily form*) taille *f*; (math) chiffre *m*; **to be good at figures** être bon en calcul; **to have a good figure** avoir de la ligne; **to keep one's figure** garder sa ligne || *tr* figurer; (*to embellish*) orner de motifs; (*to imagine*) se figurer, s'imaginer; **to figure out** calculer; (coll) déchiffrer || *intr* figurer; **to figure on** compter sur
fig'ured bass' [bes] *s* (mus) basse *f* chiffrée
fig'ured silk' *s* soie *f* à dessin
fig'ure·head' *s* prête-nom *m*, homme *m* de paille; (naut) figure *f* de proue
fig'ure of speech' *s* figure *f* de rhétorique
fig'ure skat'ing *s* patinage *m* de fantaisie
filament ['fɪləmənt] *s* filament *m*
filbert ['fɪlbərt] *s* noisette *f*, aveline *f*; (*tree*) noisetier *m*, avelinier *m*
filch [fɪltʃ] *tr* chaparder, chiper
file [faɪl] *s* (*tool*) lime *f*; (*for papers*) classeur *m*; (*for cards*) fichier *m*; (*personal record*) dossier *m*; (*line*) file *f*; **in single file** en file indienne, à la queue leu leu; **to form single file** dédoubler les rangs || *tr* limer; classer, ranger; (*a petition*) déposer; **to file down** enlever à la lime || *intr*—**to file off** défiler; **to file out** sortir un à un
file' case' *s* fichier *m*
file' clerk' *s* employé *m*, commis *m*
file' num'ber *s* (*e.g., used in answering a letter*) référence *f*
filial ['fɪlɪ·əl], ['fɪljəl] *adj* filial
filiation [,fɪlɪ'eʃən] *s* filiation *f*
filibuster ['fɪlɪ,bʌstər] *s* (*use of delaying tactics*) obstruction *f*; (*legislator*) obstructionniste *mf*; (*pirate*) flibustier *m* || *tr* (*legislation*) obstruer || *intr* faire de l'obstruction
filigree ['fɪlɪ,gri] *adj* filigrané || *s* filigrane *m* || *tr* filigraner
filing ['faɪlɪŋ] *s* (*of documents*) classement *m*; (*with a tool*) limage *m*; **filings** limaille *f*, grains *mpl* de limaille
fil'ing cab'inet *s* classeur *m*
fil'ing card' *s* fiche *f*
Filipi·no [,fɪlɪ'pino] *adj* philippin || *s* (*pl* **-nos**) Philippin *m*
fill [fɪl] *s* suffisance *f*; (*earth, stones, etc.*) remblai *m*; **to have one's fill of** avoir tout son soûl de || *tr* remplir; (*a prescription*) exécuter; (*a tooth*) plomber; (*a cylinder with gas*) charger; (*a hollow or gap*) combler; (*a job*) occuper; **to fill in** remblayer, combler; **to fill out** (*a questionnaire*) remplir || *intr* se remplir; **to fill out** se gonfler; (*said of sail*) s'enfler; **to fill up** se combler; (*to fill the tank full*) faire le plein
filler ['fɪlər] *s* remplissage *m*; (*of cigar*) tripe *f*; (*sizing*) apprêt *m*, mastic *m*; (*in notebook*) papier *m*; (journ) pesée *f*
fillet ['fɪlɪt] *s* bande *f*; (*for hair*) bandeau *m*; (archit) moulure *f* || ['fɪle], ['fɪlɪt] *s* (culin) filet *m* || *tr* couper en filets
filling ['fɪlɪŋ] *adj* (*food*) rassasiant || *s* (*of job*) occupation *f*; (*of tooth*) plombage *m*; (*e.g., of turkey*) farce *f*; (*of cigar*) tripe *f*
fill'ing sta'tion *s* poste *m* d'essence
fill'ing-station attend'ant *s* pompiste *mf*
fillip ['fɪlɪp] *s* tonique *m*, stimulant *m*; (*with finger*) chiquenaude *f* || *tr* donner une chiquenaude à
fil·ly ['fɪli] *s* (*pl* **-lies**) pouliche *f*; (coll) fillette *f*
film [fɪlm] *s* film *m*; (*in a roll*) pellicule *f*, film || *tr* filmer
filming ['fɪlmɪŋ] *s* filmage *m*
film' li'brary *s* cinémathèque *f*
film' mak'er *s* cinéaste *mf*
film' star' *s* vedette *f* du cinéma
film'strip' *s* film *m* fixe
film·y ['fɪlmi] *adj* (*comp* **-ier**; *super* **-iest**) diaphane, voilé
filter ['fɪltər] *s* filtre *m* || *tr* & *intr* filtrer
filtering ['fɪltərɪŋ] *s* filtrage *m*; (*of water*) filtration *f*
fil'ter pa'per *s* papier-filtre *m*
fil'ter tip' *adj* à bout-filtre || *s* bout-filtre *m*, bout-filtrant *m*
filth [fɪlθ] *s* saleté *f*, ordure *f*; (fig) obscénité *f*
filth·y ['fɪlθi] *adj* (*comp* **-ier**; *super* **-iest**) sale, immonde
filth'y lu'cre ['lukər] *s* (coll) lucre *m*
fin [fɪn] *s* nageoire *f*
final ['faɪnəl] *adj* final; (*last in a series*) ultime, définitif || *s* examen *m* final; (sports) finale *f*
finale [fɪ'nɑli] *s* (mus) final *m*
finalist ['faɪnəlɪst] *s* finaliste *mf*
finally ['faɪnəli] *adv* finalement, enfin
finance [fɪ'næns], ['faɪnæns] *s* finance *f* || *tr* financer
financial [fɪ'nænʃəl], [faɪ'nænʃəl] *adj* financier; (*interest; distress*) pécuniaire
financier [,fɪnən'sɪr], [,faɪnən'sɪr] *s* financier *m*
financing [fɪ'nænsɪŋ], ['faɪnænsɪŋ] *s* financement *m*
finch [fɪntʃ] *s* pinson *m*
find [faɪnd] *s* trouvaille *f* || *v* (*pret & pp* **found** [faʊnd]) *tr* trouver; **to find out** apprendre || *intr* (law) déclarer; **to find out (about)** se renseigner (sur), se mettre au courant (de); **find out!** à vous de trouver!
finder ['faɪndər] *s* (*of camera*) viseur *m*; (*of optical instrument*) chercheur *m*

finding ['faɪndɪŋ] *s* découverte *f*; (law) décision *f*; **findings** conclusions *fpl*
fine [faɪn] *adj* fin; (*weather*) beau; (*person, manners, etc.*) distingué, excellent; **that's fine!** bien!, parfait! || *s* amende *f* || *tr* mettre à l'amende
fine' arts' *spl* beaux-arts *mpl*
fineness ['faɪnnɪs] *s* finesse *f*; (*of metal*) titre *m*
fine' print' *s* petits caractères *mpl*
finer•y ['faɪnəri] *s* (*pl* **-ies**) parure *f*
finespun ['faɪn,spʌn] *adj* ténu; (fig) subtil
finesse [fɪ'nes] *s* finesse *f*; (*in bridge*) impasse *f*; **to use finesse** finasser || *tr* faire l'impasse à
fine'-toothed comb' *s* peigne *m* aux dents fines, peigne fin
finger ['fɪŋgər] *s* doigt *m*; (slang) mouchard *m*, indicateur *m*; **not to lift a finger** (fig) ne pas remuer le petit doigt; **to burn one's fingers** (fig) se faire échauder; **to put one's finger on the spot** (fig) mettre le doigt dessus; **to slip between the fingers** glisser entre les doigts; **to snap one's fingers at** (fig) faire la figue à, narguer; **to twist around one's little finger** (coll) mener par le bout du nez, faire tourner comme un toton || *tr* toucher du doigt, manier; (mus) doigter; (slang) espionner; (slang) identifier
fin'ger board' *s* (*of guitar*) touche *f*; (*of piano*) clavier *m*
fin'ger bowl' *s* rince-doigts *m*
fin'ger dexter'ity *s* (mus) doigté *m*
fingering ['fɪŋgərɪŋ] *s* maniement *m*; (mus) doigté *m*
fin'ger•nail' *s* ongle *m*
fin'gernail pol'ish *s* brillant *m*
fin'ger•print' *s* empreinte *f* digitale || *tr* prendre les empreintes digitales de
fin'ger•tip' *s* bout *m* du doigt; **to have at one's fingertips** tenir sur le bout du doigt
finicky ['fɪnɪki] *adj* méticuleux
finish ['fɪnɪʃ] *s* (*perfection*) achevé *m*, fini *m*; (*elegance*) finesse *f*; (*conclusion*) fin *f*; (*gloss, coating, etc.*) fini *m* || *tr & intr* finir; **to finish** + *ger* finir de + *inf*; **to finish by** + *ger* finir par + *inf*
fin'ishing touch' *s* dernière main *f*
finite ['faɪnaɪt] *adj & s* fini *m*
Finland ['fɪnlənd] *s* Finlande *f*; la Finlande
Finlander ['fɪnləndər] *s* Finlandais *m*
Finn [fɪn] *s* (*member of a Finnish-speaking group of people*) Finnois *m*; (*native or inhabitant of Finland*) Finlandais *m*
Finnish ['fɪnɪʃ] *adj & s* finnois *m*
fir [fʌr] *s* sapin *m*
fire [faɪr] *s* feu *m*; (*destructive burning*) incendie *m*; **to catch fire** prendre feu; **to set on fire** mettre le feu à || *tr* mettre le feu à; (*e.g., passions*) enflammer; (*a weapon*) tirer; (*a rocket*) lancer; (*an employee*) (coll) renvoyer || *interj* (*warning*) au feu!; (*command to fire*) feu!
fire' alarm' *s* avertisseur *m* d'incendie; (*box*) poste *m* avertisseur d'incendie
fire'arm' *s* arme *f* à feu
fire'ball' *s* globe *m* de feu; (mil) grenade *f* incendiaire
fire'bird' *s* loriot *m* d'Amérique
fire'boat' *s* bateau-pompe *m*
fire'box' *s* boîte *f* à feu; (rr) foyer *m*
fire'brand' *s* tison *m*; (coll) brandon *m* de discorde
fire'break' *s* tranchée *f* garde-feu, pare-feu *m*
fire'brick' *s* brique *f* réfractaire
fire' brigade' *s* corps *m* de sapeurs-pompiers
fire'bug' *s* (coll) incendiaire *mf*
fire' chief' *s* capitaine *m* des pompiers
fire' com'pany *s* corps *m* de sapeurs-pompiers; (*insurance company*) compagnie *f* d'assurance contre l'incendie
fire'crack'er *s* pétard *m*
fire'damp' *s* grisou *m*
fire' depart'ment *s* service *m* des incendies, sapeurs-pompiers *mpl*
fire'dog' *s* chenet *m*, landier *m*
fire' drill' *s* exercices *mpl* de sauvetage en cas d'incendie
fire' en'gine *s* pompe *f* à incendie
fire' escape' *s* échelle *f* de sauvetage, escalier *m* de secours
fire' extin'guisher *s* extincteur *m*
fire'fly' *s* (*pl* **-flies**) luciole *f*
fire'guard' *s* (*before hearth*) pare-étincelles *m*; (*in forest*) pare-feu *m*
fire' hose' *s* manche *f* d'incendie
fire'house' *s* caserne *f* de pompiers, poste *m* de pompiers
fire' hy'drant *s* bouche *f* d'incendie
fire' insur'ance *s* assurance *f* contre l'incendie
fire' i'rons *spl* garniture *f* de foyer
fire'less cook'er ['faɪrlɪs] *s* marmite *f* norvégienne
fire'man *s* (*pl* **-men**) (*man who stokes fires*) chauffeur *m*; (*man who extinguishes fires*) sapeur-pompier *m*, pompier *m*
fire'place' *s* cheminée *f*, foyer *m*
fire'plug' *s* bouche *f* d'incendie
fire' pow'er *s* puissance *f* de feu
fire'proof' *adj* ignifuge; (*dish*) apyre || *tr* ignifuger
fire' sale' *s* vente *f* après incendie
fire' screen' *s* écran *m* de cheminée, garde-feu *m*
fire' ship' *s* brûlot *m*
fire' shov'el *s* pelle *f* à feu
fire'side' *s* coin *m* du feu
fire'trap' *s* édifice *m* qui invite l'incendie
fire' wall' *s* coupe-feu *m*
fire'ward'en *s* garde *m* forestier, vigie *f*
fire'wa'ter *s* (slang) gnole *f*, whisky *m*
fire'wood' *s* bois *m* de chauffage
fire'works' *spl* feu *m* d'artifice
firing ['faɪrɪŋ] *s* (*of furnace*) chauffe *f*; (*of bricks, ceramics, etc.*) cuite *f*; (*of gun*) tir *m*, feu *m*; (*by a group of soldiers*) fusillade *f*; (*of an internal-combustion engine*) allumage *m*; (*of an employee*) (coll) renvoi *m*

fir′ing line′ *s* ligne *f* de feu, chaîne *f* de combat
fir′ing or′der *s* rythme *m* d'allumage
fir′ing pin′ *s* percuteur *m*, aiguille *f*
fir′ing squad′ *s* peloton *m* d'exécution; (*for ceremonies*) piquet *m* d'honneurs funèbres
firm [fʌrm] *adj & adv* ferme; **to stand firm** tenir bon ‖ *s* maison *f* de commerce, firme *f*
firmament [ˈfʌrməmənt] *s* firmament *m*
firm′ name′ *s* nom *m* commercial
firmness [ˈfʌrmnɪs] *s* fermeté *f*
first [fʌrst] *adj, pron, & s* premier *m*; **at first** au commencement, au début; **first come first served** les premiers vont devant; **from the first** depuis le premier jour; **John the First** Jean premier ‖ *adv* premièrement, d'abord; **first and last** en tout et pour tout; **first of all, first off** tout d'abord, de prime abord
first′ aid′ *s* premiers soins *mpl*, premiers secours *mpl*
first′-aid′ kit′ *s* boîte *f* à pansements, trousse *f* de première urgence
first′-aid′ sta′tion *s* poste *m* de secours
first′-born′ *adj & s* premier-né *m*
first′-class′ *adj* de première classe, de premier ordre ‖ *adv* en première classe
first′ cous′in *s* cousin *m* germain
first′ draft′ *s* brouillon *m*, premier jet *m*
first′ fin′ger *s* index *m*
first′ floor′ *s* rez-de-chaussée *m*
first′ fruits′ *spl* prémices *fpl*
first′hand′ *adj & adv* de première main
first′ lieuten′ant *s* lieutenant *m* en premier
firstly [ˈfʌrstli] *adv* en premier lieu, d'abord
first′ mate′ *s* (naut) second *m*
first′ name′ *s* prénom *m*, petit nom *m*
first′ night′ *s* (theat) première *f*
first-nighter [ˌfʌrstˈnaɪtər] *s* (theat) habitué *m* des premières
first′ offend′er *s* délinquant *m* primaire
first′ of′ficer *s* (naut) officier *m* en second
first′ prize′ *s* (*in a lottery*) gros lot *m*; **to win first prize** remporter le prix
first′ quar′ter *s* (*of the moon*) premier quartier *m*
first′-rate′ *adj* de premier ordre, de première qualité; (coll) excellent ‖ *adv* (coll) très bien, à merveille
first′-run mov′ie *s* film *m* en exclusivité
fiscal [ˈfɪskəl] *adj* fiscal
fis′cal year′ *s* exercice *m* budgétaire
fish [fɪʃ] *s* poisson *m*; **to be like a fish out of water** être comme un poisson sur la paille; **to be neither fish nor fowl** être ni chair ni poisson; **to drink like a fish** boire comme un trou; **to have other fish to fry** avoir d'autres chiens à fouetter ‖ *tr* pêcher; (rr) éclisser; **to fish out** or **up** repêcher ‖ *intr* pêcher; **to fish for compliments** quêter des compliments; **to go fishing** aller à la pêche; **to take fishing** emmener à la pêche
fish′bone′ *s* arête *f*
fish′bowl′ *s* bocal *m*
fisher [ˈfɪʃər] *s* pêcheur *m*; (zool) martre *f*
fish′er·man *s* (*pl* **-men**) pêcheur *m*
fisher·y [ˈfɪʃəri] *s* (*pl* **-ies**) (*activity; business*) pêche *f*; (*grounds*) pêcherie *f*
fish′ hawk′ *s* aigle *m* pêcheur
fish′hook′ *s* hameçon *m*
fishing [ˈfɪʃɪŋ] *adj* pêcheur, de pêche ‖ *s* pêche *f*
fish′ing ground′ *s* pêcherie *f*
fish′ing reel′ *s* moulinet *m*
fish′ing rod′ *s* canne *f* à pêche
fish′ing tack′le *s* attirail *m* de pêche
fish′line′ *s* ligne *f* de pêche
fish′ mar′ket *s* poissonnerie *f*
fish′plate′ *s* (rr) éclisse *f*
fish′pool′ *s* vivier *m*
fish′ spear′ *s* foëne *f*, fouëne *f*
fish′ sto′ry *s* hâblerie *f*, blague *f*
fish′tail′ *s* queue *f* de poisson; (aer) embardée *f* ‖ *intr* (aer) embarder
fish′wife′ *s* (*pl* **-wives′**) poissonnière *f*; (*foul-mouthed woman*) poissarde *f*
fish′worm′ *s* asticot *m*
fish·y [ˈfɪʃi] *adj* (*comp* **-ier**; *super* **-iest**) (*eyes*) (coll) vitreux; (coll) véreux, louche
fission [ˈfɪʃən] *s* (biol) scission *f*; (nucl) fission *f*
fissionable [ˈfɪʃənəbəl] *adj* fissible, fissile
fissure [ˈfɪʃər] *s* fissure *f*, fente *f* ‖ *tr* fissurer ‖ *intr* se fissurer
fist [fɪst] *s* poing *m*; (typ) petite main *f*; **to shake one's fist at** menacer du poing
fist′fight′ *s* combat *m* à coup de poings
fistful [ˈfɪstfʊl] *s* poignée *f*
fisticuffs [ˈfɪstɪˌkʌfs] *spl* empoignade *f* or rixe *f* à coups de poing; (sports) boxe *f*
fit [fɪt] *adj* (*comp* **fitter**; *super* **fittest**) bon, convenable; capable, digne; (*in good health*) en forme, sain; **fit to be tied** (coll) en colère; **fit to drink** buvable; **fit to eat** mangeable; **to feel fit** être frais et dispos ‖ *s* ajustement *m*; (*of clothes*) coupe *f*, façon *f*; (*of fever, rage, coughing*) accès *m*; **by fits and starts** par accès; **fit of coughing** quinte *f* de toux ‖ *v* (*pret & pp* **fitted**; *ger* **fitting**) *tr* ajuster; (*s.th. in s.th*) emboîter; **to fit for** (*e.g., a task*) préparer à; **to fit out** or **up** aménager; **to fit out with** garnir de ‖ *intr* s'emboîter; **to fit in with** s'accorder avec, convenir à
fitful [ˈfɪtfəl] *adj* intermittent
fitness [ˈfɪtnɪs] *s* convenance *f*; (*for a task*) aptitude *f*; (*good shape*) bonne forme *f*
fitter [ˈfɪtər] *s* ajusteur *m*; (*of machinery*) monteur *m*; (*of clothing*) essayeur *m*
fitting [ˈfɪtɪŋ] *adj* convenable, approprié, à propos ‖ *s* ajustage *m*; (*of a garment*) essayage *m*; **fittings** aménagements *mpl*; (*of metal*) ferrures *fpl*

five [faɪv] *adj & pron* cinq || *s* cinq *m*; **five o'clock** cinq heures
five'-year plan' *s* plan *m* quinquennal
fix [fɪks] *s* (coll) mauvais pas *m*; **to be in a fix** (coll) être dans le pétrin || *tr* réparer; (*e.g., a date; a photographic image; prices; one's eyes*) fixer; (slang) donner son compte à
fixedly ['fɪksɪdli] *adv* fixement
fixing ['fɪksɪŋ] *s* fixation *f*; (phot) fixage *m*; **fixings** (slang) collation *f*, des mets *mpl*
fix'ing bath' *s* bain *m* de fixage, fixateur *m*
fixture ['fɪkstʃər] *s* accessoire *m*, garniture *f*; **fixtures** meubles *mpl* à demeure
fizz [fɪz] *s* pétillement *m* || *intr* pétiller
fizzle ['fɪzəl] *s* (coll) avortement *m* || *intr* (coll) avorter; **to fizzle out** (coll) tomber à l'eau, échouer
flabbergasted ['flæbər,gæstɪd] *adj* (coll) éberlué, épaté
flab•by ['flæbi] *adj* (*comp* **-bier**; *super* **-biest**) mou, flasque
flag [flæg] *s* drapeau *m* || *v* (*pret & pp* **flagged**; *ger* **flagging**) *tr*—**to flag s.o.** transmettre des signaux à qn en agitant un fanion || *intr* faiblir, se relâcher
flag' cap'tain *s* (nav) capitaine *m* de pavillon
flag'man *s* (*pl* **-men**) signaleur *m*; (rr) garde-voie *m*
flag' of truce' *s* drapeau *m* parlementaire
flag'pole' *s* hampe *f* de drapeau; (naut) mât *m* de pavillon; (surv) jalon *m*
flagrant ['flegrənt] *adj* scandaleux; (*e.g., injustice*) flagrant
flag'ship' *s* (nav) vaisseau *m* amiral
flag'staff' *s* hampe *f* de drapeau
flag'stone' *s* dalle *f*
flag' stop' *s* (rr) halte *f*, arrêt *m* facultatif
flag'-wav'ing *adj* cocardier || *s* patriotisme *m* de façade
flail [flel] *s* fléau *m* || *tr* (agr) battre au fléau; (fig) éreinter
flair [flɛr] *s* flair *m*; aptitude *f*
flak [flæk] *s* tir *m* contre-avions
flake [flek] *s* (*of snow; of cereal*) flocon *m*; (*of soap; of mica*) paillette *f*; (*of paint*) écaille *f* || *intr* tomber en flocons; **to flake off** s'écailler
flak•y ['fleki] *adj* (*comp* **-ier**; *super* **-iest**) floconneux, lamelleux
flamboyant [flæm'bɔɪ·ənt] *adj* fleuri, orné, coloré; (archit) flamboyant
flame [flem] *s* flamme *f*; (coll) amant *m*, amante *f* || *tr* flamber || *intr* flamber, flamboyer
flamethrower ['flem,θro·ər] *s* lance-flammes *m*
flaming ['flemɪŋ] *adj* flambant
flamin•go [flə'mɪŋgo] *s* (*pl* **-gos** or **-goes**) flamant *m*
flammable ['flæməbəl] *adj* inflammable
Flanders ['flændərz] *s* Flandre *f*; la Flandre
flange [flændʒ] *s* rebord *m*, saillie *f*; (*of wheel*) jante *f*; (*of rail*) patin *m*
flank [flæŋk] *s* flanc *m* || *tr* flanquer
flannel ['flænəl] *s* flanelle *f*
flap [flæp] *s* (*part that can be folded under*) rabat *m*; (*fold in clothing*) pan *m*; (*of a cap*) couvre-nuque *m*; (*of a pocket; of an envelope*) patte *f*; (*of wings*) coup *m*, battement *m*; (*of a table*) battant *m*; (*of a sail, flag, etc.*) claquement *m*; (*slap*) tape *f*; (aer) volet *m* || *v* (*pret & pp* **flapped**; *ger* **flapping**) *tr* (*wings, arms, etc.*) battre; (*to slap*) taper || *intr* battre; (*said of sail, flag, etc.*) claquer; (*said of curtain*) voltiger; (*to hang down*) pendre
flap'jack' *s* (coll) crêpe *f*
flare [flɛr] *s* éclat *m* vif; (*e.g., of skirt; of pipe or funnel*) évasement *m*; (*for signaling*) fusée *f* éclairante || *tr* évaser || *intr* flamboyer; (*to spread outward*) s'évaser; **to flare up** s'enflammer; (*to reappear*) se produire de nouveau; (*to become angry*) s'emporter
flare'-up' *s* flambée *f* soudaine; (*of illness*) recrudescence *f*; (*of anger*) accès *m* de colère
flash [flæʃ] *s* éclair *m*; (*of hope*) lueur *f*, rayon *m*; (*of wit*) trait *m*; (*of genius*) éclair; (*brief moment*) instant *m*; (*ostentation*) (coll) tape-à-l'œil *m*; (*last-minute news*) (coll) nouvelle *f* éclair; **flash in the pan** (coll) feu *m* de paille; **in a flash** en un clin d'œil || *tr* projeter; (*a gem*) faire étinceler; (*to show off*) faire parade de; (*a message*) répandre, transmettre || *intr* jeter des éclairs; (*said of gem, eyes, etc.*) étinceler; **to flash by** passer comme un éclair
flash'back' *s* (mov) retour *m* en arrière, rappel *m*
flash' bulb' *s* ampoule *f* flash, flash *m*
flash' flood' *s* crue *f* subite
flashing ['flæʃɪŋ] *adj* éclatant; (*light*) à éclats; (*signal*) clignotant || *s* bande *f* de solin
flash'light' *s* lampe *f* torche, lampe de poche; (phot) lampe éclair
flash'light bat'tery *s* pile *f* torche
flash•y ['flæʃi] *adj* (*comp* **-ier**; *super* **-iest**) (coll) tapageur, criard
flask [flæsk], [flɑsk] *s* flacon *m*, gourde *f*; (*in lab*) ballon *m*, flacon
flat [flæt] *adj* (*comp* **flatter**; *super* **flattest**) plat, uni; (*nose*) aplati; (*refusal*) net; (*beer*) éventé; (*tire*) dégonflé; (*dull, tasteless*) fade, terne; (mus) bémol || *s* appartement *m*; (*flat tire*) crevaison *f*; (*of sword*) plat *m*; (mus) bémol *m*; (theat) châssis *m* || *adv* (*outright*) (coll) nettement, carrément; **to fall flat** tomber à plat; (fig) manquer son effet; **to sing flat** chanter faux
flat'boat' *s* plate *f*
flat-broke ['flæt'brok] *adj* (coll) complètement fauché, à la côte
flat'car' *s* plate-forme *f*

flat′foot′ *s* (slang) flic *m*
flat′-foot′ed *adj* aux pieds plats; (coll) franc, brutal
flat′i′ron *s* fer *m* à repasser
flatly ['flætli] *adv* net, platement
flat′-nosed′ *adj* camard, camus
flatten ['flætən] *tr* aplatir, aplanir; (metallurgy) laminer ‖ *intr* s'aplatir, s'aplanir; **to flatten out** (aer) se redresser
flatter ['flætər] *tr & intr* flatter
flatterer ['flætərər] *s* flatteur *m*
flattering ['flætərɪŋ] *adj* flatteur
flatter·y ['flætəri] *s* (*pl* **-ies**) flatterie *f*
flat′ tire′ *s* pneu *m* dégonflé, à plat, or crevé, crevaison *f*
flat′top′ *s* (nav) porte-avions *m*
flatulence ['flætʃələns] *s* boursouflure *f*; (pathol) flatulence *f*
flat′ware′ *s* couverts *mpl*; (*plates*) assiettes *fpl*
flaunt [flɔnt], [flɑnt] *tr* faire étalage de
flautist ['flɔtɪst] *s* flûtiste *mf*
flavor ['flevər] *s* saveur *f*, goût *m*; (*of ice cream*) parfum *m* ‖ *tr* assaisonner, parfumer
flavoring ['flevərɪŋ] *s* assaisonnement *m*; (*lemon, rum, etc.*) parfum *m*
flaw [flɔ] *s* défaut *m*, tache *f*; (*crack*) fêlure *f*; (*in metal*) paille *f*; (*in diamond*) crapaud *m*
flawless ['flɔlɪs] *adj* sans défaut, sans tache
flax [flæks] *s* lin *m*
flaxen ['flæksən] *adj* de lin, blond
flax′seed′ *s* graine *f* de lin
flay [fle] *tr* écorcher; (*to criticize*) rosser, fustiger
flea [fli] *s* puce *f*
flea′bite′ *s* piqûre *f* de puce; (*trifle*) vétille *f*
fleck [flɛk] *s* tache *f*; (*particle*) particule *f* ‖ *tr* tacheter
fledgling ['flɛdʒlɪŋ] *adj* (*lawyer, teacher*) en herbe, débutant ‖ *s* oisillon *m*; (*novice*) débutant *m*, béjaune *m*
flee [fli] *v* (*pret & pp* **fled** [flɛd]) *tr & intr* fuir
fleece [flis] *s* toison *f* ‖ *tr* tondre; (*to strip of money*) (coll) écorcher, plumer
fleec·y ['flisi] *adj* (*comp* **-ier**; *super* **-iest**) laineux; (*snow, wool*) floconneux; (*hair*) moutonneux; (*clouds*) moutonné
fleet [flit] *adj* rapide ‖ *s* flotte *f*
fleet′-foot′ed *adj* au pied léger
fleeting ['flitɪŋ] *adj* passager, fugitif
Fleming ['flemɪŋ] *s* Flamand *m*
Flemish ['flɛmɪʃ] *adj & s* flamand *m*
flesh [flɛʃ] *s* chair *f*; **in the flesh** en chair et en os; **to lose flesh** perdre de l'embonpoint; **to put on flesh** prendre de l'embonpoint, s'empâter
flesh′ and blood′ *s* nature *f* humaine; (*relatives*) famille *f*, parenté *f*
flesh′-col′ored *adj* couleur *f* de chair, carné
flesh′pot′ *s* (*pot for cooking meat*) pot-au-feu *m*; **fleshpots** (*high living*) luxe *m*, grande chère *f*; (*evil places*) maisons *fpl* de débauche, mauvais lieux *mpl*
flesh′ wound′ [wund] *s* blessure *f* en séton, blessure superficielle
flesh·y ['flɛʃi] *adj* (*comp* **-ier**; *super* **-iest**) charnu
flex [flɛks] *tr & intr* fléchir
flexible ['flɛksɪbəl] *adj* flexible
flick [flɪk] *s* (*with finger*) chiquenaude *f*; (*with whip*) petit coup *m*; **flicks** (coll) ciné *m* ‖ *tr* faire une chiquenaude à; (*a whip*) faire claquer
flicker ['flɪkər] *s* petite lueur *f* vacillante; (*of eyelids*) battement *m*; (*of emotion*) frisson *m* ‖ *intr* trembloter, vaciller; (*said of eyelids*) ciller
flier ['flaɪ·ər] *s* aviateur *m*; (coll) spéculation *f* au hasard; (rr) rapide *m*; (*handbill*) (coll) prospectus *m*
flight [flaɪt] *s* fuite *f*; (*of airplane*) vol *m*; (*of birds*) volée *f*; (*of stairs*) volée; (*of fancy*) élan *m*; **to put to flight** mettre en fuite; **to take flight** prendre la fuite
flight′ deck′ *s* (nav) pont *m* d'envol
flight′ record′er *s* enregistreur *m* en vol
flight·y ['flaɪti] *adj* (*comp* **-ier**; *super* **-iest**) volage, léger; braque, écervelé
flim·flam ['flɪm,flæm] *s* (coll) baliverne *f*; (*fraud*) (coll) escroquerie *f* ‖ *v* (*pret & pp* **-flammed**; *ger* **-flamming**) *tr* (coll) escroquer
flim·sy ['flɪmzi] *adj* (*comp* **-sier**; *super* **-siest**) léger; (*e.g., cloth*) fragile; (*e.g., excuse*) frivole
flinch [flɪntʃ] *intr* reculer, fléchir; **without flinching** sans broncher, sans hésiter
fling [flɪŋ] *s* jet *m*; **to go on a fling** faire la noce; **to have a fling at** tenter; **to have one's fling** jeter sa gourme ‖ *v* (*pret & pp* **flung** [flʌŋ]) *tr* lancer; (*on the floor, out the window; in jail*) jeter; **to fling open** ouvrir brusquement
flint [flɪnt] *s* silex *m*; (*of lighter*) pierre *f*
flint′lock′ *s* fusil *m* à pierre
flint·y ['flɪnti] *adj* (*comp* **-ier**; *super* **-iest**) siliceux; (*heart*) de pierre, insensible
flip [flɪp] *adj* (*comp* **flipper**; *super* **flippest**) (coll) mutin, moqueur ‖ *s* chiquenaude *f*; (*somersault*) culbute *f*; (aer) petit tour *m* de vol ‖ *v* (*pret & pp* **flipped**; *ger* **flipping**) *tr* donner une chiquenaude à; (*a page*) tourner rapidement; **to flip a coin** jouer à pile ou face; **to flip over** (*a phonograph record*) retourner
flippancy ['flɪpənsi] *s* désinvolture *f*
flippant ['flɪpənt] *adj* désinvolte
flipper ['flɪpər] *s* nageoire *f*
flirt [flʌrt] *s* flirteur *m*, flirt *m* ‖ *intr* flirter; (*said only of a man*) conter fleurette
flit [flɪt] *v* (*pret & pp* **flitted**; *ger* **flitting**) *intr* voleter; **to flit away** passer rapidement; **to flit here and there** voltiger
float [flot] *s* (*raft*) radeau *m*; (*on fish line; in carburetor; on seaplane*) flot-

teur *m*; (*on fish line or net*) flotte *f*; (*of mason*) aplanissoire *f*; (*in parade*) char *m* de cavalcade, char de Carnaval ‖ *tr* faire flotter; (*a loan*) émettre, contracter ‖ *intr* flotter, nager; (*on one's back*) faire la planche

floater [ˈflotər] *s* vagabond *m*; (*illegal voter*) faux électeur *m*

floating [ˈflotɪŋ] *adj* flottant; (*free*) libre ‖ *s* flottement *m*; (*of loan*) émission *f*

float′ing is′land *s* (culin) œufs *mpl* à la neige

flock [flɑk] *s* (*of birds*) volée *f*; (*of sheep*) troupeau *m*; (*of people*) foule *f*, bande *f*; (*of nonsense*) tas *m*; (*of faithful*) ouailles *fpl* ‖ *intr* s'assembler; **to flock in** entrer en foule; **to flock together** s'attrouper

floe [flo] *s* banquise *f*; (*floating piece of ice*) glaçon *m* flottant

flog [flɑg] *v* (*pret & pp* **flogged**; *ger* **flogging**) *tr* fouetter, flageller

flogging [ˈflɑgɪŋ] *s* fouet *m*

flood [flʌd] *s* inondation *f*; (*caused by heavy rain*) déluge *m*; (*sudden rise of river*) crue *f*; (*of tide*) flot *m*; (*of words, tears, light*) flots *mpl*, déluge ‖ *tr* inonder; (*to overwhelm*) submerger, inonder; (*a carburetor*) noyer ‖ *intr* (*said of river*) déborder; (aut) se noyer

flood′gate′ *s* (*of a dam*) vanne *f*; (*of a canal*) porte *f* d'écluse

flood′light′ *s* phare *m* d'éclairage, projecteur *m* de lumière ‖ *tr* illuminer par projecteurs

flood′ tide′ *s* marée *f* montante, flux *m*

floor [flor] *s* (*inside bottom surface of room*) plancher *m*, parquet *m*; (*story of building*) étage *m*; (*of swimming pool, the sea, etc.*) fond *m*; (*of assembly hall*) enceinte *f*, parquet; (*of the court*) prétoire *m*, parquet; (naut) varangue *f*; **to ask for the floor** réclamer la parole; **to give s.o. the floor** donner la parole à qn; **to have the floor** avoir la parole; **to take the floor** prendre la parole ‖ *tr* parqueter; (*an opponent*) terrasser; (*to disconcert*) (coll) désarçonner

flooring [ˈflorɪŋ] *s* planchéiage *m*, parquetage *m*

floor′ lamp′ *s* lampe *f* à pied, lampadaire *m*

floor′ mop′ *s* brosse *f* à parquet

floor′ show′ *s* spectacle *m* de cabaret

floor′ tim′ber *s* (naut) varangue *f*

floor′walk′er *s* chef *m* de rayon

floor′ wax′ *s* cire *f* à parquet, encaustique *f*

flop [flɑp] *s* (coll) insuccès *m*, échec *m*; (*literary work or painting*) (coll) navet *m*; (*play*) (coll) four *m*; **to take a flop** (coll) faire patapouf ‖ *v* (*pret & pp* **flopped**; *ger* **flopping**) *intr* tomber lourdement; (*to fail*) (coll) échouer, rater

flora [ˈflorə] *s* flore *f*

floral [ˈflorəl] *adj* floral

florescence [floˈrɛsəns] *s* floraison *f*

florid [ˈflɑrɪd], [ˈflɔrɪd] *adj* fleuri, flamboyant; (*complexion*) rubicond

Florida [ˈflɑrɪdə], [ˈflɔrɪdə] *s* Floride *f*; la Floride

Flor′ida Keys′ *spl* Cayes *fpl* de la Floride

floss [flɔs], [flɑs] *s* bourre *f*; (*of corn*) barbe *f*

floss′ silk′ *s* bourre *f* de soie, filoselle *f*

floss·y [ˈflɔsi], [ˈflɑsi] *adj* (*comp* **-ier**; *super* **-iest**) soyeux; (slang) pimpant, tapageur

flotsam [ˈflɑtsəm] *s* épave *f*

flot′sam and jet′sam *s* choses *fpl* de flot et de mer, épaves *fpl*

flounce [flaʊns] *s* volant *m* ‖ *tr* garnir de volants ‖ *intr* s'élancer avec emportement

flounder [ˈflaʊndər] *s* flet *m*; (*plaice*) carrelet *m*, plie *f* ‖ *intr* patauger

flour [flaʊr] *s* farine *f* ‖ *tr* fariner

flourish [ˈflʌrɪʃ] *s* fioriture *f*; (*on a signature*) paraphe *m*; (*of trumpets*) fanfare *m*; (*brandishing*) brandissement *m* ‖ *tr* brandir; (*to wave*) agiter ‖ *intr* fleurir, prospérer

flourishing [ˈflʌrɪʃɪŋ] *adj* florissant

flour′ mill′ *s* moulin *m*, minoterie *f*

floury [ˈflaʊri] *adj* farineux

flout [flaʊt] *tr* se moquer de, narguer ‖ *intr* se moquer

flow [flo] *s* écoulement *m*; (*of tide, blood, words*) flot *m*, flux *m*; (*of blood to the head*) afflux *m*; (*rate of flow*) débit *m*; (*current*) courant *m* ‖ *intr* écouler; (*said of tide*) monter; (*said of blood in the body*) circuler; (fig) couler; **to flow into** déboucher dans, se verser dans; **to flow over** déborder

flower [ˈflaʊ·ər] *s* fleur *f* ‖ *tr & intr* fleurir

flow′er bed′ *s* plate-bande *f*, parterre *m*; (*round flower bed*) corbeille *f*

flow′er gar′den *s* jardin *m* de fleurs, jardin d'agrément

flow′er girl′ *s* bouquetière *f*; (*at a wedding*) fille *f* d'honneur

flow′er·pot′ *s* pot *m* à fleurs

flow′er shop′ *s* boutique *f* de fleuriste

flow′er show′ *s* exposition *f* horticole, floralies *fpl*

flow′er stand′ *s* jardinière *f*

flowery [ˈflaʊ·əri] *adj* fleuri

flu [flu] *s* (coll) grippe *f*

fluctuate [ˈflʌktʃʊˌet] *intr* fluctuer

flue [flu] *s* tuyau *m*

fluency [ˈflu·ənsi] *s* facilité *f*

fluent [ˈflu·ənt] *adj* disert, facile; (*flowing*) coulant

fluently [ˈflu·əntli] *adv* couramment

fluff [flʌf] *s* (*velvety cloth*) peluche *f*; (*tuft of fur, dust, etc.*) duvet *m*; (*boner made by actor*) (coll) loup *m* ‖ *tr* lainer, rendre pelucheux; (*one's entrance* (coll) louper; (*one's lines*) (coll) bouler ‖ *intr* pelucher

fluff·y [ˈflʌfi] *adj* (*comp* **-ier**; *super* **-iest**) duveteux; (*hair*) flou

fluid [ˈflu·ɪd] *adj & s* fluide *m*

fluke [fluk] *s* (*of anchor*) patte *f*; (billiards) raccroc *m*, coup *m* de veine

flume [flum] *s* canalisation *f*, ravin *m*
flunk [flʌŋk] *tr* (*a student*) (coll) recaler, coller; (*an exam*) rater || *intr* être recalé, se faire coller
flunk·y ['flʌŋki] *s* (*pl* **-ies**) laquais *m*
fluorescent [,flu·ə'rɛsənt] *adj* fluorescent
fluoridate ['florɪ,det], ['flʊrɪ,det] *tr & intr* fluorider
fluoridation [,florɪ'deʃən], [,flʊrɪ'deʃən] *s* fluoridation *f*
fluoride ['flu·ə,raɪd] *s* fluorure *m*
fluorine ['flu·ə,rin] *s* fluor *m*
fluoroscopy [,flu·ə'rɑskəpi] *s* radioscopie *f*
fluorspar ['flu·ər,spɑr] *s* spath *m* fluor
flur·ry ['flʌri] *s* (*pl* **-ries**) agitation *f*; (*of wind, snow, etc.*) rafale *f* || *v* (*pret & pp* **-ried**) *tr* agiter
flush [flʌʃ] *adj* (*level*) à ras; (*well-provided*) bien pourvu; (*healthy*) vigoureux; **flush with** au ras de, au niveau de || *s* (*of light*) éclat *m*; (*in the cheeks*) rougeur *f*; (*of joy*) transport *m*; (*of toilet*) chasse *f* d'eau; (*in poker*) flush *m*; **in the first flush of** dans l'ivresse or le premier éclat de || *adv* à ras, de niveau; (*directly*) droit || *tr* (*a bird*) lever; **to flush a toilet** tirer la chasse d'eau; **to flush out** (*e.g., a drain*) laver à grande eau || *intr* (*to blush*) rougir
flush' switch' *s* interrupteur *m* encastré
flush' tank' *s* réservoir *m* de chasse
flush' toi'let *s* water-closet *m* à chasse d'eau
fluster ['flʌstər] *s* agitation *f*; **in a fluster** en émoi || *tr* agiter
flute [flut] *s* flûte *f* || *tr* (*a column*) canneler; (*a dress*) tuyauter
flutist ['flutɪst] *s* flûtiste *mf*
flutter ['flʌtər] *s* battement *m*; **all of a flutter** (coll) tout agité || *intr* voleter; (*said of pulse*) battre fébrilement; (*said of heart*) palpiter
flux [flʌks] *s* flux *m*; (*for fusing metals*) acide *m* à souder; **to be in flux** être dans un état indécis
fly [flaɪ] *s* (*pl* **flies**) mouche *f*; (*for fishing*) mouche artificielle; (*of trousers*) braguette *f*; (*of tent*) auvent *m*; **flies** (theat) cintres *mpl*; **fly in the ointment** (fig) ombre *f* au tableau; **on the fly** au vol || *v* (*pret* **flew** [flu]; *pp* **flown** [flon]) *tr* (*a kite*) faire voler; (*an airplane*) piloter; (*freight or passengers*) transporter en avion; (*e.g. the Atlantic*) survoler; (*to flee from*) fuir || *intr* voler; (*to flee*) fuir; (*said of flag*) flotter; **to fly blind** voler à l'aveuglette; **to fly by** voler; **to fly in the face of** porter un défi à; **to fly off** s'envoler; **to fly off the handle** (coll) sortir de ses gonds; **to fly open** s'ouvrir brusquement; **to fly over** survoler
fly'blow' *s* œufs *mpl* de mouche
fly'-by-night' *adj* mal financé, indigne de confiance || *s* financier *m* qui lève le pied
fly' cast'ing *s* pêche *f* à la mouche noyée
fly'catch'er *s* attrape-mouches *m*; (bot) dionée *f*, attrape-mouches; (orn) gobe-mouches *m*
fly'-fish' *intr* pêcher à la mouche
flying ['flaɪ·ɪŋ] *adj* volant; rapide; court, passager || *s* aviation *f*; vol *m*
fly'ing but'tress *s* arc-boutant *m*
fly'ing col'ors—with flying colors drapeau *m* déployé; brillamment
fly'ing field' *s* champ *m* d'aviation
fly'ing-fish' *s* poisson *m* volant
fly'ing sau'cer *s* soucoupe *f* volante
fly'ing start' *s* départ *m* lancé
fly'ing time' *s* heures *fpl* de vol
fly'leaf' *s* (*pl* **-leaves**) feuille *f* de garde, garde *f*
fly' net' *s* (*for a bed*) moustiquaire *f*; (*for a horse*) chasse-mouches *m*
fly'pa'per *s* papier *m* tue-mouches
fly' rod' *s* canne *f* à mouche
fly'speck' *s* chiure *f*, chiasse *f*
fly' swat'ter [,swɑtər] *s* chasse-mouches *m*, émouchoir *m*
fly'trap' *s* attrape-mouches *m*
fly'wheel' *s* volant *m*
foal [fol] *s* poulain *m* || *intr* mettre bas
foam [fom] *s* écume *f*; (*on beer*) mousse *f* || *intr* écumer, mousser
foam' rub'ber *s* caoutchouc *m* mousse
foam·y ['fomi] *adj* (*comp* **-ier**; *super* **-iest**) écumeux, mousseux
fob [fɑb] *s* (*pocket*) gousset *m*; (*ornament*) breloque *f* || *v* (*pret & pp* **fobbed**; *ger* **fobbing**) *tr*—**to fob off s.th. on s.o.** refiler q.ch. à qn
f.o.b. or **F.O.B.** [,ɛf,o'bi] *adv* (letter-word) (**free on board**) franco de bord, départ usine
focal ['fokəl] *adj* focal
fo·cus ['fokəs] *s* (*pl* **-cuses** or **-ci** [saɪ]) foyer *m*; **in focus** au point; **out of focus** non réglé, hors du point focal || *v* (*pret & pp* **-cused** or **-cussed**; *ger* **-cusing** or **-cussing**) *tr* mettre au point, faire converger; (*a beam of electrons*) focaliser; (*e.g., attention*) concentrer || *intr* converger; **to focus on** se concentrer sur
fodder ['fɑdər] *s* fourrage *m*
foe [fo] *s* ennemi *m*, adversaire *mf*
fog [fɑg], [fɔg] *s* brouillard *m*; (naut) brume *f*; (phot) voile *m* || *v* (*pret & pp* **fogged**; *ger* **fogging**) *tr* embrumer; (phot) voiler || *intr* s'embrumer; (phot) se voiler
fog' bank' *s* banc *m* de brume
fog' bell' *s* cloche *f* de brume
fog'bound' *adj* arrêté par le brouillard, pris dans le brouillard
fog·gy ['fɑgi], ['fɔgi] *adj* (*comp* **-gier**; *super* **-giest**) brumeux; (phot) voilé; (fig) confus, flou; **it is foggy** il fait du brouillard
fog'horn' *s* sirène *f*, corne *f*, or trompe *f* de brume
foible ['fɔɪbəl] *s* faible *m*, marotte *f*
foil [fɔɪl] *s* (*thin sheet of metal*) feuille *f*, lame *f*; (*of mirror*) tain *m*; (*sword*) fleuret *m*; (*person whose personality sets off another's*) repoussoir *m* || *tr* déjouer, frustrer

foil′-wrapped′ *adj* ceint de papier d'argent
foist [fɔɪst] *tr*—**to foist oneself upon** s'imposer chez; **to foist s.th. on s.o.** imposer q.ch. à qn
fold [fold] *s* pli *m*, repli *m*; (*for sheep*) parc *m*, bergerie *f*; (*of fat*) bourrelet *m*; (*of the faithful*) bercail *m* || *tr* plier, replier; (*one's arms*) se croiser; **to fold in** (culin) incorporer; **to fold up** replier || *intr* se replier; **to fold up** (theat) faire four; (coll) s'effondrer
folder ['foldər] *s* (*covers for holding papers*) chemise *f*; (*pamphlet*) dépliant *m*; (*person folding newspapers*) plieur *m*
folderol ['fɑldə,rɑl] *s* sottise *f*; (*piece of foolishness*) bagatelle *f*
folding ['foldɪŋ] *adj* pliant, repliant, rabattable
fold′ing cam′era *s* appareil *m* pliant
fold′ing chair′ *s* chaise *f* pliante, chaise brisée
fold′ing cot′ *s* lit *m* pliant or escamotable
fold′ing door′ *s* porte *f* à deux battants
fold′ing rule′ *s* mètre *m* pliant
fold′ing screen′ *s* paravent *m*
fold′ing seat′ *s* strapontin *m*
foliage ['folɪ·ɪdʒ] *s* feuillage *m*, feuillu *m*
foli·o ['folɪ,o] *adj* in-folio || *s* (*pl* **-os**) (*sheet*) folio *m*; (*book*) in-folio *m* || *tr* folioter, paginer
folk [fok] *adj* populaire, traditionnel, du peuple || *s* (*pl* **folk** or **folks**) peuple *m*, race *f*; **folks** (coll) gens *mpl*, personnes *fpl*; **my folks** (coll) les miens *mpl*, ma famille
folk′ dance′ *s* danse *f* folklorique
folk′lore′ *s* folklore *m*
folk′ mu′sic *s* musique *f* populaire
folk′ song′ *s* chanson *f* du terroir
folk·sy ['foksi] *adj* (*comp* **-sier**; *super* **-siest**) (coll) sociable, liant; (*like common people*) (coll) du terroir
folk′ways′ *spl* coutumes *fpl* traditionnelles
follicle ['fɑlɪkəl] *s* follicule *m*
follow ['fɑlo] *tr* suivre; (*to come after*) succéder (with *dat*); (*to understand*) comprendre; (*a profession*) embrasser; **to follow up** poursuivre; (*e.g., a success*) exploiter || *intr* suivre; (*one after the other*) se suivre; **as follows** comme suit; **it follows that** il s'ensuit que
follower ['fɑlo·ər] *s* suivant *m*; partisan *m*, disciple *m*
following ['fɑlo·ɪŋ] *adj* suivant || *s* (*of a prince*) suite *f*; (*followers*) partisans *mpl*, disciples *mpl*
fol′low the lead′er *s* jeu *m* de la queue leu leu
fol′low-up′ *adj* de continuation, complémentaire; (*car*) suiveur || *s* soins *mpl* post-hospitaliers
fol·ly ['fɑli] *s* (*pl* **-lies**) sottise *f*; (*madness*) folie *f*; **follies** spectacle *m* de music-hall, folies *fpl*
foment [fo'mɛnt] *tr* fomenter
fond [fɑnd] *adj* affectueux, tendre; **to become fond of** s'attacher à
fondle ['fɑndəl] *tr* caresser
fondness ['fɑndnɪs] *s* affection *f*, tendresse *f*; (*appetite*) goût *m*, penchant *m*
font [fɑnt] *s* source *f*; (*for holy water*) bénitier *m*; (*for baptism*) fonts *mpl*; (typ) fonte *f*
food [fud] *adj* alimentaire || *s* nourriture *f*, aliments *mpl*; **food for thought** matière *f* à réflexion; **good food** bonne cuisine *f*
food′ and cloth′ing *s* le vivre et le vêtement
food′ and drink′ *s* le boire et le manger
food′stuffs′ *spl* denrées *fpl* alimentaires, vivres *mpl*
fool [ful] *s* sot *m*; (*jester*) fou *m*; (*person imposed on*) innocent *m*, niais *m*; **to make a fool of** se moquer de; **to play the fool** faire le pitre || *tr* mystifier, abuser; **to fool away** gaspiller sottement || *intr* faire la bête; **to fool around** (coll) gâcher son temps; **to fool with** (coll) tripoter
fooler·y ['fuləri] *s* (*pl* **-ies**) sottise *f*, ânerie *f*
fool′har′dy *adj* (*comp* **-dier**; *super* **-diest**) téméraire
fooling ['fulɪŋ] *s* tromperie *f*; **no fooling!** sans blague!
foolish ['fulɪʃ] *adj* sot, niais; ridicule, absurde
fool′proof′ *adj* à toute épreuve; infaillible
fools′cap′ *s* papier *m* ministre
fool's′ er′rand *s*—**to go on a fool's errand** y aller pour des prunes
foot [fʊt] *s* (*pl* **feet** [fit]) pied *m*; (*of cat, dog, bird*) patte *f*; **on foot** à pied; **to drag one's feet** aller à pas de tortue; **to have one foot in the grave** avoir un pied dans la tombe; **to put one's best foot forward** (coll) partir du bon pied; **to put one's foot down** faire acte d'autorité; **to put one's foot in it** (coll) mettre les pieds dans le plat; **to stand on one's own feet** voler de ses propres ailes; **to tread under foot** fouler aux pieds || *tr* (*the bill*) payer; **to foot it** aller à pied
footage ['fʊtɪdʒ] *s* (mov, telv) (*in French* métrage *m*, *i.e., length of film in meters*) longueur *f* d'un film en pieds
foot′-and-mouth′ disease′ *s* (vet) fièvre *f* aphteuse
foot′ball′ *s* football *m* américain; (*ball*) ballon *m*
foot′ brake′ *s* frein *m* à pédale
foot′bridge′ *s* passerelle *f*
foot′fall′ *s* pas *m* léger, bruit *m* de pas
foot′hills′ *spl* contreforts *mpl*, collines *fpl* basses
foot′hold′ *s*—**to gain a foothold** prendre pied
footing ['fʊtɪŋ] *s* équilibre *m*; (archit) empattement *m*, base *f*, socle *m*; **to be on a friendly footing** être en bons termes; **to be on an equal footing**

être sur un pied d'égalité; **to lose one's footing** perdre pied
foot'lights' *spl* (theat) rampe *f*
foot'lock'er *s* (mil) cantine *f*
foot'loose' *adj* libre, sans entraves
foot'man *s* (*pl* **-men**) valet *m* de pied
foot'mark' *s* empreinte *f* de pied
foot'note' *s* note *f* au bas de la page
foot'pad' *s* voleur *m* de grand chemin
foot'path' *s* sentier *m* pour piétons
foot'print' *s* empreinte *f* de pas, trace *f*
foot' race' *s* course *f* à pied
foot'rest' *s* cale-pied *m*, repose-pied *m*
foot' sol'dier *s* fantassin *m*
foot'sore' *adj* aux pieds endoloris, éclopé
foot'step' *s* pas *m*; **to follow in s.o.'s footsteps** suivre les traces de qn
foot'stone' *s* pierre *f* tumulaire (au pied d'une tombe); (archit) première pierre
foot'stool' *s* tabouret *m*
foot' warm'er *s* chauffe-pieds *m*
foot'wear' *s* chaussures *fpl*
foot'work' *s* jeu *m* de jambes
foot'worn' *adj* usé; (*person*) aux pieds endoloris
fop [fɑp] *s* petit-maître *m*, bellâtre *m*
for [fɔr], [fər] *prep* pour; de, e.g., **to thank s.o. for** remercier qn de; e.g., **time for dinner** l'heure du dîner; e.g., **to cry for joy** pleurer de joie; e.g., **request for money** demande d'argent; à, e.g., **for sale à** vendre; e.g., **to sell for a high price** vendre à un prix élevé; e.g., **it is for you to decide** c'est à vous de décider; par, e.g., **famous for** célèbre par; e.g., **for example** par exemple; e.g., **for pity's sake** par pitié; contre, e.g., **a remedy for** un remède contre; **as for** quant à; **for** + *ger* pour + *perf inf*, e.g., **he was punished for stealing** il fut puni pour avoir volé; **for all that** malgré tout cela; **for short** en abrégé; **he has been in Paris for a week** il est à Paris depuis une semaine, il y a une semaine qu'il est à Paris; **he was in Paris for a week** il était à Paris pendant une semaine; **to be for** (*to be in favor of*) être en faveur de, être partisan de or pour; **to use s.th. for s.th.** employer q.ch. comme q.ch.; e.g., **to use coal for fuel** employer le charbon comme combustible ‖ *conj* car, parce que
forage ['fɑrɪdʒ], ['fɔrɪdʒ] *s* fourrage *m* ‖ *tr & intr* fourrager
foray ['fɑre], ['fɔre] *s* incursion *f* ‖ *tr* saccager, fourrager ‖ *intr* faire une incursion
for•bear [fɔr'bɛr] *v* (*pret* **-bore**; *pp* **-borne**) *tr* s'abstenir de ‖ *intr* se montrer patient
forbearance [fɔr'bɛrəns] *s* abstention *f*; patience *f*
for•bid [fɔr'bɪd] *v* (*pret* **-bade** or **-bad** ['bæd]; *pp* **-bidden**; *ger* **-bidding**) *tr* défendre, interdire; **God forbid!** qu'à Dieu ne plaise!; **to forbid s.o. s.th.** défendre q.ch. à qn; **to forbid s.o. to** défendre à qn de
forbidden [fɔr'bɪdən] *adj* défendu
forbidding [fɔr'bɪdɪŋ] *adj* rebutant, rébarbatif, sinistre
force [fors] *s* force *f*; (*of a word*) signification *f*, valeur *f*; **in force** en vigueur; **in full force** en force; **the allied forces** les puissances alliées ‖ *tr* forcer; **to force back** repousser; (*air; water*) refouler; **to force in** (*e.g., door*) enfoncer; **to force one's way into** (*e.g., a house*) pénétrer de force dans; **to force s.o.'s hand** forcer la main à qn; **to force s.o. to** + *inf* forcer qn à or de + *inf*; **to force s.th. into s.th.** faire entrer q.ch. dans q.ch.; **to force up** (*e.g., prices*) faire monter
forced' draft' *s* tirage *m* forcé
forced' land'ing *s* atterrissage *m* forcé
forced' march' *s* marche *f* forcée
force'-feed' *tr* (*pret & pp* **-fed**) gaver, suralimenter
force'-feed'ing *s* suralimentation *f*
forceful ['forsfəl] *adj* énergique
for•ceps ['fɔrseps] *s* (*pl* **-ceps** or **-cipes** [sɪ ˌpiz]) (dent, surg) pince *f*; (obstet) forceps *m*
force' pump' *s* pompe *f* foulante
forcible ['forsɪbəl] *adj* énergique, vigoureux; (*convincing*) convaincant; (*imposed*) forcé
ford [ford] *s* gué *m* ‖ *tr* franchir à gué
fore [for] *adj* antérieur; (naut) de l'avant ‖ *s* (naut) avant *m*; **to the fore** en vue, en vedette ‖ *adv* à l'avant ‖ *interj* (golf) gare devant!
fore' and aft' *adv* de l'avant à l'arrière
fore'arm' *s* avant-bras *m* ‖ **fore•arm'** *tr* prémunir; (*to warn*) avertir
fore'bear' *s* ancêtre *m*
foreboding [for'bodɪŋ] *s* (*sign*) présage *m*; (*feeling*) pressentiment *m*
fore'cast' *s* prévision *f* ‖ *v* (*pret & pp* **-cast** or **-casted**) *tr* pronostiquer
forecastle ['foksəl], ['for ˌkæsəl], ['for-ˌkɑsəl] *s* gaillard *m* d'avant
fore•close' *tr* exclure; (law) forclore; **to foreclose the mortgage** saisir l'immeuble hypothéqué
foreclosure [for'kloʒər] *s* saisie *f*, forclusion *f*
fore•doom' *tr* condamner par avance
fore' edge' *s* (bb) tranche *f*
fore'fa'ther *s* aïeul *m*, ancêtre *m*
fore'fin'ger *s* index *m*
fore'foot' *s* (*pl* **-feet**) patte *f* de devant
fore'front' *s* premier rang *m*; **in the forefront** en première ligne
fore•go' *v* (*pret* **-went**; *pp* **-gone**) *tr* (*to give up*) renoncer à
foregoing ['for ˌgo·ɪŋ], [for'go·ɪŋ] *adj* précédent, antérieur; (*facts, text, etc. already cited*) déjà cité, ci-dessus
fore'gone' *adj* inévitable; (*anticipated*) décidé d'avance, prévu
fore'ground' *s* premier plan *m*
fore'hand'ed *adj* prévoyant; (*thrifty*) ménager
forehead ['fɑrɪd], ['fɔrɪd] *s* front *m*
foreign ['fɑrɪn], ['fɔrɪn] *adj* étranger
for'eign affairs' *spl* affaires *fpl* étrangères

foreigner ['farɪnər], ['fɔrɪnər] *s* étranger *m*
for'eign exchange' *s* change *m* étranger; (*currency*) devises *fpl*
for'eign min'ister *s* ministre *m* des affaires étrangères
for'eign of'fice *s* ministère *m* des affaires étrangères
for'eign serv'ice *s* (dipl) service *m* diplomatique; (mil) service *m* à l'étranger
for'eign trade' *s* commerce *m* extérieur
fore'leg' *s* jambe *f* de devant
fore'lock' *s* mèche *f* sur le front; (*of horse*) toupet *m*; **to take time by the forelock** saisir l'occasion par les cheveux
fore'man *s* (*pl* **-men**) chef *m* d'équipe; (*in machine shop, factory*) contremaître *m*; (*of jury*) premier juré *m*
foremast ['formәst], ['for ,mæst], ['for ,mast] *s* mât *m* de misaine
fore'most' *adj* premier, principal || *adv* au premier rang
fore'noon' *s* matinée *f*
fore'part' *s* avant *m*, devant *m*, partie *f* avant
fore'paw' *s* patte *f* de devant
fore'quar'ter *s* quartier *m* de devant
fore'run'ner *s* précurseur *m*, avant-coureur *m*; (*sign*) signe *m* avant-coureur
foresail ['forsәl], ['for ,sel], *s* misaine *f*, voile *f* de misaine
fore•see' *v* (*pret* **-saw**; *pp* **-seen**) *tr* prévoir
foreseeable [for'si•әbәl] *adj* prévisible
fore•shad'ow *tr* présager, préfigurer
fore•short'en *tr* dessiner en raccourci
fore•short'ening *s* raccourci *m*
fore'sight' *s* prévision *f*, prévoyance *f*
fore'sight'ed *adj* prévoyant
fore'skin' *s* prépuce *m*
forest ['farɪst], ['fɔrɪst] *adj* forestier || *s* forêt *f*
fore'stage' *s* (theat) avant-scène *f*
fore•stall' *tr* anticiper, devancer
for'est rang'er *s* garde *m* forestier
forestry ['farɪstri], ['fɔrɪstri] *s* sylviculture *f*
fore'taste' *s* avant-goût *m*
fore•tell' *v* (*pret & pp* **-told**) *tr* prédire
fore'thought' *s* prévoyance *f*; (law) préméditation *f*
for•ev'er *adv* pour toujours, à jamais
fore•warn' *tr* avertir, prévenir
fore'word' *s* avant-propos *m*, avis *m* au lecteur
forfeit ['fɔrfɪt] *adj* perdu || *s* (*pledge*) dédit *m*, gage *m*; (*fine*) amende *f*; **to play at forfeits** jouer aux gages || *tr* être déchu de, être privé de
forfeiture ['fɔrfɪtʃәr] *s* perte *f*; (*fine*) amende *f*, confiscation *f*
forge [fordʒ] *s* forge *f* || *tr* forger; (*e.g., documents*) contrefaire, falsifier
forger ['fordʒәr] *s* forgeur *m*; (*e.g., of documents*) faussaire *mf*
forger•y ['fordʒәri] *s* (*pl* **-ies**) contrefaçon *f*; (*of a document, a painting, etc.*) faux *m*
for•get [fɔr'gɛt] *v* (*pret* **-got**; *pp* **-got** or **-gotten**; *ger* **-getting**) *tr & intr* oublier; **forget it!** n'y pensez plus!; **to forget to** + *inf* oublier de + *inf*
forgetful [fɔr'gɛtfәl] *adj* oublieux
forget'-me-not' *s* myosotis *m*, ne-m'oubliez-pas *m*
forgivable [fɔr'gɪvәbәl] *adj* pardonnable
for•give [fɔr'gɪv] *v* (*pret* **-gave**; *pp* **-given**) *tr & intr* pardonner
forgiveness [fɔr'gɪvnɪs] *s* pardon *m*
forgiving [fɔr'gɪvɪŋ] *adj* indulgent, miséricordieux
for•go [fɔr'go] *v* (*pret* **-went**; *pp* **-gone**) *tr* renoncer à, s'abstenir de
fork [fɔrk] *s* fourche *f*; (*of road, tree, stem*) fourche *f*, bifurcation *f*; (*at table*) fourchette *f* || *tr & intr* fourcher, bifurquer
forked *adj* fourchu
forked' light'ning *s* éclairs *mpl* en zigzag
fork'lift truck' *s* chariot *m* élévateur
forlorn [fɔr'lɔrn] *adj* (*destitute*) abandonné; (*hopeless*) désespéré; (*wretched*) misérable
forlorn' hope' *s* tentative *f* désespérée
form [fɔrm] *s* forme *f*; (*paper to be filled out*) formule *f*, fiche *f*, feuille *f*; (*construction to give shape to cement*) coffrage *m* || *tr* former || *intr* se former
formal ['fɔrmәl] *adj* cérémonieux, officiel; (*formalistic*) formaliste; (*superficial*) formel, de pure forme
for'mal attire' *s* tenue *f* de cérémonie
for'mal call' *s* visite *f* de politesse
for'mal din'ner *s* dîner *m* de cérémonie, dîner prié
formali•ty [fɔr'mælɪti] *s* (*pl* **-ties**) formalité *f*; (*stiffness*) raideur *f*; (*polite conventions*) cérémonie *f*, étiquette *f*
for'mal par'ty *s* soirée *f* de gala
for'mal speech' *s* discours *m* d'apparat
format ['fɔrmæt] *s* format *m*
formation [fɔr'meʃәn] *s* formation *f*
former ['fɔrmәr] *adj* antérieur, précédent; (*long past*) ancien; (*first of two things mentioned*) premier || *pron*—**the former** celui-là **§84**; le premier
formerly ['fɔrmәrli] *adv* autrefois, anciennement, jadis
form'fit'ting *adj* ajusté, moulant
formidable ['fɔrmɪdәbәl] *adj* formidable
formless ['fɔrmlɪs] *adj* informe
form' let'ter *s* lettre *f* circulaire
formu•la ['fɔrmjәlә] *s* (*pl* **-las** or **-lae** [,li]) formule *f*
formulate ['fɔrmjә ,let] *tr* formuler
for•sake [fɔr'sek] *v* (*pret* **-sook** ['sʊk]; *pp* **-saken** ['sekәn]) *tr* abandonner, délaisser
fort [fort] *s* fort *m*, forteresse *f*; **hold the fort!** (coll) je vous confie la maison!
forte [fort] *s* fort *m*
forth [forθ] *adv* en avant; **and so forth** et ainsi de suite; **from this day forth** à partir de ce jour; **to go forth** sortir, se mettre en route
forth'com'ing *adj* à venir, à paraître

forth'right' *adj* net, direct ‖ *adv* droit, carrément; (*immediately*) tout de suite
forth'with' *adv* sur-le-champ
fortieth ['fɔrtɪ·ɪθ] *adj & pron* quarantième (*masc, fem*) ‖ *s* quarantième *m*
fortification [,fɔrtɪfɪ'keʃən] *s* fortification *f*
forti·fy ['fɔrtɪ,faɪ] *v* (*pret & pp* **-fied**) *tr* fortifier; (*wine*) viner
fortitude ['fɔrtɪ,t(j)ud] *s* force *f* d'âme
fortnight ['fɔrt,naɪt], ['fɔrtnɪt] *s* quinze jours *mpl*, quinzaine *f*
fortress ['fɔrtrɪs] *s* forteresse *f*
fortuitous [fɔr't(j)u·ɪtəs] *adj* (*accidental*) fortuit; (*lucky*) fortuné
fortunate ['fɔrtʃənɪt] *adj* heureux
fortune ['fɔrtʃən] *s* fortune *f*; **to make a fortune** faire fortune; **to tell s.o. his fortune** dire la bonne aventure à qn
for'tune hunt'er *s* coureur *m* de dots
for'tune·tel'ler *s* diseuse *f* de bonne aventure
for·ty ['fɔrti] *adj & pron* quarante ‖ *s* (*pl* **-ties**) quarante *m*; **about forty** une quarantaine
fo·rum ['forəm] *s* (*pl* **-rums** or **-ra** [rə]) forum *m*; (*e.g., of public opinion*) tribunal *m*; **open forum** tribune *f* libre
forward ['fɔrwərd] *adj* de devant; (*precocious*) avancé, précoce; (*bold*) audacieux, effronté ‖ *s* (sports) avant *m* ‖ *adv* en avant; **to bring forward** (bk) reporter; **to come forward** s'avancer; **to look forward to** compter sur, se faire une fête de ‖ *tr* envoyer, expédier; (*a letter*) faire suivre; (*a project*) avancer, favoriser
for'warding address' *s* adresse *f* d'expédition, adresse d'envoi
fossil ['fɑsɪl] *adj & s* fossile *m*
foster ['fɑstər], ['fɔstər] *adj* de lait, nourricier ‖ *tr* encourager, entretenir
fos'ter broth'er *s* frère *m* de lait
fos'ter fa'ther *s* père *m* nourricier
foul [faʊl] *adj* immonde; (*air*) vicié; (*wind*) contraire; (*weather*) gros, sale; (*breath*) fétide; (*language*) ordurier; (*water*) bourbeux; (*ball*) hors jeu ‖ *s* (baseball) faute *f*; (boxing) coup *m* bas ‖ *adv* déloyalement ‖ *tr* (sports) commettre une faute contre ‖ *intr* (*said of anchor, propeller, rope, etc.*) s'engager
foul-mouthed ['faʊl'maʊðd], ['faʊl'maʊθt] *adj* mal embouché
foul' play' *s* malveillance *f*; (sports) jeu *m* déloyal
found [faʊnd] *tr* fonder, établir; (*metal*) fondre
foundation [faʊn'deʃən] *s* (*basis; masonry support*) fondement *m*; (*act of endowing*) dotation *f*; (*endowment*) fondation *f*
founder ['faʊndər] *s* fondateur *m*; (*in foundry*) fondeur *m* ‖ *intr* (*said of horse*) boiter bas; (*said of building*) s'effondrer; (naut) sombrer
foundling ['faʊndlɪŋ] *s* enfant *m* trouvé
found'ling hos'pital *s* hospice *m* des enfants trouvés
found·ry ['faʊndri] *s* (*pl* **-ries**) fonderie *f*
found'ry·man *s* (*pl* **-men**) fondeur *m*
fount [faʊnt] *s* source *f*
fountain ['faʊntən] *s* fontaine *f*
foun'tain·head' *s* source *f*, origine *f*
Foun'tain of Youth' *s* fontaine *f* de Jouvence
foun'tain pen' *s* stylo *m*
four [for] *adj & pron* quatre ‖ *s* quatre *m*; **four o'clock** quatre heures; **on all fours** à quatre pattes
four'-cy'cle *adj* (mach) à quatre temps
four'-cyl'inder *adj* (mach) à quatre cylindres
four'-flush' *intr* (coll) bluffer, faire le fanfaron
fourflusher ['for,flʌʃər] *s* (coll) bluffeur *m*
four'-foot'ed *adj* quadrupède
four' hun'dred *adj & pron* quatre cents ‖ *s* quatre cents *m*; **the Four Hundred** la haute société; le Tout Paris
four'-in-hand' *s* (*tie*) cravate-plastron *f*; (*team*) attelage *m* à quatre
four'-lane' *adj* à quatre voies
four'-leaf clo'ver *s* trèfle *m* à quatre feuilles
four'-motor plane' *s* quadrimoteur *m*
four'-o'clock' *s* (*Mirabilis jalapa*) belle-de-nuit *f*
four' of a kind' *s* (cards) un carré
four'-post'er *s* lit *m* à colonnes
four'score' *adj* quatre-vingts
foursome ['forsəm] *s* partie *f* double
fourteen ['for'tin] *adj, pron, & s* quatorze *m*
fourteenth ['for'tinθ] *adj & pron* quatorzième (*masc, fem*); **the Fourteenth** quatorze, e.g., **John the Fourteenth** Jean quatorze ‖ *s* quatorze *m*; **the fourteenth** (*in dates*) le quatorze
fourth [forθ] *adj & pron* quatrième (*masc, fem*); **the Fourth** quatre, e.g., **John the Fourth** Jean quatre ‖ *s* quatrième *m*; (*in fractions*) quart *m*; **the fourth** (*in dates*) le quatre
fourth' estate' *s* quatrième pouvoir *m*
fowl [faʊl] *s* volaille *f*
fox [fɑks] *s* renard *m* ‖ *tr* (coll) mystifier
fox'glove' *s* digitale *f*
fox'hole' *s* renardière *f*; (mil) gourbi *m*, abri *m* de tranchée
fox'hound' *s* fox-hound *m*
fox' hunt' *s* chasse *f* au renard
fox' ter'rier *s* fox-terrier *m*
fox' trot' *s* (*of animal*) petit trot *m*; (*dance*) fox-trot *m*
fox·y ['fɑksi] *adj* (*comp* **-ier**; *super* **-iest**) rusé, madré
foyer ['fɔɪ·ər] *s* (*lobby*) foyer *m*; (*entrance hall*) vestibule *m*
fracas ['frekəs] *s* bagarre *f*, rixe *f*
fraction ['frækʃən] *s* fraction *f*
fractional ['frækʃənəl] *adj* fractionnaire
frac'tional cur'rency *s* monnaie *f* divisionnaire
fracture ['fræktʃər] *s* fracture *f*; **to set**

a fracture réduire une fracture || *tr* fracturer
fragile ['frædʒɪl] *adj* fragile
fragment ['frægmənt] *s* fragment *m* || *tr* fragmenter
fragrance ['fregrəns] *s* parfum *m*
fragrant ['fregrənt] *adj* parfumé
frail [frel] *adj* frêle; (*e.g., virtue*) fragile, faible || *s* (*basket*) couffe *f*
frail·ty ['frelti] *s* (*pl* **-ties**) fragilité *f*; (*weakness*) faiblesse *f*
frame [frem] *s* (*of picture, mirror*) cadre *m*; (*of glasses*) monture *f*; (*of window, car*) châssis *m*; (*of window, motor*) bâti *m*; (*support, stand*) armature *f*; (*structure*) charpente *f*; (*for embroidering*) métier *m*; (*of comic strip*) cadre, dessin *m*; (mov, telv) image *f* || *tr* former, charpenter; (*a picture*) encadrer; (*film*) cadrer; (*an answer*) formuler; (slang) monter une accusation contre
frame' house' *s* maison *f* en bois
frame' of mind' *s* disposition *f* d'esprit
frame'-up' *s* (slang) coup *m* monté
frame'work' *s* charpente *f*, squelette *m*
framing ['fremɪŋ] *s* (mov, phot) cadrage *m*
France [fræns], [frɑns] *s* France *f*; la France
franchise ['fræntʃaɪz] *s* concession *f*, privilège *m*; droit *m* de vote
frank [fræŋk] *adj* franc || *s* franchise *f* postale; **Frank** (*medieval German person*) Franc *m*; (*masculine name*) François *m* || *tr* affranchir
frankfurter ['fræŋkfərtər] *s* saucisse *f* de Francfort
frankincense ['fræŋkɪn,sens] *s* oliban *m*
Frankish ['fræŋkɪʃ] *adj* franc || *s* francique *m*
frankness ['fræŋknɪs] *s* franchise *f*
frantic ['fræntɪk] *adj* frénétique
fraternal [frə'tʌrnəl] *adj* fraternel
fraterni·ty [frə'tʌrnɪti] *s* (*pl* **-ties**) fraternité *f*; (*association*) confrérie *f*; (*at a university*) club *m* d'étudiants, amicale *f* estudiantine
fraternize ['frætər,naɪz] *intr* fraterniser
fraud [frɔd] *s* fraude *f*; (*person*) imposteur *m*, fourbe *mf*
fraudulent ['frɔdjələnt] *adj* frauduleux, en fraude
fraught [frɔt] *adj*—**fraught with** chargé de
fray [fre] *s* bagarre *f* || *tr* érailler || *intr* s'érailler
freak [frik] *s* (*sudden fancy*) caprice *m*; (*anomaly*) curiosité *f*; (*person, animal*) monstre *m*
freakish ['frikɪʃ] *adj* capricieux; bizarre; (*grotesque*) monstrueux
freckle ['frekəl] *s* tache *f* de rousseur, éphélide *f*
freckly ['frekli] *adj* couvert de taches de rousseur
free [fri] *adj* (*comp* **freer** ['fri·ər]; *super* **freest** ['fri·ɪst]) libre; (*without charge*) gratuit; (*without extra charge*) franc, exempt; (*e.g., end of a rope*) dégagé; (*with money, advice, etc.*) libéral, généreux; (*manner, speech, etc.*) franc, ouvert; **to set free** libérer, affranchir || *adv* franco, gratis, gratuitement; (naut) largue, e.g., **running free** courant largue || *v* (*pret & pp* **freed** [frid]; *ger* **freeing** ['fri·ɪŋ]) *tr* libérer; (*a prisoner*) affranchir, élargir; (*to disengage*) dégager; (*from an obligation*) exempter
free' and eas'y *adj* désinvolte, dégagé
freebooter ['fri,butər] *s* flibustier *m*, maraudeur *m*
free' com'peti'tion *s* libre concurrence *f*
freedom ['fridəm] *s* liberté *f*
free'dom of speech' *s* liberté *f* de la parole
free'dom of the press' *s* liberté *f* de la presse
free'dom of the seas' *s* liberté *f* des mers
free'dom of thought' *s* liberté *f* de la pensée
free'dom of wor'ship *s* liberté *f* du culte, libre pratique *f*
free'-for-all' *s* foire *f* d'empoigne, mêlée *f*
free' hand' *s* carte *f* blanche
free'-hand draw'ing *s* dessin *m* à main levée
free'hand'ed *adj* libéral, généreux
free'hold' *s* (law) propriété *f* foncière perpétuelle; (hist) franc-alleu *m*
free' lance' *s* franc-tireur *m*
free'man *s* (*pl* **-men**) homme *m* libre; (*citizen*) citoyen *m*
Free'ma'son *s* franc-maçon *m*
Free'ma'sonry *s* franc-maçonnerie *f*
free' of charge' *adj & adv* gratis, exempt de frais
free' on board' *adv* franco de bord, départ usine
free' port' *s* port *m* franc
free' speech' *s* liberté *f* de la parole
free'-spo'ken *adj* franc; **to be free-spoken** avoir son franc-parler
free'think'er *s* libre penseur *m*
free' thought' *s* libre pensée *f*
free' tick'et *s* billet *m* de faveur
free' trade' *s* libre-échange *m*
free' trad'er *s* libre-échangiste *mf*
free'way' *s* autoroute *f*
free'will' *adj* volontaire, de plein gré
free' will' *s* libre arbitre *m*; **of one's own free will** de son propre gré
freeze [friz] *s* congélation *f* || *v* (*pret* **froze** [froz]; *pp* **frozen**) *tr* geler, congeler; (*assets, credits, etc.*) geler, bloquer; (*e.g., meat*) congeler || *intr* geler; **it is freezing** il gèle
freezer ['frizər] *s* (*for making ice cream*) sorbetière *f*; (*for foods*) congélateur *m*
freight [fret] *s* fret *m*, chargement *m*; (*cost*) fret, prix *m* du transport; **by freight** (rr) en petite vitesse || *tr* transporter; (*a ship, truck, etc.*) charger
freight' car' *s* wagon *m* de marchandises, wagon à caisse
freighter ['fretər] *s* cargo *m*

freight′ plat′form *s* quai *m* de déchargement
freight′ sta′tion *s* gare *f* de marchandises
freight′ train′ *s* train *m* de marchandises
freight′ yard′ *s* (rr) cour *f* de marchandises
French [frentʃ] *adj* français ‖ *s* (*language*) français *m*; **the French** les Français
French′ Cana′dian *s* Franco-Canadien *m*
French′-Cana′dian *adj* franco-canadien
French′ chalk′ *s* craie *f* de tailleur, stéatite *f*
French′ cuff′ *s* poignet *m* mousquetaire
French′ door′ *s* porte-fenêtre *f*
French′ dress′ing *s* vinaigrette *f*
French′ fries′ *spl* frites *fpl*
French′ horn′ *s* (mus) cor *m* d'harmonie
French′ horse′power *s* (*735 watts*) cheval-vapeur *m*, cheval *m*
French′ leave′ *s*—**to take French leave** filer à l'anglaise
French′man *s* (*pl* **-men**) Français *m*
French′ roll′ *s* petit pain *m*
French′-speak′ing *adj* francophone; (*country*) de langue française
French′ tel′ephone *s* combiné *m*
French′ toast′ *s* pain *m* perdu
French′ win′dow *s* porte-fenêtre *f*
French′wom′an *s* (*pl* **-wom′en**) Française *f*
frenzied [ˈfrenzid] *adj* frénétique
fren·zy [ˈfrenzi] *s* (*pl* **-zies**) frénésie *f*
frequen·cy [ˈfrikwənsi] *s* (*pl* **-cies**) fréquence *f*
fre′quency modula′tion *s* modulation *f* de fréquence
frequent [ˈfrikwənt] *adj* fréquent ‖ [frɪˈkwent], [ˈfrikwənt] *tr* fréquenter
frequently [ˈfrikwəntli] *adv* fréquemment
fres·co [ˈfresko] *s* (*pl* **-coes** or **-cos**) fresque *f* ‖ *tr* peindre à fresque
fresh [freʃ] *adj* frais; (*water*) doux; (*e.g., idea*) nouveau; (*wound*) saignant; (*cheeky*) (coll) osé, impertinent; **fresh paint!** (public sign) attention, peinture fraîche! ‖ *adv* nouvellement; **fresh in** (coll) récemment arrivé; **fresh out** (coll) récemment épuisé
freshen [ˈfreʃən] *tr* rafraîchir ‖ *intr* se rafraîchir; (*said of wind*) fraîchir
freshet [ˈfreʃɪt] *s* crue *f*
fresh′man *s* (*pl* **-men**) étudiant *m* de première année, bizut *m*
freshness [ˈfreʃnɪs] *s* fraîcheur *f*; (*sauciness*) impudence *f*, impertinence *f*
fresh′-wa′ter *adj* d'eau douce
fret [fret] *s* (*interlaced design*) frette *f*; (*uneasiness*) inquiétude *f*; (mus) touchette *f* ‖ *v* (*pret & pp* **fretted**; *ger* **fretting**) *tr* ajourer ‖ *intr* s'inquiéter, geindre
fretful [ˈfretfəl] *adj* irritable, boudeur
fret′work′ *s* ajour *m*, ornementation *f* ajourée

Freudianism [ˈfrɔɪdɪ·ə ˌnɪzəm] *s* freudisme *m*
friar [ˈfraɪ·ər] *s* moine *m*
fricassee [ˌfrɪkəˈsi] *s* fricassée *f*
friction [ˈfrɪkʃən] *s* friction *f*
fric′tion tape′ *s* chatterton *m*, ruban *m* isolant
Friday [ˈfraɪdi] *s* vendredi *m*
fried [fraɪd] *adj* frit
fried′ egg′ *s* œuf *m* sur le plat
friend [frend] *s* ami *m*; **to make friends with** se lier d'amitié avec
friend·ly [ˈfrendli] *adj* (*comp* **-lier**; *super* **-liest**) amical, sympathique
friendship [ˈfrendʃɪp] *s* amitié *f*
frieze [friz] *s* (archit) frise *f*
frigate [ˈfrɪgɪt] *s* frégate *f*
fright [fraɪt] *s* frayeur *f*, effroi *m*; (*grotesque or ridiculous person*) (coll) épouvantail *m*; **to take fright at** s'effrayer de
frighten [ˈfraɪtən] *tr* effrayer; **to frighten away** effaroucher, faire fuir
frightful [ˈfraɪtfəl] *adj* effroyable; (coll) affreux; (*huge*) (coll) énorme
frigid [ˈfrɪdʒɪd] *adj* frigide; (*zone*) glacial
frigidity [frɪˈdʒɪdɪti] *s* frigidité *f*
frill [frɪl] *s* (*on shirt front*) jabot *m*; (*frippery*) falbala *m*
fringe [frɪndʒ] *s* frange *f*; (*border*) bordure *f*; (opt) frange; **on the fringe of** en marge de ‖ *tr* franger
fringe′ ben′efits *spl* supplément *m* de solde, bénéfices *mpl* marginaux
fripper·y [ˈfrɪpəri] *s* (*pl* **-ies**) (*flashiness*) clinquant *m*; (*inferior goods*) camelote *f*
frisk [frɪsk] *tr* (slang) fouiller, palper ‖ *intr*—**to frisk about** gambader, folâtrer
frisk·y [ˈfrɪski] *adj* (*comp* **-ier**; *super* **-iest**) vif, folâtre; (*horse*) fringant
fritter [ˈfrɪtər] *s* beignet *m* ‖ *tr*—**to fritter away** gaspiller
frivolous [ˈfrɪvələs] *adj* frivole
frizzle [ˈfrɪzəl] *s* frisure *f* ‖ *tr* frisotter; (culin) faire frire ‖ *intr* frisotter; (culin) grésiller
friz·zly [ˈfrɪzli] *adj* (*comp* **-zlier**; *super* **-zliest**) crépu, crépelu
fro [fro] *adv*—**to and fro** de long en large; **to go to and fro** aller et venir
frock [frɑk] *s* robe *f*; (*overalls, smock*) blouse *f*; (eccl) froc *m*
frock′ coat′ *s* redingote *f*
frog [frɑg], [frɔg] *s* grenouille *f*; (*in throat*) chat *m*
frog′man′ *s* (*pl* **-men′**) homme-grenouille *m*
frogs′′ legs′ *spl* cuisses *fpl* de grenouille
frol·ic [ˈfrɑlɪk] *s* gaieté *f*, ébats *mpl* ‖ *v* (*pret & pp* **-icked**; *ger* **-icking**) *intr* s'ébattre, folâtrer
frolicsome [ˈfrɑlɪksəm] *adj* folâtre
from [frʌm], [frɑm], [frəm] *prep* de; de la part de, e.g., **greetings from your friend** compliments de la part de votre ami; contre, e.g., **a shelter from the rain** un abri contre la pluie; **from a certain angle** sous un certain angle; **from . . . to** depuis . . .

jusqu'à; **from what I hear** d'après ce que j'apprends; **the flight from** le vol en provenance de; **to drink from** (*a glass*) boire dans; (*a bottle*) boire à; **to learn from a book** apprendre dans un livre; **to steal from** voler à

front [frʌnt] *adj* antérieur, de devant || *s* devant *m*; (*first place*) premier rang *m*; (aut) avant *m*; (geog, mil, pol) front *m*; (*figurehead*) (coll) prête-nom *m*; **in front** par devant; **in front of** en face de, devant; **to put up a bold front** (coll) faire bonne contenance || *tr* (*to face*) donner sur; (*to confront*) affronter || *intr*—**to front on** donner sur

frontage [ˈfrʌntɪdʒ] *s* façade *f*; (*along a street, lake, etc.*) largeur *f*

front' door' *s* porte *f* d'entrée

front' drive' *s* (aut) traction *f* avant

frontier [frʌnˈtɪr] *adj* frontalier || *s* frontière *f*; (hist) front *m* de colonisation, front pionnier

frontiers'man *s* (*pl* **-men**) frontalier *m*, broussard *m*

frontispiece [ˈfrʌntɪsˌpis] *s* frontispice *m*; (archit) façade *f* principale

front' lines' *spl* avant-postes *mpl*

front' mat'ter *s* (*of book*) feuilles *fpl* liminaires

front' of'fice *s* direction *f*

front' porch' *s* porche *m*

front' room' *s* chambre *f* sur la rue

front' row' *s* premier rang *m*

front' seat' *s* siège *m* avant; (aut) banquette *f* avant

front' steps' *spl* perron *m*

front' view' *s* vue *f* de face

front' yard' *s* devant *m* de la maison

frost [frɔst], [frɑst] *s* (*freezing*) gelée *f*; (*frozen dew*) givre *m* || *tr* (*to freeze*) geler; (*to cover with frost*) givrer; (culin) glacer

frost'bite' *s* engelure *f*

frost'ed glass' *s* verre *m* dépoli

frosting [ˈfrɔstɪŋ], [ˈfrɑstɪŋ] *s* (*on glass*) dépolissage *m*; (culin) fondant *m*

frost·y [ˈfrɔsti], [ˈfrɑsti] *adj* (*comp* **-ier**; *super* **-iest**) couvert de givre; (*reception, welcome*) glacé, glacial

froth [frɔθ], [frɑθ] *s* écume *f*; (*on soap, beer, chocolate*) mousse *f*; (*frivolity*) futilité *f* || *intr* mousser; (*at the mouth*) écumer

froth·y [ˈfrɔθi], [ˈfrɑθi] *adj* (*comp* **-ier**; *super* **-iest**) écumeux; (*soap, beer, chocolate*) mousseux; (*frivolous*) creux, futile

froward [ˈfrowərd] *adj* obstiné, revêche

frown [fraun] *s* froncement *m* de sourcils || *intr* froncer les sourcils; **to frown at** or **on** être contraire à, désapprouver

frows·y or **frowz·y** [ˈfrauzi] *adj* (*comp* **-ier**; *super* **-iest**) malpropre, négligé, peu soigné; (*smelling bad*) malodorant

fro'zen as'sets [ˈfrozən] *spl* fonds *mpl* gelés

fro'zen foods' *spl* aliments *mpl* surgelés

frugal [ˈfrugəl] *adj* sobre, modéré; (*meal*) frugal

fruit [frut] *adj* fruitier || *s* fruit *m*; les fruits, e.g., **I like fruit** j'aime les fruits

fruit' cake' *s* cake *m*

fruit' cup' *s* coupe *f* de fruits

fruit' fly' *s* mouche *f* du vinaigre

fruitful [ˈfrutfəl] *adj* fructueux, fécond

fruition [fruˈɪʃən] *s* réalisation *f*; **to come to fruition** fructifier

fruit' juice' *s* jus *m* de fruits

fruitless [ˈfrutlɪs] *adj* stérile, vain

fruit' sal'ad *s* macédoine *f* de fruits, salade *f* de fruits

fruit' stand' *s* étalage *m* de fruits

fruit' store' *s* fruiterie *f*

frumpish [ˈfrʌmpɪʃ] *adj* fagoté, négligé

frustrate [ˈfrʌstret] *tr* frustrer

fry [fraɪ] *s* (*pl* **fries**) (culin) friture *f*; (ichth) fretin *m* || *v* (*pret & pp* **fried**) *tr* faire frire; (*to sauté*) faire sauter || *intr* frire

fry'ing pan' *s* poêle *f* à frire; **to jump from the frying pan into the fire** sauter de la poêle dans le feu

fudge [fʌdʒ] *s* fondant *m* de chocolat; (*humbug*) blague *f*

fuel [ˈfju·əl] *s* combustible *m*; (aut) carburant *m*; (fig) aliment *m* || *v* (*pret & pp* **fueled** or **fuelled**; *ger* **fueling** or **fuelling**) *tr* pourvoir en combustible

fu'el gauge' *s* jauge *f* de combustible

fu'el line' *s* conduite *f* de combustible

fu'el oil' *s* mazout *m*, fuel-oil *m*, fuel *m*

fu'el tank' *s* réservoir *m* de carburant; (aut) réservoir à essence

fugitive [ˈfjudʒɪtɪv] *adj & s* fugitif *m*

ful·crum [ˈfʌlkrəm] *s* (*pl* **-crums** or **-cra** [krə]) point *m* d'appui

fulfill [fʊlˈfɪl] *tr* accomplir; (*an obligation*) s'acquitter de, remplir

fulfillment [fʊlˈfɪlmənt] *s* accomplissement *m*

full [fʊl] *adj* plein; (*dress, garment*) ample, bouffant; (*schedule*) chargé; (*lips*) gros, fort; (*brother, sister*) germain; (*having no more room*) complet; **full to overflowing** plein à déborder || *s* plein *m*; **in full** intégralement, entièrement; (*to spell in full*) en toutes lettres; **to the full** complètement || *adv* complètement; **full in the face** en pleine figure; **full many a** bien des; **full well** parfaitement || *tr* (*cloth*) fouler

full' blast' *adv* (coll) en pleine activité

full'-blood'ed *adj* robuste; (*thoroughbred*) pur sang

full-blown [ˈfʊlˈblon] *adj* achevé, développé; en pleine fleur

full'-bod'ied *adj* (*e.g., wine*) corsé

full' dress' *s* grande tenue *f*

full'-dress coat' *s* frac *m*

full'-faced' *adj* (*portrait*) de face

full-fledged [ˈfʊlˈflɛdʒd] *adj* véritable, rien moins que

full-grown [ˈfʊlˈgron] *adj* (*plant*) mûr; (*tree*) de haute futaie; (*person*) adulte

full′ house′ *s* (poker) main *f* pleine; (theat) salle *f* comble
full′-length′ *adj* (*portrait*) en pied
full′-length mir′ror *s* psyché *f*
full′-length mov′ie *s* long métrage *m*
full′ load′ *s* plein chargement *m*
full′ meas′ure *s* mesure *f* comble
full′ moon′ *s* pleine lune *f*
full′ name′ *s* nom *m* et prénoms *mpl*
full′ pow′ers *spl* pleins pouvoirs *mpl*
full′ rest′ *s* (mus) pause *f*
full′ sail′ *adv* toutes voiles dehors
full′ ses′sion *s* assemblée *f* plénière
full′-sized′ *adj* de grandeur nature
full′ speed′ *s* toute vitesse *f*
full′ stop′ *s* (gram) point *m* final; **to come to a full stop** s'arrêter net
full′ swing′ *s*—**in full swing** en pleine activité, en train
full′ tilt′ *adv* à toute vitesse
full′ time′ *adv* à pleines journées
full′-time′ *adj* à temps plein
full′ view′ *s*—**in full view** à la vue de tous
full′ weight′ *s* poids *m* juste
fully [ˈfʊli], [ˈfʊlli] *adv* entièrement, pleinement
fulsome [ˈfʊlsəm], [ˈfʌlsəm] *adj* écœurant, bas, servile
fumble [ˈfʌmbəl] *tr* manier maladroitement; (*the ball*) ne pas attraper, laisser tomber || *intr* tâtonner
fume [fjum] *s* (*bad humor*) rage *f*; **fumes** fumées *fpl*, vapeurs *fpl* || *tr* & *intr* fumer
fumigate [ˈfjumɪ ˌget] *tr* fumiger
fun [fʌn] *s* amusement *m*, gaieté *f*; (*badinage*) plaisanterie *f*; **in fun** pour rire; **to have fun** s'amuser; **to make fun of** se moquer de
function [ˈfʌŋkʃən] *s* fonction *f*; (*meeting*) cérémonie *f* || *intr* fonctionner; **to function as** faire fonction de
functional [ˈfʌŋkʃənəl] *adj* fonctionnel
functionar•y [ˈfʌŋkʃəˌneri] *s* (*pl* **-ies**) fonctionnaire *mf*
fund [fʌnd] *s* fonds *m*; **funds** fonds *mpl* || *tr* (*a debt*) consolider
fundamental [ˌfʌndəˈmentəl] *adj* fondamental || *s* principe *m*, base *f*
fundamentalist [ˌfʊndəˈmentəlɪst] *s* (rel) scripturaire *m*
funeral [ˈfjunərəl] *adj* (*march, procession, ceremony*) funèbre; (*expenses*) funéraire || *s* funérailles *fpl*
fu′neral direc′tor *s* entrepreneur *m* de pompes funèbres
fu′neral home′ or **par′lor** *s* chapelle *f* mortuaire; salon *m* mortuaire (Canad); (*business*) entreprise *f* de pompes funèbres
fu′neral proces′sion *s* convoi *m* funèbre, enterrement *m*, deuil *m*
fu′neral serv′ice *s* office *m* des morts
funereal [fjuˈnɪrɪ·əl] *adj* funèbre
fungus [ˈfʌŋgəs] *s* (*pl* **funguses** or **fungi** [ˈfʌndʒaɪ]) (bot) champignon *m*; (pathol) fongus *m*
funicular [fjuˈnɪkjələr] *adj* & *s* funiculaire *m*
funk [fʌŋk] *s* (coll) frousse *f*
fun•nel [ˈfʌnəl] *s* entonnoir *m*; (*smokestack*) cheminée *f*; (*tube for ventilation*) tuyau *m* || *v* (*pret* & *pp* **-neled** or **-nelled**; *ger* **-neling** or **-nelling**) *tr* verser avec un entonnoir; (*to channel*) concentrer
funnies [ˈfʌniz] *spl* pages *fpl* comiques
fun•ny [ˈfʌni] *adj* (*comp* **-nier**; *super* **-niest**) comique; amusant, drôle; (coll) bizarre, curieux; **to strike s.o. as funny** paraître drôle à qn
fun′ny pa′per *s* pages *fpl* comiques
fur [fʌr] *s* fourrure *f*; (*on tongue*) empâtement *m*; **furs** pelleteries *fpl*
furbish [ˈfʌrbɪʃ] *tr* fourbir; **to furbish up** remettre à neuf
furious [ˈfjʊrɪ·əs] *adj* furieux
furl [fʌrl] *tr* (naut) ferler
fur′-lined′ *adj* doublé de fourrure
furlough [ˈfʌrlo] *s* permission *f*; **on furlough** en permission || *tr* donner une permission à
furnace [ˈfʌrnɪs] *s* (*to heat a house*) calorifère *m*; (*to produce steam*) chaudière *f*; (*e.g., to smelt ores*) fourneau *m*; (rr) foyer *m*; (fig) fournaise *f*
furnish [ˈfʌrnɪʃ] *tr* fournir; (*a house*) meubler
fur′nished apart′ment *s* garni *m*, appartement *m* meublé
furnishings [ˈfʌrnɪʃɪŋz] *spl* ameublement *m*; (*things to wear*) articles *mpl* d'habillement
furniture [ˈfʌrnɪtʃər] *s* meubles *mpl*; **a piece of furniture** un meuble; **a suite of furniture** un mobilier
fur′niture deal′er *s* marchand *m* de meubles
fur′niture pol′ish *s* encaustique *f*
fur′niture store′ *s* maison *f* d'ameublement
fur′niture ware′house *s* garde-meuble *m*
furor [ˈfjʊrər] *s* fureur *f*
furrier [ˈfʌrɪ·ər] *s* fourreur *m*, pelletier *m*
furrow [ˈfʌro] *s* sillon *m* || *tr* sillonner
fur•ry [ˈfʌri] *adj* (*comp* **-rier**; *super* **-riest**) fourré, à fourrure
further [ˈfʌrðər] *adj* additionnel, supplémentaire || *adv* plus loin; (*besides*) en outre, de plus || *tr* avancer, favoriser
furtherance [ˈfʌrðərəns] *s* avancement *m*
fur′ther•more′ *adv* de plus, d'ailleurs
furthest [ˈfʌrðɪst] *adj* (le) plus éloigné || *adv* le plus loin
furtive [ˈfʌrtɪv] *adj* furtif
fu•ry [ˈfjʊri] *s* (*pl* **-ries**) furie *f*
furze [fʌrz] *s* genêt *m* épineux, ajonc *m* d'Europe
fuse [fjuz] *s* (*tube or wick filled with explosive material*) étoupille *f*, mèche *f*; (*device for exploding a bomb or projectile*) fusée *f*; (elec) fusible *m*, plomb *m* de sûreté, plomb fusible; **to burn** or **blow out a fuse** faire sauter un plomb || *tr* fondre; étoupiller || *intr* se fondre
fuse′ box′ *s* boîte *f* à fusibles

fuselage ['fjuzəlɪdʒ], [ˌfjuzə'lɑʒ] *s* fuselage *m*
fusible ['fjuzɪbəl] *adj* fusible
fusillade [ˌfjuzɪ'led] *s* fusillade *f*
fusion ['fjuʒən] *s* fusion *f*
fuss [fʌs] *s* fracas *m*; (*dispute*) bagarre *f*; **to kick up a fuss** (coll) faire un tas d'histoires; **to make a fuss over** faire grand cas de || *intr* faire des embarras, simagrées, or chichis; **to fuss over** être aux petits soins auprès de
fuss•y ['fʌsi] *adj* (*comp* **-ier**; *super* **-iest**) tracassier, tatillon; (*in dress*) pomponné
fustian ['fʌstʃən] *s* (*cloth*) futaine *f*; (*bombast*) grandiloquence *f*
futile ['fjutɪl] *adj* futile
future ['fjutʃər] *adj* futur, d'avenir || *s* avenir *m*; (gram) futur *m*; **futures** (com) valeurs *fpl* négociées à terme; **in the future** à l'avenir; **in the near future** à brève échéance
fuzz [fʌz] *s* (*on a peach*) duvet *m*; (*on a blanket*) peluche *f*; (*in pockets and corners*) bourre *f*
fuzz•y ['fʌzi] *adj* (*comp* **-ier**; *super* **-iest**) pelucheux; (*hair*) crêpelu; (*indistinct*) flou

G

G, g [dʒi] *s* VIIe lettre de l'alphabet
gab [gæb] *s* (coll) bavardage *m*, langue *f* || *v* (*pret & pp* **gabbed**; *ger* **gabbing**) *intr* (coll) bavarder
gabardine ['gæbərˌdin] *s* gabardine *f*
gabble ['gæbəl] *s* jacasserie *f* || *intr* jacasser
gable ['gebəl] *s* (*of roof*) pignon *m*; (*over a door or window*) gable *m*
ga'ble end' *s* pignon *m*
ga'ble roof' *s* comble *m* sur pignon, toit *m* à deux pentes
gad [gæd] *v* (*pret & pp* **gadded**; *ger* **gadding**) *intr*—**to gad about** courir la prétantaine, vadrouiller
gad'about' *s* vadrouilleur *m*
gad'fly' *s* (*pl* **-flies**) taon *m*
gadget ['gædʒɪt] *s* dispositif *m*; (*unnamed article*) machin *m*, truc *m*
Gaelic ['gelɪk] *adj & s* gaélique *m*
gaff [gæf] *s* gaffe *f*; **to stand the gaff** (slang) ne pas broncher
gaffer ['gæfər] *s* (coll) vieux bonhomme *m*
gag [gæg] *s* bâillon *m*; (*interpolation by an actor*) gag *m*; (*joke*) blague *f* || *v* (*pret & pp* **gagged**; *ger* **gagging**) *tr* bâillonner || *intr* avoir des haut-le-cœur
gage [gedʒ] *s* (*pledge*) gage *m*; (*challenge*) défi *m*
gaie•ty ['ge·ɪti] *s* (*pl* **-ties**) gaieté *f*
gaily ['geli] *adv* gaiement
gain [gen] *s* gain *m*; (*increase*) accroissement *m* || *tr* gagner; (*to reach*) atteindre, gagner || *intr* gagner du terrain; (*said of invalid*) s'améliorer; (*said of watch*) avancer; **to gain on** prendre de l'avance sur
gainful ['genfəl] *adj* profitable
gain'say' *v* (*pret & pp* **-said** [ˌsed], [ˌsɛd]) *tr* (*to deny*) nier; (*to contradict*) contredire; **not to gainsay** ne pas disconvenir de
gait [get] *s* démarche *f*, allure *f*
gaiter ['getər] *s* guêtre *f*
gala ['gælə], ['gelə] *adj* de gala || *s* gala *m*
galax•y ['gæləksi] *s* (*pl* **-ies**) galaxie *f*
gale [gel] *s* gros vent *m*; **gales of laughter** éclats *mpl* de rire; **to weather a gale** étaler un coup de vent
gall [gɔl] *s* bile *f*, fiel *m*; (*something bitter*) (fig) fiel *m*, amertume *f*; (*audacity*) (coll) toupet *m* || *tr* écorcher par le frottement; (fig) irriter
gallant ['gælənt] *adj* (*spirited, daring*) vaillant, brave; (*stately, grand*) fier, noble; (*showy, gay*) élégant, superbe, de fête || ['gælənt], [gə'lænt] *adj* galant || *s* galant *m*; vaillant *m* || [gə'lænt] *intr* faire le galant
gallant•ry ['gæləntri] *s* (*pl* **-ries**) galanterie *f*; (*bravery*) vaillance *f*
gall' blad'der *s* vésicule *f* biliaire
gall' duct' *s* conduit *m* biliaire
galleon ['gælɪ·ən] *s* (naut) galion *m*
galler•y ['gæləri] *s* (*pl* **-ies**) galerie *f*; (*cheapest seats in theater*) poulailler *m*; **to play to the gallery** poser pour la galerie
galley ['gæli] *s* (*ship*) galère *f*; (*ship's kitchen*) coquerie *f*; (typ) galée *f*
gal'ley proof' *s* placard *m*; épreuve *f* en placard
gal'ley slave' *s* galérien *m*
Gallic ['gælɪk] *adj* gaulois
Gal'lic wit' *s* esprit *m* gaulois
galling ['gɔlɪŋ] *adj* irritant, blessant
gallivant ['gælɪˌvænt] *intr* courailler
gall'nut' *s* noix *f* de galle
gallon ['gælən] *s* gallon *m* américain
galloon [gə'lun] *s* galon *m*
gallop ['gæləp] *s* galop *m* || *tr* faire galoper || *intr* galoper
gal•lows ['gæloz] *s* (*pl* **-lows** or **-lowses**) gibet *m*, potence *f*
gal'lows bird' *s* (coll) gibier *m* de potence
gall'stone' *s* calcul *m* biliaire
galore [gə'lor] *adv* à foison, à gogo
galoshes [gə'lɑʃɪz] *spl* caoutchoucs *mpl*
galvanize ['gælvəˌnaɪz] *tr* galvaniser
gal'vanized i'ron *s* tôle *f* galvanisée
gambit ['gæmbɪt] *s* gambit *m*
gamble ['gæmbəl] *s* risque *m*, affaire *f* de chance || *tr* jouer; **to gamble away**

perdre au jeu || *intr* jouer; jouer à la Bourse; (fig) prendre des risques
gambler ['gæmblər] *s* joueur *m*
gambling ['gæmblɪŋ] *s* jeu *m*
gam′bling den′ *s* tripot *m*
gam′bling house′ *s* maison *f* de jeu
gam′bling ta′ble *s* table *f* de jeu
gam·bol ['gæmbəl] *s* gambade *f* || *v* (*pret & pp* **-boled** or **-bolled**; *ger* **-boling** or **-bolling**) *intr* gambader
gambrel ['gæmbrəl] *s* (*hock*) jarret *m*; (*in butcher shop*) jambier *m*
gam′brel roof′ *s* toit *m* en croupe
game [gem] *adj* crâne, résolu; (*leg*) boiteux || *s* jeu *m*; (*contest*) match *m*; (*score necessary to win*) partie *f*; (*animal or bird*) gibier *m*; **to make game of** tourner en dérision
game′bag′ *s* carnassière *f*, gibecière *f*
game′ bird′ *s* oiseau *m* que l'on chasse
game′cock′ *s* coq *m* de combat
game′keep′er *s* garde-chasse *m*
game′ of chance′ *s* jeu *m* de hasard
game′ preserve′ *s* chasse *f* gardée
game′ war′den *s* garde-chasse *m*
gamut ['gæmət] *s* gamme *f*
gam·y ['gemi] *adj* (*comp* **-ier**; *super* **-iest**) (*having flavor of uncooked game*) faisandé; (*plucky*) crâne
gander ['gændər] *s* jars *m*
gang [gæŋ] *adj* multiple || *s* (*of workmen*) équipe *f*, brigade *f*; (*of thugs*) bande *f*; (*of wrongdoers*) séquelle *f*, clique *f* || *intr*—**to gang up** se concerter; **to gang up on** se liguer contre
gangling ['gæŋglɪŋ] *adj* dégingandé
gangli·on ['gæŋglɪ·ən] *s* (*pl* **-ons** or **-a** [ə]) ganglion *m*
gang′plank′ *s* passerelle *f*, planche *f* de débarquement
gangrene ['gæŋgrin] *s* gangrène *f* || *tr* gangrener || *intr* se gangrener
gangster ['gæŋstər] *s* bandit *m*, gangster *m*
gang′way′ *s* (*passageway*) passage *m*, coursive *f*; (*gangplank*) planche *f* de débarquement; (*in ship's side*) coupée *f* || *interj* rangez-vous!, dégagez!
gan·try ['gæntri] *s* (*pl* **-tries**) (*for barrels*) chantier *m*; (*for crane*) portique *m*; (rr) pont *m* à signaux
gan′try crane′ *s* grue *f* à portique
gap [gæp] *s* lacune *f*; (*in wall*) brèche *f*; (*between mountains*) col *m*, gorge *f*; (*between two points of view*) abîme *m*, gouffre *m*
gape [gep], [gæp] *s* ouverture *f*, brèche *f*; (*yawn*) bâillement *m*; (*look of astonishment*) badauderie *f* || *intr* (*to yawn*) bâiller; (*to look with astonishment*) badauder; **to gape at** regarder bouche bée
garage [gə'rɑʒ] *s* garage *m*
garb [gɑrb] *s* costume *m* || *tr* vêtir
garbage ['gɑrbɪdʒ] *s* ordures *fpl*
gar′bage can′ *s* poubelle *f*
gar′bage collec′tor *s* boueur *m*
gar′bage dispos′al *s* destruction *f* des ordures ménagères
gar′bage truck′ *s* benne *f* à ordures
garble ['gɑrbəl] *tr* mutiler, tronquer
garden ['gɑrdən] *s* jardin *m*; (*of vegetables*) potager *m*; (*of flowers*) parterre *m* || *intr* jardiner
gar′den cit′y *s* cité-jardin *f*
gardener ['gɑrdnər] *s* jardinier *m*
gardening ['gɑrdnɪŋ] *s* jardinage *m*
gar′den par′ty *s* garden-party *f*
gargle ['gɑrgəl] *s* gargarisme *m* || *intr* se gargariser
gargoyle ['gɑrgɔɪl] *s* gargouille *f*
garish ['gerɪʃ], ['gærɪʃ] *adj* cru, rutilant, criard
garland ['gɑrlənd] *s* guirlande *f* || *tr* guirlander
garlic ['gɑrlɪk] *s* ail *m*
garment ['gɑrmənt] *s* vêtement *m*
gar′ment bag′ *s* housse *f* à vêtements
garner ['gɑrnər] *tr* (*to gather, collect*) amasser; (*cereals*) engranger
garnet ['gɑrnɪt] *adj & s* grenat *m*
garnish ['gɑrnɪʃ] *s* garniture *f* || *tr* garnir; (law) effectuer une saisie-arrêt sur
garret ['gærɪt] *s* grenier *m*; (*dormer room*) mansarde *f*
garrison ['gærɪsən] *s* garnison *f* || *tr* (*troops*) mettre en garnison; (*a city*) mettre des troupes en garnison dans
garrote [gə'rɑt], [gə'rot] *s* (*method of execution*) garrotte *f*; (*iron collar used for such an execution*) garrot *m* || *tr* garrotter
garrulous ['gær(j)ələs] *adj* bavard
garter ['gɑrtər] *s* jarretelle *f*, jarretière *f*; (*for men's socks*) support-chaussette *m*, fixe-chaussette *m*
garth [gɑrθ] *s* cour *f* intérieure d'un cloître
gas [gæs] *s* gaz *m*; (coll) essence *f*; (*empty talk*) (coll) bavardage *m*; **out of gas** en panne sèche || *v* (*pret & pp* **gassed**; *ger* **gassing**) *tr* gazer, asphyxier || *intr* dégager des gaz; (*to talk nonsense*) (coll) bavarder
gas′bag′ *s* enveloppe *f* à gaz; (coll) blagueur *m*, baratineur *m*
gas′ burn′er *s* bec *m* de gaz
gas′ cham′ber *s* chambre *f* à gaz
Gascony ['gæskəni] *s* Gascogne *f*; la Gascogne
gas′ en′gine *s* moteur *m* à gaz
gaseous ['gæsɪ·əs] *adj* gazeux
gas′ gen′erator *s* gazogène *m*
gash [gæʃ] *s* entaille *f*; (*on face*) balafre *f* || *tr* entailler; balafrer
gas′ heat′ *s* chauffage *m* au gaz
gas′ heat′er *s* (*for hot water*) chauffe-eau *m* à gaz; (*for house heat*) calorifère *m* à gaz
gas′hold′er *s* gazomètre *m*
gasi·fy ['gæsɪ,faɪ] *v* (*pret & pp* **-fied**) *tr* gazéifier || *intr* se gazéifier
gas′ jet′ *s* bec *m* de gaz
gasket ['gæskɪt] *s* joint *m*
gas′light′ *s* éclairage *m* au gaz
gas′ main′ *s* conduite *f* de gaz
gas′ mask′ *s* masque *m* à gaz
gas′ me′ter *s* compteur *m* à gaz
gasoline ['gæsə,lin], [,gæsə'lin] *s* essence *f*
gas′oline can′ *s* bidon *m* d'essence
gas′oline gauge′ *s* voyant *m* d'essence
gas′oline pump′ *s* pompe *f* à essence

gasp [gæsp], [gɑsp] *s* halètement *m*; (*of surprise; of death*) hoquet *m* || *tr* —**to gasp out** (*a word*) dire dans un souffle || *intr* haleter
gas′ pipe′ *s* conduite *f* de gaz
gas′ produc′er *s* gazogène *m*
gas′ range′ *s* fourneau *m* à gaz, cuisinière *f* à gaz
gas′ sta′tion *s* poste *m* d'essence
gas′ stove′ *s* cuisinière *f* à gaz, réchaud *m* à gaz
gas′ tank′ *s* gazomètre *m*; (aut) réservoir *m* d'essence
gastric [ˈgæstrɪk] *adj* gastrique
gastronomy [gæsˈtrɑnəmi] *s* gastronomie *f*
gas′works′ *spl* usine *f* à gaz
gate [get] *s* porte *f*; (*in fence or wall*) grille *f*; (*main gate*) portail *f*; (*of sluice*) vanne *f*; (*number paying admission; amount paid*) entrée *f*; (rr) barrière *f*; **to crash the gate** resquiller
gate-crasher [ˈget ˌkræʃər] *s* (coll) resquilleur *m*
gate′keep′er *s* portier *m*; (rr) garde-barrière *mf*
gate′-leg ta′ble *s* table *f* à abattants
gate′post′ *s* montant *m*
gate′way′ *s* passage *m*, entrée *f*; (*main entrance*) portail *m*
gather [ˈgæðər] *tr* amasser, rassembler; (*the harvest*) rentrer; (*fruits, flowers, etc.*) cueillir, ramasser; (*one's thoughts*) recueillir; (bb) rassembler; (sewing) froncer; (*to deduce*) (fig) conclure; **to gather dust** s'encrasser; **to gather oneself together** se ramasser || *intr* se réunir, s'assembler; (*said of clouds*) s'amonceler
gathering [ˈgæðərɪŋ] *s* réunion *m*, rassemblement *m*; (*of harvest*) récolte *f*; (*of fruits, flowers, etc.*) cueillette *f*; (bb) assemblage *m*; (sewing) froncis *m*
gaud·y [ˈgɔdi] *adj* (*comp* **-ier**; *super* **-iest**) criard, voyant
gauge [gedʒ] *s* jauge *f*, calibre *m*; (*of liquid in a container*) niveau *m*; (*of gasoline, oil, etc.*) indicateur *m*; (*of carpenter*) trusquin *m*; (rr) écartement *m* || *tr* jauger, calibrer; (*a person; s.o.'s capacities; a distance*) juger de, jauger
gauge′ glass′ *s* indicateur *m* de niveau
Gaul [gɔl] *s* Gaule *f*; la Gaule
Gaulish [ˈgɔlɪʃ] *adj* & *s* gaulois *m*
gaunt [gɔnt], [gɑnt] *adj* décharné, étique, efflanqué
gauntlet [ˈgɔntlɪt], [ˈgɑntlɪt] *s* gantelet *m*; **to run the gauntlet** passer par les baguettes; **to take up the gauntlet** relever le gant; **to throw down the gauntlet** jeter le gant
gauze [gɔz] *s* gaze *f*
gavel [ˈgævəl] *s* marteau *m*
gawk [gɔk] *s* (coll) godiche *mf* || *intr* (coll) bayer aux corneilles; **to gawk at** (coll) regarder bouche bée
gawk·y [ˈgɔki] *adj* (*comp* **-ier**; *super* **-iest**) godiche
gay [ge] *adj* gai
gay′ blade′ *s* (coll) joyeux drille *m*
gaze [gez] *s* regard *m* fixe || *intr* regarder fixement
gazelle [gəˈzɛl] *s* gazelle *f*
gazette [gəˈzɛt] *s* gazette *f*; journal *m* officiel
gazetteer [ˌgæzəˈtɪr] *s* dictionnaire *m* géographique
gear [gɪr] *s* attirail *m*, appareil *m*; (*of transmission, steering, etc.*) mécanisme *m*; (*adjustment of automobile transmission*) marche *f*, vitesse *f*; (*two or more toothed wheels meshed together*) engrenage *m*; **out of gear** embrayé; **to throw into gear** embrayer; **to throw out of gear** débrayer; (fig) disloquer || *tr* & *intr* engrener
gear′box′ *s* (aut) boîte *f* de vitesses
gear′shift′ *s* changement *m* de vitesse
gear′shift lev′er *s* levier *m* de changement de vitesse
gear′wheel′ *s* roue *f* d'engrenage
gee [dʒi] *interj* sapristi!; (*to the right*) hue!; **gee up!** hue!
Gei′ger count′er [ˈgaɪgər] *s* compteur *m* de Geiger
gel [dʒɛl] *s* (chem) gel *m*
gelatine [ˈdʒɛlətɪn] *s* gélatine *f*
geld [gɛld] *v* (*pret* & *pp* **gelded** or **gelt** [gɛlt]) *tr* châtrer
gelding [ˈgɛldɪŋ] *s* hongre *m*
gem [dʒɛm] *s* gemme *f*; (fig) bijou *m*
gender [ˈdʒɛndər] *s* (gram) genre *m*; (coll) sexe *m*
gene [dʒin] *s* (biol) gène *m*
genealo·gy [ˌdʒɛnɪˈælədʒi], [ˌdʒinɪˈælədʒi] *s* (*pl* **-gies**) généalogie *f*
general [ˈdʒɛnərəl] *adj* & *s* général *m*; **in general** en général
gen′eral deliv′ery *s* poste *f* restante
generalissi·mo [ˌdʒɛnərəˈlɪsɪmo] *s* (*pl* **-mos**) généralissime *m*
generali·ty [ˌdʒɛnəˈrælɪti] *s* (*pl* **-ties**) généralité *f*
generalize [ˈdʒɛnərəˌlaɪz] *tr* & *intr* généraliser
generally [ˈdʒɛnərəli] *adj* généralement
gen′eral practi′tioner *s* médecin *m* de médecine générale
gen′eral·ship′ *s* tactique *f*; (*office*) généralat *m*
gen′eral staff′ *s* état-major *m*
generate [ˈdʒɛnəˌret] *tr* générer; (*to beget*) engendrer; (geom) engendrer
gen′erating sta′tion *s* usine *f* génératrice, centrale *f*
generation [ˌdʒɛnəˈreʃən] *s* génération *f*
generator [ˈdʒɛnəˌretər] *s* (chem) gazogène *m*; (elec) génératrice *f*
generic [dʒɪˈnɛrɪk] *adj* générique
generosi·ty [ˌdʒɛnəˈrɑsɪti] *s* (*pl* **-ties**) générosité *f*
generous [ˈdʒɛnərəs] *adj* généreux; abondant
gene·sis [ˈdʒɛnɪsɪs] *s* (*pl* **-ses** [ˌsiz]) genèse *f*; **Genesis** (Bib) La Genèse
genetic [dʒɪˈnɛtɪk] *adj* génétique || **genetics** *s* génétique *f*
Geneva [dʒɪˈnivə] *s* Genève *f*
genial [ˈdʒinɪ·əl] *adj* affable
genie [ˈdʒini] *s* génie *m*

genital ['dʒɛnɪtəl] *adj* génital || **genitals** *spl* organes *mpl* génitaux
genitive ['dʒɛnɪtɪv] *s* génitif *m*
genius ['dʒinjəs], ['dʒinɪ·əs] *s* (*pl* **geniuses**) génie *m* || *s* (*pl* **genii** ['dʒinɪ,aɪ]) génie *m*
Genoa ['dʒɛno·ə] *s* Gênes *f*
genocide ['dʒɛnə,saɪd] *s* génocide *m*
genteel [dʒɛn'til] *adj* distingué, de bon ton; élégant, chic
gentian ['dʒɛnʃən] *s* gentiane *f*
gentile ['dʒɛntaɪl] *s* non-juif *m*, chrétien *m*
gentili•ty [dʒɛn'tɪlɪti] *s* (*pl* **-ties**) (*birth*) naissance *f* distinguée; (*breeding*) politesse *f*
gentle ['dʒɛntəl] *adj* doux; (*in birth*) noble, bien né; (*e.g., tap on the shoulder*) léger
gen′tle•folk′ *s* gens *mpl* de bonne naissance
gen′tle•man *s* (*pl* **-men**) monsieur *m*; (*man of independent means*) rentier *m*; (hist) gentilhomme *m*
gentlemanly ['dʒɛntəlmənli] *adj* bien élevé, de bon ton
gen′tleman's agree′ment *s* engagement *m* sur parole, contrat *m* verbal
gen′tle sex′ *s* sexe *m* faible
gentry ['dʒɛntri] *s* gens *mpl* de bonne naissance; (Brit) petite noblesse *f*
genuine ['dʒɛnjʊ·ɪn] *adj* véritable, authentique; (*person*) sincère, franc
genus ['dʒinəs] *s* (*pl* **genera** ['dʒɛnərə] or **genuses**) genre *m*
geogra•phy [dʒɪ'ɑgrəfi] *s* (*pl* **-phies**) géographie *f*
geologic(al) [,dʒi·ə'lɑdʒɪk(əl)] *adj* géologique
geolo•gy [dʒɪ'ɑlədʒi] *s* (*pl* **-gies**) géologie *f*
geometric(al) [,dʒi·ə'mɛtrɪk(əl)] *adj* géométrique
geome•try [dʒɪ'ɑmɪtri] *s* (*pl* **-tries**) géométrie *f*
geophysics [,dʒi·ə'fɪzɪks] *s* géophysique *f*
geopolitics [,dʒi·ə'pɑlɪtɪks] *s* géopolitique *f*
George [dʒɔrdʒ] *s* Georges *m*
geranium [dʒɪ'renɪ·əm] *s* géranium *m*
geriatrics [,dʒɛrɪ'ætrɪks] *s* gériatrie *f*
germ [dʒʌrm] *s* germe *m*
German ['dʒʌrmən] *adj* allemand || *s* (*language*) allemand *m*; (*person*) Allemand *m*
germane [dʒɛr'men] *adj* à propos, pertinent; **germane to** se rapportant à
Ger′man mea′sles *s* rubéole *f*
Ger′man sil′ver *s* maillechort *m*, argentan *m*
Germa•ny ['dʒʌrməni] *s* (*pl* **-nies**) Allemagne *f*; l'Allemagne
germicidal [,dʒʌrmɪ'saɪdəl] *adj* germicide
germicide ['dʒʌrmɪ,saɪd] *s* germicide *m*
germinate ['dʒʌrmɪ,net] *intr* germer
germ′ war′fare *s* guerre *f* bactériologique
gerontology [,dʒɛrɑn'tɑlədʒi] *s* gérontologie *f*
gerund ['dʒɛrənd] *s* gérondif *m*
gestation [dʒɛs'teʃən] *s* gestation *f*
gesticulate [dʒɛs'tɪkjə,let] *intr* gesticuler
gesture ['dʒɛstʃər] *s* geste *m* || *intr* faire des gestes; **to gesture to** faire signe à
get [gɛt] *v* (*pret* **got** [gɑt]; *pp* **got** or **gotten** ['gɑtən]; *ger* **getting**) *tr* obtenir, procurer; (*to receive*) avoir, recevoir; (*to catch*) attraper; (*to seek*) chercher, aller chercher; (*to reach*) atteindre; (*to find*) trouver, rencontrer; (*to obtain and bring*) prendre; (*e.g., dinner*) faire; (rad) avoir, prendre, accrocher; (*to understand*) (coll) comprendre; **to get across** faire accepter; faire comprendre; **to get a kick out of** (coll) prendre plaisir à; **to get back** ravoir, se faire rendre; **to get down** descendre; (*to swallow*) avaler; **to get in** rentrer; **to get s.o. to** + *inf* persuader à qn de + *inf*; **to get s.th. done** faire faire q.ch. || *intr* (*to become*) devenir, se faire; (*to arrive*) arriver, parvenir; **get up!** (*said to an animal*) hue!; **to get about** (*said of news*) se répandre; (*said of convalescent*) être de nouveau sur pied; **to get accustomed to** se faire à; **to get across** traverser; **to get along** circuler; (*to succeed*) se tirer d'affaire; **to get along without** se passer de; **to get angry** se fâcher; **to get away** s'évader; **to get away with** s'en aller avec; (coll) s'en tirer avec; **to get back** reculer; (*to return*) rentrer; **to get back at** (coll) rendre la pareille à, se venger sur; **to get by** passer; (*to manage, to shift*) (coll) s'en tirer sans peine; **to get dark** faire nuit; **to get down** descendre; **to get going** se mettre en marche; **to get in** or **into** entrer dans; **to get off with** en être quitte pour; **to get on** monter sur; (*a car*) monter dans; continuer; (*to succeed*) faire des progrès; **to get out** sortir; **to get rid of** se défaire de; **to get to** arriver à; (*to have an opportunity to*) avoir l'occasion de; **to get up** se lever; **to not get over it** (coll) ne pas en revenir
get′away′ *s* démarrage *m*; (*flight*) fuite *f*
get′-togeth′er *s* réunion *f*
get′up′ *s* (*style*) (coll) présentation *f*; (*outfit*) (coll) affublement *m*
geyser ['gaɪzər] *s* geyser *m* || ['gizər] *s* (Brit) chauffe-eau *m* à gaz
ghast•ly ['gæstli], ['gɑstli] *adj* (*comp* **-lier**; *super* **-liest**) livide, blême; horrible, affreux
Ghent [gɛnt] *s* Gand *m*
gherkin ['gʌrkɪn] *s* cornichon *m*
ghet•to ['gɛto] *s* (*pl* **-tos**) ghetto *m*
ghost [gost] *s* revenant *m*; (*shade, semblance*) ombre *f*; **not the ghost of a chance** pas la moindre chance; **to give up the ghost** rendre l'âme, rendre l'esprit
ghost•ly ['gostli] *adj* (*comp* **-lier**; *super* **-liest**) spectral, fantomatique
ghost′ sto′ry *s* histoire *f* de revenants

ghost′ town′ *s* ville *f* morte
ghost′ writ′er *s* nègre *m*
ghoul [gul] *s* goule *f*; (*body snatcher*) déterreur *m* de cadavres
ghoulish ['gulɪʃ] *adj* vampirique
GI ['dʒi'aɪ] (letterword) **(General Issue)** *adj* fourni par l'armée || *s* (*pl* **GI's**) soldat *m* américain, simple soldat
giant ['dʒaɪ·ənt] *adj & s* géant *m*
giantess ['dʒaɪ·əntɪs] *s* géante *f*
gibberish ['dʒɪbərɪʃ], ['gɪbərɪʃ] *s* baragouin *m*
gibbet ['dʒɪbɪt] *s* gibet *m*, potence *f*
gibe [dʒaɪb] *s* raillerie *f*, moquerie *f* || *tr & intr* railler; **to gibe at** se moquer de, railler
giblets ['dʒɪblɪts] *spl* abattis *m*, abats *mpl*
gid·dy ['gɪdi] *adj* (*comp* **-dier**; *super* **-diest**) étourdi; (*height*) vertigineux; (*foolish*) léger, frivole
Gideon ['gɪdɪ·ən] *s* (Bib) Gédéon *m*
gift [gɪft] *s* cadeau *m*; (*natural ability*) don *m*, talent *m* || *tr* douer
gifted *adj* doué
gift′ horse′ *s*—**never look a gift horse in the mouth** à cheval donné on ne regarde pas à la bride
gift′ of gab′ *s* (coll) bagou *m*, faconde *f*
gift′ shop′ *s* boutique *f* de souvenirs, magasin *m* de nouveautés
gift′-wrap′ *v* (*pret & pp* **-wrapped**; *ger* **-wrapping**) *tr* faire un paquet cadeau de
gigantic [dʒaɪ'gæntɪk] *adj* gigantesque
giggle ['gɪgəl] *s* petit rire *m* || *intr* pousser des petits rires, glousser
gigo·lo ['dʒɪgə,lo] *s* (*pl* **-los**) gigolo *m*
GI Joe [,dʒi ,aɪ'dʒo] *s* le troufion
gild [gɪld] *v* (*pret & pp* **gilded** or **gilt** [gɪlt]) *tr* dorer
gilding ['gɪldɪŋ] *s* dorure *f*
gill [gɪl] *s* (*of cock*) fanon *m*; **gills** (*of fish*) ouïes *fpl*, branchies *fpl*
gilt [gɪlt] *adj & s* doré *m*
gilt′-edged′ *adj* (*e.g., book*) doré sur tranche; (*securities*) de premier ordre, de tout repos
gimcrack ['dʒɪm,kræk] *adj* de pacotille, de camelote || *s* babiole *f*
gimlet ['gɪmlɪt] *s* vrille *f*, perçoir *m*
gimmick ['gɪmɪk] *s* (coll) truc *m*, machin *m*; (*trick*) tour *m*
gin [dʒɪn] *s* (*alcoholic liquor*) gin *m*, genièvre *m*; (*for cotton, corn, etc.*) égreneuse *f*; (*snare*) trébuchet *m* || *v* (*pret & pp* **ginned**; *ger* **ginning**) *tr* égrener
ginger ['dʒɪndʒər] *s* gingembre *m*; (fig) entrain *m*, allant *m*
gin′ger ale′ *s* boisson *f* gazeuse au gingembre
gin′ger·bread′ *s* pain *m* d'épice; ornement *m* de mauvais goût
gingerly ['dʒɪndʒərli] *adj* précautionneux || *adv* tout doux, avec précaution
gin′ger·snap′ *s* gâteau *m* sec au gingembre
gingham ['gɪŋəm] *s* guingan *m*
giraffe [dʒɪ'ræf], [dʒɪ'rɑf] *s* girafe *f*
gird [gʌrd] *v* (*pret & pp* **girt** [gʌrt] or **girded**) *tr* ceindre; **to gird on** se ceindre de; **to gird oneself for** se préparer à
girder ['gʌrdər] *s* poutre *f*
girdle ['gʌrdəl] *s* ceinture *f* || *tr* ceindre, entourer
girl [gʌrl] *s* jeune fille *f*; (*little girl*) petite fille; (*servant*) bonne *f*
girl′ friend′ *s* (*sweetheart*) petite amie *f*, bonne amie *f*; (*female friend*) amie *f*, camarade *f*
girl′hood *s* enfance *f*, jeunesse *f* d'une femme
girlish ['gʌrlɪʃ] *adj* de jeune fille, de petite fille
girl′ scout′ *s* éclaireuse *f*, guide *f*
girls′′ school′ *s* école *f* de filles
girth [gʌrθ] *s* (*band*) sangle *f*; (*measure around*) circonférence *f*; (*of person*) tour *m* de taille
gist [dʒɪst] *s* fond *m*, essence *f*
give [gɪv] *s* élasticité *f* || *v* (*pret* **gave** [gev]; *pp* **given** ['gɪvən]) *tr* donner; (*a speech, a lecture, a class; a smile*) faire; **to give away** donner, distribuer; révéler; **to give back** rendre, remettre; **to give forth** or **off** émettre; **to give oneself up** se rendre; **to give up** renoncer à, abandonner || *intr* donner; **to give in** se rendre; **to give out** manquer; (*to become exhausted*) s'épuiser; **to give way** faire place, reculer
give′-and-take′ *s* compromis *m*; échange *m* de propos plaisants
give′away′ *s* (coll) révélation *f* involontaire; (coll) trahison *f*; **to play giveaway** jouer à qui perd gagne
given ['gɪvən] *adj* donné; **given that** vu que, étant donné que
giv′en name′ *s* prénom *m*
giver ['gɪvər] *s* donneur *m*, donateur *m*
gizzard ['gɪzərd] *s* gésier *m*
glacial ['gleʃəl] *adj* glacial; (chem) en cristaux; (geol) glaciaire
glacier ['gleʃər] *s* glacier *m*
glad [glæd] *adj* (*comp* **gladder**; *super* **gladdest**) content, heureux; **to be glad to** être content or heureux de
gladden ['glædən] *tr* réjouir
glade [gled] *s* clairière *f*, éclaircie *f*
glad′ hand′ *s* (coll) accueil *m* chaleureux
gladiator ['glædɪ,etər] *s* gladiateur *m*
gladiola [,glædɪ'olə], [glə'daɪ·ələ] *s* glaïeul *m*
gladly ['glædli] *adv* volontiers, avec plaisir
gladness ['glædnɪs] *s* joie *f*, plaisir *m*
glad′ rags′ *spl* (slang) frusques *fpl* des grands jours
glamorous ['glæmərəs] *adj* ravissant, éclatant
glamour ['glæmər] *s* charme *m*, éclat *m*
glam′our girl′ *s* ensorceleuse *f*
glance [glæns], [glɑns] *s* coup *m* d'œil; **at a glance** d'un seul coup d'œil; **at first glance** à première vue || *intr* jeter un regard; **to glance at** jeter un coup d'œil sur; **to glance off** ricocher, dévier; **to glance through a book**

feuilleter un livre; **to glance up** lever les yeux
gland [glænd] *s* glande *f*
glanders ['glændərz] *spl* (vet) morve *f*
glare [glɛr] *s* lumière *f* éblouissante; (*look*) regard *m* irrité || *intr* éblouir, briller; **to glare at** lancer un regard méchant à, foudroyer du regard
glare' ice' *s* verglas *m*
glaring ['glɛrɪŋ] *adj* éblouissant; (*mistake, fact*) évident, qui saute aux yeux; (*blunder, abuse*) grossier, scandaleux
glass [glæs], [glɑs] *s* verre *m*; (*mirror*) glace *f*; **glasses** lunettes *fpl*
glass' blow'er ['blo·ər] *s* verrier-souffleur *m*
glass' case' *s* vitrine *f*
glass' cut'ter *s* (*tool*) diamant *m*; (*workman*) vitrier *m*
glass' door' *s* porte *f* vitrée
glassful ['glæsfʊl], ['glɑsfʊl] *s* verre *m*
glass' house' *s* serre *f*; (fig) maison *f* de verre
glass'ware' *s* verrerie *f*
glass' wool' *s* laine *f* de verre
glass'works' *s* verrerie *f*, glacerie *f*
glass·y ['glæsi], ['glɑsi] *adj* (*comp* **-ier**; *super* **-iest**) vitreux; (*smooth*) lisse
glaze [glez] *s* (*ceramics*) vernis *m*; (culin) glace *f*; (tex) lustre *m* || *tr* (*to cover with a glossy coating*) glacer; (*to fit with glass*) vitrer
glazier ['gleʒər] *s* vitrier *m*
gleam [glim] *s* rayon *m*; (*of hope*) lueur *f* || *intr* rayonner, reluire
glean [glin] *tr* glaner
glee [gli] *s* allégresse *f*, joie *f*
glee' club' *s* orphéon *m*, société *f* chorale
glen [glen] *s* vallon *m*, ravin *m*
glib [glɪb] *adj* (*comp* **glibber**; *super* **glibbest**) facile; (*tongue*) délié
glide [glaɪd] *s* glissement *m*; (aer) vol *m* plané; (mus) port *m* de voix; (phonet) son *m* transitoire || *intr* glisser, se glisser; (aer) planer
glider ['glaɪdər] *s* (*porch seat*) siège *m* à glissière; (aer) planeur *m*
glimmer ['glɪmər] *s* faible lueur *f* || *intr* jeter une faible lueur
glimmering ['glɪmərɪŋ] *adj* faible, vacillant || *s* faible lueur *f*, miroitement *m*; soupçon *m*, indice *m*
glimpse [glɪmps] *s* aperçu *m*; **to catch a glimpse of** entrevoir, aviser || *tr* entrevoir
glint [glɪnt] *s* reflet *m*, éclair *m* || *intr* jeter un reflet, étinceler
glisten ['glɪsən] *s* scintillement *m* || *intr* scintiller
glitter ['glɪtər] *s* éclat *m*, étincellement *m* || *intr* étinceler
gloaming ['glomɪŋ] *s* crépuscule *m*, jour *m* crépusculaire
gloat [glot] *intr* éprouver un malin plaisir; **to gloat over** faire des gorges chaudes de; (*e.g., one's victim*) couver du regard
global ['globəl] *adj* sphérique; mondial
globe [glob] *s* globe *m*
globe'-trot'ter *s* globe-trotter *m*
globule ['glɑbjʊl] *s* globule *m*
gloom [glum] *s* obscurité *f*, ténèbres *fpl*; tristesse *f*
gloom·y ['glumi] *adj* (*comp* **-ier**; *super* **-iest**) sombre, lugubre; (*ideas*) noir
glori·fy ['glorɪ,faɪ] *v* (*pret & pp* **-fied**) *tr* glorifier
glorious ['glorɪ·əs] *adj* glorieux
glo·ry ['glori] *s* (*pl* **-ries**) gloire *f*; **to be in one's glory** être aux anges; **to go to glory** (slang) aller à la ruine || *v* (*pret & pp* **-ried**) *intr*—**to glory in** se glorifier de
gloss [glɔs], [glɑs] *s* lustre *m*; (*on cloth*) cati *m*; (*on floor*) brillant *m*; (*note, commentary*) glose *f*; **to take off the gloss from** décatir || *tr* lustrer; **to gloss over** maquiller, farder
glossa·ry ['glɑsəri] *s* (*pl* **-ries**) glossaire *m*
gloss·y ['glɔsi], ['glɑsi] *adj* (*comp* **-ier**; *super* **-iest**) lustré, brillant
glot'tal stop' ['glɑtəl] *s* coup *m* de glotte
glottis ['glɑtɪs] *s* glotte *f*
glove [glʌv] *s* gant *m* || *tr* ganter
glove' compart'ment *s* boîte *f* à gants
glow [glo] *s* rougeoiement *m* || *intr* rougeoyer
glower ['glaʊ·ər] *s* grise mine *f* || *intr* avoir l'air renfrogné
glowing ['glo·ɪŋ] *adj* rougeoyant, incandescent; (*healthy*) rayonnant; (*cheeks*) vermeil; (*reports*) enthousiaste, élogieux
glow'worm' *s* ver *m* luisant
glucose ['glukos] *s* glucose *m*
glue [glu] *s* colle *f* || *tr* coller
glue'pot' *s* pot *m* à colle
gluey ['glu·i] *adj* (*comp* **gluier**; *super* **gluiest**) gluant
glum [glʌm] *adj* (*comp* **glummer**; *super* **glummest**) maussade, renfrogné
glut [glʌt] *s* surabondance *f*; (*on the market*) engorgement *m* || *v* (*pret & pp* **glutted**; *ger* **glutting**) *tr* (*with food*) rassasier; (*the market*) inonder, engorger
glutton ['glʌtən] *s* glouton *m*
gluttonous ['glʌtənəs] *adj* glouton
glutton·y ['glʌtəni] *s* (*pl* **-ies**) gloutonnerie *f*
glycerine ['glɪsərɪn] *s* glycérine *f*
G.M.T. *abbr* (**Greenwich mean time** *temps moyen de Greenwich*) T.U., temps *m* universel
gnarl [nɑrl] *s* (bot) nœud *m* || *tr* tordre || *intr* grogner
gnarled *adj* noueux
gnash [næʃ] *tr*—**to gnash the teeth** grincer des dents or les dents
gnat [næt] *s* moucheron *m*, moustique *m*
gnaw [nɔ] *tr* ronger
gnome [nom] *s* gnome *m*
go [go] *s* (*pl* **goes**) aller *m*; **a lot of go** (slang) beaucoup d'allant; **it's no go** (coll) ça ne marche pas, pas mèche; **to have a go at** (coll) essayer; **to make a go of** (coll) réussir à || *v*

(*pret* **went** [wɛnt]; *pp* **gone** [gɔn], [gɑn]) *tr*—**to go it alone** le faire tout seul || *intr* aller; (*to work, operate*) marcher; y aller, e.g., **did you go?** y êtes-vous allé?; devenir, e.g., **to go crazy** devenir fou; faire, e.g., **to go quack-quack** faire couin-couin; **going, going, gone!** une fois, deux fois, adjugé!; **go to it!** allez-y!; **to be going to** or **to go to** + *inf* aller + *inf*, e.g., **I am going to the store to buy some shoes** je vais au magasin acheter des souliers; (to express futurity from the point of view of the present or past) aller + *inf*, e.g., **he is going to get married** il va se marier; e.g., **he was going to get married** il allait se marier; **to go** (*to take out*) (coll) à emporter; **to go against** contrarier; **to go ahead of** dépasser; **to go away** s'en aller; **to go back** retourner; (*to return home*) rentrer; (*to back up*) reculer; (*to date back*) remonter; **to go by** passer; (*a rule, model, etc.*) agir selon; **to go down** descendre; (*said of sun*) se coucher; (*said of ship*) sombrer; **to go fishing** aller à la pêche; **to go for** or **to go get** aller chercher; **to go in** entrer; entrer dans; (*to fit into*) tenir dans; **to go in for** se consacrer à; **to go in with** s'associer à or avec, se joindre à; **to go off** (*said of bomb, gun, etc.*) partir; **to go on** + *ger* continuer à + *inf*; **to go out** sortir; (*said of light, fire, etc.*) s'éteindre; **to go over** (*to examine*) parcourir, repasser; **to go through** (*e.g., a door*) passer par; (*e.g., a city*) traverser; (*a fortune*) dissiper, dilapider; **to go together** (*said, e.g., of colors*) s'assortir; (*said of lovers*) être très liés; **to go under** succomber; (*said, e.g., of submarine*) plonger; (*a false name*) être connu sous; **to go up** monter; **to go with** accompagner; (*a color, dress, etc.*) s'assortir avec; **to go without** se passer de; **to let go of** lâcher

goad [god] *s* aiguillon *m* || *tr* aiguillonner

go'-ahead' *adj* (coll) entreprenant || *s* (coll) signal *m* d'aller en avant

goal [gol] *s* but *m*

goal'keep'er *s* goal *m*, gardien *m* de but

goal' line' *s* ligne *f* de but

goal' post' *s* montant *m*, poteau *m* de but

goat [got] *s* chèvre *f*; (*male goat*) bouc *m*; (coll) dindon *m*; **to get the goat of** (slang) exaspérer, irriter

goatee [go'ti] *s* barbiche *f*

goat'herd' *s* chevrier *m*

goat'skin' *s* peau *f* de chèvre

goat'suck'er *s* (orn) engoulevent *m*

gob [gɑb] *s* (coll) grumeau *m*; (coll) marin *m*

gobble ['gɑbəl] *s* glouglou *m* || *tr* engloutir, bâfrer || *intr* bâfrer; (*said of turkey*) glouglouter

gobbledegook ['gɑbəldɪ,gʊk] *s* (coll) palabre *m & f*, charabia *m*

go'-between' *s* intermédiaire *mf*; (*in shady love affairs*) entremetteur *m*

goblet ['gɑblɪt] *s* verre *m* à pied

goblin ['gɑblɪn] *s* lutin *m*

go'-by' *s* (coll) affront *m*; **to give s.o. the go-by** (coll) brûler la politesse à qn

go'cart' *s* chariot *m*; (*baby carriage*) poussette *f*; (*handcart*) charrette *f* à bras

god [gɑd] *s* dieu *m*; **God forbid** qu'à Dieu ne plaise; **God grant** plût à Dieu; **God willing** s'il plaît à Dieu

god'child' *s* (*pl* **-chil'dren**) filleul *m*

god'daugh'ter *s* filleule *f*

goddess ['gɑdɪs] *s* déesse *f*

god'fa'ther *s* parrain *m*

God'-fear'ing *adj* dévot, pieux

God'forsak'en *adj* abandonné de Dieu; (coll) perdu, misérable

god'head' *s* divinité *f*; **Godhead** Dieu *m*

godless ['gɑdlɪs] *adj* athée, impie

god·ly ['gɑdli] *adj* (*comp* **-lier**; *super* **-liest**) dévot, pieux

god'moth'er *s* marraine *f*

God's' a'cre *s* le champ de repos

god'send' *s* aubaine *f*

god'son' *s* filleul *m*

God'speed' *s* bonne chance *f*, bon voyage *m*

go-getter ['go,getər] *s* (coll) homme *m* d'expédition, lanceur *m* d'affaires

goggle ['gɑgəl] *intr* rouler de gros yeux; (*to open the eyes wide*) écarquiller les yeux

gog'gle-eyed' *adj* aux yeux saillants

goggles ['gɑgəlz] *spl* lunettes *fpl* protectrices

going ['go·ɪŋ] *adj* en marche; **going on two o'clock** presque deux heures || *s* départ *m*; **good going!** bien joué!

go'ing concern' *s* maison *f* en pleine activité

go'ings on' *spl* (coll) chahut *m*, tapage *m*; (coll) événements *mpl*

goiter ['gɔɪtər] *s* goitre *m*

gold [gold] *adj* d'or, en or || *s* or *m*

gold'beat'er *s* batteur *m* d'or

gold'beater's skin' *s* baudruche *f*

gold'crest' *s* roitelet *m* à tête dorée

golden ['goldən] *adj* d'or; (*gilt*) doré; (*hair*) d'or, d'un blond doré; (*opportunity*) favorable, magnifique

gold'en age' *s* âge *m* d'or

gold'en calf' *s* veau *m* d'or

Gold'en Fleece' *s* Toison *f* d'or

gold'en mean' *s* juste-milieu *m*

gold'en plov'er *s* pluvier *m* doré

gold'en·rod' *s* solidage *f*, gerbe *f* d'or

gold'en rule' *s* règle *f* de la charité chrétienne

gold'en wed'ding *s* noces *fpl* d'or, jubilé *m*

gold'-filled' *adj* (*tooth*) aurifié

gold'finch' *s* chardonneret *m*

gold'fish' *s* poisson *m* rouge

goldilocks ['goldɪ,lɑks] *s* jeune fille *f* aux cheveux d'or

gold' leaf' *s* feuille *f* d'or

gold' mine' *s* mine *f* d'or; **to strike a gold mine** (fig) dénicher le bon filon, faire des affaires d'or

gold' plate' *s* vaisselle *f* d'or
gold'-plate' *tr* plaquer d'or
gold' rush' *s* ruée *f* vers l'or
gold'smith' *s* orfèvre *m*
gold' stan'dard *s* étalon-or *m*
golf [gɑlf] *s* golf *m* || *intr* jouer au golf
golf' club' *s* crosse *f* de golf, club *m*; (*association*) club *m* de golf
golfer ['gɑlfər] *s* joueur *m* de golf
golf' links' *spl* terrain *m* de golf
gondola ['gɑndələ] *s* gondole *f*
gondolier [,gɑndə'lɪr] *s* gondolier *m*
gone [gɔn], [gɑn] *adj* parti, disparu; (*used up*) épuisé; (*ruined*) ruiné, fichu; (*dead*) mort; **far gone** avancé; **gone on** (*in love with*) (coll) entiché de, épris de
gong [gɔŋ], [gɑŋ] *s* gong *m*
gonorrhea [,gɑnə'ri·ə] *s* blennorragie *f*
goo [gu] *s* (slang) matière *f* collante
good [gʊd] *adj* (*comp* **better**; *super* **best**) bon §91; (*child*) sage; (*meals*) soigné; **good for you!** bien joué!; **to be good at** être fort en, être expert à; **to make good** prospérer; (*a loss*) compenser; (*a promise*) tenir; **will you be good enough to** voulez-vous être assez aimable de || *s* bien *m*; **for good** pour de bon, définitivement; **goods** biens *mpl*; (com) marchandises *fpl*; **to catch with the goods** (slang) prendre la main dans le sac; **to the good** de gagné, e.g., **all** or **so much to the good** autant de gagné || *interj* bon!, bien!, à la bonne heure!; **very good!** parfait!
good' afternoon' *s* bonjour *m*
good'-by' or **good'-bye'** *s* adieu *m* || *interj* au revoir!; (*before a long journey*) adieu!
good' cit'izenship *s* civisme *m*
good' day' *s* bonjour *m*
good' deed' *s* bonne action *f*
good' egg' *s* (slang) chic type *m*
good' eve'ning *s* bonsoir *m*
good' fel'low *s* brave garçon *m*, brave type *m*
good' fel'lowship *s* camaraderie *f*
good'-for-noth'ing *adj* inutile *m* || *s* bon *m* à rien
Good' Fri'day *s* le Vendredi saint
good' grac'es *spl* bonnes grâces *fpl*
good'-heart'ed *adj* au cœur généreux
good'-hu'mored *adj* de bonne humeur
good'-look'ing *adj* beau, joli
good' looks' *spl* belle mine *f*
good' luck' *s* bonne chance *f*
good·ly ['gʊdli] *adj* (*comp* **-lier**; *super* **-liest**) considérable, important; (*quality*) bon; (*appearance*) beau
good' morn'ing *s* bonjour *m*
good'-na'tured *adj* aimable, accommodant
goodness ['gʊdnɪs] *s* bonté *f*; **for goodness' sake!** pour l'amour de Dieu!; **goodness knows** Dieu seul sait || *interj* mon Dieu!
good' night' *s* bonne nuit *f*
good' sense' *s* bon sens *m*
good'-sized' *adj* de grandeur moyenne, assez grand
good' speed' *s* succès *m*, bonne chance *f*
good'-tem'pered *adj* de caractère facile, d'humeur égale
good' time' *s* bon temps *m*; **to have a good time** prendre du bon temps, bien s'amuser; **to make good time** arriver en peu de temps
good' turn' *s* bienfait *m*, service *m*
good' will' *s* bonne volonté *f*; (com) achalandage *m*
good' works' *spl* bonnes œuvres *fpl*
good·y ['gʊdi] *adj* (coll) d'une piété affectée || *s* (*pl* **-ies**) (coll) petit saint *m*; **goodies** friandises *fpl* || *interj* chouette!; chic!
gooey ['gu·i] *adj* (*comp* **gooier**; *super* **gooiest**) (slang) gluant; (*sentimental*) (slang) à l'eau de rose
goof [guf] *s* (slang) toqué *m* || *intr*— **to goof off** (slang) tirer au flanc
goof·y ['gufi] *adj* (*comp* **-ier**; *super* **-iest**) (slang) toqué, maboul
goon [gun] *s* (*roughneck*) (coll) dur *m*; (coll) terroriste *m* professionnel; (slang) niais *m*
goose [gus] *s* (*pl* **geese** [gis]) oie *f*; **to kill the goose that lays the golden eggs** tuer la poule aux œufs d'or || *s* (*pl* **gooses**) (*of tailor*) carreau *m*
goose'ber'ry *s* (*pl* **-ries**) groseille *f* verte
goose' egg' *s* œuf *m* d'oie; (slang) zéro *m*
goose' flesh' *s* chair *f* de poule
goose'neck' *s* col *m* de cygne
goose' pim'ples *spl* chair *f* de poule
goose' step' *s* (mil) pas *m* de l'oie
goose'-step' *v* (*pret & pp* **-stepped**; *ger* **-stepping**) *intr* marcher au pas de l'oie
gopher ['gofər] *s* citelle *m*
gore [gor] *s* (*blood*) sang *m* caillé; (sewing) soufflet *m* || *tr* percer d'un coup de corne; (sewing) tailler en pointe
gorge [gɔrdʒ] *s* gorge *f* || *tr* gorger || *intr* se gorger
gorgeous ['gɔrdʒəs] *adj* magnifique
gorilla [gə'rɪlə] *s* gorille *m*
gorse [gɔrs] *s* (bot) genêt *m* épineux
gor·y ['gori] *adj* (*comp* **-ier**; *super* **-iest**) ensanglanté, sanglant
gosh [gɑʃ] *interj* (coll) sapristi!, mon Dieu!
goshawk ['gɑs,hɔk] *s* autour *m*
gospel ['gɑspəl] *s* évangile *m*; **Gospel** Évangile
gos'pel truth' *s* parole *f* d'Évangile
gossamer ['gɑsəmər] *adj* ténu || *s* toile *f* d'araignée, fils *mpl* de la Vierge; (*gauze*) gaze *f*
gossip ['gɑsɪp] *s* commérage *m*, cancan *m*; (*person*) commère *f*; **piece of gossip** potin *m*, racontar *m* || *intr* cancaner
gos'sip col'umnist *s* échotier *m*
Gothic ['gɑθɪk] *adj & s* gothique *m*
gouge [gaʊdʒ] *s* gouge *f* || *tr* gouger; (*to swindle*) empiler
goulash ['gulɑʃ] *s* goulasch *m & f*
gourd [gord], [gʊrd] *s* gourde *f*

gourmand ['gʊrmənd] *s* gourmand *m*; (*glutton*) glouton *m*
gourmet ['gʊrme] *s* gourmet *m*
gout [gaʊt] *s* goutte *f*
govern ['gʌvərn] *tr* gouverner; (gram) régir ‖ *intr* gouverner
governess ['gʌvərnɪs] *s* institutrice *f*, gouvernante *f*
government ['gʌvərnmənt] *s* gouvernement *m*
governmental [,gʌvərn'mɛntəl] *adj* gouvernemental
governor ['gʌvərnər] *s* gouverneur *m*; (mach) régulateur *m*
gown [gaʊn] *s* robe *f*
grab [græb] *s* prise *f*; (coll) vol *m*, coup *m* ‖ *v* (*pret & pp* **grabbed**; *ger* **grabbing**) *tr* empoigner, saisir ‖ *intr* —**to grab at** s'agripper à
grab' bag' *s* sac *m* à surprises
grace [gres] *s* grâce *f*; (*prayer at table before meals*) bénédicité *m*; (*prayer at table after meals*) grâces; (*extension of time*) délai *m* de grâce ‖ *tr* orner; honorer
graceful ['gresfəl] *adj* gracieux
grace' note' *s* note *f* d'agrément, appoggiature *f*
gracious ['greʃəs] *adj* gracieux; (*compassionate*) miséricordieux
grackle ['grækəl] *s* (*myna*) mainate *m*; (*purple grackle*) quiscale *m*
gradation [gre'deʃən] *s* gradation *f*
grade [gred] *s* (*rank*) grade *m*; (*of oil*) grade; qualité *f*; (*school class*) classe *f*, année *f*; (*mark in school*) note *f*; (*slope*) pente *f*; **to make the grade** réussir ‖ *tr* classer; (*a school paper*) noter; (*land*) niveler
grade' cross'ing *s* (rr) passage *m* à niveau
grade' school' *s* école *f* primaire
gradient ['gredɪ·ənt] *adj* montant ‖ *s* pente *f*; (phys) gradient *m*
gradual ['grædʒʊ·əl] *adj & s* graduel *m*
gradually ['grædʒʊ·əli] *adv* graduellement, peu à peu
graduate ['grædʒʊ·ɪt] *s* diplômé *m* ‖ ['grædʒʊ,et] *tr* conférer un diplôme à, décerner des diplômes à; (*to mark with degrees*) graduer ‖ *intr* recevoir son diplôme
grad'uate school' *s* faculté *f* des hautes études
grad'uate stu'dent *s* étudiant *m* avancé, étudiant de maîtrise, de doctorat
grad'uate work' *s* études *fpl* avancées
grad'uat'ing class' *s* classe *f* sortante
graduation [,grædʒʊ'eʃən] *s* collation *f* des grades; (*e.g., marking on beaker*) graduation *f*
graft [græft], [grɑft] *s* (hort, surg) greffe *f*; (coll) gratte *f*, grattage *m* ‖ *tr & intr* (hort, surg) greffer; (coll) gratter
grafter ['græftər], ['grɑftər] *s* (hort) greffeur *m*; (coll) homme *m* véreux, concussionnaire *mf*
gra'ham bread' ['gre·əm] *s* pain *m* entier
gra'ham flour' *s* farine *f* entière
grain [gren] *s* (*small seed; tiny particle of sand, etc.; small unit of weight; small amount*) grain *m*; (*cereal seeds*) grains *mpl*, céréales *fpl*; (*in stone*) fil *m*; (*in wood*) fibres *fpl*; **against the grain** à contre-fil, à rebrousse-poil ‖ *tr* grener; (*wood, etc.*) veiner
grain' el'evator *s* dépôt *m* et élévateur *m* à grains
grain'field' *s* champ *m* de blé
graining ['grenɪŋ] *s* grenage *m*; (*of painting*) veinage *m*
gram [græm] *s* gramme *m*
grammar ['græmər] *s* grammaire *f*
grammarian [grə'mɛrɪ·ən] *s* grammairien *m*
gram'mar school' *s* école *f* primaire
grammatical [grə'mætɪkəl] *adj* grammatical
grana·ry ['grænəri] *s* (*pl* **-ries**) grenier *m*
grand [grænd] *adj* magnifique; (*person*) grand; (coll) formidable
grand'aunt' *s* grand-tante *f*
grand'child' *s* (*pl* **-chil'dren**) petit-fils *m*; petite-fille *f*; **grandchildren** petits-enfants *mpl*
grand'daugh'ter *s* petite-fille *f*
grand' duch'ess *s* grande-duchesse *f*
grand' duch'y *s* grand-duché *m*
grand' duke' *s* grand-duc *m*
grandee [græn'di] *s* grand *m* d'Espagne
grand'fa'ther *s* grand-père *m*
grand'father's clock' *s* pendule *f* à gaine, horloge *f* comtoise
grandiose ['grændɪ,os] *adj* grandiose; pompeux
grand' ju'ry *s* jury *m* d'accusation
grand' lar'ceny *s* grand larcin *m*
grand' lodge' *s* grand orient *m*
grandma ['grænd,mɑ], ['græm,mɑ], ['græmə] *s* (coll) grand-maman *f*
grand'moth'er *s* grand-mère *f*
grand'neph'ew *s* petit-neveu *m*
grand'niece' *s* petite-nièce *f*
grand' op'era *s* grand opéra *m*
grandpa ['grænd,pɑ], ['græn,pɑ], ['græmpə] *s* (coll) grand-papa *m*
grand'par'ent *s* grand-père *m*; grand-mère *f*; **grandparents** grands-parents *mpl*
grand' pian'o *s* piano *m* à queue
grand' slam' *s* grand chelem *m*
grand'son' *s* petit-fils *m*
grand'stand' *s* tribune *f*, gradins *mpl*
grand' to'tal *s* total *m* global
grand'un'cle *s* grand-oncle *m*
grand' vizier' *s* grand vizir *m*
grange [grendʒ] *s* ferme *f*; syndicat *m* d'agriculteurs
granite ['grænɪt] *s* granite *m*, granit *m*
gran·ny ['græni] *s* (*pl* **-nies**) (coll) grand-mère *f*
gran'ny knot' *s* nœud *m* de vache
grant [grænt], [grɑnt] *s* concession *f*; (*subsidy*) subvention *f*; (*scholarship*) bourse *f* ‖ *tr* concéder, accorder; (*a wish*) exaucer; (*e.g., a charter*) octroyer; (*a degree*) décerner; **to take for granted** escompter, tenir pour évident; traiter avec indifférence
grantee [græn'ti], [grɑn'ti] *s* donataire *mf*

grantor [græn'tɔr], [grɑn'tɔr] *s* donateur *m*
granular ['grænjələr] *adj* granulaire
granulate ['grænjə,let] *tr* granuler || *intr* se granuler
gran'ulated sug'ar *s* sucre *m* cristallisé
granule ['grænjul] *s* granule *m*, granulé *m*
grape [grep] *s* (*fruit*) raisin *m*; (*vine*) vigne *f*; (*single grape*) grain *m* de raisin
grape' ar'bor *s* treille *f*
grape'fruit' *s* (*fruit*) pamplemousse *m* & *f*; (*tree*) pamplemoussier *m*
grape' juice' *s* jus *m* de raisin
grape'shot' *s* mitraille *f*
grape'vine' *s* vigne *f*; (*chain of gossip*) source *f* de canards
graph [græf], [grɑf] *s* graphique *m*; (gram) graphie *f*
graphic(al) ['græfɪk(əl)] *adj* graphique; (fig) vivant, net
graphite ['græfaɪt] *s* graphite *m*
graph' pa'per *s* papier *m* quadrillé
grapnel ['græpnəl] *s* grappin *m*
grapple ['græpəl] *s* grappin *m*; (*fight*) corps à corps *m* || *tr* saisir au grappin; (*a person*) empoigner à bras le corps || *intr* (*to fight*) lutter corps à corps; **to grapple with** en venir aux prises avec, s'attaquer à
grap'pling i'ron *s* grappin *m*
grasp [græsp], [grɑsp] *s* prise *f*; **to have a good grasp of** avoir une profonde connaissance de; **within one's grasp** à sa portée || *tr* saisir || *intr*—**to grasp at** tâcher de saisir; saisir avidement
grasping ['græspɪŋ], ['grɑspɪŋ] *adj* avide, rapace
grass [græs], [grɑs] *s* herbe *f*; (*pasture*) herbage *m*; (*lawn*) gazon *m*; **keep off the grass** (public sign) ne marchez pas sur le gazon; **to go to grass** (fig) s'étaler par terre
grass'hop'per *s* sauterelle *f*
grass'-roots' *adj* populaire, du peuple
grass' seed' *s* graine *f* fourragère; (*for lawns*) graine *f* pour gazon
grass' snake' *s* (*Tropidonotus natrix*) couleuvre *f* à collier
grass' wid'ow *s* demi-veuve *f*
grass•y ['græsi], ['grɑsi] *adj* (*comp* **-ier**; *super* **-iest**) herbeux
grate [gret] *s* grille *f*, grillage *m* || *tr* (*to put a grate on*) griller; (*e.g., cheese*) râper; **to grate the teeth** grincer des dents || *intr* grincer; **to grate on** écorcher
grateful ['gretfəl] *adj* reconnaissant; agréable; **to be grateful for** être reconnaissant de or pour
grater ['gretər] *s* râpe *f*
grati•fy ['grætɪ,faɪ] *v* (*pret & pp* **-fied**) *tr* faire plaisir à, satisfaire
gratifying ['grætɪ,faɪ•ɪŋ] *adj* agréable, satisfaisant
grating ['gretɪŋ] *adj* grinçant || *s* grillage *m*, grille *f*
gratis ['gretɪs], ['grætɪs] *adj* gratuit, gracieux || *adv* gratis, gratuitement
gratitude ['grætɪ,t(j)ud] *s* gratitude *f*, reconnaissance *f*; **gratitude for** reconnaissance de or pour
gratuitous [grə't(j)u•ɪtəs] *adj* gratuit
gratui•ty [grə't(j)u•ɪti] *s* (*pl* **-ties**) gratification *f*, pourboire *m*
grave [grev] *adj* grave || *s* fosse *f*, tombe *f*
gravedigger ['grev,dɪgər] *s* fossoyeur *m*
gravel ['grævəl] *s* gravier *m*; (pathol) gravelle *f*
grav'en im'age ['grevən] *s* image *f* taillée
grave'stone' *s* pierre *f* tombale
grave'yard' *s* cimetière *m*
gravitate ['grævɪ,tet] *intr* graviter
gravitation [,grævɪ'teʃən] *s* gravitation *f*
gravi•ty ['grævɪti] *s* (*pl* **-ties**) gravité *f*; (phys) pesanteur *f*, gravité
gra•vy ['grevi] *s* (*pl* **-vies**) (*juice from cooking meat*) jus *m*; (*sauce made with this juice*) sauce *f*; (slang) profit *m* facile, profit supplémentaire
gra'vy boat' *s* saucière *f*
gra'vy train' *s* (slang) assiette *f* au beurre
gray [gre] *adj* gris; (*gray-haired*) gris, chenu; **to turn gray** grisonner || *s* gris *m* || *intr* grisonner
gray'beard' *s* barbon *m*, ancien *m*
gray'-haired' *adj* gris, chenu
gray'hound' *s* lévrier *m*; (*female*) levrette *f*
grayish ['gre•ɪʃ] *adj* grisâtre
gray' mat'ter *s* substance *f* grise
graze [grez] *tr* (*to touch lightly*) frôler, effleurer; (*to scratch lightly in passing*) érafler; (*to pasture*) faire paître || *intr* paître
grease [gris] *s* graisse *f* || [gris], [griz] *tr* graisser
grease' cup' [gris] *s* godet *m* graisseur
grease' gun' [gris] *s* graisseur *m*, seringue *f* à graisse
grease' paint' [gris] *s* fard *m*, grimage *m*
greas•y ['grisi], ['grizi] *adj* (*comp* **-ier**; *super* **-iest**) graisseux, gras
great [gret] *adj* grand; (coll) excellent, formidable; **a great deal, a great many** beaucoup
great'-aunt' *s* grand-tante *f*
Great' Bear' *s* Grande Ourse *f*
Great' Brit'ain *s* Grande Bretagne *f*; la Grande Bretagne
great'coat' *s* capote *f*
Great' Dane' *s* danois *m*
Great'er Lon'don *s* le Grand Londres
Great'er New' York' *s* le Grand New York
great'-grand'child' *s* (*pl* **-chil'dren**) arrière-petit-fils *m*; arrière-petite-fille *f*; **great-grandchildren** arrière-petits-enfants *mpl*
great'-grand'daugh'ter *s* arrière-petite-fille *f*
great'-grand'fa'ther *s* arrière-grand-père *m*, bisaïeul *m*
great'-grand'moth'er *s* arrière-grand-mère *f*, bisaïeule *f*

great′-grand′par′ents *spl* arrière-grands-parents *mpl*
great′-grand′son *s* arrière-petit-fils *m*
greatly [ˈgretli] *adv* grandement, fort, beaucoup
great′-neph′ew *s* petit-neveu *m*
greatness [ˈgretnɪs] *s* grandeur *f*
great′-niece′ *s* petite-nièce *f*
great′-un′cle *s* grand-oncle *m*
Great′ War′ *s* Grande Guerre *f*
Grecian [ˈgriʃən] *adj* grec || *s* (*person*) Grec *m*
Greece [gris] *s* Grèce *f*; la Grèce
greed [grid] *s* avidité *f*
greed•y [ˈgridi] *adj* (*comp* **-ier**; *super* **-iest**) avide
Greek [grik] *adj* grec || *s* (*language*) grec *m*; (*unintelligible language*) (coll) hébreu *m*, e.g., **it's Greek to me** (coll) c'est de l'hébreu pour moi; (*person*) Grec *m*
Greek′ fire′ *s* feu *m* grégeois
green [grin] *adj* vert; inexpérimenté, novice || *s* vert *m*; (*lawn*) gazon *m*; (golf) pelouse *f* d'arrivée; **greens** légumes *mpl* verts
green′back′ *s* (U.S.A.) billet *m* de banque
greener•y [ˈgrinəri] *s* (*pl* **-ies**) verdure *f*
green′-eyed′ *adj* aux yeux verts; (*envious*) jaloux
green′gage′ *s* (bot) reine-claude *f*
green′gro′cer•y *s* (*pl* **-ies**) fruiterie *f*
green′horn′ *s* blanc-bec *m*, bleu *m*
green′house′ *s* serre *f*
greenish [ˈgrinɪʃ] *adj* verdâtre
Greenland [ˈgrinlənd] *s* le Groënland
green′ light′ *s* feu *m* vert, voie *f* libre
greenness [ˈgrinnɪs] *s* verdure *f*; (*unripeness*) verdeur *f*; inexpérience *f*, naïveté *f*
green′ pep′per *s* poivron *m* vert
green′room′ *s* (theat) foyer *m*
greensward [ˈgrin ˌswərd] *s* pelouse *f*
green′ thumb′ *s*—**to have a green thumb** avoir la main verte
greet [grit] *tr* saluer; (*to welcome*) accueillir
greeting [ˈgritɪŋ] *s* salutation *f*; (*welcome*) accueil *m*; **greetings** (*on greeting card*) vœux *mpl* || **greetings** *interj* salut!
greet′ing card′ *s* carte *f* de vœux
gregarious [grɪˈgerɪ•əs] *adj* grégaire
Gregorian [grɪˈgorɪ•ən] *adj* grégorien
grenade [grɪˈned] *s* grenade *f*
grey [gre] *adj, s, & intr* var of **gray**
grey′hound′ *s* var of **grayhound**
grid [grɪd] *s* (*of storage battery and vacuum tube*) grille *f*; (*on map*) quadrillage *m*; (culin) gril *m*
griddle [ˈgrɪdəl] *s* plaque *f* chauffante
grid′dle•cake′ *s* crêpe *f*
grid′i′ron *s* gril *m*; (sports) terrain *m* de football
grid′ leak′ *s* résistance *f* de fuite de la grille
grid′ line′ *s* ligne *f* de quadrillage
grief [grif] *s* chagrin *m*, affliction *f*; **to come to grief** finir mal
grief′-strick′en *adj* affligé, navré
grievance [ˈgrivəns] *s* grief *m*
grieve [griv] *tr* chagriner, affliger || *intr* se chagriner, s'affliger
grievous [ˈgrivəs] *adj* grave, douloureux
griffin [ˈgrɪfɪn] *s* griffon *m*
grill [grɪl] *s* gril *m*; (*grating*) grille *f* || *tr* griller; (*an accused person*) (coll) cuisiner
grille [grɪl] *s* grille *f*; (aut) calandre *f*
grilled′ beef′steak *s* châteaubriand *m*
grill′room′ *s* grill-room *m*
grim [grɪm] *adj* (*comp* **grimmer**; *super* **grimmest**) (*fierce*) menaçant; (*repellent*) macabre; (*unyielding*) implacable; (*stern-looking*) lugubre
grimace [ˈgrɪməs], [grɪˈmes] *s* grimace *f* || *intr* grimacer
grime [graɪm] *s* crasse *f*, saleté *f*
grim•y [ˈgraɪmi] *adj* (*comp* **-ier**; *super* **-iest**) crasseux, sale
grin [grɪn] *s* grimace *f*; (*smile*) large sourire *m* || *v* (*pret & pp* **grinned**; *ger* **grinning**) *intr* avoir un large sourire, rire à belles dents
grind [graɪnd] *s* (*of coffee*) moulure *f*; (*job*) (coll) boulot *m*, collier *m*; (*student*) (coll) bûcheur *m*; **daily grind** (coll) train-train *m* quotidien || *v* (*pret & pp* **ground** [graʊnd]) *tr* (*coffee, flour*) moudre; (*food*) broyer; (*meat*) hacher; (*a knife*) aiguiser; (*the teeth*) grincer; (*valves*) roder || *intr* grincer; **to grind away at** (coll) bûcher
grinder [ˈgraɪndər] *s* (*for coffee, pepper, etc.*) moulin *m*, broyeur *m*; (*for meat*) hachoir *m*; (*for tools*) repasseur *m*; (*back tooth*) molaire *f*
grind′stone′ *s* meule *f*, pierre *f* à aiguiser
grip [grɪp] *s* prise *f*; (*with hand*) poigne *f*; (*handle*) poignée *f*; (*handbag*) sac *m* de voyage; (*understanding*) compréhension *f*; **to come to grips** en venir aux prises; **to lose one's grip** lâcher prise || *v* (*pret & pp* **gripped**; *ger* **gripping**) *tr* serrer, saisir fortement; (*e.g., a theater audience*) empoigner
gripe [graɪp] *s* (coll) rouspétance *f* || *intr* (coll) rouspéter, ronchonner
grippe [grɪp] *s* grippe *f*
gripping [ˈgrɪpɪŋ] *adj* passionnant
gris•ly [ˈgrɪzli] *adj* (*comp* **-lier**; *super* **-liest**) horrible, macabre
grist [grɪst] *s* blé *m* à moudre
gristle [ˈgrisəl] *s* cartilage *m*
gris•tly [ˈgrisli] *adj* (*comp* **-tlier**; *super* **-tliest**) cartilagineux
grist′mill′ *s* moulin *m* à blé
grit [grɪt] *s* grès *m*, sable *m*; (*courage*) cran *m*; **grits** gruau *m* || *v* (*pret & pp* **gritted**; *ger* **gritting**) *tr* (*one's teeth*) grincer
grit•ty [ˈgrɪti] *adj* (*comp* **-tier**; *super* **-tiest**) sablonneux; (fig) plein de cran
griz•zly [ˈgrɪzli] *adj* (*comp* **-zlier**; *super* **-zliest**) grisonnant || *s* (*pl* **-zlies**) ours *m* gris
griz′zly bear′ *s* ours *m* gris
groan [gron] *s* gémissement *m* || *intr* gémir

grocer ['grosər] *s* épicier *m*
grocer·y ['grosəri] *s* (*pl* **-ies**) épicerie *f*; **groceries** denrées *fpl*
gro′cery store′ *s* épicerie *f*
grog [grɑg] *s* grog *m*
grog·gy ['grɑgi] *adj* (*comp* **-gier**; *super* **-giest**) (coll) vacillant; (*shaky, e.g., from a blow*) (coll) étourdi; (*drunk*) (coll) gris, ivre
groin [grɔɪn] *s* (anat) aine *f*; (archit) arête *f*
groom [grum] *s* (*bridegroom*) marié *m*; (*stableboy*) palefrenier *m* ‖ *tr* soigner, astiquer; (*horses*) panser; (*a politician, a starlet, etc.*) dresser, préparer
grooms′man *s* (*pl* **-men**) garçon *m* d'honneur
groove [gruv] *s* rainure *f*; (*of pulley*) gorge *f*; (*of phonograph record*) sillon *m*; (*mark left by wheel*) ornière *f*; (*of window, door, etc.*) feuillure *f*; **in the groove** (coll) comme sur des roulettes; **to get into a groove** (coll) devenir routinier ‖ *tr* rainer, canneler
grope [grop] *intr* tâtonner; **to grope for** chercher à tâtons
gropingly ['gropɪŋli] *adv* à tâtons
grosbeak ['gros,bik] *s* gros-bec *m*
gross [gros] *adj* gros; (*fat, burly*) gras, épais; (*crass, vulgar*) grossier; (*weight; receipts*) brut; (*displacement*) global ‖ *s invar* recette *f* brute; (*twelve dozen*) grosse *f* ‖ *tr* produire en recette brute, produire brut, e.g., **the business grossed a million dollars** l'entreprise a produit un million de dollars, brut
gross′ na′tional prod′uct *s* produit *m* national brut
grotesque [gro'tɛsk] *adj* grotesque ‖ *s* grotesque *m;* (*ornament*) grotesque *f*
grot·to ['grɑto] *s* (*pl* **-toes** or **-tos**) grotte *f*
grouch [graʊtʃ] *s* (coll) humeur *f* grognon; (*person*) (coll) grognon *m* ‖ *intr* (coll) grogner
grouch·y ['graʊtʃi] *adj* (*comp* **-ier**; *super* **-iest**) (coll) grognon, maussade
ground [graʊnd] *s* terre *f*; (*piece of land*) terrain *m*; (*basis, foundation*) fondement *m*, base *f*; (*reason*) motif *m*, cause *f*; (elec) terre *f*; (*body of automobile corresponding to ground*) (elec) masse *f*; **ground for complaint** grief *m*; **grounds** parc *m*, terrain; fondement, cause; (*of coffee*) marc *m*; **on the ground of** pour raison de, sous prétexte de; **to be losing ground** être en recul; **to break ground** donner le premier coup de pioche; **to have grounds for** avoir matière à; **to stand one's ground** tenir bon or ferme; **to yield ground** lâcher pied ‖ *tr* fonder, baser; (elec) mettre à terre; **grounded** (aer) interdit de vol, gardé au sol; **to ground s.o. in s.th.** enseigner à fond q.ch. à qn
ground′ connec′tion *s* prise *f* de terre
ground′ crew′ *s* équipe *f* au sol, personnel *m* rampant
ground′ floor′ *s* rez-de-chaussée *m*
ground′ glass′ *s* verre *m* dépoli
ground′ hog′ *s* marmotte *f* d'Amérique
grounding ['graʊndɪŋ] *s* (aer) interdiction *f* de vol; (elec) mise *f* à la masse
ground′ installa′tions *spl* (aer) infrastructure *f*
ground′ lead′ [lid] *s* (elec) conduite *f* à terre
groundless ['graʊndlɪs] *adj* sans fondement
ground′ meat′ *s* viande *f* hachée
ground′ plan′ *s* plan *m* de base; (archit) plan horizontal
ground′ speed′ *s* (aer) vitesse *f* par rapport au sol
ground′ swell′ *s* lame *f* de fond
ground′ troops′ *spl* (mil) effectifs *mpl* terrestres
ground′ wire′ *s* (elec) fil *m* de terre, fil de masse
ground′work′ *s* fondement *m*, fond *m*
group [grup] *s* groupe *m* ‖ *tr* grouper ‖ *intr* se grouper
grouse [graʊs] *s* coq *m* de bruyère ‖ *intr* (slang) grogner
grove [grov] *s* bocage *m*, bosquet *m*
grov·el ['grʌvəl], ['grɑvəl] *v* (*pret & pp* **-eled** or **-elled**; *ger* **-eling** or **-elling**) *intr* se vautrer; (*before s.o.*) ramper
grow [gro] *v* (*pret* **grew** [gru]; *pp* **grown** [gron]) *tr* cultiver, faire pousser; (*a beard*) laisser pousser ‖ *intr* croître; (*said of plants*) pousser; (*said of seeds*) germer; (*to become*) devenir; **to grow angry** se mettre en colère; **to grow old** vieillir; **to grow out of** se développer de; (*e.g., a suit of clothes*) devenir trop grand pour; **to grow up** grandir, profiter
growl [graʊl] *s* grondement *m*, grognement *m* ‖ *tr & intr* gronder, grogner
grown′-up′ *adj* adulte ‖ *s* (*pl* **grown-ups**) adulte *mf*; **grown-ups** grandes personnes *fpl*
growth [groθ] *s* croissance *f*, développement *m*; (*increase*) accroissement *m*; (*of trees, grass, etc.*) pousse *f*; (pathol) excroissance *f*, grosseur *f*
grub [grʌb] *s* asticot *m*; (*person*) homme *m* de peine; (*food*) (coll) boustifaille *f* ‖ *v* (*pret & pp* **grubbed**; *ger* **grubbing**) *tr* défricher ‖ *intr* fouiller
grub·by ['grʌbi] *adj* (*comp* **-bier**; *super* **-biest**) sale, malpropre
grudge [grʌdʒ] *s* rancune *f*; **to have a grudge against** garder rancune à ‖ *tr* donner à contre-cœur
grudgingly ['grʌdʒɪŋli] *adv* à contre-cœur
gruel ['gru·əl] *s* gruau *m*, bouillie *f*
grueling ['gru·əlɪŋ] *adj* éreintant
gruesome ['grusəm] *adj* macabre
gruff [grʌf] *adj* bourru, brusque; (*voice*) rauque, gros
grumble ['grʌmbəl] *s* grognement *m* ‖ *intr* grogner, grommeler
grump·y ['grʌmpi] *adj* (*comp* **-ier**; *super* **-iest**) maussade, grognon
grunt [grʌnt] *s* grognement *m* ‖ *intr* grogner

G′-string′ *s* (*loincloth*) pagne *m*; (*worn by women entertainers*) cache-sexe *m*; (mus) corde *f* de sol
guarantee [ˌgærən'ti] *s* garantie *f*; (*guarantor*) garant *m*, répondant *m*; (*security*) caution *f* || *tr* garantir
guarantor ['gærən ˌtɔr] *s* garant *m*
guaran·ty ['gærənti] *s* (*pl* **-ties**) garantie *f* || *v* (*pret & pp* **-tied**) *tr* garantir
guard [gɑrd] *s* garde *f*; (*person*) garde *m*; **on guard** en garde; (*on duty*) de garde; (mil) en faction, de faction; **on one's guard** sur ses gardes; **to mount guard** monter la garde; **under guard** gardé à vue || *tr* garder || *intr* être de faction; **to guard against** se garder de
guard′ du′ty *s* service *m* de garde
guarded *adj* (*remark*) prudent
guard′house′ *s* guérite *f*, corps-de-garde *m*; prison *f* militaire
guardian ['gɑrdɪ·ən] *adj* gardien || *s* gardien *m*; (*of a ward*) tuteur *m*
guard′ian an′gel *s* ange *m* gardien, ange tutélaire
guard′ian·ship′ *s* garde *f*; (law) tutelle *f*
guard′rail′ *s* garde-fou *m*, parapet *m*
guard′room′ *s* corps-de-garde *m*, salle *f* de police; (*prison*) bloc *m*, tôle *f*
guards′man *s* (*pl* **-men**) garde *m*
Guatemalan [ˌgwɑtɪ'mɑlən] *adj* guatémaltèque || *s* Guatémaltèque *mf*
guava ['gwɑvə] *s* goyave *f*; (*tree*) goyavier *m*
guerrilla [gə'rɪlə] *s* guérillero *m*; **guerrillas** (*band*) guérilla *f*
guerril′la war′fare *s* guérilla *f*
guess [gɛs] *s* conjecture *f* || *tr & intr* conjecturer; (*a secret, riddle, etc.*) deviner; (coll) supposer, penser; **I guess so** je crois que oui; **to guess right** bien deviner
guess′work′ *s* supposition *f*; **by guesswork** au jugé
guest [gɛst] *s* invité *m*, hôte *mf*; (*in a hotel*) client *m*, hôte
guest′ room′ *s* chambre *f* d'ami
guest′ speak′er *s* orateur *m* de circonstance
guffaw [gə'fɔ] *s* gros rire *m* || *tr* dire avec un gros rire || *intr* rire bruyamment
Guiana [gɪ'ɑnə], [gɪ'ænə] *s* Guyane *f*; la Guyane
guidance ['gaɪdəns] *s* gouverne *f*; (*guiding*) conduite *f*; (*in choosing a career*) orientation *f*; (*of rocket*) guidage *m*; **for your guidance** pour votre gouverne
guid′ance coun′selor *s* orienteur *m*
guide [gaɪd] *s* guide *m* || *tr* guider
guide′book′ *s* guide *m*
guid′ed mis′sile *s* engin *m* téléguidé
guide′ dog′ *s* chien *m* d'aveugle
guide′ line′ *s* (fig) norme *f*, règle *f*; **guide lines** (*for writing straight lines*) transparent *m*, guide-âne *m*
guide′post′ *s* poteau *m* indicateur
guide′ word′ *s* lettrine *f*
guild [gɪld] *s* association *f*, corporation *f*; (eccl) confrérie *f*; (hist) guilde *f*
guild′hall′ *s* hôtel *m* de ville
guile [gaɪl] *s* astuce *f*, artifice *m*
guileful ['gaɪlfəl] *adj* astucieux, artificieux
guileless ['gaɪllɪs] *adj* candide, innocent
guillotine ['gɪlə ˌtin] *s* guillotine *f* || *tr* guillotiner
guilt [gɪlt] *s* culpabilité *f*
guiltless ['gɪltlɪs] *adj* innocent
guilt·y ['gɪlti] *adj* (*comp* **-ier**; *super* **-iest**) coupable; **found guilty** reconnu coupable
guimpe [gɪmp], [gæmp] *s* empiècement *m*
guinea ['gɪni] *s* guinée *f*; **Guinea** Guinée; la Guinée
guin′ea fowl′ or **hen′** *s* poule *f* de Guinée, pintade *f*
guin′ea pig′ *s* cobaye *m*
guise [gaɪz] *s* apparences *fpl*, déguisement *m*; **under the guise of** sous un semblant de, sous le masque de
guitar [gɪ'tɑr] *s* guitare *f*
guitarist [gɪ'tɑrɪst] *s* guitariste *mf*
gulch [gʌltʃ] *s* ravin *m*
gulf [gʌlf] *s* golfe *m*; (fig) gouffre *m*
Gulf′ of Mex′ico *s* Golfe *m* du Mexique
Gulf′ Stream′ *s* Courant *m* du Golfe
gull [gʌl] *s* mouette *f*, goéland *m*; (coll) gogo *m*, jobard *m* || *tr* escroquer, duper
gullet ['gʌlɪt] *s* gosier *m*
gullible ['gʌlɪbəl] *adj* crédule, naïf
gul·ly ['gʌli] *s* (*pl* **-lies**) ravin *m*; (*channel*) rigole *f*
gulp [gʌlp] *s* gorgée *f*, lampée *f*; **at one gulp** d'un trait || *tr*—**to gulp down** avaler à grandes bouchées, lamper; (*e.g., tears*) ravaler, refouler || *intr* avoir la gorge serrée
gum [gʌm] *s* gomme *f*; (*on eyelids*) chassie *f*; (anat) gencive *f* || *v* (*pret & pp* **gummed**; *ger* **gumming**) *tr* gommer; **to gum up** encrasser; (coll) bousiller
gum′ ar′abic *s* gomme *f* arabique
gum′boil′ *s* phlegmon *m*, fluxion *f*
gum′ boot′ *s* botte *f* de caoutchouc
gum′drop′ *s* boule *f* de gomme, pâte *f* de fruits
gum·my ['gʌmi] *adj* (*comp* **-mier**; *super* **-miest**) gommeux; (*eyelids*) chassieux
gumption ['gʌmpʃən] *s* (coll) initiative *f*, cran *m*
gum′shoe′ *s* caoutchouc *m*; (coll) détective *m* || *intr* rôder en tapinois, marcher furtivement
gun [gʌn] *s* fusil *m*; (*for spraying*) pistolet *m*; **to stick to one's guns** (coll) ne pas en démordre || *v* (*pret & pp* **gunned**; *ger* **gunning**) *tr*—**to gun down** tuer d'un coup de fusil; **to gun the engine** (slang) appuyer sur le champignon || *intr*—**to gun for** (*game*) chasser; (*an enemy*) pourchasser
gun′ bar′rel *s* canon *m*
gun′boat′ *s* cannonière *f*
gun′ car′riage *s* affût *m* de canon
gun′cot′ton *s* fulmicoton *m*

gun′ crew′ *s* peloton *m* de pièce, servants *mpl* de canon

gun′fire′ *s* canonnade *f*, coups *mpl* de feu

gun′man *s* (*pl* **-men**) *s* bandit *m*

gun′ met′al *s* métal *m* bleui

gunner [ˈgʌnər] *s* canonnier *m*, artilleur *m*; (aer) mitrailleur *m*

gunnery [ˈgʌnəri] *s* tir *m*, canonnage *m*

gunnysack [ˈgʌni,sæk] *s* sac *m* de serpillière

gun′pow′der *s* poudre *f* à canon

gun′run′ning *s* contrebande *f* d'armes

gun′shot′ *s* coup *m* de feu, coup de fusil

gun′smith′ *s* armurier *m*

gun′stock′ *s* fût *m*

gunwale [ˈgʌnəl] *s* (naut) plat-bord *m*

gup•py [ˈgʌpi] *s* (*pl* **-pies**) guppy *m*

gurgle [ˈgʌrgəl] *s* glouglou *m*, gargouillement *m* || *intr* glouglouter, gargouiller

gush [gʌʃ] *s* jaillissement *m* || *intr* jaillir; **to gush over** (coll) s'attendrir sur

gusher [ˈgʌʃər] *s* puits *m* jaillissant

gush•y [ˈgʌʃi] *adj* (*comp* **-ier**; *super* **-iest**) (coll) démonstratif, expansif

gusset [ˈgʌsɪt] *s* (*in garment*) soufflet *m*; (mach) gousset *m*

gust [gʌst] *s* bouffée *f*, coup *m*

gusto [ˈgʌsto] *s* goût *m*, entrain *m*

gust•y [ˈgʌsti] *adj* (*comp* **-ier**; *super* **-iest**) venteux; (*wind*) à rafales

gut [gʌt] *s* boyau *m*; **guts** (coll) cran *m* || *v* (*pret & pp* **gutted**; *ger* **gutting**) *tr* raser à l'intérieur; (*to take out the guts of*) vider

gutter [ˈgʌtər] *s* (*on side of road*) caniveau *m*; (*in street*) ruisseau *m*; (*of roof*) gouttière *f*; (*ditch formed by rain water*) rigole *f*

gut′ter•snipe′ *s* (coll) voyou *m*

guttural [ˈgʌtərəl] *adj* guttural || *s* gutturale *f*

guy [gaɪ] *s* câble *m* tenseur; (naut) hauban *m*; (coll) type *m*, gars *m* || *tr* haubaner; (coll) se moquer de

guy′ wire′ *s* câble *m* tenseur; (naut) hauban *m*

guzzle [ˈgʌzəl] *tr & intr* boire avidement

guzzler [ˈgʌzlər] *s* soiffard *m*

gym [dʒɪm] *s* (coll) gymnase *m*

gymnasi•um [dʒɪmˈnezɪ•əm] *s* (*pl* **-ums** or **-a** [ə]) gymnase *m*

gymnast [ˈdʒɪmnæst] *s* gymnaste *mf*

gynecology [,gaɪnəˈkɑlədʒi], [,dʒaɪnəˈkɑlədʒi] *s* gynécologie *f*

gyp [dʒɪp] *s* (slang) escroquerie *f*; (*person*) (slang) aigrefin *m* || *v* (*pret & pp* **gypped**; *ger* **gypping**) *tr* (slang) tirer une carotte à, refaire, gruger

gypsum [ˈdʒɪpsəm] *s* gypse *m*

gyp•sy [ˈdʒɪpsi] *adj* bohémien || *s* (*pl* **-sies**) bohémien *m*; **Gypsy** (*language*) tsigane *m*, romanichel *m*; (*person*) gitan *m*, tsigane *mf*, romanichel *m*

gyp′sy moth′ *s* zigzag *m*

gyrate [ˈdʒaɪret] *intr* tournoyer

gyrocompass [ˈdʒaɪro,kʌmpəs] *s* gyrocompas *m*

gyroscope [ˈdʒaɪrə,skop] *s* gyroscope *m*

H

H, h [etʃ] *s* VIIIᵉ lettre de l'alphabet

haberdasher [ˈhæbər,dæʃər] *s* chemisier *m*

haberdasher•y [ˈhæbər,dæʃəri] *s* (*pl* **-ies**) chemiserie *f*, confection *f* pour hommes

habit [ˈhæbɪt] *s* habitude *f*; (*dress*) habit *m*, costume *m*; **to get into the habit of** s'habituer à

habitual [həˈbɪtʃʊ•əl] *adj* habituel

habituate [həˈbɪtʃʊ,et] *tr* habituer

hack [hæk] *s* (*notch*) entaille *f*; (*cough*) toux *f* sèche; (*hackney*) voiture *f* de louage; (*old nag*) rosse *f*; (*writer*) écrivassier *m* || *tr* hacher

hackney [ˈhækni] *s* voiture *f* de louage

hackneyed [ˈhæknid] *adj* banal, battu

hack′saw′ *s* scie *f* à métaux

haddock [ˈhædək] *s* églefin *m*

hag [hæg] *s* (*ugly woman*) guenon *f*; (*witch*) sorcière *f*; **old hag** vieille fée *f*

haggard [ˈhægərd] *adj* décharné, hâve; (*wild-looking*) hagard, farouche

haggle [ˈhægəl] *intr* marchander; **to haggle over** marchander

Hague [heg] *s*—**The Hague** La Haye

hail [hel] *s* (*frozen rain*) grêle *f*; **within hail** à portée de la voix || *tr* saluer; (*a ship, taxi, etc.*) héler || *intr* grêler; **to hail from** venir de || *interj* salut!

Hail′ Mar′y *s* Ave Maria *m*

hail′stone′ *s* grêlon *m*

hail′storm′ *s* tempête *f* de grêle

hair [her] *s* poil *m*; (*of person*) cheveu *m*; (*head of human hair*) cheveux *mpl*; **against the hair** à rebrousse-poil, à contre-poil; **hairs** cheveux; **to a hair** à un cheveu près; **to get in s.o.'s hair** (slang) porter sur les nerfs à qn; **to let one's hair down** (slang) en prendre à son aise; **to make s.o.'s hair stand on end** faire dresser les cheveux à qn; **to not turn a hair** ne pas tiquer; **to split hairs** fendre or couper les cheveux en quatre

hair′breadth′ *s* épaisseur *f* d'un cheveu; **to escape by a hairbreadth** l'échapper belle

hair′brush′ *s* brosse *f* à cheveux

hair′cloth′ *s* thibaude *f*; (*for furniture*) tissu-crin *m*

hair′ curl′er [ˌkʌrlər] *s* frisoir *m*; (*pin*) bigoudi *m*
hair′cut′ *s* coupe *f* de cheveux; **to get a haircut** se faire couper les cheveux
hair′do′ *s* (*pl* **-dos**) coiffure *f*
hair′dress′er *s* coiffeur *m* pour dames; coiffeuse *f*
hair′dress′ing *s* cosmétique *m*
hair′ dri′er *s* sèche-cheveux *m*, séchoir *m* à cheveux
hair′ dye′ *s* teinture *f* des cheveux
hair′line′ *s* (*on face of type*) délié *m*; (*along the upper forehead*) naissance *f* des cheveux, plantation *f* des cheveux
hair′ net′ *s* résille *f*
hair′pin′ *s* épingle *f* à cheveux
hair′pin turn′ *s* lacet *m*
hair′-rais′ing *adj* (coll) horripilant
hair′ rib′bon *s* ruban *m* à cheveux
hair′ set′ *s* mise *f* en plis
hair′ shirt′ *s* haire *f*, cilice *m*
hair′split′ting *adj* vétilleux, trop subtil || *s* ergotage *m*
hair′ spray′ *s* (*for setting hair*) laque *f*, fixatif *m*
hair′spring′ *s* spiral *m*
hair′ style′ *s* coiffure *f*
hair′ ton′ic *s* lotion *f* capillaire
hair′ trig′ger *s* détente *f* douce
hair•y [ˈheri] *adj* (*comp* **-ier**; *super* **-iest**) poilu, velu; (*on head*) chevelu
Haiti [ˈheti] *s* Haïti *f*
Haitian [ˈhetɪ·ən], [ˈheʃən] *adj* haïtien || *s* Haïtien *m*
halberd [ˈhælbərd] *s* hallebarde *f*
hal′cyon days′ [ˈhælsɪ·ən] *spl* jours *mpl* alcyoniens, jours sereins
hale [hel] *adj* vigoureux, sain; **hale and hearty** frais et gaillard || *tr* haler
half [hæf], [hɑf] *adj* demi || *s* (*pl* **halves** [hævz], [hɑvz]) moitié *f*, la moitié; (*of the hour*) demi *m*; **by half** de moitié, à demi; **half an hour** une demi-heure; **in half** en deux; **to go halves** être de moitié || *adv* moitié, à moitié; **half . . . half** moitié . . . moitié; **half past** et demie, e.g., **half past three** trois heures et demie
half′-and-half′ *adj & adv* moitié l'un moitié l'autre, en parties égales || *s* (*for coffee*) mélange *m* de lait et de crème; (*beer*) mélange de bière et porter
half′back′ *s* (football) demi-arrière *m*, demi *m*
half′-baked′ *adj* à moitié cuit; (*person*) inexpérimenté; (*plan*) prématuré, incomplet
half′ bind′ing *s* (bb) demi-reliure *f* à petit coins
half′-blood′ *s* métis *m*; demi-frère *m*
half′ boot′ *s* demi-botte *f*
half′-bound′ *adj* (bb) en demi-reliure à coins
half′-breed′ *s* métis *m*, sang-mêlé *m*; (*e.g., horse*) demi-sang *m*
half′ broth′er *s* demi-frère *m*
half′-cocked′ *adv* (coll) avec trop de hâte
half′-day′ *s* demi-journée *f*
half′-doz′en *s* demi-douzaine *f*
half′ fare′ *s* demi-tarif *m*, demi-place *f*
half′-full′ *adj* à moitié plein
half′-heart′ed *adj* sans entrain, hésitant
half′-hol′iday *s* demi-congé *m*
half′ hose′ *s* chaussettes *fpl*
half′-hour′ *s* demi-heure *f*; **every half-hour on the half-hour** toutes les demi-heures à la demi-heure juste; **on the half-hour** à la demie
half′ leath′er *s* (bb) demi-reliure *f* à petit coins
half′-length′ *s* demi-longueur *f*
half′-length por′trait *s* portrait *m* en buste
half′-light′ *s* demi-jour *m*
half′-mast′ *s*—**at half-mast** en berne, à mi-mât
half′-moon′ *s* demi-lune *f*
half′ mourn′ing *s* demi-deuil *m*
half′ note′ *s* (mus) blanche *f*
half′ pay′ *s* demi-solde *f*
halfpen•ny [ˈhepəni], [ˈhepni] *s* (*pl* **-nies**) demi-penny *m*; (fig) sou *m*
half′ pint′ *s* demi-pinte *f*; (*little runt*) (slang) petit culot *m*
half′-seas o′ver *adj*—**to be half-seas over** avoir du vent dans les voiles
half′ shell′ *s* (*either half of a bivalve*) écaille *f*; **on the half shell** dans sa coquille
half′ sis′ter *s* demi-sœur *f*
half′ sole′ *s* demi-semelle *f*
half′-staff′ *s*—**at half-staff** à mi-mât
half′-tim′bered *adj* à demi-boisage
half′ time′ *s* (sports) mi-temps *m*
half′-time′ *adj* à demi-journée
half′ ti′tle *s* faux titre *m*, avant-titre *m*
half′tone′ *s* (painting, phot) demi-teinte *f*; (typ) similigravure *f*
half′ tone′ *s* (mus) demi-ton *m*
half′-track′ *s* semi-chenillé *m*
half′-truth′ *s* demi-vérité *f*
half′turn′ *s* demi-tour *m*; (*of wheel*) demi-révolution *f*
half′way′ *adj & adv* à mi-chemin; **halfway through** à moitié de; **halfway up** à mi-côte; **to meet s.o. halfway** couper la poire en deux avec qn
half′-wit′ted *adj* à moitié idiot
halibut [ˈhælɪbət] *s* flétan *m*
halitosis [ˌhælɪˈtosɪs] *s* mauvaise haleine *f*
hall [hɔl] *s* (*passageway*) corridor *m*, couloir *m*; (*entranceway*) entrée *f*, vestibule *m*; (*large meeting room*) salle *f*, hall *m*; (*assembly room of a university*) amphithéâtre *m*; (*building of a university*) bâtiment *m*
halleluiah or **hallelujah** [ˌhælɪˈlujə] *s* alléluia *m* || *interj* alléluia!
hall′mark′ *s* estampille *f*, poinçon *m*; (fig) cachet *m*, marque *f*
hal•lo [həˈlo] *s* (*pl* **-los**) holà *m* || *intr* huer || *interj* holà!, ohé!; (hunting) taïaut!
hallow [ˈhælo] *tr* sanctifier
hallowed *adj* sanctifié, saint
Halloween or **Hallowe'en** [ˌhæloˈin] *s* la veille de la Toussaint
hallucination [həˌlusɪˈneʃən] *s* hallucination *f*

hall′way′ *s* corridor *m*, couloir *m*

ha·lo [ˈhelo] *s* (*pl* **-los** or **-loes**) (meteo) auréole *f*, halo *m*; (*around a head*) auréole

halogen [ˈhælədʒən] *s* halogène *m*

halt [hɔlt] *adj* boiteux, estropié ‖ *s* halte *f*, arrêt *m*; **to come to a halt** faire halte ‖ *tr* faire faire halte à ‖ *intr* faire halte ‖ *interj* halte!; (mil) halte-là!

halter [ˈhɔltər] *s* licou *m*; (*noose*) corde *f*

halting [ˈhɔltɪŋ] *adj* boiteux; hésitant

halve [hæv], [hɑv] *tr* diviser or partager en deux; réduire de moitié

halyard [ˈhæljərd] *s* (naut) drisse *f*

ham [hæm] *s* (*part of leg behind knee*) jarret *m*; (*thigh and buttock*) fesse *f*; (culin) cuisse *f*; (*cured*) (culin) jambon *m*; (rad) radio amateur *m*; (theat) cabotin *m*; **hams** fesses

hamburger [ˈhæm,bʌrgər] *s* sandwich *m* à la hambourgeoise, hamburger *m*; (*Hamburg steak*) biftek *m* haché

hamlet [ˈhæmlɪt] *s* hameau *m*

hammer [ˈhæmər] *s* marteau *m*; (*of gun*) chien *m*, percuteur *m* ‖ *tr* marteler; **to hammer out** étendre au marteau; (*to resolve*) résoudre ‖ *intr*—**to hammer away at** (*e.g., a job*) travailler d'arrache-pied à

hammock [ˈhæmək] *s* hamac *m*

hamper [ˈhæmpər] *s* manne *f* ‖ *tr* embarrasser, gêner, empêcher

hamster [ˈhæmstər] *s* hamster *m*

ham′string′ *v* (*pret & pp* **-strung**) *tr* couper le jarret à; (fig) couper les moyens à

hand [hænd] *adj* à main, à la main, manuel ‖ *s* main *f*; (*workman*) manœuvre *m*, ouvrier *m*; (*way of writing*) écriture *f*; (*clapping of hands*) applaudissements *mpl*; (*of clock or watch*) aiguille *f*; (*a round of play*) coup *m*, partie *f*, main; (*of God*) doigt *m*; (*measure*) palme *m*; (cards) jeu *m*; **at hand** sous la main; (*said of approaching event*) proche, prochain; **by hand** à la main; **hands off!** n'y touchez pas!; **hands up!** haut les mains!; **hand to hand** corps à corps; **on every hand** de toutes parts, de tous côtés; **on the one hand . . . on the other hand** d'une part . . . d'autre part; **to live from hand to mouth** vivre au jour le jour; **to shake hands with** serrer la main à; **to wait on hand and foot** être aux petits soins pour; **to win hands down** gagner dans un fauteuil; **under the hand and seal of** signé et scellé de ‖ *tr* donner, présenter; (*e.g., food at table*) passer; **to hand down** (*e.g., property*) léguer; (*a verdict*) prononcer; **to hand in** remettre; **to hand on** transmettre; **to hand out** distribuer; **to hand over** céder, livrer

hand′bag′ *s* sac *m* à main

hand′ bag′gage *s* menus bagages *mpl*

hand′ball′ *s* pelote *f*; (*game*) handball *m*

hand′bill′ *s* prospectus *m*

hand′book′ *s* manuel *m*

hand′ brake′ *s* frein *m* à main

hand′car′ *s* (rr) draisine *f*

hand′cart′ *s* voiture *f* à bras

hand′clasp′ *s* poignée *f* de main

hand′ control′ *s* commande *f* à la main

hand′cuff′ *s* menotte *f* ‖ *tr* mettre les menottes à

handful [ˈhænd,fʊl] *s* poignée *f*

hand′ glass′ *s* miroir *m* à main; (*magnifying glass*) loupe *f* à main

hand′ grenade′ *s* grenade *f* à main

handi·cap [ˈhændɪ,kæp] *s* handicap *m* ‖ *v* (*pret & pp* **-capped**; *ger* **-capping**) *tr* handicaper

handicraft [ˈhændɪ,kræft], [ˈhændɪ,krɑft] *s* habileté *f* manuelle; métier *m*; **handicrafts** produits *mpl* d'artisanat

handiwork [ˈhændɪ,wʌrk] *s* ouvrage *m*, travail *m* manuel; (fig) œuvre *f*

handkerchief [ˈhæŋkərtʃɪf], [ˈhæŋkər,tʃif] *s* mouchoir *m*

handle [ˈhændəl] *s* (*of basket, crock, pitcher*) anse *f*; (*of shovel, broom, knife*) manche *m*; (*of umbrella, sword, door*) poignée *f*; (*of frying pan*) queue *f*; (*of pump*) brimbale *f*; (*of handcart*) brancard *m*; (*of wheelbarrow*) bras *m*; (*opportunity, pretext*) prétexte *m*; (mach) manivelle *f*, manette *f*; **to fly off the handle** (coll) sortir de ses gonds ‖ *tr* manier; (*with one's hands*) palper, tâter; **handle with care** (shipping label) fragile; **to handle roughly** malmener ‖ *intr*—**to handle well** (mach) avoir de bonnes réactions

han′dle·bars′ *spl* guidon *m*

handler [ˈhændlər] *s* (sports) entraîneur *m*

handling [ˈhændlɪŋ] *s* (*e.g., of tool*) maniement *m*; (*e.g., of person*) traitement *m*; (*of merchandise*) manutention *f*

hand′made′ *adj* fait à la main

hand′maid′ or **hand′maid′en** *s* servante *f*; (fig) auxiliaire *mf*

hand′-me-down′ *s* (coll) vêtement *m* de seconde main

hand′ or′gan *s* orgue *m* de Barbarie

hand′out′ *s* (*notes*) (coll) documentation *f*; (slang) aumône *f*

hand′-picked′ *adj* trié sur le volet

hand′rail′ *s* main *f* courante, rampe *f*

hand′saw′ *s* égoïne *f*, scie *f* à main

hand′set′ *s* combiné *m*

hand′shake′ *s* poignée *f* de main

handsome [ˈhænsəm] *adj* beau; (*e.g., fortune*) considérable

hand′spring′ *s*—**to do a handspring** prendre appui sur les mains pour faire la culbute

hand′-to-hand′ *adj* corps-à-corps

hand′-to-mouth′ *adj*—**to lead a hand-to-mouth existence** vivre au jour le jour

hand′ truck′ *s* bard *m*, diable *m*

hand′work′ *s* travail *m* à la main

hand′writ′ing *s* écriture *f*

handwritten [ˈhænd,rɪtən] *adj* manuscrit, autographe

hand•y ['hændi] *adj* (*comp* **-ier**; *super* **-iest**) (*easy to handle*) maniable; (*within easy reach*) accessible, sous la main; (*skillful*) adroit, habile; **to come in handy** être très à propos
hand′y•man′ *s* (*pl* **-men′**) homme *m* à tout faire, bricoleur *m*
hang [hæŋ] *s* (*of dress, curtain, etc.*) retombée *f*, drapé *m*; (*skill; insight*) adresse *f*, sens *m*; **I don't give a hang!** (coll) je m'en moque pas mal!; **to get the hang** (coll) saisir le truc, attraper le chic ‖ *v* (*pret & pp* **hung** [hʌŋ]) *tr* pendre; (*laundry*) étendre; (*wallpaper*) coller; (*one's head*) baisser; **hang it all!** zut alors!; **to hang up** suspendre, accrocher; (telp) raccrocher ‖ *intr* pendre, être accroché; **to hang around** flâner, rôder; **to hang on** se cramponner à, s'accrocher à; (*to depend on*) dépendre de; (*to stay put*) tenir bon; **to hang out** pendre dehors; (slang) percher, loger; **to hang over** (*to threaten*) peser sur, menacer; **to hang together** rester unis; **to hang up** (telp) raccrocher ‖ *v* (*pret & pp* **hung** or **hanged**) *tr* (*to execute by hanging*) pendre ‖ *intr* se pendre
hangar ['hæŋər], ['hæŋgɑr] *s* hangar *m*
hang′dog′ *adj* (*look*) patibulaire
hanger ['hæŋər] *s* crochet *m*; (*coat-hanger*) cintre *m*, portemanteau *m*
hang′er-on′ *s* (*pl* **hangers-on**) parasite *m*, pique-assiette *m*
hanging ['hæŋɪŋ] *adj* pendant, suspendu ‖ *s* pendaison *f*; **hangings** tentures *fpl*
hang′man *s* (*pl* **-men**) bourreau *m*
hang′nail′ *s* envie *f*
hang′out′ *s* (coll) repaire *m*
hang′o′ver *s* (coll) gueule *f* de bois
hank [hæŋk] *s* écheveau *m*
hanker ['hæŋkər] *intr*—**to hanker after** or **for** désirer vivement, être affamé de
Hannibal ['hænɪbəl] *s* Annibal *m*
haphazard [ˌhæp'hæzərd] *adj* fortuit, imprévu; au petit bonheur ‖ *adv* à l'aventure, au hasard
hapless ['hæplɪs] *adj* malheureux, malchanceux
happen ['hæpən] *intr* arriver, se passer; (*to be the case by chance*) survenir; **happen what may** advienne que pourra; **how does it happen that . . . ?** comment se fait-il que . . . ?, d'où vient-il que . . . ?; **to happen on** tomber sur; **to happen to** + *inf* se trouver + *inf*, venir à + *inf*
happening ['hæpənɪŋ] *s* événement *m*
happily ['hæpɪli] *adv* heureusement
happiness ['hæpɪnɪs] *s* bonheur *m*
hap•py ['hæpi] *adj* (*comp* **-pier**; *super* **-piest**) heureux; (*pleased*) content; (*hour*) propice; **to be happy to** être heureux or content de
hap′py-go-luck′y *adj* sans souci, insouciant ‖ *adv* (archaic) à l'aventure
hap′py me′dium *s* juste-milieu *m*
Hap′py New′ Year′ *interj* bonne année!

harangue [hə'ræŋ] *s* harangue *f* ‖ *tr & intr* haranguer
harass ['hærəs], [hə'ræs] *tr* harceler; tourmenter
harbinger ['hɑrbɪndʒər] *s* avant-coureur *m*, précurseur *m*
harbor ['hɑrbər] *s* port *m*; ‖ *tr* héberger, donner asile à; (*a criminal, stolen goods, etc.*) receler; (*suspicions; a hope*) entretenir, nourrir; (*a grudge*) garder
har′bor mas′ter *s* capitaine *m* de port
hard [hɑrd] *adj* dur; (*difficult*) difficile; (*water*) cru, calcaire; (*work*) assidu, dur; **to be hard on** (*to treat severely*) être dur or sévère envers; (*to wear out fast*) user ‖ *adv* dur, fort; (*firmly*) ferme; **hard upon** de près, tout contre; **to rain hard** pleuvoir fort; **to try hard** bien essayer
hard′-and-fast′ *adj* strict, inflexible, établi
hard-bitten ['hɑrd'bɪtən] *adj* tenace, dur à cuire
hard′-boiled′ *adj* (*egg*) dur; (coll) dur, inflexible
hard′ can′dy *s* bonbons *mpl*; **piece of hard candy** bonbon *m*
hard′ cash′ *s* espèces *fpl* sonnantes
hard′ ci′der *s* cidre *m*
hard′ coal′ *s* houille *f* éclatante, anthracite *m*
hard′ drink′ *s* boissons *fpl* alcooliques, liqueurs *fpl* fortes
hard′ drink′er *s* grand buveur *m*
hard′-earned′ *adj* péniblement gagné
harden ['hɑrdən] *tr* durcir, endurcir ‖ *intr* se durcir, s'endurcir
hardening ['hɑrdənɪŋ] *s* durcissement *m*; (fig) endurcissement *m*
hard′ fact′ *s* fait *m* brutal; **hard facts** réalités *fpl*
hard-fought ['hɑrd'fɔt] *adj* acharné, chaudement disputé
hard′-head′ed *adj* positif, à la tête froide
hard′-heart′ed *adj* dur, sans compassion
hardihood ['hɑrdɪˌhʊd] *s* endurance *f*; courage *m*; audace *f*
hardiness ['hɑrdɪnɪs] *s* vigueur *f*
hard′ la′bor *s* travaux *mpl* forcés
hard′ luck′ *s* guigne *f*, malchance *f*
hardly ['hɑrdli] *adv* guère; à peine, ne . . . guère, e.g., **he hardly thinks of anything else** à peine pense-t-il à autre chose, il ne pense guère à autre chose; **hardly ever** presque jamais
hardness ['hɑrdnɪs] *s* dureté *f*
hard′ of hear′ing *adj* dur d'oreille
hard′-pressed′ *adj* aux abois, gêné
hard′ rub′ber *s* caoutchouc *m* durci, ébonite *f*
hard′-shell′ *adj* (*clam*) à carapace dure; (coll) opiniâtre
hard′ship′ *s* peine *f*; **hardships** privations *fpl*; fatigues *fpl*
hard′tack′ *s* biscuit *m*, biscotin *m*
hard′ times′ *spl* difficultés *fpl*, temps *mpl* difficiles
hard′ to please′ *adj* difficile à contenter, exigeant

hard′ up′ *adj* (coll) à court d'argent; **to be hard up for** (coll) être à court de
hard′ware′ *s* quincaillerie *f*; (*trimmings*) ferrure *f*
hard′ware′man *s* (*pl* **-men**) quincaillier *m*
hard′ware store′ *s* quincaillerie *f*
hard-won ['hɑrd,wʌn] *adj* chèrement disputé, conquis de haute lutte
hard′wood′ *s* bois *m* dur; arbre *m* de bois dur
hard′wood floor′ *s* parquet *m*
har•dy ['hɑrdi] *adj* (*comp* **-dier**; *super* **-diest**) vigoureux, robuste; (*rash*) hardi; (hort) résistant
hare [hɛr] *s* lièvre *m*
hare′brained′ *adj* écervelé, farfelu
hare′lip′ *s* bec-de-lièvre *m*
harem ['hɛrəm] *s* harem *m*
hark [hɑrk] *intr* écouter; **to hark back to** en revenir à || *interj* écoutez!
harken ['hɑrkən] *intr*—**to harken to** écouter
harlequin ['hɑrləkwɪn] *s* arlequin *m*
harlot ['hɑrlət] *s* prostituée *f*, fille *f* publique
harm [hɑrm] *s* mal *m*, dommage *m* || *tr* nuire (with *dat*), faire du mal (with *dat*)
harmful ['hɑrmfəl] *adj* nuisible
harmless ['hɑrmlɪs] *adj* inoffensif
harmonic [hɑr'mɑnɪk] *adj* harmonique
harmonica [hɑr'mɑnɪkə] *s* harmonica *m*
harmonious [hɑr'monɪ·əs] *adj* harmonieux
harmonize ['hɑrmə,naɪz] *tr* harmoniser || *intr* s'harmoniser
harmo•ny ['hɑrməni] *s* (*pl* **-nies**) harmonie *f*
harness ['hɑrnɪs] *s* harnais *m*, harnachement *m*; **to die in the harness** (coll) mourir sous le harnais, mourir debout; **to get back in the harness** (coll) reprendre le collier || *tr* harnacher; (*e.g., a river*) aménager, capter
har′ness ma′ker *s* bourrelier *m*, harnacheur *m*
har′ness race′ *s* course *f* attelée
harp [hɑrp] *s* harpe *f* || *intr*—**to harp on** rabâcher
harpist ['hɑrpɪst] *s* harpiste *mf*
harpoon [hɑr'pun] *s* harpon *m* || *tr* harponner
harpsichord ['hɑrpsɪ,kɔrd] *s* clavecin *m*
har•py ['hɑrpi] *s* (*pl* **-pies**) harpie *f*
harrow ['hæro] *s* (agr) herse *f* || *tr* tourmenter; (agr) herser
harrowing ['hæro·ɪŋ] *adj* horripilant
har•ry ['hæri] *v* (*pret & pp* **-ried**) *tr* harceler; (*to devastate*) ravager
harsh [hɑrʃ] *adj* (*life, treatment, etc.*) sévère, dur; (*to the touch*) rude; (*to the taste*) âpre; (*to the ear*) discordant
harshness ['hɑrʃnɪs] *s* dureté *f*, rudesse *f*; âpreté *f*
hart [hɑrt] *s* cerf *m*
harum-scarum ['hɛrəm'skɛrəm] *adj & s* écervelé || *adv* en casse-cou
harvest ['hɑrvɪst] *s* récolte *f*; (*of grain*) moisson *f* || *tr* récolter, moissonner || *intr* faire la récolte or moisson
harvester ['hɑrvɪstər] *s* moissonneur *m*; (mach) moissonneuse *f*
har′vest home′ *s* fin *f* de la moisson; fête *f* de la moisson
har′vest moon′ *s* lune *f* des moissons
has-been ['hæz,bɪn] *s* (coll) vieille croûte *f*
hash [hæʃ] *s* hachis *m* || *tr* hacher
hash′ house′ *s* (slang) gargote *f*
hashish ['hæʃiʃ] *s* hachisch *m*
hasp [hæsp], [hɑsp] *s* moraillon *m*
hassle ['hæsəl] *s* (coll) querelle *f*, accrochage *m*
hassock ['hæsək] *s* pouf *m*
haste [hest] *s* hâte *f*; **in haste** à la hâte; **to make haste** se hâter
hasten ['hesən] *tr* hâter || *intr* se hâter
hast•y ['hesti] *adj* (*comp* **-ier**; *super* **-iest**) hâtif, précipité; (*rash*) inconsidéré, emporté
hat [hæt] *s* chapeau *m*; **hat in hand** chapeau bas; **hats off to . . . !** chapeau bas devant . . . !; **to keep under one's hat** (coll) garder strictement pour soi; **to talk through one's hat** (coll) parler à tort et à travers; **to throw one's hat in the ring** (coll) descendre dans l'arène
hat′band′ *s* ruban *m* de chapeau
hat′ block′ *s* forme *f* à chapeaux
hat′box′ *s* carton *m* à chapeaux
hatch [hætʃ] *s* (*brood*) éclosion *f*; (*trap door*) trappe *f*; (*lower half of door*) demi-porte *f*; (*opening in ship's deck*) écoutille *f*; (*hood over hatchway*) capot *m*; (*lid for opening in ship's deck*) panneau *m* de descente || *tr* (*eggs*) couver, faire éclore; (*a plot*) ourdir, manigancer; (*to hachure*) hachurer || *intr* éclore; (*said of chicks*) sortir de la coquille
hat′check girl′ *s* préposée *f* au vestiaire
hatchet ['hætʃɪt] *s* hachette *f*; **to bury the hatchet** faire la paix
hatch′way′ *s* écoutille *f*
hate [het] *s* haine *f* || *tr* haïr, détester; **to hate to** haïr de
hateful ['hetfəl] *adj* haïssable
hat′pin′ *s* épingle *f* à chapeau
hat′rack′ *s* porte-chapeaux *m*
hatred ['hetrɪd] *s* haine *f*
hat′ shop′ *s* chapellerie *f*
hatter ['hætər] *s* chapelier *m*
haughtiness ['hɔtɪnɪs] *s* hauteur *f*
haugh•ty ['hɔti] *adj* (*comp* **-tier**; *super* **-tiest**) hautain, altier
haul [hɔl] *s* (*pull, tug*) effort *m*; (*amount caught*) coup *m* de filet, prise *f*; (*distance covered*) parcours *m*, distance *f* de transport || *tr* (*to tug*) tirer; (com) transporter
haulage ['hɔlɪdʒ] *s* transport *m*; (*cost*) frais *m* de transport
haunch [hɔntʃ], [hɑntʃ] *s* (*hip*) hanche *f*; (*hind quarter of an animal*) quartier *m*; (*leg of animal used for food*) cuissot *m*
haunt [hɔnt], [hɑnt] *s* lieu *m* fréquenté, rendez-vous *m*; (*e.g., of criminals*)

repaire *m* || *tr* (*to obsess*) hanter; (*to frequent*) fréquenter
haunt'ed house' *s* maison *f* hantée par les fantômes
Havana [hə'vænə] *s* La Havane
have [hæv] *s*—**the haves and the have-nots** les riches et les pauvres || *v* (3d *pers* **has** [hæz]; *pret & pp* **had** [hæd]) *tr* avoir; **to have** + *inf* faire + *inf*, e.g., **I shall have him go** je le ferai aller; **to have** + *pp* faire + *inf*, e.g., **I am going to have a suit made** je vais faire faire un complet; **to have nothing to do with** n'avoir rien à voir avec; **to have on** (*clothing*) porter; **to have s.th. to** + *inf* avoir q.ch. à + *inf*, e.g., **I have a lot of work to do** j'ai beaucoup de travail à faire || *intr*—**to have to** avoir à; devoir; falloir, e.g., **I have to go** il me faut aller; falloir que, e.g., **I have to read him the letter** il faut que je lui lise la lettre || *aux* (to form compound past tenses) avoir, e.g., **I have run too fast** j'ai couru trop vite; (to form compound past tenses with some intransitive verbs and all reflexive verbs) être, e.g., **they have arrived** elles sont arrivées; **to have just** + *pp* venir de + *inf*, e.g., **they have just returned** ils viennent de rentrer; e.g., **they had just returned** ils venaient de rentrer
have'lock *s* couvre-nuque *m*
haven ['hevən] *s* havre *m*, asile *m*
haversack ['hævər ,sæk] *s* havresac *m*
havoc ['hævək] *s* ravage *m*; **to play havoc with** causer des dégâts à
haw [hɔ] *s* (bot) cenelle *f* || *tr & intr* tourner à gauche || *interj* dia!, à gauche!
Hawaiian [hə'waɪjən] *adj* hawaïen || *s* Hawaïen *m*
Hawai'ian Is'lands *spl* îles *fpl* Hawaii
haw'-haw' *s* rire *m* bête || *intr* rire bêtement || *interj* heu!
hawk [hɔk] *s* faucon *m*; (*mortarboard*) taloche *f*; (*sharper*) (coll) vautour *m* || *tr* colporter; **to hawk up** expectorer || *intr* chasser au faucon; (*to hawk up phlegm*) graillonner
hawker ['hɔkər] *s* colporteur *m*
hawk' owl' *s* chouette *f* épervière
hawks'bill tur'tle *s* caret *m*, caouane *f*
hawse [hɔz] *s* (*hole*) écubier *m*; (*prow*) nez *m*; (*distance*) évitage *m*
hawse'hole' *s* écubier *m*
hawser ['hɔzər] *s* haussière *f*
haw'thorn' *s* aubépine *f*
hay [he] *s* foin *m*; **to hit the hay** (slang) aller au plumard; **to make hay** faire les foins
hay' fe'ver *s* rhume *m* des foins
hay'field' *s* pré *m* à foin
hay'fork' *s* fourche *f* à foin
hay'loft' *s* fenil *m*, grenier *m* à foin
hay'mak'er *s* (boxing) coup *m* de poing en assommoir
haymow ['he ,maʊ] *s* fenil *m*; approvisionnement *m* de foin
hay'rack' *s* râtelier *m*
hay'ride' *s* promenade *f* en charrette de foin
hay'seed' *s* graine *f* de foin; (coll) cul-terreux *m*
hay'stack' *s* meule *f* de foin
hay'wire' *adj* (slang) en pagaille; **to go haywire** (slang) perdre la boussole || *s* fil *m* de fer à lier le foin
hazard ['hæzərd] *s* risque *m*, danger *m*; (golf) obstacle *m*; **at all hazards à** tout hasard || *tr* hasarder, risquer
hazardous ['hæzərdəs] *adj* hasardé
haze [hez] *s* brume *f*; (fig) obscurité *f* || *tr* brimer
hazel ['hezəl] *adj* couleur de noisette, brun clair || *s* (*tree*) noisetier *m*, avelinier *m*
ha'zel·nut' *s* noisette *f*, aveline *f*
hazing ['hezɪŋ] *s* brimade *f*; (*at university*) bizutage *m*
ha·zy ['hezi] *adj* (*comp* **-zier**; *super* **-ziest**) brumeux; (*notion*) nébuleux, vague
H'-bomb' *s* bombe *f* H
he [hi] *pron pers* il §87; lui §85; ce §82B; **he who** celui qui §83
head [hɛd] *s* tête *f*; (*of bed*) chevet *m*; (*of boil*) tête; (*on glass of beer*) mousse *f*; (*of drum*) peau *f*; (*of cane*) pomme *f*; (*of coin*) face *f*; (*of barrel, cylinder, etc.*) fond *m*; (*of cylinder of automobile engine*) culasse *f*; (*of celery*) pied *m*; (*of ship*) avant *m*; (*of spear, ax, etc.*) fer *m*; (*of arrow*) pointe *f*; (*of business, department, etc.*) chef *m*, directeur *m*; (*of school*) directeur, principal *m*; (*of stream*) source *f*; (*of lake; of the table*) bout *m*, haut bout; (*caption*) titre *m*; (*decisive point*) point *m* culminant, crise *f*; **at the head of** à la tête de; **from head to foot** des pieds à la tête; **head downwards** la tête en bas; **head of cattle** bœuf *m*; **head over heels in love (with)** éperdument amoureux (de); **heads or tails** pile ou face; **over one's head** (*beyond reach*) hors de la portée de qn; (*going to a higher authority*) sans tenir compte de qn; **to be out of one's head** (coll) être timbré or fou; **to go to one's head** monter à la tête de qn; **to keep one's head** garder son sang-froid; **to keep one's head above water** se tenir à flot; **to not make head or tail of it** n'y comprendre rien; **to put heads together** prendre conseil; **to take it into one's head to** avoir l'idée de, se mettre en tête de **to win by a head** gagner d'une tête || *tr* (*to direct*) diriger; (*a procession*) conduire, mener; (*an organization; a class in school*) être en tête de; (*a list*) venir en tête de; **to head off** détourner || *intr* (*said of grain*) épier; **to head for** or **towards** se diriger vers
head'ache' *s* mal *m* de tête
head'band' *s* bandeau *m*
head'board' *s* panneau *m* de tête
head'cheese' *s* fromage *m* de tête
head' cold' *s* rhume *m* de cerveau
head'dress' *s* coiffure *f*

head′first′ *adv* la tête la première; (*impetuously*) précipitamment
head′frame′ *s* (min) chevalement *m*
head′gear′ *s* garniture *f* de tête, couvre-chef *m*; (*for protection*) casque *m*
head′hunt′er *s* chasseur *m* de têtes
heading ['hɛdɪŋ] *s* titre *m*; (*of letter*) en-tête *m*; (*of chapter*) tête *f*
headland ['hɛdlənd] *s* promontoire *m*
headless ['hɛdlɪs] *adj* sans tête; (*leaderless*) sans chef
head′light′ *s* (aut) phare *m*; (naut) fanal *m*; (rr) feu *m* d'avant
head′line′ *s* (*of newspaper*) manchette *f*; (*of article*) titre *m*; **to make the headlines** apparaître aux premières pages des journaux || *tr* mettre en vedette
head′lin′er *s* (slang) tête *f* d'affiche
head′long′ *adj* précipité || *adv* précipitamment
head′man′ *s* (*pl* **-men′**) chef *m*
head′mas′ter *s* principal *m*, directeur *m*
head′most′ *adj* de tête, premier
head′ of′fice *s* bureau *m* central; (*director's office*) direction *f*; (*of a corporation*) siège *m* social
head′ of hair′ *s* chevelure *f*
head′-on′ *adj & adv* de front, face à face
head′phones′ *spl* écouteurs *mpl*, casque *m*
head′piece′ *s* (*any covering for head*) casque *m*; (*headset*) écouteur *m*; (*brains, judgment*) tête *f*, caboche *f*; (typ) vignette *f*, en-tête *m*
head′quar′ters *s* bureau *m* central; commissariat *m* de police; (mil) quartier *m* général; (*staff headquarters*) (mil) état-major *m*
head′rest′ *s* appui-tête *m*
head′set′ *s* casque *m*, écouteurs *mpl*
heads′man *s* (*pl* **-men**) bourreau *m*
head′stone′ *s* pierre *f* tumulaire (à la tête d'une tombe); (*cornerstone*) pierre angulaire
head′strong′ *adj* têtu, entêté
head′wait′er *s* maître *m* d'hôtel, steward *m*
head′wa′ters *spl* cours *m* supérieur d'une rivière
head′way′ *s* progrès *m*, marche *f* avant; (*between buses*) intervalle *m*; (naut) erre *f*; **to make headway** progresser, aller de l'avant
head′wear′ *s* garniture *f* de tête
headwind ['hɛd,wɪnd] *s* vent *m* contraire, vent debout
head′work′ *s* travail *m* mental, travail de tête
head·y ['hɛdi] *adj* (*comp* **-ier**; *super* **-iest**) (*wine*) capiteux; (*conduct*) emporté; (*news*) excitant; (*perfume*) entêtant
heal [hil] *tr* guérir; (*a wound*) cicatriser || *intr* guérir
healer ['hilər] *s* guérisseur *m*
healing ['hilɪŋ] *s* guérison *f*
health [hɛlθ] *s* santé *f*; **to be in good health** se porter bien, être en bonne santé; **to be in poor health** se porter mal, être en mauvaise santé; **to drink to the health of** boire à la santé de; **to enjoy radiant health** avoir une santé florissante; **to your health!** à votre santé!
healthful ['hɛlθfəl] *adj* sain; (*air, climate, etc.*) salubre; (*recreation, work, etc.*) salutaire
health·y ['hɛlθi] *adj* (*comp* **-ier**; *super* **-iest**) sain; (*air, climate, etc.*) salubre; (*person*) bien portant; (*appetite*) robuste
heap [hip] *s* tas *m*, amas *m* || *tr* entasser, amasser; **to heap** (*honors, praise, etc.*) **on s.o.** combler qn de; **to heap** (*insults*) **on s.o.** accabler qn de
hear [hɪr] *v* (*pret & pp* **heard** [hʌrd]) *tr* entendre, ouïr; **to hear it said** l'entendre dire; **to hear s.o. sing, to hear s.o. singing** entendre chanter qn, entendre qn qui chante; **to hear s.th. sung** entendre chanter q.ch. || *intr* entendre; **hear! hear!** très bien!, bravo!; **hear ye!** oyez!; **to hear about** entendre parler de; **to hear from** avoir des nouvelles de; **to hear of** entendre parler de; **to hear tell of** (coll) entendre parler de; **to hear that** entendre dire que
hearer ['hɪrər] *s* auditeur *m*; **hearers** auditoire *m*
hearing ['hɪrɪŋ] *s* (*sense*) l'ouïe *f*; (*act; opportunity to be heard*) audition *f*; (law) audience *f*; **in the hearing of** en la présence de, devant; **within hearing** à portée de la voix
hear′ing aid′ *s* sonotone *m*, microvibrateur *m*, appareil *m* de correction auditive
hear′say′ *s* ouï-dire *m*
hear′say ev′idence *s* simples ouï-dire *mpl*
hearse [hʌrs] *s* corbillard *m*, char *m* funèbre
heart [hɑrt] *s* cœur *m*; (cards) cœur; **after one's heart** selon son cœur; **at heart** au fond; **by heart** par cœur; **heart and soul** corps et âme; **lift up your hearts!** haut les cœurs!; **to break the heart of** fendre le cœur à; **to die of a broken heart** mourir de chagrin; **to eat one's heart out** se ronger le cœur; **to eat to one's heart's content** manger tout son soûl; **to get to the heart of the matter** entrer dans le vif de la question; **to have one's heart in one's work** avoir le cœur à l'ouvrage; **to have one's heart in the right place** avoir le cœur bien placé; **to lose heart** perdre courage; **to open one's heart to** épancher son cœur à; **to take heart** prendre courage; **to take to heart** prendre à cœur; **to wear one's heart on one's sleeve** avoir le cœur sur les lèvres; **with a heavy heart** le cœur gros; **with all one's heart** de tout son cœur; **with one's heart in one's mouth** le gosier serré
heart′ache′ *s* peine *f* de cœur
heart′ attack′ *s* crise *f* cardiaque
heart′beat′ *s* battement *m* du cœur
heart′break′ *s* crève-cœur *m*

heartbroken ['hɑrt,brokən] *adj* navré, chagriné
heart′burn′ *s* pyrosis *m*
heart′ cher′ry *s* guigne *f*
heart′ disease′ *s* maladie *f* de cœur
hearten ['hɑrtən] *tr* encourager
heart′ fail′ure *s* arrêt *m* du cœur
heartfelt ['hɑrt,felt] *adj* sincère, cordial, bien senti
hearth [hɑrθ] *s* foyer *m*, âtre *m*
hearth′stone′ *s* pierre *f* de cheminée
heartily ['hɑrtɪli] *adv* de bon cœur, sincèrement
heartless ['hɑrtlɪs] *adj* sans cœur
heart′ of stone′ *s* (fig) cœur *m* de bronze
heart′-rend′ing *adj* désolant, navrant
heart′sick′ *adj* désolé, chagrin
heart′strings′ *spl* fibres *fpl*, replis *mpl* du cœur
heart′-to-heart′ *adj* franc, ouvert; sérieux || *adv* à cœur ouvert
heart′ trans′plant *s* greffe *f* du cœur, transplantation *f* cardiaque
heart′ trou′ble *s* maladie *f* de cœur
heart′wood′ *s* bois *m* de cœur
heart•y ['hɑrti] *adj* (*comp* **-ier**; *super* **-iest**) cordial, sincère; (*meal*) copieux; (*laugh*) sonore; (*eater*) gros
heat [hit] *s* chaleur *f*; (*heating*) chauffage *m*; (*rut of animals*) rut *m*; (*in horse racing*) éliminatoire *f*; **in heat** en rut || *tr* échauffer; (*e.g., a house*) chauffer || *intr* s'échauffer; **to heat up** chauffer
heated *adj* chauffé; (fig) chaud, échauffé
heater ['hɪtər] *s* (*for food*) réchaud *m*; (*for heating house*) calorifère *m*
heath [hiθ] *s* bruyère *f*
hea•then ['hiðən] *adj* païen || *s* (*pl* **-then** or **-thens**) païen *m*
heathendom ['hiðəndəm] *s* paganisme *m*
heather ['hɛðər] *s* bruyère *f*
heating ['hitɪŋ] *adj* échauffant || *s* chauffage *m*
heat′ light′ning *s* éclairs *mpl* de chaleur
heat′ shield′ *s* (rok) bouclier *m* contre la chaleur, bouclier antithermique
heat′stroke′ *s* insolation *f*, coup *m* de chaleur
heat′ wave′ *s* vague *f* de chaleur; (phys) onde *f* calorifique
heave [hiv] *s* soulèvement *m*; **heaves** (vet) pousse *f* || *v* (*pret & pp* **heaved** or **hove** [hov]) *tr* soulever; (*to throw*) lancer; (*a sigh*) pousser; (*the anchor*) lever || *intr* se soulever; faire des efforts pour vomir; (*said of bosom*) palpiter
heaven ['hɛvən] *s* ciel *m*; **for heaven's sake** pour l'amour de Dieu; **Heaven** le ciel; **heavens** cieux *mpl*, ciel
heavenly ['hɛvənli] *adj* céleste
heav′enly bod′y *s* corps *m* céleste
heav•y ['hɛvi] *adj* (*comp* **-ier**; *super* **-iest**) lourd, pesant; (*heart; crop; eater; baggage; rain, sea, weather*) gros; (*meal*) copieux; (*sleep*) profond; (*work*) pénible; (*book, reading, etc.*) indigeste; (*parts*) (theat) tragique, sombre || *adv* lourd, lourdement; **to hang heavy on** peser sur
heav′y drink′er *s* fort buveur *m*
heav′y•du′ty *adj* extra-fort
heav′y-heart′ed *adj* au cœur lourd
heav′y•set′ *adj* de forte carrure, costaud
heav′y•weight′ *s* (boxing) poids *m* lourd
Hebraist ['hibre•ɪst] *s* hébraïsant *m*
Hebrew ['hibru] *adj* hébreu, hébraïque || *s* (*language*) hébreu *m*, langue *f* hébraïque; (*man*) Hébreu *m*; (*woman*) Juive *f*
hecatomb ['hɛkə,tom] *s* hécatombe *f*
heckle ['hɛkəl] *tr* interrompre bruyamment, chahuter; (*on account of trifles*) asticoter, harceler
heckler ['hɛklər] *s* interrupteur *m* impertinent, interpellateur *m*
hectic ['hɛktɪk] *adj* fou, bouleversant
hedge [hɛdʒ] *s* haie *f* || *tr* entourer d'une haie; **to hedge in** entourer de tous côtés || *intr* chercher des échappatoires, hésiter; (com) faire la contrepartie
hedge′hog′ *s* hérisson *m*; (*porcupine*) porc-épic *m*
hedge′hop′ *v* (*pret & pp* **-hopped**; *ger* **-hopping**) *intr* (aer) voler en rasemottes
hedgerow ['hɛdʒ,ro] *s* bordure *f* de haies, haie *f* vive
heed [hid] *s* attention *f*, soin *m*; **to take heed** prendre garde || *tr* faire attention à, prendre garde à || *intr* faire attention, prendre garde
heedful ['hidfəl] *adj* attentif
heedless ['hidlɪs] *adj* inattentif
heehaw ['hi,hɔ] *s* hi-han *m* || *intr* pousser des hi-hans
heel [hil] *s* talon *m*; (slang) goujat *m*; **to be down at the heel** traîner la savate; **to cool one's heels** (coll) croquer le marmot, faire le pied de grue
heft•y ['hɛfti] *adj* (*comp* **-ier**; *super* **-iest**) costaud; (*heavy*) pesant
heifer ['hɛfər] *s* génisse *f*
height [haɪt] *s* hauteur *f*; (*e.g., of folly*) comble *m*
heighten ['haɪtən] *tr* rehausser; (*to increase the amount of*) augmenter; (*to set off, bring out*) relever || *intr* se rehausser; augmenter
heinous ['henəs] *adj* odieux, atroce
heir [ɛr] *s* héritier *m*; **to become the heir of** hériter de
heir′ appar′ent *s* (*pl* **heirs apparent**) héritier *m* présomptif
heiress ['ɛrɪs] *s* héritière *f*
heir′loom′ *s* meuble *m*, bijou *m*, or souvenir *m* de famille
Helen ['hɛlən] *s* Hélène *f*
helicopter ['hɛlɪ,kɑptər] *s* hélicoptère *m*
heliport ['hɛlɪ,pɔrt] *s* héliport *m*
helium ['hilɪ•əm] *s* hélium *m*
helix ['hilɪks] *s* (*pl* **helixes** or **helices** ['hɛlɪ,siz]) hélice *f*; (anat) hélix *m*
hell [hɛl] *s* enfer *m*
hell′bent′ *adj* (slang) hardi; **hellbent on** (slang) acharné en diable à

hell′cat′ *s* (*bad-tempered woman*) harpie *f*; (*witch*) sorcière *f*
Hellene [ˈhɛlin] *s* Hellène *mf*
Hellenic [hɛˈlɛnɪk], [hɛˈlinɪk] *adj* hellène
hell′fire′ *s* feu *m* de l'enfer
hellish [ˈhɛlɪʃ] *adj* infernal
hel•lo [hɛˈlo] *s* (*pl* **-los**) bonjour *m* ‖ *interj* bonjour!; (*on telephone*) allô!
helm [hɛlm] *s* gouvernail *m*
helmet [ˈhɛlmɪt] *s* casque *m*
helms′man *s* (*pl* **-men**) homme *m* de barre
help [hɛlp] *s* aide *f*, secours *m*; (*workers*) main-d'œuvre *f*; (*office workers*) employés *mpl*; (*domestic servants*) domestiques *mfpl*; **help wanted** (*public sign*) offres d'emploi, on embauche; **there's no help for it** il n'y a pas de remède ‖ *tr* aider, secourir; **so help me God!** que Dieu me juge!; **to help down** aider à descendre; **to help oneself** se défendre; (*to food*) se servir; **to not be able to help** ne pouvoir s'empêcher de ‖ *intr* aider ‖ *interj* au secours!
helper [ˈhɛlpər] *s* aide *mf*, assistant *m*
helpful [ˈhɛlpfəl] *adj* utile; (*person*) serviable, secourable
helping [ˈhɛlpɪŋ] *s* (*of food*) portion *f*
helpless [ˈhɛlplɪs] *adj* (*weak*) faible; (*powerless*) impuissant; (*penniless*) sans ressource; (*confused*) désemparé; (*situation*) sans recours
helter-skelter [ˈhɛltərˈskɛltər] *adj* désordonné ‖ *s* débandade *f* ‖ *adv* pêlemêle
hem [hɛm] *s* ourlet *m*, bord *m* ‖ *v* (*pret & pp* **hemmed**; *ger* **hemming**) *tr* ourler, border; **to hem in** entourer, cerner ‖ *intr* faire un ourlet; **to hem and haw** ânonner; (fig) tourner autour du pot ‖ *interj* hum!
hemisphere [ˈhɛmɪˌsfɪr] *s* hémisphère *m*
hemistich [ˈhɛmɪˌstɪk] *s* hémistiche *m*
hem′line′ *s* ourlet *m* de la jupe
hem′lock′ *s* (*Tsuga canadensis*) sapin *m* du Canada, pruche *f*; (*herb and poison*) ciguë *f*
hemoglobin [ˌhɛməˈglobɪn], [ˌhiməˈglobɪn] *s* hémoglobine *f*
hemophilia [ˌhɛməˈfɪlɪ·ə], [ˌhiməˈfɪlɪ·ə] *s* hémophilie *f*
hemorrhage [ˈhɛmərɪdʒ] *s* hémorragie *f*
hemorrhoids [ˈhɛməˌrɔɪdz] *spl* hémorroïdes *fpl*
hemostat [ˈhɛməˌstæt], [ˈhiməˌstæt] *s* hémostatique *m*
hemp [hɛmp] *s* chanvre *m*
hem′stitch′ *s* ourlet *m* à jour ‖ *tr* ourler à jour ‖ *intr* faire un ourlet à jour
hen [hɛn] *s* poule *f*
hence [hɛns] *adv* d'ici; (*therefore*) d'où, donc
hence′forth′ *adv* désormais, dorénavant
hench•man [ˈhɛntʃmən] *s* (*pl* **-men**) partisan *m*, acolyte *m*, complice *mf*
hen′coop′ *s* cage *f* à poules, épinette *f*
hen′house′ *s* poulailler *m*
henna [ˈhɛnə] *s* henné *m* ‖ *tr* teindre au henné
hen′peck′ *tr* mener par le bout du nez
Henry [ˈhɛnri] *s* Henri *m*
hep [hɛp] *adj* (slang) à la page, dans le train; **to be hep to** (slang) être au courant de
her [hʌr] *adj poss* son §88 ‖ *pron pers* elle §85; la §87; lui §87
herald [ˈhɛrəld] *s* héraut *m*; (fig) avant-coureur *m* ‖ *tr* annoncer; **to herald in** introduire
herald•ry [ˈhɛrəldri] *s* (*pl* **-ries**) héraldique *f*, blason *m*
herb [ʌrb], [hʌrb] *s* herbe *f*; (pharm) herbe médicinale or officinale; **herbs for seasoning** fines herbes
herculean [hʌrˈkjulɪ·ən], [ˌhʌrkjuˈli·ən] *adj* herculéen
herd [hʌrd] *s* troupeau *m* ‖ *tr* rassembler en troupeau ‖ *intr*—**to herd together** s'attrouper
herds′man *s* (*pl* **-men**) pâtre *m*; (*of sheep*) berger *m*; (*of cattle*) bouvier *m*
here [hɪr] *adv* ici; **from here to there** d'ici là; **here and there** çà et là, parci par-là; **here below** ici-bas; **here is** or **here are** voici; **here lies** ci-gît; **that's neither here nor there** ça n'a rien à y voir ‖ *interj* tenez!; (*answering roll call*) présent!
hereabouts [ˈhɪrəˌbauts] *adv* près d'ici
here•af′ter *s*—**the hereafter** l'autre monde ‖ *adv* désormais, à l'avenir; (*farther along*) ci-après
here•by′ *adv* par ce moyen, par ceci; (*in legal language*) par les présentes
hereditary [hɪˈrɛdɪˌtɛri] *adj* héréditaire
heredi•ty [hɪˈrɛdɪti] *s* (*pl* **-ties**) hérédité *f*
here•in′ *adv* ici; (*on this point*) en ceci; (*in this writing*) ci-inclus
here•of′ *adv* de ceci, à ce sujet
here•on′ *adv* là-dessus
here•sy [ˈhɛrəsi] *s* (*pl* **-sies**) hérésie *f*
heretic [ˈhɛrətɪk] *adj & s* hérétique *mf*
heretical [hɪˈrɛtɪkəl] *adj* hérétique
heretofore [ˌhɪrtuˈfor] *adv* jusqu'ici
here′upon′ *adv* là-dessus
here•with′ *adv* ci-joint, avec ceci
heritage [ˈhɛrɪtɪdʒ] *s* héritage *m*
hermetic(al) [hʌrˈmɛtɪk(əl)] *adj* hermétique
hermit [ˈhʌrmɪt] *s* ermite *m*
hermitage [ˈhʌrmɪtɪdʒ] *s* ermitage *m*
herni•a [ˈhʌrnɪ·ə] *s* (*pl* **-as** or **-ae** [ˌi]) hernie *f*
he•ro [ˈhɪro] *s* (*pl* **-roes**) héros *m*
heroic [hɪˈro·ɪk] *adj* héroïque ‖ **heroics** *spl* (*verse*) vers *m* héroïque; (*language*) grandiloquence *f*
heroin [ˈhɛro·ɪn] *s* héroïne *f*
heroine [ˈhɛro·ɪn] *s* héroïne *f*
heroism [ˈhɛroˌɪzəm] *s* héroïsme *m*
heron [ˈhɛrən] *s* héron *m*
herring [ˈhɛrɪŋ] *s* hareng *m*
her′ring•bone′ *s* (*in fabrics*) point *m* de chausson; (*in hardwood floors*) parquet *m* à batons rompus; (*in design*) arête *f* de hareng
hers [hʌrz] *pron poss* le sien §89

her·self' *pron pers* elle §85; soi §85; elle-même §86; se §87
hesitan·cy ['hɛzɪtənsi] *s* (*pl* **-cies**) hésitation *f*
hesitant ['hɛzɪtənt] *adj* hésitant
hesitate ['hɛzɪ,tet] *intr* hésiter
hesitation [,hɛzɪ'teʃən] *s* hésitation *f*
heterodox ['hɛtərə,dɑks] *adj* hétérodoxe
heterodyne ['hɛtərə,daɪn] *adj* hétérodyne
heterogeneous [,hɛtərə'dʒinɪ·əs] *adj* hétérogène
hew [hju] *v* (*pret* **hewed**; *pp* **hewed** or **hewn**) *tr* tailler, couper; **to hew down** abattre || *intr*—**to hew close to the line** (coll) agir dans les règles, être très méticuleux
hex [hɛks] *s* porte-guigne *m* || *tr* porter la guigne à
hey [he] *interj* hé!; attention!
hey'day' *s* meilleure période *f*, fleur *f*
hi [haɪ] *interj* salut!
hia·tus [haɪ'etəs] *s* (*pl* **-tuses** or **-tus**) (*gap*) lacune *f*; (*in a text; in verse*) hiatus *m*
hibernate ['haɪbər,net] *intr* hiberner
hibiscus [hɪ'bɪskəs], [haɪ'bɪskəs] *s* hibiscus *m*, ketmie *f*
hiccough or **hiccup** ['hɪkəp] *s* hoquet *m* || *intr* hoqueter
hick [hɪk] (coll) *adj & s* rustaud *m*
hicko·ry ['hɪkəri] *s* (*pl* **-ries**) hickory *m*
hidden ['hɪdən] *adj* caché, dérobée; (*mysterious*) occulte
hide [haɪd] *s* peau *f*, cuir *m* || *v* (*pret* **hid** [hɪd]; *pp* **hid** or **hidden** ['hɪdən]) *tr* cacher; **to hide s.th. from** cacher q.ch. à || *intr* se cacher; **to hide from** se cacher à
hide'-and-seek' *s* cache-cache *m*
hide'bound' *adj* à l'esprit étroit
hideous ['hɪdɪ·əs] *adj* hideux
hide'-out' *s* (coll) repaire *m*, planque *f*
hiding ['haɪdɪŋ] *s* dissimulation *f*; (*punishment*) (coll) raclée *f*, rossée *f*; **in hiding** caché
hid'ing place' *s* cachette *f*
hierar·chy ['haɪ·ə,rɑrki] *s* (*pl* **-chies**) hiérarchie *f*
hieroglyphic [,haɪ·ərə'glɪfɪk] *adj* hiéroglyphique || *s* hiéroglyphe *m*
hi-fi ['haɪ'faɪ] *adj* (coll) de haute fidélité || *s* (coll) haute fidélité *f*
hi'-fi' fan' *s* (coll) fanatique *mf* de la haute fidélité
high [haɪ] *adj* haut; (*river, price, rate, temperature, opinion*) élevé; (*fever, wind*) fort; (*sea, wind*) gros; (*cheekbones*) saillant; (*sound*) aigu; (coll) gris; (culin) avancé; **high and dry** à sec; **high and mighty** prétentieux; **to be high** (coll) avoir son pompon || *s* (aut) prise *f* directe; **on high** en haut, dans le ciel || *adv* haut; à un prix élevé; **high and low** partout; **to aim high** viser haut; **to come high** se vendre cher
high' al'tar *s* maître-autel *m*
high'ball' *s* whisky *m* à l'eau
high' blood' pres'sure *s* hypertension *f*
high'born' *adj* de haute naissance
high'boy' *s* chiffonnier *m* semainier
high'brow' *adj & s* (slang) intellectuel *m*
high' chair' *s* chaise *f* d'enfant
high' command' *s* haut commandement *m*
high' cost of liv'ing *s* cherté *f* de la vie
high'er educa'tion ['haɪ·ər] *s* enseignement *m* supérieur
high'er-up' *s* (coll) supérieur *m* hiérarchique
high'est bid'der ['haɪ·ɪst] *s* dernier enchérisseur *m*
high' explo'sive *s* haut explosif *m*, explosif puissant
highfalutin [,haɪfə'lutən] *adj* (coll) pompeux, ampoulé
high' fidel'ity *s* haute fidélité *f*
high' fre'quency *s* haute fréquence *f*
high' gear' *s* (aut) prise *f* directe
high'-grade' *adj* de qualité supérieure
high'-hand'ed *adj* autoritaire, arbitraire
high' hat' *s* chapeau *m* haut de forme
high'-hat' *adj* (coll) snob, poseur || **high'-hat'** *v* (*pret & pp* **-hatted**; *ger* **-hatting**) *tr* (coll) traiter de haut en bas
high'-heeled' *adj* à talons hauts
high' horse' *s* raideur *f* hautaine; **to get up on one's high horse** monter sur ses grands chevaux
high' jinks' [,dʒɪŋks] *s* (slang) clownerie *f*, drôlerie *f*
high' jump' *s* saut *m* en hauteur
high'-key' *adj* (phot) lumineux
highland ['haɪlənd] *s* pays *m* de montagne; **highlands** hautes terres *fpl*
high' life' *s* grand monde *m*
high'light' *s* (*big moment*) clou *m*; **highlights** (*in a picture*) clairs *mpl* || *tr* mettre en vedette
highly ['haɪli] *adv* hautement; (*very*) extrêmement, fort; haut, e.g., **highly colored** haut en couleur; **to think highly of** avoir une bonne opinion de
High' Mass' *s* grand-messe *f*
high'-mind'ed *adj* magnanime, noble
highness ['haɪnɪs] *s* hauteur *f*; **Highness** Altesse *f*
high' noon' *s* plein midi *m*
high'-oc'tane *adj* à indice d'octane élevé
high'-pitched' *adj* aigu; (*roof*) à forte pente
high'-powered' *adj* de haute puissance
high'-pres'sure *adj* à haute pression; (fig) dynamique, persuasif || *tr* (coll) gonfler à bloc
high'-priced' *adj* de prix élevé
high' priest' *s* grand prêtre *m*; (fig) pontife *m*
high'road' *s* grand-route *f*; (fig) bonne voie *f*
high' school' *s* école *f* secondaire publique; (*in France*) lycée *m*
high'-school stu'dent *s* lycéen *m*; collégien *m*
high' sea' *s* houle *f*, grosse mer *f*; **high seas** haute mer
high' soci'ety *s* la haute société, le beau monde

high′-sound′ing *adj* pompeux, prétentieux
high′-speed′ *adj* à grande vitesse
high′-spir′ited *adj* fougueux, plein d'entrain
high′ spir′its *spl* gaieté *f*, entrain *m*
high′ stakes′ *spl*—**to play for high stakes** jouer gros jeu
high-strung ['haɪ'strʌŋ] *adj* tendu, nerveux
high′-test′ gas′oline *s* supercarburant *m*
high′ tide′ *s* marée *f* haute, haute marée
high′ time′ *s* heure *f*, e.g., **it is high time for you to go** c'est certainement l'heure de votre départ; (slang) bombance *f*, bombe *f*
high′ trea′son *s* haute trahison *f*
high′ volt′age *s* haute tension *f*
high wa′ter *s* marée *f* haute, hautes eaux *fpl*
high′way′ *s* grand-route *f*
high′way commis′sion *s* administration *f* des ponts et chaussées
high′way′man *s* (*pl* **-men**) voleur *m* de grand chemin
high′way map′ *s* carte *f* routière
hijack ['haɪ,dʒæk] *tr* (coll) arrêter et voler sur la route; (coll) saisir de force; (*an airplane*) (coll) détourner
hijacker ['haɪ,dʒækər] *s* (coll) bandit *m*, bandit de grand chemin; (coll) pirate *m* de l'air, pirate aérien
hijacking ['haɪ,dʒækɪŋ] *s* (coll) piraterie *f* aérienne, détournement *m*
hike [haɪk] *s* excursion *f* à pied, voyage *m* pédestre; (*e.g., in rent*) hausse *f* || *tr* hausser, faire monter || *intr* faire de longues promenades à pied
hiker ['haɪkər] *s* excursionniste *mf* à pied, touriste *mf* pédestre
hilarious [hɪ'lɛrɪ·əs], [haɪ'lɛrɪ·əs] *adj* hilare, gai; (*joke*) hilarant
hill [hɪl] *s* colline *f*, coteau *m*; (*incline*) côte *f*; (mil) cote *f*; **over hill and dale** par monts et par vaux || *tr* (*a plant*) butter, chausser
hill′bil′ly *s* (*pl* **-lies**) montagnard *m* rustique
hillock ['hɪlək] *s* tertre *m*, butte *f*
hill′side′ *s* versant *m*, coteau *m*
hill·y ['hɪli] *adj* (*comp* **-ier**; *super* **-iest**) montueux, accidenté; (*steep*) en pente, à fortes pentes
hilt [hɪlt] *s* poignée *f*; **up to the hilt** jusqu'à la garde
him [hɪm] *pron pers* lui §85, §87; le §87
him·self′ *pron* lui §85; soi §85; lui-même §86; se §87
hind [haɪnd] *adj* postérieur, de derrière || *s* biche *f*
hinder ['hɪndər] *tr* empêcher
hind′most′ *adj* dernier, ultime
hind′quar′ter *s* arrière-train *m*, train *m* de derrière; (*of horse*) arrière-main *m*
hindrance ['hɪndrəns] *s* empêchement *m*
hind′sight′ *s* (*of firearm*) hausse *f*; compréhension *f* tardive
Hindu ['hɪndu] *adj* hindou || *s* Hindou *m*
hinge [hɪndʒ] *s* charnière *f*, gond *m*; (*of mollusk*) charnière; (bb) onglet *m* || *intr*—**to hinge on** axer sur, dépendre de
hin·ny ['hɪni] *s* (*pl* **-nies**) bardot *m*
hint [hɪnt] *s* insinuation *f*; (*small quantity*) soupçon *m*; **to take the hint** comprendre à demi-mot, accepter le conseil || *tr* insinuer || *intr* procéder par insinuation; **to hint at** laisser entendre
hinterland ['hɪntər,lænd] *s* arrière-pays *m*
hip [hɪp] *adj* (slang) à la page, dans le train; **to be hip to** (slang) être au courant de || *s* hanche *f*; (*of roof*) arête *f*
hip′bone′ *s* os *m* coxal, os de la hanche
hipped *adj*—**to be hipped on** (coll) avoir la manie de
hippety-hop ['hɪpɪtɪ'hɑp] *adv* (coll) en sautillant
hip·po ['hɪpo] *s* (*pl* **-pos**) (coll) hippopotame *m*
hippopota·mus [,hɪpə'pɑtəməs] *s* (*pl* **-muses** or **-mi** [,maɪ]) hippopotame *m*
hip′ roof′ *s* toit *m* en croupe
hire [haɪr] *s* (*salary*) gages *mpl*; (*renting*) louage *m*; **for hire** à louer; **in the hire of** aux gages de || *tr* (*a person*) engager, embaucher; (*to rent*) louer, prendre en location || *intr*—**to hire out** (*said of person*) se louer, entrer en service
hired′ girl′ *s* servante *f*, servante de ferme
hired′ man′ *s* (*pl* **men′**) *s* (coll) valet *m* de ferme, garçon *m* de ferme
hireling ['haɪrlɪŋ] *adj* & *s* mercenaire *m*
hiring ['haɪrɪŋ] *s* embauchage *m*
his [hɪz] *adj poss* son §88 || *pron poss* le sien §89
Hispanic [hɪs'pænɪk] *adj* hispanique
Hispanist ['hɪspənɪst], [hɪs'pænɪst] *s* hispanisant *m*
hiss [hɪs] *s* sifflement *m* || *tr* & *intr* siffler
hist [hɪst] *interj* psitt!, pst!
histology [hɪs'tɑlədʒi] *s* histologie *f*
historian [hɪs'torɪ·ən] *s* historien *m*
historic(al) [hɪs'tɑrɪk(əl)], [hɪs'tɔrɪk(əl)] *adj* historique
histo·ry ['hɪstəri] *s* (*pl* **-ries**) histoire *f*
histrionic [,hɪstrɪ'ɑnɪk] *adj* théâtral || **histrionics** *s* art *m* du théâtre; (fig) attitude *f* spectaculaire
hit [hɪt] *s* coup *m*; (*blow that hits its mark*) coup au but, coup heureux; (*sarcastic remark*) coup de patte, trait *m* satirique; (*on the hit parade*) tube *m*; (baseball) coup de batte; (theat) succès *m*, spectacle *m* très couru; (coll) réussite *f*; **to make a hit** (coll) faire sensation || *v* (*pret* & *pp* **hit**; *ger* **hitting**) *tr* frapper; (*the mark*) atteindre; (*e.g., a car*) heurter, heurter contre; (*to move the emotions of*) toucher; **to hit it off** (coll)

s'entendre, se trouver d'accord || *intr* frapper; **to hit on** tomber sur, trouver
hit'-and-run' driv'er *s* chauffard *m* qui abandonne la scène d'un accident, qui prend la fuite
hitch [hɪtʃ] *s* saccade *f*, secousse *f*; obstacle *m*, difficulté *f*; (*knot*) nœud *m*, e.g., **timber hitch** nœud de bois; **without a hitch** sans accroc || *tr* accrocher; (naut) nouer; **to hitch up** (*e.g., a horse*) atteler
hitch'hike' *intr* (coll) faire de l'auto-stop
hitch'hik'er *s* auto-stoppeur *m*
hitch'hik'ing *s* auto-stop *m*
hitch'ing post' *s* poteau *m* d'attache
hither ['hɪðər] *adv* ici; **hither and thither** çà et là
hith'er·to' *adv* jusqu'ici, jusqu'à présent
hit'-or-miss' *adj* capricieux, éventuel
hit' parade' *s* (coll) chansons *fpl* populaires du moment
hit' rec'ord *s* (coll) disque *m* à succès
hive [haɪv] *s* ruche *f*; **hives** (pathol) urticaire *f*
hoard [hord] *s* entassement *m*, trésor *m* || *tr* accumuler secrètement, thésauriser || *intr* accumuler, entasser, thésauriser
hoarding ['hordɪŋ] *s* accumulation *f* secrète, thésaurisation *f*
hoarfrost ['hor,frɔst] *s* givre *m*, gelée *f* blanche
hoarse [hors] *adj* enroué, rauque
hoarseness ['horsnɪs] *s* enrouement *m*
hoar·y ['hori] *adj* (*comp* **-ier**; *super* **-iest**) chenu, blanchi
hoax [hoks] *s* mystification *f*, canard *m* || *tr* mystifier
hob [hɑb] *s* (*of fireplace*) plaque *f*; **to play hob** (coll) causer des ennuis; **to play hob with** (coll) bouleverser
hobble ['hɑbəl] *s* (*limp*) boitillement *m*; (*rope used to tie legs of animal*) entrave *f* || *tr* faire boiter; (*e.g., a horse*) entraver || *intr* boiter, clocher
hob·by ['hɑbi] *s* (*pl* **-bies**) distraction *f*, violon *m* d'Ingres; (orn) hobereau *m*; **to ride one's hobby** enfourcher son dada
hob'by·horse' *s* cheval *m* de bois
hob'gob'lin *s* lutin *m*; (*bogy*) épouvantail *m*
hob'nail' *s* caboche *f*
hob·nob ['hɑb,nɑb] *v* (*pret & pp* **-nobbed**; *ger* **-nobbing**) *intr* trinquer ensemble; **to hobnob with** être à tu et à toi avec
ho·bo ['hobo] *s* (*pl* **-bos** or **-boes**) chemineau *m*, vagabond *m*
hock [hɑk] *s* (*of horse*) jarret *m*; (*wine*) vin *m* du Rhin; (*pawn*) (coll) gage *m*; **in hock** (coll) au clou; (*in prison*) (coll) au bloc || *tr* couper le jarret à; (*to pawn*) (coll) mettre en gage, mettre au clou
hockey ['hɑki] *s* hockey *m*
hock'shop' *s* (slang) mont-de-piété *m*, clou *m*
hocus-pocus ['hokəs'pokəs] *s* tour *m* de passe-passe; (*meaningless formula*) abracadabra *m*
hod [hɑd] *s* oiseau *m*, auge *f*
hod' car'rier *s* aide-maçon *m*
hodgepodge ['hɑdʒ,pɑdʒ] *s* salmigondis *m*, méli-mélo *m*
hoe [ho] *s* houe *f*, binette *f* || *tr* houer, biner
hog [hɑg], [hɔg] *s* pourceau *m*, porc *m*; (*pig*) cochon || *v* (*pret & pp* **hogged**; *ger* **hogging**) *tr* (slang) s'emparer de, saisir avidement
hog'back' *s* dos *m* d'âne
hoggish ['hɑgɪʃ], ['hɔgɪʃ] *adj* glouton
hogs'head' *s* barrique *f*
hog'wash' *s* eaux *fpl* grasses; vinasse *f*; (fig) boniments *mpl* à la noix de coco
hoist [hɔɪst] *s* monte-charge *m*, grue *f*; (*shove*) poussée *f* vers le haut || *tr* lever, guinder; (*a flag, sail, boat, etc.*) hisser
hoity-toity ['hɔɪti'tɔɪti] *adj* hautain; **to be hoity-toity** le prendre de haut
hokum ['hokəm] *s* (coll) boniments *mpl*, fumisterie *f*
hold [hold] *s* prise *f*; (*handle*) poignée *f*, manche *m*; (*domination*) pouvoir *m*, autorité *f*; (mus) point *m* d'orgue; (naut) cale *f*; **hold for arrival** (formula on envelope) garder jusqu'à l'arrivée; **to take hold of** empoigner, saisir || *v* (*pret & pp* **held** [hɛld]) *tr* tenir; (*one's breath; s.o.'s attention*) retenir; (*to contain*) contenir; (*a job; a title*) avoir, posséder; (*e.g., a university chair*) occuper; (*a fort*) défendre; (*a note*) (mus) tenir, prolonger; **to be held to be . . .** passer pour . . . ; **to hold back** or **in** retenir; **to hold one's own** rivaliser, se défendre; **to hold out** tendre, offrir; **to hold over** continuer, remettre; **to hold s.o. to be . . .** tenir qn pour . . . ; **to hold s.o. to his word** obliger qn à tenir sa promesse; **to hold up** (*to delay*) retarder; (*to keep from falling*) retenir, soutenir; (*to rob*) (coll) voler à main armée || *intr* (*to hold good*) rester valable, rester en vigueur; **hold on!** (telp) restez en ligne!; **to hold back** se retenir, hésiter; **to hold forth** disserter; **to hold off** se tenir à distance; **to hold on** or **out** tenir bon; **to hold on to** s'accrocher à, se cramponner à; **to hold out for** insister pour
holder ['holdər] *s* possesseur *m*; (*of stock*) porteur *m*; (*of stock; of a record*) détenteur *m*; (*of degree, fellowship, etc.*) impétrant *m*; (*for a cigarette*) porte-cigarettes *m*; (*of a post, a right, etc.*) titulaire *mf*; (*for holding, e.g., a hot dish*) poignée *f*
holding ['holdɪŋ] *s* possession *f*; **holdings** valeurs *fpl*; (*of an investor*) portefeuille *m*; (*of a landlord*) propriétés *fpl*
hold'ing com'pany *s* holding trust *m*, holding *m*
hold'up' *s* (*stop, delay*) arrêt *m*; (coll) attaque *f* à main armée, hold-up *m*; **what's the holdup?** (coll) qu'est-ce qu'on attend?
hole [hol] *s* trou *m*; **in the hole** (coll)

dans l'embarras; **to burn a hole in s.o.'s pocket** (coll) brûler la poche à qn; **to get s.o. out of a hole** (coll) tirer qn d'un mauvais pas; **to pick holes in** (coll) trouver à redire à, démolir; **to wear holes in** (*e.g., a garment*) trouer || *intr*—**to hole up** se terrer

holiday ['halɪ,de] *s* jour *m* de fête, jour férié; (*vacation*) vacances *fpl*

holiness ['holɪnɪs] *s* sainteté *f*; **His Holiness** Sa Sainteté

holla ['halə], [hə'la] *interj* holà!

Holland ['halənd] *s* Hollande *f*; la Hollande

Hollander ['haləndər] *s* Hollandais *m*

hollow ['halo] *adj & s* creux *m* || *adv* —**to beat all hollow** (coll) battre à plate couture || *tr* creuser

hol•ly ['hali] *s* (*pl* **-lies**) houx *m*

hol'ly•hock' *s* primerose *f*, rose *f* trémière

holm' oak' [hom] *s* yeuse *f*

holocaust ['halə,kɔst] *s* (*sacrifice*) holocauste *m*; (*disaster*) sinistre *m*

holster ['holstər] *s* étui *m*; (*on saddle*) fonte *f*

ho•ly ['holi] *adj* (*comp* **-lier**; *super* **-liest**) saint; (*e.g., water*) bénit

Ho'ly Ghost' *s* Saint-Esprit *m*

ho'ly or'ders *spl* ordres *mpl* sacrés

Ho'ly Scrip'ture *s* l'Écriture *f* Sainte

Ho'ly See' *s* Saint-Siège *m*

Ho'ly Sep'ulcher *s* Saint Sépulcre *m*

ho'ly wa'ter *s* eau *f* bénite

Ho'ly Writ' *s* l'Écriture *f* Sainte

homage ['hamɪdʒ], ['amɪdʒ] *s* hommage *m*

home [hom] *adj* domestique; national, natal || *s* foyer *m*, chez-soi *m*, domicile *m*; (*house*) maison *f*; (*of the arts; native land*) patrie *f*; (*for the sick, poor, etc.*) asile *m*, foyer, hospice *m*; **at home** à la maison; (*at ease*) à l'aise; **make yourself at home** faites comme chez vous || *adv* à la maison; **to see s.o. home** raccompagner qn jusqu'à chez lui; **to strike home** frapper juste, toucher au vif

home' address' *s* adresse *f* personnelle

home'bod'y *s* (*pl* **-ies**) casanier *m*, pantouflard *m*

homebred ['hom,bred] *adj* élevé à la maison; du pays, indigène

home'-brew' *s* boisson *f* faite à la maison

home'com'ing *s* retour *m* au foyer; (*at university, church, etc.*) journée *f* or semaine *f* des anciens

home' coun'try *s* pays *m* natal

home' deliv'ery *s* livraison *f* à domicile

home' econom'ics *s* économie *f* domestique; (*instruction*) enseignement *m* ménager

home' front' *s* théâtre *m* d'opérations à l'intérieur du pays

home'land' *s* patrie *f*, pays *m* natal

homeless ['homlɪs] *adj* sans foyer

home' life' *s* vie *f* familiale

home'like' *adj* familial, comme chez soi

home'-lov'ing *adj* casanier

home•ly ['homli] *adj* (*comp* **-lier**; *super* **-liest**) (*not good-looking*) laid, vilain; (*not elegant*) sans façons

home'made' *adj* fait à la maison, de ménage

home'mak'er *s* maîtresse *f* de maison, ménagère *f*

home' of'fice *s* siège *m* social

homeopathy [,homɪ'apəθi], [,hamɪ'apəθi] *s* homéopathie *f*

home'own'er *s* propriétaire *mf*

home' plate' *s* (baseball) marbre *m* (Canad)

home' port' *s* port *m* d'attache

home' rule' *s* autonomie *f*, gouvernement *m* autonome

home'sick' *adj* nostalgique; **to be homesick** avoir le mal du pays

home'sick'ness *s* mal *m* du pays, nostalgie *f*

homespun ['hom,spʌn] *adj* filé à la maison; (fig) simple, sans apprêt

home'stead *s* bien *m* de famille, ferme *f*

home'stretch' *s* fin *f* de course, dernière étape *f*

home' team' *s* locaux *mpl*, équipe *f* qui reçoit

home'town' *s* ville *f* natale

homeward ['homwərd] *adj* de retour || *adv* vers la maison; vers son pays

home'work' *s* travail *m* à la maison; devoirs *mpl*

homey ['homi] *adj* (*comp* **homier**; *super* **homiest**) (coll) familial, intime

homicidal [,hamɪ'saɪdəl] *adj* homicide

homicide ['hamɪ,saɪd] *s* (*act*) homicide *m*; (*person*) homicide *mf*

homi•ly ['hamɪli] *s* (*pl* **-lies**) homélie *f*

hom'ing head' *s* (*of missile*) tête *f* chercheuse

hom'ing pi'geon *s* pigeon *m* voyageur

hominy ['hamɪni] *s* semoule *f* de maïs

homogeneous [,homə'dʒinɪ•əs], [,hamə'dʒinɪ•əs] *adj* homogène

homogenize [ha'madʒə,naɪz] *tr* homogénéiser

homonym ['hamənɪm] *s* homonyme *m*

homonymous [hə'manɪməs] *adj* homonyme

homosexual [,homə'sɛkʃʊ•əl] *adj & s* homosexuel *m*

hone [hon] *s* pierre *f* à aiguiser || *tr* aiguiser, affiler

honest ['anɪst] *adj* honnête; (*money*) honnêtement acquis

honesty ['anɪsti] *s* honnêteté *f*; (bot) monnaie *f* du pape

hon•ey ['hʌni] *s* miel *m* || *v* (*pret & pp* **-eyed** or **-ied**) *tr* emmieller

hon'ey•bee' *s* abeille *f* à miel

hon'ey•comb' *s* rayon *m*, gâteau *m* de cire; (*anything like a honeycomb*) nid *m* d'abeilles || *tr* cribler

honeyed *adj* emmiellé

hon'ey•moon' *s* lune *f* de miel; voyage *m* de noces || *intr* passer la lune de miel

hon'ey•suck'le *s* chèvrefeuille *m*

honk [haŋk], [hɔŋk] *s* (aut) klaxon *m* || *tr* (*the horn*) sonner || *intr* klaxonner

honkytonk ['haŋkɪ,taŋk], ['hɔŋkɪ-,tɔŋk] *s* (slang) boui-boui *m*
honor ['anər] *s* honneur *m*; (*award*) distinction *f*; **honors** honneurs || *tr* honorer
honorable ['anərəbəl] *adj* honorable
hon'orable dis'charge *s* (mil) démobilisation *f* honorable
honorari·um [,anə'rerɪ·əm] *s* (*pl* **-ums** or **-a** [ə]) *s* honoraires *mpl*
honorary ['anə,reri] *adj* honoraire
honorific [,anə'rɪfɪk] *adj* honorifique || *s* formule *f* de politesse
hood [hʊd] *s* capuchon *m*, chaperon *m*; (*of chimney*) hotte *f*; (*academic hood*) capuce *m*; (aut) capot *m*; (slang) gangster *m* || *tr* capoter
hoodlum ['hudləm] *s* (coll) chenapan *m*
hoodoo ['hudu] *s* (*bad luck*) guigne *f*; (*rites*) vaudou *m* || *tr* porter la guigne à
hood'wink' *tr* tromper, abuser
hooey ['hu·i] *s* (slang) blague *f*
hoof [huf], [hʊf] *s* sabot *m*; **on the hoof** sur pied || *tr*—**to hoof it** (coll) aller à pied
hoof'beat' *s* pas *m* de cheval
hook [hʊk] *s* crochet *m*; (*for fishing*) hameçon *m*; (*to join two things*) croc *m*; (*boxing*) crochet *m*; **by hook or by crook** (coll) de bric ou de broc, coûte que coûte; **hook line and sinker** (coll) tout à fait, avec tout le bataclan; **to get one's hooks on to** (coll) mettre le grappin sur || *tr* accrocher; (*e.g., a dress*) agrafer; (*e.g., a boat*) crocher, gaffer; (slang) amorcer, attraper; **to hook up** agrafer; (*e.g., a loudspeaking system*) monter || *intr* s'accrocher
hookah ['hʊkə] *s* narguilé *m*
hook' and eye' *s* agrafe *f* et porte *f*
hook' and lad'der *s* camion *m* équipé d'une échelle d'incendie
hooked' rug' *s* tapis *m* à points noués
hook'up' *s* (*diagram*) (rad, telv) montage *m*; (*network*) (rad, telv) chaîne *f*
hook'worm' *s* ankylostome *m*
hooky ['hʊki] *s*—**to play hooky** (coll) faire l'école buissonnière
hooligan ['hulɪgən] *s* voyou *m*
hooliganism ['hulɪgən,ɪzəm] *s* voyouterie *f*
hoop [hup], [hʊp] *s* cerceau *m*; (*of cask*) cercle *m* || *tr* cercler, entourer
hoop' skirt' *s* crinoline *f*
hoot [hut] *s* huée *f*; (*of owl*) ululement *m* || *tr* huer || *intr* huer; (*said of owl*) ululer; **to hoot at** huer
hoot' owl' *s* chat-huant *m*, hulotte *f*
hop [hap] *s* saut *m*; (*dance*) (coll) sauterie *f*, surboum *m*; (coll) vol *m* en avion, étape *f*; **hops** (bot) houblon *m* || *v* (*pret & pp* **hopped**; *ger* **hopping**) *tr* sauter, franchir; (*e.g., a taxi*) (coll) prendre || *intr* sauter, sautiller; **to hop on one foot** sauter a clochepied; **to hop over** sauter
hope [hop] *s* (*feeling of hope*) espérance *f*; (*instance of hope*) espoir *m*; (*person or thing one puts one's hope in*) espérance, espoir || *tr & intr* espérer; **to hope for** espérer; **to hope to** + *inf* espérer + *inf*
hope' chest' *s* trousseau *m*
hopeful ['hopfəl] *adj* (*feeling hope*) plein d'espoir; (*giving hope*) prometteur
hopeless ['hoplɪs] *adj* sans espoir
hopper ['hapər] *s* (*funnel-shaped container*) trémie *f*; (*of blast furnace*) gueulard *m*
hop'per car' *s* wagon-trémie *m*
hop'scotch' *s* marelle *f*
horde [hord] *s* horde *f*
horehound ['hor,haʊnd] *s* (bot) marrube *m*
horizon [hə'raɪzən] *s* horizon *m*
horizontal [,harɪ'zantəl], [,hɔrɪ'zantəl] *adj* horizontal || *s* horizontale *f*
hor'izon'tal hold' *s* (telv) commande *f* de stabilité horizontale
hormone ['hɔrmon] *s* hormone *f*
horn [hɔrn] *s* (*bony projection on head of certain animals*) corne *f*; (*of anvil*) bigorne *f*; (*of auto*) klaxon *m*; (*of snail; of insect*) antenne *f*; (mus) cor *m*; (*French horn*) (mus) cor d'harmonie; **horns** (*of deer*) bois *m*; **to blow one's own horn** (coll) se vanter, exalter son propre mérite; **to draw in one's horns** (fig) rentrer les cornes; **to toot the horn** corner || *intr*—**to horn in** (slang) intervenir sans façon
horn'beam' *s* (bot) charme *m*
horned' owl' *s* duc *m*
hornet ['hɔrnɪt] *s* frelon *m*
hor'net's nest' *s* guêpier *m*
horn' of plen'ty *s* corne *f* d'abondance
horn'pipe' *s* chalumeau *m*; (*dance*) matelote *f*
horn'rimmed glas'ses *spl* lunettes *fpl* à monture en corne
horn·y ['hɔrni] *adj* (*comp* **-ier**; *super* **-iest**) corné, en corne; (*callous*) calleux; (*horned*) cornu
horoscope ['harə,skop], ['hɔrə,skop] *s* horoscope *m*; **to cast s.o.'s horoscope** tirer l'horoscope de qn
horrible ['harɪbəl], ['hɔrɪbəl] *adj* horrible; (coll) horrible, détestable
horrid ['harɪd], ['hɔrɪd] *adj* affreux; (coll) affreux, très désagréable
horri·fy ['harɪ,faɪ], ['hɔrɪ,faɪ] *v* (*pret & pp* **-fied**) *tr* horrifier
horror ['harər], ['hɔrər] *s* horreur *f*; **to have a horror of** avoir horreur de
hors d'oeuvre [ɔr'dʌrv] *s* (*pl* **hors d'oeuvres** [ɔr'dʌrvz]) hors-d'œuvre *m*
horse [hɔrs] *s* cheval *m*; (*of carpenter*) chevalet *m*; **hold your horses!** (coll) arrêtez un moment!; **to back the wrong horse** (coll) miser sur le mauvais cheval; **to be a horse of another color** (coll) être une autre paire de manches; **to eat like a horse** (coll) manger comme un ogre; **to ride a horse** monter à cheval || *intr*—**to horse around** (slang) muser, se baguenauder
horse'back' *s*—**on horseback** à cheval || *adv*—**to ride horseback** monter à cheval

horse′back rid′ing *s* équitation *f*, exercice *m* à cheval
horse′ blan′ket *s* couverture *f* de cheval
horse′ break′er *s* dompteur *m* de chevaux
horse′car′ *s* tramway *m* à chevaux
horse′ chest′nut *s* (*tree*) marronnier *m* d'Inde; (*nut*) marron *m* d'Inde
horse′cloth′ *s* housse *f*
horse′ coll′ar *s* collier *m* de cheval
horse′ deal′er *s* marchand *m* de chevaux
horse′ doc′tor *s* (coll) vétérinaire *m*
horse′ fly′ *s* (*pl* **flies**) taon *m*
horse′hair′ *s* crin *m*
horse′hide′ *s* peau *f* or cuir *m* de cheval
horse′laugh′ *s* gros rire *m* bruyant
horse′less car′riage ['hɔrslɪs] *s* voiture *f* sans chevaux
horse′man *s* (*pl* **-men**) cavalier *m*; (*at race track*) turfiste *m*
horsemanship ['hɔrsmən,ʃɪp] *s* équitation *f*
horse′ meat′ *s* viande *f* de cheval
horse′ op′era *s* (coll) western *m*
horse′ pis′tol *s* pistolet *m* d'arçon
horse′play′ *s* jeu *m* de mains, clownerie *f*
horse′pow′er *s* (*746 watts*) cheval-vapeur anglais
horse′ race′ *s* course *f* de chevaux
horse′rad′ish *s* raifort *m*
horse′ sense′ *s* (coll) gros bon sens *m*
horse′shoe′ *s* fer *m* à cheval
horse′shoe′ing *s* ferrure *f*, ferrage *m*
horse′shoe mag′net *s* aimant *m* en fer à cheval
horse′ show′ *s* exposition *f* de chevaux, concours *m* hippique
horse′tail′ *s* queue *f* de cheval; (bot) prêle *f*
horse′ thief′ *s* voleur *m* de chevaux
horse′ trad′er *s* maquignon *m*
horse′ trad′ing *s* maquignonnage *m*
horse′whip′ *s* cravache *f* || *v* (*pret & pp* **-whipped**; *ger* **-whipping**) *tr* cravacher
horse′wom′an *s* (*pl* **-wom′en**) *s* cavalière *f*, amazone *f*
hors·y ['hɔrsi] *adj* (*comp* **-ier**; *super* **-iest**) chevalin; (coll) hippomane; (*awkward in appearance*) (coll) maladroit
horticultural [,hɔrtɪ'kʌltʃərəl] *adj* horticole
horticulture ['hɔrtɪ,kʌltʃər] *s* horticulture *f*
hose [hoz] *s* (*flexible tube*) tuyau *m* || *s* (*pl* **hose**) (*stocking*) bas *m*; (*sock*) chaussette *f*
hosier ['hoʒər] *s* bonnetier *m*
hosiery ['hoʒəri] *s* la bonneterie; (*stockings*) les bas *mpl*
hospice ['hɑspɪs] *s* hospice *m*
hospitable ['hɑspɪtəbəl], [hɑs'pɪtəbəl] *adj* hospitalier
hospital ['hɑspɪtəl] *s* hôpital *m*, clinique *f*, maison *f* de santé
hospitali·ty [,hɑspɪ'tælɪti] *s* (*pl* **-ties**) hospitalité *f*
hospitalize ['hɑspɪtə,laɪz] *tr* hospitaliser
hos′pital plane′ *s* avion *m* sanitaire
hos′pital ship′ *s* navire-hôpital *m*
hos′pital train′ *s* train *m* sanitaire
host [host] *s* hôte *m*; (*who entertains dinner guests*) amphitryon *m*; (*multitude*) foule *f*, légion *f*; (*army*) armée *f*; **Host** (eccl) hostie *f*
hostage ['hɑstɪdʒ] *s* otage *m*
hostel ['hɑstəl] *s* hôtellerie *f*; (*youth hostel*) auberge *f* de la jeunesse
hostel·ry ['hɑstəlri] *s* (*pl* **-ries**) hôtellerie *f*
hostess ['hostɪs] *s* hôtesse *f*; (*taxi dancer*) entraîneuse *f*
hostile ['hɑstɪl] *adj* hostile
hostili·ty [hɑs'tɪlɪti] *s* (*pl* **-ties**) hostilité *f*
hostler ['hɑslər], ['ɑslər] *s* palefrenier *m*, valet *m* d'écurie
hot [hɑt] *adj* (*comp* **hotter**; *super* **hottest**) chaud; (*spicy*) piquant; (*fight, pursuit, etc.*) acharné; (*in rut*) en chaleur; (*radioactive*) (coll) fortement radioactif; **hot off** (*e.g., the press*) (coll) sortant tout droit de; **to be hot** (*said of person*) avoir chaud; (*said of weather*) faire chaud; **to get hot under the collar** (coll) s'emporter; **to make it hot for** (coll) rendre la vie intenable à, harceler
hot′ air′ *s* (slang) hâblerie *f*, discours *mpl* vides
hot′-air′ fur′nace *s* calorifère *m* à air chaud
hot′ and cold′ run′ning wa′ter *s* eau *f* courante chaude et froide
hot′bed′ *s* (hort) couche *f*, couche de fumier; (*e.g., of vice*) foyer *m*; (*e.g., of intrigue*) officine *f*
hot′-blood′ed *adj* au sang fougueux
hot′box′ *s* (rr) coussinet *m* échauffé
hot′ cake′ *s* crêpe *f*; **to sell like hot cakes** (coll) se vendre comme des petits pains
hot′ dog′ *s* saucisse *f* de Francfort, saucisse chaude
hotel [ho'tɛl] *adj* hôtelier || *s* hôtel *m*
hotel′keep′er *s* hôtelier *m*
hot′foot′ *adv* (coll) à toute vitesse || *tr* —**to hotfoot it after** (coll) s'élancer à la poursuite de
hot′head′ed *adj* exalté, fougueux
hot′house′ *s* serre *f* chaude
hot′ pad′ *s* (*for plates at table*) garde-nappe *m*, dessous-de-plat *m*
hot′ pep′per *s* piment *m* rouge
hot′ plate′ *s* réchaud *m*
hot′ rod′ *s* (slang) bolide *m*
hot′ rod′der [,rɑdər] *s* (slang) bolide *m*, casse-cou *m*
hot′ springs′ *spl* sources *fpl* thermales
hot′-temp′ered *adj* coléreux, irascible
hot′ wa′ter *s* (coll) mauvaise passe *f*; **to be in hot water** (coll) être dans le pétrin
hot′-wa′ter boil′er *s* chaudière *f* à eau chaude
hot′-wa′ter bot′tle *s* bouillotte *f*
hot′-wa′ter heat′er *s* calorifère *m* à eau

chaude; (*with instantaneous delivery of hot water*) chauffe-eau *m*

hot′-wa′ter heat′ing *s* chauffage *m* par eau chaude

hot′-wa′ter tank′ *s* réservoir *m* d'eau chaude, bâche *f*

hound [haʊnd] *s* chien *m* de chasse, chien courant; **to follow the hounds** or **to ride to hounds** chasser à courre ‖ *tr* poursuivre avec ardeur, pourchasser

hour [aʊr] *s* heure *f*; **by the hour** à l'heure; **on the hour** à l'heure sonnante; **to keep late hours** se coucher tard

hour′glass′ *s* sablier *m*

hour′-glass fig′ure *s* taille *f* de guêpe

hour′ hand′ *s* petite aiguille *f*, aiguille des heures

hourly ['aʊrli] *adj* à l'heure, horaire ‖ *adv* toutes les heures; (*hour by hour*) d'heure en heure

house [haʊs] *s* (*pl* **houses** ['haʊzɪz]) maison *f*; (*legislative body*) chambre *f*; (theat) salle *f*, e.g., **full house** salle comble; **to be on the house** (coll) être au frais du patron; **to bring down the house** (theat) faire crouler la salle sous les applaudissements; **to keep house for** tenir la maison de; **to put one's house in order** (fig) mettre de l'ordre dans ses affaires ‖ [haʊz] *tr* loger, abriter

house′ arrest′ *s*—**under house arrest** en résidence surveillée

house′boat′ *s* bateau-maison *m*

house′boy′ *s* boy *m*

house′break′er *s* cambrioleur *m*

house′break′ing *s* effraction *f*, cambriolage *m*

housebroken ['haʊs,brokən] *adj* (*dog or cat*) dressé à la propreté

house′ clean′ing *s* grand nettoyage *m* de la maison

house′coat′ *s* peignoir *m*

house′ cur′rent *s* courant *m* de secteur, secteur *m*

house′fly′ *s* (*pl* **-flies**) mouche *f* domestique

houseful ['haʊs,fʊl] *s* pleine maison *f*

house′ fur′nishings *spl* ménage *m*

house′hold′ *adj* domestique, du ménage ‖ *s* ménage *m*, maisonnée *f*

house′hold′er *s* chef *m* de famille, maître *m* de maison

house′ hunt′ing *s* chasse *f* aux appartements

house′keep′er *s* ménagère *f*; (*employee*) femme *f* de charge; (*for a bachelor*) gouvernante *f*

house′keep′ing *s* le ménage, l'économie *f* domestique; **to set up housekeeping** se mettre en ménage

house′maid′ *s* bonne *f*

house′moth′er *s* maîtresse *f* d'internat

house′ of cards′ *s* château *m* de cartes

House′ of Com′mons *s* Chambre *f* des communes

house′ of ill′ repute′ *s* maison *f* mal famée, maison borgne

House′ of Represen′tatives *s* Chambre *f* des Représentants

house′ paint′er *s* peintre *m* en bâtiments

house′ physi′cian *s* (*in hospital*) interne *m*; (*e.g., in hotel*) médecin *m*

house′top′ *s* toit *m*; **to shout from the housetops** (coll) crier sur les toits

house′ trail′er *s* caravane *f*

house′warm′ing *s*—**to have a housewarming** pendre la crémaillère

house′wife′ *s* (*pl* **-wives′**) maîtresse *f* de maison, ménagère *f*

house′work′ *s* travaux *mpl* ménagers; **to do the housework** faire le ménage

housing ['haʊzɪŋ] *s* logement *m*, habitation *f*; (*horsecloth*) housse *f*; (mach) enchâssure *f*, carter *m*

hous′ing devel′opment *s* (*houses*) grand ensemble *m*, habitations *fpl* neuves; (*apartments*) cité *f*

hous′ing short′age *s* crise *f* du logement

hovel ['hʌvəl], ['hɑvəl] *s* bicoque *f*, masure *f*; (*shed for cattle, tools, etc.*) appentis *m*, cabane *f*

hover ['hʌvər], ['hɑvər] *intr* planer, voltiger; (*to move to and fro near a person*) papillonner; (*to hang around threateningly*) rôder; (*said of smile on lips*) errer; hésiter

how [haʊ] *s* comment *m*; **the how, the when, and the wherefore** (coll) tous les détails ‖ *adv* comment; **how** + *adj* quel + *adj*, e.g., **how beautiful a morning!** quelle belle matinée!; comme + c'est + *adj*, e.g., **how beautiful it is!** comme c'est beau!; que + c'est + *adj*, e.g., **how beautiful it is!** que c'est beau!; **how are you?** comment allez-vous?, ça va?; **how early** quand, à quelle heure; **how else** de quelle autre manière; **how far** jusqu'où; à quelle distance, e.g., **how far is it?** à quelle distance est-ce?; **how long** (*in time*) jusqu'à quand, combien de temps; **how long is the stick?** quelle est la longueur du bâton?; **how many** combien; **how much** combien; (*at what price*) à combien; **how often** combien de fois; **how old are you?** quel âge avez-vous?; **how soon** quand, à quelle heure; **to know how to** savoir

how-do-you-do ['haʊdəjə'du] *s*—**that's a fine how-do-you-do!** (coll) en voilà une affaire!

how•ev′er *adv* cependant, pourtant, toutefois; **however little it may be** si peu que ce soit; **however much** or **many it may be** autant que ce soit; **however pretty she may be** quelque jolie qu'elle soit; **however that may be** quoi qu'il en soit ‖ *conj* comme, e.g., **do it however you want** faites-le comme vous voudrez

howitzer ['haʊ·ɪtsər] *s* obusier *m*

howl [haʊl] *s* hurlement *m* ‖ *tr* hurler; **to howl down** faire taire en poussant des huées ‖ *intr* hurler; (*said of wind*) mugir

howler ['haʊlər] *s* hurleur *m*; (coll) grosse gaffe *f*, bourde *f*, bévue *f*

hoyden ['hɔɪdən] *s* petite coquine *f*

H.P. or **hp** *abbr* **(horsepower)** CV
hub [hʌb] *s* moyeu *m*; (fig) centre *m*
hubbub ['hʌbəb] *s* vacarme *m*, tumulte *m*
hub'cap' *s* enjoliveur *m*, chapeau *m* de roue
huckster ['hʌkstər] *s* (*peddler*) camelot *m*; (*adman*) publicitaire *mf*
huddle ['hʌdəl] *s* (coll) conférence *f* secrète; **to go into a huddle** (coll) entrer en conclave || *intr* s'entasser, se presser
hue [hju] *s* teinte *f*, nuance *f*
hue' and cry' *s* clameur *f* de haro; **with hue and cry** à cor et à cri
huff [hʌf] *s* accès *m* de colère; **in a huff** vexé, offensé
hug [hʌg] *s* étreinte *f* || *v* (*pret & pp* **hugged**; *ger* **hugging**) *tr* étreindre; (*e.g., the coast*) serrer; (*e.g., the wall*) raser || *intr* s'étreindre
huge [hjudʒ] *adj* énorme, immense
huh [hʌ] *interj* hein!, hé!
hulk [hʌlk] *s* (*body of an old ship*) carcasse *f*; (*old ship used as warehouse, prison, etc.*) ponton *m*; (*heavy, unwieldy person*) mastodonte *m*
hull [hʌl] *s* (*of certain vegetables*) cosse *f*; (*of nuts*) écale *f*; (*of ship or hydroplane*) coque *f* || *tr* (*e.g., peas*) écosser; (*e.g., almonds*) écaler
hullabaloo ['hʌləbə,lu], [,hʌləbə'lu] *s* (coll) boucan *m*, brouhaha *m*
hum [hʌm] *s* (*e.g., of bee*) bourdonnement *m*; (*e.g., of motor*) vrombissement *m*; (*of singer*) fredonnement *m* || *v* (*pret & pp* **hummed**; *ger* **humming**) *tr* (*a melody*) fredonner, chantonner || *intr* (*said of bee*) bourdonner; (*said of machine*) vrombir; (*said of singer*) fredonner, chantonner; (*to be active*) (coll) aller rondement || *interj* hum!
human ['hjumən] *adj* humain
hu'man be'ing *s* être *m* humain
humane [hju'men] *adj* humain, compatissant
humanist ['hjumənɪst] *adj & s* humaniste *m*
humanitarian [hju,mænɪ'terɪ·ən] *adj & s* humanitaire *mf*
humani·ty [hju'mænɪti] *s* (*pl* **-ties**) humanité *f*; **humanities** (*Greek and Latin classics*) humanités classiques; (*belles-lettres*) humanités modernes
hu'man·kind' *s* genre *m* humain
humble ['hʌmbəl], ['ʌmbəl] *adj* humble || *tr* humilier; **to humble oneself** s'humilier
hum'ble pie' *s*—**to eat humble pie** faire amende honorable, s'humilier
hum'bug' *s* blague *f*; (*person*) imposteur *m* || *v* (*pret & pp* **-bugged**; *ger* **-bugging**) *tr* mystifier
hum'drum' *adj* monotone, banal
humer·us ['hjumərəs] *s* (*pl* **-i** [,aɪ]) humérus *m*
humid ['hjumɪd] *adj* humide, moite
humidifier [hju'mɪdɪ,faɪ·ər] *s* humidificateur *m*
humidi·fy [hju'mɪdɪ,faɪ] *v* (*pret & pp* **-fied**) *tr* humidifier
humidity [hju'mɪdɪti] *s* humidité *f*
humiliate [hju'mɪlɪ,et] *tr* humilier
humiliating [hju'mɪlɪ,etɪŋ] *adj* humiliant
humili·ty [hju'mɪlɪti] *s* (*pl* **-ties**) humilité *f*
hum'ming·bird' *s* oiseau-mouche *m*, colibri *m*
humor ['hjumər], ['jumər] *s* (*comic quality*) humour *m*; (*frame of mind; fluid*) humeur *f*; **out of humor** maussade, grognon; **to be in the humor to** être d'humeur à || *tr* ménager, satisfaire; (*s.o.'s fancies*) se plier à, accéder à
humorist ['hjumərɪst], ['jumərɪst] *s* humoriste *mf*, comique *mf*
humorous ['hjumərəs], ['jumərəs] *adj* humoristique; (*writer*) humoriste
hump [hʌmp] *s* bosse *f*
hump'back' *s* bossu *m*; (*whale*) mégaptère *m*
humus ['hjuməs] *s* humus *m*
hunch [hʌntʃ] *s* bosse *f*; (*premonition*) (coll) pressentiment *m* || *tr* arrondir, voûter || *intr* s'accroupir
hunch'back' *s* bossu *m*
hundred ['hʌndrəd] *adj* cent || *s* cent *m*, centaine *f*; **about a hundred** une centaine; **a hundred** or **one hundred** cent; une centaine; **by the hundreds** par centaines
hun'dred·fold' *adj & s* centuple *m*; **to increase a hundredfold** centupler || *adv* au centuple
hundredth ['hʌndrədθ] *adj, pron, & s* centième *m*
hun'dred·weight' *s* quintal *m*
Hungarian [hʌŋ'gerɪ·ən] *adj* hongrois || *s* (*language*) hongrois *m*; (*person*) Hongrois *m*
Hungary ['hʌŋgəri] *s* Hongrie *f*; la Hongrie
hunger ['hʌŋgər] *s* faim *f* || *intr* avoir faim; **to hunger for** être affamé de
hun'ger march' *s* marche *f* de la faim
hun'ger strike' *s* grève *f* de la faim
hun·gry ['hʌŋgri] *adj* (*comp* **-grier**; *super* **-griest**) affamé; **to be hungry** avoir faim
hunk [hʌŋk] *s* gros morceau *m*
hunt [hʌnt] *s* (*act of hunting*) chasse *f*; (*hunting party*) équipage *m* de chasse; **on the hunt for** à la recherche de || *tr* chasser; (*to seek, look for*) chercher; **to hunt down** donner la chasse à, traquer; **to hunt out** faire la chasse à || *intr* chasser; (*with dogs*) chasser à courre; **to go hunting** aller à la chasse; **to hunt for** chercher; **to take hunting** emmener à la chasse
hunter ['hʌntər] *s* chasseur *m*
hunting ['hʌntɪŋ] *adj* de chasse || *s* chasse *f*
hunt'ing dog' *s* chien *m* de chasse
hunt'ing ground' *s* terrain *m* de chasse, chasse *f*
hunt'ing horn' *s* cor *m* de chasse
hunt'ing jack'et *s* paletot *m* de chasse
hunt'ing knife' *s* couteau *m* de chasse

hunt′ing li′cense *s* permis *m* de chasse
hunt′ing lodge′ *s* pavillon *m* de chasse
hunt′ing sea′son *s* saison *f* de la chasse
huntress ['hʌntrɪs] *s* chasseuse *f*
hunts′man *s* (*pl* **-men**) chasseur *m*
hurdle ['hʌrdəl] *s* (*hedge over which horses jump*) haie *f*; (*wooden frame over which runners jump*) barrière *f*; (fig) obstacle *m*; **hurdles** course *f* d'obstacles || *tr* sauter
hur′dle race′ *s* course *f* d'obstacles; (turf) course de haies
hurdy-gur•dy ['hʌrdi'gʌrdi] *s* (*pl* **-dies**) orgue *m* de Barbarie
hurl [hʌrl] *s* lancée *f* || *tr* lancer; **to hurl back** repousser, refouler
hurrah [hʌ'rɑ] or **hurray** [hʊ're] *s* hourra *m* || *interj* hourra!; **hurrah for . . . !** vive . . . !
hurricane ['hʌrɪ,ken] *s* ouragan *m*, hurricane *m*
hurried ['hʌrid] *adj* pressé, précipité; (*hasty*) hâtif, fait à la hâte
hur•ry ['hʌri] *s* (*pl* **-ries**) hâte *f*; **to be in a hurry** être pressé || *v* (*pret & pp* **-ried**) *tr* hâter, presser || *intr* se hâter, se presser; **to hurry after** courir après; **to hurry away** s'en aller bien vite; **to hurry back** revenir vite; **to hurry over** venir vite; **to hurry up** se dépêcher
hurt [hʌrt] *adj* blessé || *s* blessure *f*; (*pain*) douleur *f* || *v* (*pret & pp* **hurt**) *tr* faire mal à || *intr* faire mal, e.g., **does that hurt?** ça fait mal?; avoir mal, e.g., **my head hurts** j'ai mal à la tête
hurtful ['hʌrtfəl] *adj* nuisible
hurtle ['hʌrtəl] *intr* se précipiter
husband ['hʌzbənd] *s* mari *m*, époux *m* || *tr* ménager, économiser
hus′band•man *s* (*pl* **-men**) cultivateur *m*
husbandry ['hʌzbəndri] *s* agriculture *f*; (*raising of livestock*) élevage *m*
hush [hʌʃ] *s* silence *m*, calme *m* || *tr* faire taire; **to hush up** (*e.g., a scandal*) étouffer || *intr* se taire || *interj* chut!
hushaby ['hʌʃə,baɪ] *interj* fais dodo!
hush′-hush′ *adj* très secret
hush′ mon′ey *s* prix *m* du silence
husk [hʌsk] *s* peau *f*; (*of certain vegetables*) cosse *f*, gousse *f*; (*of nuts*) écale *f*; (*of corn*) enveloppe *f*; (*of oats*) balle *f*; (*of onion*) pelure *f* || *tr* (*grain*) vanner; (*vegetables*) éplucher; (*peas*) écosser; (*nuts*) écaler
husk′ing bee′ *s* réunion *f* pour l'épluchage du maïs
husk•y ['hʌski] *adj* (*comp* **-ier**; *super* **-iest**) costaud; (*voice*) enroué || *s* (*pl* **-ies**) (*dog*) chien *m* esquimau
hus•sy ['hʌzi], ['hʌsi] *s* (*pl* **-sies**) (coll) garce *f*; (coll) coquine *f*
hustle ['hʌsəl] *s* (coll) bousculade *f*, énergie *f*, allant *m* || *tr* pousser, bousculer || *intr* se dépêcher, se presser; (*to work hard*) (coll) se démener, s'activer
hustler ['hʌslər] *s* (*go-getter*) homme *m* d'action; (*swindler*) (slang) filou *m*; (*streetwalker*) (slang) traînée *f*, grue *f*
hut [hʌt] *s* hutte *f*, cabane *f*; (mil) baraque *f*
hutch [hʌtʃ] *s* (*for rabbits*) clapier *m*; (*used by baker*) huche *f*, pétrin *m*
hyacinth ['haɪ•əsɪnθ] *s* (*stone*) hyacinthe *f*; (*flower*) jacinthe *f*
hybrid ['haɪbrɪd] *adj & s* hybride *m*
hy•dra ['haɪdrə] *s* (*pl* **-dras** or **-drae** [dri]) hydre *f*
hydrant ['haɪdrənt] *s* prise *f* d'eau; (*faucet*) robinet *m*; (*fire hydrant*) bouche *f* d'incendie
hydrate ['haɪdret] *s* hydrate *m* || *tr* hydrater || *intr* s'hydrater
hydraulic [haɪ'drɔlɪk] *adj* hydraulique || **hydraulics** *s* hydraulique *f*
hydrau′lic ram′ *s* bélier *m* hydraulique
hydrocarbon [,haɪdrə'kɑrbən] *s* hydrocarbure *m*
hy′drochlo′ric ac′id [,haɪdrə'klorɪk] *s* acide *m* chlorhydrique
hydroelectric [,haɪdro•ɪ'lektrɪk] *adj* hydro-électrique
hydrofoil ['haɪdrə,fɔɪl] *s* hydrofoil *m*
hydrogen ['haɪdrədʒən] *s* hydrogène *m*
hy′drogen bomb′ *s* bombe *f* à hydrogène
hy′drogen perox′ide *s* eau *f* oxygénée
hy′drogen sul′fide *s* hydrogène *m* sulfuré
hydrometer [haɪ'drɑmɪtər] *s* aréomètre *m*, hydromètre *m*
hydrophobia [,haɪdrə'fobɪ•ə] *s* hydrophobie *f*
hydroplane ['haɪdrə,plen] *s* hydravion *m*
hydroxide [haɪ'drɑksaɪd] *s* hydroxyde *m*
hyena [haɪ'inə] *s* hyène *f*
hygiene ['haɪdʒin], ['haɪdʒɪ,in] *s* hygiène *f*
hygienic [,haɪdʒɪ'enɪk], [haɪ'dʒinɪk] *adj* hygiénique
hymn [hɪm] *s* hymne *m*; (eccl) hymne *f*, cantique *m*
hymnal ['hɪmnəl] *s* livre *m* d'hymnes
hyperacidity [,haɪpərə'sɪdɪti] *s* hyperacidité *f*
hyperbola [haɪ'pʌrbələ] *s* hyperbole *f*
hyperbole [haɪ'pʌrbəli] *s* hyperbole *f*
hypersensitive [,haɪpər'sensɪtɪv] *adj* hypersensible, hypersensitif
hypertension [,haɪpər'tenʃən] *s* hypertension *f*
hyphen ['haɪfən] *s* trait *m* d'union
hyphenate ['haɪfə,net] *tr* joindre avec un trait d'union
hypno•sis [hɪp'nosɪs] *s* (*pl* **-ses** [siz]) hypnose *f*
hypnotic [hɪp'nɑtɪk] *adj & s* hypnotique *m*
hypnotism ['hɪpnə,tɪzəm] *s* hypnotisme *m*
hypnotist ['hɪpnətɪst] *s* hypnotiseur *m*
hypnotize ['hɪpnə,taɪz] *tr* hypnotiser
hypochondriac [,haɪpə'kɑndrɪ,æk], [,hɪpə'kɑndrɪ,æk] *adj & s* hypocondriaque *mf*

hypocri•sy [hɪˈpɑkrəsi] *s* (*pl* **-sies**) hypocrisie *f*
hypocrite [ˈhɪpəkrɪt] *s* hypocrite *mf*
hypocritical [ˌhɪpəˈkrɪtɪkəl] *adj* hypocrite
hypodermic [ˌhaɪpəˈdʌrmɪk] *adj* hypodermique
hyposulfite [ˌhaɪpəˈsʌlfaɪt] *s* hyposulfite *m*
hypotenuse [haɪˈpɑtɪˌn(j)us] *s* hypoténuse *f*
hypothe•sis [haɪˈpɑθɪsɪs] *s* (*pl* **-ses** [ˌsiz]) hypothèse *f*
hypothetic(al) [ˌhaɪpəˈθɛtɪk(əl)] *adj* hypothétique
hysteria [hɪsˈtɪrɪ•ə] *s* agitation *f*, frénésie *f*; (pathol) hystérie *f*
hysteric [hɪsˈtɛrɪk] *adj* hystérique ‖ **hysterics** *spl* crise *f* de nerfs, crise de larmes, fou rire *m*
hysterical [hɪsˈtɛrɪkəl] *adj* hystérique

I

I, i [aɪ] *s* IXᵉ lettre de l'alphabet
I *pron* je §87; moi §85
iambic [aɪˈæmbɪk] *adj* ïambique
Iberian [aɪˈbɪrɪ•ən] *adj* ibérien, ibérique ‖ *s* Ibérien *m*
ibex [ˈaɪbɛks] *s* (*pl* **ibexes** or **ibices** [ˈɪbɪˌsiz]) bouquetin *m*
ice [aɪs] *s* glace *f*; **to break the ice** (fig) rompre la glace; **to cut no ice** (coll) ne rien casser, ne pas prendre; **to skate on thin ice** (coll) s'engager sur un terrain dangereux ‖ *tr* glacer; (*e.g.*, *champagne*) frapper; (*e.g.*, *melon*) rafraîchir ‖ *intr* geler; **to ice up** (*said of windshield, airplane wings, etc.*) se givrer
ice′ age′ *s* époque *f* glaciaire
ice′ bag′ *s* sac *m* à glace
ice′ bank′ *s* banquise *f*
iceberg [ˈaɪsˌbʌrg] *s* banquise *f*, iceberg *m*; (*person*) (coll) glaçon *m*
ice′boat′ *s* (*icebreaker*) brise-glace *m*; (*for sport*) bateau *m* à patins
icebound [ˈaɪsˌbaʊnd] *adj* pris dans les glaces
ice′box′ *s* glacière *f*
ice′break′er *s* brise-glace *m*
ice′cap′ *s* calotte *f* glaciaire
ice′ cream′ *s* glace *f*
ice′-cream′ cone′ *s* cornet *m* de glace, glace *f* en cornet
ice′-cream′ freez′er *s* sorbetière *f*
ice′ cube′ *s* glaçon *m*
ice′-cube′ tray′ *s* bac *m* à glaçons
iced′ tea′ *s* thé *m* glacé
ice′ floe′ *s* banquise *f*
ice′ hock′ey *s* hockey *m* sur glace
ice′ jam′ *s* embâcle *m*
Iceland [ˈaɪslənd] *s* Islande *f*; l'Islande
Icelander [ˈaɪsˌlændər], [ˈaɪsləndər] *s* Islandais *m*
Icelandic [aɪsˈlændɪk] *adj & s* islandais *m*
ice′man′ *s* (*pl* **-men′**) glacier *m*
ice′ pack′ *s* (*pack ice*) embâcle *m*; (med) vessie *f* de glace
ice′ pail′ *s* seau *m* à glace
ice′ pick′ *s* poinçon *m* à glace; (*of mountain climber*) piolet *m*
ice′ skate′ *s* patin *m* à glace
ice′ wa′ter *s* eau *f* glacée *f*
ichthyology [ˌɪkθɪˈɑlədʒi] *s* ichtyologie *f*
icicle [ˈaɪsɪkəl] *s* glaçon *m*, chandelle *f* de glace
icing [ˈaɪsɪŋ] *s* (*on cake*) glaçage *m*; (aer) givrage *m*
icon [ˈaɪkɑn] *s* icône *f*
iconoclast [aɪˈkɑnəˌklæst] *s* iconoclaste *mf*
iconoclastic [aɪˌkɑnəˈklæstɪk] *adj* iconoclaste
iconoscope [aɪˈkɑnəˌskop] *s* (trademark) iconoscope *m*
icy [ˈaɪsi] *adj* (*comp* **icier**; *super* **iciest**) glacé; (*slippery*) glissant; (fig) froid, glacial
idea [aɪˈdi•ə] *s* idée *f*; **the very idea!** par exemple!
ideal [aɪˈdi•əl] *adj & s* idéal *m*
idealist [aɪˈdi•əlɪst] *adj & s* idéaliste *mf*
idealistic [aɪˌdɪ•əlˈɪstɪk] *adj* idéaliste
idealize [aɪˈdi•əˌlaɪz] *tr* idéaliser
identic(al) [aɪˈdɛntɪk(əl)] *adj* identique
identification [aɪˌdɛntɪfɪˈkeʃən] *s* identification *f*
identifica′tion card′ *s* carte *f* d'identité
identifica′tion tag′ *s* plaque *f* d'identité
identi•fy [aɪˈdɛntɪˌfaɪ] *v* (*pret & pp* **-fied**) *tr* identifier
identi•ty [aɪˈdɛntɪti] *s* (*pl* **-ties**) identité *f*
ideolo•gy [ˌaɪdɪˈɑlədʒi], [ˌɪdɪˈɑlədʒi] *s* (*pl* **-gies**) idéologie *f*
ides [aɪdz] *spl* ides *fpl*
idio•cy [ˈɪdɪ•əsi] *s* (*pl* **-cies**) idiotie *f*
idiom [ˈɪdɪ•əm] *s* (*phrase, expression*) idiotisme *m*; (*language, style*) idiome *m*
idiomatic [ˌɪdɪ•əˈmætɪk] *adj* idiomatique
idiosyncra•sy [ˌɪdɪ•əˈsɪnkrəsi] *s* (*pl* **-sies**) idiosyncrasie *f*
idiot [ˈɪdɪ•ət] *s* idiot *m*
idiotic [ˌɪdɪˈɑtɪk] *adj* idiot
idle [ˈaɪdəl] *adj* oisif, désœuvré; (*futile*) oiseux; **to run idle** marcher au ralenti ‖ *tr*—**to idle away** (*time*) passer à ne rien faire ‖ *intr* fainéanter; (mach) tourner au ralenti
idleness [ˈaɪdəlnɪs] *s* oisiveté *f*
idler [ˈaɪdlər] *s* oisif *m*
idling [ˈaɪdlɪŋ] *s* (*of motor*) ralenti *m*

idol ['aɪdəl] *s* idole *f*
idola·try [aɪ'dɑlətri] *s* (*pl* **-tries**) idolâtrie *f*
idolize ['aɪdə,laɪz] *tr* idolâtrer
idyll ['aɪdəl] *s* idylle *f*
idyllic [aɪ'dɪlɪk] *adj* idyllique
if [ɪf] *s*—**ifs and buts** des si et des mais || *conj* si; **even if** quand même; **if it is true that** si tant est que; **if not** sinon; **if so** dans ce cas, s'il en est ainsi
ignis fatuus ['ɪgnɪs'fætʃʊ·əs] *s* (*pl* **ignes fatui** ['ɪgniz'fætʃʊ,aɪ]) feu *m* follet
ignite [ɪg'naɪt] *tr* allumer || *intr* prendre feu
ignition [ɪg'nɪʃən] *s* ignition *f*; (aut) allumage *m*
igni'tion coil' *s* (aut) bobine *f* d'allumage
igni'tion switch' *s* (*key*) (aut) clé *f* de contact; (*button*) (aut) bouton *m* de contact
ignoble [ɪg'nobəl] *adj* ignoble
ignominious [,ɪgnə'mɪnɪ·əs] *adj* ignominieux
ignoramus [,ɪgnə'reməs] *s* ignorant *m*
ignorance ['ɪgnərəns] *s* ignorance *f*
ignorant ['ɪgnərənt] *adj* ignorant; **to be ignorant of** ignorer
ignore [ɪg'nor] *tr* ne pas tenir compte de, ne pas faire attention à; (*a suggestion*) passer outre à; (*to snub*) faire semblant de ne pas voir, ignorer à dessein
ilk [ɪlk] *s* espèce *f*; **of that ilk** de cet acabit
ill [ɪl] *adj* (*comp* **worse** [wʌrs]; *super* **worst** [wʌrst]) malade, souffrant || *adv* mal; **to take ill** prendre en mauvaise part; (*to get sick*) tomber malade
ill'-advised' *adj* (*person*) malavisé; (*action*) peu judicieux
ill' at ease' *adj* mal à l'aise
ill-bred ['ɪl'brɛd] *adj* mal élevé
ill'-consid'ered *adj* peu réfléchi, hâtif
ill'-disposed' *adj* mal disposé, malintentionné
illegal [ɪ'ligəl] *adj* illégal
illegible [ɪ'lɛdʒɪbəl] *adj* illisible
illegitimate [,ɪlɪ'dʒɪtɪmɪt] *adj* illégitime
ill'-famed' *adj* mal famé
ill'-fat'ed *adj* malheureux, infortuné
ill-gotten ['ɪl'gɑtən] *adj* mal acquis
ill' health' *s* mauvaise santé *f*
ill'-hu'mored *adj* de mauvaise humeur, maussade
illicit [ɪ'lɪsɪt] *adj* illicite
illitera·cy [ɪ'lɪtərəsi] *s* (*pl* **-cies**) ignorance *f*; analphabétisme *m*
illiterate [ɪ'lɪtərɪt] *adj* (*uneducated*) ignorant, illettré; (*unable to read or write*) analphabète || *s* analphabète *mf*
ill'-man'nered *adj* malappris, mal élevé
ill'-na'tured *adj* désagréable, méchant
illness ['ɪlnɪs] *s* maladie *f*
illogical [ɪ'lɑdʒɪkəl] *adj* illogique
ill-spent ['ɪl'spɛnt] *adj* gaspillé
ill'-starred' *adj* néfaste, de mauvais augure
ill'-tem'pered *adj* désagréable, de mauvais caractère
ill'-timed' *adj* intempestif, mal à propos
ill'-treat' *tr* maltraiter, rudoyer
illuminate [ɪ'lumɪ,net] *tr* illuminer; (*a manuscript*) enluminer
illu'minating gas' *s* gaz *m* d'éclairage
illumination [ɪ'lumɪ'neʃən] *s* illumination *f*; (*in manuscript*) enluminure *f*
illusion [ɪ'luʒən] *s* illusion *f*
illusive [ɪ'lusɪv] *adj* illusoire, trompeur
illusory [ɪ'lusəri] *adj* illusoire
illustrate ['ɪləs,tret], [ɪ'lʌstret] *tr* illustrer
illustration *s* [,ɪləs'treʃən] *s* illustration *f*; (*explanation*) explication *f*, éclaircissement *m*
illustrative [ɪ'lʌstrətɪv] *adj* explicatif, éclairant
illustrator ['ɪləs,tretər] *s* illustrateur *m*, dessinateur *m*
illustrious [ɪ'lʌstrɪ·əs] *adj* illustre
ill' will' *s* rancune *f*
image ['ɪmɪdʒ] *s* image *f*
image·ry ['ɪmɪdʒri], ['ɪmɪdʒəri] *s* (*pl* **-ries**) images *fpl*
imaginary [ɪ'mædʒɪ,neri] *adj* imaginaire
imagination [ɪ,mædʒɪ'neʃən] *s* imagination *f*
imagine [ɪ'mædʒɪn] *tr* imaginer, s'imaginer || *intr* imaginer; **imagine!** figurez-vous!
imbecile ['ɪmbɪsɪl] *adj* & *s* imbécile *mf*
imbecili·ty [,ɪmbɪ'sɪlɪti] *s* (*pl* **-ties**) imbécillité *f*
imbibe [ɪm'baɪb] *tr* absorber || *intr* boire, lever le coude
imbue [ɪm'bju] *tr* imprégner, pénétrer; **imbued with** imbu de
imitate ['ɪmɪ,tet] *tr* imiter
imitation [,ɪmɪ'teʃən] *adj* d'imitation || *s* imitation *f*
imitator ['ɪmɪ,tetər] *s* imitateur *m*
immaculate [ɪ'mækjəlɪt] *adj* immaculé
immaterial [,ɪmə'tɪrɪ·əl] *adj* immatériel; (*pointless*) sans conséquence; **it's immaterial to me** cela m'est égal
immature [,ɪmə'tjʊr] *adj* pas mûr, peu mûr; pas adulte
immeasurable [ɪ'mɛʒərəbəl] *adj* immensurable
immediacy [ɪ'midɪ·əsi] *s* caractère *m* immédiat, imminence *f*
immediate [ɪ'midɪ·ɪt] *adj* immédiat
immediately [ɪ'midɪ·ɪtli] *adv* immédiatement
immemorial [,ɪmɪ'morɪ·əl] *adj* immémorial
immense [ɪ'mɛns] *adj* immense
immerse [ɪ'mʌrs] *tr* immerger, plonger
immersion [ɪ'mʌrʃən], [ɪ'mʌrʒən] *s* immersion *f*
immigrant ['ɪmɪgrənt] *adj* & *s* immigrant *m*
immigrate ['ɪmɪ,gret] *intr* immigrer
immigration [,ɪmɪ'greʃən] *s* immigration *f*
imminent ['ɪmɪnənt] *adj* imminent, très prochain

immobile [ɪˈmobɪl], [ɪˈmobil] *adj* immobile
immobilize [ɪˈmobɪ ˌlaɪz] *tr* immobiliser
immoderate [ɪˈmɑdərɪt] *adj* immodéré
immodest [ɪˈmɑdɪst] *adj* impudique
immoral [ɪˈmɑrəl], [ɪˈmɔrəl] *adj* immoral
immortal [ɪˈmɔrtəl] *adj & s* immortel *m*
immortalize [ɪˈmɔrtə ˌlaɪz] *tr* immortaliser
immune [ɪˈmjun] *adj* dispensé, exempt; (med) immunisé
immunize [ˈɪmjə ˌnaɪz], [ɪˈmjunaɪz] *tr* immuniser
imp [ɪmp] *s* suppôt *m* du diable; (*child*) diablotin *m*, polisson *m*
impact [ˈɪmpækt] *s* impact *m*
impair [ɪmˈpɛr] *tr* endommager, affaiblir; (*health, digestion*) délabrer
impan·el [ɪmˈpænəl] *v* (*pret & pp* **-eled** or **-elled**; *ger* **-eling** or **-elling**) *tr* appeler à faire partie de; (*a jury*) dresser la liste de
impart [ɪmˈpɑrt] *tr* imprimer, communiquer; (*to make known*) communiquer
impartial [ɪmˈpɑrʃəl] *adj* impartial
impassable [ɪmˈpæsəbəl], [ɪmˈpɑsəbəl] *adj* (*road*) impraticable; (*mountain*) infranchissable
impassible [ɪmˈpæsɪbəl] *adj* impassible
impassioned [ɪmˈpæʃənd] *adj* passionné
impassive [ɪmˈpæsɪv] *adj* insensible; (*look, face*) impassible, composé
impatience [ɪmˈpeʃəns] *s* impatience *f*
impatient [ɪmˈpeʃənt] *adj* impatient
impeach [ɪmˈpitʃ] *tr* accuser; (*s.o.'s honor, veracity*) attaquer
impeachment [ɪmˈpitʃmənt] *s* accusation *f*; (*of honor, veracity*) attaque *f*
impeccable [ɪmˈpɛkəbəl] *adj* impeccable
impecunious [ˌɪmpɪˈkjunɪ·əs] *adj* besogneux, impécunieux
impede [ɪmˈpid] *tr* entraver, empêcher
impediment [ɪmˈpɛdɪmənt] *s* obstacle *m*, empêchement *m*
im·pel [ɪmˈpɛl] *v* (*pret & pp* **-pelled**; *ger* **-pelling**) *tr* pousser, forcer
impending [ɪmˈpɛndɪŋ] *adj* imminent
impenetrable [ɪmˈpɛnətrəbəl] *adj* impénétrable
impenitent [ɪmˈpɛnɪtənt] *adj* impénitent *m*
imperative [ɪmˈpɛrɪtɪv] *adj & s* impératif *m*
imperceptible [ˌɪmpərˈsɛptɪbəl] *adj* imperceptible
imperfect [ɪmˈpʌrfɪkt] *adj & s* imparfait *m*
imperfection [ˌɪmpərˈfɛkʃən] *s* imperfection *f*
imperial [ɪmˈpɪrɪ·əl] *adj* impérial
imperialist [ɪmˈpɪrɪ·əlɪst] *adj & s* impérialiste *mf*
imper·il [ɪmˈpɛrɪl] *v* (*pret & pp* **-iled** or **-illed**; *ger* **-iling** or **-illing**) *tr* mettre en péril, exposer au danger
imperious [ɪmˈpɪrɪ·əs] *adj* impérieux
imperishable [ɪmˈpɛrɪʃəbəl] *adj* impérissable
impersonal [ɪmˈpʌrsənəl] *adj* impersonnel
impersonate [ɪmˈpʌrsə ˌnet] *tr* contrefaire, singer; jouer le rôle de
impertinent [ɪmˈpʌrtɪnənt] *adj* impertinent
impetuous [ɪmˈpɛtʃʊ·əs] *adj* impétueux
impetus [ˈɪmpɪtəs] *s* impulsion *f*; (mech) force *f* impulsive; (fig) élan *m*
impie·ty [ɪmˈpaɪ·əti] *s* (*pl* **-ties**) impiété *f*
impinge [ɪmˈpɪndʒ] *intr*—**to impinge on** or **upon** empiéter sur; (*to violate*) enfreindre
impious [ˈɪmpɪ·əs] *adj* impie
impish [ˈɪmpɪʃ] *adj* espiègle
implant [ɪmˈplænt] *tr* implanter
implement [ˈɪmplɪmənt] *s* outil *m*, ustensile *m* || *tr* mettre en œuvre, réaliser; (*to provide with implements*) outiller
implicate [ˈɪmplɪ ˌket] *tr* impliquer
implicit [ɪmˈplɪsɪt] *adj* implicite
implied [ɪmˈplaɪd] *adj* implicite, sous-entendu
implore [ɪmˈplor] *tr* implorer, supplier, solliciter
im·ply [ɪmˈplaɪ] *v* (*pret & pp* **-plied**) *tr* impliquer
impolite [ˌɪmpəˈlaɪt] *adj* impoli
import [ˈɪmport] *s* importance *f*; (*meaning*) sens *m*, signification *f*; (*extent*) portée *f*; (com) article *m* d'importation; **imports** importations *fpl* || [ɪmˈport], [ˈɪmport] *tr* importer; (*to mean*) signifier, vouloir dire
importance [ɪmˈpɔrtəns] *s* importance *f*
important [ɪmˈpɔrtənt] *adj* important
importer [ɪmˈportər] *s* importateur *m*
importune [ˌɪmpɔrˈt(j)un] *tr* importuner, harceler
impose [ɪmˈpoz] *tr* imposer || *intr*—**to impose on** or **upon** en imposer à, abuser de
imposing [ɪmˈpozɪŋ] *adj* imposant
imposition [ˌɪmpəˈzɪʃən] *s* (*laying on of a burden or obligation*) imposition *f*; (*rudeness, taking unfair advantage*) abus *m*
impossible [ɪmˈpɑsɪbəl] *adj* impossible
impostor [ɪmˈpɑstər] *s* imposteur *m*
imposture [ɪmˈpɑstjər] *s* imposture *f*
impotence [ˈɪmpətəns] *s* impuissance *f*
impotent [ˈɪmpətənt] *adj* impuissant
impound [ɪmˈpaʊnd] *tr* confisquer, saisir; (*a dog, an auto, etc.*) mettre en fourrière
impoverish [ɪmˈpɑvərɪʃ] *tr* appauvrir
impracticable [ɪmˈpræktɪkəbəl] *adj* impraticable, inexécutable
impractical [ɪmˈpræktɪkəl] *adj* peu pratique; (*plan*) impraticable
impregnable [ɪmˈprɛgnəbəl] *adj* imprenable, inexpugnable
impregnate [ɪmˈprɛgnet] *tr* imprégner; (*to make pregnant*) féconder
impresari·o [ˌɪmprɪˈsɑrɪ ˌo] *s* (*pl* **-os**) imprésario *m*
impress [ɪmˈprɛs] *tr* (*to have an effect*

on the mind or emotions of) impressionner; (*to mark by using pressure*) imprimer; (*on the memory*) graver; (mil) enrôler de force; **to impress s.o. with** pénétrer qn de
impression [ɪm'prɛʃən] *s* impression *f*
impressive [ɪm'prɛsɪv] *adj* impressionnant
imprint ['ɪmprɪnt] *s* empreinte *f*; (typ) rubrique *f*, griffe *f* || [ɪm'prɪnt] *tr* imprimer
imprison [ɪm'prɪzən] *tr* emprisonner
imprisonment [ɪm'prɪzənmənt] *s* emprisonnement *m*
improbable [ɪm'prɑbəbəl] *adj* improbable
impromptu [ɪm'prɑmpt(j)u] *adj & adv* impromptu || *s* (mus) impromptu *m*
impromp'tu speech' *s* improvisation *f*, discours *m* improvisé
improper [ɪm'prɑpər] *adj* (*not the right*) impropre; (*contrary to good taste or decency*) inconvenant
improve [ɪm'pruv] *tr* améliorer, perfectionner || *intr* s'améliorer, se perfectionner
improvement [ɪm'pruvmənt] *s* amélioration *f*, perfectionnement *m*
improvident [ɪm'prɑvɪdənt] *adj* imprévoyant
improvise ['ɪmprə,vaɪz] *tr & intr* improviser
imprudent [ɪm'prudənt] *adj* imprudent
impudent ['ɪmpjədənt] *adj* impudent, effronté
impugn [ɪm'pjun] *tr* contester, mettre en doute
impulse ['ɪmpʌls] *s* impulsion *f*
impulsive [ɪm'pʌlsɪv] *adj* impulsif
impunity [ɪm'pjunɪti] *s* impunité *f*
impure [ɪm'pjʊr] *adj* impur
impuri•ty [ɪm'pjʊrɪti] *s* (*pl* **-ties**) impureté *f*
impute [ɪm'pjut] *tr* imputer
in [ɪn] *adv* en dedans, à l'intérieur; (*at home*) à la maison, chez soi; (pol) au pouvoir; **all in** (*tired*) (coll) éreinté; **in here** ici, par ici; **in there** là-dedans, là || *prep* dans; en; (*inside*) en dedans de, à l'intérieur de; (*in ratios*) sur, e.g., **one in a hundred** un sur cent; **in that** du fait que || *s* (coll) entrée *f*, e.g., **to have an in with** avoir ses entrées chez
inability [,ɪnə'bɪlɪti] *s* incapacité *f*, impuissance *f*
inaccessible [,ɪnæk'sɛsɪbəl] *adj* inaccessible
inaccura•cy [ɪn'ækjərəsi] *s* (*pl* **-cies**) inexactitude *f*, infidélité *f*
inaccurate [ɪn'ækjərɪt] *adj* inexact, infidèle
inaction [ɪn'ækʃən] *s* inaction *f*
inactive [ɪn'æktɪv] *adj* inactif
inactivity [,ɪnæk'tɪvɪti] *s* inactivité *f*
inadequate [ɪn'ædɪkwɪt] *adj* insuffisant
inadvertent [,ɪnəd'vʌrtənt] *adj* distrait, étourdi; commis par inadvertance
inadvisable [,ɪnəd'vaɪzəbəl] *adj* imprudent, peu sage
inane [ɪn'en] *adj* inepte, absurde
inanimate [ɪn'ænɪmɪt] *adj* inanimé
inappropriate [,ɪnə'proprɪ•ɪt] *adj* inapproprié; (*word*) impropre
inarticulate [,ɪnɑr'tɪkjəlɪt] *adj* inarticulé; (*person*) muet, incapable de s'exprimer
inartistic [,ɪnɑr'tɪstɪk] *adj* peu artistique; (*person*) peu artiste
inasmuch as [,ɪnəz'mʌtʃ ,æz] *conj* attendu que, vu que
inattentive [,ɪnə'tɛntɪv] *adj* inattentif
inaudible [ɪn'ɔdɪbəl] *adj* inaudible
inaugural [ɪn'ɔgjərəl] *adj* inaugural || *s* discours *m* d'inauguration
inaugurate [ɪn'ɔgjə,ret] *tr* inaugurer
inauguration [ɪn,ɔgjə'reʃən] *s* inauguration *f*; (*investiture*) installation *f*
inborn ['ɪn ,bɔrn] *adj* inné, infus
in'breed'ing *s* croisement *m* consanguin
Inc. *abbr* (**Incorporated**) S.A.
incandescent [,ɪnkən'dɛsənt] *adj* incandescent
incapable [ɪn'kepəbəl] *adj* incapable
incapacitate [,ɪnkə'pæsɪ,tet] *tr* rendre incapable
incarcerate [ɪn'kɑrsə,ret] *tr* incarcérer
incarnate [ɪn'kɑrnɪt], [ɪn'kɑrnet] *adj* incarné || [ɪn'kɑrnet] *tr* incarner
incarnation [,ɪnkɑr'neʃən] *s* incarnation *f*
incendiar•y [ɪn'sɛndɪ,ɛri] *adj* incendiaire || *s* (*pl* **-ies**) incendiaire *mf*
incense ['ɪnsɛns] *s* encens *m* || *tr* (*to burn incense before*) encenser || [ɪn'sɛns] *tr* exaspérer, irriter
in'cense burn'er *s* brûle-parfum *m*
incentive [ɪn'sɛntɪv] *adj & s* stimulant *m*
inception [ɪn'sɛpʃən] *s* début *m*
incessant [ɪn'sɛsənt] *adj* incessant
incest ['ɪnsɛst] *s* inceste *m*
incestuous [ɪn'sɛstʃʊ•əs] *adj* incestueux
inch [ɪntʃ] *s* pouce *m*; **by inches** peu à peu, petit à petit; **not to give way an inch** ne pas reculer d'une semelle; **within an inch of** à deux doigts de || *intr*—**to inch along** se déplacer imperceptiblement; **to inch forward** avancer peu à peu
incidence ['ɪnsɪdəns] *s* incidence *f*; (*range of occurrence*) portée *f*
incident ['ɪnsɪdənt] *adj & s* incident *m*
incidental [,ɪnsɪ'dɛntəl] *adj* accidentel, fortuit; (*expenses*) accessoire || **incidentals** *spl* faux frais *mpl*
incidentally [,ɪnsɪ'dɛntəli] *adv* incidemment, à propos
incinerate [ɪn'sɪnə,ret] *tr* incinérer
incipient [ɪn'sɪpɪ•ənt] *adj* naissant
incision [ɪn'sɪʒən] *s* incision *f*
incisive [ɪn'saɪsɪv] *adj* incisif
incisor [ɪn'saɪzər] *s* incisive *f*
incite [ɪn'saɪt] *tr* inciter
inclement [ɪn'klɛmənt] *adj* inclément
inclination [,ɪnklɪ'neʃən] *s* inclination *f*; (*slope*) inclinaison *f*
incline ['ɪnklaɪn], [ɪn'klaɪn] *s* inclinaison *f*, pente *f* || [ɪn'klaɪn] *tr* incliner || *intr* s'incliner
include [ɪn'klud] *tr* comprendre, comporter; (*to contain*) renfermer; (*e.g., in a letter*) inclure
including [ɪn'kludɪŋ] *prep* y compris;

up to and including page ten jusqu'à la page dix incluse
inclusive [ɪn'klusɪv] *adj* global; (*including everything*) tout compris; **from Wednesday to Saturday inclusive** de mercredi à samedi inclus; **inclusive of . . .** qui comprend . . . || *adv* inclusivement
incogni•to [ɪn'kɑgnɪ,to] *adj & adv* incognito || *s* (*pl* **-tos**) incognito *m*
incoherent [,ɪnko'hɪrənt] *adj* incohérent
incombustible [,ɪnkəm'bʌstɪbəl] *adj* incombustible
income ['ɪnkʌm] *s* revenu *m*, revenus; (*annual income*) rentes *fpl*
in'come tax' *s* impôt *m* sur le revenu
in'come-tax return' *s* déclaration *f* de revenus
in'com'ing *adj* entrant, rentrant; (*tide*) montant || *s* arrivée *f*
incomparable [ɪn'kɑmpərəbəl] *adj* incomparable
incompatible [,ɪnkəm'pætɪbəl] *adj* incompatible
incompetent [ɪn'kɑmpɪtənt] *adj & s* incompétent *m*, incapable *mf*
incomplete [,ɪnkəm'plit] *adj* incomplet
incomprehensible [,ɪnkɑmprɪ'hɛnsɪbəl] *adj* incompréhensible
inconceivable [,ɪnkən'sivəbəl] *adj* inconcevable
inconclusive [,ɪnkən'klusɪv] *adj* peu concluant, non concluant
incongruous [ɪn'kɑŋgrʊ•əs] *adj* incongru, impropre; disparate
inconsequential [ɪn,kɑnsɪ'kwɛnʃəl] *adj* sans importance
inconsiderate [,ɪnkən'sɪdərɪt] *adj* inconsidéré
inconsisten•cy [,ɪnkən'sɪstənsi] *s* (*pl* **-cies**) (*lack of coherence; instability*) inconsistance *f*; (*lack of logical connection or uniformity*) inconséquence *f*
inconsistent [,ɪnkən'sɪstənt] *adj* (*lacking coherence of parts; unstable*) inconsistant; (*not agreeing with itself or oneself*) inconséquent
inconspicuous [,ɪnkən'spɪkjʊ•əs] *adj* peu apparent; peu impressionnant
inconstant [ɪn'kɑnstənt] *adj* inconstant
incontinent [ɪn'kɑntɪnənt] *adj* incontinent
incontrovertible [,ɪnkɑntrə'vʌrtɪbəl] *adj* incontestable
inconvenience [,ɪnkən'vinɪ•əns] *s* incommodité || *tr* incommoder, gêner
inconvenient [,ɪnkən'vinɪ•ənt] *adj* incommode, gênant; (*time*) inopportun
incorporate [ɪn'kɔrpə,ret] *tr* incorporer; (com) constituer en société anonyme || *intr* s'incorporer; (com) se constituer en société anonyme
incorporation [ɪn,kɔrpə'reʃən] *s* incorporation *f*; (*of company*) constitution *f* en société anonyme; (*of town*) érection *f* en municipalité
incorrect [,ɪnkə'rɛkt] *adj* incorrect
increase ['ɪnkris] *s* augmentation *f*; **on the increase** en voie d'accroissement || [ɪn'kris] *tr & intr* augmenter
increasingly [ɪn'krisɪŋli] *adv* de plus en plus
incredible [ɪn'krɛdɪbəl] *adj* incroyable
incredulous [ɪn'krɛdʒələs] *adj* incrédule
increment ['ɪnkrɪmənt] *s* augmentation *f*
incriminate [ɪn'krɪmɪ,net] *tr* incriminer
incrust [ɪn'krʌst] *tr* incruster
incubate ['ɪnkjə,bet] *tr* incuber, couver || *intr* couver
incubator ['ɪnkjə,betər] *s* incubateur *m*
inculcate [ɪn'kʌlket], ['ɪnkʌl,ket] *tr* inculquer
incumben•cy [ɪn'kʌmbənsi] *s* (*pl* **-cies**) charge *f*; période *f* d'exercice
incumbent [ɪn'kʌmbənt] *adj*—**to be incumbent on** incomber (with *dat*) || *m* titulaire *mf*
incunabula [,ɪnkjʊ'næbjələ] *spl* origines *fpl*; (*books*) incunables *mpl*
in•cur [ɪn'kʌr] *v* (*pret & pp* **-curred**; *ger* **-curring**) *tr* encourir, s'attirer; (*a debt*) contracter
incurable [ɪn'kjʊrəbəl] *adj & s* incurable *mf*, inguérissable *mf*
incursion [ɪn'kʌrʒən], [ɪn'kʌrʃən] *s* incursion *f*
indebted [ɪn'dɛtɪd] *adj* endetté; **indebted to s.o. for** redevable à qn de
indecen•cy [ɪn'disənsi] *s* (*pl* **-cies**) indécence *f*, impudeur *f*
indecent [ɪn'disənt] *adj* indécent, impudique
inde'cent expo'sure *s* attentat *m* à la pudeur
indecisive [,ɪndɪ'saɪsɪv] *adj* indécis
indeclinable [,ɪndɪ'klaɪnəbəl] *adj* (gram) indéclinable
indeed [ɪn'did] *adv* en effet; (*truly*) en vérité || *interj* vraiment!
indefatigable [,ɪndɪ'fætɪgəbəl] *adj* infatigable
indefensible [,ɪndɪ'fɛnsɪbəl] *adj* indéfendable
indefinable [,ɪndɪ'faɪnəbəl] *adj* indéfinissable
indefinite [ɪn'dɛfɪnɪt] *adj* indéfini
indelible [ɪn'dɛlɪbəl] *adj* indélébile
indelicate [ɪn'dɛlɪkɪt] *adj* indélicat
indemnification [ɪn,dɛmnɪfɪ'keʃən] *s* indemnisation *f*
indemni•fy [ɪn'dɛmnɪ,faɪ] *v* (*pret & pp* **-fied**) *tr* indemniser
indemni•ty [ɪn'dɛmnɪti] *s* (*pl* **-ties**) indemnité *f*
indent [ɪn'dɛnt] *tr* denteler; (*to recess*) renfoncer; (typ) mettre en alinéa, rentrer || *intr* (typ) faire un alinéa
indentation [,ɪndɛn'teʃən] *s* dentelure *f*; (*notch*) entaille *f*; (*recess*) renfoncement *m*; (typ) alinéa *m*
indented *adj* (typ) en alinéa
indenture [ɪn'dɛntʃər] *s* contrat *m* d'apprentissage || *tr* mettre en apprentissage
independence [,ɪndɪ'pɛndəns] *s* indépendance *f*
independen•cy [,ɪndɪ'pɛndənsi] *s* (*pl* **-cies**) indépendance *f*; nation *f* indépendante

independent [ˌɪndɪˈpɛndənt] *adj & s* indépendant *m*
indescribable [ˌɪndɪˈskraɪbəbəl] *adj* indescriptible, indicible
indestructible [ˌɪndɪˈstrʌktɪbəl] *adj* indestructible
index [ˈɪndɛks] *s* (*pl* **indexes** or **indices** [ˈɪndɪˌsiz]) index *m*; (*of prices*) indice *m*; (typ) main *f*; **Index** Index || *tr* répertorier; (*a book*) faire un index à
in′dex card′ *s* fiche *f*
in′dex fin′ger *s* index *m*
in′dex tab′ *s* onglet *m*
India [ˈɪndɪ·ə] *s* Inde *f*; l'Inde
In′dia ink′ *s* encre *f* de Chine
Indian [ˈɪndɪ·ən] *adj* indien || *s* Indien *m*
In′dian club′ *s* mil *m*, massue *f*
In′dian corn′ *s* maïs *m*
In′dian file′ *s* file *f* indienne || *adv* en file indienne, à la queue leu leu
In′dian O′cean *s* mer *f* des Indes, océan *m* Indien
In′dian sum′mer *s* été *m* de la Saint-Martin
In′dia rub′ber *s* caoutchouc *m*, gomme *f*
indicate [ˈɪndɪˌket] *tr* indiquer
indication [ˌɪndɪˈkeʃən] *s* indication *f*
indicative [ɪnˈdɪkətɪv] *adj & s* indicatif *m*
indicator [ˈɪndɪˌketər] *s* indicateur *m*
indict [ɪnˈdaɪt] *tr* (law) inculper
indictment [ɪnˈdaɪtmənt] *s* inculpation *f*, mise *f* en accusation
indifferent [ɪnˈdɪfərənt] *adj* indifférent; (*poor*) médiocre
indigenous [ɪnˈdɪdʒɪnəs] *adj* indigène
indigent [ˈɪndɪdʒənt] *adj* indigent
indigestible [ˌɪndɪˈdʒɛstɪbəl] *adj* indigeste
indigestion [ˌɪndɪˈdʒɛstʃən] *s* indigestion *f*
indignant [ɪnˈdɪgnənt] *adj* indigné
indignation [ˌɪndɪgˈneʃən] *s* indignation *f*
indigni·ty [ɪnˈdɪgnɪti] *s* (*pl* **-ties**) indignité *f*
indi·go [ˈɪndɪˌgo] *adj* indigo || *s* (*pl* **-gos** or **-goes**) indigo *m*
indirect [ˌɪndɪˈrɛkt], [ˌɪndaɪˈrɛkt] *adj* indirect
in′direct dis′course *s* discours *m* indirect, style *m* indirect
indiscreet [ˌɪndɪsˈkrit] *adj* indiscret
indispensable [ˌɪndɪsˈpɛnsəbəl] *adj* indispensable
indispose [ˌɪndɪsˈpoz] *tr* indisposer
indisposed *adj* indisposé; (*disinclined*) peu enclin, peu disposé
indissoluble [ˌɪndɪˈsɑljəbəl] *adj* indissoluble
indistinct [ˌɪndɪˈstɪŋkt] *adj* indistinct
individual [ˌɪndɪˈvɪdʒʊ·əl] *adj* individuel || *s* individu *m*
individuali·ty [ˌɪndɪˌvɪdʒʊˈælɪti] *s* (*pl* **-ties**) individualité *f*
indivisible [ˌɪndɪˈvɪzɪbəl] *adj* indivisible
Indochina [ˈɪndoˈtʃaɪnə] *s* Indochine *f*; l'Indochine
indoctrinate [ɪnˈdɑktrɪˌnet] *tr* endoctriner, catéchiser
Indo-European [ˈɪndoˌjʊrəˈpi·ən] *adj* indo-européen || *s* (*language*) indo-européen *m*; (*person*) Indo-Européen *m*
indolent [ˈɪndələnt] *adj* indolent
Indonesia [ˌɪndoˈniʃə], [ˌɪndoˈniʒə] *s* Indonésie *f*; l'Indonésie
Indonesian [ˌɪndoˈniʃən], [ˌɪndoˈniʒən] *adj* indonésien || *s* (*language*) indonésien *m*; (*person*) Indonésien *m*
indoor [ˈɪnˌdor] *adj* d'intérieur; (*homeloving*) casanier; (*tennis*) couvert; (*swimming pool*) fermé
indoors [ˈɪnˈdorz] *adv* à l'intérieur
induce [ɪnˈd(j)us] *tr* induire; (*to bring about*) provoquer; **to induce s.o. to** porter qn à
induced *adj* provoqué; (elec) induit
inducement [ɪnˈd(j)usmənt] *s* encouragement *m*, mobile *m*, invite *f*
induct [ɪnˈdʌkt] *tr* installer; (mil) incorporer
inductee [ˌɪnˈdʌkti] *s* appelé *m*
induction [ɪnˈdʌkʃən] *s* installation *f*; (elec, logic) induction *f*; (mil) incorporation *f*
induc′tion coil′ *s* bobine *f* d'induction
indulge [ɪnˈdʌldʒ] *tr* favoriser; (*s.o.'s desires*) donner libre cours à; (*a child*) tout passer à || *intr* (coll) boire; (coll) fumer; **to indulge in** se livrer à
indulgence [ɪnˈdʌldʒəns] *s* indulgence *f*; **indulgence in** jouissance de
indulgent [ɪnˈdʌldʒənt] *adj* indulgent
industrial [ɪnˈdʌstrɪ·əl] *adj* industriel
industrialist [ɪnˈdʌstrɪ·əlɪst] *s* industriel *m*
industrialize [ɪnˈdʌstrɪ·əˌlaɪz] *tr* industrialiser
industrious [ɪnˈdʌstrɪ·əs] *adj* industrieux, appliqué, assidu
indus·try [ˈɪndəstri] *s* (*pl* **-tries**) industrie *f*; (*zeal*) assiduité *f*
inebriation [ɪnˌibrɪˈeʃən] *s* ébriété *f*
inedible [ɪnˈɛdɪbəl] *adj* incomestible
ineffable [ɪnˈɛfəbəl] *adj* ineffable
ineffective [ˌɪnɪˈfɛktɪv] *adj* inefficace; (*person*) incapable
ineffectual [ˌɪnɪˈfɛktʃʊ·əl] *adj* inefficace
inefficient [ˌɪnɪˈfɪʃənt] *adj* inefficace; (*person*) incapable
ineligible [ɪnˈɛlɪdʒɪbəl] *adj* inéligible
inept [ɪnˈɛpt] *adj* inepte
inequali·ty [ˌɪnɪˈkwɑlɪti] *s* (*pl* **-ties**) inégalité *f*
inequi·ty [ɪnˈɛkwɪti] *s* (*pl* **-ties**) injustice *f*
inertia [ɪnˈʌrʃə] *s* inertie *f*
inescapable [ˌɪnɛsˈkepəbəl] *adj* inéluctable
inevitable [ɪnˈɛvɪtəbəl] *adj* inévitable
inexact [ˌɪnɛgˈzækt] *adj* inexact
inexcusable [ˌɪnɛksˈkjuzəbəl] *adj* inexcusable
inexhaustible [ˌɪnɛgˈzɔstɪbəl] *adj* inexhaustible, inépuisable
inexorable [ɪnˈɛksərəbəl] *adj* inexorable

inexpedient [ˌɪnɛk'spidɪ·ənt] *adj* inopportun, peu expédient
inexpensive [ˌɪnɛk'spɛnsɪv] *adj* pas cher, bon marché
inexperience [ˌɪnɛk'spɪrɪ·əns] *s* inexpérience *f*
inexperienced *adj* inexpérimenté
inexplicable [ɪn'ɛksplɪkəbəl] *adj* inexplicable
inexpressible [ˌɪnɛk'sprɛsɪbəl] *adj* inexprimable, indicible
infallible [ɪn'fælɪbəl] *adj* infaillible
infamous ['ɪnfəməs] *adj* infâme
infa·my ['ɪnfəmi] *s* (*pl* **-mies**) infamie *f*
infan·cy ['ɪnfənsi] *s* (*pl* **-cies**) première enfance *f*; (fig) enfance
infant ['ɪnfənt] *adj* infantile; (*in the earliest stage*) (fig) débutant || *s* nourrisson *m*, bébé *m*; enfant *mf* en bas âge
infantile ['ɪnfənˌtaɪl], ['ɪnfəntɪl] *adj* infantile; (*childish*) enfantin
in′fantile paral′ysis *s* paralysie *f* infantile
infan·try ['ɪnfəntri] *s* (*pl* **-tries**) infanterie *f*
in′fantry·man *s* (*pl* **-men**) militaire *m* de l'infanterie, fantassin *m*
infatuated [ɪn'fætʃʊˌetɪd] *adj* entiché, épris; **infatuated with oneself** infatué; **to be infatuated** s'engouer
infect [ɪn'fɛkt] *tr* infecter
infection [ɪn'fɛkʃən] *s* infection *f*
infectious [ɪn'fɛkʃəs] *adj* infectieux; (*laughter*) communicatif, contagieux
in·fer [ɪn'fʌr] *v* (*pret & pp* **-ferred**; *ger* **-ferring**) *tr* inférer
inferior [ɪn'fɪrɪ·ər] *adj & s* inférieur *m*
inferiority [ɪnˌfɪrɪ'ɑrɪti] *s* infériorité *f*
inferior′ity com′plex *s* complexe *m* d'infériorité
infernal [ɪn'fʌrnəl] *adj* infernal
infest [ɪn'fɛst] *tr* infester
infidel ['ɪnfɪdəl] *adj & s* infidèle *mf*
infideli·ty [ˌɪnfɪ'delɪti] *s* (*pl* **-ties**) infidélité *f*
in′field′ *s* (baseball) petit champ *m*
infiltrate [ɪn'fɪltret], ['ɪnfɪlˌtret] *tr* s'infiltrer dans, pénétrer; (*with conspirators*) noyauter || *intr* s'infiltrer
infinite ['ɪnfɪnɪt] *adj & s* infini *m*
infinitely ['ɪnfɪnɪtli] *adv* infiniment
infinitive [ɪn'fɪnɪtɪv] *adj & s* infinitif *m*
infini·ty [ɪn'fɪnɪti] *s* (*pl* **-ties**) infinité *f*; (math) infini *m*
infirm [ɪn'fʌrm] *adj* infirme, maladif
infirma·ry [ɪn'fʌrməri] *s* (*pl* **-ries**) infirmerie *f*
infirmi·ty [ɪn'fʌrmɪti] *s* (*pl* **-ties**) infirmité *f*
in′fix *s* infixe *m*
inflame [ɪn'flem] *tr* enflammer || *intr* s'enflammer
inflammable [ɪn'flæməbəl] *adj* inflammable
inflammation [ˌɪnflə'meʃən] *s* inflammation *f*
inflammatory [ɪn'flæməˌtori] *adj* incendiaire, provocateur; (pathol) inflammatoire
inflate [ɪn'flet] *tr* gonfler || *intr* se gonfler
inflation [ɪn'fleʃən] *s* gonflement *m*; (com) inflation *f*
inflationary [ɪn'fleʃənˌɛri] *adj* inflationniste
inflect [ɪn'flɛkt] *tr* infléchir; (*e.g., a noun*) décliner; (*a verb*) conjuguer; (*the voice*) moduler
inflection [ɪn'flɛkʃən] *s* inflexion *f*
inflexible [ɪn'flɛksɪbəl] *adj* inflexible
inflict [ɪn'flɪkt] *tr* infliger
influence ['ɪnflu·əns] *s* influence *f* || *tr* influencer, influer sur
in′fluence ped′dling *s* trafic *m* d'influence
influential [ˌɪnflu'ɛnʃəl] *adj* influent
influenza [ˌɪnflu'ɛnzə] *s* influenza *f*
in′flux′ *s* afflux *m*
inform [ɪn'fɔrm] *tr* informer, renseigner; **keep me informed** tenez-moi au courant || *intr*—**to inform on** informer contre, dénoncer
informal [ɪn'fɔrməl] *adj* sans cérémonie; (*person; manners*) familier; (*unofficial*) officieux
infor′mal dance′ *s* sauterie *f*
informant [ɪn'fɔrmənt] *s* informateur *m*; (*in, e.g., language study*) source *f* d'informations
information [ˌɪnfər'meʃən] *s* information *f*, renseignements *mpl*; (telp) service *m* des renseignements téléphoniques; **piece of information** information, renseignement
informational [ˌɪnfər'meʃənəl] *adj* instructif, documentaire; (comp) informatique
informa′tion bu′reau *s* bureau *m* de renseignements
informative [ɪn'fɔrmətɪv] *adj* instructif, édifiant
informed′ sour′ces *spl* sources *fpl* bien informées
informer [ɪn'fɔrmər] *s* délateur *m*, dénonciateur *m*; (*police spy*) indicateur *m*, mouchard *m*
infraction [ɪn'frækʃən] *s* infraction *f*
infrared [ˌɪnfrə'rɛd] *adj & s* infrarouge *m*
infrequent [ɪn'frikwənt] *adj* peu fréquent, rare
infringe [ɪn'frɪndʒ] *tr* enfreindre; (*a patent*) contrefaire || *intr*—**to infringe on** empiéter sur, enfreindre
infringement [ɪn'frɪndʒmənt] *s* infraction *f*; (*on patent rights*) contrefaçon *f*
infuriate [ɪn'fjʊrɪˌet] *tr* rendre furieux
infuse [ɪn'fjuz] *tr* infuser
infusion [ɪn'fjuʒən] *s* infusion *f*
ingenious [ɪn'dʒinjəs] *adj* ingénieux
ingenui·ty [ˌɪndʒɪ'n(j)u·ɪti] *s* (*pl* **-ties**) ingéniosité *f*
ingenuous [ɪn'dʒɛnjʊ·əs] *adj* ingénu, naïf
ingenuousness [ɪn'dʒɛnjʊ·əsnɪs] *s* ingénuité *f*, naïveté *f*
ingest [ɪn'dʒɛst] *tr* ingérer
ingot ['ɪŋgət] *s* lingot *m*
in·grained′ *adj* imprégné; (*habit*) invétéré; (*prejudice*) enraciné
ingrate ['ɪngret] *adj & s* ingrat *m*

ingratiate [ɪn'greʃɪ,et] *tr*—**to ingratiate oneself (with)** se faire bien voir (de)
ingratiating [ɪn'greʃɪ,etɪŋ] *adj* insinuant, persuasif
ingratitude [ɪn'grætɪ,t(j)ud] *s* ingratitude *f*
ingredient [ɪn'gridɪ·ənt] *s* ingrédient *m*
in'growing nail' *s* ongle *m* incarné
ingulf [ɪn'gʌlf] *tr* engouffrer
inhabit [ɪn'hæbɪt] *tr* habiter
inhabitant [ɪn'hæbɪtənt] *s* habitant *m*
inhale [ɪn'hel] *tr* inhaler, aspirer; (*smoke*) avaler || *intr* (*while smoking*) avaler
inherent [ɪn'hɪrənt] *adj* inhérent
inherit [ɪn'herɪt] *tr* (*e.g., money*) hériter; (*e.g., money to become the heir or successor of*) hériter de; **to inherit s.th. from s.o.** hériter q.ch. de qn
inheritance [ɪn'herɪtəns] *s* héritage *m*
inher'itance tax' *s* droits *mpl* de succession
inheritor [ɪn'herɪtər] *s* héritier *m*
inhibit [ɪn'hɪbɪt] *tr* inhiber
inhibition [,ɪnɪ'bɪʃən] *s* inhibition *f*
inhospitable [ɪn'hɑspɪtəbəl], [,ɪnhɑs'pɪtəbəl] *adj* inhospitalier
inhuman [ɪn'hjumən] *adj* inhumain
inhumane [,ɪnhju'men] *adj* inhumain, insensible
inhumani·ty [,ɪnhju'mænɪti] *s* (*pl* **-ties**) inhumanité *f*
inimical [ɪ'nɪmɪkəl] *adj* inamical
iniqui·ty [ɪ'nɪkwɪti] *s* (*pl* **-ties**) iniquité *f*
ini·tial [ɪ'nɪʃəl] *adj* initial || *s* initiale *f*; **initials** parafe *m*, initiales || *v* (*pret* **-tialed** or **-tialled**; *ger* **-tialing** or **-tialling**) *tr* signer de ses initiales, parafer
initiate [ɪ'nɪʃɪ,et] *s* initié *m* || *tr* initier; (*a project*) commencer
initiation [ɪ,nɪʃɪ'eʃən] *s* initiation *f*
initiative [ɪ'nɪʃɪ·ətɪv], [ɪ'nɪʃətɪv] *s* initiative *f*
inject [ɪn'dʒekt] *tr* injecter; (*a remark or suggestion*) introduire
injection [ɪn'dʒekʃən] *s* injection *f*
injudicious [,ɪndʒu'dɪʃəs] *adj* peu judicieux
injunction [ɪn'dʒʌŋkʃən] *s* injonction *f*; (law) mise *f* en demeure
injure ['ɪndʒər] *tr* (*to harm*) nuire (with *dat*); (*to wound*) blesser; (*to offend*) faire tort à, léser
injurious [ɪn'dʒʊrɪ·əs] *adj* nuisible, préjudiciable; (*offensive*) blessant, injurieux
inju·ry ['ɪndʒəri] *s* (*pl* **-ries**) blessure *f*, lésion *f*; (*harm*) tort *m*; injure *f*, offense *f*
injustice [ɪn'dʒʌstɪs] *s* injustice *f*
ink [ɪŋk] *s* encre *f* || *tr* encrer
ink' blot' *s* pâté *m*, macule *f*
inkling ['ɪŋklɪŋ] *s* soupçon *m*, pressentiment *m*
ink' pad' *s* tampon *m* encreur
ink'stand' *s* encrier *m*
ink'well' *s* encrier *m* de bureau
ink·y ['ɪŋki] *adj* (*comp* **-ier**; *super* **-iest**) noir foncé; taché d'encre
inlaid ['ɪn,led], [,ɪn'led] *adj* incrusté
inland ['ɪnlənd] *adj* & *s* intérieur *m* || *adv* à l'intérieur, vers l'intérieur
in'-law' *s* (coll) parent *m* par alliance; **the in-laws** (coll) la belle-famille, les beaux-parents *mpl*
in·lay ['ɪn,le] *s* incrustation *f* || [ɪn'le], ['ɪn,le] *v* (*pret* & *pp* **-laid**) *tr* incruster
in'let *s* bras *m* de mer, crique *f*; (*e.g., of air*) arrivée *f*
in'mate *s* habitant *m*; (*of an institution*) pensionnaire *mf*
inn [ɪn] *s* auberge *f*
innate [ɪ'net], ['ɪnet] *adj* inné, infus
inner ['ɪnər] *adj* intérieur; (*e.g., ear*) interne; intime, secret
in'ner·spring mat'tress *s* sommier *m* à ressorts internes
in'ner tube' *s* chambre *f* à air
inning ['ɪnɪŋ] *s* manche *f*, tour *m*
inn'keep'er *s* aubergiste *mf*
innocence ['ɪnəsəns] *s* innocence *f*
innocent ['ɪnəsənt] *adj* & *s* innocent *m*
innocuous [ɪ'nɑkjʊ·əs] *adj* inoffensif
innovate ['ɪnə,vet] *tr* & *intr* innover
innovation [,ɪnə'veʃən] *s* innovation *f*
innuen·do [,ɪnjʊ'endo] *s* (*pl* **-does**) allusion *f*, sous-entendu *m*
innumerable [ɪ'n(j)umərəbəl] *adj* innombrable
inoculate [ɪn'ɑkjə,let] *tr* inoculer
inoculation [ɪn,ɑkjə'leʃən] *s* inoculation *f*
inoffensive [,ɪnə'fensɪv] *adj* inoffensif
inopportune [ɪn,ɑpər't(j)un] *adj* inopportun, mal choisi
inordinate [ɪn'ɔrdɪnɪt] *adj* désordonné, déréglé; (*unrestrained*) démesuré
inorganic [,ɪnɔr'gænɪk] *adj* inorganique
in'put' *s* consommation *f*; (elec) prise *f*, entrée *f*
inquest ['ɪnkwest] *s* enquête *f*
inquire [ɪn'kwaɪr] *tr* s'informer de, e.g., **to inquire the price of** s'informer du prix de || *intr* s'enquérir; **to inquire about** s'enquérir de, se renseigner sur; **to inquire into** faire des recherches sur
inquir·y [ɪn'kwaɪri], ['ɪnkwɪri] *s* (*pl* **-ies**) investigation *f*, enquête *f*; (*question*) demande *f*; **to make inquiries** s'informer
inquisition [,ɪnkwɪ'zɪʃən] *s* inquisition *f*
inquisitive [ɪn'kwɪzɪtɪv] *adj* curieux, questionneur
in'road' *s* incursion *f*, empiètement *m*
ins' and outs' *spl* tours et détours *mpl*
insane [ɪn'sen] *adj* dément, fou; (*unreasonable*) insensé, insane
insane' asy'lum *s* asile *m* d'aliénés
insani·ty [ɪn'sænɪti] *s* (*pl* **-ties**) démence *f*, aliénation *f*
insatiable [ɪn'seʃəbəl] *adj* insatiable
inscribe [ɪn'skraɪb] *tr* inscrire; (*a book*) dédier
inscription [ɪn'skrɪpʃən] *s* inscription *f*; (*of a book*) dédicace *f*

inscrutable [ɪn'skrutəbəl] *adj* impénétrable, fermé
insect ['ɪnsɛkt] *s* insecte *m*
insecticide [ɪn'sɛktɪ,saɪd] *adj & s* insecticide *m*
insecure [,ɪnsɪ'kjʊr] *adj* peu sûr; (*nervous*) inquiet
insensitive [ɪn'sɛnsɪtɪv] *adj* insensible
inseparable [ɪn'sɛpərəbəl] *adj* inséparable
insert ['ɪnsʌrt] *s* (sewing) incrustation *f*; (typ) hors-texte *m*, encart *m* || [ɪn'sʌrt] *tr* insérer, introduire; (typ) encarter
insertion [ɪn'sʌrʃən] *s* insertion *f*; (sewing) incrustation *f*
in·set ['ɪn,sɛt] *s* (*map, picture, etc.*) médaillon *m*; (sewing) incrustation *f*; (typ) hors-texte *m*, encart *m* || [ɪn'sɛt], ['ɪn,sɛt] *v* (*pret & pp* **-set**; *ger* **-setting**) *tr* insérer; (*a page or pages*) encarter
in'shore' *adj* côtier || *adv* près de la côte
in'side' *adj* d'intérieur, interne; secret || *s* intérieur *m*, dedans *m*; **insides** (coll) entrailles *fpl* || *adv* à l'intérieur; **inside and out** au-dedans et au-dehors; **inside of** à l'intérieur de; **inside out** à l'envers; **to turn inside out** (*e.g., a coat*) retourner || *prep* à l'intérieur de, dans
in'side informa'tion *s* tuyau *m*, tuyaux
insider [,ɪn'saɪdər] *s* initié *m*
in'side track' *s*—**to have the inside track** prendre à la corde; (fig) avoir un avantage
insidious [ɪn'sɪdɪ·əs] *adj* insidieux
in'sight' *s* pénétration *f*; (psychol) défoulement *m*
insigni·a [ɪn'sɪgnɪ·ə] *s* (*pl* **-a** or **-as**) insigne *m*
insignificant [,ɪnsɪg'nɪfɪkənt] *adj* insignifiant
insincere [,ɪnsɪn'sɪr] *adj* insincère, peu sincère
insinuate [ɪn'sɪnjʊ,et] *tr* insinuer
insipid [ɪn'sɪpɪd] *adj* insipide
insist [ɪn'sɪst] *intr* insister; **to insist on** insister sur; **to insist on** + *ger* insister pour + *inf*
insofar as [,ɪnso'fɑrəz] *conj* pour autant que, dans la mesure où
insolence ['ɪnsələns] *s* insolence *f*
insolent ['ɪnsələnt] *adj* insolent
insoluble [ɪn'sɑljəbəl] *adj* insoluble
insolven·cy [ɪn'sɑlvənsi] *s* (*pl* **-cies**) insolvabilité *f*
insolvent [ɪn'sɑlvənt] *adj* insolvable
insomnia [ɪn'sɑmnɪ·ə] *s* insomnie *f*
insomuch [,ɪnso'mʌtʃ] *adv*—**insomuch as** vu que; **insomuch that** à tel point que
inspect [ɪn'spɛkt] *tr* inspecter
inspection [ɪn'spɛkʃən] *s* inspection *f*
inspector [ɪn'spɛktər] *s* inspecteur *m*
inspiration [,ɪnspɪ'reʃən] *s* inspiration *f*
inspire [ɪn'spaɪr] *tr* inspirer
inspiring [ɪn'spaɪrɪŋ] *adj* inspirant
install [ɪn'stɔl] *tr* installer
installment [ɪn'stɔlmənt] *s* installation *f*; (*delivery*) livraison *f*; (*serial story*) feuilleton *m*; (*partial payment*) acompte *m*, versement *m*; **in installments** par acomptes, par tranches
install'ment plan' *s* vente *f* à tempérament or à crédit; **on the installment plan** avec facilités de paiement
instance ['ɪnstəns] *s* cas *m*, exemple *m*; **for instance** par exemple
instant ['ɪnstənt] *adj* imminent, immédiat; **on the fifth instant** le cinq courant || *s* instant *m*, moment *m*
instantaneous [,ɪnstən'tenɪ·əs] *adj* instantané
instantly ['ɪnstəntli] *adv* à l'instant
instead [ɪn'stɛd] *adv* plutôt, au contraire; à ma (votre, sa, etc.) place; **instead of** au lieu de
in'step' *s* cou-de-pied *m*
instigate ['ɪnstɪ,get] *tr* inciter
instigation [,ɪnstɪ'geʃən] *s* instigation *f*
instill [ɪn'stɪl] *tr* instiller
instinct ['ɪnstɪŋkt] *s* instinct *m*
instinctive [ɪn'stɪŋktɪv] *adj* instinctif
institute ['ɪnstɪ,t(j)ut] *s* institut *m* || *tr* instituer
institution [,ɪnstɪ't(j)uʃən] *s* institution *f*
instruct [ɪn'strʌkt] *tr* instruire
instruction [ɪn'strʌkʃən] *s* instruction *f*
instructive [ɪn'strʌktɪv] *adj* instructif
instructor [ɪn'strʌktər] *s* instructeur *m*
instrument ['ɪnstrəmənt] *s* instrument *m* || ['ɪnstrə,mɛnt] *tr* instrumenter
instrumental [,ɪnstrə'mɛntəl] *adj* instrumental; **to be instrumental in** contribuer à
instrumentalist [,ɪnstrə'mɛntəlɪst] *s* instrumentiste *mf*
instrumentali·ty [,ɪnstrəmən'tælɪti] *s* (*pl* **-ties**) intermédiaire *m*, intervention *f*
in'strument board' *s* tableau *m* de bord
in'strument fly'ing *s* radio-navigation *f*, vol *m* aux instruments
in'strument land'ing *s* atterrissage *m* aux instruments
in'strument pan'el *s* tableau *m* de bord
insubordinate [,ɪnsə'bɔrdɪnɪt] *adj* insubordonné
insufferable [ɪn'sʌfərəbəl] *adj* insupportable, intolérable
insufficient [,ɪnsə'fɪʃənt] *adj* insuffisant
insular ['ɪnsələr], ['ɪnsjʊlər] *adj* insulaire
insulate ['ɪnsə,let] *tr* insoler
in'sulating tape' *s* ruban *m* isolant, chatterton *m*
insulation [,ɪnsə'leʃən] *s* isolation *f*
insulator ['ɪnsə,letər] *s* isolant *m*
insulin ['ɪnsəlɪn] *s* insuline *f*
insult ['ɪnsʌlt] *s* insulte *f* || [ɪn'sʌlt] *tr* insulter
insulting [ɪn'sʌltɪŋ] *adj* insultant, injurieux
insurance [ɪn'ʃʊrəns] *s* assurance *f*
insure [ɪn'ʃʊr] *tr* assurer
insurer [ɪn'ʃʊrər] *s* assureur *m*
insurgent [ɪn'sʌrdʒənt] *adj & s* insurgé *m*

insurmountable [ˌɪnsərˈmaʊntəbəl] *adj* insurmontable
insurrection [ˌɪnsəˈrɛkʃən] *s* insurrection *f*
intact [ɪnˈtækt] *adj* intact
in′take′ *s* (*place*) entrée *f*; (*act or amount*) prise *f*; (mach) admission *f*
in′take man′ifold *s* tubulure *f* d'admission, collecteur *m* d'admission
in′take valve′ *s* soupape *f* d'admission
intangible [ɪnˈtændʒɪbəl] *adj* intangible
integer [ˈɪntɪdʒər] *s* nombre *m* entier
integral [ˈɪntɪgrəl] *adj* intégral; (*part*) intégrant; **integral with** solidaire de ‖ *s* intégrale *f*
integrate [ˈɪntɪˌgret] *tr* intégrer
integration [ˌɪntɪˈgreʃən] *s* intégration *f*
integrity [ɪnˈtegrɪti] *s* intégrité *f*
intellect [ˈɪntəˌlɛkt] *s* intellect *m*; (*person*) intelligence *f*
intellectual [ˌɪntəˈlɛktʃʊ·əl] *adj* & *s* intellectuel *m*
intelligence [ɪnˈtɛlɪdʒəns] *s* intelligence *f*
intel′ligence bu′reau *s* deuxième bureau *m*, service *m* de renseignements
intel′ligence quo′tient *s* quotient *m* intellectuel
intel′ligence test′ *s* test *m* d'habileté mentale
intelligent [ɪnˈtɛlɪdʒənt] *adj* intelligent
intelligible [ɪnˈtɛlɪdʒɪbəl] *adj* intelligible
intemperate [ɪnˈtɛmpərɪt] *adj* intempérant
intend [ɪnˈtend] *tr* destiner; signifier, vouloir dire; **to intend to** avoir l'intention de, penser; **to intend to become** se destiner à
intended *adj* & *s* (coll) futur *m*
intense [ɪnˈtɛns] *adj* intense
intensi·fy [ɪnˈtɛnsɪˌfaɪ] *v* (*pret* & *pp* **-fied**) *tr* intensifier ‖ *intr* s'intensifier
intensi·ty [ɪnˈtɛnsɪti] *s* (*pl* **-ties**) intensité *f*
intensive [ɪnˈtɛnsɪv] *adj* intensif
intent [ɪnˈtɛnt] *adj* attentif; (*look, gaze*) fixe, intense; **intent on** résolu à ‖ *s* intention *f*; **to all intents and purposes** en fait, pratiquement
intention [ɪnˈtɛnʃən] *s* intention *f*
intentional [ɪnˈtɛnʃənəl] *adj* intentionnel, délibéré
intentionally [ɪnˈtɛnʃənəli] *adv* exprès, à dessein
in·ter [ɪnˈtʌr] *v* (*pret* & *pp* **-terred**; *ger* **-terring**) *tr* enterrer
interact [ˌɪntərˈækt] *intr* agir réciproquement
interaction [ˌɪntərˈækʃən] *s* interaction *f*
inter·breed [ˌɪntərˈbrid] *v* (*pret* & *pp* **-bred**) *tr* croiser ‖ *intr* se croiser
intercalate [ɪnˈtʌrkəˌlet] *tr* intercaler
intercede [ˌɪntərˈsid] *intr* intercéder
intercept [ˌɪntərˈsɛpt] *tr* intercepter
interceptor [ˌɪntərˈsɛptər] *s* intercepteur *m*
interchange [ˈɪntərˌtʃendʒ] *s* échange *m*, permutation *f*; (*transfer point*) correspondance *f*; (*on highway*) échangeur *m* ‖ [ˌɪntərˈtʃendʒ] *tr* échanger, permuter ‖ *intr* permuter
intercollegiate [ˌɪntərkəˈlidʒɪ·ɪt] *adj* interuniversitaire, entre universités
intercom [ˈɪntərˌkɑm] *s* (coll) interphone *m*
intercourse [ˈɪntərˌkors] *s* relations *fpl*, rapports *mpl*; (*copulation*) copulation *f*, coït *m*
intercross [ˌɪntərˈkrɔs], [ˌɪntərˈkrɑs] *tr* entrecroiser ‖ *intr* s'entrecroiser
interdict [ˈɪntərˌdɪkt] *s* interdit *m* ‖ [ˌɪntərˈdɪkt] *tr* interdire; **to interdict s.o. from** + *ger* interdire à qn de + *inf*
interest [ˈɪntərɪst], [ˈɪntrɪst] *s* intérêt *m*; **the interests** les gens influents; **to pay back with interest** rendre avec usure ‖ [ˈɪntərɪst], [ˈɪntrɪst], [ˈɪntəˌrɛst] *tr* intéresser
interested *adj* intéressé; **to be interested in** s'intéresser à or dans
interesting [ˈɪntrɪstɪŋ], [ˈɪntəˌrɛstɪŋ] *adj* intéressant
interfere [ˌɪntərˈfɪr] *intr* (*to meddle*) s'ingérer; (phys) interférer; **to interfere with** intervenir dans, se mêler de; (*to come into opposition with*) gêner, entraver; **to interfere with each other** interférer (entre eux)
interference [ˌɪntərˈfɪrəns] *s* interférence *f*, intervention *f*; (phys) interférence; (*jamming*) (rad) brouillage *m*
interim [ˈɪntərɪm] *adj* provisoire, par intérim ‖ *s* intérim *m*
interior [ɪnˈtɪrɪ·ər] *adj* & *s* intérieur *m*
inte′rior dec′orator *s* décorateur *m* d'intérieurs
interject [ˌɪntərˈdʒɛkt] *tr* interposer; (*questions*) lancer
interjection [ˌɪntərˈdʒɛkʃən] *s* intervention *f*; (gram) interjection *f*
interlard [ˌɪntərˈlɑrd] *tr* entrelarder
interline [ˌɪntərˈlaɪn] *tr* interligner
interlining [ˈɪntərˌlaɪnɪŋ] *s* doublure *f* intermédiaire
interlock [ˌɪntərˈlɑk] *tr* emboîter, engager ‖ *intr* s'emboîter, s'engager
interloper [ˌɪntərˈlopər] *s* intrus *m*
interlude [ˈɪntərˌlud] *s* (mov, mus, telv) interlude *m*; (theat, fig) intermède *m*
intermediar·y [ˌɪntərˈmidɪˌɛri] *adj* intermédiaire ‖ *s* (*pl* **-ies**) intermédiaire *mf*
intermediate [ˌɪntərˈmidɪ·ɪt] *adj* intermédiaire
interment [ɪnˈtʌrmənt] *s* enterrement *m*, sépulture *f*
interminable [ɪnˈtʌrmɪnəbəl] *adj* interminable
intermingle [ˌɪntərˈmɪŋgəl] *tr* entremêler ‖ *intr* s'entremêler
intermission [ˌɪntərˈmɪʃən] *s* relâche *m*, pause *f*; (theat) entracte *m*
intermittent [ˌɪntərˈmɪtənt] *adj* intermittent
intermix [ˌɪntərˈmɪks] *tr* entremêler ‖ *intr* s'entremêler
intern [ˈɪntʌrn] *s* interne *mf* ‖ [ɪnˈtʌrn] *tr* interner

internal [ɪnˈtʌrnəl] *adj* interne
inter′nal-combus′tion en′gine *s* moteur *m* à explosion
inter′nal rev′enue *s* recettes *fpl* fiscales
international [ˌɪntərˈnæʃənəl] *adj* international; (*exposition*) universel
in′terna′tional date′ line′ *s* ligne *f* de changement de date
in′terna′tional time′ zone′ *s* fuseau *m* horaire international
internecine [ˌɪntərˈnisɪn] *adj* domestique, intestin; (*war*) sanguinaire, d'extermination
internee [ˌɪntʌrˈni] *s* interné *m*
internment [ɪnˈtʌrnmənt] *s* internement *m*
in′tern·ship′ *s* internat *m*
interpellate [ˌɪntərˈpɛlet], [ɪnˈtʌrpɪˌlet] *tr* interpeller
interplanetary [ˌɪnterˈplænəˌteri] *adj* interplanétaire
interplan′etary trav′el *s* voyages *mpl* interplanétaires
interplay [ˈɪntərˌple] *s* interaction *f*
interpolate [ɪnˈtʌrpəˌlet] *tr* interpoler
interpose [ˌɪntərˈpoz] *tr* interposer
interpret [ɪnˈtʌrprɪt] *tr* interpréter
interpretation [ɪnˌtʌrprɪˈteʃən] *s* interprétation *f*
interpreter [ɪnˈtʌrprɪtər] *s* interprète *mf*
interrogate [ɪnˈtɛrəˌget] *tr* interroger
interrogation [ɪnˌtɛrəˈgeʃən] *s* interrogation *f*
interroga′tion mark′ *s* point *m* d'interrogation
interrupt [ˌɪntəˈrʌpt] *tr* interrompre
interruption [ˌɪntəˈrʌpʃən] *s* interruption *f*
intersect [ˌɪntərˈsɛkt] *tr* entrecouper ‖ *intr* s'entrecouper
intersection [ˌɪntərˈsɛkʃən] *s* intersection *f*
intersperse [ˌɪntərˈspʌrs] *tr* entremêler
interstellar [ˌɪntərˈstelər] *adj* interstellaire
interstice [ɪnˈtʌrstɪs] *s* interstice *m*
intertwine [ˌɪntərˈtwaɪn] *tr* entrelacer ‖ *intr* s'entrelacer
interval [ˈɪntərvəl] *s* intervalle *m*
intervene [ˌɪntərˈvin] *intr* intervenir
intervening [ˌɪntərˈvinɪŋ] *adj* (*period*) intermédiaire; (*party*) intervenant
intervention [ˌɪntərˈvɛnʃən] *s* intervention *f*
interview [ˈɪntərˌvju] *s* entrevue *f*; (journ) interview *f* ‖ *tr* avoir une entrevue avec; (journ) interviewer
inter·weave [ˌɪntərˈwiv] *v* (*pret* **-wove** or **-weaved**; *pp* **-wove, woven** or **weaved**) *tr* entrelacer; (*to intermingle*) entremêler
intestate [ɪnˈtestet], [ɪnˈtestɪt] *adj* & *s* intestat *m*
intestine [ɪnˈtɛstɪn] *adj* & *s* intestin *m*
intima·cy [ˈɪntɪməsi] *s* (*pl* **-cies**) intimité *f*; rapports *mpl* sexuels
intimate [ˈɪntɪmɪt] *adj* & *s* intime *mf* ‖ [ˈɪntɪˌmet] *tr* donner à entendre
intimation [ˌɪntɪˈmeʃən] *s* suggestion *f*, insinuation *f*
intimidate [ɪnˈtɪmɪˌdet] *tr* intimider
into [ˈɪntu], [ˈɪntʊ] *prep* dans, en
intolerant [ɪnˈtɑlərənt] *adj* intolérant
intonation [ˌɪntoˈneʃən] *s* intonation *f*
intone [ɪnˈton] *tr* (*to begin to sing*) entonner; (*to sing or recite in a monotone*) psalmodier ‖ *intr* psalmodier
intoxicant [ɪnˈtɑksɪkənt] *s* boisson *f* alcoolique
intoxicate [ɪnˈtɑksɪˌket] *tr* enivrer; (*to poison*) intoxiquer
intoxication [ɪnˌtɑksɪˈkeʃən] *s* ivresse *f*; (*poisoning*) intoxication *f*; (fig) enivrement *m*
intractable [ɪnˈtræktəbəl] *adj* intraitable
intransigent [ɪnˈtrænsɪdʒənt] *adj* intransigeant
intransitive [ɪnˈtrænsɪtɪv] *adj* intransitif
intravenous [ˌɪntrəˈvinəs] *adj* intraveineux
intrepid [ɪnˈtrɛpɪd] *adj* intrépide
intricate [ˈɪntrɪkɪt] *adj* compliqué
intrigue [ɪnˈtrig], [ˈɪntrig] *s* intrigue *f* ‖ [ɪnˈtrig] *tr* & *intr* intriguer
intrinsic(al) [ɪnˈtrɪnsɪk(əl)] *adj* intrinsèque
introduce [ˌɪntrəˈd(j)us] *tr* introduire; (*to make acquainted*) présenter
introduction [ˌɪntrəˈdʌkʃən] *s* introduction *f*; (*of one person to another or others*) présentation *f*
introductory [ˌɪntrəˈdʌktəri] *adj* préliminaire; (*text*) liminaire; (*speech, letter, etc.*) de présentation
introduc′tory of′fer *s* offre *f* de présentation
introspective [ˌɪntrəˈspɛktɪv] *adj* introspectif; (*person*) méditatif
introvert [ˈɪntrəˌvʌrt] *adj* & *s* introverti *m*
intrude [ɪnˈtrud] *intr* s'ingérer, s'immiscer; **to intrude on s.o.** déranger qn
intruder [ɪnˈtrudər] *s* intrus *m*
intrusion [ɪnˈtruʒən] *s* intrusion *f*
intrusive [ɪnˈtrusɪv] *adj* importun
intuition [ˌɪnt(j)ʊˈɪʃən] *s* intuition *f*
inundate [ˈɪnənˌdet] *tr* inonder
inundation [ˌɪnənˈdeʃən] *s* inondation *f*
inure [ɪnˈjʊr] *tr* aguerrir, endurcir ‖ *intr* entrer en vigueur; **to inure to** rejaillir sur
invade [ɪnˈved] *tr* envahir
invader [ɪnˈvedər] *s* envahisseur *m*
invalid [ɪnˈvælɪd] *adj* invalide, nul ‖ [ˈɪnvəlɪd] *adj* & *s* malade *mf*, invalide *mf*
invalidate [ɪnˈvælɪˌdet] *tr* invalider
invalidity [ˌɪnvəˈlɪdɪti] *s* invalidité *f*
invaluable [ɪnˈvæljʊ·əbəl] *adj* inappréciable, inestimable
invariable [ɪnˈverɪ·əbəl] *adj* invariable
invasion [ɪnˈveʒən] *s* invasion *f*
invective [ɪnˈvɛktɪv] *s* invective *f*
inveigh [ɪnˈve] *intr*—**to inveigh against** invectiver contre
inveigle [ɪnˈvegəl], [ɪnˈvigəl] *tr* séduire, enjôler; **to inveigle s.o. into** + *ger* entraîner qn à + *inf*
invent [ɪnˈvent] *tr* inventer
invention [ɪnˈvɛnʃən] *s* invention *f*

inventive [ɪn'ventɪv] *adj* inventif
inventiveness [ɪn'ventɪvnɪs] *s* esprit *m* inventif
inventor [ɪn'ventər] *s* inventeur *m*
invento•ry ['ɪnvən,tori] *s* (*pl* **-ries**) inventaire *m* || *v* (*pret & pp* **-ried**) *tr* inventorier
inverse [ɪn'vʌrs] *adj & s* inverse *m*
inversion [ɪn'vʌrʒən], [ɪn'vʌrʃən] *s* interversion *f*, inversion *f*
invert ['ɪnvʌrt] *adj & s* inverti *m* || [ɪn'vʌrt] *tr* inverser; (*an image*) invertir
invertebrate [ɪn'vʌrtɪ,bret], [ɪn'vʌrtɪbrɪt] *adj & s* invertébré *m*
invest [ɪn'vest] *tr* investir; (*money*) investir, placer; **to invest with** investir de || *intr* investir or placer de l'argent
investigate [ɪn'vestɪ,get] *tr* examiner, rechercher
investigation [ɪn,vestɪ'geʃən] *s* investigation *f*
investigator [ɪn'vestɪ,getər] *s* investigateur *m*, chercheur *m*
investment [ɪn'vestmənt] *s* investissement *m*, placement *m*; (*with an office or dignity*) investiture *f*; (*siege*) investissement
investor [ɪn'vestər] *s* capitaliste *mf*
inveterate [ɪn'vetərɪt] *adj* invétéré
invidious [ɪn'vɪdɪ•əs] *adj* odieux
invigorate [ɪn'vɪgə,ret] *tr* vivifier, fortifier
invigorating [ɪn'vɪgə,retɪŋ] *adj* vivifiant, fortifiant
invincible [ɪn'vɪnsɪbəl] *adj* invincible
invisible [ɪn'vɪzɪbəl] *adj* invisible
invis'ible ink' *s* encre *f* sympathique
invitation [,ɪnvɪ'teʃən] *s* invitation *f*
invite [ɪn'vaɪt] *tr* inviter
inviting [ɪn'vaɪtɪŋ] *adj* invitant
invoice ['ɪnvɔɪs] *s* facture *f*; **as per invoice** suivant facture || *tr* facturer
invoke [ɪn'vok] *tr* invoquer
involuntary [ɪn'vɑlən,teri] *adj* involontaire
involve [ɪn'vɑlv] *tr* impliquer, entraîner, engager
invulnerable [ɪn'vʌlnərəbəl] *adj* invulnérable
inward ['ɪnwərd] *adj* intérieur || *adv* intérieurement, en dedans
iodide ['aɪ•ə,daɪd] *s* iodure *m*
iodine ['aɪ•ə,din] *s* (chem) iode *m* || ['aɪ•ə,daɪn] *s* (pharm) teinture *f* d'iode
ion ['aɪ•ən], ['aɪ•ɑn] *s* ion *m*
ionize ['aɪ•ə,naɪz] *tr* ioniser
I.O.U. ['aɪ,o'ju] *s* (letterword) (**I owe you**) reconnaissance *f* de dette
I.Q. ['aɪ'kju] *s* (letterword) (**intelligence quotient**) quotient *m* intellectuel
Iran [ɪ'rɑn], [aɪ'ræn] *s* l'Iran *m*
Iranian [aɪ'renɪ•ən] *adj* iranien || *s* (*language*) iranien *m*; (*person*) Iranien *m*
Iraq [ɪ'rɑk] *s* l'Irak *m*
Ira•qi [ɪ'rɑki] *adj* irakien || *s* (*pl* **-qis**) Irakien *m*
irate ['aɪret], [aɪ'ret] *adj* irrité
ire [aɪr] *s* courroux *m*, colère *f*
Ireland ['aɪrlənd] *s* Irlande *f*; l'Irlande
iris ['aɪrɪs] *s* iris *m*
Irish ['aɪrɪʃ] *adj* irlandais || *s* (*language*) irlandais *m*; **the Irish** les Irlandais
I'rish•man *s* (*pl* **-men**) Irlandais *m*
I'rish stew' *s* ragoût *m* irlandais
I'rish•wom'an *s* (*pl* **-wom'en**) Irlandaise *f*
irk [ʌrk] *tr* ennuyer, fâcher
irksome ['ʌrksəm] *adj* ennuyeux
iron ['aɪ•ərn] *s* fer *m*; (*for pressing clothes*) fer à repasser; **irons** (*fetters*) fers; **to have too many irons in the fire** courir deux lièvres à la fois; **to strike while the iron is hot** battre le fer tant qu'il est chaud || *tr* (*clothes*) repasser; **to iron out** (*a difficulty*) aplanir
i'ron and steel' in'dustry *s* sidérurgie *f*
i'ron-bound' *adj* cerclé; (*unyielding*) inflexible; (*rock-bound*) plein de récifs
ironclad ['aɪ•ərn,klæd] *adj* blindé, cuirassé; (*e.g., contract*) infrangible
i'ron cur'tain *s* rideau *m* de fer
i'ron diges'tion *s* estomac *m* d'autruche
i'ron horse' *s* coursier *m* de fer
ironic(al) [aɪ'rɑnɪk(əl)] *adj* ironique
ironing ['aɪ•ərnɪŋ] *s* repassage *m*
i'roning board' *s* planche *f* à repasser
i'ron lung' *s* poumon *m* d'acier
i'ron ore' *s* minerai *m* de fer
i'ron•ware' *s* quincaillerie *f*, ferblanterie *f*
i'ron will' *s* volonté *f* inflexible
i'ron•work' *s* ferrure *f*, ferronnerie *f*
i'ron•work'er *s* ferronnier *m*
iro•ny ['aɪrəni] *s* (*pl* **-nies**) ironie *f*
irradiate [ɪ'redɪ,et] *tr & intr* irradier
irrational [ɪ'ræʃənəl] *adj* irrationnel
irredeemable [,ɪrɪ'diməbəl] *adj* irrémédiable; (*bonds*) non remboursable
irrefutable [,ɪrɪ'fjutəbəl], [ɪ'refjutəbəl] irréfutable
irregular [ɪ'regjələr] *adj & s* irrégulier *m*
irrelevant [ɪ'reləvənt] *adj* non pertinent, hors de propos
irreligious [,ɪrɪ'lɪdʒəs] *adj* irréligieux
irremediable [,ɪrɪ'midɪ•əbəl] *adj* irrémédiable
irreparable [ɪ'repərəbəl] *adj* irréparable
irreplaceable [,ɪrɪ'plesəbəl] *adj* irremplaçable
irrepressible [,ɪrɪ'presɪbəl] *adj* irrépressible, irrésistible
irreproachable [,ɪrɪ'protʃəbəl] *adj* irréprochable
irresistible [,ɪrɪ'zɪstɪbəl] *adj* irrésistible
irrespective [,ɪrɪ'spektɪv] *adj*—**irrespective of** indépendant de
irresponsible [,ɪrɪ'spɑnsɪbəl] *adj* irresponsable
irretrievable [,ɪrɪ'trivəbəl] *adj* irréparable; (*lost*) irrécupérable
irreverent [ɪ'revərənt] *adj* irrévérencieux
irrevocable [ɪ'revəkəbəl] *adj* irrévocable
irrigate ['ɪrɪ,get] *tr* irriguer

irrigation [ˌɪrɪˈgeʃən] *s* irrigation *f*
irritant [ˈɪrɪtənt] *adj & s* irritant *m*
irritate [ˈɪrɪˌtet] *tr* irriter
irritation [ˌɪrɪˈteʃən] *s* irritation *f*
irruption [ɪˈrʌpʃən] *s* irruption *f*
Isaiah [aɪˈze·ə] *s* Isaïe *m*
isinglass [ˈaɪzɪŋˌglæs], [ˈaɪzɪŋˌglɑs] *s* gélatine *f*, colle *f* de poisson; (mineral) mica *m*
Islam [ˈɪsləm], [ɪsˈlɑm] *s* l'Islam *m*
island [ˈaɪlənd] *adj* insulaire || *s* île *f*
islander [ˈaɪləndər] *s* insulaire *mf*
isle [aɪl] *s* îlot *m*; (poetic) île *f*
isolate [ˈaɪsəˌlet], [ˈɪsəˌlet] *tr* isoler
isolation [ˌaɪsəˈleʃən], [ˌɪsəˈleʃən] *s* isolement *m*
isolationist [ˌaɪsəˈleʃənɪst], [ˌɪsəˈleʃənɪst] *adj & s* isolationniste *mf*
isosceles [aɪˈsɑsəˌliz] *adj* isocèle
isotope [ˈaɪsəˌtop] *s* isotope *m*
Israel [ˈɪzrɪ·əl] *s* l'Israël *m*
Israe·li [ɪzˈreli] *adj* israélien || *s* (*pl* **-lis** [liz]) Israélien *m*
Israelite [ˈɪzrɪ·əˌlaɪt] *adj* israélite || *s* Israélite *mf*
issuance [ˈɪʃʊ·əns] *s* émission *f*
issue [ˈɪʃʊ] *s* (*way out*) sortie *f*, issue *f*; (*outcome*) issue; (*of a magazine*) numéro *m*; (*offspring*) descendance *f*; (*of banknotes, stamps, etc.*) émission *f*; (*under discussion*) point *m* à discuter; (pathol) écoulement *m*; **at issue** en jeu, en litige; **to take issue with** être en désaccord avec; **without issue** sans enfants || *tr* (*a book, a magazine*) publier; (*banknotes, stamps, etc.*) émettre; (*a summons*) lancer; (*an order*) donner; (*a proclamation*) faire; (*a verdict*) rendre || *intr* sortir, déboucher
isthmus [ˈɪsməs] *s* isthme *m*
it [ɪt] *pron pers* ce §82B, §85; lui §85; il §87; le §87; y §87; en §87
Italian [ɪˈtæljən] *adj* italien || *s* (*language*) italien *m*; (*person*) Italien *m*
italic [ɪˈtælɪk] *adj* (typ) italique; **Italic** italique || **italics** *spl* italique *m*
italicize [ɪˈtælɪˌsaɪz] *tr* mettre en italique
Italy [ˈɪtəli] *s* Italie *f*; l'Italie
itch [ɪtʃ] *s* démangeaison *f*; (pathol) gale *f* || *tr* démanger (with *dat*) || *intr* (*said of part of body*) démanger; (*said of person*) avoir une démangeaison; **to itch to** (fig) avoir une démangeaison de
itch·y [ˈɪtʃi] *adj* (*comp* **-ier**; *super* **-iest**) piquant; (pathol) galeux
item [ˈaɪtəm] *s* article *m*; (*in a list*) point *m*; (*piece of news*) nouvelle *f*
itemize [ˈaɪtəˌmaɪz] *tr* spécifier, énumérer
itinerant [aɪˈtɪnərənt], [ɪˈtɪnərənt] *adj & s* itinérant *m*
itinerar·y [aɪˈtɪnəˌreri], [ɪˈtɪnəˌreri] *adj* itinéraire || *s* (*pl* **-ies**) itinéraire *m*
its [ɪts] *adj poss* son §88 || *pron poss* le sien §89
it'self' *pron pers* soi §85; lui-même §86; se §87
ivied [ˈaɪvid] *adj* couvert de lierre
ivo·ry [ˈaɪvəri] *adj* d'ivoire, en ivoire || *s* (*pl* **-ries**) ivoire *m*; **to tickle the ivories** (slang) taquiner l'ivoire
i'vory tow'er *s* (fig) tour *f* d'ivoire
ivy [ˈaɪvi] *s* (*pl* **ivies**) lierre *m*

J

J, j [dʒe] *s* Xe lettre de l'alphabet
jab [dʒæb] *s* (*with a sharp point; with a penknife; with the elbow*) coup *m*; (*with a needle*) piqûre *f*; (*with the fist*) coup sec || *v* (*pret & pp* **jabbed**; *ger* **jabbing**) *tr* donner un coup de coude à; piquer; donner un coup sec à; (*a knife*) enfoncer
jabber [ˈdʒæbər] *tr & intr* jaboter
jack [dʒæk] *s* (aut) cric *m*; (cards) valet *m*; (elec) jack *m*, prise *f*; (coll) fric *m*; **Jack** Jeannot *m* || *tr*—**to jack up** soulever au cric; (*prices*) faire monter
jackal [ˈdʒækɔl] *s* chacal *m*
jack'ass' *s* baudet *m*
jack'daw' *s* choucas *m*
jacket [ˈdʒækɪt] *s* (*of a woman; of a book*) jaquette *f*; (*of a man's suit*) veston *m*; (*metal casing*) chemise *f*
Jack' Frost' *s* le Bonhomme Hiver
jack'-in-the-box' *s* diable *m* à ressort, boîte *f* à surprise
jack'knife' *s* (*pl* **-knives**) couteau *m* de poche, couteau pliant; (*fancy dive*) saut *m* de carpe
jack'-of-all'-trades' *s* bricoleur *m*
jack-o'-lantern [ˈdʒækəˌlæntərn] *s* potiron *m* lumineux
jack'pot' *s* gros lot *m*, poule *f*; **to hit the jackpot** décrocher la timbale
jack' rab'bit *s* lièvre *m* des prairies
Jacob [ˈdʒekəb] *s* Jacques *m*
jade [dʒed] *s* (*stone; color*) jade *m*; (*horse*) haridelle *f*; (*woman*) coquine *f*, friponne *f*
jaded *adj* éreinté, excédé; blasé
jag [dʒæg] *s* dentelure *f*; **to have a jag on** (slang) être paf
jagged [ˈdʒægɪd] *adj* dentelé
jaguar [ˈdʒægwɑr] *s* jaguar *m*
jail [dʒel] *s* prison *f* || *tr* emprisonner
jail'bird' *s* cheval *m* de retour
jailer [ˈdʒelər] *s* geôlier *m*
jalop·y [dʒəˈlɑpi] *s* (*pl* **-ies**) bagnole *f*, tacot *m*, guimbarde *f*, clou *m*
jam [dʒæm] *s* confiture *f*; **to be in a jam** (coll) être dans le pétrin || *v* (*pret & pp* **jammed**; *ger* **jamming**) *tr* coincer || *intr* se coincer
jamboree [ˌdʒæmbəˈri] *s* (*of boy scouts*) jamboree *m*; (slang) bombance *f*
James [dʒemz] *s* Jacques *m*

jamming ['dʒæmɪŋ] *s* (rad) brouillage *m*
Jane [dʒen] *s* Jeanne *f*
jangle ['dʒæŋgəl] *s* cliquetis *m* || *tr* faire cliqueter; (*nerves*) mettre en boule || *intr* cliqueter
janitor ['dʒænɪtər] *s* concierge *m*
janitress ['dʒænɪtrɪs] *s* concierge *f*
January ['dʒænjʊ,ɛri] *s* janvier *m*
ja•pan [dʒə'pæn] *s* laque *m* du Japon; **Japan** le Japon || *v* (*pret & pp* **-panned**; *ger* **-panning**) *tr* laquer
Japa•nese [,dʒæpə'niz] *adj* japonais || *s* (*language*) japonais *m* || *s* (*pl* **-nese**) (*person*) Japonais *m*
Jap'anese bee'tle *s* cétoine *f*
Jap'anese lan'tern *s* lanterne *f* vénitienne
jar [dʒɑr] *s* pot *m*, bocal *m*; secousse *f* || *v* (*pret & pp* **jarred**; *ger* **jarring**) *tr* ébranler, secouer § *intr* trembler, vibrer; (*said of sounds, colors, opinions*) discorder; **to jar on the nerves** taper sur les nerfs
jargon ['dʒɑrgən] *s* jargon *m*
jasmine ['dʒæsmɪn], ['dʒæzmɪn] *s* jasmin *m*
jasper ['dʒæspər] *s* jaspe *m*
jaundice ['dʒɔndɪs], ['dʒɑndɪs] *s* jaunisse *f*, ictère *m*
jaundiced *adj* ictérique; (fig) amer
jaunt [dʒɔnt], [dʒɑnt] *s* excursion *f*
jaun•ty ['dʒɔnti], ['dʒɑnti] *adj* (*comp* **-tier**; *super* **-tiest**) vif, dégagé; (*smart*) chic
Javelin ['dʒævlɪn], ['dʒævəlɪn] *s* javelot *m*
jaw [dʒɔ] *s* mâchoire *f*; (*of animal*) gueule *f*; **jaws** (*e.g., of death*) griffes *fpl* || *tr* (slang) engueuler || *intr* (*to gossip*) (slang) bavarder
jaw'bone' *s* mâchoire *f*, maxillaire *m*
jay [dʒe] *s* geai *m*
jay'walk' *intr* traverser la rue en dehors des clous
jay'walk'er *s* piéton *m* distrait
jazz [dʒæz] *s* jazz *m* || *tr*—**to jazz up** (coll) animer, égayer
jazz' band' *s* orchestre *m* de jazz
jazz' sing'er *s* chanteur *m* de rythme
jealous ['dʒɛləs] *adj* jaloux
jealous•y ['dʒɛləsi] *s* (*pl* **-ies**) jalousie *f*
jean [dʒin] *s* treillis *m*; **Jean** Jeanne *f*; **jeans** pantalon *m* de treillis
jeep [dʒip] *s* jeep *f*
jeer [dʒɪr] *s* raillerie *f* || *intr* railler; **to jeer at** se moquer de
Jehovah [dʒɪ'hovə] *s* Jéhovah *m*
jell [dʒɛl] *s* gelée *f* || *intr* se convertir en gelée; (*to take hold*) prendre forme, se préciser
jel•ly ['dʒɛli] *s* (*pl* **-lies**) gelée *f* || *v* (*pret & pp* **-lied**) *tr* convertir en gelée || *intr* se convertir en gelée
jel'ly•fish' *s* méduse *f*; (*person*) chiffe *f*
jeopardize ['dʒɛpər,daɪz] *tr* mettre en danger, compromettre
jeopardy ['dʒɛpərdi] *s* danger *m*
jerk [dʒʌrk] *s* saccade *f*, secousse *f*; (slang) mufle *m* || *tr* tirer brusquement, secouer || *intr* se mouvoir brusquement
jerk'water town' *s* trou *m*, petite ville *f* de province
jerk'water train' *s* tortillard *m*
jerk•y ['dʒʌrki] *adj* (*comp* **-ier**; *super* **-iest**) saccadé
Jerome [dʒə'rom] *s* Jérôme *m*
jersey ['dʒʌrzi] *s* jersey *m*
Jerusalem [dʒɪ'rusələm] *s* Jérusalem *f*
jest ['dʒɛst] *s* plaisanterie *f*; **in jest** en plaisantant || *intr* plaisanter
jester ['dʒɛstər] *s* plaisantin *m*; (*medieval clown*) bouffon *m*
Jesuit ['dʒɛʒʊ•ɪt], ['dʒɛzjʊ•ɪt] *adj* jésuite, jésuitique || *s* Jésuite *m*
Jesus ['dʒizəs] *s* Jésus *m*
Je'sus Christ' *s* Jésus-Christ *m*
jet [dʒɛt] *s* (*color; mineral*) jais *m*; (*of water, gas, etc.*) jet *m*; avion *m* à réaction || *v* (*pret & pp* **jetted**; *ger* **jetting**) *intr* gicler, jaillir; voyager en jet
jet'-black' *adj* noir de jais
jet' en'gine *s* moteur *m* à réaction
jet' fight'er *s* chasseur *m* à réaction
jet' fu'el *s* carburéacteur *m*
jet'lin'er *s* avion *m* de ligne à réaction
jet' plane' *s* avion *m* à réaction
jet' propul'sion *s* propulsion *f* par réaction
jetsam ['dʒɛtsəm] *s* marchandise *f* jetée à la mer
jettison ['dʒɛtɪsən] *s* jet *m* à la mer || *tr* jeter à la mer; (fig) mettre au rebut, rejeter
jet•ty ['dʒɛti] *s* (*pl* **-ties**) (*wharf*) appontement *m*; (*breakwater*) jetée *f*
Jew [dʒu] *s* Juif *m*; (rel) juif *m*
jewel ['dʒʊ•əl] *s* joyau *m*, bijou *m*; (*of a watch*) rubis *m*; (person) bijou
jew'el case' *s* écrin *m*
jeweler or **jeweller** ['dʒu•ələr] *s* horloger-bijoutier *m*, bijoutier *m*
jewelry ['dʒu•əlri] *s* joaillerie *f*
jew'elry store' *s* bijouterie *f*; (*for watches*) horlogerie *f*
Jewess ['dʒu•ɪs] *s* Juive *f*; (rel) juive *f*
Jewish ['dʒu•ɪʃ] *adj* juif, judaïque
jews'-harp or **jew's-harp** ['djʊz,hɑrp] *s* guimbarde *f*
jib [dʒɪb] *s* (mach) flèche *f*; (naut) foc *m*
jibe [dʒaɪb] *s* moquerie *f* || *intr* (coll) concorder; **to jibe at** se moquer de
jif•fy ['dʒɪfi] *s* (*pl* **-fies**)—**in a jiffy** (coll) en un clin d'œil
jig [dʒɪg] *s* (*dance*) gigue *f*; **the jig is up** (slang) il n'y a pas mèche, tout est dans le lac
jigger ['dʒɪgər] *s* mesure *f* qui contient une once et demie; (*for fishing*) leurre *m*; (*tackle*) palan *m*; (*flea*) puce *f*; (*for separating ore*) crible *m*; (naut) tapecul *m*; (*gadget*) (coll) machin *m*
jiggle ['dʒɪgəl] *s* petite secousse *f* || *tr* agiter, secouer || *intr* se trémousser
jig'saw' *tr* chantourner
jig' saw' *s* scie *f* à chantourner

jig'saw puz'zle *s* casse-tête *m* chinois, puzzle *m*
jilt [dʒɪlt] *tr* lâcher, repousser
jim·my ['dʒɪmi] *s* (*pl* **-mies**) pince-monseigneur *f* || *v* (*pret & pp* **-mied**) *tr* forcer à l'aide d'une pince-monseigneur
jingle ['dʒɪŋgəl] *s* (*small bell*) grelot *m*; (*sound*) grelottement *m*; (*poem*) rimes *fpl* enfantines; slogan *m* à rimes; (rad) réclame *f* chantée || *tr* faire grelotter || *intr* grelotter
jin·go ['dʒɪŋgo] *adj* chauvin || *s* (*pl* **-goes**) chauvin *m*; **by jingo!** (coll) sapristi!
jingoism ['dʒɪŋgo,ɪzəm] *s* chauvinisme *m*
jinx [dʒɪŋks] *s* guigne *f* || *tr* (coll) porter la guigne à
jitters ['dʒɪtərz] *spl* (coll) frousse *f*, trouille *f*; **to give the jitters to** (coll) flanquer la trouille à
jittery ['dʒɪtəri] *adj* froussard
Joan [dʒon] *s* Jeanne *f*
job [dʒɑb] *s* (*piece of work*) travail *m*; (*chore*) besogne *f*, tâche *f*; (*employment*) emploi *m*; (*work done by contract*) travail à forfait; (slang) vol *m*; **bad job** (fig) mauvaise affaire *f*; **by the job** à la pièce; **on the job** faisant un stage; (slang) attentif; **soft job** (coll) filon *m*, fromage *m*; **to be out of a job** être en chômage; **to lie down on the job** (slang) tirer au flanc
jobber ['dʒɑbər] *s* grossiste *m*; (*pieceworker*) ouvrier *m* à la tâche; (*dishonest official*) agioteur *m*
job'hold'er *s* employé *m*; (*in the government*) fonctionnaire *m*
job' lot' *s* solde *m* de marchandises
job' print'ing *s* bilboquet *m*
jockey ['dʒɑki] *s* jockey *m* || *tr* (coll) manœuvrer
jockstrap ['dʒɑk,stræp] *s* suspensoir *m*
jocose [dʒo'kos] *adj* jovial, joyeux
jocular ['dʒɑkjələr] *adj* facétieux
jog [dʒɑg] *s* saccade *f* || *v* (*pret & pp* **jogged**; *ger* **jogging**) *tr* secouer; (*the memory*) rafraîchir || *intr*—**to jog along** aller au petit trot
John [dʒɑn] *s* Jean *m*; **john** (slang) toilettes *fpl*
John' Bull' *s* l'Anglais *m* typique
John' Doe' *s* M. Dupont, M. Durand
Johnny ['dʒɑni] *s* (coll) Jeannot *m*
john'ny·cake' *s* galette *f* de farine de maïs
John'ny-come'-late'ly *s* (coll) nouveau venu *m*
join [dʒɔɪn] *tr* joindre; (*to meet*) rejoindre; (*a club, a church*) se joindre à, entrer dans; (*a political party*) s'affilier à; (*the army*) s'engager dans; **to join s.o. in** + *ger* se joindre à qn pour + *inf* || *intr* se joindre
joiner ['dʒɔɪnər] *s* menuisier *m*; (coll) clubiste *mf*
joint [dʒɔɪnt] *adj* joint, combiné || *s* joint *m*; (culin) rôti *m*; (slang) boîte *f*; **out of joint** disloqué; (fig) de travers
joint' account' *s* compte *m* indivis
joint' commit'tee *s* commission *f* mixte
joint' own'er *s* copropriétaire *mf*
joint'-stock' com'pany *s* société *f* par actions
joist [dʒɔɪst] *s* solive *f*, poutre *f*
joke [dʒok] *s* plaisanterie *f*; **to play a joke on** faire une attrape à || *intr* plaisanter
joker ['dʒokər] *s* farceur *m*, blagueur *m*; (cards) joker *m*, fou *m*; (coll) clause *f* ambiguë
jol·ly ['dʒɑli] *adj* (*comp* **-lier**; *super* **-liest**) joyeux, enjoué || *adv* (coll) rudement
jolt [dʒolt] *s* cahot *m*, secousse *f* || *tr* cahoter, secouer || *intr* cahoter
Jonah ['dʒonə] *s* Jonas *m*
jonquil ['dʒɑŋkwɪl] *s* jonquille *f*
Jordan ['dʒɔrdən] *s* (*country*) Jordanie *f*; la Jordanie; (*river*) Jourdain *m*
josh [dʒɑʃ] *tr & intr* (coll) blaguer
jostle ['dʒɑsəl] *tr* bousculer || *intr* se bousculer
jot [dʒɑt] *s*—**not a jot** pas un iota || *v* (*pret & pp* **jotted**; *ger* **jotting**) *tr*—**to jot down** prendre note de
journal ['dʒʌrnəl] *s* journal *m*; (*magazine*) revue *f*; (mach) tourillon *m*; (naut) journal de bord
jour'nal box' *s* boîte *f* d'essieu
journalism ['dʒʌrnə,lɪzəm] *s* journalisme *m*
journalist ['dʒʌrnəlɪst] *s* journaliste *mf*
journey ['dʒʌrni] *s* voyage *m*; trajet *m*, parcours *m* || *intr* voyager
jour'ney·man *s* (*pl* **-men**) compagnon *m*
joust [dʒʌst], [dʒust], [dʒaʊst] *s* joute *f* || *intr* jouter
Jove [dʒov] *s* Jupiter *m*; **by Jove!** parbleu!
jovial ['dʒovɪ·əl] *adj* jovial
jowl [dʒaʊl] *s* bajoue *f*
joy [dʒɔɪ] *s* joie *f*
joyful ['dʒɔɪfəl] *adj* joyeux
joyless ['dʒɔɪlɪs] *adj* sans joie
joyous ['dʒɔɪ·əs] *adj* joyeux
joy' ride' *s* (coll) balade *f* en auto
joy' stick' *s* manche *m* à balai
Jr. *abbr* (**junior**) fils, e.g., **Mr. Martin, Jr.** M. Martin fils
jubilant ['dʒubɪlənt] *adj* jubilant
jubilee ['dʒubɪ,li] *s* jubilé *m*
Judaism ['dʒude,ɪzəm] *s* judaïsme *m*
judge [dʒʌdʒ] *s* juge *m* || *tr & intr* juger; **judging by** à en juger par
judge' ad'vocate *s* commissaire *m* du gouvernement
judgment ['dʒʌdʒmənt] *s* jugement *m*
judg'ment day' *s* jour *m* du jugement dernier
judicial [dʒu'dɪʃəl] *adj* judiciaire; (*legal*) juridique
judiciar·y [dʒu'dɪʃɪ,ɛri] *adj* judiciaire || *s* (*pl* **-ies**) pouvoir *m* judiciaire; (*judges*) judicature *f*
judicious [dʒu'dɪʃəs] *s* judicieux
jug [dʒʌg] *s* (*of earthenware*) cruche *f*; (*of metal*) broc *m*; (*jail*) (slang) bloc *m*

juggle ['dʒʌgəl] *tr* jongler avec; **to juggle away** escamoter || *intr* jongler
juggler ['dʒʌglər] *s* jongleur *m*; imposteur *m*, mystificateur *m*
jugglery ['dʒʌgləri] or **juggling** ['dʒʌglɪŋ] *s* jonglerie *f*; (*trickery*) passe-passe *m*
Jugoslavia ['jugo'slɑvɪ·ə] *s* Yougoslavie *f*; la Yougoslavie
jugular ['dʒʌgjələr], ['dʒugjələr] *adj & s* jugulaire *f*
juice [dʒus] *s* jus *m*; (coll) courant *m* électrique
juic·y ['dʒusi] *adj* (*comp* **-ier**; *super* **-iest**) juteux; (fig) savoureux
jukebox ['dʒuk,bɑks] *s* pick-up *m* électrique à sous, distributeur *m* de musique
July [dʒu'laɪ] *s* juillet *m*
jumble ['dʒʌmbəl] *s* fouillis *m*, enchevêtrement *m* || *tr* brouiller
jumbo ['dʒʌmbo] *adj* (coll) géant
jump [dʒʌmp] *s* saut *m*, bond *m*; (*nervous start*) sursaut *m*; (sports) saut *m*; (sports) obstacle *m* || *tr* sauter; **to jump ship** tirer une bordée; **to jump the gun** démarrer trop tôt; **to jump the track** dérailler || *intr* sauter, bondir; **to jump at the chance** sauter sur l'occasion
jump' ball' *s* (sports) entre-deux *m*
jump'ing jack' *s* pantin *m*
jump' rope' *s* corde *f* à sauter
jump' seat' *s* strapontin *m*
jump·y ['dʒʌmpi] *adj* (*comp* **-ier**; *super* **-iest**) nerveux
junction ['dʒʌŋkʃən] *s* jonction *f*; (*of railroads, roads*) embranchement *m*
juncture ['dʒʌŋktʃər] *s* jointure *f*; (*occasion*) conjoncture *f*; **at this juncture** en cette occasion
June [dʒun] *s* juin *m*
jungle ['dʒʌŋgəl] *s* jungle *f*
jun'gle war'fare *s* guerre *f* de la brousse
junior ['dʒunjər] *adj* cadet; **Bobby Watson, Junior** le jeune Bobby Watson; **Martin, Junior** Martin fils || *s* cadet *m*; (educ) étudiant *m* de troisième année
jun'ior of'ficer *s* officier *m* subalterne
juniper ['dʒunɪpər] *s* genévrier *m*
ju'niper ber'ry *s* genièvre *m*
junk [dʒʌŋk] *s* (*old metal*) ferraille *f*; (*worthless objects*) bric-à-brac *m*; (*cheap merchandise*) camelote *f*, pacotille *f*; (coll) gnognote *f*; (naut) jonque *f* || *tr* mettre au rebut
junk' deal'er *s* fripier *m*; marchand *m* de ferraille
junket ['dʒʌŋkɪt] *s* excursion *f*; voyage *m* officiel aux frais de la princesse
junk'man' *s* (*pl* **-men'**) ferrailleur *m*; chiffonnier *m*
junk' shop' *s* boutique *f* de bric-à-brac et friperie; bric-à-brac *m*
junk'yard' *s* cimetière *m* de ferraille
jurisdiction [,dʒurɪs'dɪkʃən] *s* juridiction *f*; **within the jurisdiction of** du ressort de
jurist ['dʒurɪst] *s* légiste *m*
juror ['dʒurər] *s* juré *m*
ju·ry ['dʒuri] *s* (*pl* **-ries**) jury *m*
just [dʒʌst] *adj* juste || *adv* seulement; justement; **just as** à l'instant où; (*in the same way that*) de même que; **just as it is** tel quel; **just out** vient de paraître; **to have just** venir de
justice ['dʒʌstɪs] *s* justice *f*; (*judge*) juge *m*
jus'tice of the peace' *s* juge *m* de paix
justi·fy ['dʒʌstɪ,faɪ] *v* (*pret & pp* **-fied**) *tr* justifier
justly ['dʒʌstli] *adv* justement
jut [dʒʌt] *v* (*pret & pp* **jutted**; *ger* **jutting**) *intr*—**to jut out** faire saillie
jute [dʒut] *s* jute *m*
juvenile ['dʒuvənɪl], ['dʒuve,naɪl] *adj* juvénile, adolescent; (*e.g., books*) pour la jeunesse || *s* adolescent *m*
ju'venile delin'quency *s* délinquance *f* juvénile
ju'venile delin'quent *s* délinquant *m* juvénile; **juvenile delinquents** jeunes délinquants *mpl*
juxtapose [,dʒʌkstə'poz] *tr* juxtaposer

K

K, k [ke] *s* XIe lettre de l'alphabet
kale [kel] *s* chou *m* frisé
kaleidoscope [kə'laɪdə,skop] *s* kaléidoscope *m*
kangaroo [,kæŋgə'ru] *s* kangourou *m*
kan'garoo court' *s* tribunal *m* bidon
Kashmir ['kæʃmɪr] *s* le Cachemire
kash'mir shawl' *s* châle *m* de cachemire
keel [kil] *s* quille *f* || *intr*—**to keel over** (naut) chavirer; (coll) tomber dans les pommes
keen [kin] *adj* (*having a sharp edge*) aiguisé, affilé; (*sharp, cutting*) mordant, pénétrant; (*sharp-witted*) perçant, perspicace; (*eager, much interested*) enthousiaste, vif; (slang) formidable; **keen on** engoué de, passionné de
keep [kip] *s* entretien *m*; (*of medieval castle*) donjon *m*; **for keeps** (*for good*) (coll) pour de bon; (*forever*) (coll) à tout jamais; **to earn one's keep** (coll) gagner sa nourriture, gagner sa vie; **to play for keeps** (coll) jouer le tout pour le tout || *v* (*pret & pp* **kept** [kept]) *tr* garder, conserver; (*one's word or promise; accounts, a diary*) tenir; (*animals*) élever; (*a garden*) cultiver; (*a hotel, a school, etc.*) diriger; (*an appointment*) ne pas

manquer à; (*a holiday*) observer; (*a person*) avoir à sa charge, entretenir; **keep it up!** ne flanchez pas!, continuez!; **to keep away** éloigner; **to keep back** retenir; **to keep down** baisser; (*prices*) maintenir bas; (*a revolt*) réprimer; **to keep in** retenir; (*a student after school*) garder en retenue; (*dust, fire, etc.*) entretenir; **to keep off** éloigner; **to keep out** tenir éloigné, empêcher d'entrer; **to keep quiet** faire taire; **to keep running** laisser marcher; **to keep score** marquer les points; **to keep servants** avoir des domestiques; **to keep s.o. busy** occuper qn; **to keep s.o. clean (cool, warm, etc.)** tenir qn propre (au frais, au chaud, etc.); **to keep s.o. or s.th. from** + *ger* empêcher qn or q.ch. de + *inf*; **to keep s.o. informed about** mettre or tenir qn au courant de; **to keep s.o. waiting** faire attendre qn; **to keep up** maintenir; (*e.g., all night*) faire veiller || *intr* rester, se tenir; (*in good shape*) demeurer, se conserver; (*e.g., from rotting*) se garder; **keep out** (public sign) entrée interdite; **that can keep** (coll) ça peut attendre; **to keep** + *ger* continuer à + *inf*; **to keep away** s'éloigner, se tenir à l'écart; **to keep from** + *ger* s'abstenir de + *inf*; **to keep in with** rester en bons termes avec; **to keep on** + *ger* continuer à + *inf*; **to keep out** rester dehors; **to keep out of** ne pas se mêler de; **to keep quiet** rester tranquille, se taire; **to keep to** (*e.g., the right*) garder (*e.g., la droite*); **to keep up** tenir bon, tenir ferme; **to keep up with** aller de pair avec

keeper ['kipər] *s* gardien *m*, garde *m*; (*of a game preserve*) garde forestier; (*of a horseshoe magnet*) armature *f*

keeping ['kipɪŋ] *s* garde *f*, surveillance *f*; (*of a holiday*) observance *f*; **in keeping with** en accord avec; **in safe keeping** sous bonne garde; **out of keeping with** en désaccord avec

keep′sake′ *s* souvenir *m*, gage *m* d'amitié

keg [kɛg] *s* tonnelet *m*; (*of herring*) caque *f*

ken [kɛn] *s*—**beyond the ken of** hors de la portée de

kennel ['kɛnəl] *s* chenil *m*

kep·i ['kepi], ['kɛpi] *s* (*pl* **-is**) képi *m*

kept′ wom′an [kɛpt] *s* (*pl* **wom′en**) femme *f* entretenue

kerchief ['kʌrtʃɪf] *s* fichu *m*

kernel ['kʌrnəl] *s* (*inner part of a nut or fruit stone*) amande *f*; (*of wheat or corn*) grain *m*; (fig) noyau *m*, cœur *m*

kerosene ['kɛrə,sin], [,kɛrə'sin] *s* kérosène *m*, pétrole *m* lampant

ker′osene lamp′ *s* lampe *f* à pétrole

kerplunk [,kʌr'plʌŋk] *interj* patatras!

ketchup ['kɛtʃəp] *s* sauce *f* tomate, ketchup *m*

kettle ['kɛtəl] *s* chaudron *m*, marmite *f*; (*teakettle*) bouilloire *m*

ket′tle·drum′ *s* timbale *f*

key [ki] *adj* clef, clé || *s* clef *f*, clé *f*; (*of piano, typewriter, etc.*) touche *f*; (*wedge or cotter used to lock parts together*) cheville *f*, clavette *f*; (*reef or low island*) caye *f*; (*answer book*) livre *m* du maître; (*tone of voice*) ton *m*; (*to a map*) légende *f*; (bot) samare *f*; (mus) tonalité *f*; (telg) manipulateur *m*; **key to the city** droit *m* de cité; **off key** faux; **on key** juste || *tr* claveter, coincer; **to be keyed up** être surexcité, être tendu

key′board′ *s* clavier *m*

key′hole′ *s* trou *m* de la serrure; (*of clock*) trou de clef

key′man′ *s* (*pl* **-men′**) pivot *m*, homme *m* indispensable

key′note′ *s* (mus) tonique *f*; (fig) dominante *f*

key′note speech′ *s* discours *m* d'ouverture

key′punch′ *s* (mach) perforatrice *f*

key′ ring′ *s* porte-clefs *m*

key′ sig′nature *s* (mus) armature *f* de la clé

key′stone′ *s* clef *f* de voûte

key′ word′ *s* mot-clé *m*

kha·ki ['kɑki], ['kæki] *adj* kaki || *s* (*pl* **-kis**) kaki *m*

khan [kɑn] *s* khan *m*

kibitz ['kɪbɪts] *intr* (coll) faire la mouche du coche

kibitzer ['kɪbɪtsər] *s* (coll) casse-pieds *mf*, curieux *m*

kick [kɪk] *s* coup *m* de pied; (*e.g., of a horse*) ruade *f*; (*of a gun*) recul *m*; (*complaint*) (slang) plainte *f*; (*thrill*) (slang) effet *m*, frisson *m*; **to get a kick out of** (slang) s'en payer une tranche de || *tr* donner un coup de pied à; (*a ball*) botter; **to kick out** (coll) chasser à coups de pied; **to kick s.o. in the pants** (coll) botter le derrière à qn; **to kick the bucket** (coll) casser sa pipe, passer l'arme à gauche; **to kick up a row** (slang) déclencher un chahut || *intr* donner un coup de pied; (*said of gun*) reculer; (*said of horse*) ruer; (sports) botter; **to kick against** regimber contre; **to kick off** (football) donner le coup d'envoi

kick′back′ *s* contrecoup *m*; (slang) ristourne *f*

kick′off′ *s* (sports) coup *m* d'envoi

kid [kɪd] *s* chevreau *m*; (coll) gosse *mf*, mioche *mf* || *v* (*pret & pp* **kidded**; *ger* **kidding**) *tr & intr* (slang) blaguer; **to kid oneself** (slang) se faire des illusions

kidder ['kɪdər] *s* (slang) blagueur *m*

kidding ['kɪdɪŋ] *s* (slang) blague *f*; **no kidding!** (slang) sans blague!

kid′ gloves′ *spl* gants *mpl* de chevreau; **to handle with kid gloves** traiter avec douceur, ménager

kid′nap *v* (*pret & pp* **-naped** or **-napped**; *ger* **-naping** or **-napping**) *tr* kidnapper

kidnaper or **kidnapper** ['kɪdnæpər] *s* kidnappeur *m*

kidnaping or **kidnapping** ['kɪdnæpɪŋ] *s* kidnappage *m*
kidney ['kɪdni] *s* rein *m*; (culin) rognon *m*
kid′ney bean′ *s* haricot *m* de Soissons
kid′ney-shaped′ *adj* réniforme
kid′ney stone′ *s* calcul *m* rénal
kill [kɪl] *s* mise *f* à mort; (*bag of game*) gibier *m* tué || *tr* tuer; (*an animal*) abattre; (*a bill, amendment, etc.*) mettre son veto à, faire échouer
killer ['kɪlər] *s* assassin *m*
kill′er whale′ *s* épaulard *m*, orque *f*
killing ['kɪlɪŋ] *adj* meurtrier; (*exhausting; ridiculous*) crevant || *s* tuerie *f*; **to make a killing** (coll) réussir un beau coup
kill′-joy′ *s* rabat-joie *m*, trouble-fête *mf*
kiln [kɪl], [kɪln] *s* four *m*
kil•o ['kɪlo], ['kilo] *s* (*pl* **-os**) kilo *m*, kilogramme *m*; kilomètre *m*
kilocycle ['kɪlə,saɪkəl] *s* kilocycle *m*
kilogram ['kɪlə,græm] *s* kilogramme *m*
kilometer ['kɪlə,mitər], [kɪ'lɑmɪtər] *s* kilomètre *m*
kilowatt ['kɪlə,wɑt] *s* kilowatt *m*
kilowatt-hour ['kɪlə,wɑt'aʊr] *s* (*pl* **-hours**) kilowatt-heure *m*
kilt [kɪlt] *s* kilt *m*
kilter ['kɪltər] *s*—**to be out of kilter** (coll) être détraqué
kimo•no [kɪ'monə], [kɪ'mono] *s* (*pl* **-nos**) kimono *m*
kin [kɪn] *s* (*family relationship*) parenté *f*; (*relatives*) les parents *mpl*; **of kin** apparenté; **the next of kin** le plus proche parent, les plus proches parents
kind [kaɪnd] *adj* bon, bienveillant; **kind to** bon pour; **to be so kind as to** être assez aimable pour || *s* espèce *f*, genre *m*, sorte *f*, classe *f*; **all kinds of** (coll) quantité de; **kind of** (coll) plutôt, en quelque sorte; **of a kind** semblable, de même nature; **to pay in kind** payer en nature
kindergarten ['kɪndər,gɑrtən] *s* jardin *m* d'enfants
kindergartner ['kɪndər,gɑrtnər] *s* élève *mf* de jardin d'enfants; (*teacher*) jardinière *f*
kind′-heart′ed *adj* bon, bienveillant
kindle ['kɪndəl] *tr* allumer || *intr* s'allumer
kindling ['kɪndlɪŋ] *s* allumage *m*; (*wood*) bois *m* d'allumage
kin′dling wood′ *s* bois *m* d'allumage
kind•ly ['kaɪndli] *adj* (*comp* **-lier**; *super* **-liest**) (*kind-hearted*) bon, bienveillant; (*e.g., climate*) doux; (*e.g., terrain*) favorable || *adv* avec bonté, avec bienveillance; **to take kindly** prendre en bonne part; **to take kindly to** prendre en amitié
kindness ['kaɪndnɪs] *s* bonté *f*, obligeance *f*
kindred ['kɪndrɪd] *adj* apparenté, de même nature || *s* parenté *f*, famille *f*; parenté, ressemblance *f*
kinescope ['kɪnɪ,skop] *s* (trademark) kinescope *m*
kinetic [kɪ'netɪk], [kaɪ'netɪk] *adj* cinétique || **kinetics** *s* cinétique *f*
kinet′ic en′ergy *s* énergie *f* cinétique
king [kɪŋ] *s* roi *m*; (cards, chess, & fig) roi; (checkers) pion *m* doublé, dame *f* || *tr* (checkers) damer
king′bolt′ *s* cheville *f* maîtresse
kingdom ['kɪŋdəm] *s* royaume *m*; (*one of three divisions of nature*) règne *m*
king′fish′er *s* martin-pêcheur *m*
king•ly ['kɪŋli] *adj* (*comp* **-lier**; *super* **-liest**) royal, de roi, digne d'un roi || *adv* en roi, de roi, comme un roi
king′pin′ *s* cheville *f* ouvrière; (bowling) quille *f* du milieu; (coll) ponte *m*, pontife *m*
king′ post′ *s* poinçon *m*
kingship ['kɪŋʃɪp] *s* royauté *f*
king′-size′ *adj* grand format, géant
king's′ ran′som *s* rançon *f* de roi
kink [kɪŋk] *s* (*twist, e.g., in a rope*) nœud *m*; (*in a wire*) faux pli *m*; (*in hair*) frisette *f*, bouclette *f*; (*soreness in neck*) torticolis *m*; (*flaw, difficulty*) point *m* faible; (*mental twist*) lubie *f*; (naut) coque *f* || *tr* nouer, entortiller || *intr* se nouer, s'entortiller
kink•y ['kɪŋki] *adj* (*comp* **-ier**; *super* **-iest**) crépu, bouclé
kinsfolk ['kɪnz,fok] *spl* parents *mpl*
kin′ship *s* parenté *f*
kins•man ['kɪnzmən] *s* (*pl* **-men**) parent *m*
kins•woman ['kɪnz,wʊmən] *s* (*pl* **-wom′en**) parente *f*
kipper ['kɪpər] *s* kipper *m* || *tr* saurer
kiss [kɪs] *s* baiser *m* || *tr* embrasser, donner un baiser à || *intr* s'embrasser
kit [kɪt] *s* nécessaire *m*; (*tub*) tonnelet *m*; (*of traveler*) trousse *f* de voyage; (mil) équipement *m*, sac *m*; **the whole kit and caboodle** (coll) tout le saint-frusquin
kitchen ['kɪtʃən] *s* cuisine *f*
kitch′en cup′board *s* vaisselier *m*
kitchenette [,kɪtʃə'nɛt] *s* petite cuisine *f*
kitch′en gar′den *s* jardin *m* potager
kitch′en•maid′ *s* fille *f* de cuisine
kitch′en police′ *s* (mil) corvée *f* de cuisine
kitch′en range′ *s* cuisinière *f*
kitch′en sink′ *s* évier *m*
kitch′en•ware′ *s* ustensiles *mpl* de cuisine
kite [kaɪt] *s* cerf-volant *m*; (orn) milan *m*; **to fly a kite** lancer or enlever un cerf-volant
kith′ and kin′ [kɪθ] *spl* amis et parents *mpl*, cousinage *m*
kitten ['kɪtən] *s* chaton *m*, petit chat *m*
kittenish ['kɪtənɪʃ] *adj* enjoué, folâtre; (*woman*) coquette, chatte
kit•ty ['kɪti] *s* (*pl* **-ties**) minet *m*, minou *m*; (*in card games*) cagnotte *f*, poule *f*; **kitty, kitty, kitty!** minet, minet, minet!
kleptomaniac [,klɛptə'menɪ,æk] *adj* & *s* kleptomane *mf*
knack [næk] *s* adresse *f*, chic *m*

knapsack ['næp,sæk] *s* sac *m* à dos, havresac *m*
knave [nev] *s* fripon *m*; (cards) valet *m*
knaver•y ['nevəri] *s* (*pl* **-ies**) friponnerie *f*
knead [nid] *tr* pétrir; (*to massage*) masser
knee [ni] *s* genou *m*; **to bring s.o. to his knees** mettre qn à genoux; **to go down on one's knees** se mettre à genoux
knee' breech'es *spl* culotte *f* courte
knee'cap' *s* rotule *f*; (*protective covering*) genouillère *f*
knee'-deep' *adj* jusqu'aux genoux
knee'-high' *adj* à la hauteur du genou
knee'hole' *s* trou *m*, évidement *m* pour l'entrée des genoux
knee' jerk' *s* réflexe *m* rotulien
kneel [nil] *v* (*pret & pp* **knelt** [nɛlt] or **kneeled**) *intr* s'agenouiller, se mettre à genoux
knee'pad' *s* genouillère *f*
knee'pan' *s* rotule *f*
knee' swell' *s* (*of organ*) genouillère *f*
knell [nɛl] *s* glas *m*; **to toll the knell of** sonner le glas de || *intr* sonner le glas
knickers ['nɪkərz] *spl* pantalons *mpl* de golf, knickerbockers *mpl*
knickknack ['nɪk,næk] *s* colifichet *m*
knife [naɪf] *s* (*pl* **knives** [naɪvz]) couteau *m*; (*of paper cutter or other instrument*) couperet *m*, lame *f*; **to go under the knife** (coll) monter or passer sur le billard || *tr* poignarder
knife' sharp'ener *s* fusil *m*, affiloir *m*
knife' switch' *s* (elec) interrupteur *m* à couteau
knight [naɪt] *s* chevalier *m*; (chess) cavalier *m* || *tr* créer or faire chevalier
knight-errant ['naɪt'ɛrənt] *s* (*pl* **knights-errant**) chevalier *m* errant
knighthood ['naɪthʊd] *s* chevalerie *f*
knightly ['naɪtli] *adj* chevaleresque
knit [nɪt] *v* (*pret & pp* **knitted** or **knit**; *ger* **knitting**) *tr* tricoter; (*one's brows*) froncer; **to knit together** lier, unir || *intr* tricoter; (*said of bones*) se souder
knit' goods' *spl* tricot *m*, bonneterie *f*
knitting ['nɪtɪŋ] *s* (*action*) tricotage *m*; (*product*) tricot *m*
knit'ting machine' *s* tricoteuse *f*
knit'ting nee'dle *s* aiguille *f* à tricoter
knit'wear' *s* tricot *m*
knob [nɑb] *s* (*lump*) bosse *f*; (*of a door, drawer, etc.*) bouton *m*, poignée *f*; (*of a radio*) bouton
knock [nɑk] *s* coup *m*, heurt *m*; (*of an internal-combustion engine*) cognement *m*; (slang) éreintement *m*, dénigrement *m* || *tr* frapper; (*repeatedly*) cogner **à**, contre, or sur; (slang) éreinter, dénigrer; **to knock about** bousculer; **to knock against** heurter contre; **to knock down** (*with a blow, punch, etc.*) renverser; (*to the highest bidder*) adjuger; **to knock in** enfoncer; **to knock off** faire tomber; **to knock out** faire sortir en cognant; (boxing) mettre knock-out; (*to fatigue*) (coll) claquer, fatiguer || *intr* frapper; (*said of internal-combustion engine*) cogner; **to knock about** vagabonder, se balader; **to knock against** se heurter contre; **to knock at** or **on** (*e.g., a door*) heurter à, frapper à; **to knock off** (*to stop working*) (coll) débrayer
knock'down' *adj* (*dismountable*) démontable || *s* (*blow*) coup *m* d'assommoir; (*discount*) escompte *m*
knocked' out' *adj* éreinté; (boxing) knock-out
knocker ['nɑkər] *s* (*on a door*) heurtoir *m*, marteau *m*; (*critic*) (coll) éreinteur *m*
knock-kneed ['nɑk,nid] *adj* cagneux
knock'out' *s* (boxing) knock-out *m*; (*person*) (coll) type *m* renversant; (*thing*) (coll) chose *f* sensationnelle
knock'out drops' *spl* (slang) narcotique *m*
knoll [nol] *s* mamelon *m*, tertre *m*
knot [nɑt] *s* nœud *m*; (*e.g., of people*) groupe *m*; (naut) nœud *m*, mille *m* marin à l'heure; (*loosely*) (naut) mille marin; **to tie a knot** faire un nœud; **to tie the knot** (coll) prononcer le conjungo || *v* (*pret & pp* **knotted**; *ger* **knotting**) *tr* nouer; **to knot one's brow** froncer le sourcil || *intr* se nouer
knot'hole' *s* trou *m* de nœud
knot•ty ['nɑti] *adj* (*comp* **-tier**; *super* **-tiest**) noueux; (*e.g., question*) épineux
know [no] *s*—**to be in the know** (coll) être au courant, être à la page || *v* (*pret* **knew** [n(j)u]; *pp* **known**) *tr & intr* (*by reasoning or learning*) savoir; (*by the senses or by perception; through acquaintance or recognition*) connaître; **as far as I know** autant que je sache; **to know about** être informé de, savoir; **to know best** être le meilleur juge; **to know how to** + *inf* savoir + *inf*; **to let s.o. know about** faire part à qn de; **you ought to know better** vous devriez avoir honte; **you ought to know better than to . . .** vous devriez vous bien garder de . . . ; **you wouldn't know s.o. from . . .** on prendrait qn pour . . .
knowable ['no·əbəl] *adj* connaissable
know'-how' *s* technique *f*, savoir-faire *m*
knowing ['no·ɪŋ] *adj* avisé; (*look, smile*) entendu
knowingly ['no·ɪŋli] *adv* sciemment, en connaissance de cause; (*on purpose*) exprès
know'-it-all' *adj* (coll) omniscient || *s* (coll) Monsieur Je-sais-tout *m*
knowledge ['nɑlɪdʒ] *s* (*faculty*) science *f*, connaissances *fpl*, savoir *m*; (*awareness, familiarity*) connaissance *f*; **not to my knowledge** pas que je sache; **to have a thorough knowledge of** posséder une connaissance approfondie de; **to my knowledge, to the best of my knowledge** à ma connaissance, autant que je sache; **without my knowledge** à mon insu

knowledgeable ['nalɪdʒəbəl] *adj* (coll) intelligent, bien informé
know'-noth'ing *s* ignorant *m*
knuckle ['nʌkəl] *s* jointure *f* or articulation *f* du doigt; (*of a quadruped*) jarret *m*; (mach) joint *m* en charnière; **knuckle of ham** jambonneau *m*; **to rap s.o. over the knuckles** donner sur les doigts or ongles à qn || *intr*—**to knuckle down** se soumettre; (*to work hard*) s'y mettre sérieusement
knurl [nʌrl] *s* molette *f* || *tr* moleter
k.o. ['ke'o] (letterword) (**knockout**) *s* k.o. *m* || *tr* mettre k.o.
Koran [ko'ran], [ko'ræn] *s* Coran *m*
Korea [ko'ri·ə] *s* Corée *f*; la Corée
Korean [ko'ri·ən] *adj* coréen || *s* (*language*) coréen; (*person*) Coréen *m*
kosher ['koʃər] *adj* casher, cawcher; (coll) convenable
kowtow ['kaʊ'taʊ], ['ko'taʊ] *intr* se prosterner à la chinoise; **to kowtow to** faire des courbettes à or devant
K.P. ['ke'pi] *s* (letterword) (**kitchen police**) (mil) corvée *f* de cuisine; **to be on K.P. duty** (mil) être de soupe
kudos ['k(j)udas] *s* (coll) gloire *f*, éloges *mpl*, flatteries *fpl*

L

L, l [ɛl] *s* XIIe lettre de l'alphabet
la·bel ['lebəl] *s* étiquette *f*; (*brand*) marque *f*; (*in a dictionary*) rubrique *f*, référence *f* || *v* (*pret & pp* **-beled** or **-belled**; *ger* **-beling** or **-belling**) *tr* étiqueter
labial ['lebɪ·əl] *adj* labial || *s* labiale *f*
labor ['lebər] *adj* ouvrier || *s* travail *m*; (*toil*) labeur *m*, peine *f*; (*job, task*) tâche *f*, besogne *f*; (*manual work involved in an undertaking; the wages for such work*) main-d'œuvre *f*; (*wage-earning worker as contrasted with capital and management*) le salariat, le travail; (*childbirth*) couches *fpl*, travail; **to be in labor** être en couches || *tr* (*a point, subject, etc.*) insister sur; (*one's style*) travailler, élaborer || *intr* travailler; (*to toil*) travailler dur, peiner; (*to exert oneself*) s'efforcer; (*said of ship*) fatiguer, bourlinguer; **to labor under** être victime de; **to labor up** (*a hill, slope, etc.*) gravir; **to labor uphill** peiner en côte; **to labor with child** être en travail d'enfant
la'bor and man'agement *spl* la classe ouvrière et le patronat
laborato·ry ['læbərə,tori] *s* (*pl* **-ries**) laboratoire *m*
lab'oratory class' *s* classe *f* de travaux pratiques
labored ['lebərd] *adj* travaillé, trop élaboré; (*e.g., breathing*) pénible
laborer ['lebərər] *s* travailleur *m*, ouvrier *m*; (*unskilled worker*) journalier *m*, manœuvre *m*
laborious [lə'borɪ·əs] *adj* laborieux
la'bor move'ment *s* mouvement *m* syndicaliste
la'bor un'ion *s* syndicat *m*, syndicat ouvrier
Labourite ['lebə,raɪt] *adj* & *s* (Brit) travailliste *mf*
La'bour Par'ty ['lebər] *adj* (Brit) travailliste || *s* parti *m* travailliste
Labrador ['læbrə,dɔr] *s* le Labrador
laburnum [lə'bʌrnəm] *s* cytise *m*
labyrinth ['læbɪrɪnθ] *s* labyrinthe *m*
lace [les] *s* dentelle *f*; (*string to tie shoe, corset, etc.*) lacet *m*, cordon *m*; (*braid*) broderies *fpl* || *tr* garnir or border de dentelles; (*shoes, corset, etc.*) lacer; (*to braid*) entrelacer; (coll) flanquer une rossée à, rosser
lace' trim'ming *s* passementerie *f*
lace'work' *s* dentelles *fpl*, passementerie *f*
lachrymose ['lækrɪ,mos] *adj* larmoyant
lacing ['lesɪŋ] *s* lacet *m*, cordon *m*; (*trimming*) galon *m*, passement *m*; (coll) rossée *f*
lack [læk] *s* manque *m*, défaut *m*; (*lack of necessities*) pénurie *f*; **for lack of** faute de || *tr* manquer de, être dépourvu de || *intr* (*to be lacking*) manquer
lackadaisical [,lækə'dezɪkəl] *adj* languissant, apathique
lackey ['læki] *s* laquais *m*
lacking ['lækɪŋ] *prep* dépourvu de, dénué de
lack'lus'ter *adj* terne, fade
laconic [lə'kanɪk] *adj* laconique
lacquer ['lækər] *s* laque *m* & *f* || *tr* laquer
lac'quer ware' *s* laques *mpl*, objets *mpl* d'art en laque
lacrosse [lə'krɔs], [lə'kras] *s* crosse *f*, jeu *m* de crosse; **to play lacrosse** jouer à la crosse
lacu·na [lə'kjunə] *s* (*pl* **-nas** or **-nae** [ni]) lacune *f*
lac·y ['lesi] *adj* (*comp* **-ier**; *super* **-iest**) de dentelle; (fig) fin, léger
lad [læd] *s* garçon *m*, gars *m*
ladder ['lædər] *s* échelle *f*; (*stepping stone*) (fig) marchepied *m*, échelon *m*; (*stepladder*) marchepied, escabeau *m*; (*run in stocking*) (Brit) démaillage *m*; (*stairway*) (naut) escalier *m*
lad'der truck' *s* fourgon-pompe *m* à échelle
la'dies' room' *s* toilettes *fpl* pour dames, lavabos *mpl* pour dames

ladle ['ledəl] *s* louche *f* || *tr* servir à la louche
la·dy ['ledi] *s* (*pl* **-dies**) dame *f*; **ladies** (public sign) dames; **ladies and gentlemen!** (formula used in addressing an audience) mesdames, mesdemoiselles, messieurs!; messieurs dames! (coll)
la′dy·bird′ or **la′dy·bug′** *s* cocinelle *f*, bête *f* à bon Dieu
la′dy·fin′ger *s* biscuit *m* à la cuiller
la′dy-in-wait′ing *s* (*pl* **ladies-in-waiting**) demoiselle *f* d'honneur
la′dy-kil′ler *s* bourreau *m* des cœurs, tombeur *m* de femmes
la′dy·like′ *adj* de bon ton, de dame
la′dy·love′ *s* bien-aimée *f*, dulcinée *f*
la′dy of the house′ *s* maîtresse *f* de maison
la′dy's maid′ *s* camériste *f*
la′dy's man′ *s* homme *m* à succès
lag [læg] *s* retard *m* || *v* (*pret & pp* **lagged**; *ger* **lagging**) *intr* traîner; **to lag behind** rester en arrière
la′ger beer′ ['lɑgər] *s* bière *f* de fermentation basse, lager *m*
laggard ['lægərd] *adj* tardif || *s* traînard *m*
lagoon [lə'gun] *s* lagune *f*
laid′ pa′per [led] *s* papier *m* vergé
laid′ up′ *adj* mis en réserve; (naut) mis en rade; (coll) alité, au lit
lair [ler] *s* tanière *f*; (fig) repaire *m*
laity ['le·ɪti] *s* profanes *mfpl*; (eccl) laïques *mfpl*
lake [lek] *adj* lacustre || *s* lac *m*
lamb [læm] *s* agneau *m*
lambaste [læm'best] *tr* (*to thrash*) (coll) flanquer une rossée à; (*to reprimand harshly*) (coll) passer un savon à
lamb′ chop′ *s* côtelette *f* d'agneau
lambkin ['læmkɪn] *s* agnelet *m*
lamb′skin′ *s* peau *f* d'agneau; (*dressed with its wool*) mouton *m*, agnelin *m*
lame [lem] *adj* boiteux; (*sore*) endolori; (*e.g., excuse*) faible, piètre || *tr* estropier, rendre boiteux
lament [lə'ment] *s* lamentation *f*; (*dirge*) complainte *f* || *tr* déplorer || *intr* lamenter, se lamenter
lamentable ['læməntəbəl] *adj* lamentable
lamentation [,læmən'teʃən] *s* lamentation *f*
laminate ['læmɪ,net] *tr* laminer
lamp [læmp] *s* lampe *f*
lamp′black′ *s* noir *m* de fumée
lamp′ chim′ney *s* verre *m* de lampe
lamp′light′ *s* lumière *f* de lampe
lamp′light′er *s* allumeur *m* de réverbères
lampoon [læm'pun] *s* libelle *m*, pasquinade *f* || *tr* faire des libelles contre
lamp′post′ *s* réverbère *m*, poteau *m* de réverbère
lamprey ['læmpri] *s* lamproie *f*
lamp′shade′ *s* abat-jour *m*
lamp′wick′ *s* mèche *f* de lampe
lance [læns], [lɑns] *s* lance *f*; (surg) lancette *f*, bistouri *m* || *tr* percer d'un coup de lance; (surg) donner un coup de lancette or bistouri à
lancet ['lænsɪt], ['lɑnsɪt] *s* (surg) lancette *f*, bistouri *m*
land [lænd] *adj* terrestre, de terre || *s* terre *f*; **land of milk and honey** pays de cocagne; **to make land** toucher terre; **to see how the land lies** sonder or tâter le terrain || *tr* débarquer, mettre à terre; (*an airplane*) atterrir; (*a fish*) amener à terre; (*e.g., a job*) (coll) décrocher; (*a blow*) (coll) flanquer || *intr* débarquer, descendre à terre; (*said of airplane*) atterrir; **to land on one's feet** retomber sur ses pieds; **to land on the moon** alunir; **to land on the water** amerrir
land′ breeze′ *s* brise *f* de terre
landed *adj* (*owning land*) terrien; (*real-estate*) immobilier
land′ed prop′erty *s* propriété *f* foncière
land′fall′ *s* (*sighting land*) abordage *m*; (*landing of ship or plane*) atterrissage *m*; (*landslide*) glissement *m* de terrain
landing ['lændɪŋ] *s* (*of plane*) atterrissage *m*; (*of ship*) mise *f* à terre, débarquement *m*; (*place where passengers and goods are landed*) débarcadère *m*; (*of stairway*) palier *m*; (*on the moon*) alunissage *m*
land′ing bea′con *s* (aer) radiophare *m* d'atterissage
land′ing craft′ *s* (nav) péniche *f* de débarquement
land′ing field′ *s* (aer) terrain *m* d'atterrissage
land′ing force′ *s* (nav) détachement *m* de débarquement
land′ing gear′ *s* (aer) train *m* d'atterrissage
land′ing par′ty *s* (nav) détachement *m* de débarquement
land′ing stage′ *s* débarcadère *m*
land′ing strip′ *s* (aer) piste *f* d'atterrissage
land′la′dy *s* (*pl* **-dies**) (*e.g., of an apartment*) logeuse *f*, propriétaire *f*; (*of a lodging house*) patronne *f*; (*of an inn*) aubergiste *f*
land′locked′ *adj* entouré de terre
land′lord′ *s* (*e.g., of an apartment*) logeur *m*, propriétaire *m*; (*of a lodging house*) patron *m*; (*of an inn*) aubergiste *m*
landlubber ['lænd,lʌbər] *s* marin *m* d'eau douce
land′mark′ *s* point *m* de repère, borne *f*; (*important event*) étape *f* importante; (naut) amer *m*
land′ of′fice *s* bureau *m* du cadastre
land′own′er *s* propriétaire *m* foncier
landscape ['lænd,skep] *s* paysage *m* || *tr* aménager en jardins
land′scape ar′chitect *s* architecte *m* paysagiste
land′scape gar′dener *s* jardinier *m* paysagiste
land′scape paint′er *s* paysagiste *mf*
landscapist ['lænd,skepɪst] *s* paysagiste *mf*

land′slide′ *s* glissement *m* de terrain, éboulement *m*; (*in an election*) raz *m* de marée
landward [ˈlændwərd] *adv* du côté de la terre, vers la terre
land′ wind′ [wɪnd] *s* vent *m* de terre
lane [len] *s* (*narrow street or passage*) ruelle *f*; (*in the country*) sentier *m*; (*of an automobile highway*) voie *f*; (*line of cars*) file *f*; (*of an air or ocean route*) route *f* de navigation
langsyne [ˈlæŋˈsaɪn] *s* (Scotch) le temps jadis ‖ *adv* (Scotch) au temps jadis
language [ˈlæŋgwɪdʒ] *s* langage *m*; (*e.g., of a nation*) langue *f*
languid [ˈlæŋgwɪd] *adj* languissant
languish [ˈlæŋgwɪʃ] *intr* languir
languor [ˈlæŋgər] *s* langueur *f*
languorous [ˈlæŋgərəs] *adj* langoureux
lank [læŋk] *adj* efflanqué, maigre; (*hair*) plat, e.g., **lank hair** cheveux plats
lank•y [ˈlæŋki] *adj* (*comp* **-ier**; *super* **-iest**) grand et maigre
lanolin [ˈlænəlɪn] *s* lanoline *f*
lantern [ˈlæntərn] *s* lanterne *f*
lan′tern slide′ *s* diapositive *f*
lanyard [ˈlænjərd] *s* (*around the neck*) cordon *m*; (arti) tire-feu *m*; (naut) ride *f*
lap [læp] *s* (*of human body or clothing*) genoux *mpl*, giron *m*; (*of garment*) genoux, pan *m*; (*with the tongue*) coup *m* de langue; (*of the waves*) clapotis *m*; (*in a race*) (sports) tour *m*; **last lap** dernière étape *f* ‖ *v* (*pret & pp* **lapped**; *ger* **lapping**) *tr* (*with the tongue*) laper; **to lap up** laper; (coll) gober ‖ *intr* laper; (*said of waves*) clapoter; **to lap over** déborder
lap′ dog′ *s* bichon *m*, chien *m* de manchon
lapel [ləˈpel] *s* revers *m*
Lap′land′ *s* Laponie *f*; la Laponie
Laplander [ˈlæpˌlændər] *s* Lapon *m*
Lapp [læp] *s* (*language*) lapon *m*; (*person*) Lapon *m*
lap′ robe′ *s* couverture *f* de voyage
lapse [læps] *s* (*passing of time*) laps *m*; (*slipping into guilt or error*) faute *f*, écart *m*; (*fall, decline*) chute *f*; (*e.g., of an insurance policy*) expiration *f*, échéance *f*; (*of memory*) absence *f*, défaillance *f* ‖ *intr* (*to elapse*) s'écouler, passer; (*to err*) manquer à ses devoirs; (*to decline*) déchoir; (*said, e.g., of a right*) périmer, tomber en désuétude; (*said, e.g., of a legacy*) devenir caduc; (*said, e.g., of an insurance policy*) cesser d'être en vigueur
lap′wing′ *s* (orn) vanneau *m* huppé
larce•ny [ˈlɑrsəni] *s* (*pl* **-nies**) larcin *m*, vol *m*
larch [lɑrtʃ] *s* (bot) mélèze *m*
lard [lɑrd] *s* saindoux *m* ‖ *tr* larder
larder [ˈlɑrdər] *s* garde-manger *m*
large [lɑrdʒ] *adj* grand; **at large** en liberté
large′ intes′tine *s* gros intestin *m*
largely [ˈlɑrdʒli] *adv* principalement
largeness [ˈlardʒnɪs] *s* grandeur *f*
large′-scale′ *adj* sur une large échelle, de grande envergure
lariat [ˈlærɪ·ət] *s* (*for catching animals*) lasso *m*; (*for tying grazing animals*) longe *f*
lark [lɑrk] *s* alouette *f*; (*prank*) espièglerie *f*; **to go on a lark** (coll) faire la bombe
lark′spur′ *s* (*rocket larkspur*) pied-d'alouette *m*; (*field larkspur*) consoude *f* royale
lar•va [ˈlɑrvə] *s* (*pl* **-vae** [vi]) larve *f*
laryngeal [ləˈrɪndʒɪ·əl], [ˌlærɪnˈdʒi·əl] *adj* laryngé, laryngien
laryngitis [ˌlærɪnˈdʒaɪtɪs] *s* laryngite *f*
laryngoscope [ləˈrɪŋgəˌskop] *s* laryngoscope *m*
larynx [ˈlærɪŋks] *s* (*pl* **larynxes** or **larynges** [ləˈrɪndʒiz]) larynx *m*
lascivious [ləˈsɪvɪ·əs] *adj* lascif
lasciviousness [ləˈsɪvɪ·əsnɪs] *s* lasciveté *f*
laser [ˈlezər] *s* (acronym) (**light amplification by stimulated emission of radiation**) laser *m*
lash [læʃ] *s* (*cord on end of whip*) mèche *f*; coup *m*; (*splatter of rain on window*) fouettement *m*; (*eyelash*) cil *m* ‖ *tr* fouetter, cingler; (*to bind, tie*) lier; (naut) amarrer ‖ *intr* fouetter; **to lash out at** cingler
lashing [ˈlæʃɪŋ] *s* fouettée *f*; (*rope*) amarre *f*; (naut) amarrage *m*
lass [læs] *s* jeune fille *f*, jeunesse *f*; bonne amie *f*
lassitude [ˈlæsɪˌt(j)ud] *s* lassitude *f*
las•so [ˈlæso], [læˈsu] *s* (*pl* **-sos** or **-soes**) lasso *m*
last [læst], [lɑst] *adj* (*in a series*) dernier (before noun), e.g., **the last week of the war** la dernière semaine de la guerre; (*just elapsed*) dernier (after noun), e.g., **last week** la semaine dernière; **before last** avant-dernier, e.g., **the time before last** l'avant-dernière fois; **the last two** les deux derniers ‖ *s* dernier *m*; (*the end*) fin *f*, bout *m*; (*for holding shoe*) forme *f*; **at last** enfin, à la fin; **at long last** à la fin des fins; **the last of the month** la fin du mois; **to the last** jusqu'à la fin, jusqu'au bout ‖ *intr* durer; (*to hold out*) tenir
last′ eve′ning *adv* hier soir
lasting [ˈlæstɪŋ], [ˈlɑstɪŋ] *adj* durable
lastly [ˈlæstli], [ˈlɑstli] *adv* pour finir, en dernier lieu, enfin
last′-minute news′ *s* nouvelles *fpl* de dernière heure
last′ name′ *s* nom *m*, nom de famille
last′ night′ *adv* hier soir; cette nuit
last′ quar′ter *s* dernier quartier *m*
last′ sleep′ *s* sommeil *m* de la mort
last′ straw′ *s*—**that's the last straw!** c'est le comble!
Last′ Sup′per *s* (eccl) Cène *f*
last will′ and test′ament *s* testament *m*, acte *m* de dernière volonté
last′ word′ *s* dernier mot *m*; (*latest style*) (coll) dernier cri *m*

latch [lætʃ] *s* loquet *m* || *tr* fermer au loquet
latch′key′ *s* clef *f* de porte d'entrée
latch′string′ *s* cordon *m* de loquet
late [let] *adj* (*happening after the usual time*) tardif; (*person; train, bus, etc.*) en retard; (*e.g., art*) de la dernière époque; (*events*) dernier, récent; (*news*) de la dernière heure; (*incumbent of an office*) ancien; (*deceased*) défunt, feu; **at a late hour in** (*the night, the day*) bien avant dans, à une heure avancée de; **in the late seventeenth century (eighteenth century, etc.)** vers la fin du dix-septième siècle (dix-huitième siècle, etc.); **it is late** il est tard; **of late** dernièrement, récemment, depuis peu; **to be late** être en retard; **to be late in** + *ger* tarder à + *inf* || *adv* tard, tardivement; (*after the appointed time*) en retard; **late in** (*the afternoon, the season, the week, the month*) vers la fin de; **late in life** sur le tard; **very late in** (*the night, the day*) bien avant dans, à une heure avancée de
late-comer [ˈletˌkʌmər] *s* (*newcomer*) nouveau venu *m*; (*one who arrives late*) retardataire *mf*
lateen′ sail′ [læˈtin] *s* voile *f* latine
lateen′ yard′ *s* antenne *f*
lately [ˈletli] *adv* dernièrement, récemment, depuis peu
latency [ˈletənsi] *s* latence *f*
latent [ˈletənt] *adj* latent
later [ˈletər] *adj comp* plus tard, plus tardif; (*event*) subséquent, plus récent; (*kings, luminaries, etc.*) derniers en date; **later than** postérieur à || *adv comp* plus tard; **later on** plus tard, par la suite; **see you later** (coll) à tout à l'heure
lateral [ˈlætərəl] *adj* latéral
lath [læθ], [lɑθ] *s* latte *f* || *tr* latter
lathe [leð] *s* (mach) tour *m*; **to turn on a lathe** façonner au tour
lather [ˈlæðər] *s* (*of soap*) mousse *f*; (*of horse*) écume *f* || *tr* savonner || *intr* (*said of soap*) mousser; (*said of horse*) être couvert d'écume
lathing [ˈlæθɪŋ], [ˈlɑθɪŋ] *s* lattage *m*
Latin [ˈlætɪn], [ˈlætən] *adj* latin || *s* (*language*) latin *m*; (*person*) Latin *m*
Lat′in Amer′ica *s* l'Amérique *f* latine
Lat′in-Amer′ican *adj* latino-américain || *s* Latino-américain *m*
latitude [ˈlætɪˌt(j)ud] *s* latitude *f*
latrine [ləˈtrin] *s* latrines *fpl*
latter [ˈlætər] *adj* dernier; **the latter part of** (*e.g., a century*) la fin de || *pron*—**the latter** celui-ci §84; le dernier
lattice [ˈlætɪs] *adj* treillissé || *s* treillis *m* || *tr* treillisser
lat′tice gird′er *s* poutre *f* à croisillons
lat′tice-work′ *s* treillis *m*, grillage *m*
laud [lɔd] *tr* louer
laudable [ˈlɔdəbəl] *adj* louable
laudanum [ˈlɔdənəm], [ˈlɔdnəm] *s* laudanum *m*
laudatory [ˈlɔdəˌtori] *adj* laudatif, élogieux
laugh [læf], [lɑf] *s* rire *m* || *tr*—**to laugh away** chasser en riant; **to laugh off** tourner en plaisanterie || *intr* rire; **to laugh at** rire de
laughable [ˈlæfəbəl], [ˈlɑfəbəl] *adj* risible
laughing [ˈlæfɪŋ], [ˈlɑfɪŋ] *adj* riant, rieur; **it's no laughing matter** il n'y a pas de quoi rire || *s* rire *m*
laugh′ing gas′ *s* gaz *m* hilarant
laugh′ing-stock′ *s* risée *f*, fable *f*
laughter [ˈlæftər], [ˈlɑftər] *s* rire *m*
launch [lɔntʃ], [lɑntʃ] *s* (*open motorboat*) canot *m* automobile, vedette *f*; (naut) chaloupe *f* || *tr* lancer; (*an attack*) déclencher || *intr*—**to launch into, to launch out on** se lancer dans
launching [ˈlɔntʃɪŋ], [ˈlɑntʃɪŋ] *s* lancement *m*
launch′ing pad′ *s* rampe *f* de lancement, aire *f* de lancement
launder [ˈlɔndər], [ˈlɑndər] *tr* blanchir
launderer [ˈlɔndərər], [ˈlɑndərər] *s* blanchisseur *m*, buandier *m*
laundering [ˈlɔndərɪŋ], [ˈlɑndərɪŋ] *s* blanchissage *m*
laundress [ˈlɔndrɪs], [ˈlɑndrɪs] *s* blanchisseuse *f*, buandière *f*
laun·dry [ˈlɔndri], [ˈlɑndri] *s* (*pl* **-dries**) linge *m* à blanchir, lessive *f*; (*room*) buanderie *f*; (*business*) blanchisserie *f*
laun′dry·man *s* (*pl* **-men**) blanchisseur *m*, buandier *m*
laun′dry room′ *s* buanderie *f*
laun′dry·wom′an *s* (*pl* **-wom′en**) blanchisseuse *f*, buandière *f*
laureate [ˈlɔrɪ·ɪt] *adj* & *s* lauréat *m*
lau·rel [ˈlɔrəl], [ˈlɑrəl] *s* laurier *m*; **to rest on one's laurels** s'endormir sur ses lauriers || *v* (*pret & pp* **-reled** or **-relled**; *ger* **-reling** or **-relling**) *tr* couronner de lauriers
lava [ˈlɑvə], [ˈlævə] *s* lave *f*
lavaliere [ˌlævəˈlɪr] *s* pendentif *m*
lavato·ry [ˈlævəˌtori] *s* (*pl* **-ries**) (*room equipped for washing hands and face; bowl with running water*) lavabo *m*; (*toilet*) lavabos
lavender [ˈlævəndər] *s* lavande *f*
lav′ender wa′ter *s* eau *f* de lavande
lavish [ˈlævɪʃ] *adj* prodigue; (*reception, dinner, etc.*) somptueux, magnifique || *tr* prodiguer
law [lɔ] *s* (*of man, of nature, of science*) loi *f*; (*branch of knowledge concerned with law; body of laws; study of law, profession of law*) droit *m*; **to go to law** recourir à la justice; **to go to law with s.o.** citer qn en justice; **to lay down the law** faire la loi; **to practice law** exercer le droit; **to read law** étudier le droit, faire son droit
law′-abid′ing *adj* soumis aux lois, respectueux des lois
law′ and or′der *s* ordre *m* public; **to maintain law and order** maintenir or faire régner l'ordre
law′break′er *s* transgresseur *m* de la loi
law′ court′ *s* cour *f* de justice, tribunal *m*

lawful ['lɔfəl] *adj* légal, légitime
lawless ['lɔlɪs] *adj* sans loi; (*unbridled*) sans frein, déréglé
law′mak′er *s* législateur *m*
lawn [lɔn] *s* pelouse *f*, gazon *m*; (*fabric*) batiste *f*, linon *m*
lawn′ mow′er *s* tondeuse *f* de gazon
law′ of′fice *s* étude *f* (d'avocat)
law′ of na′tions *s* loi *f* des nations
law′ of the jun′gle *s* loi *f* de la jungle
law′ stu′dent *s* étudiant *m* en droit
law′suit′ *s* procès *m*
lawyer ['lɔjər] *s* avocat *m*
lax [læks] *adj* (*in morals, discipline, etc.*) relâché, négligent; (*loose, not tense*) lâche; (*vague*) vague, flou
laxative ['læksətɪv] *adj* & *s* laxatif *m*
lay [le] *adj* (*not belonging to clergy*) laïc or laïque; (*not having special training*) profane || *s* situation *f*; (*poem*) lai *m* || *v* (*pret* & *pp* **laid** [led]) *tr* poser, mettre; (*a trap*) tendre; (*eggs*) pondre; (*e.g., bricks*) ranger; (*a foundation*) jeter, établir; (*a cable*) poser; (*a mine*) (naut) mouiller; **to be laid in Rome (in France, etc.)** (*said, e.g., of scene*) se passer à Rome (en France, etc.); **to lay aside, away,** or **by** mettre de côté; **to lay down** (*one's life*) sacrifier; (*one's weapons*) déposer; (*conditions*) imposer; **to lay down the law to s.o.** (coll) rappeler qn à l'ordre; **to lay in** (*supplies*) faire provision de; **to lay into s.o.** (coll) sauter dessus qn; **to lay it on thick** (coll) y aller fort; **to lay low** (*to overwhelm*) abattre, terrasser; **to lay off** (*an employee*) congédier; (*to mark the boundaries of*) tracer; (*to stop bothering*) (coll) laisser tranquille; **to lay on** (*paint*) appliquer; (*hands; taxes*) imposer; **to lay open** mettre à nu; **to lay out** arranger; (*to display*) étaler; (*to outline*) tracer; (*money*) débourser; (*a corpse*) faire la toilette de; (*a garden*) aménager; **to lay up** (*to stock up on*) amasser; (*to injure*) aliter; (*a boat*) mettre en rade || *intr* (*said of hen*) pondre; **to lay about** frapper de tous côtés; **to lay for** être à l'affût de, guetter; **to lay into** (slang) rosser, battre; **to lay off** (coll) cesser; **to lay off smoking** (coll) renoncer au tabac; **to lay over** faire escale; **to lay to** (naut) se mettre à la cape
lay′ broth′er *s* frère *m* lai, frère convers
layer ['le·ər] *s* couche *f*; (*hen*) pondeuse *f* || *tr* (hort) marcotter
lay′er cake′ *s* gâteau *m* sandwich
layette [le'ɛt] *s* layette *f*
lay′ fig′ure *s* mannequin *m*
laying ['le·ɪŋ] *s* pose *f*; (*of foundation*) assise *f*; (*of eggs*) ponte *f*
lay′man *s* (*pl* **-men**) (*person who is not a clergyman*) laïc *m* or laïque *mf*; (*person who has no special training*) profane *mf*
lay′off′ *s* (*discharge*) renvoi *m*; (*unemployment*) chômage *m*
lay′ of the land′ *s* configuration *f* du terrain; (fig) aspect *m* de l'affaire
lay′out′ *s* plan *m*, dessin *m*, tracé *m*; (*of tools*) montage *m*; (*organization*) disposition *f*; (*banquet*) (coll) festin *m*
lay′o′ver *s* arrêt *m* en cours de route
lay′ sis′ter s sœur *f* laie, sœur converse
laziness ['lezɪnɪs] *s* paresse *f*
la·zy ['lezi] *adj* (*comp* **-zier**; *super* **-ziest**) paresseux
la′zy·bones′ *s* (coll) flemmard *m*, fainéant *m*
lb. *abbr* (**pound**) livre *f*
lea [li] *s* (*meadow*) pâturage *m*, prairie *f*
lead [lɛd] *adj* en plomb, de plomb || [lɛd] *s* plomb *m*; (*of lead pencil*) mine *f* (de plombagine); (*for sounding depth*) (naut) sonde *f*; (typ) interligne *f* || [lɛd] *v* (*pret* & *pp* **leaded**; *ger* **leading**) *tr* plomber; (typ) interligner || [lid] *s* (*foremost place*) avance *f*; (*guidance*) direction *f*, conduite *f*; (*leash*) laisse *f*; (*of a newspaper article*) article *m* de fond; (*leading role*) premier rôle *m*; (*leading man*) jeune premier *m*; (elec) câble *m* de canalisation, conducteur *m*; (elec, mach) avance; (min) filon *m*; **to follow s.o.'s lead** suivre l'exemple de qn; **to have the lead** (cards) avoir la main; **to return the lead** (cards) rejouer la couleur; **to take the lead** prendre le pas || [lid] *v* (*pret* & *pp* **led** [lɛd]) *tr* conduire, mener; (*to command*) commander, diriger; (*to be foremost in*) être à la tête de; (*e.g., an orchestra*) diriger; (*a good or bad life*) mener; (*a certain card*) attaquer de; (*a certain card suit*) attaquer; (elec, mach) canaliser; **to lead away** or **off** emmener; **to lead off** (*to start*) commencer; **to lead on** encourager; **to lead s.o. to believe** mener qn à croire || *intr* aller devant, tenir la tête; (cards) avoir la main; **to lead to** conduire à, mener à; (*another street, a certain result, etc.*) aboutir à; **to lead up to** (*a great work*) préluder à (*un grand ouvrage*); (*a subject*) amener (*un sujet*)
leaden ['lɛdən] *adj* (*of lead; like lead*) de plomb, en plomb; (*heavy as lead*) pesant; (*sluggish*) alangui; (*complexion*) plombé
leader ['lidər] *s* chef *m*, guide *mf*; (*ringleader*) tête *f*; chef d'orchestre; (*in a dance; among animals*) meneur *m*; (*in a newspaper*) article *m* de fond; (*of a reel of tape or film*) amorce *f*; (*bargain*) article réclame; (*vein of ore*) filon *m*
leadership ['lidər,ʃɪp] *s* direction *f*; don *m* de commandement
leading ['lidɪŋ] *adj* principal, premier
lead′ing edge′ *s* (aer) bord *m* d'attaque
lead′ing la′dy *s* vedette *f*, étoile *f*, jeune première *f*
lead′ing man′ *s* (*pl* **men′**) jeune premier *m*
lead′ing ques′tion *s* question *f* tendancieuse
lead′-in wire′ ['lid,ɪn] *s* (rad, telv) fil *m* d'amenée

lead′ pen′cil [lɛd] *s* crayon *m* (à mine de graphite)
lead′ poi′soning [lɛd] *s* saturnisme *m*
leaf [lif] *s* (*pl* **leaves** [livz]) feuille *f*; (*inserted leaf of table*) rallonge *f*; (*hinged leaf of door or table top*) battant *m*; **to shake like a leaf** trembler comme une feuille; **to turn over a new leaf** tourner la page, faire peau neuve ‖ *intr*—**to leaf through** feuilleter
leafless ['liflɪs] *adj* sans feuilles, dénudé
leaflet ['liflɪt] *s* dépliant *m*, papillon *m*, feuillet *m*; (bot) foliole *f*
leaf′stalk′ *s* (bot) pétiole *m*
leaf•y ['lifi] *adj* (*comp* **-ier**; *super* **-iest**) feuillu, touffu
league [lig] *s* (*unit of distance*) lieue *f*; (*association, alliance*) ligue *f* ‖ *tr* liguer ‖ *intr* se liguer
League′ of Na′tions *s* Société *f* des Nations
leak [lik] *s* fuite *f*; (*in a ship*) voie *f* d'eau; (*of electricity, heat, etc.*) perte *f*, fuite; (*of news, secrets, money, etc.*) fuite; **to spring a leak** avoir une fuite; (naut) faire une voie d'eau ‖ *tr* faire couler; (*gas, steam; secrets, news*) laisser échapper ‖ *intr* fuire, s'écouler; (naut) faire eau; **to leak away** se perdre; **to leak out** (*said of news, secrets, etc.*) transpirer, s'ébruiter
leakage ['likɪdʒ] *s* fuite *f*; (elec) perte *f*
leak•y ['liki] *adj* (*comp* **-ier**; *super* **-iest**) percé, troué; qui a des fuites; (*shoes*) qui prennent l'eau; (coll) indiscret
lean [lin] *adj* maigre; (*gasoline mixture*) pauvre ‖ *s* inclinaison *f*; (*of meat*) maigre *m* ‖ *v* (*pret & pp* **leaned** or **leant** [lɛnt]) *tr* incliner; **to lean s.th. against s.th.** appuyer q.ch. contre q.ch. ‖ *intr* s'incliner, pencher; **to lean against** s'appuyer contre; **to lean forward** s'incliner or se pencher en avant; **to lean out of** (*e.g., a window*) se pencher par; **to lean over** se pencher; (*e.g., s.o.'s shoulder*) se pencher sur; **to lean toward** (fig) incliner à or vers, pencher pour or vers
leaning ['linɪŋ] *adj* penché ‖ *s* inclinaison *f*; (fig) inclination *f*, penchant *m*
lean′-to′ *s* (*pl* **-tos**) appentis *m*
lean′ years′ *spl* années *fpl* maigres
leap [lip] *s* saut *m*, bond *m*; **by leaps and bounds** par sauts et par bonds; **leap in the dark** saut *m* à l'aveuglette ‖ *v* (*pret & pp* **leaped** or **leapt** [lɛpt]) *tr* sauter, franchir ‖ *intr* sauter, bondir; **to leap across** or **over** sauter; **to leap up** sursauter; (*said, e.g., of flame*) jaillir
leap′ day′ *s* jour *m* intercalaire
leap′frog′ *s* saute-mouton *m*
leap′ year′ *s* année *f* bissextile
learn [lʌrn] *v* (*pret & pp* **learned** or **learnt** [lʌrnt]) *tr* apprendre ‖ *intr* apprendre; **to learn to** apprendre à
learned ['lʌrnɪd] *adj* savant, érudit
learn′ed jour′nal *s* revue *f* d'une société savante
learn′ed profes′sion *s* profession *f* libérale
learn′ed soci′ety *s* société *f* savante
learn′ed word′ *s* mot *m* savant
learner ['lʌrnər] *s* élève *mf*; (*beginner*) débutant *m*, apprenti *m*
learn′er's per′mit *s* (aut) permis *m* de conduire (*d'un élève chauffeur*)
learning ['lʌrnɪŋ] *s* (*act and time devoted*) étude *f*; (*scholarship*) savoir *m*, érudition *f*, science *f*
lease [lis] *s* bail *m*; **to give a new lease on life** donner un regain de vie ‖ *tr* (*in the role of landlord*) donner or louer à bail; (*in the role of tenant*) prendre à bail
lease′hold′ *adj* tenu à bail ‖ *s* tenure *f* à bail
leash [liʃ] *s* laisse *f*; **on the leash** en laisse, à l'attache; **to strain at the leash** (fig) ruer dans les brancards ‖ *tr* tenir en laisse
least [list] *adj super* (le) moindre §91 ‖ *s* (le) moins *m*; **at least** du moins; **at the very least** tout au moins; **not in the least** pas le moins du monde, nullement ‖ *adv super* (le) moins §91
leather ['lɛðər] *s* cuir *m*
leath′er•back tur′tle *s* luth *m*
leath′er•neck′ *s* (slang) fusilier *m* marin
leathery ['lɛðəri] *adj* (*e.g., steak*) (coll) coriace
leave [liv] *s* permission *f*; **by your leave** ne vous en déplaise; **on leave** en congé; (mil) en permission; **to give leave to s.o. to** permettre or accorder à qn de; **to take leave (of)** prendre congé (de), faire ses adieux (à) ‖ *v* (*pret & pp* **left** [lɛft]) *tr* (*to let stay; to stop, give up; to disregard*) laisser; (*to go away from*) partir de, quitter; (*to bequeath*) léguer, laisser; (*a wife*) quitter, abandonner; **to be left** rester, e.g., **the letter was left unanswered** la lettre est restée sans réponse; e.g., **there are three dollars left** il reste trois dollars; **to be left for s.o. to** être à qn de; **to be left over** rester; **to leave about** (*without putting away*) laisser traîner; **to leave alone** laisser tranquille; **to leave it up to** s'en remettre à, s'en rapporter à; **to leave no stone unturned** faire flèche de tout bois, mettre tout en œuvre; **to leave off** (*a piece of clothing*) ne pas mettre; (*a passenger*) déposer; **to leave off** + *ger* cesser de + *inf*, renoncer à + *inf*; **to leave out** omettre ‖ *intr* partir, s'en aller; **where did we leave off?** où en sommes-nous restés?
leaven ['lɛvən] *s* levain *m* ‖ *tr* faire lever; (fig) transformer, modifier
leavening ['lɛvənɪŋ] *adj* transformateur ‖ *s* levain *m*
leave′ of ab′sence *s* congé *m*
leave′-tak′ing *s* congé *m*, adieux *mpl*
leavings ['livɪŋz] *spl* restes *mpl*, reliefs *mpl*
Leba•nese [,lɛbə'niz] *adj* libanais ‖ *s* (*pl* **-nese**) Libanais *m*

Lebanon ['lɛbənən] *s* le Liban
lecher ['lɛtʃər] *s* débauché *m*, libertin *m* || *intr* vivre dans la débauche
lecherous ['lɛtʃərəs] *adj* lubrique, lascif
lechery ['lɛtʃəri] *s* lubricité *f*, lasciveté *f*
lectern ['lɛktərn] *s* lutrin *m*
lecture ['lɛktʃər] *s* conférence *f*; (*tedious reprimand*) sermon *m* || *tr* faire une conférence à; (*to rebuke*) sermonner || *intr* faire une conférence or des conférences
lecturer ['lɛktʃərər] *s* conférencier *m*
ledge [lɛdʒ] *s* saillie *f*, corniche *f*; (*projection in a wall*) corniche *f*
ledger ['lɛdʒər] *s* (*slab*) pierre *f* tombale; (com) grand livre *m*
ledg'er line' *s* (mus) ligne *f* supplémentaire
lee [li] *s* (*shelter*) (naut) abri *m*; (*quarter toward which wind blows*) côté *m* sous le vent; **lees** lie *f*
leech [litʃ] *s* sangsue *f*; **to stick like a leech to s.o.** s'accrocher à qn
leek [lik] *s* poireau *m*
leer [lɪr] *s* regard *m* lubrique, œillade *f* || *intr* lancer or jeter une œillade; **to leer at** lorgner
leer·y ['lɪri] *adj* (*comp* **-ier**; *super* **-iest**) (coll) soupçonneux, méfiant
leeward ['liwərd], ['lu·ərd] *adj & adv* sous le vent || *s* côté *m* sous le vent; **to pass to leeward of** passer sous le vent de
Lee'ward Is'lands ['liwərd] *spl* îles *fpl* Sous-le-Vent
lee'way' *s* (aer, naut) dérive *f*; (*of time, money*) (coll) marge *f*; (*for action*) (coll) champ *m*, liberté *f*
left [lɛft] *adj* gauche; (*left over*) de surplus || *s* (*left hand*) gauche *f*; (boxing) gauche *m*; **on the left, to the left** à gauche; **the Left** (pol) la gauche; **to make a left** tourner à gauche || *adv* à gauche
left' field' *s* (baseball) gauche *f* du grand champ
left'-hand' drive' *s* conduite *f* à gauche
left'-hand'ed *adj* gaucher; (*clumsy*) gauche; (*counterclockwise*) à gauche, en sens inverse des aiguilles d'une montre; (*e.g., compliment*) douteux, ambigu
leftish ['lɛftɪʃ] *adj* gauchisant
leftism ['lɛftɪzəm] *s* gauchisme *m*
leftist ['lɛftɪst] *adj & s* gauchiste *mf*
left'o'ver *adj* de surplus, restant || **leftovers** *spl* restes *mpl*
left'-wing' *adj* gauchiste, gauchisant
left-winger ['lɛft'wɪŋər] *s* (coll) gauchiste *mf*
left·y [lɛfti] *adj* (coll) gaucher || *s* (*pl* **-ies**) (coll) gaucher *m*
leg [lɛg] *s* jambe *f*; (*of boot or stocking*) tige *f*; (*of fowl; of frogs*) cuisse *f*; (*of journey*) étape *f*; **to be on one's last legs** n'avoir plus de jambes; **to pull the leg of** (coll) se payer la tête de, faire marcher
lega·cy ['lɛgəsi] *s* (*pl* **-cies**) legs *m*
legal ['ligəl] *adj* légal; (*practice*) juridique
le'gal hol'iday *s* jour *m* férié
legali·ty [lɪ'gælɪti] *s* (*pl* **-ties**) légalité *f*
legalize ['ligə,laɪz] *tr* légaliser
le'gal ten'der *s* cours *m* légal, monnaie *f* libératoire
legate ['lɛgɪt] *s* ambassadeur *m*, envoyé *m*; (eccl) légat *m*
legatee [,lɛgə'ti] *s* légataire *mf*
legation [lɪ'geʃən] *s* légation *f*
legend ['lɛdʒənd] *s* légende *f*
legendary ['lɛdʒən,dɛri] *adj* légendaire
legerdemain [,lɛdʒərdɪ'men] *s* escamotage *m*, passe-passe *m*
leggings ['lɛgɪŋz] *spl* jambières *fpl*, guêtres *fpl*, leggings *fpl*
leg·gy ['lɛgi] *adj* (*comp* **-gier**; *super* **-giest**) (*awkward*) dégingandé; (*attractive*) aux longues jambes élégantes
leg'horn' *s* (*hat*) chapeau *m* de paille d'Italie; (*chicken*) leghorn *f*; **Leghorn** Livourne *f*
legibility [,lɛdʒɪ'bɪlɪti] *s* lisibilité *f*
legible ['lɛdʒɪbəl] *adj* lisible
legion ['lidʒən] *s* légion *f*
legislate ['lɛdʒɪs,let] *tr* imposer à force de loi || *intr* faire des lois, légiférer
legislation [,lɛdʒɪs'leʃən] *s* législation *f*
legislative ['lɛdʒɪs,letɪv] *adj* législatif
legislator ['lɛdʒɪs,letər] *s* législateur *m*
legislature ['lɛdʒɪs,letʃər] *s* assemblée *f* législative, législature *f*
legitimacy [lɪ'dʒɪtɪməsi] *s* légitimité *f*
legitimate [lɪ'dʒɪtɪmɪt] *adj* légitime || [lɪ'dʒɪtɪ,met] *tr* légitimer
legit'imate dra'ma *s* théâtre *m* régulier
legitimize [lɪ'dʒɪtɪ,maɪz] *tr* légitimer
leg' of lamb' *s* gigot *m* d'agneau
leg' of mut'ton *s* gigot *m*
leg'-of-mut'ton sleeve' *s* manche *f* gigot
legume ['lɛgjum], [lɪ'gjum] *s* (*pod*) légume *m*; (bot) légumineuse *f*
leisure ['liʒər], ['lɛʒər] *s* loisir *m*; **at leisure** à loisir; **in leisure moments** à temps perdu
lei'sure class' *s* désœuvrés *mpl*, rentiers *mpl*
lei'sure hours' *spl* heures *fpl* de loisir
leisurely ['liʒərli], ['lɛʒərli] *adj* tranquille, posé || *adv* posément, sans hâte
lemon ['lɛmən] *s* citron *m*; (*e.g., worthless car*) (coll) clou *m*
lemonade [,lɛmə'ned] *s* citronnade *f*
lem'on squeez'er *s* presse-citron *m*
lem'on tree' *s* citronnier *m*
lem'on verbe'na [vər'binə] *s* verveine *f* citronnelle
lend [lɛnd] *v* (*pret & pp* **lent** [lɛnt]) *tr* prêter
lender ['lɛndər] *s* prêteur *m*
lend'ing li'brary *s* bibliothèque *f* de prêt
length [lɛŋθ] *s* longueur *f*; (*e.g., of string*) bout *m*, morceau *m*; (*of time*) durée *f*; **at length** longuement, en détail; (*finally*) enfin, à la fin; **in length** de longueur; **to go to any length to** ne reculer devant rien pour; **to keep at arm's length** tenir à distance

lengthen ['lɛŋθən] *tr* allonger, rallonger || *intr* s'allonger
length'wise' *adj* longitudinal || *adv* en longueur, dans le sens de la longueur
length•y ['lɛŋθi] *adj* (*comp* **-ier**; *super* **-iest**) prolongé, assez long
leniency ['linɪ·ənsi] *s* douceur *f*, clémence *f*
lenient ['linɪ·ənt] *adj* doux, clément
lens [lɛnz] *s* lentille *f*; (anat) cristallin *m*
Lent [lɛnt] *s* le Carême
Lenten ['lɛntən] *adj* de carême
lentil ['lɛntəl] *s* lentille *f*
leopard ['lɛpərd] *s* léopard *m*
leper ['lɛpər] *s* lépreux *m*
lep'er house' *s* léproserie *f*
leprosy ['lɛprəsi] *s* lèpre *f*
leprous ['lɛprəs] *adj* lépreux
lesbian ['lɛzbɪ·ən] *adj* érotique; **Lesbian** lesbien || *s* (*female homosexual*) lesbienne *f*; **Lesbian** Lesbien *m*
lesbianism ['lɛzbɪ·ə,nɪzəm] *s* saphisme *m*
lese majesty ['liz'mædʒɪsti] *s* crime *m* de lèse-majesté
lesion ['liʒən] *s* lésion *f*
less [lɛs] *adj comp* moindre §91 || *s* moins *m* || *adv comp* moins §91; **less and less** de moins en moins; **less than** moins que; (followed by numeral) moins de; **the less . . . the less** (or **the more**) moins . . . moins (or plus)
lessee [lɛs'i] *s* preneur *m*; (*e.g., of house*) locataire *mf*; (*e.g., of gasoline station*) concessionnaire *mf*
lessen ['lɛsən] *tr* diminuer, amoindrir || *intr* se diminuer, s'amoindrir
lesser ['lɛsər] *adj comp* moindre §91
lesson ['lɛsən] *s* leçon *f*
lessor ['lɛsər] *s* bailleur *m*
lest [lɛst] *conj* de peur que, de crainte que
let [lɛt] *v* (*pret & pp* **let**; *ger* **letting**) *tr* laisser; (*to rent*) louer; **let** + *inf* que + *subj*, e.g., **let him come in** qu'il entre; **let alone** sans parler de, sans compter; **let well enough alone** le mieux est souvent l'ennemi du bien; **let us eat, work, etc.** mangeons, travaillons, etc.; **to be let off with** en être quitte pour; **to let** à louer, e.g., **house to let** maison à louer; **to let alone, to let be** laisser tranquille; **to let by** laisser passer; **to let down** baisser, descendre; (*one's hair*) dénouer, défaire; (*e.g., a garment*) allonger; (*to leave in the lurch*) laisser en panne, faire faux bond à; **to let fly** décocher; **to let go** laisser partir; **to let have** laisser, e.g., **he let Robert have it for three dollars** il l'a laissé à Robert pour trois dollars; **to let in** laisser entrer; **to let in the clutch** (aut) embrayer; **to let into** admettre dans; **to let loose** lâcher; **to let off** laisser partir; (*e.g., steam from a boiler*) laisser échapper, lâcher; (*e.g., a culprit*) pardonner à; **to let oneself go** se laisser aller; **to let on that** (coll) faire croire que; **to let out** faire or laisser sortir; (*e.g., a dress*) élargir; (*a cry; a secret; a prisoner*) laisser échapper; (*to reveal*) révéler, divulguer; **to let out on bail** relâcher sous caution; **to let out the clutch** débrayer; **to let slip** laisser tomber; **to let s.o.** + *inf* permettre à qn de + *inf*; laisser qn + *inf*, e.g., **he let Mary go to the theater** il a laissé Marie aller au théâtre; **to let s.o. in on** (*a secret*) (coll) confier à qn; (*e.g., a racing tip*) (coll) tuyauter qn sur; **to let s.o. know s.th.** faire savoir q.ch. à qn, mettre qn au courant de q.ch.; **to let s.o. off with** faire grâce à qn de; **to let stand** laisser, e.g., **he let the errors stand** il a laissé les fautes; **to let s.th. go for** (*a low price*) laisser q.ch. pour; **to let through** laisser passer; **to let up** laisser monter || *intr* (*said of house, apartment, etc.*) se louer; **to let down** (coll) ralentir; **to let go of** lâcher prise de; **to let out** (*said of class, school, etc.*) finir, se terminer; **to let up** (*coll*) ralentir, diminuer; (*on discipline; on a person*) devenir moins sévère
let'down' *s* diminution *f*; (*disappointment*) déception *f*
lethal ['liθəl] *adj* mortel; (*weapon*) meurtrier
lethargic [lɪ'θɑrdʒɪk] *adj* léthargique
lethar•gy ['lɛθərdʒi] *s* (*pl* **-gies**) léthargie *f*
Lett [lɛt] *s* Letton *m*
letter ['lɛtər] *s* lettre *f*; **to the letter** à la lettre, au pied de la lettre || *tr* marquer avec des lettres
let'ter box' *s* boîte *f* aux lettres
let'ter car'rier *s* facteur *m*
let'ter drop' *s* passe-lettres *m*, fente *f* (dans la porte pour le courrier)
lettered *adj* (*person*) lettré
let'ter file' *s* classeur *m* de lettres
let'ter•head' *s* en-tête *m*
lettering ['lɛtərɪŋ] *s* (*action*) lettrage *m*; (*title*) inscription *f*
let'ter of cred'it *s* lettre *f* de crédit
let'ter o'pener *s* coupe-papier *m*
let'ter pa'per *s* papier *m* à lettres
let'ter•per'fect *adj* correct; sûr
let'ter press' *s* presse *f* à copier
let'ter•press' *s* impression *f* typographique; (*in distinction to illustrations*) texte *m*
let'ter scales' *spl* pèse-lettre *m*
let'ter•word' *s* sigle *m*
Lettish ['lɛtɪʃ] *adj & s* letton *m*
lettuce ['lɛtɪs] *s* laitue *f*
let'up' *s* accalmie *f*, pause *f*; **without letup** sans relâche
leucorrhea [,lukə'ri·ə] *s* leucorrhée *f*
leukemia [lu'kimɪ·ə] *s* leucémie *f*
Levant [lɪ'vænt] *s* Levant *m*
Levantine ['lɛvən,tin], [lɪ'væntin] *adj* levantin || *s* Levantin *m*
levee ['lɛvi] *s* (*embankment*) levée *f*, digue *f*; réception *f* royale
lev•el ['lɛvəl] *adj* de niveau; (*flat*) égal, uni; (*spoonful*) arasé; **level with** de niveau avec, à fleur de || *s* niveau *m*; **on a level with** au niveau de; **to be**

on the level (coll) être de bonne foi; **to find one's level** trouver son niveau || *v* (*pret & pp* **-eled** or **-elled**; *ger* **-eling** or **-elling**) *tr* niveler; (*to smooth, flatten out*) aplanir, araser; (*to bring down*) raser; (*a gun*) braquer; (*accusations, sarcasm*) lancer, diriger; **to level out** égaliser; **to level up** (aer) redresser || *intr* (aer) redresser; **to level with** (coll) parler franchement à

lev'el·head'ed *adj* équilibré, pondéré

lev'eling rod' *s* (surv) jalon-mire *m*, jalon *m* d'arpentage

lever ['livər], ['lɛvər] *s* levier *m* || *tr* soulever or ouvrir au moyen d'un levier

leverage ['livərɪdʒ], ['lɛvərɪdʒ] *s* puissance *f* or force *f* de levier; (fig) influence *f*, avantage *m*

leviathan [lɪ'vaɪ·əθən] *s* léviathan *m*

levitation [,lɛvɪ'teʃən] *s* lévitation *f*

levi·ty ['lɛvɪti] *s* (*pl* **-ties**) légèreté *f*

lev·y ['lɛvi] *s* (*pl* **-ies**) levée *f* || *v* (*pret & pp* **-ied**) *tr* lever; (*a fine*) imposer

lewd [lud] *adj* luxurieux, lubrique

lewdness ['ludnɪs] *s* luxure *f*, lubricité *f*

lexical ['lɛksɪkəl] *adj* lexical

lexicographer [,lɛksɪ'kɑgrəfər] *s* lexicographe *mf*

lexicographic(al) [,lɛksɪkə'græfɪk(əl)] *adj* lexicographique

lexicography [,lɛksɪ'kɑgrəfi] *s* lexicographie *f*

lexicology [,lɛksɪ'kɑlədʒi] *s* lexicologie *f*

lexicon ['lɛksɪkən] *s* lexique *m*

liabili·ty [,laɪ·ə'bɪlɪti] *s* (*pl* **-ties**) responsabilité *f*; (*e.g., to disease*) prédisposition *f*; **liabilities** obligations *fpl*, dettes *fpl*

liabil'ity insur'ance *s* assurance *f* tous risques

liable ['laɪ·əbəl] *adj* sujet; **liable for** (*a debt, fine, etc.*) passible de, responsable de; **we (you, etc.) are liable to** + *inf* (coll) il se peut que nous (vous, etc.) + *pres subj*; (coll) il est probable que nous (vous, etc.) + *pres ind*

liaison ['li·ə,zɑn], [li'ezən] *s* liaison *f*

liar ['laɪ·ər] *s* menteur *m*

libation [laɪ'beʃən] *s* libation *f*

li·bel ['laɪbəl] *s* diffamation *f*, calomnie *f*; (*in writing*) écrit *m* diffamatoire || *v* (*pret & pp* **-beled** or **-belled**; *ger* **-beling** or **-belling**) *tr* diffamer, calomnier

libelous ['laɪbələs] *adj* diffamatoire, calomnieux

liberal ['lɪbərəl] *adj* libéral; (*share, supply, etc.*) libéral, généreux, copieux; (*ideas*) large || *s* libéral *m*

liberali·ty [,lɪbə'rælɪti] *s* (*pl* **-ties**) libéralité *f*; (*breadth of mind*) largeur *f* de vues

lib'eral-mind'ed *adj* tolérant

liberate ['lɪbə,ret] *tr* libérer

liberation [,lɪbə'reʃən] *s* libération *f*

liberator ['lɪbə,retər] *s* libérateur *m*

libertine ['lɪbər,tin] *adj & s* libertin *m*

liber·ty ['lɪbərti] *s* (*pl* **-ties**) liberté *f*; **at liberty** en liberté; **at liberty to** libre de; **to take the liberty to** se permettre de, prendre la liberté de

libidinous [lɪ'bɪdɪnəs] *adj* libidineux

libido [lɪ'bido], [lɪ'baɪdo] *s* libido *f*

librarian [laɪ'brɛrɪ·ən] *s* bibliothécaire *mf*

librar·y ['laɪ,brɛri], ['laɪbrəri] *s* (*pl* **-ies**) bibliothèque *f*

li'brary num'ber *s* cote *f*

libret·to [lɪ'brɛto] *s* (*pl* **-tos**) livret *m*, libretto *m*

license ['laɪsəns] *s* permis *m*, licence *f*; (*to drive*) permis de conduire || *tr* accorder un permis à, autoriser

li'cense num'ber *s* numéro *m* d'immatriculation; (aut) numéro minéralogique

li'cense plate' or **tag'** *s* plaque *f* d'immatriculation, plaque minéralogique

licentious [laɪ'sɛnʃəs] *adj* licencieux

lichen ['laɪkən] *s* lichen *m*

lick [lɪk] *s* coup *m* de langue; (*salt lick*) terrain *m* salifère; (*blow*) (coll) coup *m*; **at full lick** (coll) à plein gaz; **to give a lick and a promise to** (coll) nettoyer à la six-quatre-deux; (coll) faire un brin de toilette à || *tr* lécher; (*e.g., the fingers*) se lécher; (*to beat, thrash*) (coll) enfoncer les côtes à, rosser; (*to beat, surpass, e.g., in a sporting event*) (coll) battre, enfoncer; (*e.g., a problem*) (coll) venir à bout de; **to lick into shape** (coll) dégrossir; **to lick up** lécher

licking ['lɪkɪŋ] *s* léchage *m*; (*drubbing*) (coll) raclée *f*

licorice ['lɪkərɪs] *s* réglisse *f*

lid [lɪd] *s* couvercle *m*; (*eyelid*) paupière *f*; (*hat*) (slang) couvre-chef *m*

lie [laɪ] *s* mensonge *m*; **to give the lie to** donner le démenti à || *v* (*pret & pp* **lied**; *ger* **lying**) *tr*—**to lie one's way out** se tirer d'affaire par des mensonges || *intr* mentir || *v* (*pret* **lay**; *pp* **lain** [len]; *ger* **lying**) *intr* être couché; (*to be located*) se trouver; (*e.g., in the grave*) gésir, e.g., **here lies** ci-gît; **to lie down** se coucher

lie' detec'tor *s* détecteur *m* de mensonges

lien [lin], ['li·ən] *s* privilège *m*, droit *m* de rétention

lieu [lu] *s*—**in lieu of** au lieu de

lieutenant [lu'tɛnənt] *s* lieutenant *m*; (nav) lieutenant *m* de vaisseau

lieuten'ant colo'nel *s* lieutenant-colonel *m*

lieuten'ant comman'der *s* (nav) capitaine *m* de corvette

lieuten'ant gov'ernor *s* (U.S.A.) vice-gouverneur *m*; (Brit) lieutenant-gouverneur *m*

lieuten'ant jun'ior grade' *s* (nav) enseigne *m* de première classe

life [laɪf] *s* (*pl* **lives** [laɪvz]) vie *f*; (*of light bulb, lease, insurance policy*) durée *f*; **bigger than life** plus grand que nature; **for dear life** de toutes ses forces; **for life** à vie, pour la vie, à perpétuité; **for the life of me!** (coll) de ma vie!; **lives lost** morts *mpl*; **long life** longévité *f*; **never in my life!, not on your life!** jamais de la vie!; **run for your life!** sauve qui peut!; **such is life!** c'est la vie!; **taken from life** pris sur le vif; **to come to life** revenir à la vie; **to depart this life** quitter ce monde; **to risk life and limb** risquer sa peau

life' annu'ity *s* rente *f* viagère

life' belt' *s* ceinture *f* de sauvetage

life'blood' *s* sang *m*; (fig) vie *f*

life'boat' *s* chaloupe *f* de sauvetage; (*for shore-based rescue services*) canot *m* de sauvetage

life' buoy' *s* bouée *f* de sauvetage

life' float' *s* radeau *m* de sauvetage

life' guard' *s* (mil) garde *f* du corps

life'guard' *s* sauveteur *m*, maître nageur *m*

life' impris'onment *s* emprisonnement *m* à vie

life' insur'ance *s* assurance *f* sur la vie, assurance-vie *f*

life' jack'et *s* gilet *m* de sauvetage

lifeless ['laɪflɪs] *adj* sans vie, inanimé; (*colors*) embu, terne

life'like' *adj* vivant, ressemblant

life' line' *s* ligne *f* or corde *f* de sauvetage

life'long' *adj* de toute la vie, perpétuel

life' mem'ber *s* membre *m* à vie

life' of lei'sure *s* vie *f* de château

life' of Ri'ley ['raɪli] *s* (slang) joyeuse vie *f*, vie oisive

life' of the par'ty *s* (coll) boute-en-train *m*

life' preserv'er [prɪ'zʌrvər] *s* appareil *m* de sauvetage

lifer ['laɪfər] *s* (slang) condamné *m* à perpétuité

life' raft' *s* radeau *m* de sauvetage

lifesaver ['laɪf,sevər] *s* sauveteur *m*; (fig) planche *f* de salut

life'sav'ing *s* sauvetage *m*

life' sen'tence *s* condamnation *f* à perpétuité

life'-size' *adj* de grandeur nature

life'time' *adj* à vie || *s* vie *f*, toute une vie; **in his lifetime** de son vivant

life'work' *s* travail *m* de toute une vie

lift [lɪft] *s* haussement *m*, levée *f*; aide *f*; (aer) poussée *f*; (Brit) ascenseur *m*; (*of dumbbell or weight*) (sports) arraché *m*; **to give a lift to** (*by offering a ride*) conduire d'un coup de voiture, faire monter dans la voiture; (*to aid*) donner un coup de main à; ranimer || *tr* lever, soulever; (*heart, mind, etc.*) élever, ranimer; (*a sail*) soulager; (*an embargo*) lever; (*e.g., passages from a book*) démarquer, plagier; (*to rob*) (slang) dérober; **to lift up** (*the hands*) lever; (*the head*) relever; (*the voice*) élever || *intr* se lever, se soulever; (*said of clouds, fog, etc.*) se lever, se dissiper

lift' bridge' *s* pont *m* levant, pont-levis *m*

lift'off' *s* (rok) montée verticale, chandelle *f*

lift' truck' *s* chariot *m* élévateur

ligament ['lɪgəmənt] *s* ligament *m*

ligature ['lɪgətʃər] *s* ligature *f*

light [laɪt] *adj* léger; (*having illumination*) éclairé; (*color, complexion, hair*) clair; (*beer*) blond; (*wine*) léger; **to make light of** faire peu de cas de || *s* lumière *f*; (*to control traffic*) feu *m*; (*window or other opening in a wall*) jour *m*; (*example, shining figure*) lumière; (*headlight of automobile*) phare *m*; du feu, e.g., **do you have a light?** (*e.g., to light a cigarette*) avez-vous du feu?; **according to one's lights** selon ses lumières, dans la mesure de son intelligence; **against the light** à contre-jour; **in a false light** sous un faux jour; **in a new light** sous un jour nouveau; **in the same light** sous le même aspect; **it is light (out)** il fait jour; **lights** (*navigation lights; parking lights*) feux *mpl*; (*of sheep, calf, etc.*) mou *m*; **lights out** (mil) l'extinction *f* des feux; **to bring to light** mettre au jour; **to come to light** se révéler; **to shed** or **throw light on** éclairer; **to strike a light** allumer || *adv* à vide; **to run light** (*said of engine*) aller haut le pied || *v* (*pret & pp* **lighted** or **lit** [lɪt]) *tr* (*to furnish with illumination*) éclairer, illuminer; (*to set afire, ignite*) allumer; **to light the way for** éclairer; **to light up** illuminer || *intr* s'éclairer, s'illuminer; allumer; (*to perch*) se poser; **to light from** or **off** (*an auto, carriage, etc.*) descendre de; **to light into** (*to attack; to berate*) (slang) tomber sur; **to light out** (*to skedaddle*) (slang) décamper; **to light up** s'éclairer, s'illuminer; **to light upon** (*by happenstance*) tomber sur, trouver par hasard

light' bulb' *s* ampoule *f* électrique, lampe *f* électrique

light' complex'ion *s* teint *m* clair

lighten ['laɪtən] *tr* (*to make lighter in weight*) alléger, soulager; (*to provide more light*) éclairer, illuminer; (*to give a lighter or brighter hue to*) éclaircir; (*grief, punishment, etc.*) adoucir || *intr* (*to become less dark or sorrowful*) s'éclairer; (*to give off flashes of lightning*) faire des éclairs; (*to becomes less weighty*) s'alléger

lighter ['laɪtər] *s* (*to light cigarette*) briquet *m*; (*flat-bottomed barge*) chaland *m*, péniche *f*

light'-fin'gered *adj* à doigts agiles

light'-foot'ed *adj* au pied léger

light'-head'ed *adj* étourdi

light'-heart'ed *adj* joyeux, allègre, au cœur léger

light'house' *s* phare *m*

lighting ['laɪtɪŋ] *s* allumage *m*, éclairage *m*

light'ing fix'tures *spl* appareils *mpl* d'éclairage

light' me'ter *s* posemètre *m*

lightness ['laɪtnɪs] *s* (*in weight*) légèreté *f*; (*in illumination; of complexion*) clarté *f*

light•ning ['laɪtnɪŋ] *s* (*electric discharge*) foudre *f*; (*light produced by this discharge*) éclairs *mpl* || *v* (*ger* **-ning**) *intr* faire des éclairs
light'ning arrest'er [ə,rɛstər] *s* parafoudre *m*
light'ning bug' *s* luciole *f*
light'ning rod' *s* paratonnerre *m*
light' op'era *s* opérette *f*
light' read'ing *s* livres *mpl* d'agrément; lecture *f* légère or amusante
light'ship' *s* bateau-feu *m*
light-struck ['laɪt,strʌk] *adj* (phot) voilé
light' wave' *s* onde *f* lumineuse
light'weight' *adj* léger || *s* (sports) poids *m* léger
light'weight coat' *s* surtout *m* de demi-saison
light'-year' *s* année-lumière *f*
likable ['laɪkəbəl] *adj* sympathique
like [laɪk] *adj* (*alike*) pareils, semblables; pareil à, semblable à; (*typical of*) caractéristique de; (*poles of a magnet*) (elec) de même nom; **like father like son** tel père tel fils; **that is like him** il n'en fait pas d'autres || *s* pareil *m*, semblable *m*; **likes** (*desires*) goût *m*, inclinations *fpl*; **the likes of him** son pareil || *adv*—**like enough** probablement; **like mad** comme un fou || *prep* comme; **like that** de la sorte || *conj* (coll) de la même manière que, comme || *tr* aimer, aimer bien, trouver bon; plaire (with *dat*), e.g., **I like milk** le lait me plaît; se plaire, e.g., **I like it in the country** je me plais à la campagne || *intr* vouloir; **as you like** comme vous voudrez; **if you like** si vous voulez
likelihood ['laɪklɪ,hʊd] *s* probabilité *f*, vraisemblance *f*
like•ly ['laɪkli] *adj* (*comp* **-lier**; *super* **-liest**) probable, vraisemblable; **to be likely to** + *inf* être probable que + *ind*, e.g., **Mary is likely to come to see us tomorrow** il est probable que Marie viendra nous voir demain || *adv* probablement, vraisemblablement
like'-mind'ed *adj* du même avis
liken ['laɪkən] *tr* comparer, assimiler
likeness ['laɪknɪs] *s* (*picture or image*) portrait *m*; (*similarity*) ressemblance *f*
like'wise' *adv* également, de même; **to do likewise** en faire autant
liking ['laɪkɪŋ] *s* sympathie *f*, penchant *m*; **to one's liking** à souhait; **to take a liking to** (*a thing*) accueillir avec sympathie; (*a person*) montrer de la sympathie à, se prendre d'amitié pour
lilac ['laɪlək] *adj* & *s* lilas *m*
Lilliputian [,lɪlɪ'pjuʃən] *adj* & *s* lilliputien *m*
lilt [lɪlt] *s* cadence *f*
lil•y ['lɪli] *s* (*pl* **-ies**) lis *m*, lis blanc; (*royal arms of France*) fleur *f* de lis; **to gild the lily** orner la beauté même
lil'y of the val'ley *s* muguet *m*
lil'y pad' *s* feuille *f* de nénuphar
lil'y-white' *adj* blanc comme le lis, lilial
Li'ma bean' ['laɪmə] *s* (*Phaseolus limensis*) haricot *m* de Lima
limb [lɪm] *s* (*arm or leg*) membre *m*; (*of a tree*) branche *f*; (*of a cross; of the sea*) bras *m*; (astr, bot) limbe *m*; **to be out on a limb** (coll) être sur la corde raide
limber ['lɪmbər] *adj* souple, flexible || *intr*—**to limber up** se dégourdir
lim•bo ['lɪmbo] *s* (*pl* **-bos**) limbes *mpl*
lime [laɪm] *s* (*calcium oxide*) chaux *f*; (*linden tree*) tilleul *m*; (*Citrus aurantifolia*) citron *m*; **sweet lime** (*Citrus limetta*) lime *f*
lime'kiln' *s* four *m* à chaux
lime'light' *s*—**to be in the limelight** être sous les feux de la rampe
limerick ['lɪmərɪk] *s* poème *m* humoristique en cinq vers
lime'stone' *adj* calcaire || *s* calcaire *m*, pierre *f* à chaux
limit ['lɪmɪt] *s* limite *f*, borne *f*; **to be the limit** (*to be exasperating*) (coll) être le comble; (*to be bizarre*) (coll) être impayable; **to go the limit** aller jusqu'au bout || *tr* limiter, borner
limitation [,lɪmɪ'teʃən] *s* limitation *f*
lim'ited-ac'cess high'way *s* autoroute *f*
lim'ited mon'archy *s* monarchie *f* constitutionnelle
limitless ['lɪmɪtlɪs] *adj* sans bornes, illimité
limousine ['lɪmə,zin], [,lɪmə'zin] *s* (aut) limousine *f*
limp [lɪmp] *adj* mou, flasque, souple || *s* boiterie *f* || *intr* boiter
limpid ['lɪmpɪd] *adj* limpide
linchpin ['lɪntʃ,pɪn] *s* cheville *f* d'essieu, esse *f*
linden ['lɪndən] *s* tilleul *m*
line [laɪn] *s* ligne *f*; (*of poetry*) vers *m*; (*rope, string*) cordage *m*, corde *f*; (*wrinkle*) ride *f*; (*dash*) trait *m*; (*bar*) barre *f*; (*lineage*) lignée *f*; (*trade*) métier *m*; (*of merchandise*) article *m*; (*of traffic*) file *f*; (mil) rang *m*; (*of the spectrum*) (phys) raie *f*; **hold the line!** (telp) ne quittez pas!; **in line** aligné, en rang; **in line with** conforme à, d'accord avec; **on the line** (telp) au bout du fil; **out of line** désaligné; en désaccord; **to bring into line with** mettre d'accord avec; **to drop s.o. a line** envoyer un mot à qn; **to fall into line** se mettre en ligne, s'aligner; **to hand s.o. a line** (slang) faire du baratin à qn, bourrer le crâne de qn; **to have a line on** (coll) se tuyauter sur; **to learn one's lines** apprendre son texte or rôle; **to read between the lines** lire entre les lignes; **to stand** or **wait in line** faire la queue; **to toe the line** se mettre au pas || *tr* aligner; (*a face*) rider; (*a suit, coat, etc.*) doubler; (*brakes*) fourrer; **to be lined with** (*e.g., trees*) être bordé de || *intr*—**to line up** s'aligner, se mettre en ligne; faire la queue
lineage ['lɪnɪ•ɪdʒ] *s* lignée *f*, race *f*

lineal ['lɪnɪ·əl] *adj* linéal; (*succession*) en ligne directe
lineaments ['lɪnɪ·əmənts] *spl* linéaments *mpl*
linear ['lɪnɪ·ər] *adj* linéaire
lined′ pa′per *s* papier *m* rayé
line′man *s* (*pl* **-men**) (elec) poseur *m* de lignes; (rr) garde-ligne *m*
linen ['lɪnən] *adj* de lin ‖ *s* (*fabric*) toile *f* de lin; (*yarn*) fil *m* de lin; (*sheets, tablecloths, underclothes, etc.*) linge *m*, lingerie *f*; **pure linen** pur fil
lin′en clos′et *s* lingerie *f*
line′ of fire′ *s* (mil) ligne *f* de tir
line′ of sight′ *s* ligne *f* de mire
liner ['laɪnər] *s* (naut) paquebot *m*
line′-up′ *s* mise *f* en rang; personnel *m*; (*arrangement*) disposition *f*; (*of prisoners*) défilé *m* de détenus, alignement *m* de suspects; (sports) composition *f*
linger ['lɪŋgər] *intr* s'attarder; (*said of hope, doubt, etc.*) persister; **to linger on** traîner; **to linger over** s'attarder sur
lingerie [,lænʒə'ri] *s* lingerie *f* fine pour dames, lingerie de dame
lingering ['lɪŋgərɪŋ] *adj* prolongé, lent
lingual ['lɪŋgwəl] *adj* lingual ‖ *s* (*consonant*) linguale *f*
linguist ['lɪŋgwɪst] *s* (*person skilled in several languages*) polyglotte *mf*; (*specialist in linguistics*) linguiste *mf*
linguistic [lɪŋ'gwɪstɪk] *adj* linguistique ‖ **linguistics** *s* linguistique *f*
liniment ['lɪnɪmənt] *s* liniment *m*
lining ['laɪnɪŋ] *s* (*of a coat*) doublure *f*; (*of a hat*) coiffe *f*; (*of auto brake*) garniture *f*; (*of furnace, wall, etc.*) revêtement *m*
link [lɪŋk] *s* maillon *m*, chaînon *m*; (fig) lien *m*; **links** terrain *m* de golf ‖ *tr* enchaîner; lier ‖ *intr*—**to link in, on,** or **up** se lier
linnet ['lɪnɪt] *s* (orn) linotte *f*
linoleum [lɪ'nolɪ·əm] *s* linoléum *m*
linotype ['laɪnə,taɪp] (trademark) *s* linotype *f* ‖ *tr & intr* composer à la lino
lin′otype op′erator *s* linotypiste *mf*
linseed ['lɪn,sid] *s* linette *f*, graine *f* de lin
lin′seed oil′ *s* huile *f* de lin
lint [lɪnt] *s* bourre *f*, filasse *f*; (*used to dress wounds*) charpie *f*
lintel ['lɪntəl] *s* linteau *m*
lion ['laɪ·ən] *s* lion *m*; (fig) lion; **to put one's head in the lion's mouth** se fourrer dans la gueule du loup or du lion
lioness ['laɪ·ənɪs] *s* lionne *f*
li′on-heart′ed *adj* au cœur de lion
lionize ['laɪ·ə,naɪz] *tr* faire une célébrité de, traiter en vedette
li′ons' den′ *s* (Bib) fosse *f* aux lions
li′on's share′ *s* part *f* du lion
lip [lɪp] *s* lèvre *f*; (*edge*) bord *m*; (slang) impertinence *f*; **to hang on the lips of** être suspendu aux lèvres de; **to smack one's lips** se lécher les babines
lip′read′ *v* (*pret & pp* **-read** [,rɛd]) *tr & intr* lire sur les lèvres
lip′ read′ing *s* lecture *f* sur les lèvres
lip′ serv′ice *s* dévotion *f* des lèvres
lip′stick′ *s* bâton *m* de rouge à lèvres
lique·fy ['lɪkwɪ,faɪ] *v* (*pret & pp* **-fied**) *tr* liquéfier
liqueur [lɪ'kʌr] *s* liqueur *f*
liquid ['lɪkwɪd] *adj* liquide ‖ *s* liquide *m*; (*consonant*) liquide *f*
liq′uid as′sets *spl* valeurs *fpl* disponibles
liquidate ['lɪkwɪ,det] *tr & intr* liquider
liquidity [lɪ'kwɪdɪti] *s* liquidité *f*
liquor ['lɪkər] *s* boisson *f* alcoolique, spiritueux *m*; (culin) jus *m*, bouillon *m*
Lisbon ['lɪzbən] *s* Lisbonne *f*
lisle [laɪl] *s* fil *m* d'Écosse, fil retors de coton
lisp [lɪsp] *s* zézayement *m*, blésement *m* ‖ *intr* zézayer, bléser
lissome ['lɪsəm] *adj* souple, flexible; (*nimble*) agile, leste
list [lɪst] *s* liste *f*; (*selvage*) lisière *f*; (naut) bande *f*; **to enter the lists** entrer en lice; **to have a list** (naut) donner de la bande ‖ *tr* cataloguer, enregistrer ‖ *intr* (naut) donner de la bande
listen ['lɪsən] *intr* écouter; **to listen in** rester à l'écoute; **to listen to** écouter; **to listen to reason** entendre raison
listener ['lɪsənər] *s* auditeur *m*; (educ) auditeur libre
listening ['lɪsənɪŋ] *s* écoute *f*
lis′tening post′ *s* poste *m* d'écoute
listless ['lɪstlɪs] *adj* apathique, inattentif
list′ price′ *s* prix *m* courant, cote *f*
lita·ny ['lɪtəni] *s* (*pl* **-nies**) litanie *f*
liter ['litər] *s* litre *m*
literal ['lɪtərəl] *adj* littéral; (*person*) prosaïque
literary ['lɪtə,rɛri] *adj* littéraire
literate ['lɪtərɪt] *adj* qui sait lire et écrire; (*well-read*) lettré ‖ *s* personne *f* qui sait lire et écrire; lettré *m*, érudit *m*
literati [,lɪtə'rɑti] *spl* littérateurs *mpl*
literature ['lɪtərətʃər] *s* littérature *f*; (com) documentation *f*
lithe [laɪð] *adj* souple, flexible
lithia ['lɪθɪ·ə] *s* (chem) lithine *f*
lithium ['lɪθɪ·əm] *s* (chem) lithium *m*
lithograph ['lɪθə,græf], ['lɪθə,grɑf] *s* lithographie *f* ‖ *tr* lithographier
lithographer [lɪ'θɑgrəfər] *s* lithographe *mf*
lithography [lɪ'θɑgrəfi] *s* lithographie *f*
Lithuania [,lɪθu'enɪ·ə] *s* Lituanie *f*; la Lituanie
Lithuanian [,lɪθu'enɪ·ən] *adj* lituanien ‖ *s* (*language*) lituanien *m*; (*person*) Lituanien *m*
litigant ['lɪtɪgənt] *adj* plaidant ‖ *s* plaideur *m*
litigate ['lɪtɪ,get] *tr* mettre en litige ‖ *intr* plaider
litigation [,lɪtɪ'geʃən] *s* litige *m*

lit′mus pa′per ['lɪtməs] *s* papier *m* de tournesol

litter ['lɪtər] *s* fouillis *m*; (*things strewn about*) jonchée *f*; (*scattered rubbish*) ordures *fpl*; (*young brought forth at one birth*) portée *f*; (*bedding for animals*) litière *f*; (*vehicle carried by men or animals*) palanquin *m*; (*stretcher*) civière *f* || *tr* joncher || *intr* (*to bring forth young*) mettre bas

lit′ter·bug′ *s* souillon *m*, malpropre *m*, personne *f* qui dépose des ordures et des papiers dans la rue

littering ['lɪtərɪŋ] *s*—**no littering** (public sign) défense de déposer des ordures

little ['lɪtəl] *adj* petit; (*in amount*) peu de, e.g., **little money** peu d'argent; **a little** un peu de, e.g., **a little money** un peu d'argent || *s* peu *m*; **a little** un peu; **to make little of, to think little of** faire peu de cas de; **wait a little** attendez un petit moment, attendez quelques instants || *adv* peu §91; ne . . . guère §90, e.g., **she little thinks that** elle ne se doute guère que; **little by little** peu à peu, petit à petit

Lit′tle Bear′ *s* Petite Ourse *f*

Lit′tle Dip′per *s* Petit Chariot *m*

lit′tle fin′ger *s* petit doigt *m*, auriculaire *m*; **to twist around one's little finger** mener par le bout du nez

lit′tle·neck′ *s* coque *f* de Vénus

littleness ['lɪtəlnɪs] *s* petitesse *f*

lit′tle owl′ *s* (*Athene noctua*) chouette *f* chevêche, chevêche *f*

lit′tle peo′ple *spl* (*fairies*) fées *fpl*; (*common people*) menu peuple *m*

Lit′tle Red Rid′ing·hood′ *s* le Petit Chaperon rouge

lit′tle slam′ *s* (bridge) petit chelem *m*

liturgic(al) [lɪ'tʌrdʒɪk(əl)] *adj* liturgique

litur·gy ['lɪtərdʒi] *s* (*pl* **-gies**) liturgie *f*

livable ['lɪvəbəl] *adj* (*house*) habitable; (*life, person*) supportable

live [laɪv] *adj* vivant, vif; (*coals; flame*) ardent; (elec) sous tension; (telv) en direct || [lɪv] *tr* vivre; **to live down** faire oublier || *intr* vivre; (*in a certain locality*) demeurer, habiter; **live and learn** qui vivra verra; **to live high** mener grand train; **to live in** (*e.g., a city*) habiter; **to live on** continuer à vivre; (*e.g., meat*) vivre de; (*a benefactor*) vivre aux crochets de; (*one's capital*) manger; **to live up to** (*e.g., one's reputation*) faire honneur à

live′ coal′ [laɪv] *s* charbon *m* ardent

livelihood ['laɪvlɪ,hud] *s* vie *f*; **to earn one's livelihood** gagner sa vie

livelong ['lɪv,lɔŋ], ['lɪv,lɑŋ] *adj*—**all the livelong day** toute la sainte journée

live·ly ['laɪvli] *adj* (*comp* **-lier**; *super* **-liest**) animé, vivant, plein d'entrain; (*merry*) enjoué, gai; (*active, keen*) vif; (*resilient*) élastique

liven ['laɪvən] *tr* animer || *intr* s'animer

liver ['lɪvər] *s* vivant *m*; (*e.g., in cities*) habitant *m*; (anat) foie *m*

liver·y ['lɪvəri] *s* (*pl* **-ies**) livrée *f*

liv′ery·man *s* (*pl* **-men**) loueur *m* de chevaux

liv′ery sta′ble *s* écurie *f* de louage

live′ show′ [laɪv] *s* (telv) prise *f* de vues en direct

live′stock′ [laɪv] *s* bétail *m*, bestiaux *mpl*, cheptel *m*

live′ tel′evision broad′cast [laɪv] *s* prise *f* de vues en direct

live′ wire′ [laɪv] *s* fil *m* sous tension; (slang) type *m* dynamique

livid ['lɪvɪd] *adj* livide

living ['lɪvɪŋ] *adj* vivant, en vie || *s* vie *f*; **to earn** or **to make a living** gagner sa vie

liv′ing quar′ters *spl* appartements *mpl*, habitations *fpl*

liv′ing room′ *s* salle *f* de séjour, salon *m*

liv′ing space′ *s* espace *m* vital

liv′ing wage′ *s* salaire *m* suffisant pour vivre, salaire de base

lizard ['lɪzərd] *s* lézard *m*

load [lod] *s* charge *f*; **loads (of)** (coll) énormément (de); **to get a load of** (slang) observer, écouter; **to have a load on** (slang) avoir son compte || *tr* charger || *intr* charger; se charger

loaded *adj* chargé; (*very drunk*) (slang) soûl; (*very rich*) (slang) huppé

load′ed dice′ *spl* dés *mpl* pipés

load′stone′ *s* pierre *f* d'aimant; (fig) aimant *m*

loaf [lof] *s* (*pl* **loaves** [lovz]) **pain** *m* || *intr* flâner

loafer ['lofər] *s* flâneur *m*

loam [lom] *s* terre *f* franche, glaise *f*; (*mixture used in making molds*) potée *f*

loamy ['lomi] *adj* franc, glaiseux

loan [lon] *s* prêt *m*, emprunt *m* || *tr* prêter

loan′ shark′ *s* usurier *m*

loan′ word′ *s* mot *m* d'emprunt

loath [loθ] *adj*—**loath to** peu enclin à

loathe [loð] *tr* détester

loathing ['loðɪŋ] *s* dégoût *m*

loathsome ['loðsəm] *adj* dégoûtant

lob [lɑb] *s* (tennis) lob *m* || *v* (*prep & pp* **lobbed**; *ger* **lobbing**) *tr* frapper en hauteur, lober

lob·by ['lɑbi] *s* (*pl* **-bies**) vestibule *m*; (*e.g., in a theater*) foyer *m*; (*pressure group*) groupe *m* de pression, lobby *m* || *v* (*pret & pp* **-bied**) *intr* faire les couloirs

lobbying ['lɑbɪ·ɪŋ] *s* intrigues *fpl* de couloir

lobbyist ['lɑbɪ·ɪst] *s* intrigant *m* de couloir

lobe [lob] *s* lobe *m*

lobster ['lɑbstər] *s* (*spiny lobster*) langouste *f*; (*Homarus*) homard *m*

lob′ster pot′ *s* casier *m* à homards

local ['lokəl] *adj* local || *s* (*of labor union*) succursale *f*; (journ) informations *fpl* régionales; (rr) train *m* omnibus

locale [lo'kæl] *s* lieu *m*, milieu *m*; scène *f*

locali•ty [lo'kælɪti] *s* (*pl* **-ties**) localité *f*
localize ['lokə,laɪz] *tr* localiser
lo'cal supply' cir'cuit *s* secteur *m*
locate [lo'ket], ['loket] *tr* (*to discover the location of*) localiser; (*to place, to settle*) placer, installer; (*to ascribe a particular location to*) situer; **to be located** se trouver || *intr* se fixer, s'établir
location [lo'keʃən] *s* (*place, position*) situation *f*, emplacement *m*; (*act of placing*) établissement *m*; (*act of finding*) localisation *f*, détermination *f*; (*of a railroad line*) tracé *m*; **on location** (mov) en extérieur
loca'tion shot' *s* (mov) extérieur *m*
lock [lɑk] *s* serrure *f*; (*of a canal*) écluse *f*; (*of hair*) mèche *f*, boucle *f*; (*of a firearm*) platine *f*; (wrestling) clef *f*; **lock, stock, and barrel** tout le bataclan, tout le fourbi; **under lock and key** sous clé || *tr* fermer à clef; (*to key*) caler, bloquer; (*a boat*) écluser, sasser; (*a switch*) (rr) verrouiller; **to be locked in each other's arms** être enlacés; **to lock in** enfermer à clef; **to lock out** fermer la porte à or sur; (*workers*) fermer les ateliers contre; **to lock up** fermer à clef, mettre sous clé; (*e.g., a prisoner*) boucler, enfermer; (*a form*) (typ) serrer || *intr* (*said of door*) fermer à clef; (*said of brake, wheel, etc.*) se bloquer; **to lock into** s'engrener dans
locker ['lɑkər] *s* armoire *f*, coffre *m* de sûreté (*in a station*) compartiment *m* individuel
lock'er room' *s* vestiaire *m* à cases individuelles
locket ['lɑkɪt] *s* médaillon *m*
lock'jaw' *s* trisme *m*
lock' nut' *s* contre-écrou *m*
lock'out' *s* lock-out *m*
lock'smith' *s* serrurier *m*
lock' step' *s*—**to march in lock step** emboîter le pas
lock' stitch' *s* point *m* indécousable
lock'ten'der *s* éclusier *m*
lock'up' *s* (*prison*) (coll) bloc *m*, violon *m*
lock' wash'er *s* rondelle *f* Grower, rondelle à ressort
locomotive [,lokə'motɪv] *s* locomotive *f*
lo•cus ['lokəs] *s* (*pl* **-ci** [saɪ]) lieu *m*; (math) lieu géométrique
locust ['lokəst] *s* (*Pachytylus*) (ent) criquet *m* migrateur, locuste *f*; (*Cicada*) (ent) cigale *f*; (bot) faux acacia *m*
lode [lod] *s* filon *m*, veine *f*
lode'star' *s* (astr) étoile *f* polaire; (fig) pôle *m* d'attraction
lodge [lɑdʒ] *s* (*of gatekeeper; of animal; of Mason*) loge *f*; (*residence, e.g., for hunting*) pavillon *m*; (*hotel*) relais *m*, hostellerie *f* || *tr* loger; **to lodge a complaint with** porter plainte auprès de || *intr* loger; (*said of arrow, bullet*) se loger
lodger ['lɑdʒər] *s* locataire *mf*, pensionnaire *mf*
lodging ['lɑdʒɪŋ] *s* logement *m*; (*of a complaint*) déposition *f*
loft [lɔft], [lɑft] *s* (*attic*) grenier *m*, soupente *f*; (*hayloft*) fenil *m*; (*in theater or church*) tribune *f*; (*in store or office building*) atelier *m*
loft•y ['lɔfti], ['lɑfti] *adj* (*comp* **-ier**; *super* **-iest**) (*towering; sublime*) élevé, exalté; (*haughty*) hautain
log [lɔg], [lɑg] *s* bûche *f*, rondin *m*; (*record book*) registre *m* de travail; (aer) livre *m* de vol; (*record book*) (naut) journal *m* de bord; (*chip log*) (naut) loch *m*; (rad) carnet *m* d'écoute; **to sleep like a log** dormir comme une souche || *v* (*pret & pp* **logged**; *ger* **logging**) *tr* (*wood*) tronçonner; (*an event*) porter au journal; (*a certain distance*) (naut) filer || *intr* (*to cut wood*) couper des rondins
logarithm ['lɔgə,rɪðəm], ['lɑgə,rɪðəm] *s* logarithme *m*
log'book' *s* (aer) livre *m* de vol; (naut) journal *m* de bord, livre de loch
log' cab'in *s* cabane *f* en rondins
log' chip' *s* (naut) flotteur *m* de loch
log' driv'er *s* flotteur *m*
log' driv'ing *s* flottage *m*
logger ['lɔgər], ['lɑgər] *s* bûcheron *m*; (*loader*) (mach) grue *f* de chargement; (mach) tracteur *m*
log'ger•head' *s* tête *f* de bois; **at loggerheads** en bisbille, aux prises
logic ['lɑdʒɪk] *s* logique *f*
logical ['lɑdʒɪkəl] *adj* logique
logician [lo'dʒɪʃən] *s* logicien *m*
logistic(al) [lo'dʒɪstɪk(əl)] *adj* logistique
logistics [lo'dʒɪstɪks] *s* logistique *f*
log'jam' *s* embâcle *m* de bûches; (fig) bouchon *m*, embouteillage *m*
log' line' *s* (naut) ligne *f* de loch
log'roll' *intr* faire trafic de faveurs politiques
log'wood' *s* bois *m* de campêche; (*tree*) campêche *m*
loin [lɔɪn] *s* (*of beef*) aloyau *m*; (*of veal*) longe *f*; (*of pork*) échine *f*; **to gird up one's loins** se ceindre les reins
loin'cloth' *s* pagne *m*
loiter ['lɔɪtər] *tr*—**to loiter away** perdre en flânant || *intr* flâner
loiterer ['lɔɪtərər] *s* flâneur *m*
loll [lɑl] *intr* se prélasser, s'allonger, s'affaler
lollipop ['lɑli,pɑp] *s* sucette *f*
Lom'bardy pop'lar ['lɑmbərdi] *s* peuplier *m* noir
London ['lʌndən] *adj* londonien || *s* Londres *m*
Londoner ['lʌndənər] *s* Londonien *m*
lone [lon] *adj* solitaire, seul; (*sole, single*) unique
loneliness ['lonlinɪs] *s* solitude *f*
lone•ly ['lonli] *adj* (*comp* **-lier**; *super* **-liest**) solitaire, isolé
lonesome ['lonsəm] *adj* solitaire, seul
lone' wolf' *s* (fig) solitaire *mf*, ours *m*
long [lɔŋ], [lɑŋ] (*comp* **longer** ['lɔŋ-

gər], [ˈlɑŋgər); *super* **longest** [ˈlɔŋgɪst], [ˈlɑŋgɪst]) *adj* long; de long, de longueur, e.g., **two meters long** deux mètres de long *or* de longueur || *adv* longtemps; **as long as** aussi longtemps que; (*provided that*) tant que; **before long** sous peu; **how long?** combien de temps?, depuis combien de temps?, depuis quand?; **long ago** il y a longtemps; **long before** longtemps avant; **longer** plus long; **long since** depuis longtemps; **no longer** ne . . . plus longtemps; ne . . . plus, e.g., **I could no longer see him** je ne pouvais plus le voir; **so long!** (coll) à bientôt!; **so long as** tant que; **to be long in** tarder à || *intr*—**to long for** soupirer pour *or* après

long′boat′ *s* chaloupe *f*

long′ dis′tance *s* (telp) l'interurbain *m*; **to call s.o. long distance** appeler qn par l'interurbain

long′-dis′tance call′ *s* (telp) appel *m* interurbain

long′-dis′tance flight′ *s* (aer) vol *m* au long cours, raid *m* aérien

long′-drawn′-out′ *adj* prolongé; (*story*) délayé

longevity [lɑnˈdʒevɪti] *s* longévité *f*

long′ face′ *s* (coll) triste figure *f*

long′hair′ *adj & s* intellectuel *m*; fanatique *mf* de la musique classique

long′hand′ *s* écriture *f* ordinaire; **in longhand** à la main

longing [ˈlɔŋɪŋ], [ˈlɑŋɪŋ] *adj* ardent || *s* désir *m* ardent

longitude [ˈlɑndʒɪ,t(j)ud] *s* longitude *f*

long′ jump′ *s* saut *m* en longueur

long-lived [ˈlɔŋˈlaɪvd], [ˈlɔŋˈlɪvd], [ˈlɑŋˈlaɪvd], [ˈlɑŋˈlɪvd] *adj* à longue vie; persistant

long′-play′ing rec′ord *s* disque *m* de longue durée

long′ prim′er [ˈprɪmər] *s* (typ) philosophie *f*

long′-range′ *adj* à longue portée; (*e.g., plan*) à long terme

long′shore′man *s* (*pl* **-men**) arrimeur *m*, débardeur *m*

long′-stand′ing *adj* de longue date

long′-suf′fering *adj* patient, endurant

long′ suit′ *s* (cards) couleur *f* longue, longue *f*; (fig) fort *m*

long′-term′ *adj* à longue échéance

long′-wind′ed [ˈwɪndɪd] *adj* interminable; (*person*) intarissable

look [lʊk] *s* (*appearance*) aspect *m*; (*glance*) regard *m*; **looks** apparence *f*, mine *f*; **to take a look at** jeter un coup d'œil sur *or* à || *tr* regarder; (*e.g., one's age*) paraître; **to look daggers at** lancer un regard furieux à; **to look the part** avoir le physique de l'emploi; **to look up** (*e.g., in a dictionary*) chercher, rechercher; (*to visit*) aller voir, venir voir || *intr* regarder; (*to seek*) chercher; **it looks like rain** le temps est à la pluie; **look here!** dites donc!; **look out!** gare!, attention!; **to look after** s'occuper de; (*e.g., an invalid*) soigner; **to look at** regarder; **to look away** détourner les yeux; **to look back** regarder en arrière; **to look down on** mépriser; **to look for** chercher; (*to expect*) s'attendre à; **to look forward to** s'attendre à, attendre avec impatience; **to look ill** avoir mauvaise mine; **to look in on** passer voir; **to look into** examiner, vérifier; **to look like** (*s.o. or s.th.*) ressembler à; (*to give promise of*) avoir l'air de; **to look out** faire attention; (*e.g., the window*) regarder par; **to look out on** donner sur; **to look through** (*a window*) regarder par; (*a telescope*) regarder dans; (*a book*) feuilleter; **to look toward** regarder du côté de; **to look up** lever les yeux; **to look up to** respecter; **to look well** avoir bonne mine

looker-on [,lʊkərˈɑn], [,lʊkərˈɔn] *s* (*pl* **lookers-on**) spectateur *m*, assistant *m*

look′ing glass′ *s* miroir *m*

look′out′ *s* guet *m*; (*person*) guetteur *m*; (*place*) poste *m* d'observation; (*person or place*) (naut) vigie *f*; **that's his lookout** (coll) ça, c'est son affaire; **to be on the lookout for** être à l'affût de

loom [lum] *s* métier *m* || *intr* apparaître indistinctement; s'élever; menacer, paraître imminent

loon [lun] *s* lourdaud *m*, sot *m*; (orn) plongeon *m*

loon·y [ˈluni] *adj* (*comp* **-ier**; *super* **-iest**) (slang) toqué || *s* (*pl* **-ies**) (slang) toqué *m*

loop [lup] *s* boucle *f*; (*for fastening a button*) bride *f*; (*circular route*) boulevard *m* périphérique; (*in skating*) croisé *m*; **to loop the loop** (aer) boucler la boucle || *tr & intr* boucler

loop′hole′ *s* meurtrière *f*; (fig) échappatoire *f*

loop′-the-loop′ *s* looping *m*

loose [lus] *adj* lâche; (*stone, tooth*) branlant; (*screw*) desserré; (*pulley, wheel*) fou; (*rope*) mou, détendu; (*coat, dress*) vague, ample; (*earth, soil*) meuble, friable; (*bowels*) relâché; (*style*) décousu; (*translation*) libre, peu exact; (*life, morals*) relâché, dissolu; (*woman*) facile; (*unpackaged*) en vrac; (*unbound, e.g., pages*) détaché; **to become loose** se détacher; **to break loose** (*from captivity*) s'évader; (fig) se déchaîner; **to let loose** lâcher, lâcher la bride à || *s*—**to be on the loose** (*to debauch*) (coll) courir la prétentaine; (*to be out of work*) (coll) être sans occupation || *tr* lâcher; (*to untie*) détacher

loose′ end′ *s* (fig) affaire *f* pendante; **at loose ends** désœuvré, indécis

loose′-leaf note′book *s* cahier *m* à feuilles mobiles

loosen [ˈlusən] *tr* lâcher, relâcher; (*a screw*) desserrer || *intr* se relâcher

looseness [ˈlusnɪs] *s* relâchement *m*; (*of garment*) ampleur *f*; (*play of screw*) jeu *m*, desserrage *m*

loose′strife′ *s* (*common yellow type*)

chasse-bosse *f*, grande lysimaque *f*; (*spiked-purple type*) salicaire *f*
loose′-tongued′ *adj*—**to be loose-tongued** avoir la langue déliée
loot [lut] *s* butin *m*, pillage *m* || *tr* piller, saccager
lop [lɑp] *v* (*pret & pp* **lopped**; *ger* **lopping**) *tr*—**to lop off** abattre, trancher; (*a tree, a branch*) élaguer || *intr* pendre
lope [lop] *s* galop *m* lent || *intr*—**to lope along** aller doucement
lop′sid′ed *adj* déjeté, bancal
loquacious [lo'kweʃəs] *adj* loquace
lord [lɔrd] *s* seigneur *m*; (hum & poetic) époux *m*; (Brit) lord *m* || *tr*—**to lord it over** dominer despotiquement
lord•ly ['lɔrdli] *adj* (*comp* **-lier**; *super* **-liest**) de grand seigneur, majestueux; (*arrogant*) hautain, altier
Lord's′ Day′ *s* jour *m* du Seigneur
lordship ['lɔrdʃɪp] *s* seigneurie *f*
Lord's′ Prayer′ *s* oraison *f* dominicale
Lord's′ Sup′per *s* communion *f*, cène *f*; Cène
lore [lor] *s* savoir *m*, science *f*; tradition *f* populaire
lorgnette [lɔrn'jɛt] *s* (*eyeglasses*) face-à-main *m*; (*opera glasses*) lorgnette *f*
lor•ry ['lɑri], ['lɔri] *s* (*pl* **-ries**) lorry *m*, wagonnet *m*; (*truck*) (Brit) camion *m*; (*wagon*) (Brit) fardier *m*
lose [luz] *v* (*pret & pp* **lost** [lɔst], [lɑst]) *tr* perdre; (*a patient who dies*) ne pas réussir à sauver; (*several minutes, as a timepiece does*) retarder de; **to lose oneself in** s'absorber dans; **to lose one's way** s'égarer || *intr* perdre; (*said of timepiece*) retarder
loser ['luzər] *s* perdant *m*
losing ['luzɪŋ] *adj* perdant || **losings** *spl* pertes *fpl*
loss [lɔs], [lɑs] *s* perte *f*; **to be at a loss** ne savoir que faire; **to be at a loss to** avoir de la peine à, être bien embarrassé pour; **to sell at a loss** vendre à perte
loss′ of face′ *s* perte *f* de prestige
lost [lɔst], [lɑst] *adj* perdu; **lost in thought** perdu or absorbé dans ses pensées; **lost to** perdu pour
lost′-and-found′ depart′ment *s* bureau *m* des objets trouvés
lost′ sheep′ *s* brebis *f* perdue, brebis égarée
lot [lɑt] *s* lot *m*; (*for building*) lotissement *m*, lot; (*fate*) sort *m*, lot; **a bad lot** (coll) un mauvais sujet, de la mauvaise graine; **a lot of** or **lots of** (coll) un tas de; **a queer lot** (coll) un drôle de numéro; **in a lot** en bloc; **to cast** or **to throw in one's lot with** tenter la fortune avec; **to draw** or **to cast lots** tirer au sort; **such a lot of** tellement de; **what a lot of . . . !** que de . . . !
lotion ['loʃən] *s* lotion *f*
lotter•y ['lɑtəri] *s* (*pl* **-ies**) loterie *f*
lotto ['lɑto] *s* loto *m*
lotus ['lotəs] *s* lotus *m*
loud [lɑʊd] *adj* haut, fort; (*noisy*) bruyant; (*voice*) fort; (*showy*) voyant || *adv* fort; (*noisily*) bruyamment; **out loud** à haute voix
loud•mouthed ['laʊd,maʊθt], ['laʊd,maʊðd] *adj* au verbe haut
loud′speak′er *s* haut-parleur *m*
Louisiana [lu,izɪ'ænə] *s* Louisiane *f*; la Louisiane
lounge [laʊndʒ] *s* divan *m*, sofa *m*; (*room*) petit salon *m*, salle *f* de repos; (*in a hotel*) hall *m* || *intr* flâner; (*e.g., in a chair*) se vautrer
lounge′ liz′ard *s* (slang) gigolo *m*
louse [laʊs] *s* (*pl* **lice** [laɪs]) pou *m*; (slang) salaud *m* || *tr*—**to louse up** (slang) bâcler
lous•y ['laʊzi] *adj* (*comp* **-ier**; *super* **-iest**) pouilleux; (*mean; ugly*) (coll) moche; (*bungling*) (coll) maladroit, gauche; **lousy with** (slang) chargé de
lout [laʊt] *s* lourdaud *m*, balourd *m*
louver ['luvər] *s* abat-vent *m*; (aut) auvent *m*
lovable ['lʌvəbəl] *adj* aimable, sympathique
love [lʌv] *s* amour *m*; affection *f*; (tennis) zéro *m*; **in love with** amoureux de; **love at first sight** le coup de foudre; **love to all!** vives amitiés à tous!; **not for love or money** pour rien au monde; **to make love to** faire la cour à; **with much love!** avec mes affectueuses pensées! || *tr & intr* aimer
love′ affair′ *s* affaire *f* de cœur
love′birds′ *spl* inséparables *mpl*; nouveaux mariés *mpl*
love′ child′ *s* enfant *mf* de l'amour
love′ feast′ *s* (eccl) agape *f*
love′ game′ *s* (tennis) jeu *m* blanc
love′ knot′ *s* lacs *m* d'amour
loveless ['lʌvlɪs] *adj* sans amour; (*feeling no love*) insensible à l'amour
love′ let′ter *s* billet *m* doux
lovelorn ['lʌv,lɔrn] *adj* délaissé d'amour; éperdu d'amour
love•ly ['lʌvli] *adj* (*comp* **-lier**; *super* **-liest**) beau; (*adorable*) charmant, gracieux; (*enjoyable*) (coll) agréable, aimable
love′ match′ *s* mariage *m* d'amour
love′ po′tion *s* philtre *m* d'amour
lover ['lʌvər] *s* amoureux *m*, amant *m*; (*of hunting, sports, music, etc.*) amateur *m*, fanatique *mf*
love′ seat′ *s* causeuse *f*
love′sick′ *adj* féru d'amour
love′sick′ness *s* mal *m* d'amour
love′ song′ *s* romance *f*, chanson *f* d'amour
loving ['lʌvɪŋ] *adj* aimant, affectueux; affectionné, e.g., **your loving daughter** votre fille affectionnée
lov′ing cup′ *s* coupe *f* de l'amitié; trophée *m*
lov′ing-kind′ness *s* bonté *f* d'âme
low [lo] *adj* bas; (*speed; price*) bas; (*speed; price; number; light*) faible; (*opinion*) défavorable; (*dress*) décolleté; (*sound, note*) bas, grave; (*fever*) lent; (*bow*) profond; **to lay low** éten-

dre, terrasser; **to lie low** se tenir coi || *s* bas *m*; (*moo of cow*) meuglement *m*; (aut) première vitesse *f*; (meteo) dépression *f* || *adv* bas; **to speak low** parler à voix basse || *intr* (*said of cow*) meugler
low′born′ *adj* de basse naissance
low′boy′ *s* commode *f* basse
low′brow′ *adj* (coll) peu intellectuel || *s* (coll) ignorant *m*
low′-cost′ hous′ing *s* habitations *fpl* à loyer modéré or à bon marché
Low′ Coun′tries *spl* Pays-Bas *mpl*
low′-down′ *adj* (coll) bas, vil || **low′-down′** *s* (slang) faits *mpl* véritables; **to give s.o. the low-down on** (slang) tuyauter qn sur
lower ['lo·ər] *adj* inférieur, bas || *tr & intr* baisser || ['laʊ·ər] *intr* se renfrogner, regarder de travers
low′er berth′ ['lo·ər] *s* couchette *f* inférieure
low′er case′ ['lo·ər] *s* (typ) bas *m* de casse
low′er mid′dle class′ ['lo·ər] *s* petite bourgeoisie *f*
lowermost ['lo·ər,most] *adj* (le) plus bas
low′-fre′quency *adj* à basse fréquence
low′ gear′ *s* première vitesse *f*
lowland ['lolənd] *s* plaine *f* basse; **Lowlands** (*in Scotland*) Basse-Écosse *f*
low·ly ['loli] *adj* (*comp* **-lier**; *super* **-liest**) humble, modeste; (*in growth or position*) bas, infime
Low′ Mass′ *s* messe basse *f*, petite messe
low′-mind′ed *adj* d'esprit vulgaire
low′ neck′ *s* décolleté *m*
low′-necked′ *adj* décolleté
low′-pitched′ *adj* (*sound*) grave; (*roof*) à faible inclinaison
low′-pres′sure *adj* à basse pression
low′-priced′ *adj* à bas prix
low′ shoe′ *s* soulier *m* bas
low′-speed′ *adj* à petite vitesse
low′-spir′ited *adj* abattu
low′ spir′its *spl* abattement *m*, accablement *m*
low′ tide′ *s* marée *f* basse
low′ vis′ibil′ity *s* (aer) mauvaise visibilité *f*
low′-warp′ *adj* (tex) de basse lice
low′ wa′ter *s* (*of river*) étiage *m*; (*of sea*) niveau *m* des basses eaux; marée *f* basse
loyal ['lɔɪ·əl] *adj* loyal
loyalist ['lɔɪ·əlɪst] *s* loyaliste *mf*
loyal·ty ['lɔɪ·əlti] *s* (*pl* **-ties**) loyauté *f*
lozenge ['lɑzɪndʒ] *s* (*candy cough drop*) pastille *f*; (geom) losange *m*
LP ['ɛl'pi] *s* (letterword) (trademark) (**long-playing**) disque *m* de longue durée
lubricant ['lubrɪkənt] *adj & s* lubrifiant *m*
lubricate ['lubrɪ,ket] *tr* lubrifier
lubricous ['lubrɪkəs] *adj* (*slippery*) glissant; (*lewd*) lubrique; inconstant
lucerne [lu'sʌrn] *s* luzerne *f*
lucid ['lusɪd] *adj* lucide
luck [lʌk] *s* (*good or bad*) chance *f*; (*good*) chance, bonne chance; **to be down on one's luck, to be out of luck** avoir de la malchance, être dans la déveine; **to be in luck** avoir de la chance, avoir de la veine; **to bring luck** porter bonheur; **to try one's luck** tenter la fortune, tenter l'aventure; **worse luck!** tant pis!, pas de chance!
luckily ['lʌkɪli] *adv* heureusement, par bonheur
luckless ['lʌklɪs] *adj* malheureux, malchanceux
luck·y ['lʌki] *adj* (*comp* **-ier**; *super* **-iest**) heureux, fortuné; (*supposed to bring luck*) porte-bonheur; **how lucky!** quelle chance!; **to be lucky** avoir de la chance
luck′y charm′ *s* porte-bonheur *m*
luck′y find′ *s* (coll) trouvaille *f*
luck′y hit′ *s* (coll) coup *m* de bonheur
lucrative ['lukrətɪv] *adj* lucratif
ludicrous ['ludɪkrəs] *adj* ridicule, risible
lug [lʌg] *s* oreille *f*; (*pull, tug*) saccade *f* || *v* (*pret & pp* **lugged**; *ger* **lugging**) *tr* traîner, tirer; (*to bring up irrelevantly*) (coll) ressortir, amener de force
luggage ['lʌgɪdʒ] *s* bagages *mpl*
lug′gage car′rier *s* porte-bagages *m*
lugubrious [lʊ'g(j)ubrɪ·əs] *adj* lugubre
lukewarm ['luk,wɔrm] *adj* tiède
lull [lʌl] *s* accalmie *f* || *tr* bercer, endormir, calmer
lulla·by ['lʌlə,baɪ] *s* (*pl* **-bies**) berceuse *f*
lumbago [lʌm'bego] *s* lumbago *m*
lumber ['lʌmbər] *s* bois *m* de charpente, bois de construction || *intr* se traîner lourdement
lum′ber·jack′ *s* bûcheron *m*
lum′ber jack′et *s* canadienne *f*
lum′ber·man *s* (*pl* **-men**) (*dealer*) exploitant *m* forestier, propriétaire *m* forestier; (*man who cuts down lumber*) bûcheron *m*
lum′ber raft′ *s* train *m* de flottage
lum′ber room′ *s* fourre-tout *m*, débarras *m*
lum′ber·yard′ *s* chantier *m* de bois, dépôt *m* de bois de charpente
luminar·y ['lumɪ,neri] *s* (*pl* **-ies**) corps *m* lumineux; (astr) luminaire *m*; (*person*) (fig) lumière *f*
luminescent [,lumɪ'nesənt] *adj* luminescent
luminous ['lumɪnəs] *adj* lumineux
lummox ['lʌməks] *s* (coll) lourdaud *m*
lump [lʌmp] *s* masse *f*; (*of earth*) motte *f*; (*of sugar*) morceau *m*; (*of salt, flour, porridge, etc.*) grumeau *m*; (*swelling*) bosse *f*; (*of ice, stone, etc.*) bloc *m*; **in the lump** en bloc; **to get a lump in one's throat** avoir un serrement de gorge || *tr* réunir; **to lump together** prendre en bloc, englober || *intr*—**to lump along** marcher d'un pas lourd
lumpish ['lʌmpɪʃ] *adj* balourd
lump′ sug′ar *s* sucre *m* en morceaux
lump′ sum′ *s* somme *f* globale

lump•y ['lʌmpi] *adj* (*comp* **-ier**; *super* **-iest**) grumeleux; (*covered with lumps*) couvert de bosses; (*sea*) clapoteux
luna•cy ['lunəsi] *s* (*pl* **-cies**) folie *f*
lu'nar land'ing *s* alunissage *m*
lu'nar mod'ule *s* (rok) module *m* lunaire
lunatic ['lunətɪk] *adj* & *s* fou *m*
lu'natic asy'lum *s* maison *f* de fous
lu'natic fringe' *s* minorité *f* fanatique
lunch [lʌntʃ] *s* (*midday meal*) déjeuner *m*; (*light meal*) collation *f*, petit repas *m* || *intr* déjeuner; (*to snack*) casser la croûte, manger sur le pouce
lunch' bas'ket *s* panier *m* à provisions
lunch' cloth' *s* nappe *f* à thé
lunch' coun'ter *s* snack *m*, buffet *m*
luncheon ['lʌntʃən] *s* déjeuner *m*
luncheonette [,lʌntʃə'nɛt] *s* brasserie *f*, café-restaurant *m*
lunch'room' *s* brasserie *f*, café-restaurant *m*
lunch'time' *s* heure *f* du déjeuner
lung [lʌŋ] *s* poumon *m*
lunge [lʌndʒ] *s* mouvement *m* en avant; (*with a sword*) botte *f* || *intr* se précipiter en avant; (*with a sword*) se fendre; **to lunge at** porter une botte à
lurch [lʌrtʃ] *s* embardée *f*; (*of person*) secousse *f*; **to leave in the lurch** laisser en plan || *intr* faire une embardée; (*said of person*) vaciller
lure [lʊr] *s* (*decoy*) leurre *m*, amorce *f*; (fig) attrait *m* || *tr* leurrer; **to lure away** détourner
lurid ['lʊrɪd] *adj* sensationnel; (*gruesome*) terrible, macabre; (*fiery*) rougeoyant; (*livid*) blafard
lurk [lʌrk] *intr* se cacher; (*to prowl*) rôder
luscious ['lʌʃəs] *adj* délicieux, succulent; luxueux, somptueux
lush [lʌʃ] *adj* plein de sève; (*abundant*) luxuriant; opulent, luxueux
lust [lʌst] *s* désir *m* ardent; (*greed*) convoitise *f*, soif *f*; (*strong sexual appetite*) luxure *f*
luster ['lʌstər] *s* lustre *m*
lus'ter•ware' *s* poterie *f* lustrée, poterie à reflets métalliques
lustful ['lʌstfəl] *adj* luxurieux, lascif
lustrous ['lʌstrəs] *adj* lustré, chatoyant
lust•y ['lʌsti] *adj* (*comp* **-ier**; *super* **-iest**) robuste, vigoureux
lute [lut] *s* (mus) luth *m*; (*substance used to close or seal a joint*) (chem) lut *m*
Lutheran ['luθərən] *adj* luthérien || *s* Luthérien *m*
Luxemburg ['lʌksəm,bʌrg] *s* le Luxembourg
luxuriant [lʌg'ʒʊrɪ·ənt], [lʌk'ʃʊrɪ·ənt] *adj* luxuriant; (*overornamented*) surchargé
luxurious [lʌg'ʒʊrɪ·əs], [lʌk'ʃʊrɪ·əs] *adj* luxueux, somptueux
luxu•ry ['lʌkʃəri], ['lʌgʒəri] *s* (*pl* **-ries**) luxe *m*
lux'ury i'tem *s* produit *m* de luxe
lux'ury tax' *s* impôt *m* somptuaire
lyceum [laɪ'si·əm] *s* lycée *m*
lye [laɪ] *s* lessive *f*
lying ['laɪ·ɪŋ] *adj* menteur || *s* le mensonge
ly'ing-in' hos'pital *s* maternité *f*, clinique *f* d'accouchement
lymph [lɪmf] *s* lymphe *f*
lymphatic [lɪm'fætɪk] *adj* lymphatique
lynch [lɪntʃ] *tr* lyncher
lynching ['lɪntʃɪŋ] *s* lynchage *m*
lynx [lɪŋks] *s* lynx *m*
Lyons ['laɪ·ənz] *s* Lyon *m*
lyre [laɪr] *s* (mus) lyre *f*
lyric ['lɪrɪk] *adj* lyrique || *s* poème *m* lyrique; **lyrics** (*of song*) paroles *fpl*; (theat) chansons *fpl* du livret
lyrical ['lɪrɪkəl] *adj* lyrique
lyricism ['lɪrɪ,sɪzəm] *s* lyrisme *m*
lyricist ['lɪrɪsɪst] *s* poète *m* lyrique; (*writer of words for songs*) parolier *m*

M

M, m [ɛm] XIIIe lettre de l'alphabet
ma'am [mæm], [mɑm] *s* (coll) madame *f*
macadam [mə'kædəm] *s* macadam *m*
macadamize [mə'kædə,maɪz] *tr* macadamiser
macaroon [,mækə'run] *s* macaron *m*
macaw [mə'kɔ] *s* (orn) ara *m*
mace [mes] *s* masse *f*
mace'bear'er *s* massier *m*
machination [,mækɪ'neʃən] *s* machination *f*
machine [mə'ʃin] *s* machine *f*; (*of a political party*) noyau *m* directeur, leviers *mpl* de commande || *tr* usiner, façonner
machine' gun' *s* mitrailleuse *f*
ma•chine'-gun' *v* (*pret* & *pp* **-gunned**; *ger* **-gunning**) *tr* mitrailler
ma•chine'-made' *adj* fait à la machine
machiner•y [mə'ʃinəri] *s* (*pl* **-ies**) machinerie *f*, machines *fpl*; (*of a watch; of government*) mécanisme *m*; (*in literature*) merveilleux *m*
machine' screw' *s* vis *f* à métaux
machine' shop' *s* atelier *m* d'usinage
machine' tool' *s* machine-outil *f*
machine' transla'tion *s* traduction *f* automatique
machinist [mə'ʃinɪst] *s* mécanicien *m*
mackerel ['mækərəl] *s* maquereau *m*
mack'erel sky' *s* ciel *m* pommelé or moutonné
mad [mæd] *adj* (*comp* **madder**; *super*

maddest) fou; (*dog*) enragé; (coll) fâché, irrité; **as mad as a hatter** fou à lier; **like mad** (coll) comme un fou, éperdument; **to be mad about** (coll) être fou or passionné de; **to drive mad** rendre fou
madam [ˈmædəm] *s* madame *f*; (*of a brothel*) (slang) tenancière *f*
mad′cap′ *adj & s* écervelé *m*, étourdi *m*
madden [ˈmædən] *tr* rendre fou ‖ *intr* devenir fou
made-to-order [ˈmedtəˈɔrdər] *adj* fait sur demande; (*clothing*) fait sur mesure
made′-up′ *adj* inventé; (*artificial*) postiche; (*face*) maquillé
mad′house′ *s* maison *f* de fous
mad′man′ *s* (*pl* **-men′**) fou *m*
madness [ˈmædnɪs] *s* folie *f*; (*of dog*) rage *f*
Madonna [məˈdɑnə] *s* madone *f*; (eccl) Madone
maelstrom [ˈmelstrəm] *s* maelstrom *m*, tourbillon *m*
magazine [ˈmægəˌzin], [ˌmægəˈzin] *s* (*periodical*) revue *f*, magazine *m*; (*warehouse; for cartridges of gun or camera; for munitions or powder*) magasin *m*; (naut) soute *f*
mag′azine′ rack′ *s* casier *m* à revues
Magdalen [ˈmægdələn] *s* Madeleine *f*
Maggie [ˈmægi] *s* (coll) Margot *f*
maggot [ˈmægət] *s* asticot *m*
Magi [ˈmedʒaɪ] *spl* mages *mpl*
magic [ˈmædʒɪk] *adj* magique ‖ *s* magie *f*; **as if by magic** comme par enchantement
magician [məˈdʒɪʃən] *s* magicien *m*
magisterial [ˌmædʒɪsˈtɪrɪ·əl] *adj* magistral
magistrate [ˈmædʒɪsˌtret] *s* magistrat *m*
Magna Charta [ˈmægnəˈkɑrtə] *s* la Grande Charte *f*
magnanimous [mægˈnænɪməs] *adj* magnanime
magnate [ˈmægnet] *s* magnat *m*
magnesium [mægˈniʃɪ·əm], [mægˈniʒɪ·əm] *s* magnésium *m*
magnet [ˈmægnɪt] *s* aimant *m*
magnetic [mægˈnɛtɪk] *adj* magnétique; (fig) attrayant, séduisant
magnetism [ˈmægnɪˌtɪzəm] *s* magnétisme *m*
magnetize [ˈmægnɪˌtaɪz] *tr* aimanter
magne·to [mægˈnito] *s* (*pl* **-tos**) magnéto *f*
magnificent [mægˈnɪfɪsənt] *adj* magnifique
magni·fy [ˈmægnɪˌfaɪ] *v* (*pret & pp* **-fied**) *tr* grossir; (opt) grossir
mag′nifying glass′ *s* loupe *f*
magnitude [ˈmægnɪˌt(j)ud] *s* grandeur *f*; (astr) magnitude *f*
magpie [ˈmægˌpaɪ] *s* (orn, fig) pie *f*
mahlstick [ˈmɑlˌstɪk], [ˈmɔlˌstɪk] *s* appui-main *m*
mahoga·ny [məˈhɑgəni] *s* (*pl* **-nies**) acajou *m*
Mahomet [məˈhɑmɪt] *s* Mahomet *m*
mahout [məˈhaʊt] *s* cornac *m*
maid [med] *s* (*servant*) bonne *f*; (*young girl*) jeune fille *f*, demoiselle *f*
maiden [ˈmedən] *s* jeune fille *f*, demoiselle *f*
maid′en·hair′ *s* (bot) capillaire *m*
maid′en·head′ *s* hymen *m*
maid′en·hood′ *s* virginité *f*
maid′en la′dy *s* demoiselle *f*, célibataire *f*
maidenly [ˈmedənli] *adj* virginal, de jeune fille
maid′en name′ *s* nom *m* de jeune fille
maid′en voy′age *s* premier voyage *m*
maid′-in-wait′ing *s* (*pl* **maids-in-waiting**) fille *f* d'honneur, dame *f* d'honneur
maid′ of hon′or *s* demoiselle *f* d'honneur
maid′serv′ant *s* fille *f* de service, servante *f*
mail [mel] *adj* postal ‖ *s* courrier *m*; (*system*) poste *f*; (*armor*) mailles *fpl*, cotte *f* de mailles; **by return mail** par retour du courrier; **mails** poste ‖ *tr* mettre à la poste, envoyer par la poste
mail′bag′ *s* sac *m* postal
mail′boat′ *s* paquebot *m*, bateau-poste *m*
mail′box′ *s* boîte *f* aux lettres
mail′ car′ *s* fourgon *m* postal, bureau *m* ambulant, wagon-poste *m*
mail′ car′rier *s* facteur *m*
mail′ clerk′ *s* postier *m*; (mil, nav) vaguemestre *m*; (rr) convoyeur *m* des postes
mailing [ˈmelɪŋ] *s* envoi *m*
mail′ing list′ *s* liste *f* d'adresses; (*of subscribers*) liste d'abonnés
mail′ing per′mit *s* (label on envelopes) dispensé du timbrage
mail′man′ *s* (*pl* **-men′**) facteur *m*
mail′ or′der *s* commande *f* par la poste
mail′-order house′ *s* établissement *m* de vente par correspondance or de vente sur catalogue; comptoir *m* postal (Canad)
mail′-order sell′ing *s* vente *f* par correspondance
mail′plane′ *s* avion *m* postal
mail′ train′ *s* train-poste *m*
maim [mem] *tr* mutiler, estropier
main [men] *adj* principal ‖ *s* égout *m* collecteur, canalisation *f* or conduite *f* principale; **in the main** en général, pour la plupart
main′ clause′ *s* proposition *f* principale
main′ course′ *s* (culin) plat *m* principal, pièce *f* de résistance
main′ deck′ *s* pont *m* principal
main′ floor′ *s* rez-de-chaussée *m*
mainland [ˈmenˌlænd], [ˈmenlənd] *s* terre *f* ferme, continent *m*
main′ line′ *s* (rr) grande ligne *f*
mainly [ˈmenli] *adv* principalement
mainmast [ˈmenməst], [ˈmenˌmæst], [ˈmenˌmɑst] *s* grand mât *m*
mainsail [ˈmensəl], [ˈmenˌsel] *s* grand-voile *f*
main′spring′ *s* (*of watch*) ressort *m* moteur, grand ressort; (fig) mobile *m* essentiel, principe *m*
main′stay′ *s* (naut) étai *m* de grand mât; (fig) point *m* d'appui

main′ street′ *s* rue *f* principale
maintain [men'ten] *tr* maintenir; (*e.g., a family*) entretenir, faire subsister
maintenance ['mentɪnəns] *s* entretien *m*, maintien *m*; (*department entrusted with upkeep*) services *mpl* d'entretien, maintenance *f*
maître d'hôtel [,metərdo'tɛl] *s* maître *m* d'hôtel
maize [mez] *s* maïs *m*
majestic [mə'dʒɛstɪk] *adj* majestueux
majes•ty ['mædʒɪsti] *s* (*pl* **-ties**) majesté *f*
major ['medʒər] *adj* majeur ‖ *s* (*person of full legal age*) majeur *m*; (educ) spécialisation *f*; (mil) commandant *m* ‖ *intr* (educ) se spécialiser
Majorca [mə'dʒɔrkə] *s* Majorque *f*; île *f* de Majorque
Majorcan [mə'dʒɔrkən] *adj* majorquin ‖ *s* Majorquin *m*
ma′jor gen′eral *s* général *m* de division
majori•ty [mə'dʒɑrɪti], [mə'dʒɔrɪti] *adj* majoritaire ‖ *s* (*pl* **-ties**) majorité *f*; (mil) grade *m* de commandant; **the majority of** la plupart de
major′ity vote′ *s* scrutin *m* majoritaire
make [mek] *s* fabrication *f*; (*brand name*) marque *f*; modèle *m* ‖ *v* (*pret & pp* **made** [med]) *tr* faire; rendre, e.g., **to make sick** rendre malade; (*money*) gagner; (*the cards*) battre; (*a train*) attraper; **to make into** transformer en; **to make known** faire savoir; **to make out** déchiffrer, distinguer; (*a bill, receipt, check*) écrire; (*a list*) dresser; **to make s.o.** + *inf* faire + *inf* + qn, e.g., **I will make my uncle talk** je ferai parler mon oncle ‖ *intr* être, e.g., **to make sure** être sûr; **to make believe** feindre; **to make good** réussir; **to make off** filer, décamper
make′-believe′ *adj* simulé ‖ *s* faux-semblant *m*, feinte *f*
maker ['mekər] *s* fabricant *m*
make′shift′ *adj* de fortune, de circonstance ‖ *s* expédient *m*; (*person*) bouche-trou *m*
make′-up′ *s* arrangement *m*, composition *f*; (*cosmetic*) maquillage *m*; (typ) mise *f* en pages, imposition *f*
make′-up man′ *s* (theat) maquilleur *m*; (typ) metteur *m* en pages, imposeur *m*
make′weight′ *s* complément *m* de poids
making ['mekɪŋ] *s* fabrication *f*; (*of a dress; of a cooked dish*) confection *f*; **makings** éléments *mpl* constitutifs; (*money*) recettes *fpl*; **to have the makings of** avoir l'étoffe de
maladjusted [,mælə'dʒʌstɪd] *adj* inadapté
maladjustment [,mælə'dʒʌstmənt] *s* inadaptation *f*
mala•dy ['mælədi] *s* (*pl* **-dies**) maladie *f*
malaise [mæ'lez] *s* malaise *m*
malaria [mə'lɛrɪ•ə] *s* malaria *f*, paludisme *m*
Malay ['mele], [mə'le] *adj* malais ‖ *s* (*language*) malais *m*; (*person*) Malais *m*
Malaya [mə'le•ə] *s* Malaisie *f*; la Malaisie
malcontent ['mælkən,tɛnt] *adj & s* mécontent *m*
male [mel] *adj & s* mâle *m*
malediction [,mælɪ'dɪkʃən] *s* malédiction *f*
malefactor ['mælɪ,fæktər] *s* malfaiteur *m*
male′ nurse′ *s* infirmier *m*
malevolent [mə'lɛvələnt] *adj* malveillant
malfeasance [,mæl'fizəns] *s* prévarication *f*, trafic *m*
malice ['mælɪs] *s* méchanceté *f*
malicious [mə'lɪʃəs] *adj* méchant
malign [mə'laɪŋ] *adj* pernicieux; malveillant ‖ *tr* calomnier
malignan•cy [mə'lɪgnənsi] *s* (*pl* **-cies**) malignité *f*
malignant [mə'lɪgnənt] *adj* méchant, malin
malinger [mə'lɪŋgər] *intr* faire le malade
malingerer [mə'lɪŋgərər] *s* simulateur *m*
mall [mɔl], [mæl] *s* mail *m*
mallard ['mælərd] *s* (orn) col-vert *m*
malleable ['mælɪ•əbəl] *adj* malléable
mallet ['mælɪt] *s* maillet *m*
mallow ['mælo] *s* (bot) mauve *f*
malnutrition [,mæln(j)u'trɪʃən] *s* sous-alimentation *f*, malnutrition *f*
malodorous [mæl'odərəs] *adj* malodorant
malpractice [mæl'præktɪs] *s* incurie *f*; méfait *m*
malt [mɔlt] *s* malt *m*
maltreat [mæl'trit] *tr* maltraiter
mamma ['mɑmə], [mə'mɑ] *s* maman *f*
mammal ['mæməl] *s* mammifère *m*
mammalian [mæ'melɪ•ən] *adj & s* mammifère *m*
mammoth ['mæməθ] *adj* énorme, colossal ‖ *s* mammouth *m*
man [mæn] *s* (*pl* **men** [men]) *s* homme *m*; (*servant*) domestique *m*; (*worker*) ouvrier *m*, employé *m*; (checkers) pion *m*; (chess) pièce *f*; **a man** on, e.g., **what can a man do?** qu'est-ce qu'on peut faire?; **every man for himself!** sauve qui peut!; **man alive!** (coll) tiens!; fichtre!; **man and wife** mari et femme; **men at work** (public sign) travaux en cours ‖ *v* (*pret & pp* **manned**; *ger* **manning**) *tr* (*a ship*) équiper; (*a fort*) garnir; (*a cannon, the pumps, etc.*) armer; (*a battery*) servir
man′ about town′ *s* boulevardier *m*, coureur *m* de cabarets
manacle ['mænəkəl] *s* manilla *f*; **manacles** menottes *fpl* ‖ *tr* mettre les menottes à
manage ['mænɪdʒ] *tr* gérer, diriger; (*to handle*) manier ‖ *intr* se débrouiller; **how did you manage to . . . ?** comment avez-vous fait pour . . . ?; **to manage to** s'arranger pour
manageable ['mænɪdʒəbəl] *adj* maniable

management ['mænɪdʒmənt] *s* direction *f*, gérance *f*; (*group who manage*) direction, administration *f*; (*in contrast to labor*) patronat *m*; **under new management** (public sign) changement de propriétaire
manager ['mænədʒər] *s* directeur *m*, gérant *m*; (*e.g., of a department*) chef *m*; (*impresario*) manager *m*
managerial [,mænə'dʒɪrɪ·əl] *adj* patronal
man′aging ed′itor *s* rédacteur *m* gérant
Manchuria [mæn'tʃʊrɪ·ə] *s* Mandchourie *f*; la Mandchourie
man′darin or′ange ['mændərɪn] *s* mandarine *f*
mandate ['mændet] *s* mandat *m* || *tr* placer sous le mandat de
mandatory ['mændə,tori] *adj* obligatoire
mandolin ['mændəlɪn] *s* mandoline *f*
mandrake ['mændrek] *s* mandragore *f*
mane [men] *s* crinière *f*
maneuver [mə'nuvər] *s* manœuvre *m* || *tr & intr* manœuvrer
manful ['mænfəl] *adj* viril, hardi
manganese ['mæŋgə,nis], ['mæŋgə,niz] *s* manganèse *m*
mange [mendʒ] *s* gale *f*
manger ['mendʒər] *s* mangeoire *f*, crèche *f*
mangle ['mæŋgəl] *s* calandre *f* || *tr* lacérer, mutiler; (*to press*) calandrer
man·gy ['mendʒi] *adj* (*comp* **-gier**; *super* **-giest**) galeux; (*dirty, squalid*) miteux
man′han′dle *tr* malmener
man′hole′ *s* trou *m* d'homme, regard *m*
manhood ['mænhʊd] *s* virilité *f*; humanité *f*
man′hunt′ *s* chasse *f* à l'homme; chasse au mari
mania ['menɪ·ə] *s* manie *f*
maniac ['menɪ,æk] *adj & s* maniaque *mf*
maniacal [mə'naɪ·əkəl] *adj* maniaque
manicure ['mænɪ,kjʊr] *s* soins *mpl* esthétiques des mains et des ongles; (*person*) manucure *mf* || *tr* manucurer
manicurist ['mænɪ,kjʊrɪst] *s* manucure *mf*
manifest ['mænɪ,fest] *adj* manifeste || *s* (naut) manifeste *m* || *tr & intr* manifester
manifestation [,mænɪfes'teʃən] *s* manifestation *f*
manifes·to [,mænɪ'festo] *s* (*pl* **-toes**) manifeste *m*
manifold ['mænɪ,fold] *adj* multiple, nombreux || *s* (aut) tuyauterie *f*, collecteur *m*
manikin ['mænɪkɪn] *s* mannequin *m*; (*dwarf*) nabot *m*
man′ in the moon′ *s* homme *m* dans la lune
man′ in the street′ *s* homme *m* de la rue
manipulate [mə'nɪpjə,let] *tr* manipuler
man′kind′ *s* le genre humain, l'humanité *f* || **man′kind′** *s* le sexe fort, les hommes *mpl*
manliness ['mænlɪnɪs] *s* virilité *f*
man·ly ['mænli] *adj* (*comp* **-lier**; *super* **-liest**) viril, masculin
manna ['mænə] *s* manne *f*
manned′ space′craft *s* vaisseau *m* spatial habité
mannequin ['mænɪkɪn] *s* mannequin *m*
manner ['mænər] *s* manière *f*; **by all manner of means** certainement; **by no manner of means** en aucune manière; **in a manner of speaking** pour ainsi dire; **in the manner of** à la, e.g., **in the manner of the French, in the French manner** à la manière française, à la française; **manners** manières; **manners of the time** mœurs *fpl* de l'époque; **to the manner born** créé et mis au monde pour ça
mannerism ['mænə,rɪzm] *s* maniérisme *m*
mannish ['mænɪʃ] *adj* hommasse
man′ of let′ters *s* homme *m* de lettres, bel esprit *m*
man′ of parts′ *s* homme *m* de talent
man′ of straw′ *s* homme *m* de paille
man′ of the world′ *s* homme *m* du monde
man-of-war [,mænəv'wɔr] *s* (*pl* **men-of-war**) navire *m* de guerre
manor ['mænər] *s* seigneurie *f*
man′or house′ *s* château *m*, manoir *m*
man′ o′verboard′ *interj* un homme à la mer!
man′pow′er *s* main-d'œuvre *f*; (mil) effectifs *mpl*
manse [mæns] *s* maison *f* du pasteur
man′serv′ant *s* (*pl* **men′serv′ants**) valet *m*
mansion ['mænʃən] *s* hôtel *m* particulier; château *m*, manoir *m*
man′slaugh′ter *s* (law) homicide *m* involontaire
mantel ['mæntəl] *s* manteau *m* de cheminée
man′tel·piece′ *s* manteau *m* de cheminée; dessus *m* de cheminée
mantilla [mæn'tɪlə] *s* mantille *f*
mantle ['mæntəl] *s* manteau *m*, mante *f*; (*of gaslight*) manchon *m* || *tr* envelopper d'une mante; couvrir, revêtir; (*to hide*) voiler || *intr* (*said of face*) rougir
manual ['mænjʊ·əl] *adj* manuel || *s* (*book*) manuel *m*; (*of arms*) (mil) maniement *m*; (mus) clavier *m* d'orgue
man′ual dexter′ity *s* habileté *f* manuelle
man′ual train′ing *s* apprentissage *m* manuel
manufacture [,mænjə'fæktʃər] *s* fabrication *f*; (*thing manufactured*) produit *m* fabriqué || *tr* fabriquer
manufacturer [,mænjə'fæktʃərər] *s* fabricant *m*
manure [mə'n(j)ʊr] *s* fumier *m* || *tr* fumer
manuscript ['mænjə,skrɪpt] *adj & s* manuscrit *m*
many ['meni] *adj* beaucoup de; **a good many** bien des, maintes; **how many** combien de; **many another** bien d'autres; **many more** beaucoup d'autres;

so many tant de; **too many** trop de; **twice as many** deux fois autant de || *pron* beaucoup; **as many as** autant de; jusqu'à, e.g., **as many as twenty** jusqu'à vingt; **how many** combien; **many a** maint; **many another** bien d'autres; **many more** beaucoup d'autres; **so many** tant; **too many** trop; **twice as many** deux fois autant

man'y-sid'ed *adj* polygonal; (*having many interests or capabilities*) complexe

map [mæp] *s* carte *f*; (*of a city*) plan *m* || *v* (*pret & pp* **mapped**; *ger* **mapping**) *tr* faire la carte de; **to map out** tracer le plan de; **to put on the map** (coll) faire connaître, mettre en vedette

maple ['mepəl] *s* érable *m*

ma'ple sug'ar *s* sucre *m* d'érable

mar [mɑr] *v* (*pret & pp* **marred**; *ger* **marring**) *tr* défigurer, gâcher

marathon ['mærə ,θɑn] *s* marathon *m*

maraud [mə'rɔd] *tr* piller || *intr* marauder

marauder [mə'rɔdər] *s* maraudeur *m*

marauding [mə'rɔdɪŋ] *adj* maraudeur || *s* maraude *f*

marble ['mɑrbəl] *s* marbre *m*; (*little ball of glass*) bille *f*; **marbles** (game) jeu *m* de billes || *tr* marbrer; (*the edge of a book*) jasper

march [mɑrtʃ] *s* marche *f*; **March** mars *m*; **to steal a march on** prendre de l'avance sur || *tr* faire marcher || *intr* marcher

marchioness ['mɑrʃənɪs] *s* marquise *f*

mare [mɛr] *s* (*female horse*) jument *m*; (*female donkey*) ânesse *f*

Margaret ['mɑrgərɪt] *s* Marguerite *f*

margarine ['mɑrdʒərɪn] *s* margarine *f*

margin ['mɑrdʒɪn] *s* marge *f*; (*border*) bord *m*; (com) acompte *m*

marginal ['mɑrdʒɪnəl] *adj* marginal

mar'gin release' *s* déclenche-marge *f*

mar'gin stop' *s* margeur *m*

marigold ['mærɪ ,gold] *s* (*Calendula*) souci *m*; (*Tagetes*) œillet *m* d'Inde

marihuana or **marijuana** [,mɑrɪ'hwɑnə] *s* marihuana *f* or marijuana *f*

marinate ['mærɪ ,net] *tr* mariner

marine [mə'rin] *adj* marin, maritime || *s* flotte *f*; (nav) fusilier *m* marin; **tell it to the marines!** (coll) à d'autres!

Marine' Corps' *s* infanterie *f* de marine

mariner ['mærɪnər] *s* marin *m*

marionette [,mærɪ·ə'nɛt] *s* marionnette *f*

marital ['mærɪtəl] *adj* matrimonial

mar'ital sta'tus *s* état *m* civil

maritime ['mærɪ ,taɪm] *adj* maritime

marjoram ['mɑrdʒərəm] *s* marjolaine *f*; origan *m*

mark [mɑrk] *s* marque *f*, signe *m*; (*of punctuation*) point *m*; (*in an examination*) note *f*; (*spot, stain*) tache *f*, marque; (*monetary unit*) mark *m*; (*starting point in a race*) ligne *f* de départ; **as a mark of** en témoignage de; **Mark** Marc *m*; **on your mark!** à vos marques!; **to hit the mark** mettre dans le mille, atteindre le but; **to leave one's mark** laisser son empreinte; **to make one's mark** se faire un nom, marquer; **to miss the mark** manquer le but; **to toe the mark** se conformer au mot d'ordre || *tr* marquer; (*a student; an exam*) donner une note à; (*e.g., one's approval*) témoigner; **to mark down** noter; (com) démarquer; **to mark off** distinguer; **to mark up** (com) majorer

mark'down' *s* rabais *m*

marker ['mɑrkər] *s* marqueur *m*; (*of boundary*) borne *f*; (*landmark*) repère *m*

market ['mɑrkɪt] *s* marché *m*; **to bear the market** jouer à la baisse; **to bull the market** jouer à la hausse; **to play the market** jouer à la bourse; **to put on the market** lancer, vendre, or mettre sur le marché || *tr* commercialiser

marketable ['mɑrkɪtəbəl] *adj* vendable

mar'ket bas'ket *s* panier *m* à provisions

marketing ['mɑrkɪtɪŋ] *s* marché *m*; (*of a product*) commercialisation *f*, exploitation *f*

mar'ket·place' *s* place *f* du marché

mar'ket price' *s* cours *m* du marché, prix *m* courant

mark'ing gauge' *s* trusquin *m*

marks·man ['mɑrksmən] *s* (*pl* **-men**) tireur *m*

marks'man·ship' *s* habileté *f* au tir, adresse *f* au tir

mark'up' *s* (*profit*) marge *f* bénéficiaire; (*price increase*) majoration *f* de prix

marl [mɑrl] *s* marne *f* || *tr* marner

marmalade ['mɑrmə ,led] *s* marmelade *f*

maroon [mə'run] *adj & s* (*color*) lie *f* de vin, rouge *m* violacé || *tr* abandonner, isoler

marquee [mɑr'ki] *s* marquise *f*

marquis ['mɑrkwɪs] *s* marquis *m*

marquise [mɑr'kiz] *s* marquise *f*

marriage ['mærɪdʒ] *s* mariage *m*

marriageable ['mærɪdʒəbəl] *adj* mariable

mar'riage certif'icate *s* acte *m* de mariage

mar'riage por'tion *s* dot *f*

mar'riage rate' *s* taux *m* de nuptialité

mar'ried life' ['mærid] *s* vie *f* conjugale

marrow ['mæro] *s* moelle *f*

mar·ry ['mæri] *v* (*pret & pp* **-ried**) *tr* (*to join in wedlock*) marier; (*to take in marriage*) se marier avec; **to get married to** se marier avec; **to marry off** marier || *intr* se marier

Mars [mɑrz] *s* Mars *m*

Marseilles [mɑr'selz] *s* Marseille *f*

marsh [mɑrʃ] *s* marais *m*, marécage *m*

mar·shal ['mɑrʃəl] *s* maître *m* des cérémonies; (*policeman*) shérif *m*; (mil) maréchal *m* || *v* (*pret & pp* **-shaled** or **-shalled**; *ger* **-shaling** or **-shalling**) *tr* conduire; (*one's reasons, arguments, etc.*) ranger, rassembler

marsh' mal'low *s* (bot) guimauve *f*

marsh'mal'low *s* (*candy*) pâte *f* de guimauve; bonbon *m* à la guimauve

marsh•y ['mɑrʃi] *adj* (*comp* **-ier**; *super* **-iest**) marécageux
mart [mɑrt] *s* marché *m*, foire *f*
marten ['mɑrtən] *s* (*pine marten*) martre *f*; (*beech marten*) fouine *f*
Martha ['mɑrθə] *s* Marthe *f*
martial ['mɑrʃəl] *adj* martial
mar'tial law' *s* loi *f* martiale
martin ['mɑrtɪn] *s* (orn) martinet *m*
martinet [,mɑrtɪ'nɛt], ['mɑrtɪ,nɛt] *s* pètesec *m*
martyr ['mɑrtər] *s* martyr *m* || *tr* martyriser
martyrdom ['mɑrtərdəm] *s* martyre *m*
mar•vel ['mɑrvəl] *s* merveille *f* || *v* (*pret & pp* **-veled** or **-velled**; *ger* **-veling** or **-velling**) *intr* s'émerveiller; **to marvel at** s'émerveiller de
marvelous ['mɑrvələs] *adj* merveilleux
Marxist ['mɑrksɪst] *adj & s* marxiste *mf*
Maryland ['mɛrələnd] *s* le Maryland
marzipan ['mɑrzɪ,pæn] *s* massepain *m*
mascara [mæs'kærə] *s* rimmel *m*
mascot ['mæskɑt] *s* mascotte *f*
masculine ['mæskjəlɪn] *adj & s* masculin *m*
mash [mæʃ] *s* (*crushed mass*) bouillie *f*; (*to form wort*) fardeau *m* || *tr* écraser; (*malt, in brewing*) brasser
mashed' pota'toes *spl* purée *f* de pommes de terre
masher ['mæʃər] *s* (*device*) broyeur *m*; (slang) tombeur *m*
mask [mæsk], [mɑsk] *s* masque *m*; (phot) cache *m* || *tr* masquer; (phot) poser un cache à || *intr* se masquer
masked' ball' *s* bal *m* masqué
mason ['mesən] *s* maçon *m*; **Mason** Maçon
mason•ry ['mesənri] *s* (*pl* **-ries**) maçonnerie *f*; **Masonry** Maçonnerie
masquerade [,mæskə'red], [,mɑskə'red] *s* mascarade *f* || *intr* se déguiser; **to masquerade as** se faire passer pour
mass [mæs] *s* masse *f*; (eccl) messe *f* || *tr* masser || *intr* se masser
massacre ['mæsəkər] *s* massacre *m* || *tr* massacrer
massage [mə'sɑʒ] *s* massage *m* || *tr* masser
mass' arrest' *s* rafle *f*
masseur [mə'sʌr] *s* masseur *m*
masseuse [mə'suz] *s* masseuse *f*
massive ['mæsɪv] *adj* massif
mass' me'dia ['midɪ•ə] *spl* communication *f* de masse
mass' meet'ing *s* meeting *m* monstre, rassemblement *m*
mass' produc'tion *s* fabrication *f* en série
mast [mæst], [mɑst] *s* mât *m*; (*food for swine*) gland *m*, faîne *f*; **before the mast** comme simple matelot
master ['mæstər], ['mɑstər] *s* maître *m*; (*employer*) chef *m*, patron *m*; (*male head of household*) maître de maison; (*title of respect*) Monsieur *m*; (naut) commandant *m* || *tr* maîtriser; (*a subject*) connaître à fond, posséder
mas'ter bed'room *s* chambre *f* du maître
mas'ter build'er *s* entrepreneur *m* de bâtiments
masterful ['mæstərfəl], ['mɑstərfəl] *adj* magistral, expert; impérieux, en maître
mas'ter key' *s* passe-partout *m*
masterly ['mæstərli], ['mɑstərli] *adj* magistral, de maître || *adv* magistralement
mas'ter mechan'ic *s* maître *m* mécanicien
mas'ter•mind' *s* organisateur *m*, cerveau *m* || *tr* organiser, diriger
mas'ter of cer'emonies *s* maître *m* des cérémonies; (*in a night club, on television, etc.*) animateur *m*
mas'ter•piece' *s* chef-d'œuvre *m*
mas'ter stroke' *s* coup *m* de maître
mas'ter•work' *s* chef-d'œuvre *m*
master•y ['mæstəri], ['mɑstəri] *s* (*pl* **-ies**) maîtrise *f*
mast'head' *s* (*of a newspaper*) en-tête *m*; (naut) tête *f* de mât
masticate ['mæstɪ,ket] *tr* mastiquer
mastiff ['mæstɪf], ['mɑstɪf] *s* mâtin *m*
masturbate ['mæstər,bet] *tr* masturber || *intr* se masturber
mat [mæt] *s* (*for floor*) natte *f*; (*for a cup, vase, etc.*) dessous *m* de plat; (*before a door*) paillasson *m* || *v* (*pret & pp* **matted**; *ger* **matting**) *tr* (*to cover with matting*) couvrir de nattes; (*hair*) emmêler; (*with blood*) coller || *intr* s'emmêler
match [mætʃ] *s* allumette *f*; (*wick*) mèche *f*; (*counterpart*) égal *m*, pair *m*; (*suitable partner in marriage*) parti *m*; (*suitably associated pair*) assortiment *m*; (*game, contest*) match *m*, partie *f*; **to be a match for** être de la force de, être à la hauteur de; **to meet one's match** trouver son pareil || *tr* égaler; (*objects*) faire pendant à, assortir || *intr* s'assortir
match'box' *s* boîte *f* d'allumettes, porte-allumettes *m*
matchless ['mætʃlɪs] *adj* incomparable, sans pareil
match'mak'er *s* marieur *m*
mate [met] *s* compagnon *m*; (*husband*) conjoint *m*; (*wife*) conjointe *f*; (*to a female*) mâle *m*; (*to a male*) femelle *f*; (*checkmate*) mat *m*; (naut) officier *m* en second, second maître *m* || *tr* marier; (zool) accoupler || *intr* se marier; s'accoupler
material [mə'tɪrɪ•əl] *adj* matériel; important || *s* matériel *m*; (*what a thing is made of*) matière *f*; (*cloth, fabric*) étoffe *f*; (archit) matériau *m*; **materials** matériaux *mpl*
materialist [mə'tɪrɪ•əlɪst] *s* matérialiste *mf*
materialistic [mə,tɪrɪ•ə'lɪstɪk] *adj* matérialiste, matériel
materialize [mə'tɪrɪə,laɪz] *intr* se matérialiser; (*to be realized*) se réaliser
matériel [mə,tɪrɪ'ɛl] *s* matériel *m*
maternal [mə'tʌrnəl] *adj* maternel

maternity [məˈtʌrnɪti] *s* maternité *f*
mater′nity hos′pital *s* maternité *f*
mater′nity room′ *s* salle *f* d'accouchement
mater′nity ward′ *s* salle *f* des accouchées
math [mæθ] *s* (coll) math *fpl*
mathematical [ˌmæθɪˈmætɪkəl] *adj* mathématique
mathematician [ˌmæθɪməˈtɪʃən] *s* mathématicien *m*
mathematics [ˌmæθɪˈmætɪks] *s* mathématiques *fpl*
matinée [ˌmætɪˈne] *s* matinée *f*
mat′ing sea′son *s* saison *f* des amours
matins [ˈmætɪnz] *spl* matines *fpl*
matriarch [ˈmetrɪˌɑrk] *s* matrone *f*
matriar•chy [ˈmetrɪˌɑrki] *s* (*pl* **-chies**) matriarcat *m*
matricide [ˈmetrɪˌsaɪd], [ˈmætrɪˌsaɪd] *s* (*person*) matricide *mf*; (*action*) matricide *m*
matriculate [məˈtrɪkjəˌlet] *tr* immatriculer ‖ *intr* s'inscrire à l'université, prendre ses inscriptions
matriculation [məˌtrɪkjəˈleʃən] *s* inscription *f*, immatriculation *f*
matrimonial [ˌmætrɪˈmonɪ·əl] *adj* matrimonial
matrimo•ny [ˈmætrɪˌmoni] *s* (*pl* **-nies**) mariage *m*, vie *f* conjugale
ma•trix [ˈmetrɪks], [ˈmætrɪks] *s* (*pl* **-trices** [trɪˌsiz] or **-trixes**) matrice *f*
matron [ˈmetrən] *s* (*woman no longer young, and of good standing*) matrone *f*; intendante *f*, surveillante *f*
matronly [ˈmetrənli] *adj* de matrone, digne, respectable
matter [ˈmætər] *s* matière *f*; (pathol) pus *m*; **a matter of** affaire de, une question de; **for that matter** à vrai dire; **it doesn't matter** cela ne fait rien; **no matter** n'importe, pas d'importance; **no matter when** n'importe quand; **no matter where** n'importe où; **no matter who** n'importe qui; **what is the matter?** qu'y a-t-il?; **what is the matter with you?** qu'avez-vous? ‖ *intr* importer
mat′ter of course′ *s* chose *f* qui va de soi
mat′ter of fact′ *s*—**as a matter of fact** en réalité, effectivement, de fait
matter-of-fact [ˈmætərəvˌfækt] *adj* prosaïque, terre à terre
mattock [ˈmætək] *s* pioche *f*
mattress [ˈmætrɪs] *s* matelas *m*
mature [məˈtʃʊr], [məˈtʊr] *adj* mûr; (*due*) échu ‖ *tr* faire mûrir ‖ *intr* mûrir; (*to become due*) échoir
maturity [məˈtʃʊrɪti], [məˈtʊrɪti] *s* maturité *f*; (com) échéance *f*
maudlin [ˈmɔdlɪn] *adj* larmoyant
maul [mɔl] *tr* malmener; (*to split*) fendre au coin
maulstick [ˈmɔlˌstɪk] *s* appui-main *m*
Maun′dy Thurs′day [mɔndi] *s* jeudi *m* saint
mausole•um [ˌmɔsəˈli·əm] *s* (*pl* **-ums** or **-a** [ə]) mausolée *m*
maw [mɔ] *s* (*of birds*) jabot *m*; (*of fish*) poche *f* d'air
mawkish [ˈmɔkɪʃ] *adj* à l'eau de rose; (*sickening*) écœurant
maxim [ˈmæksɪm] *s* maxime *f*
maximum [ˈmæksɪməm] *adj* & *s* maximum *m*
May [me] *s* mai *m* ‖ (*l.c.*) *v* (*pret & cond* **might** [maɪt]) *aux*—**it may be** il ne peut; **may I?** vous permettez?; **may I** + *inf* puis-je + *inf*, est-ce que je peux + *inf*; **may I (may we, etc.)** + *inf* peut-on + *inf*; **may you be happy!** puissiez-vous être heureux!
maybe [ˈmebi] *adv* peut-être
May′ Day′ *s* le premier mai *m*
mayhem [ˈmehɛm], [ˈme·ɛm] *s* mutilation *f*
mayonnaise [ˌme·əˈnez] *s* mayonnaise *f*
mayor [ˈme·ər], [mɛr] *s* maire *m*
May′pole′ *s* mai *m*
May′ queen′ *s* reine *f* du premier mai
maze [mez] *s* labyrinthe *m*, dédale *m*
me [mi] *pron* moi §85, §87; me §87
meadow [ˈmɛdo] *s* prairie *f*, pré *m*
mead′ow•land′ *s* herbage *m*, prairie *f*
meager [ˈmigər] *adj* maigre
meal [mil] *s* repas *m*; (*grain*) farine *f*; **to miss a meal** serrer la ceinture d'un cran
meal′ tick′et *s* ticket-repas *m*; (*job*) gagne-pain *m*
meal′time′ *s* heure *f* du repas
meal•y [ˈmili] *adj* (*comp* **-ier**; *super* **-iest**) farineux
mean [min] *adj* (*intermediate*) moyen; (*low in station or rank*) bas, humble; (*shabby*) vil, misérable; (*stingy*) mesquin; (*small-minded*) bas, vilain, méprisable; (*vicious*) sauvage, mal intentionné; **no mean** fameux, excellent ‖ *s* milieu *m*, moyen terme *m*; (math) moyenne *f*; **by all means** de toute façon, je vous en prie; **by means of** au moyen de; **by no means** en aucune façon; **means** ressources *fpl*, fortune *f*; (*agency*) moyen *m*; **means to an end** moyens d'arriver à ses fins; **not by any means!** jamais de la vie! ‖ *v* (*pret & pp* **meant** [mɛnt]) *tr* vouloir dire, signifier; (*to intend*) entendre; (*to entail*) entraîner; **to mean s.th. for s.o.** destiner q.ch. à qn; **to mean to** avoir l'intention de, compter ‖ *intr* —**to mean well** avoir de bonnes intentions
meander [mɪˈændər] *s* méandre *m* ‖ *intr* faire des méandres
meaning [ˈminɪŋ] *s* signification *f*, sens *m*; intention *f*
meaningful [ˈminɪŋfəl] *adj* significatif
meaningless [ˈmɪnɪŋlɪs] *adj* sans signification, dénué de sens
meanness [ˈminnɪs] *s* bassesse *f*, vilenie *f*; (*stinginess*) mesquinerie *f*
mean′time′ *s*—**in the meantime** dans l'intervalle, sur ces entrefaites ‖ *adv* entre-temps, en attendant
mean′while′ *s & adv* var of **meantime**
measles [ˈmizəlz] *s* rougeole *f*; (*German measles*) rubéole *f*
mea•sly [ˈmizli] *adj* (*comp* **-slier**; *super* **-sliest**) rougeoleux; (slang) piètre, insignifiant

measurable [ˈmɛʒərəbəl] *adj* mesurable
measure [ˈmɛʒər] *s* mesure *f*; (*step, procedure*) mesure, démarche *f*; (*legislative bill*) projet *m* de loi; (mus, poetic) mesure; **in a large measure** en grande partie; **in a measure** dans une certaine mesure; **to take measures to** prendre des mesures pour; **to take s.o.'s measure** (fig) prendre la mesure de qn ‖ *tr* mesurer; **to measure out** mesurer, distribuer ‖ *intr* mesurer
measurement [ˈmɛʒərmənt] *s* mesure *f*; **to take s.o.'s measurements** prendre les mesures de qn
meas'uring cup' *s* verre *m* gradué
meat [mit] *s* viande *f*; (*food in general*) nourriture *f*; (*gist*) moelle *f*, substance *f*
meat'ball' *s* boulette *f* de viande
meat'hook' *s* croc *m*, allonge *f*
meat' mar'ket *s* boucherie *f*
meat' pie' *s* tourte *f* à la viande, pâté *m* en croûte
meat·y [ˈmiti] *adj* (*comp* **-ier**; *super* **-iest**) charnu; (fig) plein de substance, étoffé
Mecca [ˈmɛkə] *s* La Mecque
mechanic [məˈkænɪk] *s* mécanicien *m*; **mechanics** mécanique *f*
mechanical [məˈkænɪkəl] *adj* mécanique; (fig) mécanique, machinal
mechan'ical draw'ing *s* dessin *m* industriel
mechan'ical engineer' *s* ingénieur *m* mécanicien
mechan'ical toy' *s* jouet *m* mécanique
mechanics [mɪˈkænɪks] *s* mécanique *f*
mechanism [ˈmɛkəˌnɪzəm] *s* mécanisme *m*
mechanize [ˈmɛkəˌnaɪz] *tr* mécaniser
medal [ˈmɛdəl] *s* médaille *f*
medallion [mɪˈdæljən] *s* médaillon *m*
meddle [ˈmɛdəl] *intr* s'ingérer; **to meddle in** or **with** se mêler de, s'immiscer dans
meddler [ˈmɛdlər] *s* intrigant *m*, touche-à-tout *m*
meddlesome [ˈmɛdəlsəm] *adj* intrigant
median [ˈmidɪ·ən] *adj* médian ‖ *s* médiane *f*
me'dian strip' *s* bande *f* médiane
mediate [ˈmidɪˌet] *tr* procurer par médiation, négocier ‖ *intr* s'entremettre, s'interposer
mediation [ˌmidɪˈeʃən] *s* médiation *f*
mediator [ˈmidɪˌetər] *s* médiateur *m*
medical [ˈmɛdɪkəl] *adj* médical
med'ical stu'dent *s* étudiant *m* en médecine
medicinal [məˈdɪsɪnəl] *adj* médicinal
medicine [ˈmɛdɪsɪn] *s* (*science and art*) médecine *f*; (pharm) médicament *m*
med'icine cab'inet *s* armoire *f* à pharmacie
med'icine kit' *s* pharmacie *f* portative
med'icine man' *s* (*pl* **men'**) sorcier *m* indien; (*mountebank*) charlatan *m*
medi·co [ˈmɛdɪˌko] *s* (*pl* **-cos**) (slang) carabin *m*, morticole *m*
medieval [ˌmidɪˈivəl], [ˌmɛdɪˈivəl] *adj* médiéval
medievalist [ˌmidɪˈivəlɪst], [ˌmɛdɪˈivəlɪst] *s* médiéviste *mf*
mediocre [ˈmidɪˌokər], [ˌmidɪˈokər] *adj* médiocre
mediocri·ty [ˌmidɪˈɑkrɪti] *s* (*pl* **-ties**) médiocrité *f*
meditate [ˈmɛdɪˌtet] *tr & intr* méditer
meditation [ˌmɛdɪˈteʃən] *s* méditation *f*
Mediterranean [ˌmɛdɪtəˈrenɪ·ən] *adj* méditerranéen ‖ *s* Méditerranée *f*
medi·um [ˈmidɪ·əm] *adj* moyen; (culin) à point ‖ *s* (*pl* **-ums** or **-a** [ə]) milieu *m*; (*means*) moyen *m*; (*in spiritualism*) médium *m*; (journ) organe *m*; **through the medium of** par l'intermédiaire de
me'dium of exchange' *s* agent *m* monétaire
me'dium-range' *adj* à portée moyenne
me'dium-sized' *adj* de grandeur moyenne
medlar [ˈmɛdlər] *s* (*fruit*) nèfle *f*; (*tree*) néflier *m*
medley [ˈmɛdli] *s* mélange *m*; (mus) pot-pourri *m*
medul·la [mɪˈdʌlə] *s* (*pl* **-lae** [li]) moelle *f*
Medusa [məˈduzə] *s* Méduse *f*
meek [mik] *adj* doux, humble
meekness [ˈmiknɪs] *s* douceur *f*, humilité *f*
meerschaum [ˈmɪrʃəm], [ˈmɪrʃɔm] *s* écume *f* de mer; pipe *f* d'écume de mer
meet [mit] *adj*—**it is meet that** il convient que ‖ *s* (sports) meeting *m* ‖ *v* (*pret & pp* **met** [mɛt]) *tr* rencontrer; (*to make the acquaintance of*) faire la connaissance de; (*to go to meet*) aller au-devant de; (*a car in the street; a person on the sidewalk*) croiser; (*by appointment*) retrouver, rejoindre; (*difficulties; expenses*) faire face à; (*one's debts*) honorer; (*one's death*) trouver; (*a need*) satisfaire à; (*an objection*) réfuter; (*the ear*) frapper; **meet my wife (my friend, etc.)** je vous présente ma femme (mon ami, etc.) ‖ *intr* se rencontrer; se retrouver, se rejoindre; (*to assemble*) se réunir; (*to join, touch*) se joindre, se toucher; (*said of rivers*) confluer; (*said of roads; said of cars, persons, etc.*) se croiser; **till we meet again** au revoir; **to meet with** se rencontrer avec, rencontrer; (*difficulties, an affront, etc.*) subir
meeting [ˈmitɪŋ] *s* rencontre *f*; (*session*) séance *f*; (*assemblage*) réunion *f*, assemblée *f*; (*of two rivers*) confluent *m*; (*of two cars; of two roads*) croisement *m*
meet'ing of the minds' *s* bonne entente *f*
meet'ing place' *s* rendez-vous *m*
megacycle [ˈmɛgəˌsaɪkəl] *s* mégacycle *m*
megaphone [ˈmɛgəˌfon] *s* mégaphone *m*, porte-voix *m*
megohm [ˈmɛgˌom] *s* mégohm *m*

melancholia [ˌmelənˈkolɪ·ə] *s* mélancolie *f*
melanchol·y [ˈmelənˌkɑli] *adj* mélancolique || *s* (*pl* **-ies**) mélancolie *f*
melee [ˈmele], [ˈmele] *s* mêlée *f*
mellow [ˈmelo] *adj* moelleux; enjoué, débonnaire; (*ripe*) mûr || *tr* rendre moelleux, mûrir
melodic [mɪˈlɑdɪk] *adj* mélodique
melodious [mɪˈlodɪ·əs] *adj* mélodieux
melodramatic [ˌmelədrəˈmætɪk] *adj* mélodramatique
melo·dy [ˈmelədi] *s* (*pl* **-dies**) mélodie *f*
melon [ˈmelən] *s* melon *m*
melt [melt] *tr* & *intr* fondre; **to melt into** (*e.g.*, *tears*) fondre en
melt′ing pot′ *s* creuset *m*
member [ˈmembər] *s* membre *m*
mem′ber·ship′ *s* membres *mpl*; (*in a club, etc.*) association *f*
membrane [ˈmembren] *s* membrane *f*
memen·to [mɪˈmento] *s* (*pl* **-tos** or **-toes**) mémento *m*
mem·o [ˈmemo] *s* (*pl* **-os**) (coll) note *f*, rappel *m*
mem′o book′ *s* calepin *m*, mémento *m*
memoir [ˈmemwɑr] *s* biographie *f*; **memoirs** mémoires *mpl*
mem′o pad′ *s* bloc-notes *m*, bloc *m*
memoran·dum [ˌmeməˈrændəm] *s* (*pl* **-dums** or **-da** [də]) memorandum *m*; note *f*, rappel *m*
memorial [mɪˈmorɪ·əl] *adj* commémoratif || *s* mémorial *m*; pétition *f*, mémoire *m*
memo′rial arch′ *s* arc *m* de triomphe
Memo′rial Day′ *s* la journée du Souvenir
memorialize [mɪˈmorɪ·əˌlaɪz] *tr* commémorer
memorize [ˈmeməˌraɪz] *tr* apprendre par cœur
memo·ry [ˈmeməri] *s* (*pl* **-ries**) mémoire *f*; **from memory** de mémoire; **in memory of** en souvenir de, à la mémoire de
menace [ˈmenɪs] *s* menace *f* || *tr* & *intr* menacer
menagerie [məˈnæʒəri], [məˈnædʒəri] *s* ménagerie *f*
mend [mend] *s* raccommodage *m*, reprise *f* || *tr* réparer; (*to patch*) raccommoder; (*stockings*) repriser; (*to reform*) améliorer || *intr* s'améliorer, s'amender
mendacious [menˈdeʃəs] *adj* mensonger
mendicant [ˈmendɪkənt] *adj* & *s* mendiant *m*
mending [ˈmendɪŋ] *s* raccommodage *m*; (*of stockings*) reprisage *m*
menfolk [ˈmenˌfok] *spl* hommes *mpl*
menial [ˈminɪ·əl] *adj* servile || *s* domestique *mf*
menses [ˈmensiz] *spl* menstrues *fpl*
men's′ fur′nishings *spl* confection *f* pour hommes
men's′ room′ *s* toilettes *fpl* pour hommes, lavabos *mpl* pour messieurs
menstruate [ˈmenstruˌet] *intr* avoir ses règles
mental [ˈmentəl] *adj* mental
men′tal arith′metic *s* calcul *m* mental
men′tal defec′tive *s* débile *mf*
men′tal ill′ness *s* maladie *f* mentale
mentali·ty [menˈtælɪti] *s* (*pl* **-ties**) mentalité *f*
men′tal reserva′tion *s* arrière-pensée *f*
men′tal test′ *s* test *m* psychologique
mention [ˈmenʃən] *s* mention *f* || *tr* mentionner; **don't mention it** il n'y a pas de quoi, je vous en prie
menu [ˈmenju], [ˈmenju] *s* menu *m*, carte *f*
meow [mɪˈaʊ] *s* miaou *m* || *intr* miauler
Mephistophelian [ˌmefɪstəˈfilɪ·ən] *adj* méphistophélique
mercantile [ˈmʌrkənˌtil], [ˈmʌrkənˌtaɪl] *adj* commercial, commerçant
mercenar·y [ˈmʌrsəˌneri] *adj* mercenaire || *s* (*pl* **-ies**) mercenaire *mf*
merchandise [ˈmʌrtʃənˌdaɪz] *s* marchandise *f*
merchant [ˈmʌrtʃənt] *adj* & *s* marchand *m*
mer′chant·man *s* (*pl* **-men**) navire *m* marchand
mer′chant marine′ *s* marine *f* marchande
mer′chant ves′sel *s* navire *m* marchand
merciful [ˈmʌrsɪfəl] *adj* miséricordieux
merciless [ˈmʌrsɪlɪs] *adj* impitoyable
mercurial [merˈkjurɪ·əl] *adj* inconstant, versatile; (*lively*) vif
mercu·ry [ˈmʌrkjəri] *s* (*pl* **-ries**) mercure *m*
mer·cy [ˈmʌrsi] *s* (*pl* **-cies**) miséricorde *f*, pitié *f*; **at the mercy of** à la merci de
mere [mɪr] *adj* simple, pur; seul, e.g., **at the mere thought of it** à la seule pensée de cela; rien que, e.g., **to shudder at the mere thought of it** frissonner rien que d'y penser
meretricious [ˌmerɪˈtrɪʃəs] *adj* factice, postiche; de courtisane
merge [mʌrdʒ] *tr* fusionner || *intr* fusionner; (*said of two roads*) converger; **to merge into** se fondre dans
merger [ˈmʌrdʒər] *s* fusion *f*
meridian [məˈrɪdɪ·ən] *adj* & *s* méridien *m*
meringue [məˈræŋ] *s* meringue *f*
merit [ˈmerɪt] *s* mérite *m* || *tr* mériter
meritorious [ˌmerəˈtorɪ·əs] *adj* méritoire; (*person*) méritant
merlin [ˈmʌrlɪn] *s* (orn) émerillon *m*
mermaid [ˈmʌrˌmed] *s* sirène *f*
merriment [ˈmerɪmənt] *s* gaieté *f*, réjouissance *f*
mer·ry [ˈmeri] *adj* (*comp* **-rier**; *super* **-riest**) gai, joyeux; **to make merry** se divertir
Mer′ry Christ′mas *s* Joyeux Noël *m*
mer′ry-go-round′ *s* chevaux *mpl* de bois, manège *m* forain
mer′ry·mak′er *s* noceur *m*, fêtard *m*
mesh [meʃ] *s* (*network*) réseau *m*; (*each open space of net*) maille *f*; (*net*) filet *m*; (*engagement of gears*) engrenage *m*; **meshes** rets *m*, filets

mpl || *tr* (mach) engrener || *intr* s'engrener

mesmerize ['mɛsmə,raɪz] *tr* magnétiser

mess [mɛs] *s* gâchis *m*; (*refuse*) saleté *f*; (*meal*) (mil) ordinaire *m*; (*for officers*) (mil) mess *m*; **to get into a mess** se mettre dans le pétrin; **to make a mess of** gâcher || *tr*—**to mess up** (*to botch*) gâcher; (*to dirty*) salir || *intr*—**to mess around** (*to putter*) (coll) bricoler; (*to waste time*) (coll) lambiner

message ['mɛsɪdʒ] *s* message *m*

messenger ['mɛsəndʒər] *s* messager *m*; (*one who goes on errands*) commissionnaire *m*

mess' hall' *s* cantine *f*; (*for officers*) mess *m*

Messiah [mə'saɪ·ə] *s* Messie *m*

mess' kit' *s* gamelle *f*

mess'mate' *s* camarade *mf* de table; (nav) camarade de plat

mess' of pot'tage ['pɑtɪdʒ] *s* (Bib) plat *m* de lentilles

Messrs. ['mɛsərz] *pl* of **Mr.**

mess·y ['mɛsi] *adj* (*comp* **-ier**; *super* **-iest**) en désordre; (*dirty*) sale, poisseux

metal ['mɛtəl] *s* métal *m*

metallic [mɪ'tælɪk] *adj* métallique

metallurgy ['mɛtə,lʌrdʒi] *s* métallurgie *f*

met'al pol'ish *s* brillant *m* à métaux

met'al·work' *s* serrurerie *f*, travail *m* des métaux

metamorpho·sis [,mɛtə'mɔrfəsɪs] *s* (*pl* **-ses** [,siz]) métamorphose *f*

metaphony [mə'tæfəni] *s* métaphonie *f*, inflexion *f*

metaphor ['mɛtəfər], ['mɛtə,fɔr] *s* métaphore *f*

metaphorical [,mɛtə'fɑrɪkəl], [,mɛtə'fɔrɪkəl] *adj* métaphorique

metathe·sis [mɪ'tæθɪsɪs] *s* (*pl* **-ses** [,siz]) métathèse *f*

mete [mit] *tr*—**to mete out** distribuer

meteor ['mitɪ·ər] *s* étoile *f* filante; (*atmospheric phenomenon*) météore *m*

meteoric [,mitɪ'ɑrɪk], [,mitɪ'ɔrɪk] *adj* météorique; (fig) fulgurant

meteorite ['mitɪ·ə,raɪt] *s* météorite *m* & *f*

meteorology [,mitɪ·ə'rɑlədʒi] *s* météorologie *f*

meter ['mitər] *s* (*unit of measurement; verse*) mètre *m*; (*instrument for measuring gas, electricity, water*) compteur *m*; (mus) mesure *f*

me'ter read'er *s* releveur *m* de compteurs

methane ['mɛθen] *s* méthane *m*

method ['mɛθəd] *s* méthode *f*

methodic(al) [mɪ'θɑdɪk(əl)] *adj* méthodique

Methodist ['mɛθədɪst] *adj* & *s* méthodiste *mf*

Methuselah [mɪ'θuzələ] *s* Mathusalem *m*

meticulous [mɪ'tɪkjələs] *adj* méticuleux

metric(al) ['mɛtrɪk(əl)] *adj* métrique

metrics ['mɛtrɪks] *s* métrique *f*

metronome ['mɛtrə,nom] *s* métronome *m*

metropolis [mɪ'trɑpəlɪs] *s* métropole *f*

metropolitan [,mɛtrə'pɑlɪtən] *adj* & *s* métropolitain *m*

mettle ['mɛtəl] *s* ardeur *f*, fougue *f*; **to be on one's mettle** se piquer au jeu

mettlesome ['mɛtəlsəm] *adj* ardent, vif, fougueux

mew [mju] *s* miaulement *m* || *intr* miauler

Mexican ['mɛksɪkən] *adj* mexicain || *s* Mexicain *m*

Mexico ['mɛksɪ,ko] *s* le Mexique

Mex'ico Cit'y *s* Mexico

mezzanine ['mɛzə,nin] *s* entresol *m*; (theat) mezzanine *m* & *f*, corbeille *f*

mica ['maɪkə] *s* mica *m*

microbe ['maɪkrob] *s* microbe *m*

microbiology [,maɪkrəbaɪ'ɑlədʒi] *s* microbiologie *f*

microfilm ['maɪkrə,fɪlm] *s* microfilm *m* || *tr* microfilmer

microgroove ['maɪkrə,gruv] *adj* & *s* microsillon *m*

mi'crogroove rec'ord *s* disque *m* à microsillons

microphone ['maɪkrə,fon] *s* microphone *m*

microscope ['maɪkrə,skop] *s* microscope *m*

microscopic [,maɪkrə'skɑpɪk] *adj* microscopique

microwave ['maɪkrə,wev] *s* microonde *f*

mid [mɪd] *adj*—**in mid course** à michemin

mid'day' *s* midi *m*

middle ['mɪdəl] *adj* moyen, du milieu || *s* milieu *m*; **in the middle of** au milieu de

mid'dle age' *s* âge *m* moyen; **Middle Ages** moyen-âge *m*

middle-aged ['mɪdəl,edʒd] *adj* d'un âge moyen

mid'dle class' *s* classe *f* moyenne, bourgeoisie *f*

mid'dle-class' *adj* bourgeois

Mid'dle East' *s* Moyen-Orient *m*

Mid'dle Eng'lish *s* moyen anglais *m*

mid'dle fin'ger *s* majeur *m*, doigt *m* du milieu

mid'dle·man' *s* (*pl* **-men'**) intermédiaire *mf*

middling ['mɪdlɪŋ] *adj* moyen, assez bien, passable || *adv* (coll) assez bien, passablement

mid·dy ['mɪdi] *s* (*pl* **-dies**) (coll) aspirant *m*

mid'dy blouse' *s* marinière *f*

midget ['mɪdʒɪt] *s* nain *m*, nabot *m*

midland ['mɪdlənd] *adj* de l'intérieur || *s* centre *m* du pays

mid'night' *adj* de minuit; **to burn the midnight oil** pâlir sur les livres, se crever les livres || *s* minuit *m*

midriff ['mɪdrɪf] *s* diaphragme *m*

mid'ship'man *s* (*pl* **-men**) aspirant *m*

midst [mɪdst] *s* centre *m*; **in our (your, etc.) midst** parmi nous (vous, etc.); **in the midst of** au milieu de

mid′stream′ *s*—**in midstream** au milieu du courant
mid′sum′mer *s* milieu *m* de l'été
mid′way′ *adj & adv* à mi-chemin ‖ **mid′way′** *s* fête *f* foraine
mid′week′ *s* milieu *m* de la semaine
mid′wife′ *s* (*pl* **-wives′**) sage-femme *f*
mid′win′ter *s* milieu *m* de l'hiver
mid′year′ *s* mi-année *f*
mien [min] *s* mine *f*, aspect *m*
miff [mɪf] *s* (coll) fâcherie *f* ‖ *tr* (coll) fâcher
might [maɪt] *s* puissance *f*, force *f*; **with might and main, with all one's might** de toute sa force ‖ *aux* used to form the potential mood, e.g., **she might not be able to come** il se pourrait qu'elle ne puisse pas venir
mightily ['maɪtɪli] *adv* puissamment; (coll) énormément
might·y ['maɪti] *adj* (*comp* **-ier**; *super* **-iest**) puissant; (*of great size*) grand, vaste ‖ *adv* (coll) rudement, diablement
mignonette [ˌmɪnjə'nɛt] *s* réséda *m*
migraine ['maɪgren] *s* migraine *f*
migrate ['maɪgret] *intr* émigrer
migratory ['maɪgrəˌtori] *adj* migratoire
milch [mɪltʃ] *adj* laitier
mild [maɪld] *adj* doux
mildew ['mɪlˌd(j)u] *s* moisissure *f*; (*on vine*) mildiou *m*, blanc *m*
mildness ['maɪldnɪs] *s* douceur *f*
mile [maɪl] *s* mille *m*
mileage ['maɪlɪdʒ] *s* distance *f* en milles; (*charge*) tarif *m* au mille
mile′post′ *s* borne *f* milliaire
mile′stone′ *s* borne *f* milliaire; (fig) jalon *m*
militancy ['mɪlɪtənsi] *s* esprit *m* militant
militant ['mɪlɪtənt] *adj & s* militant *m*
militarism ['mɪlɪtəˌrɪzəm] *s* militarisme *m*
militarize ['mɪlɪtəˌraɪz] *tr* militariser
military ['mɪlɪˌtɛri] *adj & s* militaire *m*
mil′itary police′man *s* (*pl* **-men**) agent *m* de la police militaire
militate ['mɪlɪˌtet] *intr* militer
militia [mɪ'lɪʃə] *s* milice *f*
mili′tia·man *s* (*pl* **-men**) milicien *m*
milk [mɪlk] *adj* laitier ‖ *s* lait *m* ‖ *tr* traire; abuser de, exploiter; **to milk s.th. from s.o.** soutirer q.ch. à qn
milk′ can′ *s* pot *m* à lait, berthe *f*
milk′ car′ton *s* boîte *f* de lait, berlingot *m*
milk′ di′et *s* régime *m* lacté
milk′maid′ *s* laitière *f*
milk′man′ *s* (*pl* **-men′**) laitier *m*, crémier *m*
milk′ pail′ *s* seau *m* à lait
milk′sop′ *s* poule *f* mouillée
milk′ tooth′ *s* dent *f* de lait
milk′weed′ *s* laiteron *m*
milk·y ['mɪlki] *adj* (*comp* **-ier**; *super* **-iest**) laiteux
Milk′y Way′ *s* Voie *f* Lactée
mill [mɪl] *s* moulin *m*; (*factory*) fabrique *f*, usine *f*; millième *m* de dollar; **to put through the mill** (coll) faire passer au laminoir ‖ *tr* moudre, broyer; (*a coin*) créneler; (*gears*) fraiser; (*steel*) laminer; (*ore*) bocarder; (*chocolate*) faire mousser ‖ *intr* —**to mill around** circuler
millennial [mɪ'lɛnɪ·əl] *adj* millénaire
millenni·um [mɪ'lɛnɪ·əm] *s* (*pl* **-ums** or **-a** [ə]) millénaire *m*
miller ['mɪlər] *s* meunier *m*
millet ['mɪlɪt] *s* millet *m*
milligram ['mɪlɪˌgræm] *s* milligramme *m*
millimeter ['mɪlɪˌmitər] *s* millimètre *m*
milliner ['mɪlɪnər] *s* modiste *f*
mil′linery shop′ ['mɪlɪˌnɛri], ['mɪlɪnəri] *s* boutique *f* de modiste
milling ['mɪlɪŋ] *s* (*of grain*) mouture *f*
mill′ing machine′ *s* fraiseuse *f*
million ['mɪljən] *adj* million de ‖ *s* million *m*
millionaire [ˌmɪljən'ɛr] *s* millionnaire *mf*
millionth ['mɪljənθ] *adj & pron* millionième (*masc, fem*) ‖ *s* millionième *m*
mill′pond′ *s* retenue *f*, réservoir *m*
mill′race′ *s* bief *m*
mill′stone′ *s* meule *f*; (fig) boulet *m*
mill′ wheel′ *s* roue *f* de moulin
mill′work′ *s* ouvrage *m* de menuiserie
mime [maɪm] *s* mime *mf* ‖ *tr & intr* mimer
mimeograph ['mɪmɪ·əˌgræf], ['mɪmɪ·əˌgrɑf] *s* ronéo *f* ‖ *tr* ronéocopier, ronéotyper
mim·ic ['mɪmɪk] *s* mime *mf*, imitateur *m* ‖ *v* (*pret & pp* **-icked**; *ger* **-icking**) *tr* mimer, imiter
mimic·ry ['mɪmɪkri] *s* (*pl* **-ries**) mimique *f*, imitation *f*
minaret [ˌmɪnə'rɛt], ['mɪnəˌrɛt] *s* minaret *m*
mince [mɪns] *tr* (*meat*) hacher menu ‖ *intr* minauder
mince′meat′ *s* hachis *m* de viande et de fruits aromatisés; **to make mincemeat of** (coll) mettre en marmelade
mind [maɪnd] *s* esprit *m*; **to be of one mind** être d'accord; **to change one's mind** changer d'avis; **to have a mind to** avoir envie de; **to have in mind** avoir en vue; **to lose one's mind** perdre la raison; **to make up one's mind to** prendre le parti de; **to slip one's mind** échapper à qn; **to speak one's mind** donner son avis ‖ *tr* (*to take care of*) garder; (*to obey*) obéir (with *dat*); (*to be troubled by*) s'inquiéter de; (*e.g., one's manners*) faire attention à; (*e.g., a dangerous step*) prendre garde à; **mind your own business!** occupez-vous de vos affaires! ‖ *intr* —**do you mind?** cela ne vous ennuie pas?, cela ne vous gêne pas?; **if you don't mind** si cela ne vous fait rien, si cela vous est égal; **never mind!** n'importe!
mindful ['maɪndfəl] *adj* attentif; **mindful of** attentif à, soigneux de
mind′ read′er *s* liseur *m* de la pensée
mind′ read′ing *s* lecture *f* de la pensée
mine [maɪn] *s* mine *f* ‖ *pron poss* le mien §89; à moi §85 A, 10 ‖ *tr* (*coal,*

minerals, etc.) extraire; (*to undermine; to lay mines in*) miner
mine′field′ *s* champ *m* de mines
mine′lay′er *s* poseur *m* de mines
miner [ˈmaɪnər] *s* mineur *m*
mineral [ˈmɪnərəl] *adj & s* minéral *m*
mineralogy [ˌmɪnəˈrɑlədʒi] *s* minéralogie *f*
min′eral wool′ *s* laine *f* minérale, laine de scories
mine′sweep′er *s* dragueur *m* de mines
mingle [ˈmɪŋgəl] *tr* mêler, mélanger ‖ *intr* se mêler, se mélanger
miniature [ˈmɪnɪ·ətʃər], [ˈmɪnɪtʃər] *s* miniature *f*
miniaturization [ˌmɪnɪ·ətʃərɪˈzeʃən], [ˌmɪnɪtʃərɪˈzeʃən] *s* miniaturisation *f*
miniaturize [ˈmɪnɪ·ətʃəˌraɪz], [ˈmɪnɪtʃəˌraɪz] *tr* miniaturiser
minimal [ˈmɪnɪməl] *adj* minimum
minimize [ˈmɪnəˌmaɪz] *tr* minimiser
minimum [ˈmɪnɪməm] *adj* minimum; (*temperature*) minimal ‖ *s* minimum *m*
min′imum wage′ *s* salaire *m* minimum, minimum *m* vital
mining [ˈmaɪnɪŋ] *adj* minier ‖ *s* exploitation *f* des mines; (nav) pose *f* de mines
minion [ˈmɪnjən] *s* favori *m*; (*henchman*) séide *m*
miniskirt [ˈmɪnɪˌskʌrt] *s* minijupe *f*
minister [ˈmɪnɪstər] *s* ministre *m*; (eccl) pasteur *m* ‖ *intr*—**to minister to** (*the needs of*) subvenir à; (*a person*) soigner; (*a parish*) desservir
ministerial [ˌmɪnɪsˈtɪrɪ·əl] *adj* ministériel
minis·try [ˈmɪnɪstri] *s* (*pl* **-tries**) ministère *m*; (eccl) clergé *m*; (eccl) pastorat *m*
mink [mɪŋk] *s* vison *m*
minnow [ˈmɪno] *s* vairon *m*
minor [ˈmaɪnər] *adj & s* mineur *m*
Minorca [mɪˈnɔrkə] *s* Minorque *f*; île *f* de Minorque
minori·ty [mɪˈnɑrɪti], [mɪˈnɔrɪti] *adj* minoritaire ‖ *s* (*pl* **-ties**) minorité *f*
minstrel [ˈmɪnstrəl] *s* (*in a minstrel show*) interprète *m* de chants nègres; (hist) ménestrel *m*
mint [mɪnt] *s* hôtel *m* des Monnaies, Monnaie *f*; (bot) menthe *f*; (fig) mine *f* ‖ *tr* frapper, monnayer; (fig) forger
minuet [ˌmɪnjʊˈet] *s* menuet *m*
minus [ˈmaɪnəs] *adj* négatif ‖ *s* moins *m* ‖ *prep* moins; (coll) sans, dépourvu de
minute [maɪˈn(j)ut] *adj* (*tiny*) minime; (*meticulous*) minutieux ‖ [ˈmɪnɪt] *s* minute *f*; **minutes** compte *m* rendu, procès-verbal *m* de séance; (often omitted in expressions of time), e.g., **ten after two, ten minutes after two** deux heures dix; **up to the minute** de la dernière heure; à la dernière mode; au courant
min′ute hand′ [ˈmɪnɪt] *s* grande aiguille *f*
min′ute steak′ [ˈmɪnɪt] *s* entrecôte *f* minute
minutiae [mɪˈn(j)uʃɪˌi] *spl* minuties *fpl*
minx [mɪŋks] *s* effrontée *f*
miracle [ˈmɪrəkəl] *s* miracle *m*
mir′acle play′ *s* miracle *m*
miraculous [mɪˈrækjələs] *adj* miraculeux
mirage [mɪˈrɑʒ] *s* mirage *m*
mire [maɪr] *s* fange *f*
mirror [ˈmɪrər] *s* miroir *m*, glace *f* ‖ *tr* refléter
mirth [mʌrθ] *s* joie *f*, gaieté *f*
mir·y [ˈmaɪri] *adj* (*comp* **-ier**; *super* **-iest**) fangeux
misadventure [ˌmɪsədˈventʃər] *s* mésaventure *f*
misanthrope [ˈmɪsənˌθrop] *s* misanthrope *mf*
misapprehension [ˌmɪsæprɪˈhenʃən] *s* fausse idée *f*, malentendu *m*
misappropriation [ˌmɪsəˌproprɪˈeʃən] *s* détournement *m* de fonds
misbehave [ˌmɪsbɪˈhev] *intr* se conduire mal
misbehavior [ˌmɪsbɪˈhevɪ·ər] *s* mauvaise conduite *f*
miscalculation [ˌmɪskælkjəˈleʃən] *s* mécompte *m*
miscarriage [mɪsˈkærɪdʒ] *s* fausse couche *f*; (*e.g., of letter*) perte *f*; (*of justice*) déni *m*, mal-jugé *m*; (fig) avortement *m*, insuccès *m*
miscar·ry [mɪsˈkæri] *v* (*pret & pp* **-ried**) *intr* faire une fausse couche; (*said, e.g., of letter*) s'égarer; (fig) avorter, échouer
miscellaneous [ˌmɪsəˈlenɪ·əs] *adj* divers, mélangé
miscella·ny [ˈmɪsəˌleni] *s* (*pl* **-nies**) miscellanées *fpl*
mischief [ˈmɪstʃɪf] *s* (*harm*) tort *m*; (*disposition to annoy*) méchanceté *f*; (*prankishness*) espièglerie *f*
mis′chief-mak′er *s* brandon *m* de discorde
mischievous [ˈmɪstʃɪvəs] *adj* (*harmful*) nuisible; (*mean*) méchant; (*prankish*) espiègle
misconception [ˌmɪskənˈsepʃən] *s* conception *f* erronée
misconduct [mɪsˈkɑndʌkt] *s* inconduite *f*; (*e.g., of a business*) mauvaise administration *f* ‖ [ˌmɪskənˈdʌkt] *tr* mal administrer; **to misconduct oneself** se conduire mal
misconstrue [ˌmɪskənˈstru], [mɪsˈkɑnstru] *tr* mal interpréter
miscount [mɪsˈkaunt] *s* erreur *f* de calcul ‖ *tr & intr* mal compter
miscue [mɪsˈkju] *s* fausse queue *f*; (*blunder*) bévue *f* ‖ *intr* faire fausse queue; (theat) se tromper de réplique
mis·deal [ˈmɪsˌdil] *s* maldonne *f*, mauvaise donne *f* ‖ [mɪsˈdil] *v* (*pret & pp* **-dealt**) *tr* mal distribuer ‖ *intr* faire maldonne
misdeed [mɪsˈdid], [ˈmɪsˌdid] *s* méfait *m*
misdemeanor [ˌmɪsdɪˈminər] *s* mauvaise conduite *f*; (law) délit *m* correctionnel

misdirect [ˌmɪsdɪˈrɛkt], [ˌmɪsdaɪˈrɛkt] *tr* mal diriger
misdoing [mɪsˈdu·ɪŋ] *s* méfait *m*
miser [ˈmaɪzər] *s* avare *mf*
miserable [ˈmɪzərəbəl] *adj* misérable
miserly [ˈmaɪzərli] *adj* avare
miser·y [ˈmɪzəri] *s* (*pl* **-ies**) misère *f*, détresse *f*
misfeasance [mɪsˈfizəns] *s* (law) abus *m* de pouvoir
misfire [mɪsˈfaɪr] *s* raté *m* ‖ *intr* rater
mis·fit [ˈmɪs ˌfɪt] *s* (*clothing*) vêtement *m* manqué; (*thing*) laissé-pour-compte *m*; (fig) inadapté *m* ‖ [mɪsˈfɪt] *v* (*pret & pp* **-fitted**; *ger* **-fitting**) *tr* mal aller (with *dat*) ‖ *intr* mal aller
misfortune [mɪsˈfɔrtʃən] *s* infortune *f*, malheur *m*
misgiving [mɪsˈgɪvɪŋ] *s* pressentiment *m*, appréhension *f*, soupçon *m*
misgovern [mɪsˈgʌvərn] *tr* mal gouverner
misguidance [mɪsˈgaɪdəns] *s* mauvais conseils *mpl*
misguided [mɪsˈgaɪdɪd] *adj* mal placé, hors de propos; (*e.g., youth*) dévoyé
mishap [ˈmɪshæp], [mɪsˈhæp] *s* contretemps *m*, mésaventure *f*
misinform [ˌmɪsɪnˈfɔrm] *tr* mal renseigner
misinterpret [ˌmɪsɪnˈtʌrprɪt] *tr* mal interpréter
misjudge [mɪsˈdʒʌdʒ] *tr & intr* mal juger
mis·lay [mɪsˈle] *v* (*pret & pp* **-laid**) *tr* égarer, perdre
mis·lead [mɪsˈlid] *v* (*pret & pp* **-led**) *tr* égarer; corrompre
misleading [mɪsˈlidɪŋ] *adj* trompeur
mismanagement [mɪsˈmænɪdʒmənt] *s* mauvaise administration *f*
misnomer [mɪsˈnomər] *s* faux nom *m*
misplace [mɪsˈples] *tr* mal placer; (*to mislay*) (coll) égarer, perdre
misprint [ˈmɪs ˌprɪnt] *s* erreur *f* typographique, coquille *f* ‖ [mɪsˈprɪnt] *tr* imprimer incorrectement
mispronounce [ˌmɪsprəˈnaʊns] *tr* mal prononcer
misquote [mɪsˈkwot] *tr* citer à faux, citer inexactement
misrepresent [ˌmɪsrɛprɪˈzɛnt] *tr* représenter sous un faux jour; (*e.g., facts*) dénaturer, travestir
miss [mɪs] *s* coup *m* manqué; **Miss** Mademoiselle *f*, Mlle; (*winner of beauty contest*) Miss *f* ‖ *tr* manquer; (*to feel the absence of*) regretter; (*not to run into*) ne pas voir, ne pas rencontrer; (*e.g., one's way*) se tromper de; **he misses you very much** vous lui manquez beaucoup ‖ *intr* manquer
missal [ˈmɪsəl] *s* missel *m*
misshapen [mɪsˈʃepən] *adj* difforme, contrefait
missile [ˈmɪsɪl] *s* projectile *m*; (*guided missile*) missile *m*
mis′sile launch′er *s* lance-fusées *m*
missing [mɪsɪŋ] *adj* manquant, absent; perdu; **missing in action** (mil) porté disparu; **to be missing** manquer, e.g., **three are missing** il en manque trois
miss′ing per′sons *spl* disparus *mpl*
mission [ˈmɪʃən] *s* mission *f*
missionar·y [ˈmɪʃən ˌɛri] *adj* missionnaire ‖ *s* (*pl* **-ies**) missionnaire *m*
missis [ˈmɪsɪz] *s*—**the missis** (coll) votre femme *f*
missive [ˈmɪsɪv] *adj & s* missive *f*
mis·spell [mɪsˈspɛl] *v* (*pret & pp* **-spelled** or **-spelt**) *tr & intr* écrire incorrectement
misspelling [mɪsˈspɛlɪŋ] *s* faute *f* d'orthographe
misspent [mɪsˈspɛnt] *adj* gaspillé; dissipé
misstatement [mɪsˈstetmənt] *s* rapport *m* inexact, erreur *f* de fait
misstep [mɪsˈstɛp] *s* faux pas *m*
miss·y [ˈmɪsi] *s* (*pl* **-ies**) (coll) mademoiselle *f*
mist [mɪst] *s* brume *f*, buée *f*; (*fine spray*) vapeur *f*; (*of tears*) voile *m*
mis·take [mɪsˈtek] *s* faute *f*; **by mistake** par erreur, par méprise; **to make a mistake** se tromper ‖ *v* (*pret* **-took**; *pp* **-taken**) *tr* (*to misunderstand*) mal comprendre; (*to be wrong about*) se tromper de; **to mistake s.o. for s.o. else** prendre qn pour qn d'autre
mistaken [mɪsˈtekən] *adj* erroné, faux; (*person*) dans l'erreur
mistak′en iden′tity *s* erreur *f* d'identité, erreur sur la personne
mistakenly [mɪsˈtekənli] *adv* par erreur
mister [ˈmɪstər] *s*—**the mister** (coll) votre mari *m* ‖ *interj* (slang & pej) Jules!, mon petit bonhomme!
mistletoe [ˈmɪsəl ˌto] *s* gui *m*
mistreat [mɪsˈtrit] *tr* maltraiter
mistreatment [mɪsˈtritmənt] *s* mauvais traitement *m*
mistress [ˈmɪstrɪs] *s* maîtresse *f*
mistrial [mɪsˈtraɪ·əl] *s* (law) procès *m* entaché de nullité
mistrust [mɪsˈtrʌst] *s* méfiance *f* ‖ *tr* se méfier de ‖ *intr* se méfier
mistrustful [mɪsˈtrʌstfəl] *adj* méfiant
mist·y [ˈmɪsti] *adj* (*comp* **-ier**; *super* **-iest**) brumeux; vague, indistinct
misunder·stand [ˌmɪsʌndərˈstænd] *v* (*pret & pp* **-stood**) *tr* mal comprendre
misunderstanding [ˌmɪsʌndərˈstændɪŋ] *s* malentendu *m*
misuse [mɪsˈjus] *s* mauvais usage *m*, abus *m*; (*of words*) emploi *m* abusif ‖ [mɪsˈjuz] *tr* faire mauvais usage de, abuser de; (*a person*) maltraiter
misword [mɪsˈwʌrd] *tr* mal rédiger, mal exprimer
mite [maɪt] *s* (*small contribution*) obole *f*; (*small amount*) brin *m*, bagatelle *f*; (ent) mite *f*
miter [ˈmaɪtər] *s* (*carpentry*) onglet *m*; (eccl) mitre *f* ‖ *tr* tailler à onglet
mi′ter box′ *s* boîte *f* à onglets
mitigate [ˈmɪtɪ ˌget] *tr* adoucir, atténuer
mitt [mɪt] *s* (*fingerless glove*) mitaine *f*; (*mitten*) moufle *f*; (baseball) gant *m* de prise; (*hand*) (slang) main *f*

mitten ['mɪtən] *s* moufle *f*
mix [mɪks] *tr* mélanger, mêler; (*cement; a cake*) malaxer; (*the cards; the salad*) touiller; **to mix up** (*to confuse*) confondre || *intr* se mélanger, se mêler; **to mix with** s'associer à or avec
mixed *adj* mélangé; (*races; style; colors*) mêlé; (*feelings; marriage; school; doubles*) mixte; (*candy*) assorti; (*salad, vegetables, etc.*) panaché; (*number*) fractionnaire
mixed' drink' *s* boisson *f* mélangée
mixer ['mɪksər] *s* (*device*) mélangeur *m*; (*for, e.g., concrete*) malaxeur *m*; **to be a good mixer** (coll) avoir le don de plaire
mix'ing fau'cet *s* robinet *m* mélangeur
mixture ['mɪkstʃər] *s* mélange *m*
mix'-up' *s* embrouillage *m*
mizzen ['mɪzən] *s* artimon *m*
moan [mon] *s* gémissement *m* || *intr* gémir
moat [mot] *s* fossé *m*
mob [mɑb] *s* populace *f*; (*crush of people*) cohue *f* grouillante; (*crowd bent on violence*) foule *f* en colère, ameutement *m* || *v* (*pret & pp* **mobbed**; *ger* **mobbing**) *tr* s'attrouper autour de; fondre sur, assaillir
mobile ['mobɪl], ['mobil] *adj & s* mobile *m*
mobility [mo'bɪlɪti] *s* mobilité *f*
mobilization [,mobɪlɪ'zeʃən] *s* mobilisation *f*
mobilize ['mobɪ,laɪz] *tr & intr* mobiliser
mob' rule' *s* loi *f* de la populace
mobster ['mɑbstər] *s* (slang) gangster *m*
moccasin ['mɑkəsɪn] *s* mocassin *m*
Mo'cha cof'fee ['mokə] *s* moka *m*
mock [mɑk] *adj* simulé, contrefait || *s* moquerie *f* || *tr* se moquer de, moquer; (*to imitate*) contrefaire, singer; (*to deceive*) tromper || *intr* se moquer; **to mock at** se moquer de; **to mock up** construire une maquette de
mock' elec'tion *s* élection *f* blanche
mocker·y ['mɑkəri] *s* (*pl* **-ies**) moquerie *f*; (*subject of derision*) objet *m* de risée; (*poor imitation*) parodie *f*; (*e.g., of justice*) simulacre *m*
mockingbird ['mɑkɪŋ,bʌrd] *s* moqueur *m*, oiseau *m* moqueur
mock' or'ange *s* seringa *m*
mock' tur'tle soup' *s* potage *m* à la tête de veau
mock'-up' *s* maquette *f*
mode [mod] *s* (*kind*) mode *m*; (*fashion*) mode *f*; (gram, mus) mode *m*
mod·el ['mɑdəl] *adj* modèle || *s* modèle *m*; (*for dressmaker or artist; at a fashion show*) mannequin *m*; (*of a statue*) maquette *f* || *v* (*pret & pp* **-eled** or **-elled**; *ger* **-eling** or **-elling**) *tr* modeler || *intr* dessiner des modèles; servir de modèle, poser
mod'el air'plane *s* aéromodèle *m*
mod'el-air'plane build'er *s* aéromodéliste *mf*
mod'el-air'plane build'ing *s* aéromodélisme *m*
moderate ['mɑdərɪt] *adj* modéré || ['mɑdə,ret] *tr* modérer; (*a meeting*) présider || *intr* se modérer; présider
moderator ['mɑdə,retər] *s* (*over an assembly*) président *m*; (*mediator; substance used for slowing down neutrons*) modérateur *m*
modern ['mɑdərn] *adj* moderne
modernize ['mɑdər,naɪz] *tr* moderniser
mod'ern lan'guages *spl* langues *fpl* vivantes
modest ['mɑdɪst] *adj* modeste
modes·ty ['mɑdɪsti] *s* (*pl* **-ties**) modestie *f*
modicum ['mɑdɪkəm] *s* petite quantité *f*
modifier ['mɑdɪ,faɪ·ər] *s* (gram) modificateur *m*
modi·fy ['mɑdɪ,faɪ] *v* (*pret & pp* **-fied**) *tr* modifier
modish ['modɪʃ] *adj* à la mode, élégant
modulate ['mɑdʒə,let] *tr & intr* moduler
modulation [,mɑdʒə'leʃən] *s* modulation *f*
mohair ['mo,hɛr] *s* mohair *m*
Mohammedan [mo'hæmɪdən] *adj* mahométan || *s* mahométan *m*
Mohammedanism [mo'hæmɪdə,nɪzəm] *s* mahométisme *m*
moist [mɔɪst] *adj* humide; (*e.g., skin*) moite
moisten ['mɔɪsən] *tr* humecter || *intr* s'humecter
moisture ['mɔɪstʃər] *s* humidité *f*
molar ['molər] *adj & s* molaire *f*
molasses [mə'læsɪz] *s* mélasse *f*
mold [mold] *s* moule *m*; (*fungus*) moisi *m*, moisissure *f*; (agr) humus *m*, terreau *m*; (fig) trempe *f* || *tr* mouler; (*to make moldy*) moisir || *intr* moisir, se moisir
molder ['moldər] *s* mouleur *m* || *intr* tomber en poussière
molding ['moldɪŋ] *s* moulage *m*; (*cornice, shaped strip of wood, etc.*) moulure *f*
mold·y ['moldi] *adj* (*comp* **-ier**; *super* **-iest**) moisi
mole [mol] *s* (*breakwater*) môle *m*; (*inner harbor*) bassin *m*; (*spot on skin*) grain *m* de beauté; (*small mammal*) taupe *f*
molecule ['mɑlɪ,kjul] *s* molécule *f*
mole'hill' *s* taupinière *f*
mole'skin' *s* (*fur*) taupe *f*; (*fabric*) moleskine *f*
molest [mə'lest] *tr* déranger, inquiéter; molester, rudoyer
moll [mɑl] *s* (slang) femme *f* du Milieu
molli·fy ['mɑlɪ,faɪ] *v* (*pret & pp* **-fied**) *tr* apaiser, adoucir
mollusk ['mɑləsk] *s* mollusque *m*
mollycoddle ['mɑlɪ,kɑdəl] *s* poule *f* mouillée || *tr* dorloter
molt [molt] *s* mue *f* || *intr* muer
molten ['moltən] *adj* fondu
molybdenum [mə'lɪbdɪnəm], [,mɑlɪb'dinəm] *s* molybdène *m*
moment ['momənt] *s* moment *m*; **at**

any moment d'un moment à l'autre; **at that moment** à ce moment-là; **at this moment** en ce moment; **in a moment** dans un instant; **of great moment** d'une grande importance; **one moment please!** (telp) ne quittez pas!
momentary ['momən,teri] *adj* momentané
momentous [mo'mɛntəs] *adj* important, d'importance
momen•tum [mo'mɛntəm] *s* (*pl* **-tums** or **-ta** [tə]) élan *m*; (mech) force *f* d'impulsion, quantité *f* de mouvement
monarch ['mɑnərk] *s* monarque *m*
monarchic(al) [mə'nɑrkɪk(əl)] *adj* monarchique
monar•chy ['mɑnərki] *s* (*pl* **-chies**) monarchie *f*
monaster•y ['mɑnes,teri] *s* (*pl* **-ies**) monastère *m*
monastic [mə'næstɪk] *adj* monastique
monasticism [mə'næstɪ,sɪzəm] *s* monachisme *m*
Monday ['mʌndi] *s* lundi *m*
monetary ['mɑnɪ,teri] *adj* (*pertaining to coinage*) monétaire; (*pertaining to money*) pécuniaire
money ['mʌni] *s* argent *m*; (*legal tender of a country*) monnaie *f*; **to get one's money's worth** en avoir pour son argent; **to make money** gagner de l'argent
mon'ey•bag' *s* sacoche *f*; **moneybags** (*wealth*) (coll) sac *m*; (*wealthy person*) (coll) richard *m*
mon'ey belt' *s* ceinture *f* porte-monnaie
moneychanger ['mʌni,tʃendʒər] *s* changeur *m*, cambiste *m*
moneyed ['mʌnid] *adj* possédant
mon'ey•lend'er *s* bailleur *m* de fonds
mon'ey•mak'er *s* amasseur *m* d'argent; (fig) source *f* de gain
mon'ey or'der *s* mandat *m* postal
Mongol ['mɑŋgəl], ['mɑngɑl] *adj* mongol ‖ *s* (*language*) mongol *m*; (*person*) Mongol *m*
mon•goose ['mɑŋgus] *s* (*pl* **-gooses**) mangouste *f*
mongrel ['mʌŋgrəl], ['mɑŋgrəl] *adj* & *s* métis *m*
monitor ['mɑnɪtər] *s* contrôleur *m*; (*at school*) pion *m*, moniteur *m* ‖ *tr* contrôler; (rad) écouter
monk [mʌŋk] *s* moine *m*
monkey ['mʌŋki] *s* singe *m*; (*female*) guenon *f*; **to make a monkey of** tourner en ridicule ‖ *intr*—**to monkey around** tripoter; **to monkey around with** tripoter; **to monkey with** (*to tamper with*) tripatouiller
mon'key•shine' *s* (slang) singerie *f*
mon'key wrench' *s* clé *f* anglaise
monks'hood *s* (bot) napel *m*
monocle ['mɑnəkəl] *s* monocle *m*
monogamy [mə'nɑgəmi] *s* monogamie *f*
monogram ['mɑnə,græm] *s* monogramme *m*
monograph ['mɑnə,græf], ['mɑnə,grɑf] *s* monographie *f*
monolithic [,mɑnə'lɪθɪk] *adj* monolithique
monologue ['mɑnə,lɔg], ['mɑnə,lɑg] *s* monologue *m*
monomania [,mɑnə'menɪ•ə] *s* monomanie *f*
monomial [mə'nomɪ•əl] *s* monôme *m*
monoplane ['mɑnə,plen] *s* monoplan *m*
monopolize [mə'nɑpə,laɪz] *tr* monopoliser
monopo•ly [mə'nɑpəli] *s* (*pl* **-lies**) monopole *m*
monorail ['mɑnə,rel] *s* monorail *m*
monosyllable ['mɑnə,sɪləbəl] *s* monosyllabe *m*
monotheist ['mɑnə,θi•ɪst] *adj* & *s* monothéiste *mf*
monotonous [mə'nɑtənəs] *adj* monotone
monotony [mə'nɑtəni] *s* monotonie *f*
monotype ['mɑnə,taɪp] *s* monotype *m*; (*machine to set type*) monotype *f*
monoxide [mə'nɑksaɪd] *s* oxyde *m*, e.g., **carbon monoxide** oxyde *m* de carbone
monsignor [mɑn'sinjər] *s* (*pl* **monsignors** or **monsignori** [,mɔnsi'njori]) (eccl) monseigneur *m*
monsoon [mɑn'sun] *s* mousson *f*
monster ['mɑnstər] *adj* & *s* monstre *m*
monstrance ['mɑnstrəns] *s* ostensoir *m*
monstrous ['mɑnstrəs] *adj* monstrueux
month [mʌnθ] *s* mois *m*
month•ly ['mʌnθli] *adj* mensuel ‖ *s* (*pl* **-lies**) revue *f* mensuelle; **monthlies** (coll) règles *fpl* ‖ *adv* mensuellement
monument ['mɑnjəmənt] *s* monument *m*
moo [mu] *s* meuglement *m* ‖ *intr* meugler
mood [mud] *s* humeur *f*, disposition *f*; (gram) mode *m*; **moods** accès *mpl* de mauvaise humeur
mood•y ['mudi] *adj* (*comp* **-ier**; *super* **-iest**) d'humeur changeante; (*melancholy*) maussade
moon [mun] *s* lune *f* ‖ *intr*—**to moon about** musarder; (*to daydream about*) rêver à
moon'beam' *s* rayon *m* de lune
moon'light' *s* clair *m* de lune
moon'light'ing *s* deuxième emploi *m*
moon'shine' *s* clair *m* de lune; (*idle talk*) baliverne *f*; (coll) alcool *m* de contrebande
moon' shot' *s* tir *m* à la lune
moor [mʊr] *s* lande *f*, bruyère *f*; **Moor** Maure *m* ‖ *tr* amarrer ‖ *intr* s'amarrer
Moorish ['mʊrɪʃ] *adj* mauresque
moose [mus] *s* (*pl* **moose**) élan *m* du Canada, orignal *m*; (*European elk*) élan *m*
moot [mut] *adj* discutable
mop [mɑp] *s* balai *m* à franges; (*of hair*) tignasse *f* ‖ *v* (*pret* & *pp* **mopped**; *ger* **mopping**) *tr* nettoyer avec un balai à franges; (*e.g., one's brow*) s'essuyer; **to mop up** (mil) nettoyer
mope [mop] *intr* avoir le cafard
moral ['mɑrəl], ['mɔrəl] *adj* moral ‖ *s* (*of a fable*) morale *f*; **morals** mœurs *fpl*

morale [məˈræl], [məˈrɑl] *s* moral *m*
morali·ty [məˈrælɪti] *s* (*pl* **-ties**) moralité *f*
morass [məˈræs] *s* marais *m*
moratori·um [ˌmɔrəˈtorɪ·əm], [ˌmɑrəˈtorɪ·əm] *s* (*pl* **-ums** or **-a** [ə]) moratoire *m*, moratorium *m*
morbid [ˈmɔrbɪd] *adj* morbide
mordacious [mɔrˈdeʃəs] *adj* mordant
mordant [ˈmɔrdənt] *adj & s* mordant *m*
more [mor] *adj comp* plus de §91; plus nombreux; de plus, e.g., **one minute more** une minute de plus; **more than** plus que; (followed by numeral) plus de ‖ *s* plus *m*; **all the more so** d'autant plus; **what is more** qui plus est; **what more do you need?** que vous faut-il de plus? ‖ *pron indef* plus, davantage ‖ *adv comp* plus §91; davantage; **more and more** de plus en plus; **more or less** plus ou moins; **more than** plus que, davantage que; (followed by numeral) plus de; **neither more nor less** ni plus ni moins; **never more** jamais plus, plus jamais; **no more** ne . . . plus §90; **once more** une fois de plus; **the more . . . the more** (or **the less**) plus . . . plus (or moins)
more·o′ver *adv* de plus, du reste
Moresque [moˈrɛsk] *adj* mauresque
morgue [mɔrg] *s* institut *m* médicolégal, morgue *f*; (journ) archives *fpl*
Mormon [ˈmɔrmən] *adj & s* mormon *m*
morning [ˈmɔrnɪŋ] *adj* matinal, du matin ‖ *s* matin *m*; (*time between sunrise and noon*) matinée *f*, matin; **in the morning** le matin; **the morning after** le lendemain matin; (coll) le lendemain de bombe
morn′ing coat′ *s* jaquette *f*
morn′ing-glo′ry *s* (*pl* **-ries**) belle-de-jour *f*
morn′ing sick′ness *s* des nausées *fpl*
morn′ing star′ *s* étoile *f* du matin
Moroccan [məˈrɑkən] *adj* marocain ‖ *s* Marocain *m*
morocco [məˈrɑko] *s* (*leather*) maroquin *m*; **Morocco** le Maroc
moron [ˈmorɑn] *s* arriéré *m*; (coll) minus *mf*, minus habens *mf*
morose [məˈros] *adj* morose
morphine [ˈmɔrfin] *s* morphine *f*
morphology [mɔrˈfɑlədʒi] *s* morphologie *f*
morrow [ˈmɑro], [ˈmɔro] *s*—**on the morrow (of)** le lendemain (de)
Morse′ code′ [mɔrs] *s* alphabet *m* morse
morsel [ˈmɔrsəl] *s* morceau *m*
mortal [ˈmɔrtəl] *adj & s* mortel *m*
mortality [mɔrˈtælɪti] *s* mortalité *f*
mortar [ˈmɔrtər] *s* mortier *m*
mor′tar·board′ *s* bonnet *m* carré; (*of mason*) taloche *f*
mortgage [ˈmɔrgɪdʒ] *s* hypothèque *f* ‖ *tr* hypothéquer
mortgagee [ˌmɔrgɪˈdʒi] *s* créancier *m* hypothécaire
mortgagor [ˈmɔrgɪdʒər] *s* débiteur *m* hypothécaire
mortician [mɔrˈtɪʃən] *s* entrepreneur *m* de pompes funèbres
morti·fy [ˈmɔrtɪˌfaɪ] *v* (*pret & pp* **-fied**) *tr* mortifier
mortise [ˈmɔrtɪs] *s* mortaise *f* ‖ *tr* mortaiser
mortuar·y [ˈmɔrtʃʊˌɛri] *adj* mortuaire ‖ *s* (*pl* **-ies**) morgue *f*; chapelle *f* mortuaire
mosaic [moˈze·ɪk] *adj & s* mosaïque *f*
Moscow [ˈmɑskaʊ], [ˈmɑsko] *s* Moscou *m*
Moses [ˈmozɪz], [ˈmozɪs] *s* Moïse *m*
Mos·lem [ˈmɑzləm], [ˈmɑsləm] *adj* musulman ‖ *s* (*pl* **-lems** or **-lem**) musulman *m*
mosque [mɑsk] *s* mosquée *f*
mosqui·to [məsˈkito] *s* (*pl* **-toes** or **-tos**) moustique *m*
mosqui′to net′ *s* moustiquaire *f*
moss [mɔs], [mɑs] *s* mousse *f*
moss·y [ˈmɔsi], [ˈmɑsi] *adj* (*comp* **-ier**; *super* **-iest**) moussu
most [most] *adj super* (le) plus de §91, (la) plupart de; **for the most part** pour la plupart ‖ *s* (le) plus, (la) plupart; **at the most** au plus, tout au plus; **most of** la plupart de; **to make the most of** tirer le meilleur parti possible de ‖ *pron indef* la plupart ‖ *adv super* (le) plus §91, e.g., **what I like (the) most** ce que j'aime le plus; **the** (or **his, etc.**) **most** + *adj* le (or son, etc.) plus + *adj* ‖ *adv* très, bien, fort, des plus
mostly [ˈmostli] *adv* pour la plupart, principalement
motel [moˈtɛl] *s* motel *m*
moth [mɔθ], [mɑθ] *s* teigne *f*, papillon *m* nocturne; (*clothes moth*) mite *f*
moth′ball′ *s* boule *f* antimite, boule de naphtaline
moth-eaten [ˈmɔθˌitən], [ˈmɑθˌitən] *adj* mité
mother [ˈmʌðər] *s* mère *f* ‖ *tr* servir de mère à; (*to coddle*) dorloter
moth′er coun′try *s* mère patrie *f*
Moth′er Goos′e's Nurs′ery Rhymes′ *spl* les Contes de ma mère l'oie
moth′er·hood′ *s* maternité *f*
moth′er-in-law′ *s* (*pl* **mothers-in-law**) belle-mère *f*
motherless [ˈmʌðərlɪs] *adj* orphelin de mère
motherly [ˈmʌðərli] *adj* maternel
mother-of-pearl [ˈmʌðərəvˈpʌrl] *adj* de nacre, en nacre ‖ *s* nacre *f*
Moth′er's Day′ *s* fête *f* des mères
moth′er supe′rior *s* mère *f* supérieure
moth′er tongue′ *s* langue *f* maternelle
moth′er wit′ *s* bon sens *m*, esprit *m*
moth′ hole′ *s* trou *m* de mite
moth′proof′ *adj* antimite ‖ *tr* rendre antimite
moth·y [ˈmɔθi], [ˈmɑθi] *adj* (*comp* **-ier**; *super* **-iest**) mité, plein de mites
motif [moˈtif] *s* motif *m*
motion [ˈmoʃən] *s* mouvement *m*; (*gesture*) geste *m*; (*in a deliberating assembly*) motion *f*, proposition *f* ‖ *intr* —**to motion to** faire signe à
motionless [ˈmoʃənlɪs] *adj* immobile
mo′tion pic′ture *s* film *m*; **motion pictures** cinéma *m*

mo′tion-pic′ture *adj* cinématographique
mo′tion-pic′ture the′ater *s* cinéma *m*
motivate ['motɪ,vet] *tr* motiver
motive ['motɪv] *adj* moteur ‖ *s* mobile *m*, motif *m*
mo′tive pow′er *s* force *f* motrice
motley ['mɑtli] *adj* bigarré; (*mixed*) mélangé
motor ['motər] *adj* & *s* moteur *m* ‖ *intr* aller en voiture
mo′tor•bike′ *s* vélomoteur *m*
mo′tor•boat′ *s* canot *m* automobile
mo′tor•bus′ *s* autocar *m*
motorcade ['motər,ked] *s* défilé *m* de voitures
mo′tor•car′ *s* automobile *f*
mo′tor•cy′cle *s* moto *f*
motorist ['motərɪst] *s* automobiliste *mf*
motorize ['motə,raɪz] *tr* motoriser
mo′tor launch′ *s* chaloupe *f* à moteur
mo′tor•man *s* (*pl* **-men**) conducteur *m*, wattman *m*
mo′tor pool′ *s* parc *m* automobile
mo′tor scoot′er *s* scooter *m*
mo′tor ship′ *s* navire *m* à moteurs
mo′tor truck′ *s* camion *m* automobile
mo′tor ve′hicle *s* véhicule *m* automobile
mottle ['mɑtəl] *tr* marbrer, tacheter
mot•to ['mɑto] *s* (*pl* **-toes** or **-tos**) devise *f*
mound [maʊnd] *s* monticule *m*
mount [maʊnt] *s* montage *m*; (*hill, mountain*) mont *m*; (*horse for riding*) monture *f* ‖ *tr* & *intr* monter
mountain ['maʊntən] *s* montagne *f*
moun′tain climb′ing *s* alpinisme *m*
mountaineer [,maʊntə'nɪr] *s* montagnard *m*; (*climber*) alpiniste *mf*
mountainous ['maʊntənəs] *adj* montagneux
moun′tain range′ *s* chaîne *f* de montagnes
mountebank ['maʊntɪ,bæŋk] *s* saltimbanque *mf*
mounting ['maʊntɪŋ] *s* montage *m*
mourn [morn] *tr* & *intr* pleurer
mourner ['mornər] *s* affligé *m*; (*woman hired as mourner*) pleureuse *f*; pénitent *m*; **mourners** deuil *m*
mourn′er's bench′ *s* banc *m* des pénitents
mournful ['mornfəl] *adj* lugubre
mourning ['mornɪŋ] *s* deuil *m*
mouse [maʊs] *s* (*pl* **mice** [maɪs]) souris *f*
mouse′hole′ *s* trou *m* de souris
mouser ['maʊzər] *s* souricier *m*
mouse′trap′ *s* souricière *f*
moustache [məs'tæʃ], [məs'tɑʃ] *s* moustache *f*
mouth [maʊθ] *s* (*pl* **mouths** [maʊðz]) bouche *f*; (*of gun; of, e.g., wolf*) gueule *f*; (*of river*) embouchure *f*; **by mouth** par voie buccale; **to make s.o.'s mouth water** faire venir l'eau à la bouche à qn
mouthful ['maʊθ,fʊl] *s* bouchée *f*
mouth′ or′gan *s* harmonica *m*
mouth′piece′ *s* embouchure *f*; (*person*) porte-parole *m*
mouth′wash′ *s* rince-bouche *m*, eau *f* dentifrice
movable ['muvəbəl] *adj* mobile
move [muv] *s* mouvement *m*; démarche *f*; (*from one house to another*) déménagement *m*; **on the move** en mouvement ‖ *tr* remuer; (*to excite the feelings of*) émouvoir; **to move that** (parl) proposer que; **to move up** (*a date*) avancer ‖ *intr* remuer; (*to stir*) se remuer; (*said of traffic, crowd, etc.*) circuler; (*e.g., to another city*) déménager; **don't move!** ne bougez pas!; **to move away** or **off** s'éloigner; **to move back** reculer; **to move in** emménager
movement ['muvmənt] *s* mouvement *m*
movie ['muvi] *s* (coll) film *m*; **movies** (coll) cinéma *m*
mov′ie cam′era *s* caméra *f*
movie-goer ['muvi,go·ər] *s* (coll) amateur *m* de cinéma
mov′ie house′ *s* (coll) cinéma *m*, salle *f* de spectacles
moving ['muvɪŋ] *adj* mouvant, en marche; (*touching*) émouvant; (*force*) moteur ‖ *s* mouvement *m*; (*from one house to another*) déménagement *m*
mov′ing pic′ture *s* film *m*; **moving pictures** cinéma *m*
mov′ing-pic′ture the′ater *s* cinéma *m*
mov′ing spir′it *s* âme *f*
mov′ing stair′way *s* escalier *m* mécanique, escalier roulant
mov′ing van′ *s* voiture *f* de déménagement
mow [mo] *v* (*pret* **mowed**; *pp* **mowed** or **mown**) *tr* faucher; (*a lawn*) tondre; **to mow down** faucher
mower ['mo·ər] *s* faucheur *m*; (mach) faucheuse *f*; (*for lawns*) (mach) tondeuse *f*
m.p.h. ['em'pi'etʃ] *spl* (letterword) (**miles per hour**—six tenths of a mile equaling approximately one kilometer) km/h
Mr. ['mɪstər] *s* Monsieur *m*, M.
Mrs. ['mɪsɪz] *s* Madame *f*, Mme
much [mʌtʃ] *adj* beaucoup de, e.g., **much time** beaucoup de temps; bien de + *art*, e.g., **much trouble** bien du mal ‖ *pron indef* beaucoup; **too much** trop ‖ *adv* beaucoup, bien §91; **however much** pour autant que; **how much** combien; **much less** encore moins; **too much** trop; **very much** beaucoup
mucilage ['mjusɪlɪdʒ] *s* colle *f* de bureau; (*gummy secretion in plants*) mucilage *m*
muck [mʌk] *s* fange *f*
muck′rake′ *intr* (coll) dévoiler des scandales
mucous ['mjukəs] *adj* muqueux
mu′cous lin′ing *s* (anat) muqueuse *f*
mucus ['mjukəs] *s* mucus *m*, mucosité *f*
mud [mʌd] *s* boue *f*; **to sling mud at** couvrir de boue
muddle ['mʌdəl] *s* confusion *f*, fouillis *m* ‖ *tr* embrouiller ‖ *intr*—**to muddle through** se débrouiller

mud′dle·head′ *s* brouillon *m*
mud·dy [ˈmʌdi] *adj* (*comp* **-dier**; *super* **-diest**) boueux; (*clothes*) crotté ‖ *v* (*pret & pp* **-died**) *tr* salir; (*clothes*) crotter; (*a liquid*) troubler; (fig) embrouiller
mud′guard′ *s* garde-boue *m*
mud′hole′ *s* bourbier *m*
mudslinger [ˈmʌd,slɪŋər] *s* (fig) calomniateur *m*
muff [mʌf] *s* manchon *m*; (*failure*) coup *m* raté ‖ *tr* rater, louper
muffin [ˈmʌfɪn] *s* petit pain *m* rond, muffin *m*
muffle [ˈmʌfəl] *tr* (*a sound*) assourdir; (*the face*) emmitoufler
muffler [ˈmʌflər] *s* (*scarf*) cache-nez *m*; (aut) pot *m* d'échappement, silencieux *m*
mufti [ˈmʌfti] *s* vêtement *m* civil; **in mufti** en civil, en pékin, en bourgeois
mug [mʌg] *s* timbale *f*, gobelet *m*; (*tankard*) chope *f*; (slang) gueule *f*, museau *m* ‖ *v* (*pret & pp* **mugged**; *ger* **mugging**) *tr* (*e.g., a suspect*) (slang) photographier; (*a victim*) (slang) saisir à la gorge ‖ *intr* (slang) faire des grimaces
mug·gy [ˈmʌgi] *adj* (*comp* **-gier**; *super* **-giest**) lourd, étouffant
mulat·to [mjʊˈlæto], [məˈlæto] *s* (*pl* **-toes**) mulâtre *m*
mulber·ry [ˈmʌl,beri] *s* (*pl* **-ries**) mûre *f*; (*tree*) mûrier *m*
mulct [mʌlkt] *tr* (*a person*) priver, dépouiller; (*money*) carotter, extorquer
mule [mjul] *s* (*female mule; slipper*) mule *f*; (*male mule*) mulet *m*
muleteer [,mjuləˈtɪr] *s* muletier *m*
mulish [ˈmjulɪʃ] *adj* têtu, entêté
mull [mʌl] *tr* chauffer avec des épices; (*to muddle*) embrouiller ‖ *intr*—**to mull over** réfléchir sur, remâcher
mullion [ˈmʌljən] *s* meneau *m*
multigraph [ˈmʌltɪ,græf], [ˈmʌltɪ,grɑf] *s* (trademark) ronéo *f* ‖ *tr* ronéotyper, polycopier
multilateral [,mʌltɪˈlætərəl] *adj* multilatéral
multiple [ˈmʌltɪpəl] *adj & s* multiple *m*
multiplici·ty [,mʌltɪˈplɪsɪti] *s* (*pl* **-ties**) multiplicité *f*
multi·ply [ˈmʌltɪ,plaɪ] *v* (*pret & pp* **-plied**) *tr* multiplier ‖ *intr* se multiplier
multitude [ˈmʌltɪ,t(j)ud] *s* multitude *f*
mum [mʌm] *adj* silencieux; **mum's the word!** motus!, bouche cousue!; **to keep mum about** ne souffler mot de
mumble [ˈmʌmbəl] *tr & intr* marmotter
mummer·y [ˈmʌməri] *s* (*pl* **-ies**) momerie *f*
mum·my [ˈmʌmi] *s* (*pl* **-mies**) momie *f*; (slang) maman *f*
mumps [mʌmps] *s* oreillons *mpl*
munch [mʌntʃ] *tr* mâchonner
mundane [ˈmʌnden] *adj* mondain
municipal [mjuˈnɪsɪpəl] *adj* municipal
municipali·ty [mju,nɪsɪˈpælɪti] *s* (*pl* **-ties**) municipalité *f*
munificent [mjuˈnɪfɪsənt] *adj* munificent
munition [mjuˈnɪʃən] *s* munition *f* ‖ *tr* approvisionner de munitions
muni′tion dump′ *s* dépôt *m* de munitions
mural [ˈmjʊrəl] *adj* mural ‖ *s* peinture *f* murale
murder [ˈmʌrdər] *s* assassinat *m*, meurtre *m* ‖ *tr* assassiner; (*a language, proper names, etc.*) (coll) estropier, écorcher
murderer [ˈmʌrdərər] *s* meurtrier *m*, assassin *m*
murderess [ˈmʌrdərɪs] *s* meurtrière *f*
murderous [ˈmʌrdərəs] *adj* meurtrier
murk·y [ˈmʌrki] *adj* (*comp* **-ier**; *super* **-iest**) ténébreux, nébuleux
murmur [ˈmʌrmər] *s* murmure *m* ‖ *tr & intr* murmurer
muscle [ˈmʌsəl] *s* muscle *m*
muscular [ˈmʌskjələr] *adj* musclé, musculeux; (*system, tissue, etc.*) musculaire
muse [mjuz] *s* muse *f*; **the Muses** les Muses ‖ *intr* méditer; **to muse on** méditer
museum [mjuˈzi·əm] *s* musée *m*
muse′um piece′ *s* pièce *f* de musée
mush [mʌʃ] *s* bouillie *f*; (coll) sentimentalité *f* de guimauve
mush′room′ *s* champignon *m* ‖ *intr* pousser comme un champignon
mush′room cloud′ *s* champignon *m* atomique
mush·y [ˈmʌʃi] *adj* (*comp* **-ier**; *super* **-iest**) mou; (*ground*) détrempé; (coll) à la guimauve, sentimental
music [ˈmjuzɪk] *s* musique *f*; **to face the music** (coll) affronter les opposants; **to set to music** mettre en musique
musical [ˈmjuzɪkəl] *adj* musical
mu′sical com′edy *s* comédie *f* musicale
musicale [,mjuzɪˈkæl] *s* soirée *f* musicale; matinée *f* musicale
mu′sic box′ *s* boîte *f* à musique
mu′sic cab′inet *s* casier *m* à musique
mu′sic hall′ *s* salle *f* de musique; (Brit) music-hall *m*
musician [mjuˈzɪʃən] *s* musicien *m*
mu′sic lov′er *s* mélomane *mf*
musicology [,mjuzɪˈkɑlədʒi] *s* musicologie *f*
mu′sic rack′ or **mu′sic stand′** *s* pupitre *m* à musique
musk [mʌsk] *s* musc *m*
musk′ deer′ *s* porte-musc *m*
musketeer [,mʌskɪˈtɪr] *s* mousquetaire *m*
musk′mel′on *s* melon *m*; cantaloup *m*
musk′rat′ *s* rat *m* musqué, ondatra *m*
Mus·lim [ˈmʌzlɪm] *adj* musulman ‖ *s* (*pl* **-lims** or **-lim**) musulman *m*
muslin [ˈmʌzlɪn] *s* mousseline *f*
muss [mʌs] *tr* (*the hair*) ébouriffer; (*the clothing*) froisser
Mussulman [ˈmʌsəlmən] *adj & s* musulman *m*
muss·y [ˈmʌsi] *adj* (*comp* **-ier**; *super* **-iest**) en désordre, froissé
must [mʌst] *s* moût *m*; nécessité *f* absolue ‖ *aux* used to express 1)

necessity, e.g., **he must go away** il doit s'en aller; 2) conjecture, e.g., **he must be ill** il doit être malade; **he must have been ill** il a dû être malade
mustache [məsˈtæʃ], [məsˈtɑʃ], [ˈmʌstæʃ] *s* moustache *f*
mustard [ˈmʌstərd] *s* moutarde *f*
mus′tard plas′ter *s* sinapisme *m*
muster [ˈmʌstər] *s* rassemblement *m*; (mil) revue *f*; **to pass muster** être porté à l'appel; (fig) être acceptable ‖ *tr* rassembler; **to muster in** enrôler; **to muster out** démobiliser; **to muster up courage** prendre son courage à deux mains
mus′ter roll′ *s* feuille *f* d'appel
mus·ty [ˈmʌsti] *adj* (*comp* **-tier**; *super* **-tiest**) (*moldy*) moisi; (*stale*) renfermé; (*antiquated*) désuet
mutation [mjuˈteʃən] *s* mutation *f*
mute [mjut] *adj* muet ‖ *s* muet *m*; (mus) sourdine *f* ‖ *tr* amortir; (mus) mettre une sourdine à
mutilate [ˈmjutɪ,let] *tr* mutiler
mutineer [,mjutɪˈnɪr] *s* mutin *m*
mutinous [ˈmjutɪnəs] *adj* mutiné
muti·ny [ˈmjutɪni] *s* (*pl* **-nies**) mutinerie *f* ‖ *v* (*pret & pp* **-nied**) *intr* se mutiner
mutt [mʌt] *s* (*dog*) (slang) cabot *m*; (*person*) (slang) nigaud *m*
mutter [ˈmʌtər] *tr & intr* marmonner
mutton [ˈmʌtən] *s* mouton *m*
mut′ton·chop′ *s* côtelette *f* de mouton; **muttonchops** favoris *mpl* en côtelette
mutual [ˈmjutʃʊ·əl] *adj* mutuel
mu′tual aid′ *s* entraide *f*
mu′tual fund′ *s* mutuelle *f*
muzzle [ˈmʌzəl] *s* (*projecting part of head of animal*) museau *m*; (*device to keep animal from biting*) muselière *f*; (*of firearm*) gueule *f* ‖ *tr* museler
my [maɪ] *adj poss* mon §88
myriad [ˈmɪrɪ·əd] *adj* innombrable ‖ *s* myriade *f*
myrrh [mɪr] *s* myrrhe *f*
myrtle [ˈmʌrtəl] *s* myrte *m*; (*periwinkle*) pervenche *f*
my·self′ *pron pers* moi §85; moi-même §86; me §87
mysterious [mɪsˈtɪrɪ·əs] *adj* mystérieux
myster·y [ˈmɪstəri] *s* (*pl* **-ies**) mystère *m*
mystic [ˈmɪstɪk] *adj & s* mystique *mf*
mystical [ˈmɪstɪkəl] *adj* mystique
mysticism [ˈmɪstɪ,sɪzəm] *s* mysticisme *m*
mystification [,mɪstɪfɪˈkeʃən] *s* mystification *f*
mysti·fy [ˈmɪstɪ,faɪ] *v* (*pret & pp* **-fied**) *tr* mystifier
myth [mɪθ] *s* mythe *m*
mythical [ˈmɪθɪkəl] *adj* mythique
mythological [,mɪθəˈlɑdʒɪkəl] *adj* mythologique
mytholo·gy [mɪˈθɑlədʒi] *s* (*pl* **-gies**) mythologie *f*

N

N, n [ɛn] *s* XIVe lettre de l'alphabet
nab [næb] *v* (*pret & pp* **nabbed**; *ger* **nabbing**) *tr* (slang) happer; (*to arrest*) (slang) pincer, harponner
nag [næg] *s* bidet *m* ‖ *v* (*pret & pp* **nagged**; *ger* **nagging**) *tr & intr* gronder constamment; **to nag at** gronder constamment
nail [nel] *s* (*of finger*) ongle *m*; (*to be hammered*) clou *m*; **to bite one's nails** se ronger les ongles; **to hit the nail on the head** mettre le doigt dessus, frapper juste ‖ *tr* clouer; (*a lie*) mettre à découvert; (coll) saisir, attraper
nail′brush′ *s* brosse *f* à ongles
nail′ clip′pers *spl* coupe-ongles *m*
nail′ file′ *s* lime *f* à ongles
nail′ pol′ish *s* vernis *m* à ongles
nail′ scis′sors *s & spl* ciseaux *mpl* à ongles
nail′ set′ *s* chasse-clou *m*
naïve [nɑˈiv] *adj* naïf
naked [ˈnekɪd] *adj* nu; **to strip naked** se mettre tout nu; mettre tout nu; **with the naked eye** à l'œil nu
namby-pamby [ˈnæmbiˈpæmbi] *adj* minaudier
name [nem] *s* nom *m*; (*reputation*) renom *m*; **by name** de nom; **by the name of** sous le nom de; **to call names** traiter de tous les noms; **what is your name?** comment vous appelez-vous? ‖ *tr* nommer; (*a price*) fixer, indiquer
name′ day′ *s* fête *f*
nameless [ˈnemlɪs] *adj* sans nom, anonyme; (*horrid*) odieux
namely [ˈnemli] *adv* à savoir, nommément
name′sake′ *s* homonyme *m*
nan·ny [ˈnæni] *s* (*pl* **-nies**) nounou *f*
nan′ny goat′ *s* (coll) chèvre *f*, bique *f*
nap [næp] *s* (*short sleep*) somme *m*, sieste *f*; (*of cloth*) poil *m*, duvet *m*; **to take a nap** faire un petit somme ‖ *v* (*pret & pp* **napped**; *ger* **napping**) *intr* faire un somme; manquer de vigilance; **to catch napping** prendre au dépourvu
napalm [ˈnepɑm] *s* (mil) napalm *m*
nape [nep] *s* nuque *f*
naphtha [ˈnæfθə] *s* naphte *m*
napkin [ˈnæpkɪn] *s* serviette *f*
nap′kin ring′ *s* rond *m* de serviette
Napoleonic [nə,polɪˈɑnɪk] *adj* napoléonien
narcissus [nɑrˈsɪsəs] *s* narcisse *m*; **Narcissus** Narcisse

narcotic [nɑr'kɑtɪk] *adj & s* narcotique *m*
narrate [næ'ret] *tr* narrer, raconter
narration [næ'reʃən] *s* narration *f*
narrative ['nærətɪv] *adj* narratif || *s* narration *f*, récit *m*
narrator [næ'retər] *s* narrateur *m*
narrow ['næro] *adj* étroit; (*e.g., margin of votes*) faible || **narrows** *spl* détroit *m*, goulet *m* || *tr* rétrécir || *intr* se rétrécir
nar'row escape' *s*—**to have a narrow escape** l'échapper belle
nar'row gauge' *s* voie *f* étroite
nar'row-mind'ed *adj* à l'esprit étroit, intolérant
nasal ['nezəl] *adj* nasal; (*sound, voice*) nasillard || *s* (phonet) nasale *f*
nasalize ['nezə,laɪz] *tr & intr* nasaliser
nasturtium [nə'stʌrʃəm] *s* capucine *f*
nas•ty ['næsti], ['nɑsti] *adj* (*comp* **-tier**; *super* **-tiest**) mauvais, sale, dégoûtant; féroce, farouche; désagréable
nation ['neʃən] *s* nation *f*
national ['næʃənəl] *adj & s* national *m*
na'tional an'them *s* hymne *m* national
nationalism ['næʃənə,lɪzəm] *s* nationalisme *m*
nationali•ty [,næʃən'ælɪti] *s* (*pl* **-ties**) nationalité *f*
nationalize ['næʃənə,laɪz] *tr* nationaliser, étatiser
na'tion•wide' *adj* de toute la nation
native ['netɪv] *adj* natif; (*land, language*) natal; **native of** originaire de || *s* natif *m*; (*original inhabitant*) naturel *m*, indigène *mf*, autochtone *mf*
na'tive land' *s* pays *m* natal
nativi•ty [nə'tɪvɪti] *s* (*pl* **-ties**) naissance *f*; (astrol) nativité *f*; **Nativity** Nativité *f*
NATO ['neto] *s* (acronym) (**North Atlantic Treaty Organization**) l'O.T.A.N. *f*, l'OTAN *f*
nat•ty ['næti] *adj* (*comp* **-tier**; *super* **-tiest**) coquet, élégant, soigné
natural ['nætʃərəl] *adj* naturel || *s* (mus) bécarre *m*; (mus) touche *f* blanche; **a natural** (coll) juste ce qu'il faut
naturalism ['nætʃərə,lɪzəm] *s* naturalisme *m*
naturalist ['nætʃərəlɪst] *s* naturaliste *mf*
naturalization [,nætʃərəlɪ'zeʃən] *s* naturalisation *f*
naturaliza'tion pa'pers *spl* déclaration *f* de naturalisation
naturalize ['nætʃərə,laɪz] *tr* naturaliser
nature ['netʃər] *s* nature *f*
naught [nɔt] *s* zéro *m*; rien *m*; **to come to naught** n'aboutir à rien
naugh•ty ['nɔti] *adj* (*comp* **-tier**; *super* **-tiest**) méchant, vilain; (*story*) risqué
nausea ['nɔʃɪ•ə], ['nɔsɪ•ə] *s* nausée *f*
nauseate ['nɔʃɪ,et], ['nɔsɪ,et] *tr* donner la nausée à || *intr* avoir des nausées
nauseating ['nɔʃɪ,etɪŋ], ['nɔsɪ,etɪŋ] *adj* nauséabond
nauseous ['nɔʃɪ•əs], ['nɔsɪ•əs] *adj* nauséeux
nautical ['nɔtɪkəl] *adj* nautique; naval, marin
naval ['nevəl] *adj* naval
na'val acad'emy *s* école *f* navale
na'val of'ficer *s* officier *m* de marine
na'val sta'tion *s* station *f* navale
nave [nev] *s* (*of a church*) nef *f*, vaisseau *m*; (*of a wheel*) moyeu *m*
navel ['nevəl] *s* nombril *m*
na'vel or'ange *s* orange *f* navel
navigable ['nævɪgəbəl] *adj* (*river*) navigable; (*aircraft*) dirigeable; (*ship*) bon marcheur
navigate ['nævɪ,get] *tr* gouverner, conduire; (*the sea*) naviguer sur || *intr* naviguer
navigation [,nævɪ'geʃən] *s* navigation *f*
navigator ['nævɪ,getər] *s* navigateur *m*
na•vy ['nevi] *adj* bleu marine || *s* (*pl* **-vies**) marine *f* militaire, marine de guerre; (*color*) bleu *m* marine
na'vy bean' *s* haricot *m* blanc
na'vy blue' *s* bleu *m* marine
na'vy yard' *s* chantier *m* naval
nay [ne] *adv* non; voire, même || *s* non *m*; (parl) vote *m* négatif
Nazarene [,næzə'rin] *adj* nazaréen || *s* (*person*) Nazaréen *m*
Nazi ['nɑtsi], ['nætsi] *adj & s* nazi *m*
n.d. *abbr* (**no date**) s.d.
Ne'apol'itan ice' cream' [,ni•ə'pɑlɪtən] *s* glace *f* panachée
neap' tide' [nip] *s* morte-eau *f*
near [nɪr] *adj* proche, prochain; d'imitation; **near at hand** tout près; **near side** (*of horse*) côté *m* de montoir || *adv* près, de près; presque; **to come near** s'approcher || *prep* près de; auprès de || *tr* s'approcher de
near'by' *adj* proche || *adv* tout près
Near' East' *s*—**the Near East** le Proche Orient
nearly ['nɪrli] *adv* presque, de près; faillir, manquer de, e.g., **I nearly fell** j'ai failli tomber
near'-sight'ed *adj* myope
near'-sight'edness *s* myopie *f*
neat [nit] *adj* soigné, rangé; concis; (*clever*) adroit; (*liquor*) nature; (slang) chouette
neat's'-foot oil' *s* huile *f* de pied de bœuf
nebu•la ['nɛbjələ] *s* (*pl* **-lae** [,li] or **-las**) nébuleuse *f*
nebulous ['nɛbjələs] *adj* nébuleux
necessarily [,nɛsɪ'sɛrɪli] *adv* nécessairement, forcément
necessary ['nɛsɪ,sɛri] *adj* nécessaire
necessitate [nɪ'sɛsɪ,tet] *tr* nécessiter, exiger
necessi•ty [nɪ'sɛsɪti] *s* (*pl* **-ties**) nécessité *f*
neck [nɛk] *s* cou *m*; (*of bottle*) col *m*, goulot *m*; (*of land*) cap *m*; (*of tooth*) collet *m*; (*of violin*) manche *m*, collet; (*strait*) étroit *m*; **neck and neck** manche à manche; **to break one's neck** (coll) se rompre le cou; **to stick one's neck out** prêter le flanc; **to win**

by a neck gagner par une encolure ‖ *intr* (slang) se peloter
neck'band' *s* tour *m* de cou
neckerchief ['nɛkərt∫ɪf] *s* foulard *m*
necking ['nɛkɪŋ] *s* (slang) pelotage *m*
necklace ['nɛklɪs] *s* collier *m*
neck'piece' *s* col *m* de fourrure
neck'tie' *s* cravate *f*
neck'tie pin' *s* épingle *f* de cravate
necrolo·gy [nɛ'krɑlədʒi] *s* (*pl* **-gies**) nécrologie *f*
nectar ['nɛktər] *s* nectar *m*
nectarine [,nɛktə'rin] *s* brugnon *m*
nee [ne] *adj* née
need [nid] *s* besoin *m*; (*want, poverty*) besoin, indigence *f*, nécessité *f*; **if need be** au besoin, s'il le faut ‖ *tr* avoir besoin de, falloir, e.g., **he needs money** il a besoin d'argent, il lui faut de l'argent; demander, e.g., **the motor needs oil** le moteur demande de l'huile ‖ *aux* devoir
needful ['nidfəl] *adj* nécessaire
needle ['nidəl] *s* aiguille *f* ‖ *tr* (*to prod*) aiguillonner; (coll) taquiner; (*a drink*) (coll) corser
nee'dle·point' *s* broderie *f* sur canevas; (*lace*) dentelle *f* à l'aiguille
needless ['nidlɪs] *adj* inutile
nee'dle·work' *s* ouvrage *m* à l'aiguille
need·y ['nidi] *adj* (*comp* **-ier**; *super* **-iest**) nécessiteux ‖ *s*—**the needy** les nécessiteux
ne'er-do-well ['nɛrdu,wɛl] *adj* propre à rien ‖ *s* vaurien *m*
nefarious [nɪ'fɛrɪ·əs] *adj* scélérat
negate ['nɛget], [nɪ'get] *tr* invalider; nier
negation [nɪ'ge∫ən] *s* négation *f*
negative ['nɛgətɪv] *adj* négatif ‖ *s* (*opinion*) négative *f*; (gram) négation *f*; (phot) négatif *m*
neglect [nɪ'glɛkt] *s* négligence *f* ‖ *tr* négliger; **to neglect to** négliger de
négligée or **negligee** [,nɛglɪ'ʒe] *s* négligé *m*, robe *f* de chambre
negligence ['nɛglɪdʒəns] *s* négligence *f*
negligent ['nɛglɪdʒənt] *adj* négligent
negligible ['nɛglɪdʒɪbəl] *adj* négligeable
negotiable [nɪ'go∫ɪ·əbəl] *adj* négociable
negotiate [nɪ'go∫ɪ·et] *tr* & *intr* négocier
negotiation [nɪ,go∫ɪ'e∫ən] *s* négociation *f*
negotiator [nɪ'go∫ɪ,etər] *s* négociateur *m*
Ne·gro ['nigro] *adj* noir, nègre ‖ *s* (*pl* **-groes**) noir *m*, nègre *m*
neigh [ne] *s* hennissement *m* ‖ *intr* hennir
neighbor ['nebər] *adj* voisin ‖ *s* voisin *m*; (fig) prochain *m* ‖ *tr* avoisiner ‖ *intr* être voisin
neigh'bor·hood' *s* voisinage *m*; **in the neighborhood of** aux environs de; (*approximately, about*) (coll) environ
neighborliness ['nebərlɪnɪs] *s* bon voisinage *m*
neighborly ['nebərli] *adj* bon voisin
neither ['niðər], ['naɪðər] *adj indef* ni, e.g., **neither one of us** ni l'un ni l'autre ‖ *pron indef* ni, e.g., **neither** ni l'un ni l'autre ‖ *conj* ni; ni . . . non plus, e.g., **neither do I** ni moi non plus; **neither . . . nor** ni . . . ni
neme·sis ['nɛmɪsɪs] *s* (*pl* **-ses** [,siz]) juste châtiment *m*; **Nemesis** Némésis *f*
neologism [ni'ɑlə,dʒɪzəm] *s* néologisme *m*
neon ['ni·ɑn] *s* néon *m*
ne'on lamp' *s* lampe *f* au néon
ne'on sign' *s* réclame *f* lumineuse
neophyte ['ni·ə,faɪt] *s* néophyte *mf*
nephew ['nɛfju], ['nɛvju] *s* neveu *m*
neptunium [nɛp't(j)unɪ·əm] *s* neptunium *m*
Nero ['nɪro] *s* Néron *m*
nerve [nʌrv] *adj* nerveux ‖ *s* nerf *m*; audace *f*; **to get on s.o.'s nerves** porter sur les nerfs à qn; **to have a lot of nerve** avoir du toupet; **to have nerves of steel** avoir du nerf; **to lose one's nerve** avoir le trac
nerve' cen'ter *s* nœud *m* vital; (anat) centre *m* nerveux
nerve'-rack'ing *adj* énervant, agaçant
nervous ['nʌrvəs] *adj* nerveux
ner'vous break'down *s* épuisement *m* nerveux, dépression *f* nerveuse
nerv·y ['nʌrvi] *adj* (*comp* **-ier**; *super* **-iest**) nerveux, musclé; (coll) audacieux, culotté; (slang) dévergondé
nest [nɛst] *s* nid *m*; (*set of things fitting together*) jeu *m* ‖ *intr* se nicher
nest' egg' *s* nichet *m*; (fig) boursicot *m*, bas *m* de laine
nestle ['nɛsəl] *intr* se blottir, se nicher
nest' of ta'bles *s* table *f* gigogne
net [nɛt] *adj* net ‖ *s* filet *m*; (*for fishing; for catching birds*) nappe *f*; (tex) tulle *m* ‖ *v* (*pret* & *pp* **netted**; *ger* **netting**) *tr* (*a profit*) réaliser
Netherlander ['nɛðər,lændər], ['nɛðərləndər] *s* Néerlandais *m*
Netherlands ['nɛðərləndz] *s*—**The Netherlands** les Pays-Bas *mpl*
nettle ['nɛtəl] *s* ortie *f* ‖ *tr* piquer au vif
net'work' *s* réseau *m*; (rad, telv) chaîne *f*, réseau
neuralgia [n(j)ʊ'rældʒə] *s* névralgie *f*
neuro·sis [n(j)ʊ'rosɪs] *s* (*pl* **-ses** [siz]) névrose *f*
neurotic [n(j)ʊ'rɑtɪk] *adj* & *s* névrosé *m*
neuter ['n(j)utər] *adj* & *s* neutre *m*
neutral ['n(j)utrəl] *adj* neutre ‖ *s* neutre *m*; (*gear*) point *m* mort
neutrality [n(j)u'trælɪti] *s* neutralité *f*
neutralize ['n(j)utrə,laɪz] *tr* neutraliser
neutron ['n(j)utrɑn] *s* neutron *m*
neu'tron bomb' *s* bombe *f* à neutrons
never ['nɛvər] *adv* jamais §90B; ne . . . jamais §90, e.g., **he never talks** il ne parle jamais
nev'er·more' *adv* ne . . . plus jamais ‖ *interj* jamais plus!, plus jamais!
nev'er·the·less' *adv* néanmoins
new [n(j)u] *adj* (*unused*) neuf; (*other, additional, different*) nouveau (before noun); (*recent*) nouveau (after noun); (*inexperienced*) novice; (*wine*)

jeune; **what's new?** quoi de nouveau?, quoi de neuf?
new′born′ *adj* nouveau-né
new′born child′ *s* nouveau-né *m*
New′cas′tle *s*—**to carry coals to Newcastle** porter de l'eau à la rivière
newcomer ['n(j)u ,kʌmər] *s* nouveau venu *m*
New′ Cov′enant *s* (Bib) nouvelle alliance *f*
newel ['n(j)u·əl] *s* (*of winding stairs*) noyau *m*; (*post at end of stair rail*) pilastre *m*
New′ Eng′land *s* Nouvelle-Angleterre *f*; la Nouvelle-Angleterre
newfangled ['n(j)u ,fæŋgəld] *adj* à la dernière mode, du dernier cri
Newfoundland ['n(j)ufənd,lænd] *s* Terre-Neuve *f*; **in** or **to Newfoundland** à Terre-Neuve || [n(j)u'faundlənd] *s* (*dog*) terre-neuve *m*
newly ['n(j)uli] *adv* nouvellement
new′ly·wed′ *s* nouveau marié *m*
new′ moon′ *s* nouvelle lune *f*
newness ['n(j)unɪs] *s* nouveauté *f*
New′ Or′leans ['ɔrlɪ·ənz] *s* la Nouvelle-Orléans
news [n(j)uz] *s* nouvelles *fpl*; **a news item** un fait-divers; **a piece of news** une nouvelle
news′ a′gency *s* agence *f* d'information, agence de presse; agence à journaux
news′beat′ *s* exclusivité *f*
news′boy′ *s* vendeur *m* de journaux
news′ bul′letin *s* bulletin *m* d'actualités
news′cast′ *s* journal *m* parlé; journal télévisé
news′cast′er *s* reporter *m* de la radio
news′ con′ference *s* conférence *f* de presse
news′ cov′erage *s* reportage *m*
news′deal′er *s* marchand *m* de journaux
news′ ed′itor *s* rédacteur *m* publicitaire
news′let′ter *s* circulaire *f* publicitaire
news′man′ *s* (*pl* **-men′**) journaliste *m*; (*dealer*) marchand *m* de journaux
New′ South′ Wales′ *s* la Nouvelle-Galles du Sud
news′pa′per *adj* journalistique || *s* journal *m*
news′paper clip′ping *s* coupure *f* de presse
news′paper·man′ *s* (*pl* **-men′**] journaliste *m*; (*dealer*) marchand *m* de journaux
news′paper rack′ *s* casier *m* à journaux
news′paper se′rial *s* feuilleton *m*
news′print′ *s* papier *m* journal
news′reel′ *s* actualités *fpl*
news′room′ *s* salle *f* de rédaction
news′stand′ *s* kiosque *m*
news′week′ly *s* (*pl* **-lies**) hebdomadaire *m*
news′wor′thy *adj* d'actualité
New′ Tes′tament *s* Nouveau Testament *m*
New′ Year's′ Day′ *s* le jour de l'an
New′ Year's′ Eve′ *s* la Saint-Sylvestre
New′ Year's′ greet′ings *spl* souhaits *mpl* de nouvel An
New′ Year's′ resolu′tion *s* résolution *f* de nouvel An
New′ York′ [jɔrk] *adj* newyorkais || *s* New York *m*
New′ York′er ['jɔrkər] *s* newyorkais *m*
next [nɛkst] *adj* (*in time*) prochain, suivant; (*in place*) voisin; (*first in the period which follows*) prochain (before noun), e.g., **the next time** la prochaine fois; (*following the present time*) prochain (after noun), e.g., **next week** la semaine prochaine; **next to** à côté de || *adv* après, ensuite; la prochaine fois; **who comes next?** à qui le tour? || *interj* au premier de ces messieurs!, au suivant!
next′-door′ *adj* d'à côté, voisin || **next′-door′** *adv* à côté; **next-door to** à côté de; à côté de chez
next′ of kin′ *s* (*pl* **next of kin**) proche parent *m*
Niag′ara Falls′ [naɪ'ægərə] *s* la Cataracte du Niagara
nib [nɪb] *s* pointe *f*; (*of pen*) bec *m*
nibble ['nɪbəl] *s* grignotement *m*; (*on fish line*) touche *f*; (fig) morceau *m* || *tr & intr* grignoter
nice [naɪs] *adj* agréable, gentil, aimable; (*distinction*) subtil, fin; (*weather*) beau; **nice and . . .** (coll) très; **not nice** (coll) vilain
nicely ['naɪsli] *adv* bien; avec délicatesse
nice·ty ['naɪsəti] *s* (*pl* **-ties**) précision *f*; (*subtlety*) finesse *f*
niche [nɪtʃ] *s* niche *f*; (*job, position*) place *f*, poste *m*
nick [nɪk] *s* (*e.g., on china*) brèche *f*; **in the nick of time** à point nommé, à pic || *tr* ébrécher; (*for money, favors*) (slang) cramponner
nickel ['nɪkəl] *s* (*metal*) nickel *m*; (*coin*) pièce *f* de cinq sous || *tr* nickeler
nick′el plate′ *s* nickelure *f*
nick′el-plate′ *tr* nickeler
nicknack ['nɪk ,næk] *s* colifichet *m*
nick′name′ *s* sobriquet *m*, surnom *m* || *tr* donner un sobriquet à, surnommer
nicotine ['nɪkə ,tin] *s* nicotine *f*
niece [nis] *s* nièce *f*
nif·ty ['nɪfti] *adj* (*comp* **-tier**; *super* **-tiest**) (slang) coquet, pimpant
niggard ['nɪgərd] *adj & s* avare *mf*
night [naɪt] *s* nuit *f*; (*evening*) soir *m*; **last night** (*night that has just passed*) cette nuit; (*last evening*) hier soir; **night before last** avant-hier soir
night′cap′ *s* bonnet *m* de nuit, casque *m* à mèche; (*drink*) posset *m*
night′ club′ *s* boîte *f* de nuit
night′fall′ *s* tombée *f* de la nuit
night′gown′ *s* chemise *f* de nuit
night′hawk′ *s* noctambule *mf*; (orn) engoulevent *m*
nightingale ['naɪtən ,gel] *s* rossignol *m*
night′latch′ *s* serrure *f* à ressort
night′ light′ *s* veilleuse *f*
night′long′ *adj* de toute la nuit || *adv* pendant toute la nuit
nightly ['naɪtli] *adj* nocturne; de cha-

que nuit || *adv* nocturnement; chaque nuit

night′mare′ *s* cauchemar *m*

nightmarish [ˈnaɪt,merɪʃ] *adj* (coll) cauchemardeux

night′ owl′ *s* (coll) noctambule *mf*

night′ school′ *s* cours *mpl* du soir

night′shade′ *s* morelle *f*

night′ shift′ *s* équipe *f* de nuit

night′ watch′man *s* (*pl* **-men**) veilleur *m* de nuit

nihilism [ˈnaɪ·ɪ,lɪzəm] *s* nihilisme *m*

nil [nɪl] *s* rien *m*

Nile [naɪl] *s* Nil *m*

nimble [ˈnɪmbəl] *adj* agile, leste; (*mind*) délié

nim·bus [ˈnɪmbəs] *s* (*pl* **-buses** or **-bi** [baɪ]) nimbe *m*, auréole *f*; (meteo) nimbus *m*

nincompoop [ˈnɪnkəm,pup] *s* nigaud *m*

nine [naɪn] *adj & pron* neuf || *s* neuf *m*; **nine o'clock** neuf heures

nine′pins′ *s* quilles *fpl*

nineteen [ˈnaɪnˈtin] *adj, pron, & s* dix-neuf *m*

nineteenth [ˈnaɪnˈtinθ] *adj & pron* dix-neuvième (*masc, fem*); **the Nineteenth** dix-neuf, e.g., **John the Nineteenth** Jean dix-neuf || *s* dix-neuvième *m*; **the nineteenth** (*in dates*) le dix-neuf

ninetieth [ˈnaɪntɪ·ɪθ] *adj & pron* quatre-vingt-dixième (*masc, fem*) || *s* quatre-vingt-dixième *m*

nine·ty [ˈnaɪnti] *adj & pron* quatre-vingt-dix || *s* (*pl* **-ties**) quatre-vingt-dix *m*

nine′ty-first′ *adj & pron* quatre-vingt-onzième (*masc, fem*) || *s* quatre-vingt-onzième *m*

nine′ty-one′ *adj, pron, & s* quatre-vingt-onze *m*

ninth [naɪnθ] *adj & pron* neuvième (*masc, fem*); **the Ninth** neuf, e.g., **John the Ninth** Jean neuf || *s* neuvième *m*; **the ninth** (*in dates*) le neuf

nip [nɪp] *s* pincement *m*, petite morsure *f*; (*of cold weather*) morsure; (*of liquor*) goutte *f* || *v* (*pret & pp* **nipped**; *ger* **nipping**) *tr* pincer, donner une petite morsure à; **to nip in the bud** tuer dans l'œuf || *intr* (coll) biberonner, picoler

nipple [ˈnɪpəl] *s* mamelon *m*; (*of nursing bottle*) tétine *f*; (mach) raccord *m*

nip·py [ˈnɪpi] *adj* (*comp* **-pier**; *super* **-piest**) piquant; (*cold*) vif; (Brit) leste, rapide

nirvana [nɪrˈvɑnə] *s* le nirvâna

nit [nɪt] *s* pou *m*; (*egg*) lente *f*

niter [ˈnaɪtər] *s* nitrate *m* de potasse; nitrate de soude

nitrate [ˈnaɪtret] *s* azotate *m*, nitrate *m*; (*fertilizer*) engrais *m* nitraté || *tr* nitrater

nitric [ˈnaɪtrɪk] *adj* azotique, nitrique

nitrogen [ˈnaɪtrədʒən] *s* azote *m*

nitroglycerin [,naɪtrəˈglɪsərɪn] *s* nitroglycérine *f*

nitrous [ˈnaɪtrəs] *adj* azoteux

ni′trous ox′ide *s* oxyde *m* azoteux, protoxyde *m* d'azote

nit′wit′ *s* (coll) imbécile *mf*

no [no] *adj indef* aucun, nul, pas de §90B; **no admittance** entrée *f* interdite; **no answer** pas de réponse; **no comment!** rien à dire!; **no go** or **no soap** (coll) pas mèche *f*; **no kidding** (coll) blague *f* à part; **no littering** défense *f* de déposer des ordures; **no loitering** vagabondage *m* interdit; **no parking** stationnement *m* interdit; **no place** nulle part; **no place else** nulle part ailleurs; **no shooting** chasse *f* réservée; **no smoking** défense de fumer; **no thoroughfare** circulation *f* interdite, passage *m* interdit; **no use** inutile; **with no** sans || *s* non *m* || *adv* non; **no good** vil; **no longer** ne . . . plus §90, e.g., **he no longer works here** il ne travaille plus ici; **no more** ne . . . plus §90, e.g., **he has no more** il n'en a plus; **no more . . .** (or *comp* in **-er**) **than** ne . . . pas plus . . . que, e.g., **she is no happier than he** elle n'est pas plus heureuse que lui

No′ah's Ark′ [ˈno·əz] *s* l'arche *f* de Noé

nobili·ty [noˈbɪlɪti] *s* (*pl* **-ties**) noblesse *f*

noble [ˈnobəl] *adj & s* noble *mf*

no′ble·man *s* (*pl* **-men**) noble *m*

nobleness [ˈnobəlnɪs] *s* noblesse *f*

nobod·y [ˈno,bɑdi], [ˈnobədi] *s* (*pl* **-ies**) nullité *f* || *pron indef* personne; ne . . . personne §90, e.g., **I see nobody there** je n'y vois personne; personne ne, nul ne §90, e.g., **nobody knows it** personne ne le sait, nul ne le sait

nocturnal [nɑkˈtʌrnəl] *adj* nocturne

nocturne [ˈnɑktʌrn] *s* nocturne *m*

nod [nɑd] *s* signe *m* de tête; (*greeting*) inclination *f* de tête || *v* (*pret & pp* **nodded**; *ger* **nodding**) *tr* (*the head*) incliner; **to nod assent** faire un signe d'assentiment || *intr* (*with sleep*) dodeliner de la tête; (*to greet*) incliner la tête

node [nod] *s* nœud *m*

noise [nɔɪz] *s* bruit *m* || *tr* (*a rumor*) ébruiter

noiseless [ˈnɔɪzlɪs] *adj* silencieux

nois·y [ˈnɔɪzi] *adj* (*comp* **-ier**; *super* **-iest**) bruyant

nomad [ˈnomæd] *adj & s* nomade *mf*

no′ man's′ land′ *s* région *f* désolée; (mil) zone *f* neutre

nominal [ˈnɑmɪnəl] *adj* nominal

nominate [ˈnɑmɪ,net] *tr* désigner; (*to appoint*) nommer

nomination [,nɑmɪˈneʃən] *s* désignation *f*, investiture *f*

nominative [ˈnɑmɪnətɪv] *adj & s* nominatif *m*

nominee [,nɑmɪˈni] *s* désigné *m*, candidat *m*

nonbelligerent [,nɑnbəˈlɪdʒərənt] *adj & s* non-belligérant *m*

nonbreakable [nɑnˈbrekəbəl] *adj* incassable

nonchalant ['nɑnʃələnt], (ˌnɑnʃə'lɑnt] *adj* nonchalant
noncom ['nɑnˌkɑm] *s* (coll) sous-off *m*
noncombatant [nɑn'kɑmbətənt] *adj* & *s* non-combattant *m*
noncommissioned [ˌnɑnkə'mɪʃənd] *adj* non breveté
non'commis'sioned of'ficer *s* sous-officier *m*
noncommittal [ˌnɑnkə'mɪtəl] *adj* évasif, réticent
nonconductor [ˌnɑnkən'dʌktər] *s* non-conducteur *m*, mauvais conducteur *m*
nonconformist [ˌnɑnkən'fɔrmɪst] *adj* & *s* non-conformiste *mf*
nondenominational [ˌnɑndɪˌnɑmɪ'neʃənəl] *adj* indépendant, qui ne fait partie d'aucune secte religieuse; (*school*) laïque
nondescript ['nɑndɪˌskrɪpt] *adj* indéfinissable, inclassable
none [nʌn] *pron indef* aucun **§90B**; (*nobody*) personne, nul **§90B**; **ne . . .** aucun, ne . . . nul **§90**; n'en . . . pas, e.g., **I have none** je n'en ai pas; (*as a response on the blank of an official form*) néant || *adv*—**to be none the wiser** ne pas en être plus sage
nonenti·ty [nɑn'ɛntɪti] *s* (*pl* **-ties**) nullité *f*
none'such' *s* nonpareil *m*; (*apple*) nonpareille *f*; (bot) lupuline *f*, minette *f*
nonfiction [nɑn'fɪkʃən] *s* littérature *f* autre que le roman
nonfulfillment [ˌnɑnfʊl'fɪlmənt] *s* inaccomplissement *m*
nonintervention [ˌnɑnɪntər'vɛnʃən] *s* non-intervention *f*
nonmetal ['nɑnˌmetəl] *s* métalloïde *m*
nonpartisan [nɑn'pɑrtɪzən] *adj* neutre, indépendant
nonpayment [nɑn'pemənt] *s* non-paiement *m*
non·plus ['nɑnplʌs], [nɑn'plʌs] *s* perplexité *f* || *v* (*pret & pp* **-plused** or **-plussed**; *ger* **-plusing** or **-plussing**) *tr* déconcerter, dérouter
nonresident [nɑn'rezɪdənt] *adj* & *s* non-résident *m*
nonresidential [nɑnˌrezɪ'dɛnʃəl] *adj* commercial
nonreturnable [ˌnɑnrɪ'tʌrnəbəl] *adj* (*bottle*) perdu
nonscientific [nɑnˌsaɪ·ən'tɪfɪk] *adj* anti-scientifique
nonsectarian [ˌnɑnsək'terɪ·ən] *adj* non-sectaire; qui ne fait partie d'aucune secte religieuse; (*education*) laïque
nonsense ['nɑnsɛns] *s* bêtise *f*, nonsens *m*
nonskid ['nɑn'skɪd] *adj* antidérapant
nonstop ['nɑn'stɑp] *adj* & *adv* sans arrêt; sans escale
nonviolence [nɑn'vaɪ·ələns] *s* non-violence *f*
noodle ['nudəl] *s* nouille *f*; (*fool*) (slang) niais *m*; (*head*) (slang) tronche *f*
nook [nʊk] *s* coin *m*, recoin *m*
noon [nun] *s* midi *m*
no' one' or **no'-one'** *pron indef* personne **§90B**; ne . . personne **§90**, **e.g., I see no one there** je n'y vois personne; personne ne, nul ne **§90B**, **e.g., no one knows it** personne ne le sait, nul ne le sait; **no one else** personne d'autre
noon'time' *s* midi *m*
noose [nus] *s* nœud *m* coulant; (*for hanging*) corde *f*, hart *f*
nor [nɔr] *conj* ni
norm [nɔrm] *s* norme *f*
normal ['nɔrməl] *adj* normal
Norman ['nɔrmən] *adj* normand || *s* (*dialect*) normand *m*; (*person*) Normand *m*
Normandy ['nɔrməndi] *s* Normandie *f*; la Normandie
Norse [nɔrs] *adj* & *s* norrois *m*
Norse'man *s* (*pl* **-men**) Norrois *m*
north [nɔrθ] *adj* & *s* nord *m* || *adv* au nord, vers le nord
North' Af'rican *adj* nord-africain || *s* Nord-Africain *m*
north'east' *adj* & *s* nord-est *m*
north'east'er *s* vent *m* du nord-est
northern ['nɔrðərn] *adj* septentrional, du nord
North' Kore'a *s* Corée *f* du Nord; la Corée du Nord
North' Kore'an *adj* nord-coréen || *s* (*person*) Nord-Coréen *m*
North' Pole' *s* pôle *m* Nord
northward ['nɔrθwərd] *adv* vers le nord
north'west' *adj* & *s* nord-ouest *m*
north' wind' *s* bise *f*
Norway ['nɔrwe] *s* Norvège *f*; la Norvège
Norwegian [nɔr'widʒən] *adj* norvégien || *s* (*language*) norvégien *m*; (*person*) Norvégien *m*
nose [noz] *s* nez *m*; (*of certain animals*) museau *m*; **to blow one's nose** se moucher; **to have a nose for** avoir le flair de; **to keep one's nose to the grindstone** travailler sans relâche, buriner; **to lead by the nose** mener par le bout du nez; **to look down one's nose at** faire un nez à; **to thumb one's nose at** faire un pied de nez à; **to turn up one's nose at** faire la nique à; **under the nose of** à la barbe de || *tr* flairer, sentir; **to nose out** flairer, dépister || *intr*—**to nose about** fouiner; **to nose over** capoter
nose' bag' *s* musette *f*
nose'bleed' *s* saignement *m* de nez
nose' cone' *s* ogive *f*
nose' dive' *s* piqué *m*
nose'-dive' *intr* descendre en piqué
nose' drops' *spl* instillations *fpl* nasales
nose'gay' *s* bouquet *m*
nose' glass'es *spl* pince-nez *m*
nostalgia [nɑ'stældʒə] *s* nostalgie *f*
nostalgic [nɑ'stældʒɪk] *adj* nostalgique
nostril ['nɑstrɪl] *s* narine *f*; (*of horse, cow, etc.*) naseau *m*
nostrum ['nɑstrəm] *s* (*quack and his medicine*) orviétan *m*; panacée *f*
nos·y ['nozi] *adj* (*comp* **-ier**; *super* **-iest**) fureteur, indiscret

not [nɑt] *adv* ne §87, §90C; ne . . . pas §90, e.g., **he is not here** il n'est pas ici; non, non pas; **not at all** pas du tout; **not much** peu de chose; **not one** pas un; **not that** non pas que; **not yet** pas encore; **to think not** croire que non
notable [ˈnotəbəl] *adj & s* notable *m*
notarize [ˈnotəˌraɪz] *tr* authentiquer
notarized *adj* authentique
nota•ry [ˈnotəri] *s* (*pl* **-ries**) notaire *m*
notation [noˈteʃən] *s* notation *f*
notch [nɑtʃ] *s* coche *f*, entaille *f*; (*of a belt*) cran *m*; (*of a wheel*) dent *f*; (*gap in a mountain*) brèche *f* || *tr* encocher, entailler
note [not] *s* note *f*; (*short letter*) billet *m*; **notes** commentaires *mpl*; (*of a speech*) feuillets *mpl*; **note to the reader** avis *m* au lecteur || *tr* noter; **to note down** prendre note de
note′book′ *s* cahier *m*; (*bill book, memo pad, etc.*) carnet *m*, calepin *m*
note′book cov′er *s* protège-cahier *m*
noted [ˈnotɪd] *adj* éminent, distingué, connu
note′ pad′ *s* bloc-notes *m*
note′wor′thy *adj* notable, remarquable
nothing [ˈnʌθɪŋ] *s* rien *m* || *pron indef* rien **§90B**; ne . . . rien **§90**, e.g., **I have nothing** je n'ai rien; **nothing at all** rien du tout; **nothing doing!** (slang) pas mèche! || *adv*—**nothing less than** rien moins que
nothingness [ˈnʌθɪŋnɪs] *s* néant *m*
notice [ˈnotɪs] *s* (*warning; advertisement*) avis *m*; (*in a newspaper*) annonce *f*; (*observation*) attention *f*; (*of dismissal*) congé *m*; **at short notice** à bref délai; **to take notice of** faire attention à; **until further notice** jusqu'à nouvel ordre || *tr* s'apercevoir de, remarquer
noticeable [ˈnotɪsəbəl] *adj* apparent, perceptible
notification [ˌnotɪfɪˈkeʃən] *s* notification *f*, avertissement *m*
noti•fy [ˈnotɪˌfaɪ] *v* (*pret & pp* **-fied**) *tr* aviser, avertir
notion [ˈnoʃən] *s* notion *f*; intention *f*; **notions** mercerie *f*; **to have a notion to** avoir dans l'idée, avoir envie de
notorie•ty [ˌnotəˈraɪ•ɪti] *s* (*pl* **-ties**) renom *m* déshonorant, triste notoriété *f*
notorious [noˈtorɪ•əs] *adj* insigne, mal famé; (*person*) d'une triste notoriété
no′-trump′ *adj & s* sans-atout *m*
notwithstanding [ˌnɑtwɪðˈstændɪŋ], [ˌnɑtwɪθˈstændɪŋ] *adv* nonobstant, néanmoins || *prep* malgré || *conj* quoique
nought [nɔt] *s* var of **naught**
noun [naʊn] *s* nom *m*
nourish [ˈnʌrɪʃ] *tr* nourrir
nourishment [ˈnʌrɪʃmənt] *s* nourriture *f*, alimentation *f*
Nova Scotia [ˈnovəˈskoʃə] *s* Nouvelle-Écosse *f*; la Nouvelle-Écosse
novel [ˈnɑvəl] *adj* nouveau; original, bizarre || *s* roman *m*
novelette [ˌnɑvəlˈɛt] *s* nouvelle *f*, bluette *f*
novelist [ˈnɑvəlɪst] *s* romancier *m*
novel•ty [ˈnɑvəlti] *s* (*pl* **-ties**) nouveauté *f*; **novelties** bibelots *mpl*, souvenirs *mpl*
November [noˈvɛmbər] *s* novembre *m*
novice [ˈnɑvɪs] *s* novice *mf*
novitiate [noˈvɪʃɪ•ɪt] *s* noviciat *m*
novocaine [ˈnovəˌken] *s* novocaïne *f*
now [naʊ] *adv* maintenant; **just now** tout à l'heure, naguère; **now and again** de temps en temps || *interj* allez-y!
nowadays [ˈnaʊ•əˌdez] *adv* de nos jours
no′way′ or **no′ways′** *adv* en aucune façon
no′where′ *adv* nulle part; ne . . . nulle part; **nowhere else** nulle autre part, nulle part ailleurs
noxious [ˈnɑkʃəs] *adj* nocif
nozzle [ˈnɑzəl] *s* (*of hose*) ajutage *m*; (*of fire hose*) lance *f*; (*of sprinkling can*) pomme *f*; (*of candlestick*) douille *f*; (*of pitcher; of gas burner*) bec *m*; (*of carburetor*) buse *f*; (*of vacuum cleaner*) suceur *m*; (*nose*) (slang) museau *m*
nth [ɛnθ] *adj* énième, nième; **for the nth time** pour la énième fois; **the nth power** la énième puissance
nuance [njuˈɑns], [ˈnju•ɑns] *s* nuance *f*
nub [nʌb] *s* protubérance *f*; (*piece*) petit morceau *m*; (slang) nœud *m*
nuclear [ˈn(j)uklɪ•ər] *adj* nucléaire
nu′clear pow′er plant′ *s* centrale *f* nucléaire
nu′clear test′ ban′ *s* interdiction *f* des essais nucléaires
nucleolus [n(j)uˈkli•ələs] *s* nucléole *m*
nucleon [ˈn(j)ukli•ɑn] *s* nucléon *m*
nucle•us [ˈn(j)uklɪ•əs] *s* (*pl* **-i** [ˌaɪ] or **-uses**) noyau *m*
nude [n(j)ud] *adj* nu || *s* nu *m*; **in the nude** nu, sans vêtements
nudge [nʌdʒ] *s* coup *m* de coude || *tr* pousser du coude
nudist [ˈn(j)udɪst] *adj & s* nudiste *mf*
nudity [ˈn(j)udɪti] *s* nudité *f*
nugget [ˈnʌgɪt] *s* pépite *f*
nuisance [ˈn(j)usəns] *s* ennui *m*; (*person*) peste *f*
null [nʌl] *adj indef* nul
null′ and void′ *adj* nul et non avenu
nulli•fy [ˈnʌlɪˌfaɪ] *v* (*pret & pp* **-fied**) *tr* annuler
numb [nʌm] *adj* engourdi; **to grow numb** s'engourdir || *tr* engourdir
number [ˈnʌmbər] *s* numéro *m*, chiffre *m*; (*quantity*) nombre *m*; **wrong number** faux numéro || *tr* numéroter; nombrer; (*to amount to*) s'élever à, compter; **to number among** compter parmi
numberless [ˈnʌmbərlɪs] *adj* innombrable
numbness [ˈnʌmnɪs] *s* engourdissement *m*
numeral [ˈn(j)umərəl] *adj* numéral || *s* numéro *m*, chiffre *m*

numeration [ˌn(j)uməˈreʃən] *s* numération *f*
numerical [n(j)uˈmerɪkəl] *adj* numérique
numerous [ˈn(j)umərəs] *adj* nombreux
numismatic [ˌn(j)umɪzˈmætɪk] *adj* numismatique ‖ **numismatics** *s* numismatique *f*
numskull [ˈnʌmˌskʌl] *s* (coll) sot *m*
nun [nʌn] *s* religieuse *f*, nonne *f*
nunci•o [ˈnʌnʃɪˌo] *s* (*pl* **-os**) nonce *m*
nuptial [ˈnʌpʃəl] *adj* nuptial ‖ **nuptials** *spl* noces *fpl*
nurse [nʌrs] *s* infirmière *f*; (*male nurse*) infirmier *m*; (*wet nurse*) nourrice *f*; (*practical nurse*) garde-malade *mf*; (*children's nurse*) bonne *f* d'enfant, nurse *f* ‖ *tr* soigner; (*hopes; plants; a baby*) nourrir
nurse′maid′ *s* bonne *f* d'enfant
nurser•y [ˈnʌrsəri] *s* (*pl* **-ies**) chambre *f* des enfants; (*for day care*) crèche *f*, pouponnière *f*; (*hort*) pépinière *f*
nurs′ery•man *s* (*pl* **-men**) pépiniériste *m*
nurs′ery school′ *s* maternelle *f*
nursing [ˈnʌrsɪŋ] *s* soins *mpl*; (*profession*) métier *m* d'infirmière; (*by mother*) nourriture *f*
nurs′ing bot′tle *s* biberon *m*
nurs′ing home′ *s* maison *f* de repos, maison de santé
nursling [ˈnʌrslɪŋ] *s* nourrisson *m*
nurture [ˈnʌrtʃər] *s* éducation *f*; nourriture *f* ‖ *tr* élever; (*to nurse*) nourrir
nut [nʌt] *s* noix *f*, e.g., **Brazil nut** noix du Brésil; (*of walnut tree*) noix; (*of filbert*) noisette *f*; (*to screw on a bolt*) écrou *m*; (slang) extravagant *m*; **to be nuts about** (slang) être follement épris de
nut′crack′er *s* casse-noisettes *m*, casse-noix *m*; (orn) casse-noix
nut′hatch′ *s* sittelle *f*
nut′meat′ *s* graine *f* de fruit sec, graine de noix
nutmeg [ˈnʌtˌmɛg] *s* (*seed or spice*) noix *f* muscade, muscade *f*; (*tree*) muscadier *m*
nutriment [ˈn(j)utrɪmənt] *s* nourriture *f*
nutrition [n(j)uˈtrɪʃən] *s* nutrition *f*
nutritious [n(j)uˈtrɪʃəs] *adj* nutritif
nut′shell′ *s* coquille *f* de noix; **in a nutshell** en un mot
nut•ty [ˈnʌti] *adj* (*comp* **-tier**; *super* **-tiest**) à goût de noisette, à goût de noix; (slang) cinglé
nuzzle [ˈnʌzəl] *tr* fouiller du groin ‖ *intr* fouiller du groin; s'envelopper chaudement; **to nuzzle up to** se pelotonner contre
nylon [ˈnaɪlɑn] *s* nylon *m*; **nylons** bas *mpl* de nylon, bas nylon
nymph [nɪmf] *s* nymphe *f*

O

O, o [o] *s* XVᵉ lettre de l'alphabet
oaf [of] *s* lourdaud *m*, rustre *m*
oak [ok] *s* chêne *m*
oaken [ˈokən] *adj* de chêne, en chêne
oakum [ˈokəm] *s* étoupe *f*
oar [or], [ɔr] *s* rame *f*, aviron *m*
oar′lock′ *s* tolet *m*
oars′man′ *s* (*pl* **-men′**) rameur *m*
oa•sis [oˈesɪs] *s* (*pl* **-ses** [siz]) oasis *f*
oat [ot] *s* avoine *f*; **oats** (*edible grain*) avoine; **to feel one's oats** être imbu de sa personne; **to sow one's wild oats** (coll) jeter sa gourme
oath [oθ] *s* (*pl* **oaths** [oðz]) serment *m*; (*swearword*) juron *m*; **to administer an oath to** (law) faire prêter serment à; **to take an oath** prêter serment
oat′meal′ *s* farine *f* d'avoine; (*breakfast food*) flocons *mpl* d'avoine
obbligato [ˌɑblɪˈgɑto] *s* accompagnement *m* à volonté
obdurate [ˈɑbdjərɪt] *adj* obstiné, endurci
obedience [oˈbidɪ·əns] *s* obéissance *f*
obedient [oˈbidɪ·ənt] *adj* obéissant
obeisance [oˈbesəns], [oˈbisəns] *s* hommage *m*; (*greeting*) révérence *f*
obelisk [ˈɑbəlɪsk] *s* obélisque *m*
obese [oˈbis] *adj* obèse
obesity [oˈbisɪti] *s* obésité *f*
obey [əˈbe] *tr* obéir (with *dat*); **to be obeyed** être obéi ‖ *intr* obéir
obfuscate [ɑbˈfʌsket], [ˈɑbfəsˌket] *tr* offusquer
obituar•y [oˈbɪtʃʊˌeri] *adj* nécrologique ‖ *s* (*pl* **-ies**) nécrologie *f*
object [ˈɑbdʒɪkt] *s* objet *m* ‖ [ɑbˈdʒɛkt] *tr* objecter, rétorquer ‖ *intr* faire des objections; **to object to** s'opposer à, avoir des objections contre
objection [ɑbˈdʒɛkʃən] *s* objection *f*
objectionable [ɑbˈdʒɛkʃənəbəl] *adj* répréhensible; répugnant, désagréable
objective [ɑbˈdʒɛktɪv] *adj & s* objectif *m*
obligate [ˈɑblɪˌget] *tr* obliger
obligation [ˌɑblɪˈgeʃən] *s* obligation *f*
obligatory [ˈɑblɪgəˌtori], [əˈblɪgəˌtori] *adj* obligatoire
oblige [əˈblaɪdʒ] *tr* obliger; **much obliged** bien obligé, très reconnaissant; **to be obliged to** être obligé de
obliging [əˈblaɪdʒɪŋ] *adj* accommodant, obligeant
oblique [əˈblik], [əˈblaɪk] *adj* oblique
obliterate [əˈblɪtəˌret] *tr* effacer, oblitérer
oblivion [əˈblɪvɪ·ən] *s* oubli *m*
oblivious [əˈblɪvɪ·əs] *adj* oublieux
oblong [ˈɑblɔŋ], [ˈɑblɑŋ] *adj* oblong

obnoxious [əb'nɑkʃəs] *adj* odieux, désagréable
oboe ['obo] *s* hautbois *m*
oboist ['obo·ɪst] *s* hautboïste *mf*
obscene [ɑb'sin] *adj* obscène
obsceni·ty [ɑb'senɪti], [ɑb'sinɪti] *s* (*pl* **-ties**) obscénité *f*
obscure [əb'skjʊr] *adj* obscur; (*vowel*) relâché, neutre
obscuri·ty [əb'skjʊrɪti] *s* (*pl* **-ties**) obscurité *f*
obsequies ['ɑbsɪkwiz] *spl* obsèques *fpl*
obsequious [əb'sikwɪ·əs] *adj* obséquieux
observance [əb'zʌrvəns] *s* observance *f*
observant [əb'zʌrvənt] *adj* observateur
observation [,ɑbzər'veʃən] *s* observation *f*
observato·ry [əb'zʌrvə,tori] *s* (*pl* **-ries**) observatoire *m*
observe [əb'zʌrv] *tr* observer; (*silence*) garder; (*a holiday*) célébrer; dire, remarquer
observer [əb'zʌrvər] *s* observateur *m*
obsess [əb'ses] *tr* obséder
obsession [əb'seʃən] *s* obsession *f*
obsolescent [,ɑbsə'lesənt] *adj* vieillissant
obsolete ['ɑbsəlit] *adj* désuet, vieilli; (gram) obsolète
obstacle ['ɑbstəkəl] *s* obstacle *m*
ob'stacle course' *s* champ *m* d'obstacles, piste *f* d'obstacles
obstetrical [ɑb'stetrɪkəl] *adj* obstétrique
obstetrics [ɑb'stetrɪks] *spl* obstétrique *f*
obstina·cy ['ɑbstɪnəsi] *s* (*pl* **-cies**) obstination *f*, entêtement *m*
obstinate ['ɑbstɪnɪt] *adj* obstiné
obstreperous [əb'strepərəs] *adj* turbulent
obstruct [əb'strʌkt] *tr* obstruer; (*movements*) empêcher, entraver
obstruction [əb'strʌkʃən] *s* obstruction *f*; (*on railroad tracks*) obstacle *m*; (*to movement*) empêchement *m*, entrave *f*
obtain [əb'ten] *tr* obtenir, se procurer || *intr* prévaloir
obtrusive [əb'trusɪv] *adj* importun, intrus
obtuse [əb't(j)us] *adj* obtus
obviate ['ɑbvɪ,et] *tr* obvier (with *dat*)
obvious ['ɑbvɪ·əs] *adj* évident
occasion [ə'keʒən] *s* occasion *f*; **on occasion** en de différentes occasions || *tr* occasionner
occasional [ə'keʒənəl] *adj* fortuit, occasionnel; (*verses*) de circonstance; (*showers*) épars; (*chair*) volant
occasionally [ə'keʒənəli] *adv* de temps en temps, occasionnellement
occident ['ɑksɪdənt] *s* occident *m*
occidental [,ɑksə'dentəl] *adj & s* occidental *m*
occlusion [ə'kluʒən] *s* occlusion *f*
occlusive [ə'klusɪv] *adj* occlusif || *s* occlusive *f*
occult [ə'kʌlt], ['ɑkʌlt] *adj* occulte
occupancy ['ɑkjəpənsi] *s* occupation *f*, habitation *f*
occupant ['ɑkjəpənt] *s* occupant *m*
occupation [,ɑkjə'peʃən] *s* occupation *f*
occupational [,ɑkjə'peʃənəl] *adj* professionnel; de métier
oc'cupa'tional ther'apy *s* thérapie *f* rééducative, réadaptation *f* fonctionnelle
occu·py ['ɑkjə,paɪ] *v* (*pret & pp* **-pied**) *tr* occuper; **to be occupied with** s'occuper de
oc·cur [ə'kʌr] *v* (*pret & pp* **-curred**; *ger* **-curring**) *intr* arriver, avoir lieu; (*to be found; to come to mind*) se présenter; **it occurs to me that** il me vient à l'esprit que
occurrence [ə'kʌrəns] *s* événement *m*; cas *m*, exemple *m*; **everyday occurrence** fait *m* journalier
ocean ['oʃən] *s* océan *m*
oceanic [,oʃɪ'ænɪk] *adj* océanique
o'cean lin'er *s* paquebot *m* transocéanique
ocher ['okər] *s* ocre *f*
o'clock [ə'klɑk] *adv*—**it is one o'clock** il est une heure; **it is two o'clock** il est deux heures
octane ['ɑkten] *s* octane *m*
oc'tane num'ber *s* indice *m* d'octane
octave ['ɑktɪv], ['ɑktev] *s* octave *f*
October [ɑk'tobər] *s* octobre *m*
octo·pus ['ɑktəpəs] *s* (*pl* **-puses** or **-pi** [,paɪ]) pieuvre *f*, poulpe *m*
octoroon [,ɑktə'run] *s* octavon *m*
ocular ['ɑkjələr] *adj & s* oculaire *m*
oculist ['ɑkjəlɪst] *s* oculiste *mf*
odd [ɑd] *adj* (*number*) impair; (*that doesn't match*) dépareillé, déparié; (*queer*) bizarre, étrange; (*occasional*) divers; quelque, e.g., **three hundred odd horses** quelque trois cents chevaux; et quelques || **odds** *spl* chances *fpl*; (*disparity*) inégalité *f*; (*on a horse*) cote *f*; **at odds** en désaccord, en bisbille; **by all odds** sans aucun doute; **to be at odds with** être mal avec; **to give odds to** donner de l'avance à; **to set at odds** brouiller
oddi·ty ['ɑdɪti] *s* (*pl* **-ties**) bizarrerie *f*
odd' jobs' *spl* bricolage *m*, petits travaux *mpl*
odd' man' out' *s*—**to be odd man out** être en trop
odds' and ends' *spl* petits bouts *mpl*, bribes *fpl*; (*trinkets*) bibelots *mpl*; (*food*) restes *mpl*
ode [od] *s* ode *f*
odious ['odɪ·əs] *adj* odieux
odor ['odər] *s* odeur *f*; **to be in bad odor** être mal vu
odorless ['odərlɪs] *adj* inodore
Odyssey ['ɑdɪsi] *s* Odyssée *f*
Oedipus ['edɪpəs], ['idəpəs] *s* Œdipe *m*
of [ɑv], [ʌv], [əʌ] *prep* de; à, e.g., **to think of** penser à; e.g., **to ask s.th. of s.o.** demander q.ch. à qn; en, e.g., **a doctor of medicine** un docteur en médecine; moins, e.g., **a quarter of two** deux heures moins le quart; entre, e.g., **he of all people** lui entre tous; d'entre, e.g., **five of them** cinq d'entre eux; par, e.g., **of necessity** par nécessité; en or de, e.g., **made of**

wood en bois, de bois; (not translated), e.g., **the fifth of March** le cinq mars; e.g., **we often see her of a morning** nous la voyons souvent le matin

off [ɔf], [ɑf] *adj* mauvais, e.g., **off day** (*bad day*) mauvaise journée; libre, e.g., **off day** journée libre; de congé, e.g., **off day** jour de congé; (*account, sum*) inexact; (*meat*) avancé; (*electric current*) coupé; (*light*) éteint; (*radio; faucet*) fermé; (*street*) secondaire, transversal; (*distant*) éloigné, écarté || *adv* loin; à . . . de distance, e.g., **three kilometers off** à trois kilomètres de distance; parti, e.g., **they're off!** les voilà partis!; bas, e.g., **hats off!** chapeaux bas!; (naut) au large; (theat) à la cantonade || *prep* de; (*at a distance from*) éloigné de, écarté de; (naut) au large de, à la hauteur de; **from off** de dessous de

offal [ˈɑfəl], [ˈɔfəl] *s* (*of butchered meat*) abats *mpl*; (*refuse*) ordures *fpl*

off′ and on′ *adv* de temps en temps, par intervalles

off′beat′ *adj* (slang) insolite, rare

off′ chance′ *s* chance *f* improbable

off′-col′or *adj* décoloré; (*e.g., story*) grivois, vert

offend [əˈfɛnd] *tr* offenser; **to be offended** s'offenser || *intr*—**to offend against** enfreindre

offender [əˈfɛndər] *s* offenseur *m*; (*criminal*) délinquant *m*, coupable *mf*

offense [əˈfɛns] *s* offense *f*; (law) délit *m*; **to take offense (at)** s'offenser (de)

offensive [əˈfɛnsɪv] *adj* offensant, blessant; (mil) offensif || *s* offensive *f*

offer [ˈɔfər], [ˈɑfər] *s* offre *f* || *tr* offrir; (*excuses; best wishes*) présenter; (*prayers*) adresser || *intr*—**to offer to** faire l'offre de; faire mine de, e.g., **he offered to fight** il a fait mine de se battre

offering [ˈɔfərɪŋ], [ˈɑfərɪŋ] *s* offre *f*; (eccl) offrande *f*

off′hand′ *adj* improvisé; brusque || *adv* au pied levé; brusquement

office [ˈɔfɪs], [ˈɑfɪs] *s* fonction *f*, office *m*; (*in business, school, government*) bureau *m*; (*national agency*) office *m*; (*of lawyer*) étude *f*; (*of doctor*) cabinet *m*; **elective office** poste *m* électif; **good offices** bons offices; **to run for office** se présenter aux élections

of′fice boy′ *s* coursier *m*, commissionnaire *m* de bureau

of′fice desk′ *s* bureau *m* ministre

of′fice-hold′er *s* fonctionnaire *mf*

of′fice hours′ *spl* heures *fpl* de bureau; (*of doctor, counselor, etc.*) heures de consultation

officer [ˈɔfɪsər], [ˈɑfɪsər] *s* (*of a company*) administrateur *m*, dirigeant *m*; (*of army, an order, a society, etc.*) officier *m*; (*police officer*) agent *m* de police, officier de police; **officer of the day** (mil) officier de service

of′ficer can′didate *s* élève-officier *m*

of′fice seek′er *s* solliciteur *m*

of′fice supplies′ *spl* fournitures *fpl* de bureau, articles *mpl* de bureau

of′fice-supply′ store′ *s* papeterie *f*

of′fice work′ *s* travail *m* de bureau

official [əˈfɪʃəl] *adj* officiel; (*e.g., stationery*) réglementaire || *s* fonctionnaire *mf*, officiel *m*; **officials** cadres *mpl*; (*executives*) dirigeants *mpl*

offi′cial board′ *s* comité *m* directeur

officialese [əˌfɪʃəˈliz] *s* jargon *m* administratif

officiate [əˈfɪʃɪˌet] *intr* (eccl) officier; **to officiate as** exercer les fonctions de

officious [əˈfɪʃəs] *adj* trop empressé; **to be officious** faire l'officieux

offing [ˈɔfɪŋ], [ˈɑfɪŋ] *s*—**in the offing** au large; (fig) en perspective

off′-lim′its *adj* défendu; (public sign) défense d'entrer, entrée interdite; (mil) interdit aux troupes

off′-peak heat′er *s* thermosiphon *m* à accumulation

off′print′ *s* tiré *m* à part

off′-seas′on *s* morte-saison *f*

off′set′ *s* compensation *f*; (typ) offset *m* || **off′set′** *v* (*pret & pp* **-set**; *ger* **-setting**) *tr* compenser

off′shoot′ *s* rejeton *m*

off′shore′ *adj* éloigné de la côte, du côté de la terre; (*wind*) de terre || *adv* au large, vers la haute mer

off′side′ *adv* (sports) hors jeu

off′spring′ *s* descendance *f*; (*descendant*) rejeton *m*, enfant *mf*; (*result*) conséquence *f*

off′stage′ *adj* dans les coulisses || *adv* à la cantonade

off′-the-cuff′ *adj* (coll) impromptu

off′-the-rec′ord *adj* confidentiel

often [ˈɔfən], [ˈɑfən] *adv* souvent; **how often?** combien de fois?; tous les combien?; **not often** rarement; **once too often** une fois de trop

ogive [ˈodʒaɪv], [oˈdʒaɪv] *s* ogive *f*

ogle [ˈogəl] *tr* lancer une œillade à; (*to stare at*) dévisager

ogre [ˈogər] *s* ogre *m*

ohm [om] *s* ohm *m*

oil [ɔɪl] *s* huile *f*; (*painting*) huile, peinture *f* à l'huile; **holy oil** huile sainte, saintes huiles; **to pour oil on troubled waters** calmer la tempête, verser de l'huile sur les plaies de qn; **to smell of midnight oil** sentir l'huile; **to strike oil** atteindre une nappe pétrolifère; (fig) trouver le filon || *tr* huiler; (*to bribe*) graisser la patte à || *intr* (naut) faire le plein de mazout

oil′ burn′er *s* réchaud *m* à pétrole

oil′can′ *s* bidon *m* d'huile, burette *f* d'huile

oil′cloth′ *s* toile *f* cirée

oil′ com′pany *s* société *f* pétrolière

oil′cup′ *s* (mach) godet *m* graisseur

oil′ drum′ *s* bidon *m* d'huile

oil′ field′ *s* gisement *m* pétrolifère

oil′ gauge′ *s* jauge *f* de niveau d'huile

oil′ lamp′ *s* lampe *f* à huile, lampe à pétrole
oil′man′ *s* (*pl* **-men′**) (*retailer*) huilier *m;* (*operator*) pétrolier *m*
oil′ pump′ *s* pompe *f* à huile
oil′ stove′ *s* poêle *m* à mazout, fourneau *m* à pétrole
oil′ tank′er *s* pétrolier *m*, tanker *m*
oil′ well′ *s* puits *m* à pétrole
oil·y [ˈɔɪli] *adj* (*comp* **-ier**; *super* **-iest**) huileux, oléagineux; (fig) onctueux
ointment [ˈɔɪntmənt] *s* onguent *m*, pommade *f*
O.K. [ˈoˈke] (letterword) *adj* (coll) très bien, parfait || *s* (coll) approbation *f* || *adv* (coll) très bien || *v* (*pret & pp* **O.K.'d**; *ger* **O.K.'ing**) *tr* (coll) approuver || *interj* O.K.!, ça colle!
okra [ˈokrə] *s* gombo *m*, ketmie *f* comestible
old [old] *adj* vieux; (*of former times*) ancien; (*wine*) vieux; **any old** n'importe, e.g., **any old time** n'importe quand; quelconque, e.g., **any old book** un livre quelconque; **at . . . years old** à l'âge de . . . ans; **how old is . . . ?** quel âge a . . . ?; **of old** d'autrefois, de jadis; **to be . . . years old** avoir . . . ans
old′ age′ *s* vieillesse *f*, âge *m* avancé
old′-clothes′man′ *s* (*pl* **-men′**) fripier *m*
old′ coun′try *s* mère patrie *f*
Old′ Cov′enant *s* (Bib) ancienne alliance *f*
old′-fash′ioned *adj* démodé, suranné; (*literary style*) vieillot
old′ fo′gey or **old′ fo′gy** [ˈfogi] *s* (*pl* **-gies**) vieux bonhomme *m*, grime *m*
Old′ French′ *s* ancien français *m*
Old′ Glo′ry *s* le drapeau des États-Unis
old′ hag′ *s* vieille fée *f*
old′ hand′ *s* vieux routier *m*
old′ lad′y *s* vieille dame *f*; (coll) grand-mère *f*
old′ maid′ *s* vieille fille *f*
old′ mas′ter *s* grand maître *m*; œuvre *f* d'un grand maître
old′ moon′ *s* Lune *f* à son décours
old′ peo′ple's home′ *s* hospice *m* de vieillards
old′ salt′ *s* loup *m* de mer
old′ school′ *s* vieille école *f*, vieille roche *f*
oldster [ˈoldstər] *s* vieillard *m*, vieux *m*
Old′ Tes′tament *s* Ancien Testament *m*
old′-time′ *adj* du temps jadis, d'autrefois
old′-tim′er *s* (coll) vieux *m* de la vieille, vieux routier *m*
old′ wives′′ tale′ *s* conte *m* de bonne femme
Old Wom′an who lived′ in a shoe′ *s* mère *f* Gigogne
Old′ World′ *s* vieux monde *m*
old′-world′ *adj* de l'ancien monde; du vieux monde
oleander [ˌolɪˈændər] *s* laurier-rose *m*
olfactory [ɑlˈfæktəri] *adj* olfactif
oligar·chy [ˈɑlɪˌgɑrki] *s* (*pl* **-chies**) oligarchie *f*
olive [ˈɑlɪv] *adj* olive; (*complexion*) olivâtre || *s* olive *f*; (*tree*) olivier *m*
ol′ive branch′ *s* rameau *m* d'olivier
ol′ive grove′ *s* olivaie *f*
ol′ive oil′ *s* huile *f* d'olive
Oliver [ˈɑlɪvər] *s* Olivier *m*
ol′ive tree′ *s* olivier *m*
olympiad [oˈlɪmpɪˌæd] *s* olympiade *f*
Olympian [oˈlɪmpɪ·ən] *adj* olympien
Olympic [oˈlɪmpɪk] *adj* olympique || **Olympics** *spl* jeux *mpl* olympiques
omelet [ˈɑməˌlɛt], [ˈɑmlɪt] *s* omelette *f*
omen [ˈomən] *s* augure *m*, présage *m*
ominous [ˈɑmɪnəs] *adj* de mauvais augure
omission [oˈmɪʃən] *s* omission *f*
omit [oˈmɪt] *v* (*pret & pp* **omitted**; *ger* **omitting**) *tr* omettre
omnibus [ˈɑmnɪˌbʌs], [ˈɑmnɪbəs] *adj & s* omnibus *m*
omnipotent [ɑmˈnɪpətənt] *adj* omnipotent
omniscient [ɑmˈnɪʃənt] *adj* omniscient
omnivorous [ɑmˈnɪvərəs] *adj* omnivore
on [ɑn], [ɔn] *adj* (*light, radio*) allumé; (*faucet*) ouvert; (*machine, motor*) en marche; (*electrical appliance*) branché; (*brake*) serré; (*steak, chops, etc.*) dans la poêle; (*game, program, etc.*) commencé || *adv*—**and so on** et ainsi de suite; **come on!** (coll) allons donc!; **farther on** plus loin; **from this day on** à dater de ce jour; **later on** plus tard; **move on!** circulez!; **to be on** (theat) être en scène; **to be on to s.o.** (coll) voir clair dans le jeu de qn; **to have on** être vêtu de, porter; **to . . . on** continuer à + *inf*, e.g., **to sing on** continuer à chanter; **well on** avancé, e.g., **well on in years** d'un âge avancé || *prep* sur; (*at the time of*) lors de; à, e.g., **on foot** à pied; e.g., **on my arrival** à mon arrivée; e.g., **on page three** à la page trois; e.g., **on the first floor** au rez-de-chaussée; e.g., **on the right** à droite; en, e.g., **on a journey** en voyage; e.g., **on arriving** en arrivant; e.g., **on fire** en feu; e.g., **on sale** en vente; e.g., **on the** or **an average** en moyenne; e.g., **on the top of** en dessus de; dans, e.g., **on a farm** dans une ferme; e.g., **on the jury** dans le jury; e.g., **on the street** dans la rue; e.g., **on the train** dans le train; par, e.g., **he came on the train** il est venu par le train; e.g., **on a fine day** par un beau jour; de, e.g., **on good authority** de source certaine, de bonne part; e.g., **on the north** du côté du nord; e.g., **on the one hand . . . on the other hand** d'une part . . . d'autre part; e.g., **on this side** de ce côté-ci; e.g., **to have pity on** avoir pitié de; e.g., **to live on bread and water** vivre de pain et d'eau; sous, e.g., **on a charge of** sous l'inculpation de; e.g., **on pain of death** sous peine de mort; (not translated), e.g., **on Tuesday** mardi; e.g., **on Tuesdays** le mardi, tous les mardis; e.g., **on July fourteenth** le qua-

torze juillet; contre, e.g., **an attack on** une attaque contre; **it's on me** (*it's my turn to pay*) (coll) c'est ma tournée; **it's on the house** (coll) c'est la tournée du patron; **on examination** après examen; **on it** y, e.g., **there is the shelf; put the book on it** voilà l'étagère; mettez-y le livre; **on or about** (*a certain date*) aux environs de; **on or after** (*a certain date*) à partir de; **on tap** en perce, à la pression; **on the spot** (*immediately*) sur-le-champ; (*there*) sur place; (slang) en danger imminent; **to be on the committee** faire partie du comité; **to march on a city** marcher sur une ville

on' and on' *adv* continuellement, sans fin

once [wʌns] *s*—**this once** pour cette fois-ci || *adv* une fois; (*formerly*) autrefois; **all at once** (*all together*) tous à la fois; (*suddenly*) tout à coup; **at once** tout de suite, sur-le-champ; (*at the same time*) à la fois, en même temps; **for once** pour une fois; **once and for all** une bonne fois, une fois pour toutes; **once in a while** de temps en temps; **once more** encore une fois; **once or twice** une ou deux fois; **once upon a time there was** il était une fois || *conj* une fois que, dès que

once'-o'ver *s* (slang) examen *m* rapide; travail *m* hâtif; **to give the once-over to** (slang) jeter un coup d'œil à

one [wʌn] *adj & pron* un; un certain, e.g., **one Dupont** un certain Dupont; un seul, e.g., **with one voice** d'une seule voix; unique, e.g., **one price** prix unique; (not translated when preceded by an adjective), e.g., **the red pencil and the blue one** le crayon rouge et le bleu; **not one** pas un; **one and all** tous; **one and only** unique, e.g., **the one and only closet in the house** l'armoire unique de la maison; seul et unique, e.g., **my one and only umbrella** mon seul et unique parapluie; **one another** l'un l'autre; les uns les autres; **one by one** un à un; **that one** celui-là; **the one that** celui que, celui qui; **this one** celui-ci; **to become one** s'unir, se marier || *s* un *m;* **one o'clock** une heure || *pron indef* on §87, e.g., **one cannot go there alone** on ne peut pas y aller seul; **one's** son, e.g., **one's son** son fils

one'-horse' *adj* à un cheval; (coll) provincial, insignifiant

one'-horse town' *s* (coll) trou *m*

onerous ['ɑnərəs] *adj* onéreux

one•self' *pron* soi §85; soi-même §86; se §87, e.g., **to cut oneself** se couper; **to be oneself** se conduire sans affectation

one'-sid'ed *adj* à un côté, à une face; (*e.g., decision*) unilatéral; (*unfair*) partial, injuste

one'-track' *adj* à une voie; (coll) routinier

one'-way' *adj* à sens unique

one'-way tick'et *s* billet *m* d'aller, billet simple

onion ['ʌnjən] *s* oignon *m*; **to know one's onions** (coll) connaître son affaire

on'ion•skin' *s* papier *m* pelure

on'look'er *s* assistant *m*, spectateur *m*

only ['onli] *adj* seul, unique; (*child*) unique || *adv* seulement; ne . . . que, e.g., **I have only two** je n'en ai que deux; réservé, e.g., **staff only** (public sign) réservé au personnel || *conj* mais, si ce n'était que

on'rush' *s* ruée *f*

on'set' *s* attaque *f*; **at the onset** de prime abord, au premier abord

onslaught ['ɑn,slɔt], ['ɔn,slɔt] *s* assaut *m*

on'-the-job' *adj* (*training*) en stage; (coll) alerte

onus ['onəs] *s* charge *f*, fardeau *m*

onward ['ɑnwərd] or **onwards** ['ɑnwərdz] *adv* en avant

onyx ['ɑnɪks] *s* onyx *m*

ooze [uz] *s* suintement *m*; (*mud*) vase *f*, limon *m* || *tr* filtrer || *intr* suinter, filtrer; **to ooze out** s'écouler

opal ['opəl] *s* opale *f*

opaque [o'pek] *adj* opaque; (*style*) obscur

open ['opən] *adj* ouvert; (*personality*) franc, sincère; (*job, position*) vacant; (*hour*) libre; (*automobile*) découvert; (*market; trial*) public; (*question*) pendant, indécis; (*wound*) béant; (*to attack, to criticism, etc.*) exposé; (sports) international; **to break** or **crack open** éventrer; **to throw open the door** ouvrir la porte toute grande || *s* ouverture *f*; (*in the woods*) clairière *f*; **in the open** au grand air, à ciel ouvert; (*in the open country*) en rase campagne; (*in the open sea*) en pleine mer; (*without being hidden*) découvert; (*openly*) ouvertement || *tr* ouvrir; (*a canal lock*) lâcher; **to open fire** déclencher le feu || *intr* ouvrir, s'ouvrir; (*said, e.g., of a play*) commencer, débuter; **to open into** aboutir à, déboucher sur; **to open on** donner sur; **to open up** s'épanouir, s'ouvrir

o'pen-air' *adj* en plein air, au grand air

o'pen-eyed' *adj* les yeux écarquillés

o'pen-hand'ed *adj* libéral, la main ouverte

o'pen-heart'ed *adj* ouvert, franc

o'pen-heart' sur'gery *s* chirurgie *f* à cœur ouvert

o'pen house' *s* journée *f* d'accueil; **to keep open house** tenir table ouverte

opening ['opənɪŋ] *s* ouverture *f*; (*in the woods*) clairière *f*; (*vacancy*) vacance *f*, poste *m* vacant; (*chance to say something*) occasion *f* favorable

o'pening night' *s* première *f*

o'pening num'ber *s* ouverture *f*

o'pening price' *s* cours *m* de début

o'pen-mind'ed *adj* à l'esprit ouvert, sans parti pris

o'pen se'cret *s* secret *m* de Polichinelle

o'pen shop' *s* atelier *m* ouvert aux non-syndiqués

o′pen•work′ *s* ouvrage *m* à jour, ajours *mpl*
opera [ˈɑpərə] *s* opéra *m*
op′era glass′es *spl* jumelles *fpl* de spectacle
op′era hat′ *s* claque *m*, gibus *m*
op′era house′ *s* opéra *m*
operate [ˈɑpəˌret] *tr* actionner, faire marcher; exploiter ‖ *intr* fonctionner; s'opérer; (surg) opérer; **to operate on** (surg) opérer
operatic [ˌɑpəˈrætɪk] *adj* d'opéra
opera′ting expen′ses *spl* (*overhead*) frais *mpl* généraux, frais d'exploitation
op′erating room′ *s* salle *f* d'opération
op′erating ta′ble *s* table *f* d'opération, billard *m*
operation [ˌɑpəˈreʃən] *s* opération *f*; (*of a business, of a machine, etc.*) fonctionnement *m*; (med) intervention *f* chirurgicale, opération
operative [ˈɑpəˌretɪv], [ˈɑpərətɪv] *adj* opératif; (surg) opératoire ‖ *s* (*workman*) ouvrier *m*; (*spy*) agent *m*, espion *m*
operator [ˈɑpəˌretər] *s* opérateur *m*; (*e.g., of a mine*) propriétaire *m* exploitant; (*of an automobile*) conducteur *m*; téléphoniste *mf*, standardiste *mf*; (slang) chevalier *m* d'industrie, aigrefin *m*
operetta [ˌɑpəˈrɛtə] *s* opérette *f*
opiate [ˈopɪ·ɪt], [ˈopɪ·et] *adj* opiacé ‖ *s* médicament *m* opiacé; (coll) narcotique *m*
opinion [əˈpɪnjən] *s* opinion *f*; **in my opinion** à mon avis
opinionated [əˈpɪnjəˌnetɪd] *adj* fier de ses opinions, dogmatique
opium [ˈopɪ·əm] *s* opium *m*
o′pium den′ *s* fumerie *f*
o′pium pop′py *s* œillette *f*
opossum [əˈpɑsəm] *s* opossum *m*, sarigue *f*
opponent [əˈponənt] *s* adversaire *mf*, opposant *m*
opportune [ˌɑpərˈt(j)un] *adj* opportun, convenable
opportunist [ˌɑpərˈt(j)unɪst] *s* opportuniste *mf*
opportuni•ty [ˌɑpərˈt(j)unɪti] *s* (*pl* **-ties**) occasion *f*; chance *f*
oppose [əˈpoz] *tr* s'opposer à
opposite [ˈɑpəsɪt] *adj* opposé, contraire; d'en face, e.g., **the house opposite** la maison d'en face ‖ *s* opposé *m*, contraire *m* ‖ *adv* en face, vis-à-vis ‖ *prep* en face de, à l'opposite de
op′posite num′ber *s* (fig) homologue *mf*
opposition [ˌɑpəˈzɪʃən] *s* opposition *f*
oppress [əˈprɛs] *tr* opprimer; (*to weigh heavily upon*) oppresser
oppression [əˈprɛʃən] *s* oppression *f*
oppressive [əˈprɛsɪv] *adj* oppressif; (*stifling*) étouffant, accablant
oppressor [əˈprɛsər] *s* oppresseur *m*
opprobrious [əˈprobrɪ·əs] *adj* infamant, injurieux, honteux
opprobrium [əˈprobrɪ·əm] *s* opprobre *m*
optic [ˈɑptɪk] *adj* optique ‖ **optics** *s* optique *f*
optical [ˈɑptɪkəl] *adj* optique
op′tical illu′sion *s* illusion *f* d'optique
optician [ɑpˈtɪʃən] *s* opticien *m*
optimism [ˈɑptɪˌmɪzəm] *s* optimisme *m*
optimist [ˈɑptɪmɪst] *s* optimiste *mf*
optimistic [ˌɑptɪˈmɪstɪk] *adj* optimiste
option [ˈɑpʃən] *s* option *f*
optional [ˈɑpʃənəl] *adj* facultatif
optometrist [ɑpˈtɑmɪtrɪst] *s* opticien *m*; optométriste *mf* (Canad)
opulent [ˈɑpjələnt] *adj* opulent
or [ɔr] *conj* ou
oracle [ˈɑrəkəl], [ˈɔrəkəl] *s* oracle *m*
oracular [oˈrækjələr] *adj* d'oracle; dogmatique, sentencieux; (*ambiguous*) équivoque
oral [ˈorəl] *adj* oral
orange [ˈɑrɪndʒ], [ˈɔrɪndʒ] *adj* orangé, orange ‖ *s* (*color*) orangé *m*, orange *m*; (*fruit*) orange *f*
orangeade [ˌɑrɪndʒˈed], [ˌɔrɪndʒˈed] *s* orangeade *f*
or′ange blos′som *s* fleur *f* d'oranger
or′ange grove′ *s* orangeraie *f*
or′ange juice′ *s* jus *m* d'orange
or′ange squeez′er *s* presse-fruits *m*
or′ange tree′ *s* oranger *m*
orang-outang [oˈræŋuˌtæŋ] *s* orang-outan *m*
oration [oˈreʃən] *s* discours *m*
orator [ˈɑrətər], [ˈɔrətər] *s* orateur *m*
oratorical [ˌɑrəˈtɑrɪkəl], [ˌɔrəˈtɑrɪkəl] *adj* oratoire
oratori•o [ˌɑrəˈtorɪˌo], [ˌɔrəˈtorɪˌo] *s* (*pl* **-os**) oratorio *m*
orato•ry [ˈɑrəˌtori], [ˈɔrəˌtori] *s* (*pl* **-ries**) art *m* oratoire; (eccl) oratoire *m*
orb [ɔrb] *s* orbe *m*
orbit [ˈɔrbɪt] *s* orbite *f*; **in orbit** sur orbite ‖ *tr* (*e.g., the sun*) tourner autour de; (*e.g., a rocket*) mettre en orbite, satelliser ‖ *intr* se mettre en orbite
orchard [ˈɔrtʃərd] *s* verger *m*
orchestra [ˈɔrkɪstrə] *s* orchestre *m*
orchestrate [ˈɔrkɪˌstret] *tr* orchestrer
orchid [ˈɔrkɪd] *s* orchidée *f*
ordain [ɔrˈden] *tr* destiner; (eccl) ordonner; **to be ordained** (eccl) recevoir les ordres
ordeal [ɔrˈdil], [ɔrˈdi·əl] *s* épreuve *f*; (hist) ordalie *f*
order [ˈɔrdər] *s* ordre *m*; (*of words*) ordonnance *f*; (*for merchandise, a meal, etc.*) commande *f*; (*military formation*) ordre; (law) arrêt *m*, arrêté *m*; **in order** en ordre; **in order of appearance** (theat) dans l'ordre d'entrée en scène; **in order that** pour que, afin que; **in order to** + *inf* pour + *inf*, afin de + *inf*; **on order** en commande, commandé; **order!** à l'ordre!; **orders** (eccl) les ordres; (mil) la consigne; **pay to the order of** (com) payez à l'ordre de; **to get s.th. out of order** détraquer q.ch.; **to put in order** mettre en règle ‖ *tr* ordonner; (com) commander; **to order around**

faire aller et venir; **to order s.o. to** + *inf* ordonner à qn de + *inf*
or′der blank′ *s* bon *m* de commande, bulletin *m* de commande
order·ly ['ɔrdərli] *adj* ordonné; (*life*) réglé; **to be orderly** avoir de l'ordre || *s* (*pl* **-lies**) (med) ambulancier *m*, infirmier *m*; (mil) planton *m*
ordinal ['ɔrdɪnəl] *adj* & *s* ordinal *m*
ordinance ['ɔrdɪnəns] *s* ordonnance *f*
ordinary ['ɔrdɪn,ɛri] *adj* ordinaire; **out of the ordinary** exceptionnel
ordination [,ɔrdɪn'eʃən] *s* ordination *f*
ordnance ['ɔrdnəns] *s* artillerie *f*; (*branch of an army*) service *m* du matériel
ore [or] *s* minerai *m*
oregano [ə'rɛgə,no] *s* origan *m*
organ ['ɔrgən] *s* (anat, journ) organe *m*; (mus) orgue *m*
organdy ['ɔrgəndi] *s* organdi *m*
or′gan grind′er *s* joueur *m* d'orgue
organic [ɔr'gænɪk] *adj* organique
organism ['ɔrgə,nɪzəm] *s* organisme *m*
organist ['ɔrgənɪst] *s* organiste *mf*
organization [,ɔrgənɪ'zeʃən] *s* organisation *f*
organize ['ɔrgə,naɪz] *tr* organiser
organizer ['ɔrgə,naɪzər] *s* organisateur *m*
or′gan loft′ *s* tribune *f* d'orgue
orgasm ['ɔrgæzəm] *s* orgasme *m*
or·gy ['ɔrdʒi] *s* (*pl* **-gies**) orgie *f*
orient ['orɪ·ənt] *s* orient *m*; **Orient** Orient || ['orɪ,ɛnt] *tr* orienter
oriental [,orɪ'ɛntəl] *adj* oriental || (*cap*) *s* Oriental *m*
orientate ['orɪ·ɛn,tet] *tr* orienter
orientation [,orɪ·ɛn'teʃən] *s* orientation *f*
orifice ['ɑrɪfɪs], ['ɔrɪfɪs] *s* orifice *m*
origin ['ɑrədʒɪn], ['ɔrədʒɪn] *s* origine *f*
original [ə'rɪdʒɪnəl] *adj* (*new, not copied; inventive*) original; (*earliest*) originel, primitif; (*first*) originaire, premier || *s* original *m*
originality [ə,rɪdʒɪ'nælɪti] *s* originalité *f*
originate [ə'rɪdʒə,net] *tr* faire naître, créer || *intr* prendre naissance; **to originate from** provenir de
oriole ['orɪ,ol], ['ɔrɪ,ol] *s* loriot *m*
ormolu ['ɔrmə,lu] *s* bronze *m* doré; (*powdered gold for gilding*) or *m* moulu; (*alloy of zinc and copper*) similor *m*
ornament ['ɔrnəmənt] *s* ornement *m* || ['ɔrnə,mɛnt] *tr* ornementer, orner
ornamental [,ɔrnə'mentəl] *adj* ornemental
ornate [ɔr'net], ['ɔrnet] *adj* orné, fleuri
ornery ['ɔrnəri] *adj* (coll) acariâtre, intraitable
ornithology [,ɔrnɪ'θɑlədʒi] *f* ornithologie *f*
orphan ['ɔrfən] *adj* & *s* orphelin *m*
orphanage ['ɔrfənɪdʒ] *s* (*asylum*) orphelinat *m*; (*orphanhood*) orphelinage *m*
Orpheus ['ɔrfjus], ['ɔrfɪ·əs] *s* Orphée *m*
orthodox ['ɔrθə,dɑks] *adj* orthodoxe
orthogra·phy [ɔr'θɑgrəfi] *s* (*pl* **-phies**) orthographe *f*
oscillate ['ɑsɪ,let] *intr* osciller
osier ['oʒər] *s* osier *m*
osmosis [ɑz'mosɪs], [ɑs'mosɪs] *s* osmose *f*
osprey ['ɑspri] *s* aigle *m* pêcheur
ossi·fy ['ɑsɪ,faɪ] *v* (*pret* & *pp* **-fied**) *tr* ossifier || *intr* s'ossifier
ostensible [ɑs'tɛnsɪbəl] *adj* prétendu, apparent, soi-disant
ostentatious [,ɑstɛn'teʃəs] *adj* ostentatoire, fastueux
osteopathy [,ɑstɪ'ɑpəθi] *s* ostéopathie *f*
ostracism ['ɑstrə,sɪzəm] *s* ostracisme *m*
ostracize ['ɑstrə,saɪz] *tr* frapper d'ostracisme
ostrich ['ɑstrɪtʃ] *s* autruche *f*
other ['ʌðər] *adj* autre; **every other day** tous les deux jours; **every other one** un sur deux || *pron indef* autre || *adv*—**other than** autrement que
otherwise ['ʌðər,waɪz] *adv* autrement, à part cela || *conj* sinon, e.g., **come at once, otherwise it will be too late** venez tout de suite, sinon il sera trop tard; sans cela, e.g., **thanks, otherwise I'd have forgotten** merci, sans cela j'aurais oublié
otter ['ɑtər] *s* loutre *f*
Ottoman ['ɑtəmən] *adj* ottoman || (*l.c.*) *s* (*corded fabric*) ottoman *m*; (*divan*) ottomane *f*; (*footstool*) pouf *m*; **Ottoman** (*person*) Ottoman *m*
ouch [autʃ] *interj* aïe!
ought [ɔt] *s* zéro *m*; **for ought I know** pour autant que je sache || *aux* used to express obligation, e.g., **he ought to go away** il devrait s'en aller; e.g., **he ought to have gone away** il aurait dû s'en aller
ounce [auns] *s* once *f*
our [aur] *adj poss* notre §88
ours [aurz] *pron poss* le nôtre §89
our·selves′ *pron pers* nous-mêmes §86; nous §85, §87
oust [aust] *tr* évincer, chasser
out [aut] *adj* extérieur; absent; (*fire*) éteint; (*secret*) divulgé; (*tide*) bas; (*flower*) épanoui; (*rope*) filé; (*lease*) expiré; (*gear*) débrayé; (*unconscious person*) évanoui; (*boxer*) knockouté; (*book, magazine, etc.*) paru, publié; (*out of print, out of stock*) épuisé; (*a ball*) (sports) hors jeu; (*a player*) (sports) éliminé || *s* (*pretext*) échappatoire *f*; **to be on the outs with** être brouillé avec || *adv* dehors, au dehors; (*outdoors*) en plein air; **out and out** complètement; **out for** en quête de; **out for lunch** parti déjeuner; **out of** (*cash*) démuni de; (*a glass, cup, etc.*) dans; (*a bottle*) à; (*the window; curiosity, friendship, respect, etc.*) par; (*range, sight*) hors de; de, e.g., **to cry out of joy** pleurer de joie; e.g., **made out of** fait de; sur, e.g., **nine times out of ten** neuf fois sur dix; **out with it!** allez, dites-le!; **to be out** (*to be absent*) être sorti; faire, e.g., **the sun is out** il fait du soleil; **to be out**

of bounds (sports) être hors jeu || *prep* par || *interj* hors d'ici!, ouste!
out′ and away′ *adv* de beaucoup, de loin
out′-and-out′ *adj* vrai; (*fanatic*) intransigeant; (*liar*) achevé
out′-and-out′er *s* (coll) intransigeant *m*
out′bid′ *v* (*pret* **-bid**; *pp* **-bid** or **-bidden**; *ger* **-bidding**) *tr* enchérir sur; (fig) renchérir sur || *intr* surenchérir
out′board mo′tor *s* moteur *m* hors-bord
out′break′ *s* déchaînement *m*; (*of hives; of anger; etc.*) éruption *f*; (*of epidemic*) manifestation *f*; (*insurrection*) révolte *f*
out′build′ing *s* annexe *f*, dépendance *f*
out′burst′ *s* explosion *f*; (*of anger*) accès *m*; (*of laughter*) éclat *m*; (*e.g., of generosity*) élan *m*
out′cast′ *adj & s* banni *m*, proscrit *m*
out′caste′ *adj* hors caste || *s* hors-caste *mf*
out′come′ *s* résultat *m*, dénouement *m*
out′cry′ *s* (*pl* **-cries**) clameur *f*; (*of indignation*) levée *f* de boucliers
out·dat′ed *adj* démodé, suranné
out′dis′tance *tr* dépasser; (sports) distancer
out′do′ *v* (*pret* **-did**; *pp* **-done**) *tr* surpasser, l'emporter sur; **to outdo oneself** se surpasser
out′door′ *adj* au grand air; (sports) de plein air
out′door grill′ *s* rôtisserie *f* en plein air
out′doors′ *s* rase campagne *f*, plein air *m* || *adv* au grand air, en plein air; en plein air; (*outside of the house*) hors de la maison; (*at night*) à la belle étoile
out′door swim′ming pool′ *s* piscine *f* à ciel ouvert
outer ['aʊtər] *adj* extérieur, externe
out′er space′ *s* cosmos *m*, espace *m* cosmique
out′field′ *s* (*baseball*) grand champ *m*
out′fit′ *s* équipement *m*, attirail *m*; (*caseful of implements*) trousse *f*, nécessaire *m*; (*ensemble*) costume et accessoires *mpl*; (*of a bride*) trousseau *m*; (*team*) équipe *f*; (*group of soldiers*) unité *f*; (com) compagnie *f* || *v* (*pret & pp* **-fitted**; *ger* **-fitting**) *tr* équiper
out′go′ing *adj* en partance, partant; (*officeholder*) sortant; (*friendly*) communicatif, sympathique
out′grow′ *v* (*pret* **-grew**; *pp* **-grown**) *tr* devenir plus grand que; (*e.g., childhood clothes, activities, etc.*) devenir trop grand pour; abandonner, se défaire de
out′growth′ *s* excroissance *f*; (fig) résultat *m*, conséquence *f*
outing ['aʊtɪŋ] *s* excursion *f*, sortie *f*
outlandish [aʊt'lændɪʃ] *adj* bizarre, baroque
out′last′ *tr* durer plus longtemps que; survivre (with *dat*)
out′law′ *s* hors-la-loi *m*, proscrit *m* || *tr* mettre hors la loi, proscrire
out′lay′ *s* débours *mpl*, dépenses *fpl* || **out′lay′** *v* (*pret & pp* **-laid**) *tr* débourser, dépenser
out′let′ *s* sortie *f*, issue *f*; (*escape valve*) déversoir *m*; (*for, e.g., pent-up emotions*) exutoire *m*; (com) débouché *m*; (elec) prise *f* de courant; **no outlet** (public sign) rue sans issue
out′line′ *s* (*profile*) contour *m*; (*sketch*) esquisse *f*; (*summary*) aperçu *m*; (*of a work in preparation*) plan *m*; (*main points*) grandes lignes *fpl* || *tr* esquisser; (*a work in preparation*) ébaucher
out′live′ *tr* survivre (with *dat*)
out′lived′ *adj* caduc, désuet
out′look′ *s* perspective *f*, point *m* de vue
out′ly′ing *adj* éloigné, écarté, isolé
outmoded [,aʊt'modɪd] *adj* démodé
out′num′ber *tr* surpasser en nombre
out′-of-date′ *adj* démodé, suranné
out′-of-door′ *adj* au grand air
out′-of-doors′ *adj* au grand air || *s* rase campagne *f*, plein air *m* || *adv* au grand air, hors de la maison
out′ of or′der *adj* en panne; **to be out of order** (*to be out of sequence*) ne pas être dans l'ordre
out′ of print′ *adj* épuisé
out′ of tune′ *adj* désaccordé || *adv* faux, e.g., **to sing out of tune** chanter faux
out′ of work′ *adj* en chômage
out′pa′tient *s* malade *mf* de consultation externe
out′patient clin′ic *s* consultation *f* externe
out′post′ *s* avant-poste *m*, antenne *f*
out′put′ *s* rendement *m*, débit *m*; (*of a mine; of a worker*) production *f*
out′rage *s* outrage *m*; (*wanton violence*) atrocité *f*, attentat *m* honteux || *tr* faire outrage à, outrager; (*a woman*) violer
outrageous [aʊt'redʒəs] *adj* outrageux; (*intolerable*) insupportable
out′rank′ *tr* dépasser en grade, dépasser en rang
out′rid′er *s* explorateur *m*; cow-boy *m*; (*mounted attendant*) piqueur *m*
outrigger ['aʊt,rɪgər] *s* (*outboard framework*) balancier *m*; (*oar support*) porte-en-dehors *m*
out′right′ *adj* pur, absolu; (*e.g., manner*) franc, direct || **out′right′** *adv* complètement; (*frankly*) franchement; (*at once*) sur le coup
out′set′ *s* début *m*, commencement *m*
out′side′ *adj* du dehors, d'extérieur || **out′side′** *s* dehors *m*, extérieur *m*; surface *f*; **at the outside** tout au plus, au maximum || **out′side′** *adv* dehors, à l'extérieur; (*outdoors*) en plein air; **outside of** en dehors de, à l'extérieur de; (*except for*) sauf || **out′side′** or **out′side′** *prep* en dehors de, à l'extérieur de
outsider [,aʊt'saɪdər] *s* étranger *m*; (*intruder*) intrus *m*; (*uninitiated*) profane *mf*; (*dark horse*) outsider *m*
out′size′ *adj* hors série

out′skirts′ *spl* approches *fpl*, périphérie *f*
out′spo′ken *adj* franc; **to be outspoken** avoir son franc-parler
out′stand′ing *adj* saillant; (*eminent*) hors pair, hors ligne; (*debts*) à recouvrer, impayé
outward ['autwərd] *adj* extérieur; (*apparent*) superficiel; (*direction*) en dehors || *adv* au dehors, vers le dehors
out′weigh′ *tr* peser plus que; (*in value*) l'emporter en valeur sur
out′wit′ *v* (*pret & pp* **-witted**; *ger* **-witting**) *tr* duper, déjouer; (*a pursuer*) dépister
oval ['ovəl] *adj & s* ovale *m*
ova•ry ['ovəri] *s* (*pl* **-ries**) ovaire *m*
ovation [o'veʃən] *s* ovation *f*
oven ['ʌvən] *s* four *m*; (fig) fournaise *f*
over ['ovər] *adj* fini, passé; (*additional*) en plus; (*excessive*) en excès; plus, e.g., **eight and over** huit et plus || *adv* au-dessus, dessus; (*on the other side*) de l'autre côté; (*again*) de nouveau; (*on the reverse side of sheet of paper*) au verso; (*finished*) passé, achevé; **all over** (*everywhere*) partout; (*finished*) fini; (*completely*) jusqu'au bout des ongles; **I'll be right over** (coll) j'arrive tout de suite; **over!** (*turn the page!*) voir au verso!, tournez!; (rad) à vous!; **over again** de nouveau, encore une fois; **over against** en face de; (*compared to*) auprès de; **over and above** en plus de; **over and out!** (rad) terminé!; **over and over** à coups répétés, à plusieurs reprises; **over here** ici, de ce côté; **over there** là-bas; **to be over** (*an illness*) s'être remis de; **to hand over** remettre || *prep* au-dessus de; (*on top of*) sur, par-dessus; (*with motion*) par-dessus, e.g., **to jump over a fence** sauter par-dessus une barrière; (*a period of time*) pendant, au cours de; (*near*) près de; (*a certain number or amount*) plus de, au-dessus de; (*concerning*) à propos de, au sujet de; (*on the other side of*) au delà de, de l'autre côté de; à, e.g., **over the telephone** au téléphone; (*while doing s.th.*) tout en prenant, e.g., **over a cup of coffee** tout en prenant une tasse de café; **all over** répandu sur; **over and above** en sus de, en plus de; **to fall over** (*e.g., a cliff*) tomber du haut de; **to reign over** régner sur
o′ver•all′ *adj* hors tout, complet; général, total || **overalls** *spl* combinaison *f* d'homme, cotte *f*, salopette *f*
o′ver•awe′ *tr* impressionner, intimider
o′ver•bear′ing *adj* impérieux, tranchant, autoritaire
o′ver•board′ *adv* par-dessus bord; **man overboard!** un homme à la mer!; **to throw overboard** jeter par-dessus le bord; (fig) abandonner
o′ver•cast′ *adj* obscurci, nuageux || *s* ciel *m* couvert || *v* (*pret & pp* **-cast**) *tr* obscurcir, couvrir
o′ver•charge′ *s* prix *m* excessif, majoration *f* excessive; (elec) surcharge *f* || **o′ver•charge′** *tr* (*e.g., an account*) majorer; (elec) surcharger; **to overcharge s.o. for s.th.** faire payer trop cher q.ch. à qn
o′ver•coat′ *s* pardessus *m*
o′ver•come′ *v* (*pret* **-came**; *pp* **-come**) *tr* vaincre; (*difficulties*) surmonter
o′ver•con′fidence *s* témérité *f*, confiance *f* exagérée
o′ver•con′fident *adj* téméraire, excessivement confiant
o′ver•cooked′ *adj* trop cuit
o′ver•crowd′ *tr* bonder; (*a town, region, etc.*) surpeupler
o′ver•do′ *v* (*pret* **-did**; *pp* **-done**) *tr* exagérer; **overdone** (culin) trop cuit || *intr* se surmener
o′ver•dose′ *s* dose *f* excessive
o′ver•draft′ *s* découvert *m*, solde *m* débiteur
o′ver•draw′ *v* (*pret* **-drew**; *pp* **-drawn**) *tr* tirer à découvert || *intr* excéder son crédit
o′ver•drive′ *s* (aut) surmultiplication *f*
o′ver•due′ *adj* en retard; (com) échu, arriéré
o′ver•eat′ *v* (*pret* **-ate**; *pp* **-eaten**) *tr & intr* trop manger
o′ver•exer′tion *s* surmenage *m*
o′ver•expose′ *tr* surexposer
o′ver•expo′sure *s* surexposition *f*
o′ver•flow′ *s* débordement *m*; (*pipe*) trop-plein *m* || **o′ver•flow′** *tr & intr* déborder
o′ver•fly′ *v* (*pret* **-flew**; *pp* **-flown**) *tr* survoler
o′ver•grown′ *adj* démesuré; (*e.g., child*) trop grand pour son âge; **overgrown with** (*e.g., weeds*) envahi par, recouvert de
o′ver•hang′ *v* (*pret & pp* **-hung**) *tr* surplomber, faire saillie au-dessus de; (*to threaten*) menacer || *intr* (*to jut out*) faire saillie
o′ver•haul′ *s* remise *f* en état || **o′ver•haul′** *tr* remettre en état; (*to catch up to*) rattraper
o′ver•head′ *adj* élevé; aérien, surélevé || *s* (*overpass*) pont-route *m*; (com) frais *mpl* généraux || **o′ver•head′** *adv* au-dessus de la tête, en haut
o′ver•head valve′ *s* soupape *f* en tête
o′ver•hear′ *v* (*pret & pp* **-heard**) *tr* entendre par hasard; (*a conversation*) surprendre
o′ver•heat′ *tr* surchauffer
overjoyed [,ovər'dʒɔɪd] *adj* ravi, transporté de joie
overland ['ovər,lænd], ['ovərlənd] *adj & adv* par terre, par voie de terre
o′ver•lap′ *v* (*pret & pp* **-lapped**; *ger* **-lapping**) *tr* enchevaucher || *intr* chevaucher
o′ver•lap′ping *s* recouvrement *m*, chevauchement *m*; (*of functions, offices, etc.*) double emploi *m*
o′ver•load′ *s* surcharge *f*; **sudden overload** (elec) coup *m* de collier || **o′ver•load′** *tr* surcharger

o′ver·look′ *tr* donner sur, avoir vue sur; (*to ignore*) fermer les yeux sur, passer sous silence; (*to neglect*) oublier, négliger
o′ver·lord′ *s* suzerain *m* || **o′ver·lord′** *tr* dominer, tyranniser
overly ['ovərli] *adv* (coll) trop, à l'excès
o′ver·night′ *adv* toute la nuit; du jour au lendemain; **to stay overnight** passer la nuit
o′ver·night′ bag′ *s* sac *m* de nuit
o′ver·pass′ *s* passage *m* supérieur, pont-route *m*
o′ver·pay′ment *s* surpaye *f*, rétribution *f* excessive
o′ver·pop′ula′tion *s* surpeuplement *m*, surpopulation *f*
o′ver·pow′er *tr* maîtriser; **overpowered with grief** accablé de douleur
o′ver·pow′ering *adj* accablant, irrésistible
o′ver·produc′tion *s* surproduction *f*
o′ver·rate′ *tr* surestimer
o′ver·reach′ *tr* dépasser
o′ver·ripe′ *adj* blet, trop mûr
o′ver·rule′ *tr* décider contre; (*to set aside*) annuler, casser
o′ver·run′ *v* (*pret* **-ran**; *pp* **-run**; *ger* **-running**) *tr* envahir; (*to flood*) inonder; (*limits, boundaries, etc.*) dépasser || *intr* déborder
o′ver·sea′ or **o′ver·seas′** *adj* d'outremer || **o′ver·sea′** or **o′ver·seas′** *adv* outre-mer
o′ver·see′ *v* (*pret* **-saw**; *pp* **-seen**) *tr* surveiller
o′ver·se′er *s* surveillant *m*, inspecteur *m*
o′ver·shad′ow *tr* ombrager; (fig) éclipser
o′ver·shoes′ *spl* caoutchoucs *mpl*
o′ver·sight′ *s* inadvertance *f*, étourderie *f*
o′ver·sleep′ *v* (*pret & pp* **-slept**) *intr* dormir trop longtemps
o′ver·step′ *v* (*pret & pp* **-stepped**; *ger* **-stepping**) *tr* dépasser, outrepasser
o′ver·stock′ *tr* surapprovisionner
o′ver·stuffed′ *adj* rembourré
o′ver·sup·ply′ *s* (*pl* **-plies**) excédent *m*, abondance *f* || **o′ver·sup·ply′** *v* (*pret & pp* **-plied**) *tr* approvisionner avec excès
overt ['ovərt], [o'vʌrt] *adj* ouvert, manifeste; (*intentional*) prémédité
o′ver·take′ *v* (*pret* **-took**; *pp* **-taken**) *tr* rattraper; (*a runner*) dépasser; (*an automobile*) doubler; (*to surprise*) surprendre
o′ver·tax′ *tr* surtaxer; (*to tire*) surmener, excéder
o′ver-the-coun′ter *adj* vendu directement à l'acheteur
o′ver·throw′ *s* renversement *m* || **o′ver·throw′** *v* (*pret* **-threw**; *pp* **-thrown**) *tr* renverser
o′ver·time′ *adj & adv* en heures supplémentaires || *s* heures *fpl* supplémentaires
o′ver·tone′ *s* (mus) harmonique *m*; (fig) signification *f*, sous-entendu *m*
o′ver·trump′ *tr* surcouper
overture ['ovərtʃər] *s* ouverture *f*
o′ver·turn′ *tr* renverser, chavirer || *intr* chavirer; (aer, aut) capoter
overweening [,ovər'winɪŋ] *adj* arrogant, outrecuidant
o′ver·weight′ *adj* au-dessus du poids normal; (*fat*) obèse || *s* excédent *m* de poids
overwhelm [,ovər'hwelm] *tr* accabler, écraser; (*with favors, gifts, etc.*) combler
o′ver·work′ *s* surmenage *m*, excès *m* de travail || **o′ver·work′** *tr* surmener, surcharger; abuser de, trop employer || *intr* se surmener
Ovid ['ɑvɪd] *s* Ovide *m*
ow [aʊ] *interj* aïe!
owe [o] *tr* devoir || *intr* avoir des dettes; **to owe for** avoir à payer, devoir
owing ['o·ɪŋ] *adj* dû, redû; **owing to** à cause de, en raison de
owl [aʊl] *s* (*Asio*) hibou *m*; (*Strix*) chouette *f*, hulotte *f*; (*Tyto alba*) effraie *f*
own [on] *adj* propre, e.g., **my own brother** mon propre frère || *s*—**all its own** spécial, authentique, e.g., **an aroma all its own** un parfum spécial, un parfum authentique; **my own (your own, etc.)** le mien (le vôtre, etc.) §89; **of my own (of their own, etc.)** bien à moi (bien à eux, etc.); **on one's own à** son propre compte, de son propre chef; **to come into one's own** entrer en possession de son bien; (*to win out*) obtenir des succès; (*to receive due praise*) recevoir les honneurs qu'on mérite; **to hold one's own** se maintenir, se défendre || *tr* posséder; être propriétaire de; (*to acknowledge*) reconnaître || *intr*—**to own to** convenir de, reconnaître; **to own up** (coll) faire des aveux; **to own up to** (coll) faire l'aveu de, avouer
owner ['onər] *s* propriétaire *mf*, possesseur *m*
ownership ['onər,ʃɪp] *s* propriété *f*, possession *f*
own′er's li′cense *s* carte *f* grise
ox [ɑks] *s* (*pl* **oxen** ['ɑksən]) bœuf *m*
ox′cart′ *s* char *m* à bœufs
oxfords ['ɑksfərdz] *spl* richelieus *mpl*
oxide ['ɑksaɪd] *s* oxyde *m*
oxidize ['ɑksɪ,daɪz] *tr* oxyder || *intr* s'oxyder
oxygen ['ɑksɪdʒən] *s* oxygène *m*
oxygenate ['ɑksɪdʒə,net] *tr* oxygéner
ox′ygen tent′ *s* tente *f* à oxygène
oxytone ['ɑksɪ,ton] *adj & s* oxyton *m*
oyster ['ɔɪstər] *adj* huîtrier || *s* huître *f*
oys′ter bed′ *s* huîtrière *f*, banc *m* d'huîtres
oys′ter cock′tail *s* huîtres *fpl* écaillées aux condiments
oys′ter farm′ *s* parc *m* à huîtres, clayère *f*
oys′ter fork′ *s* fourchette *f* à huîtres
oys′ter knife′ *s* couteau *m* à huîtres

oys′ter·man *s* (*pl* **-men**) écailler *m*
oys′ter op′ener *s* (*person*) écailler *m*; (*implement*) ouvre-huîtres *m*
oys′ter plant′ *s* salsifis *m*
oys′ter shell′ *s* coquille *f* d'huître
oys′ter stew′ *s* soupe *f* à huîtres
ozone ['ozon] *s* ozone *m*; (coll) air *m* frais

P

P, p [pi] *s* XVIe lettre de l'alphabet
pace [pes] *s* pas *m*; **to keep pace with** marcher de pair avec; **to put through one's paces** mettre à l'épreuve; **to set the pace** mener le train ‖ *tr* arpenter; **to pace off** mesurer au pas ‖ *intr* aller au pas
pace′mak′er *s* meneur *m* de train
pacific [pə'sɪfɪk] *adj* pacifique ‖ **Pacific** *adj & s* Pacifique *m*
pacifier ['pæsɪ,faɪ·ər] *s* pacificateur *m*; (*teething ring*) sucette *f*
pacifism ['pæsɪ,fɪzəm] *s* pacifisme *m*
pacifist ['pæsɪfɪst] *adj & s* pacifiste *mf*
paci·fy ['pæsɪ,faɪ] *v* (*pret & pp* **-fied**) *tr* pacifier
pack [pæk] *s* paquet *m*; (*of peddler*) ballot *m*; (*of soldier*) paquetage *m*, sac *m*; (*of beast of burden*) bât *m*; (*of hounds*) meute *f*; (*of evildoers; of wolves*) bande *f*; (*of lies*) tissu *m*; (*of playing cards*) jeu *m*; (*of cigarettes*) paquet; (*of floating ice*) banquise *f*; (*of troubles*) foule *f*; (*of fools*) tas *m*; (med) enveloppement *m* ‖ *tr* emballer, empaqueter; mettre en boîte; (*e.g., earth*) tasser; (*to stuff*) bourrer; **to send packing** (coll) envoyer promener ‖ *intr* faire ses bagages
package ['pækɪdʒ] *s* paquet *m* ‖ *tr* empaqueter
pack′age plan′ *s* voyage *m* à forfait
pack′ an′imal *s* bête *f* de somme
packet ['pækɪt] *s* paquet *m*; (naut) paquebot *m*; (pharm) sachet *m*
pack′ing box′ or **case′** *s* caisse *f* d'emballage
pack′ing house′ *s* conserverie *f*
pack′sad′dle *s* bât *m*
pack′thread′ *s* ficelle *f*
pack′train′ *s* convoi *m* de bêtes de somme
pact [pækt] *s* pacte *m*
pad [pæd] *s* bourrelet *m*; (*of writing paper*) bloc *m*; (*for inking*) tampon *m*; (*of an aquatic plant*) feuille *f*; (*for launching a rocket*) rampe *f*; (*sound of footsteps*) pas *m* ‖ *v* (*pret & pp* **padded**; *ger* **padding**) *tr* rembourrer; (*to expand unnecessarily*) délayer ‖ *intr* aller à pied
pad′ded cell′ *s* cellule *f* matelassée, cabanon *m*
paddle ['pædəl] *s* (*of a canoe*) pagaie *f*; (*for table tennis*) raquette *f*; (*of a wheel*) aube *f*; (*for beating*) palette *f* ‖ *tr* pagayer; (*to spank*) fesser ‖ *intr* pagayer; (*to splash*) barboter
pad′dle wheel′ *s* roue *f* à aubes
paddock ['pædək] *s* enclos *m*; (*at race track*) paddock *m*
pad′dy wag′on ['pædi] *s* (slang) panier *m* à salade
pad′lock′ *s* cadenas *m* ‖ *tr* cadenasser
pagan ['pegən] *adj & s* païen *m*
paganism ['pegə,nɪzəm] *s* paganisme *m*
page [pedʒ] *s* (*of a book*) page *f*; (*boy attendant*) page *m*; (*in a hotel or club*) chasseur *m* ‖ *tr* (*a book*) paginer; appeler, demander, e.g., **you are being paged** on vous demande
pageant ['pædʒənt] *s* parade *f* à grand spectacle
pageant·ry ['pædʒəntri] *s* (*pl* **-ries**) grand apparat *m*; vaines pompes *fpl*
page′ proof′ *s* seconde épreuve *f*; (journ) morasse *f*
paginate ['pædʒɪ,net] *tr* paginer
paging ['pedʒɪŋ] *s* mise *f* en pages
paid′ in full′ [ped] *adj* (formula stamped on bill) pour acquit
paid′ vaca′tion *s* congé *m* payé
pail [pel] *s* seau *m*
pain [pen] *s* douleur *f*; **on pain of** sous peine de; **to take pains** se donner de la peine ‖ *tr* faire mal (with *dat*); **it pains me to** il me coûte de ‖ *intr* faire mal
painful ['penfəl] *adj* douloureux
pain′kil′ler *s* (coll) calmant *m*
painless ['penlɪs] *adj* sans douleur
pains′tak′ing *adj* soigneux; (*work*) soigné
paint [pent] *s* peinture *f*; **wet paint** peinture fraîche; (public sign) attention à la peinture! ‖ *tr & intr* peindre
paint′box′ *s* boîte *f* de couleurs
paint′brush′ *s* pinceau *m*
paint′ buck′et *s* camion *m*
painter ['pentər] *s* peintre *mf*
painting ['pentɪŋ] *s* peinture *f*
paint′ remov′er *s* décapant *m*
pair [per] *s* paire *f*; (*of people*) couple *m* ‖ *tr* accoupler ‖ *intr* s'accoupler
pair′ of scis′sors *s* ciseaux *mpl*
pair′ of trou′sers *s* pantalon *m*
pajamas [pə'dʒɑməz], [pə'dʒæməz] *spl* pyjama *m*, pyjamas
Pakistan [,pɑkɪ'stɑn] *s* le Pakistan
Pakista·ni [,pɑkɪ'stɑni] *adj* pakistanais ‖ *s* (*pl* **-nis**) Pakistanais *m*
pal [pæl] *s* copain *m* ‖ *v* (*pret & pp* **palled**; *ger* **palling**) *intr* (coll) être de bons copains; **to pal with** être copain de
palace ['pælɪs] *s* palais *m*
palatable ['pælətəbəl] *adj* savoureux; (*acceptable*) agréable

palatal ['pælətəl] *adj* palatal || *s* palatale *f*
palate ['pælɪt] *s* palais *m*
pale [pel] *adj* pâle || *s* pieux *m*; limites *fpl* || *intr* pâlir
pale'face' *s* visage *m* pâle
palette ['pælɪt] *s* palette *f*
palfrey ['pɔlfri] *s* palefroi *m*
palisade [ˌpælɪ'sed] *s* palissade *f*; (*line of cliffs*) falaise *f*
pall [pɔl] *s* poêle *m*, drap *m* mortuaire; (*to cover chalice*) pale *f*; (*vestment*) pallium *m* || *intr* devenir fade; **to pall on** rassasier
pall'bear'er *s* porteur *m* d'un cordon du poêle
pallet ['pælɪt] *s* grabat *m*
palliate ['pælɪˌet] *tr* pallier
pallid ['pælɪd] *adj* pâle, blême
pallor ['pælər] *s* pâleur *f*
palm [pɑm] *s* (*of the hand*) paume *f*; (*measure*) palme *m*; (*leaf*) palme *f*; (*tree*) palmier *m*; **to carry off the palm** remporter la palme; **to grease the palm of** (slang) graisser la patte à || *tr* (*a card*) escamoter; **to palm off s.th. on s.o.** refiler q.ch. à qn
palmet·to [pæl'meto] *s* (*pl* **-tos** or **-toes**) palmier *m* nain
palmist ['pɑmɪst] *s* chiromancien *m*
palmistry ['pɑmɪstri] *s* chiromancie *f*
palm' leaf' *s* palme *f*
palm' oil' *s* huile *f* de palme
Palm' Sun'day *s* le dimanche des Rameaux
palm' tree' *s* palmier *m*
palpable ['pælpəbəl] *adj* palpable
palpitate ['pælpɪˌtet] *intr* palpiter
pal·sy ['pɔlzi] *s* (*pl* **-sies**) paralysie *f* || *v* (*pret & pp* **-sied**) *tr* paralyser
pal·try ['pɔltri] *adj* (*comp* **-trier**; *super* **-triest**) misérable
pamper ['pæmpər] *tr* choyer, gâter
pamphlet ['pæmflɪt] *s* brochure *f*
pan [pæn] *s* casserole *f*; (*basin; scale of a balance*) bassin *m*; (slang) binette *f*; **Pan** Pan *m* || *v* (*pret & pp* **panned**; *ger* **panning**) *tr* (*gold*) laver à la batée; (coll) débiner, éreinter || *intr* laver à la batée; (mov) panoramiquer; **to pan out well** (coll) réussir
panacea [ˌpænə'si·ə] *s* panacée *f*
Panama ['pænəˌmɑ], [ˌpænə'mɑ] *s* le Panama
Pan'ama Canal' *s* canal *m* de Panama
Pan'ama Canal' Zone' *s* zone *f* canal du Panama
Pan'ama hat' *s* panama *m*
Pan-American [ˌpænə'merɪkən] *adj* panaméricain
pan'cake' *s* crêpe *f* || *intr* (aer) descendre à plat, se plaquer
pan'cake land'ing *s* atterrissage *m* plaque, sur le ventre, or à plat
panchromatic [ˌpænkro'mætɪk] *adj* panchromatique
pancreas ['pænkrɪ·əs] *s* pancréas *m*
pander ['pændər] *s* entremetteur *m* || *intr* servir d'entremetteur; **to pander to** se prêter à; encourager
pane [pen] *s* carreau *m*, vitre *f*
pan·el ['pænəl] *s* panneau *m*; (*on wall*) lambris *m*; liste *f*, tableau *m*; groupe *m* de discussion || *v* (*pret & pp* **-eled** or **-elled**; *ger* **-eling** or **-elling**) *tr* (*a room*) garnir de boiseries; (*a wall*) lambrisser
pan'el discus'sion *s* colloque *m*
panelist ['pænəlɪst] *s* membre *m* d'un groupe de discussion
pang [pæŋ] *s* élancement *m*, angoisse *f*
pan'han'dle *s* queue *f* de la poêle; (geog) projection *f* d'un territoire dans un autre || *intr* (slang) mendigoter
pan'han'dler *s* (slang) mendigot *m*
pan·ic ['pænɪk] *adj & s* panique *f* || *v* (*pret & pp* **-icked**; *ger* **-icking**) *tr* semer la panique dans || *intr* être pris de panique
pan'ic-strick'en *adj* pris de panique
pano·ply ['pænəpli] *s* (*pl* **-plies**) panoplie *f*
panorama [ˌpænə'ræmə], [ˌpænə'rɑmə] *s* panorama *m*
pan·sy ['pænzi] *s* (*pl* **-sies**) pensée *f*; (slang) tapette *f*
pant [pænt] *s* halètement *m*; **pants** pantalon *m*; **to wear the pants** (coll) porter la culotte || *intr* haleter, panteler
pantheism ['pænθɪˌɪzəm] *s* panthéisme *m*
pantheon ['pænθɪˌɑn], ['pænθɪ·ən] *s* panthéon *m*
panther ['pænθər] *s* panthère *f*
panties ['pæntiz] *spl* culotte *f*
pantomime ['pæntəˌmaɪm] *s* pantomime *f*
pan·try ['pæntri] *s* (*pl* **-tries**) office *m & f*, dépense *f*
pap [pæp] *s* bouillie *f*
papa ['pɑpə], [pə'pɑ] *s* papa *m*
papa·cy ['pepəsi] *s* (*pl* **-cies**) papauté *f*
paper ['pepər] *s* papier *m*; (*newspaper*) journal *m*; (*of needles*) carte *f* || *tr* tapisser
pa'per·back' *s* livre *m* broché; (*pocketbook*) livre de poche
pa'per·boy' *s* vendeur *m* de journaux
pa'per clip' *s* attache *f*, trombone *m*
pa'per cone' *s* cornet *m* de papier
pa'per cup' *s* verre *m* en carton, gobelet *m* de papier
pa'per cut'ter *s* coupe-papier *m*
pa'per hand'kerchief *s* mouchoir *m* à jeter, mouchoir en papier
pa'per·hang'er *s* tapissier *m*
pa'per knife' *s* coupe-papier *m*
pa'per mill' *s* papeterie *f*
pa'per mon'ey *s* papier-monnaie *m*
pa'per nap'kin *s* serviette *f* en papier
pa'per plate' *s* assiette *f* en carton, assiette de papier
pa'per tape' *s* bande *f* de papier
pa'per tow'el *s* serviette *f* de toilette en papier
pa'per·weight' *s* presse-papiers *m*
pa'per work' *s* travail *m* de bureau
papier-mâché [ˌpepərmə'ʃe] *s* papier-pierre *m*, papier *m* mâché
paprika [pæ'prikə], ['pæprɪkə] *s* paprika *m*

papy•rus [pə'paɪrəs] *s* (*pl* **-ri** [raɪ]) papyrus *m*
par [pɑr] *s* pair *m*; (golf) normale *f* du parcours; **at par** au pair; **to be on a par with** aller de pair avec
parable ['pærəbəl] *s* parabole *f*
parabola [pə'ræbələ] *s* parabole *f*
parachute ['pærə,ʃut] *s* parachute *m* || *tr & intr* parachuter
par'achute jump' *s* saut *m* en parachute
parachutist ['pærə,ʃutɪst] *s* parachutiste *mf*
parade [pə'red] *s* défilé *m*; (*ostentation*) parade *f*; (mil) parade || *tr* faire parade de || *intr* défiler; parader
paradise ['pærə,daɪs] *s* paradis *m*
paradox ['pærə,dɑks] *s* paradoxe *m*
paradoxical [,pærə'dɑksɪkəl] *adj* paradoxal
paraffin ['pærəfɪn] *s* paraffine *f* || *tr* paraffiner
paragon ['pærə,gɑn] *s* parangon *m*
paragraph ['pærə,græf], ['pærə,grɑf] *s* paragraphe *m*
Paraguay ['pærə,gwe], ['pærə,gwaɪ] *s* le Paraguay
Paraguayan [,pærə'gwe·ən], [,pærə'gwaɪ·ən] *adj* paraguayen || *s* Paraguayen *m*
parakeet ['pærə,kit] *s* perruche *f*
paral•lel ['pærə,lɛl] *adj* parallèle || *s* (*line*) parallèle *f*; (*latitude; declination; comparison*) parallèle *m*; **parallels** (typ) barres *fpl*; **without parallel** sans pareil || *v* (*pret & pp* **-leled** or **-lelled**; *ger* **-leling** or **-lelling**) *tr* mettre en parallèle; entrer en parallèle avec, égaler
par'allel bars' *spl* barres *fpl* parallèles
paraly•sis [pə'rælɪsɪs] *s* (*pl* **-ses** [,siz]) paralysie *f*
paralytic [,pærə'lɪtɪk] *adj & s* paralytique *mf*
paralyze ['pærə,laɪz] *tr* paralyser
paramount ['pærə,maʊnt] *adj* suprême, capital
paranoiac [,pærə'nɔɪ·æk] *adj & s* paranoïaque *mf*
parapet ['pærə,pɛt] *s* parapet *m*
paraphernalia [,pærəfər'nelɪ·ə] *spl* effets *mpl* personnels; attirail *m*
paraphrase ['pærə,frez] *s* remaniement *m* || *tr* remanier
parasite ['pærə,saɪt] *s* parasite *m*
parasitic(al) [,pærə'sɪtɪk(əl)] *adj* parasite
parasol ['pærə,sɔl], ['pærə,sɑl] *s* parasol *m*, ombrelle *f*
paratrooper ['pærə,trupər] *s* parachutiste *m*
parboil ['pɑr,bɔɪl] *tr* faire cuire légèrement; (*vegetables*) blanchir
par•cel ['pɑrsəl] *s* colis *m*, paquet *m* || *v* (*pret & pp* **-celed** or **-celled**; *ger* **-celing** or **-celling**) *tr* morceler; **to parcel out** répartir
par'cel post' *s* colis *mpl* postaux
parch [pɑrtʃ] *tr* dessécher; (*beans, grain, etc.*) griller
parchment ['pɑrtʃmənt] *s* parchemin *m*
pardon ['pɑrdən] *s* pardon *m*; (*remission of penalty by the state*) grâce *f*; **I beg your pardon** je vous demande pardon || *tr* pardonner; pardonner (with *dat*); (*a criminal*) grâcier; **to pardon s.o. for s.th.** pardonner q.ch. à qn
pardonable ['pɑrdənəbəl] *adj* pardonnable
pare [pɛr] *tr* (*potatoes, fruit, etc.*) éplucher; (*the nails*) rogner; (*costs*) réduire
parent ['pɛrənt] *s* père *m* or mère *f*; origine *f*, base *f*; **parents** parents *mpl*, père et mère
parentage ['pɛrəntɪdʒ] *s* paternité *f* or maternité *f*; naissance *f*, origine *f*
parenthe•sis [pə'rɛnθɪsɪs] *s* (*pl* **-ses** [,siz]) parenthèse *f*; **in parentheses** entre parenthèses
parenthood ['pɛrənt,hʊd] *s* paternité *f* or maternité *f*
pariah [pə'raɪ·ə], ['pɑrɪ·ə] *s* paria *m*
par'ing knife' *s* couteau *m* à éplucher
Paris ['pærɪs] *s* Paris *m*
parish ['pærɪʃ] *adj* paroissien || *s* paroisse *f*
parishioner [pə'rɪʃənər] *s* paroissien *m*
Parisian [pə'rɪʒən], [pə'riʒən] *adj & s* parisien *m*
parity ['pærɪti] *s* parité *f*
park [pɑrk] *s* parc *m* || *tr* garer, parquer || *intr* stationner
parked *adj* en stationnement
parking ['pɑrkɪŋ] *s* parcage *m*; (*e.g., in a city street*) stationnement *m*; **no parking** (public sign) stationnement interdit
park'ing lights' *spl* (aut) feux *mpl* de stationnement, feux de position
park'ing lot' *s* parking *m*, parc *m* à autos
park'ing me'ter *s* parcomètre *m*
park'ing tick'et *s* contravention *f*, papillon *m*
park'way' *s* route *f* panoramique; (*turnpike*) autoroute *f*
parley ['pɑrli] *s* pourparlers *mpl* || *intr* parlementer
parliament ['pɑrlɪmənt] *s* parlement *m*
parliamentarian [,pɑrlɪmɛn'tɛrɪ·ən] *s* expert *m* en usages parlementaires
parlor ['pɑrlər] *s* salon *m*; (*in an institution*) parloir *m*
par'lor car' *s* (rr) wagon-salon *m*
par'lor game' *s* jeu *m* de société
Parnassus [pɑr'næsəs] *s* le Parnasse
parochial [pə'rokɪ·əl] *adj* paroissial; (*attitude*) provincial
paro'chial school' *s* école *f* confessionnelle, école libre
paro•dy ['pærədi] *s* (*pl* **-dies**) parodie *f* || *v* (*pret & pp* **-died**) *tr* parodier
parole [pə'rol] *s* parole *f* d'honneur; liberté *f* sur parole || *tr* libérer sur parole
par•quet [pɑr'ke], [pɑr'kɛt] *s* parquet *m*; (theat) premiers rangs *mpl* du parterre || *v* (*pret & pp* **-queted** ['ked], ['kɛtɪd]; *ger* **-queting** ['ke·ɪŋ], ['kɛtɪŋ]) *tr* parqueter
parricide ['pærɪ,saɪd] *s* (*act*) parricide *m*; (*person*) parricide *mf*

parrot ['pærət] *s* perroquet *m* || *tr* répéter or imiter comme un perroquet
par•ry ['pæri] *s* (*pl* **-ries**) parade *f* || *v* (*pret & pp* **-ried**) *tr* parer; (*a question*) éluder
parse [pars] *tr* faire l'analyse grammaticale de
parsimonious [,parsɪ'monɪ•əs] *adj* parcimonieux, regardant
parsley ['parsli] *s* persil *m*
parsnip ['parsnɪp] *s* panais *m*
parson ['parsən] *s* curé *m*; pasteur *m* protestant
parsonage ['parsənɪdʒ] *s* presbytère *m*
part [part] *s* partie *f*; (*share*) part *f*; (*of a machine*) organe *m*, pièce *f*; (*of the hair*) raie *f*; (theat) rôle *m*; **for my part** pour ma part; **for the most part** pour la plupart; **in part** en partie; **in these parts** dans ces parages; **on the part of** de la part de; **parts** qualités *fpl*; parties (génitales); **to be** or **form part of** faire partie de; **to be part and parcel of** faire partie intégrante de; **to do one's part** faire son devoir; **to live a part** (theat) entrer dans la peau d'un personnage; **to look the part** avoir le physique de l'emploi; **to take part in** prendre part à; **to take the part of** prendre parti pour; jouer le rôle de || *adv* partiellement, en partie; **part . . . part** moitié . . . moitié || *tr* séparer; **to part the hair** se faire une raie || *intr* se séparer; (*said, e.g., of road*) diverger; (*to break*) rompre; **to part with** se défaire de; se dessaisir de
par•take [par'tek] *v* (*pret* **-took**; *pp* **-taken**) *intr*—**to partake in** participer à; **to partake of** (*e.g., a meal*) prendre; (*e.g., joy*) participer de
partial ['parʃəl] *adj* partiel; (*prejudiced*) partial
participant [par'tɪsɪpənt] *adj & s* participant *m*
participate [par'tɪsɪ,pet] *intr* participer
participation [par,tɪsɪ'peʃən] *s* participation *f*
participle ['partɪ,sɪpəl] *s* participe *m*
particle ['partɪkəl] *s* particule *f*
particular [pər'tɪkjələr] *adj* particulier; difficile, exigeant; méticuleux; **a particular . . .** un certain . . . || *s* détail *m*
particularize [pər'tɪkjələ,raɪz] *tr & intr* individualiser, particulariser
parting ['partɪŋ] *s* séparation *f*
partisan ['partɪzən] *adj & s* partisan *m*
partition [par'tɪʃən] *s* partage *m*; (*wall*) paroi *f*, cloison *f* || *tr* partager; **to partition off** séparer par des cloisons
partner ['partnər] *s* partenaire *mf*; (*husband*) conjoint *m*; (*wife*) conjointe *f*; (*in a dance*) cavalier *m*; (*in business*) associé *m*
part'ner•ship' *s* association *f*; (com) société *f*
part' of speech' *s* partie *f* du discours
part' own'er *s* copropriétaire *mf*
partridge ['partrɪdʒ] *s* perdrix *m*
part'-time' *adj & adv* à mi-temps
par•ty ['parti] *adj* de gala || *s* (*pl* **-ties**) fête *f*, soirée *f*; (*diversion of a group of persons; individual named in contract or lawsuit*) partie *f*; (*with whom one is conversing*) interlocuteur *m*; (mil) détachement *m*, peloton *m*; (pol) parti *m*; (telp) correspondant *m*; (coll) individu *m*; **to be a party to** être complice de
party-goer ['parti,go•ər] *s* invité *m*; (*nightlifer*) noceur *m*
par'ty line' *s* (*between two properties*) limite *f*; (telp) ligne *f* à postes groupés || **par'ty line'** *s* ligne du parti; (*of communist party*) directives *fpl* du parti
par'ty pol'itics *s* politique *f* de parti
par'ty wall' *s* mur *m* mitoyen
pass [pæs], [pas] *s* (*navigable channel; movement of hands of magician; in sports*) passe *f*; (*straits*) pas *m*; (*in mountains*) col *m*, passage *m*; (*document*) laissez-passer *m*; difficulté *f*; (mil) permission *f*; (rr) permis *m* de circulation; (theat) billet *m* de faveur || *tr* passer; (*an exam*) réussir à; (*e.g., a student*) recevoir; (*a law*) adopter, voter; (*a red light*) brûler; (*to get ahead of*) dépasser; (*a car going in the same direction*) doubler; (*s.o. or s.th. coming toward one*) croiser; (*a certain place*) passer devant; **to pass around** faire circuler; **to pass oneself off as** se faire passer pour; **to pass out** distribuer; **to pass over** passer sous silence; (*to hand over*) transmettre; **to pass s.th. off on s.o.** repasser or refiler q.ch. à qn || *intr* passer; (educ) être reçu; **to bring to pass** réaliser; **to come to pass** se passer; **to pass as** or **for** passer pour; **to pass away** disparaître; (*to die out*) s'éteindre; (*to die*) mourir; **to pass by** passer devant; **to pass out** sortir; (slang) s'évanouir; **to pass over** passer sur; (*an obstacle*) franchir; (*said of storm*) s'éloigner; (*to pass through*) traverser; **to pass over to** (*e.g., the enemy*) passer à
passable ['pæsəbəl], ['pasəbəl] *adj* passable; (*road, river, etc.*) franchissable
passage ['pæsɪdʒ] *s* passage *m*; (*of time*) cours *m*; (*of a law*) adoption *f*
pass'book' *s* carnet *m* de banque
passenger ['pæsəndʒər] *adj* (*e.g., train*) de voyageurs; (*e.g., pigeon*) de passage || *s* voyageur *m*, passager *m*
passer-by ['pæsər'baɪ], ['pasər'baɪ] *s* (*pl* **passers-by**) passant *m*
passing ['pæsɪŋ], ['pasɪŋ] *adj* passager *m*; (*act of passing*) dépassement *m*; (*death*) trépas *m*; (*of time*) écoulement *m*; (*of a law*) adoption *f*; (*in an examination*) la moyenne; une mention passable
passion ['pæʃən] *s* passion *f*
passionate ['pæʃənɪt] *adj* passionné
passive ['pæsɪv] *adj & s* passif *m*
pass'key' *s* passe-partout *m*
pass'-out' check' *s* contremarque *f*

Pass′o′ver *s* Pâque *f*
pass′port′ *s* passeport *m*
pass′word′ *s* mot *m* de passe
past [pæst], [pɑst] *adj* passé, dernier; (*e.g., president*) ancien ‖ *s* passé *m* ‖ *prep* au-delà de, passé; plus de; hors de, e.g., **past all understanding** hors de toute compréhension; **it's twenty past five** il est cinq heures vingt; **it's past three o'clock** il est trois heures passées
paste [pest] *s* (*glue*) colle *f* de pâte; (*jewelry*) strass *m*; (culin) pâte *f* ‖ *tr* coller
paste′board′ *s* carton *m*
pastel [pæs'tel] *adj* & *s* pastel *m*
pasteurize ['pæstə ,raɪz] *tr* pasteuriser
pastime ['pæs,taɪm], ['pɑs ,taɪm] *s* passe-temps *m*
past′ mas′ter *s* expert *m* en la matière, passé maître
pastor ['pæstər], ['pɑstər] *s* pasteur *m*
pastoral ['pæstərəl], ['pɑstərəl] *adj* pastoral ‖ *s* pastorale *f*
pastorate ['pæstərɪt], ['pɑstərɪt] *s* pastorat *m*
pas•try ['pestri] *s* (*pl* **-tries**) pâtisserie *f*
pas′try cook′ *s* pâtissier *m*
pas′try shop′ *s* pâtisserie *f*
pasture ['pæstʃər], ['pɑstʃər] *s* pâturage *m*, pâture *f* ‖ *tr* faire paître ‖ *intr* paître
past•y ['pesti] *adj* (*comp* **-ier**; *super* **-iest**) pâteux; (*face*) terreux
pat [pæt] *adj* à propos; (*e.g., excuse*) tout prêt ‖ *s* petite tape *f*; caresse *f*; (*of butter*) coquille *f* ‖ *v* (*pret & pp* **patted**; *ger* **patting**) *tr* tapoter; caresser; **to pat on the back** encourager, complimenter
patch [pætʃ] *s* (*e.g., of cloth*) pièce *f*, raccommodage *m*; (*of land*) parcelle *f*; (*of ice*) plaque *f*; (*of inner tube*) rustine *f*; (*e.g., of color*) tache *f*; (*beauty spot*) mouche *f* ‖ *tr* rapiécer; **to patch up** rapetasser; (*e.g., a quarrel*) arranger, raccommoder
patent ['petənt] *adj* patent ‖ ['pætənt] *adj* breveté ‖ *s* brevet *m* d'invention; **patent applied for** une demande de brevet a été déposée ‖ *tr* breveter
pat′ent leath′er ['pætənt] *s* cuir *m* verni
pat′ent med′icine ['pætənt] *s* specialité *f* pharmaceutique
pat′ent rights′ ['pætənt] *spl* propriété *f* industrielle
paternal [pə'tʌrnəl] *adj* paternel
paternity [pə'tʌrnɪti] *s* paternité *f*
path [pæθ], [pɑθ] *s* sentier *m*; (*in garden*) allée *f*; (*of bullet, heavenly body, etc.*) trajectoire *f*; (*for, e.g., riding horses*) piste *f*; **to beat a path** frayer un chemin
pathetic [pə'θetɪk] *adj* pathétique
path′find′er *s* pionnier *m*
pathology [pə'θɑlədʒi] *s* pathologie *f*
pathos ['peθɑs] *s* pathétique *m*
path′way′ *s* sentier *m*; (fig) voie *f*
patience ['peʃəns] *s* patience *f*
patient ['peʃənt] *adj* patient ‖ *s* malade *mf*; (*undergoing surgery*) patient *m*
pati•o ['pɑtɪ ,o] *s* (*pl* **-os**) patio *m*
patriarch ['petrɪ ,ɑrk] *s* patriarche *m*
patrician [pə'trɪʃən] *adj* & *s* patricien *m*
patricide ['pætrɪ ,saɪd] *s* (*act*) parricide *m*; (*person*) parricide *mf*
Patrick ['pætrɪk] *s* Patrice *m*
patrimo•ny ['pætrɪ ,moni] *s* (*pl* **-nies**) patrimoine *m*
patriot ['petrɪ•ət], ['pætrɪ•ət] *s* patriote *mf*
patriotic [,petrɪ'ɑtɪk], [,pætrɪ'ɑtɪk] *adj* patriotique, patriote
patriotism ['petrɪ•ə ,tɪzəm], ['pætrɪ•ə ,tɪzəm] *s* patriotisme *m*
pa•trol [pə'trol] *s* patrouille *f* ‖ *v* (*pret & pp* **-trolled**; *ger* **-trolling**) *tr* faire la patrouille dans ‖ *intr* patrouiller
patrol′man *s* (*pl* **-men**) *s* agent *m* de police
patrol′ wag′on *s* voiture *f* cellulaire
patron ['petrən], ['pætrən] *adj* patron ‖ *s* protecteur *m*; (com) client *m*
patronage ['petrənɪdʒ], ['pætrənɪdʒ] *s* patronage *m*, clientèle *f*
patronize ['petrə ,naɪz], ['pætrə ,naɪz] *tr* patronner, protéger; traiter avec condescendance; (com) acheter chez
pa′tron saint′ *s* patron *m*
patter ['pætər] *s* petit bruit *m*; (*of rain*) fouettement *m*; (*of magician, peddler, etc.*) boniment *m* ‖ *intr* (*said of rain*) fouetter; (*said of little feet*) trottiner
pattern ['pætərn] *s* patron *m*; modèle *m*
pat•ty ['pæti] *s* (*pl* **-ties**) petit pâté *m*
paucity ['pɔsɪti] *s* rareté *f*; manque *m*, disette *f*
paunch [pɔntʃ] *s* panse *f*
paunch•y ['pɔntʃi] *adj* (*comp* **-ier**; *super* **-iest**) ventru
pauper ['pɔpər] *s* indigent *m*
pause [pɔz] *s* pause *f*; (mus) point *m* d'orgue; **to give pause to** faire hésiter ‖ *intr* faire une pause; hésiter
pave [pev] *tr* paver
pavement ['pevmənt] *s* pavé *m*; (*surface*) chaussée *f*
pavilion [pə'vɪljən] *s* pavillon *m*
paw [pɔ] *s* patte *f*; (coll) main *f* ‖ *tr* donner un coup de patte à ‖ *intr* (*said of horse*) piaffer
pawl [pɔl] *s* cliquet *m* d'arrêt
pawn [pɔn] *s* (*in chess*) pion *m*; (*security, pledge*) gage *m*; (*tool of another person*) jouet *m* ‖ *tr* mettre en gage; **to pawn s.th. off on s.o.** (coll) refiler q.ch. à qn
pawn′bro′ker *s* prêteur *m* sur gages
pawn′shop′ *s* mont-de-piété *m*, crédit *m* municipal
pawn′ tick′et *s* reconnaissance *f* du mont-de-piété
pay [pe] *s* paye *f*; (mil) solde *f* ‖ *v* (*pret & pp* **paid** [ped]) *tr* payer; (mil) solder; (*a compliment; a visit; attention*) faire; **to pay back** payer de retour; **to pay down** payer comptant; **to pay off** (*a debt*) acquitter; (*a mortgage*) purger; (*a creditor*) rembourser; **to pay s.o. for s.th.**

payer qn de q.ch., payer q.ch. à qn || *intr* payer, rapporter; **to pay for** payer; **to pay off** (coll) avoir du succès; **to pay up** se libérer par un paiement
payable ['pe·əbəl] *adj* payable
pay′ boost′ *s* augmentation *f*
pay′check′ *s* paye *f*
pay′day′ *s* jour *m* de paye
pay′dirt′ *s* alluvion *f* exploitable; (coll) source *f* d'argent
payee [pe'i] *s* bénéficiaire *mf*
pay′ en′velope *s* sachet *m* de paye; paye *f*
payer ['pe·ər] *s* payeur *m*
pay′load′ *s* charge *f* payante; (aer) poids *m* utile
pay′mas′ter *s* payeur *m*
payment ['pemənt] *m* paiement *m*; (*installment, deposit, etc.*) versement *m*
pay′ phone′ *s* taxiphone *m*
pay′roll′ *s* bulletin *m* de paye; (*for officers*) état *m* de solde; (*for enlisted men*) feuille *f* de prêt
pay′ sta′tion *s* téléphone *m* public
pea [pi] *s* pois *m*; **green peas** petits pois
peace [pis] *s* paix *f*
peaceable ['pisəbəl] *adj* pacifique
peaceful ['pisfəl] *adj* paisible, pacifique
peace′mak′er *s* pacificateur *m*
peace′ of mind′ *s* tranquillité *f* d'esprit
peace′ pipe′ *s* calumet *m* de paix
peach [pitʃ] *s* pêche *f*; (slang) bijou *m*
peach′ tree′ *s* pêcher *m*
peach·y ['pitʃi] *adj* (*comp* **-ier**; *super* **-iest**) (slang) chouette
pea′coat′ *s* (naut) caban *m*
pea′cock′ *s* paon *m*
pea′hen′ *s* paonne *f*
peak [pik] *s* cime *f*, sommet *m*; (*mountain; mountain top*) pic *m*; (*of beard*) pointe *f*; (*of a cap*) visière *f*; (elec) pointe
peak′ hour′ *s* heure *f* de pointe
peak′ load′ *s* (elec) charge *f* maximum
peak′ vol′tage *s* tension *f* de crête
peal [pil] *s* retentissement *m*; (*of bells*) carillon *m* || *intr* carillonner
peal′ of laugh′ter *s* éclat *m* de rire
peal′ of thun′der *s* coup *m* de tonnerre
pea′nut′ *s* cacahuète *f*; (bot) arachide *f*
pea′nut but′ter *s* beurre *m* de cacahuètes or d'arachide
pear [per] *s* poire *f*
pearl [pʌrl] *s* perle *f*
pearl′ oys′ter *s* huître *f* perlière
pear′ tree′ *s* poirier *m*
peasant ['pezənt] *adj* & *s* paysan *m*
pea′shoot′er *s* sarbacane *f*
pea′ soup′ *s* (culin, fig) purée *f* de pois
peat [pit] *s* tourbe *f*
pebble ['pebəl] *s* caillou *m*; (*on seashore*) galet *m*
pebbled *adj* (*leather*) grenu
peck [pek] *s* coup *m* de bec; (*eight quarts*) picotin *m*; (*kiss*) (coll) baiser *m* d'oiseau, bécot *m*; (coll) tas *m* || *tr* becqueter || *intr* picorer; **to peck at** picorer; (*food*) pignocher
peculation [,pekjə'leʃən] *s* péculat *m*, détournement *m* de fonds
peculiar [pɪ'kjuljər] *adj* particulier; (*strange*) bizarre
pedagogue ['pedə,gɑg] *s* pédagogue *mf*
pedagogy ['pedə,godʒi], ['pedə,gɑdʒi] *s* pédagogie *f*
ped·al ['pedəl] *s* pédale *f* || *v* (*pret* & *pp* **-aled** or **-alled**; *ger* **-aling** or **-alling**) *tr* actionner les pédales de || *intr* pédaler
pedant ['pedənt] *s* pédant *m*
pedantic [pɪ'dæntɪk] *adj* pédant
pedant·ry ['pedəntri] *s* (*pl* **-ries**) pédanterie *f*
peddle ['pedəl] *tr* & *intr* colporter
peddler ['pedlər] *s* colporteur *m*
pedestal ['pedɪstəl] *s* piédestal *m*
pedestrian [pɪ'destrɪ·ən] *adj* (*style*) prosaïque || *s* piéton *m*
pediatrics [,pidɪ'ætrɪks], [,pedɪ'ætrɪks] *s* pédiatrie *f*
pedigree ['pedɪ,gri] *s* généalogie *f*; (*table*) arbre *m* généalogique; (*of animal*) pedigree *m*
pediment ['pedɪmənt] *s* fronton *m*
peek [pik] *s* coup *m* d'œil furtif || *intr* —**to peek at** regarder furtivement
peel [pil] *s* pelure *f*; (*of lemon*) zeste *m* || *tr* peler; **to peel off** enlever || *intr* se peler; (*said of paint*) s'écailler
peep [pip] *s* regard *m* furtif; (*of, e.g., chickens*) piaulement *m* || *intr* piauler; **to peep at** regarder furtivement
peep′hole′ *s* judas *m*
peer [pɪr] *s* pair *m* || *intr* regarder avec attention; **to peer at** or **into** scruter
peerless ['pɪrlɪs] *adj* sans pareil
peeve [piv] *s* (coll) embêtement *m* || *tr* (coll) irriter, embêter, fâcher
peevish ['pivɪʃ] *adj* maussade
peg [peg] *s* cheville *f*; (*for tent*) piquet *m*; **to take down a peg** (coll) rabattre le caquet de || *v* (*pret* & *pp* **pegged**; *ger* **pegging**) *tr* cheviller; (*e.g., prices*) indexer, fixer; (*points*) marquer || *intr* piocher; **to peg away at** travailler ferme à
Pegasus ['pegəsəs] *s* Pégase *m*
peg′ leg′ *s* jambe *f* de bois
peg′ top′ *s* toupie *f*; **peg tops** pantalon *m* fuseau
Pekin·ese [,pikɪ'niz] *adj* pékinois || *s* (*pl* **-ese**) Pékinois *m*
Peking ['pi'kɪŋ] *s* Pékin *m*
pelf [pelf] *s* (pej) lucre *m*
pelican ['pelɪkən] *s* pélican *m*
pellet ['pelɪt] *s* boulette *f*; (*bullet*) grain *m* de plomb; (pharm) pilule *f*
pell-mell ['pel'mel] *adj* confus || *adv* pêle-mêle
pelt [pelt] *s* peau *m*; coup *m* violent; (*of stones, insults, etc.*) grêle *f* || *tr* cribler; (*e.g., stones*) lancer || *intr* tomber à verse
pen [pen] *s* plume *f*; (*fountain pen*) stylo *m*; (*corral*) enclos *m*; (fig) plume; (*prison*) (slang) bloc *m* || *v* (*pret* & *pp* **penned**; *ger* **penning**) *tr* écrire || *v* (*pret* & *pp* **penned** or **pent** [pent]; *ger* **penning**) *tr* parquer
penalize ['pinə,laɪz] *tr* (*an action*) sanctionner; (*a person*) punir; (sports) pénaliser

penal•ty ['penəlti] *s* (*pl* **-ties**) peine *f*; (*for late payment; in a game*) pénalité *f*; **under penalty of** sous peine de
penance ['penəns] *s* pénitence *f*
penchant ['penʃənt] *s* penchant *m*
pen•cil ['pensəl] *s* crayon *m*; (*of light*) faisceau *m* || *v* (*pret & pp* **-ciled** or **-cilled**; *ger* **-ciling** or **-cilling**) *tr* crayonner
pen′cil sharp′ener *s* taille-crayon *m*
pendent ['pendent] *adj* pendant || *s* pendant *m*, pendentif *m*; (*of chandelier*) pendeloque *f*
pending ['pendɪŋ] *adj* pendant || *prep* en attendant
pendulum ['pendʒələm] *s* pendule *m*
pen′dulum bob′ *s* lentille *f*
penetrate ['penɪ,tret] *tr & intr* pénétrer
penguin ['peŋgwɪn] *s* manchot *m*
pen′hold′er *s* porte-plume *m*; (*rack*) pose-plumes *m*
penicillin [,penɪ'sɪlɪn] *s* pénicilline *f*
peninsula [pə'nɪnsələ] *s* presqu'île *f*; (*large peninsula like Spain or Italy*) péninsule *f*
peninsular [pə'nɪnsələr] *adj* péninsulaire
penitence ['penɪtəns] *s* pénitence *f*
penitent ['penɪtənt] *adj & s* pénitent *m*
pen′knife′ *s* (*pl* **-knives**) canif *m*
penmanship ['penmən,ʃɪp] *s* calligraphie *f*; (*person's handwriting*) écriture *f*
pen′ name′ *s* pseudonyme *m*
pennant ['penənt] *s* flamme *f*; (sports) banderole *f* du championnat
penniless ['penɪlɪs] *adj* sans le sou
pen•ny ['peni] *s* (*pl* **-nies**) (U.S.A.) centime *m*; **not a penny** pas un sou || *s* (*pl* **pence** [pens]) (Brit) penny *m*
pen′ny-pinch′ing *adj* regardant
pen′ny•weight′ *s* poids *m* de 24 grains
pen′ pal′ *s* (coll) correspondant *m*
pen′point′ *s* bec *m* de plume
pension ['penʃən] *s* pension *f* || *tr* pensionner
pensioner ['penʃənər] *s* pensionné *m*
pensive ['pensɪv] *adj* pensif
Pentagon ['pentə,gɑn] *s* Pentagone *m*
Pentecost ['pentɪ,kɔst], ['pentɪ,kɑst] *s* la Pentecôte
penthouse ['pent,haʊs] *s* toit *m* en auvent, appentis *m*; appartement *m* sur toit, maison *f* à terrasse
pent-up ['pent,ʌp] *adj* renfermé, refoulé
penult ['pinʌlt] *s* pénultième *f*
penum•bra [pɪ'nʌmbrə] *s* (*pl* **-brae** [bri] or **-bras**) pénombre *f*
penurious [pɪ'nurɪ•əs] *adj* (*stingy*) mesquin, parcimonieux; (*poor*) pauvre
penury ['penjəri] *s* indigence *f*, misère *f*
pen′wip′er *s* essuie-plume *m*
peo•ny ['pi•əni] *s* (*pl* **-nies**) pivoine *f*
people ['pipəl] *spl* gens *mpl*, personnes *fpl*; **many people** beaucoup de monde; **my people** ma famille, mes parents; **people say** on dit || *s* (*pl* **peoples**) peuple *m*, nation *f* || *tr* peupler
pep [pep] *s* (coll) allant *m* || *v* (*pret & pp* **pepped**; *ger* **pepping**) *tr*—**to pep up** (coll) animer
pepper ['pepər] *s* (*spice*) poivre *m*; (*fruit*) grain *m* de poivre; (*plant*) poivrier *m*; (*plant or fruit of the hot or red pepper*) piment *m* rouge; (*plant or fruit of the sweet or green pepper*) piment doux, poivron *m* vert || *tr* poivrer; (*e.g., with bullets*) cribler
pep′per•box′ *s* poivrière *f*
pep′per mill′ *s* moulin *m* à poivre
pep′per•mint′ *s* menthe *f* poivrée; (*lozenge*) pastille *f* de menthe
per [pʌr] *prep* par; **as per** suivant
perambulator [pər'æmbjə,letər] *s* voiture *f* d'enfant
per capita [pər'kæpɪtə] par tête, par personne
perceive [pər'siv] *tr* (*by the senses*) apercevoir; (*by understanding*) percevoir
per cent or **percent** [pər'sent] pour cent
percentage [pər'sentɪdʒ] *s* pourcentage *m*; **to get a percentage** (slang) avoir part au gâteau
perceptible [pər'septəbəl] *adj* perceptible, sensible, appréciable
perception [pər'sepʃən] *s* perception *f*; compréhension *f*, pénétration *f*
perch [pʌrtʃ] *s* perchoir *m*; (ichth) perche *f* || *tr* percher || *intr* percher, se percher
percolate ['pʌrkə,let] *tr & intr* filtrer
percolator ['pʌrkə,letər] *s* cafetière *f* à filtre
percussion [pər'kʌʃən] *s* percussion *f*
percus′sion cap′ *s* capsule *f* fulminante
per diem [pər'daɪ•əm] par jour
perdition [pər'dɪʃən] *s* perdition *f*
perennial [pə'renɪ•əl] *adj* perpétuel; (bot) vivace || *s* plante *f* vivace
perfect ['pʌrfɪkt] *adj & s* parfait *m* || [pər'fekt] *tr* perfectionner
perfidious [pər'fɪdɪ•əs] *adj* perfide
perfi•dy ['pʌrfɪdi] *s* (*pl* **-dies**) perfidie *f*
perforate ['pʌrfə,ret] *tr* perforer
per′forated line′ *s* pointillé *m*
perforation [,pʌrfə'reʃən] *s* perforation *f*; (*of postage stamp*) dentelure *f*
perforce [pər'fors] *adv* forcément
perform [pər'fɔrm] *tr* exécuter; (surg) faire; (theat) représenter || *intr* jouer; (*said of machine*) fonctionner
performance [pər'fɔrməns] *s* exécution *f*; (*production*) rendement *m*; (*of a machine*) fonctionnement *m*; (sports) performance *f*; (theat) représentation *f*
performer [pər'fɔrmər] *s* artiste *mf*
perform′ing arts′ *spl* arts *mpl* du spectacle
perfume ['pʌrfjum] *s* parfum *m* || [pər'fjum] *tr* parfumer
perfunctory [pər'fʌŋktəri] *adj* superficiel; négligent
perhaps [pər'hæps] *adv* peut-être; **perhaps not** peut-être que non
per hour′ à l'heure

peril ['pɛrəl] *s* péril *m*
perilous ['pɛrɪləs] *adj* périlleux
period ['pɪrɪ·əd] *s* période *f*; (*in school*) heure *f* de cours; (gram) point *m*; (sports) division *f*
pe′riod cos′tume *s* costume *m* d'époque
pe′riod fur′niture *s* meubles d'époque
periodic [ˌpɪrɪ'ɑdɪk] *adj* périodique
periodical [ˌpɪrɪ'ɑdɪkəl] *adj* périodique ‖ *s* publication *f* périodique
peripheral [pə'rɪfərəl] *adj* périphérique
peripher•y [pə'rɪfəri] *s* (*pl* **-ies**) périphérie *f*
periscope ['pɛrɪˌskop] *s* périscope *m*
perish ['pɛrɪʃ] *intr* périr
perishable ['pɛrɪʃəbəl] *adj* périssable
perjure ['pʌrdʒər] *tr*—**to perjure oneself** se parjurer
perju•ry ['pʌrdʒəri] *s* (*pl* **-ries**) parjure *m*
perk [pʌrk] *tr*—**to perk up** (*the head*) redresser; (*the ears*) dresser; (*the appetite*) ravigoter ‖ *intr*—**to perk up** se ranimer
permanence ['pʌrmənəns] *s* permanence *f*
permanent ['pʌrmənənt] *adj* permanent ‖ *s* permanente *f*
per′manent address′ *s* domicile *m* fixe
per′manent ten′ure *s* inamovibilité *f*
per′manent wave′ *s* ondulation *f* permanente
per′manent way′ *s* (rr) matériel *m* fixe
permeate ['pʌrmɪˌet] *tr & intr* pénétrer
permissible [pər'mɪsɪbəl] *adj* permis
permission [pər'mɪʃən] *s* permission *f*
per•mit ['pʌrmɪt] *s* permis *m*; (com) passavant *m* ‖ [pər'mɪt] *v* (*pret & pp* **-mitted**; *ger* **-mitting**) *tr* permettre; **to permit s.o. to** permettre à qn de
permute [pər'mjut] *tr* permuter
pernicious [pər'nɪʃəs] *adj* pernicieux
pernickety [pər'nɪkɪti] *adj* (coll) pointilleux
perox′ide blonde′ [pər'ɑksaɪd] *s* blonde *f* décolorée
perpendicular [ˌpʌrpən'dɪkjələr] *adj & s* perpendiculaire *f*
perpetrate ['pʌrpɪˌtret] *tr* perpétrer
perpetual [pər'pɛtʃʊ·əl] *adj* perpétuel
perpetuate [pər'pɛtʃʊˌet] *tr* perpétuer
perplex [pər'plɛks] *tr* rendre perplexe
perplexed [pər'plɛkst] *adj* perplexe
perplexi•ty [pər'plɛksɪti] *s* (*pl* **-ties**) perplexité *f*
persecute ['pʌrsɪˌkjut] *tr* persécuter
persecution [ˌpʌrsɪ'kjuʃən] *s* persécution *f*
persevere [ˌpʌrsɪ'vɪr] *intr* persévérer
Persian ['pʌrʒən] *adj* persan ‖ *s* (*language*) persan *m*; (*person*) Persan *m*
Per′sian blind′ *s* persienne *f*
Per′sian Gulf′ *s* Golfe *m* Persique
Per′sian rug′ *s* tapis *m* de Perse
persimmon [pər'sɪmən] *s* plaquemine *f*; (*tree*) plaqueminier *m*
persist [pər'sɪst], [pər'zɪst] *intr* persister; **to persist in** persister dans; + *ger* persister à + *inf*
persistent [pər'sɪstənt], [pər'zɪstənt] *adj* persistant
person ['pʌrsən] *s* personne *f*; **no person** personne; **per person** par personne, chacun
personage ['pʌrsənɪdʒ] *s* personnage *m*
personal ['pʌrsənəl] *adj* personnel ‖ *s* (journ) note *f* dans la chronique mondaine
personali•ty [ˌpʌrsə'nælɪti] *s* (*pl* **-ties**) personnalité *f*
per′sonal prop′erty *s* biens *mpl* mobiliers
personi•fy [pər'sɑnɪˌfaɪ] *v* (*pret & pp* **-fied**) *tr* personnifier
personnel [ˌpʌrsə'nɛl] *s* personnel *m*
per′son-to-per′son tel′ephone call′ *s* communication *f* avec préavis
perspective [pər'spɛktɪv] *s* perspective *f*
perspicacious [ˌpʌrspɪ'keʃəs] *adj* perspicace
perspiration [ˌpʌrspɪ'reʃən] *s* transpiration *f*
perspire [pər'spaɪr] *intr* transpirer
persuade [pər'swed] *tr* persuader; **to persuade s.o. of s.th.** persuader q.ch. à qn, persuader qn de q.ch.; **to persuade s.o. to** persuader à qn de
persuasion [pər'sweʒən] *s* persuasion *f*; (*faith*) (coll) croyance *f*
pert [pʌrt] *adj* effronté; (*sprightly*) animé
pertain [pər'ten] *intr*—**to pertain to** avoir rapport à
pertinacious [ˌpʌrtɪ'neʃəs] *adj* obstiné, persévérant
pertinent ['pʌrtɪnənt] *adj* pertinent
perturb [pər'tʌrb] *tr* perturber
Peru [pə'ru] *s* le Pérou
peruse [pə'ruz] *tr* lire; lire attentivement
Peruvian [pə'ruvɪ·ən] *adj* péruvien ‖ *s* Péruvien *m*
pervade [pər'ved] *tr* pénétrer, s'infiltrer dans
perverse [pər'vʌrs] *adj* pervers; obstiné; capricieux
perversion [pər'vʌrʒən] *s* perversion *f*
perversi•ty [pər'vʌrsɪti] *s* (*pl* **-ties**) perversité *f*; obstination *f*
pervert ['pʌrvərt] *s* pervers *m*, perverti *m* ‖ [pər'vʌrt] *tr* pervertir
pes•ky ['pɛski] *adj* (*comp* **-kier**; *super* **-kiest**) (coll) importun
pessimism ['pɛsɪˌmɪzəm] *s* pessimisme *m*
pessimist ['pɛsɪmɪst] *s* pessimiste *mf*
pessimistic [ˌpɛsɪ'mɪstɪk] *adj* pessimiste
pest [pɛst] *s* insecte *m* nuisible; (*pestilence*) peste *f*; (*annoying person*) raseur *m*
pester ['pɛstər] *tr* casser la tête à, importuner
pest′house′ *s* lazaret *m*
pesticide ['pɛstɪˌsaɪd] *s* pesticide *m*
pestiferous [pɛs'tɪfərəs] *adj* pestiféré; (coll) ennuyeux
pestilence ['pɛstɪləns] *s* pestilence *f*
pestle ['pɛsəl] *s* pilon *m*
pet [pɛt] *s* animal *m* favori; familial *m*; (*child*) enfant *m* gâté; (*anger*) accès *m* de mauvaise humeur ‖ *v* (*pret &*

pp **petted**; *ger* **petting**) *tr* choyer; (*e.g., an animal's fur*) caresser || *intr* (slang) se bécoter
petal ['petəl] *s* pétale *m*
pet′cock′ *s* robinet *m* de purge
Peter ['pitər] *s* Pierre *m*; **to rob Peter to pay Paul** découvrir saint Pierre pour habiller saint Paul || (*l.c.*) *intr* —**to peter out** (coll) s'épuiser, s'en aller en fumée
petition [pɪ'tɪʃən] *s* pétition *f* || *tr* adresser or présenter une pétition à
pet′ name′ *s* mot *m* doux, nom *m* d'amitié
Petrarch ['pitrɑrk] *s* Pétrarque *m*
petri•fy ['petrɪ,faɪ] *v* (*pret & pp* **-fied**) *tr* pétrifier || *intr* se pétrifier
petrol ['petrəl] *s* (Brit) essence *f*
petroleum [pɪ'trolɪ•əm] *s* pétrole *m*
pet′ shop′ *s* boutique *f* aux petites bêtes; (*for birds*) oisellerie *f*
petticoat ['petɪ,kot] *s* jupon *m*
pet•ty ['pɛti] *adj* (*comp* **-tier**; *super* **-tiest**) insignifiant, petit; (*narrow*) mesquin; intolérant
pet′ty cash′ *s* petite caisse *f*
pet′ty expen′ses *s* menus frais *mpl*
pet′ty lar′ceny *s* vol *m* simple
pet′ty of′ficer *s* (naut) officier *m* marinier
petulant ['petjələnt] *adj* irritable, boudeur
pew [pju] *s* banc *m* d'église
pewter ['pjutər] *s* étain *m*
Pfc. ['pi'ɛf'si] *s* (letterword) (**private first class**) soldat *m* de première
phalanx ['felæŋks], ['fælæŋks] *s* phalange *f*
phantasm ['fæntæzəm] *s* fantasme *m*
phantom ['fæntəm] *s* fantôme *m*
Pharaoh ['fɛro] *s* Pharaon *m*
pharisee ['færɪ,si] *s* pharisien *m*; **Pharisee** Pharisien *m*
pharmaceutical [,fɑrmə'sutɪkəl] *adj* pharmaceutique
pharmacist ['fɑrməsɪst] *s* pharmacien *m*
pharma•cy ['fɑrməsi] *s* (*pl* **-cies**) pharmacie *f*
pharynx ['færɪŋks] *s* pharynx *m*
phase [fez] *s* phase *f*; **out of phase** (*said of motor*) décalé || *tr* mettre en phase; développer en phases successives; (coll) inquiéter; **to phase out** faire disparaître peu à peu
pheasant ['fɛzənt] *s* faisan *m*
phenobarbital [,fino'bɑrbɪ,tæl] *s* phénobarbital *m*
phenomenal [fɪ'nɑmɪ,nəl] *adj* phénoménal
phenome•non [fɪ'nɑmɪ,nɑn] *s* (*pl* **-na** [nə]) phénomène *m*
phial ['faɪ•əl] *s* fiole *f*
philanderer [fɪ'lændərər] *s* coureur *m*, galant *m*
philanthropist [fɪ'lænθrəpɪst] *s* philanthrope *mf*
philanthro•py [fɪ'lænθrəpi] *s* (*pl* **-pies**) philanthropie *f*
philatelist [fɪ'lætəlɪst] *s* philatéliste *mf*
philately [fɪ'lætəli] *s* philatélie *f*
Philippine ['fɪlɪ,pin] *adj* philippin || **Philippines** *spl* Philippines *fpl*
Philistine [fɪ'lɪstin], ['fɪlɪ,stin], ['fɪlɪ,staɪn] *adj & s* philistin *m*
philologist [fɪ'lɑlədʒɪst] *s* philologue *mf*
philology [fɪ'lɑlədʒi] *s* philologie *f*
philosopher [fɪ'lɑsəfər] *s* philosophe *mf*
philosophic(al) [,fɪlə'sɑfɪk(əl)] *adj* philosophique
philoso•phy [fɪ'lɑsəfi] *s* (*pl* **-phies**) philosophie *f*
philter ['fɪltər] *s* philtre *m*
phlebitis [flɪ'baɪtɪs] *s* phlébite *f*
phlegm [flem] *s* flegme *m*; **to cough up phlegm** cracher des glaires, tousser gras
phlegmatic(al) [flɛg'mætɪk(əl)] *adj* flegmatique
phobia ['fobɪ•ə] *s* phobie *f*
Phoebe ['fibi] *s* Phébé *f*
Phoenicia [fɪ'nɪʃə], [fɪ'niʃə] *s* Phénicie *f*; la Phénicie
Phoenician [fɪ'nɪʃən], [fɪ'niʃən] *adj* phénicien || *s* Phénicien *m*
phoenix ['finɪks] *s* phénix *m*
phone [fon] *s* (coll) téléphone *m* || *tr & intr* (coll) téléphoner
phone′ call′ *s* coup *m* de téléphone, coup de fil
phonetic [fo'nɛtɪk] *adj* phonétique || **phonetics** *s* phonétique *f*
phonograph ['fonə,græf], ['fonə,grɑf] *s* phonographe *m*
phonology [fə'nɑlədʒi] *s* phonologie *f*
pho•ny ['foni] *adj* (*comp* **-nier**; *super* **-niest**) faux, truqué || *s* (*pl* **-nies**) charlatan *m*
pho′ny war′ *s* drôle *f* de guerre
phosphate ['fɑsfet] *s* phosphate *m*
phosphorescent [,fɑsfə'rɛsənt] *adj* phosphorescent
phospho•rus ['fɑsfərəs] *s* (*pl* **-ri** [,raɪ]) phosphore *m*
pho•to ['foto] *s* (*pl* **-tos**) (coll) photo *f*
photoengraving [,foto•ɛn'grevɪŋ] *s* photogravure *f*
pho′to fin′ish *s* photo-finish *f*
photogenic [,foto'dʒɛnɪk] *adj* photogénique
photograph ['fotə,græf], ['fotə,grɑf] *s* photographie *f* || *tr* photographier || *intr*—**to photograph well** être photogénique
photographer [fə'tɑgrəfər] *s* photographe *mf*
photography [fə'tɑgrəfi] *s* photographie *f*
photostat ['fotə,stæt] *s* (trademark) photostat *m* || *tr & intr* photocopier
phrase [frez] *s* locution *f*, expression *f*; (mus) phrase *f* || *tr* exprimer, rédiger; (mus) phraser
phrenology [frɪ'nɑlədʒi] *s* phrénologie *f*
phys•ic ['fɪzɪk] *s* médicament *m*; (*laxative*) purgatif *m* || *v* (*pret & pp* **-icked**; *ger* **-icking**) *tr* purger
physical ['fɪzɪkəl] *adj* physique
phys′ical de′fect *s* vice *m* de conformation
physician [fɪ'zɪʃən] *s* médecin *m*
physicist ['fɪzɪsɪst] *s* physicien *m*

physics ['fɪzɪks] *s* physique *f*
physiogno•my [ˌfɪzɪ'ɑgnəmi], [ˌfɪzɪ'ɑnəmi] *s* (*pl* **-mies**) physionomie *f*
physiological [ˌfɪzɪ•ə'lɑdʒɪkəl] *adj* physiologique
physiology [ˌfɪzɪ'ɑlədʒi] *s* physiologie *f*
physique [fɪ'zik] *s* physique *m*
pi [paɪ] *s* (math) pi *m*; (typ) pâté *m* ‖ *v* (*pret & pp* **pied**; *ger* **piing**) *tr* (typ) mettre en pâte
pianist [pɪ'ænɪst], ['pi•ənɪst] *s* pianiste *mf*
pian•o [pɪ'æno] *s* (*pl* **-os**) piano *m*
pian'o stool' *s* tabouret *m* de piano
picayune [ˌpɪkə'jun] *adj* mesquin
picco•lo ['pɪkəlo] *s* (*pl* **-los**) piccolo *m*
pick [pɪk] *s* (*tool*) pic *m*, pioche *f*; (*choice*) choix *m*; (*choicest*) élite *f*, fleur *f* ‖ *tr* choisir; (*flowers*) cueillir; (*fibers*) effiler; (*one's teeth, nose, etc.*) se curer; (*a scab*) gratter; (*a fowl*) plumer; (*a bone*) ronger; (*a lock*) crocheter; (*the ground*) piocher; (*e.g., guitar strings*) toucher; (*a quarrel; flaws*) chercher; **to pick off** enlever; (*to shoot*) descendre; **to pick out** trier; **to pick pockets** voler à la tire; **to pick to pieces** (coll) éplucher; **to pick up** ramasser; (*one's strength*) reprendre; (*speed*) accroître; (*a passenger*) prendre; (*a man overboard*) recueillir; (*an anchor; a stitch; a fallen child*) relever; (*information; a language*) apprendre; (*the scent*) retrouver; (rad) capter ‖ *intr* (*said of birds*) picorer; **to pick at** (*to scold*) (coll) gronder; **to pick at one's food** manger du bout des dents; **to pick on** choisir; (coll) gronder; **to pick up** (coll) se rétablir
pick'ax' *s* pioche *f*
picket ['pɪkɪt] *s* (*stake, pale*) pieu *m*; (*of strikers; of soldiers*) piquet *m* ‖ *tr* entourer de piquets de grève ‖ *intr* faire le piquet
pick'et fence' *s* palis *m*
pick'et line' *s* piquet *m* de grève
pickle ['pɪkəl] *s* cornichon *m*; (*brine*) marinade *f*, saumure *f*; (coll) gâchis *m* ‖ *tr* conserver dans du vinaigre
pick'lock' *s* crochet *m*; (*person*) crocheteur *m*
pick'-me-up' *s* (coll) remontant *m*
pick'pock'et *s* voleur *m* à la tire
pick'up' *s* chargement *m*; passager *m*; (*of a motor*) reprise *f*; (*truck; phonograph cartridge*) pick-up *m*; (*woman*) (coll) racoleuse *f*
pick'up arm' *s* bras *m* de pick-up
pick'up truck' *s* camionnette *f*
pic•nic ['pɪknɪk] *s* pique-nique *m* ‖ *v* (*pret & pp* **-nicked**; *ger* **-nicking**) *intr* pique-niquer
pictorial [pɪk'torɪ•əl] *adj & s* illustré *m*
picture ['pɪktʃər] *s* tableau *m*; image *f*; photographie *f*; (*painting*) peinture *f*; (*engraving*) gravure *f*; (mov) film *m*; (*screen*) (mov, telv) écran *m*; **the very picture of** le portrait de, l'image de; **to receive the picture** (telv) capter l'image ‖ *tr* dépeindre, représenter; **to picture to oneself** s'imaginer
pic'ture gal'lery *s* musée *m* de peinture
pic'ture post' card' *s* carte *f* postale illustrée
pic'ture show' *s* exhibition *f* de peinture; (mov) cinéma *m*
pic'ture sig'nal *s* signal *m* vidéo
picturesque [ˌpɪktʃə'rɛsk] *adj* pittoresque
pic'ture tube' *s* tube *m* de l'image
pic'ture win'dow *s* fenêtre *f* panoramique
piddling ['pɪdlɪŋ] *adj* insignifiant
pie [paɪ] *s* pâté *m*; (*dessert*) tarte *f*; (*bird*) pie *f*
piece [pis] *s* (*of music; of bread*) morceau *m*; (*cannon, coin, chessman, pastry, clothing*) pièce *f*; (*of land*) parcelle *f*; (*e.g., of glass*) éclat *m*; **a piece of advice** un conseil; **a piece of furniture** un meuble; **to break into pieces** mettre en pièces, mettre en morceaux; **to give s.o. a piece of one's mind** (coll) dire son fait à qn; **to go to pieces** se désagréger; (*to be hysterical*) avoir ses nerfs; **to pick to pieces** (coll) éplucher ‖ *tr* rapiécer; **to piece together** rassembler, coordonner
piece'meal' *adv* pièce à pièce
piece'work' *s* travail *m* à la tâche
piece'work'er *s* ouvrier *m* à la tâche
pied [paɪd] *adj* bigarré, panaché; (typ) tombé en pâté
pier [pɪr] *s* quai *m*; (*of a bridge*) pile *f*; (*of a harbor*) jetée *f*; (*wall between two openings*) (archit) trumeau *m*
pierce [pɪrs] *tr & intr* percer
piercing ['pɪrsɪŋ] *adj* perçant; (*sharp*) aigu
pier' glass' *s* grand miroir *m*
pie•ty ['paɪ•əti] *s* (*pl* **-ties**) piété *f*
piffle ['pɪfəl] *s* (coll) futilités *fpl*, sottises *fpl*
pig [pɪg] *s* cochon *m*, porc *m*
pigeon ['pɪdʒən] *s* pigeon *m*
pi'geon•hole' *s* boulin *m*; (*in desk*) case *f* ‖ *tr* caser; mettre au rancart
pi'geon house' *s* pigeonnier *m*
piggish ['pɪgɪʃ] *adj* goinfre
piggyback ['pɪgiˌbæk] *adv* sur le dos, sur les epaules; en auto-couchette
pig'gy bank' ['pɪgi] *s* tirelire *f*, grenouille *f*
pig'-head'ed *adj* cabochard, têtu
pig' i'ron *s* gueuse *f*
piglet ['pɪglɪt] *s* cochonnet *m*
pigment ['pɪgmənt] *s* pigment *m*
pig'pen' *s* porcherie *f*
pig'skin' *s* peau *f* de porc; (coll) ballon *m* du football
pig'sty' *s* (*pl* **-sties**) porcherie *f*
pig'tail' *s* queue *f*, natte *f*; (*of tobacco*) carotte *f*
pike [paɪk] *s* pique *f*; autoroute *f* à péage; (*fish*) brochet *m*
piker ['paɪkər] *s* (slang) rat *m*
pile [paɪl] *s* tas *m*; (*stake*) pieu *m*; (*of rug*) poil *m*; (*of building*) masse *f*; (elec, phys) pile *f*; (coll) fortune *f*; **piles** (pathol) hémorroïdes *fpl* ‖ *tr* empiler ‖ *intr* s'empiler
pile' dri'ver *s* sonnette *f*

pilfer ['pɪlfər] *tr & intr* chaparder
pilgrim ['pɪlgrɪm] *s* pèlerin *m*
pilgrimage ['pɪlgrɪmɪdʒ] *s* pèlerinage *m*
pill [pɪl] *s* pilule *f*; (*something unpleasant*) pilule; (coll) casse-pieds *m*
pillage ['pɪlɪdʒ] *s* pillage *m* ‖ *tr & intr* piller
pillar ['pɪlər] *s* pilier *m*
pillo•ry ['pɪləri] *s* (*pl* **-ries**) pilori *m* ‖ *v* (*pret & pp* **-ried**) *tr* clouer au pilori
pillow ['pɪlo] *s* oreiller *m*
pil′low•case′ or **pil′low•slip′** *s* taie *f* d'oreiller
pilot ['paɪlət] *s* pilote *m*; (*of gas range*) veilleuse *f* ‖ *tr* piloter
pi′lot en′gine *s* locomotive-pilote *f*
pi′lot light′ *s* veilleuse *f*
pimp [pɪmp] *s* entremetteur *m*
pimple ['pɪmpəl] *s* bouton *m*
pim•ply ['pɪmpli] *adj* (*comp* **-plier**; *super* **-pliest**) boutonneux
pin [pɪn] *s* épingle *f*; (*of wearing apparel*) agrafe *f*; (*bowling*) quille *f*; (mach) clavette *f*, cheville *f*, goupille *f*; **to be on pins and needles** être sur les chardons ardents ‖ *v* (*pret & pp* **pinned**; *ger* **pinning**) *tr* épingler; (mach) cheviller, goupiller; **to pin down** fixer, clouer
pinafore ['pɪnə,for] *s* tablier *m* d'enfant
pin′ball′ *s* billard *m* américain
pincers ['pɪnsərz] *s & spl* pinces *fpl*
pinch [pɪntʃ] *s* pinçade *f*; (*of salt*) pincée *f*; (*of tobacco*) prise *f*; (*of hunger*) morsure *f*; (*trying time*) moment *m* critique; (slang) arrestation *f*; **in a pinch** au besoin ‖ *tr* pincer; (*to press tightly on*) serrer; (*e.g., one's finger in a door*) se prendre; (*to arrest*) (slang) pincer; (*to steal*) (slang) chiper ‖ *intr* (*said, e.g., of shoe*) gêner; (*to save*) lésiner
pinchers ['pɪntʃərz] *s & spl* pinces *fpl*
pin′cush′ion *s* pelote *f* d'épingles
pine [paɪn] *s* pin *m* ‖ *intr* languir; **to pine for** soupirer après
pine′ap′ple *s* ananas *m*
pine′ cone′ *s* pomme *f* de pin
pine′ nee′dle *s* aiguille *f* de pin
ping [pɪŋ] *s* sifflement *m*; (*in a motor*) cognement *m* ‖ *intr* siffler; cogner
pin′head′ *s* tête *f* d'épingle; (coll) crétin *m*
pink [pɪŋk] *adj* rose ‖ *s* rose *m*; (bot) œillet *m*; **to be in the pink** se porter à merveille
pin′ mon′ey *s* argent *m* de poche
pinnacle ['pɪnəkəl] *s* pinacle *m*
pin′point′ *adj* exact ‖ *s* (fig) point *m* critique ‖ *tr* situer avec précision
pin′prick′ *s* piqûre *f* d'épingle
pint [paɪnt] *s* chopine *f*
pin′up girl′ *s* pin up *f*
pin′wheel′ *s* (*fireworks*) soleil *m*; (*child's toy*) moulinet *m*
pioneer [,paɪ•ə'nɪr] *s* pionnier *m* ‖ *tr* défricher ‖ *intr* faire œuvre de pionnier
pious ['paɪ•əs] *adj* pieux, dévot
pip [pɪp] *s* (*in fruit*) pépin *m*; (*on cards, dice, etc.*) point *m*; (rad) top *m*; (vet) pépie *f*
pipe [paɪp] *s* tuyau *m*, tube *m*, conduit *m*; (*to smoke tobacco*) pipe *f*; (*of an organ*) tuyau; (mus) chalumeau *m* ‖ *tr* canaliser ‖ *intr* jouer du chalumeau; **pipe down!** (slang) boucle-la!
pipe′ clean′er *s* cure-pipe *m*
pipe′ dream′ *s* rêve *m*, projet *m* illusoire
pipe′ line′ *s* pipe-line *m*; (*of information*) tuyau *m*
pipe′ or′gan *s* grandes orgues *fpl*
piper ['paɪpər] *s* joueur *m* de chalumeau; (*bagpiper*) cornemuseur *m*; **to pay the piper** payer les violons
pipe′ wrench′ *s* clef *f* à tubes
piping ['paɪpɪŋ] *s* tuyauterie *f*; (sewing) passepoil *m*
pippin ['pɪpɪn] *s* (*apple*) reinette *f*; (*highly admired person or thing*) bijou *m*
piquancy ['pikənsi] *s* piquant *m*
piquant ['pikənt] *adj* piquant
pique [pik] *s* pique *f* ‖ *tr* piquer; **to pique oneself on** se piquer de
pira•cy ['paɪrəsi] *s* (*pl* **-cies**) piraterie *f*
Piraeus [paɪ'ri•əs] *s* Le Pirée
pirate ['paɪrɪt] *s* pirate *m* ‖ *tr* piller ‖ *intr* pirater
pirouette [,pɪru'et] *s* pirouette *f* ‖ *intr* pirouetter
pistol ['pɪstəl] *s* pistolet *m*
piston ['pɪstən] *s* piston *m*
pis′ton ring′ *s* segment *m* de piston
pis′ton rod′ *s* tige *f* de piston
pis′ton stroke′ *s* course *f* de piston
pit [pɪt] *s* fosse *f*, trou *m*; (*in the skin*) marque *f*; (*of certain fruit*) noyau *m*; (*for cockfights, etc.*) arène *f*; (*of the stomach*) creux *m*; (min) puits *m*; (theat) fauteuils *mpl* d'orchestre derrière les musiciens ‖ *v* (*pret & pp* **pitted**; *ger* **pitting**) *tr* trouer; (*the face*) grêler; (*fruit*) dénoyauter; **to pit oneself against** se mesurer contre
pitch [pɪtʃ] *s* (*black sticky substance*) poix *f*; (*throw*) lancement *m*, jet *m*; (*of a boat*) tangage *m*; (*of a roof*) degré *m* de pente; (*of, e.g., a screw*) pas *m*; (*of a tone, of the voice, etc.*) hauteur *f*; (coll) boniment *m*, tam-tam *m*; **to such a pitch that** à tel point que ‖ *tr* lancer, jeter; (*hay*) fourcher; (*a tent*) dresser; enduire de poix; (mus) donner le ton de ‖ *intr* (*said of boat*) tanguer; **to pitch in** (coll) se mettre à la besogne; (coll) commencer à manger; **to pitch into** s'attaquer à
pitch′ ac′cent *s* accent *m* de hauteur
pitcher ['pɪtʃər] *s* broc *m*, cruche *f*; (baseball) lanceur *m*
pitch′fork′ *s* fourche *f*; **to rain pitchforks** pleuvoir à torrents
pitch′ pipe′ *s* diapason *m* de bouche
pit′fall′ *s* trappe *f*; (fig) écueil *m*, pierre *f* d'écueil
pith [pɪθ] *s* moelle *f*; (fig) suc *m*
pith•y ['pɪθi] *adj* (*comp* **-ier**; *super* **-iest**) moelleux; (fig) plein de suc
pitiful ['pɪtɪfəl] *adj* pitoyable

pitiless ['pɪtɪlɪs] *adj* impitoyable
pit•y ['pɪti] *s* (*pl* **-ies**) pitié *f*; **for pity's sake!** par pitié!; **what a pity!** quel dommage! || *v* (*pret & pp* **-ied**) *tr* avoir pitié de, plaindre
pivot ['pɪvət] *s* pivot *m* || *tr* faire pivoter || *intr* pivoter
placard ['plækɑrd] *s* placard *m*, affiche *f* || *tr* placarder
placate ['pleket] *tr* apaiser
place [ples] *s* endroit *m*; (*job*) poste *m*, emploi *m*; (*seat*) place *f*; (*rank*) rang *m*; **everything in its place** chaque chose à sa place; **in no place** nulle part; **in place of** au lieu de; **in your place** à votre place; **out of place** déplacé; **to change places** changer de place; **to keep one's place** (fig) tenir ses distances; **to take place** avoir lieu || *tr* mettre, placer; (*to find a job for; to invest*) placer; (*to recall*) remettre, se rappeler; (*to set down*) poser || *intr* (turf) finir placé
place•bo [plə'sibo] *s* (*pl* **-bos** or **-boes**) remède *m* factice
place' card' *s* marque-place *f*, carton *m* marque-place
place' mat' *s* garde-nappe *m*
placement ['plesmənt] *s* placement *m*; (*location*) emplacement *m*
place'ment exam' *s* examen *m* probatoire
place'-name' *s* nom *m* de lieu, toponyme *m*
placid ['plæsɪd] *adj* placide
plagiarism ['pledʒə,rɪzəm] *s* plagiat *m*
plagiarize ['pledʒə,raɪz] *tr* plagier
plague [pleg] *s* peste *f*; (*great public calamity*) fléau *m* || *tr* tourmenter
plaid [plæd] *s* plaid *m*
plain [plen] *adj* clair; simple; (*e.g., answer*) franc; (*color*) uni; (*ugly*) sans attraits || *s* plaine *f*
plain' clothes' *spl*—**in plain clothes** en civil, en bourgeois
plain'clothes'man' *s* (*pl* **-men'**) agent *m* en civil
plain' cook'ing *s* cuisine *f* bourgeoise
plain' om'elet *s* omelette *f* nature
plain' speech' *s* franc-parler *m*
plaintiff ['plentɪf] *s* (law) demandeur *m*, plaignant *m*
plaintive ['plentɪv] *adj* plaintif
plan [plæn] *s* plan *m*, projet *m*; (*drawing, diagram*) plan, dessein *m* || *v* (*pret & pp* **planned**; *ger* **planning**) *tr* projeter; **to plan to** se proposer de || *intr* faire des projets
plane [plen] *adj* plan, plat || *s* (aer) avion *m*; (bot) platane *m*; (carpentry) rabot *m*; (geom) plan *m* || *tr* raboter
plane' sick'ness *s* mal *m* de l'air
planet ['plænɪt] *s* planète *f*
plane' tree' *s* platane *m*
plan'ing mill' *s* atelier *m* de rabotage
plank [plæŋk] *s* planche *f*; (pol) article *m* d'une plate-forme électorale
plant [plænt], [plɑnt] *s* (*factory*) usine *f*; (*building and equipment*) installation *f*; (bot) plante *f* || *tr* planter
plantation [plæn'teʃən] *s* plantation *f*
planter ['plæntər] *s* planteur *m*
plant' louse' *s* puceron *m*
plasma ['plæzmə] *s* plasma *m*
plaster ['plæstər], ['plɑstər] *s* plâtre *m*; (*poultice*) emplâtre *m* || *tr* plâtrer; (*a bill, poster*) coller; (slang) griser
plas'ter cast' *s* plâtre *m*
plas'ter of Par'is *s* plâtre *m* à mouler
plastic ['plæstɪk] *adj* plastique || *s* (*substance*) plastique *m*; (*art*) plastique *f*
plas'tic bomb' *s* plastic *m*
plas'tic sur'gery *s* chirurgie *f* esthétique, chirurgie plastique
plate [plet] *s* (*dish*) assiette *f*; (*platter*) plateau *m*; (*sheet of metal*) tôle *f*, plaque *f*; vaisselle *f* d'or or d'argent; (anat, elec, phot, rad, zool) plaque; (typ) planche *f* || *tr* plaquer; (elec) galvaniser; (typ) clicher
plateau [plæ'to] *s* plateau *m*, massif *m*
plate' glass' *s* verre *m* cylindré
platen ['plætən] *s* rouleau *m*
platform ['plæt,fɔrm] *s* plate-forme *f*; (*for arrivals and departures*) quai *m*; (*of a speaker*) estrade *f*; (*political program*) plate-forme
plat'form car' *s* (rr) plate-forme *f*
platinum ['plætɪnəm] *s* platine *m*
plat'inum blonde' *s* blonde *f* platinée
platitude ['plætɪ,t(j)ud] *s* platitude *f*
Plato ['pleto] *s* Platon *m*
platoon [plə'tun] *s* section *f*
platter ['plætər] *s* plat *m*; (slang) disque *m*
plausible ['plɔzɪbəl] *adj* plausible
play [ple] *s* jeu *m*; (*drama*) pièce *f*; (mach) jeu; **to give full play to** donner libre cours à || *tr* jouer; (*e.g., the fool*) faire; (*cards; e.g., football*) jouer à; (*an instrument*) jouer de; **to play back** (*a tape*) faire repasser; **to play down** diminuer; **to play hooky** faire l'école buissonnière; **to play off** (sports) rejouer; **to play up** accentuer || *intr* jouer; **to play out** s'épuiser; **to play safe** prendre des précautions; **to play sick** faire semblant d'être malade; **to play up to** passer de la pommade à
play'back' *s* (*device*) lecteur *m*; (*reproduction*) lecture *f*
play'back head' *s* tête *f* de lecture
play'bill' *s* programme *m*; (*poster*) affiche *f*
play'er pian'o ['ple•ər] *s* piano *m* mécanique
playful ['plefəl] *adj* enjoué, badin
playgoer ['ple,go•ər] *s* amateur *m* de théâtre
play'ground' *s* terrain *m* de jeu
play'house' *s* théâtre *m*; (*dollhouse*) maison *f* de poupée
play'ing card' *s* carte *f* à jouer
play'ing field' *s* terrain *m* de sports
play'mate' *s* compagnon *m* de jeu
play'-off' *s* finale *f*, match *m* d'appui
play' on words' *s* jeu *m* de mots
play'pen' *s* parc *m* d'enfants
play'room' *s* salle *f* de jeux
play'thing' *s* jouet *m*

play′time′ *s* recréation *f*
playwright ['ple,raɪt] *s* auteur *m* dramatique, dramaturge *mf*
play′writ′ing *s* dramaturgie *f*
plea [pli] *s* requête *f*, appel *m*; prétexte *m*; (law) défense *f*
plead [plid] *v* (*pret & pp* **pleaded** or **pled** [plɛd]) *tr & intr* plaider; **to plead not guilty** plaider non coupable
pleasant ['plɛzənt] *adj* agréable
pleasant·ry ['plɛzəntri] *s* (*pl* **-ries**) plaisanterie *f*
please [pliz] *tr* plaire (with *dat*); **it pleases him to** il lui plaît de; **please** + *inf* veuillez + *inf*; **to be pleased with** être content or satisfait de || *intr* plaire; **as you please** comme vous voulez; **if you please** s'il vous plaît
pleasing ['plizɪŋ] *adj* agréable
pleasure ['plɛʒər] *s* plaisir *m*; **at the pleasure of** au gré de; **what is your pleasure?** qu'y a-t-il pour votre service?, que puis-je faire pour vous?
pleas′ure car′ *s* voiture *f* de tourisme
pleas′ure trip′ *s* voyage *m* d'agrément
pleat [plit] *s* pli *m* || *tr* plisser
plebe [plib] *s* élève *m* de première année
plebeian [plɪ'bi·ən] *adj & s* plébéien *m*
plebiscite ['plɛbɪ,saɪt] *s* plébiscite *m*
pledge [plɛdʒ] *s* gage *m*; engagement *m* d'honneur, promesse *f* || *tr* mettre en gage; (*one's word*) engager
plentiful ['plɛntɪfəl] *adj* abondant
plenty ['plenti] *s* abondance *f*; **plenty of** beaucoup de || *adv* (coll) largement
pleurisy ['plʊrɪsi] *s* pleurésie *f*
pliable ['plaɪ·əbəl] *adj* pliable; docile, maniable
pliers ['plaɪ·ərz] *s & spl* pinces *fpl*, tenailles *fpl*
plight [plaɪt] *s* embarras *m*; (*promise*) engagement *m* || *tr* engager; **to plight one's troth** promettre fidélité
plod [plɑd] *v* (*pret & pp* **plodded**; *ger* **plodding**) *tr* parcourir lourdement et péniblement || *intr* cheminer; travailler laborieusement
plot [plɑt] *s* complot *m*; (*of a play or novel*) intrigue *f*; (*of ground*) lopin *m*, parcelle *f*; (*map*) tracé *m*, plan *m*; (*of vegetables*) carré *m* || *v* (*pret & pp* **plotted**; *ger* **plotting**) *tr* comploter, tramer; (*a tract of land*) faire le plan de; (*a point*) relever; (*lines*) tracer || *intr* comploter; **to plot to** + *inf* comploter de + *inf*
plough [plaʊ] *s, tr & intr* var of **plow**
plover ['plʌvər], ['plovər] *s* pluvier *m*
plow [plaʊ] *s* charrue *f*; (*for snow*) chasse-neige *m* || *tr* labourer; (*the sea; the forehead*) sillonner; (*snow*) déblayer; **to plow back** (com) affecter aux investissements || *intr* labourer; **to plow through** avancer péniblement dans
plow′man *s* (*pl* **-men**) laboureur *m*
plow′share′ *s* soc *m* de charrue
pluck [plʌk] *s* cran *m*; (*tug*) saccade *f* || *tr* arracher; (*flowers*) cueillir; (*a fowl*) plumer; (*one's eyebrows*) épiler; (*e.g., the strings of a guitar*) pincer || *intr*—**to pluck at** arracher d'un coup sec; **to pluck up** reprendre courage
pluck·y ['plʌki] *adj* (*comp* **-ier**; *super* **-iest**) courageux, crâne
plug [plʌg] *s* tampon *m*, bouchon *m*; (*of sink, bathtub, etc.*) bonde *f*; (*of tobacco*) chique *f*; (aut) bougie *f*; (*on wall*) (elec) prise *f*; (*prongs*) (elec) fiche *f*, prise; (*old horse*) (coll) rosse *f*; (*hat*) (slang) haut-de-forme *m*; (slang) annonce *f* publicitaire || *v* (*pret & pp* **plugged**; *ger* **plugging**) *tr* boucher; (*a melon*) entamer; **to plug in** (elec) brancher || *intr*—**to plug away** (coll) persévérer
plum [plʌm] *s* prune *f*; (*tree*) prunier *m*; (slang) fromage *m*
plumage ['plumɪdʒ] *s* plumage *m*
plumb [plʌm] *adj* d'aplomb; (coll) pur || *s* plomb *m*; **out of plumb** hors d'aplomb || *adv* d'aplomb; (coll) en plein; (coll) complètement || *tr* sonder
plumb′ bob′ *s* plomb *m*
plumber ['plʌmər] *s* plombier *m*
plumbing ['plʌmɪŋ] *s* plomberie *f*
plumb′ line′ *s* fil *m* à plomb
plume [plum] *s* aigrette *f*; (*of a hat, of smoke, etc.*) panache *m* || *tr* orner de plumes; (*feathers*) lisser; **to plume oneself on** se piquer de
plummet ['plʌmɪt] *s* plomb *m* || *intr* tomber d'aplomb, se précipiter
plump [plʌmp] *adj* grassouillet, potelé, dodu; brusque || *s* (coll) chute *f* lourde; (coll) bruit *m* sourd || *adv* en plein; brusquement || *tr* jeter brusquement; **to plump oneself down** s'affaler || *intr* tomber lourdement
plunder ['plʌndər] *s* pillage *m*; (*booty*) butin *m* || *tr* piller
plunge [plʌndʒ] *s* plongeon *m*; (*pitching movement*) tangage *m* || *tr* plonger || *intr* plonger; se précipiter; (fig) se plonger; (naut) tanguer; (slang) risquer de grosses sommes
plunger ['plʌndʒər] *s* plongeur *m*; (slang) risque-tout *m*
plunk [plʌŋk] *adv* d'un coup sec; (*squarely*) carrément || *tr* jeter bruyamment || *intr* tomber raide
plural ['plʊrəl] *adj & s* pluriel *m*
plus [plʌs] *adj* positif || *s* (*sign*) plus *m*; quantité *f* positive || *prep* plus
plush [plʌʃ] *adj* en peluche; (coll) rupin || *s* peluche *f*
plush·y ['plʌʃi] *adj* (*comp* **-ier**; *super* **-iest**) pelucheux; (coll) rupin
plus′ sign′ *s* signe *m* plus
Plutarch ['plutɑrk] *s* Plutarque *m*
Pluto ['pluto] *s* Pluton *m*
plutonium [plu'tonɪ·əm] *s* plutonium *m*
ply [plaɪ] *s* (*pl* **plies**) (*e.g., of a cloth*) pli *m*; (*of rope, wool, etc.*) brin *m* || *v* (*pret & pp* **plied**) *tr* manier; (*a trade*) exercer; **to ply s.o. with** presser qn de || *intr* faire la navette
ply′wood′ *s* bois *m* de placage, contreplaqué *m*

P.M. ['pi'ɛm] *adv* (letterword) **(post meridiem)** de l'après-midi, du soir
pneumatic [n(j)u'mætɪk] *adj* pneumatique
pneumat'ic drill' *s* foreuse *f* à air comprimé
pneumonia [n(j)u'monɪ'ə] *s* pneumonie *f*
P.O. ['pi'o] *s* (letterword) **(post office)** poste *f*
poach [potʃ] *tr* (*eggs*) pocher || *intr* (hunting) braconner
poached' egg' *s* œuf *m* poché
poacher ['potʃər] *s* braconnier *m*
pock [pɑk] *s* pustule *f*
pocket ['pɑkɪt] *s* poche *f*; (billiards) blouse *f*; (aer) trou *m* d'air || *tr* empocher; (*a billiard ball*) blouser; (*insults*) avaler
pock'et·book' *s* portefeuille *m*; (*small book*) livre *m* de poche
pock'et hand'kerchief *s* mouchoir *m* de poche
pock'et·knife' *s* (*pl* **-knives**) couteau *m* de poche, canif *m*
pock'et mon'ey *s* argent *m* de poche
pock'mark' *s* marque *f* de la petite vérole
pock'marked' *adj* grêlé
pod [pɑd] *s* cosse *f*, gousse *f*
poem ['po·ɪm] *s* poème *m*
poet ['po·ɪt] *s* poète *m*
poetess ['po·ɪtɪs] *s* poétesse *f*
poetic [po'ɛtɪk] *adj* poétique || **poetics** *s* poétique *f*
poetry ['po·ɪtri] *s* poésie *f*
pogrom ['pogrəm] *s* pogrom *m*
poignancy ['pɔɪnənsi] *s* piquant *m*
poignant ['pɔɪnənt] *adj* poignant
point [pɔɪnt] *s* (*spot, dot, score, etc.*) point *m*; (*tip*) pointe *f*; (*of pen*) bec *m*; (*of conscience*) cas *m*; (*of a star*) rayon *m*; (*of a joke*) piquant *m*; (*of, e.g., grammar*) question *f*; (geog, naut) pointe; (typ) point; **beside the point, off the point** hors de propos; **on the point of** sur le point de; (*death*) à l'article de; **on this point** à cet égard, à ce propos; **point of a compass** aire *f* de vent; **point of order** rappel *m* au règlement; **points** (aut) vis *f* platinées; **to carry one's point** avoir gain de cause; **to come to the point** venir au fait; **to have one's good points** avoir ses qualités; **to make a point of** se faire un devoir de || *tr* (*a gun, telescope, etc.*) braquer, pointer; (*a finger*) tendre; (*the way*) indiquer; (*a wall*) jointoyer; (*to sharpen*) tailler en point; **to point out** signaler, faire remarquer || *intr* pointer; (*said of hunting dog*) tomber en arrêt; **to point at** montrer du doigt
point'-blank' *adj & adv* (*fired straight at the mark*) à bout portant; (*straightforward*) à brûle-pourpoint
pointed *adj* pointu; (*remark*) mordant
pointer ['pɔɪntər] *s* (*stick*) baguette *f*; (*of a dial*) aiguille *f*; (*dog*) chien *m* d'arrêt, pointeur *m*
poise [pɔɪz] *s* équilibre *m*; (*assurance*) aplomb *m* || *tr* tenir en équilibre || *intr* être en équilibre; (*in the air*) planer
poison ['pɔɪzən] *s* poison *m* || *tr* empoisonner
poi'son gas' *s* gaz *m* asphyxiant
poi'son i'vy *s* sumac *m* vénéneux
poisonous ['pɔɪzənəs] *adj* toxique; (*plant*) vénéneux; (*snake*) venimeux
poke [pok] *s* poussée *f*; (*with elbow*) coup *m* de coude; (coll) traînard *m* || *tr* pousser; (*the fire*) tisonner; **to poke fun at** se moquer de; **to poke one's nose into** (coll) fourrer son nez dans; **to poke s.th. into** fourrer q.ch. dans || *intr* aller sans se presser; **to poke about** fureter
poker ['pokər] *s* tisonnier *m*; (cards) poker *m*
pok'er face' *s* visage *m* impassible
pok·y ['poki] *adj* (*comp* **-ier**; *super* **-iest**) (coll) lambin, lent
Poland ['polənd] *s* Pologne *f*; **la Pologne**
polar ['polər] *adj* polaire
po'lar bear' *s* ours *m* blanc
polarize ['polə,raɪz] *tr* polariser
pole [pol] *s* (*long rod or staff*) perche *f*; (*of flag*) hampe *f*; (*upright support*) poteau *m*; (astr, biol, elec, geog, math) pôle *m*; **Pole** (*person*) Polonais *m* || *tr* pousser à la perche
pole'cat' *s* putois *m*
pole'star' *s* étoile *f* polaire
pole' vault' *s* saut *m* à la perche
police [pə'lis] *s* police *f* || *tr* maintenir l'ordre dans
police' brutal'ity *s* brutalité *f* policière
police' commis'sioner *s* préfet *m* de police
police'man *s* (*pl* **-men**) agent *m* de police
police' pre'cinct *s* commissariat *m* de police
police' state' *s* régime *m* policier
police' sta'tion *s* poste *m* de police, commissariat *m*
police'wom'an *s* (*pl* **-wom'en**) femme *f* agent
poli·cy ['pɑlɪsi] *s* (*pl* **-cies**) politique *f*; (ins) police *f*
polio ['polɪ,o] *s* (coll) polio *f*
polish ['pɑlɪʃ] *s* poli *m*; (*for household uses*) cire *f*; (*for shoes*) cirage *m*; (fig) politesse *f*, vernis *m* || *tr* polir; (*shoes, floor, etc.*) cirer; (*one's nails*) vernir; **to polish off** (coll) expédier; (*e.g., a meal*) (slang) engloutir || **Polish** ['polɪʃ] *adj & s* polonais *m*
polite [pə'laɪt] *adj* poli
politeness [pə'laɪtnɪs] *s* politesse *f*
politic ['pɑlɪtɪk] *adj* (*prudent*) diplomatique, politique; (*shrewd*) rusé
political [pə'lɪtɪkəl] *adj* politique
politician [,pɑlɪ'tɪʃən] *s* politicien *m*
politics ['pɑlɪtɪks] *s & spl* politique *f*
poll [pol] *s* liste *f* électorale; (*vote*) scrutin *m*; (*head*) tête *f*; sondage *m* d'opinion; **to go to the polls** aller aux urnes; **to take a poll** faire une enquête par sondage || *tr* (*e.g., a dele-*

gation) dépouiller le scrutin de; (*a certain number of votes*) recevoir
pollen ['palən] *s* pollen *m*
poll'ing booth' ['polɪŋ] *s* isoloir *m*
polliwog ['palɪ,wag] *s* têtard *m*
pol'liwog initia'tion *s* baptême *m* de la ligne
poll' tax' *s* taxe *f* par tête
pollute [pə'lut] *tr* polluer
pollution [pə'luʃən] *s* pollution *f*
polo ['polo] *s* polo *m*
polonium [pə'lonɪ·əm] *s* polonium *m*
polygamist [pə'lɪgəmɪst] *s* polygame *mf*
polygamous [pə'lɪgəməs] *adj* polygame
polyglot ['palɪ,glat] *adj & s* polyglotte *mf*
polygon ['palɪ,gan] *s* polygone *m*
polynomial [,palɪ'nomɪ·əl] *s* polynôme *m*
polyp ['palɪp] *s* polype *m*
polytheist ['palɪ,θi·ɪst] *s* polythéiste *mf*
polytheistic [,palɪθi'ɪstɪk] *adj* polythéiste
pomade [pə'med], [pə'mad] *s* pommade *f*
pomegranate ['pam,grænɪt] *s* (*shrub*) grenadier *m*; (*fruit*) grenade *f*
pom·mel ['pʌməl], ['paməl] *s* pommeau *m* || *v* (*pret & pp* **-meled** or **-melled**; *ger* **-meling** or **-melling**) *tr* rosser
pomp [pamp] *s* pompe *f*
pompous ['pampəs] *adj* pompeux
pon·cho ['pantʃo] *s* (*pl* **-chos**) poncho *m*
pond [pand] *s* étang *m*, mare *f*
ponder ['pandər] *tr* peser || *intr* méditer; **to ponder over** réfléchir sur
ponderous ['pandərəs] *adj* pesant
poniard ['panjərd] *s* poignard *m* || *tr* poignarder
pontiff ['pantɪf] *s* pontife *m*
pontifical [pan'tɪfɪkəl] *adj* (*e.g., air*) de pontife
pontoon [pan'tun] *s* ponton *m*
po·ny ['poni] *s* (*pl* **-nies**) poney *m*; (*for drinking liquor*) petit verre *m*; (coll) aide-mémoire *m* illicite
poodle ['pudəl] *s* caniche *m*
pool [pul] *s* (*small puddle*) mare *f*; (*for swimming*) piscine *f*; (*game*) billard *m*; (*in certain games*) poule *f*; (*of workers*) équipe *f*; (*combine*) pool *m*; (com) fonds *m* commun || *tr* mettre en commun
pool'room' *s* salle *f* de billard
pool' ta'ble *s* table *f* de billard
poop [pup] *s* poupe *f*; (*deck*) dunette *f* || *tr* (slang) casser la tête à
poor [pʊr] *adj* pauvre; (*mediocre*) piètre; (*unfortunate*) pauvre (before noun); (*without money*) pauvre (after noun)
poor' box' *s* tronc *m* des pauvres
poor'house' *s* asile *m* des indigents
poorly ['pʊrli] *adj* souffrant || *adv* mal
pop [pap] *s* bruit *m* sec; (*soda*) boisson *f* gazeuse || *v* (*pret & pp* **popped**; *ger* **popping**) *tr* (*corn*) faire éclater || *intr* (*said, e.g., of balloon*) crever; (*said of cork*) sauter
pop'corn' *s* maïs *m* éclaté, grains *mpl* de maïs soufflés, pop-corn *m*
pope [pop] *s* pape *m*
pop'eyed' *adj* aux yeux saillants
pop'gun' *s* canonnière *f*
poplar ['paplər] *s* peuplier *m*
pop·py ['papi] *s* (*pl* **-pies**) pavot *m*; (*corn poppy*) coquelicot *m*
pop'py·cock' *s* (coll) fadaises *fpl*
populace ['papjəlɪs] *s* peuple *m*, populace *f*
popular ['papjələr] *adj* populaire
popularize ['papjələ,raɪz] *tr* populariser, vulgariser
populate ['papjə,let] *tr* peupler
population [,papjə'leʃən] *s* population *f*
populous ['papjələs] *adj* populeux
porcelain ['pɔrsəlɪn], ['pɔrslɪn] *s* porcelaine *f*
porch [portʃ] *s* (*portico*) porche *m*; (*enclosed*) véranda *f*
porcupine ['pɔrkjə,paɪn] *s* porc-épic *m*
pore [por] *s* pore *m* || *intr*—**to pore over** examiner avec attention, s'absorber dans
pork [pork] *s* porc *m*
pork' and beans' *spl* fèves *fpl* au lard
pork'chop' *s* côtelette *f* de porc
pornography [pɔr'nagrəfi] *s* pornographie *f*
porous ['porəs] *adj* poreux
porphy·ry ['pɔrfɪri] *s* (*pl* **-ries**) porphyre *m*
porpoise ['pɔrpəs] *s* marsouin *m*
porridge ['parɪdʒ], ['pɔrɪdʒ] *s* bouillie *f*, porridge *m*
port [port] *s* port *m*; (*opening in ship's side*) hublot *m*, sabord *m*; (*left side of ship or airplane*) bâbord *m*; (*wine*) porto *m*; (mach) orifice *m*
portable ['portəbəl] *adj* portatif
portage ['portɪdʒ] *s* transport *m*; portage *m*
portal ['portəl] *s* portail *m*
portcullis [port'kʌlɪs] *s* herse *f*
portend [por'tend] *tr* présager
portent ['portent] *s* présage *m*
portentous [por'tentəs] *adj* extraordinaire; de mauvais augure
porter ['portər] *s* (*doorkeeper*) portier *m*, concierge *m*; (*in hotels and trains*) porteur *m*
portfoli·o [port'folɪ,o] *s* (*pl* **-os**) portefeuille *m*
port'hole' *s* hublot *m*
porti·co ['portɪ,ko] *s* (*pl* **-coes** or **-cos**) portique *m*
portion ['porʃən] *s* portion *f*; (*dowry*) dot *f* || *tr*—**to portion out** partager, répartir
port·ly ['portli] *adj* (*comp* **-lier**; *super* **-liest**) corpulent
port' of call' *s* port *m* d'escale
portrait ['portret], ['portrɪt] *s* portrait *m*; **to sit for one's portrait** se faire faire son portrait
portray [por'tre] *tr* faire le portrait de; dépeindre, décrire; (theat) jouer le rôle de

portrayal [por'tre·əl] *s* représentation *f*; description *f*
Portugal ['portʃəgəl] *s* le Portugal
Portu•guese ['portʃə,giz] *adj* portugais || *s* (*language*) portugais *m* || *s* (*pl* **-guese**) (*person*) Portugais *m*
port' wine' *s* porto *m*
pose [poz] *s* pose *f* || *tr & intr* poser; **to pose as** se poser comme
posh [pɑʃ] *adj* (slang) chic, élégant
position [pə'zɪʃən] *s* position *f*; (*job*) poste *m*; **in position** en place; **in your position** à votre place
positive ['pɑzɪtɪv] *adj & s* positif *m*
possess [pə'zes] *tr* posséder
possession [pə'zeʃən] *s* possession *f*; **to take possession of** s'emparer de
possible ['pɑsɪbəl] *adj* possible
possum ['pɑsəm] *s* opossum *m*; **to play possum** (coll) faire le mort
post [post] *s* (*upright*) poteau *m*; (*job, position*) poste *m*; (*post office*) poste *f*; (mil) poste *m* || *tr* (*a notice, placard, etc.*) afficher, placarder; (*a letter*) poster, mettre à la poste; (*a sentinel*) poster; (*with news*) tenir au courant; **post no bills** (public sign) défense d'afficher
postage ['postɪdʒ] *s* port *m*, affranchissement *m*
post'age due' *s* port *m* dû, affranchissement *m* insuffisant
post'age me'ter *s* affranchisseuse *f* à compteur
post'age stamp' *s* timbre-poste *m*
postal ['postəl] *adj* postal
post'al card' *s* carte *f* postale
post'al clerk' *s* postier *m*
post'al mon'ey or'der *s* mandat-poste *m*
post'al per'mit *s* franchise *f* postale, dispensé *m* du timbrage
post'al sav'ings bank' *s* caisse *f* d'épargne postale
post' card' *s* carte *f* postale
post'date' *s* postdate *f* || **post'date'** *tr* postdater
poster ['postər] *s* affiche *f*
posterity [pɑs'terɪti] *s* postérité *f*
postern ['postərn] *s* poterne *f*
post'haste' *adv* en toute hâte
posthumous ['pɑstʃuməs] *adj* posthume
post'man *s* (*pl* **-men**) facteur *m*
post'mark' *s* cachet *m* d'oblitération, timbre *m* || *tr* timbrer
post'mas'ter *s* receveur *m* des postes, administrateur *m* du bureau de postes
post'master gen'eral *s* ministre *m* des Postes et Télécommunications
post-mortem [,post'mɔrtəm] *adj* après décès; (fig) après le fait || *s* autopsie *f*; discussion *f* après le fait
post' of'fice *s* bureau *m* de poste
post'-office box' *s* case *f* postale, boîte *f* postale
post'paid' *adv* port payé, franc de port, franco de port
postpone [post'pon] *tr* remettre, différer; (*a meeting*) ajourner
postponement [post'ponmənt] *s* remise *f*, ajournement *m*
postscript ['post,skrɪpt] *s* post-scriptum *m*
posture ['pɑstʃər] *s* posture *f* || *intr* prendre une posture
post'war' *adj* d'après-guerre
po•sy ['pozi] *s* (*pl* **-sies**) fleur *f*; bouquet *m*
pot [pɑt] *s* pot *m*; (*in gambling*) mise *f*; **to go to pot** (slang) s'en aller à vau-l'eau
potash ['pɑt,æʃ] *s* potasse *f*
potassium [pə'tæsɪ·əm] *s* potassium *m*
pota•to [pə'teto] *s* (*pl* **-toes**) pomme *f* de terre; (*sweet potato*) patate *f*
pota'to chips' *spl* pommes *fpl* chips; croustelle *f* (Canad)
potbellied ['pɑt,belid] *adj* ventru
poten•cy ['potənsi] *s* (*pl* **-cies**) puissance *f*; virilité *f*
potent ['potənt] *adj* puissant, fort; (*effective*) efficace
potentate ['potən,tet] *s* potentat *m*
potential [pə'tenʃəl] *adj & s* potential *m*
pot'hang'er *s* crémaillère *f*
pot'herb' *s* herbe *f* potagère
pot'hold'er *s* poignée *f*
pot'hole' *s* nid *m* de poule
pot'hook' *s* croc *m*
potion ['poʃən] *s* potion *f*
pot'luck' *s*—**to take potluck** manger à la fortune du pot
pot' shot' *s* coup *m* tiré à courte distance
potter ['pɑtər] *s* potier *m* || *intr*—**to potter around** s'occuper de bagatelles, bricoler
pot'ter's clay' *s* terre *f* à potier
pot'ter's field' *s* fosse *f* commune
pot'ter's wheel' *s* roue *f* or tour *m* de potier
potter•y ['pɑtəri] *s* (*pl* **-ies**) poterie *f*
pouch [paʊtʃ] *s* poche *f*, petit sac *m*; (*of kangaroo*) poche *f* ventrale; (*for tobacco*) blague *f*
poultice ['poltɪs] *s* cataplasme *m*
poultry ['poltri] *s* volaille *f*
poul'try•man *s* (*pl* **-men**) éleveur *m* de volailles; (*dealer*) volailleur *m*
pounce [paʊns] *intr*—**to pounce on** fondre sur, s'abattre sur
pound [paʊnd] *s* (*weight*) livre *f*; (*for automobiles, stray animals, etc.*) fourrière *f* || *tr* battre; (*to pulverize*) piler, broyer; (*to bombard*) pilonner; (*e.g., an animal*) mettre en fourrière; (*e.g., the sidewalk*) (fig) battre || *intr* battre
pound' ster'ling *s* livre *f* sterling
pour [por] *tr* verser; (*tea*) servir; **to pour off** décanter || *intr* écouler; (*said of rain*) tomber à verse; **to pour out of** sortir à flots
pout [paʊt] *s* moue *f* || *intr* faire la moue
poverty ['pɑvərti] *s* pauvreté *f*
POW ['pi'o'dʌbl,jʊ] *s* (letterword) (**prisoner of war**) P.G.
powder ['paʊdər] *s* poudre *f* || *tr* réduire en poudre; (*to sprinkle with powder*) poudrer || *intr* se poudrer
pow'dered sug'ar *s* sucre *m* de confiseur
pow'der puff' *s* houppe *f*

pow′der room′ *s* toilettes *fpl* pour dames
powdery [ˈpaʊdəri] *adj* (*like powder*) poudreux; (*sprinkled with powder*) poussiéreux; (*crumbly*) friable
power [ˈpaʊ·ər] *s* pouvoir *m*; (*influential nation; energy, force, strength; of a machine, microscope, number*) puissance *f*; (*talent, capacity, etc.*) faculté *f*; **the powers that be** les autorités *fpl*; **to seize power** saisir le pouvoir ‖ *tr* actionner
pow′er brake′ *s* (aut) servo-frein *m*
pow′er dive′ *s* piqué *m* à plein gaz
pow′er-dive′ *intr* piquer à plein gaz
powerful [ˈpaʊ·ərfəl] *adj* puissant
pow′er·house′ *s* usine *f* centrale; (coll) foyer *m* d'énergie
pow′er lawn′mower *s* tondeuse *f* à gazon à moteur
powerless [ˈpaʊ·ərlɪs] *adj* impuissant
pow′er line′ *s* secteur *m* de distribution
pow′er mow′er *s* tondeuse *f* à gazon à moteur; motofaucheuse *f*
pow′er of attorn′ey *s* procuration *f*, mandat *m*
pow′er pack′ *s* (rad) unité *f* d'alimentation
pow′er plant′ *s* (*powerhouse*) centrale *f* électrique; (aer, aut) groupe *m* motopropulseur
pow′er steer′ing *s* (aut) servo-direction *f*
practicable [ˈpræktɪkəbəl] *adj* praticable
practical [ˈpræktɪkəl] *adj* pratique
prac′tical joke′ *s* farce *f*, attrape *f*
prac′tical jok′er *s* fumiste *m*
practically [ˈpræktɪkəli] *adv* pratiquement; (*more or less*) à peu près
prac′tical nurse′ *s* garde-malade *mf*
practice [ˈpræktɪs] *s* pratique *f*; (*of a profession*) exercice *m*; (*of a doctor*) clientèle *f*; **in practice** en pratique, pratiquement; (*well-trained*) en forme; **out of practice** rouillé ‖ *tr* pratiquer; (*a profession*) exercer, pratiquer; (*e.g., the violin*) s'exercer à; **to practice what one preaches** prêcher d'exemple ‖ *intr* faire des exercices, s'exercer; (*said of doctor, lawyer, etc.*) exercer
practiced *adj* expert
practitioner [prækˈtɪʃənər] *s* praticien *m*
prairie [ˈprɛri] *s* steppes *fpl*; **the prairie** les Prairies *fpl*
praise [prez] *s* louange *f* ‖ *tr* louer
praise′wor′thy *adj* louable
pram [præm] *s* voiture *f* d'enfant
prance [præns], [prɑns] *intr* caracoler, cabrioler
prank [præŋk] *s* espièglerie *f*
prate [pret] *intr* bavarder, papoter
prattle [ˈprætəl] *s* bavardage *m*, papotage *m* ‖ *intr* bavarder, papoter; (*said of children*) babiller
prawn [prɔn] *s* crevette *f* rose, bouquet *m*
pray [pre] *tr & intr* prier
prayer [prɛr] *s* prière *f*
prayer′ book′ *s* livre *m* de prières
pray′ing man′tis [ˈmæntɪs] *s* mante *f* religieuse
preach [pritʃ] *tr & intr* prêcher
preacher [ˈpritʃər] *s* prédicateur *m*
preamble [ˈpri,æmbəl] *s* préambule *m*
precarious [prɪˈkɛrɪ·əs] *adj* précaire
precaution [prɪˈkɔʃən] *s* précaution *f*
precede [prɪˈsid] *tr & intr* précéder
precedent [ˈprɛsɪdənt] *s* précédent *m*
precept [ˈprisɛpt] *s* précepte *m*
precinct [ˈprisɪŋkt] *s* enceinte *f*; circonscription *f* électorale
precious [ˈprɛʃəs] *adj* précieux ‖ *adv*—**precious little** (coll) très peu
precipice [ˈprɛsɪpɪs] *s* précipice *m*
precipitate [prɪˈsɪpɪ,tet] *adj & s* précipité *m* ‖ *tr* précipiter ‖ *intr* se précipiter
precipitous [prɪˈsɪpɪtəs] *adj* escarpé; (*hurried*) précipité
precise [prɪˈsaɪs] *adj* précis
precision [prɪˈsɪʒən] *s* précision *f*
preclude [prɪˈklud] *tr* empêcher
precocious [prɪˈkoʃəs] *adj* précoce
preconceived [,prikənˈsivd] *adj* préconçu
predatory [ˈprɛdə,tori] *adj* rapace; (zool) prédateur
predicament [prɪˈdɪkəmənt] *s* situation *f* difficile
predict [prɪˈdɪkt] *tr* prédire
prediction [prɪˈdɪkʃən] *s* prédiction *f*
predispose [,pridɪsˈpoz] *tr* prédisposer
predominant [prɪˈdɑmɪnənt] *adj* prédominant
preeminent [prɪˈɛmɪnənt] *adj* prééminent
preempt [prɪˈɛmpt] *tr* s'approprier
preen [prin] *tr* lisser; **to preen oneself** se bichonner; être fier, se piquer
prefabricated [priˈfæbrɪ,ketɪd] *adj* préfabriqué
preface [ˈprɛfɪs] *s* préface *f* ‖ *tr* préfacer
pre·fer [prɪˈfʌr] *v* (*pret & pp* **-ferred**; *ger* **-ferring**) *tr* préférer
preferable [ˈprɛfərəbəl] *adj* préférable
preference [ˈprɛfərəns] *s* préférence *f*
preferred′ stock′ *s* actions *f* privilégiées
prefix [ˈprifɪks] *s* préfixe *m* ‖ *tr* préfixer
pregnan·cy [ˈprɛgnənsi] *s* (*pl* **-cies**) grossesse *f*
pregnant [ˈprɛgnənt] *adj* enceinte, grosse; (fig) gros
prehistoric [,prihɪsˈtɑrɪk], [,prihɪsˈtɔrɪk] *adj* préhistorique
prejudice [ˈprɛdʒədɪs] *s* préjugé *m*; (*detriment*) préjudice *m* ‖ *tr* prévenir, prédisposer; (*to harm*) porter préjudice à
prejudicial [,prɛdʒəˈdɪʃəl] *adj* préjudiciable
prelate [ˈprɛlɪt] *s* prélat *m*
preliminar·y [prɪˈlɪmɪ,nɛri] *adj* préliminaire ‖ *s* (*pl* **-ies**) préliminaire *m*
prelude [ˈprɛljud], [ˈprilud] *s* prélude *m* ‖ *tr* introduire; préluder à; (*a piece of music*) préluder par
premature [,priməˈt(j)ʊr] *adj* prématuré; (*plant*) hâtif
premeditate [priˈmɛdɪ,tet] *tr* préméditer

premier [prɪˈmɪr], [ˈprimɪ·ər] *s* premier ministre *m*

première [prəˈmjɛr], [prɪˈmɪr] *s* première *f*; (*actress*) vedette *f*

premise [ˈprɛmɪs] *s* prémisse *f*; **on the premises** sur les lieux; **premises** local *m*, locaux *mpl*

premium [ˈprimɪ·əm] *s* prime *f*

premonition [ˌpriməˈnɪʃən] *s* prémonition *f*

preoccupation [priˌɑkjəˈpeʃən] *s* préoccupation *f*

preoccu·py [priˈɑkjəˌpaɪ] *v* (*pret & pp* **-pied**) *tr* préoccuper

prepaid [priˈped] *adj* payé d'avance; (*letter*) affranchi

preparation [ˌprɛpəˈreʃən] *s* préparation *f*; **preparations** (*for a trip; for war*) préparatifs *mpl*

preparatory [prɪˈpærəˌtori] *adj* préparatoire

prepare [prɪˈpɛr] *tr* préparer ‖ *intr* se préparer

preparedness [prɪˈpɛrɪdnɪs], [prɪˈpɛrdnɪs] *s* préparation *f*; armement *m* préventif

pre·pay [priˈpe] *v* (*pret & pp* **-paid**) *tr* payer d'avance

preponderant [prɪˈpɑndərənt] *adj* prépondérant

preposition [ˌprɛpəˈzɪʃən] *s* préposition *f*

prepossessing [ˌpripəˈzɛsɪŋ] *adj* avenant, agréable

preposterous [prɪˈpɑstərəs] *adj* absurde, extravagant

prep′ school′ [prɛp] *s* école *f* préparatoire

prerecorded [ˌpririˈkɔrdɪd] *adj* (rad, telv) différé

prerequisite [priˈrɛkwɪzɪt] *s* préalable *m*; (educ) cours *m* préalable

prerogative [prɪˈrɑgətɪv] *s* prérogative *f*

presage [ˈprɛsɪdʒ] *s* présage *m*; (*foreboding*) pressentiment *m* ‖ [prɪˈsedʒ] *tr* présager; pressentir

Presbyterian [ˌprɛzbɪˈtɪrɪ·ən] *adj & s* presbytérien *m*

prescribe [prɪˈskraɪb] *tr* prescrire ‖ *intr* faire une ordonnance

prescription [prɪˈskrɪpʃən] *s* prescription *f*; (*pharm*) ordonnance *f*

presence [ˈprɛzəns] *s* présence *f*

present [ˈprɛzənt] *adj* (*at this time*) actuel; (*at this place or time*) présent; **to be present at** assister à ‖ *s* cadeau *m*, présent *m*; (*present time or tense*) présent; **at present** à présent ‖ [prɪˈzɛnt] *tr* présenter

presentable [prɪˈzɛntəbəl] *adj* présentable, sortable

presentation [ˌprɛzənˈteʃən], [ˌprizənˈteʃən] *s* présentation *f*

presenta′tion cop′y *s* exemplaire *m* offert à titre d'hommage

presentiment [prɪˈzɛntɪmənt] *s* pressentiment *m*

presently [ˈprɛzəntli] *adv* tout à l'heure; (*now*) à présent

preserve [prɪˈzʌrv] *s* confiture *f*; (*for game*) chasse *f* gardée ‖ *tr* préserver, conserver; (*to can*) conserver

pre-shrunk [priˈʃrʌŋk] *adj* irrétrécissable

preside [prɪˈzaɪd] *intr* présider; **to preside over** présider

presiden·cy [ˈprɛzɪdənsi] *s* (*pl* **-cies**) présidence *f*

president [ˈprɛzɪdənt] *s* président *m*; (*of a university*) recteur *m*

presidential [ˌprɛzɪˈdɛnʃəl] *adj* présidentiel

press [prɛs] *s* presse *f*; (*e.g., for wine*) pressoir *m*; (*pressure*) pression *f*; (*for clothes*) armoire *f*; (*in weight lifting*) développé *m*; **in press** (*said of clothes*) lisse et net; (*said of book being published*) sous presse; **to go to press** être mis sous presse ‖ *tr* presser; (*e.g., a button*) appuyer sur, presser; (*clothes*) donner un coup de fer à, repasser ‖ *intr* presser; **to press against** se serrer contre; **to press forward, to press on** presser le pas

press′ a′gent *s* agent *m* de publicité

press′ box′ *s* tribune *f* des journalistes

press′ card′ *s* coupe-file *m* d'un journaliste

press′ con′ference *s* conférence *f* de presse

press′ gal′lery *s* tribune *f* de la presse

pressing [ˈprɛsɪŋ] *adj* pressé, pressant

press′ release′ *s* communiqué *m* de presse

pressure [ˈprɛʃər] *s* pression *f*

pres′sure cook′er *s* autocuiseur *m*, cocotte *f* minute

pressurize [ˈprɛʃəˌraɪz] *tr* pressuriser

prestige [prɛsˈtiʒ], [ˈprɛstɪdʒ] *s* prestige *m*

presumably [prɪˈz(j)uməbli] *adv* probablement

presume [prɪˈz(j)um] *tr* présumer; **to presume to** présumer ‖ *intr* présumer; **to presume on** or **upon** abuser de

presumption [prɪˈzʌmpʃən] *s* présomption *f*

presumptuous [prɪˈzʌmptʃʊ·əs] *adj* présomptueux

presuppose [ˌprisəˈpoz] *tr* présupposer

pretend [prɪˈtɛnd] *tr* feindre; **to pretend to** + *inf* feindre de + *inf* ‖ *intr* feindre; **to pretend to** (*e.g., the throne*) prétendre à

pretender [prɪˈtɛndər] *s* prétendant *m*; (*imposter*) simulateur *m*

pretense [prɪˈtɛns], [ˈpritɛns] *s* prétention *f*; feinte *f*; **under false pretenses** par des moyens frauduleux; **under pretense of** sous prétexte de

pretension [prɪˈtɛnʃən] *s* prétention *f*

pretentious [prɪˈtɛnʃəs] *adj* prétentieux

pretext [ˈpritɛkst] *s* prétexte *m*

pretonic [prɪˈtɑnɪk] *adj* prétonique

pret·ty [ˈprɪti] *adj* (*comp* **-tier**; *super* **-tiest**) joli; (coll) considérable ‖ *adv* assez; très

prevail [prɪˈvel] *intr* prévaloir, régner; **to prevail on** or **upon** persuader

prevailing [prɪˈvelɪŋ] *adj* prédominant; (*wind*) dominant; (*fashion*) en vogue

prevalent [ˈprɛvələnt] *adj* commun, courant

prevaricate [prɪˈværɪˌket] *intr* mentir
prevent [prɪˈvent] *tr* empêcher
prevention [prɪˈvenʃən] *s* empêchement *m*; (*e.g., of accidents*) prévention *f*
preventive [prɪˈventɪv] *adj* & *s* préventif *m*
preview [ˈpriˌvju] *s* (*of something to come*) amorce *f*; (*private showing*) (mov) avant-première *f*; (*show of brief scenes for advertising*) film *m* annonce
previous [ˈprivɪ·əs] *adj* précédent, antérieur; (*notice*) préalable; (coll) pressé ‖ *adv*—**previous to** antérieurement à
prewar [ˈpriˌwɔr] *adj* d'avant-guerre
prey [pre] *s* proie *f*; **to be a prey to** être en proie à ‖ *intr*—**to prey on** or **upon** faire sa proie de; (*e.g., a seacoast*) piller; (*e.g., the mind*) ronger, miner
price [praɪs] *s* prix *m* ‖ *tr* mettre un prix à, tarifer; s'informer du prix de
price′ control′ *s* contrôle *m* des prix
price′ cut′ting *s* rabais *m*, remise *f*
price′ fix′ing *s* stabilisation *f* des prix
price′ freez′ing *s* blocage *m* des prix
priceless [ˈpraɪslɪs] *adj* sans prix; (coll) impayable, absurde
price′ list′ *s* liste *f* de prix, tarif *m*
price′ war′ *s* guerre *f* des prix
prick [prɪk] *s* piqûre *f*; (*spur; sting of conscience*) aiguillon *m* ‖ *tr* piquer; **to prick up** (*the ears*) dresser
prick·ly [ˈprɪkli] *adj* (*comp* **-lier**; *super* **-liest**) épineux
prick′ly heat′ *s* lichen *m* vésiculaire, miliaire *f*
prick′ly pear′ *s* figue *f* de Barbarie; (*plant*) figuier *m* de Barbarie
pride [praɪd] *s* orgueil *m*; (*satisfaction*) fierté *f*; **to take pride in** être fier de ‖ *tr*—**to pride oneself on** or **upon** s'enorgueillir de
priest [prist] *s* prêtre *m*
priestess [ˈpristɪs] *s* prêtresse *f*
priesthood [ˈprist·hʊd] *s* sacerdoce *m*
priest·ly [ˈpristli] *adj* (*comp* **-lier**; *super* **-liest**) sacerdotal
prig [prɪg] *s* poseur *m*, pédant *m*
prim [prɪm] *adj* (*comp* **primmer**; *super* **primmest**) compassé, guindé
prima·ry [ˈpraɪˌmeri], [ˈpraɪməri] *adj* primaire ‖ *s* (*pl* **-ries**) élection *f* primaire; (elec) primaire *m*
primate [ˈpraɪmet] *s* (eccl) primat *m*; (zool) primate *m*
prime [praɪm] *adj* premier, principal; (*of the best quality*) de première qualité, (le) meilleur; (math) prime ‖ *s* fleur *f*, perfection *f*; commencement *m*, premiers jours *mpl*; **prime of life** fleur or force de l'âge ‖ *tr* amorcer; (*a surface to be painted*) appliquer une couche de fond à; (*to supply with information*) mettre au courant
prime′ min′ister *s* premier ministre *m*
primer [ˈprɪmər] *s* premier livre *m* de lecture; manuel *m* élémentaire ‖ [ˈpraɪmər] *s* (*for paint*) couche *f* de fond, impression *f*; (mach) amorce *f*
primeval [praɪˈmivəl] *adj* primitif
primitive [ˈprɪmɪtɪv] *adj* & *s* primitif *m*
primordial [praɪˈmɔrdɪ·əl] *adj* primordial
primp [prɪmp] *tr* bichonner, pomponner ‖ *intr* se bichonner, se pomponner
prim′rose′ *s* primevère *f*
prim′rose path′ *s* chemin *m* de velours
prince [prɪns] *s* prince *m*
prince·ly [ˈprɪnsli] *adj* (*comp* **-lier**; *super* **-liest**) princier
Prince′ of Wales′ *s* prince *m* de Galles
princess [ˈprɪnsɪs] *s* princesse *f*
principal [ˈprɪnsɪpəl] *adj* & *s* principal *m*
principali·ty [ˌprɪnsɪˈpælɪti] *s* (*pl* **-ties**) principauté *f*
principle [ˈprɪnsɪpəl] *s* principe *m*
print [prɪnt] *s* empreinte *f*; (*printed cloth*) imprimé *m*; (*design in printed cloth*) estampe *f*; (*lettering*) lettres *fpl* moulées; (*act of printing*) impression *f*; (phot) épreuve *f*; **out of print** épuisé; **small print** petits caractères *mpl* ‖ *tr* imprimer; écrire en lettres moulées; publier; (*an edition; a photographic negative*) tirer
print′ed mat′ter *s* imprimés *mpl*
printer [ˈprɪntər] *s* imprimeur *m*
prin′ter's dev′il *s* apprenti *m* imprimeur
prin′ter's er′ror *s* faute *f* d'impression, coquille *f*
prin′ter's ink′ *s* encre *f* d'imprimerie
prin′ter's mark′ *s* nom *m* de l'imprimeur
printing [ˈprɪntɪŋ] *s* imprimerie *f*; (*act*) impression *f*; (*by hand*) écriture *f* en caractères d'imprimerie; édition *f*; tirage *m*; (phot) tirage
print′ing frame′ *s* (phot) châssis-presse *m*
print′ing of′fice *s* imprimerie *f*
prior [ˈpraɪ·ər] *adj* antérieur ‖ *s* prieur *m* ‖ *adv* antérieurement; **prior to** avant; avant de
priori·ty [praɪˈɑrɪti], [praɪˈɔrɪti] *s* (*pl* **-ties**) priorité *f*
prism [ˈprɪzəm] *s* prisme *m*
prison [ˈprɪzən] *s* prison *f* ‖ *tr* emprisonner
prisoner [ˈprɪzənər], [ˈprɪznər] *s* prisonnier *m*
pris′on van′ *s* voiture *f* cellulaire
pris·sy [ˈprɪsi] *adj* (*comp* **-sier**; *super* **-siest**) (coll) bégueule
priva·cy [ˈpraɪvəsi] *s* (*pl* **-cies**) intimité *f*; secret *m*
private [ˈpraɪvɪt] *adj* privé, particulier; confidentiel, secret; (public sign) défense d'entrer ‖ *s* simple soldat *m*; **in private** dans l'intimité, en particulier; **privates** parties *fpl*
pri′vate cit′izen *s* simple particulier *m*, simple citoyen *m*
pri′vate first′ class′ *s* soldat *m* de première
pri′vate hos′pital *s* clinique *f*
pri′vate sec′retary *s* secrétaire *m* particulier
privet [ˈprɪvɪt] *s* troène *m*

privilege [ˈprɪvɪlɪdʒ] *s* privilège *m*
priv•y [ˈprɪvi] *adj* privé; **privy to** averti de ‖ *s* (*pl* **-ies**) cabinets *mpl* au fond du jardin
prize [praɪz] *s* prix *m*; (*something captured*) prise *f* ‖ *tr* faire cas de, estimer
prize′ fight′ *s* match *m* de boxe
prize′ fight′er *s* boxeur *m* professionnel
prize′ ring′ *s* ring *m*
prize′win′ner *s* lauréat *m*; **prizewinners** (*list*) palmarès *m*
pro [pro] *s* (*pl* **pros**) vote *m* affirmatif; (*professional*) (coll) pro *m*; **the pros and the cons** le pour et le contre ‖ *prep* en faveur de
probabili•ty [ˌprɑbəˈbɪlɪti] *s* (*pl* **-ties**) probabilité *f*
probable [ˈprɑbəbəl] *adj* probable
probably [ˈprɑbəbli] *adv* probablement
probate [ˈprobet] *s* homologation *f* ‖ *tr* homologuer
probation [proˈbeʃən] *s* liberté *f* surveillée; (*on a job*) stage *m*
probe [prob] *s* sondage *m*; (*instrument*) sonde *f*; (rok) échos *mpl*; (rok) engin *m* exploratoire ‖ *tr* sonder
problem [ˈprɑbləm] *s* problème *m*
prob′lem child′ *s* enfant *mf* terrible
procedure [proˈsidʒər] *s* procédé *m*
proceed [ˈprosid] *s*—**proceeds** produit *m*, bénéfices *mpl* ‖ [proˈsid] *intr* avancer, continuer; continuer à parler; **to proceed from** procéder de; **to proceed to** se mettre à; (*to go to*) se diriger à
proceeding [proˈsidɪŋ] *s* procédé *m*; **proceedings** actes *mpl*
process [ˈprɑses] *s* (*technique*) procédé *m*; (*development*) processus *m*; **in the process of** en train de ‖ *tr* soumettre à un procédé, traiter
procession [proˈsɛʃən] *s* cortège *m*, défilé *m*, procession *f*
pro′cess serv′er *s* huissier *m* exploitant
proclaim [proˈklem] *tr* proclamer
proclitic [proˈklɪtɪk] *adj* & *s* proclitique *m*
procommunist [proˈkɑmjənɪst] *adj* & *s* procommuniste *mf*
procrastinate [proˈkræstɪˌnet] *tr* différer ‖ *intr* remettre les affaires à plus tard
proctor [ˈprɑktər] *s* surveillant *m*
procure [proˈkjʊr] *tr* obtenir, se procurer; (*a woman*) entraîner à la prostitution ‖ *intr* faire du proxénétisme
procurement [proˈkjʊrmənt] *s* obtention *f*, acquisition *f*
procurer [proˈkjʊrər] *s* proxénète *mf*
prod [prɑd] *s* poussée *f*; (*stick*) aiguillon *m* ‖ *v* (*pret* & *pp* **prodded**; *ger* **prodding**) *tr* aiguillonner
prodigal [ˈprɑdɪgəl] *adj* & *s* prodigue *mf*
prodigious [proˈdɪdʒəs] *adj* prodigieux
prodi•gy [ˈprɑdɪdʒi] *s* (*pl* **-gies**) prodige *m*
produce [ˈprod(j)us] *s* produit *m*; (*eatables*) denrées *fpl* ‖ [proˈd(j)us] *tr* produire; (*a play*) mettre en scène; (geom) prolonger
producer [proˈd(j)usər] *s* producteur *m*
product [ˈprɑdəkt] *s* produit *m*
production [proˈdʌkʃən] *s* production *f*
profane [proˈfen] *adj* profane; (*language*) impie, blasphématoire ‖ *s* profane *mf*; impie *mf* ‖ *tr* profaner
profani•ty [proˈfænɪti] *s* (*pl* **-ties**) blasphème *m*
profess [proˈfes] *tr* professer
profession [proˈfeʃən] *s* profession *f*
professor [proˈfesər] *s* professeur *m*
proffer [ˈprɑfər] *s* offre *f* ‖ *tr* offrir, tendre
proficient [proˈfɪʃənt] *adj* compétent, expert
profile [ˈprofaɪl] *s* profil *m*; courte biographie *f* ‖ *tr* profiler; **to be profiled against** se profiler sur
profit [ˈprɑfɪt] *s* bénéfice *m*, profit *m* ‖ *tr* profiter (with *dat*) ‖ *intr* profiter; **to profit from** profiter à, de, or en
profitable [ˈprɑfɪtəbəl] *adj* profitable
prof′it-and-loss′ account′ *s* compte *m* de profits et pertes
profiteer [ˌprɑfɪˈtɪr] *s* profiteur *m* ‖ *intr* faire des bénéfices excessifs
prof′it tak′ing *s* prise *f* de bénéfices
profligate [ˈprɑflɪgɪt] *adj* & *s* débauché *m*
pro′ for′ma in′voice [ˌproˈfɔrmə] *s* facture *f* simulée
profound [proˈfaʊnd] *adj* profond
pro-French′ *adj* francophile
profuse [prəˈfjuz] *adj* abondant; (*extravagant*) prodigue
proge•ny [ˈprɑdʒəni] *s* (*pl* **-nies**) progéniture *f*
progno•sis [prɑgˈnosɪs] *s* (*pl* **-ses** [siz]) pronostic *m*
prognosticate [prɑgˈnɑstɪˌket] *tr* pronostiquer
pro•gram [ˈprogræm] *s* programme *m* ‖ *v* (*pret* & *pp* **-gramed** or **-grammed**; *ger* **-graming** or **-gramming**) *tr* programmer
programmer [ˈprogræmər] *s* (comp) programmeur *m*; (mov, rad, telv) programmateur *m*
programming [ˈprogræmɪŋ] *s* programmation *f*
progress [ˈprɑgres] *s* progrès *m*; cours *m*, e.g., **work in progress** travaux en cours; **to make progress** faire des progrès ‖ [prəˈgres] *intr* progresser
progressive [prəˈgresɪv] *adj* progressif; (pol) progressiste ‖ *s* (pol) progressiste *mf*
prohibit [proˈhɪbɪt] *tr* prohiber, interdire
prohibition [ˌpro•əˈbɪʃən] *s* prohibition *f*
project [ˈprɑdʒɛkt] *s* projet *m* ‖ [prəˈdʒɛkt] *tr* projeter ‖ *intr* (*to jut out*) saillir; (theat) passer la rampe
projectile [prəˈdʒɛktɪl] *s* projectile *m*
projection [prəˈdʒɛkʃən] *s* projection *f*; (*something jutting out*) saillie *f*
projec′tion booth′ *s* (mov) cabine *f* de projection
projector [prəˈdʒɛktər] *s* projecteur *m*

proletarian [ˌprolɪ'tɛrɪ·ən] *adj* prolétarien || *s* prolétaire *m*
proletariat [ˌprolɪ'tɛrɪ·ət] *s* prolétariat *m*
proliferate [prə'lɪfə ˌret] *intr* proliférer
prolific [prə'lɪfɪk] *adj* prolifique
prolix ['prolɪks], [pro'lɪks] *adj* prolixe
prologue ['prolɔg], ['prolɑg] *s* prologue *m*
prolong [pro'lɔŋ], [pro'lɑŋ] *tr* prolonger
promenade [ˌprɑmɪ'ned], [ˌprɑmɪ'nɑd] *s* promenade *f*; bal *m* d'apparat; (theat) promenoir *m* || *intr* se promener
prom'enade' deck' *s* (naut) pont-promenade *m*
prominent ['prɑmɪnənt] *adj* proéminent; (*well-known*) éminent
promiscuity [ˌprɑmɪs'kju·əti] *s* promiscuité *f*
promise ['prɑmɪs] *s* promesse *f* || *tr* & *intr* promettre; **to promise s.o. to** promettre à qn de; **to promise s.th. to s.o.** promettre q.ch. à qn
prom'issory note' ['prɑmɪ ˌsori] *m* billet *m* à ordre
promonto·ry ['prɑmən ˌtori] *s* (*pl* **-ries**) promontoire *m*
promote [prə'mot] *tr* promouvoir
promoter [prə'motər] *s* promoteur *m*
promotion [prə'moʃən] *s* promotion *f*
prompt [prɑmpt] *adj* prompt; ponctuel || *tr* inciter; (theat) souffler son rôle à
prompter ['prɑmptər] *s* (theat) souffleur *m*
promp'ter's box' *s* (theat) trou *m* du souffleur
promptness ['prɑmptnɪs] *s* promptitude *f*
promulgate ['prɑməlˌget], [pro'mʌlget] *tr* promulguer
prone [pron] *adj* à plat ventre, prostré; **prone to** enclin à
prong [prɔŋ], [prɑŋ] *s* dent *f*
pronoun ['pronaʊn] *s* pronom *m*
pronounce [prə'naʊns] *tr* prononcer
pronouncement [prə'naʊnsmənt] *s* déclaration *f*
pronunciation [prə ˌnʌnsɪ'eʃən], [prəˌnʌnʃɪ'eʃən] *s* prononciation *f*
proof [pruf] *adj*—**proof against** à l'épreuve de, résistant à || *s* preuve *f*; (phot, typ) épreuve *f*; **to read proof** corriger les épreuves
proof'read'er *s* correcteur *m*
prop [prɑp] *s* appui *m*; (*to hold up a plant*) tuteur *m*; **props** (theat) accessoires *mpl* || *v* (*pret* & *pp* **propped**; *ger* **propping**) *tr* appuyer; (hort) tuteurer
propaganda [ˌprɑpə'gændə] *s* propagande *f*
propagate ['prɑpə ˌget] *tr* propager
pro·pel [prə'pɛl] *v* (*pret* & *pp* **-pelled**; *ger* **-pelling**) *tr* propulser
propeller [prə'pɛlər] *s* hélice *f*
propensi·ty [prə'pɛnsɪti] *s* (*pl* **-ties**) propension *f*
proper ['prɑpər] *adj* propre; (*fitting, correct*) convenable, comme il faut
proper·ty ['prɑpərti] *s* (*pl* **-ties**) propriété *f*; **properties** (theat) accessoires *mpl*
prop'erty own'er *s* propriétaire *mf*
prop'erty tax' *s* impôt *m* foncier
prophe·cy ['prɑfɪsi] *s* (*pl* **-cies**) prophétie *f*
prophe·sy ['prɑfɪ ˌsaɪ] *v* (*pret* & *pp* **-sied**) *tr* prophétiser
prophet ['prɑfɪt] *s* prophète *m*
prophetess ['prɑfɪtɪs] *s* prophétesse *f*
prophylactic [ˌprofɪ'læktɪk] *adj* prophylactique || *s* médicament *m* prophylactique
propitiate [prə'pɪʃɪ ˌet] *tr* apaiser
propitious [prə'pɪʃəs] *adj* propice
prop'jet' *s* turbopropulseur *m*
proportion [prə'porʃən] *s* proportion *f*; **in proportion as** à mesure que; **in proportion to** en proportion de, en raison de; **out of proportion** hors de proportion || *tr* proportionner
proportionate [prə'porʃənɪt] *adj* proportionné
proposal [prə'pozəl] *s* proposition *f*; demande *f* en mariage
propose [prə'poz] *tr* proposer || *intr* faire sa déclaration; **to propose to** demander sa main à; (*to decide to*) se proposer de
proposition [ˌprɑpə'zɪʃən] *s* proposition *f* || *tr* faire des propositions malhonnêtes à
propound [prə'paʊnd] *tr* proposer
proprietor [prə'praɪ·ətər] *s* propriétaire *mf*
proprietress [prə'praɪ·ətrɪs] *s* propriétaire *f*
proprie·ty [prə'praɪ·əti] *s* (*pl* **-ties**) propriété *f*; (*of conduct*) bienséance *f*; **proprieties** convenances *fpl*
propulsion [prə'pʌlʃən] *s* propulsion *f*
prorate [pro'ret] *tr* partager au prorata
prosaic [pro'ze·ɪk] *adj* prosaïque
proscenium [pro'sinɪ·əm] *s* avant-scène *f*
proscribe [pro'skraɪb] *tr* proscrire
prose [proz] *adj* en prose || *s* prose *f*
prosecute ['prɑsɪ ˌkjut] *tr* poursuivre
prosecutor ['prɑsɪ ˌkjutər] *s* (*lawyer*) procureur *m*; (*plaintiff*) plaignant *m*
proselyte ['prɑsɪ ˌlaɪt] *s* prosélyte *mf*
prose' writ'er *s* prosateur *m*
prosody ['prɑsədi] *s* prosodie *f*
prospect ['prɑspɛkt] *s* perspective *f*; (*future*) avenir *m*; (com) client *m* éventuel || *tr* & *intr* prospecter; **to prospect for** (*e.g., gold*) chercher
prospector ['prɑspɛktər] *s* prospecteur *m*
prospectus [prə'spɛktəs] *s* prospectus *m*
prosper ['prɑspər] *intr* prospérer
prosperity [prɑs'pɛrɪti] *s* prospérité *f*
prosperous ['prɑspərəs] *adj* prospère
prostitute ['prɑstɪ ˌt(j)ut] *s* prostituée *f* || *tr* prostituer
prostrate ['prɑstret] *adj* prosterné; (*exhausted*) prostré || *tr* abattre; **to prostrate oneself** se prosterner
prostration [prɑs'treʃən] *s* prostration *f*; (*abasement*) prosternation *f*

protagonist [proˈtægənɪst] *s* protagoniste *m*
protect [prəˈtɛkt] *tr* protéger
protection [prəˈtɛkʃən] *s* protection *f*
protein [ˈproti·ɪn], [ˈprotin] *s* protéine *f*
pro-tempore [proˈtɛmpəˌri] *adj* intérimaire, par intérim
protest [ˈprotɛst] *s* protestation *f* || [proˈtɛst] *tr* protester de; protester || *intr* protester
Protestant [ˈprɑtɪstənt] *adj* & *s* protestant *m*
protocol [ˈprotəˌkɑl] *s* protocole *m*
proton [ˈprotɑn] *s* proton *m*
protoplasm [ˈprotəˌplæzəm] *s* protoplasme *m*
prototype [ˈprotəˌtaɪp] *s* prototype *m*
protozoan [ˌprotəˈzo·ən] *s* protozoaire *m*
protract [proˈtrækt] *tr* prolonger
protrude [proˈtrud] *intr* saillir
protuberance [proˈt(j)ubərəns] *s* protubérance *f*
proud [praʊd] *adj* fier; (*vain*) orgueilleux
proud′ flesh′ *s* chair *f* fongueuse
prove [pruv] *v* (*pret* **proved**; *pp* **proved** or **proven** [ˈpruvən]) *tr* prouver; (*to put to the test*) éprouver || *intr* se montrer, se trouver; **to prove to be** se révéler, s'avérer
proverb [ˈprɑvərb] *s* proverbe *m*
provide [prəˈvaɪd] *tr* pourvoir, fournir; **to provide s.th. for s.o.** fournir q.ch. à qn || *intr*—**to provide for** pourvoir à; (*e.g., future needs*) prévoir
provided *conj* pourvu que, à condition que
providence [ˈprɑvɪdəns] *s* providence *f*; (*prudence*) prévoyance *f*
providential [ˌprɑvɪˈdɛnʃəl] *adj* providentiel
providing [prəˈvaɪdɪŋ] *conj* pourvu que, à condition que
province [ˈprɑvɪns] *s* province *f*; (*sphere*) compétence *f*
prov′ing ground′ *s* terrain *m* d'essai
provision [prəˈvɪʒən] *s* (*supplying*) fourniture *f*; clause *f*; **provisions** provisions *fpl*
provi•so [prəˈvaɪzo] *s* (*pl* **-sos** or **-soes**) condition *f*, stipulation *f*
provocative [prəˈvɑkətɪv] *adj* provocant
provoke [prəˈvok] *tr* provoquer; fâcher, contrarier
provoking [prəˈvokɪŋ] *adj* contrariant
prow [praʊ] *s* proue *f*
prowess [ˈpraʊ·ɪs] *s* prouesse *f*
prowl [praʊl] *intr* rôder
prowler [ˈpraʊlər] *s* rôdeur *m*
proximity [prɑkˈsɪmɪti] *s* proximité *f*
prox•y [ˈprɑksi] *s* (*pl* **-ies**) mandat *m*; (*agent*) mandataire *mf*; **by proxy** par procuration
prude [prud] *s* prude *mf*
prudence [ˈprudəns] *s* prudence *f*
prudent [ˈprudənt] *adj* prudent
pruder•y [ˈprudəri] *s* (*pl* **-ies**) pruderie *f*
prudish [ˈprudɪʃ] *adj* prude
prune [prun] *s* pruneau *m* || *tr* élaguer
Prussian [ˈprʌʃən] *adj* prussien || *s* Prussien *m*
pry [praɪ] *v* (*pret* & *pp* **pried**) *tr*—**to pry open** forcer avec un levier; **to pry s.th. out of s.o.** extorquer, soutirer q.ch. à qn || *intr* fureter; **to pry into** fourrer son nez dans
P.S. [ˈpiˈɛs] *s* (letterword) (**postscript**) P.-S.
psalm [sɑm] *s* psaume *m*
Psalter [ˈsɔltər] *s* psautier *m*
pseudo [ˈs(j)udo] *adj* faux, supposé, feint, factice
pseudonym [ˈs(j)udənɪm] *s* pseudonyme *m*
psyche [ˈsaɪki] *s* psyché *f*
psychiatrist [saɪˈkaɪ·ətrɪst] *s* psychiatre *mf*
psychiatry [saɪˈkaɪ·ətri] *s* psychiatrie *f*
psychic [ˈsaɪkɪk] *adj* psychique; médiumnique || *s* médium *m*
psychoanalysis [ˌsaɪko·əˈnælɪsɪs] *s* psychanalyse *f*
psychoanalyze [ˌsaɪkoˈænəˌlaɪz] *tr* psychanalyser
psychologic(al) [ˌsaɪkoˈlɑdʒɪk(əl)] *adj* psychologique
psychologist [saɪˈkɑlədʒɪst] *s* psychologue *mf*
psychology [saɪˈkɑlədʒi] *s* psychologie *f*
psychopath [ˈsaɪkəˌpæθ] *s* psychopathe *mf*
psycho•sis [saɪˈkosɪs] *s* (*pl* **-ses** [siz]) psychose *f*
psychotic [saɪˈkɑtɪk] *adj* & *s* psychotique *mf*
ptomaine [ˈtomen] *s* ptomaïne *f*
pub [pʌb] *s* (Brit) bistrot *m*, café *m*
puberty [ˈpjubərti] *s* puberté *f*
public [ˈpʌblɪk] *adj* & *s* public *m*
publication [ˌpʌblɪˈkeʃən] *s* publication *f*
publicity [pʌbˈlɪsɪti] *s* publicité *f*
public′ity stunt′ *s* canard *m* publicitaire
publicize [ˈpʌblɪˌsaɪz] *tr* publier
pub′lic li′brary *s* bibliothèque *f* municipale
pub′lic-opin′ion poll′ *s* sondage *m* de l'opinion, enquête *f* par sondage
pub′lic school′ *s* (U.S.A.) école *f* primaire; (Brit) école privée
pub′lic serv′ant *s* fonctionnaire *mf*
pub′lic speak′ing *s* art *m* oratoire, éloquence *f*
pub′lic toi′let *s* chalet *m* de nécessité
pub′lic util′ity *s* entreprise *f* de service public; **public utilities** actions *fpl* émises par les entreprises de service public
publish [ˈpʌblɪʃ] *tr* publier
publisher [ˈpʌblɪʃər] *s* éditeur *m*
pub′lishing house′ *s* maison *f* d'édition
puck [pʌk] *s* palet *m*
pucker [ˈpʌkər] *s* fronce *m*, faux pli *m* || *tr* froncer || *intr* se froncer
pudding [ˈpʊdɪŋ] *s* entremets *m* sucré au lait, crème *f*
puddle [ˈpʌdəl] *s* flaque *f* || *tr* puddler
pudg•y [ˈpʌdʒi] *adj* (*comp* **-ier**; *super* **-iest**) bouffi, rondouillard
puerile [ˈpju·ərɪl] *adj* puéril

puerili·ty [,pju·ə'rɪlɪti] *s* (*pl* **-ties**) puérilité *f*
Puerto Rican ['pwɛrto'rikən] *adj* portoricain || *s* Portoricain *m*
puff [pʌf] *s* souffle *m*; (*of smoke*) bouffée *f*; (*in clothing*) bouillon *m*; (*in sleeve*) bouffant *m*; (*for powder*) houppette *f*; (*swelling*) bouffissure *f*; (*praise*) battage *m*; (culin) moule *m* de pâte feuilletée fourré à la crème, à la confiture, etc. || *tr* lancer des bouffées de; **to puff oneself up** se rengorger; **to puff out** souffler; **to puff up** gonfler || *intr* souffler; (*to swell*) gonfler, se gonfler; **to puff at** or **on** (*a pipe*) tirer sur
puff' paste' *s* pâte *f* feuilletée
pugilism ['pjudʒɪ,lɪzəm] *s* science *f* pugilistique, boxe *f*
pugilist ['pjudʒɪlɪst] *s* pugiliste *m*
pugnacious [pʌg'neʃəs] *adj* pugnace
pug'-nosed' *adj* camus
puke [pjuk] *s* (slang) dégobillage *m* || *tr & intr* (slang) dégobiller
pull [pʊl] *s* secousse *f*, coup *m*; (*handle of door*) poignée *f*; (slang) piston *m*, appuis *mpl* || *tr* tirer; (*a muscle*) tordre; (*the trigger*) appuyer sur; (*a proof*) (typ) tirer; **to pull about** tirailler; **to pull away** arracher; **to pull down** baisser; (*e.g., a house*) abattre; (*to degrade*) abaisser; **to pull in** rentrer; **to pull off** enlever; (fig) réussir; **to pull on** (*a garment*) mettre; **to pull oneself together** se ressaisir; **to pull out** sortir; (*a tooth*) arracher || *intr* tirer; bouger lentement, bouger avec effort; **to pull at** tirer sur; **to pull for** (slang) plaider en faveur de; **to pull in** rentrer; (*said of train*) entrer en gare; **to pull out** partir; (*said of train*) sortir de la gare; **to pull through** se tirer d'affaire; (*to get well*) se remettre
pull' chain' *s* chasse *f* d'eau
pullet ['pʊlɪt] *s* poulette *f*
pulley ['pʊli] *s* poulie *f*
pulmonary ['pʌlmə,nɛri] *adj* pulmonaire
pulp [pʌlp] *s* pulpe *f*; (*to make paper*) pâte *f*; (*of tooth*) bulbe *m*; **to beat to a pulp** (coll) mettre en bouillie
pulp' fic'tion *s* romans *mpl* à sensation; le roman de la concierge
pulpit ['pʊlpɪt] *s* chaire *f*
pulsate ['pʌlset] *intr* palpiter; vibrer
pulsation [pʌl'seʃən] *s* pulsation *f*
pulse [pʌls] *s* pouls *m*; **to feel** or **take the pulse of** tâter le pouls à
pulverize ['pʌlvə,raɪz] *tr* pulvériser
pu'mice stone' ['pʌmɪs] *s* pierre *f* ponce
pum·mel ['pʌməl] *v* (*pret & pp* **-meled** or **-melled**; *ger* **-meling** or **-melling**) *tr* bourrer de coups
pump [pʌmp] *s* pompe *f*; (*slipperlike shoe*) escarpin *m* || *tr* pomper; (coll) tirer les vers du nez à; **to pump up** pomper; (*a tire*) gonfler || *intr* pomper
pump'han'dle *s* bras *m* de pompe
pumpkin ['pʌmpkɪn], ['pʌŋkɪn] *s* citrouille *f*, potiron *m*
pun [pʌn] *s* calembour *m*, jeu *m* de mots || *v* (*pret & pp* **punned**; *ger* **punning**) *intr* faire des jeux de mots
punch [pʌntʃ] *s* coup *m* de poing; (*to pierce metal*) mandrin *m*; (*to drive a nail or bolt*) poinçon *m*; (*for tickets*) pince *f*, emporte-pièce *m*; (*drink; blow*) punch *m*; (mach) poinçonneuse *f*; (*energy*) (coll) allant *m*, punch; **to pull no punches** parler carrément || *tr* donner un coup de poing à; poinçonner
punch' bowl' *s* bol *m* à punch
punch' card' *s* carte *f* perforée
punch' clock' *s* horloge *f* de pointage
punch'-drunk' *adj* abruti de coups; (coll) abruti, étourdi
punched' tape' *s* bande *f* enregistreuse perforée
punch'ing bag' *s* punching-ball *m*; (fig) tête *f* de Turc
punch' line' *s* point *m* final, phrase *f* clé
punctilious [pʌŋk'tɪlɪ·əs] *adj* pointilleux, minutieux
punctual ['pʌŋktʃʊ·əl] *adj* ponctuel
punctuate ['pʌŋktʃʊ,et] *tr & intr* ponctuer
punctuation [,pʌŋktʃʊ'eʃən] *s* ponctuation *f*
punctua'tion mark' *s* signe *m* de ponctuation
puncture ['pʌŋktʃər] *s* perforation *f*; (*of a tire*) crevaison *f*; (med) ponction *f* || *tr* perforer; (*a tire*) crever; (med) ponctionner
punc'ture-proof' *adj* increvable
pundit ['pʌndɪt] *s* pandit *m*; (*savant*) mandarin *m*; (pej) pontife *m*
pungent ['pʌndʒənt] *adj* piquant
punish ['pʌnɪʃ] *tr & intr* punir
punishment ['pʌnɪʃmənt] *s* punition *f*; (*for a crime*) peine *f*; (*severe handling*) mauvais traitements *mpl*
punk [pʌŋk] *adj* (slang) moche, fichu; **to feel punk** (slang) être mal fichu || *s* amadou *m*; mèche *f* d'amadou; (*decayed wood*) bois *m* pourri; (slang) voyou *m*, mauvais sujet *m*
punster ['pʌnstər] *s* faiseur *m* de calembours
pu·ny ['pjuni] *adj* (*comp* **-nier**; *super* **-niest**) chétif, malingre
pup [pʌp] *s* chiot *m*
pupil ['pjupəl] *s* élève *mf*; (*of the eye*) pupille *f*, prunelle *f*
puppet ['pʌpɪt] *s* marionnette *f*; (*person controlled by another*) fantoche *m*, pantin *m*
pup'pet gov'ernment *s* gouvernement *m* fantoche
pup'pet show' *s* spectacle *m* de marionnettes, marionnettes *fpl*
pup·py ['pʌpi] *s* (*pl* **-pies**) petit chien *m*
pup'py love' *s* premières amours *fpl*
pup' tent' *s* tente-abri *f*
purchase ['pʌrtʃəs] *s* achat *m*; (*leverage*) point *m* d'appui, prise *f* || *tr* acheter
pur'chasing pow'er *s* pouvoir *m* d'achat

pure [pjʊr] *adj* pur
purgative [ˈpʌrgətɪv] *adj & s* purgatif *m*
purgato·ry [ˈpʌrgəˌtori] *s* (*pl* **-ries**) purgatoire *m*
purge [pʌrdʒ] *s* purge *f* || *tr* purger
puri·fy [ˈpjʊrɪˌfaɪ] *v* (*pret & pp* **-fied**) *tr* purifier
puritan [ˈpjʊrɪtən] *adj & s* puritain *m*; **Puritan** puritain
purity [ˈpjʊrɪti] *s* pureté *f*
purloin [pərˈlɔɪn] *tr & intr* voler
purple [ˈpʌrpəl] *adj* pourpre || *s* (*violescent*) pourpre *m*; (*deep red, crimson*) pourpre *f*; **born to the purple** né dans la pourpre
purport [ˈpʌrport] *s* sens *m*, teneur *f*; (*intention*) but *m*, objet *m* || [pərˈport] *tr* signifier, vouloir dire
purpose [ˈpʌrpəs] *s* intention *f*, dessein *m*; (*goal*) but *m*, objet *m*, fin *f*; **for all purposes** à tous usages; pratiquement; **for the purpose of, with the purpose of** dans le dessein de, dans le but de; **for this purpose** à cet effet; **for what purpose?** à quoi bon?, à quelle fin?; **on purpose** exprès, à dessein; **to good purpose, to some purpose** utilement; **to no purpose** vainement; **to serve the purpose** faire l'affaire
purposely [ˈpʌrpəsli] *adv* exprès, à dessein, de propos délibéré
purr [pʌr] *s* ronron *m* || *intr* ronronner
purse [pʌrs] *s* bourse *f*, porte-monnaie *m*; (*handbag*) sac *m* à main || *tr* (*one's lips*) pincer
purser [ˈpʌrsər] *s* commissaire *m*
purse′ snatch′er [ˈsnætʃər] *s* voleur *m* à la tire
purse′ strings′ *spl* cordons *mpl* de bourse
pursue [pərˈs(j)u] *tr* poursuivre; (*a profession*) suivre
pursuit [pərˈs(j)ut] *s* poursuite *f*; profession *f*
pursuit′ plane′ *s* chasseur *m*, avion *m* de chasse
purvey [pərˈve] *tr* fournir
pus [pʌs] *s* pus *m*
push [pʊʃ] *s* poussée *f* || *tr* pousser; (*a button*) appuyer sur, presser; **to push around** (coll) rudoyer; **to push aside** écarter; **to push away** or **back** repousser; **to push in** enfoncer; **to push over** faire tomber; **to push through** amener à bonne fin; (*a resolution, bill, etc.*) faire adopter || *intr* pousser; **to push forward** or **on** avancer; **to push off** se mettre en route; (naut) pousser au large
push′ but′ton *s* bouton *m* électrique, poussoir *m*
push′-but′ton war′fare *s* guerre *f* presse-bouton
push′cart′ *s* voiture *f* à bras
pushing [ˈpʊʃɪŋ] *adj* entreprenant; indiscret; agressif
pusillanimous [ˌpjusɪˈlænɪməs] *adj* pusillanime
puss [pʊs] *s* minet *m*; (slang) gueule *f*; **sly puss** (*girl*) (coll) futée *f* || *interj* minet!
Puss′ in Boots′ *s* Chat *m* botté
puss′ in the cor′ner *s* les quatre coins *mpl*
puss·y [ˈpʊsi] *s* (*pl* **-ies**) *s* minet *m* || *interj* minet!
puss′y wil′low *s* saule *m* nord-américain aux chatons très soyeux
put [pʊt] *v* (*pret & pp* **put**; *ger* **putting**) *tr* mettre, placer; (*to throw*) lancer; (*a question*) poser; **to put across** passer; faire accepter; **to put aside** mettre de côté; **to put away** ranger; (*to jail*) mettre en prison; **to put back** remettre; retarder; **to put down** poser; (*e.g., a name*) noter; (*a revolution*) réprimer; (*to lower*) baisser; **to put off** renvoyer; (*to mislead*) dérouter; **to put on** (*clothes*) mettre; (*a play*) mettre en scène, monter; (*a brake*) serrer; (*a light, radio, etc.*) allumer; (*to feign*) feindre, simuler; **to put oneself out** se déranger; **to put on sale** mettre en vente; mettre en solde; **to put out** (*the hand*) étendre; (*the fire, light, etc.*) éteindre; (*s.o.'s eyes*) crever; (*e.g., a book*) publier; (*to show to the door*) mettre dehors; (*to vex*) contrarier; **to put over** (coll) faire accepter; **to put s.o. through s.th.** faire subir q.ch. à qn; **to put through** passer; (*a resolution, bill, etc.*) faire adopter; **to put up** lever; (*a house*) construire, faire construire; (*one's collar, hair, etc.*) relever; (*a picture*) accrocher; (*a notice*) afficher; (*a tent*) dresser; (*an umbrella*) ouvrir; (*the price*) augmenter; (*money as an investment*) fournir; (*resistance*) offrir; (*an overnight guest*) loger; (*fruit, vegetables, etc.*) conserver; (coll) pousser, inciter || *intr* se diriger; **to put on** feindre; **to put up** loger; **to put up with** tolérer
put′-out′ *adj* ennuyeux, fâcheux
putrid [ˈpjutrɪd] *adj* putride
putter [ˈpʌtər] *intr*—**to putter around** s'occuper de bagatelles
put·ty [ˈpʌti] *s* (*pl* **-ties**) mastic *m* || *v* (*pret & pp* **-tied**) *tr* mastiquer
put′ty knife′ *s* (*pl* **knives**) couteau *m* à mastiquer
put′-up′ *adj* (coll) machiné à l'avance, monté
puzzle [ˈpʌzəl] *s* énigme *f* || *tr* intriguer; **to puzzle out** déchiffrer || *intr* —**to puzzle over** se creuser la tête pour comprendre
puzzler [ˈpʌzlər] *s* énigme *f*, colle *f*
puzzling [ˈpʌzlɪŋ] *adj* énigmatique
PW [ˈpiˈdʌbəlˌju] *s* (letterword) (**prisoner of war**) P.G.
pyg·my [ˈpɪgmi] *adj* pygméen || *s* (*pl* **-mies**) pygmée *m*
pylon [ˈpaɪlɑn] *s* pylône *m*

pyramid ['pɪrəmɪd] *s* pyramide *f* || *tr* augmenter graduellement || *intr* pyramider
pyre [paɪr] *s* bûcher *m* funéraire
Pyrenees ['pɪrɪ,niz] *spl* Pyrénées *fpl*
pyrites [paɪ'raɪtiz], ['paɪraɪts] *s* pyrite *f*
pyrotechnical [,paɪrə'tɛknɪkəl] *adj* pyrotechnique
pyrotechnics [,paɪrə'tɛknɪks] *spl* pyrotechnie *f*
python ['paɪθɑn], ['paɪθən] *s* python *m*
pythoness ['paɪθənɪs] *s* pythonisse *f*
pyx [pɪks] *s* (eccl) ciboire *m*; (*for carrying Eucharist to sick*) (eccl) pyxide *f*; (*at a mint*) boîte *f* des monnaies

Q

Q, q [kju] *s* XVIIe lettre de l'alphabet
quack [kwæk] *adj* frauduleux, de charlatan || *s* charlatan *m* || *intr* cancaner, faire couin-couin
quacker•y ['kwækəri] *s* (*pl* **-ies**) charlatanisme *m*
quadrangle ['kwɑd,ræŋgəl] *s* plan *m* quadrangulaire; cour *f* carrée
quadrant ['kwɑdrənt] *s* (*instrument*) quart *m* de cercle, secteur *m*; (math) quadrant *m*
quadroon [kwɑd'run] *s* quarteron *m*
quadruped ['kwɑdrə,pɛd] *adj* & *s* quadrupède *m*
quadruple ['kwɑdrupəl] or [kwɑd'rupəl] *adj* & *s* quadruple *m* || *tr* & *intr* quadrupler
quadruplets ['kwɑdrʊ,plɛts], [kwɑd'ruplɛts] *spl* quadruplés *mpl*
quaff [kwɑf], [kwæf] *s* lampée *f* || *tr* & *intr* boire à longs traits
quagmire ['kwæg,maɪr] *s* bourbier *m*, fondrière *f*
quail [kwel] *s* caille *f* || *intr* fléchir
quaint [kwent] *adj* pittoresque, bizarre
quake [kwek] *s* tremblement *m*; (*earthquake*) tremblement de terre || *intr* trembler
Quaker ['kwekər] *adj* & *s* quaker *m*
Quak'er meet'ing *s* réunion *f* de quakers; (coll) réunion où il y a très peu de conversation
quali•fy ['kwɑlɪ,faɪ] *v* (*pret* & *pp* **-fied**) *tr* qualifier; (*e.g., a recommendation*) apporter des réserves à, modifier; **to qualify oneself for** se préparer à, se rendre apte à || *intr* se qualifier
quali•ty ['kwɑlɪti] *s* (*pl* **-ties**) qualité *f*; (*of a sound*) timbre *m*
qualm [kwɑm] *s* scrupule *m*; (*remorse*) remords *m*; (*nausea*) soulèvement *m* de cœur
quanda•ry ['kwɑndəri] *s* (*pl* **-ries**) incertitude *f*, impasse *f*
quanti•ty ['kwɑntɪti] *s* (*pl* **-ties**) quantité *f*
quan•tum ['kwɑntəm] *adj* quantique || *s* (*pl* **-ta** [tə]) quantum *m*
quan'tum the'ory *s* théorie *f* des quanta
quarantine ['kwɑrən,tin], ['kwɔrən,tin] *s* quarantaine *f* || *tr* mettre en quarantaine
quar•rel ['kwɑrəl], ['kwɔrəl] *s* querelle *f*, dispute *f*; **to have no quarrel with** n'avoir rien à redire à; **to pick a quarrel with** chercher querelle à || *v* (*pret* & *pp* **-reled** or **-relled**; *ger* **-reling** or **-relling**) *intr* se quereller, se disputer; **to quarrel over** contester sur, se disputer
quarrelsome ['kwɑrəlsəm], ['kwɔrəlsəm] *adj* querelleur
quar•ry ['kwɑri], ['kwɔri] *s* (*pl* **-ries**) carrière *f*; (*hunted animal*) proie *f* || *v* (*pret* & *pp* **-ried**) *tr* extraire || *intr* exploiter une carrière
quart [kwɔrt] *s* quart *m* de gallon, pinte *f*
quarter ['kwɔrtər] *s* quart *m*; (*American coin*) vingt-cinq cents *mpl*; (*of a year*) trimestre *m*; (*of town; of beef; of moon; of shield*) quartier *m*; **a quarter after one** une heure et quart; **a quarter of an hour** un quart d'heure; **a quarter to one** une heure moins le quart; **at close quarters** corps à corps; **quarters** (mil) quartiers *mpl*, cantonnement *m* || *tr* & *intr* (mil) loger, cantonner
quar'ter•deck' *s* gaillard *m* d'arrière
quar'ter-hour' *s* quart *m* d'heure; **every quarter-hour on the quarter-hour** tous les quarts d'heure au quart d'heure juste
quarter•ly ['kwɔrtərli] *adj* trimestriel || *s* (*pl* **-lies**) publication *f* or revue *f* trimestrielle || *adv* trimestriellement, par trimestre
quar'ter•mas'ter *s* (mil) quartier-maître *m*, intendant *m* militaire
Quar'ter•master Corps' *s* Intendance *f*, service *m* de l'Intendance
quar'ter note' *s* (mus) noire *f*
quar'ter rest' *s* (mus) soupir *m*
quar'ter tone' *s* (mus) quart *m* de ton
quartet [kwɔr'tɛt] *s* quatuor *m*
quartz [kwɔrts] *s* quartz *m*
quasar ['kwesɑr] *s* (astr) quasar *m*
quash [kwɑʃ] *tr* étouffer; (*to set aside*) annuler, invalider
quatrain ['kwɑtren] *s* quatrain *m*
quaver ['kwevər] *s* tremblement *m*; (*in the singing voice*) trémolo *m*; (mus) croche *f* || *intr* trembloter
quay [ki] *s* quai *m*, débarcadère *m*
queen [kwin] *s* reine *f*; (cards, chess) reine

queen′ bee′ *s* reine *f* des abeilles
queen′ dow′ager *s* reine *f* douairière
queen·ly [ˈkwinli] *adj* (*comp* **-lier**; *super* **-liest**) de reine, digne d'une reine
queen′ moth′er *s* reine *f* mère
queen′ post′ *s* faux poinçon *m*
queer [kwɪr] *adj* bizarre, drôle; (*suspicious*) (coll) suspect; (*homosexual*) (coll) pervers, inverti; **to feel queer** (coll) se sentir indisposé || *s* excentrique *mf*; (*homosexual*) (coll) tapette *f*, inverti *m* || *tr* (slang) faire échouer, déranger
quell [kwɛl] *tr* étouffer, réprimer; (*pain, sorrow, etc.*) calmer
quench [kwentʃ] *tr* (*the thirst*) étancher; (*a rebellion*) étouffer; (*a fire*) éteindre
que·ry [ˈkwɪri] *s* (*pl* **-ries**) question *f*; doute *m*; (*question mark*) point *m* d'interrogation || *v* (*pret & pp* **-ried**) *tr* questionner; mettre en doute; (*to affix a question mark*) marquer d'un point d'interrogation
quest [kwest] *s* quête *f*; **in quest of** en quête de
question [ˈkwestʃən] *s* question *f*; doute *m*; **beyond question** indiscutable, incontestable; **it is a question of** il s'agit de; **out of the question** impossible, impensable; **to ask s.o. a question** poser une question à qn; **to beg the question** faire une pétition de principe; **to call into question** mettre en question; **to move the previous question** (parl) demander la question préalable; **without question** sans aucun doute || *tr* interroger, questionner; (*to cast doubt upon*) douter de, contester
questionable [ˈkwestʃənəbəl] *adj* discutable, douteux
ques′tion mark′ *s* point *m* d'interrogation
questionnaire [ˌkwestʃənˈɛr] *s* questionnaire *m*
queue [kju] *s* queue *f* || *intr*—**to queue up** faire la queue
quibble [ˈkwɪbəl] *intr* chicaner, ergoter
quibbling [ˈkwɪblɪŋ] *s* chicane *f*
quick [kwɪk] *adj* rapide, vif || *s*—**the quick and the dead** les vivants et les morts; **to cut to the quick** piquer au vif
quicken [ˈkwɪkən] *tr* accélérer; (*e.g., the imagination*) animer || *intr* s'accélérer; s'animer
quick′lime′ *s* chaux *f* vive
quick′ lunch′ *s* casse-croûte *m*, repas *m* léger
quickly [ˈkwɪkli] *adv* vite, rapidement
quick′sand′ *s* sable *m* mouvant
quick′sil′ver *s* vif-argent *m*, mercure *m*
quick′-tem′pered *adj* coléreux
quiet [ˈkwaɪ·ət] *adj* (*still*) tranquille, silencieux; (*person*) modeste, discret; (*market*) (com) calme; **be quiet!** taisez-vous!; **to keep quiet** rester tranquille; (*to not speak*) se taire || *s* tranquillité *f*; (*rest*) repos *m*; **on the quiet** en douce, à la dérobée || *tr* calmer, tranquilliser; (*a child*) faire taire || *intr*—**to quiet down** se calmer
quill [kwɪl] *s* plume *f* d'oie; (*hollow part*) tuyau *m* (de plume); (*of hedgehog, porcupine*) piquant *m*
quilt [kwɪlt] *s* courtepointe *f* || *tr* piquer
quince [kwɪns] *s* coing *m*; (*tree*) cognassier *m*
quinine [ˈkwaɪnaɪn] *s* quinine *f*
quinsy [ˈkwɪnzi] *s* angine *f*
quintessence [kwɪnˈtesəns] *s* quintessence *f*
quintet [kwɪnˈtet] *s* quintette *m*
quintuplets [ˈkwɪntʊˌplets], [kwɪnˈtʌplets], [kwɪnˈt(j)uplets] *spl* quintuplés *mpl*
quip [kwɪp] *s* raillerie *f*, quolibet *m* || *v* (*pret & pp* **quipped**; *ger* **quipping**) *tr* dire sur un ton railleur || *intr* railler
quire [kwaɪr] *s* main *f*
quirk [kwʌrk] *s* excentricité *f*; (*subterfuge*) faux-fuyant *m*; **quirk of fate** caprice *m* du sort
quit [kwɪt] *adj* quitte; **to be quits** être quitte; **to call it quits** cesser, s'y renoncer; **we are quits** nous voilà quittes || *v* (*pret & pp* **quit** or **quitted**; *ger* **quitting**) *tr* (*e.g., a city*) quitter; (*one's work, a pursuit, etc.*) cesser; **to quit** + *ger* s'arrêter de + *inf* || *intr* partir; (coll) lâcher la partie
quite [kwaɪt] *adv* tout à fait; **quite a story** (coll) toute une histoire
quitter [ˈkwɪtər] *s* défaitiste *m*, lâcheur *m*
quiver [ˈkwɪvər] *s* tremblement *m*; (*to hold arrows*) carquois *m* || *intr* trembler
quixotic [kwɪksˈɑtɪk] *adj* de don Quichotte; visionnaire, exalté
quiz [kwɪz] *s* (*pl* **quizzes**) interrogation *f*, colle *f* || *v* (*pret & pp* **quizzed**; *ger* **quizzing**) *tr* examiner, interroger
quiz′ sec′tion *s* classe *f* d'exercices
quiz′ show′ *s* émission-questionnaire *f*
quizzical [ˈkwɪzɪkəl] *adj* curieux; (*laughable*) risible; (*mocking*) railleur
quoin [kɔɪn], [kwɔɪn] *s* angle *m*; (*cornerstone*) pierre *f* d'angle; (*wedge*) coin *m*, cale *f* || *tr* coincer, caler
quoit [kwɔɪt], [kɔɪt] *s* palet *m*; **to play quoits** jouer au palet
quondam [ˈkwɑndæm] *adj* ci-devant, d'autrefois
quorum [ˈkworəm] *s* quorum *m*
quota [ˈkwotə] *s* quote-part *f*; (*e.g., of immigration*) quota *m*, contingent *m*
quotation [kwoˈteʃən] *s* (*from a book*) citation *f*; (*of prices*) cours *m*, cote *f*
quota′tion marks′ *spl* guillemets *mpl*
quote [kwot] *s* (*from a book*) citation *f*; (*of prices*) cours *m*, cote *f*; **in quotes** (coll) entre guillemets || *tr* (*from a book*) citer; (*values*) coter || *intr* tirer des citations; **to quote out of context** citer hors contexte || *interj* je cite
quotient [ˈkwoʃənt] *s* quotient *m*

R

R, r [ɑr] *s* XVIIIᵉ lettre de l'alphabet
rabbet ['ræbɪt] *s* feuillure *f* || *tr* feuiller
rab•bi ['ræbaɪ] *s* (*pl* **-bis** or **-bies**) rabbin *m*
rabbit ['ræbɪt] *s* lapin *m*
rab'bit stew' *s* lapin *m* en civet
rabble ['ræbəl] *s* canaille *f*
rab'ble-rous'er *s* fomentateur *m*, agitateur *m*
rabies ['rebiz], ['rebɪ,iz] *s* rage *f*
raccoon [ræ'kun] *s* raton *m* laveur
race [res] *s* race *f*; (*contest*) course *f*; (*channel to lead water*) bief *m*; (*rapid current*) raz *m* || *tr* lutter de vitesse avec; (*e.g., a horse*) faire courir; (*a motor*) emballer || *intr* faire une course, courir; (*said of motor*) s'emballer
race' horse' *s* cheval *m* de course
race' ri'ot *s* émeute *f* raciale
race' track' *s* champ *m* de courses, hippodrome *m*
racial ['reʃəl] *adj* racial
rac'ing car' *s* automobile *f* de course
rac'ing odds' *spl* cote *f*
rack [ræk] *s* (*shelf*) étagère *f*; (*to hang clothes*) portemanteau *m*; (*for baggage*) porte-bagages *m*; (*for guns; for fodder*) râtelier *m*; (*for torture*) chevalet *m*; (*bar made to gear with a pinion*) crémaillère *f*; **to go to rack and ruin** aller à vau-l'eau || *tr* (*with hunger, remorse, etc.*) tenailler; (*one's brains*) se creuser
racket ['rækɪt] *s* raquette *f*; (*noise*) vacarme *m*; (slang) racket *m*; **to make a racket** faire du tapage
racketeer [,rækɪ'tɪr] *s* racketter *m* || *intr* pratiquer l'escroquerie
rack' rail'way *s* chemin *m* de fer à crémaillère
rac•y ['resi] *adj* (*comp* **-ier**; *super* **-iest**) plein de verve, vigoureux; parfumé; (*off-color*) sale, grivois
radar ['redɑr] *s* (acronym) (**radio detecting and ranging**) radar *m*
ra'dar sta'tion *s* poste *m* radar
radiant ['redɪ•ənt] *adj* radieux, rayonnant; (astr & phys) radiant
radiate ['redɪ,et] *tr* rayonner; (*e.g., happiness*) répandre || *intr* rayonner
radiation [,redɪ'eʃən] *s* rayonnement *m*, radiation *f*
radia'tion sick'ness *s* mal *m* des rayons
radiator ['redɪ,etər] *s* radiateur *m*
ra'diator cap' *s* bouchon *m* de radiateur
radical ['rædɪkəl] *adj* & *s* radical *m*
radi•o ['redɪ,o] *s* (*pl* **-os**) radio *f* || *tr* radiodiffuser
radioactive [,redɪ•o'æktɪv] *adj* radioactif
ra'dioac'tive fall'out *s* retombées *fpl* radioactives
ra'dio am'ateur *s* sans-filiste *mf*
ra'dio announ'cer *s* speaker *m*
ra'dio•broad'cast'ing *s* radiodiffusion *f*
ra'dio•fre'quency *s* radiofréquence *f*
radiogram ['redɪ•o,græm] *s* radiogramme *m*
ra'dio lis'tener *s* auditeur *m* de la radio
radiology [,redɪ'ɑlədʒi] *s* radiologie *f*
ra'dio net'work *s* chaîne *f* de radiodiffusion
ra'dio news'cast *s* journal *m* parlé, radio-journal *m*
ra'dio receiv'er *s* récepteur *m* de radio
radioscopy [,redɪ'ɑskəpi] *s* radioscopie *f*
ra'dio set' *s* poste *m* de radio
ra'dio sta'tion *s* poste *m* émetteur
ra'dio tube' *s* lampe *f* de radio
radish ['rædɪʃ] *s* radis *m*
radium ['redɪ•əm] *s* radium *m*
radi•us ['redɪ•əs] *s* (*pl* **-i** [,aɪ] or **-uses**) rayon *m*; (anat) radius *m*; **within a radius of** dans un rayon de, à . . . à la ronde
raffish ['ræfɪʃ] *adj* bravache; (*flashy*) criard
raffle ['ræfəl] *s* tombola *f* || *tr* mettre en tombola
raft [ræft], [rɑft] *s* radeau *m*; **a raft of** (coll) un tas de
rafter ['ræftər], ['rɑftər] *s* chevron *m*
rag [ræg] *s* chiffon *m*; **in rags** en haillons; **to chew the rag** (slang) tailler une bavette
ragamuffin ['rægə,mʌfɪn] *s* gueux *m*, va-nu-pieds *m*; (*urchin*) gamin *m*
rag' doll' *s* poupée *f* de chiffon
rage [redʒ] *s* rage *f*; **to be all the rage** faire fureur; **to fly into a rage** entrer en fureur || *intr* faire rage
rag' fair' *s* marché *m* aux puces
ragged ['rægɪd] *adj* en haillons; (*edge*) hérissé
ragpicker ['ræg,pɪkər] *s* chiffonnier *m*
rag'time' *s* rythme *m* syncopé du jazz; musique *f* syncopée du jazz
rag'weed' *s* ambrosie *f*
ragwort ['ræg,wʌrt] *s* (*Senecio vulgaris*) séneçon *m*; (*S. jacobaea*) jacobée *f*
raid [red] *s* incursion *f*, razzia *f*; (*by police*) descente *f*; (mil) raid *m* || *tr* razzier; faire une descente dans
rail [rel] *s* rail *m*; (*railing*) balustrade *f*; (*of stairway*) rampe *f*; (*of, e.g., a bridge*) garde-fou *m*; (orn) râle *m*; **by rail** par chemin de fer || *intr* invectiver; **to rail at** invectiver
rail' fence' *s* palissade *f* à claire-voie
rail'head' *s* tête *f* de ligne
railing ['relɪŋ] *s* balustrade *f*
rail'road' *adj* ferroviaire || *s* chemin *m* de fer || *tr* (*a bill*) faire voter en vitesse; (coll) emprisonner à tort
rail'road cros'sing *s* passage *m* à niveau
railroader ['rel,rodər] *s* cheminot *m*
rail'road sta'tion *s* gare *f*
rail'way' *adj* ferroviaire || *s* chemin *m* de fer
raiment ['remənt] *s* habillement *m*
rain [ren] *s* pluie *f*; **in the rain** sous la pluie || *tr* faire pleuvoir || *intr* pleu-

voir; **it is raining cats and dogs** il pleut à seaux
rainbow ['ren ,bo] *s* arc-en-ciel *m*
rain'coat' *s* imperméable *m*
rain'fall' *s* chute *f* de pluie
rain'proof' *adj* imperméable
rain' wa'ter *s* eau *f* de pluie
rain•y ['reni] *adj* (*comp* **-ier;** *super* **-iest**) pluvieux
raise [rez] *s* augmentation *f*; (*in poker*) relance *f* || *tr* augmenter; (*plants, animals, children; one's voice; a number to a certain power*) élever; (*an army, a camp, a siege; anchor; game*) lever; (*an objection, questions, etc.*) soulever; (*doubts; a hope; a storm*) faire naître; (*a window*) relever; (*one's head, one's voice; prices; the land*) hausser; (*a flag*) arborer; (*the dead*) ressusciter; (*money*) se procurer; (*the ante*) relancer; **to raise up** soulever, dresser
raisin ['rezən] *s* raisin *m* sec, grain *m* de raisin sec
rake [rek] *s* râteau *m*; (*person*) débauché *m* || *tr* ratisser; **to rake together** râteler
rake'-off' *s* (coll) gratte *f*
rakish ['rekɪʃ] *adj* gaillard; dissolu
ral•ly ['ræli] *s* (*pl* **-lies**) ralliement *m*; réunion *f* politique; (*in a game*) reprise *f*; (*auto race*) rallye *m* || *v* (*pret & pp* **-lied**) *tr* rallier || *intr* se rallier; (*from illness*) se remettre; (sports) se reprendre; **to rally to the side of** se rallier à
ram [ræm] *s* bélier *m* || *v* (*pret & pp* **rammed;** *ger* **ramming**) *tr* tamponner; **to ram down** or **in** enfoncer || *intr* se tamponner; **to ram into** tamponner
ramble ['ræmbəl] *s* flânerie *f* || *intr* flâner, errer à l'aventure; (*to talk aimlessly*) divaguer
rami•fy ['ræmɪ ,faɪ] *v* (*pret & pp* **-fied**) *tr* ramifier || *intr* se ramifier
ramp [ræmp] *s* rampe *f*
rampage ['ræmpedʒ] *s* tempête *f*; **to go on a rampage** se déchaîner
rampart ['ræmpɑrt] *s* rempart *m*
ram'rod' *s* écouvillon *m*
ram'shack'le *adj* délabré
ranch [ræntʃ] *s* ranch *m*, rancho *m*
rancid ['rænsɪd] *adj* rance
rancor ['rænkər] *s* rancœur *f*
random ['rændəm] *adj* fortuit; **at random** au hasard
range [rendʒ] *s* (*row*) rangée *f*; (*scope*) portée *f*; (*mountains*) chaîne *f*; (*stove*) cuisinière *f*; (*for rifle practice*) champ *m* de tir; (*of colors, musical notes, prices, speeds, etc.*) gamme *f*; (*of words*) répartition *f*; (*of voice*) tessiture *f*; (*of vision, of activity, etc.*) champ *m*; (*for pasture*) grand pâturage *m*; **within range of** à portée de || *tr* ranger || *intr* se ranger; **to range from** s'échelonner entre, varier entre; **to range over** parcourir
range' find'er *s* télémètre *m*
rank [ræŋk] *adj* fétide, rance; (*injustice*) criant; (*vegetation*) luxuriant || *s* rang *m* || *tr* ranger || *intr* occuper le premier rang; **to rank above** être supérieur à; **to rank with** aller de pair avec
rank' and file' *s* hommes *mpl* de troupe; commun *m* des mortels; (*of the party, union, etc.*) commun *m*
rankle ['ræŋkəl] *tr* ulcérer; irriter || *intr* s'ulcérer
ransack ['rænsæk] *tr* fouiller, fouiller dans; mettre à sac
ransom ['rænsəm] *s* rançon *f* || *tr* rançonner
rant [rænt] *intr* tempêter
rap [ræp] *s* tape *f*; (*noise*) petit coup *m* sec; (slang) éreintement *m*; **to not care a rap** (slang) s'en ficher; **to take the rap** (slang) se laisser châtier || *v* (*pret & pp* **rapped;** *ger* **rapping**) *tr & intr* frapper d'un coup sec
rapacious [rə'peʃəs] *adj* rapace
rape [rep] *s* viol *m* || *tr* violer
rapid ['ræpɪd] *adj* rapide || **rapids** *spl* rapides *mpl*
rap'id-fire' *adj* à tir rapide
rapidity [rə'pɪdəti] *s* rapidité *f*
rapier ['repɪ•ər] *s* rapière *f*
rapt [ræpt] *adj* ravi; absorbé
rapture ['ræptʃər] *s* ravissement *m*
rare [rer] *adj* rare; (*meat*) saignant; (*amusing*) (coll) impayable
rare' bird' *s* merle *m* blanc
rarely ['rerli] *adv* rarement
rascal ['ræskəl] *s* coquin *m*
rash [ræʃ] *adj* téméraire || *s* éruption *f*
rasp [ræsp], [rɑsp] *s* crissement *m*; (*tool*) râpe *f* || *tr* râper || *intr* crisser
raspber•ry ['ræz ,bɛri], ['rɑz ,bɛri] *s* (*pl* **-ries**) framboise *f*
rasp'berry bush' *s* framboisier *m*
rat [ræt] *s* rat *m*; (*false hair*) (coll) postiche *m*; (*deserter*) (slang) lâcheur *m*; (*informer*) (slang) mouchard *m*; (*scoundrel*) (slang) cochon *m*; **rats!** zut!; **to smell a rat** (coll) soupçonner anguille sous roche
ratchet ['rætʃɪt] *s* encliquetage *m*
rate [ret] *s* taux *m*; (*for freight, mail, a subscription*) tarif *m*; **at any rate** en tout cas; **at the rate of** à raison de || *tr* évaluer; mériter || *intr* (coll) être favori
rate' of exchange' *s* cours *m*
rather ['ræðər], ['rɑðər] *adv* plutôt; (*fairly*) assez; **rather than** plutôt que || *interj* je vous crois!
rathskeller ['ræts ,kɛlər] *s* caveau *m*
rati•fy ['rætɪ ,faɪ] *v* (*pret & pp* **-fied**) *tr* ratifier
rating ['retɪŋ] *s* classement *m*, cote *f*
ra•tio ['reʃo], ['reʃɪ ,o] *s* (*pl* **-tios**) raison *f*, rapport *m*
ration ['reʃən], ['ræʃən] *s* ration *f* || *tr* rationner
rational ['ræʃənəl] *adj* rationnel
ra'tion book' *s* tickets *mpl* de rationnement
ra'tion card' *s* carte *f* de ravitaillement
rat' poi'son *s* mort *m* aux rats
rat'-tail file' *s* queue-de-rat *f*
rattan [ræ'tæn] *s* rotin *m*

rattle ['rætəl] *s* (*number of short, sharp sounds*) bruit *m* de ferraille, cliquetis *m*; (*noisemaking device*) crécelle *f*; (*child's toy*) hochet *m*; (*in the throat*) râle *m* || *tr* agiter; (*to confuse*) (coll) affoler; **to rattle off** débiter comme un moulin || *intr* cliqueter; (*said of windows*) trembler
rat'tle•snake' *s* serpent *m* à sonnettes
rat'trap' *s* ratière *f*
raucous ['rɔkəs] *adj* rauque
ravage ['rævɪdʒ] *s* ravage *m*; **ravages** (*of time*) injure *f* || *tr* ravager
rave [rev] *s* (coll) éloge *m* enthousiaste || *intr* délirer; **to rave about** or **over** s'extasier devant or sur
raven ['revən] *s* corbeau *m*
ravenous ['rævənəs] *adj* vorace
rave' review' *s* article *m* dithyrambique
ravine [rə'vin] *s* ravin *m*
ravish ['rævɪʃ] *tr* ravir
ravishing ['rævɪʃɪŋ] *adj* ravissant
raw [rɔ] *adj* cru; (*sugar, metal*) brut; (*silk*) grège; (*wound*) vif; (*wind*) aigre; (*weather*) humide et froid; novice, inexpérimenté
raw'boned' *adj* décharné
raw' deal' *s* (slang) mauvais tour *m*
raw'hide' *s* cuir *m* vert
raw' mate'rial *s* matière *f* première, matières premières, matière brute
ray [re] *s* (*of light*) rayon *m*; (*fish*) raie *f*
rayon ['re•an] *s* rayonne *f*
raze [rez] *tr* raser
razor ['rezər] *s* rasoir *m*
ra'zor blade' *s* lame *f* de rasoir
ra'zor strop' *s* cuir *m* à rasoir
razz [ræz] *tr* (slang) mettre en boîte
reach [ritʃ] *s* portée *f*; **out of reach (of)** hors d'atteinte (de), hors de portée (de); **within reach of** à portée de || *tr* atteindre; arriver à; **to reach out** (*a hand*) tendre; (*an arm*) allonger || *intr* s'étendre
react [rɪ'ækt] *intr* réagir
reaction [rɪ'ækʃən] *s* réaction *f*
reactionar•y [rɪ'ækʃən,ɛri] *adj* réactionnaire || *s* (*pl* **-ies**) réactionnaire *mf*
reactor [rɪ'æktər] *s* réacteur *m*
read [rid] *v* (*pret & pp* **read** [red]) *tr* lire; **to read over** parcourir || *intr* lire; (*said of passage, description, etc.*) se lire; (*said, e.g., of thermometer*) marquer; **to read on** continuer à lire; **to read up on** étudier
reader ['ridər] *s* lecteur *m*; livre *m* de lecture
readily ['redɪli] *adv* (*willingly*) volontiers; (*easily*) facilement
reading ['ridɪŋ] *s* lecture *f*
read'ing desk' *s* pupitre *m*
read'ing glass' *s* loupe *f*; **reading glasses** lunettes *fpl* pour lire
read'ing lamp' *s* lampe *f* de bureau
read'ing room' *s* salle *f* de lecture
read•y ['redi] *adj* (*comp* **-ier**; *super* **-iest**) prêt; (*quick*) vif; (*money*) comptant || *v* (*pret & pp* **-ied**) *tr* préparer || *intr* se préparer
read'y cash' *s* argent *m* comptant
read'y-made' suit' *s* (*for men*) complet *m* de confection; (*for women*) costume *m* de confection
ready-to-eat ['redɪtə'it] *adj* prêt à servir
ready-to-wear ['redɪtə'wer] *adj* prêt à porter || *s* prêt-à-porter *m*
reaffirm [,ri•ə'fʌrm] *tr* réaffirmer
reagent [rɪ'edʒənt] *s* (chem) réactif *m*
real ['ri•əl] *adj* vrai, réel
re'al estate' *s* biens *mpl* immobiliers
re'al-estate' *adj* immobilier
realism ['ri•ə,lɪzəm] *s* réalisme *m*
realist ['ri•əlɪst] *s* réaliste *mf*
realistic [,ri•ə'lɪstɪk] *adj* réaliste
reali•ty [ri'ælɪti] *s* (*pl* **-ties**) réalité *f*
realize ['ri•ə,laɪz] *tr* se rendre compte de, s'apercevoir de; (*hopes, profits, etc.*) réaliser
really ['ri•əli] *adv* vraiment
realm [relm] *s* royaume *m*; (*field*) domaine *m*
Realtor® ['ri•əl,tər], ['ri•əltər] *s*, *m* immobilier
ream [rim] *s* rame *f*; **reams** (coll) masses *fpl* || *tr* aléser
reap [rip] *tr* moissonner; (*to gather*) recueillir
reaper ['ripər] *s* moissonneur *m*; (mach) moissonneuse *f*
reappear [,ri•ə'pɪr] *intr* réapparaître
reappearance [,ri•ə'pɪrəns] *s* réapparition *f*
reapportionment [,ri•ə'porʃənmənt] *s* nouvelle répartition *f*
rear [rɪr] *adj* arrière, d'arrière, de derrière || *s* derrière *m*; (*of a car, ship, etc.*; *of an army*) arrière *m*; (*of a row*) queue *f*; **to the rear!** (mil) demi-tour à droite! || *tr* élever || *intr* (*said of animal*) se cabrer
rear' ad'miral *s* contre-amiral *m*
rear'-axle assem'bly *s* (*pl* **-blies**) pont *m* arrière
rear' drive' *s* traction *f* arrière
rearmament [ri'arməmənt] *s* réarmement *m*
rearrange [,ri•ə'rendʒ] *tr* arranger de nouveau
rear'-view mir'ror *s* rétroviseur *m*
rear' win'dow *s* (aut) lunette *f* arrière
reason ['rizən] *s* raison *f*; **by reason of** à cause de; **for good reason** pour cause; **to listen to reason** entendre raison; **to stand to reason** être de toute évidence || *tr & intr* raisonner
reasonable ['rizənəbəl] *adj* raisonnable
reassessment [,ri•ə'sesmənt] *s* réévaluation *f*
reassure [,ri•ə'ʃur] *tr* rassurer
reawaken [,ri•ə'wekən] *tr* réveiller || *intr* se réveiller
rebate ['ribet], [rɪ'bet] *s* rabais *m*, escompte *m*; ristourne *f*, bonification *f* || *tr* faire un rabais sur
rebel ['rebəl] *adj & s* rebelle *mf* || **re•bel** [rɪ'bel] *v* (*pret & pp* **-belled**; *ger* **-belling**) *intr* se rebeller
rebellion [rɪ'beljən] *s* rébellion *f*
rebellious [rɪ'beljəs] *adj* rebelle
re•bind [ri'baɪnd] *v* (*pret & pp* **-bound**) *tr* (bb) relier à neuf

rebirth ['ribʌrθ] *s* renaissance *f*
rebore [ri'bor] *tr* rectifier
rebound ['rɪ,baʊnd], [ri'baʊnd] *s* rebondissement *m* || [ri'baʊnd] *intr* rebondir
rebroad·cast [ri'brɔd,kæst], [ri'brɔd-,kɑst] *s* retransmission *f* || *v* (*pret & pp* **-cast** or **-casted**) *tr* retransmettre
rebuff [rɪ'bʌf] *s* rebuffade *f* || *tr* mal accueillir
re·build [ri'bɪld] *v* (*pret & pp* **-built**) *tr* reconstruire
rebuke [rɪ'bjuk] *s* réprimande *f* || *tr* réprimander
re·but [rɪ'bʌt] *v* (*pret & pp* **-butted**; *ger* **-butting**) *tr* réfuter, repousser
rebuttal [rɪ'bʌtəl] *s* réfutation *f*
recall [rɪ'kɔl], ['rikɔl] *s* rappel *m* || [rɪ'kɔl] *tr* rappeler; se rappeler de
recant [rɪ'kænt] *tr* rétracter || *intr* se rétracter
re·cap ['ri,kæp], [ri'kæp] *v* (*pret & pp* **-capped**; *ger* **-capping**) *tr* rechaper
recapitulation [,rikə,pɪtʃə'leʃən] *s* récapitulation *f*
re·cast ['ri,kæst], ['ri,kɑst] *s* refonte *f* || [ri'kæst], [ri'kɑst] *v* (*pret & pp* **-cast**) *tr* (*metal; a play, novel, etc.*) refondre; (*the actors of a play*) redistribuer
recede [rɪ'sid] *intr* reculer; (*said of forehead, chin, etc.*) fuir; (*said of sea*) se retirer
receipt [rɪ'sit] *s* (*for goods*) récépissé *m*; (*for money*) récépissé, reçu *m*; (*recipe*) recette *f*; **receipts** recettes; **to acknowledge receipt of** accuser réception de || *tr* acquitter
receive [rɪ'siv] *tr* recevoir; (*stolen goods*) recéler; (*a station*) (rad) capter; **received payment** pour acquit || *intr* recevoir
receiver [rɪ'sivər] *s* (*of letter*) destinataire *mf*; (*in bankruptcy*) syndic *m*, liquidateur *m*; (telp) récepteur *m*
receiv'ing set' *s* poste *m* récepteur
recent ['risənt] *adj* récent
recently ['risəntli] *adv* récemment
receptacle [rɪ'sɛptəkəl] *s* récipient *m*; (elec) prise *f* femelle
reception [rɪ'sɛpʃən] *s* réception *f*; (*welcome*) accueil *m*
recep'tion desk' *s* réception *f*
receptionist [rɪ'sepʃənɪst] *s* préposé *m* à la réception
receptive [rɪ'sɛptɪv] *adj* réceptif
recess [rɪ'sɛs], ['risɛs] *s* (*of court, legislature, etc.*) ajournement *m*; (*at school*) récréation *f*; (*in a wall*) niche *f* || [rɪ'sɛs] *tr* ajourner; (*s.th., e.g., in a wall*) encastrer || *intr* s'ajourner
recession [rɪ'sɛʃən] *s* récession *f*
recipe ['rɛsɪ,pi] *s* recette *f*
recipient [rɪ'sɪpɪ·ənt] *s* (*person*) bénéficiaire *mf*; (*of a degree, honor, etc.*) récipiendaire *m*; (*of blood*) receveur *m*
reciprocal [rɪ'sɪprəkəl] *adj* réciproque
reciprocity [,rɛsɪ'prɑsɪti] *s* réciprocité *f*
recital [rɪ'saɪtəl] *s* récit *m*; (*of music or poetry*) récital *m*
recite [rɪ'saɪt] *tr* réciter; narrer
reckless ['rɛklɪs] *adj* téméraire, imprudent, insouciant
reckon ['rɛkən] *tr* calculer; considérer; (coll) supposer, imaginer || *intr* calculer; **to reckon on** compter sur; **to reckon with** tenir compte de
reclaim [rɪ'klem] *tr* récupérer; (*e.g., waste land*) mettre en valeur; (*a person*) réformer
reclamation [,rɛklə'meʃən] *s* récupération *f*; (*e.g., of waste land*) mise *f* en valeur; (*of a person*) réforme *f*
recline [rɪ'klaɪn] *tr* appuyer, reposer || *intr* s'appuyer, se reposer
recluse [rɪ'klus], ['rɛklus] *adj & s* reclus *m*
recognition [,rɛkəg'nɪʃən] *s* reconnaissance *f*
recognize ['rɛkəg,naɪz] *tr* reconnaître; (parl) donner la parole à
recoil [rɪ'kɔɪl] *s* répugnance *f*; (*of, e.g., firearm*) recul *m* || *intr* reculer
recollect [,rɛkə'lɛkt] *tr* se rappeler
recollection [,rɛkə'lɛkʃən] *s* souvenir *m*
recommend [,rɛkə'mɛnd] *tr* recommander
recompense ['rɛkəm,pɛns] *s* récompense *f* || *tr* récompenser
reconcile ['rɛkən,saɪl] *tr* réconcilier; **to reconcile oneself to** se résigner à
reconnaissance [rɪ'kɑnɪsəns] *s* reconnaissance *f*
reconnoiter [,rɛkə'nɔɪtər], [,rikə'nɔɪtər] *tr & intr* reconnaître
reconquer [ri'kɑŋkər] *tr* reconquérir
reconquest [ri'kɑŋkwest] *s* reconquête *f*
reconsider [,rikən'sɪdər] *tr* reconsidérer
reconstruct [,rikən'strʌkt] *tr* reconstruire; (*a crime*) reconstituer
reconversion [,rikən'vʌrʒən] [,rikən-'vʌrʃən] *s* reconversion *f*
record ['rɛkərd] *s* enregistrement *m*, registre *m*; (*to play on the phonograph*) disque *m*; (mil) état *m* de service; (sports) record *m*; **off the record** en confidence; **records** archives *fpl*; **to break the record** battre le record; **to have a good record** être bien noté; (*at school*) avoir de bonnes notes || [rɪ'kɔrd] *tr* enregistrer
rec'ord chang'er *s* tourne-disque *m* automatique
recorder [rɪ'kɔrdər] *s* appareil *m* enregistreur; (law) greffier *m*; (mus) flûte *f* à bec
rec'ord hold'er *s* recordman *m*
recording [rɪ'kɔrdɪŋ] *adj* enregistreur || *s* enregistrement *m*
record'ing tape' *s* ruban *m* magnétique
rec'ord li'brary *s* discothèque *m*
rec'ord play'er *s* électrophone *m*
recount ['ri,kaʊnt] *s* nouveau dépouillement *m* du scrutin || [ri'kaʊnt] *tr* (*to count again*) recompter || [rɪ-'kaʊnt] *tr* (*to tell*) raconter
recoup [rɪ'kup] *tr* recouvrer; **to recoup s.o. for** dédommager qn de
recourse [rɪ'kors], ['rikors] *s* recours *m*; **to have recourse to** recourir à
recover [rɪ'kʌvər] *tr* (*to get back*) re-

couvrer; (*to cover again*) recouvrir || *intr* (*to get well*) se rétablir
recover•y [rɪˈkʌvəri] *s* (*pl* **-ies**) récupération *f*, recouvrement *m*; (*e.g., of health*) rétablissement *m*
recreant [ˈrɛkrɪ·ənt] *adj* & *s* lâche *mf*; traître *m*; apostat *m*
recreation [ˌrɛkrɪˈeʃən] *s* récréation *f*
recruit [rɪˈkrut] *s* recrue *f* || *tr* recruter; **to be recruited** se recruter
rectangle [ˈrɛkˌtæŋgəl] *s* rectangle *m*
rectifier [ˈrɛktəˌfaɪ·ər] *s* rectificateur *m*; (elec) redresseur *m*
recti•fy [ˈrɛktɪˌfaɪ] *v* (*pret* & *pp* **-fied**) *tr* rectifier; (elec) redresser
rec•tum [ˈrɛktəm] *s* (*pl* **-ta** [tə]) rectum *m*
recumbent [rɪˈkʌmbənt] *adj* couché
recuperate [rɪˈkjupəˌret] *tr* & *intr* récupérer
re•cur [rɪˈkʌr] *v* (*pret* & *pp* **-curred**; *ger* **-curring**) *intr* revenir, se reproduire; revenir à la mémoire de
recurrent [rɪˈkʌrənt] *adj* récurrent
red [red] *adj* (*comp* **redder**; *super* **reddest**) rouge || *s* (*color*) rouge *m*; **in the red** en déficit; **Red** (*communist*) rouge *mf*; (*nickname*) Rouquin *m*
red′bait′ *tr* taxer de communiste
red′bird′ *s* cardinal *m* d'Amérique, tangara *m*
red′-blood′ed *adj* vigoureux
red′breast′ *s* rouge-gorge *m*
red′cap′ *s* porteur *m*; (Brit) soldat *m* de la police militaire
red′ cell′ *s* globule *m* rouge
Red′ Cross′ *s* Croix-Rouge *f*
redden [ˈredən] *tr* & *intr* rougir
redeem [rɪˈdim] *tr* racheter; (*a pawned article*) dégager; (*a promise*) remplir; (*a debt*) s'acquitter de, acquitter
redeemer [rɪˈdimər] *s* rédempteur *m*
redemption [rɪˈdɛmpʃən] *s* rachat *m*; (rel) rédemption *f*
red′-haired′ *adj* roux
red′hand′ed *adj* & *adv* sur le fait, en flagrant délit
red′head′ *s* (*woman*) rousse *f*
red′ her′ring *s* hareng *m* saur; (fig) faux-fuyant *m*
red′-hot′ *adj* chauffé au rouge; ardent; (*news*) tout frais
rediscount [riˈdɪskaunt] *s* réescompte *m* || *tr* réescompter
rediscover [ˌridɪsˈkʌvər] *tr* redécouvrir
red′-let′ter day′ *s* jour *m* mémorable
red′ light′ *s* feu *m* rouge; **to go through a red light** brûler un feu rouge
red′-light′ dis′trict *s* quartier *m* réservé
red′ man′ *s* (*pl* **men′**) Peau-Rouge *m*
re•do [ˈriˈdu] *v* (*pret* **-did**; *pp* **-done**) *tr* refaire
redolent [ˈredələnt] *adj* parfumé; **redolent of** exhalant une senteur de; qui fait penser à
redoubt [rɪˈdaut] *s* redoute *f*
redound [rɪˈdaund] *intr* contribuer; **to redound to** tourner à
red′ pep′per *s* piment *m* rouge
redress [rɪˈdrɛs], [ˈridrəs] *s* redressement *m* || [rɪˈdrɛs] *tr* redresser
Red′ Rid′ing•hood′ *s* Chaperon rouge *m*
red′skin′ *s* Peau-Rouge *mf*
red′ tape′ *s* paperasserie *f*, chinoiseries *fpl* administratives
reduce [rɪˈd(j)us] *tr* réduire || *intr* maigrir
reduc′ing ex′ercises *spl* exercices *mpl* amaigrissants
reduction [rɪˈdʌkʃən] *s* réduction *f*
redundant [rɪˈdʌndənt] *adj* redondant
red′ wine′ *s* vin *m* rouge
red′wing′ *s* (orn) mauvis *m*
red′wood′ *s* séquoia *m*
reed [rid] *s* (*of instrument*) anche *f*; (bot) roseau *m*; **reeds** (mus) instruments *mpl* à anche
reedit [rɪˈɛdɪt] *tr* rééditer
reef [rif] *s* récif *m*; (*of sail*) ris *m* || *tr* (naut) prendre un ris dans
reefer [ˈrifər] *s* caban *m*; (slang) cigarette *f* à marijuana
reek [rik] *intr* fumer; **to reek of** or **with** empester, puer
reel [ril] *s* bobine *f*; (*of film*) rouleau *m*, bobine; (*of fishing rod*) moulinet *m*; (*sway*) balancement *m*; **off the reel** (coll) d'affilée || *tr* bobiner; **to reel off** dévider; (coll) réciter d'un trait || *intr* chanceler
reelection [ˌri·ɪˈlɛkʃən] *s* réélection *f*
reenlist [ˌri·enˈlɪst] *tr* rengager || *intr* rengager, se rengager
reenlistment [ˌri·enˈlɪstmənt] *s* rengagement *m*; (*person*) rengagé *m*
reen•try [rɪˈentri] *s* (*pl* **-tries**) rentrée *f*; (rok) retour *m* à la Terre
reexamination [ˌri·ɛgˌzæmɪˈneʃən] *s* réexamen *m*
re•fer [rɪˈfʌr] *v* (*pret* & *pp* **-ferred**; *ger* **-ferring**) *tr* renvoyer || *intr*—**to refer to** se référer à
referee [ˌrɛfəˈri] *s* arbitre *m* || *tr* & *intr* arbitrer
reference [ˈrɛfərəns] *s* référence *f*
ref′erence room′ *s* bibliothèque *f* de consultation
referen•dum [ˌrɛfəˈrendəm] *s* (*pl* **-da** [də]) référendum *m*
refill [ˈrifɪl] *s* recharge *f* || [riˈfɪl] *tr* remplir à nouveau
refine [rɪˈfaɪn] *tr* raffiner
refinement [rɪˈfaɪnmənt] *s* raffinage *m*; (*e.g., of manners*) raffinement *m*
refiner•y [rɪˈfaɪnəri] *s* (*pl* **-ies**) raffinerie *f*
reflect [rɪˈflɛkt] *tr* réfléchir || *intr* (*to meditate*) réfléchir; **to reflect on** or **upon** réfléchir à or sur; nuire à la réputation de
reflection [rɪˈflɛkʃən] *s* (*e.g., of light; thought*) réflexion *f*; (*reflected light; image*) reflet *m*; **to cast reflections on** faire des réflexions à
reflex [ˈriflɛks] *adj* & *s* réflexe *m*
reforestation [ˌrifɑrɪsˈteʃən], [ˌrifɔrɪsˈteʃən] *s* reboisement *m*
reform [rɪˈfɔrm] *s* reforme *f* || *tr* réformer || *intr* se réformer
reformation [ˌrɛfərˈmeʃən] *s* réformation *f*; **the Reformation** la Réforme

reformato•ry [rɪˈfɔrmə,tori] *s* (*pl* **-ries**) maison *f* de correction
reformer [rɪˈfɔrmər] *s* réformateur *m*
reform′ school′ *s* maison *f* de correction
refraction [rɪˈfrækʃən] *s* réfraction *f*
refrain [rɪˈfren] *s* refrain *m* || *intr* s'abstenir
refresh [rɪˈfrɛʃ] *tr* rafraîchir || *intr* se rafraîchir
refreshing [rɪˈfrɛʃɪŋ] *adj* rafraîchissant
refreshment [rɪˈfrɛʃmənt] *s* rafraîchissement *m*
refresh′ment bar′ *s* buvette *f*
refrigerate [rɪˈfrɪdʒə,ret] *tr* réfrigérer
refrigerator [rɪˈfrɪdʒə,retər] *s* (*icebox*) glacière; réfrigérateur *m*; (*condenser*) congélateur *m*
refrig′erator car′ *s* (rr) wagon *m* frigorifique
re•fuel [riˈfjul] *v* (*pret & pp* **-fueled** or **-fuelled**; *ger* **-fueling** or **-fuelling**) *tr* ravitailler en carburant || *intr* se ravitailler en carburant
refuge [ˈrɛfjudʒ] *s* refuge *m*; **to take refuge (in)** se réfugier (dans)
refugee [,rɛfjuˈdʒi] *s* réfugié *m*
refund [ˈrifʌnd] *s* remboursement *m* || [rɪˈfʌnd] *tr* (*to pay back*) rembourser || [riˈfʌnd] *tr* (*to fund again*) consolider
refurnish [riˈfʌrnɪʃ] *tr* remeubler
refusal [rɪˈfjuzəl] *s* refus *m*
refuse [ˈrɛfjus] *s* ordures *fpl*, détritus *mpl* || [rɪˈfjuz] *tr & intr* refuser
refute [rɪˈfjut] *tr* réfuter
regain [rɪˈgen] *tr* regagner; (*consciousness*) reprendre
regal [ˈrigəl] *adj* royal
regale [rɪˈgel] *tr* régaler
regalia [rɪˈgelɪ•ə] *spl* atours *mpl*, ornements *mpl*; (*of an office*) insignes *mpl*
regard [rɪˈgɑrd] *s* considération *f*; (*esteem*) respect *m*; (*look*) regard *m*; **in** or **with regard to** à l'égard de; **regards** sincères amitiés *fpl* || *tr* considérer, estimer; **as regards** quant à
regarding [rɪˈgɑrdɪŋ] *prep* au sujet de, touchant
regardless [rɪˈgɑrdlɪs] *adj* inattentif || *adv* (coll) coûte que coûte; **regardless of** sans tenir compte de
regatta [rɪˈgætə] *s* régates *fpl*
regen•cy [ˈridʒənsi] *s* (*pl* **-cies**) régence *f*
regenerate [rɪˈdʒenə,ret] *tr* régénérer || *intr* se régénérer
regent [ˈridʒənt] *s* régent *m*
regicide [ˈrɛdʒɪ,saɪd] *s* (*act*) régicide *m*; (*person*) régicide *mf*
regime [reˈʒim] *s* régime *m*
regiment [ˈrɛdʒɪmənt] *s* régiment *m* || [ˈrɛdʒɪ,mɛnt] *tr* enrégimenter, régenter
regimental [,rɛdʒɪˈmentəl] *adj* régimentaire || **regimentals** *spl* tenue *f* militaire
region [ˈridʒən] *s* région *f*
register [ˈrɛdʒɪstər] *s* registre *m* || *tr* enregistrer; (*a student; an automobile*) immatriculer; (*a letter*) recommander || *intr* s'inscrire
reg′istered let′ter *s* lettre *f* recommandée
reg′istered mail′ *s* envoi *m* en recommandé
reg′istered nurse′ *s* infirmière *f* diplômée
registrar [ˈrɛdʒɪs,trɑr] *s* archiviste *mf*, secrétaire *mf*
registration [,rɛdʒɪsˈtreʃən] *s* enregistrement *m*; immatriculation *f*, inscription *f*; (*of mail*) recommandation *f*
registra′tion blank′ *s* fiche *f* d'inscription
registra′tion fee′ *s* frais *mpl* d'inscription
registra′tion num′ber *s* (*of soldier or student*) numéro *m* matricule
re•gret [rɪˈgrɛt] *s* regret *m*; **regrets** excuses *fpl* || *v* (*pret & pp* **-gretted**; *ger* **-gretting**) *tr* regretter
regrettable [rɪˈgrɛtəbəl] *adj* regrettable
regular [ˈrɛgjələr] *adj & s* régulier *m*
reg′ular fel′low *s* (coll) chic type *m*
regularity [,rɛgjəˈlærɪti] *s* régularité *f*
regularize [ˈrɛgjələ,raɪz] *tr* régulariser
regulate [ˈrɛgjə,let] *tr* régler; (*to control*) réglementer
regulation [,rɛgjəˈleʃən] *s* régulation *f*; (*rule*) règlement *m*
rehabilitate [,rihəˈbɪlɪ,tet] *tr* réadapter; (*in reputation, standing, etc.*) réhabiliter
rehearsal [rɪˈhʌrsəl] *s* répétition *f*
rehearse [rɪˈhʌrs] *tr & intr* répéter
reign [ren] *s* règne *m* || *intr* régner
reimburse [,ri•ɪmˈbʌrs] *tr* rembourser
rein [ren] *s* rêne *f*; **to give free rein to** donner libre cours à || *tr* contenir, freiner
reincarnation [,ri•ɪnkɑrˈneʃən] *s* réincarnation *f*
rein′deer′ *s* renne *m*
reinforce [,ri•ɪnˈfors] *tr* renforcer; (*concrete*) armer
reinforcement [,ri•ɪnˈforsmənt] *s* renforcement *m*
reinstate [,ri•ɪnˈstet] *tr* rétablir
reiterate [riˈɪtə,ret] *tr* réitérer
reject [ˈridʒɛkt] *s* pièce *f* or article *m* de rebut; **rejects** rebuts *mpl* || [rɪˈdʒɛkt] *tr* rejeter
rejection [rɪˈdʒɛkʃən] *s* rejet *m*, refus *m*
rejoice [rɪˈdʒɔɪs] *intr* se réjouir
rejoin [riˈdʒɔɪn] *tr* rejoindre
rejoinder [riˈdʒɔɪndər] *s* réplique *f*; (law) réponse *f* à une réplique
rejuvenation [rɪ,dʒuvɪˈneʃən] *s* rajeunissement *m*
rekindle [riˈkɪndəl] *tr* rallumer
relapse [rɪˈlæps] *s* rechute *f* || *intr* rechuter
relate [rɪˈlet] *tr* (*to narrate*) relater; (*e.g., two events*) établir un rapport entre; **to be related** être apparenté
relation [rɪˈleʃən] *s* relation *f*; récit *m*, relation; (*relative*) parent *m*; (*kinship*) parenté *f*; **in relation to** or **with** par rapport à; **relations** (*of a sexual nature*) rapports *mpl*
relationship [rɪˈleʃən,ʃɪp] *s* (*connection*) rapport *m*; (*kinship*) parenté *f*

relative ['rɛlətɪv] *adj* relatif || *s* parent *m*
relativity [ˌrɛlə'tɪvəti] *s* relativité *f*
relax [rɪ'læks] *tr* détendre; **to be relaxed** être décontracté or détendu || *intr* se détendre
relaxation [ˌrɪlæks'eʃən] *s* détente *f*, délassement *m*
relaxing [rɪ'læksɪŋ] *adj* tranquillisant, apaisant; (*diverting*) délassant
relay ['rile], [rɪ'le] *s* relais *m* || *v* (*pret & pp* **-layed**) *tr* relayer; (rad, telg, telp, telv) retransmettre || [ri'le] *v* (*pret & pp* **-laid**) *tr* tendre de nouveau
re′lay race′ *s* course *f* de relais
release [rɪ'lis] *s* délivrance *f*; (*from jail*) mise *f* en liberté; (*permission*) autorisation *f*; (aer) lâchage *m*; (mach) déclenchement *m* || *tr* délivrer; (*from jail*) mettre en liberté; autoriser; (*a bomb*) lâcher
relegate ['rɛlɪˌget] *tr* reléguer
relent [rɪ'lent] *intr* se laisser attendrir, s'adoucir
relentless [rɪ'lɛntlɪs] *adj* implacable
relevant ['rɛlɪvənt] *adj* pertinent
reliable [rɪ'laɪ·əbəl] *adj* digne de confiance, digne de foi
reliance [rɪ'laɪ·əns] *s* confiance *f*
relic ['rɛlɪk] *s* (rel) relique *f*; (fig) vestige *m*
relief [rɪ'lif] *s* soulagement *m*; (*projection of figures; elevation*) relief *m*; (*aid*) secours *m*; (*welfare program*) aide *f* sociale; (mil) relève *f*; **in relief** en relief
relieve [rɪ'liv] *tr* soulager; (*to aid*) secourir; (*to release from a post; to give variety to*) relever; (mil) relever
religion [rɪ'lɪdʒən] *s* religion *f*
religious [rɪ'lɪdʒəs] *adj* religieux
relinquish [rɪ'lɪŋkwɪʃ] *tr* abandonner
relish ['rɛlɪʃ] *s* goût *m*; (*condiment*) assaisonnement *m*; **relish for** penchant pour || *tr* goûter, apprécier
reluctance [rɪ'lʌktəns] *s* répugnance *f*; **with reluctance** à contrecœur
reluctant [rɪ'lʌktənt] *adj* hésitant, peu disposé
re•ly [rɪ'laɪ] *v* (*pret & pp* **-lied**) *intr*—**to rely on** compter sur, se fier à
remain [rɪ'men] *s*—**remains** restes *mpl*; œuvres *fpl* posthumes || *intr* rester
remainder [rɪ'mendər] *s* reste *m*; **remainders** bouillons *mpl* || *tr* solder
re•make [ri'mek] *v* (*pret & pp* **-made**) *tr* refaire
remark [rɪ'mɑrk] *s* remarque *f*, observation *f* || *tr & intr* remarquer, observer; **to remark on** faire des remarques sur
remarkable [rɪ'mɑrkəbəl] *adj* remarquable
remar•ry [rɪ'mæri] *v* (*pret & pp* **-ried**) *tr* remarier; se remarier avec || *intr* se remarier
reme•dy ['rɛmɪdi] *s* (*pl* **-dies**) remède *m* || *v* (*pret & pp* **-died**) *tr* remédier (with *dat*)
remember [rɪ'mɛmbər] *tr* se souvenir de, se rappeler; **remember me to** rappelez-moi au bon souvenir de || *intr* se souvenir, se rappeler
remembrance [rɪ'mɛmbrəns] *s* souvenir *m*
remind [rɪ'maɪnd] *tr* rappeler
reminder [rɪ'maɪndər] *s* note *f* de rappel, mémento *m*
reminisce [ˌrɛmɪ'nɪs] *intr* se livrer au souvenirs, raconter ses souvenirs
remiss [rɪ'mɪs] *adj* négligent
remission [rɪ'mɪʃən] *s* rémission *f*
re•mit [rɪ'mɪt] *v* (*pret & pp* **-mitted**; *ger* **-mitting**) *tr* remettre || *intr* se calmer
remittance [rɪ'mɪtəns] *s* remise *f*, envoi *m*
remnant ['rɛmnənt] *s* reste *m*; (*of cloth*) coupon *m*; (*at reduced price*) solde *m*
remod•el [ri'mɑdəl] *v* (*pret & pp* **-eled** or **-elled**; *ger* **-eling** or **-elling**) *tr* modeler de nouveau, remanier; (*a house*) transformer
remonstrance [rɪ'mɑnstrəns] *s* remontrance *f*
remonstrate [rɪ'mɑnstret] *intr* protester; **to remonstrate with** faire des remontrances à
remorse [rɪ'mɔrs] *s* remords *m*
remorseful [rɪ'mɔrsfəl] *adj* contrit, repentant, plein de remords
remote [rɪ'mot] *adj* éloigné
remote′ control′ *s* commande *f* à distance, télécommande *f*
removable [rɪ'muvəbəl] *adj* amovible
removal [rɪ'muvəl] *s* enlèvement *m*; (*from house*) déménagement *m*; (*dismissal*) révocation *f*
remove [rɪ'muv] *tr* enlever, ôter; éloigner; (*furniture*) déménager; (*to dismiss*) révoquer || *intr* se déplacer; déménager
remuneration [rɪˌmjunə'reʃən] *s* rémunération *f*
renaissance [ˌrɛnə'sɑns], [rɪ'nesəns] *s* renaissance *f*
rend [rɛnd] *v* (*pret & pp* **rent** [rɛnt]) *tr* déchirer; (*to split*) fendre; (*the air; the heart*) fendre
render ['rɛndər] *tr* rendre; (*a piece of music*) interpréter; (*lard*) fondre
rendez•vous ['rɑndəˌvu] *s* (*pl* **-vous** [ˌvuz]) rendez-vous *m* || *v* (*pret & pp* **-voused** [ˌvud]; *ger* **-vousing** [ˌvu·ɪŋ]) *intr* se rencontrer
rendition [rɛn'dɪʃən] *s* (*translation*) traduction *f*; (mus) interprétation *f*
renegade ['rɛnɪˌged] *s* renégat *m*
renege [rɪ'nɪg] *s* renonce *f* || *intr* renoncer; (coll) se dédire, ne pas tenir sa parole
renew [rɪ'n(j)u] *tr* renouveler || *intr* se renouveler
renewable [rɪ'n(j)u·əbəl] *adj* renouvelable
renewal [rɪ'n(j)u·əl] *s* renouvellement *m*
renounce [rɪ'nauns] *s* renonce *f* || *tr* renoncer (with *dat*) || *intr* renoncer
renovate ['rɛnəˌvet] *tr* renouveler; (*a room, a house, etc.*) mettre à neuf, rénover, transformer

renown [rɪ'naʊn] *s* renom *m*
renowned [rɪ'naʊnd] *adj* renommé
rent [rɛnt] *adj* déchiré || *s* loyer *m*, location *f*; (*tear, slit*) déchirure *f*; **for rent** à louer || *tr* louer || *intr* se louer
rental ['rɛntəl] *s* loyer *m*, location *f*
rent'al a'gen•cy *s* (*pl* **-cies**) agence *f* de location
rent'ed car' *s* voiture *f* de louage, voiture de location; (*chauffeur-driven limousine*) voiture de grande remise
renter ['rɛntər] *s* locataire *mf*
renunciation [rɪ,nʌnsɪ'eʃən] *s* renonciation *f*
reopen [ri'opən] *tr & intr* rouvrir
reopening [ri'opənɪŋ] *s* réouverture *f*; (*of school*) rentrée *f*
reorganize [ri'ɔrgə,naɪz] *tr* réorganiser || *intr* se réorganiser
repair [rɪ'per] *s* réparation *f*; **in good repair** en bon état || *tr* réparer || *intr* se rendre
repaper [ri'pepər] *tr* retapisser
reparation [,rɛpə'reʃən] *s* réparation *f*
repartee [,rɛpɑr'ti] *s* repartie *f*
repast [rɪ'pæst], [rɪ'pɑst] *s* repas *m*
repatriate [ri'petrɪ,et] *tr* rapatrier
re•pay [rɪ'pe] *v* (*pret & pp* **-paid**) *tr* rembourser; récompenser
repayment [rɪ'pemənt] *s* remboursement *m*; récompense *f*
repeal [rɪ'pil] *s* révocation *f*, abrogation *f* || *tr* révoquer, abroger
repeat [rɪ'pit] *s* répétition *f* || *tr & intr* répéter
re•pel [rɪ'pel] *v* (*pret & pp* **-pelled**; *ger* **-pelling**) *tr* repousser; dégoûter
repent [rɪ'pent] *tr* se repentir de || *intr* se repentir
repentance [rɪ'pɛntəns] *s* repentir *m*
repentant [rɪ'pentənt] *adj* repentant
repercussion [,ripər'kʌʃən] *s* répercussion *f*, contrecoup *m*
reperto•ry ['rɛpər,tori] *s* (*pl* **-ries**) répertoire *m*
repetition [,rɛpɪ'tɪʃən] *s* répétition *f*
replace [rɪ'ples] *tr* (*to put back*) remettre en place; (*to take the place of*) remplacer
replaceable [rɪ'plesəbəl] *adj* remplaçable, amovible
replacement [rɪ'plesmənt] *s* replacement *m*; (*substitution*) remplacement *m*; (*substitute part*) pièce *f* de rechange; (*person*) remplaçant *m*
replenish [rɪ'plɛnɪʃ] *tr* réapprovisionner; remplir
replete [rɪ'plit] *adj* rempli, plein
replica ['rɛplɪkə] *s* reproduction *f*, réplique *f*
re•ply [rɪ'plaɪ] *s* (*pl* **-plies**) réponse *f*, réplique *f* || *v* (*pret & pp* **-plied**) *tr & intr* répondre, répliquer
reply' cou'pon *s* coupon-réponse *m*
report [rɪ'port] *s* rapport *m*; (*rumor*) bruit *m*; (*e.g., of firearm*) détonation *f* || *tr* rapporter; dénoncer; **it is reported that** le bruit court que; **reported missing** porté manquant || *intr* faire un rapport; (*to show up*) se présenter
report' card' *s* bulletin *m* scolaire
reportedly [rɪ'portɪdli] *adv* au dire de tout le monde
reporter [rɪ'portər] *s* reporter *m*
reporting [rɪ'portɪŋ] *s* reportage *m*
repose [rɪ'poz] *s* repos *m* || *tr* reposer; (*confidence*) placer || *intr* reposer
reprehend [,rɛprɪ'hend] *tr* reprendre
represent [,rɛprɪ'zent] *tr* représenter
representation [,rɛprɪzen'teʃən] *s* représentation *f*
representative [,rɛprɪ'zɛntətɪv] *adj* représentatif || *s* représentant *m*
repress [rɪ'prɛs] *tr* réprimer; (psychoanal) refouler
repression [rɪ'prɛʃən] *s* répression *f*; (psychoanal) refoulement *m*
reprieve [rɪ'priv] *s* sursis *m* || *tr* surseoir à l'exécution de
reprimand ['rɛprɪ,mænd], ['rɛprɪ,mɑnd] *s* réprimande *f* || *tr* réprimander
reprint ['ri,prɪnt] *s* (*book*) réimpression *f*; (*offprint*) tiré *m* à part || [ri'prɪnt] *tr* réimprimer
reprisal [rɪ'praɪzəl] *s* représailles *fpl*
reproach [rɪ'protʃ] *s* reproche *m*; opprobre *m* || *tr* reprocher; couvrir d'opprobre; **to reproach s.o. for s.th.** reprocher q.ch. à qn
reproduce [,riprə'd(j)us] *tr* reproduire || *intr* se reproduire
reproduction [,riprə'dʌkʃən] *s* reproduction *f*
reproof [rɪ'pruf] *s* reproche *m*
reprove [rɪ'pruv] *tr* réprimander
reptile ['rɛptɪl] *s* reptile *m*
republic [rɪ'pʌblɪk] *s* république *f*
republican [rɪ'pʌblɪkən] *adj & s* républicain *m*
repudiate [rɪ'pjudɪ,et] *tr* répudier
repugnant [rɪ'pʌgnənt] *adj* répugnant
repulse [rɪ'pʌls] *s* refus *m*; (*setback*) échec *m* || *tr* repousser
repulsive [rɪ'pʌlsɪv] *adj* répulsif
reputation [,rɛpjə'teʃən] *s* réputation *f*
repute [rɪ'pjut] *s* réputation *f*; **of ill repute** mal famé || *tr*—**to be reputed to be** être réputé
reputedly [rɪ'pjutɪdli] *adv* suivant l'opinion commune
request [rɪ'kwest] *s* demande *f*; **on request** sur demande || *tr* demander
Requiem ['rikwɪ,ɛm], ['rɛkwɪ,ɛm] *s* Requiem *m*
require [rɪ'kwaɪr] *tr* exiger
requirement [rɪ'kwaɪrmənt] *s* exigence *f*; besoin *m*
requisite ['rɛkwɪzɪt] *adj* requis || *s* chose *f* nécessaire; condition *f* nécessaire
requisition [,rɛkwɪ'zɪʃən] *s* réquisition *f* || *tr* réquisitionner
requital [rɪ'kwaɪtəl] *s* récompense *f*; (*retaliation*) revanche *f*
requite [rɪ'kwaɪt] *tr* récompenser; (*to avenge*) venger
re•read [ri'rid] *v* (*pret & pp* **-read** ['rɛd]) *tr* relire
resale ['ri,sel], [ri'sel] *s* revente *f*
rescind [rɪ'sɪnd] *tr* abroger
rescue ['rɛskju] *s* sauvetage *m*; **to the**

rescue au secours, à la rescousse || *tr* sauver, secourir
res'cue par'ty *s* équipe *f* de secours
research [rɪ'sʌrtʃ], ['risʌrtʃ] *s* recherche *f* || *intr* faire des recherches
re•sell [ri'sɛl] *v* (*pret & pp* **-sold**) *tr* revendre
resemblance [rɪ'zɛmbləns] *s* ressemblance *f*
resemble [rɪ'zɛmbəl] *tr* ressembler (with *dat*); **to resemble one another** se ressembler
resent [rɪ'zɛnt] *tr* s'offenser de
resentful [rɪ'zɛntfəl] *adj* offensé
resentment [rɪ'zɛntmənt] *s* ressentiment *m*
reservation [,rɛzər'veʃən] *s* location *f*, réservation *f*; (*Indian land*) réserve *f*; **without reservation** sans réserve
reserve [rɪ'zʌrv] *s* réserve *f* || *tr* réserver
reservist [rɪ'zʌrvɪst] *s* réserviste *m*
reservoir ['rɛzər,vwɑr] *s* réservoir *m*
re•set [ri'sɛt] *v* (*pret & pp* **-set**; *ger* **-setting**) *tr* remettre; (*a gem*) remonter
re•ship [ri'ʃɪp] *v* (*pret & pp* **-shipped**; *ger* **-shipping**) *tr* réexpédier; (*on a ship*) rembarquer || *intr* se rembarquer
reshipment [ri'ʃɪpmənt] *s* réexpédition *f*; (*on a ship*) rembarquement *m*
reside [rɪ'zaɪd] *intr* résider, demeurer
residence ['rɛzɪdəns] *s* résidence *f*, domicile *m*
resident ['rɛzɪdənt] *adj & s* habitant *m*
residential [,rɛzɪ'dɛnʃəl] *adj* résidentiel
residue ['rɛzɪ,d(j)u] *s* résidu *m*
resign [rɪ'zaɪn] *tr* démissionner de, résigner; **to resign oneself to** se résigner à || *intr* démissioner; se résigner; **to resign from** démissionner de
resignation [,rɛzɪg'neʃən] *s* (*from a job, etc.*) démission *f*; (*submissive state*) résignation *f*
resin ['rɛzɪn] *s* résine *f*
resist [rɪ'zɪst] *tr* résister (with *dat*); **to resist** + *ger* s'empêcher de + *inf* || *intr* résister
resistance [rɪ'zɪstəns] *s* résistance *f*
resole [ri'sol] *tr* ressemeler
resolute ['rɛzə,lut] *adj* résolu
resolution [rɛzə'luʃən] *s* résolution *f*
resolve [rɪ'zɔlv] *s* résolution *f* || *tr* résoudre || *intr* résoudre, se résoudre
resonance ['rɛzənəns] *s* résonance *f*
resort [rɪ'zɔrt] *s* station *f*, e.g., **health resort** station climatique; (*for help or support*) recours *m*; **as a last resort** en dernier ressort || *intr*—**to resort to** recourir à
resound [rɪ'zaʊnd] *intr* résonner
resource [rɪ'sors], ['risors] *s* ressource *f*
resourceful [rɪ'sorsfəl] *adj* débrouillard
respect [rɪ'spɛkt] *s* respect *m*; **in many respects** à bien des égards; **in this respect** sous ce rapport; **to pay one's respects (to)** présenter ses respects (à); **with respect to** par rapport à || *tr* respecter
respectable [rɪ'spɛktəbəl] *adj* respectable; considérable
respectful [rɪ'spɛktfəl] *adj* respectueux
respectfully [rɪ'spɛktfəli] *adj* respectueusement; **respectfully yours** (complimentary close) veuillez agréer l'assurance de mes sentiments très respectueux
respective [rɪ'spɛktɪv] *adj* respectif
res'piratory tract' ['rɛspɪrə,tori], [rɪ'spaɪrə,tori] *s* appareil *m* respiratoire
respite ['rɛspɪt] *s* répit *m*; **without respite** sans relâche
resplendent [rɪ'splɛndənt] *adj* resplendissant
respond [rɪ'spɑnd] *intr* répondre
response [rɪ'spɑns] *s* réponse *f*
responsibili•ty [rɪ,spɑnsɪ'bɪlɪti] *s* (*pl* **-ties**) responsabilité *f*
responsible [rɪ'spɑnsɪbəl] *adj* responsable; (*person*) digne de confiance; (*job, position*) de confiance; **responsible for** responsable de; **responsible to** responsable envers
responsive [rɪ'spɑnsɪv] *adj* sensible, réceptif; prompt à sympathiser
rest [rɛst] *s* repos *m*; (*lack of motion*) pause *f*; (*what remains*) reste *m*; (mus) silence *m*; **at rest** en repos; (*dead*) mort; **the rest** les autres; (*the remainder*) le restant; **the rest of us** nous autres; **to come to rest** s'immobiliser; **to lay to rest** enterrer || *tr* reposer || *intr* reposer, se reposer; **to rest on** reposer sur, s'appuyer sur
restaurant ['rɛstərənt], ['rɛstə,rɑnt] *s* restaurant *m*
rest' cure' *s* cure *f* de repos
restful ['rɛstfəl] *adj* reposant; (*calm*) tranquille, paisible
rest'ing place' *s* lieu *m* de repos, gîte *m*; (*of the dead*) dernière demeure *f*
restitution [,rɛstɪ't(j)uʃən] *s* restitution *f*
restive ['rɛstɪv] *adj* rétif
restless ['rɛstlɪs] *adj* agité, inquiet; sans repos
restock [ri'stɑk] *tr* réapprovisionner; (*with fish or game*) repeupler
restoration [,rɛstə'reʃən] *s* restauration *f*
restore [rɪ'stor] *tr* restaurer; (*health*) rétablir; (*to give back*) restituer
restrain [rɪ'stren] *tr* retenir, contenir
restraint [rɪ'strent] *s* restriction *f*, contrainte *f*
restrict [rɪ'strɪkt] *tr* restreindre
restriction [rɪ'strɪkʃən] *s* restriction *f*
rest' room' *s* cabinet *m* d'aisance
result [rɪ'zʌlt] *s* résultat *m*; **as a result of** par suite de || *intr* résulter; **to result in** aboutir à
resume [rɪ'z(j)um] *tr & intr* reprendre
résumé [,rɛz(j)ʊ'me] *s* résumé *m*
resumption [rɪ'zʌmpʃən] *s* reprise *f*
resurface [ri'sʌrfɪs] *tr* refaire le revêtement de || *intr* (*said of submarine*) faire surface
resurrect [,rɛzə'rɛkt] *tr & intr* ressusciter

resurrection [,rɛzə'rɛkʃən] *s* résurrection *f*
resuscitate [rɪ'sʌsɪ,tet] *tr & intr* ressusciter
retail ['ritel] *adj & adv* au détail || *s* vente *f* au détail || *tr* vendre au détail, détailler || *intr* se vendre au détail
retailer ['ritelər] *s* détaillant *m*
retain [rɪ'ten] *tr* retenir; engager
retaliate [rɪ'tælɪ,et] *intr* prendre sa revanche, user de représailles
retaliation [rɪ,tælɪ'eʃən] *s* représailles *fpl*
retard [rɪ'tɑrd] *s* retard *m* || *tr* retarder
retch [rɛtʃ] *tr* vomir || *intr* avoir un haut-le-cœur
retching ['rɛtʃɪŋ] *s* haut-le-cœur *m*
reticence ['rɛtɪsəns] *s* réserve *f*
reticent ['rɛtisənt] *adj* réservé
retina ['rɛtɪnə] *s* rétine *f*
retinue ['rɛtɪ,n(j)u] *s* suite *f*, cortège *m*
retire [rɪ'taɪr] *tr* mettre à la retraite || *intr* se retirer
retired *adj* en retraite
retirement [rɪ'taɪrmənt] *s* retraite *f*
retire′ment pro′gram *s* programme *m* de prévoyance
retiring [rɪ'taɪrɪŋ] *adj* (*shy*) effacé; (*e.g., congressman*) sortant
retort [rɪ'tɔrt] *s* riposte *f*, réplique *f*; (chem) cornue *f* || *tr & intr* riposter
retouch [ri'tʌtʃ] *tr* retoucher
retrace [rɪ'tres] *tr* retracer; (*one's steps*) revenir sur
retract [rɪ'trækt] *tr* rétracter || *intr* se rétracter
retractable [rɪ'træktəbəl] *adj* (aer) escamotable
re•tread ['ri,trɛd] *s* pneu *m* rechapé || [ri'trɛd] *v* (*pret & pp* **-treaded**) *tr* rechaper || *v* (*pret* **-trod**; *pp* **-trod** or **-trodden**) *tr & intr* repasser
retreat [rɪ'trit] *s* retraite *f*; **to beat a retreat** battre en retraite || *intr* se retirer
retrench [rɪ'trentʃ] *tr* restreindre || *intr* faire des économies
retribution [,rɛtrɪ'bjuʃən] *s* rétribution *f*
retrieve [rɪ'triv] *tr* retrouver, recouvrer; (*a fortune, a reputation, etc.*) rétablir; (*game*) rapporter || *intr* (*said of hunting dog*) rapporter
retriever [rɪ'trivər] *s* retriever *m*
retroactive [,rɛtro'æktɪv] *adj* rétroactif
retrogress ['rɛtrə,grɛs] *intr* rétrograder
retrorocket ['rɛtro,rɑkɪt] *s* rétrofusée *f*
retrospect ['rɛtrə,spɛkt] *s*—**to consider in retrospect** jeter un coup d'œil rétrospectif à
retrospective [,rɛtrə'spɛktɪv] *adj* rétrospectif
re•try [ri'traɪ] *v* (*pret & pp* **-tried**) *tr* essayer de nouveau; (law) juger à nouveau
return [rɪ'tʌrn] *adj* de retour; **by return mail** par retour du courrier || *s* retour *m*; (*profit*) bénéfice *m*; (*yield*) rendement *m*; (*unwanted merchandise*) rendu *m*; (*of ball*) renvoi *m*; (*of income tax*) déclaration *f*; **in return (for)** en retour (de); **returns** (*profits*) recettes *fpl*; (*of an election*) résultats *mpl* || *tr* rendre; (*to put back*) remettre; (*to bring back*) rapporter; (*e.g., a letter*) retourner || *intr* (*to go back*) retourner; (*to come back*) revenir; (*to get back home*) rentrer; **to return empty-handed** revenir bredouille
return′ address′ *s* adresse *f* de l'expéditeur
return′ bout′ *s* revanche *f*
return′ game′ or **match′** *s* match *m* retour
return′ tick′et *s* aller et retour *m*
return′ trip′ *s* voyage *m* de retour
reunification [ri,junɪfɪ'keʃən] *s* réunification *f*
reunion [ri'junjən] *s* réunion *f*
reunite [,rijʊ'naɪt] *tr* réunir || *intr* se réunir
rev [rɛv] *s* (coll) tour *m* || *v* (*pret & pp* **revved**; *ger* **revving**) *tr* (coll) accélérer; (*to race*) (coll) emballer || *intr* (coll) s'accélérer
revamp [ri'væmp] *tr* refaire
reveal [rɪ'vil] *tr* révéler
reveille ['rɛvəli] *s* réveil *m*
rev•el ['rɛvəl] *s* fête *f*; **revels** ébats *mpl*, orgie *f* || *v* (*pret & pp* **-eled** or **-elled**; *ger* **-eling** or **-elling**) *intr* faire la fête, faire la bombe; **to revel in** se délecter à
revelation [,rɛvə'leʃən] *s* révélation *f*; **Revelation** (Bib) Apocalypse *f*
revel•ry ['rɛvəlri] *s* (*pl* **-ries**) réjouissances *fpl*, orgie *f*
revenge [rɪ'vendʒ] *s* vengeance *f*; **to take revenge on s.o. for s.th.** se venger de q.ch. sur qn || *tr* venger
revengeful [rɪ'vendʒfəl] *adj* vindicatif
revenue ['rɛvə,n(j)u] *s* revenu *m*
rev′enue cut′ter *s* garde-côte *m*, vedette *f*
rev′enue stamp′ *s* timbre *m* fiscal
reverberate [rɪ'vʌrbə,ret] *intr* résonner
revere [rɪ'vɪr] *tr* révérer
reverence ['rɛvərəns] *s* révérence *f* || *tr* révérer
reverend ['rɛvərənd] *adj & s* révérend *m*
reverent ['rɛvərənt] *adj* révérenciel
reverie ['rɛvəri] *s* rêverie *f*
reversal [rɪ'vʌrsəl] *s* renversement *m*
reverse [rɪ'vʌrs] *adj* contraire || *s* contraire *m*; (*of medal; of fortune*) revers *m*; (*of page*) verso *m*; (aut) marche *f* arrière || *tr* renverser; (*a sentence*) (law) révoquer || *intr* renverser; (*said of motor*) faire machine arrière; (aut) faire marche arrière
reverse′ lev′er *s* levier *m* de renvoi
reverse′ side′ *s* revers *m*, dos *m*
reversible [rɪ'vʌrsɪbəl] *adj* réversible
revert [rɪ'vʌrt] *intr* revenir, faire retour
review [rɪ'vju] *s* revue *f*; (*of a book*) compte *m* rendu; (*of a lesson*) révision *f* || *tr* revoir; (*a book*) faire la critique de; (*a lesson*) réviser, revoir; (*past events; troops*) passer en revue || *intr* faire des révisions
revile [rɪ'vaɪl] *tr* injurier, outrager
revise [rɪ'vaɪz] *s* révision *f*; (typ)

épreuve *f* de révision || *tr* réviser; (*a book*) revoir
revised' edi'tion *s* édition *f* revue et corrigée
revision [rɪ'vɪʒən] *s* révision *f*
revisionist [rɪ'vɪʒənɪst] *adj & s* révisionniste *mf*
revival [rɪ'vaɪvəl] *s* retour *m* à la vie; (*of learning*) renaissance *f*; (rel) réveil *m*; (theat) reprise *f*
reviv'al meet'ings *spl* (rel) réveils *mpl*
revive [rɪ'vaɪv] *tr* ranimer; (*a victim*) ressusciter; (*a memory*) réveiller; (*a play*) reprendre || *intr* reprendre; se ranimer
revoke [rɪ'vok] *tr* révoquer
revolt [rɪ'volt] *s* révolte *f* || *tr* révolter || *intr* se révolter
revolting [rɪ'voltɪŋ] *adj* dégoûtant, repoussant; rebelle, révolté
revolution [ˌrɛvə'luʃən] *s* révolution *f*
revolutionar•y [ˌrɛvə'luʃəˌnɛri] *adj* révolutionnaire || *s* (*pl* **-ies**) révolutionnaire *mf*
revolve [rɪ'vɑlv] *tr* faire tourner; (*in one's mind*) retourner || *intr* tourner
revolver [rɪ'vɑlvər] *s* revolver *m*
revolv'ing book'case *s* bibliothèque *f* tournante
revolv'ing door' *s* porte *f* à tambour, tambour *m* cylindrique
revolv'ing fund' *s* fonds *m* de roulement
revolv'ing stage' *s* scène *f* tournante
revue [rɪ'vju] *s* (theat) revue *f*
revulsion [rɪ'vʌlʃən] *s* aversion *f*, répugnance *f*; (*change of feeling*) revirement *m*
reward [rɪ'wɔrd] *s* récompense *f* || *tr* récompenser
rewarding [rɪ'wɔrdɪŋ] *adj* rémunérateur; (*experience*) enrichissant
re•wind [ri'waɪnd] *v* (*pret & pp* **-wound**) *tr* (*film, tape, etc.*) renverser la marche de; (*a typewriter ribbon*) embobiner de nouveau; (*a clock*) remonter
rewire [ri'waɪr] *tr* (*a building*) refaire l'installation électrique dans
re•write [ri'raɪt] *v* (*pret* **-wrote**; *pp* **-written**) *tr* récrire
rhapso•dy ['ræpsədi] *s* (*pl* **-dies**) *s* rhapsodie *f*
rheostat ['ri•əˌstæt] *s* rhéostat *m*
rhetoric ['rɛtərɪk] *s* rhétorique *f*
rhetorical [rɪ'tɑrɪkəl], [rɪ'tɔrɪkəl] *adj* rhétorique
rheumatic [ru'mætɪk] *adj* rhumatismal; (*person*) rhumatisant || *s* rhumatisant *m*
rheumatism ['ruməˌtɪzəm] *s* rhumatisme *m*
Rhine [raɪn] *s* Rhin *m*
Rhineland ['raɪnˌlænd] *s* Rhénanie *f*
rhine'stone' *s* faux diamant *m*
rhinoceros [raɪ'nɑsərəs] *s* rhinocéros *m*
rhubarb ['rubarb] *s* rhubarbe *f*
rhyme [raɪm] *s* rime *f*; **in rhyme** en vers || *tr & intr* rimer
rhythm ['rɪðəm] *s* rythme *m*
rhythmic(al) ['rɪðmɪk(əl)] *adj* rythmique
rib [rɪb] *s* côte *f*; (*of umbrella*) baleine *f*; (*archit, biol, mach*) nervure *f* || *v* (*pret & pp* **ribbed**; *ger* **ribbing**) *tr* garnir de nervures; (slang) taquiner
ribald ['rɪbəld] *adj* grivois
ribbon ['rɪbən] *s* ruban *m*
rice [raɪs] *s* riz *m*
rice' field' *s* rizière *f*
rice' pud'ding *s* riz *m* au lait
rich [rɪtʃ] *adj* riche; (*voice*) sonore; (*wine*) généreux; (*funny*) (coll) impayable; (coll) ridicule; **to get rich** s'enrichir; **to strike it rich** trouver le bon filon || **riches** *spl* richesses *fpl*
rickets ['rɪkɪts] *s* rachitisme *m*
rickety ['rɪkɪti] *adj* (*object*) boiteux, délabré; (*person*) chancelant; (*suffering from rickets*) rachitique
rickshaw ['rɪkˌʃɔ] *s* pousse-pousse *m*
rid [rɪd] *v* (*pret & pp* **rid**; *ger* **ridding**) *tr* débarrasser; **to get rid of** se débarrasser de
riddance ['rɪdəns] *s* débarras *m*; **good riddance!** bon débarras!
riddle ['rɪdəl] *s* devinette *f*, énigme *f* || *tr*—**to riddle with** cribler de
ride [raɪd] *s* promenade *f*; **to take a ride** faire une promenade (en auto, à cheval, à motocyclette, etc.); **to take s.o. for a ride** (*to dupe s.o.*) (slang) faire marcher qn; (*to murder s.o.*) (slang) descendre qn || *v* (*pret* **rode** [rod]; *pp* **ridden** ['rɪdən]) *tr* monter à; (coll) se moquer de; **ridden** dominé; **to ride out** (*e.g., a storm*) étaler || *intr* monter à cheval (à bicyclette, etc.); **to let ride** (coll) laisser courir
rider ['raɪdər] *s* (*on horseback*) cavalier *m*; (*on a bicycle*) cycliste *mf*; (*in a vehicle*) voyageur *m*; (*to a document*) annexe *f*
ridge [rɪdʒ] *s* arête *f*, crête *f*; (*of a fabric*) grain *m*
ridge'pole' *s* faîtage *m*
ridicule ['rɪdɪˌkjul] *s* ridicule *m* || *tr* ridiculiser
ridiculous [rɪ'dɪkjələs] *adj* ridicule
rid'ing acad'emy *s* école *f* d'équitation
rid'ing boot' *s* botte *f* de cheval, botte à l'écuyère
rid'ing hab'it *s* habit *m* d'amazone
rife [raɪf] *adj* répandu; **rife with** abondant en
riffraff ['rɪfˌræf] *s* racaille *f*
rifle ['raɪfəl] *s* fusil *m*; (*spiral groove*) rayure *f* || *tr* piller; (*a gun barrel*) rayer
rift [rɪft] *s* fente *f*, crevasse *f*; (*disagreement*) désaccord *m*
rig [rɪg] *s* équipement *m*; (*carriage*) équipage *m*; (naut) gréement *m*; (*getup*) (coll) accoutrement *m* || *v* (*pret & pp* **rigged**; *ger* **rigging**) *tr* équiper; (*to falsify*) truquer; (naut) gréer; **to rig out with** (coll) accoutrer de
rigging ['rɪgɪŋ] *s* gréement *m*; (*fraud*) truquage *m*
right [raɪt] *adj* droit; (*change, time, etc.*) exact; (*statement, answer, etc.*) correct; (*conclusion, word, etc.*)

juste; (*name*) vrai; (*moment, house, road, etc.*) bon, e.g., **it's not the right road** ce n'est pas la bonne route; qu'il faut, e.g., **it's not the right village (spot, boy, etc.)** ce n'est pas le village (endroit, garçon, etc.) qu'il faut; **to be all right** aller très bien; **to be right** avoir raison || *s* (*justice*) droit *m*; (*reason*) raison *f*; (*right hand*) droite *f*; (*fist or blow in boxing*) droit; **all rights reserved** tous droits réservés; **by right of** à titre de; **by rights** de plein droit; **by the right!** (mil) guide à droite!; **on the right** à droite; **right and wrong** le bien et le mal; **rights** droits; **to be in the right** avoir raison || *adv* directement; correctement; complètement; bien, en bon état; (*to the right*) à droite; (coll) très; même, e.g., **right here** ici même; **all right!** d'accord!; **right and left** à droite et à gauche; **right away** tout de suite; **to put right** mettre bon ordre à, mettre en état || *tr* faire droit à; (*to correct*) corriger; (*to set upright*) redresser || *intr* se redresser || *interj* parfait!

right′ about′ face′ *s* volte-face *f* || *interj* (mil) demi-tour à droite!

righteous [ˈraɪtʃəs] *adj* juste; vertueux

right′ field′ *s* (baseball) champ *m* droit

rightful [ˈraɪtfəl] *adj* légitime

right′-hand drive′ *s* conduite *f* à droite

right-hander [ˈraɪtˈhændər] *s* droitier *m*

right′-hand man′ *s* bras *m* droit

rightist [ˈraɪtɪst] *adj & s* droitier *m*

rightly [ˈraɪtli] *adv* à bon droit, à juste titre; correctement, avec sagesse; **rightly or wrongly** à tort ou à raison

right′ of assem′bly *s* liberté *f* de réunion

right′ of way′ *s* droit *m* de passage; **to yield the right of way** céder le pas

rights′ of man′ *spl* droits *mpl* de l'homme

right to work [ˈraɪttəˈwʌrk] *s* liberté *f* du travail des ouvriers non syndiqués

right′-wing′ *adj* de droite

right-winger [ˈraɪtˈwɪŋər] *s* (coll) droitier *m*

rigid [ˈrɪdʒɪd] *adj* rigide

rigmarole [ˈrɪgməˌrol] *s* galimatias *m*

rigor [ˈrɪgər] *s* rigueur *f*; (pathol) rigidité *f*

rigorous [ˈrɪgərəs] *adj* rigoureux

rile [raɪl] *tr* (coll) exaspérer

rill [rɪl] *s* ruisselet *m*

rim [rɪm] *s* bord *m*, rebord *m*; (*of spectacles*) monture *f*; (*of wheel*) jante *f*

rind [raɪnd] *s* écorce *f*; (*of cheese*) croûte *f*; (*of bacon*) couenne *f*

ring [rɪŋ] *s* anneau *m*; (*for the finger*) bague *f*, anneau; (*for some sport or exhibition*) piste *f*; (*for boxing*) ring *m*; (*for bullfight*) arène *f*; (*of a group of people*) cercle *m*; (*of evildoers*) gang *m*; (*under the eyes*) cerne *m*; (*sound*) son *m*; (*of bell, clock, telephone, etc.*) sonnerie *f*; (*of a small bell; in the ears; of the glass of glassware*) tintement *m*; (*to summon a person*) coup *m* de sonnette; (*quality*) timbre *m*; (telp) coup de téléphone || *v* (*pret & pp* **ringed**) *tr* cerner || *intr* décrire des cercles || *v* (*pret* **rang** [ræŋ]; *pp* **rung** [rʌŋ]) *tr* sonner; **to ring up** (telp) donner un coup de téléphone à || *intr* sonner; (*said, e.g., of ears*) tinter; **to ring out** résonner

ring′bolt′ *s* piton *m*

ring′dove′ *s* (orn) ramier *m*

ring′ fin′ger *s* annulaire *m*

ringing [ˈrɪŋɪŋ] *adj* résonnant, retentissant || *s* sonnerie *f*; (*in the ears*) tintement *m*

ring′lead′er *s* meneur *m*

ringlet [ˈrɪŋlɪt] *s* bouclette *f*

ring′mas′ter *s* maître *m* de manège, chef *m* de piste

ring′side′ *s* premier rang *m*

ring′snake′ *s* (*Tropidonotus natrix*) couleuvre *f* à collier

ring′worm′ *s* teigne *f*

rink [rɪŋk] *s* patinoire *f*

rinse [rɪns] *s* rinçage *m* || *tr* rincer

riot [ˈraɪ·ət] *s* émeute *f*; (*of colors*) orgie *f*; **to run riot** se déchaîner; (*said of plants or vines*) pulluler || *intr* émeuter

rioter [ˈraɪ·ətər] *s* émeutier *m*

rip [rɪp] *s* déchirure *f* || *v* (*pret & pp* **ripped**; *ger* **ripping**) *tr* déchirer; **to rip away** or **off** arracher; **to rip open** or **up** découdre; (*a letter, package, etc.*) ouvrir en le déchirant || *intr* se déchirer

rip′ cord′ *s* (*of parachute*) cordelette *f* de déclenchement

ripe [raɪp] *adj* mûr; (*cheese*) fait; (*olive*) noir

ripen [ˈraɪpən] *tr & intr* mûrir

ripple [ˈrɪpəl] *s* ride *f*; (*sound*) murmure *m* || *tr* rider || *intr* se rider; murmurer

rise [raɪz] *s* hausse *f*, augmentation *f*; (*of ground; of the voice*) élévation *f*; (*of a heavenly body; of the curtain*) lever *m*; (*in one's employment, in one's fortunes*) ascension *f*; (*of water*) montée *f*; (*of a source of water*) naissance *f*; **to get a rise out of** (slang) se payer la tête de; **to give rise to** donner naissance à || *v* (*pret* **rose** [roz]; *pp* **risen** [ˈrɪzən]) *intr* s'élever, monter; (*to get out of bed; to stand up; to ascend in the heavens*) se lever; (*to revolt*) se soulever; (*said, e.g., of a danger*) se montrer; (*said of a fluid*) jaillir; (*in someone's esteem*) grandir; (*said of river*) prendre sa source; **to rise above** dépasser; (*unfortunate events, insults, etc.*) se montrer supérieur à; **to rise to** (*e.g., the occasion*) se montrer à la hauteur de

riser [ˈraɪzər] *s* (*of staircase*) contremarche *f*; (*of gas or water*) colonne *f* montante; **to be a late riser** faire la grasse matinée; **to be an early riser** être matinal

risk [rɪsk] *s* risque *m* || *tr* risquer

risk·y [ˈrɪski] *adj* (*comp* **-ier**; *super* **-iest**) dangereux, hasardeux, risqué

risqué [rɪsˈke] *adj* risqué, osé
rite [raɪt] *s* rite *m*; **last rites** derniers sacrements *mpl*
ritual [ˈrɪtʃu·əl] *adj* & *s* rituel *m*
ri·val [ˈraɪvəl] *adj* & *s* rival *m* || *v* (*pret* & *pp* **-valed** or **-valled**; *ger* **-valing** or **-valling**) *tr* rivaliser avec
rival·ry [ˈraɪvəlri] *s* (*pl* **-ries**) rivalité *f*
river [ˈrɪvər] *adj* fluvial || *s* fleuve *m*; (*tributary*) rivière *f*; (*stream*) cours *m* d'eau; **down the river** en aval; **up the river** en amont
riv′er bas′in *s* bassin *m* fluvial
riv′er·bed′ *s* lit *m* de rivière
riv′er·front′ *s* rive *f* d'un fleuve
riv′er·side′ *adj* riverain || *s* rive *f*
rivet [ˈrɪvɪt] *s* rivet *m* || *tr* river
riv′et gun′ *s* riveuse *f* pneumatique
rivulet [ˈrɪvjəlɪt] *s* ruisselet *m*
R.N. [ˈɑrˈɛn] *s* (letterword) (**registered nurse**) infirmière *f* diplômée
roach [rotʃ] *s* (ent) blatte *f*, cafard *m*; (ichth) gardon *m*
road [rod] *s* route *f*, chemin *m*; (naut) rade *f*; **road under construction** (public sign) travaux
road′bed′ *s* assiette *f*; (rr) infrastructure *f*
road′block′ *s* barrage *m*
road′ hog′ *s* écraseur *m*, chauffard *m*
road′house′ *s* guinguette *f* au bord de la route
road′ map′ *s* carte *f* routière
road′ ser′vice *s* secours *m* routier
road′side′ *s* bord *m* de la route
road′ sign′ *s* poteau *m* indicateur
road′stead′ *s* rade *f*
road′way′ *s* chaussée *f*
roam [rom] *tr* parcourir; (*the seas*) sillonner || *intr* errer, rôder
roar [ror] *s* rugissement *m*; (*of cannon, engine, etc.*) grondement *m*; (*of crowd*) hurlement *m*; (*of laughter*) éclat *m* || *intr* rugir; gronder; hurler
roast [rost] *s* rôti *m*; (*of coffee*) torréfaction *f* || *tr* rôtir; (*coffee*) torréfier; (*chestnuts*) griller || *intr* se rôtir; se torréfier
roast′ beef′ *s* rosbif *m*, rôti *m* de bœuf
roaster [ˈrostər] *s* (*appliance*) rôtissoire *f*; (*for coffee*) brûloir *m*; (*fowl*) volaille *f* à rôtir
roast′ pork′ *s* porc *m* rôti
rob [rɑb] *v* (*pret* & *pp* **robbed**; *ger* **robbing**) *tr* & *intr* voler; **to rob s.o. of s.th.** voler q.ch. à qn
robber [ˈrɑbər] *s* voleur *m*
robber·y [ˈrɑbəri] *s* (*pl* **-ies**) vol *m*
robe [rob] *s* robe *f*; (*of a professor, judge, etc.*) toge *f*; (*dressing gown*) robe *f* de chambre; (*for lap in a carriage*) couverture *f* || *tr* revêtir d'une robe || *intr* revêtir sa robe
robin [ˈrɑbɪn] *s* (*Erithacus rubecula*) rouge-gorge *m*; (*Turdus migratorius*) grive *f* migratoire
robot [ˈrobɑt] *s* robot *m*
robust [roˈbʌst] *adj* robuste
rock [rɑk] *s* roche *f*; (*eminence*) roc *m*, rocher *m*; (*sticking out of water*) rocher; (*one that is thrown*) pierre *f*; (slang) diamant *m*; **on the rocks** (coll) fauché, à sec; (*said of liquor*) (coll) sur glace || *tr* balancer; (*to rock to sleep*) bercer || *intr* se balancer; se bercer
rock′-bot′tom *adj* (le) plus bas || *s* (le) fin fond *m*
rock′ can′dy *s* candi *m*
rock′ crys′tal *s* cristal *m* de roche
rocker [ˈrɑkər] *s* bascule *f*; (*chair*) chaise *f* à bascule; **to go off one's rocker** (slang) perdre la boussole
rock′er arm′ *s* culbuteur *m*
rocket [ˈrɑkɪt] *s* fusée *f*; (arti, bot) roquette *f* || *intr* monter en chandelle; (*said of prices*) monter en flèche
rock′et bomb′ *s* bombe *f* volante, fusée *f*
rock′et launch′er *s* lance-fusées *m*; (arti) lance-roquettes *m*
rock′et ship′ *s* fusée *f* interplanétaire, fusée interstellaire
rock′ gar′den *s* jardin *m* de rocaille
rock′ing chair′ *s* fauteuil *m* à bascule
rock′ing horse′ *s* cheval *m* à bascule
Rock′ of Gibral′tar [dʒɪˈbrɔltər] *s* rocher *m* de Gibraltar
rock′ salt′ *s* sel *m* gemme
rock′ wool′ *s* laine *f* minérale, laine de verre
rock·y [ˈrɑki] *adj* (*comp* **-ier**; *super* **-iest**) rocheux, rocailleux
Rock′y Moun′tains *spl* Montagnes *fpl* Rocheuses
rod [rɑd] *s* baguette *f*; (*for punishment*) verge *f*; (*of the retina; elongated microorganism*) bâtonnet *m*; (*of authority*) main *f*; (*of curtain*) tringle *f*; (*for fishing*) canne *f*; (Bib) lignée *f*, race *f*; (mach) bielle *f*; (surv) jalon *m*; (*revolver*) (slang) pétard *m*; **rod and gun** la chasse et la pêche
rodent [ˈrodənt] *adj* & *s* rongeur *m*
roe [ro] *s* (*deer*) chevreuil *m*; (*of fish*) œufs *mpl*
roger [ˈrɑdʒər] *interj* O.K.!; (rad) message reçu!
rogue [rog] *s* coquin *m*
rogues′′ gal′lery *s* fichier *m* de la police de portraits de criminels
roguish [ˈrogɪʃ] *adj* espiègle, coquin
roister [ˈrɔɪstər] *intr* faire du tapage
role or **rôle** [rol] *s* rôle *m*
roll [rol] *s* rouleau *m*; (*of thunder, drums, etc.*) roulement *m*; (*roll call*) appel *m*; (*list*) rôle *m*; (*of film*) rouleau; (*of paper money*) liasse *f*; (*of dice*) coup *m*; (*of a boat*) roulis *m*; (*of fat*) bourrelet *m*; (culin) petit pain *m*; **to call the roll** faire l'appel || *tr* rouler; **to roll over** retourner; **to roll up** enrouler || *intr* rouler; (*said of thunder*) gronder; (*to sway*) se balancer; (*to overturn*) faire panache; (*said of ship*) rouler; **to roll over** se retourner; **to roll up** se rouler
roll′back′ *s* repoussement *m*; (com) baisse *f* de prix
roll′ call′ *s* appel *m*; (*vote*) appel nominal
roller [ˈrolər] *s* rouleau *m*; (*of a skate*) roulette *f*; (*wave*) lame *f* de houle

roll′er bear′ing *s* coussinet *m* à rouleaux
roll′er coast′er *s* montagnes *fpl* russes
roll′er skate′ *s* patin *m* à roulettes
roll′er-skate′ *intr* patiner sur des roulettes
roll′er-skating rink′ *s* skating *m*
roll′er tow′el *s* essuie-mains *m* à rouleau, serviette *f* sans fin
roll′ing mill′ *s* usine *f* de laminage; (*set of rollers*) laminoir *m*
roll′ing pin′ *s* rouleau *m*
roll′ing stock′ *s* (rr) matériel *m* roulant
roll′-top desk′ *s* bureau *m* à cylindre
roly-poly [ˈroliˈpoli] *adj* rondelet
romaine [roˈmen] *s* romaine *f*
roman [ˈromən] *adj & s* (typ) romain *m*; **Roman** Romain *m*
Ro′man can′dle *s* chandelle *f* romaine
Ro′man Cath′olic *adj & s* catholique *mf*
Romance [ˈromæns], [roˈmæns] *adj* roman ‖ (*l.c.*) [roˈmæns], [ˈromæns] *s* roman *m* de chevalerie; (*made-up story*) conte *m* bleu; (*love affair*) idylle *f*; (mus) romance *f* ‖ (*l.c.*) [roˈmæns] *intr* exagérer, broder
Romanesque [ˌromənˈɛsk] *adj & s* roman *m*
Ro′man nose′ *s* nez *m* aquilin
Ro′man nu′meral *s* chiffre *m* romain
romantic [roˈmæntɪk] *adj* (*genre; literature; scenery*) romantique; (*imagination*) romanesque
romanticism [roˈmæntɪˌsɪzəm] *s* romantisme *m*
romanticist [roˈmæntɪsɪst] *s* romantique *mf*
romp [rɑmp] *intr* s'ébattre
rompers [ˈrɑmpərz] *spl* barboteuse *f*
roof [ruf], [rʊf] *s* toit *m*; (*of the mouth*) palais *m*; **to raise the roof** (slang) faire un boucan de tous les diables
roofer [ˈrufər], [ˈrʊfər] *s* couvreur *m*
roof′ gar′den *s* terrasse *f* avec jardin, pergola *f*
rook [rʊk] *s* (chess) tour *f*; (orn) freux *m*, corneille *f* ‖ *tr* (coll) rouler; **to rook s.o. out of s.th.** (coll) filouter q.ch. à qn
rookie [ˈrʊki] *s* (slang) bleu *m*
room [rum], [rʊm] *s* pièce *f*; (*especially bedroom*) chambre *f*; (*where people congregate*) salle *f*; (*space*) place *f*; **to make room for** faire place à ‖ *intr* vivre en garni; **to room with** partager une chambre avec
room′ and board′ *s* le vivre et le couvert
room′ clerk′ *s* employé *m* à la réception
roomer [ˈrumər], [ˈrʊmər] *s* locataire *mf*
roomette [ruˈmɛt] *s* chambrette *f* de sleeping
room′ing house′ *s* maison *f* meublée, maison garnie
room′mate′ *s* camarade *mf* de chambre
room·y [ˈrumi], [ˈrʊmi] *adj* (*comp* **-ier**; *super* **-iest**) spacieux, ample
roost [rust] *s* perchoir *m*; (coll) logis *m*, demeure *f*; **to rule the roost** (coll) faire la loi ‖ *intr* se percher, percher
rooster [ˈrustər] *s* coq *m*
root [rut], [rʊt] *s* racine *f*; **to get to the root of** approfondir; **to take root** prendre racine ‖ *tr* fouiller; **to root out** déraciner ‖ *intr* s'enraciner; **to root around in** fouiller dans; **to root for** (coll) applaudir, encourager
rooter [ˈrutər], [ˈrʊtər] *s* (coll) fanatique *mf*, fana *mf*
rope [rop] *s* corde *f*; (*lasso*) corde à nœud coulant; **to jump rope** sauter à la corde; **to know the ropes** (slang) connaître les ficelles ‖ *tr* corder; (*cattle*) prendre au lasso; **to rope in** (slang) entraîner
rope′ lad′der *s* échelle *f* de corde
rope′ walk′er *s* funambule *mf*, danseur *m* de corde
rosa·ry [ˈrozəri] *s* (*pl* **-ries**) rosaire *m*
rose [roz] *adj* rose ‖ *s* (*color*) rose *m*; (bot) rose *f*
rose′ bee′tle *s* cétoine *f* dorée
rose′bud′ *s* bouton *m* de rose
rose′bush′ *s* rosier *m*
rose′-col′ored *adj* rosé, couleur de rose; **to see everything through rose-colored glasses** voir tout en rose
rose′ gar′den *s* roseraie *f*
rosemar·y [ˈrozˌmɛri] *s* (*pl* **-ies**) romarin *m*
rose′ of Shar′on [ˈʃɛrən] *s* rose *f* de Saron
rosette [roˈzɛt] *s* rosette *f*; (archit, elec) rosace *f*
rose′ win′dow *s* rosace *f*, rose *f*
rose′wood′ *s* bois *m* de rose, palissandre *m*
rosin [ˈrɑzɪn] *s* colophane *f*
roster [ˈrɑstər] *s* liste *f*, appel *m*; (educ) heures *fpl* de classe; (mil) tableau *m* de service; (naut) rôle *m*
rostrum [ˈrɑstrəm] *s* tribune *f*
ros·y [ˈrozi] *adj* (*comp* **-ier**; *super* **-iest**) rosé; (*complexion*) vermeil; (fig) riant
rot [rɑt] *s* pourriture *f*; (slang) sottise *f* ‖ *v* (*pret & pp* **rotted**; *ger* **rotting**) *tr & intr* pourrir
ro′tary press′ [ˈrotəri] *s* rotative *f*
rotate [ˈrotet], [roˈtet] *tr & intr* tourner; (agr) alterner
rotation [roˈteʃən] *s* rotation *f*; **in rotation** à tour de rôle
rote [rot] *s* routine *f*; **by rote** par cœur, machinalement
rot′gut′ *s* (slang) tord-boyaux *m*
rotisserie [roˈtɪsəri] *s* rôtissoire *f*
rotogravure [ˌrotəgrəˈvjʊr], [ˌrotəˈgrevjʊr] *s* rotogravure *f*
rotten [ˈrɑtən] *adj* pourri
rotund [roˈtʌnd] *adj* rond, arrondi; (*e.g., language*) ampoulé
rotunda [roˈtʌndə] *s* rotonde *f*
rouge [ruʒ] *s* fard *m*, rouge *m* ‖ *tr* farder ‖ *intr* se farder, se mettre du rouge
rough [rʌf] *adj* rude; (*uneven*) inégal; (*coarse*) grossier; (*unfinished*) brut; (*road*) raboteux; (*game*) brutal; (*sea*) agité; (*guess*) approximatif ‖ *tr*—**to**

rough it faire du camping, coucher sur la dure; **to rough up** malmener
rough′ draft′ *s* ébauche *f*, avant-projet *m*, brouillon *m*
rough′house′ *s* boucan *m*, chahut *m* ‖ *intr* faire du boucan, chahuter
rough′ ide′a *s* aperçu *m*
roughly [ˈrʌfli] *adv* grossièrement; brutalement; approximativement
rough′neck′ *s* (coll) canaille *f*
roulette [ruˈlet] *s* roulette *f*
round [raʊnd] *adj* rond; (*rounded*) arrondi, rond; (*e.g., shoulders*) voûté; **three (four, etc.) feet round** trois (quatre, etc.) pieds de tour ‖ *s* rond *m*; (*inspection*) ronde *f*; (*of golf; of drinks; of postman, doctor, etc.*) tournée *f*; (*of applause*) salve *f*; (*of ammunition*) cartouche *f*; (*of veal*) noix *f*; (boxing) round *m*; **to go the rounds** faire le tour ‖ *adv* à la ronde; **round about** aux alentours; **the year round** pendant toute l'année; **to pass round** faire circuler, passer à la ronde ‖ *prep* autour de ‖ *tr* (*to make round*) arrondir; (*e.g., a corner*) tourner, prendre; (*a cape*) doubler; **to round off** or **out** arrondir; (*to finish*) achever; **to round up** rassembler; (*suspects*) cueillir ‖ *intr* s'arrondir
roundabout [ˈraʊndəˌbaʊt] *adj* indirect ‖ *s* détour *m*; (*carrousel*) (Brit) manège *m*; (*traffic circle*) (Brit) rond-point *m*
rounder [ˈraʊndər] *s* (coll) fêtard *m*
round′house′ *s* (rr) rotonde *f*
round′-shoul′dered *adj* voûté
round′ steak′ *s* gîte *m* à la noix
round′ ta′ble *s* table *f* ronde; **Round Table** Table ronde
round′-trip′ tick′et *s* billet *m* d'aller et retour
round′up′ *s* (*of cattle*) rassemblement *m*; (*of suspects*) rafle *f*
rouse [raʊz] *tr* réveiller ‖ *intr* se réveiller
rout [raʊt] *s* déroute *f* ‖ *tr* mettre en déroute
route [rut], [raʊt] *s* route *f*; (*of, e.g., bus*) ligne *f*, parcours *m* ‖ *tr* acheminer
routine [ruˈtin] *adj* routinier ‖ *s* routine *f*
rove [rov] *intr* errer, vagabonder
rover [ˈrovər] *s* vagabond *m*
row [raʊ] *s* (coll) altercation *f*, prise *f* de bec; **to raise a row** (coll) faire du boucan ‖ [ro] *s* rang *m*; (*of, e.g., houses*) rangée *f*; (*boat ride*) promenade *f* en barque; **in a row** à la file; (*without interruption*) de suite; **in rows** par rangs ‖ *intr* ramer
rowboat [ˈroˌbot] *s* bateau *m* à rames, canot *m*
row•dy [ˈraʊdi] *adj* (*comp* **-dier**; *super* **-diest**) tapageur ‖ *s* (*pl* **-dies**) tapageur *m*
rower [ˈro·ər] *s* rameur *m*
rowing [ˈro·ɪŋ] *s* nage *f*, canotage *m*, sport *m* de l'aviron
royal [ˈrɔɪ·əl] *adj* royal
royalist [ˈrɔɪ·əlɪst] *adj & s* royaliste *mf*
royal•ty [ˈrɔɪ·əlti] *s* (*pl* **-ties**) royauté *f*; droit *m* d'auteur; redevance *f*, droit d'inventeur
r.p.m. [ˈɑrˈpiˈɛm] *spl* (letterword) (**revolutions per minute**) tours *mpl* à la minute
rub [rʌb] *s* frottement *m*; **there's the rub** (coll) voilà le hic ‖ *v* (*pret & pp* **rubbed**; *ger* **rubbing**) *tr* frotter; **to rub elbows with** coudoyer; **to rub out** effacer; (slang) descendre, liquider ‖ *intr* se frotter; (*said, e.g., of moving parts*) frotter; **to rub off** s'enlever, disparaître
rubber [ˈrʌbər] *s* caoutchouc *m*; (*eraser*) gomme *f* à effacer; (*in bridge*) robre *m*; **rubbers** (*overshoes*) caoutchoucs
rub′ber band′ *s* élastique *m*
rubberize [ˈrʌbəˌraɪz] *tr* caoutchouter
rub′ber•neck′ *s* (coll) badaud *m* ‖ *intr* (coll) badauder
rub′ber plant′ *s* figuier *m* élastique, caoutchoutier *m*; (*tree*) arbre *m* à caoutchouc, hévéa *m*
rub′ber stamp′ *s* tampon *m*; (coll) béni-oui-oui *m*
rub′ber-stamp′ *tr* apposer le tampon sur; (*with a person's signature*) estampiller; (coll) approuver à tort et à travers
rub′bing al′cohol *s* alcool *m* pour les frictions
rubbish [ˈrʌbɪʃ] *s* détritus *m*, rebut *m*; (coll) imbécillités *fpl*
rubble [ˈrʌbəl] *s* (*broken stone*) décombres *mpl*; (*used in masonry*) moellons *mpl*
rub′down′ *s* friction *f*
rubric [ˈrubrɪk] *s* rubrique *f*
ru•by [ˈrubi] *adj* (*lips*) vermeil ‖ *s* (*pl* **-bies**) rubis *m*
rucksack [ˈrʌkˌsæk] *s* sac-à-dos *m*
rudder [ˈrʌdər] *s* gouvernail *m*
rud•dy [ˈrʌdi] *adj* (*comp* **-dier**; *super* **-diest**) rougeaud, coloré
rude [rud] *adj* (*rough, rugged*) rude; (*discourteous*) impoli, grossier
rudeness [ˈrudnɪs] *s* rudesse *f*; impolitesse *f*
rudiment [ˈrudɪmənt] *s* rudiment *m*
rue [ru] *tr* regretter amèrement
rueful [ˈrufəl] *adj* lamentable; triste
ruffian [ˈrʌfɪ·ən] *s* brute *f*
ruffle [ˈrʌfəl] *s* (*in water*) rides *fpl*; (*of drum*) roulement *m*; (sewing) jabot *m* plissé ‖ *tr* (*to crease; to vex*) froisser; (*the water*) rider; (*its feathers*) hérisser; (*one's hair*) ébouriffer
rug [rʌg] *s* tapis *m*, carpette *f*
rugged [ˈrʌgɪd] *adj* rude, sévère; (*road, country, etc.*) raboteux; (*person*) robuste; (*e.g., machine*) résistant à toute épreuve
ruin [ˈru·ɪn] *s* ruine *f* ‖ *tr* ruiner
rule [rul] *s* règle *f*; autorité *f*; (*reign*) règne *m*; (law) décision *f*; **as a rule** en général; **by rule of thumb** empiriquement, à vue de nez ‖ *tr* gouverner; (*to lead*) diriger, guider; (*one's passions*) contenir; (*with lines*) ré-

gler; (law) décider; **to rule out** écarter, éliminer || *intr* gouverner; (*to be the rule*) prévaloir; **to rule over** régner sur

ruler ['rulər] *s* dirigeant *m*; souverain *m*; (*for ruling lines*) règle *f*

ruling ['rulɪŋ] *adj* actuel; (*e.g., classes*) dirigeant; (*quality, trait, etc.*) dominant || *s* (*of paper*) réglage *m*; (law) décision *f*

rum [rʌm] *s* rhum *m*

Rumanian [ru'menɪ·ən] *adj* roumain || *s* (*language*) roumain *m*; (*person*) Roumain *m*

rumble ['rʌmbəl] *s* (*of thunder*) grondement *m*; (*of a cart*) roulement *m*; (*of intestines*) gargouillement *m*; (slang) rixe *f* entre gangs || *intr* gronder, rouler

ruminate ['rumɪ,net] *tr & intr* ruminer

rummage ['rʌmɪdʒ] *intr* fouiller

rum'mage sale' *s* vente *f* d'objets usagés

rumor ['rumər] *s* rumeur *f* || *tr*—**it is rumored that** le bruit court que

rump [rʌmp] *s* (*of animal*) croupe *f*; (*of bird*) croupion *m*; (*cut of meat*) culotte *f*; (*buttocks*) postérieur *m*

rumple ['rʌmpəl] *s* faux pli *m* || *tr* (*paper, cloth, etc.*) froisser, chiffonner; (*one's hair*) ébouriffer

rump' steak' *s* romsteck *m*

rumpus ['rʌmpəs] *s* (coll) chahut *m*; (*argument*) (coll) prise *f* de bec; **to raise a rumpus** (coll) déclencher un chahut; faire une scène violente

rum'pus room' *s* salle *f* de jeux

run [rʌn] *s* course *f*; (*e.g., of good or bad luck*) suite *f*; (*on a bank by depositors*) descente *f*; (*of salmon*) remonte *f*; (*of, e.g., a bus*) parcours *m*; (*in a stocking*) échelle *f*, démaillage *m*; (cards) séquence *f*; (mus) roulade *f*; **in the long run** à la longue; **on the run** à la débandade, en fuite; **run of bad luck** série *f* noire; **the general run** la généralité; **to give free run to** donner libre carrière à; **to give s.o. a run for his money** en donner à qn pour son argent; **to have a long run** (theat) tenir longtemps l'affiche; **to have the run of** avoir libre accès à or dans; **to keep s.o. on the run** ne laisser aucun répit à qn; **to make a run in** (*a stocking*) démailler || *v* (*pret* **ran** [ræn]; *pp* **run**; *ger* **running**) *tr* (*the streets; a race; a risk*) courir; (*a motor, machine, etc.*) faire marcher; (*an organization, project, etc.*) diriger; (*a business, factory, etc.*) exploiter; (*a blockade*) forcer; (*a line*) tracer; (turf) faire courir; **to run aground** échouer; **to run down** (*to knock down*) renverser; (*to find*) dépister; (*game*) mettre aux abois; (*to disparage*) (coll) dénigrer; **to run in** (*a motor*) roder; **to run off** (*a liquid*) faire écouler; (*copies, pages, etc.*) tirer; **to run through** (*e.g., with a sword*) transpercer; **to run up** (*a flag*) hisser; (*a debt*) (coll) laisser accumuler || *intr* courir; (*said, e.g., of water; said of fountain pen, nose, etc.*) couler; (*said of stockings*) se démailler; (*said of salmon*) faire la montaison; (*said of colors*) s'étaler, se déteindre; (*said of sore*) suppurer; (*said of rumor, news, etc.*) circuler, courir; (*for office*) se présenter; (mach) fonctionner, marcher; (theat) rester à l'affiche, se jouer; **run along!** filez!; **to run across** (*to meet by chance*) rencontrer par hasard; **to run along** border, longer; (*to go*) s'en aller; **to run at** se jeter sur; **to run away** se sauver, s'enfuir; (*said of horse*) s'emballer, s'emporter; **to run away with** enlever; **to run down** (*e.g., a hill*) descendre en courant; (*said of spring*) se détendre; (*said of watch*) s'arrêter (faute d'être remonté); (*said of storage battery*) se décharger, s'épuiser; **to run for** (*an office*) poser sa candidature pour; **to run in the family** tenir de famille; **to run into** heurter; (*to meet*) (coll) rencontrer; **to run off** se sauver, s'enfuir; (*said of liquid*) s'écouler; **to run out** (*said of passport, lease, etc.*) expirer; **to run out of** être à court de; **to run over** (*said of a liquid*) déborder; (*an article, a text, etc.*) parcourir; (*s.th. in the road*) passer sur; (*e.g., a pedestrian*) écraser; **to run through** (*an article, text, etc.*) parcourir; (*a fortune*) gaspiller

run'away' *adj* fugitif; (*horse*) emballé || *s* fugitif *m*; cheval *m* emballé

run'down' *s* compte rendu *m*, récit *m*

run'-down' *adj* délabré; (*person; battery*) épuisé, à plat; (*clock spring*) détendu

rung [rʌŋ] *s* (*of ladder or chair*) barreau *m*; (*of wheel*) rayon *m*

runner ['rʌnər] *s* (*person*) coureur *m*; (*messenger*) courrier *m*; (*of ice skate or sleigh*) patin *m*; (*narrow rug*) rampe *f* d'escalier; (*strip of cloth for table top*) chemin *m* de table; (*in stockings*) démaillage *m*; (bot) coulant *m*

run'ner-up' *s* (*pl* **runners-up**) bon second *m*, premier accessit *m*

running ['rʌnɪŋ] *adj* (*person; water; expenses*) courant; (*stream; knot; style*) coulant; (*sore*) suppurant; (*e.g., motor*) en marche || *s* (*of man or animal*) course *f*; (*of water*) écoulement *m*; (*of machine*) fonctionnement *m*, marche *f*; (*of business*) direction *f*

run'ning board' *s* marchepied *m*

run'ning com'mentar'y *s* (*pl* **-ies**) (rad, telv) reportage *m* en direct

run'ning head' *s* titre *m* courant

run'ning start' *s* départ *m* lancé

run'off elec'tion *s* scrutin *m* de ballottage

run'proof' *adj* indémaillable

runt [rʌnt] *s* avorton *m*

run'way' *s* piste *f*, rampe *f*

rupture ['rʌptʃər] *s* rupture *f*; (pathol) hernie *f* || *tr* rompre; (*a ligament,*

blood vessel, etc.) se rompre || *intr* se rompre
rural [ˈrurəl] *adj* rural
ru'ral free' deliv'ery *s* distribution *f* gratuite par le facteur rural
ru'ral police'man *s* garde *m* champêtre
ruse [ruz] *s* ruse *f*
rush [rʌʃ] *adj* urgent || *s* course *f* précipitée, ruée *f*; précipitation *f*; (bot) jonc *m*; (formula on envelope or letterhead) urgent; **to be in a rush to** être pressé de || *tr* pousser vivement; (*e.g., to the hospital*) transporter d'urgence; (*a piece of work*) exécuter d'urgence; (*e.g., a girl*) (slang) insister auprès de; **to rush through** (*e.g., a law*) faire passer à la hâte || *intr* se précipiter, se ruer; **to rush about** courir ça et là; **to rush headlong** foncer tête baissée; **to rush into** (*e.g., a room*) faire irruption dans; (*an affair*) se jeter dans; **to rush out** sortir précipitamment; **to rush through** (*one's lessons, prayers, etc.*) expédier; (*e.g., a town*) traverser à toute vitesse; (*a tourist attraction*) visiter au pas de course; (*a book*) lire à la hâte; **to rush to** s'empresser de; **to rush to one's face** (*said of blood*) monter au visage à qn
rush'-bot'tomed chair' *s* chaise *f* à fond de paille
rush' hours' *spl* heures *fpl* d'affluence or de pointe
rush' or'der *s* commande *f* urgente
russet [ˈrʌsɪt] *adj* roussâtre, roux
Russia [ˈrʌʃə] *s* Russie *f*; la Russie
Russian [ˈrʌʃən] *adj* russe || *s* (*language*) russe *m*; (*person*) Russe *mf*
rust [rʌst] *s* rouille *f* || *tr* rouiller || *intr* se rouiller
rustic [ˈrʌstɪk] *adj* rustique; simple, net; (pej) rustaud || *s* paysan *m*, villageois *m*
rustle [ˈrʌsəl] *s* bruissement *m*; (*of, e.g., a dress*) froufrou *m* || *tr* faire bruire; (*cattle*) (coll) voler || *intr* bruire; (*said, e.g., of a dress*) froufrouter; **to rustle around** (coll) se démener
rust'proof' *adj* inoxydable
rust·y [ˈrʌsti] *adj* (*comp* **-ier**; *super* **-iest**) rouillé
rut [rʌt] *s* ornière *f*; (zool) rut *m*
ruthless [ˈruθlɪs] *adj* impitoyable
rye [raɪ] *s* seigle *m*; whisky *m* de seigle

S

S, s [ɛs] *s* XIXe lettre de l'alphabet
Sabbath [ˈsæbəθ] *s* sabbat *m*; dimanche *m*
sabbat'ical year' [səˈbætɪkəl] *s* année *f* de congé
saber [ˈsebər] *s* sabre *m* || *tr* sabrer
sable [ˈsebəl] *adj* noir || *s* (*animal, fur*) zibeline *f*; noir *m*; **sables** vêtements *mpl* de deuil
sabotage [ˈsæbəˌtɑʒ] *s* sabotage *m* || *tr & intr* saboter
saccharin [ˈsækərɪn] *s* saccharine *f*
sachet [sæˈʃe] *s* sachet *m* (à parfums)
sack [sæk] *s* sac *m*; (*wine*) xérès *m* || *tr* mettre en sac; (mil) saccager; (coll) saquer, congédier
sack'cloth' *s* grosse toile *f* d'emballage, serpillière *f*; (*worn for penitence*) cilice *m*; **in sackcloth and ashes** sous le sac et la cendre
sacrament [ˈsækrəmənt] *s* sacrement *m*
sacramental [ˌsækrəˈmentəl] *adj* sacramentel
sacred [ˈsekrəd] *adj* sacré
sa'cred cow' *s* (fig) monstre *m* sacré
sacrifice [ˈsækrɪˌfaɪs] *s* sacrifice *m*; **at a sacrifice** à perte || *tr & intr* sacrifier
sacrilege [ˈsækrəlɪdʒ] *s* sacrilège *m*
sacrilegious [ˌsækrɪˈlɪdʒəs], [ˌsækrɪˈlidʒəs] *adj* sacrilège
sacristan [ˈsækrɪstən] *s* sacristain *m*
sad [sæd] *adj* (*comp* **sadder**; *super* **saddest**) triste
sadden [ˈsædən] *tr* attrister || *intr* s'attrister
saddle [ˈsædəl] *s* selle *f* || *tr* seller; **to saddle with** charger de, encombrer de
sad'dle·bag' *s* sacoche *f* (de selle)
saddlebow [ˈsædəlˌbo] *s* arçon *m* de devant
saddler [ˈsædlər] *s* sellier *m*
sad'dle·tree' *s* arçon *m*
sadist [ˈsædɪst], [ˈsedɪst] *s* sadique *mf*
sadistic [sæˈdɪstɪk], [seˈdɪstɪk] *adj* sadique
sadness [ˈsædnɪs] *s* tristesse *f*
sad' sack' *s* (slang) bidasse *mf*
safe [sef] *adj* (*from danger*) sûr; (*unhurt*) sauf; (*margin*) certain; **safe and sound** sain et sauf; **safe from** à l'abri de || *s* coffre-fort *m*, caisse *f*
safe'-con'duct *s* sauf-conduit *m*
safe'-depos'it box' *s* coffre *m* à la banque; coffret de sûreté (Canad)
safe'guard' *s* sauvegarde *f* || *tr* sauvegarder
safe'keep'ing *s* bonne garde *f*
safe·ty [ˈsefti] *adj* de sûreté || *s* (*pl* **-ties**) (*state of being safe*) sécurité *f*, sûreté *f*; (*avoidance of danger*) salut *m*
safe'ty belt' *s* ceinture *f* de sécurité
safe'ty match' *s* allumette *f* de sûreté
safe'ty pin' *s* épingle *f* de sûreté
safe'ty ra'zor *s* rasoir *m* de sûreté
safe'ty valve' *s* soupape *f* de sûreté
saffron [ˈsæfrən] *adj* safrané || *s* safran *m*
sag [sæg] *s* affaissement *m* || *v* (*pret &*

pp **sagged;** *ger* **sagging)** *intr* s'affaisser
sagacious [sə'geʃəs] *adj* sagace
sage [sedʒ] *adj* sage || *s* sage *mf*; (*plant*) sauge *f*
sage'brush' *s* armoise *f*
sail [sel] *s* voile *f*; (*sails*) voilure *f*; (*of windmill*) aile *f*; **full sail** toutes voiles dehors; **to set sail** mettre les voiles; **to take a sail** faire une promenade à la voile; **to take in sail** baisser pavillon || *tr* (*a ship*) gouverner, commander; (*to travel over*) naviguer sur || *intr* naviguer; **to sail along the coast** côtoyer; **to sail into** (coll) assaillir
sail'boat' *s* bateau *m* à voiles
sail'cloth' *s* toile *f* à voile
sailing ['selɪŋ] *s* navigation *f*; (*working of ship*) manœuvre *f*; (*of pleasure craft*) voile *f*
sail'ing ves'sel *s* voilier *m*
sail'mak'er *s* voilier *m*
sailor ['selər] *s* marin *m*; (*simple crewman*) matelot *m*
saint [sent] *adj* & *s* saint *m*
saint'hood *s* sainteté *f*
saintliness ['sentlɪnɪs] *s* sainteté *f*
Saint' Vi'tus's dance' ['vaɪtəsəz] *s* (pathol) danse *f* de Saint-Guy
sake [sek] *s*—**for the sake of** pour l'amour de, dans l'intérêt de; **for your sake** pour vous
salable ['seləbəl] *adj* vendable
salacious [sə'leʃəs] *adj* lubrique
salad ['sæləd] *s* salade *f*
sal'ad bowl' *s* saladier *m*
sala•ry ['sæləri] *s* (*pl* **-ries**) salaire *m*
sale [sel] *s* vente *f*; **for sale** en vente; **on sale** en solde, en réclame
sales' clerk' *s* vendeur *m*
sales'girl' *s* vendeuse *f*, demoiselle *f* de magasin
sales'la'dy *s* (*pl* **-dies**) vendeuse *f*
sales'man *s* (*pl* **-men**) vendeur *m*, commis *m*
sales'man•ship' *s* l'art *m* de vendre
sales' promo'tion *s* stimulation *f* de la vente
sales'room' *s* salle *f* de vente
sales' talk' *s* raisonnements *mpl* destinés à convaincre le client
sales' tax' *s* taxe *f* sur les ventes, impôt *m* indirect
saliva [sə'laɪvə] *s* salive *f*
sallow ['sælo] *adj* olivâtre
sal•ly ['sæli] *s* (*pl* **-lies**) saillie *f*; (mil) sortie *f* || *v* (*pret* & *pp* **-lied)** *intr* faire une sortie
salmon ['sæmən] *adj* & *s* saumon *m*
saloon [sə'lun] *s* cabaret *m*, estaminet *m*, bistrot *m*; (naut) salon *m*
salt [sɔlt] *s* sel *m* || *tr* saler; **to salt away** (coll) économiser, mettre de côté
salt'cel'lar *s* salière *f*
salt' lick' *s* terrain *m* salifère
salt'pe'ter *s* (*potassium nitrate*) salpêtre *m*; (*sodium nitrate*) nitrate *m* du Chili
salt' pork' *s* salé *m*
salt'sha'ker *s* salière *f*
salt•y ['sɔlti] *adj* (*comp* **-ier;** *super* **-iest**) salé
salute [sə'lut] *s* salut *m* || *tr* saluer
salvage ['sælvɪdʒ] *s* sauvetage *m*; biens *mpl* sauvés || *tr* sauver; récupérer
salvation [sæl'veʃən] *s* salut *m*
Salva'tion Ar'my *s* Armée *f* du Salut
salve [sæv], [sɑv] *s* onguent *m*, pommade *f*; baume *m* || *tr* appliquer un onguent sur; (fig) apaiser
sal•vo ['sælvo] *s* (*pl* **-vos** or **-voes**) salve *f*
Samaritan [sə'mærɪtən] *adj* samaritain || *s* Samaritain *m*
same [sem] *adj* & *pron indef* même (before noun); **at the same time** en même temps, au même moment, à la fois; **it's all the same to me** ça m'est égal; **just the same, all the same** malgré tout, quand même; **the same . . . as** le même . . . que
sameness ['semnɪs] *s* monotonie *f*
sample ['sæmpəl] *s* échantillon *m* || *tr* échantillonner; essayer
sam'ple cop'y *s* (*pl* **-ies**) numéro *m* spécimen
sancti•fy ['sæŋktɪ,faɪ] *v* (*pret* & *pp* **-fied)** *tr* sanctifier
sanctimonious [,sæŋktɪ'monɪ·əs] *adj* papelard, bigot
sanction ['sæŋkʃən] *s* sanction *f* || *tr* sanctionner
sanctuar•y ['sæŋktʃʊ,ɛri] *s* (*pl* **-ies**) sanctuaire *m*; refuge *m*, asile *m*
sand [sænd] *s* sable *m* || *tr* sablonner
sandal ['sændəl] *s* sandale *f*
san'dal•wood' *s* santal *m*
sand'bag' *s* sac *m* de sable
sand' bar' *s* banc *m* de sable
sand'blast' *s* jet *m* de sable; (*apparatus*) sableuse *f* || *tr* sabler
sand'box' *s* (rr) sablière *f*
sand'glass' *s* sablier *m*
sand'pa'per *s* papier *m* de verre || *tr* polir au papier de verre
sand'pi'per *s* bécasseau *m*
sand'stone' *s* grès *m*
sand'storm' *s* tempête *f* de sable
sandwich ['sændwɪtʃ] *s* sandwich *m* || *tr* intercaler
sand'wich man' *s* homme-affiche *m*
sand•y ['sændi] *adj* (*comp* **-ier;** *super* **-iest)** sablonneux; (*hair*) blond roux
sane [sen] *adj* sain, équilibré; (*principles*) raisonnable
sanguine ['sæŋgwɪn] *adj* confiant, optimiste; (*countenance*) sanguin
sanitary ['sænɪ,teri] *adj* sanitaire
san'itary nap'kin *s* serviette *f* hygiénique
sanitation [,sænɪ'teʃən] *s* hygiène *f*, salubrité *f*; (*drainage*) assainissement *m*
sanity ['sænɪti] *s* santé *f* mentale; bon sens *m*
Santa Claus ['sæntə,klɔz] *s* le père Noël
sap [sæp] *s* sève *f*; (mil) sape *f*; (coll) poire *f*, nigaud *m* || *v* (*pret* & *pp* **sapped;** *ger* **sapping)** *tr* tirer la sève de; (*to weaken*) affaiblir; (mil) saper

sapling ['sæplɪŋ] *s* jeune arbre *m*; jeune homme *m*
sapphire ['sæfaɪr] *s* saphir *m*
Saracen ['særəsən] *adj* sarrasin || *s* Sarrasin *m*
sarcasm ['sɑrkæzəm] *s* sarcasme *m*
sardine [sɑr'din] *s* sardine *f*; **packed in like sardines** serrés comme des harengs
Sardinia [sɑr'dɪnɪ·ə] *s* Sardaigne; la Sardaigne
Sardinian [sɑr'dɪnɪ·ən] *adj* sarde || *s* (*language*) sarde *m*; (*person*) Sarde *mf*
sarsaparilla [,sɑrsəpə'rɪlə] *s* salsepareille *f*
sash [sæʃ] *s* ceinture *f*; (*of window*) châssis *m*
sash' win'dow *s* fenêtre *f* à guillotine
sas·sy ['sæsi] *adj* (*comp* **-sier**; *super* **-siest**) (coll) impudent, effronté
satchel ['sætʃəl] *s* sacoche *f*; (*of schoolboy*) carton *m*
sate [set] *tr* soûler
sateen [sæ'tin] *s* satinette *f*
satellite ['sætə,laɪt] *adj & s* satellite *m*
sat'ellite coun'try *s* pays *m* satellite
satiate ['seʃɪ,et] *adj* rassasié || *tr* rassasier
satin ['sætɪn] *s* satin *m*
satire ['sætaɪr] *s* satire *f*
satiric(al) [sə'tɪrɪk(əl)] *adj* satirique
satirize ['sætɪ,raɪz] *tr* satiriser
satisfaction [,sætɪs'fækʃən] *s* satisfaction *f*
satisfactory [,sætɪs'fæktəri] *adj* satisfaisant
satis·fy ['sætɪs,faɪ] *v* (*pret & pp* **-fied**) *tr* satisfaire; (*a requirement, need, etc.*) satisfaire (with *dat*) || *intr* satisfaire
saturate ['sætʃə,ret] *tr* saturer
Saturday ['sætərdi] *s* samedi *m*
Saturn ['sætərn] *s* Saturne *m*
sauce [sɔs] *s* sauce *f*; (coll) insolence *f*, toupet *m* || *tr* assaisonner || [sɔs], [sæs] *tr* (coll) parler avec impudence à
sauce'pan' *s* casserole *f*
saucer ['sɔsər] *s* soucoupe *f*
sau·cy ['sɔsi] *adj* (*comp* **-cier**; *super* **-ciest**) impudent, effronté
sauerkraut ['saʊr,kraʊt] *s* choucroute *f*
saunter ['sɔntər] *s* flânerie *f* || *intr* flâner
sausage ['sɔsɪdʒ] *s* saucisse *f*, saucisson *m*
sauté [so'te] *tr* sauter, faire sauter
savage ['sævɪdʒ] *adj & s* sauvage *mf*
savant ['sævənt] *s* savant *m*, érudit *m*
save [sev] *prep* sauf, excepté || *tr* sauver; (*money*) épargner; (*time*) gagner || *intr* économiser
saving ['sevɪŋ] *adj* économe || **savings** *spl* épargne *f*, économies *fpl*
sav'ings account' *s* dépôt *m* d'épargne
sav'ings and loan' associa'tion *s* caisse *f* d'épargne et de prêt
sav'ings bank' *s* caisse *f* d'épargne
sav'ings book' *s* livret *m* de caisse d'épargne
savior ['sevjər] *s* sauveur *m*
Saviour ['sevjər] *s* Sauveur *m*
savor ['sevər] *s* saveur *f* || *tr* savourer || *intr*—**to savor of** avoir un goût de
savor·y ['sevəri] *adj* (*comp* **-ier**; *super* **-iest**) (*taste*) savoureux; (*smell*) odorant || *s* (*pl* **-ies**) (bot) sariette *f*
saw [sɔ] *s* scie *f*; (*proverb*) dicton *m* || *tr* scier
saw'dust' *s* sciure *f* de bois
saw'horse' *s* chevalet *m*
saw'mill' *s* scierie *f*
Saxon ['sæksən] *adj* saxon || *s* (*language*) saxon *m*; (*person*) Saxon *m*
saxophone ['sæksə,fon] *s* saxophone *m*
say [se] *s* mot *m*; **to have one's say** avoir son mot à dire || *v* (*pret & pp* **said** [sɛd]) *tr* dire; **I should say not!** absolument pas!; **I should say so!** je crois bien!; **it is said** on dit; **no sooner said than done** sitôt dit, sitôt fait; **that is to say** c'est-à-dire; **to go without saying** aller sans dire; **you said it!** (coll) et comment!, tu parles!
saying ['se·ɪŋ] *s* proverbe *m*
scab [skæb] *s* croûte *f*; (*strikebreaker*) jaune *m*; canaille *f*
scabbard ['skæbərd] *s* fourreau *m*
scab·by ['skæbi] *adj* (*comp* **-bier**; *super* **-biest**) croûteux; (coll) vil
scabrous ['skæbrəs] *adj* scabreux; (*uneven*) rugueux
scads [skædz] *spl* (slang) des tas *mpl*
scaffold ['skæfəld] *s* échafaud *m*; (*used in construction*) échafaudage *m*
scaffolding ['skæfəldɪŋ] *s* échafaudage *m*
scald [skɔld] *tr* échauder
scale [skel] *s* (*of thermometer, map, salaries, etc.*) échelle *f*; (*for weighing*) plateau *m*; (*incrustation*) tartre *m*; (bot, zool) écaille *f*; (mus) échelle; **on a large scale** sur une grande échelle; **scales** balance *f*; **to tip the scales** faire pencher la balance || *tr* escalader; **to scale down** réduire l'échelle de
scallop ['skɑləp], ['skæləp] *s* coquille *f* Saint-Jacques, peigne *m*, pétoncle *m*; (*thin slice of meat*) escalope *f*; (*on edge of cloth*) feston *m* || *tr* (*the edges*) denteler, découper; (culin) gratiner et cuire au four et à la crème
scalp [skælp] *s* cuir *m* chevelu; (*Indian trophy*) scalp *m* || *tr* scalper; (*tickets*) (coll) faire le trafic de; (*to hoodwink*) (slang) abuser de
scalpel ['skælpəl] *s* scalpel *m*
scal·y ['skeli] *adj* (*comp* **-ier**; *super* **-iest**) écailleux
scamp [skæmp] *s* garnement *m*
scamper ['skæmpər] *intr* courir allégrement; **to scamper away** or **off** détaler
scan [skæn] *v* (*pret & pp* **scanned**; *ger* **scanning**) *tr* scruter; (*e.g., a page*) jeter un coup d'œil sur; (*verses*) scander; (telv) balayer
scandal ['skændəl] *s* scandale *m*
scandalize ['skændə,laɪz] *tr* scandaliser
scandalous ['skændələs] *adj* scandaleux
Scandinavian [,skændɪ'nevɪ·ən] *adj*

scandinave || *s* (*language*) scandinave *m*; (*person*) Scandinave *mf*
scanning [ˈskænɪŋ] *s* (telv) balayage *m*
scant [skænt] *adj* maigre; (*attire*) léger, sommaire || *tr* réduire; lésiner sur
scant•y [ˈskænti] *adj* (*comp* **-ier**; *super* **-iest**) rare, maigre; léger
scapegoat [ˈskep,got] *s* bouc *m* émissaire
scar [skɑr] *s* cicatrice *f*; (*on face*) balafre *f* || *v* (*pret & pp* **scarred**; *ger* **scarring**) *tr* balafrer
scarce [skers] *adj* rare, peu abondant
scarcely [ˈskersli] *adv* à peine, presque pas; ne . . . guère §90; **scarcely ever** rarement
scarci•ty [ˈskersɪti] *s* (*pl* **-ties**) manque *m*, pénurie *f*
scare [sker] *s* panique *f*, effroi *m* || *tr* épouvanter, effrayer; **to scare away** or **off** effaroucher; **to scare up** (coll) procurer || *intr* s'effaroucher
scare'crow' *s* épouvantail *m*
scarf [skɑrf] *s* (*pl* **scarfs** or **scarves** [skɑrvz]) foulard *m*, écharpe *f*
scarlet [ˈskɑrlɪt] *adj & s* écarlate *f*
scar'let fe'ver *s* scarlatine *f*
scar•y [ˈskeri] *adj* (*comp* **-ier**; *super* **-iest**) (*easily frightened*) (coll) peureux, ombrageux; (*causing fright*) (coll) effrayant
scathing [ˈskeðɪŋ] *adj* cinglant
scatter [ˈskætər] *tr* éparpiller; (*a mob*) disperser || *intr* se disperser
scat'ter•brained' *adj* (coll) étourdi
scenari•o [sɪˈnerɪ,o], [sɪˈnɑrɪ,o] *s* (*pl* **-os**) scénario *m*
scene [sin] *s* scène *f*; (*landscape*) paysage *m*; **behind the scenes** dans les coulisses; **to make a scene** faire une scène
scener•y [ˈsinəri] *s* (*pl* **-ies**) paysage *m*; (theat) décor *m*, décors
sceneshifter [ˈsin,ʃɪftər] *s* (theat) machiniste *m*
scenic [ˈsinɪk], [ˈsenɪk] *adj* pittoresque; spectaculaire; (theat) scénique
sce'nic rail'way *s* chemin *m* de fer en miniature des parcs d'attraction
scent [sent] *s* odeur *f*; parfum *m*; (*trail*) piste *f* || *tr* parfumer; (*an odor*) renifler; (*game as a dog does; a trap*) flairer
scepter [ˈseptər] *s* sceptre *m*
sceptic [ˈskeptɪk] *adj & s* sceptique *mf*
sceptical [ˈskeptɪkəl] *adj* sceptique
scepticism [ˈskeptɪ,sɪzəm] *s* scepticisme *m*
schedule [ˈskedjʊl] *s* (*of work*) plan *m*; (*of things to do*) emploi *m* du temps; (*of prices*) barème *m*; (rr) horaire *m*; **on schedule** selon l'horaire; selon les prévisions || *tr* classer; inscrire au programme, à l'horaire, etc.; **scheduled to speak** prévu comme orateur
scheme [skim] *s* projet *m*; machination *f*, truc *m* || *tr* projeter || *intr* ruser
schemer [ˈskimər] *s* faiseur *m* de projets; intrigant *m*
schism [ˈsɪzəm] *s* schisme *m*, scission *f*
scholar [ˈskɑlər] *s* (*pupil*) écolier *m*; (*learned person*) érudit *m*, savant *m*; (*holder of scholarship*) boursier *m*
scholarly [ˈskɑlərli] *adj* érudit, savant || *adv* savamment
schol'ar•ship' *s* érudition *f*; (*award*) bourse *f*
scholasticism [skəˈlæstɪ,sɪzəm] *s* scolastique *f*
school [skul] *adj* scolaire; **school zone** (public sign) ralentir école || *s* école *f*; (*of a university*) faculté *f*; (*of fish*) banc *m* || *tr* instruire, discipliner
school' board' *s* conseil *m* de l'instruction publique
school'book' *s* livre *m* de classe, livre scolaire
school'boy' *s* écolier *m*
school'girl' *s* écolière *f*
school'house' *s* maison *f* d'école
schooling [ˈskulɪŋ] *s* instruction *f*, enseignement *m*; discipline *f*; frais *mpl* de l'éducation
schoolmarm [ˈskul,mɑrm] *s* maîtresse *f* d'école, institutrice *f*
school'mas'ter *s* maître *m* d'école, instituteur *m*
school'mate' *s* camarade *mf* d'école, condisciple *m*
school'room' *s* classe *f*, salle *f* de classe
school'teach'er *s* enseignant *m*, instituteur *m*
school'yard' *s* cour *f* de récréation
school' year' *s* année *f* scolaire
schooner [ˈskunər] *s* schooner *m*, goélette *f*
sciatica [saɪˈætɪkə] *s* (pathol) sciatique *f*
science [ˈsaɪ•əns] *s* science *f*
sci'ence fic'tion *s* science-fiction *f*
scientific [,saɪ•ənˈtɪfɪk] *adj* scientifique
scientist [ˈsaɪ•əntɪst] *s* homme *m* de science, savant *m*
scimitar [ˈsɪmɪtər] *s* cimeterre *m*
scintillate [ˈsɪntɪ,let] *intr* scintiller, étinceler
scion [ˈsaɪ•ən] *s* héritier *m*; (hort) scion *m*
scissors [ˈsɪzərz] *s & spl* ciseaux *mpl*
scis'sors-grind'er *s* rémouleur *m*; (orn) engoulevent *m*
scoff [skɔf], [skɑf] *s* raillerie *f* || *intr* —**to scoff at** se moquer de
scold [skold] *s* harpie *f* || *tr & intr* gronder
scolding [ˈskoldɪŋ] *s* gronderie *f*
scoop [skup] *s* pelle *f* à main; (*for coal*) seau *m*; (*kitchen utensil*) louche *f*; (*of dredge*) godet *m*; (journ) nouvelle *f* sensationnelle; (naut) écope *f* || *tr* creuser; **to scoop out** excaver à la pelle; (*water*) écoper
scoot [skut] *intr* (coll) détaler
scooter [ˈskutər] *s* trottinette *f*, patinette *f*
scope [skop] *s* (*field*) domaine *m*, étendue *f*; (*reach*) portée *f*, envergure *f*; **to give free scope to** donner libre carrière à
scorch [skɔrtʃ] *tr* roussir; flétrir, dessécher

scorched′-earth′ pol′icy *s* politique *f* de la terre brûlée
scorching [ˈskɔrtʃɪŋ] *adj* brûlant; caustique, mordant
score [skor] *s* compte *m*, total *m*; (*twenty*) vingtaine *f*; (*notch*) entaille *f*; (*on metal*) rayure *f*, éraflure *f*; (mus) partition *f*; (sports) score *m*, marque *f*; **on that score** à cet égard; **to keep score** compter les points ‖ *tr* (*to notch*) entailler; (*to criticize*) blâmer; (*metal*) rayer, érafler; (*a success*) remporter; (*e.g., a goal*) marquer; (mus) orchestrer
score′board′ *s* tableau *m*
score′keep′er *s* marqueur *m*
scorn [skɔrn] *s* mépris *m*, dédain *m* ‖ *tr* mépriser, dédaigner ‖ *intr*—**to scorn to** dédaigner de
scorpion [ˈskɔrpɪ·ən] *s* scorpion *m*
Scot [skɑt] *s* Écossais *m*
Scotch [skɑtʃ] *adj* écossais; (slang) avare, chiche ‖ *s* (*dialect*) écossais *m*; whisky *m* écossais; **the Scotch** les Écossais ‖ (*l.c.*) *s* (*wedge*) cale *f*; (*notch*) entaille *f* ‖ *tr* caler; entailler; (*a rumor*) étouffer
Scotch′man *s* (*pl* **-men**) Écossais *m*
Scotch′ pine′ *s* pin *m* sylvestre
Scotch′ tape′ *s* (trademark) ruban *m* cellulosique, adhésif *m* scotch
Scotland [ˈskɑtlənd] *s* Écosse *f*; l'Écosse
Scottish [ˈskɑtɪʃ] *adj* écossais ‖ *s* (*dialect*) écossais *m*; **the Scottish** les Écossais
scoundrel [ˈskaʊndrəl] *s* coquin *m*, fripon *m*, canaille *f*
scour [skaʊr] *tr* récurer; (*e.g., the countryside*) parcourir
scourge [skʌrdʒ] *s* nerf *m* de bœuf, discipline *f*; (fig) fléau *m* ‖ *tr* fouetter, flageller
scout [skaʊt] *adj* scout ‖ *s* éclaireur *m*; (*boy scout*) scout *m*, éclaireur; **a good scout** (coll) un brave gars ‖ *tr* reconnaître; (*to scoff at*) repousser avec dédain ‖ *intr* aller en reconnaissance
scouting [ˈskaʊtɪŋ] *s* scoutisme *m*
scout′ing par′ty *s* (*pl* **-ties**) (mil) détachement *m* de reconnaissance
scout′mas′ter *s* chef *m* de troupe
scowl [skaʊl] *s* renfrognement *m* ‖ *intr* se renfrogner
scram [skræm] *v* (*pret & pp* **scrammed**; *ger* **scramming**) *intr* (coll) ficher le camp; **scram!** (coll) fiche-moi le camp!
scramble [ˈskræmbəl] *s* bousculade *f* ‖ *tr* brouiller ‖ *intr* se disputer; grimper à quatre pattes
scram′bled eggs′ *spl* œufs *mpl* brouillés
scrap [skræp] *s* ferraille *f*; (*little bit*) petit morceau *m*; (*fight*) (coll) chamaillerie *f* ‖ *v* (*pret & pp* **scrapped**; *ger* **scrapping**) *tr* mettre au rebut ‖ *intr* (coll) se chamailler
scrap′book′ *s* album *m* de découpures
scrape [skrep] *s* grincement *m*; (coll) mauvaise affaire *f* ‖ *tr* gratter, râcler
scrap′ heap′ *s* tas *m* de rebut
scrap′ i′ron *s* ferraille *f*
scrap′ pa′per *s* bloc-notes *m*; (*refuse*) papier *m* de rebut
scratch [skrætʃ] *s* égratignure *f*; **to start from scratch** partir de rien ‖ *tr* gratter, égratigner
scratch′ pad′ *s* bloc-notes *m*, brouillon *m*
scratch′ pa′per *s* bloc-notes *m*
scrawl [skrɔl] *s* griffonnage *m* ‖ *tr & intr* griffonner
scraw·ny [ˈskrɔni] *adj* (*comp* **-nier**; *super* **-niest**) décharné, mince
scream [skrim] *s* cri *m* perçant; (slang) personne *f* ridicule; (slang) chose *f* ridicule ‖ *tr & intr* pousser des cris, crier
screech [skritʃ] *s* cri *m* perçant ‖ *intr* jeter des cris perçants
screech′ owl′ *s* chat-huant *m*; (*barn owl*) effraie *f*
screen [skrin] *s* écran *m*; grillage *m* en fil de fer, treillis *m* métallique; (*for sifting*) crible *m* ‖ *tr* abriter; (*candidates*) trier; (mov) porter à l'écran
screen′ grid′ *s* (electron) grille *f* blindée
screen′play′ *s* scénario *m*; drame *m* filmé
screen′ test′ *s* bout *m* d'essai
screw [skru] *s* vis *f*; (naut) hélice *f*; **to have a screw loose** (coll) être toqué ‖ *tr* visser; **to screw off** dévisser; **to screw tight** visser à bloc; **to screw up** (*one's courage*) rassembler ‖ *intr* se visser
screw′ball′ *adj & s* (slang) extravagant *m*, loufoque *m*
screw′driv′er *s* tournevis *m*
screw′ eye′ *s* vis *f* à œil
screw′ press′ *s* cric *m* à vis
screw′ propel′ler *s* hélice *f*
screw·y [ˈskru·i] *adj* (*comp* **-ier**; *super* **-iest**) (slang) loufoque
scrib′al er′ror [ˈskraɪbəl] *s* faute *f* de copiste
scribble [ˈskrɪbəl] *s* griffonnage *m* ‖ *tr & intr* griffonner
scribe [skraɪb] *s* scribe *m*
scrimmage [ˈskrɪmɪdʒ] *s* mêlée *f*
scrimp [skrɪmp] *tr* lésiner sur ‖ *intr* lésiner
scrip [skrɪp] *s* monnaie *f* scriptural, script *m*
script [skrɪpt] *s* manuscrit *m*, original *m*; (*handwriting*) écriture *f*; (mov) scénario *m*; (typ) script *m*
scriptural [ˈskrɪptʃərəl] *adj* biblique
scripture [ˈskrɪptʃər] *s* citation *f* tirée de l'Écriture; **Scripture** l'Écriture *f*; **the Scriptures** les Écritures
script′writ′er *s* scénariste *mf*
scrofula [ˈskrɑfjələ] *s* scrofule *f*
scroll [skrol] *s* rouleau *m*; (archit) volute *f*
scroll′work′ *s* ornementation *f* en volute
scro·tum [ˈskrotəm] *s* (*pl* **-ta** [tə] or **-tums**) scrotum *m*, bourses *fpl*
scrub [skrʌb] *adj* rabougri ‖ *s* arbuste *m* rabougri; personne *f* malingre; (sports) joueur *m* novice ‖ *v* (*pret &*

pp **scrubbed**; *ger* **scrubbing**) *tr* frotter, nettoyer, récurer
scrub'bing brush' *s* brosse *f* de chiendent
scrub'wom'an *s* (*pl* **-wom'en**) nettoyeuse *f*
scruff [skrʌf] *s* nuque *f*
scruple ['skrupəl] *s* scrupule *f*
scrupulous ['skrupjələs] *adj* scrupuleux
scrutinize ['skrutɪ,naɪz] *tr* scruter
scruti·ny ['skrutɪni] *s* (*pl* **-nies**) examen *m* minutieux
scuff [skʌf] *s* usure *f* || *tr* érafler
scuffle ['skʌfəl] *s* bagarre *f* || *intr* se bagarrer
scull [skʌl] *s* (*stern oar*) godille *f*; aviron *m* de couple || *tr* godiller || *intr* ramer en couple
sculler·y ['skʌləri] *s* (*pl* **-ies**) arrière-cuisine *f*
scul'lery maid' *s* laveuse *f* de vaisselle
scullion ['skʌljən] *s* marmiton *m*
sculptor ['skʌlptər] *s* sculpteur *m*
sculptress ['skʌlptrɪs] *s* femme *f* sculpteur
sculpture ['skʌlptʃər] *s* sculpture *f* || *tr & intr* sculpter
scum [skʌm] *s* écume *f*; (*of society*) canaille *f* || *v* (*pret & pp* **scummed**; *ger* **scumming**) *tr & intr* écumer
scum·my ['skʌmi] *adj* (*comp* **-mier**; *super* **-miest**) écumeux; (fig) vil
scurrilous ['skʌrɪləs] *adj* injurieux, grossier, outrageant
scur·ry ['skʌri] *v* (*pret & pp* **-ried**) *intr* **—to scurry around** galoper; **to scurry away** or **off** déguerpir
scur·vy ['skʌrvi] *adj* (*comp* **-vier**; *super* **-viest**) méprisable, vil || *s* scorbut *m*
scuttle ['skʌtəl] *s* (*bucket for coal*) seau *m* à charbon; (*trap door*) trappe *f*; (*run*) course *f* précipitée; (naut) écoutillon *m* || *tr* saborder || *intr* filer, déguerpir
scut'tle·butt' *s* (coll) on-dit *m*
scythe [saɪð] *s* faux *f*
sea [si] *s* mer *f*; **at sea** en mer; (fig) désorienté; **by the sea** au bord de la mer; **to put to sea** prendre le large
sea'board' *s* littoral *m*
sea' breeze' *s* brise *f* de mer
sea'coast' *s* côte *f*, littoral *m*
seafarer ['si,fɛrər] *s* marin *m*; voyageur *m* par mer
sea'food' *s* fruits *mpl* de mer, marée *f*
seagoing ['si,go·ɪŋ] *adj* de haute mer, au long cours
sea' gull' *s* mouette *f*, goéland *m*
seal [sil] *s* sceau *m*; (zool) phoque *m* || *tr* sceller
sea' legs' *spl* pied *m* marin
sea' lev'el *s* niveau *m* de la mer
seal'ing wax' *s* cire *f* à cacheter
seal'skin' *s* peau *f* de phoque
seam [sim] *s* couture *f*; (*of metal*) joint *m*; (geol) fissure *f*; (min) couche *f*
sea'man *s* (*pl* **-men**) marin *m*
sea' mile' *s* mille *m* marin
seamless ['simlɪs] *adj* sans couture; (mach) sans soudure
seamstress ['simstrɪs] *s* couturière *f*
seam·y ['simi] *adj* (*comp* **-ier**; *super* **-iest**) plein de coutures; vil, vilain
séance ['se·ɑns] *s* séance *f* de spiritisme
sea'plane' *s* hydravion *m*
sea'port' *s* port *m* de mer
sea' pow'er *s* puissance *f* maritime
sear [sɪr] *adj* desséché || *s* cicatrice *f* de brûlure || *tr* dessécher; marquer au fer rouge
search [sʌrtʃ] *s* recherche *f*; **in search of** à la recherche de || *tr & intr* fouiller; **to search for** chercher
searching ['sʌrtʃɪŋ] *adj* pénétrant, scrutateur
search'light' *s* projecteur *m*
search' war'rant *s* mandat *m* de perquisition
seascape ['si,skep] *s* panorama *m* marin; (*painting*) marine *f*
sea' shell' *s* coquille *f* de mer
sea'shore' *s* bord *m* de la mer
sea'sick' *adj*—**to be seasick** avoir le mal de mer
sea'sick'ness *s* mal *m* de mer
season ['sizən] *s* saison *f* || *tr* assaisonner; (*troops*) aguerrir; (*wood*) sécher
seasonal ['sizənəl] *adj* saisonnier
seasoning ['sizənɪŋ] *s* assaisonnement *m*
sea'son's greet'ings *spl* meilleurs souhaits *mpl*, tous mes vœux *mpl*
sea'son tick'et *s* carte *f* d'abonnement
seat [sit] *s* place *f*, siège *m*; (*of trousers*) fond *m*; **have a seat** asseyez-vous donc; **keep your seat** restez assis || *tr* asseoir; (*a number of persons*) contenir; **to be seated** (*to sit down*) s'asseoir; (*to be in sitting posture*) être assis
seat' belt' *s* ceinture *f* de sécurité
seat' cov'er *s* (aut) housse *f*
SEATO ['sito] *s* (acronym) (**Southeast Asia Treaty Organization**) OTASE *f*
sea' wall' *s* digue *f*
sea'way' *s* voie *f* maritime; (*of ship*) sillage *m*; (*rough sea*) mer *f* dure
sea'weed' *s* algue *f* marine; plante *f* marine
sea'wor'thy *adj* en état de naviguer
secede [sɪ'sid] *intr* se séparer, faire sécession
secession [sɪ'sɛʃən] *s* sécession *f*
seclude [sɪ'klud] *tr* tenir éloigné; (*to shut up*) enfermer
secluded *adj* retiré, écarté
seclusion [sɪ'kluʒən] *s* retraite *f*
second ['sɛkənd] *adj & pron* deuxième (*masc, fem*), second; **the Second** deux, e.g., **John the Second** Jean deux; **to be second in command** commander en second; **to be second to none** ne le céder à personne || *s* deuxième *m*, second *m*; (*in time; musical interval; of angle*) seconde *f*; (*in a duel*) témoin *m*, second *m*; (com) article *m* de deuxième qualité; **the second** (*in dates*) le deux || *adv* en second lieu || *tr* affirmer; (*to back up*) seconder
secondar·y ['sɛkən,dɛri] *adj* secondaire || *s* (*pl* **-ies**) (elec) secondaire *m*

sec′ond best′ *s* pis-aller *m*
sec′ond-best′ *adj* (*everyday*) de tous les jours; **to come off second-best** être battu
sec′ond-class′ *adj* de second ordre; (rr) de seconde classe
sec′ond hand′ *s* trotteuse *f*
sec′ond·hand′ *adj* d'occasion, de seconde main
sec′ond·hand book′dealer *s* bouquiniste *mf*
sec′ond lieuten′ant *s* sous-lieutenant *m*
sec′ond mate′ *s* (naut) second maître *m*
sec′ond-rate′ *adj* de second ordre
sec′ond sight′ *s* seconde vue *f*
sec′ond wind′ *s*—**to get one's second wind** reprendre haleine
secre·cy [ˈsikrəsi] *s* (*pl* **-cies**) secret *m*; **in secrecy** en secret
secret [ˈsikrɪt] *adj & s* secret *m*; **in secret** en secret
secretar·y [ˈsɛkrɪ ˌteri] *s* (*pl* **-ies**) secrétaire *mf*; (*desk*) secrétaire *m*
se′cret bal′lot *s* scrutin *m* secret
secrete [sɪˈkrit] *tr* cacher; (physiol) sécréter
secretive [sɪˈkritɪv] *adj* cachottier
se′cret serv′ice *s* deuxième bureau *m*
sect [sɛkt] *s* secte *f*
sectarian [sɛkˈtɛrɪ·ən] *adj* sectaire; (*school*) confessionnel || sectaire *mf*
section [ˈsɛkʃən] *s* section *f*
sectionalism [ˈsɛkʃənə ˌlɪzəm] *s* régionalisme *m*
sec′tion hand′ *s* cantonnier *m*
sector [ˈsɛktər] *s* secteur *m*; (*instrument*) compas *m* de proportion
secular [ˈsɛkjələr] *adj* (*worldly, of this world*) séculier; (*century-old*) séculaire || *s* séculier *m*
secularism [ˈsɛkjələ ˌrɪzəm] *s* laïcisme *m*, mondanité *f*
secure [sɪˈkjʊr] *adj* sûr || *tr* obtenir; (*to make fast*) fixer
securi·ty [sɪˈkjʊrɪti] *s* (*pl* **-ties**) sécurité *f*; (*pledge*) garantie *f*; (*person*) garant *m*; **securities** valeurs *fpl*
sedan [sɪˈdæn] *s* (aut) conduite *f* intérieure
sedan′ chair′ *s* chaise *f* à porteurs
sedate [sɪˈdet] *adj* calme, discret
sedation [sɪˈdeʃən] *s* sédation *f*
sedative [ˈsedətɪv] *adj & s* sédatif *m*
sedentary [ˈsɛdən ˌteri] *adj* sédentaire
sedge [sɛdʒ] *s* (*Carex*) laîche *f*
sediment [ˈsɛdɪmənt] *s* sédiment *m*
sedition [sɪˈdɪʃən] *s* sédition *f*
seditious [sɪˈdɪʃəs] *adj* séditieux
seduce [sɪˈd(j)us] *tr* séduire
seducer [sɪˈd(j)usər] *s* séducteur *m*
seduction [sɪˈdʌkʃən] *s* séduction *f*
seductive [sɪˈdʌktɪv] *adj* séduisant
sedulous [ˈsɛdʒələs] *adj* assidu
see [si] *s* (eccl) siège *m* || *v* (*pret* **saw** [sɔ]; *pp* **seen** [sin]) *tr* voir; **see other side** (*turn the page*) voir au dos; **to see s.o. play, to see s.o. playing** voir jouer qn, voir qn qui joue; **to see s.th. played** voir jouer q.ch. || *intr* voir; **to see through s.o.** (fig) voir venir qn
seed [sid] *s* graine *f*, semence *f*; sperme *m*; (*in fruit*) pépin *m*; (fig) germe *m*; **to go to seed** monter en graine || *tr* semer, ensemencer
seed′bed′ *s* semis *m*
seeder [ˈsidər] *s* (mach) semeuse *f*
seedling [ˈsidlɪŋ] *s* semis *m*
seed·y [ˈsidi] *adj* (*comp* **-ier**; *super* **-iest**) (coll) râpé, miteux
seeing [ˈsi·ɪŋ] *adj* voyant || *s* vue *f* || *conj* vu que
See′ing Eye′ dog′ *s* chien *m* d'aveugle
seek [sik] *v* (*pret & pp* **sought** [sɔt]) *tr* chercher || *intr* chercher; **to seek after** rechercher; **to seek to** chercher à
seem [sim] *intr* sembler
seemingly [ˈsimɪŋli] *adv* en apparence
seem·ly [ˈsimli] *adj* (*comp* **-lier**; *super* **-liest**) gracieux; (*correct*) bienséant
seep [sip] *intr* suinter
seer [sɪr] *s* prophète *m*, voyant *m*
see′saw′ *s* balançoire *f*, bascule *f*; (*motion*) va-et-vient *m* || *intr* basculer, balancer
seethe [sið] *intr* bouillonner
segment [ˈsɛgmənt] *s* segment *m*
segregate [ˈsɛgrɪ ˌget] *tr* mettre à part, isoler
segregation [ˌsɛgrɪˈgeʃən] *s* ségrégation *f*
segregationist [ˌsɛgrɪˈgeʃənɪst] *s* ségrégationniste *mf*
seismograph [ˈsaɪzmə ˌgræf], [ˈsaɪzmə ˌgrɑf] *s* sismographe *m*
seismology [saɪzˈmɑlədʒi] *s* sismologie *f*
seize [siz] *tr* saisir
seizure [ˈsiʒər] *s* prise *f*; (law) saisie *f*; (pathol) attaque *f*
seldom [ˈsɛldəm] *adv* rarement
select [sɪˈlɛkt] *adj* choisi || *tr* choisir, sélectionner
selection [sɪˈlɛkʃən] *s* sélection *f*
selective [sɪˈlɛktɪv] *adj* sélectif
self [sɛlf] *adj* de même || *s* (*pl* **selves** [sɛlvz]) moi *m*, être *m*; **all by one's self** tout seul; **one's better self** notre meilleur côté || *pron*—**payable to self** payable à moi-même
self′-addressed en′velope *s* enveloppe *f* adressée à l'envoyeur
self′-cen′tered *adj* égocentrique
self′-con′fidence *s* confiance *f* en soi
self′-con′fident *adj* sûr de soi
self′-con′scious *adj* gêné, embarrassé
self′-control′ *s* sang-froid *m*, maîtrise *f* de soi
self′-defense′ *s* autodéfense *f*; **in self-defense** en légitime défense
self′-deni′al *s* abnégation *f*
self′-deter′mina′tion *s* autodétermination *f*
self′-dis′cipline *s* discipline *f* personnelle
self′-ed′ucated *adj* autodidacte
self′-employed′ *adj* indépendant
self′-esteem′ *s* amour-propre *m*
self′-ev′ident *adj* évident aux yeux de tout le monde
self′-explan′ator′y *adj* qui s'explique de soi-même
self′-gov′ernment *s* autonomie *f*; maîtrise *f* de soi

self'-impor'tant *adj* suffisant, présomptueux
self'-indul'gence *s* faiblesse *f* envers soi-même, intempérance *f*
self'-in'terest *s* intérêt *m* personnel
selfish ['sɛlfɪʃ] *adj* égoïste
selfishness ['sɛlfɪʃnɪs] *s* égoïsme *m*
selfless ['sɛlflɪs] *adj* désintéressé
self'-love' *s* égoïsme *m*
self'-made man' *s* (*pl* **men'**) fils *m* de ses œuvres
self'-por'trait *s* autoportrait *m*
self'-possessed' *adj* maître de soi
self'-pres'erva'tion *s* conservation *f* de soi-même
self'-reli'ant *adj* sûr de soi, assuré
self'-respect'ing *adj* correct, honorable
self'-right'eous *adj* pharisaïque
self'-sac'rifice' *s* abnégation *f*
self'same' *adj* identique
self'-sat'isfied' *adj* content de soi
self'-seek'ing *adj* égoïste, intéressé
self'-serv'ice *s* libre-service *m*
self'-serv'ice laun'dry *s* (*pl* **-dries**) laverie *f* libre-service, laverie automatique
self'-start'er *s* démarreur *m* automatique
self'-styled' *adj* soi-disant
self'-taught' *adj* autodidacte
self'-tim'er *s* (phot) retardateur *m*
self'-willed' *adj* obstiné, entêté
self'-wind'ing *adj* à remontage automatique
sell [sɛl] *v* (*pret & pp* **sold** [sold]) *tr* vendre; **to sell out** solder; (*to betray*) vendre || *intr* vendre; **to sell for** (*e.g., ten dollars*) se vendre à
seller ['sɛlər] *s* vendeur *m*
Selt'zer wa'ter ['sɛltsər] *s* eau *f* de Seltz
selvage ['sɛlvɪdʒ] *s* (*of fabric*) lisière *f*; (*of lock*) gâche *f*
semantic [sɪ'mæntɪk] *adj* sémantique || **semantics** *s* sémantique *f*
semaphore ['sɛmə,for] *s* sémaphore *m*
semblance ['sɛmbləns] *s* semblant *m*
semen ['simɛn] *s* sperme *m*, semence *f*
semester [sɪ'mɛstər] *adj* semestriel || *s* semestre *m*
semicircle ['sɛmɪ,sʌrkəl] *s* demi-cercle *m*
semicolon ['sɛmɪ,kolən] *s* point-virgule *m*
semiconductor [,sɛmɪkən'dʌktər] *s* semi-conducteur *m*
semiconscious [,sɛmɪ'kɑnʃəs] *adj* à demi conscient
semifinal [,sɛmɪ'faɪnəl] *adj* avant-dernière || *s* demi-finale *f*
semilearned [,sɛmɪ'lʌrnɪd] *adj* à moitié savant
seminar ['sɛmɪ,nɑr] *s* séminaire *m*
seminar·y ['sɛmɪ,nɛri] *s* (*pl* **-ies**) séminaire *m*
semiprecious [,sɛmɪ'prɛʃəs] *adj* fin, semi-précieux
Semite ['sɛmaɪt], ['simaɪt] *s* Sémite *mf*
Semitic [sɪ'mɪtɪk] *adj* (*e.g., language*) sémitique; (*person*) sémite
semitrailer ['sɛmɪ,trelər] *s* semi-remorque *f*
senate ['sɛnɪt] *s* sénat *m*
senator ['sɛnətər] *s* sénateur *m*
send [sɛnd] *v* (*pret & pp* **sent** [sɛnt]) *tr* envoyer; (rad, telv) émettre; **to send back** renvoyer; **to send out** envoyer; **to send s.o. for s.th.** or **s.o.** envoyer qn chercher q.ch. or qn; **to send s.o. to** + *inf* envoyer qn + *inf* || *intr* (rad, telv) émettre; **to send for** envoyer chercher
sender ['sɛndər] *s* expéditeur *m*; (telg) transmetteur *m*
send'-off' *s* manifestation *f* d'adieu
senile ['sinaɪl], ['sinɪl] *adj* sénile
senility [sɪ'nɪlɪti] *s* sénilité *f*
senior ['sinjər] *adj* aîné; (*clerk, partner, etc.*) principal; (*rank*) supérieur; père, e.g., **Maurice Laporte, Senior** Maurice Laporte père || *s* aîné *m*, doyen *m*; (*U.S. upperclassman*) étudiant *m* de dernière année
sen'ior cit'izens *spl* les vieilles gens *fpl*
seniority [sin'jɑrɪti], [sin'jɔrɪti] *s* ancienneté *f*, doyenneté *f*
sen'ior staff' *s* personnel *m* hors classe
sensation [sɛn'seʃən] *s* sensation *f*
sensational [sɛn'seʃənəl] *adj* sensationnel
sense [sɛns] *s* sens *m*; (*wisdom*) bon sens; (*e.g., of pain*) sensation *f*; **to make sense out of** arriver à comprendre || *tr* percevoir, sentir
senseless ['sɛnslɪs] *adj* (*lacking perception*) insensible; (*unconscious*) sans connaissance; (*unreasonable*) insensé
sense' of guilt' *s* remords *m*
sense' or'gans *spl* organes *mpl* des sens
sensibili·ty [,sɛnsɪ'bɪlɪti] *s* (*pl* **-ties**) sensibilité *f*; susceptibilité *f*
sensible ['sɛnsɪbəl] *adj* sensible; (*endowed with good sense*) sensé, raisonnable
sensitive ['sɛnsɪtɪv] *adj* sensible; (*touchy*) susceptible, sensitif
sensitize ['sɛnsɪ,taɪz] *tr* sensibiliser
sensory ['sɛnsəri] *adj* sensoriel
sensual ['sɛnʃu·əl] *adj* sensuel
sensuous ['sɛnʃu·əs] *adj* sensuel
sentence ['sɛntəns] *s* (gram) phrase *f*; (law) sentence *f* || *tr* condamner
sentiment ['sɛntɪmənt] *s* sentiment *m*
sentimental [,sɛntɪ'mɛntəl] *adj* sentimental
sentinel ['sɛntɪnəl] *s* sentinelle *f*; **to stand sentinel** être en sentinelle
sen·try ['sɛntri] *s* (*pl* **-tries**) sentinelle *f*
sen'try box' *s* guérite *f*
separate ['sɛpərɪt] *adj* séparé || ['sɛpə,ret] *tr* séparer || *intr* se séparer
separation [,sɛpə'reʃən] *s* séparation *f*
September [sɛp'tɛmbər] *s* septembre *m*
septic ['sɛptɪk] *adj* septique
sepulcher ['sɛpəlkər] *s* sépulcre *m*
sequel ['sikwəl] *s* conséquence *f*; (*something following*) suite *f*
sequence ['sikwəns] *s* succession *f*, ordre *m*; (cards, mov) séquence *f*; (*of tenses*) (gram) concordance *f*
sequester [sɪ'kwɛstər] *tr* séquestrer

sequin ['sikwɪn] *s* paillette *f*
ser•aph ['sɛrəf] *s* (*pl* **-aphs** or **-aphim** [əfɪm]) séraphin *m*
Serb [sʌrb] *adj* serbe || *s* Serbe *mf*
sere [sɪr] *adj* sec, desséché
serenade [,sɛrə'ned] *s* sérénade *f* || *tr* donner une sérénade à || *intr* donner des sérénades
serene [sɪ'rin] *adj* serein
serenity [sɪ'rɛnɪti] *s* sérénité *f*
serf [sʌrf] *s* serf *m*
serfdom ['sʌrfdəm] *s* servage *m*
serge [sʌrdʒ] *s* serge *f*
sergeant ['sɑrdʒənt] *s* sergent *m*
ser′geant-at-arms′ *s* (*pl* **sergeants-at-arms**) huissier *m*, sergent *m* d'armes
ser′geant ma′jor *s* (*pl* **sergeant majors**) sergent-major *m*
serial ['sɪrɪ·əl] *adj* de série || *s* roman-feuilleton *m*
serially ['sɪrɪ·əli] *adv* en série; (*in installments*) en feuilleton
se′rial num′ber *s* numéro *m* d'ordre; (mil) numéro *m* matricule
se•ries ['sɪriz] *s* (*pl* **-ries**) série *f*; **in series** en série
serious ['sɪrɪ·əs] *adj* sérieux
seriousness ['sɪrɪ·əsnɪs] *s* sérieux *m*, gravité *f*
sermon ['sʌrmən] *s* sermon *m*
sermonize ['sʌrmə,naɪz] *tr* & *intr* sermonner
serpent ['sʌrpənt] *s* serpent *m*
se•rum ['sɪrəm] *s* (*pl* **-rums** or **-ra** [rə]) sérum *m*
servant ['sʌrvənt] *s* domestique *mf*; (*civil servant*) fonctionnaire *mf*; *housemaid*) bonne *f*; (*humble servant*) (fig) serviteur *m*
serv′ant girl′ *s* servante *f*
serv′ant prob′lem *s* crise *f* domestique
serve [sʌrv] *tr* servir; **to serve s.o. as** servir à qn de; **to serve time** purger une peine || *intr* servir; **to serve as** (*to function as*) servir de; (*to be useful for*) servir à
service ['sʌrvɪs] *s* service *m*; (eccl) office *m;* **the services** (mil) les forces *fpl* armées || *tr* entretenir, réparer
serviceable ['sʌrvɪsəbəl] *adj* utile, pratique; résistant
serv′ice club′ *s* foyer *m* du soldat
serv′ice•man′ *s* (*pl* **-men′**) réparateur *m*; (mil) militaire *m*
serv′ice rec′ord *s* état *m* de service
serv′ice sta′tion *s* station-service *f*
serv′ice stripe′ *s* chevron *m*, galon *m*
servile ['sʌrvɪl] *adj* servile
servitude ['sʌrvɪ,t(j)ud] *s* servitude *f*
sesame ['sɛsəmi] *s* sésame *m*; **open sesame!** sésame, ouvre-toi!
session ['sɛʃən] *s* session *f*; **to be in session** siéger
set [sɛt] *adj* (*rule*) établi; (*price*) fixe; (*time*) fixé; (*smile; locution*) figé || *s* ensemble *m*; (*of dishes, linen, etc.*) assortiment *m*; (*of dishes*) service *m*; (*of kitchen utensils*) batterie *f*; (*of pans; of weights; of tickets*) série *f*; (*of tools, chessmen, oars, etc.*) jeu *m*; (*of books*) collection *f*; (*of diamonds*) parure *f*; (*of tennis*) set *m*; (*of cement*) prise *f*; (*of a garment*) tournure *f*; (*group of persons*) coterie *f*; (mov) plateau *m*; (rad) poste *m*; (theat) mise *f* en scène; **set of false teeth** dentier *m*; **set of teeth** denture *f* || *v* (*pret* & *pp* **set**; *ger* **setting**) *tr* mettre, placer, poser; (*a date, price, etc.*) fixer; (*a gem*) monter; (*a trap*) tendre; (*a timepiece*) mettre à l'heure, régler; (*the hair*) mettre en plis; (*a bone*) remettre; **to set aside** mettre de côté; annuler; **to set going** mettre en marche; **to set off** mettre en valeur; (*e.g., a rocket*) lancer, tirer || *intr* se figer; (*said of sun, moon, etc.*) se coucher; (*said of hen*) couver; (*said of garment*) tomber; **to set about, to set out to** se mettre à; **to set upon** attaquer
set′back′ *s* revers *m*, échec *m*
set′screw′ *s* vis *f* de pression
settee [sɛ'ti] *s* canapé *m*; (*for two*) canapé à deux places, causeuse *f*
setting ['sɛtɪŋ] *s* cadre *m*; (*of a gem*) monture *f*; (*of cement*) prise *f*; (*of sun*) coucher *m*; (*of a bone*) recollement *m*; (*of a watch*) réglage *m*; (*adjustment*) ajustage *m*; (theat) mise *f* en scène
set′ting-up′ ex′ercises *spl* gymnastique *f* rythmique, gymnastique suédoise
settle ['sɛtəl] *tr* établir; (*a region*) coloniser; (*a dispute, account, debt, etc.*) régler; (*a problem*) résoudre; (*doubts, fears, etc.*) calmer || *intr* se coloniser; se calmer; (*said of weather*) se mettre au beau; (*said of building*) se tasser; (*said of sediment, dust, etc.*) se déposer; (*said of liquid*) se clarifier; **to settle down** s'établir; (*to be less wild*) se ranger; **to settle down to** (*a task*) s'appliquer à; **to settle on** se décider pour
settlement ['sɛtəlmənt] *s* établissement *m*, colonie *f*; (*of an account, dispute, etc.*) règlement *m*; (*of a debt*) liquidation *f*; (*settlement house*) œuvre *f* sociale
settler ['sɛtlər] *s* colon *m*
set′up′ *s* port *m*, maintien *m*; (*of the parts of a machine*) installation *f*; (coll) organisation *f*
seven ['sɛvən] *adj* & *pron* sept || *s* sept *m*; **seven o'clock** sept heures
seventeen ['sɛvən'tin] *adj, pron,* & *s* dix-sept *m*
seventeenth ['sɛvən'tinθ] *adj* & *pron* dix-septième (*masc, fem*); **the Seventeenth** dix-sept, e.g., **John the Seventeenth** Jean dix-sept || *s* dix-septième *m*; **the seventeenth** (*in dates*) le dix-sept
seventh ['sɛvənθ] *adj* & *pron* septième (*masc, fem*); **the Seventh** sept, e.g., **John the Seventh** Jean sept || *s* septième *m*; **the seventh** (*in dates*) le sept
seventieth ['sɛvəntɪ·ɪθ] *adj* & *pron* soixante-dixième (*masc, fem*) || *s* soixante-dixième *m*
seven•ty ['sɛvənti] *adj* & *pron* soixante-dix || *s* (*pl* **-ties**) soixante-dix *m*

sev′enty-first′ *adj & pron* soixante et onzième (*masc, fem*) || *s* soixante et onzième *m*
sev′enty-one′ *adj, pron, & s* soixante et onze *m*
sever [ˈsevər] *tr* séparer; (*relations*) rompre || *intr* se séparer
several [ˈsevərəl] *adj & pron indef* plusieurs
severance [ˈsevərəns] *s* séparation *f*; (*of relations*) rupture *f*; (*of communications*) interruption *f*
sev′erance pay′ *s* indemnité *f* pour cause de renvoi
severe [sɪˈvɪr] *adj* sévère; (*weather*) rigoureux; (*pain*) aigu; (*illness*) grave
sew [so] *v* (*pret* **sewed**; *pp* **sewed** or **sewn**) *tr & intr* coudre
sewage [ˈs(j)u·ɪdʒ] *s* eaux *fpl* d'égouts
sewer [ˈs(j)u·ər] *s* égout *m* || [ˈso·ər] *s* (*one who sews*) couseur *m*
sewerage [ˈs(j)u·ərɪdʒ] *s* (*removal*) vidange *f*; (*system*) système *m* d'égouts; (*sewage*) eaux *fpl* d'égouts
sew′ing bas′ket *s* nécessaire *m* de couture
sew′ing machine′ *s* machine *f* à coudre
sex [sɛks] *s* sexe *m*; **the fair sex** le beau sexe; **the sterner sex** le sexe fort; **to have sex with** (coll) avoir des rapports avec
sex′ appeal′ *s* sex-appeal *m*
sextant [ˈsɛkstənt] *s* sextant *m*
sextet [seksˈtɛt] *s* sextuor *m*
sexton [ˈsekstən] *s* sacristain *m*
sexual [ˈsekʃʊ·əl] *adj* sexuel
sex·y [ˈseksi] *adj* (*comp* **-ier**; *super* **-iest**) (slang) aguichant, grivois; (*story*) érotique
sh [ʃ] *interj* chut!
shab·by [ˈʃæbi] *adj* (*comp* **-bier**; *super* **-biest**) râpé, usé; (*mean*) mesquin; (*house*) délabré
shack [ʃæk] *s* cabane *f*, case *f*
shackle [ˈʃækəl] *s* boucle *f*; **shackles** entraves *fpl* || *tr* entraver
shad [ʃæd] *s* alose *f*
shade [ʃed] *s* ombre *f*; (*of lamp*) abat-jour *m*; (*of window*) store *m*; (*hue; slight difference*) nuance *f*; (*little bit*) soupçon *m* || *tr* ombrager; (*to make gradual changes in*) nuancer
shadow [ˈʃædo] *s* ombre *f* || *tr* ombrager; (*to spy on*) filer, pister
shad′ow gov′ernment *s* gouvernement *m* fantôme
shadowy [ˈʃædo·i] *adj* ombreux, sombre; (fig) vague, obscur
shad·y [ˈʃedi] *adj* (*comp* **-ier**; *super* **-iest**) ombreux, ombragé; (coll) louche
shaft [ʃæft], [ʃɑft] *s* (*of mine; of elevator*) puits *m*; (*of feather*) tige *f*; (*of arrow*) bois *m*; (*of column*) fût *m*, tige; (*of flag*) mât *m*; (*of wagon*) brancard *m*, limon *m*; (*of motor*) arbre *m*; (*of light*) rayon *m*; (*to make fun of s.o.*) trait *m*
shag·gy [ˈʃægi] *adj* (*comp* **-gier**; *super* **-giest**) poilu, à longs poils
shag′gy dog′ sto′ry *s* (*pl* **-ries**) histoire *f* sans queue ni tête
shake [ʃek] *s* secousse *f* || *v* (*pret* **shook** [ʃʊk]; *pp* **shaken**) *tr* secouer; (*the head*) hocher, secouer; (*one's hand*) serrer; **to shake down** faire tomber; (*a thermometer*) secouer; (slang) escroquer; **to shake off** secouer; (*to get rid of*) se débarrasser de; **to shake up** (*a liquid*) agiter; (fig) ébranler || *intr* trembler
shake′down′ *s* (slang) exaction *f*, concussion *f*
shaker [ˈʃekər] *s* (*for salt*) salière *f*; (*for cocktails*) shaker *m*
shake′up′ *s* bouleversement *m*; (*reorganization*) remaniement *m*
shak·y [ˈʃeki] *adj* (*comp* **-ier**; *super* **-iest**) tremblant, chancelant; (*hand; writing*) tremblé; (*voice*) tremblotant
shall [ʃæl] *v* (*cond* **should** [ʃʊd]) *aux* used to express 1) the future indicative, e.g., **I shall arrive** j'arriverai; 2) the future perfect indicative, e.g., **I shall have arrived** je serai arrivé; 3) the potential mood, e.g., **what shall he do?** que doit-il faire?
shallow [ˈʃælo] *adj* peu profond; (*dish*) plat; (fig) creux, superficiel || **shallows** *spl* haut-fond *m*
sham [ʃæm] *adj* feint, simulé || *s* feinte *f*, simulacre *m*; (*person*) imposteur *m* || *v* (*pret & pp* **shammed**; *ger* **shamming**) *tr & intr* feindre, simuler
sham′ bat′tle *s* combat *m* simulé
shambles [ˈʃæmbəlz] *spl* boucherie *f*; ravage *m*, ruine *f*; (*disorder*) pagaille *f*
shame [ʃem] *s* honte *f*; **shame on you!, for shame!** quelle honte!; **what a shame!** quel dommage! || *tr* faire honte à
shame′faced′ *adj* penaud
shameful [ˈʃemfəl] *adj* honteux
shameless [ˈʃemlɪs] *adj* éhonté
shampoo [ʃæmˈpu] *s* shampooing *m* || *tr* (*the hair*) laver; (*a person*) faire un shampooing à
shamrock [ˈʃæmrɑk] *s* trèfle *m* d'Irlande
Shanghai [ˈʃæŋhaɪ], [ʃæŋˈhaɪ] *s* Changhaï || (*l.c.*) *tr* (coll) racoler
Shangri-la [ˌʃæŋgrɪˈlɑ] *s* le pays de Cocagne
shank [ʃæŋk] *s* jambe *f*, tibia *m*; (*of horse*) canon *m*; (*of anchor*) verge *f*; (culin) manche *m*; (*of a column*) fût *m*
shan·ty [ˈʃænti] *s* (*pl* **-ties**) masure *f*, bicoque *f*
shan′ty·town′ *s* bidonville *m*
shape [ʃep] *s* forme *f*; **in bad shape** (coll) mal en point; **out of shape** déformé || *tr* former || *intr* se former; **to shape up** prendre forme; avancer
shapeless [ˈʃeplɪs] *adj* informe
shape·ly [ˈʃepli] *adj* (*comp* **-lier**; *super* **-liest**) bien proportionné, bien fait, svelte
share [ʃɛr] *s* part *f*; (*of stock in a company*) action *f* || *tr* partager || *intr*—**to share in** prendre part à, participer à
sharecropper [ˈʃɛrˌkrɑpər] *s* métayer *m*
share′hold′er *s* actionnaire *mf*

shark [ʃɑrk] *s* requin *m*; (*swindler*) escroc *m*; (slang) as *m*, expert *m*
sharp [ʃɑrp] *adj* aigu; (*wind, cold, pain, fight, criticism, edge, trot, mind*) vif; (*knife*) tranchant; (*point; tongue*) acéré; (*slope*) raide; (*curve*) prononcé; (*turn*) brusque; (*photograph*) net; (*hearing*) fin; (*step, gait*) rapide; (*taste*) piquant; (*reprimand*) vert; (*keen*) éveillé; (*cunning*) rusé, fin; (mus) dièse; (*stylish*) (coll) chic; **sharp features** traits *mpl* accentués || *adv* vivement; brusquement; précis, sonnant, tapant, e.g., **at four o'clock sharp** à quatre heures précises, sonnantes, or tapantes; **to stop short** s'arrêter net or pile || *s* (mus) dièse *m* || *tr* (mus) diéser
sharpen ['ʃɑrpən] *tr* aiguiser; (*a pencil*) tailler || *intr* s'aiguiser
sharpener ['ʃɑrpənər] *s* aiguisoir *m*
sharper ['ʃɑrpər] *s* filou *m*, tricheur *m*
sharp'shoot'er *s* tireur *m* d'élite
shatter ['ʃætər] *tr* fracasser, briser || *intr* se fracasser, se briser
shat'ter•proof' *adj* de sécurité
shave [ʃev] *s*—**to get a shave** se faire raser, se faire faire la barbe; **to have a close shave** (coll) l'échapper belle || *tr* (*hair, beard, etc.*) raser; (*a person*) faire la barbe à, raser; (*e.g., wood*) doler; (*e.g., expenses*) rogner || *intr* se raser, se faire la barbe
shaving ['ʃevɪŋ] *s* rasage *m*; **shavings** rognures *fpl*, copeaux *mpl*
shav'ing brush' *s* blaireau *m*
shav'ing soap' *s* savon *m* à barbe
shawl [ʃɔl] *s* châle *m*, fichu *m*
she [ʃi] *s* femelle *f* || *pron pers* elle **§85**, **§87**; ce **§82B**; **she who** celle qui **§83**
sheaf [ʃif] *s* (*pl* **sheaves** [ʃivz]) gerbe *f*; (*of papers*) liasse *f*
shear [ʃɪr] *s* lame *f* de ciseau; **shears** ciseaux *mpl*; (*to cut metal*) cisaille *f* || *v* (*pret* **sheared**; *pp* **sheared** or **shorn** [ʃorn]) *tr* (*sheep*) tondre; (*velvet*) ciseler; (*metal*) cisailler; **to shear off** couper
sheath [ʃiθ] *s* (*pl* **sheaths** [ʃiðz]) gaine *f*, fourreau *m*
sheathe [ʃið] *tr* envelopper; (*a sword*) rengainer
shed [ʃɛd] *s* hangar *m*; (*for, e.g., tools*) remise *f*; (*line from which water flows in two directions*) ligne *f* de faîte || *v* (*pret & pp* **shed**; *ger* **shedding**) *tr* répandre, verser; (*e.g., leaves*) perdre; (*e.g., light; skin*) jeter
sheen [ʃin] *s* lustre *m*, brillant *m*
sheep [ʃip] *s* (*pl* **sheep**) mouton *m*; (*ewe*) brebis *f*
sheep'dog' *s* chien *m* de berger
sheep'fold' *s* bergerie *f*
sheepish ['ʃipɪʃ] *adj* penaud; timide
sheep'skin' *s* (*undressed*) peau *f* de mouton; (*dressed*) basane *f*; (*diploma*) (coll) peau d'âne
sheep'skin jack'et *s* canadienne *f*
sheer [ʃɪr] *adj* transparent; léger; (*stocking*) extra-fin; (*steep*) à pic; (fig) pur; (fig) vif, e.g., **by sheer force** de vive force || *intr* faire une embardée
sheet [ʃit] *s* (*e.g., for the bed*) drap *m*; (*of paper*) feuille *f*; (*of metal*) tôle *f*, lame *f*; (*of water*) nappe *f*; (*of ice*) couche *f*; (naut) écoute *f*; **white as a sheet** blanc comme un linge
sheet' light'ning *s* fulguration *f*, éclairs *mpl* en nappe
sheet' met'al *s* tôle *f*
sheet' mu'sic *s* morceaux *mpl* de musique
sheik [ʃik] *s* cheik *m*; (coll) tombeur *m* de femmes
shelf [ʃɛlf] *s* (*pl* **shelves** [ʃɛlvz]) tablette *f*, planche *f*; (*of cupboard; of library*) rayon *m*; (geog) plateau *m*; **on the shelf** au rancart, laissé à l'écart
shell [ʃɛl] *s* coque *f*, coquille *f*; (*of nut*) écale *f*, coque; (*of pea*) cosse *f*; (*of oyster, clam, etc.*) écaille *f*; (*of building, ship, etc.*) carcasse *f*; (*cartridge*) cartouche *f*; (*projectile*) obus *m*; (*long, narrow racing boat*) yole *f* || *tr* écaler, écosser; (mil) bombarder, pilonner; **to shell out** (coll) débourser || *intr*—**to shell out** (coll) casquer
shel•lac [ʃə'læk] *s* laque *f*, gomme *f* laque || *v* (*pret & pp* **-lacked**; *ger* **-lacking**) *tr* laquer; (slang) tabasser
shell'fish' *s* fruits *mpl* de mer, coquillages *mpl*
shell' hole' *s* entonnoir *m*, trou *m* d'obus
shell' shock' *s* commotion *f* cérébrale
shelter ['ʃɛltər] *s* abri *m* || *tr* abriter
shelve [ʃɛlv] *tr* (*a book*) ranger; (*merchandise*) entreposer; (*a project, a question, etc., by putting it aside*) enterrer, classer; (*to provide with shelves*) garnir de tablettes, rayons, or planches
shepherd ['ʃɛpərd] *s* berger *m*; (fig) pasteur *m* || *tr* veiller sur, guider
shep'herd dog' *s* berger *m*, chien *m* de berger
shepherdess ['ʃɛpərdɪs] *s* bergère *f*
sherbet ['ʃʌrbət] *s* sorbet *m*
sheriff ['ʃɛrɪf] *s* shérif *m*
sher•ry ['ʃɛri] *s* (*pl* **-ries**) xérès *m*
shield [ʃild] *s* bouclier *m*; (elec) blindage *m*; (heral, hist) écu *m*, écusson *m* || *tr* protéger; (elec) blinder
shift [ʃɪft] *s* changement *m*; (*in wind, temperature, etc.*) saute *f*; (*group of workmen*) équipe *f* de relais; (fig) expédient *m* || *tr* changer; (*the blame, the guilt, etc.*) rejeter; **to shift gears** changer de vitesse || *intr* changer; changer de place; changer de direction; **to shift for oneself** se débrouiller tout seul
shift' key' *s* touche *f* majuscules
shiftless ['ʃɪftlɪs] *adj* mollasse, peu débrouillard
shift•y ['ʃɪfti] *adj* (*comp* **-ier**; *super* **-iest**) roublard; (*look*) chafouin; (*eye*) fuyant
shimmer ['ʃɪmər] *s* chatoiement *m*, miroitement *m* || *intr* chatoyer, miroiter

shin [ʃɪn] *s* tibia *m*; (culin) jarret *m* || *v* (*pret & pp* **shinned**; *ger* **shinning**) *intr*—**to shin up** grimper

shin'bone' *s* tibia *m*

shine [ʃaɪn] *s* brillant *m*; (*of cloth, clothing, etc.*) luisant *m*; (*on shoes*) coup *m* de cirage; **to take a shine to** (slang) s'enticher de || *v* (*pret & pp* **shined**) *tr* faire briller, faire reluire; (*shoes*) cirer || *v* (*pret & pp* **shone** [ʃon]) *intr* briller, reluire

shiner ['ʃaɪnər] *s* (slang) œil *m* poché

shingle ['ʃɪŋgəl] *s* bardeau *m*; (*of doctor, lawyer, etc.*) (coll) enseigne *f*; **shingles** (pathol) zona *m*

shining ['ʃaɪnɪŋ] *adj* brillant, luisant

shin•y ['ʃaɪni] *adj* (*comp* **-ier**; *super* **-iest**) brillant, reluisant; (*from much wear*) lustré

ship [ʃɪp] *s* navire *m*; (*steamer, liner*) paquebot *m*; (aer) appareil *m*; (nav) bâtiment *m* || *v* (*pret & pp* **shipped**; *ger* **shipping**) *tr* expédier; (*a cargo; water*) embarquer; (*oars*) armer, rentrer || *intr* s'embarquer

ship'board' *s* bord *m*; **on shipboard** à bord

ship'build'er *s* constructeur *m* de navires

ship'build'ing *s* construction *f* navale

ship'mate' *s* compagnon *m* de bord

shipment ['ʃɪpmənt] *s* expédition *f*; (*goods shipped*) chargement *m*

ship'own'er *s* armateur *m*

shipper ['ʃɪpər] *s* expéditeur *m*

shipping ['ʃɪpɪŋ] *s* embarquement *m*, expédition *f*; (naut) transport *m* maritime

ship'ping clerk' *s* expéditionnaire *mf*

ship'ping mem'o *s* connaissement *m*

ship'ping room' *s* salle *f* d'expédition

ship'shape' *adj & adv* en bon ordre

ship's' pa'pers *spl* papiers *mpl* de bord

ship's' time' *s* heure *f* locale du navire

ship'-to-shore' ra'di•o ['ʃɪptə'ʃor] *s* (*pl* **-os**) liaison *f* radio maritime

ship'wreck' *s* naufrage *m* || *tr* faire naufrager || *intr* faire naufrage

ship'yard' *s* chantier *m* de construction navale or maritime

shirk [ʃʌrk] *tr* manquer à, esquiver || *intr* négliger son devoir

shirred' eggs' [ʃʌrd] *spl* œufs *mpl* pochés à la crème

shirt [ʃʌrt] *s* chemise *f*; **keep your shirt on!** (slang) ne vous emballez pas!; **to lose one's shirt** perdre jusqu'à son dernier sou

shirt'band' *s* encolure *f*

shirt' front' *s* plastron *m* de chemise

shirt' sleeve' *s* manche *f* de chemise; **in shirt sleeves** en bras de chemise

shirt'tails' *spl* pans *mpl* de chemise

shirt'waist' *s* chemisier *m*

shiver ['ʃɪvər] *s* frisson *m* || *intr* frissonner

shoal [ʃol] *s* banc *m*, bas-fond *m*

shock [ʃak] *s* (*bump, clash*) choc *m*, heurt *m*; (*upset, misfortune; earthquake tremor*) secousse *f*; (*of grain*) gerbe *f*, moyette *f*; (*of hair*) tignasse *f*; (elec) commotion *f*, choc; **to die of shock** mourir de saisissement || *tr* choquer; (elec) commotionner, choquer

shock' absorb'er [æb,sɔrbər] *s* amortisseur *m*

shocking ['ʃakɪŋ] *adj* choquant, scandaleux

shock' troops' *spl* troupes *fpl* de choc

shod•dy ['ʃadi] *adj* (*comp* **-dier**; *super* **-diest**) inférieur, de pacotille

shoe [ʃu] *s* soulier *m*; **to be in the shoes of** être dans la peau de; **to put one's shoes on** se chausser; **to take one's shoes off** se déchausser || *v* (*pret & pp* **shod** [ʃad]) *tr* chausser; (*a horse*) ferrer

shoe'black' *s* cireur *m* de bottes

shoe'horn' *s* chausse-pied *m*

shoe'lace' *s* lacet *m*, cordon *m* de soulier

shoe'mak'er *s* cordonnier *m*

shoe' pol'ish *s* cirage *m* de chaussures

shoe'shine' *s* cirage *m*

shoe' store' *s* magasin *m* de chaussures

shoe'string' *s* lacet *m*, cordon *m* de soulier; **on a shoestring** avec de minces capitaux

shoe'tree' *s* embauchoir *m*, forme *f*

shoo [ʃu] *tr* chasser || *interj* ch!, filez!

shoot [ʃut] *s* (*sprout, twig*) rejeton *m*, pousse *f*; (*for grain, sand, etc.*) goulotte *f*; (*contest*) concours *m* de tir; (*hunting party*) partie *f* de chasse || *v* (*pret & pp* **shot** [ʃat]) *tr* tirer; (*a person*) tuer d'un coup de fusil; (*to execute with a discharge of rifles*) fusiller; (*with a camera*) photographier; (*a scene; a motion picture*) tourner, roder; (*the sun*) prendre la hauteur de; (*dice*) jeter; **to shoot down** abattre; **to shoot up** (slang) cribler de balles || *intr* tirer; s'élancer, se précipiter; (*said of pain*) lanciner; (*said of star*) filer; **to shoot at** faire feu sur; (*to strive for*) viser; **to shoot up** (*said of plant*) pousser; (*said of plant*) pousser; (*said of flame*) jaillir; (*said of prices*) augmenter

shooting ['ʃutɪŋ] *s* tir *m*; (phot) prise *f* de vues

shoot'ing gal'ler•y *s* (*pl* **-ies**) stand *m* de tir, tir *m*

shoot'ing match' *s* concours *m* de tir

shoot'ing script' *s* découpage *m*

shoot'ing star' *s* étoile *f* filante

shop [ʃap] *s* (*store*) boutique *f*; (*workshop*) atelier *m*; **to talk shop** parler boutique, parler affaires || *v* (*pret & pp* **shopped**; *ger* **shopping**) *intr* faire des emplettes, faire des courses; magasiner (Canad); **to go shopping** faire des emplettes, faire des courses; **to shop around** être à l'affût de bonnes occasions; **to shop for** chercher à acheter

shop'girl' *s* vendeuse *f*

shop'keep'er *s* boutiquier *m*

shoplifter ['ʃap,lɪftər] *s* voleur *m* à l'étalage

shopper ['ʃapər] *s* acheteur *m*

shopping ['ʃapɪŋ] *s* achat *m*; (*purchases*) achats *mpl*, emplettes *fpl*

shop′ping bag′ *s* sac *m* à provisions
shop′ping cen′ter *s* centre *m* commercial
shop′ping dis′trict *s* quartier *m* commerçant
shop′ stew′ard *s* délégué *m* d'atelier
shop′win′dow *s* vitrine *f*, devanture *f*
shop′worn′ *adj* défraîchi
shore [ʃor] *s* rivage *m*, rive *f*, bord *m*; (*sandy beach*) plage *f*; **shores** (poetic) pays *m* ‖ *tr*—**to shore up** étayer
shore′ din′ner *s* dîner *m* de marée
shore′ leave′ *s* (nav) descente *f* à terre
shore′line′ *s* ligne *f* de côte
shore′ patrol′ *s* patrouille *f* de garde-côte; (*police*) (nav) police *f* militaire de la marine
short [ʃɔrt] *adj* court; (*person*) petit; (*temper*) brusque; (phonet) bref; **in short** en somme; **short of breath** poussif; **to be short for** (coll) être le diminutif de; **to be short of** être à court de ‖ *s* (elec) court-circuit *m*; (mov) court-métrage *m*; **shorts** culotte *f* courte, culotte de sport ‖ *adv* court, de court; **to run short of** être à court de, manquer de; **to sell short** (com) vendre à découvert; **to stop short** s'arrêter net ‖ *tr* (elec) court-circuiter ‖ *intr* (elec) se mettre en court-circuit
shortage [ˈʃɔrtɪdʒ] *s* manque *m*, pénurie *f*; crise *f*, e.g., **housing shortage** crise du logement; (com) déficit *m*; **shortages** manquants *mpl*
short′cake′ *s* gâteau *m* recouvert de fruits frais *m*
short′-change′ *tr* ne pas rendre assez de monnaie à; (*to cheat*) (coll) rouler
short′ cir′cuit *s* court-circuit *m*
short′-cir′cuit *tr* court-circuiter
short′com′ing *s* défaut *m*
short′cut′ *s* raccourci *m*
shorten [ˈʃɔrtən] *tr* raccourcir ‖ *intr* se raccourcir
shortening [ˈʃɔrtənɪŋ] *s* raccourcissement *m*; (culin) saindoux *m*
short′hand′ *adj* sténographique ‖ *s* sténographie *f*; **to take down in shorthand** sténographier
short′hand notes′ *spl* sténogramme *m*
short′hand typ′ist *s* sténodactylo *mf*
short-lived [ˈʃɔrtˈlaɪvd], [ˈʃɔrtˈlɪvd] *adj* de courte durée, bref
shortly [ˈʃɔrtli] *adv* tantôt, sous peu; brièvement; (*curtly*) sèchement; **shortly after** peu après
short′-range′ *adj* à courte portée
short′ sale′ *s* vente *f* à découvert
short′-sight′ed *adj* myope; **to be short-sighted** (fig) avoir la vue courte
short′ sto′ry *s* nouvelle *f*, conte *m*
short′-tem′pered *adj* vif, emporté
short′-term′ *adj* à court terme
short′wave′ *adj* aux petites ondes, aux ondes courtes ‖ *s* petite onde *f*, onde courte
short′ weight′ *s* poids *m* insuffisant
shot [ʃɑt] *adj* (*silk*) changeant; (*e.g., chances*) (coll) réduit à zéro; (*drunk*) (slang) paf ‖ *s* coup *m* de feu, décharge *f*; (*marksman*) tireur *m*; (*pellets*) petits plombs *mpl*; (*of a rocket into space*) lancement *m*, tir *m*; (*in certain games*) shoot *m*; (*snapshot*) instantané *m*; (mov) plan *m*; (*hypodermic injection*) (coll) piqûre *f*; (*drink of liquor*) (slang) verre *m* d'alcool; **a long shot** un gros risque, une chance sur mille; **to fire a shot at** tirer sur; **to start like a shot** partir comme un trait
shot′gun′ *s* fusil *m* de chasse
shot′-put′ *s* (sports) lancement *m* du poids
should [ʃʊd] *aux* used to express 1) the present conditional, e.g., **if I waited for him, I should miss the train** si je l'attendais, je manquerais le train; 2) the past conditional, e.g., **if I had waited for him, I should have missed the train** si je l'avais attendu, j'aurais manqué le train; 3) the potential mood, e.g., **he should go at once** il devrait aller aussitôt; e.g., **he should have gone at once** il aurait dû aller aussitôt; 4) a softened affirmation, e.g., **I should like a drink** je prendrais bien quelque chose à boire; e.g., **I should have thought that you would have known better** j'aurais cru que vous auriez été plus avisé
shoulder [ˈʃoldər] *s* épaule *f*; (*of a road*) accotement *m*; **across the shoulder** en bandoulière, en écharpe; **shoulders** (*of a garment*) carrure *f* ‖ *tr* (*a gun*) mettre sur l'épaule; **to shoulder aside** pousser de l'épaule
shoul′der blade′ *s* omoplate *f*
shoul′der strap′ *s* (*of underwear*) épaulette *f*; (mil) bandoulière *f*
shout [ʃaʊt] *s* cri *m* ‖ *tr* crier; **to shout down** huer ‖ *intr* crier
shove [ʃʌv] *s* poussée *f*, bourrade *f* ‖ *tr* pousser, bousculer ‖ *intr* pousser; **to shove off** pousser au large; (slang) filer, décamper
shov·el [ˈʃʌvəl] *s* pelle *f* ‖ *v* (*pret & pp* **-eled** or **-elled**; *ger* **-eling** or **-elling**) *tr* pelleter; (*e.g., snow*) balayer
show [ʃo] *s* exposition *f*; apparence *f*; (*display*) étalage *m*; (*of hands*) levée *f*; (*each performance*) séance *f*; (mov) film *m*; (theat) spectacle *m*; **to make a show of** faire parade de ‖ *v* (*pret* **showed**; *pp* **shown** [ʃon] or **showed**) *tr* montrer; (*one's passport*) présenter; (*a film*) projeter; (*e.g., to the door*) conduire; **to show off** faire étalage de; **to show up** (coll) démasquer ‖ *intr* se montrer; **to show through** transparaître; **to show up** (*against a background*) ressortir; (coll) faire son apparition
show′ bill′ *s* affiche *f*
show′boat′ *s* bateau-théâtre *m*
show′ busi′ness *s* l'industrie *f* du spectacle
show′case′ *s* vitrine *f*
show′down′ *s* cartes *fpl* sur table, moment *m* critique; **to come to a showdown** en venir au fait
shower [ˈʃaʊ·ər] *s* averse *f*, ondée *f*; (*of blows, bullets, kisses, etc.*) pluie

f; (*bath*) douche *f* || *tr* faire pleuvoir; **to shower with** combler de || *intr* pleuvoir à verse

show′er bath′ *s* douche *f*

show′ girl′ *s* girl *f*

show′man *s* (*pl* **-men**) impresario *m*; **he's a great showman** c'est un as pour la mise en scène

show′-off′ *s* (coll) m'as-tu-vu *m*

show′piece′ *s* pièce *f* maîtresse

show′place′ *s* lieu *m* célèbre

show′room′ *s* salon *m* d'exposition

show′ win′dow *s* vitrine *f*

show•y [ˈʃo·i] *adj* (*comp* **-ier**; *super* **-iest**) fastueux; (*gaudy*) voyant

shrapnel [ˈʃræpnəl] *s* shrapnel *m*, obus *m* à mitraille; éclat *m* d'obus

shred [ʃred] *s* morceau *m*, lambeau *m*; **not a shred of** pas l'ombre de; **to tear to shreds** mettre en lambeaux || *v* (*pret & pp* **shredded** or **shred**; *ger* **shredding**) *tr* mettre en lambeaux, déchiqueter

shrew [ʃru] *s* (*nagging woman*) mégère *f*; (zool) musaraigne *f*

shrewd [ʃrud] *adj* sagace, fin

shriek [ʃrik] *s* cri *m* perçant || *intr* pousser un cri perçant

shrike [ʃraɪk] *s* pie-grièche *f*

shrill [ʃrɪl] *adj* aigu, perçant

shrimp [ʃrɪmp] *s* crevette *f*; (*insignificant person*) gringalet *m*

shrine [ʃraɪn] *s* tombeau *m* de saint; (*reliquary*) châsse *f*; (*holy place*) lieu *m* saint, sanctuaire *m*

shrink [ʃrɪŋk] *v* (*pret* **shrank** [ʃræŋk] or **shrunk** [ʃrʌŋk]; *pp* **shrunk** or **shrunken**) *tr* rétrécir || *intr* se rétrécir; **to shrink away** or **back from** reculer devant

shrinkage [ˈʃrɪŋkɪdʒ] *s* rétrécissement *m*

shriv•el [ˈʃrɪvəl] *v* (*pret & pp* **-eled** or **-elled**; *ger* **-eling** or **-elling**) *tr* ratatiner, recroqueviller || *intr* se ratatiner, se recroqueviller

shroud [ʃraʊd] *s* linceul *m*; (*veil*) voile *m*; **shrouds** (naut) haubans *mpl* || *tr* ensevelir; voiler

Shrove′ Tues′day [ʃrov] *s* mardi *m* gras

shrub [ʃrʌb] *s* arbuste *m*

shrubber•y [ˈʃrʌbəri] *s* (*pl* **-ies**) bosquet *m*

shrug [ʃrʌg] *s* haussement *m* d'épaules || *v* (*pret & pp* **shrugged**; *ger* **shrugging**) *tr* (*one's shoulders*) hausser; **to shrug off** minimiser; ne tenir aucun compte de || *intr* hausser les épaules

shudder [ˈʃʌdər] *s* frisson *m*, frémissement *m* || *intr* frissonner, frémir

shuffle [ˈʃʌfəl] *s* (*of cards*) battement *m*, mélange *m*; (*of feet*) frottement *m*; (*change of place*) déplacement *m* || *tr* (*cards*) battre; (*the feet*) traîner; (*to mix up*) mêler, brouiller || *intr* battre les cartes; traîner les pieds

shuf′fle•board′ *s* jeu *m* de palets

shun [ʃʌn] *v* (*pret & pp* **shunned**; *ger* **shunning**) *tr* éviter, fuir

shunt [ʃʌnt] *tr* garer, manœuvrer; (elec) shunter, dériver

shut [ʃʌt] *adj* fermé || *v* (*pret & pp* **shut**; *ger* **shutting**) *tr* fermer; **to shut in** enfermer; **to shut off** couper; **to shut up** enfermer; (coll) faire taire || *intr* se fermer; **shut up!** (slang) tais-toi!, ferme-la!

shut′down′ *s* fermeture *f*

shutter [ˈʃʌtər] *s* volet *m*, contrevent *m*; (*over store window*) rideau *m*; (phot) obturateur *m*

shuttle [ˈʃʌtəl] *s* navette *f* || *intr* faire la navette

shut′tle train′ *s* navette *f*

shy [ʃaɪ] *adj* (*comp* **shyer** or **shier**; *super* **shyest** or **shiest**) timide, sauvage; (*said of horse*) ombrageux; **I am shy a dollar** il me faut un dollar; **to be shy of** se méfier de || *v* (*pret & pp* **shied**) *intr* (*said of horse*) faire un écart; **to shy away from** éviter

shyster [ˈʃaɪstər] *s* (coll) avocat *m* marron

Sia•mese [ˌsaɪ·əˈmiz] *adj* siamois || *s* (*pl* **-mese**) Siamois *m*

Si′amese twins′ *spl* frères *mpl* siamois

Siberian [saɪˈbɪrɪ·ən] *adj* sibérien || *s* Sibérien *m*

sibyl [ˈsɪbɪl] *s* sibylle *f*

sic [sik], [sɪk] *adv* sic || [sɪk] *v* (*pret & pp* **sicked**; *ger* **sicking**) *tr*—**sic 'em!** (coll) pille!; **to sic on** lancer après

Sicilian [sɪˈsɪljən] *adj* sicilien || *s* Sicilien *m*

Sicily [ˈsɪsɪli] *s* Sicile *f*; la Sicile

sick [sɪk] *adj* malade; **to be sick and tired of** (coll) en avoir plein le dos de, en avoir marre de; **to be sick at** or **to one's stomach** avoir mal au cœur, avoir des nausées; **to take sick** tomber malade

sick′bed′ *s* lit *m* de malade

sicken [ˈsɪkən] *tr* rendre malade || *intr* tomber malade; (*to be disgusted*) être écœuré

sickening [ˈsɪkənɪŋ] *adj* écœurant, dégoûtant

sick′ head′ache *s* migraine *f* avec nausées

sickle [ˈsɪkəl] *s* faucille *f*

sick′ leave′ *s* congé *m* de maladie

sick•ly [ˈsɪkli] *adj* (*comp* **-lier**; *super* **-liest**) maladif, débile

sickness [ˈsɪknɪs] *s* maladie *f*; nausée *f*

side [saɪd] *adj* latéral, de côté || *s* côté *m*; (*of phonograph*) face *f*; (*of team, government, etc.*) camp *m*, parti *m*, côté; **this side up** (*on package*) haut || *intr*—**to side with** prendre le parti de

side′ arms′ *spl* armes *fpl* de ceinturon

side′board′ *s* buffet *m*, desserte *f*

side′burns′ *spl* favoris *mpl*

side′ dish′ *s* plat *m* d'accompagnement

side′ door′ *s* porte *f* latérale, porte *f* de service

side′ effect′ *s* effet *m* secondaire

side′ en′trance *s* entrée *f* latérale

side′ glance′ *s* regard *m* de côté

side′ is′sue *s* question *f* d'intérêt secondaire

side′line′ *s* occupation *f* secondaire; **on the sidelines** sans y prendre part

sidereal [saɪ'dɪrɪ·əl] *adj* sidéral
side' road' *s* chemin *m* de traverse
side'sad'dle *adv* en amazone
side' show' *s* spectacle *m* forain; (fig) événement *m* secondaire
side'slip' *s* glissade *f* sur l'aile
side'split'ting *adj* désopilant
side' step' *s* écart *m*
side'-step' *v* (*pret & pp* **-stepped**; *ger* **-stepping**) *tr* éviter ‖ *intr* faire un pas de côté
side'stroke' *s* nage *f* sur le côté
side'track' *s* voie *f* de garage ‖ *tr* écarter, dévier; (rr) aiguiller sur une voie de garage
side' view' *s* vue *f* de profil
side'walk' *s* trottoir *m*
side'walk café' *s* terrasse *f* de café
sideward ['saɪdwərd] *adj* latéral ‖ *adv* latéralement, de côté
side'ways' *adj* latéral ‖ *adv* latéralement, de côté
side' whisk'ers *spl* favoris *mpl*
side'wise' *adj* latéral ‖ *adv* latéralement, de côté
siding ['saɪdɪŋ] *s* (rr) voie *f* d'évitement, voie de garage
sidle ['saɪdəl] *intr* avancer de biais; **to sidle up to** se couler auprès de
siege [sidʒ] *s* siège *m*; **to lay siege to** mettre le siège devant
siesta [si'estə] *s* sieste *f*; **to take a siesta** faire la sieste
sieve [sɪv] *s* crible *m*, tamis *m* ‖ *tr* passer au crible, au tamis
sift [sɪft] *tr* passer au crible, passer au tamis; (*flour*) tamiser; (fig) examiner soigneusement
sigh [saɪ] *s* soupir *m* ‖ *intr* soupirer
sight [saɪt] *s* vue *f*; (*of firearm*) mire *f*; (*of telescope, camera, etc.*) viseur *m*; chose *f* digne d'être vue; **a sight of** (coll) énormément de; **at sight** à vue; à livre ouvert; **by sight** de vue; **in sight of** à la vue de; **sad sight** spectacle *m* navrant; **sights** curiosités *fpl*; **to catch sight of** apercevoir; **what a sight you are!** comme vous voilà fait! ‖ *tr & intr* viser
sight' draft' *s* (com) effet *m* à vue
sight'-read' *v* (*pret & pp* **-read** [ˌred]) *tr & intr* lire à livre ouvert; (mus) déchiffrer
sight' read'er *s* déchiffreur *m*
sight'see'ing *s* tourisme *m*; **to go sightseeing** visiter les curiosités
sightseer ['saɪtˌsi·ər] *s* touriste *mf*, excursionniste *mf*
sign [saɪn] *s* signe *m*; (*on a store*) enseigne *f* ‖ *tr* signer; **to sign up** engager, embaucher ‖ *intr* signer; **to sign off** (rad) terminer l'émission; **to sign up for** (coll) s'inscrire à
sig·nal ['sɪgnəl] *adj* signalé, insigne ‖ *s* signal *m* ‖ *v* (*pret & pp* **-naled** or **-nalled**; *ger* **-naling** or **-nalling**) *tr* faire signe à, signaler ‖ *intr* faire des signaux
sig'nal tow'er *s* tour *f* de signalisation
signature ['sɪgnətʃər] *s* signature *f*; (mus) armature *f*; (rad) indicatif *m*
sign'board' *s* panneau *m* d'affichage
signer ['saɪnər] *s* signataire *mf*
sig'net ring' ['sɪgnɪt] *s* chevalière *f*
significance [sɪg'nɪfɪkəns] *s* importance *f*; (*meaning*) signification *f*
significant [sɪg'nɪfəkənt] *adj* important; significatif
signi·fy ['sɪgnɪˌfaɪ] *v* (*pret & pp* **-fied**) *tr* signifier
sign'post' *s* poteau *m* indicateur
silence ['saɪləns] *s* silence *m* ‖ *tr* faire taire, réduire au silence
silent ['saɪlənt] *adj* silencieux
si'lent mov'ie *s* film *m* muet
silhouette [ˌsɪlu'et] *s* silhouette *f* ‖ *tr* silhouetter
silicon ['sɪlɪkən] *s* silicium *m*
silicone ['sɪlɪˌkon] *s* silicone *f*
silk [sɪlk] *s* soie *f*
silk'-cotton tree' *s* fromager *m*
silken ['sɪlkən] *adj* soyeux
silk' hat' *s* haut-de-forme *m*
silk'-stock'ing *adj* aristocratique ‖ *s* aristocrate *mf*
silk'worm' *s* ver *m* à soie
silk·y ['sɪlki] *adj* (*comp* **-ier**; *super* **-iest**) soyeux
sill [sɪl] *s* (*of window*) rebord *m*; (*of door*) seuil *m*; (*of walls*) sablière *f*
sil·ly ['sɪli] *adj* (*comp* **-lier**; *super* **-liest**) sot, niais
si·lo ['saɪlo] *s* (*pl* **-los**) silo *m* ‖ *tr* ensiler
silt [sɪlt] *s* vase *f*
silver ['sɪlvər] *s* argent *m* ‖ *tr* argenter; (*a mirror*) étamer
sil'ver·fish' *s* (ent) poisson *m* d'argent
sil'ver foil' *s* feuille *f* d'argent
sil'ver lin'ing *s* beau côté *m*, côté brillant
sil'ver plate' *s* argenterie *f*
sil'ver screen' *s* écran *m*
sil'ver·smith' *s* orfèvre *m*
sil'ver spoon' *s*—**born with a silver spoon in one's mouth** né coiffé
sil'ver-tongued' *adj* à la langue dorée, éloquent
sil'ver·ware' *s* argenterie *f*
similar ['sɪmɪlər] *adj* semblable
similari·ty [ˌsɪmɪ'lærɪti] *s* (*pl* **-ties**) ressemblance *f*, similitude *f*
simile ['sɪmɪli] *s* comparaison *f*
simmer ['sɪmər] *tr* mijoter ‖ *intr* mijoter; **to simmer down** s'apaiser
Simon ['saɪmən] *s* Simon *m*; **Simon says . . .** (game) Caporal a dit . . .
simper ['sɪmpər] *s* sourire *m* niais ‖ *intr* sourire bêtement
simple ['sɪmpəl] *adj & s* simple *m*
sim'ple-mind'ed *adj* simple, naïf; niais
simpleton ['sɪmpəltən] *s* niais *m*
simpli·fy ['sɪmplɪˌfaɪ] *v* (*pret & pp* **-fied**) *tr* simplifier
simulate ['sɪmjəˌlet] *tr* simuler
simultaneous [ˌsaɪməl'tenɪ·əs], [ˌsɪməl'tenɪ·əs] *adj* simultané
sin [sɪn] *s* péché *m* ‖ *v* (*pret & pp* **sinned**; *ger* **sinning**) *intr* pécher
since [sɪns] *adv & prep* depuis ‖ *conj* depuis que; (*inasmuch as*) puisque
sincere [sɪn'sɪr] *adj* sincère
sincerity [sɪn'serɪti] *s* sincérité *f*
sine [saɪn] *s* (trig) sinus *m*

sinecure ['saɪnɪ,kjʊr], ['sɪnɪ,kjʊr] *s* sinécure *f*
sinew ['sɪnju] *s* tendon *m*; (fig) nerf *m*, force *f*
sinful ['sɪnfəl] *adj* (*person*) pécheur; (*act, intention*) coupable
sing [sɪŋ] *v* (*pret* **sang** [sæŋ] or **sung** [sʌŋ]; *pp* **sung**) *tr & intr* chanter
singe [sɪndʒ] *v* (*ger* **singeing**) *tr* roussir; (*poultry*) flamber
singer ['sɪŋər] *s* chanteur *m*
single ['sɪŋgəl] *adj* seul, unique; (*unmarried*) célibataire; (*e.g., room in a hotel*) à un lit; (*bed*) à une place; (*e.g., devotion*) simple, honnête || *tr* —**to single out** distinguer, choisir
sin'gle bless'edness ['blesɪdnɪs] *s* le bonheur *m* du célibat
sin'gle-breast'ed *adj* droit
sin'gle-en'try *adj* (bk) en partie simple
sin'gle-en'try book'keeping *s* comptabilité *f* simple
sin'gle file' *s*—**in single file** en file indienne, à la file
sin'gle-hand'ed *adj* sans aide, tout seul
sin'gle life' *s* vie *f* de célibataire
sin'gle room' *s* chambre *f* à un lit
sin'gle-track' *adj* (rr) à voie unique; (coll) d'une portée limitée
sing'song' *adj* monotone || *s* mélopée *f*
singular ['sɪŋgjələr] *adj & s* singulier *m*
sinister ['sɪnɪstər] *adj* sinistre
sink [sɪŋk] *s* évier *m*; (*drain*) égout *m* || *v* (*pret* **sank** [sæŋk] or **sunk** [sʌŋk]; *pp* **sunk**) *tr* enfoncer; (*a ship*) couler, faire sombrer; (*a well*) creuser; (*money*) immobiliser || *intr* s'enfoncer, s'affaisser; (*under the water*) couler, sombrer; (*said of heart*) se serrer; (*said of health, prices, sun, etc.*) baisser; **to sink into** plonger dans; (*an armchair*) s'effondrer dans
sink'ing fund' *s* caisse *f* d'amortissement
sinless ['sɪnlɪs] *adj* sans péché
sinner ['sɪnər] *s* pécheur *m*
sintering ['sɪntərɪŋ] *s* (metallurgy) frittage *m*
sinuous ['sɪnjʊ·əs] *adj* sinueux
sinus ['saɪnəs] *s* sinus *m*
sip [sɪp] *s* petite gorgée *f*, petit coup *m* || *v* (*pret & pp* **sipped**; *ger* **sipping**) *tr* boire à petit coups, siroter
siphon ['saɪfən] *s* siphon *m* || *tr* siphonner
si'phon bot'tle *s* siphon *m*
sir [sʌr] *s* monsieur *m*; (*British title*) Sir *m*; **Dear Sir** Monsieur
sire [saɪr] *s* sire *m*; (*of a quadruped*) père *m* || *tr* engendrer
siren ['saɪrən] *s* sirène *f*
sirloin ['sʌrlɔɪn] *s* aloyau *m*
sirup ['sɪrəp], ['sʌrəp] *s* sirop *m*
sis·sy ['sɪsi] *s* (*pl* **-sies**) efféminé *m*; fillette *f*; (*cowardly fellow*) poule *f* mouillée
sister ['sɪstər] *adj* (fig) jumeau || *s* sœur *f*
sis'ter-in-law' *s* (*pl* **sisters-in-law**) belle-sœur *f*
sit [sɪt] *v* (*pret & pp* **sat** [sæt]; *ger* **sitting**) *intr* s'asseoir; être assis; (*said of hen on eggs*) couver; (*for a portrait*) poser; (*said of legislature, court, etc.*) siéger; **to sit down** s'asseoir; **to sit still** ne pas bouger; **to sit up** se redresser; se tenir droit; **to sit up and beg** (*said of dog*) faire le beau
sit'-down strike' *s* grève *f* sur le tas
site [saɪt] *s* site *m*
sitting ['sɪtɪŋ] *s* séance *f*
sit'ting duck' *s* (coll) cible *f* facile
sit'ting room' *s* salon *m*
situate ['sɪtʃʊ,et] *tr* situer
situation [,sɪtʃʊ'eʃən] *s* situation *f*; poste *m*, emploi *m*
sitz' bath' [sɪts] *s* bain *m* de siège
six [sɪks] *adj & pron* six || *s* six *m*; **at sixes and sevens** de travers, en désaccord; **six o'clock** six heures
sixteen ['sɪks'tin] *adj, pron, & s* seize *m*
sixteenth ['sɪks'tinθ] *adj & pron* seizième (*masc, fem*); **the Sixteenth** seize, e.g., **John the Sixteenth** Jean seize || *s* seizième *m*; **the sixteenth** (*in dates*) le seize
sixth [sɪksθ] *adj & pron* sixième (*masc, fem*); **the Sixth** six, e.g., **John the Sixth** Jean six || *s* sixième *m*; **the sixth** (*in dates*) le six
sixtieth ['sɪkstɪ·ɪθ] *adj & pron* soixantième (*masc, fem*) || *s* soixantième *m*
six·ty ['sɪksti] *adj & pron* soixante; **about sixty** une soixantaine de || *s* (*pl* **-ties**) soixante *m*; (*age of*) soixantaine *f*
sizable ['saɪzəbəl] *adj* assez grand, considérable
size [saɪz] *s* grandeur *f*; dimensions *fpl*; (*of a person or garment*) taille *f*; (*of a shoe, glove, or hat*) pointure *f*; (*of a shirt collar*) encolure *f*; (*of a book or box*) format *m*; (*to fill a porous surface*) apprêt *m*; **what size hat do you wear?** du combien coiffez-vous?; **what size shoes do you wear?** du combien chaussez-vous? || *tr* classer; (*wood to be painted*) coller; **to size up** juger
sizzle ['sɪzəl] *s* grésillement *m* || *intr* grésiller
skate [sket] *s* patin *m*; (ichth) raie *f*; **good skate** (slang) brave homme *m* || *intr* patiner; **to go skating** faire du patin
skat'ing rink' *s* patinoire *f*
skein [sken] *s* écheveau *m*
skeleton ['skelɪtən] *s* squelette *m*
skel'eton key' *s* crochet *m*
skeptic ['skeptɪk] *adj & s* sceptique *mf*
skeptical ['skeptɪkəl] *adj* sceptique
skepticism ['skeptɪ,sɪzəm] *s* scepticisme *m*
sketch [sketʃ] *s* esquisse *f*; (*pen or pencil drawing*) croquis *m*, esquisse; (lit) aperçu *m*; (theat) sketch *m* || *tr* esquisser || *intr* croquer
sketch'book' *s* album *m* de croquis
skew [skju] *adj & s* biais *m* || *intr* biaiser
skewer ['skju·ər] *s* brochette *f* || *tr* embrocher
ski [ski] *s* ski *m* || *intr* skier; **to go skiing** faire du ski

ski′ boots′ *spl* chaussures *fpl* de ski
skid [skɪd] *s* (*sidewise*) dérapage *m*; (*forward*) patinage *m*; (*of wheel*) sabot *m*, patin *m* || *v* (*pret & pp* **skidded**; *ger* **skidding**) *tr* enrayer, bloquer || *intr* (*sidewise*) déraper; (*forward*) patiner
skid′ row′ [ro] *s* quartier *m* mal famé
skier [ˈski·ər] *s* skieur *m*
skiff [skɪf] *s* skiff *m*, esquif *m*
skiing [ˈski·ɪŋ] *s* ski *m*
ski′ jack′et *s* anorak *m*
ski′ jump′ *s* (*place to jump*) tremplin *m*; (*act of jumping*) saut *m* en skis
ski′ lift′ *s* remonte-pente *m*, téléski *m*
skill [skɪl] *s* habilité *f*, adresse *f*; (*job*) métier *m*
skilled *adj* habile, adroit
skillet [ˈskɪlɪt] *s* casserole *f*; (*frying pan*) poêle *f*
skillful [ˈskɪlfəl] *adj* habile, expert
skim [skɪm] *v* (*pret & pp* **skimmed**; *ger* **skimming**) *tr* (*milk*) écrémer; (*molten metal*) écumer; (*to graze*) raser || *intr* —**to skim over** passer légèrement sur
ski′ mask′ *s* passe-montagne *m*
skimmer [ˈskɪmər] *s* écumoire *f*; (*straw hat*) canotier *m*
skim′ milk′ *s* lait *m* écrémé
skimp [skɪmp] *tr* bâcler || *intr* lésiner; **to skimp on** lésiner sur
skimp·y [ˈskɪmpi] *adj* (*comp* **-ier**; *super* **-iest**) maigre; (*garment*) étriqué; avare, mesquin
skin [skɪn] *s* peau *f*; **by the skin of one's teeth** de justesse, par un cheveu; **soaked to the skin** trempé jusqu'aux os; **to strip to the skin** se mettre à poil || *v* (*pret & pp* **skinned**; *ger* **skinning**) *tr* écorcher, dépouiller; (*e.g., an elbow*) s'écorcher; **to skin alive** (coll) écorcher vif
skin′-deep′ *adj* superficiel; (*beauty*) à fleur de peau
skin′ div′er *s* plongeur *m* autonome
skin′flint′ *s* grippe-sou *m*
skin′ game′ *s* (slang) escroquerie *f*
skin′ graft′ing *s* greffe *f* cutanée, autoplastie *f*
skin·ny [ˈskɪni] *adj* (*comp* **-nier**; *super* **-niest**) maigre, décharné
skip [skɪp] *s* saut *m* || *v* (*pret & pp* **skipped**; *ger* **skipping**) *tr* sauter; **skip it!** ça suffit!, laisse tomber!; **to skip rope** sauter à la corde || *intr* sauter; **to skip out** or **off** filer
ski′ pole′ *s* bâton *m* de skis
skipper [ˈskɪpər] *s* patron *m* || *tr* commander, conduire
skirmish [ˈskʌrmɪʃ] *s* escarmouche *f* || *intr* escarmoucher
skirt [skʌrt] *s* jupe *f*; (*woman*) (slang) jupe || *tr* côtoyer, longer; éviter
ski′ run′ *s* descente *f* en skis
ski′ stick′ *s* bâton *m* de skis
skit [skɪt] *s* sketch *m*
skittish [ˈskɪtɪʃ] *adj* capricieux; timide; (*e.g., horse*) ombrageux
skulduggery [skʌlˈdʌgəri] *s* (coll) fourberie *f*, ruse *f*, cuisine *f*
skull [skʌl] *s* crâne *m*
skull′ and cross′bones *s* tibias *mpl* croisés et tête *f* de mort
skull′cap′ *s* calotte *f*
skunk [skʌŋk] *s* mouffette *f*; (*person*) (coll) salaud *m*
sky [skaɪ] *s* (*pl* **skies**) ciel *m*; **to praise to the skies** porter aux nues
sky′div′er *s* parachutiste *mf*
sky′div′ing *s* parachutisme *m*, saut *m* en chute libre
sky′lark′ *s* (*Alauda arvensis*) alouette *f*, alouette des champs || *intr* (coll) batifoler
sky′light′ *s* lucarne *f*
sky′line′ *s* ligne *m* d'horizon; (*of city*) profil *m*
sky′rock′et *s* fusée *f* volante || *intr* monter en flèche
sky′scrap′er *s* gratte-ciel *m*
slab [slæb] *s* (*of stone*) dalle *f*; (*slice*) tranche *f*
slack [slæk] *adj* lâche, mou; négligent || *s* mou *m*; (*slowdown*) ralentissement *m*; **slacks** pantalon *m* || *tr* relâcher; (*lime*) éteindre; **to slack off** larguer || *intr*—**to slack off** or **up** se relâcher
slacken [ˈslækən] *tr* relâcher; (*to slow down*) ralentir || *intr* se relâcher; se ralentir
slacker [ˈslækər] *s* flemmard *m*; (mil) tire-au-flanc *m*, embusqué *m*
slack′ hours′ *spl* heures *fpl* creuses
slag [slæg] *s* scorie *f*
slake [slek] *tr* apaiser, étancher; (*lime*) éteindre
slalom [ˈslɑləm] *s* slalom *m*
slam [slæm] *s* claquement *m*; (cards) chelem *m*; (coll) critique *f* sévère || *v* (*pret & pp* **slammed**; *ger* **slamming**) *tr* claquer; (coll) éreinter; **to slam down on** flanquer sur || *intr* claquer
slander [ˈslændər] *s* calomnie *f* || *tr* calomnier
slanderous [ˈslændərəs] *adj* calomnieux
slang [slæŋ] *s* argot *m*
slant [slænt] *s* pente *f*; (*bias*) point *m* de vue || *tr* mettre en pente, incliner; donner un biais spécial à || *intr* être en pente, s'incliner
slap [slæp] *s* tape *f*, claque *f*; (*in the face*) soufflet *m*, gifle *f* || *v* (*pret & pp* **slapped**; *ger* **slapping**) *tr* taper, gifler
slap′dash′ *adj*—**in a slapdash manner** à la va-comme-je-te-pousse || *adv* à la six-quatre-deux
slap′stick′ *adj* bouffon || *s* bouffonnerie *f*
slash [slæʃ] *s* entaille *f* || *tr* taillader; (*e.g., prices*) réduire beaucoup
slat [slæt] *s* latte *f*
slate [slet] *s* ardoise *f*; (*of candidates*) liste *f* || *tr* couvrir d'ardoises; inscrire sur la liste, désigner
slate′ pen′cil *s* crayon *m* d'ardoise
slate′ roof′ *s* toit *m* d'ardoises
slattern [ˈslætərn] *s* (*slovenly woman*) marie-salope *f*; (*slut*) voyoute *f*, gueuse *f*
slaughter [ˈslɔtər] *s* boucherie *f* || *tr* abattre; massacrer

slaught′er·house′ *s* abattoir *m*
Slav [slɑv], [slæv] *adj* slave ‖ *s* (*language*) slave *m*; (*person*) Slave *mf*
slave [slev] *adj* & *s* esclave *mf* ‖ *intr* besogner, trimer
slave′ driv′er *s* (hist, fig) négrier *m*
slavery [ˈslevəri] *s* esclavage *m*; (*institution of keeping slaves*) esclavagisme *m*
slave′ ship′ *s* négrier *m*
slave′ trade′ *s* traite *f* des noirs
Slavic [ˈslɑvɪk], [ˈslævɪk] *adj* & *s* slave *m*
slavish [ˈslevɪʃ] *adj* servile
slay [sle] *v* (*pret* **slew** [slu]; *pp* **slain** [slen]) *tr* tuer, massacrer
slayer [ˈsle·ər] *s* meurtrier *m*
sled [slɛd] *s* luge *f* ‖ *v* (*pret* & *pp* **sledded**; *ger* **sledding**) *intr* faire de la luge, luger
sledge′ ham′mer [slɛdʒ] *s* massette *f*, masse *f*
sleek [slik] *adj* lisse, luisant ‖ *tr* lisser
sleep [slip] *s* sommeil *m*; **to go to sleep** s'endormir; **to put to sleep** endormir ‖ *v* (*pret* & *pp* **slept** [slɛpt]) *tr*—**to sleep it over, to sleep on it** prendre conseil de son oreiller; **to sleep off** (*a hangover, headache, etc.*) faire passer en dormant ‖ *intr* dormir; (*e.g., with a woman*) coucher; **to sleep late** faire la grasse matinée; **to sleep like a log** dormir comme un loir
sleeper [ˈslipər] *s* dormeur *m*; (*girder*) poutre *f* horizontale; (*tie*) (rr) traverse *f*
sleep′ing bag′ *s* sac *m* de couchage
sleep′ing car′ *s* wagon-lit *m*
sleep′ing pill′ *s* somnifère *m*
sleepless [ˈsliplɪs] *adj* sans sommeil
sleep′less night′ *s* nuit *f* blanche
sleep′walk′er *s* somnambule *mf*
sleep·y [ˈslipi] *adj* (*comp* **-ier**; *super* **-iest**) endormi, somnolent; **to be sleepy** avoir sommeil
sleep′y·head′ *s* endormi *m*, grand dormeur *m*
sleet [slit] *s* grésil *m* ‖ *intr* grésiller
sleeve [sliv] *s* manche *f*; (mach) manchon *m*, douille *f*; **to laugh in** or **up one's sleeve** rire sous cape
sleigh [sle] *s* traîneau *m* ‖ *intr* aller en traîneau
sleigh′ bell′ *s* grelot *m*
sleigh′ ride′ *s* promenade *f* en traîneau
sleight′ of hand′ [slaɪt] *s* prestidigitation *f*, tours *mpl* de passe-passe
slender [ˈslɛndər] *adj* svelte, mince, élancé; (*resources*) maigre
sleuth [sluθ] *s* limier *m*, détective *m*
slew [slu] *s* (coll) tas *m*, floppée *f*
slice [slaɪs] *s* tranche *f* ‖ *tr* trancher
slick [slɪk] *adj* lisse; (*appearance*) élégant; (coll) rusé ‖ *s* tache *f*, e.g., **oil slick** tache d'huile ‖ *tr* lisser; **to slick up** (coll) mettre en ordre
slicker [ˈslɪkər] *s* ciré *m*, imper *m*; (coll) enjôleur *m*
slide [slaɪd] *s* (*sliding*) glissade *f*, glissement *m*; (*sliding place*) glissoire *m*; (*of microscope*) plaque *f*; (*of trombone*) coulisse *f*; (*on a slide rule*) curseur *m*; (*piece that slides*) glissière *f*; (*phot*) diapositive *f* ‖ *v* (*pret* & *pp* **slid** [slɪd]) *tr* glisser ‖ *intr* glisser; **to let slide** ne faire aucun cas de, laisser aller
slide′ fas′tener *s* fermeture *f* éclair
slide′ rule′ *s* règle *f* à calcul
slide′ valve′ *s* soupape *f* à tiroir
slid′ing con′tact *s* curseur *m*
slid′ing door′ *s* porte *f* à coulisse
slid′ing scale′ *s* échelle *f* mobile
slight [slaɪt] *adj* léger; (*slender; insignificant*) mince; (*e.g., effort*) faible ‖ *s* affront *m* ‖ *tr* faire peu de cas de, dédaigner; (*a person*) méconnaître
slim [slɪm] *adj* (*comp* **slimmer**; *super* **slimmest**) mince, svelte; (*chance, excuse*) mauvais; (*resources*) maigre
slime [slaɪm] *s* limon *m*, vase *f*; (*of snakes, fish, etc.*) bave *f*
slim·y [ˈslaɪmi] *adj* (*comp* **-ier**; *super* **-iest**) limoneux, vaseux
sling [slɪŋ] *s* (*to shoot stones*) fronde *f*; (*to hold up a broken arm*) écharpe *f*; (*shoulder strap*) bretelle *f*, bandoulière *f* ‖ *v* (*pret* & *pp* **slung** [slʌŋ]) *tr* lancer; passer en bandoulière
sling′shot′ *s* fronde *f*
slink [slɪŋk] *v* (*pret* & *pp* **slunk** [slʌŋk]) *intr*—**to slink away** s'esquiver
slip [slɪp] *s* glissade *f*, glissement *m*; bout *m* de papier; (*for indexing, filing, etc.*) fiche *f*; (*cutting from plant*) bouture *f*; (*piece of underclothing*) combinaison *f*; (*blunder*) faux pas *m*, bévue *f*; (naut) cale *f*; **to give the slip to** échapper à ‖ *v* (*pret* & *pp* **slipped**; *ger* **slipping**) *tr* glisser; **to slip off** (*a garment*) enlever, ôter; **to slip on** (*a garment, shoes, etc.*) enfiler; **to slip one's mind** sortir de l'esprit, échapper à qn ‖ *intr* glisser; (*to blunder*) faire un faux pas; **to let slip** laisser échapper; **to slip away** or **off** s'échapper, se dérober; **to slip by** s'échapper; (*said of time*) s'écouler; **to slip up** se tromper
slip′cov′er *s* housse *f*
slipper [ˈslɪpər] *s* pantoufle *f*
slippery [ˈslɪpəri] *adj* glissant; (*deceitful*) rusé
slip′-up′ *s* (coll) erreur *f*, bévue *f*
slit [slɪt] *s* fente *f*, fissure *f* ‖ *v* (*pret* & *pp* **slit**; *ger* **slitting**) *tr* fendre; (*e.g., pages*) couper; **to slit the throat of** égorger
slob [slɑb] *s* (slang) rustaud *m*
slobber [ˈslɑbər] *s* bave *f*; (fig) sentimentalité *f* ‖ *intr* baver
sloe [slo] *s* (*shrub*) prunellier *m*; (*fruit*) prunelle *f*
slogan [ˈslogən] *s* mot *m* d'ordre, devise *f*; (com) slogan *m*
sloop [slup] *s* sloop *m*
slop [slɑp] *s* lavure *f*, rinçure *f* ‖ *v* (*pret* & *pp* **slopped**; *ger* **slopping**) *tr* répandre ‖ *intr* se répandre; **to slop over** déborder
slope [slop] *s* pente *f*; (*of a roof*) inclinaison *f*; (*of a region, mountain,*

etc.) versant *m* || *tr* pencher, incliner || *intr* se pencher, s'incliner
slop·py ['slɑpi] *adj* (*comp* **-pier**; *super* **-piest**) mouillé; (*dress*) négligé, mal ajusté; (*work*) bâclé
slot [slɑt] *s* entaille *f*, rainure *f*; (*e.g., in a coin telephone*) fente *f*
sloth [sloθ], [slɔθ] *s* paresse *f*; (zool) paresseux *m*
slot' machine' *s* (*for gambling*) appareil *m* **à** sous; (*for vending*) distributeur *m* automatique
slouch [slaʊtʃ] *s* démarche *f* lourde; (*person*) lourdaud *m* || *intr* ne pas se tenir droit; (*e.g., in a chair*) se vautrer; **to slouch along** traîner le pas
slouch' hat' *s* chapeau *m* mou
slough [slaʊ] *s* bourbier *m* || [slʌf] *s* (*of snake*) dépouille *f*; (pathol) escarre *f* || *tr*—**to slough off** se débarrasser de || *intr* muer, se dépouiller
Slovak ['slovæk], [slo'væk] *adj* slovaque || *s* (*language*) slovaque *m*; (*person*) Slovaque *mf*
sloven·ly ['slʌvənli] *adj* (*comp* **-lier**; *super* **-liest**) négligé, malpropre
slow [slo] *adj* lent; (*sluggish*) traînard; (*clock, watch*) en retard; (*in understanding*) lourdaud || *adv* lentement || *tr & intr* ralentir; **SLOW** (public sign) ralentir; **to slow down** ralentir
slow'down' *s* grève *f* perlée
slow' mo'tion *s* ralenti *m*; **in slow motion** au ralenti, en ralenti
slow'poke' *s* (coll) lambin *m*, traînard *m*
slug [slʌg] *s* (*used as coin*) jeton *m*; (*of linotype*) ligne-bloc *f*; (zool) limace *f*; (*blow*) (coll) bon coup *m*; (*drink*) (coll) gorgée *f* || *v* (*pret & pp* **slugged**; *ger* **slugging**) *tr* (coll) flanquer un coup à
sluggard ['slʌgərd] *s* paresseux *m*
sluggish ['slʌgɪʃ] *adj* traînard
sluice [slus] *s* canal *m*; (*floodgate*) écluse *f*; (*dam; flume*) bief *m*
sluice' gate' *s* vanne *f*
slum [slʌm] *s* bas quartiers *mpl* || *v* (*pret & pp* **slummed**; *ger* **slumming**) *intr*—**to go slumming** aller visiter les taudis
slumber ['slʌmbər] *s* sommeil *m*, assoupissement *m* || *intr* sommeiller
slum' dwell'ing *s* taudis *m*
slump [slʌmp] *s* affaissement *m*; (com) crise *f*, baisse *f* || *intr* s'affaisser; (*said of prices, stocks, etc.*) dégringoler, s'effondrer
slur [slʌr] *s* (*in pronunciation*) mauvaise articulation *f*; (*insult*) affront *m*; (mus) liaison *f*; **to cast a slur on** porter atteinte à || *v* (*pret & pp* **slurred**; *ger* **slurring**) *tr* (*a sound, a syllable*) mal articuler; (*a person*) déprécier; (mus) lier; **to slur over** glisser sur
slush [slʌʃ] *s* fange *f*, boue *f* liquide; (*gush*) sensiblerie *f*
slut [slʌt] *s* chienne *f*; (*slovenly woman*) marie-salope *f*
sly [slaɪ] *adj* (*comp* **slyer** or **slier**; *super* **slyest** or **sliest**) rusé, sournois; (*mischievous*) espiègle, futé; **on the sly** furtivement, en cachette
smack [smæk] *s* claquement *m*; (*with the hand*) gifle *f*, claque *f*; (*trace, touch*) soupçon *m*; (*kiss*) (coll) gros baiser *m* || *adv* en plein || *tr* claquer || *intr*—**to smack of** sentir; avoir un goût de
small [smɔl] *adj* petit §91; (*income*) modique; (*short in stature*) court; (*petty*) mesquin; (typ) minuscule
small' arms' *spl* armes *fpl* portatives
small' beer' *s* petite bière *f*; (slang) petite bière
small' busi'ness *s* petite industrie *f*
small' cap'ital *s* (typ) petite capitale *f*
small' change' *s* petite monnaie *f*, menue monnaie
small' fry' *s* menu fretin *m*
small' intes'tine *s* intestin *m* grêle
small'-mind'ed *adj* mesquin, étriqué, étroit
small' of the back' *s* chute *f* des reins, bas *m* du dos
smallpox ['smɔl,pɑks] *s* variole *f*
small' print' *s* petits caractères *mpl*
small' talk' *s* ragots *mpl*, papotage *m*
small'-time' *adj* de troisième ordre, insignifiant, petit
small'-town' *adj* provincial
smart [smɑrt] *adj* intelligent, éveillé; (*pace*) vif; (*person, clothes*) élégant, chic; (*pain*) cuisant; (*saucy*) impertinent || *s* douleur *f* cuisante || *intr* brûler, cuire; (*said of person with hurt feelings*) être cinglé
smart' al'eck [,ælɪk] *s* (coll) fat *m*, présomptueux *m*
smart' set' *s* monde *m* élégant, gens *mpl* chic
smash [smæʃ] *s* fracassement *m*, fracas *m*; (coll) succès *m* || *tr* fracasser || *intr* se fracasser; **to smash into** emboutir, écraser
smash' hit' *s* (coll) succès *m*, (coll) pièce *f* à succès
smash'-up' *s* collision *f*; débâcle *f*, culbute *f*
smattering ['smætərɪŋ] *s* légère connaissance *f*, teinture *f*
smear [smɪr] *s* tache *f*; (*vilification*) calomnie *f*; (med) frottis *m* || *tr* tacher; calomnier; (*to coat*) enduire
smear' campaign' *s* campagne *f* de calomnies
smell [smel] *s* odeur *f*; (*aroma*) parfum *m*, senteur *f*; (*sense*) odorat *m* || *v* (*pret & pp* **smelled** or **smelt** [smɛlt]) *tr & intr* sentir; **to smell of** sentir
smell'ing salts' *spl* sels *mpl* volatils
smell·y ['smeli] *adj* (*comp* **-ier**; *super* **-iest**) malodorant, puant
smelt [smɛlt] *s* (*fish*) éperlan *m* || *tr & intr* fondre
smile [smaɪl] *s* sourire *m* || *intr* sourire; **to smile at** sourire à
smirk [smʌrk] *s* minauderie *f* || *intr* minauder
smite [smaɪt] *v* (*pret* **smote** [smot]; *pp* **smitten** ['smɪtən] or **smit** [smɪt]) *tr* frapper; **to smite down** abattre

smith [smɪθ] *s* forgeron *m*
smith·y ['smɪθi] *s* (*pl* **-ies**) forge *f*
smitten ['smɪtən] *adj* frappé, affligé; (coll) épris, amoureux
smock [smɑk] *s* blouse *f*; (*of artists*) sarrau *m*; (*buttoned in back*) tablier *m*
smock' frock' *s* sarrau *m*
smog [smɑg] *s* (coll) brouillard *m* fumeux
smoke [smok] *s* fumée *f*; (coll) cigarette *f*; **to go up in smoke** s'en aller en fumée || *tr & intr* fumer
smoked' glass'es *spl* verres *mpl* fumés
smoke'-filled room' *s* tabagie *f*
smoke'less pow'der ['smoklɪs] *s* poudre *f* sans fumée
smoker ['smokər] *s* fumeur *m*; (*room*) fumoir *m*; (*meeting*) réunion *f* de fumeurs; (rr) compartiment *m* pour fumeurs
smoke' rings' *spl* ronds *mpl* de fumée
smoke' screen' *s* rideau *m* de fumée
smoke'stack' *s* cheminée *f*
smoking ['smokɪŋ] *s* le fumer *m*; **no smoking** (public sign) défense de fumer
smok'ing car' *s* voiture *f* de fumeurs
smok'ing jack'et *s* veston *m* d'intérieur
smok'ing room' *s* fumoir *m*
smok·y ['smoki] *adj* (*comp* **-ier**; *super* **-iest**) fumeux, enfumé
smolder ['smoldər] *s* fumée *f* épaisse; feu *m* qui couve || *intr* brûler sans flamme; (*said of fire, anger, rebellion, etc.*) couver
smooch [smutʃ] *intr* (coll) se bécoter
smooth [smuð] *adj* uni, lisse; (*gentle, mellow*) doux, moelleux; (*operation*) doux, régulier; (*style*) facile || *tr* unir, lisser; **to smooth away** (*e.g., obstacles*) aplanir, enlever; **to smooth down** (*to calm*) apaiser, calmer; **to smooth out** défroisser
smooth'-faced' *adj* imberbe
smooth-shaven ['smuð'ʃevən] *adj* rasé de près
smooth·y ['smuði] *s* (*pl* **-ies**) (coll) chattemite *f*, flagorneur *m*
smother ['smʌðər] *tr* suffoquer, étouffer; (culin) recouvrir
smudge [smʌdʒ] *s* tache *f*; (*smoke*) fumée *f* épaisse || *tr* tacher; (agr) fumiger
smudge' pot' *s* fumigène *m*
smug [smʌg] *adj* (*comp* **smugger**; *super* **smuggest**) fat, suffisant
smuggle ['smʌgəl] *tr* introduire en contrebande, faire la contrebande de || *intr* faire la contrebande
smuggler ['smʌglər] *s* contrebandier *m*
smuggling ['smʌglɪŋ] *s* contrebande *f*
smut [smʌt] *s* tache *f* de suie; (*obscenity*) ordure *f*; (agr) nielle *f*
smut·ty ['smʌti] *adj* (*comp* **-tier**; *super* **-tiest**) taché de suie, noirci; (*obscene*) ordurier; (agr) niellé
snack [snæk] *s* casse-croûte *m*; **to have a snack** casser la croûte
snack' bar' *s* snack-bar *m*, snack *m*
snag [snæg] *s* (*of tree; of tooth*) chicot *m*; **to hit a snag** se heurter à un obstacle || *v* (*pret & pp* **snagged**; *ger* **snagging**) *tr* (*a stocking*) faire un accroc à
snail [snel] *s* escargot *m*; **at a snail's pace** à pas de tortue, comme un escargot
snake [snek] *s* serpent *m* || *intr* serpenter
snake' in the grass' *s* serpent *m* caché sous les fleurs; ami *m* perfide, traître *m*, individu *m* louche
snap [snæp] *s* (*breaking*) cassure *f*; (*crackling sound*) bruit *m* sec; (*of the fingers*) chiquenaude *f*; (*bite*) coup *m* de dents; (*cookie*) biscuit *m* croquant; (*catch or fastener*) bouton-pression *m*, fermoir *m*; (phot) instantané *m*; (slang) jeu *m* d'enfant, coup facile; **cold snap** coup *m* de froid; **it's a snap!** (slang) c'est du tout cuit! || *v* (*pret & pp* **snapped**; *ger* **snapping**) *tr* casser net; (*one's fingers, a whip, etc.*) faire claquer; (*a picture, a scene*) prendre un instantané de; **to snap up** happer, saisir || *intr* casser net; faire un bruit sec; (*from fatigue*) s'effondrer; **to snap at** donner un coup de dents à; (*to speak sharply to*) rembarrer; (*an opportunity*) saisir; **to snap out of it** (slang) se secouer; **to snap shut** se fermer avec un bruit sec
snap' course' *s* (slang) cours *m* tout mâché
snap'drag'on *s* (bot) gueule-de-loup *f*
snap' fas'tener *s* bouton-pression *m*
snap' judg'ment *s* décision *f* prise sans réflexion
snap·py ['snæpi] *adj* (*comp* **-pier**; *super* **-piest**) mordant, acariâtre; (*quick, sudden*) vif; **make it snappy!** (slang) grouillez-vous!
snap'shot' *s* instantané *m*
snare [sner] *s* collet *m*; (*trap*) piège *m*; (*of a drum*) timbre *m*, corde *f* de timbre || *tr* prendre au collet, prendre au piège
snare' drum' *s* caisse *f* claire
snarl [snɑrl] *s* (*sound*) grognement *m*; (*intertwining*) enchevêtrement *m* || *tr* dire en grognant; enchevêtrer || *intr* grogner; s'enchevêtrer
snatch [snætʃ] *s* arrachement *m*; petit moment *m*; (*bit, scrap*) bribe *f*, fragment *m*; (*in weight lifting*) arraché *m* || *tr* saisir brusquement, arracher; **to snatch from** arracher à; **to snatch up** ramasser vivement || *intr*—**to snatch at** saisir au vol
sneak [snik] *adj* furtif || *s* chipeur *m*, mauvais type *m* || *tr* (*e.g., a drink*) prendre à la dérobée; glisser furtivement; (coll) chiper || *intr* se glisser furtivement; **to sneak into** se faufiler dans; **to sneak out** s'esquiver
sneaker ['snikər] *s* espadrille *f*
sneak' thief' *s* chipeur *m*, voleur *m* à la tire
sneak·y ['sniki] *adj* (*comp* **-ier**; *super* **-iest**) furtif, sournois
sneer [snɪr] *s* ricanement *m* || *intr* ricaner; **to sneer at** se moquer de

sneeze [sniz] *s* éternuement *m* || *intr* éternuer; **it's not to be sneezed at** (coll) il ne faut pas cracher dessus
snicker ['snɪkər] *s* rire *m* bête; (*sneer*) rire narquois; (*in response to smut*) petit rire grivois || *intr* rire bêtement; **to snicker at** se moquer de
sniff [snɪf] *s* reniflement *m*; (*odor*) parfum *m*; (*e.g., of air*) bouffée *f* || *tr* renifler; (*e.g., fresh air*) humer; (*e.g., a scandal*) flairer; **to sniff up** renifler || *intr* renifler; **to sniff at** flairer; (*to disdain*) cracher sur
sniffle ['snɪfəl] *s* reniflement *m*; **to have the sniffles** être enchifrené || *intr* renifler
snip [snɪp] *s* (*e.g., of cloth*) petit bout *m*; (*cut*) coup *m* de ciseaux; (coll) personne *f* insignifiante || *v* (*pret & pp* **snipped**; *ger* **snipping**) *tr* couper; **to snip off** enlever, détacher
snipe [snaɪp] *s* (orn) bécassine *f* || *intr* —**to snipe at** canarder
sniper ['snaɪpər] *s* tireur *m* embusqué
snippet ['snɪpɪt] *s* petit bout *m*, bribe *f*; personne *f* insignifiante
snip·py ['snɪpi] *adj* (*comp* **-pier**; *super* **-piest**) hautain, brusque
snitch [snɪtʃ] *tr* (coll) chaparder || *intr* (coll) moucharder; **to snitch on** (coll) moucharder
sniv·el ['snɪvəl] *s* pleurnicherie *f*; (*mucus*) morve *f* || *v* (*pret & pp* **-eled** or **-elled**; *ger* **-eling** or **-elling**) *intr* pleurnicher; (*to have a runny nose*) être morveux
snob [snɑb] *s* snob *m*
snobbery ['snɑbəri] *s* snobisme *m*
snobbish ['snɑbɪʃ] *adj* snob
snoop [snup] *s* (coll) curieux *m* || *intr* (coll) fouiner, fureter
snoop·y ['snupi] *adj* (*comp* **-ier**; *super* **-iest**) (coll) curieux
snoot [snut] *s* (slang) nez *m*
snoot·y ['snuti] *adj* (*comp* **-ier**; *super* **-iest**) (slang) snob, hautain
snooze [snuz] *s* (coll) petit somme *m* || *intr* (coll) sommeiller
snore [snor] *s* ronflement *m* || *intr* ronfler
snort [snɔrt] *s* ébrouement *m*; (*of person, horse, etc.*) reniflement *m* || *tr* dire en reniflant, grogner || *intr* s'ébrouer, renifler bruyamment
snot [snɑt] *s* (slang) morve *f*
snot·ty ['snɑti] *adj* (*comp* **-tier**; *super* **-tiest**) (coll) morveux; (slang) snob, hautain
snout [snaʊt] *s* museau *m*; (*of pig*) groin *m*; (*of bull*) mufle *m*; (*something shaped like the snout of an animal*) bec *m*, tuyère *f*
snow [sno] *s* neige *f* || *intr* neiger; **it is snowing** il neige; **to shovel snow** balayer la neige
snow'ball' *s* boule *f* de neige || *tr* lancer des boules de neige à || *intr* faire boule de neige
snow' blind'ness *s* cécité *f* des neiges
snow'-capped' *adj* couronné de neige
snow'-clad' *adj* enneigé
snow'drift' *s* congère *f*
snow'fall' *s* chute *f* de neige; (*amount*) enneigement *m*
snow'flake' *s* flocon *m* de neige
snow' flur'ry *s* (*pl* **-ries**) bouffée *f* de neige
snow' line' *s* limite *f* des neiges éternelles
snow'man' *s* (*pl* **-men'**) bonhomme *m* de neige
snow'plow' *s* chasse-neige *m*
snow'shoe' *s* raquette *f*
snow'slide' *s* avalanche *f*
snow'storm' *s* tempête *f* de neige
snow' tire' *s* pneu *m* à neige
snow'white' *adj* blanc comme la neige || **Snowwhite** *s* Blanche-Neige *f*
snow·y ['sno·i] *adj* (*comp* **-ier**; *super* **-iest**) neigeux
snow'y owl' *s* chouette *f* blanche
snub [snʌb] *s* affront *m*, rebuffade *f* || *v* (*pret & pp* **snubbed**; *ger* **snubbing**) *tr* traiter avec froideur, rabrouer
snub·by ['snʌbi] *adj* (*comp* **-bier**; *super* **-biest**) trapu; (*nose*) camus
snub'-nosed' *adj* camard
snuff [snʌf] *s* tabac *m* à priser; (*of a candlewick*) mouchure *f*; **to be up to snuff** (*to be shrewd*) (slang) être dessalé; (*to be up to par*) (slang) être dégourdi || *tr* priser; (*a candle*) moucher; **to snuff out** éteindre
snuff'box' *s* tabatière *f*
snuffers ['snufərs] *spl* mouchettes *fpl*
snug [snʌg] *adj* (*comp* **snugger**; *super* **snuggest**) confortable; (*garment*) bien ajusté; (*bed*) douillet; (*sheltered*) abrité; (*hidden*) caché; **snug and warm** bien au chaud; **snug as a bug in a rug** comme un poisson dans l'eau
snuggle ['snʌgəl] *tr* serrer dans ses bras || *intr* se pelotonner; **to snuggle up to** se serrer tout près de
so [so] *adv* si, tellement; ainsi; donc, par conséquent, aussi; **or so** plus ou moins; **so as to** afin de, pour; **so far** jusqu'ici; **so long!** (coll) à bientôt!; **so many** tant; tant de; **so much** tant; tant de; **so that** pour que, afin que; de sorte que; **so to speak** pour ainsi dire; **so what?** (slang) et alors?; **to hope so** espérer bien; **to think so** croire que oui || *conj* (coll) de sorte que
soak [sok] *s* trempage *m*; (slang) sac *m* à vin, soûlard *m* || *tr* tremper; (*to swindle*) (slang) estamper; **to soak to the skin** tremper jusqu'aux os || *intr* tremper
so'-and-so' *s* (*pl* **-sos**) (pej) triste individu *m*, mauvais sujet *m*; **Mr. So-and-so** Monsieur un tel
soap [sop] *s* savon *m* || *tr* savonner
soap'box' *s* caisse *f* à savon; (fig) plateforme *f*
soap'box or'ator *s* orateur *m* de carrefour
soap' bub'ble *s* bulle *f* de savon
soap' dish' *s* plateau *m* à savon
soap' fac'to·ry *s* (*pl* **-ries**) savonnerie *f*
soap' flakes' *spl* savon *m* en paillettes
soap' op'era *s* mélo *m*
soap' pow'der *s* savon *m* en poudre

soap′stone′ *s* pierre *f* de savon; craie *f* de tailleur
soap′suds′ *spl* mousse *f* de savon, eau *f* de savon
soap•y [ˈsopi] *adj* (*comp* **-ier**; *super* **-iest**) savonneux
soar [sor] *intr* planer dans les airs; prendre l'essor, monter subitement
sob [sɑb] *s* sanglot *m* ‖ *v* (*pret & pp* **sobbed**; *ger* **sobbing**) *intr* sangloter
sober [ˈsobər] *adj* sobre; (*expression*) grave; (*truth*) simple; (*not drunk*) pas ivre; (*no longer drunk*) dégrisé ‖ *tr* calmer; **to sober up** dégriser ‖ *intr*—**to sober up** se dégriser
sobriety [soˈbraɪ•əti] *s* sobriété *f*
sob′ sis′ter *s* (slang) journaliste *f* larmoyante
sob′ sto′ry *s* (*pl* **-ries**) (slang) lamentation *f*, jérémiade *f*
so′-called′ *adj* dit; soi-disant, prétendu; ainsi nommé
soccer [ˈsɑkər] *s* football *m*
sociable [ˈsoʃəbəl] *adj* sociable
social [ˈsoʃəl] *adj* social ‖ *s* réunion *f* sans cérémonie
so′cial climb′er *s* parvenu *m*, arriviste *mf*
so′cial events′ *spl* mondanités *fpl*
socialism [ˈsoʃəˌlɪzəm] *s* socialisme *m*
socialist [ˈsoʃəlɪst] *s* socialiste *mf*
socialite [ˈsoʃəˌlaɪt] *s* (coll) membre *m* de la haute société
so′cial reg′ister *s* annuaire *m* de la haute société
so′cial secu′rity *s* sécurité *f* sociale, assistance *f* familiale
so′cial serv′ice *s* assistance *f* sociale, aide *f* sociale, aide familiale
so′cial stra′ta [ˌstretə], [ˌstrætə] *spl* couches *fpl* sociales
so′cial work′er *s* assistant *m* social, travailleuse *f* familiale
socie•ty [səˈsaɪ•əti] *s* (*pl* **-ties**) société *f*
soci′ety col′umn *s* carnet *m* mondain
soci′ety ed′itor *s* chroniqueur *m* mondain
sociology [ˌsosɪˈɑlədʒi], [ˌsoʃɪˈɑlədʒi] *s* sociologie *f*
sock [sɑk] *s* chaussette *f*; (slang) coup *m* de poing ‖ *tr* (slang) donner un coup de poing à
socket [ˈsɑkɪt] *s* (*of bone*) cavité *f*, glène *f*; (*of candlestick*) tube *m*; (*of caster*) sabot *m*; (*of eye*) orbite *f*; (*of tooth*) alvéole *m*; (elec) douille *f*
sock′et joint′ *s* joint *m* à rotule
sock′et wrench′ *s* clé *f* à tube
sod [sɑd] *s* gazon *m*; motte *f* de gazon ‖ *v* (*pret & pp* **sodded**; *ger* **sodding**) *tr* gazonner
soda [ˈsodə] *s* (*soda water*) soda *m*; (chem) soude *f*
so′da crack′er *s* biscuit *m* soda
so′da wa′ter *s* soda *m*
sodium [ˈsodɪ•əm] *s* sodium *m*
sofa [ˈsofə] *s* canapé *m*, sofa *m*
soft [sɔft], [sɑft] *adj* (*yielding*) mou; (*mild*) doux; (*weak in character*) faible; **to go soft** (coll) perdre la boule
soft′-boiled egg′ *s* œuf *m* à la coque
soft′ coal′ *s* houille *f* grasse
soft′ drink′ *s* boisson *f* non-alcoolisée
soften [ˈsɔfən], [ˈsɑfən] *tr* amollir; (*e.g., noise*) atténuer; (*one's voice*) adoucir; (*one's moral fiber*) affaiblir; **to soften up** amollir ‖ *intr* s'amollir; s'adoucir; s'affaiblir
soft′ land′ing *s* (rok) arrivée *f* en douceur
soft′ ped′al *s* (mus) pédale *f* sourde
soft′-ped′al *v* (*pret & pp* **-aled** or **-alled**; *ger* **-aling** or **-alling**) *tr* (coll) atténuer, modérer
soft′ soap′ *s* savon *m* mou, savon noir; (coll) pommade *f*
soft′-soap′ *tr* (coll) passer de la pommade à
sog•gy [ˈsɑgi] *adj* (*comp* **-gier**; *super* **-giest**) saturé, détrempé
soil [sɔɪl] *s* sol *m*, terroir *m* ‖ *tr* salir, souiller ‖ *intr* se salir
soil′ pipe′ *s* tuyau *m* de descente
sojourn [ˈsodʒʌrn] *s* séjour *m* ‖ [ˈsodʒʌrn], [soˈdʒʌrn] *intr* séjourner
solace [ˈsɑlɪs] *s* consolation *f* ‖ *tr* consoler
solar [ˈsolər] *adj* solaire
so′lar bat′tery *s* photopile *f*
sold [sold] *adj*—**sold out** (*no more room*) complet; (*no more merchandise*) épuisé; **to be sold on** (coll) raffoler de ‖ *interj* (*to the highest bidder*) adjugé!
solder [ˈsɑdər] *s* soudure *f* ‖ *tr* souder
sol′dering i′ron *s* fer *m* à souder
soldier [ˈsoldʒər] *s* soldat *m*
sole [sol] *adj* seul, unique ‖ *s* (*of shoe*) semelle *f*; (*of foot*) plante *f*; (*fish*) sole *f* ‖ *tr* ressemeler
solemn [ˈsɑləm] *adj* sérieux, grave; (*ceremony*) solennel
solicit [səˈlɪsɪt] *tr* solliciter ‖ *intr* quêter; (*with immoral intentions*) racoler
solicitor [səˈlɪsɪtər] *s* solliciteur *m*; agent *m*, représentant *m*; (com) démarcheur *m*; (law) procureur *m*; (Brit) avoué *m*
solicitous [səˈlɪsɪtəs] *adj* soucieux
solid [ˈsɑlɪd] *adj* solide; (*clouds*) dense; (*gold*) massif; (*opinion*) unanime; (*color*) uni; (*hour, day, week*) entier; (*e.g., three days*) d'affilée ‖ *s* solide *m*
sol′id geom′etry *s* géométrie *f* dans l'espace
solidity [səˈlɪdɪti] *s* solidité *f*, consistance *f*
solilo•quy [səˈlɪləkwi] *s* (*pl* **-quies**) soliloque *m*
solitaire [ˈsɑlɪˌter] *s* solitaire *m*; (cards) patience *f*, réussite *f*; **to play solitaire** faire une réussite
solitar•y [ˈsɑlɪˌteri] *adj* solitaire ‖ *s* (*pl* **-ies**) solitaire *m*
solitude [ˈsɑlɪˌt(j)ud] *s* solitude *f*
so•lo [ˈsolo] *adj* solo ‖ *s* (*pl* **-los**) solo *m*
soloist [ˈsolo•ɪst] *s* soliste *mf*
solstice [ˈsɑlstɪs] *s* solstice *m*
soluble [ˈsɑljəbəl] *adj* soluble

solution [sə'luʃən] *s* solution *f*
solvable ['sɑlvəbəl] *adj* soluble
solve [sɑlv] *tr* résoudre
solvency ['sɑlvənsi] *s* solvabilité *f*
solvent ['sɑlvənt] *adj* (*substance*) solubilisant; (*person or business*) solvable || *s* (*of a substance*) solvant *m*
somber ['sɑmbər] *adj* sombre
some [sʌm] *adj indef* quelque, du; **some way or other** d'une manière ou d'une autre || *pron indef* certains, quelques-uns §81; en §87 || *adv* un peu, passablement, assez; environ; quelque, e.g., **some two hundred soldiers** quelque deux cents soldats
some'bod'y *pron indef* quelqu'un §81; **somebody else** quelqu'un d'autre || *s* (*pl* **-ies**) (coll) quelqu'un *m*
some'day' *adv* un jour
some'how' *adv* dans un sens, je ne sais comment; **somehow or other** d'une manière ou d'une autre
some'one' *pron indef* quelqu'un §81
somersault ['sʌmər ,sɔlt] *s* saut *m* périlleux
some'thing *s* (coll) quelque chose *m* || *pron indef* quelque chose (*masc*) || *adv* quelque peu, un peu
some'time' *adj* ancien, ci-devant || *adv* un jour; un de ces jours
some'times' *adv* quelquefois, de temps en temps; **sometimes . . . sometimes** tantôt . . . tantôt
some'way' *adv* d'une manière ou d'une autre
some'what' *adv* un peu, assez
some'where' *adv* quelque part; **somewhere else** ailleurs, autre part
somnambulist [sɑm'næmbjəlɪst] *s* somnambule *mf*
somnolent ['sɑmnələnt] *adj* somnolent
son [sʌn] *s* fils *m*
sonata [sə'nɑtə] *s* sonate *f*
song [sɔŋ], [sɑŋ] *s* chanson *f*; (*of praise*) hymne *m*; **to buy for a song** (coll) acheter pour une bouchée de pain
song'bird' *s* oiseau *m* chanteur
song' book' *s* recueil *m* de chansons
Song' of Songs' *s* (Bib) Cantique *m* des Cantiques
song' thrush' *s* grive *f* musicienne
song'writ'er *s* chansonnier *m*
sonic ['sɑnɪk] *adj* sonique
son'ic boom' *s* double bang *m*
son'-in-law' *s* (*pl* **sons-in-law**) gendre *m*, beau fils *m*
sonnet ['sɑnɪt] *s* sonnet *m*
son•ny ['sʌni] *s* (*pl* **-nies**) fiston *m*
soon [sun] *adv* bientôt; (*early*) tôt; **as soon as** aussitôt que, dès que, sitôt que; **as soon as possible** le plus tôt possible; **how soon** quand; **no sooner said than done** sitôt dit sitôt fait; **soon after** tôt après; **sooner** plus tôt; (*rather*) (coll) plutôt; **sooner or later** tôt ou tard; **so soon** si tôt; **too soon** trop tôt
soot [sʊt], [sut] *s* suie *f* || *tr*—**to soot up** encrasser de suie || *intr* s'encrasser
soothe [suð] *tr* calmer, apaiser; flatter
soothsayer ['suθ ,se•ər] *s* devin *m*
soot•y ['sʊti], ['suti] *adj* (*comp* **-ier**; *super* **-iest**) (*color; flame*) fuligineux; couvert de suie
sop [sɑp] *s* morceaux *m* trempé; (fig) os *m* à ronger, cadeau *m* || *v* (*pret & pp* **sopped**; *ger* **sopping**) *tr* tremper, faire tremper; **to sop up** absorber
sophisticated [sə'fɪstɪ ,ketɪd] *adj* mondain, sceptique; complexe
sophistication [sə ,fɪstɪ'keʃən] *s* mondanité *f*
sophomore ['sɑfə ,mor] *s* étudiant *m* de deuxième année
sophomoric [,sɑfə'mɔrɪk] *adj* naïf, suffisant, présomptueux
sopping ['sɑpɪŋ] *adj* détrempé, trempé || *adv*—**sopping wet** trempé comme une soupe
sopran•o [sə'præno], [sə'prɑno] *adj* de soprano || *s* (*pl* **-os**) soprano *f*; (*boy*) soprano *m*
sorcerer ['sɔrsərər] *s* sorcier *m*
sorceress ['sɔrsərɪs] *s* sorcière *f*
sorcer•y ['sɔrsəri] *s* (*pl* **-ies**) sorcellerie *f*
sordid ['sɔrdɪd] *adj* sordide
sore [sor] *adj* douloureux, enflammé; (coll) fâché || *s* plaie *f*, ulcère *m*
sore'head' *s* (coll) rouspéteur *m*, grincheux *m*
sorely ['sorli] *adv* gravement, grièvement; cruellement
soreness ['sornɪs] *s* douleur *f*, sensibilité *f*
sore' throat' *s*—**to have a sore throat** avoir mal à la gorge
sorori•ty [sə'rɑrɪti], [sə'rɔrɪti] *s* (*pl* **-ties**) club *m* d'étudiantes universitaires
sorrow ['sɑro], ['sɔro] *s* chagrin *m*, peine *f*, affliction *f*, tristesse *f* || *intr* s'affliger, avoir du chagrin; être en deuil; **to sorrow for** s'affliger de
sorrowful ['sɑrəfəl], ['sɔrəfəl] *adj* (*person*) affligé, attristé; (*news*) affligeant
sor•ry ['sɑri], ['sɔri] *adj* (*comp* **-rier**; *super* **-riest**) désolé, navré, fâché; (*appearance*) piteux, misérable; (*situation*) triste; **to be** or **feel sorry** regretter; **to be** or **feel sorry for** regretter (*q.ch.*); plaindre (*qn*); **to be sorry to** + *inf* regretter de + *inf* || *interj* pardon!
sort [sɔrt] *s* sorte *f*, espèce *f*, genre *m*; **a sort of** une espèce de; **out of sorts** de mauvaise humeur || *tr* classer; **to sort out** trier
so'-so' *adj* (coll) assez bon, passable, supportable || *adv* assez bien, comme ci comme ça
sot [sɑt] *s* ivrogne *mf*
soul [sol] *s* âme *f*; **not a soul** (coll) pas un chat; **upon my soul!** par ma foi!
sound [saʊnd] *adj* sain; solide, en bon état; (*sleep*) profond || *s* son *m*; (*probe*) sonde *f*; (geog) goulet *m*, détroit *m*, bras *m* de mer || *adv* (*asleep*) profondément || *tr* sonner; (*to take a sounding of*) sonder; **to sound out** sonder; **to sound the horn** klaxonner, corner || *intr* sonner; son-

der; **to sound off** parler haut; **to sound strange** sembler bizarre
sound′ bar′rier *s* mur *m* du son
sound′ film′ *s* film *m* sonore
sound′ hole′ *s* (*of a violin*) ouïe *f*
soundly ['saʊndli] *adj* sainement; profondément; (*hard*) bien
sound′ post′ *s* (*of a violin*) âme *f*
sound′proof′ *adj* insonorisé, insonore || *tr* insonoriser
sound′ track′ *s* piste *f* sonore
sound′ wave′ *s* onde *f* sonore
soup [sup] *s* potage *m*, bouillon *m*; (*with vegetables*) soupe *f*; **in the soup** (coll) dans le pétrin or la mélasse
soup′ kitch′en *s* soupe *f* populaire
soup′ spoon′ *s* cuiller *f* à soupe
soup′ tureen′ *s* soupière *f*
sour [saʊr] *adj* aigre; (*grapes*) vert; (*apples*) sur; (*milk*) tourné || *tr* rendre aigre || *intr* tourner, s'aigrir
source [sors] *s* source *f*
source′ lan′guage *s* langue *f* source
source′ mate′rial *s* sources *fpl* originales
sour′ cher′ry *s* (*pl* **-ries**) griotte *f*; (*tree*) griottier *m*
sour′ grapes′ *interj* ils sont trop verts!
sour′puss′ *s* (slang) grincheux *m*
south [saʊθ] *adj* & *s* sud *m*; **the South** (*of France, Italy, etc.*) le Midi; (*of U.S.A.*) le Sud || *adv* au sud, vers le sud
South′ Af′rica *s* la République sudafricaine
South′ Amer′ica *s* Amérique *f* du Sud; l'Amérique du Sud
South′ Amer′ican *adj* sud-américain || *s* (*person*) Sud-Américain *m*
south′east′ *adj* & *s* sud-est *m*
southern ['sʌðərn] *adj* du sud, méridional
southerner ['sʌðərnər] *s* Méridional *m*; (U.S.A.) sudiste *mf*
South′ Kore′a *s* Corée *f* du Sud; la Corée du Sud
South′ Kore′an *adj* sud-coréen || *s* (*person*) Sud-Coréen *m*
south′paw′ *adj* & *s* (coll) gaucher *m*
South′ Pole′ *s* pôle *m* Sud
South′ Vietnam·ese′ [vɪ ˌɛtnə'miz] *adj* sud-vietnamien || *s* (*pl* **-ese**) Sud-Vietnamien *m*
southward ['saʊθwərd] *adv* vers le sud
south′west′ *adj* & *s* sud-ouest *m*
souvenir [ˌsuvə'nɪr] *s* souvenir *m*
sovereign ['sɑvrɪn], ['sʌvrɪn] *adj* souverain || *s* (*king; coin*) souverain *m*; (*queen*) souveraine *f*
sovereign·ty ['sɑvrɪnti], ['sʌvrɪnti] *s* (*pl* **-ties**) souveraineté *f*
soviet ['sovɪ ˌɛt], [ˌsovɪ'ɛt] *adj* soviétique || *s* soviet *m*; **Soviet** (*person*) Soviétique *mf*
So′viet Rus′sia *s* la Russie *f* soviétique
So′viet Un′ion *s* Union *f* soviétique
sow [saʊ] *s* truie *f* || [so] *v* (*pret* **sowed**; *pp* **sown** or **sowed**) *tr* (*seed; a field*) semer; (*a field*) ensemencer
soybean ['sɔɪ ˌbin] *s* soya *m*, soja *m*
spa [spɑ] *s* ville *f* d'eau, station *f* thermale, bains *mpl*

space [spes] *s* espace *m*; (typ) espace *f* || *tr* espacer
space′ age′ *s* âge *m* de l'exploration spatiale
space′ bar′ *s* barre *f* d'espacement
space′craft′ *s* astronef *f*
space′ flight′ *s* voyage *m* spatial, vol *m* spatial
space′ heat′er *s* chaufferette *f*
space′ hel′met *s* casque *m* de cosmonaute
space′man′ or **space′man** *s* (*pl* **-men′** or **-men**) homme *m* de l'espace, astronaute *m*, cosmonaute *m*
space′ probe′ *s* coup *m* de sonde dans l'espace; (*rocket*) fusée *f* sonde
spacer ['spesər] *s* (*of typewriter*) barre *f* d'espacement
space′ship′ *s* vaisseau *m* spatial, astronef *m*
space′ sta′tion *s* station *f* orbitale
space′ suit′ *s* (rok) scaphandre *m* des cosmonautes
space′ walk′ *s* promenade *f* dans l'espace
spacious ['speʃəs] *adj* spacieux
spade [sped] *s* bêche *f*; (cards) pique *m*; **to call a spade a spade** (coll) appeler un chat un chat
spade′work′ *s* gros travail *m*, défrichage *m*
spaghetti [spə'geti] *s* spaghetti *m*
Spain [spen] *s* Espagne *f*; l'Espagne
span [spæn] *s* portée *f*; (*of time*) durée *f*; (*of hand*) empan *m*; (*of wing*) envergure *f*; (*of bridge*) travée *f* || *v* (*pret* & *pp* **spanned**; *ger* **spanning**) *tr* couvrir, traverser
spangle ['spæŋgəl] *s* paillette *f* || *tr* orner de paillettes
Spaniard ['spænjərd] *s* Espagnol *m*
spaniel ['spænjəl] *s* épagneul *m*
Spanish ['spænɪʃ] *adj* espagnol || *s* (*language*) espagnol *m*; **the Spanish** (*persons*) les Espagnols *mpl*
Span′ish-Amer′ican *adj* hispano-américain || *s* Hispano-Américain *m*
Span′ish broom′ *s* genêt *m* d'Espagne
Span′ish fly′ *s* cantharide *f*
Span′ish Main′ *s* Terre *f* ferme; mer *f* des Antilles
Span′ish moss′ *s* tillandsie *f*
spank [spæŋk] *tr* fesser
spanking ['spæŋkɪŋ] *adj* (Brit) de premier ordre; **at a spanking pace** à toute vitesse || *s* fessée *f*
spar [spɑr] *s* (mineral) spath *m*; (naut) espar *m* || *v* (*pret* & *pp* **sparred**; *ger* **sparring**) *intr* s'entraîner à la boxe; se battre
spare [spɛr] *adj* (*thin*) maigre; (*available*) disponible; (*interchangeable*) de rechange; (*left over*) en surnombre || *tr* (*to save*) épargner, économiser; (*one's efforts*) ménager; (*a person*) faire grâce à, traiter avec indulgence; (*time, money, etc.*) disposer de; (*something*) se passer de
spare′ parts′ *spl* pièces *fpl* détachées, pièces de rechange
spare′rib′ *s* côte *f* découverte de porc, plat *m* de côtes

spare′ room′ *s* chambre *f* d'ami
spare′ tire′ *s* pneu *m* de rechange
spare′ wheel′ *s* roue *f* de secours
sparing ['spɛrɪŋ] *adj* économe, frugal
spark [spɑrk] *s* étincelle *f*
spark′ coil′ *s* bobine *f* d'allumage
spark′ gap′ *s* (*of induction coil*) éclateur *m*; (*of spark plug*) entrefer *m*
sparkle ['spɑrkəl] *s* étincellement *m*, éclat *m* || *intr* étinceler
sparkling ['spɑrklɪŋ] *adj* étincelant; (*wine*) mousseux; (*soft drink*) gazeux
spark′ plug′ *s* bougie *f*
sparrow ['spæro] *s* moineau *m*
spar′row hawk′ *s* épervier *m*
sparse [spɑrs] *adj* clairsemé, rare; peu nombreux
Spartan ['spɑrtən] *adj* spartiate || *s* Spartiate *mf*
spasm ['spæzəm] *s* spasme *m*
spasmodic [spæz'mɑdɪk] *adj* intermittent, irrégulier; (pathol) spasmodique
spastic ['spæstɪk] *adj* spasmodique
spat [spæt] *s* (coll) dispute *f*, prise *f* de bec; **spats** demi-guêtres *fpl* || *v* (*pret & pp* **spatted**; *ger* **spatting**) *intr* se disputer
spatial ['speʃəl] *adj* spatial, de l'espace
spatter ['spætər] *s* éclaboussure *f* || *tr* éclabousser
spatula ['spætʃələ] *s* spatule *f*
spawn [spɔn] *s* frai *m* || *tr* engendrer || *intr* frayer
spay [spe] *tr* châtrer
speak [spik] *v* (*pret* **spoke** [spok]; *pp* **spoken**) *tr* (*a word, one's mind, the truth*) dire; (*a language*) parler || *intr* parler; **so to speak** pour ainsi dire; **speaking!** à l'appareil!; **to speak out** or **up** parler plus haut, élever la voix; (fig) parler franc
speak′-eas′y *s* (*pl* **-ies**) bar *m* clandestin
speaker ['spikər] *s* parleur *m*; (*person addressing a group*) conférencier *m*; (*presiding officer*) speaker *m*, président *m*; (rad) haut-parleur *m*
spear [spɪr] *s* lance *f* || *tr* percer d'un coup de lance
spear′head′ *s* fer *m* de lance; (mil) pointe *f*, avancée *f* || *tr* (*e.g., a campaign*) diriger
spear′mint′ *s* menthe *f* verte
special ['spɛʃəl] *adj* spécial, particulier || *s* train *m* spécial
spe′cial-deliv′ery let′ter *s* lettre *f* exprès
specialist ['spɛʃəlɪst] *s* spécialiste *mf*
specialize ['spɛʃə,laɪz] *tr* spécialiser || *intr* se spécialiser
special·ty ['spɛʃəlti] *s* (*pl* **-ties**) spécialité *f*
specie ['spisi] *s*—**in specie** en espèces
spe·cies ['spisiz] *s* (*pl* **-cies**) espèce *f*
specific [spɪ'sɪfɪk] *adj & s* spécifique *m*
specif′ic grav′ity *s* poids *m* spécifique
speci·fy ['spɛsɪ,faɪ] *v* (*pret & pp* **-fied**) *tr* spécifier
specimen ['spɛsɪmən] *s* spécimen *m*; (coll) drôle *m* de type
specious ['spiʃəs] *adj* spécieux
speck [spɛk] *s* (*on fruit, face, etc.*) tache *f*; (*in the distance*) point *m*; (*small quantity*) brin *m*, grain *m*, atome *m* || *tr* tacheter
speckle ['spɛkəl] *s* petite tache *f* || *tr* tacheter, moucheter
spectacle ['spɛktəkəl] *s* spectacle *m*; **spectacles** lunettes *fpl*
spec′tacle case′ *s* étui *m* à lunettes
spectator ['spɛktetər], [spɛk'tetər] *s* spectateur *m*
specter ['spɛktər] *s* spectre *m*
spec·trum ['spɛktrəm] *s* (*pl* **-tra** [trə] or **-trums**) spectre *m*
speculate ['spɛkjə,let] *intr* spéculer
speculator ['spɛkjə,letər] *s* spéculateur *m*, boursicotier *m*
speech [spitʃ] *s* discours *m*; (*language*) langage *m*; (*of a people or region*) parler *m*; (*power of speech*) parole *f*; (theat) tirade *f*; **to make a speech** prononcer un discours
speech′ clin′ic *s* centre *m* de rééducation de la parole
speech′ correc′tion *s* rééducation *f* de la parole
speechless ['spitʃlɪs] *adj* sans parole, muet; (fig) sidéré, stupéfié
speed [spid] *s* vitesse *f*; **at full speed** à toute vitesse || *v* (*pret & pp* **speeded** or **sped** [spɛd]) *tr* dépêcher, hâter || *intr* se dépêcher; **to speed up** aller plus vite
speeding ['spidɪŋ] *s* excès *m* de vitesse
speed′ king′ *s* as *m* du volant
speed′ lim′it *s* vitesse *f* maximum
speedometer [spi'dɑmɪtər] *s* indicateur *m* de vitesse
speed′ rec′ord *s* record *m* de vitesse
speed′-up′ *s* accélération *f*
speed′way′ *s* (*racetrack*) piste *f* d'autos; (*highway*) autoroute *f*
speed·y ['spidi] *adj* (*comp* **-ier**; *super* **-iest**) rapide, vite, prompt
speed′ zone′ *s* zone *f* de vitesse surveillée
spell [spɛl] *s* sortilège *m*; intervalle *m*; (*attack*) accès *m* || *v* (*pret & pp* **spelled** or **spelt** [spɛlt]) *tr* (*orally*) épeler; (*in writing*) orthographier, écrire; **to spell out** (coll) expliquer en détail || *v* (*pret & pp* **spelled**) *tr* (*to relieve*) remplacer, relever, relayer
spell′bind′er *s* orateur *m* fascinant, orateur entraînant
spell′bound′ *adj* fasciné
spelling ['spɛlɪŋ] *s* orthographe *f*
spell′ing bee′ *s* concours *m* d'orthographe
spelunker [spɪ'lʌŋkər] *s* spéléo *m*
spend [spɛnd] *v* (*pret & pp* **spent** [spent]) *tr* dépenser; (*a period of time*) passer
spender ['spɛndər] *s* dépensier *m*
spend′ing mon′ey *s* argent *m* de poche pour les menues dépenses
spend′thrift′ *s* prodigue *mf*, grand dépensier *m*
sperm [spʌrm] *s* sperme *m*
sperm′ whale′ *s* cachalot *m*
spew [spju] *tr & intr* vomir
sphere [sfɪr] *s* sphère *f*; corps *m* céleste
spherical ['sfɛrɪkəl] *adj* sphérique

sphinx [sfɪŋks] *s* (*pl* **sphinxes** or **sphinges** [ˈsfɪndʒiz]) sphinx *m*
spice [spaɪs] *s* épice *f*; (fig) sel *m*, piquant *m* ‖ *tr* épicer
spick-and-span [ˈspɪkəndˈspæn] *adj* brillant comme un sou neuf; tiré à quatre épingles
spic·y [ˈspaɪsi] *adj* (*comp* **-ier**; *super* **-iest**) épicé, aromatique; (*e.g., gravy*) relevé; (*conversation, story, etc.*) épicé, salé, piquant, grivois
spider [ˈspaɪdər] *s* araignée *f*
spi′der·web′ *s* toile *f* d'araignée
spiff·y [ˈspɪfi] *adj* (*comp* **-ier**; *super* **-iest**) (slang) épatant, élégant
spigot [ˈspɪgət] *s* robinet *m*
spike [spaɪk] *s* pointe *f*; (*nail*) clou *m* à large tête; (bot) épi *m*; (rr) crampon *m* ‖ *tr* clouer; ruiner, supprimer; (*a drink*) (coll) corser à l'alcool ‖ *intr* (bot) former des épis
spill [spɪl] *s* chute *f*, culbute *f* ‖ *v* (*pret & pp* **spilled** or **spilt** [spɪlt]) *tr* renverser; (*a liquid*) répandre; (*a rider*) désarçonner; (*passengers*) verser ‖ *intr* se répandre, s'écouler
spill′way′ *s* déversoir *m*
spin [spɪn] *s* tournoiement *m*, rotation *f*; (*on a ball*) effet *m*; (aer) vrille *f*; **to go for a spin** (coll) se balader en voiture; **to go into a spin** (aer) descendre en vrille ‖ *v* (*pret & pp* **spun** [spʌn]; *ger* **spinning**) *tr* filer; faire tournoyer ‖ *intr* filer; tournoyer
spinach [ˈspɪnɪtʃ], [ˈspɪnɪdʒ] *s* épinard *m*; (*leaves used as food*) des épinards
spinal [ˈspaɪnəl] *adj* spinal
spi′nal col′umn *s* colonne *f* vertébrale
spi′nal cord′ *s* moelle *f* épinière
spindle [ˈspɪndəl] *s* fuseau *m*
spin′-dri′er *s* essoreuse *f*
spin′-dry′ *v* (*pret & pp* **-dried**) *tr* essorer
spine [spaɪn] *s* épine *f* dorsale, échine *f*; (*quill, fin*) épine; (*ridge*) arête *f*; (*of book*) dos *m*; (fig) courage *m*
spineless [ˈspaɪnlɪs] *adj* sans épines; (*weak*) mou; **to be spineless** (fig) avoir l'échine souple
spinet [ˈspɪnɪt] *s* épinette *f*
spinner [ˈspɪnər] *s* fileur *m*; machine *f* à filer
spinning [ˈspɪnɪŋ] *adj* tournoyant ‖ *s* (*act*) filage *m*; (*art*) filature *f*
spin′ning wheel′ *s* rouet *m*
spinster [ˈspɪnstər] *s* célibataire *f*, vieille fille *f*
spiraea [spaɪˈri·ə] *s* spirée *f*
spi·ral [ˈspaɪrəl] *adj* spiral, en spirale ‖ *s* spirale *f* ‖ *v* (*pret & pp* **-raled** or **-ralled**; *ger* **-raling** or **-ralling**) *intr* tourner en spirale; (aer) vriller
spi′ral stair′case *s* escalier *m* en colimaçon
spire [spaɪr] *s* aiguille *f*; (*of clock tower*) flèche *f*
spirit [ˈspɪrɪt] *s* esprit *m*; (*enthusiasm*) feu *m*; (*temper, genius*) génie *m*; (*ghost*) esprit, revenant *m*; **high spirits** joie *f*, abandon *m*; **spirits** (*alcoholic liquor*) esprit *m*, spiritueux *m*; **to raise the spirits of** remonter le courage de ‖ *tr*—**to spirit away** enlever, faire disparaître mystérieusement
spirited *adj* animé, vigoureux
spiritless [ˈspɪrɪtlɪs] *adj* sans force, abattu, déprimé
spir′it lev′el *s* niveau *m* à bulle
spiritual [ˈspɪrɪtʃʊ·əl] *adj* spirituel ‖ *s* chant *m* religieux populaire
spiritualism [ˈspɪrɪtʃʊ·ə,lɪzəm] *s* spiritisme *m*
spiritualist [ˈspɪrɪtʃʊ·əlɪst] *s* spirite *mf*; (philos) spiritualiste *mf*
spir′ituous bev′erages [ˈspɪrɪtʃʊ·əs] *spl* boissons *fpl* spiritueuses
spit [spɪt] *s* salive *f*; (culin) broche *f* ‖ *v* (*pret & pp* **spat** [spæt] or **spit**; *ger* **spitting**) *tr & intr* cracher
spite [spaɪt] *s* dépit *m*, rancune *f*; **in spite of** en dépit de, malgré ‖ *tr* dépiter, contrarier
spiteful [ˈspaɪtfəl] *adj* rancunier
spit′fire′ *s* mégère *f*
spit′ting im′age *s* (coll) portrait *m* craché
spittoon [spɪˈtun] *s* crachoir *m*
splash [splæʃ] *s* éclaboussure *f*; (*of waves*) clapotis *m*; **to make a splash** (coll) faire sensation ‖ *tr & intr* éclabousser
splash′down′ *s* (rok) amerrissage *m*
spleen [splin] *s* rate *f*; (fig) maussaderie *f*, mauvaise humeur *f*; **to vent one's spleen on** décharger sa bile sur
splendid [ˈsplɛndɪd] *adj* splendide; (coll) admirable, superbe
splendor [ˈsplɛndər] *s* splendeur *f*
splice [splaɪs] *s* (*in rope*) épissure *f*; (*in wood*) enture *f* ‖ *tr* (*rope*) épisser; (*wood*) enter; (*film*) réparer, coller; (slang) marier
splint [splɪnt] *s* éclisse *f* ‖ *tr* éclisser
splinter [ˈsplɪntər] *s* éclat *m*, éclisse *f*; (*lodged under the skin*) écharde *f* ‖ *tr* briser en éclats ‖ *intr* voler en éclats
splin′ter group′ *s* minorité *f* dissidente, groupe *m* fragmentaire
split [splɪt] *adj* fendu; (*pea*) cassé; (*skirt*) déchiré ‖ *s* fente *f*, fissure *f*; (*quarrel*) rupture *f*; (*one's share*) part *f*; (*bottle*) quart *m*, demi *m*; (gymnastics) grand écart *m* ‖ *v* (*pret & pp* **split**; *ger* **splitting**) *tr* fendre; (*money; work; ticket*) partager; (*in two*) couper; (*a hide*) dédoubler; **to split hairs** couper les cheveux en quatre; **to split one's sides laughing** se tenir les côtes de rire; **to split the difference** couper la poire en deux ‖ *intr* se fendre; **to split away (from)** se séparer (de)
split′ fee′ *s* (*between doctors*) dichotomie *f*
split′ personal′ity *s* personnalité *f* dédoublée
split′ tick′et *s* (pol) panachage *m*
splitting [ˈsplɪtɪŋ] *adj* violent; (*headache*) atroce ‖ *s* fendage *m*; (*of the atom*) désintégration *f*; (*of the personality*) dédoublement *m*
splotch [splɑtʃ] *s* tache *f* ‖ *tr* tacher, barbouiller

splurge [splʌrdʒ] *s* (coll) épate *f* || *intr* (coll) se payer une fête; (*to show off*) (coll) faire de l'épate
splutter ['splʌtər] *s* crachement *m* || *tr* —**to splutter out** bredouiller || *intr* crachoter; (*said of candle, grease, etc.*) grésiller
spoil [spɔɪl] *s* (*object of plunder*) prise *f*, proie *f*; **spoils** (*booty*) butin *m*, dépouilles *fpl*; (*emoluments, especially of public office*) assiette *f* au beurre, part *f* du gâteau || *v* (*pret & pp* **spoiled** or **spoilt** [spɔɪlt]) *tr* gâter, abîmer || *intr* se gâter, s'abîmer; **to be spoiling for** (coll) brûler du désir de
spoilage ['spɔɪlɪdʒ] *s* déchet *m*
spoiled *adj* gâté
spoil'sport' *s* rabat-joie *m*
spoils' sys'tem *s* système *m* des postes aux petits copains
spoke [spok] *s* rai *m*, rayon *m*; (*of a ladder*) échelon *m*
spokes'man *s* (*pl* **-men**) porte-parole *m*
sponge [spʌndʒ] *s* éponge *f* || *tr* éponger; (*a meal*) (coll) écornifler || *intr* (coll) écornifler; **to sponge on** (coll) vivre aux crochets de
sponge' cake' *s* gâteau *m* de Savoie, gâteau mousseline
sponger ['spʌndʒər] *s* écornifleur *m*, pique-assiette *mf*
sponge' rub'ber *s* caoutchouc *m* mousse
spon•gy ['spʌndʒi] *adj* (*comp* **-gier**; *super* **-giest**) spongieux
sponsor ['spɑnsər] *s* patron *m*; (*godfather*) parrain *m*; (*godmother*) marraine *f*; (law) garant *m*; (rad, telv) commanditaire *m* || *tr* patronner; (law) se porter garant de; (rad, telv) commanditer
spon'sor•ship' *s* patronnage *m*
spontaneous [spɑn'tenɪ·əs] *adj* spontané
spoof [spuf] *s* (slang) mystification *f*; (slang) parodie *f* || *tr* (slang) mystifier; (slang) blaguer || *intr* (slang) blaguer
spook [spuk] *s* (coll) revenant *m*, spectre *m*
spool [spul] *s* bobine *f*
spoon [spun] *s* cuiller *f*; **to be born with a silver spoon in one's mouth** (coll) être né coiffé || *tr* prendre dans une cuiller; **to spoon off** enlever avec la cuiller || *intr* (coll) se faire des mamours
spooner ['spunər] *s* (coll) peloteur *m*
spoonerism ['spunə,rɪzəm] *s* contrepèterie *f*
spoon'-feed' *v* (*pret & pp* **-fed**) *tr* nourrir à la cuiller; (*an industry*) subventionner; (coll) mâcher la besogne à
spoonful ['spun,fʊl] *s* cuillerée *f*
spoon•y ['spuni] *adj* (*comp* **-ier**; *super* **-iest**) (coll) peloteur
sporadic(al) [spə'rædɪk(əl)] *adj* sporadique
spore [spor] *s* spore *f*
sport [sport] *adj* sportif, de sport || *s* sport *m*; amusement *m*, jeu *m*; (biol) mutation *f*; (coll) chic type *m*; **a good sport** un bon copain; (*a good loser*) un beau joueur; **in sport** par plaisanterie; **to make sport of** tourner en ridicule || *tr* faire parade de, arborer || *intr* s'amuser, jouer
sport' clothes' *spl* vêtements *mpl* de sport
sport'ing goods' *spl* articles *mpl* de sport
sports'cast'er *s* radioreporter *m* sportif
sports' ed'itor *s* rédacteur *m* sportif
sports' fan' *s* fanatique *mf*, enragé *m* des sports
sports'man *s* (*pl* **-men**) sportif *m*
sports'man•like' *adj* sportif
sports'man•ship' *s* sportivité *f*
sports'wear' *s* vêtements *mpl* sport
sports'writ'er *s* reporter *m* sportif
sport•y ['sporti] *adj* (*comp* **-ier**; *super* **-iest**) (coll) sportif; (*smart in dress*) (coll) chic; (*flashy*) (coll) criard, voyant; (coll) dissolu, libertin
spot [spɑt] *s* tache *f*; (*place*) endroit *m*, lieu *m*; **on the spot** sur place; (slang) dans le pétrin; **spots** (*before eyes*) mouches *fpl* || *v* (*pret & pp* **spotted**; *ger* **spotting**) *tr* tacher; (coll) repérer, détecter || *intr* se tacher
spot' cash' *s* argent *m* comptant
spot' check' *s* échantillonnage *m*
spot'-check' *tr* échantillonner
spotless ['spɑtlɪs] *adj* sans tache
spot'light' *s* spot *m*; (aut) projecteur *m* auxiliaire orientable; **to hold the spotlight** (fig) être en vedette || *tr* diriger les projecteurs sur; (fig) mettre en vedette
spot' remov'er [rɪ,muvər] *s* détachant *m*
spot' weld'ing *s* soudage *m* par points
spouse [spauz], [spaus] *s* (*man*) époux *m*, conjoint *m*; (*woman*) épouse *f*, conjointe *f*
spout [spaʊt] *s* tuyau *m* de décharge; (*e.g., of teapot*) bec *m*; (*of sprinkling can*) col *m*, queue *f*; (*of water*) jet *m* || *tr* faire jaillir; (*e.g., insults*) (coll) déclamer || *intr* jaillir; **to spout off** (coll) déclamer
sprain [spren] *s* foulure *f*, entorse *f* || *tr* fouler, se fouler
sprawl [sprɔl] *intr* s'étaler, se carrer
spray [spre] *s* (*of ocean*) embruns *mpl*; (*branch*) rameau *m*; (*for insects*) liquide *m* insecticide; (*for weeds*) produit *m* herbicide; (*for spraying insects or weeds*) pulvérisateur *m*; (*for spraying perfume*) vaporisateur *m* || *tr* pulvériser; (*with a vaporizer*) vaporiser; (hort) désinfecter par pulvérisation d'insecticide; **to spray paint on** peindre au pistolet || *intr*—**to spray out** gicler
sprayer ['spre·ər] *s* vaporisateur *m*, pulvérisateur *m*
spray' gun' *s* pulvérisateur *m*; (*for paint*) pistolet *m*; (hort) seringue *f*
spread [spred] *adj* étendu, écarté, ouvert || *s* étendue *f*, rayonnement *m*; (*on bed*) dessus-de-lit *m*, couvre-lit *m*; (*on sandwich*) pâte *f*; (*buffet lunch*) collation *f* || *v* (*pret & pp*

spread) *tr* étendre, étaler; (*news*) répandre; (*disease*) propager; (*the wings*) déployer; (*a piece of bread*) tartiner || *intr* s'étendre, s'étaler; se répandre, rayonner

spree [spri] *s* bombance *f*, orgie *f*; **to go on a spree** (coll) faire la bombe

sprig [sprɪg] *s* brin *m*, brindille *f*

spright·ly ['spraɪtli] *adj* (*comp* **-lier**; *super* **-liest**) vif, enjoué

spring [sprɪŋ] *adj* printanier || *s* (*of water*) source *f*; (*season*) printemps *m*; (*jump*) saut *m*, bond *m*; (*elastic device*) ressort *m*; (*quality*) élasticité *f* || *v* (*pret* **sprang** [spræŋ] or **sprung** [sprʌŋ]; *pp* **sprung**) *tr* (*the frame of a car*) faire déjeter; (*a lock*) faire jouer; (*a leak*) contracter; (*a question*) proposer à l'improviste; (*a prisoner*) (coll) faire sortir de prison || *intr* sauter, bondir; (*said of oil, water, etc.*) jaillir; **to spring up** se lever; naître

spring'-and-fall' *adj* (*coat*) de demi-saison

spring'board' *s* tremplin *m*

spring' fe'ver *s* (hum) malaise *m* des premières chaleurs, flemme *f*

spring'like' *adj* printanier

spring'time' *s* printemps *m*

sprinkle ['sprɪŋkəl] *s* pluie *f* fine; (culin) pincée *f* || *tr* (*with water*) asperger, arroser; (*with powder*) saupoudrer; (*to strew*) parsemer || *intr* tomber en pluie fine

sprinkler ['sprɪŋklər] *s* arrosoir *m*

sprinkling ['sprɪŋklɪŋ] *s* aspersion *f*, arrosage *m*; (*with holy water*) aspersion; (*with powder*) saupoudrage *m*; (*of knowledge*) bribes *fpl*, notions *fpl*; (*of persons*) petit nombre *m*

sprin'kling can' *s* arrosoir *m*

sprint [sprɪnt] *s* course *f* de vitesse, sprint *m* || *intr* faire une course de vitesse, courir à toute vitesse

sprite [spraɪt] *s* lutin *m*

sprocket ['sprɑkɪt] *s* dent *f* de pignon; (*wheel*) pignon *m* de chaîne

sprock'et wheel' *s* pignon *m* de chaîne

sprout [spraʊt] *s* pousse *f*, rejeton *m*; (*of seed*) germe *m* || *intr* (*said of plant*) pousser, pointer; (*said of seed*) germer

spruce [sprus] *adj* pimpant, tiré à quatre épingles || *s* sapin *m*; (*Norway spruce*) épicéa *m* commun || *intr* —**to spruce up** se faire beau, se pomponner

spry [spraɪ] *adj* (*comp* **spryer** or **sprier**; *super* **spryest** or **spriest**) vif, alerte

spud [spʌd] *s* (*chisel*) bédane *f*; (agr) arrache-racines *m*; (coll) pomme *f* de terre, patate *f*

spun' glass' [spʌn] *s* coton *m* de verre

spunk [spʌŋk] *s* (coll) cran *m*, courage *m*

spur [spʌr] *s* éperon *m*; (*of rooster*) ergot *m*; (*stimulant*) aiguillon *m*, stimulant *m*; (rr) embranchement *m*; **on the spur of the moment** sous l'impulsion du moment || *v* (*pret & pp* **spurred**; *ger* **spurring**) *tr* éperonner; **to spur on** aiguillonner, stimuler

spurious ['spjʊrɪ·əs] *adj* faux; (*sentiments*) simulé, feint; (*document*) apocryphe

spurn [spʌrn] *tr* repousser avec mépris, faire fi de

spurt [spʌrt] *s* jaillissement *m*, giclée *f*, jet *m*; (*of enthusiasm*) élan *m*; effort *m* soudain || *intr* jaillir; **to spurt out** gicler

sputnik ['spʊtnɪk], ['spʌtnɪk] *s* spoutnik *m*

sputter ['spʌtər] *s* (*manner of speaking*) bredouillement *m*; (*of candle*) grésillement *m*; (*of fire*) crachement *m* || *tr* (*words*) débiter en lançant des postillons || *intr* postilloner; (*said of candle*) grésiller; (*said of fire*) cracher, pétiller

spu·tum ['spjutəm] *s* (*pl* **-ta** [tə]) crachat *m*

spy [spaɪ] *s* (*pl* **spies**) espion *m* || *v* (*pret & pp* **spied**) *tr* (*to catch sight of*) entrevoir; **to spy out** découvrir par ruse || *intr* espionner; **to spy on** épier, guetter

spy'glass' *s* longue-vue *f*

spying ['spaɪ·ɪŋ] *s* espionnage *m*

spy' ring' *s* réseau *m* d'espionnage

squabble ['skwɑbəl] *s* chamaillerie *f* || *intr* se chamailler

squad [skwɑd] *s* escouade *f*, peloton *m*; (*of detectives*) brigade *f*

squadron ['skwɑdrən] *s* (aer) escadrille *f*; (mil) escadron *m*; (nav) escadre *f*

squalid ['skwɑlɪd] *adj* sordide

squall [skwɔl] *s* bourrasque *f*, rafale *f*; (*cry*) braillement *m*; (coll) grabuge *m* || *intr* souffler en bourrasque; brailler

squalor ['skwɑlər] *s* saleté *f*; misère *f*

squander ['skwɑndər] *tr* gaspiller

square [skwer] *adj* carré; (*honest*) loyal, franc; (*real*) véritable; (*conventional*) (slang) formaliste; **nine (ten, etc.) inches square** de neuf (dix, etc.) pouces en carré; **nine (ten, etc.) square inches** neuf (dix, etc.) pouces carrés; **to get square with** (coll) régler ses comptes avec; **we'll call it square** (coll) nous sommes quittes || *s* carré *m*; (*of checkerboard or chessboard*) case *f*; (*city block*) pâté *m* de maisons; (*open area in town or city*) place *f*; (*of carpenter*) équerre *f*; **to be on the square** (coll) jouer franc jeu || *adv* carrément || *tr* carrer; (*a number*) élever au carré; (*wood, marble, etc.*) équarrir; (*a debt*) régler; (bk) balancer || *intr*—**to square off** (coll) se mettre en posture de combat; **to square with** (*to tally with*) s'accorder avec; régler ses comptes avec

square' dance' *s* quadrille *m* américain

square' deal' *s* (coll) procédé *m* loyal

square' meal' *s* repas *m* copieux

square' root' *s* racine *f* carrée

squash [skwɑʃ] *s* écrasement *m*; (bot) courge *f*; (sports) squash *m* || *tr* écraser || *intr* s'écraser

squash·y [ˈskwɑʃi] *adj* (*comp* **-ier**; *super* **-iest**) mou et humide; (*fruit*) à pulpe molle
squat [skwɑt] *adj* accroupi; (*heavyset*) trapu, ramassé || *s* position *f* accroupie || *v* (*pret & pp* **squatted**; *ger* **squatting**) *intr* s'accroupir; (*to settle*) s'installer sans titre légal
squatter [ˈskwɑtər] *s* squatter *m*
squaw [skwɔ] *s* femme *f* peau-rouge
squawk [skwɔk] *s* cri *m* rauque; (slang) protestation *f*, piaillerie *f* || *intr* pousser un cri rauque; (slang) protester, piailler
squeak [skwik] *s* grincement *m*; (*of living being*) couic *m*, petit cri *m* || *intr* grincer; pousser des petits cris, couiner
squeal [skwil] *s* cri *m* aigu || *intr* piailler; (slang) manger le morceau; **to squeal on** (slang) moucharder
squealer [ˈskwilər] *s* (coll) cafard *m*
squeamish [ˈskwimɪʃ] *adj* trop scrupuleux; prude; sujet aux nausées
squeeze [skwiz] *s* pression *f*; (coll) extorsion *f*; **it's a tight squeeze** (coll) ça tient tout juste || *tr* serrer; (*fruit*) presser; **to squeeze from** (coll) extorquer à; **to squeeze into** faire entrer de force dans || *intr* se blottir; **to squeeze through** se frayer un passage à travers
squeezer [ˈskwizər] *s* presse *f*, presse-fruits *m*
squelch [skwɛltʃ] *s* (coll) remarque *f* écrasante || *tr* écraser, réprimer
squid [skwɪd] *s* calmar *m*
squill [skwɪl] *s* (bot) scille *f*; (zool) squille *f*
squint [skwɪnt] *s* coup *m* d'œil furtif; (pathol) strabisme *m* || *tr* fermer à moitié || *intr* loucher; **to squint at** regarder furtivement
squint′-eyed′ *adj* bigle, strabique; malveillant
squire [skwaɪr] *s* écuyer *m*; (*lady's escort*) cavalier *m* servant; (*property owner*) propriétaire *m* terrien; juge *m* de paix || *tr* escorter
squirm [skwʌrm] *s* tortillement *m* || *intr* se tortiller; **to squirm out of** se tirer de
squirrel [ˈskwʌrəl] *s* écureuil *m*
squirt [skwʌrt] *s* giclée *f*, jet *m*; (*syringe*) seringue *f*; (coll) morveux *m* || *tr* faire gicler || *intr* gicler, jaillir
stab [stæb] *s* coup *m* de poignard, de couteau; (*wound*) estafilade *f*; (coll) coup d'essai; **to make a stab at** (coll) s'essayer à || *v* (*pret & pp* **stabbed**; *ger* **stabbing**) *tr* poignarder
stabilize [ˈstebəlˌaɪz] *tr* stabiliser
stab′ in the back′ *s* coup *m* de Jarnac, coup de traître
stable [ˈstebəl] *adj* stable || *s* (*for cows*) étable *f*; (*for horses*) écurie *f*
stack [stæk] *s* tas *m*, pile *f*; (*of hay, straw, etc.*) meule *f*; (*of sheaves*) gerbier *m*; (*e.g., of rifles*) faisceau *m*; (*of ship or locomotive*) cheminée *f*; (*of fireplace*) souche *f*; **stacks** (*in library*) rayons *mpl* || *tr* entasser, empiler; mettre en meule, en gerbier, or en faisceau; (*a deck of cards*) truquer, donner un coup de pouce à; **to stack arms** former les faisceaux
stadi·um [ˈstedɪ·əm] *s* (*pl* **-ums** or **-a** [ə]) stade *m*
staff [stæf], [stɑf] *s* bâton *m*; (*of pilgrim*) bourdon *m*; (*of flag*) hampe *f*; (*of newspaper*) rédaction *f*; (*employees*) personnel *m*; (*servants*) domestiques *mfpl*; (*support*) soutien *m*; (mil) état-major *m*; (mus) portée *f* || *tr* fournir, pourvoir de personnel; nommer le personnel pour
staff′ head′quarters *spl* (mil) état-major *m*
staff′ of′ficer *s* officier *m* d'état-major
stag [stæg] *adj* exclusivement masculin; **to go stag** aller sans compagne || *s* homme *m*; (*male deer*) cerf *m*
stage [stedʒ] *s* stade *m*, étape *f*, phase *f*; (*of rocket*) étage *m*; (*stagecoach*) diligence *f*; (*scene*) champ *m* d'action, scène *f*; (*staging*) échafaudage *m*; (*platform*) estrade *f*; (*of microscope*) platine *f*; (theat) scène; **by easy stages** par petites étapes; **by successive stages** par échelons; **to go on the stage** monter sur les planches || *tr* (*a play, demonstration, riot, etc.*) monter; (*a play*) mettre en scène
stage′coach′ *s* diligence *f*, coche *m*
stage′craft′ *s* technique *f* de la scène
stage′ door′ *s* entrée *f* des artistes
stage′-door John′ny *s* (*pl* **-nies**) coureur *m* de girls
stage′ effect′ *s* effet *m* scénique
stage′ fright′ *s* trac *m*
stage′hand′ *s* machiniste *m*
stage′ left′ *s* côté *m* jardin
stage′ man′ager *s* régisseur *m*
stage′ name′ *s* nom *m* de théâtre
stage′ prop′erties *spl* accessoires *mpl*
stage′ right′ *s* côté *m* cour
stage′-struck′ [strʌk] *adj* entiché de théâtre
stage′ whis′per *s* aparté *m*
stagger [ˈstægər] *tr* ébranler; (*to surprise*) étonner; (*to arrange*) disposer en chicane, en zigzag; (*hours of work, train schedules, etc.*) échelonner || *intr* chanceler, tituber
staggering [ˈstægərɪŋ] *adj* chancelant; (*amazing*) étonnant
staging [ˈstedʒɪŋ] *s* échafaudage *m*; (theat) mise *f* en scène
stagnant [ˈstægnənt] *adj* stagnant
stag′ par′ty *s* (*pl* **-ties**) (coll) réunion *f* entre hommes, réunion d'hommes seuls
staid [sted] *adj* posé, sérieux
stain [sten] *s* tache *f*, souillure *f* || *tr* tacher, souiller; (*to tint*) teindre || *intr* se tacher
stained′ glass′ *s* vitre *f* de couleur
stained′-glass win′dow *s* vitrail *m*
stain′less steel′ [ˈstenlɪs] *s* acier *m* inoxydable
stair [stɛr] *s* escalier *m*; (*step of a series*) marche *f*, degré *m*; **stairs** escalier *m*
stair′case′ *s* escalier *m*

stair′way′ *s* escalier *m*
stair′well′ *s* cage *f* d'escalier
stake [stek] *s* pieu *m*, poteau *m*; (*of tent*) piquet *m*; (*marker*) jalon *m*; (*for burning condemned persons*) bûcher *m*; (*in a game of chance*) mise *f*, enjeu *m*; **at stake** en jeu; **to pull up stakes** (coll) déménager ‖ *tr* (*a road*) bornoyer; (*plants*) échalasser, ramer; (*money*) risquer; (*to back financially*) (slang) fournir aux besoins de; **to stake all** mettre tout en jeu; **to stake off** or **out** jalonner, piqueter
stale [stel] *adj* (*bread*) rassis; (*wine or beer*) éventé; (*air*) confiné; (*joke*) vieux; (*check*) proscrit; (*subject*) rabattu; (*news*) défloré, défraîchi; **to smell stale** (*said of room*) sentir le renfermé
stale′mate′ *s* (chess) pat *m*; (fig) impasse *f*; **in stalemate** pat ‖ *tr* (chess) faire pat; (fig) paralyser
stalk [stɔk] *s* tige *f*; (*of flower or leaf*) queue *f* ‖ *tr* traquer, suivre à la piste ‖ *intr* marcher fièrement, marcher à grandes enjambées
stall [stɔl] *s* stalle *f*; (*at a market*) étal *m*, échoppe *f*; (slang) prétexte *m* ‖ *tr* mettre dans une stalle; (*a car*) caler; (*an airplane*) mettre en perte de vitesse; **to stall off** (coll) différer sous prétexte ‖ *intr* (*said of motor*) se bloquer; **to stall for time** (slang) temporiser
stallion [ˈstæljən] *s* étalon *m*
stalwart [ˈstɔlwərt] *adj* robuste; vaillant ‖ *s* partisan *m* loyal
stamen [ˈstemən] *s* étamine *f*
stamina [ˈstæmɪnə] *s* vigueur *f*, résistance *f*
stammer [ˈstæmər] *s* bégaiement *m*, balbutiement *m* ‖ *tr & intr* bégayer, balbutier
stammerer [ˈstæmərər] *s* bègue *mf*
stamp [stæmp] *s* empreinte *f*; (*for postage*) timbre *m*; (*for stamping*) poinçon *m* ‖ *tr* (*mail*) affranchir; (*money; leather; a medal*) frapper, estamper; (*a document*) timbrer; (*a passport*) viser; **to stamp one's feet** trépigner; **to stamp one's foot** frapper du pied; **to stamp out** (*e.g., a rebellion*) écraser, étouffer
stampede [stæmˈpid] *s* débandade *f*; (*rush*) ruée *f*; (*of people*) sauve-qui-peut *m* ‖ *tr* provoquer la ruée de ‖ *intr* se débander
stamped′ self′-addressed′ en′velope *s* enveloppe *f* timbrée par l'expéditeur
stamp′ing grounds′ *spl*—**to be on one's stamping grounds** (slang) être sur son terrain, être dans son domaine
stamp′ pad′ *s* tampon *m* encreur
stamp′-vend′ing machine′ *s* distributeur *m* automatique de timbres-poste
stance [stæns] *s* attitude *f*, posture *f*
stanch [stɑntʃ] *adj* ferme, solide; vrai, loyal; (*watertight*) étanche ‖ *tr* étancher
stand [stænd] *s* résistance *f*; position *f*; (*of a merchant*) étal *m*, éventaire *m*; (*of a speaker*) tribune *f*, estrade *f*; (*of a horse*) aplombs *mpl*; (*piece of furniture*) guéridon *m*, console *f*; (*to hold music, papers*) pupitre *m*; **stands** tribune *f*, stand *m* ‖ *v* (*pret & pp* **stood** [stʊd]) *tr* mettre, placer, poser; (*the cold*) supporter; (*a shock; an attack*) soutenir; (*a round of drinks*) (coll) payer; **to stand off** repousser; **to stand up** (*to keep waiting*) (coll) poser un lapin à ‖ *intr* se lever, se mettre debout; se tenir debout, être debout; en être, e.g., **how does it stand?** où en est-il?; **to stand aloof** or **aside** se tenir à l'écart; **to stand by** se tenir prêt; (*e.g., a friend*) rester fidèle à; **to stand fast** tenir bon; **to stand for** (*to mean*) signifier; (*to affirm*) soutenir; (*to allow*) tolérer; **to stand in for** doubler, remplacer; **to stand in line** faire la queue; **to stand out** sortir, saillir; **to stand up** se lever, se mettre debout; se tenir debout, être debout; **to stand up against** or **to** tenir tête à; **to stand up for** prendre fait et cause pour
standard [ˈstændərd] *adj* (*product, part, unit*) standard, de série, normal; (*current*) courant; (*author, book, work*) classique; (*edition*) définitif; (*keyboard of typewriter*) universel; (*coinage*) au titre ‖ *s* norme *f*, mesure *f*, règle *f*, pratique *f*; (*of quantity, weight, value*) standard *m*; (*banner*) étendard *m*; (*of lamp*) support *m*; (*of wires*) pylône *m*; (*of coinage*) titre *m*; (*for a monetary system*) étalon *m*; (fig) degré *m*, niveau *m*; **standards** critères *mpl*; **up to standard** suivant la norme
stand′ard-bear′er *s* porte-drapeau *m*
stand′ard gauge′ *s* voie *f* normale
standardize [ˈstændərˌdaɪz] *tr* standardiser
stand′ard of liv′ing *s* niveau *m* de vie
stand′ard time′ *s* heure *f* légale
standee [stænˈdi] *s* voyageur *m* debout; (theat) spectateur *m* debout
stand′-in′ *s* (mov, theat) doublure *f*, remplaçant *m*; (coll) appuis *mpl*, piston *m*
standing [ˈstændɪŋ] *adj* (*upright*) debout; (*statue*) en pied; (*water*) stagnant; (*army; committee*) permanent; (*price; rule; rope*) fixe; (*custom*) établi, courant; (*jump*) à pieds joints ‖ *s* standing *m*, position *f*, importance *f*; **in good standing** estimé, accrédité; **of long standing** de longue date
stand′ing ar′my *s* armée *f* permanente
stand′ing room′ *s* places *fpl* debout
stand′ing vote′ *s* vote *m* par assis et levé
stand′pat′ *adj & s* (coll) immobiliste *mf*
stand′pat′ter *s* (coll) immobiliste *mf*
stand′point′ *s* point *m* de vue
stand′still′ *s* arrêt *m*, immobilisation *f*; **to come to a standstill** s'arrêter court
stanza [ˈstænzə] *s* strophe *f*
staple [ˈstepəl] *adj* principal ‖ *s* (*product*) produit *m* principal; (*for hold-*

ing papers together) agrafe *f*; (bb) broche *f*; **staples** denrées *fpl* principales || *tr* agrafer; (*books*) brocher

stapler ['steplər] *s* agrafeuse *f*; (bb) brocheuse *f*

star [stɑr] *s* astre *m*; (*heavenly body except sun and moon; figure that represents a star*) étoile *f*; (*of stage or screen*) vedette *f* || *v* (*pret & pp* **starred**; *ger* **starring**) *tr* étoiler, consteller; (mov, rad, telv, theat) mettre en vedette; (typ) marquer d'un astérisque || *intr* apparaître comme vedette

starboard ['stɑrbərd], ['stɑr,bord] *adj* de tribord || *s* tribord *m* || *adv* à tribord

star' board'er *s* (coll) pensionnaire *mf* de prédilection

starch [stɑrtʃ] *s* amidon *m*; (*for fabrics*) empois *m*; (*formality*) raideur *f*; (bot, culin) fécule *f*; (coll) force *f*, vigueur *f* || *tr* empeser

starch•y ['stɑrtʃi] *adj* (*comp* **-ier**; *super* **-iest**) empesé; (*foods*) féculent; (*manner*) raide, guindé

stare [stɛr] *s* regard *m* fixe || *tr*—**to stare s.o. in the face** dévisager qn; (*to be obvious to s.o.*) sauter aux yeux de qn || *intr* regarder fixement; **to stare at** regarder fixement, dévisager

star'fish' *s* étoile *f* de mer

star'gaze' *intr* regarder les étoiles; rêvasser, être dans la lune

stark [stɑrk] *adj* pur; rigide; désert, solitaire || *adv* entièrement

stark'-na'ked *adj* tout nu

star'light' *s* lumière *f* des étoiles

starling ['stɑrlɪŋ] *s* étourneau *m*

star•ry ['stɑri] *adj* (*comp* **-rier**; *super* **-riest**) étoilé

Stars' and Stripes' *spl* bannière *f* étoilée

Star'-Spangled Ban'ner *s* bannière *f* étoilée

start [stɑrt] *s* commencement *m*, début *m*; (*sudden start*) sursaut *m*, haut-le-corps *m* || *tr* commencer; (*a car, a motor, etc.*) mettre en marche, démarrer; (*a conversation*) entamer; (*a hare*) lever; (*a deer*) lancer; **to start** + *ger* se mettre à + *inf* || *intr* commencer, débuter; démarrer; (*to be startled*) sursauter; **starting from** or **with** à partir de; **to start after** sortir à la recherche de; **to start out** se mettre en route

starter ['stɑrtər] *s* initiateur *m*; (aut) démarreur *m*; (sports) starter *m*

start'ing point' *s* point *m* de départ

startle ['stɑrtəl] *tr* faire tressaillir || *intr* tressaillir

startling ['stɑrtlɪŋ] *adj* effrayant; (*event*) sensationnel; (*resemblance*) saisissant

starvation [stɑr'veʃən] *s* inanition *f*, famine *f*

starva'tion di'et *s* diète *f* absolue

starva'tion wag'es *spl* salaire *m* de famine

starve [stɑrv] *tr* affamer; faire mourir de faim; **to starve out** réduire par la faim || *intr* être affamé; être dans la misère; mourir de faim; (coll) mourir de faim

state [stet] *s* état *m*; (*pomp*) apparat *m*; **to lie in state** être exposé solennellement || *tr* affirmer, déclarer; (*an hour or date*) régler, fixer; (*a problem*) poser

stateless ['stetlɪs] *adj* apatride

state•ly ['stetli] *adj* (*comp* **-lier**; *super* **-liest**) majestueux, imposant

statement ['stetmənt] *s* énoncé *m*, exposé *m*; (*account, report*) compte rendu *m*, rapport *m*; (*of an account*) (com) relevé *m*

state' of mind' *s* état *m* d'esprit, état d'âme

state'room' *s* (naut) cabine *f*; (rr) compartiment *m*

states'man *s* (*pl* **-men**) homme *m* d'État

static ['stætɪk] *adj* statique; (rad) parasite || *s* (rad) parasites *mpl*

station ['steʃən] *s* station *f*; (*for police; for selling gasoline; for broadcasting*) poste *m*; (*of bus, subway, rail line, taxi; for observation*) station; (rr) gare *f* || *tr* poster, placer

sta'tion a'gent *s* chef *m* de gare

stationary ['steʃən,ɛri] *adj* stationnaire

sta'tion break' *s* (rad) pause *f*

stationer ['steʃənər] *s* papetier *m*

stationery ['steʃən,ɛri] *s* papeterie *f*, fournitures *fpl* de bureau

sta'tionery store' *s* papeterie *f*

sta'tion house' *s* commissariat *m* de police

sta'tion identifica'tion *s* (rad) indicatif *m*

sta'tion•mas'ter *s* chef *m* de gare

sta'tion wag'on *s* familiale *f*, break *m*

statistical [stə'tɪstɪkəl] *adj* statistique

statistician [,stætɪs'tɪʃən] *s* statisticien *m*

statistics [stə'tɪstɪks] *s* (*science*) statistique *f* || *spl* (*data*) statistique, statistiques

statue ['stætʃʊ] *s* statue *f*

Stat'ue of Lib'erty *s* Liberté *f* éclairant le monde

statuesque [,stætʃʊ'ɛsk] *adj* sculptural

stature ['stætʃər] *s* stature *f*, taille *f*; caractère *m*, stature

status ['stetəs] *s* condition *f*; rang *m*, standing *m*

sta'tus quo' [kwo] *s* statu quo *m*

sta'tus seek'er *s* obsédé *m* du standing

sta'tus sym'bol *s* symbole *m* du rang social

statute ['stætʃʊt] *s* statut *m*

statutory ['stætʃʊ,tori] *adj* statutaire

staunch [stɔntʃ], [stɑntʃ] *adj* & *tr* var of **stanch**

stave [stev] *s* bâton *m*; (*of barrel*) douve *f*; (*of ladder*) échelon *m*; (mus) portée *f* || *v* (*pret & pp* **staved** or **stove** [stov]) *tr*—**to stave in** défoncer, crever; **to stave off** détourner, éloigner

stay [ste] *s* (*visit*) séjour *m*; (*prop*) étai *m*; (*of a corset*) baleine *f*; (*of execution*) sursis *m*; (fig) soutien *m* ||

tr arrêter || *intr* rester; séjourner; (*at a hotel*) descendre; **to stay put** ne pas bouger; **to stay up** veiller
stay′-at-home′ *adj & s* casanier *m*
stead [stɛd] *s*—**in s.o.'s stead** à la place de qn; **to stand s.o. in good stead** être fort utile à qn
stead′fast′ *adj* ferme; constant
stead•y [ˈstɛdi] *adj* (*comp* **-ier**; *super* **-iest**) ferme, solide; régulier; (*market*) soutenu || *v* (*pret & pp* **-ied**) *tr* raffermir || *intr* se raffermir
steak [stek] *s* (*slice*) tranche *f*; bifteck *m*
steal [stil] *s* (coll) vol *m*; (*bargain*) (coll) occasion *f* || *v* (*pret* **stole** [stol]; *pp* **stolen**) *tr* voler; **to steal s.th. from s.o.** voler q.ch. à qn || *intr* voler; **to steal away** se dérober; **to steal into** se glisser dans; **to steal upon** s'approcher en tapinois de
stealth [stɛlθ] *s*—**by stealth** en tapinois, à la dérobée
steam [stim] *s* vapeur *f*; (*e.g., on a window*) buée *f*; **full steam ahead!** en avant à toute vapeur!; **to get up steam** faire monter la pression; **to let off steam** lâcher la vapeur; (fig) s'épancher || *tr* passer à la vapeur; (culin) cuire à la vapeur; **to steam up** (*e.g., a window*) embuer || *intr* dégager de la vapeur, fumer; s'évaporer; **to steam ahead** avancer à la vapeur; (fig) faire des progrès rapides; **to steam up** s'embuer
steam′boat′ *s* vapeur *m*
steam′ chest′ *s* boîte *f* à vapeur
steam′ en′gine *s* machine *f* à vapeur
steamer [ˈstimər] *s* vapeur *m*
steam′ heat′ *s* chauffage *m* à la vapeur
steam′ roll′er *s* rouleau *m* compresseur; (fig) force *f* irrésistible
steam′ship′ *s* vapeur *m*
steam′ shov′el *s* pelle *f* à vapeur
steam′ ta′ble *s* table *f* à compartiments chauffés à la vapeur
steed [stid] *s* coursier *m*
steel [stil] *adj* (*industry*) sidérurgique || *s* acier *m*; (*for striking fire from flint*) briquet *m*; (*for sharpening knives*) fusil *m* || *tr* aciérer; **to steel oneself against** se cuirasser contre
steel′ wool′ *s* laine *f* d'acier, paille *f* de fer
steel′works′ *spl* aciérie *f*
steelyard [ˈstil,jɑrd], [ˈstiljərd] *s* romaine *f*
steep [stip] *adj* raide, abrupt; (*cliff*) escarpé; (*price*) (coll) exorbitant || *tr* tremper; (*e.g., tea*) infuser; **steeped in** saturé de; (*ignorance*) pétri de; (*the classics*) nourri de
steeple [ˈstipəl] *s* clocher *m*; (*spire*) flèche *f*
stee′ple•chase′ *s* course *f* d'obstacles
steer [stɪr] *s* bouvillon *m* || *tr* diriger, conduire; (naut) gouverner || *intr* se diriger; (naut) se gouverner; **to steer clear of** (coll) éviter
steerage [ˈstɪrɪdʒ] *s* entrepont *m*
steer′age pas′senger *s* passager *m* d'entrepont
steer′ing wheel′ *s* volant *m*; (naut) roue *f* de gouvernail
stellar [ˈstɛlər] *adj* stellaire; (*rôle*) de vedette
stem [stɛm] *s* (*of plant; of key*) tige *f*; (*of column; of tree*) fût *m*, tige; (*of fruit*) queue *f*; (*of pipe; of feather*) tuyau *m*; (*of goblet*) pied *m*; (*of watch*) remontoir *m*; (*of word*) radical *m*, thème *m*; (naut) étrave *f*; **from stem to stern** de l'étrave à l'étambot, d'un bout à l'autre || *v* (*pret & pp* **stemmed**; *ger* **stemming**) *tr* (*e.g., grapes*) égrapper; (*e.g., the flow of blood*) étancher; (*the tide*) lutter contre, refouler; (*to check*) arrêter, endiguer || *intr*—**to stem from** provenir de
stem′-wind′er *s* montre *f* à remontoir
stench [stɛntʃ] *s* puanteur *f*
sten•cil [ˈstɛnsəl] *s* pochoir *m*; (*work produced by it*) travail *m* au pochoir; (*for reproducing typewriting*) stencil *m* || *v* (*pret & pp* **-ciled** or **-cilled**; *ger* **-ciling** or **-cilling**) *tr* passer au pochoir; tirer au stencil
stenographer [stəˈnɑgrəfər] *s* sténo *f*, sténographe *mf*
stenography [stəˈnɑgrəfi] *s* sténographie *f*
step [stɛp] *s* pas *m*; (*of staircase*) marche *f*, degré *m*; (*footprint*) trace *f*; (*of carriage*) marchepied *m*; (*of ladder*) échelon *m*; (*procedure*) démarche *f*; **in step with** au pas avec; **step by step** pas à pas; **watch your step!** prenez garde de tomber!; (fig) évitez tout faux pas! || *v* (*pret & pp* **stepped**; *ger* **stepping**) *tr* échelonner; **to step off** mesurer au pas || *intr* faire un pas; marcher; (coll) aller en toute hâte; **to step aside** s'écarter; **to step back** reculer; **to step in** entrer; **to step on it** (coll) mettre tous les gaz; **to step on the starter** appuyer sur le démarreur
step′broth′er *s* demi-frère *m*
step′child′ *s* (*pl* **-child′ren**) beau-fils *m*; belle-fille *f*
step′daugh′ter *s* belle-fille *f*
step′fa′ther *s* beau-père *m*
step′lad′der *s* échelle *f* double, marchepied *m*, escabeau *m*
step′moth′er *s* belle-mère *f*
steppe [stɛp] *s* steppe *f*
step′ping stone′ *s* pierre *f* de passage; (fig) marchepied *m*
step′sis′ter *s* demi-sœur *f*
step′son′ *s* beau-fils *m*
stere•o [ˈstɛrɪ,o], [ˈstɪrɪ,o] *adj* (coll) stéréo, stéréophonique; (coll) stéréoscopique || *s* (*pl* **-os**) (coll) disque *m* stéréo; (coll) émission *f* en stéréophonique; (coll) photographie *f* stéréoscopique
stereotyped [ˈstɛrɪ•ə,taɪpt], [ˈstɪrɪ•ə,taɪpt] *adj* stéréotypé
sterile [ˈstɛrɪl] *adj* stérile
sterilize [ˈstɛrɪ,laɪz] *tr* stériliser
sterling [ˈstʌrlɪŋ] *adj* de bon aloi || *s* livres *fpl* sterling; argent *m* au titre; vaisselle *f* d'argent

stern [stʌrn] *adj* sévère, austère; (*look*) rébarbatif || *s* poupe *f*
stethoscope ['stɛθə,skop] *s* stéthoscope *m*
stevedore ['stivə,dor] *s* arrimeur *m*
stew [st(j)u] *s* ragoût *m* || *tr* mettre en ragoût || *intr* (coll) être dans tous ses états
steward ['st(j)u·ərd] *s* régisseur *m*, intendant *m*; maître *m* d'hôtel; (aer, naut) steward *m*
stewardess ['st(j)u·ərdɪs] *s* (aer) hôtesse *f* de l'air; (naut) stewardesse *f*
stewed′ fruit′ *s* compote *f*
stewed′ toma′toes *spl* purée *f* de tomates
stick [stɪk] *s* bâtonnet *m*, bâton *m*; (*rod*) verge *f*; (*wand; drumstick*) baguette *f*; (*of chewing gum; of dynamite*) bâton; (*firewood*) bois *m* sec; (*walking stick*) canne *f*; (naut) mât *m*; (typ) composteur *m* || *v* (*pret & pp* **stuck** [stʌk]) *tr* piquer, enfoncer; (*to fasten in position*) clouer, ficher, planter; (*to glue*) coller; (*a pig*) saigner; (coll) confondre; **stick 'em up!** (slang) haut les mains!; **to be stuck** être pris; (*e.g., in the mud*) s'enliser; (*to be unable to continue*) (coll) être en panne; **to stick it out** (coll) tenir jusqu'au bout; **to stick out** (*one's tongue*) tirer; (*one's head*) passer; (*one's chest*) bomber; **to stick up** (*in order to rob*) (slang) voler à main armée || *intr* se piquer, s'enfoncer; se ficher, se planter; (*to be jammed*) être pris, se coincer; (*to adhere*) coller; (*to remain*) continuer, rester; **to stick out** saillir, dépasser; (*to be evident*) sauter aux yeux; **to stick up for** (coll) prendre la défense de
sticker ['stɪkər] *s* étiquette *f* gommée; (*difficult question*) (coll) colle *f*
stick′pin′ *s* épingle *f* de cravate
stick′-up′ *s* (slang) attaque *f* à main armée, hold-up *m*
stick·y ['stɪki] *adj* (*comp* **-ier**; *super* **-iest**) gluant, collant; (*hands*) poisseux; (*weather*) étouffant; (*question*) épineux; (*unaccommodating*) tatillon
stiff [stɪf] *adj* raide; difficile, ardu; (*joint*) ankylosé; (*brush; batter*) dur; (*style, manner*) guindé, empesé; (*drink*) fort; (*price*) (coll) salé, exagéré || *s* (*corpse*) (slang) macchabée *m*
stiff′ col′lar *s* col *m* empesé
stiffen ['stɪfən] *tr* raidir, tendre; (culin) épaissir || *intr* se raidir
stiff′ neck′ *s* torticolis *m*
stiff′-necked′ *adj* obstiné, entêté
stiff′ shirt′ *s* chemise *f* empesée, chemise à plastron
stifle ['staɪfəl] *tr & intr* étouffer
stig·ma ['stɪgmə] *s* (*pl* **-mas** or **-mata** [mətə]) stigmate *m*
stigmatize ['stɪgmə,taɪz] *tr* stigmatiser
stilet·to [stɪ'lɛto] *s* (*pl* **-tos**) stylet *m*
still [stɪl] *adj* tranquille, calme; immobile; silencieux; (*wine*) non mousseux || *s* alambic *m*; (phot) image *f*; (mov) photogramme *m*; (poetic) silence *m* || *adv* (*yet*) encore, toujours || *conj* cependant, pourtant || *tr* calmer, apaiser; (*to silence*) faire taire || *intr* se calmer, s'apaiser; se taire
still′born′ *adj* mort-né
still′ life′ *s* (*pl* **still lifes** or **still lives**) nature *f* morte
stilt [stɪlt] *s* échasse *f*; (*in the water*) pilotis *m*
stilted *adj* guindé; (archit) surhaussé
stimulant ['stɪmjələnt] *adj & s* stimulant *m*
stimulate ['stɪmjə,let] *tr* stimuler
stimu·lus ['stɪmjələs] *s* (*pl* **-li** [,laɪ]) stimulant *m*, aiguillon *m*; (physiol) stimulus *m*
sting [stɪŋ] *s* piqûre *f*; (*stinging organ*) aiguillon *m*, dard *m* || *v* (*pret & pp* **stung** [stʌŋ]) *tr & intr* piquer
stin·gy ['stɪndʒi] *adj* (*comp* **-gier**; *super* **-giest**) avare, pingre
stink [stɪŋk] *s* puanteur *f* || *v* (*pret* **stank** [stæŋk]; *pp* **stunk** [stʌŋk]) *tr* —**to stink up** empester, empuantir || *intr* puer, empester; **to stink of** puer, empester
stinker ['stɪŋkər] *s* (slang) peau *f* de vache, chameau *m*
stint [stɪnt] *s* tâche *f*, besogne *f*; **without stint** sans réserve, sans limite || *tr* limiter, réduire; **to stint oneself** se priver || *intr* lésiner, être chiche
stipend ['staɪpɛnd] *s* traitement *m*, honoraires *mpl*
stipulate ['stɪpjə,let] *tr* stipuler
stir [stʌr] *s* remuement *m*, agitation *f*; (*prison*) (slang) bloc *m*; **to create a stir** faire sensation || *v* (*pret & pp* **stirred**; *ger* **stirring**) *tr* remuer, agiter; **to stir up** (*trouble*) fomenter || *intr* remuer, s'agiter, bouger
stirring ['stʌrɪŋ] *adj* entraînant
stirrup ['stʌrəp], ['stɪrəp] *s* étrier *m*
stitch [stɪtʃ] *s* point *m*; (*in knitting*) maille *f*; (surg) point de suture; **not a stitch of** (coll) pas un brin de; **stitch in the side** point de côté; **to be in stitches** (coll) se tenir les côtes || *tr* coudre; (bb) brocher; (surg) suturer || *intr* coudre
stock [stak] *s* approvisionnement *m*, stock *m*; (*assortment*) assortiment *m*; capital *m*, fonds *m*; (*shares*) valeurs *fpl*, actions *fpl*; (*of meat*) bouillon *m*; (*of a tree*) tronc *m*; (*of an anvil*) billot *m*; (*of a rifle*) crosse *f*; (*of a tree; of a family*) souche *f*; (*livestock*) bétail *m*, bestiaux *mpl*; (*handle*) poignée *f*; (*for dies*) tourne-à-gauche *m*; (hort) ente *f*; **in stock** en magasin; **on the stocks** (fig) sur le métier; **out of stock** épuisé; **stocks** (*for punishment*) pilori *m*; (naut) chantier *m*; **to take stock** faire le point; **to take stock in** (coll) faire grand cas de; **to take stock of** faire l'inventaire de || *tr* approvisionner; garder en magasin; (*a forest or lake*) peupler; (*a farm*) monter en bétail; (*a pool*) empoissonner

stockade [stɑˈked] *s* palanque *f*, palissade *f* ‖ *tr* palissader
stock′breed′er *s* éleveur *m* de bestiaux
stock′breed′ing *s* élevage *m*
stock′bro′ker *s* agent *m* de change, courtier *m* de bourse
stock′ car′ *s* (aut) voiture *f* de série; (rr) wagon *m* à bestiaux
stock′ com′pany *s* (com) société *f* anonyme; (theat) troupe *f* à demeure
stock′ div′idend *s* action *f* gratuite
stock′ exchange′ *s* bourse *f*
stock′hold′er *s* actionnaire *mf*
stocking [ˈstɑkɪŋ] *s* bas *m*
stock′ mar′ket *s* bourse *f*, marché *m* des valeurs; **to play the stock market** jouer à la bourse
stock′pile′ *s* stocks *mpl* de réserve ‖ *tr & intr* stocker
stock′ rais′ing *s* élevage *m*
stock′room′ *s* magasin *m*
stock·y [ˈstɑki] *adj* (*comp* **-ier**; *super* **-iest**) trapu, costaud
stock′yard′ *s* parc *m* à bétail
stoic [ˈsto·ɪk] *adj & s* stoïque; **Stoic** stoïcien *m*
stoke [stok] *tr* (*a fire*) attiser; (*a furnace*) alimenter, charger
stoker [ˈstokər] *s* chauffeur *m*; (mach) stoker *m*
stolid [ˈstɑlɪd] *adj* flegmatique, impassible, lourd
stomach [ˈstʌmək] *s* estomac *m* ‖ *tr* digérer; (coll) digérer, avaler
stom′ach ache′ *s* mal *m* d'estomac
stone [ston] *s* pierre *f*; (*of fruit*) noyau *m*; (pathol) calcul *m*; (typ) marbre *m* ‖ *tr* lapider; (*fruit*) dénoyauter
stone′-broke′ *adj* (coll) complètement fauché, raide
stone′-deaf′ *adj* sourd comme un pot
stone′ma′son *s* maçon *m*
stone′ quar′ry *s* (*pl* **-ries**) carrière *f*
stone's′ throw′ *s*—**within a stone's throw** à un jet de pierre
ston·y [ˈstoni] *adj* (*comp* **-ier**; *super* **-iest**) pierreux; (fig) dur, endurci
stooge [studʒ] *s* (theat) compère *m*; (slang) homme *f* de paille, acolyte *m*
stool [stul] *s* tabouret *m*, escabeau *m*; (*bowel movement*) selles *fpl*
stool′ pi′geon *s* appeau *m*; (slang) mouchard *m*, mouton *m*
stoop [stup] *s* courbure *f*, inclinaison *f*; (*porch*) véranda *f* ‖ *intr* se pencher; se tenir voûté; (*to debase oneself*) s'abaisser
stoop′-shoul′dered *adj* voûté
stop [stɑp] *s* arrêt *m*; (*in telegrams*) stop *m*; (*full stop*) point *m*; (*of a guitar*) touche *f*; (mus) jeu *m* d'orgue; (public sign) stop; **to put a stop to** mettre fin à ‖ *v* (*pret & pp* **stopped**; *ger* **stopping**) *tr* arrêter; (*a check*) faire opposition à; **to stop up** boucher ‖ *intr* s'arrêter, arrêter; **to stop** + *ger* cesser de + *inf*, s'arrêter de + *inf*; **to stop off** descendre en passant; **to stop off at** s'arrêter un moment à; **to stop over** (aer, naut) faire escale
stop′cock′ *s* robinet *m* d'arrêt
stop′gap′ *adj* provisoire ‖ *s* bouche-trou *m*
stop′light′ *s* signal *m* lumineux; (aut) feu *m* stop, stop *m*
stop′o′ver *s* arrêt *m* en cours de route, étape *f*
stoppage [ˈstɑpɪdʒ] *s* arrêt *m*; (*of payments*) suspension *f*; (*of wages*) retenue *f*; obstruction *f*; (pathol) occlusion *f*
stopper [ˈstɑpər] *s* bouchon *m*, tampon *m*
stop′ sign′ *s* signal *m* d'arrêt
stop′ thief′ *interj* au voleur!
stop′watch′ *s* chronomètre *m* à déclic, compte-secondes *m*
storage [ˈstorɪdʒ] *s* emmagasinage *m*, entreposage *m*; **to put in storage** entreposer
stor′age bat′ter·y *s* (*pl* **-ies**) (elec) accumulateur *m*, accu *m*
store [stor] *s* magasin *m*, boutique *f*; approvisionnement *m*; (*warehouse*) (Brit) entrepôt *m*; **stores** matériel *m*; vivres *mpl*; **to set great store by** faire grand cas de ‖ *tr* emmagasiner; (*to warehouse*) entreposer; (*to supply or stock*) approvisionner; **to store away or up** accumuler
store′house′ *s* magasin *m*, entrepôt *m*; (*of information*) mine *f*
store′keep′er *s* boutiquier *m*
store′room′ *s* dépense *f*, office *f*; (*for furniture*) garde-meuble *m*; (naut) soute *f*
stork [stɔrk] *s* cigogne *f*
storm [stɔrm] *s* orage *m*; (mil) assaut *m*; (fig) tempête *f*; **to take by storm** prendre d'assaut ‖ *tr* livrer l'assaut à ‖ *intr* faire de l'orage; (fig) tempêter
storm′ cloud′ *s* nuage *m* orageux; (fig) nuage noir
storm′ door′ *s* contre-porte *f*
storm′ pet′rel [ˈpɛtrəl] *s* oiseau *m* des tempêtes
storm′ sash′ *s* contre-fenêtre *f*
storm′ troops′ *spl* troupes *fpl* d'assaut
storm′ win′dow *s* contre-fenêtre *f*
storm·y [ˈstɔrmi] *adj* (*comp* **-ier**; *super* **-iest**) orageux
sto·ry [ˈstori] *s* (*pl* **-ries**) histoire *f*; (*tale*) conte *m*; (*plot*) intrigue *f*; (*floor*) étage *m*; (coll) mensonge *m*, histoire
sto′ry·tel′ler *s* conteur *m*; (*fibber*) menteur *m*
stout [staʊt] *adj* corpulent, gros; vaillant; ferme, résolu; (*strong*) fort ‖ *s* stout *m*
stout′-heart′ed *adj* au cœur vaillant
stove [stov] *s* (*for heating a house or room*) poêle *m*; (*for cooking*) fourneau *m* de cuisine, cuisinière *f*
stove′pipe′ *s* tuyau *m* de poêle; (*hat*) (coll) huit-reflets *m*, tuyau de poêle
stow [sto] *tr* mettre en place, ranger; (naut) arrimer; **to stow with** remplir de ‖ *intr*—**to stow away** s'embarquer clandestinement
stowage [ˈsto·ɪdʒ] *s* arrimage *m*; (*costs*) frais *mpl* d'arrimage
stow′away′ *s* passager *m* clandestin

straddle ['strædəl] *tr* enfourcher, chevaucher || *intr* se mettre à califourchon; (coll) répondre en normand

strafe [straf], [stref] *s* (slang) bombardement *m*, marmitage *m* || *tr* (slang) bombarder, marmiter

straggle ['strægəl] *intr* traîner; (*to be scattered*) s'éparpiller; **to straggle along** marcher sans ordre

straggler ['stræglər] *s* traînard *m*

straight [stret] *adj* droit; direct; loyal, honnête; correct, en ordre; (*hair*) raide; (*whiskey*) sec; (*candid*) franc; (*hanging straight*) d'aplomb; **to set s.o. straight** faire la leçon à qn || *s* (poker) séquence *f* || *adv* droit; directement; loyalement, honnêtement; (*without interruption*) de suite; **straight ahead** tout droit; **straight out** franchement, sans detours; **straight through** de part en part; d'un bout à l'autre; **to go straight** (coll) vivre honnêtement

straighten ['stretən] *tr* redresser; mettre en ordre || *intr* se redresser

straight' face' *s*—**to keep a straight face** montrer un front sérieux

straight'for'ward *adj* franc, direct; loyal

straight' off' *adv* sur-le-champ, d'emblée

straight' ra'zor *s* rasoir *m* à main

straight'way' *adv* sur-le-champ, d'emblée

strain [stren] *s* tension *f*; (*of a muscle*) foulure *f*; (*descendants*) lignée *f*; (*ancestry; type of virus*) souche *f*; (*trait*) héritage *m*, tendance *f*; (*vein*) ton *m*, sens *m*; (*bit*) trace *f*; (coll) grand effort *m*; **mental strain** surmenage *m* intellectuel; **strains** (*of, e.g., the Marseillaise*) accents *mpl*; **sweet strains** doux accords *mpl* || *tr* forcer; (*e.g., a wrist*) se fouler; (*e.g., one's eyes*) se fatiguer; (*e.g., part of a machine*) déformer; (*e.g., a liquid*) filtrer, tamiser; **to strain oneself** se surmener || *intr* s'efforcer; filtrer, tamiser; (*to trickle*) suinter; (*said of beam, ship, motor, etc.*) fatiguer; **to strain at** (*a leash, rope, etc.*) tirer sur; (*to balk at*) reculer devant

strained *adj* (*smile*) forcé; (*friendship*) tendu

strainer ['strenər] *s* passoire *f*, filtre *m*

strait [stret] *s* détroit *m*; **straits** détroit; **to be in dire straits** être dans la plus grande gêne

strait' jack'et *s* camisole *f* de force

strait'-laced' *adj* prude, collet monté, puritain

Straits' of Do'ver *spl* Pas *m* de Calais

strand [strænd] *s* (*beach*) plage *f*, grève *f*; (*of rope or cable*) toron *m*; (*of thread*) brin *m*; (*of pearls*) collier *m*; (*of hair*) cheveu *m* || *tr* toronner; (*to undo strands of*) décorder; (*a ship*) échouer

stranded *adj* abandonné; (*lost*) égaré; (*ship*) échoué; (*rope or cable*) à torons; **to leave s.o. stranded** laisser qn en plan

strange [strendʒ] *adj* étrange; (*unfamiliar*) inconnu, étranger; (*unaccustomed*) inhabituel

stranger ['strendʒər] *s* étranger *m*; visiteur *m*

strangle ['stræŋgəl] *tr* étrangler, étouffer || *intr* s'étrangler

strap [stræp] *s* (*of leather, rubber, etc.*) courroie *f*; (*of cloth, metal, leather, etc.*) bande *f*; (*to sharpen a razor*) cuir *m* à rasoir; (*of, e.g., a harness*) sangle *f* || *v* (*pret & pp* **strapped**; *ger* **strapping**) *tr* attacher avec une courroie, sangler; (*a razor*) repasser sur le cuir

strap'hang'er *s* (coll) voyageur *m* debout

strapping ['stræpɪŋ] *adj* bien découplé, robuste; (coll) énorme, gros

stratagem ['strætədʒəm] *s* stratagème *m*

strategic(al) [strə'tidʒɪk(əl)] *adj* stratégique

strategist ['strætɪdʒɪst] *s* stratège *m*

strate·gy ['strætɪdʒi] *s* (*pl* **-gies**) stratégie *f*

strati·fy ['strætɪ,faɪ] *v* (*pret & pp* **-fied**) *tr* stratifier || *intr* se stratifier

stratosphere ['strætə,sfɪr], ['stretə,sfɪr] *s* stratosphère *f*

stra·tum ['stretəm], ['strætəm] *s* (*pl* **-ta** [tə] or **-tums**) couche *f*; (*e.g., of society*) classe *f*, couche

straw [strɔ] *s* paille *f*; (*for drinking*) chalumeau *m*, paille; **it's the last straw!** c'est le bouquet!

straw'ber'ry *s* (*pl* **-ries**) fraise *f*; (*plant*) fraisier *m*

straw'hat' *s* chapeau *m* de paille; (*skimmer*) canotier *m*

straw' man' *s* (*pl* **men'**) (*figurehead*) homme *m* de paille; (*scarecrow*) épouvantail *m*; (*red herring*) canard *m*, diversion *f*

straw' mat'tress *s* paillasse *f*

straw' vote' *s* vote *m* d'essai

stray [stre] *adj* égaré; (*bullet*) perdu; (*scattered*) épars || *s* animal *m* égaré || *intr* s'égarer

streak [strik] *s* raie *f*, rayure *f*, bande *f*; (*of light*) trait *m*, filet *m*; (*of lightning*) éclair *m*; (*layer*) veine *f*; (*bit*) trace *f*; **like a streak** comme un éclair; **streak of luck** filon *m* || *tr* rayer, strier, zébrer || *intr* faire des raies; passer comme un éclair

stream [strim] *s* ruisseau *m*; (*steady flow of current*) courant *m*; (*of people, abuse, light, etc.*) flot *m*; (*of, e.g., automobiles*) défilé *m* || *intr* couler; (*said of blood*) ruisseler; (*said of light*) jaillir; (*said of flag*) flotter; **to stream out** sortir à flots

streamer ['strimər] *s* banderole *f*

stream'lined' *adj* aérodynamique, caréné; (fig) abrégé, concis

stream'lin'er *s* train *m* caréné de luxe

street [strit] *s* rue *f*; (*surface of the street*) chaussée *f*

street' Ar'ab *s* gamin *m* des rues

street'car' *s* tramway *m*

street' clean'er *s* balayeur *m*; (mach) balayeuse *f*

street' clothes' *spl* vêtements *mpl* de ville
street' floor' *s* rez-de-chaussée *m*
street'light' *s* réverbère *m*
street' sprink'ler *s* arroseuse *f*
street' u'rinal *s* vespasienne *f*, édicule *m*, urinoir *m*
street'walk'er *s* racoleuse *f*, fille *f* des rues
strength [streŋθ] *s* force *f*; intensité *f*; (*of a fabric*) solidité *f*; (*of spirituous liquors*) degré *m*, titre *m*; (com) tendance *f* à la hausse; (mil) effectif *m*; **on the strength of** sur la foi de
strengthen ['streŋθən] *tr* fortifier, renforcer; consolider || *intr* se fortifier, se renforcer
strenuous ['strenjʊ·əs] *adj* actif, énergique; (*work*) ardu; (*effort*) acharné; (*objection*) vigoureux
stress [stres] *s* tension *f*, force *f*; (mach) stress *m*, tension; (phonet) accent *m* d'intensité; **to lay stress on** insister sur || *tr* (*e.g., a beam*) charger; (*a syllable*) accentuer; insister sur, appuyer sur
stress' ac'cent *s* accent *m* d'intensité
stretch [stretʃ] *s* allongement *m*; (*of the arm; of the meaning*) extension *f*; (*of the imagination*) effort *m*; (*distance in time or space*) intervalle *m*; (*section of road*) section *f*; (*section of country, water, etc.*) étendue *f*; **at a stretch** d'un trait; **in one stretch** d'une seule traite; **to do a stretch** (slang) faire de la taule || *tr* tendre; (*the sense of a word*) forcer; (*a sauce*) allonger; **to stretch oneself** s'étirer; **to stretch out** allonger, étendre; (*the hand*) tendre || *intr* s'étirer; (*said of shoes, gloves, etc.*) s'élargir; **to stretch out** s'allonger, s'étendre
stretcher ['stretʃər] *s* (*for gloves, trousers, etc.*) tendeur *m*; (*for a painting*) châssis *m*; (*to carry sick or wounded*) civière *f*, brancard *m*
stretch'er-bear'er *s* brancardier *m*
strew [stru] *v* (*pret* **strewed**; *pp* **strewed** or **strewn**) *tr* semer, éparpiller; (*e.g., with flowers*) joncher, parsemer
stricken ['strɪkən] *adj* frappé; (*e.g., with grief*) affligé; (*crossed out*) rayé; **stricken with** atteint de
strict [strɪkt] *adj* strict; (*exacting*) sévère
stricture ['strɪktʃər] *s* critique *f* sévère; (pathol) rétrécissement *m*
stride [straɪd] *s* enjambée *f*; **to hit one's stride** attraper la cadence; **to make great** (or **rapid**) **strides** avancer à grands pas; **to take in one's stride** faire sans le moindre effort || *v* (*pret* **strode** [strod]; *pp* **stridden** ['strɪdən]) *tr* parcourir à grandes enjambées; (*to straddle*) enfourcher || *intr* —**to stride across** or **over** enjamber; **to stride along** marcher à grandes enjambées
strident ['straɪdənt] *adj* strident
strife [straɪf] *s* lutte *f*
strike [straɪk] *s* (*blow*) coup *m*; (*stopping of work*) grève *f*; (*discovery of ore, oil, etc.*) rencontre *f*; (baseball) coup du batteur; **to go on strike** se mettre en grève || *v* (*pret & pp* **struck** [strʌk]) *tr* frapper; (*coins*) frapper; (*a match*) frotter; (*a bargain*) conclure; (*camp*) lever; (*the sails; the colors*) amener; (*the hour*) sonner; (*root; a pose*) prendre; **how does he strike you?** quelle impression vous fait-il?; **to strike it rich** trouver le filon; **to strike out** rayer; **to strike up** (*a song, piece of music, etc.*) attaquer, entonner; (*an acquaintance, conversation, etc.*) lier || *intr* frapper; (*said of clock*) sonner; (*said of workers*) faire la grève; (mil) donner l'assaut; **to strike out** se mettre en route
strike'break'er *s* briseur *m* de grève, jaune *m*
striker ['straɪkər] *s* frappeur *m*; (*on door*) marteau *m*; (*worker on strike*) gréviste *mf*
striking ['straɪkɪŋ] *adj* frappant, saisissant; (*workers*) en grève
strik'ing pow'er *s* force *f* de frappe
string [strɪŋ] *s* ficelle *f*; (*of onions or garlic; of islands; of pearls; of abuse*) chapelet *m*; (*of words, insults*) enfilade *f*, kyrielle *f*; (*e.g., of cars*) file *f*; (*of beans*) fil *m*; (*for shoes*) lacet *m*; (mus) corde *f*; **strings** instruments *mpl* à cordes; **to pull strings** (fig) tirer les ficelles; **with no strings attached** (coll) sans restriction || *v* (*pret & pp* **strung** [strʌŋ]) *tr* mettre une ficelle à, garnir de cordes; (*e.g., a violin*) mettre les cordes à; (*a bow*) bander; (*a tennis racket*) corder; (*beads, sentences, etc.*) enfiler; (*a cord, a thread, a wire, etc.*) tendre; (*to tune*) monter; **to string along** (slang) lanterner, faire marcher; **to string up** (coll) pendre || *intr*—**to string along with** (slang) collaborer avec, suivre
string' bean' *s* haricot *m* vert
stringed' in'strument *s* instrument *m* à cordes
stringent ['strɪndʒənt] *adj* rigoureux; (*tight*) tendu; (*convincing*) convaincant
string' quartet' *s* quatuor *m* à cordes
string·y ['strɪŋi] *adj* (*comp* **-ier**; *super* **-iest**) fibreux, filandreux
strip [strɪp] *s* (*of paper, cloth, land*) bande *f*; (*of metal*) lame *f*, ruban *m* || *v* (*pret & pp* **stripped**; *ger* **stripping**) *tr* dépouiller; (*to strip bare*) mettre à nu; (*the bed*) défaire; (*a screw*) arracher le filet de, faire foirer; (*tobacco*) écoter; **to strip down** (*e.g., a motor*) démonter; **to strip off** enlever; (*e.g., bark*) écorcer || *intr* se déshabiller
stripe [straɪp] *s* raie *f*, bande *f*; (*on cloth*) rayure *f*; (*flesh wound*) marque *f*; (mil, nav) chevron *m*, galon *m*; **to win one's stripes** gagner ses galons || *tr* rayer
strip' min'ing *s* exploitation *f* minière à ciel ouvert

strip′tease′ *s* strip-tease *m*, déshabillage *m* suggestif

stripteaser [ˈstrɪp ˌtizər] *s* effeuilleuse *f*, strip-teaseuse *f*

strive [straɪv] *v* (*pret* **strove** [strov]; *pp* **striven** [ˈstrɪvən]) *intr* s'efforcer; **to strive after** rechercher; **to strive against** lutter contre; **to strive to** s'efforcer à, s'évertuer à

stroke [strok] *s* coup *m*; (*of pen; of wit*) trait *m*; (*of arms in swimming*) brassée *f*; (*caress with hand*) caresse *f* de la main; (*of a piston*) course *f*; (*of lightning*) foudre *f*; (pathol) attaque *f* d'apoplexie; **at the stroke of** sonnant, e.g., **at the stroke of five** à cinq heures sonnantes; **to not do a stroke of work** ne pas en ficher une ramée || *tr* caresser de la main

stroll [strol] *s* promenade *f*; **to take a stroll** aller faire un tour || *intr* se promener

stroller [ˈstrolər] *s* promeneur *m*; (*for babies*) poussette *f*

strong [strɔŋ], [strɑŋ] *adj* (*comp* **stronger** [ˈstrɔŋgər], [ˈstrɑŋgər]; *super* **strongest** [ˈstrɔŋgɪst], [ˈstrɑŋgɪst]) fort; (*stock market*) ferme; (*musical beat*) marqué; (*spicy*) piquant; (*rancid*) rance

strong′box′ *s* coffre-fort *m*

strong′ drink′ *s* boissons *fpl* spiritueuses

strong′hold′ *s* place *f* forte

strong′ man′ *s* (*pl* **men′**) (*e.g., in a circus*) hercule *m* forain; (*leader, good planner*) animateur *m*; (*dictator*) chef *m* autoritaire

strong′-mind′ed *adj* résolu, décidé; (*woman*) hommasse

strontium [ˈstrɑnʃɪ·əm] *s* strontium *m*

strop [strɑp] *s* cuir *m* à rasoir || *v* (*pret & pp* **stropped**; *ger* **stropping**) *tr* repasser sur le cuir

strophe [ˈstrofi] *s* strophe *f*

structure [ˈstrʌktʃər] *s* structure *f*; (*building*) édifice *m*

struggle [ˈstrʌgəl] *s* lutte *f* || *intr* lutter; **to struggle along** avancer péniblement

strug′gle for exist′ence *s* lutte *f* pour la vie

strum [strʌm] *v* (*pret & pp* **strummed**; *ger* **strumming**) *tr* (*an instrument*) gratter de; (*a tune*) tapoter || *intr* jouailler; **to strum on** plaquer des arpèges sur

strumpet [ˈstrʌmpɪt] *s* putain *f*

strut [strʌt] *s* (*brace, prop*) étai *m*, support *m*, entretoise *f*; démarche *f* orgueilleuse || *v* (*pret & pp* **strutted**; *ger* **strutting**) *intr* se pavaner

strychnine [ˈstrɪknaɪn], [ˈstrɪknin] *s* strychnine *f*

stub [stʌb] *s* (*fragment*) tronçon *m*; (*of a tree*) souche *f*; (*of a pencil; of a cigar, cigarette*) bout *m*; (*of a check*) talon *m*, souche || *v* (*pret & pp* **stubbed**; *ger* **stubbing**) *tr*—**to stub one's toe** se cogner le bout du pied

stubble [ˈstʌbəl] *s* éteule *f*, chaume *m*; (*of beard*) poil *m* court et raide

stubborn [ˈstʌbərn] *adj* obstiné; (*headstrong*) têtu; (*resolute*) acharné; (*fever*) rebelle; (*soil*) ingrat

stuc·co [ˈstʌko] *s* (*pl* **-coes** or **-cos**) stuc *m* || *tr* stuquer

stuck [stʌk] *adj* coincé, pris; (*glued*) collé; (*unable to continue*) en panne; **stuck on** (coll) entiché de

stuck′-up′ *adj* (coll) hautain, prétentieux

stud [stʌd] *s* clou *m* à grosse tête; (*ornament*) clou doré; (*on shirt*) bouton *m*; (*studhorse*) étalon *m*; (*horse farm*) haras *m*; (*bolt*) goujon *m*; (archit) montant *m* || *v* (*pret & pp* **studded**; *ger* **studding**) *tr* clouter; **studded with** jonché de, parsemé de

stud′ bolt′ *s* goujon *m*

student [ˈst(j)udənt] *adj* estudiantin || *s* étudiant *m*; (*researcher*) chercheur *m*

stu′dent bod′y *s* étudiants *mpl*

stu′dent cen′ter *s* foyer *m* d'étudiants, centre *m* social des étudiants

stu′dent nurse′ *s* élève *f* infirmière

stud′ farm′ *s* haras *m*

stud′horse′ *s* étalon *m*

studied [ˈstʌdid] *adj* prémédité; recherché

studi·o [ˈst(j)udɪ ˌo] *s* (*pl* **-os**) studio *m*, atelier *m*

studious [ˈst(j)udɪ·əs] *adj* studieux, appliqué

stud·y [ˈstʌdi] *s* (*pl* **-ies**) étude *f*; rêverie *f*; cabinet *m* || *v* (*pret & pp* **-ied**) *tr & intr* étudier

stuff [stʌf] *s* matière *f*; chose *f*; **to know one's stuff** (coll) s'y connaître || *tr* bourrer; (*with food*) gaver; (*furniture*) rembourrer; (*an animal*) empailler; (culin) farcir; **to stuff up** boucher || *intr* se gaver

stuffed′ shirt′ *s* collet *m* monté

stuffing [ˈstʌfɪŋ] *s* rembourrage *m*; (culin) farce *f*

stuff·y [ˈstʌfi] *adj* (*comp* **-ier**; *super* **-iest**) mal ventilé; (*tedious*) ennuyeux; (*pompous*) collet monté; **to smell stuffy** sentir le renfermé

stumble [ˈstʌmbəl] *intr* trébucher; (*in speaking*) hésiter

stum′bling block′ *s* pierre *f* d'achoppement

stump [stʌmp] *s* (*of tree*) souche *f*; (*e.g., of arm*) moignon *m*; (*of tooth*) chicot *m* || *tr* (*a design*) estomper; (coll) embarrasser, coller; (*a state, district, region*) (coll) faire une tournée électorale en, dans, or à || *intr* clopiner

stump′ speak′er *s* orateur *m* de carrefour

stump′ speech′ *s* harangue *f* électorale improvisée

stun [stʌn] *v* (*pret & pp* **stunned**; *ger* **stunning**) *tr* étourdir

stunning [ˈstʌnɪŋ] *adj* (coll) étourdissant, épatant

stunt [stʌnt] *s* atrophie *f*; (*underdeveloped creature*) avorton *m*; (coll) tour *m* de force, acrobatie *f* || *tr* atrophier || *intr* (coll) faire des acrobaties

stunted *adj* rabougri
stunt′ fly′ing *s* vol *m* de virtuosité, acrobatie *f* aérienne
stunt′ man′ *s* (*pl* **men′**) cascadeur *m*, doublure *f*
stupe•fy [ˈst(j)upɪ,faɪ] *v* (*pret & pp* **-fied**) *tr* stupéfier
stupendous [st(j)uˈpendəs] *adj* prodigieux, formidable
stupid [ˈst(j)upɪd] *adj* stupide
stupor [ˈst(j)upər] *s* stupeur *f*
stur•dy [ˈstʌrdi] *adj* (*comp* **-dier**; *super* **-diest**) robuste, vigoureux; (*resolute*) ferme, hardi
sturgeon [ˈstʌrdʒən] *s* esturgeon *m*
stutter [ˈstʌtər] *s* bégaiement *m* ‖ *tr & intr* bégayer
sty [staɪ] *s* (*pl* **sties**) porcherie *f*; (pathol) orgelet *m*
style [staɪl] *s* style *m*; (*fashion*) mode *f*; (*elegance*) ton *m*, chic *m*; **to live in great style** mener grand train ‖ *tr* appeler, dénommer; **to style oneself** s'intituler
stylish [ˈstaɪlɪʃ] *adj* à la mode, élégant, chic
sty•mie [ˈstaɪmi] *v* (*pret & pp* **-mied**; *ger* **-mieing**) *tr* contrecarrer
styp′tic pen′cil [ˈstɪptɪk] *s* crayon *m* styptique
suave [swɑv], [swev] *adj* suave; (*person*) affable; (*manners*) doucereux
sub [sʌb] *s* (coll) sous-marin *m*
subconscious [səbˈkɑnʃəs] *adj & s* subconscient *m*
sub′divide′ or **sub′divide′** *tr* subdiviser ‖ *intr* se subdiviser
subdue [səbˈd(j)u] *tr* subjuguer, vaincre, asservir; (*color, light, sound*) adoucir, amortir; (*passions, feelings*) dompter
sub′head′ *s* sous-titre *m*
subject [ˈsʌbdʒɪkt] *adj* sujet, assujetti, soumis ‖ *s* sujet *m*; (*e.g., in school*) matière *f* ‖ [səbˈdʒekt] *tr* assujettir, soumettre
subjection [səbˈdʒɛkʃən] *s* sujétion *f*, soumission *f*
subjective [səbˈdʒɛktɪv] *adj* subjectif
sub′ject mat′ter *s* matière *f*
subjugate [ˈsʌbdʒə,get] *tr* subjuguer
subjunctive [səbˈdʒʌŋktɪv] *adj & s* subjonctif *m*
sub′lease′ *s* sous-location *f* ‖ **sub′lease′** *tr* sous-louer
sub•let [səbˈlɛt], [ˈsʌb,lɛt] *v* (*pret & pp* **-let**; *ger* **-letting**) *tr* sous-louer
sub′machine′ gun′ *s* mitraillette *f*
sub′marine′ *adj & s* sous-marin *m*
sub′marine chas′er *s* chasseur *m* de sous-marins
submerge [səbˈmʌrdʒ] *tr* submerger ‖ *intr* (*said of submarine*) plonger
submersion [səbˈmʌrʒən], [səbˈmʌrʃən] *s* submersion *f*
submission [səbˈmɪʃən] *s* soumission *f*; (*delivery*) présentation *f*
submissive [səbˈmɪsɪv] *adj* soumis
sub•mit [səbˈmɪt] *v* (*pret & pp* **-mitted**; *ger* **-mitting**) *tr* soumettre ‖ *intr* se soumettre
subordinate [səbˈɔrdɪnɪt] *adj & s* subordonné *m* ‖ [səbˈɔrdɪ,net] *tr* subordonner
subpoena [sʌbˈpinə], [səˈpinə] *s* assignation *f*, citation *f* ‖ *tr* citer
subscribe [səbˈskraɪb] *tr* souscrire ‖ *intr*—**to subscribe to** (*an opinion; a charity; a loan; a newspaper*) souscrire à; (*a newspaper*) s'abonner à
subscriber [səbˈskraɪbər] *s* abonné *m*
subscription [səbˈskrɪpʃən] *s* souscription *f*; (*to newspaper or magazine*) abonnement *m*; (*to club*) cotisation *f*; **to take out a subscription for s.o.** abonner qn; **to take out a subscription to** s'abonner à
subsequent [ˈsʌbsɪkwənt] *adj* subséquent, suivant
subservient [səbˈsʌrvɪ·ənt] *adj* asservi, subordonné
subside [səbˈsaɪd] *intr* (*said of water, ground, etc.*) s'abaisser; (*said of storm, excitement, etc.*) s'apaiser
subsidiar•y [səbˈsɪdɪ,eri] *adj* subsidiaire ‖ *s* (*pl* **-ies**) filiale *f*
subsidize [ˈsʌbsɪ,daɪz] *tr* subventionner; suborner
subsi•dy [ˈsʌbsɪdi] *s* (*pl* **-dies**) subside *m*, subvention *f*
subsist [səbˈsɪst] *intr* subsister
subsistence [səbˈsɪstəns] *s* (*supplies*) subsistance *f*; existence *f*
sub′soil′ *s* sous-sol *m*
substance [ˈsʌbstəns] *s* substance *f*
sub•stand′ard *adj* inférieur au niveau normal
substantial [səbˈstænʃəl] *adj* substantiel; (*wealthy*) aisé, cossu
substantiate [səbˈstænʃɪ,et] *tr* établir, vérifier
substantive [ˈsʌbstəntɪv] *adj & s* substantif *m*
sub′sta′tion *s* (*of post office*) bureau *m* auxiliaire; (elec) sous-station *f*
substitute [ˈsʌbstɪ,t(j)ut] *s* (*person*) remplaçant *m*, suppléant *m*, substitut *m*; (*e.g., for coffee*) succédané *m* ‖ *tr* remplacer, e.g., **they substituted copper for silver** ils ont remplacé l'argent par le cuivre; substituer, e.g., **a hind was substituted for Iphigenia** une biche fut substituée à Iphigénie ‖ *intr* servir de remplaçant; **to substitute for** remplacer, suppléer
substitution [,sʌbstɪˈt(j)uʃən] *s* substitution *f*
sub′stra′tum *s* (*pl* **-ta** [tə] or **-tums**) substrat *m*
subterfuge [ˈsʌbtər,fjudʒ] *s* subterfuge *m*, faux-fuyant *m*
subterranean [,sʌbtəˈrenɪ·ən] *adj* souterrain
sub′ti′tle *s* sous-titre *m*
subtle [ˈsʌtəl] *adj* subtil
subtle•ty [ˈsʌtəlti] *s* (*pl* **-ties**) subtilité *f*
subtract [səbˈtrækt] *tr* soustraire
subtraction [səbˈtrækʃən] *s* soustraction *f*
suburb [ˈsʌbʌrb] *s* ville *f* de la banlieue; **the suburbs** la banlieue
suburban [səˈbʌrbən] *adj* suburbain
suburbanite [səˈbʌrbə,naɪt] *s* banlieusard *m*

subvention [səbˈvenʃən] *s* subvention *f* || *tr* subventionner
subversive [səbˈvʌrsɪv] *adj* subversif || *s* factieux *m*
subvert [səbˈvʌrt] *tr* corrompre; renverser
sub′way′ *s* métro *m*; (*tunnel for pedestrians*) souterrain *m*
sub′way car′ *s* voiture *f* de métro
sub′way sta′tion *s* station *f* de métro
succeed [səkˈsid] *tr* succéder (with *dat*); **to succeed one another** se succéder || *intr* réussir; **to succeed in** + *ger* réussir à + *inf*; **to succeed to** (*the throne; a fortune*) succéder à
success [səkˈses] *s* succès *m*, réussite *f*; **to be a success** avoir du succès
successful [səkˈsesfəl] *adj* réussi; heureux, prospère
succession [səkˈseʃən] *s* succession *f*; **in succession** de suite
successive [səkˈsesɪv] *adj* successif
succor [ˈsʌkər] *s* secours *m* || *tr* secourir
succotash [ˈsʌkə,tæʃ] *s* plat *m* de fèves et de maïs
succumb [səˈkʌm] *intr* succomber
such [sʌtʃ] *adj & pron indef* tel, pareil, semblable; **such a** un tel; **such and such** tel et tel; **such as** tel que
suck [sʌk] *s*—**to give suck to** allaiter || *tr* sucer; (*a nipple*) téter; **to suck in** aspirer; (*to absorb*) sucer || *intr* sucer; téter
sucker [ˈsʌkər] *s* suceur *m*; (*sucking organ*) suçoir *m*, ventouse *f*; (bot) drageon *m*; (ichth) rémora *m*; (*gullible person*) (coll) gogo *m*; (*lollipop*) (coll) sucette *f*
suckle [ˈsʌkəl] *tr* allaiter
suck′ling pig′ *s* cochon *m* de lait
suction [ˈsʌkʃən] *s* succion *f*
suc′tion cup′ *s* ventouse *f*
suc′tion pump′ *s* pompe *f* aspirante
sudden [ˈsʌdən] *adj* brusque, soudain; **all of a sudden** tout à coup
suddenly [ˈsʌdənli] *adv* tout à coup
suds [sʌdz] *spl* eau *f* savonneuse; mousse *f* de savon
sue [s(j)u] *tr* poursuivre en justice || *intr* intenter un procès
suede [swed] *s* suède *m*; (*for shoes*) daim *m*
suet [ˈs(j)u·ɪt] *s* graisse *f* de rognon
suffer [ˈsʌfər] *tr* souffrir; (*to allow*) permettre; (*a defeat*) essuyer, subir || *intr* souffrir
sufferance [ˈsʌfərəns] *s* tolérance *f*
suffering [ˈsʌfərɪŋ] *adj* souffrant || *s* souffrance *f*
suffice [səˈfaɪs] *tr* suffire (with *dat*) || *intr* suffire; **it suffices to** + *inf* il suffit de + *inf*
sufficient [səˈfɪʃənt] *adj* suffisant
suffix [ˈsʌfɪks] *s* suffixe *m*
suffocate [ˈsʌfə,ket] *tr & intr* suffoquer, étouffer
suffrage [ˈsʌfrɪdʒ] *s* suffrage *m*
suffragist [ˈsʌfrədʒɪst] *s* partisan *m* du droit de vote des femmes
suffuse [səˈfjuz] *tr* baigner, saturer
sugar [ˈʃʊgər] *s* sucre *m* || *tr* sucrer; (*a cake*) saupoudrer de sucre; (*a pill*) recouvrir de sucre || *intr* former du sucre
sug′ar beet′ *s* betterave *f* sucrière, betterave à sucre
sug′ar bowl′ *s* sucrier *m*
sug′ar cane′ *s* canne *f* à sucre
sug′ar-coat′ *tr* dragéifier; (fig) dorer
sug′ar dad′dy *s* (*pl* **-dies**) papa *m* gâteau
sug′ar ma′ple *s* érable *m* à sucre
sug′ar pea′ *s* mange-tout *m*
sug′ar tongs′ *spl* pince *f* à sucre
sugary [ˈʃʊgəri] *adj* sucré; (fig) doucereux
suggest [səgˈdʒest] *tr* suggérer
suggestion [səgˈdʒestʃən] *s* suggestion *f*; nuance *f*, pointe *f*, soupçon *m*
suggestive [səgˈdʒestɪv] *adj* suggestif
suicidal [,s(j)u·ɪˈsaɪdəl] *adj* suicidaire
suicide [ˈs(j)u·ɪ,saɪd] *s* (*act*) suicide *m*; (*person*) suicidé *m*; **to commit suicide** se suicider
suit [s(j)ut] *s* costume *m*; (*men's*) complet *m*, costume; (*women's*) costume tailleur, tailleur *m*; (*lawsuit*) procès *m*; (*plea*) requête *f*; (cards) couleur *f*; **to follow suit** jouer la couleur; (fig) en faire autant || *tr* adapter; convenir (with *dat*), e.g., **does that suit him?** cela lui convient?; aller (with *dat*), seoir (with *dat*), e.g., **the dress suits her well** la robe lui va bien, la robe lui sied bien || *intr* convenir, aller
suitable [ˈs(j)utəbəl] *adj* convenable, à propos; compétent
suit′case′ *s* valise *f*
suite [swit] *s* suite *f* || [s(j)ut] *s* (*of furniture*) ameublement *m*, mobilier *m*
suiting [ˈs(j)utɪŋ] *s* étoffe *f* pour complets
suit′ of clothes′ *s* complet-veston *m*
suitor [ˈs(j)utər] *s* prétendant *m*, soupirant *m*
sul′fa drugs′ [ˈsʌlfə] *spl* sulfamides *mpl*
sulfide [ˈsʌlfaɪd] *s* sulfure *m*
sulfur [ˈsʌlfər] *adj* soufré || *s* soufre *m* || *tr* soufrer
sulfuric [sʌlˈfjʊrɪk] *adj* sulfurique
sul′fur mine′ *s* soufrière *f*
sulk [sʌlk] *s* bouderie *f* || *intr* bouder
sulk·y [ˈsʌlki] *adj* (*comp* **-ier**; *super* **-iest**) boudeur, maussade
sullen [ˈsʌlən] *adj* maussade, rébarbatif
sul·ly [ˈsʌli] *v* (*pret & pp* **-lied**) *tr* souiller
sulphur [ˈsʌlfər] *adj, s & tr* var of **sulfur**
sultan [ˈsʌltən] *s* sultan *m*
sul·try [ˈsʌltri] *adj* (*comp* **-trier**; *super* **-triest**) étouffant, suffocant
sum [sʌm] *s* somme *f*; tout *m*, total *m*; **in sum** somme toute || *v* (*pret & pp* **summed**; *ger* **summing**) *tr*—**to sum up** résumer
sumac or **sumach** [ˈʃumæk], [ˈsumæk] *s* sumac *m*
summarize [ˈsʌmə,raɪz] *tr* résumer
summa·ry [ˈsʌməri] *adj* sommaire || *s* (*pl* **-ries**) sommaire *m*

summer [ˈsʌmər] *adj* estival || *s* été *m* || *intr* passer l'été
sum′mer resort′ *s* station *f* estivale
sum′mer school′ *s* cours *m* d'été, cours de vacances
summery [ˈsʌməri] *adj* estival, d'été
summit [ˈsʌmɪt] *s* sommet *m*
sum′mit con′ference *s* conférence *f* au sommet
summon [ˈsʌmən] *tr* appeler, convoquer; (law) sommer, citer, assigner
summons [ˈsʌmənz] *s* appel *m*; (law) citation *f*, assignation *f*, exploit *m*
sumptuous [ˈsʌmptʃʊ·əs] *adj* somptueux
sun [sʌn] *s* soleil *m* || *v* (*pret & pp* **sunned**; *ger* **sunning**) *tr* exposer au soleil || *intr* prendre le soleil
sun′ bath′ *s* bain *m* de soleil
sun′beam′ *s* rayon *m* de soleil
sun′bon′net *s* capeline *f*
sun′burn′ *s* coup *m* de soleil || *v* (*pret & pp* **-burned** or **-burnt**) *tr* hâler, basaner || *intr* se basaner
sun′burned′ *adj* brûlé par le soleil
sundae [ˈsʌndi] *s* coupe *f* de glace garnie de fruits
Sunday [ˈsʌndi] *adj* dominical || *s* dimanche *m*
Sun′day best′ *s* (coll) habits *mpl* du dimanche
Sun′day driv′er *s* chauffeur *m* du dimanche
Sun′day school′ *s* école *f* du dimanche
sunder [ˈsʌndər] *tr* séparer, rompre
sun′di′al *s* cadran *m* solaire, gnomon *m*
sun′down′ *s* coucher *m* du soleil
sundries [ˈsʌndriz] *spl* articles *mpl* divers
sundry [ˈsʌndri] *adj* divers
sun′fish′ *s* poisson-lune *m*
sun′flow′er *s* soleil *m*, tournesol *m*
sun′glass′es *spl* lunettes *fpl* de soleil, verres *mpl* fumés
sunken [ˈsʌŋkən] *adj* creux, enfoncé; (*rock*) noyé; (*ship*) sous-marin
sun′ lamp′ *s* lampe *f* à rayons ultraviolets
sun′light′ *s* lumière *f* du soleil
sun·ny [ˈsʌni] *adj* (*comp* **-nier**; *super* **-niest**) ensoleillé; (*happy*) enjoué; **it is sunny** il fait du soleil
sun′ny side′ *s* côté *m* exposé au soleil; (fig) bon côté
sun′ par′lor *s* véranda *f*
sun′rise′ *s* lever *m* du soleil
sun′set′ *s* coucher *m* du soleil
sun′shade′ *s* (*over door*) banne *f*; parasol *m*; abat-jour *m*, visière *f*
sun′shine′ *s* clarté *f* du soleil, soleil *m*; (fig) gaieté *f* rayonnante; **in the sunshine** en plein soleil
sun′spot′ *s* tache *f* solaire
sun′stroke′ *s* insolation *f*
sun′ tan′ *s* hâle *m*
sun′-tan oil′ *s* huile *f* solaire
sun′up′ *s* lever *m* du soleil
sun′ vi′sor *s* abat-jour *m*
sup [sʌp] *v* (*pret & pp* **supped**; *ger* **supping**) *intr* souper
super [ˈsupər] *adj* (slang) superbe, formidable || *s* (theat) figurant *m*; (slang) concierge *mf*
su′per·abun′dant *adj* surabondant
superannuated [ˌsupərˈænjʊˌetɪd] *adj* (*person*) retraité; (*thing*) suranné
superb [sʊˈpʌrb], [səˈpʌrb] *adj* superbe
su′per·car′go *s* (*pl* **-goes** or **-gos**) subrécargue *m*
su′per·charge′ *s* surcompression *f* || *tr* surcomprimer
supercilious [ˌsupərˈsɪlɪ·əs] *adj* sourcilleux, hautain, arrogant
superficial [ˌsupərˈfɪʃəl] *adj* superficiel
superfluous [sʊˈpʌrflʊ·əs] *adj* superflu
su′per·high′way′ *s* autoroute *f*
su′per·hu′man *adj* surhumain
su′per·impose′ *tr* superposer
su′per·intend′ *tr* surveiller; diriger
superintendent [ˌsupərɪnˈtendənt] *s* directeur *m*, directeur en chef; (*of a building*) concierge *mf*
superior [səˈpɪrɪ·ər], [sʊˈpɪrɪ·ər] *adj & s* supérieur *m*
superiority [səˌpɪrɪˈɑrɪti], [sʊˌpɪrɪˈɑrɪti] *s* supériorité *f*
superlative [səˈpʌrlətɪv], [sʊˈpʌrlətɪv] *adj & s* superlatif *m*
su′per·man′ *s* (*pl* **-men′**) surhomme *m*
su′per·mar′ket *s* supermarché *m*
su′per·nat′ural *adj & s* surnaturel *m*
supersede [ˌsupərˈsid] *tr* remplacer
su′per·sen′sitive *adj* hypersensible
su′per·son′ic *adj* supersonique
superstition [ˌsupərˈstɪʃən] *s* superstition *f*
superstitious [ˌsupərˈstɪʃəs] *adj* superstitieux
supervene [ˌsupərˈvin] *intr* survenir
supervise [ˈsupərˌvaɪz] *tr* surveiller; diriger
supervision [ˌsupərˈvɪʒən] *s* surveillance *f*; direction *f*
supervisor [ˈsupərˌvaɪzər] *s* surveillant *m*, inspecteur *m*; directeur *m*
supper [ˈsʌpər] *s* souper *m*
sup′per·time′ *s* heure *f* du souper
supplant [səˈplænt] *tr* supplanter
supple [ˈsʌpəl] *adj* souple, flexible
supplement [ˈsʌplɪmənt] *s* supplément *m* || [ˈsʌplɪˌment] *tr* ajouter à
suppliant [ˈsʌplɪ·ənt] *adj & s* suppliant *m*
supplicant [ˈsʌplɪkənt] *s* suppliant *m*
supplicate [ˈsʌplɪˌket] *tr* supplier
supplier [səˈplaɪ·ər] *s* fournisseur *m*, pourvoyeur *m*
sup·ply [səˈplaɪ] *s* (*pl* **-plies**) fourniture *f*, provision *f*; (mil) approvisionnement *m*; **supplies** fournitures; (*of food*) vivres *mpl* || *v* (*pret & pp* **-plied**) *tr* fournir; (*a person, a city, a fort*) pourvoir, munir; (*a need*) répondre à; (*what is lacking*) suppléer; (mil) approvisionner
supply′ and demand′ *spl* l'offre *f* et la demande
support [səˈport] *s* soutien *m*, appui *m*; ressources *fpl*, de quoi vivre *m*; (*pillar*) support *m* || *tr* soutenir, appuyer; (*e.g., a wife*) entretenir, soutenir; (*to

hold up; to corroborate; to tolerate) supporter; **to support oneself** gagner sa vie
supporter [sə'portər] *s* partisan *m*, supporter *m*; (*for part of body*) suspensoir *m*
suppose [sə'poz] *tr* supposer; s'imaginer; **I suppose so** probablement; **suppose that . . .** à supposer que . . . ; **suppose we take a walk?** si nous faisions une promenade?; **to be supposed to** + *inf* devoir + *inf*; (*to be considered to be*) être censé + *inf*
supposedly [sə'pozɪdli] *adv* censément
supposition [,sʌpə'zɪʃən] *s* supposition *f*
suppositoʹry [sə'pɑzɪ,tori] *s* (*pl* **-ries**) suppositoire *m*
suppress [sə'pres] *tr* supprimer; (*rebellion; anger*) réprimer, contenir; (*a yawn*) étouffer, empêcher
suppression [sə'preʃən] *s* suppression *f*; (*of a rebellion*) subjugation *f*, répression *f*; (*of a yawn*) empêchement *m*
suppurate ['sʌpjə,ret] *intr* suppurer
supreme [sə'prim], [sʊ'prim] *adj* suprême
supreme' court' *s* cour *f* de cassation
surcharge ['sʌr,tʃɑrdʒ] *s* surcharge *f* || [,sʌr'tʃɑrdʒ], ['sʌr,tʃɑrdʒ] *tr* surcharger
sure [ʃʊr] *adj* sûr, certain; (*e.g., hand*) ferme; **for sure** à coup sûr, pour sûr; **to be sure to** + *inf* ne pas manquer de + *inf*; **to make sure** s'assurer || *adv* (coll) certainement; **sure enough** (coll) effectivement, assurément || *interj* (slang) mais oui!, bien sûr!, entendu!
sure'-foot'ed *adj* au pied sûr
sure•ty ['ʃʊrti], ['ʃʊrɪti] *s* (*pl* **-ties**) sûreté *f*
surf [sʌrf] *s* barre *f*, ressac *m*, brisants *mpl*
surface ['sʌrfɪs] *adj* superficiel || *s* surface *f*; (area) superficie *f*; **on the surface** à la surface, en apparence; **to float under the surface** nager entre deux eaux || *tr* polir la surface de; (*a road*) recouvrir, revêtir || *intr* (*said of submarine*) faire surface
sur'face mail' *s* courrier *m* par voie ordinaire
surf'board' *s* planche *f* pour le surf, surfboard *m*
surfeit ['sʌrfɪt] *s* satiété *f* || *tr* rassasier || *intr* se rassasier
surf'rid'ing *s* surfing *m*, planking *m*
surge [sʌrdʒ] *s* houle *f*; (elec) surtension *f* || *intr* être houleux; se répandre; **to surge up** s'enfler, s'élever
surgeon ['sʌrdʒən] *s* chirurgien *m*
surger•y ['sʌrdʒəri] *s* (*pl* **-ies**) chirurgie *f*; salle *f* d'opération
surgical ['sʌrdʒɪkəl] *adj* chirurgical
sur•ly ['sʌrli] *adj* (*comp* **-lier**; *super* **-liest**) hargneux, maussade, bourru
surmise [sər'maɪz], ['sʌrmaɪz] *s* conjecture *f* || [sər'maɪz] *tr* & *intr* conjecturer
surmount [sər'maunt] *tr* surmonter
surname ['sʌr,nem] *s* nom *m* de famille; surnom *m* || *tr* donner un nom de famille à; surnommer
surpass [sər'pæs], [sər'pɑs] *tr* surpasser
surplice ['sʌrplɪs] *s* surplis *m*
surplus ['sʌrplʌs] *adj* excédent, excédentaire, en excédent || *s* surplus *m*, excédent *m*
sur'plus bag'gage *s* excédent *m* de bagages
surprise [sər'praɪz] *adj* à l'improviste, brusqué, inopiné || *s* surprise *f*, étonnement *m*; **to take by surprise** prendre à l'improviste, prendre au dépourvu || *tr* surprendre; **to be surprised at** être surpris de
surprise' attack' *s* attaque *f* brusquée
surprise' pack'age *s* surprise *f*, pochette *f* surprise
surprise' par'ty *s* (*pl* **-ties**) réunion *f* à l'improviste
surprising [sər'praɪzɪŋ] *adj* surprenant
surrealism [sə'ri•ə,lɪzəm] *s* surréalisme *m*
surrender [sə'rendər] *s* reddition *f*, soumission *f*; (*e.g., of prisoners, goods*) remise *f*; (*e.g., of rights, property*) cession *f* || *tr* rendre, céder || *intr* se rendre
surren'der val'ue *s* valeur *f* de rachat
surreptitious [,sʌrep'tɪʃəs] *adj* subreptice
surround [sə'raund] *tr* entourer
surrounding [sə'raundɪŋ] *adj* entourant, environnant || **surroundings** *spl* environs *mpl*, alentours *mpl*; entourage *m*, milieu *m*
surtax ['sʌr,tæks] *s* surtaxe *f* || *tr* surtaxer
surveillance [sər'vel(j)əns] *s* surveillance *f*
survey ['sʌrve] *s* (*for verification*) contrôle *m*; (*for evaluation*) appréciation *f*, évaluation *f*; (*report*) expertise *f*, aperçu *m*; (*of a whole*) vue *f* d'ensemble, tour *m* d'horizon; (*measured plan or drawing*) levé *m*, plan *m*; (surv) lever *m* or levé des plans; **to make a survey** (*to map out*) lever un plan; (*to poll*) effectuer un contrôle par sondage || [sʌr've], ['sʌrve] *tr* contrôler; apprécier, évaluer, faire l'expertise de; (*as a whole*) jeter un coup d'œil sur; (*to poll*) sonder; (*e.g., a farm*) arpenter, faire l'arpentage de; (*e.g., a city*) faire le levé de
sur'vey course' *s* cours *m* général
surveying [sʌr've•ɪŋ] *s* arpentage *m*, géodésie *f*, levé *m* des plans
surveyor [sər've•ər] *s* arpenteur *m*
survival [sər'vaɪvəl] *s* survivance *f*; (*after death*) survie *f*
survive [sər'vaɪv] *tr* survivre (with *dat*) || *intr* survivre
surviving [sər'vaɪvɪŋ] *adj* survivant
survivor [sər'vaɪvər] *s* survivant *m*
survivorship [sər'vaɪvər,ʃɪp] *s* (law) survie *f*
susceptible [sə'septɪbəl] *adj* (*capable*) susceptible; (*liable, subject*) sensible; (*to love*) facilement amoureux
suspect ['sʌspekt], [səs'pekt] *adj* & *s*

suspect *m* || [səs'pekt] *tr* soupçonner || *intr* s'en douter
suspend [səs'pend] *tr* suspendre
suspenders [səs'pendərz] *spl* bretelles *fpl*
suspense [səs'pens] *s* suspens *m*
suspension [səs'penʃən] *s* suspension *f*; **suspension of driver's license** retrait *m* de permis
suspen'sion bridge' *s* pont *m* suspendu
suspicion [səs'pɪʃən] *s* soupçon *m*
suspicious [səs'pɪʃəs] *adj* (*inclined to suspect*) soupçonneux; (*subject to suspicion*) suspect
sustain [səs'ten] *tr* soutenir; (*a loss, injury, etc.*) éprouver
sustenance ['sʌstɪnəns] *s* subsistance *f*; (*food*) nourriture *f*
swab [swɑb] *s* écouvillon *m*; (naut) faubert *m*; (surg) tampon *m* || *v* (*pret & pp* **swabbed**; *ger* **swabbing**) *tr* écouvillonner
swaddle ['swɑdəl] *tr* emmailloter
swad'dling clothes' *spl* maillot *m*
swagger ['swægər] *s* fanfaronnade *f* || *intr* faire des fanfaronnades
swain [swen] *s* garçon *m*; jeune berger *m*; soupirant *m*
swallow ['swɑlo] *s* gorgée *f*; (orn) hirondelle *f* || *tr & intr* avaler
swal'low-tailed coat' *s* frac *m*
swamp [swɑmp] *s* marécage *m* || *tr* submerger, inonder
swamp·y ['swɑmpi] *adj* (*comp* **-ier**; *super* **-iest**) marécageux
swan [swɑn] *s* cygne *m*
swan' dive' *s* saut *m* de l'ange
swank [swæŋk] *adj* (slang) élégant, chic
swan' knight' *s* chevalier *m* au cygne
swan's'-down' *s* cygne *m*, duvet *m* de cygne
swan' song' *s* chant *m* du cygne
swap [swɑp] *s* (coll) troc *m* || *v* (*pret & pp* **swapped**; *ger* **swapping**) *tr & intr* troquer
swarm [swɔrm] *s* essaim *m* || *intr* essaimer; (fig) fourmiller
swarth·y ['swɔrði], ['swɔrθi] *adj* (*comp* **-ier**; *super* **-iest**) basané, brun, noiraud
swashbuckler ['swɑʃ,bʌklər] *s* rodomont *m*, bretteur *m*
swat [swɑt] *s* (coll) coup *m* violent || *v* (*pret & pp* **swatted**; *ger* **swatting**) *tr* (coll) frapper; (*a fly*) (coll) écraser
sway [swe] *s* balancement *m*; (*domination*) empire *m* || *tr* balancer || *intr* se balancer; (*to hesitate*) balancer
swear [swer] *v* (*pret* **swore** [swor]; *pp* **sworn** [sworn]) *tr* jurer; **to swear in** faire prêter serment à; **to swear off** jurer de renoncer à || *intr* jurer; **to swear at** injurier; **to swear by** (*e.g., a remedy*) préconiser; **to swear to** déclarer sous serment; jurer de + *inf*
swear' words' *spl* gros mots *mpl*
sweat [swet] *s* sueur *f* || *v* (*pret & pp* **sweat** or **sweated**) *tr* (*e.g., blood*) suer; (slang) faire suer; **to sweat it out** (slang) en baver jusqu'à la fin || *intr* suer
sweater ['swetər] *s* chandail *m*
sweat' shirt' *s* maillot *m* de sport
sweat·y ['sweti] *adj* (*comp* **-ier**; *super* **-iest**) suant
Swede [swid] *s* Suédois *m*
Sweden ['swidən] *s* Suède *f*; la Suède
Swedish ['swidɪʃ] *adj & s* suédois *m*
sweep [swip] *s* balayage *m*; étendue *f*; (*curve*) courbe *f*; (*of wind*) souffle *m*; (*of well*) chadouf *m*; **at one sweep** d'un seul coup; **to make a clean sweep of** faire table rase de; (*to win all of*) rafler || *v* (*pret & pp* **swept** [swept]) *tr* balayer; (*the chimney*) ramoner; (*for mines*) draguer || *intr* balayer; s'étendre
sweeper ['swipər] *s* balayeur *m*; (mach) balai *m* mécanique
sweeping ['swipɪŋ] *adj* (*movement*) vigoureux; (*statement*) catégorique || *s* balayage *m*; **sweepings** balayures *fpl*
sweep'-sec'ond *s* trotteuse *f* centrale
sweep'stakes' *s* or *spl* loterie *f*; (turf) sweepstake *m*
sweet [swit] *adj* doux; sucré; (*perfume, music, etc.*) suave; (*sound*) mélodieux; (*milk*) frais; (*person*) charmant, gentil; (*dear*) cher; **to be sweet on** (coll) avoir un béguin pour; **to smell sweet** sentir bon || **sweets** *spl* sucreries *fpl*
sweet'bread' *s* ris *m* de veau
sweet'bri'er *s* églantier *m*
sweeten ['switən] *tr* sucrer; purifier; (fig) adoucir || *intr* s'adoucir
sweet'heart' *s* petite amie *f*, chérie *f*; **sweethearts** amoureux *mpl*
sweet' mar'joram *s* marjolaine *f*
sweet'meats' *spl* sucreries *fpl*
sweet' pea' *s* gesse *f* odorante, pois *m* de senteur
sweet' pep'per *s* piment *m* doux, poivron *m*
sweet' pota'to *s* patate *f* douce
sweet'-scent'ed *adj* parfumé
sweet'-toothed' *adj* friand de sucreries
sweet' wil'liam *s* œillet *m* de poète
swell [swel] *adj* (coll) élégant; (slang) épatant || *s* gonflement *m*; (*of sea*) houle *f*; (mus) crescendo *m*; (pathol) enflure *f*; (coll) rupin *m* || *v* (*pret* **swelled**; *pp* **swelled** or **swollen** ['swolən]) *tr* gonfler, enfler || *intr* se gonfler, s'enfler; (*said of sea*) se soulever; (fig) augmenter
swell'head'ed *adj* suffisant, vaniteux
swelter ['sweltər] *intr* étouffer de chaleur
swept'back wing' *s* aile *f* en flèche
swerve [swʌrv] *s* écart *m*, déviation *f*; (aut) embardée *f* || *tr* faire dévier || *intr* écarter, dévier; (aut) faire une embardée
swift [swɪft] *adj* rapide || *adv* vite || *s* (orn) martinet *m*
swig [swɪg] *s* (coll) lampée *f*, trait *m* || *v* (*pret & pp* **swigged**; *ger* **swigging**) *tr & intr* lamper
swill [swɪl] *s* eaux *fpl* grasses, ordures *fpl*; (*drink*) lampée *f* || *tr & intr* lamper

swim [swɪm] *s* nage *f*; **to be in the swim** (coll) être dans le train || *v* (*pret* **swam** [swæm]; *pp* **swum** [swʌm]; *ger* **swimming**) *tr* nager || *intr* nager; (*said of head*) tourner; **to swim across** traverser à la nage; **to swim under water** nager entre deux eaux
swimmer [ˈswɪmər] *s* nageur *m*
swimming [ˈswɪmɪŋ] *s* natation *f*, nage *f*
swim′ming pool′ *s* piscine *f*
swim′ming suit′ *s* maillot *m* de bain
swim′ming trunks′ *spl* slip *m* de bain
swindle [ˈswɪndəl] *s* escroquerie *f* || *tr* escroquer
swine [swaɪn] *s* (*pl* **swine**) cochon *m*, pourceau *m*, porc *m*
swing [swɪŋ] *s* balancement *m*, oscillation *f*; (*device used for recreation*) escarpolette *f*; (*trip*) tournée *f*; (boxing, mus) swing *m*; **in full swing** en pleine marche || *v* (*pret & pp* **swung** [swʌŋ]) *tr* balancer, faire osciller; (*the arms*) agiter; (*a sword*) brandir; (*e.g., an election*) mener à bien || *intr* se balancer; (*said of pendulum*) osciller; (*said of door*) pivoter; (*said of bell*) branler; **to swing open** s'ouvrir tout d'un coup
swing′ing door′ *s* porte *f* va-et-vient
swinish [ˈswaɪnɪʃ] *adj* cochon
swipe [swaɪp] *s* (coll) coup *m* à toute volée || *tr* (coll) frapper à toute volée; (*to steal*) (slang) chiper
swirl [swʌrl] *s* remous *m*, tourbillon *m* || *tr* faire tourbillonner || *intr* tourbillonner
swish [swɪʃ] *s* (*e.g., of a whip*) sifflement *m*; (*of a dress*) froufrou *m*; (*e.g., of water*) susurrement *m* || *tr* (*a whip*) faire siffler; (*its tail*) battre || *intr* siffler; froufrouter; susurrer
Swiss [swɪs] *adj* suisse || *s* Suisse *m*; **the Swiss** les Suisses *mpl*
Swiss′ chard′ [tʃɑrd] *s* bette *f*, poirée *f*
Swiss′ cheese′ *s* emmenthal *m*, gruyère *m*
Swiss′ Guard′ *s* suisse *m*
switch [swɪtʃ] *s* (*stick*) badine *f*; (*exchange*) échange *m*; (*hairpiece*) postiche *m*; (elec) interrupteur *m*; (rr) aiguille *f* || *tr* cingler; (*places*) échanger; (rr) aiguiller; **to switch off** couper; (*a light*) éteindre; **to switch on** mettre en circuit; (*a light*) allumer || *intr* changer de place
switch′back′ *s* chemin *m* en lacet
switch′board′ *s* tableau *m* de distribution; standard *m* téléphonique
switch′board op′erator *s* standardiste *mf*
switch′ing en′gine *s* locomotive *f* de manœuvre
switch′man *s* (*pl* **-men**) aiguilleur *m*
switch′ tow′er *s* poste *m* d'aiguillage
switch′yard′ *s* gare *f* de triage
Switzerland [ˈswɪtsərlənd] *s* Suisse *f*; la Suisse
swiv•el [ˈswɪvəl] *s* pivot *m*; (*link*) émerillon *m* || *v* (*pret & pp* **-eled** or **-elled**; *ger* **-eling** or **-elling**) *tr* faire pivoter || *intr* pivoter
swiv′el chair′ *s* fauteuil *m* tournant
swoon [swun] *s* évanouissement *m* || *intr* s'évanouir
swoop [swup] *s* attaque *f* brusque; **at one fell swoop** d'un seul coup || *intr* foncer, fondre; **to swoop down on** s'abattre sur
sword [sord] *s* épée *f*; **to cross swords with** croiser le fer avec; **to put to the sword** passer au fil de l'épée
sword′ belt′ *s* ceinturon *m*
sword′fish′ *s* espadon *m*
swords′man *s* (*pl* **-men**) épéiste *m*
sword′ swal′lower [ˈswɑlo·ər] *s* avaleur *m* de sabres
sword′ thrust′ *s* coup *m* de pointe, coup d'épée
sworn [sworn] *adj* (*enemy*) juré; **sworn in** assermenté
sycophant [ˈsɪkəfənt] *s* flagorneur *m*
syllable [ˈsɪləbəl] *s* syllabe *f*
sylla•bus [ˈsɪləbəs] *s* (*pl* **-bi** [ˌbaɪ] or **-buses**) programme *m*
syllogism [ˈsɪləˌdʒɪzəm] *s* syllogisme *m*
sylph [sɪlf] *s* sylphe *m*
sylvan [ˈsɪlvən] *adj* sylvestre
symbol [ˈsɪmbəl] *s* symbole *m*
symbolic(al) [sɪmˈbɑlɪk(əl)] *adj* symbolique
symbolism [ˈsɪmbəˌlɪzm] *s* symbolisme *m*
symbolize [ˈsɪmbəˌlaɪz] *tr* symboliser
symmetric(al) [sɪˈmetrɪk(əl)] *adj* symétrique
symme•try [ˈsɪmɪtri] *s* (*pl* **-tries**) symétrie *f*
sympathetic [ˌsɪmpəˈθetɪk] *adj* compatissant; bien disposé; (anat, physiol) sympathique
sympathize [ˈsɪmpəˌθaɪz] *intr*—**to sympathize with** compatir à; comprendre
sympa•thy [ˈsɪmpəθi] *s* (*pl* **-thies**) sympathie *f*; (*shared sorrow*) compassion *f*; **to be in sympathy with** être en sympathie avec; **to extend one's sympathy to** offrir ses condoléances à
sym′pathy strike′ *s* grève *f* de solidarité
sympho•ny [ˈsɪmfəni] *s* (*pl* **-nies**) symphonie *f*
symposi•um [sɪmˈpozɪ·əm] *s* (*pl* **-a** [ə]) colloque *m*, symposium *m*
symptom [ˈsɪmptəm] *s* symptôme *m*
synagogue [ˈsɪnəˌgɔg], [ˈsɪnəˌgɑg] *s* synagogue *f*
synchronize [ˈsɪŋkrəˌnaɪz] *tr* synchroniser
synchronous [ˈsɪŋkrənəs] *adj* synchrone
syncopation [ˌsɪŋkəˈpeʃən] *s* syncope *f*
syncope [ˈsɪŋkəˌpi] *s* syncope *f*
syndicate [ˈsɪndɪkɪt] *s* syndicat *m* || [ˈsɪndɪˌket] *tr* syndiquer || *intr* se syndiquer
synonym [ˈsɪnənɪm] *s* synonyme *m*
synonymous [sɪˈnɑnɪməs] *adj* synonyme
synop•sis [sɪˈnɑpsɪs] *s* (*pl* **-ses** [siz]) abrégé *m*, résumé *m*; (mov) synopsis *m & f*
syntax [ˈsɪntæks] *s* syntaxe *f*
synthe•sis [ˈsɪnθɪsɪs] *s* (*pl* **-ses** [ˌsiz]) synthèse *f*
synthesize [ˈsɪnθɪˌsaɪz] *tr* synthétiser

synthetic(al) [sɪnˈθetɪk(əl)] *adj* synthétique
syphilis [ˈsɪfɪlɪs] *s* syphilis *f*
Syria [ˈsɪrɪ·ə] *s* Syrie *f*; la Syrie
Syrian [ˈsɪrɪ·ən] *adj* syrien ‖ *s* (*language*) syrien *m*; (*person*) Syrien *m*
syringe [sɪˈrɪndʒ], [ˈsɪrɪndʒ] *s* seringue *f* ‖ *tr* seringuer
syrup [ˈsɪrəp], [ˈsʌrəp] *s* sirop *m*
system [ˈsɪstəm] *s* système *m*; (*of lines, wires, pipes, roads*) réseau *m*
systematic(al) [ˌsɪstəˈmætɪk(əl)] *adj* systématique
systematize [ˈsɪstəməˌtaɪz] *tr* systématiser
systole [ˈsɪstəli] *s* systole *f*

T

T, t [ti] *s* XXe lettre de l'alphabet
tab [tæb] *s* patte *f*; (*label*) étiquette *f*; **to keep tab on** (coll) garder à l'œil; **to pick up the tab** (coll) payer l'addition
tab·by [ˈtæbi] *s* (*pl* **-bies**) chat *m* moucheté; (*female cat*) chatte *f*; (*old maid*) vieille fille *f*; (*spiteful female*) vieille chipie *f*
tabernacle [ˈtæbərˌnækəl] *s* tabernacle *m*
table [ˈtebəl] *s* table *f*; (*tableland*) plateau *m*; (*list, chart*) tableau *m*, table; **to clear the table** ôter le couvert; **to set the table** mettre le couvert ‖ *tr* ajourner la discussion de
tab·leau [ˈtæblo] *s* (*pl* **-leaus** or **-leaux** [loz]) tableau *m* vivant
ta′ble·cloth′ *s* nappe *f*
table d'hôte [ˈtɑbəlˈdot] *s* repas *m* à prix fixe
ta′ble·land′ *s* plateau *m*
ta′ble lin′en *s* nappage *m*, linge *m* de table
ta′ble man′ners *spl*—**to have good table manners** bien se tenir à table
tab′le·mate′ *s* commensal *m*
ta′ble of con′tents *s* table *f* des matières
ta′ble·spoon′ *s* cuiller *f* à soupe
tablespoonful [ˈtebəlˌspunˌfʊl] *s* cuillerée *f* à soupe or à bouche
tablet [ˈtæblɪt] *s* (*writing pad*) bloc-notes *m*, bloc *m*; (*lozenge*) pastille *f*, comprimé *m*; plaque *f* commémorative
ta′ble talk′ *s* propos *mpl* de table
ta′ble ten′nis *s* tennis *m* de table
ta′ble·top′ *s* dessus *m* de table
ta′ble·ware′ *s* ustensiles *mpl* de table
ta′ble wine′ *s* vin *m* ordinaire
tabloid [ˈtæblɔɪd] *adj* (*press, article, etc.*) à sensation ‖ *s* journal *m* de petit format à l'affût du sensationnel
taboo [təˈbu] *adj* & *s* tabou *m* ‖ *tr* déclarer tabou
tabular [ˈtæbjələr] *adj* tabulaire
tabulate [ˈtæbjəˌlet] *tr* disposer en forme de table or en tableaux, dresser un tableau de, aligner en colonnes
tabulator [ˈtæbjəˌletər] *s* tabulateur *m*
tacit [ˈtæsɪt] *adj* tacite
taciturn [ˈtæsɪtərn] *adj* taciturne
tack [tæk] *s* (*nail*) semence *f*; (*plan*) voie *f*, tactique *f*; (*of sail*) amure *f*; (naut) bordée *f*; (sewing) point *m* de bâti ‖ *tr* clouer; (sewing) bâtir ‖ *intr* louvoyer
tackle [ˈtækəl] *s* attirail *m*; (*for lifting*) treuil *m*; (football) plaquage *m*; (naut) palan *m* ‖ *tr* empoigner, saisir; (*a problem, job, etc.*) chercher à résoudre, attaquer; (football) plaquer
tack·y [ˈtæki] *adj* (*comp* **-ier**; *super* **-iest**) collant; (coll) râpé, minable
tact [tækt] *s* tact *m*
tactful [ˈtæktfəl] *adj* plein de tact; **to be tactful** avoir du tact
tactical [ˈtæktɪkəl] *adj* tactique
tactician [tækˈtɪʃən] *s* tacticien *m*
tactics [ˈtæktɪks] *spl* tactique *f*
tactless [ˈtæktlɪs] *adj* sans tact
tadpole [ˈtædˌpol] *s* têtard *m*
taffeta [ˈtæfɪtə] *s* taffetas *m*
taffy [ˈtæfi] *s* pâte *f* à berlingots; (coll) flagornerie *f*
tag [tæg] *s* (*label*) étiquette *f*; (*of shoelace*) ferret *m*; (*game*) chat *m* perché ‖ *v* (*pret & pp* **tagged**; *ger* **tagging**) *tr* étiqueter; (*in the game of tag*) attraper ‖ *intr* (coll) suivre de près; **to tag along behind s.o.** (coll) traîner derrière qn
tag′ day′ *s* jour *m* de collecte publique
tag′ end′ *s* queue *f*; (*remnant*) coupon *m*
Tagus [ˈtegəs] *s* Tage *m*
tail [tel] *s* queue *f*; (*of shirt*) pan *m*; **tails** (*of a coin*) pile *f*; (coll) frac *m*; **to turn tail** tourner les talons ‖ *tr* (coll) suivre de tout près ‖ *intr*—**to tail after** marcher sur les talons de; **to tail off** s'éteindre, disparaître
tail′ assem′bly *s* (*pl* **-blies**) (aer) empennage *m*
tail′ end′ *s* queue *f*, fin *f*
tail′light′ *s* feu *m* arrière
tailor [ˈtelər] *s* tailleur *m* ‖ *tr* (*a suit*) faire ‖ *intr* être tailleur
tailoring [ˈtelərɪŋ] *s* métier *m* de tailleur
tai′lor-made suit′ *s* (*men's*) costume *m* sur mesure, complet *m* sur mesure; (*women's*) costume tailleur, tailleur *m*
tai′lor shop′ *s* boutique *f* de tailleur
tail′piece′ *s* queue *f*; (*of stringed instrument*) cordier *m*
tail′race′ *s* canal *m* de fuite
tail′spin′ *s* chute *f* en vrille
tail′wind′ *s* (aer) vent *m* arrière; (naut) vent en poupe

taint [tent] *s* tache *f* || *tr* tacher; (*food*) gâter

take [tek] *s* prise *f*; (mov) prise de vues; (slang) recette *f* || *v* (*pret* **took** [tʊk]; *pp* **taken**) *tr* prendre; (*a walk; a trip*) faire; (*a course; advice*) suivre; (*an examination*) passer; (*a person on a trip*) emmener; (*the occasion*) profiter de; (*a photograph*) prendre; (*a newspaper*) être abonné à; (*a purchase*) garder; (*a certain amount of time*) falloir, e.g., **it takes an hour to walk there** il faut une heure pour y aller à pied; (*to lead*) conduire, mener; (*to tolerate, stand*) supporter; (*a seat*) prendre, occuper, e.g., **this seat is taken** cette place est prise or occupée; **do you take that to be important?** tenez-vous cela pour important?; **I take it that** je suppose que; **take it easy!** (coll) allez-y doucement!; **to be taken ill** tomber malade; **to take amiss** prendre mal; **to take away** enlever; emmener; (*to subtract*) soustraire, retrancher; **to take down** descendre; (*a building*) démolir; (*in writing*) noter; **to take in** (*a roomer*) recevoir; (*laundry*) prendre à faire à la maison; (*the harvest*) rentrer; (*a seam*) reprendre; (*to include*) embrasser; (*to deceive*) (coll) duper; **to take off** ôter, enlever; (*from the price*) rabattre; (*to imitate*) (coll) singer; **to take on** (*passengers*) prendre; (*a responsibility*) prendre sur soi; (*workers*) embaucher, prendre; **to take out** sortir; (*a bullet from a wound; a passage from a text; an element from a compound*) extraire; (public sign) à emporter; **to take place** avoir lieu; **to take s.th. from s.o.** enlever, ôter, or prendre q.ch. à qn; **to take up** (*to carry up*) monter; (*to remove*) enlever; (*a dress*) raccourcir; (*an idea, method, etc.*) adopter; (*a profession*) embrasser, prendre; (*a question, a study, etc.*) aborder || *intr* prendre; **to not take to** (*a person*) prendre en grippe; **to take after** ressembler à; (*to chase*) poursuivre; **to take off** s'en aller; (aer) décoller; **to take to** (*flight; the woods*) prendre; (*a bad habit*) se livrer à; (*a person*) se prendre d'amitié avec; (*to like*) s'adonner à; **to take to** + *ger* se mettre à + *inf*; **to take up with s.o.** (coll) se lier avec qn

take′-off′ *s* (aer) décollage *m*; (coll) caricature *f*

tal′cum pow′der ['tælkəm] *s* poudre *f* de talc

tale [tel] *s* conte *m*; mensonge *m*; (*gossip*) racontar *m*, histoire *f*

tale′bear′er *s* rapporteur *m*

talent ['tælənt] *s* talent *m*; gens *mpl* de talent

talented ['tæləntɪd] *adj* doué, talentueux

tal′ent scout′ *s* dénicheur *m* de vedettes

tal′ent show′ *s* crochet *m* radiophonique, radio-crochet *m*

talk [tɔk] *s* paroles *fpl*; (*gossip*) racontars *mpl*, dires *mpl*; (*lecture*) conférence *f*, causerie *f*; **to cause talk** défrayer la chronique; **to have a talk with** s'entretenir avec || *tr* parler; **to talk over** discuter; **to talk up** vanter || *intr* parler; (*to chatter, gossip, etc.*) bavarder, jaser; **to talk back** répliquer; **to talk on** continuer à parler

talkative ['tɔkətɪv] *adj* bavard

talker ['tɔkər] *s* parleur *m*; **a great talker** (coll) un causeur, un hâbleur

talkie ['tɔki] *s* (coll) film *m* parlant

talk′ing doll′ ['tɔkɪŋ] *s* poupée *f* parlante

talk′ing pic′ture *s* film *m* parlant

tall [tɔl] *adj* haut, élevé; (*person*) grand; (coll) exagéré

tallow ['tælo] *s* suif *m*

tal·ly ['tæli] *s* (*pl* **-lies**) compte *m*, pointage *m* || *v* (*pret & pp* **-lied**) *tr* pointer, contrôler || *intr* s'accorder

tallyho ['tælɪ ,ho] *interj* taïaut!

tal′ly sheet′ *s* feuille *f* de pointage, bordereau *m*

talon ['tælən] *s* serre *f*

tamarack ['tæmə ,ræk] *s* mélèze *m* d'Amérique

tambourine [,tæmbə'rin] *s* tambour *m* de basque

tame [tem] *adj* apprivoisé; (*e.g., lion*) dompté; (*e.g., style*) fade, terne || *tr* apprivoiser; (*e.g., a lion*) dompter

tamp [tæmp] *tr* bourrer; (*e.g., a hole in the ground*) damer

tamper ['tæmpər] *intr*—**to tamper with** se mêler de; (*a lock*) fausser; (*a document*) falsifier; (*a witness*) suborner

tampon ['tæmpɑn] *s* (surg) tampon *m* || *tr* (surg) tamponner

tan [tæn] *adj* jaune; (*e.g., skin*) bronzé, hâlé || *v* (*pret & pp* **tanned**; *ger* **tanning**) *tr* tanner; (*e.g., the skin*) bronzer, hâler || *intr* se hâler

tandem ['tændəm] *adj & adv* en tandem, en flèche || *s* tandem *m*

tang [tæŋ] *s* goût *m* vif, saveur *f*; (*ringing sound*) tintement *m*

tangent ['tændʒənt] *adj* tangent || *s* tangente *f*; **to fly off at** or **on a tangent** changer brusquement de sujet

tangerine [,tændʒə'rin] *s* mandarine *f*

tangible ['tændʒɪbəl] *adj* tangible

Tangier [tæn'dʒɪr] *s* Tanger *m*

tangle ['tæŋgəl] *s* enchevêtrement *m* || *tr* enchevêtrer || *intr* s'enchevêtrer

tank [tæŋk] *s* réservoir *m*; (mil) char *m*

tank′ car′ *s* (rr) wagon-citerne *m*

tanker ['tæŋkər] *s* (*ship*) bateau-citerne *m*; (*truck*) camion-citerne *m*; (*plane*) ravitailleur *m*

tank′ truck′ *s* camion-citerne *m*

tanner ['tænər] *s* tanneur *m*

tanner·y ['tænəri] *s* (*pl* **-ies**) tannerie *f*

tantalize ['tæntə ,laɪz] *tr* tenter, allécher

tantamount ['tæntə ,maʊnt] *adj* équivalent

tantrum ['tæntrəm] *s* accès *m* de colère; **in a tantrum** en rogne

tap [tæp] *s* petit coup *m*; (*faucet*) robinet *m*; (elec) prise *f*; (mach) taraud *m*; **on tap** au tonneau, en perce;

(*available*) (coll) disponible; **taps** (mil) l'extinction *f* des feux || *v* (*pret & pp* **tapped**; *ger* **tapping**) *tr* taper; (*a cask*) mettre en perce; (*a tree*) entailler; (*a telephone*) passer à la table d'écoute; (*a nut*) tarauder; (*resources, talent, etc.*) drainer; (elec) brancher sur || *intr* taper

tap′ dance′ *s* danse *f* à claquettes

tap′-dance′ *intr* danser les claquettes, faire les claquettes

tap′ dan′cer *s* danseur *m* à claquettes

tape [tep] *s* ruban *m* || *tr* (*an electric wire*) guiper; (*land*) mesurer au cordeau; (*to tape-record*) enregistrer sur ruban

tape′ meas′ure *s* mètre-ruban *m*, centimètre *m*

taper ['tepər] *s* (*for lighting candles*) allumette-bougie *f*; (eccl) cierge *m* || *tr* effiler || *intr* s'effiler

tape′-record′ *tr* enregistrer sur ruban magnétique or au magnétophone

tape′ record′er *s* magnétophone *m*

tapes•try ['tæpɪstri] *s* (*pl* **-tries**) tapisserie *f* || *v* (*pret & pp* **-tried**) *tr* tapisser

tape′worm′ *s* ver *m* solitaire

tappet ['tæpɪt] *s* (mach) taquet *m*

tap′room′ *s* débit *m* de boissons, buvette *f*

tap′ wa′ter *s* eau *f* du robinet

tap′ wrench′ *s* taraudeuse *f*

tar [tɑr] *s* goudron *m*; (coll) marin *m* || *v* (*pret & pp* **tarred**; *ger* **tarring**) *tr* goudronner; **to tar and feather** enduire de goudron et de plumes

tar•dy ['tɑrdi] *adj* (*comp* **-dier**; *super* **-diest**) lent; retardataire, en retard

tare [ter] *s* (*weight*) tare *f*; (Bib) ivraie *f* || *tr* tarer

target ['tɑrgɪt] *s* cible *f*; (*goal*) but *m*; (mil) objectif *m*; (*butt*) (fig) cible

tar′get ar′ea *s* zone *f* de tir

tar′get lan′guage *s* langue *f* cible

tar′get prac′tice *s* tir *m* à la cible

tariff ['tærɪf] *s* (*duties*) droits *mpl* de douane; (*rates in general*) tarif *m*

tarnish ['tɑrnɪʃ] *s* ternissure *f* || *tr* ternir || *intr* se ternir

tar′ pa′per *s* papier *m* goudronné

tarpaulin [tɑr'pɔlɪn] *s* bâche *f*, prélart *m*

tarragon ['tærəgən] *s* estragon *m*

tar•ry ['tɑri] *adj* (*comp* **-rier**; *super* **-riest**) goudronneux || ['tæri] *v* (*pret & pp* **-ried**) *intr* tarder; (*to stay*) rester, demeurer

tart [tɑrt] *adj* aigrelet; (*reply*) mordant || *s* tarte *f*; (slang) grue *f*, poule *f*

tartar ['tɑrtər] *adj* (*sauce*) tartare; **Tartar** tartare || *s* (*on teeth*) tartre *m*; **Tartar** Tartare *mf*

task [tæsk], [tɑsk] *s* tâche *f*; **to bring or take to task** prendre à partie

task′ force′ *s* (mil) groupement *m* stratégique mixte

task′mas′ter *s* chef *m* de corvée; (fig) tyran *m*

tassel ['tæsəl] *s* gland *m*; (*on corn*) barbe *f*; (*on nightcap*) mèche *f*; (bot) aigrette *f*

taste [test] *s* goût *m*, saveur *f*; (*sense of what is fitting*) goût, bon goût || *tr* goûter; (*to sample*) goûter à; (*to try out*) goûter de || *intr* goûter; **to taste like** avoir le goût de; **to taste of** avoir un goût de

taste′ bud′ *s* papille *f* gustative

tasteless ['testlɪs] *adj* sans saveur, fade; (*in bad taste*) de mauvais goût

tast•y ['testi] *adj* (*comp* **-ier**; *super* **-iest**) (coll) savoureux; (coll) de bon goût

tatter ['tætər] *s* lambeau *m* || *tr* mettre en lambeaux

tatterdemalion [,tætərdɪ'meljən], [,tætərdɪ'mæljən] *s* loqueteux *m*

tattered *adj* en lambeaux, en loques

tattle ['tætəl] *s* bavardage *m*; (*gossip*) cancan *m* || *intr* bavarder; cancaner

tat′tle•tale′ *adj* révélateur || *s* rapporteur *m*, cancanier *m*

tattoo [tæ'tu] *s* tatouage *m*; (mil) retraite *f* || *tr* tatouer

taunt [tɔnt], [tɑnt] *s* sarcasme *m* || *tr* bafouer

taut [tɔt] *adj* tendu

tavern ['tævərn] *s* café *m*, bar *m*, bistrot *m*; (*inn*) taverne *f*

taw•dry ['tɔdri] *adj* (*comp* **-drier**; *super* **-driest**) criard, voyant

taw•ny ['tɔni] *adj* (*comp* **-nier**; *super* **-niest**) fauve; (*skin*) basané

tax [tæks] *s* impôt *m*; **to reduce the tax on** dégrever || *tr* imposer; (*e.g., one's patience*) mettre à l'épreuve; **to tax s.o. with** (*e.g., laziness*) taxer qn de

taxable ['tæksəbəl] *adj* imposable

taxation [tæk'seʃən] *s* imposition *f*; charges *fpl* fiscales, impôts *mpl*

tax′ collec′tor *s* percepteur *m*

tax′ cut′ *s* dégrèvement *m* d'impôt

tax′ eva′sion *s* fraude *f* fiscale

tax′-exempt′ *adj* net d'impôt, exempt d'impôts

tax•i ['tæksi] *s* (*pl* **-is**) taxi *m* || *v* (*pret & pp* **-ied**; *ger* **-iing** or **-ying**) *tr* (aer) rouler au sol || *intr* aller en taxi; (aer) rouler au sol || *interj* hep taxi!

tax′i•cab′ *s* taxi *m*

tax′i danc′er *s* taxi-girl *f*

taxidermy ['tæksɪ,dʌrmi] *s* taxidermie *f*

tax′i driv′er *s* chauffeur *m* de taxi

tax′i•plane′ *s* avion-taxi *m*

tax′i stand′ *s* station *f* de taxis

tax′pay′er *s* contribuable *mf*

tax′ rate′ *s* taux *m* de l'impôt

tea [ti] *s* thé *m*; (*medicinal infusion*) tisane *f*

tea′ bag′ *s* sachet *m* de thé

tea′ ball′ *s* boule *f* à thé

tea′cart′ *s* table *f* roulante

teach [titʃ] *v* (*pret & pp* **taught** [tɔt]) *tr* enseigner; **to teach s.o. s.th.** enseigner q.ch. à qn; **to teach s.o. to** + *inf* enseigner à qn à + *inf* || *intr* enseigner

teacher ['titʃər] *s* instituteur *m*, enseignant *m*; (*such as adversity*) (fig) maître *m*

teach′er's pet′ *s* élève *m* gâté

teaching ['titʃɪŋ] *s* enseignement *m*

teach′ing aids′ *spl* matériel *m* auxiliaire d'enseignement
teach′ing staff′ *s* corps *m* enseignant
tea′cup′ *s* tasse *f* à thé
tea′ dance′ *s* thé *m* dansant
teak [tik] *s* teck *m*
tea′ket′tle *s* bouilloire *f*
team [tim] *s* (*of horses, oxen, etc.*) attelage *m*; (sports) équipe *f* || *tr* atteler || *intr*—**to team up with** faire équipe avec
team′mate′ *s* équipier *m*
teamster ['timstər] *s* (*of horses*) charretier *m*; (*of a truck*) camionneur *m*
team′work′ *s* travail *m* en équipe; (*spirit*) esprit *m* d'équipe
tea′pot′ *s* théière *f*
tear [tɪr] *s* larme *f*; **to burst into tears** fondre en larmes || [tɛr] *s* déchirure *f* || [tɛr] *v* (*pret* **tore** [tor]; *pp* **torn** [torn]) *tr* déchirer; **to tear away, down, off,** or **out** arracher; **to tear up** (*e.g., a letter*) déchirer || *intr* se déchirer; **to tear along** filer précipitamment, aller à fond de train
tear′ bomb′ [tɪr] *s* bombe *f* lacrymogène
tear′ duct′ [tɪr] *s* conduit *m* lacrymal
tearful ['tɪrfəl] *adj* larmoyant, éploré
tear′ gas′ [tɪr] *s* gaz *m* lacrymogène
tear-jerker ['tɪr,dʒʌrkər] *s* (slang) comédie *f* larmoyante
tea′room′ *s* salon *m* de thé
tease [tiz] *tr* taquiner
tea′spoon′ *s* cuiller *f* à café
teaspoonful ['ti,spun,fʊl] *s* cuillerée *f* à café
teat [tit] *s* tétine *f*
tea′time′ *s* l'heure *f* du thé
technical ['tɛknɪkəl] *adj* technique
technicali·ty [,tɛknɪ'kælɪti] *s* (*pl* **-ties**) technicité *f*; (*fine point*) subtilité *f*
technician [tɛk'nɪʃən] *s* technicien *m*
technique [tɛk'nik] *s* technique *f*
ted′dy bear′ ['tɛdi] *s* ours *m* en peluche
tedious ['tidɪ·əs], ['tidʒəs] *adj* ennuyeux, fatigant
teem [tim] *intr* fourmiller; **to teem with** abonder en, fourmiller de
teeming ['timɪŋ] *adj* fourmillant; (*rain*) torrentiel
teen-ager ['tin,edʒər] *s* adolescent *m* de 13 à 19 ans
teens [tinz] *spl* numéros anglais qui se terminent en **-teen** (de 13 à 19); adolescence *f* de 13 à 19 ans; **to be in one's teens** être adolescent
tee·ny ['tini] *adj* (*comp* **-nier**; *super* **-niest**) (coll) minuscule, tout petit
teeter ['titər] *s* branlement *m*; balançoire *f* || *intr* se balancer, chanceler
teethe [tið] *intr* faire ses dents
teething ['tiðɪŋ] *s* dentition *f*
teeth′ing ring′ *s* sucette *f*
teetotaler [ti'totələr] *s* antialcoolique *mf* (*qui s'abstient totalement de boissons alcooliques*)
tele·cast ['tɛlɪ,kæst], ['tɛlɪ,kɑst] *s* émission *f* télévisée || *v* (*pret & pp* **-cast** or **-casted**) *tr & intr* téléviser
telegram ['tɛlɪ,græm] *s* télégramme *m*
telegraph ['tɛlɪ,græf], ['tɛlɪ,grɑf] *s* télégraphe *m* || *tr & intr* télégraphier
telegrapher [tɪ'lɛgrəfər] *s* télégraphiste *mf*
tel′egraph pole′ *s* poteau *m* télégraphique
telemeter [tɪ'lɛmɪtər] *s* télémètre *m*
telepathy [tɪ'lɛpəθi] *s* télépathie *f*
telephone ['tɛlɪ,fon] *s* téléphone *m* || *tr & intr* téléphoner
tel′ephone booth′ *s* cabine *f* téléphonique
tel′ephone call′ *s* appel *m* téléphonique
tel′ephone direc′tory *s* annuaire *m* du téléphone
tel′ephone exchange′ *s* central *m* téléphonique
tel′ephone op′erator *s* standardiste *mf*, téléphoniste *mf*
tel′ephone receiv′er *s* récepteur *m* de téléphone
tel′ephoto lens′ ['tɛlɪ,foto] *s* téléobjectif *m*
teleprinter ['tɛlɪ,prɪntər] *s* téléimprimeur *m*
telescope ['tɛlɪ,skop] *s* télescope *m* || *tr* télescoper || *intr* se télescoper
telescopic [,tɛlɪ'skɑpɪk] *adj* télescopique
teletype ['tɛlɪ,taɪp] *s* (trademark) télétype *m*
tel′etype′writ′er *s* téléscripteur *m*
teleview ['tɛlɪ,vju] *tr & intr* voir à la télévision
televiewer ['tɛlɪ,vju·ər] *s* téléspectateur *m*
televise ['tɛlɪ,vaɪz] *tr* téléviser
television ['tɛlɪ,vɪʒən] *adj* télévisuel || *s* télévision *f*
tel′evision screen′ *s* écran *m* de télévision, petit écran
tel′evision set′ *s* téléviseur *m*
tell [tɛl] *v* (*pret & pp* **told** [told]) *tr* dire; (*a story*) raconter; (*to count*) compter; (*to recognize as distinct*) distinguer; **tell me another!** (coll) à d'autres!; **to tell off** compter; (coll) dire son fait à; **to tell s.o. to** + *inf* dire à qn de + *inf* || *intr* produire un effet; **do tell!** (coll) vraiment!; **to tell on** influer sur; (coll) dénoncer; **who can tell?** qui sait?
teller ['tɛlər] *s* narrateur *m*; (*of a bank*) caissier *m*; (*of votes*) scrutateur *m*
temper ['tɛmpər] *s* humeur *f*, caractère *m*; (*of steel, glass, etc.*) trempe *f*; **to keep one's temper** retenir sa colère; **to lose one's temper** se mettre en colère || *tr* tremper || *intr* se tremper
temperament ['tɛmpərəmənt] *s* tempérament *m*
temperamental [,tɛmpərə'mɛntəl] *adj* constitutionnel; capricieux, instable
temperance ['tɛmpərəns] *s* tempérance *f*
temperate ['tɛmpərɪt] *adj* tempéré; (*in food or drink*) tempérant
temperature ['tɛmpərətʃər] *s* température *f*
tempest ['tɛmpɪst] *s* tempête *f*; **tempest in a teapot** tempête dans un verre d'eau

tempestuous [tem'pestʃʊ·əs] *adj* tempétueux
temple ['tempəl] *s* temple *m*; (*side of forehead*) tempe *f*; (*of spectacles*) branche *f*
templet ['templɪt] *s* gabarit *m*
tem·po ['tempo] *s* (*pl* **-pos** or **-pi** [pi]) tempo *m*
temporal ['tempərəl] *adj* temporel; (anat) temporal
temporary ['tempə,reri] *adj* temporaire
temporize ['tempə,raɪz] *intr* temporiser
tempt [tempt] *tr* tenter
temptation [temp'teʃən] *s* tentation *f*
tempter ['temptər] *s* tentateur *m*
tempting ['temptɪŋ] *adj* tentant
ten [ten] *adj & pron* dix; **about ten** une dizaine de || *s* dix *m*; **ten o'clock** dix heures
tenable ['tenəbəl] *adj* soutenable
tenacious [tɪ'neʃəs] *adj* tenace
tenacity [tɪ'næsɪti] *s* ténacité *f*
tenant ['tenənt] *s* locataire *mf*
ten'ant farm'er *s* métayer *m*
tend [tend] *tr* soigner; (*sheep*) garder; (*a machine*) surveiller || *intr*—**to tend to** (*to be disposed to*) tendre à; (*to attend to*) vaquer à; **to tend towards** tendre vers or à
tenden·cy ['tendənsi] *s* (*pl* **-cies**) tendance *f*
tender ['tendər] *adj* tendre || *s* offre *f*; (aer, naut) ravitailleur *m*; (rr) tender *m* || *tr* offrir
ten'der-heart'ed *adj* au cœur tendre
ten'der·loin' *s* filet *m*
tenderness ['tendərnɪs] *s* tendresse *f*; (*of, e.g., the skin*) sensibilité *f*; (*of, e.g., meat*) tendreté *f*
tendon ['tendən] *s* tendon *m*
tendril ['tendrɪl] *s* vrille *f*
tenement ['tenɪmənt] *s* maison *f* d'habitation
ten'ement house' *s* maison *f* de rapport; (*in the slums*) taudis *m*
tenet ['tenɪt] *s* doctrine *f*, principe *m*
tennis ['tenɪs] *s* tennis *m*
ten'nis court' *s* court *m* de tennis
tenor ['tenər] *s* teneur *f*, cours *m*; (mus) ténor *m*
tense [tens] *adj* tendu || *s* (gram) temps *m*
tension ['tenʃən] *s* tension *f*
tent [tent] *s* tente *f*
tentacle ['tentəkəl] *s* tentacule *m*
tentative ['tentətɪv] *adj* provisoire; (*hesitant*) timide
tenth [tenθ] *adj & pron* dixième (*masc, fem*); **the Tenth** dix, e.g., **John the Tenth** Jean dix || *s* dixième *m*; **the tenth** (*in dates*) le dix
tent' pole' *s* montant *m* de tente
tenuous ['tenjʊ·əs] *adj* ténu
tenure ['tenjər] *s* (*possession*) tenure *f*; (*of an office*) occupation *f*; (*protection from dismissal*) inamovibilité *f*
tepid ['tepɪd] *adj* tiède
term [tʌrm] *s* terme *m*; (*of imprisonment*) temps *m*; (*of office*) mandat *m*; (*of the school year*) semestre *m*; **terms** conditions *fpl* || *tr* appeler, qualifier
termagant ['tʌrməgənt] *s* mégère *f*
terminal ['tʌrmɪnəl] *adj* terminal || *s* (elec) borne *f*; (rr) terminus *m*
terminate ['tʌrmɪ,net] *tr* terminer || *intr* se terminer
termination [,tʌrmɪ'neʃən] *s* conclusion *f*; (*extremity*) bout *m*; (*of word*) désinence *f*
terminus ['tʌrmɪnəs] *s* bout *m*, extrémité *f*; (*boundary*) borne *f*; (rr) terminus *m*
termite ['tʌrmaɪt] *s* termite *m*
term' pa'per *s* dissertation *f*
terrace ['terəs] *s* terrasse *f* || *tr* disposer en terrasse
terra firma ['terə'fʌrmə] *s* terre *f* ferme
terrain [te'ren] *s* terrain *m*
terrestrial [tə'restrɪ·əl] *adj* terrestre
terrible ['terɪbəl] *adj* terrible; (*extremely bad*) atroce
terrific [tə'rɪfɪk] *adj* terrible, terrifiant; (coll) formidable
terri·fy ['terɪ,faɪ] *v* (*pret & pp* **-fied**) *tr* terrifier
territo·ry ['terɪ,tori] *s* (*pl* **-ries**) territoire *m*
terror ['terər] *s* terreur *f*
terrorize ['terə,raɪz] *tr* terroriser
ter'ry cloth' ['teri] *s* tissu-éponge *m*
terse [tʌrs] *adj* concis, succinct
tertiary ['tʌrʃɪ,eri], ['tʌrʃəri] *adj* tertiaire
test [test] *s* épreuve *f*; (*exam*) examen *m*; (*trial*) essai *m*; (*e.g., of intelligence*) test *m* || *tr* éprouver, mettre à l'épreuve; examiner, tester
testament ['testəmənt] *s* testament *m*
test' ban' *s* interdiction *f* des essais nucléaires
test' flight' *s* vol *m* d'essai
testicle ['testɪkəl] *s* testicule *m*
testi·fy ['testɪ,faɪ] *v* (*pret & pp* **-fied**) *tr* déclarer || *intr* déposer; **to testify to** témoigner de
testimonial [,testɪ'monɪ·əl] *s* attestation *m*
testimo·ny ['testɪ,moni] *s* (*pl* **-nies**) témoignage *m*
test' pat'tern *s* (telv) mire *f*
test' pi'lot *s* pilote *m* d'essai
test' tube' *s* éprouvette *f*
tes·ty ['testi] *adj* (*comp* **-tier**; *super* **-tiest**) susceptible
tetanus ['tetənəs] *s* tétanos *m*
tether ['teðər] *s* attache *f*; **at the end of one's tether** à bout de ressources || *tr* mettre à l'attache
tetter ['tetər] *s* (pathol) dartre *f*
text [tekst] *s* texte *m*
text'book' *s* manuel *m* scolaire, livre *m* de classe
textile ['tekstɪl], ['tekstaɪl] *adj & s* textile *m*
textual ['tekstʃʊ·əl] *adj* textuel
texture ['tekstʃər] *s* texture *f*; (*woven fabric*) tissu *m*
Thai ['tɑ·i], [taɪ] *adj* thaï, thaïlandais || *s* (*language*) thaï *m*; (*person*)

Thaïlandais *m*; **the Thai** les Thaïlandais
Thailand ['taɪlənd] *s* Thaïlande *f*; la Thaïlande
Thames [temz] *s* Tamise *f*
than [ðæn] *conj* que; (*before a numeral*) de, e.g., **more than three** plus de trois
thank [θæŋk] *adj* (*e.g., offering*) de reconnaissance ‖ **thanks** *spl* remerciements *mpl*; **thanks to** grâce à ‖ **thanks** *interj* merci!; **no thanks!** merci! ‖ **thank** *tr* remercier; **thank you** je vous remercie; **thank you for** merci de or pour; **thank you for** + *ger* merci de + *inf*; **to thank s.o. for** remercier qn de or pour; **to thank s.o. for** + *ger* remercier qn de + *inf*
thankful ['θæŋkfəl] *adj* reconnaissant
thankless ['θæŋklɪs] *adj* ingrat
Thanksgiv′ing Day′ *s* le jour d'action de grâces
that [ðæt] *adj dem* (*pl* **those**) ce §82; **that one** celui-là §84 ‖ *pron dem* (*pl* **those**) celui §83; celui-là §84 ‖ *pron rel* qui; que ‖ *pron neut* cela, ça; **that is** c'est-à-dire; **that's all** voilà tout; **that will do** cela suffit ‖ *adv* tellement, si, aussi; **that far** si loin, aussi loin; **that much, that many** tant ‖ *conj* que; (*in order that*) pour que, afin que; **in that** en ce que
thatch [θætʃ] *s* chaume *m* ‖ *tr* couvrir de chaume
thatched′ cot′tage *s* chaumière *f*
thaw [θɔ] *s* dégel *m* ‖ *tr & intr* dégeler
the [ðə], [ðɪ], [ði] *art def* le §77 ‖ *adv* d'autant plus, e.g., **she will be the happier for it** elle en sera d'autant plus heureuse; **the more . . . the more** plus . . . plus
theater ['θi·ətər] *s* théâtre *m*
the′ater club′ *s* association *f* des spectateurs
the′ater·go′er *s* habitué *m* du théâtre
the′ater page′ *s* chronique *f* théâtrale
theatrical [θɪ'ætrɪkəl] *adj* théâtral
thee [ði] *pron pers* (archaic, poetic, Bib) toi §85; te §87
theft [θeft] *s* vol *m*
their [ðer] *adj poss* leur §88
theirs [ðerz] *pron poss* le leur §89
them [ðem] *pron pers* eux §85; les §87; leur §87; **of them** en §87; **to them** leur §87; y §87
theme [θim] *s* thème *m*; (*essay*) composition *f*; (mus) thème
theme′ song′ *s* leitmotiv *m*; (rad) indicatif *m*
them·selves′ *pron pers* soi §85; eux-mêmes §86; se §87; eux §85
then [ðen] *adv* alors; (*next*) ensuite, puis; (*therefore*) donc; **by then** d'ici là; **from then on, since then** depuis lors, dès lors; **then and there** séance tenante; **till then** jusque-là; **what then?** et après?
thence [ðens] *adv* de là; (*from that fact*) pour cette raison
thence′forth′ *adv* dès lors
theolo·gy [θi'ɑlədʒi] *s* (*pl* **-gies**) théologie *f*
theorem ['θi·ərəm] *s* théorème *m*
theoretical [,θi·ə'retɪkəl] *adj* théorique
theo·ry ['θi·əri] *s* (*pl* **-ries**) théorie *f*
therapeutic [,θerə'pjutɪk] *adj* thérapeutique ‖ **therapeutics** *spl* thérapeutique *f*
thera·py ['θerəpi] *s* (*pl* **-pies**) thérapie *f*
there [ðer] *adv* là; y §87; **down there, over there** là-bas; **from there** de là; en §87; **in there** là-dedans; **on there** là-dessus; **there is** or **there are** il y a; (*pointing out*) voilà; **under there** là-dessous; **up there** là-haut
there′abouts′ *adv* aux environs, près de là; (*approximately*) à peu près
there′af′ter *adv* par la suite
there′by′ *adv* par là; de cette manière
therefore ['ðer,for] *adv* par conséquent, donc
there′in′ *adv* dedans, là-dedans
there′of′ *adv* de cela; en §87
there′upon′ *adv* là-dessus §85A; sur ce
there′with′ *adv* avec cela
thermal ['θʌrməl] *adj* (*waters*) thermal; (*capacity*) thermique
thermocouple ['θʌrmo,kʌpəl] *s* thermocouple *m*
thermodynamic [,θʌrmodaɪ'næmɪk] *adj* thermodynamique ‖ **thermodynamics** *spl* thermodynamique *f*
thermometer [θər'mɑmɪtər] *s* thermomètre *m*
thermonuclear [,θʌrmo'n(j)uklɪ·ər] *adj* thermonucléaire
Thermopylae [θər'mɑpɪ,li] *s* les Thermopyles *fpl*
ther′mos bot′tle ['θʌrməs] *s* thermos *m & f*, bouteille *f* thermos
thermostat ['θʌrmə,stæt] *s* thermostat *m*
thesau·rus [θɪ'sɔrəs] *s* (*pl* **-ri** [raɪ]) trésor *m*; dictionnaire *m* analogique
these [ðiz] *adj dem pl* ces §82 ‖ *pron dem pl* ceux §83; ceux-ci §84
the·sis ['θisɪs] *s* (*pl* **-ses** [siz]) thèse *f*
they [ðe] *pron pers* ils §87; eux §85; on §87, e.g., **they say** on dit; ce §82B
thick [θɪk] *adj* épais; (*pipe, rod, etc.*) gros; (*forest, eyebrows, etc.*) touffu; (*grass, grain, etc.*) dru; (*voice*) pâteux; (*gravy*) court; (coll) stupide, obtus; (coll) intime ‖ *s* (*of thumb, leg, etc.*) gras *m*; **the thick of** (*e.g., a crowd*) le milieu de; (*e.g., a battle*) le fort de; **through thick and thin** contre vents et marées
thicken ['θɪkən] *tr* épaissir ‖ *intr* s'épaissir; (*said, e.g., of plot*) se corser
thicket ['θɪkɪt] *s* fourré *m*, maquis *m*
thick′-head′ed *adj* à la tête dure
thick′-lipped′ *adj* lippu
thick′-set′ *adj* trapu
thief [θif] *s* (*pl* **thieves** [θivz]) voleur *m*
thieve [θiv] *intr* voler
thiever·y ['θivəri] *s* (*pl* **-ies**) volerie *f*
thigh [θaɪ] *s* cuisse *f*
thigh′bone′ *s* fémur *m*
thimble ['θɪmbəl] *s* dé *m*
thin [θɪn] *adj* (*comp* **thinner**; *super* **thinnest**) mince; (*person*) élancé, maigre; (*hair*) rare; (*soup*) clair;

(*gravy*) long; (*voice*) grêle; (*excuse*) faible || *v* (*pret & pp* **thinned**; *ger* **thinning**) *tr* amincir; (*colors*) délayer; **to thin out** éclaircir || *intr* s'amincir; **to thin out** s'éclaircir

thine [ðaɪn] *adj poss* (archaic, poetic, Bib) ton §88 || *pron poss* (archaic, poetic, Bib) le tien §89

thing [θɪŋ] *s* chose *f*; **for another thing** d'autre part; **for one thing** en premier lieu; **of all things!** par exemple!; **to be the thing** être le dernier cri; **to see things** avoir des hallucinations

thingumbob ['θɪŋəm,bɑb] *s* (coll) truc *m*, machin *m*

think [θɪŋk] *v* (*pret & pp* **thought** [θɔt]) *tr* penser; (*to deem, consider*) estimer; **to think of** (*to have as an opinion of*) penser de || *intr* penser, songer; **to think fast** avoir l'esprit alerte; **to think of** (*to direct one's thoughts toward*) penser à, songer à; **to think of it** or **them** y penser, y songer; **to think so** croire que oui

thinker ['θɪŋkər] *s* penseur *m*

third [θʌrd] *adj & pron* troisième (*masc, fem*); **the Third** trois, e.g., **John the Third** Jean trois || *s* troisième *m*; (*in fractions*) tiers *m*; **the third** (*in dates*) le trois

third' degree' *s* (coll) passage *m* à tabac, cuisinage *m*

third' fin'ger *s* annulaire *m*

third' rail' *s* (rr) rail *m* de contact; rail conducteur

third'-rate' *adj* de troisième ordre

thirst [θʌrst] *s* soif *f* || *intr* avoir soif; **to thirst for** avoir soif de

thirst'-quench'ing *adj* désaltérant

thirst·y ['θʌrsti] *adj* (*comp* **-ier**; *super* **-iest**) altéré, assoiffé; **to be thirsty** avoir soif

thirteen ['θʌr'tin] *adj, pron, & s* treize *m*

thirteenth ['θʌr'tinθ] *adj & pron* treizième (*masc, fem*); **the Thirteenth** treize, e.g., **John the Thirteenth** Jean treize || *s* treizième *m*; **the thirteenth** (*in dates*) le treize

thirtieth ['θʌrtɪ·ɪθ] *adj & pron* trentième (*masc, fem*) || *s* trentième *m*; **the thirtieth** (*in dates*) trente

thir·ty ['θʌrti] *adj & pron* trente; **about thirty** une trentaine de || *s* (*pl* **-ties**) trente *m*; **the thirties** les années *fpl* trente

this [ðɪs] *adj dem* (*pl* **these**) ce §82; **this one** celui-ci §84 || *pron dem* (*pl* **these**) celui §83; celui-ci §84 || *pron neut* ceci || *adv* tellement, si, aussi; **this far** si loin, aussi loin; **this much, this many** tant

thistle ['θɪsəl] *s* chardon *m*

thither ['θɪðər], ['ðɪðər] *adv* là, de ce côté là

thong [θɔŋ], [θɑŋ] *s* courroie *f*

tho·rax ['θoræks] *s* (*pl* **-raxes** or **-races** [rə,siz]) thorax *m*

thorn [θɔrn] *s* épine *f*

thorn·y ['θɔrni] *adj* (*comp* **-ier**; *super* **-iest**) épineux

thorough ['θʌro] *adj* approfondi, complet; consciencieux, minutieux

thor'ough·bred' *adj* de race, racé; (*horse*) pur sang || *s* personne *f* racée; (*horse*) pur-sang *m*

thor'ough·fare' *s* voie *f* de communication; **no thoroughfare** (public sign) rue barrée

thor'ough·go'ing *adj* parfait; consciencieux

thoroughly ['θʌroli] *adv* à fond

those [ðoz] *adj dem pl* ces §82 || *pron dem pl* ceux §83; ceux-là §84

thou [ðaʊ] *pron pers* (archaic, poetic, Bib) tu §87 || *tr & intr* tutoyer

though [ðo] *adv* cependant || *conj* (*although*) bien que, quoique; (*even if*) même **si**; **as though** comme si

thought [θɔt] *s* pensée *f*

thought' control' *s* asservissement *m* des consciences

thoughtful ['θɔtfəl] *adj* pensif; (*considerate*) prévenant, attentif; (*serious*) profond

thoughtless ['θɔtlɪs] *adj* étourdi, négligent; inconsidéré

thousand ['θaʊzənd] *adj & pron* mille; mil, e.g., **the year one thousand nineteen hundred and eighty-one** l'an mil neuf cent quatre-vingt-un || *s* mille *m*; **a thousand** un millier de, mille

thousandth ['θaʊzəndθ] *adj & pron* millième (*masc, fem*) || *s* millième *m*

thrash [θræʃ] *tr* rosser; (agr) battre; **to thrash out** débattre || *intr* s'agiter; (agr) battre le blé

thread [θrɛd] *s* fil *m*; (bot) filament *m*; (mach) filet *m*; **to hang by a thread** ne tenir qu'à un fil; **to lose the thread of** perdre le fil de || *tr* enfiler; (mach) fileter

thread'bare' *adj* élimé, râpé; (*tire*) usé jusqu'à la corde

threat [θrɛt] *s* menace *f*

threaten ['θrɛtən] *tr & intr* menacer

threatening ['θrɛtənɪŋ] *adj* menaçant

three [θri] *adj & pron* trois || *s* trois *m*; **three o'clock** trois heures; **three of a kind** (cards) un fredon

three'-cor'nered *adj* triangulaire; (*hat*) tricorne

three'-ply' *adj* à trois épaisseurs; (*e.g., wool*) à trois fils

three' R's' [ɑrz] *spl* la lecture, l'écriture et l'arithmétique, premières notions *fpl*

three'score' *adj* soixante

threno·dy ['θrɛnədi] *s* (*pl* **-dies**) thrène *m*

thresh [θrɛʃ] *tr* (agr) battre; **to thresh out** (*a problem*) débattre || *intr* s'agiter; (agr) battre le blé

thresh'ing floor' *s* aire *f*

thresh'ing machine' *s* batteuse *f*

threshold ['θrɛʃold] *s* seuil *m*; **to cross the threshold** franchir le seuil

thrice [θraɪs] *adv* trois fois

thrift [θrɪft] *s* économie *f*, épargne *f*

thrift·y ['θrɪfti] *adj* (*comp* **-ier**; *super* **-iest**) économe, ménager, frugal; prospère

thrill [θrɪl] *s* frisson *m* || *tr* faire frémir || *intr* frémir
thriller [ˈθrɪlər] *s* roman *m*, film *m*, or pièce *f* à sensation
thrilling [ˈθrɪlɪŋ] *adj* émouvant, passionnant
thrive [θraɪv] *v* (*pret* **thrived** or **throve** [θrov]; *pp* **thrived** or **thriven** [ˈθrɪvən]) *intr* prospérer; (*said of child, plant, etc.*) croître, se développer
throat [θrot] *s* gorge *f*; **to clear one's throat** s'éclaircir le gosier; **to have a sore throat** avoir mal à la gorge
throb [θrɑb] *s* palpitation *f*, battement *m*; (*of motor*) vrombissement *m* || *v* (*pret & pp* **throbbed**; *ger* **throbbing**) *intr* palpiter, battre fort; (*said of motor*) vrombir
throes [θroz] *spl* (*of childbirth*) douleurs *fpl*; (*of death*) affres *fpl*; **in the throes of** luttant avec
throne [θron] *s* trône *m*
throng [θrɔŋ], [θrɑŋ] *s* foule *f*, affluence *f* || *intr* affluer
throttle [ˈθrɑtəl] *s* (*of steam engine*) régulateur *m*; (aut) étrangleur *m* || *tr* régler; étrangler
through [θru] *adj* direct; (*finished*) fini; (*traffic*) prioritaire || *adv* à travers; complètement || *prep* au travers de, par; grâce à, par le canal de
through•out′ *adv* d'un bout à l'autre || *prep* d'un bout à l'autre de; (*during*) pendant tout
through′ street′ *s* rue *f* à circulation prioritaire
through′way′ *s* autoroute *f*
throw [θro] *s* jet *m*, lancement *m*; (*scarf*) châle *m* || *v* (*pret* **threw** [θru]; *pp* **thrown**) *tr* jeter, lancer; (*a glance; the dice*) jeter; (*e.g., a baseball*) lancer; (*e.g., a shadow*) projeter; (*blame; responsibility*) rejeter; (*a rider*) désarçonner; (*a game, career, etc.*) perdre à dessein; **to throw away** jeter; **to throw back** renvoyer; **to throw in** ajouter; **to throw out** expulser, chasser; (*e.g., an odor*) répandre; (*one's chest*) bomber; **to throw over** abandonner; **to throw up** jeter en l'air; vomir; (*one's hands*) lever; (*e.g., one's claims*) renoncer à || *intr* jeter, lancer; jeter des dés; **to throw up** vomir
throw′back′ *s* recul *m*; (*setback*) échec *m*; (*reversion*) retour *m* atavique
thrum [θrʌm] *v* (*pret & pp* **thrummed**; *ger* **thrumming**) *intr* pianoter
thrush [θrʌʃ] *s* grive *f*
thrust [θrʌst] *s* poussée *f*; (*with a weapon*) coup *m* de pointe; (*with a sword*) coup d'estoc; (*jibe*) trait *m*; (rok) poussée *f*; **thrust and parry** la botte et la parade || *v* (*pret & pp* **thrust**) *tr* pousser; (*e.g., a dagger*) enfoncer; **to thrust oneself on** s'imposer à
thud [θʌd] *s* bruit *m* sourd || *v* (*pret & pp* **thudded**; *ger* **thudding**) *tr & intr* frapper avec un son mat
thug [θʌg] *s* bandit *m*, assassin *m*
thumb [θʌm] *s* pouce *m*; **all thumbs** (coll) maladroit; **to twiddle one's thumbs** se tourner les pouces; **under the thumb of** sous la coupe de || *tr* tripoter; (*a book*) feuilleter; **to thumb a ride** faire de l'auto-stop; **to thumb one's nose at** (coll) faire un pied de nez à
thumb′ in′dex *s* onglet *m*, encoche *f*
thumb′print′ *s* marque *f* de pouce
thumb′screw′ *s* papillon *m*, vis *f* à ailettes
thumb′tack′ *s* punaise *f*
thump [θʌmp] *s* coup *m* violent || *tr* cogner || *intr* tomber avec un bruit sourd; (*said, e.g., of marching feet*) sonner lourdement; (*said of heart*) battre fort
thumping [ˈθʌmpɪŋ] *adj* (coll) énorme
thunder [ˈθʌndər] *s* tonnerre *m* || *tr* fulminer || *intr* tonner; **to thunder at** tonner contre, tempêter contre
thun′der•bolt′ *s* foudre *f*; (*disaster*) coup *m* de foudre
thun′der•clap′ *s* coup *m* de tonnerre
thunderous [ˈθʌndərəs] *adj* orageux; (*voice; applause*) tonnant
thun′der•show′er *s* pluie *f* d'orage
thun′der•storm′ *s* orage *m*
thunderstruck [ˈθʌndərˌstrʌk] *adj* foudroyé
Thursday [ˈθʌrzdi] *s* jeudi *m*
thus [ðʌs] *adv* ainsi; (*therefore*) donc; **thus far** jusqu'ici
thwack [θwæk] *s* coup *m* || *tr* flanquer un coup à
thwart [θwɔrt] *adj* transversal || *adv* en travers || *tr* déjouer, frustrer
thy [ðaɪ] *adj poss* (archaic, poetic, Bib) ton §88
thyme [taɪm] *s* thym *m*
thyroid [ˈθaɪrɔɪd] *s* thyroïde *f*; (pharm) extrait *m* thyroïde
thyself [ðaɪˈself] *pron* (archaic, poetic, Bib) toi-même §86; te §87
tiara [taɪˈɑrə], [taɪˈerə] *s* tiare *f*; (*woman's headdress*) diadème *m*
tic [tɪk] *s* (pathol) tic *m*
tick [tɪk] *s* tic-tac *m*; (*e.g., of pillow*) taie *f*; (*e.g., of mattress*) housse *f* de coutil; (ent) tique *f*; **on tick** à crédit || *tr*—**to tick off** (*to check off*) pointer || *intr* tictaquer; (*said of heart*) battre
ticker [ˈtɪkər] *s* téléimprimeur *m*; (*watch*) (slang) toquante *f*; (*heart*) (slang) cœur *m*
tick′er tape′ *s* bande *f* de téléimprimeur
ticket [ˈtɪkɪt] *s* billet *m*; (*of bus, subway, etc.*) ticket *m*; (*of baggage checkroom*) bulletin *m*; (*of cloakroom*) numéro *m*; (*for boat trip*) passage *m*; (*of a political party*) liste *f* électorale; (*for violation*) (coll) papillon *m* de procès-verbal, contravention *f*; **that's the ticket** (coll) c'est bien ça, à la bonne heure; **tickets, please!** vos places, s'il vous plaît!
tick′et a′gent *s* guichetier *m*
tick′et collec′tor *s* contrôleur *m*
tick′et of′fice *s* guichet *m*; (theat) bureau *m* de location

tick′et scalp′er [ˌskælpər] *s* trafiquant *m* de billets de théâtre
tick′et win′dow *s* guichet *m*
ticking [ˈtɪkɪŋ] *s* coutil *m*
tickle [ˈtɪkəl] *s* chatouillement *m* ‖ *tr* chatouiller; amuser; plaire (with *dat*) ‖ *intr* chatouiller
ticklish [ˈtɪklɪʃ] *adj* chatouilleux; (*touchy*) susceptible; (*subject, question*) épineux, délicat
tick′-tack-toe′ *s* morpion *m*
ticktock [ˈtɪkˌtɑk] *s* tic-tac *m* ‖ *intr* faire tic-tac
tid′al wave′ [ˈtaɪdəl] *s* raz *m* de marée; (*e.g., of popular indignation*) vague *f*
tidbit [ˈtɪdˌbɪt] *s* bon morceau *m*
tiddlywinks [ˈtɪdliˌwɪŋks] *s* jeu *m* de puce
tide [taɪd] *s* marée *f*; **against the tide** à contre-marée; **to go with the tide** suivre le courant ‖ *tr*—**to tide over** dépanner, remettre à flot; (*a difficulty*) venir à bout de
tide′land′ *s* terres *fpl* inondées aux grandes marées
tide′wa′ter *s* eaux *fpl* de marée; bord *m* de la mer
tide′water pow′er plant′ *s* usine *f* marémotrice
tidings [ˈtaɪdɪŋz] *spl* nouvelles *fpl*
ti·dy [ˈtaɪdi] *adj* (*comp* **-dier**; *super* **-diest**) propre, net, bien tenu; (*considerable*) (coll) joli, fameux ‖ *s* (*pl* **-dies**) voile *m* de fauteuil ‖ *v* (*pret & pp* **-died**) *tr* mettre en ordre, nettoyer ‖ *intr*—**to tidy up** faire un brin de toilette
tie [taɪ] *s* lien *m*, attache *f*; (*knot*) nœud *m*; (*necktie*) cravate *f*; (*in games*) match *m* nul; (mus) liaison *f*; (rr) traverse *f* ‖ *v* (*pret & pp* **tied**; *ger* **tying**) *tr* lier; (*a knot, a necktie, etc.*) nouer; (*shoelaces; a knot; one's apron*) attacher; (*an artery*) ligaturer; (*a competitor*) être à égalité avec; (mus) lier; **tied up** (*busy*) occupé; **to tie down** assujettir; **to tie up** attacher; (*a package*) ficeler; (*a person*) ligoter; (*a wound*) bander; (*funds*) immobiliser; (*traffic, a telephone line*) embouteiller ‖ *intr* (sports) faire match nul, égaliser
tie′back′ *s* embrasse *f*
tie′pin′ *s* épingle *f* de cravate
tier [tɪr] *s* étage *m*; (*of stadium*) gradin *m*
tiger [ˈtaɪgər] *s* tigre *m*
ti′ger lil′y *s* lis *m* tigré
tight [taɪt] *adj* serré, juste; (*e.g., rope*) tendu; (*clothes*) ajusté; (*container*) étanche; (*game*) serré; (*money*) rare; (*miserly*) (coll) chiche; (*drunk*) (coll) rond, noir ‖ **tights** *spl* collant *m*, maillot *m* ‖ *adv* fermement, bien; **to hold tight** tenir serré; se tenir, se cramponner; **to sit tight** (coll) tenir bon
tighten [ˈtaɪtən] *tr* (*a knot, a bolt*) serrer, resserrer; (*e.g., a rope*) tendre ‖ *intr* se serrer; se tendre
tight-fisted [ˈtaɪtˈfɪstɪd] *adj* dur à la détente, serré
tight′-fit′ting *adj* collant, ajusté
tight′rope′ *s* corde *f* raide
tight′rope walk′er *s* funambule *mf*
tight′ squeeze′ *s* (coll) situation *f* difficile, embarras *m*
tight′wad′ *s* (coll) grippe-sou *m*
tigress [ˈtaɪgrɪs] *s* tigresse *f*
tile [taɪl] *s* (*for roof*) tuile *f*; (*for floor*) carreau *m* ‖ *tr* (*e.g., a house*) couvrir de tuiles; (*a floor*) carreler
tile′ roof′ *s* toit *m* de tuiles
till [tɪl] *s* tiroir-caisse *m* ‖ *prep* jusqu'à ‖ *conj* jusqu'à ce que ‖ *tr* labourer
tilt [tɪlt] *s* pente *f*, inclinaison *f*; (*contest*) joute *f*; **full tilt** à fond de train ‖ *tr* pencher, incliner; **to tilt back** renverser en arrière; **to tilt up** redresser ‖ *intr* se pencher, s'incliner; (*with lance*) jouter; (naut) donner de la bande; **to tilt at** attaquer, critiquer; **to tilt back** se renverser en arrière
timber [ˈtɪmbər] *s* bois *m* de construction; (*trees*) bois de haute futaie; (*rafter*) poutre *f*
tim′ber·land′ *s* bois *m* pour exploitation forestière
tim′ber line′ *s* limite *f* de la végétation forestière
timbre [ˈtɪmbər] *s* (phonet, phys) timbre *m*
time [taɪm] *s* temps *m*; heure *f*, e.g., **what time is it?** quelle heure est-il?; fois, e.g., **five times** cinq fois; e.g., **five times two is ten** cinq fois deux font dix; (*period of payment*) délai *m*; (phot) temps d'exposition; **at that time** à ce moment-là; à cette époque; **at the present time** à l'heure actuelle; **at the same time** en même temps; **at times** parfois; **behind the times** en retard sur son époque; **between times** entre-temps; **full time** plein temps; **in due time** en temps et lieu; **in no time** en moins de rien; **on time** à l'heure, à temps; **several times** à plusieurs reprises; **time and time again** maintes fois; **to beat time** (mus) battre la mesure; **to do time** (coll) faire son temps; **to have a good time** s'amuser bien, se divertir; **to lose time** (*said of timepiece*) retarder; **to mark time** marquer le pas; **to play for time** (coll) chercher à gagner du temps ‖ *tr* mesurer la durée de; (sports) chronométrer
time′ bomb′ *s* bombe *f* à retardement
time′card′ *s* registre *m* de présence
time′ clock′ *s* horloge *f* enregistreuse
time′ expo′sure *s* (phot) pose *f*
time′ fuse′ *s* fusée *f* fusante
time′-hon′ored *adj* consacré par l'usage
time′keep′er *s* pointeur *m*, chronométreur *m*; pendule *f*; montre *f*
timeless [ˈtaɪmlɪs] *adj* sans fin, éternel
time·ly [ˈtaɪmli] *adj* (*comp* **-lier**; *super* **-liest**) opportun, à propos
time′piece′ *s* pendule *f*; montre *f*
timer [ˈtaɪmər] *s* (*person*) chronométreur *m*; (*of an electrical appliance*) minuterie *f*
time′ sheet′ *s* feuille *f* de présence
time′ sig′nal *s* signal *m* horaire

time′ta′ble *s* horaire *m*; (rr) indicateur *m*
time′work′ *s* travail *m* à l'heure
time′worn′ *adj* usé par le temps; (*venerable*) séculaire
time′ zone′ *s* fuseau *m* horaire
timid ['tɪmɪd] *adj* timide
timing ['taɪmɪŋ] *s* chronométrage *m*; choix *m* du moment propice; (*of an electrical appliance*) minuterie *f*; (aut, mach) réglage *m*; (sports) chronométrage; (theat) tempo *m*
tim′ing gears′ *spl* engrenage *m* de distribution
timorous ['tɪmərəs] *adj* timoré, peureux
tin [tɪn] *s* (*element*) étain *m*; (*tin plate*) fer-blanc *m*; (*cup, box, etc.*) boîte *f* ‖ *v* (*pret & pp* **tinned**; *ger* **tinning**) *tr* étamer; (*to can*) (Brit) mettre en boîte
tin′ can′ *s* boîte *f* en fer-blanc, boîte de conserve
tincture ['tɪŋktʃər] *s* teinture *f*
tin′ cup′ *s* timbale *f*
tinder ['tɪndər] *s* amadou *m*
tin′der·box′ *s* briquet *m* à amadou; (fig) foyer *m* de l'effervescence
tin′ foil′ *s* feuille *f* d'étain, papier *m* d'argent
ting-a-ling ['tɪŋə,lɪŋ] *s* drelin *m*
tinge [tɪndʒ] *s* teinte *f*, nuance *f* ‖ *v* (*ger* **tingeing** or **tinging**) *tr* teinter, nuancer
tingle ['tɪŋgəl] *s* picotement *m*, fourmillement *m* ‖ *intr* picoter, fourmiller; (*e.g., with enthusiasm*) tressaillir
tin′ hat′ *s* (coll) casque *m* en acier
tinker ['tɪŋkər] *s* chaudronnier *m* ambulant; (*bungler*) bousilleur *m* ‖ *intr* bricoler; **to tinker with** tripatouiller
tinkle ['tɪŋkəl] *s* tintement *m* ‖ *tr* faire tinter ‖ *intr* tinter
tin′ plate′ *s* fer-blanc *m*
tin′-plate′ *tr* étamer
tin′ roof′ *s* toit *m* de fer-blanc
tinsel ['tɪnsəl] *s* clinquant *m*; (*for a Christmas tree*) paillettes *fpl*, guirlandes *fpl* clinquantes
tin′smith′ *s* ferblantier *m*
tin′ sol′dier *s* soldat *m* de plomb
tint [tɪnt] *s* teinte *f* ‖ *tr* teinter
tin′type′ *s* ferrotypie *f*
tin′ware′ *s* ferblanterie *f*
ti·ny ['taɪni] *adj* (*comp* **-nier**; *super* **-niest**) minuscule
tip [tɪp] *s* bout *m*, pointe *f*; (*slant*) inclinaison *f*; (*fee to a waiter*) pourboire *m*; (*secret information*) (slang) tuyau *m* ‖ *v* (*pret & pp* **tipped**; *ger* **tipping**) *tr* incliner; (*the scales*) faire pencher; (*a waiter*) donner un pourboire à, donner la pièce à; **to tip off** (slang) tuyauter; **to tip over** renverser ‖ *intr* se renverser; donner un pourboire
tip′cart′ *s* tombereau *m*
tip′-in′ *s* (bb) hors-texte *m*
tip′-off′ *s* (coll) tuyau *m*
tipped′-in′ *adj* (bb) hors texte
tipple ['tɪpəl] *intr* biberonner
tip′staff′ *s* verge *f* d'huissier; huissier *m* à verge
tip·sy ['tɪpsi] *adj* (*comp* **-sier**; *super* **-siest**) gris, grisé
tip′toe′ *s* pointe *f* des pieds ‖ *v* (*pret & pp* **-toed**; *ger* **-toeing**) *intr* marcher sur la pointe des pieds
tirade ['taɪred] *s* diatribe *f*
tire [taɪr] *s* pneu *m* ‖ *tr* fatiguer ‖ *intr* se fatiguer
tire′ chain′ *s* chaîne *f* antidérapante
tired [taɪrd] *adj* fatigué, las
tire′ gauge′ *s* manomètre *m*
tire′ i′ron *s* démonte-pneu *m*
tireless ['taɪrlɪs] *adj* infatigable
tire′ pres′sure *s* pression *f* des pneus
tire′ pump′ *s* gonfleur *m* pour pneus
tiresome ['taɪrsəm] *adj* fatigant, ennuyeux
tissue ['tɪsjʊ] *s* tissu *m*; (*thin paper*) papier *m* de soie; (*toilet tissue*) papier hygiénique; (*paper handkerchief*) mouchoir *m* à jeter
tis′sue pa′per *s* papier *m* de soie
tit [tɪt] *s* téton *m*; (orn) mésange *f*; **tit for tat** à bon chat bon rat
titanium [taɪ'tenɪ·əm], [tɪ'tenɪ·əm] *s* titane *m*
tithe [taɪð] *s* dixième *m*; (rel) dîme *f* ‖ *tr* soumettre à la dîme; payer la dîme sur
Titian ['tɪʃən] *s* le Titien *m*
Ti′tian red′ *s* blond *m* vénitien
title ['taɪtəl] *s* titre *m* ‖ *tr* intituler
ti′tle deed′ *s* titre *m* de propriété
ti′tle·hold′er *s* tenant *m* du titre
ti′tle page′ *s* page *f* de titre
ti′tle role′ *s* rôle *m* principal
tit′mouse′ *s* (*pl* **-mice**) (orn) mésange *f*
titter ['tɪtər] *s* rire *m* étouffé ‖ *intr* rire en catimini
titular ['tɪtʃələr] *adj* titulaire
to [tu], [tʊ], [tə] *adv*—**to and fro** de long en large ‖ *prep* à; (*towards*) vers; (*in order to*) afin de, pour; envers, pour, e.g., **good to her** bon envers elle, bon pour elle; jusqu'à, e.g., **to this day** jusqu'à ce jour; e.g., **to count to a hundred** compter jusqu'à cent; moins, e.g., **a quarter to eight** huit heures moins le quart; contre, e.g., **seven to one** sept contre un; dans, e.g., **to a certain extent** dans une certaine mesure; en, e.g., **from door to door** de porte en porte; e.g., **I am going to France** je vais en France; de, e.g., **to try to** + *inf* essayer de + *inf*; **to him** lui §87
toad [tod] *s* crapaud *m*
toad′stool′ *s* agaric *m*; champignon *m* vénéneux
to-and-fro ['tu·ənd'fro] *adj* de va-et-vient
toast [tost] *s* pain *m* grillé; (*with a drink*) toast *m* ‖ *tr* griller; porter un toast à, boire à la santé de
toaster ['tostər] *s* grille-pain *m*
toast′mas′ter *s* préposé *m* aux toasts
tobac·co [tə'bæko] *s* (*pl* **-cos**) tabac *m*
tobac′co pouch′ *s* blague *f*
toboggan [tə'bɑgən] *s* toboggan *m*

tocsin ['taksɪn] *s* tocsin *m*; (*bell*) cloche *f* qui sonne le tocsin
today [tʊ'de] *s & adv* aujourd'hui *m*
toddle ['tadəl] *s* allure *f* chancelante || *intr* marcher à petits pas chancelants
toddler ['tadlər] *s* tout-petit *m*
tod•dy ['tadi] *s* (*pl* **-dies**) grog *m*
to-do [tə'du] *s* (*pl* **-dos**) embarras *mpl*, chichis *mpl*, façons *fpl*
toe [to] *s* doigt *m* du pied, orteil *m*; (*of shoe, of stocking*) bout *m* || *v* (*pret & pp* **toed**; *ger* **toeing**) *tr*—**to toe the line** or **the mark** s'aligner, se mettre au pas
toe'nail' *s* ongle *m* du pied
tog [tag] *v* (*pret & pp* **togged**; *ger* **togging**) *tr*—**to tog out** or **up** attifer, fringuer || **togs** *spl* fringues *fpl*
together [tʊ'geðər] *adv* ensemble; (*at the same time*) en même temps, à la fois
tog'gle switch' ['tagəl] *s* (elec) interrupteur *m* à culbuteur or à bascule
toil [tɔɪl] *s* travail *m* dur; **toils** filet *m*, piège *m* || *intr* travailler dur
toilet ['tɔɪlɪt] *s* toilette *f*; (*rest room*) cabinet *m* de toilette
toi'let ar'ticles *spl* objets *mpl* de toilette
toi'let bowl' *s* cuvette *f*
toi'let pa'per *s* papier *m* hygiénique
toi'let seat' *s* siège *m* des toilettes
toi'let set' *s* nécessaire *m* de toilette
toi'let soap' *s* savonnette *f*
toi'let wa'ter *s* eaux *fpl* de toilette
token ['tokən] *adj* symbolique || *s* signe *m*, marque *f*; (*keepsake*) souvenir *m*; (*used as money*) jeton *m*; **by the same token** de plus; **in token of** en témoignage de
tolerance ['talərəns] *s* tolérance *f*
tolerate ['talə,ret] *tr* tolérer
toll [tol] *s* (*of bells*) glas *m*; (*payment*) droit *m* de passage, péage *m*; (*number of victims*) mortalité *f*; (telp) tarif *m* || *tr* tinter; (*to ring the knell for*) sonner le glas de || *intr* sonner le glas
toll' bridge' *s* pont *m* à péage
toll' call' *s* appel *m* interurbain
toll'gate' *s* barrière *f* à péage
toll' road' *s* autoroute *f* à péage
toma•to [tə'meto], [tə'mato] *s* (*pl* **-toes**) tomate *f*
tomb [tum] *s* tombeau *m*
tomboy ['tam,bɔɪ] *s* garçon *m* manqué
tomb'stone' *s* pierre *f* tombale
tomcat ['tam,kæt] *s* matou *m*
tome [tom] *s* tome *m*
tomorrow [tʊ'maro], [tʊ'mɔro] *adj, s, & adv* demain *m*; **tomorrow morning** demain matin; **until tomorrow** à demain
tom-tom ['tam,tam] *s* tam-tam *m*
ton [tʌn] *s* tonne *f*
tone [ton] *s* ton *m* || *tr* accorder; **to tone down** atténuer; **to tone up** renforcer; (*e.g., the muscles*) tonifier || *intr*—**to tone down** se modérer
tone' po'em *s* poème *m* symphonique
tongs [tɔŋz], [taŋz] *spl* pincettes *fpl*; (*e.g., for sugar*) pince *f*; (*of blacksmith*) tenailles *fpl*
tongue [tʌŋ] *s* (*language; part of body*) langue *f*; (*of wagon*) timon *m*; (*of buckle*) ardillon *m*; (*of shoe*) languette *f*; **to hold one's tongue** se mordre la langue
tongue-tied ['tʌŋ,taɪd] *adj* bouche cousue
tongue' twist'er *s* phrase *f* à décrocher la mâchoire
tonic ['tanɪk] *adj & s* tonique *m*
tonight [tʊ'naɪt] *adj & s* ce soir
tonsil ['tansəl] *s* amygdale *f*
tonsillitis [,tansɪ'laɪtɪs] *s* amygdalite *f*
ton•y ['toni] *adj* (*comp* **-ier**; *super* **-iest**) (slang) élégant, chic
too [tu] *adv* (*also*) aussi; (*more than enough*) trop; (*moreover*) d'ailleurs; **I did too!** mais si!; **too bad!** c'est dommage!; **too many, too much** trop, trop de
tool [tul] *s* outil || *tr* (*a piece of metal*) usiner; (*leather*) repousser; (bb) dorer || *intr*—**to tool along** rouler; **to tool up** s'outiller
tool'box' *s* trousse *f* à outils
tool'mak'er *s* taillandier *m*
toot [tut] *s* son *m* du cor; (*of auto*) coup *m* de klaxon; (*of locomotive*) coup de sifflet || *tr* sonner || *intr* corner; (aut) klaxonner
tooth [tuθ] *s* (*pl* **teeth** [tiθ]) dent *f*; **to grit, grind,** or **gnash the teeth** grincer des dents, crisser des dents
tooth'ache' *s* mal *m* de dents
tooth'brush' *s* brosse *f* à dents
toothless ['tuθlɪs] *adj* édenté
tooth'paste' *s* pâte *f* dentifrice
tooth'pick' *s* cure-dent *m*
tooth' pow'der *s* poudre *f* dentifrice
top [tap] *adj* premier, de tête || *s* sommet *m*, cime *f*, faîte *m*; (*of a barrel, table, etc.*) dessus *m*; (*of a page*) haut *m*; (*of a box*) couvercle *m*; (*of a carriage or auto*) capote *f*; (*toy*) toupie *f*; (naut) hune *f*; **at the top of** en haut de; (*e.g., one's class*) à la tête de; **at the top of one's voice** à tue-tête; **from top to bottom** de haut en bas, de fond en comble; **on top of** sur; (*in addition to*) en plus de; **tops** (*e.g., of carrots*) fanes *fpl*; **to sleep like a top** dormir comme un sabot || *v* (*pret & pp* **topped**; *ger* **topping**) *tr* couronner, surmonter; (*to surpass*) dépasser; (*a tree, plant, etc.*) écimer
topaz ['topæz] *s* topaze *f*
top' bill'ing *s* tête *f* d'affiche
top'coat' *s* surtout *m* de demi-saison
toper ['topər] *s* soiffard *m*
top' hat' *s* haut-de-forme *m*
top'-heav'y *adj* trop lourd du haut
topic ['tapɪk] *s* sujet *m*
top'knot' *s* chignon *m*
top'mast' *s* mât *m* de hune
top'most' *adj* (le) plus haut
top'notch' *adj* (coll) d'élite
topogra•phy [tə'pagrəfi] *s* (*pl* **-phies**) topographie *f*
topple ['tapəl] *tr & intr* culbuter
topsail ['tapsəl], ['tap,sel] *s* (naut) hunier *m*
top'soil' *s* couche *f* arable

topsy-turvy ['tɑpsi'tʌrvi] *adj & adv* sens dessus dessous

torch [tɔrtʃ] *s* torche *f*, flambeau *m*; (Brit) lampe *f* torche; **to carry the torch for** (slang) avoir un amour sans retour pour

torch'bear'er *s* porte-flambeau *m*; (fig) défenseur *m*

torch'light' *s* lueur *f* des flambeaux

torch'light proces'sion *s* défilé *m* aux flambeaux

torch' song' *s* chanson *f* de l'amour non partagé

torment ['tɔrmɛnt] *s* tourment *m* ‖ [tɔr'mɛnt] *tr* tourmenter

torna•do [tɔr'nedo] *s* (*pl* **-does** or **-dos**) tornade *f*

torpe•do [tɔr'pido] *s* (*pl* **-does**) torpille *f* ‖ *tr* torpiller

torpe'do-boat destroy'er *s* contre-torpilleur *m*

torpid ['tɔrpɪd] *adj* engourdi

torque [tɔrk] *s* effort *m* de torsion, couple *m* de torsion

torrent ['tɑrənt], ['tɔrənt] *s* torrent *m*

torrid ['tɑrɪd], ['tɔrɪd] *adj* torride

tor•so ['tɔrso] *s* (*pl* **-sos**) torse *m*

tort [tɔrt] *s* (law) acte *m* dommageable sauf rupture de contrat ou abus de confiance

tortoise ['tɔrtəs] *s* tortue *f*

tor'toise shell' *s* écaille *f*

torture ['tɔrtʃər] *s* torture *f* ‖ *tr* torturer

toss [tɔs], [tɑs] *s* lancement *m*; (*of the head*) mouvement *m* dédaigneux ‖ *tr* lancer; (*one's head*) relever dédaigneusement; (*a rider*) démonter; (*a coin*) jouer à pile et face avec; **to toss about** agiter, ballotter; **to toss off** (*e.g., work*) expédier; (*in one gulp*) lamper; **to toss up** jeter en l'air ‖ *intr* s'agiter; **to toss and turn** se tourner et retourner

toss'up' *s* (coll) coup *m* de pile ou face; chances *fpl* égales

tot [tɑt] *s* bambin *m*, tout petit *m* ‖ *v* (*pret & pp* **totted**; *ger* **totting**) *tr*—**to tot up** additionner

to•tal ['totəl] *adj & s* total *m*; **as a total** au total ‖ *v* (*pret & pp* **-taled** or **-talled**; *ger* **-taling** or **-talling**) *tr* additionner, totaliser; (*to amount to*) s'élever à

totalitarian [to ,tælɪ'terɪ•ən] *adj & mf* totalitaire

totem ['totəm] *s* totem *m*

totter ['tɑtər] *intr* chanceler

touch [tʌtʃ] *s* (*act*) attouchement *m*; (*e.g., of color; with a brush*) touche *f*; (*sense; of pianist*) toucher *m*; (*of typist*) frappe *f*; (*little bit*) pointe *f*. brin *m*; **in touch** en communication; **to get in touch with** prendre contact avec ‖ *tr* toucher; (*for a loan*) (slang) taper; **to touch off** déclencher; **to touch up** retoucher ‖ *intr* se toucher; **to touch on** toucher à

touched *adj* touché; (*crazy*) timbré

touching ['tʌtʃɪŋ] *adj* touchant, émouvant ‖ *prep* touchant, concernant

touch•y ['tʌtʃi] *adj* (*comp* **-ier**; *super* **-iest**) susceptible, irritable

tough [tʌf] *adj* dur, coriace; (*tenacious*) résistant; (*task*) difficile ‖ *s* voyou *m*

toughen ['tʌfən] *tr* endurcir ‖ *intr* s'endurcir

tough' luck' *s* déveine *f*

tour [tʊr] *s* tour *m*; (*e.g., of inspection*) tournée *f*; **on tour** en tournée ‖ *tr* faire le tour de; (*e.g., a country*) voyager en; (theat) faire une tournée de, en, or dans ‖ *intr* voyager

tour'ing car' *s* voiture *f* de tourisme

tourist ['tʊrɪst] *adj & s* touriste *mf*

tournament ['tʊrnəmənt], ['tʌrnəmənt] *s* tournoi *m*

tourney ['tʊrni], ['tʌrni] *s* tournoi *m* ‖ *intr* tournoyer

tourniquet ['tʊrnɪ,ket], ['tʌrnɪ,ke] *s* (surg) garrot *m*, tourniquet *m*

tousle ['taʊzəl] *tr* ébouriffer; tirailler, maltraiter

tow [to] *s* remorque *f*; (*e.g., of hemp*) filasse *f*; **to take in tow** prendre en remorque; (fig) se charger de ‖ *tr* remorquer

towage ['to•ɪdʒ] *s* remorquage *m*; droits *mpl* de remorquage

toward(s) [tord(z)], [tə'wɔrd(z)] *prep* vers; (*in regard to*) envers

tow'boat' *s* remorqueur *m*

tow•el ['taʊ•əl] *s* serviette *f*, essuie-main *m* ‖ *v* (*pret & pp* **-eled** or **-elled**; *ger* **-eling** or **-elling**) *tr* essuyer avec une serviette

tow'el rack' *s* porte-serviettes *m*

tower ['taʊ•ər] *s* tour *f* ‖ *intr* s'élever

towering ['taʊ•ərɪŋ] *adj* élevé, géant; (*e.g., ambition*) sans bornes

tow'er•man *s* (*pl* **-men**) (aer, rr) aiguilleur *m*

tow'ing serv'ice ['to•ɪŋ] *s* service *m* de dépannage

tow'line' *s* câble *m* de remorque

town [taʊn] *s* ville *f*; **in town** en ville

town' clerk' *s* secrétaire *m* de mairie

town' coun'cil *s* conseil *m* municipal

town' cri'er *s* crieur *m* public

town' hall' *s* hôtel *m* de ville

town' plan'ning *s* urbanisme *m*

towns'folk' *spl* citadins *mpl*

town'ship *s* commune *f*; (U.S.A.) circonscription *f* administrative de six milles carrés

towns'man ['taʊnzmən] *s* (*pl* **-men**) citadin *m*

towns'peo'ple *spl* citadins *mpl*

town' talk' *s* sujet *m* du jour

tow'path' *s* chemin *m* de halage

tow'rope' *s* corde *f* de remorque

tow' truck' *s* dépanneuse *f*, voiture *f* de dépannage

toxic ['tɑksɪk] *adj & s* toxique *m*

toy [tɔɪ] *adj* petit; d'enfant ‖ *s* jouet *m*, joujou *m*; (*trifle*) bagatelle *f* ‖ *intr* jouer, s'amuser; **to toy with** (*a person*) badiner avec; (*an idea*) caresser

toy' dog' *s* chien *m* de manchon

toy' sol'dier *s* soldat *m* de plomb

trace [tres] *s* trace *f*; (*of harness*) trait *m* ‖ *tr* tracer; (*the whereabouts of*

s.o. or s.th.) pister; (*e.g., an influence*) retrouver les traces de; (*a design seen through thin paper*) calquer; **to trace back** remonter jusqu'à l'origine de
tracer ['tresər] *s* traceur *m*
trac'er bul'let *s* balle *f* traçante
trache·a ['trekɪ·ə] *s* (*pl* **-ae** [,i]) trachée *f*
tracing ['tresɪŋ] *s* tracé *m*
trac'ing tape' *s* cordeau *m*
track [træk] *s* (*of foot or vehicle*) trace *f*; (*of an animal; in a stadium*) piste *f*; (*of a boat*) sillage *m*; (*of a railroad*) voie *f*; (*of an airplane, of a hurricane*) trajet *m*; (*of a tractor*) chenille *f*; (*course followed*) chemin *m* tracé; (sports) la course et le saut de barrières; (sports) athlétisme *m*; **off the beaten track** hors des sentiers battus; **on the right track** sur la bonne voie; **to be on the wrong track** faire fausse route; **to have an inside track** tenir la corde; **to keep track of** ne pas perdre de vue; **to make tracks** (coll) filer ‖ *tr* traquer; laisser des traces de pas dans; **to track down** dépister
tracking ['trækɪŋ] *s* (*of spaceship*) repérage *m*
track'ing sta'tion *s* poste *m* de repérage
track'less trol'ley *s* trolleybus *m*
track' meet' *s* concours *m* de courses et de sauts, épreuve *f* d'athlétisme
track'walk'er *s* garde-voie *m*
tract [trækt] *s* (*of land*) étendue *f*; (*leaflet*) tract *m*; (anat) voie *f*
traction ['trækʃən] *s* traction *f*
trac'tion com'pany *s* entreprise *f* de transports urbains
tractor ['træktər] *s* tracteur *m*
trade [tred] *s* commerce *m*, négoce *m*; clientèle *f*; (*calling, job*) métier *m*; (*exchange*) échange *m*; (*in slaves*) traite *f*; **to take in trade** reprendre en compte ‖ *tr* échanger; **to trade in** (*e.g., a used car*) donner en reprise ‖ *intr* commercer; **to trade in** faire le commerce de; **to trade on** exploiter
trade'-in' *s* reprise *f*
trade'mark' *s* marque *f* déposée
trade' name' *s* raison *f* sociale
trader ['tredər] *s* commerçant *m*
trade' school' *s* école *f* des arts et métiers
trades'man *s* (*pl* **-men**) commerçant *m*; (*shopkeeper*) boutiquier *m*; (Brit) artisan *m*
trades' un'ion or **trade' un'ion** *s* syndicat *m* ouvrier
trade' winds' *spl* vents *mpl* alizés
trad'ing post' ['tredɪŋ] *s* factorerie *f*
trad'ing stamp' *s* timbre-prime *m*
tradition [trə'dɪʃən] *s* tradition *f*
traditional [trə'dɪʃənəl] *adj* traditionnel
traf·fic ['træfɪk] *s* (*commerce*) négoce *m*; (*in the street*) circulation *f*; (*illegal*) trafic *m*; (*in, e.g., slaves*) traite *f*; (naut, rr) trafic ‖ *v* (*pret & pp* **-ficked**; *ger* **-ficking**) *intr* trafiquer
traf'fic cir'cle *s* rond-point *m*
traf'fic cop' *s* agent *m* de la circulation
traf'fic court' *s* tribunal *m* de simple police (pour les contraventions au code de la route)
traf'fic jam' *s* embouteillage *m*
traf'fic light' *s* feu *m* de circulation
traf'fic sign' *s* panneau *m* de signalisation, poteau *m* indicateur
traf'fic sig'nal *s* signal *m* routier
traf'fic tick'et *s* contravention *f*
traf'fic vi'olator *s* contrevenant *m*
tragedian [trə'dʒidɪ·ən] *s* tragédien *m*
trage·dy ['trædʒɪdi] *s* (*pl* **-dies**) tragédie *f*
tragic ['trædʒɪk] *adj* tragique
trail [trel] *s* trace *f*, piste *f*; (*e.g., of smoke*) traînée *f* ‖ *tr* traîner; (*to look for*) pister ‖ *intr* traîner; (*said of a plant*) grimper; **to trail off** se perdre
trailer ['trelər] *s* remorque *f*; (*for vacationing*) remorque de plaisance, caravane *f*; (mov) film-annonce *m*
trail'er court' *s* camp *m* pour caravanes
trail'er home' *s* caravane *f*
train [tren] *s* (*of railway cars*) train *m*; (*of dress*) traîne *f*; (*of thought*) enchaînement *m*; (*streak*) traînée *f* ‖ *tr* entraîner, former; (*plants*) palisser; (*a gun; a telescope*) pointer ‖ *intr* s'entraîner
trained' an'imals *spl* animaux *mpl* savants
trained' nurse' *s* infirmière *f* diplômée
trainer ['trenər] *s* (*of animals*) dresseur *m*; (sports) entraîneur *m*
training ['trenɪŋ] *s* entraînement *m*; instruction *f*; (*of animals*) dressage *m*
train'ing school' *s* école *f* technique; (*reformatory*) maison *f* de correction
train'ing ship' *s* navire-école *m*
trait [tret] *s* trait *m*
traitor ['tretər] *s* traître *m*
traitress ['tretrɪs] *s* traîtresse *f*
trajecto·ry [trə'dʒektəri] *s* (*pl* **-ries**) trajectoire *f*
tramp [træmp] *s* vagabond *m*; bruit *m* de pas lourds ‖ *tr* parcourir à pied; (*the street*) battre ‖ *intr* vagabonder; marcher lourdement; **to tramp on** marcher sur
trample ['træmpəl] *tr* fouler, piétiner ‖ *intr*—**to trample on** or **upon** fouler, piétiner
trampoline ['træmpə,lin] *s* tremplin *m* de gymnase
tramp' steam'er *s* tramp *m*
trance [træns], [trɑns] *s* transe *f*; **in a trance** en transe
tranquil ['træŋkwɪl] *adj* tranquille
tranquilize ['træŋkwɪ,laɪz] *tr* tranquilliser
tranquilizer ['træŋkwɪ,laɪzər] *s* tranquillisant *m*
tranquillity [træn'kwɪlɪti] *s* tranquillité *f*
transact [træn'zækt], [træns'ækt] *tr* traiter, négocier ‖ *intr* faire des affaires
transaction [træn'zækʃən], [træns'ækʃən] *s* transaction *f*; (*of business*)

conduite *f*; **transactions** (*of a society*) actes *mpl*
transatlantic [ˌtrænsətˈlæntɪk] *adj* & *s* transatlantique *m*
transcend [trænˈsend] *tr* transcender ‖ *intr* se transcender
transcribe [trænˈskraɪb] *tr* transcrire
transcript [ˈtrænskrɪpt] *s* copie *f*; (*of a meeting*) procès-verbal *m*; (educ) livret *m* scolaire
transcription [trænˈskrɪpʃən] *s* transcription *f*
transept [ˈtrænsept] *s* transept *m*
trans·fer [ˈtrænsfər] *s* (*e.g., of stock, property, etc.*) transfert *m*; (*from one place to the other*) translation *f*; (*from one job to the other*) mutation *f*; (*of a design*) décalque *m*; (*for bus or subway*) billet *m* de correspondance; (public sign) correspondance ‖ [trænsˈfʌr], [ˈtrænsfər] *v* (*pret & pp* **-ferred**; *ger* **-ferring**) *tr* transférer; transporter; (*e.g., a civil servant*) déplacer; (*a design*) décalquer ‖ *intr* se déplacer; changer de train (de l'autobus, etc.)
transfix [trænsˈfɪks] *tr* transpercer
transform [trænsˈfɔrm] *tr* transformer ‖ *intr* se transformer
transformer [trænsˈfɔrmər] *s* transformateur *m*
transfusion [trænsˈfjuʒən] *s* transfusion *f*
transgress [trænsˈgres] *tr & intr* transgresser
transgression [trænsˈgreʃən] *s* transgression *f*
transient [ˈtrænʃənt] *adj* transitoire, passager; (*e.g., guest*) de passage ‖ *s* hôte *mf* de passage
transistor [trænˈsɪstər] *s* transistor *m*
transit [ˈtrænsɪt], [ˈtrænzɪt] *s* transit *m*
transition [trænˈzɪʃən] *s* transition *f*
transitional [trænˈzɪʃənəl] *adj* transitoire, de transition
transitive [ˈtrænsɪtɪv] *adj* transitif ‖ *s* verbe *m* transitif
transitory [ˈtrænsɪˌtori] *adj* transitoire
translate [trænsˈlet], [ˈtrænslet] *tr* traduire
translation [trænsˈleʃən] *s* traduction *f*; (*transfer*) translation *f*
translator [trænsˈletər] *s* traducteur *m*
transliterate [trænsˈlɪtəˌret] *tr* translitérer
translucent [trænsˈlusənt] *adj* translucide, diaphane
transmission [trænsˈmɪʃən] *s* transmission *f*; (*gear change*) changement *m* de vitesse; (*housing for gears*) boîte *f* de vitesses
transmis′sion-gear′ box′ *s* boîte *f* de vitesses
trans·mit [trænsˈmɪt] *v* (*pret & pp* **-mitted**; *ger* **-mitting**) *tr & intr* transmettre; (rad) émettre
transmitter [trænsˈmɪtər] *s* (telg, telp) transmetteur *m*; (rad) émetteur *m*
transmit′ting sta′tion *s* poste *m* émetteur
transmute [trænsˈmjut] *tr* transmuer
transom [ˈtrænsəm] *s* (*crosspiece*) linteau *m*; (*window over door*) imposte *f*, vasistas *m*; (*of ship*) barre *f* d'arcasse
transparen·cy [trænsˈperənsi] *s* (*pl* **-cies**) transparence *f*; (phot) diapositive *f*
transparent [trænsˈperənt] *adj* transparent
transpire [trænsˈpaɪr] *intr* se passer; (*to leak out*) transpirer
transplant [ˈtrænsˌplænt], [ˈtrænsˌplɑnt] *s* (*organ or tissue*) greffon *m*; (*operation*) greffe *f* ‖ [trænsˈplænt], [trænsˈplɑnt] *tr* transplanter; (*e.g., a heart*) greffer
transport [ˈtrænsport] *s* transport *m* ‖ [trænsˈport] *tr* transporter
transportation [ˌtrænsporˈteʃən] *s* transport *m*; billet *m* de train, de bateau, or d'avion; (*deportation*) transportation *f*
transport′er bridge′ [trænsˈportər] *s* transbordeur *m*
trans′port work′er *s* employé *m* des entreprises de transport
transpose [trænsˈpoz] *tr* transposer
trans·ship [trænsˈʃɪp] *v* (*pret & pp* **-shipped**; *ger* **-shipping**) *tr* transborder
transshipment [trænsˈʃɪpmənt] *s* transbordement *m*
trap [træp] *s* piège *m*; (*pitfall*) trappe *f*; (*double-curved pipe*) siphon *m*; **traps** (mus) batterie *f* de jazz ‖ *v* (*pret & pp* **trapped**; *ger* **trapping**) *tr* prendre au piège, attraper
trap′ door′ *s* trappe *f*
trapeze [trəˈpiz] *s* trapèze *m*
trapezoid [ˈtræpɪˌzɔɪd] *s* trapèze *m*
trapper [ˈtræpər] *s* trappeur *m*
trappings [ˈtræpɪŋz] *spl* (*adornments*) atours *mpl*; (*of horse's harness*) harnachement *m*
trap′shoot′ing *s* tir *m* au pigeon
trash [træʃ] *s* déchets *mpl*, rebuts *mpl*; (*junk*) camelote *f*; (*nonsense*) ineptie *f*; (*worthless people*) racaille *f*
trash′ can′ *s* poubelle *f*
travail [trəˈvel] *s* labeur *m*; douleur *f* de l'enfantement
trav·el [ˈtrævəl] *s* voyages *mpl*; (mach) course *f* ‖ *v* (*pret & pp* **-eled** or **-elled**; *ger* **-eling** or **-elling**) *tr* parcourir ‖ *intr* voyager; (mach) se déplacer
trav′el bu′reau *s* agence *f* de voyages
traveler [ˈtrævələr] *s* voyageur *m*
trav′eler's check′ *s* chèque *m* de voyage
trav′eling expen′ses *spl* frais *mpl* de voyage
trav′eling sales′man *s* (*pl* **-men**) commis *m* voyageur
traverse [trəˈvʌrs] *tr* parcourir, traverser
traves·ty [ˈtrævɪsti] *s* (*pl* **-ties**) *s* travestissement *m* ‖ *v* (*pret & pp* **-tied**) *tr* travestir
trawl [trɔl] *s* chalut *m* ‖ *tr* traîner ‖ *intr* pêcher au chalut
trawler [ˈtrɔlər] *s* chalutier *m*
tray [tre] *s* plateau *m*; (*of refrigerator*) bac *f*; (chem, phot) cuvette *f*

treacherous ['tretʃərəs] *adj* traître
treacher·y ['tretʃəri] *s* (*pl* **-ies**) trahison *f*
tread [tred] *s* (*step; sound of steps*) pas *m*; (*gait*) allure *f*; (*of stairs*) giron *m*; (*of tire*) chape *f*; (*of shoe*) semelle *f*; (*of egg*) cicatricule *f* ‖ *v* (*pret* **trod** [trɑd]; *pp* **trodden** ['trɑdən] or **trod**) *tr* marcher sur, piétiner ‖ *intr* marcher
treadle ['tredəl] *s* pédale *f*
tread′mill′ *s* trépigneuse *f*; (*futile drudgery*) besogne *f* ingrate
treason ['trizən] *s* trahison *f*
treasonable ['trizənəbəl] *adj* traître
treasure ['treʒər] *s* trésor *m* ‖ *tr* garder soigneusement; (*to prize*) tenir beaucoup à
treasurer ['treʒərər] *s* trésorier *m*
treasur·y ['treʒəri] *s* (*pl* **-ies**) trésorerie *f*; trésor *m*
treat [trit] *s* régal *m*, plaisir *m* ‖ *tr* traiter; régaler; (*to a drink*) payer à boire à ‖ *intr* traiter
treatise ['tritɪs] *s* traité *m*
treatment ['tritmənt] *s* traitement *m*
trea·ty ['triti] *s* (*pl* **-ties**) traité *m*
treble ['trebəl] *adj* (*threefold*) triple; (mus) de soprano ‖ *s* soprano *mf*; (*voice*) soprano *m* ‖ *tr & intr* tripler
tre′ble clef′ [klef] *s* clef *f* de sol
tree [tri] *s* arbre *m*
tree′ farm′ *s* taillis *m*
treeless ['trilɪs] *adj* sans arbres
tree′top′ *s* cime *f* d'un arbre
trellis ['trelɪs] *s* treillis *m*, treillage *m*; (*summerhouse*) tonnelle *f* ‖ *tr* treillager
tremble ['trembəl] *s* tremblement *m* ‖ *intr* trembler
tremendous [trɪ'mendəs] *adj* terrible; (coll) formidable
tremor ['tremər], ['trimər] *s* tremblement *m*
trench [trentʃ] *s* tranchée *f*
trenchant ['trentʃənt] *adj* tranchant
trench′ mor′tar *s* lance-bombes *m*
trend [trend] *s* tendance *f*, cours *m*
trespass ['trespəs] *s* entrée *f* sans permission; délit *m*, offense *f* ‖ *intr* entrer sans permission; **no trespassing** (public sign) défense d'entrer; **to trespass against** offenser; **to trespass on** empiéter sur; (*s.o.'s patience*) abuser de
trespasser ['trespəsər] *s* intrus *m*
tress [tres] *s* tresse *f*; **tresses** chevelure *f*
trestle ['tresəl] *s* tréteau *m*; (*bridge*) pont *m* en treillis
trial ['traɪ·əl] *s* essai *m*; (*difficulty*) épreuve *f*; (law) procès *m*; **on trial** à titre d'essai; (law) en jugement; **to bring to trial** faire passer en jugement
tri′al and er′ror *s*—**by trial and error** par tâtonnements
tri′al balloon′ *s* ballon *m* d'essai
tri′al by ju′ry *s* jugement *m* par jury
tri′al ju′ry *s* jury *m* de jugement
tri′al or′der *s* commande *f* d'essai
tri′al run′ *s* course *f* d'essai
triangle ['traɪ ˌæŋgəl] *s* triangle *m*
tribe [traɪb] *s* tribu *f*
tribunal [trɪ'bjunəl], [traɪ'bjunəl] *s* tribunal *m*
tribune ['trɪbjun] *s* tribune *f*
tributar·y ['trɪbjəˌteri] *adj* tributaire ‖ *s* (*pl* **-ies**) tributaire *m*
tribute ['trɪbjut] *s* tribut *m*; éloge *m*, compliment *m*; **to pay tribute to** (*e.g., merit*) rendre hommage à
trice [traɪs] *s*—**in a trice** en un clin d'œil
trick [trɪk] *s* tour *m*; (*prank*) farce *f*; (*artifice*) ruse *f*; (*cards in one round*) levée *f*; (*habit*) manie *f*; (*girl*) (coll) belle *f*; **to be up to one's old tricks again** faire encore des siennes; **to play a dirty trick on** faire un vilain tour à; **tricks of the trade** trucs *mpl* du métier ‖ *tr* duper
tricker·y ['trɪkəri] *s* (*pl* **-ies**) tromperie *f*
trickle ['trɪkəl] *s* filet *m* ‖ *intr* dégoutter
trickster ['trɪkstər] *s* fourbe *mf*
trick·y ['trɪki] *adj* (*comp* **-ier**; *super* **-iest**) rusé; (*difficult*) compliqué, délicat
tricolor ['traɪ ˌkʌlər] *adj & s* tricolore *m*
tried [traɪd] *adj* loyal, éprouvé
trifle ['traɪfəl] *s* bagatelle *f* ‖ *tr*—**to trifle away** gaspiller ‖ *intr* badiner
trifling ['traɪflɪŋ] *adj* frivole; insignifiant
trifocals [traɪ'fokəlz] *spl* lunettes *fpl* à trois foyers
trigger ['trɪgər] *s* (*of gun*) détente *f*; (*of any device*) déclencheur *m*; **to pull the trigger** appuyer sur la détente ‖ *tr* déclencher
trig′ger-hap′py *adj*—**to be trigger-happy** (coll) avoir la gâchette facile
trigonometry [ˌtrɪgə'nɑmɪtri] *s* trigonométrie *f*
trill [trɪl] *s* trille *m* ‖ *tr & intr* triller
trillion ['trɪljən] *s* (U.S.A.) billion *m*; (Brit) trillion *m*
trilo·gy ['trɪlədʒi] *s* (*pl* **-gies**) trilogie *f*
trim [trɪm] *adj* (*comp* **trimmer**; *super* **trimmest**) ordonné, coquet ‖ *s* état *m*; ornement *m*; (*of sails*) orientation *f* ‖ *v* (*pret & pp* **trimmed**; *ger* **trimming**) *tr* enguirlander; (*a Christmas tree*) orner; (*hat, dress, etc.*) garnir; (*the hair*) rafraîchir; (*a candle or lamp*) moucher; (*trees, plants*) tailler; (*the edges of a book*) rogner; (*the sails*) orienter; (coll) battre
trimming ['trɪmɪŋ] *s* (*of clothes, hat, etc.*) garniture *f*; (*of hedges*) taille *f*; (*of sails*) orientation *f*; **to get a trimming** (coll) essuyer une défaite
trini·ty ['trɪnɪti] *s* (*pl* **-ties**) trinité *f*; **Trinity** Trinité
trinket ['trɪŋkɪt] *s* colifichet *m*; (*trifle*) babiole *f*
tri·o ['tri·o] *s* (*pl* **-os**) trio *m*
trip [trɪp] *s* voyage *m*; trajet *m*, parcours *m*; (*stumble; blunder*) faux pas *m*; (*act of causing a person to stumble*) croc-en-jambe *m* ‖ *v* (*pret & pp* **tripped**; *ger* **tripping**) *tr* faire tré-

bucher; **to trip up** donner un croc-en-jambe à; prendre en défaut || *intr* trébucher

tripartite [traɪ'pɑrtaɪt] *adj* tripartite

tripe [traɪp] *s* tripe *f*; (slang) fatras *m*

trip'ham'mer *s* marteau *m* à bascule

triple ['trɪpəl] *adj & s* triple *m* || *tr & intr* tripler

triplet ['trɪplɪt] *s* (*offspring*) triplet *m*; (*stanza*) tercet *m*; (mus) triolet *m*; **triplets** (*offspring*) triplés *mpl*

triplicate ['trɪplɪkɪt] *adj* triple || *s* triplicata *m*; **in triplicate** en trois exemplaires

tripod ['traɪpɑd] *s* trépied *m*

triptych ['trɪptɪk] *s* triptyque *m*

trite [traɪt] *adj* banal, rebattu

triumph ['traɪ·əmf] *s* triomphe *m* || *intr* triompher; **to triumph over** triompher de

trium'phal arch' [traɪ'ʌmfəl] *s* arc *m* de triomphe

triumphant [traɪ'ʌmfənt] *adj* triomphant

trivia ['trɪvɪ·ə] *spl* vétilles *fpl*

trivial ['trɪvɪ·əl] *adj* trivial, insignifiant

triviali·ty [,trɪvɪ'ælɪti] *s* (*pl* **-ties**) trivialité *f*, insignifiance *f*

Trojan ['trodʒən] *adj* troyen || *s* Troyen *m*

Tro'jan Horse' *s* cheval *m* de Troie

Tro'jan war' *s* guerre *f* de Troie

troll [trol] *tr & intr* pêcher à la cuiller

trolley ['trɑli] *s* trolley *m*; (*streetcar*) tramway *m*

trol'ley car' *s* tramway *m*

trol'ley pole' *s* perche *f*

trolling ['trolɪŋ] *s* pêche *f* à la cuiller

trollop ['trɑləp] *s* souillon *f*; (*prostitute*) traînée *f*

trombone ['trɑmbon] *s* trombone *m*

troop [trup] *s* troupe *f*; **troops** (mil) troupes *fpl* || *tr* (*the colors*) présenter || *intr* s'attrouper

trooper ['trupər] *s* cavalier *m*; membre *m* de la police montée; **to swear like a trooper** jurer comme un charretier

tro·phy ['trofi] *s* (*pl* **-phies**) trophée *m*; (sports) coupe *f*

tropic ['trɑpɪk] *adj & s* tropique *m*; **tropics** tropiques, zone *f* tropicale

tropical ['trɑpɪkəl] *adj* tropical

trot [trɑt] *s* trot *m* || *v* (*pret & pp* **trotted**; *ger* **trotting**) *tr* faire trotter; **to trot out** (slang) exhiber || *intr* trotter

troth [trɔθ], [troθ] *s* foi *f*; **in troth** en vérité; **to plight one's troth** promettre fidélité; donner sa promesse de mariage

trouble ['trʌbəl] *s* dérangement *m*; (*illness*) trouble *m*; **that's not worth the trouble** cela ne vaut pas la peine; **that's the trouble** voilà le hic; **the trouble is that . . .** la difficulté c'est que . . . ; **to be in trouble** avoir des ennuis; (*said of a woman*) (coll) faire Pâques avant les Rameaux; **to be looking for trouble** chercher querelle; **to get into trouble** se créer des ennuis, s'attirer une mauvaise affaire; **to take the trouble to** se donner la peine de; **with very little trouble** à peu de frais || *tr* déranger; affliger; **to be troubled about** se tourmenter au sujet de; **to trouble oneself** s'inquiéter || *intr* se déranger; **to trouble to** se donner la peine de

trou'ble light' *s* lampe *f* de secours

trou'ble·mak'er *s* fomentateur *m*, perturbateur *m*

troubleshooter ['trʌbəl,ʃutər] *s* dépanneur *m*; (*in disputes*) arbitre *m*

trou'ble·shoot'ing *s* dépannage *m*; (*of disputes*) composition *f*, arbitrage *m*

troublesome ['trʌbəlsəm] *adj* ennuyeux

trou'ble spot' *s* foyer *m* de conflit

trough [trɔf], [trɑf] *s* (*e.g., to knead bread*) pétrin *m*; (*for water for animals*) abreuvoir *m*; (*for feeding animals*) auge *f*; (*under the eaves*) chéneau *m*; (*between two waves*) creux *m*

troupe [trup] *s* troupe *f*

trouper ['trupər] *s* membre *m* de la troupe; vieil acteur *m*; vieux routier *m*

trousers ['trauzərz] *spl* pantalon *m*

trous·seau [tru'so], ['truso] *s* (*pl* **-seaux** or **-seaus**) trousseau *m*

trout [traut] *s* truite *f*

trowel ['trau·əl] *s* truelle *f*; (*for gardening*) déplantoir *m*

Troy [trɔɪ] *s* Troie *f*

truant ['tru·ənt] *s*—**to play truant** faire l'école buissonnière

truce [trus] *s* trêve *f*

truck [trʌk] *s* camion *m*, poids *m* lourd; (*for baggage*) diable *m*; légumes *mpl*; (coll) rapports *mpl* || *tr* camionner

truck'driv'er *s* camionneur *m*

truck' farm'ing *s* culture *f* maraîchère

truck' gar'den *s* jardin *m* maraîcher

trucking ['trʌkɪŋ] *s* camionnage *m*

truculent ['trʌkjələnt], ['trukjələnt] *adj* truculent

trudge [trʌdʒ] *intr* cheminer

true [tru] *adj* vrai; loyal; (*exact*) juste; (*copy*) conforme; **to come true** se réaliser || *tr* rectifier, dégauchir

true' cop'y *s* (*pl* **-ies**) copie *f* conforme

true'-heart'ed *adj* au cœur sincère

true'love' *s* bien-aimé *m*

truffle ['trʌfəl], ['trufəl] *s* truffe *f*

truism ['tru·ɪzm] *s* truisme *m*

truly ['truli] *adv* vraiment; sincèrement; **yours truly** (complimentary close) veuillez agréer, Monsieur (Madame, etc.), l'assurance de mes sentiments distingués

trump [trʌmp] *s* atout *m*; brave garçon *m*, brave fille *f*; **no trump** sans atout || *tr* couper; **to trump up** inventer || *intr* couper

trumpet ['trʌmpɪt] *s* trompette *f* || *tr & intr* trompeter

trumpeter ['trʌmpətər] *s* trompette *m*

truncheon ['trʌntʃən] *s* matraque *f*; (*of policeman*) bâton *m*

trunk [trʌŋk] *s* tronc *m*; (*chest for clothes*) malle *f*; (*of elephant*) trompe *f*; (aut) coffre *m*; **trunks** slip *m*

truss [trʌs] *s* (*framework*) armature *f*; (med) bandage *m* herniaire || *tr* armer; (culin) trousser

trust [trʌst] *s* confiance *f*; (*hope*) espoir *m*; (*duty*) charge *f*; (*safekeeping*) dépot *m*; (com) trust *m*, cartel *m* || *tr* se fier à; (*to entrust*) confier; (com) faire crédit à || *intr* espérer; **to trust in** avoir confiance en
trust′ com′pany *s* crédit *m*, société *f* de banque
trustee [trʌs'ti] *s* administrateur *m*; (*of a university*) régent *m*; (*of an estate*) fidéicommissaire *mf*
trusteeship [trʌs'tiʃɪp] *s* tutelle *f*
trustful ['trʌstfəl] *adj* confiant
trust′wor′thy *adj* digne de confiance
trust·y ['trʌsti] *adj* (*comp* -ier; *super* -iest) sûr, loyal || *s* (*pl* -ies) forçat *m* bien noté
truth [truθ] *s* vérité *f*; **in truth** en vérité
truthful ['truθfəl] *adj* véridique
try [traɪ] *s* (*pl* **tries**) essai *m* || *v* (*pret & pp* **tried**) *tr* mettre à l'épreuve; (law) juger; **to try on** or **out** essayer || *intr* essayer; **to try to** essayer de
trying ['traɪ·ɪŋ] *adj* pénible
tryst [trɪst], [traɪst] *s* rendez-vous *m*
T′-shirt′ *s* gilet *m* de peau avec manches
tub [tʌb] *s* cuvier *m*, baquet *m*; (*clumsy boat*) (coll) rafiot *m*
tube [t(j)ub] *s* tube *m*; tunnel *m*; (aut) chambre *f* à air; (*subway*) (Brit) métro *m*
tuber ['t(j)ubər] *s* tubercule *m*
tubercle ['t(j)ubərkəl] *s* tubercule *m*
tuberculosis [t(j)u,bʌrkjə'losɪs] *s* tuberculose *f*
tuck [tʌk] *s* pli *m*, rempli *m* || *tr* plisser, rempliar; **to tuck away** reléguer; **to tuck in** rentrer; **to tuck in bed** border; **to tuck up** retrousser
tucker ['tʌkər] *tr*—**to tucker out** (coll) fatiguer
Tuesday ['t(j)uzdi] *s* mardi *m*
tuft [tʌft] *s* touffe *f* || *tr* garnir de touffes || *intr* former une touffe
tug [tʌg] *s* tiraillement *m*, effort *m*; (*boat*) remorqueur *m* || *v* (*pret & pp* **tugged**; *ger* **tugging**) *tr* tirer fort; (*a boat*) remorquer || *intr* tirer fort
tug′boat′ *s* remorqueur *m*
tug′ of war′ *s* lutte *f* à la corde (de traction)
tuition [t(j)u'ɪʃən] *s* enseignement *m*; (*fees*) frais *mpl* de scolarité
tulip ['t(j)ulɪp] *s* tulipe *f*
tumble ['tʌmbəl] *s* chute *f*; (sports) culbute *f* || *tr* culbuter || *intr* tomber, culbuter; (sports) faire des culbutes; (*to catch on*) (slang) comprendre; **to tumble down** dégringoler
tum′ble-down′ *adj* croulant, délabré
tumbler ['tʌmblər] *s* gobelet *m*, verre *m*; acrobate *mf*; (*self-righting toy*) poussah *m*, ramponneau *m*
tumor ['t(j)umər] *s* tumeur *f*
tumult ['t(j)umʌlt] *s* tumulte *m*
tun [tʌn] *s* tonne *f*
tuna ['tunə] *s* thon *m*
tune [t(j)un] *s* air *m*; (*manner of acting or speaking*) ton *m*; **in tune** (mus) accordé; (rad) en syntonie; **out of tune** (mus) désaccordé; **to change one's tune** (coll) changer de disque || *tr* accorder; (*a radio or television set*) régler; **to tune in** (rad) syntoniser; **to tune up** régler
tungsten ['tʌŋstən] *s* tungstène *m*
tunic ['t(j)unɪk] *s* tunique *f*
tuning ['t(j)unɪŋ] *s* réglage *m*; (rad) syntonisation *f*
tun′ing coil′ *s* bobine *f* de syntonisation
tun′ing fork′ *s* diapason *m*
tun·nel ['tʌnəl] *s* tunnel *m*; (min) galerie *f* || *v* (*pret & pp* **-neled** or **-nelled**; *ger* **-neling** or **-nelling**) *tr* percer un tunnel dans or sous
turban ['tʌrbən] *s* turban *m*
turbid ['tʌrbɪd] *adj* trouble
turbine ['tʌrbɪn], ['tʌrbaɪn] *s* turbine *f*
turbojet ['tʌrbo,dʒɛt] *s* turboréacteur *m*; avion *m* à turboréacteur
turboprop ['tʌrbo,prap] *s* turbopropulseur *m*; avion *m* à turbopropulseur
turbulent ['tʌrbjələnt] *adj* turbulent
tureen [t(j)u'rin] *s* soupière *f*
turf [tʌrf] *s* gazon *m*; (*sod*) motte *f* de gazon; (*peat*) tourbe *f*; **the turf** le turf
turf′man *s* (*pl* **-men**) turfiste *mf*
Turk [tʌrk] *s* Turc *m*
turkey ['tʌrki] *s* dindon *m*; (culin) dinde *f*; (*flop*) (slang) four *m*; **Turkey** Turquie *f*; la Turquie
tur′key vul′ture *s* urubu *m*
Turkish ['tʌrkɪʃ] *adj & s* turc *m*
Turk′ish delight′ *s* loukoum *m*
Turk′ish tow′el *s* serviette *f* éponge
turmoil ['tʌrmɔɪl] *s* agitation *f*
turn [tʌrn] *s* tour *m*; (*change of direction*) virage *m*; (*bend*) tournant *m*; (*of events; of an expression*) tournure *f*; (*in a wire*) spire *f*; (coll) coup *m*, choc *m*; **at every turn** à tout propos; **by turns** tour à tour; **in turn** à tour de rôle; **to a turn** (culin) à point; **to do a good turn** rendre un service; **to take turns** alterner; **to wait one's turn** prendre son tour; **whose turn is it?** à qui le tour? || *tr* tourner; **to turn about** or **around** retourner; **to turn aside** or **away** détourner; **to turn back** renvoyer; (*an attack*) repousser; (*a clock*) retarder; **to turn down** (*a collar*) rabattre; (*e.g., the gas*) baisser; (*an offer*) refuser; **to turn from** détourner de; **to turn in** replier; (*a wrongdoer*) dénoncer; **to turn into** changer en; **to turn off** (*the water, the gas, etc.*) fermer; (*the light, the radio, etc.*) éteindre; (*a road*) quitter; **to turn on** (*the water, the gas, etc.*) ouvrir; (*the light, the radio, the gas, etc.*) allumer; **to turn out** mettre dehors; (*to manufacture*) produire; (*e.g., the light*) éteindre; **to turn over and over** tourner et retourner; **to turn up** (*a collar*) relever; (*one's sleeves*) retrousser; (*to unearth*) déterrer || *intr* tourner; se tourner; (*said of milk*) tourner; (*to toss and turn*) se retourner; (*to be dizzy*) tourner, e.g., **his head is turning** la tête lui tourne; **to turn about** or **around** se retourner, se tourner; **to turn aside** or **away** se détourner; **to turn back** rebrousser

chemin; **to turn down** se rabattre; **to turn in** (coll) aller se coucher; **to turn into** tourner à or en; **to turn on** se jeter sur; (*to depend on*) dépendre de; **to turn out to be** se trouver être; **to turn out well** tourner bien; **to turn over** se retourner; (*said of auto*) capoter; **to turn up** se relever; se présenter, arriver

turn'coat' *s* transfuge *m*

turn'down' *adj* rabattu || *s* refus *m*

turn'ing point' *s* moment *m* décisif

turnip ['tʌrnɪp] *s* navet *m*; (*big watch*) (slang) bassinoire *f*; (slang) tête *f* de bois

turn'key' *s* geôlier *m*

turn' of life' *s* retour *m* d'âge

turn' of mind' *s* inclination *f* naturelle

turn'out' *s* (*gathering*) assistance *f*; (*output*) rendement *m*; (*equipment*) attelage *m*

turn'o'ver *s* renversement *m*; (com) chiffre *m* d'affaires

turn'pike' *s* autoroute *f* à péage

turn'spit' *s* tournebroche *m*

turnstile ['tʌrn ,staɪl] *s* tourniquet *m*

turn'stone' *s* (orn) tourne-pierre *m*

turn'ta'ble *s* (*of phonograph*) plateau *m* porte-disque; (rr) plaque *f* tournante

turpentine ['tʌrpən ,taɪn] *s* térébenthine *f*

turpitude ['tʌrpɪ ,t(j)ud] *s* turpitude *f*

turquoise ['tʌrkɔɪz], ['tʌrkwɔɪz] *s* turquoise *f*

turret ['tʌrɪt] *s* tourelle *f*

turtle ['tʌrtəl] *s* tortue *f*

tur'tle•dove' *s* tourterelle *f*

tur'tle•neck' *s* col *m* roulé; chandail *m* à col roulé

Tuscan ['tʌskən] *adj & s* toscan *m*

Tuscany ['tʌskəni] *s* Toscane *f*; la Toscane

tusk [tʌsk] *s* défense *f*

tussle ['tʌsəl] *s* bagarre *f* || *intr* se bagarrer

tutor ['t(j)utər] *s* précepteur *m*, répétiteur *m* || *tr* donner des leçons particulières à || *intr* donner des leçons particulières

tuxe•do [tʌk'sido] *s* (*pl* **-dos**) smoking *m*

TV ['ti'vi] *s* (letterword) (**television**) tévé *f*, télé *f*

twaddle ['twɑdəl] *s* fadaises *fpl* || *intr* dire des fadaises

twang [twæŋ] *s* (*of musical instrument*) son *m* vibrant; (*of voice*) ton *m* nasillard || *tr* faire résonner; dire en nasillant || *intr* nasiller

twang•y ['twæŋi] *adj* (*comp* **-ier**; *super* **-iest**) (*nasal*) nasillard; (*resonant*) vibrant

tweed [twid] *s* tweed *m*

tweet [twit] *s* pépiement *m* || *intr* pépier

tweeter ['twitər] *s* (rad) tweeter *m*

tweezers ['twizərz] *spl* brucelles *fpl*; pince *f* à épiler

twelfth [twɛlfθ] *adj & pron* douzième (*masc, fem*); **the Twelfth** douze, e.g., **John the Twelfth** Jean douze || *s* douzième *m*; **the twelfth** (*in dates*) le douze

twelve [twɛlv] *adj & pron* douze; **about twelve** une douzaine de || *s* douze *m*; **twelve o'clock** (*noon*) midi *m*; (*midnight*) minuit *m*

twentieth ['twɛntɪ•ɪθ] *adj & pron* vingtième (*masc, fem*); **the Twentieth** vingt, e.g., **John the Twentieth** Jean vingt || *s* vingt *m*; **the twentieth** (*in dates*) le vingt

twen•ty ['twɛnti] *adj & pron* vingt; **about twenty** une vingtaine de || *s* (*pl* **-ties**) vingt *m*; **the twenties** les années *fpl* vingt

twen'ty-first' *adj & pron* vingt et unième (*masc, fem*); **the Twenty-first** vingt et un, e.g., **John the Twenty-first** Jean vingt et un || *s* vingt et unième *m*; **the twenty-first** (*in dates*) le vingt et un

twen'ty-one' *adj & pron* vingt et un || *s* vingt et un *m*; (cards) vingt-et-un

twen'ty-sec'ond *adj & pron* vingt-deuxième (*masc, fem*); **the Twenty-second** vingt-deux, e.g., **John the Twenty-second** Jean vingt-deux || *s* vingt-deuxième *m*; **the twenty-second** (*in dates*) le vingt-deux

twen'ty-two' *adj, pron, & s* vingt-deux *m*

twice [twaɪs] *adv* deux fois; **twice over** à deux reprises

twiddle ['twɪdəl] *tr* tourner, jouer avec; (*e.g., one's moustache*) tortiller

twig [twɪg] *s* brindille *f*

twilight ['twaɪ ,laɪt] *adj* crépusculaire || *s* crépuscule *m*

twill [twɪl] *s* croisé *m* || *tr* croiser

twin [twɪn] *adj & s* jumeau *m* || *v* (*pret & pp* **twinned**; *ger* **twinning**) *tr* jumeler

twin' beds' *spl* lits *mpl* jumeaux

twine [twaɪn] *s* ficelle *f* || *tr* enrouler || *intr* s'enrouler

twinge [twɪndʒ] *s* élancement *m* || *intr* élancer

twin'-jet' plane' *s* biréacteur *m*

twinkle ['twɪŋkəl] *s* scintillement *m*; (*of the eye*) clignotement *m* || *intr* scintiller; clignoter

twin'-screw' *adj* à hélices jumelles

twirl [twʌrl] *s* tournoiement *m* || *tr* faire tournoyer; (*e.g., a cane*) faire des moulinets avec || *intr* tournoyer

twist [twɪst] *s* torsion *f*; (*strand*) cordon *m*; (*of the wrist, of rope, etc.*) tour *m*; (*of the road, river, etc.*) coude *m*; (*of tobacco*) rouleau *m*; (*of the ankle*) entorse *f*; (*of mind or disposition*) prédisposition *f* || *tr* tordre, tortiller || *intr* se tordre, se tortiller; **to twist and turn** (*said, e.g., of road*) serpenter; (*said of sleeper*) se tourner et se retourner

twister ['twɪstər] *s* (coll) tornade *f*

twit [twɪt] *v* (*pret & pp* **twitted**; *ger* **twitting**) *tr* taquiner

twitch [twɪtʃ] *s* crispation *f* || *intr* se crisper

twitter ['twɪtər] *s* gazouillement *m* || *intr* gazouiller

two [tu] *adj & pron* deux || *s* deux *m*; **to put two and two together** raisonner juste; **two o'clock** deux heures
two'-cy'cle *adj* (mach) à deux temps
two'-cyl'inder *adj* (mach) à deux cylindres
two'-edged' *adj* à deux tranchants
two' hun'dred *adj, pron, & s* deux cents *m*
twosome ['tusəm] *s* paire *f*; jeu *m* à deux joueurs
two'-time' *tr* (slang) tromper
tycoon [taɪ'kun] *s* (coll) magnat *m*
type [taɪp] *s* type *m* || *tr* typer; (*to typewrite*) taper; (*a sample of blood*) chercher le groupe sanguin sur || *intr* taper
type'face' *s* œil *m*
type'script' *s* manuscrit *m* dactylographié
typesetter ['taɪp ,setər] *s* compositeur *m*, typographe *mf*; machine *f* à composer
type'write' *v* (*pret* **-wrote**; *pp* **-written**) *tr & intr* taper à la machine
type'writ'er *s* machine *f* à écrire
type'writer rib'bon *s* ruban *m* encreur
type'writ'ing *s* dactylographie *f*
ty'phoid fe'ver ['taɪfɔɪd] *s* fièvre *f* typhoïde
typhoon [taɪ'fun] *s* typhon *m*
typical ['tɪpɪkəl] *adj* typique
typi•fy ['tɪpɪ,faɪ] *v* (*pret & pp* **-fied**) *tr* symboliser; être le type de
typ'ing er'ror *s* faute *f* de frappe
typist ['taɪpɪst] *s* dactylo *f*
typographic(al) [,taɪpə'græfɪk(əl)] *adj* typographique
typograph'ical er'ror *s* erreur *f* typographique
typography [taɪ'pɑgrəfi] *s* typographie *f*
tyrannic(al) [tɪ'rænɪk(əl)], [taɪ'rænɪk(əl)] *adj* tyrannique
tyran•ny ['tɪrəni] *s* (*pl* **-nies**) tyrannie *f*
tyrant ['taɪrənt] *s* tyran *m*
ty•ro ['taɪro] *s* (*pl* **-ros**) novice *mf*

U

U, u [ju] *s* XXIe lettre de l'alphabet
ubiquitous [ju'bɪkwɪtəs] *adj* ubiquiste, omniprésent
udder ['ʌdər] *s* pis *m*
ugliness ['ʌglɪnɪs] *s* laideur *f*
ug•ly ['ʌgli] *adj* (*comp* **-lier**; *super* **-liest**) laid; (*disagreeable; mean*) vilain
Ukraine ['jukren], [ju'kren] *s* Ukraine *f*; l'Ukraine
Ukrainian [ju'krenɪ•ən] *adj* ukrainien || *s* (*language*) ukrainien *m*; (*person*) Ukrainien *m*
ulcer ['ʌlsər] *s* ulcère *m*
ulcerate ['ʌlsə,ret] *tr* ulcérer || *intr* s'ulcérer
ulterior [ʌl'tɪrɪ•ər] *adj* ultérieur; secret, inavoué
ultimate ['ʌltɪmɪt] *adj* ultime, final, définitif
ultima•tum [,ʌltɪ'metəm] *s* (*pl* **-tums** or **-ta** [tə]) ultimatum *m*
ultrashort [,ʌltrə'ʃɔrt] *adj* (electron) ultra-court
ultraviolet [,ʌltrə'vaɪ•əlɪt] *adj & s* ultraviolet *m*
umbil'ical cord' [ʌm'bɪlɪkəl] *s* cordon *m* ombilical
umbrage ['ʌmbrɪdʒ] *s*—**to take umbrage at** prendre ombrage de
umbrella [ʌm'brɛlə] *s* parapluie *m*; (mil) ombrelle *f* de protection
umbrel'la stand' *s* porte-parapluies *m*
umlaut ['ʊmlaʊt] *s* métaphonie *f*, inflexion *f* vocalique; (*mark*) tréma *m* || *tr* changer le timbre de; écrire avec un tréma
umpire ['ʌmpaɪr] *s* arbitre *m* || *tr & intr* arbitrer
UN ['ju'ɛn] *s* (letterword) (**United Nations**) ONU *f*
unable [ʌn'ebəl] *adj* incapable; **to be unable to** être incapable de
unabridged [,ʌnə'brɪdʒd] *adj* intégral
unaccented [ʌn'æksentɪd], [,ʌnæk'sɛntɪd] *adj* inaccentué
unacceptable [,ʌnək'septəbəl] *adj* inacceptable
unaccountable [,ʌnə'kaʊntəbəl] *adj* inexplicable; irresponsable
unaccounted-for [,ʌnə'kaʊntɪd ,fɔr] *adj* inexpliqué, pas retrouvé
unaccustomed [,ʌnə'kʌstəmd] *adj* inaccoutumé
unafraid [,ʌnə'fred] *adj* sans peur
unaligned [,ʌnə'laɪnd] *adj* non-engagé
unanimity [,junə'nɪmɪti] *s* unanimité *f*
unanimous [jʊ'nænɪməs] *adj* unanime
unanswerable [ʌn'ænsərəbəl] *adj* incontestable, sans réplique; (*argument*) irréfutable
unappreciative [,ʌnə'priʃɪ ,etɪv] *adj* ingrat, peu reconnaissant
unapproachable [,ʌnə'protʃəbəl] *adj* inabordable; (fig) incomparable
unarmed [ʌn'ɑrmd] *adj* sans armes
unascertainable [ʌn ,æsər'tenəbəl] *adj* non vérifiable
unasked [ʌn'æskt], [ʌn'ɑskt] *adj* non invité; **to do s.th. unasked** faire q.ch. spontanément
unassembled [,ʌnə'sɛmbəld] *adj* démonté
unassuming [,ʌnə's(j)umɪŋ] *adj* modeste, sans prétentions
unattached [,ʌnə'tætʃt] *adj* indépendant; (*loose*) détaché; (*not engaged to be married*) seul; (mil, nav) en disponibilité

unattainable [ˌʌnəˈtenəbəl] *adj* inaccessible
unattractive [ˌʌnəˈtræktɪv] *adj* peu attrayant, peu séduisant
unavailable [ˌʌnəˈveləbəl] *adj* non disponible
unavailing [ˌʌnəˈvelɪŋ] *adj* inutile
unavoidable [ˌʌnəˈvɔɪdəbəl] *adj* inévitable
unaware [ˌʌnəˈwer] *adj* ignorant; **to be unaware of** ignorer || *adv* à l'improviste; à mon (son, etc.) insu
unawares [ˌʌnəˈwerz] *adv* (*unexpectedly*) à l'improviste; (*unknowingly*) à mon (son, etc.) insu
unbalanced [ʌnˈbælənst] *adj* non équilibré; (*mind*) déséquilibré; (*bank account*) non soldé
unbandage [ʌnˈbændɪdʒ] *tr* débander
un•bar [ʌnˈbɑr] *v* (*pret & pp* **-barred**; *ger* **-barring**) *tr* débarrer
unbearable [ʌnˈberəbəl] *adj* insupportable
unbeatable [ʌnˈbitəbəl] *adj* imbattable
unbecoming [ˌʌnbɪˈkʌmɪŋ] *adj* déplacé, inconvenant; (*dress*) peu seyant
unbelievable [ˌʌnbɪˈlivəbəl] *adj* incroyable
unbeliever [ˌʌnbɪˈlivər] *s* incroyant *m*
unbending [ʌnˈbendɪŋ] *adj* inflexible
unbiased [ʌnˈbaɪ•əst] *adj* impartial
un•bind [ʌnˈbaɪnd] *v* (*pret & pp* **-bound**) *tr* délier
unbleached [ʌnˈblitʃt] *adj* écru
unbolt [ʌnˈbolt] *tr* (*a gun; a door*) déverrouiller; (*a machine*) déboulonner
unborn [ʌnˈbɔrn] *adj* à naître, futur
unbosom [ʌnˈbʊzəm] *tr* découvrir; **to unbosom oneself** ouvrir son cœur
unbound [ʌnˈbaʊnd] *adj* non relié
unbreakable [ʌnˈbrekəbəl] *adj* incassable
unbroken [ʌnˈbrokən] *adj* intact; ininterrompu; (*spirit*) indompté; (*horse*) non rompu
unbuckle [ʌnˈbʌkəl] *tr* déboucler
unburden [ʌnˈbʌrdən] *tr* alléger; **to unburden oneself of** se soulager de
unburied [ʌnˈberid] *adj* non enseveli
unbutton [ʌnˈbʌtən] *tr* déboutonner
uncalled-for [ʌnˈkɔldˌfɔr] *adj* déplacé; (*e.g., insult*) gratuit
uncanny [ʌnˈkæni] *adj* inquiétant, mystérieux; rare, remarquable
uncared-for [ʌnˈkerdˌfɔr] *adj* négligé; peu soignée
unceasing [ʌnˈsisɪŋ] *adj* incessant
unceremonious [ˌʌnserɪˈmonɪ•əs] *adj* sans façon
uncertain [ʌnˈsʌrtən] *adj* incertain
uncertain•ty [ʌnˈsʌrtənti] *s* (*pl* **-ties**) incertitude *f*
unchain [ʌnˈtʃen] *tr* désenchaîner
unchangeable [ʌnˈtʃendʒəbəl] *adj* immuable
uncharted [ʌnˈtʃɑrtɪd] *adj* inexploré
unchecked [ʌnˈtʃekt] *adj* sans frein, non contenu; non vérifié
uncivilized [ʌnˈsɪvɪˌlaɪzd] *adj* incivilisé
unclad [ʌnˈklæd] *adj* déshabillé
unclaimed [ʌnˈklemd] *adj* non réclamé; (*mail*) au rebut
unclasp [ʌnˈklæsp], [ʌnˈklɑsp] *tr* dégrafer; (*one's hands*) desserrer
unclassified [ʌnˈklæsɪˌfaɪd] *adj* non classé; (*documents, information, etc.*) pas secret
uncle [ˈʌŋkəl] *s* oncle *m*
unclean [ʌnˈklin] *adj* sale, immonde
un•clog [ʌnˈklɑg] *v* (*pret & pp* **-clogged**; *ger* **-clogging**) *tr* dégager, désobstruer
unclouded [ʌnˈklaʊdɪd] *adj* clair, dégagé
uncollectible [ˌʌnkəˈlektɪbəl] *adj* irrécouvrable
uncomfortable [ʌnˈkʌmfərtəbəl] *adj* (*causing discomfort*) inconfortable; (*feeling discomfort*) mal à l'aise
uncommitted [ˌʌnkəˈmɪtɪd] *adj* non-engagé
uncommon [ʌnˈkɑmən] *adj* peu commun
uncompromising [ʌnˈkɑmprəˌmaɪzɪŋ] *adj* intransigeant
unconcerned [ˌʌnkənˈsʌrnd] *adj* indifférent
unconditional [ˌʌnkənˈdɪʃənəl] *adj* inconditionnel
uncongenial [ˌʌnkənˈdʒinɪ•əl] *adj* peu sympathique; incompatible; désagréable
unconquerable [ʌnˈkɑŋkərəbəl] *adj* invincible
unconquered [ʌnˈkɑŋkərd] *adj* invaincu, indompté
unconscious [ʌnˈkɑnʃəs] *adj* inconscient; (*temporarily deprived of consciousness*) sans connaissance || *s*— **the unconscious** l'inconscient *m*
unconsciousness [ʌnˈkɑnʃəsnɪs] *s* inconscience *f*; perte *f* de connaissance, évanouissement *m*
unconstitutional [ˌʌnkɑnstɪˈt(j)uʃənəl] *adj* inconstitutionnel
uncontrollable [ˌʌnkənˈtroləbəl] *adj* ingouvernable; (*e.g., desires*) irrésistible; (*e.g., laughter*) inextinguible
unconventional [ˌʌnkənˈvenʃənəl] *adj* original, peu conventionnel; (*person*) non-conformiste
uncork [ʌnˈkɔrk] *tr* déboucher
uncouple [ʌnˈkʌpəl] *tr* désaccoupler
uncouth [ʌnˈkuθ] *adj* gauche, sauvage; (*language*) grossier
uncover [ʌnˈkʌvər] *tr* découvrir
unction [ˈʌŋkʃən] *s* onction *f*
unctuous [ˈʌŋktʃʊ•əs] *adj* onctueux
uncultivated [ʌnˈkʌltɪˌvetɪd] *adj* inculte
uncultured [ʌnˈkʌltʃərd] *adj* inculte, sans culture
uncut [ʌnˈkʌt] *adj* non coupé; (*stone, diamond*) brut; (*crops*) sur pied; (*book*) non rogné
undamaged [ʌnˈdæmɪdʒd] *adj* indemne
undaunted [ʌnˈdɔntɪd] *adj* pas découragé; sans peur
undecided [ˌʌndɪˈsaɪdɪd] *adj* indécis
undefeated [ˌʌndɪˈfitɪd] *adj* invaincu
undefended [ˌʌndɪˈfendɪd] *adj* sans défense
undefiled [ˌʌndɪˈfaɪld] *adj* sans tache

undeniable [ˌʌndɪˈnaɪ·əbəl] *adj* indéniable
under [ˈʌndər] *adj* (*lower*) inférieur; (*underneath*) de dessous || *adv* dessous; **to go under** sombrer; **to keep under** tenir dans la soumission || *prep* sous, au-dessous de, dessous; moins de, e.g., **under forty** moins de quarante ans; dans, e.g., **under the circumstances** dans les circonstances; en, e.g., **under treatment** en traitement; e.g., **under repair** en voie de réparation; à, e.g., **under the microscope** au microscope; e.g., **under examination** à l'examen; e.g., **under the terms of** aux termes de; e.g., **under the word** (*in dictionary*) au mot; **to serve under** servir sous les ordres de
un'der·age' *adj* mineur
un'der·arm pad' *s* dessous-de-bras *m*
un'der·bid' *v* (*pret & pp* **-bid**; *ger* **-bidding**) *tr* offrir moins que
un'der·brush' *s* broussailles *fpl*
un'der·car'riage *s* (aer) train *m* d'atterrissage; (aut) dessous *m*
un'der·clothes' *spl* sous-vêtements *mpl*
un'der·consump'tion *s* sous-consommation *f*
un'der·cov'er *adj* secret
un'der·cur'rent *s* courant *m* de fond; (fig) vague *f* de fond
un'der·devel'oped *adj* sous-développé
un'der·dog' *s* opprimé *m*; (sports) parti *m* non favori, outsider *m*
underdone [ˈʌndərˌdʌn] *adj* pas assez cuit
un'der·es'timate *tr* sous-estimer
un'der·gar'ment *s* sous-vêtement *m*
un'der·go' *v* (*pret* **-went**; *pp* **-gone**) *tr* subir, éprouver, souffrir
un'der·grad'uate *adj & s* non diplômé *m*
un'der·ground' *adj* souterrain; (fig) clandestin || *s* (*subway*) métro *m*; résistance *f*, maquis *m* || *adv* sous terre; **to go underground** (fig) entrer dans la clandestinité, prendre le maquis
un'der·growth' *s* sous-bois *m*; (*underbrush*) broussailles *fpl*
un'der·hand'ed *adj* sournois, dissimulé
un'der·line' or **un'der·line'** *tr* souligner
underling [ˈʌndərlɪŋ] *s* sous-ordre *m*, sous-fifre *m*
un'der·mine' *tr* miner, saper
underneath [ˌʌndərˈniθ] *adj* de dessous; (*lower*) inférieur || *s* dessous *m* || *adv* dessous, en dessous || *prep* sous, au-dessous de
un'der·nour'ished *adj* sous-alimenté
un'der·nour'ishment *s* sous-alimentation *f*
underpaid [ˌʌndərˈped] *adj* mal rétribué
un'der·pass' *s* passage *m* souterrain
un'der·pin' *v* (*pret & pp* **-pinned**; *ger* **-pinning**) *tr* étayer
un'der·priv'ileged *adj* déshérité
un'der·rate' *tr* sous-estimer
un'der·score' *tr* souligner
un'der·sea' *adj* sous-marin || **un'der·sea'** *adv* sous la surface de la mer
un'der·sec'retar'y *s* (*pl* **-ies**) sous-secrétaire *m*
un'der·sell' *v* (*pret & pp* **-sold**) *tr* vendre à meilleur marché que; (*for less than the actual value*) solder
un'der·shirt' *s* gilet *m*, maillot *m* de corps
un'der·signed' *adj* soussigné
un'der·skirt' *s* jupon *m*
un'der·stand' *v* (*pret & pp* **-stood**) *tr & intr* comprendre, entendre
understandable [ˌʌndərˈstændəbəl] *adj* compréhensible; **that's understandable** cela se comprend
un'der·stand'ing *adj* compréhensif || *s* compréhension *f*; (*intellectual faculty, mind*) entendement *m*; (*agreement*) accord *m*, entente *f*; **on the understanding that** à condition que; **to come to an understanding** arriver à un accord
un'der·stud'y *s* (*pl* **-ies**) doublure *f* || *v* (*pret & pp* **-ied**) *tr* (*an actor*) doubler
un'der·take' *v* (*pret* **-took**; *pp* **-taken**) *tr* entreprendre; (*to agree to perform*) s'engager à faire; **to undertake to** s'engager à
undertaker [ˈʌndərˌtekər] *s* (*mortician*) entrepreneur *m* de pompes funèbres
undertaking [ˌʌndərˈtekɪŋ] *s* entreprise *f*; (*commitment*) engagement *m* || [ˈʌndərˌtekɪŋ] *s* service *m* des pompes funèbres
un'der·tone' *s* ton *m* atténué; (*background sound*) fond *m* obscur; **in an undertone** à voix basse
un'der·tow' *s* (*countercurrent below surface*) courant *m* de fond; (*on beach*) ressac *m*
un'der·wear' *s* sous-vêtements *mpl*
un'der·world' *s* (*criminal world*) bas-fonds *mpl*, pègre *f*; (*pagan world of the dead*) enfers *mpl*
un'der·write' or **un'der·write'** *v* (*pret* **-wrote**; *pp* **-written**) *tr* souscrire; (ins) assurer
un'der·writ'er *s* souscripteur *m*; (ins) assureur *m*
undeserved [ˌʌndɪˈzʌrvd] *adj* immérité
undesirable [ˌʌndɪˈzaɪrəbəl] *adj* peu désirable; (*e.g., alien*) indésirable || *s* indésirable *mf*
undetachable [ˌʌndɪˈtætʃəbəl] *adj* inséparable
undeveloped [ˌʌndɪˈveləpt] *adj* (*land*) inexploité; (*country*) sous-développé
undigested [ˌʌndɪˈdʒestɪd] *adj* indigeste
undignified [ʌnˈdɪgnɪˌfaɪd] *adj* sans dignité, peu digne
undiscernible [ˌʌndɪˈzʌrnɪbəl], [ˌʌndɪˈsʌrnəbəl] *adj* imperceptible
undisputed [ˌʌndɪsˈpjutɪd] *adj* incontesté
undo [ʌnˈdu] *v* (*pret* **-did**; *pp* **-done**) *tr* défaire; (fig) ruiner
undoing [ʌnˈdu·ɪŋ] *s* perte *f*, ruine *f*
undone [ʌnˈdʌn] *adj* défait; (*omitted*) inaccompli; **to come undone** se défaire; **to leave nothing undone** ne rien négliger

undoubtedly [ʌn'dautɪdli] *adv* sans aucun doute, incontestablement
undramatic [,ʌndrə'mætɪk] *adj* peu dramatique
undress ['ʌn,drɛs], [ʌn'drɛs] *s* déshabillé *m*; (*scanty dress*) petite tenue *f* ‖ [ʌn'drɛs] *tr* déshabiller ‖ *intr* se déshabiller
undrinkable [ʌn'drɪŋkəbəl] *adj* imbuvable
undue [ʌn'd(j)u] *adj* indu
undulate ['ʌndjə,let] *intr* onduler
unduly [ʌn'd(j)uli] *adv* indûment
undying [ʌn'daɪ·ɪŋ] *adj* impérissable
un'earned in'come ['ʌnʌrnd] *s* rente *f*, revenu *m* d'un bien
un'earned in'crement *s* plus-value *f*
unearth [ʌn'ʌrθ] *tr* déterrer
unearthly [ʌn'ʌrθli] *adj* surnaturel, spectral; bizarre; (*hour*) indu
uneasy [ʌn'izi] *adj* inquiet; contraint, gêné
uneatable [ʌn'itəbəl] *adj* immanageable
uneconomic(al) [,ʌnikə'nɑmɪk(əl)], [,ʌnɛkə'nɑmɪk(əl)] *adj* peu économique; (*person*) peu économe
uneducated [ʌn'ɛdjə,ketɪd] *adj* ignorant, sans instruction
unemployed [,ʌnɛm'plɔɪd] *adj* en chômage, sans travail ‖ *spl* chômeurs *mpl*, sans-travail *mfpl*
unemployment [,ʌnɛm'plɔɪmənt] *s* chômage *m*
un'employ'ment insur'ance *s* assurance-chômage *f*
unending [ʌn'ɛndɪŋ] *adj* interminable
unequal [ʌn'ikwəl] *adj* inégal; **to be unequal to** (*a task*) ne pas être à la hauteur de
unequaled or **unequalled** [ʌn'ikwəld] *adj* sans égal, sans pareil
unerring [ʌn'ʌrɪŋ], [ʌn'ɛrɪŋ] *adj* infaillible
UNESCO [ju'nɛsko] *s* (acronym) (**United Nations Educational, Scientific, and Cultural Organization**) l'Unesco *f*
unessential [,ʌnɛ'sɛnʃəl] *adj* non essentiel
uneven [ʌn'ivən] *adj* inégal; (*number*) impair
uneventful [,ʌnɪ'vɛntfəl] *adj* sans incident, peu mouvementé
unexceptionable [,ʌnɛk'sɛpʃənəbəl] *adj* irréprochable
unexpected [,ʌnɛk'spɛktɪd] *adj* inattendu, imprévu
unexplained [,ʌnɛk'splend] *adj* inexpliqué
unexplored [,ʌnɛk'splord] *adj* inexploré
unexposed [,ʌnɛk'spozd] *adj* (phot) vierge
unfading [ʌn'fedɪŋ] *adj* immarcescible
unfailing [ʌn'felɪŋ] *adj* infaillible; (*inexhaustible*) intarissable
unfair [ʌn'fɛr] *adj* injuste, déloyal
unfaithful [ʌn'feθfəl] *adj* infidèle
unfamiliar [,ʌnfə'mɪljər] *adj* étranger, peu familier
unfasten [ʌn'fæsən], [ʌn'fɑsən] *tr* défaire, détacher
unfathomable [ʌn'fæðəməbəl] *adj* insondable
unfavorable [ʌn'fevərəbəl] *adj* défavorable
unfeeling [ʌn'filɪŋ] *adj* insensible
unfilled [ʌn'fɪld] *adj* vide; (*post*) vacant
unfinished [ʌn'fɪnɪʃt] *adj* inachevé
unfit [ʌn'fɪt] *adj* impropre, inapte
unfold [ʌn'fold] *tr* déplier ‖ *intr* se déplier
unforeseeable [,ʌnfor'si·əbəl] *adj* imprévisible
unforeseen [,ʌnfor'sin] *adj* imprévu
unforgettable [,ʌnfər'gɛtəbəl] *adj* inoubliable
unforgivable [,ʌnfər'gɪvəbəl] *adj* impardonnable
unfortunate [ʌn'fɔrtjənɪt] *adj* & *s* malheureux *m*
un·freeze [ʌn'friz] *v* (*pret* **-froze**; *pp* **-frozen** *tr* dégeler
unfriend·ly [ʌn'frɛndli] *adj* (*comp* **-lier**; *super* **-liest**) inamical
unfruitful [ʌn'frutfəl] *adj* infructueux
unfulfilled [,ʌnfəl'fɪld] *adj* inaccompli
unfurl [ʌn'fʌrl] *tr* déployer
unfurnished [ʌn'fʌrnɪʃt] *adj* non meublé
ungain·ly [ʌn'genli] *adj* gauche, disgracieux
ungentlemanly [ʌn'dʒɛntəlmənli] *adj* mal élevé, impoli
ungird [ʌn'gʌrd] *tr* déceindre
ungodly [ʌn'gɑdli] *adj* impie; (*dreadful*) (coll) atroce
ungracious [ʌn'greʃəs] *adj* malgracieux
ungrammatical [,ʌngrə'mætɪkəl] *adj* peu grammatical
ungrateful [ʌn'gretfəl] *adj* ingrat
ungrudgingly [ʌn'grʌdʒɪŋli] *adj* de bon cœur, libéralement
unguarded [ʌn'gɑrdɪd] *adj* sans défense; (*moment*) d'inattention; (*card*) sec
unguent ['ʌŋgwənt] *s* onguent *m*
unhandy [ʌn'hændi] *adj* maladroit; (*e.g., tool*) incommode, pas maniable
unhap·py [ʌn'hæpi] *adj* (*comp* **-pier**; *super* **-piest**) malheureux, triste; (*unlucky*) malheureux, malencontreux; (*fateful*) funeste
unharmed [ʌn'hɑrmd] *adj* indemne
unharness [ʌn'hɑrnɪs] *tr* dételer
unheal·thy [ʌn'hɛlθi] *adj* (*comp* **-thier**; *super* **-thiest**) malsain; (*person*) maladif
unheard-of [ʌn'hʌrd,ɑv] *adj* inouï
unhinge [ʌn'hɪndʒ] *tr* (fig) détraquer
unhitch [ʌn'hɪtʃ] *tr* décrocher; (*e.g., a horse*) dételer
unho·ly [ʌn'holi] *adj* (*comp* **-lier**; *super* **-liest**) profane; (coll) affreux
unhook [ʌn'hʊk] *tr* décrocher; (*e.g., a dress*) dégrafer
unhoped-for [ʌn'hopt,fɔr] *adj* inespéré
unhorse [ʌn'hɔrs] *tr* désarçonner
unhurt [ʌn'hʌrt] *adj* indemne
unicorn ['junɪ,kɔrn] *s* unicorne *m*
unification [,junɪfɪ'keʃən] *s* unification *f*
uniform ['junɪ,fɔrm] *adj* & *s* uniforme

m || *tr* uniformiser; vêtir d'un uniforme
uniformi·ty [ˌjunɪˈfɔrmɪti] *s* (*pl* **-ties**) uniformité *f*
uni·fy [ˈjunɪˌfaɪ] *v* (*pret & pp* **-fied**) unifier
unilateral [ˌjunɪˈlætərəl] *adj* unilatéral
unimpeachable [ˌʌnɪmˈpitʃəbəl] *adj* irrécusable
unimportant [ˌʌnɪmˈpɔrtənt] *adj* peu important, sans importance
uninhabited [ˌʌnɪnˈhæbɪtɪd] *adj* inhabité
uninspired [ˌʌnɪnˈspaɪrd] *adj* sans inspiration, sans vigueur
unintelligent [ˌʌnɪnˈtɛlɪdʒənt] *adj* inintelligent
unintelligible [ˌʌnɪnˈtɛlɪdʒɪbəl] *adj* inintelligible
uninterested [ʌnˈɪntrɪstɪd], [ʌnˈɪntəˌrestɪd] *adj* indifférent
uninteresting [ʌnˈɪntrɪstɪŋ], [ʌnˈɪntəˌrestɪŋ] *adj* peu intéressant
uninterrupted [ˌʌnɪntəˈrʌptɪd] *adj* ininterrompu
union [ˈjunjən] *adj* (*leader, scale, card, etc.*) syndical || *s* union *f*; (*of workmen*) syndicat *m*
unionize [ˈjunjəˌnaɪz] *tr* syndiquer || *intr* se syndiquer
un′ion shop′ *s* atelier *m* syndical
un′ion suit′ *s* sous-vêtement *m* d'une seule pièce
unique [jʊˈnik] *adj* unique
unison [ˈjunɪsən], [ˈjunɪzən] *s* unisson *m*; **in unison (with)** à l'unisson (de)
unit [ˈjunɪt] *adj* unitaire || *s* unité *f*; (elec, mach) groupe *m*
unite [jʊˈnaɪt] *tr* unir || *intr* s'unir
united [jʊˈnaɪtɪd] *adj* uni
Unit′ed King′dom *s* Royaume-Uni *m*
Unit′ed Na′tions *spl* Nations *fpl* Unies
Unit′ed States′ *adj* des États-Unis, américain || *s*—**the United States** les États-Unis *mpl*
uni·ty [ˈjunɪti] *s* (*pl* **-ties**) unité *f*
universal [ˌjunɪˈvʌrsəl] *adj & s* universel *m*
u′niversal joint′ *s* joint *m* articulé, cardan *m*
universe [ˈjunɪˌvʌrs] *s* univers *m*
universi·ty [ˌjunɪˈvʌrsɪti] *adj* universitaire || *s* (*pl* **-ties**) université *f*
unjust [ʌnˈdʒʌst] *adj* injuste
unjustified [ʌnˈdʒʌstɪˌfaɪd] *adj* injustifié
unkempt [ʌnˈkɛmpt] *adj* dépeigné; mal tenu, négligé
unkind [ʌnˈkaɪnd] *adj* désobligeant; (*pitiless*) impitoyable, dur
unknowable [ʌnˈno·əbəl] *adj* inconnaissable
unknowingly [ʌnˈno·ɪŋli] *adv* inconsciemment
unknown [ʌnˈnon] *adj* inconnu; (*not yet revealed*) inédit; **unknown to** à l'insu de || *s* inconnu *m*; (*math*) inconnue *f*
un′known quan′tity *s* (math, fig) inconnue *f*
Un′known Sol′dier *s* Soldat *m* inconnu
unlace [ʌnˈles] *tr* délacer
unlatch [ʌnˈlætʃ] *tr* lever le loquet de
unlawful [ʌnˈlɔfəl] *adj* illégal, illicite
unleash [ʌnˈliʃ] *tr* lâcher
unleavened [ʌnˈlevənd] *adj* azyme
unless [ʌnˈles] *prep* sauf || *conj* à moins que
unlettered [ʌnˈlɛtərd] *adj* illettré
unlike [ʌnˈlaɪk] *adj* (*not alike*) dissemblables; différent de; (*not typical of*) pas caractéristique de; (*poles of a magnet*) (elec) de noms contraires || *prep* (*contrary to*) à la différence de
unlikely [ʌnˈlaɪkli] *adj* peu probable
unlimited [ʌnˈlɪmɪtɪd] *adj* illimité
unlined [ʌnˈlaɪnd] *adj* (*coat*) non fourré; (*paper*) non rayé; (*face*) sans rides
unload [ʌnˈlod] *tr* décharger; (*a gun*) désarmer; (coll) se décharger de || *intr* décharger
unloading [ʌnˈlodɪŋ] *s* déchargement *m*
unlock [ʌnˈlɑk] *tr* ouvrir; (*a bolted door*) déverrouiller; (*the jaws*) desserrer
unloose [ʌnˈlus] *tr* lâcher; (*to undo*) délier; (*a mighty force*) déchaîner
unloved [ʌnˈlʌvd] *adj* peu aimé, haï
unlovely [ʌnˈlʌvli] *adj* disgracieux
unluck·y [ʌnˈlʌki] *adj* (*comp* **-ier**; *super* **-iest**) malchanceux, malheureux
un·make [ʌnˈmek] *v* (*pret & pp* **-made**) *tr* défaire
unmanageable [ʌnˈmænɪdʒəbəl] *adj* difficile à manier, ingouvernable
unmanly [ʌnˈmænli] *adj* indigne d'un homme, poltron; efféminé
unmannerly [ʌnˈmænərli] *adj* impoli, mal élevé
unmarketable [ʌnˈmɑrkɪtəbəl] *adj* invendable
unmarriageable [ʌnˈmærɪdʒəbəl] *adj* non mariable
unmarried [ʌnˈmærid] *adj* célibataire
unmask [ʌnˈmæsk], [ʌnˈmɑsk] *tr* démasquer || *intr* se démasquer
unmatched [ʌnˈmætʃt] *adj* sans égal, incomparable; (*unpaired*) désassorti, dépareillé
unmerciful [ʌnˈmʌrsɪfəl] *adj* impitoyable
unmesh [ʌnˈmɛʃ] *tr* (mach) désengrener || *intr* (mach) se désengrener
unmindful [ʌnˈmaɪndfəl] *adj* oublieux
unmistakable [ˌʌnmɪsˈtekəbəl] *adj* évident, facilement reconnaissable
unmitigated [ʌnˈmɪtɪˌgetɪd] *adj* parfait, fieffé
unmixed [ʌnˈmɪkst] *adj* sans mélange
unmoor [ʌnˈmʊr] *tr* désamarrer
unmoved [ʌnˈmuvd] *adj* impassible
unmuzzle [ʌnˈmʌzəl] *tr* démuseler
unnatural [ʌnˈnætʃərəl] *adj* anormal, dénaturé; maniéré; artificiel
unnecessary [ʌnˈnesəˌseri] *adj* inutile
unnerve [ʌnˈnʌrv] *tr* démonter, décontenancer, bouleverser
unnoticeable [ʌnˈnotɪsəbəl] *adj* imperceptible
unnoticed [ʌnˈnotɪst] *adj* inaperçu
unobserved [ˌʌnəbˈzʌrvd] *adj* inobservé, inaperçu

unobtainable [ˌʌnəbˈtenəbəl] *adj* introuvable
unobtrusive [ˌʌnəbˈtrusɪv] *adj* discret, effacé
unoccupied [ʌnˈɑkjəˌpaɪd] *adj* libre, inoccupé
unofficial [ˌʌnəˈfɪʃəl] *adj* officieux, non officiel
unopened [ʌnˈopənd] *adj* fermé; (*letter*) non décacheté
unopposed [ˌʌnəˈpozd] *adj* sans opposition; (*candidate*) unique
unorthodox [ʌnˈɔrθəˌdɑks] *adj* peu orthodox
unpack [ʌnˈpæk] *tr* déballer
unpalatable [ʌnˈpælətəbəl] *adj* fade, insipide
unparalleled [ʌnˈpærəˌleld] *adj* sans précédent, sans pareil
unpardonable [ʌnˈpɑrdənəbəl] *adj* impardonnable
unpatriotic [ˌʌnpetrɪˈɑtɪk], [ˌʌnpætrɪˈɑtɪk] *adj* antipatriotique
unperceived [ˌʌnpərˈsivd] *adj* inaperçu
unperturbable [ˌʌnpərˈtʌrbəbəl] *adj* imperturbable
unpleasant [ʌnˈplezənt] *adj* désagréable, déplaisant
unpopular [ʌnˈpɑpjələr] *adj* impopulaire
unpopularity [ʌnˌpɑpjəˈlærɪti] *s* impopularité *f*
unprecedented [ʌnˈpresɪˌdentɪd] *adj* sans précédent, inédit
unprejudiced [ʌnˈpredʒədɪst] *adj* sans préjugés, impartial
unpremeditated [ˌʌnprɪˈmedɪˌtetɪd] *adj* non prémédité
unprepared [ˌʌnprɪˈperd] *adj* sans préparation; (*e.g., speech*) improvisé
unprepossessing [ˌʌnpripəˈzesɪŋ] *adj* peu engageant
unpresentable [ˌʌnprɪˈzentəbəl] *adj* peu présentable
unpretentious [ˌʌnprɪˈtenʃəs] *adj* sans prétentions, modeste
unprincipled [ʌnˈprɪnsɪpəld] *adj* sans principes, sans scrupules
unproductive [ˌʌnprəˈdʌktɪv] *adj* improductif
unprofitable [ʌnˈprɑfɪtəbəl] *adj* peu profitable, inutile
unpronounceable [ˌʌnprəˈnaunsəbəl] *adj* imprononçable
unpropitious [ˌʌnprəˈpɪʃəs] *adj* défavorable
unpublished [ʌnˈpʌblɪʃt] *adj* inédit
unpunished [ʌnˈpʌnɪʃt] *adj* impuni
unqualified [ʌnˈkwɑləˌfaɪd] *adj* incompétent; parfait, fieffé
unquenchable [ʌnˈkwentʃəbəl] *adj* inextinguible
unquestionable [ʌnˈkwestʃənəbəl] *adj* indiscutable
unrav•el [ʌnˈrævəl] *v* (*pret & pp* **-eled** or **-elled**; *ger* **-eling** or **-elling**) *tr* effiler; (fig) débrouiller || *intr* s'effiler; (fig) se débrouiller
unreachable [ʌnˈritʃəbəl] *adj* inaccessible
unreal [ʌnˈri·əl] *adj* irréel
unreali•ty [ˌʌnrɪˈælɪti] *s* (*pl* **-ties**) irréalité *f*
unreasonable [ʌnˈrizənəbəl] *adj* déraisonnable
unrecognizable [ʌnˈrekəgˌnaɪzəbəl] *adj* méconnaissable
unreel [ʌnˈril] *tr* dérouler || *intr* se dérouler
unrelenting [ˌʌnrɪˈlentɪŋ] *adj* implacable
unreliable [ˌʌnrɪˈlaɪ·əbəl] *adj* peu fidèle, instable, sujet à caution
unremitting [ˌʌnrɪˈmɪtɪŋ] *adj* incessant, infatigable
unrented [ʌnˈrentɪd] *adj* libre, sans locataires
unrepentant [ˌʌnrɪˈpentənt] *adj* impénitent
un'requit'ed love' [ˌʌnrɪˈkwaɪtɪd] *s* amour *m* non partagé
unresponsive [ˌʌnrɪˈspɑnsɪv] *adj* peu sensible, froid, détaché
unrest [ʌnˈrest] *s* agitation *f*, trouble *m*; inquiétude *f*
un•rig [ʌnˈrɪg] *v* (*pret & pp* **-rigged**; *ger* **-rigging**) *tr* (naut) dégréer
unrighteous [ʌnˈraɪtʃəs] *adj* inique, injuste
unripe [ʌnˈraɪp] *adj* vert, pas mûr; précoce
unrivaled or **unrivalled** [ʌnˈraɪvəld] *adj* sans rival
unroll [ʌnˈrol] *tr* dérouler || *intr* se dérouler
unromantic [ˌʌnroˈmæntɪk] *adj* peu romanesque, terre à terre
unruffled [ʌnˈrʌfəld] *adj* calme, serein
unruly [ʌnˈruli] *adj* indiscipliné, ingouvernable
unsaddle [ʌnˈsædəl] *tr* (*a horse*) desseller; (*a horseman*) désarçonner
unsafe [ʌnˈsef] *adj* dangereux
unsaid [ʌnˈsed] *adj*—**to leave unsaid** passer sous silence
unsalable [ʌnˈseləbəl] *adj* invendable
unsanitary [ʌnˈsænɪˌteri] *adj* peu hygiénique
unsatisfactory [ʌnˌsætɪsˈfæktəri] *adj* peu satisfaisant
unsatisfied [ʌnˈsætɪsˌfaɪd] *adj* insatisfait, inassouvi
unsavory [ʌnˈsevəri] *adj* désagréable; (fig) équivoque, louche
unscathed [ʌnˈskeðd] *adj* indemne
unscientific [ˌʌnsaɪ·ənˈtɪfɪk] *adj* antiscientifique
unscrew [ʌnˈskru] *tr* dévisser
unscrupulous [ʌnˈskrupjələs] *adj* sans scrupules
unseal [ʌnˈsil] *tr* desceller
unsealed *adj* (*mail*) non clos
unseasonable [ʌnˈsizənəbəl] *adj* hors de saison; (*untimely*) inopportun
unseemly [ʌnˈsimli] *adj* inconvenant
unseen [ʌnˈsin] *adj* invisible
unselfish [ʌnˈselfɪʃ] *adj* désintéressé
unsettled [ʌnˈsetəld] *adj* instable; (*region*) non colonisé; (*question*) en suspens; (*weather*) variable; (*bills*) non réglé
unshackle [ʌnˈʃækəl] *tr* désentraver
unshaken [ʌnˈʃekən] *adj* inébranlé

unshapely [ʌn'ʃepli] *adj* difforme, informe
unshaven [ʌn'ʃevən] *adj* non rasé
unsheathe [ʌn'ʃið] *tr* dégainer
unshod [ʌn'ʃɑd] *adj* déchaussé; (*horse*) déferré
unshrinkable [ʌn'ʃrɪŋkəbəl] *adj* irrétrécissable
unsightly [ʌn'saɪtli] *adj* laid, hideux
unsinkable [ʌn'sɪŋkəbəl] *adj* insubmersible
unskilled [ʌn'skɪld] *adj* inexpérimenté; de manœuvre
un'skilled la'borer *s* manœuvre *m*
unskillful [ʌn'skɪlfəl] *adj* maladroit
unsnarl [ʌn'snɑrl] *tr* débrouiller
unsociable [ʌn'soʃəbəl] *adj* insociable
unsold [ʌn'sold] *adj* invendu
unsolder [ʌn'sɑdər] *tr* dessouder
unsophisticated [ˌʌnsə'fɪstɪˌketɪd] *adj* ingénu, naïf, simple
unsound [ʌn'saʊnd] *adj* peu solide; (*false*) faux; (*decayed*) gâté; (*mind*) dérangé; (*sleep*) léger
unspeakable [ʌn'spikəbəl] *adj* indicible; (*disgusting*) sans nom
unsportsmanlike [ʌn'sportsmənˌlaɪk] *adj* antisportif
unstable [ʌn'stebəl] *adj* instable
unsteady [ʌn'stɛdi] *adj* chancelant, tremblant, vacillant
unstinted [ʌn'stɪntɪd] *adj* abondant, sans bornes
unstitch [ʌn'stɪtʃ] *tr* découdre
un•stop [ʌn'stɑp] *v* (*pret & pp* **-stopped**; *ger* **-stopping**) *tr* déboucher
unstressed [ʌn'strest] *adj* inaccentué
unstrung [ʌn'strʌŋ] *adj* détraqué; (*necklace*) défilé; (mus) sans cordes
unsuccessful [ˌʌnsək'sesfəl] *adj* non réussi; **to be unsuccessful** ne pas réussir
unsuitable [ʌn's(j)utəbəl] *adj* impropre; (*time*) inopportun; **unsuitable for** peu fait pour, inapte à
unsuspected [ˌʌnsəs'pɛktɪd] *adj* insoupçonné
unswerving [ʌn'swʌrvɪŋ] *adj* ferme, inébranlable
unsympathetic [ˌʌnsɪmpə'θɛtɪk] *adj* peu compatissant
unsystematic(al) [ˌʌnsɪstə'mætɪk(əl)] *adj* non systématique, sans méthode
untactful [ʌn'tæktfəl] *adj* indiscret, indélicat
untamed [ʌn'temd] *adj* indompté
untangle [ʌn'tæŋgəl] *tr* démêler, débrouiller
untenable [ʌn'tenəbəl] *adj* insoutenable
unthankful [ʌn'θæŋkfəl] *adj* ingrat
unthinkable [ʌn'θɪŋkəbəl] *adj* impensable
unthinking [ʌn'θɪŋkɪŋ] *adj* irréfléchi
untidy [ʌn'taɪdi] *adj* désordonné, débraillé
un•tie [ʌn'taɪ] *v* (*pret & pp* **-tied**; *ger* **-tying**) *tr* délier, dénouer
until [ʌn'tɪl] *prep* jusqu'à || *conj* jusqu'à ce que, en attendant que
untimely [ʌn'taɪmli] *adj* inopportun; (*premature*) prématuré
untiring [ʌn'taɪrɪŋ] *adj* infatigable
untold [ʌn'told] *adj* incalculable; (*suffering*) inouï; (*joy*) indicible; (*tale*) non raconté
untouchable [ʌn'tʌtʃəbəl] *adj & s* intouchable *mf*
untouched [ʌn'tʌtʃt] *adj* intact; indifférent; non mentionné
untoward [ʌn'tord] *adj* malencontreux
untrained [ʌn'trend] *adj* inexpérimenté; (*animal*) non dressé
untrammeled or **untrammelled** [ʌn'træməld] *adj* sans entraves
untried [ʌn'traɪd] *adj* inéprouvé
untroubled [ʌn'trʌbəld] *adj* calme, insoucieux
untrue [ʌn'tru] *adj* faux; infidèle
untrustworthy [ʌn'trʌstˌwʌrði] *adj* indigne de confiance
untruth [ʌn'truθ] *s* mensonge *m*
untruthful [ʌn'truθfəl] *adj* mensonger
untwist [ʌn'twɪst] *tr* détordre || *intr* se détordre
unused [ʌn'juzd] *adj* inutilisé, inemployé; **unused to** [ʌn'juzdtʊ], [ʌn'justʊ] peu accoutumé à
unusual [ʌn'juʒʊ•əl] *adj* insolite, inusité, inhabituel
unutterable [ʌn'ʌtərəbəl] *adj* indicible, inexprimable
unvanquished [ʌn'væŋkwɪʃt] *adj* invaincu
unvarnished [ʌn'vɑrnɪʃt] *adj* non verni; (fig) sans fard, simple
unveil [ʌn'vel] *tr* dévoiler; (*e.g., a statue*) inaugurer || *intr* se dévoiler
unveiling [ʌn'velɪŋ] *s* dévoilement *m*
unventilated [ʌn'ventɪˌletɪd] *adj* sans aération
unvoice [ʌn'vɔɪs] *tr* dévoiser, assourdir
unwanted [ʌn'wɑntɪd] *adj* non voulu
unwarranted [ʌn'wɑrəntɪd] *adj* injustifié; sans garantie
unwary [ʌn'weri] *adj* imprudent
unwavering [ʌn'wevərɪŋ] *adj* constant, ferme, résolu
unwelcome [ʌn'welkəm] *adj* (*e.g., visitor*) importun; (*e.g., news*) fâcheux
unwell [ʌn'wɛl] *adj* indisposé, souffrant; (*menstruating*) indisposée
unwholesome [ʌn'holsəm] *adj* malsain, insalubre
unwieldy [ʌn'wildi] *adj* peu maniable
unwilling [ʌn'wɪlɪŋ] *adj* peu disposé
unwillingly [ʌn'wɪlɪŋli] *adv* à contrecœur
un•wind [ʌn'waɪnd] *v* (*pret & pp* **-wound**) *tr* dérouler || *intr* se dérouler
unwise [ʌn'waɪz] *adj* peu judicieux, malavisé
unwished-for [ʌn'wɪʃtˌfɔr] *adj* non souhaité
unwittingly [ʌn'wɪtɪŋli] *adv* inconsciemment, sans le savoir
unwonted [ʌn'wʌntɪd] *adj* inaccoutumé, peu commun
unworldly [ʌn'wʌrldli] *adj* peu mondain; simple, naïf
unworthy [ʌn'wʌrði] *adj* indigne
un•wrap [ʌn'ræp] *v* (*pret & pp* **-wrapped**; *ger* **-wrapping**) *tr* dépaqueter, désenvelopper

unwrinkled [ʌn'rɪŋkəld] *adj* uni, lisse, sans rides
unwritten [ʌn'rɪtən] *adj* non écrit; oral; (*blank*) vierge, blanc
unwrit'ten law' *s* droit *m* coutumier
unyielding [ʌn'jildɪŋ] *adj* ferme, solide; inébranlable
unyoke [ʌn'jok] *tr* dételer
up [ʌp] *adj* montant, ascendant; (*raised*) levé; (*standing*) debout; (*time*) expiré; (*blinds*) relevé; **up in arms** soulevé, indigné || *adv* haut, en haut; **to be up against** se heurter à; **to be up against it** avoir la déveine; **to be up to** être capable de, être à la hauteur de; être à, e.g., **to be up to you (me, etc.)** être à vous (moi, etc.); **up and down** de haut en bas; (*back and forth*) de long en large; **up there** là-haut; **up to** jusqu'à; (*at the level of*) au niveau de, à la hauteur de; **up to and including** jusques et y compris; **what's up?** qu'est-ce qui se passe?; for expressions like **to go up** monter and **to get up** se lever, see the verb || *prep* en haut de, vers le haut de; (*a stream*) en montant || *v* (*pret & pp* **upped**; *ger* **upping**) *tr* (coll) faire monter; (*prices, wages*) (coll) élever || *interj* debout!
up-and-coming ['ʌpən'kʌmɪŋ] *adj* (coll) entreprenant
up-and-doing ['ʌpən'du·ɪŋ] *adj* (coll) entreprenant, alerte, énergique
up-and-up ['ʌpən'ʌp] *s*—**to be on the up-and-up** (coll) être en bonne voie; (coll) être honnête
up•braid' *tr* réprimander, reprendre
upbringing ['ʌp,brɪŋɪŋ] *s* éducation *f*
up'coun'try *adv* (coll) à l'intérieur du pays || *s* (coll) intérieur *m* du pays
up•date' *tr* mettre à jour
upheaval [ʌp'hivəl] *s* soulèvement *m*
up'hill' *adj* montant; difficile, pénible || **up'hill'** *adv* en montant
up•hold' *v* (*pret & pp* **-held**) *tr* soutenir, maintenir
upholster [ʌp'holstər] *tr* tapisser
upholsterer [ʌp'holstərər] *s* tapissier *m*
upholster•y [ʌp'holstəri] *s* (*pl* **-ies**) tapisserie *f*
up'keep' *s* entretien *m*; (*expenses*) frais *mpl* d'entretien
upland ['ʌplənd], ['ʌp,lænd] *adj* élevé || *s* région *f* montagneuse; **uplands** hautes terres *fpl*
up'lift' *s* élévation *f*; (*moral improvement*) édification *f* || **up•lift'** *tr* soulever, élever
upon [ə'pɑn] *prep* sur; à, e.g., **upon my arrival** à mon arrivée; **upon** + *ger* en + *ger*, e.g., **upon arriving** en arrivant
upper ['ʌpər] *adj* supérieur; haut; (*first*) premier || *s* (*of shoe*) empeigne *f*
up'per berth' *s* couchette *f* du haut, couchette supérieure
up'per-case' *adj* (typ) du haut de casse
up'per clas'ses *spl* hautes classes *fpl*
up'per hand' *s* dessus *m*, haute main *f*
up'per mid'dle class' *s* haute bourgeoisie *f*
up'per•most' *adj* (le) plus haut, (le) plus élevé; (le) premier || *adv* en dessus
uppish ['ʌpɪʃ] *adj* (coll) suffisant, arrogant
up•raise' *tr* lever
up'right' *adj & adv* droit || *s* montant *m*
uprising [ʌp'raɪzɪŋ], ['ʌp,raɪzɪŋ] *s* soulèvement *m*, insurrection *f*
up'roar' *s* tumulte *m*, vacarme *m*
uproarious [ʌp'rorɪ·əs] *adj* tumultueux; (*funny*) comique, impayable
up•root' *tr* déraciner
ups' and downs' *spl* vicissitudes *fpl*
up•set' or **up'set'** *adj* (*overturned*) renversé; (*disturbed*) bouleversé; (*stomach*) dérangé || **up'set'** *s* (*overturn*) renversement *m*; (*of emotions*) bouleversement *m* || **up•set'** *v* (*pret & pp* **-set**; *ger* **-setting**) *tr* renverser; bouleverser || *intr* se renverser
up'set price' *s* prix *m* de départ
upsetting [ʌp'setɪŋ] *adj* bouleversant, inquiétant
up'shot' *s* résultat *m*; point *m* essentiel
up'side down' *adv* sens dessus dessous; **to turn upside down** renverser; se renverser; (*said of carriage*) verser
up'stage' *adj & adv* au second plan, à l'arrière-plan; **to go upstage** remonter || *s* arrière-plan *m* || **up'stage'** *tr* (coll) prendre un air dédaigneux envers
up'stairs' *adj* d'en haut || *s* l'étage *m* supérieur || *adv* en haut; **to go upstairs** monter, monter en haut
up•stand'ing *adj* droit; (*vigorous*) gaillard; (*sincere*) honnête, probe
up'start' *adj & s* parvenu *m*
up'stream' *adj* d'amont || *adv* en amont
up'stroke' *s* (*in writing*) délié *m*; (mach) course *f* ascendante
up'surge' *s* poussée *f*
up'swing' *s* mouvement *m* de montée; (com) amélioration *f*
up-to-date ['ʌptə'det] *adj* à la page; (*e.g., account books*) mis à jour
up-to-the-minute ['ʌptəðə'mɪnɪt] *adj* de la dernière heure
up'trend' *s* tendance *f* à la hausse
up'turn' *s* hausse *f*, amélioration *f*
up•turned' *adj* (*e.g., eyes*) levé; (*part of clothing*) relevé; (*nose*) retroussé
upward ['ʌpwərd] *adj* ascendant || *adv* vers le haut; **upward of** plus de
Ural ['jʊrəl] *adj* Ouralien || *s* Oural *m*; **Urals** Oural
uranium [jʊ'renɪ·əm] *s* uranium *m*
urban ['ʌrbən] *adj* urbain
urbane [ʌr'ben] *adj* urbain, courtois
urbanite ['ʌrbə,naɪt] *s* citadin *m*, habitant *m* d'une ville
urbanity [ʌr'bænɪti] *s* urbanité *f*
urbanize ['ʌrbə,naɪz] *tr* urbaniser
ur'ban renew'al *s* renouveau *m* urbain
urchin ['ʌrtʃɪn] *s* gamin *m*, galopin *m*
ure•thra [jʊ'riθrə] *s* (*pl* **-thras** or **-thrae** [θri]) urètre *m*
urge [ʌrdʒ] *s* impulsion *f* || *tr & intr* presser
urgen•cy ['ʌrdʒənsi] *s* (*pl* **-cies**) urgence *f*; insistance *f*, sollicitation *f*

urgent ['ʌrdʒənt] *adj* urgent, pressant; (*insistent*) pressant, importun
urinal ['jʊrɪnəl] *s* (*small building or convenience for men*) urinoir *m*, vespasienne *f*; (*for bed*) urinal *m*
urinary ['jʊrɪ,nɛri] *adj* urinaire
urinate ['jʊrɪ,net] *tr & intr* uriner; pisser (coll)
urine ['jʊrɪn] *s* urine *f*
urn [ʌrn] *s* urne *f*; (*for tea, coffee, etc.*) fontaine *f*
urology [jʊ'rɑlədʒi] *s* urologie *f*
us [ʌs] *pron pers* nous §85, §87
U.S.A. ['jʊ'ɛs'e] *s* (letterword) **(United States of America)** E.-U.A. *mpl* or U.S.A. *mpl*
usable ['juzəbəl] *adj* utilisable
usage ['jusɪdʒ], ['juzɪdʒ] *s* usage *m*
use [jus] *s* emploi *m*, usage *m*; (*usefulness*) utilité *f*; **in use** occupé; **of what use is it?** à quoi cela sert-il?; **out of use** hors de service; **to be of no use** ne servir à rien; **to have no use for s.o.** tenir qn en mauvaise estime; **to make use of** se servir de; **what's the use?** à quoi bon? ‖ [juz] *tr* employer, se servir de, user de; **to use up** épuiser, user ‖ *intr*—**I used to visit my friend every evening** je visitais mon ami tous les soirs
used [juzd] *adj* usagé, usé; d'occasion, e.g., **used car** voiture *f* d'occasion; **to be used** (*to be put into use*) être usité, être employé; **to be used as** servir de; **to be used to** (*to be useful for*) servir à; **used to** ['justʊ] accoutumé à; **used up** épuisé
useful ['jusfəl] *adj* utile
usefulness ['jusfəlnɪs] *s* utilité *f*
useless ['juslɪs] *adj* inutile
user ['juzər] *s* usager *m*; (*of a machine, of gas, etc.*) utilisateur *m*
usher ['ʌʃər] *s* placeur *m*; ouvreuse *f*; (*doorkeeper*) huissier *m* ‖ *tr*—**to usher in** inaugurer; (*a person*) introduire
U.S.S.R. ['ju'ɛs'ɛs'ɑr] *s* (letterword) **(Union of Soviet Socialist Republics)** U.R.S.S. *f*
usual ['juʒʊ·əl] *adj* usuel; **as usual** comme d'habitude
usually ['juʒʊ·əli] *adv* usuellement, d'habitude, d'ordinaire
usurp [ju'zʌrp] *tr* usurper
usu·ry ['juʒəri] *s* (*pl* **-ries**) usure *f*
utensil [jʊ'tɛnsɪl] *s* ustensile *m*
uter·us ['jutərəs] *s* (*pl* **-i** [,aɪ]) utérus *m*
utilitarian [,jutɪlɪ'tɛrɪ·ən] *adj* utilitaire
utili·ty [ju'tɪlɪti] *s* (*pl* **-ties**) utilité *f*; service *m* public; **utilities** services en commun (*gaz, transports, etc.*)
utilize ['jutɪ,laɪz] *tr* utiliser
utmost ['ʌt,most] *adj* extrême; plus grand; plus éloigné ‖ *s*—**the utmost** l'extrême *m*, le comble *m*; **to do one's utmost** faire tout son possible; **to the utmost** jusqu'au dernier point
utopia [ju'topɪ·ə] *s* utopie *f*
utopian [ju'topɪ·ən] *adj* utopique ‖ *s* utopiste *mf*
utter ['ʌtər] *adj* complet, total, absolu ‖ *tr* proférer, émettre; (*a cry*) pousser
utterance ['ʌtərəns] *s* expression *f*, émission *f*; (gram) énoncé *m*; **to give utterance to** exprimer
utterly ['ʌtərli] *adj* complètement, tout à fait, totalement

V

V, v [vi] *s* XXIIe lettre de l'alphabet
vacan·cy ['vekənsi] *s* (*pl* **-cies**) (*emptiness; gap, opening*) vide *m*; (*unfilled position or job*) vacance *f*; (*in a building*) appartement *m* disponible; (*in a hotel*) chambre *f* de libre; **no vacancy** (public sign) complet
vacant ['vekənt] *adj* (*empty*) vide; (*having no occupant; untenanted*) vacant, libre, disponible; (*expression, look*) distrait, vague
va'cant lot' *s* terrain *m* vague
vacate ['veket] *tr* quitter, évacuer ‖ *intr* (*to move out*) déménager
vacation [ve'keʃən] *s* vacances *fpl*; **on vacation** en vacances ‖ *intr* prendre ses vacances, passer les vacances
vacationist [ve'keʃənɪst] *s* vacancier *m*
vaca'tion with pay' *s* congé *m* payé
vaccinate ['væksɪ,net] *tr* vacciner
vaccination [,væksɪ'neʃən] *s* vaccination *f*
vaccine [væk'sin] *s* vaccin *m*
vacillate ['væsɪ,let] *intr* vaciller
vacui·ty [væ'kjʊ·ɪti] *s* (*pl* **-ties**) vacuité *f*
vacu·um ['vækjʊ·əm] *s* (*pl* **-ums** or **-a** [ə]) vacuum *m*, vide *m* ‖ *tr* passer à l'aspirateur, dépoussiérer
vac'uum clean'er *s* aspirateur *m*
vac'uum pump' *s* pompe *f* à vide
vac'uum tube' *s* tube *m* à vide
vagabond ['vægə,bɑnd] *adj & s* vagabond *m*
vagar·y [və'geri] *s* (*pl* **-ies**) caprice *m*
vagran·cy ['vegrənsi] *s* (*pl* **-cies**) vagabondage *m*
vague [veg] *adj* vague
vain [ven] *adj* vain; **in vain** en vain
vainglorious [ven'glorɪ·əs] *adj* vaniteux
valance ['væləns] *s* cantonnière *f*, lambrequin *m*
vale [vel] *s* vallon *m*
valedicto·ry [,vælɪ'dɪktəri] *s* (*pl* **-ries**) discours *m* d'adieu
valence ['veləns] *s* (chem) valence *f*
valentine ['vælən,taɪn] *s* (*sweetheart*)

valentin *m*; (*card*) carte *f* de la Saint-Valentin
Val'entine Day' *s* la Saint-Valentin
vale' of tears' *s* vallée *f* de larmes
valet ['vælɪt], ['væle] *s* valet *m*
valiant ['væljənt] *adj* vaillant
valid ['vælɪd] *adj* valable, valide
validate ['vælɪ,det] *tr* valider; (sports) homologuer
validation [,vælɪ'deʃən] *s* validation *f*; (sports) homologation *f*
validi·ty [və'lɪdɪti] *s* (*pl* **-ties**) validité *f*
valise [və'lis] *s* mallette *f*
valley ['væli] *s* vallée *f*, vallon *m*; (*of roof*) cornière *f*
valor ['vælər] *s* valeur *f*, vaillance *f*
valorous ['vælərəs] *adj* valeureux
valuable ['vælju·əbəl], ['væljəbəl] *adj* précieux, de valeur || **valuables** *spl* objets *mpl* de valeur
value ['vælju] *s* valeur *f*; (*bargain*) affaire *f*, occasion *f*; **to set a value on** estimer, évaluer || *tr* (*to think highly of*) priser, estimer; (*to set a price for*) estimer, évaluer; **if you value your life** si vous tenez à la vie
val'ue-added tax' *s* taxe *f* à la valeur ajoutée, T.V.A.
valueless ['væljulɪs] *adj* sans valeur
valve [vælv] *s* soupape *f*; (*of mollusk; of fruit; of tire*) valve *f*; (*of heart*) valvule *f*; (mus) clé *f*
valve' cap' *s* chapeau *m*, bouchon *m*
valve' gears' *spl* (*of gas engine*) engrenages *mpl* de distribution; (*of steam engine*) mécanisme *m* de distribution
valve'-in-head' en'gine *s* moteur *m* à soupapes en tête, moteur à culbuteurs
valve' seat' *s* siège *m* de soupape
valve' spring' *s* ressort *m* de soupape
valve' stem' *s* tige *f* de soupape
vamp [væmp] *s* (*of shoe*) empeigne *f*; (*patchwork*) rapiéçage *m*; (*woman who preys on man*) (coll) femme *f* fatale, vamp *f* || *tr* (*a shoe*) mettre une empeigne à; (*to piece together*) rapiécer; (*a susceptible man*) (coll) vamper; (*an accompaniment*) (coll) improviser
vampire ['væmpaɪr] *s* vampire *m*; femme *f* fatale, vamp *f*
van [væn] *s* camion *m*, voiture *f* de déménagement; (mil, fig) avant-garde *f*; (*railway car*) (Brit) fourgon *m*
vandal ['vændəl] *adj* & *s* vandale *m* || (*cap*) *adj* vandale || (*cap*) *s* Vandale *mf*
vandalism ['vændə,lɪzəm] *s* vandalisme *m*
vane [ven] *s* (*weathervane*) girouette *f*; (*of windmill*) aile *f*; (*of propeller or turbine*) ailette *f*; (*of feather*) lame *f*
vanguard ['væn,gɑrd] *s* (mil, fig) avant-garde *f*; **in the vanguard** à l'avant-garde
vanilla [və'nɪlə] *s* vanille *f*
vanish ['vænɪʃ] *intr* s'évanouir, disparaître
van'ishing cream' *s* crème *f* de jour
vani·ty ['vænɪti] *s* (*pl* **-ties**) vanité *f*; (*dressing table*) table *f* de toilette, coiffeuse *f*; (*vanity case*) poudrier *m*
van'ity case' *s* poudrier *m*, nécessaire *m* de toilette
vanquish ['væŋkwɪʃ] *tr* vaincre
van'tage point' ['væntɪdʒ] *s* position *f* avantageuse
vapid ['væpɪd] *adj* insipide
vapor ['vepər] *s* vapeur *f*
vaporize ['vepə,raɪz] *tr* vaporiser || *intr* se vaporiser
va'por trail' *s* (aer) sillage *m* de fumée
variable ['verɪ·əbl] *adj* & *s* variable *f*
variance ['verɪ·əns] *s* différence *f*, variation *f*; **at variance with** en désaccord avec
variant ['verɪ·ənt] *adj* variant || *s* variante *f*
variation [,verɪ'eʃən] *s* variation *f*
varicose ['værɪ,kos] *adj* variqueux
var'icose veins' *spl* (pathol) varice *f*
varied ['verid] *adj* varié
variegated ['verɪ·ə,getɪd], ['verɪ,getɪd] *adj* varié; (*spotted*) bigarré, bariolé
varie·ty [və'raɪ·ɪti] *s* (*pl* **-ties**) variété *f*
vari'ety show' *s* spectacle *m* de variétés
various ['verɪ·əs] *adj* divers, différent; (*several*) plusieurs; (*variegated*) bigarré
varnish ['vɑrnɪʃ] *s* vernis *m* || *tr* vernir; (*e.g., the truth*) farder, embellir
varsi·ty ['vɑrsɪti] *adj* (sports) universitaire || *s* (*pl* **-ties**) (sports) équipe *f* universitaire principale
var·y ['veri] *v* (*pret* & *pp* **-ied**) *tr* & *intr* varier
vase [ves], [vez] *s* vase *m*
vaseline ['væsə,lin] *s* (trademark) vaseline *f*
vassal ['væsəl] *adj* & *s* vassal *m*
vast [væst], [vɑst] *adj* vaste
vastness ['væstnɪs], ['vɑstnɪs] *s* vaste étendue *f*, immensité *f*
vat [væt] *s* cuve *f*, bac *m*
Vatican ['vætɪkən] *adj* vaticane || *s* Vatican *m*
vaudeville ['vodvɪl], ['vɔdəvɪl] *s* spectacle *m* de variétés, music-hall *m*; (*light theatrical piece interspersed with songs*) vaudeville *m*
vault [vɔlt] *s* (*underground chamber*) souterrain *m*; (*of a bank*) chambre *f* forte; (*burial chamber*) caveau *m*; (*leap*) saut *m*; (anat, archit) voûte *f* || *tr* & *intr* sauter
vaunt [vɔnt], [vɑnt] *s* vantardise *f* || *tr* vanter || *intr* se vanter
veal [vil] *s* veau *m*
veal' chop' *s* côtelette *f* de veau
veal' cut'let *s* escalope *f* de veau
veer [vɪr] *s* virage *m* || *tr* faire virer || *intr* virer
vegetable ['vedʒɪtəbəl] *adj* végétal || *s* (*plant*) végétal *m*; (*edible part of plant*) légume *m*
veg'etable gar'den *s* potager *m*
veg'etable soup' *s* potage *m* aux légumes
vegetarian [,vedʒɪ'terɪ·ən] *adj* & *s* végétarien *m*
vegetate ['vedʒɪ,tet] *intr* végéter
vehemence ['vi·ɪməns] *s* véhémence *f*
vehement ['vi·ɪmənt] *adj* véhément

vehicle ['vi·ɪkəl] *s* véhicule *m*
veil [vel] *s* voile *m*; **to take the veil** prendre le voile || *tr* voiler || *intr* se voiler
vein [ven] *s* veine *f* || *tr* veiner
velar ['vilər] *adj & s* vélaire *f*
vellum ['veləm] *s* vélin *m*; papier *m* vélin
veloci·ty [vɪ'lɑsɪti] *s* (*pl* **-ties**) vitesse *f*
velvet ['vɛlvɪt] *s* velours *m*
velveteen [ˌvelvɪ'tin] *s* velvet *m*
velvety ['vɛlvɪti] *adj* velouté
vend [vɛnd] *tr* vendre, colporter
vend'ing machine' *s* distributeur *m* automatique
vendor ['vendər] *s* vendeur *m*
veneer [və'nɪr] *s* placage *m*; (fig) vernis *m* || *tr* plaquer
venerable ['vɛnərəbəl] *adj* vénérable
venerate ['vɛnəˌret] *tr* vénérer
venereal [vɪ'nɪrɪ·əl] *adj* vénérien
Venetian [vɪ'niʃən] *adj* vénitien || *s* Vénitien *m*
Vene'tian blind' *s* jalousie *f*, store *m* vénitien
vengeance ['vɛndʒəns] *s* vengeance *f*; **with a vengeance** furieusement, à outrance; (*to the utmost limit*) tant que ça peut
vengeful ['vɛndʒfəl] *adj* vengeur
Venice ['vɛnɪs] *s* Venise *f*
venison ['vɛnɪsən], ['vɛnɪzən] *s* venaison *f*
venom ['vɛnəm] *s* venin *m*
venomous ['vɛnəməs] *adj* venimeux
vent [vɛnt] *s* orifice *m*; (*for air*) ventouse *f*; **to give vent to** donner libre cours à || *tr* décharger
ventilate ['vɛntɪˌlet] *tr* ventiler
ventilator ['vɛntɪˌletər] *s* ventilateur *m*
ventricle ['vɛntrɪkəl] *s* ventricule *m*
ventriloquism [vɛn'trɪləˌkwɪzəm] *s* ventriloquie *f*
ventriloquist [vɛn'trɪləkwɪst] *s* ventriloque *mf*
venture ['vɛntʃər] *s* entreprise *f* risquée; **at a venture** à l'aventure || *tr* aventurer || *intr* s'aventurer; **to venture on** hasarder
venturesome ['vɛntʃərsəm] *adj* aventureux
venturous ['vɛntʃərəs] *adj* aventureux
venue ['vɛnju] *s* (law) lieu *m* du jugement; **change of venue** (law) renvoi *m*
Venus ['vinəs] *s* Vénus *f*
veracious [vɪ'reʃəs] *adj* véridique
veraci·ty [vɪ'ræsɪti] *s* (*pl* **-ties**) véracité *f*
veranda or **verandah** [və'rændə] *s* véranda *f*
verb [vʌrb] *adj* verbal || *s* verbe *m*
verbalize ['vʌrbəˌlaɪz] *tr* exprimer par des mots; (gram) changer en verbe || *intr* être verbeux
verbatim [vər'betɪm] *adj* textuel || *adv* textuellement
verbiage ['vʌrbɪ·ɪdʒ] *s* verbiage *m*
verbose [vər'bos] *adj* verbeux
verdant ['vʌrdənt] *adj* vert; naïf, candide
verdict ['vʌrdɪkt] *s* verdict *m*
verdigris ['vʌrdɪˌgris] *s* vert-de-gris *m*
verdure ['vʌrdʒər] *s* verdure *f*
verge [vʌrdʒ] *s* bord *m*, limite *f*; **on the verge of** sur le point de || *intr*—**to verge on** or **upon** toucher à; (*bad faith; the age of forty; etc.*) friser
verification [ˌvɛrɪfɪ'keʃən] *s* vérification *f*
veri·fy ['vɛrɪˌfaɪ] *v* (*pret & pp* **-fied**) *tr* vérifier
verily ['vɛrɪli] *adv* en vérité
veritable ['vɛrɪtəbəl] *adj* véritable
vermilion [vər'mɪljən] *adj & s* vermillon *m*
vermin ['vʌrmɪn] *s* (*objectionable person*) vermine *f* || *spl* (*objectionable animals or persons*) vermine
vermouth [vər'muθ], ['vʌrmuθ] *s* vermout *m*
vernacular [vər'nækjələr] *adj* vernaculaire || *s* langue *f* vernaculaire; (*everyday language*) langage *m* vulgaire; (*language peculiar to a class or profession*) jargon *m*
versatile ['vʌrsətɪl] *adj* aux talents variés; (*e.g., mind*) universel, souple
verse [vʌrs] *s* vers *mpl*; (*stanza*) strophe *f*; (Bib) verset *m*
versed [vʌrst] *adj*—**versed in** versé dans; spécialiste de
versification [ˌvʌrsɪfɪ'keʃən] *s* versification *f*
versi·fy ['vʌrsɪˌfaɪ] *v* (*pret & pp* **-fied**) *tr & intr* versifier
version ['vʌrʒən] *s* version *f*
ver·so ['vʌrso] *s* (*pl* **-sos**) (*e.g., of a coin*) revers *m*; (typ) verso *m*
versus ['vʌrsəs] *prep* contre
verte·bra ['vʌrtɪbrə] *s* (*pl* **-brae** [ˌbri] or **-bras**) vertèbre *f*
vertebrate ['vʌrtɪˌbret] *adj & s* vertébré *m*
ver·tex ['vʌrtɛks] *s* (*pl* **-texes** or **-tices** [tɪˌsiz]) sommet *m*
vertical ['vʌrtɪkəl] *adj* vertical || *s* verticale *f*
ver'tical hold' *s* (telv) commande *f* de stabilité verticale
ver'tical rud'der *s* gouvernail *m* de direction
verti·go ['vʌrtɪˌgo] *s* (*pl* **-gos** or **-goes**) vertige *m*
very ['vɛri] *adj* véritable; même, e.g., **at this very moment** à cet instant même || *adv* très, e.g., **I am very hungry** j'ai très faim; bien, e.g., **you are very nice** vous êtes bien gentil; tout, e.g., **the very first** le tout premier; e.g., **my very best** tout mon possible; **for my very own** pour moi tout seul; **very much** beaucoup
vesicle ['vɛsɪkəl] *s* vésicule *f*
vespers ['vɛspərz] *spl* vêpres *fpl*
vessel ['vɛsəl] *s* bâtiment *m*, navire *m*; (*container*) vase *m*; (anat, bot, zool) vaisseau *m*
vest [vɛst] *s* gilet *m*; **to play it close to the vest** (coll) jouer serré || *tr* revêtir; **to vest with** investir de, revêtir de
vest'ed in'terests *spl* classes *fpl* dirigeantes
vestibule ['vɛstɪˌbjul] *s* vestibule *m*

ves′tibule car′ *s* (rr) wagon *m* à soufflets
vestige [ˈvɛstɪdʒ] *s* vestige *m*
vestment [ˈvɛstmənt] *s* vêtement *m* sacerdotal
vest′-pock′et *adj* de poche, de petit format
ves•try [ˈvɛstri] *s* (*pl* **-tries**) sacristie *f*; (*committee*) conseil *m* paroissial
ves′try•man *s* (*pl* **-men**) marguillier *m*
Vesuvius [vɪˈs(j)uvɪ•əs] *s* le Vésuve
vetch [vɛtʃ] *s* vesce *f*; (*Lathyrus sativus*) gesse *f*
veteran [ˈvɛtərən] *s* vétéran *m*
veterinarian [ˌvɛtərɪˈnɛrɪ•ən] *s* vétérinaire *mf*
veterinar•y [ˈvɛtərɪˌnɛri] *adj* vétérinaire || *s* (*pl* **-ies**) vétérinaire *mf*
ve•to [ˈvito] *s* (*pl* **-toes**) veto *m* || *tr* mettre son veto à
vex [vɛks] *tr* vexer, contrarier
vexation [vɛkˈseʃən] *s* vexation *f*
via [ˈvaɪ•ə] *prep* via
viaduct [ˈvaɪ•əˌdʌkt] *s* viaduc *m*
vial [ˈvaɪ•əl] *s* fiole *f*
viand [ˈvaɪ•ənd] *s* mets *m*
vibrate [ˈvaɪbret] *intr* vibrer
vibration [vaɪˈbreʃən] *s* vibration *f*
vicar [ˈvɪkər] *s* vicaire *m*; (*in Church of England*) curé *m*
vicarage [ˈvɪkərɪdʒ] *s* presbytère *m*; (*duties of vicar*) cure *f*
vicarious [vaɪˈkɛrɪ•əs], [vɪˈkɛrɪ•əs] *adj* substitut; (*punishment*) souffert pour autrui; (*power, authority*) délégué; (*enjoyment*) partagé
vice [vaɪs] *s* vice *m*; (*device*) étau *m*
vice′-ad′miral *s* vice-amiral *m*
vice′-pres′ident *s* vice-président *m*
viceroy [ˈvaɪsrɔɪ] *s* vice-roi *m*
vice′ squad′ *s* brigade *f* des mœurs
vice versa [ˈvaɪsəˈvʌrsə], [ˈvaɪsˈvʌrsə] *adv* vice versa
vicini•ty [vɪˈsɪnɪti] *s* (*pl* **-ties**) voisinage *m*; environs *mpl*, e.g., **New York and vicinity** New York et ses environs
vicious [ˈvɪʃəs] *adj* vicieux; (*mean*) méchant; (*ferocious*) féroce
vicissitude [vɪˈsɪsɪˌt(j)ud] *s* vicissitude *f*
victim [ˈvɪktɪm] *s* victime *f*; (*e.g., of a collision, fire*) accidenté *m*
victimize [ˈvɪktɪˌmaɪz] *tr* prendre pour victime; (*to swindle*) duper
victor [ˈvɪktər] *s* vainqueur *m*
victorious [vɪkˈtorɪ•əs] *adj* victorieux
victo•ry [ˈvɪktəri] *s* (*pl* **-ries**) victoire *f*
victuals [ˈvɪtəlz] *spl* victuailles *fpl*
vid′eo sig′nal [ˈvɪdɪˌo] *s* signal *m* d'image
vid′eo tape′ *s* bande *f* magnétique vidéo
vid′eo tape′ record′er *s* magnétoscope *m*
vid′eo tape′ record′ing *s* magnétoscope *m*
vie [vaɪ] *v* (*pret & pp* **vied**; *ger* **vying**) *intr* rivaliser, lutter
Vienna [vɪˈɛnə] *s* Vienne *f*
Vien•nese [ˌvi•əˈniz] *adj* viennois || *s* (*pl* **-nese**) Viennois *m*
Vietnam [ˌvɪ•ɛtˈnɑm] *s* le Vietnam
Vietnam•ese [vɪˌɛtnəˈmiz] *adj* vietnamien || *s* (*pl* **-ese**) Vietnamien *m*
view [vju] *s* vue *f*; **in my view** à mon avis, selon mon opinion; **in view** en vue; **in view of** étant donné, vu; **on view** exposé; **with a view to** en vue de || *tr* voir, regarder; considérer, examiner
viewer [ˈvju•ər] *s* spectateur *m*; (*for film, slides, etc.*) visionneuse *f*; (telv) téléspectateur *m*
view′find′er *s* viseur *m*
view′point′ *s* point *m* de vue
vigil [ˈvɪdʒɪl] *s* veille *f*; (eccl) vigile *f*; **to keep a vigil** veiller
vigilance [ˈvɪdʒɪləns] *s* vigilance *f*
vigilant [ˈvɪdʒɪlənt] *adj* vigilant
vignette [vɪnˈjɛt] *s* vignette *f*
vigor [ˈvɪgər] *s* vigueur *f*
vigorous [ˈvɪgərəs] *adj* vigoureux
vile [vaɪl] *adj* vil; (*smell*) infect; (*weather*) sale; (*disgusting*) détestable
vili•fy [ˈvɪlɪˌfaɪ] *v* (*pret & pp* **-fied**) *tr* diffamer, dénigrer
villa [ˈvɪlə] *s* villa *f*
village [ˈvɪlɪdʒ] *s* village *m*
villager [ˈvɪlɪdʒər] *s* villageois *m*
villain [ˈvɪlən] *s* scélérat *m*; (*of a play*) traître *m*
villainous [ˈvɪlənəs] *adj* vil, infame
villain•y [ˈvɪləni] *s* (*pl* **-ies**) vilenie *f*, infamie *f*
vim [vɪm] *s* énergie *f*, vigueur *f*
vinaigrette′ sauce′ [ˌvɪnəˈgrɛt] *s* vinaigrette *f*
vindicate [ˈvɪndɪˌket] *tr* justifier, défendre
vindictive [vɪnˈdɪktɪv] *adj* vindicatif
vine [vaɪn] *s* plante *f* grimpante; (*grape plant*) vigne *f*
vinegar [ˈvɪnɪgər] *s* vinaigre *m*
vinegary [ˈvɪnɪgəri] *adj* aigre; acariâtre
vine′ grow′er [ˌgro•ər] *s* viticulteur *m*
vine′ stock′ *s* cep *m*
vineyard [ˈvɪnjərd] *s* vignoble *m*, vigne *f*
vintage [ˈvɪntɪdʒ] *s* vendange *f*; (*year*) année *f*, cru *m*; (coll) classe *f*, catégorie *f*
vin′tage wine′ *s* bon cru *m*
vin′tage year′ *s* grande année *f*
vintner [ˈvɪntnər] *s* négociant *m* en vins; (*person who makes wine*) vigneron *m*
vinyl [ˈvaɪnɪl], [ˈvɪnɪl] *s* vinyle *m*
viola [vaɪˈolə], [vɪˈolə] *s* alto *m*
violate [ˈvaɪ•əˌlet] *tr* violer
violation [ˌvaɪ•əˈleʃən] *s* violation *f*
violence [ˈvaɪ•ələns] *s* violence *f*
violent [ˈvaɪ•ələnt] *adj* violent
violet [ˈvaɪ•əlɪt] *adj* violet || *s* (*color*) violet *m*; (bot) violette *f*
violin [ˌvaɪ•əˈlɪn] *s* violon *m*
violinist [ˌvaɪ•əˈlɪnɪst] *s* violoniste *mf*
violoncel•lo [ˌvaɪ•ələnˈtʃɛlo], [ˌvi•ələnˈtʃɛlo] *s* (*pl* **-los**) violoncelle *m*
viper [ˈvaɪpər] *s* vipère *f*
vira•go [vɪˈrego] *s* (*pl* **-goes** or **-gos**) mégère *f*
virgin [ˈvʌrdʒɪn] *adj* vierge || *s* vierge *f*; (*male virgin*) puceau *m*
Virgin′ia creep′er [vərˈdʒɪnɪ•ə] *s* vigne *f* vierge

virginity [vər'dʒɪnɪti] *s* virginité *f*
virility [vɪ'rɪlɪti] *s* virilité *f*
virology [vaɪ'rɑlədʒi] *s* virologie *f*
virtual ['vʌrtʃʊ·əl] *adj* véritable, effectif; (mech, opt, phys) virtuel
virtue ['vʌrtʃʊ] *s* vertu *f*; mérite *m*, avantage *m*
virtuosi·ty [,vʌrtʃʊ'ɑsɪti] *s* (*pl* **-ties**) virtuosité *f*
virtuo·so [,vʌrtʃʊ'oso] *s* (*pl* **-sos** or **-si** [si]) virtuose *mf*
virtuous ['vʌrtʃʊ·əs] *adj* vertueux
virulence ['vɪrjələns] *s* virulence *f*
virulent ['vɪrjələnt] *adj* virulent
virus ['vaɪrəs] *s* virus *m*
visa ['vizə] *s* visa *m* || *tr* viser
visage ['vɪzɪdʒ] *s* visage *m*
vis-à-vis [,vizə'vi] *adj* face à face || *s* & *adv* vis-à-vis *m* || *prep* vis-à-vis de, vis-à-vis
viscera ['vɪsərə] *spl* viscères *mpl*
viscount ['vaɪkaʊnt] *s* vicomte *m*
viscountess ['vaɪkaʊntɪs] *s* vicomtesse *f*
viscous ['vɪskəs] *adj* visqueux
vise [vaɪs] *s* étau *m*
visible ['vɪzɪbəl] *adj* visible
vision ['vɪʒən] *s* vision *f*
visionar·y ['vɪʒə,nɛri] *adj* visionnaire || *s* (*pl* **-ies**) visionnaire *mf*
visit ['vɪzɪt] *s* visite *f* || *tr* visiter; (*e.g., a person*) rendre visite à || *intr* faire des visites
visitation [,vɪzɪ'teʃən] *s* visite *f*; justice *f* du ciel; clémence *f* du ciel; (*e.g., in a séance*) apparition *f*; **Visitation** (eccl) Visitation *f*
vis'iting card' *s* carte *f* de visite
vis'iting hours' *spl* heures *fpl* de visite
vis'iting nurse' *s* infirmière *f* visiteuse
vis'iting profes'sor *s* visiting *m*
visitor ['vɪzɪtər] *s* visiteur *m*
visor ['vaɪzər] *s* visière *f*
vista ['vɪstə] *s* perspective *f*
visual ['vɪʒʊ·əl] *adj* visuel
visualize ['vɪʒʊ·ə,laɪz] *tr* (*in one's mind*) se faire une image mentale de, se représenter; (*to make visible*) visualiser
vital ['vaɪtəl] *adj* vital || **vitals** *spl* organes *mpl* vitaux
vitality [vaɪ'tælɪti] *s* vitalité *f*
vitalize ['vaɪtə,laɪz] *tr* vitaliser
vitamin ['vaɪtəmɪn] *s* vitamine *f*
vitiate ['vɪʃɪ,et] *tr* vicier
vitreous ['vɪtrɪ·əs] *adj* vitreux
vitriolic [,vɪtrɪ'ɑlɪk] *adj* (chem) vitriolique; (fig) trempé dans du vitriol
vituperate [vaɪ't(j)upə,ret] *tr* vitupérer
viva ['vivə] *s* vivat *m* || *interj* vive!
vivacious [vɪ'veʃəs], [vaɪ'veʃəs] *adj* vif, animé
vivaci·ty [vɪ'væsɪtɪ], [vaɪ'væsɪti] *s* (*pl* **-ties**) vivacité *f*
viva voce ['vaɪvə'vosi] *adv* de vive voix
vivid ['vɪvɪd] *adj* vif; (*description*) vivant; (*recollection*) vivace
vivi·fy ['vɪvɪ,faɪ] *v* (*pret & pp* **-fied**) *tr* vivifier
vivisection [,vɪvɪ'sekʃən] *s* vivisection *f*
vixen ['vɪksən] *s* mégère *f*; (zool) renarde *f*
viz. *abbr* (Lat: **videlicet** namely, to wit) c.-à-d., à savoir
vizier [vɪ'zɪr], ['vɪzjər] *s* vizir *m*
vocabular·y [vo'kæbjə,leri] *s* (*pl* **-ies**) vocabulaire *m*
vocal ['vokəl] *adj* vocal; (*inclined to express oneself freely*) communicatif, démonstratif
vocalist ['vokəlɪst] *s* chanteur *m*
vocalize ['vokə,laɪz] *tr* vocaliser || *intr* vocaliser; (phonet) se vocaliser
vocation [vo'keʃən] *s* vocation *f*; profession *f*, métier *m*
voca'tional guid'ance [vo'keʃənəl] *s* orientation *f* professionnelle
voca'tional school' *s* école *f* professionnelle
vocative ['vɑkətɪv] *s* vocatif *m*
vociferate [vo'sɪfə,ret] *intr* vociférer
vociferous [vo'sɪfərəs] *adj* vociférant, criard
vogue [vog] *s* vogue *f*; **in vogue** en vogue
voice [vɔɪs] *s* voix *f*; **in a loud voice** à voix haute; **in a low voice** à voix basse; **with one voice** unanimement || *tr* exprimer; (*a consonant*) voiser, sonoriser || *intr* se voiser
voiced *adj* (phonet) voisé, sonore
voiceless ['vɔɪslɪs] *adj* sans voix; (*consonant*) sourd
void [vɔɪd] *adj* vide; (law) nul; **void of** dénué de || *s* vide *m* || *tr* vider; (*the bowels*) évacuer; (law) rendre nul || *intr* évacuer, excréter
voile [vɔɪl] *s* voile *m*
volatile ['vɑlətɪl] *adj* (*solvent*) volatil; (*disposition*) volage; (*temper*) vif
volatilize ['vɑlətə,laɪz] *tr* volatiliser || *intr* se volatiliser
volcanic [vɑl'kænɪk] *adj* volcanique
volca·no [vɑl'keno] *s* (*pl* **-noes** or **-nos**) volcan *m*
volition [və'lɪʃən] *s* volition *f*, volonté *f*; **of one's own volition** de son propre gré
volley ['vɑli] *s* volée *f* || *tr* lancer à la volée; (sports) reprendre de volée || *intr* lancer une volée
vol'ley·ball' *s* volley-ball *m*
volplane ['vɑl,plen] *s* vol *m* plané || *intr* descendre en vol plané
volt [volt] *s* volt *m*
voltage ['voltɪdʒ] *s* voltage *m*; **high voltage** haute tension *f*
volt'age drop' *s* perte *f* de charge
volte-face [vɔlt'fɑs] *s* volte-face *f*
volt'me'ter *s* voltmètre *m*
voluble ['vɑljəbəl] *adj* volubile
volume ['vɑljəm] *s* volume *m*; **to speak volumes** en dire long
vol'ume num'ber *s* tomaison *f*
voluminous [və'lumɪnəs] *adj* volumineux
voluntar·y ['vɑlən,teri] *adj* volontaire || *s* (*pl* **-ies**) (mus) morceau *m* d'orgue improvisé
volunteer [,vɑlən'tɪr] *adj* & *s* volontaire *mf* || *tr* offrir volontairement ||

intr (mil) s'engager; **to volunteer to** + *inf* s'offrir à + *inf*
voluptuar•y [vəˈlʌptʃʊˌɛri] *adj* voluptuaire || *s* (*pl* **-ies**) voluptueux *m*
voluptuous [vəˈlʌptʃʊ·əs] *adj* voluptueux
vomit [ˈvɑmɪt] *s* vomissure *f* || *tr & intr* vomir
voodoo [ˈvudu] *adj & s* vaudou *m*
voracious [vəˈreʃəs] *adj* vorace
voraci•ty [vəˈræsɪti] *s* (*pl* **-ties**) voracité *f*
vor•tex [ˈvɔrtɛks] *s* (*pl* **-texes** or **-tices** [tɪˌsiz]) vortex *m*, tourbillon *m*
vota•ry [ˈvotəri] *s* (*pl* **-ries**) fidèle *mf*
vote [vot] *s* vote *m*; **by popular vote** au suffrage universel; **to put to the vote** mettre aux voix; **to tally the votes** dépouiller le scrutin; **vote by show of hands** vote à main levée || *tr* voter; **to vote down** repousser; **to vote in** élire || *intr* voter; **to vote for** voter; **to vote on** passer au vote
voter [ˈvotər] *s* votant *m*, électeur *m*
vot′ing booth′ *s* isoloir *m*
vot′ing machine′ *s* machine *f* électorale
votive [ˈvotɪv] *adj* votif
vouch [vaʊtʃ] *tr* affirmer, garantir || *intr*—**to vouch for** répondre de
voucher [ˈvaʊtʃər] *s* garant *m*; (*certificate*) récépissé *m*, pièce *f* comptable
vouch•safe′ *tr* octroyer || *intr*—**to vouchsafe to** + *inf* daigner + *inf*
vow [vaʊ] *s* vœu *m*; **to take vows** entrer en religion || *tr* (*e.g.*, *revenge*) jurer || *intr* faire un vœu; **to vow to** faire vœu de
vowel [ˈvaʊ·əl] *s* voyelle *f*
voyage [ˈvɔɪ·ɪdʒ] *s* (*by air or sea*) traversée *f*; (*any journey*) voyage *m* || *tr* traverser || *intr* voyager
voyager [ˈvɔɪ·ɪdʒər] *s* voyageur *m*
vs. *abbr* (**versus**) contre
vulcanize [ˈvʌlkəˌnaɪz] *tr* vulcaniser
vulgar [ˈvʌlgər] *adj* grossier; (*popular, common; vernacular*) vulgaire
vulgari•ty [vʌlˈgærɪti] *s* (*pl* **-ties**) grossièreté *f*, vulgarité *f*
Vul′gar Lat′in *s* latin *m* vulgaire
vulnerable [ˈvʌlnərəbəl] *adj* vulnérable
vulture [ˈvʌltʃər] *s* vautour *m*

W

W, w [ˈdʌbəlˌju] *s* XXIIIe lettre de l'alphabet
wad [wɑd] *s* (*of cotton*) tampon *m*; (*of papers*) liasse *f*; (*in a gun*) bourre *f* || *v* (*pret & pp* **wadded**; *ger* **wadding**) *tr* bourrer
waddle [ˈwɑdəl] *s* dandinement *m* || *intr* se dandiner
wade [wed] *tr* traverser à gué || *intr* marcher dans l'eau, patauger; **to wade into** (coll) s'attaquer à; **to wade through** (coll) avancer péniblement dans
wad′ing bird′ *s* (orn) échassier *m*
wafer [ˈwefər] *s* (*thin, crisp cake*) gaufrette *f*; (*pill*) cachet *m*; (*for sealing letters*) pain *m* à cacheter; (eccl) hostie *f*
waffle [ˈwɑfəl] *s* gaufre *f*
waf′fle i′ron *s* gaufrier *m*
waft [wæft], [wɑft] *tr* porter; (*a kiss*) envoyer || *intr* flotter
wag [wæg] *s* (*of head*) hochement *m*; (*of tail*) frétillement *m*; (*jester*) farceur *m* || *v* (*pret & pp* **wagged**; *ger* **wagging**) *tr* (*the head*) hocher; (*the tail*) remuer || *intr* frétiller
wage [wedʒ] *s* salaire *m*; **wages** gages *mpl*, salaire *m*; (fig) salaire, récompense *f* || *tr*—**to wage war** faire la guerre
wage′ earn′er [ˌʌrnər] *s* salarié *m*
wage′-price′ freeze′ *s* blocage *m* des prix et des salaires
wager [ˈwedʒər] *s* pari *m*; **to lay a wager** faire un pari || *tr & intr* parier
wage′work′er *s* salarié *m*
waggish [ˈwægɪʃ] *adj* plaisant, facétieux
wagon [ˈwægən] *s* charrette *f*; (*Conestoga wagon; plaything*) chariot *m*; (mil) fourgon *m*; **to be on the wagon** (slang) s'abstenir de boissons alcooliques
wag′tail′ *s* hochequeue *m*, bergeronnette *f*
waif [wef] *s* (*foundling*) enfant *m* trouvé; animal *m* égaré or abandonné; (*stray child*) voyou *m*
wail [wel] *s* lamentation *f*, plainte *f* || *intr* se lamenter, gémir
wain•scot [ˈwenskət], [ˈwenskɑt] *s* lambris *m* || *v* (*pret & pp* **-scoted** or **-scotted**; *ger* **-scoting** or **-scotting**) *tr* lambrisser
waist [west] *s* (*of human body; corresponding part of garment*) taille *f*, ceinture *f*; (*garment*) corsage *m*, blouse *f*
waist′band′ *s* ceinture *f*
waist′cloth′ *s* pagne *m*
waistcoat [ˈwestˌkot], [ˈweskət] *s* gilet *m*
waist′-deep′ *adj* jusqu'à la ceinture
waist′line′ *s* taille *f*, ceinture *f*; **to keep or watch one's waistline** garder or soigner sa ligne
wait [wet] *s* attente *f*; **to lie in wait for** guetter || *tr*—**to wait one's turn** attendre son tour || *intr* attendre; **to wait for** attendre; **to wait on** (*customers; dinner guests*) servir
wait′-and-see′ pol′icy *s* attentisme *m*
waiter [ˈwetər] *s* garçon *m*; (*tray*) plateau *m*
wait′ing list′ *s* liste *f* d'attente

wait'ing room' *s* salle *f* d'attente; (*of a doctor*) antichambre *f*
waitress ['wetrɪs] *s* serveuse *f*; **waitress!** mademoiselle!
waive [wev] *tr* renoncer (with *dat*); (*to defer*) différer
waiver ['wevər] *s* renonciation *f*, abandon *m*
wake [wek] *s* (*watch by the body of a dead person*) veillée *f* mortuaire; (*of a boat or other moving object*) sillage *m*; **in the wake of** dans le sillage de, à la suite de || *v* (*pret* **waked** or **woke** [wok]; *pp* **waked**) *tr* réveiller || *intr* —**to wake to** se rendre compte de; **to wake up** se réveiller
wakeful ['wekfəl] *adj* éveillé
wakefulness ['wekfəlnɪs] *s* veille *f*
waken ['wekən] *tr* éveiller, réveiller || *intr* s'éveiller, se réveiller
wale [wel] *s* zébrure *f* || *tr* zébrer
Wales [welz] *s* le pays de Galles
walk [wɔk] *s* (*act*) promenade *f*; (*distance*) marche *f*; (*way of walking, bearing*) démarche *f*; (*of a garden*) allée *f*; (*calling*) métier *m*; **to fall into a walk** (*said of horse*) se mettre au pas; **to go for a walk** faire une promenade || *tr* promener; (*a horse*) promener au pas || *intr* aller à pied, marcher; (*to stroll*) se promener; **to walk away** s'en aller à pied; **to walk off with** (*a prize*) gagner; (*a stolen object*) décamper avec; **to walk out** sortir, partir subitement; (*to go on strike*) se mettre en grève; **to walk out on** abandonner; quitter en colère
walk'away' *s* (coll) victoire *f* facile
walker ['wɔkər] *s* marcheur *m*, promeneur *m*; (*pedestrian*) piéton *m*; (*go-cart*) chariot *m* d'enfant
walkie-talkie ['wɔki'tɔki] *s* (rad) émetteur-récepteur *m* portatif, parle-en-marche *m*
walk'ing pa'pers *spl*—**to give s.o. his walking papers** (coll) congédier qn
walk'ing stick' *s* canne *f*
walk'-on' *s* (*actor*) figurant *m*, comparse *mf*; (*role*) figuration *f*
walk'out' *s* (coll) grève *f* improvisée
walk'o'ver *s* (coll) victoire *f* dans un fauteuil
walk'-up' *s* appartement *m* sans ascenseur
wall [wɔl] *s* mur *m*; (*between rooms; of a pipe, boiler, etc.*) paroi *f*; (*of a fortification*) muraille *f*; **to go to the wall** succomber; perdre la partie || *tr* entourer de murs; **to wall up** murer
wall'board' *s* panneau *m* or carreau *m* de revêtement
wall' clock' *s* pendule *f* murale
wallet ['walɪt] *s* portefeuille *m*
wall'flow'er *s* (bot) ravenelle *f*, giroflée *f*; **to be a wallflower** (coll) faire tapisserie
wall' lamp' *s* applique *f*
wall' map' *s* carte *f* murale
Walloon [wa'lun] *adj* wallon || *s* (*dialect*) wallon *m*; (*person*) Wallon *m*
wallop ['waləp] *s* (coll) coup *m*, gnon *m*; **with a wallop** (fig) à grand fracas || *tr* (coll) tanner le cuir à, rosser; (*a ball*) (coll) frapper raide; (*to defeat*) (coll) battre
wallow ['walo] *s* souille *f* || *intr* se vautrer; (*e.g., in wealth*) nager
wall'pa'per *s* papier *m* peint || *tr* tapisser
walnut ['wɔlnət] *s* noix *f*; (*tree and wood*) noyer *m*
walrus ['wɔlrəs], ['walrəs] *s* morse *m*
Walter ['wɔltər] *s* Gautier *m*
waltz [wɔlts] *s* valse *f* || *tr & intr* valser
wan [wan] *adj* (*comp* **wanner**; *super* **wannest**) pâle, blême; (*weak*) faible
wand [wand] *s* baguette *f*; (*emblem of authority*) bâton *m*, verge *f*
wander ['wandər] *tr* vagabonder sur, parcourir || *intr* errer, vaguer; (*said of one's mind*) vagabonder
wanderer ['wandərər] *s* vagabond *m*
wan'der·lust' *s* manie *f* des voyages, bougeotte *f*
wane [wen] *s* déclin *m*; (*of moon*) décours *m* || *intr* décliner; (*said of moon*) décroître
wangle ['wæŋgəl] *tr* (*to obtain by scheming*) (coll) resquiller; (*accounts*) (coll) cuisiner; (*e.g., a leave of absence*) (coll) carotter; **to wangle one's way out of** (coll) se débrouiller de || *intr* (coll) pratiquer le système D
want [want], [wɔnt] *s* (*need; misery*) besoin *m*; (*lack*) manque *m*; **for want of** faute de, à défaut de; **to be in want** être dans la gêne || *tr* vouloir; (*to need*) avoir besoin de; **to want s.o. to** + *inf* vouloir que qn + *subj*; **to want to** + *inf* avoir envie de + *inf*, vouloir + *inf* || *intr* être dans le besoin; **to be wanting** manquer
want' ads' *spl* petites annonces *fpl*
wanton ['wantən] *adj* déréglé; (*e.g., cruelty*) gratuit; (*e.g., child*) espiègle; (*e.g., woman*) impudique
war [wɔr] *s* guerre *f*; **to go to war** se mettre en guerre; (*as a soldier*) aller à la guerre; **to wage war** faire la guerre || *v* (*pret & pp* **warred**; *ger* **warring**) *intr* faire la guerre; **to war on** faire la guerre contre
warble ['wɔrbəl] *s* gazouillement *m* || *intr* gazouiller
warbler ['wɔrblər] *s* (orn) fauvette *f*
war' cloud' *s* menace *f* de guerre
war' correspon'dent *s* correspondant *m* de guerre
war' cry' *s* (*pl* **cries**) cri *m* de guerre
ward [wɔrd] *s* (*person, usually a minor under protection of another*) pupille *mf*; (*guardianship*) tutelle *f*; (*of a city*) circonscription *f* électorale, quartier *m*; (*of a hospital*) salle *f*; (*of a lock*) gardes *fpl* || *tr*—**to ward off** parer
war' dance' *s* danse *f* guerrière
warden ['wɔrdən] *s* gardien *m*; (*of a jail*) directeur *m*; (*of a church*) marguillier *m*; (*gamekeeper*) garde-chasse *m*
ward' heel'er *s* politicailleur *m* servile
ward'robe' *s* garde-robe *f*

ward′robe trunk′ *s* malle-armoire *f*
ward′room′ *s* (nav) carré *m* des officiers
ware [wɛr] *s* faïence *f*; **wares** articles *mpl* de vente, marchandises *fpl*
ware′house′ *s* entrepôt *m*
ware′house′man *s* (*pl* **-men**) garde-magasin *m*, magasinier *m*
war′fare′ *s* guerre *f*
war′head′ *s* charge *f* creuse
war′-horse′ *s* cheval *m* de bataille; (coll) vétéran *m*
warily [ˈwɛrɪli] *adv* prudemment
war′like′ *adj* guerrier
war′ loan′ *s* emprunt *m* de guerre
war′ lord′ *s* seigneur *m* de la guerre
warm [wɔrm] *adj* chaud; (*welcome, thanks, friend, etc.*) chaleureux; (*heart*) généreux; **it is warm** (*said of weather*) il fait chaud; **to be warm** (*said of person*) avoir chaud; **to keep s.th. warm** tenir q.ch. au chaud; **you're getting warm!** (*you've almost found it!*) vous brûlez! ‖ *tr* chauffer, faire chauffer; **to warm up** réchauffer ‖ *intr* se réchauffer; **to warm up** se réchauffer, chauffer, se chauffer; (*said of speaker, discussion, etc.*) s'animer, s'échauffer
warm′-blood′ed *adj* passionné, ardent; (*animals*) à sang chaud
war′ memor′ial *s* monument *m* aux morts de la guerre
warmer [ˈwɔrmər] *s* (culin) réchaud *m*
warm′-heart′ed *adj* au cœur généreux
warm′ing pan′ *s* bassinoire *f*
warmonger [ˈwɔr ˌmʌŋgər] *s* belliciste *mf*
war′ moth′er *s* marraine *f* de guerre
warmth [wɔrmθ] *s* chaleur *f*
warm′-up′ *s* exercices *mpl* d'assouplissement; mise *f* en condition
warn [wɔrn] *tr* prévenir; **to warn s.o. to** avertir qn de
warning [ˈwɔrnɪŋ] *s* avertissement *m*; **without warning** par surprise
warn′ing shot′ *s* coup *m* de semonce
war′ of attri′tion *s* guerre *f* d'usure
warp [wɔrp] *s* (*of a fabric*) chaîne *f*; (*of a board*) gauchissement *m*; (naut) touée *f* ‖ *tr* gauchir; (*the mind, judgment, etc.*) fausser; (naut) touer ‖ *intr* se gauchir; (naut) se touer
war′path′ *s*—**to be on the warpath** être sur le sentier de la guerre; (*to be out of sorts*) (coll) être d'une humeur de dogue
war′plane′ *s* avion *m* de guerre
warrant [ˈwɑrənt], [ˈwɔrənt] *s* garantie *f*; certificat *m*; (*for arrest*) mandat *m* d'arrêt ‖ *tr* garantir; certifier; justifier
war′rant of′ficer *s* (mil) sous-officier *m* breveté; (nav) premier maître *m*
warran·ty [ˈwɑrənti], [ˈwɔrənti] *s* (*pl* **-ties**) garantie *f*; autorisation *f*
warren [ˈwɑrən], [ˈwɔrən] *s* garenne *f*
warrior [ˈwɔrjər], [ˈwɑrjər] *s* guerrier *m*
Warsaw [ˈwɔrsɔ] *s* Varsovie *f*
war′ship′ *s* navire *m* de guerre
wart [wɔrt] *s* verrue *f*
war′time′ *s* temps *m* de guerre
war′-torn′ *adj* dévasté par la guerre
war·y [ˈwɛri] *adj* (*comp* **-ier**; *super* **-iest**) prudent, avisé
wash [wɑʃ], [wɔʃ] *s* lavage *m*; (*clothes washed or to be washed*) lessive *f*; (*dirty water*) lavure *f*; (*place where the surf breaks; broken water behind a moving ship*) remous *m*; (aer) souffle *m* ‖ *tr* laver; (*one's hands, face, etc.*) se laver; (*dishes, laundry, etc.*) faire; (*e.g., a seacoast*) baigner; **to wash away** enlever; (*e.g., a bank*) affouiller, ronger ‖ *intr* se laver; faire la lessive
washable [ˈwɑʃəbəl], [ˈwɔʃəbəl] *adj* lavable
wash′-and-wear′ *adj* de repassage superflu, de séchage rapide
wash′ba′sin *s* (*basin*) cuvette *f*; (*fixture*) lavabo *m*
wash′bas′ket *s* corbeille *f* à linge
wash′board′ *s* planche *f* à laver
wash′bowl′ *s* (*basin*) cuvette *f*; (*fixture*) lavabo *m*
wash′cloth′ *s* gant *m* de toilette
wash′day′ *s* jour *m* de lessive
washed′-out′ *adj* délavé, déteint; (coll) flapi, vanné
washed′-up′ *adj* (coll) hors de combat, ruiné
washer [ˈwɑʃər], [ˈwɔʃər] *s* laveur *m*; (*machine*) laveuse *f*, lessiveuse *f*; (*ring of metal*) rondelle *f*; (*ring of rubber*) rondelle de robinet
wash′er·wom′an *s* (*pl* **-wom′en**) blanchisseuse *f*
wash′ goods′ *spl* tissus *mpl* grand teint
washing [ˈwɑʃɪŋ], [ˈwɔʃɪŋ] *s* lavage *m*; (*act of washing clothes*) blanchissage *m*; (*clothes washed or to be washed*) lessive *f*; **washings** lavures *fpl*
wash′ing machine′ *s* machine *f* à laver, laveuse *f* automatique
wash′ing so′da *s* cristaux *mpl* de soude
wash′out′ *s* affouillement *m*; (*person*) (coll) raté *m*; **to be a washout** (coll) faire fiasco, faire four
wash′rag′ *s* gant *m* de toilette, torchon *m*
wash′room′ *s* cabinet *m* de toilette, lavabo *m*
wash′ sale′ *s* (com) lavage *m* des titres
wash′stand′ *s* lavabo *m*
wash′tub′ *s* baquet *m*, cuvier *m*
wash′ wa′ter *s* lavure *f*
wasp [wɑsp] *s* guêpe *f*
wasp′ waist′ *s* taille *f* de guêpe
waste [west] *adj* (*land*) inculte; (*material*) de rebut ‖ *s* gaspillage *m*; (*garbage*) déchets *mpl*; (*wild region*) région *f* inculte; (*of time*) perte *f*; (*for wiping machinery*) chiffons *mpl* de nettoyage, effiloche *f* de coton; **to lay waste** dévaster; **wastes** déchets; excrément *m* ‖ *tr* gaspiller, perdre ‖ *intr*—**to waste away** dépérir, maigrir
waste′bas′ket *s* corbeille *f* à papier
wasteful [ˈwestfəl] *adj* gaspilleur
waste′pa′per *s* papier *m* de rebut

waste′ pipe′ *s* tuyau *m* d'écoulement, vidange *f*
waste′ prod′ucts *spl* déchets *mpl*
wastrel ['westrəl] *s* gaspilleur *m*, prodigue *mf*
watch [watʃ] *s* montre *f*; (*lookout*) garde *f*, guet *m*; (naut) quart *m*; **to be on the watch for** guetter; **to be on watch** (naut) être de quart; **to keep watch over** surveiller || *tr* (*to look at*) observer; (*to oversee*) surveiller || *intr* être aux aguets; (*to keep awake*) veiller; **to watch for** guetter; **to watch out** faire attention; **to watch out for** faire attention à; **to watch over** surveiller; **watch out!** attention!, gare!
watch′case′ *s* boîtier *m* de montre
watch′ chain′ *s* chaîne *f* de montre
watch′ charm′ *s* breloque *f*
watch′ crys′tal *s* verre *m* de montre
watch′dog′ *s* chien *m* de garde; gardien *m* vigilant
watch′dog′ commit′tee *s* comité *m* de surveillance
watchful ['watʃfəl] *adj* vigilant
watchfulness ['watʃfəlnɪs] *s* vigilance *f*
watch′mak′er *s* horloger *m*
watch′man *s* (*pl* **-men**) gardien *m*
watch′ night′ *s* réveillon *m* du jour de l'an
watch′ pock′et *s* gousset *m*
watch′ strap′ *s* bracelet *m* d'une montre
watch′tow′er *s* tour *f* de guet
watch′word′ *s* mot *m* d'ordre, mot de passe; devise *f*
water ['wɔtər], ['watər] *s* eau *f*; **of the first water** de premier ordre; (*diamond*) de première eau; **to back water** (naut) culer; reculer; **to be in hot water** (coll) être dans le pétrin; **to fish in troubled waters** pêcher en eau trouble; **to hold water** (coll) tenir debout, être bien fondé; **to make water** (*to urinate*) uriner; (naut) faire eau; **to pour** or **throw cold water on** (fig) jeter une douche froide sur, refroidir; **to swim under water** nager entre deux eaux; **to tread water** nager debout || *tr* (*e.g., plants*) arroser; (*horses, cattle, etc.*) abreuver; (*wine*) couper; **to water down** atténuer || *intr* (*said of horses, cattle, etc.*) s'abreuver; (*said of locomotive, ship, etc.*) faire de l'eau; (*said of eyes*) se mouiller, larmoyer
wa′ter buf′fa•lo *s* (*pl* **-loes** or **-los**) buffle *m*
wa′ter car′rier *s* porteur *m* d'eau
wa′ter clos′et *s* water-closet *m*, waters *mpl*
wa′ter•col′or *s* aquarelle *f*
wa′ter-cooled′ *adj* à refroidissement d'eau
wa′ter•course′ *s* cours *m* d'eau; (*of a stream*) lit *m*
wa′ter•cress′ *s* cresson *m* de fontaine
wa′ter cure′ *s* cure *f* des eaux
wa′ter•fall′ *s* chute *f* d'eau
wa′ter•front′ *s* terrain *m* sur la rive
wa′ter gap′ *s* percée *f*, trouée *f*, gorge *f*
wa′ter ham′mer *s* (*in pipe*) coup *m* de bélier
wa′ter heat′er *s* chauffe-eau *m*, chauffe-bain *m*
wa′ter ice′ *s* boisson *f* à demi glacée
wa′tering can′ *s* arrosoir *m*
wa′tering place′ *s* (*for cattle*) abreuvoir *m*; (*for tourists*) ville *f* d'eau
wa′tering pot′ *s* arrosoir *m*
wa′tering trough′ *s* abreuvoir *m*
wa′ter jack′et *s* chemise *f* d'eau
wa′ter lil′y *s* nénuphar *m*
wa′ter line′ *s* ligne *f* de flottaison; niveau *m* d'eau
wa′ter•logged′ *adj* détrempé
wa′ter main′ *s* conduite *f* principale
wa′ter•mark′ *s* (*in paper*) filigrane *m*; (naut) laisse *f*
wa′ter•mel′on *s* pastèque *f*, melon *m* d'eau
wa′ter me′ter *s* compteur *m* à eau
wa′ter pipe′ *s* conduite *f* d'eau
wa′ter po′lo *s* water-polo *m*
wa′ter pow′er *s* force *f* hydraulique, houille *f* blanche
wa′ter•proof′ *adj* & *s* imperméable *m*
wa′ter rights′ *spl* droits *mpl* de captation d'eau, droits d'irrigation
wa′ter•shed′ *s* ligne *f* de partage des eaux
wa′ter ski′ing *s* ski *m* nautique
wa′ter span′iel *s* (zool) barbet *m*
wa′ter•spout′ *s* descente *f* d'eau, gouttière *f*; (*funnel of wet air*) trombe *f*
wa′ter-supply sys′tem *s* service *m* des eaux; réseau *m* de conduites d'eau
wa′ter ta′ble *s* (geol) nappe *f* phréatique
wa′ter•tight′ *adj* étanche; (*argument*) inattaquable; (law) sans clause échappatoire
wa′ter tow′er *s* château *m* d'eau
wa′ter wag′on *s*—**to be on the water wagon** (coll) s'abstenir de boissons alcooliques
wa′ter•way′ *s* voie *f* navigable
wa′ter wheel′ *s* roue *f* hydraulique; roue à aubes or à palettes; roue-turbine *f*
wa′ter wings′ *spl* flotteur *m* de natation
wa′ter•works′ *s* (*system*) canalisations *fpl* d'eau; (*pumping station*) usine *f* de distribution des eaux
watery ['wɔtəri], ['watəri] *adj* aqueux; (*eyes*) larmoyant; (*food*) insipide, fade
watt [wat] *s* watt *m*
wattage ['watɪdʒ] *s* puissance *f* en watts
watt′-hour′ *s* (*pl* **watt-hours**) watt-heure *m*
wattle ['watəl] *s* (*of bird*) caroncule *f*; (*of fish*) barbillon *m*
watt′me′ter *s* wattmètre *m*
wave [wev] *s* onde *f*, vague *f*; (*in hair*) ondulation *f*; geste *m* de la main; (*of heat or cold; of people; of the future*) vague *f*; (phys) onde || *tr* (*a handkerchief*) agiter; (*the hair*) onduler; (*a hat, newspaper, cane*) brandir; **to wave aside** écarter d'un geste;

to wave good-bye faire un signe d'adieu; **to wave one's hand** faire un geste de la main || *intr* s'agiter; (*said of a flag*) ondoyer; **to wave to** faire signe à

wave′length′ *s* longueur *f* d'onde

wave′ mo′tion *s* mouvement *m* ondulatoire

waver ['wevər] *intr* vaciller

wav·y ['wevi] *adj* (*comp* **-ier**; *super* **-iest**) onduleux, ondoyant; (*hair; road surface*) ondulé; (*line*) tremblé, onduleux

wax [wæks] *s* cire *f* || *tr* cirer || *intr*—**to wax and wane** croître et décroître; **to wax indignant** s'indigner

wax′ bean′ *s* haricot *m* beurre

wax′ pa′per *s* papier *m* paraffiné

wax′ ta′per *s* allumette-bougie *f*

wax′wing′ *s* (orn) jaseur *m*

wax′works′ *s* musée *m* de cire

way [we] *s* voie *f*; (*road*) chemin *m*; (*direction*) côté *m*, sens *m*; (*manner*) façon *f*, manière *f*; (*means*) moyen *m*; (*habit, custom*) manière, habitude *f*, usage *m*; **across the way** en face; **all the way** jusqu'au bout; **by the way** à propos; **by way of** par; comme; **get out of the way!** ôter-vous de là!; **in a way** en un certain sens; **in every way** à tous les égards; **in my (his, etc.) own way** à ma (sa, etc.) façon or manière; **in no way** en aucune façon; **in some ways** par certains côtés; **in such a way that** de sorte que; **in that way** de la sorte; **in this way** de cette façon; **on the way** chemin faisant; **on the way to** en route pour; **out of the way** écarté; **that way** par là; **the wrong way** le mauvais sens, la mauvaise route; (*the wrong manner*) la mauvaise façon; (*when brushing hair*) à contre-poil; **this way** par ici; **to be in the way** être encombrant; **to feel one's way** avancer à tâtons; **to get out of the way** s'écarter; **to get** (*s.th. or s.o.*) **out of the way** se débarrasser de (*q.ch. or qn*); **to give way** céder; **to go one's own way** faire bande à part; **to go one's way** passer son chemin; **to go out of one's way** faire un détour; (fig) se déranger; **to have one's way** avoir le dernier mot, l'emporter; **to keep out of s.o.'s way** se tenir à l'écart de qn; **to know one's way around** connaître son affaire, être à la coule; **to lead the way** montrer le chemin; **to make one's way** se frayer un chemin; **to make way for** faire place à; **to mend one's ways** s'amender; **to see one's way to** trouver moyen de; **to stand in the way of** barrer le chemin à; **under way** en marche, en cours; **way down** descente *f*; **way in** entrée *f*; **way out** sortie *f*; **ways** (*for launching a ship*) couette *f*, anguilles *fpl*; **way through** passage *m*; **way up** montée *f*; **which way?** par où?

way′bill′ *s* feuille *f* de route, lettre *f* de voiture

wayfarer ['we,ferər] *s* voyageur *m*, vagabond *m*

way′lay′ *v* (*pret & pp* **-laid**) *tr* embusquer; (*to buttonhole*) arrêter au passage

way′ of life′ *s* manière *f* de vivre, genre *m* de vie, train *m* de vie

way′side′ *s* bord *m* de la route; **to fall by the wayside** rester en chemin

wayward ['wewərd] *adj* capricieux; rebelle

we [wi] *pron pers* nous §85, §87; nous autres, e.g., **we Americans** nous autres américains

weak [wik] *adj* faible

weaken ['wikən] *tr* affaiblir || *intr* faiblir, s'affaiblir

weakling ['wiklɪŋ] *s* chétif *m*, malingre *mf*; (*in character*) mou *m*

weak′-mind′ed *adj* irrésolu, d'esprit faible; (*feeble-minded*) débile

weakness ['wiknɪs] *s* faiblesse *f*

weal [wil] *s* papule *f*; (archaic) bien *m*

wealth [wɛlθ] *s* richesse *f*

wealth·y ['wɛlθi] *adj* (*comp* **-ier**; *super* **-iest**) riche, opulent

wean [win] *tr* sevrer; **to wean away from** détacher de

weapon ['wɛpən] *s* arme *f*

weaponry ['wɛpənri] *s* armement *m*

wear [wer] *s* (*use*) usage *m*; (*wasting away from use*) usure *f*; (*clothing*) vêtements *mpl*, articles *mpl* d'habillement; **for evening wear** pour le soir; **for everyday wear** pour tous les jours || *v* (*pret* **wore** [wor]; *pp* **worn** [worn]) *tr* porter; (*to put on*) mettre; **to wear down** or **out** user; (*e.g., one's patience*) épuiser || *intr* s'user; **to wear off** s'effacer; **to wear on** s'écouler, s'avancer; **to wear out** s'user; **to wear well** durer

wearable ['werəbəl] *adj* mettable

wear′ and tear′ [tɛr] *s* usure *f*

weariness ['wɪrɪnɪs] *s* lassitude *f*, fatigue *f*; ennui *m*

wear′ing appar′el ['werɪŋ] *s* vêtements *mpl*, habits *mpl*

wearisome ['wɪrɪsəm] *adj* lassant, ennuyeux

wea·ry ['wɪri] *adj* (*comp* **-rier**; *super* **-riest**) las || *v* (*pret & pp* **-ried**) *tr* lasser || *intr* se lasser

weasel ['wizəl] *s* (zool) belette *f*; (slang) mouchard *m*

wea′sel words′ *spl* mots *mpl* ambigus

weather ['weðər] *s* temps *m*; **to be under the weather** (coll) se sentir patraque; (*from drinking*) (coll) avoir mal aux cheveux; **what's the weather like?** quel temps fait-il? || *tr* altérer; (*e.g., difficulties*) survivre à, étaler || *intr* s'altérer

weath′er balloon′ *s* ballon *m* atmosphérique

weath′er-beat′en *adj* usé par les intempéries

weath′er bu′reau *s* bureau *m* météorologique, météo *f*

weath′er·cock′ *s* girouette *f*; (fig) girouette, caméléon *m*

weath′er fore′cast *s* bulletin *m* météorologique
weath′er fore′casting *s* prévision *f* du temps
weath′er·man′ *s* (*pl* **-men′**) météorologue *mf*, météorologiste *mf*
weath′er report′ *s* bulletin *m* de la météo
weath′er strip′ping *s* bourrelet *m*
weath′er vane′ *s* girouette *f*
weave [wiv] *s* armure *f* || *v* (*pret* **wove** [wov] or **weaved**; *pp* **wove** or **woven** [ˈwovən]) *tr* tisser; **to weave one's way through** se faufiler à travers, se faufiler entre || *intr* tisser; serpenter, zigzaguer
weaver [ˈwivər] *s* tisserand *m*
web [wɛb] *s* (*piece of cloth*) tissu *m*; (*roll of newsprint*) rouleau *m*; (*of spider*) toile *f*; (*between toes of birds and other animals*) palmure *f*; (*of an iron rail*) âme *f*; (fig) trame *f*
web′-foot′ed *adj* palmé, palmipède
wed [wɛd] *v* (*pret & pp* **wed** or **wedded**; *ger* **wedding**) *tr* (*to join in wedlock*) marier; (*to take in marriage*) épouser || *intr* épouser, se marier
wedding [ˈwɛdɪŋ] *adj* nuptial || *s* mariage *m*, noces *fpl*
wed′ding ban′quet *s* repas *m* de noce
wed′ding cake′ *s* gâteau *m* de mariage
wed′ding cer′emo·ny *s* (*pl* **-nies**) cérémonie *f* nuptiale
wed′ding day′ *s* jour *m* des noces; anniversaire *m* du mariage
wed′ding dress′ *s* robe *f* nuptiale, robe de noce
wed′ding march′ *s* marche *f* nuptiale
wed′ding night′ *s* nuit *f* de noces
wed′ding pres′ent *s* cadeau *m* de mariage; **wedding presents** corbeille *f* de mariage
wed′ding ring′ *s* anneau *m* nuptial, alliance *f*
wedge [wɛdʒ] *s* coin *m* || *tr* coincer
wedlock [ˈwɛdlɑk] *s* mariage *m*
Wednesday [ˈwɛnzdi] *s* mercredi *m*
wee [wi] *adj* tout petit
weed [wid] *s* mauvaise herbe *f*; **the weed** (coll) le tabac; **weeds** vêtements *mpl* de deuil || *tr & intr* désherber, sarcler; **to weed out** éliminer, extirper
weed′ing hoe′ *s* sarcloir *m*
weed′ kill′er *s* herbicide *m*
week [wik] *s* semaine *f*; **a week from today** d'aujourd'hui en huit; **week in week out** d'un bout de la semaine à l'autre
week′day′ *s* jour *m* de semaine, jour ouvrable
week′end′ *s* fin *f* de semaine, week-end *m* || *intr* passer le week-end
week·ly [ˈwikli] *adj* hebdomadaire || *s* (*pl* **-lies**) hebdomadaire *m* || *adv* tous les huit jours
weep [wip] *v* (*pret & pp* **wept** [wɛpt]) *tr* pleurer || *intr* pleurer; (*to drip*) suinter; **to weep for** pleurer; (*joy*) pleurer de
weep′ing wil′low *s* saule *m* pleureur
weep·y [ˈwipi] *adj* (*comp* **-ier**; *super* **-iest**) (coll) pleurnicheur
weevil [ˈwivəl] *s* charançon *m*
weft [wɛft] *s* (*yarns running across warp*) trame *f*; (*fabric*) tissu *m*
weigh [we] *tr* peser; (*anchor*) lever; **to weigh down** faire pencher; **to weigh in one's hand** soupeser || *intr* peser; **to weigh heavily with** avoir du poids auprès de; **to weigh in** (sports) se faire peser
weight [wet] *s* poids *m*; **to gain weight** prendre du poids; **to lift weights** faire des haltères; **to lose weight** perdre du poids; **to throw one's weight around** (coll) s'imposer || *tr* charger; (*statistically*) pondérer; **to weight down** alourdir
weightless [ˈwetlɪs] *adj* sans pesanteur
weightlessness [ˈwetlɪsnɪs] *s* apesanteur *f*
weight′ lift′er [ˌlɪftər] *s* (sports) haltérophile *m*
weight′ lift′ing *s* poids et haltères *mpl*
weight·y [ˈweti] *adj* (*comp* **-ier**; *super* **-iest**) pesant, lourd; (*troublesome*) grave; important, puissant
weir [wɪr] *s* (*dam*) barrage *m*; (*trap*) filet *m* à poissons
weird [wɪrd] *adj* surnaturel; étrange
welcome [ˈwɛlkəm] *adj* bienvenu; (*change, news, etc.*) agréable; **to be welcome to** + *inf* être libre de + *inf*; **you are welcome!** (*i.e., gladly received*) soyez le bienvenu!; (*in response to thanks*) de rien!, je vous en prie!, il n'y a pas de quoi!; **you are welcome to it** c'est à votre disposition; (ironically) je ne vous envie pas || *s* bienvenue *f*, bon accueil *m* || *tr* souhaiter la bienvenue à, faire bon accueil à, accueillir; **to welcome coldly** faire mauvais accueil à, accueillir froidement
weld [wɛld] *s* soudure *f* autogène; (bot) gaude *f*, réséda *m* || *tr* souder à l'autogène
welder [ˈwɛldər] *s* soudeur *m*; (mach) soudeuse *f*
welding [ˈwɛldɪŋ] *s* soudure *f* autogène
welfare [ˈwɛlˌfɛr] *s* bien-être *m*; (*for underprivileged*) aide *f* sociale
wel′fare state′ *s* état-providence *m*
wel′fare work′ *s* assistance *f* sociale
well [wɛl] *adj* bien (*enjoying good health*) bien, bien portant; **all's well** tout est bien; **it would be just as well to** il serait bon de; **to be well** aller bien || *s* puits *m*; (*natural source of water*) source *f*, fontaine *f*; (*of stairway*) cage *f* || *adv* bien; **as well** aussi; **as well as** aussi bien que; **well and good!** à la bonne heure! || *intr*—**to well up** jaillir || *interj* alors!, tiens!
well′-behaved′ *adj* de bonne conduite; (*child*) sage
well′-be′ing *s* bien-être *m*
well′born′ *adj* bien né
well-bred [ˈwɛlˈbrɛd] *adj* bien élevé
well′-disposed′ *adj* bien disposé
well-done [ˈwɛlˈdʌn] *adj* bien fait; (culin) bien cuit

well′-dressed′ *adj* bien vêtu
well′-fixed′ *adj* (coll) bien renté, riche
well′-formed′ *adj* bien conformé
well′-found′ed *adj* bien fondé
well′-groomed′ *adj* paré, soigné
well′-heeled′ *adj* (coll) huppé, riche
well′-informed′ *adj* bien informé
well′-inten′tioned *adj* bien intentionné
well-kept ['wel'kept] *adj* bien tenu; (*secret*) bien gardé
well-known ['wel'non] *adj* bien connu, notoire
well′-matched′ *adj* bien assortis
well′-mean′ing *adj* bien intentionné
well′-nigh′ *adv* presque
well′-off′ *adj* fortuné, prospère
well′-preserved′ *adj* bien conservé
well-read ['wel'red] *adj* qui a beaucoup de lecture
well-spent ['wel'spent] *adj* bien employé
well′spring′ *s* source *f*, source intarissable
well′ sweep′ *s* chadouf *m*
well′-thought′-of′ *adj* de bonne réputation
well′-timed′ *adj* opportun
well-to-do ['weltə'du] *adj* aisé, cossu
well-wisher ['wel'wɪʃər] *s* partisan *m*, ami *m* fidèle
well′-worn′ *adj* usé; (*subject*) rebattu
Welsh [welʃ] *adj* gallois || *s* (*language*) gallois *m*; **the Welsh** les Gallois *mpl* || (*l.c.*) *intr* (slang) manquer à sa parole, manquer à ses obligations; **to welsh on s.o.** (slang) manquer à qn
Welsh′man *s* (*pl* **-men**) Gallois *m*
Welsh′ rab′bit or **rare′bit** ['rerbɪt] *s* fondue *f* au fromage et à la bière sur canapé
welt [welt] *s* zébrure *f*; (*border*) bordure *f*; (*of shoe*) trépointe *f*
welter ['weltər] *s* confusion *f*, fouillis *m* || *intr* se vautrer
wel′ter·weight′ *s* (*boxing*) poids *m* mi-moyen
wen [wen] *s* kyste *m* sébacé, loupe *f*
wench [wentʃ] *s* jeune fille *f*, jeune femme *f*
wend [wend] *tr*—**to wend one's way** (**to**) diriger ses pas (vers)
west [west] *adj* & *s* ouest *m* || *adv* à l'ouest, vers l'ouest
western ['westərn] *adj* occidental, de l'ouest || *s* (mov) western *m*
westerner ['westərnər] *s* habitant *m* de l'ouest, Occidental *m*
West′ Ger′many *s* Allemagne *f* de l'Ouest; l'Allemagne de l'Ouest
West′ In′dies ['ɪndiz] *spl* Indes *fpl* occidentales, Antilles *fpl*
westward ['westwərd] *adv* vers l'ouest
wet [wet] *adj* (*comp* **wetter**; *super* **wettest**) mouillé; (*damp*) humide; (*rainy*) pleuvieux; (*paint*) frais; (coll) antiprohibitionniste; **all wet** (slang) fichu, erroné || *s* antiprohibitionniste *mf* || *v* (*pret* & *pp* **wet** or **wetted**; *ger* **wetting**) *tr* mouiller || *intr* se mouiller
wet′ bat′ter·y *s* (*pl* **-ies**) pile *f* à liquide
wet′ blan′ket *s* trouble-fête *mf*, rabat-joie *m*
wet′ nurse′ *s* nourrice *f*
wet′ paint′ *s* peinture *f* fraîche; (public sign) attention à la peinture
whack [hwæk] *s* (coll) coup *m*, gnon *m*; (*try*) (coll) tentative *f*; **to have a whack at** (coll) s'attaquer à || *tr* (coll) cogner
whale [hwel] *s* baleine *f*; (*sperm whale*) cachalot *m*; **to have a whale of a time** (coll) s'amuser follement || *tr* (coll) rosser
whale′bone′ *s* baleine *f*, fanon *m* de baleine
whaler ['hwelər] *s* baleinier *m*
wharf [hwɔrf] *s* (*pl* **wharves** [hwɔrvz] or **wharfs**) quai *m*, débarcadère *m*
what [hwɑt] *adj interr* quel §80, e.g., **what time is it?** quelle heure est-il?; e.g., **what is his occupation?** quel est son métier? || *adj rel* ce qui, e.g., **I'll give you what water I have left** je vous donnerai ce qui me reste d'eau; ce que, e.g., **I know what drink you want** je sais ce que vous voulez comme boisson || *pron interr* qu'est-ce qui, e.g., **what happened?** qu'est-ce qui s'est passé?; que, e.g., **what are you doing?** que faites-vous?; qu'est-ce que, e.g., **what are you doing?** qu'est-ce que vous faites?; comment, e.g., **what is he like?** comment est-il?; combien, e.g., **what is two and two?** combien font deux et deux?; **what** (*did you say*)? comment?; **what else?** quoi d'autre?, quoi encore; **what for?** pourquoi donc?; **what if** si, e.g., **what if I were to die?** si je venais à mourir?; **what if I did?, what of it?, so what?** qu'importe?; **what is it?** qu'est-ce que c'est?, qu'est-ce qu'il y a?; **what now?** alors?; **what's that?** qu'est-ce que c'est que cela?; **what then?** et après? || *pron rel* ce qui, ce que; ce dont §79, e.g., **I have what you need** j'ai ce dont vous avez besoin; ce à quoi, e.g., **I know what you are thinking of** je sais ce à quoi vous pensez; (sometimes untranslated), e.g., **he asked them what time it was** il leur a demandé l'heure; **to know what's what** (coll) s'y connaître, être au courant || *interj* comment!; **what** a que de, e.g., **what a lot of people!** que de monde!; quel §80, e.g., **what a pity!** quel dommage!
what·ev′er *adj* quel que §80; moindre or quelconque, e.g., **is there any hope whatever?** y a-t-il le moindre espoir?, y a-t-il un espoir quelconque? || *pron* tout ce qui; tout ce que, e.g., **tell him whatever you like** dites-lui tout ce que vous voudrez; quoi que, e.g., **whatever you do** quoi que vous fassiez; **whatever comes** à tout hasard
what′not′ *s* étagère *f*
what's′-his-name′ *s* (coll) Monsieur un tel
wheal [wil] *s* papule *f*

wheat [hwit] *s* blé *m*
wheedle [ˈhwidəl] *tr* enjôler
wheel [hwil] *s* roue *f*; **at the wheel** au volant ‖ *tr* (*to turn*) faire pivoter; (*a wheelbarrow, table, etc.*) rouler ‖ *intr* pivoter; (*said, e.g., of birds in the sky*) tournoyer; **to wheel about** or **around** faire demi-tour
wheelbarrow [ˈhwil,bæro] *s* brouette *f*
wheel′base′ *s* (aut) empattement *m*
wheel′chair′ *s* fauteuil *m* roulant pour malade, voiture *f* d'infirme
wheel′ horse′ *s* (*horse*) timonier *m*; (*person*) bûcheur *m*
wheelwright [ˈhwil,raɪt] *s* charron *m*
wheeze [hwiz] *s* respiration *f* sifflante; (pathol) cornage *m* ‖ *intr* respirer avec peine, souffler
whelp [hwɛlp] *s* petit *m* ‖ *tr & intr* mettre bas
when [hwɛn] *adv* quand ‖ *conj* quand, lorsque; (*on which, in which*) où; (*whereas*) alors que
whence [hwɛns] *adv & conj* d'où
when•ev′er *conj* chaque fois que, quand
where [hwɛr] *adv & conj* où; **from where** d'où
whereabouts [ˈhwɛrə,baʊts] *s*—**the whereabouts of** l'endroit où se trouve ‖ *adv & conj* où donc
whereas [hwɛrˈæz] *conj* tandis que, attendu que ‖ *s* considérant *m*
where•by′ *conj* par lequel
wherefore [ˈhwɛrfor] *s & adv* pourquoi *m* ‖ *conj* à cause de quoi
where•from′ *adv* d'où
where•in′ *adv* d'où; en quoi ‖ *conj* où
where•of′ *adv* de quoi ‖ *conj* dont §79
where′up•on′ *adv* sur quoi, sur ce
wherever [hwɛrˈɛvər] *conj* partout où; où que, n'importe où
wherewithal [ˈhwɛrwɪð,əl] *s* ressources *fpl*, moyens *mpl*
whet [hwɛt] *v* (*pret & pp* **whetted**; *ger* **whetting**) *tr* aiguiser
whether [ˈwɛðər] *conj* si; que, e.g., **it is doubtful whether you can finish** il est douteux que vous puissiez finir; e.g., **whether he is rich or poor** qu'il soit riche ou qu'il soit pauvre; **whether or no** de toute façon; **whether or not** qu'il en soit ainsi ou non
whet′stone′ *s* pierre *f* à aiguiser
whew [hwju] *interj* ouf!
whey [hwe] *s* petit lait *m*
which [hwɪʃ] *adj interr* quel §80, e.g., **which university do you prefer?** quelle université préférez-vous?; **which one?** lequel? ‖ *adj rel* le . . . que, e.g., **choose which road you prefer** choisissez le chemin que vous préférez ‖ *pron interr* lequel §78; **which is which?** lequel des deux est-ce?; **which of them?** lequel d'entre eux? ‖ *pron rel* qui; que; dont §79
which•ev′er *adj rel* n'importe quel ‖ *pron rel* n'importe lequel
whiff [hwɪf] *s* bouffé *f*; **to get a whiff of** flairer
while [hwaɪl] *s* temps *m*, moment *m*; **a long while** longtemps; **a (little) while ago** tout à l'heure; **in a little while** sous peu, tout à l'heure ‖ *conj* pendant que; (*as long as*) tant que; (*although*) quoique ‖ *tr*—**to while away** tuer, faire passer
whim [hwɪm] *s* caprice *m*, lubie *f*
whimper [ˈhwɪmpər] *s* pleurnicherie *f* ‖ *tr* dire en pleurnichant ‖ *intr* pleurnicher
whimsical [ˈhwɪmzɪkəl] *adj* capricieux, lunatique
whine [hwaɪn] *s* geignement *m*; (*of siren*) hurlement *m* ‖ *intr* geindre; (*said of siren*) hurler
whin•ny [ˈhwɪni] *s* (*pl* **-nies**) hennissement *m* ‖ *v* (*pret & pp* **-nied**) *intr* hennir
whip [hwɪp] *s* fouet *m* ‖ *v* (*pret & pp* **whipped** or **whipt**; *ger* **whipping**) *tr* fouetter; (*to defeat*) battre; (*the end of a rope*) surlier; **to whip out** (*e.g., a gun*) sortir brusquement; **to whip up** (*e.g., a supper*) (coll) préparer à l'improviste; (*e.g., enthusiasm*) (coll) stimuler
whip′cord′ *s* corde *f* à fouet
whip′ hand′ *s* main *f* du fouet; (*upper hand*) avantage *m*, dessus *m*
whip′lash′ *s* mèche *f* de fouet
whipped′ cream′ *s* crème *f* fouettée, chantilly *m*
whipper-snapper [ˈhwɪpər,snæpər] *s* freluquet *m*, paltoquet *m*
whip′ping boy′ *s* tête *f* de Turc
whip′ping post′ *s* poteau *m* des condamnés au fouet
whippoorwill [,hwɪpərˈwɪl] *s* (*Caprimulgus vociferus*) engoulevent *m* américain
whir [hwʌr] *s* ronflement *m* ‖ *v* (*pret & pp* **whirred**; *ger* **whirring**) *intr* ronfler
whirl [hwʌrl] *s* tourbillon *m*; (*of events, parties, etc.*) succession *f* ininterrompue ‖ *tr* faire tourbillonner ‖ *intr* tourbillonner; **his head whirls** la tête lui tourne
whirligig [ˈhwʌrlɪ,gɪg] *s* tourniquet *m*; (ent) gyrin *m*, tourniquet
whirl′pool′ *s* tourbillon *m*, remous *m*
whirl′wind′ *s* tourbillon *m*
whirlybird [ˈhwʌrli,bʌrd] *s* (coll) hélicoptère *m*
whisk [hwɪsk] *s* coup *m* léger; (*broom*) époussette *f*; (culin) fouet *m* ‖ *tr* balayer; (culin) fouetter; **to whisk out of sight** escamoter ‖ *intr* aller comme un trait
whisk′ broom′ *s* époussette *f*
whiskers [ˈhwɪskərz] *spl* barbe *f*, poils *mpl* de barbe; (*on side of face*) favoris *mpl*; (*of cat*) moustaches *fpl*
whiskey [ˈhwɪski] *s* whisky *m*
whisper [ˈhwɪspər] *s* chuchotement *m* ‖ *tr* chuchoter, dire à l'oreille ‖ *intr* chuchoter
whispering [ˈhwɪspərɪŋ] *s* chuchotement *m*
whist [hwɪst] *s* whist *m*
whistle [ˈhwɪsəl] *s* (*sound*) sifflement

m; (*device*) sifflet *m*; **to wet one's whistle** (coll) s'humecter le gosier || *tr* siffler, siffloter || *intr* siffler; **to whistle for** siffler; attendre en vain, se voir obligé de se passer de

whis'tle stop' *s* arrêt *m* facultatif

whit [hwɪt] *s*—**not a whit** pas un brin; **to not care a whit** s'en moquer

white [hwaɪt] *adj* blanc || *s* blanc *m*; blanc d'œuf; **whites** (pathol) pertes *fpl* blanches

white'caps' *spl* moutons *mpl*

white' coal' *s* houille *f* blanche

white'-col'lar *adj* de bureau

white' feath'er *s*—**to show the white feather** lâcher pied, flancher, caner

white'fish' *s* poisson *m* blanc, merlan *m*

white' goods' *spl* vêtements *mpl* blancs; tissus *mpl* de coton, cotonnade *f*; (*appliances*) appareils *mpl* électroménagers

white'-haired' *adj* aux cheveux blancs, chenu; (coll) favori

white'-hot' *adj* chauffé à blanc

white' lead' [lɛd] *s* céruse *f*, blanc *m* de céruse

white' lie' *s* mensonge *m* pieux

white' meat' *s* blanc *m*

whiten ['hwaɪtən] *tr & intr* blanchir

whiteness ['hwaɪtnɪs] *s* blancheur *f*

white' slav'ery *s* traite *f* des blanches

white' tie' *s* cravate *f* blanche; tenue *f* de soirée

white'wash' *s* blanc *m* de chaux, badigeon *m*; (*cover-up*) couverture *f* || *tr* blanchir à la chaux; (*e.g., a guilty person, a scandal*) blanchir

whither ['hwɪðər] *adv & conj* où, là où

whitish ['hwaɪtɪʃ] *adj* blanchâtre

whitlow ['hwɪtlo] *s* panaris *m*

Whitsuntide ['hwɪtsən,taɪd] *s* saison *f* de la Pentecôte

whittle ['hwɪtəl] *tr* tailler au couteau; **to whittle away** or **down** amenuiser

whiz or **whizz** [hwɪz] *s* sifflement *m*; (slang) prodige *m* || *v* (*pret & pp* **whizzed**; *ger* **whizzing**) *intr*—**to whiz by** passer en sifflant, passer comme le vent

who [hu] *pron interr* qui; quel §80; **who else?** qui d'autre?; qui encore?; **who is there?** (mil) qui vive? || *pron rel* qui; celui qui §83

whoa [hwo] *interj* holà!, doucement!

who·ev'er *pron rel* quiconque; celui qui §83; qui que, e.g., **whoever you are** qui que vous soyez

whole [hol] *adj* entier || *s* tout *m*, totalité *f*, ensemble *m*; **on the whole** somme toute, à tout prendre

whole'heart'ed *adj* sincère, de bon cœur

whole' note' *s* (mus) ronde *f*

whole' rest' *s* (mus) pause *f*

whole'sale' *adj & adv* en gros; (*e.g., slaughter*) en masse || *s* gros *m*, vente *f* en gros || *tr & intr* vendre en gros

whole'sale price' *s* prix *m* de gros

wholesaler ['hol,selər] *s* commerçant *m* en gros, grossiste *mf*

whole'sale trade' *s* commerce *m* de gros

wholesome ['holsəm] *adj* sain

wholly ['holi] *adv* entièrement

whom [hum] *pron interr* qui || *pron rel* que; lequel §78; celui que §83; **of whom** dont, de qui §79

whom·ev'er *pron rel* celui que §83; tous ceux que; (with a preposition) quiconque

whoop [hup], [hwup] *s* huée *f*; (*cough*) quinte *f* || *tr*—**to whoop it up** (slang) pousser des cris || *intr* huer

whoop'ing cough' ['hupɪŋ], ['hupɪŋ] *s* coqueluche *f*

whopper ['hwɑpər] *s* (coll) chose *f* énorme; (*lie*) (coll) gros mensonge *m*

whopping ['hwɑpɪŋ] *adj* (coll) énorme

whore [hor] *s* putain *f* || *intr*—**to whore around** courir la gueuse

whortleber·ry ['hwʌrtəl,bɛri] *s* (*pl* **-ries**) myrtille *f*

whose [huz] *pron interr* à qui, e.g., **whose pen is that?** à qui est ce stylo? || *pron rel* dont, de qui §79; duquel §78

why [hwaɪ] *s* (*pl* **whys** [hwaɪz]) pourquoi *m*; **the why and the wherefore** le pourquoi et le comment || *adv* pourquoi; **why not?** pourquoi pas? || *interj* tiens!; **why, certainly!** mais bien sûr!; **why, yes!** mais oui!

wick [wɪk] *s* mèche *f*

wicked ['wɪkɪd] *adj* méchant, mauvais

wicker ['wɪkər] *adj* en osier || *s* osier *m*

wicket ['wɪkɪt] *s* guichet *m*; (croquet) arceau *m*

wide [waɪd] *adj* large; (*range*) vaste, étendu; (*spread, angle, etc.*) grand; large de, e.g., **eight feet wide** large de huit pieds || *adv* loin, partout; **open wide!** ouvrez bien!

wide'-an'gle *adj* grand-angulaire

wide'-awake' *adj* bien éveillé

widen ['waɪdən] *tr* élargir || *intr* s'élargir

wide'-o'pen *adj* grand ouvert

wide'spread' *adj* (*arms, wings*) étendu; répandu, universel

widow ['wɪdo] *s* veuve *f* || *tr*—**to be widowed** devenir veuf

widower ['wɪdo·ər] *s* veuf *m*

widowhood ['wɪdo,hud] *s* veuvage *m*

wid'ow's mite' *s* obole *f*

wid'ow's weeds' *spl* deuil *m* de veuve

width [wɪdθ] *s* largeur *f*; (*of cloth*) lé *m*

wield [wild] *tr* (*sword, pen*) manier; (*power*) exercer

wife [waɪf] *s* (*pl* **wives** [waɪvz]) femme *f*, épouse *f*

wig [wɪg] *s* perruque *f*

wiggle ['wɪgəl] *s* tortillement *m* || *tr* agiter || *intr* tortiller, se tortiller

wig'wag' *s* télégraphie *f* optique || *v* (*pret & pp* **-wagged**; *ger* **-wagging**) *tr* transmettre à bras avec fanions || *intr* signaler à bras avec fanions

wigwam ['wɪgwɑm] *s* wigwam *m*

wild [waɪld] *adj* sauvage; (*untamed*) sauvage, fauve; (*frantic, mad*) frénétique; (*hair; dance; dream*) échevelé; (*passion; torrent; night*) tumultueux;

(*idea, plan*) insensé, extravagant; (*life*) déréglé; (*blows, bullet, shot*) perdu; **wild about** or **for** fou de || **wilds** *spl* régions *fpl* sauvages || *adv* —**to run wild** dépasser toutes les bornes; (*said of plants*) pousser librement

wild′ boar′ *s* sanglier *m*

wild′ card′ *s* mistigri *m*

wild′cat′ *s* chat *m* sauvage; lynx *m*; (*well*) sondage *m* d'exploration

wild′cat strike′ *s* grève *f* sauvage, grève spontanée

wild′ cher′ry *s* (*pl* **-ries**) merise *f*; (*tree*) merisier *m*

wilderness [ˈwɪldərnɪs] *s* désert *m*

wild′fire′ *s* feu *m* grégeois; feu *m* follet; éclairs *mpl* en nappe; **like wildfire** comme une traînée de poudre

wild′ flow′er *s* fleur *f* des champs

wild′ goose′ *s* oie *f* sauvage

wild′-goose′ chase′ *s*—**to go on a wild-goose chase** faire buisson creux

wild′life′ *s* animaux *mpl* sauvages

wild′ oats′ *spl*—**to sow one's wild oats** jeter sa gourme

wile [waɪl] *s* ruse *f* || *tr*—**to wile away** tuer, faire passer

will [wɪl] *s* volonté *f*; (law) testament *m*; **against one's will** à contre-cœur; **at will** à volonté; **with a will** de bon cœur || *tr* vouloir; (*to bequeath*) léguer || *intr* vouloir; **do as you will** faites comme vous voudrez || (*pret & cond* **would** [wʊd]) *aux* used to express 1) the future indicative, e.g., **he will arrive early** il arrivera de bonne heure; 2) the future perfect indicative, e.g., **he will have arrived before I leave** il sera arrivé avant que je parte; 3) the present indicative denoting habit or custom, e.g., **after breakfast he will go out for a walk every morning** après le petit déjeuner il fait une promenade tous les matins

willful [ˈwɪlfəl] *adj* volontaire; (*stubborn*) obstiné

willfulness [ˈwɪlfəlnɪs] *s* entêtement *m*

William [ˈwɪljəm] *s* Guillaume *m*

willing [ˈwɪlɪŋ] *adj* disposé, prêt; **to be willing to** vouloir bien; **willing or unwilling** bon gré mal gré

willingly [ˈwɪlɪŋli] *adv* volontiers

willingness [ˈwɪlɪŋnɪs] *s* bonne volonté *f*, consentement *m*

will-o'-the-wisp [ˈwɪləðəˈwɪsp] *s* feu *m* follet; (fig) chimère *f*

willow [ˈwɪlo] *s* saule *m*

willowy [ˈwɪlo·i] *adj* souple, agile; svelte, élancé; couvert de saules

will′ pow′er *s* force *f* de volonté

willy-nilly [ˈwɪliˈnɪli] *adv* bon gré mal gré

wilt [wɪlt] *tr* flétrir || *intr* se flétrir

wil·y [ˈwaɪli] *adj* (*comp* **-ier**; *super* **-iest**) rusé, astucieux

wimple [ˈwɪmpəl] *s* guimpe *f*

win [wɪn] *s* (coll) victoire *f* || *v* (*pret & pp* **won** [wʌn]; *ger* **winning**) *tr* gagner; (*a victory, a prize*) remporter; **to win back** regagner; **to win over** gagner, convaincre || *intr* gagner; convaincre; **to win out** (coll) réussir

wince [wɪns] *s*—**without a wince** sans sourciller || *intr* tressailler

winch [wɪntʃ] *s* treuil *m*; (*handle, crank*) manivelle *f*

wind [wɪnd] *s* vent *m*; (*breath*) haleine *f*, souffle *m*; **to break wind** lâcher un vent, faire un pet; **to get wind of** avoir vent de; **to sail close to the wind** courir au plus près; **to sail into the wind** aller au lof, venir au lof || *tr* faire perdre le souffle à || *intr* flairer le gibier || [waɪnd] *v* (*pret & pp* **wound** [waʊnd]) *tr* enrouler; (*a timepiece*) remonter; (*yarn, thread, etc.*) pelotonner; **to wind up** enrouler; remonter; (*to finish*) (coll) terminer, régler || *intr* serpenter

windbag [ˈwɪnd,bæg] *s* (*of bagpipe*) outre *f*; (coll) moulin *m* à paroles

windbreak [ˈwɪnd,brek] *s* abrivent *m*

wind′ cone′ [wɪnd] *s* (aer) manche *f* à air

winded [ˈwɪndɪd] *adj* essouflé

windfall [ˈwɪnd,fɔl] *s* (fig) aubaine *f*

wind′ing road′ [ˈwaɪndɪŋ] *s* route *f* en lacet

wind′ing sheet′ *s* linceul *m*

wind′ing stairs′ *spl* escalier *m* en colimaçon

wind′ in′strument [wɪnd] *s* (mus) instrument *m* à vent

windlass [ˈwɪndləs] *s* treuil *m*

windmill [ˈwɪnd,mɪl] *s* moulin *m* à vent; (*on a modern farm*) aéromoteur *m*; **to tilt at windmills** se battre contre des moulins à vent

window [ˈwɪndo] *s* fenêtre *f*; (*of ticket office*) guichet *m*; (*of store*) vitrine *f*; (aut) glace *f*

win′dow dress′er *s* étalagiste *mf*

win′dow dress′ing *s* art *m* de l'étalage; (coll) façade *f*

win′dow en′velope *s* enveloppe *f* à fenêtre

win′dow frame′ *s* châssis *m*, dormant *m*

win′dow·pane′ *s* vitre *f*, carreau *m*

win′dow screen′ *s* grillage *m*

win′dow shade′ *s* store *m*

win′dow-shop′ *v* (*pret & pp* **-shopped**; *ger* **-shopping**) *intr* faire du lèche-vitrines, lécher les vitrines

win′dow shut′ter *s* volet *m*

win′dow sill′ *s* rebord *m* de fenêtre

windpipe [ˈwɪnd,paɪp] *s* trachée-artère *f*

windshield [ˈwɪnd,ʃild] *s* pare-brise *m*

wind′shield wash′er *s* lave-glace *m*

wind′shield wip′er *s* essuie-glace *m*

windsock [ˈwɪnd,sɑk] *s* manche *f* à air

windstorm [ˈwɪnd,stɔrm] *s* tempête *f* de vent

wind′ tun′nel [wɪnd] *s* tunnel *m* aérodynamique

wind-up [ˈwaɪnd,ʌp] *s* conclusion *f*, fin *f*

windward [ˈwɪndwərd] *adj & adv* au vent || *s* côté *m* du vent; **to turn to windward** louvoyer

wind·y ['wɪndi] *adj* (*comp* **-ier**; *super* **-iest**) venteux; (*verbose*) verbeux; **it is windy** il fait du vent
wine [waɪn] *s* vin *m* || *tr*—**to wine and dine s.o.** fêter qn
wine' cel'lar *s* cave *f*
wine'glass' *s* verre *m* à vin
winegrower ['waɪn,gro·ər] *s* viticulteur *m*
winegrowing ['waɪn,gro·ɪŋ] *s* viticulture *f*
wine' list' *s* carte *f* des vins
wine' press' *s* pressoir *m*
winer·y ['waɪnəri] *s* (*pl* **-ies**) pressoir *m*
wine'skin' *s* outre *f* à vin
wine' stew'ard *s* sommelier *m*; (*of prince, king*) bouteiller *m*
winetaster ['waɪn,testər] *s* (*person*) dégustateur *m*; (*pipette*) taste-vin *m*
wing [wɪŋ] *s* aile *f*; (*e.g., of hospital*) pavillon *m*; (pol) parti *m*, faction *f*; **in the wings** (theat) dans la coulisse; **on the wing** au vol; **to take wing** prendre son essor || *tr* (*to wound*) blesser; **to wing one's way** voler
wing' chair' *s* fauteuil *m* à oreilles
wing' col'lar *s* col *m* rabattu
wing' load' *s* (aer) charge *f* alaire
wing' nut' *s* écrou *m* ailé
wing'spread' *s* envergure *f*
wink [wɪŋk] *s* clin *m* d'œil; **to not sleep a wink** ne pas fermer l'œil; **to take forty winks** (coll) piquer un roupillon || *tr* cligner || *intr* cligner des yeux; **to wink at** cligner de l'œil à; (*e.g., an abuse*) fermer les yeux sur
winner ['wɪnər] *s* gagnant *m*, vainqueur *m*
winning ['wɪnɪŋ] *adj* gagnant; (*attractive*) séduisant || **winnings** *spl* gains *mpl*
winnow ['wɪno] *tr* vanner, sasser; (*e.g., the evidence*) passer au crible
winsome ['wɪnsəm] *adj* séduisant
winter ['wɪntər] *s* hiver *m* || *intr* passer l'hiver; (*said of animals, troops, etc.*) hiverner
win'ter·green' *s* (*oil*) wintergreen *m*; (bot) gaulthérie *f*
win·try ['wɪntri] *adj* (*comp* **-trier**; *super* **-triest**) hivernal, froid
wipe [waɪp] *tr* essuyer; **to wipe away** essuyer; **to wipe off** or **out** effacer; (*to annihilate*) anéantir; **to wipe up** nettoyer
wiper ['waɪpər] *s* torchon *m*; (elec) contact *m* glissant; (mach) came *f*
wire [waɪr] *s* fil *m*; télégramme *m*; **hold the wire!** (telp) restez à l'écoute!; **on the wire** (telp) au bout du fil; **reply by wire** réponse *f* télégraphique; **to get in under the wire** arriver juste à temps; terminer juste à temps; **to pull wires** (coll) tirer les ficelles || *tr* attacher avec du fil de fer; (*a message*) télégraphier; (*a house*) canaliser || *intr* télégraphier
wire' cut'ter *s* coupe-fil *m*
wire'draw' *v* (*pret* **-drew**; *pp* **-drawn**) *tr* tréfiler
wire' entan'glement *s* réseau *m* de barbelés
wire' gauge' *s* calibre *m* or jauge *f* pour fils métalliques
wire'-haired' *adj* à poil dur
wireless ['waɪrlɪs] *adj* sans fil
wire' nail' *s* clou *m* de Paris
wire'pho'to *s* (*pl* **-tos**) (trademark) (*device*) bélinographe *m*; (*photo*) bélinogramme *m*
wire'pull'ing *s* (coll) influences *fpl* secrètes, piston *m*
wire' record'er *s* magnétophone *m* à fil d'acier
wire'tap' *s* (*device*) table *f* d'écoute || *v* (*pret & pp* **-tapped**; *ger* **-tapping**) *tr* passer à la table d'écoute
wiring ['waɪrɪŋ] *s* (*e.g., of house*) canalisation *f*; (*e.g., of radio*) montage *m*
wir·y ['waɪri] *adj* (*comp* **-ier**; *super* **-iest**) nerveux; (*hair*) raide
wisdom ['wɪzdəm] *s* sagesse *f*
wis'dom tooth' *s* dent *f* de sagesse
wise [waɪz] *adj* sage; (*step, decision*) judicieux, prudent; **to be wise to** (slang) voir clair dans le jeu de, percer le jeu de; **to get wise** (coll) se mettre au courant || *s*—**in no wise** en aucune manière || *tr*—**to wise up** (slang) avertir, désabuser
wiseacre ['waɪz,ekər] *s* fat *m*, fiérot *m*
wise'crack' *s* (coll) blague *f*, plaisanterie *f* || *intr* (coll) blaguer, plaisanter
wise' guy' *s* (slang) type *m* goguenard
wish [wɪʃ] *s* souhait *m*, désir *m*; **best wishes** meilleurs vœux *mpl*; (formula used to close a letter) amitiés; **last wishes** dernières volontés *fpl*; **to make a wish** faire un vœu || *tr* souhaiter, désirer; **to wish s.o. s.th.** souhaiter q.ch. à qn; **to wish s.o. to** + *inf* souhaiter que qn + *subj*; **to wish to** + *inf* vouloir + *inf*
wish'bone' *s* fourchette *f*
wishful ['wɪʃfəl] *adj* désireux
wish'ful think'ing *s* optimisme *m* à outrance; **to indulge in wishful thinking** se forger des chimères
wish'ing well' *s* puits *m* aux souhaits
wistful ['wɪstfəl] *adj* pensif, rêveur
wit [wɪt] *s* esprit *m*; (*person*) homme *m* d'esprit; **to be at one's wits' end** ne plus savoir que faire; **to keep one's wits about one** conserver toute sa présence d'esprit; **to live by one's wits** vivre d'expédients
witch [wɪtʃ] *s* sorcière *f*
witch'craft' *s* sorcellerie *f*
witch' doc'tor *s* sorcier *m* guérisseur
witch'es' Sab'bath *s* sabbat *m*
witch' ha'zel *s* teinture *f* d'hamamélis; (bot) hamamélis *m*
witch' hunt' *s* chasse *f* aux sorcières
with [wɪð], [wɪθ] *prep* avec; (*at the home of; in the case of*) chez; (*in spite of*) malgré; à, e.g., **the girl with the blue eyes** la jeune fille aux yeux bleus; e.g., **coffee with milk** café au lait; e.g., **with open arms** à bras ouverts; e.g., **with these words . . .** à ces mots . . . ; de, e.g., **with a loud**

voice d'une voix forte; e.g., **with all his strength** de toutes ses forces; e.g., **to be satisfied with** être satisfait de; e.g., **to fill with** remplir de

with•draw′ *v* (*pret* **-drew**; *pp* **-drawn**) *tr* retirer || *intr* se retirer

withdrawal [wɪð'drɔ•əl], [wɪθ'drɔ•əl] *s* retrait *m*

wither ['wɪðər] *tr* faner || *intr* se faner

with•hold′ *v* (*pret & pp* **-held**) *tr* (*money, taxes, etc.*) retenir; (*permission*) refuser; (*the truth*) cacher

with•hold′ing tax′ *s* impôt *m* retenu à la source

with•in′ *adv* à l'intérieur; là-dedans §85A || *prep* à l'intérieur de; (*in less than*) en moins de; (*within the limits of*) dans; (*in the bosom of*) au sein de; (*not exceeding a margin of error of*) à . . . près, e.g., **I can tell you what time it is within five minutes** je peux vous dire l'heure à cinq minutes près; à portée de, e.g., **within reach** à portée de la main

with•out′ *adv* au-dehors, dehors || *prep* au dehors de; (*lacking, not with*) sans; **to do without** se passer de; **without** + *ger* sans + *inf*, e.g., **he left without seeing me** il est parti sans me voir; sans que + *subj*, e.g., **he left without anyone seeing him** il est parti sans que personne ne le voie

with•stand′ *v* (*pret & pp* **-stood**) *tr* résister à

witness ['wɪtnɪs] *s* témoin *m*; **in witness whereof** en foi de quoi; **to bear witness** rendre témoignage || *tr* (*to be present at*) être témoin de, assister à; (*to attest*) témoigner; (*e.g., a contract*) signer

wit′ness stand′ *s* barre *f* des témoins

witticism ['wɪtɪ,sɪzəm] *s* trait *m* d'esprit

wittingly ['wɪtɪŋli] *adv* sciemment

wit•ty ['wɪti] *adj* (*comp* **-tier**; *super* **-tiest**) spirituel

wizard ['wɪzərd] *s* sorcier *m*

wizardry ['wɪzərdri] *s* sorcellerie *f*

wizened ['wɪzənd] *adj* desséché

woad [wod] *s* guède *f*

wobble ['wɑbəl] *intr* chanceler; (*said of table*) branler; (*said of voice*) chevroter; vaciller

wob•bly ['wɑbli] *adj* (*comp* **-blier**; *super* **-bliest**) vacillant

woe [wo] *s* malheur *m*, affliction *f*; **woe is me!** pauvre de moi!

woebegone ['wobɪ,gɔn], ['wobɪ,gɑn] *adj* navré, abattu, désolé

woeful ['wofəl] *adj* triste, désolé; très mauvais

wolf [wʊlf] *s* (*pl* **wolves** [wʊlvz]) loup *m*; galant *m*, tombeur *m* de femmes; **to cry wolf** crier au loup; **to keep the wolf from the door** se mettre à l'abri du besoin, joindre les deux bouts || *tr & intr* engloutir

wolf′ cub′ *s* louveteau *m*

wolf′hound′ *s* chien-loup *m*

wolf′ pack′ *s* bande *f* de loups

wolfram ['wʊlfrəm] *s* (*element*) tungstène *m*; (mineral) wolfram *m*

wolf's′-bane′ or **wolfs′bane′** *s* tue-loup *m*, aconit *m*, napel *m*

woman ['wʊmən] *s* (*pl* **women** ['wɪmɪn]) femme *f*

wom′an doc′tor *s* femme *f* médecin, doctoresse *f*

womanhood ['wʊmən,hʊd] *s* le sexe féminin; les femmes *fpl*

womanish ['wʊmənɪʃ] *adj* féminin; (*effeminate*) efféminé

wom′an•kind′ *s* le sexe féminin

wom′an la′borer *s* femme *f* manœuvre

woman•ly ['wʊmənli] *adj* (*comp* **-lier**; *super* **-liest**) féminin, femme

wom′an preach′er *s* femme *f* pasteur

womb [wum] *s* utérus *m*, matrice *f*; (fig) sein *m*

wonder ['wʌndər] *s* merveille *f*; (*feeling of surprise*) émerveillement *m*; (*something strange*) miracle *m*; **for a wonder** chose étonnante; **no wonder that . . .** rien d'étonnant que . . . ; **to work wonders** faire des merveilles || *tr*—**to wonder that** s'étonner que; **to wonder why, if, whether** se demander pourquoi, si || *intr*—**to wonder at** s'émerveiller de, s'étonner de

won′der drug′ *s* remède *m* miracle

wonderful ['wʌndərfəl] *adj* merveilleux, étonnant

won′der•land′ *s* pays *m* des merveilles

wonderment ['wʌndərmənt] *s* étonnement *m*

wont [wʌnt], [wɔnt] *adj*—**to be wont to** avoir l'habitude de || *s*—**his wont** son habitude

wonted *adj* habituel, accoutumé

woo [wu] *tr* courtiser

wood [wʊd] *s* bois *m*; (*for wine*) fût *m*; **out of the woods** (coll) hors de danger, hors d'affaire; **to take to the woods** se sauver dans la nature; **woods** bois *m* or *mpl*

woodbine ['wʊd,baɪn] *s* (*honeysuckle*) chèvrefeuille *m*; (*Virginia creeper*) vigne *f* vierge

wood′ carv′ing *s* sculpture *f* sur bois

wood′chuck′ *s* marmotte *f* d'Amérique

wood′cock′ *s* bécasse *f*

wood′cut′ *s* (typ) gravure *f* sur bois

wood′cut′ter *s* bûcheron *m*

wooded ['wʊdɪd] *adj* boisé

wooden ['wʊdən] *adj* en bois; (*style, manners*) guindé, raide

wood′ engrav′ing *s* (typ) gravure *f* sur bois

wood′en-head′ed *adj* (coll) stupide, obtus

wood′en leg′ *s* jambe *f* en bois

wood′en shoe′ *s* sabot *m*

wood′ grouse′ *s* grand tétras *m*, grand coq *m* de bruyère

woodland ['wʊdlənd] *adj* sylvestre || *s* pays *m* boisé

wood′land scene′ *s* (painting) paysage *m* boisé

wood′man *s* (*pl* **-men**) bûcheron *m*

woodpecker ['wʊd,pɛkər] *s* pic *m*; (*green woodpecker*) pivert *m*, picvert *m*

wood′ pig′eon *s* (orn) ramier *m*

wood′pile′ *s* tas *m* de bois

wood′ screw′ *s* vis *f* à bois
wood′shed′ *s* bûcher *m*
woods′man *s* (*pl* **-men**) bûcheron *m*; (*trapper*) trappeur *m*, chasseur *m*
wood′ tick′ *s* vrillette *f*
wood′winds′ *spl* (mus) bois *mpl*
wood′work′ *s* (*working in wood*) menuiserie *f*; (*things made of wood*) boiseries *fpl*
wood′work′er *s* menuisier *m*
wood′worm′ *s* (ent) artison *m*
wood·y ['wʊdi] *adj* (*comp* **-ier**; *super* **-iest**) boisé; (*like wood*) ligneux
wooer ['wu·ər] *s* prétendant *m*
woof [wuf] *s* trame *f*; (*fabric*) tissu *m*
woofer ['wʊfər] *s* (rad) boomer *m*, woofer *m*
wool [wʊl] *s* laine *f*
woolen ['wʊlən] *adj* de laine || *s* tissu *m* de laine; **woolens** lainage *m*
wool′gath′ering *s* rêvasserie *f*
woolgrower ['wʊl,gro·ər] *s* éleveur *m* des bêtes à laine
wool·ly ['wʊli] *adj* (*comp* **-lier**; *super* **-liest**) laineux
word [wʌrd] *s* mot *m*; (*promise, assurance*) parole *f*; **in other words** autrement dit; **in your own words** en vous propres termes; **my word!** ça alors!; **not a word!** motus!; **the Word** (eccl) le Verbe; **to break one's word** manquer à sa parole; **to have words with** échanger des propos désagréables avec; **to make s.o. eat his words** faire ravaler ses paroles à qn; **to put in a word** placer un mot; **to take s.o. at his word** prendre qn au mot, croire qn sur parole; **upon my word!** ma foi!; **without a word** sans mot dire; **words** (*e.g., of song*) paroles || *tr* formuler, rédiger
word′-forma′tion *s* formation *f* des mots
wording ['wʌrdɪŋ] *s* langage *m*
word′ or′der *s* ordre *m* des mots
word′-stock′ *s* vocabulaire *m*
word·y ['wʌrdi] *adj* (*comp* **-ier**; *super* **-iest**) verbeux
work [wʌrk] *s* travail *m*, ouvrage *m*; (*production, book*) œuvre *f*, ouvrage; **at work** en œuvre; (*not at home*) au travail, au bureau, à l'usine; **out of work** sans travail, en chômage; **to shoot the works** (slang) mettre le paquet; **works** œuvres; mécanisme *m*; (*of clock*) mouvement *m* || *tr* faire travailler; (*to operate*) faire fonctionner, faire marcher; (*wood, iron*) travailler; (*mine*) exploiter; **to work out** élaborer, résoudre; **to work up** préparer; stimuler || *intr* travailler; (*said of motor, machine, etc.*) fonctionner, marcher; (*said of remedy*) faire de l'effet; (*said of wine, beer*) fermenter; **how will things work out?** à quoi tout cela aboutira-t-il?; **to work hard** travailler dur; **to work loose** se desserrer; **to work out** (sports) s'entraîner; **to work too hard** se surmener
workable ['wʌrkəbəl] *adj* (*feasible*) réalisable; (*that can be worked*) ouvrable
work′bas′ket *s* corbeille *f* à ouvrage
work′bench′ *s* établi *m*
work′book′ *s* manuel *m*; (*notebook*) carnet *m*; (*for student*) cahier *m* de devoirs
work′box′ *s* boîte *f* à ouvrage; (*for needlework*) coffret *m* de travail
work′day′ *adj* de tous les jours; prosaïque, ordinaire || *s* jour *m* ouvrable; (*part of day devoted to work*) journée *f*
worked′-up′ *adj* préparé, ouvré; (*excited*) agité, emballé
worker ['wʌrkər] *s* travailleur *m*, ouvrier *m*, employé *m*
work′ force′ *s* main-d'œuvre *f*; personnel *m*
work′horse′ *s* cheval *m* de charge; (*tireless worker*) vrai cheval *m* de labour
work′house′ *s* maison *f* de correction; (Brit) asile *m* des pauvres
work′ing class′ *s* classe *f* ouvrière
work′ing day′ *s* jour *m* ouvrable; (*daily hours for work*) journée *f*
work′ing·girl′ *s* jeune ouvrière *f*
work′ing hours′ *spl* heures *fpl* de travail
work′ing·man′ *s* (*pl* **-men′**) travailleur *m*
work′ing·wom′an *s* (*pl* **-wom′en**) ouvrière *f*
work′man *s* (*pl* **-men**) ouvrier *m*
workmanship ['wʌrkmən,ʃɪp] *s* habileté *f* professionnelle, facture *f*; (*work executed*) travail *m*
work′ of art′ *s* œuvre *f* d'art
work′out′ *s* essai *m*, épreuve *f*; (*physical exercise*) séance *f* d'entraînement
work′room′ *s* atelier *m*; (*for study*) cabinet *m* de travail, cabinet d'études
work′shop′ *s* atelier *m*
work′ stop′page *s* arrêt *m* du travail
world [wʌrld] *adj* mondial || *s* monde *m*; **a world of** énormément de; **for all the world** à tous les égards, exactement; **not for all the world** pour rien au monde; **since the world began** depuis que le monde est monde; **the other world** l'autre monde; **to bring into the world** mettre au monde; **to go around the world** faire le tour du monde; **to see the world** voir du pays; **to think the world of** estimer énormément, avoir une très haute opinion de
world′ affairs′ *spl* affaires *fpl* internationales
world′-fa′mous *adj* de renommée mondiale
world′ his′tory *s* histoire *f* universelle
world·ly ['wʌrldli] *adj* (*comp* **-lier**; *super* **-liest**) mondain
world′ly-wise′ *adj*—**to be worldly-wise** savoir ce que c'est que la vie
world′ map′ *s* mappemonde *f*
World′ Se′ries *s* championnat *m* mondial
world's′ fair′ *s* exposition *f* universelle
world′ war′ *s* guerre *f* mondiale

world′-wide′ *adj* mondial, universel
worm [wʌrm] *s* ver *m* || *tr* enlever les vers de; (*a secret, money, etc.*) soutirer; **to worm it out of him** lui tirer les vers du nez || *intr* se faufiler
worm-eaten [ˈwʌrm ˌitən] *adj* vermoulu
worm′ gear′ *s* engrenage *m* à vis sans fin
worm′wood′ *s* (*Artemisia*) armoise *f*; (*Artemisia absinthium*) armoise absinthe; (*something grievous*) (fig) absinthe *f*
worm•y [ˈwʌrmi] *adj* (*comp* **-ier**; *super* **-iest**) véreux
worn [worn] *adj* usé, fatigué
worn′-out′ *adj* épuisé, usé; éreinté
worrisome [ˈwʌrisəm] *adj* inquiétant; inquiet, anxieux
wor•ry [ˈwʌri] *s* (*pl* **-ries**) souci *m*, inquiétude *f*; (*cause of anxiety*) ennui *m*, tracas *m* || *v* (*pret & pp* **-ried**) *tr* inquiéter; (*to harass, pester*) ennuyer, tracasser; **to be worried** s'inquiéter || *intr* s'inquiéter; **don't worry!** ne vous en faites pas!
worse [wʌrs] *adj comp* pire, plus mauvais §91; **and to make matters worse** et par surcroît de malheur; **so much the worse** tant pis; **to make** or **get worse** empirer; **what's worse** qui pis est; **worse and worse** de pis en pis || *adv comp* pis, plus mal §91
worsen [ˈwʌrsən] *tr & intr* empirer
wor•ship [ˈwʌrʃɪp] *s* culte *m*, adoration *f* || *v* (*pret & pp* **-shiped** or **-shipped**; *ger* **-shiping** or **-shipping**) *tr* adorer || *intr* prier; (*to go to church*) aller au culte
worshiper or **worshipper** [ˈwʌrʃɪpər] *s* adorateur *m*, fidèle *mf*
worst [wʌrst] *adj super* pire §91; pis || *s* (le) pire, (le) pis; **to be hurt the worst** être le plus gravement atteint (blessé, etc.); **to get the worst of it** avoir le dessous || *adv super* pis §91
worsted [ˈwʊstɪd] *adj* de laine peignée || *s* peigné *m*, tissu *m* de laine peignée
wort [wʌrt] *s* (*of beer*) moût *m*
worth [wʌrθ] *adj* digne de; valant, e.g., **book worth three dollars** livre valant trois dollars; **to be worth** valoir; avoir une fortune de; **to be worth** + *ger* valoir la peine de + *inf*; **to be worth while** valoir la peine || *s* valeur *f*; **a dollar's worth of** pour un dollar de
worthless [ˈwʌrθlɪs] *adj* sans valeur; (*person*) bon à rien, indigne
worth′while′ *adj* utile, de valeur
wor•thy [ˈwʌrði] *adj* (*comp* **-thier**; *super* **-thiest**) digne || *s* (*pl* **-thies**) notable *mf*; (hum, ironical) personnage *m*
would [wʊd] *aux* used to express 1) the past future, e.g., **he said he would come** il a dit qu'il viendrait; 2) the present conditional, e.g., **he would come if he could** il viendrait s'il pouvait; 3) the past conditional, e.g., **he would have come if he had been able (to)** il serait venu s'il avait pu; 4) the potential mood, e.g., **would that I knew it!** plût à Dieu que je le sache!, je voudrais le savoir!; 5) the past indicative denoting habit or custom in the past, e.g., **he would visit us every day** il nous visitait tous les jours
would′-be′ *adj* prétendu
wound [wund] *s* blessure *f* || *tr* blesser
wounded [ˈwundɪd] *adj* blessé || *s*—**the wounded** les blessés *mpl*
wow [waʊ] *s* (*e.g., of phonograph record*) distorsion *f*; (slang) succès *m* formidable || *tr* (slang) enthousiasmer || *interj* (slang) formidable!
wrack [ræk] *s* vestige *m*; (*ruin*) naufrage *m*; (bot) varech *m*
wraith [reθ] *s* apparition *f*
wrangle [ˈræŋgəl] *s* querelle *f* || *intr* se quereller
wrap [ræp] *s* couverture *f*; (*coat*) manteau *m* || *v* (*pret & pp* **wrapped**; *ger* **wrapping**) *tr* envelopper, emballer
wrap′around wind′shield *s* pare-brise *m* panoramique
wrapper [ˈræpər] *s* saut-de-lit *m*; (*of newspaper or magazine*) bande *f*; (*of tobacco*) robe *f*
wrap′ping pa′per *s* papier *m* d'emballage
wrath [ræθ], [rɑθ] *s* colère *f*
wrathful [ˈræθfəl], [ˈrɑθfəl] *adj* courroucé, en colère
wreak [rik] *tr* assouvir
wreath [riθ] *s* (*pl* **wreaths** [riðz]) couronne *f*; (*of smoke*) volute *f*, panache *m*
wreathe [rið] *tr* enguirlander; (*e.g., flowers*) entrelacer || *intr* (*said of smoke*) s'élever en volutes
wreck [rɛk] *s* (*shipwreck*) naufrage *m*; (*debris at sea or elsewhere*) épave *f*; (*of train*) déraillement *m*; (*of airplane*) écrasement *m*; (*of auto*) accident *m*; (*of one's hopes*) naufrage; **to be a wreck** être une ruine || *tr* (*a ship, one's hopes*) faire échouer; (*a train*) faire dérailler; (*one's health*) ruiner
wreckage [ˈrɛkɪdʒ] *s* débris *mpl*, décombres *mpl*, ruines *fpl*
wrecker [ˈrɛkər] *s* (*tow truck*) dépanneuse *f*; (*person*) dépanneur *m*
wreck′ing car′ *s* voiture *f* de dépannage
wreck′ing crane′ *s* grue *f* de dépannage
wren [rɛn] *s* (orn) troglodyte *m*; (*kinglet*) (orn) roitelet *m*
wrench [rɛntʃ] *s* clef *f*; (*pull*) secousse *f*; (*twist of a joint*) foulure *f* || *tr* (*e.g., one's ankle*) se fouler; (*to twist*) tordre
wrest [rɛst] *tr* arracher violemment
wrestle [ˈrɛsəl] *s* lutte *f* || *intr* lutter
wrestling [ˈrɛslɪŋ] *s* (sports) lutte *f*, catch *m*
wres′tling match′ *s* rencontre *f* de catch
wretch [rɛtʃ] *s* misérable *mf*
wretched [ˈrɛtʃɪd] *adj* misérable
wriggle [ˈrɪgəl] *s* tortillement *m* || *tr* tortiller || *intr* se tortiller; **to wriggle out of** esquiver adroitement

wrig•gly ['rɪgli] *adj* (*comp* **-glier**; *super* **-gliest**) frétillant; évasif
wring [rɪŋ] *v* (*pret & pp* **wrung** [rʌŋ]) *tr* tordre; (*one's hands*) se tordre; (*s.o.'s hand*) serrer fortement; **to wring out** (*clothes*) essorer; (*money, a secret, etc.*) arracher
wringer ['rɪŋər] *s* essoreuse *f*
wrinkle ['rɪŋkəl] *s* (*in skin*) ride *f*; (*in clothes*) pli *m*, faux pli; (*clever idea or trick*) (coll) truc *m* ‖ *tr* plisser ‖ *intr* se plisser
wrin•kly ['rɪŋkli] *adj* (*comp* **-klier**; *super* **-kliest**) ridé, chiffonné
wrist [rɪst] *s* poignet *m*
wrist′band′ *s* poignet *m*
wrist′ watch′ *s* montre-bracelet *f*
writ [rɪt] *s* (eccl) écriture *f*; (law) acte *m* judiciaire
write [raɪt] *v* (*pret* **wrote** [rot]; *pp* **written** ['rɪtən]) *tr* écrire; **to write down** consigner par écrit; baisser le prix de; **to write in** insérer; **to write off** (*a debt*) passer aux profits et pertes; **to write up** rédiger un compte rendu de; (*to ballyhoo*) faire l'éloge de ‖ *intr* écrire; **to write back** répondre par écrit
writer ['raɪtər] *s* écrivain *m*
writ′er's cramp′ *s* crampe *f* des écrivains
write′-up′ *s* compte *m* rendu; (*ballyhoo*) battage *m*; (com) surestimation *f*
writhe [raɪð] *intr* se tordre
writing ['raɪtɪŋ] *s* l'écriture *f*; (*something written*) écrit *m*, œuvre *f*; (*profession*) métier *m* d'écrivain; **at this writing** au moment où j'écris; **to put in writing** mettre par écrit
writ′ing desk′ *s* bureau *m*, écritoire *f*; (*in schoolroom*) pupitre *m*
writ′ing pa′per *s* papier *m* à lettres
wrong [rɔŋ], [rɑŋ] *adj* (*unjust*) injuste; (*incorrect*) erroné; (*road, address, side, place, etc.*) mauvais; ne pas . . . qu'il faut, e.g., **I arrived at the wrong city** je ne suis pas arrivé à la ville qu'il fallait; (*word*) impropre; qui ne marche pas, e.g., **something is wrong with the motor** il y a quelque chose qui ne marche pas dans le moteur; **to be wrong** (*i.e., in error*) avoir tort; (*i.e., to blame*) être le coupable ‖ *s* mal *m*; injustice *f*; **to be in the wrong** être dans son tort, avoir tort; **to do wrong** faire du mal, faire du tort ‖ *adv* mal; **to go wrong** faire fausse route; (*said, e.g., of a plan*) ne pas marcher; (*said of one falling into evil ways*) se dévoyer; **to guess wrong** se tromper ‖ *tr* faire du tort à, être injuste envers
wrongdoer ['rɔŋ,du•ər], ['rɑŋ,du•ər] *s* malfaiteur *m*
wrong′do′ing *s* mal *m*, tort *m*; (*misdeeds*) méfaits *mpl*
wrong′ num′ber *s* (telp) mauvais numéro *m*; **you have the wrong number** vous vous trompez de numéro
wrong′ side′ *s* (*e.g., of material*) revers *m*, envers *m*; (*of the street*) mauvais côté *m*; **to drive on the wrong side** circuler à contre-voie; **to get out of bed on the wrong side** se lever du pied gauche; **wrong side out** à l'envers; **wrong side up** sens dessus dessous
wrought′ i′ron [rɔt] *s* fer *m* forgé
wrought′-up′ *adj* excité, agité
wry [raɪ] *adj* (*comp* **wrier**; *super* **wriest**) tordu, de travers; forcé, ironique
wry′neck′ *s* (orn) torcol *m*; (pathol) torticolis *m*

X

X, x [ɛks] *s* XXIVᵉ lettre de l'alphabet
Xavier ['zævɪ•ər], ['zevɪ•ər] *s* Xavier *m*
xenophobe ['zɛnə,fob] *s* xénophobe *mf*
Xerxes ['zʌrksiz] *s* Xerxès *m*
Xmas ['krɪsməs] *adj* de Noël ‖ *s* Noël *m*
X′ ray′ *s* (*photograph*) radiographie *f*; **to have an X ray** passer à la radio; **X rays** rayons *mpl* X
X′-ray′ *adj* radiographique ‖ **X′-ray′** *tr* radiographier
X′-ray treat′ment *s* radiothérapie *f*
xylophone ['zaɪlə,fon] *s* xylophone *m*

Y

Y, y [waɪ] *s* XXVᵉ lettre de l'alphabet
yacht [jɑt] *s* yacht *m*
yacht′ club′ *s* yacht-club *m*
yah [jɑ] *interj* (*in disgust*) pouah!; (*in derision*) oh là là!
yam [jæm] *s* igname *f*; (*sweet potato*) patate *f* douce
yank [jæŋk] *s* (coll) secousse *f* ‖ *tr* (coll) tirer d'un coup sec
Yankee ['jæŋki] *adj & s* yankee *mf*

yap [jæp] *s* jappement *m*; (slang) criaillerie *f* || *v* (*pret & pp* **yapped**; *ger* **yapping**) *intr* japper; (slang) criailler; (slang) dégoiser

yard [jɑrd] *s* cour *f*; (*for lumber, for repairs, etc.*) chantier *m*; (*measure*) yard *m*; (naut) vergue *f*; (rr) gare *f* de triage

yard′arm′ *s* (naut) bout *m* de vergue

yard′mas′ter *s* (rr) chef *m* de dépôt

yard′stick′ *s* yard *m* en bois (en métal, etc.); (fig) unité *f* de comparaison

yarn [jɑrn] *s* fil *m*, filé *m*; (coll) histoire *f*

yarrow [ˈjæro] *s* mille-feuille *f*

yaw [jɔ] *s* (naut) embardée *f*; **yaws** (pathol) pian *m* || *intr* faire des embardées

yawl [jɔl] *s* yole *f*

yawn [jɔn] *s* bâillement *m* || *intr* bâiller; être béant

ye (old spelling of **the** [ðə]) *art* le, e.g., **ye olde shoppe** la vieille boutique || [ji] *pron* (obs) vous

yea [je] *s* oui *m*; vote *m* affirmatif || *adv* oui, voire

yeah [jɛ] *adv* (coll) oui; **oh yeah?** (coll) de quoi?; **oh yeah!** (coll) ouais!

yean [jin] *intr* (*said of ewe*) agneler; (*said of goat*) chevreter

year [jɪr] *s* an *m*, année *f*; **to be . . . years old** avoir . . . ans; **year in year out** bon an mal an

year′book′ *s* annuaire *m*

yearling [ˈjɪrlɪŋ] *s* animal *m* d'un an; (*horse*) yearling *m*

yearly [ˈjɪrli] *adj* annuel || *adv* annuellement

yearn [jʌrn] *intr*—**to yearn for** soupirer après; **to yearn to** brûler de

yearning [ˈjʌrnɪŋ] *s* désir *m* ardent

yeast [jist] *s* levure *f*

yell [jɛl] *s* hurlement *m*; (*school yell*) cri *m* de ralliement || *tr & intr* hurler

yellow [ˈjɛlo] *adj* jaune; (*cowardly*) (coll) froussard; (*e.g., press*) à sensation; **to turn yellow** jaunir; (coll) avoir la frousse || *s* jaune *m* || *tr & intr* jaunir

yel′low-ham′mer *s* (orn) bruant *m* jaune

yellowish [ˈjɛlo·ɪʃ] *adj* jaunâtre

yel′low-jack′et *s* (ent) frelon *m*

yel′low streak′ *s* (coll) trait *m* de lâcheté

yelp [jɛlp] *s* glapissement *m*, jappement *m* || *intr* glapir, japper

yen [jɛn] *s*—**to have a yen to** or **for** (coll) avoir envie de

yeo·man [ˈjomən] *s* (*pl* **-men**) yeoman *m*; (*clerical worker*) (nav) commis *m* aux écritures

yeo′man of the guard′ *s* (Brit) hallebardier *m* de la garde du corps

yeo′man's serv′ice *s* effort *m* précieux

yes [jɛs] *s* oui *m* || *adv* oui; (to contradict a negative statement or question) si or pardon, e.g., **"You didn't know." "Yes, I did!"** "Vous ne le saviez pas." "Si!" || *v* (*pret & pp* **yessed**; *ger* **yessing**) *tr* dire oui à || *intr* dire oui

yes′ man′ *s* (*pl* **men′**) (coll) M. Toujours; **to be a yes man** opiner du bonnet; **yes men** (coll) béni-oui-oui *mpl*

yesterday [ˈjɛstərdi], [ˈjɛstərˌde] *adj, s, & adv* hier *m*; **yesterday morning** hier matin

yet [jɛt] *adv* encore; **as yet** jusqu'à présent; **not yet** pas encore || *conj* cependant

yew′ tree′ [ju] *s* if *m*

Yiddish [ˈjɪdɪʃ] *adj & s* yiddish *m*

yield [jild] *s* rendement *m*; (*crop*) produit *m*; (*income produced*) rapport *m*, revenu *m* || *tr* rendre, produire; (*a profit; a crop*) rapporter; (*to surrender*) céder || *intr* produire, rapporter; céder, se rendre; (public sign) priorité (à droite; à gauche)

YMCA [ˈwaɪˈɛmˈsiˈe] *s* (letterword) (**Young Men's Christian Association**) Association *f* des jeunesses chrétiennes

yo·del [ˈjodəl] *s* tyrolienne *f* || *v* (*pret & pp* **-deled** or **-delled**; *ger* **-deling** or **-delling**) *tr & intr* jodler

yogurt [ˈjogʊrt] *s* yogourt *m*

yoke [jok] *s* (*pair of draft animals*) paire *f*; (*device to join a pair of draft animals*) joug *m*; (*of a shirt*) empiècement *m*; (elec) culasse *f*; (fig) joug; **to throw off the yoke** secouer le joug || *tr* accoupler

yokel [ˈjokəl] *s* rustaud *m*, manant *m*

yolk [jok] *s* jaune *m* d'œuf

yonder [ˈjɑndər] *adj* ce . . . -là là-bas || *adv* là-bas

yore [jor] *s*—**of yore** d'antan

you [ju] *pron pers* vous, toi §85; vous, tu §87; vous, te §87 || *pron indef* (coll) on §87, e.g., **you go in this way** on entre par ici

young [jʌŋ] *adj* (*comp* **younger** [ˈjʌŋgər]; *super* **youngest** [ˈjʌŋgɪst]) jeune || **the young** les jeunes; (*of animal*) les petits *mpl*; **to be with young** (*said of animal*) être pleine; **young and old** les grands et les petits

young′ la′dy *s* (*pl* **-dies**) jeune fille *f*; (*married*) jeune femme *f*; **young ladies** jeunes personnes *fpl*

young′ man′ *s* (*pl* **men′**) jeune homme *m*; **young men** jeunes gens *mpl*

young′ peo′ple *spl* jeunes gens *mpl*

youngster [ˈjʌŋstər] *s* gosse *mf*

your [jʊr] *adj poss* votre, ton §88

yours [jʊrz] *pron poss* le vôtre, le tien §89; **a friend of yours** un de vos amis; **cordially yours** (complimentary close) amitiés; **yours truly** or **sincerely yours** (complimentary close) veuillez agréer, Monsieur, l'expression de mes sentiments distingués

your·self [jʊrˈsɛlf] *pron pers* (*pl* **-selves** [ˈsɛlvz]) vous-même, toi-même §86; vous, te §87; vous, toi §85

youth [juθ] *s* (*pl* **youths** [juθs], [juðz]) jeunesse *f*; (*person*) jeune homme *m*; **youths** jeunes *mpl*

youthful ['juθfəl] *adj* jeune, juvénile
yowl [jaʊl] *s* hurlement *m* || *intr* hurler
Yugoslav ['jugo'slɑv] *adj* yougoslave || *s* Yougoslave *mf*
Yugoslavia ['jugo'slɑvɪ·ə] *s* Yougoslavie *f*; la Yougoslavie
Yule' log' [jul] *s* bûche *f* de Noël
Yule'tide' *s* les fêtes *fpl* de Noël

Z

Z, z [zi] or [zed] (Brit) *s* XXVIe lettre de l'alphabet
za·ny ['zeni] *adj* (*comp* **-nier**; *super* **-niest**) bouffon, toqué || *s* (*pl* **-nies**) bouffon *m*
zeal [zil] *s* zèle *m*
zealot ['zelət] *s* zélateur *m*, adepte *mf*
zealotry ['zelətri] *s* fanatisme *m*
zealous ['zeləs] *adj* zélé
zebra ['zibrə] *s* zèbre *m*
zenith ['zinɪθ] *s* zénith *m*
zephyr ['zefər] *s* zéphyr *m*
zeppelin ['zepəlɪn] *s* zeppelin *m*
ze·ro ['zɪro] *s* (*pl* **-ros** or **-roes**) zéro *m* || *intr*—**to zero in** (mil) régler la ligne de mire
ze'ro hour' *s* heure *f* H
zest [zest] *s* enthousiasme *m*; (*agreeable and piquant flavor*) saveur *f*, piquant *m*
Zeus [zus] *s* Zeus *m*
zig·zag ['zig,zæg] *adj* & *adv* en zigzag || *s* zigzag *m* || *v* (*pret* & *pp* **-zagged**; *ger* **-zagging**) *intr* zigzaguer
zinc [zɪŋk] *s* zinc *m*
Zionism ['zaɪ·ə,nɪzəm] *s* sionisme *m*
zip [zɪp] *s* (coll) sifflement *m*; (coll) énergie *f* || *v* (*pret* & *pp* **zipped**; *ger* **zipping**) *tr* fermer à fermeture éclair || *intr* siffler; **to zip by** (coll) passer comme un éclair
zipper ['zɪpər] *s* fermeture *f* éclair
zither ['zɪθər] *s* cithare *f*
zodiac ['zodɪ,æk] *s* zodiaque *m*
zone [zon] *s* zone *f*
zon'ing or'dinance *s* réglementation *f* urbaine
zoo [zu] *s* zoo *m*
zoologic(al) [,zo·ə'lɑdʒɪk(əl)] *adj* zoologique
zoology [zo'ɑlədʒi] *s* zoologie *f*
zoom [zum] *s* vrombissement *m*; (aer) montée *f* en chandelle || *intr* vrombir; **to zoom up** monter en chandelle
zoot' suit' [zut] *s* costume *m* zazou
Zu·lu ['zulu] *adj* zoulou || *s* (*pl* **-lus**) Zoulou *m*